DATE DUE

DEMCO 38-296

DIRECTORY
OF
AMERICAN
SCHOLARS

DIRECTORY
OF
AMERICAN
SCHOLARS

NINTH EDITION

VOLUME **V**

INDEXES

Rita C. Velázquez, Editor

The Gale Group

DETROIT • SAN FRANCISCO • LONDON • BOSTON • WOODBRIDGE, CT

Rita C. Velázquez, Editor

Project Associates and Contributing Editors: Michelle
Eads, Amanda Quick

Contributing Staff: Mary Alampi, Caryn Anders, Katy Balcer, Anja
Barnard, Donna Batten, Donna Craft, Andrea DeJong, Sarah DeMar, Sheila Dow, Kim
Forster, William Harmer, Kelly Hill, LySandra Hill, Sonya Hill, Crystal Holombo, Theresa
MacFarlane, Christine Maurer, Matthew Miskelly, Jacqueline Mueckenheim, Erin Nagel,
Lynn Pearce, Terry Peck, Maureen Puhl, Donna Wood.

Contributors: Chapter House, IMPS; The Electronic
Scriptorium, Ltd.

Managing Editor: Keith Jones

Manager, Technical Support Services: Theresa Rocklin
Programmer/Analyst: Jim Edwards

Manufacturing Manager: Dorothy Maki
Senior Buyer: Wendy Blurton

Product Design Manager: Cindy Baldwin
Art Director: Eric Johnson
Graphic Artist: Gary Leach

Copyright (c)1999
The Gale Group
27500 Drake Rd.
Farmington Hills, MI 48331-3535

ISBN: 0-7876-3165-5 (Volume 1)
ISBN: 0-7876-3166-3 (Volume 2)
ISBN: 0-7876-3167-1 (Volume 3)
ISBN: 0-7876-3168-X (Volume 4)
ISBN: 0-7876-3859-5 (Volume 5)
ISBN: 0-7876-3164-7 (set)
ISSN: 0070-5101
Printed in the United States of America
Published in the United States by The Gale Group

CONTENTS

PREFACE

First published in 1942 under the auspices of the American Council of Learned Societies, The Directory of American Scholars remains the foremost biographical reference to American humanities scholars. With the ninth edition, The Gale Group is continuing the tradition.

The directory is arranged for convenient use in four subject volumes: Volume I: History; Volume II: English, Speech, and Drama; Volume III: Foreign Languages, Linguistics, and Philology; Volume IV: Philosophy, Religion, and Law. Each volume of biographical listings contains a geographic index. Volume V contains an alphabetical index, a discipline index, an institutional index and a cumulative geographic index of scholars listed in the first four volumes.

The ninth edition of the Directory of American Scholars profiles more than 24,000 United States and Canadian scholars currently active in teaching, research, and publishing. The names of entrants were obtained from a variety of sources, including former entrants, academic deans, or citations in professional journals. In most cases, nominees received a questionnaire to complete, and selection for inclusion was made based on the following criteria:

1. Achievement, by reason of experience and training, of a stature in scholarly work equivalent to that associated with the doctoral degree, coupled with current activity in such work;

or

2. Achievement as evidenced by publication of scholarly works;

or

3. Attainment of a position of substantial responsibility by reason of achievement as outlined in (1) and (2).

Enhancements to the ninth edition include an index volume, simplifying the search for a particular scholar or a particular group of scholars. Indexing by discipline is sorted by primary and secondary majors, in some cases including majors that are not traditionally considered as humanities. Those individuals involved in several fields are cross-referenced into appropriate volumes.

The ninth edition of The Directory of American Scholars is produced by fully automated methods. Limitations in the printing method have made it necessary to omit most diacritics.

Individual entries can include place and year of birth, *primary discipline(s), vital statistics, education, honorary degrees, past and present professional experience, concurrent positions, *membership in international, national and regional societies, honors and awards, *research interest, *publications, and mailing address. Elements preceded by an asterisk are limited as to the number of items included. If an entrant exceeded these limitations, the editors selected the most recent information. Biographies received in the offices of The Gale Group after the editorial deadline were included in an abbreviated manner.

The editors have made every effort to include material as accurately and completely as possible within the confines of format and scope. However, the publishers do not assume and hereby disclaim any liability to any party for any loss or damage caused by errors or omissions in the Directory of American Scholars, whether such errors or omissions result from negligence, accident, or any other cause.

Thanks are expressed to those who contributed information and submitted nominations for the new edition. Many societies provided membership lists for the research process and published announcements in their journals or newsletters, and their help is appreciated.

Comments and suggestions regarding any aspect of the ninth edition are invited and should be addressed to The Editors, Directory of American Scholars, The Gale Group, 27500 Drake Road, Farmington Hills, MI 48333-3535.

ADVISORS

David M. Fahey
Professor of History
Miami University
Miami, Ohio

Patricia Hardesty
Humanities Reference/Liaison Libraran
George Mason University
Fairfax, Virginia

Stephen Karetzky
Library Director, Associate Professor
Felician College
Lodi, New Jersey

Institution Index

Abilene Christian Univ
Ferguson, Everett, Vol I
Foster, Douglas A., Vol IV
Guild, Sonny, Vol IV
Osburn, Carroll D., Vol IV
Slate, Philip, Vol I
Tippens, Darryl L., Vol II
Van Rheenen, Gailyn, Vol IV
Willerton, Christian William,
    Vol II
Williams, John Howard, Vol III

Acad of Scriptural
Knowledge
Martin, Ernest L., Vol IV

Acadia Divinity Col
McLay, Tim, Vol IV

Acadia Univ
Best, Janice, Vol III
Callon, Gordon, Vol I
Conrad, Margaret R., Vol I
Davies, Gwendolyn, Vol II
Fink, Robert J., Vol III
McRobert, Jennifer, Vol IV
Sharma, Govind Narain, Vol II
Steggles, Mary Ann, Vol I
Thompson, Hilary, Vol II
Thompson, Ray, Vol II

Adams & Alexander
Adams, John Oscar, Vol IV

Adams & Reese
Goins, Richard Anthony, Vol I

Adams State Col
Peterson, Norma Lois, Vol I

Adelphi Univ
Ernst, Robert, Vol I
Friedman, Eva Mary, Vol III
Wolf, Donald, Vol II

Adrian Col
Aichele, George, Vol IV
Elardo, Ronald Joseph, Vol III
Fechner, Roger Jerome, Vol I

African Art Museum of
Maryland
Ligon, Doris Hillian, Vol I

Agnes Scott Col
Johnson, Calvert, Vol I
Parry, Richard D., Vol IV
Pinka, Patricia G., Vol II
Pippin, Tina, Vol IV

Alabama A&M Univ
Browne, Stanley M., Vol IV
Rice, Horace Warren, Vol IV
Taylor, Gene Fred, Vol IV
Wilson, Patricia I., Vol I

Alabama Capital
Representation Resource
Center
Stanley, Kathryn Velma, Vol IV

Alabama State Univ
Bell, Katie Roberson, Vol I
Bibb, T. Clifford, Vol II
Bryson, Ralph J., Vol II
Ely, Robert Eugene, Vol II
Harris, Willa Bing, Vol I
Moore, Nathan, Vol II
Pace, Kay Robertine, Vol I
Westhauser, Karl E., Vol I

Albany State Univ
Formwalt, Lee W., Vol I
Hill, James Lee, Vol II

Albert Einstein Col of
Med
MacKlin, Ruth C., Vol IV

Albertson Col, Idaho
Maughan, Steven, Vol I
Smith, Mark, Vol I

Albertus Magnus Col
Hubert, Marie Louise, Vol III
Imholt, Robert Joseph, Vol I

Albion Col
Baumgartner, Ingeborg Hogh,
    Vol III
Cocks, Geoffrey C., Vol I
Cook, James Wyatt, Vol II
Crupi, Charles William, Vol II
Frick, Frank Smith, Vol IV
Horstman, Allen, Vol I
Miller, Eugene Ernest, Vol II

Albright Col
Barker, Jeffrey, Vol IV
Pawelski, James, Vol IV
Voigt, David Quentin, Vol I

Alcorn State Univ
Bristow, Clinton, Jr., Vol IV
Rahman, Shafiqur, Vol II

Alexander, Gebhardt,
Aponte & Marks
Smith, David R., Vol IV

Alfred Univ
Campbell, Stuart Lorin, Vol I
Ostrower, Gary Bert, Vol I
Peterson, Thomas V., Vol IV
Westacott, Emrys, Vol IV

All Soul's Col
Lewis, Jane E., Vol I

Allegheny Col
Carr, Amelia J., Vol I
Helmreich, Jonathan Ernst, Vol I
Miller, David, Vol I
Nesset, Kirk, Vol II
Olson, Carl, Vol IV
Ozorak, Elizabeth Weiss, Vol I
Perry, Constance K., Vol IV
Treckel, Paula Ann, Vol I
Turk, Richard Wellington, Vol I
Zolbrod, Paul Geyer, Vol II

Alliance Theol Sem
Crockett, William, Vol IV

Alma Col
Bender, Carol, Vol II
Hoefel, Roseanne, Vol II
Lenard, Mary, Vol II
Massanari, Ronald Lee, Vol I
Ottenhoff, John, Vol II
Palmer, William, Vol II
Pattison, Eugene H., Vol II
Selmon, Michael, Vol II
Stargardt, Ute, Vol II

Alvernia Col
Stichler, Richard, Vol IV

Amarillo Col
Sapper, Neil Gary, Vol I

American Acad in Rome
Little, Lester Knox, Vol I

American Assn for the
Advancement of Sci
Teich, Albert Harris, Vol I

American Assn of
Universities
Kurland, Jordan Emil, Vol I

American Baptist Hist Soc
Van Broekhoven, Deborah, Vol I

American Bar Foundation
Tomlins, Christopher L., Vol I

American Col
Duska, Ronald F., Vol IV

American Council of
Learned Societies
D'Arms, John H., Vol I

American Embassy
Lusaka, DOS
Wendland, Ernst R., Vol III

American Grad Sch of Intl
Mgt
Peters, Issa, Vol I

American Historical Assn
Frankel, Noralee, Vol I
Horn, Vernon, Vol I
McMichael, Andrew, Vol I
Shapiro, Linn, Vol I
Sudhir, Pillarisetti, Vol I

American Intl Col
Habermehl, Lawrence L., Vol IV
Williams, Melvin Gilbert, Vol II

American Numismatic
Society
Metcalf, William E., Vol I

American River Col
Merlino, Scott A., Vol IV

American Univ
Abu-Nimer, Mohammed, Vol IV
Arnold, Steven H., Vol I
Aufderheide, Patricia, Vol II
Bennett, Betty T., Vol II
Blecker, Robert A., Vol I
Brautigam, Deborah, Vol I
Breitman, Richard D., Vol I
Broad, Robin, Vol I
Cheru, Fantu, Vol I
Clarke, Duncan, Vol I
Comor, Edward, Vol II

Cromwell, William C., Vol I
Dienes, C. Thomas, Vol IV
Eyck, Gunther, Vol I
Finan, John J., Vol I
Garrard, Mary, Vol I
Garvey, John Leo, Vol IV
Goldstein, Joshua S., Vol I
Goodman, Louis, Vol I
Greenberg, Gershon, Vol IV
Gregg, Robert, Vol I
Guttman, Egon, Vol IV
Hammer, Mitchell R., Vol II
Hendrix, Jerry, Vol II
Henning, Randall, Vol I
Hirschmann, David, Vol I
Jorgens, Jack J., Vol II
Kim, Hyung Kook, Vol I
Kinsella, David, Vol I
Klein, Ira N., Vol I
Kraut, Alan M., Vol I
Kuznick, Peter J., Vol I
Lewis, Peter, Vol I
Loesberg, Jonathan, Vol II
Lubrano, Linda L., Vol I
Maisch, Christian, Vol I
Mardin, Serif, Vol I
Marlin-Bennett, Rene, Vol I
McCann, Richard, Vol II
McCurdy, Howard Earl, Vol I
Mendelson, Johanna, Vol I
Mittelman, James, Vol I
Mowlana, Hamid, Vol II
Moyer, Kermit W., Vol II
Murray, Shoon, Vol I
Nadell, Pamela, Vol I
Noble, Marianne K., Vol II
Oppenheim, Janet, Vol I
Pasha, Mustapha, Vol I
Payne, Deborah C., Vol I
Phillips, Ann, Vol I
Pike, David, Vol II
Prevots, Naima, Vol I
Raskin, Jamin, Vol IV
Reagon, Bernice Johnson, Vol I
Rice, Paul R., Vol IV
Richardson, John, Vol I
Robbins, Ira Paul, Vol IV
Rossi, Christopher, Vol IV
Rubenstein, Roberta, Vol II
Said, Abdul Aziz, Vol I
Salla, Michael, Vol IV
Salzman, Jim, Vol IV
Samarasinghe, Vidyamali, Vol I
Sargentich, Thomas O., Vol IV
Schneider, Cathy, Vol I
Schwartz, Herman, Vol IV
Shalleck, Ann, Vol IV
Sharoni, Simona, Vol I
Silvia, Stephen J., Vol I
Spragens, Janet R., Vol IV
Stack, Richard, Vol II
Sutton, Sharyn, Vol II
Taylor, Henry, Vol II
Vaughn, Robert Gene, Vol IV
Wapner, Paul, Vol I
Weaver, Gary, Vol II
Wechsler, Burton D., Vol IV
White, Charles Sidney John, Vol I
Williams, Joan C., Vol I
Williams, Paul R., Vol IV
Yamauchi, Joanne, Vol III

Zhao, Quansheng, Vol I

Amherst Col
Cameron, John, Vol II
Cheyette, Fredric Lawrence, Vol I
Cody, Richard John, Vol II
Couvares, F.G., Vol I
Craig, George Armour, Vol II
Dizard, Jan, Vol I
Elias, Jamal J., Vol IV
Guttmann, Allen, Vol I
Gyatso, J., Vol I
Hawkins, Hugh Dodge, Vol I
Heath, William Webster, Vol II
Kennick, William Elmer, Vol IV
Margolis, Nadia, Vol III
Marshall, Peter K., Vol I
Moore, Joseph G., Vol IV
Moore, Ray A., Vol III
Niditch, Susan, Vol IV
O'Connell, Barry, Vol II
Petropulos, John Anthony, Vol I
Pritchard, William H., Vol II
Reck, David, Vol I
Sanchez-Eppler, Karen, Vol II
Sandweiss, Martha, Vol I
Sweeney, Kevin, Vol I
Townsend, Robert Campbell, Vol II
Wills, David Wood, Vol IV

Anderson Univ
Burnett, Fredrick Wayne, Vol IV
Chapman, Virginia, Vol II
Massey, James Earl, Vol IV
Stafford, Gilbert W., Vol IV

Andover Newton Theol Sch
Carlston, Charles E., Vol IV
Everett, William J., Vol IV
Fackre, Gabriel Joseph, Vol IV
Fontaine, Carole R., Vol IV
Holladay, William Lee, Vol IV
Pazmino, Robert W., Vol IV
Wan, Sze-Kar, Vol IV

Andrews Univ
Bacchiocchi, Samuele, Vol IV
Douglas, Walter, Vol IV
Economou, Elly Helen, Vol IV
Geraty, Lawrence Thomas, Vol I
Greig, Alexander Josef, Vol IV
Kis, Miroslav M., Vol IV
Merling, David, Vol IV
Paulien, Jon, Vol IV
Running, Leona Glidden, Vol III
Vyhmeister, Nancy Jean, Vol IV
Warren, Joseph W., Vol II
Whidden, Woodrow W., II, Vol IV

Angelo State Univ
Hindman, E. James, Vol I
Tetzlaff, Otto W., Vol III
Ward, James Randolph, Vol I

Anna Maria Col
Bilodeau, Lorraine, Vol IV

Antioch Col
Beckerman Davis, Barbara, Vol I
Filemyr, Ann, Vol II
Fogarty, Robert Stephen, Vol I
Patel, Ramesh, Vol IV
Rinehart, John, Vol I
Smoker, Paul L., Vol I
Warren, Scott, Vol IV
Whelchel, Marianne, Vol I

Appalachian State Univ
Claassen, Cheryl, Vol I
Dorgan, Howard, Vol II
Hanft, Sheldon, Vol I
Hauser, Alan J., Vol IV
Hay, Fred J., Vol I
Keefe, Susan E., Vol I
Keefe, Thomas Keelin, Vol I
Kinsey, Winston Lee, Vol I

O'Hyun, Park, Vol IV
Rupp, Richard Henry, Vol II
Simon, Stephen Joseph, Vol I
Stanovsky, Derek, Vol IV
Strickland, Ruth Ann, Vol I
Wade, Michael G., Vol I
Williamson, Jerry Wayne, Vol I

Aquinas Col, Michigan
Fabbro, Amata, Vol IV
Jefchak, Andrew Timothy, Vol II

Aquinas Inst of Theol
Ashley, Benedict M, Vol IV

Argonne National Laboratory
Hoffecker, J.F., Vol I

Aristos
Kamhi, Michelle Marder, Vol I
Torres, Louis, Vol II

Arizona State Univ, Tempe
Adelson, Roger, Vol I
Allen, Craig Mitchell, Vol II
Batalden, Stephen Kalmar, Vol I
Brandt, Beverly K., Vol I
Brink, Jeanie Renee, Vol II
Burg, Barry Richard, Vol I
Carney, James Donald, Vol IV
Codell, Julie, Vol I
Coudert, Allison P., Vol I
Croft, Lee B., Vol III
Curran, Mark Joseph, Vol III
Davis, Thomas Joseph, Vol I
Fisher, Marvin, Vol I
Foard, James Harlan, Vol IV
Friedman, Edward Herbert, Vol III
Fullinwider, S. Pendleton, Vol I
Giffin, Frederick Charles, Vol I
Gruzinska, Aleksandra, Vol III
Guntermann, Gail, Vol III
Harris, Mark, Vol II
Harris, Walter, Jr., Vol I
Horan, Elizabeth R., Vol I
Horwath, Peter, Vol III
Kahn, B. Winston, Vol I
Kehl, Delmar George, Vol II
Kintigh, Keith W., Vol I
Kleinfeld, Gerald R, Vol I
Lightfoot, Marjorie Jean, Vol II
Luckingham, Bradford Franklin, Vol I
Luey, Beth Edelmann, Vol II
Mackinnon, Stephen Robert, Vol I
Montgomery, Toni-Marie, Vol I
Ney, James Walter, Vol II
Nilsen, Alleen Pace, Vol III
Pedrick, Willard Hiram, Vol IV
Reynolds, Steven, Vol IV
Sensibar, Judith L., Vol II
Shinn, Thelma J., Vol II
Simon, Sheldon W., Vol I
Tambs, Lewis, Vol I
Tillman, Hoyt Cleveland, Vol I
Trennert, Robert Anthony, Vol I
Warnicke, Retha Marvine, Vol I
Warren, Morrison Fulbright, Vol I
Wetsel, William David, Vol III
White, Michael J., Vol I
Williams, Philip F.C., Vol III
Wilson, Jeffrey R., Vol I
Wong, Timothy C., Vol III
Youm, K.H., Vol II
Young, Otis E., Vol I

Arizona State Univ, West
Cutrer, Thomas W., Vol I

Arkansas State Univ
Bayless, Ovid Lyndal, Vol II
Smith, Charlie Calvin, Vol I

Arkansas Tech Univ
Mitchell, Jeff, Vol IV

Armstrong Atlantic State Univ
Baker, Christopher P., Vol II
Nordquist, Richard, Vol II
Townsend, Dabney W., Jr., Vol IV

Armstrong, Allen, Prewitt, Gentry, Johnston & Holmes
Chambliss, Prince C., Jr., Vol IV

Arnelle & Hastie
Arnelle, Hugh Jesse, Vol IV

Arnold & Assoc
Arnold, Rudolph P., Vol IV

Arrington & Hollowell, PC
Persons, W. Ray, Vol IV

Art Gallery of Ontario
Lachan, Katharine, Vol I
Rix, Brenda, Vol I

Art Inst of Chicago
McCullagh, Suzanne Folds, Vol I
Townsend, Richard, Vol I

Arts Extended Gallery
Taylor, Cledie Collins, Vol I

Asbury Col
Anderson, Neil D., Vol IV
Joly, Ralph Robert, Vol IV
Peterson, Michael Lynn, Vol IV
Simmons, Donald B., Vol III

Asbury Theol Sem
Arnold, Bill T., Vol IV
Green, Joel B., Vol IV
Kinghorn, Kenneth Cain, Vol I
Layman, Fred Dale, Vol IV
Lyon, Robert William, Vol IV
Thompson, David L., Vol IV
Walters, John R., Vol IV
Witherington, Ben, Vol IV
Zahniser, A. H. Mathias, Vol III

Ascension Priory
Feiss, Hugh, Vol IV

Ashland Univ
Fleming, Deborah Diane, Vol II
Gaines, Elliot I., Vol II

Assemblies of God Theol Sem
Cotton, Roger D., Vol IV

Associated Mennonite Biblical Sem
Bender, Ross Thomas, Vol IV
Dyck, Cornelius John, Vol I
Koontz, Gayle Gerber, Vol IV
Lind, Millard C., Vol IV
Swartley, Willard M., Vol IV

Associates for Biblical Res
Wood, Bryant G., Vol III

Assumption Abbey
Kardong, Terrence G., Vol IV

Assumption Col
Catto, Bonnie, Vol I
Knoles, Lucia, Vol I
Mcclymer, John Francis, Vol I
Moynihan, Kenneth J., Vol I
Rollins, Wayne Gilbert, Vol IV

AT&T
Johnson, John W., Vol IV

Athabasca Univ
Andria, Marco, Vol IV
Finkel, Alvin, Vol I
Roberts, Barbara A., Vol I

Athenaeum of Ohio
Callan, T., Vol IV

Athenaeum of Philadelphia
Moss, Roger W., Vol IV

Athens State Col
Laubenthal, Penne J., Vol II

Atlanta Division, US Equal Employment Opportunity Commission
Darden, George Harry, Vol IV

Atlanta Univ
Holmes, Robert A., Vol I

Atlantic Baptist Col
Wilson, Robert Sydney, Vol I

Atlantic Union Col
Kennedy, D. Robert, Vol IV
Sbacchi, Alberto, Vol I
Wehtje, Myron Floyd, Vol I

Auburn Theol Sem
Wink, Walter, Vol IV

Auburn Univ
Backscheider, Paula R., Vol II
Berkley, Gerald Wayne, Vol I
Billiams, Lynn Barstis, Vol III
Bond, Gordon Crews, Vol I
Cesarz, Gary, Vol IV
Elfstrou, Gerard, Vol IV
Fair, John Douglas, Vol I
Harrell, David E., Jr., Vol IV
Kicklighter, Joseph Allen, Vol I
Latimer, Dan Raymond, Vol III
Lewis, Walter David, Vol I
Long, Roderick T., Vol IV
Michael, Marion C., Vol II
Newton, Wesley Phillips, Vol I
Penaskovic, Richard, Vol IV
Spencer, Samia Iskander, Vol III
Wilson, David, Vol I
Wright, Thomas L., Vol II

Auburn Univ, Montgomery
Crowley, Joseph P., Vol III
Fitzsimmons, Michael P., Vol I
Little, Anne Colclough, Vol II
Simmons, Michael, Vol I

Augsburg Col
Reichenbach, Bruce Robert, Vol IV

Augusta State Univ
Jegstrup, Elsebet, Vol IV
Mixon, Wayne, Vol I

Peden, William Creighton, Vol IV
Rice, Louise Allen, Vol II
Shotwell, Clayton M., Vol I

Augustana Col
Calder, Lendol, Vol I
Huse, Nancy Lyman, Vol II
Kivisto, Peter, Vol I
Mayer, Thomas F., Vol I
Noice, Helga, Vol III
Olson, Gary Duane, Vol I
Symons, Van J., Vol I
Tredway, John Thomas, Vol IV

Augustana Univ
Harland, Paul W., Vol II

Aurora Univ
Strassberg, Barbara, Vol I

Austin & Associates
Austin, Bobby William, Vol II

Austin Col
Cape, Robert W., Vol I
Carlson, Arvid John, Vol I
Cummins, Light Townsend, Vol I
Cummins, Victoria Hennessey, Vol I
Moore, William Hamilton, Vol II
Tooley, T. Hunt, Vol I

Austin Comm Col
Dryden, M., Vol III

Austin Peay State Univ
Butts, Michelle Tucker, Vol I
Gildric, Richard P., Vol I
Joyce, Donald Franklin, Vol II
Muir, Malcolm, Jr., Vol I
Pesely, George E., Vol I

Austin Presbyterian Theol Sem
Dearman, John Andrew, Vol IV

Australian National Univ
Benjamin, Roger, Vol I
Bolton, Lissant, Vol I
Callaway, Anita, Vol I
Churcher, Betty, Vol I
Clarke, Graeme, Vol IV
Dening, Greg, Vol I
Fitzpatrick, Martin, Vol I
Furniss, Elizabeth, Vol I
Kerr, Joan, Vol I
Kleinert, Sylvia, Vol I
Lamb, Jonathan, Vol II
McCalman, Iain, Vol I
Merwick, Donna, Vol I
Neumann, Klaus, Vol I
Orr, Bridget, Vol II
Pinney, Chris, Vol II
Russell, Gillian, Vol I
Turnbull, Paul, Vol I

Averett Col
Laughlin, John C.H., Vol IV

Azusa Pacific Univ
Bean, Heather Ann Ackley, Vol IV
Padgett, Alan G., Vol IV
Robison, R.E., Vol III
Shoemaker, Melvin H., Vol IV

Babson Col
Bruner, M. Lane, Vol II
Hoopes, James, Vol I
Seitz, Brian, Vol IV

Baker Univ
Hatcher, Donald L., Vol IV
Wiley, George, Vol IV

Baldwin-Wallace Col
Allman, William Arthur, Vol II
Martin, Terry J., Vol II
Moore, Edgar Benjamin, Vol I

Ball State Univ
Adrian, Daryl B., Vol II
Brown, James W., Vol III
Conn, Earl Lewis, Vol II
Edmonds, Anthony Owens, Vol I
Flores, Carol A., Vol I
Gilman, Donald, Vol III
Greenwood, Theresa M. Winfrey, Vol I
Hoover, Dwight W, Vol I
Hozeski, Bruce William, Vol II
Jackson, Philip Taylor, Vol I
Koontz, Thomas Wayne, Vol II
Koumoulides, John A., Vol I
Liston, William Thomas, Vol II
Mertens, Thomas R., Vol IV
O'Hara, Michael M., Vol I
Perera, Nihal, Vol I
Seager, Sharon Hannum, Vol I
Trimmer, Joseph Francis, Vol II
Weakland, John Edgar, Vol I
Yordon, Judy E., Vol II

Baltimore Choral Arts Soc
Hall, Tom, Vol I

Baltimore Hebrew Univ
Baumgarten, Joseph M., Vol III
Freedman, Robert Owen, Vol I
Gittlen, Barry M, Vol I

Bangor Theol Sem
Trobisch, David, Vol IV

Baptist Theol Sem
Pipkin, Harry Wayne, Vol I
Polaski, Sandra Hack, Vol IV

Bar-Ilan Univ
Spolsky, Ellen, Vol II

Barbara Hogenson Agency
Williams, John Alfred, Vol II

Barbee Johnson & Glenn
Johnson, Walter Thaniel, Jr., Vol IV

Barber-Scotia Col
McLean, Mable Parker, Vol I

Bard Col
Botstein, Leon, Vol I
Brockopp, Jonathan E., Vol IV
Chilton, Bruce, Vol IV
Kahn, Jonathan, Vol I
Lytle, Mark Hamilton, Vol I
Orlin, Eric, Vol I
Rosenberg, Justus, Vol III
Sourian, Peter, Vol II

Barnard Col
Bacon, Helen Hazard, Vol I
Carman, Taylor, Vol II
Carnes, Mark C., Vol I
Eisenstein, Hester, Vol I
Gavronsky, Serge, Vol III
Hawley, John Stratton, Vol IV
McCaughey, Robert Anthony, Vol I
Wemple, Suzanne Fonay, Vol I

Barnes, McGhee, Neal, Poston & Segue
Barnes, Joseph Nathan, Vol IV

Barry Univ
Iozzio, Mary Jo, Vol IV
Koperski, Veronica, Vol IV
Lee, Joseph Patrick, Vol III
Madden, Daniel Patrick, Vol IV
Mendez, Jesus, Vol I
Rice, Eileen F., Vol I
Sunshine, Edward R., Vol IV

Barton Col
Jones, Joe Frank, Vol IV

Baruch Col, CUNY
Barasch, Frances K., Vol II
Berggren, Paula S., Vol II
Berkin, Carol Ruth, Vol I
Berrol, Selma Cantor, Vol I
Feingold, Henry L., Vol I
Jurkevich, Gayana, Vol III
Lackey, Douglas Paul, Vol IV
Lefkowitz, Joel M., Vol I
Pessen, Edward, Vol I
Rollyson, Carl E., Jr., Vol II
Saloman, Ora Frishberg, Vol I
Schneider, Marshall Jerrold, Vol III
Trumbach, Randolph, Vol I

BASIC
Vivian, Cordy Tindell, Vol IV

Bates Col
Hochstadt, Steve, Vol I
Kolb, David Alan, Vol IV
Leamon, James Shenstone, Vol I

Baylor Col of Med
Brody, Boruch Alter, Vol IV
Engelhardt, Hugo Tristram, Jr., Vol IV
McCullough, Laurence B., Vol IV

Baylor Univ
Baird, Robert Malcolm, Vol IV
Barge, J. Kevin, Vol II
Breckenridge, James, Vol I
Charlton, Thomas Lee, Vol I
Collmer, Robert George, Vol II
Creed, Bradley, Vol IV
Cresson, Bruce Collins, Vol IV
Davis, Derek H., Vol IV
Davis, William V., Vol II
Duncan, Elmer H, Vol IV
Hendon, David Warren, Vol I
Lemaster, Jimmie R., Vol III
Longfellow, David Lyman, Vol I
Ngan, Lai Ling E., Vol IV
Patterson, Bob E., Vol II
Pitts, Bill, Vol IV
Ray, Robert H., Vol II
Sorelle, James Martin, Vol I
Vardaman, James Welch, Vol I
Velez, Joseph Francisco, Vol III
Wood, John A., Vol IV

Beatty & Roseboro Co
Beatty, Otto, Jr., Vol IV

Beaver Col
Bracy, William, Vol II
Huang, Siu Chi, Vol IV

Beaverbrook Art Gallery
Lumsden, Ian G., Vol I

Beinecke Rare Bk and Manuscript Libr
Franklin, Ralph William, Vol II

Bell & Gardner P C
McGinnis, James W., Vol IV

Bellarmine Col
Hall, Wade H., Vol II

Belmont Abbey Col
Biggs, Anselm, Vol I

Belmont Univ
Landes, W. Daniel, Vol II

Beloit Col
Freeman, Thomas Parry, Vol III
Hodge, Robert White, Vol I
Street, Jack David, Vol III

Bemidji State Univ
Blackwood, Roy E., Vol II
Thomaidis, Spero T., Vol I

Benedict Col
Grigsby, Marshall C., Vol IV

Benedictine Col
Macierowski, E.M., Vol IV
Meade, Denis, Vol IV

Benedictine Univ
Komechak, Michael E., Vol II

Bennett Col
Brown, Linda Beatrice, Vol II

Bentley Col
Geehr, Richard Stockwell, Vol I
Gillan, Jeniffer, Vol II
Herzberg, Bruce, Vol II
Sprich, C. Robert, Vol II

Berea Col
Bolin, John Seelye, Vol II
McDonald, Verlaine, Vol II
Nelson, Paul David, Vol I
Pearson, Eric, Vol IV
Schneider, Robert J., Vol II

Bergen Comm Col
Cronk, George, Vol IV
Dolce, Philip Charles, Vol I
Lenk, Richard William, Vol I
Woodland, Calvin Emmanuel, Vol I

Berkeley Col
Stout, Harry S., Vol I

Berklee Col of Music
Perricone, Jack, Vol I
Voigt, John F., Vol II

Berkowitz, Lefkovits, Isom & Kushner
James, Frank Samuel, III, Vol IV

Berry Col
Hill, Harvey, Vol IV
Papazian, Michael, Vol IV
Tenger, Zeynep, Vol II

Bertoni Hall
Murray, Pius, Vol IV

Best Practice Inst
Camp, Robert C., Vol I

Bethany Baptist Church
Jones, William A., Jr., Vol IV

Bethany Nazarene Col
Jennings, Lawrence Charles, Vol II

Bethany Theol Sem
Brown, Dale W., Vol IV
Durnbaugh, Donald F., Vol IV
Roop, Eugene F., Vol I

Bethel Baptist Church East
Hughes, Carl D., Vol I

Bethel Col
Anderson, Stanley Daniel, Vol IV
Erdel, Timothy Paul, Vol IV
Juhnke, James Carlton, Vol I
Olson, Roger E., Vol IV
Piper, Jon Kingsbury, Vol I
Reece, Debra J., Vol II
Stewart, Melville Y., Vol IV

Bethel Sem, San Diego
Eaton, Kent A., Vol IV
Youngblood, Ronald F., Vol IV

Biblical Research Inst
Rodriguez, Angel Manuel, Vol IV

Biblical Theol Sem
Newman, Robert Chapman, Vol IV
Vannoy, J. Robert, Vol IV

Biola Univ
Finley, Thomas John, Vol IV
Lewis, Todd Vernon, Vol II

Birmingham-So Col
Hendley, Steve, Vol IV
Ward, Dorothy Cox, Vol III

Bishop Col
Rollins, Richard Albert, Vol IV

Bishop's Univ
Grogan, Claire, Vol II
Kuepper, Karl Josef, Vol III
McLean, Ken, Vol II
Norman, Joanne S., Vol II

Black Scholar
Allen, Robert L., Vol I

Bloomfield Col
Figueredo, Danilo H., Vol III
Fuller, Clarence, Vol III
Hart, Richard E., Vol IV

Bloomsburg Univ of Pennsylvania
Baillie, William Mayan, Vol II
Bertelsen, Dale A., Vol II
Brasch, Walter Milton, Vol III
Bryan, Jesse A., Vol I
Fuller, Lawrence Benedict, Vol II
Hales, Steven, Vol IV
Hickey, Michael C., Vol I
Smiley, Ralph, Vol I
Smith, Riley Blake, Vol II

Bluefield Col
Crawford, Timothy G., Vol IV
Lyle, Kenneth, Vol IV

Bluffton Col
Gratz, Delbert L., Vol I
Johns, Loren L., Vol IV
Weaver, J. Denny, Vol IV

Bob Jones Univ
Beale, David Otis, Vol I
Kindall, Susan Carol, Vol I
Kuehmann, Karen Marie, Vol I
Lawson, Darren P., Vol II
Matzko, John Austin, Vol I
Parker, Mark M., Vol I

Boise State Univ
Boyer, Dale Kenneth, Vol II
Jones, Daryl, Vol II
Lauterbach, Charles Everett, Vol II
Lovin, Hugh Taylor, Vol I
Maguire, James Henry, Vol II
Ourada, Patricia K., Vol I
Sahni, Chaman Lall, Vol II
Sims, Robert Carl, Vol I
Vinz, Warren Lang, Vol I
Zirinsky, Michael Paul, Vol I

Bolchazy-Carducci Publishers, Inc
Bolchazy, Ladislaus J., Vol I

Bolerium Books
Hackenburg, Michael, Vol I

Boston Col
Appleyard, Joseph A., Vol II
Araujo, Norman, Vol III
Baron, Charles Hillel, Vol IV
Blake, Richard, Vol II
Blanchette, Oliva, Vol IV
Braude, Benjamin, Vol I
Breines, Paul, Vol I
Buni, Andrew, Vol I
Byrne, Patrick Hugh, Vol IV
Cahill, Lisa Sowle, Vol IV
Cleary, John J., Vol IV
Criscenti, Joseph Thomas, Vol I
Cronin, James E., Vol I
Daly, William M., Vol I
Deleeuw, Patricia Allwin, Vol IV
Egan, Harvey Daniel, Vol IV
Eykman, Christoph Wolfgang, Vol III
Figurito, Joseph, Vol III
Florescu, Radu R., Vol I
Friedman, Ellen G., Vol I
Garroutte, Eva, Vol I
Green, Carol Hurd, Vol I
Groome, Thomas H., Vol IV
Gurtler, Gary M., Vol IV
Haskin, Dayton, Vol II
Himes, Michael J., Vol IV
Howe, Ruth-Arlene W., Vol IV
Katz, Sanford Noah, Vol IV
Lamparska, Rena A., Vol II
Langer, Ruth, Vol IV
Manning, Roberta Thompson, Vol I
Mccarthy, John F., Vol II
McDonough, Christopher Michael, Vol I
Mcnally, Raymond T., Vol I
Michalczyk, John Joseph, Vol III
Monan, James Donald, Vol IV
Morrill, Bruce T., Vol IV
Murphy, Francis Joseph, Vol I
Northrup, David Arthur, Vol I
O'Connor, Thomas H., Vol I
Petillo, Carol Morris, Vol I
Picklesimer, Dorman, Vol II
Pope, Stephen J., Vol IV
Raelin, Joseph A., Vol I
Reinerman, Alan Jerome, Vol I
Resler, W. Michael, Vol III
Schrader, Richard James, Vol II
Smith, Charles F., Jr., Vol I
Thomas, Margaret, Vol III
Weiss, James Michael, Vol I
Weitzman, Arthur Joshua, Vol II

Wilt, Judith, Vol II

Boston Univ
Beaudry, Mary Carolyn, Vol I
Bellow, Saul, Vol II
Bennett, Norman Robert, Vol I
Blum, Lawrence A., Vol IV
Boskin, Joseph, Vol I
Brinkmann, Klaus, Vol IV
Bruce, Robert Vance, Vol I
Burch, Sharon Peebles, Vol IV
Cahoone, Lawrence, Vol IV
Cass, Ronald Andrew, Vol IV
Chung, Chai-sik, Vol IV
Corrin, Jay Patrick, Vol I
Cottle, Thomas J., Vol I
Diefendorf, Barbara Boonstoppel, Vol I
El-Baz, Farouk, Vol I
Feld, Alan L., Vol IV
Ferrarin, Alfredo, Vol IV
Floyd, Juliet, Vol IV
Fredriksen, P., Vol IV
Friedman, Sidney Joseph, Vol II
Gabel, Creighton, Vol I
Gagliardo, John G., Vol I
Gilkes, Cheryl Townsend, Vol IV
Glick, Thomas F., Vol I
Haakonssen, Knud, Vol IV
Hansen, Julie, Vol I
Hecht, Neil S., Vol IV
Henderson, Jeffrey, Vol I
Hintikka, Jaakko, Vol IV
Hoddie, James Henry, Vol III
Kee, Howard Clark, Vol IV
Keylor, William Robert, Vol I
Kline, Thomas Jefferson, Vol III
Korom, Frank J., Vol II
Lepore, Jill, Vol I
Leventhal, Fred Marc, Vol I
Levine, Julius B., Vol IV
Levine, Robert, Vol II
Lindberg, Carter Harry, Vol IV
Lyons, David, Vol IV
Miller, Naomi, Vol I
Neville, Robert C., Vol IV
Oliver, Harold Hunter, Vol IV
Orlow, Dietrich Otto, Vol I
Park, William Wynnewood, Vol IV
Parker, Simon B., Vol I
Partan, Daniel Gordon, Vol IV
Pinsky, Robert, Vol II
Psathas, George, Vol I
Quitt, Martin Herbert, Vol I
Riely, John C., Vol II
Rosen, Stanley H., Vol I
Ruck, Carl Anton Paul, Vol I
Ryan, Kevin, Vol I
Saitz, Robert Leonard, Vol III
Scully, Stephen P., Vol I
Seipp, David J., Vol I
Siemon, James Ralph, Vol II
Silbaugh, Katherine, Vol IV
Silber, John Robert, Vol IV
Silber, Nina, Vol I
Smith, Joanna S., Vol I
Tauber, Alfred I., Vol IV
Vance, William Lynn, Vol II

Bowdoin Col
Boyd, Barbara Weiden, Vol I
Cerf, Steven Roy, Vol III
Helmreich, Ernst Christian, Vol I
Levine, Daniel, Vol I
Long, Burke O'Connor, Vol IV
Pols, Edward, Vol IV
Walter, John Christopher, Vol I

Bowie State Univ
Arrington, Pamela Gray, Vol I
Miller, M. Sammye, Vol I

Bowling Green State Univ
Bradford, Carole A., Vol III
Bradie, Michael, Vol IV
Browne, Ray B., Vol I
Corrigan, Vincent, Vol I
Daly, Lawrence John, Vol I
Danziger, Edmund J., Vol I
Dixon, Lynda D., Vol II
Forse, James Harry, Vol I
Friedman, Lawrence Jacob, Vol I
Givens, Stuart R., Vol I

Harms, William F., Vol IV
Hess, Gary R., Vol I
Kiple, Kenneth Franklin, Vol I
Mccord, Howard, Vol II
Middleton, Charles, Vol I
Myers, Norman J., Vol I
Myers, Norman Jerald, Vol II
Pallister, Janis Louise, Vol III
Patraka, Vivian, Vol II
Scott, Alison M., Vol I
Scott, John Sherman, Vol I
Skaggs, David Curtis, Vol I
Stockwell, Edward G., Vol I
Stuart, James Donald, Vol IV
Thomas, Jack Ray, Vol I
Wolfe, Ralph Haven, Vol II

Bradley Univ
Bowers, William Lavalle, Vol I
Claussen, Ernest Neal, Vol II
Fuller, Robert Charles, Vol IV
Guzman, Gregory G., Vol I
Maier, Carol Smith, Vol III

Brandeis Univ
Binion, Rudolph, Vol I
Black, Eugene Charlton, Vol I
Engelberg, Edward, Vol III
Freeze, Gregory L., Vol I
Hale, Jane Alison, Vol II
Harth, Erica, Vol III
Jackendoff, Ray Saul, Vol III
Jick, Leon Allen, Vol I
Johnston, Patricia Ann, Vol I
Jones, Jacqueline, Vol I
Kaplan, Edward Kivie, Vol III
Keller, Morton, Vol I
Lansing, Richard Hewson, Vol III
Lida, Denah Levy, Vol III
Reinharz, Jehuda, Vol I
Sarna, Jonathan D., Vol I
Sarna, Nahum M., Vol IV
Staves, Susan, Vol II
Todd, Ian Alexander, Vol I
Whitfield, Stephen Jack, Vol I
Young, Dwight Wayne, Vol III
Zohn, Harry, Vol III

Brandon Univ
Cederstrom, Lorelei S., Vol II
Ens, Gerhard J., Vol I
Florida, Robert E., Vol IV
Mott, Morris K., Vol I
Pernal, Andrew B., Vol I

Branwe, Chalfant & Hill
Chalfant, William Y., Vol I

Brenau Univ
Southerland, James Edward, Vol I

Brescia Col
Browne, Maureen, Vol III

Briar Cliff Col
Cooney, William, Vol IV

Bridgewater State Col
Curley, Thomas Michael, Vol II
Turner, Thomas Reed, Vol I

Brigham Young Univ
Alexander, Thomas G., Vol I
Baker, Joseph O., Vol III
Beecher, Maureen Ursenbach, Vol III
Britsch, R. Lanier, Vol I
Brown, Scott Kent, Vol I
Cannon, Donald Quayle, Vol I
Carter, K. Codell, Vol II
Cowan, Richard O., Vol I
Cracroft, Richard Holton, Vol II
Davis, Garold N., Vol III
Faulconer, James E., Vol IV
Flammer, Philip Meynard, Vol I
Fox, Frank Wayne, Vol I
Geary, Edward Acord, Vol I

Hallen, Cynthia L., Vol III
Hart, Edward Leroy, Vol II
Holmes, Blair R., Vol I
Hyer, Paul V., Vol I
Jackson, Kent Phillips, Vol I
Jarvis, Donald Karl, Vol II
Jensen, De Lamar, Vol I
Jones, Randall Lee, Vol III
Kelling, Hans-Wilhelm L., Vol III
Lanier Britsch, R., Vol I
Larson, Clinton F., Vol I
Lounsbury, Richard Cecil, Vol I
Luthy, Melvin Joseph, Vol III
Madsen, Carol Cornwall, Vol I
Madsen, Truman Grant, Vol IV
Oaks, Harold Rasmus, Vol II
Parry, Joseph D., Vol I
Paxman, David B., Vol II
Peer, Larry Howard, Vol III
Perkins, George W., Vol III
Pixton, Paul Brewer, Vol I
Preston, Cheryl B., Vol IV
Quackenbush, Louis Howard, Vol III
Reynolds, Noel Beldon, Vol IV
Rogers, Thomas Franklyn, Vol III
Shumway, Larry V., Vol I
Skousen, Royal Jon, Vol III
Tanner, John Sears, Vol I
Tanner, Stephen Lowell, Vol II
Tate, George Sheldon, Vol II
Wardle, Lynn Dennis, Vol I
Warner, Ted J, Vol I
Wilson, Laurie J., Vol II
York, Neil Longley, Vol I

Broadman & Holman Publishers
Clendenen, E. Ray, Vol III

Brock Univ
Anderson, Mark, Vol I
Arthur, Alan, Vol I
Baxter-Moore, Nick, Vol II
Bredin, Marian, Vol II
Debly, Patricia, Vol I
Dirks, Patricia, Vol I
Drake, Fred, Vol I
Dyer, Klay, Vol II
Grant, Barry Keith, Vol II
Hanyan, Craig, Vol I
Irons, Glenwood H., Vol II
Leach, Jim, Vol II
McGarrell, Hedy M., Vol III
McLeod, Jane, Vol I
Miles, Murray Lewis, Vol IV
Miller, Mary Jane, Vol II
Nicks, Joan P., Vol I
Parker, Richard W., Vol I
Patrias, Carmela, Vol I
Preston, Joan M., Vol II
Sainsbury, John, Vol I
Sanchez, Monica E., Vol III
Sauer, Elizabeth, Vol II
Schutz, Herbert, Vol III
Sivell, John, Vol II
Sloniowski, Jeannette, Vol II
Spearey, Susan, Vol II
Szuchewycz, Bohdan G., Vol II
Taylor, Robert R., Vol I
Turner, Wes, Vol I

Bronx Comm Col, CUNY
Fergenson, Laraine Rita, Vol II
Frank, Mortimer Henry, Vol II
Hall, N. John, Vol II
Lankevich, George J., Vol I
Ryan, James D., Vol I
Scherr, A.E., Vol I
Terrell, Francis D'Arcy, Vol IV

Brookhaven National Lab
Harbottle, Garman, Vol I

Brookings Inst
Cohen, Stephen P., Vol I
Deng, Francis M., Vol I
Dionne, E.J., Vol I
Downs, Anthony, Vol I

Brooklyn Col, CUNY
Ashley, Leonard R.N., Vol II
Baumbach, Jonathan, Vol II
Beckson, Karl, Vol II
Berger, David, Vol I
Black, Nancy BreMiller, Vol II
Bridenthal, Renate, Vol I
Bridenthal, Renate, Vol I
Browne, William Francis, Vol II
Bruffee, Kenneth Allen, Vol II
Clayman, Dee Lesser, Vol I
Cook, Daniel Joseph, Vol IV
Fichtner, Paula Sutter, Vol I
Filer, Malva Esther, Vol III
Gelernt, Jules, Vol II
Haring, Lee, Vol I
Hirsch, Julia, Vol II
Hoogenboom, Ari, Vol I
King, Margaret Leah, Vol I
Kramer, Maurice, Vol II
Langley, Stephen G., Vol II
Leiman, Sid Zalman, Vol I
Leiter, Samuel Louis, Vol II
Mallory, Michael, Vol I
Mermall, Thomas, Vol III
Michael, Emily, Vol IV
Monteiro, Thomas, Vol I
Page, Willie F., Vol I
Papayanis, Nicholas, Vol I
Reguer, Sara, Vol I
Rogers, Katharine Munzer, Vol II
Schaar, Stuart H., Vol I
Seiden, Morton Irving, Vol II
Sengupta, Gunja, Vol I
Singer, Beth J., Vol IV
Stevens-Arroyo, Antonio M., Vol IV
Trefousse, Hans L., Vol I
Wilson, Joseph F., Vol I
Wiseman, Mary Bittner, Vol IV
Wolfe, Ethyle Renee, Vol I
Zlotnick, Joan C., Vol II

Brooklyn Law Sch
Solan, Lawrence, Vol IV

Broome Comm Col
O'Neil, Patrick M., Vol I

Broward Comm Col
Ryan, Thomas Joseph, Vol I

Brown & Porter
Dale, Walter R., Vol IV

Brown Univ
Ackerman, Felicia, Vol IV
Ahearn, Edward J., Vol III
Almeida, Onesimo, Vol II
Benedict, Philip Joseph, Vol I
Blasing, Mutlu Konuk, Vol II
Blumstein, Sheila Ellen, Vol III
Boegehold, Alan, Vol I
Brock, Dan W., Vol IV
Chambers, Timothy, Vol IV
Crossgrove, William Charles, Vol I
Davis, Robert Paul, Vol IV
Denniston, Dorothy L., Vol II
Dreier, James, Vol IV
Dupree, Anderson Hunter, Vol I
Durand, Frank, Vol II
Fido, Franco, Vol III
Fornara, Charles William, Vol I
Francis, Winthrop Nelson, Vol III
Gleason, Abbott, Vol I
Graubard, Stephen Richards, Vol I
Heath, Dwight Braley, Vol I
Hirsch, David Harry, Vol II
Holloway, Robert Ross, Vol I
Honig, Edwin, Vol II
Joukowsky, Martha Sharp, Vol I
Kahn, Coppelia, Vol II
Kertzer, David Israel, Vol I
Konstan, David, Vol I
Kucera, Henry, Vol III
Landow, George Paul, Vol II
Lesko, Leonard Henry, Vol I
Lieberman, Philip, Vol III
Litchfield, Robert Burr, Vol I
Love, Frederick Rutan, Vol III
Monroe, William S., Vol I

Neu, Charles Eric, Vol I
Oldcorn, Anthony, Vol III
Patterson, James Tyler, Vol I
Pucci, Joseph M., Vol III
Putnam, Michael C.J., Vol I
Raaflaub, Kurt A., Vol I
Reeder, John P., Vol I
Regnister, Bernard, Vol IV
Richards, Joan Livingston, Vol I
Rosenberg, Bruce, Vol I
Schmitt, Richard George, Vol IV
Scholes, Robert, Vol II
Schulz, Anne Markham, Vol I
Schulz, Juergen, Vol I
Sosa, Ernest, Vol IV
Stowers, Stanley Kent, Vol I
Terras, Victor, Vol III
Thomas, John Lovell, Vol I
Titon, Jeff Todd, Vol I
Twiss, Sumner Barnes, Vol IV
Van Cleve, James, Vol IV
Wilmeth, Don B., Vol I
Wood, Gordon Stewart, Vol I
Wyatt, William F., Vol I

BROWN-ROA
Thibeau, Matthew J., Vol IV

Bruccoli Clark Layman, Inc
Layman, Richard, Vol II

Bryan Cave LLP
Winter, Douglas E., Vol IV

Bryant Col
Litoff, Judy Barrett, Vol I

Bryn Athyn Col of the New Church
Gladish, Robert Willis, Vol II

Bryn Mawr Col
Banziger, Hans, Vol III
Bernstein, Carol L., Vol II
Brand, Charles Macy, Vol I
Burlin, Robert B., Vol II
Cast, David Jesse Dale, Vol I
Cohen, Jeffrey A., Vol I
Dean, Susan Day, Vol II
Dersofi, Nancy, Vol III
Dickerson, Gregory Weimer, Vol I
Dorian, Nancy Currier, Vol III
Dostal, Robert J., Vol IV
Dudden, Arthur Power, Vol I
Gaisser, Julia Haig, Vol I
Hamilton, Richard, Vol I
Kramer, Joseph Elliot, Vol II
Krausz, Michael, Vol IV
Lane, Barbara Miller, Vol I
Lang, Mabel Louise, Vol I
Maurin, Mario, Vol III
Mellink, Machteld Johanna, Vol I
Ridgway, Brunilde (Sismondto), Vol I
Salmon, John Hearsey Mcmillan, Vol I
Silvera, Alain, Vol I

Buckhead Editorial Service
Holler, Clyde, Vol IV

Bucknell Univ
Baumwoll, Dennis, Vol II
Beard, Robert Earl, Vol III
Fell, Joseph Phineas, Vol IV
Grim, John A., Vol I
Holzberger, William George, Vol II
Huffines, Marion Lois, Vol III
Keen, J. Ernest, Vol I
Little, Daniel E., Vol IV
Martin, Francis David, Vol IV
Padilla, Mark, Vol I
Payne, Michael, Vol II
Sturm, Douglas Earl, Vol IV
Tucker, Mary Evelyn, Vol I

Verbrugge, Martha Helen, Vol I

Bucks County Comm Col
Bursk, Christopher, Vol II

Buffalo City Court
Scott, Hugh B., Vol IV

Bullock County Board of Education
Lewis, Meharry Hubbard, Vol I

Bunker Hill Comm Col
Smith, Diane M., Vol II

Burke, Warren & MacKay, PC
Bateman, Paul E., Vol IV

Burney & Foreman
Foreman, Peggy E., Vol IV

Butler Univ
Baetzhold, Howard George, Vol II
Geib, George Winthrop, Vol I
Kooreman, Thomas Edward, Vol III
Saffire, Paula Reiner, Vol I
van der Linden, Harry, Vol IV
Willem, Linda M., Vol III

Byzantine Catholic Sem
Custer, John S., Vol IV

Cabrini Col
Halpern, Cynthia L., Vol III
Primiano, Leonard Norman, Vol IV
Reher, Margaret Mary, Vol I

California Acad of Science
Kolbert, Jack, Vol III

California Baptist Col
Wilson, Danny K., Vol IV

California Col of Arts and Crafts, Oakland
Adisa, Opal Palmer, Vol III

California Continuing Education of the Bar
Millner, Dianne Maxine, Vol IV

California Health Care Inst
Gollaher, David L., Vol I

California Inst of Tech
Clark, Justus Kent, Vol II
Fay, Peter Ward, Vol I
Goodstein, Judith Ronnie, Vol I
Kevles, Daniel Jerome, Vol I
Kousser, Joseph Morgan, Vol I
Rosenstone, Robert Allan, Vol I

California Lutheran Univ
Stewart, Walter K, Vol III
Streeter, Jarvis, Vol IV
Tierney, Nathan L., Vol IV

California Polytech State Univ
Barnes, Timothy Mark, Vol I
Bethel, Arthur Charles Walter, Vol IV
Evnine, Simon, Vol IV
Gish, Robert F., Vol II
Houlgate, Laurence Davis, Vol IV
Lynch, Joseph J., Vol IV
Saltzman, Judy Deane, Vol IV
Snetsinger, John, Vol I
Woodward, J., Vol IV
Yip, Christopher, Vol I

California State Polytech Univ
Bellman, Samuel Irving, Vol II
Evans, William Mckee, Vol I
Morsberger, Robert E., Vol II
Ross, Peter W., Vol IV
Smith, David Richard, Vol I

California State Univ, Bakersfield
Aarons, Leslie Ann, Vol IV
Flachmann, Michael C., Vol II
Jones, Bruce William, Vol IV
Kleinsasser, Jerome, Vol I
Rink, Oliver A, Vol I
Wood, Forrest Glen, Vol I

California State Univ, Chico
Boyle, John Hunter, Vol I
Brown, James Lorin, Vol III
Caldwell, Sarah, Vol I
Cowden, Joanna Dunlap, Vol I
Downes, David Anthony, Vol II
Farrer, Claire Rafferty, Vol I
Grelle, Bruce, Vol IV
Karman, James, Vol I
Kinball, Gayle, Vol IV
Lillibridge, George Donald, Vol I
Minor, Clifford Edward, Vol I
Moore, Brooke N., Vol IV
Singelis, T.M., Vol I

California State Univ, Dominguez Hills
Garber, Marilyn, Vol I
Geller, Lila Belle, Vol II
Grenier, Judson A., Vol I
Hata, Donald Teruo, Vol I
Ivers, Louise H., Vol I
Ravitz, Abe C., Vol II
Wells, Walter, Vol I

California State Univ, Fresno
Adams, Katherine L., Vol III
Basden, B.H., Vol I
Benko, Stephen, Vol IV
Bloom, Melanie, Vol II
Bluestein, Gene, Vol II
Bochin, Hal William, Vol II
Bohnstedt, John Wolfgang, Vol I
Carmichael, Carl W., Vol III
Dinkin, Robert J., Vol I
Faderman, Lillian, Vol II
Fraleigh, Douglas, Vol II
Golston, Chris, Vol III
Kauffman, George B., Vol I
Klassen, Peter James, Vol I
Levine, Philip, Vol II
Raney, George William, Vol III
Rosenthal, Judith Ann, Vol II
Weitzman, Raymond Stanley, Vol III
Wint, Arthur Valentine Noris, Vol I

California State Univ, Fullerton
Axelrad, Allan M., Vol I
Axelrad, Arthur Marvin, Vol II
Bakken, Gordon Morris, Vol I
Bellot, Leland Joseph, Vol I
Brattstrom, Bayard H., Vol IV
Brown, Daniel Aloysius, Vol IV
Cummings, Sherwood, Vol II

De Rios, Marlene Dobkin, Vol I
Frazee, Charles Aaron, Vol IV
Giacumakis, George, Vol I
Hansen, Debra Gold, Vol I
Hardy, B. Carmon, Vol I
Hobson, Wayne K., Vol I
Jaskoski, Helen, Vol II
Kaye, Alan Stewart, Vol III
Onorato, Michael P., Vol I
Pivar, David J., Vol I
Putnam, Jackson K., Vol I
Segal, N.L., Vol I
Smith, Jesse Owens, Vol I
Vogeler, Martha Salmon, Vol II
Wagner, M. John, Vol II
Witmer, Diane F., Vol II

California State Univ, Hayward
Bowser, Benjamin P., Vol I
Bullough, William Alfred, Vol I
Fuchs, Jacob, Vol II
Gilliard, Frank Daniel, Vol I
Henig, Gerald S., Vol I
Morby, John Edwin, Vol I
Pitts, Vera L., Vol I
Raack, Richard C., Vol I
Reuter, William C., Vol I
Roszak, Theodore, Vol I
Sapontzis, Steve Frederic, Vol IV
Walz, John D., Vol I
Warrin, Donald Ogden, Vol III
Zou, Ke, Vol III

California State Univ, Long Beach
Aspiz, Harold, Vol I
Burke, Albie, Vol I
Cargile, Aaron C., Vol II
Gosselin, Edward Alberic, Vol I
Hood, David Crockett, Vol I
Kennett, Douglas, Vol I
Lindgren, Raymond Elmer, Vol I
Locklin, Gerald Ivan, Vol II
May, Charles Edward, Vol II
Person, Dawn Renee, Vol I
Polakoff, Keith Ian, Vol I
Robinson, Jim C., Vol I
Stuart, Jack, Vol I
Tang, Paul C.L., Vol IV
Van Camp, Julie C., Vol IV
Weinstock, Donald Jay, Vol II
Williams, Ora, Vol I
Young, Elizabeth V., Vol II

California State Univ, Los Angeles
Brier, Peter A., Vol II
Chrzanowski, Joseph, Vol III
Crecelius, Daniel, Vol I
Dewey, Donald Odell, Vol I
Dresser, N., Vol I
FA, Mayer, Vol I
Garry, Ann, Vol IV
Laird, David, Vol II
Quintero, Ruben, Vol II

California State Univ, Northridge
Bajpai, Shiva Gopal, Vol I
Baur, John Edward, Vol I
Broesamle, John Joseph, Vol I
Camp, Richard, Vol I
Clendenning, John, Vol II
Crittenden, Charles, Vol IV
Ford, Alvin Earle, Vol III
Gariano, Carmelo, Vol III
Herman, Phyllis, Vol I
Hussain, Amir, Vol III
Kellenberger, Bertram James, Vol IV
Klotz, Marvin, Vol II
Koistinen, Paul Abraham Carl, Vol I
Marlane, Judith, Vol II
McIntyre, Ronald Treadwell, Vol IV
Meyer, Michael, Vol I
Saunders, Kurt M., Vol IV
Schaffer, Ronald, Vol I
Sefton, James Edward, Vol I
Shofner, Robert Dancey, Vol IV
Sicha, Jeffrey Franklin, Vol IV

Soffer, Reba Nusbaum, Vol I
Tohidi, Nayereh E., Vol I
Yagisawa, Takashi, Vol IV

California State Univ, Sacramento
Bankowsky, Richard James, Vol II
Burger, Mary Williams, Vol I
Chambers, Henry Edmund, Vol I
Covin, David Leroy, Vol I
Craft, George S., Jr., Vol I
Dennis, Harry Joe, Vol III
Giles, Mary E., Vol III
Gordon, Allan M., Vol I
Hampton, Grace, Vol I
Harris, Stephen Leroy, Vol IV
Kando, Thomas M., Vol I
Madden, David William, Vol I
Nystrom, Bradley, Vol I
Owens, Kenneth Nelson, Vol I
Roberts, Charles Edward, Vol I
Santana, Jorge Armando, Vol III
Scott, Otis L., Vol I
Trujillo, Nick L., Vol III
Vande Berg, Leah R., Vol II
Williamson, Arthur H., Vol I
Wu, Joseph Sen, Vol IV

California State Univ, San Bernardino
Barkan, Elliott Robert, Vol I
Barnes, Ronald Edgar, Vol II
Blackey, Robert Alan, Vol II
Golden, Bruce, Vol II
Henry, Mildred M. Dalton, Vol I
Jandt, Fred E., Vol II
Mcafee, Ward Merner, Vol I
Schofield, Kent, Vol I
White, Edward Michael, Vol II

California State Univ, San Francisco
Combs, Jerald A., Vol I
Lowe, Donald M., Vol I

California State Univ, San Jose
Cramer, Richard S., Vol I

California State Univ, Stanislaus
Mcdermott, Douglas, Vol II
Regaldo, Samuel O., Vol I

California Univ of Pennsylvania
Folmar, John Kent, Vol I
Korcheck, Robert, Vol II
Murdick, William, Vol II
Pagen, Michele A., Vol II
Walsh, John H., Vol IV
Waterhouse, Carole, Vol II

Calvary Episcopal Church
Lewis, Harold T., Vol IV

Calvin Col
Bolt, Robert, Vol I
Brinks, Herbert John, Vol I
Carpenter, Joel A., Vol I
Clark, Kelly J., Vol IV
Corcoran, Kevin J., Vol IV
Crump, David, Vol IV
De Vries, Bert, Vol I
Evans, C. Stephen, Vol IV
Fetzer, Glenn W., Vol III
Hoekema, David A., Vol IV
Kemeny, Paul Charles, Vol I
Mellema, Gregory, Vol IV
Miller, Charles J., Vol I
Schultze, Quentin J., Vol II

Calvin Theol Sem
Weima, Jeffrey A.D., Vol IV

Cambridge Univ
Tippett, Maria W., Vol I

Cameron Univ
Blodgett, Ralph Edward, Vol I
Ostrowski, Carl, Vol II
Stegmaier, Mark Joseph, Vol I

Campbell Univ
Jonas, W. Glenn, Jr., Vol IV
Powers, Bruce P., Vol IV

Canaan Baptist Church
Walker, Wyatt Tee, Vol IV

Canadian Mus of Civilization
McGhee, Robert J., Vol I

Canadian Nazarene Col
Neale, David, Vol IV

Canadian Univ Col
Heer, Larry G., Vol IV

Canisius Col
Coffta, David J., Vol I
De La Pedraja, Rene, Vol I
Devereux, David R., Vol I
Gallagher, Shaun, Vol IV
Iggers, Wilma Abeles, Vol III
Jamros, Daniel, Vol IV
Jones, Larry Eugene, Vol I
McNutt, Paula M., Vol IV
Nelson, Herbert James, Vol IV
Schultz, Janice Lee, Vol IV
Valaik, J. David, Vol I
Valone, James S., Vol I

Capital Univ
Bruning, Stephen D., Vol II
Esposito, Steven, Vol II
Hatton, Robert Wayland, Vol III
Strasser, Mark, Vol IV
White, Janice G., Vol IV

Capitol Outlook Newspaper
Smith, Jeraldine Williams, Vol IV

Cardozo Sch of Law
Stone, S.L., Vol IV

Carleton Col
Barbour, Ian Graeme, Vol IV
Boling, Becky, Vol II
Bonner, Robert Elliott, Vol I
Carpenter, Scott, Vol III
Crouter, Richard, Vol I
Crouter, Richard E., Vol IV
Dust, Patrick, Vol II
Ignashev, Diane M. Nemec, Vol III
Iseminger, Gary, Vol IV
Jackson, Roger, Vol IV
Jeffrey, Kirk, Vol I
Kaga, Mariko, Vol III
Kowalewski, Michael, Vol II
Nemec-Ignashev, Diane, Vol IV
Newman, Louis E., Vol IV
Patrick, Anne E., Vol IV
Posfay, Eva, Vol II
Prowe, Diethelm Manfred-Hartmut, Vol I
Rader, Rosemary, Vol I
Sipfle, David A., Vol IV
Smith, Bardwell L., Vol IV
Soule, George, Vol II
Strand, Dana, Vol I
Unno, Mark, Vol IV
Wilkie, Nancy C., Vol I
Williams, Harry M., Vol I
Yandell, Cathy, Vol III

Carleton Univ

Abel, Kerry, Vol I
Anglin, Douglas G., Vol I
Armstrong, Pat, Vol I
Barber, Marylin J., Vol I
Bennett, Y. Aleksandra, Vol I
Bird, Roger A., Vol II
Black, J. Laurence, Vol I
Brook, Andrew, Vol IV
Chari, V.K., Vol II
Dean, David M., Vol I
DeBardeleben, Joan, Vol I
Dorland, Michael, Vol II
Dornan, Christopher, Vol II
Dourley, John Patrick, Vol IV
Edwards, Mary-Jane, Vol II
Elbaz, Andre Elie, Vol III
Elliott, B.S., Vol I
Elwood, R. Carter, Vol I
Fitzgerald, E.P., Vol I
Gillingham, Bryan R., Vol I
Gillmor, Alan, Vol I
Gnarowski, Michael, Vol II
Goheen, Jutta, Vol III
Goheen, R.B., Vol I
Goodwin, G.F., Vol I
Gorham, Deborah, Vol I
Griffiths, Naomi Elizabeth
  Saundaus, Vol I
Gualtieri, Antonio Roberto, Vol III
Henighan, Thomas J., Vol II
Hillmer, George Norman, Vol I
Jurado, Jose, Vol III
Keillor, Elaine, Vol I
King, Peter John, Vol I
Kovalio, Jacob, Vol I
Kymlicka, Will, Vol IV
Laird, Walter Roy, Vol I
Lipsett-Rivera, Sonya, Vol I
Loiselle, Andre, Vol II
Macdonald, Robert Hugh, Vol II
Marks, Laura U., Vol II
Marshall, Dominique, Vol I
McDowall, Duncan L., Vol I
McKillop, A.B., Vol I
McMullin, Stan, Vol I
Merkley, Paul C., Vol I
Mosco, Vincent, Vol II
Muise, D.A., Vol I
Neatby, H. Blair, Vol I
Noonan, James S., Vol I
O'Brien, Charles, Vol I
Osborne, Robert E., Vol IV
Phillips, Roderick, Vol I
Shepherd, John, Vol I
Smart, Patricia, Vol II
Stainton, Robert J.H., Vol IV
Szabo, Franz A.J., Vol I
Walker, Pamela J., Vol I
Winseck, Dwayne, Vol II
Yalden, Janice, Vol III

Carlow Col

Dana, Marie Immaculee, Vol III
Mcshea, William Patrick, Vol I

Carnegie Mellon Univ

Achenbaum, W. Andrew, Vol I
Al-Kasey, Tamara, Vol III
Brockmann, Stephen, Vol II
Byrnes, John, Vol IV
Carrier, David, Vol IV
Castellano, Charlene, Vol I
Cavalier, Robert, Vol IV
Dworkin y Mendez, Kenya C.,
  Vol III
Flower, Linda S., Vol II
Freed, Barbara, Vol III
Green, Anne, Vol III
Hallstein, Christian W., Vol III
Hamilton, Carol, Vol I
Hart, John Augustine, Vol II
Hart, John Augustine, Vol II
Hayes, Ann Louise, Vol II
Hopper, Paul, Vol II
Jones, Christopher M., Vol III
Jones, Granville Hicks, Vol II
Kaufer, David S., Vol II
Knapp, Peggy Ann, Vol I
Koda, Keiko, Vol III
Levy, Eugene Donald, Vol I
Liu, Yameng, Vol II
Meltzer, Allan H., Vol I
Miller, David William, Vol I
Nagin, Daniel S., Vol I
Newman, Kathleen, Vol I

Polansky, Susan, Vol III
Rockmore, Sylvie, Vol III
Sandage, Scott A., Vol I
Schlossman, Beryl, Vol III
Seidenfeld, Teddy, Vol IV
Shumway, David R., Vol II
Sieg, Wilfried, Vol IV
Sieg, William, Vol IV
Silenieks, Juris, Vol III
So, Sufumi, Vol III
St. Clair, Gloriana, Vol II
Stearns, Peter N., Vol I
Steinberg, Erwin Ray, Vol II
Straub, Kristina, Vol I
Sutton, Donald Sinclair, Vol I
Tarr, Joel A., Vol I
Tucker, Richard, Vol III
Young, Richard E., Vol II

Carroll Col, Montana

Ferst, Barry Joel, Vol IV
Lambert, Richard Thomas, Vol I

Carroll Col, Wisconsin

Dailey, Joseph, Vol II
Dukes, Jack Richard, Vol I
Hemmer, Joseph, Vol IV
Settle, Peter, Vol II
Sherrick, Rebecca Louise, Vol I

Carson-Newman Col

Hawkins, Merrill M., Vol I
Wood, Gerald Carl, Vol II

Carter & Berry

Carter, Theodore Ulysses, Vol IV

Carthage Col

Bailey, John Wendell, Vol I
Chell, Samuel L., Vol II
DuPriest, Travis Talmadge, Jr.,
  Vol II
Hauck, Allan, Vol IV
Krause, David H., Vol IV
Lochtefeld, James G., Vol IV
Loewen, Lynn, Vol III
Maczka, Romwald, Vol IV
Magurshak, Daniel J., Vol IV
Noer, Thomas John, Vol I
Rothstein, Marian, Vol III
Tavera Rivera, Margarita, Vol III
Tobin, Daniel, Vol II
Tobin, Daniel, Vol II
von Dehsen, Christian D., Vol IV
Yang, Mimi, Vol III

Case Western Reserve Univ

Adams, Henry, Vol I
Altschul, Michael, Vol I
Bassett, John E., Vol II
Benseler, David P., Vol II
Bishop, Thomas G., Vol II
Buchanan, Harvey, Vol I
Czuma, Stanislaw, Vol I
Edmonson, James Milton, Vol I
Ehrlich, Linda C., Vol III
Epp, Eldon Jay, Vol IV
Ferguson, Suzanne, Vol I
Gamboni, Dario, Vol I
Goist, Park Dixon, Vol I
Grundy, Kenneth William, Vol I
Haddad, Gladys, Vol I
Hagiwara, Takao, Vol III
Helzle, Martin, Vol I
Katz, Lewis Robert, Vol IV
Landau, Ellen G., Vol I
Le Hir, Marie-Pierre, Vol III
Ledford, Kenneth F., Vol I
Marling, William H., Vol II
McElhaney, James Willson,
  Vol IV
McHale, Vincent Edward, Vol I
Murphy, Tim, Vol IV
Nanfito, Jacqueline C., Vol III
Neils, Jenifer, Vol I
Oster, Judith, Vol III
Rocke, Alan J., Vol I
Saha, Prosanta Kumar, Vol I
Salomon, Roger B., Vol II
Samuels, Marilyn S., Vol II

Scallen, Catherine B., Vol I
Sharpe, Calvin William, Vol IV
Siebenschuh, William R., Vol II
Stonum, Gary Lee, Vol II
Strauss, Walter Adolf, Vol III
Ubbelohde, Carl, Vol I
Vrettos, Athena, Vol II
Warren, Ann Kosser, Vol I
Whitbeck, Caroline, Vol IV
Woodmansee, Martha, Vol II
Zubizarreta, Armando F., Vol III

Castleton State Col

Cook, Warren Lawrence, Vol I
Gershon, Robert, Vol II

Catawba Col

Brown, J. Daniel, Vol IV
Mccartney, Jesse Franklin, Vol II
Reitz, Richard Allen, Vol III

Cathedral Col Sem

Lauder, Robert Edward, Vol IV

Catholic Theol Union at Chicago

Bergant, Dianne, Vol IV
Frohlich, Mary, Vol IV
Hayes, Zachary Jerome, Vol I
Lauer, Eugene F., Vol I
Pawlikowski, John, Vol I
Perelmuter, Hayim Goren, Vol I
Schreiter, Robert John, Vol IV
Stuhlmueller, Carroll, Vol IV

Catholic Univ of America

Barbieri, William A., Jr., Vol IV
Berkman, John, Vol IV
Brady, Leo, Vol II
Capizzi, Joseph E., Vol IV
Cenkner, William, Vol I
Cline, Catherine Ann, Vol I
Collins, Mary, Vol IV
Crysdale, Cynthia S. W., Vol IV
Cua, Antonio S., Vol IV
Damiani, Bruno Mario, Vol III
Dechert, Charles Richard, Vol IV
Dennis, George Thomas, Vol I
Dougherty, Jude, Vol IV
Dougherty, Jude Patrick, Vol IV
Druart, Therese-Anne, Vol IV
Dunn, Ellen Catherine, Vol II
Eno, Robert Bryan, Vol IV
Fitzgerald, Aloysius, Vol III
Fitzmyer, Joseph Augustine,
  Vol IV
Ford, John Thomas, Vol IV
Frank, Richard Macdonough,
  Vol III
Gallagher, David M., Vol IV
Gignac, Francis Thomas, Vol III
Ginsberg, Ellen Sutor, Vol III
Halton, Thomas, Vol I
Happel, Stephen P., Vol IV
Hassing, Richard F., Vol IV
Hoge, Dean R., Vol I
Jamme, Albert W.F., Vol II
Jones, Charles B., Vol IV
Kress, Robert Lee, Vol IV
Lewis, V. Bradley, Vol I
Loewe, William Patrick, Vol IV
Loewen, James W., Vol I
Ludwinowski, Rett R., Vol III
Lynch, John Edward, Vol I
Mahony, Robert E.P., Vol II
Marcin, Raymond B., Vol IV
Marthaler, Berard Lawrence,
  Vol IV
McLean, George Francis, Vol IV
McManus, Frederick Richard,
  Vol IV
Minnich, Nelson H., Vol I
Mohan, Robert Paul, Vol IV
Muller, Jerry Z., Vol I
O'Connor, Michael Patrick, Vol I
Poos, L.R., Vol I
Pozzo, Riccardo, Vol IV
Pritzl, Kurt, Vol IV
Riley, James Denson, Vol I
Sendry, Joseph M., Vol II
Smith, George P., Vol IV
Sokolowski, Robert S., Vol IV

Studzinski, Raymond James,
  Vol IV
Trisco, Robert Frederick, Vol I
Velkley, Richard L., Vol IV
White, Kevin, Vol IV
Wippel, John Francis, Vol IV
Wiseman, James A., Vol IV

Cedar Crest Col

McCracken Fletcher, LuAnn,
  Vol II
Meade, E.M., Vol IV
Pulham, Carol Ann, Vol I
Shaw, Barton Carr, Vol I

Cedar Valley Col

Christman, Calvin Lee, Vol I

Cedarville Col

McGoldrick, James Edward, Vol I
Murdoch, James Murray, Vol I
Robey, David H., Vol II
Schultz, Walter, Vol IV

Centaur Systems Ltd

Latousek, Rob, Vol I

Centenary Col

Weir, David A., Vol I

Centenary Col of Louisiana

Otto, David, Vol IV

Central Baptist Theol Sem

Keeney, Donald E., Vol IV
May, David M., Vol IV
Wheeler, David L., Vol IV

Central Col, Iowa

Webber, Philip Ellsworth, Vol III

Central Connecticut State Univ

Auld, Louis, Vol III
Gigliotti, Gilbert L., Vol II
Iannace, Gaetano Antonio, Vol III
Iannone, A. Pablo, Vol IV
Pastore Passaro, Maria C., Vol III
Pesca-Cupolo, Carmela, Vol III
Picerno, Richard A., Vol III
Rohinsky, Marie-Claire, Vol III
Wallach, Martha K., Vol III

Central Methodist Col

Burres, Kenneth Lee, Vol IV
Geist, Joseph E., Vol III

Central Michigan Univ

Allen, Robert F., Vol IV
Blackburn, George Mccoy, Vol I
Buerkel-Rothfuss, Nancy, Vol II
Craig, J. Robert, Vol II
Fulton, Henry Levan, Vol II
Haines, Annette L., Vol II
Hall, Timothy D., Vol I
Hughes, Diana L., Vol II
Lindberg, Jordan John, Vol IV
Macleod, David Irving, Vol I
Toms-Robinson, Dolores C., Vol I
Wright, John, Vol IV

Central Missouri State Univ

Adams, Louis Jerold, Vol I
Cox, E. Sam, Vol II
Crews, Daniel A., Vol I
Crump, Gail Bruce, Vol I
Cust, Kenneth F.T., Vol IV
Doyle, Ruth Lestha, Vol III
Foley, William Edward, Vol I
Phillips, Kendall R., Vol II

Central State Univ, Ohio

Fleissner, Robert F., Vol II
Garland, John William, Vol IV

Central State Univ, Oklahoma

Jackson, Joe C., Vol I
Lehman, Paul Robert, Vol II

Central Washington Univ

Benton, Robert Milton, Vol II
Brennan, James Franklin, Vol IV
Lowther, Lawrence Leland, Vol I
Lygre, David Gerald, Vol IV
Olson, Steven, Vol I
Schneider, Christian Immo, Vol III

Centre Col

Ciholas, Karin Nordenhaug,
  Vol III
Cooney, Brian Patrick, Vol IV
Finch, Patricia S., Vol III
Foreman, George, Vol I
Glazier-McDonald, Beth, Vol IV
Hamm, Michael Franklin, Vol I
Joyce, Jane W., Vol I
Keffer, Charles K., Jr., Vol III
Levin, William R., Vol I
Lucas, Mark T., Vol II
McCollough, C. Thomas, Vol IV
Morrison, James V., Vol I
Mount, Charles Eric, Jr., Vol IV
Mount, Eric, Jr., Vol II
Munoz, Willy Oscar, Vol III
Newhall, David Sowle, Vol I
Reigelman, Milton M., Vol II
Scarborough, Milton R., Vol IV
Vahlkamp, Charles G., Vol III
Ward, John C., Vol II
White, Roberta, Vol II

Chapman Tinsley & Reese

Tinsley, Fred Leland, Jr., Vol IV

Chapman Univ

Axelrod, Mark R., Vol III
Machan, Tibor R., Vol IV
Martin, Mike W., Vol IV
Schneider, Matthew T., Vol II

Charles County Comm Col

Bilsker, Richard L., Vol IV
Klink, William, Vol II

Charles Stuart Univ

Breen, Myles P., Vol II

Charro Book Co Inc

Wright, Roberta V. Hughes,
  Vol IV

Chatham Col

Groch, John R., Vol II
Lenz, William Ernest, Vol II
Walker, Janet L., Vol III

Chernow Editorial Services

Chernow, Barbara A., Vol I

Chesapeake Bay Maritime Mus

McLoud, Melissa, Vol I

Chestnut Hill Col
Contosta, David Richard, Vol I

Cheyney Univ of Pennsylvania
McCummings, LeVerne, Vol I
Rouse, Donald E., Vol I

Chicago City Col
Lucas, James L., Vol II

Chicago State Univ
DePillars, Murry Norman, Vol I
Gomberg, Paul, Vol IV
Green, Jesse Dawes, Vol I
Kuzdale, Ann E., Vol I

Chicago Theol Sem
Butler, Lee Hayward, Jr., Vol I
Myers, William R., Vol IV

Chierici di San Viatore
Audet, Leonard, Vol IV

Chowan Col
Chismar, Douglas, Vol IV
Fillingim, David, Vol IV
Gay, Richard R., Vol II
Gowler, David B., Vol IV
Taylor, Raymond Hargus, Vol IV

Christendom Col
Carroll, Warren Hasty, Vol I

Christian Brothers Univ
Limper, Peter Frederick, Vol IV

Christian Life Col
Pankey, William J., Vol IV

Christian Theol Sem
Allen, Ronald J., Vol IV
Ashanin, Charles B., Vol IV
Johnston, Carol F., Vol IV
Miller, James Blair, Vol IV
Steussy, Marti J., Vol IV
Williamson, Clark M., Vol IV

Christians Equipped for Ministry
Dawn, Marva J., Vol IV

Christopher Newport Univ
Beauchamp, Richard A., Vol IV
Ilnca, James Robert, Vol I
Hoaglund, John Arthur, Vol IV
Morris, James Matthew, Vol I
Rose, Kenneth, Vol IV
Sishagne, Shumet, Vol I
Teschner, George A., Vol IV

Church Divinity Sch of the Pacific
Clader, Linda, Vol I
Compier, Don H., Vol IV
Countryman, L. Wm., Vol I
Holder, Arthur G., Vol IV
Kater, John L., Jr., Vol IV
Lyman, J. Rebecca, Vol I
Morgan, Donn F., Vol IV
Weil, Louis, Vol IV

Church of God Sch of Theol
McMahan, Oliver, Vol IV
Moore, Rickie D., Vol IV

Church of the Crucifixion Rectory
Watson, Cletus Claude, Vol IV

Cincinnati Bible Col and Sem
Cottrell, Jack Warren, Vol I
North, James Brownlee, Vol I
Thatcher, Tom, Vol IV
Weatherly, Jon A., Vol IV

Circle S Ranch
Fussner, Frank Smith, Vol I

Circuit Court
Williams, Marcus Doyle, Vol IV

Citadel, The Military Col of So Carolina
Addington, Larry H., Vol I
Barrett, Michael Baker, Vol I
Heisser, David C. R., Vol I
Holbein, Woodrow Lee, Vol II
Hutchisson, James M., Vol I
Leonard, James S., Vol II
Moore, Winfred B., Jr., Vol I

Cite Universitaire
Painchaud, Louis, Vol IV

Citrus Col
Salwak, Dale F., Vol II

City Col, CUNY
Bellush, Bernard, Vol I
de Jongh, James Laurence, Vol II
Dorenlot, Francoise, Vol III
Emanuel, James Andrew, Vol II
Golden, Arthur, Vol I
Hamalian, Leo, Vol II
Hatch, James V., Vol II
Huttenbach, Henry R., Vol I
Israel, Fred L., Vol I
Jaffe, David P., Vol I
Jeffries, Leonard, Vol I
Jeffries, Rosalind R., Vol I
Kelvin, Norman, Vol II
Page, Stanley W., Vol I
Polk, Robert L., Vol I
Preston, George Nelson, Vol I
Waldman, Martin, Vol I
Wallenstein, Barry Jay, Vol II
Wiener, Joel H., Vol I

City Cols of Chicago, Harry S. Truman Col
Livatino, Melvin W., Vol II

City of Davenport
Johnson, Geraldine Ross, Vol IV

City of New York
Koenigsberg, Lisa M., Vol I

City Square Associates
Schiavona, Christopher F., Vol IV

City Univ
Blazekovic, Zdravko, Vol I
Goldin, Frederick, Vol II
Kessner, Thomas, Vol I
Lemay, Richard, Vol I
Weiss, T.G., Vol I

Claflin Col
Rogers, Oscar Allan, Jr., Vol I

Claremont Graduate Sch
Cobb, John Boswell, Vol IV
Easton, Patricia Ann, Vol IV
Levy, Leonard Williams, Vol I
Louch, Alfred, Vol IV
Osborn, Ronald Edwin, Vol I
Phillips, Dewi Zephaniah, Vol IV
Redfield, Marc, Vol II
Schneider, Tammi J., Vol I
Torjesen, Karen Jo, Vol IV
Waingrow, Marshall, Vol II

Claremont McKenna Col
Camp, Roderic A., Vol I
Elliott, Ward Edward Yandell, Vol I
Kind, Amy, Vol IV
Lofgren, Charles Augustin, Vol I
Moss, Myra Ellen, Vol IV
Post, Gaines, Vol I
Warner, Nicholas Oliver, Vol III

Claremont Men's Col
Elsbree, Langdon, Vol II
Jaffa, Harry Victor, Vol I

Clarion Univ of Pennsylvania
Bartkowiak, Julia, Vol IV

Clark Atlanta Univ
Arnold Twining, Mary, Vol II
Askew, Timothy, Vol II
Baird, Keith E., Vol I
Black, Daniel, Vol II
Boateng, Faustine, Vol III
Capeles, Mervin, Vol III
Davis, Edward L., Vol I
Duncan, Charles, Vol II
Fine, Laura, Vol II
Henderson, Alexa Benson, Vol I
Higgins, Elizabeth J., Vol II
Liddell, Janice Lee, Vol II
Ma, Qian, Vol II
Monye, Laurent, Vol III
Osinubi, Olumide, Vol II
Pickens, Ernestine W. McCoy, Vol II
Sumler-Edmond, Janice L., Vol IV

Clark State Comm Col
Dickson, Charles Ellis, Vol I

Clark Univ
Barry, B. R., Vol II
Billias, George Athan, Vol I
Borg, Daniel Raymond, Vol I
Ferguson, William Rotch, Vol III
Little, Douglas James, Vol I
Lucas, Paul, Vol I
Von Laue, Theodore Herman, Vol I

Clarkson Col
Brady, Owen E., Vol II
Serio, John Nicholas, Vol II

Clemson Univ
Andreas, James, Vol II
Barfield, Rayford, Vol II
Bell, Kimberly, Vol II
Bennett, Alma, Vol II
Bzdyl, Donald, Vol II
Calhoun, Richard James, Vol II
Chapman, Wayne, Vol II
Charney, Mark, Vol II
Collier, Cheryl A., Vol II
Cranston, Mechthild, Vol IV
Crosby, Margaree Seawright, Vol I
Daniell, Beth, Vol II
Dettmar, Kevin, Vol II
Golden, Richard Martin, Vol I
Greenspoon, Leonard Jay, Vol IV
Hilligoss, Susan, Vol II
Howard, Tharon, Vol II
Jacobi, Martin, Vol II
Koon, G.W., Vol II
Longo, Bernadette, Vol II

Lovitt, Carl, Vol II
Mckale, Donald Marshall, Vol I
Morrissey, Lee, Vol II
Palmer, Barton, Vol II
Rollin, Lucy, Vol II
Satris, Stephen A., Vol IV
Shilstone, Frederick William, Vol II
Sinka, Margit M., Vol III
Smith, Kelly C., Vol IV
Sparks, Elisa, Vol II
Underwood, Richard, Vol II
Ward, Carol, Vol II
White, Donna, Vol II
Willey, Edward, Vol II
Winchell, Donna, Vol II
Winchell, Mark, Vol II
Woodell, Harold, Vol II
Young, Arthur Y., Vol II

Cleveland Clinic Foundation
Agich, George J., Vol IV

Cleveland Mus of Art
Bergman, Robert P., Vol I

Cleveland State Univ
Abelman, Robert, Vol II
Allen, M. Austin, Vol II
Anderson, Earl Robert, Vol I
Atkin, David J., Vol II
Beatie, Bruce A., Vol II
Beatty, Michael, Vol III
Bynum, David Eliab, Vol I
Clark, Sanza Barbara, Vol I
Curnow, Kathy, Vol I
Donaldson, Thomas, Vol I
Evett, David Hal, Vol II
Fox, Richard Milan, Vol IV
Friedman, Barton Robert, Vol II
Galvan, Delia V., Vol III
Gerlach, John Charles, Vol II
Gibbs, Lee Wayland, Vol IV
Greppin, John Aird Coutts, Vol III
Hinze, Klaus-Peter Wilhelm, Vol III
Hunter, John, Vol I
Jeffres, Leo, Vol II
Kogler Hill, Susan E., Vol II
Kolker, Delphine, Vol II
Kraus, Sidney, Vol II
Labrador, Jose J., Vol III
Larson, David Mitchell, Vol II
Lee, Jae-Won, Vol II
Lin, Carolyn, Vol II
Manning, Roger B., Vol I
Martin, Laura, Vol III
McCoy, Patricia A., Vol IV
Mesch, Claudia, Vol I
Neuendorf, Kimberly A., Vol II
Perloff, Richard M., Vol II
Peskin, Allan, Vol I
Pettey, Gary R., Vol II
Pole, Nelson, Vol IV
Purcell, John Marshall, Vol III
Ramos, Donald, Vol I
Ray, Eileen Berlin, Vol II
Ray, George B., Vol II
Robertson, Heidi Gorovitz, Vol IV
Rudd, Jill, Vol III
Shorrock, William Irwin, Vol I
Stoll, Anita K., Vol III
Trawick, Leonard Moses, Vol II
Varallo, Sharon, Vol III
Werth, Lee Frederick, Vol IV
White, Frederic Paul, Jr., Vol IV
Zorita, C. Angel, Vol III

Cloud and Henderson
Cloud, W. Eric, Vol IV

Coe Col
Carroll, Rosemary F., Vol I
Mungello, David Emil, Vol I

Coker Col
Doubles, Malcolm Carroll, Vol IV

Col Art Association
Ball, Susan, Vol I

Col Board
Bailey, Adrienne Yvonne, Vol I

Col Dominicain de Philosophie et de Theologie
Gourques, Michel, Vol IV

Col Misericordia
Blanchard, Scott, Vol II
Forslund, Catherine, Vol I
Johnson, Jeffrey, Vol II
Painter, Mark A., Vol IV

Col of Charleston
Beck, Guy, Vol I
Clark, Malcolm Cameron, Vol I

Col of DuPage
Maller, Mark P., Vol IV
Rapple, Eva Marie, Vol IV

Col of Great Falls
Furdell, Ellzabeth Lane, Vol I

Col of Idaho
Attebery, Louie Wayne, Vol II

Col of Mount Saint Vincent
Brennan, Anne Denise, Vol II
Brennan, Mary Alethea, Vol IV
Noone, Pat, Vol II
Smith, Barbara, Vol II
Zukowski, Edward, Jr., Vol IV

Col of New Jersey
Alter, Torin, Vol IV
Barnes, Gerald, Vol IV
Gotthelf, Allan, Vol I
Kamber, Richard, Vol IV
Roberts, Melinda, Vol IV
Winston, Morton, Vol IV
Winston, Morton E., Vol IV

Col of New Rochelle
Mahoney, Irene, Vol II
Schleifer, James Thomas, Vol I

Col of Notre Dame
Easter, Marilyn, Vol I
Gavin, Rosemarie Julie, Vol II

Col of Notre Dame of Maryland
Geiger, Mary Virginia, Vol IV

Col of Our Lady of the Elms
Moriarty, Thomas Francis, Vol I

Col of Saint Benedict
Grabowska, James A., Vol I
Merkle, John Charles, Vol IV

Col of Saint Elizabeth
Ciorra, Anthony J., Vol IV
Flanagan, Kathleen, Vol IV
Hahn, Hannelore, Vol III
Marlin, John, Vol II
Swartz, Alice M., Vol IV

Col of Saint Mary
Garcia, Juan Ramon, Vol I

Col of Saint Rose
Gulley, Anthony D., Vol IV
Haynes, Keith A., Vol I
Refai, Shahid, Vol I
Smith, Karen A., Vol II

Col of San Mateo
Lapp, Rudolph Mathew, Vol I

Col of St. Catherine
Graebner, Alan, Vol I
Timmerman, Joan H., Vol IV
Zurakowski, Michele M., Vol II

Col of St. Scholastica
Evans, John Whitney, Vol I

Col of St. Thomas
Hallman, Joseph Martin, Vol IV
Wright, Scott Kenneth, Vol I

Col of Staten Island, CUNY
Binder, Frederick Melvin, Vol I
Chiles, Robert Eugene, Vol IV
Cooper, Sandi E., Vol I
Jochnowitz, George, Vol III
Simpson, Peter L.P., Vol I

Col of the Atlantic
Carpenter, William Morton, Vol II

Col of the Bahamas
Grow, Lynn Merle, Vol II

Col of the Holy Cross
Alvarez Borland, Isabel, Vol III
Arend, Jutta, Vol III
Attreed, Lorraine C., Vol I
Avery-Peck, Alan J., Vol I
Bernstein, Eckhard Richard, Vol III
Burkett, Randall Keith, Vol IV
Cull, John T., Vol III
Flynn, James Thomas, Vol I
Fraser, Theodore, Vol III
Freear Roberts, Helen, Vol III
Hamilton, John Daniel Burgoyne, Vol I
Hinsdale, Mary Ann, Vol IV
Kealey, Edward J., Vol I
Kom, Ambroise, Vol III
Kuzniewski, Anthony Joseph, Vol I
Lamoureux, Normand J., Vol III
Lapomarda, Vincent Anthony, Vol I
Lavery, Gerard B., Vol I
Mcbride, Theresa Marie, Vol I
Murphy, Frederick J., Vol IV
Powers, James Francis, Vol I
Ross, Claudia, Vol II
Sazaki, Kristina R., Vol III
Stempsey, William Edward, Vol IV
Stone, Cynthia, Vol III

Col of William and Mary
Axtell, James Lewis, Vol I
Baron, James, Vol I
Becker, Lawrence C., Vol IV
Catron, Louis E., Vol II
Crapol, Edward Paul, Vol I
Donahue, John F., Vol I
Donaldson, Scott, Vol II
Ewell, Judith, Vol I
Finn, Thomas M., Vol I
Fraser, Howard Michael, Vol III
Funigiello, Philip J., Vol I
Furrow, Dwight, Vol IV
Gross, Robert A., Vol I
Hutton, William E., Vol I

Jarvis, Michael J., Vol I
Jones, Ward, Vol I
Livingston, James Craig, Vol IV
Matthews, J. Rosser, Vol I
Meyers, Terry L., Vol II
Nettels, Elsa, Vol II
Oakley, John H., Vol I
Pinson, Hermine Dolorez, Vol II
Preston, Katherine K., Vol I
Reilly, Linda, Vol I
Scholnick, Robert James, Vol II
Selby, John Edward, Vol I
Sheppard, Thomas Frederick, Vol I
Sheriff, Carol, Vol I
Sherman, Richard B., Vol I
Strong, John S., Vol I
Taylor, Talbot, Vol III
Wallach, Alan, Vol I
Whittenburg, James Penn, Vol I

Col of Wooster
Bell, Richard H., Vol IV
Bostdorff, Denise M., Vol II
Bucher, Glenn R., Vol IV
Calhoun, Daniel Fairchild, Vol I
Christianson, Paul, Vol III
Durham, Carolyn Ann, Vol III
Falkner, Thomas M., Vol I
Frye, Joanne S., Vol II
Gabriele, John P., Vol III
Gates, John Morgan, Vol I
Gaylord, Inez K., Vol III
Gedalecia, David, Vol I
Gouma-Peterson, Thalia, Vol I
Grace, Nancy, Vol II
Harris, Ishwar C., Vol IV
Herring, Henry, Vol II
Hettinger, Madonna, Vol I
Hickey, Damon, Vol I
Hilty, Deborah Pacini, Vol II
Hodges, James A., Vol I
Holliday, Vivian Loyrea, Vol I
Hondros, John L., Vol I
Hults, Linda, Vol I
Jefferson, Alphine W., Vol I
Lewis, Arnold, Vol I
Plestina, Dijana, Vol I
Scholz, Susanne, Vol IV
Smith, Robert Houston, Vol IV
Sokol, Elena, Vol III
Stewart, Larry, Vol II
Taylor, Karen, Vol I
Thompson, Garrett, Vol IV
Wright, Josephine, Vol I
Young, Mary, Vol III

Colby Col
Bassett, Charles Walker, Vol II
Fleming, James Rodger, Vol I
Hudson, Yeager, Vol IV
Longstaff, Thomas R.W., Vol IV
McArthur, Robert L., Vol IV
O'Neill, Kerill, Vol I
Paliyenko, Adrianna M., Vol III
Partsch, Cornelius, Vol III
Reidel-Schrewe, Ursula, Vol III
Roisman, Hanna M., Vol I
Weisbrot, Robert S., Vol I

Colby-Sawyer Col
Freeburg, Ernest, Vol II

Colgate Rochester Divinity Sch
Couture, Pamela D., Vol IV
Lemke, Werner Erich, Vol IV
Wenderoth, Christine, Vol IV

Colgate Univ
Albrecht, Wilbur T., Vol I
Balakian, Peter, Vol II
Berlind, Bruce, Vol II
Bien, Gloria, Vol III
Bolland, O. Nigel, Vol I
Buehler, Arthur, Vol IV
Busch, Briton Cooper, Vol I
Busch, Frederick Matthew, Vol II
Carter, John Ross, Vol I
Cerasano, Susan P., Vol II
Coyle, Michael Gordon, Vol II
Crawshaw, William Henry, Vol II
Davies, Morgan, Vol II

Dudden, Faye E., Vol I
Frost, Richard Hindman, Vol I
Gallucci, John, Vol III
Glazebrook, Patricia, Vol IV
Godwin, Joscelyn, Vol I
Harsh, Constance D., Vol II
Hathaway, Robert L., Vol III
Hudson, George C., Jr., Vol I
Irwin, Joyce Louise, Vol I
Jacobs, Jonathan, Vol IV
Johnson, Anita L., Vol III
Johnson, Linck Christopher, Vol II
Julien, Helene, Vol I
Kepnes, Steven D., Vol III
Kunth, Deborah J., Vol III
Lagoudis Pinchin, Jane, Vol II
Levy, Jacques, Vol II
Liepe-Levinson, Katherine, Vol II
Lintz, Bernadette C., Vol III
Luciani, Frederick, Vol III
Maurer, Margaret, Vol I
McCabe, David, Vol IV
McIntyre, Lee C., Vol I
Nakhimovsky, Alice, Vol III
Naughton, John, Vol II
Nicholls, James C., Vol III
Nicholls, Maria, Vol III
Olcott, Anthony, Vol III
Olcott, Martha, Vol I
Payne, Harry Charles, Vol I
Plata, Fernando, Vol IV
Rexine, John Efstratios, Vol I
Richards, Phillip M., Vol II
Ries, Nancy, Vol I
Rojas, Lourdes, Vol III
Rubenstein, Eric M., Vol IV
Rugg, Marilyn D., Vol III
Spires, Jeffrey, Vol II
Staley, Lynn, Vol II
Stevens, Carol B., Vol I
Stevens, Kira, Vol I
Suarez-Galban, Eugenio, Vol III
Swain, Joseph, Vol I
Terrell, Huntington, Vol IV
Vecsey, Christopher, Vol IV
Wetzel, James, Vol IV
Wetzel, James Richared, Vol IV
Wider, Sarah Ann, Vol I
Witherspoon, Edward, Jr., Vol IV

Colonial Williamsburg Foundation
Lounsbury, Carl, Vol I

Colorado Col
Agee, Richard J., Vol I
Ashley, Susan A., Vol I
Butte, George, Vol II
Cramer, Owen Carver, Vol I
Fox, Douglas A., Vol IV
Gardiner, David, Vol IV
Krimm, Hans Heinz, Vol IV
Mcjimsey, Robert, Vol I
Richardson, Horst Fuchs, Vol III
Showalter, Dennis Edwin, Vol I
Williams, Samuel Keel, Vol IV

Colorado Sch of Mines
Sneed, Joseph Donald, Vol IV

Colorado State Univ
Aoki, Eric, Vol II
Ben Zvi, Linda, Vol II
Benson, P. Jann, Vol II
Berwanger, Eugene H., Vol I
Bodine, Jay F., Vol III
Boyd, James W., Vol IV
Bucco, Martin, Vol II
Burgchardt, Carl, Vol II
Campbell, SueEllen, Vol II
Cantrell, Carol, Vol II
Castro, Amanda, Vol III
Clegern, Wayne Mclauchlin, Vol I
Cowell, Pattie Lee, Vol I
Crabtree, Loren William, Vol I
Delahunty, Gerald, Vol II
Enssle, Manfred Joachim, Vol I
Flahive, Doug, Vol II
Fowler, Carolyn A., Vol III
Gilderhus, Mark Theodore, Vol I
Gill, Ann, Vol II
Gilmore, Roger H., Vol III
Gravlee, Jack, Vol II
Griffin, Cindy, Vol II ·

Hoffmann, Klaus D., Vol III
Hunt, Irmgard E., Vol III
Irvine, James Richard, Vol II
Johnson, Frederick A., Vol IV
Jones, Tobin H., Vol III
Jordan, Robert Welsh, Vol III
Kiefer, Kate, Vol II
Kitchener, Richard F., Vol IV
Kneller, Jane E., Vol IV
Krahnke, Karl, Vol II
Lakin, Barbara, Vol I
Lee, Grant S., Vol IV
Leyendecker, Liston Edgington, Vol I
Losonsky, Michael, Vol IV
Lyons, Daniel D., Vol IV
Maffie, James, Vol IV
Malpezzi Price, Paola, Vol III
Matott, Glenn, Vol III
McBride, William, Vol III
Mccomb, David Glendinning, Vol I
McCray, James, Vol II
McKee, Patrick M., Vol IV
Mogen, David Lee, Vol II
Otero, Jose, Vol III
Ott, Brian L., Vol II
Palmquist, Mike, Vol II
Pendell, Sue, Vol II
Perez Stansfield, Maria Pilar, Vol III
Petrie, Neil, Vol II
Phillips, Denny, Vol II
Pratt, John, Vol II
Reid, Louann, Vol II
Reid, Stephen, Vol II
Rock, Kenneth Willett, Vol I
Rollin, Bernard E., Vol IV
Rolston, Holmes, III, Vol IV
Ronda, Bruce, Vol II
Sargent, Stuart H., Vol III
Saz, Sara M., Vol III
Schamberger, Ed, Vol II
Suarez Garcia, Jose Luis, Vol III
Suinn, Richard Michael, Vol I
Swinson, Ward, Vol II
Tanner, Jim, Vol II
Thiem, Jon, Vol II
Trembath, Paul, Vol II
Tyler, Daniel, Vol I
Vancil, David, Vol II
Vest, David, Vol II
Weisser, Henry G., Vol I
Whitaker, Rosemary, Vol II
Wiliams, Ron G., Vol IV
Willard, Barb, Vol II
Wolff, Ronald A., Vol III
Work, James, Vol II
Worrall, Arthur John, Vol I

Columbia Bible Col
Beyer, Bryan E., Vol IV
Beyer, Bryan E., Vol IV
Harvey, John D., Vol IV

Columbia Col, Columbia
Lindsay Levine, Victoria, Vol I

Columbia Col, Illinois
Floyd, Samuel Alexander, Vol I

Columbia Col, New York
Abrams, Bradley, Vol I
Adams, Rachel, Vol II
Alexakis, Alexander, Vol IV
Armstrong, Charles, Vol I
Awn, Peter, Vol IV
Billows, Richard A., Vol I
Blackmar, Elizabeth, Vol I
Bulliet, Richard, Vol I
Bushman, Richard, Vol I
Cannadine, David, Vol I
Castelli, Elizabeth, Vol IV
Chakravorty Spivak, Gayatri, Vol II
Chernetsky, Vitaly, Vol III
Dames, Nicholas, Vol II
de Grazia, Victoria, Vol I
Delbanco, Andrew, Vol II
Deutsch, Celia, Vol IV
Dirks, Nicholas, Vol I
Douglas, Ann, Vol I
Ferguson, Robert A., Vol I
Fields, Barbara J., Vol I

Foner, Eric, Vol I
Gluck, Carol, Vol I
Goren, Arthur, Vol I
Gorup, Radmila J., Vol III
Grele, Ronald J., Vol I
Haddad, Mahmoud, Vol I
Halivni, David, Vol IV
Hayim Yerushalmi, Yosef, Vol I
Howard, Jean E., Vol II
Howell, Martha, Vol I
Hunning, Robert W., Vol II
Jackson, Kenneth T., Vol I
Jalal, Ayesha, Vol I
James, Winston, Vol I
Kastan, David Scott, Vol II
Katznelson, Ira, Vol I
Kaye, Joel, Vol I
Klein, Herbert S., Vol I
Koc, Richard, Vol III
Kosto, Adam, Vol I
Kussi, Peter, Vol III
Lake Prescott, Anne, Vol II
Lindt, Gillian, Vol IV
Malefakis, Edward, Vol I
Mann, Gurinder Singh, Vol IV
Marable, Manning, Vol I
Marcus, Steven, Vol II
Mbodj, Mohamed, Vol I
Mendelson, Edward, Vol II
Meyer, Ronald, Vol III
Neel, Carol, Vol I
Nixon, Rob, Vol III
Nunes, Zita, Vol II
O'Meally, Robert, Vol II
Patriarca, Silvana, Vol I
Paxton, Robert O., Vol I
Peters, Julie, Vol I
Pflugfelder, Gregory, Vol I
Pierson Prior, Sandra, Vol II
Proudfoot, Wayne, Vol IV
Quigley, Austin E., Vol II
Reyfman, Irina, Vol III
Rives, James, Vol I
Rosenberg, John D., Vol II
Rosenthal, Michael, Vol II
Rosner, David, Vol I
Rothman, David, Vol I
Said, Edward, Vol II
Scammell, Michael, Vol I
Schama, Simon, Vol I
Scott, Daryl, Vol I
Segal, Alan, Vol IV
Shapiro, James S., Vol II
Shenton, James, Vol I
Sloan, Herbert, Vol I
Smit, J.W., Vol I
Smith, Henry, Vol I
Somerville, Robert, Vol IV
Stanislawski, Michael, Vol I
Stephanson, Anders, Vol I
Stern, Fritz, Vol I
Tiersten, Lisa, Vol I
Tsin, Michael, Vol I
Tubb, Gary, Vol IV
Tyler, Edward W., Vol II
Valenze, Deborah, Vol I
van der Mieroop, Marc, Vol I
Viswanathan, Gauri, Vol II
Walker Bynum, Caroline, Vol I
Weisenfeld, Judith, Vol IV
White, Deborah, Vol II
Wimbush, Vincent L., Vol IV
Wishard, Armin, Vol III
Woloch, Nancy, Vol I
Wortman, Richard, Vol I
Wright, Gwendolyn, Vol I
Yerkes, David, Vol I
Zelin, Madeleine, Vol I
Zito, Angela, Vol IV

Columbia Col, So Carolina
Fowler, Vivia, Vol IV
Moore, Robert Joseph, Vol I
Shirley, Paula, Vol III

Columbia Intl Univ
Richards, Jeffery Jon, Vol IV

Columbia Pictures Music Publ
Holmes, Robert Ernest, Vol IV

Columbia Theol Sem
Gonzalez, Catherine Gunsalus, Vol I
Hudnut-Beumler, James, Vol IV

Columbia Union Col
Hammond, James Matthew, Vol I

Columbia Univ
Armitage, David, Vol I
Aronson, Arnold, Vol II
Bagnall, Roger Shaler, Vol I
Balmer, Randall, Vol IV
Barnouw, Erik, Vol II
Barolini, Teodolinda, Vol III
Bean, John Malcolm William, Vol I
Beck, James Henry, Vol I
Belknap, Robert Lamont, Vol III
Berofsky, Bernard A., Vol IV
Betts, Richard Kevin, Vol I
Blount, Marcellus, Vol II
Brilliant, Richard, Vol I
Brinkley, Alan, Vol I
Bynum, Caroline Walker, Vol I
Cachia, Pierre J.E., Vol III
Cameron, Alan, Vol I
Cavallo, JoAnn, Vol III
Christopher, Russell L., Vol IV
Cohen, Myron L., Vol I
Compagnon, Antoine, Vol III
Damrosch, David N., Vol III
Deak, Istvan, Vol I
Dent, Gina, Vol III
Diamond, Sigmund, Vol I
Dinkins, David N., Vol IV
Dyson, Michael Eric, Vol I
Eden, Kathy, Vol I
Eng, David L., Vol III
Farnsworth, Edward Allan, Vol IV
Foltz, Richard, Vol I
Foner, Eric, Vol I
Gans, Herbert J., Vol I
Gardner, Richard Newton, Vol IV
Garro, A.M., Vol IV
Gilinsky, Joshua, Vol I
Giral, Angela, Vol II
Grad, Frank P., Vol IV
Gurinder, Singh Mann, Vol IV
Gustafson, Richard Folke, Vol III
Hamilton, Charles Vernon, Vol IV
Hanning, Robert W., Vol II
Harris, William Vernon, Vol I
Heilbrun, Carolyn G, Vol II
Heinrich, Amy Vladeck, Vol III
Heise, Ursula K., Vol II
Henkin, Louis, Vol IV
Jervis, Robert, Vol I
Jones, William K., Vol I
Koch, Kenneth, Vol II
Korn, Harold Leon, Vol IV
Kroeber, Karl, Vol II
Lerner, B. H., Vol I
Levi, Isaac, Vol IV
Levin, Jonathan, Vol II
Lippman, Edward, Vol I
Lufrano, Richard, Vol I
Lusky, Louis, Vol IV
Lynch, Hollis R., Vol I
Malefakis, Edward Emanuel, Vol I
Malone, Joseph Lawrence, Vol III
Martinez-Bonati, Felix, Vol III
May, Gita, Vol III
Mckitrick, Eric Louis, Vol I
Mothersill, Mary, Vol IV
Mundy, John Hine, Vol I
Nathan, Andrew J., Vol I
Ortner, Sherry B., Vol I
Pappano, Margaret, Vol II
Parker, Kellis E., Vol I
Parker, Kellis E., Vol IV
Paxton, Robert Owen, Vol I
Perkins, Leeman Lloyd, Vol I
Piccato, Pablo, Vol I
Porada, Edith, Vol I
Quigley, Austin F., Vol II
Raeff, Marc, Vol I
Rebay, Luciano, Vol III
Reff, Theodore Franklin, Vol I
Roe, Mark J., Vol I
Rosand, David, Vol I
Rubin, Mordecai S., Vol III
Schaafsma, David, Vol II
Scherzinger, M., Vol I
Segal, Alal Franklin, Vol IV

Seidel, Michael Alan, Vol II
Silver, Philip Warnock, Vol III
Slade, Carole, Vol III
Sovern, Michael I., Vol II
Sovern, Michael I., Vol IV
Spivak, Gayatri Chakravorty, Vol III
Stade, George, Vol II
Staley, Allen, Vol I
Strauss, Peter L., Vol IV
Taran, Leonardo, Vol I
Tayler, Edward W., Vol II
Thomas, Kendall, Vol IV
Ulanov, Barry, Vol II
Uviller, H. Richard, Vol IV
Valkenier, Elizabeth Kridl, Vol I
van de Mieroop, Marc, Vol I
Von Hagen, Mark L., Vol I
Walsh, James Jerome, Vol IV
Walton, R. Keith, Vol IV
Waltz, Kenneth Neal, Vol I
Wayman, Alex, Vol III
Welles, Marcia Louise, Vol III
Williams, Gareth D., Vol I
Woloch, Isser, Vol IV
Woodring, Carl, Vol II
Wright, Marcia, Vol I
Yerushalmi, Yosef Hayim, Vol I

Columbus State Univ
Berger, Mark Lewis, Vol I
Thomas, John Joseph, Vol IV

Comm Col of Allegheny County, Allegheny
Eskridge, John Clarence, Vol IV

Comm Col of Denver
Fleck, Richard F., Vol II

Commonwealth Col, Richmond
Edwards, Clifford Walter, Vol IV

Concord Col, Manitoba
Shillington, V. George, Vol IV

Concordia Col, Alberta
Krispin, Gerald, Vol IV
Leske, Adrian M., Vol IV

Concordia Col, Minnesota
Buckley, Joan, Vol II
Herman, Stewart W., Vol IV
Jacobson, Arland D., Vol IV
Kolb, Robert, Vol I
Lintelman, Joy, Vol I
Poppe, Susan, Vol IV
Sprunger, David A., Vol II

Concordia Col, Nebraska
Fiala, Robert D., Vol I
Grothaus, Larry Henry, Vol I

Concordia Sem
Arand, Charles P., Vol IV
Bartelt, Andrew H., Vol IV
Brauer, James L., Vol IV
Feuerhahn, Ronald R., Vol I
Gibbs, Jeffrey A., Vol IV
Nagel, Norman E., Vol IV
Raabe, Paul R., Vol IV
Raj, Victor A.R., Vol IV
Rosin, Robert L., Vol I
Schuchard, Bruce G., Vol IV
Voelz, James W., Vol IV

Concordia Theol Sem
Collins, Robert H., Vol IV
Maier, Walter A., Vol IV
Scaer, David P., Vol IV

Concordia Univ, California
Johnson, Ben, Vol IV

Concordia Univ, Illinois
Froehlich, Charles Donald, Vol IV
Heider, George C., Vol IV
Kreiss, Paul Theodore, Vol III
Stadtwald, Kurt, Vol I

Concordia Univ, Montreal
Asselin, Olivier, Vol I
Baumel Joseph, Norma, Vol IV
Belisle, Jean, Vol I
Bernier, Paul, Vol III
Bertrand, Charles L., Vol I
Bird, Frederick, Vol IV
Bode, Frederick August, Vol I
Brennan, Kit, Vol II
Brennan Watters, Kathleen, Vol II
Carr, Graham, Vol I
Chalk, Frank, Vol I
Clarke, Murray, Vol III
Coolidge, Robert Tytus, Vol I
Decarie, Graeme, Vol I
Despland, Michel, Vol IV
Diubaldo, Richard J., Vol I
Drage-Hale, Rosemary, Vol IV
Dunlop, Anne, Vol I
Fick, Carolyn E., Vol I
Foss, Brian, Vol I
French, Stanley G., Vol IV
Ginter, Donald Eugene, Vol II
Gray, Christopher, Vol IV
Groening, Laura S., Vol II
Hale, Mark, Vol III
Hill, John, Vol I
Hofbeck, Josef, Vol IV
Hubbard, William H., Vol I
Hudson, Robert, Vol I
Ingram, Norman, Vol I
Joos, Ernest, Vol IV
Lightstone, Jack, Vol IV
Mason, Sheila, Vol IV
McDonough, Sheila, Vol IV
McSheffrey, Shannon, Vol I
Miller, David, Vol IV
Nielsen, Kai, Vol IV
Nish, Cameron, Vol I
O'Connor, Dennis, Vol IV
Oppenhaim, Michael, Vol IV
Ornstein, Jack, Vol IV
Orr, Leslie, Vol I
Pedersen, Diana, Vol I
Reiss, Charles, Vol III
Richard, Ron, Vol II
Robinson, Ira, Vol III
Roth, Lorna, Vol II
Rudin, Ronald, Vol I
Rukmani, T.S., Vol IV
Sanders, Lionel, Vol I
Schade, Rosemarie, Vol I
Scheinberg, Stephen, Vol I
Shlosser, Franziska E., Vol I
Singer, Martin, Vol I
Tittler, Robert, Vol I
van Nus, Walter, Vol I
Vipond, Mary, Vol I
Wayne, Andrew, Vol IV
Zeman, Vladimir, Vol IV

Concordia Univ, Wisconsin
Garcia, Albert L., Vol IV
Maschke, Timothy, Vol IV

Concurrent Computer Corp
Carter, Charles Michael, Vol IV

Connecticut Col
Bleeth, Kenneth Alan, Vol II
Burlingame, Michael A., Vol I
Despalatovic, Elinor Murray, Vol I
Evans, Robley Jo, Vol II
Forster, Marc R., Vol I
Green, Garrett, Vol IV
Hartman, Charles O., Vol II
Held, Dirk, Vol I
Lesser, Jeffrey, Vol I
Murstein, Nelly Kashy, Vol II
Paxton, Frederick S., Vol I

Reiss, Lester Joseph, Vol IV
Silberman, Sara Lee, Vol I
Silverberg, Joann C., Vol I
Solomon, Janis Virginia Little, Vol III
Taranow, Gerda, Vol II
Terras, Rita, Vol III
Vance, Timothy, Vol III
Wilson, Lisa H., Vol I
Winter, Jerry Alan, Vol I

Conrad Grebel Col
Enns, Leonard, Vol I
Froese Tiessen, Hildi, Vol II
Gray, Laura, Vol I
Hull, Kenneth, Vol I
Klaassen, Walter, Vol I
Packull, Werner O., Vol I
Reimer, James A., Vol IV
Snyder, Arnold C., Vol I

Consortium of Doctors Ltd
Jordan, Abbie H., Vol I

Converse Col
Dunn, Joe Pender, Vol I
Stevenson, John Weamer, Vol II

Cooper & Kenny
Kenny, Alfreida B., Vol IV

Cooper Union for the Advancement of Science and Art
Swann, Brian, Vol II

Cooper-Lewter Rites of Passage
Cooper-Lewter, Nicholas Charles, Vol IV

Coppin State Col
Daley, Guilbert Alfred, Vol II
Durham, Joseph Thomas, Vol I
Gardner, Bettye J., Vol I
King, Ora Sterling, Vol I
Neverdon-Morton, Cynthia, Vol I
Talley, William B., Vol I

Copyright Clearance Ctr
Davis, David D., Vol I

Cornell Col
Allin, Craig Willard, Vol I
Ihlan, Amy, Vol IV
Vernoff, Charles Elliott, Vol IV

Cornell Univ
Abrams, Meyer Howard, Vol II
Adams, Barry Banfield, Vol II
Arroyo, Ciriaco, Vol III
Austin, William Weaver, Vol I
Babby, Leonard Harvey, Vol III
Baugh, Daniel Albert, Vol I
Bensel, Richard F., Vol I
Bereaud, Jacques, Vol III
Bilson, Malcolm, Vol I
Bjerken, Xak, Vol I
Blumin, Stuart, Vol I
Borstelmann, Thomas, Vol I
Brumberg, Joan Jacobs, Vol I
Calkins, Robert Gilmer, Vol I
Caputi, Anthony Francis, Vol II
Carmichael, Calum Macneill, Vol IV
Clermont, Kevin Michael, Vol IV
Clinton, Kevin, Vol I
Cochran, Sherman, Vol I
Cohen, Walter Isaac, Vol III
Colby-Hall, Alice Mary, Vol III
Coleman, John E., Vol I
Colman, Gould P., Vol I
Coral, Lenore, Vol I
Cramton, Roger C., Vol IV

Daniel, Cletus Edward, Vol I
Deinert, Herbert, Vol III
Gair, James Wells, Vol III
Gibian, George, Vol III
Greene, Sandra E., Vol I
Grossvogel, David I., Vol III
Gudding, Gabriel, Vol I
Hanchett, Tom, Vol I
Harris, Robert L., Jr., Vol I
Harris-Warrick, Rebecca, Vol I
Hatch, Martin, Vol I
Hester, Karlton Edward, Vol I
Hill, Thomas Dana, Vol I
Hodes, Harold T., Vol IV
Hohendahl, Peter U., Vol III
Holloway, Thomas Halsey, Vol I
John, James J., Vol I
Kammen, Michael, Vol I
Kaske, Carol Vonckx, Vol II
Kaske, Robert Earl, Vol II
Kennedy, Kenneth Adrian Raine, Vol I
Kennedy, William John, Vol II
Kingsbury, John Merriam, Vol IV
Kirkwood, Gordon Macdonald, Vol I
Kline, Ronald R., Vol I
Koschmann, Julien Victor, Vol I
Kronik, John William, Vol III
Krumhansl, Carol L., Vol I
Kuniholm, Peter Ian, Vol I
Lafeber, Walter, Vol I
Lewenstein, Bruce V., Vol I
Lewis, Philip Eugene, Vol III
Lurie, Alison, Vol II
McCann, David Richard, Vol III
McClain, John O., Vol I
Migiel, Marilyn, Vol III
Moore, Robert Laurence, Vol I
Najemy, John Michael, Vol I
Norton, Mary Beth, Vol I
Norton, Mary Beth, Vol I
Nussbaum, Alan, Vol III
Okihiro, Gary Y., Vol I
Owen, David I., Vol I
Palmer, Larry Isaac, Vol IV
Peraino, Judith A., Vol I
Piedra, Jose, Vol III
Pinch, Trevor J., Vol IV
Pintner, Walter Mckenzie, Vol I
Polenberg, Richard, Vol I
Powers, David Stephen, Vol I
Pucci, Pietro, Vol I
Rachlinski, J.J., Vol IV
Rendsburg, G.A., Vol IV
Rosen, David, Vol I
Rossiter, Margaret W., Vol I
Salvatore, Nicholas Anthony, Vol I
Samuels, Shirley, Vol II
Scatterday, Mark Davis, Vol I
Schwab, Stewart J., Vol IV
Schwarz, Daniel Roger, Vol II
Shaw, Harry Edmund, Vol II
Sherry, John E.H., Vol I
Silbey, Joel H., Vol I
Smith, Daniel L., Vol IV
Somkin, Fred, Vol I
Summers, Robert Samuel, Vol IV
Suner, Margarita, Vol III
Wallace, Robert M., Vol IV
Waugh, Linda Ruth, Vol III
Webster, James, Vol I
Williams, L. Pearce, Vol I
Wolff, John Ulrich, Vol III
Wolfram, Charles W., Vol IV
Wolters, Oliver William, Vol I
Wyatt, David Kent, Vol I
Yearsley, David, Vol I
Zaslaw, Neal, Vol I

Cornerstone Col
Suggs, Robert Chinelo, Vol I

Corning Mus of Glass
Whitehouse, David Bryn, Vol I

Cottey Col
Byer, Inez, Vol IV

Council of Graduate Schools
Pruitt, Anne Smith, Vol I

Council on Foreign Relations
Maxwell, Kenneth R., Vol I

County Col of Morris
Citron, Henry, Vol I

County Contact Comm Inc
Cooley, James F., Vol IV

County Counsel, LA County
Weekes, Martin Edward, Vol IV

Covenant Theol Sem
Bayer, Hans F., Vol IV

Cravath, Swaine & Moore
Fletcher, Robert E., Vol IV

Creighton Univ
Aikin, Roger, Vol I
Andrus, Kay L., Vol IV
Beau, Bryan Le, Vol IV
Brooks, Catherine M., Vol IV
Churchill, Robert J., Vol II
Dornsife, Rob, Vol IV
Fenner, G. Michael, Vol IV
Green, Barbara S., Vol IV
Green, J. Patrick, Vol IV
Hamm, Michael Dennis, Vol IV
Hauser, Richard Joseph, Vol IV
Larson, David A., Vol IV
Lawson Mack, Raneta, Vol IV
LeBeau, Bryan, Vol I
Mahern, Catherine, Vol IV
Mangrum, R. Collin, Vol IV
Mihelich, Dennis, Vol I
O'Neill, Megan, Vol II
Pieck, Manfred, Vol I
Santoni, Roland J., Vol IV
Shanahan, Thomas Joseph, Vol IV
Shkolnick, Rodney, Vol IV
Shugrue, Richard E., Vol IV
Strom, Lyle E., Vol IV
Teply, Larry L., Vol IV
Volkmer, Ronald R., Vol IV
Wall, Eamonn, Vol II
Welch, Ashton Wesley, Vol I
Whipple, Robert Dale, Jr., Vol II
Whitten, Ralph U., Vol IV
Wunsch, James Stevenson, Vol I
Zacharias, Greg, Vol II

Crowell and Moring
Williams, Karen Hastie, Vol IV

Ctr for Christian Study
Trotter, A.H., Jr., Vol IV

Ctr for Governmental Responsibility
Wade, Jeffry, Vol IV

Ctr for Health Louisianaward and Bioethics
Parker, Lisa S., Vol I

Ctr for the Study of Architecture
Eiteljorg, Harrison, II, Vol I

Ctr for Women, Religion
Kirk-Duggan, Cheryl Ann, Vol IV

Culver-Stockton Col
Gossai, Hemchand, Vol IV
Lee, George Robert, Vol I

Wiegenstein, Steve, Vol II

Cumberland Col
Ramey, George, Vol IV

Daemen Col
Lyons, Sherrie L., Vol I
Morace, Robert Anthony, Vol II

Dakota State Univ
Johnson, Eric, Vol II

Dalhousie Univ
Baylis, Francoise, Vol IV
Bishop, Michael, Vol III
Brett, Nathan C., Vol IV
Burns, Steven A.M., Vol IV
Campbell, Richmond M., Vol IV
Campbell, Susan, Vol IV
Chavy, Paul, Vol III
Cross, Michael Sean, Vol I
Darby, Barbara, Vol II
Fingard, Judith, Vol I
Flint, John E., Vol I
Gantar, Jure, Vol II
Gesner, B. Edward, Vol III
Greenfield, Bruce R., Vol II
Hogan, Melinda, Vol IV
Hymers, Michael, Vol IV
MacIntosh, Duncan, Vol IV
Maitzen, Rohan Amanda, Vol II
Maitzen, Stephen, Vol IV
Martin, Robert M., Vol IV
Mills, Eric L., Vol I
Schotch, Peter K., Vol IV
Sherwin, Susan, Vol IV
Stokes, Lawrence Duncan, Vol I
Tetreault, Ronald, Vol II
Vinci, Thomas, Vol IV
Wainwright, John A., Vol II

Dallas Theol Sem
Bock, Darrell L., Vol IV
Burns, J. Lanier, Vol IV
Mabery, Lucy, Vol IV
Merrill, Eugene H., Vol IV
Taylor, Richard A., Vol III
Wallace, Daniel B., Vol IV

Dalton Col
Hutcheson, John Ambrose, Jr., Vol I

Daniel Webster Col
Malachuk, Daniel S., Vol II

Dartmouth Col
Allan, Sarah, Vol III
Beasley, Faith E., Vol III
Bien, Peter Adolph, Vol II
Boose, Lynda E., Vol II
Breeden, James Pleasant, Vol IV
Chay, Deborah, Vol II
Chitoran, Ioanaa, Vol III
Cohen, Ada, Vol I
Corrigan, Kathleen, Vol I
Cosgrove, Peter, Vol II
Crewe, Jonathan V., Vol II
Daniell, Jere Rogers, Vol I
Desjardins, Mary, Vol II
Doenges, Norman Arthur, Vol I
Doney, Willis, Vol II
Dorsey, James, Vol III
Duncan, Bruce, Vol III
Eberhart, Richard, Vol II
Ermarth, Hans Michael, Vol I
Favor, J. Martin, Vol II
Garretson, Deborah, Vol III
Garthwaite, Gene Ralph, Vol I
Gaylord, Alan T., Vol II
Gemunden, Gerd, Vol III
Gert, Bernard, Vol IV
Glinert, Lewis, Vol III
Grenoble, Lenore A., Vol III
Halasz, Alexandra W., Vol II
Heck, Marlene, Vol I
Heffernan, James Anthony Walsh, Vol II

Higgins, Lynn Anthony, Vol III
Hirsch, Marianne, Vol III
Hockley, Allen, Vol I
Hoffmeister, Werner, Vol III
Jahner, Elaine A., Vol II
Jordan, Jim, Vol I
Kacandes, Irene, Vol III
Katz, Phyllis, Vol I
Kelley, Mary, Vol I
Kenkel, Konrad, Vol III
Kenseth, Joy, Vol I
Kogan, Vivian, Vol III
Kuypers, Jim A., Vol II
LaValley, Al, Vol II
Loseff, Lev V., Vol III
Luxon, Thomas H., Vol II
Major, John Stephen, Vol III
Mansell, Darrel, Vol II
Masters, Roger D., Vol I
McGrath, Robert, Vol I
McKee, Patricia, Vol II
Moor, James H., Vol IV
Mowry, Hua-yuan Li, Vol III
Ortiz, Ricardo L., Vol II
Otter, Monika, Vol II
Oxenhandler, Neal, Vol III
Oxenhandler, Neal, Vol III
Pastor, Beatriz, Vol I
Pease, Donald E., Vol II
Penner, Hans Henry, Vol I
Rainer, Ulrike, Vol III
Randolph, Adrian W. B., Vol I
Rege, Josna E., Vol II
Renza, Louis A., Vol II
Rosenthal, Angela, Vol I
Rowlinson, Matthew C., Vol II
Rutter, Jeremy B., Vol I
Saccio, Peter, Vol II
Scher, Steven Paul, Vol III
Scherr, Barry P., Vol III
Schweitzer, Ivy, Vol II
Scott, William Clyde, Vol I
Sears, Priscilla F., Vol II
Sheehan, Donald, Vol II
Shewmaker, Kenneth Earl, Vol I
Shookman, Ellis, Vol III
Sices, David, Vol III
Silver, Brenda R., Vol II
Spengemann, William C., Vol II
Spitzer, Leo, Vol I
Travis, Peter W., Vol II
Washburn, Dennis, Vol III
Whaley, Lindsay, Vol III
Will, Barbara E., Vol II
Wright, James Edward, Vol I
Wykes, David, Vol II
Zantop, Susanne, Vol III
Zeiger, Melissa F., Vol II

Darton Col
Shingleton, Royce Gordon, Vol I

Davenport Col of Business
Hair, John, Vol I

David A Clary & Assoc
Clary, David Allen, Vol I

David Dunlap Observatory
Fernie, John D., Vol I

Davidson Col
Abbott, Anthony S., Vol II
Ahrensdorf, Peter J., Vol I
Berkey, Jonathan P., Vol I
Csikszentmihalyi, Mark, Vol IV
Denham, Scott, Vol III
Dockery, Charles D., Vol III
Edmondson, Clifton Earl, Vol I
Foley, W. Trent, Vol IV
Goldstein, Irwin, Vol IV
Hall, John, Vol IV
Kaylor, Robert David, Vol IV
Krentz, Peter Martin, Vol I
Kruger, Carole A., Vol III
Levering, Ralph Brooks, Vol I
Lewis, Cynthia, Vol II
Ligo, Larry L., Vol I
Mahony, William K., Vol IV
McKelway, Alexander Jeffrey, Vol IV
Mele, Alfred R., Vol I

Nelson, Randy Franklin, Vol II
Plank, Karl A., Vol IV
Poland, Lynn, Vol IV
Polley, Max Eugene, Vol IV
Serebrennikov, Nina Eugenia, Vol I
Singerman, Alan J., Vol III
Smith, C. Shaw, Jr., Vol I
Sutton, Homer B., Vol III
Tong, Rosemarie, Vol IV
Toumazou, Michael K., Vol I
Walker, Hallam, Vol III
Yoder, Lauren Wayne, Vol III
Zimmermann, Thomas C. Price, Vol I

Davis & Elkins Col
Phipps, William Eugene, Vol IV

Davis Wright Tremaine
Keegan, John E., Vol IV

Dawson Col
Haberl, Franz P., Vol III
Haines, Victor Yelverton, Vol II

De Anza Col
Rappaport, Steven D., Vol IV
Williams, James Calhoun, Vol I

Dekalb Col
Anderson, Thomas Jefferson, Vol I

Delaware State Univ
Flayhart, William H., III, Vol I

Delaware Valley Col
Corbett, Janice, Vol III
Dimond, Roberta R., Vol II
Kuehl, Linda Kandel, Vol II
Schmidt, Jack, Vol II

Delgado Comm Col
Towns, Sanna Nimtz, Vol II

Delhi Univ
Sarao, Karam Tej S, Vol IV

Delta Col
Forsberg, Ralph P., Vol IV
Pfeiffer, Raymond Smith, Vol IV

Delta State Univ
Adamo, David Tuesday, Vol IV

Denison Univ
Baker, David Anthony, Vol II
Cort, John E., Vol IV
Gordon, Amy Glassner, Vol I
Gordon, Michael Danish, Vol I
Lisska, Anthony Joseph, Vol IV
Martin, James Luther, Vol III
Santoni, Ronald Ernest, Vol IV
Santoni, Ronald Ernest, Vol IV
Schilling, Donald, Vol I
Woodyard, David O., Vol IV
Wright Miller, Gill, Vol IV

Denver Conservative Baptist Sem
Blomberg, Craig L., Vol IV
Buschart, David, Vol IV
Covell, Ralph, Vol IV
Demarest, Bruce, Vol IV
Erwin, Pamela, Vol IV
Groothuis, Douglas, Vol IV
Grounds, Vernon, Vol IV
Hayes, Edward L., Vol IV
Hess, Richard S., Vol IV
Klein, William, Vol IV
Lewis, Gordon Russel, Vol IV

Lindquist, Larry, Vol IV
Means, James, Vol IV
Rodas, M. Daniel Carroll, Vol IV
Shelley, Bruce, Vol I

DePaul Univ
Burton, J.D., Vol I
Erlebacher, Albert, Vol I
Eslinger, Ellen T., Vol I
Garner, Roberta, Vol I
Harrill, J. Albert, Vol IV
Hartman, Laura Pincus, Vol IV
Larrabee, Mary J., Vol IV
Lu, Xing L., Vol II
Nuzzo, Angelica, Vol IV
Price, Daniel, Vol IV
Rinehart, Lucy, Vol II
Shaman, Jeffrey Marc, Vol IV
Sizemore, Barbara A., Vol I
Taylor, Jacqueline S., Vol II
Ward, Jule D., Vol IV

DePauw Univ
Allen, O. Wesley, Jr., Vol IV
Beaudry, Agnes Porter, Vol III
Cavanaugh, William Charles, Vol II
Chandler, Marthe Atwater, Vol IV
Evans, Arthur B., Vol II
Holm, Tawny, Vol IV
Huffman, Carl A., Vol I
Schlotterbeck, John Thomas, Vol I
Shannon, Daniel E., Vol IV
Warren, Stanley, Vol I
Welliver, Glenn Edwin, Vol III
Wilson, John Barney, Vol I

Design Aid Architects
Samudio, Jeffrey, Vol I

Detroit Col of Business, Flint
Bullard, Edward A., Jr., Vol IV

Dctroit Inst of Arts
Peck, William Henry, Vol I

Devon Abbott Mihesuah
Mihesuah, Devon Abbott, Vol I

Devry Inst of Tech
Pritchard, Susan V., Vol II

Diablo Valley Col
Gonzales, Manuel G., Vol I
Rawls, James J., Vol I

Dibner Inst for the History of Science and Tech
Elliott, Clark Albert, Vol I

Dickinson Col
Beverley Driver, Eddy, Vol III
Bullard, Truman, Vol I
Emery, Ted, Vol I
Jarvis, Charles Austin, Vol I
Johnston, Carol Ann, Vol II
Lockhart, Philip N., Vol I
Nichols, Ashton, Vol II
Pulcini, Theodore, Vol IV
Richter, Daniel K., Vol I
Roethke, Gisela, Vol III
Rosen, Kenneth Mark, Vol II
Schiffman, Joseph, Vol I
Weinberger, Stephen, Vol I
Weissman, Neil Bruce, Vol I
Wilson, Blake, Vol I

Dillard Univ
Taylor, Herman Daniel, Vol I
Verrett, Joyce M., Vol I
Wade-Gayles, Gloria Jean, Vol II

Diocese of Greensburg
Grammer, Michael B., Vol IV

DISA Area Command
Barnhill, John Herschel, Vol I

Disciples Sem Foundation
Parrot, Rod, Vol IV

DMACC
McCaffrey, Jerrine A., Vol II

Doane Col
Haller, Evelyn, Vol II
Hanson, Charles Parker, Vol I
Price, David C., Vol II

Dominican Col, Blauvelt
Lounibos, John, Vol IV

Dominican Col, San Rafael
Dougherty, Patricia M., Vol I
Novak, Philip Charles, Vol IV
Sinclair, Scott G., Vol IV

Donald Marvin Joy
Joy, Donald Marvin, Vol II

Donovan LeRoy Welch
Welch, Donovan LeRoy, Vol II

Dorot Found
Frerichs, Ernest S., Vol IV

Dowling Col
Kramer, Aaron, Vol II

Drake Univ
Abel, Richard Owen, Vol II
Baker, Thomas Eugene, Vol IV
Barton, Mike Alan, Vol I
Foster, David, Vol II
Hariman, Robert, Vol II
Harris, Charles David, Vol I
Hodgdon, Barbara Covington, Vol II
Horner, Bruce, Vol II
Lu, Min-Zhan, Vol II
Martin, Bruce Kirk, Vol II
Patrick, Dale, Vol IV
Sisk, G.C., Vol IV
Stroud, Theodore Albert, Vol II
Worthen, Thomas, Vol I

Drew Univ
Avins, Styra, Vol I
Becker, Lucille Frackman, Vol III
Bicknell, John W., Vol IV
Bull, Robert Jehu, Vol IV
Christensen, Michael, Vol IV
Fishburn, Janet Forsythe, Vol IV
Jones, Donald D., Vol IV
Lenz, John Richard, Vol I
Prentiss, Karen Pechilis, Vol IV
Rice, Charles L., Vol IV
Rose, J., Vol I
Selinger, Suzanne, Vol I
Skaggs, Merrill Maguire, Vol II
Steiner, Joan Elizabeth, Vol II
Stroker, William Dettwiller, Vol IV
Warner, John M., Vol I
Weimer, Joan Myers, Vol II
Wescott, Roger Williams, Vol III

Drexel Univ
Grunfeld, Joseph, Vol IV
Porter, Abioseh Michael, Vol III

Dropsie Univ
Lieberman, Stephen Jacob, Vol I

Drury Col
Browning, Peter, Vol IV
Ess, Charles, Vol IV
Shields, Mary, Vol IV
Shields, Mary E., Vol IV
Willis, Resa, Vol II

Duke Univ
Aers, David, Vol II
Antliff, Mark, Vol I
Applewhite, James W., Vol II
Bartlet, Elizabeth C., Vol I
Baucom, Ian, Vol II
Beckwith, Sarah, Vol II
Biddle, Tami Davis, Vol I
Bland, Kalman Perry, Vol IV
Boatwright, Mary T., Vol I
Borchardt, Frank L., Vol III
Brandon, Robert N., Vol IV
Brett, Sally A., Vol II
Brothers, Thomas, Vol I
Bruzelius, Caroline, Vol I
Budd, Louis John, Vol II
Carrington, Paul, Vol IV
Caserta, Ernesto Giuseppe, Vol III
Cell, John W., Vol I
Clarke, George E., Vol II
Clarke, George Elliott, Vol II
Clum, John M., Vol II
Crenshaw, James L., Vol IV
Davidson, Arnold E., Vol II
Davidson, Cathy N., Vol II
Davis, Calvin D., Vol I
Davis, Calvin D., Vol I
Davis, Gregson, Vol I
Demott, Deborah A., Vol IV
DeNeef, Leigh A., Vol II
Dirlik, Arif, Vol I
Druesedow, John E., Vol I
Durden, Robert Franklin, Vol I
Ferejohn, Michael T., Vol IV
Ferguson, Arthus Bowles, Vol I
Ferraro, Thomas J., Vol II
Fish, Stanley E., Vol II
Flanagan, Owen, Vol IV
Fowlie, Wallace, Vol III
Gaines, Jane M., Vol II
Gavins, Raymond, Vol I
Gilliam, Bryan, Vol I
Gleckner, Robert F., Vol II
Golding, Martin P., Vol IV
Gopen, George D., Vol II
Guzeldere, Guven, Vol IV
Havighurst, Clark C., Vol IV
Herrnstein Smith, Barbara, Vol II
Herrup, Cynthia, Vol IV
Hillard, Van E., Vol II
Holloway, Karla F.C., Vol II
Holsti, Ole R., Vol I
Horowitz, Donald L., Vol IV
Hull, Alexander, Vol III
Humphreys, Margaret, Vol I
Jackson, Wallace, Vol II
Jonassaint, Jean, Vol III
Jones, Buford, Vol II
Jones, L. Gregory, Vol IV
Joy, Lynn S., Vol IV
Keefe, Susan Ann, Vol I
Kellogg, David, Vol II
Kennedy, Christopher, Vol II
Keyssar, Alexander, Vol I
Koonz, Claudia, Vol I
Kort, Wesley A., Vol IV
Kuniholm, Bruce Robellet, Vol I
Leighten, Patricia, Vol I
Lerner, Warren, Vol I
Lincoln, C. Eric, Vol IV
Mahoney, Edward P., Vol IV
Malouf, Melissa, Vol II
Mauskopf, Seymour Harold, Vol I
McCollough, Thomas Elmore, Vol IV
Mellown, Elgin Wendell, Vol II
Meyers, Carol L., Vol IV
Meyers, Eric Mark, Vol III
Mezzatesta, Michael P., Vol I
Mickiewicz, Ellen Propper, Vol I
Mignolo, Walter, Vol III
Miller, Martin Alan, Vol I
Moses, Michael Valdez, Vol II
Nelson, Dana D., Vol II
O'Barr, William M., Vol II
Oates, John Francis, Vol I

Peyroux, Catherine, Vol I
Pfau, Thomas, Vol II
Pope, Deborah, Vol II
Porter, Joseph A., Vol II
Posy, Carl J., Vol IV
Radway, Janice, Vol II
Randall, Dale B.J., Vol II
Rice, Louise, Vol I
Richardson, Lawrence Jr, Vol I
Richey, Russell Earle, Vol I
Riddell, Richard, Vol II
Rigsby, Kent Jefferson, Vol I
Roland, Alex, Vol I
Ruderman, Judith, Vol II
Sanford, David Hawley, Vol IV
Sasson, Sarah Diane Hyde, Vol II
Schmaltz, Ted M., Vol IV
Shannon, Laurie, Vol II
Silbiger, Alexander, Vol I
Smith, D. Moody, Vol IV
Steinmetz, David Curtis, Vol I
Stiles, Kristine, Vol I
Strandberg, Victor, Vol II
Tepaske, John J., Vol I
Tetel, Julie, Vol II
Tetel, Marcel, Vol III
Tiryakian, Edward A., Vol I
Todd, Larry, Vol I
Tompkins, Jane, Vol II
Torgovnick, Marianna, Vol II
Van Miegroet, Hans J., Vol I
Ward, Benjamin F., Vol IV
Wharton, Annabel, Vol I
Wigen, Karen, Vol I
Williams, Kenny J., Vol II
Williams, Peter, Vol I
Willimon, William Henry, Vol IV
Willis, Susan, Vol II
Witt, Ronald Gene, Vol I
Wood, Peter H., Vol I
Young, Charles Robert, Vol I
Younger, John Grimes, Vol I

Dumbarton Oaks
Sullivan, Denis, Vol I

Duquesne Univ
Clack, Jerry, Vol I
Colecchia, Frances, Vol III
Edwards, Clark, Vol II
Gaichas, Lawrence Edward, Vol I
Hanigan, James P., Vol IV
Kealy, Sean P., Vol IV
Kelly, David F., Vol IV
Labriola, Albert C., Vol II
Polansky, Ronald M., Vol IV
Schaub, Marilyn McNamara, Vol IV
Slusser, Michael, Vol IV
Thompson, William M., Vol IV
Vardy, Steven Bela, Vol I
Vardy, Steven Bela, Vol I
Wilkins, Ann Thomas, Vol I

Dyersburg State Comm Col
Seibert McCauley, Mary F., Vol I

Eagle Forum
Schlafly, Phyllis Stewart, Vol I

Earlham Col
Bailey, Jackson Holbrook, Vol I
Brown, Mark M., Vol I
Cline, Peter Knox, Vol I
Goertzen, Chris, Vol I
Hamm, Thomas D., Vol I
Niebylski, Dianna, Vol III
Southard, Robert Fairbairn, Vol I
Suber, Peter Dain, Vol IV

East Carolina Univ
Adler, Philip Joseph, Vol I
Chestnut, Dennis Earl, Vol I
Cobb, William Henry, Vol I
Ferguson, Kenneth G., Vol IV
Holsey, Lilla G., Vol I
Kopelman, Loretta M., Vol IV
Malby, Maria Bozicevic, Vol III
Mayberry, Nancy Kennington, Vol III

Moskop, John C., Vol IV
Nischan, Bodo, Vol I
Papalas, Anthony John, Vol I
Ryan, Eugene Edward, Vol IV
Seavy, William, Vol I
Steelman, Joseph F., Vol I
Stevens, John A., Vol I
Sullivan, Charles William, Vol II

East Central Univ
Boeger, Palmer Henry, Vol I
Joyce, Davis D., Vol I

East Georgia Col
Derden, John K., Vol I

East Stroudsburg Univ of Pennsylvania
Ahumada, Alfredo, Vol III
Donaghay, Marie, Vol I
Henwood, James N.J., Vol I
Jarvis, Joseph Anthony, Vol I
Mercado, Juan Carlos, Vol I
Meyers, Ronald J., Vol II
Weatherston, Martin, Vol IV

East Tennessee State Univ
Baxter, Colin Frank, Vol I
Brown, Dan, Vol II
Essin, Emmett M., Vol I
Gold, Jeff, Vol IV
Harrington, Karen A., Vol III
Hilliard, Jerry, Vol II
Hines, Randy, Vol II
Keith, Heather, Vol IV
Kirkwood, William, Vol II
LaFollette, Hugh, Vol IV
Mooney, Jack, Vol II
Ralston, Steven, Vol II
Roberts, Charles, Vol II
Rogers, Kim W., Vol II
Schneider, Valerie Lois, Vol II
Shanks, Niall, Vol IV
Sherrill, Catherine Anne, Vol II
Stenstad, Gail, Vol IV
Thomason, Wallace Ray, Vol II
Williams, Edwin W., Vol III
Zavodny, John, Vol IV

East Tennessee State Univ
Bonnyman-Stanley, Isabel, Vol II
Day, Ronnie, Vol I
Drinkard-Hawkshawe, Dorothy, Vol I
Fesmire, Steven A., Vol IV
Fritz, Stephen G., Vol I
Hardwig, John R., Vol IV
Harris, William Styron, Jr., Vol II
Nelson, Ardis L., Vol III
Zayas-Bazan, Eduardo, Vol III

East Texas Baptist Univ
Potts, Donald R., Vol IV

East Texas State Univ
Grover, Dorys Crow, Vol II
Reynolds, Donald E., Vol I

East West Healing Arts Center
Roberts, Wendy Hunter, Vol IV

Eastern Baptist Theol Sem
Brauch, Manfred T., Vol IV
Keener, Craig S., Vol IV
Koch, Glenn A., Vol IV
Lammers Gross, Nancy, Vol II
McDaniel, Thomas F., Vol IV
Sider, Ronald J., Vol IV

Eastern Col
Bittenbender, J. Christopher, Vol II
Boehne, Patricia Jeanne, Vol III
Cary, Phillip, Vol IV

Cherry, Caroline Lockett, Vol II
Modica, Joseph Benjamin, Vol IV
Morgan, Betsy, Vol II

Eastern Connecticut State Univ
Carter, David G., Sr., Vol I
Catlett Anderson, Celia, Vol II
Dawson, Anne, Vol I
Fitz, Hope K., Vol IV
Jacobik, Gray, Vol II
Lacey, James, Vol I
Mama, Raouf, Vol III
Molette, Barbara J., Vol II
Phillips McGowan, Marcia, Vol II
Pocock, Emil, Vol I
Tapia, Elena, Vol III

Eastern Illinois Univ
Bazargan, Susan, Vol I
Calendrillo, Linda T., Vol II
Colvin, William E., Vol I
Ibelema, Minabere, Vol II
Marquardt-Cherry, Janet Teresa, Vol I
Moore, John David, Vol II
Oseguera, Anthony, Vol II
Tingley, Donald Fred, Vol I
Waldrep, Christopher, Vol I
Weasmer, Jerie, Vol II

Eastern Kentucky Univ
Benson, Richard Lee, Vol II
Culross, Jack Lewis, Vol II
Ellis, William Elliott, Vol I
Forderhase, Rudolph Eugene, Vol I
Gray, Bonnie Jean, Vol IV
Graybar, Lloyd Joseph, Vol I
Harris, Bond, Vol IV
Hill, Ordelle Gerhard, Vol I
Kopacz, Paula D., Vol II
Shearon, Forrest Bedford, Vol II
Stebbins, Robert E., Vol I
Witt, Robert Wayne, Vol II

Eastern Mennonite Univ
Engle, James R., Vol IV
Finger, Thomas, Vol IV
Gingerich, Ray C., Vol IV
Grimsrud, Theodore G., Vol IV
Keim, Albert N., Vol IV
McKinney, Lauren D., Vol IV
Sprunger, Mary S., Vol IV
Weaver, Dorothy Jean, Vol IV

Eastern Michigan Univ
Abbott, Richard Henry, Vol I
Boyer, Lee R., Vol I
Burlingame, Lori, Vol II
Cassar, George H., Vol I
Citino, Robert M., Vol I
Cross, Gilbert B., Vol II
Crouch, Margaret, Vol IV
Delph, Ronald, Vol I
Domino, Brian, Vol IV
Duley, Margot I., Vol I
Duncan, Jeffrey Light, Vol II
Eiss, Harry Edwin, Vol II
Flusche, Della M., Vol I
Geherin, David J., Vol II
George, Laura J., Vol II
Gimelli, Louis B., Vol I
Goff, Richard D., Vol I
Graves, Pamela, Vol I
Hafter, Daryl Maslow, Vol I
Higbee, Mark, Vol II
Homel, Michael W., Vol I
Kauffman, Janet, Vol II
Keller, Gary D., Vol III
King, H. Roger, Vol I
Long, Roger D., Vol I
McGlynn, Paul Dumon, Vol II
McNally, Michael, Vol I
Mehuron, Kate, Vol IV
Moss, Walter Gerald, Vol I
Nelson, Gersham, Vol I
Perkins, George, Vol II
Perry, Robert Lee, Vol I
Shuter, Bill, Vol II
Staal, Arie, Vol II

Stevens, Lizbeth Jane, Vol III
Terry, Janice J., Vol I
Upshur, Jiu-Hwa Lo, Vol I
Vinyard, JoEllen, Vol I

Eastern Montana Col
Friguglietti, James, Vol I

Eastern Nazarene Col
Braaten, Laurie, Vol IV
Cameron, James Reese, Vol I
Cameron Munro, Ruth A., Vol II
Lomba, Arthur J., Vol III
Rice Winderl, Ronda, Vol II
Winderl, Carl A., Vol II
Yerxa, Donald A., Vol I

Eastern New Mexico Univ
Berne, Stanley, Vol II
Walker, Forrest A., Vol I

Eastern Washington Univ
Green, Michael Knight, Vol I
Kenney, Garrett C., Vol IV
Kieswetter, James Kay, Vol I
Lauritsen, Frederick Michael, Vol I
Lester, Mark, Vol II
Smith, Grant William, Vol II

Eastman Sch of Music
Locke, Ralph Paul, Vol I
Marvin, Elizabeth W., Vol II
Thym, Jurgen, Vol I

Eckerd Col
Beal, Timothy K., Vol IV
Brooker, Jewel Spears, Vol I
Bryant, David J., Vol IV
Carter, Albert Howard, Vol III
Foltz, Bruce, Vol IV
Goetsch, James R., Vol IV
Johnston, Carolyn, Vol I
Rhodes Bailly, Constantina, Vol IV

Ecole des Hautes Etudes Sciences Sociales
Green, Nancy Lascoe, Vol I

Ecumencial Theol Sem
Rigdon, V. Bruce, Vol IV

Ecumenical Inst of Theol
Hostetter, Edwin C., Vol II

Eden Place Farm Corp Retreat
Huddleston, Tobianna W., Vol IV

Eden Theol Sem
Greenhaward, David M., Vol IV
Zuck, Lowell H., Vol I

Edgewood Col
Hatheway, Jay, Vol I
Miller, Barbara Butler, Vol IV

Edinboro Univ of Pennsylvania
Drane, James Francis, Vol IV
Hoffman, Donald Stone, Vol I
Howell, Allen C., Vol I
Stennis-Williams, Shirley, Vol I

Edinburgh Univ
Ermarth, Elizabeth D., Vol I

Edmonds Comm Col
Warren, Linda, Vol IV

Edmonton Baptist Sem
Page, Sydney, Vol IV

Educ Testing Serv
Taylor, Patricia E., Vol IV

Educational Research Center Language School
Thorburn, Carolyn Coles, Vol III

El Camino Col
Eula, Michael James, Vol I
Hata, Nadina Ishitani, Vol I
Verge, Arthur C., Vol I

El Instituto Obregon
Murray, Stephen O., Vol I

El Senorial
Martinez, Felipe, Vol IV

Elgin Comm Col
Broad, David B., Vol I

Elizabethtown Col
Winpenny, Thomas Reese, Vol I

Elmhurst Col
Parker, Paul P., Vol IV

Elon Col
Angyal, Andrew J., Vol II
Blake, Robert Grady, Vol II
Cahill, Ann J., Vol IV
Crowe, David M., Vol I
Ellis, Clyde, Vol I
Sullivan, John G., Vol IV

Emerson Col
Amato, Philip P., Vol II
Aram, Dorothy M., Vol III
Bartlett, Cynthia L., Vol III
Bashir, Anthony S., Vol III
Crannell, Kenneth C., Vol III
Fine, Marlene G., Vol II
Hankin, Alan Lee, Vol I
Lowell Maxwell, David, Vol III
Manuel, Sharon Y., Vol III
Payne, J. Gregory, Vol II
Robinson, Kelly A., Vol III
Sigman, Stuart J., Vol II
Wallach, Geraldine P., Vol III

Emmanuel Col, Massachusetts
Beauchesne, Richard J., Vol IV
Cash, Philip, Vol I
Hines, Mary E., Vol IV
Sanchez Silva, Arlyn, Vol III

Emmanuel Sch of Religion
Shields, Bruce E., Vol IV

Emory & Henry Col
Reid, Robert L., Vol II

Emory Univ
Abraham, Julie L., Vol III
Adamson, Walter L., Vol I
Adamson, Walter L., Vol I
Allitt, Patrick N., Vol I
Amdur, Kathryn E., Vol I
Bakewell, Peter, Vol I
Bauerlein, Mark, Vol III
Beaty, Jerome, Vol III

Beik, William, Vol I
Bellesiles, Michael A., Vol I
Benario, Herbert W., Vol I
Berman, Harold J., Vol IV
Bernstein, Matthew H., Vol II
Bianchi, Eugene Carl, Vol IV
Blumenthal, David Reuben, Vol IV
Borowski, Oded, Vol IV
Brady, Michelle E., Vol IV
Bright, David F., Vol I
Brownley, Martine Watson, Vol II
Bugge, John Michael, Vol II
Burns, Thomas, Vol I
Buss, Martin John, Vol IV
Campbell, C. Jean, Vol II
Carney, William J., Vol IV
Carr, David, Vol IV
Carr, Davis, Vol IV
Carson Pastan, Elizabeth, Vol I
Carter, Dan T., Vol I
Caruth, Cathy, Vol III
Cavanagh, Sheila T., Vol III
Chace, William M., Vol III
Chopp, Rebeca S., Vol IV
Christopher, Georgia B., Vol II
Clark, Geoffrey W., Vol I
Davis, Leroy, Vol I
Dillingham, William B., Vol II
Dowell, Peter W., Vol III
Eiesland, Nancy L., Vol IV
Elliott, Michael, Vol III
Ethridge, Robert Wylie, Vol I
Evans, Dorinda, Vol I
Fehrenbach, Heide, Vol I
Ferguson, William Dean, Vol IV
Finn, Margot C., Vol I
Flynn, Thomas R., Vol IV
Fotion, Nicholas, Vol I
Fox-Genovese, Elizabeth, Vol I
Gerkin, Charles Vincent, Vol IV
Gouinlock, James, Vol IV
Gruber, William E., Vol II
Hall, Pamela M., Vol IV
Harbutt, Fraser J., Vol I
Harris, Leslie M., Vol I
Hartle, Ann, Vol IV
Haskell, Guy H., Vol I
Hesla, David H., Vol II
Holifield, E. Brooks, Vol I
Hunter, Rodney J., Vol IV
Hyatt, Irwin T., Jr., Vol I
Jin, Xuefei, Vol III
Johnston, John, Vol III
Juricek, John T., Vol I
Kalaidjian, Walter, Vol III
Kasfir, Sidney L., Vol III
Kiersky, James H., Vol IV
Klehr, Harvey, Vol I
Ladd, Barbara, Vol III
Lane, Christopher, Vol III
Levenduski, Cristine, Vol I
Livingston, Donald W., Vol I
Long, Richard Alexander, Vol II
Major, James Russell, Vol I
Makkreel, Rudolf A., Vol IV
Manley, Frank, Vol II
Mann, Kristin, Vol I
Martin, Richard C., Vol I
McCauley, Robert N., Vol IV
McMahon, James Vincent, Vol III
McPhee, Sarah, Vol I
Melton, James V.H., Vol I
Metzger, Lore, Vol II
Meyer, James S., Vol I
Miller, J. Maxwell, Vol IV
Miller, Judith A., Vol I
Miller, Mara, Vol I
Mohanty, Jitendra N., Vol IV
Morey, James, Vol III
Newby, Gordon D., Vol I
Nickerson, Catherine Ross, Vol III
Odem, Mary E., Vol I
Packard, Randall M., Vol I
Pastan, Elizabeth C., Vol I
Patterson, Cynthia, Vol I
Patterson, Richard, Vol I
Pazdernik, Charles, Vol I
Pederson, Lee, Vol III
Petraglia-Bahri, Deepika, Vol III
Poling, Clark V., Vol I
Poling, Clark V., Vol I
Pollard, Alton Brooks, III, Vol IV
Pratt, L., Vol I
Prude, Jonathan, Vol I
Rambuss, Richard, Vol III
Ravina, Mark, Vol I
Reed, Walter, Vol III
Risjord, Mark, Vol IV

Roark, James L., Vol I
Robins, Gay, Vol I
Rohrer, Judith C., Vol I
Rojas, Carlos, Vol III
Rubin, Paul H., Vol IV
Ruprecht, Louis A., Jr., Vol IV
Rutherford, Donald P., Vol I
Saliers, Don E., Vol IV
Sanders, Mark, Vol III
Schuchard, W. Ronald, Vol III
Silliman, Robert Horace, Vol I
Sitter, John, Vol III
Smith, Luther Edward, Jr., Vol IV
Socolow, Susan M., Vol I
Stein, Kenneth W., Vol I
Stone-Miller, Rebecca, Vol I
Strange, Steven K., Vol I
Strocchia, Sharon T., Vol I
Terrell, Timothy Prater, Vol IV
Tomlinson, Robert, Vol I
Tullos, Allen E., Vol I
Varner, Eric R., Vol I
Verene, Donald Phillip, Vol III
Warren, Nagueyalti, Vol I
White, Steven D., Vol I
Willett, Cynthia, Vol IV
Witte, John, Vol IV
Young, James Harvey, Vol I
Zupko, Jack, Vol IV

Emporia State Univ
Benremouga, Karima, Vol II
Black, Lendley C., Vol II
Bonner, Mary Winstead, Vol I
Catt, Stephen E., Vol II
Clamurro, William, Vol III
Dicks, Samuel Eugene, Vol I
Frederickson, Ronald Q., Vol II
Matheny, David Leon, Vol II
McGlone, Edward L., Vol II
Meyer, Russell J., Vol II
Roark, Dallas Morgan, Vol IV
Toadvine, Ted, Vol IV
Torrey, Glenn E., Vol I

Endicott Col
Jerin, Robert A., Vol IV
McCarthy, Thomas, Vol IV
Woodward, Pauline, Vol III

Episcopal Divinity Sch
Martin, Joan M., Vol IV
Wills, Lawrence M., Vol IV
Yee, Gale A., Vol IV

Episcopal Theol Sem of the Southwest
Floyd, Michael H., Vol IV

Equal Employment Opportunity Comm
Johnson, Johnnie L., Jr., Vol IV

Erasmus Rotterdam Society
Demolen, Richard Lee, Vol I

Erickson Beasley & Hewitt
Beasley, Alice Margaret, Vol IV

Erie Comm Col, City
Tisdale, Celes, Vol II

Erindale Col
Elliott, Thomas G., Vol I

Erskine Col
Erickson, Nancy Lou, Vol I
Farley, Benjamin Wirt, Vol I

Essex Comm Col
Stephens, Charles Ralph, Vol II

Esther Newberg International Creative Mgt
Fukuyama, Francis, Vol I

Ethics Inst
Green, Ronald Michael, Vol IV

Eubanks Conservatory of Music
Eubanks, Rachel Amelia, Vol I

Eugene Lang Col, New Sch for Social Research
Abelson, Elaine S., Vol I
Devenyi, Jutka, Vol II
Fritsche, Johannes, Vol IV
Goldfarb, Jeffrey C., Vol II
Heller, Agnes, Vol IV
Hobsbawm, Eric, Vol I
Matynia, Elzbieta, Vol II
Menke, Christoph, Vol IV
Nikulin, Dmitri, Vol IV
Shusterman, Richard, Vol II
Soffer, Gail, Vol IV
Tilly, Louise A., Vol I
Whitebook, Joel, Vol IV
Yovel, Yirmiyahu, Vol IV

Eureka Col
Logsdon, Loren, Vol II
McCoy, Jerry, Vol IV

Evergreen State Col
Williams, Sean, Vol I

Fairfield Univ
Abbott, Albert, Vol I
Campos, Javier F., Vol III
Dykeman, King John, Vol IV
Lang, Martin Andrew, Vol IV
Leeber, Victor F., Vol III
Long, R. James, Vol I
Mille, Diane, Vol I
Naser, Curtis R., Vol IV
Newton, Lisa Haenlein, Vol IV
Rosivach, Vincent John, Vol I
Tong, Lik Kuen, Vol IV

Fairleigh Dickinson Univ
Baker, J. Robert, Vol II
Becker, John, Vol II
Christie, Jean, Vol I
Cummins, Walter M., Vol II
Goodman, Michael B., Vol II
Gordon, Lois G., Vol I
Green, Martin, Vol II
Hussey, John, Vol II
Keyishian, Harry, Vol II
Kime, Wayne R., Vol II
Kopp, Richard L., Vol II
Marchione, Margherita Frances, Vol III
McTague, Robert, Vol I
Rye, Marilyn, Vol II
Salem Manganaro, Elise, Vol II
Shapiro, Susan, Vol II
Torodash, Martin, Vol I
Woolley, Peter J., Vol I

Fairmont State Col
Wills, Jack Charles, Vol II

Faulkner Univ
Cheatham, Carl W., Vol I
Hicks, L. Edward, Vol I

Fayetteville State Univ
Andrews, Maxine Ramseur, Vol I
Valenti, Peter Louis, Vol II

Felician Col
Burnor, Richard N., Vol IV
Karetzky, Stephen, Vol I

Fellowship United Methodist Church
Porter, Kwame John R., Vol IV

Ferris State Univ
Green, Lon C., Vol II
Mehler, Barry Alan, Vol I

Ferrum Col
Woods, Daniel, Vol I

Field Mus of Natural History
Moseley, Michael Edward, Vol I

First Baptist Church
Fitts, Leroy, Vol IV
West, James E., Vol IV
Wolfe, Deborah Cannon Partridge, Vol IV

First Christian Church
Cornwall, Robert D., Vol I
Matheny, Paul Duane, Vol IV

First Jenison Christian Reformed Church
Vander Vliet, Marvin J., Vol IV

First New Horizon Baptist Church
Williams, Wilbert Lee, Vol IV

First New Testament BC
Gumms, Emmanuel George, Sr., Col IV

First United Methodist Church
Atkins, Robert A., Jr., Vol IV

Fisk Univ
Hooks, Benjamin Lawson, Vol IV

Flinders Univ of So Australia
Lemire, Eugene D., Vol II

Florida A&M Univ
Gayles-Felton, Anne Richardson, Vol I
Hemmingway, Beulah S., Vol III
Irvine, Carolyn Lenette, Vol II
Neyland, Leedell Wallace, Vol I
Pratt, Louis Hill, Vol II
Ravenell, William Hudson, Vol IV

Florida Atlantic Univ
Abramson, Henry, Vol III
Banchetti-Robino, Marina P., Vol IV
Berger, Alan L., Vol IV
Breslow, Boyd, Vol I
Brown, Sallie, Vol I
Caputi, Jane, Vol IV
Carraher, Charles E., Vol I
Cruz Taura, Graciella, Vol I
Curl, Donald Walter, Vol I
Derfler, Leslie, Vol I
Derfler, Leslie A., Vol I
Engle, Stephen D., Vol I
Fiore, Robin N., Vol IV
Forage, Paul C., Vol I
Frazer, Heather, Vol I

Ganson, Barbara, Vol I
Glynn, Simon, Vol IV
Kersey, Harry A., Vol I
Kollander, Patricia, Vol I
Lowe, Benno P., Vol I
Marietta, Don E., Vol IV
Marina, William F., Vol I
O'Sullivan, John, Vol I
Rose, Mark, Vol I
Rosenberg, Jonathan, Vol I
Smith, Voncile Marshall, Vol II

Florida Gulf Coast Univ
Sawyer, William Gregory, Vol I

Florida Inst of Tech
Matar, Nabil, Vol II

Florida Intl Univ
Breslin, Thomas Aloysius, Vol I
Chung, Bongkil, Vol IV
Cook, Noble David, Vol I
Gudorf, Christine E., Vol IV
Heine, Steven, Vol IV
Jensen, John Barry, Vol III
Kahan, Alan S., Vol I
Katz, Nathan, Vol IV
Northup, Lesley A., Vol IV
Peterson, Joyce Shaw, Vol I
Rock, Howard Blair, Vol I
Sugg, Richard Peter, Vol II
Szuchman, Mark David, Vol I
Warren, Paul R., Vol IV
Waugh, Butler Huggins, Vol II
Wilkins, Mira, Vol I
Yudin, Florence L., Vol III

Florida Keys Comm Col
Chandler, Theodore Alan, Vol I

Florida So Col
Lott, Raymond, Vol II
Smith, W. Alan, Vol IV

Florida State Univ
Allaire, Joseph Leo, Vol III
Anthony, William Philip, Vol I
Baker, Stuart Eddy, Vol II
Barbour, Paula Louise, Vol II
Bartlett, Richard Adams, Vol I
Bedell, George Chester, Vol IV
Berry, Ralph M., Vol II
Blazek, Ronald David, Vol II
Bower, Beverly Lynne, Vol I
Braendlin, Bonnie Hoover, Vol II
Cadely, Jean Robert Joseph, Vol III
Camayd Freixas, Erik, Vol III
Cannistraro, Philip Vincent, Vol I
Castellanos, Isabel, Vol III
Castells, Ricardo, Vol III
Conner, Valerie Jean, Vol I
Cunningham, Karen, Vol II
Dalton, Peter C., Vol IV
Darst, David High, Vol III
Davies, Carole Boyce, Vol I
Dickson, David Franklin, Vol IV
Fallon, Richard Gordon, Vol III
Gerato, Erasmo Gabriele, Vol III
Glenn, Justin Matthews, Vol I
Golden, Leon, Vol I
Griffith, Elwin Jabez, Vol IV
Gruender, Carl David, Vol IV
Guy, Mary E., Vol I
Hadden, Sally E., Vol I
Halpern, Paul G., Vol I
Halpern, Paul G., Vol I
Hawkins, Hunt, Vol II
Hodges, Donald Clark, Vol IV
Howard, Donald D., Vol I
Isaac, Larry, Vol I
Johnson, Kenneth E., Vol II
Jumonville, Neil Talbot, Vol I
Jung, Darryl, Vol I
Kaelin, Eugene Francis, Vol IV
Kebede, Ashenafi Amde, Vol I
Keuchel, Edward F., Vol I
Kirby, David, Vol II
Kleck, Gary, Vol IV
Levi, Darrell Erville, Vol I
Lhamon, W.T., Vol II

Lo, Winston W., Vol I
Lyon, Gordon W., Vol IV
Mabe, Alan R., Vol I
Machonis, Peter A., Vol III
Matthews, Patricia, Vol IV
McElrath, Joseph R., Vol I
Morales, Maria H., Vol IV
Morris, Harry, Vol II
Nasgaard, Roald, Vol I
Oldson, William O., Vol I
Plescia, Joseph, Vol I
Pullen, Daniel J., Vol I
Richardson, Joe M., Vol I
Rickless, Samuel, Vol IV
Rowe, Anne Ervin, Vol II
Seaton, Douglass, Vol I
Simons, John Donald, Vol III
Stanley, Patricia H., Vol III
Swain, Charles W., Vol I
Tanenbaum, Jan Karl, Vol I
Turner, Ralph V., Vol I
Watson, H. Justin, Vol IV
Weidner, Donald John, Vol IV
Young, Theodore Robert, Vol III

Foley Hoag & Eliot
Malinowski, Michael J., Vol I

Ford Foundation
Wilkerson, Margaret Buford, Vol II

Ford Motor Co
Procter, Harvey Thornton, Jr., Vol IV

Fordham Col, Rose Hill
Von Arx, Jeffery P., Vol I

Fordham Univ
Antush, John V., Vol I
Babich, Babette E., Vol IV
Balestra, Dominic Joseph, Vol IV
Barnes, Sue, Vol I
Baur, Michael, Vol IV
Bedford, Steven M., Vol I
Ben-Atar, Doron, Vol I
Ben-Ghiat, Ruth, Vol I
Boyle, Frank, Vol II
Bristow, Edward, Vol I
Caldwell, Mark, Vol II
Caldwell, Mark Leonard, Vol II
Calloway, Mary Chilton, Vol IV
Capra, Daniel J., Vol IV
Carrubba, Robert W., Vol I
Cassuto, Lenny, Vol II
Cimbala, Paul A., Vol I
Clark, John Richard, Vol I
Clarke, W. Norris, Vol IV
Clarke, William Norris, Vol IV
Conley, J., Vol IV
Crane, Elaine F., Vol I
Curtin, N.J., Vol I
Davies, Brian, Vol IV
Diller, Matthew, Vol IV
Dimler, George Richard, Vol III
Dobson, Joanne, Vol II
Dych, William V., Vol IV
Erler, Mary C., Vol II
Evans, Harry B., Vol I
Fawzia, Mustafa, Vol II
Feerick, John David, Vol IV
Felsenfeld, Carl, Vol IV
Fogelman, Martin, Vol IV
Forman Crane, Elaine, Vol I
Frost, Elizabeth, Vol II
Giannone, Richard, Vol II
Giblin, Charles Homer, Vol IV
Glatzer Rosenthal, Bernice, Vol I
Godfrey, Mary F., Vol II
GoGwilt, Christopher, Vol II
Goldberg, Barry, Vol I
Gowans, Christorher W., Vol IV
Greco, John, Vol IV
Green, Judith, Vol IV
Greenfield, Susan, Vol II
Grennen, Joseph Edward, Vol II
Gyug, Richard F., Vol IV
Hallet, Charles A., Vol II
Harris, Frederick John, Vol III
Hassett, Constance W., Vol II
Himmelberg, Robert F., Vol I

Hoffman, Anne, Vol I
Horvath, Richard P., Vol II
Johnson, Elizabeth A., Vol IV
Jones, Judith A., Vol IV
Jones, Robert Francis, Vol I
Katsoris, Constantine N., Vol IV
Kelbley, Charles A., Vol IV
Keller, Eve, Vol II
Kendrick, Walter, Vol II
Koterski, Joseph W., Vol IV
Kowaleski, Maryanne, Vol I
Kramer, Lawrence Eliot, Vol IV
Lamb, Margaret, Vol II
Latham, Michael E., Vol I
Lienhard, Joseph T., Vol I
Lindo-Fuentes, Hector, Vol I
London, Clement B. G., Vol I
Loomie, Albert J., Vol I
Macary, Jean Louis, Vol III
Macovski, Michael, Vol II
Marm, Michael, Vol I
Marsh, James L., Vol IV
McCarthy, John P., Vol II
McGowen Tress, Daryl, Vol IV
McLaughlin, Joseph M., Vol IV
Miller, Danna R., Vol IV
Muller, Ralf, Vol IV
Myers, David, Vol IV
Naison, Mark, Vol I
Nichols, Mary P., Vol I
O'Conell, Robert J., Vol I
Panella, Robert J., Vol I
Pascoe, Louis B., Vol I
Patterson, Mark R., Vol IV
Pearce, Russell G., Vol IV
Peirce, Sarah, Vol I
Penella, Robert Joseph, Vol I
Perillo, Joseph M., Vol IV
Pitchford, Nicola, Vol II
Quinn, Thomas Michael, Vol IV
Ragan, Bryant T., Jr., Vol I
Reichberg, Gregory M., Vol IV
Reidenberg, Joel R., Vol IV
Rogler, Lloyd H., Vol I
Romm, James S., Vol I
Roth, Robert J., Vol IV
Rowe, Joyce A., Vol II
Ruffing, Janet, Vol IV
Shea, George W., Vol I
Sicker, Philip, Vol II
Sider, David, Vol I
Smail, Daniel L., Vol I
Smith, Terry, Vol IV
Soyer, Daniel, Vol I
Stadler, Eva Maria, Vol III
Swinth, Kirsten, Vol I
Swiontkowski, Gale, Vol II
Tress, Daryl McGowan, Vol IV
Urban Walker, Margaret, Vol IV
van Buren, John, Vol IV
Wabuda, Susan, Vol I
Walker, Margaret, Vol IV
Watkins-Owens, Irma, Vol I
Westphal, Merold, Vol IV
Wines, Roger, Vol I

Forest Historical Society
Fahl, Ronald Jenks, Vol I

Fort Hays State Univ
Edwards, Clifford Duane, Vol II
Firestone, Ruth H., Vol III
Luehrs, Robert Boice, Vol I
Schmeller, Helmut John, Vol I
Vogel, Nancy, Vol II

Fort Lewis Col
Coe, William Jerome, Vol IV
Din, Gilbert C., Vol I
Greenwood, Tina Evans, Vol II
Smith, Duane Allan, Vol I

Fort Valley State Univ
Bellamy, Donnie Duglie, Vol I
Jenkins, Joyce O., Vol II

Foundation for Interfaith Research and Ministry
Shelp, Earl E., Vol IV

Framingham State Col
Heineman, Helen, Vol II
Joseph, Stephen, Vol IV
Nolletti, Arthur E., Jr., Vol II

Francis Marion Univ
Hall, Ronald L., Vol IV
Harding, George E., Vol III
Tuttle, Jon, Vol II

Francis Xavier Univ
Berridge, John Maclennan, Vol IV

Franciscan Sch of Theol
Chinnici, Joseph Patrick, Vol I
DiCicco, Mario, Vol IV
Guinan, Michael Damon, Vol I
Osborne, Kenan Bernard, Vol IV

Franciscan Univ of Steubenville
Lyons, Declan P., Vol I
Miletic, Stephen F., Vol IV

Franklin and Marshall Col
Andrew, John Alfred, Vol I
Aronowicz, Annette, Vol IV
Farber, Jay Joel, Vol I
Galis, Leon, Vol IV
Grushow, Ira, Vol II
Jeannet, Angela Maria, Vol III
Pinsker, Sanford, Vol II
Schuyler, David, Vol I
Schuyler, David, Vol I
Sentilles, Renee M., Vol I
Steinbrink, Jeffrey, Vol II
Stevenson, Louise L., Vol I
Wank, Solomon, Vol I

Franklin Pierce Col
Cervo, Nathan Anthony, Vol II

Free Will Baptist Bible Col
Fields, Milton, Vol IV
Reid, Garnett, Vol IV

Freed-Hardeman Univ
Fulkerson, Raymond Gerald, Vol II

French Intl Sch
Devos, Jean, Vol IV

Fresno City Col
Boyd, Robert, Vol IV

Fresno Pacific Col
Freeman, David, Vol III
Freeman, Yvonne, Vol III
Warkentin, Larry R., Vol I

Friendswood Development Company
Walker, Stanley M., Vol IV

Frostburg State Univ
Bramann, Jorn Karl, Vol IV
Clulee, Nicholas H., Vol I
Lutz, Mary Anne, Vol II
Rhodes, Randall, Vol I
Wiseman, John Bailes, Vol I

Fuller Theol Sem
Brown, Colin, Vol IV
Gooden, Winston Earl, Vol IV
Hagner, Donald A., Vol IV
McClendon, James Em., Jr., Vol IV

Murphy, Nancey, Vol IV
Payne, Philip B., Vol IV
Scalise, Charles J., Vol I

Fullerton Col
Hanson, Bruce, Vol IV

Furman Univ
Allen, Gilbert Bruce, Vol II
Block, John Martin, Vol IV
Buford, Thomas O., Vol IV
Cherry, Charles Maurice, Vol III
Cox, Jerry Lynn, Vol III
Hill, Philip George, Vol II
McKnight, Edgar Vernon, Vol IV
Parsell, David Beatty, Vol III

Gallaudet Univ
Fernandes, James, Vol II
Stokoe, William Clarence, Vol III

Gannon Univ
Minot, Walter S., Vol II
Upton, Thomas Vernon, Vol IV

Gardner-Webb Univ
Blevins, Kent, Vol IV
Cranford, Lorin L., Vol IV
Cullinan, Alice R., Vol IV
Stacy, Wayne, Vol IV
White, M. Chris, Vol IV

Garrett-Evangelical Theol Sem
Ashbrook, James Barbour, Vol IV
Harley, Philip A., Vol IV
Kalantzis, George, Vol IV
Phillips, L. Edward, Vol IV
Seymour, Jack L., Vol I
Wimberly, Edward P., Vol IV
Yeo, Khiok-Khng, Vol IV

GE Fund
Cross, Dolores E., Vol I

General Theol Sem
Carpenter, James Anderson, Vol IV
Mullin, Robert Bruce, Vol IV
Newman, Judith H., Vol III
Slater, Peter, Vol IV
Wright, John Robert, Vol IV

Geneva Col
Copeland, Robert M., Vol I
Wollman, David Harris, Vol I

George C. Marshall Research Fnd
Bland, Larry Irvin, Vol I

George Fox Univ
Beebe, Ralph Kenneth, Vol I
Bufford, Rodger K., Vol I
Johnnson, Thomas F., Vol IV
Nash, Lee, Vol I
Oropeza, B.J., Vol IV

George Mason Univ
Adamson, Hugh Douglas, Vol III
Brown, Lorraine Anne, Vol II
Brown, Stephen Jeffry, Vol II
Brunette, Peter, Vol II
Censer, Jack R., Vol I
DeCosta-Willis, Miriam, Vol III
Deshmukh, Marion F., Vol I
Deshmukh, Marion Fishel, Vol I
Elstun, Esther Nies, Vol III
Fuchs, Cynthia, Vol II
Hecht, Leo, Vol III
Irvine, Lorna Marie, Vol II
Jann, Rosemary, Vol II

Kelley, Michael Robert, Vol II
Rosenzweig, Roy, Vol I
Rothbart, Daniel, Vol IV
Rozenzweig, Roy, Vol I
Smith, Paul, Vol II
Story, Patrick Lee, Vol II
Turner Censer, Jane, Vol I
Winkler, Martin M., Vol I
Yocom, Margaret Rose, Vol II
Zagarri, Rosemarie, Vol I

George Mercer Sch of Theol
Lewis, Lloyd Alexander, Jr., Vol IV

George Washington Univ
Abraham, Daniel, Vol I
Anderson, David M., Vol IV
Andrews, Avery D., Vol I
Atkin, Muriel Ann, Vol I
Becker, William Henry, Vol I
Berkowitz, Edward D., Vol I
Bowling, Kenneth R., Vol I
Captain, Yvonne, Vol III
Caws, Peter James, Vol IV
Chandler, James P., Vol IV
Crane, Milton, Vol II
Davison, Roderic Hollett, Vol I
Depauw, Linda Grant, Vol I
Frey, John Andrew, Vol III
Galston, M., Vol IV
Halal, William E., Vol I
Herber, Charles Joseph, Vol I
Hill, Peter Proal, Vol I
Jacks, Philip, Vol I
Karp, Stephen A., Vol I
Klaren, Peter Flindell, Vol I
Kotz, Samuel, Vol I
Kramer, Robert, Vol IV
Mcaleavey, David Willard, Vol II
Palmer, Phyllis Marynick, Vol I
Quitslund, Sonya Antoinette, Vol IV
Raven-Hansen, Pete, Vol IV
Robb, James Willis, Vol III
Robinson, Lilien F., Vol I
Sachar, Howard Morley, Vol I
Schlagel, Richard H., Vol IV
Schwoerer, Lois Green, Vol I
Spector, R.H., Vol I
Steiner, Carl, Vol III
Sten, Christopher Wessel, Vol II
Thornton, Richard C., Vol I
Tolchin, Susan Jane, Vol I
Wallace, Dewey D., Jr., Vol IV
Warren, Clay, Vol II
Wilmarth, Arthur E., Vol I
Young, Michael Kent, Vol IV
Ziolkowski, John Edmund, Vol I

George Williams Col
Fisher, David Hickman, Vol IV

Georgetown Col
Lunceford, Joseph E., Vol IV
Redditt, Paul L., Vol IV
Wirzba, Norman, Vol IV

Georgetown Univ
Allen, Anita, Vol IV
Ambrosio, Francis J., Vol IV
Apostolos-Cappadona, Diane, Vol IV
Babb, Valerie M., Vol II
Beauchamp, Tom, Vol IV
Bellamy, Everett, Vol IV
Bensky, Roger Daniel, Vol III
Betz, Dorothy, Vol III
Betz, Paul F., Vol II
Birnbaum, Norman, Vol I
Blattner, William, Vol IV
Bradley, Denis J. M., Vol IV
Brown, Dorothy M., Vol I
Cardaci, Paul F., Vol II
Carter, Barry Edward, Vol IV
Cima, Gay Gibson, Vol II
Cohn, Sherman Louis, Vol IV
Collins, Michael J., Vol II
Corrigan, Maureen, Vol II
Curran, Robert Emmott, Vol I
Davis, Wayne Alan, Vol IV

Drinan, Robert Frederick, Vol IV
Duncan, Richard R., Vol I
Earley, Joseph E., Vol I
Esposito, John L., Vol I
Farr, Judith Banzer, Vol II
Fields, Stephen Michael, Vol IV
Fisher, Leona, Vol II
Fort, Keith, Vol II
Fox, Pamela, Vol II
Gerli, Edmondo Michael, Vol III
Gewanter, David, Vol II
Gillis, Chester, Vol IV
Glavin, John, Vol II
Gomez Lobo, Alfonso, Vol IV
Gopalan, Lalitha, Vol II
Gostin, Lo, Vol IV
Guieu, Jean-Max, Vol III
Hall, Kim, Vol II
Hall, Kim Felicia, Vol II
Harre, Rom, Vol IV
Hayes, Diana L., Vol IV
Heelan, Patrick Aidan, Vol IV
Hill, Bennett David, Vol I
Hirch, John C., Vol II
Hirsh, John Campion, Vol II
Holmer, Joan Ozark, Vol II
Ingebretsen, Edward J., Vol II
Irvine, Martin, Vol II
Johnson, Ronald Maberry, Vol I
Jollimore, Troy, Vol IV
Jordan, Emma Coleman, Vol IV
Jordan, Emma Coleman, Vol IV
Kadlec, David, Vol II
Kaplan, Lindsay, Vol II
Kent, Carol Fleisher, Vol II
King, Patricia Ann, Vol IV
Krattenmaker, Thomas George, Vol IV
Kuhn, Steve, Vol IV
Kuhn, Steven Thomas, Vol IV
Lamm, Julia A., Vol IV
Lance, Mark, Vol IV
Langan, John P., Vol IV
Langer, Erick Detlef, Vol I
Lesko Baker, Deborah, Vol III
Lewis, Neil, Vol IV
Maddox, Lucy, Vol II
McNeill, John R., Vol I
Mitchell, Alan C., Vol IV
Mitchell, Angelyn, Vol II
Moran Cruz, Jo Ann Hoeppner, Vol I
Morris, Marcia A., Vol III
Murphy, Mark Christopher, Vol IV
O'Brien, George, Vol II
O'Connor, Patricia E., Vol II
Orlans, F. Barbara, Vol IV
Page, Joseph Anthony, Vol IV
Patterson, Elizabeth Hayes, Vol IV
Pellegrino, Edmund Daniel, Vol IV
Pfordresher, John P., Vol II
Pinkard, Terry, Vol IV
Pireddu, Nicoletta, Vol III
Pitofsky, Robert, Vol IV
Pope, Rebecca A., Vol II
Powers, Madison, Vol IV
Ragussis, Michael, Vol II
Rameh, Clea Abdon, Vol III
Reich, Warren T., Vol IV
Reuscher, John, Vol IV
Ribeiro, Alvaro, Vol II
Richardson, Henry, Vol IV
Robinson, Amy, Vol II
Robinson, Daniel N., Vol III
Rosenblatt, Jason Philip, Vol II
Rothstein, Paul Frederick, Vol IV
Ruedy, John D., Vol I
Sara, Solomon Ishu, Vol III
Schall, James Vincent, Vol IV
Schwartz, Henry J., Vol II
Schwartz, Richard B., Vol II
Seidman, Louis Michael, Vol IV
Severino, Roberto, Vol III
Shahid, Irfan Arif, Vol I
Shedel, James P., Vol I
Sherman, Nancy, Vol IV
Shulman, Jeffrey, Vol II
Siegel, Joel E., Vol II
Sitterson, Joseph, Vol II
Slakey, Roger L., Vol II
Slevin, James, Vol II
Smith, Bruce, Vol II
Smith, Bruce Ray, Vol II
Stetz, Margaret, Vol II
Szittya, Penn, Vol II
Tannen, Deborah F., Vol II
Temple, Kathryn, Vol II
Tinkcom, Matthew, Vol II

Tm, King, Vol IV
Todd, Dennis, Vol II
Tucker, Nancy Bernkopf, Vol I
Turner, Jeanine W., Vol II
Tushnet, Mark Victor, Vol IV
Tylenda, Joseph N., Vol IV
Valerie M., Babb, Vol II
Veatch, Robert M., Vol IV
Ver Eecke, Wilfried, Vol IV
Vukowich, William T., Vol IV
Wickham Crowley, Kelley M., Vol II
Wickhamcrowley, Timothy P., Vol I
Winters, Francis Xavier, Vol IV
Witek, John W., Vol I

Georgia Col
Chandler, Victoria, Vol I
Glowka, Arthur Wayne, Vol II
Sallstrom, John Emery, Vol IV

Georgia Inst of Tech
Balsamo, Anne, Vol II
Bayor, Ronald Howard, Vol I
Brittain, James Edward, Vol I
Colatrella, Carol, Vol I
Craig, Robert M., Vol I
Foote, Bud, Vol II
Grusin, R., Vol II
Grusin, Richard A., Vol I
Harpold, Terry, Vol II
Kranzberg, Melvin, Vol I
McGuire, Peter, Vol II
Nersessian, Nancy, Vol III
Nobles, Gregory H., Vol I
Norton, Bryan G., Vol IV
Petraglia-Bahri, Joseph, Vol II
Rauch, Alan, Vol I
Scranton, Philip, Vol I
Strain, Ellen, Vol II

Georgia So Univ
Humma, John Ballard, Vol II
Shriver, George Hite, Vol I
Ward, Robert David, Vol I
Young, Alfred, Vol I

Georgia State Univ
Almeder, Robert F., Vol IV
Armstrong, Brian G, Vol I
Arrington, Robert Lee, Vol IV
Austin, Gayle M., Vol I
Bell, Linda A., Vol II
Black, Kenneth, Jr., Vol I
Blicksilver, Jack, Vol I
Blumenfeld, David, Vol I
Burrison, John A., Vol I
Evans, Ellen Lovell, Vol I
Fink, Gary M., Vol I
Galchinsky, Michael, Vol III
Galishoff, Stuart, Vol I
Gallant, Christine, Vol II
Ghosh, Shuba, Vol IV
Gorsuch, Edwin N., Vol I
Grant Luckhardt, C., Vol IV
Griffin Carter, Marva, Vol I
Harwood, Robin, Vol IV
Herman, Jonathan, Vol IV
Hirsch, James, Vol II
Hirsh, James, Vol II
Hollahan, Eugene, Vol II
Humber, James Michael, Vol IV
Jacobson, Stephen, Vol IV
Keenan, Hugh Thomas, Vol II
Kramer, Victor Anthony, Vol II
Kropf, Carl R., Vol II
L'Abate, Luciano, Vol I
Laushey, David Mason, Vol I
Lee Orr, N., Vol I
Lisby, Gregory C., Vol II
Luckhardt, C. Grant, Vol IV
Mcclure, Charlotte Swain, Vol III
Mchaney, Thomas Lafayette, Vol II
McWilliams, Alfred E., Jr., Vol I
Meyers, Marian J., Vol II
Parchment, Steven, Vol I
Rainbolt, George, Vol IV
Ramsey, Mary K., Vol I
Reed, Merl E., Vol I
Reid, Donald Malcolm, Vol I
Renick, Timothy M., Vol IV
Rieber, Steven, Vol IV

Rouse, Jacqueline Anne, Vol I
Schaller, Kristi, Vol II
Sessions, William Alfred, Vol II
Shaner, Jaye L., Vol II
Snoeyenbos, Milton, Vol IV
Spivey, Ted Ray, Vol I
Tomasulo, Frank P., Vol II
Vaughn, Michael S., Vol I
Willen, Diane, Vol II
Winkler, Carol, Vol II
Woodhouse, Mark B., Vol IV
Zboray, Mary Saracino, Vol I
Zboray, Ronald J., Vol I

Georgian Court Col
McCarthy, Mary Theresa, Vol III
Witman, Edward Paul, Vol IV

Gettysburg Col
Birkner, Michael J., Vol I
Crowner, David L., Vol III
Fredrickson, Robert Stewart, Vol II
Gritsch, Eric W., Vol IV
Ritterson, Michael, Vol III
Shannon, Timothy J., Vol I
Winans, Robert B., Vol II

Gibson, Dunn & Crutcher
Peters, Aulana Louise, Vol IV

Glenbow Mus
Mastin, Catharine M., Vol I

Glendale Comm Col, Arizona
Griggs, John W., Vol III

Golden Gate Baptist Theol Sem
Arbino, Gary P., Vol I
Harrop, Clayton Keith, Vol IV
Honeycutt, Dwight A., Vol I
Hornecker, Ronald L., Vol IV
Martin, D. Michael, Vol I
McCoy, Gary W., Vol I
Nelson, Stanley A., Vol IV
Schweer, G. William, Vol IV

Golden Gate Univ
Browning, Judith, Vol II
Burneko, Guy, Vol II
Gottesman, Les, Vol II
Leahy, Margaret E., Vol I
MacKinnon, Patricia L., Vol II
Sims, Amy R., Vol I

Goldey-Beacom Col
Baber, Lucky Larry, Vol I

Gonzaga Univ
Carriker, Robert C., Vol I
Cook, Michael L., Vol IV
Dallen, James, Vol IV
Hartin, Patrick John Christopher, Vol IV
Hazel, Harry Charles, Vol II
Pomerleau, Wayne Paul, Vol IV
Schlatter, Fredric William, Vol I
Tyrrell, Bernard James, Vol IV

Goodwin Procter & Hoar, LLP
Soden, Richard Allan, Vol IV

Gordon-Conwell Theol Sem
Beale, Gregory, Vol IV
Besancon Spencer, Aida, Vol IV
Clark Kroeger, Catherine, Vol IV
Cooley, Robert E., Vol III
Davis, John Jefferson, Vol IV
Gibson, Scott M., Vol IV

Gruenler, Royce Gordon, Vol IV
Isaac, Gordon L., Vol IV
Kaiser, Walter C., Jr., Vol I
Kline, Meredith George, Vol IV
Kuzmic, Peter, Vol I
Lints, Richard, Vol IV
Mounce, William D., Vol IV
Niehaus, Jeffrey J., Vol IV
Padilla, Alvin, Vol IV
Polischuk, Pablo, Vol IV
Pratico, Gary D., Vol IV
Richardson, Kurt A., Vol IV
Robinson, Haddon W., Vol IV
Rosell, Garth M., Vol I
Schutz, Samuel R., Vol IV
Silva, Moises, Vol IV
Stuart, Douglas Keith, Vol IV
Swetland, Kenneth L., Vol IV
Villafane, Eldin, Vol IV
Walters, Gwenfair, Vol I
Wells, David Falconer, Vol IV

Goshen Col
Berry, Lee Roy, Jr., Vol I
Graber-Miller, Keith A., Vol IV

Goucher Col
Baker, Jean Harvey, Vol I
Bardaglio, Peter W., Vol I
Hedges, William Leonard, Vol II
Jeffrey, Julie Roy, Vol I
Makarushka, Irena, Vol IV
Tokarczyk, Michelle M., Vol II

Governors State Univ
Kennedy, Joyce S., Vol I
Rank, Hugh Duke, Vol II

Grace Col
Lovelady, Edgar John, Vol II

Grace Comm Church
MacArthur, John F., Vol IV

Graduate Sch and Univ Ctr, CUNY
Brook, Barry Shelley, Vol I
Caws, Mary Ann, Vol III
Dellepiane, Angela B., Vol III
Dickstein, Morris, Vol II
Elton, William R., Vol II
Gelb, Joyce, Vol I
Gerber, Jane Satlow, Vol I
Greetham, David Charles, Vol II
Himmelfarb, Gertrude, Vol I
Lavin, David E., Vol I
Miller-Jones, Dalton, Vol I
Nichols, Fred Joseph, Vol III
Waldinger, Renee, Vol III

Graduate Theol Union
Berling, Judith, Vol IV
Coleman, John Aloysius, Vol IV

Grady Col of Journalism & Mass Commun
Brooks, Dwight E., Vol II

Grand Rapids Baptist Sem
Meadors, Gary T., Vol I

Grand Valley State Univ
Franklin, Ursula, Vol III
Hoitenga, Dewey J., Vol IV
Niemeyer, Glenn Alan, Vol I
Parker, Kelly A., Vol IV
Pestana, Mark, Vol IV
Rayor, Diane J., Vol II
Rowe, Stephen C., Vol IV
Whipps, Judy, Vol IV

Great Lakes Christian Col
Kissling, Paul J., Vol IV

Greco Inst, Catholic Ctr
Sur, Carolyn Worman, Vol IV

Greek Orthodox Archdiocese
Marangos, Frank, Vol IV

Greenfield Comm Col
Wilson, Donna M., Vol III

Greensboro Col
Rolnick, Philip, Vol IV
Tatum, W. Barnes, Vol IV

Gregory J. Reed & Associates, PC
Reed, Gregory J., Vol IV

Griffith Observatory
Krupp, E.C., Vol IV

Grinnell Col
Burkle, Howard R., Vol IV
Cummins, W. Joseph, Vol IV
Goldberg, Sanford C., Vol IV
Kaiser, Daniel Hugh, Vol III
Lalonde, Gerald Vincent, Vol I
Meehan, M. Johanna, Vol IV
Rosenthal, Michael A., Vol IV
Schrift, Alan D., Vol IV
Sortor, M., Vol I
Wall, Joseph Frazier, Vol I

Groton Sch
Tyler, John W., Vol I

Grove City Col
Arnold, Edwin P., Vol II
Bowne, Dale Russell, Vol IV
Trammell, Richard Louis, Vol IV

Gustavus Adolphus Col
Clark, Jack Lowell, Vol IV
Flory, Marleen Boudreau, Vol I
Nordstrom, Byron John, Vol I
Paul, Garrett E., Vol IV
Walter, Renee, Vol III

Gwynedd-Mercy Col
Duclow, Donald F., Vol II

H T Smith, P A
Smith, Harold Teliaferro, Jr., Vol IV

Hackett Pub Co
Hullett, James N., Vol IV

Hagley Mus and Libr
Porter, Glenn, Vol I

Haifa Univ
Kaplan, Abraham, Vol IV

Hamilton Col
Gold, Barbara K., Vol I
Guttman, Naomi E., Vol II
Kanipe, Esther Sue, Vol I
Kelly, Alfred Herbert, Vol I
Marki, Ivan, Vol II
Medina, Jeremy Tyler, Vol III
Rabinowitz, Peter Jacob, Vol III
Ravven, Heidi, Vol IV
Tobin, Eugene Marc, Vol I
Williams, Jay G., Vol IV

Hamline Univ
Brown, Carole Ann, Vol II
Cady, Duane Lynn, Vol IV
Corgan, Verna C., Vol II
Kagan, Richard C., Vol I
Nodes, Daniel J., Vol I
Palmerton, Patricia R., Vol III
Swanson, Carol B., Vol IV
Willis, Robert E., Vol IV

Hampden-Sydney Col
Arieti, James Alexander, Vol I
Simpson, Hassell Algernon, Vol II

Hampshire Col
Hodder, Alan, Vol IV
Holland, Norman, Vol III
Klare, Michael T., Vol I
Levine, Sura, Vol I
Mazor, Lester Jay, Vol IV
Rueschmann, Eva, Vol III
Russo, Mary, Vol II

Hampton Inst
Brown, Jessie Lemon, Vol II

Hampton Univ
Locke, Mamie Evelyn, Vol I
Morris, Margaret Lindsay, Vol III

Hannibal-LaGrange Col
Bergen, Robert D., Vol IV

Hanover Col
Barlow, Philip L., Vol IV
Caine, Stanley Paul, Vol I
Campbell, Joseph Gordon, Vol IV
Cassel, J. David, Vol IV
Clark, George Peirce, Vol II
Eden, Melissa, Vol II
Jobe, Steve, Vol II

Hardin-Simmons Univ
Cantrell, Gregg, Vol I
Hamner, Robert Daniel, Vol II
Taylor, Ira Donathan, Vol I

Harding Univ
Elliott, Gary D., Vol II
Fortner, John D., Vol IV
Goss, Noble T., Vol IV
Lewis, Jack Pearl, Vol IV
Warden, Duane, Vol IV

Harmon & Wilmot
Wilmot, David Winston, Vol IV

Harmon, Davis & Keys Co
Al'Uqdah, William Mujahid, Vol IV

Harold Washington Col
Miller, Bernice Johnson, Vol I

Harrisburg Area Comm Col
Woods, Willie G., Vol II

Hartford Sem
BiJlefeld, Willem A., Vol III
Cobb, Kelton, Vol IV
Green, Clifford James, Vol IV
Hoyt, Thomas L., Jr., Vol IV

Hartwick Col
Beattie, Thomas Charles, Vol II

Harvard Univ
Aaron, Daniel, Vol I
Ackerman, James Sloss, Vol I
Appel, Frederick, Vol IV
Appiah, Kwame Anthony, Vol I
Badian, Ernst, Vol I
Bailyn, Bernard, Vol I
Bartholet, Elizabeth, Vol IV
Baryosef, O., Vol I
Bate, Walter Jackson, Vol II
Benhabib, Seyla, Vol IV
Benson, Larry Dean, Vol II
Berlin, Charles, Vol III
Berthoff, Warner Bement, Vol II
Bisson, Thomas N., Vol I
Bok, Derek Curtis, Vol IV
Bovon, Francois, Vol IV
Bryson, Norman, Vol II
Buckley, Jerome Hamilton, Vol II
Cohn, Dorrit, Vol III
Cox, Archibald, Vol IV
Craig, Albert Morton, Vol I
Cranston, Edwin Augustus, Vol III
Damrosch, Leo, Vol II
Dershowitz, Alan Morton, Vol IV
Dominguez, Jorge Ignacio, Vol I
Dyck, Arthur James, Vol IV
Evans, Gwynne Blakemore, Vol II
Fanger, Donald Lee, Vol II
Fernandezcifuentes, L., Vol III
Field, Mark G., Vol I
Fisher, Philip, Vol II
Fisher, Roger, Vol IV
Flier, Michael S., Vol III
Ford, Franklin Lewis, Vol I
Francke, Kuno, Vol III
Friedland, B., Vol IV
Frug, Gerald Ellison, Vol IV
Frye, Richard Nelson, Vol III
Gaskell, Ivan, Vol I
Gates, Henry Louis, Jr., Vol II
Goldin, Claudia, Vol I
Graham, Patricia Albjerg, Vol I
Graham, William A., Vol III
Grimsted, Patricia Kennedy, Vol I
Guthke, Karl Siegfried, Vol III
Haar, Charles Monroe, Vol IV
Hall, David D., Vol I
Hammond, Mason, Vol I
Hanan, Patrick Dewes, Vol III
Handlin, Oscar, Vol I
Hanson, Paul David, Vol IV
Harris, Joseph, Vol II
Heck, Richard, Vol IV
Heimert, Alan, Vol I
HennessyVendler, Helen, Vol II
Henrich, Dieter, Vol IV
Herwitz, David Richard, Vol IV
Higonnet, Patrice, Vol I
Hoffmann, Stanley, Vol I
Hunt, Richard M., Vol I
Hutchison, William Robert, Vol I
Iliescu, Nicolae, Vol III
Jasanoff, Sheila S., Vol IV
Jolls, C., Vol IV
Jones, Christopher P., Vol I
Kaplow, Louis, Vol IV
Karlsen, Carol F., Vol I
Katz, Milton, Vol IV
Kaufman, Gordon Dester, Vol IV
Keeton, Robert Ernest, Vol IV
Kelman, Steven, Vol I
Korsgaard, Christine M., Vol IV
Kuno, Susumu, Vol III
Lamberg-Karlovski, Clifford Charles, Vol I
LaMothe, Kimerer L., Vol IV
Lewalski, Barbara Kiefer, Vol II
Lockwood, Lewis Henry, Vol I
Lunt, Horace Gray, Vol III
Lutcavage, Charles, Vol III
Maccaffrey, Wallace T., Vol I
Macdougall, Elisabeth Blair, Vol I
MacFarquer, Roderick, Vol I
Marichal, Juan, Vol III
Marquez-Villanueva, Francisco, Vol III
McGuire, Charles, Vol I
Mendelsohn, Everett Irwin, Vol I
Minow, Martha, Vol IV
Moore, Sally F., Vol I
Moran, Richard, Vol IV
Nagy, Gregory John, Vol I
Nozick, Robert, Vol IV
Ogletree, Charles J., Jr., Vol IV
Painter, Karen, Vol I
Parsons, Charles D., Vol IV
Patterson, H. Orlando L., Vol I
Pearsall, Derek A., Vol II

Perkins, David, Vol II
Perkins, Dwight Heald, Vol I
Pian, Rulan Chao, Vol I
Putnam, Hilary, Vol IV
Rawls, John, Vol IV
Reibetanz, S. Sophia, Vol IV
Rivers, Wilga Marie, Vol III
Robana, Abderrahman, Vol IV
Roush, Sherrilyn, Vol IV
Ryan, Judith, Vol III
Sander, Frank E A, Vol IV
Saunders, William, Vol II
Scanlon, T.M., Vol IV
Scheffler, Israel, Vol IV
Schmitz-Burgard, Sylvia, Vol II
Shapiro, David Louis, Vol IV
Shavell, S., Vol I
Shell, Marc, Vol II
Shinagel, Michael, Vol II
Simon, Eckehard, Vol III
Sohn, Louis Bruno, Vol IV
Solbrig, Otto Thomas, Vol I
Sollors, Werner, Vol II
Steiker, Carol S., Vol IV
Stendahl, Krister, Vol IV
Stone, Alan Abraham, Vol IV
Strugnell, John, Vol IV
Suleiman, Susan Rubin, Vol III
Tarrant, Richard John, Vol I
Tatar, Maria, Vol III
Terrill, Ross, Vol I
Thomas, Douglas L., Vol IV
Thomson, Robert William, Vol III
Trautman, Donald T., Vol IV
Tribe, Laurence Henry, Vol IV
Tu, Wei-Ming, Vol I
Vagts, Detlev F., Vol I
van der Merwe, Nikolaas Johannes, Vol I
Vietor, Richard Henry Kingsbury, Vol I
Warren, Alvin C., Jr., Vol IV
Watkins, Calvert Ward, Vol III
Weberman, David, Vol IV
Weinreb, Lloyd L., Vol IV
Wendelken, Cherie, Vol I
West, Cornel, Vol III
Wilkins, David Brian, Vol IV
Willey, Gordon R., Vol I
Williams, Preston N., Vol IV
Winston, Kenneth Irwin, Vol IV
Wolfman, Bernard, Vol I
Yannatos, James, Vol I

Harvey Mudd Col
Barron, Hal S., Vol I
Groves, Jeffrey D., Vol II
Sellery, J'nan Morse, Vol II

Hastings Col
Walker, James Silas, Vol IV
Wang, William Kai-Sheng, Vol IV
Watts, James W., Vol IV

Hastings Ctr
Sharpe, Virginia A., Vol IV

Haverford Col
Anyinefa, Koffi, Vol III
Bronner, Edwin Blaine, Vol I
Gangadean, Ashok Kumar, Vol IV
Gillis, Daniel J., Vol I
Lane, Roger, Vol I
McGuire, Anne, Vol IV
McGuire, Anne M., Vol IV
Mckenna, John William, Vol I
Russo, Joseph Anthony, Vol I

Hawaii Tokai Intl Col
Grant, Glen, Vol I

Hawk Law Firm
Hawk, Charles Nathaniel, III, Vol IV

Heartland Comm Col
Lord, Timothy C., Vol IV

Hebrew Union Col
Cohen, Martin Aaron, Vol IV
Cook, Michael J., Vol IV
Cutter, William, Vol III
Goldman, Edward A., Vol IV
Kaufman, Stephen Allan, Vol IV
Klein, Michael Leon, Vol IV
Marcus, Jacob Rader, Vol I
Meyer, Michael Albert, Vol I
Paper, Herbert Harry, Vol III
Passamaneck, Stephen Maurice, Vol IV
Sarason, Richard Samuel, Vol IV
Weisberg, David B., Vol I

Hebrew Univ
Budick, Sanford, Vol II
Eber, Irene, Vol I
Greenfield, Jonas Carl, Vol III
Perl, Jeffery Michael, Vol III
Porten, Bezalel, Vol IV

Hegeler Inst
Freeman, Eugene, Vol IV

Hellenic Col
Perdicoyianai-Paleologou, Helene, Vol I

Hendrix Col
Churchill, John Hugh, Vol IV
Farthing, John L., Vol IV
Frizzell, Robert, Vol I
McDaniel, John B., Vol IV
Schantz, Mark S., Vol I
Story, Kenneth Ervin, Vol II

Herbert H. Lehman Col, CUNY
Lerner, Isaias, Vol III

Hercules Inc
Alford, Haile Lorraine, Vol IV

High Dakota Group
Harris, Michael H., Vol I

High Point Univ
Moehlmann, John Frederick, Vol II

Hillsdale Col
Brown, Kendall Walker, Vol I
Shtromas, Alexander, Vol IV
Westblade, Donald, Vol IV

Hillside Presb Church
Smith, Paul, Vol IV

Hinds Comm Col
Hill, Linda Marie, Vol II

Hiram Col
Sharfman, Glenn, Vol I
Slingerland, Dixon, Vol IV

Hispanic Society of America
Beardsley, Theodore S., Jr., Vol III
Muller, Priscilla Elkow, Vol I

Hist Associates Inc
Cantelon, Philip Louis, Vol I
Dierenfield, Bruce Jonathan, Vol I

Hist Publ Off Manuscript Div Libr of Cong
Gephart, Ronald Michael, Vol I

Historic Milwaukee, Inc
Sawkins, Annemarie, Vol I

Hobart & William Smith Cols
Baer, Eugen Silas, Vol IV
Crouthamel, James L., Vol II
Cummings, Peter March, Vol II
Daise, Benjamin, Vol IV
Gerhart, Mary, Vol IV
Lee, Steven Peyton, Vol IV
Singal, Daniel Joseph, Vol I

Hofstra Univ
Cassidy, David C., Vol I
Cohen, George Michael, Vol I
Holland, Robert A., Vol IV
Keener, Frederick M., Vol II
Kreps, Gary L., Vol II
Moore, John Clare, Vol I
Naylor, Natalie A., Vol I
Pearl, Leon, Vol IV
Sobel, Robert, Vol I
Stern, Nancy B., Vol I
Wallace, Kathleen, Vol IV

Holland & Knight
Dalley, George Albert, Vol IV

Hollins Col
Caujolle, Claude, Vol III
Fallon, Jean, Vol II
Fosl, Peter S., Vol IV
Patrick Downey, James, Vol IV
Phillips, Klaus, Vol III
Sampon-Nicolas, Annette, Vol III

Holy Cross Bros Ctr
Donahoe, Bernard Francis, Vol I

Holy Cross Col
Bizzell, Patricia L., Vol II

Holy Names Col
Larsen, Grace H., Vol I

Hong Kong Baptist Univ
Ling, Chen, Vol II
Powers, John H., Vol II

Hood Col
Hein, David, Vol IV

Hood Theol Sem
Hutson, Christopher R., Vol IV

Hope Col
Bandstra, Barry L., Vol IV
Cohen, William, Vol I
Cox, John D., Vol II
Huttar, Charles Adolph, Vol II
Verhey, Allen Dale, Vol IV

Hope Lutheran Church
Hoffman, Mark G., Vol IV

Hope United Methodist Church
Stewart, Carlyle F., III, Vol IV

Hosack Street Baptist Church
Carter, Percy A., Jr., Vol IV

Houghton Col
Tyson, John R., Vol IV

Houston Advanced Research Ctr
Schmandt, Jorgen, Vol IV

Houston Baptist Univ
Adams, Leslie Kennedy, Vol III
Boyce, Elizabeth, Vol III
Markos, Louis, Vol II
Taylor, James Sheppard, Vol II

Howard Comm Col
Mitchell, Helen Buss, Vol I

Howard Cty Bd of Educ
West, Herbert Lee, Jr., Vol I

Howard Univ
Adams, Russell Lee, Vol I
Arnez, Nancy L., Vol II
Banks, Sharon P., Vol IV
Barlow, William, Vol I
Barlow, William B., Vol I
Blakely, Allison, Vol I
Bullock, Alice G., Vol I
Calhoun, Lee A., Vol I
Cotman, John W., Vol I
Crooms, Lisa A., Vol I
Dates, Jannette Lake, Vol II
Echols, Marsha A., Vol IV
Felder, Cain Hope, Vol IV
Gavil, Andrew I., Vol IV
Golden, Donald Leon, Vol IV
Hamilton, Edwin, Vol I
Harris, Joseph E., Vol I
Hayden, John Carleton, Vol IV
Kurland, Adam H., Vol IV
Leonard, Walter J., Vol IV
Logan, Paul Ellis, Vol III
Malek, Abbas, Vol I
Matabane, Paula W., Vol II
Miller, Jeanne-Marie A., Vol II
Miller, Tedd, Vol IV
Morris, Calvin S., Vol IV
Newsome, Clarence Geno, Vol IV
Niles, Lyndrey Arnaud, Vol II
Nordquist, Barbara K., Vol I
Reilly, John Marsden, Vol II
Saunders, Mauderie Hancock, Vol I
Smith, J. Clay, Jr., Vol IV
Starosta, William J., Vol II
Subryan, Carmen, Vol II
Taylor, Arnold H., Vol I
Taylor, Orlando L., Vol II
Thornell, Richard Paul, Vol IV
Trapp-Dukes, Rosa Lee, Vol I
Traylor, Eleanor W., Vol II
Wallace, Karen Smyley, Vol III

Hudson County Comm Col
Kharpertian, Theodore, Vol II

Humboldt State Univ
Armstrong, Susan Jean, Vol IV
Fox, Stephen C., Vol I
Goodman, Michael F., Vol IV
Hahn, Laura K., Vol II
Okin, Louis A., Vol I
Pence, Ellsworth Dean, Vol III
Sundstrom, Roy Alfred, Vol I
Tanner, William Randolph, Vol I

Hunter Col, CUNY
Alexander, Aley E., Vol III
Alexander, Estella Conwill, Vol II
Barsam, Richard, Vol II
Burstein, L. Poundie, Vol I
Cohen, Naomi Wiener, Vol I
DeFord, Ruth, Vol I
Desalvo, Louise Anita, Vol II
Freeman, James B., Vol IV
Griffel, L. Michael, Vol I
Hampton, Barbara L., Vol I
Hasker, R. William, Vol IV

Helly, Dorothy O., Vol I
James, Dorothy, Vol III
Kagan, Susan, Vol I
Knapp, Bettina, Vol III
Kuhn-Osious, Eckhard, Vol III
Kym, Annette, Vol III
Landesman, Charles, Vol IV
Lawergren, Bo, Vol IV
Margulies, Ivone, Vol III
Minkoff, Harvey, Vol III
Nicolai, Elke, Vol III
Parisi, Peter, Vol II
Pasteur, Alfred Bernard, Vol I
Pike, Ruth, Vol I
Pinedo, Isabel, Vol III
Plottel, Jeanine Parisier, Vol III
Pomeroy, Sarah B., Vol I
Purczinsky, Julius O., Vol III
Ricke, Joseph M., Vol II
Sanders, John E., Vol IV
Siraisi, Nancy Gillian, Vol I
Sproul, Barbara Chamberlain, Vol IV
Stambaugh, Joan, Vol IV
Stauffer, George B., Vol I
Thompson, Jewel T., Vol I
Zuker, Joel, Vol II

Huntingdon Col
Salyer, Gregory, Vol I

Huntington Col
Sanders, John, Vol IV

Huntington Libr and Art Gallery
Wark, Robert Rodger, Vol I

Huntington Library
Thorpe, James, Vol II

Hurth Yeager & Sisk
Flowers, William Harold, Jr., Vol IV

ICS Publications
Payne, Steven, Vol IV

Idaho State Univ
Attebery, Brian, Vol II
Attebery, Jennifer, Vol II
Baergen, Ralph, Vol II
Cantrill, Dante, Vol I
Engebretsen, Terry, Vol I
Goldbeck, Janne, Vol II
Hamlin, William, Vol II
Hatzenbuehler, Ronald Lee, Vol I
Hellwig, Hal, Vol II
Jones, Christopher, Vol II
Kijinski, John, Vol II
King, Kathleen, Vol II
Langstraat, Lisa, Vol II
Levenson, Carl, Vol II
Mullin, Anne, Vol II
Owens, John Bingner, Vol III
Prineas, Matthew, Vol II
Schmidt, Roger, Vol II
Schow, Wayne, Vol III
Swetnam, Ford, Vol II
Swetnam, Susan, Vol II
Tate, Paul Dean, Vol IV
Van Pelt, Tamise, Vol II
Wahl, Russell, Vol IV
Walsh, Dennis, Vol II
Walsh, Mary Ellen, Vol II
Westphal, Jonathan, Vol IV

Iliff Sch of Theol
Dean, William D., Vol IV
Eisenbaum, Pamela, Vol IV
Harding, Vincent, Vol I
Richards, Kent Harold, Vol IV
Smith, Yolanda Yvette, Vol IV
Templin, John Alton, Vol IV

Illinois Col
Davis, James Edward, Vol I
Koss, David Henry, Vol I
Tracey, Donald Richard, Vol I

Illinois Historical Preservation Agency
Taylor, Richard Stuart, Vol I

Illinois Inst of Tech
Brande, David, Vol II
Coogan, David, Vol II
Fox Good, Jacquelyn, Vol II
Harrington, Kevin, Vol I
Ladenson, Robert F., Vol IV
Schmaus, Warren Stanley, Vol IV
Steinman, Joan E., Vol IV

Illinois Program for Research in the Humanities
Berube, Michael, Vol II

Illinois State Historical Libr
Bridges, Roger Dean, Vol I

Illinois State Univ
Anderson, David Leech, Vol IV
Austensen, Roy Allen, Vol I
Bailey, Alison, Vol II
Baldwin, John R., Vol II
Bohn, Williard, Vol III
Carr, Robin, Vol II
Dammers, Richard Herman, Vol II
Freed, John Beckmann, Vol I
Harris, Charles Burt, Vol II
Holsinger, M. Paul, Vol I
Homan, Gerlof Douwe, Vol I
Kagle, Steven Earl, Vol II
Laurenti, Joseph L., Vol III
Machina, Kenton F., Vol IV
Nourie, Alan Raymond, Vol II
Parent, David J., Vol III
Poole, John R., Vol II
Reitz Mullenix, Elizabeth, Vol II
Schapsmeier, Edward Lewis, Vol I
Sessions, Kyle Cutler, Vol I
Shields, John Charles, Vol III
Snyder, David W., Vol I
Springer, Carl P. E., Vol I
Tarr, Rodger Leroy, Vol II
Thomas, Roger K., Vol III
Visor, Julia N., Vol II
Walker, Lawrence David, Vol I

Illinois Valley Comm Col
Lynch, Rose Marie, Vol II

Illinois Wesleyan Univ
Brown, Jared, Vol II
Gillett, Carl, Vol IV
Plath, James, Vol II
Young, Michael Brian, Vol I

Immaculata Col
Bonfini, Marie Roseanne IHM, Vol III

Incarnate Word Univ
Estep, Myrna Lynn, Vol IV

Indian River Comm Col
Cohen, Elliot, Vol IV

Indiana Central Univ
Meier, Marga, Vol III

Indiana State Univ
Baker, Ronald Lee, Vol I
Bakerman, Jane Schnabel, Vol I
Barad, Judith, Vol IV

Christianson, Gale Edward, Vol I
Clouse, Robert G., Vol I
Demarr, Mary Jean, Vol II
Diaz, Lomberto, Vol III
Dowell, Richard Walker, Vol II
Frushell, Richard Clayton, Vol II
Gennaro, Rocco J., Vol IV
Giffin, William Wayne, Vol I
Grcic, Joseph M., Vol IV
Jegede, Dele, Vol I
Johnson, David Lawrence, Vol IV
Kleiner, Elaine Laura, Vol II
Mullen, Richard D., Vol II
Muyumba, Francois N., Vol I
Nicol, Charles David, Vol I
Pierard, Richard Victor, Vol I
Pitzer, Donald Elden, Vol I
Robinson, Ruth, Vol I
Shields, Donald J., Vol II
Shoemaker, Rebecca Shepherd, Vol I
Swindell, Warren C., Vol I
Weixlmann, Joseph Norman, Vol II

Indiana Univ of Pennsylvania
Cashdollar, Charles David, Vol I
Ferro, Trenton R., Vol I
Goodrich, Thomas Day, Vol I
Marcus, Irwin Murray, Vol I
Montgomery, Sharon Burke, Vol IV
Schaub, R. Thomas, Vol IV
Shafer, Ronald G., Vol II
Slater, Thomas J., Vol II
Smith, W. Wayne, Vol I

Indiana Univ, Bloomington
Ackerman, James S., Vol IV
Alexander, Scott C., Vol IV
Alter, George, Vol I
Aman, Alfred C., Jr., Vol IV
Anderson, Judith Helena, Vol II
Ankrom, Jeffrey, Vol III
Auger, Julie, Vol III
Bannon, Cynthia J., Vol I
Banta, Frank Graham, Vol III
Barnstone, Willis, Vol III
Beaty, Frederick L., Vol II
Beltran, Luis, Vol III
Berkvam, Michael, Vol III
Bertoloni Meli, Domenico, Vol I
Bodnar, John Edward, Vol I
Boerner, Peter, Vol III
Bokenkamp, Stephen R., Vol IV
Bondanella, Peter, Vol III
Bradley, Craig M., Vol IV
Brakke, David, Vol IV
Brooks, George E., Vol I
Brown, A. Peter, Vol I
Buelow, George John, Vol I
Burnim, Mellonee Victoria, Vol I
Burns, Sarah, Vol I
Byrnes, Robert Francis, Vol I
Caldwell, L.K., Vol I
Campany, Robert F., Vol IV
Capshew, J. H., Vol I
Carmichael, Ann Grayton, Vol I
Carr, Richard Alan, Vol III
Chaitin, Gilbert D., Vol III
Choksy, Jamsheed K., Vol I
Christ, Matthew R., Vol I
Churchill, Frederick Barton, Vol I
Ciccarelli, Andrea, Vol III
Cocchiarella, Nino Barnabas, Vol IV
Cohen, William B., Vol I
Cole, Bruce, Vol I
Conaway Bondanella, Julia, Vol I
Cooper, Henry Ronald, Jr., Vol III
Curtin, Michael, Vol II
Dauschmidt, Kenneth G., Vol IV
David, Alfred, Vol II
Davis, Stuart, Vol III
Dekydtspotter, Laurent, Vol III
Dickson, Michael, Vol IV
Dunn, Jon Michael, Vol IV
Dworkin, Roger Barnett, Vol IV
Eakin, Paul John, Vol II
Eisenberg, Paul D., Vol IV
Endelman, Todd Michael, Vol I
Facos, Michelle, Vol I
Faries, Molly, Vol I

Ferrell, Robert Hugh, Vol I
Fletcher, Winona Lee, Vol II
Forker, Charles Rush, Vol II
Franklin, James L., Jr., Vol I
Franks, Steven, Vol III
Fratianni, Michele, Vol I
Friedman, Michael, Vol IV
Gaetke, Eugene Roger, Vol IV
Gealt, Adelheid Medicus, Vol I
Gerrard, Charlotte, Vol III
Glowacki, Kevin T., Vol I
Grant, Edward, Vol I
Gray, Donald, Vol II
Gray, Margaret, Vol III
Gronbjerg, Kirsten Anderson, Vol I
Gupta, Anil K., Vol IV
Haberman, David L., Vol IV
Hansen, William F., Vol I
Hart, James G., Vol IV
Hart, Jeffrey Allen, Vol IV
Hinds, Leonard, Vol III
Hofstadter, Douglas Richard, Vol IV
Holschuh, Albrecht, Vol III
Houston, Mona T., Vol III
Hudson, Herman C., Vol I
Impey, Olga Tudorica, Vol III
Irvine, B.J., Vol I
Isbell, John C., Vol III
Iwamoto, Yoshio, Vol III
Jelavich, Barbara, Vol I
Johnson, Luke Timothy, Vol IV
Johnson, Owen V., Vol I
Johnston, Kenneth R., Vol II
Justus, James Huff, Vol II
Kaplan, Herbert Harold, Vol I
Katz, Irving, Vol I
Kennedy, Janet, Vol I
Kleinbauer, W. Eugene, Vol I
Kleinbauer, W. Eugene, Vol I
Klotman, Phyllis Rauch, Vol II
Koertge, Noretta, Vol IV
Larson, Gerald J., Vol I
Leach, Eleanor W., Vol I
Lebano, Edoardo A., Vol III
Lloyd, Elisabeth A., Vol I
Lloyd, Rosemary, Vol II
Lohmann, Christoph Karl, Vol II
Long, Timothy, Vol I
Lopez-Morillas, Consuelo, Vol IV
Lucas, Paul Robert, Vol I
MacPhail, Eric, Vol III
Madison, James H., Vol I
Marks, Herbert J., Vol IV
Mathiesen, Thomas J., Vol I
Maultsby, Portia K., Vol I
McGerr, M., Vol I
McNaughton, Patrick, Vol I
McRae, John R., Vol IV
Meadows, Patrick, Vol III
Merceron, Jacques E., Vol III
Mickel, Emanuel J., Vol III
Miller, Richard B., Vol IV
Mongoven, Ann, Vol IV
Musa, Mark, Vol III
Nader, Helen, Vol I
Nagle, Betty Rose, Vol I
Nakhnikion, George, Vol IV
Nelson, Susan, Vol I
Nord, David P., Vol II
Nordloh, David Joseph, Vol II
Orsi, Robert A., Vol IV
Peterson, M. Jeanne, Vol I
Pfohl, Russell, Vol III
Piedmont, Ferdinand, Vol III
Pietsch, Paul Andrew, Vol IV
Pletcher, David Mitchell, Vol I
Preus, J. Samuel, Vol IV
Rabinowitch, Alexander, Vol I
Rasch, William, Vol III
Remak, Henry Heymann Herman, Vol III
Riley, J.C., Vol I
Rosenberg, Samuel N., Vol III
Scheifele, Eleanor L., Vol I
Sheehan, Bernard W., Vol I
Shetter, William Zeiders, Vol III
Sieber, Roy, Vol I
Smith, David H., Vol IV
Solt, Leo F, Vol II
Sorrenson, Richard J., Vol I
Sperry, Stuart M., Vol II
Stein, Stephen J., Vol IV
Stein, Stephen J., Vol IV
Strauss, Gerald, Vol I
Tanford, J. Alexander, Vol IV
Thorelli, Hans Birger, Vol I
Tirosh Samuelson, Hava, Vol IV

Tischler, Hans, Vol I
Trapnell, William Holmes, Vol III
Valdman, Albert, Vol III
Vance, Barbara, Vol III
Wang, Joan Parsons, Vol II
Weaver, Mary Jo, Vol II
Wertheim, Albert, Vol II
Wiggins, William H., Jr., Vol IV
Wilson, George Macklin, Vol I
Zheng, Yiwei, Vol IV

Indiana Univ, East
Blakey, George Thomas, Vol I

Indiana Univ, Kokomo
Lopes, Dominic McIver, Vol IV
Nelson, Nicolas Harding, Vol II
Strikwerds, Robert A., Vol III

Indiana Univ, Northwest
Barr, Alan Philip, Vol II
Buckley, William Kermit, Vol II
Cohen, Ronald Dennis, Vol I
Contreras, Raoul, Vol III
Taylor Guthrie, Danille, Vol I
Williamson-Ige, Dorothy Kay, Vol II

Indiana Univ, South Bend
Bender, Eileen Teper, Vol II
Cordell, Roseanne M., Vol I
Furlong, Patrick Joseph, Vol I
Naylor, Andrew, Vol IV
Scherer, Paul Henry, Vol I
Schreiber, Roy, Vol I

Indiana Univ, Southeast
Bowden, James Henry, Vol I
Findling, John Ellis, Vol I
Stroble, Paul E., Jr., Vol IV
Thackeray, Frank W., Vol I
Wolf, Thomas Phillip, Vol I

Indiana Univ-Purdue Univ, Fort Wayne
Bell, John P., Vol I
Blumenshine, Gary B., Vol I
Brennan, John P., Vol II
Butler, Clark Wade, Vol IV
Cantor, Louis, Vol I
Craig, Virginia Robertson, Vol III
Fischer, Bernd, Vol I
Fox, Linda Chodosh, Vol III
Haw, James A., Vol I
Scott, Clifford H., Vol I
Squadrito, Kathleen Marie, Vol IV
Thuente, Mary Helen, Vol II
Violette, Aurele J., Vol I

Indiana Univ-Purdue Univ, Indianapolis
Barlow, John Denison, Vol III
Bepko, Gerald L., Vol IV
Burke, Michael B., Vol IV
Byrne, Edmund F., Vol IV
Dick, Robert C., Vol II
Eller, Jonathan R., Vol II
Funk, David A., Vol IV
Goering, Elizabeth, Vol II
Gray, Ralph D., Vol I
Harris, Edward E., Vol I
Heise, Kathleen, Vol IV
Houser, Nathan, Vol IV
Hoyt, Giles Reid, Vol III
Langsam, Miriam Zelda, Vol I
Libby, Justin Harris, Vol I
McBride, Angela Barron, Vol III
Nagy, Paul, Vol IV
Nnaemeka, Obioma G., Vol III
Planeaux, Christopher, Vol I
Reidy, David, Vol IV
Saatkamp, Herman J., Vol IV
Sehlinger, Peter J., Vol I
Smurl, James Frederick, Vol IV
Tilley, John, Vol IV
Turner, Richard Charles, Vol II
Vermette, Rosalie Ann, Vol III

Indiana Wesleyan Univ
Bence, Clarence, Vol IV
Drury, Keith, Vol IV
Lennox, Stephen J., Vol IV

Indianola Presbyterian Church
Warrener Smith, Susan, Vol IV

Inst Comp Civilizations of Montreal
Domaradzki, Theodore F., Vol III

Inst for Advanced Studies
Bayer, Greg, Vol IV
Bowersock, Glen Warren, Vol I
Burke, Martin J., Vol I
Geertz, Clifford, Vol I
Paret, Peter, Vol I
Walzer, Michael, Vol I
White, Morton G., Vol IV

Inst for Behavioral Awareness
Stern, Frances Meritt, Vol I

Inst for Contemporary Christianity
Santa Maria, Dario Atehortua, Vol IV

Inst for the Med Humanities Univ of Tex Med Br
Burns, Chester Ray, Vol I

Inst of Semitic Studies
Isaac, Ephraim, Vol I

Inter American Univ of Puerto Rico
Guerro, Maria C.M. de, Vol II
Pagan, Carmen J., Vol IV
Ramos-Gonzalez, Carlos, Vol IV

Interdenominational Theol Ctr
Bailey, Randall Charles, Vol IV
Costen, Melva Wilson, Vol IV
Ellingsen, Mark, Vol IV
Franklin, Robert Michael, Vol IV
Grant, Jacquelyn, Vol IV
Knight, Caroly Ann, Vol IV

Interreligious Relations
Borelll, John, Vol I

Intl Creative Mgt
Mason, Bobbie Ann, Vol II

Intl Review of African American Art
Lewis, Samella, Vol I

Iona Col
Colaneri, John Nunzio, Vol III
Deignan, Kathleen P., Vol IV
Dunkak, Harry Matthew, Vol I
Guidorizzi, Richard Peter, Vol I
O'Neill, William George, Vol IV
Solomon, Stanley J., Vol II

Iowa State Univ of Science and Tech
Avalos, Hector, Vol I
Bishop, Michael, Vol II
Bloomer, Jennifer A., Vol I
Bowers, Neal, Vol II

Courteau, Joanna, Vol III
Cravens, Hamilton, Vol I
Daly, Brenda O., Vol II
Dearin, Ray Dean, Vol II
Dobson, John Mccullough, Vol I
Dow, James Raymond, Vol III
Feinberg, Leonard, Vol II
Hollenbach, Paul William, Vol IV
Keller, Clair Wayne, Vol I
Klemke, Elmer Daniel, Vol IV
Madison, Kenneth Glenn, Vol I
Mccarthy, Dennis Michael Patrick, Vol I
McCarthy, William Paul, Vol II
Mcjimsey, George Tilden, Vol I
Morris, Walter D., Vol III
Nakadate, Neil Edward, Vol II
Plakans, Andrejs, Vol I
Robinson, William Spencer, Vol IV
Rudge, David W., Vol I
Ruebel, James, Vol I
Schofield, Robert Edwin, Vol I
Schwieder, Dorothy Ann, Vol I
Silet, Charles Loring Provine, Vol I
Vann, Roberta Jeanne, Vol III
Walker, Albert Lyell, Vol II
Whitaker, Faye Pauli, Vol II
Wilson, David B., Vol I
Wilt, Alan Freese, Vol I
Zimmerman, Zora Devrnja, Vol III

Italica Press
Musto, Ronald G., Vol I

Ithaca Col
Arlin, Mary I., Vol I
Arliss, Laurie, Vol II
Bailey, Lee, Vol IV
Brodhead, Garry, Vol I
Cummings, Craig, Vol I
Ezergailis, Andrew, Vol I
Gayeski, Diane M., Vol II
Harris, Jonathan Gil, Vol II
Herndon, Sandra L., Vol II
Iacobucci, Christine, Vol II
Johnson, Timothy, Vol I
Kaplan, Jane Payne, Vol III
Kates, Carol A., Vol IV
Mcbride, Paul Wilbert, Vol I
McKenna, Michael S., Vol IV
Mieczkowski, Bogdan, Vol I
Pelto, William, Vol I
Radice, Mark A., Vol I
Ramage, Nancy Hirschland, Vol I
Rowland, Gordon, Vol II
Seidman, Steven A., Vol II
Swenson, Edward, Vol I
Turk, Eleanor L., Vol I
Twomey, Michael W., Vol II
Wilson, Dana, Vol I

J. Paul Getty Mus
Papadopoulos, John K., Vol I
Teviotdale, Elizabeth C., Vol I

JA Kendrick Business Enterprise
Kendrick, Joy A., Vol IV

Jackson State Univ
Foster, E.C., Vol I
Harris, William McKinley, Sr., Vol I
Harvey, James Cardwell, Vol IV
Harvey, Maria-Luisa Alvarez, Vol III
Middleton, Richard Temple, III, Vol I
Moreland-Young, Curtina, Vol I
Myers, Lena Wright, Vol I

Jacksonville State Univ
Caldwell, Ronald James, Vol I
Freier, Mary P., Vol II
Hollis, Daniel W., Vol I
Koerper, Phillip Eldon, Vol I

Jacksonville Univ
Buettinger, Craig, Vol I

James Madison Univ
Arthur, Thomas H., Vol II
Bland, Sidney Roderick, Vol I
Cohen, Ralph Alan, Vol II
Congdon, Lee W., Vol I
Edelman, Diana, Vol IV
Fawkes, Don, Vol IV
Gabbin, Joanne Veal, Vol II
Hawthorne, Mark D., Vol II
King, Sallie B., Vol IV
MacLean, Iain Stewart, Vol IV
Nickels, Cameron C., Vol I
Riley, Philip Ferdinand, Vol I

Jamestown Col
Cox, Sharon G., Vol I

Jane Corkin Gallery
Corkin, Jane, Vol I

Jarvis Christian Col
Hawkins, Dorisula Wooten, Vol I

Jersey Journal Newspaper
Watson, John Clifton, Vol II

Jerusalem Col for Women
Vogel, Dan, Vol II

Jesuit Sch of Theol, Berkeley
Bretzke, James T., Vol IV
Donovan, Mary Ann, Vol I
Fernandez, Eduardo, Vol IV
Griener, George E., Vol IV
Lescher, Bruce, Vol IV
Schneiders, Sandra Marie, Vol IV
Stagaman, David, Vol IV
Wright, John H., Vol IV

Jewish Theol Sem of America
Brown, Steven M., Vol III
Cohen, Burton I., Vol IV
Fishman, David E., Vol I
Garfinkel, Stephen Paul, Vol IV
Gillman, Neil, Vol IV
Greenbaum, Michael B., Vol III
Holtz, Avraham, Vol III
Holtz, Barry, Vol III
Kraemer, David, Vol IV
Lapidus Lerner, Anne, Vol IV
Lerner, Anne Lapidus, Vol III
Marcus, David, Vol IV
Rabinowitz, Mayer E., Vol IV
Roth, Joel, Vol IV
Rubin Schwartz, Shuly, Vol IV
Scheindlin, Raymond Paul, Vol III
Schorsch, Ismar, Vol I
Schwartz, Shuly Rubin, Vol I
Tucker, Gordon, Vol IV
Visotzky, Burton I., Vol IV
Wertheimer, Jack, Vol I

John Abbott Col
Leith, Linda J., Vol II

John Carroll Univ
Anderson, David G., Vol III
Berry, Margaret, Vol II
Duncan, Russell, Vol I
Gensler, Harry J., Vol IV
Gibbs, Paul J., Vol IV
Gyekenyesi Gatto, Katherine, Vol III
Mason, David Raymond, Vol IV
McGinn, Sheila E., Vol IV
Morton, Marian Johnson, Vol I
Nevin, Thomas, Vol III
Poduska, Donald Miles, Vol I
Robson, David, Vol I
Seaton, Shirley Smith, Vol III

Shockey, Gary C., Vol III
Smith, Francis J., Vol II

John Jay Col of Criminal Justice, CUNY
Cook, Blanche Wiesen, Vol I
Gasman, Daniel E., Vol I
Hellinger, Benjamin, Vol II
Johnson, Patricia L., Vol IV
Margolies, Alan, Vol II
Morris, Virginia Baumgartner, Vol II

John Marshall Law Sch
Beschle, D. L., Vol IV
Neely, David E., Vol IV

John Milner Associates
Siegel, Peter E., Vol I

John Simon Guggenheim Mem Found
Tanselle, George Thomas, Vol II

Johns Hopkins Univ
Achinstein, Peter, Vol IV
Baldwin, John Wesley, Vol I
Bett, Richard, Vol I
Brieger, Gert Henry, Vol I
Cameron, Sharon, Vol II
Cooper, Jerrold Stephen, Vol I
Curtin, Philip De Armond, Vol I
Fee, Elizabeth, Vol I
Fleishman, Avrom, Vol II
Forscher Weiss, Susan, Vol I
Forster, Robert, Vol I
Galambos, Louis Paul, Vol I
Goedicke, Hans, Vol I
Goldthwaite, Richard A., Vol I
Greene, Jack P., Vol I
Higham, John, Vol I
Hillers, Delbert Roy, Vol IV
Irwin, John Thomas, Vol II
Jusczyk, P.W., Vol I
Kagan, Richard Lauren, Vol I
Kargon, Robert, Vol I
Kessler, Herbert Leon, Vol I
Knight, Franklin W., Vol I
Knight, Franklin Willis, Vol I
Krotkoff, Georg, Vol III
Lidtke, Vernon Leroy, Vol I
Macksey, Richard Alan, Vol III
Nagele, Rainer, Vol III
Neander, K., Vol IV
Ranum, Orest, Vol I
Roller, Matthew B., Vol I
Russell-Wood, A.J.R., Vol I
Schneewind, Jerome B., Vol IV
Shapiro, H. Alan, Vol I
Slavin, Robert Edward, Vol I
Spitzer, John, Vol I
Spring, David, Vol I
Stanley, Julian Cecil, Vol I
Struever, Nancy Schermerhorn, Vol I
Tolbert, Elizabeth D., Vol I
Valis, Noel M., Vol II
Walker, Mack, Vol I
Walters, Ronald Gordon, Vol I
Weiss, Piero, Vol I
Weiss, Susan Forscher, Vol I
Wolf, Susan R., Vol IV
Zhuk, Sergei I., Vol I

Johnson C. Smith Univ
Yancy, Dorothy Cowser, Vol I

Johnson-Lasky Architects
Johnson, Walker C., Vol I

Josef Silverstein
Silverstein, Josef, Vol I

Juniata Col
Doyle, Esther M., Vol II
Nieto, Jose Constantino, Vol II

Kalamazoo Col
Dorrien, Gary J., Vol IV
Phillips, Romeo Eldridge, Vol I
Strauss, David, Vol I
Wickstrom, John B., Vol I

Kansas State Univ
Benson, Douglas Keith, Vol III
Carey, James Charles, Vol I
Dehon, Claire L., Vol III
Fedder, Norman Joseph, Vol II
Ferguson, Clyde Randolph, Vol I
Frey, Marsha Lee, Vol I
Hamscher, Albert Nelson, Vol I
Hedrick, Donald Keith, Vol III
Holden, Jonathan, Vol II
Kaufman, Burton, Vol I
Keiser, George Robert, Vol II
Kren, George M., Vol I
Linder, Robert Dean, Vol I
Machor, James Lawrence, Vol II
Mcculloh, John Marshall, Vol I
Nafziger, E. Wayne, Vol I
Ossar, Michael Lee, Vol III
Shaw, Bradley Alan, Vol III
Socolofsky, Homer Edward, Vol I
Suleiman, Michael W., Vol I
Warren, Leland Eddie, Vol II

Kansas Wesleyan Univ
Juhnke, Janet Ann, Vol II
Spencer, Heath A., Vol I

Kean Col of New Jersey
Catalano, Joseph Stellario, Vol IV
Rice, Arnold Sanford, Vol I

Keele Univ
Nicholls, David, Vol I

Keene State Col
Grayson, Janet, Vol II
Lee, Sander H., Vol IV
Lee, Sander H., Vol IV

Kellogg Comm Col
Taylor, Charles Avon, Vol I

Kenrick-Glennon Sem
Heil, John P., Vol IV

Kent Place Sch
Sherry, Lee F., Vol I

Kent State Univ
Andrews, Larry Ray, Vol II
Apseloff, Marilyn Fain, Vol II
Barnbaum, Deborah, Vol IV
Beer, Barrett L., Vol I
Bittle, William George, Vol II
Byrne, Frank Loyola, Vol I
Calkins, Kenneth Roy, Vol I
Crosby, Edward Warren, Vol I
Culbertson, Diana, Vol III
Davis, Thomas M., Vol II
Ekechi, Felix Kamalu, Vol I
Fischer, Norman Arthuf, Vol IV
Fried, Lewis Fredrick, Vol II
Friedman, Jerome, Vol I
Hakutani, Yoshinobu, Vol II
Harrison, Carol, Vol I
Heiss, Mary Ann, Vol I
Hubbell, John Thomas, Vol I
Hudson, Leonne, Vol I
Hudson, Leonne, Vol I
Hudson, Leonne M., Vol I
Jameson, John R., Vol I
Kaplan, Lawrence Samuel, Vol I
Krause, Sydney Joseph, Vol II
Larson, Orville K, Vol II
Leonard, Henry Beardsell, Vol I
Louis, James Paul, Vol I
Marovitz, Sanford E., Vol II
Meier, August, Vol I
Newman, Gerald Gordon, Vol I
Papacosma, Solon Victor, Vol I

Pino, Julio Cesar, Vol I
Rubin, Rebecca B., Vol II
Ryan, Frank X., Vol I
Swierenga, Robert Peter, Vol I
Thyret, Isolde, Vol I
Turner, Doris J., Vol III
Wajda, Shirley Teresa, Vol I
Wilson, Glee Everitt, Vol I
Wynar, Lubomyr Roman, Vol I
Zellner, Harold Marcellars, Vol IV

Kentucky Christian Col
Fiensy, David A., Vol IV
Pickens, George F., Vol III
Wineland, John D., Vol I

Kentucky Dept of Education
Griffin, Betty Sue, Vol I

Kentucky State Univ
Brooks, A. Russell, Vol II
Fakhrid-Deen, Nashid Abdullah, Vol IV

Kentucky Wesleyan Col
Fager, Jeff, Vol IV

Kenyon Col
Adler, Joseph, Vol IV
Alder, Joseph A., Vol IV
Bowman, Jeffrey A., Vol I
Browning, Reed St. Clair, Vol I
Crais, Clifton C., Vol I
DePascuale, Juan E., Vol IV
Dunnell, Ruth W., Vol I
Dwyer, Eugene Joseph, Vol I
Evans, Michael J., Vol I
Finke, L.A., Vol II
Furlough, Ellen, Vol I
Heuchemer, Dane, Vol I
Kipp, Rita, Vol I
Klein, William Francis, Vol II
McCulloh, William Ezra, Vol I
Oden, Robert A., Jr., Vol III
Rutkoff, Peter, Vol I
Scott, William Butler, Vol I
Scully, Pamela F., Vol I
Sharp, Ronald Alan, Vol II
Singer, Wendy F., Vol I
Turner, Frederick, Vol III
Weber, Clifford Whitbeck, Vol I
Wortman, Roy Theodore, Vol I

Keuka Col
Diamond, Sander A., Vol I

Key Porter Books
Mowat, Farley, Vol I

Key West Professional Ctr
Sutter, Leslie E., Vol IV

Keystone Col
Elliott, Carolyn S., Vol I
Wheeler, Wayne R., Vol II

Kimbell Art Mus
Brown, Richard Fargo, Vol I
Loud, Patricia Cummings, Vol I

King Col
Fulop, Timothy E., Vol IV
Jordan, Gregoory D., Vol III
Wade, William Junius, Vol I

King's Col
Corgan, Margaret M., Vol III
Curran, Daniel John, Vol I
Irwin, William T., Vol IV
Krawczeniuk, Joseph V., Vol III
McGrath, Michael J., Vol III

Napieralski, Edmund Anthony, Vol II
Stevens, Donald G., Vol I
Valletta, Clement Lawrence, Vol I

Kingsborough Comm Col, CUNY
Barnhart, Michael G., Vol IV
Karkhanis, Sharad, Vol I
Klein, Bernard, Vol I
Lvovich, Natasha, Vol II
O'Malley, Susan Gushee, Vol II

Kingsborough Community Col, CUNY
Kelly, Ernece Beverly, Vol II

Kino Inst of Theol
Benjamin, Don C., Jr., Vol IV
Larkin, Ernest Eldon, Vol IV

Kirkwood Comm Col
Sessions, Robert, Vol IV

Knox Col, Illinois
Bailey, Stephen, Vol I
Davis, Rodney Owen, Vol I
Factor, Ralph Lance, Vol IV
Gold, Penny Schine, Vol I
Hane, Mikiso, Vol I
Hord, Frederick Lee, Vol I
Prats, Jorge, Vol III
Wilson, Douglas Lawson, Vol II

Knox Col, Ontario
Dutcher-Walls, Patricia, Vol IV

Knox Theol Sem
Reymond, Robert L., Vol IV
Robertson, O. Palmer, Vol IV
White, R. Fowler, Vol IV

Knoxville Coll
Hunt, Barbara Ann, Vol II

Korea Military Acad
Yang, Heewan, Vol II

Kutztown Univ of Pennsylvania
Back, Allan, Vol IV
Craig, Charlotte Marie, Vol III
Nigro, August John, Vol II
Paulson, Michael G., Vol III

La Guardia Comm Col
Boris, Edna Z., Vol II

La Salle Univ
Blumenthal, Bernhardt George, Vol III
Brame, Grace Adolphsen, Vol IV
Butler, James Albert, Vol II
Fair, Theopolis, Vol I
Harty, Kevin John, Vol II
Kerlin, Michael J., Vol IV
Mall, Rita Sparrow, Vol III
Rossi, John P., Vol I
Rudnytzky, Leonid, Vol III
Soven, Margot, Vol II
Stow, George Buckley, Vol I

La Sierra Univ
Dunn, Robert P., Vol II
Dunn, Robert P., Vol II
Kim, Wonil, Vol IV

Lafayette Col
Cap, Jean-Pierre, Vol III
Cooke, Jacob Ernest, Vol I
Lusardi, James P., Vol II
Mattison, Robert S., Vol I
Pribic, Rado, Vol III
Woolley, James, Vol II
Ziolkowski, Eric Jozef, Vol IV

LaGrange Col
Frassetto, Michael, Vol I

Lake Erie Col
Mcquaid, Kim, Vol I

Lake Forest Col
Benton, Catherine, Vol I
Ebner, Michael Howard, Vol I
Greenfield, Robert Morse, Vol II
Lemahieu, Dan Lloyd, Vol I
Miller, Ronald H., Vol IV
Sadri, Ahmad, Vol I
Schulze, Franz, Vol I
Zilversmit, Arthur, Vol I

Lake Michigan Col
Sundaram, K., Vol IV

Lakehead Univ
Colton, Glenn, Vol I
Forbes, Joyce, Vol II
Mamoojee, Abdool-Hack, Vol I
Nabarra, Alain, Vol III
Petrone, Serafina, Vol I
Schonberger, Vincent L., Vol III
Vervoort, Patricia, Vol I

Lamar Univ
Carroll, John Martin, Vol I
Ellis, Marion Leroy, Vol III
Roth, Lane, Vol II
Saur, Pamela S., Vol III
Shillingsburg, Peter Leroy, Vol II
Wooster, Ralph Ancil, Vol I

Lambuth Univ
Davenport, Gene Looney, Vol IV

Lancaster Bible Col
Spender, Robert D., Vol IV

Lancaster Theol Sem
Hartley, Loyde Hobart, Vol IV
Proffitt, Anabel C., Vol IV

Lander Univ
Archie, Lee C., Vol IV
Bethel, Elizabeth Rauh, Vol II

Landmark Col
Halpern, Beth, Vol IV

Lane Col
Chambers, Alex A., Vol IV
David, Arthur LaCurtiss, Vol I
McClure, Wesley Cornelious, Vol I

Laney Col
Ward, Carole Geneva, Vol II

Langston Univ
Hardeman, Carole Hall, Vol I
Manning, Jean Bell, Vol I

Laurentian Univ
Ambrose, Linda M., Vol I
Best, Henry, Vol I

Bray, R. Matthew, Vol I
Burke, Sara Z., Vol I
Buse, Dieter Kurt, Vol I
Colilli, Paul, Vol III
di Norcia, Vincent, Vol IV
Gagnon, Carolle, Vol IV
Gerry, Thomas M.F., Vol II
Giroux, Michel, Vol IV
Hengen, Shannon, Vol II
Ketchen, Jim, Vol IV
Krajewski, Bruce, Vol II
Lewis, Gertrud Jaron, Vol III
Liedl, Janice, Vol I
Mount, Graeme S., Vol I
Nash, Roger, Vol IV
Organ, Barbara, Vol IV
Orr, Marilyn, Vol II
Pallard, Henri, Vol IV
Parker, Douglas, Vol II
Pelletier, Lucien, Vol IV
Sahadat, John, Vol IV
Sahadat, John, Vol IV
Schell, Richard, Vol II
Simpson, Peter, Vol IV
Steven, Laurence, Vol II
Toupin, Robert, Vol I
Wallace, Carl M., Vol I
Ward, Bruce, Vol IV

Laval Univ
Auger, Reginald, Vol I
Demers, Francois, Vol I
Desautels, Jacques, Vol I
Desautels, Jacques, Vol I
Fortin, Michel, Vol I
Hirtle, Walter Heal, Vol III
Lemire, Maurice, Vol II
Mackey, William Francis, Vol III
Manning, Alan, Vol III
Page, Jean-Guy, Vol IV
Pelchat, Marc, Vol IV
Ponton, Lionel, Vol IV
Risco, Antonio, Vol III
Roberge, Rene-Michel, Vol IV
Valois, Raynald, Vol IV

Lawrence Tech Univ
Stern, Marvin, Vol I

Lawrence Univ
Boardman, William Smith, Vol IV
Bremer, William Walling, Vol I
Chaney, William Albert, Vol I
Dreher, John Paul, Vol IV
Fritzell, Peter Algren, Vol I
Goldgar, Bertrand Alvin, Vol II
Lawton, Carol, Vol I
Reed, Gervais Eyer, Vol III
Ternes, Hans, Vol III
Thompson, Leonard Leroy, Vol IV

Lawson State Comm Col
Brown, John Andrew, Vol I

Le Moyne Col
Judge, Edward H., Vol I
MacDonald, Mary N., Vol I
Ring, Nancy C., Vol IV
Saenz, Mario, Vol I
Telesca, William John, Vol I
Vetrano, Anthony Joseph, Vol III
Wiley, Raymond A., Vol III

Leadership Council for Metropolitan Open Communities
Pennick, Aurie Alma, Vol IV

Lebanese American Univ
Mohsen, Raed, Vol III

Lebanon Valley Col
Heffner, John Howard, Vol IV

Lee Col, Tennessee
Bowdle, Donald N., Vol IV
Hoffman, Daniel, Vol I
Kailing, Joel, Vol II
Simmons, William A., Vol IV

Lee Col, Texas
Adams, Dale Talmadge, Vol II
Maroney, James C., Vol I

Leeward Comm Col
Michalski, John, Vol III

Legal Aid Bureau
Hallborg, Robert B., Jr., Vol IV

Legal Clinic
Thompson, Almose Alphonse, II, Vol IV

Legal Inst
Lancaster, Herman Burtram, Vol IV

Lehigh Univ
Aronson, Jay Richard, Vol I
Baylor, Michael G., Vol I
Beidler, Peter Grant, Vol II
Cooper, Gail, Vol I
Cutcliffe, Stephen Hosmer, Vol I
Fifer, Elizabeth, Vol II
Girardot, Norman J., Vol I
Goldman, Steven, Vol I
Jitendra, Asha, Vol II
Lewis, David Wilfrid Paul, Vol III
Lindgren, John Ralph, Vol IV
Peters, Tom F., Vol I
Phillips, C. Robert, III, Vol I
Schwartz, Eli, Vol I
Scott, William R., Vol I
Shade, William G., Vol I
Simon, Roger David, Vol I
Smith, John K., Jr., Vol I
Soderlund, Jean R., Vol II
Straumanis, Joan, Vol IV
Vickrey, John Frederick, Vol III
Weiss, Roslyn, Vol IV

Lehman Col, CUNY
Arzoomanian, Ralph Sarkis, Vol II
Bullaro, Grace Russo, Vol III
Dauben, Joseph Warren, Vol I
Duberman, Martin, Vol I
Humpherys, Anne, Vol II
Judd, Jacob, Vol I
Kabakoff, Jacob, Vol III
Kligerman, Jack, Vol II
Losada, Luis Antonio, Vol I
Scraile, William, Vol I
Sicherman, Carol Marks, Vol II
Valgemae, Mardi, Vol II
Weiss, John, Vol I

LeMoyne-Owen Col
Joiner, Burnett, Vol I
Melancon, Donald, Vol I

Lenoir-Rhyne Col
Huff, Carolyn Barbara, Vol I
Shuford, William Harris, Vol III

Lesley Col
Fideler, Paul Arthur, Vol I

LeTourneau Univ
Farrell, Hobert K., Vol IV

Lewis & Munday, PC
Lewis, David Baker, Vol IV

Lewis and Clark Col
Beckham, Stephen Dow, Vol I
Blumm, Micaehl C., Vol IV
Brown, John E., Vol II
Callahan, John Francis, Vol I
Cox, Chana B., Vol IV
Engelhardt, Klaus Heinrich, Vol II
Flori, Monica Roy, Vol I
Hunt, Steven B., Vol II
Rohrbaugh, Richard L., Vol IV
Rottschaefer, William Andrew, Vol IV
Savage, David William, Vol I
Ward, Jean M., Vol II
Wheeler, Rachel, Vol I

Lewis and Clark Comm Col
Mozur, Gerald E., Vol IV

Lewis Univ
McVann, Mark, Vol IV
Nissim-Sabat, Marilyn, Vol IV

Lewis-Clark State Col
Torell, Kurt Charles, Vol IV

Lexington Theol Sem
Dowd, Sharyn, Vol IV
Dunnavant, Anthony L., Vol IV
McAvoy, Jane, Vol IV

Liberty Univ
Beck, W. David, Vol IV
Matheny, William Edward, Vol I
Towns, Elmer, Vol IV

Library of Congress
Cole, John Y., Jr., Vol II
Fisher, Louis, Vol I
Gravelle, Jane Gibson, Vol I
Haynes, John E., Vol I
Wallace, Paul Starett, Jr., Vol IV

Lincoln Col
Langford, Paul, Vol I

Lincoln Ctr for Public Service
Dye, Thomas R., Vol I

Lincoln Univ
Hearn, Rosemary, Vol II
Kremer, Gary R., Vol I
Maazaoui, Abbes, Vol III
Mattingly, Susan Shotliff, Vol IV
Rowe, Patsy Baxter, Vol I
Steward, Dick Houston, Vol I
Willis, Gladys January, Vol II
Wyman, Linda Lee, Vol II

Linfield Col
Konick, Steve, Vol II

Lipscomb Univ
Griffith, Larry D., Vol II

Livingston Univ
Pate, James Paul, Vol I

Lock Haven Univ of Pennsylvania
Congdon, Howard Krebs, Vol IV
Hybels, Saundra, Vol II
Jenkins, Charles M., Vol II
Jones, Laird, Vol I
Shaw, Daniel, Vol IV
Whitman Hoff, Joan, Vol IV

Loma Linda Univ
Baker, Delbert Wayne, Vol II

London Mus of Archaeology
Finlayson, William D., Vol I

Lonergan Research Inst
Crowe, Frederick E., Vol IV

Long Island Univ, Brooklyn
Arp, Kristana, Vol IV
Bandman, Bertram, Vol IV
Dorinson, Joseph, Vol I
Filonowicz, Joseph, Vol I
Fisher, Craig B., Vol I
Fogel, Herbert, Vol III
Gabel, Jack, Vol I
Kleinberg, Seymour, Vol II
Parisi, Barbara, Vol II
Tucker, Martin, Vol II

Long Island Univ, C.W. Post
Austen, Zelda, Vol II
Bednarz, James P., Vol II
Berleant, Arnold, Vol IV
Brier, Bob, Vol IV
Bush-Brown, Albert, Vol I
Coleman, Arthur, Vol II
Courtemanche, Regis Armand, Vol I
Digby, Joan, Vol II
Dircks, Phyllis T., Vol II
Gormely Semeiks, Jonna, Vol II
Hallissy, Margaret, Vol II
Hill-Miller, Katherine Cecelia, Vol II
Horwitz, Barbara, Vol II
Krapf, Norbert A., Vol II
Lasky, Geoffery, Vol IV
Lettis, Richard, Vol II
Mates, Julian, Vol II
McDonald, Sheila, Vol II
McKenna, Sheila, Vol III
Miller, Edmund, Vol II
Morrison, G. Grant, Vol I
Nalbantian, Suzanne, Vol III
Pahl, Dennis A., Vol II
Scheckter, John, Vol II
Watanabe, Morimichi, Vol I

Long Island Univ, Southampton Col
Baker, Donald G., Vol I
Garcia-Gomez, Jorge, Vol IV
Haynes, Jonathon, Vol II
Hullot-Kentor, Robert, Vol IV
Strong, John A., Vol I

Long, Burner, Parks and Sealy, PC
Parker, Joseph Caiaphas, Jr., Vol IV

Longwood Col
Millar, Gilbert John, Vol I

Loras Col
McDermott, John J., Vol IV
Wilkie, William E., Vol I

Los Angeles County Mus of Art
Pal, Pratapaditya, Vol I

Los Angeles County Mus of Natural Hist
Fireman, Janet Ruth, Vol I

Los Angeles Valley Col
Garber, Zev Warren, Vol III

Lotus Press Inc
Madgett, Naomi Long, Vol II

Louisiana State Univ and A&M Col
Babin, James L., Vol II
Baker, John R., Vol IV
Batinski, Emily E., Vol I
Becker, Robert Arthur, Vol I
Blakesley, Christopher L., Vol IV
Borck, Jim Springer, Vol II
Bowers, J.W., Vol IV
Brind'Amour, Lucie, Vol II
Brody, Jules, Vol III
Broughton, Panthea Reid, Vol II
Buehler, Arthur F., Vol IV
Burkett, Delbert Royce, Vol IV
Carleton, Mark Thomas, Vol I
Carmona, Vicente, Vol II
Carrithers, Gale, Vol II
Cassidy, Jane W., Vol I
Catano, James, Vol II
Clarke, William M., Vol I
Coldiron, Anne E. B., Vol II
Cooper, William, Vol I
Cope, Kevin, Vol I
Cowan, Bainard, Vol II
Crawford, William Edward, Vol IV
Crump, Rebecca, Vol II
Culbert, David H., Vol I
Curry, Corrada, Vol III
d'Hemecourt, Jules, Vol II
Daniels, LeAnne, Vol II
Day, Louis A., Vol IV
de Caro, Frank, Vol II
Demastes, William, Vol II
Di Maio, Irene Stocksieker, Vol III
Di Napoli, Thomas John, Vol III
Djebar, Assia, Vol I
Doty, Gresdna Ann, Vol II
Dubois, Sylvie, Vol IV
Dupuy, Beatrice, Vol III
Durmelat, Sylvie, Vol III
Edgeworth, Robert J., Vol I
Edwards, Jay D., Vol I
Erickson, John David, Vol III
Euba, Femi, Vol II
Fischer, John, Vol II
Fischer, John Irwin, Vol II
Fitzgerald, Patrick, Vol IV
Fletcher, Alan D., Vol II
Fogel, Daniel, Vol II
Freedman, Carl, Vol II
Garay, Mary Sue, Vol II
Garay, Ronald, Vol II
Gellrich, Jesse M., Vol II
Gellrich, Michelle, Vol I
Gourdine, A.K.M., Vol II
Hamilton, John Maxwell, Vol II
Harbin, Bill J., Vol II
Harned, David B., Vol IV
Hart, Pierre Romaine, Vol III
Henderson, Edward H., Vol IV
Henderson, John B., Vol IV
Holtman, Robert Barney, Vol I
Honeycutt, James M., Vol II
Humphries, Jeff, Vol II
Humphries, John J., Vol III
Irvine, Stuart, Vol IV
Jensen, Katharine, Vol II
Jones, Carolyn, Vol IV
Jones, Carolyn M., Vol IV
Jordan, Rosan, Vol II
Kennedy, J. Gerald, Vol II
Knight, Gary, Vol IV
Korwar, Arati, Vol IV
Kronick, Joseph, Vol II
Kurpius, David, Vol II
Lafayette, Robert, Vol III
Leupin, Alexandre, Vol II
Liggett, Sarah, Vol II
Lindenfeld, David Frank, Vol I
Loos, John Louis, Vol I
Loveland, Anne Carol, Vol I
Lowe, John, Vol II
Madden, David, Vol II
Masse, Michelle, Vol II
Mattingly, Carol, Vol I
May, John R., Vol IV
May, John Richard, Vol IV
Mayo, Charles M., Vol I
McGee, Patrick, Vol I
McMahon, Robert J., Vol I
Michie, Elsie B., Vol I
Mickelson, Sig, Vol II
Moore, Don, Vol II
Moreland, Richard, Vol II

Nardo, Anna, Vol II
Nelson, Richard Alan, Vol II
Oetting, Janna B., Vol III
Oliver, Lisi, Vol I
Olney, James, Vol II
Parker, Margaret, Vol III
Payne, Rodger M., Vol IV
Perlmutter, David, Vol II
Pizer, John, Vol III
Prenshaw, Peggy, Vol II
Ragsdale, J. Donald, Vol II
Ramiacuterez, Mariacutea-Esther D., Vol III
Ramirez, Arnulfo G., Vol III
Reid, Panthea, Vol II
Ricapito, Joseph V., Vol III
Richardson, Malcolm, Vol II
Roberts, Robin, Vol II
Rodrigo, Victoria, Vol III
Ross, Billy I., Vol II
Royster, Charles William, Vol I
Russo, Adelaide, Vol II
Sandiford, Keith, Vol II
Schierling, Stephen P., Vol II
Schufreider, Gregory, Vol I
Seynaeve, Jaak, Vol I
Shiflett, Orvin Lee, Vol II
Shirley, Edward S., Vol IV
Sirridge, Mary, Vol IV
Smith, Dave, Vol II
Stanford, Donald Elwin, Vol II
Stanton, Leonard J., Vol III
Stone, Gregory, Vol II
Suchy, Patricia, Vol II
Sutherland, Gail Hinich, Vol IV
Tandberg, Gerilyn, Vol II
Thompson, Alan Smith, Vol I
Thorn, J. Dale, Vol II
Torrecilla, Jesus, Vol I
Toth, Emily, Vol II
Vandeloise, Claude, Vol III
Verdesio, Gustavo, Vol III
Warga, Richard G., Jr., Vol I
Weltman, Sharon, Vol II
Whittaker, John, Vol IV
Wills, David, Vol II
Windhauser, John W., Vol II
Wing, Nathaniel, Vol II
Wood, Susan H., Vol II
Zebouni, Selma, Vol II

Louisiana State Univ, Shreveport
Guerin, Wilfred Louis, Vol II
Leitz, Robert C., Vol II
Pederson, William David, Vol I

Louisiana Tech Univ
Attrep, Abraham M., Vol I
Bush, John M., Vol I
Cook, Philip C., Vol I
Daly, John P., Vol I
Ingram, Earl Glynn, Vol I
Meade, Wade C., Vol I
Rea, Kenneth W., Vol I
Robbins, Kenneth, Vol II
Webre, Stephen, Vol I
Zalesch, Saul E., Vol I

Louisville Presbyterian Theol Sem
Cooper, Burton, Vol IV
Cruz, Virgil, Vol IV
March, Wallace Eugene, Vol IV
Mulder, John Mark, Vol I

Loyola Col
Bauerschmidt, Frederick Christian, Vol IV
Breihan, John R., Vol I
Chaffee-Sorace, Diane, Vol III
Colombat, Andre P., Vol III
Davisson, Mary H.T., Vol I
Leder, Drew L., Vol IV
Morgan, Leslie Zurker, Vol III
Pegram, Thomas R., Vol I
Scherer, Imgard S., Vol I
Scheye, Thomas Edward, Vol II
Tassi, Aldo, Vol IV
Varga, Nicholas, Vol I

Loyola Marymount Univ
Araiza, William, Vol IV
Barnes Robinson, Susan, Vol I
Benson, Robert W., Vol IV
Chapple, C.K., Vol I
Free, Katherine B., Vol II
Fulco, William J., Vol III
Harper, Katherine, Vol I
Just, Felix, Vol IV
Lawrence, Lary, Vol IV
Lazaroff, Daniel E., Vol IV
Matovina, Timothy M., Vol IV
May, Christopher N., Vol IV
Maynard, Therese H., Vol IV
Pillsbury, Samuel H., Vol IV
Popiden, John Robert, Vol IV
Rausch, Thomas P., Vol IV
Ryan, Herbert Joseph, Vol IV
Sobel, Lionel S., Vol IV
Solum, Lawrence B., Vol IV
Stewart, Daniel Lewis, Vol IV
Strauss, Marcy, Vol IV
Tiersma, Peter M., Vol IV
Tunick, David C., Vol IV
Vairo, Georgene M., Vol IV
Vander Wilt, Jeffrey T., Vol IV
Vanderwilt, Jeffrey T., Vol IV
Wang, Robin, Vol IV
Williams, Gary C., Vol IV

Loyola Univ, Chicago
Abela, Paul R., Vol IV
Allee, Mark, Vol I
Amaker, Norman Carey, Vol IV
Ascough, Richard S., Vol IV
Austin, Timothy Robert, Vol III
Bannan, John F., Vol IV
Barry, Robert M., Vol IV
Biester, James, Vol II
Bireley, Robert Lee, Vol I
Blachowicz, James, Vol IV
Blum, John D., Vol IV
Bouson, J. Brooks, Vol II
Cardoza, Anthony L., Vol I
Carrig, Maria, Vol II
Carson, Thomas L., Vol IV
Castiglia, Christopher, Vol II
Caughie, Pamela L., Vol II
Chinitz, David, Vol II
Clarke, Micael, Vol II
Cohen, Sheldon S., Vol I
Collins, Ardis B., Vol IV
Costigan, Richard F., Vol IV
Cunningham, Suzanne M., Vol IV
Cutrofello, Andrew, Vol IV
Dennis, David B., Vol I
Derdak, Thomas J., Vol IV
Elsbernd, Mary, Vol IV
Erenberg, Lewis, Vol I
Fennell, Francis L., Vol II
Flanagan, Maureen Anne, Vol I
Frantzen, Allen J., Vol II
French, William, Vol IV
Fry, Christine L., Vol I
Gagliano, Joseph Anthony, Vol I
Galush, William J., Vol I
Ghazzal, Zouhair, Vol I
Gilfoyle, Timothy J., Vol I
Gilmour, Peter, Vol IV
Gini, Alfred, Vol IV
Glueckert, Leo, Vol I
Gossett, Suzanne, Vol II
Gross-Diaz, Theresa, Vol I
Gutek, Gerald Lee, Vol I
Harrington, Ann M., Vol I
Hays, Jo N., Vol I
Hermansen, Marcia, Vol III
Hirsch, Susan E., Vol I
Ingram, David B., Vol IV
Janangelo, Joseph, Vol II
Jay, Paul, Vol II
Johnson-Odim, Cheryl, Vol I
Jones, Steven, Vol II
Jung, Patricia Beattie, Vol IV
Kaminski, Thomas, Vol II
Karamanski, Theodore J., Vol I
Kaufman, George G., Vol I
Kaufman, Suzanne, Vol I
Keenan, J.G., Vol I
Kendrick, Christopher, Vol II
Knapp, Thomas A., Vol I
Lochrie, Karma, Vol II
Lopata, Helena Z., Vol I
Malm, Heidi, Vol IV
Mccaffrey, Lawrence John, Vol I
McGinty, Mary Peter, Vol IV
McKenna, Andrew Joseph, Vol III

McManamon, John, Vol I
Messbarger, Paul Robert, Vol II
Mooney-Melvin, Patricia, Vol I
Moser, Paul K., Vol IV
Moylan, Prudence A., Vol I
Nabholtz, John R., Vol II
Nilson, Jon, Vol IV
Nolan, Janet, Vol I
O'Connell, Daniel C., Vol I
O'Donnell, Thomas G., Vol II
Ozar, David T., Vol IV
Parks, Jennifer, Vol IV
Peperzak, Adriaan Theodoor, Vol IV
Pfeffer, Paula F., Vol I
Phillips, Gene D., Vol II
Platt, Harold L., Vol I
Reardon, John J., Vol I
Rocks, James E., Vol II
Rosenwein, Barbara Herstein, Vol I
Rychlak, Joseph F., Vol IV
Sachdeva Mann, Harveen, Vol II
Samar, Vincent J., Vol IV
Schroeder, Susan P., Vol I
Schweickart, David, Vol IV
Seigfried, Hans, Vol IV
Shea, John Stephen, Vol II
Sheehan, Thomas, Vol IV
Sweeney, Leo, Vol IV
Taiwo, Olufemi, Vol IV
Thomasma, David C., Vol IV
Thompson, Kenneth F., Vol IV
Tobin, Thomas Herbert, Vol IV
Trout, J.D., Vol IV
Vaillancourt, Daniel, Vol IV
Ward, Julie, Vol IV
Waymack, Mark H., Vol IV
Westley, Richard J., Vol IV
Wexler, Joyce, Vol II
White, Douglas Howarth, Vol II
Wike, Victoria S., Vol IV
Wren, Thomas E., Vol IV
Yandell, K. David, Vol IV
Yartz, Frank J., Vol IV

Loyola Univ, New Orleans
Anderson, Nancy Fix, Vol I
Bourgeois, Patrick Lyall, Vol IV
Cook, Bernard Anthony, Vol I
Cotton, William Theodore, Vol II
Folse, Henry J., Jr., Vol IV
Gnuse, Robert, Vol IV
Herbert, Gary, Vol IV
Klebba, James Marshall, Vol IV
Mosier, John, Vol II
Swift, Mary Grace, Vol I
Uddo, Basile Joseph, Vol IV
Watson, James R., Vol IV

Lubbock Christian Univ
Patty, Stacy L., Vol IV

Lubrizol Corp
Hunter, Frederick Douglas, Vol IV

Luther Col
Bailey, Storm M., Vol IV
Bunge, Wilfred F., Vol IV
Christianson, John Robert, Vol I
Cole, Richard G., Vol I
Couch, Leon W., Vol I
Gibbs, Virginia, Vol III
Grewal, Joyti, Vol I
Hervey, Norma J., Vol I
Iudin-Nelson, Laurie, Vol I
Kath, Ruth R., Vol III
Kemp, Henrietta J., Vol III
Krantz, Arthur A., Vol IV
Kuehn, D.D., Vol I
Kurth, William Charles, Vol I
Nelson, Harland S., Vol II
Schultz, R., Vol II
Sieber, John Harold, Vol IV
Stokker, Kathleen Marie, Vol III
Tebbenhoff, Edward H., Vol I
Wilkie, Jacqueline S., Vol I
Williams, Lawrence H., Vol I

Luther Sem
Albers, Robert H., Vol IV
Berge, Paul S., Vol IV

Boyce, James, Vol IV
Burtness, James H., Vol IV
Forde, Gerhard Olaf, Vol IV
Fredrickson, David, Vol IV
Fretheim, Terence E., Vol IV
Gaiser, Frederick J., Vol IV
Henrich, Sarah, Vol IV
Hillmer, Mark, Vol IV
Hultgren, Arland, Vol IV
Hultgren, Arthur J., Vol IV
Jacobson, Diane L., Vol IV
Keifert, Patrick, Vol IV
Kimble, Melvin, Vol IV
Kittelson, James, Vol I
Koester, Craig R., Vol IV
Kolden, Marc, Vol IV
Limburg, James, Vol IV
Martinson, Paul V., Vol IV
Martinson, Roland, Vol IV
Miller, Roland, Vol IV
Nelson, Randolph A., Vol IV
Nestingen, James A., Vol I
Nichol, Todd W., Vol I
Nysse, Richard W., Vol IV
Paulson, Steven, Vol IV
Ramp, Steven W., Vol II
Ramshaw, Elaine Julian, Vol IV
Rogness, Michael, Vol II
Simpson, Gary M., Vol IV
Simundson, Daniel J., Vol IV
Snook, Lee E., Vol IV
Sponheim, Paul R., Vol IV
Sundberg, Walter, Vol I
Thronveit, Mark A., Vol IV
Tiede, David L., Vol IV
Volz, Carl, Vol I
Volz, Carl A., Vol I
Westermeyer, Paul, Vol I

Lutheran Bible Inst of Seattle
Harrisville, Roy A., III, Vol IV

Lutheran Church in America
Wagner, Walter Hermann, Vol IV

Lutheran Sch of Theol at Chicago
Bangert, Mark Paul, Vol IV
Echols, James Kenneth, Vol I
Fischer, Robert Harley, Vol IV
Fuerst, Wesley J., Vol IV
Fuerst, Wesley J., Vol IV
Hendel, Kurt Karl, Vol I
Hutter, Reinhard, Vol IV
Jurisson, Cynthia, Vol IV
Klein, Ralph W., Vol IV
Krentz, Edgar, Vol IV
Leroy Conrad, Robert, Vol IV
Linss, Wilhelm Camill, Vol IV
Marshall, Robert J., Vol IV
Michel, Walter L., Vol IV
Pero, Albert, Vol IV
Perry, Richard J., Jr., Vol IV
Rhoads, David, Vol IV
Rodriguez, Jose David, Vol IV
Stanton Vogelaar, Harold, Vol IV
Thomsen, Mark, Vol IV

Lutheran Theol Sem at Gettysburg
Hughes, Robert G., Vol II
Krey, Philip D.W., Vol I
Lathrop, Gordon W., Vol IV
Rajashekar, J. Paul, Vol IV
Reumann, John Henry Paul, Vol IV
Wartluft, David J., Vol I
Wengert, Timothy J., Vol I

Lutheran Theol Sem, Saskatoon
Uitti, Roger W., Vol IV

Lycoming Col
Golahny, Amy, Vol I
Larson, Robert H., Vol I
Maples, Robert John Barrie, Vol III

Morris, Richard J., Vol I

Lynchburg Col
Friedman, Lesley, Vol IV
Hanenkrat, Frank Thomas, Vol II
Hermann, E.C., Vol III
Huston, James Alvin, Vol I
Mayer, Bruce Hillis, Vol III
Young, William H., Vol I

Lyndon State Col
Viles, Perry, Vol I

Lyon Col
Beck, Martha Catherine, Vol IV
Bordeau, Catherine, Vol III
Counts, Michael L., Vol II
Lankford, George E., Vol II
Lewis, Bart L., Vol III
Robbins, Helen W., Vol II
Shay, Robert, Vol I
Stinson, Russell, Vol I
Stricklin, David, Vol I
Tebbetts, Terrell L., Vol II

Macalester Col
Dye, Robert Ellis, Vol III
Greenberg, Alvin D., Vol II
Hopper, David Henry, Vol IV
Laine, James W., Vol IV
Pinn, Anthony B., Vol IV
Rachleff, Peter J., Vol I
Rosenberg, Norman Lewis, Vol I
Schubert, Virginia Ann, Vol III
Stewart, James Brewer, Vol I
West, Henry Robison, Vol IV
White, David Benjamin, Vol IV

MacMurray Col
Burnette, Rand, Vol I
Decker, Philip H., Vol II
Goulding, James Allan, Vol IV
Metcalf, Allan Albert, Vol II
Palmer, Richard E., Vol IV
Qian, Wen-yuan, Vol I

Madisonville Comm Col
Vander Ploeg, Scott D., Vol II

Malone Col
Dymale, Herbert Richard, Vol IV
Watson, D. F., Vol IV

Manchester Col
Bishop, C. James, Vol I
Brown, Kenneth Lee, Vol I
Deeter, Allen C, Vol IV
Glade, Henry, Vol III

Manhattan Christian Col
Watt, Willis M., Vol II

Manhattan Col
Gray, Donald P., Vol IV
Rubsys, Anthony L., Vol IV
Setzer, Claudia, Vol IV
Taylor, Mark, Vol II
Wilcox, John R., Vol IV

Manhattan Comm Col, CUNY
Mapp, Edward C., Vol II

Manhattanville Col
Clark, Mary T., Vol IV
Thormann, Gerard Charles, Vol I

Mankato State Univ
Croce, Lewis Henry, Vol I
Cronn-Mills, Daniel, Vol II
Larson, Bruce Llewellyn, Vol I

Lass, William Edward, Vol I
Lindberg, John, Vol I
Nagel, Mechthild E., Vol IV
Postma, Johannes, Vol I

Mansfield Col
Raven, James R., Vol I

Mansfield Univ of Pennsylvania
Gertzman, Jay Albert, Vol II
Hindman, Kathleen Behrenbruch, Vol II
Uffelman, Larry Kent, Vol II

Maple Woods Comm Col
Ogilvie, Leon Parker, Vol I

Maqom: A Place for the Spiritually Searching
Abrams, Judith Z., Vol III

Marc J. Lane
Lane, Marc J., Vol IV

Marian Col
Divita, James John, Vol I

Marietta Col
Jones, Robert Leslie, Vol I
Machaffie, Barbara J., Vol IV
O'Donnell, James, Vol I

Marist Col
Brakas, Jurgis, Vol IV

Marlboro Col
Kevra, Susan, Vol III
Weiner, Neal O., Vol IV

Marquette Univ
Bates, Milton James, Vol II
Benda, Gisela, Vol III
Bieganowski, Ronald, Vol II
Carey, Patrick W., Vol IV
Copeland, M. Shawn, Vol IV
Del Colle, Ralph, Vol IV
Edwards, Richard Alan, Vol IV
Gardinier, David E., Vol I
Gillespie, Michael Patrick, Vol II
Goldin, Owen Michael, Vol IV
Goldzwig, Steven R., Vol II
Hay, Carla Humphrey, Vol I
Hay, Robert Pettus, Vol I
Kurz, William Stephen, Vol IV
Levy, Ian Christopher, Vol I
Maguire, Daniel C., Vol IV
Marten, James, Vol I
Misner, Paul, Vol IV
Prucha, Francis Paul, Vol I
Schaefer, Jame, Vol IV
Slocum, Robert B., Vol IV
Smith, Gail K., Vol II
Soley, Lawrence C., Vol II
Taylor, Steven Millen, Vol III
Teske, Roland John, Vol IV
Theoharis, Athan, Vol I
Twetten, David B., Vol IV
Wild, Robert Anthony, Vol IV
Wolfe, Christopher, Vol I
Zupko, Ronald Edward, Vol I

Mars Hill Col
Jones, Barry Alan, Vol IV
Kinnamon, Noel James, Vol II
Knapp, Richard Gilbert, Vol III

Marshall Univ
McKernan, John Joseph, Vol II
Palmer, William, Vol I
Riddel, Frank Stephen, Vol I
Spindel, Donna Jane, Vol I

Watson, Jean Louise, Vol II
Woodward, David Reid, Vol I

Martin Luther Col
Thompson, Glen L., Vol I

Mary Baldwin Col
Cole, Mary Hill, Vol I
Keller, Kenneth Wayne, Vol I
Menk, Patricia Holbert, Vol I
Reich, Robert D., Vol II

Mary Washington Col
Amin Razavi, Mehdi, Vol IV
Bourdon, Roger J., Vol I
Merrill, Sammy Ray, Vol III
Nails, Debra, Vol IV

Marygrove Col
Dubruck, Edelgard E., Vol III

Maryland Inst, Col of Art
King-Hammond, Leslie, Vol I

Marymount Col, New York
Carrillo, Elisa Anna, Vol I

Marymount Manhattan Col
Clancy, Joseph P., Vol II

Mashantucket Pequot Mus and Research Ctr
Newport, William H.A., Vol II

Massachuettts Historical Society
Fowler, William Morgan, Vol I

Massachusetts General Hospital
Krakauer, Eric, Vol IV

Massachusetts Historical Society
Tucker, Louis Leonard, Vol I

Massachusetts Inst of Tech
Bailyn, Lotte, Vol I
Chomsky, Noam, Vol III
Chvany, Catherine Vakar, Vol III
Dyck, Martin, Vol III
Graham, Loren Raymond, Vol I
Halle, Morris, Vol III
Keller, Evelyn Fox, Vol IV
Khoury, Philip S., Vol I
Kuhn, Thomas Samuel, Vol I
Lee, Helen Elaine, Vol II
Maier, Pauline Rubbelke, Vol I
Mazlish, Bruce, Vol I
Posen, Barry R, Vol I
Rabbat, Nasser O., Vol I
Ritvo, Harriet, Vol I
Sawyer-Laucanno, Christopher, Vol II
Singer, Irving, Vol IV
Smith, Merritt Roe, Vol I
Turk, Edward Baron, Vol II
Wedgwood, Ralph N., Vol IV
Wolff, Cynthia Griffin, Vol II

Massachusetts Supreme Court
Ireland, Roderick Louis, Vol IV

Massachussetts Inst of Tech
Donaldson, Peter Samuel, Vol II

Massey Col
Scharper, Stephen B., Vol IV

Master's Col and Sem
Barrick, William D., Vol IV
Johnson, Robert C., Vol I

Max-Planck Inst fur Physik
Trenn, Thaddeus Joseph, Vol I

Mayville State Univ
Brunsdale, Mitzi Mallarian, Vol II
Neilson, James Warren, Vol I

McCord Mus
Beaudoin-Ross, Jacqueline, Vol I

McCormick Theol Sem
Boling, Robert Gordon, Vol IV
Burkhart, John E., Vol IV

McGill Inst for the Study of Canada
Morton, Desmond D.P., Vol I

McGill Univ
Austin, Paul Murray, Vol III
Bates, Donald G., Vol I
Baum, Gregory G., Vol IV
Bircher, Martin, Vol III
Boker, Hans J., Vol I
Bunge, Mario, Vol IV
Crowley, David, Vol II
Culter, Suzanne, Vol III
D'Andrea, Antonio, Vol III
Davies, David, Vol IV
Dean, Kenneth, Vol III
Deslauriers, Marguerite, Vol IV
DiGiovanni, George, Vol IV
Dorsinville, Max, Vol II
Duquette, Jean-Pierre, Vol III
Dwyer, Susan, Vol IV
Fate Norton, David, Vol IV
Fong, Grace, Vol III
Galavaris, George, Vol I
Gallati, Ernst, Vol III
Ghosh, Ratna, Vol I
Gillett, Margaret, Vol I
Glen, Thomas L., Vol I
Gopnik, Myrna, Vol III
Hallett, Michael, Vol IV
Hoffman, Peter C.W., Vol I
Joch Robinson, Gertrude, Vol II
Klibansky, Raymond, Vol IV
LaMarre, Thomas, Vol III
Laywine, Alison, Vol IV
Levin, Charles, Vol II
Lewis, Eric, Vol IV
McCall, Storrs, Vol IV
McGilvray, James, Vol IV
McLelland, Joseph Cumming, Vol IV
Menn, Stephen, Vol IV
Merken, Kathleen, Vol III
Miller, Carman I., Vol I
Ouimette, Victor, Vol III
Picot, Jocelyne, Vol II
Ricard, Francois, Vol III
Schachter, Albert, Vol I
Sharma, Arvind, Vol IV
Sogen Hori, G. Victor, Vol IV
Stewart, Pamela Dawes, Vol III
Straw, William O., Vol II
Stroud, Sarah, Vol IV
Szanto, George, Vol III
Vogel, Robert, Vol I
Wees, William Charles, Vol II
Woloch, George Michael, Vol I
Yates, Robin D.S., Vol III
Young, Katherine K, Vol I

McKendree Col
Brailow, David Gregory, Vol II
Neale, Philip Whitby, Vol IV

McKissick & McKissick
McKissick, Floyd B., Jr., Vol IV

McMaster Univ
Adamson, Joseph, Vol II
Aksan, Virginia, Vol I
Alsop, James, Vol I
Ballstadt, Carl P.A., Vol II
Barrett, David P., Vol I
Beame, Edmond Morton, Vol I
Bishop, Allan, Vol II
Blewett, David, Vol II
Boetzkes, Elizabeth, Vol IV
Bowerbank, Sylvia, Vol II
Brennan, Anthony, Vol II
Cassels, Alan, Vol I
Clark, David L., Vol II
Coldwell, Joan, Vol II
Coleman, Daniel, Vol II
Cro, Stelio, Vol III
Cruikshank, Kenneth, Vol I
Donaldson, Jeffery, Vol II
Ferns, John, Vol II
Frager, Ruth, Vol I
Gauvreau, J. Michael, Vol I
Geagan, Daniel J., Vol I
George, Peter J., Vol I
Goellnicht, Donald, Vol II
Granofsky, Ronald, Vol II
Griffin, Nicholas, Vol IV
Haley, Evan W., Vol I
Hall, Frederick A., Vol I
Hitchcock, David, Vol IV
Hobbs, Trevor Raymond, Vol IV
Horn, Martin, Vol I
Horsnell, Malcolm J.A., Vol IV
Hyman, Roger L., Vol II
John, Brian, Vol II
Johnston, Charles Murray, Vol I
Johnston, Robert H., Vol I
Kaczynski, Bernice M., Vol I
King, James, Vol II
Lee, Alvin A, Vol III
Madison, Gary Brent, Vol IV
Maqbool, Aziz, Vol II
McKay, Alexander G., Vol I
Mendelson, Alan, Vol IV
Meyer, Ben Franklin, Vol IV
O'Brien, Susie, Vol II
O'Connor, Mary E., Vol II
Ostovich, Helen, Vol II
Paul, George Mackay, Vol I
Reinhartz, Adele, Vol IV
Rempel, Richard A., Vol I
Roland, Charles G., Vol I
Russo, David J., Vol I
Savage, Anne, Vol II
Silcox, Mary, Vol II
Simpson, Evan, Vol IV
Thorpe, Wayne L., Vol I
Vince, Ronald Winston, Vol II
Walmsley, Peter, Vol II
York, Lorraine, Vol II

McNeese State Univ
Goins, Scott, Vol I
Nagem, Monique F., Vol III
Sennett, James, Vol IV
Watson, Thomas Davis, Vol I

McPherson Col
Stamey, Joseph Donald, Vol IV

Meadville/Lombard Theol Sch
Engel, J. Ronald, Vol IV
Gerdes, Neil W., Vol III
Thandeka, Vol IV

Medaille Col
Harrison, Carol Lynn, Vol II
Savage, Elizabeth, Vol II

Medgar Evers Col, CUNY
McLaughlin, Andree Nicola, Vol I
Simmons, Esmeralda, Vol IV

Mem Univ of Newfoundland
Clark, Raymond John, Vol I
Greenlee, James G.C., Vol I
Hewson, John, Vol III
Kealey, Gregory S., Vol I
Kealey, Linda, Vol I
Langford, Michael J., Vol IV
MacLeod, Malcolm K., Vol I
Miller, Elizabeth A., Vol II
O'Dea, Shane, Vol II
Ommer, Rosemary, Vol I
Pitt, David G., Vol II
Thomas, Gerald, Vol III

Memphis State Univ
Burgos, Fernando, Vol III
Carlson, Thomas Clark, Vol II
Dameron, John Lasley, Vol II
Hurley, Forrest Jack, Vol I
Robinson, Hoke, Vol IV
Skeen, Carl Edward, Vol I
Tucker, Cynthia Grant, Vol III
Tucker, David Milton, Vol I
White, Lonnie Joe, Vol I
Wilson, Major L., Vol I

Memphis Theol Sem
Dekar, Paul R., Vol IV
McKim, Donald K., Vol IV
Todd, Virgil H., Vol IV

Mennonite Brethren Biblical Sem
Martens, Elmer Arthur, Vol IV

Merced Col
Hallman, Max, Vol IV

Mercer County Comm Col
Levin, David S., Vol I
Richman, Stephen, Vol III

Mercer Univ, Cecil B. Day
Culpepper, R. Alan, Vol IV

Mercer Univ, Macon
Cass, Michael Mcconnell, Vol II
Dunaway, John Marson, Vol III
Staton, Cecil P., Jr., Vol IV
Watson, James Shand, Vol IV
Zompetti, Joseph P., Vol II

Mercy Col
Ephraim, Charlesworth W., Vol IV
Foster, James Hadlei, Vol IV
Rosenof, Theodore Dimon, Vol I
Slater, Peter Gregg, Vol I

Mercyhurst Archaeological Inst
Adovasio, J.M., Vol I

Merrimack Col
Ford, Peter Anthony, Vol I
Kitts, Margo, Vol IV
Ledoux, Arthur, Vol IV

Messiah Col
Davis, Edward B., Vol I
Kraybill, Donald B., Vol I
Sider, E. Morris, Vol I

Methodist Theol Sch in Ohio
Tannehill, Robert C., Vol IV

Metropolitan AME Church
Harvey, Louis-Charles, Vol IV

Metropolitan Baptist Church
Hicks, H. Beecher, Jr., Vol IV
Morton, Charles E., Vol IV

Metropolitan Mus of Art
Avery, Kevin J., Vol I
Davis, Elliot Bostwick, Vol I
Martin, Richard, Vol I
Muscarella, Oscar White, Vol I
Sims, Lowery Stokes, Vol I

Metropolitan State Col of Denver
Ranwez, Alain Daniel, Vol III
Watson, Mary Ann, Vol IV

Metropolitan State Univ
Mathews, Mark William, Vol IV
Roy, Abhik, Vol II

Miami Univ
Baird, Jay Warren, Vol I
Branch, Edgar Marquess, Vol II
Brock, James W., Vol II
Clark, James Drummond, Vol II
Coakley, Jean Alexander, Vol II
Coakley, Thomas M., Vol I
del Valle, Jose, Vol III
Dolan, Frances E., Vol II
Ellison, Curtis William, Vol I
Erlich, Richard Dee, Vol II
Fahey, David Michael, Vol I
Forshey, Harold Odes, Vol IV
Fox, Alice, Vol II
Friedenberg, Robert Victor, Vol II
Fritz, Donald Wayen, Vol II
Fryer, Judith, Vol II
Goldy, Charlotte Newman, Vol I
Harwood, Britton James, Vol II
Inness, Sherrie A., Vol II
Jackson, W. Sherman, Vol I
Kane, Stanley, Vol IV
Kelly, Jim Kelly, Vol IV
Kimball, Jeffrey Philip, Vol I
Kirby, Jack Temple, Vol I
Mann, David Douglas, Vol II
Matteo, Sante, Vol III
McKenna, Bill, Vol IV
McKinney, Mark, Vol III
Momeyer, Rick, Vol IV
Pappu, Rama Rao, Vol IV
Pedroni, Peter, Vol III
Plater, Edward M.V., Vol III
Rejai, Mostafa, Vol I
Roberts, Anna, Vol III
Rose, Peter Wires, Vol I
Runyon, Randolph Paul, Vol III
Runyon, Randolph Paul, Vol I
Sanabria, Sergio Luis, Vol I
Sandro, Paul Denney, Vol III
Seidel, Asher M., Vol IV
Smith, Dwight L., Vol I
Sosnoski, James Joseph, Vol II
Southard, Edna Carter, Vol I
Strauss, Jonathan, Vol III
Swanson, Maynard William, Vol I
Thurston, Robert, Vol I
Tidwell, John Edgar, Vol II
Ward, Roy Bowen, Vol IV
Williams, Peter W., Vol IV
Winkler, Allan M., Vol I
Worth, Sarah Elizabeth, Vol IV
Yamauchi, Edwin Masao, Vol I

Michigan Public Health Inst
Roberto, Anthony J., Vol II

Michigan State Univ
Abbott, B., Vol III
Allen, William Barclay, Vol I
Barrows, Floyd Dell, Vol I
Brend, Ruth Margaret, Vol III
Bunge, Nancy Liddell, Vol II

Compitello, Malcolm Alan, Vol III
Donakowski, Conrad L., Vol I
Dulai, Surjit Singh, Vol III
Falk, Julia Sableski, Vol III
Finifter, Ada Weintraub, Vol I
Fiore, Robert L., Vol III
Fishburn, Katherine Richards, Vol II
Fisher, Alan Washburn, Vol I
Fogel, Jerise, Vol I
Fox, Hugh B., Vol II
Gochberg, Donald S., Vol II
Graham, W. Fred, Vol IV
Gray, Eugene Francis, Vol III
Greenberg, Bradley, Vol II
Grimes, John Allen, Vol IV
Hall, Richard John, Vol IV
Haltman, Kenneth, Vol I
Hudson, Robert Vernon, Vol I
Huzar, Eleanor Goltz, Vol I
Imamura, Shigeo, Vol III
Josephs, Herbert, Vol III
Juntune, Thomas William, Vol III
Karon, Bertram Paul, Vol I
Konvitz, Josef Wolf, Vol I
Koppisch, Michael Seibert, Vol III
Korth, Philip Alan, Vol I
Kotzin, Rhoda Hadassah, Vol IV
Kronegger, Maria Elisabeth, Vol III
Lammers, Donald N., Vol I
Landrum, Larry N., Vol II
LeBlanc, Albert, Vol I
Levine, Peter D., Vol I
Lunde, Erik Sheldon, Vol I
Manning, Peter K., Vol I
Mansour, George Phillip, Vol III
Marcus, Harold G., Vol I
Matthews, Roy T., Vol I
McCracken, Charles James, Vol IV
Mcguire, Philip Carroll, Vol II
Meiners, Roger K., Vol II
Miller, Douglas T., Vol I
Miller, Vernon D., Vol II
Noverr, Douglas Arthur, Vol II
Platt, Franklin Dewitt, Vol I
Pollack, Norman, Vol I
Porter, Laurence M., Vol III
Schlesinger, Joseph Abraham, Vol I
Schmid, A. Allan, Vol I
Schoenl, William James, Vol I
Seadle, Michael S., Vol I
Smitherman, Geneva, Vol I
Soltow, James Harold, Vol I
Sowards, Steven W., Vol I
Stalker, James Curtis, Vol III
Stewart, Gordon Thomas, Vol I
Stockman, Ida J., Vol III
Sweet, Paul Robinson, Vol I
Thomas, Samuel Joseph, Vol I
Uphaus, Robert Walter, Vol II
Varg, Paul Albert, Vol I
Versluis, Arthur, Vol II
Yates, Donald Alfred, Vol III
Ziewacz, Lawrence E., Vol I

Michigan Tech Univ
Reynolds, Terry S., Vol I
Seely, Bruce E., Vol I
Sullivan, Dale L., Vol II
Whitt, L.A., Vol IV

Mid-America Baptist Theol Sem
Cox, Steven L., Vol IV
Miller, Stephen R., Vol IV

Mid-America Baptist Theol Sem, Northeast
McClain, T. Van, Vol IV

Middle Tennessee State Univ
Bombardi, Ronald Jude, Vol IV
Brookshire, Jerry Hardman, Vol I
Clark, Bertha Smith, Vol III
Felton, Sharon, Vol II
Ferris, Norman B., Vol I
Huhta, James Kenneth, Vol I
Hutcheson, Thom, Vol I
McCash, June Hall, Vol III

Rolater, Frederick Strickland, Vol I

Middlebury Col
Andreu, Alicia Graciela, Vol III
Bates, Stanley P., Vol IV
Berninghausen, John, Vol III
Carney, Raymond, Vol II
Davydov, Sergei, Vol I
Elder, John, Vol II
Endicott-West, Elizabeth, Vol I
Ferm, Robert L., Vol III
Huber, Thomas, Vol III
Jacobs, Travis B., Vol I
Keenan, John, Vol IV
Knox, Edward Chapman, Vol III
Lamberti, Marjorie, Vol I
Macey, David A.J., Vol I
Margolis, Gary, Vol I
McWilliams, John P., Vol II
Monod, Paul, Vol I
Moran, Thomas Moran, Vol III
Potts, Cassandra W., Vol I
Ralph, James R., Vol I
Rockefeller, Steven C., Vol I
Schine, Robert S., Vol III
Sonderegger, Katherine, Vol IV
Sparks, Kimberly, Vol III
Waldron, William S., Vol IV
Waters, Neil J., Vol I
West, James, Vol I
Yarbrough, O. Larry, Vol IV
Yu, Clara, Vol III

Middlesex County Col
Manogue, Ralph Anthony, Vol II

Midland Lutheran Col
Hansen, Carl L., Vol IV

Midwestern Baptist Theol Sem
Andrews, Stephen J., Vol III
Howell, John C., Vol IV
McCarty, Doran Chester, Vol IV
Miles, Delos, Vol IV

Midwestern State Univ
Brown, Harry Matthew, Vol II
Hoggard, James Martin, Vol II

Miles Col
Johnson, Leroy, Vol I

Miller Nichols Library
Sheldon, Ted P., Vol II

Millersville Univ of Pennsylvania
Bremer, Francis John, Vol I
Clark, Linda Loeb, Vol I
Downey, Dennis B., Vol I
Duncan, Bonnie I., Vol II
Hopkins, Leroy Taft, Jr., Vol II
Oppenheimer, Fred E., Vol III
Schneller, Beverly, Vol II
Shields, Kenneth, Vol II
Skitter, Hans Gunter, Vol III
Thornton, John K., Vol I
Tirado, Thomas C., Vol I

Milligan Col
Farmer, Craig S., Vol I
Kenneson, Philip D., Vol IV
Wainer, Alex, Vol II

Mills Col
Abinader, Elmaz, Vol II
Bernstein, JoAnne G., Vol I
Bloch, Chana, Vol II
Caufield, Carlota, Vol III
Cavallari, Hector Mario, Vol III
Clegg, Jerry Stephen, Vol IV
Gordon, Bertram M, Vol I
Kahn, Madeleine, Vol II

Micco, Melinda, Vol I
Milowicki, Edward John, Vol II
Moody, Linda A., Vol IV
Potter, Elizabeth, Vol II
Ratcliffe, Stephen, Vol II
Roth, Moira, Vol I
Russell, Diana Elizabeth H., Vol I
Santana, Deborah, Vol I
Scheinberg, Cynthia, Vol II
Sheldon, Marianne Buroff, Vol I
Siekhaus, Elisabeth, Vol III
Strychacz, Thomas, Vol II

Millsaps Col
Ammon, Theodore G., Vol I
Brown, Kristen M., Vol IV
Freis, Catherine R., Vol I
Freis, Richard, Vol I
Galchinsky, Michael, Vol II
Gleason, Michael, Vol III
Krabbe, Judith, Vol I
Marrs, Suzanne, Vol II
McElvaine, Robert S., Vol I
Miller, Greg, Vol II
Mitias, Michael Hanna, Vol IV
Olivia, Leonora, Vol I
Page, Judith W., Vol II
Sallis, Charles, Vol I
Smith, Steven G., Vol I
Wilson, L. Austin, Vol II

Minerva Center, Inc.
De Pauw, Linda Grant, Vol I

Minneapolis Col of Art and Design
Nash, Anedith, Vol I

Mississippi Col, Clinton
Fant, Gene C., Jr., Vol IV
Martin, Charles Edward, Vol III

Mississippi Col, Jackson
Bennett, Patricia W., Vol IV

Mississippi State Univ
Bell, William Dudley, Vol I
Blaney, Benjamin, Vol III
Chatham, James Ray, Vol III
Emplaincourt, Edmond Arthur, Vol III
Godbold, E. Stanly, Vol I
Grill, Johnpeter Horst, Vol I
Huttenstine, Marian L., Vol II
Marszalek, John Francis, Vol I
McClung, William A., Vol II
Nybakken, Elizabeth I., Vol I
Parrish, William E., Vol I
Person, William Alfred, Vol I
Scott, Roy V., Vol I
Sullivan, Sheila J., Vol II
Williams, Carolyn Chandler, Vol I
Wiltrout, Ann Elizabeth, Vol III
Wolverton, Robert E., Vol I

Mississippi Valley State Univ
Smith Nelson, Dorothy J., Vol I

Missouri So State Col
Denniston, Elliott Averett, Vol II
Massa, Richard Wayne, Vol II
Saltzman, Arthur Michael, Vol II

Mitsubishi
Davis, Gloria-Jeanne, Vol I

Modern Language Association
Franklin, Phyllis, Vol I
Gibaldi, Joseph, Vol II

Mohawk Valley Comm Col
Gifford, James J., Vol II
Labuz, Ronald, Vol II
Searles, George J., Vol III

Molloy Col
Foster, Matthew, Vol IV

Monmouth Col
Cordery, Simon, Vol I
Cordery, Stacy A. Rozek, Vol I
Urban, William Lawrence, Vol I

Monmouth Univ
Dell, Chad E., Vol II
Mitchell, William P., Vol I
Pearson, Thomas Spencer, Vol I
Schwerin, Alan, Vol IV
Stam, James H., Vol IV
Stunkel, Kenneth Reagan, Vol I

Montana State Univ, Billings
Gross, Daniel D., Vol II
Jensen, Theodore Wayne, Vol III

Montana State Univ, Bozeman
Brown, Alanna Kathleen, Vol II
Coffey, Jerome Edward, Vol III
Jelinski, Jack Bernard, Vol III
Malone, Michael Peter, Vol I
Mentzer, Raymond A., Vol I
Mullen, Pierce C., Vol I
O'Donnell, Victoria, Vol II
Poster, Carol, Vol II
Rydell, Robert William, Vol I
Safford, Jeffrey Jaeger, Vol I
Smith, Billy G., Vol I
Steen, Sara Jayne, Vol II
Thomas, Amy M., Vol II
Wessel, Thomas Roger, Vol I
Witkin-New Holy, Alexandra, Vol I

Montclair State Univ
Benfield, David William, Vol IV
Brewton, Butler E., Vol II
Gencarelli, Thomas F., Vol II
Kelly, David H., Vol I
Kelly, David H., Vol I
Lipman, Matthew, Vol IV
Mintz, Donald, Vol I
Newman, Geoffrey W., Vol II
Rambaldo, Ana M., Vol III
Schlant, Ernestine, Vol III
Schwartz, Joel, Vol I
Zimmer, Louis Bernard, Vol I

Monterey Inst of Foreign Studies
Cooper, Danielle Chavy, Vol III

Monterey Inst of Intl Studies
Strolle, Jon M, Vol III

Montgomery Hospital
Liechty, Daniel, Vol IV

Moorhead State Univ
Hanson, Colan T., Vol II
Harris, Paul W., Vol II
Johnson, Leroy Ronald, Vol I
Kaplan, James Maurice, Vol III

Moorpark Col
Daurio, Janice, Vol IV

Moravian Col
Baehr, Amy R., Vol IV
Kohls, Winfred A., Vol I
Loengard, Janet Senderowitz, Vol I
Radycki, Diane, Vol I
Remer, Rosalind, Vol I
Stinson, Robert William, Vol I

Morehead State Univ
Leroy, Perry Eugene, Vol I
Mangrum, Franklin M., Vol IV
Sprague, Stuart Seely, Vol I

Morehouse Col
Carter, Lawrence E., Sr., Vol IV
Conwill, Giles, Vol IV
Ervin, Hazel A., Vol II
Hallen, Barry, Vol IV
Hornsby, Alton, Vol I
Pickens, William Garfield, Vol II
Watts, Anne Wimbush, Vol II

Morgan State Univ
Anderson-Tanner, Frederick T., Jr., Vol I
Faulcon, Clarence Augustus, II, Vol I
Ham, Debra Newman, Vol I
Hawthorne, Lucia Shelia, Vol II
Haynes, James H., Vol I
Phillips, Glenn Owen, Vol I
Sheffey, Ruthe G., Vol II
Sweeney, John Albert, Vol I
Terborg-Penn, Rosalyn M., Vol I
Walker, Ernestein, Vol I

Morgan, Lewis & Bockius
Tudy Jackson, Janice, Vol IV

Morningside Col
Lawrence, John Shelton, Vol IV

Morris Brown Col
Price, Charles Eugene, Vol IV

Morse Enterprises, Inc.
Morse, Oliver, Vol IV

Mott Comm Col
Pirau, Vasile, Vol IV

Mount Allison Univ
Adams, Graham, Jr., Vol I
Godfrey, William Gerald, Vol I
Lochhead, Douglas Grant, Vol II
MacMillan, Carrie H., Vol II
Stark, James A., Vol I
Vogan, Nancy F., Vol I

Mount Angel Sem
McHatten, Mary Timothy, Vol IV

Mount Holyoke Col
Berkey, Robert Fred, Vol IV
Burns, Michael, Vol I
Collette, Carolyn Penney, Vol II
Crosthwaite, Jane Freeman, Vol I
Farnham, Anthony Edward, Vol II
Ferm, Deane William, Vol I
Gelfand, Elissa Deborah, Vol III
Herbert, Eugenia Warren, Vol I
Hill, Eugene David, Vol II
Kesterson, David Bert, Vol II
Mazzocco, Angelo, Vol III
Viereck, Peter, Vol II
Weber, Donald, Vol II
Yamashita, Tadanori, Vol IV

Mount Marty Col
Frigge, S. Marielle, Vol IV
Kessler, Ann Verona, Vol IV

Kessler, S. Ann, Vol I
Neville, Mary Eileen, Vol II

Mount Mary Col
Conlon, James J., Vol IV
Foley, Mary Briant, Vol I
Hockenbery, Jennifer D., Vol IV

Mount Mercy Col
Grove, James Paul, Vol II
Martin, Charlotte Joy, Vol IV

Mount Royal Col
Jensen, Debra J., Vol IV

Mount Saint Mary's Col and Sem
Collinge, William Joseph, Vol IV
Conway, Gertrude D., Vol IV
Craft, William, Vol II
Donovan, John F., Vol IV
Dorsey, Peter, Vol II
Drummond, John J., Vol IV
Ducharme, Robert, Vol II
Gandal, Keith, Vol II
Hamel, Mary, Vol III
Heath, William, Vol II
Johnson, Curtis, Vol I
Kalas, Robert, Vol I
Krysiek, James, Vol I
Malone, M.J., Vol II
McDonald, Patricia M., Vol IV
Portier, William L., Vol IV
Selner-Wright, Susan C., Vol IV
Whitman, T. Stephen, Vol I
Wright, Terrence C., Vol IV

Mount Saint Vincent Univ
Anthony, Geraldine, Vol II
McKenna, Mary Olga, Vol I
Stanley, Della M.M., Vol I

Mount Senario Col
Lewis, Thomas T., Vol I

Mount Union Col
Carr, Thomas, Vol IV
Dorsey, Scott W., Vol I
Gravlee, G. Scott, Vol IV
Harris, Victoria, Vol I
Miskell, Jerry, Vol I
Tidman, Paul, Vol IV
Walton, James Edward, Vol II

Mount Vernon Nazarene Col
Cubie, David Livingston, Vol IV
Mach, Thomas S., Vol I

MSI Services, Inc
Childs, Winston, Vol IV

MT Thompson Jr, PC
Thompson, M.T., Jr., Vol IV

Mt Zion Baptist Church
Ross, Ralph M., Vol IV

Muhlenberg Col
Kipa, Albert Alexander, Vol III
Malsberger, John William, Vol I
Vos, Nelvin Leroy, Vol II
Wilson, Daniel Joseph, Vol I

Multnomah Bible Col and Biblical Sem
Lubeck, Ray, Vol IV

Mundelein Col
French, Louise, Vol IV

Mundelein Sem
Davis, Kenneth G., Vol IV
Lodge, John G., Vol IV

Murray State Univ
Cartwright, Joseph Howard, Vol I
Cella, Charles Ronald, Vol II
Cohen, Michael Martin, Vol II
Foreman, Terry Hancock, Vol IV
Keller, Howard Hughes, Vol III
Wylder, Delbert E., Vol II

Mus Exposition Park
Chaput, Donald, Vol I

Mus of Modern Art
Riley, Terence, Vol I

Musee du Quebec
Porter, John R., Vol I

Musick, Peeler & Garrett
Barnes, Willie R., Vol IV

Muskingum Col
Barrett, J. Edward, Vol IV
Fisk, William Lyons, Vol II
McClelland, William Lester, Vol I
Nutt, R., Vol I
Schultz, William J., Vol II
Sturtevant, David Reeves, Vol I

Muskogawa Women's Univ
Rothfork, John G., Vol I

NAACP
Carter, Charles Edward, Vol IV

NAACP Legal Defense & Educational Fund Inc
Shaw, Theodore Michael, Vol IV

Nanyang Tech Univ
Cave, Roderick George, Vol II

Nanzan Univ
Swanson, Paul L., Vol IV

Nassau Comm Col
Blake, James Joseph, Vol II
Cunsolo, Ronald S., Vol I
Jenkins, Kenneth Vincent, Vol II

National Archives
Brodhead, Michael John, Vol I
Vogt, George Leonard, Vol I
Walch, Timothy G., Vol I

National Art Gallery
Greenough, Sarah, Vol I

National Bureau of Economic Research
Lipsey, Robert E., Vol I

National Communication Association
Eadie, William F., Vol II

National Conf of Catholic Bishops
Gros, Jeffrey, Vol IV

National Education Association
Gilmore, Al Tony, Vol I

National Endowment for the Humanities
Marty, Myron August, Vol I

National Gallery of Art
Pillsbury, Joanne, Vol I
Wheelock, Arthur K., Jr., Vol I

National Gallery of Canada
Bailey, Colin B., Vol I
Pauli, Lori, Vol I
Routledge, Marie I., Vol I
Tovell, Rosemarie, Vol I

National Historical Sites Directorate
Russell, Hilary A., Vol I

National Humanities Ctr
Connor, Walter Robert, Vol I

National Inst of Educ
Engel, Martin, Vol I

National Libr of Med
Cassedy, James Higgins, Vol I
Waserman, Manfred, Vol I

National Literacy Secretariat
Page, James E., Vol I

National Park Services
Greene, Jerome Allen, Vol I

National Science Found
England, James Merton, Vol I

National Science Foundation
Hollander, Rachelle D., Vol IV

National Taipei Col of Nursing
Chen, Shih-Shin, Vol II

National Underground Railroad
Fleming, John Emory, Vol I

Naugatuck Valley Comm-Tech Col
O'Donnell, Kim, Vol I

Naval History Ctr Washington Navy Yard
Crawford, Michael John, Vol I
Dudley, William Sheldon, Vol I

Nazarene Theol Sem
Raser, Harold E., Vol IV

Nazareth Col of Rochester
Madigan, Mark J., Vol II

NBA Properties Inc
Way, Gary Darryl, Vol IV

Nebraska Christian Col
Donaldson, Daniel J., Vol IV
Dykstra, Wayne A., Vol IV

Nebraska Wesleyan Univ
Heckman, Peter, Vol III
Meininger, Robert Alan, Vol III

Neighborhood Inst
Lightfoot, Jean Harvey, Vol II

New Brunswick Theol Sem
Ellis, Edward Earle, Vol IV

New Col of the Univ of So Florida
Andrews, Anthony P., Vol I
Doenecke, Justus D., Vol I
Herdt, Jennifer A., Vol IV
Snyder, Lee Daniel, Vol I

New England Historical Genealogical Society
Bell, James Brugler, Vol I

New Hampshire Col
Begiebing, Robert J., Vol II

New Hampshire Historic Preservation Office
Garvin, James L., Vol I

New Hope Baptist Church
Hilson, Arthur Lee, Vol I
James, H. Rhett, Vol IV

New Jersey Inst of Tech
Lyngstad, Sverre, Vol II
O'Connor, John E., Vol I
Winters, Stanley B., Vol I

New Mexico Highlands Univ
Lohrli, Anne, Vol III

New Mexico State Univ
Billington, Monroe, Vol I
Blum, Albert A., Vol I
Crabtree, Robin D., Vol II
Dubois, Betty Lou, Vol III
Eamon, William, Vol I
Jensen, Joan Maria, Vol I
Ketchum, Richard J., Vol I
Matray, James Irving, Vol I
Newman, Edgar Leon, Vol I
Rundell, Richard Jason, Vol III

New Monumental Baptist Church
Stewart, William H., Vol IV

New Orleans Baptist Theol Sem
Eskew, Harry Lee, Vol I
Howard, David M., Jr., Vol IV

New Sch for Social Research
Bernstein, Richard J., Vol IV
Foti, Veronique Marion, Vol IV
Miller, James, Vol I
Terezakis, Katie, Vol IV
Zolberg, Vera L., Vol I

New York City Tech Col, CUNY
Rivers, Louis, Vol II

New York Law Sch
Lieberman, Jethro K., Vol IV
Purcell, E.A., Vol I

New York Theol Sem
Gottwald, Norman Karol, Vol IV
Han, Jin Hee, Vol IV
Irvine, Dale T., Vol IV
Webber, George Williams, Vol IV

New York Univ
Affron, Charles M., Vol III
Baker, Paul R., Vol I
Balakian, Anna, Vol III
Benardete, Seth Gabriel, Vol I
Bender, Thomas, Vol I
Boghossian, Paul, Vol IV
Bonfante, Larissa, Vol I
Bonomi, Patricia Updegraff, Vol I
Brown, Jonathan M., Vol I
Campbell, Mary Schmidt, Vol I
Cantor, Norman Frank, Vol I
Chelkowski, Peter Jan, Vol III
Chusid, Martin, Vol I
Claster, Jill Nadell, Vol I
Collins, Christopher, Vol II
Costello, John Robert, Vol III
Deakins, Roger Lee, Vol I
Dean, Warren, Vol I
Dilts, Mervin R., Vol I
Doubrovsky, Serge, Vol III
Dougherty, Ray Cordell, Vol III
Eisler, Colin, Vol I
Field, Hartry, Vol IV
Fisherkeller, JoEllen, Vol II
Franck, Thomas M., Vol IV
Frankel, Margherita, Vol III
Gerson, Kathleen, Vol I
Gilman, Ernest B., Vol II
Goldberger, Leo, Vol I
Haynes, Holly, Vol I
Hicks, David L., Vol I
Hoover, David Lowell, Vol III
Hull, Richard W., Vol I
Jimenez-Ramirez, Talia, Vol I
Johnson, Penelope Delafield, Vol I
Kamm, Frances Myrna, Vol IV
Klibbe, Lawrence H., Vol III
Kneller, John William, Vol III
Kortepeter, Carl Max, Vol I
Krinsky, Carol Herselle, Vol I
Landau, Sarah Bradford, Vol I
Lockridge, Laurence Shockley, Vol II
London, Herbert, Vol I
Low, Anthony, Vol I
Lowenfeld, Andreas F, Vol IV
Lowrie, Michele, Vol I
Lucas, Henry Cameron, Vol II
Magnuson, Paul Andrew, Vol II
Martinez, H. Salvador, Vol III
Mayerson, Philip, Vol I
Maynard, John Rogers, Vol II
Meisel, Perry H., Vol II
Meron, Theodor, Vol IV
Miller, Edwin Haviland, Vol I
Nagel, Thomas, Vol IV
Nash, June C., Vol I
Nolan, Mary, Vol I
Oliva, L. Jay, Vol I
Penceal, Bernadette Whitley, Vol II
Peters, Francis Edward, Vol I
Prager, Jonas, Vol I
Prince, Carl E., Vol I
Regalado, Nancy Freeman, Vol III
Reid, John Phillip, Vol I
Rosenblum, Robert, Vol I
Roth-Burnette, Jennifer, Vol I
Sandler, Lucy Freeman, Vol I
Schechner, Richard, Vol II

Schiffman, Lawrence H., Vol III
Silverman, Kenneth Eugene, Vol I
Sklar, Robert Anthony, Vol I
Sorensen, Roy, Vol IV
Stimpson, Catharine R., Vol II
Szasz, Paul Charles, Vol IV
Terry, James L., Vol II
Tuttleton, James Wesley, Vol II
Unger, Irwin, Vol I
Vitz, Evelyn Birge, Vol III
Walkowitz, Daniel Jay, Vol I
White, Donald Wallace, Vol I
Winston, Diane, Vol IV
Yellin, Victor Fell, Vol I

Newberry Col
Wilson, James Hugh, Vol I

Newberry Libr
Austern, Linda, Vol I
Tanner, Helen Hornbeck, Vol I

Newman Theol Col
Kambeitz, Teresita, Vol IV

Newman Univ
McCormick, Robert B., Vol I

Newport Univ
Croke, Prudence Mary, Vol IV

Niagara Univ
Bonnette, Dennis, Vol IV
Waters, Raphael Thomas, Vol IV

Nicholls State Univ
Fletcher, Marie, Vol II

Nichols Col
Smith, Thomas G., Vol I

Nipissing Univ
Janzen, Lorraine, Vol II
Kooistra, John, Vol II
Kruk, Laurie, Vol II
Muhlberger, Steven, Vol I
Plumstead, William, Vol II
Zytaruk, George J., Vol II

No Adams State Col
Silliman, Matthew R., Vol IV

No American Baptist Sem
Leslie, Benjamin C., Vol IV

No Arizona Univ
Cox, Joseph W., Vol I
Hassing, Arne, Vol IV
Hinsley, Curtis M., Vol I
Kitterman, David Harold, Vol I
Kyte, George Wallace, Vol I
Lubick, George Michael, Vol I
Mcfarlane, Larry Allan, Vol I
Sexton, James D., Vol I
Wallace, Andrew, Vol I
West, Delno C., Vol I
Yowell, Robert L., Vol II

No Baptist Theol Sem
Borchert, Gerald Leo, Vol IV
Dayton, Donald Wilber, Vol IV
Weber, Timothy P, Vol IV

No Carolina Agr and Tech State Univ
Alexander, Sandra Carlton, Vol II
Hayes, Charles Leonard, Vol I
Jennings, Robert Ray, Vol I
Kirk, Wyatt D., Vol I

No Carolina Central Univ
Chambers, Julius LeVonne, Vol IV
Clark, Edward Depriest, Sr., Vol II
DeBracy, Warren, Vol IV
Dempsey, Joseph P., Vol IV
Jacobs, Sylvia Marie, Vol I
Joyner, Irving L., Vol IV
Perry, Patsy Brewington, Vol II
Smith, Charles Edison, Vol IV

No Carolina Sch of the Arts
Mathews, Gary, Vol III

No Carolina State Univ
Banker, James Roderick, Vol I
Burnett, David Graham, Vol III
Champion, Larry Stephen, Vol II
Crisp, James Ernest, Vol I
Crumbley, Deidre H., Vol I
Harris, William C., Vol I
Harrison, Antony Howard, Vol II
Hester, Marvin Thomas, Vol II
Holley, Linda Tarte, Vol I
Ishman, Sybil R., Vol III
Mackethan, Lucinda Hardwick, Vol II
Meyers, Walter Earl, Vol III
Middleton, Stephen, Vol I
Miller, Carolyn R., Vol I
Moorhead, James Howell, Vol I
Pettis, Joyce, Vol II
Sack, Ronald Herbert, Vol I
Slatta, Richard Wayne, Vol I
Smith, John David, Vol I
Sylla, Edith Dudley, Vol I
Tyler, Pamela, Vol I
Witt, Mary A., Vol III
Witt, Mary A., Vol III
Young, Robert Vaughan, Vol II
Zonderman, David A., Vol I

No Central Col
Mueller, Howard Ernest, Vol I

No Dakota State Univ
Burnett, Ann K., Vol II
Danbom, David Byers, Vol I

No Georgia Col and State Univ
Daigle, Lennet, Vol II

No Harris County Comm Col
Moore, James Talmadge, Vol I

No Illinois Regional Historical Ctr
Gildemeister, Glen A., Vol I

No Illinois Univ
Abbott, Craig Stephens, Vol II
Atkins, E. Taylor, Vol I
Barbe, Katharina, Vol III
Berkowitz, Gerald Martin, Vol II
Blomquist, Thomas W., Vol I
Brown, Harold Irwin, Vol IV
Burwell, Rose Marie, Vol II
Court, Franklin Edward, Vol II
Darsey, James, Vol II
Dust, Philip Clarence, Vol II
Dye, James Wayne, Vol IV
Foster, Stephen, Vol I
George, Charles Hilles, Vol I
Giles, James Richard, Vol II
Johannesen, Richard Lee, Vol II
Keen, Benjamin, Vol I
Kern, Stephen, Vol I
Kinser, Samuel, Vol I
Kipperman, Mark, Vol II
Kisiel, Theodore Joseph, Vol IV
Kourvetaris, Yorgos A., Vol I
Lincoln, William Bruce, Vol I
Mazzola, Michael Lee, Vol III
Mellard, James Milton, Vol I
Moody, J. Carroll, Vol I

Norris, James D., Vol I
Osterle, Heinz D., Vol III
Parot, Joseph John, Vol I
Posadas, Barbara Mercedes, Vol I
Resis, Albert, Vol I
Schneider, Robert W., Vol I
Schriber, Mary Suzanne, Vol III
Schwarz, Jordan A., Vol I
Self, Robert Thomas, Vol II
Shesgreen, Sean Nicholas, Vol II
Spencer, Elaine Glovka, Vol I
Spencer, George W., Vol I
Thurman, Alfonzo, Vol I
Waldeland, Lynne M., Vol II
Weiner, Jack, Vol III
Weiner, Jack, Vol III
Williams, Eddie R., Jr., Vol I
Williams, William Proctor, Vol II
Wilson, Constance Maralyn, Vol I
Wilson, Robert H., Vol II
Young, Alfred F., Vol I

No Kentucky Univ
Adams, Michael Charles C, Vol I
Bell, Sheila Trice, Vol IV
Ramage, James Alfred, Vol I
Richards, Jerald H., Vol IV
Trundle, Robert C., Jr., Vol IV
Vitz, Robert C., Vol I
Wallace, Robert K., Vol II
Washington, Michael Harlan, Vol I

No Michigan Univ
Cantrill, James G., Vol II
Dreisbach, Donald Fred, Vol IV
Heldreth, Leonard Guy, Vol II
Jones, James H., Vol II
Livingston, James L., Vol II
Magnaghi, Russell Mario, Vol I
Rauch, Doreen E., Vol IV
Thundy, Zacharias Pontian, Vol II
Whitehouse, Eugene Alan, Vol I

No Park Col
Gill, David W., Vol IV
Jarvi, Raymond, Vol III

No Park Theol Sem
Graham, Stephen R., Vol IV
Koptak, Paul E., Vol II
Snodgrass, Klyne Ryland, Vol IV

No State Univ
King, Walter Joseph, Vol I

No Texas State Univ
Campbell, Randolph Bluford, Vol I
Chipman, Donald Eugene, Vol I
Kamman, William, Vol I
Kobler, Jasper Fred, Vol II
Lee, James Ward, Vol II
Nahrgang, Wilbur Lee, Vol III
Olsen, Solveig, Vol III
Pickens, Donald Kenneth, Vol I
Wilson, William Henry, Vol I

No Virginia Comm Col
Alford, Terry L., Vol I
Hintz, Suzanne S., Vol III
McVeigh, Paul J., Vol II
Sylvas, Lionel B., Vol I

Noel & Myricks
Myricks, Noel, Vol IV

Norfolk State Univ
Bogger, Tommy L., Vol I
Carroll, William, Vol II
Dandridge, Rita Bernice, Vol II
Davis, Katie Campbell, Vol II
Tyler, Gerald DeForest, Vol I

Northeast Louisiana Univ
James, Elridge M., Vol I
Kauffman, Bette J., Vol II
Legan, Marshall Scott, Vol I
Steckline, C. Turner, Vol II
Wilson, Holly, Vol IV

Northeast Missouri State Univ
Barnes, Jim Weaver, Vol III
Schnucker, Robert Victor, Vol I

Northeastern Illinois Univ
Barushok, James William, Vol II
Bofman, Theodora Helene, Vol III
Brommel, Bernard, Vol II
Howard, C. Jeriel, Vol II
Macdonald, J. Fred, Vol I
Riess, Steve Allen, Vol I
Robinson, Edward A., Vol II
Singleton, Gregory Holmes, Vol I
Sochen, June, Vol I
Walker, Robert Jefferson, Vol II
Walker, Sue Sheridan, Vol I
Worrill, Conrad W., Vol I

Northeastern State Univ
Corbett, William P., Vol I
Owen, Christopher H., Vol I
Sharp, Mike, Vol I

Northeastern Univ
Bacon, Mardges, Vol I
Blaisdell, Charmarie Jenkins, Vol I
Blanch, Robert James, Vol II
Blessington, Francis Charles, Vol II
Breines, Winifred, Vol I
Campbell, Ballard C., Vol I
Carty-Bennia, Denise S., Vol IV
Cromley, Elizabeth, Vol I
Davis, Willie J., Vol IV
Franklin, Wayne S., Vol II
Gilbert, Robert Emile, Vol I
Givelber, Daniel James, Vol IV
Green, Harvey, Vol I
Hall, David, Vol IV
Harbert, Earl, Vol II
Herman, Gerald Harvey, Vol I
Jacobs, Donald Martin, Vol I
Kaufman, Deborah Renee, Vol I
Klare, Karl E., Vol IV
Nathanson, Stephen Lewis, Vol IV
Peterfreund, Stuart S., Vol II
Pruett, Gordon Earl, Vol I
Scharf, Bertram, Vol I
Sherwood, Wallace Walter, Vol IV
Sussman, Herbert, Vol II
Tick, Judith, Vol I
Warren, Joseph David, Vol I

Northwest Col
Inslee, Forrest, Vol II

Northwest Missouri State Univ
Carneal, Thomas William, Vol I
Fry, Carrol Lee, Vol II
Saucerman, James Ray, Vol II

Northwest Nazarene Col
Marshman, Michelle, Vol I

Northwestern Col, Iowa
Van Hook, Jay M., Vol IV

Northwestern Col, Minnesota
Caneday, Ardel B., Vol IV
Huffman, Douglas S., Vol IV

Northwestern State Univ of Louisiana
Dillard, Joey L., Vol II

Northwestern Univ
Achinstein, Sharon, Vol II
Appel, Alfred, Jr., Vol II
Avins, Carol Joan, Vol II
Behnke, Kerstin, Vol III
Berger, Martin, Vol I
Binford, Henry C., Vol I
Birner, Betty, Vol III
Blier, Suzanne Preston, Vol I
Breen, Timothy Hall, Vol I
Breslin, Paul, Vol II
Brkkila, Betsy, Vol II
Cheah, Pheng, Vol II
Cirillo, Albert, Vol II
Clayson, S. Hollis, Vol I
Cummins, Fred, Vol III
Darby, Derrick, Vol IV
Davis, Whitney, Vol I
Deigh, John, Vol IV
Dillon, Diane, Vol I
Dobbs, Betty Jo (Teeter), Vol I
Dubey, Madhu, Vol II
Durham, Scot, Vol III
Durr, Volker, Vol II
Eldred, Katherine O., Vol I
Evans, Lawrence, Vol II
Fenves, Peter, Vol III
Fine, Arthur, Vol IV
Fischel, Daniel R., Vol IV
Fox, Edward Inman, Vol III
Fraser, Sarah, Vol I
Frisch, Mathias F., Vol IV
Froula, Christine, Vol II
Garrison, Daniel, Vol I
Garrison, David H., Vol I
Gibbons, Reginald, Vol II
Ginsburg, Michal P., Vol III
Gooding-Williams, Robert, Vol IV
Goodnight, G. Thomas, Vol II
Griswold, Wendy, Vol II
Harris, Robert Allen, Vol I
Hast, M.H., Vol III
Heinz, John P., Vol IV
Herbert, Christopher, Vol II
Heyck, Thomas William, Vol I
Hill, R. Kevin, Vol I
Hindman, Sandra L., Vol I
Hughes, Joyce A., Vol IV
Hull, David L., Vol IV
Inbau, Fred Edward, Vol IV
Joravsky, David, Vol I
Kennedy, Chris, Vol III
Kieckhefer, Richard, Vol IV
Kinzie, Mary, Vol II
Kraut, Richard, Vol IV
Lafont, Cristina, Vol IV
Law, Jules, Vol II
Lazarus, C.L., Vol III
Levi, Judith N., Vol III
Levin, Beth, Vol II
Levin, David M., Vol II
Lipking, Lawrence, Vol II
Lowe, Eugene Y., Jr., Vol IV
Lys, Franziska, Vol III
Macneil, Ian Roderick, Vol IV
Manning, Susan, Vol II
Marshall, David, Vol II
McCarthy, Thomas A., Vol IV
McCumber, John, Vol III
Mead, Gerald, Vol III
Mokyr, Jocl, Vol I
Monoson, S. Sara, Vol I
Monroe, Betty I., Vol I
Moskos, Charles C., Vol I
Moss, Lenny, Vol IV
Mueller, Martin, Vol I
Muir, Edward, Vol I
Mulcaire, Terry, Vol II
Muller-Sievers, Helmut, Vol III
Murdock, Jonah, Vol IV
Newman, Barbara, Vol III
Okoye, Ikem, Vol I
Packer, James, Vol I
Paden, William D., Vol III
Perry, Edmund, Vol I
Petry, Carl Forbes, Vol I
Pierrehumbert, Janet, Vol III
Postlewaite, Philip F., Vol IV
Reginald, Allen, Vol I
Rohrbacher, Bernhard, Vol III
Romanowski, Sylvie, Vol III
Rosenblum, Victor Gregory, Vol IV
Rumold, Raiuer, Vol II
Safford, Frank Robinson, Vol I
Sankovitch, Tilde, Vol III
Schachter, Gustav, Vol I
Schejbal, David, Vol IV
Schwartz, Regina, Vol II
Schwarzlose, Richard A., Vol II
Seeskin, Kenneth, Vol IV
Sherry, Michael Stephen, Vol I
Smith, Carl, Vol II
Sommer, Benjamin D., Vol IV
Speck, Oliver C., Vol III
Spencer, Janine, Vol III
Stern, Julia, Vol II
Stimilli, Davide, Vol III
Stone-Richards, Michael, Vol I
Styan, John Louis, Vol II
Taylor, Charles, Vol IV
Thorsen, Kristine, Vol III
Tournier, Claude, Vol III
Van Zanten, David, Vol I
Vandiver, Elizabeth, Vol I
Vogel, Manfred, Vol IV
Wall, Wendy, Vol II
Wallace, Robert, Vol I
Ward, Gregory, Vol III
Werckmeister, O.K., Vol I
Wilkins, Leona B., Vol I
Williams, Meredith, Vol IV
Williams, Michael J., Vol IV
Wilson, Steven R., Vol II
Winston, Jane, Vol III
Wright, John, Vol I

Norwich Univ, Northfield
Liberman, Terri, Vol II

Notre Dame Col
Bowman, Leonard Joseph, Vol IV

Notre Dame Col of Ohio
Matejka, George, Vol IV

Notre Dame Sem
Duffy, Stephen Joseph, Vol IV

Nova Scotia Mus
Whitehead, Ruth, Vol I

Nova Scotia Mus of Industry
McNabb, Debra, Vol I

Nova Southeastern Univ, Fort Lauderdale
Mulvey, Ben, Vol IV
Segal, Marilyn, Vol III

Nyack Col
Danaher, James P., Vol IV
Isang, S. Akpan, Vol II
Nilsson, Donal E., Vol IV

Oak Hills Bible Col
Mathewson, Dave L., Vol II

Oakland Univ
Atlas, John Wesley, Vol I
Barnard, Virgil John, Vol I
Coppola, Carlo, Vol III
Dykes, DeWitt S., Jr., Vol I
Eberwein, Jane Donahue, Vol II
Fitzsimmons, Thomas, Vol II
Harrison, Algea Othella, Vol I
Maloney, J. Christoper, Vol IV
Mayer, Don, Vol IV
Murphy, Brian, Vol II
Osthaus, Carl Richard, Vol I
Strauss, Wallace Patrick, Vol I
Sudol, Ronald A., Vol II
Tucker, Richard Philip, Vol I
Wiggins, Jacqueline D., Vol I

Oakland-Piedmont Emeryville Judicial Dist
Ford, Judith Donna, Vol IV

Oakwood Col
Burton, Keith, Vol IV
Reaves, Benjamin Franklin, Vol I

Oberlin Col
Albright, Ann Cooper, Vol I
Blodgett, Barbara, Vol IV
Colish, Marcia L., Vol I
Erwin, Joanne, Vol I
Ganzel, Dewey Alvin, Vol II
Gorfain, Phyllis, Vol II
Goulding, Daniel J., Vol II
Greenberg, Nathan Abraham, Vol I
Helm, James Joel, Vol I
Hogan, Heather, Vol I
Jones, Nicholas, Vol II
Koch, Christian Herbert, Vol II
Koppes, Clayton R, Vol I
Kornblith, Gary J., Vol I
Krassen, Miles, Vol IV
Logan, Wendell, Vol I
Lubben, Joseph, Vol I
McInerney, Peter K., Vol IV
Merrill, Daniel Davy, Vol IV
Plank, Steven E., Vol I
Richman, Paula, Vol IV
Rogers, Lynne, Vol I
Rothstein, William, Vol I
Skrupskelis, Viktoria, Vol III
Soucy, Robert J., Vol I
Walker, David, Vol II
Walker, David Lewis, Vol II
Young, David, Vol II
Zinn, Grover A., Vol I

Occidental Col
Cohen, Norman Sonny, Vol I
Horowitz, Maryanne Cline, Vol I
Kroeber, Clifton Brown, Vol I

Oglethorpe Univ
Neujahr, Philip Joseph, Vol IV
Weiss, Victoria Louise, Vol II
Wirth, Jason M., Vol IV

Ohio Dominican Col
Erickson, Darlene E. Williams, Vol II
Schnell, James A., Vol II

Ohio Historical Ctr
Devine, Michael John, Vol I

Ohio No Univ
Beanblossom, Ronald Edwin, Vol I
Guy, Daniel Sowers, Vol IV
Veltri, Stephen C., Vol IV

Ohio State Univ
Andrien, Kenneth James, Vol I
Balcer, Jack Martin, Vol I
Barnes, Daniel Ramon, Vol II
Bartholomew, James Richard, Vol I
Battersby, James L., Vol II
Beja, Morris, Vol II
Bekker, Hugo, Vol III
Benedict, Michael Les, Vol I
Blackford, Mansel Griffiths, Vol I
Boh, Ivan, Vol IV
Bourguignon, Erika Eichhorn, Vol I
Bracken, James K., Vol II
Bremner, Robert Hamlett, Vol I
Brown, Lee Bateman, Vol IV
Burkman, Katherine H., Vol II
Burnham, John Chynoweth, Vol I
Callaghan, Catherine A., Vol III
Cegala, Donald Joseph, Vol II
Chu, Samuel C., Vol I
Cohen, Jeremy, Vol I
Cooley, Thomas Winfield, Vol II
Cooper, Donald B., Vol I
Cornell, Saul A., Vol I
Cottrell, Robert Duane, Vol III
Cox, Kevin R., Vol I
Dahlstrand, Frederick Charles, Vol I

Davidson, John E., Vol III
Dillon, Merton Lynn, Vol I
Dominick, Raymond, Vol I
Farina, Luciano Fernando, Vol III
Findley, Carter Vaughn, Vol I
Frantz, David Oswin, Vol II
Friedman, Harvey Martin, Vol IV
Ganz, Albert Harding, Vol I
Gao, Q., Vol III
Garland, Martha, Vol I
Gribble, Charles Edward, Vol III
Griffin, David Alexander, Vol III
Grotans, Anna A., Vol III
Hahm, David Edgar, Vol I
Haidt, Rebecca, Vol III
Hamilton, Richard Frederick, Vol I
Hammermeister, Kai, Vol III
Hanawalt, Barbara A., Vol I
Harlow, L.L., Vol III
Hathaway, Jane, Vol I
Heck, Thomas F., Vol I
Heiden, Bruce A., Vol I
Hogan, Michael J., Vol I
Hopkins, Richard Joseph, Vol I
Jarvis, Gilbert Andrew, Vol III
Joseph, Brian Daniel, Vol III
Jost, Timothy Stolzfus, Vol IV
Kalbouss, George, Vol III
Kerr, Kathel Austin, Vol I
Kielkopf, Charles F., Vol IV
Kiser, Lisa J., Vol I
Klopp, Charles, Vol III
Kozyris, Phaedon John, Vol IV
Krzyzanowski, Jerzy Roman, Vol III
Lehiste, Ilse, Vol III
Levin, Eve, Vol I
Loucks, James F., Vol II
Lunsford, Andrea Abernethy, Vol II
Lynch, Joseph Howard, Vol I
MacDonald, William L., Vol I
Makau, Josina M., Vol I
Mancini, Albert Nicholas, Vol II
Markels, Julian, Vol II
Matejic, Mateja, Vol III
Maurer, A.E. Wallace, Vol II
Meier, Samuel, Vol IV
Millett, Allan Reed, Vol I
Morgan, Terrell A., Vol III
Morganstern, Anne Mcgee, Vol I
Morganstern, James, Vol I
Morita, James R., Vol III
Nakayama, Mineharu, Vol III
Newell, Margaret E., Vol I
Pappas, George Sotiros, Vol IV
Patterson, Samuel C., Vol I
Pegues, Franklin J., Vol I
Pessin, Sarah, Vol IV
Pestana, Carla, Vol I
Phelan, James Pius X., Vol II
Redenbarger, Wayne Jacob, Vol IV
Reed, Christopher A., Vol I
Rice, Grantland S., Vol II
Richardson, Laurel, Vol I
Riedinger, Edward, Vol I
Roth, Randolph A., Vol I
Rothney, John Alexander, Vol I
Schlam, Carl C., Vol I
Sena, John F., Vol II
Shapiro, Stewart, Vol IV
Shiels, Richard Douglas, Vol I
Silbajoris, Rimvydas, Vol III
Stebenne, David, Vol I
Steckel, Richard H., Vol I
Stewart, Mac A., Vol I
Taylor, Verta, Vol I
Tebben, Joseph Richard, Vol I
Turnbull, Robert George, Vol IV
Wade, Jacqueline E., Vol I
Walters, E. Garrison, Vol I
Whaley, Douglas John, Vol IV
Williams, Charles Garfield Singer, Vol III
Williams, Gregory Howard, Vol IV
Williams, Susan, Vol II
Wilson, John Harold, Vol II
Woods, Alan Lambert, Vol I
Woodson, Thomas, Vol II
Zacher, Christian Keeler, Vol II
Zahniser, Marvin Ralph, Vol I

Ohio Univ
Alexander, Charles C., Vol I
Atlas, Marilyn Judith, Vol II
Baxter, Douglas Clark, Vol I

Blocker, H. Gene, Vol IV
Bond, Zinny Sans, Vol III
Booth, Alan R., Vol I
Carpenter, T.H., Vol I
Childs, Francine C., Vol I
Coady, James Martin, Vol III
Collins, Elizabeth F., Vol I
Crowl, Samuel, Vol II
Dodd, Wayne Donald, Vol II
Fidler, Ann, Vol I
Field, Phyllis Frances, Vol I
Fitch, Raymond E., Vol II
Flannagan, Roy C., Vol II
Franz, Thomas Rudy, Vol III
Frederick, William Hayward, Vol I
Gaddis, John Lewis, Vol I
Hamby, Alonzo Lee, Vol I
Hoff, Joan, Vol I
Jordan, Donald A., Vol I
Knies, Earl Allen, Vol II
Mcgeoch, Lyle Archibald, Vol I
Owens, William M., Vol I
Rauschenberg, Roy A., Vol II
Reeves, Albert Compton, Vol I
Richter, Donald Charles, Vol I
Schneider, Duane, Vol II
Soltow, Lee, Vol II
Steiner, Bruce E., Vol I
Stewart, David, Vol IV
Sweeney, Thomas John, Vol I
Thayer, Calvin G., Vol II
Weckman, George, Vol I
Whealey, Robert H., Vol I
Wrage, William, Vol III

Ohio Wesleyan Univ
Hallenbeck, Jan Traver, Vol I
Harper, Sandra Nadine, Vol III
Lateiner, Donald, Vol I
Lewes, Ulle Erika, Vol II
Macias, Anna, Vol I
Michael, Randall Blake, Vol IV
Spall, Richard, Vol I
Twesigye, Emmanuel, Vol IV
Van Broekhoven, Deborah B., Vol I

Ohlone Col
Kirshner, Alan Michael, Vol I

Oklahoma Baptist Univ
Hall, Larry Joe, Vol II

Oklahoma City Univ
Arrow, Dennis Wayne, Vol IV
Coulson, Richard, Vol IV
Emler, Donald, Vol IV

Oklahoma Heritage Association
Franks, Kenny Arthur, Vol I

Oklahoma Panhandle State Univ
Underwood, Willard A., Vol II

Oklahoma State Univ
Anderson, Eric Gary, Vol II
Arnold, Lionel A., Vol IV
Austin, Linda, Vol II
Baird, William David, Vol I
Batteiger, Richard P., Vol II
Berkeley, David Shelley, Vol II
Broadhead, Glenn J., Vol II
Brown, Robert, Vol III
Byrnes, Joseph Francis, Vol I
Cain, James, Vol IV
Converse, Hyla Stuntz, Vol I
Cordova, Carlos E., Vol I
Decker, William, Vol II
Evenson, Brian, Vol II
Fischer, Leroy Henry, Vol I
Fitz, Brewster, Vol I
Grubgeld, Elizabeth, Vol II
Halleck, Gene B., Vol III
Jewsbury, George Frederick, Vol III
Lawry, Edward George, Vol IV
Leavell, Linda, Vol I

Leff, Leonard J., Vol II
Lewis, Lisa, Vol II
Luebke, Neil Robert, Vol IV
Mayer, Robert, Vol II
Moder, Carol Lynn, Vol III
Rohrs, Richard Carlton, Vol I
Rollins, Peter, Vol II
Schrader, Dorothy Lynne, Vol III
Scott, Walter Gaylord, Vol IV
Sirhandi, Marcella, Vol I
Smallwood, James Milton, Vol I
Smith, Dennis P., Vol I
Smith, Michael Myrle, Vol I
Stout, Joseph Allen, Vol III
Sylvester, John Andrew, Vol I
Walker, Jeffrey, Vol II
Walkiewicz, Edward P., Vol II
Wallen, Martin, Vol II
Warren, Thomas, Vol II

Old Dominion Univ
Altegoer, Diana B., Vol II
Aycock, Roy E., Vol II
Berube, Maurice R., Vol I
Bing, Janet, Vol II
Boyd, Carl, Vol I
Brenner, William H., Vol IV
Brueggemann, Aminia M., Vol III
Card, James Van Dyck, Vol II
Comfort, Juanita R., Vol II
Cooper, Virginia W., Vol I
Eckenwiler, Lisa A., Vol IV
Edgerton, Gary R., Vol II
Evans, Rod L., Vol IV
Ford, Lewis S., Vol IV
Greene, Douglas G., Vol II
Gunzerath, David, Vol I
Habib, Imtiaz, Vol II
Hassencahl, Frances J., Vol II
Hatab, Lawrence J., Vol IV
Heller, Dana, Vol II
Hoffmann, Joyce, Vol II
Jacobs, Edward, Vol II
Jones, William B., Vol IV
Kuehl, John William, Vol I
Lawes, Carolyn J., Vol I
Matthews, A. Warren, Vol IV
Metzger, David, Vol II
Moorti, Sujata, Vol II
Mourao, Manuela, Vol II
Neff, Joyce, Vol II
Pearson, Michael, Vol II
Putney, David P., Vol IV
Raisor, Philip, Vol II
Richards, Jeffrey H., Vol II
Shelton, Mark, Vol IV
Shores, David Lee, Vol II
Slane, Andrea, Vol II
Topping Bazin, Nancy, Vol II
Wilson, Charles E., Jr., Vol II
Wilson, Harold Stacy, Vol I

Old Sturbridge Village
Larkin, Jack, Vol I

Omohundro Inst of Early American History and Culture
Hoffman, Ronald, Vol I
Teute, Fredrika J., Vol I

Onondaga Comm Col
Donegan, Jane Bauer, Vol I

Ontario Archives
Wilson, Ian E., Vol I

Ontario Black Hist Society
Sadlier, Rosemary, Vol I

Ontario Inst for Studies in Education
Courtney, Richard, Vol II

Ontario Theol Sem
Calvert-Koyzis, Nancy, Vol IV

Open Learning Agency
Stanley, Donald, Vol II

Oral Roberts Univ
Mansfield, Mecklin Robert, Vol IV
Thorpe, Samuel, Vol IV

Orbis Books
Price, Bernadette B., Vol II

Oregon Col of Arts and Crafts
McGehee, Abby, Vol I

Oregon Col of Educ
Baker, Robert Samuel, Vol II

Oregon Health Sciences Univ
Garland, Michael John, Vol IV

Oregon State Univ
Ahearn, Kerry, Vol II
Anderson, Chris, Vol II
Barbour, Richmond, Vol II
Campbell, Courtney S., Vol IV
Campbell, Elizabeth, Vol II
Carroll, Carleton Warren, Vol III
Clinton, Richard Lee, Vol I
Collins, Vicki, Vol I
Copek, Peter Joseph, Vol II
Daniels, Richard, Vol II
Daugherty, Tracy, Vol II
Davison, Neil, Vol II
Dean Moore, Kathleen, Vol IV
Ede, Lisa, Vol II
Farber, Paul L., Vol I
Ferngren, Gary Burt, Vol I
Frank, Robert, Vol II
Helle, Anita, Vol II
Hosoi, Y. Tim, Vol I
Johnson, Simon, Vol II
Kesler, Linc, Vol III
Leeson, Ted, Vol II
Leibowitz, Flora L., Vol IV
Lewis, Jon, Vol II
List, Peter C., Vol IV
Mcclintock, Thomas Coshow, Vol I
Moore, Kathleen Dean, Vol IV
Nye, Mary Jo, Vol I
Oriard, Michael, Vol II
Ramsey, Jeff, Vol I
Rice, Laura, Vol III
Robbins, William Grover, Vol I
Roberts, Lani, Vol IV
Robinson, David, Vol II
Scanlan, Michael, Vol IV
Schwartz, Robert Barnett, Vol II
Uzgalis, William, Vol IV
Wess, Robert, Vol II

Organization Resource Counselors
Govan, Reginald C., Vol IV

Oriel Col
Elliott, John Huxtable, Vol I

Orr & Associates
Orr, Janice, Vol IV

Ottawa Univ
Discher, Mark R., Vol IV

Otterbein Col
Cooper, Allan D., Vol I
Luckey, Evelyn F., Vol I
MacLean, Elizabeth, Vol I

Ouachita Baptist Univ
Hays, Danny, Vol IV
Steeger, Wm P., Vol IV

Our Lady of Holy Cross Col
Doll, Mary A., Vol IV

Oxford Univ
Bent, Margaret, Vol I
MacQuarrie, John, Vol IV
Sternfeld, Frederick William, Vol I

Ozark Folk Ctr
Mcneil, William Kinneth, Vol I

Pace Univ
Castronovo, David, Vol II
Colbourn, Frank E., Vol II
Hapke, Laura, Vol II
Hussey, Mark, Vol II
Kaufmann, Frank, Vol I
Leiser, Burton M., Vol IV
Low, Lisa, Vol II
Sallustio, Anthony Thomas, Vol III
Young, Jordan Marten, Vol I

Pacific Lutheran Theol Sem
Aune, Michael, Vol IV
Kalin, Everett Roy, Vol IV
Lull, Timothy F., Vol IV
Peters, Theodore Frank, Vol IV
Schmalenberger, Jerry L., Vol IV
Smith, Robert Harry, Vol IV
Stortz, Martha Ellen, Vol I
Strohl, Jane E., Vol I
Stuhr, Walter Martin, Vol IV

Pacific Lutheran Univ
Arbaugh, George E., Vol IV
Browning, C.R., Vol I
Carp, E. Wayne, Vol I
Eklund, Emmet Elvin, Vol IV
Govig, Stewart D., Vol IV
Johnson, Lucille Marguerite, Vol II
Nordby, Jon Jorgen, Vol IV
O'Connell Killen, Patricia, Vol IV
Oakman, Douglas, Vol IV
Staley, Jeffrey L., Vol IV
Stivers, Robert L., Vol IV

Pacific Sch of Religion
Adams, Douglas Glenn, Vol IV

Pacific Univ
Marenco, Marc, Vol IV

Paine Col
Carter, Judy L., Vol I
Clayton, Marcus, Vol IV

Palomar Col
Kerckhove, Lee, Vol IV

Park Col
Gall, Robert S., Vol IV

Parker, Farringer, Parker
Parker, Vernon B., Vol IV

Parkersburg Comm Col
Allen, Bernard Lee, Vol I

Parks Canada
Cameron, Christina S.R., Vol I

Pasadena City Col
Reid, Joel Otto, Vol I
Smallenburg, Harry Russell, Vol II

Patten Col
Benham, Priscilla, Vol IV
Patten, Priscilla C., Vol IV

Paul D. Camp Comm Col
LeBlanc, Wilmer James, Vol III

Paul, Hastings, Janofsky and Walker
Everett, Ralph B., Vol IV

Paulist Press
Boadt, Lawrence E., Vol IV

Peabody Essex Mus
La Moy, William T., Vol II

Pennsylvania Historical and Mus Commission
Waddell, Louis Morton, Vol I

Pennsylvania State Univ, Abington-Ogontz
Cintas, Pierre Francois Diego, Vol III
Isser, Natalie K., Vol I

Pennsylvania State Univ, Altoona
Wolfe, Martin, Vol I

Pennsylvania State Univ, Delaware County
Cimbala, Stephen J., Vol I
Clement, Priscilla Ferguson, Vol I
Franz, George W., Vol I
McMullen, Wayne J., Vol II
Sorkin, Adam J., Vol III

Pennsylvania State Univ, DuBois
Evans, Dale Wilt, Vol IV

Pennsylvania State Univ, Erie
Baldwin, Dean, Vol II
Frankforter, Albertus Daniel, Vol I
Loss, Archie Krug, Vol I

Pennsylvania State Univ, Fayette
Bruhn, John Glyndon, Vol I
Hovanec, Evelyn Ann, Vol II
Pluhar, Evelyn Begley, Vol IV
Pluhar, Werner S., Vol IV

Pennsylvania State Univ, Harrisburg, The Capital Col
Bronner, Simon J., Vol I
Graham, Theodora Rapp, Vol II
Tischler, Nancy Marie, Vol II

Pennsylvania State Univ, Hazleton
Aurand, Harold Wilson, Vol I
Price, Alan, Vol II

Pennsylvania State Univ, Univ Park
Anderson, Douglas R., Vol IV
Astroff, Roberta J., Vol II

Begnal, Michael Henry, Vol II
Bell, Bernard W., Vol II
Benson, Thomas W., Vol II
Bialostosky, Don, Vol II
Borza, Eugene N., Vol I
Bradford Smith, Elizabeth, Vol I
Brault, Gerard Joseph, Vol III
Brown, Ira Vernon, Vol I
Browning, Barton W., Vol III
Broyles, Michael, Vol I
Buckalew, Ronald Eugene, Vol II
Cheney, Patrick, Vol II
Clausen, Christopher, Vol II
Cross, Gary, Vol I
Curran, Brian A., Vol I
Cutler, Anthony, Vol I
Ebbitt, Wilma Robb, Vol II
Eckhardt, Caroline Davis, Vol II
Eggert, Gerald G., Vol I
Engel, David M., Vol I
Fitz, Earl Eugene, Vol III
Fleming, Raymond Richard, Vol III
Frautschi, Richard Lane, Vol III
Gentry, F.G., Vol III
Golany, Gideon S., Vol I
Greenberg, Wendy, Vol III
Grossman, Kathryn Marie, Vol III
Hager, Hellmut, Vol I
Hale, Thomas Albert, Vol III
Halsey, Martha T., Vol III
Hogan, J. Michael, Vol II
Holmes, Charlotte A., Vol II
Hume, Kathryn, Vol II
Hume, Robert David, Vol II
Kiernan, Michael Terence, Vol II
Knight, Alan Edgar, Vol III
Knight, Isabel Frances, Vol I
Kochanek, Stanley Anthony, Vol I
Lacy, Norris J., Vol III
Lankewish, Vincent A., Vol II
Laporte, Robert, Jr., Vol I
Lingis, Alphonso, Vol IV
Lougy, Robert E., Vol II
Maddox, Robert James, Vol I
Makward, Christiane Perrin, Vol III
Meserole, Harrison Talbot, Vol II
Morrisson, Mark S., Vol II
Mulford, Carla, Vol II
Murray, Robert Keith, Vol I
Ng, On-cho, Vol I
Paternost, Joseph, Vol III
Peavler, Terry J., Vol III
Pfaff, Daniel W., Vol II
Porter, Jeanne Chenault, Vol I
Prebish, Charles Stuart, Vol IV
Price, Robert George, Vol I
Robinson, Joyce H., Vol I
Rose, Paul L., Vol I
Ruggiero, Guido, Vol I
Russon, John Edward, Vol IV
Sallis, John C., Vol IV
Schmalstieg, William Riegel, Vol III
Scott, Charles, Vol IV
Scott, Susan C., Vol I
Secor, Robert Arnold, Vol II
Snow, D. R., Vol I
Vallega-Neu, Daniela, Vol IV
Walden, Daniel, Vol I
Walters, Elizabeth J., Vol I
Ward, Patricia Ann, Vol III
Weigl, Bruce, Vol II
Weintraub, Stanley, Vol II
Weiss, Beno, Vol III
West, James L.W., Vol II
Willumson, Glenn Gardner, Vol I
Woodbridge, Linda, Vol II
Woodruff, Nan Elizabeth, Vol I
Zabel, Craig, Vol I
Ziegler, Vickie L., Vol III
Ziegler, Vickie Lynne, Vol III

Pennsylvania State Univ, Worthington Scranton
Daniels, Marilyn, Vol III
Smith, Gayle Leppin, Vol III

Pennsylvania Valley Comm Col
Moten, Chauncey Donald, Vol I

Peoples Baptist Church of Boston
Roberts, Wesley A., Vol IV

Pepperdine Univ
Baird, David, Vol I
Buchanan, Raymond W., Vol I
Caldwell, Harry M., Vol IV
Carver, Marc, Vol IV
Casey, Michael W., Vol II
Casmir, Fred L., Vol II
Chesnutt, Randall D., Vol IV
Clark, W. Royce, Vol IV
Clegg, Cyndia Susan, Vol II
Cochran, Robert F., Jr., Vol IV
Colson, Darrel D., Vol IV
Dunaway, Baxter, Vol IV
Durham, Ken R., Vol IV
Gough, Russell W., Vol IV
Henslee, William D., Vol IV
Herbert, Luft, Vol I
Highfield, Ronald Curtis, Vol IV
Holmes, David, Vol II
Hughes, Richard T., Vol IV
James, Bernard, Vol IV
Lorenzi, Paola G., Vol III
Lowry, David, Vol II
Lynn, Richardson R., Vol IV
Marrs, Riock R., Vol IV
McDowell, Markus, Vol IV
Mendosa, Antonio, Vol IV
Miller, Anthony, Vol IV
Ogden, Gregory L., Vol IV
Paniccia, Patricia L., Vol IV
Rowland, Rick, Vol I
Smith, F. Lagard, Vol IV
Tyler, Ronald, Vol IV
Willis, Tim, Vol IV

Performing Arts Lodge
Pratley, Gerald, Vol II

Phelps Stokes Inst
Cartwright, Marguerite Dorsey, Vol II

Philadelphia Maritime Mus
Smith, Philip Chadwick Foster, Vol I

Phillips Acad
Dalton, Kathleen Mary, Vol I

Phillips Exeter Acad
Bedford, Henry F., Vol I
Cole, Donald Barnard, Vol I
Wooley, Allan D., Vol I

Phillips Theol Sem
Smith, Dennis E., Vol IV
Tabbernee, William, Vol I

Phillips Univ
Bowers, Paul, Vol II
Green, Virginia M., Vol III

Phoenix Col
Goff, John S., Vol I

Piedmont Col
Baumler, Alan, Vol I
Chastain, Catherine, Vol I
Greene, David Louis, Vol II

Piedmont Virginia Comm Col
Jordan, Ervin L., Vol I

Pierce Col
Pickard, Dean, Vol IV

Pikes Peak Comm Col
Beardsley, Ruth E., Vol IV

Pittsburg State Univ
Cornish, Dudley Taylor, Vol I
De Grave, Kathleen R., Vol II
Drew, Shirley K., Vol II
Freeman, Joanna Mae, Vol II
Hamilton, Peter K., Vol II
Hermansson, Casie, Vol II
Hurley, David, Vol I
Meats, Stephen Earl, Vol II
Morgan, Lyle W., II, Vol II
Morris, Paul, Vol II
Nemeth, Neil, Vol II
Nichols, Kathleen L., Vol II
O'Hearn, Carolyn, Vol III
Patterson, Celia, Vol II
Raverty, Dennis, Vol I
Schick, James Baldwin Mcdonald, Vol I
Teller, Stephen J., Vol II
Walther, Thomas Robert, Vol I
Zaharopoulos, Thimios, Vol II

Pittsburgh Theol Sem
Allison, Dale C., Jr., Vol IV
Calian, Carnegie Samuel, Vol IV
Gowan, Donald E., Vol IV
Hare, Douglas Robert Adams, Vol IV
Jackson, Gordon Edmund, Vol IV
Jackson, Jared Judd, Vol IV
Thurston, Bonnie Bowman, Vol II
Wilson, John Elbert, Vol I

Pitzer Col
Greenberger, Allen Jay, Vol I
Jackson, Agnes Moreland, Vol I
Senn, Harry, Vol III
Wachtel, Albert, Vol I
Warmbrunn, Werner, Vol I

Pius XI High Sch
Scholz, Daniel J., Vol IV

Plymouth State Col, Univ System of New Hampshire
Dubino, Jeanne, Vol II
Leibowitz, Constance, Vol IV
Strang, J.V., Vol IV

Point Loma Nazarene Col
Jackson, James Harvey, Vol II
Powell, Sam, Vol IV

Polytech Inst of New York
Gruber, Helmut, Vol I
Leeb, Isidore Leonard, Vol I
Menashe, Louis, Vol I

Pomona Col
Atlas, Jay David, Vol IV
Barnes, Richard G., Vol II
Dornish, Margaret Hammond, Vol I
Emerick, Judson, Vol I
Erickson, Stephen Anthony, Vol IV
Gonzalez, Deena J., Vol I
Gorse, George L., Vol I
Kassam, Zayn, Vol IV
McGaha, Michael Dennis, Vol III
Mezey, Robert, Vol II
Miller, Eric, Vol I
Rindisbacher, Hans J., Vol III
Rinkus, Jerome Joseph, Vol III
Saigal, M., Vol III
Silverman, Victor, Vol I
Smith, Pamela H., Vol I
Sontag, Frederick Earl, Vol IV
Wall, Helena M., Vol I
Woods, Robert L., Jr., Vol I
Yamashita, Samuel Hideo, Vol I
Young, Howard Thomas, Vol III

Pontifical Biblical Inst
Brenk, Frederick Eugene, Vol I
North, Robert, Vol IV

Pontifical Inst of Medieval Studies
Synan, Edward A., Vol IV

Porcupine's Quill
Blaise, Clark L., Vol II

Portland State Univ
Abbott, Carl, Vol I
Bernstine, Daniel O., Vol IV
Carafiol, Peter, Vol II
Cooper, John Rex, Vol II
Dmytryshyn, Basil, Vol I
Dodds, Gordon B., Vol I
Giarelli, Andrew, Vol II
Gradin, Sherrie L., Vol II
Heath, Jim Frank, Vol I
Heflin, John F., Vol I
Horowitz, David A., Vol I
Johnson, David Alan, Vol I
Kristof, Jane, Vol I
Leguin, Charles A, Vol I
Linstone, Harold A., Vol I
Mandaville, Jon Elliott, Vol I
Morris, Thomas Dean, Vol I
Nunn, Frederick Mckinley, Vol I
Passell, Dan, Vol IV
Sawaya, Francesca, Vol II
Taylor, Sue, Vol I
Weikel, Ann, Vol I
West, Franklin Carl, Vol I

Poynter Inst for Media Studies
Dunlap, Karen F. Brown, Vol II

Prairie View A&M Univ
Tryman, Mfanya Donald, Vol I

Pratt Inst
Edwards, Mary, Vol I
Fjelde, Rolf Gerhard, Vol II
Gisolfi, Diana, Vol I

Primerica Financial Services
Waters, John W., Vol IV

Prince George's Comm Col
James, David Phillip, Vol I

Princeton Theol Sem
Allen, Diogenes, Vol IV
Bartow, Charles L., Vol II
Capps, Donald E., Vol IV
Kay, James F., Vol II
Meyer, Paul William, Vol IV
Stackhouse, Max Lynn, Vol IV
West, Charles Converse, Vol IV

Princeton Univ
Aarsleff, Hans, Vol II
Broadie, Sarah, Vol IV
Challener, Richard Delo, Vol I
Champlin, Edward James, Vol I
Clinton, Jerome Wright, Vol III
Coffin, David Robbins, Vol I
Corngold, Stanley Alan, Vol III
Crain, Patricia, Vol II
Davies, Horton, Vol IV
Davis, Natalie Zemon, Vol I
Drewry, Cecelia Hodges, Vol II
Ermolaev, Herman, Vol III
Fagles, Robert, Vol III
Feldherr, Andrew, Vol I
Geison, Gerald Lynn, Vol I
Grafton, Anthony T., Vol I
Gutmann, Amy, Vol I
Hinderer, Walter, Vol III

Hollander, Robert, Vol II
James, Harold, Vol I
Jansen, Marius Berthus, Vol I
Jeffery, Peter, Vol I
Jeffrey, Richard C., Vol IV
Jordan, William Chester, Vol I
Kaster, Robert A., Vol I
Katz, Stanley Nider, Vol I
Kaufmann, Thomas DaCosta, Vol I
Keaney, John J., Vol I
Knoepflmacher, U.C., Vol II
Levin, Thomas Y., Vol III
Link, Arthur S., Vol I
Litz, Arthur Walton, Vol II
Ludwig, Richard Milton, Vol II
Ma, John, Vol III
Mahoney, Michael Sean, Vol I
Malkiel, Burton Gordon, Vol I
Martin, Janet Marion, Vol I
Martin, Richard Peter, Vol I
Mayer, Arno Joseph, Vol I
McLaughlin, Kevin P., Vol I
Mcpherson, James Munro, Vol I
Morrison, Simon, Vol I
Most, Glenn Warren, Vol III
Murrin, John Matthew, Vol I
Ober, Josiah, Vol I
Painter, Nell Irvin, Vol I
Pemberton, Gayle R., Vol I
Peterson, Willard James, Vol I
Pitcher, George Willard, Vol IV
Quandt, Richard E., Vol I
Rabb, Theodore K., Vol I
Rampersad, Arnold, Vol II
Rigolot, Francois, Vol II
Schor, Esther, Vol II
Sigmund, Paul Eugene, Vol I
Sreenivasan, Gopal, Vol IV
Steele, Marta N., Vol I
Taylor, Howard F., Vol I
Teiser, Stephen F., Vol IV
Tignor, Robert L., Vol I
Udovitch, Abraham L, Vol I
Uitti, Karl David, Vol III
Wallace, Walter L., Vol I
Waswo, Ann, Vol I
Webb, Ruth H., Vol I
Wilson, John Frederick, Vol I
Zeitlin, Froma I., Vol I

Principia Col
Follis, Elaine R., Vol IV
Helmer, Stephen, Vol I

Prometheus Books
O'Connor, Eugene, Vol I

Providence Assn
Waters, Richard L., Vol II

Providence Baptist Church
Sparks, Kenton L., Vol IV

Providence Col
Alexander, Jon, Vol I
Barbour, Brian Michael, Vol II
Branham, Joan R., Vol I
Chaika, Elaine, Vol II
Chaika, Elaine Ostrach, Vol III
Conley, Patrick Thomas, Vol I
Curran, Sonia Terrie, Vol II
Delasanta, Rodney, Vol II
Devine, Philip E., Vol IV
Gordon-Seifert, Catherine, Vol I
Hennedy, John Francis, Vol II
Keating, James, Vol IV
Perry, Tim, Vol IV
Scanlan, J.T., Vol II
Wilcox, Joel, Vol IV

Providence Col and Theol Sem
Tiessen, Terrance, Vol IV

Public Policy and Intl Affairs Fellowship Prog
Williams, Yvonne LaVerne, Vol IV

Purdue Univ, Calumet
Koenig, Thomas Roy, Vol IV
Rowan, John R., Vol IV
Selig, Robert L., Vol II
Trusty, Norman Lance, Vol I

Purdue Univ, North Central
Jablon, Howard, Vol I
Schlobin, Roger Clark, Vol II

Purdue Univ, West Lafayette
Adler, Thomas Peter, Vol II
Babrow, Austin S., Vol I
Bartlett, Robert V., Vol I
Beer, Jeanette Mary Ayres, Vol III
Berg, David M., Vol II
Bergmann, Michael, Vol IV
Berthrong, Donald John, Vol I
Bertolet, Rod, Vol IV
Botan, Carl H., Vol II
Burks, Don M., Vol II
Burleson, Brant R., Vol III
Clair, Robin P., Vol II
Cohen, Lester H., Vol I
Contreni, John Joseph, Vol I
Cover, Jan, Vol IV
Curd, Martin, Vol IV
Curd, Martin Vincent, Vol I
Curd, Patricia, Vol I
Curtis, Susan, Vol I
Davis, Wendell Eugene, Vol II
Deflem, Mathieu, Vol I
Epstein, William Henry, Vol II
Felluga, Dino, Vol II
Flory, Wendy Stallard, Vol II
Fouche, Rayvon, Vol I
Garfinkel, Alan, Vol III
Gill, Michael, Vol IV
Gordon, Leonard H.D., Vol I
Gorn, Elliott J., Vol I
Greene, John O., Vol II
Gustason, William, Vol IV
Hart, Patricia, Vol III
Hatasa, Kazumi, Vol III
Haywood, Richard Mowbray, Vol III
Ingrao, Charles William, Vol I
Johndan, Johnson-Eilola, Vol II
Keck, Christiane Elisabeth, Vol III
Keehner, Mary, Vol II
Kirby, John T., Vol I
Kuehn, Manfred, Vol I
Larson, John Lauritz, Vol I
Leidholdt, Alex S., Vol II
Marina, Jacqueline, Vol IV
Martinez, Jacqueline M., Vol IV
Matustik, Martin J. Beck, Vol IV
May, Jill P., Vol II
May, Robert Evan, Vol I
McBride, William Leon, Vol IV
McGee, Reece Jerome, Vol I
Mckenzie, Alan Taber, Vol II
Merrell, F., Vol II
Mitchell, Donald, Vol IV
Mork, Gordon Robert, Vol I
Mumby, Dennis K., Vol II
Neufeldt, Leonard N., Vol II
Nof, Shimon Y., Vol I
Ogles, Robert M., Vol III
Ohlgren, Thomas Harold, Vol II
Orlando, Valerie, Vol III
Parman, Donald L., Vol I
Parman, Donald Lee, Vol I
Rajagopal, Arvind, Vol I
Rawlins, William K., Vol II
Robb, Stephen, Vol II
Rothenberg, Gunther Eric, Vol I
Rowan, Katherine E., Vol II
Rowe, William L., Vol IV
Russow, Lilly-Marlene, Vol IV
Saunders, Elmo Stewart, Vol I
Scerri, Eric R., Vol IV
Scheele, Henry Zaegel, Vol II
Schrag, Calvin, Vol IV
Schrag, Calvin Orville, Vol IV
Scott, Kermit, Vol IV
Seigfried, Charlene, Vol IV
Skinner, Ewart C., Vol II
Smith, Larry D., Vol II
Smith, Robert E., Vol II
Sparks, Glenn G., Vol II
Stevens, George E., Vol II
Stewart, Charles J., Vol II
Stohl, Cynthia B., Vol III

Stover, John Ford, Vol I
Swensen, Clifford Henrik, Vol IV
Teaford, Jon C., Vol I
Thompson, Gary Richard, Vol II
Thompson, Paul B., Vol IV
Tucker, Mark, Vol I
Ulrich, Dolph, Vol IV
Wang, Aihe, Vol I
Webb, Ralph, Jr., Vol III
Woodman, Harold David, Vol I
Yetman, Michael G, Vol III

Purdue Univ-Indiana Univ, Indianapolis
Little, Monroe Henry, Vol I

Queen's Univ at Kingston
Alistair, Macleod, Vol IV
Babbitt, Susan, Vol IV
Bakhurst, David J., Vol IV
Berg, Maggie, Vol II
Bly, Peter Anthony, Vol III
Bond, Edward J., Vol IV
Carpenter, Mary, Vol II
Carson, James, Vol IV
Clark, George, Vol II
Colwell, Frederic, Vol II
Crowder, Christopher M. D., Vol I
der Otter, Sandra, Vol IV
Dick, Susan M., Vol II
Duffin, Jacalyn, Vol I
Fell, Albert Prior, Vol IV
Finlayson, John, Vol II
Finley, Gerald E., Vol I
Fox, Michael Allen, Vol IV
Hamilton, Albert C., Vol IV
Hansen, Klaus Juergen, Vol I
Hanson, Elizabeth, Vol II
Hospital, Clifford G., Vol IV
James, William Closson, Vol IV
Jolly, Rosemary J., Vol II
Jones, Mark, Vol II
Kilpatrick, Ross S., Vol I
King, Shelley, Vol II
Knight, Deborah, Vol IV
Leighton, Stephen, Vol IV
Leith, James A., Vol I
Lobb, Edward, Vol II
Lock, F.P., Vol II
Logan, George, Vol II
Mccready, William David, Vol I
Moffatt, John, Vol II
Monkman, Leslie G., Vol II
Murray, Laura, Vol II
Overall, Christine D., Vol IV
Pierce, John, Vol II
Prado, C.G., Vol IV
Rae, Patricia, Vol II
Rasula, Jed, Vol II
Robinson, Laura, Vol II
Rogers, Phil, Vol II
Sayeed, Khalid B., Vol I
Schlick, Yael, Vol II
Sismondo, Sergio, Vol IV
Soderlind, Sylvia, Vol II
Stayer, James Mentzer, Vol I
Stevens, Paul, Vol II
Straznicky, Marta, Vol II
Streight, Irwin, Vol II
Surridge, Marie, Vol III
Swainson, Donald, Vol I
Sypnowich, Christine, Vol IV
Throne, Barry, Vol II
Tulchinsky, Gerald J.J., Vol I
Varadharajan, Asha, Vol II
Ware, Tracy, Vol II
Wiebe, Mel, Vol II
Willmott, Glenn, Vol II
Young, Pamela Dickey, Vol IV

Queens Col, CUNY
Bessette, Gerard, Vol III
Brown, Royal Scott, Vol III
Buell, Frederick Henderson, Vol II
Carlson, Harry Gilbert, Vol I
Colby, Robert Alan, Vol II
D'Avanzo, Mario L., Vol II
Davis, Ellen Nancy, Vol I
Epstein, Edmund Lloyd, Vol II
Erickson, Raymond Frederick, Vol I
Eubank, Keith, Vol I
Fichtner, Edward G., Vol III
Fontinell, Eugene, Vol IV
Friedman, Norman, Vol II

Friedman, Stanley, Vol II
Frosch, Thomas Richard, Vol II
Green, William, Vol II
Gruder, Vivian Rebecca, Vol I
Haller, Hermann Walter, Vol III
Harris, Susan Kumin, Vol II
Heilman, Samuel C., Vol I
Held, George, Vol II
Hershkowitz, Leo, Vol I
Kaplan, Fred, Vol II
Lidov, Joel, Vol I
Markovitz, Irving L., Vol I
McManus, Edgar J., Vol I
Merli, Frank John, Vol I
Russell, Rinaldina, Vol I
Scott, Donald M., Vol I
Stone, Donald David, Vol II
Sungolowsky, Joseph, Vol III
Syrett, David, Vol I
Timko, Michael, Vol II
Tytell, John, Vol II
Whatley, Eric Gordon, Vol II
Wreszin, Michael, Vol I
Wu, Pei-Yi, Vol III
Zwiebach, Burton, Vol I

Queens Univ
Bowler, Peter John, Vol I

Queensborough Comm Col, CUNY
Camus, Raoul F., Vol I
Greenbaum, Fred, Vol I
Meza, Pedro Thomas, Vol I
Pecorino, Philip Anthony, Vol IV
Polak, Emil Joseph, Vol I
Seymour, Victor, Vol II

Quincy Univ
Biallas, Leonard John, Vol IV
Dressler, Hermigild, Vol I
Schweda, Donald Norman, Vol II

Quinnipiac Col
Bix, Brian, Vol IV
Brown, Pearl Leblanc, Vol II
Page, Benjamin Bakewell, Vol IV
Quirk, Ronald Joseph, Vol III
Zucker, David Hard, Vol II

R&M Publishing Co
Morant, Mack Bernard, Vol II

RACE Inc
Meyers, Michael, Vol IV

Radford Univ
Arbury, Steve, Vol I
Baker, Moira, Vol II
Christianson, Scott, Vol II
Edwards, Grace Toney, Vol III
Gainer, Kim, Vol II
Gallo, Louis, Vol II
Graham, Joyce, Vol II
Guruswamy, Rosemary, Vol II
Killen, Linda, Vol I
Kovarik, Bill, Vol II
Kranidis, Rita, Vol II
Lanier, Parks, Vol II
Mcclellan, Charles W., Vol I
Murphy, Richard, Vol II
Poe, Elizabeth, Vol II
Poland, Tim, Vol II
Samson, Donald, Vol II
Saperstein, Jeff, Vol II
Secreast, Donald, Vol II
Siebert, Hilary, Vol II
Sizemore Riddle, Rita, Vol II
Wawrzycka, Jolanta, Vol II
Weiss, Alexander, Vol II

Ramapo Col of New Jersey
Alaya, Flavia M., Vol I
Johnson, Roger N., Vol I
Murnion, William E., Vol IV
Rice, Stephen P., Vol I
Ross, Ellen, Vol I

Randolph-Macon Col
Beatty, Joseph, Vol IV
Daugherty, Gregory Neil, Vol I
deGraff, Amy, Vol III
Inge, M. Thomas, Vol II
McCaffrey, Daniel, Vol I
Scanlon, James Edward, Vol I

Randolph-Macon Woman's Col
Hostetler, Theodore J., Vol I

Random House
Herron, Carolivia, Vol II
Morrison, Toni, Vol II

Reading Area Comm Col
Peemoeller, Helen C., Vol II

Real Urban Ministry
Gilmore, Robert McKinley, Sr., Vol IV

Reconstructionist Rabbinical Col
Kamionkowski, Susan T., Vol IV
Staub, Jacob J., Vol IV

Reed Col
Butler, Leslie, Vol I
Hancock, Virginia, Vol I
Knapp, Robert Stanley, Vol II
Nicholson, Nigel, Vol I
Peck, William Dayton, Vol IV
Segel, Edward Barton, Vol I
Steinman, Lisa M., Vol II

Reference Service Press
Schlachter, Gail Ann, Vol II

Reformed Theol Sem, Florida
Farrell, Frank, Vol I
Gamble, Richard C., Vol IV
Hill, Charles, Vol IV
James, Frank, Vol I
Kistemaker, Simon, Vol IV
McReynolds Kidd, Reggie, Vol IV
Nash, Ronald, Vol IV
Nicole, Roger, Vol IV
Pratt, Richard L., Jr., Vol IV
Rupp, Gary, Vol I

Reformed Theol Sem, Mississippi
Curry, Allen, Vol IV
Davis, Ralph, Vol IV
Hoffecker, W. Andrew, Vol I
Hurley, James, Vol I
Long, Paul, Vol IV
Rankin, Duncan, Vol IV
Richardson, William, Vol I
Wan, Enoch, Vol IV
Whitlock, Luder, Vol IV

Reformed Theol Sem, No Carolina
Brown, Harold O.J., Vol IV
Hunter, Joel, Vol IV
Kelly, Douglas, Vol IV
Norris, Robert, Vol IV
Norton, H. Wilbert, Sr., Vol IV
Sproul, R.C., Vol IV

Regent Col
Stackhouse, John G., Jr., Vol IV

Regent Univ
Foltz, Howard L., Vol IV
Greig, Gary S., Vol IV
Holman, Charles L., Vol IV

Prosser, Peter E., Vol I
Ruthven, Jon M., Vol IV
Story, J. Lyle, Vol IV
Synan, Vinson, Vol I
Umidi, Joseph L., Vol IV
Williams, J. Rodman, Vol IV

Regis Col, Massachusetts
Meade, Catherine M., Vol I

Regis Col, Ontario
Loftus, John Allan, Vol IV
Schner, George, Vol IV

Regis Univ
Blake, Deborah, Vol IV
Kane, John, Vol IV
Lumpp, Randolph, Vol IV
Oakes, Edward T., Vol IV
Ridgway, John Karl, Vol IV
Thomas, David, Vol IV

Religious Research Service
Boomer, Dennis, Vol IV

Rensselaer Polytech Inst
Anderson-Gold, Sharon, Vol IV
Crouch, Dora Polk, Vol I
Duchin, Faye, Vol II
Edwards, George Charles III, Vol I
Halloran, Stephen Michael, Vol II
Restivo, Sal, Vol IV
Schumacher, John, Vol IV
Woodhouse, Edward James, Vol I

Rhode Island Col
Brown, Peter B., Vol I
Coons, Dix Scott, Vol III
Cvornyek, Bob, Vol I
Dufour, Ron, Vol I
Kellner, George, Vol I
Lemons, Stanley J., Vol I
Lopes, William H., Vol I
Nwauwa, Apollos O., Vol I
Olson, Jeanine, Vol I
Reddy, Maureen T., Vol II
Robinson, William Henry, Vol II
Schapiro, Barbara, Vol I
Schneider, Joanne, Vol I
Schuster, Leslie, Vol I
Scott, Daniel Marcellus, Vol III
Stevens, Earl Eugene, Vol II
Swift, Carolyn Ruth, Vol II
Teng, Tony, Vol I

Rhode Island Sch of Design
Nadin, Mihai, Vol IV

Rhodes Col
Entzminger, Robert L., Vol II
Favazza, Joseph A., Vol IV
Lacy, William Larry, Vol IV
Muesse, Mark William, Vol IV
Shaffer, Brian W., Vol II
Sick, David, Vol IV
Walsh, Carey Ellen, Vol IV

Rice Univ
Boles, John Bruce, Vol I
Bongmba, Elias Kifon, Vol IV
Castaneda, James Agustin, Vol III
Chen, Lilly, Vol III
Crist, Lynda Lasswell, Vol I
Crowell, Steven G., Vol IV
Drew, Katherine Fischer, Vol I
Grandy, Richard E., Vol IV
Grob, Alan, Vol II
Gruber, Ira Dempsey, Vol I
Haskell, Thomas Langdon, Vol I
Houng, Caroline C., Vol III
Huston, John Dennis, Vol II
Hyman, Harold Melvin, Vol I
Klein, Anne, Vol IV
Kulstad, Mark Alan, Vol IV
Levin, Donald Norman, Vol I

Lobel, Diana, Vol IV
Matusow, Allen Joseph, Vol I
Minter, David Lee, Vol II
Mitchell, Douglas, Vol III
Naficy, Hamid, Vol II
Nelson, Deborah Hubbard, Vol III
Patten, Robert Lowry, Vol II
Qian, Nanxiu, Vol III
Seed, Patricia, Vol I
Skura, Meredith Anne, Vol II
Smith, Richard J., Vol I
Stokes, Gale, Vol II
Thompson, Ewa Majewska, Vol III
Van Helden, Albert, Vol I
Weissenberger, Klaus, Vol III
Wiener, Martin J., Vol I
Wilson, Joseph Benjamin, Vol III
Wood, Philip R., Vol III
Yang, Insun, Vol III

Richard Stockton Col of New Jersey
Constantelos, Demetrios J., Vol I
Gilmore-Lehne, William James, Vol I

Richard Stockton Col of NJ
Lester, David, Vol I

Rider Univ
Brown, Jerry Wayne, Vol IV
Burgh, Richard, Vol IV
Finello, Dominick Louis, Vol III
Iorio, Dominick Anthony, Vol IV
Long, John Wendell, Vol I
Mcleod, Alan L., Vol II
Richardson, Charles O., Vol I
Stroh, Guy Weston, Vol IV

Ripon Col
Doss, Seale, Vol IV
Hyde, James F., Jr., Vol I
Martz, William J., Vol II
Miller, George Hall, Vol I
Northrop, Douglas A., Vol II
Peterson, Brent O., Vol II
Smith, Brian H., Vol I
Woods, Robin, Vol II

Rivers Sch
Wasson, Ellis Archer, Vol I

Riverside Comm Col
Quin, Carolyn L., Vol I

Rivier Col
Tavani, Herman, Vol IV

Roanoke Col
McDermott, Gerald D., Vol IV

Rochester City Sch District
Anderson, David Atlas, Vol I

Rochester Inst of Tech
Gordon, Dane R., Vol IV
Sanders, John T., Vol IV
Sullivan, Mary C., Vol II

Rockefeller Univ
Wang, Hao, Vol IV

Rockford Col
Hicks, Stephen R.C., Vol IV

Rockhurst Col
Brady, Jules M., Vol IV
Bredeck, Martin James, Vol IV

Oldani, Louis Joseph, Vol II
Robinson, Genevieve, Vol I
Sweetman, Brendan M., Vol IV

Rockland Comm Col
Bay, Libby, Vol II

Rodger & Carole Smitherman
Smitherman, Carole, Vol IV

Roger Williams Univ
Bogus, Carl T., Vol IV

Rollins Col
Cohen, Edward H., Vol II
Cook, J. Thomas, Vol IV
Edge, Hoyt Littleton, Vol IV
Lemon, Robert S., Jr., Vol I
Raskin, Jay, Vol IV
Rubarth, Scott M., Vol IV

Roosevelt Univ
Headrick, Daniel Richard, Vol I
Johnson, Paul B., Vol I
Leer, Norman Robert, Vol II
Miller, David B., Vol I
Stein, Leon, Vol I
Trela, D.J., Vol II
Weiner, Lynn, Vol I
Wolfe, Gary Kent, Vol II

Rosary Col
Hays, Rosalind Conklin, Vol I
McElwain, Hugh Thomas, Vol IV
McGinty, Carolyn, Vol II

Rose-Hulman Inst of Tech
Krause, Maureen Therese, Vol III

Rosedale Presbyterian Church
Walters, Stanley D., Vol IV

Rosemont Col
Glass, Erlis, Vol III

Roser Caminals-Heath
Caminals-Heath, Roser, Vol II

Roswell Park Mem Inst
Shedd, D., Vol I

Roundtree, Knox, Hunter & Parker
Hunter, Jerry L., Vol IV

Rowan Col of New Jersey
Adelson, Fred B., Vol I
Applebaum, David, Vol I
Ashton, Dianne C., Vol IV
Doskow, Minna, Vol II
Grupenhoff, Richard, Vol II
Haba, James, Vol II
Hewsen, Robert, Vol I
Hunter, Gary, Vol I
Kaleta, Kenneth C., Vol II
Kress, Lee Bruce, Vol I
Patrick, Barbara, Vol II
Porterfield, Richard Maurice, Vol I
Viator, Timothy, Vol II
Vitto, Cindy, Vol II
Wang, Q. Edward, Vol I
Wiltenburg, Joy, Vol I

Royal Military Col
Errington, Jane, Vol I
Haycock, Ronald G., Vol I
Klepak, Hal, Vol I

Prete, Roy A., Vol I
Shirinian, Lorne, Vol III
Skarbarnicki, Anne, Vol II
Vincent, Thomas Brewer, Vol II

Royal Ontario Mus
Golombek, Lisa, Vol I
Grzymski, Krzysztof A., Vol I
Tushingham, Arlotte Douglas, Vol I
Webster, Donald B., Vol I

Royal Roads Military Col
Morgan, Gerald, Vol II

RTS Orlando
Waltke, Bruce K., Vol IV

Russell Sage Col
Apena, Igho Adeline, Vol I
Spector, Sherman David, Vol I

Rutgers, The State Univ of New Jersey, Camden
Hull, N.E.H., Vol IV

Rutgers, The State Univ of New Jersey, Livingston Col
Bunzl, Martin, Vol IV
Caban, Pedro, Vol I
Ellis, Katherine, Vol II
Gliserman, Martin, Vol II
Levering Lewis, David, Vol I
McGary, Howard, Vol IV

Rutgers, The State Univ of New Jersey, New Brunswick
Adams, Kimberly V., Vol II
Adas, Michael Peter, Vol I
Aronoff, Myron J., Vol I
Attridge, Derek, Vol III
Baigell, Matthew, Vol I
Baily, Samuel Longstreth, Vol I
Barnett, Louise, Vol I
Becker, Seymour, Vol I
Bell, Rudolph Mark, Vol I
Belton, John, Vol III
Bethel, Leonard Leslie, Vol IV
Blake McHam, Sarah, Vol I
Blumenthal, Eileen, Vol II
Bodel, John, Vol I
Bolton, Martha Brandt, Vol IV
Bowden, Betsy, Vol II
Bowden, Henry Warner, Vol I
Cargill, Jack, Vol I
Chandler, Daniel Ross, Vol II
Charney, Maurice Myron, Vol II
Cornelia, Marie E., Vol I
Crane, Susan, Vol III
Crozier, Alice Cooper, Vol II
Davidson, Harriet, Vol II
DeKoven, Marianne, Vol III
Demone, Harold Wellington, Vol I
Derbyshire, William W., Vol III
Diamond, Elin, Vol II
Dowling, William C., Vol III
Eidelberg, Martin, Vol I
Epstein, Richard, Vol III
Figueira, Thomas J., Vol I
Fitter, Chris, Vol II
Fizer, John, Vol III
Flitterman-Lewis, Sandy, Vol II
Fortenbaugh, William Wall, Vol I
Galperin, William, Vol III
Garcia, Laura, Vol IV
Garrison, Lora Dee, Vol I
Gasster, Michael, Vol I
George, Kearns, Vol III
Gibson, Donald B., Vol II
Gibson, Donald Bernard, Vol II
Gillespie, Angus K., Vol I
Gillette, William, Vol I
Gillis, John R., Vol I
Gossy, Mary S., Vol II
Grob, Gerald N., Vol I
Guetti, James L., Vol III
Habib, M.A. Rafey, Vol II

Hall, Gwendolyn Midlo, Vol I
Harris, Daniel A., Vol III
Hartman, Mary Susan, Vol I
Held, Joseph, Vol I
Hinds, Lennox S., Vol IV
Hoffman, Tyler B., Vol II
Howard, Angela, Vol I
Husak, Douglas Neil, Vol IV
Jeffrey, Thomas Edward, Vol I
Jehlin, Myra, Vol III
Johnson, James Turner, Vol IV
Kelley, Donald R., Vol I
Kivy, Peter Nathan, Vol IV
Klein, Peter David, Vol IV
Kubey, Robert W., Vol I
Levine, George L., Vol III
Lutz, Jessie Gregory, Vol I
Lutz, William, Vol I
Lyons, Bridget G., Vol III
Maman, Marie, Vol II
Marder, Tod A., Vol I
Marter, Joan, Vol I
Martin, Timothy, Vol II
Matro, Thomas G., Vol II
Matthews, Robert Joseph, Vol IV
McClure, John, Vol III
Mccolley, Diane K., Vol II
Mccormick, Richard P., Vol I
McKeon, Michael, Vol II
Mull, Donald L., Vol I
Nagy, Edward, Vol III
Obayashi, Hiroshi, Vol IV
Ostriker, Alicia, Vol III
Parker McLachlan, Elizabeth, Vol I
Penny Small, Jocelyn, Vol I
Picker, Martin, Vol I
Pirog, Gerald, Vol III
Qualls, Barry V., Vol III
Reed, James Wesley, Vol I
Robbins, Bruce, Vol I
Roberts, Brian, Vol II
Rockland, Michael Aaron, Vol I
Ruben, Brent David, Vol II
Ryan, Robert M., Vol II
Schick, Frederic, Vol IV
Serrano, Richard, Vol III
Slaughter, Thomas Paul, Vol I
Smalls, James, Vol I
Smith, Carol Hertzig, Vol II
Spector, Jack, Vol I
St. Clair Harvey, Archer, Vol I
Stern, Laurent, Vol IV
Stich, Stephen P., Vol IV
Stoianovich, Traian, Vol I
Strickland, Dorothy S., Vol I
Tarbell, Roberta K., Vol I
Tu, Ching-I, Vol III
Vesterman, William, Vol II
Walker, Janet Anderson, Vol III
Walling, William, Vol II
Warner, Michael D., Vol II
Wasserman, Mark, Vol I
Waxman, Chaim I., Vol I
Welsh, Andrew, Vol II
Westermann, Mariet, Vol I
Yanni, Carla, Vol I
Yolton, John W., Vol IV

Rutgers, The State Univ of New Jersey, Newark
Askin, Frank, Vol IV
Basch, Norma, Vol I
Blumrosen, Alfred W., Vol IV
Carlisle, Rodney, Vol I
Cottrol, Robert James, Vol IV
Crew, Louie, Vol II
Dain, Norman, Vol I
Davenport, Charles, Vol IV
Diner, Steven J., Vol I
Dorwart, Jeffery Michael, Vol I
Feinman, Jay M., Vol IV
Foley, Barbara, Vol II
Franklin, H. Bruce, Vol III
Hadas, Rachel, Vol II
Hyde, Alan Stuart, Vol IV
Hyman, Jonathan Morris, Vol IV
Kimball, Warren F., Vol I
Klinghoffer, Arthur Jay, Vol I
Lees, Andrew, Vol I
Leubsdorf, Joshua, Vol IV
Lewis, Jan Ellen, Vol I
Miller, Gabriel, Vol I
Patterson, D., Vol IV
Rohr, Michael D., Vol IV
Russell, Charles, Vol III
Russell, Frederick Hooker, Vol I
Showalter, English, Vol III

Sill, Geoffrey M., Vol II
Singley, Carol J., Vol II
Stieglitz, Robert R., Vol I
Tiger, Virginia Marie, Vol II
Tractenberg, Paul L., Vol IV
Watts, Ann Chalmers, Vol II
Wilshire, Bruce W., Vol IV

Rutgers, The State Univ of New Jersey, Rutgers Col
Brett-Smith, Sarah, Vol I
Goffen, Rona, Vol I
Kenfield, John F., III, Vol I
Puglisi, Catherine, Vol I
Small, Jocelyn Penny, Vol I
St Clair Harvey, Archer, Vol I

Ryerson Polytech Univ
Imboden, Roberta, Vol II
Mulhallen, Karen, Vol II

S H Kress Found
Perry, Marilyn, Vol I

Sacramento County Superior Court
Long, James L., Vol I

Sacred Heart Major Sem
Mehaffey, Karen Rae, Vol II

Sacred Heart Monastery
Forman, Mary, Vol I

Sacred Heart Univ
Manning, Christel, Vol I
Roney, John B., Vol I

Saddleback Col
Heffernan, William A., Vol II

Saginaw Valley State Col
Rayfield, David, Vol IV

Saginaw Valley State Univ
Braddock, Robert Cook, Vol I
Clark, Basil Alfred, Vol II
Gourd, William, Vol II
Munn, Paul, Vol II
Renna, Thomas Julius, Vol I
Thompson, Gary, Vol II
Wang, Mason Yu-Heng, Vol II

Saint Anselm Col
Berthold, George Charles, Vol IV

Salem State Col
Brown, Robert E., Vol II
Carter, Steven Ray, Vol II
Chomsky, Aviva, Vol I
Damon-Bach, Lucinda, Vol II
Elia, Richard Leonard, Vol II
Flibbert, Joseph Thomas, Vol II
Kessler, Rod, Vol II
Keyes, Claire J., Vol II
Parker, Patricia L., Vol II
Urbain, Henri, Vol III
Walker, Pierre (Peter), Vol II

Salem-Teikyo Univ
Florian, Robert Bruce, Vol I
Runyan, William Ronald, Vol II

Salisbury State Col
Clement, Grace, Vol IV
Kane, Francis, Vol IV
Tompson, G. Ray, Vol I
Waters, Michael, Vol II
Welsh, James Michael, Vol II

Salt Lake Comm Col
Vlam, Grace A.H., Vol I

Salve Regina Univ
Dimaio, Michael, Vol I

Sam Houston State Univ
Barker, Rosanne M., Vol I
Bilhartz, Terry D., Vol I
Camfield, Thomas M., Vol I
Castillo Crimm, Carolina, Vol I
Coers, Donald V., Vol II
Coffey, Joan L., Vol I
Dowdey, Diane, Vol II
Fair, Frank Kenneth, Vol IV
Harnsberger, R. Scott, Vol IV
Mallard, Harry, Vol I
Meredith, Hugh Edwin, Vol III
Olm, Lee Elmer, Vol I
Olson, James S., Vol I
Pappas, Nicholas C.J., Vol I
Patrick, Darryl L., Vol IV
Richardson, Don, Vol II
Roth, Mitchel, Vol I
Ruffin, Paul, Vol II
Wile, Kip, Vol I

Samford Univ
Allen, Lee Norcross, Vol I
Allgood, Myralyn Frizzelle,
   Vol III
Brown, James Seay, Jr., Vol I
Chapman, David W., Vol II
Frost, Ginger S., Vol I
Hull, William E., Vol IV
Humphreys, Fisher, Vol IV
Langum, David J., Vol IV
Mayfield, John, Vol I
Raabe, William A., Vol I
Rikard, Marlene Hunt, Vol I

San Diego State Univ
Adams, Elsie B., Vol II
Atterton, Peter C., Vol IV
Barbone, Steven, Vol IV
Benson, Jackson J., Vol II
Berge, Dennis Eugene, Vol I
Brown, Ruth Christiani, Vol II
Case, Thomas Edward, Vol III
Chu, Pao-Chin, Vol I
Coox, Alvin David, Vol I
Corlett, J. Angelo, Vol IV
Cox, Thomas Richard, Vol I
Cunniff, Roger Lee, Vol I
Dionisopoulos, George N., Vol II
Dukas, Vytas, Vol III
Farber, Gerald Howard, Vol III
Fisher, Robert Thaddeus, Vol IV
Foster, Frances Smith, Vol II
Gazell, James A., Vol I
Geist, Patricia, Vol II
Genovese, Edgar Nicholas, Vol I
Griswold, Jerome Joseph, Vol II
Hanchett, William, Vol I
Hayes, Floyd Windom, III, Vol I
Hoidal, Oddvar Karsten, Vol I
Hutchinson, George, Vol I
Jackson, Elizabeth R., Vol III
Keller, Karl, Vol II
Kushner, Howard I., Vol I
Kushner, Howard Irvin, Vol I
Lauzen, Martha M., Vol II
Lustig, Myron W., Vol III
Lyman-Hager, Mary Ann, Vol III
Martin, Donald R., Vol II
Meadows, Eddie, Vol I
Neumeyer, Peter F., Vol II
Peterson, Richard Hermann, Vol I
Real, Michael, Vol II
Rosenstein, Leon, Vol IV
Savvas, Minas, Vol III
Shapiro, Lewis P., Vol III
Silverman, Malcolm Noel, Vol III
Spitzberg, Brian H., Vol II
Steele, Richard William, Vol I
Stites, Francis Noel, Vol I
Strong, Douglas Hillman, Vol I
Vanderwood, Paul Joseph, Vol I
Warren, Edward W., Vol III
Weber, Shirley Nash, Vol I
Weston, Thomas Spengler, Vol IV

San Diego Theol Sem
Morris, Paul, Vol IV

San Fernando Cathedral
Empereur, James L., Vol IV

San Francisco Medical Assn
Coleman, Arthur H., Vol IV

San Francisco State Univ
Bach, Kent, Vol IV
Bassan, Maurice, Vol II
Berger, Arthur A., Vol II
Busby, Rudolph E., Vol II
Cherny, Robert Wallace, Vol I
Chinosole, Vol III
Dickey, William, Vol II
Feinstein, Herbert Charles
   Verschleisser, Vol II
Felstiner, Mary Lowenthal, Vol I
Gregory, Michael Strietmann,
   Vol II
Head, Laura Dean, Vol I
Illick, Joseph E., Vol I
Issel, William Henry, Vol I
Jaimes-Guerrero, Mariana, Vol I
Johnson, Phil Brian, Vol I
Middlebrook, Jonathan, Vol II
Needleman, Jacob, Vol IV
Richards, Johnetta Gladys, Vol I
Rischin, Moses, Vol I
Rudnick Luft, Sandra, Vol I
Schechter, Joel, Vol II
Seely, Gordon M., Vol I
Solomon, H. Eric, Vol II
Zimmerman, Michael, Vol II

San Francisco Theol Sem
Park, Eung Chun, Vol IV
Waetjen, Herman C., Vol IV

San Jose State Univ
Boll, Michael Mitchel, Vol I
Boudreau, Joseph A., Vol I
Brooks, Robin, Vol I
Chan, Loren Briggs, Vol I
Cook, D. Noam, Vol IV
Goldman, Aaron L., Vol I
Hinckley, Ted C., Vol I
Jensen, Billie B, Vol I
Kao, Arthur Mu-sen, Vol I
Leddy, T., Vol IV
Leung, Kai-Cheong, Vol III
Mcneil, David O., Vol I
Melendy, Howard Brett, Vol I
Mengxiong, Liu, Vol II
Moore, George Eagleton, Vol I
Reynolds, E. Bruce, Vol I
Roth, Jonathan, Vol I
Walker, Ethel Pitts, Vol II
Wheeler, Gerald Everett, Vol I
Wilcox, Dennis Lee, Vol II

Sangamon State Univ
Jackson, Jacqueline Dougan,
   Vol II

Santa Barbara City Col
Frakes, George Edward, Vol I

Santa Clara Univ
Alexander, George J., Vol IV
Burnham, Michelle, Vol II
Calkins, Martin S.J., Vol IV
Dreher, Diane Elizabeth, Vol II
Felt, James Wright, Vol IV
Field, A.J., Vol I
Gelber, Steven Michael, Vol I
Gordon, Mary Mcdougall, Vol I
Hanson, Eric O., Vol III
Jimenez, Francisco, Vol III
Jontepace, D., Vol IV
McKevitt, Gerald, Vol I
Osberg, Richard H., Vol II
Pierson, Peter O'Malley, Vol I
Spohn, William C., Vol IV
White, Fred D., Vol II

Santa Monica Col
Nieman, Nancy Dale, Vol III

Sarah Lawrence Col
Davis, Michael Peter, Vol IV
Krupat, Arnold, Vol II
Swerdlow, Amy, Vol I

Savannah Col of Art and Design
Forrest, Larry W., Vol I
Gobel, David W., Vol I
Williams, Robin B., Vol I

Savannah State Univ
Fisher, James Randolph, Vol III
Milledge, Luetta Upshur, Vol II
Simmons, Jack R., Vol IV

Sawyer & Myerberg
McNeill, Susan Patricia, Vol IV

Sch for Univ Studies
Teehan, John, Vol IV

Sch of American Research
Schwartz, Douglas W., Vol I

Sch of the Art Inst of Chicago
Bock-Weiss, Catherine C., Vol I
Burnell, Devin, Vol I
Elkins, James, Vol I
Goldman, Jean, Vol I
Guenther, Barbara J., Vol II
Halwani, Raja, Vol IV
Olin, Margaret, Vol I
Pinder, Kymberly, Vol I
Ranes, Barbara, Vol I
Roeder, George H., Vol I
Sloan, Thomas, Vol I
Stern, Robin, Vol I

Sch of the Ozarks
Zabel, James Allen, Vol I

Schnader Harrison Segal Lewis
Brown, William H., III, Vol IV

Scripps Col
Adler, Sara Maria, Vol III
Blaine, Bradford Bennett, Vol I
Greene, Gayle Jacoba, Vol II
Neumann, Harry, Vol IV
Walker, Cheryl, Vol II
Wicker, Kathleen O'Brien, Vol IV

Seabury-Western Theol Sem
Rothauge, Arlin J., Vol IV

Seattle Pacific Univ
Spina, Frank Anthony, Vol IV
Steele, Richard B., Vol IV
Swayne, Steven Robert, Vol IV

Seattle Univ
Adelman, Mara, Vol II
Bosmajian, Hamida, Vol II
Bullon-Fernandez, Maria, Vol II
Burnstein, Daniel, Vol I
Chamberlain, Gary L., Vol IV
Cobb, Jerry, Vol II
Cumberland, Sharon L., Vol II
Dombrowski, Daniel, Vol IV
Iyer, Nalini, Vol II
Leigh, David, Vol II
Marinoni, R. Max, Vol III
McGee, Henry W., Jr., Vol IV

Miller, Jacquelyn C., Vol I
Perozo, Jaime J., Vol III
Philpott, Jeffrey S., Vol II
Reichmann, James B., Vol IV
Reinking, Victor, Vol III
Risser, James C., Vol IV
Rodriguez-Holguin, Jeanette,
   Vol IV
Rowan, Stephen C., Vol II
Skover, David, Vol IV
Stark, James, Vol III
Tadie, Andrew A., Vol II
Taylor, Tom, Vol I
Weihe, Edwin, Vol II

Selma Univ
Garcia, William Burres, Vol I

Seminole Comm Col
Wright, Stephen Caldwell, Vol II

Seton Hall Univ
Adams, Michelle, Vol IV
Ambrosio, Michael P., Vol IV
Bershad, Lawrence, Vol IV
Blackburn, Terence L., Vol IV
Boozang, Kathleen M., Vol IV
Bracken, W. Jerome, Vol IV
Bulbulia, Ahmed I., Vol IV
Burk, Dan L., Vol IV
Caraballo, Wilfredo, Vol IV
Carmella, Angela C., Vol IV
Carpentier, Martha C., Vol II
Catania, Andrea, Vol IV
Chu, Petra, Vol I
Chu, Petra ten-Doesschate, Vol I
Frizzell, Lawrence E., Vol IV
Gray, Jeffrey, Vol II
Herrera, Robert Anthony, Vol IV
Leab, Daniel Josef, Vol I
MacPhee, Laurence Edward,
   Vol II
Mahoney, Joseph F., Vol I
Mathes, William Lloyd, Vol I
Nardone, Richard Morton, Vol I
O'Connor, David, Vol IV
Pastor, Leslie P., Vol I
Smith, William A., Vol IV
Weisl, Angela Jane, Vol II
Zalacain, Daniel, Vol II

Seton Hill Col
Spurlock, John C., Vol I
Toler, Colette, Vol II

Shaker Village
Finkelpearl, Philip J., Vol II

Shakoor, Grubba & Miller, PLLC
Shakoor, Adam Adib, Vol IV

Shaw Univ
Cofield, Elizabeth Bias, Vol I

Shaw, Pittman, Potts & Trowbridge
Finlayson, Arnold Robert, Vol IV
Latham, Weldon Hurd, Vol IV

Shearith Israel
Angel, Marc D., Vol I

Shenandoah Univ
Jacobs, John T., Vol II
Lesman, Ann St Clair, Vol III
St. Clair Lesman, Ann, Vol III
Wooldridge, John B., Vol III

Shepherd Col
Austin, Michael, Vol II
Hanak, Walter Karl, Vol I
Holland, James C., Vol I

Sheppard Pratt Health System
Roca, Robert Paul, Vol IV

Shiloh Baptist Church
Smith, Wallace Charles, Vol IV

Shippensburg Univ of Pennsylvania
Leighow, Susan, Vol I
Offner, John L., Vol I
Quist, John W., Vol I
Rimby Meo, Susan, Vol I
Snow, George Edward, Vol I

Shorter Col
Nash, Robert N., Vol IV
Nash, Robert N., Jr., Vol I
Sheeley, Steven M., Vol IV

Siena Col
Boisvert, Raymond, Vol IV
Burkey, John, Vol IV
Dick, Michael B., Vol IV
Fiore, Peter Amadeus, Vol II
Hannay, Margaret Patterson, Vol II
Meany, Mary Walsh, Vol IV
Munir, Fareed Z., Vol III
Murphy, John C., Vol I
Yoon, Won Z., Vol III
Zaas, Peter S., Vol IV

Simmons Col
Gregory, Wanda Torres, Vol IV
Hernon, Peter, Vol II
Lyman, Richard B., Vol I
Raymond, Diane, Vol IV
Stafford, Sue P., Vol IV
Thiruvengadam, Raj, Vol IV
Torres-Gregory, Wanda, Vol IV

Simon Fraser Univ
Black, Stephen Ames, Vol II
Boyer, Richard, Vol I
Buitenhuis, Peter M., Vol II
Carlson, Roy L., Vol I
Cohen, Marjorie G., Vol I
Davison, Rosena, Vol III
Day, Charles Rodney, Vol I
Debo, Richard K., Vol I
Delany, Paul, Vol II
Delany, Sheila, Vol II
Djwa, Sandra A., Vol II
Fellman, Michael, Vol I
Gomez-Moriana, Antonio, Vol I
Harden, Edgar Frederick, Vol II
Kirschner, Teresa, Vol II
Kitchen, Martin, Vol I
Little, John Irvine, Vol I
Merler, Grazia, Vol III
Murray, Catherine A., Vol II
Parr, Joy, Vol I
Roesch, Ronald, Vol I
Spagnolo, John Peter, Vol I
Steig, Michael, Vol II
Todd, Donald David, Vol IV

Simpson Col, California
Brown, Stephen G., Vol IV

Simpson Col, Iowa
Gieber, Robert L., Vol III
Walt, Joseph W., Vol I

Sixth Mt Zion Baptist Temple
Jefferson, M. Ivory, Vol IV

Skidmore Col
Black, Brian C., Vol I
Ciancio, Ralph Armando, Vol II
Clapper, Michael, Vol I
Denzey, Nicola, Vol IV
Gelber, Lynne Levick, Vol III
Kuroda, Tadahisa, Vol I

Lewis, Thomas Spottswood
  Wellford, Vol II
Lynn, Mary Constance, Vol I
Porter, David H., Vol I
Roth, Phyllis Ann, Vol II
Weller, Eric John, Vol IV
Zangrando, Joanna Schneider,
  Vol I

**Slippery Rock Univ of
  Pennsylvania**
Bass, Eben E., Vol II
Curry, Elizabeth Reichenbach,
  Vol II
Egan, Mary Joan, Vol II
Larsen, Allan W., Vol IV
Lasarenko, Jane, Vol II
McIlvaine, Robert Morton, Vol II
Nichols, John A., Vol I
Prorok, Carolyn, Vol I
Wilson, Bradley E., Vol IV
Zinni, Hannah Case, Vol III

Smith & Associates
Smith, Heman Bernard, Vol IV

Smith & Forbes
Smith, Stanley G., Vol IV

Smith Col
Ackelsbert, Martha A., Vol I
Aldrich, Mark, Vol I
Ball, D., Vol III
Banerjee, Maria Nemcova, Vol II
Berkman, Leonard, Vol II
Buettner, Brigitte, Vol I
Clemente, Alice Rodrigues, Vol III
Connolly, John M., Vol IV
Davis, Charles Roger, Vol II
Davis, John, Vol I
Derr, Thomas Sieger, Vol IV
Donfried, Karl P., Vol IV
Ellis, Frank Hale, Vol II
Felton, Craig, Vol I
Flower, Dean Scott, Vol II
Graf, Eric, Vol III
Gregory, Justina Winston, Vol I
Haddad, Robert Mitchell, Vol I
Horowitz, Daniel, Vol I
Houser, Caroline, Vol I
Kellum, Barbara, Vol I
Leibsohn, Dana, Vol I
Leshko, Jaroslav, Vol I
Morris-Hale, Walter, Vol I
Moulton, Janice, Vol II
Nenner, Howard Allen, Vol I
Patey, Douglas L., Vol II
Rhie, Marylin, Vol I
Sajdak, Bruce T., Vol II
Salisbury, Neal, Vol I
Schuster, Marilyn R., Vol III
Seelig, Sharon Cadman, Vol II
Sherr, Richard Jonathan, Vol I
Skarda, Patricia Lyn, Vol II
Sternbach, Nancy Saporta, Vol III
Unno, Taitetsu, Vol IV

Smithsonian Inst
Bedini, Silvio A., Vol III
Billington, James H., Vol I
Crew, Spencer R., Vol I
Crouch, Tom Day, Vol I
Daniel, Pete, Vol I
Davis, Audrey Blyman, Vol I
Dillon, Wilton Sterlin, Vol I
Fern, Alan M., Vol I
Forman, P., Vol I
George, Luvenia A., Vol I
Kotler, Neil G., Vol I
Multhauf, Robert Phillip, Vol I
Needell, Allan A., Vol I
Post, Robert C., Vol I
Rand, Harry, Vol I
Rothenberg, Marc, Vol I
Sharrer, George Terry, Vol I
Viola, Herman Joseph, Vol I
Washburn, Wilcomb Edward,
  Vol I
White, John Hoxland, Vol I

So Adventist Univ
McClarty, Wilma King- Doering,
  Vol II

**So Arkansas Univ,
  Magnolia**
Willis, James F., Vol I

So Baptist Theol Sem
Akin, Daniel L., Vol IV
Anderson, Marvin W., Vol IV
Beougher, Timothy K., Vol IV
Blaising, Craig A., Vol IV
Blevins, James Lowell, Vol IV
Block, Daniel I., Vol I
Chancellor, James D., Vol I
Conver, Leigh E., Vol IV
Cook, E. David, Vol IV
Cunningham, Jack R., Vol IV
Deering, Ronald F., Vol I
Dickson, John H., Vol I
Drinkard, Joel F., Jr., Vol IV
Ellis Smith, Marsha A., Vol IV
Fuller, Russell T., Vol IV
Hinson, E. Glenn, Vol IV
House, Paul R., Vol IV
Hughes, Robert Don, Vol IV
Lawless, Charles E., Vol IV
Mitchell, C. Ben, Vol IV
Mohler, R. Albert, Jr., Vol IV
Polhill, John B., Vol IV
Rainer, Thom S., Vol IV
Richardson, Brian C., Vol IV
Rothenbusch, Esther H., Vol I
Schreiner, Thomas R., Vol IV
Simpson, Mark E., Vol IV
Stein, Robert H., Vol IV
Terry, J. Mark, Vol IV
Ware, Bruce A., Vol IV
Williams, Dennis E., Vol IV
Wills, Gregory A., Vol I

So California Col
Camery Hoggatt, Jerry, Vol IV
Cerillo, Augustus, Vol I
Clark, David, Vol IV
Williams, William C., Vol IV
Wilson, John, Vol I
Wilson, Lewis, Vol I

So Carolina State Mus
Stroup, Rodger Emerson, Vol I

So Carolina State Univ
Hine, William Cassidy, Vol I
Michaux, Henry G., Vol I

So Connecticut State Univ
Ausmus, Harry Jack, Vol I
Feinberg, Harvey Michael, Vol I
Garvey, Sheila Hickey, Vol II
Holley, Sandra Cavanaugh, Vol II
Lee, Ta-ling, Vol III
Russell, Tilden A., Vol I
Vena, Michael, Vol III

So Dakota State Univ
Funchion, Michael Francis, Vol I
Marken, Jack Walter, Vol II
Miller, John Edward, Vol I

So Evangelical Sem
Beckwith, Frank, Vol IV
Geisler, Norman Leo, Vol IV
Rhodes, Ron, Vol IV
Zacharias, Ravi, Vol IV

**So Illinois Univ,
  Carbondale**
Alexander, Thomas, Vol IV
Angelis, Paul J., Vol III
Barton, H. Arnold, Vol I
Bender, Marvin Lionel, Vol III
Bennett, Paula, Vol II
Betz, Frederick, Vol III
Collins, K.K., Vol III

Detwiler, Donald Scaife, Vol I
Dotson, John Edward, Vol I
Fanning, Charles F., Vol II
Gillan, Garth J., Vol II
Gobert, David Lawrence, Vol III
Gold, Robert Leonard, Vol I
Gorman, Carma, Vol I
Hartman, Steven Lee, Vol III
Hill, Jonathan D., Vol I
Howell, John M., Vol II
Hoyt, Charles Alva, Vol II
Mcleod, Archibald, Vol I
Meinhardt, Warren Lee, Vol III
Morey, Ann-Janine, Vol IV
Moss, Sidney Phil, Vol II
Nathan, Geoffrey Steven, Vol III
Nguyen, Dinh-Hoa, Vol III
Paddon, Anna R., Vol I
Parish, Charles, Vol III
Perkins, Allan Kyle, Vol III
Schedler, George Edward, Vol IV
Schonhorn, Manuel, Vol II
Simon, John Y., Vol I
Stalls, M., Vol I
Timpe, Eugene Frank, Vol III
Weeks, T.R., Vol I
Werlich, David P., Vol I
Williams, Rhys H., Vol I
Williams, Tony, Vol II
Wilson, David L., Vol I
Winchatz, Michaela R., Vol II
Woodbridge, Hensley Charles,
  Vol III

**So Illinois Univ,
  Edwardsville**
Astour, Michael Czernichow, Vol I
Bukalski, Peter J., Vol II
Chen, Ching-Chih, Vol I
Corr, Charles A., Vol IV
Danley, John Robert, Vol IV
Griffen, Toby David, Vol III
Haas, James M., Vol II
Hill, Jason D., Vol I
Mann, Joan Debbie, Vol III
Meyering, Sheryl L., Vol II
Murphy, Patrick D., Vol I
Nore, Ellen, Vol I
Pearson, Samuel C., Vol I
Richardson, Betty, Vol II
Schmidt, Barbara Quinn, Vol II
Valley, David B., Vol II
Weingartner, James Joseph, Vol I
Wilson, Rudolph George, Vol I

So Methodist Univ
Babcock, William Summer, Vol I
Brettell, Caroline B., Vol I
Cordell, Dennis Dale, Vol I
Countryman, Edward, Vol I
Cox, Gary D., Vol III
Davis, Ronald Leroy, Vol I
Deschner, John, Vol IV
Howe, Leroy T., Vol IV
McCullagh, Mark, Vol IV
McKnight, Joseph Webb, Vol I
Mears, John A., Vol I
Niewyk, Donald Lee, Vol I
Ogden, Schubert Miles, Vol IV
Shuman, Daniel Wayne, Vol IV
Spiegelman, Willard Lester, Vol II
Thornburg, E.G., Vol I
Tyson, Joseph B., Vol IV
Weber, David J., Vol I
Williams, Richard Hal, Vol I
Wood, Charles M., Vol IV

So Nazarene Univ
Brackell, Pamela, Vol II
Bracken, Pamela, Vol II
Tashjian, Jirair S., Vol IV

So Polytech State Univ
Barnum, Carol, Vol II
Haimes Korn, Kim, Vol II
Kelly, Rebecca, Vol II
Pfeiffer, Sandy W., Vol II
Rainey, Kenneth T., Vol II
Stevens, Mark, Vol II
Tumlin, John S., Vol IV
Wess, Robert C., Vol IV

So Univ
Isadore, Harold W., Vol IV
Peoples, VerJanis Andrews, Vol I
Ridgel, Gus Tolver, Vol I
Tarver, Leon R., II, Vol I

So Univ and A&M Col
Lane, Pinkie Gordon, Vol II
Tolson, Arthur L., Vol I
Vincent, Charles, Vol I

So Univ, New Orleans
James, Felix, Vol I
Jordan, Eddie Jack, Sr., Vol I
Worthy, Barbara Ann, Vol I

So Utah Univ
Aton, James M., Vol II
Harrison, James W., Vol III
Heuett, Brian L., Vol II
Lee, David, Vol II
Lee, William David, Vol II
Vlasich, James Anthony, Vol I

So Virginia Col
Armstrong, John M., Vol IV
Cluff, Randall, Vol II

So Wesleyan Univ
Bross, James Beverley, Vol IV

**Soc Study Architecture
  Canada**
Thomas, Diana, Vol I

Sojourner-Douglass Col
Murray, Mabel Lake, Vol I

Soka Univ
Bruce, James C., Vol III

Sonoma State Univ
Abernethy, Cecil Emory, Vol II
Castillo, Ed, Vol I
Clayton, Philip, Vol IV
Haslam, Gerald William, Vol II
Martinez, Elizabeth Coonrod,
  Vol II
Mellini, Peter John Dreyfus, Vol I
Rust, Ezra Gardner, Vol I
Wautischer, Helmut, Vol IV
Webster, Niambi Dyanne, Vol I
White, David Anthony, Vol I

South Carolina State Univ
Harris, Gil W., Vol II
Johnson, Alex C., Vol II
Washington, Sarah M., Vol II

**Southeast Missouri State
  Univ**
Hamblin, Robert W., Vol II
Hoffman, Steven J., Vol I
Reinheimer, David, Vol II
Veneziano, Carol, Vol I

**Southeastern Baptist Theol
  Sem**
Bush, Luthor Russell, III, Vol IV
Carson, Logan, Vol IV
Kostenberger, Andreas J., Vol IV

**Southeastern Louisiana
  Univ**
Gaines, James Frederick, Vol III
Kurtz, Michael L., Vol I

**Southeastern
  Massachusetts Univ**
Dace, Tish, Vol II
Koot, Gerard M., Vol I
Sandstroem, Yvonne Luttropp,
  Vol II
Washington, Ida Harrison, Vol III
Yoken, Mel B., Vol III

**Southeastern Oklahoma
  State Univ**
Emge, Steven W., Vol I

**Southwest Missouri State
  Univ**
Baumlin, James S., Vol II
Burgess, Stanley M., Vol IV
Burling, William J., Vol II
Coad Dyer, Sam, Vol II
Dicke, Thomas Scott, Vol I
French Baumlin, Tita, Vol II
Giglio, James Nicholas, Vol I
Hedrick, Charles Webster, Vol IV
Lederer, Katherine, Vol II
Lewis, Andrew Wells, Vol I
Luckert, Karl Wilhelm, Vol I
Miller, Worth Robert, Vol I
Moran, Jon S., Vol IV
Moyer, James Carroll, Vol IV
Park-Fuller, Linda M., Vol II
Paxton, Mark, Vol II
Polly, Lyle R., Vol III
Smith, Ralph R., Vol II
Stanton, Don, Vol II

Southwest State Univ
Cafaro, Philip, Vol IV

**Southwest Texas State
  Univ**
Arnoult, Sharon, Vol I
Bell-Metereau, Rebecca, Vol II
Blair, John, Vol II
Brandimarte, Cynthia A., Vol I
Brister, Louis Edwin, Vol III
Brown, Ronald Conklin, Vol I
Brunson, Martha Luan, Vol II
Chase Hankins, June, Vol II
Chavkin, Allan, Vol II
Coulson, J. Peter, Vol II
de la Teja, J.F., Vol I
Dunn, Dennis John, Vol I
England, Michael Timothy, Vol II
Grayson, Nancy Jane, Vol II
Hennessy, Michael, Vol II
Laird, Edgar, Vol II
Liddle, William D., Vol I
Lochman, Dan, Vol II
Makowski, Elizabeth, Vol I
Margerison, Kenneth, Vol I
Marron, Maria B., Vol II
Monroe, Debra, Vol II
Nelson, David C., Vol II
Peirce, Kate L., Vol II
Pohl, James William, Vol I
Rao, Sandhya, Vol II
Renfro, Paula C., Vol II
Renfro, R. Bruce, Vol II
Salem, Philip, Vol II
Skerpan-Wheeler, Elizabeth P.,
  Vol II
Smith, Joanne Hamlin, Vol I
Swinney, Everette, Vol I
Yick, Joseph Kong Sang, Vol I

**Southwestern Adventist
  Col**
Sicher, Erwin, Vol I

**Southwestern Baptist
  Theol Sem**
Babler, John, Vol IV
Black, Wesley O., Vol I
Brehm, H. Alan, Vol IV
Brisco, Thomas V., Vol I
Dale Lea, Thomas, Vol IV
Eldridge, Daryl, Vol I
Garrett, James Leo, Vol IV
Garrett, Robert I., Jr., Vol IV
Johnson, Rick L., Vol IV

Kent, Dan Gentry, Vol IV
Kirkpatrick, W. David, Vol IV
Lea, Thomas Dale, Vol IV
Lovejoy, Grant I., Vol IV
Lyon, Steve, Vol IV
Mathis, Robert, Vol IV
McBeth, Harry Leon, Vol I
Stevens, Paul W., Vol IV
Welch, Robert H., Vol IV
Yount, William R., Vol I

Southwestern Baptist Univ
Gallatin, Harlie Kay, Vol I

Southwestern Bell Telephone Co
Nobles, Patricia Joyce, Vol IV

Southwestern Col, California
Bekendorf, Ray R., Vol II

Southwestern Col, Kansas
Gray, Wallace, Vol IV

Southwestern Oklahoma State Univ
Jones, Robin A., Vol II
Lackey, Robert Sam, Vol III
Nadel, Stanley, Vol I
Nadel, Stanley, Vol I

Southwestern Univ
Gottschalk, Peter, Vol I
Hobgood-Oster, Laura, Vol I
Neville, Gwen K., Vol I
Spellman, Norman Woods, Vol IV

Southwestern Univ Sch of Law
Darden, Christopher A., Vol IV
Glasco, Anita L., Vol I
Kushner, James Alan, Vol IV
Pugsley, Robert Adrian, Vol IV

Spalding Univ
Byers, Lori, Vol II
Hoyt-O'Connor, Paul E., Vol IV
Martos, Joseph, Vol IV

Spelman Col
Carter, Barbara Lillian, Vol I
Crim, Alonzo A., Vol I
Ganz, Margery Ann, Vol I
Guy-Sheftall, Beverly, Vol II
Martinez, Roy, Vol IV
Rates, Norman M., Vol IV
Robinson, Jontyle Theresa, Vol I
Sizemore, Christine Wick, Vol II

Spencer Inst for Business
Porter, Jack Nusan, Vol I

Spertus Inst of Jewish Studies
Sherwin, Byron Lee, Vol III

Spokane Comm Col
Williams, James Hiawatha, Vol I

Spotsylvania County Schools
Birchette, William Ashby, III, Vol I

Spring Arbor Col
Dibaba, Mamo, Vol I

Spring Hill Col
Gilmore, George Barnes, Vol IV

Spring Valley Ranch
Falero, Frank, Vol I

SS Cyril & Methodius Sem
Smith, Pamela A., Vol IV

SSHRCC
Lynn, Penrod, Vol II

St. Ambrose Univ
Bradley, Ritamary, Vol II
Jacobson, Paul Kenneth, Vol IV
McDaniel, George William, Vol I

St. Anastasia Catholic Church
Kaucheck, Ken, Vol IV

St. Andrew's Col
Jobling, David, Vol IV

St. Andrews Presbytarian Col
Alexander, W.M., Vol IV
Bennett, Carl D., Vol II

St. Anselm Col
Cassidy, James G., Vol I
Constance, Joseph, Vol I
Foster, Anne L., Vol I
Huff, Peter A., Vol I
Major, Wilfred E., Vol I
Mason, Francis M., Vol I
Pajakowski, Philip E., Vol I
Shannon, Sylvia C., Vol I

St. Augustine's Sem
Davies, Gordon F., Vol IV

St. Bernard Church
Tiso, Francis V., Vol IV

St. Bernard's Inst
Karaban, Roslyn A., Vol IV

St. Bonaventure Univ
Amico, Robert P., Vol IV
Dooley, Patrick Kiaran, Vol IV
Eckert, Edward K., Vol I
Martine, James John, Vol II
Whelan, Winifred M., Vol IV
Williams, Penny, Vol II
Wood, Paul William, Vol III

St. Boniface Col
Heidenreich, Rosmarin, Vol III

St. Cecilia Parish
Soroka, Jacek, Vol IV

St. Cloud State Univ
Anderson, Myron George, Vol IV
Gower, Calvin William, Vol I
Hong, Chang-Seong, Vol IV

St. Edmund's Episcopal Church
Tolliver, Richard Lamar, Vol IV

St. Edward's Univ
Acker, Paul, Vol II
Benis, Toby Ruth, Vol II
Benoit, Raymond, Vol IV
Casaregola, Vincent, Vol II
Critchlow, Donald T., Vol I
Curran, Thomas F., Vol I
Ferrari, Rita, Vol II
Fisher, James T., Vol I
Fournier, Lucien, Vol I
Hasler, Antony, Vol II
Johnston, Georgia, Vol II
Jones, Ellen, Vol II
Klawitter, George, Vol II
Latta, Kimberly, Vol II
Moisan, Thomas, Vol II
Rainwater, Mary Catherine, Vol II
Scott, James F., Vol II
Shippey, T.A., Vol II
Smith, Duane, Vol II
Stump, Donald, Vol II
Walsh, Thomas M., Vol II

St. Francis Col
Galgan, Gerald J., Vol IV

St. Francis Col, Pennsylvania
McKale, Michael, Vol IV
Neeley, G. Steven, Vol IV

St. Francis Xavier Univ
Cameron, James D., Vol I
English, Leona, Vol IV
Hogan, Patricia, Vol I
MacDonald, Burton, Vol I
Mensch, James, Vol IV
O'Brien, Kevin, Vol II
Stanley-Blackwell, Laurie, Vol I
Walsh, Patrick F., Vol II

St. Gabriel Episcopal Church
Parker, Sidney Baynes, Vol I

St. Gregory's Col
Roberts, Victor William, Vol IV

St. Jerome's Univ
Campbell, Gerry, Vol IV
Centore, Floyd, Vol IV
Demarco, Don, Vol IV
Diehl Jones, Charlene, Vol II
Fogel, Stan, Vol II
Hinchcliffe, Peter, Vol II
McCormack, Eric, Vol II
McGee, Christopher Edward, Vol II
McLaughlin, Ken, Vol I
Niccoli, Gabriel, Vol III
Seljak, David, Vol IV
Stortz, Gerry, Vol I
Wahl, Jim, Vol I

St. John Fisher Col
Kollar, Nathan Rudolph, Vol IV
Marceau, William Charles, Vol III
Sullivan, William Joseph, Vol IV

St. John Lutheran Church
Delaney, David K., Vol I

St. John Vianney Col Sem
Laumakis, Stephen J., Vol IV

St. John's Col, Manitoba
Carroll, Francis Martin, Vol I

St. John's Col, Maryland
Barbera, Andre, Vol I
O'Donovan-Anderson, Michael, Vol IV

St. John's Presbyterian Church
Wilson, Victor M., Vol IV

St. John's Univ
Cevasco, George Anthony, Vol II
Chuang, Rueyling, Vol IV
Coppa, Frank John, Vol I
Curran, Thomas J., Vol I
Dircks, Richard J., Vol II
Dolling, Lisa M., Vol IV
Drekonja, Otmar Maximilian, Vol II
Finn, Daniel R., Vol IV
Gregory, David L., Vol IV
Griffin, William Denis, Vol I
Hagedorn, Nancy L., Vol I
Haile, Getatchew, Vol III
Harmond, Richard Peter, Vol I
Hostetler, Michael J., Vol II
Kinkley, Jeffrey Carroll, Vol I
Maertz, Gregory, Vol II
Mockler, Robert J., Vol I
Richardson, Scott D., Vol III
Slattery, Kenneth F., Vol IV
Tegeder, Vincent George, Vol I
White, Howard A., Vol IV
White, Leland J., Vol IV

St. Joseph Col
Lacey, Barbara E., Vol I

St. Joseph's Col, Alberta
Groppe, John Daniel, Vol II
Scott, Timothy, Vol IV

St. Joseph's Col, Indiana
Heiman, Lawrence Frederick, Vol I

St. Joseph's Col, Maine
Reilly, Edward J., Vol II

St. Joseph's Sem
Hull, Michael F., Vol IV

St. Joseph's Univ
Burch, Francis Floyd, Vol III
Burton, David Henry, Vol I
Cohen, Eileen Z., Vol II
Donahue, Thomas John, Vol III
Feeney, Joseph John, Vol II
Ferere, Gerard Alphonse, Vol I
Fusco, Richard, Vol II
Genovesi, Vincent Joseph, Vol IV
Gilman, Owen W., Vol II
Jackson, Arlene M., Vol II
Jenemann, Albert Harry, Vol IV
Krahmer, Shawn Madison, Vol IV
Linehan, Elizabeth Ann, Vol IV
Lombardi, Joseph L., Vol IV
Marzik, Thomas David, Vol I
Miller, Randall Martin, Vol I
Morris, Francis J., Vol II
Norberg, Peter, Vol II
Parker, Jo Alyson, Vol II
Schmandt, Raymond Henry, Vol I
Smith, Mark Stratton, Vol IV
Traupman, John Charles, Vol I
Wendling, Ronald Charles, Vol II

St. Lawrence Univ
Bellamy, Joe David, Vol II
Berger, Thomas Leland, Vol II
Coburn, Thomas Bowen, Vol I
DeGroat, Judith A., Vol I
Glover, Albert Gould, Vol II
Goldberg, Rita Maria, Vol III
Matteson, Robert Steere, Vol II

St. Linus Church
Phillips, Randall R., Vol IV

St. Louis Comm Col
Dunne, Joseph Fallon, Vol II

St. Louis Univ
Berman, Scott, Vol IV
Blackwell, Richard Joseph, Vol IV
Bourke, Vernon Joseph, Vol IV
Charron, William C., Vol IV
Critchlow, D.T., Vol I
DuBois, James M., Vol IV
Faherty, William Barnaby, Vol I
Fleener, Charles Joseph, Vol I
Gaffney, John Patrick, Vol IV
Guentner, Frances J., Vol I
Herron, Robert Deupree, Vol III
Knipp, Thomas Richard, Vol II
Kolmer, Elizabeth, Vol I
Levie, Howard Sidney, Vol IV
Madden, T.F., Vol I
Magill, Gerard, Vol IV
McNamee, Maurice Basil, Vol II
Miller, Clarence Harvey, Vol II
Ordower, Henry M., Vol IV
Pautrot, Jean-Louis, Vol III
Rozbicki, Michael J., Vol IV
Ruddy, T. Michael, Vol I
Sanchez, Jose Mariano, Vol I
Scott, James Frazier, Vol II
Stampino, Maria Galli, Vol III
Thro, Linus J., Vol IV
Treadgold, Warren, Vol IV
Tuchler, Dennis John, Vol IV

St. Luke's Episcopal Church
Terry, Mickey Thomas, Vol I

St. Mark Lutheran Church
Wollenberg, Bruce, Vol IV

St. Martin's Col
Langill, Richard L., Vol I
Seidel, George J., Vol IV
Winston Suter, David, Vol IV

St. Mary Church
Vincent, David, Vol IV

St. Mary Graduate Sch
Latcovich, Mark A., Vol IV

St. Mary's Col of Maryland
Krondorfer, Bjoern, Vol IV
Paskow, Alan, Vol IV
Rosemont, Henry, Vol IV
Stabile, Donald Robert, Vol I
Von Kellenbach, Katharine, Vol IV

St. Mary's Col, California
Beran, Carol L., Vol II
Dawson Boyd, Candy, Vol III
Guarneri, Carl J., Vol I
Lemke-Santangelo, Gretchen, Vol I
Lu, Matthias, Vol IV
Santiago, Myrna, Vol I

St. Mary's Col, Indiana
Klene, Mary Jean, Vol II
Sayre, Patricia, Vol IV
Weiss, Herold D., Vol IV

St. Mary's Col, Maryland
Winnik, Herbert Charles, Vol I

St. Mary's Sem and Univ
Gorman, Michael J., Vol IV
Talar, Charles J. T., Vol IV

St. Mary's Univ
Carrigan, David O., Vol I

St. Mary's Univ of San Antonio
Leies, John A., Vol IV

St. Meinrad Sch of Theol
Cody, Aelred, Vol IV
Walter, James Joseph, Vol IV

St. Michael's Col
Kaplan, Carey, Vol II
Kenney, John Peter, Vol IV
Lewis, Nathaniel, Vol II
Niemi, Bob, Vol I
Reiss, John, Vol II
Shea, Kerry, Vol III
Smith, Lorrie, Vol II
Williamson Dameron, George, Vol II

St. Michael's Col, Ontario
Bilaniuk, Petro Borys T., Vol IV
Lee, M. Owen, Vol II
Leland, Charles Wallace, Vol II
Vertin, Michael, Vol IV

St. Michael's Col, Vermont
Balutansky, Kathleen M., Vol II
Wang, K.W., Vol I

St. Norbert Col
Abel, Donald C., Vol IV
Patterson, Wayne Kief, Vol I
Wadell, Paul J., Vol IV
Zahorski, Kenneth, Vol II

St. Olaf Col
Allen, Wendy, Vol III
Barbour, John D., Vol IV
Blake, Stephen, Vol I
Buckstead, Richard C., Vol II
Carrington, Laurel, Vol I
Cisar, Mary, Vol III
DeLaney, Jeane, Vol I
Fink, Karl J., Vol III
Fritz, Henry Eugene, Vol I
Granquist, Mark, Vol IV
Groton, Anne H., Vol I
Krey, Gary De, Vol I
Langerak, Edward Anthony, Vol IV
Lovoll, Odd Sverre, Vol I
May, James M., Vol I
Reece, Steve, Vol I
Taliaferro, Charles, Vol IV
Wee, David Luther, Vol II

St. Patrick's Rectory
Owens, Father Joseph, Vol IV

St. Patrick's Sem
White, Cecil R., Vol II

St. Paul Sch of Theol
Bangs, Carl, Vol IV
Carter, Warren, Vol IV
Dunlap, Elden Dale, Vol IV
Jones, William Paul, Vol IV
Lambert, Jean Christine, Vol IV
Matthaei, Sondra, Vol IV
Townes, Emilie H., Vol IV

St. Paul Univ
Bonneau, Normand, Vol IV
Coyle, J. Kevin, Vol I
Creamer, David G., Vol IV
Krawchuk, Andrii, Vol IV
Perrin, David, Vol IV
Pison, Ramon Martinez de, Vol IV
Theriault, Michel, Vol IV
Vogels, Walter A., Vol IV

St. Paul's Col
Kamau, Mosi, Vol I
McEleney, Neil Joseph, Vol IV

St. Peter's Col
Carter, Guy C., Vol I
Cassidy, Laurence Lavelle, Vol IV
Loughran, James N., Vol IV
Lynch, Thomas Patrick, Vol II
Palmegiano, Eugenia M., Vol I
Schmidt, William John, Vol I
Schmidtberger, Loren F., Vol II
Sheridan, Thomas L., Vol IV

St. Stephen's Baptist Church of Central Point
Gibson, William M., Vol IV

St. Stephen's Church
McKinney, George Dallas, Jr., Vol IV

St. Stephens Episcopal Sch
Colvin, Christopher, Vol IV

St. Thomas Hospital
Cooper, Almeta E., Vol IV

St. Thomas Univ
Sicius, Francis, Vol I

St. Vincent Col
Maloney, Elliott Charles, Vol IV
Miranda de Almeida, Rogerior, Vol IV

St. Xavier Univ
Martin, Troy, Vol IV
Sternberg, Joel, Vol II
Walker, James, Vol II

Stagebill
Buja, Maureen, Vol I

Stanford Humanities Ctr
Baker, Keith M., Vol I

Stanford Univ
Babcock, Barbara Allen, Vol IV
Bar, Francois, Vol II
Barton, John Hays, Vol IV
Bell, Susan Groag, Vol I
Bernstein, Barton Jannen, Vol I
Bloomer, W. Martin, Vol I
Breitrose, Henry S., Vol II
Brest, Paul, Vol IV
Brown, George Hardin, Vol II
Carnochan, Walter Bliss, Vol II
Castle, Terry, Vol II
Chaffee, Steven H., Vol II
Clark, Eve Vivienne, Vol III
Cohn, Robert G., Vol III
Craig, Gordon Alexander, Vol I
Degler, Carl N., Vol I
Degler, Carl Neumann, Vol I
Ellickson, Robert Chester, Vol IV
Evans, John Martin, Vol II
Felstiner, John, Vol II
Fliegelman, Jay, Vol II
Franco, Jean, Vol II
Fredrickson, George M., Vol I
Friedman, Lawrence M., Vol IV
Gann, Lewis H., Vol I
Glasser, Theodore L., Vol II
Gleason, Maude, Vol I
Goldstein, Paul, Vol IV
Goldworth, Amnon, Vol IV
Gould, William Benjamin, Vol IV
Green, Michael J., Vol I
Gregg, Robert C., Vol I
Grey, Thomas C., Vol IV
Gumbrecht, Hans Ulrich, Vol II
Gunther, Gerald, Vol I

Hester, Ralph M., Vol III
Hilton, Ronald, Vol III
Hunt, Patrick, Vol I
Jackson, Kennell A., Jr., Vol I
Jameson, Michael H., Vol I
Knorr, Wilbur Richard, Vol I
Kollmann, Nancy Shields, Vol I
Langmuir, Gavin Ince, Vol I
Leets, Laura, Vol II
Lenior, Timothy, Vol I
Lougee, Carolyn Chappell, Vol I
Mackie, Hilary S., Vol I
Manning, Joseph G., Vol I
Mass, Jeffrey Paul, Vol I
Maxmin, Jody, Vol I
McCall, Marsh H., Jr., Vol I
McLure, Charles E., Jr., Vol I
Metzger, Thomas Albert, Vol I
Moravcsik, Julius M., Vol IV
Morris, Ian, Vol I
Mudimbe, Valentine, Vol III
Nass, Clifford I., Vol I
Nightengale, Andrea Wilson, Vol I
Perloff, Marjorie Gabrielle, Vol II
Philpott, Mark, Vol IV
Polhemus, Robert M., Vol II
Pratt, Mary Louise, Vol II
Rabin, Robert Leonard, Vol IV
Rakove, Jack Norman, Vol I
Rauabitschek, Antony E., Vol I
Reeves, Byron, Vol I
Rehm, Maurice, Vol I
Reynolds, Clark Winton, Vol IV
Rhode, Deborah L., Vol IV
Risser, James V., Vol II
Roberts, Donald F., Vol II
Rosner, Jennifer, Vol IV
Ryan, Lawrence Vincent, Vol II
Sag, Ivan Andrew, Vol III
Scott, William Richard, Vol I
Seaver, Paul Siddall, Vol II
Selfridge-Field, Eleanor, Vol I
Selfridge-Field, Eleanor, Vol I
Sheehan, James John, Vol I
Simon, William Hackett, Vol IV
Sockness, Brent, Vol I
Spitz, Ellen Handler, Vol IV
Spitz, Lewis W., Vol I
Steele, Claude Mason, Vol Null
Stephens, Susan A., Vol I
Sungdai, Cho, Vol III
Syed, Jasmin, Vol I
Tandy, Charles, Vol IV
Traugott, Elizabeth Closs, Vol III
Treggiari, Susan M., Vol I
Ueda, Makoto, Vol II
Vucinich, Wayne S., Vol I
Wasow, Thomas Alexander, Vol III
Wigodsky, Michael M., Vol I
Wirth, John Davis, Vol I

State Historical Soc of Wisconsin
Malone, Barbara S. (Bobbie), Vol I

State Univ of West Georgia
Auble, Joel, Vol IV
Blair, John, Vol III
Blair, John T., Vol III
Castro Lee, Cecilia, Vol III
Doxey, William S., Vol II
Earnest, Steve, Vol II
Ferling, John Ernie, Vol I
Frickey, Pierrette M., Vol III
Goldstein, Jonathan, Vol I
Hynes, Thomas J., Jr., Vol II
Joiner, Dorothy, Vol I
Kennedy, Benjamin W., Vol I
Kennedy, W. Benjamin, Vol I
Lloyd, Caryl, Vol III
MacKinnon, Aran S., Vol I
McCleary, Ann, Vol I
Merron, Jeffrey L., Vol III
Miller, Richard G., Vol I
Noe, Kenneth W., Vol I
Overfield, Denise, Vol III
Smith, Nigel, Vol I
Steely, Melvin T., Vol I
Taylor, James S., Vol I
Wantland, Burdett L., Vol IV

Stephen F. Austin State Univ
Abernethy, Francis Edward, Vol II
Davis, Carl L., Vol I
Devine, Joseph A., Jr., Vol I
Duncan, Kirby Luther, Vol II
Johnson, Bobby Harold, Vol I
McDonald, Archie Philip, Vol I
McGrath, Sylvia Wallace, Vol I
Reese, James Verdo, Vol I

Sterling Col, Kansas
MacArthur, Steven D., Vol IV

Stetson Univ
Beane, Dorothea Annette, Vol IV
Brown, James J., Vol IV
Croce, Paul Jerome, Vol I
Jacob, Bruce Robert, Vol IV
Kaivola, Karen, Vol II
McCoy, Ken, Vol II
McCoy, Ken W., Vol II
Pearson, John H., Vol II
Reddish, Mitchell Glenn, Vol IV
Smith Favis, Roberta, Vol I
Steeves, Paul David, Vol I

Stevens Inst of Tech
Laccetti, Silvio R., Vol I
Prisco, Salvatore, Vol I

Stimson Junior High Sch
Douglass, Melvin Isadore, Vol I

Stockton State Col
Lubenow, William Cornelius, Vol I

Suffolk Univ
Ashe, Marie, Vol IV
Blum, Karen M., Vol IV
Blumenson, Eric D., Vol IV
Brown, Barry, Vol IV
Cavallaro, Rosanna, Vol IV
Clark, Edward, Vol II
Clark, Gerard J., Vol IV
Day, Kate N., Vol IV
Dodd, Victoria J., Vol IV
Eisenstat, Steven M., Vol IV
Epps, Valerie C., Vol IV
Glannon, Joseph William, Vol IV
Greenberg, Kenneth, Vol I
Nolan, John Joseph, Vol IV
Perlin, Marc G., Vol IV
Perlmutter, Richard Mark, Vol IV

Sul Ross State Univ
De Ortego Y Gasca, Felipe, Vol II
Glasrud, Bruce A., Vol I

Sunflower Univ
Higham, Robin, Vol I

SUNY, Albany
Allington, Richard Lloyd, Vol I
Ballard, Allen Butler, Jr., Vol I
Baran, Henryk, Vol III
Barker, Thomas M., Vol I
Barker-Benfield, Graham John, Vol I
Barlow, Judith Ellen, Vol II
Berger, Iris, Vol I
Berger, Morris I., Vol IV
Birn, Donald S., Vol I
Burian, Jarka Marsano, Vol II
Carmack, Robert M., Vol I
Cohon, Rachel, Vol IV
Dressler, Rachel, Vol I
Dykstra, Robert R., Vol I
Eckstein, Jerome, Vol IV
Edwards, Janis, Vol II
Elam, Helen Regueiro, Vol III
Fenton, William Nelson, Vol I
Fetterley, Judith, Vol II
Frank, Francine, Vol III
Frinta, Mojmir Svatopluk, Vol I

Gould, Josiah B., Vol IV
Greene, Robert William, Vol III
Hahner, June Edith, Vol I
Hartman, C., Vol III
Howell, Robert, Vol IV
Kanes, Martin, Vol III
Kekes, John, Vol IV
Kendall, Kathleen E., Vol II
Lawrence, Samuel G., Vol II
Levesque, George August, Vol I
Lubensky, Sophia, Vol I
Maclean, Hugh Norman, Vol II
Mandle, Jonathan, Vol IV
Martland, Thomas Rodolphe, Vol IV
McClamrock, Ron, Vol IV
Meyers, Robert, Vol IV
Morehead, Joseph Hyde, Vol I
Morick, Harold, Vol IV
Nepaulsingh, Colbert Ivor, Vol III
Nicholson, L., Vol IV
Noller, David K., Vol I
Overbeck, John Clarence, Vol I
Pohlsander, Hans Achim, Vol I
Reedy, William T., Vol I
Roberts, Warren Errol, Vol I
Roth, William, Vol I
Salomon, Herman Prins, Vol II
Sanders, Robert E., Vol III
Scatton, Ernest Alden, Vol III
Shane, Alex Michael, Vol III
Solnick, Bruce B, Vol I
Steinbock, Bonnie, Vol IV
Strelka, Joseph Peter, Vol III
Ungar, Anthony, Vol IV
Valentis, Mary Arensberg, Vol II
White, Dan Seligsberger, Vol I
Withington, Anne F., Vol I
Wittkowski, Wolfgang, Vol III
Wittner, Lawrence Stephen, Vol I
Zacek, Joseph Frederick, Vol I
Zack, Naomi, Vol IV
Zimmerman, Joseph F., Vol I

SUNY, Binghamton
Abou-El-Haj, Barbara, Vol I
Abou-El-Haj, Rifaat Ali, Vol I
Bernardo, Aldo Sisto, Vol III
Block, Haskell M., Vol III
Brackett, David, Vol I
Burroughs, Charles, Vol I
Carpenter, Charles Albert, Vol II
Coates, Carrol F., Vol III
Cocozzella, Peter, Vol III
Cypess, Sandra Messinger, Vol III
Dillon, M.C., Vol IV
Dubofsky, Melvyn, Vol I
Elbert, Sarah, Vol I
Fischler, Alexander, Vol III
Freimarck, Vincent, Vol II
Glenny, Sharon, Vol I
Goldstein, Leon Jay, Vol IV
Hanson, John, Vol I
Horowitz, Michael M., Vol I
King, Anthony D., Vol I
LaValva, Rosemarie, Vol III
Levin, Saul, Vol I
Lincoln, Harry B., Vol I
Liu, Jung-Chao, Vol I
Mazrui, Ali Al'Amin, Vol I
Morrison, Clayton T., Vol IV
Nzegwu, Nkiru, Vol I
O'Connor, Thomas, Vol III
Petras, James Frank, Vol I
Polachek, Dora, Vol III
Quataert, Donald George, Vol I
Reardon, Colleen, Vol I
Rose, Marilyn Gaddis, Vol III
Sklar, Kathryn K., Vol I
Sklar, Kathryn Kish, Vol I
Spanos, William, Vol II
Sticca, Sandro, Vol III
Stillman, Norman Arthur, Vol III
Stillman, Yedida Kalfon, Vol III
Tagg, John, Vol I
Trexler, Richard C., Vol I
Tricomi, Albert Henry, Vol II
Van Baelen, Jacqueline, Vol III
Vazquez, Oscar E., Vol I
Vos, Alvin, Vol II
Wagar, W. Warran, Vol I
Wallerstein, I., Vol I
Wilson, Jean C., Vol I
Zinkin, Melissa R., Vol I

SUNY, Brockport
Dicker, Georges, Vol IV

SUNY, Buffalo

Allen, William Sheridan, Vol I
Atleson, James B., Vol IV
Aubery, Pierre, Vol III
Ault, Bradley A., Vol I
Bachman, Charles Roger, Vol III
Bobinski, George Sylvan, Vol I
Brady, James B., Vol IV
Bucher, Gerard C., Vol III
Burkman, Thomas, Vol I
Camurati, Mireya Beatriz, Vol III
Cardoso, Joaquin Jose, Vol I
Carman, John, Vol IV
Cho, Kah-Kyung, Vol IV
Copjec, Joan, Vol III
Corcoran, John, Vol IV
Curran, Leo C., Vol I
De Veaux, Alexis, Vol I
Dudley, Edward J., Vol III
Dyson, Steven L., Vol I
Ellis, Richard E., Vol I
Feal, Carlos, Vol III
Feal, Gisele C., Vol III
Feal, Rosemary Geisdorfer, Vol III
Federman, Raymond, Vol II
Feldman, Irving, Vol II
Ferguson, Marianne, Vol IV
Fiedler, Leslie Aaron, Vol II
Fordham, Monroe, Vol I
Fradin, Joseph I., Vol III
Garton, Charles, Vol I
Garver, Newton, Vol IV
Gasche, Rodolphe, Vol III
Gerber, David A., Vol I
Glass, Dorothy, Vol I
Gracia, Jorge Jesus Emiliano, Vol IV
Grosz, Elizabeth, Vol III
Guinn, Paul, Vol I
Guitart, Jorge Miguel, Vol III
Hart, Stephen, Vol I
Headrick, Thomas E., Vol IV
Hewitt, Andrew, Vol III
Iggers, Georg G., Vol I
Inada, Kenneth K., Vol IV
Jackson, Bruce, Vol II
Jacobs, Carol F., Vol III
Jacobson, Thomas L., Vol II
Kahane, Claire, Vol II
Kearns, John Thomas, Vol IV
Keil, Charles M.H., Vol I
Koekkoek, Byron J., Vol III
Koginos, Manny T., Vol I
Korsmeyer, Carolyn, Vol IV
Kustus, George L., Vol I
Lahood, Marvin John, Vol II
Lamb, Charles M., Vol I
Levine, George Richard, Vol II
Lewis, Lionel Stanley, Vol I
Malamud, Martha A., Vol I
Mathiot, Madeleine, Vol III
Mazzaro, Jerome, Vol II
McGuire, Donald T., Jr., Vol I
Meidinger, Errol Eldon, Vol IV
Metzger, Erika Alma, Vol III
Metzger, Michael Moses, Vol III
Paley, Samuel M., Vol I
Palmer, Robert L., II, Vol I
Payne, F. Anne, Vol II
Peradotto, John Joseph, Vol I
Peterson, Lorna Ingrid, Vol II
Podet, Allen Howard, Vol I
Quinan, Jack, Vol I
Rapaport, William J., Vol IV
Robbins, Jill, Vol III
Romans, J. Thomas, Vol I
Sachs, Mendel, Vol IV
Scales-Trent, Judy, Vol IV
Seeman, Erik R., Vol I
Seller, Maxine Schwartz, Vol I
Shapiro, Stuart Charles, Vol I
Sherk, Robert K., Vol I
Smith, Barry, Vol IV
Soons, C. Alan, Vol III
Stathopoulos, E.T., Vol II
Stinger, Charles Lewis, Vol I
Sussman, Henry, Vol III
Tall, Emily, Vol I
Thalos, Mariam, Vol IV
Vargas, Margarita, Vol III
Warner, William Beatty, Vol II
Watrous, Livingston V., Vol I
Wickert, Max Albrecht, Vol I
Zemel, Carol, Vol I
Zirin, Ronald A., Vol I

SUNY, Col at Brockport

Anderson, Floyd D., Vol II
Clements, Tad S, Vol IV
Crimando, Thomas, Vol I
Crume, Alice L., Vol II
Gemmett, Robert J., Vol II
Gilbert, Joseph, Vol IV
Greenstein, Harold, Vol IV
Herlan, Ronald Wallace, Vol I
Higashi, Sumiko, Vol I
Kramer, John E., Vol I
Kutolowski, John Francis, Vol I
Kutolowski, Kathleen Smith, Vol I
Lloyd, Jennifer, Vol I
Madden, Kate, Vol II
Maier, John, Vol II
Malik, Salahuddin, Vol I
Marchant, Peter L., Vol II
Parsons, Lynn, Vol I
Reed, Bill, Vol II
Siracusa, Joseph, Vol III
Smith, Robert J., Vol I
Stack, George Joseph, Vol IV
Strayer, Robert William, Vol I
Tollers, Vincent Louis, Vol II

SUNY, Col at Cortland

Alsen, Eberhard, Vol II
Best, Judith A., Vol I
Burd, Van Akin, Vol II
Daddario, Gina, Vol II
Gonzalez, Alexander G., Vol II
Janik, Del Ivan, Vol II
Kaminsky, Alice R., Vol II
Kelley, Samuel L., Vol II
Knight, Denise D., Vol II
Lawrence, Kathleen, Vol II
Lickona, Thomas E., Vol II
Mamary, Anne, Vol II
Masselink, Noralyn, Vol II
Russell, Kathryn, Vol IV
Ryder, John, Vol IV
Shatsky, Joel, Vol II
Wright, Donald R., Vol I

SUNY, Col at Fredonia

Belliotti, Raymond A., Vol IV
Browder, George C., Vol I
Courts, Patrick Lawrence, Vol II
Deming, Robert Howard, Vol II
Fries, Maureen Holmberg, Vol II
Goetz, Thomas Henry, Vol I
Huffman, James Richard, Vol I
Kohl, Marvin, Vol IV
Nelson, Malcolm A., Vol II
Raat, William D., Vol I
Regelski, Thomas Adam, Vol I
Reiff, Daniel D., Vol I
Schagrin, Morton L., Vol II
Schoenbach, Peter J., Vol I
Schweik, Robert Charles, Vol II
Sebouhian, George, Vol II
Shokoff, James, Vol II
Sonnenfeld, Marion Wilma, Vol III
Steinberg, Theodore Louis, Vol II
Stinson, John Jerome, Vol II
Trace, Jacqueline Bruch, Vol II
Zlotchew, Clark M., Vol III

SUNY, Col at Geneseo

Bailey, Charles Randall, Vol I
Cook, William Robert, Vol I
Derby, William Edward, Vol I
Edgar, William John, Vol IV
Fausold, Martin L., Vol I
Gollin, Rita K., Vol II
Herzman, Ronald Bernard, Vol II
Lutkus, Alan, Vol II
Soffer, Walter, Vol IV
Somerville, James Karl, Vol I
Stelzig, Eugene Louis, Vol II
Zuckerman, Mary Ellen, Vol I

SUNY, Col at Oneonta

Devlin, James E., Vol II
Green, Michael, Vol IV
Koch, Michael, Vol IV
Koddermann, Achim, Vol IV
Lilly, Paul R., Jr., Vol II
Macris, Peter John, Vol III
Malhotra, Ashok Kumar, Vol IV
Roda, Anthony, Vol IV
Shrader, Douglas Wall, Jr., Vol IV

SUNY, Col at Plattsburgh

Abu-Ghazaleh, Adnan M., Vol I
Burde, Edgar J., Vol II
Butterfield, Bruce A., Vol II
Corodimas, Peter, Vol II
Davis, Ron, Vol II
Groth, Janet, Vol II
Johnston, Paul, Vol II
Kiefer, Lauren, Vol II
Kutzer, M. Daphne, Vol II
Levitin, Alexis, Vol II
Lindgren, James M., Vol I
Morrissey, Thomas J., Vol II
Myers, John L., Vol I
Shout, John, Vol II
Tracy, Ann B., Vol II

SUNY, Col at Potsdam

Coleman, Mark, Vol II
Johnson, Arthur L., Vol I
Ratliff, Gerald Lee, Vol II
Tartaglia, Philip, Vol IV
Weise, Judith Anderson, Vol II

SUNY, Col of Agr and Tech at Morr

Benson, Morris, Vol II

SUNY, Col of Tech at Farmingdale

Friel, James P., Vol IV

SUNY, Empire State Col

Fox, Charles W., Vol IV
Hollis, Susan T., Vol IV
Ouderkirk, Wayne, Vol IV
Seidel, Robert Neal, Vol I

SUNY, New Paltz

D'Elia, Donald John, Vol I
Fein, Richard J., Vol II
Garlick, Peter C., Vol I
Gillon, Adam, Vol II
Hathaway, Richard Dean, Vol II
Hauptman, Laurence Marc, Vol I
Heath, Eugene, Vol IV
Huang, Ray, Vol I
Knapp, Ronald G., Vol I
Paz, Francis Xavier, Vol III
Piluso, Robert Vincent, Vol III
Schnell, George Adam, Vol I
Sorin, Gerald, Vol I
Williams-Myers, Albert J., Vol I

SUNY, Oswego

Cheng, Weikun, Vol I
Conrad, David, Vol I
Deal, J. Douglas, Vol I
Echelbarger, Charles G., Vol IV
Forbes, Geraldine May, Vol I
Halbersleben, Karen I., Vol I
Hill, David, Vol II
Kulikowski, Mark, Vol I
Loe, Thomas, Vol II
Loe, Thomas Benjamin, Vol II
O'Shea, Edward, Vol II
Peterson, Luther D., Vol I
Powell, Thomas F., Vol I
Schaber, Bennet, Vol II
Smith, John Kares, Vol II
Wellman, Judith, Vol I

SUNY, Purchase

Dubin, S.C., Vol I
Howard, John Robert, Vol I
Lemire, Elise V., Vol II
Newton, Esther, Vol I
Schwab, Peter, Vol I

SUNY, Stony Brook

Barnhart, Michael Andrew, Vol I
Bethin, Christina Y., Vol III
Bottigheimer, Karl S., Vol I
Brennan, Timothy Andres, Vol II
Brown, Frederick, Vol I
Burner, David B., Vol I
Casey, Edward S., Vol I
Cowan, Ruth Schwartz, Vol I

Crease, Robert P., Vol IV
Czerwinski, Edward J., Vol III
De Laurentiis, Allegra, Vol IV
Franco, Charles, Vol III
Fuller, Sarah, Vol I
Gabbard, Krin, Vol III
Gardaphe, Fred L., Vol II
Godfrey, Aaron W., Vol I
Goldenberg, Robert, Vol II
Gootenberg, Paul, Vol I
Grim, Patrick, Vol IV
Guilmain, Jacques, Vol I
Harvey, Robert, Vol III
Haviland, Beverly, Vol III
Huffman, Clifford Chalmers, Vol II
Ihde, Don, Vol IV
Kaplan, Elizabeth Ann, Vol III
Kittay, Eva Feder, Vol IV
Kuisel, Richard F., Vol I
Landsman, Ned C., Vol I
Lebovics, Herman, Vol I
Lemay, Helen Rodnite, Vol I
Levine, Richard Allan, Vol II
McWorter, Gerald A., Vol III
Nolan, Rita, Vol IV
Park, Jin Y., Vol III
Petrey, Sandy, Vol III
Rashkow, Ilona N., Vol III
Rivers, Elias Lynch, Vol III
Rizzuto, Anthony, Vol III
Rubin, James Henry, Vol I
Rzhevsky, Nicholas, Vol III
Scheps, Walter, Vol II
Sprinker, Michael, Vol II
Sridhar, S.N., Vol III
Tomes, Nancy Jane, Vol I
Vasvari, Louise O., Vol III
Wang, Ban, Vol II
Weinstein, Fred, Vol I
Zimbardo, Rose A., Vol II

Survivors of the Shoah Visual Hist Foundation

Berenbaum, Michael, Vol IV

Susquehanna Univ

Bohmbach, Karla G., Vol IV
Manning, Scott, Vol II
Mura, Karen E., Vol II
Whitman, Jeffrey P., Vol IV

Sussex County Comm Col

Carducci, Eleanor, Vol II

Swarthmore Col

Avery, George Costas, Vol III
Blackburn, Thomas, Vol II
Blake, J. Herman, Vol I
Cothren, Michael W., Vol I
Devin, Lee, Vol II
DuPlessis, Robert S., Vol I
Friend, Theodore W., Vol I
Frost, Jerry William, Vol I
Graybill, Maribeth, Vol I
Hungerford, Constance Cain, Vol I
Kitao, T. Kaori, Vol I
Marissen, Michael, Vol I
Morgan, Kathryn L., Vol I
Moskos, George, Vol III
Oberdiek, Hans Fredrick, Vol IV
Rose, Gilbert Paul, Vol I
Schmidt, Peter Jarrett, Vol II
Skelnar, Robert John, Vol I
Swearer, Donald K., Vol I
Weinstein, Philip Meyer, Vol II

Swathmore Col

Chmielewski, Wendy E., Vol I

Sweet Briar Col

Aiken, Ralph, Vol II
Ascari, Rosalia Colombo, Vol III
Berg, Gerald Michael, Vol I
Dabney, Ross H., Vol II
DeWeese, Pamela, Vol III
Evans-Grubbs, Judith, Vol I
Horwege, Ronald Eugene, Vol III
Ingber, Alix, Vol II
Killiam, Marie-Therese, Vol III
Mares, Cheryl, Vol I

Metzidakis, Angelo, Vol III
Moran, Diane D., Vol I
Piepho, Lee, Vol II
Stanton, Margaret, Vol III
Tamburr, Karl, Vol II
Witcombe, Christopher L.C.E., Vol I

Syracuse Univ

Archambault, Paul Joseph, Vol III
Arnold, Philip P., Vol IV
Bennett, David Harry, Vol I
Booth, Philip, Vol II
Butler, Katharine G., Vol III
Comstock, George Adolphe, Vol II
Crowley, John W., Vol II
Dixon, Laurinda S., Vol I
Doherty, Karen A., Vol III
Edwards, Mary Louise, Vol III
Field, Daniel, Vol I
Gregory, Robert G., Vol I
Hardin, Clyde Laurence, Vol IV
Herzog, Peter Emilius, Vol IV
Ketcham, Ralph Louis, Vol I
Leuthold, Steven M., Vol I
Macdonald, Roderick James, Vol I
Marsh, Peter T., Vol I
McClure, Charles R., Vol IV
Miller, David Leroy, Vol IV
Miller, Patricia Cox, Vol IV
Milosky, Linda M., Vol III
Powell, James Matthew, Vol I
Prieve, Beth A., Vol III
Schneider, Gerd Klaus, Vol III
Sharp, James Roger, Vol I
Shires, Linda Marguerite, Vol II
Shoemaker, Pamela J., Vol II
Sider, Ted, Vol IV
Snow, Vernon F., Vol II
Tatham, David Frederic, Vol I
Timberlake, Constance Hector, Vol I
Wallwork, Ernest, Vol II
Webb, Stephen S., Vol I
Wiecek, William Michael, Vol I
Wiggins, James Bryan, Vol I
Wright, Roosevelt R., Jr., Vol II
Zavarzadeh, Mas'ud, Vol II

Talladega Col

White, John D., Vol I

Tallahassee Comm Col

Thompson, Janet Ann, Vol I

Tarleton State Univ

Martin, William Bizzell, Vol II

Tarrant County Junior Col

Pate, J'Nell L., Vol I
Stripling, Luther, Vol I

Taylor Univ

Baker, Beulah Pearl, Vol II
Charles, J. Daryl, Vol IV
Corduan, Winfried, Vol IV
Gerig, Wesley Lee, Vol IV
Harbin, Michael A., Vol IV
Heavilin, Barbara A., Vol II
Helyer, Larry R., Vol IV
Ringenberg, William Carey, Vol I
Rousselow, Jessica, Vol II
Spiegel, James S., Vol IV
Winquist, Alan Hanson, Vol I

TCU Press

Alter, Jane, Vol II

Teachers Col, Columbia Univ

Lagemann, Ellen Condliffe, Vol I
Tholfsen, Trygve Rainone, Vol I

Technol & Phys Sci Hist Assn
Wheaton, Bruce R., Vol I

Tel-Aviv Univ
Gershenson, Daniel Enoch, Vol I

Temple Univ
Asante, Molefi Kete, Vol I
Axinn, Sidney, Vol IV
Beckman, Richard, Vol II
Bentman, Raymond, Vol II
Betancourt, Philip Paul, Vol I
Brod, Harry, Vol IV
Cannon, Katie Geneva, Vol IV
Collier-Thomas, Bettye, Vol I
Cutler III, William W., Vol I
Davidson, Abraham A, Vol I
Davis, Allen Freeman, Vol I
Ershkowitz, Herbert J., Vol I
Freeman, Donald Cary, Vol III
Friedman, Murray, Vol I
Gaull, Marilyn, Vol II
Glazier, Ira Albert, Vol I
Haller, Mark Hughlin, Vol I
Harris, P.M.G., Vol I
Herz, Julius Michael, Vol III
Hilty, James, Vol I
Karcher, Carolyn Lury, Vol II
Kusmer, Kenneth L., Vol I
Lebofsky, Dennis Stanley, Vol III
Lent, John Anthony, Vol II
Letzring, Monica, Vol II
Levitt, Morton Paul, Vol II
Margolis, Joseph, Vol IV
Mcgrew, Roderick Erle, Vol I
Mellen, Joan, Vol II
Murphy, Laurence Lyons, Vol III
Myrick, Howard A., Jr., Vol I
Ohline, Howard Albert, Vol I
Rosnow, Ralph Leon, Vol I
Silk, Gerald, Vol I
Stieb, James, Vol II
Stoeffler, Fred Ernest, Vol IV
Swidler, Leonard, Vol IV
Tasch, Peter Anthony, Vol II
Vision, Gerald, Vol IV
Walker, Valaida Smith, Vol I
Watson, Wilbur H., Vol I
Weinberg, Harold R., Vol IV
Welker, David Dale, Vol IV
Wilde, Alan, Vol I
Wolper, Roy S., Vol II
Yadav, Bibhuti S, Vol IV

Tenge Enterprises
Fisher, Edith Maureen, Vol II

Tennessee State Univ
Blasi, Anthony J., Vol I
Elliott, Derek Wesley, Vol I
Hudson, Robert J., Vol II
Jackson, Andrew, Vol I

Tennessee Supreme Court
Birch, Adolpho A., Jr., Vol IV

Tennessee Tech Univ
Bode, Robert Francis, Vol II
Campana, Phillip Joseph, Vol III
Deese, Helen R., Vol II
Slotkin, Alan Robert, Vol III
Viera, David John, Vol III
Webb, George Ernest, Vol I

Tennessee Wesleyan Col
Folks, Jeffrey J, Vol II

Texas A&M Univ
Adams, Ralph James Quincy, Vol I
Allen, Colin, Vol IV
Anderson, Terry Howard, Vol I
Aune, James Arnt, Vol IV
Austin, Scott, Vol IV
Baer, Judith A., Vol I
Bass, George Fletcher, Vol I
Baum, Dale, Vol I

Beasley, Vanessa B., Vol II
Beaumont, Roger A., Vol I
Berthold, Dennis Alfred, Vol II
Black, Shirley Jean, Vol I
Bornstein, Daniel, Vol I
Bradford, James Chapin, Vol I
Burch, Robert W., Vol IV
Cannon, Garland, Vol II
Canup, John, Vol I
Clark, William Bedford, Vol II
Conrad, Charles R., Vol III
Costa, Richard Hauer, Vol II
Davenport, Manuel Manson, Vol IV
Dethloff, Henry Clay, Vol I
Dickson, Donald R., Vol II
Dorsey, Leroy, Vol II
Elkins, Michael R., Vol I
Fulkerson, Richard P., Vol II
Gert, Heather, Vol IV
Gibson, Claude Louis, Vol II
Githiga, John Gatungu, Vol IV
Goodman, Jennifer Robin, Vol II
Hand, Michael, Vol IV
Harner, James, Vol II
Harris, Charles Edwin, Vol IV
Hunter, Leslie Gene, Vol I
Imhoff, Brian, Vol I
Kallendorf, Craig, Vol II
Kern-Foxworth, Marilyn L., Vol II
Kniker, Charles R., Vol IV
Knobel, Dale Thomas, Vol I
Koepke, Wulf, Vol III
Kosztolnyik, Zoltan Joseph Desiderius, Vol I
Kramer, Arnold Paul, Vol I
Loving, Jerome Macneill, Vol II
Machann, Clinton John, Vol II
Marshall, Alicia A., Vol II
McCann, Hugh Joseph, Vol IV
McDermott, John J., Vol IV
Medhurst, Martin J., Vol IV
Menzel, Christopher, Vol IV
Miller, Katherine I., Vol II
Pappas, Gregory F., Vol IV
Pejovich, Svetozar, Vol I
Peterson, Tarla Rai, Vol III
Poole, Marshall Scott, Vol II
Putnam, Linda L., Vol II
Radzik, Linda, Vol IV
Rigsby, Enrique D., Vol II
Rimal, Rajiv N., Vol I
Ritter, Kurt, Vol II
Rosenheim, James Morton, Vol II
Rowe, M.W., Vol I
Salazar, Abran J., Vol II
Schmidt, Henry Conrad, Vol I
Self, Charles C., Vol II
Sharf, Barbara F., Vol II
Smith, Robin, Vol IV
Stranahan, Patricia, Vol I
Street, Richard L., Jr., Vol II
Tuerk, Richard, Vol II
Unterberger, Betty Miller, Vol I
Vandiver, Frank Everson, Vol I
Varner, Gary Edward, Vol IV
Wooster, Robert, Vol I

Texas Christian Univ
Bell, Reva Pearl, Vol I
Erisman, Fred Raymond, Vol II
Flowers, Ronald Bruce, Vol IV
Gouwens, David J., Vol IV
Hughes, Linda K., Vol II
King, Paul E., Vol II
Middleton, Darren J. N., Vol IV
Newsom, Douglas Ann, Vol II
Procter, Ben, Vol I
Schmidt, Daryl Dean, Vol III
Shepard, Alan, Vol II
Toulouse, Mark G., Vol I
Tucker, William E., Vol IV
Vanderwerken, David Leon, Vol II
Wertz, S.K., Vol I
Worcester, Donald Emmet, Vol I

Texas Council on Humanities
Hull, Richard T., Vol IV

Texas Lutheran Univ
Beck, Norman Arthur, Vol IV
Bittrich, Louis Edward, Vol III

Texas So Univ
Beard, James William, Jr., Vol IV
Beeth, Howard, Vol I
Bullock, James, Vol IV
Cunningham, James J., Vol I
Douglas, James Matthew, Vol IV
Lomas, Ronald Leroy, Vol II
Mwamba, Zuberi I., Vol I
Pitre, Merline, Vol I
Taylor-Thompson, Betty E., Vol II
Wintz, Cary DeCordova, Vol I

Texas Tech Univ
Ashby, Clifford, Vol II
Averill, Edward W., Vol IV
Aycock, Wendell M., Vol II
Bacon, Thomas Ivey, Vol III
Barker, Thomas T., Vol II
Barkley, Heather S., Vol II
Barr, Chester Alwyn, Vol I
Brink, James Eastgate, Vol I
Brown, Lady, Vol II
Bruder, Kurt A., Vol II
Bubany, Charles Phillip, Vol IV
Carter, Locke, Vol II
Ceniza, Sherry, Vol III
Check, Ed, Vol I
Cismaru, Alfred, Vol III
Clarke, Bruce Cooper, Vol II
Collins, Jacquelin, Vol I
Conrad, Bryce D., Vol II
Crowell, Douglas E., Vol II
Curzer, Howard J., Vol IV
Cutter, Paul F., Vol I
Davis, Dale W., Vol III
Davis, Kenneth Waldron, Vol II
Dietz, Donald T., Vol III
Dragga, Sam A., Vol II
Finco, Aldo, Vol III
Flynn, George Quitman, Vol I
Harrienger, Myrna J., Vol II
Higdon, David Leon, Vol II
Hobbs, Wayne, Vol II
Howe, John Mcdonald, Vol I
Hurst, Mary Jane, Vol III
Kemp, Fred O., Vol II
Ketner, Kenneth Laine, Vol IV
Kuethe, Allan James, Vol I
Kuriyama, Constance B., Vol II
Langford, Thomas, Vol II
Lewis, Peter J., Vol IV
McDonald, Walt, Vol II
McDonald, Walter Robert, Vol II
Miner, Madonne, Vol II
Myers, Linda, Vol II
Nathan, Daniel O., Vol IV
Nelson, Otto Millard, Vol I
Newcomb, Benjamin H., Vol I
Niessen, James P., Vol I
Oberhelman, Harley Dean, Vol III
Patterson, William Taylor, Vol III
Purinton, Marjean D., Vol II
Ransdell, Joseph M., Vol IV
Rickly, Rebecca, Vol II
Rude, Carolyn D., Vol II
Rude, Donald W., Vol II
Samson, John W., Vol II
Schaller, Walter E., Vol IV
Schoenecke, Michael Keith, Vol II
Shaw, Patrick W., Vol II
Thomas, Orlan E., Vol I
Trotter, Mary, Vol II
Van Appledorn, Mary Jeanne, Vol I
Wages, Jack D., Vol II
Whitlark, James S., Vol II
Wilcox, Dean, Vol II
Williams, David E., Vol II

Texas Wesleyan Univ
Salih, Halil Ibrahim, Vol I

Texas Woman's Univ
Demoss, Dorothy Dell, Vol I
Hildreth, Gladys Johnson, Vol I
Scobie, Ingrid Winther, Vol I
Swain, Martha Helen, Vol I
Tanner, William Edward, Vol II

Thacher Proffitt & Wood
Whelan, Stephen T., Vol IV

Thiel Col
Peterson, Greg, Vol IV

Third Baptist Church
Brown, Amos Cleophilus, Vol IV

Thomas Col, Maine
Geller, David A., Vol IV
Lepley, Doug, Vol II

Thomas Heinrich Falk
Falk, Thomas Heinrich, Vol II

Thomas Moore Inst
Tansey, Charlotte, Vol I

Thomas More Col
Blair, George Alfred, Vol IV
Cimprich, John V., Vol I
Twaddell, Gerald E., Vol IV

Threepenny Review
Lesser, Wendy, Vol II

Toronto Historical Board
Benn, Carl E., Vol I

Toronto Intl Film Festival Group
Handling, Piers G.P., Vol II

Toronto Star
Walkom, Thomas L., Vol II

Torres, Martinez & Hardy
Hardy, Michael A., Vol IV

Touch Am History
Levine, David Oscar, Vol I

Touro Col
Abramson, Harold I., Vol IV
Battaglia, Jack M., Vol IV
Davis, Peter L., Vol IV
Derby, Daniel H., Vol IV
Hochberg, Stephen, Vol IV
Kirkland Grant, J., Vol IV
Klein, Richard, Vol IV
Morris, Jeffrey B., Vol IV
Penkower, Monty Noam, Vol I
Post, Deborah W., Vol IV
Povarsky, Chaim, Vol IV
Roth, Jeffrey I., Vol IV
Schwartz, Martin A., Vol IV
Schweitzer, Thomas A., Vol IV
Seplowitz, Rena C., Vol IV
Shaw, Gary M., Vol IV
Silver, Marjorie A., Vol IV
Subotnik, Dan, Vol IV
Swartz, Barbara E., Vol IV
Zablotsky, Peter A., Vol IV

Towson State Univ
Bergman, David L., Vol II
Blumberg, Arnold, Vol I
Chen, Ni, Vol II
Esslinger, Dean Robert, Vol I
Evangeliou, Christos C., Vol I
Faller, Greg, Vol II
Flippen, Charles, Vol II
Giro, Jorge A., Vol III
Gissendanner, John M., Vol II
Hahn, H. George, Vol II
Kim, Soon Jin, Vol II
Larew, Karl Garret, Vol I
Lev, Peter, Vol II
Matlon, Ronald, Vol III
McElreath, Mark, Vol II
Mruck, Armin Einhard, Vol I
Ryon, Roderick Naylor, Vol I
Vatz, Richard E., Vol II

Transylvania Univ
Jones, Paul Henry, Vol I
Moseley, James G., Vol IV

Trea Estates & Enterprises Ins
Toote, Gloria E.A., Vol IV

Trent Univ
Burbidge, John William, Vol IV
Carter, Robert Edgar, Vol IV
Conolly, Leonard W., Vol II
Grant, Shelagh D., Vol I
Hodgins, Bruce W, Vol I
Jones, Elwood Hugh, Vol I
Neufeld, James Edward, Vol II
Symons, T.H.B., Vol I
Theall, Donald F., Vol II

Trenton State Col
Collins, Elsie, Vol I
Dickinson, Gloria Harper, Vol I
Halpern, Sheldon, Vol II

Trevor Parry-Giles
Parry-Giles, Trevor, Vol II

Tri-State Univ
Zimmerman, James Allen, Vol I

Trinity Christian Col
Ward, Annalee R., Vol IV

Trinity Col and Sem
Martin, Edward N., Vol IV

Trinity Col, Connecticut
Benton, Richard Paul, Vol II
Bradley, James R., Vol I
Bradley, James Robert, Vol I
Desmangles, Leslie Gerald, Vol I
Greenberg, Cheryl Lynn, Vol I
Hunter, Dianne McKinley, Vol II
Hyland, Drew Alan, Vol IV
Kaimowitz, Jeffrey H., Vol I
Kassow, Samuel D., Vol I
Kirkpatrick, Frank Gloyd, Vol IV
Kuyk, Dirk Adriaan, Jr., Vol II
Lang, Berel, Vol IV
Lee, Sonia M., Vol III
Macro, Anthony David, Vol I
Sloan, Edward William, Vol I

Trinity Col, Illinois
Harrold, Jeffery Deland, Vol IV
Williams, Clifford, Vol IV

Trinity Col, Washington, DC
Claydon, Margaret, Vol II
Levitine, Eda Mezer, Vol III

Trinity Episcopal Sch for Ministry
Whitacre, Rodney A., Vol IV

Trinity Evangelical Divinity Sch
Benson, Warren S., Vol I

Trinity Intl Univ, Col of Arts and Sciences
Alexanian, Joseph M., Vol IV
Baxter, Harold J., Vol I
de S. Cameron, Nigel M., Vol IV
Graddy, William E., Vol II
Lunde, Jonathan M., Vol IV
Moulder, William J., Vol IV
Pointer, Steven R., Vol I

Trinity Intl Univ, So Florida
Skjoldal, Neil O., Vol IV
Williams, Gary G. Cohen, Vol IV

Trinity Lutheran Sem
Anderson, Dennis A., Vol IV
Binau, Brad A., Vol IV
Bouman, Walter R., Vol IV
Brand, Eugene L., Vol IV
Childs, James M., Jr., Vol IV
Doermann, Ralph W., Vol IV
Elhard, Leland E., Vol IV
Harms, Paul W.F., Vol II
Hoops, Merlin Henry, Vol IV
Huber, Donald L., Vol I
Huffman, Gordon, Jr., Vol IV
Hutton, Rodney R., Vol IV
Kevern, John, Vol I
Luck, Donald G., Vol IV
Luck, Donald L., Vol IV
Nakamura, C. Lynn, Vol IV
Powell, Mark Allan, Vol IV
Root, Michael, Vol IV
Sager, Allan Henry, Vol IV
Taylor, Walter F., Jr., Vol IV

Trinity Univ
Blanchard, Robert O., Vol II
Brackenridge, Robert Douglas, Vol I
Breit, William Leo, Vol I
Burton, Joan, Vol I
Chittenden, Jean Stahl, Vol III
Christ, William G., Vol II
Cooey, Paula M., Vol IV
Garrison, Mark, Vol I
Hill, L. Brooks, Vol II
Huesca, Robert, Vol II
Hurst Williams, Suzanne, Vol II
Hutton, John, Vol I
Kates, Gary, Vol I
Luper, Steven, Vol IV
McCusker, John J., Vol I
Metcalf, Alida C., Vol I
Miller, Char, Vol I
Nadeau, Randall, Vol IV
Norman, Judith, Vol IV
Pearce, James, Vol I
Reitzes, Lisa B., Vol I
Salvucci, Linda Kerrigan, Vol I
Stroud, Matthew David, Vol III
Talbot, Charles, Vol I
Valone, Carolyn, Vol I
Walker, William O., Jr., Vol IV
Wells, Colin, Vol I

Trinity Western Univ
Burkinshaw, Robert K., Vol I
Chamberlain, Paul, Vol IV
Shantz, Douglas H., Vol I
Strom, William O., Vol II
Weibe, Phillip H., Vol IV

Truett-McConnell Col
Hoeffner, Kent, Vol IV

Truman State Univ
Davis, Janet, Vol II
DeLancey, Julia, Vol IV
Hsieh, Dinghwa Evelyn, Vol IV
Keller, Dale, Vol II
Orchard, Lee F., Vol I
Orel, Sara E., Vol I
Presley, Paula, Vol I
Ramesh, Clospeth N., Vol III

Tufts Univ
Abramson, Daniel, Vol I
Bauer, Nancy, Vol IV
Bedau, Hugo Adam, Vol IV
Brooke, John L., Vol I
Cartwright, Helen Morris, Vol IV
Caviness, Madeline H., Vol I
Dennett, Daniel C., Vol IV
Drachman, Virginia Goldsmith, Vol I
Gill, Gerald Robert, Vol I
Gittleman, Sol, Vol III
Krimsky, Sheldon, Vol IV
Laurent, Pierre Henri, Vol I

Marcopoulos, George John, Vol I
Marrone, Steven Phillip, Vol I
Mccabe, Bernard, Vol II
Mcconnell, Jeff, Vol I
Meagher, Robert Francis, Vol IV
Perry, John Curtis, Vol I
Phillips, Joanne Higgins, Vol I
Reid, Peter L.D., Vol I
Rosenberg, Joel William, Vol III
Rubin, Alfred P., Vol IV
Sherwin, Martin J., Vol I
Sloane, David A., Vol I
Solomon, Howard Mitchell, Vol I
Ueda, Reed T., Vol I
White, Barbara Ehrlich, Vol I

Tulane Univ
Abel Travis, Molly, Vol II
Ahearn, Barry, Vol II
Baron, John H., Vol III
Berlin, Netta, Vol I
Bogdan, Radu J., Vol IV
Brower, Bruce W., Vol IV
Brown, Marilyn, Vol I
Brumfield, William Craft, Vol III
Burger, Ronna C., Vol IV
Carroll, Linda Louise, Vol III
Carter, Jane B., Vol I
Cohen, Joseph, Vol II
Cooley, Peter John, Vol II
Cummings, Anthony M., Vol I
Desai, Gaurav Gajanan, Vol I
Ebel, Roland H., Vol I
Engel, Kirsten H., Vol II
Esthus, Raymond Arthur, Vol I
Finneran, Richard John, Vol II
Forbes, Graeme, Vol IV
Frey, Slyvia Rae, Vol I
Glenn, John Deavenport, Jr., Vol IV
Green, O. Harvey, Vol IV
Greenleaf, Richard E., Vol I
Hallock, Ann Hayes, Vol III
Harpham, Geoffrey Galt, Vol II
Hasselbach, Karl Heinz, Vol III
Heiple, Daniel L, Vol III
Kehoe, Dennis P., Vol I
Koritz, Amy, Vol II
Kuczynski, Michael, Vol I
Latner, Richard Barnett, Vol I
Lee, Donald S., Vol I
Lee, Donald Soule, Vol IV
Liuzza, Roy, Vol I
Lodge, Paul A., Vol IV
Mack, Eric M., Vol IV
Malone, Bill Charles, Vol I
Mark, Rebecca, Vol II
McClay, Wilfred M., Vol I
Nair, Supryia, Vol I
Paolini, Gilberto, Vol III
Pizer, Donald, Vol II
Poe, Joe Park, Vol I
Reck, Andrew Joseph, Vol IV
Rothenberg, Molly, Vol III
Schafer, J.K., Vol I
Simmons, Joseph Larry, Vol II
Snare, Gerald, Vol II
Spaeth, Barbette S., Vol I
Stewart, Maaja Agur, Vol II
Toulouse, Teresa, Vol II
Tronzo, William, Vol I
Tuttle, Richard J., Vol I
Weiss, Ellen B., Vol I
Yiannopoulos, A.N., Vol I
Zimmerman, Michael E., Vol IV

Tulsa Comm Col
Blankemeyer, Kenneth Joseph, Vol IV

Tusculum Col
Sexton, Donal J., Vol I

Tuskegee Univ
Robinson, Ella S., Vol II

Tyler Sch of Art
Melchionne, Kevin, Vol IV

Unification Theol Sem
Tsirpanlis, Constantine Nicholas, Vol I

Uniformed Services Univ of the Health Sciences
Smith, Dale Cary, Vol I

Union Col, Kentucky
Sisson, Russell, Vol IV

Union Col, New York
Baker, Robert B., Vol IV
Finkelstein, Joseph, Vol I
Gmelch, George, Vol I
Gmelch, Sharon Bohn, Vol I
Gottlieb, Stephen Elliot, Vol IV
Jonas, Manfred, Vol I
Ludwig, Jan Keith, Vol IV
Mace, Sarah, Vol I
Scullion, Scott, Vol I
Slavin, Stephen L., Vol I
Sorum, Christina Elliott, Vol I
Toher, Mark, Vol I
Wells, Robert Vale, Vol I
Wineapple, Brenda, Vol II

Union County Col
Hogan, Lawrence Daniel, Vol I

Union Inst
Amussen, Susan, Vol I
Arcana, Judith, Vol II
Atkins, Robert, Vol I
Atkins, Robert, Vol IV
Bell Chambers, Marjorie, Vol I
Bruce Pratt, Minnie, Vol II
Harris, Norman, Vol IV
Kirshbaum, Hal, Vol IV
Meeker, Joseph W., Vol II
Minnich, Elizabeth, Vol IV
Moustakas, Clark, Vol IV
Natov, Roni, Vol II
Pratt, Minnie Bruce, Vol II
Searl, Stanford J., Vol II
Sharpe, Kevin J., Vol IV
Wingard, Edward L., Vol I

Union Temple Baptist Church
Wilson, Willie Frederick, Vol IV

Union Theol Sem, New York
Cone, James H., Vol IV
Landes, George Miller, Vol IV
Lotz, David Walter, Vol I
Martyn, James Louis, Vol IV
Shriver, Donald W., Vol IV
Washington, James Melvin, Vol IV

Union Theol Sem, Virginia
Achtemeier, Paul John, Vol IV
Brown, William P., Vol IV
Carroll, John T., Vol IV
Dawe, Donald Gilbert, Vol IV
DeVries, Dawn A., Vol IV
Leith, John Haddon, Vol IV
Ottati, Douglas Fernando, Vol IV
Rissi, Mathias, Vol IV
Valeri, Mark, Vol IV

United Church Board for Homeland Ministries
Rooks, Charles Shelby, Vol IV

United Church of Christ
Johnson, Steven D., Vol IV

United Faith Ministry
Dude, Carl K., Vol IV

United Methodist Church
Handy, William Talbot, Jr., Vol IV

United Nations
Brabant, Jozef M., Vol I

United Negro Col Fund Inc
Stent, Michelle Dorene, Vol IV

United States District Court
Manning, Blanche Marie, Vol IV

United Theol Sem
Gorrell, Donald Kenneth, Vol I
Inbody, Tyron Lee, Vol IV
Kim, Ai Ra, Vol IV
Welborn, L.L., Vol IV
Wert, Newell John, Vol IV

United Theol Sem of the Twin Cities
Yates, Wilson, Vol IV

United Way of Southeastern Connecticut
Waterman, Thelma M., Vol I

Univ Col of Dublin
Baker, John M., Vol IV

Univ Col of London
Hall, Peter G., Vol I

Univ del Sagrado Corazon
Morales Degarin, Maria A., Vol II

Univ Lutheran Ctr
Russell, William R., Vol IV

Univ Mainz
Schmidt, Klaus, Vol I

Univ of Aberdeen
McFarland, Ian A., Vol IV

Univ of Adelaide
Martin, Austin Lynn, Vol I

Univ of Akron
Baker, Joseph Wayne, Vol I
Baranowski, Shelley, Vol IV
Birdsall, Eric, Vol II
Bouchard, Constance Brittain, Vol I
Clements, Barbara Evans, Vol I
Ducharme, Howard M., Vol IV
Egan, James J., Vol II
Fant, J. Clayton, Vol I
Gerlach, Don R., Vol I
Harp, Stephen, Vol I
Harpine, William, Vol II
Hixson, Walter Lawrence, Vol I
Kyvig, David Edward, Vol I
Liss, Sheldon Barnett, Vol I
Mancke, Elizabeth, Vol I
McClain, Andrew Bradley, Vol I
McMahon, William Edward, Vol IV
Miller, William Irvin, Vol III
Mushkat, Jerome, Vol I
Nelson, Daniel, Vol I
Sakezles, Priscilla, Vol IV
Schreiner, Mae N., Vol I
Zangrando, Robert Lewis, Vol I

Univ of Alabama, Birmingham
Arnold, Scott, Vol IV
Bach, Rebecca Ann, Vol II
Baker, Tracey, Vol II
Benditt, Theodore Matthew, Vol IV
Conley, Caroline A., Vol I
Fottler, Myron D., Vol I
Glosecki, Stephen O., Vol I
Graham, George, Vol IV
Grimes, Kyle, Vol II
Haarbauer, Don Ward, Vol II
Haddin, Theodore, Vol II
Hamilton, Virginia V., Vol I
Hutchings, William, Vol II
Jeffreys, Mark, Vol II
Kemp, Theresa D., Vol II
Kurata, Marilyn J., Vol II
Leffel, Katherine, Vol III
Litch, Mary, Vol IV
Long, Ada, Vol II
Martin, Dellita Lillian, Vol III
Martin-Ogunsola, Dellita Lillian, Vol III
Mcwilliams, Tennant S., Vol I
Neiva, Eduardo, Vol II
Pence, Gregory E., Vol IV
Person, Leland S., Vol II
Price, Marjorie S., Vol IV
Quinlan, Kieran, Vol II
Rachels, James, Vol IV
Stephens, Lynn, Vol IV
Wharton, Lawrence, Vol II
Whitaker, Elaine E., Vol II

Univ of Alabama, Huntsville
Baird, Bruce C., Vol I
Boucher, Philip P., Vol I
Dunar, Andrew J., Vol I
Ellos, Jack D., Vol I
Gerberding, Richard A., Vol I
Hull, Henry Lane, Vol I
Maier, Linda, Vol III
Martin, Virginia, Vol I
Shields, Johanna Nicol, Vol I
Waring, Stephen P., Vol I
White, John Charles, Vol I
Williams, Lee Erskine, II, Vol I

Univ of Alabama, Tuscaloosa
Andreen, William L., Vol IV
Badger, Reid, Vol I
Baker, Donald W., Vol IV
Brewbaker, William S., III, Vol IV
Bucy, Pamela H., Vol IV
Burke, John J., Vol II
Clayton, Lawrence A., Vol I
Doster, James Fletcher, Vol I
Fair, Bryan K., Vol IV
Freyer, Tony Allan, Vol IV
Galli, Barbara E., Vol IV
Gamble, Charles W., Vol IV
Hestevoid, H. Scott, Vol IV
Hoff, Timothy, Vol IV
Johnson, Claudia Durst, Vol II
Johnson, Rhoda E., Vol II
Jones, Howard, Vol I
McDonald, Forrest, Vol I
Mendle, Michael J., Vol I
Monk, Dennis, Vol I
Morgan, Martha, Vol IV
Pickett, Terry H., Vol III
Randall, Kenneth C., Vol IV
Randall, Susan Lyons, Vol IV
Salem, James Morris, Vol II
Tripp, Bernell E., Vol II
Ultee, J. Maarten, Vol I
Wagstaff, Grayson, Vol I
Weinberger, Leon Judah, Vol IV

Univ of Alaska Mus
Jonaitis, Aldona, Vol I

Univ of Alaska, Anchorage
Babb, Genie, Vol I
Crosman, Robert, Vol II
Haley, Michael, Vol III
Katasse, Conny, Vol II
Kline, Daniel, Vol II
Linton, Patricia, Vol II

Liszka, James, Vol IV
Moore, Judith, Vol II
Patterson, Becky, Vol II
Widdicombe, Richard Toby, Vol II

Univ of Alaska, Fairbanks
Cole, Terrence M., Vol I
Cornwall, Peter G., Vol I
Falk, Marvin W., Vol I
Gold, Carol, Vol I
Hollerbach, Wolf, Vol III
Hunt, William Raymond, Vol I
Krauss, Michael, Vol III
Mangusso, Mary C., Vol I
Naske, Claus-M., Vol I
Pierce, Richard A., Vol I
Whitehead, John S., Vol I

Univ of Alberta
Barbour, Douglas F., Vol II
Blodgett, Edward D., Vol III
Blodgett, Edward Dickinson, Vol II
Brandt, Diana, Vol II
Buck, Robert J., Vol I
Cahill, P. Joseph, Vol IV
Dimic, Milan Velimir, Vol III
Dryer, Matthew S., Vol III
Egert, Eugene, Vol III
Fishwick, Duncan, Vol I
Forcadas, Alberto M., Vol III
Grant, Raymond James Shepherd, Vol III
Grundy, Isobel, Vol II
Hoffpauir, Richard, Vol II
Ingles, Ernie B., Vol IV
Jones, William J., Vol I
Jones, William John, Vol I
Kreisel, Henry, Vol II
Lightner, David Lee, Vol I
Macleod, Roderick Charles, Vol I
Marahrens, Gerwin, Vol III
Margolin, Uri, Vol III
McMaster, Juliet, Vol II
Mcmaster, Rowland Douglas, Vol II
Mozejko, Edward, Vol III
Oosterhuis, Tom, Vol IV
Owram, Douglas R., Vol I
Pownall, Frances Skoczylas, Vol I
Prideaux, Gary Dean, Vol III
Schouls, Peter A., Vol IV
Shiner, Roger Alfred, Vol IV
Trumpener, Ulrich, Vol I
Waida, Manabu, Vol I
Waugh, Earle Howard, Vol I
Williamson, Janice, Vol II
Zvi, Ehud Ben, Vol IV

Univ of Arizona
Adamec, Ludwig W, Vol III
Aiken, Susan Hardy, Vol II
Arnett, Carlee, Vol III
Austin, J. Norman, Vol I
Bernstein, Gail Lee, Vol I
Bowen, Roger, Vol II
Brand, Myles, Vol IV
Canfield, John Douglas, Vol II
Carter, Paul Allen, Vol I
Chandola, Anoop Chandra, Vol III
Chisholm, David, Vol III
Clark, L.D., Vol I
Clarke, James W., Vol I
Cosgrove, Richard A., Vol I
Dahood, Roger, Vol II
Darling, Linda T., Vol I
Demers, Richard Arthur, Vol III
Dever, William Gwinn, Vol I
Dinnerstein, Leonard, Vol I
Dinnerstein, Myra, Vol II
Dobbs, Dan Byron, Vol IV
Dryden, Edgar A., Vol II
Eaton, Richard Maxwell, Vol I
Eisner, Sigmund, Vol II
Fishback, Price Vanmeter, Vol I
Fontana, Bernard Lee, Vol II
Fuchs, Esther, Vol III
Gamal, Adel Sulaiman, Vol I
Gibbs, David N., Vol I
Goldman, Alvin I., Vol IV
Guy, Donna Jay, Vol I
Hogle, Jerrold Edwin, Vol II
Iserson, Kenneth V., Vol IV
Kellogg, Frederick, Vol I
Kinkade, Richard Paisley, Vol III

Kosta, Barbara, Vol III
Kovach, Thomas A., Vol III
Kunnie, Julian, Vol I
Langendoen, Donald Terence, Vol III
Martinez, Oscar J., Vol I
Martinson, Steven D., Vol III
Mcelroy, John Harmon, Vol II
Medine, Peter Ernest, Vol II
Mills, John Arvin, Vol II
Nakhai, Beth Alpert, Vol I
Nichols, Roger L., Vol I
Parezo, Nancy Jean, Vol I
Pollock, John Leslie, Vol IV
Rivero, Eliana Suarez, Vol III
Romer, F.E., Vol I
Rowe, David C., Vol I
Schaller, Michael, Vol I
Schneidau, Herbert N., Vol II
Schulz, Renate A., Vol III
Shelton, Richard William, Vol II
Tabili, Laura, Vol I
Van Steen, Gonda Aline Hector, Vol I
Wearing, J.P., Vol II
Wexler, David Barry, Vol IV
Wildner-Bassett, Mary E., Vol III
Willard, Thomas Spaulding, Vol II
Wilson, William Jerram, Vol I
Worthen, Thomas De Voe, Vol I
Zegura, Elizabeth Chesney, Vol II

Univ of Arkansas, Fayetteville
Adams, Charles H., Vol II
Adler, Jacob, Vol IV
Allen, Myria, Vol III
Amason, Patricia, Vol III
Arenberg, Nancy, Vol II
Bell, Steven, Vol III
Bennett, James Richard, Vol II
Bolsterli, Margaret Jones, Vol II
Booker, M. Keith, Vol III
Brady, Robert M., Vol III
Bukey, Evan Burr, Vol I
Bukey, Evan Burr, Vol II
Burris, Sidney, Vol II
Candido, Joseph, Vol II
Chappell, David L., Vol I
Chase, James S., Vol I
Christiansen, Hope, Vol III
Cochran, Robert, Vol I
Coon, Lynda L., Vol I
Cory, Mark, Vol III
Davis, James, Vol III
Duval, John, Vol III
Edwards, Sandra, Vol IV
Eichmann, Raymond, Vol III
Engels, Donald W., Vol I
Finlay, Robert, Vol I
Ford, James, Vol III
Ford, James Francis, Vol III
Fredrick, David, Vol I
Frentz, Thomas S., Vol II
Gatewood, Willard Badgette, Vol I
Gitelman, Morton, Vol IV
Goforth, Carol R., Vol IV
Guilds, John C., Vol II
Hanlln, Todd, Vol III
Hassel, Jon, Vol II
Haydar, Adnan, Vol III
Heffernan, Michael, Vol II
Henry Tsai, Shin Shan, Vol I
Hill, Christopher, Vol IV
Jacobs, Lynn F., Vol I
Jimoh, A. Yemisi, Vol II
Juhl, M.E., Vol II
Kahf, Mohja, Vol III
Kennedy, Thomas C., Vol I
Kinnamon, Keneth, Vol II
Lee, Richard, Vol IV
Levine, Daniel, Vol I
Levine, Daniel Blank, Vol I
Locke, John, Vol III
Macrae, Suzanne H., Vol II
Marren, Susan M., Vol II
Minar, Edward, Vol IV
Montgomery, Lyna Lee, Vol II
Nissen, Lowell, Vol IV
Quinn, William A., Vol II
Ricker-Abderhalden, Judith, Vol III
Rogers, Jimmie N., Vol II
Rosteck, H. Thomas, Vol II
Rushing, Janice H., Vol II
Scheide, Frank Milo, Vol I
Schilcher, Linda, Vol I
Scott, James, Vol IV

Senor, Thomas, Vol IV
Sherman, Sandra, Vol II
Simpson, Ethel C., Vol III
Sloan, David, Vol I
Smith, Stephen A., Vol II
Sonn, Richard D., Vol I
Spellman, Lynne, Vol I
Strausberg, Stephen Frederick, Vol I
Sutherland, Daniel E., Vol I
Tucker, Janet, Vol III
Turner, Joan, Vol III
Van Patten, James J., Vol I
West, Elliott, Vol I
Whayne, Jeannie, Vol I
Wilkie, Brian, Vol II
Williams, Nudie Eugene, Vol I
Woods, Randall B., Vol I

Univ of Arkansas, Little Rock
Anderson, Steve, Vol II
Baker, Thomas H., Vol I
Bilsky, Lester James, Vol I
Bolton, Sidney Charles, Vol I
Garnett, Mary Anne, Vol II
Gibbens, E. Byrd, Vol II
Jacoway, Elizabeth, Vol I
Jauss, David, Vol II
Kaiser, Thomas Ernest, Vol I
Knutson, Roslyn L., Vol II
Kwasny, Andrea, Vol II
Levernier, James, Vol II
Levernier, James Arthur, Vol I
Littlefield, Dan F., Vol II
Moneyhon, Carl Hofmann, Vol I
Moore, Patrick, Vol II
Murphy, Russell E., Vol II
Pancrazio, James, Vol III
Parins, James, Vol II
Parins, Marylyn, Vol II
Ramsey, C. Earl, Vol II
Sobin, Nicholas, Vol III
Stodola, Zabelle, Vol I
Strickland, Johnye, Vol II
Thorson, Helga, Vol III
Vannatta, Dennis, Vol II
Williams, C. Fred, Vol I
Williams, Leroy Thomas, Vol I
Yoder, R. Paul, Vol II

Univ of Arkansas, Monticello
Adams, Tyrone L., Vol II
Shea, William Lee, Vol I
Stewart, E. Kate, Vol II

Univ of Arkansas, Pine Bluff
Demecs, Desiderio D., Vol IV
Littlejohn, Walter L., Vol I

Univ of Auckland
Boyd, Brian David, Vol II
Tittler, Jonathan Paul, Vol III

Univ of Baltimore
Albrecht, Catherine, Vol I
Carruthers, Virginia, Vol II
Elfenbein, Jessica, Vol I
Gibson, Stephanie, Vol II
Guy, Fred, Vol I
Hopkins, Fred, Vol I
Jacklin, Thomas M., Vol I
Kaplan, Nancy, Vol II
Kleinman, Neil, Vol II
Lasson, Kenneth L., Vol IV
Legon, Ronald, Vol I
Matanle, Stephen, Vol II
Moulthrop, Stuart, Vol II
Mulcahey, Donald C., Vol I
Sawyer, Jeffrey K., Vol I
Sellers, Mortimer, Vol IV
Yarrison, Betsy, Vol III

Univ of Birmingham
Simmons, Richard C., Vol I

Univ of Bridgeport
Rubenstein, Richard Lowell, Vol IV
Soares, Anthony T., Vol I

Univ of British Columbia
Ainley, Marianne G., Vol I
Artibise, Alan F.J., Vol I
Avakumovic, Ivan, Vol I
Bak, Janos M., Vol I
Bakan, Joel, Vol IV
Barman, Jean, Vol I
Barman, Roderick James, Vol I
Barrett, Anthony Arthur, Vol I
Batts, Michael S., Vol III
Blom, Joost, Vol IV
Bongie, Laurence, Vol III
Borrows, John, Vol IV
Boyle, Christine, Vol IV
Brunnee, Jutta, Vol IV
Bryden, Philip, Vol IV
Carr, Derek Cooper, Vol I
Conway, John S., Vol I
Dawson, Anthony Blanchard, Vol II
Edinger, Elizabeth, Vol IV
Egleston, Don, Vol IV
Elliot, Robin, Vol IV
Ericson, Richard, Vol IV
Evans, James A.S., Vol I
Farquhar, Keith, Vol IV
Fisher, Robin, Vol I
Franson, Robert T., Vol IV
Frose, Victor, Vol III
Goetz-Stankiewicz, Marketa, Vol III
Grace, Sherrill E., Vol II
Grant, Isabel, Vol IV
Hamlin, Frank Rodway, Vol III
Harnetty, P., Vol I
Head, Ivan, Vol IV
Hundert, Edward J., Vol I
Iyer, Nitya, Vol IV
Johnson, Lee Milford, Vol II
Klang, Daniel M., Vol I
Kline, Marlee, Vol IV
Knutson, Harold Christian, Vol III
MacCrimmon, Marilyn, Vol IV
MacDougall, Bruce, Vol IV
MacIntyre, James, Vol IV
McClean, Albert, Vol IV
Merivale, Patricia, Vol II
Moogk, Peter N., Vol I
Mornin, Edward, Vol III
Morrison, William R., Vol I
Mosoff, Judith, Vol IV
Nadel, Ira Bruce, Vol II
Neufeld, Dietmar, Vol I
Neuman, Shirley C., Vol II
New, William H., Vol II
Ormsby, Margaret A., Vol I
Paterson, Robert, Vol IV
Pavlich, Dennis, Vol IV
Petersen, Klaus, Vol III
Podlecki, Anthony Joseph, Vol I
Potter, Pitman, Vol IV
Pue, Wesley W., Vol IV
Pulleyblank, Edwin George, Vol III
Raoul, Valerie, Vol III
Saint-Jacques, Bernard, Vol III
Salzberg, Stephan, Vol IV
Sanders, Douglas, Vol IV
Seamon, Roger, Vol II
Sheppard, Anthony, Vol IV
Smith, Lynn C., Vol IV
Stanwood, Paul Grant, Vol II
Stewart, Jack F, Vol II
Strong-Boag, Veronica, Vol I
Sullivan, Shirley Darcus, Vol I
Unger, Richard W., Vol I
Weiler, Joseph, Vol IV
Wexler, Stephen, Vol IV
Windsor-Liscombe, Rhodri, Vol I

Univ of Calgary
Baker, John Arthur, Vol IV
Bercuson, David Jay, Vol I
Cook, Eung-Do, Vol III
Eyck, Frank, Vol I
Francis, Robert D., Vol I
Hexham, Irving, Vol IV
Knafla, Louis A., Vol I
Macintosh, John James, Vol IV
Martin, Charles Burton, Vol IV
Martin, John Sayre, Vol II

Martin, John Stephen, Vol I
Mcginnis, David Prentice, Vol I
Mckenna, Marian Cecilia, Vol I
Mcmordie, Michael J., Vol I
Osler, Margaret Jo, Vol I
Penelhum, Terence M., Vol IV
Rasporich, Anthony W., Vol I
Southerland, Ronald Hamilton, Vol III
Stone-Blackburn, Susan, Vol II
Stratton, Susan B., Vol II
Struc, Roman Sviatoslav, Vol III
Wiseman, Christopher S., Vol II
Zekulin, Nicholas Gleb, Vol III

Univ of California, Berekely
Haber, Samuel, Vol I
McLean, Hugh, Vol III

Univ of California, Berekely
Abrams, Richard M., Vol I
Adelman, Janet Ann, Vol II
Alter, Robert, Vol III
Anderson, William Scovil, Vol I
Azevedo, Milton M., Vol III
Banks, William Maron, III, Vol I
Barnes, Thomas Garden, Vol I
Barth, Gunther, Vol I
Bloom, Robert, Vol II
Bolt, Bruce A., Vol I
Booth, Stephen, Vol II
Botterill, Steven, Vol III
Bouwsma, William James, Vol I
Boyarin, Daniel, Vol IV
Brentano, Robert, Vol I
Brinner, William Michael, Vol III
Broughton, Janet Setzer, Vol IV
Brucker, Gene Adam, Vol I
Butler, J., Vol II
Buxbaum, Richard Manfred, Vol IV
Cascardi, Anthony Joseph, Vol III
Choper, Jesse H., Vol IV
Christ, Carol Tecla, Vol II
Christian, Barbara T., Vol II
Clark, VeVe A., Vol I
Clemens, Diane Shaver, Vol I
Clifford, Geraldine Joncich, Vol I
Clubb, Louise George, Vol III
Coolidge, John Stanhope, Vol II
Costa, Gustavo, Vol I
Craddock, Jerry Russell, Vol IV
Crocker, Richard Lincoln, Vol I
Daube, David, Vol I
Davidson, Donald, Vol IV
De Vries, Jan, Vol I
Dreyfus, Hubert Lederer, Vol IV
Duggan, Joseph John, Vol II
Dundes, Alan, Vol I
Edwards, Harry, Vol I
Eisenberg, Melvin Aron, Vol IV
Emeneau, Murray Barnson, Vol III
Epstein, Edwin M., Vol IV
Falk, Candace, Vol I
Fass, Paula S., Vol I
Faulhaber, Charles Bailey, Vol III
Feeley, Malcolm M., Vol I
Feldman, Gerald Donald, Vol I
Feller, David Edward, Vol IV
Fleischman, Suzanne, Vol III
Fleming, John G., Vol IV
Friedman, Donald M., Vol II
Gifford, Bernard R., Vol I
Greenewalt, Crawford Hallock, Vol I
Grossman, Joan Delaney, Vol III
Groth, Paul, Vol I
Gruen, Erich S., Vol I
Gumperz, John J., Vol III
Hahn, Roger, Vol I
Heilbron, John L., Vol I
Heinze, Ruth-Inge, Vol IV
Hetherington, Norriss Swigart, Vol I
Hillen, Gerd, Vol III
Hintzen, Percy Claude, Vol IV
Hollinger, D.A., Vol I
Holub, Renate, Vol III
Holub, Robert C., Vol III
Irschick, Eugene Frederick, Vol I
Jaini, Padmanabh S., Vol III
Jarrett, James L., Vol III
Jay, Martin Evan, Vol I
Johnson, Leonard Wilkie, Vol III

Joyce, Rosemary A., Vol I
Kadish, Sanford H., Vol IV
Kagan, Robert A., Vol I
Karlinsky, Simon, Vol III
Kay, Herma Hill, Vol IV
Keightley, David Noel, Vol I
Kettner, James Harold, Vol I
Kilmer, Anne Draffkorn, Vol I
Kirch, Patrick V., Vol I
Knapp, Arthur Bernard, Vol I
Knapp, Robert Carlyle, Vol I
Kudszus, Winfried, Vol III
Laguerre, Michael Saturnin, Vol I
Laqueur, Thomas Walter, Vol I
Lee, Jung Young, Vol IV
Leonard, Thomas Charles, Vol I
Lesch, John Emmett, Vol I
Lewin, Linda, Vol I
Littlejohn, David, Vol II
Litwack, Leon F., Vol I
Long, Anthony Arthur, Vol I
Malkiel, Yakov, Vol III
Marcus, Sharon, Vol II
Mastronarde, Donald John, Vol I
Matisoff, James Alan, Vol III
May, Henry Farnham, Vol I
McNulty, John K., Vol IV
McNulty, John Kent, Vol IV
Melia, Daniel Frederick, Vol III
Merchant, Carolyn, Vol I
Messinger, Sheldon L., Vol I
Metcalf, Thomas R., Vol I
Michaels, Leonard, Vol II
Middlekauff, Robert Lawrence, Vol I
Middleton, Anne Louise, Vol II
Miles, Josephine, Vol II
Milgrom, Jacob, Vol IV
Miller, Stephen G., Vol I
Muir, William Ker, Vol I
Murgia, Charles Edward, Vol I
Nagler, Michael Nicholas, Vol I
Ogden, Dunbar Hunt, Vol II
Ohala, John Jerome, Vol III
Parsons, Jed, Vol I
Penzl, Herbert, Vol III
Polt, John H.R., Vol III
Redmount, Carol A., Vol I
Riasanovsky, Nicholas, Vol I
Richmond, Hugh M., Vol II
Rose, Leo E., Vol I
Rosenberg, Marvin, Vol II
Rothblatt, Sheldon, Vol I
Schamschula, Walter, Vol III
Scheiber, Harry N., Vol I
Scheiffele, Eberhard, Vol I
Scheiner, Irwin, Vol I
Sealey, B. Raphael, Vol I
Seeba, Hinrich Claassen, Vol III
Shackley, M. Steven, Vol I
Shapiro, Barbara June, Vol II
Sloane, Thomas O., Vol II
Slobin, Dan Isaac, Vol III
Snapper, Johan Pieter, Vol III
Spahr, Blake Lee, Vol III
Starn, Randolph, Vol I
Stroud, Ronald Sidney, Vol I
Sweet, Justin, Vol IV
Takaki, Ronald Toshiyuki, Vol I
Threatte, Leslie Lee, Vol I
Upton, Dell, Vol I
Vermazen, Bruce James, Vol IV
Wakeman, Frederic Evans, Jr., Vol I
Walsh, John Kevin, Vol III
Wang, William S.Y., Vol III
Yeh, Wen-han, Vol I
Zelnik, Reginald Ely, Vol I
Zwerdling, Alex, Vol II

Univ of California, Davis

Bauer, Arnold Jacob, Vol I
Bernd, Clifford Albrecht, Vol III
Bettinger, Robert L., Vol I
Bowsky, William Marvin, Vol I
Brody, David, Vol I
Brower, Daniel Roberts, Vol I
Carter, Everett, Vol II
Crummey, Robert Owen, Vol I
Fetzer, John Francis, Vol III
Fleischer, Manfred Paul, Vol I
Gilbert, Sandra Mortola, Vol II
Goodman, Paul, Vol I
Groth, Alexander J., Vol I
Hagen, William Walter, Vol I
Halttunen, Karen, Vol I
Hays, Peter L., Vol II
Hoffman, Michael Jerome, Vol II
Imwinkelried, Edward, Vol IV
Jackson, William Turrentine, Vol I
Jett, Stephen C., Vol I
Johnson, Kevin R., Vol IV
Juenger, Friedrich K., Vol IV
Kusch, Manfred, Vol III
Landau, Norma Beatrice, Vol II
Levin, Richard A., Vol II
Loewy, Erich H., Vol IV
Major, Clarence, Vol II
McConnell, Winder, Vol III
Oakley, John Bilyeu, Vol IV
Poppino, Rollie Edward, Vol I
Price, Don Cravens, Vol I
Rosen, Ruth E., Vol I
Sarlos, Robert Karoly, Vol II
Schaeffer, Peter Moritz-Friedrich, Vol III
Schaeffer, Peter Moritz-Friedrich, Vol III
Schleiner, Winfried H., Vol I
Spyridakis, Stylianos V., Vol I
Stewart, John Othneil, Vol II
Taylor, Alan S., Vol I
Traill, David Angus, Vol I
Verani, Hugo Juan, Vol III
Waddington, Raymond Bruce., Vol II
Wallacker, Benjamin E, Vol III
West, Martha S., Vol I
Willis, Frank Roy, Vol I
Woodress, James, Vol II
Zender, Karl Francis, Vol II

Univ of California, Hastings Col of Law

McCall, James Russell, Vol IV

Univ of California, Irvine

Antonelli, Gian Aldo, Vol IV
Ayala, Francisco J., Vol IV
Barney, Stephen Allen, Vol II
Bruce, D.D., Vol I
Carroll, David, Vol III
Chiampi, James T., Vol III
Dickson, Bruce D., Jr., Vol I
Donlan, Walter, Vol I
Fahs, Alice E., Vol I
Ferrin Sutton, Dana, Vol I
Folkenflik, Robert, Vol II
Fuller, M.A., Vol III
Gearhart, Suzzane, Vol III
Grofman, Bernard N., Vol I
Guthrie, Elizabeth M., Vol III
Hart, Gail K., Vol III
Hill, Lamar Mott, Vol I
Huang, J., Vol III
Hubert, Judd D., Vol III
Hubert, Renee Riese, Vol III
Laborde, Alice M., Vol III
Lehnert, Herbert Hermann, Vol III
Leonard, Karen Isaksen, Vol I
Lillyman, William J., Vol III
Maddy, Penelope, Vol IV
Martin, Jay H., Vol I
Mcculloch, Samuel Clyde, Vol I
Miles, Margaret M., Vol I
Munevar, Gonzalo, Vol IV
Nelson, Keith Lebahn, Vol I
Noland, Carrie J., Vol III
Palley, Julian, Vol III
Rabine, Leslie W., Vol III
Regosin, Richard L., Vol III
Rieckman, Jens, Vol II
Riese Hubert, Renee, Vol III
Saine, Thomas Price, Vol III
Santas, Gerasimos, Vol IV
Skyrms, Brian, Vol IV
Small, Kenneth Alan, Vol I
Stanford, Preston K., Vol IV
Suttpn, Dana F., Vol I
Walsh, Roger, Vol IV
Watt, William Carnell, Vol III
Wiener, Jonathan M., Vol I

Univ of California, La Jolla

Stroll, Avrum, Vol IV
Wesling, Donald Truman, Vol II

Univ of California, Los Angeles

Allmendinger, Blake, Vol II
Bahr, Ehrhard, Vol III
Band, Arnold J., Vol II
Banta, Martha, Vol II
Bauml, Franz H., Vol III
Benson, Robert Louis, Vol I
Bergren, Ann L.T., Vol I
Berst, Charles A., Vol II
Birnbaum, Henrik, Vol III
Blank, David L., Vol I
Blumberg, Grace Ganz, Vol IV
Bonebakker, Seeger A., Vol III
Braunmuller, A.P., Vol II
Brown, Jonathan Charles, Vol I
Bruno, James Edward, Vol I
Buccellati, Giorgio, Vol I
Chambers, Mortimer Hardin, Vol I
Coben, Stanley, Vol I
Cody, Martin Leonard, Vol I
Coombs, Robert H., Vol I
Dallek, Robert, Vol I
Dukeminier, Jesse, Vol IV
Eekman, Thomas, Vol III
Ehret, Christopher, Vol I
Elman, B.A., Vol I
Fisher, Raymond Henry, Vol I
Fletcher, George Philip, Vol IV
Frischer, Bernard, Vol I
Fromkin, Victoria A, Vol III
Funkenstein, Amos, Vol I
Gilliland-Swetland, Anne J., Vol I
Gimbutas, Marija, Vol I
Goldberg, Sander M., Vol I
Grassian, Esther, Vol II
Gurval, Robert Alan, Vol I
Hayes, Robert Mayo, Vol I
Hines, Thomas S., Vol I
Hossein, Ziai, Vol IV
Hundley, Norris Cecil, Vol I
Ivanov, Vyacheslav V., Vol III
Jacoby, Sanford M., Vol I
Johnson, Carroll B., Vol III
Jones, Michael Owen, Vol I
Jun, Sun-Ah, Vol III
Karst, Kenneth L., Vol IV
Keddie, Nikki R., Vol I
Kelly, Henry Ansgar, Vol II
King, Katherine Callen, Vol III
Klein, William A., Vol IV
Klob, Gwin Jack, Vol II
Knopoff, L., Vol IV
Kolb, Jack, Vol II
Komar, Kathleen Lenore, Vol III
Krekic, Barisa, Vol I
Krier, James Edward, Vol IV
Ladefoged, Peter, Vol III
Lanham, Richard Alan, Vol II
Laslett, John Henry Martin, Vol I
Lattimore, Steven, Vol I
Lewis, Jane Elizabeth, Vol II
Light, Ivan, Vol I
Lincoln, Kenneth, Vol II
Lofstedt, Bengt, Vol III
Lowenstein, D.H., Vol IV
Maniquis, Robert Manuel, Vol II
Martines, Lauro, Vol I
Mellor, Ronald, Vol I
Minkova, Donka, Vol III
Morgan, Kathryn A., Vol I
Munzer, Stephen Roger, Vol IV
Naiditch, P.G., Vol I
Nash, Gary B., Vol I
Nehring, Wolfgang, Vol III
Notehelfer, Fred G., Vol I
Novak, Maximillian E., Vol II
Nussbaum, Felicity, Vol II
Pecora, Vincent P., Vol II
Perez-Torres, Rafael, Vol II
Perkins, Linda Marie, Vol I
Post, Jonathan F.S., Vol II
Purefoy Morris, Sarah, Vol I
Reill, Peter Hanns, Vol I
Roper, Alan, Vol II
Rowe, Karen E., Vol II
Sardesai, Damodar Ramaji, Vol I
Schmidt, Hanns-Peter, Vol III
Schniedewind, William M., Vol III
Sellin, Paul R., Vol II
Sheats, Paul Douglas, Vol II
Shuger, Debora, Vol II
Sklar, Richard Lawrence, Vol I
Spillenger, Clyde, Vol IV
Stefanovska, Malina, Vol III
Stockwell, Robert Paul, Vol III
Tennyson, Georg Bernhard, Vol II
Tuttle, Edward Fowler, Vol III
Vine, Brent, Vol I
Volokh, Eugene, Vol IV
Vonfalkenhausen, L., Vol I
Wagener, Hans, Vol III
Whiteman, D. Bruce, Vol II
Wilkie, James Wallace, Vol I
Wilson, Robert Arden, Vol I
Wittrock, Merlin Carl, Vol III
Wohl, Robert, Vol I
Wolfenstein, E. Victor, Vol I
Worth, Dean Stoddard, Vol III
Wortham, Thomas, Vol II
Yarborough, Richard A., Vol I
Zeitlin, Maurice, Vol I

Univ of California, Riverside

Axelrod, Steven Gould, Vol II
Barkin, Kenneth, Vol I
Barricelli, Jean-Pierre, Vol III
Bredbeck, Gregory W., Vol II
Brett, Philip, Vol I
Briggs, John C., Vol II
Chen, Jingsong, Vol III
Cheng-chi Hsu, Ginger, Vol I
Childers, Joseph W., Vol II
Conrad, Rudolph, Vol I
Cortes, Carlos Eliseo, Vol I
Cranor, Carl, Vol IV
Daviau, Donald G., Vol III
Devlin, Kimberly J., Vol II
Eigner, Edwin Moss, Vol II
Elliott, Emory B., Vol II
Essick, Robert N., Vol II
Fabricant, Carole, Vol II
Fagundo, Ana Maria, Vol III
Fischer, John Martin, Vol IV
Forster-Hahn, Francoise, Vol I
Ganim, John Michael, Vol II
Gaustad, Edwin Scott, Vol I
Gericke, Philip Otto, Vol III
Getty, J. Arch, Vol I
Glidden, David, Vol IV
Godbeer, R., Vol I
Haggerty, George E., Vol II
Hendrick, Irving Guilford, Vol I
Hoefer, Carl, Vol IV
Hoffman, Paul, Vol I
Jones, Amelia, Vol I
Keller, Pierre, Vol IV
Kinney, Katherine, Vol II
Kronenfeld, David B., Vol I
Kronenfeld, Judy, Vol II
Laursen, John Christian, Vol I
Levin, Jules Fred, Vol III
Lopez, Tiffany Ana, Vol II
Magnus, Bernd, Vol IV
Marti, Genoveva, Vol IV
Megenney, William Wilber, Vol III
Mileur, Jean-Pierre, Vol II
Morton, Carlos, Vol II
Morton, Patricia A., Vol I
Ness, Sally A., Vol I
O'Connor, June Elizabeth, Vol IV
Ostrow, Steven F., Vol I
Phillips, John Allen, Vol I
Reath, Andrews, Vol IV
Reck, Erich H., Vol IV
Roy, Parama, Vol II
Rudolph, Conrad, Vol I
Scanlon, Thomas Francis, Vol I
Schwitzgebel, Eric, Vol IV
Stewart, Stanley N., Vol II
Tobey, Ronald Charles, Vol I
Tyler, Carole-Anne, Vol II
Vickery, John B., Vol II
Wall, Irwin M., Vol I
Waller, Marguerite R., Vol III
Warnke, Georgia, Vol IV
Westfahl, Gary, Vol II
Wetherell, Charles W., Vol I
Wettstein, Howard K., Vol IV
Willis, Deborah, Vol II
Wright, Larry, Vol IV
Yamamoto, Traise, Vol III

Univ of California, San Diego

Arneson, Richard J., Vol IV
Bailey, Frederick George, Vol I
Berger, Bennet Maurice, Vol I
Briggs, Charles L., Vol I
Brink, David O., Vol IV
Cancel, Robert, Vol III
Churchland, Paul M., Vol IV
Cole, Mike, Vol II
Cox, Stephen D., Vol II
Davis, Susan, Vol II
Dijkstra, Bram, Vol III
Doppelt, Gerald D., Vol IV
Engestrom, Yrjo, Vol II
Foster, Frances Smith, Vol II
Friedman, Richard Elliott, Vol IV
Fussell, Edwin, Vol II
Gaffney, Floyd, Vol II
Glymour, Clark, Vol IV
Gutierrez, Ramon A., Vol I
Hallin, Daniel C., Vol II
Hardimon, Michael O., Vol IV
Hartouni, Valerie, Vol II
Horwitz, Robert, Vol II
Hughes, Judith Markham, Vol I
Humphries, Tom, Vol III
Jolley, Nicholas, Vol IV
Keyssar, Helene, Vol II
Kirkpatrick, Susan, Vol III
Kitcher, Patricia, Vol IV
Kitcher, Philip, Vol IV
Klima, Edward Stephens, Vol III
Langacker, Ronald Wayne, Vol III
Luft, David Sheers, Vol I
Marino, John Anthony, Vol I
Marquis, Alice Goldfarb, Vol I
Martin, Wayne M., Vol I
Mitchell, Sandra D., Vol IV
Mosshammer, Alden Adams, Vol I
Mukerji, Chandra, Vol II
Neuhouser, Frederick, Vol IV
Padden, Carol, Vol II
Parrish, Michael Emerson, Vol I
Pasler, Jann C., Vol I
Pomeroy, Earl, Vol I
Rafael, Vicente, Vol II
Ringrose, David R., Vol I
Rose, Sharon, Vol III
Schudson, Michael, Vol I
Sher, Gila, Vol IV
Stavrianos, Leften Stavros, Vol I
Yalowitz, Steven, Vol IV

Univ of California, San Francisco

Forrester, William Ray, Vol IV
Mattie, U., Vol IV
Staples, Robert Eugene, Vol I

Univ of California, Santa Barbara

Abbott, H. Porter, Vol II
Acimovic Wallace, Vesna, Vol III
Allaback, Steve, Vol II
Ashby, William James, Vol IV
Athanassakis, Apostolos N., Vol I
Badash, Lawrence, Vol I
Bazerman, Charles, Vol II
Blau, Sheridan, Vol II
Bliss, Lee, Vol II
Boscagli, Maurizia, Vol II
Braun Pasternack, Carol, Vol II
Butler-Evans, Eliot, Vol II
Carlson, Julie, Vol II
Cohen, Patricia Cline, Vol I
Collins, Robert O., Vol I
Cooley, Timothy, Vol I
Daniels, Douglas Henry, Vol I
Dauer, Francis W., Vol IV
Deconde, Alexander, Vol I
Djordjevic, Dimitrije, Vol I
Drake, Harold Allen, Vol I
Duffy, Andrew Enda, Vol II
Dunn, F.M., Vol I
Erickson, Robert A., Vol II
Exner, Richard, Vol III
Fagan, Brian M., Vol I
Flacks, Richard, Vol I
Fradenburg, Louise, Vol II
Fumerton, Patricia, Vol II
Geok-lin Lim, Shirley, Vol II
Gunn, Giles, Vol II
Guss, Donald Leroy, Vol II
Gutierezz-Jones, Carl, Vol II
Hahn, Francis V. Hickson, Vol I
Harrison, Victoria, Vol II
Heckendorn Cook, Elizabeth, Vol II
Helgerson, Richard, Vol II
Hernadi, Paul, Vol III
Hoffmeister, Gerhart, Vol III
Hollister, C. Warren, Vol I
Johnson, Donald Barton, Vol III
Jordan, Borimir, Vol I
Kalman, Laura, Vol I

Lane, Alcyee, Vol I
Leal, Luis, Vol III
Lindemann, Albert S., Vol I
Lindheim, Sara H., Vol I
Liu, Alan, Vol II
Lundell, Torborg Lovisa, Vol III
Mahlendorf, Ursula R., Vol III
Maslan, Mark, Vol II
McCarthy, Patric J., Vol II
McConnell, Frank, Vol II
Mcgee, James Sears, Vol I
Merkl, Peter Hans, Vol I
Michaelsen, Robert Slocumb, Vol IV
Miko, Stephen, Vol II
Morstein-Marx, Robert, Vol I
Nash, Roderick W., Vol I
Nauenberg, M., Vol IV
Newfield, Cristopher, Vol II
Oglesby, Richard E., Vol I
Panikkar, Raimundo, Vol IV
Pearson, Birger Albert, Vol I
Potter, Robert Alonzo, Vol II
Remak, Joachim, Vol I
Renehan, Robert, Vol I
Ridland, John, Vol II
Roof, Wade Clark, Vol I
Salmon, Nathan, Vol IV
Shelton, Jo-Ann, Vol I
Smart, Ninian, Vol IV
Smith, James David, Vol I
Speirs, Logan, Vol II
St. Omer, Garth, Vol III
Steiner, Thomas Robert, Vol I
Sullivan, John P., Vol III
Talbott, John Edwin, Vol I
Tobin, Ronald William Francis, Vol III
Wallace, B. Allan, Vol IV
Wiemann, John M., Vol III
Wilder, Robert Jay, Vol IV
Yegul, Fikret Kutlu, Vol I
Young, David Charles, Vol I
Young, Kay, Vol II
Zimmerman, Everett, Vol II

Univ of California, Santa Cruz
Aissen, Judith, Vol III
Anthony, David Henry, III, Vol I
Aronson, Elliot, Vol I
Chalmers, David, Vol IV
Chung, Sandra, Vol III
Farkas, Donka F., Vol III
Foley, Mary Kathleen, Vol III
Grill, T.R., Vol IV
Halverson, John, Vol II
Hankamer, Jorge, Vol III
Hedrick, Charles W., Jr., Vol I
Houghton, Edward Francis, Vol I
Hull, Akasha, Vol III
Ito, Junko, Vol III
Jansen, Virginia, Vol I
Kenez, Peter, Vol I
Ladusaw, William A., Vol III
Mccloskey, James, Vol III
Mester, Armin, Vol III
Miles, Gary B., Vol I
Moglen, Helene, Vol II
Neu, Jerome, Vol IV
Padgett, Jaye, Vol III
Pullum, Geoffrey K., Vol III
Roby, Pamela A., Vol I
Sharp, Buchanan, Vol I
Shipley, William F., Vol III
Urban, Michael, Vol I

Univ of Cambridge
Winter, Jay Murray, Vol I

Univ of Cape Breton
Macleod, Gregory J., Vol IV

Univ of Central Arkansas
Anderson, Jami L., Vol IV
Bailey, Phillip, Vol III
Barnes, Kenneth C., Vol I
Borjesson, Gary, Vol IV
Brodman, James William, Vol I
Brodman, Marian, Vol IV
Harvey, Charles W., Vol IV
Langston, Dwight E., Vol III
Martinez, Jose-Luis, Vol III
Mehl, Peter J., Vol IV

Pouwels, Joel, Vol III
Shelton, Jim D., Vol IV

Univ of Central Florida
Adicks, Richard R., Vol II
Congdon, Kristin G., Vol I
Leckie, Shirley A., Vol I
Pauley, Bruce F, Vol I
Schiffhorst, Gerald Joseph, Vol II

Univ of Central Oklahoma
Baker, James Franklin, Vol I

Univ of Chicago
Adkins, Arthur William Hope, Vol I
Ahlstrom, Gosta Werner, Vol IV
Allen, Michael I., Vol I
Aronson, Howard Isaac, Vol III
Asmis, Elizabeth, Vol I
Austen, Ralph Albert, Vol I
Aydede, Murat, Vol IV
Bartsch, Shadi, Vol I
Betz, Hans Dieter, Vol IV
Bevington, David M., Vol II
Biggs, Robert Dale, Vol I
Booth, Wayne Clayson, Vol II
Boyer, John William, Vol I
Brauer, Jerald, Vol I
Brinkman, John Anthony, Vol I
Browning, Don S., Vol IV
Burnett, Anne Pippin, Vol I
Cafferty, Pastora San Juan, Vol I
Carr, Anne E., Vol I
Civil, Miguel, Vol I
Clark, Terry Nichols, Vol I
Cohen, Ted, Vol IV
Cohn, Bernard Samuel, Vol I
Comaroff, Jean, Vol I
Craig, John Eldon, Vol I
Crone, Anna Lisa, Vol I
Csikszentmihalyi, Mihaly, Vol I
Cumings, Bruce, Vol I
Currie, David P., Vol IV
Dam, Kenneth W., Vol IV
Dembowski, Peter Florian, Vol III
Dietler, Michael, Vol I
Dik, Helma, Vol I
Ehre, Milton, Vol III
Eliade, Mircea, Vol I
Epstein, Richard Allen, Vol IV
Faraone, Christopher, Vol I
Fasolt, Constantin, Vol I
Ferrari Pinney, Gloria, Vol I
Friedrich, Paul, Vol III
Frymer-Kensky, Tikva Simone, Vol IV
Garber, Daniel Elliot, Vol IV
Gerrish, Brian Albert, Vol IV
Geyer, M., Vol I
Gilpin, W. Clark, Vol IV
Golab, Zbigniew, Vol III
Golb, Norman, Vol I
Gossett, Philip, Vol I
Gragg, Gene Balford, Vol III
Gray, Hanna Holborn, Vol I
Greeley, Andrew Moran, Vol II
Gross, Hanns, Vol I
Hall, Jonathan M., Vol I
Hamp, Eric Pratt, Vol III
Hellie, Richard, Vol I
Helmholz, R.H., Vol I
Homans, Peter, Vol IV
Hopkins, Dwight N., Vol IV
Ingham, Norman William, Vol III
Johnson, W. Ralph, Vol I
Kaegi, Walter Emil, Vol I
Karl, Barry D., Vol I
Kazazis, Kostas, Vol III
Kirshner, Julius, Vol I
Kolb, Gwin Jackson, Vol II
Krieger, Leonard, Vol I
Kurland, Philip B., Vol IV
Lawler, James Ronald, Vol III
Lincoln, Bruce, Vol I
Malament, David Baruch, Vol IV
Mann, Arthur, Vol I
Marty, Martin Emil, Vol I
McCawley, James D., Vol III
McCulloh, Gerald William, Vol IV
McGinn, Bernard John, Vol I
Mcneill, David, Vol III
Mcneill, William Hardy, Vol I
Mitchell, W.J. Thomas, Vol II
Moayyad, Heshmat, Vol III

Morris, Norval, Vol IV
Morrison, Karl Frederick, Vol I
Mueller, Ian, Vol IV
Naim, Choudhri Mohammed, Vol III
Novick, Peter, Vol I
Redfield, James M., Vol I
Reiner, Erica, Vol I
Reynolds, Frank E., Vol I
Ricoeur, Paul, Vol IV
Saller, Richard, Vol I
Schultz, Reynolds Barton, Vol I
Slatkin, Laura M., Vol I
Smith, Jonathon Zittell, Vol I
Smith, Tom W., Vol I
Stafford, Barbara Maria, Vol I
Stager, Lawrence E., Vol I
Stein, Howard, Vol IV
Tave, Stuart Malcolm, Vol II
Trumpener, Katie, Vol II
Wallace, John Malcolm, Vol II
Warner, R. Stephen, Vol I
Wasiolek, Edward, Vol III
Wente, Edward Frank, Vol I
White, Peter, Vol I
Williams, Joseph M., Vol I
Wray, David L., Vol I
Yu, Anthony C., Vol IV

Univ of Cincinnati
Aeschbacher, William Driver, Vol I
Arner, Robert David, Vol II
Atkinson, Michael, Vol II
Bahk, C.M., Vol II
Beaver, Daniel R., Vol I
Bleznick, Donald William, Vol III
Burrell, Barbara, Vol I
Castenell, Louis Anthony, Jr., Vol I
Cebula, James E., Vol I
Cline, Eric, Vol I
Collins, Patricia Hill, Vol I
Coughlin, Edward V., Vol III
Davis, Jack L., Vol I
Edwards, Ruth McCalla, Vol IV
Elder, Arlene Adams, Vol III
Foss, D. Pedar W., Vol I
Friedrichsmeyer, Erhard Martin, Vol III
Gauker, Christopher P., Vol IV
Glenn, Jerry, Vol III
Godshalk, William Leigh, Vol II
Gutzwiller, Kathryn, Vol I
Hamilton, James Francis, Vol III
Harris-Cline, Diane, Vol I
Hogeland, L.M., Vol II
Huang, Shaorong, Vol II
Kafker, Frank Arthur, Vol I
Kraut, Benny, Vol I
Laux, James Michael, Vol I
Meyerowitz, Joanne, Vol I
Michelini, Ann Norris, Vol I
Miller, Zane L., Vol I
Mills, Carl Rhett, Vol III
Murray, James, Vol I
Muyskens, Judith Ann, Vol III
O'Connor, Patricia W., Vol III
Parker, Holt, Vol I
Plank, Geoffrey, Vol I
Pogue, Samuel Franklin, Vol I
Ramusack, Barbara N., Vol I
Richardson, Robert Calvin, Vol IV
Rose, Brian, Vol I
Rubenstein, Jill, Vol II
Rutter, Irvin C., Vol IV
Sage, Michael, Vol I
Sakmyster, Thomas Lawrence, Vol I
Sato, Elizabeth Selanders, Vol I
Schrier, Arnold, Vol I
Shapiro, Henry D., Vol I
Shapiro, Herbert, Vol I
Smith, Paul M., Jr., Vol I
Stephens, Martha Thomas, Vol II
Sterling, David L., Vol I
Tolzmann, Don Heinrich, Vol I
Twinam, Ann, Vol I
Verderber, Rudolph Francis, Vol II
Walberg, Gisela, Vol I
Walter, John C., Vol I
Wilson, Samuel S., Vol IV
Winkler, Henry Ralph, Vol I
York, Anthony Delano, Vol IV

Univ of Colorado, Boulder
Allen, Brenda J., Vol II
Alpern Engel, Barbara, Vol I
Anderson, Fred, Vol I
Baker, Donald C., Vol II
Barchilon, Jacques, Vol III
Beer, Francis A., Vol I
Chernus, Ira, Vol IV
Christensen, Carl C., Vol I
Churchill, Mary, Vol IV
Craig, Robert T., Vol II
Davenport, Christian A., Vol I
Deetz, Stanley A., Vol I
Deloria, Vine, Jr., Vol I
Denny, Fred, Vol IV
Dodson, Jualynne, Vol IV
Draper, Joan E., Vol I
Ellsworth, Oliver B., Vol I
Engel, Barbara, Vol I
Frajzyngier, Zygmunt, Vol III
Franklin, Allan David, Vol I
Geary, John Steven, Vol III
Getches, David H., Vol IV
Gibert, John C., Vol I
Gill, Sam, Vol IV
Glahe, Fred Rufus, Vol I
Gross, David, Vol I
Guralnick, Elissa Schagrin, Vol II
Hanna, Martha, Vol I
Hauser, Gerard A., Vol II
Hohlfelder, Robert L., Vol I
Hoover, Stewart, Vol IV
Jackson, Michele, Vol II
Jankowski, James Paul, Vol I
Jensen, Frede, Vol III
Jones, Stanley E., Vol II
Kawin, Bruce Frederick, Vol II
Keniston Mcintosh, Marjorie, Vol I
Kopff, Edward Christian, Vol I
Kroeger, Karl D., Vol I
Kroll, Paul William, Vol III
Laffoon, Elizabeth Anne, Vol II
LeBaron, Curtis D., Vol II
Lee, Charles Nicholas, Vol III
Lester, Robert Carlton, Vol IV
Main, Gloria L., Vol I
Mann, Ralph, Vol I
Martin, Jerry Lee, Vol IV
Mcintosh, Marjorie Keniston, Vol II
Miller, Ed L., Vol IV
Moore, Terrence L., Vol IV
Nelson Limerick, Patricia, Vol I
Oddie, Graham James, Vol IV
Pesantubbee, Michelene, Vol IV
Peterson, Courtland H., Vol IV
Pittenger, Mark A., Vol I
Rachels, Stuart, Vol IV
Ray, Reginald, Vol IV
Rood, David Stanley, Vol III
Ross Bryant, Lynn, Vol IV
Ruestow, Edward G., Vol I
Safran, William, Vol I
Salzberg, Joel, Vol II
Sassower, Raphael, Vol IV
Scamehorn, Howard Lee, Vol I
Schmiesing, Ann, Vol III
Schulzinger, Robert D., Vol I
Stavan, Henry-Anthony, Vol III
Stevenson, John A., Vol II
Sukenick, Ronald, Vol II
Taylor, Allan Ross, Vol III
Taylor, Bryan C., Vol II
Taylor, Rodney, Vol IV
Tompkins, Phillip K., Vol II
Tracy, Karen, Vol II
Travers, Arthur Hopkins, Vol IV
Wei, William, Vol I
Weston, Timothy B., Vol I
White, Cindy H., Vol II

Univ of Colorado, Colorado Springs
Hackman, Michael, Vol II
Harvey, Paul, Vol I
Hill, Christopher V., Vol I
Sheidley, Harlow W., Vol I
von Dassanowsky, Robert, Vol III
Walker, Kim, Vol II
Wanca-Thibault, Maryanne, Vol II

Univ of Colorado, Denver
Curet, Luis Antonio, Vol I
Foster, Mark Stewart, Vol I
Morgenthaler, Hans Rudolf, Vol I

Wick, Robert L., Vol II

Univ of Connecticut
Jacobus, Lee Andre, Vol II

Univ of Connecticut, Hartford
Blumberg, Phillip Irvin, Vol IV
Maciuika, Benedict Vytenis, Vol I
Phillips, Robert L., Vol IV

Univ of Connecticut, Stamford
Anderson, Susan L., Vol IV
Anderson, Susan Leigh, Vol IV
Frank, Yakira H, Vol III

Univ of Connecticut, Storrs
Abramson, Arthur Seymour, Vol III
Asher, Robert, Vol I
Baxter, Donald L., Vol IV
Beck, Sigrid, Vol III
Bloom, Lynn Z., Vol II
Boskovic, Zeljko, Vol III
Brodsky, Garry, Vol I
Brown, Richard David, Vol I
Calabrese, Andrea, Vol III
Carlson, Eric Walter, Vol II
Charters, Ann D., Vol II
Clark, Austen, Vol IV
Clifford, John Garry, Vol I
Coelho, Carl, Vol III
Coons, Ronald Edward, Vol I
Costigliola, Frank Charles, Vol I
Crosby, Donald H., Vol III
Curry, Richard Orr, Vol I
Dayton, Cornelia H., Vol I
Dickerman, Edmund H., Vol I
Elder, Crawford L., Vol IV
Gatta, John, Jr., Vol II
Gilbert, Harvey R., Vol III
Gilbert, Margaret, Vol IV
Hagan, Willie James, Vol I
Hamilton, Mark A., Vol II
Higonnet, Margaret Randolph, Vol III
Hiskes, Anne L., Vol IV
Hoglund, Arthur William, Vol I
Hollenberg, Donna Krolik, Vol II
Krimerman, Leonard I., Vol IV
Kupperman, Joel J., Vol IV
Lasnik, Howard, Vol III
Lederer, Herbert, Vol III
Lehman, Scott, Vol IV
Liles, Betty Z., Vol III
Lillo-Martin, Diane C., Vol III
Lougee, Robert Wayne, Vol I
Luyster, Robert W., Vol IV
Marrone, Nila Gutierrez, Vol III
Mattingly, Ignatius G., Vol III
Mchugh, Michael P., Vol I
Meyer, Paul Hugo, Vol III
Meyers, Diana Tietjens, Vol IV
Michaels, David, Vol III
Millikan, Ruth G., Vol IV
Naudin, Marie, Vol III
Orringer, Nelson Robert, Vol III
Paterson, Thomas Graham, Vol I
Peterson, Richard S., Vol II
Robb, Michael P., Vol III
Shaffer, Jerome A., Vol IV
Shivers, Jay Sanford, Vol I
Snyder, William, Vol III
Stave, Bruce M., Vol I
Stern, Milton R., Vol II
Troyer, John G., Vol IV
Waniek, Marilyn Nelson, Vol II
Wheeler, Samuel C., III, Vol IV
Wheeler, Samuel C., III, Vol IV

Univ of Connecticut, Torrington
Grover, Robinson Allen, Vol IV

Univ of Connecticut, Waterford
Murstein, Bernard I., Vol I

Univ of Dallas

Balas, David L., Vol IV
Frank, William A., Vol IV
Jodziewicz, Thomas W., Vol I
Lehrberger, James, Vol IV
Lowery, Mark, Vol IV
Maddux, Stephen, Vol III
Martin, Sean Charles, Vol II
Nagy, Moses Melchior, Vol III
Norris, John Martin, Vol IV
Pacwa, Mitch, Vol IV
Parens, Joshua, Vol IV
Rosemann, Philipp W., Vol IV
Sanchez, Elizabeth D., Vol I
Sepper, Dennis L., Vol IV
Simmons, Lance, Vol IV
Smith, Janet E., Vol IV
Sommerfeldt, John R., Vol I
Sullivan, Charles R., Vol I
Swietek, Francis Roy, Vol I
Welch, June R., Vol I
West, Grace Starry, Vol I
Wilhelmsen, Alexandra, Vol I
Wood, Robert, Vol IV

Univ of Dayton

Anderson, William P., Vol IV
August, Eugene R., Vol II
Barnes, Michael H., Vol IV
Benson, Paul H., Vol IV
Blatt, Stephen J., Vol III
Branick, Vincent P., Vol IV
Chinchar, Gerald T., Vol IV
Doyle, Dennis M., Vol IV
Eid, Leroy Victor, Vol I
Fischer, Marilyn R., Vol IV
Fouke, Daniel C., Vol IV
Heft, James L., Vol IV
Herbenick, Raymond M., Vol I
Inglis, John, Vol IV
Jablonski, Leanne M., Vol IV
Jenkins, Fred W., Vol I
Johnson, Patricia Altenbernd, Vol IV
Kozar, Joseph F., Vol IV
Kunkel, Joseph C., Vol IV
Lain, Laurence B., Vol II
Luke, Brian A., Vol IV
Lysaught, M. Therese, Vol IV
Martin, Herbert Woodward, Vol II
Martin, Judith G., Vol IV
Monasterio, Xavier O., Vol IV
Mosser, Kurt, Vol IV
Quinn, John F., Vol IV
Richards, William M., Vol IV
Robinson, James D., Vol II
Schweikart, Larry Earl, Vol I
Tibbetts, Paul E., Vol IV
Tilley, Terrence W., Vol IV
Ulrich, Lawrence P., Vol IV
Wolff, Florence I., Vol II
Yocum, Sandra Mize, Vol IV
Yoder, Don, Vol II
Yungblut, Laura, Vol I

Univ of Delaware

Adams, Frederick R., Jr., Vol IV
Afifi, Walid A., Vol III
Beasley, Jerry Carr, Vol II
Bergstrom, Anna, Vol III
Bernstein, John Andrew, Vol I
Bernstein, John Andrew, Vol I
Boylan, Anne Mary, Vol I
Braun, Theodore Edward Daniel, Vol III
Brock, Dewey Heyward, Vol II
Brown, Robert Fath, Vol IV
Calhoun, Thomas O., Vol II
Callahan, Daniel Francis, Vol I
Callahan, Raymond Aloysius, Vol I
Chapman, H. Perry, Vol I
Courtright, John A., Vol III
Craven, Wayne, Vol I
Crawford, John S., Vol I
Curtis, James C., Vol I
Dee, Juliet L., Vol II
Detenber, Benjamin H., Vol II
Dilley, Frank B., Vol IV
Direnzo, Gordon James, Vol I
Duggan, Lawrence Gerald, Vol I
Gates, Barbara Timm, Vol II
Geiger, Reed G., Vol I
Gibson, Ann, Vol I
Goodman, Susan, Vol II
Grubb, Farley, Vol I

Halio, Jay Leon, Vol II
Haslett, Betty J., Vol IV
Heggen, Bruce A., Vol IV
Herman, Bernard L., Vol I
Heyrman, Christine L., Vol I
Hoffecker, Carol E., Vol I
Hogan, Robert, Vol II
Homer, William I., Vol I
Kallmyer, Nina, Vol I
Lemay, Joseph Alberic Leo, Vol II
McCagney, Nancy, Vol IV
Mcinnis, Judy Bredeson, Vol III
Mcleod, Douglas M., Vol II
Mell, Donald Charles, Vol II
Merrill, Thomas F., Vol II
Meyer, Donald Harvey, Vol I
Morgan, John D., Vol I
Ness, Lawrence, Vol I
Newton, James E., Vol I
Pauly, Thomas Harry, Vol II
Pavitt, Charles, Vol II
Pellecchia, Linda, Vol I
Perse, Elizabeth M., Vol II
Peterson, Larry, Vol I
Pifer, Ellen, Vol II
Pong, David B.P.T., Vol I
Postle, Martin J., Vol I
Rea, Michael C., Vol IV
Reedy, Chandra L., Vol I
Safer, Elaine Berkman, Vol II
Samter, Wendy, Vol III
Schwartz, Norman B., Vol I
Scott, Bonnie Kime, Vol II
Sidebotham, Steven Edward, Vol I
Signorielli, Nancy, Vol II
Stillman, Damie, Vol I
Stone, David M., Vol I
Tolles, Bryant F., Jr., Vol I
Walker, Jeanne Murray, Vol II
Wedel, Alfred R., Vol III
Wolohojian, Stephan S., Vol I
Wolters, Raymond, Vol I

Univ of Denver

Arnold, Eric Anderson, Vol I
Barany, George, Vol I
Barbour, Alton Bradford, Vol II
Barbuor, Alton, Vol I
Castellani, Victor, Vol I
Chanzit, Gwen, Vol I
Cheever, Fred, Vol IV
Clark, Patricia, Vol II
Dorsett, Lyle Wesley, Vol I
Ehrenreich, N., Vol I
Gilroy, James Paul, Vol III
Golas, Peter John, Vol I
Goodfriend, Joyce Diane, Vol I
Greenspahn, Frederick E., Vol IV
Hill, Roscoe Earl, Vol IV
Howard, W. Scott, Vol II
Hughes, Johnson Donald, Vol I
Ishimatsu, Ginette, Vol III
Jones, John F., Vol I
Kiteley, Brian, Vol II
Laitos, Jan Gordon, Vol IV
Littlefield, Neil Oakman, Vol IV
Livingston, John, Vol I
Nanda, Ved P., Vol IV
Nice, J.A., Vol II
Olsen, Alexandra H., Vol II
Rhodes, Paula R., Vol IV
Standring, Timoty, Vol I
Stott, Annette, Vol I
Syliowicz, Joseph S., Vol I
Ward, Seth, Vol III
Warlick, M.E., Vol I
Yegge, Robert Bernard, Vol IV

Univ of Detroit Mercy

Albrecht, Gloria H., Vol IV
Barry, Michael, Vol II
Bolz, Barbara J., Vol II
Crabtree, Clarie, Vol II
Crawford, David R., Vol IV
Culik, Hugh, Vol II
Dause, Charles A., Vol II
DeWindt, Edwin B., Vol I
Dicks, Vivian I., Vol II
Finkenbine, Roy, Vol II
Freeman, John, Vol II
Gravelle, Sarah S., Vol I
Hertz, Richard C., Vol IV
Hutchison, Harry Greene, IV, Vol IV
Koontz, Christian, Vol II
Kowalczyk, Richard L., Vol II
Latta, Susan M., Vol II

Lauer, Janice M, Vol III
Lowe, William J., Vol I
McGovern, Arthur F., Vol IV
McKendrick, Norman G., Vol II
Pickering, George W., Vol IV
Rike, Jennifer L., Vol IV
Rombes, Nicholas, Vol II
Saliba, John A., Vol IV
Saliba, John A., Vol IV
Schaberg, Jane D., Vol IV
Staudenmaier, John M., Vol I
Sumner, Gregory D., Vol I
Tubbs, James B., Vol IV
Wagner, Wenceslas Joseph, Vol IV
Weber, Leonard J., Vol IV
Wedberg, Lloyd W., Vol III

Univ of District of Columbia

Bennet, Joel F., Vol I
Boswell, Jackson Campbell, Vol II
Burgdorf, Robert L., Jr., Vol IV
Cahn, Edgar S., Vol IV
Condit, Richard E., Vol IV
Gellhorn, Gay, Vol IV
Lee, Milton C., Jr., Vol IV
LeMelle, Tilden J., Vol I
Sims, Edna N., Vol III
Waysdorf, Susan L., Vol IV
Winter, Daria Portray, Vol II

Univ of Dubuque

Colyer, Elmer M., Vol IV
Drummond, Richard Henry, Vol I
Healey, Robert Mathieu, Vol IV
Platt, Elizabeth Ellan, Vol IV
Scharnau, Ralph William, Vol I
Stevenson-Moessner, Jeanne, Vol IV

Univ of Durham

Robertson, Fiona, Vol II

Univ of Evansville

Baer, William, Vol II
Brown, Arthur A., Vol II
Caldwell, Larry, Vol III
Carson, Michael, Vol II
Haegert, John, Vol II
Hemminger, William, Vol II
Longmire, Samuel, Vol II
McMullen, Margaret, Vol II
Richardson, Donald, Vol II
Shiller, Dana, Vol II
Snow, Helena, Vol II

Univ of Exeter

Lawson-Peebles, Robert, Vol I

Univ of Findlay

Kern, Gilbert Richard, Vol IV
Nye, Jean C., Vol III
Stulman, Louis, Vol IV

Univ of Florida

Alexander, Laurence Benedict, Vol IV
Ankersen, Thomas T., Vol IV
Baker, Susan Read, Vol III
Baldwin, Fletcher N., Jr., Vol IV
Barnett Lidsky, Lyrissa C., Vol IV
Baum, Robert J., Vol IV
Bennett, Gerald T., Vol IV
Bernardo, Felix Mario, Vol I
Bushnell, David, Vol I
Cailler, Bernadette Anne, Vol III
Calfee, Dennis A., Vol IV
Carnell, Corbin Scott, Vol II
Chamberlin, Bill F., Vol IV
Chu, Chauncey Cheng-Hsi, Vol III
Cohn, Stuart R., Vol IV
Colburn, David Richard, Vol I
Collier, Charles W., Vol IV
Cotter, Thomas F., Vol IV
Craig-Taylor, Phyliss, Vol IV
D'Amico, Robert, Vol IV
Davis, Jeffrey, Vol IV
Dawson, George L., Vol IV

Der-Houssikian, Haig, Vol III
Derrick, Clarence, Vol II
Dickison, Sheila Kathryn, Vol I
Diller, George Theodore, Vol III
Dilley, Patricia E., Vol IV
Dowd, Nancy E., Vol IV
Duckworth, Alistair Mckay, Vol II
Flournoy, Alyson Craig, Vol IV
Formisano, Ronald P., Vol I
Frazer, William Johnson, Vol I
Friel, Michael K., Vol IV
Funk, Arthur Layton, Vol I
Gay-Crosier, Raymond, Vol III
Geggus, D., Vol I
Giles, Geoffrey John, Vol I
Gordon, Andrew, Vol II
Gordon, Michael W., Vol IV
Gregory, Frederick, Vol I
Hackett, David H., Vol I
Harrison, Jeffrey L., Vol IV
Hartigan, Karelisa V., Vol I
Hatch, Robert A., Vol I
Hiers, Richard H., Vol IV
Hill-Lubin, Mildred Anderson, Vol II
Holland, Norman N., Vol II
Hudson, Davis M., Vol IV
Hurst, Thomas R., Vol IV
Isenberg, Sheldon Robert, Vol I
Israel, Jerold H., Vol IV
Jacobs, Michelle S., Vol IV
Johnston, Otto William, Vol III
Juergensmeyer, Julian C., Vol IV
Katritzky, Linde, Vol I
Kershner, R. Brandon, Vol II
Kushner, David Z., Vol I
Lanzillotti, Robert F., Vol I
Lear, Elizabeth T., Vol IV
Lewis, Jeffrey E., Vol IV
Little, Joseph W., Vol IV
Lokken, Lawrence, Vol IV
Ludwig, Kirk, Vol IV
Malavet, Pedro A., Vol IV
Margolis, Maxine Luanna, Vol I
Mashburn, Amy R., Vol IV
Matasar, Richard, Vol IV
Mazur, Diane H., Vol IV
McCoy, Francis T., Vol IV
McCulloch, Elizabeth, Vol IV
McKeen, William, Vol I
McMahon, Martin J., Jr., Vol IV
McMahon, Robert J., Vol I
Millender, Michael J., Vol IV
Miller, C. Douglas, Vol IV
Miller, D. Gary, Vol I
Mills, Jon L., Vol IV
Moberly, Robert B., Vol IV
Moffat, Robert C.L., Vol IV
Nagan, Winston P., Vol IV
Nanji, Azim A, Vol III
New, Melvyn, Vol II
Nicholas, James C., Vol IV
Noah, Lars, Vol IV
Nunn, Kenneth B., Vol IV
Oberst, Michael A., Vol IV
Paul, Harry W., Vol I
Pozzetta, George Enrico, Vol I
Ray, Greg, Vol IV
Rennert, Hellmut Hal, Vol III
Richardson, David M., Vol IV
Rush, Sharon E., Vol IV
Schmeling, Gareth Lon, Vol I
Schmidt, Patricia Lois, Vol II
Scholes, Robert James, Vol III
Seigel, Michael L., Vol IV
Shoaf, Richard A., Vol II
Slobogin, Christopher, Vol IV
Smith, David T., Vol IV
Smith, F. Leslie, Vol II
Smith, Julian, Vol II
Smith, Stephanie A., Vol II
Smith, Walter L., Vol I
Smocovitis, V.B., Vol I
Sommerville, Charles John, Vol I
Sturgill, Claude C., Vol I
Sussman, Lewis Arthur, Vol I
Swanson, Bert E., Vol I
Taylor, Grace W., Vol IV
Thompson, Roger Mark, Vol III
Thursby, Gene Robert, Vol IV
Todorova, M., Vol I
Turner, Eldon R., Vol I
Twitchell, Mary Poe, Vol IV
Weyrauch, Walter Otto, Vol IV
Williams, Winton E., Vol IV
Willis, Steven J., Vol IV
Witmer, Donald G., Vol IV
Wright, Danaya C., Vol IV
Zieger, R.H., Vol I

Univ of Freiburg

Lohr, Charles Henry, Vol I

Univ of Geneva

Blair, John George, Vol I

Univ of Georgia

Adams, Michael F., Vol II
Algeo, John T., Vol II
Anderson, James C., Jr., Vol I
Bartley, Numan V., Vol I
Bennett-Alexander, Dawn DeJuana, Vol IV
Boney, Francis Nash, Vol I
Broussard, Ray F., Vol I
Brown, Stewart Jay, Vol I
Clarke, Bowman Lafayette, Vol IV
Colvert, James B., Vol II
Craige, Betty Jean, Vol II
Curtis, Robert I., Vol I
Dowling, John Clarkson, Vol III
Doyle, Charles Clay, Vol II
Fite, Gilbert Courtland, Vol I
Franklin, Rosemary F., Vol II
Free, William Joseph, Vol II
Freer, Coburn, Vol II
Gordon, Walter Martin, Vol II
Gruner, Charles R., Vol II
Halper, Edward Charles, Vol IV
Harrison, Frank Russell, Vol IV
Hellerstein, Nina Salant, Vol II
Hellerstein, Walter, Vol IV
Heslep, Robert Durham, Vol II
Hoffer, Peter Charles, Vol I
Holmes, William F., Vol I
Hudson, Charles M., Vol I
Johnson, Julie Greer, Vol III
Jorgensen, Peter Alvin, Vol III
Karpf, Juanita, Vol I
Kibler, James Everett, Jr., Vol II
Klein, Jared S., Vol II
Kleiner, Scott Alter, Vol IV
Kraft, Elizabeth, Vol II
Kretschmar, William A., Jr., Vol II
LaFleur, Richard Allen, Vol I
Langley, Lester Danny, Vol I
Leary, William M., Vol I
Lessl, Thomas M., Vol III
Mantero, Manuel, Vol III
Mcalexander, Patricia Jewell, Vol II
McGregor, James H., Vol III
Miller, R. Baxter, Vol III
Miller, Ronald Baxter, Vol II
Moore, Rayburn Sabatzky, Vol II
Moran, Mary H., Vol II
Moran, Michael G., Vol II
Morrow, John Howard, Jr., Vol I
Moshi, Lioba, Vol III
Nicholson, John H., Vol I
Pollack, Robert Harvey, Vol I
Power, William L., Vol IV
Roberts, Bryndis Wynette, Vol I
Rosenberg, Alexander, Vol IV
Ruppersburg, Hugh, Vol II
Schoenbrun, D. L., Vol I
Simon, Janice, Vol I
Stephens, Lester Dow, Vol I
Surrency, Erwin C., Vol I
Teague, Frances Nicol, Vol II
Thomas, Emory M., Vol I
Thomas, Maxine Suzanne, Vol IV
Toombs, Charles Phillip, Vol II
Tucker, Robert Askew, Vol I
Vance, John Anthony, Vol II
Vipperman, Carl, Vol I
Wall, Bennett Harrison, Vol I
Wynes, Charles Eldridge, Vol I

Univ of Gothenburg

Broman, Per F., Vol I

Univ of Guelph

Benson, Renate, Vol II
Brydon, Diana, Vol II
Cyr, Mary, Vol I
Davis, Marie, Vol II
Dorter, Kenneth, Vol IV
Graham, Kenneth Wayne, Vol II
Kulyk Keefer, Janice, Vol II
Leslie, John A., Vol IV
Marshall, Linda Edith, Vol II
Matthews, Victor J., Vol I
Rooke, Constance M., Vol II

Rubio, Mary H., Vol II
Settle, Tom, Vol IV
Spring, Howard, Vol I
Stelter, Gilbert Arthur, Vol I
Vaughan, Frederick, Vol IV

Univ of Hartford
Auten, Arthur, Vol I
Azzara, Christopher D., Vol I
Braus, Ira, Vol I
Breit, Peter K., Vol I
Dalton, Stuart, Vol IV
den Ouden, Bernard, Vol IV
Ellis, Donald, Vol II
Ghnassia, Jill Dix, Vol II
Katz, Sandra, Vol II
Miller, Patrick, Vol I
Mori, Akane, Vol I
Roderick, John M., Vol II
Saunders, Clark T., Vol I
Seabury, Marcia, Vol II
Willheim, Imanuel, Vol I

Univ of Hawaii, Hilo
Best, Gary Dean, Vol I
Doudna, Martin Kirk, Vol II
Fields, Lanny Bruce, Vol I
Howell, Richard Wesley, Vol I
Rogers, Lawrence William, Vol III

Univ of Hawaii, Honolulu
Ball, Robert J., Vol I
Beechert, Edward D., Vol I
Bentley, Jerry Harrell, Vol I
Bilmes, Jack, Vol I
Bontekoe, Ron, Vol IV
Brandon, James R., Vol II
Chappell, David Wellington, Vol I
Cheng, Chung-Ying, Vol IV
Creed, Walter Gentry, Vol II
Daniel, Marcus L., Vol I
Defrancis, John, Vol III
Ellsworth, James Dennis, Vol I
Finney, Ben Rudolph, Vol I
Graves, Michael W., Vol I
Hooper, Paul Franklin, Vol I
Hsieh, Hsin-I, Vol III
Johnson, Donald Dalton, Vol I
Knowlton, Edgar C., Jr., Vol III
Kwok, D.W.Y., Vol I
Lyovin, Anatole Vladimirovich, Vol III
Mathias, Gerald Barton, Vol III
Menikoff, Barry, Vol II
Morse, Jonathan, Vol II
Newby, I.A., Vol I
Rapson, Richard L., Vol I
Reid, Lawrence Andrew, Vol III
Richards, Leon, Vol I
Scherer, William F., Vol III
Schweizer, Niklaus R., Vol III
Shi, Mingzheng, Vol I
Tao, Tien-Yi, Vol I
Unger, James Marshall, Vol III
Wade, Rex Arvin, Vol I
Zants, Emily, Vol III

Univ of Hawaii, Manoa
Bender, Byron Wilbur, Vol III
Benouis, Mustapha Kemal, Vol III
Bickerton, Derek, Vol III
Bloom, Alfred, Vol IV
Bomberger, E. Douglas, Vol I
Carroll, William Dennis, Vol II
Choe, Yong-ho, Vol I
Cowing, Cedric Breslyn, Vol I
Forman, Michael Lawrence, Vol III
Goodman, Lenn Evan, Vol IV
Jacobs, Roderick Arnold, Vol III
Kraft, James P., Vol I
Ladd, Doris, Vol I
Lam, Truong Buu, Vol I
Lamb, Ramdas, Vol IV
Levy, Alfred J., Vol II
Littman, Robert J., Vol I
Lo, Chin-Tang, Vol III
Marshall, W. Gerald, Vol II
McCutcheon, Elizabeth North, Vol II
Mccutcheon, James Miller, Vol I
Peters, Ann Marie, Vol III
Roberts, Rodney C., Vol IV
Schutz, Albert J., Vol III

Seymour, Richard Kellogg, Vol III
Sharma, Jagdish P., Vol I
Speidel, Michael Paul, Vol I
Stein, Burton, Vol I
Stephan, John Jason, Vol I
Tahara, Mildred Machiko, Vol III
Tiles, J.E., Vol IV
Trowbridge, John, Vol IV
Wayne, Valerie, Vol II
Yen, De, Vol I

Univ of Houston
Bilstein, Roger Eugene, Vol I
Christian, Garna, Vol I
Curry, Lawrence H., Jr., Vol I
Decker, Hannah S., Vol I
Dirst, Matthew, Vol I
Fisher, Robert Bruce, Vol I
Ford, Thomas Wellborn, Vol II
Hart, John Mason, Vol I
Hawes, William K., Vol II
Jackson, Richard A., Vol I
Johnson, Richard Ronald, Vol I
Jones, James Howard, Vol I
Kanellos, Nicolas, Vol III
Lindahl, Carl, Vol II
Martin, James Kirby, Vol I
Martin, James Kirby, Vol I
McCaffrey, James M., Vol I
McLendon, Will Loving, Vol III
McMullen, Mike, Vol IV
Melosi, Martin V., Vol I
Mieszkowski, Gretchen, Vol II
Miles, Edwin Arthur, Vol I
Mintz, Steven, Vol I
Nelson, William N., Vol IV
Nogee, Joseph Lippman, Vol I
O'Brien, Thomas F., Vol I
Parsons, Keith M., Vol I
Phillips, Robert, Vol II
Rasmussen, S.J., Vol I
Reed, Linda, Vol I
Rothman, Irving N., Vol II
Smith, Harold L., Vol I
Stone, Bailey S., Vol I
Storrs, Landon R.Y., Vol I
Switzer, Les, Vol II
Tinsley, James Aubrey, Vol I
Wagner, Paul Anthony, Vol IV
Walker, Ronald Gary, Vol II
Wyschogrod, Michael, Vol IV
Yang, Fenggang, Vol III

Univ of Idaho
George, Kathryn Paxton, Vol IV
Gier, Nicholas F., Vol IV
Hackmann, William Kent, Vol I
Harris, Robert Dalton, Vol I
Kilmko, Ronald, Vol I
McFarland, Ronald E., Vol II
Sipahigil, Teoman, Vol II
Stratton, Charles R., Vol II
Williams, Gary J., Vol II

Univ of Illinois Health Service
Nikolly, Arthur G., Vol I

Univ of Illinois, Chicago
Albrecht, Gary Louis, Vol I
Alexander, Michael C., Vol I
Anderson, Greg, Vol I
Bledstein, Burton J., Vol I
Bottoms, Bette L., Vol I
Broudy, Harry S., Vol IV
Bruegmann, Robert, Vol I
Chastain, Charles, Vol IV
Conroy, Peter Vincent, Vol III
Daily, Jonathan, Vol I
Danzer, Gerald A., Vol I
Dee, James Howard, Vol I
Dickie, George T., Vol IV
Dickie, Matthew Wallace, Vol I
Dominowski, Roger L., Vol I
Dworkin, Gerald, Vol IV
Edelberg, Walter, Vol IV
Edie, Carolyn A., Vol I
Fanning, Steven, Vol I
Fields, Beverly, Vol II
Fiscella, Joan B., Vol IV
Fried, Richard M., Vol I
Fromm, Gloria Glikin, Vol I
Gardiner, Judith Kegan, Vol II
Gebhard, Elizabeth Replogle, Vol I

Gilbert, Bentley Brinkerhoff, Vol I
Graber, Doris A., Vol I
Grossman, Neal, Vol I
Grover, Dorothy, Vol IV
Hales, Peter Bacon, Vol I
Hardy, John Edward, Vol II
Hart, Bill, Vol IV
Hart, W.D., Vol IV
Higgins, Hannah, Vol I
Hilbert, David, Vol IV
Huggett, Nick, Vol IV
Hulse, Clark, Vol II
Hylton, Peter, Vol IV
Jarrett, Jon, Vol IV
Jennings, Lee B., Vol III
John, Richard R., Vol I
Jones, Peter D'a, Vol I
Jordan, David P., Vol I
Laden, Anthony, Vol IV
Lee, Mi Kyoung Mitzi, Vol IV
Lee, Mi Kyoung Mitzi, Vol IV
Leighton, Lauren Gray, Vol III
Levy, Richard S., Vol I
Livezey, Lowell W., Vol IV
Lukacher, Ned, Vol II
Maharg, James, Vol III
Makkai, Adam, Vol III
Margolin, Victor, Vol I
Marshall, Donald G., Vol II
Meinwald, Constance, Vol IV
Mellon, Stanley, Vol I
Messenger, Christian Karl, Vol II
Messer, Robert Louis, Vol I
Miller, Virginia E., Vol I
Mills, Charles, Vol IV
Nims, John Frederick, Vol II
Perman, Micheal, Vol I
Pollak, Martha, Vol I
Ramsey, John T., Vol I
Ransby, Barbara, Vol I
Remini, Robert Vincent, Vol I
Royster, Philip M., Vol I
Sack, James J., Vol I
Schechtman, Marya, Vol IV
Schelbert, Leo, Vol I
Simpson, Dick, Vol I
Sinkler, Georgette, Vol IV
Smith, Daniel Scott, Vol I
Sokol, David M., Vol I
Sweetser, Marie-Odile, Vol III
Tannenbaum, Rebecca J., Vol I
Wallach, Luitpold, Vol I
Wilson, Kent, Vol IV
Wood, Barbara, Vol II
Woodman, Taylor, Vol I
Zukowsky, John, Vol I

Univ of Illinois, Springfield
Van Der Slik, Jack Ronald, Vol I

Univ of Illinois, Urbana-Champaign
Accad, Evelyne, Vol III
Anderson, James D., Vol I
Avelar, Idelber, Vol III
Baron, Dennis, Vol II
Baron, Marcie, Vol IV
Barrett, James R., Vol I
Baym, Nina, Vol II
Beckett, Steven J., Vol IV
Bernard, Paul Peter, Vol I
Blake, Nancy, Vol III
Boltuc, Piotr, Vol IV
Borgeson, Paul W., Vol III
Brockman, William, Vol II
Bruner, Edward M., Vol I
Buchanan, Donna A., Vol I
Buckler, John, Vol I
Burkhardt, Richard W., Vol I
Burton, Orville Vernon, Vol I
Calder, William M., Vol I
Campbell, Jackson Justice, Vol II
Capwell, Charles, Vol I
Carringer, Robert L., Vol II
Cassell, Anthony K., Vol III
Chandler, Hugh, Vol IV
Choldin, Marianna Tax, Vol I
Chow, Kai Wing, Vol III
Cole, Howard Chandler, Vol II
Cole, Peter, Vol III
Colombo, John D., Vol IV
Copeland, James E., Vol I
Cople Jaher, Frederick, Vol I
Cornelius, Janet Duitsman, Vol I
Cribbet, John E., Vol IV

Crummey, Donald E., Vol I
Cuno, Kenneth M., Vol I
Cussins, Adrian, Vol IV
Davey, William J., Vol IV
Davis, Peter, Vol I
De Ley, Herbert C., Vol III
Delgado, Luisa Elena, Vol III
Doak, Kevin M., Vol III
Douglas, George Halsey, Vol II
Dunlay, Don E., Vol I
Dussias, Paola E., Vol III
Ebbs, Gary, Vol IV
Escobar, Anna Maria, Vol III
Fehl, Philipp P., Vol I
Figueira, Dorothy, Vol III
Finkin, Matthew W., Vol IV
Fontenot, Chester J., Vol II
Fresco, Alain D., Vol III
Fresco, Karen, Vol III
Freyfogle, Eric T., Vol IV
Friedberg, Maurice, Vol III
Friedman, John Block, Vol II
Fritzsche, Peter, Vol I
Fu, Poshek, Vol I
Garcia, Matt, Vol I
Garrett, Peter K., Vol II
Garrett, Peter Kornhauser, Vol II
Gerlach, U. Henry, Vol III
Gladney, Frank Y., Vol III
Goodman, David G., Vol III
Goroff, David B., Vol IV
Graves, Robert, Vol I
Green, Georgia Marks, Vol III
Guibbory, Achsah, Vol II
Gushee, Lawrence, Vol I
Haboush, Ja-Hyun Kim, Vol III
Haidu, Peter, Vol III
Harris, Fred O., Vol IV
Hendrick, George, Vol II
Hernandez Pecoraro, Rosilie, Vol III
Hibbard, Caroline Marsh, Vol II
Hill, John Walter, Vol I
Hill, Steven Phillips, Vol III
Hitchins, Keith, Vol I
Hoddeson, Lillian, Vol I
Hoffman, Valerie J., Vol IV
Hoxie, Frederick E., Vol I
Hualde, Jose Ignacio, Vol III
Hurt, James Riggins, Vol II
Jacobsen, Nils, Vol I
Jacobson, Howard, Vol I
Jaher, Frederic Cople, Vol I
Jakle, John Allais, Vol I
Jenkins, Frederic Magill, Vol III
Johannsen, Robert W., Vol I
Jones, Robert Alun, Vol I
Kachru, Braj Behari, Vol III
Kachru, Yamuna, Vol III
Kahane, Henry, Vol III
Kai-Wing, Chow, Vol III
Kaplan, Richard L., Vol IV
Kay, W. David, Vol II
Kesan, Jay P., Vol IV
Kibbee, Douglas, Vol III
Kling, Blair B., Vol I
Knust, Herbert, Vol III
Koenker, Diane P., Vol I
Koslofsky, Craig, Vol I
Kramer, Dale Vernon, Vol II
Krummel, Donald William, Vol I
LaFave, Wayne R., Vol IV
Leff, Mark H., Vol I
Levarie Smarr, Janet, Vol II
Lieberman, Laurence, Vol II
Liebersohn, Harry, Vol I
Littlefield, Daniel, Vol I
Lorbe, Ruth Elisabeth, Vol III
Lott, Robert Eugene, Vol III
Love, Joseph L., Vol I
Lynn, John A., Vol I
Maggs, Peter Blount, Vol IV
Maher, Patrick, Vol IV
Mall, Laurence, Vol III
Marchand, James Woodrow, Vol III
Marder, Herbert, Vol II
McCarthy, Timothy, Vol IV
McColley, Robert, Vol I
McConnaughay, Philip J., Vol IV
McGlathery, James Melville, Vol III
Mckay, John Patrick, Vol I
McKim, Robert, Vol IV
McLaughlin, Megan, Vol I
McMahan, Jefferson, Vol IV
Melnick, Arthur, Vol IV
Michel, Sonya, Vol I
Michelson, Bruce Frederic, Vol II

Mitchell, Richard E., Vol I
Mohr, Richard, Vol IV
Morgan, Jerry Lee, Vol III
Mortimer, Armine Kotin, Vol III
Mullin, Michael, Vol II
Murdoch, Adlai H., Vol IV
Neely, Wright, Vol IV
Nelson, Cary Robert, Vol II
Nelson, Robert J. Ames, Vol III
Nettl, Bruno, Vol II
Nettl, Bruno, Vol I
Nichols, Jalden, Vol I
Nowak, John E., Vol IV
Oberdeck, Kathryn J., Vol I
Omaggio Hadley, Alice, Vol III
Ordonez, Francisco, Vol III
Pachmuss, Temira, Vol III
Painter, Richard W., Vol IV
Palencia-Roth, Michael, Vol III
Pan, Da'an, Vol III
Pandharipande, Rajeshwari, Vol IV
Pleck, Elizabeth, Vol I
Popescu, Nicolae, Vol III
Porton, Gary Gilbert, Vol I
Prochaska, David, Vol I
Pruett, John H., Vol I
Radding, Cynthia, Vol I
Reagan, Leslie J., Vol I
Reynolds, Laurie A., Vol IV
Rich, Robert F., Vol IV
Ringer, Alexander, Vol I
Rivest, Johanne, Vol I
Ross, Stephen F., Vol IV
Rotunda, Ronald Daniel, Vol IV
Salamon, Sonya, Vol I
Sansone, David, Vol I
Scanlan, Richard T., Vol I
Schacht, Richard, Vol IV
Schack, Haimo, Vol IV
Schmitt, Frederick Francis, Vol IV
Schoeps, Karl H., Vol III
Schroeder, Paul W., Vol I
Schroeder, William, Vol IV
Shapiro, Michael, Vol II
Sharpe, Peggy, Vol III
Shoben, Elaine W., Vol IV
Shwayder, David, Vol IV
Solberg, Winton Udell, Vol I
Spence, Clark Christian, Vol I
Stein, Arnold, Vol II
Steinberg, Mark D., Vol I
Stewart, Charles Cameron, Vol I
Stillinger, Jack, Vol II
Stone, Victor J., Vol IV
Sullivan, Zohreh Tawakuli, Vol II
Sutton, Robert Mize, Vol I
Talbot, Emile, Vol III
Tarr, Nina W., Vol IV
Temperley, Nicholas, Vol I
Terry, Charles T., Vol IV
Thomas, Stafford H., Vol II
Tikku, Girdhari, Vol III
Tiyambe Zeleza, Paul, Vol I
Toby, Ronald P., Vol I
Tolliver, Joyce, Vol III
Turino, Thomas, Vol I
Ulen, Thomas S., Vol IV
VanPatten, Bill, Vol III
Vernon Burton, Orville, Vol I
Violas, Paul Constantine, Vol I
Wagner, Steven, Vol I
Waldott, Leon, Vol II
Walker, Juliet Elise Kirkpatrick, Vol I
Wallace, James Donald, Vol IV
Wanner, Dieter, Vol IV
Ward, Tom R., Vol I
Wengert, Robert, Vol IV
Wenzel, Joseph Wilfred, Vol II
Wheeler, Richard Paul, Vol II
Widenor, William C., Vol I
Wilcox, John Chapman, Vol III
Williams, Cynthia A., Vol IV
Wilson, Robert, Vol IV

Univ of Indianapolis
Anderson, David L., Vol I
Gentry, Marshall Bruce, Vol II

Univ of Innsbruck
Seebass, Tilman, Vol I

Univ of Iowa
Adamek, Wendi, Vol IV
Addis, Laird Clark, Vol IV

Aikin, Judith Popovich, Vol III
Altman, Charles Frederick, Vol III
Andreasen, Nancy C., Vol IV
Baender, Paul, Vol II
Baird, Robert Dahlen, Vol IV
Balderston, Daniel, Vol III
Baynton, Douglas C., Vol I
Beaudoin, John M., Vol IV
Bergmann, Gustav, Vol IV
Biesecker, Barbara, Vol II
Boos, Florence Saunders, Vol II
Boyle, John Phillips, Vol IV
Bozeman, Theodore Dwight, Vol IV
Butchvarov, Panayot K., Vol IV
Castagna, Joann E., Vol II
Ciochon, Russell L., Vol I
Clinton, Robert N., Vol IV
Coblin, Weldon South, Vol III
Cook, Smalley Mike, Vol II
Coolidge, Archibald Cary, Jr., Vol II
Cuttler, Charles David, Vol I
Depuma, Richard Daniel, Vol I
Detmer, Hellena R., Vol I
Diaz-Duque, Ozzie Francis, Vol III
Douglass, R. Thomas, Vol III
Duck, Steve, Vol I
Duerlinger, James, Vol IV
Ertl, Wolfgang, Vol III
Fales, Evan Michael, Vol IV
Folsom, Lowell Edwin, Vol I
Forell, George Wolfgang, Vol IV
Fumerton, Richard A., Vol IV
Gelfand, Lawrence E., Vol I
Grant, John Ernest, Vol II
Hahn, Oscar, Vol III
Hanley, Sarah, Vol I
Harris, Michael Wesley, Vol I
Hawley, Ellis Wayne, Vol I
Hirokawa, Randy Y., Vol II
Hornsby, Roger Allen, Vol I
Horwitz, Henry Gluck, Vol I
Jones, Phillip Erskine, Vol I
Kaplan, Benjamin J., Vol I
Ke, C.R., Vol III
Kerber, Linda Kaufman, Vol I
Kuenzli, Rudolf Ernst, Vol II
Kuntz, J. Kenneth, Vol IV
Kupersmith, William Roger, Vol II
Landini, Gregory, Vol IV
Lohafer, Susan, Vol II
Maierhofer, Walter, Vol III
McCloskey, Deirdre, Vol I
Mcdowell, Frederick Peter Woll, Vol II
McPherson, James Alan, Vol II
Michaels, Paula A., Vol I
Morris, David Brown, Vol II
Nagel, Alan Frederick, Vol II
Newman, Robert P., Vol I
Nickelsburg, George William Elmer, Vol IV
Pachow, Wang, Vol III
Ringen, Catherine Oleson, Vol III
Rohrbough, Malcolm Justin, Vol I
Sayre, Robert Freeman, Vol II
Schacht, John N., Vol I
Schwalm, Leslie A., Vol I
Soloski, John, Vol II
Spalding, James Colwell, Vol IV
Spitzer, Alan B, Vol I
Stratton, John Ray, Vol I
Thomas, Randall S., Vol IV
Tomasini, Wallace John, Vol I
Ungar, Steven Ronald, Vol III
Vidal, Jaime R., Vol IV
Wachal, Robert Stanley, Vol III
Wertz, Christopher Allen, Vol III
Weston, Burns H., Vol IV
Widiss, Alan I., Vol IV
Wing, Adrien Katherine, Vol IV
Woodard, Fredrick, Vol I

Univ of Jerusalem
Greenberg, Moshe, Vol III

Univ of Judaism
Lowenstein, Steven Mark, Vol I
Zevit, Ziony, Vol III

Univ of Kansas
Alexander, John T., Vol I
Anatol, Giselle L., Vol II
Anderson, Danny L., Vol III

Antonio, Robert, Vol I
Bailey, Victor, Vol I
Baron, Frank, Vol III
Bays, Daniel Henry, Vol I
Bergeron, David M., Vol II
Blue, William Robert, Vol III
Booker, John T., Vol II
Boon, Jean-Pierre, Vol III
Caminero-Santangelo, Marta, Vol II
Casagrande, Peter Joseph, Vol II
Chamberlin, V.A., Vol III
Cherniss, Michael David, Vol II
Cienciala, Anna M., Vol I
Clark, John Garretson, Vol I
Clark, Walter, Vol I
Coggins, George Cameron, Vol IV
Cole, Richard, Vol IV
Conrad, Joseph Lawrence, Vol III
Conrad, Kathryn A., Vol II
Corbeill, Anthony, Vol I
Cudd, Ann E., Vol IV
Dardess, John Wolfe, Vol I
Debicki, Andrew Peter, Vol III
Devitt, Amy J., Vol I
Dick, Ernst S., Vol III
Dinneen, David A., Vol III
Doudoroff, Michael John, Vol III
Findlay, Robert, Vol II
Fourny, Diane, Vol III
Fowler, Doreen, Vol II
Freeman, Bryant C., Vol III
Galton, Herbert, Vol III
Genova, Anthony Charles, Vol IV
Gold, Ellen Reid, Vol II
Gold, Joel Jay, Vol II
Goodman, Grant Kohn, Vol I
Gordon, Jacob U., Vol I
Greaves, Rose Louise, Vol I
Greenberg, Marc L., Vol III
Hardin, Richard F., Vol I
Hartman, James Walter, Vol III
Head, John W., Vol IV
Herzfeld, Anita, Vol III
Hirsch, Bernard Alan, Vol II
Ingemann, Frances, Vol III
Jewers, Caroline, Vol III
Johnson, J. Theodore, Jr., Vol II
Johnson, Michael Lillard, Vol II
Katzman, David Manners, Vol I
Keel, William D., Vol III
Kelly, Van, Vol III
Kozma, Janice M., Vol III
Laird, Paul, Vol I
Li, Chu-Tsing, Vol I
Lombardo, Stanley, Vol I
Marquis, Donald Bagley, Vol IV
Martin, Rex, Vol I
Marx, Leonie, Vol III
Maurer, Warren R., Vol III
Mccoy, Donald Richard, Vol I
Miller, Timothy, Vol I
Miller, Timothy Alan, Vol IV
Minor, Robert Neil, Vol IV
Mirecki, Paul A., Vol IV
Nelson, Lynn Harry, Vol I
Orel, Harold, Vol II
Paludan, Phillip Shaw, Vol I
Parker, Stephen Jan, Vol II
Pasco, Allan H., Vol I
Percival, Walter Keith, Vol III
Saul, Norman Eugene, Vol I
Sautermaister, Gert, Vol III
Scott, William O., Vol II
Shafer-Landau, Russell, Vol IV
Shaw, Michael, Vol I
Shortridge, James R., Vol I
Souza, Raymond D., Vol III
Spires, Robert Cecil, Vol III
Springer, Haskell Saul, Vol II
Stansifer, Charles Lee, Vol I
Stokstad, Marilyn Jane, Vol I
Sutton, Max Keith, Vol II
Sweets, John Frank, Vol I
Vincent, Jon S., Vol III
Williams Elliott, Dorice, Vol II
Wilson, Theodore A., Vol I
Worth, George John, Vol II
Yetman, Norman Roger, Vol I

Univ of Kentucky
Albisetti, James C., Vol I
Alvey, Richard Gerald, Vol I
Banning, Lance G., Vol I
Betts, Raymond Frederick, Vol I
Blues, Thomas, Vol I
Cawelti, John George, Vol I
Chassen-Lopez, Francie R., Vol I

Christianson, Eric Howard, Vol I
Cooper, Patricia Ann, Vol I
Daniel, E. Randolph, Vol III
Dendle, Brian John, Vol III
Eastwood, Bruce Stansfield, Vol I
Fiedler, Theodore, Vol III
Fox, James Walker, Vol IV
Frank, Daniel H., Vol IV
Freehling, William W., Vol I
Gardner, Joseph Hogue, Vol I
Harris, Joseph John, III, Vol I
Heath, Robin L., Vol I
Herring, George C., Vol I
High, Dallas Milton, Vol IV
Ireland, Robert M., Vol I
Jones, Margaret E.W., Vol III
Keller, John Esten, Vol III
Kratz, Bernd, Vol III
Krislov, Joseph, Vol I
Leary, James Patrick, Vol II
Lihani, John, Vol III
Longyear, Rey Morgan, Vol I
Manns, James William, Vol IV
Nugent, Donald Chrostopher, Vol I
Olshewsky, Thomas Mack, Vol IV
Perreiah, Alan Richard, Vol IV
Petrone, Karen, Vol I
Phillips, Jane Ellen, Vol I
Pickens, Rupert Tarpley, Vol IV
Popkin, Jeremy D., Vol I
Robinson, Andrew, Vol I
Servlnikov, Sergio, Vol I
Shawcross, John Thomas, Vol II
Sineath, Timothy W., Vol II
Smith, Daniel B., Vol I
Stanton, Edward F., Vol III
Starr-LeBeau, Gretchen D., Vol I
Swift, Louis Joseph, Vol I
Swingle, Larry J., Vol II
Thomas, John Wesley, Vol III
Warth, Robert Douglas, Vol I
Wilkinson, Doris, Vol I
Withington, William Adriance, Vol I
Wrobel, Arthur, Vol II
Yang, Sung Chul, Vol I

Univ of Kiel
Winter, Werner, Vol III

Univ of Lethbridge
Baker, William M., Vol I
Brown, Bryson, Vol IV
Cassis, Awny F., Vol II
Greenshields, Malcolm, Vol I
Huel, Ray, Vol I
O'Dea, Jane, Vol IV
Peacock, Kent, Vol IV
Robinson, Tom, Vol I
Rodrigues, Hillary, Vol IV
Stingl, Michael, Vol IV
Tagg, James, Vol I
Titley, Edward B., Vol I
Viminitz, Paul, Vol IV

Univ of Louisville
Alperson, Philip A., Vol IV
Axton, William F., Vol II
Berrong, Richard Michael, Vol III
Blustein, Bonnie Ellen, Vol I
Burnett, Donald L., Vol I
Comprone, Joseph John, Vol II
Curry, Leonard Preston, Vol I
deZeeuw, Anne Marie, Vol I
Ferre, John P., Vol II
Freibert, Lucy Marie, Vol I
Hall, Dennis R., Vol I
Hart, Joy L., Vol I
Hausman, Carl R., Vol IV
Hudson, James Blaine, III, Vol I
John, Eileen, Vol III
Kebric, Robert Barnett, Vol I
Kimball, Robert, Vol IV
Mackey, Thomas, Vol I
Maloney, Thomas, Vol IV
Masolo, D.A., Vol IV
Morgan, William, Vol I
Mullen, Karen A., Vol II
Nuessel, Frank, Vol III
Potter, Nancy, Vol IV
Stenger, Robert Leo, Vol IV
Van, Thomas A., Vol II
Weaver, Russel L., Vol IV
Wiggins, Osborne P., Jr., Vol IV
Willard, Charles A., Vol II

Univ of Lowell
Blewett, Mary H., Vol I

Univ of Maine
Acampora, Christa Davis, Vol IV
Babcock, Robert Harper, Vol I
Battick, John Francis, Vol I
Blanke, Richard, Vol I
Condon, Richard Herrick, Vol I
Cunningham, Sarah B., Vol IV
Dietrich, Craig, Vol III
Donovan, Josephine, Vol II
Flint, Allen Denis, Vol I
Franson, John Karl, Vol II
French, Paulette, Vol III
Fries, Russell Inslee, Vol I
Hatlen, Burton Norval, Vol II
Howard, Michael W., Vol IV
Huggins, Cynthia, Vol II
Ives, Edward Dawson, Vol II
Langellier, Kristin M., Vol II
Mooney, L.M., Vol I
Munson, Henry Lee, Vol I
Pease, Jane Hanna, Vol I
Peterson, Eric E., Vol I
Petrik, Paula E., Vol I
Smith, David Clayton, Vol I
Smith, Laurence D., Vol I
Troiano, James J., Vol III

Univ of Manchester
Wood, Marcus, Vol I

Univ of Manitoba
Amabile, George, Vol II
Anna, Timothy, Vol I
Aponiuk, Natalia, Vol I
Arnason, David E., Vol II
Austin Smith, Brenda, Vol II
Bucknell, Brad, Vol II
Bumsted, John M., Vol I
Busby, Karen, Vol IV
Cooley, Dennis O., Vol II
Day, Terence Patrick, Vol I
de Toro, Fernando, Vol II
Desmond, Lawrence Arthur, Vol I
Doerksen, Victor Gerard, Vol III
Donatelli, Joseph M.P., Vol II
Egan, Rory Bernard, Vol I
Esau, Alvin, Vol IV
Fainstein, Lisa, Vol IV
Finnegan, Robert Emmett, Vol II
Gordon, Alexander Lobban, Vol III
Groome, Margaret, Vol II
Harvey, Cameron, Vol IV
Heller, Henry, Vol I
Hinz, Evelyn J., Vol II
Hoople, Robin P., Vol II
Johnson, Christopher G., Vol II
Joubert, Andre, Vol III
Kinnear, Michael S.R., Vol I
Klassen, William, Vol IV
Klostermaier, Klaus Konrad, Vol IV
Kroetsch, Robert P., Vol II
Layman, Lewis M., Vol II
Lenoski, Daniel S., Vol II
Marantz, Enid Goldstine, Vol III
McGillivray, Anne, Vol IV
Moss, Laura, Vol II
Moulton, Edward C., Vol I
Muller, Adam, Vol II
O'Kell, Robert P., Vol II
Ogden, John T., Vol II
Penner, Roland, Vol IV
Rempel, John W., Vol II
Sandiford, Keith Arlington Patrick, Vol I
Schwartz, Bryan, Vol IV
Sneiderman, Barney, Vol IV
Snyder, Stephen W., Vol II
Stambrook, Fred, Vol I
Steiman, Lionel Bradley, Vol I
Stuesser, Lee, Vol IV
Teunissen, John J., Vol II
Toles, George E., Vol II
Turner, Myron M., Vol II
Vadney, Thomas Eugene, Vol I
Walz, Eugene P., Vol II
Weil, Herbert S., Vol II
Weil, Judith R., Vol II
Wiesenthal, Christine, Vol II
Williams, David, Vol II
Young, Arlene, Vol II

Univ of Mary Hardin-Baylor
Reynolds, J. Alvin, Vol IV
Von Wyrick, Stephen, Vol IV

Univ of Maryland, Baltimore
Arnold, Joseph L., Vol I
Bell, John D., Vol I
Boehling, Rebecca, Vol I
Brennan, Timothy J., Vol I
Browne, Gary L., Vol I
Browne, Gary Lawson, Vol I
Brumbaugh, John Maynard, Vol IV
Burke, Colin B., Vol I
Chiu, Hungdah, Vol IV
Grubb, James S., Vol I
Herbert, Sandra Swanson, Vol I
Jeffries, John W., Vol I
Kahane, Howard, Vol IV
Kars, Marjoleine, Vol I
Mitchell, Reid, Vol I
Papadakis, Aristeides, Vol I
Ritschel, Daniel, Vol I
Tatarewicz, Joseph N., Vol I
Vaporis, Constantine N., Vol I
Webb, Robert Kiefer, Vol I
Wexler, Victor G., Vol I
Yip, Ka-che, Vol I

Univ of Maryland, Baltimore County
Bittner, Thomas, Vol IV
Catania, Anthony Charles, Vol I
Cohen, Warren I., Vol I
Field, Thomas Tilden, Vol IV
Harrison, Daphne Duval, Vol I
Herbert, Sandra, Vol I
Hrabowski, Freeman Alphonsa, III, Vol I
Korenman, Joan Smolin, Vol II
Oden, Gloria, Vol II

Univ of Maryland, Col Park
Albert, Peter J., Vol I
Auerbach, Jonathon, Vol II
Barry, Jackson Granville, Vol II
Bedos-Rezak, Brigitte, Vol I
Belz, Herman Julius, Vol I
Berlin, Adele, Vol I
Berlin, I., Vol I
Best, Otto Ferdinand, Vol III
Bode, Carl, Vol III
Bradbury, Miles L., Vol I
Breslow, Marvin A., Vol I
Brown, Peter G., Vol IV
Brown, Richard Harvey, Vol I
Brush, Stephen George, Vol I
Bub, Jeffrey, Vol IV
Cai, Deborah A., Vol II
Caramello, Charles, Vol II
Caughey, John L., Vol I
Claude, Richard P., Vol IV
Colantuono, Anthony, Vol I
Cole, Wayne S., Vol I
Corbin Sies, Mary, Vol I
Cunningham, William Dean, Vol I
Darden, Lindley, Vol IV
Darden, Lindley, Vol IV
Davidson, Roger Harry, Vol I
Denny, Don William, Vol I
Devitt, Michael, Vol IV
Doherty, Lillian E., Vol I
Eckstein, A.M., Vol I
Evans, Emory Gibbons, Vol I
Fink, Edward L., Vol II
Finkelstein, Barbara, Vol I
Flack, J..Kirkpatrick, Vol I
Fleck, Jere, Vol III
Fraistat, Neil Richard, Vol II
Freedman, Morris, Vol II
Freimuth, Vicki S., Vol II
Friedel, Robert D., Vol I
Gaines, Robert N., Vol I
Gaines, Robert N., Vol IV
Gerstel, Sharon E.J., Vol I
Gilbert, James Burkhart, Vol I
Gillespie, Patti P., Vol II
Grimsted, David Allen, Vol I
Gullickson, Gay Linda, Vol I
Hallett, Judith P., Vol I
Hampton, Robert L., Vol I

Harlan, Louis R., Vol I
Harris, James F., Vol I
Henretta, James A., Vol I
Hiebert, Ray Eldon, Vol II
Holton, William Milne, Vol II
Igel, Regina, Vol III
Isaacs, Neil D., Vol II
Jashemski, Wilhelmina F., Vol I
Kapsch, Robert J., Vol I
Kelly, R. Gordon, Vol II
Klumpp, James F., Vol II
Kolodny, Annette, Vol II
Kornbluth, Geneva, Vol I
Lawson, Lewis Allen, Vol II
Lee, Hugh Ming, Vol I
Leonardi, Susan J., Vol II
Lesher, James, Vol I
Levinson, Jerrold, Vol IV
Lightfoot, D., Vol III
Lounsbury, Myron, Vol I
Lyons, Clare A., Vol I
Martin, Raymond Frederick, Vol IV
Matossian, Mary Kilbourne, Vol I
McCaleb, Joseph L., Vol II
Ming Lee, Hugh, Vol I
Mintz, Lawrence E., Vol I
Moss, Alfred A., Jr., Vol IV
Olson, Alison Gilbert, Vol I
Olson, Keith Waldemar, Vol I
Paoletti, Jo, Vol I
Parks, Sheri L., Vol II
Pasch, Alan, Vol IV
Peller Hallett, Judith, Vol I
Penner, Merrilynn J., Vol IV
Pressly, William L., Vol I
Price, Richard, Vol I
Promey, Sally M., Vol II
Rao, Nagesh, Vol I
Ridgway, Whitman Hawley, Vol I
Ritzer, George, Vol I
Rutherford, Charles Shepard, Vol II
Rutledge, Steven H., Vol I
Schoenbaum, Samuel, Vol II
Scott Jenkins, Virginia, Vol I
Segal, David R., Vol I
Sherman, William H., Vol II
Spiegel, Gabrielle Michele, Vol I
Staley, Gregory A., Vol I
Sthele, Eva, Vol I
Sumida, Jon Tetsuro, Vol I
Tarica, Ralph, Vol III
Taylor, James Coleridge, Vol I
Terchek, Ronald John, Vol I
Vann, Robert Lindley, Vol I
Waks, Leah, Vol II
Walker, Richard Ernest, Vol III
Walters, Ronald, Vol I
Warren, Donald R, Vol I
Warren, J. Benedict, Vol I
Williams, Helen Elizabeth, Vol II
Winton, Calhoun, Vol II
Wolvin, Andrew D., Vol II
Woolf, Leonard, Vol II
Wyatt, David M., Vol II
Zilfi, Madeline Carol, Vol I

Univ of Maryland, Eastern Shore
Harleston, Robert Alonzo, Vol I
Hedgepeth, Chester Melvin, Jr., Vol II
Keenan, Richard Charles, Vol II
Marion, Claud Collier, Vol I

Univ of Massachusetts, Amherst
Altstadt, Audrey L., Vol I
Aune, Bruce Arthur, Vol IV
Avrech Berkman, Joyce, Vol I
Bach, Emmon, Vol III
Baker, Lynne R., Vol IV
Barton, Carlin, Vol I
Bauschinger, Sigrid Elisabeth, Vol III
Benson, Jack Leonard, Vol I
Berkman, Joyce A., Vol I
Berlin, Normand, Vol II
Berwald, Jean-Pierre, Vol III
Bliss, Katherine, Vol I
Boudreau, Harold Laverne, Vol III
Bowman, Joye L., Vol I
Boyer, Horace Clarence, Vol I
Boyle, Kevin, Vol I
Brigham, John, Vol I

Brown, Dennis T., Vol I
Busi, Frederick, Vol III
Cantor, Milton, Vol I
Carre, Marie-Rose, Vol III
Cassirer, Thomas, Vol III
Cathey, James E., Vol III
Chang, Briankle G., Vol II
Chappell, Vere Claiborne, Vol IV
Cheney, Donald, Vol II
Chrisman, Miriam Usher, Vol I
Clayton, John J., Vol II
Cohen, Alvin Philip, Vol III
Collins, Dan Stead, Vol II
Cooks, Leda M., Vol II
Davidov, Judith Fryer, Vol I
Depillis, Mario Stephen, Vol I
Drake, Fred, Vol I
Duckert, Audrey Rosalind, Vol III
Edwards, Lee R., Vol II
Erdman, Harley M., Vol II
Foster, Lawrence, Vol IV
Frank, Joseph, Vol II
Frazier, Lyn, Vol III
French, Roberts Walker, Vol II
Garaud, Christian, Vol III
Gentry, Atron A., Vol I
Glassberg, David, Vol I
Goldman, Sheldon, Vol I
Gordon, Daniel, Vol I
Green, Lisa, Vol III
Greenfield, Sumner M., Vol III
Harbison, Craig, Vol I
Heffernan, Charles, Vol I
Higgins, Roger F., Vol III
Higginson, John, Vol I
Johnson, Kyle B., Vol III
Johnston, William M., Vol I
Jones, Robert, Vol I
Jones, Robert Edward, Vol I
Karpinski, Gary S., Vol I
Keefe, Robert, Vol II
Kingston, John, Vol III
Kitchell, Kenneth F., Vol I
Koehler, G. Stanley, Vol II
Kratzer, Angelika, Vol III
Lawall, Gilbert Westcott, Vol I
Lawall, Sarah Nesbit, Vol III
Levin, Maurice Irwin, Vol III
Levy, Barry, Vol I
Levy, Barry, Vol I
Love, Barbara, Vol I
Lowance, Mason Ira, Vol II
Maddox, Donald, Vol III
Maddox, Sara Sturm, Vol III
Martin, Daniel, Vol III
Matthews, Gareth Blanc, Vol IV
May, Ernest, Vol I
Mazzocco, Elizabeth H., Vol III
McFarland, Gerald W., Vol I
Mills, Patricia J., Vol IV
Minear, Richard H., Vol I
Moran, Charles, Vol II
Naff, William E., Vol III
Nightingale, Carl, Vol I
Nissenbaum, Stephen W., Vol I
Nissenbaum, Stephen Willner, Vol I
Norton, Paul F., Vol I
Owens, Larry, Vol I
Partee, Barbara H., Vol III
Paulsen, Wolfgang, Vol III
Peiss, Kathy, Vol I
Pelz, Stephen Ernest, Vol I
Philippides, Marios, Vol I
Platt, Gerald M., Vol I
Porter, Dennis, Vol III
Portuges, Catherine, Vol III
Potash, Robert Aaron, Vol I
Rausch, Jane M., Vol I
Rearick, Charles, Vol I
Richards, Leonard, Vol I
Roeper, Thomas, Vol III
Roskill, Mark, Vol I
Ryavec, Karl William, Vol I
Sarti, Roland, Vol I
Schwartz, Marvin, Vol I
Schwartzwald, Robert, Vol III
Scott, Nina Margaret, Vol III
Sears, Dianne, Vol III
Seelig, Harry E., Vol III
Selkirk, Elisabeth, Vol III
Seymour, Harry N., Vol III
Shary, Timothy, Vol II
Shipley, Neal Robert, Vol I
Sleigh, Robert Collins, Vol IV
Speas, Margaret, Vol III
Stone, Jennifer, Vol III
Story, Ronald, Vol I
Sturm-Maddox, Sara, Vol I

Swaim, Kathleen Mackenzie, Vol II
Swartz, Marvin, Vol I
Tager, Jack, Vol I
Tillis, Frederick C., Vol I
Trehub, Arnold, Vol I
Ware, Ronald Dean, Vol I
Watkins, Andrea, Vol I
Wickwire, Mary B., Vol I
Wilson, Mary C., Vol I
Wobst, H. Martin, Vol I
Wolff, Robert Paul, Vol IV
Woolford, Ellen, Vol III
Wyman, David S, Vol I
Zamora, Juan C., Vol III

Univ of Massachusetts, Boston
Amiji, Hatim M., Vol I
Basu, Ananyo, Vol I
Burgin, Diana Lewis, Vol III
Chesson, Michael B., Vol I
Chu, Jonathan M., Vol I
Collins, Martha, Vol II
Crossley, Robert Thomas, Vol II
Foss, Clive, Vol I
Garrett, Gerald R., Vol IV
Horsley, Ritta Jo, Vol III
Horton, Susan R., Vol I
Kaye, Lawrence J., Vol IV
Knight, Charles Anthony, Vol II
Larson, Calvin J., Vol I
Mcalpine, Monica Ellen, Vol II
McMullin, Thomas Austin, Vol I
Nisetich, Frank, Vol I
Petronella, Vincent F., Vol II
Radden, Jennifer, Vol IV
Rothwell, Kenneth S., Vol I
Schwartz, Lloyd, Vol III
Volpe, Gerald Carmine, Vol III
Walters, Hubert Everett, Vol I
Washington, Mary Helen, Vol II
Winch, Julie P., Vol I

Univ of Massachusetts, Dartmouth
Huff, Toby E., Vol I
Ingraham, Vernon Leland, Vol II
Marlow, James Elliott, Vol II
Scionti, Joseph Natale, Vol I
Stauder, Jack, Vol I
Werly, John Mcintyre, Vol I

Univ of Massachusetts, Lowell
De Girolami Cheney, Liana, Vol I
Holladay, Hilary, Vol II
Kramer, Mary Duhamel, Vol II
Ogasapian, John, Vol I

Univ of Massashusetts, Amherst
Mariani, Paul L., Vol II

Univ of Memphis
Bensman, Marvin Robert, Vol II
Burgos, Fernando, Vol III
Caffrey, Margaret M., Vol I
Evans, David Huhn, Vol II
Hawes, Joseph, Vol I
Kriegel, Abraham David, Vol II
Nenon, Thomas J., Vol IV
Purtle, Carol Jean, Vol I
Ranta, Richard R., Vol II
Shadish, W.R., Vol I
Shaheen, Naseeb, Vol II
Shoemaker, David W., Vol IV
Simco, Nancy Davis, Vol IV

Univ of Miami
Benstock, Shari, Vol II
Carlebach, Michael L., Vol I
Fitzgerald, John Thomas, Jr., Vol IV
Foreman, Kathryn S., Vol II
Goldman, Alan H., Vol IV
Graf, David Frank, Vol I
Guttenberg, Barnett, Vol II
Haack, Susan, Vol IV
Kanet, Roger E., Vol I

Kelleghan, Fiona, Vol II
Kling, David, Vol I
Lemos, Ramon M., Vol IV
Levine, Robert M., Vol I
Levine, Robert M., Vol I
Lohof, Bruce Alan, Vol I
McCarthy, Patrick A., Vol II
Muller, Peter O., Vol I
Palmeri, Frank, Vol II
Pospesel, Howard, Vol IV
Russo, John Paul, Vol II
Suchlicki, Jaime, Vol I
Suzuki, Mihoko, Vol II

Univ of Michigan, Ann Arbor
Anderson, Elizabeth S., Vol IV
Bailey, Richard W., Vol II
Bailey, Richard Weld, Vol II
Bauland, Peter Max, Vol II
Becker, Alton Lewis, Vol III
Becker, Marvin Burton, Vol I
Bellamy, James Andrew, Vol III
Billick, David Joseph, Vol III
Bono, Barbara Jane, Vol II
Brandt, Richard Booker, Vol IV
Brater, Enoch, Vol II
Britton, Allen Perdue, Vol I
Bryant, Bunyan I., Vol I
Burling, Robbins, Vol I
Conard, Alfred Fletcher, Vol IV
Cowen, Roy C., Vol III
Danly, Robert Lyons, Vol III
Darwall, Stephen L., Vol IV
Dejnozka, Jan, Vol IV
Eadie, John W., Vol I
Eby, Cecil Degrotte, Vol II
Eisenstein, Elizabeth Lewishohn, Vol I
Eley, Geoff, Vol I
Fabian, Hans Joachim, Vol III
Field, Norma, Vol III
Fine, Sidney, Vol I
Freedman, David Noel, Vol III
Frier, Bruce Woodward, Vol I
Gardner, Catherine, Vol IV
George, Emery Edward, Vol III
Gernes, Todd Steven, Vol II
Gibbard, Allan Fletcher, Vol IV
Goic, Cedomil, Vol III
Goldstein, Laurence Alan, Vol I
Gray, Floyd Francis, Vol III
Green, Thomas Andrew, Vol I
Grew, Raymond, Vol I
Hackett, Elizabeth, Vol IV
Hafter, Monroe Z., Vol III
Harrison, Don K., Sr., Vol I
Hughes, David Yerkes, Vol II
Ingram, William, Vol II
Jensen, Ejner Jacob, Vol II
Johnson, Lemuel A., Vol II
Johnson, Mayumi Yuki, Vol III
Kahn, Douglas A., Vol IV
Kamisar, Yale, Vol IV
Kirkpatrick, Diane Marie, Vol I
Konigsberg, Ira, Vol II
Kucich, John Richard, Vol II
Lempert, Richard Owen, Vol IV
Lewis, David Lanier, Vol I
Lindner, Rudi Paul, Vol I
Loeb, Louis Edward, Vol IV
Malm, William P., Vol I
Marzolf, Marion Tuttle, Vol I
McCarren, Vincent Paul, Vol I
McIntosh, James Henry, Vol II
Mermier, Guy R., Vol IV
Moody, Charles David, Sr., Vol I
Muller, Marcel, Vol III
Ness, Gayl DeForrest, Vol I
Paslick, Robert H., Vol III
Patterson, Willis Charles, Vol I
Pedley, John Griffiths, Vol I
Pernick, Martin Steven, Vol I
Porter, J.I., Vol III
Rastalsky, Hartmut, Vol III
Sandalow, Terrance, Vol IV
Schneider, Carl E., Vol IV
Scott, Rebecca Jarvis, Vol I
Seidler, Ingo, Vol III
Singer, Joel David, Vol I
Sklar, Lawrence, Vol IV
Spector, Scott, Vol I
Spink, Walter M., Vol I
Starr, Chester G., Vol I
Stein, Eric, Vol IV
Steneck, Nicholas H., Vol I
Stolz, Benjamin Armond, Vol III
Terpstra, Vern, Vol I

Thrall, Trevor, Vol II
Trautmann, Thomas Roger, Vol I
Vining, Joseph, Vol IV
Vinovskis, Maris A., Vol I
Waggoner, Lawrence W., Vol IV
Wald, Alan Maynard, Vol I
Walton, Kendall L., Vol IV
Warner, Robert Mark, Vol I
Weiss, Hermann Friedrich, Vol III
White, James Justesen, Vol IV
Whiting, Steven, Vol I
Windfuhr, Gernot Ludwig, Vol III
Witke, E.C., Vol I

Univ of Michigan, Dearborn
Baumgarten, Elias, Vol IV
Berkove, Lawrence Ivan, Vol II
Hughes, Paul, Vol IV
Lee, Dorothy A. H., Vol II
Linker, Maureen, Vol IV
Linn, William Joseph, Vol II
Papazian, Dennis Richard, Vol I
Summers, Claude Joseph, Vol II
Wider, Kathleen V., Vol IV

Univ of Michigan, Flint
Dunlop, Charles, Vol IV
Oaklander, L. Nathan, Vol IV

Univ of Minnesota, Duluth
Adams, Stephen J., Vol II
Bartlett, Beth, Vol IV
Bock, Carol A., Vol II
Bock, Martin F., Vol II
Browning Cole, Eve, Vol I
Conant, Jonathan Brendan, Vol III
Fetzer, James Henry, Vol I
Fischer, Roger Adrian, Vol I
Hellenbrand, Harold, Vol II
Hudelson, Richard Henry, Vol IV
Jankofsky, Klaus P., Vol II
Linn, Michael D., Vol III
Lips, Roger C., Vol II
Storch, Neil T., Vol I
Trolander, Judith Ann, Vol I
Zeitz, Eileen, Vol III

Univ of Minnesota, Morris
Ahern, Wilbert H., Vol I
Underwood, Ted Leroy, Vol I

Univ of Minnesota, Twin Cities
Akehurst, F.R.P., Vol I
Allman, Jean M., Vol I
Altholz, Josef L., Vol I
Andrews, Kristin, Vol IV
Arenas, Fernando, Vol III
Aris, Rutherford, Vol I
Babcock, William, Vol II
Bachrach, Bernard S., Vol I
Bales, Kent, Vol II
Barnes, Betsy, Vol III
Bashiri, Iraj, Vol III
Beatty, John, Vol IV
Belfiore, Elizabeth Stafford, Vol I
Berlin, Andrea Michelle, Vol I
Berman, Hyman, Vol I
Bowie, Norman, Vol IV
Brauer, Kinley, Vol I
Brewer, Daniel, Vol II
Brewer, Maria Minich, Vol III
Brooks, Roy Lavon, Vol IV
Browne, Donald R., Vol I
Cardamone, Donna, Vol I
Chambers, Sarah, Vol I
Chang, Tsan-Kuo, Vol II
Chen, J., Vol IV
Clayton, Tom, Vol II
Cohen, Andrew D., Vol II
Cooper, Frederick A., Vol I
Dahl, Norman, Vol IV
Davis, Gordon B., Vol I
Dicken Garcia, Hazel F., Vol II
Dolan, John M., Vol IV
Doyle, Kenneth, Vol I
Eaton, Marcia M., Vol IV
Elliott, Carl, Vol IV
Erickson, Gerald M., Vol I
Evans, John Karl, Vol I
Evans, Sara M., Vol I

Faber, Ronald, Vol II
Fang, Irving E., Vol II
Farah, Caesar E., Vol I
Farber, Daniel Alan, Vol IV
Farmer, Edward L., Vol I
Ferran, Ofelia, Vol III
Firchow, Evelyn Scherabon, Vol III
Firchow, Peter Edgerly, Vol II
Fullerton, Gerald Lee, Vol III
Giere, Ronald N., Vol IV
Gifford, Daniel Joseph, Vol IV
Gillmor, Donald M., Vol I
Good, David F., Vol I
Graham Yates, Gayle, Vol I
Green, George D., Vol I
Gregory Kohlstedt, Sally, Vol I
Griffin, Edward M., Vol II
Griffin, Michael S., Vol II
Grimstad, Kaaren, Vol III
Gross, Alan G., Vol II
Gundel, J.K., Vol III
Gunderson, Keith, Vol IV
Gurak, Laura J., Vol II
Hancher, Charles Michael, Vol II
Hanson, William H., Vol IV
Hellman, Geoffrey, Vol IV
Henry, Daniel Joseph, Vol IV
Hill Duin, Ann, Vol II
Hirsch, Gordon D., Vol II
Hirschbach, Frank Donald, Vol III
Holtman, Sarah Williams, Vol IV
Hopkins, Jasper, Vol IV
Howe, John R., Vol I
Hudec, Robert Emil, Vol IV
Isaacman, Allen, Vol I
Isett, Christopher, Vol I
Jahn, Gary Robert, Vol III
Jara, Rene, Vol III
Jensen, J. Vernon, Vol II
Kac, Michael, Vol IV
Kahn, Jeffrey C., Vol IV
Kelly, Thomas, Vol I
Kendall, Calvin B., Vol II
Kieft, David, Vol I
Klee, Carol, Vol III
Kohlstedt, Sally Gregory, Vol I
Kopf, David, Vol I
Kraabel, Alf Thomas, Vol IV
Krevans, Nita, Vol III
Kuftinec, Sonja, Vol III
Lardinois, Andre P.M.H., Vol I
Lay, Mary M., Vol II
Layton, Edwin Thomas, Vol I
Lee, Chuan, Vol II
Lehmberg, Stanford E., Vol I
Levinson, Bernard M., Vol III
Lewis, Douglas, Vol IV
Leyasmeyer, Archibald I, Vol II
Liu, Catherine, Vol I
Longino, Helen, Vol IV
Malandra, William, Vol I
Marshall, Byron K., Vol I
Martinez, Ronald L., Vol III
Mason, H.E., Vol IV
May, Elaine Tyler, Vol I
May, Lary L., Vol I
Maynes, Mary Jo, Vol I
McCaa, Robert, Vol I
Mcdonald, William Andrew, Vol I
McDowell, Earl E., Vol II
McNally, Sheila, Vol I
Mcnaron, Toni Ann Hurley, Vol II
Menard, Russell R., Vol I
Metcalf, Michael F., Vol I
Mikelonis-Paraskov, Victoria M., Vol II
Miller, Carol, Vol I
Minich Brewer, Maria, Vol II
Morrison, Fred L., Vol IV
Munholland, John Kim, Vol I
Myers, Samuel L., Jr., Vol I
Nash, Elizabeth, Vol II
Noakes, Susan, Vol III
Noble, David Watson, Vol I
Noonan, Thomas S., Vol I
Norling, Lisa A., Vol I
Norwood, James, Vol II
O'Brien-Kehoe, Jean, Vol I
O'Connell, Joanna, Vol III
Ocampo, Francisco, Vol III
Olson, Stuart Douglas, Vol III
Owens, Joseph, Vol IV
Paganini, Maria, Vol III
Pankake, Marcia J., Vol I
Parente, James A., Jr., Vol III
Park, Roger Cook, Vol IV
Peterson, Sandra, Vol IV
Phillips, Carla Rahn, Vol I

Phillips, William, Vol I
Polakiewicz, Leonard A., Vol III
Preckshot, Judith, Vol III
Prell, Riv-Ellen, Vol III
Rahn Phillips, Carla, Vol I
Ramos-Garcia, Luis A., Vol III
Reed, Peter J., Vol II
Reyerson, Kathryn L., Vol I
Roberts, Nancy L., Vol II
Root, Michael, Vol IV
Ross, Particia A., Vol IV
Ruggles, Steven, Vol I
Samaha, Joel, Vol I
Sarles, Harvey Burton, Vol III
Savage, Wade S., Vol IV
Scanlan, Thomas, Vol II
Scheman, Naomi, Vol IV
Schwartz, Dona B., Vol II
Schwartz, Stuart B., Vol I
Scott, Robert Lee, Vol II
Sheets, George Archibald, Vol I
Sivert, Eileen, Vol III
Sonkowsky, Robert Paul, Vol I
Southall, Geneva H., Vol I
Spear, Allan H., Vol I
Stenson, Nancy Jean, Vol III
Stuewer, Roger H., Vol I
Sugnet, Charles Joseph, Vol II
Sullivan, Constance, Vol III
Taborn, John Marvin, Vol I
Taylor, David Vassar, Vol I
Thayer, John A., Vol I
Thomas, Gary Craig, Vol III
Tiberius, Valerie, Vol IV
Tims, Albert R., Vol II
Tracy, James, Vol I
Tyler May, Elaine, Vol I
Underiner, Tamara, Vol II
Valdes, Dennis N., Vol I
Vecoli, Rudolph John, Vol I
Vidal, Hernan, Vol III
Wackman, Daniel B., Vol II
Wahlstrom, Billie J., Vol II
Wakefield, Ray Milan, Vol III
Waldauer, Joseph, Vol II
Wallace, John, Vol IV
Waltner, Ann, Vol I
Walzer, Arthur E., Vol II
Wang, Liping, Vol I
Waters, Kenneth C., Vol IV
Weissbrodt, David Samuel, Vol IV
Welke, Barbara Y., Vol I
Wells, William D., Vol II
Westermeyer, Joseph John, Vol I
Yahnke, Robert Eugene, Vol II
Zahareas, Anthony, Vol III
Zahavy, Tzvee, Vol IV

Univ of Mississippi
Abadie, Hubert Dale, Vol I
Ajootian, Aileen, Vol I
Barbera, Jack Vincent, Vol II
Bell, Roseann P., Vol II
Brown, Thomas Howard, Vol II
Cooke, James Jerome, Vol I
Crouther, Betty Jean, Vol I
Davis, Robert N., Vol IV
Dewey, Tom, Vol I
Eagles, Charles W., Vol I
Ewell, Barbara Claire, Vol II
Gispen, Kees, Vol I
Harrington, Michael L., Vol IV
Harrington, Michael Louis, Vol IV
Kiger, Joseph Charles, Vol I
Landon, Michael De Laval, Vol I
Lawhead, William F., Vol I
Lynch, Michael P., Vol IV
Moysey, Robert Allen, Vol I
Riggs, Robert, Vol I
Skemp, Sheila Lynn, Vol I
Sparks, Esther, Vol I
Steel, David Warren, Vol I
Watt, Jeffrey R., Vol I
Westmoreland, Robert B., Vol IV
Williams, Daniel E., Vol II
Wilson, Charles Reagan, Vol I

Univ of Missouri, Columbia
Barabtarlo, Gennady, Vol III
Bender, Robert M., Vol II
Benoit, William L., Vol I
Bondeson, William B., Vol IV
Braun, Ernst, Vol III
Budds, Michael, Vol I
Bullion, John Lewis, Vol I

Burggraaff, Winfield J., Vol I
Camargo, Martin, Vol I
Cavigioli, Rita C., Vol III
Collins, Robert Maurice, Vol I
Cooke, Thomas D., Vol II
Crowley, J. Donald, Vol II
Cunningham, Noble E., Jr., Vol I
Curtis, James Malcolm, Vol III
Dawson, William, Vol II
Devlin, Albert J., Vol II
Dorsey, Carolyn Ann, Vol I
Estevez, Victor A., Vol I
Fischer, David Arnold, Vol IV
Flader, Susan L., Vol I
Foley, John Miles, Vol II
Fulweiler, Howard, Vol II
Glenn, Pierce, Vol III
Hinkel, Howard, Vol II
Hinnant, Charles Haskell, Vol II
Hocks, Elaine, Vol I
Hocks, Richard, Vol II
Holtz, William, Vol II
Hooley, Daniel M., Vol I
Hudson-Weems, Clenora, Vol II
Koclitschek, Theodore, Vol I
Koegel, John, Vol I
Kramer, Michael W., Vol II
Kuizenga, Donna, Vol III
Kultgen, John, Vol IV
Lago, Mary Mcclelland, Vol II
Lane, Eugene N., Vol I
Lewis, Marvin A., Vol III
Lyman, R. Lee, Vol I
Marshall, Howard Wight, Vol I
McBain, James F., Jr., Vol IV
Miller, Kerby A., Vol I
Mullen, Edward, Vol II
Muratore, Mary Jo, Vol III
Nauert, Charles G., Vol I
Neff, Hector, Vol I
Oglesby, James Robert, Vol I
Pierce, Glenn, Vol III
Pigg, Kenneth E., Vol I
Prahlad, Sw. Anand, Vol II
Presberg, Charles D., Vol III
Quirk, Thomas Vaughan, Vol II
Raitt, Jill, Vol II
Roberts, John R., Vol II
Rueda, Ana, Vol IV
Santos, Sherod, Vol II
Saylor, Charles F., Vol I
Schenker, David J., Vol I
Scroggins, Daniel Coy, Vol III
Sperber, Jonathon, Vol I
Strickland, Arvarh E., Vol I
Tarkow, Theodore A., Vol I
Terrell, Robert L., Vol I
Thiher, Ottah Allen, Vol III
Timberlake, Charles, Vol I
Ugarte, Michael, Vol III
Wallace, Paul, Vol I
Weirich, Paul, Vol IV

Univ of Missouri, Kansas City
Berets, Ralph Adolph, Vol II
Berger, Mark, Vol IV
Berman, Jeffrey B., Vol IV
Brodsky, Patricia Pollock, Vol III
Clardy, Jesse V., Vol I
Cooper, Corinne, Vol IV
Dean, Joan Fitzpatrick, Vol II
Dolskaya-Ackerly, Olga, Vol I
Eubanks, Eugene E., Vol I
Feagin, Susan Louise, Vol IV
Ferguson, Kenneth D., Vol IV
Graham, John Thomas, Vol I
Hattaway, Herman Morell, Vol I
Hood, Edwin T., Vol IV
Hoyt, Christopher R., Vol IV
Klausner, Carla Levine, Vol I
Kobach, Kris W., Vol IV
Larsen, Lawrence H., Vol I
Levit, Nancy, Vol IV
Londre, Felicia Hardison, Vol II
Lumin, Bernard, Vol I
Mckinley, James Courtright, Vol II
Norton, Kay, Vol I
Pogemiller, Leroy, Vol I
Popper, Robert, Vol IV
Potts, Louis Watson, Vol I
Richards, Edward P., Vol IV
Schultz, Joseph P., Vol III
Trani, Eugene Paul, Vol I
Venable Powell, Burnele, Vol IV
Verchick, Robert R., Vol IV
Voigts, Linda Ehrsam, Vol III

Walter, Edward F., Vol IV
Williams, Hazel Browne, Vol II

Univ of Missouri, Rolla
Bergmann, Linda S., Vol II
Knight, William Nicholas, Vol II
Ridley, Jack B., Vol I
Vonalt, Larry, Vol II

Univ of Missouri, St. Louis
Bliss, Robert M., Vol I
Brown, Leslie, Vol I
Burkholder, Mark A., Vol I
Carkeet, David Corydon, Vol II
Cooper, Jerry Marvin, Vol I
Davis, Lawrence H., Vol IV
Finney, Paul Corby, Vol I
Fuss, Peter L., Vol IV
Gerteis, Louis, Vol I
Gordon, Robert M., Vol IV
Gordon, Robert Morris, Vol IV
Hause, Steven C., Vol I
Hurley, Andrew J., Vol I
Jung, Donald J., Vol II
Kizer, Elizabeth J., Vol II
Korr, Charles P., Vol I
Maltby, William Saunders, Vol I
McPhail, Thomas Lawrence, Vol II
Miller, Howard Smith, Vol I
Mitchell, Richard Hanks, Vol I
Munson, Ronald, Vol IV
Murray, Michael D., Vol II
Nelson, Lynn Hankinson, Vol IV
Primm, James Neal, Vol I
Rawling, J. Piers, Vol IV
Robbert, Louise Buenger, Vol I
Ross, Stephanie A., Vol IV
Roth, Paul A., Vol IV
Rowan, Steven, Vol I
Schwartz, Howard, Vol II
Shaffer, Arthur, Vol I
Shaffer, Arthur H., Vol I
Shapiro, Henry L., Vol I
Shields, Donald C., Vol II
Sweet, Nan, Vol II
Tierney, James Edward, Vol II
Williamson, Jane Louise, Vol II
Works, John A., Vol I

Univ of Moncton
Gallant, Christel, Vol III
LeBlanc, Phyllis, Vol I

Univ of Montana
Acker, Robert, Vol III
Arens, Hiltrud, Vol III
Elliott, Deni, Vol IV
Flores, Dan, Vol I
Fritz, Harry William, Vol I
Grieves, Forest L., Vol I
Harrington, Henry R., Vol II
Kanevskaya, Marina, Vol III
Kittredge, William Alfred, Vol II
Lauren, Paul Gordon, Vol I
Lopach, James L., Vol I
Rolfe, Oliver Willis, Vol III
Rose, Stanley Ludwig, Vol III

Univ of Montevallo
Morgan, David Taft, Vol I
Truss, Ruth Smith, Vol I

Univ of Montreal
Bertrand de Munoz, Maryse, Vol III
Bodeus, Richard-Clement, Vol IV
Cauchy, Venant, Vol IV
Chausse, Gilles, Vol IV
Clas, Andre, Vol III
Cote, Joanne, Vol I
De Moura Sobral, Luis, Vol I
Durocher, Rene, Vol I
Gauthier, Yvon, Vol IV
Godin, Jean Cleo, Vol III
Hanna, Blake Thompson, Vol III
Larouche, Michel, Vol I
Lemieux, Lucien, Vol I
Lusignan, Serge, Vol I
Taylor, James R., Vol II

Univ of Muenster
Spevack, Marvin, Vol II

Univ of Nantes
Lucas, Alec, Vol II

Univ of Nebraska, Kearney
Barua, Pradeep P., Vol I
George, Susanne K., Vol II
Glazier, Stephen D., Vol I
Luscher, Robert M., Vol II
Martin, Thomas, Vol IV
Pearson, Lon, Vol III
Petruzzi, Anthony, Vol II
Schuyler, Michael Wayne, Vol I
Stauffer, Helen Winter, Vol II
Tassi, Marguerite, Vol II
Umland, Rebecca A., Vol II
Volpe, Vernon L., Vol I

Univ of Nebraska, Lincoln
Adkin, Neil, Vol I
Ambrosius, Lloyd, Vol I
Audi, Robert, Vol IV
Balasubramanian, Radha, Vol III
Becker, Edward, Vol IV
Behrendt, Stephen C., Vol II
Berger, Lawrence, Vol IV
Berger, Patrice, Vol I
Bormann, Dennis Robert, Vol III
Braeman, John, Vol I
Braithwaite, Dawn O., Vol II
Burnett, Amy, Vol I
Burnett, Stephen G., Vol I
Burnett, Stephen G., Vol I
Cahan, David, Vol I
Cahan, Jean, Vol IV
Casullo, Albert, Vol IV
Coble, Parks, Vol I
Coope, Jessica, Vol I
Cope, Esther Sidney, Vol I
Crawford, Dan, Vol III
Crawford, Sidnie White, Vol III
Crompton, Louis, Vol II
Denicola, Robert C., Vol IV
Dixon, Wheeler Winston, Vol II
Dorsey, Learthen, Vol I
Eskridge, Chris W., Vol IV
Ford, James Eric, Vol II
Gorman, Vanessa, Vol I
Hilliard, Stephen Shortis, Vol II
Hoffman, Peter Toll, Vol IV
Homze, Edward L., Vol I
Hugly, Philip, Vol IV
Ide, Harry, Vol I
Karch, Dieter, Vol III
Kaye, Frances Weller, Vol II
Kennedy, Dane Keith, Vol I
Kleimola, Ann, Vol I
Lee, Ronald E., Vol II
Leinieks, Valdis, Vol I
Lepard, Brian, Vol IV
Link, Frederick M., Vol II
Lu, Suping, Vol I
Luebke, Frederick Carl, Vol I
Mahoney, Timothy, Vol I
Marcus, Mordecai, Vol II
Maslowski, Peter, Vol I
McClelland, James, Vol I
Mendola, Joseph, Vol IV
Mignon, Charles William, Vol II
Miller, Susan, Vol I
Miller, Tice Lewis, Vol II
Moulton, Gary Evan, Vol I
Newman, Lex, Vol I
Norland, Howard Bernett, Vol II
Owomoyela, Oyekan, Vol III
Penrod, Steven D., Vol IV
Perlman, Harvey, Vol IV
Pitt, David, Vol IV
Porsild, Charlene, Vol I
Potter, Nelson, Vol IV
Potuto, Josephine R., Vol IV
Pratt, Linda Ray, Vol II
Rader, Benjamin G., Vol I
Rawley, James A., Vol I
Rinkevich, Thomas E., Vol I
Rosowski, Susan Jean, Vol II
Saskova-Pierce, Mila, Vol III
Sayward, Charles, Vol IV
Seiler, William John, Vol II
Sherman, William Lewis, Vol I
Sosin, Jack Marvin, Vol I
Steinweis, Alan, Vol I

Stock, Robert Douglas, Vol II
Thorson, Norm, Vol IV
Turner, John D., Vol I
van Roojen, Mark, Vol IV
Vigil, Ralph Harold, Vol I
Von Eckardt, Barbara, Vol IV
White Crawford, Sidnie, Vol IV
Winkle, Kenneth, Vol I
Winter, Thomas Nelson, Vol I
Works, Robert G., Vol IV
Wunder, John, Vol I

Univ of Nebraska, Omaha
Allen, Chris, Vol II
Arav, Rami, Vol II
Blizek, William L., Vol IV
Burke, Ronald R., Vol I
Cederblom, Jerry, Vol IV
Ching, Marvin K.L., Vol III
Christensen, John E., Vol I
Conces, Rory J., Vol IV
Conner, Maurice Wayne, Vol III
Dalstrom, Harl A., Vol I
Freund, Richard A., Vol IV
Friedlander, Walter J., Vol I
Glaser, Hollis F., Vol II
Hilt, Michael, Vol II
Irvin, Deborah M., Vol III
Jensen, Tim, Vol IV
Johansen, Bruce Elliott, Vol I
Kuo, Lenore, Vol IV
Lafontant, Julien J., Vol III
Lipschultz, Jeremy Harris, Vol II
Newkirk, Glen A., Vol II
Newman, Andrew, Vol IV
Okhamafe, Imafedia, Vol IV
Palmer, Russ, Vol IV
Palmer, Russell W, Vol IV
Paterson, Douglas L., Vol IV
Pollak, Oliver Burt, Vol I
Pratt, William C., Vol I
Roddy, Nicole, Vol IV
Shaffer, Nancy E., Vol I
Simmons, Jerold Lee, Vol I
Skau, Michael Walter, Vol II
Tate, Michael Lynn, Vol I
Thorson, J.A., Vol I
Willbanks, Ray, Vol II

Univ of Nevada, Las Vegas
Appell, Annette Ruth, Vol IV
Babbitt, Beatrice C., Vol I
Bell, Andrew J.E., Vol I
Bowers, John M., Vol II
Bybee, Jay S., Vol IV
Campbell, Felicia F., Vol IV
Chung, Sue Fawn, Vol I
Clark, Thomas L., Vol III
Coburn, William Leon, Vol II
Coughtry, Jay, Vol I
Crank, Joe N., Vol I
Crawford, Jerry L., Vol II
Cronan Rose, Ellen, Vol I
Davenport, Robert Wilson, Vol I
Dil, Nasim, Vol I
Dodge, Robert Kendall, Vol II
Eggener, Keith L., Vol I
Engberg, Norma J., Vol II
Erwin, D. Timothy, Vol II
Fawn Chung, Sue, Vol I
Filler, John W., Vol I
Finocchiaro, Maurice A., Vol IV
Fry, Joseph A., Vol I
Gajowski, Evelyn J., Vol II
Goodwin, Joanne, Vol I
Hazen, James F., Vol II
Healey, William C., Vol III
Hilgar, Marie-France, Vol III
Hudgins, Christopher Chapman, Vol II
Irsfeld, John Henry, Vol II
Kelly, Cathie, Vol I
Klein, Lawrence E., Vol I
Koester, Rudolf Alfred, Vol III
Kyle Higgins, Amanda, Vol III
Loader, Colin T., Vol I
Lockette, Agnes Louise, Vol II
Ma, Ming-Qian, Vol II
Mattson, Vernon E., Vol I
McAffee, Thomas B., Vol IV
McCullough, Joseph B., Vol II
Mcdonough, Ann, Vol II
Miller, Susan P., Vol I
Moehring, Eugene P., Vol I
Mullen, Lawrence J., Vol I
Pierce, Thomas B., Vol I
Rasmussen, Chris, Vol I

Rollings, Willard H., Vol I
Rosenberg, Beth C., Vol II
Rothman, Hal K., Vol I
Schmiedel, Donald Emerson, Vol III
Stitt, J. Michael, Vol II
Strawser, Sherri C., Vol I
Taylor, Susan L., Vol II
Tobias, Carl William, Vol IV
Tominaga, Thomas T., Vol IV
Walton, Craig, Vol IV
Weinstein, Mark A., Vol II
White, Elizabeth, Vol I
Whitney, Charles C., Vol II
Whitney, Elspeth, Vol I
Wright, Thomas C., Vol I

Univ of Nevada, Reno
Achtenberg, Deborah, Vol I
Axtell, G.S., Vol IV
Boardman, Kathy, Vol II
Casper, Scott E., Vol I
De Rafols, Wifredo, Vol III
Hoffman, Piotr, Vol I
Howard, Anne Bail, Vol II
Hulse, James W., Vol I
Lange, Horst, Vol III
Lucash, Frank S., Vol IV
Manca, Franco, Vol III
Marschall, John Peter, Vol I
Nickles, Thomas, Vol I
Pettey, John Carson, Vol III
Reinshagen-Joho, Liane, Vol I
Rojas, J. Nelson, Vol III
Ronald, Ann, Vol I
Sackett, Theodore Alan, Vol III
Sepulveda-Pulventini, Emma, Vol III
Stevens, Kevin M., Vol I
Tchudi, Stephen, Vol III
Tobin, Frank J., Vol II
Wagener, Guy, Vol III
Williams, Christopher, Vol IV

Univ of New Brunswick
Brown, Wallace, Vol I
Buckner, Phillip Alfred, Vol I
Doerksen, Daniel William, Vol III
Edwards, Viviane, Vol III
Frank, David, Vol I
Lemire, Beverly, Vol I
Patterson, Stephen Everett, Vol I
Pugh, Anthony Roy, Vol III
Smith, Mary Elizabeth, Vol II
Thompson, Dorothy Gillian, Vol I
Waite, Gary K., Vol I

Univ of New Hampshire, Durham
Bolster, W. Jeffrey, Vol I
Brettschneider, Marla, Vol I
Brockelman, Paul, Vol IV
Callan, Richard Jerome, Vol III
Christie, Drew, Vol IV
Clark, Mary Morris, Vol III
De Vries, Willem M., Vol IV
Deporte, Michael Vital, Vol II
deVries, Willem, Vol IV
Diefendorf, Jeffry Mindlin, Vol I
Dorsey, Kurk, Vol I
Dusek, Rudolph Valentine, Vol IV
Dusek, Val, Vol IV
Fitzpatrick, Ellen, Vol I
Frankfurter, David, Vol IV
Frierson, Cathy A., Vol I
Golinski, Jan, Vol I
Gould, Eliga H., Vol I
Gullace, Nicoletta F., Vol I
Hageman, Elizabeth H., Vol II
Harris, J. William, Vol I
Jacoby, Sally, Vol III
Kelleher, Patricia, Vol I
Marshall, Grover Edwin, Vol II
McCann, Francis D., Jr., Vol I
McMahon, Gregory, Vol I
McNamara, Paul, Vol IV
Mennel, Robert Mckisson, Vol I
Palmer, Stuart, Vol I
Polasky, Janet, Vol II
Rouman, John Christ, Vol I
Salyer, Lucy, Vol I
Sample, Ruth, Vol I
Schwarz, Marc Lewis, Vol II
Schweickart, Patrocinio Pagaduan, Vol II

Sitkoff, Harvard, Vol I
Triplett, Tim, Vol IV
Ulrich, Laurel Thatcher, Vol I
Voll, John Obert, Vol I
Watters, David Harper, Vol II
Westphal, Kenneth R., Vol IV
Wheeler, Douglas L., Vol I
Whittier, Duane Hapgood, Vol IV
Witt, Charlotte, Vol IV
Wolper, Ethel Sara, Vol I

Univ of New Hampshire, Manchester
Klenotic, Jeffrey F., Vol II
Resch, John P., Vol I

Univ of New Haven
Eder, Doris Leonora, Vol I
Glen, Robert Allan, Vol I
Marks, Joel Howard, Vol IV
Marx, Paul, Vol II

Univ of New Mexico, Albuquerque
Axelrod, Melissa, Vol III
Bailey, Beth, Vol I
Bartlett, Lee, Vol II
Beene, LynnDianne, Vol II
Berthold, Richard M., Vol I
Bieber, Judy, Vol I
Bills, Garland D., Vol III
Block, Steven, Vol II
Bock, Philip K., Vol I
Burgess, Andrew J, Vol IV
Bussanich, John, Vol I
Bybee, Joan L., Vol III
Christopher, Thomas Weldon, Vol IV
Clark Smith, Pat, Vol II
Connell-Szasz, Margaret, Vol I
Damico, Helen, Vol II
Ellis, Richard N., Vol I
Etulain, Richard W., Vol I
Feller, Daniel, Vol I
Fischer, Michael, Vol II
Fleming, Robert, Vol II
Fresch, Cheryl, Vol II
Gaines, Barry, Vol II
Gallacher, Patrick, Vol I
Gillette Sturm, Fred, Vol IV
Goodman, Russell B., Vol I
Goodman, Russell B., Vol IV
Hall, Linda, Vol III
Hannan, Barbara, Vol IV
Hanson, Carl Aaron, Vol I
Harrison, Gary, Vol II
Hermann, Richard, Vol II
Huaco, George A., Vol I
Isham, William P., Vol III
Jameson, Elizabeth, Vol I
John-Steiner, Vera P., Vol III
Johnson-Sheehan, Richard, Vol II
Kern, Robert, Vol I
Kukla, Rebecca, Vol I
Mares, E.A., Vol II
Marquez, Antonio, Vol III
Martin, Wanda, Vol II
Martinez, Nancy Conrad, Vol II
McPherson, David, Vol II
Mead, Christopher Curtis, Vol I
Melada, Ivan, Vol II
Melendez, Gabriel, Vol I
Morford, Jill P., Vol III
Norwood, Vera, Vol I
Okunor, Shiame, Vol I
Orozco, Cynthia E., Vol I
Perrin Wilcox, Phyllis, Vol III
Porter, Jonathan, Vol I
Power, Mary, Vol I
Pugach, Noel H., Vol I
Rabinowitz, Howard, Vol I
Risso, Patricia, Vol I
Robbins, Richard G., Jr., Vol I
Rodriguez, Sylvia, Vol I
Salvaggio, Ruth, Vol I
Sanders, Scott P., Vol II
Schmitter, Amy, Vol I
Schueler, G.F., Vol IV
Shultis, Christopher, Vol I
Sturm, Fred Gillette, Vol IV
Sullivan, Donald David, Vol I
Szabo, Joyce, Vol I
Szasz, Ferenc Morton, Vol I
Taber, John, Vol IV
Tenenbaum, Sergio, Vol IV

Thorson, James Llewellyn, Vol I
Torres, Hector, Vol I
Treat, James, Vol IV
Uscher, Nancy, Vol I
Utton, Albert E., Vol IV
Whidden, Mary Bess, Vol II
White, Peter, Vol II
Wilcox, Sherman E., Vol III
Witemeyer, Hugh, Vol II
Woodward, Carolyn, Vol II
Yaqub, Aladdin M., Vol IV
Young, M. Jane, Vol I

Univ of New Mexico, Gallup
Dye, Gloria, Vol II
Glowienka, Emerine Frances, Vol IV

Univ of New Orleans
Altman, Ida, Vol I
Billings, William M., Vol I
Clark, Michael Dorsey, Vol I
Collin, Richard H., Vol I
Fann, Willerd Reese, Vol I
Frank, Elfrieda, Vol I
Hanks, Donald, Vol IV
Hirsch, Arnold Richard, Vol I
Jenkins, A. Lawrence, Vol I
Johnson, Edward, Vol IV
Lazzerini, Edward James, Vol I
Logsdon, Joseph, Vol I
Mazoue, Jim, Vol IV
Reck, Rima Drell, Vol III
Schlunz, Thomas Paul, Vol I
Soble, Alan, Vol IV
Vetrocq, Marcia E., Vol I
Washington, Robert Orlanda, Vol I
Watson, Cresap Shaw, Vol II

Univ of New South Wales
Halperin, David M., Vol I

Univ of Newfoundland
Bindon, Kathryn, Vol I

Univ of No Alabama
Osborne, Thomas Robert, Vol I
Smith, Ronald E., Vol II

Univ of No Carolina, Asheville
Dvorsky-Rohner, Dorothy, Vol I
Moseley, Merritt, Vol II
Walker, Philip Alfred, Vol I

Univ of No Carolina, Chapel Hill
Bar-On, Dorit, Vol IV
Baron, Samuel Haskell, Vol I
Baxter, Stephen Bartow, Vol I
Bennett, Judith Mackenzie, Vol I
Blackburn, Simon, Vol IV
Blau, Judith R., Vol I
Boren, Henry C., Vol I
Breen, Marcus, Vol II
Brooks, E. Willis, Vol I
Broughton, Thomas Robert Shannon, Vol I
Brown, Frank, Vol I
Bullard, Melissa Meriam, Vol I
Connor, Carolyn, Vol I
Cortes, Julio, Vol III
Crowhurst, Megan J., Vol III
Daye, Charles Edward, Vol IV
Debreczeny, Paul, Vol III
Dessen, Alan Charles, Vol II
Dessen, Cynthia Sheldon, Vol I
Ernst, Carl W., Vol IV
Filene, Peter Gabriel, Vol I
Finson, Jon William, Vol I
Flora, Joseph Martin, Vol II
Folda, Jaroslav, Vol I
Folda, Jaroslav T., III, Vol I
Ganz, David, Vol I
Gatewood, Willard B., Vol I
Grossberg, Lawrence, Vol II
Groves, Harry Edward, Vol IV
Gura, Philip F., Vol II

Haar, James, Vol I
Haggis, Donald, Vol I
Hall, Jacquelyn Dowd, Vol I
Harris, Michael D., Vol I
Harris, Trudier, Vol II
Hazen, Thomas Lee, Vol IV
Headley, John M., Vol I
Henry, Eric Putnam, Vol III
Higginbotham, R. Don, Vol I
Hill, Thomas E., Vol IV
Hobson, Fred Colby, Jr., Vol II
Hoogland Verkerk, Dorothy, Vol I
Horne, Gerald Charles, Vol IV
Hunt, Michael H., Vol I
Illiano, Antonio, Vol III
Jackson, Blyden, Vol II
Jones, Houston Gwynne, Vol I
Kasson, John Franklin, Vol I
Kuzniar, A.A., Vol III
Lee, Sherman E., Vol I
Linderski, Jerzy, Vol I
Long, Douglas C., Vol IV
Lore, Anthony George, Vol III
Lotchin, Roger W., Vol I
Mack, Sara, Vol I
Marks, Arthur S., Vol I
Mathews, Donald G., Vol I
Matilsky, Barbara C., Vol I
Mavor, Carol, Vol I
McGowan, John, Vol II
Mcvaugh, Michael Rogers, Vol I
Melchert, H. Craig, Vol III
Mews, Siegfried, Vol III
Mihailovich, Vasa D., Vol III
Miller, Marla R., Vol I
Moran, Barbara B., Vol IV
Newman, William S., Vol I
Orth, John Victor, Vol I
Pfaff, Richard William, Vol I
Postema, Gerald Jay, Vol IV
Race, William H., Vol I
Resnik, Michael D., Vol IV
Riggs, Timothy A., Vol I
Rust, Richard Dilworth, Vol II
Salgado, Maria Antonia, Vol III
Sasson, Jack Murad, Vol II
Schroth, Sarah W., Vol I
Schultz, Heidi M., Vol II
Schweitzer, Christoph Eugen, Vol III
Semonche, John Erwin, Vol I
Shaw, Donald Lewis, Vol I
Sheriff, Mary D., Vol I
Sherman, Carol Lynn, Vol III
Smith, C. S., Vol I
Smith, Rebekah M., Vol I
Smither, Howard Elbert, Vol I
Snyder, Glenn Herald, Vol I
Soloway, Richard Allen, Vol I
Stadter, Philip Austin, Vol I
Strauss, Albrecht Benno, Vol II
Sturgeon, Mary C., Vol I
Thompson, William J., Vol IV
Tindall, George Brown, Vol I
Tsiapera, Maria, Vol III
Tweed, Thomas A., Vol IV
Van Seters, John, Vol IV
Vickery, Walter, Vol III
Vogler, Frederick Wright, Vol III
Watson, Harry Legare, Vol I
Weaver, Garrett F., Vol I
Weinberg, Gerhard Ludwig, Vol I
Weiss, Michael L., Vol I
West, William C., III, Vol I
Wittig, Joseph Sylvester, Vol II
Wood, Carolyn B., Vol I
Wood, Julia T., Vol II
Wooten, Cecil W., Vol I
Yarbrough, Marilyn Virginia, Vol IV

Univ of No Carolina, Charlotte
Caste, Nicholas J., Vol IV
Clark, Anna, Vol I
Crane, Jon, Vol II
Croy, Marvin J., Vol IV
Doerfel, Marya L., Vol II
Duhan Kaplan, Laura, Vol IV
Dupre, Dan, Vol I
Eldridge, Michael, Vol IV
Escott, Paul David, Vol I
Gabaccia, Donna, Vol I
Gay, William Carroll, Vol IV
Gleaves, Robert Milnor, Vol III
Goldfield, David, Vol I
Govan, Sandra Yvonne, Vol II
Heath, Kingston W., Vol I

Huffman, John L., Vol II
Knoblauch, Cyril H., Vol II
Lansen, Oscar, Vol I
Laurent, Jane Katherine, Vol I
Leeman, Richard W., Vol II
Lincourt, John M., Vol IV
Patterson, Karl David, Vol I
Pizzato, Mark, Vol II
Swanson, Randy, Vol I
Thomas, Herman Edward, Vol IV
Toenjes, Richard H., Vol IV
Tristan, Jayne A., Vol IV
Yancy, Kathleen Blake, Vol II

Univ of No Carolina, Greensboro
Almeida, Jose Agusiin, Vol III
Baber, Ceola Ross, Vol I
Baer, Joachim Theodor, Vol III
Baker, Denise Nowakowski, Vol II
Beale, Walter Henry, Vol II
Calhoon, Robert M., Vol I
Chappell, Fred Davis, Vol II
Clowse, Converse Dilworth, Vol I
Edwards, Emily D., Vol II
Evans, James Edward, Vol II
Fein, David Alan, Vol III
Goldstein, Carl, Vol I
Goodall, H. L. (Bud), Jr., Vol II
Goode, William Osborne, Vol III
Grossi, Veronica, Vol III
Hansen, Bob, Vol II
Hunter, Phyllis A., Vol I
Kellett, Pete, Vol II
Kelly, Robert Leroy, Vol II
Koenig, Jean-Paul Francois Xavier, Vol III
Leplin, Jarrett, Vol I
Linder, Laura R., Vol II
Mackenzie, David, Vol I
McConnell, Terrance C., Vol IV
Natalle, Elizabeth, Vol III
Newton, Robert Parr, Vol III
Paredes, Liliana, Vol III
Reeder, Heidi M., Vol III
Rosenkrantz, Gary Sol, Vol IV
Saab, E. Ann Pottinger, Vol I
Schleunes, Karl Albert, Vol I
Shelmerdine, Susan C., Vol I
Smith, Roch Charles, Vol III
Smith-Soto, Mark, Vol III

Univ of No Carolina, Pembroke
Brown, Robert Warren, Vol I
Hilton, Kathleen C., Vol I

Univ of No Carolina, Wilmington
Atwill, William D., Vol II
Bransford Wilson, Joe, Jr., Vol III
Clark, Andrew, Vol I
Conser, Walter H., Jr., Vol I
Ellerby, Janet Mason, Vol II
Furia, Philip, Vol II
Furia, Philip George, Vol II
Gauthier, Candace, Vol IV
Habibi, Don A., Vol IV
Janson, Anthony F., Vol I
Kamenish, Paula K., Vol II
LaPaire, Pierre J., Vol III
Martin, Sherrill V., Vol I
McLaurin, Melton Alonza, Vol I
Murrell, Nathaniel S., Vol IV
Richardson, Granetta L., Vol II
Richardson, Stephanie A., Vol II
Schmid, Walter T., Vol IV
Schweninger, Lee, Vol II
Sullivan, Sally A., Vol II
Toplin, Robert B., Vol I
Usilton, Larry, Vol I
Watson, Alan Douglas, Vol I

Univ of No Colorado
Arneson, Pat, Vol III
Bellman, Jonathan, Vol I
Ferguson, Sherilyn, Vol II
George, Hermon, Jr., Vol III
Hall, Gene E., Vol I
Karre, Idahlynn, Vol II
Keaten, James A., Vol II
Knott, Alexander W., Vol I
Larson, Robert Walter, Vol I
Rowe, Gail Stuart, Vol I
Spatz, Nancy, Vol I
Worrall, Janet Evelyn, Vol I

Univ of No Dakota
Beringer, Richard E., Vol I
Dixon, Kathleen, Vol II
Fiordo, Richard A., Vol II
Iseminger, Gordon Llewellyn, Vol I
Lewis, Robert William, Vol II
Pynn, Ronald, Vol I
Tweton, D. Jerone, Vol I
Vivian, James Floyd, Vol I

Univ of No Florida
Adams, Afesa M., Vol I
Bowen, David H., Vol IV
Cartwright, David Todd, Vol I
Clifford, Dale Lothrop, Vol I
Crooks, James Benedict, Vol I
Evans, Donna Browder, Vol I
Koegler, Hans-Herbert, Vol IV
Leonard, Thomas Michael, Vol I

Univ of No Iowa
Burstein, Andrew, Vol I
Crownfield, David R., Vol IV
Gilgen, Albert R., Vol I
Glenn, George, Vol II
Holland, Margaret G., Vol IV
Isenberg, Nancy G., Vol I
Johnson, John W., Vol I
Kruckeberg, Dean A., Vol II
Maier, Donna J. E., Vol I
Meier, A.J., Vol III
Oates, Michael David, Vol III
Robinson, James Burnell, Vol IV
Sunseri, Alvin Raymond, Vol I
Talbott, Robert Dean, Vol I
Walker, David Allan, Vol I

Univ of No Texas
Barnhart, Joe Edward, Vol IV
Clogan, Paul Maurice, Vol II
La Forte, Robert Sherman, Vol I
Lowe, Richard Grady, Vol I
Lowry, Bullitt, Vol I
Marcello, Ronald E., Vol I
Smith, F. Todd, Vol I
Yaffe, Martin David, Vol IV

Univ of Notre Dame
Amar, Joseph P., Vol III
Ameriks, Karl, Vol IV
Anadon, Jose, Vol III
Ashley, James Matthew, Vol IV
Attridge, Harold William, Vol IV
Bauer, Joseph P., Vol I
Bergen, Doris, Vol I
Blanchette, Patricia, Vol IV
Blantz, Thomas E., Vol I
Blenkinsopp, Joseph, Vol IV
Bobik, Joseph, Vol IV
Boulton, Maureen, Vol III
Brogan, Jacqueline V., Vol II
Bruns, Gerald L., Vol II
Burrell, David, Vol IV
Burtchaell, James T., Vol IV
Buttigieg, Joseph A., Vol II
Collins, James M., Vol I
Costello, Donald Paul, Vol I
Crosson, Frederick J., Vol IV
Crowe, Michael J., Vol I
Cushing, James T., Vol I
Dallmayr, Fred Reinhard, Vol IV
David, Marian, Vol IV
Deane, Seamus, Vol II
Delaney, Cornelius F., Vol IV
Della Neva, Joann, Vol III
DePaul, Michael R., Vol IV
Detlefsen, Michael, Vol IV
Dolan, Jay P., Vol I
Dougherty, James P., Vol II
Douthwaite, Julia V., Vol III
Dowty, Alan K., Vol I
Dunne, John Scribner, Vol IV
Fallon, Stephen, Vol II
Fiorenza, Elizabeth Schussler, Vol IV
Flint, Thomas P., Vol IV
Fox, Christopher, Vol II
Fox, Christopher B., Vol IV
Freddoso, Alfred J., Vol IV
Fredman, Stephen Albert, Vol II
Frese, Dolores, Vol II
Gasperetti, David, Vol III
Gernes, Sonia, Vol II
Ghilarducci, Teresa, Vol I
Gustafson, Sandra, Vol II
Gutting, Gary Michael, Vol IV
Hagens, Jan Luber, Vol III
Hamlin, Christopher S., Vol I
Hammill, Graham L., Vol II
Hare, John, Vol I
Hatch, Nathan O., Vol I
Howard, Don A., Vol IV
Ibsen, Kristine L., Vol III
Jemielity, Thomas J., Vol II
Jenkins, John, Vol IV
Jerez Farran, Carlos, Vol III
Jordan, Mark D., Vol IV
Kazin, Alfred, Vol I
Keselman, Thomas A., Vol I
Klima, Gyula, Vol IV
Kmiec, Douglas William, Vol IV
Kremer, Michael, Vol IV
Krieg, Robert A., Vol IV
Kusmer, Robert L., Vol III
Leyerle, Blake, Vol I
Louthan, Howard, Vol I
Loux, Michael, Vol IV
MacKenzie, Louis A., Vol III
Malloy, Edward A., Vol IV
Manier, A. Edward, Vol IV
Marsden, G.M., Vol I
Marullo, Thomas Gaiton, Vol III
Matthias, John Edward, Vol II
McBrien, Richard Peter, Vol IV
McCormick, R.A., Vol IV
McInerny, Ralph M., Vol IV
McKim, Vaughn R., Vol IV
McMullin, Ernan, Vol IV
Mirowski, Philip E., Vol IV
Moody, Peter R., Vol I
Murphy, Edward Joseph, Vol IV
Norton, Robert E., Vol III
O'Boyle, Cronelius, Vol I
O'Brien-O'Keeffe, Katherine, Vol II
O'Connor, David, Vol IV
Olivera Williams, Maria Rosa, Vol III
Perry, Catherine, Vol III
Peters, Erskine Alvin, Vol II
Phelps, Teresa Godwin, Vol IV
Pike, Fredrick Braun, Vol I
Plantinga, Alvin, Vol IV
Profit, Vera Barbara, Vol III
Quinn, Philip L., Vol IV
Ramsey, William M., Vol IV
Rathburn, Paul A., Vol II
Reydams-Schils, Gretchen, Vol I
Rice, Charles E., Vol IV
Ripple, Kenneth Francis, Vol IV
Robinson, James E., Vol II
Robinson, John H., Vol IV
Rodes, Robert Emmet, Vol IV
Sayre, Kenneth Malcolm, Vol IV
Schlereth, Thomas J., Vol I
Sent, Esther Mirjam, Vol IV
Shaffer, Thomas Lindsay, Vol I
Shin, Sun Joo, Vol IV
Shrader-Frechette, Kristin, Vol IV
Slabey, Robert M., Vol II
Sloan, Phillip R., Vol I
Smith, Randall Brian, Vol IV
Smithburn, John Eric, Vol IV
Soens, A.L., Jr., Vol II
Solomon, William David, Vol IV
Spillman, Lynette P., Vol I
Sterba, James P., Vol IV
Stubenberg, Leopold, Vol IV
Toumayan, Alain P., Vol III
Turner, James, Vol I
Udoh, Fabian E., Vol IV
van Inwagen, Peter, Vol IV
Vanden Bossche, Chris R., Vol II
Vander Kam, James C., Vol IV
Vasta, Edward, Vol II
Walton, James H., Vol II
Warfield, Ted A., Vol IV
Watson, Stephen, Vol IV
Weber, Ronald, Vol I
Weigert, Andrew Joseph, Vol I
Weithman, Paul J., Vol IV
Werge, Thomas, Vol II
Westfall, Carroll W., Vol I
Ziarek, Ewa, Vol II
Ziarek, Krzysztof, Vol II
Zimmerman, Dean, Vol IV

Univ of Oklahoma
Barker, Peter, Vol IV
Boyd, Tom Wesley, Vol IV
Brown, Sidney Devere, Vol I
Cohen, Gary Bennett, Vol I
De Bolt, Darian C., Vol IV
Diehl, Huston, Vol II
Doty, Ralph, Vol IV
Foreman, Jonathan Barry, Vol IV
Friedrich, Gustav William, Vol II
Gilje, Paul Arn, Vol I
Glad, Paul Wilbur, Vol I
Gross, David Stuart, Vol II
Henderson, George, Vol I
Kamoche, Jidlaph Gitau, Vol I
Levy, David William, Vol I
Madland, Helga Stipa, Vol III
May, Jude Thomas, Vol I
Merrill, Kenneth Rogers, Vol IV
Miller, David H., Vol I
Morgan, H. Wayne, Vol I
Nye, Robert Allen, Vol I
Perkins, Edward Joseph, Vol I
Purinton, Jeffrey S., Vol I
Savage, William W., Vol I
Scaperlanda, Michael, Vol IV
Shalhope, Robert E., Vol I
Snell, Daniel C., Vol III
Steffen, Jerome Orville, Vol I
Taylor, Kenneth Lapham, Vol I
Velie, Alan R., Vol II
Wren, Daniel Alan, Vol I

Univ of Oregon
Bergquist, Peter, Vol I
Birn, Raymond F., Vol I
Boren, James Lewis, Vol II
Brownmiller, Sara N., Vol I
Coleman, Edwin Leon, II, Vol II
Connolly, Thomas J., Vol I
Desroches, Richard Henry, Vol III
Dumond, D.E., Vol I
Epple, Juan Armando, Vol III
Esherick, Joseph Wharton, Vol I
Forell, Caroline, Vol IV
Frank, David A., Vol II
Gontrum, Peter B., Vol III
Grudin, Robert, Vol II
Hart, Thomas Roy, Vol III
Hildreth, Richard George, Vol IV
Holbo, Paul S., Vol I
Kohl, Stephen William, Vol III
Love, Glen A., Vol II
Lowenstam, Steven, Vol I
Mate, Mavis, Vol I
McLucas, Anne Dhu, Vol I
Mohr, James Crail, Vol I
Pascal, Cecil Bennett, Vol I
Plant, Helmut R., Vol III
Pope, Daniel, Vol I
Sanders, Jack Thomas, Vol IV
Scoles, Eugene Francis, Vol IV
Sheets-Johnstone, Maxine, Vol IV
Taylor, Donald Stewart, Vol II
Taylor, Quintard, Jr., Vol I
Tossa, Wajuppa, Vol II
Wade, Louise Carroll, Vol I
Westling, Louise Hutchings, Vol II
Wickes, George, Vol II
Wojcik, Daniel, Vol II

Univ of Ottawa
Abell, Jennie, Vol IV
Bazan, Carlos, Vol IV
Benidickson, Jamie, Vol IV
Cairns Way, Rosemary, Vol IV
Chartier, Yves, Vol I
Clayton, John Douglas, Vol III
Currie, John H., Vol IV
D'Allaire, Micheline, Vol I
Delisle, Jean, Vol III
Dionne, Rene, Vol III
Dray, William Herbert, Vol IV
Dube, Jean-Claude, Vol I
Eldredge, Laurence Milton, Vol III
Geraets, Theodore F., Vol IV
Granger, Christopher, Vol IV
Grise, Yolande, Vol III
Gwyn, Julian, Vol I
Hamelin, Marcel, Vol I
Hare, John Ellis, Vol I
Imbert, Patrick L., Vol III
Jaenen, Cornelius John, Vol I
Jeffrey, David Lyle, Vol II
Jensen, John T., Vol III
Kaplan, William, Vol IV
Kelly, Louis G., Vol III
Koerner, Ernst F.K., Vol III
Krishna, Vern, Vol IV
Lafrance, Yvon, Vol IV
Lamirande, Emilien, Vol I
Lapierre, Andre, Vol III
Le Moine, Roger, Vol III
Magnet, Joseph E., Vol IV
Major, Jean-Louis, Vol III
Manganiello, Dominic, Vol II
McRae, Donald M., Vol IV
Mendes, Errol, Vol IV
Merkely, Paul B., Vol I
Morse, Bradford W., Vol IV
Paciocco, David, Vol IV
Payne, Julien, Vol IV
Petersen, Cynthia, Vol IV
Poplack, Shana, Vol III
Ratushny, Edward J., Vol IV
Rivero, Maria Luisa, Vol III
Rodgers, Sanda, Vol IV
Savard, Pierre, Vol I
Sbrocchi, Leonard G., Vol III
Sheehy, Elizabeth A., Vol IV
Spry, Irene, Vol I
Sullivan, Ruth, Vol IV
VanDuzer, Anthony J., Vol IV
Von Flotow, Luise, Vol II
Watelet, Hubert, Vol I
Wilson, Keith G., Vol II
Wyczynski, Paul, Vol II
Yardley, J.C., Vol I
Zweibel, Ellen, Vol IV

Univ of Pennsylvania
Allen, Roger Michael Ashley, Vol III
Ault, C. Thomas, Vol II
Azzolina, Davis S, Vol I
Baker, C. Edwin, Vol IV
Baker, Houston A., Vol II
Bender, Ernest, Vol III
Benson, Morton, Vol III
Bernstein, Lawrence F., Vol I
Bodde, Derk, Vol III
Bowman, Frank Paul, Vol III
Brevart, Francis B., Vol III
Caplan, Arthur L., Vol IV
Cappella, Joseph N., Vol II
Cardona, George, Vol III
Cochran, Thomas Childs, Vol I
Crane, Diana, Vol I
Curran, Stuart Alan, Vol II
DeLaura, David Joseph, Vol II
DeLong, David G., Vol I
Dunn, Richard Slator, Vol I
Dunning, Stephen Northrop, Vol IV
Dyson, Robert Harris, Jr., Vol I
Earle, Peter G., Vol III
Engs, Robert Francis, Vol I
Faust, Drew Gilpin, Vol I
Frye, Roland Mushat, Vol II
Gaeffke, Peter, Vol III
Garr, W. Randall, Vol III
Graham, A. John, Vol I
Guinier, Carol Lani, Vol IV
Hatfield, Gary C., Vol IV
Hiz, Henry, Vol III
Hoenigswald, Henry M., Vol III
Hoffman, Daniel, Vol II
Hughes, Thomas Parke, Vol I
Hunt, John Dixon, Vol II
Hurd, Heidi M., Vol IV
Kahn, Charles H., Vol I
Katz, Michael B., Vol I
Kors, Alan Charles, Vol I
Korshin, Paul J., Vol II
Kraft, Robert Alan, Vol I
Kuklick, Bruce, Vol I
Kumar, Rahul, Vol IV
Kunreuther, Howard, Vol I
Lees, Lynn Hollen, Vol I
Leichty, Erle Verdun, Vol I
Lisker, Leigh, Vol III
Lloyd, Paul M., Vol III
Lopez, Ignacio Javier, Vol III
Lucid, Robert Francis, Vol II
Mair, Victor H., Vol III
Marcus, Milicent, Vol III
Matter, Edith Ann, Vol I
McCarthy, John Aloysius, Vol III
McCoubrey, John W., Vol I
Meister, Michael William, Vol I
Meyer, Leonard B., Vol I
Naquin, Susan, Vol I
Nichols, P.M, Vol IV
Orts, Eric W., Vol IV

Peters, Edward Murray, Vol I
Prince, Gerald, Vol III
Regueiro, Jose Miguel, Vol III
Reitz, Curtis R., Vol IV
Ricketts, Thomas G., Vol IV
Roulin, Jean-Marie, Vol III
Schuyler, Robert L., Vol I
Sebold, Russell Perry, Vol III
Sivin, Nathan, Vol I
Solomon, P., Vol I
Steinberg, Leo, Vol I
Steiner, Wendy Lois, Vol II
Steinhardt, Nancy Shatzman, Vol I
Striker, Cecil Leopold, Vol I
Tigay, Jeffrey Howard, Vol IV
Trachtenberg, Marc, Vol I
Trommler, Frank Alfred, Vol III
Turner, Robert Y., Vol II
Turow, Joseph G., Vol II
Turow, Judith G., Vol II
Watson, Alan, Vol I
Watson, Paul Fraser, Vol I
Weales, Gerald, Vol II
Wenzel, Siegfried, Vol II
White, Donald, Vol I
Wolf, Eugene Kendrick, Vol I
Ziff, Larzer, Vol II
Zuckerman, Michael, Vol I

Univ of Pennsylvania Mus
Good, Irene Lee, Vol I
McGovern, Patrick E., Vol I
Miller, Naomi F., Vol I

Univ of Pittsburgh
Andrews, George Reid, Vol I
Anise, Ladun Oladunjoye E., Vol I
Ashliman, D.L., Vol III
Avery, Harry Costas, Vol I
Bart, Benjamin Franklin, Vol III
Biggs, Shirley Ann, Vol I
Blee, K.M., Vol I
Brandom, Robert D., Vol IV
Carr, Stephen Leo, Vol II
Chase, William John, Vol I
Clothey, Frederick Wilson, Vol I
Conley, John A., Vol IV
Curran, Vivian, Vol IV
Davis, Nathan T., Vol I
Dekeyser, R.M., Vol III
Drescher, Seymour, Vol I
Feldman, Heidi M., Vol III
Floyd, Edwin Douglas, Vol I
Franco, Abel B., Vol IV
Frey, Herschel J., Vol III
Gill, Mary Louise, Vol I
Glasco, Laurence A., Vol I
Gounaridou, Kiki, Vol II
Greenwald, Maurine Weiner, Vol I
Grunbaum, Adolf, Vol IV
Hammond, Paul Y., Vol I
Harris, Ann Sutherland, Vol I
Harris, Jane Gary, Vol III
Haugeland, John Christian, Vol IV
Hays, Samuel Pfrimmer, Vol I
Helfand, Michael S., Vol II
Hsu, Cho-yun, Vol I
Jonas, Klaus Werner, Vol III
Jones, Nicholas Francis, Vol I
Juffs, Alan, Vol III
Karsten, Peter, Vol I
Knapp, James Franklin, Vol II
Koch, Philip, Vol III
Landy, Marcia, Vol II
Lennox, James Gordon, Vol I
Linduff, Katheryn Mcallister, Vol I
Livezeanu, I., Vol I
Machamer, Peter Kennedy, Vol IV
Markoff, John, Vol I
Massey, Gerald J., Vol IV
Meisel, Alan, Vol IV
Miller, Andrew M., Vol I
Mills, David Otis, Vol III
Muller, Edward K., Vol I
Oestreicher, Richard Jules, Vol I
Orbach, Alexander, Vol I
Paulston, Christina Bratt, Vol III
Rawski, Evelyn Sakakida, Vol I
Rescher, Nicholas, Vol IV
Root, Deane Leslie, Vol I
Salmon, Wesley Charles, Vol IV
Sedlar, Jean Whitenack, Vol I
Seitz, James E., Vol II
Sheon, Aaron, Vol I
Sims, Harold Dana, Vol I
Smethurst, Mae J., Vol I
Smethurst, Richard Jacob, Vol I

Taylor, G.H., Vol IV
Taylor, Jerome, Vol I
Toker, Franklin K., Vol I
Wells, Jerome C., Vol I
West, Michael Davidson, Vol II
Williams, John W., Vol I
Wion, Philip Kennedy, Vol II

Univ of Pittsburgh, Bradford
Frederick, Richard G., Vol I
Jordan, Sandra D., Vol IV

Univ of Port Harcourt
Nnolim, Charles E., Vol II

Univ of Portland
Covert, James Thayne, Vol I
Danner, Dan Gordon, Vol IV
Dempsey, Carol J., Vol IV
Faller, Thompson Mason, Vol IV
Gauthier, Jeff, Vol IV
Macias, Manuel Jato, Vol III
Mayr, Franz Karl, Vol IV
Zimmerman, Loretta Ellen, Vol I

Univ of Prince Edward Island
Bolger, Francis W.P., Vol I
Bourne, Lesley-Anne, Vol II
Cregier, Don Mesick, Vol I
Epperly, Elizabeth Rollins, Vol II
Robb, Stewart A., Vol I

Univ of Puerto Rico, Rio Piedras
Morris, Marshall, Vol III
Vivoni-Farage, Enrique, Vol I

Univ of Puget Sound
Barnett, Suzanne Wilson, Vol I
Block, Geoffrey, Vol I
Cooney, Terry Arnold, Vol I
Curley, Michael Joseph, Vol II
Edwards, Douglas R., Vol IV
Garratt, Robert Francis, Vol II
Ives, Christopher, Vol IV
Kay, Judith Webb, Vol IV
Ostrom, Hans, Vol II
Pinzino, Jane M., Vol IV
Proehl, Geoffrey, Vol II
Smith, David Fredrick, Vol I

Univ of Quebec, Montreal
Boisvert, Mathieu, Vol IV
Boulad-Ayoub, Josiane, Vol IV
Dumais, Monique, Vol IV
Fahmy-Eid, Nadia, Vol I
Germain, Claude, Vol III
Hould, Claudette, Vol I
Lehuu, Isabel, Vol I
Prades, Jose Albert, Vol IV
Robert, Jean-Claude, Vol I
Robert, Lucie, Vol II

Univ of Queensland
Siracusa, Joseph M., Vol I

Univ of Ramat-Aviv
Gartner, Lloyd Philip, Vol I

Univ of Redlands
Eng, Robert Y., Vol I
Hester, James D., Vol I
Keene, Jennifer D., Vol I
Musmann, Klaus, Vol II
Ogren, Kathy J., Vol I
Sandos, James A., Vol I
Vailakis, Ivan Gordon, Vol II

Univ of Regensburg
Schwarz, Hans, Vol IV

Univ of Regina
Bismanis, Maija, Vol I
Blackstone, Mary A., Vol II
Conway, John F., Vol I
Cowasjee, Saros, Vol II
Givner, Joan, Vol II
Howard, William J., Vol II
Mitchell, Kenneth R., Vol II
OH, Kang-Nam, Vol IV
Szabados, Bela, Vol IV

Univ of Rhode Island
Briggs, J.M., Vol I
Cohen, Joel Alden, Vol I
Culatta, Barbara, Vol II
Findlay, James F., Jr., Vol I
Gullason, Thomas Arthur, Vol II
Gutchen, Robert M., Vol I
Hutton, Lewis J., Vol III
Jacobs, Dorothy Hieronymus, Vol II
Ketrow, Sandra M., Vol II
Klein, Maury, Vol I
Kovarsky, Dana, Vol III
Kunz, Don, Vol II
Ladewig, James L., Vol I
Maclaine, Allan Hugh, Vol II
Manteiga, Robert Charles, Vol III
Rogers, Kenneth Hall, Vol III
Strom, Sharon Hartman, Vol I
Thurston, Gary L., Vol I
Turnbaugh, William A., Vol I
Weisbord, Robert G., Vol I

Univ of Richmond
Bolt, Ernest C., Jr., Vol I
Bryson, William Hamilton, Vol I
Ciulla, Joanne B., Vol I
Dance, Daryl Cumber, Vol II
Daniel, Wilbon Harrison, Vol I
Eakin, Frank Edwin, Vol IV
Evans, David C., Vol I
Gunlicks, Arthur B., Vol I
Hall, James, Vol IV
Hilliard, Raymond Francis, Vol II
Jones, Suzanne W., Vol I
Kenzer, Robert C., Vol I
Leary, David E., Vol I
Lewellen, Ted Charles, Vol I
Marcone, Rose Marie, Vol II
Mcmurtry, Josephine, Vol II
Rilling, John R., Vol I
Schauber, Nancy E., Vol IV
Shapiro, Gary, Vol IV
Stevenson, Walt, Vol I
Taylor, Welford Dunaway, Vol II
Terry, Robert Meredith, Vol III
Treadway, John David, Vol I
Ward, Harry M., Vol I

Univ of Rio Grande
Barton, Marcella Biro, Vol I
Tribe, Ivan Mathews, Vol I

Univ of Rochester
Albright, Daniel, Vol II
Baldo, Jonathan, Vol II
Beaumont, Daniel E., Vol III
Beck, Lewis White, Vol IV
Berlo, Janet Catherine, Vol I
Bleich, David, Vol II
Bond, Gerald Albert, Vol III
Braun, Wilhelm, Vol III
Cadorette, Curt R., Vol IV
Cartwright, Lisa, Vol II
Cherchi-Usai, Paolo, Vol II
Chiarenza, Carl, Vol I
Crimp, Douglas, Vol I
Curren, Randall R., Vol IV
Deci, Edward Lewis, Vol I
Doolittle, James, Vol IV
Eaves, Morris, Vol II
Engerman, Stanley Lewis, Vol IV
Feldman, Richard Harold, Vol IV
Genovese, Eugene D., Vol I
Gollin, Richard M., Vol II
Gordon, Lynn Dorothy, Vol I
Grella, George, Vol II
Gross, Kenneth, Vol II
Hahn, Thomas, Vol I
Hahn, Thomas George O'Hara, Vol II
Hauser, William Barry, Vol III
Higley, Sarah, Vol II

Holly, Michael Ann, Vol I
Holmes, Robert Lawrence, Vol IV
Homerin, T. Emil, Vol IV
Johnson, James William, Vol II
Jorgensen, Beth E., Vol III
Kaeuper, Richard William, Vol I
Kavork Dohanian, Diran, Vol I
Kegl, Rosemary, Vol II
Kowalke, Kim H., Vol I
Levy, Anita, Vol II
Lipscomb, Drema Richelle, Vol II
London, Bette, Vol II
Longenbach, James, Vol II
Lupack, Alan, Vol II
Meerbote, Ralf, Vol II
Michael, John, Vol II
Middleton, Joyce Irene, Vol II
More, Ellen Singer, Vol I
Moutsos, Demetrius George, Vol III
Peck, Russell A., Vol II
Ramsey, Jarold, Vol II
Resinski, Rebecca, Vol I
Rodowick, David N., Vol II
Seiberling, Grace, Vol I
Shuffelton, Frank, Vol II
Voloshin, Beverly R, Vol II
Walsh, David A., Vol I
Wason, Robert W., Vol I
Waters, John J., Vol I
Wierenga, Edward Ray, Vol IV
Wolff, Janet, Vol I
Young, Mary Elizabeth, Vol I
Zagorin, Perez, Vol I

Univ of Saint Mary of the Lake
Lefebure, Leo D., Vol IV

Univ of Sainte-Anne
Knutson, Susan, Vol II

Univ of San Diego
Alexander, Larry, Vol I
Aquino, Maria Pilar, Vol IV
Baber, Harriet Erica, Vol IV
Donnelly, John, Vol IV
Engstrand, Iris H. Wilson, Vol I
Gillman, Florence Morgan, Vol IV
Macy, Gary A., Vol IV
Mapa, Marina Vargas, Vol III
McClain, Molly A., Vol I
McGowan, Joseph P., Vol II
Nelson, Lance E., Vol IV
Nyce, Benjamin M., Vol II
Rigali, Norbert Jerome, Vol IV
Rohatyn, Dennis Anthony, Vol IV
Wagner, Michael Frank, Vol IV
Walsh, Elizabeth, Vol II
Weckstein, Donald Theodore, Vol IV

Univ of San Francisco
Bassett, William W., Vol IV
Buckley, Francis J., Vol IV
Cavanaugh, Thomas A., Vol IV
Elliott, John Hall, Vol IV
Fitzgerald, Desmond J., Vol IV
FitzGerald, Desmond J., Vol IV
Gleason, Elisabeth Gregorich, Vol I
Hill, Patricia Liggins, Vol II
Kruze, Uldis, Vol I
McCarthy, J. Thomas, Vol IV
Mendieta, Eduardo, Vol IV
Nagarajan, Vijaya, Vol I
Smith, Patrick J., Vol II
Stump, David James, Vol IV
Vogeley, Nancy Jeanne, Vol II

Univ of Saskatchewan
Bietenholz, Peter Gerard, Vol I
Bilson, Beth, Vol IV
Bowden, Marie Ann, Vol IV
Buckingham, Don, Vol IV
Buckwold, Tamara, Vol IV
Cairns, Alan, Vol IV
Calder, Robert L., Vol II
Clark, Don, Vol IV
Cooper Stephenson, Ken, Vol IV
Cuming, Ron, Vol IV
Fairbairn, Brett T., Vol I

Findlay, Leonard Murray, Vol II
Flannigan, Rob, Vol IV
Foster, John, Vol IV
Fritz, Ron, Vol IV
Gosse, Richard, Vol IV
Greschner, Donna, Vol IV
Hayden, James Michael, Vol I
Henderson, Judith Rice, Vol II
Ish, Daniel, Vol IV
Lambi, I.N., Vol I
Mackinnon, Peter, Vol IV
Mascher, Sharon, Vol IV
McConnell, William Howard, Vol IV
Miller, James R., Vol I
Miquelon, Dale B., Vol I
Norman, Ken, Vol IV
Quigley, Tim, Vol IV
Roach, Kent, Vol IV
Smith, David E., Vol I
Vandervort, Lucinda, Vol IV
Wiegers, Wanda, Vol IV
Wittlin, Curt, Vol II
Zlotkin, Norman, Vol IV

Univ of Scranton
Casey, Ellen Miller, Vol II
Casey, Timothy, Vol IV
DeRitter, Jones, Vol II
Frein, Brigid C., Vol IV
Friedman, Michael D., Vol II
Gougeon, Len Girard, Vol II
Gougeon, Leonard, Vol I
Homer, Francis Xavier James, Vol I
Hueston, Robert Francis, Vol I
Kamla, Thomas A., Vol III
Kennedy, Lawrence W., Vol I
Klonoski, R.J., Vol IV
Kopas, Jane, Vol IV
Ledford-Miller, Linda, Vol III
Mathews, Edward G., Vol IV
McGinley, John Willand, Vol IV
Parsons, Robert A., Vol III
Sable, Thomas F., Vol IV
Williams, Bernard D, Vol I
Wilson, Joseph P., Vol III

Univ of Sherbrooke
Bonenfant, Joseph, Vol II
Dumont, Micheline, Vol II
Greenstein, Michael, Vol II
Jones, Douglas Gordon, Vol II

Univ of So Alabama
Brown, Richmond F., Vol I
Dendinger, Lloyd N., Vol II
Fogleman, Aaron S., Vol I
Holmes, Larry E., Vol I
Lally, Tim Douglas Patrick, Vol III
McKiven, Henry M., Jr., Vol I
Mohr, Clarence L., Vol I
Monheit, Michael L., Vol I
Oszuscik, Philippe, Vol I
Rogers, Daniel E., Vol I

Univ of So California
Accampo, Elinor A., Vol I
Altman, Scott A., Vol IV
Andersen, Elaine, Vol III
Ando, Clifford, Vol I
Aoun, Joseph, Vol III
Arlen, Jennifer H., Vol I
Armour, Jody D., Vol IV
Aronson, Jonathan, Vol I
Babcock, Arthur Edward, Vol III
Banet-Weiser, Sarah, Vol II
Banner, Lois W., Vol I
Barnouw, Dagmar, Vol III
Bauer, George Howard, Vol III
Becker, Marjorie R., Vol I
Beniger, James R., Vol II
Berger, Gordon, Vol I
Berton, Peter, Vol I
Bice, Scott H., Vol IV
Birge, Bettine, Vol III
Blumberg, Sherry H., Vol III
Borer, Hagit, Vol III
Braudy, Leo, Vol II
Brecht, Albert O., Vol IV
Brown, Kendall H., Vol I
Bruneau, Marie Florine, Vol III
Caiden, Gerald E., Vol I

Campbell, Lee W., Vol IV
Capron, Alexander M., Vol I
Carnicke, Sharon Marie, Vol III
Chang, Howard F., Vol IV
Chemerinsky, Erwin, Vol IV
Cheung, Dominic C.N., Vol III
Christol, Carl Quimby, Vol IV
Chyet, Stanley F., Vol I
Clausing, Gerhard, Vol III
Cohen, Stephen Marshall, Vol IV
Cooper, Marilyn Marie, Vol II
Cope, Jackson Irving, Vol II
Cox, Thomas C., Vol I
Crossley, John, Vol IV
Cruz, David B., Vol IV
Cuenca, Jose Ramon Araluce, Vol III
Dales, Richard C., Vol I
Dane, Joseph A., Vol II
Diaz, Roberto Ignacio, Vol III
Dingman, Roger V., Vol I
Dudziak, Mary L., Vol IV
Dutton, William H., Vol II
Ellwood, Robert S., Vol IV
Estrich, Susan, Vol IV
Ethington, Philip J., Vol I
Finegan, Edward J., Vol IV
Fisher, Walter R., Vol II
Frakes, Jerold C., Vol III
Franklin, Carl M., Vol IV
Fry, Michael G., Vol IV
Fulk, Janet, Vol II
Furth, Charlotte, Vol I
Garet, Ronald R., Vol IV
Ghirardo, Diane, Vol I
Green, Lawrence Donald, Vol II
Griffith, Thomas D., Vol IV
Hahn, Harlan, Vol I
Han, Mieko, Vol III
Harley, Maria Anna, Vol I
Hawkins, John A., Vol III
Hayden, George A., Vol III
Hise, Greg, Vol I
Hoji, Hajime, Vol III
Ilie, Paul, Vol III
Kamuf, Peggy, Vol III
Kaplan, Robert B., Vol III
Katada, Saori, Vol I
Keating, Gregory C., Vol IV
Kerr, Lucille, Vol III
Kim, Nam-Kil, Vol III
Klerman, Daniel M., Vol IV
Knoll, Michael S., Vol IV
Knoll, Paul W., Vol I
Lazar, Moshe, Vol II
Lefcoe, George, Vol IV
Levine, Martin L., Vol II
Li, Audrey, Vol III
Lyon, Thomas D., Vol IV
MacDonald, Maryellen, Vol III
Malone, Carolyn, Vol I
Manning, Peter J., Vol II
Marder, Nancy S., Vol IV
Matteson, Lynn Robert, Vol I
Mazon, Mauricio, Vol I
McCaffery, Edward J., Vol IV
McCann, Edwin, Vol IV
Mead, Lisa M., Vol IV
Meyer, Richard, Vol I
Miller, Donald, Vol IV
Moore, A. Lloyd, Vol I
Nagle, D. Brendan, Vol I
Nash, Stanley, Vol III
Noble, Douglas, Vol II
Nosco, Peter, Vol I
Nunis, Doyce Blackman, Vol I
Orenstein, Gloria Feman, Vol II
Pinkus, Karen, Vol III
Pollini, John, Vol I
Resnik, Judith, Vol IV
Richlin, Amy, Vol I
Rorlich, Azade-Ayse, Vol I
Rosenthal, Margaret F., Vol II
Ross, Steven J., Vol I
Rutherford, William E., Vol III
Saks, Elyn R., Vol IV
Saltarelli, Mario, Vol III
Saltzman, Robert M., Vol IV
Sanchez, George J., Vol I
Schein, Barry, Vol III
Schierle, Gotthilf Goetz, Vol I
Schmidhauser, John Richard, Vol I
Schnauber, Cornelius, Vol III
Schor, Hilary, Vol I
Seidenberg, Mark, Vol III
Seip, Terry L., Vol I
Shapiro, Michael H., Vol IV
Silva-Corvalan, Carmen M., Vol III

Simon, Larry G., Vol IV
Slawson, W. David, Vol IV
Smith, Edwin M., Vol IV
Sonnenfeld, Albert, Vol III
Spitzer, Matthew L., Vol IV
Starr, Kevin, Vol I
Starr, Peter, Vol III
Stolzenberg, N.M., Vol IV
Stone, Christopher D., Vol IV
Talley, Eric L., Vol IV
Thompson, Laurence G., Vol III
Tomlinson, John G., Vol IV
Totten, George Oakley, III, Vol I
Troy, Nancy J., Vol I
Vergnaud, Jean-Roger, Vol III
Vickers, Nancy, Vol III
Whitebread, Charles H., Vol IV
Williams, William J., Vol I
Wills, John E., Vol I
Woodard, Roger, Vol III
Zholkovsky, Alexander, Vol III
Zubizarreta, Maria Luisa, Vol III
Zuckerman, Bruce, Vol III

Univ of So Carolina, Aiken
Roy, Emil L., Vol II
Smith, Wallace Calvin, Vol I

Univ of So Carolina, Columbia
Adams, Gregory B., Vol IV
Augustinos, Gerasimos, Vol I
Baird, Davis, Vol IV
Basil, John Duryea, Vol I
Beardsley, Edward Henry, Vol I
Becker, Peter Wolfgang, Vol I
Beltman, Brian William, Vol I
Boyle, F. Ladson, Vol IV
Bridwell, R. Randal, Vol I
Briggs, Ward W., Vol I
Bruccoli, Matthew J., Vol II
Carter, Jeffrey D.R., Vol I
Clements, Kendrick Alling, Vol I
Connelly, Owen, Vol I
Connelly, Owen S., Vol I
Costa, Michael J., Vol IV
Crysler, Nathan M., Vol IV
Day, Richard E., Vol I
Dillon, Bert, Vol II
Duffy, John Joseph, Vol I
Edgar, Walter Bellingrath, Vol I
Elfe, Wolfgang Dieter, Vol III
Farrar, Ronald, Vol II
Feldman, Paula R., Vol II
Felix, Robert E., Vol IV
Flanagan, James F., Vol IV
Franklin, Benjamin, Vol II
French, Harold Wendell, Vol III
Fryer, T. Bruce, Vol III
Grant, August E., Vol I
Greenspan, Ezra, Vol I
Gregg, Edward, Vol I
Greiner, Donald James, Vol II
Hackett, Jeremiah M., Vol IV
Haggard, Thomas R., Vol IV
Halberstam, Michael, Vol IV
Hardin, James Neal, Vol III
Hark, Ina Rae, Vol IV
Henry, Freeman George, Vol III
Herzstein, Robert Edwin, Vol I
Hoppman, R.A., Vol IV
Hubbard, F. Patrick, Vol IV
Johanson, Herbert A., Vol IV
Johnson, Herbert Alan, Vol I
Jones, Donald L., Vol IV
Kegley, Charles W., Vol I
Kross, Jessica, Vol II
Lacy, Philip T., Vol IV
Little, Greta D., Vol III
Long, Eugene T., III, Vol IV
Maney, Patrick J., Vol I
Mather, Henry S., Vol IV
Mathisen, Ralph Whitney, Vol I
McAninch, William S., Vol IV
McCullough, Ralph C., II, Vol IV
Medlin, S. Alan, Vol IV
Miller, Paul, Vol III
Montgomery, John E., Vol IV
Myerson, Joel Arthur, Vol II
Nolan, Dennis R., Vol IV
Nolan, Edward Francis, Vol II
Owen, David G., Vol IV
Patterson, Elizabeth G., Vol IV
Patterson, Robert Benjamin, Vol I
Perkins, Kenneth J Ames, Vol I

Quirk, William J., Vol IV
Roy, George Ross, Vol II
Scardaville, Michael Charles, Vol I
Skrupskelis, Ignas Kestutis, Vol IV
Smalls, O'Neal, Vol IV
Sprague, Rosamond K., Vol IV
Synnott, Marcia G., Vol I
Terrill, Tom E., Vol I
Thesing, William Barney, Vol II
Underwood, James L., Vol IV
Van Slyke Turk, Judy, Vol II
Weir, Robert Mccolloch, Vol I
Zoch, Lynn M., Vol II

Univ of So Carolina, Spartanburg
Carson, Warren Jason, Jr., Vol II
Crosland, Andrew Tate, Vol II
Holcombe, Lee, Vol I

Univ of So Carolina, Sumter
Coyne, Anthony M., Vol IV
Safford, John L., Vol I
Walsh, David John, Vol IV

Univ of So Colorado
Barber, Margaret, Vol II
Griffen, John R., Vol II
Griffin, John R., Vol II
Hochman, Will, Vol II
Sheidley, William E., Vol I
Taylor, Cindy, Vol II

Univ of So Dakota, Vermillion
Cherry, Paul, Vol I
Cunningham, Frank Robert, Vol II
Hilderbrand, Robert Clinton, Vol I
Hoover, Herbert Theodore, Vol I
Klein, Dennis Allan, Vol III
Lee, Roy Alton, Vol I
Lehmann, Clayton M., Vol I
Meyer, Leroy N., Vol IV
Moyer, Ronald L., Vol II
Sebesta, Judith Lynn, Vol I
Shen, Fuyuan, Vol II
Whitehouse, George, Vol IV
Wilson, Norma Clark, Vol II

Univ of So Florida
Anton, John P., Vol IV
Banes, Ruth A., Vol I
Brulotte, Gaetan, Vol III
Carr, David Randolph, Vol I
Currey, Cecil B., Vol I
DesAutels, Peggy, Vol IV
French, Peter A., Vol IV
Ingalls, Robert Paul, Vol I
Jorgensen, Danny L., Vol IV
McAlister, Linda L., Vol IV
Moss, S., Vol II
Motto, Anna Lydia, Vol I
Neusner, Jacob, Vol IV
Parker, Keith Alfred, Vol I
Polythress, N.G., Vol IV
Runge, Laura, Vol II
Schonfeld, Martin, Vol IV
Snyder, Robert Edward, Vol I
Stavig, Ward, Vol I
Strange, James F., Vol IV
Trask, Roger R., Vol I
Turner, Stephen, Vol III
Tyson, Nancy J., Vol II
Weatherford, Roy C., Vol IV
Wells, Daniel Arthur, Vol II

Univ of So Indiana
Bigham, Darrel Eugene, Vol I
Musgrove, Laurence E., Vol II
Sands, Helen R., Vol II
Sullivan, Stephen J., Vol IV

Univ of So Maine
Caffentzis, C. George, Vol IV
Cluchey, David P., Vol IV
Cowart, Wayne, Vol III
Delogu, Orlando E., Vol IV
Gavin, William, Vol IV

Grange, Joseph, Vol IV
Gregory, David D., Vol IV
Lang, Michael B., Vol IV
Louden, Robert B., Vol I
Murphy, Julien, Vol IV
Rieser, Alison, Vol IV
Schwanauer, Francis, Vol IV
Wagner, David, Vol I
Ward, Thomas M., Vol IV
Wells, William W., Vol IV
Wininger, Kathleen, Vol IV
Wriggins, Jennifer, Vol IV
Zillman, Donald N., Vol IV

Univ of So Mississippi
Bradley, Doris P., Vol II
Gonzales, John Edmond, Vol I
Guice, John David Wynne, Vol I
Holley, David M., Vol IV
Kolin, Philip Charles, Vol II
Mcmillen, Neil Raymond, Vol I
Meyer, John C., Vol II
Polk, Noel E., Vol II
Scarborough, William Kauffman, Vol I
Sharkey, Paul, Vol IV
Sims, James Hylbert, Vol II
Waltman, Jerold Lloyd, Vol I
Wood, Forrest E., Jr., Vol IV

Univ of Southwestern Louisiana
Oller, John William, Vol III
Patterson-Iskander, Sylvia W., Vol II
Raffel, Burton, Vol II

Univ of Southwestern Lousiana
Arehole, S., Vol III
Berkeley, Istvan S.N., Vol III
Conrad, Glenn Russell, Vol I
Fackler, Herbert Vern, Vol I
Gentry, Judith Anne Fenner, Vol I
Richard, Carl J., Vol I
Schoonover, Thomas David, Vol I

Univ of St. Thomas, Minnesota
Chew, Kristina, Vol III
Chrislock, C. Winston, Vol I
Patton, Corrine, Vol IV
Reiter, David Dean, Vol IV
Schweigert, Francis J., Vol IV
Stromberg, James S., Vol IV
Windley, Susan M., Vol IV

Univ of St. Thomas, Texas
Andrist, Debra D., Vol III
Farge, James Knox, Vol I
Kitchel, Mary Jean, Vol IV
Schiefen, Richard John, Vol I
Wasserman, Julian, Vol II

Univ of Sudbury
Monet, Jacques, Vol I

Univ of Sussex
Way, Peter J., Vol I

Univ of Sydney
White, Shane, Vol I

Univ of Tampa
Botjer, George, Vol I
Mariotti, Arleen, Vol III
Parssinen, Terry, Vol I
Rynder, Constance, Vol I
Solomon, Andrew Joseph, Vol II
Tillson, Albert H., Jr., Vol I

Univ of Tennessee, Chattanooga
Froide, Amy, Vol I
Hall, Thor, Vol IV

Jones, Kenneth Paul, Vol I
Lippy, Charles, Vol IV
Resnick, Irven M., Vol IV
Sachsman, David B., Vol II
Switala, Kristin, Vol IV
Townsend, Gavin, Vol I
Ware, Thomas C., Vol I
Wright, William John, Vol I

Univ of Tennessee, Hermitage
Moser, Harold Dean, Vol I

Univ of Tennessee, Knoxville
Adams, Percy Guy, Vol II
Ashdown, Paul George, Vol II
Bates, Benjamin J., Vol II
Bennett, James O., Vol IV
Bergeron, Paul H., Vol I
Bohstedt, John Howard, Vol I
Cox, Don Richard, Vol II
Drake, Robert Y., Jr., Vol II
Dumas, Bethany K., Vol III
Edwards, Rem B., Vol IV
Evelev, John, Vol II
Fisher, John Hurt, Vol II
Fuller, Homer Woodrow, Vol III
Hodges, Carolyn Richardson, Vol III
Hodges, John O., Vol III
Jackson, Charles O., Vol I
Klein, Milton M., Vol I
Kratz, Henry, Vol III
Leggett, B. J., Vol II
Leki, Ilona, Vol III
McAlpin, Mary, Vol III
Mellor, Chauncey Jeffries, Vol III
Nelson, James L., Vol IV
Peek, Marvin E., Vol I
Rutledge, Harry Carraci, Vol I
Schroeder-lein, Glenna R., Vol I
Shurr, William Howard, Vol II
Sutherland, Elizabeth H., Vol I
Tandy, David, Vol I
Welch, Olga Michele, Vol II
Ziegler, Dhyana, Vol II

Univ of Tennessee, Martin
Carls, Alice, Vol I
Downing, Marvin Lee, Vol I
Mohler, Stephen Charles, Vol III
Parker, Henry H., Vol I

Univ of Tennessee, Memphis
Hatfield, Douglas Wilford, Vol I

Univ of Texas of the Permian Basin
Olien, Diana Davids, Vol I
Toruno, Rhina, Vol III

Univ of Texas, Arlington
Barros, Carolyn, Vol II
Bing, Robert, Vol IV
Bradshaw, Denny, Vol IV
Carroll, Bret E., Vol I
del Carmen, Alex, Vol IV
Green, George N., Vol I
Katz, Michael Ray, Vol III
Kellner, Hans, Vol I
Kolko, Beth E., Vol II
Maizlish, Stephen E., Vol I
Ordonez, Elizabeth Jane, Vol III
Palmer, Stanley Howard, Vol I
Philp, Kenneth, Vol I
Polk, Elmer, Vol IV
Reddick, Robert, Vol II
Reinhartz, Dennis Paul, Vol III
Richmond, Douglas Wertz, Vol I
Rodnitzky, Jerome L., Vol I
Schkade, Lawrence L., Vol I
Stark, Gary Duane, Vol I
Wells, Corri Elizabeth, Vol II
West, William Elliott, Vol I
Wick, Audrey, Vol II
Wood, Nancy, Vol II

Univ of Texas, Austin

Abboud, Peter Fouad, Vol III
Abzug, Robert Henry, Vol I
Alofsin, Anthony, Vol I
Angelelli, Ignazio Alfredo, Vol IV
Antokoletz, Elliott Maxim, Vol I
Arens, Katherine, Vol III
Baade, Hans Wolfgang, Vol IV
Baltzer, Rebecca, Vol I
Barker, Nancy Nichols, Vol I
Bertelsen, Lance, Vol I
Bhague, Gerard, Vol I
Blockley, Mary Eva, Vol II
Bonevac, Daniel Albert, Vol IV
Bowman, Shearer Davis, Vol I
Boyd, Carolyn Patricia, Vol I
Braisted, William Reynolds, Vol I
Braybrooke, David, Vol IV
Brokaw, John W., Vol II
Brown, Norman D., Vol I
Bump, Jerome Francis Anthony, Vol II
Burnham, Patricia, Vol I
Cable, Thomas Monroe, Vol III
Carter, Joseph Coleman, Vol I
Causey, Robert Louis, Vol IV
Cauvin, Jean-Pierre Bernard, Vol III
Charlesworth, Michael, Vol I
Clarke, John, Vol I
Clarke, John R., Vol I
Cloud, Dana L., Vol II
Collins, Derek B., Vol III
Cook, Erwin, Vol I
Crosby, Alfred W., Vol I
Crunden, Robert M., Vol I
Dassonville, Michel, Vol III
Davis, Donald G., Jr., Vol I
Dawson, Robert Lewis, Vol III
DelAntonio, Andrew, Vol I
Dewar, Mary, Vol I
Dietz, Hanns-Bertold, Vol I
Divine, Robert Alexander, Vol I
Duban, James, Vol II
Dulles, John Watson Foster, Vol I
Edlund-Berry, Ingrid E.M., Vol I
Erlmann, Veit, Vol I
Faigley, Lester, Vol I
Falola, Toyia, Vol I
Farrell, John Philip, Vol II
Faurot, Jeannette L., Vol III
Flowers, Betty Sue, Vol II
Foley, Neil, Vol I
Fontanella, Lee, Vol III
Forgie, George Barnard, Vol I
Forster, Merlin Henry, Vol III
Frazier, Alison, Vol I
Friedman, Alan, Vol II
Gagarin, Michael, Vol I
Galinsky, Karl, Vol I
Garrison, James Dale, Vol II
Ghose, Zulfikar Ahmed, Vol II
Goetzmann, William Harry, Vol I
Goff, Barbara E., Vol I
Goosman, Stuart, Vol I
Gould, Lewis Ludlow, Vol I
Graglia, L.A., Vol IV
Graham, Richard, Vol I
Graham, Richard, Vol I
Grant, Richard Babson, Vol III
Green, Douglass Marshall, Vol I
Grieder, Terence, Vol I
Gutmann, Myron P., Vol I
Hall, Michael G., Vol I
Hamilton, Robert W., Vol IV
Harms, Robert Thomas, Vol III
Harris, Elizabeth Hall, Vol II
Hart, Roderick P., Vol I
Heinen, Hubert, Vol III
Henderson, Linda, Vol I
Hensey, Frederick Gerald, Vol III
Herring, Phillip F., Vol II
Higginbotham, Virginia, Vol III
Higgins, Kathleen Marie, Vol IV
Hilfer, Anthony Channell, Vol II
Holz, Robert K., Vol I
Hubbard, Thomas K., Vol I
Hunt, Bruce J., Vol I
Jackson, Kenneth David, Vol III
Jensen, Robert W., Vol II
Kane, Robert, Vol IV
Karttunen, Frances, Vol III
Kaulbach, Ernest Norman, Vol III
Kenny, Kevin, Vol I
Koike, Dale A., Vol I
Kroll, John Hennig, Vol I
Langford, Gerald, Vol II
Lariviere, Richard Wilfred, Vol III
Lehmann, Winfred Philipp, Vol III

Leoshko, Janice, Vol I
Levack, Brian Paul, Vol II
Lewis, Randy Lynn, Vol IV
Lindstrom, Naomi E., Vol III
Lopreato, Joseph, Vol II
Lukenbill, Willis B., Vol II
Mackay, Carol Hanbery, Vol II
MacKey, Louis Henry, Vol IV
MacNeil, Anne, Vol I
Magee, S.P., Vol I
Malof, Joseph Fetler, Vol II
Martinich, Aloysius Patrick, Vol IV
Meacham, Standish, Vol I
Meikle, Jeffrey L., Vol I
Meisel, Janet Anne, Vol I
Meritt, Lucy, Vol I
Michael, Wolfgang Friedrich, Vol III
Minault, Gail, Vol I
Moeller, Hans-Bernhard, Vol III
Moldenhauer, Joseph John, Vol II
Moore, T.J., Vol IV
Mourelatos, Alexander Phoebus Dionysiou, Vol IV
Nelson, Wanda Lee, Vol I
Nethercut, William Robert, Vol I
Newton, Adam Z., Vol II
Pells, Richard Henry, Vol I
Pennock, Robert T., Vol IV
Polome, Edgar C., Vol III
Prindle, David F., Vol I
Rather, Susan, Vol I
Ratner, Steven Richard, Vol IV
Reynolds, Ann, Vol I
Romo, Ricardo, Vol I
Rossman, Charles R., Vol II
Ruszkiewicz, John Joseph, Vol II
Schade, George D., Vol III
Scheick, William Joseph, Vol II
Segre, Claudio Giuseppe, Vol I
Seung, Thomas Kaehao, Vol IV
Shelmerdine, Cynthia Wright, Vol I
Shiff, Richard, Vol I
Sjoberg, Andree Frances, Vol III
Slate, Joseph Evans, Vol II
Slawek, Stephen, Vol I
Smith, Carlota S., Vol III
Smith, Jeffrey, Vol I
Sole, Carlos A., Vol III
Solomon, Robert Charles, Vol IV
Staley, Thomas F., Vol II
Stoff, Michael B., Vol I
Stott, William Merrell, Vol I
Sutherland, William Owen Sheppard, Vol II
Swaffar, Janet King, Vol III
Tankard, James William, Vol II
Todd, William B., Vol I
Trimble, John Ralston, Vol II
Tusa, Michael, Vol I
Twombly, Robert Gray, Vol II
Vangelisti, Anita L., Vol I
Vessely, Thomas Richard, Vol III
Wadlington, Warwick Paul, Vol II
Wartella, Ellen A., Vol II
Weinberg, Steven, Vol II
Weintraub, Russell Jay, Vol IV
Wells, Maria Xenia Zevelchi, Vol III
Westbrook, Max Roger, Vol II
White, Philip Lloyd, Vol I
Wimsatt, James I., Vol II
Winship, Michael B., Vol II
Woodruff, Paul, Vol IV
Wright, Charles Alan, Vol IV
Wylie, Hal, Vol III
Zevelechi Wells, Maria Xenia, Vol II

Univ of Texas, Dallas

Alexander, Bobby C., Vol I
Bambach, Charles, Vol I
Hambly, Gavin Richard Grenville, Vol I
Kain, John Forrest, Vol I
Leaf, Murray John, Vol I
Stott, Deborah, Vol IV

Univ of Texas, El Paso

Amastae, Jon Edward, Vol III
Armengol, Armando, Vol III
Best, Steven, Vol II
Bledsoe, Robert Terrell, Vol II
Clymer, Kenton James, Vol I
Ford, Richard R., Vol III

Hackett, David Andrew, Vol I
Hall, David, Vol IV
Hall, David Lynn, Vol IV
Jackson, Carl Thomas, Vol I
Kawashima, Yasuhide, Vol I
Leach, Joseph, Vol II
Louden, Bruce, Vol III
Manley, Joan, Vol II
Natalicio, Diana, Vol III
Perez-Pisonero, Arturo, Vol III
Ross, David, Vol I
Simon, Julius J., Vol IV
Small, Ray, Vol II
Smith, Sherry L., Vol I
Teschner, Richard Vincent, Vol III
West, John Oliver, Vol II

Univ of Texas, Med Branch at Galveston

Cole, Thomas Richard, Vol I
Jones, Anne Hudson, Vol II
Vanderpool, Harold Young, Vol I

Univ of Texas, Pan American

Henggeler, Paul R., Vol I
Miller, Hubert J., Vol I
Vassberg, David Erland, Vol I
Wakefield, Robert, Vol II

Univ of Texas, San Antonio

Allen, Mark, Vol I
Barker, Wendy, Vol I
Bernstein, Mark, Vol IV
Bruster, Douglas, Vol I
Caver, Christine, Vol I
Craven, Alan, Vol I
Drinka, Bridget, Vol III
Fisher, Judith Law, Vol II
Graff, Harvey J., Vol I
Hovey, Kenneth, Vol I
Johnson, David Ralph, Vol I
Kellman, Steven G., Vol III
Larson, Doran, Vol I
Levitti, Steven R., Vol II
Lopez, Debbie, Vol I
Lyons, Bonnie, Vol I
McBride, Margaret, Vol I
Mcnutt, James Charles, Vol I
Mendoza, Louis, Vol I
Michel, Joseph, Vol III
Miller, A.R., Vol IV
Reesman, J.C., Vol II
Rodriguez, Clemencia, Vol I
Romano, Susan, Vol I
Smith, Woodruff Donald, Vol I
Wickham, Christopher J., Vol III
Woodson, Linda, Vol I

Univ of Texas, Tyler

Rogers, Jack E., Vol II

Univ of the Arts

Paglia, Camille, Vol II

Univ of the Incarnate Word

Paleczny, Barbara, Vol IV
Ryan, Eilish, Vol IV

Univ of the Pacific, Stockton

Ballot, Michael, Vol I
Blum, George Paul, Vol I
Borden, Diane M., Vol II
Camfield, Gregg, Vol II
Cox, Caroline, Vol I
Cox, Robert, Vol II
Erickson, Erling A., Vol I
Grubbs, Donald Hughes, Vol I
Hauben, Paul J., Vol I
Heffernan, James, Vol IV
Heffernan, James Daniel, Vol IV
Humphreys, Leonard A., Vol I
Kahn, Sy M., Vol II
Knighton, Robert Tolman, Vol II
Lewis, George H., Vol I
Limbaugh, Ronald H., Vol I

Lutz, Reinhart, Vol II
Maynard, Arthur Homer, Vol IV
McCullen, Maurice, Vol II
Miller, Sally M., Vol I
Mueller, Roger, Vol II
Norton, Camille, Vol II
Pasztor, Suzanne B., Vol I
Schedler, Gilbert W., Vol II
Seaman, John, Vol II
Sharp, Francis Michael, Vol III
Smith, Reuben W., Vol I
Tedards, Douglas Manning, Vol II
Williams, John S., Vol II
Wittrup, Eleanor, Vol IV
Wolak, William J., Vol II

Univ of the South

Armentrout, Donal Smith, Vol IV
Bates, Scott, Vol III
Battle, Michael, Vol IV
Conn, Christopher, Vol IV
Core, George, Vol II
Davidheiser, James Charles, Vol III
Goodstein, Anita Shafer, Vol I
Naylor, Eric Woodfin, Vol III
Perry, Charles Richard, Vol I
Spaccarelli, Thomas Dean, Vol III

Univ of the Virgin Islands

Cooper, Vincent O'Mahony, Vol III
Krigger, Marilyn Francis, Vol I
Sprauve, Gilbert A., Vol III
Turnbull, Charles Wesley, Vol I

Univ of Toledo

Abu-Absi, Samir, Vol III
Al-Marayati, Abid Amin, Vol I
Andersen, Roger William, Vol IV
Barden, Thomas E., Vol II
Barrett, John A., Vol IV
Bourguignon, Henry J., Vol IV
Bullock, Joan R., Vol IV
Cave, Alfred A., Vol I
Chapman, Douglas K., Vol IV
Closius, Phillip J., Vol IV
Dessner, Lawrence Jay, Vol II
Edwards, Richard W., Vol IV
Eisler, Beth A., Vol IV
Friedman, Howard M., Vol IV
Gregory, Elmer Richard, Vol II
Harris, David A., Vol IV
Hopperton, Robert J., Vol IV
Hottell, Ruth A., Vol III
Jackman, Henry, Vol IV
Kadens, Michael G., Vol IV
Kennedy, Bruce, Vol IV
Kennedy, Robin M., Vol IV
Kirtland, Robert, Vol IV
Kopfman, Jenifer E., Vol II
Kydd, Elspeth, Vol II
Lora, Ronald Gene, Vol I
Manheim, Michael, Vol II
Many, Paul, Vol II
Martyn, Susan, Vol IV
Merritt, Frank S., Vol IV
Messer-Kruse, Timothy, Vol I
Moran, Gerald P., Vol IV
Moskovitz, Marc, Vol I
Mostaghel, Deborah M., Vol IV
Quick, Albert T., Vol IV
Raitt, Ronald D., Vol IV
Ray, Douglas E., Vol IV
Richman, William M., Vol IV
Riebling, Barbara, Vol II
Russell, Charles G., Vol II
Scanlan, Timothy Michael, Vol III
Smith, David Quintin, Vol II
Smith, Robert Freeman, Vol I
Steinbock, Daniel J., Vol IV
Stern, David S., Vol IV
Tierney, James E., Vol IV
Watermeier, Daniel J., Vol II
Wikander, Matthew H., Vol II
Wilcox, Larry Dean, Vol I
Zietlow, Rebecca, Vol IV

Univ of Toronto

Adams, George, Vol IV
Airhart, Phyllis, Vol IV
Aster, Sidney, Vol I
Astington, John H., Vol II
Baird, John D., Vol II

Barnes, Timothy David, Vol I
Bartel, Lee R., Vol I
Bartlett, Kenneth Roy, Vol I
Beattie, Geoffrey W., Vol IV
Beck, Roger L., Vol I
Beckwith, John, Vol I
Bedford, Harold, Vol I
Berger, Carl, Vol I
Berman, William C., Vol I
Bernstein-Nahar, Avi K., Vol IV
Bessner, Ronda, Vol IV
Blanchard, Peter, Vol I
Bliss, John W.M., Vol I
Blissett, William F., Vol II
Bothwell, Robert S., Vol I
Bouissac, Paul A., Vol II
Braithwaite, John, Vol IV
Braithwaite, William, Vol IV
Breton, Raymond J., Vol I
Brock, Peter de Beauvoir, Vol I
Brown, James R., Vol I
Brown, Robert C., Vol I
Brown, Robert Craig, Vol I
Brown, Russell Morton, Vol II
Burgess, Jonathan, Vol I
Burke, James F., Vol II
Callahan, William James, Vol I
Cameron, Donald M., Vol I
Cameron, Elspeth M., Vol I
Case, Fredrick I., Vol I
Chambers, J.K., Vol III
Chandler, Stanley Bernard, Vol III
Ching, Julia, Vol IV
Chornenki, Genevieve A., Vol IV
Clarke, Ernest George, Vol III
Clivio, Gianrenzo Pietro, Vol III
Cloutier, Cecile, Vol III
Code, Michael, Vol IV
Cole, Kenneth, Vol IV
Conacher, Desmond J., Vol I
Conacher, James Blennerhasset, Vol I
Cook, Eleanor, Vol II
Coop, Jack, Vol IV
Corman, Brian, Vol II
Curtis, Alexander Ross, Vol III
Dainard, James A., Vol III
Danesi, Marcel, Vol III
Davies, Alan T., Vol IV
Day, Richard B., Vol I
De Sousa, Ronald B., Vol IV
Dewart, Leslie, Vol IV
Dicenso, James, Vol IV
Dolezel, Lubomir, Vol III
Dolezvelova-Velingerova, Milena, Vol III
Drummond, Ian Macdonald, Vol I
Duffy, Dennis, Vol II
Dyke, Doris J., Vol I
Eberts, Mary, Vol IV
Eccles, William John, Vol I
Eksteins, Modris, Vol I
Ellis, Keith A.A., Vol III
Ellsworth, Randall, Vol IV
Estes, James Martin, Vol I
Evans, Donald D., Vol IV
Ferejohn, John, Vol IV
Finlayson, Michael G., Vol I
Fish, Arthur, Vol IV
Fitch, Brian T., Vol III
Fleming, Patricia L., Vol I
Ferguson, Lynd W., Vol IV
Franceschetti, Antonio, Vol III
Frank, Roberta, Vol II
French, Goldwin S., Vol I
Gannage, Mark, Vol IV
Genno, Charles N., Vol III
Gervers, Michael, Vol I
Goffart, Walter A., Vol I
Gooch, Paul W., Vol IV
Goodman, Susanne R., Vol IV
Gordon, Wendy J., Vol IV
Grant, John Neilson, Vol I
Grayson, Albert K., Vol III
Greenspan, Edward L., Vol IV
Greer, Allan R., Vol I
Gross Stein, Janice, Vol I
Grosskurth, Phyllis M., Vol II
Gulsoy, J., Vol III
Gupta, Neena, Vol IV
Hacking, Ian, Vol IV
Halewood, William H., Vol II
Halperin, Stephen H., Vol IV
Haney, Mary-Ann, Vol IV
Hayes, David L., Vol IV
Hayne, David Mackness, Vol III
Heinemann, Edward Arthur, Vol III
Hoeniger, F. David, Vol II

Hoeniger, Frederick J.D., Vol II
Hoffman, John C., Vol IV
Hughes, Andrew, Vol I
Hughes, Pamela S., Vol IV
Hutcheon, Linda, Vol II
Hutchinson, Douglas S., Vol IV
Hutchinson, Roger Charles, Vol IV
Iacovetta, Franca, Vol I
Iannucci, Amilcare Alfredo, Vol III
Ingham, John Norman, Vol I
Irwin, Eleanor, Vol I
Irwin, William Henery, Vol IV
Israel, Milton, Vol I
Jackman, Barbara, Vol IV
Jackson, James R., Vol II
Johnson, Robert E., Vol I
Johnson, William M., Vol I
Johnston, Alexandra F., Vol II
Joyce, Dougals A., Vol III
Keep, John L.H., Vol I
Kennedy, David, Vol IV
Khan, Abrahim H., Vol IV
Klein, Martin A., Vol I
Kornberg, Jacques, Vol I
Kushner, Eva, Vol III
Lancashire, Anne, Vol II
Lancashire, Ian, Vol II
Latta, Alan Dennis, Vol III
Legge, Elizabeth, Vol I
Lehouck, Emile, Vol III
Leon, Pedro, Vol III
Leonard, Ellen L., Vol IV
Lepofsky, David M., Vol IV
Levenson, Jill, Vol II
Levmore, Saul, Vol IV
Levy, Kurt Leopold, Vol III
Macpherson, Jay, Vol II
Makuch, Stanley M., Vol IV
Maniates, Maria Rika, Vol I
Marinelli, Peter V., Vol II
Marmura, Michael Elias, Vol IV
Marrus, Michael R., Vol I
Martin, Philippe Jean, Vol III
Mason, H.J., Vol I
Matilal, Bimal Krishna, Vol IV
McAuliffe, Jane D., Vol IV
McDonough, C.J., Vol I
Mcintire, Carl Thomas, Vol I
McKague, Carla A., Vol IV
McLellan, Bradley N., Vol IV
Merkur, Dan, Vol II
Mertins, Detlef, Vol I
Morgan, Edward M., Vol IV
Morgan, Peter Frederick, Vol II
Murray, Heather, Vol II
Nigosian, Solomon Alexander, Vol I
Normore, Calvin Gerard, Vol IV
Norris, John, Vol IV
Northey, Rodney, Vol IV
Novak, David, Vol IV
O'Grady, Jean, Vol II
Owens, Richard C., Vol IV
Paterson, Janet M., Vol III
Pierson, Ruth, Vol I
Prentice, Alison, Vol I
Pugliese, Olga, Vol III
Radomski, Harry B., Vol IV
Rae, Bob, Vol IV
Richardson, Peter, Vol IV
Richardson, Stephen R., Vol IV
Rigg, Arthur George, Vol I
Robson, Ann W., Vol I
Rosenthal, Peter, Vol IV
Rubincam, Catherine I., Vol I
Rutherford, Paul F.W., Vol I
Saddlemyer, Ann, Vol II
Sarra, Janis, Vol IV
Scarlett, James D., Vol IV
Seliger, Helfried Werner, Vol III
Shaw, Joseph Winterbotham, Vol I
Shaw, W. David, Vol II
Sidnell, Michael John, Vol II
Silcox, David P., Vol I
Smith, David W., Vol III
Stitt, Allan J., Vol IV
Sullivan, Rosemary, Vol II
Swan, Kenneth P., Vol IV
Thornton, Archibald Paton, Vol I
Tolton, Cameron David Edward, Vol IV
Trotter, Gary, Vol IV
Tsukimura, Reiko, Vol III
Underwood, Harry, Vol IV
Valdes, Mario James, Vol III
Wark, Wesley K., Vol I
Warkentin, Germaine, Vol II
Watkins, Melville H., Vol I
Webster, Jill, Vol I
Weinrib, Ernest Joseph, Vol IV
Welsh-Ovcharov, Bogomila, Vol I
Wetzel, Heinz, Vol III
Wiebe, Donald, Vol IV
Winsor, Mary Pickard, Vol I
Winter, Ralph A., Vol IV
Yalden, Robert, Vol IV

Univ of Trier

Krois, John Michael, Vol III

Univ of Tulsa

Brown, Paul Llewellyn, Vol IV
Buckley, Thomas Hugh, Vol I
Epstein, David M., Vol I
Rutland, Robert Allen, Vol I
Sloan, Tod Stratton, Vol I
Stromberg, Peter G., Vol I
Taylor, Gordon Overton, Vol II
Udwin, Victor, Vol III
Watson, James Gray, Vol II
Weathers, Winston, Vol II

Univ of Utah

Adams, Winthrop Lindsay, Vol I
Aggeler, Geoffrey Donovan, Vol II
Alexander, Dennis C., Vol II
Battin, Margaret Pabst, Vol IV
Bergstrom, Mark, Vol II
Brunvand, Jan Harold, Vol I
Cassell, P.G., Vol I
Chopyk, Dan Bohdan, Vol III
Clayton, James L., Vol I
Coleman, Ronald Gerald, Vol I
Coombs, Frank Alan, Vol I
Council, Norman Briggs, Vol II
Downes, Stephen M., Vol IV
Firmage, Edwin Brown, Vol IV
Garrett, Don James, Vol IV
Gerlach, Larry Reuben, Vol I
Goldberg, Robert A., Vol I
Helbling, Robert E., Vol III
Hollstein, Milton C., Vol II
Holmes, Michael E., Vol II
Johnson, Paul E., Vol I
Keiter, Robert B., Vol IV
Knapp, Gerhard Peter, Vol II
McIntyre, Jerilyn S., Vol I
McPhail, Mark L., Vol II
Neta, Ram, Vol IV
Olsen, Glenn Warren, Vol I
Oravec, Christine, Vol II
Revell, Donald, Vol II
Samuels, Wilfred D., Vol II
Steensma, Robert Charles, Vol II
Taylor, Sandra C., Vol I
Tiemens, Robert K., Vol II
Tompson, Richard Stevens, Vol I
Torrago, Loretta, Vol IV
White, Nicholas P., Vol IV

Univ of Vermont

Ambrose, Z. Philip, Vol I
Andrea, Alfred J., Vol I
Daniels, R.V., Vol I
Davison, Jean Margaret, Vol I
Grinde, Donald Andrew, Vol I
Guitar, Barry, Vol III
Gutman, Stanley T., Vol II
Hall, Robert William, Vol IV
Hand, Samuel B., Vol I
Hutton, Patrick H., Vol I
Kornblith, Hilary, Vol IV
Manchel, Frank, Vol II
Mann, William Edward, Vol I
McCauley, Rebecca J., Vol III
Prelock, Patricia A., Vol III
Roberts, Julie, Vol III
Rosa, Alfred, Vol II
Rothwell, Kenneth Sprague, Vol II
Sandoval, Dolores S., Vol I
Stoler, Mark A., Vol I
Stoler, Mark Alan, Vol I
Weiger, John George, Vol III
Winter, Kari J., Vol II

Univ of Victoria

Archibald, Elizabeth F., Vol III
Bates, Jennifer, Vol IV
Beardsmore, Barry, Vol I
Bedeski, Robert E., Vol I
Berry, Edward I., Vol II
Best, Michael R., Vol II
Blank, G. Kim, Vol II
Bowman, L.M., Vol I
Bradley, Keith Richard, Vol I
Carlin, Claire L., Vol III
Carson, Luke, Vol II
Cassels, Jamie, Vol IV
Casswell, Donald G., Vol IV
Cleary, Thomas R., Vol II
Cobley, Evelyn M., Vol II
Cohen, David, Vol IV
Coward, Harold G., Vol IV
Daniels, Charles B., Vol IV
Dean, Misao A., Vol II
Dippie, Brian William, Vol I
Dopp, James A., Vol II
Edwards, Anthony S.G., Vol III
England, Anthony Bertram, Vol II
Ferguson, Gerry, Vol IV
Fitch, J.G., Vol I
Foshay, Toby, Vol II
Foss, Jeffrey E., Vol IV
Foster, Hamar, Vol IV
Fulton, Gordon D., Vol II
Galloway, J. Donald C., Vol IV
Gillen, Mark R., Vol IV
Gooch, Bryan N.S., Vol II
Grant, Patrick, Vol II
Greene, John, Vol II
Grove-White, Elizabeth M., Vol II
Hadley, Michael Llewellyn, Vol III
Herique, Emmanuel, Vol III
Heyd, Thomas, Vol IV
Hodgins, Jack S., Vol II
Hollingsworth, Margaret, Vol II
Holmberg, I.E., Vol I
Howard, Lloyd H., Vol III
Hsieh, Yvonne Y., Vol III
Jenkins, Anthony W., Vol II
Kamboureli, Smaro, Vol II
Keep, Christopher J., Vol II
Keller, Arnold, Vol II
Kerby-Fulton, Kathryn, Vol II
Kilcoyne, John R., Vol IV
Kluge, Eike-Henner W., Vol IV
Langer, Monika, Vol IV
Lapprand, Marc, Vol IV
Lessard, Hester A., Vol IV
Limbrick, Elaine, Vol III
Louis, Margot K., Vol II
M'Gonigle, R. Michael, Vol IV
Macleod, Colin, Vol IV
Maloney, Maureen A., Vol IV
McCartney, Sharon, Vol IV
Mccue, Robert J., Vol I
McDorman, Ted L., Vol IV
McLaren, Angus, Vol I
McLaren, John P.S., Vol IV
McMullen, Lorraine, Vol II
Michelsen, John Magnus, Vol I
Mitchell, Judith I., Vol II
Morgan, Charles G., Vol IV
Neilson, William A.W., Vol IV
Neufeldt, Victor A., Vol II
Niang, Sada, Vol III
Oleson, John P., Vol I
Osborne, John, Vol I
Petter, Andrew J., Vol IV
Rabillard, Sheila M., Vol II
Rae Baxter, Laurie, Vol IV
Riedel, Walter Erwin, Vol III
Robinson, Lyman R., Vol IV
Ross, Mary Ellen, Vol III
Schuler, Robert M., Vol II
Scobie, Stephen A.C., Vol II
Segger, Martin, Vol I
Sherwood, Terry G., Vol II
Shrimpton, G.S., Vol I
Smith, Nelson C., Vol I
Smith, Peter Lawson, Vol I
Surridge, Lisa A., Vol II
Taylor, Angus, Vol IV
Terry, Reginald Charles, Vol II
Thaler, Danielle, Vol II
Thatcher, David S., Vol II
Thomson, Kathryn, Vol IV
Tollefson, Chris, Vol IV
Tolomeo, Diane, Vol II
Tsurumi, Elizabeth Patricia, Vol I
Tucker, John J., Vol III
Tully, James H., Vol I
Tumasonis, Elizabeth, Vol I
Vautier, Marie, Vol III
Waelti-Walters, Jennifer, Vol III
Waldron, Mary Anne, Vol IV
Waters, Donovan W.M., Vol IV
Williams, David R., Vol I
Williams, Trevor Lloyd, Vol II
Wooley, Wesley Theodore, Vol I
Young, James O., Vol IV

Univ of Virginia

Abbot, William Wright, Vol I
Barolsky, Paul, Vol I
Battestin, Martin Carey, Vol II
Beizer, Janet L., Vol III
Berkeley, Edmund, Vol I
Berlanstein, Lenard Russell, Vol I
Blackwell, Marilyn Johns, Vol II
Bluestone, Daniel, Vol I
Cantor, Paul Arthur, Vol II
Casey, John Dudley, Vol I
Casteen, John, Vol III
Chase, Philander Dean, Vol I
Childress, James Franklin, Vol IV
Cohen, George M., Vol IV
Colker, Marvin L., Vol III
Connolly, Julian Welch, Vol III
Cook, Robert Francis, Vol III
Cross, Robert Dougherty, Vol I
Cushman, Stephen B., Vol II
Cusick, Suzanne G., Vol I
Davidson, Hugh Macculllough, Vol III
Denomme, Robert T., Vol III
DeVeaux, Scott, Vol I
Duff Neiman, Fraser, Vol I
Duggan, Hoyt Nolan, Vol III
Elson, Mark Jeffrey, Vol III
Gallagher, Gary W., Vol I
Gaunt, Kyra D., Vol I
Gies, David Thatcher, Vol III
Haberly, David T., Vol III
Hartt, Julian Norris, Vol IV
Havran, Martin Joseph, Vol I
Herrero, Javier, Vol III
Holt, Michael Fitzgibbon, Vol I
Howard, Arthur Ellsworth Dick, Vol IV
Hudson, G. Elizabeth, Vol I
Jackson, William Edward, Vol III
Kett, Joseph Francis, Vol I
Kovacs, Paul David, Vol I
Kraehe, Enno Edward, Vol I
Langbaum, Robert, Vol II
Leffler, M.P., Vol I
Levenson, Jacob Clavner, Vol II
Loach, Donald, Vol I
Malone, Dumas, Vol I
Mathewes, Charles, Vol IV
Maus, Fred Everett, Vol I
Mcclellan, Woodford, Vol I
McClymonds, Marita P., Vol I
Mccurdy, Charles William, Vol I
McDonald, William Cecil, Vol III
McKinley, Mary B., Vol III
Meador, Daniel John, Vol IV
Merrill, Richard Austin, Vol IV
Midelfort, H.C. Erik, Vol I
Miles, David Holmes, Vol III
Miller, John F., Vol I
Miller, Joseph Calder, Vol I
Murphy, Kevin, Vol I
Noble, Thomas Francis Xavier, Vol I
Nohrnberg, James Carson, Vol II
Onuf, Peter S., Vol I
Osheim, Duane Jeffrey, Vol I
Perdue, Charles L., Vol I
Perkowski, Jan Louis, Vol III
Peterson, Merrill Daniel, Vol I
Picker, John, Vol II
Ramazani, Jahan, Vol II
Ravenell, Mildred, Vol IV
Reilly, Lisa, Vol I
Roberts, Marion Elizabeth, Vol I
Sabato, Larry J., Vol I
Scharlemann, Robert Paul, Vol IV
Schmitt, Hans Adolf, Vol I
Scott, Nathan A., Jr., Vol II
Secada, Jorge E.K., Vol IV
Sedgwick, Alexander, Vol I
Sherman, Roger, Vol I
Simmons, A.J., Vol IV
Simon, Roland Henri, Vol III
Stephan, P.B., Vol IV
Strauss Clay, Jenny, Vol I
Turner, Robert Foster, Vol IV
Twohig, Dorothy Ann, Vol I
Vandersee, Charles Andrew, Vol II
Velimirovic, Milos, Vol I
Wadlington, Walter James, Vol IV
Wagner, Roy, Vol I
Wells, Camille, Vol I
White, G. Edward, Vol I
Wilson, Richard Guy, Vol I
Winner, Anthony, Vol II
Zunz, Olivier J., Vol I

Univ of Warwick

Clark, Christopher F., Vol I

Univ of Washington

Bacharach, Jere L., Vol I
Banks, James Albert, Vol I
Barrack, Charles Michael, Vol III
Behler, Ernst, Vol III
Benson, Keith Rodney, Vol I
Bernard, J.W., Vol I
Bliquez, Lawrence J., Vol I
Burke, William Thomas, Vol IV
Butow, Robert J.C., Vol I
Carlsen, James Caldwell, Vol I
Ceccarelli, Leah M., Vol II
Clausen, Meredith L., Vol I
Coburn, Robert C., Vol IV
Conlon, Frank Fowler, Vol I
Connolly, Joy P.T., Vol I
Contreras, Heles, Vol III
Cosway, Richard, Vol IV
Dunn, Richard John, Vol II
Eastman, Carol M., Vol III
Ellison, Herbert J., Vol I
Ellrich, Robert John, Vol III
Fearn-Banks, Kathleen, Vol II
Gastil, John Webster, Vol II
Gray, Richard T., Vol III
Hankins, Thomas Leroy, Vol I
Harmon, Daniel P., Vol I
Heilman, Robert Bechtold, Vol II
Hertling, Gunter H., Vol III
Jay, Stewart, Vol IV
Johnson, Richard Rigby, Vol I
Jones, Edward Louis, Vol I
Kaplan, Sydney Janet, Vol II
Klausenburger, Jurgen, Vol III
Korg, Jacob, Vol II
Kramer, Karl D., Vol III
Leiren, Terje Ivan, Vol I
Mayerfeld, Jamie, Vol I
Mccracken, David, Vol II
McElroy, Colleen J., Vol II
Micklesen, Lew R., Vol III
Moore, Ronald, Vol IV
Noegel, Scott, Vol III
Nostrand, Howard Lee, Vol III
Ochsner, Jeffrey Karl, Vol I
Pagel, Ulrich, Vol IV
Palais, James Bernard, Vol I
Pascal, Paul, Vol I
Pauwels, Heidi, Vol I
Pease, Otis Arnold, Vol I
Peck, Jeffrey Marc, Vol III
Post, Robert M., Vol II
Potter, Karl Harrington, Vol IV
Predmore, Michael P., Vol III
Prosterman, Roy L., Vol IV
Rey, William Henry, Vol III
Saporta, Sol, Vol III
Shapiro, Michael C., Vol III
Simonson, Harold Peter, Vol II
Spigner, Clarence, Vol I
Starr, Larry, Vol I
Stoebuck, William Brees, Vol IV
Sugar, Peter Frigyes, Vol I
Sutton, Sharon Egretta, Vol I
Talbott, William J., Vol IV
Thomas, Carol G., Vol I
Tollefson, James William, Vol III
Treadgold, Donald Warren, Vol I
Ullman, Joan Connelly, Vol I
Van Den Berghe, Pierre L., Vol I
Waugh, Daniel Clarke, Vol I
Webb, Eugene, Vol III
Wilks, Andrew C., Vol IV
Wulff, Donald H., Vol II
Ziadeh, Farhat Jacob, Vol III

Univ of Waterloo

Abbott, Carmeta, Vol III
Abbott, W.R., Vol IV
Ages, Arnold, Vol III
Ashworth, Earline Jennifer, Vol IV
Ashworth, Jennifer E., Vol IV
Brunk, Conrad, Vol IV
DeVidi, Dave, Vol IV
Downey, James, Vol II
Dube, Pierre, Vol III
Forsyth, Phyllis, Vol I
Fournier, Hannah, Vol III

George, Rolf A., Vol IV
Grubisic, Vinko, Vol III
Harrigan, Patrick Joseph, Vol I
Harris, Randy Allen, Vol II
Haworth, Lawrence L., Vol IV
Hendley, Brian, Vol IV
Hoefert, Sigfrid, Vol III
Holmes, Richard H., Vol IV
Horne, James R., Vol IV
John, David Gethin, Vol III
Kerr Lawson, Angus, Vol IV
Kuxdorf, Manfred, Vol III
Macnaughton, William Robert,
    Vol II
Marteinson, Peter, Vol III
Martin, W.R., Vol II
Minas, Anne C., Vol IV
Miraglia, Anne Marie, Vol III
Mitchinson, Wendy, Vol I
Moore, Margaret, Vol IV
Narveson, Jan, Vol IV
Novak, Joseph A., Vol IV
Nutbrown, Richard A., Vol IV
Orend, Brian, Vol IV
Panthel, Hans Walter, Vol III
Roberts, Don, Vol IV
Russell, Delbert, Vol III
Ryan, Robert, Vol III
Slethaug, Gordon Emmett, Vol II
Socken, Paul, Vol III
Szarycz, Ireneusz, Vol III
Thagard, Paul, Vol IV
Van Evra, James, Vol IV
Wilson, Don, Vol III
Wubnig, Judy, Vol IV

Univ of West Alabama
Gilbert, James L., Vol I

Univ of West Florida
Arnold, Barry, Vol IV
Auter, Philip J., Vol II
Coker, William Sidney, Vol I
Dysart, Jane Ellen, Vol I
Goel, Madan Lal, Vol I
Josephs, Allen, Vol III
Umphlett, Wiley Lee, Vol II

Univ of Western Ontario
Armstrong, Frederick H., Vol I
Auksi, Peter, Vol II
Avotins, Ivars, Vol I
Backhouse, Constance B., Vol IV
Baguley, David, Vol III
Bailey, Terence, Vol I
Barsky, Robert, Vol II
Barton, Peter G., Vol IV
Bell, John L., Vol IV
Bentley, D. M. R., Vol II
Brandt, Gregory J., Vol IV
Brown, Craig, Vol IV
Bryant, Alan W., Vol IV
Carmichael, Thomas, Vol II
Cheetham, Mark A., Vol I
Collins, Thomas J., Vol II
Cormier, Micheal J., Vol IV
Cozea, Angela, Vol III
Davey, Frank W., Vol II
de Looze, Laurence, Vol III
Demopoulos, William, Vol IV
Dickinson, John Alexander, Vol I
Edgar, Timothy W., Vol IV
Elliott, Bridget, Vol I
Emerson, Roger Lee, Vol I
Esterhammer, Angela, Vol II
Falkenstein, Lorne, Vol IV
Farber, Carole, Vol II
Feldthusen, Bruce P., Vol IV
Freed, Bruce, Vol IV
Gerber, Douglas E., Vol I
Gold, Richard E., Vol IV
Grier, James, Vol I
Groden, Michael, Vol II
Hair, Donald Sherman, Vol II
Harper, Bill, Vol IV
Harvey, Elizabeth D., Vol II
Hieatt, Allen Kent, Vol II
Hoffmaster, Barry, Vol IV
Kreiswirth, Martin, Vol II
Lander, Jack Robert, Vol I
Lennon, Thomas M., Vol IV
Marras, Ausonio, Vol IV
Maynard, Patrick, Vol IV
Mihailescu, Calin Andrei, Vol III
Myrvold, Wayne C., Vol IV

Neary, Peter F., Vol I
Neville, Don, Vol I
Nicholas, John M., Vol IV
Picard, Anne Marie, Vol III
Plotkin, Howard, Vol IV
Pospielovsky, Dimitry
    Vladimirovich, Vol I
Purdy, Anthony, Vol III
Rajan, Tilottama, Vol II
Ross, Catherine S., Vol II
Roulston, Christine, Vol III
Semmens, Richard, Vol I
Steele, Ian Kenneth, Vol I
Thomson, Clive, Vol III
Thorp, John, Vol IV
Toft, Robert, Vol I
Vaillancourt, Daniel, Vol III
Wylie, Alison, Vol IV

Univ of Windsor
Amore, Roy C., Vol IV
Atkinson, Colin B., Vol III
Bebout, Linda J., Vol III
Bird, Harold Wesley, Vol I
Conklin, William E., Vol IV
de Villers, Jean-Pierre, Vol II
Dilworth, Thomas, Vol II
Ditsky, John M., Vol III
Halford, Peter W., Vol III
Harder, Bernhard D., Vol III
Herendeen, Wyman H., Vol III
Janzen, Henry David, Vol II
Kingstone, Basil D., Vol III
Klein, Owen, Vol I
Kovarik, Edward, Vol I
Mackendrick, Louis King, Vol III
MacLeod, Alistair, Vol III
Manzig, John G.W., Vol IV
Marasinghe, M. Lakshman, Vol IV
McCrone, Kathleen E., Vol I
Mehta, Mahesh Maganlal, Vol IV
Murray, Jacqueline, Vol I
Nielsen, Harry A., Vol IV
Quinsey, Katherine M., Vol II
Ruggles, Myles A., Vol II
Sautter, Udo, Vol I
Smedick, Lois Katherine, Vol III
Spellman, John Willard, Vol I
Straus, Barrie Ruth, Vol III
Tucker, Bruce, Vol I
van den Hoven, Adrian, Vol III
Weir, John P., Vol IV
Whitney, Barry L., Vol IV
Wydrzynski, Christopher J.,
    Vol IV

Univ of Winnipeg
Bailey, Donald Atholl, Vol I
Brown, Jennifer S.H., Vol I
Cahill, Jane, Vol I
Cooper, Craig, Vol I
Daniels, Bruce C., Vol I
Day, Peggy, Vol IV
Golden, Mark, Vol I
Greenhill, Pauline, Vol I
Harvey, Carol, Vol III
McDougall, Iain, Vol I
Sauer, Angelika, Vol III
Schnitzer, Deborah, Vol II
Shields, Carol, Vol II
Walton, Douglas, Vol I
Walton, Douglas Neil, Vol IV
Wyke, Clement Horatio, Vol II
Young, Robert John, Vol I

**Univ of Wisconsin Ctr,
Baraboo/Sauk County**
Cole, David William, Vol II

**Univ of Wisconsin Ctr,
Manitowoc County**
Bjerke, Robert Alan, Vol III
Trask, Kerry A., Vol I
White, V. Alan, Vol IV

**Univ of Wisconsin Ctr,
Marathon County**
Lorence, James J., Vol I

**Univ of Wisconsin Ctr,
Marinette County**
Krog, Carl Edward, Vol I

**Univ of Wisconsin, Eau
Claire**
Bushnell, Jack, Vol II
Dale, Helen, Vol II
Duyfhuizen, Bernard, Vol II
Fairbanks, Carol, Vol II
Gross, Rita M., Vol I
Harder, Sarah, Vol II
Jerz, Dennis G., Vol II
Kelly, Erna, Vol II
Knoeller, Christian, Vol II
Lauber, Jack M., Vol I
Meiser, Mary, Vol II
Onwueme, Tess, Vol II
Picart, Caroline Joan Kay S.,
    Vol IV
Shaddock, Jennifer, Vol II
Walsh, Grace, Vol II

**Univ of Wisconsin, Green
Bay**
Aldrete, Gregory S., Vol I
Fleurant, Ken, Vol III
Kaye, Harvey Jordan, Vol I
Lockard, Craig Alan, Vol I

**Univ of Wisconsin, La
Crosse**
Barmore, Frank E., Vol IV
Chavalas, Mark W., Vol I
Hyde, William James, Vol II
Jenson, Carol Elizabeth, Vol I
Kuhn, Gary G., Vol I
Pemberton, William Erwin, Vol I
Pinnell, Richard, Vol I
Socha, Donald, Vol III
Vettes, William George, Vol I

**Univ of Wisconsin,
Madison**
Anderson, Charles W., Vol I
Archdeacon, Thomas John, Vol I
Baker, Robert Samuel, Vol II
Baldwin, Gordon Brewster, Vol IV
Barker, John W., Vol I
Bender, Todd K., Vol II
Bogue, Allan G., Vol I
Boyer, Paul S., Vol I
Brighouse, M.H., Vol IV
Buhnemann, Guldrun, Vol IV
Bush, Sargent, Jr., Vol II
Card, Claudia F., Vol IV
Cassidy, Frederic Gomes, Vol II
Ciplijauskaite, Birute, Vol III
Clover, Frank M., Vol I
Coffman, Edward M., Vol I
Courtenay, William James, Vol I
Cunliffe, William Gordon, Vol III
Dickey, Walter J., Vol IV
Doane, Alger Nicolaus, Vol II
Eells, Ellery T., Vol IV
Enc, Berent, Vol IV
Fain, Haskell, Vol IV
Filipowicz, Halina, Vol II
Fishman, Sterling, Vol I
Fox, Michael, Vol IV
Friedman, Edward, Vol I
Frykenberg, Robert E., Vol I
Galanter, Marc, Vol IV
Gordon, Linda, Vol I
Gorski, Philip, Vol I
Gross, Sabine, Vol III
Hamalainen, Pekka Kalevi, Vol I
Hamerow, Theodore Stephen,
    Vol I
Hanrez, Marc, Vol III
Hausman, Daniel M., Vol IV
Haveman, Robert H., Vol I
Hayman, David, Vol II
Hermand, Jost, Vol III
Hilts, Victor L., Vol I
Hinden, Michael Charles, Vol II
Hollingsworth, Joseph Rogers,
    Vol I
Hopkins, Dianne McAfee, Vol I
Hunter, Linda, Vol III
Hutchison, Jane Campbell, Vol I
Ingwersen, Niels, Vol II
Jones, James Edward, Jr., Vol IV

Kaminski, John Paul, Vol I
Kingdon, Robert Mccune, Vol I
Kleinhenz, Christopher, Vol III
Knipe, David Maclay, Vol I
Knowles, Richard Alan John,
    Vol II
Kutler, Stanley I., Vol I
Leavitt, Judith Walzer, Vol I
Lee, Jean B., Vol I
LeMoine, Fannie J., Vol I
Levine, Andrew, Vol IV
Lin, Yu-sheng, Vol I
Lindberg, David C., Vol I
Lindstrom, Diana, Vol I
Lovejoy, David Sherman, Vol I
Lucas, Stephen E., Vol II
MacAulay, Stewart, Vol IV
Marks, Elaine, Vol III
Marquess, Harlan Earl, Vol III
Mazzaoui, Maureen Fennell, Vol I
McClure, Laura Kathleen, Vol I
McKeown, James C., Vol I
Melli, Marygold Shire, Vol IV
Memon, Muhammad Umar,
    Vol III
Michels, Anthony, Vol I
Mosse, George L., Vol I
Naess, Harald S., Vol II
Nelson, James Graham, Vol II
Nicholas, Robert Leon, Vol III
Nollendorfs, Valters, Vol III
Numbers, Ronald Leslie, Vol I
Ormand, Kirk, Vol I
Payne, Stanley George, Vol I
Pfau, Michael, Vol II
Powell, Barry, Vol I
Read, Charles, Vol III
Risjord, Norman Kurt, Vol I
Rodini, Robert Joseph, Vol III
Schoville, Keith Norman, Vol III
Schultz, Stanley Kenton, Vol I
Scott, Charles Thomas, Vol III
Senn, Alfred Erich, Vol I
Sewell, Richard Herbert, Vol I
Sihler, Andrew L., Vol III
Silberman, M., Vol III
Singer, Marcus G., Vol IV
Skloot, Robert, Vol II
Sober, Elliott Reuben, Vol IV
Sorkin, David, Vol I
Stern, Steve Jefferey, Vol I
Thain, Gerald John, Vol IV
Tuerkheimer, Frank M., Vol IV
Van Deburg, William L., Vol I
Vaughn, Stephen Lee, Vol I
Von Schneidemesser, Luanne,
    Vol III
Wallace, Ronald William, Vol II
Ward, David, Vol I
Weinbrot, Howard D., Vol II
Weiner, Andrew David, Vol II
Weingand, Darlene E., Vol II
Whitford, William C., Vol IV
Wiesenfarth, Joseph John, Vol II
Wink, Andre, Vol I
Woodward, David, Vol I
Yandell, Keith E., Vol IV
Yetunde Faelarin Schleicher,
    Antonia, Vol III
Young, Richard, Vol III
Zeps, Valdis Juris, Vol III
Zile, Zigurds Laimons, Vol IV

**Univ of Wisconsin,
Milwaukee**
Aman, Mohammed M., Vol I
Baron, F. Xavier, Vol II
Bartley, Russell Howard, Vol I
Baumann, Carol Edler, Vol I
Bellegarde-Smith, Patrick, Vol I
Bendiner, Kenneth Paul, Vol I
Blau, Herbert, Vol II
Buck, David D., Vol I
Carpenter, Joseph, II, Vol I
Corre, Alan David, Vol III
Downing, Pamela A., Vol III
Fetter, Bruce Sigmond, Vol I
Filips-Juswigg, Katherina P.,
    Vol III
Friedman, Melvin Jack, Vol II
Greene, Victor Robert, Vol I
Grossfeld, Bernard, Vol III
Guerinot, Joseph Vincent, Vol II
Hamdani, Abbas Husayn, Vol I
Hayes, Jeffrey R., Vol I
Hoeveler, J. David, Vol I
Hoey, Lawrence R., Vol I
Horsman, Reginald, Vol I

Hubbard, Carol P., Vol III
Hubbard, Nancy, Vol I
Jones, Robert Alston, Vol III
Joyce Stone, Andrea, Vol I
Krause, Linda R., Vol I
Kuist, James Marquis, Vol II
Martin-Rodriguez, Manuel M.,
    Vol III
Mileham, James Warren, Vol III
Moravcsik, Edith Andrea, Vol III
Nardin, Terry, Vol IV
Pollard, Diane S., Vol I
Rodriguez - Luis, Julio, Vol III
Ross, Ronald John, Vol I
Schmidt, Martin Edward, Vol I
Schroeder, John H., Vol I
Shashko, Philip, Vol I
Shey, Howard James, Vol I
Skalitzky, Rachel Irene, Vol III
Sprague, Paul Edward, Vol I
Swanson, Roy Arthur, Vol I
Ullman, Pierre Lioni, Vol I
Wainwright, William J., Vol IV
Waldbaum, Jane C., Vol I
Weare, Walter Burdette, Vol I
Weiss, Raymond L., Vol IV
Wind, Barry, Vol I
Winter, Ian James, Vol III
Wishne, Brian, Vol I

**Univ of Wisconsin,
Oshkosh**
Burr, John Roy, Vol IV
Burt, Susan Meredith, Vol II
Cordero, Ronald Anthony, Vol IV
Grieb, Kenneth J., Vol I
Herzing, Thomas Wayne, Vol II
Linenthal, Edward Tabor, Vol IV
Missner, Marshall Howard, Vol IV
Nuernberg, Susan M., Vol II
Sieber, George Wesley, Vol I
Thorpe, Judith M., Vol II
Urbrock, William Joseph, Vol IV
Wu, Kuang-Ming, Vol IV

**Univ of Wisconsin,
Parkside**
Buenker, John D., Vol I
Canary, Robert Hughes, Vol II
Cress, Donald Alan, Vol IV
Dean, Dennis Richard, Vol II
Dean, James S., Vol II
Egerton, Frank N., Vol I
Gellott, Laura S., Vol I
Greenfield, Gerald M., Vol I
Kummings, Donald D., Vol II
Leeds-Hurwitz, Wendy, Vol II
Lindner, Carl Martin, Vol II
Mclean, Andrew Miller, Vol II
Meyer, Stephen, Vol I
Reeves, Thomas C., Vol I
Schunk, Thom, Vol I
Shade, Barbara J., Vol I
Shailor, Jonathan G., Vol II
Shapiro, Rami, Vol II
Shucard, Alan Robert, Vol II
Smith, Eleanor Jane, Vol I
Stathatos, Constantine Christopher,
    Vol III

**Univ of Wisconsin,
Platteville**
Drefcinski, Shane, Vol IV
Wendorff, Laura C., Vol I

**Univ of Wisconsin, River
Falls**
Brantley, Jennifer, Vol II
Brown, Terry, Vol II
Cederberg, Herbert Renando, Vol I
Gerster, Carole, Vol II
Karolides, Nicholas J., Vol II
Luebke, Steve, Vol II
Peterson, Edward Norman, Vol I
Wood, Ruth, Vol II
Zlogar, Laura, Vol II

**Univ of Wisconsin, Stevens
Point**
Billings, John R., Vol IV
Cohen, Andrew I., Vol IV
Fadner, Donald E., Vol IV

Herman, Arthur L., Vol IV
Keefe, Alice Ann, Vol IV
Knowlton, Robert James, Vol I
Meisel, Martin, Vol II
Missey, James L., Vol II
Nelson, Michael P., Vol IV
Overholt, Thomas William, Vol IV
Paul, Justus F., Vol I
Skelton, William B., Vol I
Stokes, James, Vol II
Waligore, Joseph, Vol IV
Walker, Hugh D., Vol IV
Warren, Dona, Vol IV

Univ of Wisconsin, Stout
Levy, Michael Marc, Vol II
Thurin, Susan Molly Schoenbauer, Vol II
Zeidel, Robert F., Vol I

Univ of Wisconsin, Whitewater
Adams, George Roy, Vol II
Haney, Richard Carlton, Vol I
Haven, Richard P., Vol II
Townsend, Patricia Ann, Vol II
Yasko, Richard Anthony, Vol I

Univ of Wyoming
Bagby, Lewis, Vol III
Bangerter, Lowell A., Vol III
Denney, Colleen J., Vol II
Durer, Christopher, Vol II
Dwyer, James G., Vol IV
Gressley, Gene M., Vol I
Hanson, Klaus D., Vol III
Harris, Duncan Seely, Vol II
Harris, Janice Hubbard, Vol II
Holt, Philip, Vol I
Kalbfleisch, Pamela J., Vol II
Kohler, Eric Dave, Vol I
Langlois, Walter G., Vol III
Larsen, Kevin, Vol III
Larson, Taft Alfred, Vol I
Martin, James August, Vol IV
Mayer, Sigrid, Vol III
Moore, William Howard, Vol I
Mundt, Hannelore, Vol III
Picherit, Jean-Louis, Vol III
Porterfield, Amanda, Vol II
Reverand, Cedric D., Vol II
Rhoades, Duane, Vol III
Schaefer, Jean Owens, Vol I
Seckinger, Donald Sherman, Vol IV
Sherline, Ed, Vol IV
Sigalov, Pavel S., Vol III
Tolo, Khama-Basilli, Vol III

Univ Texas, El Paso
Metz, Leon Claire, Vol I

Univ van Amsterdam Herengracht
Horst, Irvin Buckwalter, Vol I

Universal School of Spiritual Awareness
Edwards, Abiyah, Jr., Vol I

Universal TV
Johnson, Chas Floyd, Vol IV

Ursinus Col
Akin, William Ernest, Vol I
Clark, Hugh R., Vol I
Clouser, Robin A., Vol III
Decatur, Louis Aubrey, Vol II
Hemphill, C. Dallett, Vol I
King, Richard D., Vol I
Visser, Derk, Vol I

Ursuline Col
Glavac, Cynthia, Vol II
Gromada, Conrad T., Vol IV
Pina, Leslie, Vol I

Podis, Joanne, Vol II

US Air Force
Hallion, Richard Paul, Vol I
Kohn, Richard Henry, Vol I

US Air Force Acad
Wakin, Malham M., Vol IV

US Air Force Air Univ
Kline, John A., Vol II

US Army Corps Eng
Willingham, William Floyd, Vol I

US Army Ctr of Mil Hist
Bell, William Gardner, Vol I
Hunt, Richard Allen, Vol I

US Army War Col Fac
Deutsch, Harold Charles, Vol I

US Atty's Office
Jordan, Eddie J., Jr., Vol IV
Swain, James H., Vol IV

US Commission of Fine Arts
Kohler, Sue A., Vol I

US House of Representatives
Norton, Eleanor Holmes, Vol IV
Stokes, Louis, Vol IV

US Int Univ
Kim, Young Hum, Vol I

US Justice Department
Argrett, Loretta Collins, Vol IV

US Merchant Marine Acad
Gardella, Robert Paul, Vol I

US Military Acad
Crane, Conrad C., Vol I
Crane, Conrad Charles, Vol I
Doughty, Robert, Vol I
Hartle, Anthony E., Vol IV
McDonald, Robert M.S., Vol I
Rogers, Clifford J., Vol I

US Naval Acad
Abels, Richard, Vol I
Cochran, Charles Leo, Vol I
Coletta, Paolo E., Vol I
Culham, Phyllis, Vol II
DeCredico, Mary A., Vol I
Hagan, Kenneth James, Vol I
Jason, Philip Kenneth, Vol II
Symonds, Craig Lee, Vol I

US Supreme Court
Stevens, John Paul, Vol IV
Thomas, Clarence, Vol IV

USIS/USEU Brussels
Stine, Philip C., Vol III

Utah State Univ
Bakker, Jan, Vol II
Carmack, Noel A., Vol I
Cole, Robert, Vol I
Derry, James, Vol II

Ellsworth, Samuel George, Vol I
Glatfelter, Ralph Edward, Vol I
Huenemann, Charles, Vol I
Jones, Norman L., Vol I
Lewis, David Rich, Vol I
Lye, William Frank, Vol I
McInerney, Daniel J., Vol I
Milner, Clyde A., II, Vol I
Nicholls, Michael Lee, Vol I
O'Connor, Carol A., Vol I
Pease, Ted, Vol II
Peterson, Charles S., Vol I
Peterson, Frank Ross, Vol I
Siporin, Steve, Vol II
Sweeney, Michael S., Vol II

Utah Valley State Col
Kazemzadeh, Masoud, Vol I
Keller, David R., Vol IV

Utica Col of Syracuse Univ
Bergmann, Frank, Vol III
Nassar, Eugene Paul, Vol II

Valdosta State Univ
Brown, Ola M., Vol I
Campbell, Lee, Vol II
Marks, Patricia, Vol II
McNeill, Paula L., Vol I
Sommers, Laurie., Vol I
Tomberlin, Joseph A., Vol I

Valparaiso Univ
Bachman, James V., Vol II
Bass, Dorothy C., Vol IV
Brant, Dale, Vol IV
Brietzke, Paul H., Vol IV
Corazzo, Nina, Vol I
Geiman, Kevin, Vol IV
Hatcher, Richard Gordon, Vol IV
Howard, Thomas A., Vol I
Klein, Kenneth, Vol IV
Krodel, Gottfried G., Vol I
Kumpf, Michael, Vol III
Ludwig, Theodore Mark, Vol I
Meilaender, Gilbert, Vol IV
Morgan, David, Vol I
Niedner, Frederick A., Vol IV
Nordling, John G., Vol I
Rast, Walter Emil, Vol IV
Schoppa, Robert Keith, Vol I
Sponberg, Arvid Frederic, Vol II
Truemper, David George, Vol IV

Valparalso Univ
Kennedy, Thomas, Vol IV

Vancouver Mus
Swart, Paula, Vol I

Vancouver Sch of Theol
Gaston, Lloyd, Vol IV

Vanderbilt Univ
Baldwin, Lewis V., Vol IV
Bell, Vereen M., Vol II
Belton, Robert, Vol IV
Bingham, John L., Vol III
Blumstein, James Franklin, Vol IV
Brennan, Virginia M., Vol III
Brown, R.L., Vol IV
Charney, Jonathan Isa, Vol IV
Church, Dan M., Vol II
Clayton, Jay, Vol II
Cockrell, Dale, Vol II
Crispin, John, Vol III
Crist, Larry S., Vol III
Cyrus, Cynthia, Vol I
Davis, Thadious, Vol II
Deal, Terrance E., Vol I
DeHart, Paul, Vol IV
Delzell, Charles Floyd, Vol I
Doody, Margaret A., Vol II
Doyle, Don H., Vol I
Eakin, Marshall C., Vol I
Elledge, Paul, Vol II
Enterline, Lynn, Vol II

Epstein, James A., Vol I
Franke, William, Vol III
Fryd, Vivien G., Vol I
Girgus, Sam B., Vol II
Goddu, Teresa, Vol II
Gottfried, Roy K., Vol II
Graham, George Jackson, Vol IV
Graham, Hugh Davis, Vol I
Graham, Hugh G., Vol I
Grantham, Dewey Wesley, Vol I
Haas, Peter J., Vol I
Halperin, John, Vol II
Hambrick, Charles Hilton, Vol I
Harrelson, Walter, Vol IV
Harris, Alice C., Vol I
Harrod, Howard L., Vol IV
Hassel, R. Chris, Jr., Vol II
Helguera, J. Leon, Vol I
Hodges, Michael P., Vol IV
Hodgson, Peter C., Vol IV
Isherwood, Robert M., Vol I
Johnson, Dale Arthur, Vol IV
Kezar, Dennis, Vol II
Kreyling, Michael, Vol II
Kustanovich, Konstantin, Vol III
Lachs, John, Vol IV
Lee, Douglas, Vol I
Luis, William, Vol III
Mack, Robert, Vol III
Maier, Harold Geistweit, Vol IV
Marcus, Leah, Vol II
McCoy, Thomas Raymond, Vol IV
McFague, Sallie, Vol IV
Mcseveney, Samuel Thompson, Vol I
Miller-McLemore, Bonnie Jean, Vol IV
Millgram, Elijah, Vol I
Myers, Charles Bennett, Vol I
Nathanson, Leonard, Vol II
Patte, Daniel, Vol IV
Patty, James Singleton, Vol III
Pichois, Claude, Vol III
Plummer, John F., Vol II
Schoenfield, Mark, Vol II
Schwarz, Kathryn, Vol II
Sherkat, Darren E., Vol I
Smith Mckoy, Sheila, Vol III
Sullivan, Walter L., Vol II
Syverud, K.D., Vol IV
Teselle, Eugene A., Vol IV
Tichi, Cecelia, Vol II
Todd, Margo, Vol I
Voegeli, Victor Jacque, Vol I
Walker, Nancy, Vol II
Walker, Nancy A., Vol I
Weatherby, Harold L., Jr., Vol II
Wiltshire, Susan Ford, Vol I
Winters, Donald Lee, Vol I
Wollaeger, Mark A., Vol II
Young, Thomas Daniel, Vol II
Zaner, Richard, Vol IV

Vanguard Univ of So California
Baldwin, Donald E., Vol IV

Vassar Col
Adams, Nicholas, Vol I
Amaru-Halpern, Betsy, Vol IV
Berkley, Constance E. Gresham, Vol III
Cladis, Mark S., Vol IV
Cohen, Miriam J., Vol I
DeMaria, Robert, Vol II
Edwards, Rebecca, Vol I
Fergusson, Frances D., Vol I
Fortna, Robert Tomson, Vol IV
Foster, Donald W., Vol II
Grunfeld, Mihai, Vol III
Imbrie, Ann Elizabeth, Vol II
Jarow, E.H., Vol III
Johnson, M. Glen, Vol I
Kohl, Benjamin Gibbs, Vol I
Libin, Kathryn, Vol I
Lott, John Bertrand, Vol IV
Mann, Brian, Vol I
Olsen, Donald J. Ames, Vol I
Pisani, Michael, Vol I
Rappaport, Rhoda, Vol I
Van Norden, Bryan W., Vol IV
von der Emde, Silke, Vol III
Wohl, Anthony Stephen, Vol I

Vermont Univ
Bailly, Jacques A., Vol I

Villa Julie Col
Penczek, Alan, Vol IV

Villanova Univ
Abraham, Gerald, Vol IV
Anderson, Michelle J., Vol IV
Becker, Lewis, Vol I
Bergquist, James Manning, Vol I
Bersoff, Donald N., Vol IV
Betz, Joseph M., Vol IV
Brakman, Sarah-Vaughan, Vol IV
Brogan, Doris DelTosto, Vol IV
Brogan, Walter A., Vol I
Burke, Michael E., Vol I
Burt, Donald X., Vol I
Busch, Thomas W., Vol IV
Cannon, John J., Vol IV
Caputo, John D., Vol IV
Carvalho, John, Vol IV
Cherry, Charles L., Vol II
Cohen, Arnold B., Vol IV
Colwell, Chauncey, Vol IV
Conn, Walter Eugene, Vol IV
Crabtree, Arthur Bamford, Vol I
Cummings, Raymond L., Vol I
Dellapenna, Joseph W., Vol IV
Dobbyn, John Francis, Vol IV
Doody, John A., Vol IV
Doorley, Mark J., Vol IV
Edelman, Diane Penneys, Vol IV
Eigo, Francis Augustine, Vol IV
Fielder, John H., Vol IV
Flannery, Michael T., Vol IV
Gafni, Abraham J., Vol IV
Gallicchio, Marc S., Vol I
Goff, Edwin L., Vol IV
Gotanda, John Yukio, Vol IV
Greene, Thomas R., Vol I
Heitzmann, William Ray, Vol I
Helmetag, Charles Hugh, Vol III
Hughes, Kevin L., Vol I
Hyson, John M., Vol IV
Immerwahr, John, Vol IV
James, Marquita L., Vol IV
James, William, Vol IV
Johannes, John R., Vol I
Juliano, Ann Carey, Vol IV
Kelley, Donald B., Vol I
Lanctot, Catherine J., Vol IV
Llewellyn, Don W., Vol IV
Losoncy, Thomas A., Vol IV
Lurie, Howard R., Vol IV
Magid, Laurie, Vol IV
Major, April, Vol IV
Malik, Hafeez, Vol I
Maule, James Edward, Vol IV
McCartney, James J., Vol IV
Miles, Kevin Thomas, Vol IV
Mulroney, Michael, Vol IV
Murphy, John F., Vol IV
O'Brien, J. Willard, Vol IV
Packel, Leonard, Vol IV
Paffenroth, Kim, Vol IV
Palm, Craig W., Vol IV
Perritt, Henry H., Jr., Vol IV
Pohlhaus, Gaile, Vol IV
Poulin, Anne Bowen, Vol IV
Prince, John R., Vol IV
Procko, Bohdan P, Vol I
Radan, George T., Vol I
Reilly, Bernard F, Vol I
Rothman, Frederick P., Vol IV
Schmidt, Dennis, Vol IV
Schoenfeld, Marcus, Vol IV
Scholz, Sally J., Vol IV
Sirico, Louis J., Jr., Vol IV
Taggart, Walter John, Vol IV
Termini, Roseann B., Vol IV
Thomas, Deborah Allen, Vol IV
Turkington, Richard C., Vol IV
Vanallen, Rodger, Vol IV
Wall, Barbara E., Vol IV
Wertheimer, Ellen, Vol IV
Young, Ernest A., Vol IV

Virginia Commonwealth Univ
Bendersky, Joseph William, Vol I
Berry, Boyd Mcculloch, Vol II
Brennen, Bonnie, Vol IV
Briceland, Alan Vance, Vol I

Dvorak, Paul Francis, Vol III
Ellis, Anthony John, Vol IV
Engel, Arthur Jason, Vol II
Farmer, David, Vol I
Griffin, Claudius Williams, Vol II
Hirsch, Herbert, Vol II
Kinney, James Joseph, Vol II
Moore, James Tice, Vol I
Morse, Charlotte Cook, Vol II
Phillips, Richard E., Vol I
Reed, Daisy Frye, Vol I
Schwarz, Philip James, Vol I
Shear, Jonathan, Vol IV
Sims, Robert Lewis, Vol III
Vallentyne, Peter, Vol IV

Virginia Military Inst
Bausum, Henry S., Vol I
Brown, John Madison, Vol III
Davis, Thomas Webster, Vol I
Emmitt, Helen, Vol II
Fay, Mary Ann, Vol I
Gentry, Thomas Blythe, Vol II
Hays, Willard Murrell, Vol I
McClesky, Turk, Vol I
Richter, Duncan J., Vol IV
Sheldon, Rose Mary, Vol I
Thomas, Donald E., Vol I
Tucker, Spencer C., Vol I
Vandervort, Bruce, Vol I
Weing, Siegfried, Vol III

Virginia Polytech Inst and State Univ
Anderson, Linda, Vol II
Barr, Marleen Sandra, Vol II
Bauer, Henry H., Vol I
Bixler, Jacqueline, Vol III
Britt, Brian M., Vol IV
Burian, Richard M., Vol IV
Campbell, Hilbert Haynes, Vol II
Doswald, Herman K., Vol III
Ekirch, A. Roger, Vol I
Fine, Elizabeth C., Vol III
Fishwick, Marshall W., Vol I
Fowler, Virginia C., Vol II
Graham, Peter W., Vol II
Hammond, Guy Bowers, Vol IV
Hattab, Helen, Vol I
Hirsh, Richard Frederic, Vol I
Howard, Thomas Carlton, Vol I
Malbon, Elizabeth Struthers, Vol I
Mcallister, Matthew P., Vol II
Moyer, Albert Earl, Vol I
Oliver, Mary Beth, Vol III
Pearson, Judy C., Vol II
Pitt, Joseph C., Vol IV
Pitt, Joseph C., Vol IV
Riley, Sam G., Vol II
Robertson, James Irvin, Vol I
Saffle, Michael, Vol I
Shumsky, Neil Larry, Vol I
Sulloway, Alison G., Vol II
Taylor, Charles L., Vol I
Tucker, Edward Llewellyn, Vol II
Wallenstein, Peter, Vol I
Welch, Dennis Martin, Vol II
Zallen, Doris T., Vol IV

Virginia State Col
Toppin, Edgar Allan, Vol I

Virginia State Univ
Archer, Chalmers, Jr., Vol I
Hill, Renee Afanan, Vol IV

Virginia Theol Sem
Davis, Ellen F., Vol IV
Dyer, James Mark, Vol IV
Eversley, Walter V.L., Vol IV
Fuller, Reginald H., Vol IV
Gearey, Amelia J., Vol IV
Glover, Raymond F., Vol IV
Hanchey, Howard, Vol IV
Horne, Martha J., Vol IV
Jones, Richard J., Vol IV
McDaniel, Judith M., Vol II
Newman, Murray L., Jr., Vol IV
Parrent, Allan Mitchell, Vol IV
Prichard, Robert W., Vol IV
Robertson, Benjamin W., Vol IV
Ross, James F., Vol IV

Scott, David Allen, Vol IV
Sedgwick, Timothy F., Vol IV
Stafford, William Sutherland, Vol I

Virginia Union Univ
James, Allix Bledsoe, Vol IV
Roberts, Samuel Kelton, Vol IV
Watson, John A., Vol III
Yancy, Preston Martin, Vol II

Virginia Wesleyan Col
Graf, Daniel William, Vol I
Jackson, Kathy Merlock, Vol II

Volunteer State Comm Col
Sherrill, Vanita Lytle, Vol I

Wabash Col
Baker, Donald Whitelaw, Vol II
Barnes, James John, Vol I
Danby, Judd G., Vol I
Davis, George H., Vol I
Fisher, James, Vol II
Kubiak, David Payne, Vol III
Peebles, I.Hall, Vol IV
Placher, William C., Vol IV

Wadhams Hall Sem-Col
Rocker, Stephen, Vol IV

Wagner Col
Anderson, Robert Mapes, Vol I
Frank, Sam Hager, Vol I
Groth, Miles, Vol IV

Waits Group, Inc
Waits, Va Lita Francine, Vol IV

Wake Forest Univ
Andronica, John Louis, Vol I
Angelou, Maya, Vol II
Bree, Germaine, Vol III
Fleer, Jack David, Vol I
Ford, James L., Vol IV
Glenn, Kathleen Mary, Vol III
Hans, James Stuart, Vol II
Hendricks, James Edwin, Vol I
Hester, Marcus B., Vol IV
Levy, David Benjamin, Vol I
Milner, Joseph O'Beirne, Vol I
Nauckhoff, Josefine C., Vol IV
Pendergraft, Mary L.B., Vol I
Shores, David Francis, Vol II
Shorter, Robert Newland, Vol II
Sinclair, Michael Loy, Vol I
Talbert, Charles H., Vol IV
Walker, George Kontz, Vol I
West, Larry E., Vol III
Weyler, Karen A., Vol II
Zuber, Richard Lee, Vol I

Waldorf Col
Hamre, James S., Vol IV

Walla Walla Col
Dickinson, Loren, Vol II

Walsh Univ
McClain, Shirla R., Vol I

Warren Wilson Col
Yeager, Robert Frederick, Vol II

Warsaw Univ
Lyra, Franciszek, Vol II

Wartburg Theol Sem
Bailey, James L., Vol IV
Kang, Wi Jo, Vol IV
Kang, Wi Jo, Vol IV
Martin, Raymond Albert, Vol IV
Priebe, Duane A., Vol IV
Quere, Ralph Walter, Vol I

Washburn Univ of Topeka
Concannon, James M., Vol IV
Danker, Donald Floyd, Vol I
Dimmitt, Jean Pollard, Vol II
Elrod, Linda Diane Henry, Vol IV
Griffin, Ronald Charles, Vol IV
Haywood, C. Robert, Vol I
Henry Elrod, Linda, Vol IV
Pruitt, Virginia D., Vol II
Ryan, David L., Vol IV
Spring, Raymond Lewis, Vol IV
Stein, Robert David, Vol II

Washington and Jefferson Col
Schrader, David E., Vol IV

Washington and Lee Univ
Brown, Alexandra, Vol IV
Craun, Edwin David, Vol II
Davis, Winston, Vol I
Hodges, Louis Wendell, Vol IV
Kirgis, Frederic Lee, Vol IV
LaRue, Lewis Henry, Vol I
Martin, Joseph Ramsey, Vol IV
Sessions, William Lad, Vol IV
Stuart, Dabney, Vol II
Sullivan, Winnifred F., Vol IV

Washington Bible Col
Kari, Daven M., Vol II

Washington Col
Deprospo, Richard Chris, Vol II
Shivers, George Robert, Vol III
Tatum, Nancy R., Vol II

Washington National Cathedral
Schmidt, Frederick W., Vol IV

Washington State Univ
Armitage, Susan, Vol I
Ashby, LeRoy, Vol I
Bennett, Edward Moore, Vol I
Blackwell, Frederick Warn, Vol I
Blackwell, Fritz, Vol I
Brewer, John T., Vol III
Broyles, James Earl, Vol IV
Burbick, Joan, Vol II
Chermak, Gail D., Vol III
Clanton, Orval Gene, Vol I
Condon, William, Vol II
Coon, David L., Vol I
Ehrstine, John, Vol II
Faulkner, Thomas Corwin, Vol II
Fowler, Shelli, Vol III
Franks, J. Richard, Vol III
Frykman, George Axel, Vol I
Gillespie, Diane F., Vol II
Gonzalez, Eloy, Vol III
Gordon, Lynn, Vol III
Gough, Jerry B., Vol I
Hammond, Alexander, Vol II
Harris, Laurilyn J., Vol II
Hellegers, Desiree, Vol II
Hirt, Paul W., Vol I
Hume, Richard L., Vol I
Hunt, Timothy, Vol II
Hyde, Virginia Crosswhite, Vol II
Hyde, Virginia M., Vol II
Ingemanson, Birgitta, Vol III
Jankowski, Theodora, Vol II
Johnson, Jeanne M., Vol III
Johnson, Wendy Dasler, Vol II
Kale, Steven D., Vol I
Kennedy, George E., Vol II
Kennedy, Thomas L., Vol I
Kicza, John Edward, Vol I
Kiessling, Nicolas, Vol II
Krantz, Grover S., Vol I

Law, Richard G., Vol II
Linden, Stanton J., Vol II
Lipe, William David, Vol I
Luchting, Wolfgang Alexander, Vol III
Macauley, Beth, Vol III
Madison, Charles L., Vol III
McLeod, Susan, Vol II
Meyer, Kathryn E., Vol I
Oliver, Eileen, Vol II
Ong, Rory J., Vol III
Orr, Leonard, Vol II
Peabody, Susan, Vol I
Pesek, Thomas G., Vol I
Peterson, Jacqueline, Vol I
Reed, T.V., Vol I
Roman, Camille, Vol II
Schleiner, Louise, Vol II
Schlesinger, Roger, Vol I
Shier, David, Vol IV
Siegel, Carol, Vol II
Sitko, Barbara, Vol II
Slind, Marvin G., Vol I
Smith, Shawn M., Vol II
Streets, Heather, Vol I
Sun, Raymond, Vol I
Svingen, Orlan, Vol I
Tolmacheva, Marina, Vol I
Trafzer, Clifford Earl, Vol I
Villanueva, Victor, Vol II
Von Frank, Albert J., Vol II
Watrous, Mary A., Vol I
Williams, Richard S., Vol I

Washington Theol Union
Delio, Ilia, Vol I
Waznak, Robert P., Vol II

Washington Univ
Allen, Garland E., Vol I
Bechtel, Will, Vol IV
Beinfeld, Solon, Vol I
Berger, Henry Weinberg, Vol I
Bernstein, Iver, Vol I
Brock, Karen L., Vol I
Brown, Eric, Vol IV
Burns, J. Patout, Jr., Vol IV
Childs, Elizabeth C., Vol I
Dzuback, Mary Ann, Vol I
Early, Gerald, Vol II
Fiss, Karen A., Vol I
Friedman, Marilyn A., Vol IV
Gass, William Howard, Vol IV
Gerard, Jules Bernard, Vol I
Greenfield, Michael M., Vol IV
Hatch, George, Vol I
Head, Thomas F., Vol I
Hegel, Robert Earl, Vol III
Hirst, Derek M., Vol I
Izenberg, Gerald Nathan, Vol I
Jenkins, Jennifer L., Vol I
Joy, Peter, Vol IV
Karamustafa, Ahmet T., Vol IV
Kleingeld, Pauline, Vol IV
Konig, David Thomas, Vol I
Leven, Charles Louis, Vol I
Levin, Ronald Mark, Vol IV
Lowry, William R., Vol I
Lutzeler, Paul Michael, Vol III
Mandelker, Daniel Robert, Vol IV
Milder, Robert, Vol II
Miller, Angela L., Vol I
Morris, John Nelson, Vol II
Nolan, Barbara, Vol II
Norwood, Kimberly Jade, Vol IV
Okenfuss, Max Joseph, Vol I
Paulson, Stanley Lowell, Vol IV
Poag, James F., Vol III
Riesenberg, Peter, Vol I
Roediger, Henry L., Vol I
Rosenbloom, Joseph R., Vol I
Ruland, Richard, Vol I
Schneider, Laurence, Vol I
Schwarzbach, Fredric S., Vol II
Shea, Daniel B., Vol II
Sherman, Stuart, Vol II
Symeonoglou, Sarantis, Vol I
Tatlock, Lynn, Vol III
Toribio, Josefa, Vol IV
Tsunoda, Elizabeth, Vol I
Wallace, William, Vol I
Walter, Richard John, Vol I
Watson, Patty Jo, Vol I
Watson, Richard Allan, Vol IV
Weil, Mark S., Vol I
Wellman, Carl, Vol IV
Williams, Gerhild Scholz, Vol III

Williams, Robert Chadwell, Vol I
Zwicker, Steven Nathan, Vol II

Wayne Col
Kristofco, John P., Vol I

Wayne State Col
Hickey, Donald Robert, Vol I

Wayne State Univ
Adelman, Martin Jerome, Vol IV
Ambler, Effie, Vol I
Anchustegui, Ann-Marie, Vol IV
Byars, Jackie L., Vol II
Calarco, N. Joseph, Vol II
Chauderlot, Fabienne Sophie, Vol III
Cobbs, Alfred Leon, Vol III
Corvino, John F., Vol IV
Farrow, J.G., Vol I
Faue, Elizabeth V., Vol I
Gilb, Corinne Lathrop, Vol I
Goldfield, Michael, Vol I
Goldman, Bernard, Vol I
Granger, Herbert, Vol IV
Guberti-Bassett, Sarah, Vol I
Gutierrez, Jesus, Vol III
Gutmann, Joseph, Vol I
Hale, Janice Ellen, Vol I
Hetzel, Otto J., Vol IV
Johnson, Christopher Howard, Vol I
Kiah, Ruth Josephine, Vol I
Kibler, Louis Wayne, Vol III
Kruman, Marc Wayne, Vol I
Levine, Bernard, Vol II
Littlejohn, Edward J., Vol IV
Lombard, Lawrence B., Vol IV
Marotti, Arthur Francis, Vol II
Mason, Philip P., Vol I
McNamee, Kathleen, Vol I
Mika, Joseph John, Vol II
Powell, Ronald R., Vol II
Raucher, Alan R., Vol I
Reed, John R., Vol I
Reide, Jerome L., Vol IV
Ronnick, Michele Valerie, Vol I
Russell, Bruce Alan, Vol IV
Schurlknight, Donald E., Vol III
Scott, Samuel Francis, Vol I
Scrivener, Michael Henry, Vol II
Sedler, Robert Allen, Vol IV
Shapiro, Stanley, Vol I
Sheridan, Jennifer A., Vol I
Slovenko, Ralph, Vol IV
Small, Melvin, Vol I
Spinelli, Donald C., Vol II
Stern, Guy, Vol III
Stivale, Charles J., Vol III
Titiev, Robert Jay, Vol IV
Uhr, Horst, Vol I
Vlasopolos, Anca, Vol III
Wagner, Vern, Vol II
Williamson, Marilyn Lammert, Vol II
Wise, Edward Martin, Vol IV
Yanal, Robert John, Vol IV
Ziegelmueller, George William, Vol II

Waynesburg Col
Glidden, Jock, Vol IV
Vernezze, Peter J., Vol IV

Webb Sch, Knoxville
Banker, Mark T., Vol I

Weber State Univ
Beatch, B. Richard, Vol IV
Mathews, Thomas J., Vol III
Oliver, Daily E., Vol I
Sharpes, Donald Kenneth, Vol II
Spanos, Anthony, Vol III
Vause, L. Mikel, Vol II

Webster Univ
Cargas, Harry James, Vol II
Klass, Dennis, Vol IV
Parr, Chris, Vol IV

Weil, Gotshal & Manges
Millstein, Ira M., Vol IV

Wellesley Col
Auerbach, Jerold Stephen, Vol I
Cohen, Paul Andrew, Vol I
Congelton, Ann, Vol IV
Cudjoe, Selwyn Reginald, Vol I
Fontijn, Claire, Vol I
Galand, Rene, Vol III
Hansen, Thomas S., Vol III
Jacobs, Ruth Harriet, Vol I
Johnson, Roger Alan, Vol IV
Lefkowitz, Mary Rosenthal, Vol I
Lynch, Kathryn, Vol II
Malino, Frances, Vol I
Martin, Tony, Vol I
Merry, Sally E., Vol I
Mistacco, Vicki, Vol III
O'Gorman, James F., Vol I
Piper, Adrian Margaret Smith, Vol IV
Rosenwald, Lawrence A., Vol II
Roses, Lorraine Elena, Vol III
Stadler, Ingrid, Vol IV
Starr, Raymond James, Vol I
Winkler, Kenneth, Vol IV
Witte, Ann Dryden, Vol I

Wells Col
MacCormick, Chalmers, Vol IV
Yates, Jenny, Vol IV

Wellshire Presbyterian Church
Starbuck, Scott R., Vol IV

Wesley Biblical Sem
Tashiro, Paul Y., Vol IV
Ury, M. William, Vol I

Wesley Col, Delaware
Mask, E. Jefferey, Vol IV
Nielsen, Michael, Vol II

Wesley Theol Sem
Birch, Bruce Charles, Vol IV
Buchanan, George Wesley, Vol IV
Campbell, Ted A., Vol I
Lee, K. Samuel, Vol IV
Shopshire, James Maynard, Vol IV
Strong, Douglas M., Vol I
Wogaman, John Philip, Vol IV

Wesleyan Col
Bell, Nora Kizer, Vol IV

Wesleyan Univ
Buel, Richard (Van Wyck), Vol I
Butler, Jeffrey Ernest, Vol I
Crites, Stephen Decatur, Vol IV
Dunn, Peter Norman, Vol III
Elphick, Richard, Vol I
Gillmor, Charles Stewart, Vol I
Gonzalez, Bernardo Antonio, Vol III
Greene, Nathanael, Vol I
Hill, Patricia, Vol I
Horgan, Paul, Vol I
Horst, Steven, Vol IV
Johnston, William, Vol I
Katz, Marilyn A., Vol I
Long, Jerome Herbert, Vol I
Lowrie, Joyce Oliver, Vol IV
McAlister, Elizabeth, Vol IV
Meyer, Donald, Vol I
Needler, Howard, Vol III
O'Hara, James J., Vol I
Pomper, Philip, Vol I
Roberts, Michael, Vol I
Rose, Phyllis Davidoff, Vol II
Slotkin, Richard S., Vol I
Smyers, Karen A., Vol IV
Stowe, William W., Vol III
Szegedy-Maszak, Andrew, Vol II
Vann, Richard T., Vol I
Walker, Willard, Vol I
Wensinger, Arthur Stevens, Vol III

Winston, Krishna, Vol III

West Chester Univ of Pennsylvania
Gutwirth, Madelyn, Vol III
Lavasseur, David G., Vol II
McNairy, Francine G., Vol I

West Liberty State Col
Gold, Jonathan, Vol IV

West Texas A&M Univ
Culley, John Joel, Vol I
Dudt, Charmazel, Vol II
Nall, Garry Lynn, Vol I
Petersen, Peter Lewis, Vol I

West Virginia State Col
Sharma, R.N., Vol I
Thorn, Arline Roush, Vol III

West Virginia Univ
Adams, Timothy D., Vol II
Bagby, Wesley Marvin, Vol I
Blaydes, Sophia Boyatzies, Vol II
Bruner, Jeffrey, Vol III
Casdorph, Paul Douglas, Vol I
Cohen, Debra R., Vol IV
Conner, Patrick Wayne, Vol III
Drange, Theodore Michael, Vol IV
Eichorn, Lisa, Vol IV
Elkins, James R., Vol IV
French, William Wirt, Vol II
Ginsberg, Elaine Kaner, Vol II
Hood, Mantle, Vol I
Hudson, Barton, Vol I
Johnston, John H., Vol II
Jokic, Aleksander, Vol IV
Labys, Walter Carl, Vol I
Maxey, B. Ann, Vol IV
Maxon, Robert Mead, Vol I
Mccluskey, Stephen C., Vol I
Morris, William O., Vol IV
Murphy, Joseph Anthony, Vol III
Potesta, Woodrow A., Vol IV
Schlunk, Juergen Eckart, Vol III
Selinger, Carl Marvin, Vol IV
Shapiro, Daniel, Vol IV
Stitzel, Judith Gold, Vol II
Vargas, Julie S., Vol I
Walken, Chrisopher, Vol I
Wicclair, Mark Robert, Vol IV
Wigal, Grace J., Vol IV

West Virginia Univ Inst of Tech
Alexander, Ronald R., Vol I
Bradford, Richard Headlee, Vol I
Long, Ronald Wilson, Vol I

West Virginia Wesleyan Col
Baldwin, Arminta Tucker, Vol II
Welliver, Kenneth Bruce, Vol IV

Westchester Comm Col
Costanzo, William Vincent, Vol II
Courage, Richard A., Vol II

Westchester Holocaust Cmn
Grebstein, Sheldon Norman, Vol II

Western Carolina Univ
Anderson, William L., Vol I
Blethen, H. Tyler, Vol I
Carmichael, Peter S., Vol I
Dorondo, David R., Vol I
Graham, Gael N., Vol I
Haberland, Paul Mallory, Vol III
Lewis, James A., Vol I
Loeffler, Donald Lee, Vol II
Lovin, Clifford R., Vol I
Nicholl, James Robert, Vol II
Philyaw, Scott L., Vol I

Schwartz, Gerald, Vol I
Walton, Brian G., Vol I
Wood, Curtis W., Vol I

Western Connecticut State Univ
Briggs, John, Vol IV
Briggs, John P., Vol II
Welburn, Ronald Garfield, Vol II
Young, Kenneth Ray, Vol I

Western Illinois Univ
Bracey, Willie Earl, Vol IV
Brown, Spencer Hunter, Vol I
Burton, William Lester, Vol I
Chu, Felix T., Vol II
Colvin, Daniel Lester, Vol II
Conger, Syndy Mcmillen, Vol II
Davenport, Harbert William, Vol IV
Frazer, June, Vol II
Hallwas, John Edward, Vol II
Harrison Leland, Bruce, Vol II
Hawkinson, Kenneth S., Vol II
Helm, Thomas Eugene, Vol IV
Keeling, Lytle Bryant, Vol IV
Kurman, George, Vol III
Leonard, Virginia Waugh, Vol I
Malpass, Leslie Frederick, Vol I
Mann, John Stuart, Vol I
Mann, Karen Berg, Vol II
Morelli, Mario Frank, Vol IV
Palmer, Scott W., Vol I
Sutton, Robert Paul, Vol I
Vos, Morris, Vol III

Western Kentucky Univ
Ardrey, Saundra Curry, Vol I
Baldwin, Thomas Pratt, Vol III
Bennett, James D., Vol I
Blythe, Stuart, Vol II
Capps, Randall, Vol II
Coutts, Brian E., Vol I
Curtis-Howe, E. Margaret, Vol IV
Hardin, John Arthur, Vol I
Harrington, Jesse Drew, Vol I
Heldman, James M., Vol I
Jackson, Carlton Luther, Vol I
Klein, Michael Eugene, Vol I
Lee, David Dale, Vol I
Likes, Terry, Vol II
Logan, Deborah, Vol II
Long, John Edward, Vol IV
Lucas, Marion Brunson, Vol I
Lumsden, Linda, Vol II
Martin Murrey, Loretta, Vol II
Millichap, Joe, Vol II
Oakes, Elisabeth, Vol II
Olmsted, Jane, Vol II
Salisbury, Richard Vanalstyne, Vol I
Schneider, Karen, Vol II
Schoen, Edward Lloyd, Vol IV
Spears, Lee A., Vol II
Speer, Donald, Vol II
Tuck, Donald Richard, Vol I
Veenker, Ronald Allen, Vol IV
Vos, Arvin G., Vol IV
Weigel, Richard David, Vol I

Western Maryland Col
Cobb, Eulalia Benejam, Vol III
Evergates, Theodore, Vol I
Williams, Daniel Anthony, Vol III

Western Michigan Univ
Bailey, Thomas Cullen, Vol II
Borden, Sandra L., Vol II
Breisach, Ernst Adolf, Vol I
Brown, Alan S., Vol I
Carlson, Andrew Raymond, Vol I
Carlson, Lewis H., Vol I
Davidson, Clifford Oscar, Vol II
Dooley, Howard John, Vol I
Earhart, Harry Byron, Vol I
Elder, Ellen Rozanne, Vol I
Ellin, Joseph S., Vol IV
Falk, Arthur, Vol IV
Falk, Arthur Eugene, Vol I
Falk, Nancy Ellen, Vol I
Gianakaris, Constantine John, Vol II

Gibson, Melissa K., Vol II
Hyun, Insoo, Vol IV
Jones, Leander Corbin, Vol II
Lawson, E.T., Vol IV
Maier, Paul Luther, Vol I
Sichel, Werner, Vol I
Washington, Earl Melvin, Vol I
Washington, Von Hugo, Sr., Vol II
Wilson, B., Vol I
Ziring, Lawrence, Vol I

Western New England Col
Porter, Burton F., Vol IV
Rempel, Gerhard, Vol II

Western New Mexico Univ
Gutierrez, Donald, Vol II
Ollivier, Louis L., Vol III
Toth, Bill, Vol II

Western Oregon State Col
Cannon, Dale W., Vol IV
Cotroneo, Ross Ralph, Vol I
Perlman, Mark, Vol IV
Sil, Narasingha P., Vol I
Soldati, Joseph Arthur, Vol II

Western State Col of Colorado
Headrick, Annabeth, Vol I

Western Theol Sem
Bechtel, Carol M., Vol IV
Brown, George, Jr., Vol IV
Kaiser, Christopher Barina, Vol IV

Western Washington Univ
Brown, Robert D., Vol II
Buckland, Roscoe Lawrence, Vol I
Danysk, Cecilia, Vol I
Delorme, Roland L., Vol I
Feit, Neil, Vol IV
Janson, Carol, Vol I
Kaplan, Edward Harold, Vol III
McDonald, Kelly M., Vol II
Merrill, Reed, Vol III
Ritter, Harry R., Vol I
Smeins, Linda, Vol I
Stoever, William K.B., Vol I
Yusa, M., Vol IV

Westfield State Col
Ali, Kamal Hassan, Vol I
Blyn, Robin, Vol II
Brewster, Glen, Vol II
De Santis, Christopher, Vol II
Fellbaum, Christiane, Vol III
Gerstein, Linda Groves, Vol I
Good, Robert C., Vol IV
Kane, Leslie, Vol III
Kaufman, Martin, Vol I
Kosar, Anthony J., Vol I
Leaver, Robin A., Vol I
Mento, Joan, Vol II
Rife, Jerry E., Vol I
Robards, Brooks, Vol II
Sossaman, Stephen, Vol II

Westminster Col of Salt Lake City
Davison, Alan R., Vol III
Donavin, Georgiana, Vol II

Westminster Col, Missouri
Lael, Richard Lee, Vol I
Mattingly, Richard Edward, Vol IV
Southern, David Wheaton, Vol I

Westminster Col, Pennsylvania
Botzenhart-Viehe, Verena, Vol I
Bove, Carol Mastrangelo, Vol III
Heinz, Vira I., Vol I
Macky, Nancy, Vol II

Martin, Russell E., Vol I
McTaggart, William, Vol II
Perkins, James Ashbrook, Vol II
Pitman, Grover A., Vol I
Rennie, Bryan S., Vol I
Sprow, Richard, Vol I
Swerdlow, David G., Vol II
Turner, James Hilton, Vol I
VanDale, Robert, Vol IV

Westminster Sch
Lamplugh, George Russell, Vol I

Westminster Theol Sem
Barker, William Shirmer, II, Vol IV
Conn, Harvie Maitland, Vol IV
Davis, Daniel Clair, Vol I
Edgar, William, Vol IV
Enns, Peter, Vol III
Fuller, George Cain, Vol IV
Gaffin, Richard Birch, Jr., Vol IV
Hart, Darryl Glenn, Vol I
Logan, Samuel Talbot, Jr., Vol I
McCartney, Dan Gale, Vol IV
Oliphint, K. Scott, Vol IV
Ortiz, Manuel, Vol IV
Poythress, Vern S., Vol IV

Westmont Col
Blackwood-Collier, Mary, Vol III
Chandler Mcentyre, Marilyn, Vol III
Cook, Stephan H., Vol II
Delaney, Paul, Vol II
Docter, Mary K., Vol III
Giuliano, Michael J., Vol IV
Gundry, Robert H., Vol IV
Jobes, Karen H., Vol IV
Longman, Tremper, III, Vol IV
Meznar, Joan E., Vol I
Millen, Shirley A., Vol I
Nelson, Michael B., Vol III
Obitts, Stanley Ralph, Vol IV
Pointer, Richard W., Vol I
Ruel Robins, Marianne, Vol I
Sider, John W., Vol II
Spencer, Gregory H., Vol II
Tappy, Ron E., Vol III
Taylor, James E., Vol IV
Vander May, Randall J., Vol II
Wennberg, Robert N., Vol IV
Willis, Paul J., Vol I
Wilson, Jonatan R., Vol IV

Weston Jesuit Sch of Theol
Clifford, Richard J., Vol IV
Daley, Brian Edward, Vol I
Harrington, Daniel Joseph, Vol IV
Keenan, J.F., Vol IV

Wexner Heritage Foundation
Olitzky, Kerry M., Vol IV

Wheaton Col, Illinois
Callahan, James, Vol IV
Fletcher, David B., Vol IV
Hawthorne, Gerald F., Vol I
Hein, Rolland Neal, Vol II
Kay, Thomas O., Vol I
McRay, John Robert, Vol IV
Noll, Mark Allan, Vol I
Ryken, Leland, Vol II
Scott, Lindy, Vol III

Wheaton Col, Massachusetts
Anderson, Kirk, Vol III
Bloom, Alexander, Vol I
Chandra, Vipan, Vol I
Coale, Samuel Chase, Vol I
Crosby, Travis L., Vol I
Drout, Michael D.C., Vol II
Ekman Ladd, Rosalind, Vol IV
Gallagher, Edward J., Vol III
Gallaher, Edward J., Vol I
Helmreich, Paul Christian, Vol I
Ladd, Rosalind Ekman, Vol IV

54

Letts, Janet Taylor, Vol III
Lyon Clark, Beverly, Vol II
Manson Tomasek, Kathryn, Vol I
Pearce, Richard, Vol II
Relihan, Joel C., Vol I
Sears, Elizabeth Ann, Vol I
Walsh, Jonathan D., Vol II

Wheeling Jesuit Col
Laker, Joseph Alphonse, Vol I
Wack, John Theodore, Vol I

Whidbey Inst
Parks, Sharon, Vol IV

Whitman Col
Breit, Frederick Joseph, Vol I
Davidson, Roberta, Vol II
Desmond, John F., Vol II
DiPasquale, Theresa M., Vol II
Foster, Edward E., Vol II
Hashimoto, I.Y., Vol II
Masteller, Richard N., Vol I
Maxfield, James F., Vol II
Mesteller, Jean C., Vol II

Whittier Col
Marks, Robert B., Vol I
Radisich, Paula, Vol I
Reich, Peter L., Vol IV
Yocum, Glenn E., Vol IV

Whitworth Col
Baird, Forrest, Vol I
Bynagle, Hans Edward, Vol IV
Edwards, James R., Vol IV
Graham, J. Michele, Vol IV
Hunt, James, Vol I
Hunt, Linda, Vol I
Jackson, Gordon, Vol II
Migliazzo, Arlin C., Vol I
Mohrlang, Roger L., Vol IV
Sanford, Daniel, Vol I
Sittger, Gerald L., Vol IV
Sittser, Gerald, Vol IV
Soden, Dale, Vol I
Stronks, Julia K., Vol IV
Sugano, Douglas, Vol II
Wyma, Keith D., Vol IV
Yoder, John, Vol I
Yoder, John C., Vol IV

Wichita State Univ
Born, John D., Vol I
Chang, Dae Hong, Vol I
Dooley, Patricia, Vol II
Douglas, Donald Morse, Vol I
Dreifort, John E., Vol I
Duram, James C., Vol I
Gaunt, Philip, Vol I
Gythiel, Anthony P., Vol I
Hawkins, Kate, Vol II
Huxman, Susan S., Vol II
Iorio, Sharon, Vol II
Johnson, Judith R., Vol I
Keel, Vernon, Vol IV
Kiralyfalvi, Bela, Vol II
Klunder, Willard C., Vol I
Konek, Carol Wolfe, Vol II
Mandt, Almer J., III, Vol IV
Merriman, Mira P., Vol I
Miner, Craig, Vol I
Murdock, Katherine, Vol I
Myers, Eunice Doman, Vol III
Rosenthal, Lisa, Vol I
Skaggs, Jimmy M., Vol I
Smith, Patrick, Vol I
Sowards, Jesse Kelley, Vol I
Torbenson, Craig L., Vol I
Unrau, William Errol, Vol I
Williamson, Keith, Vol III
Woods, William Forrestere, Vol II

Widener Univ, Pennsylvania
Clark, Michael, Vol II
Danford, Robert E., Vol II
LeStourgeon, Diana E., Vol II
Melzi, Robert C., Vol III

Wrobel, David M., Vol I

Wiley Col
Miller, Telly Hugh, Vol IV

Wilfrid Laurier Univ
Boire, Gary, Vol I
Campbell, Jane, Vol II
Castricano, Jodey, Vol I
Chamberlin, John, Vol II
Comacchio, Cynthia, Vol I
Comensoli, Viviana, Vol II
Copp, John T., Vol I
Cristi, Renato, Vol I
DiCenzo, Maria, Vol II
Doyle, James, Vol II
Evans, Joan, Vol II
Fletcher, Judith, Vol I
Freed, Joann, Vol I
Greene, Gordon K., Vol I
Grimes, Ronald L., Vol IV
Groarke, Leo A., Vol IV
Jewinski, Edwin, Vol II
Lorimer, Douglas, Vol I
Lorimer, Joyce, Vol I
Marr, William L., Vol I
Moore, Michael, Vol II
O'Dell, Leslie, Vol I
Ross, Christopher F.J., Vol IV
Rummel, Erika, Vol I
Russell, Anne, Vol II
Santosuosso, Alma, Vol I
Schaus, Gerald, Vol I
Shakinovsky, Lynn, Vol II
Sibalis, Michael, Vol I
Simpson, Chris, Vol I
Smith, Rowland, Vol II
Tiessen, Paul, Vol II
Ty, Eleanor, Vol II
Weldon, James, Vol III
Zeller, Suzanne, Vol I

Wilkes Univ
Amos, Mark A., Vol II
Bedford, Bonnie C., Vol II
Cox, Harold E., Vol I
Fields, Darin E., Vol II
Hupchick, Dennis P., Vol I

Willamette Univ
Ackerman, Robert M., Vol I
Cameron, David L., Vol IV
Carrasco, Gilbert P., Vol I
Griffith, Gwendolyn, Vol IV
Hagedorn, Richard B., Vol IV
Isom, Dallas W., Vol IV
Lucas, Robert Harold, Vol I
Misner, Robert L., Vol IV
Nafziger, James A.R., Vol IV
Richardson, Dean M., Vol I
Runkel, Ross R., Vol IV
Standen, Jeffery A., Vol IV
Tornquist, Leroy J., Vol IV
Vollmar, Valerie J., Vol IV

William & Catherine Booth Col
Jeal, Roy R., Vol IV

William Carey Col
Browning, Daniel C., Vol I

William Eerdmans Publ Co
Harlow, Daniel C., Vol IV

William H. Sadlier Inc
Baumbach, Gerard, Vol IV

William Jewell Col
Horne, Milton P., Vol IV

William Paterson Col of New Jersey
Aguirre, Angela M., Vol III
Cho, Joanne M., Vol I
Cook, Theodore F., Jr., Vol I
Edelstein, Melvin A., Vol I
Finnegan, Terence Robert, Vol I
Gonzalez, Evelyn, Vol I
Gruber, Carlos S., Vol I
Hand, Sally Nixon, Vol II
Hayes, Leola G., Vol II
Hirstein, William, Vol IV
Keumsil, Kim Yoon, Vol III
Lesikin, Joan, Vol III
Livingston, John W., Vol I
Martinez, Esther M., Vol III
Meaders, Daniel, Vol I
Nalle, Sara Tighman, Vol I
O'Donnell, Krista E., Vol I
Rabbitt, Kara, Vol III
Radford, Gary P., Vol II
Robb, George, Vol I
Rosa, William, Vol III
Rosen, Robert Charles, Vol II
Saa, Orland, Vol III
Steinhart, Eric, Vol IV
Tirado, Isabel A., Vol I
Wertheim, Stanley Claude, Vol II
Williams, Bruce, Vol III

William Penn Col
Porter, David L., Vol I

William Rainey Harper Col
Stone, Jerome Arthur, Vol IV

William Tyndale Col
Parrish, Stephen E., Vol IV

Williams Baptist Col
Richards, Randy, Vol IV

Williams Col
Beaver, Donald de Blasiis, Vol I
Bell, Ilona, Vol II
Bell-Villada, Gene Harold, Vol III
Bloxam, M. Jennifer, Vol I
Brown, Michael Fobes, Vol I
Carter-Sanborn, Kristin, Vol II
Case, Alison, Vol II
Cassiday, Julie A., Vol I
Chang, Cecilia, Vol III
Christensen, Kerry A., Vol I
Cleghorn, Cassandra, Vol II
Dew, Charles Burgess, Vol I
Dickerson, Dennis Clark, Vol IV
Druxes, Helga, Vol III
Dunn, Susan, Vol III
Farred, Grant, Vol II
Fix, Stephen, Vol II
Fleischacker, Sam, Vol IV
Frost, Peter K., Vol I
Fuqua, Charles, Vol I
Fuqua, Charles J., Vol I
Gagliardi, Frank M., Vol I
Gimenez, Antonio, Vol III
Goldstein, Darra, Vol I
Graver, Lawrence, Vol II
Graver, Suzanne, Vol II
Hedreen, Guy, Vol I
Helfant, Ian M., Vol I
Ishikawa, Minako, Vol III
Johnson, Emily, Vol I
Katarzyna, Olga B., Vol III
Kennan, William R., Jr., Vol II
Kieffer, Bruce, Vol III
Kleiner, John, Vol II
Knopp, Sherron Elizabeth, Vol II
Kohut, Thomas A., Vol I
Kraus, Matthew A., Vol I
Kubler, Cornelius C., Vol III
Limon, John, Vol II
Murphy, Peter, Vol II
Nahson, Daniel L., Vol III
Newman, Gail M., Vol III
Nicastro, Anthony J., Vol III
Norton, Glyn P., Vol III
O'Connor, Daniel D., Vol III
Oakley, Francis, Vol I
Park, David Allen, Vol I
Pethica, James, Vol II

Roberts, Kenneth C., Jr., Vol I
Rosenheim, Shawn, Vol II
Rouhi, Leyla, Vol III
Schott-Desrosiers, Nicole, Vol III
Silber, Cathy L., Vol III
Stamelman, Richard, Vol III
Suderburg, Robert, Vol I
Tracy, Patricia Juneau, Vol I
Wagner, William Gilson, Vol I
Wood, James Brian, Vol I
Yamada, Reiko, Vol III
Zilcosky, John, Vol III

Wilmington Col, Ohio
Jones, Thomas Canby, Vol IV

Wilson Col
Platt, David S., Vol IV

WIM Publications
Bogus, Diane Adamz, Vol II

Winebrenner Theol Sem
Cecire, Robert C., Vol I
Draper, David E., Vol I
Resseguie, James L., Vol IV
Shilling, Burnette P., Vol IV

Wingate Univ
Cannon, Keith, Vol II
Doak, Robert, Vol II
Spancer, Janet, Vol II

Winona State Univ
Bazillion, Richard J., Vol I
Byman, Seymour David, Vol IV
Carducci, Jane, Vol II
Cowgill, Kent, Vol II
Meeker, Michael W., Vol II
Nichols, Ann, Vol II
Nichols, James, Vol II
Schmidt, Greg, Vol I

Winston-Salem State Univ
Sadler, Wilbert L., Jr., Vol I
Scales, Manderline Elizabeth, Vol III

Winterthur Mus
Smith, James Morton, Vol I

Winthrop Univ
Craighead, Houston Archer, Vol IV
Haynes, Edward S., Vol I
Morgan, Thomas Sellers, Vol I
Viault, Birdsall Scrymser, Vol I
Webb, Ross Allan, Vol I
Woods, Jeannie Marlin, Vol II

Wisconsin Humanities Coun
Harris, Max R., Vol IV

Wittenberg Univ
Celms, Peter, Vol I
Chatfield, E. Charles, Vol I
Copeland, Warren R., Vol IV
Davis, Robert Leigh, Vol II
Dixon, Mimi S., Vol II
Faber, J. Arthur, Vol II
Huffman, James Lamar, Vol I
Inboden, Robin L., Vol II
Jones, Mary E., Vol II
Levy, Robert J., Vol IV
Millen, R.L., Vol IV
Millen, Rochelle L., Vol III
Nelson, Paul T., Vol IV
O'Connor, Joseph E., Vol I
Ortquist, Richard Theodore, Vol I
Otten, Terry Ralph, Vol II
Swanger, Eugene R., Vol IV
Swindler, James Kenneth, Vol IV
Taylor, Thomas Templeton, Vol I

Terry, Ann R., Vol I
Velen, Richard, Vol IV
Wolf, Herbert Christian, Vol IV

Wofford Col
Bullard, John Moore, Vol IV
Keller, James Albert, Vol IV
Racine, Philip N., Vol I

Women's Alliance for Theol, Ethics and Ritual
Hunt, Mary Elizabeth, Vol IV

Worcester Polytech Inst
Dunn, Patrick Peter, Vol I
Gottlieb, Roger Samuel, Vol IV
Hansen, Peter H., Vol I
Ljungquist, Kent Paul, Vol II
Manfra, Jo Ann, Vol II
Shannon, Thomas A., Vol IV
Sokal, Michael Mark, Vol I

Worcester State Col
Shea, Ann Marie, Vol II

Word Works
Howard, Joan E., Vol III

World Bank
Beckerman, Paul, Vol I
Musgrove, Philip, Vol I

Wright Patterson AFB
Puckett, Pauline N., Vol IV

Wright State Univ
Amos, Oris Elizabeth Carter, Vol I
Arbagi, Martin George, Vol I
Barr, David Lawrence, Vol IV
Cary, Cecile Williamson, Vol II
Dorn, Jacob Henry, Vol I
Griffin, Paul R., Vol IV
Guthrie, James Robert, Vol II
Horn, Pierre Laurence, Vol III
Hye, Allen Edward, Vol III
Sammons, Martha Cragoe, Vol II
Yuan, Tsing, Vol I

Writing Co., Inc
Golphin, Vincent F.A., Vol IV

Wycliffe Col
Longenecker, Richard Norman, Vol IV

Wytheville Comm Col
Jones, Dan Curtis, Vol II

Xavier Univ
Bonner, Thomas, Vol II
Bracken, Joseph A., Vol IV
Finkelstein, Norman Mark, Vol II
Giblin, Marie J., Vol IV
Knitter, Paul Francis, Vol IV
Larocca, John Joseph, Vol I
Mace, Carroll E., Vol I
Oppenheim, Frank M., Vol IV
Rolwing, Richard J., Vol IV
Simon, Paul L., Vol I
Traub, George William, Vol IV

Yale Univ
Adams, Marilyn M., Vol I
Anderson, Michael John, Vol I
Bers, Victor, Vol I
Blassingame, John W., Vol I
Blatt, Sidney Jules, Vol I
Bloom, Harold, Vol II
Bond, Gilbert I., Vol IV
Bork, Robert Heron, Vol IV
Breyer, Stephen Gerald, Vol IV

Brisman, Leslie, Vol II
Bromwich, David, Vol II
Brooks, Peter Preston, Vol III
Burt, Robert Amsterdam, Vol IV
Butler, Jon, Vol I
Carby, Hazel V., Vol I
Childs, Brevard Springs, Vol IV
Cott, Nancy Falik, Vol I
Davis, David Brion, Vol I
de Bretteville, Sheila Levrant, Vol I
Dittes, James Edward, Vol IV
Duke, Steven Barry, Vol IV
Erlich, Victor, Vol III
Farley, Margaret Ann, Vol IV
Ferguson, Margaret Williams, Vol II
Fiss, Owen M., Vol IV
Fitzpatrick, William J., Vol IV
Forte, Allen, Vol I
Foster, Benjamin Read, Vol I
French, Richard Frederic, Vol IV
Goldstein, Abraham Samuel, Vol IV
Griffith, Ezra, Vol I
Harries, Karsten, Vol IV
Hersey, George Leonard, Vol I
Insler, Stanley, Vol III
Jackson, Robert Louis, Vol III
Kavanagh, Aidan, Vol IV
Kazemzadeh, Firuz, Vol I
Keck, Leander E., Vol IV
Krasner, David, Vol II
Kubler, George, Vol I
Lamar, Howard Roberts, Vol I
Lawler, Traugott, Vol II
Macmullen, Ramsay, Vol I
Marcus, Ruth Barcan, Vol IV
Martin, Robert K., Vol IV

Martin, Samuel Elmo, Vol III
Martz, Louis Lohr, Vol II
Meeks, Wayne Atherton, Vol IV
Merriman, John M., Vol I
Metlitzki, Dorothee, Vol II
Minkema, Kenneth P., Vol I
Musto, David Franklin, Vol I
Outka, Gene Harold, Vol IV
Parks, Stephen Robert, Vol II
Pelikan, Jaroslav, Vol I
Perlis, Vivian, Vol I
Peterson, Linda H., Vol II
Pollitt, Jerome J., Vol I
Porter, Charles Allen, Vol III
Robinson, Fred C., Vol III
Sammons, Jeffrey L., Vol III
Sammons, Jeffrey Leonard, Vol III
Schoolfield, George C., Vol III
Schuck, Peter H., Vol IV
Smith, John Edwin, Vol IV
Spence, Jonathan Dermot, Vol I
Stepto, Robert Burns, Vol II
Stimson, Hugh McBirney, Vol III
Stith, K., Vol IV
Stoll, Steven, Vol I
Thomas, Gerald Eustis, Vol I
Thompson, Robert Farris, Vol I
Tirro, Frank Pascale, Vol I
Trachtenberg, Alan, Vol I
Turner, Frank Miller, Vol I
Valesio, Paolo, Vol II
Venclova, Tomas Andrius, Vol III
Vitello, Ralph Michael, Vol III
Waldstreicher, David L., Vol I
Wandycz, Piotr Stefan, Vol I
Weber, Michael, Vol IV
Weinstein, Stanley, Vol III
Welsh, Alexander, Vol II
Wheeler, Stanton, Vol I

Whitaker, Thomas Russell, Vol II
Winks, Robin William Evert, Vol I
Wood, Rega, Vol IV
Woodward, Comer Vann, Vol I
Yeazell, Ruth Bernard, Vol II

Yeshiva Univ

Brickman, Lester, Vol IV
Cunningham, L.A., Vol IV
de Grazia, Edward, Vol IV
Feldman, Louis H., Vol I
Fishman, Joshua Aaron, Vol III
Haahr, Joan Gluckauf, Vol II
Halberstam, Malvina, Vol IV
Halberstam (Guggenheim), Malvina, Vol IV
Kra, Pauline, Vol III
Lamm, Norman, Vol IV
Patry, William F., Vol IV
Price, Monroe E., Vol IV
Rosenfeld, Michel, Vol IV
Rudenstine, David, Vol IV
Schrecker, Ellen Wolf, Vol I
Schroeder, Jeanne L., Vol IV
Schwartz, William, Vol IV
Serels, M. Mitchell, Vol I
Silver, Carole Greta, Vol II
Tillers, Peter, Vol IV
Weidhorn, Manfred, Vol II
Weisberg, Richard H., Vol IV
Weisberg, Richard Harvey, Vol IV
Wishart, Lynn, Vol IV

York Col, CUNY

Baruch, Elaine Hoffman, Vol II
Boyer, Marjorie Nice, Vol I

York Col, Pennsylvania

Abudu, Gabriel, Vol II
Barr, Jeanine R., Vol II
Diener, Paul W., Vol IV
Jones, Edward T., Vol II
McGjee, James, Vol II
McKulik, Ben, Vol III
Medina, Cindy, Vol III
Siegel, Gerald, Vol II
Vause, Deborah, Vol II
Viser, Victor J., Vol II
Wessley, Stephen Eugene, Vol I

York Univ

Adelman, Howard, Vol IV
Adolph, Robert, Vol II
Bar-Lewaw, Itzhak I., Vol III
Black, Naomi, Vol I
Brown, Michael G., Vol I
Carpenter, Carole, Vol II
Chen, Jerome, Vol I
Cohen, Thomas Vance, Vol I
Collie, Michael J., Vol II
Corbett, Noel L., Vol III
Cotnam, Jacques, Vol III
Cuff, Robert Dennis, Vol I
Doob, Penelope, Vol II
Embleton, Sheila, Vol III
Endicott, Stephen L., Vol I
Ernst, Joseph Albert, Vol I
Faas, Ekbert, Vol II
Feltes, Norman Nicholas, Vol II
Gentles, Ian, Vol I
Godard, Barbara J., Vol II
Gray, Patrick T.R., Vol IV
Harris, Henry Silton, Vol IV
Herren, Michael W., Vol I
Hornstein, Shelley, Vol I

Jarrell, Richard A., Vol I
Jarvie, Ian Charles, Vol IV
Kater, Michael H., Vol I
Kolko, Gabriel, Vol I
Le Goff, T.J.A., Vol I
Lennox, John W., Vol II
Lovejoy, Paul E., Vol I
Maidman, Maynard Paul, Vol I
Mason, Steve, Vol I
Nelles, Henry V., Vol I
Paper, Jordan, Vol I
Rowland, Beryl, Vol II
Schueler, Heinz Juergen, Vol III
Waddington, Miriam, Vol II
Warwick, Jack, Vol III
Woods, Joseph Michael, Vol I
Zemans, Joyce P., Vol I

Youngstown State Univ

Attardo, Salvatore, Vol III
Bache, Christopher Martin, Vol IV
Berger, Martin Edgar, Vol I
Blue, Frederick J., Vol I
Friedman, Saul S, Vol I
Harrison, W. Dale, Vol II
Leck, Glorianne Mae, Vol IV
Minogue, Brendan Patrick, Vol IV
Satre, Lowell Joseph, Vol I
Shale, Rick, Vol II
Shipka, Thomas A., Vol IV
Viehmeyer, L. Allen, Vol III

Zion United Church of Christ

Elliott, Susan Elli, Vol IV

Geographic Index

ALABAMA

Athens
Laubenthal, Penne J., Vol II

Auburn
Backscheider, Paula R., Vol II
Billiams, Lynn Barstis, Vol III
Bond, Gordon Crews, Vol I
Cesarz, Gary, Vol IV
Elfstrou, Gerard, Vol IV
Flynt, Wayne, Vol I
Harrell, David E., Jr., Vol IV
Kicklighter, Joseph Allen, Vol I
Lewis, Walter David, Vol I
Long, Roderick T., Vol IV
Newton, Wesley Phillips, Vol I
Penaskovic, Richard, Vol IV
Spencer, Samia Iskander, Vol III
Straiton, T. Harmon, Jr., Vol II
Wilson, David, Vol I
Wright, Thomas L., Vol II

Birmingham
Allen, Lee Norcross, Vol I
Allgood, Myralyn Frizzelle, Vol III
Arnold, Scott, Vol IV
Bach, Rebecca Ann, Vol II
Baker, Beverly Poole, Vol IV
Baker, Tracey, Vol II
Benditt, Theodore Matthew, Vol IV
Boden, Jean, Vol II
Bodon, Jean, Vol II
Brown, James Seay, Jr., Vol I
Brown, John Andrew, Vol I
Carter, William Causey, Vol III
Chapman, David W., Vol II
Conley, Caroline A., Vol I
Davis, Jack E., Vol I
Day, J. Norfleete, Vol IV
Fottler, Myron D., Vol I
Frost, Ginger S., Vol I
Frost, Linda Anne, Vol II
Glosecki, Stephen O., Vol I
Graham, George, Vol IV
Grimes, Kyle, Vol II
Haarbauer, Don Ward, Vol II
Haddin, Theodore, Vol II
Hamilton, Virginia V., Vol I
Hendley, Steve, Vol II
Hickson, Mark, Vol II
Huddle, T.S., Vol I
Hull, William E., Vol IV
Humphreys, Fisher, Vol IV
Hutchings, William, Vol II
James, Frank Samuel, III, Vol IV
Jeffreys, Mark, Vol II
Johnson, Leroy, Vol I
Kemp, Theresa D., Vol II
Kurata, Marilyn J., Vol II
Langum, David J., Vol IV
Leffel, Katherine, Vol III
Litch, Mary, Vol IV
Long, Ada, Vol II
Martin, Dellita Lillian, Vol III
Martin-Ogunsola, Dellita Lillian, Vol III
Mayfield, John, Vol I

Mcwilliams, Tennant S., Vol I
Neiva, Eduardo, Vol II
Pence, Gregory E., Vol IV
Person, Leland S., Vol II
Price, Marjorie S., Vol IV
Quinlan, Kieran, Vol II
Raabe, William A., Vol I
Rachels, James, Vol IV
Rikard, Marlene Hunt, Vol I
Smitherman, Carole, Vol IV
Stephens, Lynn, Vol IV
Stutts, David H., Vol IV
Sullivan, Sherry A., Vol II
Ward, Dorothy Cox, Vol III
Wharton, Lawrence, Vol II
Whitaker, Elaine E., Vol II

Coker
McDonald, Forrest, Vol I

Cullman
Nelson, Lonnie R., Vol IV

Dothan
Wise, Philip D., Vol IV

Florence
Osborne, Thomas Robert, Vol I
Smith, Ronald E., Vol II

Huntsville
Baird, Bruce C., Vol I
Boucher, Philip P., Vol I
Burton, Keith, Vol IV
Dunar, Andrew J., Vol I
Ellos, Jack D., Vol I
Gerberding, Richard A., Vol I
Hull, Henry Lane, Vol I
Lacy, Hugh Gale, Vol IV
Maier, Linda, Vol III
Martin, Virginia, Vol I
Reaves, Benjamin Franklin, Vol I
Shields, Johanna Nicol, Vol I
Waring, Stephen P., Vol I
White, John Charles, Vol I
Williams, Lee Erskine, II, Vol I

Jacksonville
Caldwell, Ronald James, Vol I
Freier, Mary P., Vol I
Hollis, Daniel W., Vol I
Koerper, Phillip Eldon, Vol I

Livingston
Gilbert, James L., Vol I
Pate, James Paul, Vol I

Loachapoka
Schafer, Elizabeth D., Vol I

Maxwell AFB
Kline, John A., Vol II

Mobile
Brown, Richmond F., Vol I
Dendinger, Lloyd N., Vol II
Fogleman, Aaron S., Vol I
Gilmore, George Barnes, Vol IV
Holmes, Larry E., Vol I

Lally, Tim Douglas Patrick, Vol III
Mahan, Howard F., Vol I
McDevitt, Anthony, Vol IV
McKiven, Henry M., Jr., Vol I
Mohr, Clarence L., Vol I
Monheit, Michael L., Vol I
Oszuscik, Philippe, Vol I
Rogers, Daniel E., Vol I

Montevallo
Fuller, Justin, Vol I
Morgan, David Taft, Vol I
Truss, Ruth Smith, Vol I

Montgomery
Bell, Katie Roberson, Vol I
Berkley, Gerald Wayne, Vol I
Bibb, T. Clifford, Vol II
Bryson, Ralph J., Vol II
Cheatham, Carl W., Vol I
Conley, Charles S., Vol IV
Crowley, Joseph P., Vol III
Ely, Robert Eugene, Vol II
Fair, John Douglas, Vol I
Fitzsimmons, Michael P., Vol I
Futrell, Robert Frank, Vol I
Harris, Willa Bing, Vol I
Hicks, L. Edward, Vol I
Little, Anne Colclough, Vol II
Michael, Marion C., Vol II
Moore, Nathan, Vol II
Newton, Merlin Owen, Vol I
Pace, Kay Robertine, Vol I
Salyer, Gregory, Vol I
Simmons, Michael, Vol I
Stanley, Kathryn Velma, Vol IV
Westhauser, Karl E., Vol I
Willis, Susan, Vol II
Wood, Kirk, Vol I

Normal
Browne, Stanley M., Vol IV
Rice, Horace Warren, Vol IV
Taylor, Gene Fred, Vol IV
Wilson, Patricia I., Vol I

Selma
Garcia, William Burres, Vol I

Talladega
White, John D., Vol I

Troy
Lee, Hsiao-Hung, Vol II
Stewart, Henry R., Jr., Vol II

Tuscaloosa
Andreen, William L., Vol IV
Baker, Donald W., Vol IV
Brewbaker, William S., III, Vol IV
Bucy, Pamela H., Vol IV
Burke, John J., Vol II
Clayton, Lawrence A., Vol I
Fair, Bryan K., Vol IV
Freyer, Tony Allan, Vol IV
Galli, Barbara J., Vol III
Gamble, Charles W., Vol IV
Harris, Thomas E., Vol II
Hestevoid, H. Scott, Vol IV

Hoff, Timothy, Vol IV
Johnson, Rhoda E., Vol II
Mendle, Michael J., Vol I
Monk, Dennis, Vol I
Morgan, Martha, Vol IV
Ohnuma, Reiko, Vol I
Otteson, James R., Vol IV
Randall, Kenneth C., Vol IV
Randall, Susan Lyons, Vol IV
Tripp, Bernell E., Vol II
Ultee, J. Maarten, Vol I
Wagstaff, Grayson, Vol I
Wallis, Carrie G., Vol I
Wiggins, Sarah Woolfolk, Vol I

Tuskegee
Robinson, Ella S., Vol II

Union Springs
Lewis, Meharry Hubbard, Vol I

University
Badger, Reid, Vol I
Doster, James Fletcher, Vol I
Johnson, Claudia Durst, Vol II
Jones, Howard, Vol I
Latimer, Dan Raymond, Vol III
Pickett, Terry H., Vol II
Salem, James Morris, Vol II
Watkins, John C., Vol I
Weinberger, Leon Judah, Vol IV

Vestabia Hills
McCarl, Mary F.R., Vol I

Waverly
Dodge, Timothy, Vol I

ALASKA

Anchorage
Babb, Genie, Vol II
Crosman, Robert, Vol II
Ducker, James H., Vol I
Haley, Michael, Vol III
Katasse, Conny, Vol III
Kline, Daniel, Vol II
Linton, Patricia, Vol II
Liszka, James, Vol IV
Moore, Judith, Vol II
Patterson, Becky, Vol II
Widdicombe, Richard Toby, Vol II

Fairbanks
Cole, Terrence M., Vol I
Cornwall, Peter G., Vol I
Falk, Marvin W., Vol I
Gold, Carol, Vol I
Hollerbach, Wolf, Vol III
Hunt, William Raymond, Vol I
Jonaitis, Aldona, Vol I
Krauss, Michael, Vol III
Mangusso, Mary C., Vol I
Naske, Claus-M., Vol I
Pierce, Richard A., Vol I
Strohmaier, Mahla, Vol II
Whitehead, John S., Vol I

ARIZONA

Auburn
White, Stephen W., Vol IV

Chandler
Vallicella, William F., Vol I

Flagstaff
Brown, Alison L., Vol IV
Cox, Joseph W., Vol I
Hassing, Arne, Vol IV
Hinsley, Curtis M., Vol I
Kitterman, David Harold, Vol I
Kyte, George Wallace, Vol I
Lubick, George Michael, Vol I
Mcfarlane, Larry Allan, Vol I
Mihesuah, Devon Abbott, Vol I
Poen, Monte Mac, Vol I
Sexton, James D., Vol I
Wallace, Andrew, Vol I
West, Delno C., Vol I
Yowell, Robert L., Vol II

Glendale
Griggs, John W., Vol III
Peters, Issa, Vol I

Phoenix
Benjamin, Don C., Jr., Vol IV
Corrigan, John, Vol IV
Cutrer, Thomas W., Vol I
Doyel, D., Vol I
Foster, David William, Vol III
Goff, John S., Vol I
Larkin, Ernest Eldon, Vol IV
Pritchard, Susan V., Vol II
Young, John Terry, Vol IV

Pine
Pope, Robert G., Vol I

Scottsdale
Richardson, Richard C., Jr., Vol I

Searcy
Elliott, Gary D., Vol II

Sun City
Lapsley, James N., Vol IV

Tempe
Adelson, Roger, Vol I
Alisky, Marvin Howard, Vol II
Allen, Craig Mitchell, Vol II
Batalden, Stephen Kalmar, Vol I
Brink, Jeanie Renee, Vol II
Burg, Barry Richard, Vol I
Carney, James Donald, Vol IV
Chambers, Anthony Hood, Vol II
Codell, Julie, Vol I
Coudert, Allison P., Vol I
Croft, Lee B., Vol III
Curran, Mark Joseph, Vol III
Davis, Thomas Joseph, Vol I
Fisher, Marvin, Vol I
Foard, James Harlan, Vol IV
Friedman, Edward Herbert, Vol III
Fullinwider, S. Pendleton, Vol I

Giffin, Frederick Charles, Vol I
Gruzinska, Aleksandra, Vol III
Guntermann, Gail, Vol III
Harris, Mark, Vol II
Harris, Walter, Jr., Vol I
Horan, Elizabeth R., Vol II
Horwath, Peter, Vol III
Kahn, B. Winston, Vol I
Kehl, Delmar George, Vol II
Kintigh, Keith W., Vol I
Kleinfeld, Gerald R., Vol I
Lightfoot, Marjorie Jean, Vol II
Luckingham, Bradford Franklin, Vol I
Luey, Beth Edelmann, Vol II
MacCoull, Leslie, Vol I
Mackinnon, Stephen Robert, Vol I
Montgomery, Toni-Marie, Vol I
Ney, James Walter, Vol II
Nilsen, Alleen Pace, Vol III
Nilsen, Don Lee Fred, Vol III
Pedrick, Willard Hiram, Vol IV
Reynolds, Steven, Vol II
Shinn, Thelma J., Vol II
Simon, Sheldon W., Vol I
Tambs, Lewis, Vol I
Tillman, Hoyt Cleveland, Vol I
Trennert, Robert Anthony, Vol I
Walker, Rebecca, Vol IV
Warnicke, Retha Marvine, Vol I
Warren, Morrison Fulbright, Vol I
Wetsel, William David, Vol III
White, Michael J., Vol I
Williams, Philip F.C., Vol III
Wilson, Jeffrey R., Vol I
Wong, Timothy C., Vol III
Youm, K.H., Vol II
Young, Otis E., Vol I

Tucson
Adamec, Ludwig W, Vol III
Aiken, Susan Hardy, Vol II
Arnett, Carlee, Vol III
Austin, J. Norman, Vol I
Bernstein, Gail Lee, Vol I
Bowen, Roger, Vol II
Brand, Myles, Vol IV
Canfield, John Douglas, Vol II
Carter, Paul Allen, Vol I
Chandola, Anoop Chandra, Vol III
Chisholm, David, Vol III
Clark, L.D., Vol II
Clarke, James W., Vol I
Classen, Albrecht, Vol III
Coan, Richard W., Vol IV
Cosgrove, Richard A., Vol I
Dahood, Roger, Vol II
Darling, Linda T., Vol I
Demers, Richard Arthur, Vol III
Dever, William Gwinn, Vol I
Dinnerstein, Leonard, Vol I
Dinnerstein, Myra, Vol I
Dobbs, Dan Byron, Vol IV
Dryden, Edgar A., Vol I
Eaton, Richard Maxwell, Vol I
Eisner, Sigmund, Vol II
Fishback, Price Vanmeter, Vol I
Fontana, Bernard Lee, Vol I
Fuchs, Esther, Vol III
Gamal, Adel Sulaiman, Vol I
Gibbs, David N., Vol I
Goldman, Alvin I., Vol IV
Guy, Donna Jay, Vol I
Hogle, Jerrold Edwin, Vol II
Hovendick, Kelly B., Vol I
Iserson, Kenneth V., Vol IV
Johnson, Harold Benjamin, Vol I
Kellogg, Frederick, Vol I
Kinkade, Richard Paisley, Vol III
Kosta, Barbara, Vol III
Kovach, Thomas A., Vol III
Kunnie, Julian, Vol I
Langendoen, Donald Terence, Vol III
Martinez, Oscar J., Vol I
Martinson, Steven D., Vol III
Mcelroy, John Harmon, Vol II
Medine, Peter Ernest, Vol II
Mills, John Arvin, Vol II
Nakhai, Beth Alpert, Vol I
Nichols, Roger L., Vol I
Parezo, Nancy Jean, Vol I
Pollock, John Leslie, Vol IV
Rivero, Eliana Suarez, Vol III
Romer, F.E., Vol III
Rowe, David C., Vol I
Schaller, Michael, Vol I
Schneidau, Herbert N., Vol I
Schulz, Renate A., Vol III

Shelton, Richard William, Vol II
Sokel, Walter H., Vol III
Szpek, Heidi M., Vol III
Tabili, Laura, Vol I
Van Steen, Gonda Aline Hector, Vol I
Veaner, Allen B., Vol II
Wearing, J.P., Vol II
Wexler, David Barry, Vol IV
Wildner-Bassett, Mary E., Vol III
Willard, Thomas Spaulding, Vol II
Wilson, William Jerram, Vol I
Worthen, Thomas De Voe, Vol I
Wright, George Thaddeus, Vol II
Zegura, Elizabeth Chesney, Vol II

ARKANSAS

Arkadelphia
Halaby, Raouf J., Vol II
Hays, Danny, Vol IV
Steeger, Wm P., Vol IV

Batesville
Beck, Martha Catherine, Vol IV
Bordeau, Catherine, Vol III
Counts, Michael L., Vol II
Lankford, George E., Vol II
Lewis, Bart L., Vol III
Robbins, Helen W., Vol II
Shay, Robert, Vol I
Stinson, Russell, Vol I
Stricklin, David, Vol I
Tebbetts, Terrell L., Vol II

Conway
Anderson, Jami L., Vol IV
Bailey, Phillip, Vol III
Barnes, Kenneth C., Vol I
Bender, Melvin E., Vol I
Borjesson, Gary, Vol IV
Brodman, James William, Vol I
Brodman, Marian, Vol III
Churchill, John Hugh, Vol IV
Farthing, John L., Vol IV
Frizzell, Robert, Vol I
Harvey, Charles W., Vol IV
Langston, Dwight E., Vol III
Martinez, Jose-Luis, Vol III
McDaniel, John B., Vol IV
Mehl, Peter J., Vol IV
Pouwels, Joel, Vol III
Schantz, Mark S., Vol I
Shelton, Jim D., Vol IV
Story, Kenneth Ervin, Vol II

Fayetteville
Adams, Charles H., Vol II
Adler, Jacob, Vol IV
Allen, Myria, Vol II
Amason, Patricia, Vol III
Arenberg, Nancy, Vol II
Bell, Steven, Vol III
Bennett, James Richard, Vol II
Bolsterli, Margaret Jones, Vol II
Booker, M. Keith, Vol II
Brady, Robert M., Vol III
Bukey, Evan Burr, Vol I
Bukey, Evan Burr, Vol I
Burris, Sidney, Vol II
Candido, Joseph, Vol II
Chappell, David L., Vol I
Chase, James S., Vol I
Christiansen, Hope, Vol III
Cochran, Robert, Vol II
Coon, Lynda L., Vol I
Cory, Mark, Vol III
Cowan, S.B., Vol IV
Davis, James, Vol III
Duval, John, Vol III
Edwards, Sandra, Vol IV
Eichmann, Raymond, Vol III
Engels, Donald W., Vol I
Finlay, Robert, Vol I
Ford, James, Vol III
Ford, James Francis, Vol III
Fredrick, David, Vol I
Frentz, Thomas S., Vol II
Gatewood, Willard Badgette, Vol I
Gitelman, Morton, Vol IV
Goforth, Carol R., Vol IV
Guilds, John C., Vol II
Hanlin, Todd, Vol III
Hassel, Jon, Vol II
Haydar, Adnan, Vol III
Heffernan, Michael, Vol II
Henry Tsai, Shin Shan, Vol I

Hill, Christopher, Vol IV
Jacobs, Lynn F., Vol I
Jimoh, A. Yemisi, Vol II
Juhl, M.E., Vol II
Kahf, Mohja, Vol III
Kennedy, Thomas C., Vol I
Kinnamon, Keneth, Vol II
Lee, Richard, Vol IV
Levine, Daniel, Vol I
Levine, Daniel Blank, Vol I
Locke, John, Vol III
Macrae, Suzanne H., Vol II
Marren, Susan M., Vol II
Minar, Edward, Vol IV
Montgomery, Lyna Lee, Vol II
Nissen, Lowell, Vol IV
Pritchett, Kay, Vol III
Quinn, William A., Vol II
Ricker-Abderhalden, Judith, Vol III
Rogers, Jimmie N., Vol II
Rosteck, H. Thomas, Vol II
Rushing, Janice H., Vol II
Scheide, Frank Milo, Vol II
Schilcher, Linda, Vol I
Scott, James, Vol IV
Senor, Thomas, Vol IV
Sherman, Sandra, Vol II
Simpson, Ethel C., Vol III
Sloan, David, Vol I
Smith, Stephen A., Vol II
Sonn, Richard D., Vol I
Spellman, Lynne, Vol I
Strausberg, Stephen Frederick, Vol I
Sutherland, Daniel E., Vol I
Tsai, Shih-shan Henry, Vol I
Tucker, Janet, Vol III
Tucker, William F., Vol I
Turner, Joan, Vol III
Van Patten, James J., Vol I
West, Elliott, Vol I
Whayne, Jeannie, Vol I
Wilkie, Brian, Vol II
Williams, Nudie Eugene, Vol I
Woods, Randall B., Vol I

Little Rock
Anderson, Steve, Vol II
Baker, Thomas H., Vol I
Bilsky, Lester James, Vol I
Bolton, Sidney Charles, Vol I
Brown, Dee Alexander, Vol I
Garnett, Mary Anne, Vol II
Gibbens, E. Byrd, Vol II
Jacoway, Elizabeth, Vol I
Jauss, David, Vol II
Kaiser, Thomas Ernest, Vol I
Knutson, Roslyn L., Vol II
Kwasny, Andrea, Vol II
Levernier, James, Vol II
Levernier, James Arthur, Vol I
Lindsey, William D., Vol IV
Littlefield, Dan F., Vol II
Moneyhon, Carl Hofmann, Vol I
Moore, Patrick, Vol II
Murphy, Russell E., Vol II
Pancrazio, James, Vol III
Parins, James, Vol III
Parins, Marylyn, Vol II
Ramsey, C. Earl, Vol II
Sobin, Nicholas, Vol II
Stodola, Zabelle, Vol II
Strickland, Johnye, Vol II
Thorson, Helga, Vol II
Vannatta, Dennis, Vol II
Williams, C. Fred, Vol I
Williams, Leroy Thomas, Vol I
Yoder, R. Paul, Vol I

Magnolia
Willis, James F., Vol I

Monticello
Adams, Tyrone L., Vol II
Shea, William Lee, Vol I
Stewart, E. Kate, Vol II

Mountain View
Mcneil, William Kinneth, Vol I

North Little Rock
Cooley, James F., Vol IV

Pine Bluff
Demecs, Desiderio D., Vol IV
Doss, Barney J., Vol IV
Littlejohn, Walter L., Vol I

Russellville
Mitchell, Jeff, Vol IV

Searcy
Fortner, John D., Vol IV
Goss, Noble T., Vol IV
Warden, Duane, Vol IV

State University
Bayless, Ovid Lyndal, Vol II
Cave, Eric M., Vol IV
Dougan, Michael Bruce, Vol I
Smith, Charlie Calvin, Vol I

Tempe
Brandt, Beverly K., Vol I
Sensibar, Judith L., Vol II

Walnut Ridge
Richards, Randy, Vol IV

CALIFORNIA

Alameda
Quivik, Fredric L., Vol I

Albany
Wheaton, Bruce R., Vol I

Alpine
Butler, Gerald Joseph, Vol II

Altadena
Bascom, Robert, Vol IV
Ellwood, Gracia F., Vol IV

Arcata
Armstrong, Susan Jean, Vol IV
Fox, Stephen C., Vol I
Goodman, Michael F., Vol IV
Hahn, Laura K., Vol III
Ingle, Harold Norman, Vol I
Johnson, Ronald William, Vol I
Okin, Louis A., Vol I
Pence, Ellsworth Dean, Vol III
Sundstrom, Roy Alfred, Vol I
Tanner, William Randolph, Vol I

Azusa
Bean, Heather Ann Ackley, Vol IV
Padgett, Alan G., Vol IV
Robison, R.E., Vol III
Shoemaker, Melvin H., Vol IV

Bakersfield
Aarons, Leslie Ann, Vol IV
Flachmann, Michael C., Vol II
Goh, David T., Vol IV
Jones, Bruce William, Vol IV
Kleinsasser, Jerome, Vol I
Rink, Oliver A., Vol I
Wood, Forrest Glen, Vol I

Balboa Island
Leedom, Tim C., Vol II

Belmont
Easter, Marilyn, Vol I
Gavin, Rosemarie Julie, Vol II

Berkeley
Abrams, Richard M., Vol I
Adams, Douglas Glenn, Vol IV
Adelman, Janet Ann, Vol II
Alter, Robert, Vol III
Anderson, William Scovil, Vol I
Aune, Michael, Vol IV
Azevedo, Milton M., Vol III
Bagdikian, Ben Haig, Vol III
Banks, William Maron, III, Vol I
Barnes, Thomas Garden, Vol I
Barth, Gunther, Vol I
Berling, Judith, Vol IV
Birnbaum, Lucia Chiavola, Vol I
Bloom, Robert, Vol II
Bolt, Bruce A., Vol I
Booth, Stephen, Vol II
Borah, Woodrow, Vol I
Botterill, Steven, Vol III
Bouwsma, William James, Vol I
Boyarin, Daniel, Vol IV
Brentano, Robert, Vol I
Bretzke, James T., Vol IV
Brinner, William Michael, Vol III

Broughton, Janet Setzer, Vol IV
Brucker, Gene Adam, Vol I
Butler, J., Vol II
Buxbaum, Richard Manfred, Vol IV
Cascardi, Anthony Joseph, Vol III
Chinnici, Joseph Patrick, Vol I
Choper, Jesse H., Vol IV
Christ, Carol Tecla, Vol II
Christian, Barbara T., Vol II
Clader, Linda, Vol I
Clark, VeVe A., Vol I
Clemens, Diane Shaver, Vol I
Clifford, Geraldine Joncich, Vol I
Clubb, Louise George, Vol III
Coleman, John Aloysius, Vol IV
Compier, Don H., Vol IV
Coolidge, John Stanhope, Vol II
Costa, Gustavo, Vol I
Countryman, L. Wm, Vol I
Craddock, Jerry Russell, Vol IV
Crews, Frederick, Vol II
Crocker, Richard Lincoln, Vol I
Cutler, Nathan S., Vol I
Daly, Markate, Vol IV
Daube, David, Vol I
Davidson, Donald, Vol IV
De Vries, Jan, Vol I
DiCicco, Mario, Vol IV
Donovan, Mary Ann, Vol I
Dreyfus, Hubert Lederer, Vol IV
Duggan, Joseph John, Vol II
Dundes, Alan, Vol I
Edwards, Harry, Vol I
Eisenberg, Melvin Aron, Vol IV
Emeneau, Murray Barnson, Vol III
Epstein, Edwin M., Vol IV
Ernst, Eldon G., Vol I
Falk, Candace, Vol I
Fass, Paula S., Vol I
Faulhaber, Charles Bailey, Vol III
Feeley, Malcolm M., Vol I
Feldman, Gerald Donald, Vol I
Feller, David Edward, Vol IV
Fernandez, Eduardo, Vol IV
Fleischman, Suzanne, Vol III
Fleming, John G., Vol IV
Friedman, Donald M., Vol II
Gifford, Bernard R., Vol I
Gold, Victor Roland, Vol IV
Greenewalt, Crawford Hallock, Vol I
Griener, George E., Vol IV
Grossman, Joan Delaney, Vol III
Groth, Paul, Vol I
Gruen, Erich S., Vol I
Guinan, Michael Damon, Vol I
Gumperz, John J., Vol III
Haber, Samuel, Vol I
Hahn, Roger, Vol I
Heilbron, John L., Vol I
Heinze, Ruth-Inge, Vol III
Herr, Richard, Vol I
Hetherington, Norriss Swigart, Vol I
Hillen, Gerd, Vol III
Hintzen, Percy Claude, Vol IV
Holder, Arthur G., Vol IV
Hollinger, D.A., Vol I
Holub, Renate, Vol III
Holub, Robert C., Vol III
Irschick, Eugene Frederick, Vol I
Jaini, Padmanabh S., Vol III
Jarrett, James L., Vol IV
Jay, Martin Evan, Vol I
Johnson, Leonard Wilkie, Vol III
Joyce, Rosemary A., Vol I
Kadish, Sanford H., Vol IV
Kagan, Robert A., Vol I
Kalin, Everett Roy, Vol IV
Karlinsky, Simon, Vol III
Kater, John L., Jr., Vol IV
Kay, Herma Hill, Vol IV
Keightley, David Noel, Vol I
Kettner, James Harold, Vol I
Kilmer, Anne Draffkorn, Vol I
Kirch, Patrick V., Vol I
Kirk-Duggan, Cheryl Ann, Vol IV
Knapp, Arthur Bernard, Vol I
Knapp, Robert Carlyle, Vol I
Kudszus, Winfried, Vol III
Laguerre, Michael Saturnin, Vol I
Lapidus, Ira M., Vol I
Laqueur, Thomas Walter, Vol I
Lee, Jung Young, Vol IV
Lelwica, Michelle M., Vol IV
Leonard, Thomas Charles, Vol I
Lesch, John Emmett, Vol I
Lescher, Bruce, Vol IV

Lesser, Wendy, Vol II
Lewin, Linda, Vol I
Littlejohn, David, Vol II
Litwack, Leon F., Vol I
Long, Anthony Arthur, Vol I
Lull, Timothy F., Vol IV
Lyman, J. Rebecca, Vol I
Malkiel, Yakov, Vol III
Marcus, Sharon, Vol II
Mastronarde, Donald John, Vol I
Matisoff, James Alan, Vol III
May, Henry Farnham, Vol I
McLean, Hugh, Vol III
McNulty, John K., Vol IV
McNulty, John Kent, Vol IV
Melia, Daniel Frederick, Vol III
Merchant, Carolyn, Vol I
Messinger, Sheldon L., Vol I
Metcalf, Thomas R., Vol I
Michaels, Leonard, Vol II
Middlekauff, Robert Lawrence, Vol I
Middleton, Anne Louise, Vol II
Miles, Josephine, Vol II
Milgrom, Jacob, Vol IV
Miller, Stephen G., Vol I
Millner, Dianne Maxine, Vol IV
Morgan, Donn F., Vol IV
Morray Jones, Christopher R.A., Vol IV
Muir, William Ker, Vol I
Murgia, Charles Edward, Vol I
Nagler, Michael Nicholas, Vol I
Nasu, Eisho, Vol IV
Ogden, Dunbar Hunt, Vol II
Ohala, John Jerome, Vol III
Osborne, Kenan Bernard, Vol IV
Parsons, Jed, Vol I
Penzl, Herbert, Vol III
Peters, Theodore Frank, Vol IV
Polt, John H.R., Vol III
Redmount, Carol A., Vol I
Riasanovsky, Nicholas, Vol I
Richardson, Anne, Vol II
Richmond, Hugh M., Vol II
Richmond, Velma B., Vol II
Riesenfeld, Stefan Albrecht, Vol IV
Rose, Leo E., Vol I
Rosenberg, Marvin, Vol II
Rothberg, Donald Jay, Vol IV
Rothblatt, Sheldon, Vol I
Schamschula, Walter, Vol III
Scheiber, Harry N., Vol I
Scheiffele, Eberhard, Vol I
Scheiner, Irwin, Vol I
Schmalenberger, Jerry L., Vol IV
Schneiders, Sandra Marie, Vol IV
Scott, Peter Dale, Vol II
Sealey, B. Raphael, Vol I
Searle, John R., Vol IV
Seeba, Hinrich Claassen, Vol III
Shackley, M. Steven, Vol I
Shapiro, Barbara June, Vol II
Sloane, Thomas O., Vol II
Slobin, Dan Isaac, Vol III
Smith, Robert Harry, Vol IV
Snapper, Johan Pieter, Vol III
Spahr, Blake Lee, Vol III
Stagaman, David, Vol IV
Starn, Randolph, Vol I
Stortz, Martha Ellen, Vol I
Strohl, Jane E., Vol I
Stroud, Ronald Sidney, Vol I
Stuhr, Walter Martin, Vol IV
Sweet, Justin, Vol IV
Takaki, Ronald Toshiyuki, Vol I
Threatte, Leslie Lee, Vol I
Upton, Dell, Vol I
Vermazen, Bruce James, Vol IV
Wakeman, Frederic Evans, Jr., Vol I
Walsh, John Kevin, Vol II
Wang, William S.Y., Vol III
Weil, Louis, Vol IV
Wolgast, Eliz H., Vol I
Wright, Georgia Sommers, Vol I
Wright, John H., Vol IV
Yeh, Wen-han, Vol II
Zelnik, Reginald Ely, Vol I
Zwerdling, Alex, Vol II

Beverly Hills
Adams, John Oscar, Vol IV

Burbank
Holmes, Robert Ernest, Vol IV

Cambry
Verhaegh, Marcus, Vol IV

Campbell
Nichols, Patricia Causey, Vol II

Canoga Park
Levy, William Turner, Vol II

Canyon Country
MacArthur, John F., Vol IV

Carmel
Sarbin, Theodore R., Vol I

Carmel Valley
McCall, James Russell, Vol IV

Carson
Garber, Marilyn, Vol I
Geller, Lila Belle, Vol II
Grenier, Judson A., Vol I
Hata, Donald Teruo, Vol I
Ivers, Louise H., Vol I
Wells, Walter, Vol I

Chico
Boyle, John Hunter, Vol I
Brown, James Lorin, Vol III
Caldwell, Sarah, Vol I
Conlin, Joseph R., Vol I
Cowden, Joanna Dunlap, Vol I
Downes, David Anthony, Vol II
Farrer, Claire Rafferty, Vol I
Grelle, Bruce, Vol IV
Karman, James, Vol I
Kinball, Gayle, Vol IV
Lillibridge, George Donald, Vol I
Minor, Clifford Edward, Vol I
Moore, Brooke N., Vol IV
Singelis, T.M., Vol I

Chula Vista
Bekendorf, Ray R., Vol II

Claremont
Adler, Sara Maria, Vol III
Atlas, Jay David, Vol IV
Barnes, Richard G., Vol II
Barron, Hal S., Vol I
Blaine, Bradford Bennett, Vol I
Camp, Roderic A., Vol I
Cobb, John Boswell, Vol IV
Cressy, David, Vol I
Davis, Nathaniel, Vol I
Dornish, Margaret Hammond, Vol I
Easton, Patricia Ann, Vol IV
Elliott, Ward Edward Yandell, Vol I
Elsbree, Langdon, Vol II
Emerick, Judson, Vol II
Erickson, Stephen Anthony, Vol IV
Geerken, John Henry, Vol I
Gonzalez, Deena J., Vol I
Gorse, George L., Vol I
Greenberger, Allen Jay, Vol I
Greene, Gayle Jacoba, Vol II
Groves, Jeffrey D., Vol II
Hutchison, John A., Vol IV
Jackson, Agnes Moreland, Vol I
Jaffa, Harry Victor, Vol I
Kassam, Zayn, Vol IV
Kim, Chan-Hie, Vol IV
Kind, Amy, Vol IV
Kucheman, Clark Arthur, Vol IV
Levy, Leonard Williams, Vol I
Lofgren, Charles Augustin, Vol I
Lohrli, Anne, Vol III
Louch, Alfred, Vol IV
Marler, Grant A., Vol IV
McGaha, Michael Dennis, Vol III
Mezey, Robert, Vol II
Miller, Eric, Vol IV
Moss, Myra Ellen, Vol IV
Neumann, Harry, Vol IV
Osborn, Ronald Edwin, Vol I
Parrot, Rod, Vol IV
Phillips, Dewi Zephaniah, Vol IV
Post, Gaines, Vol I
Redfield, Marc, Vol III
Rice, Albert R., Vol I
Rindisbacher, Hans J., Vol III
Rinkus, Jerome Joseph, Vol III
Saigal, M., Vol III
Sanders, James Alvin, Vol IV
Schneider, Tammi J., Vol I

Sellery, J'nan Morse, Vol II
Senn, Harry, Vol III
Silverman, Victor, Vol I
Smith, Pamela H., Vol I
Sontag, Frederick Earl, Vol IV
Torjesen, Karen Jo, Vol III
Wachtel, Albert, Vol I
Waingrow, Marshall, Vol II
Walker, Cheryl, Vol II
Wall, Helena M., Vol I
Warmbrunn, Werner, Vol I
Warner, Nicholas Oliver, Vol III
Wicker, Kathleen O'Brien, Vol IV
Wolf, Kenneth Baxter, Vol I
Woods, Robert L., Jr., Vol I
Yamashita, Samuel Hideo, Vol I
Young, Howard Thomas, Vol III

Compton
Clegg, Legrand H., II, Vol IV

Concord
Chandler, Robert Joseph, Vol I

Corona
Kwon, Kyeong-Seog, Vol IV

Costa Mesa
Baldwin, Donald E., Vol IV
Camery Hoggatt, Jerry, Vol IV
Cerillo, Augustus, Vol I
Clark, David, Vol IV
Reich, Peter L., Vol IV
Williams, William C., Vol IV
Wilson, John, Vol I
Wilson, Lewis, Vol I

Culver City
McHenry, Leemon B., Vol IV

Cupertino
Bogus, Diane Adamz, Vol II
Rappaport, Steven D., Vol IV
Williams, James Calhoun, Vol I

Cypress
Ricci, Paul O., Vol IV

Daly City
Leitao, David, Vol I
Low, Roy, Vol IV

Davis
Bauer, Arnold Jacob, Vol I
Bernd, Clifford Albrecht, Vol III
Bettinger, Robert L., Vol I
Bowsky, Martha Welborn, Vol I
Bowsky, William Marvin, Vol I
Brody, David, Vol I
Brower, Daniel Roberts, Vol I
Bruch, C.S., Vol IV
Byrd, James David, Jr., Vol IV
Carter, Everett, Vol II
Crummey, Robert Owen, Vol I
Dundon, Stanislaus, Vol IV
Fetzer, John Francis, Vol III
Fleischer, Manfred Paul, Vol I
Gilbert, Sandra Mortola, Vol II
Goodman, Paul, Vol I
Groth, Alexander J., Vol I
Hagen, William Walter, Vol I
Halttunen, Karen, Vol I
Hays, Peter L., Vol II
Hoffman, Michael Jerome, Vol II
Imwinkelried, Edward, Vol IV
Jackson, William Turrentine, Vol I
Jett, Stephen C., Vol I
Johnson, Kevin R., Vol IV
Juenger, Friedrich K., Vol IV
Kusch, Manfred, Vol III
Landau, Norma Beatrice, Vol II
Levin, Richard A., Vol II
Major, Clarence, Vol II
McConnell, Winder, Vol III
Merlino, Scott A., Vol IV
Oakley, John Bilyeu, Vol IV
Poppino, Rollie Edward, Vol I
Price, Don Cravens, Vol I
Rosen, Ruth E., Vol I
Sarlos, Robert Karoly, Vol II
Schaeffer, Peter Moritz-Friedrich, Vol II
Schaeffer, Peter Moritz-Friedrich, Vol III
Schleiner, Winfried H., Vol I
Smith, F. Wilson, Vol I
Spyridakis, Stylianos V., Vol I
Stewart, John Othneil, Vol II

Taylor, Alan S., Vol I
Traill, David Angus, Vol I
Verani, Hugo Juan, Vol III
Waddington, Raymond Bruce., Vol II
Wallacker, Benjamin E, Vol III
West, Martha S., Vol I
Willis, Frank Roy, Vol I
Woodress, James, Vol II
Zender, Karl Francis, Vol II

Del Mar
Fouquet, Patricia Root, Vol I

Dominguez Hills
Ravitz, Abe C., Vol II

El Cajon
Strauss, Mark, Vol IV

El Dorado Hills
Albada-Jelgersma, Jill Elizabeth, Vol III
Schlachter, Gail Ann, Vol II

El Monte
Hwang, Tzu-Yang, Vol IV
Wu, Julie L., Vol IV

Elk Court
Peitz-Hillenbrand, Darlene, Vol IV

Encinitas
Beyer, David W., Vol I
Farrell, Warren Thomas, Vol I
Fisher, Edith Maureen, Vol II

Escondida
Neihoff, Arthur H., Vol I

Eureka
Tiso, Francis V., Vol IV

Fairfax
Leighton, Taigen Daniel, Vol IV

Fillmore
Whitley, David S., Vol I

Fremont
Kirshner, Alan Michael, Vol I
Nakasone, Ronald, Vol IV

Fresno
Adams, Katherine L., Vol III
Basden, B.H., Vol I
Benko, Stephen, Vol IV
Bloom, Melanie, Vol II
Bluestein, Gene, Vol II
Bochin, Hal William, Vol II
Bohnstedt, John Wolfgang, Vol I
Boyajian, James Charles, Vol I
Boyd, Robert, Vol IV
Carmichael, Carl W., Vol III
Dinkin, Robert J., Vol I
Faderman, Lillian, Vol II
Fraleigh, Douglas, Vol II
Freeman, David, Vol III
Freeman, Yvonne, Vol III
Golston, Chrls, Vol III
Kauffman, George B., Vol I
Klassen, Peter James, Vol I
Levine, Philip, Vol II
Martens, Elmer Arthur, Vol IV
Pitt, Jack, Vol IV
Pressman, H. Mark, Vol IV
Raney, George William, Vol III
Rosenthal, Judith Ann, Vol II
Warkentin, Larry R., Vol I
Weitzman, Raymond Stanley, Vol III
Wint, Arthur Valentine Noris, Vol I

Fullerton
Axelrad, Allan M., Vol I
Axelrad, Arthur Marvin, Vol II
Bakken, Gordon Morris, Vol I
Bellot, Leland Joseph, Vol I
Brattstrom, Bayard H., Vol IV
Brown, Daniel Aloysius, Vol IV
Cummings, Sherwood, Vol II
De Rios, Marlene Dobkin, Vol I
Frazee, Charles Aaron, Vol IV
Hansen, Debra Gold, Vol I
Hanson, Bruce, Vol IV
Hardy, B. Carmon, Vol I

Hobson, Wayne K., Vol I
Jaskoski, Helen, Vol II
Kaye, Alan Stewart, Vol III
Myers, Mitzi, Vol II
Onorato, Michael P., Vol I
Pivar, David J., Vol I
Putnam, Jackson K., Vol I
Reich, Louis John, Vol IV
Segal, N.L., Vol I
Smith, Jesse Owens, Vol I
Vogeler, Martha Salmon, Vol II
Wagner, M. John, Vol II
Witmer, Diane F., Vol II

Gilroy
Hargis, Jeffrey W., Vol IV

Glendora
Dingilian, Der Stepanos, Vol IV
Salwak, Dale F., Vol II

Gold River
Loewy, Roberta S., Vol IV

Goleta
Dell'Agostino, David, Vol IV
Nogales, Patti, Vol IV

Hayward
Bowser, Benjamin P., Vol I
Bullough, William Alfred, Vol I
Fuchs, Jacob, Vol II
Gilliard, Frank Daniel, Vol I
Henig, Gerald S., Vol I
Morby, John Edwin, Vol I
Pitts, Vera L., Vol I
Raack, Richard C., Vol I
Reuter, William C., Vol I
Roszak, Theodore, Vol I
Sapontzis, Steve Frederic, Vol IV
Walz, John D., Vol I
Warrin, Donald Ogden, Vol III
Zou, Ke, Vol III

Hollywood
Samudio, Jeffrey, Vol I
Shaw, Curtis Mitchell, Vol IV

Huntington Beach
Mason, Jeffrey A., Vol IV

Inglewood
Reid, Benjamin F., Vol IV

Irvine
Antonelli, Gian Aldo, Vol IV
Ayala, Francisco J., Vol IV
Barney, Stephen Allen, Vol II
Bruce, D.D., Vol I
Carroll, David, Vol III
Chiampi, James T., Vol III
Dickson, Bruce D., Jr., Vol IV
Donlan, Walter, Vol I
Fahs, Alice E., Vol I
Ferrin Sutton, Dana, Vol I
Folkenflik, Robert, Vol II
Fuller, M.A., Vol III
Gearhart, Suzzane, Vol II
Grofman, Bernard N., Vol I
Guthrie, Elizabeth M., Vol III
Hart, Gail K., Vol III
Hill, Lamar Mott, Vol I
Huang, J., Vol III
Hubert, Judd D., Vol III
Hubert, Renee Riese, Vol III
Johnson, Ben, Vol IV
Laborde, Alice M., Vol III
Lehnert, Herbert Hermann, Vol III
Leonard, Karen Isaksen, Vol I
Lillyman, William J., Vol III
Maddy, Penelope, Vol IV
Martin, Jay H., Vol I
Mcculloch, Samuel Clyde, Vol I
Miles, Margaret M., Vol I
Munevar, Gonzalo, Vol IV
Nelson, Keith Lebahn, Vol I
Noland, Carrie J., Vol III
Palley, Julian, Vol III
Rabine, Leslie W., Vol III
Regosin, Richard L., Vol III
Rieckman, Jens, Vol II
Riese Hubert, Renee, Vol III
Saadoun, Mohamed, Vol I
Saine, Thomas Price, Vol III
Santas, Gerasimos, Vol I
Skyrms, Brian, Vol IV
Small, Kenneth Alan, Vol I
Stanford, Preston K., Vol IV

Suttpn, Dana F., Vol I
Walsh, Roger, Vol IV
Watt, William Carnell, Vol III
Wiener, Jonathan M., Vol I

Kensington
Kohn, Richard, Vol IV
Sinclair, Scott G., Vol IV

La Crescenta
O'Sullivan, Michael, Vol IV

La Jolla
Arneson, Richard J., Vol IV
Bailey, Frederick George, Vol I
Briggs, Charles L., Vol I
Brink, David O., Vol IV
Cancel, Robert, Vol III
Churchland, Paul M., Vol IV
Cole, Mike, Vol II
Cox, Stephen D., Vol II
Davis, Susan, Vol II
Dijkstra, Bram, Vol III
Doppelt, Gerald D., Vol IV
Engestrom, Yrjo, Vol II
Fitch, Noel Riley, Vol II
Foster, Frances Smith, Vol II
Friedman, Richard Elliott, Vol IV
Gaffney, Floyd, Vol II
Glymour, Clark, Vol IV
Gollaher, David L., Vol I
Gutierrez, Ramon A., Vol I
Hallin, Daniel C., Vol II
Hardimon, Michael O., Vol IV
Hartouni, Valerie, Vol II
Horwitz, Robert, Vol II
Hughes, Judith Markham, Vol I
Humphries, Tom, Vol III
Jolley, Nicholas, Vol IV
Keyssar, Helene, Vol II
Kirkpatrick, Susan, Vol III
Kitcher, Patricia, Vol IV
Kitcher, Philip, Vol IV
Klima, Edward Stephens, Vol III
Langacker, Ronald Wayne, Vol III
Luft, David Sheers, Vol I
Marino, John Anthony, Vol I
Martin, Wayne M., Vol I
Mitchell, Sandra D., Vol IV
Morris, Paul, Vol IV
Mosshammer, Alden Adams, Vol I
Mukerji, Chandra, Vol II
Neuhouser, Frederick, Vol IV
Newmark, Leonard, Vol III
Padden, Carol, Vol II
Pasler, Jann C., Vol I
Pomeroy, Earl, Vol I
Rafael, Vicente, Vol II
Reynolds, Edward, Vol IV
Ringrose, David R., Vol I
Rose, Sharon, Vol III
Schudson, Michael, Vol I
Sher, Gila, Vol IV
Stavrianos, Leften Stavros, Vol I
Stroll, Avrum, Vol IV
Wesling, Donald Truman, Vol II
Yalowitz, Steven, Vol IV

La Jolle
Schiller, Anita R., Vol II

La Mesa
Ruja, Harry, Vol IV

La Mirada
Bloom, John A., Vol IV
Finley, Thomas John, Vol IV
Lewis, Todd Vernon, Vol II

Laguna Beach
Krieger, Murray, Vol II

Laguna Hills
Levesque, Paul J., Vol IV

Lancaster
Sharkey, Paul, Vol IV

Livermore
Grill, T.R., Vol IV
Porter, Andrew P., Vol IV

Loma Linda
Baker, Delbert Wayne, Vol II

Long Beach
Aspiz, Harold, Vol II
Battenfield, James R., Vol IV
Burke, Albie, Vol I
Cargile, Aaron C., Vol II
Gosselin, Edward Alberic, Vol I
Hood, David Crockett, Vol I
Kennett, Douglas, Vol I
Lindgren, Raymond Elmer, Vol I
Locklin, Gerald Ivan, Vol II
May, Charles Edward, Vol II
Person, Dawn Renee, Vol I
Polakoff, Keith Ian, Vol I
Robinson, Jim C., Vol I
Stuart, Jack, Vol I
Tang, Paul C.L., Vol IV
Van Camp, Julie C., Vol IV
Van De Mortal, Joseph A., Vol IV
Weinstock, Donald Jay, Vol II
Williams, Ora, Vol I
Young, Elizabeth V., Vol II

Los Alamitos
Piar, Carlos R., Vol IV

Los Altos Hills
Roth, Jean, Vol IV

Los Angeles
Accampo, Elinor A., Vol I
Ake, David, Vol I
Alexander, Theodore Thomas, Jr., Vol I
Allmendinger, Blake, Vol II
Altman, Scott A., Vol IV
Andersen, Elaine, Vol III
Ando, Clifford, Vol I
Aoun, Joseph, Vol III
Appleby, Joyce, Vol I
Araiza, William, Vol IV
Arlen, Jennifer H., Vol IV
Armour, Jody D., Vol IV
Aronson, Jonathan, Vol I
Babcock, Arthur Edward, Vol III
Bahr, Ehrhard, Vol III
Band, Arnold J., Vol II
Banet-Weiser, Sarah, Vol II
Banner, Lois W., Vol I
Banta, Martha, Vol II
Barnes, Willie R., Vol IV
Barnes Robinson, Susan, Vol I
Barnouw, Dagmar, Vol III
Bauer, George Howard, Vol III
Bauml, Franz H., Vol III
Becker, Marjorie R., Vol I
Behdad, Ali, Vol II
Beniger, James R., Vol II
Benson, Robert Louis, Vol I
Benson, Robert W., Vol IV
Berenbaum, Michael, Vol IV
Berger, Gordon, Vol I
Bergren, Ann L.T., Vol I
Bernstein, Jerry, Vol IV
Berst, Charles A., Vol II
Berton, Peter, Vol I
Bice, Scott H., Vol IV
Birge, Bettine, Vol III
Birnbaum, Henrik, Vol III
Blank, David L., Vol I
Blumberg, Grace Ganz, Vol IV
Blumberg, Sherry H., Vol III
Bonebakker, Seeger A., Vol III
Borer, Hagit, Vol III
Borsch, Frederick Houk, Vol II
Braudy, Leo, Vol II
Braunmuller, A.P., Vol II
Brecht, Albert O., Vol IV
Brier, Peter A., Vol II
Brown, Jonathan Charles, Vol I
Brown, Kendall H., Vol I
Bruneau, Marie Florine, Vol III
Bruno, James Edward, Vol I
Buccellati, Giorgio, Vol I
Caiden, Gerald E., Vol I
Campbell, Lee W., Vol IV
Capron, Alexander M., Vol I
Carnicke, Sharon Marie, Vol III
Chambers, Mortimer Hardin, Vol I
Chang, Howard F., Vol IV
Chapple, C.K., Vol I
Chaput, Donald, Vol I
Chemerinsky, Erwin, Vol IV
Cheung, Dominic C.N., Vol III
Christol, Carl Quimby, Vol IV
Chrzanowski, Joseph, Vol III
Chyet, Stanley F., Vol I
Clausing, Gerhard, Vol III
Coben, Stanley, Vol I
Cody, Martin Leonard, Vol I
Cohen, Norman Sonny, Vol I
Cohen, Stephen Marshall, Vol IV
Colley, Nathaniel S., Vol II
Collins, Kenneth L., Vol IV
Coombs, Robert H., Vol I
Cooper, Marilyn Marie, Vol II
Cope, Jackson Irving, Vol II
Cox, Thomas C., Vol I
Crecelius, Daniel, Vol I
Crossley, John, Vol IV
Cruz, David B., Vol IV
Cuenca, Jose Ramon Araluce, Vol III
Cutter, William, Vol III
Dales, Richard C., Vol I
Dallek, Robert, Vol I
Dane, Joseph A., Vol II
Darden, Christopher A., Vol IV
Dewey, Donald Odell, Vol I
Diaz, Roberto Ignacio, Vol III
Dingman, Roger V., Vol I
Dresser, N., Vol I
Dudziak, Mary L., Vol IV
Dukeminier, Jesse, Vol IV
Dutton, William H., Vol II
Dyck, Andrew R., Vol I
Eekman, Thomas, Vol III
Ehret, Christopher, Vol I
Ellwood, Robert S., Vol IV
Elman, B.A., Vol I
Estrich, Susan, Vol IV
Ethington, Philip J., Vol I
Eubanks, Rachel Amelia, Vol I
FA, Mayer, Vol I
Finegan, Edward J., Vol IV
Fireman, Janet Ruth, Vol I
Fisher, Raymond Henry, Vol I
Fisher, Walter R., Vol II
Fletcher, George Philip, Vol IV
Frakes, Jerold C., Vol III
Franklin, Carl M., Vol IV
Franklin, Floyd, Vol IV
Free, Katherine B., Vol II
Friedman, Philip Allan, Vol II
Frischer, Bernard, Vol I
Fromkin, Victoria A, Vol III
Fry, Michael G., Vol IV
Fulco, William J., Vol III
Fulk, Janet, Vol II
Funkenstein, Amos, Vol I
Furth, Charlotte, Vol I
Garet, Ronald R., Vol IV
Garry, Ann, Vol IV
Georges, Robert A., Vol III
Ghirardo, Diane, Vol I
Gilliland-Swetland, Anne J., Vol I
Glasco, Anita L., Vol I
Glaser, Daniel, Vol I
Goldberg, Sander M., Vol I
Gonzalez, Alfonso, Vol III
Gordon, Walter Lear, III, Vol IV
Grassian, Esther, Vol II
Green, Lawrence Donald, Vol II
Griffith, Thomas D., Vol IV
Gurval, Robert Alan, Vol I
Hahn, Harlan, Vol I
Han, Mieko, Vol III
Harley, Maria Anna, Vol I
Harper, Katherine, Vol I
Harris, Jimmie, Vol IV
Hawkins, John A., Vol III
Hayden, George A., Vol III
Hayes, Robert Mayo, Vol I
Hill, Jacqueline R., Vol IV
Hines, Thomas S., Vol I
Hirsch, Werner Z., Vol I
Hise, Greg, Vol I
Hoji, Hajime, Vol III
Horowitz, Maryanne Cline, Vol I
Hossein, Ziai, Vol IV
Hundley, Norris Cecil, Vol I
Ilie, Paul, Vol III
Ivanov, Vyacheslav V., Vol III
Jacoby, Sanford M., Vol I
Johnson, Carroll B., Vol III
Johnson, Chas Floyd, Vol IV
Jones, Amelia, Vol I
Jones, Michael Owen, Vol I
Jun, Sun-Ah, Vol III
Just, Felix, Vol IV
Kamuf, Peggy, Vol III
Kaplan, Robert B., Vol III
Karst, Kenneth L., Vol IV
Katada, Saori, Vol I
Keating, Gregory C., Vol IV
Keddie, Nikki R., Vol I
Kelly, Henry Ansgar, Vol II
Kerr, Lucille, Vol III
Kim, Nam-Kil, Vol III
King, Katherine Callen, Vol III
Klein, William A., Vol IV
Klerman, Daniel M., Vol IV
Klob, Gwin Jack, Vol II
Knoll, Michael S., Vol IV
Knoll, Paul W., Vol I
Knopoff, L., Vol IV
Kolb, Jack, Vol II
Komar, Kathleen Lenore, Vol III
Krekic, Barisa, Vol I
Krier, James Edward, Vol IV
Kroeber, Clifton Brown, Vol I
Krupp, E.C., Vol IV
Kushner, James Alan, Vol IV
Ladefoged, Peter, Vol III
Laird, David, Vol II
Lancaster, Herman Burtram, Vol IV
Lanham, Richard Alan, Vol II
Laslett, John Henry Martin, Vol I
Lattimore, Steven, Vol I
Lawrence, Lary, Vol IV
Lazar, Moshe, Vol II
Lazaroff, Daniel E., Vol IV
Lefcoe, George, Vol IV
Levine, Martin L., Vol IV
Lewis, Jane Elizabeth, Vol II
Li, Audrey, Vol III
Light, Ivan, Vol I
Lincoln, Kenneth, Vol II
Lofstedt, Bengt, Vol III
Lovett, Leonard, Vol IV
Lowenstein, D.H., Vol IV
Lowenstein, Steven Mark, Vol I
Lyon, Thomas D., Vol IV
MacDonald, Maryellen, Vol III
Malone, Carolyn, Vol I
Maniquis, Robert Manuel, Vol II
Manning, Peter J., Vol II
Marder, Nancy S., Vol IV
Markel, Stephen, Vol I
Martines, Lauro, Vol I
Matovina, Timothy M., Vol IV
Matteson, Lynn Robert, Vol I
May, Christopher N., Vol IV
Maynard, Therese H., Vol IV
Mazon, Mauricio, Vol I
McCaffery, Edward J., Vol IV
McCann, Edwin, Vol IV
Mead, Lisa M., Vol IV
Mellor, Anne Kostelanetz, Vol II
Mellor, Ronald, Vol I
Meyer, Richard, Vol I
Miller, Donald, Vol IV
Minkova, Donka, Vol III
Moore, A. Lloyd, Vol I
Morgan, Kathryn A., Vol I
Moss, Bernard Haym, Vol I
Munzer, Stephen Roger, Vol IV
Myers, Charles Edward, Vol IV
Nagle, D. Brendan, Vol I
Naiditch, P.G., Vol I
Naim, Elissa Ben, Vol IV
Nash, Gary B., Vol I
Nash, Stanley, Vol III
Nehring, Wolfgang, Vol III
Noble, Douglas, Vol II
Nosco, Peter, Vol I
Notehelfer, Fred G., Vol I
Novak, Maximillian E., Vol II
Nunis, Doyce Blackman, Vol I
Nussbaum, Felicity, Vol II
Orenstein, Gloria Feman, Vol II
Pal, Pratapaditya, Vol I
Papadopoulos, John K., Vol I
Passamaneck, Stephen Maurice, Vol IV
Pecora, Vincent P., Vol II
Perez-Torres, Rafael, Vol II
Perkins, Linda Marie, Vol I
Peters, Aulana Louise, Vol IV
Pillsbury, Samuel H., Vol IV
Pinkus, Karen, Vol III
Pollini, John, Vol I
Popiden, John Robert, Vol IV
Post, Jonathan F.S., Vol II
Pugsley, Robert Adrian, Vol IV
Purefoy Morris, Sarah, Vol I
Quintero, Ruben, Vol II
Rausch, Thomas P., Vol IV
Reill, Peter Hanns, Vol I
Resnik, Judith, Vol IV
Richlin, Amy, Vol I
Roper, Alan, Vol II
Rorlich, Azade-Ayse, Vol I
Rosenthal, Margaret F., Vol II
Ross, Steven J., Vol I
Rowe, Karen E., Vol II
Ruiz, Teofilo Fabian, Vol I
Rutherford, William E., Vol III
Ryan, Herbert Joseph, Vol IV
Saks, Elyn R., Vol IV
Saltarelli, Mario, Vol III
Saltzman, Robert M., Vol IV
Sanchez, George J., Vol I
Sardesai, Damodar Ramaji, Vol I
Schein, Barry, Vol III
Schierle, Gotthilf Goetz, Vol I
Schmidhauser, John Richard, Vol I
Schmidt, Hanns-Peter, Vol III
Schnauber, Cornelius, Vol III
Schniedewind, William M., Vol III
Schor, Hilary, Vol II
Seidenberg, Mark, Vol III
Seip, Terry L., Vol I
Sellin, Paul R., Vol II
Shapiro, Michael H., Vol IV
Sheats, Paul Douglas, Vol II
Shuger, Debora, Vol II
Silva-Corvalan, Carmen M., Vol III
Simon, Larry G., Vol IV
Sklar, Richard Lawrence, Vol I
Slawson, W. David, Vol IV
Smith, Edwin M., Vol IV
Smith, Jeffrey A., Vol II
Sobel, Lionel S., Vol IV
Solum, Lawrence B., Vol IV
Sonnenfeld, Albert, Vol III
Spillenger, Clyde, Vol IV
Spitzer, Matthew L., Vol IV
Starr, Kevin, Vol I
Starr, Peter, Vol III
Stefanovska, Malina, Vol III
Stewart, Daniel Lewis, Vol IV
Stockwell, Robert Paul, Vol III
Stolzenberg, N.M., Vol IV
Stone, Christopher D., Vol IV
Strauss, Marcy, Vol IV
Talley, Eric L., Vol IV
Tennyson, Georg Bernhard, Vol II
Teviotdale, Elizabeth C., Vol I
Thompson, Laurence G., Vol III
Tiersma, Peter M., Vol IV
Tomlinson, John G., Vol IV
Totten, George Oakley, III, Vol I
Treusch, Paul E., Vol IV
Troy, Nancy J., Vol I
Tunick, David C., Vol IV
Tuttle, Edward Fowler, Vol III
Vairo, Georgene M., Vol IV
Vander Wilt, Jeffery T., Vol IV
Vanderwilt, Jeffrey T., Vol IV
Varnelis, Kazys, Vol I
Vergnaud, Jean-Roger, Vol III
Vickers, Nancy, Vol III
Vine, Brent, Vol I
Voeltz, Richard Andrew, Vol I
Volokh, Eugene, Vol IV
Vonfalkenhausen, L., Vol I
Wagener, Hans, Vol III
Walker, Andrew David, Vol I
Wang, Robin, Vol IV
Weekes, Martin Edward, Vol IV
Whitebread, Charles H., Vol IV
Whiteman, D. Bruce, Vol II
Wilkie, James Wallace, Vol I
Williams, Gary C., Vol IV
Williams, William J., Vol I
Willis, Alfred, Vol I
Wills, John E., Vol I
Wilson, Robert Arden, Vol I
Wittrock, Merlin Carl, Vol III
Wohl, Robert, Vol I
Wolfenstein, E. Victor, Vol I
Woodard, Roger, Vol III
Worth, Dean Stoddard, Vol III
Wortham, Thomas, Vol II
Yarborough, Richard A., Vol I
Zeitlin, Maurice, Vol I
Zevit, Ziony, Vol III
Zholkovsky, Alexander, Vol III
Zubizarreta, Maria Luisa, Vol III
Zuckerman, Bruce, Vol III

Los Gatos
Freeman, Eugene, Vol IV

Malibu
Baird, David, Vol I
Buchanan, Raymond W., Vol II
Caldwell, Harry M., Vol IV
Carver, Marc, Vol IV
Casey, Michael W., Vol II
Casmir, Fred L., Vol II
Chesnutt, Randall D., Vol IV
Clark, W. Royce, Vol IV
Clegg, Cyndia Susan, Vol II
Cochran, Robert F., Jr., Vol IV
Colson, Darrel D., Vol IV
Dunaway, Baxter, Vol IV

Durham, Ken R., Vol IV
Gough, Russell W., Vol IV
Henslee, William D., Vol IV
Herbert, Luft, Vol I
Highfield, Ronald Curtis, Vol IV
Holmes, David, Vol II
Hughes, Richard T., Vol IV
James, Bernard, Vol IV
Lorenzi, Paola G., Vol III
Lowry, David, Vol II
Lynn, Richardson R., Vol IV
Marrs, Riock R., Vol IV
McDowell, Markus, Vol IV
Mendosa, Antonio, Vol IV
Miller, Anthony, Vol IV
Ogden, Gregory L., Vol IV
Paniccia, Patricia L., Vol IV
Rowland, Rick, Vol I
Smith, F. Lagard, Vol IV
Tyler, Ronald, Vol IV
Willis, Tim, Vol IV

Manhattan Beach
Lee, Anthony A., Vol I

Marina del Rey
Levine, David Oscar, Vol I
Moore, Max, Vol IV

McKinleyville
Yingling, Julie, Vol II

Menlo Park
Carr, Michael Harold, Vol I
Holleran, John Warren, Vol IV
Patzia, Arthur G., Vol IV
White, Cecil R., Vol II

Merced
Cabezut-Ortiz, Delores J., Vol II
Hallman, Max, Vol IV

Mill Valley
Arbino, Gary P., Vol I
Harrop, Clayton Keith, Vol IV
Honeycutt, Dwight A., Vol I
Hornecker, Ronald L., Vol IV
Martin, D. Michael, Vol IV
McCoy, Gary W., Vol I
Nelson, Stanley A., Vol IV
Schweer, G. William, Vol IV

Mission Viejo
Giacumakis, George, Vol I
Heffernan, William A., Vol II

Modesto
Oppenheim, Samuel Aaron, Vol I

Monterey
Cooper, Danielle Chavy, Vol III
Strolle, Jon M, Vol III

Moorpark
Daurio, Janice, Vol IV

Moraga
Beran, Carol L., Vol II
Dawson Boyd, Candy, Vol III
Guarneri, Carl J., Vol I
Lemke-Santangelo, Gretchen, Vol I
Lu, Matthias, Vol IV
Santiago, Myrna, Vol I

Moreno Valley
Conway, Melissa, Vol I

Moss Beach
Spretnak, Charlene M., Vol II

Mount View
Brennan, Mary Alethea, Vol IV

Newhall
Halstead, Thomas, Vol IV
Johnson, Robert C., Vol I

Newport Beach
Menton, Seymour, Vol III

North Hollywood
Wertheimer, Roger, Vol IV

Northridge
Bajpai, Shiva Gopal, Vol I
Baur, John Edward, Vol I

Bjork, Robert Eric, Vol II
Broesamle, John Joseph, Vol I
Camp, Richard, Vol I
Clendenning, John, Vol II
Crittenden, Charles, Vol IV
Field, Earle, Vol I
Ford, Alvin Earle, Vol III
Gariano, Carmelo, Vol III
Goss, James, Vol IV
Herman, Phyllis, Vol I
Hussain, Amir, Vol III
Johnson, Dewayne Burton, Vol II
Kellenberger, Bertram James, Vol IV
Klotz, Marvin, Vol II
Koistinen, Paul Abraham Carl, Vol I
Marlane, Judith, Vol II
McIntyre, Ronald Treadwell, Vol IV
Meyer, Michael, Vol I
Saunders, Kurt M., Vol IV
Schaffer, Ronald, Vol I
Sefton, James Edward, Vol I
Shofner, Robert Dancey, Vol IV
Sicha, Jeffrey Franklin, Vol IV
Soffer, Reba Nusbaum, Vol I
Tohidi, Nayereh E., Vol I
Yagisawa, Takashi, Vol IV

Oak Park
Smith, Kathryn, Vol IV
Womack, Morris M., Vol I

Oakland
Abinader, Elmaz, Vol II
Adisa, Opal Palmer, Vol III
Allen, Robert L., Vol I
Baker-Kelly, Beverly, Vol IV
Benham, Priscilla, Vol IV
Bernstein, JoAnne G., Vol I
Bloch, Chana, Vol II
Braungardt, Jurgen, Vol IV
Burris, John L., Vol IV
Caufield, Carlota, Vol III
Cavallari, Hector Mario, Vol III
Clegg, Jerry Stephen, Vol IV
Ford, Judith Donna, Vol I
Giurlanda, Paul, Vol IV
Giurlanda, Paul, Vol II
Gordon, Bertram M, Vol I
Goring, William S., Vol I
Hopkins, Donald Ray, Vol IV
Kahn, Madeleine, Vol II
Larsen, Grace H., Vol I
Micco, Melinda, Vol I
Milowicki, Edward John, Vol II
Moody, Linda A., Vol IV
Patten, Priscilla C., Vol IV
Pavesich, Vida, Vol IV
Potter, Elizabeth, Vol II
Ratcliffe, Stephen, Vol II
Roberts, Wendy Hunter, Vol IV
Roth, Moira, Vol I
Russell, Diana Elizabeth H., Vol I
Santana, Deborah, Vol I
Scheinberg, Cynthia, Vol II
Sheldon, Marianne Buroff, Vol I
Siekhaus, Elisabeth, Vol III
Skaggs, Rebecca, Vol IV
Strychacz, Thomas, Vol II
Stuckey, Priscilla, Vol IV
Tatz, Mark, Vol IV
Ward, Carole Geneva, Vol II
Webster, William H., Vol IV
Weiner, Robert, Vol IV
Zweig, Ellen, Vol II

Orange
Axelrod, Mark R., Vol III
Deck, Allan F., Vol IV
Hennessy, Anne, Vol IV
Martin, Mike W., Vol IV
Schneider, Matthew T., Vol II

Pacific Palisades
Popkin, Richard, Vol IV
Reichenbach, Maria, Vol IV

Palo Alto
Forbes, A. Dean, Vol IV
Ginsberg, Lesley, Vol II
Goldworth, Amnon, Vol IV
Jackson, Kennell A., Jr., Vol I
Scoledes, Aristotle, Vol I
Tandy, Charles, Vol IV

Pasadena
Barber, Elizabeth J. Wayland, Vol I
Barber, Paul Thomas, Vol III
Bogen, Joseph E., Vol III
Bricker, Daniel P., Vol IV
Brown, Colin, Vol IV
Clark, Justus Kent, Vol II
Fay, Peter Ward, Vol I
Goldingay, John, Vol IV
Gooden, Winston Earl, Vol IV
Goodstein, Judith Ronnie, Vol I
Hagner, Donald A., Vol IV
Kevles, Daniel Jerome, Vol I
Kousser, Joseph Morgan, Vol I
McClendon, James Em., Jr., Vol IV
Miner, Ellis D., Vol III
Murphy, Nancey, Vol IV
Reid, Joel Otto, Vol I
Rosenstone, Robert Allan, Vol I
Scholer, David M., Vol IV
Smallenburg, Harry Russell, Vol II
Thomas, Nigel J.T., Vol I
Thomson, William, Vol IV
Vande Kemp, Hendrika, Vol IV
Winter, Robert W., Vol I
Woodward, J., Vol IV

Playa del Rey
Mahoney, John Francis, Vol II

Pleasant Hill
Gonzales, Manuel G., Vol I
Rawls, James J., Vol I

Pomona
Bellman, Samuel Irving, Vol II
Evans, William Mckee, Vol I
Morsberger, Robert E., Vol II
Ross, Peter W., Vol IV
Smith, David Richard, Vol I

Poway
von Borstel, Federico, Vol I

Rancho Cordova
Vryonis, Speros, Jr., Vol I

Redding
Brown, Stephen G., Vol IV

Redlands
Eng, Robert Y., Vol I
Hester, James D., Vol III
Keene, Jennifer D., Vol I
Musmann, Klaus, Vol II
Ogren, Kathy J., Vol I
Sandos, James A., Vol I
Vailakis, Ivan Gordon, Vol II

Redondo Beach
Heim, Michael R., Vol IV

Reseda
James, Woodrow C., Vol I

Richmond
McSpadden, Lucia, Vol I

Ripon
Radic, Randall, Vol IV

Riverside
Axelrod, Steven Gould, Vol II
Barkin, Kenneth, Vol I
Barricelli, Jean-Pierre, Vol III
Bredbeck, Gregory W., Vol II
Brett, Philip, Vol I
Briggs, John C., Vol II
Chen, Jingsong, Vol III
Cheng-chi Hsu, Ginger, Vol I
Childers, Joseph W., Vol II
Conrad, Rudolph, Vol I
Cortes, Carlos Eliseo, Vol I
Cranor, Carl, Vol IV
Daviau, Donald G., Vol III
Devlin, Kimberly J., Vol II
Dunn, Robert P., Vol I
Dunn, Robert P., Vol II
Eigner, Edwin Moss, Vol II
Elliott, Emory B., Vol II
Essick, Robert N., Vol II
Fabricant, Carole, Vol II
Fagundo, Ana Maria, Vol III
Fischer, John Martin, Vol IV
Forster-Hahn, Francoise, Vol I
Ganim, John Michael, Vol II

Gaustad, Edwin Scott, Vol I
Gericke, Philip Otto, Vol III
Getty, J. Arch, Vol I
Glidden, David, Vol IV
Godbeer, R., Vol I
Haggerty, George E., Vol II
Hendrick, Irving Guilford, Vol I
Hoefer, Carl, Vol IV
Hoffman, Paul, Vol I
Keller, Pierre, Vol IV
Kim, Wonil, Vol IV
King, Ben L., Vol I
Kinney, Katherine, Vol II
Kronenfeld, David B., Vol I
Kronenfeld, Judy, Vol II
Laursen, John Christian, Vol I
Levin, Jules Fred, Vol III
Lopez, Tiffany Ana, Vol II
Magnus, Bernd, Vol IV
Marti, Genoveva, Vol IV
Megenney, William Wilber, Vol III
Mileur, Jean-Pierre, Vol II
Morton, Carlos, Vol II
Morton, Patricia A., Vol I
Ness, Sally A., Vol I
O'Connor, June Elizabeth, Vol IV
Ostrow, Steven F., Vol I
Phillips, John Allen, Vol I
Quin, Carolyn L., Vol I
Reath, Andrews, Vol IV
Reck, Erich H., Vol IV
Roy, Parama, Vol II
Rudolph, Conrad, Vol I
Scanlon, Thomas Francis, Vol I
Schwitzgebel, Eric, Vol IV
Stewart, Stanley N., Vol II
Tobey, Ronald Charles, Vol I
Tyler, Carole-Anne, Vol II
Vickery, John B., Vol II
Wall, Irwin M., Vol I
Waller, Marguerite R., Vol III
Warnke, Georgia, Vol IV
Westfahl, Gary, Vol II
Wetherell, Charles W., Vol I
Wettstein, Howard K., Vol IV
Willis, Deborah, Vol II
Wilson, Danny K., Vol IV
Wright, Larry, Vol IV
Yamamoto, Traise, Vol III

Rohnert Park
Abernethy, Cecil Emory, Vol II
Castillo, Ed, Vol I
Clayton, Philip, Vol IV
Haslam, Gerald William, Vol II
Martinez, Elizabeth Coonrod, Vol III
Mellini, Peter John Dreyfus, Vol I
Raskin, Jonah, Vol II
Rust, Ezra Gardner, Vol I
Wautischer, Helmut, Vol IV
Webster, Niambi Dyanne, Vol I
White, David Anthony, Vol I

Sacramento
Bankowsky, Richard James, Vol II
Burger, Mary Williams, Vol I
Chambers, Henry Edmund, Vol I
Cooper, Joseph, Vol IV
Covin, David Leroy, Vol I
Craft, George S., Jr., Vol I
Dennis, Harry Joe, Vol III
Giles, Mary E., Vol III
Gordon, Allan M., Vol I
Hampton, Grace, Vol I
Harris, Stephen Leroy, Vol IV
Kando, Thomas M., Vol I
Loewy, Erich H., Vol IV
Long, James L., Vol I
Madden, David William, Vol I
Nystrom, Bradley, Vol I
Owens, Kenneth Nelson, Vol I
Raye, Vance Wallace, Vol IV
Roberts, Charles Edward, Vol I
Santana, Jorge Armando, Vol III
Scott, Otis L., Vol I
Smith, Heman Bernard, Vol IV
Trujillo, Nick L., Vol II
Vande Berg, Leah R., Vol II
Williamson, Arthur H., Vol I
Wu, Joseph Sen, Vol IV

Salinas
Lewis, Theodore Gyle, Vol I

San Anselmo
Liebert, Elizabeth, Vol IV
Park, Eung Chun, Vol IV

Waetjen, Herman C., Vol IV

San Bernardino
Barkan, Elliott Robert, Vol I
Barnes, Ronald Edgar, Vol II
Blackey, Robert Alan, Vol II
Golden, Bruce, Vol II
Henry, Mildred M. Dalton, Vol I
Jandt, Fred E., Vol IV
Kallenberg, Brad J., Vol IV
Mcafee, Ward Merner, Vol I
Schofield, Kent, Vol I
White, Edward Michael, Vol II

San Clemente
Goodman-Delahunty, Jane, Vol IV

San Diego
Adams, Elsie B., Vol II
Alexander, Larry, Vol IV
Aquino, Maria Pilar, Vol IV
Atterton, Peter C., Vol IV
Baber, Harriet Erica, Vol IV
Barbone, Steven, Vol IV
Benson, Jackson J., Vol II
Berge, Dennis Eugene, Vol I
Berger, Bennet Maurice, Vol I
Brown, Ruth Christiani, Vol II
Carver, Frank G., Vol IV
Case, Thomas Edward, Vol III
Chamberlin, Eugene Keith, Vol I
Chu, Pao-Chin, Vol I
Coates, Robert Crawford, Vol IV
Coox, Alvin David, Vol I
Corlett, J. Angelo, Vol IV
Cox, Thomas Richard, Vol I
Cunniff, Roger Lee, Vol I
Dionisopoulos, George N., Vol II
Donnelly, John, Vol IV
Dukas, Vytas, Vol III
Eaton, Kent A., Vol IV
Engstrand, Iris H. Wilson, Vol I
Farber, Gerald Howard, Vol III
Fisher, Robert Thaddeus, Vol IV
Foster, Frances Smith, Vol II
Fussell, Edwin, Vol II
Gazell, James A., Vol I
Geist, Patricia, Vol II
Genovese, Edgar Nicholas, Vol I
Gillman, Florence Morgan, Vol IV
Griswold, Jerome Joseph, Vol II
Hanchett, William, Vol I
Hayes, Floyd Windom, III, Vol I
Hoidal, Oddvar Karsten, Vol I
Hutchinson, George, Vol I
Jackson, Elizabeth R., Vol III
Jackson, James Harvey, Vol I
Johnson, Willard, Vol IV
Keller, Karl, Vol II
Kim, Young Hum, Vol I
Koelsch, William Alvin, Vol I
Kushner, Howard I., Vol I
Kushner, Howard Irvin, Vol I
Lauzen, Martha M., Vol II
Lustig, Myron W., Vol II
Lyman-Hager, Mary Ann, Vol III
Macy, Gary A., Vol IV
Mapa, Marina Vargas, Vol III
Marquis, Alice Goldfarb, Vol I
Martin, Donald R., Vol I
McClain, Molly A., Vol I
McGowan, Joseph P., Vol II
McKinney, George Dallas, Jr., Vol IV
Meadows, Eddie, Vol I
Nelson, Lance E., Vol IV
Neumeyer, Peter F., Vol II
Nyce, Benjamin M., Vol II
Parrish, Michael Emerson, Vol I
Peterson, Richard Hermann, Vol I
Powell, Sam, Vol IV
Real, Michael, Vol II
Rigali, Norbert Jerome, Vol IV
Rohatyn, Dennis Anthony, Vol IV
Rosenstein, Leon, Vol III
Savvas, Minas, Vol III
Scorgie, Glen G., Vol IV
Shapiro, Lewis P., Vol III
Silverman, Malcolm Noel, Vol III
Spitzberg, Brian H., Vol II
Steele, Richard William, Vol I
Steets, Cheryl, Vol III
Stites, Francis Noel, Vol I
Storer, Norman William, Vol I
Strong, Douglas Hillman, Vol I
Vanderwood, Paul Joseph, Vol I
Wagner, Michael Frank, Vol IV
Walsh, Elizabeth, Vol II
Warren, Edward W., Vol III

Weber, Shirley Nash, Vol I
Weckstein, Donald Theodore, Vol IV
Weston, Thomas Spengler, Vol IV
Youngblood, Ronald F., Vol IV

San Francisco
Arnelle, Hugh Jesse, Vol IV
Bach, Kent, Vol IV
Bassan, Maurice, Vol II
Bassett, William W., Vol IV
Beasley, Alice Margaret, Vol IV
Berger, Arthur A., Vol II
Brandt, Eric A., Vol I
Brown, Amos Cleophilus, Vol IV
Browning, Judith, Vol II
Buckley, Francis J., Vol IV
Burneko, Guy, Vol II
Busby, Rudolph E., Vol II
Cavanaugh, Thomas A., Vol IV
Cherny, Robert Wallace, Vol I
Chinosole, Vol III
Coleman, Arthur H., Vol IV
Combs, Jerald A., Vol I
Davis, Morris E., Vol IV
Davis, Morris E., Vol IV
Dickey, William, Vol II
Elliott, John Hall, Vol IV
Feinstein, Herbert Charles Verschleisser, Vol II
Felstiner, Mary Lowenthal, Vol I
Fitzgerald, Desmond J., Vol IV
FitzGerald, Desmond J., Vol IV
Forrester, William Ray, Vol IV
Gleason, Elisabeth Gregorich, Vol I
Gottesman, Les, Vol II
Gregory, Michael Strietmann, Vol II
Hackenburg, Michael, Vol I
Hajdin, Mane, Vol IV
Harrison, Randall Paul, Vol II
Head, Laura Dean, Vol I
Held, Beverly Orlove, Vol I
Hill, Patricia Liggins, Vol II
Holbert, Raymond, Vol I
Illick, Joseph E., Vol I
Issel, William Henry, Vol I
Jacobson, Paul A., Vol I
Jaimes-Guerrero, Mariana, Vol I
Jeffers, Clifton R., Vol IV
Jewell, James Earl, Vol II
Johnson, Phil Brian, Vol I
Kolbert, Jack, Vol III
Kruze, Uldis, Vol I
Leahy, Margaret E., Vol I
Lowe, Donald M., Vol I
MacKinnon, Patricia L., Vol II
Marsh, Vincent, Vol I
Mattie, U., Vol IV
McCarthy, J. Thomas, Vol IV
Mendieta, Eduardo, Vol IV
Middlebrook, Jonathan, Vol II
Murray, Stephen O., Vol I
Nagarajan, Vijaya, Vol I
Needleman, Jacob, Vol IV
Richards, Johnetta Gladys, Vol I
Rischin, Moses, Vol I
Rudnick Luft, Sandra, Vol I
Schechter, Joel, Vol II
Seely, Gordon M., Vol I
Silvers, Anita, Vol IV
Sims, Amy R., Vol I
Smith, Patrick J., Vol II
Solomon, H. Eric, Vol II
Staples, Robert Eugene, Vol I
Stump, David James, Vol IV
Tierney, Kevin Hugh, Vol I
Traynor, Michael, Vol IV
Vogeley, Nancy Jeanne, Vol II
Wang, William Kai-Sheng, Vol IV
Zimmerman, Michael, Vol II

San Gabriel
Chen, John C., Vol IV

San Jose
Blouin, Lenora, Vol II
Boll, Michael Mitchel, Vol I
Boudreau, Joseph A., Vol I
Brooks, Robin, Vol I
Chan, Loren Briggs, Vol I
Cook, D. Noam, Vol IV
Cordell, LaDoris Hazzard, Vol IV
Cramer, Richard S., Vol I
Goldman, Aaron L., Vol I
Hinckley, Ted C., Vol I
Jensen, Billie B, Vol I
Kao, Arthur Mu-sen, Vol I

Leddy, T., Vol IV
Leung, Kai-Cheong, Vol III
Mcneil, David O., Vol I
Melendy, Howard Brett, Vol I
Mengxiong, Liu, Vol II
Moore, George Eagleton, Vol I
Reynolds, E. Bruce, Vol I
Roth, Jonathan, Vol I
Ryzl, Milan, Vol IV
Varona, Federico, Vol II
Walker, Ethel Pitts, Vol II
Wheeler, Gerald Everett, Vol I
Wilcox, Dennis Lee, Vol II

San Luis Obispo
Barnes, Timothy Mark, Vol I
Bethel, Arthur Charles Walter, Vol IV
Evnine, Simon, Vol IV
Gish, Robert F., Vol II
Hogan, Wilbur C., Vol IV
Houlgate, Laurence Davis, Vol IV
Lynch, Joseph J., Vol IV
Saltzman, Judy Deane, Vol IV
Snetsinger, John, Vol I
Yip, Christopher, Vol I

San Marcos
Kerckhove, Lee, Vol IV

San Marino
Thorpe, James, Vol II
Wark, Robert Rodger, Vol I

San Mateo
Lapp, Rudolph Mathew, Vol I
Vaughn, Barry, Vol I

San Rafael
Dougherty, Patricia M., Vol I
Novak, Philip Charles, Vol IV

Santa Barbara
Abbott, H. Porter, Vol II
Acimovic Wallace, Vesna, Vol III
Allaback, Steve, Vol II
Ashby, William James, Vol IV
Athanassakis, Apostolos N., Vol I
Badash, Lawrence, Vol I
Bazerman, Charles, Vol II
Blackwood-Collier, Mary, Vol III
Blau, Sheridan, Vol II
Bliss, Lee, Vol II
Boscagli, Maurizia, Vol II
Botkin, Daniel B., Vol IV
Bowers, Edgar, Vol II
Braun Pasternack, Carol, Vol II
Butler-Evans, Eliot, Vol II
Carlson, Julie, Vol II
Chandler Mcentyre, Marilyn, Vol III
Cohen, Patricia Cline, Vol I
Collins, Robert O., Vol I
Cook, Stephan H., Vol II
Cooley, Timothy, Vol I
Cornwall, Robert D., Vol I
Daniels, Douglas Henry, Vol I
Dauer, Francis W., Vol I
Deconde, Alexander, Vol I
Delaney, Paul, Vol II
Djordjevic, Dimitrije, Vol I
Docter, Mary K., Vol III
Drake, Harold Allen, Vol I
Duffy, Andrew Enda, Vol II
Dunn, F.M., Vol I
Erickson, Robert A., Vol II
Exner, Richard, Vol III
Fagan, Brian M., Vol I
Flacks, Richard, Vol I
Fradenburg, Louise, Vol II
Frakes, George Edward, Vol I
Frost, Frank J., Vol I
Fumerton, Patricia, Vol II
Garfinkle, Charlene G., Vol I
Gebhard, David, Vol I
Geok-lin Lim, Shirley, Vol II
Giuliano, Michael J., Vol II
Gundry, Robert H., Vol IV
Gunn, Giles, Vol I
Guss, Donald Leroy, Vol II
Gutierezz-Jones, Carl, Vol II
Hahn, Francis V. Hickson, Vol I
Harrison, Victoria, Vol II
Heckendorn Cook, Elizabeth, Vol IV
Helgerson, Richard, Vol II
Heller, Lee Ellen, Vol II
Hernadi, Paul, Vol III
Hoffmeister, Gerhart, Vol III

Hollister, C. Warren, Vol I
Jackman, Jarrell C., Vol III
Jobes, Karen H., Vol IV
Johnson, Donald Barton, Vol III
Jordan, Borimir, Vol I
Kalman, Laura, Vol I
Lane, Alcyee, Vol I
Leal, Luis, Vol III
Lindemann, Albert S., Vol I
Lindheim, Sara H., Vol I
Liu, Alan, Vol I
Longman, Tremper, III, Vol IV
Lundell, Torborg Lovisa, Vol III
Mahlendorf, Ursula R., Vol III
Maslan, Mark, Vol II
McCarthy, Patric J., Vol II
McConnell, Frank, Vol II
Mcgee, James Sears, Vol I
Merkl, Peter Hans, Vol I
Meznar, Joan E., Vol I
Michaelsen, Robert Slocumb, Vol IV
Miko, Stephen, Vol II
Millen, Shirley A., Vol I
Morstein-Marx, Robert, Vol I
Nash, Roderick W., Vol I
Nelson, William B., Vol III
Newfield, Cristopher, Vol II
Obitts, Stanley Ralph, Vol IV
Oglesby, Richard E., Vol I
Panikkar, Raimundo, Vol IV
Pearson, Birger Albert, Vol I
Perissinotto, Giorgio, Vol III
Pointer, Richard W., Vol I
Potter, Robert Alonzo, Vol II
Remak, Joachim, Vol I
Renehan, Robert, Vol I
Ridland, John, Vol II
Roof, Wade Clark, Vol I
Ruel Robins, Marianne, Vol I
Salmon, Nathan, Vol IV
Shelton, Jo-Ann, Vol I
Sider, John W., Vol II
Smart, Ninian, Vol IV
Smith, James David, Vol I
Speirs, Logan, Vol II
Spencer, Gregory H., Vol II
St. Omer, Garth, Vol III
Steiner, Thomas Robert, Vol II
Sullivan, John P., Vol III
Talbott, John Edwin, Vol I
Tappy, Ron E., Vol III
Taylor, James E., Vol IV
Tobin, Ronald William Francis, Vol III
Vander May, Randall J., Vol II
Wallace, B. Allan, Vol IV
Wennberg, Robert N., Vol III
Wiemann, John M., Vol III
Wilder, Robert Jay, Vol IV
Willis, Paul J., Vol II
Wilson, Jonatan R., Vol IV
Yegul, Fikret Kutlu, Vol I
Young, David Charles, Vol I
Young, Kay, Vol II
Zimmerman, Everett, Vol I

Santa Clara
Alexander, George J., Vol IV
Burnham, Michelle, Vol II
Calkins, Martin S.J., Vol IV
Dreher, Diane Elizabeth, Vol III
Felt, James Wright, Vol IV
Field, A.J., Vol I
Gelber, Steven Michael, Vol I
Gordon, Mary Mcdougall, Vol I
Hanson, Eric O., Vol I
Jimenez, Francisco, Vol III
Jontepace, D., Vol IV
McKevitt, Gerald, Vol I
Osberg, Richard H., Vol II
Pierson, Peter O'Malley, Vol I
Spohn, William C., Vol IV
White, Fred D., Vol II

Santa Cruz
Aissen, Judith, Vol III
Anthony, David Henry, III, Vol I
Aronson, Elliot, Vol I
Chalmers, David, Vol IV
Chung, Sandra, Vol III
Fahl, Ronald Jenks, Vol I
Farkas, Donka F., Vol III
Foley, Mary Kathleen, Vol I
Halverson, John, Vol II
Hankamer, Jorge, Vol III
Hedrick, Charles W., Jr., Vol I
Henton, Caroline G., Vol III
Houghton, Edward Francis, Vol I

Hull, Akasha, Vol II
Ito, Junko, Vol III
Jansen, Virginia, Vol I
Kenez, Peter, Vol I
Ladusaw, William A., Vol III
Mccloskey, James, Vol III
Mester, Armin, Vol III
Miles, Gary B., Vol I
Moglen, Helene, Vol II
Nauenberg, M., Vol IV
Neu, Jerome, Vol IV
Noren, Stephen J., Vol IV
Padgett, Jaye, Vol III
Pullum, Geoffrey K., Vol III
Roby, Pamela A., Vol I
Sharp, Buchanan, Vol I
Shipley, William F., Vol III
Urban, Michael, Vol I

Santa Monica
Nieman, Nancy Dale, Vol III
Stramel, James, Vol IV
Tobias, Michael Charles, Vol II
Wexler, Alice Ruth, Vol I
Yablonsky, Lewis, Vol I

Seal Beach
LeMoncheck, Linda, Vol IV

Sebastopol
Price, Glenn Warren, Vol I

Silverado
Machan, Tibor R., Vol IV

Simi Valley
Cheal, Catheryn Leda, Vol I

Solana Beach
Friedman, Maurice Stanley, Vol IV

Sonoma
Woodbridge, John M., Vol II

Sonora
Kaiser, Kevin, Vol IV

Springville
Falero, Frank, Vol I

Stanford
Babcock, Barbara Allen, Vol IV
Baker, Keith M., Vol I
Bar, Francois, Vol II
Barton, John Hays, Vol IV
Bell, Susan Groag, Vol I
Bernstein, Barton Jannen, Vol I
Bloomer, W. Martin, Vol I
Breitrose, Henry S., Vol II
Brest, Paul, Vol IV
Brown, George Hardin, Vol II
Carnochan, Walter Bliss, Vol II
Castle, Terry, Vol II
Chaffee, Steven H., Vol II
Clark, Eve Vivienne, Vol III
Cohn, Robert G., Vol III
Craig, Gordon Alexander, Vol I
Dallin, Alexander, Vol I
Degler, Carl N., Vol I
Degler, Carl Neumann, Vol I
Ellickson, Robert Chester, Vol IV
Evans, John Martin, Vol II
Fehrenbacher, Don Edward, Vol I
Felstiner, John, Vol II
Fliegelman, Jay, Vol II
Franco, Jean, Vol II
Fredrickson, George M., Vol I
Friedman, Lawrence M., Vol IV
Gann, Lewis H., Vol I
Glasser, Theodore L., Vol II
Gleason, Maude, Vol I
Goldstein, Paul, Vol IV
Gould, William Benjamin, Vol IV
Green, Michael J., Vol IV
Gregg, Robert C., Vol I
Grey, Thomas C., Vol IV
Gumbrecht, Hans Ulrich, Vol II
Gunther, Gerald, Vol I
Hester, Ralph M., Vol III
Hilton, Ronald, Vol III
Hunt, Patrick, Vol I
Jameson, Michael H., Vol I
Knorr, Wilbur Richard, Vol I
Kollmann, Nancy Shields, Vol I
Langmuir, Gavin Ince, Vol I
Leets, Laura, Vol II
Lenior, Timothy, Vol I

Lougee, Carolyn Chappell, Vol I
Mackie, Hilary S., Vol I
Manning, Joseph G., Vol I
Mass, Jeffrey Paul, Vol I
Maxmin, Jody, Vol I
McCall, Marsh H., Jr., Vol I
McLure, Charles E., Jr., Vol I
Merryman, John Henry, Vol IV
Metzger, Thomas Albert, Vol I
Moravcsik, Julius M., Vol IV
Morris, Ian, Vol I
Mudimbe, Valentine, Vol III
Nass, Clifford I., Vol II
Nightengale, Andrea Wilson, Vol I
Perloff, Marjorie Gabrielle, Vol II
Philpott, Mark, Vol IV
Polhemus, Robert M., Vol II
Pratt, Mary Louise, Vol III
Rabin, Robert Leonard, Vol IV
Rakove, Jack Norman, Vol I
Rauabitschek, Antony E., Vol I
Reeves, Byron, Vol II
Rehm, Maurice, Vol I
Reynolds, Clark Winton, Vol IV
Risser, James V., Vol II
Roberts, Donald F., Vol II
Rorty, R., Vol IV
Rosner, Jennifer, Vol IV
Ryan, Lawrence Vincent, Vol II
Sag, Ivan Andrew, Vol III
Scott, William Richard, Vol I
Seaver, Paul Siddall, Vol II
Selfridge-Field, Eleanor, Vol I
Sheehan, James John, Vol I
Simon, William Hackett, Vol IV
Sockness, Brent, Vol I
Spitz, Ellen Handler, Vol IV
Spitz, Lewis W., Vol I
Steele, Claude Mason, Vol Null
Stephens, Susan A., Vol I
Sungdai, Cho, Vol III
Suppes, Patrick, Vol IV
Syed, Jasmin, Vol I
Traugott, Elizabeth Closs, Vol III
Treggiari, Susan M., Vol I
Ueda, Makoto, Vol II
Vucinich, Wayne S., Vol I
Wasow, Thomas Alexander, Vol III
Wigodsky, Michael M., Vol I
Wirth, John Davis, Vol I

State College
Munn, Mark H., Vol I

Stockton
Ballot, Michael, Vol I
Blum, George Paul, Vol I
Borden, Diane M., Vol II
Camfield, Gregg, Vol II
Cox, Caroline, Vol I
Cox, Robert, Vol I
Erickson, Erling A., Vol I
Ferraiolo, William D., Vol I
Grubbs, Donald Hughes, Vol I
Hauben, Paul J., Vol I
Heffernan, James, Vol IV
Heffernan, James Daniel, Vol IV
Humphreys, Leonard A., Vol I
Kahn, Sy M., Vol II
Knighton, Robert Tolman, Vol II
Lewis, George H., Vol I
Limbaugh, Ronald H., Vol I
Lutz, Reinhart, Vol II
Maynard, Arthur Homer, Vol IV
McCullen, Maurice, Vol IV
Miller, Sally M., Vol I
Mueller, Roger, Vol II
Norton, Camille, Vol II
Pasztor, Suzanne B., Vol I
Schedler, Gilbert W., Vol II
Seaman, John, Vol II
Sharp, Francis Michael, Vol III
Smith, Reuben W., Vol I
Tedards, Douglas Manning, Vol II
Williams, John S., Vol II
Wittrup, Eleanor, Vol IV
Wolak, William J., Vol II

Studio City
Theile, Karl H., Vol I

Summerland
Baker, Melva Joyce, Vol I

Sun Valley
Barrick, William D., Vol IV

Thousand Oaks
Paskow, Shimon, Vol IV
Stewart, Walter K, Vol III
Streeter, Jarvis, Vol IV
Tierney, Nathan L., Vol IV

Topanga
Gimbutas, Marija, Vol I

Torrance
Eula, Michael James, Vol I
Hata, Nadina Ishitani, Vol I
Verge, Arthur C., Vol I

Turlock
Mcdermott, Douglas, Vol II
Regaldo, Samuel O., Vol I

Tustin
Moon, Cyris Hee Suk, Vol I

Van Nuys
Garber, Zev Warren, Vol III

Venice
Becker-Slaton, Nellie Frances, Vol I
Heidsieck, Arnold, Vol III

Walnut Creek
Schouborg, Gary, Vol IV

Watsonville
Mahan, Susan, Vol I

Westlake Village
Koestenbaum, Peter, Vol IV

Whittier
Marks, Robert B., Vol I
Radisich, Paula, Vol I
Yocum, Glenn E., Vol IV

Woodland Hills
Follick, Edwin D., Vol I
Pickard, Dean, Vol IV

COLORADO

Alamosa
Peterson, Norma Lois, Vol I

Boulder
Allen, Brenda J., Vol II
Alpern Engel, Barbara, Vol I
Anderson, Fred, Vol I
Anthes, Susan H., Vol II
Askland, Andrew, Vol IV
Baker, Donald C., Vol II
Barchilon, Jacques, Vol III
Beer, Francis A., Vol I
Chernus, Ira, Vol IV
Christensen, Carl C., Vol I
Churchill, Mary, Vol IV
Craig, Robert T., Vol II
Davenport, Christian A., Vol I
Deetz, Stanley A., Vol II
Deloria, Vine, Jr., Vol I
Denny, Fred, Vol IV
Dodson, Jualynne, Vol IV
Draper, Joan E., Vol I
Ellsworth, Oliver B., Vol I
Ellsworth, Ralph E., Vol II
Engel, Barbara, Vol I
Flowers, William Harold, Jr., Vol IV
Frajzyngier, Zygmunt, Vol III
Franklin, Allan David, Vol I
Fredricksmeyer, Ernst A., Vol I
Geary, John Steven, Vol III
Getches, David H., Vol IV
Gibert, John C., Vol I
Gill, Sam, Vol IV
Glahe, Fred Rufus, Vol I
Gross, David, Vol I
Guralnick, Elissa Schagrin, Vol II
Hanna, Martha, Vol I
Hauser, Gerard A., Vol II
Hohlfelder, Robert L., Vol I
Hoover, Stewart, Vol IV
Jackson, Michele, Vol II
Jankowski, James Paul, Vol I
Jensen, Frede, Vol III
Jones, Stanley E., Vol I
Kawin, Bruce Frederick, Vol II

Keniston Mcintosh, Marjorie, Vol I
Kopff, Edward Christian, Vol I
Kroeger, Karl D., Vol I
Kroll, Paul William, Vol III
Laffoon, Elizabeth Anne, Vol II
LeBaron, Curtis D., Vol II
Lee, Charles Nicholas, Vol III
Lester, Robert Carlton, Vol IV
Main, Gloria L., Vol I
Main, Jackson T., Vol I
Mann, Ralph, Vol I
Martin, Jerry Lee, Vol IV
Mcintosh, Marjorie Keniston, Vol II
Miller, Ed L., Vol IV
Nelson Limerick, Patricia, Vol I
Oddie, Graham James, Vol IV
Pesantubbee, Michelene, Vol IV
Peterson, Courtland H., Vol I
Pittenger, Mark A., Vol I
Prince, Susan H., Vol I
Rachels, Stuart, Vol IV
Ray, Reginald A., Vol IV
Rood, David Stanley, Vol III
Ross Bryant, Lynn, Vol IV
Ruestow, Edward G., Vol I
Sacksteder, William, Vol IV
Safran, William, Vol I
Scamehorn, Howard Lee, Vol I
Schmiesing, Ann, Vol III
Schulzinger, Robert D., Vol I
Stavan, Henry-Anthony, Vol III
Stevenson, John A., Vol II
Sukenick, Ronald, Vol II
Taylor, Allan Ross, Vol III
Taylor, Bryan C., Vol II
Taylor, Rodney, Vol IV
Tompkins, Phillip K., Vol II
Tracy, Karen, Vol II
Travers, Arthur Hopkins, Vol IV
Wei, William, Vol I
Weston, Timothy B., Vol I
White, Cindy H., Vol II

Carbondale
Munsell, Floyd Darrell, Vol I

Colorado Springs
Agee, Richard J., Vol I
Ashley, Susan A., Vol I
Beardsley, Ruth E., Vol IV
Blackburn, Alexander, Vol II
Butte, George, Vol II
Cramer, Owen Carver, Vol I
Fox, Douglas A., Vol IV
Gardiner, David, Vol IV
Hackman, Michael, Vol II
Harvey, Paul, Vol I
Hill, Christopher V., Vol I
Jackson, Donald Dean, Vol I
Koc, Richard, Vol III
Krimm, Hans Heinz, Vol IV
Lindsay Levine, Victoria, Vol I
Mcjimsey, Robert, Vol I
McKay, Douglas R., Vol III
Moore, Terrence L., Vol IV
Neel, Carol, Vol I
Richardson, Horst Fuchs, Vol III
Sassower, Raphael, Vol IV
Sheidley, Harlow W., Vol I
Showalter, Dennis Edwin, Vol I
von Dassanowsky, Robert, Vol III
Walker, Kim, Vol II
Wanca-Thibault, Maryanne, Vol II
Washington, Durthy A., Vol II
Williams, Samuel Keel, Vol IV
Wishard, Armin, Vol III
Wunderli, Richard M., Vol I

Denver
Arnold, Eric Anderson, Vol I
Aubrey, James R., Vol II
Barany, George, Vol I
Barbour, Alton Bradford, Vol II
Barbuor, Alton, Vol II
Blake, Deborah, Vol IV
Blomberg, Craig L., Vol IV
Buschart, David, Vol IV
Castellani, Victor, Vol I
Chanzit, Gwen, Vol I
Cheever, Fred, Vol IV
Clark, Patricia, Vol II
Cohen, Jonathan Allan, Vol IV
Covell, Ralph, Vol IV
Curet, Luis Antonio, Vol I
Daniel, Wiley Young, Vol IV
Dean, William D., Vol IV
Demarest, Bruce, Vol IV

Dorsett, Lyle Wesley, Vol I
Ehrenreich, N., Vol I
Eisenbaum, Pamela, Vol IV
Erwin, Pamela, Vol IV
Fleck, Richard F., Vol II
Foster, Mark Stewart, Vol I
Furness, Edna Lue, Vol II
Gilroy, James Paul, Vol III
Glenn, Cecil E., Vol II
Golas, Peter John, Vol I
Goldberg, Hillel, Vol IV
Goodfriend, Joyce Diane, Vol I
Greene, Jerome Allen, Vol I
Greenspahn, Frederick E., Vol IV
Groothuis, Douglas, Vol IV
Grounds, Vernon, Vol IV
Harding, Vincent, Vol I
Hayes, Edward L., Vol IV
Hess, Richard S., Vol IV
Hill, Roscoe Earl, Vol IV
Hitchens, Marilynn Jo, Vol I
Howard, W. Scott, Vol II
Hughes, Johnson Donald, Vol I
Ishimatsu, Ginette, Vol III
Jones, John F., Vol II
Kane, John, Vol IV
Kiteley, Brian, Vol IV
Klein, William, Vol IV
Laitos, Jan Gordon, Vol IV
Lewis, Gordon Russel, Vol IV
Lindquist, Larry, Vol IV
Littlefield, Neil Oakman, Vol IV
Livingston, John, Vol I
Lumpp, Randolph, Vol IV
Means, James, Vol IV
Morgenthaler, Hans Rudolf, Vol I
Nanda, Ved P., Vol IV
Nice, J.A., Vol II
Noel, Thomas Jacob, Vol I
Oakes, Edward T., Vol I
Olsen, Alexandra H., Vol II
Pepper, Stephen L., Vol IV
Ranwez, Alain Daniel, Vol III
Rhodes, Paula R., Vol IV
Richards, Kent Harold, Vol IV
Ridgway, John Karl, Vol IV
Rodas, M. Daniel Carroll, Vol IV
Salzberg, Joel, Vol II
Shelley, Bruce, Vol I
Smith, Glenn R., Vol I
Smith, Yolanda Yvette, Vol IV
Standring, Timoty, Vol I
Starbuck, Scott R., Vol IV
Stott, Annette, Vol I
Syliowicz, Joseph S., Vol I
Templin, John Alton, Vol IV
Thomas, David, Vol IV
Tucker, Gene M., Vol IV
Ward, Seth, Vol IV
Warlick, M.E., Vol I
Watson, Mary Ann, Vol IV
Wick, Robert L., Vol II
Wignall, Dennis L., Vol III
Yegge, Robert Bernard, Vol IV

Durango
Coe, William Jerome, Vol IV
Din, Gilbert C., Vol I
Greenwood, Tina Evans, Vol II
Smith, Duane Allan, Vol I

Englewood
Hoffecker, J.F., Vol I
O'Connell, Robert H., Vol IV

Evergreen
Gibson, Todd, Vol III

Fort Collins
Aoki, Eric, Vol II
Ben Zvi, Linda, Vol II
Benson, P. Jann, Vol IV
Berwanger, Eugene H., Vol I
Bodine, Jay F., Vol III
Boyd, James W., Vol IV
Bucco, Martin, Vol II
Burgchardt, Carl, Vol II
Campbell, SueEllen, Vol II
Cantrell, Carol, Vol II
Castro, Amanda, Vol III
Clegern, Wayne Mclauchlin, Vol I
Cowell, Pattie Lee, Vol II
Crabtree, Loren William, Vol I
Crosby, Donald A., Vol IV
Delahunty, Gerald, Vol II
Enssle, Manfred Joachim, Vol I
Flahive, Doug, Vol II
Fowler, Carolyn A., Vol III
Gilderhus, Mark Theodore, Vol I

Gill, Ann, Vol II
Gilmore, Roger H., Vol III
Gravlee, Jack, Vol II
Griffin, Cindy, Vol II
Hoffmann, Klaus D., Vol III
Hunt, Irmgard E., Vol III
Irvine, James Richard, Vol II
Johnson, Frederick A., Vol IV
Jones, Tobin H., Vol III
Jordan, Robert Welsh, Vol IV
Kennedy, George A., Vol I
Kiefer, Kate, Vol II
Kitchener, Richard F., Vol IV
Kneller, Jane E., Vol IV
Krahnke, Karl, Vol II
Lakin, Barbara, Vol II
Lee, Grant S., Vol IV
Leyendecker, Liston Edgington, Vol I
Losonsky, Michael, Vol IV
Lyons, Daniel D., Vol IV
Maffie, James, Vol IV
Malpezzi Price, Paola, Vol III
Matott, Glenn, Vol II
McBride, William, Vol II
Mccomb, David Glendinning, Vol I
McCray, James, Vol I
McKee, Patrick M., Vol IV
Mogen, David Lee, Vol II
Otero, Jose, Vol III
Ott, Brian L., Vol II
Palmquist, Mike, Vol II
Pendell, Sue, Vol II
Perez Stansfield, Maria Pilar, Vol III
Petrie, Neil, Vol II
Phillips, Denny, Vol II
Pratt, John, Vol II
Reid, Louann, Vol II
Reid, Stephen, Vol II
Rock, Kenneth Willett, Vol I
Rollin, Bernard E., Vol IV
Rolston, Holmes, III, Vol IV
Ronda, Bruce, Vol II
Sargent, Stuart H., Vol III
Saz, Sara M., Vol II
Schamberger, Ed, Vol II
Suarez Garcia, Jose Luis, Vol III
Suinn, Richard Michael, Vol I
Swinson, Ward, Vol II
Tanner, Jim, Vol II
Theodoratus, Robert James, Vol I
Thiem, Jon, Vol II
Trembath, Paul, Vol II
Tyler, Daniel, Vol I
Vancil, David, Vol II
Vest, David, Vol II
Weisser, Henry G., Vol I
Whitaker, Rosemary, Vol II
Wiliams, Ron G., Vol IV
Willard, Barb, Vol II
Wolff, Ronald A., Vol III
Work, James, Vol II
Worrall, Arthur John, Vol I

Golden
Sneed, Joseph Donald, Vol IV

Greeley
Arneson, Pat, Vol III
Bellman, Jonathan, Vol I
Ferguson, Sherilyn, Vol II
George, Hermon, Jr., Vol III
Hall, Gene E., Vol I
Karre, Idahlynn, Vol II
Keaten, James A., Vol II
Knott, Alexander W., Vol I
Larson, Robert Walter, Vol I
Rowe, Gail Stuart, Vol I
Spatz, Nancy, Vol I
Worrall, Janet Evelyn, Vol I

Gunnison
Headrick, Annabeth, Vol I

Highlands Ranch
Ecklebarger, Kermit A., Vol IV

Lakewood
Finken, Bryan W., Vol IV

Littleton
Schaefer, Josephine O'Brien, Vol II
Walker, T.B., Vol IV

Louisville
Del Caro, Adrian, Vol III

Parker
Miller, Robert David, Vol IV

Pueblo
Barber, Margaret, Vol II
Griffen, John R., Vol II
Griffin, John R., Vol II
Hochman, Will, Vol II
Sheidley, William E., Vol I
Taylor, Cindy, Vol II

Sterling
Elliott, Susan Elli, Vol IV

USAF Academy
Macisaac, David, Vol I
Shuttleworth, Jack M., Vol II
Wakin, Malham M., Vol IV

CONNECTICUT

Avon
Kalvoda, Josef, Vol I

Bethel
Dobsevage, Alvin P, Vol IV
Gorman, Rosemarie E., Vol IV

Bridgeport
Rubenstein, Richard Lowell, Vol IV
Soares, Anthony T., Vol I

Burlington
Leeds, Barry Howard, Vol II

Cheshire
Ellison, Jerome, Vol II

Chester
Tatum, George B., Vol I

Danbury
Briggs, John, Vol IV
Briggs, John P., Vol II
Roman, Eric, Vol I
Welburn, Ronald Garfield, Vol II
Young, Kenneth Ray, Vol I

Deep River
Hieatt, Constance B., Vol II

Fairfield
Abbott, Albert, Vol I
Campos, Javier F., Vol III
Cross, Dolores E., Vol I
Dykeman, King John, Vol IV
Dykeman, Therese B., Vol II
Lang, Martin Andrew, Vol IV
Leeber, Victor F., Vol III
Levitt, Jesse, Vol III
Long, R. James, Vol I
Manning, Christel, Vol I
Mille, Diane, Vol I
Naser, Curtis R., Vol IV
Newton, Lisa Haenlein, Vol IV
Parsons, Howard L., Vol IV
Roney, John B., Vol I
Rosivach, Vincent John, Vol I
Rosner, Stanley, Vol I
Tong, Lik Kuen, Vol IV

Gales Ferry
Waterman, Thelma M., Vol I

Greenwich
Panaitescu, Adrian, Vol I

Guilford
Deresiewicz, William, Vol II
Kelley, Brooks Mather, Vol I

Hamden
Bix, Brian, Vol IV
Brown, Pearl Leblanc, Vol II
Davis, Richard, Vol IV
Glassner, Martin Ira, Vol I
Page, Benjamin Bakewell, Vol IV
Quirk, Ronald Joseph, Vol III
Zucker, David Hard, Vol II

Hartford

Arnold, Rudolph P., Vol IV
Benton, Richard Paul, Vol II
BiJlefeld, Willem A., Vol III
Bradley, James R., Vol I
Bradley, James Robert, Vol I
Cobb, Kelton, Vol IV
Cohn, Henry S., Vol II
Desmangles, Leslie Gerald, Vol I
Green, Clifford James, Vol IV
Greenberg, Cheryl Lynn, Vol I
Hoyt, Thomas L., Jr., Vol IV
Hunter, Dianne McKinley, Vol II
Hyland, Drew Alan, Vol IV
Kaimowitz, Jeffrey H., Vol I
Kassow, Samuel D., Vol I
Kirkpatrick, Frank Gloyd, Vol IV
Kuyk, Dirk Adriaan, Jr., Vol II
Lang, Berel, Vol I
Lang, Robert, Vol II
Lee, Sonia M., Vol III
Maciuika, Benedict Vytenis, Vol I
Macro, Anthony David, Vol I
Peters, Ellen Ash, Vol IV
Sloan, Edward William, Vol I

Haven

Martz, Louis Lohr, Vol II

Killingworth

Sampson, Edward C., Vol II

Mashantucket

Newport, William H.A., Vol II

Middlebury

Bedford, Steven M., Vol I

Middletown

Buel, Richard (Van Wyck), Vol I
Butler, Jeffrey Ernest, Vol I
Crites, Stephen Decatur, Vol IV
Dunn, Peter Norman, Vol III
Elphick, Richard, Vol I
Gillmor, Charles Stewart, Vol I
Gonzalez, Bernardo Antonio,
    Vol III
Greene, Nathanael, Vol I
Hill, Patricia, Vol I
Horgan, Paul, Vol I
Horst, Steven, Vol IV
Johnston, William, Vol I
Katz, Marilyn A., Vol I
Long, Jerome Herbert, Vol I
Lowrie, Joyce Oliver, Vol II
McAlister, Elizabeth, Vol IV
Meyer, Donald, Vol I
Needler, Howard, Vol III
O'Hara, James J., Vol I
Pomper, Philip, Vol I
Roberts, Michael, Vol I
Rose, Phyllis Davidoff, Vol II
Slotkin, Richard S., Vol I
Smyers, Karen A., Vol IV
Stowe, William W., Vol I
Szegedy-Maszak, Andrew, Vol II
Vann, Richard T., Vol I
Walker, Willard, Vol I
Wensinger, Arthur Stevens, Vol III
Winston, Krishna, Vol III

New Britain

Auld, Louis, Vol III
Gigliotti, Gilbert L., Vol II
Iannace, Gaetano Antonio, Vol III
Iannone, A. Pablo, Vol IV
Pastore Passaro, Maria C., Vol III
Pesca-Cupolo, Carmela, Vol III
Picerno, Richard A., Vol III
Rohinsky, Marie-Claire, Vol III
Wallach, Martha K., Vol III

New Haven

Adams, Marilyn M., Vol I
Anderson, Michael John, Vol I
Ausmus, Harry Jack, Vol I
Babcock, Robert, Vol I
Baker, John M., Vol IV
Bers, Victor, Vol I
Blassingame, John W., Vol I
Blatt, Sidney Jules, Vol I
Blodgett, Barbara, Vol IV
Bloom, Harold, Vol II
Bond, Gilbert I., Vol IV
Bork, Robert Heron, Vol II
Breyer, Stephen Gerald, Vol IV
Brisman, Leslie, Vol II
Bromwich, David, Vol II

Brooks, Peter Preston, Vol III
Burt, Robert Amsterdam, Vol IV
Butler, Jon, Vol I
Calabresi, Guido, Vol IV
Carby, Hazel V., Vol I
Childs, Brevard Springs, Vol IV
Clifford, Nicholas R., Vol I
Cott, Nancy Falik, Vol I
Davis, David Brion, Vol I
de Bretteville, Sheila Levrant,
    Vol I
Dittes, James Edward, Vol IV
Duke, Steven Barry, Vol IV
Eder, Doris Leonora, Vol II
Erlich, Victor, Vol III
Faragher, John Mack, Vol I
Farley, Margaret Ann, Vol I
Feinberg, Harvey Michael, Vol I
Ferguson, Margaret Williams,
    Vol II
Fiss, Owen M., Vol IV
Fitzpatrick, William J., Vol IV
Foos, Paul W., Vol I
Forte, Allen, Vol I
Foster, Benjamin Read, Vol I
Foster, Karen Polinger, Vol I
Franklin, Ralph William, Vol II
French, Richard Frederic, Vol IV
Garvey, Sheila Hickey, Vol II
Goldstein, Abraham Samuel,
    Vol IV
Griffith, Ezra, Vol I
Harries, Karsten, Vol IV
Hein, Norvin, Vol IV
Hersey, George Leonard, Vol I
Hollander, John, Vol II
Holley, Sandra Cavanaugh, Vol II
Hubert, Marie Louise, Vol III
Imholt, Robert Joseph, Vol I
Insler, Stanley, Vol III
Jackson, Robert Louis, Vol III
Kavanagh, Aidan, Vol IV
Kazemzadeh, Firuz, Vol I
Keck, Leander E., Vol IV
Krasner, David, Vol II
Kubler, George, Vol I
Lamar, Howard Roberts, Vol I
Lawler, Traugott, Vol I
Lee, Sukjae, Vol IV
Lee, Ta-ling, Vol III
Lopez, Robert Sabatino, Vol I
Macmullen, Ramsay, Vol I
Marcus, Ruth Barcan, Vol III
Martin, Robert K., Vol IV
Martin, Samuel Elmo, Vol III
Matthews, John F., Vol I
May, Georges, Vol III
Meeks, Wayne Atherton, Vol IV
Merriman, John M., Vol I
Metlitzki, Dorothee, Vol II
Minkema, Kenneth P., Vol I
Musto, David Franklin, Vol I
Outka, Gene Harold, Vol IV
Parks, Stephen Robert, Vol II
Pelikan, Jaroslav, Vol I
Perlis, Vivian, Vol I
Peterson, Linda H., Vol II
Pollitt, Jerome J., Vol I
Porter, Charles Allen, Vol III
Prown, Jules D., Vol I
Reisman, W. Michael, Vol IV
Robinson, Fred C., Vol III
Russell, Tilden A., Vol I
Sammons, Jeffrey L., Vol III
Sammons, Jeffrey Leonard, Vol III
Sanneh, Lamin, Vol I
Schoolfield, George C., Vol III
Schuck, Peter H., Vol IV
Smith, John Edwin, Vol IV
Spence, Jonathan Dermot, Vol I
Stambovsky, Phillip, Vol II
Stepto, Robert Burns, Vol II
Stimson, Hugh McBirney, Vol III
Stith, K., Vol IV
Stoll, Steven, Vol I
Stout, Harry S., Vol I
Thomas, Gerald Eustis, Vol I
Thompson, Robert Farris, Vol I
Tirro, Frank Pascale, Vol I
Trachtenberg, Alan, Vol I
Turner, Frank Miller, Vol I
Valesio, Paolo, Vol II
Vena, Michael, Vol III
Venclova, Tomas Andrius, Vol III
Vitello, Ralph Michael, Vol III
Waith, Eugene Mersereau, Vol II
Waldstreicher, David L., Vol I
Wandycz, Piotr Stefan, Vol I
Weber, Mark E., Vol IV

Weber, Michael, Vol IV
Weinstein, Stanley, Vol III
Welsh, Alexander, Vol II
Wennemyr, Susan E., Vol IV
Wheeler, Stanton, Vol I
Whitaker, Thomas Russell, Vol II
Winks, Robin William Evert, Vol I
Wood, Rega, Vol II
Woodward, Comer Vann, Vol I
Yeazell, Ruth Bernard, Vol II

New London

Bleeth, Kenneth Alan, Vol I
Burlingame, Michael A., Vol I
Despalatovic, Elinor Murray, Vol I
Evans, Robley Jo, Vol II
Forster, Marc R., Vol I
Green, Garrett, Vol I
Hartman, Charles O., Vol II
Held, Dirk, Vol I
Lesser, Jeffrey, Vol I
Murstein, Nelly Kashy, Vol III
Myers, Gerald E., Vol IV
Paxton, Frederick S., Vol I
Reiss, Lester Joseph, Vol IV
Silberman, Sara Lee, Vol I
Silverberg, Joann C., Vol I
Solomon, Janis Virginia Little,
    Vol III
Taranow, Gerda, Vol II
Terras, Rita, Vol III
Vance, Timothy, Vol III
Wilson, Lisa H., Vol I
Winter, Jerry Alan, Vol I

Niantic

Jackson, Joseph Hollister, Vol IV

North Haven

Culler, Arthur Dwight, Vol II
Katsaros, Thomas, Vol I

Northampton

Aldrich, Mark, Vol I

Orange

Ni, W.J., Vol III

Orchard Branford

Palisca, Claude Victor, Vol I

Simsbury

Frost, James Arthur, Vol I

Stamford

Anderson, Susan L., Vol IV
Anderson, Susan Leigh, Vol IV
Babson, Jane F., Vol I
Frank, Yakira H, Vol III
Gray, Sherman W., Jr., Vol IV
Selfridge-Field, Eleanor, Vol I

Storrs

Abramson, Arthur Seymour,
    Vol III
Allen, Irving L., Vol I
Asher, Robert, Vol I
Baxter, Donald L., Vol IV
Beck, Sigrid, Vol III
Bloom, Lynn Z., Vol II
Boskovic, Zeljko, Vol III
Brodsky, Garry, Vol IV
Brown, Richard David, Vol I
Calabrese, Andrea, Vol III
Carlson, Eric Walter, Vol II
Charters, Ann D., Vol II
Chow, Karen, Vol II
Clark, Austen, Vol IV
Clifford, John Garry, Vol I
Coelho, Carl, Vol III
Coons, Ronald Edward, Vol I
Costigliola, Frank Charles, Vol I
Crosby, Donald H., Vol III
Curry, Richard Orr, Vol I
Dayton, Cornelia H., Vol I
Dickerman, Edmund H., Vol I
Elder, Crawford L., Vol IV
Gatta, John, Jr., Vol II
Gilbert, Harvey R., Vol III
Gilbert, Margaret, Vol IV
Greene, John C., Vol I
Hagan, Willie James, Vol I
Hamilton, Mark A., Vol II
Higonnet, Margaret Randolph,
    Vol III
Hiskes, Anne L., Vol IV
Hoglund, Arthur William, Vol I
Hollenberg, Donna Krolik, Vol II

Jacobus, Lee Andre, Vol II
Krimerman, Leonard I., Vol IV
Kupperman, Joel J., Vol IV
Lasnik, Howard, Vol III
Lederer, Herbert, Vol III
Lehman, Scott, Vol IV
Liles, Betty Z., Vol III
Lillo-Martin, Diane C., Vol III
Lougee, Robert Wayne, Vol I
Luyster, Robert W., Vol IV
Marrone, Nila Gutierrez, Vol III
Mattingly, Ignatius G., Vol III
Mchugh, Michael P., Vol I
Meyers, Diana Tietjens, Vol IV
Michaels, David, Vol III
Millikan, Ruth G., Vol IV
Molette, Carlton Woodard, II,
    Vol II
Moynihan, Ruth Barnes, Vol I
Naudin, Marie, Vol III
Orringer, Nelson Robert, Vol III
Paterson, Thomas Graham, Vol I
Peterson, Richard S., Vol II
Robb, Michael P., Vol III
Roberts, Thomas J., Vol II
Shaffer, Jerome A., Vol IV
Shivers, Jay Sanford, Vol I
Snyder, William, Vol III
Stave, Bruce M., Vol I
Stern, Milton R., Vol II
Suits, Thomas Allan, Vol I
Troyer, John G., Vol IV
Waniek, Marilyn Nelson, Vol II
Wheeler, Samuel C., III, Vol IV
Wheeler, Samuel C., III, Vol IV

Stratford

Fritz, Robert B., Vol I

Torrington

Grover, Robinson Allen, Vol IV

Waterbury

O'Donnell, Kim, Vol I

Waterford

Murstein, Bernard I., Vol I

West Hartford

Arthur, Gwen, Vol II
Auten, Arthur, Vol I
Azzara, Christopher D., Vol I
Blumberg, Phillip Irvin, Vol IV
Braus, Ira, Vol I
Breit, Peter K., Vol I
Canning, Paul, Vol I
Dalton, Stuart, Vol IV
den Ouden, Bernard, Vol IV
Ellis, Donald, Vol II
Ghnassia, Jill Dix, Vol II
Katz, Sandra, Vol II
Lacey, Barbara E., Vol I
Miller, Patrick, Vol I
Mori, Akane, Vol II
Phillips, Robert L., Vol IV
Roderick, John M., Vol II
Saunders, Clark T., Vol I
Seabury, Marcia, Vol II
Willheim, Imanuel, Vol I

West Haven

Emma, Ronald David, Vol II
Glen, Robert Allan, Vol I
Marks, Joel Howard, Vol IV
Marx, Paul, Vol II
Sloane, David Edward Edison,
    Vol II

West Simsbury

Stevenson, Catherine Barnes,
    Vol II

Westport

Fraser, Julius Thomas, Vol I
Millar, Steven, Vol I

Willimantic

Carter, David G., Sr., Vol I
Catlett Anderson, Celia, Vol II
Dawson, Anne, Vol I
Fitz, Hope K., Vol IV
Jacobik, Gray, Vol II
Lacey, James, Vol I
Mama, Raouf, Vol III
Molette, Barbara J., Vol II
Phillips McGowan, Marcia, Vol II
Pocock, Emil, Vol I
Tapia, Elena, Vol III

Wilton

Sachs, William L., Vol I
Stoetzer, O. Carlos, Vol I

Wolcott

Sokolowski, William R., Vol IV

Woodbridge

Kimnach, Wilson H., Vol II

DELAWARE

Dover

Caldwell, M. Milford, Vol I
Flayhart, William H., III, Vol I
Mask, E. Jefferey, Vol IV
Nielsen, Michael, Vol II

Georgetown

Williams, William Henry, Vol I

Lewes

McCagney, Nancy, Vol IV

Newark

Adams, Frederick R., Jr., Vol IV
Afifi, Walid A., Vol III
Beasley, Jerry Carr, Vol II
Bergstrom, Anna, Vol III
Bernstein, John Andrew, Vol I
Bernstein, John Andrew, Vol I
Boylan, Anne Mary, Vol I
Braun, Theodore Edward Daniel,
    Vol III
Brock, Dewey Heyward, Vol II
Brown, Robert Fath, Vol I
Calhoun, Thomas O., Vol I
Callahan, Daniel Francis, Vol I
Callahan, Raymond Aloysius,
    Vol I
Chapman, H. Perry, Vol I
Courtright, John A., Vol III
Cox, Roger Lindsay, Vol II
Craven, Wayne, Vol I
Crawford, John S., Vol I
Curtis, James C., Vol I
Dee, Juliet L., Vol II
Detenber, Benjamin H., Vol II
Dilley, Frank B., Vol IV
Direnzo, Gordon James, Vol I
Duggan, Lawrence Gerald, Vol I
Ferguson, Eugene S, Vol I
Gates, Barbara Timm, Vol II
Geiger, Reed G., Vol I
Gibson, Ann, Vol I
Goodman, Susan, Vol II
Grubb, Farley, Vol I
Halio, Jay Leon, Vol II
Haslett, Betty J., Vol II
Heggen, Bruce A., Vol IV
Herman, Bernard L., Vol I
Heyrman, Christine L., Vol I
Hoffecker, Carol E., Vol I
Hogan, Robert, Vol II
Homer, William I., Vol I
Kallmyer, Nina, Vol I
Lemay, Joseph Alberic Leo, Vol II
Lopata, Roy Haywood, Vol I
Martin, Ronald Edward, Vol II
Mcinnis, Judy Bredeson, Vol III
Mcleod, Douglas M., Vol II
Mell, Donald Charles, Vol II
Merrill, Thomas F., Vol II
Meyer, Donald Harvey, Vol I
Morgan, John D., Vol I
Munroe, John Andrew, Vol I
Ness, Lawrence, Vol I
Newton, James E., Vol I
Pauly, Thomas Harry, Vol II
Pavitt, Charles, Vol II
Pellecchia, Linda, Vol I
Perse, Elizabeth M., Vol II
Peterson, Larry, Vol I
Pifer, Ellen, Vol II
Pong, David B.P.T., Vol I
Postle, Martin J., Vol I
Rea, Michael C., Vol IV
Reedy, Chandra L., Vol II
Safer, Elaine Berkman, Vol II
Samter, Wendy, Vol III
Schwartz, Norman B., Vol I
Scott, Bonnie Kime, Vol II
Sidebotham, Steven Edward, Vol I
Signorielli, Nancy, Vol II
Stillman, Damie, Vol I
Stone, David M., Vol I

Tolles, Bryant F., Jr., Vol I
Valbuena-Briones, Angel Julian, Vol III
Van Dover, James K., Vol II
Walker, Jeanne Murray, Vol II
Wedel, Alfred R., Vol II
Wolohojian, Stephan S., Vol I
Wolters, Raymond, Vol I

Wilmington

Alford, Haile Lorraine, Vol IV
Baber, Lucky Larry, Vol I
Brame, Grace Adolphsen, Vol IV
Finkelstein, Rona, Vol I
Jian-Zhong, Zhou, Vol II
Porter, Glenn, Vol I

Winterthur

Smith, James Morton, Vol I

DISTRICT OF COLUMBIA

Washington

Abel, Elie, Vol I
Abu-Nimer, Mohammed, Vol IV
Adams, Russell Lee, Vol I
Allen, Anita, Vol IV
Ambrosio, Francis J., Vol IV
Anderson, David M., Vol IV
Andrews, Avery D., Vol I
Antoci, Peter, Vol IV
Apostolos-Cappadona, Diane, Vol IV
Argrett, Loretta Collins, Vol IV
Arnez, Nancy L., Vol II
Arnold, Steven H., Vol I
Atkin, Muriel Ann, Vol I
Aufderheide, Patricia, Vol II
Austin, Bobby William, Vol II
Babb, Valerie M., Vol II
Baker, Richard Allan, Vol I
Banks, Sharon P., Vol I
Barbieri, William A., Jr., Vol IV
Barlow, William, Vol I
Barlow, William B., Vol I
Bathurst Gilson, Anne, Vol IV
Beauchamp, Tom, Vol IV
Becker, William Henry, Vol I
Beckerman, Paul, Vol I
Bedini, Silvio A., Vol III
Beisner, Robert L., Vol I
Bell, William Gardner, Vol I
Bennet, Joel F., Vol I
Bennett, Betty T., Vol II
Bensky, Roger Daniel, Vol III
Berkman, John, Vol IV
Berkowitz, Edward D., Vol I
Betz, Dorothy, Vol III
Betz, Paul F., Vol II
Billington, James H., Vol I
Birch, Bruce Charles, Vol IV
Birnbaum, Norman, Vol I
Blakely, Allison, Vol I
Blattner, William, Vol IV
Blecker, Robert A., Vol I
Boedeker, Edgar, Vol IV
Boorstin, Daniel Joseph, Vol I
Borelli, John, Vol I
Boswell, Jackson Campbell, Vol II
Boykin, Keith, Vol II
Bradley, Denis J. M., Vol IV
Brady, Leo, Vol II
Brautigam, Deborah, Vol I
Breitman, Richard D., Vol I
Broad, Robin, Vol I
Broderick, John Caruthers, Vol II
Brown, Dorothy M., Vol I
Brown, John Lackey, Vol III
Brown, Theressa Wilson, Vol II
Buchanan, George Wesley, Vol IV
Bullock, Alice G., Vol IV
Burgdorf, Robert L., Jr., Vol IV
Burger, Warren Earl, Vol IV
Bush, Nathaniel, Vol IV
Byrd, Jerry Stewart, Vol IV
Cahn, Edgar S., Vol IV
Calhoun, Lee A., Vol I
Campbell, Ted A., Vol I
Capizzi, Joseph E., Vol IV
Captain, Yvonne, Vol III
Cardaci, Paul F., Vol II
Cardozo, Michael H., Vol IV
Carroll, Raoul Lord, Vol IV
Carter, Barry Edward, Vol IV
Caws, Peter James, Vol IV

Cenkner, William, Vol I
Chambers, John Curry, Jr., Vol IV
Chandler, James P., Vol IV
Cheek, King Virgil, Jr., Vol IV
Cheru, Fantu, Vol I
Childs, Winston, Vol IV
Cima, Gay Gibson, Vol II
Clarke, Duncan, Vol I
Claydon, Margaret, Vol II
Cline, Catherine Ann, Vol I
Cohen, Stephen P., Vol I
Cohn, Sherman Louis, Vol IV
Cole, John Y., Jr., Vol II
Coll, Blanche D, Vol I
Collins, Mary, Vol IV
Collins, Michael J., Vol IV
Comor, Edward, Vol II
Condit, Richard E., Vol IV
Cooper, Clement Theodore, Vol IV
Corrigan, Maureen, Vol II
Cotman, John W., Vol I
Crane, Milton, Vol II
Crawford, Michael John, Vol I
Crew, Spencer R., Vol I
Cromwell, William C., Vol I
Crooms, Lisa A., Vol IV
Crouch, Tom Day, Vol I
Cruise, Warren Michael, Vol IV
Crysdale, Cynthia S. W., Vol IV
Cua, Antonio S., Vol I
Curran, Robert Emmott, Vol I
Dalley, George Albert, Vol IV
Damiani, Bruno Mario, Vol III
Daniel, Pete, Vol I
Davis, Audrey Blyman, Vol I
Davis, John Wesley, Vol IV
Davis, Wayne Alan, Vol IV
Davison, Roderic Hollett, Vol I
Dechert, Charles Richard, Vol IV
Delio, Ilia, Vol I
Dellums, Leola M. Roscoe, Vol IV
Deng, Francis M., Vol I
Dennis, George Thomas, Vol I
Depauw, Linda Grant, Vol I
Deutscher, Irwin, Vol I
Dienes, C. Thomas, Vol IV
Dillon, Wilton Sterlin, Vol I
Dionne, E.J., Vol I
Donegan, Charles Edward, Vol IV
Dougherty, Jude, Vol IV
Dougherty, Jude Patrick, Vol IV
Downs, Anthony, Vol I
Drinan, Robert Frederick, Vol IV
Druart, Therese-Anne, Vol IV
Dubay, Thomas E., Vol IV
Dudley, William Sheldon, Vol I
Duncan, Richard R., Vol I
Dunn, Ellen Catherine, Vol II
Echols, Marsha A., Vol IV
Edwards, Harry T., Vol IV
Engel, Martin, Vol I
England, James Merton, Vol I
Eno, Robert Bryan, Vol IV
Esposito, John L., Vol I
Everett, Ralph B., Vol IV
Eyck, Gunther, Vol I
Farr, Judith Banzer, Vol II
Fern, Alan M., Vol I
Fernandes, James, Vol II
Fields, Stephen Michael, Vol IV
Fiema, Zbigniew, Vol I
Finan, John J., Vol I
Finlayson, Arnold Robert, Vol IV
Fisher, Eugene J., Vol IV
Fisher, Leona, Vol II
Fisher, Louis, Vol I
Fitzgerald, Aloysius, Vol III
Fitzmyer, Joseph Augustine, Vol IV
Ford, John Thomas, Vol IV
Forman, P., Vol I
Fort, Keith, Vol II
Fox, Pamela, Vol II
Frank, Richard Macdonough, Vol III
Frey, John Andrew, Vol III
Fuller, Alfredia Y., Vol IV
Gallagher, David M., Vol IV
Galston, M., Vol IV
Garibaldi, Antoine Michael, Vol I
Garrard, Mary, Vol I
Garthoff, Raymond L., Vol I
Garvey, John Leo, Vol IV
Gavil, Andrew I., Vol I
Gawalt, Gerard Wilfred, Vol I
Gellhorn, Gay, Vol IV
Gephart, Ronald Michael, Vol I
Gerber, William, Vol IV

Gerli, Edmondo Michael, Vol III
Gewanter, David, Vol II
Gignac, Francis Thomas, Vol III
Gillis, Chester, Vol IV
Ginsberg, Ellen Sutor, Vol III
Glavin, John, Vol II
Golden, Donald Leon, Vol IV
Goldfarb, Ronald L., Vol IV
Goldstein, Joshua S., Vol I
Gomez Lobo, Alfonso, Vol IV
Goodman, Louis, Vol I
Gopalan, Lalitha, Vol II
Gostin, Lo, Vol IV
Gowans, Alan, Vol I
Gravelle, Jane Gibson, Vol I
Greenberg, Gershon, Vol IV
Greenough, Sarah, Vol I
Gregg, Robert, Vol I
Gribbin, William James, Vol I
Gros, Jeffrey, Vol IV
Guieu, Jean-Max, Vol III
Gundersheimer, W.L., Vol I
Guttman, Egon, Vol IV
Haines, Diana, Vol IV
Halal, William E., Vol I
Hallion, Richard Paul, Vol I
Halton, Thomas, Vol I
Hamilton, Eugene Nolan, Vol IV
Hammer, Mitchell R., Vol II
Happel, Stephen P., Vol IV
Harre, Rom, Vol IV
Harris, Joseph E., Vol I
Harrison, Cynthia, Vol I
Hart, Christopher Alvin, Vol IV
Hartgrove, Joseph Dane, Vol I
Hassing, Richard F., Vol I
Hayden, John Carleton, Vol IV
Hayes, Diana L., Vol IV
Haynes, John E., Vol I
Heelan, Patrick Aidan, Vol IV
Heffron, Paul Thayer, Vol I
Helms, John Douglas, Vol I
Hendrix, Jerry, Vol II
Henning, Randall, Vol I
Henry, Brent Lee, Vol IV
Herber, Charles Joseph, Vol I
Hicks, H. Beecher, Jr., Vol IV
Hill, Bennett David, Vol I
Hill, Peter Proal, Vol I
Hirch, John C., Vol II
Hirschmann, David, Vol I
Hirsh, John Campion, Vol II
Hoge, Dean R., Vol I
Holmer, Joan Ozark, Vol II
Hunt, Richard Allen, Vol I
Hunter, Jerry L., Vol IV
Ingebretsen, Edward J., Vol II
Irvine, Martin, Vol II
Jacks, Philip, Vol I
Jackson, Mary E., Vol II
Jaffe, Lorna S., Vol I
Jamme, Albert W.F., Vol II
Johnson, Jacob Edwards, III, Vol I
Johnson, Johnnie L., Jr., Vol IV
Johnson, Ronald Maberry, Vol I
Jollimore, Troy, Vol I
Jones, Charles B., Vol IV
Jordan, Emma Coleman, Vol IV
Jordan, Emma Coleman, Vol IV
Jorgens, Jack J., Vol II
Kadlec, David, Vol II
Kaplan, Lindsay, Vol II
Karp, Stephen A., Vol I
Kellogg, Frederic R., Vol IV
Kent, Carol Fleisher, Vol II
Kim, Hyung Kook, Vol I
King, Patricia Ann, Vol I
Kinsella, David, Vol I
Klaren, Peter Flindell, Vol I
Klein, Ira N., Vol I
Kohler, Sue A., Vol I
Kohn, Richard Henry, Vol I
Kotler, Neil G., Vol I
Kotz, Samuel, Vol IV
Kramer, Robert, Vol IV
Krattenmaker, Thomas George, Vol IV
Kraut, Alan M., Vol I
Kress, Robert Lee, Vol IV
Kuhn, Steve, Vol IV
Kuhn, Steven Thomas, Vol IV
Kurland, Adam H., Vol IV
Kurland, Jordan Emil, Vol I
Kuznick, Peter J., Vol I
Lamaute, Denise, Vol IV
Lamm, Julia A., Vol IV
Lance, Mark, Vol IV
Langan, John P., Vol I

Langer, Erick Detlef, Vol I
Lanoette, William John, Vol II
Latham, Weldon Hurd, Vol IV
Leche, Emma Jean, Vol II
Lee, K. Samuel, Vol IV
Lee, Milton C., Jr., Vol IV
LeMelle, Tilden J., Vol I
Leonard, Walter J., Vol IV
Lesko Baker, Deborah, Vol III
Levitine, Eda Mezer, Vol III
Lewis, Douglas, Vol I
Lewis, Neil, Vol IV
Lewis, Peter, Vol I
Lewis, V. Bradley, Vol I
Lewis, William A., Jr., Vol IV
Liss, Peggy K korn, Vol I
Loesberg, Jonathan, Vol II
Loewe, William Patrick, Vol IV
Loewen, James W., Vol I
Logan, Paul Ellis, Vol III
Lubbers, Jeffrey S., Vol I
Lubrano, Linda L., Vol I
Ludwinowski, Rett R., Vol III
Lynch, John Edward, Vol I
Lynn, Kenneth Schuyler, Vol I
MacDonald, William L., Vol I
Mackintosh, Barry, Vol I
Maddox, Lucy, Vol II
Mahony, Robert E.P., Vol II
Maisch, Christian, Vol I
Malek, Abbas, Vol II
Mann, Thomas J., Vol II
Marcin, Raymond B., Vol IV
Mardin, Serif, Vol I
Marlin-Bennett, Rene, Vol I
Marthaler, Berard Lawrence, Vol IV
Marty, Myron August, Vol I
Matabane, Paula W., Vol II
Mcaleavey, David Willard, Vol II
McCann, Richard, Vol II
McCurdy, Howard Earl, Vol I
McEleney, Neil Joseph, Vol IV
McIntosh, Simeon Charles, Vol IV
McLean, George Francis, Vol IV
McManus, Frederick Richard, Vol IV
McNeill, John R., Vol I
Mendelson, Johanna, Vol I
Miller, Jeanne-Marie A., Vol II
Minnich, Nelson H., Vol I
Mitchell, Alan C., Vol IV
Mitchell, Angelyn, Vol II
Mittelman, James, Vol I
Mohan, Robert Paul, Vol IV
Moran Cruz, Jo Ann Hoeppner, Vol I
Morris, Calvin S., Vol IV
Morris, Marcia A., Vol III
Mowlana, Hamid, Vol II
Moyer, Kermit W., Vol II
Muller, Jerry Z., Vol I
Multhauf, Robert Phillip, Vol I
Murphy, Mark Christopher, Vol IV
Murray, Shoon, Vol I
Musgrove, Philip, Vol I
Mutchler, David Edward, Vol I
Nadell, Pamela, Vol I
Needell, Allan A., Vol I
Newsome, Clarence Geno, Vol IV
Niles, Lyndrey Arnaud, Vol II
Noble, Marianne K., Vol I
Nordquist, Barbara K., Vol I
Norton, Eleanor Holmes, Vol IV
O'Brien, George, Vol I
O'Connor, Michael Patrick, Vol I
O'Connor, Patricia E., Vol II
O'Neill, James E., Vol I
Oppenheim, Janet, Vol I
Orlans, F. Barbara, Vol IV
Orr, Janice, Vol IV
Page, Joseph Anthony, Vol IV
Palmer, Phyllis Marynick, Vol I
Parker, Vernon B., Vol IV
Parry-Giles, Trevor, Vol II
Pasha, Mustapha, Vol I
Patterson, Elizabeth Hayes, Vol IV
Payne, Deborah C., Vol I
Payne, Steven, Vol IV
Pellegrino, Edmund Daniel, Vol IV
Pfordresher, John P., Vol II
Phillips, Ann, Vol I
Pike, David, Vol II
Pillsbury, Joanne, Vol I
Pinkard, Terry, Vol IV
Pinkett, Harold Thomas, Vol I
Pireddu, Nicoletta, Vol III
Pitofsky, Robert, Vol IV

Poos, L.R., Vol I
Pope, Rebecca A., Vol II
Post, Robert C., Vol I
Powers, Madison, Vol IV
Pozzo, Riccardo, Vol IV
Prevots, Naima, Vol I
Pritzl, Kurt, Vol IV
Pruitt, Anne Smith, Vol I
Quander, Rohulamin, Vol IV
Queen, Evelyn E. Crawford, Vol IV
Quitslund, Sonya Antoinette, Vol IV
Ragussis, Michael, Vol II
Rameh, Clea Abdon, Vol III
Rand, Harry, Vol IV
Raskin, Jamin, Vol IV
Raven-Hansen, Pete, Vol IV
Reagon, Bernice Johnson, Vol I
Rehnquist, William Hubbs, Vol IV
Reich, Warren T., Vol IV
Reid, Inez Smith, Vol IV
Reilly, John Marsden, Vol II
Reuscher, John, Vol IV
Reusher, Jay, Vol I
Ribeiro, Alvaro, Vol II
Rice, Paul R., Vol IV
Richardson, Henry, Vol IV
Richardson, John, Vol I
Riley, James Denson, Vol I
Ritchie, Donald Arthur, Vol I
Robb, James Willis, Vol III
Robbins, Ira Paul, Vol IV
Robinson, Amy, Vol II
Robinson, Daniel N., Vol III
Robinson, Lilien F., Vol I
Rosenblatt, Jason Philip, Vol II
Ross, Dorothy Rabin, Vol I
Rossi, Christopher, Vol IV
Rothenberg, Marc, Vol I
Rothstein, Paul Frederick, Vol IV
Rubenstein, Roberta, Vol II
Ruedy, John D., Vol I
Sachar, Howard Morley, Vol I
Said, Abdul Aziz, Vol I
Salla, Michael, Vol IV
Salzman, Jim, Vol IV
Samarasinghe, Vidyamali, Vol I
Sanders, Cheryl J., Vol IV
Sara, Solomon Ishu, Vol III
Sargenticn, Thomas O., Vol IV
Schall, James Vincent, Vol IV
Schlagel, Richard H., Vol IV
Schmidt, Frederick W., Vol IV
Schneider, Cathy, Vol IV
Schwartz, Henry J., Vol II
Schwartz, Herman, Vol IV
Schwartz, Richard B., Vol II
Schwoerer, Lois Green, Vol I
Seidman, Louis Michael, Vol IV
Sendry, Joseph M., Vol II
Severino, Roberto, Vol III
Shahid, Irfan Arif, Vol I
Shalleck, Ann, Vol IV
Shanks, Hershel, Vol II
Sharoni, Simona, Vol I
Sharrer, George Terry, Vol I
Shedel, James P., Vol I
Sherman, Nancy, Vol IV
Shulman, Jeffrey, Vol II
Siegel, Joel E., Vol II
Silvia, Stephen J., Vol I
Sims, Edna N., Vol III
Sitterson, Joseph, Vol II
Slakey, Roger L., Vol II
Slevin, James, Vol II
Smith, Bruce, Vol II
Smith, Bruce Ray, Vol II
Smith, George P., Vol IV
Smith, J. Clay, Jr., Vol IV
Snyder, Susan Brooke, Vol II
Sokolowski, Robert S., Vol IV
Spector, R.H., Vol I
Spragens, Janet R., Vol IV
Stack, Richard, Vol II
Steiner, Carl, Vol III
Sten, Christopher Wessel, Vol II
Stent, Michelle Dorene, Vol IV
Stetz, Margaret, Vol II
Stevens, John Paul, Vol IV
Stewart, Charles Todd, Vol I
Stokoe, William Clarence, Vol III
Strong, Douglas M., Vol I
Studzinski, Raymond James, Vol IV
Sullivan, Denis, Vol I
Sutton, Sharyn, Vol II
Szittya, Penn, Vol II
Tannen, Deborah F., Vol III

Taylor, Henry, Vol II
Taylor, Orlando L., Vol II
Teich, Albert Harris, Vol I
Temple, Kathryn, Vol II
Terry, Mickey Thomas, Vol I
Thomas, Clarence, Vol I
Thornton, Richard C., Vol I
Tinkcom, Matthew, Vol II
Tm, King, Vol IV
Todd, Dennis, Vol II
Trask, David F., Vol I
Traylor, Eleanor W., Vol II
Trisco, Robert Frederick, Vol I
Tucker, Nancy Bernkopf, Vol I
Turner, Jeanine W., Vol II
Tushnet, Mark Victor, Vol IV
Tylenda, Joseph N., Vol IV
Valerie M., Babb, Vol IV
Vaughn, Robert Gene, Vol IV
Veatch, Robert M., Vol IV
Velkley, Richard L., Vol IV
Ver Eecke, Wilfried, Vol IV
Viola, Herman Joseph, Vol I
Vogt, George Leonard, Vol I
Vukowich, William T., Vol IV
Wagner, Annice, Vol IV
Walch, Timothy G., Vol I
Wald, Patricia M., Vol IV
Walker, Robert Harris, Vol I
Wallace, Dewey D., Jr., Vol IV
Wallace, Paul Starett, Jr., Vol IV
Wallwork, Ernest, Vol II
Wapner, Paul, Vol I
Warren, Clay, Vol II
Washburn, Wilcomb Edward, Vol I
Washington, Robert Benjamin, Jr., Vol IV
Waysdorf, Susan L., Vol IV
Waznak, Robert P., Vol II
Weaver, Gary, Vol II
Wechsler, Burton D., Vol IV
Wendland, Ernst R., Vol III
Wharton Boyd, Linda F., Vol II
Wheelock, Arthur K., Jr., Vol I
White, Charles Sidney John, Vol I
White, John Hoxland, Vol I
White, Kevin, Vol IV
Wickham Crowley, Kelley M., Vol II
Wickhamcrowley, Timothy P., Vol I
Williams, Joan C., Vol I
Williams, Karen Hastie, Vol IV
Williams, Paul R., Vol IV
Williams, Yvonne LaVerne, Vol IV
Wilmarth, Arthur E., Vol I
Wilmot, David Winston, Vol IV
Winter, Daria Portray, Vol II
Winter, Douglas E., Vol IV
Winters, Francis Xavier, Vol IV
Wippel, John Francis, Vol IV
Wiseman, James A., Vol IV
Wiser, Vivian, Vol I
Witek, John W., Vol I
Wogaman, John Philip, Vol IV
Wolfensohn, James David, Vol I
Yamauchi, Joanne, Vol III
Yeandle, Laetitia, Vol II
Young, Elizabeth Bell, Vol II
Young, Michael Kent, Vol IV
Zhao, Quansheng, Vol I
Ziolkowski, John Edmund, Vol I

FLORIDA

Alachua
Wall, William G., Vol II

Archer
Sarver, Vernon T., Vol IV

Aripeka
Harley, Gail M., Vol IV

Boca Raton
Abramson, Henry, Vol III
Banchetti-Robino, Marina P., Vol IV
Berger, Alan L., Vol IV
Breslow, Boyd, Vol I
Brown, Sallie, Vol I
Caputi, Jane, Vol I
Carraher, Charles E., Vol I
Cruz Taura, Graciella, Vol I
Curl, Donald Walter, Vol I

Derfler, Leslie, Vol I
Derfler, Leslie A., Vol I
Engle, Stephen D., Vol I
Fiore, Robin N., Vol IV
Forage, Paul C., Vol I
Frazer, Heather, Vol I
Ganson, Barbara, Vol I
Glynn, Simon, Vol IV
Kersey, Harry A., Vol I
Kollander, Patricia, Vol I
Kramer, Phyllis S., Vol III
Lowe, Benno P., Vol I
Marina, William F., Vol I
O'Sullivan, John, Vol I
Rose, Mark, Vol I
Rosenberg, Jonathan, Vol I
Smith, Voncile Marshall, Vol II

Bonita Springs
James, Robert N., Vol IV

Carol City
Tumpkin, Mary A., Vol IV

Coral Gables
Alexandrakis, Aphrodite, Vol IV
Benstock, Shari, Vol II
Carlebach, Michael L., Vol I
Coscullsia, Victor, Vol IV
Fitzgerald, John Thomas, Jr., Vol IV
Foreman, Kathryn S., Vol II
Goldman, Alan H., Vol IV
Graf, David Frank, Vol I
Guttenberg, Barnett, Vol II
Haack, Susan, Vol IV
Kanet, Roger E., Vol I
Kelleghan, Fiona, Vol II
Lemos, Ramon M., Vol IV
Lohof, Bruce Alan, Vol I
McCarthy, Patrick A., Vol II
Muller, Peter O., Vol I
Palmeri, Frank, Vol II
Pospesel, Howard, Vol IV
Russo, John Paul, Vol II
Suzuki, Mihoko, Vol II

Dania
Skellings, Edmund, Vol II

Daytona Beach
Golden, Evelyn Davis, Vol IV
Hamlin, Ernest Lee, Vol IV
Perkins, Moreland, Vol IV

DeLand
Croce, Paul Jerome, Vol I
Johnson, Evans Combs, Vol I
Kaivola, Karen, Vol II
McCoy, Ken, Vol II
McCoy, Ken W., Vol II
Pearson, John H., Vol II
Reddish, Mitchell Glenn, Vol IV
Smith Favis, Roberta, Vol I
Steeves, Paul David, Vol I

Delray Beach
Dye, Thomas R., Vol I
Marietta, Don E., Vol IV

Destin
Beavers, Myrtle B., Vol II

Dunedin
Hyers, M. Conrad, Vol III

Fort Lauderdale
Mulvey, Ben, Vol IV
Reymond, Robert L., Vol IV
Robertson, O. Palmer, Vol IV
Ryan, Thomas Joseph, Vol I
Segal, Marilyn, Vol III
White, R. Fowler, Vol IV

Fort Myers
Golian, Linda Marie, Vol II
Sawyer, William Gregory, Vol I
Sutter, Leslie E., Vol IV

Fort Pierce
Cohen, Elliot, Vol IV
Grego, Richard, Vol I

Gainesville
Alexander, Laurence Benedict, Vol IV
Ankersen, Thomas T., Vol IV
Baker, Susan Read, Vol III

Baldwin, Fletcher N., Jr., Vol IV
Barnett Lidsky, Lyrissa C., Vol IV
Baum, Robert J., Vol IV
Bennett, Gerald T., Vol IV
Bernardo, Felix Mario, Vol I
Bushnell, David, Vol I
Cailler, Bernadette Anne, Vol III
Calfee, Dennis A., Vol IV
Carnell, Corbin Scott, Vol II
Casagrande, Jean, Vol III
Chamberlin, Bill F., Vol IV
Chu, Chauncey Cheng-Hsi, Vol III
Cohn, Stuart R., Vol IV
Colburn, David Richard, Vol I
Collier, Charles W., Vol IV
Cotter, Thomas F., Vol IV
Craig-Taylor, Phyliss, Vol IV
D'Amico, Robert, Vol IV
Davis, Jeffrey, Vol IV
Dawson, George L., Vol IV
Der-Houssikian, Haig, Vol III
Derrick, Clarence, Vol II
Dickison, Sheila Kathryn, Vol I
Diller, George Theodore, Vol III
Dilley, Patricia E., Vol IV
Dowd, Nancy E., Vol IV
Duckworth, Alistair Mckay, Vol II
Flournoy, Alyson Craig, Vol IV
Formisano, Ronald P., Vol I
Frazer, William Johnson, Vol I
Friel, Michael K., Vol IV
Funk, Arthur Layton, Vol I
Gay-Crosier, Raymond, Vol III
Geggus, D., Vol I
Giles, Geoffrey John, Vol I
Gordon, Andrew, Vol II
Gordon, Michael W., Vol IV
Gregory, Frederick, Vol I
Hackett, David H., Vol I
Harrison, Jeffrey L., Vol IV
Hartigan, Karelisa V., Vol I
Hatch, Robert A., Vol I
Hiers, Richard H., Vol IV
Hill-Lubin, Mildred Anderson, Vol II
Holland, Norman N., Vol II
Hudson, Davis M., Vol IV
Hurst, Thomas R., Vol IV
Isenberg, Sheldon Robert, Vol I
Israel, Jerold H., Vol IV
Jacobs, Michelle S., Vol IV
Johnston, Otto William, Vol III
Juergensmeyer, Julian C., Vol IV
Katritzky, Linde, Vol III
Kershner, R. Brandon, Vol II
Kushner, David Z., Vol I
Lanzillotti, Robert F., Vol I
Lear, Elizabeth T., Vol IV
Lewis, Jeffrey E., Vol IV
Little, Joseph W., Vol IV
Lokken, Lawrence, Vol IV
Ludwig, Kirk, Vol IV
Malavet, Pedro A., Vol IV
Margolis, Maxine Luanna, Vol I
Mashburn, Amy R., Vol IV
Matasar, Richard, Vol IV
Mazur, Diane H., Vol IV
McCoy, Francis T., Vol IV
McCulloch, Elizabeth, Vol IV
McKeen, William, Vol I
McMahon, Martin J., Jr., Vol IV
McMahon, Robert J., Vol I
Millender, Michael J., Vol IV
Miller, C. Douglas, Vol IV
Miller, D. Gary, Vol I
Mills, Jon L., Vol IV
Moberly, Robert B., Vol IV
Moffat, Robert C.L., Vol IV
Nagan, Winston P., Vol IV
Nanji, Azim A, Vol III
New, Melvyn, Vol II
Nicholas, James C., Vol IV
Noah, Lars, Vol IV
Nunn, Kenneth B., Vol IV
Oberst, Michael A., Vol IV
Paris, Bernard J., Vol II
Paul, Harry W., Vol I
Pozzetta, George Enrico, Vol I
Ray, Greg, Vol IV
Rennert, Hellmut Hal, Vol III
Richardson, David M., Vol IV
Rush, Sharon E., Vol IV
Schmeling, Gareth Lon, Vol I
Schmidt, Patricia Lois, Vol II
Scholes, Robert James, Vol III
Seigel, Michael L., Vol IV
Shoaf, Richard A., Vol II
Slobogin, Christopher, Vol IV
Smillov, Marin S., Vol IV

Smith, David T., Vol IV
Smith, F. Leslie, Vol II
Smith, Julian, Vol I
Smith, Stephanie A., Vol II
Smith, Walter L., Vol I
Smocovitis, V.B., Vol I
Sommerville, Charles John, Vol I
Sturgill, Claude C., Vol I
Sussman, Lewis Arthur, Vol I
Swanson, Bert E., Vol I
Taylor, Grace W., Vol IV
Thompson, Roger Mark, Vol III
Thursby, Gene Robert, Vol IV
Todorova, M., Vol I
Turner, Eldon R., Vol I
Twitchell, Mary Poe, Vol IV
Wade, Jeffry, Vol IV
Weyrauch, Walter Otto, Vol IV
Williams, Winton E., Vol IV
Willis, Steven J., Vol IV
Witmer, Donald G., Vol IV
Wright, Danaya C., Vol IV
Zieger, R.H., Vol I

Hawthorne
Seelye, John D., Vol I

Hollywood
Samra, Rise J., Vol II
Taylor, Williamson S., Vol IV

Jacksonville
Adams, Afesa M., Vol I
Bowen, David H., Vol IV
Buettinger, Craig, Vol I
Cartwright, David Todd, Vol I
Clifford, Dale Lothrop, Vol I
Crooks, James Benedict, Vol I
Evans, Donna Browder, Vol I
Koegler, Hans-Herbert, Vol IV
Leonard, Thomas Michael, Vol I
Parker, Sidney Baynes, Vol I
Qian, Wen-yuan, Vol I
Watson, Cletus Claude, Vol IV

Jupiter
Dunn, Laura, Vol I

Key West
Chandler, Theodore Alan, Vol I

Lake Worth
Slatery, William Patrick, Vol I
Young, Zenaida Isabel, Vol I

Lakeland
Lott, Raymond, Vol II
Silber, Daniel, Vol IV
Smith, W. Alan, Vol IV
Watson, Judge, Vol I

Lutz
Brulotte, Gaetan, Vol III

Maitland
Farrell, Frank, Vol I
Gamble, Richard C., Vol IV
Hill, Charles, Vol IV
James, Frank, Vol I
Kistemaker, Simon, Vol IV
McReynolds Kidd, Reggie, Vol IV
Nash, Ronald, Vol IV
Nicole, Roger, Vol IV
Pratt, Richard L., Jr., Vol IV
Rupp, Gary, Vol I
Waltke, Bruce K., Vol IV

Melbourne
Matar, Nabil, Vol II
Ritson, G. Joy, Vol I

Miami
Breslin, Thomas Aloysius, Vol I
Cadely, Jean Robert Joseph, Vol III
Camayd Freixas, Erik, Vol III
Casebier, Allan, Vol II
Castellanos, Isabel, Vol III
Castells, Ricardo, Vol III
Chung, Bongkil, Vol IV
Cook, Noble David, Vol I
Davies, Carole Boyce, Vol I
Gorman, John, Vol III
Gudorf, Christine E., Vol IV
Hawkins, Benjamin Sanford, Jr., Vol IV
Heine, Steven, Vol IV
Jensen, John Barry, Vol III

Johnson, Kenneth E., Vol II
Kahan, Alan S., Vol I
Katz, Nathan, Vol IV
Kling, David, Vol I
Knox, George F., Vol IV
Koperski, Veronica, Vol IV
Krebs, Victor J., Vol IV
Lee, Joseph Patrick, Vol III
Levine, Robert M., Vol I
Levine, Robert M., Vol I
Lewis, Samella, Vol I
Machonis, Peter A., Vol III
Madden, Daniel Patrick, Vol IV
Mendez, Jesus, Vol I
Northup, Lesley A., Vol IV
Peterson, Joyce Shaw, Vol I
Rice, Eileen F., Vol I
Rock, Howard Blair, Vol I
Ross, Ralph M., Vol IV
Sicius, Francis, Vol I
Skjoldal, Neil O., Vol IV
Smith, Harold Teliaferro, Jr., Vol IV
Suchlicki, Jaime, Vol I
Sugg, Richard Peter, Vol II
Szuchman, Mark David, Vol I
Warren, Paul R., Vol IV
Waugh, Butler Huggins, Vol II
Wilkins, Mira, Vol I
Williams, Gary G. Cohen, Vol IV
Young, Theodore Robert, Vol III
Yudin, Florence L., Vol III

Miami Beach
Swain, James H., Vol IV

Miami Shores
Iozzio, Mary Jo, Vol IV
Sunshine, Edward R., Vol IV

Naples
Mcdowell, John H., Vol I

Orlando
Adicks, Richard R., Vol II
Congdon, Kristin G., Vol I
Leckie, Shirley A., Vol I
Pauley, Bruce F, Vol I
Schiffhorst, Gerald Joseph, Vol II

Ormond Beach
Harris, Michael H., Vol I

Palm Coast
Hochman, Jiri, Vol I

Pensacola
Arnold, Barry, Vol IV
Auter, Philip J., Vol II
Coker, William Sidney, Vol I
Dysart, Jane Ellen, Vol I
Goel, Madan Lal, Vol I
Howe, Lawrence W., Vol IV
Josephs, Allen, Vol III
Umphlett, Wiley Lee, Vol II

Plantation
Ferrari, Roberto, Vol II

Pompano Beach
Gauss, Charles E., Vol IV

Punta Gorda
Winter, John Ellsworth, Vol IV

Sanford
Wright, Stephen Caldwell, Vol II

Sanibel
Ennis, Robert H., Vol IV

Sarasota
Andrews, Anthony P., Vol I
Doenecke, Justus D., Vol I
Herdt, Jennifer A., Vol IV
Snyder, Lee Daniel, Vol I

Spring Hill
Raskin, Jay, Vol IV

St. Augustine
Klein, Ellen R., Vol IV

St. Augustine Beach
Goldthwait, John T., Vol IV

St. Petersburg

Beal, Timothy K., Vol IV
Beane, Dorothea Annette, Vol IV
Brooker, Jewel Spears, Vol I
Brown, James J., Vol IV
Bryant, David J., Vol IV
Carr, David Randolph, Vol I
Carter, Albert Howard, Vol III
Carter, Nancy Corson, Vol I
DesAutels, Peggy, Vol IV
Dunlap, Karen F. Brown, Vol II
Foltz, Bruce, Vol IV
Goetsch, James R., Vol IV
Goss, Theresa Carter, Vol I
Jacob, Bruce Robert, Vol IV
Johnston, Carolyn, Vol I
Meinke, Peter, Vol II
Neusner, Jacob, Vol IV
Rhodes Bailly, Constantina, Vol IV
Wells, Daniel Arthur, Vol II
Whitney, Ruth, Vol IV

Tallahassee

Allaire, Joseph Leo, Vol III
Anthony, William Philip, Vol I
Baker, Stuart Eddy, Vol II
Barbour, Paula Louise, Vol II
Bartlett, Richard Adams, Vol I
Bedell, George Chester, Vol IV
Berry, Ralph M., Vol II
Blazek, Ronald David, Vol II
Bower, Beverly Lynne, Vol I
Braendlin, Bonnie Hoover, Vol II
Cannistraro, Philip Vincent, Vol I
Conner, Valerie Jean, Vol I
Cunningham, Karen, Vol II
Dalton, Peter C., Vol IV
Darst, David High, Vol III
Dickson, David Franklin, Vol IV
Fallon, Richard Gordon, Vol II
Felder, David W., Vol IV
Gayles-Felton, Anne Richardson, Vol I
Gerato, Erasmo Gabriele, Vol III
Glenn, Justin Matthews, Vol I
Golden, Leon, Vol I
Greaves, Richard L., Vol I
Green, Elna C., Vol I
Griffith, Elwin Jabez, Vol IV
Gruender, Carl David, Vol IV
Guy, Mary E., Vol I
Hadden, Sally E., Vol I
Halpenn, Paul G., Vol I
Halpern, Paul G., Vol I
Hatchett, Joseph Woodrow, Vol IV
Hawkins, Hunt, Vol II
Hemmingway, Beulah S., Vol III
Hodges, Donald Clark, Vol IV
Horward, Donald D., Vol I
Irvine, Carolyn Lenette, Vol II
Isaac, Larry, Vol I
Jacobs, Ennis Leon, Jr., Vol IV
Jumonville, Neil Talbot, Vol I
Jung, Darryl, Vol IV
Kaelin, Eugene Francis, Vol IV
Kebede, Ashenafi Amde, Vol I
Keuchel, Edward F., Vol I
Kirby, David, Vol II
Kleck, Gary, Vol IV
Levi, Darrell Erville, Vol I
Lhamon, W.T., Vol II
Lo, Winston W., Vol I
Lyon, Gordon W., Vol IV
Mabe, Alan R., Vol IV
Matthews, Patricia, Vol IV
McElrath, Joseph R., Vol II
Morales, Maria H., Vol IV
Morris, Harry, Vol II
Nasgaard, Roald, Vol I
Neyland, Leedell Wallace, Vol I
Oldson, William O., Vol I
Plescia, Joseph, Vol I
Pratt, Louis Hill, Vol II
Pullen, Daniel J., Vol I
Ravenell, William Hudson, Vol IV
Richardson, Joe M., Vol I
Rickless, Samuel, Vol IV
Rowe, Anne Ervin, Vol II
Seaton, Douglass, Vol I
Simons, John Donald, Vol III
Smith, Jeraldine Williams, Vol IV
Stanley, Patricia H., Vol III
Swain, Charles W., Vol I
Tanenbaum, Jan Karl, Vol I
Thompson, Janet Ann, Vol I
Turner, Ralph V., Vol I
Watson, H. Justin, Vol IV
Weidner, Donald John, Vol IV

Tampa

Anton, John P., Vol IV
Argen, Ralph J., III, Vol IV
Banes, Ruth A., Vol I
Botjer, George, Vol I
Currey, Cecil B., Vol I
DeChant, Dell, Vol IV
French, Peter A., Vol IV
Ingalls, Robert Paul, Vol I
Jorgensen, Danny L., Vol IV
Mariotti, Arleen, Vol III
McAlister, Linda L., Vol IV
Miller, John F., III, Vol IV
Moss, S., Vol II
Motto, Anna Lydia, Vol I
Parker, Keith Alfred, Vol I
Parssinen, Terry, Vol I
Polythress, N.G., Vol IV
Runge, Laura, Vol II
Rynder, Constance, Vol I
Schonfeld, Martin, Vol IV
Snyder, Robert Edward, Vol I
Solomon, Andrew Joseph, Vol II
Stavig, Ward, Vol I
Strange, James F., Vol IV
Tillson, Albert H., Jr., Vol I
Trask, Roger R., Vol I
Turner, Stephen, Vol III
Tyson, Nancy J., Vol II
Weatherford, Roy C., Vol IV

West Palm Beach

Nolan, Richard T., Vol IV

Winter Park

Cohen, Edward H., Vol II
Cook, J. Thomas, Vol IV
Edge, Hoyt Littleton, Vol IV
Flick, Robert Gene, Vol II
Lemon, Robert S., Jr., Vol I
Rubarth, Scott M., Vol IV

GEORGIA

Albany

Formwalt, Lee W., Vol I
Hill, James Lee, Vol II
Hill, James Lee, Vol II
Shingleton, Royce Gordon, Vol I

Athens

Adams, Michael F., Vol II
Algeo, John T., Vol II
Anderson, James C., Jr., Vol I
Armstrong, Brian G, Vol I
Bartley, Numan V., Vol I
Bennett-Alexander, Dawn DeJuana, Vol IV
Boney, Francis Nash, Vol I
Braester, Yomi, Vol III
Brooks, Dwight E., Vol II
Broussard, Ray F., Vol I
Brown, Stewart Jay, Vol I
Clarke, Bowman Lafayette, Vol IV
Colvert, James B., Vol II
Craige, Betty Jean, Vol II
Curtis, Robert I., Vol I
Dickie, M., Vol II
Dowling, John Clarkson, Vol III
Doyle, Charles Clay, Vol II
Fite, Gilbert Courtland, Vol I
Franklin, Rosemary F., Vol II
Frasier, Mary Mack, Vol I
Free, William Joseph, Vol II
Freer, Coburn, Vol II
Gordon, Walter Martin, Vol II
Gruner, Charles R., Vol II
Halper, Edward Charles, Vol IV
Harrison, Frank Russell, Vol IV
Hellerstein, Nina Salant, Vol II
Hellerstein, Walter, Vol IV
Heslep, Robert Durham, Vol IV
Hoffer, Peter Charles, Vol I
Holmes, William F., Vol I
Hudson, Charles M., Vol I
Johnson, Julie Greer, Vol III
Jones, Wilbur Devereux, Vol I
Jorgensen, Peter Alvin, Vol III
Karpf, Juanita, Vol I
Kibler, James Everett, Jr., Vol II
Klein, Jared S., Vol II
Kleiner, Scott Alter, Vol IV
Kraft, Elizabeth, Vol II
Kretschmar, William A., Jr., Vol II
LaFleur, Richard Allen, Vol I
Langley, Lester Danny, Vol I
Leary, William M., Vol I
Lessl, Thomas M., Vol III
Mantero, Manuel, Vol III
McAlexander, Hubert Horton, Vol II
Mcalexander, Patricia Jewell, Vol II
McGregor, James H., Vol III
Miller, R. Baxter, Vol III
Miller, Ronald Baxter, Vol II
Moore, Rayburn Sabatzky, Vol II
Moran, Mary H., Vol II
Moran, Michael G., Vol II
Morris, Kenneth Earl, Vol I
Morrow, John Howard, Jr., Vol I
Moshi, Lioba, Vol III
Nicholson, John H., Vol I
Ower, John, Vol II
Piper, Linda Jane, Vol I
Pollack, Robert Harvey, Vol I
Power, William L., Vol IV
Rice, Berry, Vol IV
Roberts, Bryndis Wynette, Vol I
Rosenberg, Alexander, Vol IV
Ruppersburg, Hugh, Vol II
Schoenbrun, D. L., Vol I
Simon, Janice, Vol I
Stephens, Lester Dow, Vol I
Surrency, Erwin C., Vol I
Teague, Frances Nicol, Vol II
Thomas, Emory M., Vol I
Thomas, Maxine Suzanne, Vol IV
Toombs, Charles Phillip, Vol II
Tucker, Robert Askew, Vol I
Vance, John Anthony, Vol II
Vipperman, Carl, Vol I
Wall, Bennett Harrison, Vol I
Wynes, Charles Eldridge, Vol I
Ziemke, Earl Frederick, Vol I

Atlanta

Abraham, Julie L., Vol III
Adamson, Walter L., Vol I
Adamson, Walter L., Vol I
Allitt, Patrick N., Vol I
Almeder, Robert F., Vol IV
Amdur, Kathryn E., Vol I
Arnold Twining, Mary, Vol II
Arrington, Robert Lee, Vol IV
Askew, Timothy, Vol II
Austin, Gayle M., Vol II
Bailey, Randall Charles, Vol IV
Baird, Keith E., Vol I
Bakewell, Peter, Vol I
Balsamo, Anne, Vol II
Barlow, Brian C., Vol IV
Bauerlein, Mark, Vol III
Bayor, Ronald Howard, Vol I
Bean, Bobby Gene, Vol II
Beaty, Jerome, Vol III
Beik, William, Vol I
Bell, Linda A., Vol II
Bellesiles, Michael A., Vol I
Benario, Herbert W., Vol I
Berman, Harold J., Vol IV
Bernstein, Matthew H., Vol II
Bianchi, Eugene Carl, Vol IV
Black, Daniel, Vol II
Black, Kenneth, Jr., Vol I
Blicksilver, Jack, Vol I
Blumenfeld, David, Vol I
Blumenthal, David Reuben, Vol IV
Boateng, Faustine, Vol III
Borowski, Oded, Vol IV
Brady, Michelle E., Vol IV
Bright, David F., Vol I
Brittain, James Edward, Vol I
Brownley, Martine Watson, Vol II
Bugge, John Michael, Vol II
Burns, Thomas, Vol I
Burrison, John A., Vol I
Buss, Martin John, Vol IV
Campbell, C. Jean, Vol II
Capeles, Mervin, Vol III
Carney, William J., Vol IV
Carr, David, Vol IV
Carr, Davis, Vol IV
Carson Pastan, Elizabeth, Vol I
Carter, Barbara Lillian, Vol I
Carter, Dan T., Vol I
Carter, Lawrence E., Sr., Vol IV
Carter, Marva Griffin, Vol I
Caruth, Cathy, Vol III
Cavanagh, Sheila T., Vol III
Chace, William M., Vol III
Chopp, Rebeca S., Vol IV
Christopher, Georgia B., Vol II
Clark, Geoffrey W., Vol I
Clark, J. Michael, Vol IV
Colatrella, Carol, Vol I
Conwill, Giles, Vol IV
Cooper, Clarence, Vol IV
Costen, Melva Wilson, Vol IV
Craig, Robert M., Vol I
Crim, Alonzo A., Vol I
Culpepper, R. Alan, Vol IV
Darden, George Harry, Vol IV
Davis, Edward L., Vol I
Davis, Leroy, Vol I
Dillingham, William B., Vol II
Dowell, Peter W., Vol III
Duncan, Charles, Vol II
Eiesland, Nancy L., Vol IV
Ellingsen, Mark, Vol IV
Elliott, Michael, Vol III
Ervin, Hazel A., Vol II
Ethridge, Robert Wylie, Vol I
Evans, Dorinda, Vol I
Evans, Ellen Lovell, Vol I
Fehrenbach, Heide, Vol I
Ferguson, William Dean, Vol IV
Fine, Laura, Vol II
Fink, Gary M., Vol I
Finn, Margot C., Vol I
Flynn, Thomas R., Vol IV
Foote, Bud, Vol II
Fotion, Nicholas, Vol IV
Fox-Genovese, Elizabeth, Vol I
Franklin, Robert Michael, Vol IV
Galchinsky, Michael, Vol III
Galishoff, Stuart, Vol I
Gallant, Christine, Vol II
Ganz, Margery Ann, Vol I
Gerkin, Charles Vincent, Vol IV
Ghosh, Shuba, Vol IV
Giebelhaus, August William, Vol I
Gorsuch, Edwin N., Vol I
Gouinlock, James, Vol IV
Grant, Jacquelyn, Vol IV
Grant Luckhardt, C., Vol IV
Griffin Carter, Marva, Vol I
Gruber, William E., Vol II
Grusin, R., Vol II
Grusin, Richard A., Vol I
Guy-Sheftall, Beverly, Vol II
Hall, Pamela M., Vol IV
Hallen, Barry, Vol IV
Harbutt, Fraser J., Vol I
Harpold, Terry, Vol II
Harris, Leslie M., Vol I
Hartle, Ann, Vol IV
Harwood, Robin, Vol IV
Haskell, Guy H., Vol I
Hawk, Charles Nathaniel, III, Vol IV
Helminiak, Daniel A., Vol IV
Henderson, Alexa Benson, Vol I
Herman, Jonathan, Vol IV
Hesla, David H., Vol II
Higgins, Elizabeth J., Vol II
Hirsch, James, Vol II
Hirsh, James, Vol II
Holifield, E. Brooks, Vol I
Holladay, Carl R., Vol IV
Hollahan, Eugene, Vol II
Holler, Clyde, Vol IV
Holmes, Robert A., Vol I
Hooker, Paul K., Vol IV
Hornsby, Alton, Vol I
Humber, James Michael, Vol IV
Hunter, Rodney J., Vol IV
Hyatt, Irwin T., Jr., Vol I
Jacobson, Stephen, Vol IV
Jin, Xuefei, Vol III
Johnson, Ronald W., Vol IV
Johnston, John, Vol III
Juricek, John T., Vol I
Kalaidjian, Walter, Vol III
Kasfir, Sidney L., Vol IV
Keenan, Hugh Thomas, Vol II
Kiersky, James H., Vol IV
Klehr, Harvey, Vol I
Knight, Caroly Ann, Vol IV
Kramer, Victor Anthony, Vol II
Kranzberg, Melvin, Vol I
Kropf, Carl R., Vol II
Kuntz, Paul G., Vol IV
L'Abate, Luciano, Vol I
Ladd, Barbara, Vol III
Lamplugh, George Russell, Vol I
Lane, Christopher, Vol III
Laushey, David Mason, Vol I
Lee Orr, N., Vol I
Levenduski, Cristine, Vol III
Liddell, Janice Lee, Vol II
Lisby, Gregory C., Vol II
Livingston, Donald W., Vol I
Long, Richard Alexander, Vol II
Luckhardt, C. Grant, Vol IV
Ma, Qian, Vol II
Machado, Daisy L., Vol IV
Major, James Russell, Vol I
Makkreel, Rudolf A., Vol IV
Manley, Frank, Vol III
Mann, Kristin, Vol I
Martin, Richard C., Vol I
Martinez, Roy, Vol IV
McCauley, Robert N., Vol IV
Mcclure, Charlotte Swain, Vol III
McGuire, Peter, Vol II
Mchaney, Thomas Lafayette, Vol II
McMahon, James Vincent, Vol III
McPhee, Sarah, Vol I
McWilliams, Alfred E., Jr., Vol I
Melton, James V.H., Vol I
Metzger, Lore, Vol II
Meyer, James S., Vol I
Meyers, Marian J., Vol II
Miller, J. Maxwell, Vol IV
Miller, Judith A., Vol I
Miller, Mara, Vol I
Mohanty, Jitendra N., Vol IV
Monye, Laurent, Vol III
Morey, James, Vol III
Nersessian, Nancy, Vol III
Neujahr, Philip Joseph, Vol IV
Newby, Gordon D., Vol I
Nickerson, Catherine Ross, Vol III
Nobles, Gregory H., Vol I
Norton, Bryan G., Vol IV
Odem, Mary E., Vol I
Osinubi, Olumide, Vol II
Overbeck, James A., Vol IV
Packard, Randall M., Vol I
Parchment, Steven, Vol I
Pastan, Elizabeth C., Vol I
Patterson, Cynthia, Vol I
Patterson, Richard, Vol I
Pazdernik, Charles, Vol I
Pederson, Lee, Vol III
Persons, W. Ray, Vol IV
Petraglia-Bahri, Deepika, Vol III
Petraglia-Bahri, Joseph, Vol II
Pickens, Ernestine W. McCoy, Vol II
Pickens, William Garfield, Vol II
Poling, Clark V., Vol I
Poling, Clark V., Vol I
Pollard, Alton Brooks, III, Vol IV
Pratt, L., Vol I
Price, Charles Eugene, Vol IV
Prude, Jonathan, Vol I
Rainbolt, George, Vol IV
Rambuss, Richard, Vol III
Ramsey, Mary K., Vol II
Rates, Norman M., Vol IV
Rauch, Alan, Vol I
Ravina, Mark, Vol I
Reed, Merl E., Vol I
Reed, Walter, Vol III
Reid, Donald Malcolm, Vol I
Renick, Timothy M., Vol IV
Rieber, Steven, Vol IV
Risjord, Mark, Vol IV
Roark, James L., Vol I
Robins, Gay, Vol I
Robinson, Jontyle Theresa, Vol I
Rohrer, Judith C., Vol I
Rojas, Carlos, Vol III
Rouse, Jacqueline Anne, Vol I
Rubin, Paul H., Vol IV
Ruprecht, Louis A., Jr., Vol IV
Rutherford, Donald P., Vol I
Saliers, Don E., Vol IV
Sanders, Mark, Vol III
Schaller, Kristi, Vol II
Schuchard, W. Ronald, Vol III
Scranton, Philip, Vol I
Sessions, William Alfred, Vol II
Shaner, Jaye L., Vol II
Silliman, Robert Horace, Vol I
Sitter, John, Vol III
Sizemore, Christine Wick, Vol II
Smith, Luther Edward, Jr., Vol IV
Snoeyenbos, Milton, Vol IV
Socolow, Susan M., Vol I
Spivey, Ted Ray, Vol II
Stein, Kenneth W., Vol I
Stokes, Mack B., Vol IV
Stone-Miller, Rebecca, Vol I
Strain, Ellen, Vol II
Strange, Steven K., Vol I
Strocchia, Sharon T., Vol I
Sumler-Edmond, Janice L., Vol IV
Terrell, Timothy Prater, Vol IV

Geographic Index

Tomasulo, Frank P., Vol II
Tomlinson, Robert, Vol I
Tullos, Allen E., Vol I
Tusan, Gail S., Vol IV
Varner, Eric R., Vol I
Vaughn, Michael S., Vol I
Verene, Donald Phillip, Vol III
Vivian, Cordy Tindell, Vol IV
Warren, Nagueyalti, Vol I
Watkins, Floyd C., Vol II
Watts, Anne Wimbush, Vol I
Weber, Theodore R., Vol I
Weiss, Victoria Louise, Vol II
White, Steven D., Vol I
Willen, Diane, Vol I
Willett, Cynthia, Vol IV
Winkler, Carol, Vol II
Wirth, Jason M., Vol IV
Witte, John, Vol IV
Woodhouse, Mark B., Vol IV
Young, James Harvey, Vol I
Zatlin, Linda Gertner, Vol II
Zboray, Mary Saracino, Vol I
Zboray, Ronald J., Vol I
Zupko, Jack, Vol IV

Augusta
Carter, Judy L., Vol I
Clayton, Marcus, Vol IV
Jegstrup, Elsebet, Vol IV
Mixon, Wayne, Vol I
Peden, William Creighton, Vol IV
Rice, Louise Allen, Vol II
Shotwell, Clayton M., Vol I

Avondale Estates
Bulger, Peggy A., Vol II

Carrollton
Auble, Joel, Vol IV
Blair, John, Vol III
Blair, John T., Vol I
Castro Lee, Cecilia, Vol III
Doxey, William S., Vol II
Earnest, Steve, Vol I
Ferling, John Ernie, Vol I
Frickey, Pierrette M., Vol III
Goldstein, Jonathan, Vol I
Goodson, Carol F., Vol II
Hynes, Thomas J., Jr., Vol II
Joiner, Dorothy, Vol I
Kennedy, Benjamin W., Vol I
Kennedy, W. Benjamin, Vol I
Lloyd, Caryl, Vol III
MacKinnon, Aran S., Vol I
McCleary, Ann, Vol I
Merron, Jeffrey L., Vol III
Miller, Richard G., Vol I
Noe, Kenneth W., Vol I
Overfield, Denise, Vol III
Smith, Nigel, Vol I
Steely, Melvin T., Vol I
Taylor, James S., Vol I
Wantland, Burdett L., Vol IV

Clarkston
Anderson, Thomas Jefferson, Vol I

Coleman
Heckman, Hugh W., Vol IV

College Park
Hightower, Anthony, Vol IV
McCall, Emmanuel Lemuel, Sr., Vol IV
Waters, John W., Vol IV

Columbus
Berger, Mark Lewis, Vol I
Ross, Daniel W., Vol I
Thomas, John Joseph, Vol IV

Dahlonega
Daigle, Lennet, Vol II
Wiedmann, Sally N., Vol IV

Dalton
Hutcheson, John Ambrose, Jr., Vol I

Decatur
Cowan, Laurie, Vol IV
De Ortego Y Gasca, Felipe, Vol II
Glasrud, Bruce A., Vol I
Gonzalez, Catherine Gunsalus, Vol I
Gonzalez, Justo Luis, Vol I
Hudnut-Beumler, James, Vol IV

Johnson, Calvert, Vol I
Magee, Glenn A., Vol IV
Nunnally, David H., Sr., Vol I
Parry, Richard D., Vol I
Pinka, Patricia G., Vol II
Pippin, Tina, Vol IV
Ross, Rosetta, Vol IV
Smith, Paul, Vol IV

Demorest
Baumler, Alan, Vol I
Chastain, Catherine, Vol I
Greene, David Louis, Vol II
Lytle, Timothy F, Vol IV

Fayetteville
Schuster-Craig, John, Vol I

Fort Valley
Bellamy, Donnie Duglie, Vol I
Jenkins, Joyce O., Vol II

Gainesville
Southerland, James Edward, Vol I

Hull
Demenchonok, Edward V., Vol IV

Kennesaw
Gladson, Jerry A., Vol IV

La Grange
Frassetto, Michael, Vol I
Freeman, Bernice, Vol II

Macon
Bell, Nora Kizer, Vol IV
Cass, Michael Mcconnell, Vol II
Cockfield, Jamie Hartwell, Vol I
Dunaway, John Marson, Vol III
Staton, Cecil P., Jr., Vol IV
Watson, James Shand, Vol IV
Zompetti, Joseph P., Vol I

Marietta
Barnum, Carol, Vol II
Craig, William Lane, Vol IV
Haimes Korn, Kim, Vol II
Kelly, Rebecca, Vol II
Pfeiffer, Sandy W., Vol II
Raincy, Kenneth T., Vol I
Stevens, Mark, Vol I
Tumlin, John S., Vol IV
Wess, Robert C., Vol IV

Milledgeville
Chandler, Victoria, Vol I
Glowka, Arthur Wayne, Vol II
Jenkins, Ronald Bradford, Vol II
Noel, Roger A., Vol III
Sallstrom, John Emery, Vol IV

Mount Berry
Carl, Harold F., Vol IV
Hill, Harvey, Vol IV
Papazian, Michael, Vol IV
Tenger, Zeynep, Vol II

Reidsville
Yizar, Marvin, Vol IV

Rome
Nash, Robert N., Vol IV
Nash, Robert N., Jr., Vol I
Sheeley, Steven M., Vol IV
Troy, Virgina Gardner, Vol I

Savannah
Baker, Christopher P., Vol II
Fisher, James Randolph, Vol III
Forrest, Larry W., Vol I
Gobel, David W., Vol I
Jordan, Abbie H., Vol I
Milledge, Luetta Upshur, Vol II
Nordquist, Richard, Vol II
Simmons, Jack R., Vol IV
Townsend, Dabney W., Jr., Vol IV
Williams, Robin B., Vol I

Statesboro
Humma, John Ballard, Vol II
Shriver, George Hite, Vol I
Ward, Robert David, Vol I
Young, Alfred, Vol I

Swainsboro
Derden, John K., Vol I

Toccoa Falls
Williams, Donald T., Vol IV

Valdosta
Brown, Ola M., Vol I
Campbell, Lee, Vol II
Marks, Patricia, Vol II
McNeill, Paula L., Vol I
Sommers, Laurie., Vol I
Tomberlin, Joseph A., Vol I

Watkinsville
Friedman, Jean E., Vol I
Hoeffner, Kent, Vol IV

HAWAII

Hilo
Best, Gary Dean, Vol I
Doudna, Martin Kirk, Vol II
Fields, Lanny Bruce, Vol I
Howell, Richard Wesley, Vol I
Rogers, Lawrence William, Vol III

Honolulu
Ball, Robert J., Vol I
Beechert, Edward D., Vol I
Bender, Byron Wilbur, Vol III
Benouis, Mustapha Kemal, Vol III
Bentley, Jerry Harrell, Vol I
Bickerton, Derek, Vol III
Bilmes, Jack, Vol I
Bloom, Alfred, Vol IV
Bomberger, E. Douglas, Vol I
Bontekoe, Ron, Vol IV
Brandon, James R., Vol I
Callies, David Lee, Vol IV
Carroll, William Dennis, Vol II
Chappell, David Wellington, Vol I
Cheng, Chung-Ying, Vol IV
Choe, Yong-ho, Vol I
Cowing, Cedric Breslyn, Vol I
Creed, Walter Gentry, Vol II
Daniel, Marcus L., Vol I
Defrancis, John, Vol III
Ellsworth, James Dennis, Vol I
Finney, Ben Rudolph, Vol I
Forman, Michael Lawrence, Vol III
Goodman, Lenn Evan, Vol IV
Grant, Glen, Vol I
Graves, Michael W., Vol I
Hooper, Paul Franklin, Vol I
Hsieh, Hsin-I, Vol III
Jacobs, Roderick Arnold, Vol III
Johnson, Donald Dalton, Vol I
Knowlton, Edgar C., Jr., Vol III
Kraft, James P., Vol I
Kwok, D.W.Y., Vol I
Ladd, Doris, Vol I
Lam, Truong Buu, Vol I
Lamb, Ramdas, Vol IV
Levy, Alfred J., Vol II
Littman, Robert J., Vol I
Lo, Chin-Tang, Vol III
Lyovin, Anatole Vladimirovich, Vol III
Marshall, W. Gerald, Vol II
Mathias, Gerald Barton, Vol III
McCutcheon, Elizabeth North, Vol II
Mccutcheon, James Miller, Vol I
Menikoff, Barry, Vol II
Morse, Jonathan, Vol II
Newby, I.A., Vol I
Peters, Ann Marie, Vol III
Quirk, Ruthmarie, Vol II
Rapson, Richard L., Vol I
Reid, Lawrence Andrew, Vol III
Richards, Leon, Vol I
Roberts, Rodney C., Vol IV
Scherer, William F., Vol III
Schutz, Albert J., Vol III
Schweizer, Niklaus R., Vol III
Seymour, Richard Kellogg, Vol III
Sharma, Jagdish P., Vol I
Shi, Mingzheng, Vol I
Speidel, Michael Paul, Vol I
Stein, Burton, Vol I
Stephan, John Jason, Vol I
Suh, Dae-Suk, Vol IV
Tahara, Mildred Machiko, Vol III
Tao, Tien-Yi, Vol I
Tiles, J.E., Vol IV
Trowbridge, John, Vol IV
Unger, James Marshall, Vol III

Wade, Rex Arvin, Vol I
Wayne, Valerie, Vol II
Yen, De, Vol I
Zants, Emily, Vol III

Kailua
Deutsch, Eliot, Vol IV
Johnson, Ronald C., Vol I

Kaneohe
Jackson, Miles Merrill, Vol II

Laie
Shumway, Eric Brandon, Vol II

Mililani
Mamo, Nathan, Vol IV

Pearl City
Michalski, John, Vol III

IDAHO

Boise
Austin, Judith, Vol I
Boyer, Dale Kenneth, Vol II
Ericson, Robert Edward, Vol I
Jones, Daryl, Vol II
Lauterbach, Charles Everett, Vol II
Lovin, Hugh Taylor, Vol I
Maguire, James Henry, Vol II
Ourada, Patricia K., Vol I
Sahni, Chaman Lall, Vol I
Sims, Robert Carl, Vol I
Vinz, Warren Lang, Vol I
Zirinsky, Michael Paul, Vol I

Caldwell
Attebery, Louie Wayne, Vol II
Maughan, Steven, Vol I
Smith, Mark, Vol I

Jerome
Feiss, Hugh, Vol IV

Lewiston
Bianchi, Robert S., Vol I
Torell, Kurt Charles, Vol IV

Moscow
George, Kathryn Paxton, Vol IV
Gier, Nicholas F., Vol IV
Hackmann, William Kent, Vol I
Harris, Robert Dalton, Vol I
Kilmko, Ronald, Vol I
McFarland, Ronald E., Vol II
Meldrum, Barbara H., Vol II
Sipahigil, Teoman, Vol II
Stratton, Charles R., Vol II
Williams, Gary J., Vol II

Nampa
Marshman, Michelle, Vol I

Pocatello
Attebery, Brian, Vol II
Attebery, Jennifer, Vol II
Baergen, Ralph, Vol IV
Cantrill, Dante, Vol I
Ellis, Susan, Vol I
Engebretsen, Terry, Vol I
Goldbeck, Janne, Vol II
Hamlin, William, Vol II
Hatzenbuehler, Ronald Lee, Vol I
Hellwig, Hal, Vol II
Jones, Christopher, Vol II
Kijinski, John, Vol II
King, Kathleen, Vol II
Langstraat, Lisa, Vol II
Levenson, Carl, Vol II
Mullin, Anne, Vol II
Owens, John Bingner, Vol III
Prineas, Matthew, Vol II
Schmidt, Roger, Vol II
Schow, Wayne, Vol II
Swetnam, Ford, Vol II
Swetnam, Susan, Vol II
Tate, Paul Dean, Vol IV
Van Pelt, Tamise, Vol II
Wahl, Russell, Vol IV
Walsh, Dennis, Vol II
Walsh, Mary Ellen, Vol II
Westphal, Jonathan, Vol IV

ILLINOIS

Addison
Morello, John, Vol I

Aurora
Strassberg, Barbara, Vol I

Bloomington
Brown, Jared, Vol II
Gillett, Carl, Vol IV
Lord, Timothy C., Vol IV
Mead, Walter Bruce, Vol IV
Plath, James, Vol II
Young, Michael Brian, Vol I

Blue Island
Jesse, Jennifer G., Vol IV

Carbondale
Alexander, Thomas, Vol IV
Angelis, Paul J., Vol III
Barton, H. Arnold, Vol I
Bender, Marvin Lionel, Vol III
Bennett, Paula, Vol II
Betz, Frederick, Vol III
Collins, K.K., Vol III
Cox, Shelly, Vol II
Detwiler, Donald Scaife, Vol I
Dotson, John Edward, Vol I
Eames, Elizabeth R., Vol IV
Elsamahi, Mohamed, Vol IV
Fanning, Charles F., Vol II
Gillan, Garth J., Vol IV
Gobert, David Lawrence, Vol III
Gold, Robert Leonard, Vol I
Gorman, Carma, Vol I
Hartman, Steven Lee, Vol III
Hill, Jonathan D., Vol I
Howell, John M., Vol II
Howie, John, Vol IV
Hoyt, Charles Alva, Vol II
Kilpatrick, Thomas L., Vol I
Mcleod, Archibald, Vol I
Meinhardt, Warren Lee, Vol III
Molfese, D.L., Vol I
Morey, Ann-Janine, Vol IV
Moss, Sidney Phil, Vol II
Nathan, Geoffrey Steven, Vol III
Nguyen, Dinh-Hoa, Vol III
Paddon, Anna R., Vol II
Parish, Charles, Vol III
Perkins, Allan Kyle, Vol III
Schedler, George Edward, Vol IV
Schonhorn, Manuel, Vol II
Simon, John Y., Vol I
Stalls, M., Vol I
Timpe, Eugene Frank, Vol III
Weeks, T.R., Vol I
Werlich, David P., Vol I
Williams, Rhys H., Vol I
Williams, Tony, Vol II
Wilson, David L., Vol I
Winchatz, Michaela R., Vol II
Woodbridge, Hensley Charles, Vol II

Carlinville
Zimany, Roland Daniel, Vol IV

Champaign
Anderson, James D., Vol I
Appel, Susan K., Vol I
Avelar, Idelber, Vol III
Barrett, James R., Vol I
Beckett, Steven J., Vol IV
Blake, Nancy, Vol III
Borgeson, Paul W., Vol III
Boyle, Francis, Vol IV
Buchanan, Donna A., Vol I
Burkhardt, Richard W., Vol I
Capwell, Charles, Vol I
Chandler, Hugh, Vol IV
Choldin, Marianna Tax, Vol I
Chow, Kai Wing, Vol III
Christians, Clifford G., Vol IV
Colombo, John D., Vol IV
Cople Jaher, Frederick, Vol I
Cribbet, John E., Vol IV
Crummey, Donald E., Vol I
Cussins, Adrian, Vol IV
Davey, William J., Vol IV
Davis, Peter, Vol I
Delgado, Luisa Elena, Vol III
Doak, Kevin M., Vol III
Dunlay, Don E., Vol I
Dussias, Paola E., Vol III
Dussinger, John Andrew, Vol II

Ebbs, Gary, Vol IV
Escobar, Anna Maria, Vol III
Fehl, Philipp P., Vol I
Feinberg, Walter, Vol IV
Figueira, Dorothy, Vol III
Finkin, Matthew W., Vol IV
Fresco, Alain D., Vol III
Fresco, Karen, Vol I
Freyfogle, Eric T., Vol IV
Fu, Poshek, Vol I
Garcia, Matt, Vol I
Goroff, David B., Vol IV
Graves, Robert, Vol I
Gushee, Lawrence, Vol I
Haboush, Ja-Hyun Kim, Vol III
Haile, Harry G., Vol III
Harris, Fred O., Vol IV
Hernandez Pecoraro, Rosilie, Vol III
Hill, John Walter, Vol I
Hoddeson, Lillian, Vol I
Hoxie, Frederick E., Vol I
Hualde, Jose Ignacio, Vol III
Jacobsen, Nils, Vol I
Jenkins, Frederic Magill, Vol III
Johannsen, Robert W., Vol I
Jones, Robert Alun, Vol IV
Kahane, Henry, Vol III
Kaplan, Richard L., Vol IV
Kesan, Jay P., Vol IV
Kibbee, Douglas, Vol III
Kling, Blair B., Vol I
Knust, Herbert, Vol III
Koenker, Diane P., Vol I
Koslofsky, Craig, Vol I
Krummel, Donald William, Vol I
LaFave, Wayne R., Vol IV
Leff, Mark H., Vol I
Levarie Smarr, Janet, Vol III
Liebersohn, Harry, Vol I
Littlefield, Daniel, Vol IV
Maggs, Peter Blount, Vol IV
Maher, Patrick, Vol IV
Mall, Laurence, Vol III
Marder, Herbert, Vol II
McCarthy, Timothy, Vol IV
McColley, Robert, Vol I
McConnaughay, Philip J., Vol IV
McKim, Robert, Vol IV
McLaughlin, Megan, Vol I
Melnick, Atrhur, Vol IV
Meyer, Adolphe Erich, Vol I
Michel, Sonya, Vol I
Mohr, Richard, Vol IV
Murdoch, Adlai H., Vol III
Neely, Carol Thomas, Vol II
Neely, Wright, Vol II
Nerone, John, Vol II
Nowak, John E., Vol IV
Oberdeck, Kathryn J., Vol I
Omaggio Hadley, Alice, Vol III
Ordonez, Francisco, Vol III
Painter, Richard W., Vol IV
Pan, Da'an, Vol III
Pandharipande, Rajeshwari, Vol IV
Pleck, Elizabeth, Vol I
Popescu, Nicolae, Vol III
Prochaska, David, Vol I
Pruett, John H., Vol I
Radding, Cynthia, Vol I
Reagan, Leslie J., Vol I
Reynolds, Lauric A., Vol IV
Rich, Robert F., Vol IV
Ringer, Alexander, Vol I
Rivest, Johanne, Vol I
Ross, Stephen F., Vol IV
Rotunda, Ronald Daniel, Vol IV
Schacht, Richard, Vol IV
Schack, Haimo, Vol IV
Schroeder, Paul W., Vol I
Schroeder, William, Vol IV
Scoles, Eugene Francis, Vol IV
Sharpe, Peggy, Vol III
Shoben, Elaine W., Vol IV
Shuman, R. Baird, Vol II
Shwayder, David, Vol IV
Silverman, Daniel, Vol III
Sousa, Ronald W., Vol III
Steinberg, Mark D., Vol I
Stone, Victor J., Vol IV
Tarr, Nina W., Vol IV
Terry, Charles T., Vol IV
Tikku, Girdhari, Vol III
Tiyambe Zeleza, Paul, Vol I
Tolliver, Joyce, Vol III
Turino, Thomas, Vol I
Turquette, Atwell R., Vol IV
Ulen, Thomas S., Vol IV
VanPatten, Bill, Vol III

Vernon Burton, Orville, Vol I
Wagner, Steven, Vol IV
Ward, Tom R., Vol I
Wengert, Robert, Vol IV
Widenor, William C., Vol I
Williams, Cynthia A., Vol IV
Wilson, Robert, Vol IV

Charleston
Bazargan, Susan, Vol I
Calendrillo, Linda T., Vol II
Colvin, William E., Vol I
Ibelema, Minabere, Vol II
Lehman, Cynthia L., Vol I
Marquardt-Cherry, Janet Teresa, Vol I
Moore, John David, Vol II
Oseguera, Anthony, Vol II
Tingley, Donald Fred, Vol I
Waldrep, Christopher, Vol I
Weasmer, Jerie, Vol II

Chicago
Abela, Paul R., Vol IV
Adkins, Arthur William Hope, Vol I
Ahlstrom, Gosta Werner, Vol IV
Albrecht, Gary Louis, Vol I
Alexander, Michael C., Vol I
Allee, Mark, Vol I
Allen, Michael I., Vol I
Amaker, Norman Carey, Vol IV
Anderson, Greg, Vol I
Aronson, Howard Isaac, Vol III
Ascough, Richard S., Vol IV
Asmis, Elizabeth, Vol I
Austen, Ralph Albert, Vol I
Austern, Linda, Vol I
Austin, Timothy Robert, Vol III
Aydede, Murat, Vol IV
Ball, William Batten, Vol IV
Bangert, Mark Paul, Vol IV
Bannan, John F., Vol I
Barry, Robert M., Vol IV
Bartky, Sandra, Vol IV
Bartsch, Shadi, Vol I
Barushok, James William, Vol II
Bateman, Paul E., Vol IV
Bergant, Dianne, Vol IV
Beschle, D. L., Vol IV
Betz, Hans Dieter, Vol IV
Bevans, Stephen, Vol IV
Bevington, David M., Vol II
Biester, James, Vol II
Biggs, Robert Dale, Vol I
Bireley, Robert Lee, Vol I
Blachowicz, James, Vol IV
Bledstein, Adrien, Vol I
Bledstein, Burton J., Vol I
Blum, John D., Vol IV
Bock-Weiss, Catherine C., Vol I
Bofman, Theodora Helene, Vol III
Boling, Robert Gordon, Vol IV
Booth, Wayne Clayson, Vol II
Bottoms, Bette L., Vol I
Bouson, J. Brooks, Vol II
Boyer, John William, Vol I
Brande, David, Vol II
Brauer, Jerald, Vol I
Brinkman, John Anthony, Vol I
Brommel, Bernard, Vol II
Broniak, Christopher, Vol IV
Broudy, Harry S., Vol IV
Brown, Richard Holbrook, Vol I
Browning, Don S., Vol IV
Bruegmann, Robert, Vol I
Buntrock, Dana, Vol I
Burkhart, John E., Vol IV
Burnell, Devin, Vol I
Burnett, Anne Pippin, Vol I
Burton, J.D., Vol I
Butler, Lee Hayward, Jr., Vol I
Cafferty, Pastora San Juan, Vol I
Cardoza, Anthony L., Vol I
Carr, Anne E., Vol I
Carrig, Maria, Vol II
Carson, Thomas L., Vol IV
Castiglia, Christopher, Vol II
Caughie, Pamela L., Vol II
Chastain, Charles, Vol IV
Chinitz, David, Vol II
Civil, Miguel, Vol I
Clark, Terry Nichols, Vol I
Clarke, Micael, Vol II
Cohen, Sheldon S., Vol I
Cohen, Ted, Vol IV
Cohn, Bernard Samuel, Vol I
Collins, Ardis B., Vol IV
Comaroff, Jean, Vol I

Conroy, Peter Vincent, Vol III
Coogan, David, Vol II
Costigan, Richard F., Vol IV
Craig, John Eldon, Vol I
Crone, Anna Lisa, Vol III
Csikszentmihalyi, Mihaly, Vol I
Cumings, Bruce, Vol I
Cunningham, Suzanne M., Vol IV
Currie, David P., Vol IV
Cutrofello, Andrew, Vol IV
Daily, Jonathan, Vol I
Dale, Walter R., Vol IV
Dam, Kenneth W., Vol IV
Danzer, Gerald A., Vol I
Dee, James Howard, Vol I
Dembowski, Peter Florian, Vol III
Dennis, David B., Vol I
DePillars, Murry Norman, Vol I
Derdak, Thomas J., Vol IV
Dickie, George T., Vol IV
Dickie, Matthew Wallace, Vol I
Dietler, Michael, Vol I
Dik, Helma, Vol I
Dominowski, Roger L., Vol I
Draznin, Yaffa Claire, Vol I
Dworkin, Gerald, Vol IV
Echols, James Kenneth, Vol I
Edelberg, Walter, Vol IV
Edie, Carolyn A., Vol I
Ehre, Milton, Vol III
Eliade, Mircea, Vol I
Elkins, James, Vol I
Elsbernd, Mary, Vol IV
Engel, J. Ronald, Vol IV
Engel, Ronald J., Vol IV
Epstein, Richard Allen, Vol IV
Erenberg, Lewis, Vol I
Erlebacher, Albert, Vol I
Erwin, James Otis, Vol IV
Eslinger, Ellen T., Vol I
Fanning, Steven, Vol I
Faraone, Christopher, Vol I
Fasolt, Constantin, Vol I
Fennell, Francis L., Vol II
Ferrari Pinney, Gloria, Vol I
Fields, Beverly, Vol II
Fiscella, Joan B., Vol IV
Fischel, Daniel R., Vol IV
Fischer, Robert Harley, Vol IV
Flanagan, Maureen Anne, Vol I
Floyd, Samuel Alexander, Vol I
Foster, Teree E., Vol II
Foster, Verna A., Vol II
Fox Good, Jacquelyn, Vol II
Frantzen, Allen J., Vol II
French, Louise, Vol IV
French, William, Vol IV
Fried, Richard M., Vol I
Friedrich, Paul, Vol III
Frohlich, Mary, Vol IV
Fromm, Gloria Glikin, Vol II
Fry, Christine L., Vol I
Frymer-Kensky, Tikva Simone, Vol IV
Fuerst, Wesley J., Vol I
Fuerst, Wesley J., Vol IV
Gagliano, Joseph Anthony, Vol I
Galush, William J., Vol I
Garber, Daniel Elliot, Vol IV
Gardiner, Judith Kegan, Vol II
Garner, Roberta, Vol I
Gebhard, Elizabeth Replogle, Vol I
Gerdes, Neil W., Vol III
Geyer, M., Vol I
Ghazzal, Zouhair, Vol I
Gilbert, Bentley Brinkerhoff, Vol I
Gilfoyle, Timothy J., Vol IV
Gill, David W., Vol IV
Gilmour, Peter, Vol IV
Gilpin, W. Clark, Vol IV
Gini, Alfred, Vol IV
Glueckert, Leo, Vol I
Golab, Zbigniew, Vol III
Golb, Norman, Vol I
Goldman, Jean, Vol I
Gomberg, Paul, Vol IV
Gordon, Milton A., Vol I
Gossett, Philip, Vol I
Gossett, Suzanne, Vol II
Graber, Doris A., Vol I
Gragg, Gene Balford, Vol III
Graham, Stephen R., Jr., Vol IV
Gray, Hanna Holborn, Vol I
Greeley, Andrew Moran, Vol II
Green, Jesse Dawes, Vol I
Gross, Hanns, Vol I
Gross-Diaz, Theresa, Vol I
Grossman, Neal, Vol IV
Grover, Dorothy, Vol IV

Groves, Nicholas, Vol I
Guenther, Barbara J., Vol II
Gutek, Gerald Lee, Vol I
Hales, Peter Bacon, Vol I
Hall, Jonathan M., Vol I
Halwani, Raja, Vol IV
Hamp, Eric Pratt, Vol III
Hardy, John Edward, Vol II
Harrill, J. Albert, Vol IV
Harrington, Ann M., Vol I
Harrington, Kevin, Vol I
Hart, Bill, Vol IV
Hart, W.D., Vol IV
Hartman, Laura Pincus, Vol IV
Hast, M.H., Vol III
Hayes, Zachary Jerome, Vol I
Hays, Jo N., Vol I
Headrick, Daniel Richard, Vol I
Heinz, John P., Vol IV
Hellie, Richard, Vol I
Helmholz, R.H., Vol I
Hendel, Kurt Karl, Vol I
Hermansen, Marcia, Vol III
Higgins, Hannah, Vol I
Hilbert, David, Vol IV
Hilliard, David C., Vol IV
Hirsch, Susan E., Vol I
Hogenson, George B., Vol IV
Homans, Peter, Vol IV
Hopkins, Dwight N., Vol IV
Hoppe, E.A., Vol IV
Hoppe, Leslie John, Vol IV
Howard, C. Jeriel, Vol II
Huggett, Nick, Vol IV
Hughes, Joyce A., Vol IV
Hulse, Clark, Vol II
Hutter, Reinhard, Vol IV
Hylton, Peter, Vol IV
Ingham, Norman William, Vol III
Ingram, David B., Vol IV
Janangelo, Joseph, Vol II
Jarrett, Jon, Vol IV
Jarvi, Raymond, Vol III
Jay, Paul, Vol II
Jennings, Lee B., Vol III
John, Richard R., Vol I
Johnson, Paul B., Vol I
Johnson, W. Ralph, Vol I
Johnson, Walker C., Vol I
Johnson-Odim, Cheryl, Vol I
Jones, Peter D'a, Vol I
Jones, Steven, Vol II
Jordan, David P., Vol I
Jung, Patricia Beattie, Vol IV
Jurisson, Cynthia, Vol IV
Kaegi, Walter Emil, Vol I
Kajevich, Steven N., Vol IV
Kaminski, Thomas, Vol II
Kang, Soo Y., Vol I
Karamanski, Theodore J., Vol I
Karl, Barry D., Vol I
Kaufman, George G., Vol IV
Kaufman, Suzanne, Vol I
Kazazis, Kostas, Vol III
Keenan, J.G., Vol I
Kendrick, Christopher, Vol II
Khodarkovsky, Michael, Vol I
Kirchhevel, Gordon D., Vol IV
Kirshner, Julius, Vol I
Klein, Ralph W., Vol IV
Knapp, Thomas A., Vol I
Kolb, Gwin Jackson, Vol II
Koptak, Paul E., Vol II
Krentz, Edgar, Vol IV
Krieger, Leonard, Vol I
Kulczycki, John J., Vol I
Kurland, Philip B., Vol IV
Kuzdale, Ann E., Vol I
Laden, Anthony, Vol IV
Ladenson, Robert F., Vol IV
Lane, Marc J., Vol IV
Larrabee, Mary J., Vol IV
Lauer, Eugene F., Vol IV
Lawler, James Ronald, Vol III
Lazarus, C.L., Vol III
Lee, Mi Kyoung Mitzi, Vol IV
Lee, Mi Kyoung Mitzi, Vol IV
Leer, Norman Robert, Vol II
Leighton, Lauren Gray, Vol III
Leroy Conrad, Robert, Vol IV
Levy, Richard S., Vol I
Lewis, Cary B., Jr., Vol IV
Lichtenbert, Robert H., Vol IV
Lightfoot, Jean Harvey, Vol II
Lincoln, Bruce, Vol I
Linss, Wilhelm Camill, Vol IV
Livatino, Melvin W., Vol II
Livezey, Lowell W., Vol IV
Lochrie, Karma, Vol II

Lopata, Helena Z., Vol I
Lorek, Robert, Vol IV
Lucas, James L., Vol II
Lukacher, Ned, Vol II
Lundbom, Jack R., Vol IV
Macdonald, J. Fred, Vol I
Macneil, Ian Roderick, Vol IV
Maharg, James, Vol III
Makkai, Adam, Vol III
Malament, David Baruch, Vol IV
Malm, Heidi, Vol IV
Mann, Arthur, Vol I
Manning, Blanche Marie, Vol IV
Margolin, Victor, Vol I
Marshall, Donald G., Vol II
Marshall, Robert J., Vol IV
Martin, Troy, Vol IV
Marty, Martin Emil, Vol I
Mccaffrey, Lawrence John, Vol I
McCawley, James D., Vol III
McCullagh, Suzanne Folds, Vol I
McCulloh, Gerald William, Vol IV
McGinn, Bernard John, Vol I
McGinty, Mary Peter, Vol IV
McKenna, Andrew Joseph, Vol III
McManamon, John, Vol I
Mcneill, David, Vol III
Mcneill, William Hardy, Vol I
Meinwald, Constance, Vol IV
Mellon, Stanley, Vol I
Messbarger, Paul Robert, Vol II
Messenger, Christian Karl, Vol II
Messer, Robert Louis, Vol I
Michel, Walter L., Vol I
Mikva, A.J., Vol IV
Miller, Bernice Johnson, Vol I
Miller, David B., Vol I
Miller, Virginia E., Vol I
Mills, Charles, Vol IV
Mitchell, W.J. Thomas, Vol II
Moayyad, Heshmat, Vol I
Mooney-Melvin, Patricia, Vol I
Morris, Norval, Vol IV
Morrison, Karl Frederick, Vol I
Moseley, Michael Edward, Vol I
Moser, Paul K., Vol IV
Moylan, Prudence A., Vol I
Mueller, Ian, Vol IV
Myers, William R., Vol IV
Nabholtz, John R., Vol II
Naim, Choudhri Mohammed, Vol III
Neely, David E., Vol IV
Nelson, Robert S., Vol I
Nilson, Jon, Vol IV
Nims, John Frederick, Vol II
Nolan, Janet, Vol I
Notz, John K., Vol IV
Novick, Peter, Vol I
Nuzzo, Angelica, Vol IV
O'Connell, Daniel C., Vol I
O'Donnell, Thomas G., Vol IV
Oliker, Michael A., Vol I
Olin, Margaret, Vol I
Ozar, David T., Vol IV
Parks, Jennifer, Vol IV
Patton, Gerald Wilson, Vol I
Pavel, Thomas, Vol II
Pawlikowski, John, Vol IV
Pennick, Aurie Alma, Vol IV
Peperzak, Adriaan Theodoor, Vol IV
Perelmuter, Hayim Goren, Vol I
Perman, Micheal, Vol I
Pero, Albert, Vol IV
Perry, Richard J., Jr., Vol IV
Pfeffer, Paula F., Vol I
Phillips, Gene D., Vol II
Pinder, Kymberly, Vol I
Pintchman, Tracy, Vol IV
Platt, Harold L., Vol I
Pollak, Martha, Vol I
Porter, Kwame John R., Vol IV
Postlewaite, Philip F., Vol IV
Price, Daniel, Vol IV
Ramsey, John T., Vol I
Ranes, Barbara, Vol II
Ransby, Barbara, Vol I
Reardon, John J., Vol I
Redfield, James M., Vol I
Reiner, Erica, Vol I
Reisch, George, Vol I
Reitz, Miriam, Vol I
Remini, Robert Vincent, Vol I
Reynolds, Frank E., Vol I
Rhoads, David, Vol I
Ricoeur, Paul, Vol IV
Riess, Steve Allen, Vol I
Rind, Miles, Vol IV

Rinehart, Lucy, Vol II
Robinson, Edward A., Vol II
Rocks, James E., Vol II
Rodriguez, Jose David, Vol IV
Roeder, George H., Vol I
Rosenblum, Victor Gregory, Vol IV
Rosenwein, Barbara Herstein, Vol I
Royster, Philip M., Vol I
Rychlak, Joseph F., Vol IV
Sachdeva Mann, Harveen, Vol II
Sack, James J., Vol I
Saller, Richard, Vol I
Samar, Vincent J., Vol IV
Sandler, Samuel, Vol III
Schechtman, Marya, Vol IV
Schelbert, Leo, Vol I
Schmaus, Warren Stanley, Vol IV
Schreiter, Robert John, Vol IV
Schroeder, Steven H., Vol IV
Schroeder, Susan P., Vol I
Schultz, Reynolds Barton, Vol I
Schweickart, David, Vol IV
Seigfried, Hans, Vol IV
Shaman, Jeffrey Marc, Vol IV
Shea, John Stephen, Vol II
Sheehan, Thomas, Vol I
Sherwin, Byron, Vol IV
Sherwin, Byron Lee, Vol III
Simpson, Dick, Vol I
Singleton, Gregory Holmes, Vol I
Sinkler, Georgette, Vol IV
Sizemore, Barbara A., Vol I
Slatkin, Laura M., Vol I
Sloan, Thomas, Vol I
Smith, Daniel Scott, Vol I
Smith, Jonathon Zittell, Vol I
Smith, Tom W., Vol I
Snodgrass, Klyne Ryland, Vol IV
Sochen, June, Vol I
Sokol, David M., Vol I
Stafford, Barbara Maria, Vol I
Stager, Lawrence E., Vol I
Stanton Vogelaar, Harold, Vol IV
Stark, Herman E., Vol IV
Stein, Howard, Vol IV
Stein, Leon, Vol I
Steinman, Joan E., Vol IV
Stern, Richard G., Vol II
Stern, Robin, Vol I
Sternberg, Joel, Vol II
Stuhlmueller, Carroll, Vol IV
Sweeney, Leo, Vol IV
Sweetser, Marie-Odile, Vol III
Taiwo, Olufemi, Vol IV
Tannenbaum, Rebecca J., Vol I
Tanner, Helen Hornbeck, Vol I
Tarlock, Anthony Dan, Vol IV
Tave, Stuart Malcolm, Vol III
Taylor, Jacqueline S., Vol II
Terrell, Melvin C., Vol I
Thandeka, Vol IV
Thompson, Kenneth F., Vol IV
Thomsen, Mark, Vol II
Tobin, Thomas Herbert, Vol IV
Tolliver, Richard Lamar, Vol IV
Tomlins, Christopher L., Vol I
Townsend, Richard, Vol I
Trela, D.J., Vol II
Trout, J.D., Vol IV
Trumpener, Katie, Vol II
Vaillancourt, Daniel, Vol IV
Vita, Steven, Vol I
Walker, James, Vol II
Walker, Robert Jefferson, Vol II
Walker, Sue Sheridan, Vol I
Wallace, John Malcolm, Vol I
Ward, Jule D., Vol IV
Ward, Julie, Vol I
Warner, R. Stephen, Vol I
Wasiolek, Edward, Vol III
Waymack, Mark H., Vol I
Weaver, Elissa B., Vol III
Weiner, Lynn, Vol I
Wente, Edward Frank, Vol I
Westley, Richard J., Vol IV
Wexler, Joyce, Vol II
White, David A., Vol IV
White, Douglas Howarth, Vol II
White, John L., Vol IV
White, Peter, Vol I
Wike, Victoria S., Vol IV
Williams, Joseph M., Vol II
Wilson, Clarence S., Jr., Vol IV
Wilson, Kent, Vol I
Wissler, Robert W., Vol IV
Wolf, Arnold J., Vol IV
Wolfe, Gary Kent, Vol II

Wood, Barbara, Vol II
Woodman, Taylor, Vol I
Worrill, Conrad W., Vol I
Wray, David L., Vol I
Wren, Thomas E., Vol IV
Wyrick, Floyd I., Vol I
Yandell, K. David, Vol IV
Yang, Xiaosi, Vol IV
Yartz, Frank J., Vol IV
Yu, Anthony C., Vol IV
Zaferson, William S., Vol IV
Zukowsky, John, Vol I

Da Kalb
Darsey, James, Vol II

De Kalb
Abbott, Craig Stephens, Vol II
Atkins, E. Taylor, Vol I
Barbe, Katharina, Vol III
Berkowitz, Gerald Martin, Vol II
Blomquist, Thomas W., Vol I
Brown, Harold Irwin, Vol IV
Burwell, Rose Marie, Vol II
Court, Franklin Edward, Vol II
Dust, Philip Clarence, Vol II
Dye, James Wayne, Vol IV
Foster, Stephen, Vol I
George, Charles Hilles, Vol I
Gildemeister, Glen A., Vol II
Giles, James Richard, Vol II
Johannesen, Richard Lee, Vol II
Keen, Benjamin, Vol I
Kern, Stephen, Vol I
Kinser, Samuel, Vol I
Kipperman, Mark, Vol II
Kisiel, Theodore Joseph, Vol IV
Kourvetaris, Yorgos A., Vol I
Lincoln, William Bruce, Vol I
Mazzola, Michael Lee, Vol III
Mellard, James Milton, Vol II
Meyer, Jerry D., Vol I
Michael, Colette Verger, Vol III
Moody, J. Carroll, Vol I
Norris, James D., Vol I
Osterle, Heinz D., Vol III
Parot, Joseph John, Vol I
Posadas, Barbara Mercedes, Vol I
Resis, Albert, Vol I
Schneider, Robert W., Vol I
Schriber, Mary Suzanne, Vol II
Schwarz, Jordan A., Vol I
Self, Robert Thomas, Vol II
Shesgreen, Sean Nicholas, Vol II
Spencer, Elaine Glovka, Vol I
Spencer, George W., Vol I
Thurman, Alfonzo, Vol I
Waldeland, Lynne M., Vol II
Weiner, Jack, Vol III
Weiner, Jack, Vol III
Williams, Eddie R., Jr., Vol I
Williams, William Proctor, Vol II
Wilson, Constance Maralyn, Vol I
Wilson, Robert H., Vol II

Decatur
Rozema, Hazel J., Vol II

Deerfield
Alexanian, Joseph M., Vol IV
Baxter, Harold J., Vol I
Benson, Warren S., Vol I
de S. Cameron, Nigel M., Vol IV
Graddy, William E., Vol II
Harrold, Jeffery Deland, Vol IV
Lunde, Jonathan M., Vol II
Moulder, William J., Vol IV
Pointer, Steven R., Vol I
Solheim, Barbara P., Vol IV
Williams, Clifford, Vol IV

Downers Grove
Fisher, David Hickman, Vol IV

Edwardsville
Astour, Michael Czernichow, Vol I
Bukalski, Peter J., Vol II
Chen, Ching-Chih, Vol I
Corr, Charles A., Vol IV
Danley, John Robert, Vol IV
Griffen, Toby David, Vol III
Haas, James M., Vol II
Hill, Jason D., Vol IV
Mann, Joan Debbie, Vol III
Meyering, Sheryl L., Vol II
Murphy, Patrick D., Vol II
Nore, Ellen, Vol I
Pearson, Samuel C., Vol I
Richardson, Betty, Vol II

Schmidt, Barbara Quinn, Vol II
Valley, David B., Vol II
Weingartner, James Joseph, Vol I
Welch, Edward L., Vol IV
Wilson, Rudolph George, Vol I

Elgin
Broad, David B., Vol I
Ferguson, Paul, Vol IV

Elmhurst
Parker, Paul P., Vol IV

Elsah
Follis, Elaine R., Vol IV
Helmer, Stephen, Vol I

Eureka
Logsdon, Loren, Vol II
McCoy, Jerry, Vol IV

Evanston
Achinstein, Sharon, Vol II
Appel, Alfred, Jr., Vol II
Ashbrook, James Barbour, Vol IV
Avins, Carol Joan, Vol II
Behnke, Kerstin, Vol III
Berger, Martin, Vol IV
Bevington, Gary Loyd, Vol III
Binford, Henry C., Vol I
Birner, Betty, Vol III
Blier, Suzanne Preston, Vol I
Breen, Timothy Hall, Vol I
Breslin, Paul, Vol II
Brkkila, Betsy, Vol II
Cheah, Pheng, Vol II
Cirillo, Albert, Vol II
Clayson, S. Hollis, Vol I
Cummins, Fred, Vol III
Darby, Derrick, Vol IV
Davis, Whitney, Vol I
Deigh, John, Vol IV
Dillon, Diane, Vol I
Dobbs, Betty Jo (Teeter), Vol I
Dubey, Madhu, Vol II
Durham, Scot, Vol III
Durr, Volker, Vol III
Eldred, Katherine O., Vol I
Evans, Lawrence, Vol II
Fenves, Peter, Vol III
Fine, Arthur, Vol IV
Fox, Edward Inman, Vol III
Fraser, Sarah, Vol I
Frisch, Mathias F., Vol IV
Froula, Christine, Vol II
Garrison, Daniel, Vol I
Garrison, David H., Vol I
Gibbons, Reginald, Vol II
Ginsburg, Michal P., Vol III
Gooding-Williams, Robert, Vol IV
Goodnight, G. Thomas, Vol II
Griswold, Wendy, Vol II
Haimowitz, Natalie Reader, Vol I
Harley, Philip A., Vol IV
Harris, Robert Allen, Vol II
Herbert, Christopher, Vol II
Heyck, Thomas William, Vol I
Hill, R. Kevin, Vol IV
Hindman, Sandra L., Vol I
Hull, David L., Vol IV
Inbau, Fred Edward, Vol IV
Joravsky, David, Vol I
Kalantzis, George, Vol IV
Kennedy, Chris, Vol III
Kieckhefer, Richard, Vol IV
Kinzie, Mary, Vol II
Kotler, Philip, Vol I
Kraut, Richard, Vol IV
Lafont, Cristina, Vol IV
Law, Jules, Vol II
Levi, Judith N., Vol III
Levin, Beth, Vol III
Levin, David M., Vol IV
Lipking, Lawrence, Vol II
Lowe, Eugene Y., Jr., Vol IV
Lys, Franziska, Vol III
Manning, Susan, Vol II
Marshall, David, Vol II
McCarthy, Thomas A., Vol IV
McCumber, John, Vol III
Mead, Gerald, Vol III
Mokyr, Joel, Vol I
Monoson, S. Sara, Vol I
Monroe, Betty I., Vol I
Moskos, Charles C., Vol I
Moss, Lenny, Vol IV
Mueller, Martin, Vol II
Muir, Edward, Vol I
Mulcaire, Terry, Vol II

Muller-Sievers, Helmut, Vol III
Murdock, Jonah, Vol IV
Murphy, Larry G., Vol I
Newman, Barbara, Vol IV
Okoye, Ikem, Vol I
Packer, James, Vol I
Paden, William D., Vol III
Perry, Edmund, Vol I
Petry, Carl Forbes, Vol I
Phillips, L. Edward, Vol IV
Pierrehumbert, Janet, Vol III
Reginald, Allen, Vol I
Roberson, Christopher, Vol IV
Rohrbacher, Bernhard, Vol III
Romanowski, Sylvie, Vol III
Roosevelt, A.C., Vol I
Rothauge, Arlin J., Vol IV
Rumold, Raiuer, Vol II
Safford, Frank Robinson, Vol I
Sankovitch, Tilde, Vol III
Schejbal, David, Vol IV
Schwartz, Justin, Vol IV
Schwartz, Regina, Vol II
Schwarzlose, Richard A., Vol II
Seeskin, Kenneth, Vol IV
Seymour, Jack L., Vol I
Shapo, Marshall S., Vol IV
Sherry, Michael Stephen, Vol I
Smith, Carl, Vol I
Sommer, Benjamin D., Vol IV
Speck, Oliver C., Vol III
Spencer, Janine, Vol I
Steinberg, Salme Harju, Vol I
Stern, Julia, Vol II
Stimilli, Davide, Vol III
Stone-Richards, Michael, Vol I
Styan, John Louis, Vol II
Taylor, Charles, Vol IV
Thorsen, Kristine, Vol III
Tournier, Claude, Vol III
Van Zanten, David, Vol I
Vandiver, Elizabeth, Vol I
Vogel, Manfred, Vol IV
Wall, Wendy, Vol II
Wallace, Robert, Vol I
Ward, Gregory, Vol III
Werckmeister, O.K., Vol I
Wexman, Virginia Wright, Vol II
Wilkins, Leona B., Vol I
Williams, Meredith, Vol IV
Williams, Michael J., Vol IV
Wilson, Steven R., Vol II
Wimberly, Edward P., Vol IV
Winston, Jane, Vol III
Wren, Thomas, Vol IV
Wright, John, Vol I
Yeo, Khiok-Khng, Vol IV

Flossmoor
Collins, John J., Vol IV

Galesburg
Bailey, Stephen, Vol I
Davis, Rodney Owen, Vol I
Factor, Ralph Lance, Vol IV
Gold, Penny Schine, Vol I
Hane, Mikiso, Vol I
Hord, Frederick Lee, Vol I
Prats, Jorge, Vol III
Wilson, Douglas Lawson, Vol II

Glen Ellyn
Maller, Mark P., Vol IV

Godfrey
Mozur, Gerald E., Vol IV

Greenville
Huston, Richard P., Vol I
Stephens, William Richard, Vol I

Grinnell
Sortor, M., Vol I

Gurnee
Schnabel, Eckhard j., Vol IV

Homewood
Gerrish, Brian Albert, Vol IV

Jacksonville
Burnette, Rand, Vol I
Davis, James Edward, Vol I
Decker, Philip H., Vol II
Goulding, James Allan, Vol IV
Koss, David Henry, Vol I
Metcalf, Allan Albert, Vol II
Palmer, Richard E., Vol IV

Tracey, Donald Richard, Vol I

Kaneville
Lee, Sungho, Vol IV

La Grange
Atkins, Robert A., Jr., Vol IV

Lake Forest
Benton, Catherine, Vol I
Ebner, Michael Howard, Vol I
Greenfield, Robert Morse, Vol II
Lemahieu, Dan Lloyd, Vol I
Miller, Ronald H., Vol IV
Sadri, Ahmad, Vol I
Schulze, Franz, Vol I
Zilversmit, Arthur, Vol I

Lebanon
Brailow, David Gregory, Vol II
Neale, Philip Whitby, Vol IV

Lincoln
Shaw, Wayne Eugene, Vol III

Lincolnwood
Singer, David G., Vol I

Lisle
Komechak, Michael E., Vol II

Lombard
Borchert, Gerald Leo, Vol IV
Dayton, Donald Wilber, Vol IV
Weber, Timothy P, Vol IV

Macomb
Bracey, Willie Earl, Vol IV
Brown, Spencer Hunter, Vol I
Burton, William Lester, Vol I
Chu, Felix T., Vol I
Colvin, Daniel Lester, Vol II
Conger, Syndy Mcmillen, Vol II
Davenport, Harbert William, Vol IV
Dunlap, Isaac H., Vol II
Frazer, June, Vol II
Hallwas, John Edward, Vol II
Harrison Leland, Bruce, Vol II
Helm, Thomas Eugene, Vol IV
Keeling, Lytle Bryant, Vol IV
Kurman, George, Vol III
Leonard, Virginia Waugh, Vol I
Mann, John Stuart, Vol II
Mann, Karen Berg, Vol II
Morelli, Mario Frank, Vol IV
Palmer, Scott W., Vol I
Sutton, Robert Paul, Vol I
Vos, Morris, Vol III

Maywood
Roeber, Anthony G., Vol I
Thomasma, David C., Vol IV

Monmouth
Cordery, Simon, Vol I
Cordery, Stacy A. Rozek, Vol I
Johnson, J. Prescott, Vol IV
Li, Chenyang, Vol I
Urban, William Lawrence, Vol I

Mount Prospect
Pankey, William J., Vol IV
Wachsmuth, Wayne R., Vol II

Mundelein
Davis, Kenneth G., Vol IV
Lefebure, Leo D., Vol IV
Lodge, John G., Vol IV

Murphysboro
Lyons, Robin R., Vol IV

Naperville
Kanwar, Anju, Vol II
Mueller, Howard Ernest, Vol I

Normal
Anderson, David Leech, Vol IV
Austensen, Roy Allen, Vol I
Bailey, Alison, Vol II
Baldwin, John R., Vol II
Bohn, Williard, Vol III
Carr, Robin, Vol II
Dammers, Richard Herman, Vol II
Davis, Gloria-Jeanne, Vol I
Freed, John Beckmann, Vol I

Harris, Charles Burt, Vol II
Holsinger, M. Paul, Vol I
Homan, Gerlof Douwe, Vol I
Jelks, Edward Baker, Vol I
Kagle, Steven Earl, Vol II
Laurenti, Joseph L., Vol II
Machina, Kenton F., Vol IV
Nourie, Alan Raymond, Vol II
Parent, David J., Vol III
Poole, John R., Vol II
Reitz Mullenix, Elizabeth, Vol II
Schapsmeier, Edward Lewis, Vol I
Sessions, Kyle Cutler, Vol I
Shields, John Charles, Vol III
Snyder, David W., Vol II
Springer, Carl P. E., Vol I
Tarr, Rodger Leroy, Vol II
Thomas, Roger K., Vol III
Visor, Julia N., Vol II
Walker, Lawrence David, Vol I

Oak Brook
Brown, Dale W., Vol IV
Durnbaugh, Donald F., Vol IV

Oak Park
Greenhouse, Wendy, Vol I
Robinet, Harriette Gillem, Vol I
Young, Alfred F., Vol I

Oglesby
Lynch, Rose Marie, Vol II

Orland Hills
Merwin, Peter Matthew, Vol IV

Orland Park
Antia, Kersey H., Vol I

Ottawa
Devine, Donald J., Vol I

Palatine
Stone, Jerome Arthur, Vol IV

Palos Heights
Ward, Annalee R., Vol IV

Payson
House, Kay S., Vol II

Peoria
Bowers, William Lavalle, Vol I
Claussen, Ernest Neal, Vol II
Fuller, Robert Charles, Vol IV
Guzman, Gregory G., Vol I
Maier, Carol Smith, Vol III

Quincy
Biallas, Leonard John, Vol IV
Dressler, Hermigild, Vol I
Schweda, Donald Norman, Vol II

Ridge
Doherty, Barbara, Vol IV

River Forest
Froehlich, Charles Donald, Vol IV
Hays, Rosalind Conklin, Vol I
Heider, George C., Vol IV
Holli, Melvin, Vol I
Kreiss, Paul Theodore, Vol III
McElwain, Hugh Thomas, Vol IV
McGinty, Carolyn, Vol II
Stadtwald, Kurt, Vol I

Riverside
Martin, Marty, Vol IV

Rock Island
Calder, Lendol, Vol I
Hauck, Paul A., Vol I
Huse, Nancy Lyman, Vol II
Kivisto, Peter, Vol I
Mayer, Thomas F., Vol I
Noice, Helga, Vol III
Symons, Van J., Vol I
Tredway, John Thomas, Vol IV

Rockford
Hesselgrave, David J., Vol II
Hicks, Stephen R.C., Vol IV
Walhout, Donald, Vol IV

Romeoville
McVann, Mark, Vol IV
Nissim-Sabat, Marilyn, Vol IV

Skokie
Lu, Xing L., Vol II

Springfield
Boltuc, Piotr, Vol IV
Bridges, Roger Dean, Vol I
Jackson, Jacqueline Dougan,
　Vol II
Kitching, Benita, Vol IV
Taylor, Richard Stuart, Vol I
Van Der Slik, Jack Ronald, Vol I

St. Anne
Capriotti, Emile, Vol IV

University Park
Kennedy, Joyce S., Vol II
Rank, Hugh Duke, Vol II

Urbana
Accad, Evelyne, Vol III
Baron, Dennis, Vol II
Baron, Marcie, Vol IV
Baym, Nina, Vol I
Bernard, Paul Peter, Vol I
Berube, Michael, Vol II
Brockman, William, Vol II
Bruner, Edward M., Vol I
Buckler, John, Vol I
Burton, Orville Vernon, Vol I
Calder, William M., Vol I
Campbell, Jackson Justice, Vol I
Carringer, Robert L., Vol II
Cassell, Anthony K., Vol III
Cole, Howard Chandler, Vol II
Cole, Peter, Vol III
Copeland, Robert M., Vol I
Cornelius, Janet Duitsman, Vol I
Cuffey, Kenneth H., Vol I
Cuno, Kenneth M., Vol I
De Ley, Herbert C., Vol III
Douglas, George Halsey, Vol II
Fontenot, Chester J., Vol II
Friedberg, Maurice, Vol III
Friedman, John Block, Vol II
Fritzsche, Peter, Vol I
Garrett, Peter K., Vol II
Garrett, Peter Kornhauser, Vol II
Gerlach, U. Henry, Vol III
Gladney, Frank Y., Vol III
Goodman, David G., Vol III
Green, Georgia Marks, Vol III
Guibbory, Achsah, Vol II
Haidu, Peter, Vol III
Hendrick, George, Vol II
Hibbard, Caroline Marsh, Vol II
Hill, Steven Phillips, Vol III
Hitchins, Keith, Vol I
Hoffman, Valerie J., Vol IV
Hurt, James Riggins, Vol II
Irish, Sharon, Vol I
Jacobson, Howard, Vol I
Jaher, Frederic Cople, Vol I
Jakle, John Allais, Vol I
Kachru, Braj Behari, Vol III
Kachru, Yamuna, Vol III
Kai-Wing, Chow, Vol III
Kay, W. David, Vol II
Klein, Joan Larsen, Vol II
Kramer, Dale Vernon, Vol II
Lieberman, Laurence, Vol II
Lorbe, Ruth Elisabeth, Vol III
Lott, Robert Eugene, Vol III
Love, Joseph L., Vol I
Lynn, John A., Vol I
Marchand, James Woodrow,
　Vol III
McGlathery, James Melville,
　Vol III
Mckay, John Patrick, Vol I
McMahan, Jefferson, Vol IV
Michelson, Bruce Frederic, Vol II
Mitchell, Richard E., Vol I
Morgan, Jerry Lee, Vol III
Mortimer, Armine Kotin, Vol III
Mullin, Michael, Vol II
Nelson, Cary Robert, Vol II
Nelson, Robert J. Ames, Vol III
Nettl, Bruno, Vol I
Nettl, Bruno, Vol II
Newman, John Kevin, Vol I
Nichols, Jalden, Vol I
Nikelly, Arthur G., Vol II
Pachmuss, Temira, Vol III
Palencia-Roth, Michael, Vol III
Porton, Gary Gilbert, Vol I
Salamon, Sonya, Vol I
Sansone, David, Vol I
Scanlan, Richard T., Vol I

Schmitt, Frederick Francis, Vol IV
Schoedel, William Richard, Vol IV
Schoeps, Karl H., Vol III
Shapiro, Michael, Vol II
Solberg, Winton Udell, Vol I
Spence, Clark Christian, Vol I
Stein, Arnold, Vol II
Stewart, Charles Cameron, Vol I
Stillinger, Jack, Vol II
Sullivan, Zohreh Tawakuli, Vol II
Sutton, Robert Mize, Vol I
Talbot, Emile, Vol III
Temperley, Nicholas, Vol I
Thomas, Stafford H., Vol II
Toby, Ronald P., Vol I
Violas, Paul Constantine, Vol I
Waldoff, Leon, Vol II
Walker, Juliet Elise Kirkpatrick,
　Vol I
Wallace, James Donald, Vol IV
Wallach, Luitpold, Vol I
Wanner, Dieter, Vol IV
Wenzel, Joseph Wilfred, Vol II
Wheeler, Richard Paul, Vol II
Wilcox, John Chapman, Vol III
Zgusta, Ladislav, Vol III

Wauconda
Bolchazy, Ladislaus J., Vol I

Western
Hawkinson, Kenneth S., Vol II

Wheaton
Callahan, James, Vol IV
Elwell, Walter Alexander, Vol IV
Ericson, Norman R., Vol IV
Fletcher, David B., Vol IV
Hawthorne, Gerald F., Vol I
Hein, Rolland Neal, Vol II
Kay, Thomas O., Vol I
Lewis, James F., Vol I
Madigan, Mary, Vol I
McRay, John Robert, Vol IV
Noll, Mark Allan, Vol I
Ryken, Leland, Vol II
Scott, Lindy, Vol III
Ziefle, Helmut Wilhelm, Vol III
Ziefte, Helmut W., Vol III

Wilmette
Avram, Wesley D., Vol II
Huppert, George, Vol I
Smith, Lacey Baldwin, Vol I
Vivas, Eliseo, Vol IV
Will, James Edward, Vol IV

Woodridge
Rapple, Eva Marie, Vol IV

INDIANA

Anderson
Burnett, Fredrick Wayne, Vol IV
Chapman, Virginia, Vol II
Massey, James Earl, Vol IV
Nelson, J. Douglas, Vol I
Rable, George Calvin, Vol I
Robertson, Patricia C., Vol I
Stafford, Gilbert W., Vol IV

Angola
Zimmerman, James Allen, Vol I

Bloomington
Ackerman, James S., Vol II
Alexander, Scott C., Vol IV
Alter, George, Vol I
Aman, Alfred C., Jr., Vol IV
Anderson, Judith Helena, Vol II
Ankrom, Jeffrey, Vol III
Auger, Julie, Vol III
Bannon, Cynthia J., Vol I
Banta, Frank Graham, Vol III
Barnstone, Willis, Vol III
Beaty, Frederick L., Vol II
Beltran, Luis, Vol III
Berkvam, Michael, Vol III
Bertoloni Meli, Domenico, Vol I
Bodnar, John Edward, Vol I
Boerner, Peter, Vol III
Bokenkamp, Stephen R., Vol IV
Bondanella, Peter, Vol III
Bradley, Craig M., Vol IV
Brakke, David, Vol IV
Brooks, George E., Vol I

Brown, A. Peter, Vol I
Brown, Mary Ellen, Vol I
Buelow, George John, Vol I
Burnim, Mellonee Victoria, Vol I
Burns, Sarah, Vol I
Byrnes, Robert Francis, Vol I
Caldwell, L.K., Vol I
Campany, Robert F., Vol IV
Capshew, J. H., Vol I
Carmichael, Ann Grayton, Vol I
Carr, Richard Alan, Vol III
Chaitin, Gilbert D., Vol III
Choksy, Jamsheed K., Vol I
Christ, Matthew R., Vol I
Churchill, Frederick Barton, Vol I
Ciccarelli, Andrea, Vol III
Cocchiarella, Nino Barnabas,
　Vol IV
Cohen, William B., Vol I
Cole, Bruce, Vol I
Conaway Bondanella, Julia,
　Vol III
Cooper, Henry Ronald, Jr., Vol III
Curtin, Michael, Vol II
Dauschmidt, Kenneth G., Vol IV
David, Alfred, Vol II
Davies, Ivor Kevin, Vol I
Davis, Stuart, Vol III
Dekydtspotter, Laurent, Vol III
Dickson, Michael, Vol IV
Dunn, Jon Michael, Vol IV
Dworkin, Roger Barnett, Vol IV
Eakin, Paul John, Vol II
Eisenberg, Paul D., Vol IV
Endelman, Todd Michael, Vol I
Facos, Michelle, Vol I
Faries, Molly, Vol I
Feldstein, Ronald Fred, Vol III
Ferrell, Robert Hugh, Vol I
Fletcher, Winona Lee, Vol II
Forker, Charles Rush, Vol II
Franklin, James L., Jr., Vol I
Franks, Steven, Vol I
Fratianni, Michele, Vol I
Friedman, Michael, Vol I
Gaetke, Eugene Roger, Vol IV
Gealt, Adelheid Medicus, Vol I
Gerrard, Charlotte, Vol III
Glowacki, Kevin T., Vol I
Grant, Edward, Vol I
Gray, Donald, Vol II
Gray, Margaret, Vol III
Gronbjerg, Kirsten Anderson,
　Vol I
Gupta, Anil K., Vol IV
Haberman, David L., Vol I
Halporn, James Werner, Vol I
Hansen, William F., Vol I
Hart, James G., Vol IV
Hart, Jeffrey Allen, Vol II
Hinds, Leonard, Vol III
Hofstadter, Douglas Richard,
　Vol IV
Holschuh, Albrecht, Vol III
Houston, Mona T., Vol III
Hudson, Herman C., Vol I
Impey, Olga Tudorica, Vol III
Irvine, B.J., Vol I
Isbell, John C., Vol III
Iwamoto, Yoshio, Vol III
Jelavich, Barbara, Vol I
Johnson, Luke Timothy, Vol IV
Johnson, Owen V., Vol I
Johnston, Kenneth R., Vol II
Justus, James Huff, Vol II
Kaplan, Herbert Harold, Vol I
Katz, Irving, Vol I
Kennedy, Janet, Vol I
Kleinbauer, W. Eugene, Vol I
Kleinbauer, W. Eugene, Vol I
Klotman, Phyllis Rauch, Vol II
Koertge, Noretta, Vol IV
Lankford, Nelson Douglas, Vol I
Larson, Gerald J., Vol IV
Leach, Eleanor W., Vol I
Lebano, Edoardo A., Vol III
Lloyd, Elisabeth A., Vol I
Lloyd, Rosemary, Vol III
Lohmann, Christoph Karl, Vol I
Long, Timothy, Vol I
Lopez-Morillas, Consuelo, Vol IV
Lucas, Paul Robert, Vol I
MacPhail, Eric, Vol III
Madison, James H., Vol I
Marks, Herbert J., Vol IV
Mathiesen, Thomas J., Vol I
Maultsby, Portia K., Vol I
McGerr, M., Vol I
McNaughton, Patrick, Vol I

McRae, John R., Vol IV
Meadows, Patrick, Vol III
Mehlinger, Howard Dean, Vol I
Merceron, Jacques E., Vol III
Mickel, Emanuel J., Vol III
Miller, Richard B., Vol IV
Mongoven, Ann, Vol IV
Musa, Mark, Vol III
Nader, Helen, Vol I
Nagle, Betty Rose, Vol I
Nakhnikion, George, Vol IV
Nelson, Susan, Vol I
Nord, David P., Vol II
Nordloh, David Joseph, Vol II
Oinas, Felix Johannes, Vol III
Orsi, Robert A., Vol IV
Peterson, M. Jeanne, Vol I
Pfohl, Russell, Vol III
Piedmont, Ferdinand, Vol I
Pietsch, Paul Andrew, Vol IV
Pletcher, David Mitchell, Vol I
Preus, J. Samuel, Vol I
Rabinowitch, Alexander, Vol I
Rasch, William, Vol III
Remak, Henry Heymann Herman,
　Vol III
Riley, J.C., Vol I
Rosenberg, Samuel N., Vol III
Scheifele, Eleanor L., Vol I
Sheehan, Bernard W., Vol I
Shetter, William Zeiders, Vol I
Shipps, Anthony Wimberly, Vol II
Sieber, Roy, Vol I
Smith, David H., Vol IV
Solt, Leo F, Vol II
Sorrenson, Richard J., Vol II
Sperry, Stuart M., Vol II
Stein, Stephen J., Vol II
Stein, Stephen J., Vol IV
Strauss, Gerald, Vol I
Tanford, J. Alexander, Vol IV
Thorelli, Hans Birger, Vol I
Tirosh Samuelson, Hava, Vol IV
Tischler, Hans, Vol I
Trapnell, William Holmes, Vol III
Valdman, Albert, Vol II
Vance, Barbara, Vol III
Wailes, Stephen L, Vol III
Wang, Joan Parsons, Vol II
Weaver, Mary Jo, Vol IV
Weisstein, Ulrich, Vol III
Wertheim, Albert, Vol III
Westfall, Richard Samuel, Vol I
Wiggins, William H., Jr., Vol IV
Wilson, George Macklin, Vol I
Zheng, Yiwei, Vol IV

Clarksville
Kramer, Carl Edward, Vol I

Crawford
Danby, Judd G., Vol I

Crawfordsville
Baker, Donald Whitelaw, Vol II
Barnes, James John, Vol I
Davis, George H., Vol I
Fisher, James, Vol I
Kubiak, David Payne, Vol III
Peebles, I.Hall, Vol IV
Placher, William C., Vol IV

Elkhart
Bender, Ross Thomas, Vol IV
Dyck, Cornelius John, Vol I
Koontz, Gayle Gerber, Vol IV
Lind, Millard C., Vol IV
Swartley, Willard M., Vol IV

Evansville
Baer, William, Vol II
Bigham, Darrel Eugene, Vol I
Brown, Arthur A., Vol II
Caldwell, Larry, Vol III
Carson, Michael, Vol II
Diaz, Lomberto, Vol III
Haegert, John, Vol II
Hemminger, William, Vol II
Longmire, Samuel, Vol II
McMullen, Margaret, Vol II
Musgrove, Laurence E., Vol II
Pitzer, Donald Elden, Vol I
Richardson, Donald, Vol I
Sands, Helen R., Vol I
Shiller, Dana, Vol II
Snow, Helena, Vol II
Sullivan, Stephen J., Vol IV

Floyds Knobs
Shields, George W., Vol IV

Fort Wayne
Bell, John P., Vol I
Blumenshine, Gary B., Vol I
Brennan, John P., Vol II
Butler, Clark Wade, Vol IV
Cantor, Louis, Vol I
Collins, Robert H., Vol IV
Craig, Virginia Robertson, Vol III
Fischer, Bernd, Vol I
Fox, Linda Chodosh, Vol III
Gerig, Wesley Lee, Vol IV
Haw, James A., Vol I
Kumfer, Earl T., Vol IV
Maier, Walter A., Vol IV
Scaer, David P., Vol IV
Scott, Clifford H., Vol I
Squadrito, Kathleen Marie, Vol IV
Thuente, Mary Helen, Vol II
Violette, Aurele J., Vol I

Gary
Barr, Alan Philip, Vol II
Buckley, William Kermit, Vol II
Cohen, Ronald Dennis, Vol I
Contreras, Raoul, Vol III
Grimes, Douglas M., Vol IV
Taylor Guthrie, Danille, Vol I
Williamson-Ige, Dorothy Kay, Vol II

Goshen
Berry, Lee Roy, Jr., Vol I
Boys, Samuel A., Vol IV
Graber-Miller, Keith A., Vol IV

Greencastle
Allen, O. Wesley, Jr., Vol IV
Beaudry, Agnes Porter, Vol III
Cavanaugh, William Charles, Vol II
Chandler, Marthe Atwater, Vol IV
Evans, Arthur B., Vol II
Holm, Tawny, Vol IV
Huffman, Carl A., Vol I
Schlotterbeck, John Thomas, Vol I
Shannon, Daniel E., Vol IV
Warren, Stanley, Vol I
Welliver, Glenn Edwin, Vol III
Wilson, John Barney, Vol I

Greenwood
Clapper, Gregory, Vol IV

Hagerstown
Lambert, Byron C., Vol IV

Hammond
Koenig, Thomas Roy, Vol IV
Rowan, John R., Vol IV
Selig, Robert L., Vol II
Trusty, Norman Lance, Vol I

Hanover
Barlow, Philip L., Vol IV
Caine, Stanley Paul, Vol I
Campbell, Joseph Gordon, Vol IV
Cassel, J. David, Vol IV
Clark, George Peirce, Vol II
Eden, Melissa, Vol II
Jobe, Steve, Vol II

Huntington
Fairchild, Mark R., Vol IV
Sanders, John, Vol IV

Indianapolis
Allen, Ronald J., Vol IV
Anderson, David L., Vol I
Ashanin, Charles B., Vol IV
Baetzhold, Howard George, Vol II
Barlow, John Denison, Vol III
Bepko, Gerald L., Vol IV
Black, Margaretta, Vol III
Burke, Michael B., Vol IV
Byrne, Edmund F., Vol IV
Dick, Robert C., Vol II
Divita, James John, Vol I
Eller, Jonathan R., Vol II
Funk, David A., Vol IV
Geib, George Winthrop, Vol I
Gentry, Marshall Bruce, Vol II
Goering, Elizabeth, Vol II
Gray, Ralph D., Vol I
Harris, Edward E., Vol I
Heise, Michael, Vol IV

Houser, Nathan, Vol IV
Hoyt, Giles Reid, Vol III
Jackson, William Joseph, Vol IV
Janzen, John Gerald, Vol IV
Johnston, Carol F., Vol IV
Kinney, E.D., Vol IV
Kooreman, Thomas Edward, Vol III
Langsam, Miriam Zelda, Vol I
Libby, Justin Harris, Vol I
Little, Monroe Henry, Vol I
McBride, Angela Barron, Vol III
Meier, Marga, Vol III
Miller, James Blair, Vol IV
Nagy, Paul, Vol IV
Nnaemeka, Obioma G., Vol III
Planeaux, Christopher, Vol IV
Reidy, David, Vol IV
Saatkamp, Herman J., Vol IV
Saffire, Paula Reiner, Vol I
Schmidt, Steven J., Vol IV
Sehlinger, Peter J., Vol I
Smurl, James Frederick, Vol IV
Steussy, Marti J., Vol IV
Tilley, John, Vol IV
Turner, Richard Charles, Vol II
van der Linden, Harry, Vol IV
Vermette, Rosalie Ann, Vol III
Willem, Linda M., Vol III
Williamson, Clark M., Vol IV

Jeffersonville
Besson, Paul Smith, Vol IV

Kokomo
Lopes, Dominic McIver, Vol IV
Nelson, Nicolas Harding, Vol II
Strikwerds, Robert A., Vol IV

La Porte
Jones, Larry Bert, Vol III

Lafayette
Bank, Rosemarie Katherine, Vol II
Epstein, William Henry, Vol II
Stover, John Ford, Vol I

Marion
Bence, Clarence, Vol IV
Drury, Keith, Vol IV
Kierstead, Melanie Starks, Vol IV
Lennox, Stephen J., Vol IV
Lo, Jim, Vol IV
Starks Kierstead, Melanie, Vol IV

Mishawaka
Blowers, LaVerne P., Vol IV
Erdel, Timothy Paul, Vol IV

Muncie
Adrian, Daryl B., Vol II
Brown, James W., Vol III
Conn, Earl Lewis, Vol II
Edmonds, Anthony Owens, Vol I
Flores, Carol A., Vol I
Gilman, Donald, Vol III
Greenwood, Theresa M. Winfrey, Vol I
Hoover, Dwight W, Vol I
Hozeski, Bruce William, Vol II
Jackson, Philip Taylor, Vol I
Koontz, Thomas Wayne, Vol II
Koumoulides, John A., Vol I
Liston, William Thomas, Vol II
Mertens, Thomas R., Vol IV
O'Hara, Michael M., Vol II
Perera, Nihal, Vol I
Seager, Sharon Hannum, Vol I
Trimmer, Joseph Francis, Vol II
Weakland, John Edgar, Vol I
Yordon, Judy E., Vol II

New Albany
Bowden, James Henry, Vol I
Findling, John Ellis, Vol I
Thackeray, Frank W., Vol I
Wolf, Thomas Phillip, Vol I

New Castle
Schubert, E., Vol IV

Newburgh
Martin, Edward N., Vol IV

North Manchester
Bishop, C. James, Vol I
Brown, Kenneth Lee, Vol I
Deeter, Allen C, Vol I

Glade, Henry, Vol III

Notre Dame
Amar, Joseph P., Vol III
Ameriks, Karl, Vol IV
Anadon, Jose, Vol III
Ashley, James Matthew, Vol IV
Attridge, Harold William, Vol IV
Bauer, Joseph P., Vol I
Bergen, Doris, Vol I
Blanchette, Patricia, Vol IV
Blantz, Thomas E., Vol I
Blenkinsopp, Joseph, Vol IV
Bobik, Joseph, Vol IV
Boulton, Maureen, Vol III
Brogan, Jacqueline V., Vol II
Bruns, Gerald L., Vol II
Burrell, David, Vol IV
Burtchaell, James T., Vol IV
Buttigieg, Joseph A., Vol II
Cavadini, John C., Vol IV
Collins, James M., Vol I
Costello, Donald Paul, Vol I
Crosson, Frederick J., Vol IV
Crowe, Michael J., Vol I
Cushing, James T., Vol I
Dallmayr, Fred Reinhard, Vol IV
David, Marian, Vol IV
Deane, Seamus, Vol II
Delaney, Cornelius F., Vol IV
Della Neva, Joann, Vol III
DePaul, Michael R., Vol IV
Detlefsen, Michael, Vol IV
Dolan, Jay P., Vol I
Donahoe, Bernard Francis, Vol I
Dougherty, James P., Vol II
Douthwaite, Julia V., Vol III
Dowty, Alan K., Vol I
Dunne, John Scribner, Vol IV
Fallon, Stephen, Vol II
Fiorenza, Elizabeth Schussler, Vol IV
Flint, Thomas P., Vol IV
Fox, Christopher, Vol II
Fox, Christopher B., Vol IV
Freddoso, Alfred J., Vol IV
Fredman, Stephen Albert, Vol II
Frese, Dolores, Vol II
Gasperetti, David, Vol III
Gernes, Sonia, Vol II
Ghilarducci, Teresa, Vol I
Gustafson, Sandra, Vol II
Gutting, Gary Michael, Vol IV
Hagens, Jan Luber, Vol III
Hamlin, Christopher S., Vol I
Hammill, Graham L., Vol II
Hare, John, Vol I
Hatch, Nathan O., Vol I
Howard, Don A., Vol IV
Ibsen, Kristine L., Vol III
Jemielity, Thomas J., Vol II
Jenkins, John, Vol IV
Jerez Farran, Carlos, Vol III
Jordan, Mark D., Vol IV
Kazin, Alfred, Vol I
Keselman, Thomas A., Vol I
Klene, Mary Jean, Vol II
Klima, Gyula, Vol IV
Kmiec, Douglas William, Vol IV
Kremer, Michael, Vol IV
Krieg, Robert A., Vol IV
Kusmer, Robert L., Vol III
Leyerle, Blake, Vol I
Louthan, Howard, Vol I
Loux, Michael, Vol IV
MacKenzie, Louis A., Vol III
Malloy, Edward A., Vol IV
Manier, A. Edward, Vol IV
Marsden, G.M., Vol I
Marullo, Thomas Gaiton, Vol III
Matthias, John Edward, Vol II
McBrien, Richard Peter, Vol IV
McCormick, R.A., Vol IV
McInerny, Ralph M., Vol IV
McKim, Vaughn R., Vol IV
McMullin, Ernan, Vol IV
Mirowski, Philip E., Vol IV
Moody, Peter R., Vol I
Murphy, Edward Joseph, Vol IV
Neyrey, Jerome H., Vol IV
Norton, Robert E., Vol III
O'Boyle, Cronelius, Vol I
O'Brien-O'Keeffe, Katherine, Vol II
O'Connor, David, Vol IV
Olivera Williams, Maria Rosa, Vol III
Perry, Catherine, Vol III
Peters, Erskine Alvin, Vol II

Phelps, Teresa Godwin, Vol IV
Pike, Fredrick Braun, Vol I
Plantinga, Alvin, Vol IV
Profit, Vera Barbara, Vol III
Quinn, Philip L., Vol IV
Ramsey, William M., Vol IV
Rathburn, Paul A., Vol II
Reydams-Schils, Gretchen, Vol I
Rice, Charles E., Vol IV
Ripple, Kenneth Francis, Vol IV
Robinson, James E., Vol II
Robinson, John R., Vol IV
Rodes, Robert Emmet, Vol IV
Sayre, Kenneth Malcolm, Vol IV
Sayre, Patricia, Vol IV
Schlereth, Thomas J., Vol I
Sent, Esther Mirjam, Vol IV
Shaffer, Thomas Lindsay, Vol I
Shin, Sun Joo, Vol IV
Shrader-Frechette, Kristin, Vol IV
Slabey, Robert M., Vol II
Sloan, Phillip R., Vol I
Smith, Randall Brian, Vol IV
Smithburn, John Eric, Vol IV
Soens, A.L., Jr., Vol II
Solomon, William David, Vol IV
Spillman, Lynette P., Vol I
Sterba, James P., Vol IV
Stubenberg, Leopold, Vol IV
Toumayan, Alain P., Vol III
Turner, James, Vol I
Udoh, Fabian E., Vol IV
van Inwagen, Peter, Vol IV
Vanden Bossche, Chris R., Vol II
Vander Kam, James C., Vol IV
Vasta, Edward, Vol II
Walton, James H., Vol II
Warfield, Ted A., Vol IV
Watson, Stephen, Vol IV
Weber, Ronald, Vol I
Weigert, Andrew Joseph, Vol I
Weiss, Herold D., Vol IV
Weithman, Paul J., Vol IV
Werge, Thomas, Vol II
Westfall, Carroll W., Vol I
Wimmer, Albert K., Vol III
Ziarek, Ewa, Vol II
Ziarek, Krzysztof, Vol II
Zimmerman, Dean, Vol IV

Rensselaer
Groppe, John Daniel, Vol II
Heiman, Lawrence Frederick, Vol I

Richmond
Atkinson, James Blakely, Vol II
Bailey, Jackson Holbrook, Vol I
Barbour, Hugh, Vol I
Blakey, George Thomas, Vol I
Brown, Mark M., Vol I
Cline, Peter Knox, Vol I
Goertzen, Chris, Vol I
Hamm, Thomas D., Vol I
Niebylski, Dianna, Vol III
Roop, Eugene F., Vol I
Southard, Robert Fairbairn, Vol I
Suber, Peter Dain, Vol IV

South Bend
Bender, Eileen Teper, Vol II
Block, Joyce, Vol I
Brinkley, George A., Vol I
Cordell, Roseanne M., Vol II
Devenish, Philip Edward, Vol IV
Furlong, Patrick Joseph, Vol I
Marti, Donald B., Vol I
Meier, John P., Vol IV
Naylor, Andrew, Vol IV
Scherer, Paul Henry, Vol I
Schreiber, Roy, Vol I
Stockman, Robert H., Vol I
Tull, Charles Joseph, Vol I
Wegs, James Robert, Vol I

St. Meinrad
Cody, Aelred, Vol IV
Walter, James Joseph, Vol IV

Terre Haute
Baker, Ronald Lee, Vol I
Bakerman, Jane Schnabel, Vol I
Barad, Judith, Vol IV
Bone, Quentin, Vol I
Chesebro, James W., Vol II
Christianson, Gale Edward, Vol I
Clouse, Robert G., Vol II
Demarr, Mary Jean, Vol II
Dowell, Richard Walker, Vol II

Frushell, Richard Clayton, Vol II
Gennaro, Rocco J., Vol IV
Giffin, William Wayne, Vol I
Grcic, Joseph M., Vol IV
Jegede, Dele, Vol I
Johnson, David Lawrence, Vol IV
Kleiner, Elaine Laura, Vol II
Krause, Maureen Therese, Vol III
Mullen, Richard D., Vol IV
Muyumba, Francois N., Vol I
Nicol, Charles David, Vol II
Pierard, Richard Victor, Vol I
Robinson, Ruth, Vol II
Shields, Donald J., Vol II
Shoemaker, Rebecca Shepherd, Vol I
Spann, Edward Kenneth, Vol I
Swindell, Warren C., Vol I
Weixlmann, Joseph Norman, Vol II

Upland
Baker, Beulah Pearl, Vol II
Charles, J. Daryl, Vol IV
Corduan, Winfried, Vol IV
Harbin, Michael A., Vol IV
Heavilin, Barbara A., Vol II
Helyer, Larry R., Vol IV
Ringenberg, William Carey, Vol I
Rousselow, Jessica, Vol II
Spiegel, James S., Vol IV
Winquist, Alan Hanson, Vol I

Valparaiso
Bachman, James V., Vol IV
Bass, Dorothy C., Vol IV
Brant, Dale, Vol IV
Brietzke, Paul H., Vol IV
Corazzo, Nina, Vol I
Geiman, Kevin, Vol IV
Hatcher, Richard Gordon, Vol IV
Howard, Thomas A., Vol I
Klein, Kenneth, Vol IV
Krodel, Gottfried G., Vol I
Kumpf, Michael, Vol III
Ludwig, Theodore Mark, Vol IV
Meilaender, Gilbert, Vol IV
Morgan, David, Vol I
Must, Gustav, Vol III
Niedner, Frederick A., Vol IV
Nordling, John G., Vol I
Rast, Walter Emil, Vol IV
Schoppa, Robert Keith, Vol I
Sponberg, Arvid Frederic, Vol II
Startt, James Dill, Vol I
Truemper, David George, Vol IV

Valparalso
Kennedy, Thomas, Vol IV

Vincennes
Rinderle, Walter, Vol I
Verkamp, Bernard, Vol I

West Lafayette
Adler, Thomas Peter, Vol II
Babrow, Austin S., Vol I
Bartlett, Robert V., Vol I
Beer, Jeanette Mary Ayres, Vol III
Berg, David M., Vol II
Bergmann, Michael, Vol IV
Berthrong, Donald John, Vol I
Bertolet, Rod, Vol IV
Botan, Carl H., Vol II
Burks, Don M., Vol II
Burleson, Brant R., Vol III
Clair, Robin P., Vol II
Contreni, John Joseph, Vol I
Cover, Jan, Vol IV
Curd, Martin, Vol IV
Curd, Martin Vincent, Vol I
Curd, Patricia, Vol I
Curtis, Susan, Vol I
Davis, Wendell Eugene, Vol II
Deflem, Mathieu, Vol I
Felluga, Dino, Vol II
Flory, Wendy Stallard, Vol II
Fouche, Rayvon, Vol I
Garfinkel, Alan, Vol III
Gill, Michael, Vol IV
Gordon, Leonard H.D., Vol I
Gorn, Elliott J., Vol I
Greene, John O., Vol II
Gustason, William, Vol IV
Hart, Patricia, Vol III
Hatasa, Kazumi, Vol III
Haywood, Richard Mowbray, Vol III
Ingrao, Charles William, Vol I

Johndan, Johnson-Eilola, Vol II
Keck, Christiane Elisabeth, Vol III
Keehner, Mary, Vol III
Kirby, John T., Vol I
Kuehn, Manfred, Vol I
Larson, John Lauritz, Vol I
Leidholdt, Alex S., Vol II
Lindsay, Stan A., Vol II
Marina, Jacqueline, Vol IV
Martinez, Jacqueline M., Vol IV
Matustik, Martin J. Beck, Vol IV
May, Jill P., Vol II
May, Robert Evan, Vol I
McBride, William Leon, Vol IV
McGee, Reece Jerome, Vol I
Mckenzie, Alan Taber, Vol II
Merrell, F., Vol III
Mitchell, Donald, Vol IV
Mork, Gordon Robert, Vol I
Mumby, Dennis K., Vol II
Neufeldt, Leonard N., Vol II
Nof, Shimon Y., Vol I
Ogles, Robert M., Vol III
Ohlgren, Thomas Harold, Vol II
Orlando, Valerie, Vol III
Parman, Donald L., Vol I
Parman, Donald Lee, Vol I
Rajagopal, Arvind, Vol I
Rawlins, William K., Vol II
Robb, Stephen, Vol II
Rothenberg, Gunther Eric, Vol I
Rowan, Katherine E., Vol II
Rowe, William L., Vol IV
Russow, Lilly-Marlene, Vol IV
Saunders, Elmo Stewart, Vol I
Scerri, Eric R., Vol IV
Scheele, Henry Zaegel, Vol II
Schrag, Calvin, Vol IV
Schrag, Calvin Orville, Vol IV
Scott, Kermit, Vol IV
Seigfried, Charlene, Vol IV
Skinner, Ewart C., Vol II
Smith, Larry D., Vol II
Smith, Robert E., Vol II
Sparks, Glenn G., Vol II
Stevens, George E., Vol II
Stewart, Charles J., Vol II
Stohl, Cynthia B., Vol II
Swensen, Clifford Henrik, Vol IV
Teaford, Jon C., Vol I
Thompson, Gary Richard, Vol II
Thompson, Paul B., Vol IV
Tucker, Mark, Vol I
Ulrich, Dolph, Vol IV
Wang, Aihe, Vol I
Webb, Ralph, Jr., Vol III
Woodman, Harold David, Vol I
Yetman, Michael G, Vol III

Westville
Jablon, Howard, Vol I
Schlobin, Roger Clark, Vol II

Winona Lake
Bateman, Herbert W., Vol IV
Lovelady, Edgar John, Vol II

Worthington
Clary, David Allen, Vol I

IOWA

Ames
Avalos, Hector, Vol I
Bishop, Michael, Vol IV
Bloomer, Jennifer A., Vol I
Bowers, Neal, Vol II
Courteau, Joanna, Vol III
Cravens, Hamilton, Vol I
Daly, Brenda O., Vol II
Dearin, Ray Dean, Vol II
Dobson, John Mccullough, Vol I
Donaghy, John A., Vol IV
Dow, James Raymond, Vol III
Ewald, Helen Rothschild, Vol II
Feinberg, Leonard, Vol II
Fink, Deborah R., Vol I
Hollenbach, Paul William, Vol IV
Keller, Clair Wayne, Vol I
Klemke, Elmer Daniel, Vol IV
Madison, Kenneth Glenn, Vol I
Mccarthy, Dennis Michael Patrick, Vol I
McCarthy, William Paul, Vol II
Mcjimsey, George Tilden, Vol I
Morris, Walter D., Vol III
Nakadate, Neil Edward, Vol II

Plakans, Andrejs, Vol I
Robinson, William Spencer, Vol IV
Rudge, David W., Vol II
Ruebel, James, Vol I
Schofield, Robert Edwin, Vol I
Schwieder, Dorothy Ann, Vol I
Shank, Wesley I., Vol I
Silet, Charles Loring Provine, Vol I
Soroka, Jacek, Vol IV
Vann, Roberta Jeanne, Vol III
Vidal, Jaime R., Vol IV
Walker, Albert Lyell, Vol II
Whitaker, Faye Pauli, Vol II
Wilson, David B., Vol I
Wilt, Alan Freese, Vol I
Zimmerman, Zora Devrnja, Vol III

Burlington
Benjamin, Paul, Vol IV

Cedar Falls
Burstein, Andrew, Vol I
Crownfield, David R., Vol I
Gilgen, Albert R., Vol I
Glenn, George, Vol II
Holland, Margaret G., Vol IV
Isenberg, Nancy G., Vol I
Johnson, John W., Vol I
Klinkowitz, Jerome, Vol II
Kruckeberg, Dean A., Vol II
Maier, Donna J. E., Vol I
Meier, A.J., Vol III
Oates, Michael David, Vol III
Robinson, James Burnell, Vol IV
Sunseri, Alvin Raymond, Vol I
Talbott, Robert Dean, Vol I
Walker, David Allan, Vol I

Cedar Rapids
Carroll, Rosemary F., Vol I
Grove, James Paul, Vol II
Lisio, Donald John, Vol I
Martin, Charlotte Joy, Vol IV
Mungello, David Emil, Vol I
Robinson, Mary Elizabeth, Vol IV
Sessions, Robert, Vol IV

Coralville
Williams-Hackett, Lamara, Vol II

Davenport
Bradley, Ritamary, Vol II
Jacobson, Paul Kenneth, Vol IV
Johnson, Geraldine Ross, Vol IV
McDaniel, George William, Vol I

Decorah
Bailey, Storm M., Vol IV
Bunge, Wilfred F., Vol IV
Christianson, John Robert, Vol I
Cole, Richard G., Vol I
Couch, Leon W., III, Vol I
Gibbs, Virginia, Vol III
Grewal, Joyti, Vol I
Hanson, Bradley, Vol IV
Hervey, Norma J., Vol I
Iudin-Nelson, Laurie, Vol I
Kath, Ruth R., Vol III
Kemp, Henrietta J., Vol III
Kuehn, D.D., Vol I
Kurth, William Charles, Vol I
Nelson, Harland S., Vol II
Schultz, R., Vol II
Sieber, John Harold, Vol II
Stokker, Kathleen Marie, Vol III
Tebbenhoff, Edward H., Vol I
Wilkie, Jacqueline S., Vol I
Williams, Lawrence H., Vol I
Williams, Queen J., Vol III

Des Moines
Abel, Richard Owen, Vol II
Baker, Thomas Eugene, Vol IV
Barton, Mike Alan, Vol II
Beynen, Gijsbertus Koolemans, Vol III
Coleman, William S.E., Vol II
Foster, David, Vol II
Hariman, Robert, Vol II
Harris, Charles David, Vol I
Hodgdon, Barbara Covington, Vol II
Horner, Bruce, Vol II
Kniker, Charles R., Vol IV
Lu, Min-Zhan, Vol II
Martin, Bruce Kirk, Vol II

McCaffrey, Jerrine A., Vol II
Patrick, Dale, Vol IV
Sisk, G.C., Vol I
Stroud, Theodore Albert, Vol II
Worthen, Thomas, Vol I

Dubuque
Albin, Thomas R., Vol I
Ashley, Benedict M, Vol IV
Bailey, James L., Vol IV
Bloesch, Donald G., Vol IV
Colyer, Elmer M., Vol IV
Drummond, Richard Henry, Vol I
Freund, Norm, Vol IV
Healey, Robert Mathieu, Vol IV
Jung, L. Shannon, Vol IV
Kang, Wi Jo, Vol IV
Kang, Wi Jo, Vol I
Martin, Raymond Albert, Vol IV
McAlpin, Sara, Vol II
McDermott, John J., Vol IV
Platt, Elizabeth Ellan, Vol IV
Priebe, Duane A., Vol IV
Quere, Ralph Walter, Vol I
Scharnau, Ralph William, Vol I
Skiba, Paulette, Vol IV
Stevenson-Moessner, Jeanne, Vol IV
Thibeau, Matthew J., Vol IV
Wilkie, William E., Vol I

Forest City
Hamre, James S., Vol IV

Grinnell
Burkle, Howard R., Vol IV
Cummins, W. Joseph, Vol IV
Goldberg, Sanford C., Vol IV
Kaiser, Daniel Hugh, Vol III
Lalonde, Gerald Vincent, Vol I
Meehan, M. Johanna, Vol IV
Rosenthal, Michael A., Vol IV
Schrift, Alan D., Vol IV
Wall, Joseph Frazier, Vol I

Indianola
Gieber, Robert L., Vol III
Walt, Joseph W., Vol I

Iowa City
Adamek, Wendi, Vol IV
Addis, Laird Clark, Vol IV
Aikin, Judith Popovich, Vol III
Altman, Charles Frederick, Vol III
Andreasen, Nancy C., Vol IV
Baender, Paul, Vol I
Baird, Robert Dahlen, Vol IV
Balderston, Daniel, Vol III
Baynton, Douglas C., Vol I
Beaudoin, John M., Vol IV
Bergmann, Gustav, Vol II
Biesecker, Barbara, Vol II
Boos, Florence Saunders, Vol II
Boyle, John Phillips, Vol IV
Bozeman, Theodore Dwight, Vol IV
Butchvarov, Panayot K., Vol IV
Castagna, Joann E., Vol II
Ciochon, Russell L., Vol I
Clinton, Robert N., Vol IV
Coblin, Weldon South, Vol III
Cook, Smalley Mike, Vol II
Coolidge, Archibald Cary, Jr., Vol II
Cuttler, Charles David, Vol I
Depuma, Richard Daniel, Vol I
Detmer, Hellena R., Vol I
Diaz-Duque, Ozzie Francis, Vol III
Douglass, R. Thomas, Vol III
Duck, Steve, Vol I
Duerlinger, James, Vol IV
Eckhardt, Patricia, Vol I
Ertl, Wolfgang, Vol III
Fales, Evan Michael, Vol IV
Folsom, Lowell Edwin, Vol I
Forell, George Wolfgang, Vol IV
Fumerton, Richard A., Vol IV
Gelfand, Lawrence E., Vol I
Grant, John Ernest, Vol II
Hahn, Oscar, Vol III
Hale, Charles Adams, Vol I
Hanley, Sarah, Vol I
Harris, Michael Wesley, Vol II
Hawley, Ellis Wayne, Vol I
Hirokawa, Randy Y., Vol II
Hornsby, Roger Allen, Vol I
Horton, Loren Nelson, Vol I
Horwitz, Henry Gluck, Vol I
Jones, Phillip Erskine, Vol I

Kaplan, Benjamin J., Vol I
Ke, C.R., Vol III
Kerber, Linda Kaufman, Vol I
Kuenzli, Rudolf Ernst, Vol II
Kuntz, J. Kenneth, Vol IV
Kupersmith, William Roger, Vol II
Landini, Gregory, Vol IV
Lohafer, Susan, Vol II
Maierhofer, Walter, Vol III
McCloskey, Deirdre, Vol I
Mcdowell, Frederick Peter Woll, Vol II
McPherson, James Alan, Vol II
Michaels, Paula A., Vol I
Morris, David Brown, Vol II
Nagel, Alan Frederick, Vol III
Newman, Robert P., Vol II
Nickelsburg, George William Elmer, Vol I
Pachow, Wang, Vol III
Ringen, Catherine Oleson, Vol III
Rohrbough, Malcolm Justin, Vol I
Sayre, Robert Freeman, Vol II
Schacht, John N., Vol I
Schwalm, Leslie A., Vol I
Soloski, John, Vol II
Spalding, James Colwell, Vol IV
Spitzer, Alan B, Vol I
Stratton, John Ray, Vol I
Thomas, Randall S., Vol IV
Tomasini, Wallace John, Vol I
Ungar, Steven Ronald, Vol III
Wachal, Robert Stanley, Vol II
Wertz, Christopher Allen, Vol III
Weston, Burns H., Vol IV
Widiss, Alan I., Vol IV
Wing, Adrien Katherine, Vol IV
Woodard, Fredrick, Vol I

Janesville
Hallberg, Fred William, Vol IV

Marshalltown
Colbert, Thomas Burnell, Vol I

Mount Vernon
Allin, Craig Willard, Vol I
Ihlan, Amy, Vol IV
Vernoff, Charles Elliott, Vol IV
Weddle, David L., Vol IV

Orange City
Rohrer, James, Vol IV
Van Hook, Jay M., Vol IV

Oskaloosa
Porter, David L., Vol I

Pella
Webber, Philip Ellsworth, Vol III

Sioux City
Cooney, William, Vol IV
Lawrence, John Shelton, Vol IV

Waterloo
Weems, Vernon Eugene, Jr., Vol IV

KANSAS

Atchison
Macierowski, E.M., Vol IV
Meade, Denis, Vol IV
Nowell, Irene, Vol IV

Baldwin
English, John Cammel, Vol I

Baldwin City
Hatcher, Donald L., Vol IV
Wiley, George, Vol IV

Emporia
Benremouga, Karima, Vol II
Black, Lendley C., Vol II
Bonner, Mary Winstead, Vol I
Catt, Stephen E., Vol II
Clamurro, William, Vol III
Dicks, Samuel Eugene, Vol I
Frederickson, Ronald Q., Vol IV
Matheny, David Leon, Vol II
McGlone, Edward L., Vol II
Meyer, Russell J., Vol II
Roark, Dallas Morgan, Vol IV

Toadvine, Ted, Vol IV
Torrey, Glenn E., Vol I

Fort Leavenworth
Spiller, Roger Joseph, Vol I

Hays
Edwards, Clifford Duane, Vol II
Firestone, Ruth H., Vol III
Luehrs, Robert Boice, Vol I
Schmeller, Helmut John, Vol I
Schuhl, Mark, Vol II
Vogel, Nancy, Vol II

Hillsboro
Miller, Douglas B., Vol IV

Hutchinson
Chalfant, William Y., Vol I

Kansas City
Keeney, Donald E., Vol IV
May, David M., Vol IV
Wheeler, David L., Vol IV

Lawrence
Alexander, John T., Vol I
Anatol, Giselle L., Vol II
Anderson, Danny L., Vol III
Antonio, Robert, Vol I
Bailey, Victor, Vol I
Baron, Frank, Vol III
Bays, Daniel Henry, Vol I
Bergeron, David M., Vol II
Blue, William Robert, Vol III
Booker, John T., Vol II
Boon, Jean-Pierre, Vol III
Brundage, James A., Vol I
Brushwood, John Stubbs, Vol III
Caminero-Santangelo, Byron, Vol II
Caminero-Santangelo, Marta, Vol II
Casagrande, Peter Joseph, Vol II
Chamberlin, V.A., Vol III
Cherniss, Michael David, Vol II
Cienciala, Anna M., Vol I
Clark, John Garretson, Vol I
Clark, Walter, Vol I
Coggins, George Cameron, Vol IV
Cole, Richard, Vol IV
Conrad, Joseph Lawrence, Vol III
Conrad, Kathryn A., Vol IV
Corbeill, Anthony, Vol I
Cudd, Ann E., Vol IV
Dardess, John Wolfe, Vol I
Davis, Jed H., Vol III
Debicki, Andrew Peter, Vol III
Devitt, Amy J., Vol II
Dick, Ernst S., Vol III
Dinneen, David A., Vol III
Doudoroff, Michael John, Vol III
Findlay, Robert, Vol III
Fourny, Diane, Vol III
Fowler, Doreen, Vol II
Freeman, Bryant C., Vol III
Galton, Herbert, Vol III
Genova, Anthony Charles, Vol IV
Gold, Ellen Reid, Vol II
Gold, Joel Jay, Vol II
Goodman, Grant Kohn, Vol I
Gordon, Jacob U., Vol I
Greaves, Rose Louise, Vol I
Greenberg, Marc L., Vol III
Hardin, Richard F., Vol II
Hartman, James Walter, Vol III
Head, John W., Vol IV
Herzfeld, Anita, Vol III
Hirsch, Bernard Alan, Vol II
Ingemann, Frances, Vol III
Jewers, Caroline, Vol III
Johnson, J. Theodore, Jr., Vol II
Johnson, Michael Lillard, Vol II
Katzman, David Manners, Vol I
Keel, William D., Vol III
Kelly, Van, Vol III
Kozma, Janice M., Vol III
Kullman, Colby Haight, Vol II
Laird, Paul, Vol I
Li, Chu-Tsing, Vol I
Lombardo, Stanley, Vol I
Marquis, Donald Bagley, Vol IV
Martin, Rex, Vol IV
Marx, Leonie, Vol III
Maurer, Warren R., Vol III
Mccoy, Donald Richard, Vol I
Miller, Timothy, Vol I
Miller, Timothy Alan, Vol IV
Minor, Robert Neil, Vol IV

Mirecki, Paul A., Vol IV
Nelson, Lynn Harry, Vol I
Orel, Harold, Vol II
Paludan, Phillip Shaw, Vol I
Parker, Stephen Jan, Vol II
Pasco, Allan H., Vol II
Percival, Walter Keith, Vol III
Saul, Norman Eugene, Vol I
Sautermaister, Gert, Vol III
Scott, William O., Vol II
Shafer-Landau, Russell, Vol IV
Shaw, Michael, Vol I
Shortridge, James R., Vol I
Souza, Raymond D., Vol III
Spires, Robert Cecil, Vol III
Springer, Haskell Saul, Vol I
Stansifer, Charles Lee, Vol I
Stokstad, Marilyn Jane, Vol I
Sutton, Max Keith, Vol II
Sweets, John Frank, Vol I
Vincent, Jon S., Vol III
Williams Elliott, Dorice, Vol II
Wilson, Theodore A., Vol I
Worth, George John, Vol II
Yetman, Norman Roger, Vol I

Leavenworth
Berlin, Robert Harry, Vol I

Manhattan
Benson, Douglas Keith, Vol III
Carey, James Charles, Vol I
Dehon, Claire L., Vol III
Fedder, Norman Joseph, Vol II
Ferguson, Clyde Randolph, Vol II
Frey, Marsha Lee, Vol I
Hamscher, Albert Nelson, Vol I
Hedrick, Donald Keith, Vol III
Higham, Robin, Vol II
Holden, Jonathan, Vol II
Kaufman, Burton, Vol I
Keiser, George Robert, Vol II
Kolonosky, Walter F., Vol III
Kremer, S. Lillian, Vol II
Kren, George M., Vol I
Linder, Robert Dean, Vol I
Machor, James Lawrence, Vol II
Mcculloh, John Marshall, Vol I
Nafziger, E. Wayne, Vol I
Ossar, Michael Lee, Vol II
Shaw, Bradley Alan, Vol III
Socolofsky, Homer Edward, Vol I
Suleiman, Michael W., Vol I
Warren, Leland Eddie, Vol II
Watt, Willis M., Vol II

McPherson
Stamey, Joseph Donald, Vol IV

North Newton
Friesen, Duane K., Vol IV
Juhnke, James Carlton, Vol I
Piper, Jon Kingsbury, Vol I

Ottawa
Discher, Mark R., Vol IV

Overland Park
Olson, Richard P., Vol IV

Pittsburg
Cornish, Dudley Taylor, Vol I
De Grave, Kathleen R., Vol I
Drew, Shirley K., Vol II
Freeman, Joanna Mae, Vol II
Hamilton, Peter K., Vol II
Hermansson, Casie, Vol II
Hurley, David, Vol I
Meats, Stephen Earl, Vol II
Morgan, Lyle W., II, Vol II
Morris, Paul, Vol II
Nemeth, Neil, Vol II
Nichols, Kathleen L., Vol II
O'Hearn, Carolyn, Vol III
Patterson, Celia, Vol II
Raverty, Dennis, Vol I
Schick, James Baldwin Mcdonald, Vol I
Teller, Stephen J., Vol II
Walther, Thomas Robert, Vol I
Zaharopoulos, Thimios, Vol II

Roeland Park
Knight, Henry H., Vol IV

Salina
Juhnke, Janet Ann, Vol II
Spencer, Heath A., Vol I

Sterling
MacArthur, Steven D., Vol IV

Topeka
Concannon, James M., Vol IV
Danker, Donald Floyd, Vol I
Dimmitt, Jean Pollard, Vol II
Elrod, Linda Diane Henry, Vol IV
Griffin, Ronald Charles, Vol IV
Haywood, C. Robert, Vol I
Henry Elrod, Linda, Vol IV
Pruitt, Virginia D., Vol II
Rabouin, E. Michelle, Vol IV
Ryan, David L., Vol IV
Spring, Raymond Lewis, Vol IV
Stein, Robert David, Vol II

Wichita
Born, John D., Vol I
Chang, Dae Hong, Vol I
Dooley, Patricia, Vol II
Douglas, Donald Morse, Vol I
Dreifort, John E., Vol I
Duram, James C., Vol I
Gaunt, Philip, Vol I
Gleissner, Stephen, Vol I
Gythiel, Anthony P., Vol I
Hawkins, Kate, Vol II
Huxman, Susan S., Vol II
Iorio, Sharon, Vol II
Johnson, Judith R., Vol I
Keel, Vernon, Vol IV
Kiralyfalvi, Bela, Vol II
Klunder, Willard C., Vol I
Konek, Carol Wolfe, Vol II
Mandt, Almer J., III, Vol II
McCormick, Robert B., Vol I
Merriman, Mira P., Vol I
Miner, Craig, Vol I
Murdock, Katherine, Vol I
Myers, Eunice Doman, Vol III
Pyles, John E., Vol IV
Rosenthal, Lisa, Vol I
Skaggs, Jimmy M., Vol I
Smith, Patrick, Vol I
Sowards, Jesse Kelley, Vol I
Tomayko, James Edward, Vol III
Torbenson, Craig L., Vol I
Unrau, William Errol, Vol I
Williamson, Keith, Vol III
Woods, William Forrestere, Vol II

Winfield
Gray, Wallace, Vol IV
Mueller, Roland Martin, Vol I

KENTUCKY

Barbourville
Sisson, Russell, Vol IV

Berea
Bolin, John Seelye, Vol II
Lee-Riffe, Nancy M., Vol II
McDonald, Verlaine, Vol II
Nelson, Paul David, Vol I
Pearson, Eric, Vol IV
Schafer, William John, Vol II
Schneider, Robert J., Vol II

Bowling Green
Ardrey, Saundra Curry, Vol I
Baldwin, Thomas Pratt, Vol III
Bennett, James D., Vol I
Blythe, Stuart, Vol II
Capps, Randall, Vol II
Casey, Kenneth, Vol IV
Coutts, Brian E., Vol I
Curtis-Howe, E. Margaret, Vol IV
Hardin, John Arthur, Vol II
Harrington, Jesse Drew, Vol I
Harrison, Lowell Hayes, Vol I
Heldman, James M., Vol II
Jackson, Carlton Luther, Vol I
Klein, Michael Eugene, Vol I
Lee, David Dale, Vol I
Likes, Terry, Vol II
Logan, Deborah, Vol II
Long, John Edward, Vol IV
Lucas, Marion Brunson, Vol I
Lumsden, Linda, Vol II
Martin Murrey, Loretta, Vol II
Millichap, Joe, Vol II
Oakes, Elisabeth, Vol II
Olmsted, Jane, Vol II

Salisbury, Richard Vanalstyne, Vol I
Schneider, Karen, Vol II
Schoen, Edward Lloyd, Vol IV
Spears, Lee A., Vol II
Speer, Donald, Vol I
Spurlock, John Howard, Vol III
Tuck, Donald Richard, Vol I
Veenker, Ronald Allen, Vol IV
Vos, Arvin G., Vol IV
Weigel, Richard David, Vol I

Burgin
Huddleston, Tobianna W., Vol IV

Covington
Blair, George Alfred, Vol IV

Crestview Hills
Cimprich, John V., Vol I
Twaddell, Gerald E., Vol IV

Danville
Brown, Richard Carl, Vol I
Ciholas, Karin Nordenhaug, Vol III
Cooney, Brian Patrick, Vol IV
Finch, Patricia S., Vol III
Foreman, George, Vol I
Glazier-McDonald, Beth, Vol IV
Hamm, Michael Franklin, Vol I
Joyce, Jane W., Vol I
Keffer, Charles K., Jr., Vol III
Levin, William R., Vol I
Lucas, Mark T., Vol I
McCollough, C. Thomas, Vol IV
Morrison, James V., Vol I
Mount, Charles Eric, Jr., Vol II
Mount, Eric, Jr., Vol II
Munoz, Willy Oscar, Vol III
Newhall, David Sowle, Vol I
Reigelman, Milton M., Vol II
Scarborough, Milton R., Vol IV
Vahlkamp, Charles G., Vol III
Ward, John C., Vol II
White, Roberta, Vol II

Edgewood
Borne, Lawrence Roger, Vol I

Frankfort
Brooks, A. Russell, Vol II
Griffin, Betty Sue, Vol I
Klotter, James Christopher, Vol I

Georgetown
Lunceford, Joseph E., Vol IV
Redditt, Paul L., Vol IV
Wirzba, Norman, Vol IV

Grayson
Fiensy, David A., Vol IV
Pickens, George F., Vol III
Wineland, John D., Vol I

Highland Heights
Adams, Michael Charles C, Vol I
Bell, Sheila Trice, Vol IV
Ramage, James Alfred, Vol I
Richards, Jerald H., Vol IV
Trundle, Robert C., Jr., Vol IV
Vitz, Robert C., Vol I
Wallace, Robert K., Vol II
Washington, Michael Harlan, Vol I

Lexington
Albisetti, James C., Vol I
Alvey, Richard Gerald, Vol I
Banning, Lance, Vol I
Banning, Lance G., Vol I
Betts, Raymond Frederick, Vol I
Blues, Thomas, Vol I
Cawelti, John George, Vol I
Chassen-Lopez, Francie R., Vol I
Christianson, Eric Howard, Vol I
Daniel, E. Randolph, Vol IV
Davenport, Guy Mattison, Vol II
Dendle, Brian John, Vol III
Dowd, Sharyn, Vol IV
Dunnavant, Anthony L., Vol IV
Eastwood, Bruce Stansfield, Vol I
Fakhrid-Deen, Nashid Abdullah, Vol IV
Faupel, William, Vol IV
Fiedler, Theodore, Vol III
Frank, Daniel H., Vol IV
Freehling, William W., Vol I
Gardner, Joseph Hogue, Vol II

Hargreaves, Mary Wilma Massey, Vol I
Harris, Joseph John, III, Vol I
Heath, Robin L., Vol IV
Herring, George C., Vol I
High, Dallas Milton, Vol IV
Ireland, Robert M., Vol I
Jones, Margaret E.W., Vol III
Jones, Paul Henry, Vol I
Keller, John Esten, Vol III
Kratz, Bernd, Vol III
Krislov, Joseph, Vol I
Leary, James Patrick, Vol II
Lihani, John, Vol III
Longyear, Rey Morgan, Vol I
Manns, James William, Vol IV
McAvoy, Jane, Vol IV
Meinke, William B., Vol IV
Moseley, James G., Vol IV
Nugent, Donald Chrostopher, Vol I
Olshewsky, Thomas Mack, Vol IV
Olson, Robert, Vol I
Perreiah, Alan Richard, Vol IV
Petrone, Karen, Vol I
Phillips, Jane Ellen, Vol I
Pickens, Rupert Tarpley, Vol IV
Popkin, Jeremy D., Vol I
Robinson, Andrew, Vol I
Roland, Charles P., Vol I
Servlnikov, Sergio, Vol I
Shawcross, John Thomas, Vol II
Sineath, Timothy W., Vol II
Smaw, Eric, Vol IV
Smith, Daniel B., Vol I
Stanton, Edward F., Vol III
Starr-LeBeau, Gretchen D., Vol I
Stilwell, William E., III, Vol IV
Swift, Louis Joseph, Vol I
Swingle, Larry J., Vol II
Thomas, John Wesley, Vol III
Warth, Robert Douglas, Vol I
Wilkinson, Doris, Vol II
Witherington, Ben, Vol IV
Withington, William Adriance, Vol I
Wrobel, Arthur, Vol II
Yang, Sung Chul, Vol I

Louisville
Akin, Daniel L., Vol IV
Alperson, Philip A., Vol IV
Anderson, Marvin W., Vol IV
Axton, William F., Vol II
Barnette, Henlee Hulix, Vol IV
Beougher, Timothy K., Vol IV
Berrong, Richard Michael, Vol III
Blaising, Craig A., Vol IV
Blevins, James Lowell, Vol IV
Block, Daniel I., Vol I
Blustein, Bonnie Ellen, Vol I
Burnett, Donald L., Vol I
Byers, Lori, Vol II
Cabal, Ted, Vol IV
Chancellor, James D., Vol I
Comprone, Joseph John, Vol II
Conver, Leigh E., Vol IV
Cook, E. David, Vol IV
Cooper, Burton, Vol IV
Cruz, Virgil, Vol IV
Cunningham, Jack R., Vol IV
Curry, Leonard Preston, Vol I
Deering, Ronald F., Vol I
deZeeuw, Anne Marie, Vol I
Dickson, John H., Vol I
Drinkard, Joel F., Jr., Vol IV
Ellis Smith, Marsha A., Vol IV
Ferre, John P., Vol II
Freibert, Lucy Marie, Vol II
Fuller, Russell T., Vol IV
Gouverneur, Gray Henry, Vol III
Hall, Dennis R., Vol II
Hall, Wade H., Vol II
Hart, Joy L., Vol II
Hausman, Carl R., Vol IV
House, Paul R., Vol IV
Howard, Leigh Anne, Vol II
Hoyt-O'Connor, Paul E., Vol IV
Hudson, James Blaine, III, Vol I
Hughes, Robert Don, Vol IV
John, Eileen, Vol IV
Kebric, Robert Barnett, Vol I
Kimball, Robert, Vol IV
Lawless, Charles E., Vol IV
Mackey, Thomas, Vol I
Maloney, Thomas, Vol IV
March, Wallace Eugene, Vol IV
Martin, Janice R., Vol II
Martos, Joseph, Vol IV
Masolo, D.A., Vol IV

Mitchell, C. Ben, Vol IV
Mohler, R. Albert, Jr., Vol IV
Morgan, William, Vol I
Mueller, David L., Vol IV
Mulder, John Mark, Vol I
Mullen, Karen A., Vol II
Nuessel, Frank, Vol III
Pelletier, Samuel R., Vol IV
Poethig, Eunice Blanchard, Vol IV
Polhill, John B., Vol IV
Potter, Nancy, Vol IV
Rainer, Thom S., Vol IV
Richardson, Brian C., Vol IV
Rothenbusch, Esther H., Vol I
Schreiner, Thomas R., Vol IV
Simpson, Mark E., Vol IV
Slavin, Arthur J., Vol I
Stein, Robert H., Vol IV
Stenger, Robert Leo, Vol IV
Stroble, Paul E., Jr., Vol IV
Terry, J. Mark, Vol IV
Van, Thomas A., Vol II
Walsh, Thomas, Vol IV
Ware, Bruce A., Vol IV
Weaver, Russel L., Vol IV
Webber, Randall C., Vol I
Wiggins, Osborne P., Jr., Vol IV
Willard, Charles A., Vol II
Williams, Dennis E., Vol IV
Wills, Gregory A., Vol I

Madisonville
Vander Ploeg, Scott D., Vol II

Morehead
Leroy, Perry Eugene, Vol I
Mangrum, Franklin M., Vol IV
Sprague, Stuart Seely, Vol I

Murray
Cartwright, Joseph Howard, Vol I
Cella, Charles Ronald, Vol II
Cohen, Michael Martin, Vol II
Foreman, Terry Hancock, Vol IV
Keller, Howard Hughes, Vol III
Wylder, Delbert E., Vol II

Newport
Purvis, Thomas L., Vol I

Nicholasville
Eller, Ronald D., Vol I

Owensboro
Browne, Maureen, Vol III
Fager, Jeff, Vol IV

Richmond
Benson, Richard Lee, Vol II
Culross, Jack Lewis, Vol II
Ellis, William Elliott, Vol I
Forderhase, Rudolph Eugene, Vol I
Fox, James Walker, Vol IV
Gray, Bonnie Jean, Vol IV
Graybar, Lloyd Joseph, Vol I
Harris, Bond, Vol IV
Hay, Melba Porter, Vol I
Hill, Ordelle Gerhard, Vol I
Kopacz, Paula D., Vol II
Shearon, Forrest Bedford, Vol II
Stebbins, Robert E., Vol I
Witt, Robert Wayne, Vol II

Williamsburg
Ramey, George, Vol IV

Wilmore
Anderson, Neil D., Vol IV
Arnold, Bill T., Vol IV
Green, Joel B., Vol IV
Hamilton, Victor Paul, Vol IV
Joly, Ralph Robert, Vol IV
Joy, Donald Marvin, Vol II
Kinghorn, Kenneth Cain, Vol I
Layman, Fred Dale, Vol IV
Lyon, Robert William, Vol IV
Madden, Edward, Vol IV
Peterson, Michael Lynn, Vol IV
Simmons, Donald B., Vol III
Thompson, David L., Vol IV
Walters, John R., Vol IV
Zahniser, A. H. Mathias, Vol III

LOUISIANA

Alexandria
Thompson, Larry, Vol I

Baton Rouge
Babin, James L., Vol II
Baker, John R., Vol IV
Batinski, Emily E., Vol I
Becker, Robert Arthur, Vol I
Bennett, Philip W., Vol IV
Blakesley, Christopher L., Vol IV
Borck, Jim Springer, Vol II
Bowers, J.W., Vol IV
Bradford, Clinton W., Vol II
Brind'Amour, Lucie, Vol II
Brody, Jules, Vol III
Broughton, Panthea Reid, Vol II
Buehler, Arthur F., Vol IV
Burkett, Delbert Royce, Vol IV
Carleton, Mark Thomas, Vol I
Carmona, Vicente, Vol II
Carrithers, Gale, Vol II
Cassidy, Jane W., Vol I
Catano, James, Vol II
Clarke, William M., Vol I
Coldiron, Anne E. B., Vol II
Cooper, William, Vol II
Cope, Kevin, Vol II
Cowan, Bainard, Vol II
Crawford, William Edward, Vol IV
Crump, Rebecca, Vol II
Culbert, David H., Vol I
Curry, Corrada, Vol III
d'Hemecourt, Jules, Vol I
Daniels, LeAnne, Vol II
Day, Louis A., Vol IV
de Caro, Frank, Vol II
Demastes, William, Vol II
Di Maio, Irene Stocksieker, Vol III
Di Napoli, Thomas John, Vol III
Djebar, Assia, Vol I
Doty, Gresdna Ann, Vol II
Dubois, Sylvie, Vol IV
Dupuy, Beatrice, Vol III
Durmelat, Sylvie, Vol III
Edgeworth, Robert J., Vol I
Edwards, Jay D., Vol I
Erickson, John David, Vol III
Euba, Femi, Vol I
Fischer, John, Vol II
Fischer, John Irwin, Vol II
Fitzgerald, Patrick, Vol IV
Fletcher, Alan D., Vol I
Fogel, Daniel, Vol II
Freedman, Carl, Vol II
Garay, Mary Sue, Vol II
Garay, Ronald, Vol II
Gellrich, Jesse M., Vol II
Gellrich, Michelle, Vol I
Gourdine, A.K.M., Vol II
Hamilton, John Maxwell, Vol II
Harbin, Bill J., Vol II
Harned, David B., Vol IV
Hart, Pierre Romaine, Vol III
Henderson, Edward H., Vol IV
Henderson, John B., Vol I
Holtman, Robert Barney, Vol I
Honeycutt, James M., Vol III
Humphries, Jeff, Vol II
Humphries, John J., Vol III
Irvine, Stuart, Vol IV
Isadore, Harold W., Vol IV
Jensen, Katharine, Vol II
Johnson, Ernest L., Vol IV
Jones, Carolyn, Vol IV
Jones, Carolyn M., Vol IV
Jordan, Rosan, Vol II
Kennedy, J. Gerald, Vol II
Knight, Gary, Vol IV
Korwar, Arati, Vol IV
Kronick, Joseph, Vol II
Kurpius, David, Vol II
Lafayette, Robert, Vol III
Lane, Pinkie Gordon, Vol II
Leupin, Alexandre, Vol II
Liggett, Sarah, Vol II
Lindenfeld, David Frank, Vol I
Loos, John Louis, Vol I
Loveland, Anne Carol, Vol I
Lowe, John, Vol II
Madden, David, Vol II
Masse, Michelle, Vol II
Mattingly, Carol, Vol I
May, John R., Vol IV
May, John Richard, Vol II
Mayo, Charles M., Vol II
McGee, Patrick, Vol I

McMahon, Robert, Vol II
Michie, Elsie B., Vol II
Mickelson, Sig, Vol II
Moore, Don, Vol II
Moreland, Richard, Vol II
Nardo, Anna, Vol II
Nelson, Richard Alan, Vol II
Oetting, Janna B., Vol III
Oliver, Lisi, Vol I
Olney, James, Vol II
Parker, Margaret, Vol II
Payne, Rodger M., Vol IV
Peoples, VerJanis Andrews, Vol I
Perlmutter, David, Vol II
Pizer, John, Vol III
Prenshaw, Peggy, Vol II
Ragsdale, J. Donald, Vol II
Ramiacuterez, Mariacutea-Esther D., Vol III
Ramirez, Arnulfo G., Vol II
Reid, Panthea, Vol II
Ricapito, Joseph V., Vol III
Richardson, Malcolm, Vol II
Ridgel, Gus Tolver, Vol I
Roberts, Robin, Vol II
Rodrigo, Victoria, Vol III
Ross, Billy I., Vol II
Royster, Charles William, Vol I
Russo, Adelaide, Vol II
Sandiford, Keith, Vol II
Schierling, Stephen P., Vol I
Schufreider, Gregory, Vol II
Seynaeve, Jaak, Vol IV
Shiflett, Orvin Lee, Vol II
Shirley, Edward S., Vol IV
Sirridge, Mary, Vol IV
Smith, Dave, Vol II
Stanford, Donald Elwin, Vol II
Stanton, Leonard J., Vol III
Stone, Gregory, Vol II
Suchy, Patricia, Vol II
Sutherland, Gail Hinich, Vol IV
Tandberg, Gerilyn, Vol II
Tarver, Leon R., II, Vol I
Thorn, J. Dale, Vol I
Tolson, Arthur L., Vol I
Torrecilla, Jesus, Vol I
Toth, Emily, Vol II
Vandeloise, Claude, Vol III
Verdesio, Gustavo, Vol III
Vincent, Charles, Vol I
Warga, Richard G., Jr., Vol I
Weltman, Sharon, Vol II
Whittaker, John, Vol IV
Wills, David, Vol II
Windhauser, John W., Vol II
Wing, Nathaniel, Vol II
Wood, Susan H., Vol I
Yiannopoulos, A.N., Vol IV
Zebouni, Selma, Vol II

Hammond
Gaines, James Frederick, Vol III
Kurtz, Michael L., Vol I
McGehee, R.V., Vol I

Lafayette
Arehole, S., Vol III
Berkeley, Istvan S.N., Vol III
Conrad, Glenn Russell, Vol I
Fackler, Herbert Vern, Vol I
Garrett, Aline M., Vol I
Gentry, Judith Anne Fenner, Vol I
Oller, John William, Vol II
Patterson-Iskander, Sylvia W., Vol II
Raffel, Burton, Vol II
Richard, Carl J., Vol I
Schoonover, Thomas David, Vol I

Lake Charles
Goins, Scott, Vol I
Nagem, Monique F., Vol II
Sennett, James, Vol II
Watson, Thomas Davis, Vol I

Marrero
Gumms, Emmanuel George, Sr., Vol IV

Monroe
Hingle, Norwood N., III, Vol IV
James, Elridge M., Vol I
Kauffman, Bette J., Vol II
Legan, Marshall Scott, Vol I
Madden, Patrick, Vol IV
Steckline, C. Turner, Vol II
Thameling, Carl L., Vol II
Wilson, Holly, Vol IV

Natchitoches
Dillard, Joey L., Vol II
Jerred, Ada D., Vol II
Thomas, Jean D'Amato, Vol I

New Orleans
Abel Travis, Molly, Vol II
Ahearn, Barry, Vol II
Altman, Ida, Vol I
Anderson, Nancy Fix, Vol I
Baron, John H., Vol III
Berlin, Netta, Vol I
Billings, William M., Vol I
Bogdan, Radu J., Vol IV
Boles, John Bruce, Vol I
Bonner, Thomas, Vol II
Bourgeois, Patrick Lyall, Vol IV
Brower, Bruce W., Vol IV
Brown, Marilyn, Vol I
Brumfield, William Craft, Vol III
Bruns, James Edgar, Vol I
Burger, Ronna C., Vol IV
Carroll, Linda Louise, Vol III
Carter, Jane B., Vol I
Clark, Michael Dorsey, Vol I
Cohen, Joseph, Vol II
Collin, Richard H., Vol I
Cook, Bernard Anthony, Vol I
Cooley, Peter John, Vol II
Cotton, William Theodore, Vol II
Cummings, Anthony M., Vol I
Desai, Gaurav Gajanan, Vol I
Doll, Mary A., Vol I
Duffy, Stephen Joseph, Vol IV
Ebel, Roland H., Vol I
Engel, Kirsten H., Vol II
Eskew, Harry Lee, Vol I
Esthus, Raymond Arthur, Vol I
Fann, Willerd Reese, Vol I
Finneran, Richard John, Vol II
Folse, Henry J., Jr., Vol IV
Forbes, Graeme, Vol IV
Frank, Elfrieda, Vol III
Frey, Slyvia Rae, Vol I
Glenn, John Deavenport, Jr., Vol IV
Gnuse, Robert, Vol IV
Goins, Richard Anthony, Vol I
Golluber, Michael, Vol IV
Green, O. Harvey, Vol IV
Greenleaf, Richard E., Vol I
Hallock, Ann Hayes, Vol III
Hanks, Donald, Vol IV
Harpham, Geoffrey Galt, Vol II
Hasselbach, Ingrid Tiesler, Vol III
Hasselbach, Karl Heinz, Vol III
Heiple, Daniel L, Vol II
Herbert, Gary, Vol IV
Hirsch, Arnold Richard, Vol I
Holditch, William Kenneth, Vol II
Holloway, Alvin J., Vol IV
Howard, David M., Jr., Vol IV
James, Felix, Vol I
Jenkins, A. Lawrence, Vol I
Johnson, Edward, Vol IV
Jordan, Eddie J., Jr., Vol IV
Jordan, Eddie Jack, Sr., Vol I
Kehoe, Dennis P., Vol II
Klebba, James Marshall, Vol IV
Koritz, Amy, Vol II
Kuczynski, Michael, Vol I
Latner, Richard Barnett, Vol I
Lazzerini, Edward James, Vol I
Lee, Donald S., Vol IV
Lee, Donald Soule, Vol IV
Liuzza, Roy, Vol I
Lodge, Paul A., Vol IV
Logsdon, Joseph, Vol I
Mace, Carroll E., Vol III
Mack, Eric M., Vol IV
Malone, Bill Charles, Vol I
Mark, Rebecca, Vol II
Mazoue, Jim, Vol IV
McClay, Wilfred M., Vol I
Mosier, John, Vol II
Nair, Supryia, Vol I
Paolini, Gilberto, Vol III
Phillips, Clarence Mark, Vol IV
Pizer, Donald, Vol II
Poe, Joe Park, Vol I
Porter, Michael, Vol III
Reck, Andrew Joseph, Vol IV
Reck, Rima Drell, Vol III
Reeves, Willaim Dale, Vol I
Rothenberg, Molly, Vol III
Schafer, J.K., Vol I
Schalow, Frank, Vol IV
Schlunz, Thomas Paul, Vol I
Simmons, Joseph Larry, Vol II

Skinner, Robert Earle, Vol II
Snare, Gerald, Vol II
Soble, Alan, Vol IV
Spaeth, Barbette S., Vol I
Stewart, Maaja Agur, Vol I
Strong, L. Thomas, III, Vol IV
Swift, Mary Grace, Vol I
Taylor, Herman Daniel, Vol I
Toulouse, Teresa, Vol II
Towns, Sanna Nimtz, Vol II
Tronzo, William, Vol I
Tuttle, Richard J., Vol I
Uddo, Basile Joseph, Vol IV
Verrett, Joyce M., Vol I
Vetrocq, Marcia E., Vol I
Wade-Gayles, Gloria Jean, Vol II
Washington, Robert Orlanda, Vol I
Watson, Cresap Shaw, Vol II
Watson, James R., Vol IV
Weiss, Ellen B., Vol I
Willems, Elizabeth, Vol IV
Worthy, Barbara Ann, Vol I
Zimmerman, Michael E., Vol IV

Ruston
Attrep, Abraham M., Vol I
Bush, John M., Vol I
Cook, Philip C., Vol I
Daly, John P., Vol I
Ingram, Earl Glynn, Vol I
Meade, Wade C., Vol I
Rea, Kenneth W., Vol I
Robbins, Kenneth, Vol II
Webre, Stephen, Vol I
Zalesch, Saul E., Vol I

Shreveport
Guerin, Wilfred Louis, Vol II
Leitz, Robert C., Vol II
Otto, David, Vol IV
Pederson, William David, Vol I
Rigby, Kenneth, Vol IV
Sur, Carolyn Worman, Vol IV
Thompson, Alan Smith, Vol I

Thibodanx
Tonn, Anke, Vol II

Thibodaux
Fletcher, Marie, Vol II

MAINE

Bangor
Baker, William Joseph, Vol I
Trobisch, David, Vol IV

Bar Harbor
Carpenter, William Morton, Vol II

Brunswick
Boyd, Barbara Weiden, Vol I
Cerf, Steven Roy, Vol III
Gelwick, Richard, Vol IV
Helmreich, Ernst Christian, Vol I
Levine, Daniel, Vol I
Long, Burke O'Connor, Vol IV
Pols, Edward, Vol IV
Walter, John Christopher, Vol I

Dresden
Turco, Lewis, Vol II

Farmington
Condon, Richard Herrick, Vol I
Flint, Allen Denis, Vol I
Franson, John Karl, Vol II

Hebron
Kuritz, Paul, Vol II

Lewiston
Hochstadt, Steve, Vol I
Kolb, David Alan, Vol IV
Leamon, James Shenstone, Vol I

Machias
Huggins, Cynthia, Vol II

New Vineyard
Bliss, Francis Royster, Vol I

Orono
Acampora, Christa Davis, Vol IV
Babcock, Robert Harper, Vol I

Battick, John Francis, Vol I
Blanke, Richard, Vol I
Cunningham, Sarah B., Vol IV
Donovan, Josephine, Vol II
Doty, Charles Stewart, Vol I
French, Paulette, Vol III
Fries, Russell Inslee, Vol I
Hatlen, Burton Norval, Vol II
Howard, Michael W., Vol IV
Ives, Edward Dawson, Vol II
Langellier, Kristin M., Vol III
Mooney, L.M., Vol I
Munson, Henry Lee, Vol I
Pease, Jane Hanna, Vol I
Peterson, Eric E., Vol II
Petrik, Paula E., Vol I
Smith, David Clayton, Vol I
Smith, Laurence D., Vol I
Troiano, James J., Vol III

Portland
Caffentzis, C. George, Vol IV
Cluchey, David P., Vol II
Delogu, Orlando E., Vol IV
Dietrich, Craig, Vol III
Gavin, William, Vol IV
Gish, Nancy K., Vol II
Grange, Joseph, Vol IV
Gregory, David D., Vol III
Lang, Michael B., Vol IV
Louden, Robert B., Vol IV
Murphy, Julien, Vol IV
Rieser, Alison, Vol IV
Schwanauer, Francis, Vol IV
Wagner, David, Vol I
Ward, Thomas M., Vol IV
Wells, William W., Vol IV
Wininger, Kathleen, Vol IV
Wriggins, Jennifer, Vol IV
Zillman, Donald N., Vol IV

Presque Isle
Blackstone, Thomas L., Vol IV
Petress, Kenneth C., Vol II

South Berwick
Olbricht, Thomas H., Vol I

Standish
Reilly, Edward J., Vol II

Steep Falls
Keay, Robert, Vol IV

Strong
Decker, Leslie Edward, Vol I

Waterville
Bassett, Charles Walker, Vol II
Fleming, James Rodger, Vol I
Geller, David A., Vol IV
Hudson, Yeager, Vol IV
Lepley, Doug, Vol II
Longstaff, Thomas R.W., Vol IV
McArthur, Robert L., Vol IV
O'Neill, Kerill, Vol I
Paliyenko, Adrianna M., Vol III
Partsch, Cornelius, Vol III
Reidel-Schrewe, Ursula, Vol III
Roisman, Hanna M., Vol I
Weisbrot, Robert S., Vol I

Winthrop
Waugh, Charles G., Vol II

Woolwich
Martin, Kenneth R., Vol I

York Beach
Davison, Nancy R., Vol I

MARYLAND

Adelphi
Fuegi, John B., Vol III
Wallace, William A., Vol IV

Annapolis
Abels, Richard, Vol I
Barbera, Andre, Vol I
Carr, Lois Green, Vol I
Cochran, Charles Leo, Vol I
Coletta, Paolo E., Vol I
Culham, Phyllis, Vol I
DeCredico, Mary A., Vol I

Hagan, Kenneth James, Vol I
Jason, Philip Kenneth, Vol II
O'Donovan-Anderson, Michael,
  Vol IV
Symonds, Craig Lee, Vol I

Babson Park
Seitz, Brian, Vol IV

Baltimore
Achinstein, Peter, Vol IV
Albrecht, Catherine, Vol I
Anderson-Tanner, Frederick T., Jr.,
  Vol I
Arnold, Joseph L., Vol I
Baker, Jean Harvey, Vol I
Baldwin, John Wesley, Vol I
Bardaglio, Peter W., Vol I
Barker, Evelyn M., Vol IV
Bauerschmidt, Frederick Christian,
  Vol IV
Baumgarten, Joseph M., Vol III
Bell, John D., Vol I
Bett, Richard, Vol I
Bittner, Thomas, Vol IV
Blumberg, Arnold, Vol I
Boehling, Rebecca, Vol I
Bowman, Leonard Joseph, Vol IV
Breihan, John R., Vol I
Brennan, Timothy J., Vol I
Brieger, Gert Henry, Vol I
Browne, Gary L., Vol I
Browne, Gary Lawson, Vol I
Brumbaugh, John Maynard,
  Vol IV
Burke, Colin B., Vol I
Cameron, Sharon, Vol II
Carruthers, Virginia, Vol II
Carter, Charles Edward, Vol IV
Catania, Anthony Charles, Vol I
Chaffee-Sorace, Diane, Vol III
Chiu, Hungdah, Vol IV
Cohen, Warren I., Vol I
Colombat, Andre P., Vol III
Cooper, Jerrold Stephen, Vol I
Cripps, Thomas, Vol I
Curtin, Philip De Armond, Vol I
Daley, Guilbert Alfred, Vol II
Davisson, Mary H.T., Vol I
Donaghy, Thomas J., Vol I
Durham, Joseph Thomas, Vol I
Elfenbein, Jessica, Vol I
Faulcon, Clarence Augustus, II,
  Vol I
Fee, Elizabeth, Vol I
Fitts, Leroy, Vol IV
Fleishman, Avrom, Vol II
Forscher Weiss, Susan, Vol I
Forster, Robert, Vol I
Freedman, Robert Owen, Vol I
Galambos, Louis Paul, Vol I
Gardner, Bettye J., Vol I
Geiger, Mary Virginia, Vol IV
Gibson, Stephanie, Vol II
Gittlen, Barry M, Vol I
Goedicke, Hans, Vol I
Goldthwaite, Richard A., Vol I
Gorman, Michael J., Vol IV
Greene, Jack P., Vol I
Grubb, James S., Vol I
Guy, Fred, Vol I
Hall, Tom, Vol I
Ham, Debra Newman, Vol I
Harrison, Daphne Duval, Vol I
Hawthorne, Lucia Shelia, Vol II
Haynes, James H., Vol I
Herbert, Sandra, Vol I
Herbert, Sandra Swanson, Vol I
Higham, John, Vol I
Hillers, Delbert Roy, Vol IV
Hopkins, Fred, Vol I
Hrabowski, Freeman Alphonsa, III,
  Vol I
Ike, Alice Denise, Vol IV
Irwin, John Thomas, Vol II
Jacklin, Thomas M., Vol I
Jeffrey, Julie Roy, Vol I
Jeffries, John W., Vol I
Jusczyk, P.W., Vol I
Kagan, Richard Lauren, Vol I
Kahane, Howard, Vol IV
Kaplan, Nancy, Vol II
Kargon, Robert, Vol I
Kars, Marjoleine, Vol I
Kelley, Delores G., Vol II
Kessler, Herbert Leon, Vol I
King, Ora Sterling, Vol I
King-Hammond, Leslie, Vol I
Kleinman, Neil, Vol II

Knight, Franklin W., Vol I
Knight, Franklin Willis, Vol I
Korenman, Joan Smolin, Vol II
Krotkoff, Georg, Vol III
Larew, Karl Garret, Vol I
Lasson, Kenneth L., Vol IV
Leder, Drew L., Vol IV
Legon, Ronald, Vol I
Lidtke, Vernon Leroy, Vol I
Macksey, Richard Alan, Vol III
Makarushka, Irena, Vol IV
Matanle, Stephen, Vol III
McConnell, Roland Calhoun, Vol I
McKinney, Richard I., Vol IV
Mitchell, Reid, Vol I
Morgan, Leslie Zurker, Vol III
Moulthrop, Stuart, Vol II
Mruck, Armin Einhard, Vol I
Mulcahey, Donald C., Vol I
Murray, Mabel Lake, Vol I
Nagele, Rainer, Vol III
Neander, K., Vol IV
Neverdon-Morton, Cynthia, Vol I
Oden, Gloria, Vol II
Olson, Paul Richard, Vol III
Papadakis, Aristeides, Vol I
Pegram, Thomas R., Vol I
Phillips, Glenn Owen, Vol I
Power, Garrett, Vol IV
Ranum, Orest, Vol I
Ritschel, Daniel, Vol I
Roca, Robert Paul, Vol I
Roller, Matthew B., Vol I
Russell-Wood, A.J.R., Vol I
Ryon, Roderick Naylor, Vol I
Sawyer, Jeffrey K., Vol I
Scherer, Imgard S., Vol I
Scheye, Thomas Edward, Vol II
Schneewind, Jerome B., Vol IV
Sellers, Mortimer, Vol IV
Shapiro, H. Alan, Vol I
Sheffey, Ruthe G., Vol II
Slavin, Robert Edward, Vol I
Soria, Regina, Vol III
Spitzer, John, Vol I
Spring, David, Vol I
Stanley, Julian Cecil, Vol I
Stanton, Phoebe Baroody, Vol I
Stephens, Charles Ralph, Vol II
Struever, Nancy Schermerhorn,
  Vol I
Sweeney, John Albert, Vol I
Talar, Charles J. T., Vol IV
Talley, William B., Vol I
Tassi, Aldo, Vol IV
Tatarewicz, Joseph N., Vol I
Terborg-Penn, Rosalyn M., Vol I
Tokarczyk, Michelle M., Vol II
Tolbert, Elizabeth D., Vol I
Valis, Noel M., Vol III
Vaporis, Constantine N., Vol I
Varga, Nicholas, Vol I
Walker, Ernestein, Vol I
Walker, Mack, Vol I
Walters, Ronald Gordon, Vol I
Webb, Robert Kiefer, Vol I
Weiss, Piero, Vol I
Weiss, Susan Forscher, Vol I
Wexler, Victor G., Vol I
Wolf, Susan R., Vol IV
Yarrison, Betsy, Vol I
Yip, Ka-che, Vol I
Zhuk, Sergei I., Vol I

Bethesda
Bates, Margaret Jane, Vol III
Cassedy, James Higgins, Vol I
Devos, Jean, Vol IV
Fink, Beatrice, Vol III
Geyer, Alan, Vol II
Godsey, John Drew, Vol IV
Hewlett, Richard Greening, Vol I
Linton, Calvin Darlington, Vol II
Smith, Dale Cary, Vol I
Waserman, Manfred, Vol I

Bowie
Miller, M. Sammye, Vol I

Burtonsville
Rothfeld, Anne, Vol I

Cantonsville
Pilch, John J., Vol IV

Catonsville
Field, Thomas Tilden, Vol IV
Hostetter, Edwin C., Vol II
Loerkw, William, Vol I

Chestertown
Deprospo, Richard Chris, Vol II
Janson-La Palme, Bayly, Vol I
Shivers, George Robert, Vol III
Tatum, Nancy R., Vol II

Chevy Chase
Gutowski, Carolyn, Vol I
Larson, Charles Raymond, Vol II
Miller, Franklin, Vol IV
Patterson, David Sands, Vol I
Ricciardelli, Angela R., Vol I
Timbie, Janet Ann, Vol I

Clinton
Williams, Wilbert Lee, Vol IV

College Park
Albert, Peter J., Vol I
Auerbach, Jonathon, Vol II
Barry, Jackson Granville, Vol II
Bedos-Rezak, Brigitte, Vol I
Belz, Herman Julius, Vol I
Berlin, Adele, Vol I
Berlin, I., Vol I
Best, Otto Ferdinand, Vol III
Bode, Carl, Vol II
Bradbury, Miles L., Vol I
Breslow, Marvin A., Vol I
Brown, Peter G., Vol IV
Brown, Richard Harvey, Vol I
Brush, Stephen George, Vol I
Cai, Deborah A., Vol II
Caramello, Charles, Vol II
Caughey, John L., Vol I
Claude, Richard P., Vol IV
Colantuono, Anthony, Vol I
Cole, Wayne S., Vol I
Corbin Sies, Mary, Vol I
Cunningham, William Dean, Vol I
Darden, Lindley, Vol IV
Darden, Lindley, Vol I
Davidson, Roger Harry, Vol I
Davis, Johnetta Garner, Vol II
Denny, Don William, Vol I
Devitt, Michael, Vol IV
Doherty, Lillian E., Vol I
Eckstein, A.M., Vol I
Evans, Emory Gibbons, Vol I
Fink, Edward L., Vol II
Finkelstein, Barbara, Vol I
Flack, J..Kirkpatrick, Vol I
Fleck, Jere, Vol III
Fraistat, Neil Richard, Vol II
Freedman, Morris, Vol II
Freimuth, Vicki S., Vol II
Friedel, Robert D., Vol I
Gaines, Robert N., Vol I
Gaines, Robert N., Vol IV
Gerstel, Sharon E.J., Vol I
Gilbert, James Burkhart, Vol I
Gillespie, Patti P., Vol II
Grimsted, David Allen, Vol I
Gullickson, Gay Linda, Vol I
Hallett, Judith P., Vol I
Hampton, Robert L., Vol I
Harlan, Louis R., Vol I
Harris, James F., Vol I
Henretta, James A., Vol I
Hiebert, Ray Eldon, Vol II
Holton, William Milne, Vol II
Igel, Regina, Vol III
Isaacs, Neil D., Vol II
Jashemski, Wilhelmina F., Vol I
Kelly, R. Gordon, Vol II
Klumpp, James F., Vol II
Kolodny, Annette, Vol II
Kornbluth, Geneva, Vol I
Lawson, Lewis Allen, Vol II
Lee, Hugh Ming, Vol I
Leonardi, Susan J., Vol II
Lesher, James, Vol I
Levinson, Jerrold, Vol IV
Lightfoot, D., Vol III
Lounsbury, Myron, Vol I
Lyons, Clare A., Vol I
Martin, Raymond Frederick,
  Vol IV
Matossian, Mary Kilbourne, Vol I
McCaleb, Joseph L., Vol II
Ming Lee, Hugh, Vol I
Mintz, Lawrence E., Vol I
Moss, Alfred A., Jr., Vol IV
Olson, Alison Gilbert, Vol I
Olson, Keith Waldemar, Vol I
Paoletti, Jo, Vol I
Parks, Sheri L., Vol II
Pasch, Alan, Vol IV
Peller Hallett, Judith, Vol I

Penner, Merrilynn J., Vol IV
Pressly, William L., Vol I
Price, Richard, Vol I
Promey, Sally M., Vol I
Rao, Nagesh, Vol II
Ridgway, Whitman Hawley, Vol I
Ritzer, George, Vol I
Rutherford, Charles Shepard,
  Vol II
Rutledge, Steven H., Vol I
Sagoff, Mark, Vol IV
Schoenbaum, Samuel, Vol II
Scott Jenkins, Virginia, Vol I
Segal, David R., Vol I
Sherman, William H., Vol II
Spiegel, Gabrielle Michele, Vol I
Staley, Gregory A., Vol I
Sthele, Eva, Vol I
Sumida, Jon Tetsuro, Vol I
Tarica, Ralph, Vol III
Terchek, Ronald John, Vol I
Vann, Robert Lindley, Vol I
Waks, Leah, Vol II
Walker, Richard Ernest, Vol III
Walters, Ronald, Vol I
Warren, Donald R, Vol I
Warren, J. Benedict, Vol I
Williams, Helen Elizabeth, Vol II
Wilt, David E., Vol II
Winton, Calhoun, Vol II
Wolvin, Andrew D., Vol II
Woolf, Leonard, Vol II
Wyatt, David M., Vol II
Zilfi, Madeline Carol, Vol I

Columbia
Keeton, Morris Teuton, Vol IV
Ligon, Doris Hillian, Vol I
Mitchell, Helen Buss, Vol I
White, Alfred Loe, Vol IV
Wolter, John A., Vol I

Darnestown
Knox, Bernard MacGregor Walker,
  Vol I

Edgewater
Hammer, Jane R., Vol IV

Elkton
Coulet Du Gard, Rene, Vol I

Ellicott City
West, Herbert Lee, Jr., Vol I

Emmitsburg
Collinge, William Joseph, Vol IV
Conway, Gertrude D., Vol IV
Craft, William, Vol II
Donovan, John F., Vol IV
Dorsey, Peter, Vol II
Drummond, John J., Vol IV
Ducharme, Robert, Vol II
Gandal, Keith, Vol II
Hamel, Mary, Vol III
Heath, William, Vol II
Johnson, Curtis, Vol I
Kalas, Robert, Vol I
Krysiek, James, Vol I
Malone, M.J., Vol II
McDonald, Patricia M., Vol IV
Portier, William L., Vol IV
Selner-Wright, Susan C., Vol IV
Whitman, T. Stephen, Vol I
Wright, Terrence C., Vol IV

Fort Washington
Demolen, Richard Lee, Vol I
Gustafson, Milton Odell, Vol I

Frederick
Caminals-Heath, Roser, Vol II
Hein, David, Vol IV
Keeler, Mary Frear, Vol I
Moreland, Raymond T., Jr.,
  Vol IV

Frostburg
Bramann, Jorn Karl, Vol IV
Clulee, Nicholas H., Vol I
Rhodes, Randall, Vol I
Wiseman, John Bailes, Vol I

Frostburgh
Lutz, Mary Anne, Vol II

Gaithersburg
Dierenfield, Bruce Jonathan, Vol I

Germantown
Gabriele, Edward, Vol IV

Hyattsville
Komonchak, Joseph Andrew,
  Vol IV

La Plata
Bilsker, Richard L., Vol IV
Klink, William, Vol II

Lanham
Bormanshinov, Arash, Vol III
Kari, Daven M., Vol II

Largo
Cloud, W. Eric, Vol IV
James, David Phillip, Vol I

Leonardtown
Winnik, Herbert Charles, Vol I

Lexington Park
McNeill, Susan Patricia, Vol IV

Lutherville
Muuss, Rolf Eduard Helmut,
  Vol IV

North Potomac
Kapsch, Robert J., Vol I

Pasadena
De Pauw, Linda Grant, Vol I

Princess Anne
Harleston, Robert Alonzo, Vol I
Hedgepeth, Chester Melvin, Jr.,
  Vol II
Keenan, Richard Charles, Vol II

Rockville
Cantelon, Philip Louis, Vol I
Haffner, Marlene Elisabeth,
  Vol IV
Kimes, Don, Vol I
McDonald, Peter J.T., Vol IV

Salisbury
Clement, Grace, Vol IV
Kane, Francis, Vol IV
Miller, Jerome A., Vol IV
Tompson, G. Ray, Vol II
Waters, Michael, Vol II
Welsh, James Michael, Vol II

Silver Spring
Abraham, Daniel, Vol I
Berger, Carl, Vol I
Graham, Maryemma, Vol II
Howze, Karen Aileen, Vol IV
Hunt, Mary Elizabeth, Vol IV
Levy, Diane Wolfe, Vol III
Moore, Robert Henry, Vol II
Morse, Oliver, Vol IV
Null, Elisabeth M., Vol I
Robbins, Paul Richard, Vol I
Rodriguez, Angel Manuel, Vol IV
Smith, David R., Vol IV
Smith, Paul Hubert, Vol I
Svejda, George J., Vol I
Ulrich, Homer, Vol I
Winston, Michael R., Vol I

St. Mary's City
Krondorfer, Bjoern, Vol IV
Paskow, Alan, Vol IV
Rosemont, Henry, Vol IV
Stabile, Donald Robert, Vol I
Von Kellenbach, Katharine,
  Vol IV

St. Michaels
McLoud, Melissa, Vol I

Stevenson
Penczek, Alan, Vol IV

Takoma Park
Hammond, James Matthew, Vol I
Loizeaux, Elizabeth Bergmann,
  Vol II

Towson
Bergman, David L., Vol II
Chen, Ni, Vol II
Esslinger, Dean Robert, Vol I

Evangeliou, Christos C., Vol I
Faller, Greg, Vol II
Flippen, Charles, Vol II
Giro, Jorge A., Vol III
Gissendanner, John M., Vol II
Hahn, H. George, Vol II
Hedges, William Leonard, Vol II
Kim, Soon Jin, Vol II
Leahy, David G., Vol I
Lev, Peter, Vol II
Matlon, Ronald, Vol III
McElreath, Mark, Vol II
McGrain, John W., Vol II
Vatz, Richard E., Vol II

Westminster
Cobb, Eulalia Benejam, Vol III
Evergates, Theodore, Vol I
Williams, Daniel Anthony, Vol III

MASSACHUSETTS

Allston
D'Agostino, Peter R., Vol IV
Stark, Tracey, Vol IV
Stoehr, Kevin L., Vol IV

Amherst
Altstadt, Audrey L., Vol I
Aune, Bruce Arthur, Vol IV
Avrech Berkman, Joyce, Vol I
Bach, Emmon, Vol III
Baker, Lynne R., Vol IV
Barton, Carlin, Vol I
Bauschinger, Sigrid Elisabeth,
    Vol III
Benson, Jack Leonard, Vol I
Berkman, Joyce A., Vol I
Berlin, Normand, Vol II
Berwald, Jean-Pierre, Vol III
Bliss, Katherine, Vol I
Boudreau, Harold Laverne, Vol III
Bowman, Joye L., Vol I
Boyer, Horace Clarence, Vol I
Boyle, Kevin, Vol I
Brigham, John, Vol I
Brown, Dennis T., Vol I
Busi, Frederick, Vol III
Cameron, John, Vol II
Cantor, Milton, Vol I
Carlson, Melvin, Jr., Vol II
Carre, Marie-Rose, Vol III
Cassirer, Thomas, Vol III
Cathey, James E., Vol III
Chametzky, Jules, Vol II
Chang, Briankle G., Vol II
Chappell, Vere Claiborne, Vol IV
Cheney, Donald, Vol II
Cheyette, Fredric Lawrence, Vol I
Chrisman, Miriam Usher, Vol I
Clayton, John J., Vol II
Cody, Richard John, Vol II
Cohen, Alvin Philip, Vol III
Collins, Dan Stead, Vol II
Cooks, Leda M., Vol I
Couvares, F.G., Vol I
Craig, George Armour, Vol II
Davidov, Judith Fryer, Vol I
Depillis, Mario Stephen, Vol I
Dizard, Jan, Vol I
Drake, Fred, Vol I
Duckert, Audrey Rosalind, Vol III
Edwards, Lee R., Vol II
Elias, Jamal J., Vol IV
Erdman, Harley M., Vol I
Fabos, Julius Gyula, Vol I
Frank, Joseph, Vol II
Frazier, Lyn, Vol III
French, Roberts Walker, Vol II
Garaud, Christian, Vol III
Gentry, Atron A., Vol I
Glassberg, David, Vol I
Goldman, Sheldon, Vol I
Gordon, Daniel, Vol I
Green, Lisa, Vol III
Greenfield, Sumner M., Vol III
Guttmann, Allen, Vol I
Gyatso, J., Vol IV
Harbison, Craig, Vol I
Hawkins, Hugh Dodge, Vol I
Heath, William Webster, Vol II
Heffernan, James, Vol I
Higgins, Roger F., Vol III
Higginson, John, Vol I
Hodder, Alan, Vol IV
Holland, Norman, Vol III
Johnson, Kyle B., Vol III

Johnston, William M., Vol I
Jones, Byrd Luther, Vol I
Jones, Robert, Vol I
Jones, Robert Edward, Vol I
Karpinski, Gary S., Vol I
Keefe, Robert, Vol II
Kennick, William Elmer, Vol IV
Kingston, John, Vol III
Kinney, Arthur F., Vol II
Kitchell, Kenneth F., Vol I
Klare, Michael T., Vol I
Koehler, G. Stanley, Vol II
Kratzer, Anglelika, Vol III
Laurie, Bruce, Vol I
Lawall, Gilbert Westcott, Vol I
Lawall, Sarah Nesbit, Vol III
Levin, Maurice Irwin, Vol III
Levine, Sura, Vol I
Levy, Barry, Vol I
Levy, Barry, Vol I
Love, Barbara, Vol I
Lowance, Mason Ira, Vol II
Maddox, Donald, Vol III
Maddox, Sara Sturm, Vol III
Margolis, Nadia, Vol III
Mariani, Paul L., Vol II
Marshall, Peter K., Vol I
Martin, Daniel, Vol III
Matthews, Gareth Blanc, Vol IV
May, Ernest, Vol I
Mazor, Lester Jay, Vol IV
Mazzocco, Elizabeth H., Vol III
McFarland, Gerald W., Vol I
Mills, Patricia J., Vol IV
Minear, Richard H., Vol I
Moore, Joseph G., Vol IV
Moore, Ray A., Vol III
Moran, Charles, Vol II
Naff, William E., Vol III
Niditch, Susan, Vol IV
Nightingale, Carl, Vol I
Nissenbaum, Stephen W., Vol I
Nissenbaum, Stephen Willner,
    Vol I
Norton, Paul F., Vol I
O'Connell, Barry, Vol II
Owens, Larry, Vol I
Partee, Barbara H., Vol III
Paulsen, Wolfgang, Vol III
Peiss, Kathy, Vol I
Pelz, Stephen Ernest, Vol I
Petropulos, John Anthony, Vol I
Philippides, Marios, Vol I
Platt, Gerald M., Vol I
Porter, Dennis, Vol III
Portuges, Catherine, Vol III
Potash, Robert Aaron, Vol I
Pritchard, William H., Vol II
Rausch, Jane M., Vol I
Rearick, Charles, Vol I
Reck, David, Vol I
Richards, Leonard, Vol I
Roeper, Thomas, Vol III
Roskill, Mark, Vol I
Rueschmann, Eva, Vol III
Russo, Mary, Vol II
Ryavec, Karl William, Vol I
Sanchez-Eppler, Karen, Vol II
Sandweiss, Martha, Vol I
Sarti, Roland, Vol I
Schwartz, Marvin, Vol I
Schwartzwald, Robert, Vol III
Scott, Nina Margaret, Vol III
Sears, Dianne, Vol III
Seelig, Harry E., Vol III
Selkirk, Elisabeth, Vol III
Seymour, Harry N., Vol III
Shary, Timothy, Vol II
Shipley, Neal Robert, Vol I
Sleigh, Robert Collins, Vol IV
Speas, Margaret, Vol III
Stone, Jennifer, Vol III
Story, Ronald, Vol I
Sturm-Maddox, Sara, Vol III
Swaim, Kathleen Mackenzie,
    Vol II
Swartz, Marvin, Vol I
Sweeney, Kevin, Vol I
Tager, Jack, Vol I
Tillis, Frederick C., Vol I
Townsend, Robert Campbell,
    Vol II
Trahan, Elizabeth Welt, Vol III
Trehub, Arnold, Vol I
Ware, Ronald Dean, Vol I
Watkins, Andrea, Vol I
Wickwire, Mary B., Vol I
Wills, David Wood, Vol IV
Wilson, Mary C., Vol I

Wobst, H. Martin, Vol I
Wolff, Robert Paul, Vol IV
Woolford, Ellen, Vol III
Wyman, David S, Vol I
Zamora, Juan C., Vol III

Andover
Dalton, Kathleen Mary, Vol I

Auburndale
Breines, Joseph, Vol III
Vaccaro, Joseph, Vol I

Babson Park
Bruner, M. Lane, Vol II

Belmont
Brauer, Carl Malcolm, Vol I
Fairley, Irene R., Vol III
Waldau, Paul, Vol IV

Beverly
Jerin, Robert A., Vol IV
McCarthy, Thomas, Vol IV
Woodward, Pauline, Vol III

Boston
Amato, Philip P., Vol II
Amiji, Hatim M., Vol I
Andresen, Jensine, Vol IV
Aram, Dorothy M., Vol III
Ashe, Marie, Vol IV
Bacon, Mardges, Vol I
Barash, Carol Isaacson, Vol IV
Bartlett, Cynthia L., Vol III
Bashir, Anthony S., Vol III
Beauchesne, Richard J., Vol IV
Beaudry, Mary Carolyn, Vol I
Bell, James Brugler, Vol I
Bellow, Saul, Vol II
Bennett, Norman Robert, Vol I
Blaisdell, Charmarie Jenkins, Vol I
Blanch, Robert James, Vol II
Blessington, Francis Charles,
    Vol II
Blum, Karen M., Vol IV
Blum, Lawrence A., Vol IV
Blumenson, Eric D., Vol IV
Boskin, Joseph, Vol I
Breines, Winifred, Vol I
Brinkmann, Klaus, Vol IV
Brown, Barry, Vol IV
Brown, Julia Prewitt, Vol II
Bruce, Robert Vance, Vol I
Burch, Sharon Peebles, Vol IV
Burgin, Diana Lewis, Vol III
Burns, Carol J., Vol I
Campbell, Ballard C., Vol I
Carty-Bennia, Denise S., Vol IV
Cash, Philip, Vol I
Cass, Ronald Andrew, Vol IV
Cavallaro, Rosanna, Vol IV
Chesson, Michael B., Vol I
Chu, Jonathan M., Vol I
Clark, Edward, Vol I
Clark, Gerard J., Vol IV
Collins, Martha, Vol II
Corrin, Jay Patrick, Vol I
Cottle, Thomas J., Vol I
Crannell, Kenneth C., Vol III
Cromley, Elizabeth, Vol I
Crossley, Robert Thomas, Vol II
Day, Kate N., Vol IV
Diefendorf, Barbara Boonstoppel,
    Vol I
Dodd, Victoria J., Vol IV
Eisenstat, Steven M., Vol IV
El-Baz, Farouk, Vol I
Epps, Valerie C., Vol IV
Feld, Alan L., Vol IV
Ferrarin, Alfredo, Vol IV
Fine, Marlene G., Vol II
Floyd, Juliet, Vol IV
Foss, Clive, Vol I
Foster, Lawrence, Vol IV
Fowler, William Morgan, Vol I
Franklin, Wayne S., Vol II
Fredriksen, P., Vol IV
Friedland, B., Vol IV
Friedman, Sidney Joseph, Vol II
Gagliardo, John G., Vol I
Garrett, Gerald R., Vol IV
Gilbert, Robert Emile, Vol I
Gilkes, Cheryl Townsend, Vol IV
Givelber, Daniel James, Vol IV
Glannon, Joseph William, Vol IV
Glick, Thomas F., Vol I
Green, Harvey, Vol I
Greenberg, Kenneth, Vol I

Gregory, Wanda Torres, Vol IV
Haakonssen, Knud, Vol IV
Hall, David, Vol IV
Hankin, Alan Lee, Vol I
Hansen, Julie, Vol I
Harbert, Earl, Vol IV
Harvey, Mark S., Vol IV
Harvey, William Burnett, Vol IV
Hecht, Neil S., Vol IV
Henderson, Jeffrey, Vol I
Herman, Gerald Harvey, Vol I
Hernon, Peter, Vol II
Hines, Mary E., Vol IV
Hintikka, Jaakko, Vol IV
Hoddie, James Henry, Vol III
Horne, Ralph Albert, Vol IV
Horsley, Ritta Jo, Vol III
Horton, Susan R., Vol IV
Ireland, Roderick Louis, Vol IV
Jacobs, Donald Martin, Vol I
Jefferson, Carter, Vol I
Kaufman, Deborah Renee, Vol I
Kaye, Lawrence J., Vol IV
Kee, Howard Clark, Vol IV
Keylor, William Robert, Vol I
Klare, Karl E., Vol IV
Kline, Thomas Jefferson, Vol III
Knight, Charles Anthony, Vol II
Kopaczynski, Germain, Vol IV
Korom, Frank J., Vol II
Krakauer, Eric, Vol I
Larson, Calvin J., Vol I
Lepore, Jill, Vol I
Leventhal, Fred Marc, Vol I
Levine, Julius B., Vol IV
Levine, Robert, Vol II
Lidz, Joel W., Vol IV
Lindberg, Carter Harry, Vol IV
Lint, Gregg Lewis, Vol I
Lowell Maxwell, David, Vol III
Lyman, Richard B., Vol I
Lyons, David, Vol IV
Malinowski, Michael J., Vol IV
Manuel, Sharon Y., Vol III
Mason, Herbert Warren, Vol I
Mayer, Henri Andre Van Huysen,
    Vol I
Mcalpine, Monica Ellen, Vol II
McMullin, Thomas Austin, Vol I
Miller, Naomi, Vol I
Nathanson, Stephen Lewis, Vol IV
Ness, Arthur J., Vol I
Neville, Robert C., Vol IV
Nisetich, Frank, Vol I
Nolan, John Joseph, Vol IV
Oliver, Harold Hunter, Vol IV
Orlow, Dietrich Otto, Vol I
Park, William Wynnewood,
    Vol IV
Parker, Simon B., Vol I
Partan, Daniel Gordon, Vol IV
Payne, J. Gregory, Vol II
Perlin, Marc G., Vol IV
Perlmutter, Richard Mark, Vol IV
Perricone, Jack, Vol I
Peterfreund, Stuart S., Vol II
Petronella, Vincent F., Vol II
Pinsky, Robert, Vol II
Pruett, Gordon Earl, Vol I
Psathas, George, Vol I
Quitt, Martin Herbert, Vol I
Radden, Jennifer, Vol IV
Raymond, Diane, Vol IV
Reno, J. David, Vol II
Riely, John C., Vol IV
Roberts, Wesley A., Vol IV
Robinson, Kelly A., Vol III
Rosen, Stanley H., Vol I
Rothwell, Kenneth S., Vol I
Ruck, Carl Anton Paul, Vol I
Ryan, Kevin, Vol I
Saitz, Robert Leonard, Vol II
Sanchez Silva, Arlyn, Vol III
Schachter, Gustav, Vol I
Scharf, Bertram, Vol I
Schwartz, Lloyd, Vol II
Scully, Stephen P., Vol I
Seipp, David J., Vol IV
Siemon, James Ralph, Vol II
Sigman, Stuart J., Vol II
Silbaugh, Katherine, Vol IV
Silber, John Robert, Vol IV
Silber, Nina, Vol I
Smith, Diane M., Vol IV
Stafford, Sue P., Vol IV
Sussman, Herbert, Vol II
Tauber, Alfred I., Vol IV
Tawa, Nicholas E., Vol I
Thiruvengadam, Raj, Vol IV

Tick, Judith, Vol I
Tokunaga, Emiko, Vol I
Torres-Gregory, Wanda, Vol IV
Tucker, Louis Leonard, Vol I
Vance, William Lynn, Vol II
Vietor, Richard Henry Kingsbury,
    Vol I
Voigt, John F., Vol II
Volpe, Gerald Carmine, Vol III
Vrame, Anton C., Vol IV
Wallach, Geraldine P., Vol III
Walters, Hubert Everett, Vol I
Warren, Joseph David, Vol I
Washington, Mary Helen, Vol II
Winch, Julie P., Vol I
Zack, Arnold Marshall, Vol I

Bridgewater
Curley, Thomas Michael, Vol II
Karavites, Peter, Vol I
Turner, Thomas Reed, Vol I

Brockton
Caranfa, Angelo, Vol IV

Brookline
Brenner, Louis, Vol I
Chryssavgis, John, Vol IV
Fox, Sanford J., Vol IV
Gabel, Creighton, Vol I
Marangos, Frank, Vol IV
Perdicoyianai-Paleologou, Helene,
    Vol I
Smith, Joanna S., Vol I
Smith, Sarah, Vol II
Stone, David A., Vol IV

Cambridge
Aaron, Daniel, Vol I
Abe, Nobuhiko, Vol IV
Ackerman, James Sloss, Vol I
Anderson, Stanford Owen, Vol I
Appel, Frederick, Vol IV
Appiah, Kwame Anthony, Vol I
Badian, Ernst, Vol I
Bailyn, Bernard, Vol I
Bailyn, Lotte, Vol I
Bartholet, Elizabeth, Vol IV
Baryosef, O., Vol I
Bate, Walter Jackson, Vol II
Benhabib, Seyla, Vol IV
Benson, Larry Dean, Vol II
Berlin, Charles, Vol III
Berthoff, Warner Bement, Vol II
Bisson, Thomas N., Vol I
Bok, Derek Curtis, Vol IV
Bovon, Francois, Vol IV
Brustein, Robert, Vol II
Bryson, Norman, Vol II
Buckley, Jerome Hamilton, Vol II
Chomsky, Noam, Vol III
Chvany, Catherine Vakar, Vol III
Clifford, Richard J., Vol IV
Cohn, Dorrit, Vol III
Cox, Archibald, Vol IV
Craig, Albert Morton, Vol I
Cranston, Edwin Augustus, Vol III
Crecelius, Kathryn June, Vol III
Daley, Brian Edward, Vol I
Damrosch, Leo, Vol II
Dershowitz, Alan Morton, Vol IV
Dominguez, Jorge Ignacio, Vol I
Donaldson, Peter Samuel, Vol I
Dyck, Arthur James, Vol I
Dyck, Martin, Vol III
Elliott, Clark Albert, Vol I
Evans, Gwynne Blakemore, Vol II
Fanger, Donald Lee, Vol II
Farmer, P., Vol I
Fernandezcifuentes, L., Vol III
Fideler, Paul Arthur, Vol I
Field, Mark G., Vol I
Fisher, Philip, Vol II
Fisher, Roger, Vol IV
Flier, Michael S., Vol II
Foerst, Anne, Vol IV
Fogelson, Robert M., Vol I
Ford, Franklin Lewis, Vol I
Francke, Kuno, Vol III
Fried, Charles, Vol IV
Frug, Gerald Ellison, Vol IV
Frye, Richard Nelson, Vol III
Gaskell, Ivan, Vol I
Gates, Henry Louis, Jr., Vol II
Goldin, Claudia, Vol I
Graham, Loren Raymond, Vol I
Graham, Patricia Albjerg, Vol I
Graham, William A., Vol III
Grimsted, Patricia Kennedy, Vol I

Guthke, Karl Siegfried, Vol III
Haar, Charles Monroe, Vol IV
Hall, David D., Vol I
Halle, Morris, Vol III
Hammond, Mason, Vol I
Hanan, Patrick Dewes, Vol III
Handlin, Oscar, Vol I
Hanson, Paul David, Vol IV
Harrington, Daniel Joseph, Vol IV
Harris, Errol E., Vol I
Harris, Joseph, Vol II
Heck, Richard, Vol IV
Heimert, Alan, Vol I
HennessyVendler, Helen, Vol II
Henrich, Dieter, Vol III
Herwitz, David Richard, Vol IV
Higonnet, Patrice, Vol I
Hoffmann, Stanley, Vol I
Horovitz, Amir, Vol IV
Hullett, James N., Vol IV
Hunt, Richard M., Vol I
Hutchison, William Robert, Vol I
Iliescu, Nicolae, Vol III
Jasanoff, Sheila S., Vol IV
Jolls, C., Vol IV
Jones, Christopher P., Vol I
Kahn, Jonathan, Vol I
Kane, Thomas Anthony, Vol IV
Kaplan, Justin, Vol II
Kaplow, Louis, Vol IV
Karlsen, Carol F., Vol I
Katz, Milton, Vol IV
Kaufman, Gordon Dester, Vol IV
Keenan, J.F., Vol I
Keeton, Robert Ernest, Vol IV
Keller, Evelyn Fox, Vol IV
Kelman, Steven, Vol I
Khoury, Philip S., Vol I
Koester, Helmut, Vol IV
Korsgaard, Christine M., Vol IV
Kuhn, Thomas Samuel, Vol I
Kujawa, Sheryl A., Vol IV
Kuno, Susumu, Vol III
Lamberg-Karlovski, Clifford
  Charles, Vol I
LaMothe, Kimerer L., Vol IV
Lee, Helen Elaine, Vol II
Lewalski, Barbara Kiefer, Vol II
Lockwood, Lewis Henry, Vol I
Lunt, Horace Gray, Vol III
Lutcavage, Charles, Vol III
Maccaffrey, Wallace T., Vol I
Macdougall, Elisabeth Blair, Vol I
MacFarquer, Roderick, Vol I
Maier, Pauline Rubbelke, Vol I
Marichal, Juan, Vol III
Marquez-Villanueva, Francisco,
  Vol III
Marrow, Stanley Behjet, Vol IV
Martin, Jane Roland, Vol I
Martin, Joan M., Vol I
Martin, Michael Lou, Vol IV
Mazlish, Bruce, Vol I
McGuire, Charles, Vol I
McJannet, Linda, Vol II
Mendelsohn, Everett Irwin, Vol I
Minow, Martha, Vol IV
Moore, Sally F., Vol I
Moran, Richard, Vol IV
Nagy, Gregory John, Vol I
Nesson, Charles Rothwell, Vol IV
Nozick, Robert, Vol IV
O'Malley, John William, Vol I
Ogletree, Charles J., Jr., Vol IV
Painter, Karen, Vol I
Parsons, Charles D., Vol IV
Patterson, H. Orlando L., Vol I
Pearsall, Derek A., Vol II
Perkins, David, Vol II
Perkins, Dwight Heald, Vol I
Pian, Rulan Chao, Vol I
Posen, Barry R, Vol I
Putnam, Hilary, Vol IV
Rabbat, Nasser O., Vol I
Rawls, John, Vol IV
Reibetanz, S. Sophia, Vol IV
Ritvo, Harriet, Vol I
Rivers, Wilga Marie, Vol III
Robana, Abderrahman, Vol IV
Rorty, Amelie Oksenberg, Vol IV
Roush, Sherrilyn, Vol I
Ryan, Judith, Vol III
Sachs, John R., Vol IV
Sander, Frank E A, Vol IV
Sawyer-Laucanno, Christopher,
  Vol II
Scanlon, T.M., Vol IV
Schafer, Elizabeth, Vol I
Scheffler, Israel, Vol I

Schmitz-Burgard, Sylvia, Vol II
Shapiro, David Louis, Vol IV
Shavell, S., Vol I
Shell, Marc, Vol II
Shinagel, Michael, Vol II
Simon, Eckehard, Vol III
Singer, Irving, Vol IV
Skolnikoff, Eugene B., Vol I
Smith, Merritt Roe, Vol I
Sohn, Louis Bruno, Vol IV
Solbrig, Otto Thomas, Vol I
Sollors, Werner, Vol II
Steiker, Carol S., Vol IV
Stendahl, Krister, Vol IV
Stone, Alan Abraham, Vol IV
Strugnell, John, Vol IV
Suleiman, Susan Rubin, Vol III
Tarrant, Richard John, Vol I
Tatar, Maria, Vol III
Terrill, Ross, Vol I
Thomas, Douglas L., Vol IV
Thomas, Owen Clark, Vol IV
Thomson, Robert William, Vol III
Trautman, Donald T., Vol IV
Tribe, Laurence Henry, Vol IV
Tu, Wei-Ming, Vol I
Turk, Edward Baron, Vol III
Vacek, Edward Victor, Vol IV
Vagts, Detlev F., Vol IV
van der Merwe, Nikolaas
  Johannes, Vol I
Walen, Alec D., Vol IV
Warren, Alvin C., Jr., Vol IV
Watkins, Calvert Ward, Vol III
Weberman, David, Vol I
Wedgwood, Ralph N., Vol IV
Weinreb, Lloyd L., Vol IV
Wendelken, Cherie, Vol I
West, Cornel, Vol III
Wilkins, David Brian, Vol IV
Willey, Gordon R., Vol I
Williams, Preston N., Vol IV
Wills, Lawrence M., Vol IV
Winston, Kenneth Irwin, Vol IV
Wolff, Cynthia Griffin, Vol II
Wolfman, Bernard, Vol IV
Wood, Charles B., III, Vol I
Yannatos, James, Vol I
Yee, Gale A., Vol IV

Carlisle
Russell, C. Allyn, Vol IV

Charlestown
Schiavona, Christopher F., Vol IV

Chestnut Hill
Appleyard, Joseph A., Vol II
Araujo, Norman, Vol III
Blake, Richard, Vol II
Blanchette, Oliva, Vol IV
Braude, Benjamin, Vol I
Breines, Paul, Vol I
Buni, Andrew, Vol I
Byrne, Patrick Hugh, Vol IV
Cahill, Lisa Sowle, Vol IV
Cleary, John J., Vol IV
Criscenti, Joseph Thomas, Vol I
Cronin, James E., Vol I
Daly, William M., Vol I
Deleeuw, Patricia Allwin, Vol IV
Egan, Harvey Daniel, Vol IV
Eykman, Christoph Wolfgang,
  Vol III
Florescu, Radu R., Vol I
Friedman, Ellen G., Vol I
Garroutte, Eva, Vol I
Green, Carol Hurd, Vol I
Groome, Thomas H., Vol IV
Gurtler, Gary M., Vol IV
Haskin, Dayton, Vol II
Himes, Michael J., Vol IV
Lamparska, Rena A., Vol II
Manning, Roberta Thompson,
  Vol I
Mccarthy, John F., Vol II
McDonough, Christopher Michael,
  Vol I
Mcnally, Raymond T., Vol I
Michalczyk, John Joseph, Vol III
Monan, James Donald, Vol IV
Morrill, Bruce T., Vol I
Murphy, Francis Joseph, Vol I
Northrup, David Arthur, Vol I
O'Connor, Thomas H., Vol I
Petillo, Carol Morris, Vol I
Picklesimer, Dorman, Vol II
Pope, Stephen J., Vol IV
Raelin, Joseph A., Vol II

Reinerman, Alan Jerome, Vol I
Resler, W. Michael, Vol III
Sarkodie-Mensah, Kwasi, Vol II
Schrader, Richard James, Vol II
Smith, Charles F., Jr., Vol I
Thomas, Margaret, Vol I
Valette, Rebecca Marianne, Vol III
Weiss, James Michael, Vol I
Weitzman, Arthur Joshua, Vol II
Wilt, Judith, Vol II

Chicopee
Moriarty, Thomas Francis, Vol I

Cohasset
Campbell, John Coert, Vol I

Concord
Berthoff, Ann Evans, Vol II

Danvers
Davis, David D., Vol I

Deerfield
Junkins, Donald A., Vol II

Dennis
Walcott, Robert, Vol I

Dorchester
Strang, J.V., Vol IV
Thompson, Cynthia L., Vol I

Dudley
Smith, Thomas G., Vol I

East Orleans
Romey, William Dowden, Vol I

Essex
Buckley, Thomas W., Vol IV

Fall River
Kaufman, William E., Vol IV

Framingham
Heineman, Helen, Vol II
Joseph, Stephen, Vol IV
Nolletti, Arthur E., Jr., Vol II

Gloucester
Ronan, John J., Vol II

Gorham
Schiferl, Ellen, Vol I

Greenfield
Wilson, Donna M., Vol III

Groton
Tyler, John W., Vol I

Hadley
Gonzalez De Leon, Fernando
  Javier, Vol I

Harvard
Carroll, Charles Francis, Vol I
Finkelpearl, Philip J., Vol II

Harwich Port
Berry, J. Duncan, Vol I

Hatfield
Aldrich, Michele, Vol I

Hingham
Bartlett, Irving Henry, Vol I

Holden
Johnson, Donald Ellis, Vol I

Jamaica Plain
Abrahamsen, Valerie, Vol IV
Denby, David A., Vol IV
Faxon, Alicia Craig, Vol I
Sands, Kathleen M., Vol IV
Serequeberhan, Tsenay, Vol IV

Lawrence
Wigall, Steve R., Vol IV

Leicester
Bell, Diane, Vol I

Leverett
King, Roger, Vol II

Lexington
Gendzier, Stephen J., Vol III
Mahoney, John L., Vol II
Thernstrom, Stephan Albert, Vol I

Lincoln
Little, Elizabeth A., Vol I

Lincoln Center
Donald, David Herbert, Vol I

Lowell
Blewett, Mary H., Vol I
De Girolami Cheney, Liana, Vol I
Holladay, Hilary, Vol II
Kramer, Mary Duhamel, Vol II
Ogasapian, John, Vol I

Lynn
Cahoone, Lawrence, Vol IV
Fox, Samuel, Vol IV

Marblehead
Devine, Mary E., Vol I
Keyes, Claire J., Vol II

Marlborough
Burris, John, Jr., Vol IV

Marshfield
Henderson, H. James, Vol I

Mashpee
Carpenter, Delores Bird, Vol II

Medford
Abramson, Daniel, Vol I
Bauer, Nancy, Vol IV
Bedau, Hugo Adam, Vol IV
Brooke, John L., Vol I
Buzzard, Karen S., Vol II
Cartwright, Helen Morris, Vol IV
Caviness, Madeline H., Vol I
Dennett, Daniel C., Vol IV
Drachman, Virginia Goldsmith,
  Vol I
Gittleman, Sol, Vol III
Krimsky, Sheldon, Vol IV
Laurent, Pierre Henri, Vol I
Marcopoulos, George John, Vol I
Marrone, Steven Phillip, Vol I
Mccabe, Bernard, Vol II
Mcconnell, Jeff, Vol IV
Meagher, Robert Francis, Vol IV
Perry, John Curtis, Vol I
Phillips, Joanne Higgins, Vol I
Reid, Peter L.D., Vol I
Rosenberg, Joel William, Vol III
Rubin, Alfred P., Vol IV
Sherwin, Martin J., Vol I
Sloane, David A., Vol III
Solomon, Howard Mitchell, Vol I
Ueda, Reed T., Vol I
White, Barbara Ehrlich, Vol I

Medway
Morvan, Jennifer, Vol I

Millbury
Wilson, John H., Vol I

Milton
Hansen, Wells S., Vol I

Nahant
Butler, Thomas J., Vol III

Natick
Dolnikowski, Edith W., Vol I

New Braintree
Cooke, Nym, Vol I

Newton
Baron, Charles Hillel, Vol IV
Fontaine, Carole R., Vol IV
Holladay, William Lee, Vol IV
John, P.M., Vol IV
Katz, Sanford Noah, Vol IV
Porter, Jack Nusan, Vol I
Saunders, William, Vol II
Tankard, Judith B., Vol I

Newton Centre
Carlston, Charles E., Vol IV
Everett, William J., Vol IV
Fackre, Gabriel Joseph, Vol IV
Howe, Ruth-Arlene W., Vol IV
Pazmino, Robert W., Vol IV

Newtonville
Belsley, David A., Vol I

North Adams
Silliman, Matthew R., Vol IV

North Amherst
Greenbaum, Louis Simpson, Vol I

North Andover
Ford, Peter Anthony, Vol I
Kitts, Margo, Vol IV
Ledoux, Arthur, Vol IV

North Dartmouth
Dace, Tish, Vol II
Huff, Toby E., Vol I
Ingraham, Vernon Leland, Vol II
Koot, Gerard M., Vol I
Marlow, James Elliott, Vol II
Sandstroem, Yvonne Luttropp,
  Vol II
Scionti, Joseph Natale, Vol I
Stauder, Jack, Vol I
Washington, Ida Harrison, Vol III
Werly, John Mcintyre, Vol I
Yoken, Mel B., Vol III

Northampton
Ackelsbert, Martha A., Vol I
Ball, D., Vol III
Banerjee, Maria Nemcova, Vol II
Berkman, Leonard, Vol II
Brooks, E. Bruce, Vol II
Buettner, Brigitte, Vol I
Chinoy, Helen Krich, Vol II
Clemente, Alice Rodrigues, Vol II
Connolly, John M., Vol IV
Davis, Charles Roger, Vol II
Davis, John, Vol I
Derr, Thomas Sieger, Vol IV
Donfried, Karl P., Vol IV
Ellis, Frank Hale, Vol II
Felton, Craig, Vol I
Flower, Dean Scott, Vol II
Ford, Andrew, Vol I
Gintis, Herbert, Vol I
Graf, Eric, Vol III
Gregory, Justina Winston, Vol I
Haddad, Robert Mitchell, Vol I
Horowitz, Daniel, Vol I
Houser, Caroline, Vol I
Kellum, Barbara, Vol I
Lazerowitz, Alice Ambrose,
  Vol IV
Leibsohn, Dana, Vol I
Leshko, Jaroslav, Vol I
Mitchell, Betty L., Vol I
Morris-Hale, Walter, Vol I
Moulton, Janice, Vol II
Nenner, Howard Allen, Vol I
Patey, Douglas L., Vol II
Rhie, Marylin, Vol I
Sajdak, Bruce T., Vol II
Salisbury, Neal, Vol I
Schuster, Marilyn R., Vol III
Seelig, Sharon Cadman, Vol II
Sherr, Richard Jonathan, Vol I
Skarda, Patricia Lyn, Vol II
Sternbach, Nancy Saporta, Vol III
Unno, Taitetsu, Vol IV

Northfield
Reid, Ronald F., Vol II

Norton
Anderson, Kirk, Vol III
Bloom, Alexander, Vol I
Chandra, Vipan, Vol I
Coale, Samuel Chase, Vol I
Crosby, Travis L., Vol I
Drout, Michael D.C., Vol II
Ekman Ladd, Rosalind, Vol IV
Gallagher, Edward J., Vol III
Gallaher, Edward J., Vol IV
Helmreich, Paul Christian, Vol I
Ladd, Rosalind Ekman, Vol IV
Letts, Janet Taylor, Vol III
Lyon Clark, Beverly, Vol II
Manson Tomasek, Kathryn, Vol I
Pearce, Richard, Vol II

Relihan, Joel C., Vol I
Sears, Elizabeth Ann, Vol I
Walsh, Jonathan D., Vol II

Nutham
Stylianopoulos, Theodore, Vol IV

Oakham
Barnhill, Georgia Brady, Vol I

Paxton
Bilodeau, Lorraine, Vol IV

Quincy
Braaten, Laurie, Vol IV
Cameron, James Reese, Vol I
Cameron Munro, Ruth A., Vol II
Lomba, Arthur J., Vol III
Rice Winderl, Ronda, Vol II
Winderl, Carl A., Vol II
Yerxa, Donald A., Vol I

Roslindale
Figurito, Joseph, Vol III
Holmes, Steven J., Vol I

Salem
Brown, Robert E., Vol II
Carter, Steven Ray, Vol II
Chomsky, Aviva, Vol I
Damon-Bach, Lucinda, Vol II
Elia, Richard Leonard, Vol II
Flibbert, Joseph Thomas, Vol II
Kessler, Rod, Vol II
La Moy, William T., Vol II
Parker, Patricia L., Vol II
Urbain, Henri, Vol III
Walker, Pierre (Peter), Vol II

Sharon
Rudnick, Lois P., Vol I

Sherborn
Chung, Chai-sik, Vol IV

Somerville
Mutschler, Ben, Vol I
Race, Jeffery, Vol I
Trigilio, Jo, Vol IV
Wan, Sze-Kar, Vol IV
White, Marsha, Vol IV
Zong, Desheng, Vol IV

South Hadley
Berkey, Robert Fred, Vol IV
Burns, Michael, Vol I
Collette, Carolyn Penney, Vol II
Crosthwaite, Jane Freeman, Vol I
Farnham, Anthony Edward, Vol II
Ferm, Deane William, Vol IV
Gelfand, Elissa Deborah, Vol III
Herbert, Eugenia Warren, Vol I
Hill, Eugene David, Vol II
Kesterson, David Bert, Vol II
Mazzocco, Angelo, Vol II
Switten, Margaret L., Vol III
Viereck, Peter, Vol II
Weber, Donald, Vol II
Yamashita, Tadanori, Vol IV

South Hamilton
Beale, Gregory, Vol IV
Besancon Spencer, Aida, Vol IV
Clark Kroeger, Catherine, Vol I
Cooley, Robert E., Vol III
Davis, John Jefferson, Vol IV
Gibson, Scott M., Vol IV
Gruenler, Royce Gordon, Vol IV
Isaac, Gordon L., Vol IV
Kaiser, Walter C., Jr., Vol I
Kline, Meredith George, Vol IV
Kuzmic, Peter, Vol IV
Lints, Richard, Vol IV
Mounce, William D., Vol IV
Niehaus, Jeffrey J., Vol IV
Padilla, Alvin, Vol IV
Polischuk, Pablo, Vol IV
Pratico, Gary D., Vol IV
Richardson, Kurt A., Vol IV
Robinson, Haddon W., Vol IV
Rosell, Garth M., Vol I
Schutz, Samuel R., Vol I
Silva, Moises, Vol IV
Spencer, Aida Besancon, Vol IV
Stuart, Douglas Keith, Vol IV
Swetland, Kenneth L., Vol IV
Villafane, Eldin, Vol IV
Walters, Gwenfair, Vol I

Wells, David Falconer, Vol IV

South Lancaster
Kennedy, D. Robert, Vol IV
Sbacchi, Alberto, Vol I
Wehtje, Myron Floyd, Vol I

Southbridge
Pentiuc, Eugene, Vol IV

Springfield
Bock, Robert L., Vol I
Habermehl, Lawrence L., Vol IV
Porter, Burton F., Vol IV
Rempel, Gerhard, Vol II
Skelly, Brian, Vol IV
Williams, Melvin Gilbert, Vol II

Sturbridge
Larkin, Jack, Vol I

Sunderland
Ilardi, Vincent, Vol I

Waltham
Binion, Rudolph, Vol I
Black, Eugene Charlton, Vol I
Engelberg, Edward, Vol III
Freeze, Gregory L., Vol I
Geehr, Richard Stockwell, Vol I
Gillan, Jeniffer, Vol II
Hale, Jane Alison, Vol II
Harth, Erica, Vol III
Herzberg, Bruce, Vol II
Jackendoff, Ray Saul, Vol III
Jick, Leon Allen, Vol I
Johnston, Patricia Ann, Vol I
Jones, Jacqueline, Vol I
Kaplan, Edward Kivie, Vol III
Keller, Morton, Vol I
Lansing, Richard Hewson, Vol III
Lida, Denah Levy, Vol III
Murray, Pius, Vol IV
Reinharz, Jehuda, Vol I
Sarna, Jonathan D., Vol I
Sarna, Nahum M., Vol I
Sprich, C. Robert, Vol II
Staves, Susan, Vol II
Todd, Ian Alexander, Vol I
Ward, Aileen, Vol II
Whitfield, Stephen Jack, Vol I
Young, Dwight Wayne, Vol III
Zohn, Harry, Vol III

Watertown
Goodheart, Eugene, Vol I

Wayland
Clogan, Paul Maurice, Vol II
Staudinger Lane, Evelyn, Vol I
Walker, Robert Miller, Vol I

Wellesley
Auerbach, Jerold Stephen, Vol I
Cohen, Paul Andrew, Vol I
Congelton, Ann, Vol IV
Cudjoe, Selwyn Reginald, Vol I
Edelstein, Arthur, Vol II
Fontijn, Claire, Vol I
Galand, Rene, Vol III
Hansen, Thomas S., Vol III
Hoopes, James, Vol I
Jacobs, Ruth Harriet, Vol I
Johnson, Roger A., Vol I
Johnson, Roger Alan, Vol IV
Lefkowitz, Mary Rosenthal, Vol I
Lynch, Kathryn, Vol II
Malino, Frances, Vol I
Martin, Tony, Vol I
Merry, Sally E., Vol I
Mistacco, Vicki, Vol III
O'Gorman, James F., Vol I
Piper, Adrian Margaret Smith,
 Vol IV
Rosenwald, Lawrence A., Vol II
Roses, Lorraine Elena, Vol III
Stadler, Ingrid, Vol IV
Starr, Raymond James, Vol I
Thrasher, William, Vol I
Winkler, Kenneth, Vol IV
Witte, Ann Dryden, Vol I

West Newton
DeCew, Judith W., Vol IV
Langer, Lawrence L., Vol II
Langer, Ruth, Vol I
Silver, Mitchell, Vol IV

Westfield
Ali, Kamal Hassan, Vol I
Blyn, Robin, Vol II
Brewster, Glen, Vol II
De Santis, Christopher, Vol II
Fellbaum, Christiane, Vol III
Gerstein, Linda Groves, Vol I
Good, Robert C., Vol IV
Kane, Leslie, Vol III
Kaufman, Martin, Vol I
Kosar, Anthony J., Vol I
Leaver, Robin A., Vol I
Mento, Joan, Vol II
Rife, Jerry E., Vol I
Robards, Brooks, Vol II
Shannon, Catherine Barbara, Vol I
Sossaman, Stephen, Vol II

Weston
Barry, William Anthony, Vol IV
Grad, Bonnie L., Vol I
Laska, Vera, Vol I
Meade, Catherine M., Vol I
Wasson, Ellis Archer, Vol I
Wintle, Thomas, Vol I

Williamstown
Beaver, Donald de Blasiis, Vol I
Bell, Ilona, Vol II
Bell-Villada, Gene Harold, Vol III
Bloxam, M. Jennifer, Vol I
Brown, Michael Fobes, Vol I
Carter-Sanborn, Kristin, Vol II
Case, Alison, Vol II
Cassidy, Julie A., Vol I
Chang, Cecilia, Vol III
Christensen, Kerry A., Vol I
Cleghorn, Cassandra, Vol II
Dew, Charles Burgess, Vol I
Dickerson, Dennis Clark, Vol IV
Druxes, Helga, Vol II
Dunn, Susan, Vol III
Farred, Grant, Vol II
Fix, Stephen, Vol II
Fleischacker, Sam, Vol IV
Fox, Charles W., Vol IV
Frost, Peter K., Vol I
Fuqua, Charles, Vol I
Fuqua, Charles J., Vol I
Gagliardi, Frank M., Vol I
Gimenez, Antonio, Vol III
Goldstein, Darra, Vol I
Graver, Lawrence, Vol II
Graver, Suzanne, Vol II
Hedreen, Guy, Vol I
Helfant, Ian M., Vol I
Ishikawa, Minako, Vol III
Johnson, Emily, Vol I
Katarzyna, Olga B., Vol III
Kennan, William R., Jr., Vol II
Kieffer, Bruce, Vol III
Kleiner, John, Vol II
Knopp, Sherron Elizabeth, Vol II
Kohut, Thomas A., Vol I
Kraus, Matthew A., Vol I
Kubler, Cornelius C., Vol III
Limon, John, Vol II
Linsenbard, Gail E., Vol IV
Murphy, Peter, Vol II
Nahson, Daniel L., Vol III
Newman, Gail M., Vol III
Nicastro, Anthony J., Vol III
Norton, Glyn P., Vol III
O'Connor, Daniel D., Vol IV
Oakley, Francis, Vol I
Park, David Allen, Vol I
Pethica, James, Vol II
Piper, Anson Conant, Vol III
Roberts, Kenneth C., Jr., Vol I
Rosenheim, Shawn, Vol II
Rouhi, Leyla, Vol III
Rudolph, Frederick, Vol I
Schott-Desrosiers, Nicole, Vol III
Silber, Cathy L., Vol III
Stamelman, Richard, Vol III
Stoddard, Whitney S., Vol I
Suderburg, Robert, Vol I
Tracy, Patricia Juneau, Vol I
Wagner, William Gilson, Vol I
Waite, Robert George Leeson,
 Vol I
Wood, James Brian, Vol I
Yamada, Reiko, Vol III
Zilcosky, John, Vol III

Winchester
Meister, Maureen, Vol I
Sardkodie-Mensah, Kwasi, Vol III

Worcester
Alvarez Borland, Isabel, Vol III
Appelbaum, Paul S., Vol IV
Arend, Jutta, Vol III
Attreed, Lorraine C., Vol I
Barry, B. R., Vol II
Bashir, Shahzad, Vol IV
Bernstein, Eckhard Richard,
 Vol II
Billias, George Athan, Vol I
Bizzell, Patricia L., Vol II
Borg, Daniel Raymond, Vol I
Bullock, Steven C., Vol I
Burkett, Randall Keith, Vol IV
Catto, Bonnie, Vol I
Cull, John T., Vol III
DeHoratius, Edmund F., Vol I
Dunn, Patrick Peter, Vol I
Dykstra, Robert R., Vol I
Ferguson, William Rotch, Vol III
Flynn, James Thomas, Vol I
Fraser, Theodore, Vol III
Freear Roberts, Helen, Vol III
Gottlieb, Roger Samuel, Vol IV
Hamilton, John Daniel Burgoyne,
 Vol I
Hansen, Peter H., Vol I
Hench, John Bixler, Vol I
Hinsdale, Mary Ann, Vol IV
Kealey, Edward J., Vol I
Knoles, Lucia, Vol I
Kom, Ambroise, Vol III
Kuzniewski, Anthony Joseph,
 Vol I
Lamoureux, Normand J., Vol III
Lapomarda, Vincent Anthony,
 Vol I
Lavery, Gerard B., Vol I
Little, Douglas James, Vol I
Ljungquist, Kent Paul, Vol II
Lucas, Paul, Vol I
Manfra, Jo Ann, Vol I
Martin, Russell L., Vol II
Mcbride, Theresa Marie, Vol I
Mccarthy, B. Eugene, Vol II
Mcclymer, John Francis, Vol I
Mccorison, Marcus Allen, Vol I
Moynihan, Kenneth J., Vol I
Murphy, Frederick J., Vol IV
Neussendorfer, Margaret R., Vol II
Powers, James Francis, Vol I
Rollins, Wayne Gilbert, Vol IV
Ross, Claudia, Vol III
Sazaki, Kristina R., Vol III
Schachterle, Lance E., Vol II
Shannon, Thomas A., Vol IV
Shea, Ann Marie, Vol II
Sokal, Michael Mark, Vol I
Stempsey, William Edward,
 Vol IV
Stone, Cynthia, Vol III
True, Michael D., Vol II
Vaughan, Alden T., Vol I
Von Laue, Theodore Herman,
 Vol I

Worcester
Avery-Peck, Alan J., Vol I

MICHIGAN

Adrian
Aichele, George, Vol IV
Elardo, Ronald Joseph, Vol III
Fechner, Roger Jerome, Vol I
Mackey, Barbara S., Vol II

Albion
Baumgartner, Ingeborg Hogh,
 Vol III
Cocks, Geoffrey C., Vol I
Cook, James Wyatt, Vol II
Crupi, Charles William, Vol II
Frick, Frank Smith, Vol IV
Horstman, Allen, Vol I
Miller, Eugene Ernest, Vol II

Allendale
Franklin, Ursula, Vol III
Hoitenga, Dewey J., Vol IV
Niemeyer, Glenn Alan, Vol I
Parker, Kelly A., Vol IV
Pestana, Mark, Vol IV
Rayor, Diane J., Vol II
Rowe, Stephen C., Vol IV

Alma
Bender, Carol, Vol II
Hoefel, Roseanne, Vol II
Lenard, Mary, Vol II
Massanari, Ronald Lee, Vol I
Ottenhoff, John, Vol II
Palmer, William, Vol II
Pattison, Eugene H., Vol II
Selmon, Michael, Vol II
Stargardt, Ute, Vol II

Ann Arbor
Anderson, Elizabeth S., Vol IV
Bailey, Richard W., Vol II
Bailey, Richard Weld, Vol II
Bauland, Peter Max, Vol II
Becker, Alton Lewis, Vol III
Becker, Marvin Burton, Vol I
Bellamy, James Andrew, Vol III
Billick, David Joseph, Vol III
Bono, Barbara Jane, Vol II
Brandt, Richard Booker, Vol IV
Brater, Enoch, Vol II
Brend, Ruth Margaret, Vol III
Britton, Allen Perdue, Vol I
Bryant, Bunyan I., Vol I
Burks, Arthur Walter, Vol IV
Burling, Robbins, Vol I
Casa, Frank Paul, Vol III
Conard, Alfred Fletcher, Vol IV
Cowen, Roy C., Vol II
Crawford, Clan, Vol IV
Crawford, Richard, Vol I
Danly, Robert Lyons, Vol III
Darwall, Stephen L., Vol IV
Dejnozka, Jan, Vol IV
Eadie, John W., Vol I
Eby, Cecil Degrotte, Vol II
Eisenstein, Elizabeth Lewishohn,
 Vol I
Eley, Geoff, Vol I
Fabian, Hans Joachim, Vol III
Field, Norma, Vol III
Fine, Sidney, Vol I
Freedman, David Noel, Vol III
Frier, Bruce Woodward, Vol I
George, Emery Edward, Vol III
Gernes, Todd Steven, Vol II
Gibbard, Allan Fletcher, Vol IV
Goic, Cedomil, Vol III
Goldstein, Laurence Alan, Vol I
Gray, Floyd Francis, Vol III
Green, Thomas Andrew, Vol I
Grew, Raymond, Vol I
Hackett, Elizabeth, Vol IV
Hafter, Monroe Z., Vol III
Harrison, Don K., Sr., Vol I
Hayes-Scott, Fairy Cesena, Vol II
Hughes, David Yerkes, Vol II
Ingram, William, Vol II
Jensen, Ejner Jacob, Vol II
Johnson, Lemuel A., Vol II
Johnson, Mayumi Yuki, Vol III
Kahn, Douglas A., Vol IV
Kamisar, Yale, Vol IV
King, John O., Vol I
Kirkpatrick, Diane Marie, Vol I
Koenen, Ludwig, Vol I
Konigsberg, Ira, Vol II
Krahmalkov, Charles R., Vol I
Kucich, John Richard, Vol II
Lempert, Richard Owen, Vol IV
Lewis, David Lanier, Vol I
Lindner, Rudi Paul, Vol I
Loeb, Louis Edward, Vol IV
Malm, William P., Vol I
Marzolf, Marion Tuttle, Vol I
McCarren, Vincent Paul, Vol I
McIntosh, James Henry, Vol II
Mermier, Guy R., Vol IV
Moody, Charles David, Sr., Vol I
Morton, Jacqueline, Vol IV
Muller, Marcel, Vol III
Neel, James V., Vol IV
Ness, Gayl DeForrest, Vol I
Paslick, Robert H., Vol III
Patterson, Willis Charles, Vol I
Pedley, John Griffiths, Vol I
Perkins, Bradford, Vol I
Pernick, Martin Steven, Vol I
Porter, J.I., Vol I
Proops, Ian, Vol IV
Rastalsky, Hartmut, Vol III
Sandalow, Terrance, Vol IV
Schneider, Carl E., Vol IV
Scott, Rebecca Jarvis, Vol I
Seidler, Ingo, Vol III
Singer, Joel David, Vol I
Sklar, Lawrence, Vol IV

Smith-Rosenberg, Carroll, Vol I
Spector, Scott, Vol I
Spink, Walter M., Vol I
Starr, Chester G., Vol I
Stein, Eric, Vol IV
Steneck, Nicholas H., Vol I
Stolz, Benjamin Armond, Vol III
Suny, Ronald Grigor, Vol I
Super, Robert Henry, Vol II
Terpstra, Vern, Vol I
Thrall, Trevor, Vol II
Trautmann, Thomas Roger, Vol I
Vining, Joseph, Vol IV
Vinovskis, Maris A., Vol I
Waggoner, Lawrence W., Vol IV
Wald, Alan Maynard, Vol I
Walton, Kendall L., Vol IV
Warner, Robert Mark, Vol I
Weiss, Hermann Friedrich, Vol III
White, James Justesen, Vol IV
Whiting, Steven, Vol I
Windfuhr, Gernot Ludwig, Vol III
Witke, E.C., Vol I

Battle Creek
Ort, Larry V., Vol IV
Taylor, Charles Avon, Vol I

Belleville
Long, Steven A., Vol IV

Benton Harbor
Sundaram, K., Vol IV

Berkley
Vernier, Richard, Vol III

Berrien Springs
Bacchiocchi, Samuele, Vol IV
Douglas, Walter, Vol IV
Economou, Elly Helen, Vol IV
Geraty, Lawrence Thomas, Vol I
Greig, Alexander Josef, Vol IV
Kis, Miroslav M., Vol IV
LaBianca, Oystein S., Vol I
Merling, David, Vol IV
Paulien, Jon, Vol IV
Running, Leona Glidden, Vol III
Vyhmeister, Nancy Jean, Vol IV
Warren, Joseph W., Vol II
Whidden, Woodrow W., II, Vol IV

Big Rapids
Green, Lon C., Vol II
Hanford, Jack, Vol IV
Mehler, Barry Alan, Vol I

Bloomfield Hills
Barrett, Barnaby B., Vol IV
Meyer, George H., Vol I

Brighton
Browne, Gregory M., Vol IV

Dearborn
Baumgarten, Elias, Vol IV
Berkove, Lawrence Ivan, Vol II
Hughes, Paul, Vol IV
Lee, Dorothy A. H., Vol II
Limbacher, James L., Vol II
Linker, Maureen, Vol IV
Linn, William Joseph, Vol II
Papazian, Dennis Richard, Vol I
Procter, Harvey Thornton, Jr., Vol IV
Summers, Claude Joseph, Vol II
Wider, Kathleen V., Vol IV

Dearborn Heights
Phillips, Randall R., Vol IV

Detroit
Adelman, Martin Jerome, Vol IV
Albrecht, Gloria H., Vol IV
Ambler, Effie, Vol I
Anchustegui, Ann-Marie, Vol IV
Barry, Michael, Vol II
Bolz, Barbara J., Vol II
Bonner, Thomas Neville, Vol I
Byars, Jackie L., Vol IV
Calarco, N. Joseph, Vol II
Chauderlot, Fabienne Sophie, Vol III
Cobbs, Alfred Leon, Vol III
Cook, Julian Abele, Jr., Vol IV
Corvino, John F., Vol IV
Crabtree, Clarie, Vol II
Crawford, David R., Vol IV

Crenshaw, Ronald Willis, Vol IV
Culik, Hugh, Vol II
Dause, Charles A., Vol II
DeWindt, Anne R., Vol I
DeWindt, Edwin B., Vol I
Dicks, Vivian I., Vol IV
Dubruck, Edelgard E., Vol III
Edwards, Abiyah, Jr., Vol IV
Evans, Warren Cleage, Vol IV
Farrow, J.G., Vol I
Faue, Elizabeth V., Vol I
Feaster, Bruce Sullivan, Vol IV
Finkenbine, Roy, Vol I
Freeman, John, Vol II
Gilb, Corinne Lathrop, Vol I
Goldfield, Michael, Vol I
Goldman, Bernard, Vol I
Gordon, Aaron Z., Vol I
Gossman, Norbert Joseph, Vol I
Granger, Herbert, Vol IV
Gravelle, Sarah S., Vol I
Guberti-Bassett, Sarah, Vol I
Gutierrez, Jesus, Vol III
Gutmann, Joseph, Vol I
Hale, Janice Ellen, Vol I
Hertz, Richard C., Vol I
Hetzel, Otto J., Vol IV
Holley, Jim, Vol IV
Hughes, Carl D., Vol I
Hutchison, Harry Greene, IV, Vol IV
Johnson, Christopher Howard, Vol I
Kelly, Justin J., Vol II
Kiah, Ruth Josephine, Vol I
Kibler, Louis Wayne, Vol III
Koontz, Christian, Vol II
Kowalczyk, Richard L., Vol II
Kruman, Marc Wayne, Vol I
Latta, Susan M., Vol I
Lauer, Janice M, Vol III
Levine, Bernard, Vol II
Lewis, David Baker, Vol IV
Littlejohn, Edward J., Vol IV
Lombard, Lawrence B., Vol IV
Lowe, William J., Vol I
Madgett, Naomi Long, Vol II
Marotti, Arthur Francis, Vol II
Mason, Philip P., Vol I
McGinnis, James W., Vol IV
McGovern, Arthur F., Vol IV
McKendrick, Norman G., Vol II
McNamee, Kathleen, Vol I
Mehaffey, Karen Rae, Vol IV
Mika, Joseph John, Vol II
Moore, Marian J., Vol I
Morton, Charles E., Vol IV
Peck, William Henry, Vol I
Pickering, George W., Vol IV
Powell, Ronald R., Vol II
Raucher, Alan R., Vol I
Reed, Gregory J., Vol IV
Reed, John R., Vol II
Reide, Jerome L., Vol IV
Rike, Jennifer L., Vol IV
Rombes, Nicholas, Vol II
Ronnick, Michele Valerie, Vol I
Russell, Bruce Alan, Vol IV
Saliba, John A., Vol IV
Saliba, John A., Vol IV
Schaberg, Jane D., Vol IV
Schurlknight, Donald E., Vol III
Scott, Samuel Francis, Vol I
Scrivener, Michael Henry, Vol II
Sedler, Robert Allen, Vol IV
Shakoor, Adam Adib, Vol IV
Shapiro, Stanley, Vol I
Sheridan, Jennifer A., Vol I
Shipley, Anthony J., Vol IV
Slovenko, Ralph, Vol IV
Small, Melvin, Vol I
Spinelli, Donald C., Vol II
Staudenmaier, John M., Vol I
Stephens, Cynthia Diane, Vol IV
Stern, Guy, Vol III
Stivale, Charles J., Vol III
Sumner, Gregory D., Vol I
Taylor, Cledie Collins, Vol I
Tilles, Gerald Emerson, Vol IV
Titiev, Robert Jay, Vol IV
Tubbs, James B., Vol IV
Uhr, Horst, Vol I
Vlasopolos, Anca, Vol III
Wagner, Vern, Vol II
Wagner, Wenceslas Joseph, Vol IV
Weber, Leonard J., Vol IV
Wedberg, Lloyd W., Vol III
Whitney, Barry L., Vol IV

Williamson, Marilyn Lammert, Vol II
Wise, Edward Martin, Vol IV
Wyre, Stanley Marcel, Vol IV
Yanal, Robert John, Vol IV
Ziegelmueller, George William, Vol II

East Lansing
Abbott, B., Vol III
Allen, William Barclay, Vol I
Barrows, Floyd Dell, Vol II
Bunge, Nancy Liddell, Vol II
Compitello, Malcolm Alan, Vol III
Donakowski, Conrad L., Vol I
Dulai, Surjit Singh, Vol II
Falk, Julia Sableski, Vol III
Finifter, Ada Weintraub, Vol I
Fiore, Robert L., Vol III
Fishburn, Katherine Richards, Vol II
Fisher, Alan Washburn, Vol I
Fogel, Jerise, Vol I
Fox, Hugh B., Vol I
Gochberg, Donald S., Vol II
Goodson, Alfred Clement, Vol III
Graham, W. Fred, Vol IV
Gray, Eugene Francis, Vol III
Greenberg, Bradley, Vol II
Grimes, John Allen, Vol IV
Hall, Richard John, Vol IV
Haltman, Kenneth, Vol I
Hudson, Robert Vernon, Vol I
Hughes, William Nolin, Vol III
Huzar, Eleanor Goltz, Vol I
Imamura, Shigeo, Vol I
Josephs, Herbert, Vol III
Juntune, Thomas William, Vol III
Karon, Bertram Paul, Vol I
Konvitz, Josef Wolf, Vol I
Koppisch, Michael Seibert, Vol III
Korth, Philip Alan, Vol I
Kotzin, Rhoda Hadassah, Vol IV
Kronegger, Maria Elisabeth, Vol III
Lammers, Donald N., Vol II
Landrum, Larry N., Vol I
LeBlanc, Albert, Vol I
Levine, Peter D., Vol I
Lunde, Erik Sheldon, Vol I
Manning, Peter K., Vol I
Mansour, George Phillip, Vol III
Marcus, Harold G., Vol I
Matthews, Roy T., Vol I
McCracken, Charles James, Vol IV
Mcguire, Philip Carroll, Vol II
Meiners, Roger K., Vol II
Miller, Douglas T., Vol I
Miller, Vernon D., Vol II
Noverr, Douglas Arthur, Vol II
Pirau, Vasile, Vol IV
Platt, Franklin Dewitt, Vol I
Pollack, Norman, Vol I
Porter, Laurence M., Vol III
Schlesinger, Joseph Abraham, Vol I
Schmid, A. Allan, Vol I
Schoenl, William James, Vol I
Seadle, Michael S., Vol I
Shafer, Gregory, Vol II
Smitherman, Geneva, Vol I
Soltow, James Harold, Vol I
Sowards, Steven W., Vol I
Stalker, James Curtis, Vol III
Stewart, Gordon Thomas, Vol I
Stockman, Ida J., Vol III
Suter, Ronald, Vol IV
Sweet, Paul Robinson, Vol I
Thomas, Samuel Joseph, Vol I
Uphaus, Robert Walter, Vol II
Varg, Paul Albert, Vol I
Versluis, Arthur, Vol II
Wright, Robert L., Vol III
Yates, Donald Alfred, Vol III
Ziewacz, Lawrence E., Vol I

Farmington Hills
Ellens, Jay Harold, Vol IV
Parrish, Stephen E., Vol IV

Flint
Bullard, Edward A., Jr., Vol IV
Dunlop, Charles, Vol IV
Gardner, Catherine, Vol IV
Oaklander, L. Nathan, Vol IV

Franklin Village
Stewart, Carlyle F., III, Vol IV

Garden City
Settles, Rosetta Hayes, Vol I

Grand Rapids
Bolt, Robert, Vol I
Brinks, Herbert John, Vol I
Carpenter, Joel A., Vol I
Clark, Kelly J., Vol IV
Corcoran, Kevin J., Vol IV
Crump, David, Vol IV
De Vries, Bert, Vol I
Evans, C. Stephen, Vol IV
Fabbro, Amata, Vol IV
Fetzer, Glenn W., Vol III
Gronbacher, Gregory, Vol IV
Hair, John, Vol I
Harlow, Daniel C., Vol IV
Hoekema, David A., Vol IV
Jefchak, Andrew Timothy, Vol II
Kemeny, Paul Charles, Vol I
Meadors, Gary T., Vol I
Mellema, Gregory, Vol IV
Miller, Charles J., Vol I
Ni, Peimin, Vol IV
Ryou, Daniel H., Vol IV
Schultze, Quentin J., Vol II
Suggs, Robert Chinelo, Vol I
Weima, Jeffrey A.D., Vol IV

Grandville
Robinson, Keith Alan, Vol IV
Whipps, Judy, Vol IV

Grosse Pointe
Rigdon, V. Bruce, Vol IV

Hillsdale
Brown, Kendall Walker, Vol I
Gilbert, Arlan Kemmerer, Vol I
Shtromas, Alexander, Vol IV
Westblade, Donald, Vol IV

Holland
Bandstra, Barry L., Vol IV
Bechtel, Carol M., Vol IV
Brown, George, Jr., Vol IV
Brownson, James, Vol IV
Cohen, William, Vol I
Cox, John D., Vol II
Huttar, Charles Adolph, Vol II
Kaiser, Christopher Barina, Vol IV
Verhey, Allen Dale, Vol IV

Houghton
Gill, Glenda Eloise, Vol II
Reynolds, Terry S., Vol I
Seely, Bruce E., Vol I
Selfe, Richard J., Vol II
Sullivan, Dale L., Vol II
Whitt, L.A., Vol IV

Howell
Bruland, Esther, Vol IV

Jenison
Vander Vliet, Marvin J., Vol IV

Kalamazoo
Bach, Shirley, Vol IV
Bailey, Thomas Cullen, Vol II
Baldner, Kent, Vol IV
Borden, Sandra L., Vol II
Breisach, Ernst Adolf, Vol I
Brown, Alan S., Vol I
Carey-Webb, Allen, Vol II
Carlson, Andrew Raymond, Vol I
Carlson, Lewis H., Vol I
Culp, Sylvia, Vol IV
Davidson, Clifford Oscar, Vol II
Dilworth, John, Vol IV
Dooley, Howard John, Vol I
Dorrien, Gary J., Vol IV
Dube, Thomas M.T., Vol I
Earhart, Harry Byron, Vol I
Elder, Ellen Rozanne, Vol I
Ellin, Joseph S., Vol IV
Falk, Arthur, Vol IV
Falk, Arthur Eugene, Vol IV
Falk, Nancy Ellen, Vol I
Gianakaris, Constantine John, Vol II
Gibson, Melissa K., Vol II
Hyun, Insoo, Vol IV
Johnston, Arnold, Vol II
Jones, Leander Corbin, Vol II
Joslin, Katherine, Vol I
Lawson, E.T., Vol I
Maier, Paul Luther, Vol I

Newman, David, Vol IV
Phillips, Romeo Eldridge, Vol I
Pritchard, Michael, Vol IV
Saillant, John D., Vol II
Sichel, Werner, Vol I
Smith, Quentin, Vol IV
Strauss, David, Vol I
Szarmach, Paul E., Vol II
Washington, Earl Melvin, Vol I
Washington, Von Hugo, Sr., Vol II
Wickstrom, John B., Vol I
Wilson, B., Vol I
Ziring, Lawrence, Vol I

Kentwood
Sivier, Evelyn M., Vol II

Lansing
Harrison, Ann Tukey, Vol III
Kissling, Paul J., Vol IV
Thomas, Claude Roderick, Vol IV

Marquette
Cantrill, James G., Vol II
Dreisbach, Donald Fred, Vol IV
Heldreth, Leonard Guy, Vol II
Jones, James H., Vol II
Livingston, James L., Vol II
Magnaghi, Russell Mario, Vol I
Rauch, Doreen E., Vol IV
Thundy, Zacharias Pontian, Vol II
Whitehouse, Eugene Alan, Vol I

Midland
Serum, Robert W., Vol II

Mount Pleasant
Blackburn, George Mccoy, Vol I
Buerkel-Rothfuss, Nancy, Vol II
Craig, J. Robert, Vol II
Fulton, Henry Levan, Vol II
Haines, Annette L., Vol II
Hall, Timothy D., Vol I
Hughes, Diana L., Vol IV
Lindberg, Jordan John, Vol IV
Macleod, David Irving, Vol I
Orlik, Peter B., Vol II
Toms-Robinson, Dolores C., Vol I
Wright, John, Vol IV

Novi
Richardson, Andra Virginia, Vol IV

Okemos
Roberto, Anthony J., Vol II
Stecker, Robert, Vol IV

Orchard Lake
Smith, Pamela A., Vol IV

Redford
Allen, Robert F., Vol IV

Rochester
Atlas, John Wesley, Vol I
Barnard, Virgil John, Vol I
Coppola, Carlo, Vol III
Dykes, DeWitt S., Jr., Vol I
Eberwein, Jane Donahue, Vol II
Fitzsimmons, Thomas, Vol II
Harrison, Algea Othella, Vol I
Maloney, J. Christoper, Vol IV
Mayer, Don, Vol IV
Murphy, Brian, Vol II
Osthaus, Carl Richard, Vol I
Strauss, Wallace Patrick, Vol I
Sudol, Ronald A., Vol II
Tucker, Richard Philip, Vol I
Wiggins, Jacqueline D., Vol I

Royal Oak
Jooharigian, Robert B., Vol IV

Saginaw
Thompson, M.T., Jr., Vol IV

Sandusky
Eschelbach, Michael A., Vol IV

Sault Ste. Marie
Nairn, Charles E., Vol IV

Southfield
Stern, Marvin, Vol I
Wright, Roberta V. Hughes, Vol IV

Spring Arbor
Dibaba, Mamo, Vol I

Troy
Kaucheck, Ken, Vol IV
Lewis, Daniel J., Vol IV

University Center
Braddock, Robert Cook, Vol I
Clark, Basil Alfred, Vol II
Forsberg, Ralph P., Vol IV
Gourd, William, Vol II
Munn, Paul, Vol II
Pfeiffer, Raymond Smith, Vol IV
Rayfield, David, Vol IV
Renna, Thomas Julius, Vol I
Thompson, Gary, Vol II
Wang, Mason Yu-Heng, Vol II

Walker
Gonzalez, Luis G., Vol IV

West Bloomfield
Bertman, Stephen, Vol I

Westland
Eisele, Thomas David, Vol IV

Williamston
Falk, Thomas Heinrich, Vol II

Ypsilanti
Abbott, Richard Henry, Vol I
Boyer, Lee R., Vol I
Burlingame, Lori, Vol II
Cassar, George H., Vol I
Citino, Robert M., Vol I
Cross, Gilbert B., Vol I
Crouch, Margaret, Vol IV
Daigle-Williamson, Marsha A., Vol III
Delph, Ronald, Vol I
Domino, Brian, Vol IV
Duley, Margot I., Vol I
Duncan, Jeffrey Light, Vol II
Eiss, Harry Edwin, Vol II
Flusche, Della M., Vol I
Geherin, David J., Vol II
Gendin, Sidney, Vol IV
George, Laura J., Vol II
Gimelli, Louis B., Vol I
Goff, Richard D., Vol I
Graves, Pamela, Vol I
Hafter, Daryl Maslow, Vol I
Higbee, Mark, Vol I
Holoka, James P., Vol I
Homel, Michael W., Vol I
Kauffman, Janet, Vol III
Keller, Gary D., Vol IV
King, H. Roger, Vol I
Long, Roger D., Vol I
McGlynn, Paul Dumon, Vol II
McNally, Michael, Vol I
Mehuron, Kate, Vol IV
Moss, Walter Gerald, Vol I
Nelson, Gersham, Vol I
Perkins, George, Vol II
Perry, Robert Lee, Vol I
Shuter, Bill, Vol II
Staal, Arie, Vol II
Stevens, Lizbeth Jane, Vol III
Terry, Janice J., Vol I
Upshur, Jiu-Hwa Lo, Vol I
Vinyard, JoEllen, Vol I

MINNESOTA

Apple Valley
O'Sullivan, Michael K., Vol II

Archives Collegeville
Tegeder, Vincent George, Vol I

Bemidji
Blackwood, Roy E., Vol II
Mathewson, Dave L., Vol II
Thomaidis, Spero T., Vol I

Boynton
Kahn, Jeffrey C., Vol IV

Cloud
Corliss, Richard Lee, Vol IV

Collegeville
Chuang, Rueyling, Vol IV
Drekonja, Otmar Maximilian, Vol II
Finn, Daniel R., Vol IV
Haile, Getatchew, Vol III
Richardson, Scott D., Vol III

Cottonwood
Curtler, Hugh M., Vol IV

Duluth
Adams, Stephen J., Vol II
Bartlett, Beth, Vol IV
Bock, Carol A., Vol II
Bock, Martin F., Vol II
Browning Cole, Eve, Vol I
Conant, Jonathan Brendan, Vol III
Evans, John Whitney, Vol I
Fetzer, James Henry, Vol I
Fischer, Roger Adrian, Vol I
Gustafson, David, Vol I
Hellenbrand, Harold, Vol II
Hudelson, Richard Henry, Vol IV
Jankofsky, Klaus P., Vol III
Linn, Michael D., Vol III
Lips, Roger C., Vol II
Storch, Neil T., Vol I
Trolander, Judith Ann, Vol I
Zeitz, Eileen, Vol III

Glenwood
Ouren, Dallas, Vol IV

Gorham
Cowart, Wayne, Vol III
Fouchereaux, Jean, Vol III
Shedletsky, Leonard Jerald, Vol II

Mankato
Croce, Lewis Henry, Vol I
Cronn-Mills, Daniel, Vol II
Larson, Bruce Llewellyn, Vol I
Lass, William Edward, Vol I
Lindberg, John, Vol I
Metzger, Daniel, Vol IV
Nagel, Mechthild E., Vol IV
Postma, Johannes, Vol I
Yezzi, Ronald D., Vol IV

Marine on St. Croix
West, Frederick S., Vol IV

Marshall
Cafaro, Philip, Vol IV

Minneapolis
Akehurst, F.R.P., Vol I
Allman, Jean M., Vol I
Altholz, Josef L., Vol I
Andrews, Kristin, Vol IV
Arenas, Fernando, Vol III
Aris, Rutherford, Vol I
Babcock, William, Vol II
Bachrach, Bernard S., Vol I
Bales, Kent, Vol II
Barnes, Betsy, Vol III
Bashiri, Iraj, Vol III
Beatty, John, Vol IV
Belfiore, Elizabeth Stafford, Vol I
Berlin, Andrea Michelle, Vol I
Berman, Hyman, Vol I
Bowie, Norman, Vol IV
Brauer, Kinley, Vol I
Brewer, Daniel, Vol II
Brewer, Maria Minich, Vol III
Brooks, Roy Lavon, Vol IV
Browne, Donald R., Vol II
Cardamone, Donna, Vol I
Chambers, Sarah, Vol I
Chang, Tsan-Kuo, Vol II
Chen, J., Vol IV
Clayton, Tom, Vol II
Cohen, Andrew D., Vol II
Cooper, Frederick A., Vol I
Dahl, Norman, Vol IV
Davis, Gordon B., Vol I
Dicken Garcia, Hazel F., Vol II
Dolan, John M., Vol IV
Doyle, Kenneth, Vol II
Eaton, Marcia M., Vol IV
Elliott, Carl, Vol IV
Erickson, Gerald M., Vol I
Evans, John Karl, Vol I
Evans, Sara M., Vol I
Faber, Ronald, Vol II
Fang, Irving E., Vol II
Farah, Caesar E., Vol I

Farber, Daniel Alan, Vol IV
Farmer, Edward L., Vol I
Ferran, Ofelia, Vol III
Firchow, Evelyn Scherabon, Vol III
Firchow, Peter Edgerly, Vol II
Frances, Bryan R.S., Vol IV
Fullerton, Gerald Lee, Vol III
Giere, Ronald N., Vol IV
Gifford, Daniel Joseph, Vol IV
Gillmor, Donald M., Vol II
Good, David F., Vol I
Graham Yates, Gayle, Vol I
Green, George D., Vol I
Gregory Kohlstedt, Sally, Vol IV
Griffin, Edward M., Vol II
Griffin, Michael S., Vol II
Grimstad, Kaaren, Vol III
Gumpel, Liselotte, Vol III
Gundel, J.K., Vol III
Gunderson, Keith, Vol IV
Hancher, Charles Michael, Vol II
Hanson, William H., Vol IV
Hellman, Geoffrey, Vol IV
Henry, Daniel Joseph, Vol IV
Hirsch, Gordon D., Vol II
Hirschbach, Frank Donald, Vol III
Holtman, Sarah Williams, Vol IV
Hopkins, Jasper, Vol IV
Howe, John R., Vol I
Hudec, Robert Emil, Vol IV
Isaacman, Allen, Vol I
Isett, Christopher, Vol I
Jahn, Gary Robert, Vol III
Jara, Rene, Vol III
Jensen, J. Vernon, Vol II
Kac, Michael, Vol IV
Kelly, Thomas, Vol I
Kendall, Calvin B., Vol II
Kieft, David, Vol I
Klee, Carol, Vol III
Kohlstedt, Sally Gregory, Vol I
Kopf, David, Vol I
Kraabel, Alf Thomas, Vol IV
Krevans, Nita, Vol III
Kuftinec, Sonja, Vol II
Lardinois, Andre P.M.H., Vol I
Laudon, Robert Tallant, Vol I
Layton, Edwin Thomas, Vol I
Lee, Chuan, Vol II
Lehmberg, Stanford E., Vol I
Levinson, Bernard M., Vol III
Lewis, Douglas, Vol IV
Leyasmeyer, Archibald I, Vol II
Liberman, Anatoly, Vol III
Liu, Catherine, Vol I
Longino, Helen, Vol IV
Malandra, William, Vol I
Marshall, Byron K., Vol I
Martinez, Ronald L., Vol III
Mason, H.E., Vol IV
Mathews, Mark William, Vol IV
May, Elaine Tyler, Vol I
May, Lary L., Vol I
Maynes, Mary Jo, Vol I
McCaa, Robert, Vol I
Mcdonald, William Andrew, Vol I
McNally, Sheila, Vol I
Mcnaron, Toni Ann Hurley, Vol II
Menard, Russell R., Vol I
Merritt, Raymond Harland, Vol I
Metcalf, Michael F., Vol I
Miller, Carol, Vol I
Minich Brewer, Maria, Vol II
Morrison, Fred L., Vol IV
Munholland, John Kim, Vol I
Myers, Samuel L., Jr., Vol I
Nash, Anedith, Vol I
Nash, Elizabeth, Vol II
Noakes, Susan, Vol III
Noble, David Watson, Vol I
Noonan, Thomas S., Vol I
Norling, Lisa A., Vol I
Norwood, James, Vol II
O'Brien, Jean M., Vol I
O'Brien-Kehoe, Jean, Vol I
O'Connell, Joanna, Vol III
Ocampo, Francisco, Vol III
Olson, Stuart Douglas, Vol III
Owens, Joseph, Vol IV
Paganini, Maria, Vol III
Pankake, Marcia J., Vol I
Parente, James A., Jr., Vol III
Park, Roger Cook, Vol IV
Peterson, Sandra, Vol IV
Phillips, Carla Rahn, Vol III
Phillips, William, Vol I
Polakiewicz, Leonard A., Vol III
Preckshot, Judith, Vol III

Prell, Riv-Ellen, Vol III
Rahn Phillips, Carla, Vol I
Ramos-Garcia, Luis A., Vol III
Reed, Peter J., Vol II
Reichenbach, Bruce Robert, Vol IV
Reyerson, Kathryn L., Vol I
Roberts, Nancy L., Vol II
Root, Michael, Vol IV
Ross, Particia A., Vol IV
Roy, Abhik, Vol II
Ruggles, Steven, Vol I
Samaha, Joel, Vol I
Sarles, Harvey Burton, Vol III
Savage, C. Wade, Vol IV
Savage, Wade S., Vol IV
Scheman, Naomi, Vol IV
Schwartz, Dona B., Vol II
Schwartz, Stuart B., Vol I
Scott, Robert Lee, Vol II
Sheets, George Archibald, Vol I
Sivert, Eileen, Vol III
Sonkowsky, Robert Paul, Vol I
Southall, Geneva H., Vol I
Spear, Allan H., Vol I
Stenson, Nancy Jean, Vol III
Stuewer, Roger H., Vol I
Sugnet, Charles Joseph, Vol II
Sullivan, Constance, Vol III
Taborn, John Marvin, Vol I
Taylor, David Vassar, Vol I
Thayer, John A., Vol I
Thomas, Gary Craig, Vol III
Tiberius, Valerie, Vol IV
Tims, Albert R., Vol II
Tracy, James, Vol I
Tyler May, Elaine, Vol I
Underiner, Tamara, Vol II
Urness, Carol, Vol I
Valdes, Dennis N., Vol I
Vidal, Hernan, Vol III
Wackman, Daniel B., Vol II
Wakefield, Ray Milan, Vol III
Waldauer, Joseph, Vol II
Wallace, John, Vol IV
Waltner, Ann, Vol I
Wang, Liping, Vol I
Waters, Kenneth C., Vol IV
Weissbrodt, David Samuel, Vol IV
Welke, Barbara Y., Vol I
Wells, William D., Vol IV
Westermeyer, Joseph John, Vol I
Wilson, Leonard Gilchrist, Vol I
Yahnke, Robert Eugene, Vol I
Zahareas, Anthony, Vol III
Zahavy, Tzvee, Vol IV

Moorhead
Aageson, James W., Vol IV
Buckley, Joan, Vol II
Hanson, Colan T., Vol II
Harris, Paul W., Vol I
Herman, Stewart W., Vol IV
Jacobson, Arland D., Vol IV
Johnson, Leroy Ronald, Vol I
Kaplan, James Maurice, Vol III
Lintelman, Joy, Vol IV
Poppe, Susan, Vol IV
Sprunger, David A., Vol II

Morris
Ahern, Wilbert H., Vol I
Underwood, Ted Leroy, Vol I

Mounds View
Erickson, Millard J., Vol IV

New Brighton
Yates, Wilson, Vol IV

New Hope
Dalman, Rodger, Vol IV

New Ulm
Thompson, Glen L., Vol I

Northfield
Achberger, Karen Ripp, Vol III
Allen, Wendy, Vol III
Barbour, Ian Graeme, Vol IV
Barbour, John D., Vol IV
Blake, Stephen, Vol I
Boling, Becky, Vol II
Bonner, Robert Elliott, Vol I
Buckstead, Richard C., Vol II
Carpenter, Scott, Vol II
Carrington, Laurel, Vol I
Cisar, Mary, Vol III

Crouter, Richard, Vol I
Crouter, Richard E., Vol IV
DeLaney, Jeane, Vol I
Dust, Patrick, Vol II
Fink, Karl J., Vol III
Fritz, Henry Eugene, Vol I
Granquist, Mark, Vol IV
Groton, Anne H., Vol I
Hong, Howard V., Vol I
Ignashev, Diane M. Nemec, Vol III
Iseminger, Gary, Vol IV
Jackson, Roger, Vol IV
Jeffrey, Kirk, Vol I
Kaga, Mariko, Vol IV
Kowalewski, Michael, Vol II
Krey, Gary De, Vol I
Langerak, Edward Anthony, Vol IV
Lovoll, Odd Sverre, Vol I
May, James M., Vol I
Morral, Frank R., Vol II
Nemec-Ignashev, Diane, Vol IV
Newman, Louis E., Vol IV
Odell, Margaret S., Vol IV
Patrick, Anne E., Vol IV
Posfay, Eva, Vol I
Prowe, Diethelm Manfred-Hartmut, Vol I
Rader, Rosemary, Vol I
Reece, Steve, Vol I
Rippley, La Vern J., Vol III
Sipfle, David A., Vol IV
Smith, Bardwell L., Vol IV
Soule, George, Vol II
Strand, Dana, Vol II
Taliaferro, Charles, Vol IV
Unno, Mark, Vol IV
Wee, David Luther, Vol II
Wilkens, Kenneth G., Vol II
Wilkie, Nancy C., Vol I
Williams, Harry M., Vol I
Yandell, Cathy, Vol III

Rochester
Penniston, Joyce K., Vol I

Roseville
Gross, Alan G., Vol II
Sauter, Kevin O., Vol II

South Minneapolis
MacLeish, Andrew, Vol III

St. Cloud
Anderson, Myron George, Vol IV
Gower, Calvin William, Vol I
Hong, Chang-Seong, Vol IV

St. Joseph
Grabowska, James A., Vol I
Merkle, John Charles, Vol IV

St. Paul
Albers, Robert H., Vol IV
Anderson, Charles Samuel, Vol I
Anderson, Stanley Daniel, Vol IV
Berge, Paul S., Vol II
Boyce, James, Vol IV
Brown, Carole Ann, Vol II
Burtness, James H., Vol I
Cady, Duane Lynn, Vol IV
Caneday, Ardel B., Vol IV
Chew, Kristina, Vol III
Chrislock, C. Winston, Vol I
Cooper-Lewter, Nicholas Charles, Vol IV
Corgan, Verna C., Vol II
Derfler, Steven, Vol I
Dye, Robert Ellis, Vol III
Forde, Gerhard Olaf, Vol I
Frazier, Leta J., Vol II
Fredrickson, David, Vol IV
Fretheim, Terence E., Vol IV
Gaiser, Frederick J., Vol IV
Glancy, Diane, Vol II
Graebner, Alan, Vol I
Greenberg, Alvin D., Vol II
Gurak, Laura J., Vol II
Hallman, Joseph Martin, Vol IV
Henrich, Sarah, Vol IV
Hensley, Carl Wayne, Vol II
Hill Duin, Ann, Vol II
Hillmer, Mark, Vol IV
Hopper, David Henry, Vol IV
Huffman, Douglas S., Vol IV
Hultgren, Arland, Vol IV
Hultgren, Arthur J., Vol IV
Jacobson, Diane L., Vol IV

Kagan, Richard C., Vol I
Keifert, Patrick, Vol IV
Kimble, Melvin, Vol IV
Kittelson, James, Vol I
Koester, Craig R., Vol IV
Kolb, Robert, Vol I
Kolden, Marc, Vol IV
Laine, James W., Vol IV
Laumakis, Stephen J., Vol IV
Lay, Mary M., Vol II
Limburg, James, Vol IV
Martinson, Paul V., Vol IV
Martinson, Roland, Vol IV
McDowell, Earl E., Vol II
Michels, Eileen M., Vol I
Mikelonis-Paraskov, Victoria M.,
   Vol II
Miller, Roland, Vol IV
Murphy, Paul Lloyd, Vol I
Nelson, Randolph A., Vol I
Nestingen, James A., Vol I
Nichol, Todd W., Vol I
Nodes, Daniel J., Vol I
Nysse, Richard W., Vol IV
O'Hara, Mary L., Vol IV
Olson, Roger E., Vol IV
Palmerton, Patricia R., Vol III
Patton, Corrine, Vol IV
Paul, Garrett E., Vol IV
Paulson, Steven, Vol IV
Penchansky, David, Vol IV
Pinn, Anthony B., Vol IV
Polk, Timothy H., Vol IV
Rachleff, Peter J., Vol I
Ramp, Steven W., Vol II
Ramshaw, Elaine Julian, Vol IV
Reagan, Mary Jane, Vol I
Reece, Debra J., Vol II
Reiter, David Dean, Vol IV
Roediger, David, Vol I
Rogness, Michael, Vol II
Rosenberg, Emily Schlaht, Vol I
Rosenberg, Norman Lewis, Vol I
Scanlan, Thomas, Vol II
Schubert, Virginia Ann, Vol III
Schweigert, Francis J., Vol IV
Simpson, Gary M., Vol IV
Simundson, Daniel J., Vol IV
Snook, Lee E., Vol IV
Sponheim, Paul R., Vol IV
Stewart, James Brewer, Vol I
Stewart, Melville Y., Vol IV
Stromberg, James S., Vol IV
Sundberg, Walter, Vol I
Swanson, Carol B., Vol IV
Thronveit, Mark A., Vol IV
Tiede, David L., Vol IV
Timmerman, Joan H., Vol IV
Vecoli, Rudolph John, Vol I
Volz, Carl, Vol I
Volz, Carl A., Vol I
Wahlstrom, Billie J., Vol II
Walzer, Arthur E., Vol II
West, Henry Robison, Vol IV
Westermeyer, Paul, Vol I
White, David Benjamin, Vol IV
Willis, Robert E., Vol I
Windley, Susan M., Vol IV
Wolsey, Mary Lou Morris, Vol III
Wright, Scott Kenneth, Vol I
Zachary, Steven W., Vol IV
Zurakowski, Michele M., Vol II

St. Peter
Clark, Jack Lowell, Vol IV
Flory, Marleen Boudreau, Vol I
Flory, Stewart Gilman, Vol I
Freiert, William K., Vol I
Nordstrom, Byron John, Vol I
Walter, Renee, Vol III

Wayzata
Howe, Sondra Wieland, Vol I

Winona
Adickes, Sandra, Vol II
Bazillion, Richard J., Vol I
Byman, Seymour David, Vol IV
Carducci, Jane, Vol II
Cowgill, Kent, Vol II
Nichols, Ann, Vol II
Nichols, James, Vol II
Schmidt, Greg, Vol I

MISSISSIPPI

Bay St. Louis
Woodward, Ralph L., Vol I

Boston
Davis, Willie J., Vol IV
Sherwood, Wallace Walter, Vol IV
Soden, Richard Allan, Vol IV
Walker, Charles Ealy, Jr., Vol IV

Clinton
Fant, Gene C., Jr., Vol IV
Lytal, Billy D., Vol II
Martin, Charles Edward, Vol I

Courtland
Lindgren, C. E., Vol I

Hamilton
Lancaster, Jane Fairchild, Vol I

Hattiesburg
Bowers, Richard Hugh, Vol I
Bradley, Doris P., Vol II
Browning, Daniel C., Vol I
Gonzales, John Edmond, Vol I
Guice, John David Wynne, Vol I
Holley, David M., Vol IV
Kolin, Philip Charles, Vol II
Mcmillen, Neil Raymond, Vol I
Meyer, John C., Vol IV
Paprzycka, Katarzyna, Vol IV
Polk, Noel E., Vol II
Scarborough, William Kauffman,
   Vol I
Sims, James Hylbert, Vol II
Waltman, Jerold Lloyd, Vol I
Wood, Forrest E., Jr., Vol IV

Itta Bena
Smith Nelson, Dorothy J., Vol I

Jackson
Ammon, Theodore G., Vol I
Bennett, Patricia W., Vol IV
Brown, Kristen M., Vol IV
Curry, Allen, Vol IV
Davis, Ralph, Vol I
Deterding, Paul E., Vol IV
Easley, Ray, Vol IV
Foster, E.C., Vol I
Freis, Catherine R., Vol I
Freis, Richard, Vol I
Galchinsky, Michael, Vol II
Gleason, Michael, Vol III
Harris, William McKinley, Sr.,
   Vol I
Harvey, James Cardwell, Vol IV
Harvey, Maria-Luisa Alvarez,
   Vol III
Hoffecker, W. Andrew, Vol I
Hurley, James, Vol I
Krabbe, Judith, Vol I
Long, Paul, Vol IV
Marrs, Suzanne, Vol II
McElvaine, Robert S., Vol I
Middleton, Richard Temple, III,
   Vol I
Miller, Greg, Vol II
Mitias, Michael Hanna, Vol IV
Moreland-Young, Curtina, Vol I
Myers, Lena Wright, Vol I
Olivia, Leonora, Vol I
Page, Judith W., Vol II
Rankin, Duncan, Vol IV
Richardson, William, Vol I
Ruggiero Freis, Catherine, Vol I
Sallis, Charles, Vol I
Smith, Steven G., Vol I
Tashiro, Paul Y., Vol IV
Ury, M. William, Vol I
Wan, Enoch, Vol IV
White, Frankie Walton, Vol IV
Whitlock, Luder, Vol IV
Wilson, L. Austin, Vol II

Kosciusko
Cox, Howard A., Vol IV

Lorman
Bristow, Clinton, Jr., Vol IV
Rahman, Shafiqur, Vol II

Medford
Gill, Gerald Robert, Vol I

Meridian
Bell, William Dudley, Vol I

Mississippi State
Blaney, Benjamin, Vol III
Chatham, James Ray, Vol III
Emplaincourt, Edmond Arthur,
   Vol III
Grill, Johnpeter Horst, Vol I
Huttenstine, Marian L., Vol II
Mabry, Donald Joseph, Vol I
Marszalek, John Francis, Vol I
McClung, William A., Vol II
Nybakken, Elizabeth I., Vol I
Parrish, William E., Vol I
Person, William Alfred, Vol I
Scott, Roy V., Vol I
Williams, Carolyn Chandler, Vol I
Wiltrout, Ann Elizabeth, Vol III
Wolverton, Robert E., Vol I

Natchez
West, George Ferdinand, Jr.,
   Vol IV

Oxford
Ajootian, Aileen, Vol I
Dewey, Tom, Vol I
Galef, David, Vol II
Gispen, Kees, Vol I
Harrington, Michael L., Vol IV
Lawhead, William F., Vol I
Lynch, Michael P., Vol IV
Riggs, Robert, Vol I
Sparks, Esther, Vol I
Westmoreland, Robert B., Vol IV

Pearl
Hill, Linda Marie, Vol II

Starkville
Godbold, E. Stanly, Vol I

Tougaloo
Ward, Jerry Washington, Jr.,
   Vol II

University
Abadie, Hubert Dale, Vol I
Barbera, Jack Vincent, Vol II
Bell, Roseann P., Vol II
Brown, Thomas Howard, Vol II
Cooke, James Jerome, Vol I
Crouther, Betty Jean, Vol I
Davis, Robert N., Vol IV
Eagles, Charles W., Vol I
Ewell, Barbara Claire, Vol II
Harrington, Michael Louis, Vol IV
Kiger, Joseph Charles, Vol I
Landon, Michael De Laval, Vol I
Moysey, Robert Allen, Vol I
Skemp, Sheila Lynn, Vol I
Steel, David Warren, Vol I
Swinden, Kevin J., Vol I
Watt, Jeffrey R., Vol I
Williams, Daniel E., Vol II

MISSOURI

Ballwin
Te, Jordan, Vol I

Bolivar
Derryberry, Bob R., Vol II
Derryberry, Box R., Vol II
Gallatin, Harlie Kay, Vol I
Hooper, William Loyd, Vol I

Canton
Gossai, Hemchand, Vol IV
Lee, George Robert, Vol I
Wiegenstein, Steve, Vol II

Cape Girardeau
Hamblin, Robert W., Vol II
Hoffman, Steven J., Vol I
Reinheimer, David, Vol II
Veneziano, Carol, Vol I

Chesterfield
Winn, Colette Henriette, Vol III

Colombia
Bien, Joseph J., Vol IV

Columbia
Barabtarlo, Gennady, Vol III
Bender, Robert M., Vol II
Benoit, William L., Vol II
Bondeson, William B., Vol IV
Braun, Ernst, Vol III
Budds, Michael, Vol I
Bullion, John Lewis, Vol I
Burggraaff, Winfield J., Vol I
Camargo, Martin, Vol II
Cavigioli, Rita C., Vol III
Collins, Robert Maurice, Vol I
Cooke, Thomas D., Vol II
Crowley, J. Donald, Vol II
Crowley, Sue Mitchell, Vol II
Cunningham, Noble E., Jr., Vol I
Curtis, James Malcolm, Vol III
Dawson, William, Vol II
Devlin, Albert J., Vol II
Dorsey, Carolyn Ann, Vol I
Estevez, Victor A., Vol I
Fischer, David Arnold, Vol IV
Flader, Susan L., Vol I
Foley, John Miles, Vol II
Fulweiler, Howard, Vol II
Glenn, Pierce, Vol III
Hinkel, Howard, Vol II
Hinnant, Charles Haskell, Vol II
Hocks, Elaine, Vol I
Hocks, Richard, Vol II
Holland, Antonio F., Vol I
Holtz, William, Vol II
Hooley, Daniel M., Vol I
Hudson-Weems, Clenora, Vol II
Koclitschek, Theodore, Vol I
Koegel, John, Vol I
Kramer, Michael W., Vol II
Kuizenga, Donna, Vol III
Kultgen, John, Vol IV
Lago, Mary Mcclelland, Vol II
Lance, Donald M., Vol III
Lane, Eugene N., Vol II
Lears, T.J. Jackson, Vol I
Lewis, Marvin A., Vol III
Lyman, R. Lee, Vol I
Marshall, Howard Wight, Vol I
McBain, James F., Jr., Vol IV
Miller, Kerby A., Vol I
Muratore, Mary Jo, Vol III
Nauert, Charles G., Vol I
Neff, Hector, Vol I
Oglesby, James Robert, Vol I
Pierce, Glenn, Vol III
Pigg, Kenneth E., Vol I
Prahlad, Sw. Anand, Vol II
Presberg, Charles D., Vol III
Quirk, Thomas Vaughan, Vol II
Raitt, Jill, Vol IV
Reid, Loren, Vol II
Roberts, John R., Vol I
Santos, Sherod, Vol II
Saylor, Charles F., Vol I
Schenker, David J., Vol I
Scroggins, Daniel Coy, Vol III
Sperber, Jonathon, Vol I
Strickland, Arvarh E., Vol I
Tarkow, Theodore A., Vol I
Terrell, Robert L., Vol II
Thiher, Ottah Allen, Vol III
Timberlake, Charles, Vol I
Ugarte, Michael, Vol III
Wallace, Paul, Vol I
Weirich, Paul, Vol IV

Columbus
Mullen, Edward, Vol II
Rueda, Ana, Vol IV

Fayette
Burres, Kenneth Lee, Vol IV
Geist, Joseph E., Vol III

Fulton
Lael, Richard Lee, Vol I
Mattingly, Richard Edward,
   Vol IV
Southern, David Wheaton, Vol I

Hannibal
Bergen, Robert D., Vol IV

Jefferson City
Hearn, Rosemary, Vol II
Hoard, R.J., Vol I
Kremer, Gary R., Vol I
Mattingly, Susan Shotliff, Vol IV
Steward, Dick Houston, Vol I
Wyman, Linda Lee, Vol II

Joplin
Denniston, Elliott Averett, Vol II
Harder, Henry Louis, Vol II
Massa, Richard Wayne, Vol II
Merriam, Allen H., Vol II
Saltzman, Arthur Michael, Vol II

Kansas City
Andrews, Stephen J., Vol III
Bangs, Carl, Vol IV
Berets, Ralph Adolph, Vol II
Berger, Mark, Vol IV
Berman, Jeffrey B., Vol IV
Brady, Jules M., Vol IV
Bredeck, Martin James, Vol IV
Brodhead, Michael John, Vol I
Brodsky, Patricia Pollock, Vol III
Carter, Warren, Vol IV
Clardy, Jesse V., Vol I
Cooper, Corinne, Vol IV
Dean, Joan Fitzpatrick, Vol II
Deblauwe, Francis, Vol I
Dolskaya-Ackerly, Olga, Vol I
Dunlap, Elden Dale, Vol IV
Eubanks, Eugene E., Vol I
Feagin, Susan Louise, Vol IV
Ferguson, Kenneth D., Vol I
Graham, John Thomas, Vol I
Hattaway, Herman Morell, Vol I
Hoffmann, Donald, Vol I
Hood, Edwin T., Vol IV
Howell, John C., Vol IV
Hoyt, Christopher R., Vol IV
Jones, William Paul, Vol IV
Klausner, Carla Levine, Vol I
Kobach, Kris W., Vol IV
LaBudde, Kenneth J., Vol I
Lambert, Jean Christine, Vol IV
Larsen, Lawrence H., Vol I
Levit, Nancy, Vol IV
Lewis, Martha Hoffman, Vol I
Londre, Felicia Hardison, Vol II
Lumin, Bernard, Vol I
Matthaei, Sondra, Vol IV
McCarty, Doran Chester, Vol IV
Mckinley, James Courtright, Vol II
Miles, Delos, Vol IV
Moennssens, Andre A., Vol IV
Moten, Chauncey Donald, Vol I
Norton, Kay, Vol I
Ogilvie, Leon Parker, Vol I
Oldani, Louis Joseph, Vol II
Pogemiller, Leroy, Vol I
Popper, Robert, Vol IV
Potts, Louis Watson, Vol I
Raser, Harold E., Vol IV
Reitz, Charles, Vol I
Richards, Edward P., Vol IV
Robinson, Genevieve, Vol I
Schultz, Joseph P., Vol III
Sheldon, Ted P., Vol II
Sweetman, Brendan M., Vol IV
Townes, Emilie M., Vol IV
Trani, Eugene Paul, Vol I
Venable Powell, Burnele, Vol IV
Verchick, Robert R., Vol IV
Voigts, Linda Ehrsam, Vol III
Walter, Edward F., Vol IV
Williams, Hazel Browne, Vol II

Kirksville
Barnes, Jim Weaver, Vol III
Davis, Janet, Vol II
DeLancey, Julia, Vol I
Hsieh, Dinghwa Evelyn, Vol IV
Keller, Dale, Vol II
Orchard, Lee F., Vol II
Orel, Sara E., Vol I
Presley, Paula, Vol I
Ramesh, Clospeth N., Vol III
Ramsbottom, Mary Macmanus,
   Vol I
Schnucker, Robert Victor, Vol I

Lees Summit
Nanos, Mark D., Vol IV

Liberty
Chance, J. Bradley, Vol IV
David, Keith R., Vol IV
Horne, Milton P., Vol IV

Louis
Jones, David Clyde, Vol IV
McNamee, Maurice Basil, Vol II

Maryville
Albertini, Virgil, Vol II
Carneal, Thomas William, Vol I
Fry, Carrol Lee, Vol II
Saucerman, James Ray, Vol II

Nevada
Byer, Inez, Vol IV

Parkville
Gall, Robert S., Vol IV

Point Lookout
Zabel, James Allen, Vol I

Rolla
Bergmann, Linda S., Vol II
Knight, William Nicholas, Vol II
Ridley, Jack B., Vol I
Vonalt, Larry, Vol II

Springfield
Baumlin, James S., Vol II
Browning, Peter, Vol IV
Burgess, Stanley M., Vol IV
Burling, William J., Vol II
Coad Dyer, Sam, Vol II
Cotton, Roger D., Vol IV
Dicke, Thomas Scott, Vol I
Ess, Charles, Vol IV
French Baumlin, Tita, Vol II
Giglio, James Nicholas, Vol I
Hedrick, Charles Webster, Vol IV
Lederer, Katherine, Vol II
Lewis, Andrew Wells, Vol I
Luckert, Karl Wilhelm, Vol I
Miller, Worth Robert, Vol I
Moran, Jon S., Vol IV
Moyer, James Carroll, Vol IV
Nugent, Pauline, Vol I
Park-Fuller, Linda M., Vol II
Parsons, James, Vol I
Paxton, Mark, Vol II
Polly, Lyle R., Vol III
Shields, Mary, Vol IV
Shields, Mary E., Vol IV
Smith, Ralph R., Vol IV
Stanton, Don, Vol II
Willis, Resa, Vol II

St. Louis
Allen, Garland E., Vol I
Anderson, Vinton Randolph, Vol IV
Arand, Charles P., Vol IV
Barman, Lawrence, Vol I
Bartelt, Andrew H., Vol IV
Bayer, Hans F., Vol IV
Bechtel, Will, Vol IV
Beinfeld, Solon, Vol I
Berger, Henry Weinberg, Vol I
Berman, Scott, Vol IV
Bernstein, Iver, Vol I
Berquist, Jon L., Vol I
Blackwell, Richard Joseph, Vol IV
Bliss, Robert M., Vol I
Bourke, Vernon Joseph, Vol IV
Brauer, James L., Vol IV
Brock, Karen L., Vol I
Brown, Eric, Vol IV
Brown, Leslie, Vol I
Burkholder, Mark A., Vol I
Burns, J. Patout, Jr., Vol IV
Cargas, Harry James, Vol II
Carkeet, David Corydon, Vol II
Charron, William C., Vol IV
Childs, Elizabeth C., Vol I
Clarke, Anne-Marie, Vol IV
Cooper, Jerry Marvin, Vol I
Critchlow, D.T., Vol I
Danker, Frederick W., Vol IV
Davis, Lawrence H., Vol IV
Dorsey, Elbert, Vol IV
Doyle, James F., Vol IV
DuBois, James M., Vol IV
Dunne, Joseph Fallon, Vol II
Dzuback, Mary Ann, Vol I
Early, Gerald, Vol II
Faherty, William Barnaby, Vol I
Feuerhahn, Ronald R., Vol I
Finney, Paul Corby, Vol I
Fiss, Karen A., Vol I
Fleener, Charles Joseph, Vol I
Friedman, Marilyn A., Vol IV
Fuss, Peter L., Vol IV
Gaffney, John Patrick, Vol IV
Gass, William Howard, Vol IV
Gerard, Jules Bernard, Vol IV

Gerteis, Louis, Vol I
Gibbs, Jeffrey A., Vol IV
Goergen, Donald J., Vol IV
Gordon, Robert M., Vol IV
Gordon, Robert Morris, Vol IV
Greenfield, Michael M., Vol I
Greenhaward, David M., Vol IV
Guentner, Frances J., Vol I
Hatch, George, Vol I
Hause, Steven C., Vol I
Head, Thomas F., Vol I
Hegel, Robert Earl, Vol I
Heil, John P., Vol IV
Herron, Robert Deupree, Vol III
Hirst, Derek M., Vol I
Hurley, Andrew J., Vol I
Izenberg, Gerald Nathan, Vol I
Jackson, Carol E., Vol IV
Jenkins, Jennifer L., Vol I
Joy, Peter, Vol IV
Jung, Donald J., Vol II
Karamustafa, Ahmet T., Vol IV
Kizer, Elizabeth J., Vol II
Klass, Dennis, Vol IV
Kleingeld, Pauline, Vol IV
Knipp, Thomas Richard, Vol II
Kolmer, Elizabeth, Vol I
Konig, David Thomas, Vol I
Korr, Charles P., Vol I
Leven, Charles Louis, Vol I
Levie, Howard Sidney, Vol IV
Levin, Ronald Mark, Vol IV
Lowry, William R., Vol I
Lutzeler, Paul Michael, Vol III
Madden, T.F., Vol I
Magill, Gerard, Vol IV
Maltby, William Saunders, Vol I
Mandelker, Daniel Robert, Vol IV
McGlone, Mary M., Vol IV
McPhail, Thomas Lawrence, Vol II
Milder, Robert, Vol II
Miller, Angela L., Vol I
Miller, Clarence Harvey, Vol II
Miller, Howard Smith, Vol I
Mitchell, Christopher, Vol III
Mitchell, Richard Hanks, Vol I
Morris, John Nelson, Vol II
Mumford, Eric, Vol I
Munson, Ronald, Vol IV
Murray, Michael D., Vol II
Nagel, Norman E., Vol I
Nelson, Lynn Hankinson, Vol IV
Nolan, Barbara, Vol II
Norwood, Kimberly Jade, Vol IV
Okenfuss, Max Joseph, Vol I
Ordower, Henry M., Vol IV
Parr, Chris, Vol IV
Paulson, Stanley Lowell, Vol IV
Pautrot, Jean-Louis, Vol III
Poag, James F., Vol I
Primm, James Neal, Vol I
Raabe, Paul R., Vol IV
Raj, Victor A.R., Vol IV
Rawling, J. Piers, Vol IV
Riesenberg, Peter, Vol I
Robbert, Louise Buenger, Vol I
Roediger, Henry L., Vol I
Rosenbloom, Joseph R., Vol I
Rosin, Robert L., Vol I
Ross, Stephanie A., Vol IV
Roth, Paul A., Vol IV
Rowan, Steven, Vol I
Rowold, Henry, Vol IV
Rozblckl, Michael J., Vol II
Ruddy, T. Michael, Vol I
Ruland, Richard, Vol II
Sale, Mary, Vol IV
Sanchez, Jose Mariano, Vol I
Schlafly, Phyllis Stewart, Vol I
Schneider, Laurence, Vol I
Schraibman, Joseph, Vol II
Schuchard, Bruce G., Vol IV
Schwartz, Howard, Vol II
Schwarz, E., Vol III
Schwarzbach, Fredric S., Vol II
Scott, James Frazier, Vol II
Searls, Eileen H., Vol IV
Shaffer, Arthur, Vol I
Shaffer, Arthur H., Vol I
Shapiro, Henry L., Vol I
Shea, Daniel B., Vol II
Sherman, Stuart, Vol II
Shields, Donald C., Vol II
Stampino, Maria Galli, Vol III
Suelflow, August Robert, Vol I
Sweet, Nan, Vol II
Symeonoglou, Sarantis, Vol I
Tatlock, Lynn, Vol III

Thro, Linus J., Vol IV
Tierney, James Edward, Vol II
Toribio, Josefa, Vol IV
Treadgold, Warren, Vol I
Tsunoda, Elizabeth, Vol I
Tuchler, Dennis John, Vol IV
Voelz, James W., Vol IV
Wallace, William, Vol I
Walter, Richard John, Vol I
Watson, Patty Jo, Vol I
Watson, Richard Allan, Vol IV
Weil, Mark S., Vol I
Wellman, Carl, Vol IV
Weninger, Robert, Vol IV
Wesselschmidt, Quentin F., Vol IV
Williams, Gerhild Scholz, Vol III
Williams, Robert Chadwell, Vol I
Williamson, Jane Louise, Vol II
Works, John A., Vol I
Zuck, Lowell H., Vol I
Zwicker, Steven Nathan, Vol II

University City
Trotter, Griffin, Vol IV

Warrensburg
Adams, Louis Jerold, Vol I
Cox, E. Sam, Vol IV
Crews, Daniel A., Vol I
Crump, Gail Bruce, Vol I
Cust, Kenneth F.T., Vol I
Doyle, Ruth Lestha, Vol III
Foley, William Edward, Vol I
Phillips, Kendall R., Vol II
Selvidge, Marla J., Vol IV
Smith, David Lee, Vol II
Sylwester, Harold James, Vol I
White, Donald Jerry, Vol II
Young, James Van, Vol I

MONTANA

Billings
Friguglietti, James, Vol I
Gross, Daniel D., Vol II
Jensen, Theodore Wayne, Vol III
Small, Lawrence Farnsworth, Vol I

Bozeman
Brown, Alanna Kathleen, Vol II
Coffey, Jerome Edward, Vol III
Jelinski, Jack Bernard, Vol III
Malone, Michael Peter, Vol I
Mentzer, Raymond A., Vol I
Mullen, Pierce C., Vol I
O'Donnell, Victoria, Vol II
Poster, Carol, Vol II
Rydell, Robert William, Vol I
Safford, Jeffrey Jaeger, Vol I
Shaw, Marvin C., Vol IV
Smith, Billy G., Vol I
Steen, Sara Jayne, Vol II
Thomas, Amy M., Vol II
Wessel, Thomas Roger, Vol I
Witkin-New Holy, Alexandra, Vol I

Great Falls
Furdell, Elizabeth Lane, Vol I
Taylor, Jon, Vol IV

Helena
Ferst, Barry Joel, Vol IV
Hart, John, Vol IV
Lambert, Richard Thomas, Vol I

Missoula
Acker, Robert, Vol III
Arens, Hiltrud, Vol III
Bier, Jesse, Vol II
Elliott, Deni, Vol IV
Flores, Dan, Vol I
Fritz, Harry William, Vol I
Grieves, Forest L., Vol I
Harrington, Henry R., Vol II
Kanevskaya, Marina, Vol III
Kittredge, William Alfred, Vol I
Lauren, Paul Gordon, Vol I
Lopach, James L., Vol I
Rolfe, Oliver Willis, Vol III
Rose, Stanley Ludwig, Vol III
Shuy, Roger W., Vol III

NEBRASKA

Blair
Madsen, Charles Clifford, Vol IV

Boys Town
Larzelere, R.E., Vol I

College Park
Bub, Jeffrey, Vol IV

Crete
Haller, Evelyn, Vol II
Hanson, Charles Parker, Vol I
Price, David C., Vol II

Fremont
Hansen, Carl L., Vol IV

Hastings
Walker, James Silas, Vol IV
Watts, James W., Vol IV

Kearney
Barua, Pradeep P., Vol I
George, Susanne K., Vol II
Glazier, Stephen D., Vol I
Luscher, Robert M., Vol II
Martin, Thomas, Vol IV
Pearson, Lon, Vol III
Petruzzi, Anthony, Vol II
Schuyler, Michael Wayne, Vol I
Stauffer, Helen Winter, Vol II
Tassi, Marguerite, Vol II
Umland, Rebecca A., Vol II
Umland, Samuel J., Vol II
Volpe, Vernon L., Vol I
Welch, Donovan LeRoy, Vol II

Lincoln
Adkin, Neil, Vol I
Ambrosius, Lloyd, Vol I
Audi, Robert, Vol IV
Balasubramanian, Radha, Vol III
Becker, Edward, Vol IV
Behrendt, Stephen C., Vol II
Berger, Lawrence, Vol IV
Berger, Patrice, Vol I
Bormann, Dennis Robert, Vol III
Braeman, John, Vol I
Braithwaite, Dawn O., Vol II
Burnett, Amy, Vol I
Burnett, Stephen G., Vol I
Burnett, Stephen G., Vol I
Cahan, David, Vol I
Cahan, Jean, Vol IV
Casullo, Albert, Vol IV
Coble, Parks, Vol I
Coope, Jessica, Vol I
Cope, Esther Sidney, Vol I
Crawford, Dan, Vol III
Crawford, Sidnie White, Vol III
Crompton, Louis, Vol II
Crump, Arthel Eugene, Vol IV
Denicola, Robert C., Vol IV
Dixon, Wheeler Winston, Vol II
Dorsey, Learthen, Vol I
Eskridge, Chris W., Vol IV
Ford, James Eric, Vol II
Gorman, Vanessa, Vol I
Heckman, Peter, Vol IV
Hilliard, Stephen Shortis, Vol II
Hoffman, Peter Toll, Vol IV
Homze, Edward L., Vol I
Hugly, Philip, Vol IV
Ide, Harry, Vol I
Karch, Dieter, Vol III
Kaye, Frances Weller, Vol II
Kennedy, Dane Keith, Vol I
Kleimola, Ann, Vol I
Lee, Ronald E., Vol II
Leinieks, Valdis, Vol I
Lepard, Brian, Vol IV
Link, Frederick M., Vol II
Lu, Suping, Vol IV
Luebke, Frederick Carl, Vol I
Mahoney, Timothy, Vol I
Marcus, Mordecai, Vol II
Maslowski, Peter, Vol I
McClelland, James, Vol I
Meininger, Robert Alan, Vol IV
Mendola, Joseph, Vol IV
Mignon, Charles William, Vol II
Miller, Laura, Vol II
Miller, Tice Lewis, Vol II
Moulton, Gary Evan, Vol I
Newman, Lex, Vol IV
Norland, Howard Bernett, Vol II

Owomoyela, Oyekan, Vol III
Penrod, Steven D., Vol IV
Perlman, Harvey, Vol IV
Pitt, David, Vol IV
Porsild, Charlene, Vol I
Potter, Nelson, Vol IV
Potuto, Josephine R., Vol IV
Pratt, Linda Ray, Vol II
Rader, Benjamin G., Vol I
Rawley, James A., Vol I
Rinkevich, Thomas E., Vol I
Rosowski, Susan Jean, Vol II
Saskova-Pierce, Mila, Vol III
Sayward, Charles, Vol IV
Seiler, William John, Vol II
Sherman, William Lewis, Vol I
Sosin, Jack Marvin, Vol I
Steiner, Vernon J., Vol IV
Steinweis, Alan, Vol I
Stock, Robert Douglas, Vol II
Thorson, Norm, Vol IV
Turner, John D., Vol I
van Roojen, Mark, Vol IV
Vigil, Ralph Harold, Vol I
Von Eckardt, Barbara, Vol IV
White Crawford, Sidnie, Vol I
Winkle, Kenneth, Vol I
Winter, Thomas Nelson, Vol I
Works, Robert G., Vol IV
Wunder, John, Vol I

Norfolk
Donaldson, Daniel J., Vol IV
Dykstra, Wayne A., Vol IV
Huddleston, Mark, Vol IV

Omaha
Aikin, Roger, Vol I
Allen, Chris, Vol II
Andrus, Kay L., Vol IV
Arav, Rami, Vol I
Bauer, Otto Frank, Vol II
Beau, Bryan Le, Vol I
Blizek, William L., Vol IV
Brooks, Catherine M., Vol IV
Brown, Marion Marsh, Vol II
Burke, Ronald R., Vol IV
Cederblom, Jerry, Vol IV
Christensen, John E., Vol I
Churchill, Robert J., Vol IV
Conces, Rory J., Vol IV
Conner, Maurice Wayne, Vol III
Dalstrom, Harl A., Vol I
Dornsife, Rob, Vol II
Edler, Frank H. W., Vol IV
Fenner, G. Michael, Vol IV
Freund, Richard A., Vol IV
Friedlander, Walter J., Vol I
Garcia, Juan Ramon, Vol I
Glaser, Hollis F., Vol II
Green, Barbara S., Vol I
Green, J. Patrick, Vol IV
Hamm, Michael Dennis, Vol IV
Hauser, Richard Joseph, Vol IV
Hilt, Michael, Vol II
Irvin, Deborah M., Vol III
Jensen, Tim, Vol IV
Johansen, Bruce Elliott, Vol I
Kuo, Lenore, Vol IV
Lafontant, Julien J., Vol III
Larson, David A., Vol IV
Lawson Mack, Raneta, Vol IV
LeBeau, Bryan, Vol I
Lipschultz, Jeremy Harris, Vol II
Mahern, Catherine, Vol IV
Mangrum, R. Collin, Vol IV
Mihelich, Dennis, Vol I
Newkirk, Glen A., Vol II
Newman, Andrew, Vol IV
O'Neill, Megan, Vol II
Okhamafe, Imafedia, Vol IV
Palmer, Russ, Vol IV
Palmer, Russell W, Vol IV
Paterson, Douglas L., Vol II
Pieck, Manfred, Vol IV
Pollak, Oliver Burt, Vol I
Pratt, William C., Vol I
Roddy, Nicole, Vol IV
Santoni, Roland J., Vol IV
Schultenover, David, Vol I
Shaffer, Nancy E., Vol I
Shanahan, Thomas Joseph, Vol IV
Shkolnick, Rodney, Vol IV
Shugrue, Richard E., Vol IV
Simmons, Jerold Lee, Vol I
Skau, Michael Walter, Vol II
Strom, Lyle E., Vol IV
Tate, Michael Lynn, Vol I
Teply, Larry L., Vol IV

Thorson, J.A., Vol I
Volkmer, Ronald R., Vol IV
Wall, Eamonn, Vol II
Welch, Ashton Wesley, Vol I
Whipple, Robert Dale, Jr., Vol II
Whitten, Ralph U., Vol IV
Wunsch, James Stevenson, Vol I
Zacharias, Greg, Vol II

Seward
Fiala, Robert D., Vol I
Grothaus, Larry Henry, Vol I

Wayne
Hickey, Donald Robert, Vol I

NEVADA

Las Vegas
Appell, Annette Ruth, Vol IV
Babbitt, Beatrice C., Vol I
Bell, Andrew J.E., Vol I
Bell, Barbara Mosallai, Vol I
Bowers, John M., Vol II
Bybee, Jay S., Vol IV
Campbell, Felicia F., Vol II
Chung, Sue Fawn, Vol I
Clark, Thomas L., Vol III
Coburn, William Leon, Vol II
Coughtry, Jay, Vol II
Crank, Joe N., Vol I
Crawford, Jerry L., Vol II
Cronan Rose, Ellen, Vol I
Davenport, Robert Wilson, Vol I
Dil, Nasim, Vol I
Dodge, Robert Kendall, Vol II
Eggener, Keith L., Vol I
Engberg, Norma J., Vol II
Erwin, D. Timothy, Vol II
Fawn Chung, Sue, Vol I
Filler, John W., Vol I
Finocchiaro, Maurice A., Vol IV
Fry, Joseph A., Vol I
Gajowski, Evelyn J., Vol II
Goodwin, Joanne, Vol I
Hazen, James F., Vol I
Healey, William C., Vol III
Hilgar, Marie-France, Vol III
Hudgins, Christopher Chapman, Vol II
Irsfeld, John Henry, Vol II
Kelly, Cathie, Vol I
Klein, Lawrence E., Vol I
Koester, Rudolf Alfred, Vol III
Kyle Higgins, Amanda, Vol III
Loader, Colin T., Vol I
Lockette, Agnes Louise, Vol II
Ma, Ming-Qian, Vol II
Mattson, Vernon E., Vol I
McAffee, Thomas B., Vol IV
McCullough, Joseph B., Vol II
Mcdonough, Ann, Vol I
Miller, Susan P., Vol I
Moehring, Eugene P., Vol I
Muccigrosso, Robert Henry, Vol I
Mullen, Lawrence J., Vol II
Pierce, Thomas B., Vol I
Rasmussen, Chris, Vol I
Rollings, Willard H., Vol I
Rosenberg, Beth C., Vol II
Rothman, Hal K., Vol I
Schmiedel, Donald Emerson, Vol III
Shanab, Robert, Vol IV
Stitt, J. Michael, Vol II
Strawser, Sherri C., Vol I
Taylor, Susan L., Vol II
Tobias, Carl William, Vol IV
Tominaga, Thomas T., Vol IV
Wallis, James, Vol IV
Walton, Craig, Vol IV
Weinstein, Mark A., Vol II
White, Elizabeth, Vol I
Whitney, Charles C., Vol I
Whitney, Elspeth, Vol I
Wright, Thomas C., Vol I

Reno
Achtenberg, Deborah, Vol I
Axtell, G.S., Vol IV
Boardman, Kathy, Vol II
Casper, Scott E., Vol I
De Rafols, Wilfredo, Vol III
Hoffman, Piotr, Vol I
Howard, Anne Bail, Vol II
Hulse, James W., Vol I
Key, Wilson B., Vol II

Lange, Horst, Vol III
Lucash, Frank S., Vol IV
Manca, Franco, Vol III
Marschall, John Peter, Vol I
Nickles, Thomas, Vol I
Pettey, John Carson, Vol III
Reinshagen-Joho, Liane, Vol I
Rojas, J. Nelson, Vol III
Ronald, Ann, Vol II
Rusco, Elmer R., Vol I
Sackett, Theodore Alan, Vol III
Sepulveda-Pulventini, Emma, Vol III
Stevens, Kevin M., Vol I
Tchudi, Stephen, Vol II
Tobin, Frank J., Vol II
Wagener, Guy, Vol III
Whitenack, Judith A., Vol III
Williams, Christopher, Vol IV

NEW HAMPSHIRE

Bradford
Jacobsen, Thorkild, Vol I

Canaan
Spalding, Christopher J., Vol IV

Concord
Mevers, Frank Clement, Vol I

Dublin
Germain, Edward B., Vol III

Durham
Bolster, W. Jeffrey, Vol I
Brettschneider, Marla, Vol I
Brockelman, Paul, Vol II
Callan, Richard Jerome, Vol III
Christie, Drew, Vol IV
Clark, Charles Edwin, Vol I
Clark, Mary Morris, Vol III
De Vries, Willem, Vol IV
Deporte, Michael Vital, Vol II
deVries, Willem, Vol IV
Diefendorf, Jeffry Mindlin, Vol I
Dorsey, Kurk, Vol I
Dusek, Rudolph Valentine, Vol IV
Dusek, Val, Vol IV
Fitzpatrick, Ellen, Vol I
Frankfurter, David, Vol IV
Frierson, Cathy A., Vol I
Golinski, Jan, Vol I
Gould, Eliga H., Vol I
Gullace, Nicoletta F., Vol I
Hageman, Elizabeth H., Vol II
Harris, J. William, Vol I
Jacoby, Sally, Vol III
Kelleher, Patricia, Vol I
Marshall, Grover Edwin, Vol II
McCann, Francis D., Jr., Vol I
McMahon, Gregory, Vol I
McNamara, Paul, Vol IV
Mennel, Robert Mckisson, Vol I
Palmer, Stuart, Vol I
Polasky, Janet, Vol III
Rouman, John Christ, Vol I
Salyer, Lucy, Vol I
Sample, Ruth, Vol IV
Schwarz, Marc Lewis, Vol II
Schweickart, Patrocinio Pagaduan, Vol II
Sitkoff, Harvard, Vol I
Triplett, Tim, Vol IV
Ulrich, Laurel Thatcher, Vol I
Voll, John Obert, Vol I
Watters, David Harper, Vol II
Westphal, Kenneth R., Vol IV
Wheeler, Douglas L., Vol I
Whittier, Duane Hapgood, Vol IV
Witt, Charlotte, Vol IV
Wolper, Ethel Sara, Vol I

Exeter
Bedford, Henry F., Vol I
Cole, Donald Barnard, Vol I
Wooley, Allan D., Vol I

Hancock
Bateson, Mary C., Vol I

Hanover
Allan, Sarah, Vol III
Beasley, Faith E., Vol III

Bien, Peter Adolph, Vol II
Boose, Lynda E., Vol II
Breeden, James Pleasant, Vol II
Chay, Deborah, Vol II
Chitoran, Ioanaa, Vol III
Cohen, Ada, Vol I
Corrigan, Kathleen, Vol I
Cosgrove, Peter, Vol II
Crewe, Jonathan V., Vol II
Daniell, Jere Rogers, Vol I
Desjardins, Mary, Vol II
Doenges, Norman Arthur, Vol I
Doney, Willis, Vol IV
Dorsey, James, Vol III
Duncan, Bruce, Vol II
Eberhart, Richard, Vol II
Ermarth, Hans Michael, Vol I
Favor, J. Martin, Vol II
Garretson, Deborah, Vol III
Garthwaite, Gene Ralph, Vol I
Gaylord, Alan T., Vol II
Gemunden, Gerd, Vol III
Gert, Bernard, Vol IV
Glinert, Lewis, Vol III
Green, Ronald Michael, Vol IV
Grenoble, Lenore A., Vol III
Halasz, Alexandra W., Vol II
Heck, Marlene, Vol I
Heffernan, James Anthony Walsh, Vol II
Higgins, Lynn Anthony, Vol III
Hirsch, Marianne, Vol III
Hockley, Allen, Vol I
Hoffmeister, Werner, Vol III
Jahner, Elaine A., Vol II
Jordan, Jim, Vol I
Kacandes, Irene, Vol III
Kelley, Mary, Vol I
Kenkel, Konrad, Vol III
Kenseth, Joy, Vol I
Kogan, Vivian, Vol III
Kuypers, Jim A., Vol II
LaValley, Al, Vol II
Loseff, Lev V., Vol III
Luxon, Thomas H., Vol II
Major, John Stephen, Vol III
Mansell, Darrel, Vol II
Masters, Roger D., Vol I
McGrath, Robert, Vol I
McKee, Patricia, Vol II
Moor, James H., Vol IV
Mowry, Hua-yuan Li, Vol III
Ortiz, Ricardo L., Vol II
Otter, Monika, Vol II
Oxenhandler, Neal, Vol III
Oxenhandler, Neal, Vol III
Pastor, Beatriz, Vol I
Pease, Donald E., Vol II
Penner, Hans Henry, Vol I
Rainer, Ulrike, Vol I
Randolph, Adrian W. B., Vol I
Rege, Josna E., Vol II
Renza, Louis A., Vol II
Rosenthal, Angela, Vol I
Rowlinson, Matthew C., Vol II
Rutter, Jeremy B., Vol I
Saccio, Peter, Vol II
Scher, Steven Paul, Vol III
Scherr, Barry P., Vol III
Schweitzer, Ivy, Vol II
Scott, William Clyde, Vol I
Sears, Priscilla F., Vol I
Sheehan, Donald, Vol II
Shewmaker, Kenneth Earl, Vol I
Shookman, Ellis, Vol III
Sices, David, Vol III
Silver, Brenda R., Vol II
Spengemann, William C., Vol II
Spitzer, Leo, Vol I
Travis, Peter W., Vol II
Washburn, Dennis, Vol III
Whaley, Lindsay, Vol III
Will, Barbara E., Vol II
Wood, Charles Tuttle, Vol I
Wright, James Edward, Vol I
Wykes, David, Vol II
Zantop, Susanne, Vol III
Zeiger, Melissa F., Vol II

Keene
Grayson, Janet, Vol II
Lee, Sander H., Vol IV
Lee, Sander H., Vol IV

Manchester
Begiebing, Robert J., Vol II
Berthold, George Charles, Vol IV
Cassidy, James G., Vol I
Constance, Joseph, Vol I

Foster, Anne L., Vol I
Huff, Peter A., Vol I
Klenotic, Jeffrey F., Vol II
Major, Wilfred E., Vol I
Mason, Francis M., Vol I
Pajakowski, Philip E., Vol I
Resch, John P., Vol I
Shannon, Sylvia C., Vol I

Nashua
Malachuk, Daniel S., Vol II
Tavani, Herman, Vol IV

New London
Freeburg, Ernest, Vol II

Pembroke
Garvin, James L., Vol I

Peterborough
Donelan, James, Vol IV

Plymouth
Dubino, Jeanne, Vol II
Leibowitz, Constance, Vol IV

Portsmouth
Hilson, Arthur Lee, Vol I
Howard, Joan E., Vol III
Sommer, Doris, Vol II

Rindge
Cervo, Nathan Anthony, Vol II

Rye
Winslow, Richard E., III, Vol I

Stafford
Westbrook, Ellen E., Vol II

NEW JERSEY

Bayonne
Scott, Gary Alan, Vol IV

Belle Mead
Ward, Herman M., Vol II

Bloomfield
Figueredo, Danilo H., Vol III
Fuller, Clarence, Vol III
Hart, Richard E., Vol IV
Price, Robert M., Vol IV

Caldwell
Kramer, Jennifer, Vol II

Camden
Carlisle, Rodney, Vol I
Carter, Theodore Ulysses, Vol IV
Cottrol, Robert James, Vol IV
Dorwart, Jeffery Michael, Vol I
Eichelberger, William L., Vol IV
Feinman, Jay M., Vol IV
Hull, N.E.H., Vol IV
Klinghoffer, Arthur Jay, Vol I
Lees, Andrew, Vol I
Showalter, English, Vol III
Sill, Geoffrey M., Vol II
Singley, Carol J., Vol II

Chatham
Kim, Younglae, Vol IV

Cherry Hill
Bender, Henry V., Vol I
Butler, Rebecca Batts, Vol I

Chester
Pizzo, Joseph S., Vol II

Cranford
Hogan, Lawrence Daniel, Vol I
Wolfe, Deborah Cannon Partridge, Vol IV

Douglass
Bunzl, Martin, Vol IV

Dover
Castellitto, George P., Vol II

Dumont
Dorn, Louis, Vol IV

East Orange
Boraas, Roger Stuart, Vol IV
Chethimattam, John Britto, Vol IV
Thorburn, Carolyn Coles, Vol III

Edison
Manogue, Ralph Anthony, Vol II

Elizabeth
Lupia, John N., Vol I
Siegel, Adrienne, Vol I

Englewood
Saloman, Ora Frishberg, Vol I

Ewing
Alter, Torin, Vol IV
Barnes, Gerald, Vol IV
Dickinson, Gloria Harper, Vol I
Gotthelf, Allan, Vol I
Kamber, Richard, Vol IV
Roberts, Melinda, Vol IV
Winston, Morton, Vol IV
Winston, Morton E., Vol IV
Wong, Jean, Vol III

Florham Park
Geissler, Suzanne Burr, Vol I

Fort Lee
Bayer, Richard C., Vol IV

Glassboro
Adelson, Fred B., Vol I
Applebaum, David, Vol I
Ashton, Dianne C., Vol IV
Doskow, Minna, Vol II
Grupenhoff, Richard, Vol II
Haba, James, Vol II
Hewsen, Robert, Vol I
Hunter, Gary, Vol I
Kaleta, Kenneth C., Vol II
Kress, Lee Bruce, Vol I
Patrick, Barbara, Vol II
Porterfield, Richard Maurice, Vol I
Viator, Timothy, Vol II
Vitto, Cindy, Vol II
Wang, Q. Edward, Vol I
Wiltenburg, Joy, Vol I

Hackettstown
Weir, David A., Vol I

Haddonfield
Clouser, Roy A., Vol IV
White, Hugh, Vol IV

Hawthorne
Scott, Kieran, Vol IV

Highland Park
Edmunds, Lowell, Vol I
Necheles-Jansyn, Ruth F., Vol I
Walker, Steven Friemel, Vol III

Hoboken
Laccetti, Silvio R., Vol I
Prisco, Salvatore, Vol I

Irvington
Williams, Junius W., Vol IV

Jamesburg
Janowsky, Oscar I., Vol I
Kramer-Mills, Hartmut, Vol IV

Jersey City
Carter, Guy C., Vol I
Cassidy, Laurence Lavelle, Vol IV
Finn, Margaret R., Vol I
Giles, Thomas Ransom, Vol IV
Kennedy, Robert E., Vol IV
Kharpertian, Theodore, Vol II
Loughran, James N., Vol IV
Lynch, Thomas Patrick, Vol II
Mintz, Kenneth A., Vol II
Palmegiano, Eugenia M., Vol I
Schmidt, William John, Vol I
Schmidtberger, Loren F., Vol II
Sheridan, Thomas L., Vol IV
Watson, John Clifton, Vol II

Lakewood
McCarthy, Mary Theresa, Vol III
Schubert, Judith, Vol IV
Witman, Edward Paul, Vol IV

Lawrenceville
Brown, Jerry Wayne, Vol IV
Finello, Dominick Louis, Vol III
Iorio, Dominick Anthony, Vol IV
Long, John Wendell, Vol I
Mcleod, Alan L., Vol II
Richardson, Charles O., Vol I
Stroh, Guy Weston, Vol IV

Leonia
Barlow, J. Stanley, Vol IV

Linwood
Lacy, Allen, Vol IV

Livingston
Caban, Pedro, Vol I
Mullaney, Marie, Vol I

Lodi
Burnor, Richard N., Vol IV
Karetzky, Stephen, Vol I

Madison
Avins, Styra, Vol I
Becker, Lucille Frackman, Vol III
Bicknell, John W., Vol II
Bull, Robert Jehu, Vol IV
Christensen, Michael, Vol IV
Cummins, Walter M., Vol II
Fishburn, Janet Forsythe, Vol IV
Green, Martin, Vol II
Jones, Donald D., Vol IV
Keyishian, Harry, Vol II
Kopp, Richard L., Vol III
Lenz, John Richard, Vol I
Marchione, Margherita Frances, Vol III
McTague, Robert, Vol I
Prentiss, Karen Pechilis, Vol IV
Rice, Charles L., Vol IV
Rose, J., Vol I
Selinger, Suzanne, Vol I
Skaggs, Merrill Maguire, Vol II
Steiner, Joan Elizabeth, Vol II
Stroker, William Dettwiller, Vol IV
Warner, John M., Vol II
Weimer, Joan Myers, Vol II
Wescott, Roger Williams, Vol III
Woolley, Peter J., Vol I

Mahwah
Alaya, Flavia M., Vol II
Boadt, Lawrence E., Vol IV
Johnson, Roger N., Vol II
Murnion, William E., Vol IV
Rice, Stephen P., Vol I
Ross, Ellen, Vol I

Manasquan
Freiday, Dean, Vol IV

Maplewood
Higgins, William E., Vol I

Montclair
Kelly, David H., Vol I
Mintz, Donald, Vol I
Newman, Geoffrey W., Vol II
Olenik, John Kenneth, Vol I
Rambaldo, Ana M., Vol III
Schwartz, Joel, Vol I

Morris Plains
Padovano, Anthony T., Vol IV

Morristown
Ciorra, Anthony J., Vol IV
Flanagan, Kathleen, Vol IV
Hahn, Hannelore, Vol III
Marlin, John, Vol II
Sand, R.H., Vol II
Swartz, Alice M., Vol IV

New Brunswick
Adams, Kimberly V., Vol II
Adas, Michael Peter, Vol I
Aronoff, Myron J., Vol I
Attridge, Derek, Vol III
Baigell, Matthew, Vol I
Baily, Samuel Longstreth, Vol I
Barnett, Louise, Vol I
Becker, Seymour, Vol I
Bell, Rudolph Mark, Vol I
Belton, John, Vol III
Bethel, Leonard Leslie, Vol IV
Blake McHam, Sarah, Vol I

Blumenthal, Eileen, Vol II
Bodel, John, Vol I
Bolton, Martha Brandt, Vol IV
Bowden, Betsy, Vol I
Bowden, Henry Warner, Vol I
Brett-Smith, Sarah, Vol I
Cargill, Jack, Vol I
Chandler, Daniel Ross, Vol II
Charney, Maurice Myron, Vol II
Cornelia, Marie E., Vol II
Crane, Susan, Vol III
Crozier, Alice Cooper, Vol II
Davidson, Harriet, Vol II
DeKoven, Marianne, Vol III
Demone, Harold Wellington, Vol I
Derbyshire, William W., Vol III
Diamond, Elin, Vol II
Dowling, William C., Vol III
Eidelberg, Martin, Vol I
Ellis, Edward Earle, Vol IV
Epstein, Richard, Vol III
Figueira, Thomas J., Vol I
Fitter, Chris, Vol II
Fizer, John, Vol III
Flitterman-Lewis, Sandy, Vol II
Fortenbaugh, William Wall, Vol I
Galperin, William, Vol III
Garcia, Laura, Vol IV
Garrison, Lora Dee, Vol I
Gasster, Michael, Vol IV
George, Kearns, Vol III
Gibson, Donald B., Vol II
Gibson, Donald Bernard, Vol II
Gillespie, Angus K., Vol I
Gillette, William, Vol I
Gillis, John R., Vol I
Goffen, Rona, Vol I
Gossy, Mary S., Vol II
Grob, Gerald N., Vol I
Guetti, James L., Vol III
Habib, M.A. Rafey, Vol II
Hall, Gwendolyn Midlo, Vol I
Harris, Daniel A., Vol III
Hartman, Mary Susan, Vol I
Held, Joseph, Vol II
Hinds, Lennox S., Vol I
Hoffman, Tyler B., Vol I
Howard, Angela, Vol I
Husak, Douglas Neil, Vol IV
Jeffrey, Thomas Edward, Vol I
Jehlin, Myra, Vol II
Johnson, James Turner, Vol IV
Kelley, Donald R., Vol I
Kenfield, John F., III, Vol I
Kivy, Peter Nathan, Vol IV
Klein, Peter David, Vol IV
Kubey, Robert W., Vol I
Lambert, Benjamin Franklin, Vol IV
Levine, George L., Vol III
Lutz, Jessie Gregory, Vol I
Lutz, William, Vol II
Lyons, Bridget G., Vol III
Maman, Marie, Vol II
Marder, Tod A., Vol I
Marter, Joan, Vol I
Martin, Timothy, Vol II
Matro, Thomas G., Vol II
Matthews, Robert Joseph, Vol IV
McClure, John, Vol III
Mccolley, Diane K., Vol II
Mccormick, Richard P., Vol I
McKeon, Michael, Vol I
Mull, Donald L., Vol II
Nagy, Edward, Vol III
Neuse, Erna Kritsch, Vol III
Obayashi, Hiroshi, Vol IV
Ostriker, Alicia, Vol III
Parker McLachlan, Elizabeth, Vol I
Penny Small, Jocelyn, Vol I
Picker, Martin, Vol I
Pirog, Gerald, Vol III
Poirier, Richard, Vol II
Puglisi, Catherine, Vol I
Qualls, Barry V., Vol III
Reed, James Wesley, Vol I
Robbins, Bruce, Vol I
Roberts, Brian, Vol II
Rockland, Michael Aaron, Vol I
Ruben, Brent David, Vol II
Ryan, Robert M., Vol II
Schick, Frederic, Vol IV
Serrano, Richard, Vol III
Slaughter, Thomas Paul, Vol I
Small, Jocelyn Penny, Vol I
Smalls, James, Vol I
Smith, Carol Hertzig, Vol II
Spector, Jack, Vol I

St Clair Harvey, Archer, Vol I
St. Clair Harvey, Archer, Vol I
Stern, Laurent, Vol IV
Stich, Stephen P., Vol IV
Stoianovich, Traian, Vol I
Strickland, Dorothy S., Vol I
Tarbell, Roberta K., Vol I
Tu, Ching-I, Vol III
Vesterman, William, Vol II
Walker, Janet Anderson, Vol III
Walling, William, Vol II
Warner, Michael D., Vol II
Wasserman, Mark, Vol I
Welsh, Andrew, Vol II
Westermann, Mariet, Vol I
Yanni, Carla, Vol I

Newark
Askin, Frank, Vol IV
Basch, Norma, Vol I
Blumrosen, Alfred W., Vol IV
Crew, Louie, Vol II
Dain, Norman, Vol I
Davenport, Charles, Vol IV
Diner, Steven J., Vol I
Foley, Barbara, Vol II
Franklin, H. Bruce, Vol II
Fykes, Leroy Matthews, Jr., Vol IV
Hadas, Rachel, Vol II
Hyde, Alan Stuart, Vol IV
Hyman, Jonathan Morris, Vol IV
Johnson, Golden Elizabeth, Vol IV
Johnson, Golden Elizabeth, Vol IV
Kimball, Warren F., Vol I
Larosiliere, Jean Darly Martin, Vol IV
Leubsdorf, Joshua, Vol IV
Lewis, Jan Ellen, Vol I
Lyngstad, Sverre, Vol II
Miller, Gabriel, Vol II
O'Connor, John E., Vol I
Rohr, Michael D., Vol IV
Russell, Charles, Vol III
Russell, Frederick Hooker, Vol I
Stancell, Dolores Wilson Pegram, Vol IV
Stieglitz, Robert R., Vol I
Tiger, Virginia Marie, Vol II
Tractenberg, Paul L., Vol IV
Watts, Ann Chalmers, Vol II
Winters, Stanley B., Vol I

Newton
Carducci, Eleanor, Vol II
Cifelli, Edward M., Vol I

Oakhurst
Konvitz, Milton R., Vol IV

Oakland
Danaher, James P., Vol IV

Oceanport
Carter, Charles Michael, Vol IV

Paramus
Ahn, Timothy Myunghoon, Vol IV
Cronk, George, Vol IV
Dolce, Philip Charles, Vol I
Lenk, Richard William, Vol I
Woodland, Calvin Emmanuel, Vol I

Paterson
Collins, Elliott, Vol I

Piscataway
Dauster, Frank Nicholas, Vol III
Ellis, Katherine, Vol II
Gliserman, Martin, Vol II
Levering Lewis, David, Vol I
McGary, Howard, Vol IV
Waxman, Chaim I., Vol I
Yolton, John W., Vol IV

Plainfield
Smith, Stanley G., Vol IV
Wilshire, Bruce W., Vol IV

Pomona
Constantelos, Demetrios J., Vol I
Gilmore-Lehne, William James, Vol I
Lester, David, Vol I
Lubenow, William Cornelius, Vol I

Princeton
Aarsleff, Hans, Vol II
Allen, Diogenes, Vol IV
Bartow, Charles L., Vol II
Bayer, Greg, Vol IV
Bing, Janet Mueller, Vol III
Bowersock, Glen Warren, Vol I
Broadie, Sarah, Vol IV
Burgh, Richard, Vol IV
Burke, Martin J., Vol I
Capps, Donald E., Vol IV
Challener, Richard Delo, Vol I
Champlin, Edward James, Vol I
Clagett, Marshall, Vol I
Clinton, Jerome Wright, Vol III
Coffin, David Robbins, Vol I
Corngold, Stanley Alan, Vol III
Crain, Patricia, Vol II
Curschmann, Michael, Vol III
Davies, Horton, Vol IV
Davis, Natalie Zemon, Vol I
Drewry, Cecelia Hodges, Vol II
Dubrovsky, Gertrude, Vol II
Ermolaev, Herman, Vol III
Fagles, Robert, Vol III
Fantham, Elaine, Vol I
Feldherr, Andrew, Vol I
Frantz, Mary Alison, Vol I
Geertz, Clifford, Vol I
Geison, Gerald Lynn, Vol I
Grafton, Anthony T., Vol I
Gutmann, Amy, Vol I
Hinderer, Walter, Vol III
Hollander, Robert, Vol II
Isaac, Ephraim, Vol I
James, Harold, Vol I
Jansen, Marius Berthus, Vol I
Jeffery, Peter, Vol I
Jeffrey, Richard C., Vol IV
Jordan, William Chester, Vol I
Kaster, Robert A., Vol I
Katz, Stanley Nider, Vol I
Kaufmann, Thomas DaCosta, Vol I
Kay, James F., Vol II
Keaney, John J., Vol I
Knoepflmacher, U.C., Vol II
Levin, Thomas Y., Vol III
Link, Arthur S., Vol I
Litz, Arthur Walton, Vol II
Ludwig, Richard Milton, Vol II
Ma, John, Vol III
MacLennan, Robert S., Vol I
Mahoney, Michael Sean, Vol I
Malkiel, Burton Gordon, Vol I
Martin, Janet Marion, Vol I
Martin, Richard Peter, Vol I
Mayer, Arno Joseph, Vol I
McLaughlin, Kevin P., Vol I
Mcpherson, James Munro, Vol I
Metzger, Bruce Manning, Vol IV
Meyer, Paul William, Vol IV
Moffett, Samuel Hugh, Vol I
Morgan, Anne Lee, Vol I
Morrison, Simon, Vol I
Most, Glenn Warren, Vol III
Murrin, John Matthew, Vol I
Negus, Kenneth George, Vol III
Ober, Josiah, Vol I
Painter, Nell Irvin, Vol I
Paret, Peter, Vol I
Pemberton, Gayle R., Vol I
Peterson, Willard James, Vol I
Pitcher, George Willard, Vol IV
Popenoe, David, Vol I
Quandt, Richard E., Vol I
Rabb, Theodore K., Vol I
Rampersad, Arnold, Vol II
Rigolot, Francois, Vol II
Schor, Esther, Vol II
Shehadi, Fadlou A., Vol IV
Showalter, Elaine, Vol II
Sigmund, Paul Eugene, Vol I
Silverstein, Josef, Vol I
Sreenivasan, Gopal, Vol IV
Stackhouse, Max Lynn, Vol IV
Steele, Marta N., Vol I
Taylor, Howard F., Vol I
Taylor, Patricia E., Vol IV
Teiser, Stephen F., Vol IV
Tignor, Robert L., Vol I
Townsend, Charles Edward, Vol III
Tull, Herman, Vol I
Udovitch, Abraham L., Vol I
Ufford, Lettia W., Vol I
Uitti, Karl David, Vol I
Walzer, Michael, Vol I
Waswo, Ann, Vol I

Webb, Ruth H., Vol I
West, Charles Converse, Vol IV
White, Morton G., Vol IV
Wilson, John Frederick, Vol I
Wrong, Dennis H., Vol I
Yun, Samuel, Vol IV
Zeitlin, Froma I., Vol I

Princeton Junction
Makino, Yasuko, Vol III

Randolph
Citron, Henry, Vol I

Ridge
Keller, William, Vol I

River Vale
Dolling, Lisa M., Vol IV

Short Hills
Feyerick, Ada, Vol I
Steffensen-Bruce, Ingrid A., Vol I

Somerset
Azzi, Marie-Denise Boros, Vol III

South Orange
Adams, Michelle, Vol IV
Ambrosio, Michael P., Vol IV
Bershad, Lawrence, Vol IV
Blackburn, Terence L., Vol IV
Boozang, Kathleen M., Vol IV
Bracken, W. Jerome, Vol IV
Bulbulia, Ahmed I., Vol IV
Burk, Dan L., Vol IV
Caraballo, Wilfredo, Vol IV
Carmella, Angela C., Vol IV
Carpentier, Martha C., Vol II
Catania, Andrea, Vol IV
Chu, Petra, Vol I
Chu, Petra ten-Doesschate, Vol I
Frizzell, Lawrence E., Vol IV
Gray, Jeffrey, Vol II
Herrera, Robert Anthony, Vol IV
Leab, Daniel Josef, Vol IV
MacPhee, Laurence Edward, Vol II
Mahoney, Joseph F., Vol I
Mathes, William Lloyd, Vol I
Nardone, Richard Morton, Vol I
O'Connor, David, Vol IV
Pastor, Leslie P., Vol I
Smith, William A., Vol IV
Weisl, Angela Jane, Vol II
Zalacain, Daniel, Vol II

Springfield
Stern, Frances Meritt, Vol I

Summit
Sherry, Lee F., Vol I

Sussex
Tschemplik, Andrea, Vol IV

Teaneck
Baker, J. Robert, Vol II
Becker, John, Vol II
Dick, Bernard F., Vol I
Goodman, Michael B., Vol II
Gordon, Lois G., Vol II
Hussey, John, Vol II
Kime, Wayne R., Vol II
Rye, Marilyn, Vol II
Salem Manganaro, Elise, Vol II
Selengut, Charles, Vol IV
Shapiro, Susan, Vol II
Torodash, Martin, Vol I

Tenafly
Rudy, Willis, Vol I

Toms River
Magliola, Robert, Vol III
Tarala, Joseph J., Vol IV

Trenton
Collins, Elsie, Vol I
Halpern, Sheldon, Vol II
Levin, David S., Vol I
Richman, Stephen, Vol III

Union
Catalano, Joseph Stellario, Vol IV
Rice, Arnold Sanford, Vol I

Upper Montclair
Benfield, David William, Vol IV
Brewton, Butler E., Vol II
Fabend, Firth Haring, Vol I
Gencarelli, Thomas F., Vol II
Kelly, David H., Vol I
Lipman, Matthew, Vol IV
Schlant, Ernestine, Vol III
Zimmer, Louis Bernard, Vol I

Verona
Johnson, Stephen M., Vol IV

Voorhees
Leontiades, Milton, Vol I
Patterson, D., Vol IV

Wayne
Aguirre, Angela M., Vol III
Cho, Joanne M., Vol I
Cook, Theodore F., Jr., Vol I
Edelstein, Melvin A., Vol I
Finnegan, Terence Robert, Vol I
Gonzalez, Evelyn, Vol I
Gruber, Carlos S., Vol I
Hand, Sally Nixon, Vol II
Hayes, Leola G., Vol I
Hirstein, William, Vol IV
Keumsil, Kim Yoon, Vol III
Lesikin, Joan, Vol III
Livingston, John W., Vol I
Martinez, Esther M., Vol III
Meaders, Daniel, Vol I
Nalle, Sara Tighman, Vol I
O'Donnell, Krista E., Vol I
Rabbitt, Kara, Vol I
Radford, Gary P., Vol II
Robb, George, Vol I
Rosa, William, Vol III
Saa, Orland, Vol III
Steinhart, Eric, Vol IV
Tirado, Isabel A., Vol I
Wertheim, Stanley Claude, Vol II
Williams, Bruce, Vol III

West Long Branch
Dell, Chad E., Vol II
Mitchell, William P., Vol I
Pearson, Thomas Spencer, Vol I
Schwerin, Alan, Vol IV
Stam, James H., Vol IV
Stunkel, Kenneth Reagan, Vol I

West New York
Cordasco, Francesco, Vol I

West Orange
Osborne, John Walter, Vol I
Shapiro, Edward S., Vol I
Yang, Winston L., Vol I

Westfield
Johnson, James Pearce, Vol I

Whitehouse Station
Ali-Jackson, Kamil, Vol IV

NEW MEXICO

Albequerque
Mead, Christopher Curtis, Vol I

Albuquerque
Axelrod, Melissa, Vol III
Bailey, Beth, Vol I
Bartlett, Lee, Vol II
Beene, LynnDianne, Vol I
Berthold, Richard M., Vol I
Bieber, Judy, Vol I
Bills, Garland D., Vol III
Block, Steven, Vol II
Bock, Philip K., Vol I
Burgess, Andrew J, Vol IV
Bussanich, John, Vol I
Bybee, Joan L., Vol III
Christopher, Thomas Weldon, Vol IV
Clark Smith, Pat, Vol II
Connell-Szasz, Margaret, Vol I
Cutter, Donald C., Vol I
Damico, Helen, Vol II
Demkovich, Michael, Vol IV
Ellis, Richard N., Vol I
Etulain, Richard W., Vol I
Feller, Daniel, Vol I
Fischer, Michael, Vol II

Fleming, Robert, Vol II
Fresch, Cheryl, Vol II
Furman, Necah Stewart, Vol I
Gaines, Barry, Vol II
Gallacher, Patrick, Vol I
Gillette Sturm, Fred, Vol IV
Goodman, Russell B., Vol I
Goodman, Russell B., Vol II
Hall, Linda, Vol III
Hannan, Barbara, Vol IV
Hanson, Carl Aaron, Vol I
Harding, Robert E., Jr., Vol IV
Harrison, Gary, Vol II
Havens DuFour, John H., Vol IV
Hermann, Richard, Vol I
Huaco, George A., Vol I
Isham, William P., Vol III
Jameson, Elizabeth, Vol I
John-Steiner, Vera P., Vol III
Johnson-Sheehan, Richard, Vol II
Keller, Robert J., Vol I
Kern, Robert, Vol I
Kukla, Rebecca, Vol I
Lindskold, Jane M., Vol II
Mares, E.A., Vol II
Marquez, Antonio, Vol III
Martin, Wanda, Vol II
Martinez, Nancy Conrad, Vol II
McClelland, Charles E., Vol I
McPherson, David, Vol II
Melada, Ivan, Vol II
Melendez, Gabriel, Vol I
Morford, Jill P., Vol III
Nash, Gerald David, Vol I
Norwood, Vera, Vol I
Okunor, Shiame, Vol I
Orozco, Cynthia E., Vol I
Penhall, Michele M., Vol I
Perrin Wilcox, Phyllis, Vol III
Porter, Jonathan, Vol I
Power, Mary, Vol II
Pugach, Noel H., Vol I
Rabinowitz, Howard, Vol I
Risso, Patricia, Vol I
Robbins, Richard G., Jr., Vol I
Rodriguez, Sylvia, Vol I
Salvaggio, Ruth, Vol I
Sanders, Scott P., Vol II
Schmidt, Paul F., Vol IV
Schmitter, Amy, Vol I
Schueler, G.F., Vol IV
Shultis, Christopher, Vol I
Sturm, Fred Gillette, Vol IV
Sullivan, Donald David, Vol I
Szabo, Joyce, Vol I
Szasz, Ferenc Morton, Vol I
Szasz, Margaret Connell, Vol I
Taber, John, Vol IV
Tenenbaum, Sergio, Vol IV
Thorson, James Llewellyn, Vol II
Torres, Hector, Vol I
Treat, James, Vol IV
Uscher, Nancy, Vol I
Utton, Albert E., Vol IV
Whidden, Mary Bess, Vol II
White, Peter, Vol II
Wilcox, Sherman E., Vol III
Wilson, Christopher M., Vol I
Witemeyer, Hugh, Vol II
Woodward, Carolyn, Vol II
Yaqub, Aladdin M., Vol IV
Young, M. Jane, Vol I

Corrales
McDermott, A. Charlene, Vol IV

Gallup
Dye, Gloria, Vol II
Glowienka, Emerine Frances, Vol IV

Hanover
Sheldon, Richard, Vol III

Las Cruces
Allen, Orphia Jane, Vol II
Billington, Monroe, Vol I
Blum, Albert A., Vol I
Crabtree, Robin D., Vol II
Eamon, William, Vol I
Jensen, Joan Maria, Vol I
Ketchum, Richard J., Vol I
Matray, James Irving, Vol I
Newman, Edgar Leon, Vol I
Rundell, Richard Jason, Vol II
Schlauch, Wolfgang T., Vol I

Portales
Berne, Stanley, Vol II
Walker, Forrest A., Vol I
Williamson, John Stewart, Vol II

Santa Fe
deBuys, William Eno, Vol I
Fasanaro, Charles N., Vol IV
Meyer, Doris, Vol III
Schwartz, Douglas W., Vol I
Sherover, Charles M., Vol IV
Utley, Robert Marshall, Vol I

Silver City
Gutierrez, Donald, Vol II
Ollivier, Louis L., Vol III
Toth, Bill, Vol II

University Park
Dubois, Betty Lou, Vol III

NEW YORK

Albany
Ahlers, Rolf, Vol IV
Allington, Richard Lloyd, Vol I
Ballard, Allen Butler, Jr., Vol I
Baran, Henryk, Vol III
Barker, Thomas M., Vol I
Barker-Benfield, Graham John, Vol I
Barlow, Judith Ellen, Vol II
Berger, Iris, Vol I
Berger, Morris I., Vol IV
Birn, Donald S., Vol I
Burian, Jarka Marsano, Vol II
Carmack, Robert M., Vol I
Cohon, Rachel, Vol IV
Dressler, Rachel, Vol I
Dykstra, Robert R., Vol I
Eckstein, Jerome, Vol IV
Edwards, Janis, Vol II
Elam, Helen Regueiro, Vol III
Faul, Karene Tarquin, Vol I
Fenton, William Nelson, Vol I
Fetterley, Judith, Vol II
Frank, Francine, Vol III
Frinta, Mojmir Svatopluk, Vol I
Gottlieb, Stephen Elliot, Vol IV
Gould, Josiah B., Vol IV
Greene, Robert William, Vol III
Gulley, Anthony D., Vol IV
Hahner, June Edith, Vol I
Hartman, C., Vol III
Haynes, Keith A., Vol I
Howell, Robert, Vol IV
Kanes, Martin, Vol II
Kekes, John, Vol IV
Kendall, Kathleen E., Vol II
Laroche, Roland Arthur, Vol I
Lawrence, Samuel G., Vol III
Levesque, George August, Vol I
Lubensky, Sophia, Vol I
Maclean, Hugh Norman, Vol II
Mandle, Jonathan, Vol IV
Martland, Thomas Rodolphe, Vol IV
McClamrock, Ron, Vol IV
Meyers, Robert, Vol IV
Morehead, Joseph Hyde, Vol I
Morick, Harold, Vol IV
Nepaulsingh, Colbert Ivor, Vol III
Nicholson, L., Vol IV
Noller, David K., Vol IV
Overbeck, John Clarence, Vol I
Pohlsander, Hans Achim, Vol I
Reedy, William T., Vol I
Refai, Shahid, Vol I
Roberts, Warren Errol, Vol I
Roth, William, Vol I
Salomon, Herman Prins, Vol II
Sanders, Robert E., Vol III
Scatton, Ernest Alden, Vol III
Shane, Alex Michael, Vol III
Smith, Karen A., Vol II
Solnick, Bruce B, Vol I
Steen, Ivan David, Vol I
Steinbock, Bonnie, Vol IV
Strelka, Joseph Peter, Vol III
Ungar, Anthony, Vol IV
Valentis, Mary Arensberg, Vol II
Wesser, Robert F., Vol I
White, Dan Seligsberger, Vol I
Withington, Anne F., Vol I
Wittkowski, Wolfgang, Vol I
Wittner, Lawrence Stephen, Vol I

Zacek, Joseph Frederick, Vol I
Zack, Naomi, Vol IV
Zimmerman, Joseph F., Vol I

Alfred
Campbell, Stuart Lorin, Vol I
Ostrower, Gary Bert, Vol I
Peterson, Thomas V., Vol IV
Westacott, Emrys, Vol IV

Amherst
Brown, Murray, Vol I
Daly, Robert, Vol II
Kurtz, Paul, Vol IV
Lahood, Marvin John, Vol II
Lyons, Sherrie L., Vol I
Morace, Robert Anthony, Vol II
Romans, J. Thomas, Vol I

Annandale
Brockopp, Jonathan E., Vol IV
Lytle, Mark Hamilton, Vol I
Rosenberg, Justus, Vol III
Sourian, Peter, Vol II

Annandale-on-Hudson
Botstein, Leon, Vol I
Chilton, Bruce, Vol IV

APO New York
Taylor, James Coleridge, Vol I

Ardsley
Leftow, Brian, Vol IV

Aurora
Bellinzoni, Arthur J., Vol I
MacCormick, Chalmers, Vol IV
Yates, Jenny, Vol IV

Ballston Spa
Barba, Harry, Vol II

Barrytown
Mickler, Mike, Vol IV
Tsirpanlis, Constantine Nicholas, Vol I

Bayside
Camus, Raoul F., Vol I
Parmet, Herbert S., Vol I
Polak, Emil Joseph, Vol I

Binghamton
Abou-El-Haj, Barbara, Vol I
Abou-El-Haj, Rifaat Ali, Vol I
Bernardo, Aldo Sisto, Vol III
Block, Haskell M., Vol III
Brackett, David, Vol I
Burroughs, Charles, Vol I
Carpenter, Charles Albert, Vol II
Coates, Carrol F., Vol III
Cocozzella, Peter, Vol III
Cypess, Sandra Messinger, Vol III
Dillon, M.C., Vol IV
Dubofsky, Melvyn, Vol I
Elbert, Sarah, Vol I
Fischler, Alexander, Vol III
Freimarck, Vincent, Vol II
Glenny, Sharon, Vol I
Goldstein, Leon Jay, Vol IV
Hanson, John, Vol I
Harcave, Sidney Samuel, Vol I
Horowitz, Michael M., Vol I
King, Anthony D., Vol I
LaValva, Rosemarie, Vol III
Levin, Saul, Vol I
Lincoln, Harry B., Vol I
Liu, Jung-Chao, Vol I
Manso, Leira Annette, Vol II
Mazrui, Ali Al'Amin, Vol I
Morrison, Clayton T., Vol IV
Nzegwu, Nkiru, Vol III
O'Connor, Thomas, Vol III
O'Neil, Patrick M., Vol I
Petras, James Frank, Vol I
Polachek, Dora, Vol I
Quataert, Donald George, Vol I
Reardon, Colleen, Vol I
Rose, Marilyn Gaddis, Vol III
Sklar, Kathryn K., Vol I
Sklar, Kathryn Kish, Vol I
Spanos, William, Vol II
Sticca, Sandro, Vol III
Stillman, Norman Arthur, Vol III
Stillman, Yedida Kalfon, Vol III
Tagg, John, Vol II
Trexler, Richard C., Vol I

Tricomi, Albert Henry, Vol II
Van Baelen, Jacqueline, Vol III
Vazquez, Oscar E., Vol I
Vos, Alvin, Vol II
Wagar, W. Warran, Vol I
Wallerstein, I., Vol I
Wilson, Jean C., Vol I
Zinkin, Melissa R., Vol IV

Briarcliff Manor
Leiser, Burton M., Vol IV

Bridgehampton
Cummings, Richard M., Vol I

Brockport
Anderson, Floyd D., Vol II
Clements, Tad S, Vol IV
Crimando, Thomas, Vol I
Crume, Alice L., Vol II
Dicker, Georges, Vol IV
Dicker, Georges, Vol II
Gemmett, Robert J., Vol II
Gilbert, Joseph, Vol IV
Greenstein, Harold, Vol IV
Hale, David George, Vol II
Herlan, Ronald Wallace, Vol I
Higashi, Sumiko, Vol I
Kramer, John E., Vol I
Kutolowski, John Francis, Vol I
Kutolowski, Kathleen Smith, Vol I
Lloyd, Jennifer, Vol I
Madden, Kate, Vol II
Maier, John, Vol II
Malik, Salahuddin, Vol I
Marchant, Peter L., Vol II
Parsons, Lynn, Vol I
Reed, Bill, Vol II
Siracusa, Joseph, Vol III
Smith, Robert J., Vol I
Stack, George Joseph, Vol IV
Strayer, Robert William, Vol I
Tollers, Vincent Louis, Vol II

Bronx
Antush, John V., Vol II
Arzoomanian, Ralph Sarkis, Vol II
Balestra, Dominic Joseph, Vol IV
Barnes, Sue, Vol II
Baur, Michael, Vol IV
Ben-Ghiat, Ruth, Vol I
Bullaro, Grace Russo, Vol III
Caldwell, Mark Leonard, Vol II
Calloway, Mary Chilton, Vol IV
Clark, John Richard, Vol I
Clarke, W. Norris, Vol IV
Clarke, William Norris, Vol IV
Clowers, Marsha L., Vol I
Conley, J., Vol IV
Crane, Elaine F., Vol I
Curtin, N.J., Vol I
Dimler, George Richard, Vol III
Duberman, Martin, Vol I
Dych, William V., Vol IV
Erler, Mary C., Vol II
Fergenson, Laraine Rita, Vol II
Fisher, Saul, Vol IV
Frank, Mortimer Henry, Vol II
Franklin, Naomi P., Vol IV
Giannone, Richard, Vol II
Giblin, Charles Homer, Vol IV
Gray, Donald P., Vol IV
Hall, N. John, Vol II
Hill, W. Speed, Vol II
Humpherys, Anne, Vol II
Johnson, Elizabeth A., Vol IV
Jones, Robert Francis, Vol I
Judd, Jacob, Vol I
Kabakoff, Jacob, Vol III
Kligerman, Jack, Vol II
Koterski, Joseph W., Vol IV
Lankevich, George J., Vol I
Loomie, Albert J., Vol IV
Losada, Luis Antonio, Vol I
Macary, Jean Louis, Vol III
MacKlin, Ruth C., Vol IV
Pascoe, Louis B., Vol I
Penella, Robert Joseph, Vol I
Rogler, Lloyd H., Vol I
Roth, Robert J., Vol IV
Ruffing, Janet, Vol IV
Ryan, James D., Vol I
Scherr, A.E., Vol I
Seraile, William, Vol I
Setzer, Claudia, Vol IV
Sicherman, Carol Marks, Vol II
Struve, Walter, Vol I
Taylor, Mark, Vol II
Terrell, Francis D'Arcy, Vol IV

Tress, Daryl McGowan, Vol IV
Tusiani, Joseph, Vol III
Valgemae, Mardi, Vol II
Von Arx, Jeffery P., Vol I
Walker, Margaret, Vol IV
Weiss, John, Vol I
Wilcox, John R., Vol IV
Wilson, Kim Adair, Vol IV

Bronxville
Davis, Michael Peter, Vol IV
Krupat, Arnold, Vol II

Brooklyn
Abramson, Harold I., Vol IV
Arp, Kristana, Vol IV
Ashley, Leonard R.N., Vol II
Bandman, Bertram, Vol IV
Barnhart, Michael G., Vol IV
Battaglia, Jack M., Vol IV
Baumbach, Jonathan, Vol II
Beckson, Karl, Vol II
Berger, David, Vol I
Black, Nancy BreMiller, Vol II
Blustein, Jeffrey, Vol IV
Bridenthal, Renate, Vol I
Bridenthal, Renate, Vol I
Browne, William Francis, Vol II
Bruffee, Kenneth Allen, Vol II
Callender, Wilfred A., Vol IV
Clayman, Dee Lesser, Vol I
Cook, Daniel Joseph, Vol IV
David, Gerald, Vol IV
Davis, Peter L., Vol IV
Derby, Daniel H., Vol IV
di Filippo, Terry, Vol IV
Dorinson, Joseph, Vol II
Doron, Pinchas, Vol III
Edwards, Mary, Vol I
Eisenstadt, Abraham S., Vol I
Ferrara, Louis F., Vol IV
Fichtner, Paula Sutter, Vol I
Fierce, Milfred C., Vol I
Filer, Malva Esther, Vol III
Filonowicz, Joseph, Vol I
Fisher, Craig B., Vol I
Fjelde, Rolf Gerhard, Vol II
Fogel, Herbert, Vol III
Fox, Robert Charles, Vol II
Fry, Katherine G., Vol II
Gabel, Jack, Vol I
Galgan, Gerald J., Vol IV
Gallagher, Mary A.Y., Vol I
Gelernt, Jules, Vol II
Gerber, Barbara Leslie, Vol III
Gisolfi, Diana, Vol I
Goode, James Edward, Vol IV
Greaves, Gail-Ann, Vol II
Gruber, Helmut, Vol II
Halpern, Martin, Vol II
Haring, Lee, Vol II
Hirsch, Julia, Vol II
Hochberg, Stephen, Vol IV
Hoogenboom, Ari, Vol I
Jackson, Randolph, Vol IV
Jofen, Jean, Vol III
Jones, William A., Jr., Vol IV
Kaplan, David M., Vol IV
Karkhanis, Sharad, Vol I
Karmel, Roberta S., Vol IV
Kelly, Ernece Beverly, Vol II
King, Margaret Leah, Vol I
Kirkland Grant, J., Vol IV
Klein, Bernard, Vol I
Kleinberg, Seymour, Vol II
Koch, Ernst, Vol III
Kramer, Maurice, Vol II
Langley, Stephen G., Vol II
Leeb, Isidore Leonard, Vol I
Leiman, Sid Zalman, Vol I
Leiter, Samuel Louis, Vol II
Lvovich, Natasha, Vol IV
Mallory, Michael, Vol I
McLaughlin, Andree Nicola, Vol I
Menashe, Louis, Vol I
Mermall, Thomas, Vol III
Michael, Emily, Vol IV
Miller, Clarence, Vol IV
Monteiro, Thomas, Vol I
Morris, Jeffrey B., Vol IV
O'Malley, Susan Gushee, Vol II
Page, Willie F., Vol I
Papayanis, Nicholas, Vol I
Parisi, Barbara, Vol II
Pascuzzi, Marie, Vol IV
Pile, John F., Vol I
Post, Deborah W., Vol IV
Povarsky, Chaim, Vol IV
Reguer, Sara, Vol I

Rivers, Louis, Vol II
Rogers, Katharine Munzer, Vol II
Roth, Jeffrey I., Vol IV
Russo, Donald T., Vol IV
Sasson, Victor, Vol IV
Schaar, Stuart H., Vol I
Schwartz, Martin A., Vol IV
Schweitzer, Thomas A., Vol IV
Seiden, Morton Irving, Vol II
Sengupta, Gunja, Vol I
Senie, Harriet F., Vol I
Seplowitz, Rena C., Vol IV
Shaw, Gary M., Vol IV
Silver, Marjorie A., Vol IV
Simmons, Esmeralda, Vol IV
Singer, Beth J., Vol IV
Slavin, Stephen L., Vol I
Solan, Lawrence, Vol IV
Stevens-Arroyo, Antonio M., Vol IV
Subotnik, Dan, Vol IV
Swartz, Barbara E., Vol IV
Trefousse, Hans L., Vol I
Tucker, Martin, Vol II
Weinstein, Jack B., Vol IV
Wilson, Joseph F., Vol I
Wiseman, Mary Bittner, Vol IV
Wolfe, Ethyle Renee, Vol I
Zablotsky, Peter A., Vol IV
Zlotnick, Joan C., Vol II

Brookville
Austen, Zelda, Vol II
Bednarz, James P., Vol II
Coleman, Arthur, Vol II
Digby, Joan, Vol II
Dircks, Phyllis T., Vol II
Gormely Semeiks, Jonna, Vol II
Hallissy, Margaret, Vol II
Horwitz, Barbara, Vol II
Krapf, Norbert A., Vol II
McDonald, Sheila, Vol II
McKenna, Sheila, Vol III
Miller, Edmund, Vol II
Nalbantian, Suzanne, Vol III
Pahl, Dennis A., Vol II
Scheckter, John, Vol II

Buffalo
Allen, William Sheridan, Vol I
Atleson, James B., Vol IV
Aubery, Pierre, Vol III
Ault, Bradley A., Vol I
Bachman, Charles Roger, Vol III
Bobinski, George Sylvan, Vol I
Brady, James B., Vol IV
Broman, Per F., Vol I
Bucher, Gerard C., Vol III
Burkman, Thomas, Vol I
Camurati, Mireya Beatriz, Vol III
Cardoso, Joaquin Jose, Vol I
Carman, Charles, Vol I
Cho, Kah-Kyung, Vol IV
Coffta, David J., Vol I
Colley, Ann C., Vol II
Copjec, Joan, Vol III
Corcoran, John, Vol IV
Curran, Leo C., Vol I
De La Pedraja, Rene, Vol I
De Veaux, Alexis, Vol II
Devereux, David R., Vol I
Dudley, Edward J., Vol III
Dyson, Steven L., Vol I
Eagan, Jennifer, Vol IV
Ellis, Richard E., Vol I
Feal, Carlos, Vol III
Feal, Gisele C., Vol III
Feal, Rosemary Geisdorfer, Vol III
Federman, Raymond, Vol II
Feldman, Irving, Vol II
Ferguson, Marianne, Vol IV
Fiedler, Leslie Aaron, Vol II
Fordham, Monroe, Vol I
Fradin, Joseph I., Vol III
Gallagher, Shaun, Vol IV
Garton, Charles, Vol I
Garver, Newton, Vol IV
Gasche, Rodolphe, Vol III
Gerber, David A., Vol I
Glass, Dorothy, Vol I
Gracia, Jorge Jesus Emiliano, Vol IV
Grosz, Elizabeth, Vol III
Guinn, Paul, Vol I
Guitart, Jorge Miguel, Vol III
Hallborg, Robert B., Jr., Vol IV
Harrison, Carol L., Vol II
Harrison, Carol Lynn, Vol II
Hart, Stephen, Vol I

Headrick, Thomas E., Vol IV
Hewitt, Andrew, Vol III
Iggers, Georg G., Vol I
Iggers, Wilma Abeles, Vol III
Inada, Kenneth K., Vol IV
Jackson, Bruce, Vol II
Jacobs, Carol F., Vol III
Jacobson, Thomas L., Vol II
Jamros, Daniel, Vol IV
Jones, Larry Eugene, Vol I
Kahane, Claire, Vol II
Kearns, John Thomas, Vol IV
Keil, Charles M.H., Vol I
Kelly, David H., Vol I
Kendrick, Joy A., Vol IV
Koekkoek, Byron J., Vol III
Koginos, Manny T., Vol I
Korsmeyer, Carolyn, Vol IV
Kustus, George L., Vol I
Lamb, Charles M., Vol I
Levine, George Richard, Vol II
Lewis, Lionel Stanley, Vol I
Lovering, Joseph Paul, Vol II
Lunenfeld, Marvin, Vol I
Malamud, Martha A., Vol I
Mathiot, Madeleine, Vol III
May, Richard Warren, Vol IV
Mazzaro, Jerome, Vol I
McGuire, Donald T., Jr., Vol I
McNutt, Paula M., Vol IV
Meidinger, Errol Eldon, Vol IV
Metzger, Erika Alma, Vol III
Metzger, Michael Moses, Vol III
Nelson, Herbert James, Vol IV
O'Connor, Eugene, Vol I
Owens, Kathleen Marie, Vol IV
Paley, Samuel M., Vol I
Palmer, Robert L., II, Vol I
Payne, F. Anne, Vol I
Peradotto, John Joseph, Vol I
Peterson, Lorna Ingrid, Vol II
Podet, Allen Howard, Vol I
Primack, Maxwell, Vol IV
Quinan, Jack, Vol I
Rapaport, William J., Vol IV
Robbins, Jill, Vol III
Sachs, Mendel, Vol IV
Savage, Elizabeth, Vol I
Scales-Trent, Judy, Vol IV
Schultz, Janice Lee, Vol IV
Scott, Hugh B., Vol IV
Seeman, Erik R., Vol I
Seller, Maxine Schwartz, Vol I
Shapiro, Stuart Charles, Vol I
Shedd, D., Vol I
Sherk, Robert K., Vol I
Smith, Barry, Vol IV
Soons, C. Alan, Vol III
Stathopoulos, E.T., Vol II
Stinger, Charles Lewis, Vol I
Sussman, Henry, Vol III
Tall, Emily, Vol I
Thalos, Mariam, Vol IV
Tisdale, Celes, Vol II
Valaik, J. David, Vol I
Valone, James S., Vol I
Vargas, Margarita, Vol III
Warner, William Beatty, Vol II
Watrous, Livingston V., Vol I
Wickert, Max Albrecht, Vol II
Wittebols, James H., Vol II
Zemel, Carol, Vol I
Zirin, Ronald A., Vol I

Burdett
Aagaard-Mogensen, Lars, Vol IV

Cambria Heights
Southern, Eileen Jackson, Vol I

Canton
Bellamy, Joe David, Vol II
Berger, Thomas Leland, Vol II
Coburn, Thomas Bowen, Vol I
DeGroat, Judith A., Vol I
Glover, Albert Gould, Vol II
Goldberg, Rita Maria, Vol III
Matteson, Robert Steere, Vol II

Centereach
Seifman, Eli, Vol I

Chili
Davis, Casey W., Vol IV

Churchville
Ingersoll, Earl G., Vol II

Clinton
Gold, Barbara K., Vol I
Guttman, Naomi E., Vol I
Kanipe, Esther Sue, Vol I
Kelly, Alfred Herbert, Vol I
Marki, Ivan, Vol I
Medina, Jeremy Tyler, Vol III
Norman, Andrew, Vol IV
Rabinowitz, Peter Jacob, Vol III
Ravven, Heidi, Vol IV
Tobin, Eugene Marc, Vol I
Williams, Jay G., Vol IV

Cobelskill
Ouderkirk, Wayne, Vol IV

Cold Spring
Sprague, Elmer D., Jr., Vol IV

Cooperstown
Jones, Louis Clark, Vol I

Corning
Whitehouse, David Bryn, Vol I

Cortland
Alsen, Eberhard, Vol II
Best, Judith A., Vol I
Burd, Van Akin, Vol II
Daddario, Gina, Vol II
Gonzalez, Alexander G., Vol II
Janik, Del Ivan, Vol II
Kaminsky, Alice R., Vol II
Kaminsky, Jack, Vol IV
Kelley, Samuel L., Vol II
Knight, Denise D., Vol II
Lawrence, Kathleen, Vol II
Lickona, Thomas E., Vol II
Mamary, Anne, Vol IV
Masselink, Noralyn, Vol II
Russell, Kathryn, Vol IV
Ryder, John, Vol IV
Shatsky, Joel, Vol II
Wright, Donald R., Vol I

Dansville
Barwick, Daniel, Vol IV

Delmar
Baskin, Judith R., Vol IV

Derby
LaMarche, Jean, Vol I

Dobbs Ferry
Ephraim, Charlesworth W., Vol IV
Foster, James Hadlei, Vol IV
Rosenof, Theodore Dimon, Vol I

Douglaston
Kraft, Ruth Nelson, Vol II
Lauder, Robert Edward, Vol IV

East Aurora
Kubicki, Judith M., Vol IV

Eden
Dumain, Harold, Vol IV

Elmhurst
Dude, Carl K., Vol IV

Elmsford
Rugoff, Milton, Vol I

Fairport
Carlton, Charles Merritt, Vol III

Far Rockaway
Pollack, Gloria W., Vol III

Farmingdale
Friel, James P., Vol IV

Floral Park
Callender, Carl O., Vol IV
Luhr, William George, Vol II

Flushing
Altman, Ira, Vol IV
Brown, Royal Scott, Vol III
Buell, Frederick Henderson, Vol II
Carlson, Harry Gilbert, Vol II
D'Avanzo, Mario L., Vol II
Davis, Ellen Nancy, Vol II
Epstein, Edmund Lloyd, Vol II

Erickson, Raymond Frederick, Vol I
Eubank, Keith, Vol I
Fichtner, Edward G., Vol III
Fontinell, Eugene, Vol IV
Friedman, Norman, Vol II
Friedman, Stanley, Vol II
Frosch, Thomas Richard, Vol II
Green, William, Vol II
Greenbaum, Fred, Vol I
Gruder, Vivian Rebecca, Vol I
Haller, Hermann Walter, Vol III
Harris, Susan Kumin, Vol I
Heilman, Samuel C., Vol I
Held, George, Vol II
Hershkowitz, Leo, Vol I
Keshishian, Flora, Vol II
Lidov, Joel, Vol I
Markovitz, Irving L., Vol I
McManus, Edgar J., Vol I
Merli, Frank John, Vol I
Meza, Pedro Thomas, Vol I
Pecorino, Philip Anthony, Vol IV
Russell, Rinaldina, Vol III
Scott, Donald M., Vol I
Seymour, Victor, Vol II
Stone, Donald David, Vol II
Sungolowsky, Joseph, Vol III
Syrett, David, Vol I
Timko, Michael, Vol II
Tytell, John, Vol II
Whatley, Eric Gordon, Vol II
Wreszin, Michael, Vol I
Wu, Pei-Yi, Vol III
Zwiebach, Burton, Vol I

Fly Creek
Kuzminski, Adrian, Vol I

Forest Hills
Feldman, Louis H., Vol I

Fredonia
Belliotti, Raymond A., Vol IV
Browder, George C., Vol I
Courts, Patrick Lawrence, Vol II
Deming, Robert Howard, Vol II
Fries, Maureen Holmberg, Vol II
Goetz, Thomas Henry, Vol III
Huffman, James Richard, Vol I
Kohl, Marvin, Vol IV
Nelson, Malcolm A., Vol II
Raat, William D., Vol I
Regelski, Thomas Adam, Vol I
Reiff, Daniel B., Vol I
Schagrin, Morton L., Vol II
Schoenbach, Peter J., Vol I
Schweik, Robert Charles, Vol II
Sebouhian, George, Vol II
Shokoff, James, Vol II
Sonnenfeld, Marion Wilma, Vol III
Steinberg, Theodore Louis, Vol II
Stinson, John Jerome, Vol II
Trace, Jacqueline Bruch, Vol II
Zlotchew, Clark M., Vol III

Garden City
Blake, James Joseph, Vol II
Cunsolo, Ronald S., Vol I
Ernst, Robert, Vol I
Friedman, Eva Mary, Vol III
Jenkins, Kenneth Vincent, Vol II
Lasky, Geoffery, Vol IV
Lewis, Lloyd Alexander, Jr., Vol IV
Wolf, Donald, Vol II

Garrison
Sharpe, Virginia A., Vol IV

Geneseo
Bailey, Charles Randall, Vol I
Cook, William Robert, Vol I
Derby, William Edward, Vol I
Edgar, William John, Vol IV
Fausold, Martin L., Vol I
Gollin, Rita K., Vol II
Herzman, Ronald Bernard, Vol II
Lutkus, Alan, Vol II
Soffer, Walter, Vol IV
Somerville, James Karl, Vol I
Stelzig, Eugene Louis, Vol II
Zuckerman, Mary Ellen, Vol I

Geneva
Baer, Eugen Silas, Vol IV
Crouthamel, James L., Vol I

Cummings, Peter March, Vol II
Daise, Benjamin, Vol IV
Gerhart, Mary, Vol IV
Lee, Steven Peyton, Vol IV
Singal, Daniel Joseph, Vol I

Getzville
Murphy, Orville Theodore, Vol I

Gilbertsville
Walker, Charlotte Zoe, Vol II

Great Neck
Baron, Carol K., Vol I
Bogin, Ruth, Vol I
Christie, Jean, Vol I
Kahn, David, Vol I
Marcus, Paul, Vol I
Parmet, Robert David, Vol I
Peterson, Jon Alvah, Vol I

Greene
Marsland, Amy, Vol III

Greenvale
Berleant, Arnold, Vol IV
Brier, Bob, Vol IV
Bush-Brown, Albert, Vol I
Courtemanche, Regis Armand, Vol I
Hill-Miller, Katherine Cecelia, Vol II
Lettis, Richard, Vol II
Mates, Julian, Vol I
Morrison, G. Grant, Vol I
Watanabe, Morimichi, Vol I

Hamilton
Albrecht, Wilbur T., Vol II
Balakian, Peter, Vol II
Berlind, Bruce, Vol II
Bien, Gloria, Vol III
Blackmore, Robert Long, Vol II
Bolland, O. Nigel, Vol I
Buehler, Arthur, Vol IV
Busch, Briton Cooper, Vol I
Busch, Frederick Matthew, Vol II
Carter, John Ross, Vol I
Cerasano, Susan P., Vol II
Coyle, Michael Gordon, Vol II
Crawshaw, William Henry, Vol II
Davies, Morgan, Vol II
Dudden, Faye E., Vol I
Frost, Richard Hindman, Vol I
Gallucci, John, Vol III
Glazebrook, Patricia, Vol IV
Godwin, Joscelyn, Vol I
Harsh, Constance D., Vol II
Hathaway, Robert L., Vol III
Hudson, George C., Jr., Vol I
Irwin, Joyce Louise, Vol I
Jacobs, Jonathan, Vol IV
Johnson, Anita L., Vol III
Johnson, Linck Christopher, Vol II
Julien, Helene, Vol I
Kepnes, Steven D., Vol III
Kunth, Deborah J., Vol II
Lagoudis Pinchin, Jane, Vol II
Levy, Jacques, Vol II
Liepe-Levinson, Katherine, Vol II
Lintz, Bernadette C., Vol III
Luciani, Frederick, Vol III
Maurer, Margaret, Vol II
McCabe, David, Vol IV
McIntyre, Lee C., Vol IV
Nakhimovsky, Alice, Vol III
Naughton, John, Vol II
Nicholls, James C., Vol III
Nicholls, Maria, Vol III
Olcott, Anthony, Vol III
Olcott, Martha, Vol I
Payne, Harry Charles, Vol I
Plata, Fernando, Vol IV
Rexine, John Efstratios, Vol I
Richards, Phillip M., Vol II
Ries, Nancy, Vol I
Rojas, Lourdes, Vol III
Rubenstein, Eric M., Vol IV
Rugg, Marilyn D., Vol III
Spires, Jeffrey, Vol II
Staley, Lynn, Vol II
Stevens, Carol B., Vol I
Stevens, Kira, Vol I
Suarez-Galban, Eugenio, Vol II
Swain, Joseph, Vol II
Terrell, Huntington, Vol IV
Vecsey, Christopher, Vol II
Wetzel, James, Vol II
Wetzel, James Richard, Vol IV

Wider, Sarah Ann, Vol I
Witherspoon, Edward, Jr., Vol IV

Hammondsport
Gilmour, John C., Vol IV

Harrison
Pepper, George B., Vol IV

Hartsdale
Park, Jin Y., Vol III

Hastings on Hudson
Forman, Robert, Vol IV

Hemlock
Eberle, Rolf A., Vol IV

Hempstead
Cassidy, David C., Vol I
Cohen, George Michael, Vol I
Holland, Robert A., Vol IV
Keener, Frederick M., Vol II
Kreps, Gary L., Vol II
Moore, John Clare, Vol I
Naylor, Natalie A., Vol I
Pearl, Leon, Vol IV
Sobel, Robert, Vol I
Stern, Nancy B., Vol I
Teehan, John, Vol IV
Wallace, Kathleen, Vol IV

Homer
Dudgeon, Ralph T., Vol I

Houghton
Schultz, Carl, Vol IV
Tyson, John R., Vol IV

Huntington
Klein, Richard, Vol IV

Huntington Station
Douglass, Melvin Isadore, Vol I

Ithaca
Abrams, Meyer Howard, Vol II
Adams, Barry Banfield, Vol II
Arlin, Mary I., Vol I
Arliss, Laurie, Vol I
Arroyo, Ciriaco, Vol III
Austin, William Weaver, Vol I
Babby, Leonard Harvey, Vol III
Bailey, Lee, Vol IV
Baljon, Neil, Vol I
Baugh, Daniel Albert, Vol I
Bensel, Richard F., Vol I
Benson, LeGrace, Vol I
Bereaud, Jacques, Vol III
Bilson, Malcolm, Vol I
Bjerken, Xak, Vol I
Blumin, Stuart, Vol I
Borstelmann, Thomas, Vol I
Brodhead, Garry, Vol I
Brumberg, Joan Jacobs, Vol I
Calkins, Robert Gilmer, Vol I
Caputi, Anthony Francis, Vol II
Carmichael, Calum Macneill, Vol IV
Clermont, Kevin Michael, Vol IV
Clinton, Kevin, Vol I
Cochran, Sherman, Vol I
Cohen, Walter Isaac, Vol III
Colby-Hall, Alice Mary, Vol III
Coleman, John E., Vol I
Colman, Gould P., Vol I
Coral, Lenore, Vol I
Cramton, Roger C., Vol IV
Cummings, Craig, Vol I
Daniel, Cletus Edward, Vol I
Deinert, Herbert, Vol III
Ezergailis, Andrew, Vol I
Gair, James Wells, Vol III
Gayeski, Diane M., Vol II
Gibian, George, Vol III
Greene, Sandra E., Vol I
Grossvogel, David I., Vol III
Gudding, Gabriel, Vol I
Hanchett, Tom, Vol I
Harris, Jonathan Gil, Vol I
Harris, Robert L., Jr., Vol I
Harris-Warrick, Rebecca, Vol I
Hatch, Martin, Vol I
Herndon, Sandra L., Vol II
Hester, Karlton Edward, Vol I
Hill, Thomas Dana, Vol II
Hodes, Harold T., Vol IV
Hohendahl, Peter U., Vol III

Holloway, Thomas Halsey, Vol I
Hutcheson, Richard E., Vol IV
Iacobucci, Christine, Vol II
John, James J., Vol I
Johnson, Timothy, Vol I
Kammen, Michael, Vol I
Kaplan, Jane Payne, Vol III
Kaske, Carol Vonckx, Vol II
Kaske, Robert Earl, Vol II
Kates, Carol A., Vol IV
Kennedy, Kenneth Adrian Raine, Vol I
Kennedy, William John, Vol II
Kingsbury, John Merriam, Vol IV
Kirkwood, Gordon Macdonald, Vol I
Kline, Ronald R., Vol I
Koschmann, Julien Victor, Vol I
Kronik, John William, Vol III
Krumhansl, Carol L., Vol I
Kuniholm, Peter Ian, Vol I
Lafeber, Walter, Vol I
Lewenstein, Bruce V., Vol I
Lewis, Philip Eugene, Vol III
Lurie, Alison, Vol II
Mcbride, Paul Wilbert, Vol I
McCann, David Richard, Vol III
McClain, John O., Vol I
McKenna, Michael S., Vol IV
Mieczkowski, Bogdon, Vol II
Migiel, Marilyn, Vol III
Moore, Robert Laurence, Vol I
Najemy, John Michael, Vol I
Norton, Mary Beth, Vol I
Norton, Mary Beth, Vol I
Nussbaum, Alan, Vol III
Okihiro, Gary Y., Vol I
Owen, David I., Vol I
Palmer, Larry Isaac, Vol IV
Pelli, Moshe, Vol III
Pelto, William, Vol I
Peraino, Judith A., Vol I
Piedra, Jose, Vol III
Pinch, Trevor J., Vol IV
Pintner, Walter Mckenzie, Vol I
Polenberg, Richard, Vol I
Powers, David Stephen, Vol I
Pucci, Pietro, Vol I
Rachlinski, J.J., Vol IV
Radice, Mark A., Vol I
Ramage, Nancy Hirschland, Vol I
Rendsburg, G.A., Vol IV
Rosen, David, Vol I
Rossiter, Margaret W., Vol I
Rowland, Gordon, Vol II
Ryan, Robert Albert, Vol II
Salvatore, Nicholas Anthony, Vol I
Samuels, Shirley, Vol II
Scatterday, Mark Davis, Vol I
Schwab, Stewart J., Vol IV
Schwarz, Daniel Roger, Vol II
Seidman, Steven A., Vol II
Shaw, Harry Edmund, Vol II
Sherry, John E.H., Vol IV
Silbey, Joel H., Vol I
Simson, Rosalind S., Vol IV
Smith, Daniel L., Vol IV
Somkin, Fred, Vol I
Summers, Robert Samuel, Vol IV
Suner, Margarita, Vol III
Swenson, Edward, Vol I
Tierney, Brian, Vol I
Turk, Eleanor L., Vol I
Turner, Terence S., Vol I
Twomey, Michael W., Vol II
Waugh, Linda Ruth, Vol III
Webster, James, Vol I
Williams, L. Pearce, Vol I
Wilson, Dana, Vol I
Wolff, John Ulrich, Vol III
Wolfram, Charles W., Vol IV
Wolters, Oliver William, Vol I
Wyatt, David Kent, Vol I
Yearsley, David, Vol I
Zaslaw, Neal, Vol I

Jackson Heights
Walsh, Jerome T., Vol IV

Jamaica
Baruch, Elaine Hoffman, Vol II
Boyer, Marjorie Nice, Vol I
Butscher, Edward, Vol I
Cevasco, George Anthony, Vol II
Coppa, Frank John, Vol I
Curran, Thomas J., Vol I
Dircks, Richard J., Vol I
Gregory, David L., Vol IV
Griffin, William Denis, Vol I

Hagedorn, Nancy L., Vol I
Harmond, Richard Peter, Vol I
Hostetler, Michael J., Vol I
Kinkley, Jeffrey Carroll, Vol I
Maertz, Gregory, Vol II
Satterfield, Patricia Polson, Vol IV
Slattery, Kenneth F., Vol IV
White, Howard A., Vol IV
White, Leland J., Vol IV

Katonah
Allman, Eileen Jorge, Vol II
Nnoruka, Sylvanus I., Vol IV

Keuka Park
Diamond, Sander A., Vol I

Kings Point
Gardella, Robert Paul, Vol I

Lake George
Foulke, Robert Dana, Vol II

Lake Peekskill
Cuppo Csaki, Luciana, Vol I

Larchmont
Fabian, Ann, Vol I

Latham
Wright, Theodore P., Jr., Vol I

Laurens
Fink, William Bertrand, Vol I

Lawrence
Wurzburger, Walter S., Vol IV

Lima
Van Vliet, Edward R., Vol III

Long Island City
Boris, Edna Z., Vol II

Loudonville
Boisvert, Raymond, Vol IV
Dick, Michael B., Vol IV
Fiore, Peter Amadeus, Vol II
Hannay, Margaret Patterson, Vol II
Meany, Mary Walsh, Vol IV
Munir, Fareed Z., Vol III
Murphy, John C., Vol I
Yoon, Won Z., Vol III
Zaas, Peter S., Vol IV

Louisville
Burkey, John, Vol IV

Lynbrook
Langiulli, Nino Francis, Vol IV

Maryknoll
Price, Bernadette B., Vol II

Massapequa
Wiener, Harvey Shelby, Vol II

Millbrook
Mclaughlin, Mary Martin, Vol I

Miller Place
Rizzuto, Anthony, Vol III

Morrisville
Benson, Morris, Vol II

Mount Vernon
Brown, Beatrice S., Vol I
Shaw, Susan J., Vol IV

New Paltz
D'Elia, Donald John, Vol I
Fein, Richard J., Vol II
Garlick, Peter C., Vol I
Gillon, Adam, Vol II
Hathaway, Richard Dean, Vol II
Hauptman, Laurence Marc, Vol I
Heath, Eugene, Vol IV
Huang, Ray, Vol I
Khatib, Syed Malik, Vol II
Knapp, Ronald G., Vol I
Lee, Loyd Ervin, Vol I
Paz, Francis Xavier, Vol III
Piluso, Robert Vincent, Vol III
Rhoads, William B., Vol I
Schnell, George Adam, Vol I

Sorin, Gerald, Vol I
Williams-Myers, Albert J., Vol I

New Rochelle
Colaneri, John Nunzio, Vol III
Deignan, Kathleen P., Vol IV
Dunkak, Harry Matthew, Vol I
Guidorizzi, Richard Peter, Vol I
Jonas, Hans, Vol IV
Mahoney, Irene, Vol II
O'Neill, William George, Vol IV
Pilant, Craig Wesley, Vol I
Schleifer, James Thomas, Vol I
Solomon, Stanley J., Vol II
Yellin, Jean Fagan, Vol II

New York
Abelson, Elaine S., Vol I
Abrams, Bradley, Vol I
Adams, Rachel, Vol II
Addams, Robert David, Vol IV
Affron, Charles M., Vol III
Alexakis, Alexander, Vol IV
Alexander, Aley E., Vol IV
Alexander, Estella Conwill, Vol II
Allentuck, Marcia Epstein, Vol II
Angel, Marc D., Vol I
Arkway, Angela, Vol IV
Armitage, David, Vol I
Armstrong, Charles, Vol I
Aronson, Arnold, Vol II
Avery, Kevin J., Vol I
Avrich, Paul Henry, Vol I
Awn, Peter, Vol IV
Babich, Babette E., Vol IV
Bacon, Helen Hazard, Vol I
Bagnall, Roger Shaler, Vol I
Bailey, Adrienne Yvonne, Vol I
Baker, Paul R., Vol I
Balakian, Anna, Vol III
Ball, Susan, Vol I
Balmer, Randall, Vol IV
Barasch, Frances K., Vol II
Barnes, Joseph Nathan, Vol IV
Barnouw, Erik, Vol II
Barolini, Teodolinda, Vol III
Barsam, Richard, Vol III
Barstow, Anne Llewellyn, Vol I
Barzun, Jacques, Vol I
Baumbach, Gerard, Vol IV
Baumrin, Bernard Herbert, Vol IV
Bean, John Malcolm William, Vol I
Beardsley, Theodore S., Jr., Vol III
Beck, James Henry, Vol I
Belknap, Robert Lamont, Vol III
Bell, Derrick Albert, Jr., Vol IV
Bellush, Bernard, Vol I
Ben-Atar, Doron, Vol I
Benardete, Jane, Vol II
Benardete, Seth Gabriel, Vol I
Bender, Thomas, Vol I
Bentley, Eric, Vol II
Berggren, Paula S., Vol II
Berkin, Carol Ruth, Vol II
Berman, Avis, Vol II
Bernard, Kenneth, Vol II
Bernstein, Richard J., Vol IV
Berofsky, Bernard A., Vol IV
Berrol, Selma Cantor, Vol I
Betts, Richard Kevin, Vol I
Billows, Richard A., Vol I
Blackmar, Elizabeth, Vol I
Blaisdell, Robert Ehler, Vol II
Blazekovic, Zdravko, Vol I
Bleich, J. David, Vol IV
Bloom, Abigail Burnham, Vol II
Blount, Marcellus, Vol I
Blue, Philip Y., Vol II
Boddewyn, Jean J., Vol I
Boghossian, Paul, Vol IV
Bonfante, Larissa, Vol I
Bonomi, Patricia Updegraff, Vol I
Borg, Dorothy, Vol I
Borradori, Giovanna, Vol IV
Boyle, Ashby D., II, Vol IV
Boyle, Frank, Vol I
Boyle, Thomas Coraghessan, Vol II
Brabant, Jozef M., Vol I
Braxton, Edward Kenneth, Vol IV
Brickman, Lester, Vol IV
Brilliant, Richard, Vol I
Brinkley, Alan, Vol I
Bristow, Edward, Vol I
Brook, Barry Shelley, Vol I
Brown, Blanche Rachel, Vol I
Brown, Jonathan M., Vol I

Brown, Steven M., Vol III
Brush, Craig Balcombe, Vol III
Buja, Maureen, Vol I
Bulliet, Richard, Vol I
Burstein, L. Poundie, Vol I
Bushman, Claudia, Vol I
Bushman, Richard, Vol I
Bynum, Caroline Walker, Vol I
Cachia, Pierre J.E., Vol III
Caldwell, Mark, Vol II
Cameron, Alan, Vol I
Campbell, Mary Schmidt, Vol I
Cannadine, David, Vol I
Cantor, Norman Frank, Vol I
Capra, Daniel J., Vol IV
Carman, Taylor, Vol IV
Carnes, Mark C., Vol I
Caroli, Betty Boyd, Vol I
Carpenter, James Anderson, Vol IV
Carrubba, Robert W., Vol I
Carson, Katharine Whitman, Vol III
Cartwright, Marguerite Dorsey, Vol II
Casson, Lionel, Vol I
Cassuto, Lenny, Vol I
Castelli, Elizabeth, Vol IV
Castronovo, David, Vol II
Cavaglieri, Giorgio, Vol I
Cavallo, JoAnn, Vol III
Caws, Mary Ann, Vol III
Cazeaux, Isabelle, Vol I
Chakravorty Spivak, Gayatri, Vol II
Chambers, John W., Vol I
Chelkowski, Peter Jan, Vol III
Chernetsky, Vitaly, Vol III
Chernow, Barbara A., Vol I
Christopher, Russell L., Vol IV
Chusid, Martin, Vol I
Cimbala, Paul A., Vol I
Clancy, Joseph P., Vol II
Claster, Jill Nadell, Vol I
Cohen, Burton I., Vol IV
Cohen, Martin Aaron, Vol IV
Cohen, Myron L., Vol I
Cohen, Naomi Wiener, Vol I
Colbourn, Frank E., Vol II
Colby, Robert Alan, Vol II
Coleman, Robin R., Vol II
Collins, Christopher, Vol II
Colton, Joel, Vol I
Compagnon, Antoine, Vol III
Cone, James H., Vol IV
Cook, Blanche Wiesen, Vol I
Costello, John Robert, Vol III
Coulter, Harris L., Vol I
Cribiore, Raffaela, Vol I
Cullinan, Bernice Ellinger, Vol II
Cunningham, L.A., Vol IV
Cunningham, Sarah Gardner, Vol I
D'Arms, John H., Vol I
Dames, Nicholas, Vol II
Damrosch, David N., Vol III
Dash, Irene Golden, Vol II
Dauben, Joseph Warren, Vol I
Davies, Brian, Vol IV
Davis, Elliot Bostwick, Vol I
Dawson, John Philip, Vol I
De Bary, Wm. Theodore, Vol III
de Grazia, Edward, Vol IV
de Grazia, Victoria, Vol I
de Jongh, James Laurence, Vol II
de Vries, Paul, Vol IV
Deak, Istvan, Vol I
Deakins, Roger Lee, Vol II
Dean, Warren, Vol I
DeFord, Ruth, Vol I
Delbanco, Andrew, Vol II
Dellepiane, Angela B., Vol III
Dent, Gina, Vol I
Desalvo, Louise Anita, Vol II
Deutsch, Celia, Vol IV
Devenyi, Jutka, Vol II
Diamond, Sigmund, Vol I
Dickstein, Morris, Vol II
DiGaetani, John Louis, Vol II
Diller, Matthew, Vol IV
Dilts, Mervin R., Vol I
Dinkins, David N., Vol IV
Dirks, Nicholas, Vol I
Dobson, Joanne, Vol II
Donhauser, Peter L., Vol I
Donohue, John Waldron, Vol I
Dorenlot, Francoise, Vol I
Dorsen, Norman, Vol IV
Doubrovsky, Serge, Vol III
Dougherty, Ray Cordell, Vol II

Douglas, Ann, Vol I
Driver, Martha Westcott, Vol II
Driver, Tom Faw, Vol IV
Duncan, Carol G., Vol I
Dyson, Michael Eric, Vol I
Eden, Kathy, Vol I
Edwards, Lee M., Vol I
Eigen, Michael, Vol I
Eisenstadt, Peter, Vol I
Eisenstein, Hester, Vol I
Eisler, Colin, Vol I
Elton, William R., Vol II
Emanuel, James Andrew, Vol II
Embree, Ainslie Thomas, Vol I
Eng, David L., Vol II
Evans, Harry B., Vol I
Farnsworth, Edward Allan, Vol IV
Fawzia, Mustafa, Vol II
Feerick, John David, Vol IV
Feinberg, Barbara Jane, Vol I
Feingold, Henry L., Vol I
Felix, David, Vol I
Felsenfeld, Carl, Vol IV
Ferguson, Robert A., Vol II
Ferrante, Joan M., Vol III
Field, Hartry, Vol IV
Fields, Barbara J., Vol I
Fine, Ellen Sydney, Vol III
Fine, Kit, Vol IV
Fisherkeller, JoEllen, Vol II
Fishman, David E., Vol I
Fishman, Joshua Aaron, Vol III
Fletcher, Angus S., Vol II
Fletcher, Robert E., Vol IV
Fogelman, Martin, Vol IV
Foltz, Richard, Vol I
Foner, Eric, Vol I
Foner, Eric, Vol I
Forman Crane, Elaine, Vol I
Foti, Veronique Marion, Vol IV
Fox, Diana, Vol III
Fox, Eleanor M., Vol IV
Fox, Eleanor M., Vol IV
Franck, Thomas M., Vol IV
Frankel, Margherita, Vol III
Franklin, Phyllis, Vol I
Freeman, James B., Vol IV
Fritsche, Johannes, Vol IV
Frost, Elizabeth, Vol II
Frydman, Anne, Vol III
Fukuyama, Francis, Vol I
Gans, Herbert J., Vol I
Ganz, David L., Vol IV
Gardner, Richard Newton, Vol IV
Garfinkel, Stephen Paul, Vol IV
Garro, A.M., Vol IV
Gasman, Daniel E., Vol I
Gavronsky, Serge, Vol III
Gelb, Joyce, Vol I
Gelernter, Judith, Vol II
Gerber, Jane Satlow, Vol I
Gerson, Kathleen, Vol I
Gettleman, Marvin Edward, Vol I
Gibaldi, Joseph, Vol II
Gilinsky, Joshua, Vol I
Gillman, Neil, Vol IV
Gilman, Ernest B., Vol I
Giral, Angela, Vol II
Glatzer Rosenthal, Bernice, Vol I
Gluck, Andrew L., Vol IV
Gluck, Carol, Vol I
Godfrey, Mary F., Vol II
GoGwilt, Christopher, Vol II
Goldberg, Barry, Vol I
Goldberger, Leo, Vol I
Golden, Arthur, Vol II
Goldfarb, Jeffrey C., Vol II
Goldin, Frederick, Vol II
Golumbia, David, Vol III
Gordon, Leonard Abraham, Vol I
Goren, Arthur, Vol I
Gorup, Radmila J., Vol III
Gottlieb, Beatrice, Vol I
Gottlieb, Carla, Vol I
Gottwald, Norman Karol, Vol IV
Gourevitch, Victor, Vol IV
Govan, Reginald C., Vol IV
Gowans, Christorher W., Vol IV
Grace, Joan Carroll, Vol II
Grad, Frank P., Vol IV
Graham, William C., Vol I
Gray, Ronald A., Vol IV
Greco, John, Vol IV
Green, Judith, Vol IV
Greenawalt, Robert Kent, Vol IV
Greenbaum, Michael B., Vol II
Greenfield, Susan, Vol II
Greetham, David Charles, Vol II
Grele, Ronald J., Vol I

Grennen, Joseph Edward, Vol II
Griffel, L. Michael, Vol I
Gura, Timothy, Vol III
Gurinder, Singh Mann, Vol IV
Gustafson, Richard Folke, Vol III
Gutierrez-Vega, Zenaida, Vol III
Gyug, Richard F., Vol IV
Haahr, Joan Gluckauf, Vol II
Haddad, Mahmoud, Vol I
Halberstam, Malvina, Vol IV
Halberstam (Guggenheim), Malvina, Vol IV
Halivni, David, Vol IV
Hallet, Charles A., Vol II
Hamalian, Leo, Vol II
Hamilton, Charles Vernon, Vol IV
Hampton, Barbara L., Vol I
Han, Jin Hee, Vol IV
Hanning, Robert W., Vol II
Hapke, Laura, Vol II
Hardy, Michael A., Vol IV
Harris, Frederick John, Vol III
Harris, William Vernon, Vol I
Hasker, R. William, Vol IV
Hassett, Constance W., Vol II
Hatch, James V., Vol II
Hauser, Thomas, Vol IV
Hawley, John Stratton, Vol IV
Hayim Yerushalmi, Yosef, Vol I
Haynes, Holly, Vol I
Haywoode, M. Douglas, Vol IV
Heidt, Sarah L., Vol IV
Heilbrun, Carolyn G, Vol II
Heinrich, Amy Vladeck, Vol III
Heise, Ursula K., Vol II
Heller, Agnes, Vol IV
Hellinger, Benjamin, Vol II
Helly, Dorothy O., Vol I
Henkin, Louis, Vol IV
Herron, Carolivia, Vol II
Hicks, David L., Vol I
Hill, Holly, Vol II
Himmelberg, Robert F., Vol I
Himmelfarb, Gertrude, Vol I
Hobsbawm, Eric, Vol I
Hoeflin, Ronald K., Vol IV
Hoffman, Anne, Vol I
Holtz, Avraham, Vol III
Holtz, Barry, Vol III
Hoover, David Lowell, Vol III
Hoover, Marjorie Lawson, Vol III
Hopkins, John Orville, Vol I
Horvath, Richard P., Vol II
Howard, Jean E., Vol II
Howell, Martha, Vol I
Hoxie, Ralph Gordon, Vol I
Hull, Richard W., Vol I
Hunning, Robert W., Vol II
Hunting, Mary Anne, Vol I
Huppauf, Bernd, Vol III
Hussey, Mark, Vol II
Huttenbach, Henry R., Vol I
Iannuzzi, John N., Vol IV
Irvine, Dale T., Vol IV
Isasi-Diaz, Ada Maria, Vol IV
Israel, Fred L., Vol I
Jackson, Kenneth T., Vol I
Jaffe, David P., Vol I
Jalal, Ayesha, Vol I
James, Dorothy, Vol III
James, Winston, Vol I
Jeffries, Leonard, Vol I
Jeffries, Rosalind R., Vol I
Jervis, Robert, Vol I
Jimenez-Ramirez, Talia, Vol I
Johnson, John W., Vol IV
Johnson, Patricia L., Vol IV
Johnson, Penelope Delafield, Vol I
Jones, Judith A., Vol IV
Jones, William K., Vol IV
Jurkevich, Gayana, Vol III
Kagan, Susan, Vol I
Kamhi, Michelle Marder, Vol I
Kamm, Frances Myrna, Vol IV
Kaplan, Fred, Vol I
Karsen, Sonja Petra, Vol III
Kastan, David Scott, Vol II
Katsoris, Constantine N., Vol IV
Katznelson, Ira, Vol I
Kaufmann, Frank, Vol I
Kavanagh, Peter, Vol II
Kaye, Joel, Vol I
Kelbley, Charles A., Vol IV
Keller, Eve, Vol II
Kelvin, Norman, Vol II
Kendrick, Walter, Vol II
Kennedy-Day, Kiki, Vol III
Kenny, Alfreida B., Vol IV
Kessler-Harris, Alice, Vol I

Kessner, Thomas, Vol I
Klein, Herbert S., Vol I
Klibbe, Lawrence H., Vol III
Knapp, Bettina, Vol III
Kneller, John William, Vol III
Koch, Kenneth, Vol II
Koenigsberg, Lisa M., Vol I
Korn, Harold Leon, Vol IV
Kortepeter, Carl Max, Vol I
Kostelanetz, Richard, Vol I
Kosto, Adam, Vol I
Kovaleff, Theodore Philip, Vol I
Kowaleski, Maryanne, Vol I
Kra, Pauline, Vol III
Kraemer, David, Vol IV
Kramer, Lawrence Eliot, Vol I
Kriegel, Leonard, Vol II
Krinsky, Carol Herselle, Vol I
Kristeller, Paul Oskar, Vol IV
Kroeber, Karl, Vol II
Kuhn-Osious, Eckhard, Vol III
Kuhns, Richard, Vol IV
Kunitz, Stanley, Vol II
Kupperman, Karen Ordahl, Vol I
Kussi, Peter, Vol III
Kym, Annette, Vol III
Lackey, Douglas Paul, Vol IV
Lagemann, Ellen Condliffe, Vol I
Lake Prescott, Anne, Vol II
Lamb, Margaret, Vol II
Lamm, Norman, Vol IV
Landau, Sarah Bradford, Vol I
Landes, George Miller, Vol IV
Landesman, Charles, Vol IV
Lapidus Lerner, Anne, Vol IV
Latham, Michael E., Vol I
Lavin, David E., Vol I
Lawergren, Bo, Vol IV
Lefkowitz, Joel M., Vol I
Lemay, Richard, Vol I
Lerner, Anne Lapidus, Vol III
Lerner, B. H., Vol I
Lerner, Isaias, Vol III
Levi, Isaac, Vol IV
Levin, Jonathan, Vol II
Libo, Kenneth Harold, Vol I
Lieberman, Jethro K., Vol IV
Lienhard, Joseph T., Vol I
Lindo-Fuentes, Hector, Vol I
Lindt, Gillian, Vol IV
Lippman, Edward, Vol I
Lipsey, Robert E., Vol I
Lockridge, Laurence Shockley, Vol II
London, Clement B. G., Vol I
London, Herbert, Vol I
Loney, Glenn Meredith, Vol II
Lotz, David Walter, Vol I
Low, Anthony, Vol II
Low, Lisa, Vol II
Lowenfeld, Andreas F, Vol IV
Lowrie, Michele, Vol I
Lucas, Henry Cameron, Vol II
Lufrano, Richard, Vol I
Lusky, Louis, Vol IV
Lynch, Hollis R., Vol I
Macchiarulo, Louis, Vol I
Macovski, Michael, Vol II
Magnuson, Paul Andrew, Vol II
Malefakis, Edward, Vol I
Malefakis, Edward Emanuel, Vol I
Malone, Joseph Lawrence, Vol III
Mann, Gurinder Singh, Vol IV
Mapp, Edward C., Vol II
Marable, Manning, Vol I
Marcus, David, Vol IV
Marcus, Steven, Vol II
Margolies, Alan, Vol II
Margulies, Ivone, Vol II
Marm, Michael, Vol I
Marrin, Albert, Vol I
Marsh, James L., Vol IV
Martin, Richard, Vol I
Martinez, H. Salvador, Vol III
Martinez-Bonati, Felix, Vol III
Martyn, James Louis, Vol IV
Marx, Anthony W., Vol I
Mason, Bobbie Ann, Vol II
Mattingly, Paul Havey, Vol I
Matynia, Elzbieta, Vol II
Maxwell, Kenneth R., Vol I
May, Gita, Vol III
Mayerson, Philip, Vol I
Maynard, John Rogers, Vol II
Mbodj, Mohamed, Vol I
McCarthy, John P., Vol II
McCaughey, Robert Anthony, Vol I
McGowen Tress, Daryl, Vol IV

Mckitrick, Eric Louis, Vol I
McLaughlin, Joseph M., Vol IV
Meisel, Perry H., Vol II
Mendelson, Edward, Vol II
Menke, Christoph, Vol IV
Meron, Theodor, Vol IV
Metcalf, William E., Vol I
Meyer, Ronald, Vol III
Middendorf, John Harlan, Vol II
Miller, Danna R., Vol IV
Miller, Edwin Haviland, Vol II
Miller, James, Vol I
Miller-Jones, Dalton, Vol I
Millstein, Ira M., Vol IV
Minkoff, Harvey, Vol III
Mockler, Robert J., Vol I
Mohsen, Raed, Vol III
Moore, Deborah Dash, Vol I
Morris, Virginia Baumgartner, Vol II
Morrison, Toni, Vol I
Mothersill, Mary, Vol IV
Mueller, Claus, Vol I
Muller, Priscilla Elkow, Vol I
Muller, Ralf, Vol I
Mullin, Robert Bruce, Vol IV
Mundy, John Hine, Vol I
Munker, Dona Feldman, Vol II
Murnion, Philip Joseph, Vol I
Muscarella, Oscar White, Vol I
Musto, Ronald G., Vol I
Myers, David, Vol IV
Nagel, Thomas, Vol IV
Naison, Mark, Vol I
Naro, Anthony Julius, Vol III
Nash, June C., Vol I
Nathan, Andrew J., Vol I
Nelkin, Dorothy, Vol IV
Newman, Judith H., Vol III
Nichols, Fred Joseph, Vol III
Nichols, Mary P., Vol I
Nicolai, Elke, Vol III
Nikulin, Dmitri, Vol IV
Nixon, Rob, Vol III
Nolan, Mary, Vol I
Nunes, Zita, Vol II
O'Conell, Robert J., Vol I
O'Meally, Robert, Vol II
Olitzky, Kerry M., Vol IV
Oliva, L. Jay, Vol I
Olugebefola, Ademola, Vol I
Ortner, Sherry B., Vol I
Ostertag, Gary, Vol IV
Paca, Barbara, Vol I
Page, Stanley W., Vol I
Panella, Robert J., Vol I
Pappano, Margaret, Vol II
Parisi, Peter, Vol I
Parker, Kellis E., Vol IV
Parker, Kellis E., Vol IV
Pasteur, Alfred Bernard, Vol I
Patriarca, Silvana, Vol I
Patry, William F., Vol IV
Patterson, Mark R., Vol IV
Paxton, Robert O., Vol I
Paxton, Robert Owen, Vol I
Pearce, Russell G., Vol IV
Peirce, Sarah, Vol I
Penceal, Bernadette Whitley, Vol II
Penkower, Monty Noam, Vol I
Perillo, Joseph M., Vol IV
Perkins, Leeman Lloyd, Vol I
Perry, Marilyn, Vol I
Pessen, Edward, Vol I
Peters, Francis Edward, Vol I
Peters, Julie, Vol I
Peterson, R.G., Vol II
Pflugfelder, Gregory, Vol I
Piccato, Pablo, Vol I
Pierson Prior, Sandra, Vol II
Pike, Ruth, Vol I
Pinedo, Isabel, Vol II
Pitchford, Nicola, Vol II
Plottel, Jeanine Parisier, Vol III
Polk, Robert L., Vol I
Pomeroy, Sarah B., Vol I
Porada, Edith, Vol I
Prager, Jonas, Vol I
Preston, George Nelson, Vol I
Price, Monroe E., Vol IV
Prince, Carl E., Vol I
Proudfoot, Wayne, Vol IV
Purcell, E.A., Vol I
Purczinsky, Julius O., Vol III
Quigley, Austin E., Vol II
Quigley, Austin F., Vol II
Quigley, Timothy R., Vol IV
Quinn, Thomas Michael, Vol IV

Rabassa, Gregory, Vol III
Rabinowitz, Mayer E., Vol IV
Raeff, Marc, Vol I
Ragan, Bryant T., Jr., Vol I
Randall, Francis Ballard, Vol I
Rebay, Luciano, Vol III
Reese, Thomas, Vol IV
Reff, Theodore Franklin, Vol I
Regalado, Nancy Freeman, Vol III
Reichberg, Gregory M., Vol IV
Reid, John Phillip, Vol I
Reidenberg, Joel R., Vol IV
Reyfman, Irina, Vol III
Richter, David H., Vol II
Ricke, Joseph M., Vol II
Riggins, Thomas, Vol IV
Riley, Terence, Vol I
Rives, James, Vol I
Roe, Mark J., Vol I
Rollyson, Carl E., Jr., Vol II
Romm, James S., Vol I
Rosand, David, Vol I
Rosenberg, John D., Vol III
Rosenberg, Rosalind Navin, Vol I
Rosenblum, Robert, Vol I
Rosenfeld, Michel, Vol IV
Rosenthal, David M., Vol IV
Rosenthal, Michael, Vol II
Rosner, David, Vol I
Roth, Joel, Vol IV
Roth-Burnette, Jennifer, Vol I
Rothman, David, Vol I
Rowe, Joyce A., Vol II
Rubin, Mordecai S., Vol III
Rubin Schwartz, Shuly, Vol IV
Rubinstein, Ernest, Vol IV
Rudenstine, David, Vol IV
Ryskamp, Charles Andrew, Vol II
Said, Edward, Vol II
Sallustio, Anthony Thomas, Vol III
Sanders, John E., Vol IV
Sandler, Lucy Freeman, Vol I
Santa Maria, Dario Atehortua, Vol IV
Sappol, Michael, Vol I
Scaglia, Gustina, Vol I
Scammell, Michael, Vol I
Schaafsma, David, Vol II
Schama, Simon, Vol I
Scharffenberger, Elizabeth Watson, Vol II
Schechner, Richard, Vol II
Scheindlin, Raymond Paul, Vol III
Scherzinger, M., Vol I
Schiffman, Lawrence H., Vol III
Schirmeister, Pamela J., Vol II
Schmemann, S., Vol I
Schneider, Marshall Jerrold, Vol III
Schneider, Samuel, Vol IV
Schorsch, Ismar, Vol I
Schrecker, Ellen Wolf, Vol I
Schroeder, Jeanne L., Vol IV
Schwartz, Shuly Rubin, Vol I
Schwartz, William, Vol IV
Scott, Daryl, Vol I
Scott, Gregory L., Vol IV
Segal, Alal Franklin, Vol III
Segal, Alan, Vol IV
Segel, Harold Bernard, Vol III
Seidel, Michael Alan, Vol II
Seiple, David I., Vol IV
Serels, M. Mitchell, Vol I
Shapiro, James S., Vol II
Shaw, Theodore Michael, Vol IV
Shea, George W., Vol I
Shenton, James, Vol I
Sherwood, O. Peter, Vol IV
Shneidman, J. Lee, Vol I
Shriver, Donald W., Vol IV
Shusterman, Richard, Vol II
Sicker, Philip, Vol II
Sider, David, Vol I
Siegel, Paul N., Vol II
Silver, Carole Greta, Vol II
Silver, Philip Warnock, Vol III
Silverman, Kenneth Eugene, Vol I
Simmelkjaer, Robert T., Vol IV
Sims, Lowery Stokes, Vol I
Siraisi, Nancy Gillian, Vol I
Sklar, Robert Anthony, Vol III
Slade, Carole, Vol III
Slater, Peter, Vol IV
Sloan, Herbert, Vol I
Smail, Daniel L., Vol I
Smit, Hans, Vol IV
Smit, J.W., Vol I
Smith, Henry, Vol I

Smith, Terry, Vol IV
Soffer, Gail, Vol IV
Somerville, Robert, Vol IV
Sorensen, Roy, Vol IV
Sovern, Michael I., Vol IV
Sovern, Michael I., Vol II
Soyer, Daniel, Vol I
Spivak, Gayatri Chakravorty, Vol III
Sproul, Barbara Chamberlain, Vol IV
Stade, George, Vol II
Stadler, Eva Maria, Vol III
Stahl, Alan Michael, Vol I
Staley, Allen, Vol I
Stambaugh, Joan, Vol IV
Stanislawski, Michael, Vol I
Stauffer, George B., Vol I
Stephanson, Anders, Vol I
Stern, Fritz, Vol I
Stern, Irwin, Vol III
Stimpson, Catharine R., Vol II
Stone, S.L., Vol IV
Strauss, Peter L., Vol IV
Strum, Philippa, Vol I
Stuber, Florian, Vol II
Swann, Brian, Vol II
Swerdlow, Amy, Vol I
Swinth, Kirsten, Vol I
Swiontkowski, Gale, Vol II
Sypher, Francis Jacques, Vol II
Szasz, Paul Charles, Vol IV
Tancredi, Laurence Richard, Vol IV
Tanselle, George Thomas, Vol II
Taran, Leonardo, Vol I
Tarr, Zoltan, Vol I
Tayler, Edward W., Vol II
Terezakis, Katie, Vol II
Terry, James L., Vol II
Tholfsen, Trygve Rainone, Vol I
Thomas, Kendall, Vol IV
Thompson, Jewel T., Vol I
Tiersten, Lisa, Vol I
Tillers, Peter, Vol IV
Tilly, Louise A., Vol I
Tong, Diane, Vol III
Toote, Gloria E.A., Vol IV
Torres, Louis, Vol II
Trumbach, Randolph, Vol I
Tsin, Michael, Vol I
Tubb, Gary, Vol IV
Tucker, Gordon, Vol IV
Tudy Jackson, Janice, Vol IV
Turetzky, Nachum, Vol IV
Tuttleton, James Wesley, Vol II
Tyler, Edward W., Vol II
Ulanov, Ann Belford, Vol IV
Ulanov, Barry, Vol I
Unger, Irwin, Vol I
Urban Walker, Margaret, Vol IV
Uviller, H. Richard, Vol IV
Valenze, Deborah, Vol I
Valkenier, Elizabeth Kridl, Vol I
van Buren, John, Vol IV
van de Mieroop, Marc, Vol I
van der Mieroop, Marc, Vol I
Varzi, Achille C., Vol IV
Visotzky, Burton I., Vol IV
Visson, Lynn, Vol III
Viswanathan, Gauri, Vol II
Vitz, Evelyn Birge, Vol III
Von Hagen, Mark L., Vol I
Wabuda, Susan, Vol II
Waldinger, Renee, Vol III
Waldman, Martin, Vol I
Walker, Wyatt Tee, Vol IV
Walker Bynum, Caroline, Vol I
Walkowitz, Daniel Jay, Vol I
Wallenstein, Barry Jay, Vol II
Walsh, James Jerome, Vol IV
Walton, Guy E., Vol I
Walton, R. Keith, Vol IV
Waltz, Kenneth Neal, Vol I
Wang, Hao, Vol I
Ward, John William, Vol I
Washington, James Melvin, Vol IV
Wasser, Henry, Vol II
Watkins-Owens, Irma, Vol I
Way, Gary Darryl, Vol IV
Wayman, Alex, Vol III
Weart, Spencer R., Vol I
Webber, George Williams, Vol IV
Weidhorn, Manfred, Vol II
Weisberg, Richard H., Vol IV
Weisberg, Richard Harvey, Vol IV
Weisberger, Bernard A, Vol I
Weisenfeld, Judith, Vol IV

Weiss, T.G., Vol I
Welles, Marcia Louise, Vol III
Wemple, Suzanne Fonay, Vol I
Wertheim, Stanley, Vol II
Wertheimer, Jack, Vol I
Weston, Corinne Comstock, Vol I
Westphal, Merold, Vol IV
Whelan, Stephen T., Vol IV
White, Deborah, Vol II
White, Donald Wallace, Vol I
Whitebook, Joel, Vol IV
Whittaker, Cynthia Hyla, Vol I
Wiener, Joel H., Vol I
Wilhelm, James Jerome, Vol III
Wilkerson, Margaret Buford, Vol II
Williams, Gareth D., Vol I
Williams, John Alfred, Vol II
Williams, Kyle, Vol IV
Wilson, John Fletcher, Vol II
Wimbush, Vincent L., Vol IV
Wines, Roger, Vol I
Wink, Walter, Vol IV
Winston, Diane, Vol IV
Wishart, Lynn, Vol IV
Woloch, Isser, Vol I
Woloch, Nancy, Vol I
Woodring, Carl, Vol II
Wortman, Richard, Vol I
Wright, Gwendolyn, Vol I
Wright, John Robert, Vol IV
Wright, Marcia, Vol I
Yellin, Victor Fell, Vol I
Yerkes, David, Vol I
Yerushalmi, Yosef Hayim, Vol I
Young, Jordan Marten, Vol I
Yovel, Yirmiyahu, Vol IV
Zagano, Phyllis, Vol IV
Zelin, Madeleine, Vol I
Zito, Angela, Vol IV
Zolberg, Vera L., Vol I
Zuker, Joel, Vol IV
Zweig, Arnulf, Vol IV

Newburgh
Cotter, James Finn, Vol II

Niagara University
Bonnette, Dennis, Vol IV
Waters, Raphael Thomas, Vol IV

Nyack
Crockett, William, Vol IV
Isang, S. Akpan, Vol II
Nilsson, Donal E., Vol IV
Thayer, H.S., Vol IV

Oakdale
Kramer, Aaron, Vol II

Ogdensburg
Rocker, Stephen, Vol IV

Old Westbury
Reynolds, David S., Vol II

Oneonta
Beattie, Thomas Charles, Vol II
Burrington, Dale E., Vol IV
Devlin, James E., Vol II
Green, Michael, Vol IV
Koch, Michael, Vol IV
Koddermann, Achim, Vol IV
Lilly, Paul R., Jr., Vol II
Macris, Peter John, Vol III
Malhotra, Ashok Kumar, Vol IV
Roda, Anthony, Vol IV
Shrader, Douglas Wall, Jr., Vol IV

Orangeburg
Lounibos, John, Vol IV

Ossining
deVries, Paul, Vol IV
Gocking, Roger S., Vol I

Oswego
Cheng, Weikun, Vol I
Conrad, David, Vol I
Deal, J. Douglas, Vol I
Echelbarger, Charles G., Vol IV
Fisher, John C., Vol III
Forbes, Geraldine May, Vol I
Halbersleben, Karen I., Vol I
Hill, David, Vol II
Kulikowski, Mark, Vol I
Loe, Thomas, Vol II
Loe, Thomas Benjamin, Vol II

Loveridge-Sanbonmatsu, Joan, Vol II
O'Shea, Edward, Vol II
Peterson, Luther D., Vol I
Powell, Thomas F., Vol I
Schaber, Bennet, Vol II
Smith, John Kares, Vol II
Sweetser, Wesley Duaine, Vol II
Wellman, Judith, Vol I

Peekskill
Kaebnick, Gregory E., Vol IV

Pittsford
Albright, Daniel, Vol II
France, Jean R., Vol I

Plains
Larson, Richard Leslie, Vol II

Plattsburgh
Abu-Ghazaleh, Adnan M., Vol I
Burde, Edgar J., Vol II
Butterfield, Bruce A., Vol II
Corodimas, Peter, Vol II
Davis, Ron, Vol II
Groth, Janet, Vol II
Johnston, Paul, Vol II
Kiefer, Lauren, Vol II
Kutzer, M. Daphne, Vol II
Levitin, Alexis, Vol II
Lindgren, James M., Vol I
Morrissey, Thomas J., Vol II
Myers, John L., Vol I
Shout, John, Vol II
Tracy, Ann B., Vol II

Pomona
Kolak, Daniel, Vol IV

Port Jefferson
Dunham, Vera S, Vol III
Schievella, P.S., Vol IV

Port Washington
Muller, Gilbert Henry, Vol II

Potsdam
Brady, Owen E., Vol II
Coleman, Mark, Vol II
Johnson, Arthur L., Vol I
Ratliff, Gerald Lee, Vol II
Serio, John Nicholas, Vol II
Subramanian, Jane M., Vol II
Tartaglia, Philip, Vol IV
Weise, Judith Anderson, Vol II

Poughkeepsie
Adams, Nicholas, Vol I
Amaru-Halpern, Betsy, Vol IV
Berkley, Constance E. Gresham, Vol III
Brakas, Jurgis, Vol IV
Cladis, Mark S., Vol IV
Cohen, Miriam J., Vol I
DeMaria, Robert, Vol II
Edwards, Rebecca, Vol I
Fergusson, Frances D., Vol I
Fortna, Robert Tomson, Vol IV
Foster, Donald W., Vol II
Grunfeld, Mihai, Vol III
Imbrie, Ann Elizabeth, Vol II
Jarow, E.H., Vol III
Johnson, M. Glen, Vol I
Kohl, Benjamin Gibbs, Vol I
Libin, Kathryn, Vol I
Lipschutz, Ilse Hempel, Vol III
Lott, John Bertrand, Vol IV
Mann, Brian, Vol I
Neill, Warren, Vol IV
Olsen, Donald J. Ames, Vol I
Pisani, Michael, Vol I
Rappaport, Rhoda, Vol I
Van Norden, Bryan W., Vol IV
von der Emde, Silke, Vol III
Wohl, Anthony Stephen, Vol I

Princeton
Wallace, Walter L., Vol I
Wildberg, Christian, Vol I

Purchase
Clark, Mary T., Vol IV
Dubin, S.C., Vol I
Grebstein, Sheldon Norman, Vol II
Howard, John Robert, Vol I
Lemire, Elise V., Vol II
Newton, Esther, Vol I

Schwab, Peter, Vol I
Thormann, Gerard Charles, Vol I

Quaker Street
Black, Steve, Vol II

Queensbury
Muscari, Paul G., Vol IV

Rhinebeck
Orlin, Eric, Vol I

Ridgewood
Constantinou, Constantia, Vol I

Riverdale
Brennan, Anne Denise, Vol II
Meyers, Michael, Vol IV
Noone, Pat, Vol II
Rubsys, Anthony L., Vol IV
Smith, Barbara, Vol II
Zukowski, Edward, Jr., Vol IV

Rochester
Anderson, David Atlas, Vol I
Baldo, Jonathan, Vol II
Beaumont, Daniel E., Vol III
Beck, Lewis White, Vol IV
Berlo, Janet Catherine, Vol I
Bleich, David, Vol II
Bond, Gerald Albert, Vol III
Braun, Wilhelm, Vol III
Cadorette, Curt R., Vol IV
Camp, Robert C., Vol I
Cartwright, Lisa, Vol II
Cherchi-Usai, Paolo, Vol II
Chiarenza, Carl, Vol I
Couture, Pamela D., Vol IV
Crimp, Douglas, Vol II
Curren, Randall R., Vol IV
Deci, Edward Lewis, Vol IV
Doolittle, James, Vol IV
Eaves, Morris, Vol II
Engerman, Stanley Lewis, Vol IV
Feldman, Richard Harold, Vol IV
Genovese, Eugene D., Vol I
Gollin, Richard M., Vol II
Gordon, Dane R., Vol I
Gordon, Lynn Dorothy, Vol I
Grella, George, Vol II
Gross, Kenneth, Vol II
Gupta, Brijen Kishore, Vol I
Hahn, Thomas, Vol I
Hahn, Thomas George O'Hara, Vol II
Hauser, William Barry, Vol III
Higley, Sarah, Vol I
Holly, Michael Ann, Vol I
Holmes, Robert Lawrence, Vol IV
Homerin, T. Emil, Vol IV
Howard, Hubert Wendell, Vol II
Johnson, James William, Vol II
Jorgensen, Beth E., Vol III
Kaeuper, Richard William, Vol I
Karaban, Roslyn A., Vol IV
Kavork Dohanian, Diran, Vol I
Kegl, Rosemary, Vol II
Kollar, Nathan Rudolph, Vol IV
Kowalke, Kim H., Vol II
Laidlaw, E.A., Vol IV
Lemke, Werner Erich, Vol IV
Levy, Anita, Vol II
Lipscomb, Drema Richelle, Vol II
Locke, Ralph Paul, Vol I
London, Bette, Vol II
Longenbach, James, Vol II
Lupack, Alan, Vol II
Madigan, Mark J., Vol II
Mann, Alfred, Vol I
Marceau, William Charles, Vol III
Marvin, Elizabeth W., Vol II
May, Melanie A., Vol IV
Meerbote, Ralf, Vol IV
Michael, John, Vol II
Middleton, Joyce Irene, Vol II
More, Ellen Singer, Vol II
Moutsos, Demetrius George, Vol III
Peck, Russell A., Vol II
Ramsey, Jarold, Vol II
Resinski, Rebecca, Vol I
Rodowick, David N., Vol II
Sanders, John T., Vol IV
Seiberling, Grace, Vol I
Seidel, Robert Neal, Vol I
Shuffelton, Frank, Vol II
Sullivan, Mary C., Vol II
Sullivan, William Joseph, Vol IV
Thym, Jurgen, Vol I

Voloshin, Beverly R, Vol II
Walsh, David A., Vol I
Wason, Robert W., Vol I
Waters, John J., Vol I
Wenderoth, Christine, Vol IV
Wierenga, Edward Ray, Vol IV
Wolff, Janet, Vol I
Young, Mary Elizabeth, Vol I
Zagorin, Perez, Vol I

Rockville Centre
Foster, Matthew, Vol IV

Rushford
Biggs, N., Vol III

Rushville
Kane, Peter, Vol II

Rye
Bernstein-Nahar, Avi K., Vol IV

Saratoga Springs
Ciancio, Ralph Armando, Vol II
Clapper, Michael, Vol I
Denzey, Nicola, Vol IV
Gelber, Lynne Levick, Vol III
Kuroda, Tadahisa, Vol I
Lee, Patricia-Ann, Vol II
Lewis, Thomas Spottswood
    Wellford, Vol II
Lynn, Mary Constance, Vol I
Porter, David H., Vol I
Roth, Phyllis Ann, Vol II
Weller, Eric John, Vol IV
Zangrando, Joanna Schneider,
    Vol I

Scarsdale
Nag, Moni, Vol I
Noda, Keisuke, Vol IV
Wood, William L., Jr., Vol IV

Schenectady
Baker, Robert B., Vol IV
Finkelstein, Joseph, Vol I
Gmelch, George, Vol I
Gmelch, Sharon Bohn, Vol I
Jonas, Manfred, Vol I
Ludwig, Jan Keith, Vol IV
Mace, Sarah, Vol I
McClain, T. Van, Vol IV
Scullion, Scott, Vol I
Sorum, Christina Elliott, Vol I
Toher, Mark, Vol I
Wells, Robert Vale, Vol I
Wineapple, Brenda, Vol II

Selden
Becker, Lloyd George, Vol II

Setauket
Watson, Walter, Vol IV

Shoreham
Brinkman, John T., Vol I

Slingerlands
Reese, William Lewis, Vol IV

Smithtown
Bica, Camillo C., Vol IV

Southampton
Baker, Donald G., Vol I
Garcia-Gomez, Jorge, Vol IV
Haynes, Jonathon, Vol II
Hullot-Kentor, Robert, Vol IV
Strong, John A., Vol I

Springwater
Drost, Mark P., Vol IV

St. Bonas
Wood, Paul William, Vol III

St. Bonaventure
Amico, Robert P., Vol IV
Dooley, Patrick Kiaran, Vol IV
Eckert, Edward K., Vol I
Etzkorn, Girard J., Vol III
Martine, James John, Vol II
Whelan, Winifred, Vol IV
Williams, Penny, Vol II

Staten Island
Anderson, Robert Mapes, Vol I
Binder, Frederick Melvin, Vol I
Chiles, Robert Eugene, Vol IV
Cooper, Sandi E., Vol I
Frank, Sam Hager, Vol I
Groth, Miles, Vol IV
Jochnowitz, George, Vol III
Kasper, Loretta F., Vol I
Pintado-Casas, Pablo, Vol IV
Seminara, Gloria, Vol II
Simpson, Peter L.P., Vol I

Stony Brook
Barnhart, Michael Andrew, Vol I
Bethin, Christina Y., Vol III
Bottigheimer, Karl S., Vol I
Brennan, Timothy Andres, Vol II
Brown, Frederick, Vol III
Burner, David B., Vol I
Casey, Edward S., Vol IV
Cowan, Ruth Schwartz, Vol I
Crease, Robert P., Vol IV
Czerwinski, Edward J., Vol III
De Laurentiis, Allegra, Vol IV
Franco, Charles, Vol III
Fuller, Sarah, Vol I
Gabbard, Krin, Vol III
Gardaphe, Fred L., Vol II
Godfrey, Aaron W., Vol I
Goldenberg, Robert, Vol II
Gootenberg, Paul, Vol I
Grim, Patrick, Vol IV
Guilmain, Jacques, Vol I
Harvey, Robert, Vol III
Haviland, Beverly, Vol I
Huffman, Claire, Vol III
Huffman, Clifford Chalmers,
    Vol II
Ihde, Don, Vol IV
Kaplan, Elizabeth Ann, Vol III
Kittay, Eva Feder, Vol IV
Kuisel, Richard F., Vol I
Landsman, Ned C., Vol I
Lebovics, Herman, Vol I
Lemay, Helen Rodnite, Vol I
Levine, Richard Allan, Vol II
McWorter, Gerald A., Vol I
Nolan, Rita, Vol IV
Petrey, Sandy, Vol III
Rashkow, Ilona N., Vol III
Rivers, Elias Lynch, Vol III
Rubin, James Henry, Vol I
Rzhevsky, Nicholas, Vol III
Sanders, Ivan, Vol III
Scheps, Walter, Vol II
Sprinker, Michael, Vol II
Sridhar, S.N., Vol III
Tomes, Nancy Jane, Vol I
Vasvari, Louise O., Vol III
Wang, Ban, Vol I
Weinstein, Fred, Vol I
Zimbardo, Rose A., Vol II

Suffern
Bay, Libby, Vol II

Syracuse
Archambault, Paul Joseph, Vol III
Arnold, Philip P., Vol IV
Bennett, David Harry, Vol I
Booth, Philip, Vol II
Butler, Katharine G., Vol III
Comstock, George Adolphe, Vol II
Crowley, John W., Vol II
Dixon, Laurinda S., Vol I
Doherty, Karen A., Vol III
Donegan, Jane Bauer, Vol I
Echeruo, Michael, Vol II
Edwards, Mary Louise, Vol III
Farnsworth, Beatrice, Vol I
Field, Daniel, Vol I
Gold, Ann G., Vol I
Golphin, Vincent F.A., Vol IV
Gregory, Robert G., Vol I
Hardin, Clyde Laurence, Vol IV
Herzog, Peter Emilius, Vol IV
Hollis, Susan T., Vol IV
Judge, Edward H., Vol I
Ketcham, Ralph Louis, Vol I
Leuthold, Steven M., Vol II
MacDonald, Mary N., Vol I
Macdonald, Roderick James, Vol I
MacKillop, James John, Vol II
Marsh, Peter T., Vol I
May, Rachel, Vol III
McClure, Charles R., Vol II
Milac, Metod M., Vol I
Miller, David Leroy, Vol IV

Miller, Patricia Cox, Vol IV
Milosky, Linda M., Vol III
Peterson, Philip Leslie, Vol I
Powell, James Matthew, Vol I
Prieve, Beth A., Vol III
Ring, Nancy C., Vol IV
Saenz, Mario, Vol IV
Schneider, Gerd Klaus, Vol III
Sharp, James Roger, Vol I
Shires, Linda Marguerite, Vol I
Shoemaker, Pamela J., Vol II
Sider, Ted, Vol IV
Snow, Vernon F., Vol II
Tatham, David Frederic, Vol I
Telesca, William John, Vol I
Thompson, Margaret Susan, Vol I
Timberlake, Constance Hector,
    Vol I
Vetrano, Anthony Joseph, Vol III
Webb, Stephen S., Vol I
Wiecek, William Michael, Vol I
Wiggins, James Bryan, Vol IV
Wiley, Raymond A., Vol III
Wright, Roosevelt R., Jr., Vol II
Zavarzadeh, Mas'ud, Vol II

Tarrytown
Carrillo, Elisa Anna, Vol I
Goldin, Milton, Vol I
Winings, Kathy, Vol IV

Tonawanda
Naylor, John Francis, Vol I
Tucker, Melvin Jay, Vol I

Troy
Anderson-Gold, Sharon, Vol IV
Apena, Igho Adeline, Vol I
Crouch, Dora Polk, Vol I
Duchin, Faye, Vol I
Edwards, George Charles III, Vol I
Halloran, Stephen Michael, Vol II
Restivo, Sal, Vol I
Schumacher, John, Vol IV
Spector, Sherman David, Vol I
Woodhouse, Edward James, Vol I

Tuchahoe
Bodling, Kurt A., Vol I

Upper Nyack
Topel, Bernadette, Vol IV

Upton
Harbottle, Garman, Vol I

Utica
Bergmann, Frank, Vol III
Gifford, James J., Vol II
Labuz, Ronald, Vol II
Nassar, Eugene Paul, Vol II
Searles, George J., Vol III

Valhalla
Costanzo, William Vincent, Vol II
Courage, Richard A., Vol II

Verbank
Salzman, Neil, Vol I

Vestal
Africa, Thomas Wilson, Vol I
Jackson, Allan Stuart, Vol II
Thomasson, Gordon C., Vol I

Walworth
Murzaku, Ines A., Vol I

Waterport
Bucholz, Arden, Vol I

Wayne
Rosen, Robert Charles, Vol II

Webster
Denson, Fred L., Vol IV

West Islip
Zirkel, Patricia McCormick, Vol I

West Nyack
Olin, John C., Vol I

West Point
Crane, Conrad C., Vol I
Crane, Conrad Charles, Vol I
Doughty, Robert, Vol I

Hartle, Anthony E., Vol IV
Johnson, James M., Vol I
McDonald, Robert M.S., Vol I
Rogers, Clifford J., Vol I

White Plains
Slater, Peter Gregg, Vol I

Williamson
Buickerood, James G., Vol IV

Yonkers
Ansbro, John J., Vol IV
Fagan, Eileen M., Vol IV
Fowkes, Robert Allen, Vol III
Hull, Michael F., Vol IV
Lentner, Howard H., Vol I

NORTH CAROLINA

Apex
Vandergriff, Ken, Vol IV

Asheville
Dvorsky-Rohner, Dorothy, Vol I
Locke, Don C., Vol I
Moseley, Merritt, Vol II
Walker, Philip Alfred, Vol I

Belmont
Biggs, Anselm, Vol I

Boiling Springs
Blevins, Kent, Vol IV
Brown, Joyce Compton, Vol II
Cranford, Lorin L., Vol IV
Cullinan, Alice R., Vol IV
Stacy, Wayne, Vol IV
White, M. Chris, Vol IV

Boone
Claassen, Cheryl, Vol I
Dorgan, Howard, Vol II
Hanft, Sheldon, Vol I
Hauser, Alan J., Vol IV
Hay, Fred J., Vol I
Keefe, Susan E., Vol I
Keefe, Thomas Keelin, Vol I
Kinsey, Winston Lee, Vol I
Moore, Michael J., Vol I
O'Hyun, Park, Vol IV
Rupp, Richard Henry, Vol II
Simon, Stephen Joseph, Vol I
Strickland, Ruth Ann, Vol I
Wade, Michael G., Vol I
Williamson, J.W., Vol II
Williamson, Jerry Wayne, Vol I

Boonie
Stanovsky, Derek, Vol IV

Buies Creek
Ballard, Harold Wayne, Jr., Vol IV
Jonas, W. Glenn, Jr., Vol IV
Martin, Dean M., Vol IV
Powers, Bruce P., Vol IV

Carrboro
Ridge, Michael, Vol IV

Cary
Crow, Jeffrey Jay, Vol I
Hammerback, John C., Vol II

Chapel Hill
Bar-On, Dorit, Vol IV
Barney, William Lesko, Vol I
Baron, Samuel Haskell, Vol I
Baxter, Stephen Bartow, Vol I
Behrends, Frederick, Vol I
Bennett, Judith Mackenzie, Vol I
Blackburn, Simon, Vol IV
Blau, Judith R., Vol I
Boren, Henry C., Vol I
Breen, Marcus, Vol II
Brooks, E. Willis, Vol I
Broughton, Thomas Robert
    Shannon, Vol I
Brown, Frank, Vol I
Bullard, Melissa Meriam, Vol I
Connor, Carolyn, Vol I
Cortes, Julio, Vol III
Crowhurst, Megan J., Vol III
Daye, Charles Edward, Vol IV

Debreczeny, Paul, Vol III
Dessen, Alan Charles, Vol II
Dessen, Cynthia Sheldon, Vol I
Eaton, Charles Edward, Vol II
Ernst, Carl W., Vol IV
Filene, Peter Gabriel, Vol I
Finson, Jon William, Vol I
Flora, Joseph Martin, Vol II
Folda, Jaroslav, Vol I
Folda, Jaroslav T., III, Vol I
Ganz, David, Vol I
Grendler, Paul F., Vol I
Grossberg, Lawrence, Vol II
Groves, Harry Edward, Vol IV
Gura, Philip F., Vol II
Haar, James, Vol I
Haggis, Donald, Vol I
Hall, Jacquelyn Dowd, Vol I
Harris, Michael D., Vol I
Harris, Trudier, Vol II
Hazen, Thomas Lee, Vol IV
Headley, John M., Vol I
Henry, Eric Putnam, Vol III
Higginbotham, R. Don, Vol I
Hill, Thomas E., Vol I
Hobson, Fred Colby, Jr., Vol II
Hoogland Verkerk, Dorothy, Vol I
Horne, Gerald Charles, Vol IV
Houston, George W., Vol I
Hunt, Michael H., Vol I
Illiano, Antonio, Vol III
Jackson, Blyden, Vol I
Jones, Houston Gwynne, Vol I
Kasson, John Franklin, Vol I
Kuzniar, A.A., Vol I
Lee, Sherman E., Vol I
Linderski, Jerzy, Vol I
Long, Douglas C., Vol IV
Lore, Anthony George, Vol III
Lotchin, Roger W., Vol I
Mack, Sara, Vol I
Marks, Arthur S., Vol I
Masters, George Mallary, Vol III
Mathews, Donald G., Vol I
Matilsky, Barbara C., Vol I
Mavor, Carol, Vol I
McGowan, John, Vol II
Mcvaugh, Michael Rogers, Vol I
Melchert, H. Craig, Vol III
Mews, Siegfried, Vol III
Mihailovich, Vasa D., Vol III
Miller, Marla R., Vol I
Moran, Barbara B., Vol II
Newman, William S., Vol I
Orth, John Victor, Vol I
Pfaff, Richard William, Vol I
Postema, Gerald Jay, Vol IV
Powers, Doris Bosworth, Vol I
Race, William H., Vol I
Resnik, David B., Vol IV
Riggs, Timothy A., Vol I
Rust, Richard Dilworth, Vol II
Salgado, Maria Antonia, Vol I
Sasson, Jack Murad, Vol II
Schroth, Sarah W., Vol I
Schultz, Heidi M., Vol I
Schweitzer, Christoph Eugen,
    Vol III
Semonche, John Erwin, Vol I
Shaw, Donald Lewis, Vol I
Sheriff, Mary D., Vol I
Sherman, Carol Lynn, Vol III
Smith, C. S., Vol I
Smith, Rebekah M., Vol I
Smither, Howard Elbert, Vol IV
Smythe, Thomas W., Vol IV
Snyder, Glenn Herald, Vol I
Soloway, Richard Allen, Vol I
Sreedhar, Susanne, Vol IV
Stadter, Philip Austin, Vol I
Strauss, Albrecht Benno, Vol II
Sturgeon, Mary C., Vol I
Thompson, William J., Vol IV
Tindall, George Brown, Vol I
Tsiapera, Maria, Vol III
Tweed, Thomas A., Vol IV
Van Seters, John, Vol IV
Vickery, Walter, Vol III
Vogler, Frederick Wright, Vol III
Watson, Harry Legare, Vol I
Weaver, Garrett F., Vol I
Weinberg, Gerhard Ludwig, Vol I
Weiss, Michael L., Vol I
West, William C., III, Vol I
Wittig, Joseph Sylvester, Vol II
Wood, Carolyn H., Vol I
Wood, Julia T., Vol II
Wooten, Cecil W., Vol I
Worth, Fabienne Andre, Vol III

Yarbrough, Marilyn Virginia, Vol IV

Charlotte
Beckwith, Frank, Vol IV
Brown, Harold O.J., Vol IV
Caste, Nicholas J., Vol IV
Clark, Anna, Vol I
Crane, Jon, Vol II
Croy, Marvin J., Vol IV
Doerfel, Marya L., Vol II
Duhan Kaplan, Laura, Vol IV
Dupre, Dan, Vol I
Eldridge, Michael, Vol IV
Escott, Paul David, Vol I
Gabaccia, Donna, Vol I
Gay, William Carroll, Vol IV
Geisler, Norman Leo, Vol IV
Gleaves, Robert Milnor, Vol III
Goldfield, David, Vol I
Govan, Sandra Yvonne, Vol II
Haber, Carole, Vol I
Heath, Kingston W., Vol I
Huffman, John L., Vol II
Hunter, Joel, Vol IV
Kelly, Douglas, Vol IV
Knoblauch, Cyril H., Vol II
Lansen, Oscar, Vol I
Laurent, Jane Katherine, Vol I
Leeman, Richard W., Vol IV
Lincourt, John M., Vol I
Norris, Robert, Vol IV
Norton, H. Wilbert, Sr., Vol IV
Patterson, Karl David, Vol I
Pizzato, Mark, Vol II
Rhodes, Ron, Vol IV
Sproul, R.C., Vol IV
Swanson, Randy, Vol I
Thomas, Herman Edward, Vol IV
Toenjes, Richard H., Vol IV
Tristan, Jayne A., Vol IV
Yancy, Dorothy Cowser, Vol I
Yancy, Kathleen Blake, Vol II
Zacharias, Ravi, Vol IV

Concord
McLean, Mable Parker, Vol I

Cullowhee
Anderson, William L., Vol I
Blethen, H. Tyler, Vol I
Carmichael, Peter S., Vol I
Dorondo, David R., Vol I
Graham, Gael N., Vol I
Haberland, Paul Mallory, Vol III
Loeffler, Donald Lee, Vol II
Lovin, Clifford R., Vol I
Nicholl, James Robert, Vol II
Philyaw, Scott L., Vol I
Schwartz, Gerald, Vol I
Walton, Brian G., Vol I
Wood, Curtis W., Vol I

Davidson
Abbott, Anthony S., Vol II
Ahrensdorf, Peter J., Vol I
Berkey, Jonathan P., Vol I
Csikszentmihalyi, Mark, Vol IV
Denham, Scott, Vol III
Dockery, Charles D., Vol III
Edmondson, Clifton Earl, Vol I
Foley, W. Trent, Vol IV
Goldstein, Irwin, Vol IV
Hall, John, Vol IV
Kaylor, Robert David, Vol IV
Krentz, Peter Martin, Vol I
Kruger, Carole A., Vol III
Levering, Ralph Brooks, Vol I
Lewis, Cynthia, Vol I
Ligo, Larry L., Vol I
Mahony, William K., Vol IV
McIntosh, Anne, Vol II
McKelway, Alexander Jeffrey, Vol IV
Mele, Alfred R., Vol I
Nelson, Randy Franklin, Vol II
Plank, Karl A., Vol IV
Poland, Lynn, Vol IV
Polley, Max Eugene, Vol IV
Ratliff, Charles Edward, Vol I
Serebrennikov, Nina Eugenia, Vol I
Singerman, Alan J., Vol I
Smith, C. Shaw, Jr., Vol I
Sutton, Homer B., Vol III
Tong, Rosemarie, Vol IV
Toumazou, Michael K., Vol I
Walker, Hallam, Vol III
Yoder, Lauren Wayne, Vol III

Durham
Aers, David, Vol II
Antliff, Mark, Vol I
Applewhite, James W., Vol II
Bartlet, Elizabeth C., Vol I
Baucom, Ian, Vol II
Beckwith, Sarah, Vol II
Biddle, Tami Davis, Vol I
Bland, Kalman Perry, Vol IV
Boatwright, Mary T., Vol I
Borchardt, Frank L., Vol III
Brandon, Robert N., Vol IV
Brett, Sally A., Vol I
Brothers, Thomas, Vol I
Bruzelius, Caroline, Vol I
Budd, Louis John, Vol II
Butters, Ronald R., Vol II
Carrington, Paul, Vol IV
Caserta, Ernesto Giuseppe, Vol III
Cell, John W., Vol I
Chambers, Julius LeVonne, Vol IV
Clarke, George E., Vol II
Clarke, George Elliott, Vol II
Clum, John M., Vol II
Crenshaw, James L., Vol IV
Davidson, Arnold E., Vol II
Davis, Calvin D., Vol I
Davis, Calvin D., Vol I
Davis, Gregson, Vol I
DeBracy, Warren, Vol IV
Demott, Deborah A., Vol IV
Dempsey, Joseph P., Vol IV
DeNeef, Leigh A., Vol II
Dirlik, Arif, Vol I
Druesedow, John E., Vol I
Durden, Robert Franklin, Vol I
Ferejohn, Michael T., Vol IV
Ferguson, Arthus Bowles, Vol I
Ferguson, Oliver Watkins, Vol II
Ferraro, Thomas J., Vol II
Fish, Stanley E., Vol II
Flanagan, Owen, Vol IV
Fowlie, Wallace, Vol III
Gaines, Jane M., Vol II
Gavins, Raymond, Vol I
Gilliam, Bryan, Vol I
Gleckner, Robert F., Vol II
Golding, Martin P., Vol IV
Gopen, George D., Vol II
Goranson, Stephen, Vol IV
Guzeldere, Guven, Vol IV
Havighurst, Clark C., Vol IV
Herrnstein Smith, Barbara, Vol II
Herrup, Cynthia, Vol IV
Herzog, Kristin, Vol II
Hillard, Van E., Vol II
Holloway, Karla F.C., Vol II
Holsti, Ole R., Vol I
Horowitz, Donald L., Vol IV
Hull, Alexander, Vol III
Humphreys, Margaret, Vol I
Jackson, Wallace, Vol II
Jacobs, Sylvia Marie, Vol I
Jonassaint, Jean, Vol III
Jones, Barney Lee, Vol I
Jones, Beverly Washington, Vol I
Jones, Buford, Vol II
Jones, L. Gregory, Vol IV
Joy, Lynn S., Vol IV
Joyner, Irving L., Vol IV
Keefe, Susan Ann, Vol I
Kellogg, David, Vol II
Kennedy, Christopher, Vol II
Keohane, Nannerl O., Vol I
Keyssar, Alexander, Vol I
Koonz, Claudia, Vol I
Kort, Wesley A., Vol IV
Kuniholm, Bruce Robellet, Vol I
Leighten, Patricia, Vol I
Lerner, Warren, Vol I
Lincoln, C. Eric, Vol IV
Mahoney, Edward P., Vol IV
Malouf, Melissa, Vol I
Malpass, Leslie Frederick, Vol I
Mauskopf, Seymour Harold, Vol I
McCollough, Thomas Elmore, Vol IV
McKissick, Floyd B., Jr., Vol IV
Mellown, Elgin Wendell, Vol II
Meyers, Carol L., Vol III
Meyers, Eric Mark, Vol III
Mezzatesta, Michael P., Vol I
Mickiewicz, Ellen Propper, Vol I
Mignolo, Walter, Vol III
Miller, Martin Alan, Vol I
Moses, Michael Valdez, Vol II

Zimmermann, Thomas C. Price, Vol I

Nelson, Dana D., Vol II
O'Barr, William M., Vol II
Oates, John Francis, Vol I
Page, Patricia, Vol IV
Perry, Patsy Brewington, Vol II
Peyroux, Catherine, Vol I
Pfau, Thomas, Vol II
Pope, Deborah, Vol II
Porter, Joseph A., Vol II
Posy, Carl J., Vol IV
Radway, Janice, Vol II
Randall, Kalman B.J., Vol II
Rice, Louise, Vol I
Richardson, Lawrence Jr, Vol I
Richey, Russell Earle, Vol IV
Riddell, Richard, Vol I
Rigsby, Kent Jefferson, Vol I
Roland, Alex, Vol I
Ruderman, Judith, Vol I
Ryals, Clyde De L., Vol II
Sanford, David Hawley, Vol IV
Sasson, Sarah Diane Hyde, Vol I
Schmaltz, Ted M., Vol IV
Shannon, Laurie, Vol I
Silbiger, Alexander, Vol I
Smith, Charles Edison, Vol IV
Smith, D. Moody, Vol IV
Steinmetz, David Curtis, Vol I
Stewart, Joan Hinde, Vol III
Stiles, Kristine, Vol I
Strandberg, Victor, Vol II
Taylor, Felicia Michelle, Vol IV
Tepaske, John J., Vol I
Tetel, Julie, Vol II
Tetel, Marcel, Vol III
Tiryakian, Edward A., Vol I
Todd, Larry, Vol I
Tompkins, Jane, Vol II
Van Miegroet, Hans J., Vol I
Ward, Benjamin F., Vol IV
Wharton, Annabel, Vol I
Wigen, Karen, Vol I
Williams, Kenny J., Vol II
Williams, Peter, Vol I
Willimon, William Henry, Vol IV
Willis, Susan, Vol II
Willis, William Hailey, Vol I
Witt, Ronald Gene, Vol I
Wood, Peter H., Vol I
Young, Charles Robert, Vol I
Younger, John Grimes, Vol I

Elon College
Angyal, Andrew J., Vol II
Blake, Robert Grady, Vol II
Ellis, Clyde, Vol I
Sullivan, John G., Vol IV

Fayetteville
Andrews, Maxine Ramseur, Vol I
Valenti, Peter Louis, Vol II

Greensboro
Alexander, Sandra Carlton, Vol II
Almeida, Jose Agusiin, Vol III
Baber, Ceola Ross, Vol I
Baer, Joachim Theodor, Vol III
Baker, Denise Nowakowski, Vol II
Beale, Walter Henry, Vol II
Brown, Linda Beatrice, Vol II
Cahill, Ann J., Vol IV
Calhoon, Robert M., Vol I
Chappell, Fred Davis, Vol II
Clowse, Converse Dilworth, Vol I
Crowe, David M., Vol I
Current, Richard Nelson, Vol I
Deagon, Ann Fleming, Vol I
Edwards, Emily D., Vol II
Evans, James Edward, Vol II
Fein, David Alan, Vol III
Goldstein, Carl, Vol I
Goodall, H. L. (Bud), Jr., Vol II
Goode, William Osborne, Vol III
Grossi, Veronica, Vol III
Hansen, Bob, Vol II
Hayes, Charles Leonard, Vol I
Hunter, Phyllis A., Vol I
Jennings, Robert Ray, Vol I
Johnson, Walter Thaniel, Jr., Vol IV
Kellett, Pete, Vol II
Kelly, Robert Leroy, Vol II
Kirk, Wyatt D., Vol I
Koenig, Jean-Paul Francois Xavier, Vol III
Leplin, Jarrett, Vol I
Linder, Laura R., Vol II
Mackenzie, David, Vol I
McConnell, Terrance C., Vol IV

Murphy, Romallus O., Vol IV
Natalle, Elizabeth, Vol III
Newton, Robert Parr, Vol III
Paredes, Liliana, Vol III
Reeder, Heidi M., Vol III
Rolnick, Philip, Vol IV
Rosenkrantz, Gary Sol, Vol IV
Rosthal, Robert, Vol IV
Saab, E. Ann Pottinger, Vol I
Schleunes, Karl Albert, Vol I
Schweninger, Loren Lance, Vol I
Shelmerdine, Susan C., Vol I
Smith, Roch Charles, Vol III
Smith-Soto, Mark, Vol III
Stephens, Robert Oren, Vol II
Tatum, W. Barnes, Vol IV
Trelease, Allen William, Vol I
Watson, Robert Winthrop, Vol II

Greenville
Adler, Philip Joseph, Vol I
Chestnut, Dennis Earl, Vol I
Cobb, William Henry, Vol I
Ferguson, Kenneth G., Vol IV
Holsey, Lilla G., Vol I
Kopelman, Loretta M., Vol IV
Malby, Maria Bozicevic, Vol III
Mayberry, Nancy Kennington, Vol III
Moskop, John C., Vol IV
Nischan, Bodo, Vol I
Papalas, Anthony John, Vol I
Ryan, Eugene Edward, Vol IV
Seavy, William, Vol I
Steelman, Joseph F., Vol I
Steer, Helen V., Vol II
Stevens, John A., Vol I
Sullivan, Charles William, Vol II

Hendersonville
Parker, Thomas D., Vol IV

Hickory
Huff, Carolyn Barbara, Vol I
Shuford, William Harris, Vol III

High Point
Moehlmann, John Frederick, Vol II

Hillsborough
Storch, Steven R., Vol IV

Laurinburg
Alexander, W.M., Vol IV
Bennett, Carl D., Vol II
Prust, Richard Charles, Vol IV

Lewisville
Williams, Alan John, Vol I

Mars Hill
Jones, Barry Alan, Vol IV
Kinnamon, Noel James, Vol II
Knapp, Richard Gilbert, Vol III

Matthews
Laniak, Timothy, Vol IV

Montreat
Ellington, John, Vol IV
Williamson, Lamar, Vol IV

Murfreesboro
Chismar, Douglas, Vol IV
Fillingim, David, Vol IV
Gay, Richard R., Vol II
Gowler, David B., Vol IV
Taylor, Raymond Hargus, Vol IV

Pembroke
Brown, Robert Warren, Vol I
Hilton, Kathleen C., Vol I

Raleigh
Banker, James Roderick, Vol I
Beers, Burton Floyd, Vol I
Burnett, David Graham, Vol III
Champion, Larry Stephen, Vol II
Clark, Edward Depriest, Sr., Vol II
Cofield, Elizabeth Bias, Vol I
Crisp, James Ernest, Vol I
Crumbley, Deidre H., Vol I
Harris, William C., Vol I
Harrison, Antony Howard, Vol II
Hester, Marvin Thomas, Vol II
Holley, Linda Tarte, Vol I
Ishman, Sybil R., Vol III

Mackethan, Lucinda Hardwick, Vol II
McMurry, Linda O., Vol I
Mcmurry, Richard Manning, Vol I
Meyers, Walter Earl, Vol III
Middleton, Stephen, Vol I
Miller, Carolyn R., Vol II
Moorhead, James Howell, Vol I
Pettis, Joyce, Vol II
Richmond, Maureen, Vol II
Sack, Ronald Herbert, Vol I
Sims, Genevieve Constance, Vol IV
Slatta, Richard Wayne, Vol I
Smith, John David, Vol I
Sparks, Kenton L., Vol IV
Sylla, Edith Dudley, Vol I
Tyler, Pamela, Vol I
Walser, Richard, Vol I
Witt, Mary A., Vol III
Witt, Mary A., Vol III
Young, Robert Vaughan, Vol II
Zonderman, David A., Vol I

Research Triangle Park
Connor, Walter Robert, Vol I
Gatewood, Algie C., Vol I

Rocky Mount
Blessing, Kamila, Vol IV

Salisbury
Brown, J. Daniel, Vol IV
Hutson, Christopher R., Vol IV
Mccartney, Jesse Franklin, Vol II
Reitz, Richard Allen, Vol III
Richards, Jeffery Jon, Vol IV

Southern Pines
Lemmon, Sarah McCulloh, Vol I

Swannanoa
Yeager, Robert Frederick, Vol II

Wake Forest
Binkley, Olin Trivette, Vol IV
Bush, L. Russ, Vol IV
Bush, Luthor Russell, III, Vol IV
Carson, Logan, Vol IV
Kostenberger, Andreas J., Vol IV
Moseley, Allan, Vol IV

Wilmington
Atwill, William D., Vol II
Berliner, Todd, Vol II
Bransford Wilson, Joe, Jr., Vol III
Clark, Andrew, Vol I
Conser, Walter H., Jr., Vol I
Ellerby, Janet Mason, Vol II
Furia, Philip, Vol II
Furia, Philip George, Vol II
Gauthier, Candace, Vol IV
Habibi, Don A., Vol IV
Janson, Anthony F., Vol I
Kamenish, Paula K., Vol II
Kimmel, Richard H., Vol I
LaPaire, Pierre J., Vol III
Martin, Sherrill V., Vol I
McLaurin, Melton Alonza, Vol I
Murrell, Nathaniel S., Vol IV
Richardson, Granetta L., Vol II
Richardson, Stephanie A., Vol II
Schmid, Walter T., Vol IV
Schweninger, Lee, Vol II
Sullivan, Sally A., Vol II
Toplin, Robert B., Vol I
Usilton, Larry, Vol I
Watson, Alan Douglas, Vol I

Wilson
Jones, Joe Frank, Vol IV

Wingate
Cannon, Keith, Vol II
Doak, Robert, Vol II
Spancer, Janet, Vol II

Winston-Salem
Andronica, John Louis, Vol I
Angelou, Maya, Vol II
Atwood, Craig D., Vol IV
Barnett, Richard Chambers, Vol I
Bree, Germaine, Vol I
Butler, J. Ray, Vol IV
Fleer, Jack David, Vol I
Ford, James L., Vol IV
Glenn, Kathleen Mary, Vol III
Gokhale, Balkrishna Govind, Vol I

Hans, James Stuart, Vol II
Hendricks, James Edwin, Vol I
Hester, Marcus B., Vol IV
Levy, David Benjamin, Vol I
Mathews, Gary, Vol III
Milner, Joseph O'Beirne, Vol II
Nauckhoff, Josefine C., Vol IV
Newman, Joel S., Vol IV
O'Flaherty, James Carneal, Vol III
Pendergraft, Mary L.B., Vol I
Sadler, Wilbert L., Jr., Vol I
Scales, Manderline Elizabeth, Vol III
Shapere, Dudley, Vol IV
Shores, David Francis, Vol IV
Shorter, Robert Newland, Vol II
Sinclair, Michael Loy, Vol I
Smiley, David Leslie, Vol I
Smith, James Howell, Vol I
Talbert, Charles H., Vol IV
Ulery, Robert, Vol I
Walker, George Kontz, Vol IV
West, Larry E., Vol III
Weyler, Karen A., Vol II
Zuber, Richard Lee, Vol I

NORTH DAKOTA

Fargo
Burnett, Ann K., Vol II
Danbom, David Byers, Vol II
Hoffman, Mark G., Vol IV
Russell, William R., Vol IV

Grand Forks
Beringer, Richard E., Vol I
Dixon, Kathleen, Vol II
Erickson, Daniele Nathan, Vol I
Fiordo, Richard A., Vol II
Iseminger, Gordon Llewellyn, Vol I
Lewis, Robert William, Vol II
Pynn, Ronald, Vol I
Tweton, D. Jerone, Vol I
Vivian, James Floyd, Vol I

Jamestown
Argall, Randall A., Vol IV
Bratton, Timothy L., Vol I
Cox, Sharon G., Vol I
Joy, Mark S., Vol I
Lorenzo, David J., Vol I

Mayville
Brunsdale, Mitzi Mallarian, Vol II
Neilson, James Warren, Vol I

Richardton
Forman, Mary, Vol I
Kardong, Terrence G., Vol IV

OHIO

Ada
Beanblossom, Ronald Edwin, Vol I
Guy, Daniel Sowers, Vol IV
Veltri, Stephen C., Vol IV

Akron
Anderson, Carolyn M., Vol II
Baker, Joseph Wayne, Vol I
Baranowski, Shelley, Vol IV
Birdsall, Eric, Vol IV
Bouchard, Constance Brittain, Vol I
Brown, Ronald Paul, Vol I
Clements, Barbara Evans, Vol I
Ducharme, Howard M., Vol IV
Egan, James J., Vol II
Fant, J. Clayton, Vol I
Gerlach, Don R., Vol I
Harp, Stephen, Vol I
Harpine, William, Vol II
Hixson, Walter Lawrence, Vol I
Kyvig, David Edward, Vol I
Liss, Sheldon Barnett, Vol I
Mancke, Elizabeth, Vol I
McClain, Andrew Bradley, Vol I
McMahon, William Edward, Vol IV
Miller, William Irvin, Vol III
Mushkat, Jerome, Vol I
Nelson, Daniel, Vol I

Patsouras, Louis, Vol I
Sakezles, Priscilla, Vol IV
Schreiber, Mae N., Vol I
Triece, Mary E., Vol I
Yetiv, Isaac, Vol III
Zangrando, Robert Lewis, Vol I

Alliance
Carr, Thomas, Vol IV
Dorsey, Scott W., Vol I
Gravlee, G. Scott, Vol IV
Harris, Victoria, Vol I
Miskell, Jerry, Vol I
Tidman, Paul, Vol IV
Walton, James Edward, Vol II

Ashland
Fleming, Deborah Diane, Vol II
Gaines, Elliot I., Vol II
Watson, Joann Ford, Vol IV

Athens
Alexander, Charles C., Vol I
Atlas, Marilyn Judith, Vol II
Baxter, Douglas Clark, Vol I
Blocker, H. Gene, Vol IV
Bond, Zinny Sans, Vol III
Booth, Alan R., Vol I
Carpenter, T.H., Vol I
Chastain, James G., Vol I
Childs, Francine C., Vol I
Coady, James Martin, Vol III
Collins, Elizabeth F., Vol I
Crowl, Samuel, Vol II
Dodd, Wayne Donald, Vol II
Fidler, Ann, Vol I
Field, Phyllis Frances, Vol I
Fitch, Raymond E., Vol II
Flannagan, Roy C., Vol III
Fletcher, Marvin Edward, Vol I
Franz, Thomas Rudy, Vol III
Frederick, William Hayward, Vol I
Gaddis, John Lewis, Vol I
Hamby, Alonzo Lee, Vol I
Hoff, Joan, Vol I
Jordan, Donald A., Vol I
Knies, Earl Allen, Vol II
Mcgeoch, Lyle Archibald, Vol I
Owens, William M., Vol I
Rauschenberg, Roy A., Vol II
Reeves, Albert Compton, Vol I
Richter, Donald Charles, Vol I
Schneider, Duane, Vol II
Soltow, Lee, Vol I
Steiner, Bruce E., Vol I
Stewart, David, Vol IV
Swardson, Harold Roland, Vol II
Sweeney, Thomas John, Vol I
Thayer, Calvin G., Vol II
Weckman, George, Vol I
Whealey, Robert H., Vol I
Wrage, William, Vol III

Bay Village
Steinmann, Andrew E., Vol IV

Berea
Allman, William Arthur, Vol II
Kennelly, Laura B., Vol I
Lingswiler, Robert Dayton, Vol IV
Martin, Terry J., Vol I
Moore, Edgar Benjamin, Vol I

Bexley
Esposito, Steven, Vol II

Bluffton
Gratz, Delbert L., Vol I
Johns, Loren L., Vol IV
Weaver, J. Denny, Vol IV

Bowling Green
Bradford, Carole A., Vol III
Bradie, Michael, Vol IV
Browne, Ray B., Vol II
Corrigan, Vincent, Vol I
Daly, Lawrence John, Vol I
Danziger, Edmund J., Vol I
Dixon, Lynda D., Vol II
Forse, James Harry, Vol I
Friedman, Lawrence Jacob, Vol I
Givens, Stuart R., Vol I
Harms, William F., Vol IV
Hess, Gary R., Vol I
Kiple, Kenneth Franklin, Vol I
Lineback, Richard Harold, Vol IV
Mccord, Howard, Vol II
Middleton, Charles, Vol I

Myers, Norman J., Vol II
Myers, Norman Jerald, Vol II
Pallister, Janis Louise, Vol III
Patraka, Vivian, Vol II
Scott, Alison M., Vol I
Scott, John Sherman, Vol I
Skaggs, David Curtis, Vol I
Stockwell, Edward G., Vol I
Stuart, James Donald, Vol I
Thomas, Jack Ray, Vol I
Wolfe, Ralph Haven, Vol II

Brecksville
Bagley, Stanley B., Vol IV

Canal Fulton
Higgins, Mary Anne, Vol II

Canton
Bittle, William George, Vol II
Dymale, Herbert Richard, Vol IV
McClain, Shirla R., Vol I
Sosnowski, Thomas C., Vol I
Watson, D. F., Vol IV

Cedarville
McGoldrick, James Edward, Vol I
Murdoch, James Murray, Vol I
Robey, David H., Vol I
Schultz, Walter, Vol IV

Cincinnati
Aeschbacher, William Driver, Vol I
Al'Uqdah, William Mujahid, Vol IV
Amussen, Susan, Vol I
Arcana, Judith, Vol II
Arner, Robert David, Vol II
Atkins, Robert, Vol I
Atkins, Robert, Vol IV
Atkinson, Michael, Vol II
Bahk, C.M., Vol II
Beaver, Daniel R., Vol I
Bell Chambers, Marjorie, Vol I
Bleznick, Donald William, Vol III
Bodo, Murray, Vol II
Bracken, Joseph A., Vol IV
Bruce Pratt, Minnie, Vol II
Burrell, Barbara, Vol I
Callan, T., Vol IV
Castenell, Louis Anthony, Jr., Vol I
Cebula, James E., Vol I
Cline, Eric, Vol I
Collins, Patricia Hill, Vol I
Cook, Michael J., Vol IV
Cottrell, Jack Warren, Vol I
Coughlin, Edward V., Vol III
Daniel, Hershey, Vol I
Davis, Jack L., Vol I
Eagleson, Ian, Vol IV
Edwards, Ruth McCalla, Vol IV
Elder, Arlene Adams, Vol II
Evans, William, Vol IV
Finkelstein, Norman Mark, Vol II
Fleming, John Emory, Vol I
Foss, D. Pedar W., Vol I
Friedrichsmeyer, Erhard Martin, Vol III
Gauker, Christopher P., Vol IV
Giblin, Marie J., Vol IV
Glenn, Jerry, Vol III
Godshalk, William Leigh, Vol II
Goldman, Edward A., Vol IV
Gottschalk, Alfred, Vol IV
Gutzwiller, Kathryn, Vol I
Hamilton, James Francis, Vol III
Harris, Norman, Vol IV
Harris-Cline, Diane, Vol I
Harrison, George Mallory, Vol I
Hogeland, L.M., Vol II
Huang, Shaorong, Vol II
Kafker, Frank Arthur, Vol I
Kaufman, Stephen Allan, Vol I
Kirshbaum, Hal, Vol IV
Knitter, Paul Francis, Vol IV
Kraut, Benny, Vol I
Langsam, Walter E., Vol I
Larocca, John Joseph, Vol I
Laux, James Michael, Vol I
Lillie, Betty Jane, Vol IV
Lund, Jerome A., Vol I
Marcus, Jacob Rader, Vol I
Meeker, Joseph W., Vol II
Meyer, Michael Albert, Vol I
Meyerowitz, Joanne, Vol I
Michelini, Ann Norris, Vol I
Miller, Zane L., Vol I

Mills, Carl Rhett, Vol III
Minnich, Elizabeth, Vol IV
Moustakas, Clark, Vol IV
Murray, James, Vol I
Muyskens, Judith Ann, Vol III
Natov, Roni, Vol I
North, James Brownlee, Vol I
O'Connor, Patricia W., Vol III
Paper, Herbert Harry, Vol III
Parker, Holt, Vol I
Patterson, Ward L., Vol I
Petuchowski, Jakob Josef, Vol IV
Plank, Geoffrey, Vol I
Pogue, Samuel Franklin, Vol I
Pratt, Minnie Bruce, Vol II
Ramusack, Barbara N., Vol I
Richardson, Robert Calvin, Vol IV
Rivers, Clarence Joseph, Vol IV
Rose, Brian, Vol I
Rubenstein, Jill, Vol III
Rura, Svetlana, Vol IV
Rutter, Irvin C., Vol IV
Sage, Michael, Vol I
Sakmyster, Thomas Lawrence, Vol I
Sarason, Richard Samuel, Vol IV
Sato, Elizabeth Selanders, Vol I
Schrier, Arnold, Vol I
Searl, Stanford J., Vol II
Shapiro, Henry D., Vol I
Shapiro, Herbert, Vol I
Sharpe, Kevin J., Vol IV
Simon, Paul L., Vol I
Slouffman, James W., Vol II
Smith, Paul M., Jr., Vol I
Stephens, Martha Thomas, Vol II
Sterling, David L., Vol I
Thatcher, Tom, Vol IV
Thomas, Norman C., Vol I
Tolzmann, Don Heinrich, Vol I
Traub, George William, Vol IV
Twinam, Ann, Vol I
Verderber, Rudolph Francis, Vol II
Wacholder, Ben Zion, Vol II
Walberg, Gisela, Vol I
Walter, John C., Vol I
Weatherly, Jon A., Vol IV
Weisberg, David B., Vol I
Welton, William A., Vol IV
Wilson, Samuel S., Vol II
Wingard, Edward L., Vol I
Winkler, Henry Ralph, Vol I
York, Anthony Delano, Vol IV
Zafren, Herbert C., Vol I

Cleveland
Abelman, Robert, Vol II
Adams, Henry, Vol I
Agich, George J., Vol IV
Allen, M. Austin, Vol II
Altschul, Michael, Vol I
Anderson, David G., Vol III
Anderson, Earl Robert, Vol I
Atkin, David J., Vol II
Bassett, John E., Vol II
Beatie, Bruce A., Vol II
Beatty, Michael, Vol III
Benseler, David P., Vol II
Bergman, Robert P., Vol I
Berry, Margaret, Vol II
Bishop, Thomas G., Vol II
Buchanan, Harvey, Vol I
Bynum, David Eliab, Vol I
Chandler, Everett A., Vol IV
Clark, Sanza Barbara, Vol I
Curnow, Kathy, Vol I
Czuma, Stanislaw, Vol I
Donaldson, Thomas, Vol I
Edmonson, James Milton, Vol I
Ehrlich, Linda C., Vol III
Epp, Eldon Jay, Vol IV
Evett, David Hal, Vol II
Ferguson, Suzanne, Vol II
Fox, Richard Milan, Vol IV
Friedman, Barton Robert, Vol II
Galvan, Delia V., Vol III
Gamboni, Dario, Vol I
Gensler, Harry J., Vol IV
Gerlach, John Charles, Vol II
Giannetti, Louis Daniel, Vol II
Gibbs, Lee Wayland, Vol IV
Gibbs, Paul J., Vol IV
Goist, Park Dixon, Vol I
Greppin, John Aird Coutts, Vol III
Grundy, Kenneth William, Vol I
Haddad, Gladys, Vol I
Hagiwara, Takao, Vol III
Helzle, Martin, Vol I

Hinze, Klaus-Peter Wilhelm, Vol III
Hunter, John, Vol I
Jeffres, Leo, Vol II
Johnson, Steven D., Vol II
Kadish, Mortimer R., Vol IV
Katz, Lewis Robert, Vol IV
Kogler Hill, Susan E., Vol II
Kolker, Delphine, Vol II
Kraus, Sidney, Vol II
Labrador, Jose J., Vol I
Lairet, Dolores Person, Vol III
Landau, Ellen G., Vol I
Larson, David Mitchell, Vol II
Le Hir, Marie-Pierre, Vol III
Ledford, Kenneth F., Vol I
Lee, Jae-Won, Vol II
Lin, Carolyn, Vol II
Marling, William H., Vol II
Martin, Laura, Vol II
Mason, David Raymond, Vol IV
Matejka, George, Vol IV
McCoy, Patricia A., Vol IV
McElhaney, James Willson, Vol IV
McHale, Vincent Edward, Vol I
Mehlman, Maxwell, Vol IV
Mesch, Claudia, Vol I
Miller, Genevieve, Vol I
Morton, Marian Johnson, Vol I
Murphy, Tim, Vol IV
Murray, J-Glenn, Vol IV
Nanfito, Jacqueline C., Vol III
Neils, Jenifer, Vol I
Neuendorf, Kimberly A., Vol II
Oster, Judith, Vol III
Perloff, Richard M., Vol II
Peskin, Allan, Vol I
Pettey, Gary R., Vol II
Poduska, Donald Miles, Vol I
Pole, Nelson, Vol IV
Purcell, John Marshall, Vol II
Ramos, Donald, Vol I
Ray, Eileen Berlin, Vol II
Ray, Georgr B., Vol II
Robertson, Heidi Gorovitz, Vol IV
Rocke, Alan J., Vol I
Rooks, Charles Shelby, Vol IV
Rowan, Albert T., Vol II
Rudd, Jill, Vol II
Saha, Prosanta Kumar, Vol II
Salomon, Roger B., Vol II
Samuels, Marilyn S., Vol II
Scallen, Catherine E., Vol I
Sharpe, Calvin William, Vol IV
Shorrock, William Irwin, Vol I
Siebenschuh, William R., Vol II
Smith, Francis J., Vol II
Stoll, Anita K., Vol III
Stonum, Gary Lee, Vol II
Strauss, Walter Adolf, Vol III
Trawick, Leonard Moses, Vol II
Ubbelohde, Carl, Vol I
Varallo, Sharon, Vol III
Vrettos, Athena, Vol II
Warren, Ann Kosser, Vol I
Werth, Lee Frederick, Vol IV
Whitbeck, Caroline, Vol II
White, Frederic Paul, Jr., Vol IV
Willacy, Hazel M., Vol IV
Woodmansee, Martha, Vol II
Yang, Peter Jianhua, Vol III
Zorita, C. Angel, Vol III
Zubizarreta, Armando F., Vol III

Cleveland Heights
Manning, Roger B., Vol I
Milic, Louis Tonko, Vol II

Columbus
Anderson, Dennis A., Vol IV
Andrien, Kenneth James, Vol I
Balcer, Jack Martin, Vol I
Barnes, Daniel Ramon, Vol II
Bartholomew, James Richard, Vol I
Battersby, James L., Vol II
Beatty, Otto, Jr., Vol IV
Beja, Morris, Vol II
Bekker, Hugo, Vol III
Benedict, Michael Les, Vol I
Binau, Brad A., Vol IV
Blackford, Mansel Griffiths, Vol I
Boh, Ivan, Vol IV
Bouman, Walter R., Vol IV
Bourguignon, Erika Eichhorn, Vol I
Bracken, James K., Vol II
Brand, Eugene L., Vol IV

Brown, Lee Bateman, Vol IV
Bruning, Stephen D., Vol II
Burkman, Katherine H., Vol II
Burnham, John Chynoweth, Vol I
Callaghan, Catherine A., Vol III
Carter, Percy A., Jr., Vol IV
Cegala, Donald Joseph, Vol II
Childs, James M., Jr., Vol IV
Chu, Samuel C., Vol I
Cohen, Jeremy, Vol I
Cooley, Thomas Winfield, Vol II
Cooper, Donald B., Vol I
Cottrell, Robert Duane, Vol III
Cox, Kevin R., Vol I
Davidson, John E., Vol III
Devine, Michael John, Vol I
Dillon, Merton Lynn, Vol I
Doermann, Ralph W., Vol IV
Donovan, Maureen H., Vol II
Elhard, Leland E., Vol IV
Erickson, Darlene E. Williams,
    Vol II
Farina, Luciano Fernando, Vol III
Findley, Carter Vaughn, Vol I
Frantz, David Oswin, Vol II
Friedman, Harvey Martin, Vol IV
Fullmer, June Zimmerman, Vol I
Gao, Q., Vol III
Garland, Martha, Vol I
Gibbs, Jack Gilbert, Jr., Vol IV
Gribble, Charles Edward, Vol III
Griffin, David Alexander, Vol III
Grotans, Anna A., Vol III
Hahm, David Edgar, Vol I
Haidt, Rebecca, Vol III
Hamilton, Richard Frederick, Vol I
Hammermeister, Kai, Vol III
Hanawalt, Barbara A., Vol I
Harlow, L.L., Vol IV
Harms, Paul W.F., Vol II
Hathaway, Jane, Vol I
Hatton, Robert Wayland, Vol III
Heck, Thomas F., Vol I
Heiden, Bruce A., Vol I
Hens, Gregor, Vol III
Hogan, Michael J., Vol I
Hoops, Merlin Henry, Vol IV
Hopkins, Richard Joseph, Vol I
Huber, Donald L., Vol I
Huffman, Gordon, Jr., Vol IV
Hutton, Rodney R., Vol IV
Jarvis, Gilbert Andrew, Vol III
Joseph, Brian Daniel, Vol III
Jost, Timothy Stolzfus, Vol IV
Kalbouss, George, Vol III
Keller, Hans-Erich, Vol III
Kerr, Kathel Austin, Vol I
Kevern, John, Vol I
Kielkopf, Charles F., Vol IV
Kiser, Lisa J., Vol I
Klopp, Charles, Vol III
Kozyris, Phaedon John, Vol IV
Krzyzanowski, Jerzy Roman,
    Vol III
Lehiste, Ilse, Vol III
Levin, Eve, Vol I
Luck, Donald G., Vol IV
Luck, Donald L., Vol IV
Lunsford, Andrea Abernethy,
    Vol II
Lynch, Joseph Howard, Vol I
Makau, Josina M., Vol II
Mancini, Albert Nicholas, Vol II
Marchenkov, Vladimir, Vol IV
Markels, Julian, Vol II
Matejic, Mateja, Vol III
Maurer, A.E. Wallace, Vol II
Millett, Allan Reed, Vol I
Morgan, Terrell A., Vol III
Morganstern, Anne Mcgee, Vol I
Morganstern, James, Vol I
Morita, James R., Vol III
Nakamura, C. Lynn, Vol IV
Nakayama, Mineharu, Vol III
Newell, Margaret E., Vol I
Pappas, George Sotiros, Vol I
Parks, Edward Y., Vol IV
Patterson, Samuel C., Vol I
Pegues, Franklin J., Vol I
Pessin, Sarah, Vol IV
Pestana, Carla, Vol I
Phelan, James Pius X., Vol II
Powell, Mark Allan, Vol IV
Redenbarger, Wayne Jacob,
    Vol IV
Reed, Christopher A., Vol I
Rice, Grantland S., Vol II
Richardson, Laurel, Vol I
Riedinger, Edward, Vol I

Root, Michael, Vol IV
Roth, Randolph A., Vol IV
Rothney, John Alexander, Vol I
Rupp, Leila J., Vol I
Sager, Allan Henry, Vol IV
Salisbury, Frank Boyer, Vol I
Scanlan, James P., Vol IV
Schlam, Carl C., Vol I
Schnell, James A., Vol II
Sena, John F., Vol II
Silbajoris, Rimvydas, Vol III
Stebenne, David, Vol I
Steckel, Richard H., Vol I
Stewart, Mac A., Vol I
Strasser, Mark, Vol IV
Taylor, Verta, Vol I
Taylor, Walter F., Jr., Vol IV
Thomas, Carolyn, Vol IV
Turnbull, Robert George, Vol IV
Van Tine, Warren R., Vol I
Wade, Jacqueline E., Vol I
Walters, E. Garrison, Vol I
Warrener Smith, Susan, Vol IV
Whaley, Douglas John, Vol IV
White, Janice G., Vol IV
Williams, Charles Garfield Singer,
    Vol III
Williams, Gregory Howard,
    Vol IV
Williams, Susan, Vol II
Wilson, John Harold, Vol II
Woods, Alan Lambert, Vol II
Woodson, Thomas, Vol I
Zacher, Christian Keeler, Vol II
Zahniser, Marvin Ralph, Vol I

Dayton

Anderson, William P., Vol IV
Arbagi, Martin George, Vol I
August, Eugene R., Vol II
Barnes, Michael H., Vol IV
Barr, David Lawrence, Vol IV
Benson, Paul H., Vol IV
Blatt, Stephen J., Vol III
Branick, Vincent P., Vol IV
Cary, Cecile Williamson, Vol II
Chinchar, Gerald T., Vol IV
Dorn, Jacob Henry, Vol I
Doyle, Dennis M., Vol IV
Eid, Leroy Victor, Vol I
Fischer, Marilyn R., Vol IV
Fouke, Daniel C., Vol IV
Gorrell, Donald Kenneth, Vol I
Griffin, Paul R., Vol IV
Guthrie, James Robert, Vol II
Heft, James L., Vol IV
Herbenick, Raymond M., Vol I
Hertig, Paul, Vol IV
Hertig, Young Lee, Vol IV
Horn, Pierre Laurence, Vol III
Howard, Lillie Pearl, Vol II
Hye, Allen Edward, Vol III
Inbody, Tyron Lee, Vol IV
Inglis, John, Vol I
Jablonski, Leanne M., Vol IV
Jenkins, Fred W., Vol I
Johnson, Patricia Altenbernd,
    Vol IV
Kim, Ai Ra, Vol IV
Kozar, Joseph F., Vol IV
Kunkel, Joseph C., Vol IV
Lain, Laurence B., Vol II
Luke, Brian A., Vol IV
Lysaught, M. Therese, Vol IV
Martin, Herbert Woodward, Vol II
Martin, Judith G., Vol IV
Monasterio, Xavier O., Vol IV
Moore, Cecilia, Vol IV
Mosher Lockwood, Kimberly,
    Vol IV
Mosser, Kurt, Vol IV
Nelson, James David, Vol I
Porter, Ellen-Jane Lorenz, Vol I
Preisser, Thomas M., Vol I
Quinn, John F., Vol IV
Richards, William M., Vol IV
Robinson, James D., Vol II
Sammons, Martha Cragoe, Vol II
Schweikart, Larry Earl, Vol I
Spetter, Allan Burton, Vol I
Swanson, Donald Roland, Vol II
Tibbetts, Paul E., Vol IV
Tilley, Terrence W., Vol IV
Ulrich, Lawrence P., Vol IV
Welborn, L.L., Vol IV
Wert, Newell John, Vol IV
Wolff, Florence I., Vol IV
Yocum, Sandra Mize, Vol IV
Yoder, Don, Vol II

Yuan, Tsing, Vol I
Yungblut, Laura, Vol I
Zimmerman, Joyce Ann, Vol IV

Delaware

Easton, Loyd D., Vol IV
Hallenbeck, Jan Traver, Vol I
Harper, Sandra Nadine, Vol III
Lateiner, Donald, Vol I
Lewes, Ulle Erika, Vol II
Macias, Anna, Vol I
Mercadante, Linda A., Vol IV
Michael, Randall Blake, Vol IV
Spall, Richard, Vol I
Tannehill, Robert C., Vol IV
Twesigye, Emmanuel, Vol IV
Van Broekhoven, Deborah B.,
    Vol I

Doylestown

Deichmann Edwards, Wendy J.,
    Vol I
Kiser, Joy, Vol I

Findlay

Cecire, Robert C., Vol I
Draper, David E., Vol IV
Kern, Gilbert Richard, Vol IV
Nye, Jean C., Vol III
Resseguie, James L., Vol IV
Shilling, Burnette P., Vol IV
Stulman, Louis, Vol IV

Gambier

Adler, Joseph, Vol IV
Alder, Joseph A., Vol IV
Bowman, Jeffrey A., Vol I
Browning, Reed St. Clair, Vol I
Crais, Clifton C., Vol I
DePascuale, Juan E., Vol IV
Dunnell, Ruth W., Vol I
Dwyer, Eugene Joseph, Vol I
Evans, Michael J., Vol I
Finke, L.A., Vol II
Furlough, Ellen, Vol I
Heuchemer, Dane, Vol I
Kipp, Rita, Vol I
Klein, William Francis, Vol II
McCulloh, William Ezra, Vol I
Oden, Robert A., Jr., Vol III
Rutkoff, Peter, Vol I
Scott, William Butler, Vol I
Scully, Pamela F., Vol I
Sharp, Ronald Alan, Vol II
Singer, Wendy F., Vol I
Turner, Frederick, Vol II
Weber, Clifford Whitbeck, Vol I
Wortman, Roy Theodore, Vol I

Granville

Baker, David Anthony, Vol II
Cort, John E., Vol IV
Gordon, Amy Glassner, Vol I
Gordon, Michael Danish, Vol I
Lisska, Anthony Joseph, Vol IV
Martin, James Luther, Vol IV
Santoni, Ronald Ernest, Vol IV
Santoni, Ronald Ernest, Vol IV
Schilling, Donald, Vol I
Woodyard, David O., Vol IV
Wright Miller, Gill, Vol I

Hamilton

Friedenberg, Robert Victor, Vol II
Inness, Sherrie A., Vol II

Hiram

Sharfman, Glenn, Vol I
Slingerland, Dixon, Vol IV

Huber Heights

Puckett, Pauline N., Vol IV

Hudson

Dyer, Joyce, Vol II
Wakelyn, Jon L., Vol I

Huron

Currie, William W., Vol II

Kent

Andrews, Larry Ray, Vol II
Apseloff, Marilyn Fain, Vol II
Barnbaum, Deborah, Vol IV
Beer, Barrett L., Vol II
Byrne, Frank Loyola, Vol I
Calkins, Kenneth Roy, Vol I
Crosby, Edward Warren, Vol I

Culbertson, Diana, Vol III
Davis, Thomas M., Vol I
Ekechi, Felix Kamalu, Vol I
Fischer, Norman Arthuf, Vol IV
Fried, Lewis Fredrick, Vol II
Friedman, Jerome, Vol I
Hakutani, Yoshinobu, Vol II
Harrison, Carol, Vol I
Heiss, Mary Ann, Vol I
Hubbell, John Thomas, Vol I
Hudson, Leonne, Vol I
Hudson, Leonne, Vol I
Hudson, Leonne M., Vol I
Jameson, John R., Vol I
Kaplan, Lawrence Samuel, Vol I
Krause, Sydney Joseph, Vol II
Larson, Orville K, Vol I
Leonard, Henry Beardsell, Vol I
Louis, James Paul, Vol I
Marovitz, Sanford E., Vol II
Meier, August, Vol I
Newman, Gerald Gordon, Vol I
Papacosma, Solon Victor, Vol I
Pino, Julio Cesar, Vol I
Rubin, Rebecca B., Vol II
Ryan, Frank X., Vol IV
Swierenga, Robert Peter, Vol I
Thyret, Isolde, Vol I
Turner, Doris J., Vol III
Wajda, Shirley Teresa, Vol I
Wheeler, Arthur M., Vol IV
Wilson, Glee Everitt, Vol I
Wynar, Lubomyr Roman, Vol I
Zellner, Harold Marcellars, Vol IV

Lima

Anspaugh, Kelly C., Vol II

Lyndhurst

Strater, Henry A., Vol II

Mansfield

Dahlstrand, Frederick Charles,
    Vol I
Dominick, Raymond, Vol I

Marietta

Jones, Robert Leslie, Vol I
Machaffie, Barbara J., Vol IV
O'Donnell, James, Vol I
O'Donnell, Mabry Miller, Vol II

Medina

Madden, Deidre, Vol II

Mentor

Johnston, Stanley Howard, Vol III

Milford

Oppenheim, Frank M., Vol IV

Mount Vernon

Cubie, David Livingston, Vol IV
Mach, Thomas S., Vol I

Munroe Falls

DiPucci, William, Vol IV

New Concord

Barrett, J. Edward, Vol IV
Fisk, William Lyons, Vol II
McClelland, William Lester, Vol I
Nutt, R., Vol I
Schultz, William J., Vol II
Sturtevant, David Reeves, Vol I

Newark

Ganz, Albert Harding, Vol I
Loucks, James F., Vol II
MacDonald, William L., Vol I
Shapiro, Stewart, Vol IV
Shiels, Richard Douglas, Vol I
Tebben, Joseph Richard, Vol I

Oberlin

Albright, Ann Cooper, Vol I
Colish, Marcia L., Vol I
Erwin, Joanne, Vol I
Ganzel, Dewey Alvin, Vol II
Gorfain, Phyllis, Vol II
Goulding, Daniel J., Vol II
Greenberg, Nathan Abraham, Vol I
Helm, James Joel, Vol I
Hogan, Heather, Vol I
Jones, Nicholas, Vol II
Koch, Christian Herbert, Vol II
Kornblith, Gary J., Vol I
Krassen, Miles, Vol IV

Logan, Wendell, Vol I
Lubben, Joseph, Vol I
McInerney, Peter K., Vol IV
Merrill, Daniel Davy, Vol IV
Plank, Steven E., Vol I
Richman, Paula, Vol IV
Rogers, Lynne, Vol I
Rothstein, William, Vol I
Skrupskelis, Viktoria, Vol III
Soucy, Robert J., Vol I
Walker, David, Vol II
Walker, David Lewis, Vol II
Young, David, Vol II
Zinn, Grover A., Vol I

Orrville

Kristofco, John P., Vol I

Oxford

Baird, Jay Warren, Vol I
Branch, Edgar Marquess, Vol II
Brock, James W., Vol II
Clark, James Drummond, Vol II
Coakley, Jean Alexander, Vol II
Coakley, Thomas M., Vol II
del Valle, Jose, Vol III
Dolan, Frances E., Vol II
Ellison, Curtis William, Vol I
Erlich, Richard Dee, Vol I
Fahey, David Michael, Vol I
Forshey, Harold Odes, Vol IV
Fox, Alice, Vol II
Fritz, Donald Wayen, Vol II
Fryer, Judith, Vol I
Goldy, Charlotte Newman, Vol I
Harwood, Britton James, Vol II
Jackson, W. Sherman, Vol I
Kane, Stanley, Vol IV
Kelly, Jim Kelly, Vol IV
Kimball, Jeffrey Philip, Vol I
Kirby, Jack Temple, Vol I
Mann, David Douglas, Vol II
Matteo, Sante, Vol III
McKenna, Bill, Vol IV
McKinney, Mark, Vol III
Momeyer, Rick, Vol IV
Pappu, Rama Rao, Vol IV
Pedroni, Peter, Vol III
Plater, Edward M.V., Vol II
Rejai, Mostafa, Vol I
Roberts, Anna, Vol III
Rose, Peter Wires, Vol I
Runyon, Randolph Paul, Vol III
Runyon, Randy, Vol III
Sanabria, Sergio Luis, Vol I
Sandro, Paul Denney, Vol III
Seidel, Asher M., Vol IV
Smith, Dwight L., Vol I
Sommer, John D., Vol IV
Sosnoski, James Joseph, Vol II
Southard, Edna Carter, Vol I
Strauss, Jonathan, Vol III
Swanson, Maynard William, Vol I
Thurston, Robert, Vol I
Tidwell, John Edgar, Vol II
Trent, Jimmie Douglas, Vol IV
Ward, Roy Bowen, Vol I
Williams, Peter W., Vol IV
Winkler, Allan M., Vol I
Worth, Sarah Elizabeth, Vol IV
Wortman, William A., Vol II
Wright, Deborah Kempf, Vol II
Wright, H. Bunker, Vol I
Yamauchi, Edwin Masao, Vol I

Painesville

Mcquaid, Kim, Vol I
Miller, Benjamin, Vol IV

Pepper Pike

Glavac, Cynthia, Vol II
Gromada, Conrad T., Vol IV
Pina, Leslie, Vol I
Podis, Joanne, Vol II

Pickerington

Evans, Roger S., Vol I

Reynoldsburg

Rolwing, Richard J., Vol IV

Rio Grande

Barton, Marcella Biro, Vol I
Tribe, Ivan Mathews, Vol I

Shaker Heights

Giannelli, Paul Clark, Vol IV
Miller, Clement Albin, Vol I

Silver Lake
Poloma, Margaret Mary, Vol I

Springfield
Celms, Peter, Vol I
Chatfield, E. Charles, Vol I
Copeland, Warren R., Vol IV
Davis, Robert Leigh, Vol II
Dickson, Charles Ellis, Vol I
Dixon, Mimi S., Vol II
Faber, J. Arthur, Vol II
Hayden, Albert A., Vol I
Huffman, James Lamar, Vol I
Inboden, Robin L., Vol II
Jones, Mary E., Vol II
Levy, Robert J., Vol IV
Millen, R.L., Vol IV
Millen, Rochelle L., Vol III
Nelson, Paul T., Vol IV
O'Connor, Joseph E., Vol I
Ortquist, Richard Theodore, Vol I
Otten, Terry Ralph, Vol II
Swanger, Eugene R., Vol IV
Swindler, James Kenneth, Vol IV
Taylor, Thomas Templeton, Vol I
Terry, Ann R., Vol I
Velen, Richard, Vol II
Vincent, David, Vol IV
Wolf, Herbert Christian, Vol IV

Steubenville
Lyons, Declan P., Vol I
Miletic, Stephen F., Vol IV

Stow
Crawford, Ronald Lee, Vol III
Knepper, George W., Vol I
Ophardt, Michael, Vol IV

Toledo
Abu-Absi, Samir, Vol III
Al-Marayati, Abid Amin, Vol I
Andersen, Roger William, Vol IV
Barden, Thomas E., Vol II
Barrett, John A., Vol IV
Boening, John, Vol III
Bourguignon, Henry J., Vol IV
Bullock, Joan R., Vol IV
Cave, Alfred A., Vol I
Chapman, Douglas K., Vol IV
Closius, Phillip J., Vol IV
Dessner, Lawrence Jay, Vol II
Edwards, Richard W., Vol IV
Eisler, Beth A., Vol IV
Friedman, Howard M., Vol IV
Glaab, Charles Nelson, Vol I
Gregory, Elmer Richard, Vol II
Harris, David A., Vol IV
Hoover, William Davis, Vol I
Hopperton, Robert J., Vol IV
Hottell, Ruth A., Vol III
Jackman, Henry, Vol IV
Jan, George Pokung, Vol I
Kadens, Michael G., Vol IV
Kennedy, Bruce, Vol IV
Kennedy, Robin M., Vol IV
Kirtland, Robert, Vol IV
Kopfman, Jenifer E., Vol II
Kydd, Elspeth, Vol II
Lora, Ronald Gene, Vol I
Manheim, Michael, Vol II
Many, Paul, Vol II
Martyn, Susan, Vol IV
Merritt, Frank S., Vol IV
Messer-Kruse, Timothy, Vol I
Moran, Gerald P., Vol IV
Moskovitz, Marc, Vol I
Mostaghel, Deborah M., Vol IV
Normand, Guessler, Vol III
Puligandla, Ramakrishna, Vol IV
Quick, Albert T., Vol IV
Raitt, Ronald D., Vol IV
Ray, Douglas E., Vol IV
Richman, William M., Vol IV
Riebling, Barbara, Vol II
Rudolph, Robert Samuel, Vol II
Russell, Charles G., Vol II
Scanlan, Timothy Michael, Vol III
Smith, David Quintin, Vol II
Smith, Robert Freeman, Vol I
Steinbock, Daniel J., Vol IV
Stern, David S., Vol IV
Tierney, James E., Vol IV
Watermeier, Daniel J., Vol II
Wikander, Matthew H., Vol II
Wilcox, Larry Dean, Vol I
Zietlow, Rebecca, Vol IV

University Heights
Duncan, Russell, Vol I
Gyekenyesi Gatto, Katherine, Vol III
McGinn, Sheila E., Vol IV
Nevin, Thomas, Vol II
Robson, David, Vol I
Seaton, Shirley Smith, Vol III
Shockey, Gary C., Vol III

Warren
Eminhizer, Earl Eugene, Vol IV

Westerville
Cooper, Allan D., Vol I
Luckey, Evelyn F., Vol I
MacLean, Elizabeth, Vol I

Wickliffe
Hunter, Frederick Douglas, Vol IV
Latcovich, Mark A., Vol IV

Wilberforce
Fleissner, Robert F., Vol II
Garland, John William, Vol IV

Wilmington
Gara, Larry, Vol I
Jones, Thomas Canby, Vol IV

Wooster
Bell, Richard H., Vol IV
Bostdorff, Denise M., Vol II
Bucher, Glenn R., Vol IV
Calhoun, Daniel Fairchild, Vol I
Christianson, Paul, Vol III
Clareson, Thomas Dean, Vol II
Copeland, Henry Jefferson, Vol I
Durham, Carolyn Ann, Vol III
Falkner, Thomas M., Vol I
Frye, Joanne S., Vol II
Gabriele, John P., Vol III
Gates, John Morgan, Vol I
Gaylord, Inez K., Vol III
Gedalecia, David, Vol I
Gouma-Peterson, Thalia, Vol I
Grace, Nancy, Vol II
Grillo, Laura, Vol I
Harris, Ishwar C., Vol IV
Herring, Henry, Vol II
Hettinger, Madonna, Vol I
Hickey, Damon, Vol I
Hilty, Deborah Pacini, Vol II
Hodges, James A., Vol I
Holliday, Vivian Loyrea, Vol I
Hondros, John L., Vol I
Hults, Linda, Vol I
Hustwit, Ronald E., Vol IV
Jefferson, Alphine W., Vol I
Lewis, Arnold, Vol I
Plestina, Dijana, Vol I
Scholz, Susanne, Vol IV
Smith, Robert Houston, Vol IV
Sokol, Elena, Vol III
Stewart, Larry, Vol II
Taylor, Karen, Vol I
Thompson, Garrett, Vol IV
Wright, Josephine, Vol I
Young, Mary, Vol III

Worthington
Bremner, Robert Hamlett, Vol I
Handwerk-Noragon, Patricia, Vol IV
Josephson, Goodman, Vol IV
Meier, Samuel, Vol IV
Ness, Gary Clifford, Vol I

Yellow Springs
Amos, Oris Elizabeth Carter, Vol I
Beckerman Davis, Barbara, Vol I
Bell, Leland V., Vol I
Filemyr, Ann, Vol II
Fogarty, Robert Stephen, Vol I
Patel, Ramesh, Vol IV
Rinehart, John, Vol I
Smoker, Paul L., Vol I
Warren, Scott, Vol IV
Whelchel, Marianne, Vol I

Youngstown
Attardo, Salvatore, Vol I
Bache, Christopher Martin, Vol IV
Berger, Martin Edgar, Vol I
Blue, Frederick J., Vol I
Friedman, Saul S, Vol I
Harrison, W. Dale, Vol II
Leck, Glorianne Mae, Vol IV

Minogue, Brendan Patrick, Vol IV
Satre, Lowell Joseph, Vol I
Shale, Rick, Vol II
Shipka, Thomas A., Vol IV
Viehmeyer, L. Allen, Vol III

OKLAHOMA

Ada
Boeger, Palmer Henry, Vol I
Joyce, Davis D., Vol I

Bethany
Brackell, Pamela, Vol II
Bracken, Pamela, Vol II
Jennings, Lawrence Charles, Vol II
Tashjian, Jirair S., Vol IV

Broken Arrow
Lederle, Henry, Vol IV
Palma, Ronald B., Vol I

Durant
Emge, Steven W., Vol I

Edmond
Baker, James Franklin, Vol I
Faulk, Odie B., Vol I
Jackson, Joe C., Vol I
Lehman, Paul Robert, Vol II
Lewis, Gladys Sherman, Vol II

Enid
Bowers, Paul, Vol II
Green, Virginia M., Vol III

Langston
Manning, Jean Bell, Vol I

Lawton
Blodgett, Ralph Edward, Vol I
Ostrowski, Carl, Vol II
Stegmaier, Mark Joseph, Vol I

Norman
Barker, Peter, Vol IV
Boyd, Tom Wesley, Vol IV
Brown, Sidney Devere, Vol I
Byre, Calvin S., Vol I
Cohen, Gary Bennett, Vol I
De Bolt, Darian C., Vol IV
Diehl, Huston, Vol II
Doty, Ralph, Vol IV
Fears, J. Rufus, Vol I
Foreman, Jonathan Barry, Vol IV
Friedrich, Gustav William, Vol II
Gilje, Paul Arn, Vol I
Glad, Paul Wilbur, Vol I
Gross, David Stuart, Vol II
Hagan, William Thomas, Vol I
Hambrick, A. Fred, Vol IV
Hassrick, Peter H., Vol I
Henderson, George, Vol I
Kamoche, Jidlaph Gitau, Vol I
Kidwell, Clara Suc, Vol I
Koshkin-Youritzin, Victor, Vol IV
Levy, David William, Vol I
Madland, Helga Stipa, Vol III
Merrill, Kenneth Rogers, Vol IV
Miller, David H., Vol I
Morgan, H. Wayne, Vol I
Nye, Robert Allen, Vol I
Perkins, Edward Joseph, Vol I
Purinton, Jeffrey S., Vol I
Savage, William W., Vol I
Scaperlanda, Michael, Vol IV
Shalhope, Robert E., Vol I
Snell, Daniel C., Vol III
Steffen, Jerome Orville, Vol I
Taylor, Kenneth Lapham, Vol I
Velie, Alan R., Vol II
Walton, Woodrow E., Vol IV
Wren, Daniel Alan, Vol I

Oklahoma City
Arrow, Dennis Wayne, Vol IV
Coulson, Richard, Vol IV
Emler, Donald, Vol IV
Franks, Kenny Arthur, Vol I
Gigger, Helen C., Vol IV
Hardeman, Carole Hall, Vol I
May, Jude Thomas, Vol I
Smith, Dennis P., Vol I

Shawnee
Hall, Larry Joe, Vol II
Roberts, Victor William, Vol IV

Stillwater
Anderson, Eric Gary, Vol II
Austin, Linda, Vol II
Baird, William David, Vol I
Batteiger, Richard P., Vol II
Berkeley, David Shelley, Vol II
Broadhead, Glenn J., Vol II
Brown, Robert, Vol III
Byrnes, Joseph Francis, Vol I
Cain, James, Vol IV
Converse, Hyla Stuntz, Vol I
Cordova, Carlos E., Vol I
Decker, William, Vol II
Evenson, Brian, Vol II
Fischer, Leroy Henry, Vol I
Fitz, Brewster, Vol III
Grubgeld, Elizabeth, Vol II
Halleck, Gene B., Vol III
Jewsbury, George Frederick, Vol III
Lawry, Edward George, Vol IV
Leavell, Linda, Vol I
Leff, Leonard J., Vol IV
Lewis, Lisa, Vol II
Luebke, Neil Robert, Vol IV
Mayer, Robert, Vol II
Moder, Carol Lynn, Vol III
Rohrs, Richard Carlton, Vol I
Rollins, Peter, Vol II
Schrader, Dorothy Lynne, Vol III
Scott, Walter Gaylord, Vol IV
Sirhandi, Marcella, Vol I
Smallwood, James Milton, Vol I
Smith, Michael Myrle, Vol I
Stout, Joseph Allen, Vol III
Sylvester, John Andrew, Vol I
Walker, Jeffrey, Vol II
Walker, Jeffrey, Vol II
Walkiewicz, Edward P., Vol II
Wallen, Martin, Vol II
Warren, Thomas, Vol II

Tahlequah
Corbett, William P., Vol I
Owen, Christopher H., Vol I
Sharp, Mike, Vol I

Tinker AFB
Barnhill, John Herschel, Vol I

Tulsa
Belasco, Susan, Vol II
Blankemeyer, Kenneth Joseph, Vol IV
Brown, Paul Llewellyn, Vol IV
Buckley, Thomas Hugh, Vol I
Epstein, David M., Vol I
Goodwin, James Osby, Vol IV
Mansfield, Mecklin Robert, Vol IV
Rutland, Robert Allen, Vol I
Sloan, Tod Stratton, Vol I
Smith, Dennis E., Vol IV
Stromberg, Peter G., Vol I
Tabbernee, William, Vol I
Taylor, Gordon Overton, Vol II
Thorpe, Samuel, Vol IV
Udwin, Victor, Vol III
Vance, Donald Richard, Vol IV
Watson, James Gray, Vol II
Weathers, Winston, Vol II
Will, W. Marvin, Vol I

Weatherford
Jones, Robin A., Vol II
Lackey, Robert Sam, Vol III
Nadel, Stanley, Vol I
Nadel, Stanley, Vol I

OREGON

Corvallis
Ahearn, Kerry, Vol II
Anderson, Chris, Vol II
Barbour, Richmond, Vol II
Campbell, Courtney S., Vol IV
Campbell, Elizabeth, Vol II
Carroll, Carleton Warren, Vol III
Chamberlain, Gordon Blanding, Vol I
Clinton, Richard Lee, Vol I
Collins, Vicki, Vol I
Copek, Peter Joseph, Vol II

Daniels, Richard, Vol II
Daugherty, Tracy, Vol II
Davison, Neil, Vol II
Dean Moore, Kathleen, Vol IV
Ede, Lisa, Vol II
Farber, Paul L., Vol I
Ferngren, Gary Burt, Vol I
Frank, Robert, Vol II
Helle, Anita, Vol II
Hosoi, Y. Tim, Vol I
Johnson, Simon, Vol I
Kesler, Linc, Vol III
Leeson, Ted, Vol II
Leibowitz, Flora L., Vol IV
Lewis, Jon, Vol II
List, Peter C., Vol IV
Mcclintock, Thomas Coshow, Vol I
Moore, Kathleen Dean, Vol IV
Nye, Mary Jo, Vol I
Oriard, Michael, Vol II
Ramsey, Jeff, Vol I
Rice, Laura, Vol III
Robbins, William Grover, Vol I
Roberts, Lani, Vol IV
Robinson, David, Vol II
Scanlan, Michael, Vol IV
Schwartz, Robert Barnett, Vol II
Uzgalis, William, Vol IV
Wess, Robert, Vol II

Eugene
Bergquist, Peter, Vol I
Bingham, Edwin Ralph, Vol I
Birn, Raymond F., Vol I
Boren, James Lewis, Vol II
Brown, James Dale, Vol II
Brownmiller, Sara N., Vol I
Coleman, Edwin Leon, II, Vol II
Connolly, Thomas J., Vol I
Desroches, Richard Henry, Vol III
Dumond, D.E., Vol I
Epple, Juan Armando, Vol III
Esherick, Joseph Wharton, Vol I
Forell, Caroline, Vol IV
Frank, David A., Vol II
Gontrum, Peter B., Vol III
Grudin, Robert, Vol II
Hart, Thomas Roy, Vol III
Hildreth, Richard George, Vol IV
Holbo, Paul S., Vol I
Kohl, Stephen William, Vol III
Love, Glen A., Vol II
Lowenstam, Steven, Vol I
Mate, Mavis, Vol I
McLucas, Anne Dhu, Vol I
Mohr, James Crail, Vol I
Nicholls, Roger Archibald, Vol III
Pascal, Cecil Bennett, Vol I
Plant, Helmut R., Vol III
Pope, Daniel, Vol I
Porter, Samuel C., Vol IV
Sanders, Jack Thomas, Vol IV
Sheets-Johnstone, Maxine, Vol IV
Taylor, Donald Stewart, Vol II
Taylor, Quintard, Jr., Vol I
Tossa, Wajuppa, Vol II
Wade, Louise Carroll, Vol I
Westling, Louise Hutchings, Vol II
Wickes, George, Vol II
Wojcik, Daniel, Vol II

Forest Grove
Marenco, Marc, Vol IV

Gresham
Alexander, Ralph H., Vol IV

Hammond
Lambert, J. Karel, Vol IV

La Grande
Patterson, Joby, Vol I

McMinnville
Konick, Steve, Vol II

Medford
Barret, Harold, Vol II
Dunaway, David King, Vol II
Wells, Donald A., Vol IV

Monmouth
Baker, Robert Samuel, Vol II
Cannon, Dale W., Vol IV
Cotroneo, Ross Ralph, Vol I
Perlman, Mark, Vol IV
Sil, Narasingha P., Vol II

Soldati, Joseph Arthur, Vol II

Newberg
Beebe, Ralph Kenneth, Vol I
Bufford, Rodger K., Vol I
Nash, Lee, Vol I
Newell, Roger, Vol IV
Oropeza, B.J., Vol IV

Portland
Abbott, Carl, Vol I
Balcomb, Raymond, Vol IV
Beckham, Stephen Dow, Vol I
Bernstine, Daniel O., Vol IV
Blumm, Micahel C., Vol IV
Borg, Marcus J., Vol IV
Brown, John E., Vol II
Butler, Leslie, Vol I
Callahan, John Francis, Vol II
Carafiol, Peter, Vol II
Cook, Jonathan A., Vol IV
Cooper, John Rex, Vol II
Covert, James Thayne, Vol I
Cox, Chana B., Vol IV
Danner, Dan Gordon, Vol IV
Dempsey, Carol J., Vol IV
Dmytryshyn, Basil, Vol I
Dodds, Gordon B., Vol I
Donkel, Douglas L., Vol IV
Duboff, Leonard David, Vol IV
Engelhardt, Klaus Heinrich,
    Vol III
Faller, Thompson Mason, Vol IV
Flori, Monica Roy, Vol I
Fortier, Jan M., Vol II
Foulk, Gary J., Vol IV
Garland, Michael John, Vol IV
Gauthier, Jeff, Vol IV
Giarelli, Andrew, Vol II
Gradin, Sherrie L., Vol II
Hancock, Virginia, Vol I
Havas, Randall E., Vol IV
Heath, Jim Frank, Vol I
Heflin, John F., Vol I
Henry, Samuel Dudley, Vol I
Horowitz, David A., Vol I
Hunt, Steven B., Vol II
Johnnson, Thomas F., Vol IV
Johnson, David Alan, Vol I
Jones, Shawn, Vol IV
Knapp, Robert Stanley, Vol II
Kristof, Jane, Vol I
Lass, Tris, Vol IV
Leguin, Charles A, Vol I
Linstone, Harold A., Vol I
Lubeck, Ray, Vol IV
Macias, Manuel Jato, Vol III
Mandaville, Jon Elliott, Vol I
Martin, Ernest L., Vol IV
Mayr, Franz Karl, Vol IV
Mazur, Dennis J., Vol IV
McGehee, Abby, Vol I
Morris, Thomas Dean, Vol I
Nicholson, Nigel, Vol I
Nunn, Frederick Mckinley, Vol I
Passell, Dan, Vol IV
Peck, William Dayton, Vol IV
Robertson, Teresa, Vol IV
Rohrbaugh, Richard L., Vol IV
Ross, Jamie, Vol IV
Rottschaefer, William Andrew,
    Vol IV
Savage, David William, Vol I
Sawaya, Francesca, Vol IV
Segel, Edward Barton, Vol I
Steinman, Lisa M., Vol II
Taylor, Sue, Vol I
Ward, Jean M., Vol II
Weikel, Ann, Vol I
West, Franklin Carl, Vol I
Wheeler, Rachel, Vol I
Willingham, William Floyd, Vol I
Zimmerman, Loretta Ellen, Vol I

Salem
Ackerman, Robert M., Vol I
Bartlett, Steven J., Vol IV
Cameron, David L., Vol IV
Carrasco, Gilbert P., Vol I
Eddings, Dennis Wayne, Vol II
Griffith, Gwendolyn, Vol IV
Hagedorn, Richard B., Vol IV
Isom, Dallas W., Vol IV
Lucas, Robert Harold, Vol I
Misner, Robert L., Vol IV
Nafziger, James A.R., Vol IV
Richardson, Dean M., Vol I
Runkel, Ross R., Vol IV
Standen, Jeffery A., Vol IV

Tornquist, Leroy J., Vol IV
Vollmar, Valerie J., Vol IV

Spray
Fussner, Frank Smith, Vol I

St. Benedict
McHatten, Mary Timothy, Vol IV

PENNSYLVANIA

Abington
Cintas, Pierre Francois Diego,
    Vol III
Isser, Natalie K., Vol I

Allentown
Kipa, Albert Alexander, Vol III
Malsberger, John William, Vol I
McCracken Fletcher, LuAnn,
    Vol II
Meade, E.M., Vol IV
Pulham, Carol Ann, Vol I
Pychinka, C.A. Prettiman, Vol II
Reed, John Julius, Vol I
Shaw, Barton Carr, Vol I
Vos, Nelvin Leroy, Vol II
Wilson, Daniel Joseph, Vol I

Altoona
Wolfe, Martin, Vol I

Ambler
Morse, Josiah Mitchell, Vol II

Ambridge
Whitacre, Rodney A., Vol IV

Annville
Heffner, John Howard, Vol IV

Ardmore
Abdelrahim-Soboleva, Valentina,
    Vol III
Bober, Phyllis Pray, Vol I
Kline, George Louis, Vol IV

Bala-Cynwyd
Keefe, Thomas M., Vol I
Murphey, Murray Griffin, Vol I
Webb, Gisela, Vol III

Barracks Carlisle
Deutsch, Harold Charles, Vol I

Beaver Falls
Copeland, Robert M., Vol I
Watt, Jonathan M., Vol III
Wollman, David Harris, Vol I

Bethlehem
Aronson, Jay Richard, Vol IV
Baehr, Amy R., Vol IV
Baylor, Michael G., Vol I
Beidler, Peter Grant, Vol II
Cooper, Gail, Vol I
Cutcliffe, Stephen Hosmer, Vol I
Fifer, Elizabeth, Vol III
Girardot, Norman J., Vol I
Goldman, Steven, Vol I
Jitendra, Asha, Vol II
Kohls, Winfred A., Vol I
Lewis, David Wilfrid Paul, Vol III
Lindgren, John Ralph, Vol IV
Loengard, Janet Senderowitz,
    Vol I
Peters, Tom F., Vol I
Phillips, C. Robert, III, Vol I
Radycki, Diane, Vol I
Remer, Rosalind, Vol I
Saeger, James Schofield, Vol I
Schwartz, Eli, Vol I
Scott, William R., Vol I
Shade, William G., Vol I
Simon, Roger David, Vol I
Smith, John K., Jr., Vol I
Soderlund, Jean R., Vol I
Stinson, Robert William, Vol I
Straumanis, Joan, Vol IV
Vickrey, John Frederick, Vol III
Weiss, Roslyn, Vol IV

Bloomsburg
Baillie, William Mayan, Vol II
Bertelsen, Dale A., Vol II

Brasch, Walter Milton, Vol III
Bryan, Jesse A., Vol I
Fuller, Lawrence Benedict, Vol II
Hales, Steven, Vol IV
Hickey, Michael C., Vol I
Smiley, Ralph, Vol I
Smith, Riley Blake, Vol II

Bradford
Frederick, Richard G., Vol I

Bryn Athyn
Gladish, Robert Willis, Vol II

Bryn Mawr
Banziger, Hans, Vol III
Bernstein, Carol L., Vol II
Brand, Charles Macy, Vol I
Burlin, Robert B., Vol II
Cast, David Jesse Dale, Vol I
Cohen, Jeffrey A., Vol I
Dean, Susan Day, Vol II
Dersofi, Nancy, Vol III
Dickerson, Gregory Weimer, Vol I
Dorian, Nancy Currier, Vol III
Dostal, Robert J., Vol IV
Dudden, Arthur Power, Vol I
Duska, Ronald F., Vol IV
Eiteljorg, Harrison, II, Vol I
Gaisser, Julia Haig, Vol I
Hamilton, Richard, Vol I
Kramer, Joseph Elliot, Vol II
Krausz, Michael, Vol IV
Lane, Barbara Miller, Vol I
Lang, Mabel Louise, Vol I
Lassek, Yun Ja, Vol IV
Lichtenberg, Phillip, Vol I
Maurin, Mario, Vol III
Mellink, Machteld Johanna, Vol I
Prialkowski, Kristoff, Vol IV
Ridgway, Brunilde (Sismondto),
    Vol I
Salmon, John Hearsey Mcmillan,
    Vol I
Silvera, Alain, Vol I

Butler
Weisberger, William, Vol I

California
Folmar, John Kent, Vol I
Korcheck, Robert, Vol II
Murdick, William, Vol II
Pagen, Michele A., Vol II
Walsh, John H., Vol IV
Waterhouse, Carole, Vol II

Camp Hill
Wolf, George D., Vol I

Carlisle
Beverley Driver, Eddy, Vol III
Bullard, Truman, Vol I
Emery, Ted, Vol I
Garrett, Clarke W., Vol I
Jarvis, Charles Austin, Vol I
Johnston, Carol Ann, Vol II
Lockhart, Philip N., Vol I
Nichols, Ashton, Vol II
Pulcini, Theodore, Vol IV
Richter, Daniel K., Vol I
Roethke, Gisela, Vol III
Rosen, Kenneth Mark, Vol II
Schiffman, Joseph, Vol I
Shrader, Charles R., Vol I
Weinberger, Stephen, Vol I
Weissman, Neil Bruce, Vol I
Wilson, Blake, Vol I

Chambersburg
Buck, Harry Merwyn, Vol I
Platt, David S., Vol IV

Charlottesville
Cushman, Stephen B., Vol II

Chester
Clark, Michael, Vol II
Danford, Robert E., Vol II
LeStourgeon, Diana E., Vol II
Melzi, Robert C., Vol III
Wrobel, David M., Vol I

Cheyney
McCummings, LeVerne, Vol I

Clarion
Bartkowiak, Julia, Vol IV

Clarks Summit
Lawlor, John I., Vol IV
Stallard, Michael D., Vol IV

Collegeville
Akin, William Ernest, Vol I
Clark, Hugh R., Vol I
Clouser, Robin A., Vol III
Decatur, Louis Aubrey, Vol II
Hemphill, C. Dallett, Vol I
King, Richard D., Vol I
Visser, Derk, Vol I

Conshohocken
West, C. S'thembile, Vol I

Coopersburg
Eckardt, Alice Lyons, Vol I

Cranberry Twp
Cayard, W.W., Vol IV

Dallas
Blanchard, Scott, Vol II
Forslund, Catherine, Vol I
Johnson, Jeffrey, Vol II
Painter, Mark A., Vol IV

Devon
Wilson, Victor M., Vol IV

Doylestown
Bittner Wiseman, Mary, Vol IV
Corbett, Janice, Vol III
Dimond, Roberta R., Vol II
Kuehl, Linda Kandel, Vol II
Schmidt, Jack, Vol II
Williamson, William B., Vol IV

Du Bois
Evans, Dale Wilt, Vol IV

Dunmore
Daniels, Marilyn, Vol III
Smith, Gayle Leppin, Vol III

East Stroudsburg
Ahumada, Alfredo, Vol III
Ayers, James R., Vol I
Donaghay, Marie, Vol I
Henwood, James N.J., Vol I
Jarvis, Joseph Anthony, Vol I
Mercado, Juan Carlos, Vol I
Meyers, Ronald J., Vol II
Weatherston, Martin, Vol IV

Easton
Bechtel, Lyn, Vol IV
Cap, Jean-Pierre, Vol III
Cooke, Jacob Ernest, Vol I
Lusardi, James P., Vol II
Mattison, Robert S., Vol I
Pribic, Rado, Vol III
Woolley, James, Vol II
Ziolkowski, Eric Jozef, Vol IV

Edinboro
Drane, James Francis, Vol IV
Hoffman, Donald Stone, Vol I
Howell, Allen C., Vol I
Stennis-Williams, Shirley, Vol I

Elizabethtown
Winpenny, Thomas Reese, Vol I

Elkins Park
Melchionne, Kevin, Vol IV
Murphy, Laurence Lyons, Vol III
Vogel, Morris J, Vol I

Ellwood City
Lambert, Lynda J., Vol I

Emmaus
Wainwright, Sue, Vol IV

Erie
Adovasio, J.M., Vol I
Baldwin, Dean, Vol II
Frankforter, Albertus Daniel, Vol I
Loss, Archie Krug, Vol II
Minot, Walter S., Vol II
Upton, Thomas Vernon, Vol IV

Fayetteville
Ross, Marilyn A., Vol I

Fleetwood
Lucas, Raymond E., Vol IV

Gettysburg
Birkner, Michael J., Vol I
Crowner, David L., Vol I
Fredrickson, Robert Stewart,
    Vol II
Gritsch, Eric W., Vol I
Ritterson, Michael, Vol III
Shannon, Timothy J., Vol I
Winans, Robert B., Vol II

Glenside
Bracy, William, Vol II
Thompson, George, Jr., Vol I

Grantham
Davis, Edward B., Vol I
Kraybill, Donald B., Vol I
Sider, E. Morris, Vol I

Greensburg
Grammer, Michael B., Vol IV
Spurlock, John C., Vol I
Toler, Colette, Vol II

Greenville
Peterson, Greg, Vol IV

Grove City
Arnold, Edwin P., Vol II
Bowne, Dale Russell, Vol IV
Kring, Hilda Adam, Vol II
Trammell, Richard Louis, Vol IV

Gwynedd Valley
Duclow, Donald F., Vol II

Hanover
Capps, Jack L., Vol II

Harrisburg
Waddell, Louis Morton, Vol I
Wood, Bryant G., Vol III
Woods, Willie G., Vol II

Hatboro
Conn, Marie A., Vol IV

Hatfield
Newman, Robert Chapman,
    Vol IV
Vannoy, J. Robert, Vol IV

Haverford
Anyinefa, Koffi, Vol III
Bronner, Edwin Blaine, Vol I
Dillon, Clarissa F., Vol I
Gangadean, Ashok Kumar, Vol IV
Gillis, Daniel J., Vol I
Lane, Roger, Vol I
McGuire, Anne, Vol IV
McGuire, Anne M., Vol IV
Mckenna, John William, Vol I
Russo, Joseph Anthony, Vol I

Havertown
Griffith, Sally F., Vol I
Liechty, Daniel, Vol IV

Hazelton
Price, Alan, Vol II

Hazleton
Aurand, Harold Wilson, Vol I
Brown, Kenneth, Vol IV

Hershey
Clouser, Karl Danner, Vol IV

Huntingdon
Doyle, Esther M., Vol II
Nieto, Jose Constantino, Vol I

Immaculata
Bonfini, Marie Roseanne IHM,
    Vol III

Indiana
Ault, C. Thomas, Vol II
Cashdollar, Charles David, Vol I
Ferro, Trenton R., Vol I
Goodrich, Thomas Day, Vol I
Marcus, Irwin Murray, Vol I
Montgomery, Sharon Burke,
    Vol IV

Schaub, R. Thomas, Vol IV
Slater, Thomas J., Vol II
Smith, W. Wayne, Vol I

Johnstown
Sedlar, Jean Whitenack, Vol I

Kennett Square
Angell, Richard B., Vol IV

Kittanning
Shafer, Ronald G., Vol II

Kutztown
Back, Allan, Vol IV
Craig, Charlotte Marie, Vol III
Nigro, August John, Vol II
Paulson, Michael G., Vol III

La Plume
Elliott, Carolyn S., Vol I
Wheeler, Wayne R., Vol II

Lancaster
Andrew, John Alfred, Vol I
Aronowicz, Annette, Vol IV
Farber, Jay Joel, Vol I
Freeman, Donald Dale, Vol IV
Galis, Leon, Vol IV
Grushow, Ira, Vol II
Hartley, Loyde Hobart, Vol IV
Hopkins, Thomas J., Vol IV
Jeannet, Angela Maria, Vol III
Martin, Joel, Vol IV
Pearson, Edward, Vol I
Pinsker, Sanford, Vol II
Proffitt, Anabel C., Vol IV
Schuyler, David, Vol I
Schuyler, David, Vol I
Sentilles, Renee M., Vol I
Spender, Robert D., Vol IV
Steinbrink, Jeffrey, Vol II
Stevenson, Louise L., Vol I
Wank, Solomon, Vol I

Laporte
Ferguson, James Wilson, Vol I

Latrobe
Maloney, Elliott Charles, Vol IV
Miranda de Almeida, Rogerior, Vol IV

Lewisberg
Keen, J. Ernest, Vol I

Lewisburg
Baumwoll, Dennis, Vol II
Beard, Robert Earl, Vol III
Fell, Joseph Phineas, Vol IV
Grim, John A., Vol I
Holzberger, William George, Vol II
Huffines, Marion Lois, Vol III
Little, Daniel E., Vol IV
Martin, Francis David, Vol IV
Padilla, Mark, Vol II
Payne, Michael, Vol II
Sturm, Douglas Earl, Vol IV
Tucker, Mary Evelyn, Vol I
Verbrugge, Martha Helen, Vol I

Lincoln University
Maazaoui, Abbes, Vol III
Muzorewa, Gwinyal, Vol IV
Rodgers, Joseph James, Jr., Vol III
Rowe, Patsy Baxter, Vol I
Willis, Gladys January, Vol II

Lock Haven
Coltrane, Robert, Vol II
Congdon, Howard Krebs, Vol IV
Hybels, Saundra, Vol II
Jenkins, Charles M., Vol II
Jones, Laird, Vol I
Whitman Hoff, Joan, Vol IV

Loretto
McKale, Michael, Vol IV
Neeley, G. Steven, Vol IV

Lumberville
Fallon, Robert Thomas, Vol II

Malvern
Kelley, John T., Vol I
Kelley, Kathleen Alita, Vol III

Mansfield
Gertzman, Jay Albert, Vol II
Hindman, Kathleen Behrenbruch, Vol II
Uffelman, Larry Kent, Vol II

Marion Center
Herman, Robert M., Vol IV

Meadowbrook
Boni, Sylvain, Vol IV

Meadville
Carr, Amelia J., Vol I
Helmreich, Jonathan Ernst, Vol I
Miller, David, Vol I
Nesset, Kirk, Vol II
Olson, Carl, Vol IV
Ozorak, Elizabeth Weiss, Vol I
Thorson, Connie C., Vol II
Treckel, Paula Ann, Vol I
Turk, Richard Wellington, Vol I
Zolbrod, Paul Geyer, Vol II

Mechanicsburg
Stanley, John E., Vol IV

Media
Carlson, Robert E., Vol I
Cimbala, Stephen J., Vol I
Clement, Priscilla Ferguson, Vol I
Franz, George W., Vol I
McMullen, Wayne J., Vol II
Sorkin, Adam J., Vol III

Merion Station
Fox, Frank, Vol I

Middletown
Bronner, Simon J., Vol I
Bruhn, John Glyndon, Vol I
Graham, Theodora Rapp, Vol II
Tischler, Nancy Marie, Vol II

Mill Hall
Shaw, Daniel, Vol IV

Millersville
Bremer, Francis John, Vol I
Clark, Linda Loeb, Vol I
Downey, Dennis B., Vol I
Duncan, Bonnie I., Vol II
Hopkins, Leroy Taft, Jr., Vol II
Oppenheimer, Fred E., Vol III
Schneller, Beverly, Vol II
Shields, Kenneth, Vol II
Skitter, Hans Gunter, Vol III
Thornton, John K., Vol I
Tirado, Thomas C., Vol I

Minersville
Walters, Glen D., Vol IV

Moscow
Ekeya, Bette J., Vol IV

Narberth
Phillips, Craig A., Vol IV

Narbeth
Bizzarro, Tina W., Vol I

New Wilmington
Botzenhart-Viehe, Verena, Vol I
Bove, Carol Mastrangelo, Vol III
Garrison, Roman, Vol I
Heinz, Vira L., Vol I
Macky, Nancy, Vol II
Martin, Russell E., Vol I
McTaggart, William, Vol II
Perkins, James Ashbrook, Vol II
Pitman, Grover A., Vol I
Rennie, Bryan S., Vol I
Sprow, Richard, Vol II
Swerdlow, David G., Vol II
Turner, James Hilton, Vol I
VanDale, Robert, Vol IV

Newtown
Bursk, Christopher, Vol II
Eyer, Diane E., Vol I

North Huntington
Lau, Sue, Vol IV

Ono
Shearer, Rodney H., Vol IV

Oreland
Lyons, Joseph, Vol I

Palmyra
Gates, Gary, Vol IV

Philadelphia
Allen, Roger Michael Ashley, Vol III
Alpert, Rebecca T., Vol IV
Asante, Molefi Kete, Vol IV
Axinn, Sidney, Vol IV
Azzolina, Davis S, Vol I
Baker, C. Edwin, Vol IV
Baker, Houston A., Vol IV
Barker, William Shirmer, II, Vol I
Beckman, Richard, Vol II
Bender, Ernest, Vol III
Benson, Morton, Vol III
Bentman, Raymond, Vol II
Bernstein, Lawrence F., Vol I
Betancourt, Philip Paul, Vol I
Blumenthal, Bernhardt George, Vol III
Bodde, Derk, Vol III
Bowman, Frank Paul, Vol III
Bregman, Lucy, Vol IV
Brevart, Francis B., Vol III
Brod, Harry, Vol IV
Brown, William H., III, Vol IV
Burch, Francis Floyd, Vol III
Burton, David Henry, Vol I
Butler, James Albert, Vol I
Cannon, Katie Geneva, Vol IV
Caplan, Arthur L., Vol IV
Cappella, Joseph N., Vol II
Cardona, George, Vol III
Carter, Edward C., II, Vol I
Cochran, Thomas Childs, Vol I
Cohen, Eileen Z., Vol II
Collier-Thomas, Bettye, Vol I
Conn, Harvie Maitland, Vol IV
Contosta, David Richard, Vol I
Cotter, John Lambert, Vol I
Crane, Diana, Vol I
Curran, Stuart Alan, Vol II
Cutler III, William W., Vol I
Davidson, Abraham A, Vol I
Davis, Allen Freeman, Vol I
Davis, Daniel Clair, Vol I
DeLaura, David Joseph, Vol II
DeLong, David G., Vol I
Dodds, Dennis R., Vol I
Donahue, Thomas John, Vol III
Dougherty, James E., Vol IV
Dunn, Richard Slator, Vol I
Dunning, Stephen Northrop, Vol IV
Dyson, Robert Harris, Jr., Vol I
Earle, Peter G., Vol III
Edgar, William, Vol IV
Engs, Robert Francis, Vol I
Enns, Peter, Vol III
Ershkowitz, Herbert J., Vol I
Fair, Theopolis, Vol I
Faust, Drew Gilpin, Vol I
Feeney, Joseph John, Vol II
Ferere, Gerard Alphonse, Vol I
Fittipaldi, Silvio Edward, Vol IV
Fox, Lawrence J., Vol I
Freeman, Donald Cary, Vol III
Friedman, Murray, Vol I
Frye, Roland Mushat, Vol II
Fuller, George Cain, Vol IV
Fusco, Richard, Vol II
Gaeffke, Peter, Vol III
Gaffin, Richard Birch, Jr., Vol IV
Garr, W. Randall, Vol III
Gaull, Marilyn, Vol II
Genovesi, Vincent Joseph, Vol IV
Gilman, Owen W., Vol II
Glazier, Ira Albert, Vol I
Good, Irene Lee, Vol I
Graham, A. John, Vol I
Grunfeld, Joseph, Vol IV
Guinier, Carol Lani, Vol IV
Haller, Mark Hughlin, Vol I
Harris, P.M.G., Vol I
Hart, Darryl Glenn, Vol I
Harty, Kevin John, Vol II
Hatfield, Gary C., Vol IV
Herz, Julius Michael, Vol III
Hilty, James, Vol I
Hiz, Henry, Vol III
Hoenigswald, Henry M., Vol III
Hoffman, Daniel, Vol II
Hughes, Robert G., Vol II
Hughes, Thomas Parke, Vol I
Hunt, John Dixon, Vol II

Hurd, Heidi M., Vol IV
Inyamah, Nathaniel Ginikanwa N., Vol IV
Jackson, Arlene M., Vol II
Jenemann, Albert Harry, Vol IV
Kahn, Charles H., Vol I
Karcher, Carolyn Lury, Vol II
Katz, Michael B., Vol I
Kay, Gersil Newmark, Vol IV
Kennedy, William Thomas, Jr., Vol IV
Kerlin, Michael J., Vol IV
Kors, Alan Charles, Vol I
Korshin, Paul J., Vol II
Kraft, Robert Alan, Vol I
Krahmer, Shawn Madison, Vol IV
Krey, Philip D.W., Vol I
Kuklick, Bruce, Vol I
Kumar, Rahul, Vol IV
Kunreuther, Howard, Vol I
Kusmer, Kenneth L., Vol I
Lathrop, Gordon W., Vol IV
Lebofsky, Dennis Stanley, Vol III
Lees, Lynn Hollen, Vol I
Leichty, Erle Verdun, Vol I
Lent, John Anthony, Vol II
Letzring, Monica, Vol II
Levitt, Morton Paul, Vol II
Lieberman, Stephen Jacob, Vol I
Linehan, Elizabeth Ann, Vol IV
Lisker, Leigh, Vol III
Lloyd, Paul M., Vol III
Logan, Samuel Talbot, Jr., Vol I
Lombardi, Joseph L., Vol IV
Lopez, Ignacio Javier, Vol III
Lucid, Robert Francis, Vol II
Lyons, Timothy James, Vol II
Mair, Victor H., Vol III
Mall, Rita Sparrow, Vol III
Marcus, Milicent, Vol III
Margolis, Joseph, Vol IV
Marzik, Thomas David, Vol I
Matter, Edith Ann, Vol I
McCarthy, John Aloysius, Vol III
McCartney, Dan Gale, Vol IV
McCoubrey, John W., Vol I
McGovern, Patrick E., Vol I
Mcgrew, Roderick Erle, Vol I
Meister, Michael William, Vol I
Mellen, Joan, Vol II
Meyer, Leonard B., Vol I
Miller, Douglas James, Vol IV
Miller, Naomi F., Vol I
Miller, Randall Martin, Vol I
Morris, Francis J., Vol II
Moss, Roger W., Vol IV
Myrick, Howard A., Jr., Vol IV
Naquin, Susan, Vol I
Nichols, P.M, Vol IV
Norberg, Peter, Vol II
O'Donnell, James Joseph, Vol I
Ohline, Howard Albert, Vol I
Oliphint, K. Scott, Vol IV
Ortiz, Manuel, Vol IV
Orts, Eric W., Vol IV
Paglia, Camille, Vol II
Parker, Jo Alyson, Vol II
Paulo, Craig N., Vol IV
Perkins, Dorothy, Vol IV
Perry, Constance K., Vol IV
Peters, Edward Murray, Vol I
Pipes, Daniel, Vol I
Pollak, Louis Heilprin, Vol IV
Porter, Abioseh Michael, Vol III
Poythress, Vern S., Vol IV
Prince, Gerald, Vol III
Rainey, Penelope, Vol I
Rajashekar, J. Paul, Vol IV
Rakus, Daniel T., Vol IV
Regueiro, Jose Miguel, Vol III
Reitz, Curtis R., Vol IV
Reumann, John Henry Paul, Vol IV
Ricketts, Thomas G., Vol IV
Rosnow, Ralph Leon, Vol I
Rossi, John P., Vol I
Roulin, Jean-Marie, Vol III
Rouse, Donald E., Vol I
Rudnytzky, Leonid, Vol III
Rusch, Scott M., Vol I
Schmandt, Raymond Henry, Vol I
Schuyler, Robert L., Vol I
Sebold, Russell Perry, Vol III
Sergeev, Mikhail Yu, Vol IV
Silk, Gerald, Vol I
Simpson, Stephen Whittington, Vol IV
Sivin, Nathan, Vol I
Smith, Mark Stratton, Vol III

Smith, Philip Chadwick Foster, Vol I
Solomon, P., Vol I
Soven, Margot, Vol II
Steinberg, Leo, Vol I
Steiner, Wendy Lois, Vol II
Steinhardt, Nancy Shatzman, Vol I
Stieb, James, Vol II
Stoeffler, Fred Ernest, Vol IV
Stow, George Buckley, Vol I
Striker, Cecil Leopold, Vol I
Summers, Clyde W., Vol IV
Swidler, Leonard, Vol IV
Tasch, Peter Anthony, Vol II
Thomas, Ruth Paula, Vol III
Tigay, Jeffrey Howard, Vol IV
Trachtenberg, Marc, Vol I
Traupman, John Charles, Vol I
Trommler, Frank Alfred, Vol III
Trulear, Harold Dean, Vol IV
Turner, Robert Y., Vol I
Turow, Joseph G., Vol II
Turow, Judith G., Vol II
Vision, Gerald, Vol IV
Wagner, Walter Hermann, Vol IV
Waldman, Glenys A., Vol III
Walker, Valaida Smith, Vol I
Wartluft, David J., Vol I
Watson, Jean, Vol I
Watson, Paul Fraser, Vol I
Watson, Wilbur H., Vol I
Weales, Gerald, Vol II
Weigley, Russell Frank, Vol I
Weinberg, Harold R., Vol IV
Welker, David Dale, Vol IV
Wendling, Ronald Charles, Vol II
Wengert, Timothy J., Vol I
Wenzel, Siegfried, Vol II
White, Donald, Vol I
Wilde, Alan, Vol II
Wolf, Eugene Kendrick, Vol I
Wolper, Roy S., Vol II
Yadav, Bibhuti S, Vol IV
Ziff, Larzer, Vol II
Zimmerman, Franklin B., Vol I
Zuckerman, Michael, Vol I

Phoenixville
Lukacs, John Adalbert, Vol I

Pittsburgh
Achenbaum, W. Andrew, Vol I
Al-Kasey, Tamara, Vol III
Allison, Dale C., Jr., Vol IV
Andrews, George Reid, Vol I
Anise, Ladun Oladunjoye E., Vol I
Ashliman, D.L., Vol III
Avery, Harry Costas, Vol I
Baldwin, Cynthia A., Vol IV
Bart, Benjamin Franklin, Vol III
Biggs, Shirley Ann, Vol I
Blee, K.M., Vol I
Brandom, Robert D., Vol IV
Brockmann, Stephen, Vol II
Byrnes, John, Vol IV
Calian, Carnegie Samuel, Vol IV
Carr, Stephen Leo, Vol II
Carrier, David, Vol IV
Castellano, Charlene, Vol I
Cavalier, Robert, Vol IV
Chase, William John, Vol I
Clack, Jerry, Vol I
Clothey, Frederick Wilson, Vol I
Colecchia, Frances, Vol III
Conley, John A., Vol IV
Curran, Vivian, Vol IV
Custer, John S., Vol IV
Dana, Marie Immaculee, Vol III
Davis, Nathan I., Vol I
Dekeyser, R.M., Vol II
Downing, David, Vol II
Drescher, Seymour, Vol I
Dworkin y Mendez, Kenya C., Vol III
Edwards, Clark, Vol II
Eskridge, John Clarence, Vol IV
Feldman, Heidi M., Vol III
Flower, Linda S., Vol II
Floyd, Edwin Douglas, Vol I
Franco, Abel B., Vol IV
Freed, Barbara, Vol III
Frey, Herschel J., Vol I
Gaichas, Lawrence Edward, Vol I
Gill, Mary Louise, Vol I
Glasco, Laurence A., Vol I
Gounaridou, Kiki, Vol II
Gowan, Donald E., Vol IV
Green, Anne, Vol III
Greenwald, Maurine Weiner, Vol I

Groch, John R., Vol II
Grunbaum, Adolf, Vol IV
Hall, Van Beck, Vol I
Hallstein, Christian W., Vol III
Hamilton, Carol, Vol III
Hammond, Paul Y., Vol I
Hanigan, James P., Vol IV
Hare, Douglas Robert Adams, Vol IV
Harris, Ann Sutherland, Vol I
Harris, Jane Gary, Vol III
Hart, John Augustine, Vol II
Hart, John Augustine, Vol II
Haugeland, John Christian, Vol IV
Hayes, Ann Louise, Vol II
Hays, Samuel Pfrimmer, Vol I
Helfand, Michael S., Vol II
Hopper, Paul, Vol II
Hsu, Cho-yun, Vol I
Jackson, Gordon Edmund, Vol IV
Jackson, Jared Judd, Vol IV
Jefferies, Charlotte S., Vol IV
Johnson, Justin Morris, Vol III
Jonas, Klaus Werner, Vol III
Jones, Christopher M., Vol III
Jones, Granville Hicks, Vol II
Jones, Nicholas Francis, Vol I
Jordan, Sandra D., Vol IV
Juffs, Alan, Vol III
Karsten, Peter, Vol I
Kaufer, David S., Vol II
Kealy, Sean P., Vol III
Kehl, James Arthur, Vol I
Kelly, David F., Vol IV
Knapp, James Franklin, Vol II
Knapp, Peggy Ann, Vol II
Koch, Philip, Vol III
Koda, Keiko, Vol III
Krause, Corinne Azen, Vol I
Labriola, Albert C., Vol II
Landy, Marcia, Vol II
Lennox, James Gordon, Vol I
Levy, Eugene Donald, Vol I
Lewis, Harold T., Vol IV
Linduff, Katheryn Mcallister, Vol I
Livezeanu, I., Vol I
Machamer, Peter Kennedy, Vol IV
Mackler, Aaron L., Vol IV
Markoff, John, Vol I
Massey, Gerald J., Vol IV
McIntyre, Moni, Vol IV
Mcshea, William Patrick, Vol I
Meisel, Alan, Vol I
Meltzer, Allan H., Vol I
Miller, Andrew M., Vol I
Miller, David William, Vol I
Mills, David Otis, Vol III
Muller, Edward K., Vol I
Nagin, Daniel S., Vol IV
Newman, Kathleen, Vol I
Newmyer, Stephen Thomas, Vol I
Oestreicher, Richard Jules, Vol I
Orbach, Alexander, Vol I
Parker, Lisa S., Vol I
Paulston, Christina Bratt, Vol III
Polansky, Ronald M., Vol IV
Polansky, Susan, Vol III
Porter, Curtiss E., Vol I
Preuss, Mary, Vol III
Rawski, Evelyn Sakakida, Vol I
Rescher, Nicholas, Vol IV
Richardson, Cordell, Vol I
Rockmore, Sylvie, Vol III
Root, Deane Leslie, Vol I
Salmon, Wesley Charles, Vol IV
Sandage, Scott A., Vol I
Schaub, Marilyn McNamara, Vol IV
Schlossman, Beryl, Vol III
Seidenfeld, Teddy, Vol IV
Seitz, James E., Vol II
Sheon, Aaron, Vol I
Shumway, David R., Vol II
Sieg, Wilfried, Vol IV
Sieg, William, Vol IV
Silenieks, Juris, Vol III
Sims, Harold Dana, Vol I
Slusser, Michael, Vol IV
Smethurst, Mae J., Vol I
Smethurst, Richard Jacob, Vol I
So, Sufumi, Vol III
St. Clair, Gloriana, Vol II
Stearns, Peter N., Vol I
Steinberg, Erwin Ray, Vol II
Stone, Ronald Henry, Vol IV
Straub, Kristina, Vol II
Sutton, Donald Sinclair, Vol I
Tarr, Joel A., Vol I

Taylor, G.H., Vol IV
Taylor, Jerome, Vol I
Thompson, William M., Vol III
Thurston, Bonnie Bowman, Vol II
Toker, Franklin K., Vol I
Tucker, Richard, Vol III
Vardy, Steven Bela, Vol I
Vardy, Steven Bela, Vol I
Walker, Janet L., Vol III
Wells, Jerome C., Vol I
West, Michael Davidson, Vol II
Wilkins, Ann Thomas, Vol I
Williams, John W., Vol I
Wilson, John Elbert, Vol I
Wion, Philip Kennedy, Vol II
Yaruss, J. Scott, Vol III
Young, Richard E., Vol II

Pittsburgh.
Lenz, William Ernest, Vol II

Port Carbon
Aurand, Harold, Jr., Vol I

Radnor
Halpern, Cynthia L., Vol III
Halpern, Cynthia Leone, Vol III
Primiano, Leonard Norman, Vol IV
Reher, Margaret Mary, Vol I

Reading
Barker, Jeffrey, Vol IV
Pawelski, James, Vol IV
Peemoeller, Helen C., Vol II
Stichler, Richard, Vol IV
Voigt, David Quentin, Vol I

Rosemont
Dmochowski, Henry W., Vol IV
Glass, Erlis, Vol III

Rydal
Huang, Siu Chi, Vol IV

Saint Davids
Boehne, Patricia Jeanne, Vol III

Saratoga Springs
Black, Brian C., Vol I

Sarver
Kasely, Terry S., Vol IV

Scranton
Casey, Ellen Miller, Vol II
Casey, Timothy, Vol IV
DeRitter, Jones, Vol II
Frein, Brigid C., Vol II
Friedman, Michael D., Vol II
Gougeon, Len Girard, Vol II
Gougeon, Leonard, Vol II
Homer, Francis Xavier James, Vol I
Hueston, Robert Francis, Vol I
Kamla, Thomas A., Vol III
Kennedy, Lawrence W., Vol I
Klonoski, R.J., Vol IV
Kopas, Jane, Vol IV
Ledford-Miller, Linda, Vol III
Mathews, Edward G., Vol IV
McGinley, John Willand, Vol IV
Parsons, Robert A., Vol III
Petrovic, Njegos M., Vol III
Sable, Thomas F., Vol IV
Williams, Bernard D, Vol I
Wilson, Joseph P., Vol III

Selinsgrove
Bohmbach, Karla G., Vol IV
Manning, Scott, Vol III
Mura, Karen E., Vol II
Whitman, Jeffrey P., Vol IV
Wilson, Rebecca A., Vol II

Shippensburg
Leighow, Susan, Vol I
Offner, John L., Vol I
Quist, John W., Vol I
Reber, Vera Blinn, Vol I
Rimby Meo, Susan, Vol I
Snow, George Edward, Vol I

Slippery Rock
Bass, Eben E., Vol II
Curry, Elizabeth Reichenbach, Vol II
Egan, Mary Joan, Vol II

Larsen, Allan W., Vol IV
Lasarenko, Jane, Vol II
McIlvaine, Robert Morton, Vol II
Nichols, John A., Vol I
Prorok, Carolyn, Vol I
Wilson, Bradley E., Vol I
Zinni, Hannah Case, Vol III

Southampton
Crofts, Daniel Wallace, Vol I

Springfield
Krych, Margaret A., Vol IV
Malsbary, Gerald Henry, Vol I

St. Davids
Bittenbender, J. Christopher, Vol II
Cary, Phillip, Vol IV
Cherry, Caroline Lockett, Vol II
Modica, Joseph Benjamin, Vol IV
Morgan, Betsy, Vol II

State College
Bell, Bernard W., Vol II
Betlyon, John Wilson, Vol III
Moses, Wilson J., Vol I
Pfaff, Daniel W., Vol II
Weigl, Bruce, Vol II

Swarthmore
Avery, George Costas, Vol III
Blackburn, Thomas, Vol II
Blake, J. Herman, Vol II
Chmielewski, Wendy E., Vol I
Cothren, Michael W., Vol I
Devin, Lee, Vol II
DuPlessis, Robert S., Vol I
Friend, Theodore W., Vol I
Frost, Jerry William, Vol I
Graybill, Maribeth, Vol I
Hungerford, Constance Cain, Vol I
Kitao, T. Kaori, Vol I
Marissen, Michael, Vol I
Meyer, Milton Wachsberg, Vol IV
Morgan, Kathryn L., Vol I
Moskos, George, Vol III
North, Helen Florence, Vol I
Oberdiek, Hans Fredrick, Vol IV
Ostwald, Martin, Vol I
Rose, Gilbert Paul, Vol I
Schmidt, Peter Jarrett, Vol II
Skelnar, Robert John, Vol I
St. George, Robert B., Vol I
Swearer, Donald K., Vol I
Weinstein, Philip Meyer, Vol II

Uniontown
Hovanec, Evelyn Ann, Vol II
Pluhar, Evelyn Begley, Vol IV
Pluhar, Werner S., Vol IV

Unionville
Grassie, William, Vol IV

University Park
Anderson, Douglas R., Vol IV
Astroff, Roberta J., Vol II
Begnal, Michael Henry, Vol II
Benson, Thomas W., Vol II
Bialostosky, Don, Vol II
Borza, Eugene N., Vol I
Bradford Smith, Elizabeth, Vol I
Brault, Gerard Joseph, Vol III
Brown, Ira Vernon, Vol I
Browning, Barton W., Vol III
Broyles, Michael, Vol I
Buckalew, Ronald Eugene, Vol II
Cheney, Patrick, Vol II
Clausen, Christopher, Vol II
Cross, Gary, Vol I
Curran, Brian A., Vol I
Cutler, Anthony, Vol I
Ebbitt, Wilma Robb, Vol II
Eckhardt, Caroline Davis, Vol II
Eggert, Gerald G., Vol I
Engel, David M., Vol I
Fearnow, Mark, Vol II
Fitz, Earl Eugene, Vol III
Fleming, Raymond Richard, Vol III
Frantz, John B., Vol I
Frautschi, Richard Lane, Vol III
Gentry, F.G., Vol III
Golany, Gideon S., Vol I
Goldschmidt, Arthur E., Jr., Vol I
Greenberg, Wendy, Vol III
Grossman, Kathryn Marie, Vol III

Hager, Hellmut, Vol I
Hale, Thomas Albert, Vol III
Halsey, Martha T., Vol III
Hogan, J. Michael, Vol II
Holmes, Charlotte A., Vol II
Hume, Kathryn, Vol II
Hume, Robert David, Vol II
Johnstone, Henry, Jr., Vol IV
Kiernan, Michael Terence, Vol II
Knight, Alan Edgar, Vol III
Knight, Isabel Frances, Vol I
Kochanek, Stanley Anthony, Vol I
Lacy, Norris J., Vol III
Lankewish, Vincent A., Vol II
Laporte, Robert, Jr., Vol I
Lingis, Alphonso, Vol IV
Lougy, Robert E., Vol II
Maddox, Robert James, Vol I
Makward, Christiane Perrin, Vol I
Meserole, Harrison Talbot, Vol II
Morrisson, Mark S., Vol II
Mulford, Carla, Vol II
Murray, Robert Keith, Vol I
Ng, On-cho, Vol I
Paternost, Joseph, Vol III
Peavler, Terry J., Vol III
Porter, Jeanne Chenault, Vol I
Prebish, Charles Stuart, Vol IV
Price, Robert George, Vol I
Robinson, Joyce H., Vol I
Rose, Paul L., Vol I
Ruggiero, Guido, Vol I
Russon, John Edward, Vol IV
Sallis, John C., Vol IV
Schmalstieg, William Riegel, Vol III
Scott, Charles, Vol IV
Scott, Susan C., Vol I
Secor, Robert Arnold, Vol II
Snow, D. R., Vol I
Vallega-Neu, Daniela, Vol IV
Walden, Daniel, Vol I
Walters, Elizabeth J., Vol I
Wanner, Adrian J., Vol III
Ward, Patricia Ann, Vol III
Weintraub, Stanley, Vol II
Weiss, Beno, Vol III
West, James L.W., Vol II
Willumson, Glenn Gardner, Vol I
Woodbridge, Linda, Vol II
Woodruff, Nan Elizabeth, Vol I
Zabel, Craig, Vol I
Ziegler, Vickie L., Vol III
Ziegler, Vickie Lynne, Vol III

Valley Forge
Van Broekhoven, Deborah, Vol I

Verona
Matthews, Jack, Vol II

Villanova
Abraham, Gerald, Vol IV
Anderson, Michelle J., Vol IV
Becker, Lewis, Vol IV
Bergquist, James Manning, Vol I
Bersoff, Donald N., Vol IV
Betz, Joseph M., Vol IV
Brakman, Sarah-Vaughan, Vol IV
Brogan, Doris DelTosto, Vol IV
Brogan, Walter A., Vol IV
Burke, Michael E., Vol I
Burt, Donald X., Vol IV
Busch, Thomas W., Vol IV
Cannon, John J., Vol IV
Caputo, John D., Vol IV
Carvalho, John, Vol IV
Cherry, Charles L., Vol II
Cohen, Arnold B., Vol IV
Colwell, Chauncey, Vol IV
Conn, Walter Eugene, Vol IV
Crabtree, Arthur Bamford, Vol IV
Cummings, Raymond L., Vol I
Dellapenna, Joseph W., Vol IV
Dobbyn, John Francis, Vol IV
Doody, John A., Vol IV
Doorley, Mark J., Vol IV
Edelman, Diane Penneys, Vol IV
Eigo, Francis Augustine, Vol IV
Fielder, John H., Vol IV
Flannery, Michael T., Vol IV
Gafni, Abraham J., Vol IV
Gallicchio, Marc S., Vol I
Goff, Edwin L., Vol IV
Gordon, Ruth E., Vol IV
Gotanda, John Yukio, Vol IV
Greene, Thomas R., Vol I
Heitzmann, William Ray, Vol I

Helmetag, Charles Hugh, Vol III
Hughes, Kevin L., Vol I
Hyson, John M., Vol II
Immerwahr, John, Vol IV
James, Marquita L., Vol IV
James, William, Vol IV
Johannes, John R., Vol I
Juliano, Ann Carey, Vol IV
Kelley, Donald B., Vol I
Lanctot, Catherine J., Vol IV
Llewellyn, Don W., Vol IV
Losoncy, Thomas A., Vol IV
Lurie, Howard R., Vol IV
Magid, Laurie, Vol IV
Major, April, Vol IV
Malik, Hafeez, Vol I
Maule, James Edward, Vol IV
McCartney, James J., Vol IV
Miles, Kevin Thomas, Vol IV
Mulroney, Michael, Vol IV
Murphy, John F., Vol IV
O'Brien, J. Willard, Vol I
Packel, Leonard, Vol IV
Paffenroth, Kim, Vol IV
Palm, Craig W., Vol IV
Perritt, Henry H., Jr., Vol IV
Pohlhaus, Gaile, Vol IV
Poulin, Anne Bowen, Vol IV
Prince, John R., Vol IV
Procko, Bohdan P, Vol I
Radan, George T., Vol I
Reilly, Bernard F, Vol I
Rothman, Frederick P., Vol IV
Schmidt, Dennis, Vol IV
Schoenfeld, Marcus, Vol IV
Scholz, Sally J., Vol IV
Sirico, Louis J., Jr., Vol IV
Taggart, Walter John, Vol IV
Termini, Roseann B., Vol IV
Thomas, Deborah Allen, Vol II
Turkington, Richard C., Vol IV
Vanallen, Rodger, Vol IV
Wall, Barbara E., Vol IV
Wertheimer, Ellen, Vol IV
Young, Ernest A., Vol IV

Wallingford
Nishimura-Jensen, Julie M., Vol I

Washington
Schrader, David E., Vol IV

Wayne
Hunt, John M., Jr., Vol I

Waynesburg
Glidden, Jock, Vol IV
Vernezze, Peter J., Vol IV

West Chester
Gutwirth, Madelyn, Vol III
Lavasseur, David G., Vol II
McNairy, Francine G., Vol I
Siegel, Peter E., Vol I
Soldon, Norbert C., Vol I
Webster, Richard J., Vol I

Wexford
Arnett, Ronald C., Vol II
Wangu, Madhu Bazaz, Vol IV

Wilkes-Barre
Amos, Mark A., Vol II
Bedford, Bonnie C., Vol III
Corgan, Margaret M., Vol III
Cox, Harold E., Vol I
Curran, Daniel John, Vol I
Fields, Darin E., Vol II
Hupchick, Dennis P., Vol I
Irwin, William T., Vol IV
Krawczeniuk, Joseph V., Vol III
McGrath, Michael J., Vol III
Napieralski, Edmund Anthony, Vol II
Stevens, Donald G., Vol I
Valletta, Clement Lawrence, Vol I

Williamsport
Golahny, Amy, Vol I
Griffith, Stephen R., Vol IV
Hughes, Richard Allan, Vol IV
Larson, Robert H., Vol I
Maples, Robert John Barrie, Vol III
Morris, Richard J., Vol I

Wyncote
Kamionkowski, Susan T., Vol IV
Staub, Jacob J., Vol IV

Wynnewood
Brauch, Manfred T., Vol IV
Keener, Craig S., Vol IV
Koch, Glenn A., Vol IV
Lammers Gross, Nancy, Vol II
McDaniel, Thomas F., Vol IV
Sider, Ronald J., Vol IV
Tomarchio, John, Vol IV

Yardley
Means, John B., Vol III

York
Abudu, Gabriel, Vol II
Barr, Jeanine R., Vol IV
Diener, Paul W., Vol IV
Jones, Edward T., Vol II
McGjee, James, Vol II
McKulik, Ben, Vol III
Medina, Cindy, Vol III
Siegel, Gerald, Vol II
Vause, Deborah, Vol II
Viser, Victor J., Vol II
Wessley, Stephen Eugene, Vol I

RHODE ISLAND

Adamsville
Lawrence, Elizabeth Atwood, Vol II

Bristol
Bogus, Carl T., Vol IV

Greenville
Kozikowski, Stanley John, Vol II

Jamestown
Wright, Harrison Morris, Vol I

Kingston
Briggs, J.M., Vol I
Cohen, Joel Alden, Vol I
Culatta, Barbara, Vol II
Findlay, James F., Jr., Vol I
Gullason, Thomas Arthur, Vol II
Gutchen, Robert M., Vol I
Hutton, Lewis J., Vol III
Jacobs, Dorothy Hieronymus, Vol II
Ketrow, Sandra M., Vol II
Klein, Maury, Vol I
Kovarsky, Dana, Vol III
Kunz, Don, Vol II
Ladewig, James L., Vol I
Maclaine, Allan Hugh, Vol II
Manteiga, Robert Charles, Vol III
Rogers, Kenneth Hall, Vol III
Strom, Sharon Hartman, Vol I
Thurston, Gary L., Vol I
Turnbaugh, William A., Vol I
Weisbord, Robert G., Vol I

Middletown
Demy, Timothy J., Vol IV

Narragansett
Boss, Judith A., Vol IV

Newport
Croke, Prudence Mary, Vol IV
Dimaio, Michael, Vol I

Providence
Ackerman, Felicia, Vol IV
Ahearn, Edward J., Vol III
Alexander, Jon, Vol I
Almeida, Onesimo, Vol IV
Barbour, Brian Michael, Vol II
Benedict, Philip Joseph, Vol I
Blasing, Mutlu Konuk, Vol II
Blumstein, Sheila Ellen, Vol III
Boegehold, Alan, Vol I
Branham, Joan R., Vol I
Brock, Dan W., Vol I
Brown, Peter B., Vol I
Chaika, Elaine, Vol II
Chaika, Elaine Ostrach, Vol III
Chambers, Timothy, Vol IV
Chudacoff, Howard Peter, Vol I
Conley, Patrick Thomas, Vol I

Coons, Dix Scott, Vol III
Crossgrove, William Charles, Vol III
Curran, Sonia Terrie, Vol II
Cvornyek, Bob, Vol I
D'Evelyn, Margaret M., Vol I
Davis, Robert Paul, Vol IV
Delasanta, Rodney, Vol II
Denniston, Dorothy L., Vol II
Devine, Philip E., Vol IV
Dreier, James, Vol IV
Dufour, Ron, Vol I
Dupree, Anderson Hunter, Vol I
Durand, Frank, Vol III
Estlund, David, Vol IV
Fido, Franco, Vol III
Fornara, Charles William, Vol I
Francis, Winthrop Nelson, Vol III
Frerichs, Ernest S., Vol IV
Gleason, Abbott, Vol I
Gordon-Seifert, Catherine, Vol I
Graubard, Stephen Richards, Vol I
Heath, Dwight Braley, Vol I
Hennedy, John Francis, Vol II
Hirsch, David Harry, Vol I
Holloway, Robert Ross, Vol I
Honig, Edwin, Vol II
Joukowsky, Martha Sharp, Vol I
Kahn, Coppelia, Vol II
Keating, James, Vol IV
Keefer, Donald R., Vol IV
Kellner, George, Vol I
Kertzer, David Israel, Vol I
Konstan, David, Vol I
Kucera, Henry, Vol III
Landow, George Paul, Vol II
Lemons, Stanley J., Vol I
Lesko, Leonard Henry, Vol I
Lieberman, Philip, Vol III
Litchfield, Robert Burr, Vol I
Lopes, William H., Vol I
Love, Frederick Rutan, Vol III
Marks, Sally Jean, Vol I
Monroe, William S., Vol I
Nadin, Mihai, Vol IV
Neu, Charles Eric, Vol I
Nwauwa, Apollos O., Vol I
Oldcorn, Anthony, Vol III
Olson, Jeanine, Vol I
Patterson, James Tyler, Vol I
Pucci, Joseph M., Vol III
Putnam, Michael C.J., Vol I
Raaflaub, Kurt A., Vol I
Reddy, Maureen T., Vol II
Reeder, John P., Vol IV
Regnister, Bernard, Vol IV
Rich, Norman, Vol I
Richards, Joan Livingston, Vol I
Robinson, William Henry, Vol II
Rosenberg, Bruce, Vol II
Scanlan, J.T., Vol II
Schapiro, Barbara, Vol II
Schmitt, Richard George, Vol IV
Schneider, Joanne, Vol I
Scholes, Robert, Vol I
Schulz, Anne Markham, Vol I
Schulz, Juergen, Vol I
Schuster, Leslie, Vol I
Scott, Daniel Marcellus, Vol III
Sosa, Ernest, Vol I
Spilka, Mark, Vol II
Stevens, Earl Eugene, Vol II
Stowers, Stanley Kent, Vol I
Swift, Carolyn Ruth, Vol II
Teng, Tony, Vol I
Terras, Victor, Vol III
Thomas, John Lovell, Vol I
Titon, Jeff Todd, Vol I
Twiss, Sumner Barnes, Vol IV
Van Cleve, James, Vol IV
Wilcox, Joel, Vol IV
Wilmeth, Don B., Vol II
Wood, Gordon Stewart, Vol I
Wyatt, William F., Vol I

Saunderstown
Handsman, Russell G., Vol I
Waters, Harold A., Vol III

Smithfield
Litoff, Judy Barrett, Vol I

South Kingston
Viles, Perry, Vol I

Wakefield
Coffin, Tristram Potter, Vol II

SOUTH CAROLINA

Aiken
Mack, S. Thomas, Vol II
Rich, John Stanley, Vol III
Roy, Emil L., Vol II
Smith, Wallace Calvin, Vol I

Central
Bross, James Beverley, Vol IV
Grant, H. Roger, Vol II
Marrus, Francine E., Vol II

Charleston
Addington, Larry H., Vol I
Barrett, Michael Baker, Vol I
Beck, Guy, Vol I
Clark, Malcolm Cameron, Vol I
Heisser, David C. R., Vol I
Holbein, Woodrow Lee, Vol II
Hutchisson, James M., Vol II
Leon, Philip Wheeler, Vol II
Leonard, James S., Vol II
Moore, Fred Henderson, Vol IV
Moore, Winfred B., Jr., Vol I
Sade, Robert, Vol IV
Shields, David S., Vol II

Clemson
Andreas, James, Vol II
Barfield, Rayford, Vol II
Bell, Kimberly, Vol II
Bennett, Alma, Vol II
Bzdyl, Donald, Vol II
Calhoun, Richard James, Vol II
Chapman, Wayne, Vol II
Charney, Mark, Vol II
Collier, Cheryl A., Vol II
Cranston, Mechthild, Vol IV
Crosby, Margaree Seawright, Vol I
Daniell, Beth, Vol II
Dettmar, Kevin, Vol II
Golden, Richard Martin, Vol I
Greenspoon, Leonard Jay, Vol IV
Hilligoss, Susan, Vol II
Howard, Tharon, Vol II
Jacobi, Martin, Vol II
Koon, G.W., Vol II
Longo, Bernadette, Vol II
Lovitt, Carl, Vol II
Mckale, Donald Marshall, Vol I
Morrissey, Lee, Vol II
Palmer, Barton, Vol II
Rollin, Lucy, Vol II
Satris, Stephen A., Vol IV
Shilstone, Frederick William, Vol II
Sinka, Margit M., Vol III
Smith, Kelly C., Vol IV
Sparks, Elisa, Vol II
Underwood, Richard, Vol II
Ward, Carol, Vol II
White, Donna, Vol II
Willey, Edward, Vol II
Winchell, Donna, Vol II
Winchell, Mark, Vol II
Woodell, Harold, Vol II
Young, Arthur Y., Vol II

Clinton
Presseau, Jack R., Vol IV

Columbia
Adams, Gregory B., Vol IV
Augustinos, Gerasimos, Vol I
Baird, Davis, Vol IV
Basil, John Duryea, Vol I
Beardsley, Edward Henry, Vol I
Becker, Peter Wolfgang, Vol I
Beltman, Brian William, Vol I
Beyer, Bryan E., Vol IV
Beyer, Bryan E., Vol IV
Boyle, F. Ladson, Vol IV
Bridwell, R. Randal, Vol I
Briggs, Ward W., Vol I
Bruccoli, Matthew J., Vol II
Carter, Jeffrey D.R., Vol I
Clements, Kendrick Alling, Vol I
Connelly, Owen, Vol I
Connelly, Owen S., Vol I
Costa, Michael J., Vol IV
Crysler, Nathan M., Vol IV
Davis, Marianna White, Vol I
Day, Richard E., Vol I
Dickey, James, Vol II
Dillon, Bert, Vol II

Duffy, John Joseph, Vol I
Edgar, Walter Bellingrath, Vol I
Elfe, Wolfgang Dieter, Vol III
Farrar, Ronald, Vol II
Feldman, Paula R., Vol II
Felix, Robert E., Vol IV
Flanagan, James F., Vol IV
Fowler, Vivia, Vol IV
Franklin, Benjamin, Vol II
French, Harold Wendell, Vol III
Fryer, T. Bruce, Vol III
Grant, August E., Vol I
Greenspan, Ezra, Vol I
Gregg, Edward, Vol I
Greiner, Donald James, Vol II
Grigsby, Marshall C., Vol IV
Hackett, Jeremiah M., Vol IV
Haggard, Thomas R., Vol IV
Halberstam, Michael, Vol IV
Hardin, James Neal, Vol III
Hark, Ina Rae, Vol II
Harvey, John D., Vol IV
Henry, Freeman George, Vol III
Herzstein, Robert Edwin, Vol I
Hoppman, R.A., Vol IV
Hubbard, F. Patrick, Vol IV
Johanson, Herbert A., Vol IV
Johnson, Herbert Alan, Vol I
Jones, Donald L., Vol IV
Kegley, Charles W., Vol I
Khushf, George, Vol IV
Kross, Jessica, Vol I
Lacy, Philip T., Vol IV
Layman, Richard, Vol II
Little, Greta D., Vol III
Long, Eugene T., III, Vol IV
Maney, Patrick J., Vol I
Mather, Henry S., Vol IV
Mathisen, Ralph Whitney, Vol I
McAninch, William S., Vol IV
McCullough, Ralph C., II, Vol IV
Medlin, S. Alan, Vol IV
Miller, Paul, Vol III
Montgomery, John E., Vol IV
Montgomery, Michael M., Vol III
Moore, Robert Joseph, Vol I
Myerson, Joel Arthur, Vol II
Nolan, Dennis R., Vol IV
Nolan, Edward Francis, Vol II
Owen, David G., Vol IV
Patterson, Elizabeth G., Vol IV
Patterson, Robert Benjamin, Vol I
Perkins, Kenneth J Ames, Vol I
Peterson, Brian, Vol II
Quirk, William J., Vol IV
Roy, George Ross, Vol II
Scardaville, Michael Charles, Vol I
Scott, Mary Jane W., Vol II
Shirley, Paula, Vol III
Skrupskelis, Ignas Kestutis, Vol IV
Smalls, O'Neal, Vol IV
Sprague, Rosamond K., Vol IV
Stroup, Rodger Emerson, Vol I
Synnott, Marcia G., Vol I
Terrill, Tom E., Vol I
Thesing, William Barney, Vol II
Underwood, James L., Vol IV
Van Slyke Turk, Judy, Vol II
Weir, Robert Mccolloch, Vol I
Zoch, Lynn M., Vol II

Conway
DeWitt, Franklin Roosevelt, Vol IV

Cullowhee
Lewis, James A., Vol I

Due West
Erickson, Nancy Lou, Vol I
Farley, Benjamin Wirt, Vol I

Durham
Davidson, Cathy N., Vol II
Torgovnick, Marianna, Vol II

Florence
Diggs, William P., Vol I
Hall, Ronald L., Vol IV
Harding, George E., Vol III
Tuttle, Jon, Vol II

Greenville
Abrams, Douglas Carl, Vol I
Allen, Gilbert Bruce, Vol II
Beale, David Otis, Vol I
Block, John Martin, Vol IV
Buford, Thomas O., Vol IV
Cherry, Charles Maurice, Vol III

Cox, Jerry Lynn, Vol III
Gingery, Gail Alvah, Vol I
Hayner, Linda K., Vol I
Hill, Philip George, Vol II
Horton, Ronald A., Vol IV
Kindall, Susan Carol, Vol I
Kuehmann, Karen Marie, Vol I
Lawson, Darren P., Vol II
Matzko, John Austin, Vol IV
McKnight, Edgar Vernon, Vol IV
Parker, Mark M., Vol I
Parsell, David Beatty, Vol III

Greenwood
Archie, Lee C., Vol IV
Bethel, Elizabeth Rauh, Vol II

Hartsville
Doubles, Malcolm Carroll, Vol IV

Holly Hill
Morant, Mack Bernard, Vol II

Inman
Combes, Richard E., Vol IV

Myrtle Beach
Rauhut, Nils, Vol IV

Newberry
Wilson, James Hugh, Vol I

Okatie
Fitzgerald, John Joseph, Vol IV

Orangeburg
Gore, Blinzy L., Vol IV
Harris, Gil W., Vol II
Hine, William Cassidy, Vol I
Johnson, Alex C., Vol II
Michaux, Henry G., Vol I
Rogers, Oscar Allan, Jr., Vol I
Washington, Sarah M., Vol II

Pawleys Island
Comfort, Philip W., Vol IV

Rock Hill
Craighead, Houston Archer, Vol IV
Haynes, Edward S., Vol I
Morgan, Thomas Sellers, Vol I
Viault, Birdsall Scrymser, Vol I
Weaver, Jack Wayne, Vol I
Webb, Ross Allan, Vol I
Woods, Jeannie Marlin, Vol II
Wright-Botchwey, Roberta Yvonne, Vol IV

Spartanburg
Bullard, John Moore, Vol IV
Carson, Warren Jason, Jr., Vol II
Crosland, Andrew Tate, Vol II
Dunn, Joe Pender, Vol I
Holcombe, Lee, Vol I
Keller, James Albert, Vol I
Racine, Philip N., Vol I
Stevenson, John Weamer, Vol II

Sumter
Coyne, Anthony M., Vol IV
Safford, John L., Vol I
Walsh, David John, Vol IV

SOUTH DAKOTA

Aberdeen
King, Walter Joseph, Vol I

Brookings
Bareiss, Warren J., Vol II
Evans, David Allan, Vol II
Funchion, Michael Francis, Vol I
Marken, Jack Walter, Vol II
Miller, John Edward, Vol I

Huron
Meyer, Kenneth John, Vol I

Madison
Johnson, Eric, Vol II

Sioux Falls
Leslie, Benjamin C., Vol IV
Olson, Gary Duane, Vol I

Vermillion
Cherry, Paul, Vol I
Cunningham, Frank Robert, Vol II
Hilderbrand, Robert Clinton, Vol I
Hoover, Herbert Theodore, Vol I
Klein, Dennis Allan, Vol III
Lee, Roy Alton, Vol I
Lehmann, Clayton M., Vol I
Meyer, Leroy N., Vol IV
Moyer, Ronald L., Vol II
Sebesta, Judith Lynn, Vol I
Shen, Fuyuan, Vol II
Whitehouse, George, Vol IV
Wilson, Norma Clark, Vol II

Yankton
Frigge, S. Marielle, Vol IV
Kessler, Ann Verona, Vol IV
Kessler, S. Ann, Vol I
Neville, Mary Eileen, Vol II

TENNESSEE

Athens
Dunn, Durwood, Vol I
Folks, Jeffrey J, Vol II

Blountville
Charlton, Charles Hayes, Vol IV

Bristol
Fulop, Timothy E., Vol IV
Jordan, Gregoory D., Vol III
Wade, William Junius, Vol I

Chattanooga
Froide, Amy, Vol I
Hall, Thor, Vol IV
Ingle, Homer Larry, Vol I
Jacobs, David C., Vol IV
Lippy, Charles, Vol IV
McClary, Ben Harris, Vol II
Resnick, Irven M., Vol IV
Rice, Richard, Vol I
Russell, James M., Vol I
Sachsman, David B., Vol II
Stewart, William H., Vol IV
Switala, Kristin, Vol IV
Switala, Kristin, Vol IV
Townsend, Gavin, Vol I
Ward, James A., Vol I
Ware, Thomas C., Vol I
Wright, William John, Vol I

Church Hill
Ripley Wolfe, Margaret, Vol I
Wolfe, Margaret Ripley, Vol I

Clarksville
Butts, Michelle Tucker, Vol I
Gildric, Richard P., Vol I
Joyce, Donald Franklin, Vol II
Muir, Malcolm, Jr., Vol I
Pesely, George E., Vol I

Cleveland
Bowdle, Donald N., Vol IV
Hoffman, Daniel, Vol I
Kailing, Joel, Vol II
McMahan, Oliver, Vol IV
Moore, Rickie D., Vol IV
Simmons, William A., Vol IV
Waldrop, Richard E., Vol IV

Collegedale
Dick, Donald, Vol II
McClarty, Wilma King- Doering, Vol II

Cookeville
Bode, Robert Francis, Vol II
Campana, Phillip Joseph, Vol III
Deese, Helen R., Vol II
Slotkin, Alan Robert, Vol III
Viera, David John, Vol III
Webb, George Ernest, Vol I

Dyersburg
Griffin, Larry D., Vol II
Seibert-McCauley, Mary F., Vol I

Franklin
Harrington, E. Michael, Vol II

Gallatin
Sherrill, Vanita Lytle, Vol I

Germantown
Cox, Steven L., Vol IV
Miller, Stephen R., Vol IV

Greenville
Sexton, Donal J., Vol I

Henderson
Fulkerson, Raymond Gerald, Vol II

Hermitage
Moser, Harold Dean, Vol I

Jackson
Carls, Alice, Vol I
Chambers, Alex A., Vol IV
Davenport, Gene Looney, Vol IV
David, Arthur LaCurtiss, Vol I
Dockery, David S., Vol I
Gushee, David P., Vol IV
Maire-Carls, Alice-Catherine, Vol I
McClure, Wesley Cornelious, Vol I
Whitehead, Brady, Jr., Vol IV

Jefferson City
Hawkins, Merrill M., Vol I
Wood, Gerald Carl, Vol II

Johnson City
Baxter, Colin Frank, Vol I
Bonnyman-Stanley, Isabel, Vol II
Brown, Dan, Vol II
Day, Ronnie, Vol I
Drinkard-Hawkshawe, Dorothy, Vol I
Essin, Emmett M., Vol I
Fesmire, Steven A., Vol IV
Fritz, Stephen G., Vol I
Gold, Jeff, Vol IV
Hardwig, John R., Vol IV
Harrington, Karen A., Vol III
Harris, William Styron, Jr., Vol II
Hilliard, Jerry, Vol II
Hines, Randy, Vol II
Keith, Heather, Vol IV
Kirkwood, William, Vol II
LaFollette, Hugh, Vol IV
Mooney, Jack, Vol II
Nelson, Ardis L., Vol III
Ralston, Steven, Vol II
Roberts, Charles, Vol II
Rogers, Kim W., Vol IV
Schneider, Valerie Lois, Vol II
Shanks, Niall, Vol IV
Sherrill, Catherine Anne, Vol II
Shields, Bruce E., Vol IV
Stenstad, Gail, Vol IV
Thomason, Wallace Ray, Vol II
Williams, Edwin W., Vol III
Zavodny, John, Vol IV
Zayas-Bazan, Eduardo, Vol III

Knoxville
Adams, Percy Guy, Vol II
Alexakos, Panos D., Vol IV
Aquila, Richard E., Vol IV
Ash, Stephen V., Vol I
Ashdown, Paul George, Vol II
Banker, Mark T., Vol I
Bast, Robert, Vol I
Bates, Benjamin J., Vol II
Beauvois, Margaret H., Vol III
Becker, Susan D., Vol I
Bennett, James O., Vol IV
Bergeron, Paul H., Vol I
Bing, J. Daniel, Vol I
Bohstedt, John Howard, Vol I
Bradley, Owen, Vol I
Brady, Patrick S., Vol III
Breslaw, Elaine, Vol I
Brizio, Flavia, Vol III
Brummett, Palmira, Vol I
Burman, Thomas, Vol I
Campion, Edmund J., Vol I
Cazenave, Odile, Vol III
Cohen, Sheldon M., Vol IV
Cox, Don Richard, Vol II
Craig, Christopher P., Vol I
Creel, Bryant L., Vol I
Diacon, Todd, Vol I
DiMaria, Salvatore, Vol III
Drake, Robert Y., Jr., Vol I

Dumas, Bethany K., Vol III
Edwards, Rem B., Vol IV
Essif, Les, Vol III
Evelev, John, Vol II
Farris, W. Wayne, Vol I
Finger, John R., Vol I
Fisher, John Hurt, Vol II
Freeman, Edward C., Vol IV
Fuller, Homer Woodrow, Vol III
Gesell, Geraldine C., Vol I
Haas, Arthur G., Vol I
Habel, Dorothy, Vol I
Haiken, Elizabeth, Vol I
Hao, Yen-Ping, Vol I
Higgs, Catherine, Vol I
Hiles, Timothy, Vol I
Hodges, Carolyn Richardson, Vol III
Hodges, John O., Vol III
Holmlund, Christine, Vol III
Hunt, Barbara Ann, Vol II
Jackson, Charles O., Vol I
Johnson, Charles W., Vol I
Kaplan, Gregory, Vol III
Klein, Milton M., Vol I
Kratz, Henry, Vol III
Leggett, B. J., Vol II
Leki, Ilona, Vol III
Levy, Karen, Vol III
Martinson, Fred, Vol I
McAlpin, Mary, Vol III
Mellor, Chauncey Jeffries, Vol III
Moffat, Frederick, Vol I
Nakuma, Constancio, Vol III
Nappa, Christopher, Vol I
Neff, Amy, Vol I
Nelson, James L., Vol IV
Norrell, Robert J., Vol I
Peek, Marvin E., Vol I
Perhac, Ralph M., Vol IV
Piehler, G. Kurt, Vol I
Ratner, Larry, Vol I
Rivera Rodas, Oscar, Vol III
Romeiser, John B., Vol III
Rutledge, Harry Carraci, Vol I
Schroeder-lein, Glenna R., Vol I
Shurr, William Howard, Vol II
Silva, Euridice, Vol III
Slagle, Judith Baily, Vol I
Speidell, Todd, Vol IV
Sutherland, Elizabeth H., Vol I
Tandy, David, Vol I
Washburn, Yulan M., Vol III
Welch, Olga Michele, Vol II
Wheeler, William Bruce, Vol I
Young, Dolly J., Vol III
Ziegler, Dhyana, Vol II

Lenoir City
Wilson, Jack Howard, Vol IV

Martin
Downing, Marvin Lee, Vol I
Jones, Kenneth Paul, Vol I
Mohler, Stephen Charles, Vol III
Parker, Henry H., Vol I

Memphis
Batey, Richard A., Vol IV
Bensman, Marvin Robert, Vol II
Bufford, Edward Eugene, Vol IV
Burgos, Fernando, Vol III
Burgos, Fernando, Vol III
Caffrey, Margaret M., Vol I
Carlson, Thomas Clark, Vol II
Chambliss, Prince C., Jr., Vol IV
Crouse, Maurice Alfred, Vol I
Dameron, John Lasley, Vol II
Dekar, Paul R., Vol IV
Entzminger, Robert L., Vol II
Evans, David Huhn, Vol I
Favazza, Joseph A., Vol IV
Hatfield, Douglas Wilford, Vol I
Hawes, Joseph, Vol I
Hurley, Forrest Jack, Vol I
Joiner, Burnett, Vol I
Kriegel, Abraham David, Vol II
Lacy, William Larry, Vol IV
Lasslo, Andrew, Vol II
Lewis, Jack Pearl, Vol II
Limper, Peter Frederick, Vol IV
McKim, Donald K., Vol IV
Melancon, Donald, Vol I
Muesse, Mark William, Vol IV
Nenon, Thomas J., Vol IV
Prince, Arthur, Vol IV
Purtle, Carol Jean, Vol I
Ranta, Richard R., Vol I
Reed, Ross Channing, Vol IV

Robinson, Hoke, Vol IV
Shadish, W.R., Vol I
Shaffer, Brian W., Vol I
Shaheen, Naseeb, Vol II
Shoemaker, David W., Vol IV
Sick, David, Vol I
Simco, Nancy Davis, Vol IV
Skeen, Carl Edward, Vol I
Stagg, Louis Charles, Vol II
Todd, Virgil H., Vol IV
Tucker, Cynthia Grant, Vol III
Tucker, David Milton, Vol I
Walsh, Carey Ellen, Vol IV
Webb, Lynne M., Vol II
Wharton, A.C., Jr., Vol IV
White, Lonnie Joe, Vol I
Wilson, Major L., Vol I

Milligan College
Farmer, Craig S., Vol I
Kenneson, Philip D., Vol IV
Wainer, Alex, Vol II

Murfreesboro
Bombardi, Ronald Jude, Vol IV
Brookshire, Jerry Hardman, Vol I
Clark, Bertha Smith, Vol II
Felton, Sharon, Vol II
Ferris, Norman B., Vol I
Huhta, James Kenneth, Vol I
Hutcheson, Thom, Vol I
McCash, June Hall, Vol III
Rolater, Frederick Strickland, Vol I
Rowe, D.L., Vol I
Watson, Daivd Lowes, Vol IV
Young, David, Vol IV

Nashville
Allen, Harriette Louise, Vol II
Allen, Jack, Vol I
Baldwin, Lewis V., Vol IV
Bell, Vereen M., Vol II
Belton, Robert, Vol IV
Bingham, John L., Vol III
Birch, Adolpho A., Jr., Vol IV
Blasi, Anthony J., Vol I
Blumstein, James Franklin, Vol IV
Bowen, Barbara C., Vol III
Brennan, Virginia M., Vol III
Brown, R.L., Vol IV
Butler, Trent C., Vol IV
Carlton, David L., Vol I
Charney, Jonathan Isa, Vol IV
Church, Dan M., Vol II
Clayton, Jay, Vol II
Clendenen, E. Ray, Vol III
Cockrell, Dale, Vol I
Compton, John J., Vol IV
Conkin, Paul K., Vol I
Cooper, Almeta E., Vol IV
Crispin, John, Vol III
Crist, Larry S., Vol III
Cyrus, Cynthia, Vol I
Davis, Thadious, Vol II
Deal, Terrance E., Vol IV
DeHart, Paul, Vol IV
Delzell, Charles Floyd, Vol I
Doody, Margaret A., Vol II
Doyle, Don H., Vol I
Eakin, Marshall C., Vol I
Elledge, Paul, Vol II
Elliott, Derek Wesley, Vol I
Enterline, Lynn, Vol II
Epstein, James A., Vol I
Fields, Milton, Vol IV
Fisher, Eli D., Vol IV
Franke, William, Vol III
Fryd, Vivien D., Vol I
Girgus, Sam B., Vol II
Goddu, Teresa, Vol II
Gottfried, Roy K., Vol II
Graham, George Jackson, Vol IV
Graham, Hugh Davis, Vol I
Graham, Hugh G., Vol I
Grantham, Dewey Wesley, Vol I
Griffith, Larry D., Vol II
Haas, Peter J., Vol I
Halperin, John, Vol II
Hambrick, Charles Hilton, Vol I
Handy, William Talbot, Jr., Vol IV
Harrelson, Walter, Vol IV
Harris, Alice C., Vol II
Harrod, Howard L., Vol IV
Hassel, R. Chris, Jr., Vol II
Haynes, William J., Jr., Vol IV
Helguera, J. Leon, Vol I
Hester, D. Micah, Vol IV
Hodges, Michael P., Vol IV

Hodgson, Peter C., Vol IV
Hooks, Benjamin Lawson, Vol IV
Howell, Sarah McCanless, Vol I
Hudson, Robert J., Vol II
Isherwood, Robert M., Vol I
Jackson, Andrew, Vol I
Johnson, Dale Arthur, Vol IV
Kezar, Dennis, Vol II
Kreyling, Michael, Vol II
Kustanovich, Konstantin, Vol III
Lachs, John, Vol IV
Landes, W. Daniel, Vol II
Lee, Douglas, Vol I
Luis, William, Vol III
Mack, Robert, Vol II
Maier, Harold Geistweit, Vol IV
Marcus, Leah, Vol II
McCoy, Thomas Raymond, Vol IV
McFague, Sallie, Vol IV
Mcseveney, Samuel Thompson, Vol I
Miller-McLemore, Bonnie Jean, Vol IV
Millgram, Elijah, Vol IV
Monga, Luigi, Vol III
Moss, C. Michael, Vol IV
Myers, Charles Bennett, Vol I
Nancarrow, Paul S., Vol IV
Nathanson, Leonard, Vol II
Owens, Dorothy M., Vol IV
Patte, Daniel, Vol I
Patty, James Singleton, Vol III
Pichois, Claude, Vol III
Picirilli, Robert Eugene, Vol IV
Plummer, John F., Vol II
Reid, Garnett, Vol IV
Schoenfield, Mark, Vol II
Schrag, Oswald O., Vol IV
Schwarz, Kathryn, Vol II
Sherkat, Darren E., Vol I
Smith Mckoy, Sheila, Vol III
Sullivan, Walter L., Vol II
Syverud, K.D., Vol IV
Teselle, Eugene A., Vol IV
Thompson, Almose Alphonse, II, Vol IV
Tichi, Cecelia, Vol II
Todd, Margo, Vol I
Varnado, Douglas, Vol IV
Voegeli, Victor Jacque, Vol I
Walker, Nancy, Vol II
Weatherby, Harold L., Jr., Vol II
Wiltshire, Susan Ford, Vol I
Winfrey, Charles Everett, Vol IV
Winters, Donald Lee, Vol I
Wollaeger, Mark A., Vol II
Young, Thomas Daniel, Vol II
Zaner, Richard, Vol IV

Petros
West, James E., Vol IV

Sewanee
Armentrout, Donal Smith, Vol IV
Bates, Scott, Vol III
Battle, Michael, Vol IV
Core, George, Vol II
Davidheiser, James Charles, Vol III
Goodstein, Anita Shafer, Vol I
Hawkins, Ralph K., Vol IV
Lumpkins, David W., Vol III
Naylor, Eric Woodfin, Vol III
Perry, Charles Richard, Vol I
Rhys, J Howard W., Vol IV
Spaccarelli, Thomas Dean, Vol III
Zachau, Reinhard Konrad, Vol III

Sewanne
Conn, Christopher, Vol IV

Signal Mountain
Conwell, David, Vol I

TEXAS

Abilene
Cantrell, Gregg, Vol I
Ellis, Laura, Vol I
Ellis, Robert, Vol IV
Ferguson, Everett, Vol I
Foster, Douglas A., Vol IV
Guild, Sonny, Vol IV
Hamner, Robert Daniel, Vol II
Osburn, Carroll D., Vol IV
Shuler, Philip L., Vol IV

Slate, Philip, Vol I
Taylor, Ira Donathan, Vol I
Tippens, Darryl L., Vol II
Van Rheenen, Gailyn, Vol IV
Willerton, Christian William, Vol II
Williams, John Howard, Vol III

Alpine
Elam, Earl Henry, Vol I

Amarillo
Sapper, Neil Gary, Vol I

Arlington
Barros, Carolyn, Vol II
Bing, Robert, Vol IV
Bradshaw, Denny, Vol IV
Carroll, Bret E., Vol I
del Carmen, Alex, Vol IV
Green, George N., Vol I
Katz, Michael Ray, Vol III
Kellner, Hans, Vol I
Kolko, Beth E., Vol II
Maizlish, Stephen E., Vol I
Ordonez, Elizabeth Jane, Vol III
Palmer, Stanley Howard, Vol I
Philp, Kenneth, Vol I
Polk, Elmer, Vol IV
Reddick, Robert, Vol II
Reinhartz, Dennis Paul, Vol III
Richmond, Douglas Wertz, Vol I
Rodnitzky, Jerome L., Vol I
Schkade, Lawrence L., Vol I
Stark, Gary Duane, Vol I
Wells, Corri Elizabeth, Vol II
West, William Elliott, Vol I
Wick, Audrey, Vol I
Wood, Nancy, Vol II

Austin
Abboud, Peter Fouad, Vol III
Abzug, Robert Henry, Vol I
Acker, Paul, Vol II
Alofsin, Anthony, Vol I
Angelelli, Ignazio Alfredo, Vol IV
Antokoletz, Elliott Maxim, Vol I
Arens, Katherine, Vol III
Baade, Hans Wolfgang, Vol IV
Baker, Mary Jordan, Vol III
Baltzer, Rebecca, Vol I
Barker, Nancy Nichols, Vol I
Bauder, Mark, Vol IV
Benis, Toby Ruth, Vol II
Benoit, Raymond, Vol II
Bertelsen, Lance, Vol II
Bhague, Gerard, Vol I
Blockley, Mary Eva, Vol II
Bonevac, Daniel Albert, Vol IV
Bowman, Shearer Davis, Vol I
Boyd, Carolyn Patricia, Vol I
Braisted, William Reynolds, Vol I
Braybrooke, David, Vol IV
Brokaw, John W., Vol II
Brown, Norman D., Vol I
Bump, Jerome Francis Anthony, Vol II
Burnham, Patricia, Vol I
Cable, Thomas Monroe, Vol III
Carter, Joseph Coleman, Vol I
Casaregola, Vincent, Vol II
Causey, Robert Louis, Vol IV
Cauvin, Jean-Pierre Bernard, Vol III
Charlesworth, Michael, Vol I
Clarke, John, Vol I
Clarke, John R., Vol I
Cloud, Dana L., Vol II
Collins, Derek B., Vol III
Colvin, Christopher, Vol IV
Cook, Erwin, Vol I
Critchlow, Donald T., Vol I
Crosby, Alfred W., Vol I
Crunden, Robert M., Vol I
Curran, Thomas F., Vol I
Dassonville, Michel, Vol III
Davis, Donald G., Jr., Vol I
Dawson, Robert Lewis, Vol III
Dearman, John Andrew, Vol IV
DelAntonio, Andrew, Vol I
Dewar, Mary, Vol I
Dietz, Hanns-Bertold, Vol I
Divine, Robert Alexander, Vol I
Dryden, M., Vol III
Duban, James, Vol II
Dulles, John Watson Foster, Vol I
Edlund-Berry, Ingrid E.M., Vol I
Erlmann, Veit, Vol I
Faigley, Lester, Vol II

Falola, Toyia, Vol I
Farrell, John Philip, Vol II
Faurot, Jeannette L., Vol III
Ferrari, Rita, Vol I
Fisher, James T., Vol I
Flowers, Betty Sue, Vol II
Floyd, Michael H., Vol IV
Foley, Neil, Vol I
Fontanella, Lee, Vol III
Forgie, George Barnard, Vol I
Forster, Merlin Henry, Vol III
Fournier, Lucien, Vol II
Frazier, Alison, Vol I
Friedman, Alan, Vol II
Gagarin, Michael, Vol I
Galinsky, Karl, Vol I
Garrison, James Dale, Vol II
Ghose, Zulfikar Ahmed, Vol II
Goetzmann, William Harry, Vol I
Goff, Barbara E., Vol I
Goosman, Stuart, Vol I
Gould, Lewis Ludlow, Vol I
Graglia, L.A., Vol IV
Graham, Richard, Vol III
Graham, Richard, Vol I
Grant, Richard Babson, Vol III
Green, Douglass Marshall, Vol I
Grieder, Terence, Vol I
Gutmann, Myron P., Vol I
Hall, Michael G., Vol I
Hamilton, Robert W., Vol IV
Harms, Robert Thomas, Vol III
Harris, Elizabeth Hall, Vol II
Hart, Roderick P., Vol II
Hasler, Antony, Vol II
Heinen, Hubert, Vol III
Henderson, Linda, Vol I
Hensey, Frederick Gerald, Vol III
Herring, Phillip F., Vol II
Higginbotham, Virginia, Vol III
Higgins, Kathleen Marie, Vol IV
Hildebrand, David, Vol IV
Hilfer, Anthony Channell, Vol II
Hoberman, Louisa Schell, Vol I
Holz, Robert K., Vol I
Hubbard, Thomas K., Vol I
Hull, Richard T., Vol IV
Hunt, Bruce J., Vol I
Jackson, Kenneth David, Vol III
Jensen, Robert W., Vol II
Johnston, Georgia, Vol II
Jones, Ellen, Vol II
Kane, Robert, Vol IV
Karttunen, Frances, Vol III
Kaulbach, Ernest Norman, Vol III
Kenny, Kevin, Vol I
Klawitter, George, Vol II
Koike, Dale A., Vol III
Kroll, John Hennig, Vol I
Kruppa, Patricia Stallings, Vol I
Langford, Gerald, Vol II
Lariviere, Richard Wilfred, Vol III
Latta, Kimberly, Vol II
Lehmann, Winfred Philipp, Vol III
Leoshko, Janice, Vol I
Levack, Brian Paul, Vol II
Lewis, Randy Lynn, Vol IV
Lindstrom, Naomi E., Vol III
Lopreato, Joseph, Vol I
Lukenbill, Willis B., Vol II
Mackay, Carol Hanbery, Vol II
MacKey, Louis Henry, Vol IV
MacNeil, Anne, Vol I
Magee, S.P., Vol I
Malof, Joseph Fetler, Vol II
Martinich, Aloysius Patrick, Vol IV
Meacham, Standish, Vol I
Meikle, Jeffrey L., Vol I
Meisel, Janet Anne, Vol I
Meritt, Lucy, Vol I
Mersky, Roy Martin, Vol IV
Michael, Wolfgang Friedrich, Vol III
Minault, Gail, Vol I
Moeller, Hans-Bernhard, Vol III
Moisan, Thomas, Vol II
Moldenhauer, Joseph John, Vol II
Moore, T.J., Vol IV
Mourelatos, Alexander Phoebus Dionysiou, Vol IV
Neeld, Elizabeth Harper, Vol II
Nelson, Claudia B., Vol II
Nelson, Wanda Lee, Vol I
Nethercut, William Robert, Vol I
Newton, Adam Z., Vol II
Parker, Joseph Caiaphas, Jr., Vol IV
Pells, Richard Henry, Vol I

Pennock, Robert T., Vol IV
Polome, Edgar C., Vol III
Prindle, David F., Vol I
Rainwater, Mary Catherine, Vol II
Rather, Susan, Vol I
Ratner, Steven Richard, Vol IV
Reynolds, Ann, Vol I
Roberts, Kathryn L., Vol IV
Romo, Ricardo, Vol I
Rossman, Charles R., Vol II
Ruszkiewicz, John Joseph, Vol II
Schade, George D., Vol III
Scheick, William Joseph, Vol II
Schwartz, Jeff L., Vol II
Scott, James F., Vol II
Segre, Claudio Giuseppe, Vol I
Seung, Thomas Kaehao, Vol IV
Shelmerdine, Cynthia Wright, Vol I
Shiff, Richard, Vol I
Shippey, T.A., Vol II
Sjoberg, Andree Frances, Vol III
Slate, Joseph Evans, Vol II
Slawek, Stephen, Vol I
Smith, Carlota S., Vol III
Smith, Duane, Vol II
Smith, Jeffrey, Vol I
Sole, Carlos A., Vol III
Solomon, Robert Charles, Vol IV
Staley, Thomas F., Vol I
Stoff, Michael B., Vol I
Stott, William Merrell, Vol I
Stump, Donald, Vol II
Sutherland, William Owen Sheppard, Vol II
Swaffar, Janet King, Vol III
Sylvie, George, Vol II
Tankard, James William, Vol II
Todd, William B., Vol II
Trimble, John Ralston, Vol II
Tulis, Jeffrey K., Vol I
Tusa, Michael, Vol I
Twombly, Robert Gray, Vol II
Vangelisti, Anita L., Vol II
Vessely, Thomas Richard, Vol III
Wadlington, Warwick Paul, Vol II
Walsh, Thomas M., Vol II
Wartella, Ellen A., Vol II
Weinberg, Steven, Vol IV
Weintraub, Russell Jay, Vol IV
Wells, Maria Xenia Zevelchi, Vol III
Westbrook, Max Roger, Vol II
White, Philip Lloyd, Vol I
Wimsatt, James I., Vol II
Winship, Michael B., Vol II
Woodruff, Paul, Vol IV
Wright, Charles Alan, Vol IV
Wylie, Hal, Vol III
Zevelchi Wells, Maria Xenia, Vol II

Baytown
Adams, Dale Talmadge, Vol II
Maroney, James C., Vol I

Beaumont
Carroll, John Martin, Vol III
Ellis, Marion Leroy, Vol III
Hynes, Jennifer, Vol II
Roth, Lane, Vol II
Saur, Pamela S., Vol III
Shillingsburg, Peter Leroy, Vol II
Wooster, Ralph Ancil, Vol I

Belton
Reynolds, J. Alvin, Vol IV
Von Wyrick, Stephen, Vol IV
Wyrick, Stephen V., Vol IV

Bryan
Botham, Thad M., Vol IV

Canyon
Culley, John Joel, Vol I
Dudt, Charmazel, Vol II
Githiga, John Gatungu, Vol IV
Nall, Garry Lynn, Vol I
Petersen, Peter Lewis, Vol I
Vartabedian, Robert A., Vol II

College Station
Adams, Ralph James Quincy, Vol I
Allen, Colin, Vol IV
Anderson, Terry Howard, Vol I
Atkins, Stephen E., Vol I
Aune, James Arnt, Vol IV
Austin, Scott, Vol I

Baer, Judith A., Vol I
Bass, George Fletcher, Vol I
Baum, Dale, Vol I
Beasley, Vanessa B., Vol II
Beaumont, Roger A., Vol I
Berthold, Dennis Alfred, Vol II
Black, Shirley Jean, Vol I
Bornstein, Daniel, Vol I
Bradford, James Chapin, Vol I
Burch, Robert W., Vol IV
Cannon, Garland, Vol II
Canup, John, Vol I
Clark, William Bedford, Vol II
Conrad, Charles R., Vol III
Davenport, Manuel Manson, Vol IV
Dethloff, Henry Clay, Vol I
Dickson, Donald R., Vol II
Dorsey, Leroy, Vol II
Gert, Heather, Vol IV
Gibson, Claude Louis, Vol II
Goodman, Jennifer Robin, Vol II
Hand, Michael, Vol IV
Harner, James, Vol II
Harris, Charles Edwin, Vol IV
Imhoff, Brian, Vol III
Kallendorf, Craig, Vol II
Kern-Foxworth, Marilyn L., Vol II
Knobel, Dale Thomas, Vol I
Kosztolnyik, Zoltan Joseph Desiderius, Vol I
Kramer, Arnold Paul, Vol I
Loving, Jerome Macneill, Vol II
Machann, Clinton John, Vol II
Marshall, Alicia A., Vol II
McCann, Hugh Joseph, Vol IV
McDermott, John J., Vol IV
Medhurst, Martin J., Vol II
Menzel, Christopher, Vol IV
Miller, Katherine I., Vol II
Nance, Joseph Milton, Vol I
Pappas, Gregory F., Vol IV
Peterson, Tarla Rai, Vol III
Poole, Marshall Scott, Vol II
Putnam, Linda L., Vol II
Radzik, Linda, Vol IV
Rigsby, Enrique D., Vol II
Rimal, Rajiv N., Vol II
Ritter, Kurt, Vol II
Rosenheim, James Morton, Vol I
Rowe, M.W., Vol I
Salazar, Abran J., Vol II
Schmidt, Henry Conrad, Vol I
Self, Charles C., Vol II
Sharf, Barbara F., Vol II
Smith, Robin, Vol IV
Stranahan, Patricia, Vol I
Street, Richard L., Jr., Vol II
Unterberger, Betty Miller, Vol I
Vandiver, Frank Everson, Vol I
Varner, Gary Edward, Vol IV

Commerce
Fulkerson, Richard P., Vol II
Grover, Dorys Crow, Vol II
Reynolds, Donald E., Vol I
Tuerk, Richard, Vol II

Conroe
Matheny, Paul Duane, Vol IV

Corpus Christi
Delaney, Norman Conrad, Vol I
Sencerz, Stefan, Vol IV
Wooster, Robert, Vol I

Dallas
Babcock, William Sumner, Vol I
Bock, Darrell L., Vol IV
Brettell, Caroline B., Vol I
Burns, J. Lanier, Vol IV
Cordell, Dennis Dale, Vol I
Countryman, Edward, Vol I
Cox, Gary D., Vol III
Davis, Ronald Leroy, Vol I
Deschner, John, Vol IV
Furnish, Victor Paul, Vol IV
Furst, Liliam Renee, Vol III
Howe, Leroy T., Vol IV
James, H. Rhett, Vol IV
Mabery, Lucy, Vol IV
McCullagh, Mark, Vol IV
McKnight, Joseph Webb, Vol I
Mears, John A., Vol I
Merrifield, William R., Vol III
Merrill, Eugene H., Vol IV
Niewyk, Donald Lee, Vol I
Nobles, Patricia Joyce, Vol IV

Ogden, Schubert Miles, Vol IV
Ortiz, Victor, Vol IV
Rollins, Richard Albert, Vol IV
Santillana, Fernando, Vol IV
Shuman, Daniel Wayne, Vol IV
Spiegelman, Willard Lester, Vol II
Taylor, Richard A., Vol IV
Thornburg, E.G., Vol IV
Tinsley, Fred Leland, Jr., Vol IV
Tyson, Joseph B., Vol I
Ulatowska, Hanna K., Vol III
Wallace, Daniel B., Vol IV
Weber, David J., Vol I
Williams, Richard Hal, Vol I
Winship, Peter, Vol I
Wood, Charles M., Vol IV

Denton
Barnhart, Joe Edward, Vol IV
Campbell, Randolph Bluford, Vol I
Chipman, Donald Eugene, Vol I
Demoss, Dorothy Dell, Vol I
Emery, Sarah W., Vol IV
Gunter, Pete A.Y., Vol IV
Hildreth, Gladys Johnson, Vol I
Hurley, Alfred Francis, Vol I
Kamman, William, Vol I
Kobler, Jasper Fred, Vol II
La Forte, Robert Sherman, Vol I
Lee, James Ward, Vol I
Lowe, Richard Grady, Vol I
Lowry, Bullitt, Vol I
Marcello, Ronald E., Vol I
Nahrgang, Wilbur Lee, Vol III
Odom, Edwin Dale, Vol I
Olsen, Solveig, Vol III
Pickens, Donald Kenneth, Vol I
Reynolds, Richard Clay, Vol II
Scobie, Ingrid Winther, Vol I
Sibley, Jack Raymond, Vol IV
Smith, F. Todd, Vol I
Swain, Martha Helen, Vol I
Tanner, William Edward, Vol II
Vann, Jerry Don, Vol II
Waters, Richard L., Vol II
Wilson, William Henry, Vol I
Yaffe, Martin David, Vol IV

Early
Mangrum, Robert G., Vol I

Edinburg
Bokina, John, Vol I
Henggeler, Paul R., Vol I
Miller, Hubert J., Vol I
Vassberg, David Erland, Vol I
Wade, Seth, Vol II
Wakefield, Robert, Vol II

El Paso
Amastae, Jon Edward, Vol III
Armengol, Armando, Vol III
Best, Steven, Vol IV
Bledsoe, Robert Terrell, Vol II
Clymer, Kenton James, Vol I
Ford, Richard R., Vol III
Hackett, David Andrew, Vol I
Hall, David, Vol IV
Hall, David Lynn, Vol IV
Jackson, Carl Thomas, Vol I
Kawashima, Yasuhide, Vol I
Leach, Joseph, Vol II
Louden, Bruce, Vol III
Manley, Joan, Vol III
Metz, Leon Claire, Vol I
Natalicio, Diana, Vol III
Perez-Pisonero, Arturo, Vol III
Ross, David, Vol I
Simon, Julius J., Vol IV
Small, Ray, Vol II
Smith, Sherry L., Vol I
Teschner, Richard Vincent, Vol III
West, John Oliver, Vol II

Fort Worth
Alter, Jane, Vol II
Babler, John, Vol IV
Bell, Reva Pearl, Vol I
Black, Wesley O., Vol I
Brehm, H. Alan, Vol IV
Brisco, Thomas V., Vol I
Brister, C.W., Vol IV
Brown, Richard Fargo, Vol I
Dale Lea, Thomas, Vol IV
Eldridge, Daryl, Vol I
Erisman, Fred Raymond, Vol II
Flowers, Ronald Bruce, Vol IV
Garrett, James Leo, Vol IV

Garrett, Robert I., Jr., Vol IV
Gouwens, David J., Vol IV
Hughes, Linda K., Vol IV
Johnson, Rick L., Vol IV
Kent, Dan Gentry, Vol IV
King, Paul E., Vol IV
Kirkpatrick, W. David, Vol IV
Lea, Thomas Dale, Vol IV
Loud, Patricia Cummings, Vol I
Lovejoy, Grant I., Vol IV
Lyon, Steve, Vol IV
Mathis, Robert, Vol IV
McBeth, Harry Leon, Vol I
Middleton, Darren J. N., Vol IV
Newman, J.R., Vol I
Newsom, Douglas Ann, Vol II
Procter, Ben, Vol I
Salih, Halil Ibrahim, Vol I
Schmidt, Daryl Dean, Vol III
Shepard, Alan, Vol II
Stevens, Paul W., Vol IV
Stripling, Mahala Yates, Vol II
Suggs, Marion Jack, Vol IV
Toulouse, Mark G., Vol I
Tucker, William E., Vol IV
Vanderwerken, David Leon, Vol II
Welch, Robert H., Vol IV
Wertz, S.K., Vol IV
Worcester, Donald Emmet, Vol I
Yount, William R., Vol I

Galveston
Burns, Chester Ray, Vol I
Carter, Michele A., Vol IV
Cole, Thomas Richard, Vol I
Jones, Anne Hudson, Vol II
Streeter, Donald, Vol II
Vanderpool, Harold Young, Vol I

Georgetown
Gottschalk, Peter, Vol I
Hobgood-Oster, Laura, Vol I
Neville, Gwen K., Vol I
Spellman, Norman Woods, Vol IV

Grover
Underwood, Willard A., Vol II

Hawkins
Hawkins, Dorisula Wooten, Vol I

Houston
Abrams, Judith Z., Vol III
Adams, Leslie Kennedy, Vol III
Andrist, Debra D., Vol III
Barksdale, Leonard N., III, Vol IV
Beard, James William, Jr., Vol IV
Beeth, Howard, Vol I
Berger, Sidney L., Vol II
Bilstein, Roger Eugene, Vol I
Bongmba, Elias Kifon, Vol IV
Boyce, Elizabeth, Vol III
Brody, Boruch Alter, Vol IV
Brown-Guillory, Elizabeth, Vol III
Bullock, James, Vol IV
Carroll, Beverlee Jill, Vol IV
Castaneda, James Agustin, Vol III
Chen, Lilly, Vol III
Christian, Garna, Vol I
Crist, Lynda Lasswell, Vol I
Crowell, Steven G., Vol IV
Cunningham, James J., Vol I
Curry, Lawrence H., Jr., Vol I
Decker, Hannah S., Vol I
Dirst, Matthew, Vol I
Douglas, James Matthew, Vol IV
Drew, Katherine Fischer, Vol I
Elwood, William N., Vol III
Engelhardt, Hugo Tristram, Jr.,
   Vol IV
Farge, James Knox, Vol I
Fisher, Robert Bruce, Vol I
Ford, Thomas Wellborn, Vol II
Foreman, Peggy E., Vol IV
Gilmore, Robert McKinley, Sr.,
   Vol IV
Gilmore, Vanessa D., Vol IV
Grandy, Richard E., Vol IV
Green, Leamon L., Jr., Vol I
Grob, Alan, Vol II
Gruber, Ira Dempsey, Vol I
Hall, Benjamin Lewis, III, Vol IV
Hart, John Mason, Vol I
Haskell, Thomas Langdon, Vol I
Hawes, William K., Vol II
Hillar, Marian, Vol IV
Houng, Caroline C., Vol III
Huston, John Dennis, Vol II
Hyman, Harold Melvin, Vol I

Jackson, Richard A., Vol I
Jefferson, Joseph L., Vol I
Jefferson, Overton C., Vol I
Johnson, Caliph, Vol IV
Johnson, Richard Ronald, Vol I
Jones, James Howard, Vol I
Kanellos, Nicolas, Vol III
Kitchel, Mary Jean, Vol IV
Klein, Anne, Vol IV
Kulstad, Mark Alan, Vol IV
Lanning, Bill L., Vol IV
Levin, Donald Norman, Vol I
Lindahl, Carl, Vol II
Lobel, Diana, Vol IV
Lomas, Ronald Leroy, Vol II
Markos, Louis, Vol II
Martin, James Kirby, Vol I
Martin, James Kirby, Vol I
Matusow, Allen Joseph, Vol I
McCaffrey, James M., Vol I
McCullough, Laurence B., Vol IV
McLendon, Will Loving, Vol III
McMullen, Mike, Vol IV
Melosi, Martin V., Vol I
Mieszkowski, Gretchen, Vol II
Miles, Edwin Arthur, Vol I
Minter, David Lee, Vol II
Mintz, Steven, Vol I
Mitchell, Douglas, Vol III
Moore, James Talmadge, Vol I
Morrison, Dennis L., Vol I
Mwamba, Zuberi I., Vol I
Naficy, Hamid, Vol II
Natunewicz, Mary Ann T., Vol I
Nelson, Deborah Hubbard, Vol III
Nelson, William N., Vol IV
Nogee, Joseph Lippman, Vol I
O'Brien, Thomas F., Vol I
Oby, Jason B., Vol I
Parsons, Keith M., Vol I
Patten, Robert Lowry, Vol II
Phillips, Robert, Vol II
Pitre, Merline, Vol I
Qian, Nanxiu, Vol III
Rasmussen, S.J., Vol I
Reed, Linda, Vol I
Rothman, Irving N., Vol II
Schiefen, Richard John, Vol I
Schiff, Frederick, Vol II
Seed, Patricia, Vol I
Shelp, Earl E., Vol IV
Skura, Meredith Anne, Vol II
Smith, Richard J., Vol I
Stokes, Gale, Vol I
Stone, Bailey S., Vol I
Storrs, Landon R.Y., Vol I
Switzer, Les, Vol II
Taylor, James Sheppard, Vol II
Taylor-Thompson, Betty E., Vol II
Thompson, Ewa Majewska, Vol III
Tinsley, James Aubrey, Vol I
Tryman, Mfanya Donald, Vol I
Van Helden, Albert, Vol I
Wagner, Paul Anthony, Vol IV
Waits, Va Lita Francine, Vol IV
Walker, Stanley M., Vol IV
Wasserman, Julian, Vol II
Weissenberger, Klaus, Vol III
Wiener, Martin J., Vol I
Wilson, Joseph Benjamin, Vol III
Wintz, Cary DeCordova, Vol I
Wood, Philip R., Vol III
Wyschogrod, Michael, Vol IV
Yang, Fenggang, Vol III
Yang, Insun, Vol III

Huntsville
Barker, Rosanne M., Vol I
Bilhartz, Terry D., Vol I
Camfield, Thomas M., Vol I
Castillo Crimm, Carolina, Vol I
Coers, Donald V., Vol II
Coffey, Joan L., Vol I
Dowdey, Diane, Vol II
Fair, Frank Kenneth, Vol IV
Harnsberger, R. Scott, Vol IV
Mallard, Harry, Vol I
Meredith, Hugh Edwin, Vol III
Olm, Lee Elmer, Vol I
Olson, James S., Vol I
Pappas, Nicholas C.J., Vol I
Patrick, Darryl L., Vol IV
Richardson, Don, Vol I
Roth, Mitchel, Vol I
Ruffin, Paul, Vol II
Wile, Kip, Vol I

Hurst
Pate, J'Nell L., Vol I
Stripling, Luther, Vol I

Irving
Balas, David L., Vol IV
Boomer, Dennis, Vol II
Frank, William A., Vol IV
Jodziewicz, Thomas W., Vol I
Lehrberger, James, Vol IV
Lowery, Mark, Vol IV
Maddux, Stephen, Vol III
Martin, Sean Charles, Vol I
Nagy, Moses Melchior, Vol III
Norris, John Martin, Vol IV
Pacwa, Mitch, Vol IV
Parens, Joshua, Vol IV
Rosemann, Philipp W., Vol IV
Sanchez, Elizabeth D., Vol I
Sepper, Dennis L., Vol IV
Simmons, Lance, Vol IV
Smith, Janet E., Vol IV
Sommerfeldt, John R., Vol I
Sullivan, Charles R., Vol I
Swietek, Francis Roy, Vol I
Welch, June R., Vol I
West, Grace Starry, Vol I
Wilhelmsen, Alexandra, Vol I
Wood, Robert, Vol IV

Keene
Sicher, Erwin, Vol I

Kileen
Van Dyke, Brian D., Vol IV

Kingsville
Elkins, Michael R., Vol II
Hunter, Leslie Gene, Vol I

Lake Kiowa
Wolfe, Robert F., Vol IV

Lancaster
Christman, Calvin Lee, Vol I

Livingston
O'Day, Edward Francis, Vol I

Longview
Farrell, Hobert K., Vol IV
Hummel, Bradford Scott, Vol IV
Woodring, Andrew N., Vol IV

Loredo
Soto, Gilberto D., Vol I

Lubbock
Ashby, Clifford, Vol II
Averill, Edward W., Vol IV
Aycock, Wendell M., Vol II
Bacon, Thomas Ivey, Vol III
Barker, Thomas T., Vol IV
Barkley, Heather S., Vol II
Barr, Chester Alwyn, Vol I
Brink, James Eastgate, Vol I
Brown, Lady, Vol II
Bruder, Kurt A., Vol II
Bubany, Charles Phillip, Vol IV
Carter, Locke, Vol II
Ceniza, Sherry, Vol III
Check, Ed, Vol I
Cismaru, Alfred, Vol III
Clarke, Bruce Cooper, Vol II
Collins, Jacquelin, Vol I
Conrad, Bryce D., Vol II
Crowell, Douglas E., Vol II
Curzer, Howard J., Vol IV
Cutter, Paul F., Vol I
Davis, Dale W., Vol III
Davis, Kenneth Waldron, Vol III
Dietz, Donald T., Vol II
Dragga, Sam A., Vol II
Finco, Aldo, Vol III
Flynn, George Quitman, Vol I
George, Edward V., Vol I
Harrienger, Myrna J., Vol II
Higdon, David Leon, Vol II
Hobbs, Wayne, Vol I
Howe, John Mcdonald, Vol I
Hurst, Mary Jane, Vol III
Kemp, Fred O., Vol II
Ketner, Kenneth Laine, Vol IV
Kuethe, Allan James, Vol I
Kuriyama, Constance B., Vol II
Langford, Thomas, Vol II
Lewis, Peter J., Vol IV
McDonald, Walt, Vol I

McDonald, Walter Robert, Vol II
Miner, Madonne, Vol II
Myers, Linda, Vol II
Nathan, Daniel O., Vol IV
Nelson, Otto Millard, Vol I
Newcomb, Benjamin H., Vol I
Niessen, James P., Vol I
Oberhelman, Harley Dean, Vol III
Patterson, William Taylor, Vol III
Patty, Stacy L., Vol IV
Purinton, Marjean D., Vol II
Ransdell, Joseph M., Vol IV
Rickly, Rebecca, Vol II
Rude, Carolyn D., Vol II
Rude, Donald W., Vol II
Samson, John W., Vol I
Schaller, Walter E., Vol IV
Schoenecke, Michael Keith, Vol II
Shaw, Patrick W., Vol I
Thomas, Orlan E., Vol I
Trotter, Mary, Vol II
Van Appledorn, Mary Jeanne,
   Vol I
Wages, Jack D., Vol II
Whitlark, James S., Vol II
Wilcox, Dean, Vol II
Williams, David E., Vol II
Zyla, Wolodymyr T., Vol III

Mansfield
Hufman, Melody J., Vol II

Marshall
Miller, Telly Hugh, Vol IV
Potts, Donald R., Vol IV

McAllen
Carter, David K., Vol IV

Mesquite
Lightner, Robert P., Vol IV

Nacogdoches
Abernethy, Francis Edward, Vol II
Davis, Carl L., Vol I
Devine, Joseph A., Jr., Vol I
Duncan, Kirby Luther, Vol II
Johnson, Bobby Harold, Vol I
McDonald, Archie Philip, Vol I
McGrath, Sylvia Wallace, Vol I
Reese, James Verdo, Vol I

Odessa
Olien, Diana Davids, Vol I
Toruno, Rhina, Vol III

Plainview
Owens, Nora Estelle, Vol I

Prairie View
Shine, Theodis, Vol II

Rancho Viejo
Soldan, Angelika, Vol IV

Richardson
Alexander, Bobby C., Vol I
Argyros, Alex, Vol III
Bambach, Charles, Vol I
Branson, Susan, Vol I
Chandler, Joan, Vol I
Channell, David, Vol I
Cohen, Milton, Vol II
Egea, Esteban R., Vol III
Gossin, Pamela, Vol II
Hambly, Gavin Richard Grenville,
   Vol I
Haynes, Cynthia, Vol II
Hernandez, Juan, Vol II
Kain, John Forrest, Vol I
Kratz, Dennis, Vol II
Leaf, Murray John, Vol I
Michaelson, Pat, Vol II
Nelsen, Robert, Vol II
Ozsvath, Zsuzsanna, Vol II
Rabe, Stephen, Vol I
Redman, Tim, Vol II
Schulte, Rainer, Vol II
Simpson, Michael, Vol I
Sobstyl, Edrie, Vol IV
Soliday, Gerald, Vol I
Stott, Deborah, Vol IV
Wickberg, Daniel, Vol I
Wilson, Michael, Vol I
Worsfold, Victor, Vol I

Rio Vista
Baker, Thomas Lindsay, Vol I

San Angelo
Hindman, E. James, Vol I
Tetzlaff, Otto W., Vol III
Ward, James Randolph, Vol I

San Antonio
Adams, R.E.W., Vol I
Allen, Mark, Vol I
Aspell, Patrick Joseph, Vol IV
Barker, Wendy, Vol I
Bernstein, Mark, Vol IV
Blanchard, Robert O., Vol II
Brackenridge, Robert Douglas,
   Vol I
Breit, William Leo, Vol I
Bruster, Douglas, Vol I
Burton, Joan, Vol I
Caver, Christine, Vol I
Chittenden, Jean Stahl, Vol III
Christ, William G., Vol II
Cooey, Paula M., Vol IV
Craven, Alan, Vol II
Drinka, Bridget, Vol III
Empereur, James L., Vol IV
Estep, Myrna Lynn, Vol IV
Fisher, Judith Law, Vol II
Garrison, Mark, Vol I
Graff, Harvey J., Vol I
Hill, L. Brooks, Vol II
Hovey, Kenneth, Vol I
Huesca, Robert, Vol II
Hurst Williams, Suzanne, Vol II
Hutton, John, Vol I
Jacobson, Rodolfo, Vol III
Johnson, David Ralph, Vol I
Kates, Gary, Vol I
Kellman, Steven G., Vol III
Langlinais, J. Willis, Vol IV
Larson, Doran, Vol I
Leies, John A., Vol IV
Levitti, Steven R., Vol II
Lopez, Debbie, Vol I
Luper, Steven, Vol IV
Lyons, Bonnie, Vol I
McBride, Margaret, Vol I
McCusker, John J., Vol I
Mcnutt, James Charles, Vol I
Mendoza, Louis, Vol I
Metcalf, Alida C., Vol I
Michel, Joseph, Vol III
Miller, A.R., Vol IV
Miller, Char, Vol I
Nadeau, Randall, Vol IV
Norman, Judith, Vol IV
Paleczny, Barbara, Vol IV
Pearce, James, Vol I
Reesman, J.C., Vol II
Reitzes, Lisa B., Vol I
Rodriguez, Clemencia, Vol I
Romano, Susan, Vol I
Ryan, Eilish, Vol IV
Salvucci, Linda Kerrigan, Vol I
Sauer, James B., Vol IV
Schulte, Josephine Helen, Vol I
Sherwood, Stephen K., Vol IV
Smith, Woodruff Donald, Vol I
Stroud, Matthew David, Vol III
Talbot, Charles, Vol I
Taylor-Mitchell, Laurie, Vol I
Valone, Carolyn, Vol I
Walker, William O., Jr., Vol IV
Wells, Colin, Vol I
Wickham, Christopher J., Vol III
Woodson, Linda, Vol I

San Marcos
Arnoult, Sharon, Vol I
Bell-Metereau, Rebecca, Vol II
Blair, John, Vol II
Brandimarte, Cynthia A., Vol I
Brister, Louis Edwin, Vol III
Brown, Ronald Conklin, Vol I
Brunson, Martha Luan, Vol II
Chase Hankins, June, Vol II
Chavkin, Allan, Vol II
Coulson, J. Peter, Vol II
de la Teja, J.F., Vol I
Dunn, Dennis John, Vol I
England, Michael Timothy, Vol II
Grayson, Nancy Jane, Vol II
Hennessy, Michael, Vol II
Laird, Edgar, Vol II
Liddle, William D., Vol I
Lochman, Dan, Vol II
Makowski, Elizabeth, Vol I
Margerison, Kenneth, Vol I
Marron, Maria B., Vol II
Monroe, Debra, Vol II
Nelson, David C., Vol II

Peirce, Kate L., Vol II
Pohl, James William, Vol I
Rao, Sandhya, Vol II
Renfro, Paula C., Vol II
Renfro, R. Bruce, Vol II
Salem, Philip, Vol II
Skerpan-Wheeler, Elizabeth P., Vol II
Smith, Joanne Hamlin, Vol I
Swinney, Everette, Vol I
Yick, Joseph Kong Sang, Vol I

Seguin
Beck, Norman Arthur, Vol IV
Bittrich, Louis Edward, Vol III

Sherman
Cape, Robert W., Vol I
Carlson, Arvid John, Vol I
Cummins, Light Townsend, Vol I
Cummins, Victoria Hennessey, Vol I
Moore, William Hamilton, Vol II
Tooley, T. Hunt, Vol I

Station
Costa, Richard Hauer, Vol II
Koepke, Wulf, Vol III

Stephenville
Martin, William Bizzell, Vol II

Tyler
Cooper, M. Wayne, Vol IV
Harris, John L., Vol IV
Rogers, Jack E., Vol II

Victoria
Smith, Harold L., Vol I
Walker, Ronald Gary, Vol II

Waco
Baird, Robert Malcolm, Vol IV
Barge, J. Kevin, Vol II
Breckenridge, James, Vol I
Charlton, Thomas Lee, Vol I
Collmer, Robert George, Vol II
Conyers, A.J., Vol IV
Creed, Bradley, Vol IV
Cresson, Bruce Collins, Vol IV
Davis, Derek H., Vol IV
Davis, William V., Vol II
Duncan, Elmer H, Vol IV
Hendon, David Warren, Vol I
Lemaster, Jimmie R., Vol II
Longfellow, David Lyman, Vol I
Ngan, Lai Ling E., Vol IV
Patterson, Bob E., Vol II
Pitts, Bill, Vol IV
Ray, Robert H., Vol II
Smith, Diane E., Vol I
Sorelle, James Martin, Vol I
Vardaman, James Welch, Vol I
Velez, Joseph Francisco, Vol III
Wood, John A., Vol IV

Wichita Falls
Brown, Harry Matthew, Vol II
Hoggard, James Martin, Vol II

Woodlands
Schmandt, Jorgen, Vol IV

UTAH

Blanding
Barlow, K. Renee, Vol I

Cedar City
Aton, James M., Vol II
Harrison, James W., Vol III
Heuett, Brian L., Vol II
Lee, William David, Vol II
Vlasich, James Anthony, Vol I

Ceder City
Lee, David, Vol II

Logan
Bakker, Jan, Vol II
Carmack, Noel A., Vol I
Cole, Robert, Vol I
Derry, James, Vol II
Ellsworth, Samuel George, Vol I
Glatfelter, Ralph Edward, Vol I

Huenemann, Charles, Vol IV
Jones, Norman L., Vol I
Lewis, David Rich, Vol I
Lye, William Frank, Vol I
McInerney, Daniel J., Vol I
Milner, Clyde A., II, Vol I
Nicholls, Michael Lee, Vol I
O'Connor, Carol A., Vol I
Pease, Ted, Vol II
Peterson, Charles S., Vol I
Peterson, Frank Ross, Vol I
Siporin, Steve, Vol II
Sweeney, Michael S., Vol II
Wilson, William Albert, Vol III

Odgen
Vause, L. Mikel, Vol II

Ogden
Beatch, B. Richard, Vol IV
Mathews, Thomas J., Vol III
Oliver, Daily E., Vol I
Sharpes, Donald Kenneth, Vol II
Spanos, Anthony, Vol III

Orem
Kazemzadeh, Masoud, Vol I
Keller, David R., Vol IV
Paulsen, David L., Vol IV

Provo
Alexander, Thomas G., Vol I
Baker, Joseph O., Vol I
Beecher, Maureen Ursenbach, Vol III
Britsch, R. Lanier, Vol I
Brown, Scott Kent, Vol I
Cannon, Donald Quayle, Vol I
Carter, K. Codell, Vol I
Christenson, Allen J., Vol I
Cowan, Richard O., Vol I
Cracroft, Richard Holton, Vol II
Davis, Garold N., Vol III
Faulconer, James E., Vol IV
Flammer, Philip Meynard, Vol I
Fox, Frank Wayne, Vol I
Geary, Edward Acord, Vol I
Hallen, Cynthia L., Vol III
Hart, Edward Leroy, Vol II
Holmes, Blair R., Vol I
Hyer, Paul V., Vol I
Jackson, Kent Phillips, Vol I
Jarvis, Donald Karl, Vol III
Jensen, De Lamar, Vol I
Jones, Randall Lee, Vol III
Kelling, Hans-Wilhelm L., Vol III
Lanier Britsch, R., Vol I
Larson, Clinton F., Vol I
Lounsbury, Richard Cecil, Vol I
Luthy, Melvin Joseph, Vol III
Madsen, Carol Cornwall, Vol I
Madsen, Truman Grant, Vol IV
Oaks, Harold Rasmus, Vol II
Parry, Joseph D., Vol I
Paxman, David B., Vol III
Peer, Larry Howard, Vol III
Perkins, George W., Vol III
Pixton, Paul Brewer, Vol I
Preston, Cheryl B., Vol IV
Quackenbush, Louis Howard, Vol III
Reynolds, Noel Beldon, Vol IV
Rogers, Thomas Franklyn, Vol III
Ryskamp, George R., Vol IV
Shumway, Larry V., Vol I
Skousen, Royal Jon, Vol III
Tanner, John Sears, Vol II
Tanner, Stephen Lowell, Vol II
Tate, George Sheldon, Vol II
Wardle, Lynn Dennis, Vol I
Warner, Ted J, Vol I
Wilson, Laurie J., Vol II
York, Neil Longley, Vol I

Salt Lake City
Adams, Winthrop Lindsay, Vol I
Aggeler, Geoffrey Donovan, Vol II
Alexander, Dennis C., Vol II
Battin, Margaret Pabst, Vol IV
Bergstrom, Mark, Vol II
Brunvand, Jan Harold, Vol I
Bullough, Robert V., Jr., Vol I
Cassell, P.G., Vol II
Chopyk, Dan Bohdan, Vol III
Clayton, James L., Vol I
Coleman, Ronald Gerald, Vol I
Coombs, Frank Alan, Vol I
Council, Norman Briggs, Vol II
Davison, Alan R., Vol III

Donavin, Georgiana, Vol II
Downes, Stephen M., Vol I
Firmage, Edwin Brown, Vol IV
Garrett, Don James, Vol IV
Gerlach, Larry Reuben, Vol I
Goldberg, Robert A., Vol I
Helbling, Robert E., Vol III
Hess, William Huie, Vol I
Hollstein, Milton C., Vol II
Holmes, Michael E., Vol II
Johnson, Paul E., Vol I
Keiter, Robert B., Vol IV
Knapp, Gerhard Peter, Vol II
Madsen, Brigham Dwaine, Vol I
McIntyre, Jerilyn S., Vol I
McPhail, Mark L., Vol II
Neta, Ram, Vol IV
Olsen, Glenn Warren, Vol I
Oravec, Christine, Vol II
Revell, Donald, Vol II
Samuels, Wilfred D., Vol II
Sillars, Malcolm O., Vol II
Steensma, Robert Charles, Vol II
Taylor, Sandra C., Vol I
Tiemens, Robert K., Vol II
Tompson, Richard Stevens, Vol I
Torrago, Loretta, Vol IV
Tuttle, Howard N., Vol IV
Vlam, Grace A.H., Vol I
Walgren, Kent, Vol IV
White, Nicholas P., Vol IV

VERMONT

Bennington
Burkhardt, Frederick, Vol IV
Glazier, Lyle Edward, Vol II
Newman, Lea Bertani Vozar, Vol II

Brattleboro
Oakes, James L., Vol IV

Burlington
Ambrose, Z. Philip, Vol I
Andrea, Alfred J., Vol I
Bailly, Jacques A., Vol I
Daniels, R.V., Vol I
Davison, Jean Margaret, Vol I
Grinde, Donald Andrew, Vol I
Guitar, Barry, Vol III
Gutman, Stanley T., Vol II
Hall, Robert William, Vol IV
Hand, Samuel B., Vol I
Hutton, Patrick H., Vol I
Kornblith, Hilary, Vol IV
Manchel, Frank, Vol I
Mann, William Edward, Vol I
McCauley, Rebecca J., Vol III
Metcalfe, William Craig, Vol I
Prelock, Patricia A., Vol III
Roberts, Julie, Vol III
Rosa, Alfred, Vol II
Rothwell, Kenneth Sprague, Vol II
Sandoval, Dolores S., Vol I
Stoler, Mark A., Vol I
Stoler, Mark Alan, Vol I
Stout, Neil R., Vol I
Trumbower, Jeffrey A., Vol IV
Weiger, John George, Vol III
Winter, Kari J., Vol II
Young-Eisendrath, Polly, Vol III

Castleton
Cook, Warren Lawrence, Vol I
Gershon, Robert, Vol II
Patterson, Robert Leyburne, Vol I

Colchester
Balutansky, Kathleen M., Vol II
Kaplan, Carey, Vol II
Kenney, John Peter, Vol IV
Lewis, Nathaniel, Vol II
Niemi, Bob, Vol I
Reiss, John, Vol II
Shea, Kerry, Vol III
Smith, Lorrie, Vol II
Wang, K.W., Vol I
Williamson Dameron, George, Vol II

Cornwall
Littlefield, David J., Vol II

East Calais
Meilkejohn, Donald, Vol IV

Enosburg Falls
Sievens, Mary Beth, Vol I

Lincoln
Shattuck, Roger, Vol I

Lyndonville
Viles, Perry, Vol I

Marlboro
Kevra, Susan, Vol III
Weiner, Neal O., Vol IV

Middlebury
Andreu, Alicia Graciela, Vol III
Bates, Stanley P., Vol II
Berninghausen, John, Vol III
Carney, Raymond, Vol II
Davydov, Sergei, Vol I
Elder, John, Vol II
Endicott-West, Elizabeth, Vol I
Ferm, Robert L., Vol IV
Huber, Thomas, Vol III
Jacobs, Travis B., Vol I
Keenan, John, Vol IV
Knox, Edward Chapman, Vol III
Lamberti, Marjorie, Vol I
Macey, David A.J., Vol I
Margolis, Gary, Vol I
McWilliams, John P., Vol II
Monod, Paul, Vol I
Moran, Thomas Moran, Vol III
Potts, Cassandra W., Vol I
Ralph, James R., Vol I
Rockefeller, Steven C., Vol I
Schine, Robert S., Vol III
Sonderegger, Katherine, Vol IV
Sparks, Kimberly, Vol III
Waldron, William S., Vol IV
Waters, Neil L., Vol I
West, James, Vol I
Yarbrough, O. Larry, Vol IV
Yu, Clara, Vol III

Montpelier
Brenneman, Walter L., Vol I

Northfield
Liberman, Terri, Vol II

Norwich
Katz, Phyllis, Vol I

Pownal
Gibson, Walter S., Vol I

Proctorsville
Chick, Edson Marland, Vol III

Putney
Halpern, Beth, Vol IV

Salisbury
Noble, William P., Vol IV

Tunbridge
Wolfe, David L., Vol I

Washington
Bellamy, Everett, Vol I
Dates, Jannette Lake, Vol II
Felder, Cain Hope, Vol IV
George, Luvenia A., Vol I
Gilmore, Al Tony, Vol I
Hall, Kim Felicia, Vol II
Hamilton, Edwin, Vol I
Harvey, Louis-Charles, Vol IV
Landers, Renee M., Vol IV
Mason, Donna S., Vol I
Miller, Tedd, Vol IV
Saunders, Mauderie Hancock, Vol I
Shopshire, James Maynard, Vol IV
Smith, Wallace Charles, Vol IV
Stokes, Louis, Vol IV
Subryan, Carmen, Vol II
Taylor, Arnold H., Vol I
Thornell, Richard Paul, Vol IV
Trapp-Dukes, Rosa Lee, Vol I
Wallace, Karen Smyley, Vol III
Wilson, Willie Frederick, Vol IV

VIRGINIA

Alexandria
Atkeson, E.B., Vol I
Bochnowski, Michael, Vol IV
Cook, Stephen L., Vol IV
Davis, Ellen F., Vol IV
Dyer, James Mark, Vol IV
Edwards, Don R., Vol IV
Eversley, Walter V.L., Vol IV
Falk, Stanley Lawrence, Vol I
Francis, Samuel Todd, Vol I
Fuller, Reginald H., Vol IV
Gearey, Amelia J., Vol IV
Glover, Raymond F., Vol IV
Hanchey, Howard, Vol IV
Horne, Martha J., Vol IV
Jones, Richard J., Vol IV
McDaniel, Judith M., Vol IV
McVeigh, Paul J., Vol II
Newman, Murray L., Vol IV
Newman, Murray L., Jr., Vol IV
Parrent, Allan Mitchell, Vol IV
Petraglia, Michael, Vol I
Prichard, Robert W., Vol IV
Ross, James F., Vol IV
Sandy, Kity, Vol I
Scott, David Allen, Vol IV
Seale, William, Vol I
Sedgwick, Timothy F., Vol IV
Shosky, John, Vol IV
Stafford, William Sutherland, Vol I

Annandale
Alford, Terry L., Vol I
Eadie, William F., Vol II
Watson, John W., Vol III

Arlington
Bearss, Edwin Cole, Vol I
Burford, Jim, Vol I
Haines, Gerald Kenneth, Vol I
Hollander, Rachelle D., Vol IV
Irrizarry, E., Vol III
Langley, Harold D., Vol I
Schurman, Lydia Cushman, Vol II

Ashland
Beatty, Joseph, Vol IV
Daugherty, Gregory Neil, Vol I
deGraff, Amy, Vol III
Inge, M. Thomas, Vol II
McCaffrey, Daniel, Vol I
Scanlon, James Edward, Vol I
Tuell, Steven Shawn, Vol IV

Blacksburg
Anderson, Linda, Vol II
Barr, Marleen Sandra, Vol II
Bauer, Henry H., Vol I
Bixler, Jacqueline, Vol II
Britt, Brian M., Vol IV
Brown, Weldon Amzy, Vol I
Burian, Richard M., Vol IV
Campbell, Hilbert Haynes, Vol II
Doswald, Herman K., Vol III
Drake, Dana Blackmar, Vol III
Ekirch, A. Roger, Vol I
Fine, Elizabeth C., Vol III
Fishwick, Marshall W., Vol I
Fowler, Virginia C., Vol II
Graham, Peter W., Vol II
Hammond, Guy Bowers, Vol IV
Hattab, Helen, Vol IV
Hirsh, Richard Frederic, Vol I
Howard, Thomas Carlton, Vol I
Malbon, Elizabeth Struthers, Vol I
Mcallister, Matthew P., Vol II
Moyer, Albert Earl, Vol I
Oliver, Mary Beth, Vol III
Pitt, Joseph C., Vol IV
Pitt, Joseph C., Vol IV
Riley, Sam G., Vol II
Robertson, James Irvin, Vol I
Saffle, Michael, Vol I
Shumsky, Neil Larry, Vol I
Sulloway, Alison G., Vol II
Taylor, Charles L., Vol I
Tucker, Edward Llewellyn, Vol II
Wallenstein, Peter, Vol I
Welch, Dennis Martin, Vol II
Wieczynski, Joseph Leon, Vol I
Zallen, Doris T., Vol IV

Bluefield
Crawford, Timothy G., Vol IV
Lyle, Kenneth, Vol IV

Bridgewater
Phenix, Philip Henry, Vol IV

Buena Vista
Armstrong, John M., Vol IV
Cluff, Randall, Vol II

Burke
Gropman, Alan Louis, Vol I

Charlottesville
Abbot, William Wright, Vol I
Barolsky, Paul, Vol I
Battestin, Martin Carey, Vol II
Beizer, Janet L., Vol III
Berkeley, Edmund, Vol I
Berlanstein, Lenard Russell, Vol I
Blackwell, Marilyn Johns, Vol II
Blotner, Joseph Leo, Vol II
Bluestone, Daniel, Vol I
Cantor, Paul Arthur, Vol II
Casey, John Dudley, Vol I
Casteen, John, Vol III
Chase, Philander Dean, Vol I
Childress, James Franklin, Vol IV
Cohen, George M., Vol IV
Colker, Marvin L., Vol IV
Connolly, Julian Welch, Vol III
Cook, Robert Francis, Vol III
Courtney, Edward, Vol I
Cross, Robert Dougherty, Vol I
Cusick, Suzanne G., Vol I
Davidson, Hugh Maccullough, Vol III
Denomme, Robert T., Vol III
DeVeaux, Scott, Vol I
Duff Neiman, Fraser, Vol I
Duggan, Hoyt Nolan, Vol III
Edsall, Nicholas Cranford, Vol I
Elson, Mark Jeffrey, Vol III
Forbes, John Douglas, Vol I
Gallagher, Gary W., Vol I
Gaston, Paul M., Vol I
Gaunt, Kyra D., Vol I
Gies, David Thatcher, Vol III
Haberly, David T., Vol III
Hartt, Julian Norris, Vol IV
Havran, Martin Joseph, Vol I
Hermann, E.C., Vol III
Herrero, Javier, Vol III
Holt, Michael Fitzgibbon, Vol I
Howard, Arthur Ellsworth Dick, Vol IV
Hudson, G. Elizabeth, Vol I
Jackson, William Edward, Vol III
Jordan, Ervin L., Vol I
Kett, Joseph Francis, Vol I
Kovacs, Paul David, Vol I
Kraehe, Enno Edward, Vol I
Lang, Cecil Y., Vol II
Langbaum, Robert, Vol II
Leffler, M.P., Vol I
Levenson, Jacob Clavner, Vol I
Loach, Donald, Vol I
Malone, Dumas, Vol I
Mathewes, Charles, Vol IV
Mcclellan, Woodford, Vol I
McClesky, Turk, Vol I
McClymonds, Marita P., Vol I
Mccurdy, Charles William, Vol I
McDonald, William Cecil, Vol III
McKinley, Mary B., Vol III
Meador, Daniel John, Vol IV
Merrill, Richard Austin, Vol IV
Midelfort, H.C. Erik, Vol I
Miles, David Holmes, Vol III
Miller, John F., Vol I
Miller, Joseph Calder, Vol I
Murphy, Kevin, Vol I
Noble, Thomas Francis Xavier, Vol I
Nohrnberg, James Carson, Vol II
Onuf, Peter S., Vol I
Osheim, Duane Jeffrey, Vol I
Perdue, Charles L., Vol I
Perkowski, Jan Louis, Vol III
Peterson, Merrill Daniel, Vol I
Picker, John, Vol II
Ramazani, Jahan, Vol II
Reilly, Lisa, Vol I
Roberts, Marion Elizabeth, Vol I
Sabato, Larry J., Vol I
Scharlemann, Robert Paul, Vol IV
Schmitt, Hans Adolf, Vol I
Scott, Nathan A., Jr., Vol IV
Scott, Nathan Alexander, Jr., Vol IV
Secada, Jorge E.K., Vol IV

Sedgwick, Alexander, Vol I
Sherman, Roger, Vol I
Simmons, A.J., Vol IV
Simon, Roland Henri, Vol III
Stephan, P.B., Vol IV
Strauss Clay, Jenny, Vol I
Trotter, A.H., Jr., Vol IV
Turner, Robert Foster, Vol IV
Twohig, Dorothy Ann, Vol I
Vandersee, Charles Andrew, Vol II
Velimirovic, Milos, Vol I
Wadlington, Walter James, Vol IV
Wagner, Roy, Vol I
Wells, Camille, Vol I
White, G. Edward, Vol I
Wilson, Richard Guy, Vol I
Winner, Anthony, Vol II
Winner, Viola Hopkins, Vol II
Wollenberg, Bruce, Vol IV
Zunz, Olivier J., Vol I

Covesville
Orr, Mary C., Vol IV

Danville
Charity, Ruth Harvey, Vol IV
Hayes, Jack I., Jr., Vol I
Laughlin, John C.H., Vol IV

Dunn Loring
Mickolus, Edward F., Vol I

Emory
Reid, Robert L., Vol II

Fairfax
Adamson, Hugh Douglas, Vol III
Brown, Lorraine Anne, Vol II
Brown, Stephen Jeffry, Vol II
Brunette, Peter, Vol II
Censer, Jack R., Vol I
DeCosta-Willis, Miriam, Vol III
Deshmukh, Marion F., Vol I
Deshmukh, Marion Fishel, Vol I
Elstun, Esther Nies, Vol III
Fuchs, Cynthia, Vol II
Hecht, Leo, Vol III
Irvine, Lorna Marie, Vol II
Jann, Rosemary, Vol II
Kelley, Michael Robert, Vol II
Pfund, Peter H., Vol I
Rosenzweig, Roy, Vol I
Rothbart, Daniel, Vol IV
Rozenzweig, Roy, Vol I
Smith, Paul, Vol II
Starosta, William J., Vol II
Story, Patrick Lee, Vol II
Tolchin, Susan Jane, Vol I
Turner Censer, Jane, Vol I
Williams, Marcus Doyle, Vol IV
Winkler, Martin M., Vol I
Yocom, Margaret Rose, Vol II
Zagarri, Rosemarie, Vol I

Falls Church
Delacre, Georges, Vol IV
Earley, Joseph E., Vol IV
Moore, Robert Hamilton, Vol II
Pearson, Judy C., Vol II

Farmville
Cormier, R.J., Vol III
Millar, Gilbert John, Vol I

Ferrum
Woods, Daniel, Vol I

Franklin
LeBlanc, Wilmer James, Vol III

Fredericksburg
Amin Razavi, Mehdi, Vol IV
Bourdon, Roger J., Vol I
Krick, Robert Kenneth, Vol I
Merrill, Sammy Ray, Vol III
Nails, Debra, Vol IV

Front Royal
Carroll, Warren Hasty, Vol I
Skeris, Robert A., Vol IV

Hampden-Sydney
Arieti, James Alexander, Vol I
Heinemann, Ronald, Vol I
Simpson, Hassell Algernon, Vol II

Hampton
Brown, Jessie Lemon, Vol II
Duncan, John C., Jr., Vol IV
Jefferson, M. Ivory, Vol IV
Jones, Bonnie Louise, Vol I
Locke, Mamie Evelyn, Vol I
Morris, Margaret Lindsay, Vol III
Porter, Michael LeRoy, Vol II

Harrisburg
Congdon, Lee W., Vol I
Fawkes, Don, Vol IV

Harrisonburg
Arthur, Thomas H., Vol II
Bland, Sidney Roderick, Vol I
Cohen, Ralph Alan, Vol II
Edelman, Diana, Vol IV
Engle, James R., Vol IV
Finger, Thomas, Vol IV
Gabbin, Joanne Veal, Vol II
Gingerich, Ray C., Vol IV
Grimsrud, Theodore G., Vol IV
Hawthorne, Mark D., Vol II
Keim, Albert N., Vol IV
King, Sallie B., Vol IV
MacLean, Iain Stewart, Vol IV
McKinney, Lauren D., Vol IV
Nickels, Cameron C., Vol I
Riley, Philip Ferdinand, Vol I
Sprunger, Mary S., Vol IV
Weaver, Dorothy Jean, Vol IV

Keswick
Bates, George Albert, Vol IV

Lawrenceville
Kamau, Mosi, Vol I

Lexington
Bausum, Henry S., Vol I
Bland, Larry Irvin, Vol I
Brown, Alexandra, Vol IV
Brown, John Madison, Vol III
Craun, Edwin David, Vol II
Davis, Thomas Webster, Vol I
Davis, Winston, Vol I
Emmitt, Helen, Vol II
Fay, Mary Ann, Vol I
Gentry, Thomas Blythe, Vol II
Hays, Willard Murrell, Vol I
Hodges, Louis Wendell, Vol IV
Kirgis, Frederic Lee, Vol IV
LaRue, Lewis Henry, Vol I
Martin, Joseph Ramsey, Vol I
Richter, Duncan J., Vol IV
Sessions, William Lad, Vol IV
Sheldon, Rose Mary, Vol I
Stuart, Dabney, Vol II
Sullivan, Winnifred F., Vol IV
Thomas, Donald E., Vol I
Tucker, Spencer C., Vol I
Vandervort, Bruce, Vol I
Warren, James Perrin, Vol I
Weing, Siegfried, Vol III

Lynchburg
Beck, W. David, Vol IV
Deibler, Timothy, Vol IV
Friedman, Lesley, Vol IV
Hanenkrat, Frank Thomas, Vol II
Hostetler, Theodore J., Vol I
Huston, James Alvin, Vol I
Matheny, William Edward, Vol I
Mayer, Bruce Hillis, Vol III
Quillian, William F., Vol IV
Towns, Elmer, Vol IV
Vanauken, Sheldon, Vol I
Young, William H., Vol I

Manassas
Ackley, John B., Vol IV
Archer, Chalmers, Jr., Vol I

McLean
Garen, Sally, Vol I

Mechanicsville
Davis, Ronald E., Vol IV

Newport News
Beauchamp, Richard A., Vol IV
Eastman, John Robert, Vol I
Hines, James Robert, Vol I
Hoaglund, John Arthur, Vol IV
Kleber, Brooks Edward, Vol I
Morris, James Matthew, Vol I
Powell, Jouett L., Vol IV

Rose, Kenneth, Vol IV
Sishagne, Shumet, Vol IV
Teschner, George A., Vol IV

Norfolk
Altegoer, Diana B., Vol II
Aycock, Roy E., Vol II
Bazin, Nancy Topping, Vol III
Berube, Maurice R., Vol I
Bing, Janet, Vol II
Bogger, Tommy L., Vol I
Boyd, Carl, Vol I
Brenner, William H., Vol IV
Brueggemann, Aminia M., Vol III
Card, James Van Dyck, Vol II
Carroll, William, Vol II
Comfort, Juanita R., Vol II
Cooper, Virginia W., Vol II
Dandridge, Rita Bernice, Vol II
Davis, Katie Campbell, Vol III
Eckenwiler, Lisa A., Vol IV
Edgerton, Gary R., Vol II
Evans, Rod L., Vol IV
Ford, Lewis S., Vol IV
Graf, Daniel William, Vol I
Greene, Douglas G., Vol I
Gunzerath, David, Vol I
Habib, Imtiaz, Vol II
Hassencahl, Frances J., Vol II
Hatab, Lawrence J., Vol IV
Heller, Dana, Vol II
Hoffmann, Joyce, Vol II
Jackson, Kathy Merlock, Vol II
Jacobs, Edward, Vol II
Jones, William B., Vol IV
Kuehl, John William, Vol I
Lawes, Carolyn J., Vol I
Matthews, A. Warren, Vol IV
Metzger, David, Vol II
Moorti, Sujata, Vol II
Mourao, Manuela, Vol II
Neff, Joyce, Vol II
Pearson, Michael, Vol II
Perez-Lopez, Rene, Vol II
Putney, David P., Vol IV
Raisor, Philip, Vol II
Richards, Jeffrey H., Vol II
Shelton, Mark, Vol IV
Shores, David Lee, Vol II
Slane, Andrea, Vol II
Topping Bazin, Nancy, Vol II
Tyler, Gerald DeForest, Vol I
Wilson, Charles E., Jr., Vol II
Wilson, Harold Stacy, Vol I

Petersburg
Hill, Renee Afanan, Vol IV
Norris, Ethel Maureen, Vol I
Thigpen, Calvin Herritage, Vol IV
Toppin, Edgar Allan, Vol I

Radford
Arbury, Steve, Vol I
Baker, Moira, Vol II
Christianson, Scott, Vol II
Edwards, Grace Toney, Vol III
Gainer, Kim, Vol II
Gallo, Louis, Vol II
Graham, Joyce, Vol II
Guruswamy, Rosemary, Vol II
Killen, Linda, Vol I
Kovarik, Bill, Vol II
Kranidis, Rita, Vol II
Lanier, Parks, Vol II
Martin, Glen, Vol IV
Mcclellan, Charles W., Vol I
Murphy, Richard, Vol II
Poe, Elizabeth, Vol II
Poland, Tim, Vol II
Samson, Donald, Vol II
Saperstein, Jeff, Vol II
Secreast, Donald, Vol II
Siebert, Hilary, Vol II
Sizemore Riddle, Rita, Vol II
Wawrzycka, Jolanta, Vol II
Weiss, Alexander, Vol II

Reedville
Kelly, Balmer Hancock, Vol IV

Reston
Moses, Claire Goldberg, Vol I
Myricks, Noel, Vol IV

Richmond
Achtemeier, Paul John, Vol IV
Bendersky, Joseph William, Vol I
Berry, Boyd Mcculloch, Vol II
Bolt, Ernest C., Jr., Vol I

Brennen, Bonnie, Vol IV
Briceland, Alan Vance, Vol I
Brown, William P., Vol IV
Bryson, William Hamilton, Vol I
Carroll, John T., Vol IV
Chestnut, Paul Ivar, Vol I
Ciulla, Joanne B., Vol IV
Cobb, John Hunter, Jr., Vol I
Coppedge, Walter Raleigh, Vol I
Dance, Daryl Cumber, Vol II
Daniel, Wilbon Harrison, Vol I
Dawe, Donald Gilbert, Vol IV
DeVries, Dawn A ., Vol IV
Dvorak, Paul Francis, Vol III
Eakin, Frank Edwin, Vol IV
Edwards, Clifford Walter, Vol IV
Ellis, Anthony John, Vol IV
Engel, Arthur Jason, Vol II
Evans, David C., Vol I
Farmer, David, Vol I
Friedman, William Hillel, Vol IV
Gibson, William M., Vol IV
Griffin, Claudius Williams, Vol II
Gunlicks, Arthur B., Vol I
Hall, James, Vol IV
Hilliard, Raymond Francis, Vol II
Hinson, E. Glenn, Vol I
Hirsch, Herbert, Vol I
James, Allix Bledsoe, Vol IV
Jones, Suzanne W., Vol II
Kenzer, Robert C., Vol I
Kinney, James Joseph, Vol II
Leary, David E., Vol I
Leith, John Haddon, Vol IV
Lewellen, Ted Charles, Vol I
Longest, George Calvin, Vol II
Marcone, Rose Marie, Vol III
Mcmurtry, Josephine, Vol I
Meeker, Michael W., Vol II
Moore, James Tice, Vol I
Morse, Charlotte Cook, Vol II
Neumann, Frederick, Vol I
Ottati, Douglas Fernando, Vol IV
Peischel, Margaret Theresa, Vol III
Phillips, Richard E., Vol I
Polaski, Sandra Hack, Vol IV
Reed, Daisy Frye, Vol I
Rilling, John R., Vol I
Rissi, Mathias, Vol IV
Roberts, Samuel Kelton, Vol IV
Robertson, Benjamin W., Vol IV
Rogers, Isabel Wood, Vol IV
Ross, Jerome C., Vol IV
Schauber, Nancy E., Vol IV
Schwarz, Philip James, Vol I
Shapiro, Gary, Vol IV
Shear, Jonathan, Vol IV
Sims, Robert Lewis, Vol III
Smylie, James Hutchinson, Vol I
Snead, David L., Vol I
Stevenson, Walt, Vol I
Tarter, Brent, Vol I
Taylor, Welford Dunaway, Vol II
Terry, Robert Meredith, Vol III
Towner, Wayne Sibley, Vol IV
Treadway, John David, Vol I
Urofsky, Melvin Irving, Vol I
Valeri, Mark, Vol IV
Vallentyne, Peter, Vol IV
Ward, Harry M., Vol I
Watson, John A., Vol III
Yancy, Preston Martin, Vol II
Yang, Zongsui, Vol I

Roanoke
Caujolle, Claude, Vol III
Delaney, David K., Vol I
Fallon, Jean, Vol II
Fosl, Peter S., Vol IV
Patrick Downey, James, Vol IV
Phillips, Klaus, Vol III
Sampon-Nicolas, Annette, Vol III

Salem
McDermott, Gerald D., Vol IV

Spotsylvania
Birchette, William Ashby, III, Vol I

Stanardsville
Carpenter, Elizabeth S., Vol IV

Staunton
Cole, Mary Hill, Vol I
Evans, Martha Noel, Vol III
Keller, Kenneth Wayne, Vol I
Menk, Patricia Holbert, Vol I
Reich, Robert D., Vol II

Stephens City
Copenhaver, John D., Vol IV

Sweet Briar
Aiken, Ralph, Vol II
Ascari, Rosalia Colombo, Vol III
Berg, Gerald Michael, Vol I
Dabney, Ross H., Vol II
DeWeese, Pamela, Vol III
Evans-Grubbs, Judith, Vol I
Horwege, Ronald Eugene, Vol III
Ingber, Alix, Vol I
Killiam, Marie-Therese, Vol III
Mares, Cheryl, Vol II
Metzidakis, Angelo, Vol III
Moran, Diane D., Vol I
Piepho, Lee, Vol II
Richards, Michael Dulany, Vol I
Stanton, Margaret, Vol III
Tamburr, Karl, Vol II
Witcombe, Christopher L.C.E.,
  Vol I

Virginia Beach
Foltz, Howard L., Vol IV
Greig, Gary S., Vol IV
Holman, Charles L., Vol IV
Prosser, Peter E., Vol I
Ruthven, Jon M., Vol IV
Story, J. Lyle, Vol IV
Synan, Vinson, Vol I
Umidi, Joseph L., Vol IV
Williams, J. Rodman, Vol IV

Williamsburg
Axtell, James Lewis, Vol I
Baron, James, Vol I
Becker, Lawrence C., Vol IV
Catron, Louis E., Vol II
Crapol, Edward Paul, Vol I
Donahue, John F., Vol I
Donaldson, Scott, Vol II
Ewell, Judith, Vol I
Finn, Thomas M., Vol I
Fraser, Howard Michael, Vol III
Funigiello, Philip J., Vol I
Furrow, Dwight, Vol IV
Gross, Robert A., Vol I
Hobson, Charles Frederic, Vol I
Hoffman, Ronald, Vol I
Hutton, William E., Vol I
Jarvis, Michael J., Vol I
Jones, Ward, Vol I
Kevelson, Roberta, Vol IV
Livingston, James Craig, Vol IV
Lounsbury, Carl, Vol I
Matthews, J. Rosser, Vol I
McGiffert, Michael, Vol I
Meyers, Terry L., Vol II
Millar, John F., Vol I
Morgan, Phillip D., Vol I
Nettels, Elsa, Vol I
Oakley, John H., Vol I
Pinson, Hermine Dolorez, Vol II
Preston, Katherine K., Vol I
Reilly, Linda, Vol I
Scholnick, Robert James, Vol II
Selby, John Edward, Vol I
Sheppard, Thomas Frederick, Vol I
Sheriff, Carol, Vol I
Sherman, Richard B., Vol I
Strong, John S., Vol I
Tate, Thad W., Vol I
Taylor, Talbot, Vol III
Teute, Fredrika J., Vol I
Wallach, Alan, Vol I
Whittenburg, James Penn, Vol I

Winchester
Gladwin, Lee Allan, Vol IV
Jacobs, John T., Vol II
Lesman, Ann St Clair, Vol III
St. Clair Lesman, Ann, Vol III
Wooldridge, John B., Vol III

Wise
Benke, Robin Paul, Vol II

Woodbridge
Hintz, Suzanne S., Vol III
Noone, Timothy, Vol I
Sylvas, Lionel B., Vol I

Wytheville
Jones, Dan Curtis, Vol II

WASHINGTON

Bainbridge Island
Wellman, James K., Jr., Vol IV

Bellingham
Brown, Robert D., Vol II
Buckland, Roscoe Lawrence, Vol I
Danysk, Cecilia, Vol I
Delorme, Roland L., Vol I
Feit, Neil, Vol IV
Janson, Carol, Vol I
Kaplan, Edward Harold, Vol III
McDonald, Kelly M., Vol II
Merrill, Reed, Vol III
Purtill, Richard L., Vol IV
Ritter, Harry R., Vol I
Skinner, Knute R, Vol II
Smeins, Linda, Vol I
Stoever, William K.B., Vol I
Wlater, Otis M., Vol I
Yusa, M., Vol IV

Cheney
Green, Michael Knight, Vol I
Kenney, Garrett C., Vol IV
Kieswetter, James Kay, Vol I
Lauritsen, Frederick Michael,
  Vol I
Lester, Mark, Vol II
Smith, Grant William, Vol II

Clinton
Parks, Sharon, Vol IV

College Place
Dickinson, Loren, Vol II
Maynard-Reid, Pedrito U., Vol IV

Edmonds
Lewarne, Charles Pierce, Vol I
Payne, Philip B., Vol IV
Warren, Linda, Vol IV

Ellensburg
Benton, Robert Milton, Vol II
Brennan, James Franklin, Vol IV
Lowther, Lawrence Leland, Vol I
Lygre, David Gerald, Vol IV
Olson, Steven, Vol II
Schneider, Christian Immo, Vol III

Issaquah
Harrisville, Roy A., III, Vol IV

Kirkland
Charette, Blaine, Vol IV
Inslee, Forrest, Vol II
MacDonald, Margaret R., Vol II

Lacey
Langill, Richard L., Vol I
Seidel, George J., Vol IV
Winston Suter, David, Vol IV

Mount Rainier
Andrew, Scott, Vol IV

Olympia
Williams, Sean, Vol I

Port Angeles
Machle, Edward Johnstone, Vol IV

Poulsbo
Wells, Jonathan, Vol IV

Pullman
Armitage, Susan, Vol I
Ashby, LeRoy, Vol I
Bennett, Edward Moore, Vol I
Blackwell, Frederick Warn, Vol I
Blackwell, Fritz, Vol I
Brewer, John T., Vol II
Broyles, James Earl, Vol IV
Burbick, Joan, Vol II
Chermak, Gail D., Vol III
Clanton, Orval Gene, Vol I
Condon, William, Vol II
Coon, David L., Vol I
Ehrstine, John, Vol II
Faulkner, Thomas Corwin, Vol II
Fowler, Shelli, Vol III
Franks, J. Richard, Vol III
Frykman, George Axel, Vol I
Fulton, Richard Delbert, Vol II
Gillespie, Diane F., Vol II

Gonzalez, Eloy, Vol III
Gordon, Lynn, Vol III
Gough, Jerry B., Vol I
Hammond, Alexander, Vol II
Harris, Laurilyn J., Vol II
Hellegers, Desiree, Vol II
Hirt, Paul W., Vol I
Hume, Richard L., Vol I
Hunt, Timothy, Vol II
Hyde, Virginia Crosswhite, Vol II
Hyde, Virginia M., Vol II
Ingemanson, Birgitta, Vol III
Jankowski, Theodora, Vol II
Johnson, Jeanne M., Vol III
Johnson, Wendy Dasler, Vol I
Kale, Steven D., Vol I
Keim-Campbell, Joseph, Vol IV
Kennedy, George E., Vol II
Kennedy, Thomas L., Vol I
Kicza, John Edward, Vol I
Kiessling, Nicolas, Vol II
Krantz, Grover S., Vol I
Law, Richard G., Vol II
Linden, Stanton J., Vol I
Lipe, William David, Vol I
Luchting, Wolfgang Alexander,
  Vol III
Macauley, Beth, Vol III
Madison, Charles L., Vol III
Mauss, Armand, Vol I
McLeod, Susan, Vol II
Meyer, Kathryn E., Vol I
Oliver, Eileen, Vol II
Ong, Rory J., Vol III
Orr, Leonard, Vol II
Peabody, Susan, Vol I
Pesek, Thomas G., Vol I
Peterson, Jacqueline, Vol I
Reed, T.V., Vol I
Roman, Camille, Vol II
Schleiner, Louise, Vol II
Schlesinger, Roger, Vol I
Shier, David, Vol IV
Siegel, Carol, Vol II
Sitko, Barbara, Vol II
Slind, Marvin G., Vol I
Smith, Shawn M., Vol II
Streets, Heather, Vol I
Sun, Raymond, Vol I
Svingen, Orlan, Vol I
Tolmacheva, Marina, Vol I
Trafzer, Clifford Earl, Vol I
Villanueva, Victor, Vol II
Von Frank, Albert J., Vol II
Watrous, Mary A., Vol I
Williams, Richard S., Vol I

Redmond
Beeson, P.B., Vol IV

Seattle
Adelman, Mara, Vol II
Applegate, Judith K., Vol IV
Bacharach, Jere L., Vol I
Banks, James Albert, Vol I
Barrack, Charles Michael, Vol III
Behler, Ernst, Vol III
Benson, Keith Rodney, Vol I
Bernard, J.W., Vol II
Bliquez, Lawrence J., Vol I
Bosmajian, Hamida, Vol II
Bullon-Fernandez, Maria, Vol II
Burke, William Thomas, Vol IV
Burnstein, Daniel, Vol I
Butow, Robert J.C., Vol I
Carlsen, James Caldwell, Vol I
Ceccarelli, Leah M., Vol II
Chamberlain, Gary L., Vol IV
Clausen, Meredith L., Vol I
Cobb, Jerry, Vol II
Coburn, Robert C., Vol IV
Conlon, Frank Fowler, Vol I
Connolly, Joy P.T., Vol I
Contreras, Heles, Vol III
Cosway, Richard, Vol IV
Cumberland, Sharon L., Vol II
Dombrowski, Daniel, Vol IV
Dunn, Richard John, Vol II
Eastman, Carol M., Vol III
Ellison, Herbert J., Vol I
Ellrich, Robert John, Vol III
Fearn-Banks, Kathleen, Vol II
Fortier, Ted, Vol I
Gastil, John Webster, Vol II
Gray, Richard T., Vol III
Griffith, Malcolm A., Vol II
Hankins, Thomas Leroy, Vol I
Harmon, Daniel P., Vol I
Heilman, Robert Bechtold, Vol II

Hertling, Gunter H., Vol III
Iyer, Nalini, Vol II
Jay, Stewart, Vol IV
Johnson, Richard Rigby, Vol I
Jones, Edward Louis, Vol I
Kaplan, Sydney Janet, Vol I
Keegan, John E., Vol IV
Keyt, David, Vol IV
Klausenburger, Jurgen, Vol III
Korg, Jacob, Vol II
Kosrovani, Emilio M., Vol IV
Kramer, Karl D., Vol III
Leigh, David, Vol II
Leiren, Terje Ivan, Vol I
Marinoni, R. Max, Vol III
Mayerfeld, Jamie, Vol I
Mccracken, David, Vol II
McElroy, Colleen J., Vol II
McGee, Henry W., Jr., Vol IV
Micklesen, Lew R., Vol III
Miller, Jacquelyn C., Vol I
Moore, Ronald, Vol IV
Noegel, Scott, Vol III
Nostrand, Howard Lee, Vol III
Ochsner, Jeffrey Karl, Vol I
Ottenberg, Simon, Vol I
Pagel, Ulrich, Vol IV
Palais, James Bernard, Vol I
Pascal, Paul, Vol I
Pauwels, Heidi, Vol I
Pease, Otis Arnold, Vol I
Peck, Jeffrey Marc, Vol III
Perozo, Jaime J., Vol III
Philpott, Jeffrey S., Vol II
Post, Robert M., Vol II
Potter, Karl Harrington, Vol IV
Predmore, Michael P., Vol III
Prosterman, Roy L., Vol IV
Reichmann, James B., Vol III
Reinking, Victor, Vol III
Rey, William Henry, Vol III
Risser, James C., Vol IV
Rodriguez-Holguin, Jeanette,
  Vol IV
Rowan, Stephen C., Vol II
Saporta, Sol, Vol III
Scalise, Charles J., Vol I
Schoening, Jeffrey D., Vol IV
Shapiro, Michael C., Vol III
Simonson, Harold Peter, Vol II
Spigner, Clarence, Vol I
Spina, Frank Anthony, Vol IV
Stark, James, Vol III
Starr, Larry, Vol I
Steele, Richard B., Vol IV
Stoebuck, William Brees, Vol IV
Sugar, Peter Frigyes, Vol I
Sutton, Sharon Egretta, Vol I
Swayne, Steven Robert, Vol IV
Tadie, Andrew A., Vol II
Talbott, William J., Vol IV
Taylor, Michael Joseph, Vol IV
Taylor, Tom, Vol I
Taylor, Velande P., Vol II
Thaden, Edward C., Vol I
Thomas, Carol G., Vol I
Tollefson, James William, Vol III
Treadgold, Donald Warren, Vol I
Ullman, Joan Connelly, Vol I
Van Den Berghe, Pierre L., Vol I
Waugh, Daniel Clarke, Vol I
Webb, Eugene, Vol II
Weihe, Edwin, Vol II
Wilks, Andrew C., Vol IV
Wullf, Donald H., Vol II
Ziadeh, Farhat Jacob, Vol III

Sequim
Clark, David Ridgley, Vol II

Spokane
Baird, Forrest, Vol IV
Bynagle, Hans Edward, Vol IV
Carriker, Robert C., Vol I
Cook, Michael L., Vol IV
Cook, Susan L., Vol III
Dallen, James, Vol IV
Doohan, Helen, Vol IV
Edwards, James R., Vol IV
Edwards, James R., Vol IV
Graham, J. Michele, Vol IV
Hartin, Patrick John Christopher,
  Vol IV
Hazel, Harry Charles, Vol II
Hunt, James, Vol I
Hunt, Linda, Vol II
Jackson, Gordon, Vol II
Migliazzo, Arlin C., Vol I
Mohrlang, Roger L., Vol IV

Pomerleau, Wayne Paul, Vol IV
Sanford, Daniel, Vol I
Schlatter, Fredric William, Vol I
Sittger, Gerald L., Vol IV
Sittser, Gerald, Vol IV
Soden, Dale, Vol I
Stronks, Julia K., Vol IV
Sugano, Douglas, Vol II
Tyrrell, Bernard James, Vol IV
Williams, James Hiawatha, Vol I
Wyma, Keith D., Vol IV
Yoder, John, Vol I
Yoder, John C., Vol IV

Steilacoom
Pilgrim, Walter E., Vol IV

Tacoma
Alward, Lori L., Vol IV
Arbaugh, George E., Vol IV
Barnett, Suzanne Wilson, Vol I
Block, Geoffrey, Vol I
Browning, C.R., Vol I
Carp, E. Wayne, Vol I
Cooney, Terry Arnold, Vol I
Curley, Michael Joseph, Vol II
Edwards, Douglas R., Vol IV
Eklund, Emmet Elvin, Vol IV
Garratt, Robert Francis, Vol II
Govig, Stewart D., Vol IV
Ives, Christopher, Vol IV
Johnson, Lucille Marguerite,
  Vol II
Kay, Judith Webb, Vol IV
Nordby, Jon Jorgen, Vol IV
O'Connell Killen, Patricia, Vol IV
Oakman, Douglas, Vol IV
Ostrom, Hans, Vol II
Pinzino, Jane M., Vol IV
Proehl, Geoffrey, Vol II
Reigstad, Ruth, Vol I
Skover, David, Vol IV
Smith, David Fredrick, Vol I
Staley, Jeffrey L., Vol IV
Stivers, Robert L., Vol IV

Vancouver
Dawn, Marva J., Vol IV

Vashon Island
Lone, Jana M., Vol IV

Walla Walla
Breit, Frederick Joseph, Vol I
Davidson, Roberta, Vol II
Desmond, John F., Vol II
DiPasquale, Theresa M., Vol II
Foster, Edward E., Vol II
Hashimoto, I.Y., Vol II
Masteller, Richard N., Vol I
Maxfield, James F., Vol II
Mesteller, Jean C., Vol II

Yakima
Matsen, Herbert S., Vol IV

WEST VIRGINIA

Buckhannon
Baldwin, Arminta Tucker, Vol II
Welliver, Kenneth Bruce, Vol IV

Charleston
Casdorph, Paul Douglas, Vol I
James, Betty Harris, Vol I

Elkins
Phipps, William Eugene, Vol IV
Tedford, Barbara Wilkie, Vol II

Fairmont
Wills, Jack Charles, Vol II

Huntington
Henderson, Herbert H., Vol IV
McKernan, John Joseph, Vol II
Palmer, William, Vol I
Riddel, Frank Stephen, Vol I
Spindel, Donna Jane, Vol I
Vielkind, John N., Vol IV
Watson, Jean Louise, Vol II
Woodward, David Reid, Vol I

Institute
Sharma, R.N., Vol I
Thorn, Arline Roush, Vol III

Middleway
Woods, David L., Vol II

Montgomery
Alexander, Ronald R., Vol I
Bradford, Richard Headlee, Vol I
Long, Ronald Wilson, Vol I

Morgantown
Adams, Timothy D., Vol II
Bagby, Wesley Marvin, Vol I
Basu, Ananyo, Vol IV
Blaydes, Sophia Boyatzies, Vol II
Bruner, Jeffrey, Vol III
Cohen, Debra R., Vol IV
Conner, Patrick Wayne, Vol III
Drange, Theodore Michael, Vol IV
Eichorn, Lisa, Vol IV
Elkins, James R., Vol II
French, William Wirt, Vol II
Ginsberg, Elaine Kaner, Vol II
Hood, Mantle, Vol I
Hudson, Barton, Vol II
Johnston, John H., Vol II
Jokic, Aleksander, Vol IV
Labys, Walter Carl, Vol I
Maxey, B. Ann, Vol IV
Maxon, Robert Mead, Vol I
Mccluskey, Stephen C., Vol I
Meitzen, Manfred Otto, Vol IV
Morris, William O., Vol I
Murphy, Joseph Anthony, Vol III
Potesta, Woodrow A., Vol IV
Schlunk, Juergen Eckart, Vol III
Selinger, Carl Marvin, Vol IV
Shapiro, Daniel, Vol IV
Stitzel, Judith Gold, Vol II
Vargas, Julie S., Vol I
Vehse, Charles T., Vol I
Walken, Chrisopher, Vol I
Wicclair, Mark Robert, Vol IV
Wigal, Grace J., Vol IV

Parkersburg
Allen, Bernard Lee, Vol I

Salem
Florian, Robert Bruce, Vol I
Runyan, William Ronald, Vol II

Shepherdstown
Austin, Michael, Vol II
Hanak, Walter Karl, Vol I
Holland, James C., Vol I

West Liberty
Gold, Jonathan, Vol IV

Wheeling
Laker, Joseph Alphonse, Vol I
Wack, John Theodore, Vol I

WISCONSIN

Appleton
Boardman, William Smith, Vol IV
Bremer, William Walling, Vol I
Chaney, William Albert, Vol I
Dreher, John Paul, Vol IV
Fritzell, Peter Algren, Vol II
Goldgar, Bertrand Alvin, Vol II
Lawton, Carol, Vol I
Reed, Gervais Eyer, Vol III
Taylor, Daniel Jennings, Vol I
Ternes, Hans, Vol II
Thompson, Leonard Leroy, Vol IV

Baraboo
Cole, David William, Vol II

Beloit
Freeman, Thomas Parry, Vol III
Hodge, Robert White, Vol I
Street, Jack David, Vol III
Walsh, Chad, Vol II

Cross Plains
Davis, Gary A., Vol I

De Pere
Abel, Donald C., Vol IV
Kersten, Frederick Irving, Vol IV
Patterson, Wayne Kief, Vol I
Wadell, Paul J., Vol IV
Zahorski, Kenneth, Vol II

Eau Claire
Bushnell, Jack, Vol II
Dale, Helen, Vol II
Duyfhuizen, Bernard, Vol II
Fairbanks, Carol, Vol II
Gross, Rita M., Vol I
Harder, Sarah, Vol II
Jerz, Dennis G., Vol II
Kelly, Erna, Vol II
Knoeller, Christian, Vol II
Lauber, Jack M., Vol I
Meiser, Mary, Vol II
Onwueme, Tess, Vol II
Picart, Caroline Joan Kay S., Vol IV
Shaddock, Jennifer, Vol II
Walsh, Grace, Vol II

Elkhart Lake
Lydolph, Paul E., Vol I

Germantown
Beck, John A., Vol IV

Green Bay
Aldrete, Gregory S., Vol I
Bennett, John, Vol II
Fleurant, Ken, Vol III
Kaye, Harvey Jordan, Vol I
Lockard, Craig Alan, Vol I

Kenosha
Bailey, John Wendell, Vol I
Buenker, John D., Vol I
Canary, Robert Hughes, Vol II
Chell, Samuel L., Vol II
Cress, Donald Alan, Vol IV
Dean, Dennis Richard, Vol II
Dean, James S., Vol II
DuPriest, Travis Talmadge, Jr., Vol II
Egerton, Frank N., Vol I
Gellott, Laura S., Vol I
Greenfield, Gerald M., Vol I
Hauck, Allan, Vol IV
Krause, David H., Vol II
Kummings, Donald D., Vol II
Leeds-Hurwitz, Wendy, Vol II
Lindner, Carl Martin, Vol II
Lochtefeld, James G., Vol IV
Loewen, Lynn, Vol III
Maczka, Romwald, Vol IV
Magurshak, Daniel J., Vol IV
Mclean, Andrew Miller, Vol II
Meyer, Stephen, Vol I
Noer, Thomas John, Vol I
Reeves, Thomas C., Vol I
Rothstein, Marian, Vol III
Schunk, Thom, Vol I
Shade, Barbara J., Vol I
Shailor, Jonathan G., Vol II
Shapiro, Rami, Vol II
Shucard, Alan Robert, Vol II
Smith, Eleanor Jane, Vol I
Stathatos, Constantine Christopher, Vol III
Tavera Rivera, Margarita, Vol III
Tobin, Daniel, Vol II
Tobin, Daniel, Vol II
von Dehsen, Christian D., Vol IV
Yang, Mimi, Vol III

La Crosse
Barmore, Frank E., Vol IV
Chavalas, Mark W., Vol I
Hyde, William James, Vol II
Jenson, Carol Elizabeth, Vol I
Kuhn, Gary G., Vol I
Niedzwiecki, Charissa K., Vol II
Pemberton, William Erwin, Vol I
Pinnell, Richard, Vol I
Socha, Donald, Vol III
Vettes, William George, Vol I

Ladysmith
Lewis, Thomas T., Vol I

Lake Geneva
Slocum, Robert B., Vol IV

Madison
Archdeacon, Thomas John, Vol I
Baker, Robert Samuel, Vol II
Baldwin, Gordon Brewster, Vol IV
Barker, John W., Vol I
Bender, Todd K., Vol II
Berghahn, Klaus L, Vol III
Bogue, Allan G., Vol I
Bowling, Kenneth R., Vol I
Boyer, Paul S., Vol I
Brighouse, M.H., Vol IV
Buhnemann, Guldrun, Vol III
Bush, Sargent, Jr., Vol II
Card, Claudia F., Vol IV
Cassidy, Frederic Gomes, Vol II
Chamberlain, Michael, Vol I
Ciplijauskaite, Birute, Vol III
Clover, Frank M., Vol I
Coffman, Edward M., Vol I
Courtenay, William James, Vol I
Coutenay, Lynn, Vol II
Cunliffe, William Gordon, Vol III
Dickey, Walter J., Vol IV
Doane, Alger Nicolaus, Vol II
Doran, Madeleine, Vol II
Draine, Betsy, Vol II
Eccles, Mark, Vol II
Eells, Ellery T., Vol IV
Enc, Berent, Vol IV
Fain, Haskell, Vol IV
Filipowicz, Halina, Vol III
Fishman, Sterling, Vol I
Fox, Michael, Vol IV
Friedman, Edward, Vol I
Frykenberg, Robert E., Vol I
Galanter, Marc, Vol IV
Gargan, Edward T., Vol I
Gordon, Linda, Vol I
Gorski, Philip, Vol I
Grittner, Frank Merton, Vol III
Gross, Sabine, Vol III
Hall, Joan H., Vol II
Haller, Archibald O., Vol I
Ham, F. Gerald, Vol I
Hamalainen, Pekka Kalevi, Vol I
Hamerow, Theodore Stephen, Vol I
Hanrez, Marc, Vol III
Harris, Max R., Vol IV
Hatheway, Jay, Vol I
Hausman, Daniel M., Vol IV
Haveman, Robert H., Vol I
Hayman, David, Vol II
Hermand, Jost, Vol III
Hilts, Victor L., Vol I
Hinden, Michael Charles, Vol II
Hollingsworth, Joseph Rogers, Vol I
Hopkins, Dianne McAfee, Vol I
Hunter, Linda, Vol III
Hutchison, Jane Campbell, Vol I
Ingwersen, Niels, Vol II
Jones, James Edward, Jr., Vol IV
Kaminski, John Paul, Vol I
Kamtekar, Rachana, Vol IV
Kingdon, Robert Mccune, Vol I
Kleinhenz, Christopher, Vol III
Knipe, David Maclay, Vol I
Knowles, Richard Alan John, Vol II
Kutler, Stanley I., Vol I
Latousek, Rob, Vol I
Leavitt, Judith Walzer, Vol I
Lee, Jean B., Vol I
LeMoine, Fannie J., Vol I
Levine, Andrew, Vol IV
Lin, Yu-sheng, Vol I
Lindberg, David C., Vol I
Lindstrom, Diana, Vol I
Lovejoy, David Sherman, Vol I
Lucas, Stephen E., Vol I
MacAulay, Stewart, Vol IV
Malone, Barbara S. (Bobbie), Vol I
Marks, Elaine, Vol III
Marquess, Harlan Earl, Vol I
Mazzaoui, Maureen Fennell, Vol I
McClure, Laura Kathleen, Vol I
McKeown, James C., Vol I
Melli, Marygold Shire, Vol IV
Memon, Muhammad Umar, Vol III
Michels, Anthony, Vol I
Miller, Barbara Butler, Vol IV
Mosse, George L., Vol I
Naess, Harald S., Vol II
Nelson, James Graham, Vol II
Nicholas, Robert Leon, Vol III
Nollendorfs, Valters, Vol III

Numbers, Ronald Leslie, Vol I
O'Keife, J. Paul, Vol I
Ormand, Kirk, Vol I
Payne, Stanley George, Vol I
Pfau, Michael, Vol II
Powell, Barry, Vol I
Read, Charles, Vol III
Risjord, Norman Kurt, Vol I
Rodini, Robert Joseph, Vol III
Schoville, Keith Norman, Vol III
Schultz, Stanley Kenton, Vol I
Scott, Charles Thomas, Vol III
Senn, Alfred Erich, Vol I
Sewell, Richard Herbert, Vol I
Sidran, Ben H., Vol I
Sihler, Andrew L., Vol III
Silberman, M., Vol III
Singer, Marcus G., Vol IV
Skloot, Robert, Vol II
Sober, Elliott Reuben, Vol IV
Sorkin, David, Vol I
Stern, Steve Jefferey, Vol I
Thain, Gerald John, Vol IV
Tuerkheimer, Frank M., Vol IV
Van Deburg, William L., Vol I
Vansina, Jan, Vol I
Vaughn, Stephen Lee, Vol I
Von Schneidemesser, Luanne, Vol III
Wallace, Ronald William, Vol II
Ward, David, Vol I
Weinbrot, Howard D., Vol II
Weiner, Andrew David, Vol II
Weingand, Darlene E., Vol II
Whitford, William C., Vol IV
Wiesenfarth, Joseph John, Vol II
Wills, Jeffrey, Vol I
Wink, Andre, Vol I
Woodward, David, Vol I
Yandell, Keith E., Vol IV
Yetunde Faelarin Schleicher, Antonia, Vol III
Young, Richard, Vol III
Zeps, Valdis Juris, Vol III
Zile, Zigurds Laimons, Vol IV
Zychowicz, James L., Vol I

Manitowoc
Bjerke, Robert Alan, Vol III
Trask, Kerry A., Vol I
White, V. Alan, Vol IV

Marinette
Krog, Carl Edward, Vol I

Megrion
Garcia, Albert L., Vol IV

Menomonie
Kirby, Alec, Vol I
Levy, Michael Marc, Vol II
Thurin, Susan Molly Schoenbauer, Vol II
Zeidel, Robert F., Vol I

Mequon
Maschke, Timothy, Vol IV

Middleton
Black, Edwin, Vol II

Milwaukee
Aman, Mohammed M., Vol I
Barbee, Lloyd Augustus, Vol IV
Baron, F. Xavier, Vol I
Bartley, Russell Howard, Vol I
Bates, Milton James, Vol II
Baumann, Carol Edler, Vol I
Bellegarde-Smith, Patrick, Vol I
Benda, Gisela, Vol III
Bendiner, Kenneth Paul, Vol I
Bieganowski, Ronald, Vol II
Blau, Herbert, Vol II
Buck, David D., Vol I
Carey, Patrick W., Vol IV
Carpenter, Joseph, II, Vol I
Chang, Joseph S., Vol II
Conlon, James J., Vol IV
Copeland, M. Shawn, Vol IV
Corre, Alan David, Vol III
Del Colle, Ralph, Vol IV
Donnelly, John Patrick, Vol I
Downing, Pamela A., Vol III
Dziewanowski, Marian Kamil, Vol I
Edwards, Richard Alan, Vol IV
Fetter, Bruce Sigmond, Vol I

Filips-Juswigg, Katherina P., Vol III
Foley, Mary Briant, Vol I
Friedman, Melvin Jack, Vol II
Gardinier, David E., Vol I
Gillespie, Michael Patrick, Vol II
Goldin, Owen Michael, Vol IV
Goldzwig, Steven R., Vol II
Greene, Victor Robert, Vol I
Grossfeld, Bernard, Vol III
Guerinot, Joseph Vincent, Vol II
Hamdani, Abbas Husayn, Vol I
Hay, Carla Humphrey, Vol I
Hay, Robert Pettus, Vol I
Hayes, Jeffrey R., Vol I
Hockenbery, Jennifer D., Vol IV
Hoeveler, J. David, Vol I
Hoey, Lawrence R., Vol I
Horsman, Reginald, Vol I
Hubbard, Carol P., Vol III
Hubbard, Nancy, Vol I
Jay, Gregory S., Vol II
Jones, Robert Alston, Vol III
Joyce Stone, Andrea, Vol I
Kolasny, Judette M., Vol IV
Krause, Linda R., Vol I
Kuist, James Marquis, Vol II
Kurz, William Stephen, Vol IV
Levy, Ian Christopher, Vol IV
Luce, David R., Vol IV
Maguire, Daniel C., Vol IV
Marten, James, Vol I
Martin-Rodriguez, Manuel M., Vol II
Mileham, James Warren, Vol III
Misner, Paul, Vol IV
Moberg, David Oscar, Vol I
Moravcsik, Edith Andrea, Vol III
Nardin, Terry, Vol IV
Pollard, Diane S., Vol I
Prucha, Francis Paul, Vol I
Rodriquez - Luis, Julio, Vol III
Ross, Ronald John, Vol I
Schaefer, Jame, Vol IV
Schmidt, Martin Edward, Vol I
Schroeder, John H., Vol I
Shashko, Philip, Vol I
Shey, Howard James, Vol I
Skalitzky, Rachel Irene, Vol III
Smith, Gail K., Vol II
Soley, Lawrence C., Vol II
Spence, Joseph Samuel, Sr., Vol IV
Sprague, Paul Edward, Vol I
Swanson, Roy Arthur, Vol I
Taylor, Steven Millen, Vol III
Teske, Roland John, Vol I
Theoharis, Athan, Vol I
Trattner, Walter Irwin, Vol I
Twetten, David B., Vol IV
Ullman, Pierre Lioni, Vol III
Wainwright, William J., Vol IV
Waldbaum, Jane C., Vol I
Weare, Walter Burdette, Vol I
Weiss, Raymond L., Vol IV
Wild, Robert Anthony, Vol IV
Wind, Barry, Vol I
Winter, Ian James, Vol III
Wishne, Brian, Vol I
Woehrmann, Paul John, Vol I
Wolfe, Christopher, Vol I
Zupko, Ronald Edward, Vol I

Monona
Anderson, Charles W., Vol I

Mount Horeb
Steinbuch, Thomas A., Vol IV

New Berlin
Milham, Mary Ella, Vol I

Oshkosh
Burr, John Roy, Vol IV
Burt, Susan Meredith, Vol II
Cordero, Ronald Anthony, Vol IV
Grieb, Kenneth J., Vol I
Herzing, Thomas Wayne, Vol II
Linenthal, Edward Tabor, Vol IV
Missner, Marshall Howard, Vol IV
Nuernberg, Susan M., Vol II
O'Shaughnessy, Andrew J., Vol I
Sieber, George Wesley, Vol I
Thorpe, Judith M., Vol II
Urbrock, William Joseph, Vol IV
Wu, Kuang-Ming, Vol IV

Platteville
Drefcinski, Shane, Vol IV
Wendorff, Laura C., Vol I

Racine
Burckel, Nicholas C., Vol I

Ripon
Doss, Seale, Vol IV
Hyde, James F., Jr., Vol I
Martz, William J., Vol II
Miller, George Hall, Vol I
Northrop, Douglas A., Vol II
Peterson, Brent O., Vol I
Smith, Brian H., Vol I
Woods, Robin, Vol II

River Falls
Brantley, Jennifer, Vol II
Brown, Terry, Vol II
Cederberg, Herbert Renando, Vol I
Gerster, Carole, Vol II
Gilson, Greg, Vol IV
Karolides, Nicholas J., Vol II
Luebke, Steve, Vol I
Peterson, Edward Norman, Vol I
Wood, Ruth, Vol II
Zlogar, Laura, Vol II

Shorewood
Nerenberg, Bruce Edward, Vol IV
Sawkins, Annemarie, Vol I
Wallace, Robert M., Vol IV

Stevens Point
Bailiff, John, Vol IV
Billings, John R., Vol IV
Cohen, Andrew I., Vol IV
Fadner, Donald E., Vol IV
Herman, Arthur L., Vol IV
Keefe, Alice Ann, Vol IV
Knowlton, Robert James, Vol I
Meisel, Martin, Vol II
Mertz, Paul Eric, Vol I
Missey, James L., Vol II
Nelson, Michael P., Vol IV
Overholt, Thomas William, Vol IV
Paul, Justus F., Vol I
Skelton, William B., Vol I
Stokes, James, Vol II
Vollrath, John F., Vol IV
Waligore, Joseph, Vol IV
Walker, Hugh D., Vol I
Warren, Dona V., Vol IV

Stoughton
Hatheway, Joseph G., Vol I
Knapp, John Victor, Vol II

Two Rivers
Abele, Robert P., Vol IV

Watertown
Henry, Carl F.H., Vol IV

Waukesha
Dailey, Joseph, Vol II
Dukes, Jack Richard, Vol I
Hemmer, Joseph, Vol IV
Jones, Sidney C., Vol II
Settle, Peter, Vol II
Sherrick, Rebecca Louise, Vol I

Wausau
Lorence, James J., Vol I

Wauwatosa
Scholz, Daniel J., Vol IV
Starkey, Lawrence H., Vol IV

Whitewater
Adams, George Roy, Vol II
Anderson, Janet A., Vol I
Haney, Richard Carlton, Vol I
Haven, Richard P., Vol II
Ostermeier, Terry H., Vol II
Quinlivan, Mary E., Vol I
Shibles, Warren Alton, Vol IV
Townsend, Patricia Ann, Vol II
Yasko, Richard Anthony, Vol I

WYOMING

Cody
Bender, Nathan E., Vol I

Laramie
Bagby, Lewis, Vol III
Bangerter, Lowell A., Vol III
Denney, Colleen J., Vol I
Durer, Christopher, Vol II
Dwyer, James G., Vol IV
Gressley, Gene M., Vol I
Hanson, Klaus D., Vol III
Harris, Duncan Seely, Vol II
Harris, Janice Hubbard, Vol II
Holt, Philip, Vol I
Kalbfleisch, Pamela J., Vol II
Kohler, Eric Dave, Vol I
Langlois, Walter G., Vol III
Larsen, Kevin, Vol III
Larson, Taft Alfred, Vol I
Martin, James August, Vol IV
Mayer, Sigrid, Vol II
Moore, William Howard, Vol I
Mundt, Hannelore, Vol III
Picherit, Jean-Louis, Vol III
Porterfield, Amanda, Vol IV
Reverand, Cedric D., Vol II
Rhoades, Duane, Vol III
Schaefer, Jean Owens, Vol I
Seckinger, Donald Sherman, Vol IV
Sherline, Ed, Vol IV
Sigalov, Pavel S., Vol III
Tolo, Khama-Basilli, Vol III

Powell
Carlson, Kay, Vol II

GUAM

Tamuning
Sherrill, Ned, Vol I

PUERTO RICO

Bayamon
Pagan, Carmen J., Vol IV

Rio Piedras
Pico, Fernando, Vol I
Vivoni-Farage, Enrique, Vol I

San Juan
Guerro, Maria C.M. de, Vol II
Hurley, Andrew, Vol II
Martinez, Felipe, Vol IV
Morales Degarin, Maria A., Vol II
Morris, Marshall, Vol III
Pagan, Samuel, Vol IV
Ramos-Gonzalez, Carlos, Vol IV
Ramos-Mattei, Carlos J., Vol IV
Schnitzer, M.L., Vol III
Vallone, Ralph, Jr., Vol III

Trujillo Alto
Garcia, Aurelio A., Vol I

VIRGIN ISLANDS

St. Thomas
Ballentine, Krim M., Vol IV
Cooper, Vincent O'Mahony, Vol III
Krigger, Marilyn Francis, Vol I
Sprauve, Gilbert A., Vol III
Turnbull, Charles Wesley, Vol I

CANADA

ALBERTA

Armena
Jensen, Gordon A., Vol IV

Athabasca
Andria, Marco, Vol II
Finkel, Alvin, Vol I
Roberts, Barbara A., Vol I

Calgary
Baker, John Arthur, Vol IV
Bercuson, David Jay, Vol I
Cook, Eung-Do, Vol III
Eyck, Frank, Vol I
Francis, Robert D., Vol I
Hexham, Irving, Vol III
Jensen, Debra J., Vol IV
Knafla, Louis A., Vol I
Kome, Penny J., Vol I
Macintosh, John James, Vol IV
Martin, Charles Burton, Vol IV
Martin, John Sayre, Vol II
Martin, John Stephen, Vol I
Mastin, Catharine M., Vol I
Mcginnis, David Prentice, Vol I
Mckenna, Marian Cecilia, Vol I
Mcmordie, Michael J., Vol I
Neale, David, Vol IV
Osler, Margaret Jo, Vol I
Penelhum, Terence M., Vol IV
Rasporich, Anthony W., Vol I
Southerland, Ronald Hamilton, Vol III
Stamp, Robert M., Vol I
Stone-Blackburn, Susan, Vol II
Stratton, Susan B., Vol II
Struc, Roman Sviatoslav, Vol III
Walbank, Michael Burke, Vol I
Wiseman, Christopher S., Vol II
Zekulin, Nicholas Gleb, Vol III

Camrose
Harland, Paul W., Vol II

Cochrane
Peacock, Kevin, Vol IV

College Heights
Heer, Larry G., Vol IV
Stefanovic, Ranko, Vol IV

Edmonton
Barbour, Douglas F., Vol II
Blodgett, Edward D., Vol III
Blodgett, Edward Dickinson, Vol II
Bowker, Wilbur F., Vol I
Brandt, Diana, Vol II
Buck, Robert J., Vol I
Cahill, P. Joseph, Vol IV
Dimic, Milan Velimir, Vol III
Dryer, Matthew S., Vol III
Egert, Eugene, Vol III
Fishwick, Duncan, Vol I
Forcadas, Alberto M., Vol III
Frederick, G. Marcille, Vol IV
Grant, Raymond James Shepherd, Vol III
Grundy, Isobel, Vol II
Hoffpauir, Richard, Vol II
Ingles, Ernie B., Vol IV
Jones, William J., Vol I
Jones, William John, Vol I
Kambeitz, Teresita, Vol IV
Kreisel, Henry, Vol II
Krispin, Gerald, Vol IV
Leske, Adrian M., Vol IV
Lightner, David Lee, Vol I
Macleod, Roderick Charles, Vol I
Marahrens, Gerwin, Vol III
Margolin, Uri, Vol III
Marsh, James H., Vol II
McMaster, Juliet, Vol II
Mcmaster, Rowland Douglas, Vol II
Mozejko, Edward, Vol III
Oosterhuis, Tom, Vol IV
Owram, Douglas R., Vol I
Page, Sydney, Vol IV
Pownall, Frances Skoczylas, Vol I
Prideaux, Gary Dean, Vol III
Romanow, Walter I., Vol II
Schouls, Peter A., Vol IV
Scott, Timothy, Vol III
Shiner, Roger Alfred, Vol IV
Slavutych, Yar, Vol III
Thompson, John H., Vol I
Trumpener, Ulrich, Vol I
Waida, Manabu, Vol I
Waugh, Earle Howard, Vol IV
Williamson, Janice, Vol II
Zvi, Ehud Ben, Vol IV

Lethbridge
Baker, William M., Vol I
Brown, Bryson, Vol IV
Cassis, Awny F., Vol II
Greenshields, Malcolm, Vol I

Huel, Ray, Vol I
O'Dea, Jane, Vol IV
Peacock, Kent, Vol IV
Penton, Marvin J., Vol I
Robinson, Tom, Vol I
Rodrigues, Hillary, Vol IV
Stingl, Michael, Vol IV
Tagg, James, Vol I
Titley, Edward B., Vol I
Viminitz, Paul, Vol IV

Mayerthorpe
Zwicky, Jan, Vol IV

BRITISH COLUMBIA

Abbotsford
Abegg G., Martin, Vol IV
Fredeman, William E., Vol II

Burnaby
Black, Stephen Ames, Vol II
Boyer, Richard, Vol I
Buitenhuis, Peter M., Vol II
Carlson, Roy L., Vol I
Cohen, Marjorie G., Vol I
Davison, Rosena, Vol II
Day, Charles Rodney, Vol I
Debo, Richard K., Vol I
Delany, Paul, Vol II
Delany, Sheila, Vol II
Djwa, Sandra A., Vol II
Fellman, Michael, Vol I
Gomez-Moriana, Antonio, Vol I
Harden, Edgar Frederick, Vol II
Kirschner, Teresa, Vol I
Kitchen, Martin, Vol I
Little, John Irvine, Vol I
Merler, Grazia, Vol III
Parr, Joy, Vol I
Roesch, Ronald, Vol I
Spagnolo, John Peter, Vol I
Stanley, Donald, Vol II
Steig, Michael, Vol II
Todd, Donald David, Vol IV

Duncan
Williams, David R., Vol I

Langley
Boersma, Hans, Vol I
Burkinshaw, Robert K., Vol I
Chamberlain, Paul, Vol IV
Shantz, Douglas H., Vol I
Strom, William O., Vol II
Weibe, Phillip H., Vol IV

Nanaimo
Bowen, Lynne E., Vol I

New Westminster
Leschert, Dale, Vol IV

Prince George
Ainley, Marianne G., Vol I
Fisher, Robin, Vol I
Morrison, William R., Vol I

Qualicum Beach
Sly, Dorothy, Vol IV

Saanichton
Crozier, Lorna, Vol II

Surrey
Findon, Joanne, Vol II

Vancouver
Akrigg, George P.V., Vol II
Artibise, Alan F.J., Vol I
Avakumovic, Ivan, Vol I
Bak, Janos M., Vol I
Bakan, Joel, Vol IV
Barman, Jean, Vol I
Barman, Roderick James, Vol I
Barrett, Anthony Arthur, Vol I
Batts, Michael S., Vol III
Blom, Joost, Vol IV
Bongie, Laurence, Vol IV
Borrows, John, Vol IV
Boyle, Christine, Vol IV
Brunnee, Jutta, Vol IV
Bryden, Philip, Vol IV
Cairns, Hugh A.C., Vol IV

Carr, Derek Cooper, Vol I
Conway, John S., Vol I
Crean, Susan M., Vol IV
Dawson, Anthony Blanchard, Vol II
Dick, Eric L., Vol I
Edinger, Elizabeth, Vol IV
Egleston, Don, Vol IV
Elliot, Robin, Vol IV
Ericson, Richard, Vol IV
Evans, James A.S., Vol I
Farquhar, Keith, Vol IV
Franson, Robert T., Vol IV
Frose, Victor, Vol III
Gaston, Lloyd, Vol IV
Goetz-Stankiewicz, Marketa, Vol III
Grace, Sherrill E., Vol II
Grant, Isabel, Vol IV
Grenberg, Bruce L, Vol II
Grenz, Stanley J., Vol IV
Hamlin, Frank Rodway, Vol III
Harnetty, P., Vol I
Head, Ivan, Vol IV
Hundert, Edward J., Vol I
Iyer, Nitya, Vol IV
Johnson, Lee Milford, Vol II
Klang, Daniel M., Vol I
Kline, Marlee, Vol IV
Knutson, Harold Christian, Vol III
Koepke, Robert L., Vol I
MacCrimmon, Marilyn, Vol IV
MacDougall, Bruce, Vol IV
MacIntyre, James, Vol IV
McClean, Albert, Vol IV
Merivale, Patricia, Vol II
Moogk, Peter N., Vol I
Mornin, Edward, Vol III
Mosoff, Judith, Vol IV
Murray, Catherine A., Vol II
Nadel, Ira Bruce, Vol II
Neufeld, Dietmar, Vol IV
Neuman, Shirley C., Vol II
New, William H., Vol I
Newman, Peter C., Vol I
Ormsby, Margaret A., Vol I
Paterson, Robert, Vol IV
Pavlich, Dennis, Vol IV
Petersen, Klaus, Vol III
Podlecki, Anthony Joseph, Vol I
Potter, Pitman, Vol IV
Prang, Margaret E., Vol I
Pue, Wesley W., Vol IV
Pulleyblank, Edwin George, Vol III
Raoul, Valerie, Vol III
Saint-Jacques, Bernard, Vol III
Salzberg, Stephan, Vol IV
Sanders, Douglas, Vol I
Seamon, Roger, Vol II
Shadbolt, Douglas, Vol I
Sheppard, Anthony, Vol IV
Smith, Lynn C., Vol IV
Stackhouse, John G., Jr., Vol IV
Stanwood, Paul Grant, Vol II
Stewart, Jack F, Vol II
Strong-Boag, Veronica, Vol I
Sullivan, Shirley Darcus, Vol I
Swart, Paula, Vol I
Unger, Richard W., Vol I
Weiler, Joseph, Vol IV
Wexler, Stephen, Vol IV
Windsor-Liscombe, Rhodri, Vol I

Victoria
Archibald, Elizabeth F., Vol III
Bates, Jennifer, Vol IV
Beardsmore, Barry, Vol I
Bedeski, Robert E., Vol I
Berry, Edward I., Vol II
Best, Michael R., Vol II
Blank, G. Kim, Vol II
Bowman, L.M., Vol I
Bradley, Keith Richard, Vol I
Campbell, David A., Vol I
Carlin, Claire L., Vol III
Carson, Luke, Vol II
Cassels, Jamie, Vol IV
Casswell, Donald G., Vol IV
Cleary, Thomas R., Vol II
Cobley, Evelyn M., Vol II
Cohen, David, Vol IV
Coward, Harold G., Vol IV
Daniels, Charles B., Vol IV
Dean, Misao A., Vol II
Dippie, Brian William, Vol I
Dopp, James A., Vol II
Edwards, Anthony S.G., Vol III
England, Anthony Bertram, Vol II

Ferguson, Gerry, Vol IV
Fitch, J.G., Vol I
Foshay, Toby, Vol II
Foss, Jeffrey E., Vol IV
Foster, Hamar, Vol I
Fulton, Gordon D., Vol II
Galloway, J. Donald C., Vol IV
Gillen, Mark R., Vol IV
Gooch, Bryan N.S., Vol II
Grant, Patrick, Vol II
Greene, John, Vol II
Grove-White, Elizabeth M., Vol II
Hadley, Michael Llewellyn, Vol III
Herique, Emmanuel, Vol III
Heyd, Thomas, Vol IV
Hodgins, Jack S., Vol II
Hollingsworth, Margaret, Vol II
Holmberg, I.E., Vol I
Howard, Lloyd H., Vol III
Hsieh, Yvonne Y., Vol III
Jackman, Sydney W, Vol II
Jenkins, Anthony W., Vol II
Kamboureli, Smaro, Vol II
Keep, Christopher J., Vol II
Keller, Arnold, Vol II
Kerby-Fulton, Kathryn, Vol II
Kilcoyne, John R., Vol IV
Kluge, Eike-Henner W., Vol IV
Langer, Monika, Vol IV
Lapprand, Marc, Vol II
Lazarevich, Gordana, Vol I
Lessard, Hester A., Vol IV
Limbrick, Elaine, Vol III
Louis, Margot K., Vol II
M'Gonigle, R. Michael, Vol IV
Macleod, Colin, Vol IV
Maloney, Maureen A., Vol IV
McCartney, Sharon, Vol IV
Mccue, Robert J., Vol I
McDorman, Ted L., Vol IV
McLaren, Angus, Vol I
McLaren, John P.S., Vol IV
McMullen, Lorraine, Vol II
Michelsen, John Magnus, Vol I
Mitchell, Judith I., Vol II
Morgan, Charles G., Vol IV
Morgan, Gerald, Vol II
Neilson, William A.W., Vol IV
Neufeldt, Victor A., Vol II
Niang, Sada, Vol II
Oleson, John P., Vol I
Osborne, John, Vol I
Petter, Andrew J., Vol IV
Rabillard, Sheila M., Vol II
Rae Baxter, Laurie, Vol IV
Riedel, Walter Erwin, Vol III
Robinson, Lyman R., Vol IV
Rodney, William, Vol I
Ross, Mary Ellen, Vol III
Schuler, Robert M., Vol II
Scobie, Stephen A.C., Vol II
Segger, Martin, Vol I
Sherwood, Terry G., Vol II
Shrimpton, G.S., Vol I
Smith, Nelson C., Vol I
Smith, Peter Lawson, Vol I
Surridge, Lisa A., Vol II
Taylor, Angus, Vol IV
Terry, Reginald Charles, Vol II
Thaler, Danielle, Vol II
Thatcher, David S., Vol II
Thomson, Kathryn, Vol IV
Tollefson, Chris, Vol IV
Tolomeo, Diane, Vol II
Tsurumi, Elizabeth Patricia, Vol I
Tucker, John J., Vol IV
Tully, James H., Vol I
Tumasonis, Elizabeth, Vol I
Vautier, Marie, Vol III
Waelti-Walters, Jennifer, Vol III
Waldron, Mary Anne, Vol IV
Waters, Donovan W.M., Vol IV
Williams, Trevor Lloyd, Vol II
Wooley, Wesley Theodore, Vol I
Young, James O., Vol IV

West Vancouver
Stursberg, Peter, Vol I

MANITOBA

Brandon
Cederstrom, Lorelei S., Vol II
Ens, Gerhard J., Vol I
Florida, Robert E., Vol IV
Mott, Morris K., Vol I

Pernal, Andrew B., Vol I

James Winnipeg
Stevens, Wesley Macclelland, Vol I

Otterburne
Perry, Tim, Vol IV
Tiessen, Terrance, Vol IV

Winnipeg
Amabile, George, Vol II
Anna, Timothy, Vol I
Aponiuk, Natalia, Vol I
Arnason, David E., Vol II
Austin Smith, Brenda, Vol II
Bailey, Donald Atholl, Vol I
Brown, Jennifer S.H., Vol I
Bucknell, Brad, Vol II
Bumsted, John M., Vol I
Busby, Karen, Vol IV
Cahill, Jane, Vol I
Carroll, Francis Martin, Vol I
Cooley, Dennis O., Vol II
Cooper, Craig, Vol I
Creamer, David G., Vol IV
Daniels, Bruce C., Vol I
Day, Peggy, Vol IV
Day, Terence Patrick, Vol I
de Toro, Fernando, Vol II
Desmond, Lawrence Arthur, Vol I
Doerksen, Victor Gerard, Vol III
Donatelli, Joseph M.P., Vol II
Egan, Rory Bernard, Vol I
Esau, Alvin, Vol IV
Fainstein, Lisa, Vol IV
Finnegan, Robert Emmett, Vol II
Golden, Mark, Vol I
Gordon, Alexander Lobban, Vol III
Greenhill, Pauline, Vol I
Groome, Margaret, Vol II
Harvey, Cameron, Vol IV
Harvey, Carol, Vol III
Heidenreich, Rosmarin, Vol III
Heller, Henry, Vol I
Hinz, Evelyn J., Vol II
Hoople, Robin P., Vol II
Jeal, Roy R., Vol IV
Johnson, Christopher G., Vol II
Joubert, Andre, Vol III
Kinnear, Michael S.R., Vol I
Klassen, William, Vol IV
Klostermaier, Klaus Konrad, Vol IV
Kroetsch, Robert P., Vol II
Layman, Lewis M., Vol II
Lenoski, Daniel S., Vol II
Marantz, Enid Goldstine, Vol III
McDougall, Iain, Vol II
McGillivray, Anne, Vol IV
Moss, Laura, Vol II
Moulton, Edward C., Vol I
Muller, Adam, Vol II
O'Kell, Robert P., Vol II
Ogden, John T., Vol II
Penner, Roland, Vol IV
Preston, Carol, Vol I
Rempel, John W., Vol II
Rothney, Gordon O., Vol I
Sandiford, Keith Arlington Patrick, Vol I
Sauer, Angelika, Vol III
Schwartz, Bryan, Vol IV
Shields, Carol, Vol II
Shillington, V. George, Vol IV
Sneiderman, Barney, Vol IV
Snyder, Stephen W., Vol II
Stambrook, Fred, Vol I
Steiman, Lionel Bradley, Vol I
Stuesser, Lee, Vol IV
Swinton, George, Vol I
Swinton, George, Vol I
Teunissen, John J., Vol II
Toles, George E., Vol II
Turner, Myron M., Vol II
Vadney, Thomas Eugene, Vol I
Walton, Douglas, Vol IV
Walton, Douglas Neil, Vol IV
Walz, Eugene P., Vol II
Weil, Herbert S., Vol II
Weil, Judith R., Vol II
Wiesenthal, Christine, Vol II
Williams, David, Vol II
Wyke, Clement Horatio, Vol II
Young, Arlene, Vol II
Young, Robert John, Vol I

NEW BRUNSWICK

Douglas
Cogswell, Frederick W., Vol II

Fredericton
Beyea, Marion, Vol I
Brown, Wallace, Vol I
Buckner, Phillip Alfred, Vol I
Dalzell, Alexander, Vol I
Doerksen, Daniel William, Vol II
Edwards, Viviane, Vol III
Frank, David, Vol I
Konishi, Haruo, Vol I
Lemire, Beverly, Vol I
Lumsden, Ian G., Vol I
Patterson, Stephen Everett, Vol I
Pugh, Anthony Roy, Vol III
Thompson, Dorothy Gillian, Vol I
Waite, Gary K., Vol I

Lutes Mountain
Ohlhauser, Jon B., Vol II

Moncton
Gallant, Christel, Vol III
LeBlanc, Phyllis, Vol I
Maillet, Marguerite, Vol I
Wilson, Robert Sydney, Vol I

Sackville
Adams, Graham, Jr., Vol I
Furtwangler, Albert, Vol II
Godfrey, William Gerald, Vol I
Lochhead, Douglas Grant, Vol II
MacMillan, Carrie H., Vol II
Stark, James A., Vol I
Vogan, Nancy F., Vol I

St. John
Smith, Mary Elizabeth, Vol II

NEWFOUNDLAND

Cornerbrook
Bindon, Kathryn, Vol I

St. John's
Clark, Raymond John, Vol I
Hewson, John, Vol II
Kealey, Gregory S., Vol I
Kealey, Linda, Vol I
Langford, Michael J., Vol IV
MacLeod, Malcolm K., Vol I
Miller, Elizabeth A., Vol II
O'Dea, Shane, Vol II
Ommer, Rosemary, Vol I
Pitt, David G., Vol II
Thomas, Gerald, Vol III

NOVA SCOTIA

Antigonish
Berridge, John Maclennan, Vol IV
Cameron, James D., Vol I
English, Leona, Vol IV
Hogan, Patricia, Vol I
MacDonald, Burton, Vol I
Mensch, James, Vol IV
O'Brien, Kevin, Vol II
Stanley-Blackwell, Laurie, Vol I
Walsh, Patrick F., Vol II

Bedford
McAleer, J. Philip, Vol I
Stanley, Della M.M., Vol I

Canning
Parent, Mark, Vol IV

Corner Brook
Greenlee, James G.C., Vol I

Halifax
Abdul-Masih, Marguerite, Vol IV
Anthony, Geraldine, Vol II
Baylis, Francoise, Vol IV
Bishop, Michael, Vol III
Brett, Nathan C., Vol IV
Burns, Steven A.M., Vol IV
Campbell, Richmond M., Vol IV

Campbell, Susan, Vol IV
Carrigan, David O., Vol I
Chavy, Paul, Vol III
Cross, Michael Sean, Vol I
Darby, Barbara, Vol II
Fingard, Judith, Vol I
Flint, John E., Vol I
Gantar, Jure, Vol II
Gesner, B. Edward, Vol III
Greenfield, Bruce R., Vol II
Hogan, Melinda, Vol IV
Hymers, Michael, Vol IV
MacIntosh, Duncan, Vol IV
Maitzen, Rohan Amanda, Vol II
Maitzen, Stephen, Vol IV
Martin, Robert M., Vol IV
McKenna, Mary Olga, Vol I
Mills, Eric L., Vol I
Schotch, Peter K., Vol IV
Sherwin, Susan, Vol IV
Stokes, Lawrence Duncan, Vol I
Tetreault, Ronald, Vol IV
Vinci, Thomas, Vol IV
Wainwright, John A., Vol II
Waite, Peter B., Vol I
Westwater, Martha, Vol II
Whitehead, Ruth, Vol I

Mount Uniacke
Gregory, Michael J.P., Vol II

Pointe-de-l'Eglise
Knutson, Susan, Vol II

Stellarton
McNabb, Debra, Vol I

Sydney
Macleod, Gregory J., Vol IV

Wolfville
Best, Janice, Vol III
Callon, Gordon, Vol I
Conrad, Margaret R., Vol I
Davies, Gwendolyn, Vol II
Elliott, Shirley B., Vol I
Fink, Robert J., Vol III
McLay, Tim, Vol IV
McRobert, Jennifer, Vol IV
Sharma, Govind Narain, Vol II
Steggles, Mary Ann, Vol I
Thompson, Hilary, Vol II
Thompson, Ray, Vol II
Zeman, Jarold K., Vol I

ONTARIO

Arnprior
Collins, Robert G., Vol II

Barrie
Cox, Claude E., Vol IV

Brampton
Sarao, Karam Tej S, Vol IV

Crescent Toronto
Owens, Joseph, Vol IV

Don Mills
Withrow, William, Vol I

Downsview
Adelman, Howard, Vol IV
Adolph, Robert, Vol II
Bar-Lewaw, Itzhak I., Vol III
Chen, Jerome, Vol I
Cohen, Thomas Vance, Vol I
Corbett, Noel L., Vol III
Cotnam, Jacques, Vol III
Cuff, Robert Dennis, Vol I
Feltes, Norman Nicholas, Vol II
Jarvie, Ian Charles, Vol IV
Kolko, Gabriel, Vol I
Paper, Jordan, Vol I
Schueler, Heinz Juergen, Vol III

Dundas
Campbell, Joan, Vol I
Pearson, Anne, Vol IV

Erin
Blaise, Clark L., Vol II

Guelph
Benson, Renate, Vol III
Brydon, Diana, Vol II
Cyr, Mary, Vol I
Davis, Marie, Vol II
Dorter, Kenneth, Vol IV
Fallding, Harold J., Vol IV
Graham, Kenneth Wayne, Vol II
Kulyk Keefer, Janice, Vol II
Leslie, John A., Vol IV
Marshall, Linda Edith, Vol II
Masters, Donald C., Vol I
Matthews, Victor J., Vol I
Rooke, Constance M., Vol II
Rubio, Mary H., Vol II
Settle, Tom, Vol IV
Spring, Howard, Vol I
Stelter, Gilbert Arthur, Vol I
Vaughan, Frederick, Vol IV

Haileybury
Gold, Joseph, Vol II

Hamilton
Adamson, Joseph, Vol II
Aksan, Virginia, Vol I
Alsop, James, Vol I
Ballstadt, Carl P.A., Vol II
Barrett, David P., Vol I
Beame, Edmond Morton, Vol I
Bishop, Allan, Vol II
Blewett, David, Vol II
Boetzkes, Elizabeth, Vol IV
Bowerbank, Sylvia, Vol II
Brennan, Anthony, Vol II
Campbell, John Pollock, Vol I
Cassels, Alan, Vol I
Clark, David L., Vol II
Coldwell, Joan, Vol II
Coleman, Daniel, Vol II
Cro, Stelio, Vol III
Cruikshank, Kenneth, Vol I
Donaldson, Jeffery, Vol II
Ferns, John, Vol II
Frager, Ruth, Vol I
Gauvreau, J. Michael, Vol I
Geagan, Daniel J., Vol I
George, Peter J., Vol I
Goellnicht, Donald, Vol II
Granofsky, Ronald, Vol II
Griffin, Nicholas, Vol IV
Haley, Evan W., Vol I
Hall, Frederick A., Vol I
Hitchcock, David, Vol IV
Hobbs, Trevor Raymond, Vol IV
Horn, Martin, Vol I
Horsnell, Malcolm J.A., Vol IV
Hyman, Roger L., Vol II
John, Brian, Vol II
Johnston, Charles Murray, Vol I
Johnston, Robert H., Vol I
Kaczynski, Bernice M., Vol I
King, James, Vol II
Lee, Alvin A, Vol III
Madison, Gary Brent, Vol IV
Maqbool, Aziz, Vol II
McKay, Alexander G., Vol I
Mendelson, Alan, Vol IV
Meyer, Ben Franklin, Vol IV
O'Brien, Susie, Vol II
O'Connor, Mary E., Vol II
Ostovich, Helen, Vol II
Paul, George Mackay, Vol I
Reinhartz, Adele, Vol IV
Rempel, Richard A., Vol I
Roland, Charles G., Vol I
Russo, David J., Vol I
Savage, Anne, Vol II
Silcox, Mary, Vol II
Simpson, Evan, Vol IV
Thorpe, Wayne L., Vol I
Vince, Ronald Winston, Vol II
Walmsley, Peter, Vol II
York, Lorraine, Vol II

Kingston
Alistair, Macleod, Vol IV
Angus, Margaret, Vol I
Babbitt, Susan, Vol IV
Bakhurst, David J., Vol IV
Berg, Maggie, Vol II
Bessette, Gerard, Vol III
Bly, Peter Anthony, Vol III
Bond, Edward J., Vol IV
Carpenter, Mary, Vol II
Carson, James, Vol IV
Clark, George, Vol II
Colwell, Frederic, Vol II
Crowder, Christopher M. D., Vol I

der Otter, Sandra, Vol IV
Dick, Susan M., Vol II
Duffin, Jacalyn, Vol I
Errington, Jane, Vol I
Fell, Albert Prior, Vol IV
Finlayson, John, Vol II
Finley, Gerald E., Vol I
Fox, Michael Allen, Vol IV
Hamilton, Albert C., Vol II
Hansen, Klaus Juergen, Vol I
Hanson, Elizabeth, Vol II
Haycock, Ronald G., Vol I
Hospital, Clifford G., Vol IV
James, William Closson, Vol IV
Jolly, Rosemary J., Vol II
Jones, Mark, Vol II
Kilpatrick, Ross S., Vol I
King, Shelley, Vol II
Klepak, Hal, Vol I
Knight, Deborah, Vol IV
Leighton, Stephen, Vol IV
Leith, James A., Vol I
Lobb, Edward, Vol II
Lock, F.P., Vol II
Logan, George, Vol II
Mccready, William David, Vol I
Moffatt, John, Vol II
Monkman, Leslie G., Vol II
Murray, Laura, Vol II
Overall, Christine D., Vol IV
Pierce, John, Vol II
Prado, C.G., Vol IV
Prete, Roy A., Vol I
Rae, Patricia, Vol II
Rasula, Jed, Vol II
Robinson, Laura, Vol II
Rogers, Phil, Vol II
Sayeed, Khalid B., Vol I
Schlick, Yael, Vol II
Shirinian, Lorne, Vol III
Sismondo, Sergio, Vol IV
Skarbarnicki, Anne, Vol I
Soderlind, Sylvia, Vol II
Stayer, James Mentzer, Vol I
Stevens, Paul, Vol II
Straznicky, Marta, Vol II
Streight, Irwin, Vol II
Surridge, Marie, Vol III
Swainson, Donald, Vol I
Sypnowich, Christine, Vol IV
Throne, Barry, Vol II
Tulchinsky, Gerald J.J., Vol I
Varadharajan, Asha, Vol II
Vincent, Thomas Brewer, Vol II
Ware, Tracy, Vol II
Wiebe, Mel, Vol II
Willmott, Glenn, Vol II
Young, Pamela Dickey, Vol IV

Lancaster
Weaver, John Charles, Vol I

London
Armstrong, Frederick H., Vol I
Auksi, Peter, Vol II
Avotins, Ivars, Vol I
Backhouse, Constance B., Vol IV
Baguley, David, Vol III
Bailey, Terence, Vol I
Barsky, Robert, Vol II
Barton, Peter G., Vol IV
Bell, John L., Vol IV
Bentley, D. M. R., Vol II
Bishop, Olga B., Vol I
Brandt, Gregory J., Vol IV
Brown, Craig, Vol IV
Bryant, Alan W., Vol I
Carmichael, Thomas, Vol II
Cheetham, Mark A., Vol I
Collins, Thomas J., Vol I
Cormier, Micheal J., Vol IV
Cozea, Angela, Vol III
Dale, William S.A., Vol I
Davey, Frank W., Vol II
de Looze, Laurence, Vol III
Demopoulos, William, Vol IV
Dickinson, John Alexander, Vol I
Edgar, Timothy W., Vol IV
Elliott, Bridget, Vol I
Emerson, Roger Lee, Vol I
Esterhammer, Angela, Vol II
Falkenstein, Lorne, Vol IV
Farber, Carole, Vol II
Feldthusen, Bruce P., Vol IV
Finlayson, William D., Vol I
Freed, Bruce, Vol IV
Gerber, Douglas E., Vol I
Gold, Richard E., Vol IV
Grier, James, Vol I

Groden, Michael, Vol II
Hair, Donald Sherman, Vol II
Harper, Bill, Vol IV
Harvey, Elizabeth D., Vol II
Hieatt, Allen Kent, Vol II
Hoffmaster, Barry, Vol IV
Kreiswirth, Martin, Vol II
Lander, Jack Robert, Vol I
Lennon, Thomas M., Vol IV
Marras, Ausonio, Vol IV
Maynard, Patrick, Vol IV
Mihailescu, Calin Andrei, Vol III
Myrvold, Wayne C., Vol IV
Neary, Peter F., Vol I
Neville, Don, Vol I
Nicholas, John M., Vol IV
Picard, Anne Marie, Vol III
Plotkin, Howard, Vol IV
Pospielovsky, Dimitry
    Vladimirovich, Vol I
Purdy, Anthony, Vol III
Rajan, Tilottama, Vol II
Ross, Catherine S., Vol II
Roulston, Christine, Vol III
Santosuosso, Antonio, Vol I
Semmens, Richard, Vol I
Steele, Ian Kenneth, Vol I
Thomson, Clive, Vol III
Thorp, John, Vol IV
Toft, Robert, Vol IV
Vaillancourt, Daniel, Vol III
Waterston, Elizabeth H., Vol II
Wylie, Alison, Vol IV

Manotick
Morley, Patricia, Vol II

Maxville
MacGillivray, Royce C., Vol I

Mississauga
Aster, Sidney, Vol I
Astington, John H., Vol II
Corman, Brian, Vol II
Day, Richard B., Vol I
Elliott, Thomas G., Vol I
Rubincam, Catherine I., Vol I
Welsh-Ovcharov, Bogomila, Vol I

Montreal
Bircher, Martin, Vol III

Nepean
Kallmann, Helmut, Vol I

North Bay
Janzen, Lorraine, Vol II
Kooistra, John, Vol II
Kruk, Laurie, Vol II
Muhlberger, Steven, Vol I
Olsen, Gerald Wayne, Vol I
Plumstead, William, Vol II
Zytaruk, George J., Vol II

North York
Black, Naomi, Vol I
Brown, Michael G., Vol I
Calvert-Koyzis, Nancy, Vol IV
Carpenter, Carole, Vol II
Collie, Michael J., Vol II
Doob, Penelope, Vol II
Embleton, Sheila, Vol III
Endicott, Stephen L., Vol I
Faas, Ekbert, Vol II
Godard, Barbara J., Vol II
Gray, Patrick T.R., Vol IV
Herren, Michael W., Vol I
Hornstein, Shelley, Vol I
Jarrell, Richard A., Vol I
Kater, Michael H., Vol I
Le Goff, T.J.A., Vol I
Lennox, John W., Vol II
Lovejoy, Paul E., Vol I
Maidman, Maynard Paul, Vol I
Nelles, Henry V., Vol I
Rowland, Beryl, Vol I
Waddington, Miriam, Vol II

Ottawa
Abel, Kerry, Vol I
Abell, Jennie, Vol IV
Anglin, Douglas G., Vol I
Armstrong, Pat, Vol I
Bailey, Colin B., Vol I
Barber, Marylin J., Vol I
Baycroft, John A., Vol IV
Bazan, Carlos, Vol IV
Benidickson, Jamie, Vol IV

Bennett, Y. Aleksandra, Vol I
Bird, Roger A., Vol II
Black, J. Laurence, Vol I
Bonneau, Normand, Vol IV
Brook, Andrew, Vol IV
Cairns Way, Rosemary, Vol IV
Cameron, Christina S.R., Vol I
Chari, V.K., Vol II
Chartier, Yves, Vol I
Clayton, John Douglas, Vol III
Collard, Elizabeth, Vol I
Coyle, J. Kevin, Vol IV
Currie, John H., Vol IV
D'Allaire, Micheline, Vol I
Dean, David M., Vol I
DeBardeleben, Joan, Vol I
Delisle, Jean, Vol III
Dickason, Olive P., Vol I
Dionne, Rene, Vol III
Dorland, Michael, Vol II
Dornan, Christopher, Vol II
Dourley, John Patrick, Vol IV
Dray, William Herbert, Vol IV
Dube, Jean-Claude, Vol I
Edwards, Mary-Jane, Vol II
Elbaz, Andre Elie, Vol III
Eldredge, Laurence Milton, Vol III
Elliott, B.S., Vol I
Elwood, R. Carter, Vol I
Farr, David M.L., Vol I
Fitzgerald, E.P., Vol I
Geraets, Theodore F., Vol IV
Gillingham, Bryan R., Vol I
Gillmor, Alan, Vol I
Gnarowski, Michael, Vol II
Goheen, Jutta, Vol III
Goheen, R.B., Vol I
Goodwin, G.F., Vol I
Gorham, Deborah, Vol I
Gourques, Michel, Vol IV
Granger, Christopher, Vol IV
Griffiths, Naomi Elizabeth
    Saundaus, Vol I
Grise, Yolande, Vol III
Gualtieri, Antonio Roberto, Vol III
Gwyn, Julian, Vol I
Hamelin, Marcel, Vol I
Hare, John Ellis, Vol I
Harris, Stephen John, Vol I
Henighan, Thomas J., Vol II
Hillmer, George Norman, Vol I
Imbert, Patrick L., Vol III
Jaenen, Cornelius John, Vol I
Jeffrey, David Lyle, Vol II
Jensen, John T., Vol III
Jurado, Jose, Vol III
Kantowicz, Edward Robert, Vol I
Kaplan, William, Vol IV
Keillor, Elaine, Vol I
Kelly, Louis G., Vol III
King, Peter John, Vol I
Koerner, Ernst F.K., Vol III
Korp, Maureen, Vol IV
Kovalio, Jacob, Vol I
Krawchuk, Andrii, Vol IV
Krishna, Vern, Vol IV
Kymlicka, Will, Vol IV
Lafrance, Yvon, Vol IV
Laird, Walter Roy, Vol I
Lamirande, Emilien, Vol I
Lapierre, Andre, Vol I
Le Moine, Roger, Vol III
Lipsett-Rivera, Sonya, Vol I
Loiselle, Andre, Vol II
Lynn, Penrod, Vol II
Macdonald, Robert Hugh, Vol II
Magnet, Joseph E., Vol IV
Major, Jean-Louis, Vol III
Manganiello, Dominic, Vol II
Marks, Laura U., Vol II
Marshall, Dominique, Vol I
McDowall, Duncan L., Vol I
McKillop, A.B., Vol I
McMullin, Stan, Vol I
McRae, Donald M., Vol IV
Mendes, Errol, Vol IV
Merkely, Paul B., Vol I
Merkley, Paul C., Vol I
Morse, Bradford W., Vol IV
Mosco, Vincent, Vol II
Muise, D.A., Vol I
Neatby, H. Blair, Vol I
Noonan, James S., Vol II
O'Brien, Charles, Vol II
Osborne, Robert E., Vol IV
Paciocco, David, Vol IV
Page, James E., Vol I
Pauli, Lori, Vol I
Payne, Julien, Vol IV

Perrin, David, Vol IV
Petersen, Cynthia, Vol IV
Phillips, Roderick, Vol I
Pison, Ramon Martinez de, Vol IV
Poplack, Shana, Vol III
Potvin, Thomas R., Vol IV
Ratushny, Edward J., Vol IV
Rivero, Maria Luisa, Vol III
Rodgers, Sanda, Vol IV
Routledge, Marie I., Vol I
Savard, Pierre, Vol I
Sbrocchi, Leonard G., Vol III
Sheehy, Elizabeth A., Vol IV
Shepherd, John, Vol II
Smart, Patricia, Vol II
Spry, Irene, Vol II
Stainton, Robert J.H., Vol IV
Sullivan, Ruth, Vol IV
Sylvestre, Jean-Guy, Vol II
Szabo, Franz A.J., Vol II
Theriault, Michel, Vol IV
Thomas, Diana, Vol I
Thomson, George Henry, Vol II
Tovell, Rosemarie, Vol I
Vandenakker, John, Vol IV
VanDuzer, Anthony J., Vol IV
Vogels, Walter A., Vol IV
von Baeyer, Edwinna L., Vol I
Von Flotow, Luise, Vol II
Walker, Pamela J., Vol I
Wallot, Jean-Pierre, Vol I
Watelet, Hubert, Vol I
Welsh, Michael Edward, Vol I
Wilson, Keith G., Vol II
Winseck, Dwayne, Vol II
Wise, Sydney F., Vol I
Wyczynski, Paul, Vol II
Yalden, Janice, Vol II
Yardley, J.C., Vol I
Young, William Robert, Vol I
Zweibel, Ellen, Vol IV

Peterborough
Burbidge, John William, Vol IV
Carter, Robert Edgar, Vol IV
Conolly, Leonard W., Vol II
Grant, Shelagh D., Vol I
Hodgins, Bruce W, Vol I
Jones, Elwood Hugh, Vol I
Moss, John E., Vol II
Neufeld, James Edward, Vol II
Symons, T.H.B., Vol I
Theall, Donald F., Vol II

Port Hope
Montagnes, Ian, Vol II
Smith, Denis, Vol I

Portland
Killam, G. Douglas, Vol II

Richmond Hill
Fernie, John D., Vol I

Rockwood
Eichner, Hans, Vol III

Scarborough
Davies, Gordon F., Vol IV
Gentry, Peter J., Vol IV

St. Catharines
Anderson, Mark, Vol I
Arthur, Alan, Vol I
Baxter-Moore, Nick, Vol II
Bredin, Marian, Vol II
Debly, Patricia, Vol I
Drake, Fred, Vol I
Dyer, Klay, Vol II
Grant, Barry Keith, Vol II
Hanyan, Craig, Vol I
Irons, Glenwood H., Vol II
Leach, Jim, Vol II
McGarrell, Hedy M., Vol II
McLeod, Jane, Vol I
Miles, Murray Lewis, Vol IV
Miller, Mary Jane, Vol II
Patrias, Carmela, Vol I
Preston, Joan M., Vol II
Sainsbury, John, Vol I
Sanchez, Monica E., Vol III
Schutz, Herbert, Vol III
Sivell, John, Vol II
Sloniowski, Jeannette, Vol II
Spearey, Susan, Vol II
Szuchewycz, Bohdan G., Vol II
Taylor, Robert R., Vol I
Turner, Wes, Vol I

St. Catherines
Dirks, Patricia, Vol I
Nicks, Joan P., Vol II
Parker, Richard W., Vol I
Sauer, Elizabeth, Vol II

Sudbury
Ambrose, Linda M., Vol I
Best, Henry, Vol I
Bray, R. Matthew, Vol I
Burke, Sara Z., Vol I
Buse, Dieter Kurt, Vol I
Colilli, Paul, Vol III
di Norcia, Vincent, Vol IV
Gagnon, Carolle, Vol IV
Gerry, Thomas M.F., Vol II
Giroux, Michel, Vol IV
Hengen, Shannon, Vol II
Ketchen, Jim, Vol IV
Krajewski, Bruce, Vol II
Lemieux, Germain, Vol I
Lewis, Gertrud Jaron, Vol III
Liedl, Janice, Vol I
Monet, Jacques, Vol I
Mount, Graeme S., Vol I
Nash, Roger, Vol IV
Organ, Barbara, Vol IV
Orr, Marilyn, Vol II
Pallard, Henri, Vol IV
Parker, Douglas, Vol II
Pelletier, Lucien, Vol IV
Sahadat, John, Vol IV
Sahadat, John, Vol IV
Schell, Richard, Vol II
Simpson, Peter, Vol IV
Steven, Laurence, Vol II
Toupin, Robert, Vol I
Wallace, Carl M., Vol I
Ward, Bruce, Vol IV

Thunder Bay
Colton, Glenn, Vol I
Forbes, Joyce, Vol II
Mamoojee, Abdool-Hack, Vol I
Nabarra, Alain, Vol I
Petrone, Serafina, Vol I
Schonberger, Vincent L., Vol III
Vervoort, Patricia, Vol I

Toronto
Abbott, Elizabeth, Vol I
Adams, George, Vol IV
Airhart, Phyllis, Vol IV
Ambrozic, Aloysius M., Vol IV
Arciszewska, Barbara, Vol I
Armstrong, Joe C.W., Vol I
Atwood, Margaret, Vol IV
Baird, John D., Vol II
Bakker, Barend H., Vol II
Barnes, Timothy David, Vol I
Bartel, Lee R., Vol I
Bartlett, Kenneth Roy, Vol I
Bazan, Bernardo C., Vol IV
Beattie, Geoffrey W., Vol IV
Beck, Roger L., Vol I
Beckwith, John, Vol I
Bedford, Harold, Vol I
Benn, Carl E., Vol I
Bentley, Gerald E., Jr., Vol II
Berger, Carl, Vol I
Berman, William C., Vol I
Bessner, Ronda, Vol IV
Best, Ernest E, Vol IV
Bilaniuk, Petro Borys T., Vol IV
Blanchard, Peter, Vol I
Bliss, John W.M., Vol I
Blissett, William F., Vol II
Bothwell, Robert S., Vol I
Bouissac, Paul A., Vol II
Braithwaite, John, Vol IV
Braithwaite, William, Vol IV
Breton, Raymond J., Vol I
Brock, Peter de Beauvoir, Vol I
Brown, James R., Vol IV
Brown, Robert C., Vol I
Brown, Robert Craig, Vol I
Burgess, Jonathan, Vol I
Burke, James F., Vol III
Burnett, David G., Vol I
Cairns, John C., Vol I
Callahan, William James, Vol I
Cameron, Donald M., Vol IV
Cameron, Elspeth M., Vol II
Careless, James M.S., Vol I
Case, Fredrick I., Vol III
Chambers, J.K., Vol I
Chandler, Stanley Bernard, Vol III
Ching, Julia, Vol IV
Chornenki, Genevieve A., Vol IV

Geographic Index

Clarke, Ernest George, Vol III
Clivio, Gianrenzo Pietro, Vol III
Cloutier, Cecile, Vol III
Code, Michael, Vol IV
Cohen, Judith, Vol I
Cole, Kenneth, Vol IV
Colombo, John R., Vol I
Conacher, Desmond J., Vol I
Conacher, James Blennerhasset, Vol I
Cook, Eleanor, Vol II
Coop, Jack, Vol IV
Corkin, Jane, Vol I
Courtney, Richard, Vol II
Crowe, Frederick E., Vol IV
Curtis, Alexander Ross, Vol III
Dainard, James A., Vol III
Danesi, Marcel, Vol III
Davies, Alan T., Vol IV
De Sousa, Ronald B., Vol IV
Dewart, Leslie, Vol II
Dicenso, James, Vol IV
Dolezel, Lubomir, Vol III
Dolezvelova-Velingerova, Milena, Vol III
Domville, Eric W., Vol II
Drummond, Ian Macdonald, Vol I
Duffy, Dennis, Vol II
Dutcher-Walls, Patricia, Vol IV
Dyke, Doris J., Vol I
Eberts, Mary, Vol IV
Eccles, William John, Vol I
Ellis, Keith A.A., Vol III
Ellsworth, Randall, Vol IV
Ernst, Joseph Albert, Vol I
Estes, James Martin, Vol I
Evans, Donald D., Vol IV
Ferejohn, John, Vol IV
Finlayson, Michael G., Vol I
Fish, Arthur, Vol IV
Fitch, Brian T., Vol III
Fleming, Patricia L., Vol I
Forguson, Lynd W., Vol IV
Frank, Roberta, Vol II
French, Goldwin S., Vol I
Gannage, Mark, Vol IV
Genno, Charles N., Vol III
Gentles, Ian, Vol I
Gervers, Michael, Vol I
Goffart, Walter A., Vol I
Golombek, Lisa, Vol I
Gooch, Paul W., Vol IV
Goodman, Susanne R., Vol IV
Gordon, Wendy J., Vol IV
Granatstein, Jack L., Vol I
Grant, John Neilson, Vol I
Grant, John W., Vol IV
Grant, Judith A.S., Vol I
Grayson, Albert K., Vol III
Greenspan, Edward L., Vol IV
Greer, Allan R., Vol I
Gross Stein, Janice, Vol I
Grosskurth, Phyllis M., Vol II
Grzymski, Krzysztof A., Vol I
Gulsoy, J., Vol III
Gupta, Neena, Vol IV
Gwyn, Alexandra, Vol I
Hacking, Ian, Vol IV
Halewood, William H., Vol II
Halperin, Stephen H., Vol I
Handling, Piers G.P., Vol II
Haney, Mary-Ann, Vol IV
Hanke, Robert, Vol I
Harris, Henry Silton, Vol IV
Harrison, Timothy P., Vol I
Hayes, Alan L., Vol IV
Hayne, David Mackness, Vol III
Heinemann, Edward Arthur, Vol III
Hillgarth, Jocelyn Nigel, Vol I
Hoeniger, F. David, Vol II
Hoeniger, Frederick J.D., Vol II
Hoffman, John C., Vol IV
Howarth, Thomas, Vol I
Hughes, Andrew, Vol I
Hughes, Pamela S., Vol IV
Hutcheon, Linda, Vol II
Hutchinson, Douglas S., Vol IV
Hutchinson, Roger Charles, Vol IV
Iacovetta, Franca, Vol I
Iannucci, Amilcare Alfredo, Vol III
Imboden, Roberta, Vol II
Ingham, John Norman, Vol I
Irwin, Eleanor, Vol I
Irwin, William Henery, Vol IV
Israel, Milton, Vol I
Jackman, Barbara, Vol IV
Jackson, James R., Vol II

Johnson, Robert E., Vol I
Johnson, William M., Vol I
Johnston, Alexandra F., Vol II
Joyce, Dougals A., Vol III
Keep, John L.H., Vol I
Kennedy, David, Vol IV
Khan, Abrahim H., Vol IV
Klein, Martin A., Vol I
Kornberg, Jacques, Vol I
Kushner, Eva, Vol III
Lachan, Katharine, Vol I
Lancashire, Anne, Vol II
Lancashire, Ian, Vol II
Latta, Alan Dennis, Vol III
Lee, M. Owen, Vol I
Legge, Elizabeth, Vol I
Lehouck, Emile, Vol III
Leland, Charles Wallace, Vol II
Leon, Pedro, Vol III
Leon, Pierre R.A., Vol III
Leonard, Ellen L., Vol IV
Lepofsky, David M., Vol IV
Levenson, Jill, Vol II
Levmore, Saul, Vol IV
Levy, Kurt Leopold, Vol III
Loftus, John Allan, Vol IV
Longenecker, Richard Norman, Vol IV
MacMillan, Margaret, Vol I
Macpherson, Jay, Vol II
Makuch, Stanley M., Vol IV
Maniates, Maria Rika, Vol I
Marinelli, Peter V., Vol I
Marmura, Michael Elias, Vol IV
Marrus, Michael R., Vol I
Martin, Philippe Jean, Vol III
Mason, H.J., Vol I
Mason, Steve, Vol I
Matilal, Bimal Krishna, Vol IV
McAuliffe, Jane D., Vol IV
McDonough, C.J., Vol I
Mcintire, Carl Thomas, Vol I
McKague, Carla A., Vol IV
McLellan, Bradley N., Vol IV
Merkur, Dan, Vol II
Mertins, Detlef, Vol I
Millgate, Michael, Vol II
Moore, Christopher H., Vol I
Morgan, Edward M., Vol IV
Morgan, Peter Frederick, Vol II
Morrison, Alex, Vol I
Mowat, Farley, Vol I
Mulhallen, Karen, Vol II
Murray, Heather, Vol II
Nigosian, Solomon Alexander, Vol I
Normore, Calvin Gerard, Vol IV
Norris, John, Vol IV
Northey, Rodney, Vol IV
Novak, David, Vol III
O'Grady, Jean, Vol II
Ouellet, Fernand, Vol I
Owens, Father Joseph, Vol IV
Owens, Richard C., Vol IV
Paterson, Janet M., Vol III
Pierson, Ruth, Vol I
Pothecary, Sarah, Vol I
Powicke, Michael Rhys, Vol I
Pratley, Gerald, Vol II
Prentice, Alison, Vol I
Pugliese, Olga, Vol III
Radomski, Harry B., Vol IV
Rae, Bob, Vol IV
Reynolds, Roger Edward, Vol I
Richardson, Peter, Vol IV
Richardson, Stephen R., Vol IV
Rigg, Arthur George, Vol I
Rix, Brenda, Vol I
Roazen, Paul, Vol IV
Robson, Ann W., Vol I
Rosenthal, Peter, Vol IV
Rutherford, Paul F.W., Vol I
Saddlemyer, Ann, Vol II
Sadlier, Rosemary, Vol I
Samarin, William J., Vol III
Samuel, Alan Edouard, Vol I
Sarra, Janis, Vol I
Saywell, John T., Vol I
Scarlett, James D., Vol IV
Scharper, Stephen B., Vol IV
Schner, George, Vol IV
Seliger, Helfried Werner, Vol III
Shaw, Joseph Winterbotham, Vol I
Shaw, W. David, Vol II
Sidnell, Michael John, Vol II
Silcox, David P., Vol I
Sirluck, Ernest, Vol II
Smith, David W., Vol III
Stitt, Allan J., Vol IV

Sullivan, Rosemary, Vol II
Swan, Kenneth P., Vol IV
Swinton, Katherine E., Vol IV
Synan, Edward A., Vol IV
Thomas, Clara M., Vol II
Thornton, Archibald Paton, Vol I
Tolton, Cameron David Edward, Vol IV
Trotter, Gary, Vol IV
Tsukimura, Reiko, Vol III
Tushingham, Arlotte Douglas, Vol I
Underwood, Harry, Vol IV
Valdes, Mario James, Vol III
Vertin, Michael, Vol IV
Waddams, Stephen M., Vol IV
Walkom, Thomas L., Vol IV
Walters, Stanley D., Vol IV
Wark, Wesley K., Vol I
Warkentin, Germaine, Vol II
Warwick, Jack, Vol III
Watkins, Melville H., Vol I
Webster, Donald B., Vol I
Webster, Jill, Vol I
Weinrib, Ernest Joseph, Vol IV
Wetzel, Heinz, Vol III
Wiebe, Donald, Vol IV
Wilson, Ian E., Vol I
Winsor, Mary Pickard, Vol I
Winter, Ralph A., Vol IV
Yalden, Robert, Vol IV
Zemans, Joyce P., Vol I

Trenton
Bonisteel, Roy, Vol IV

Waterloo
Abbott, Carmeta, Vol III
Abbott, W.R., Vol IV
Ages, Arnold, Vol III
Ashworth, Earline Jennifer, Vol IV
Ashworth, Jennifer E., Vol IV
Boire, Gary, Vol I
Brunk, Conrad, Vol IV
Campbell, Gerry, Vol IV
Campbell, Jane, Vol II
Castricano, Jodey, Vol I
Centore, Floyd, Vol IV
Chamberlin, John, Vol II
Comacchio, Cynthia, Vol I
Comensoli, Viviana, Vol II
Copp, John T., Vol I
Cornell, Paul G., Vol I
Cristi, Renato, Vol I
Demarco, Don, Vol IV
DeVidi, Dave, Vol IV
DiCenzo, Maria, Vol II
Diehl Jones, Charlene, Vol II
Downey, James, Vol II
Doyle, James, Vol II
Dube, Pierre, Vol III
Enns, Leonard, Vol I
Evans, Joan, Vol I
Fletcher, Judith, Vol I
Fogel, Stan, Vol II
Forsyth, Phyllis, Vol I
Fournier, Hannah, Vol III
Freed, Joann, Vol I
Froese Tiessen, Hildi, Vol II
George, Rolf A., Vol IV
Gray, Laura, Vol I
Greene, Gordon K., Vol I
Grimes, Ronald L., Vol IV
Groarke, Leo A., Vol IV
Grubisic, Vinko, Vol III
Harrigan, Patrick Joseph, Vol I
Harris, Randy Allen, Vol II
Haworth, Lawrence L., Vol IV
Hendley, Brian, Vol IV
Hinchcliffe, Peter, Vol II
Hoefert, Sigfrid, Vol III
Holmes, Richard H., Vol IV
Horne, James R., Vol IV
Hull, Kenneth, Vol I
Jewinski, Edwin, Vol II
John, David Gethin, Vol III
Kerr Lawson, Angus, Vol IV
Klaassen, Walter, Vol I
Kuxdorf, Manfred, Vol IV
Lorimer, Douglas, Vol I
Lorimer, Joyce, Vol I
Macnaughton, William Robert, Vol II
Marr, William L., Vol I
Marteinson, Peter, Vol III
Martin, W.R., Vol II
McCormack, Eric, Vol II
McGee, Christopher Edward, Vol II

McLaughlin, Ken, Vol I
Minas, Anne C., Vol IV
Miraglia, Anne Marie, Vol III
Mitchinson, Wendy, Vol I
Moore, Margaret, Vol IV
Moore, Michael, Vol II
Narveson, Jan, Vol IV
Niccoli, Gabriel, Vol III
Novak, Joseph A., Vol IV
Nutbrown, Richard A., Vol IV
O'Dell, Leslie, Vol I
Orend, Brian, Vol I
Packull, Werner O., Vol I
Panthel, Hans Walter, Vol III
Reimer, James A., Vol IV
Roberts, Don, Vol IV
Ross, Christopher F.J., Vol IV
Rummel, Erika, Vol I
Russell, Anne, Vol II
Russell, Delbert, Vol III
Ryan, Robert, Vol III
Santosuosso, Alma, Vol I
Sawatsky, Rodney James, Vol IV
Schaus, Gerald, Vol I
Seljak, David, Vol IV
Shakinovsky, Lynn, Vol II
Sibalis, Michael, Vol I
Simpson, Chris, Vol I
Slethaug, Gordon Emmett, Vol II
Smith, Rowland, Vol I
Snyder, Arnold C., Vol I
Socken, Paul, Vol III
Stortz, Gerry, Vol I
Szarycz, Ireneusz, Vol III
Thagard, Paul, Vol IV
Tiessen, Paul, Vol II
Ty, Eleanor, Vol II
Van Evra, James, Vol IV
Wahl, Jim, Vol I
Weldon, James, Vol III
Wilson, Don, Vol III
Wubnig, Judy, Vol IV
Zeller, Suzanne, Vol I
Zweers, Alexander Frederik, Vol II

West Hill
Brown, Russell Morton, Vol II
Eksteins, Modris, Vol I
Franceschetti, Antonio, Vol III

Whitby
Murray, Joan, Vol I

Willowdale
Woods, Joseph Michael, Vol I

Windsor
Amore, Roy C., Vol IV
Atkinson, Colin B., Vol III
Bebout, Linda J., Vol III
Bird, Harold Wesley, Vol I
Conklin, William E., Vol IV
de Villers, Jean-Pierre, Vol II
Dilworth, Thomas, Vol II
Ditsky, John M., Vol III
Halford, Peter W., Vol III
Harder, Bernhard D., Vol III
Herendeen, Wyman H., Vol III
Janzen, Henry David, Vol III
Kingstone, Basil D., Vol III
Klein, Owen, Vol I
Kovarik, Edward, Vol I
Mackendrick, Louis King, Vol III
MacLeod, Alistair, Vol III
Manzig, John G.W., Vol IV
Marasinghe, M. Lakshman, Vol IV
McCrone, Kathleen E., Vol I
Mehta, Mahesh Maganlal, Vol IV
Murray, Jacqueline, Vol I
Nielsen, Harry A., Vol IV
Quinsey, Katherine M., Vol II
Ruggles, Myles A., Vol II
Sautter, Udo, Vol I
Smedick, Lois Katherine, Vol III
Spellman, John Willard, Vol I
Stevens, Peter S., Vol II
Straus, Barrie Ruth, Vol III
Tucker, Bruce, Vol I
van den Hoven, Adrian, Vol III
Weir, John P., Vol IV
Wydrzynski, Christopher J., Vol IV

Winnipeg
Schnitzer, Deborah, Vol II

Woodville
Fleming, Rae B., Vol I

Charlottetown
Arsenault, Joseph G., Vol I
Bolger, Francis W.P., Vol I
Bourne, Lesley-Anne, Vol II
Epperly, Elizabeth Rollins, Vol II
Robb, Stewart A., Vol I

QUEBEC

Aylmer
Trudel, Marcel, Vol I

Chateauguay
Steigerwald, Diane, Vol IV

Hull
L'Allier, Louis, Vol I
McGhee, Robert J., Vol I
Russell, Hilary A., Vol I

Laval
Ponton, Lionel, Vol IV
Roberge, Rene-Michel, Vol IV

Lennoxville
Grogan, Claire, Vol II
Kuepper, Karl Josef, Vol III
McLean, Ken, Vol II
Norman, Joanne S., Vol II

Montreal
Anctil, Pierre, Vol I
Asselin, Olivier, Vol I
Austin, Paul Murray, Vol III
Bates, Donald G., Vol I
Baum, Gregory G., Vol IV
Baumel Joseph, Norma, Vol IV
Bayley, C.C., Vol I
Beaudoin-Ross, Jacqueline, Vol I
Belisle, Jean, Vol I
Bernier, Paul, Vol III
Bertrand, Charles L., Vol I
Bertrand de Munoz, Maryse, Vol III
Bird, Frederick, Vol IV
Bode, Frederick August, Vol I
Bodeus, Richard-Clement, Vol IV
Boisvert, Mathieu, Vol IV
Boker, Hans J., Vol I
Boulad-Ayoub, Josiane, Vol IV
Brassard, Francis, Vol IV
Brennan, Kit, Vol II
Brennan Watters, Kathleen, Vol II
Bunge, Mario, Vol IV
Carr, Graham, Vol I
Cauchy, Venant, Vol IV
Chalk, Frank, Vol I
Chausse, Gilles, Vol III
Clarke, Murray, Vol III
Clas, Andre, Vol III
Coolidge, Robert Tytus, Vol I
Cote, Joanne, Vol I
Crepeau, Paul-Andre, Vol IV
Crowley, David, Vol II
Culter, Suzanne, Vol III
D'Andrea, Antonio, Vol III
Davies, David, Vol IV
De Moura Sobral, Luis, Vol I
Dean, Kenneth, Vol III
Decarie, Graeme, Vol I
Deslauriers, Marguerite, Vol IV
Despland, Michel, Vol IV
DiGiovanni, George, Vol IV
Diubaldo, Richard J., Vol I
Domaradzki, Theodore F., Vol III
Dorsinville, Max, Vol II
Drage-Hale, Rosemary, Vol IV
Dunlop, Anne, Vol I
Duquette, Jean-Pierre, Vol III
Durocher, Rene, Vol I
Dwyer, Susan, Vol IV
Elkayam, Moshe, Vol IV
Fahmy-Eid, Nadia, Vol I
Fate Norton, David, Vol IV
Fick, Carolyn E., Vol I
Fong, Grace, Vol III
Foss, Brian, Vol I
French, Stanley G., Vol I
Galavaris, George, Vol I
Gallati, Ernst, Vol III

Galvaris, George, Vol I
Gauthier, Yvon, Vol IV
Germain, Claude, Vol III
Ghosh, Ratna, Vol I
Gillett, Margaret, Vol I
Ginter, Donald Eugene, Vol II
Glen, Thomas L., Vol I
Godin, Jean Cleo, Vol II
Gopnik, Myrna, Vol III
Gravel, Pierre, Vol IV
Gray, Christopher, Vol IV
Groening, Laura S., Vol II
Haberl, Franz P., Vol III
Haines, Victor Yelverton, Vol II
Hale, Mark, Vol III
Hallett, Michael, Vol IV
Hamelin, Leonce, Vol I
Hanna, Blake Thompson, Vol III
Hill, John, Vol I
Hofbeck, Josef, Vol IV
Hoffman, Peter C.W., Vol I
Hould, Claudette, Vol I
Hubbard, William H., Vol I
Hudson, Robert, Vol I
Ingram, Norman, Vol I
Joch Robinson, Gertrude, Vol II
Joos, Ernest, Vol I
Joseph, Norma Baumel, Vol IV
Kirby, Torrance W., Vol I
Klibansky, Raymond, Vol IV
LaMarre, Thomas, Vol III
Larouche, Michel, Vol I
Laywine, Alison, Vol IV
Lehuu, Isabel, Vol I
Lemieux, Lucien, Vol I
Lesser, Gloria, Vol I
Levin, Charles, Vol II
Lewis, Eric, Vol IV
Lightstone, Jack, Vol IV
Lusignan, Serge, Vol I
Mason, Sheila, Vol IV
McCall, Storrs, Vol IV
McDonough, Sheila, Vol IV
McGilvray, James, Vol IV
McLelland, Joseph Cumming, Vol IV
McSheffrey, Shannon, Vol I
Menn, Stephen, Vol IV
Merken, Kathleen, Vol III
Miller, Carman I., Vol I
Miller, David, Vol IV
Morton, Desmond D.P., Vol I
Nielsen, Kai, Vol IV
Nish, Cameron, Vol I
O'Connor, Dennis, Vol IV
Oppenhaim, Michael, Vol IV
Ornstein, Jack, Vol IV
Orr, Leslie, Vol I
Ouimette, Victor, Vol III
Pedersen, Diana, Vol I
Picot, Jocelyne, Vol II
Prades, Jose Albert, Vol IV
Reiss, Charles, Vol III
Ricard, Francois, Vol III
Richard, Ron, Vol IV
Robert, Jean-Claude, Vol I
Robert, Lucie, Vol II
Robinson, Ira, Vol III
Roth, Lorna, Vol II
Rudin, Ronald, Vol I

Rukmani, T.S., Vol IV
Sanders, Lionel, Vol I
Sanderson, Warren, Vol I
Schachter, Albert, Vol I
Schade, Rosemarie, Vol I
Scheinberg, Stephen, Vol I
Schoenauer, Norbert, Vol I
Sharma, Arvind, Vol IV
Shlosser, Franziska E., Vol I
Shubert, Howard, Vol I
Singer, Martin, Vol I
Sogen Hori, G. Victor, Vol IV
Stewart, Pamela Dawes, Vol III
Straw, William O., Vol II
Stroud, Sarah, Vol IV
Szanto, George, Vol II
Tansey, Charlotte, Vol I
Taylor, James R., Vol II
Tittler, Robert, Vol I
Valaskakis, Gail, Vol I
van Nus, Walter, Vol I
Vipond, Mary, Vol I
Vogel, Robert, Vol I
Wayne, Andrew, Vol IV
Wees, William Charles, Vol II
Woloch, George Michael, Vol I
Wright, Nicholas Thomas, Vol IV
Yates, Robin D.S., Vol III
Young, Katherine K, Vol I
Zeman, Vladimir, Vol IV

Outremont
Potvin, Gilles E.J., Vol I

Quebec
Desautels, Jacques, Vol I
Desautels, Jacques, Vol I
Hirtle, Walter Heal, Vol III
Mackey, William Francis, Vol III
Manning, Alan, Vol IV
Pelchat, Marc, Vol IV
Porter, John R., Vol I
Risco, Antonio, Vol III
Valois, Raynald, Vol IV

Rimouski
Dumais, Monique, Vol IV

Sherbrooke
Bonenfant, Joseph, Vol II
Forest, Jean, Vol III
Jones, Douglas Gordon, Vol II

St-Joseph-de-la-rive
des Gagniers, Jean, Vol I

Ste. Anne de Bellevue
Leith, Linda J., Vol II

Ste. Foy
Auger, Reginald, Vol I
Dekoninck, Thomas, Vol IV
Demers, Francois, Vol II
Dumont, Micheline, Vol I
Fortin, Michel, Vol I
Greenstein, Michael, Vol II
Kempf, Stephen W., Vol IV
Lemire, Maurice, Vol I
Page, Jean-Guy, Vol I

Painchaud, Louis, Vol IV
Sirois, Antoine, Vol II

SASKATCHEWAN

Prince Albert
Schweitzer, Don, Vol IV

Regina
Bismanis, Maija, Vol I
Blackstone, Mary A., Vol II
Conway, John F., Vol I
Cowasjee, Saros, Vol II
Givner, Joan, Vol I
Howard, William J., Vol II
Krantz, Arthur A., Vol IV
Mitchell, Kenneth R., Vol II
OH, Kang-Nam, Vol IV
Spilsbury, Paul, Vol IV
Szabados, Bela, Vol IV
Weber, Burton Jasper, Vol II

Saskatoon
Berry, Herbert, Vol II
Bietenholz, Peter Gerard, Vol I
Bilson, Beth, Vol IV
Bowden, Marie Ann, Vol IV
Buckingham, Don, Vol IV
Buckwold, Tamara, Vol IV
Cairns, Alan, Vol IV
Calder, Robert L., Vol II
Clark, Don, Vol IV
Cooper Stephenson, Ken, Vol IV
Corrigan, Kevin, Vol IV
Cuming, Ron, Vol IV
Fairbairn, Brett T., Vol I
Findlay, Leonard Murray, Vol II
Flannigan, Rob, Vol IV
Foster, John, Vol IV
Fritz, Ron, Vol IV
Gosse, Richard, Vol IV
Greschner, Donna, Vol IV
Hayden, James Michael, Vol I
Henderson, Judith Rice, Vol II
Ish, Daniel, Vol IV
Jobling, David, Vol IV
Lambi, I.N., Vol I
Mackinnon, Peter, Vol IV
Mascher, Sharon, Vol IV
McConnell, William Howard, Vol IV
Miller, James R., Vol I
Miquelon, Dale B., Vol I
Norman, Ken, Vol IV
Quigley, Tim, Vol IV
Roach, Kent, Vol IV
Sider, Robert Dick, Vol I
Smith, David E., Vol I
Uitti, Roger W., Vol IV
Vandervort, Lucinda, Vol IV
Wiegers, Wanda, Vol IV
Wittlin, Curt, Vol II
Zlotkin, Norman, Vol IV

OTHER COUNTRIES

AUSTRALIA
Martin, Austin Lynn, Vol I
Breen, Myles P., Vol II
Lemire, Eugene D., Vol II
Siracusa, Joseph M., Vol I
Halperin, David M., Vol I
White, Shane, Vol I

AUSTRIA
Seebass, Tilman, Vol I

BAHAMAS
Grow, Lynn Merle, Vol II

BELGIUM
Kuczynski, Peter, Vol II

BULGARIA
Moser, Charles A., Vol III

ENGLAND
Simmons, Richard C., Vol I
McGrade, Arthur Stephen, Vol IV
Tippett, Maria W., Vol I
Winter, Jay Murray, Vol I
Clark, Christopher F., Vol I
Ratcliffe, Donald John, Vol I
Morgan, Kenneth, Vol I
Baylen, Joseph Oscar, Vol I
Lawson-Peebles, Robert, Vol I
Way, Peter J., Vol I
Madsen, Deborah, Vol II
Hall, Peter G., Vol I
Junker, Kirk W., Vol IV
Wood, Marcus, Vol I
Robertson, Fiona, Vol II
Bent, Margaret, Vol I
Elliott, John Huxtable, Vol I
Langford, Paul, Vol I
Lewis, Jane E., Vol I
MacQuarrie, John, Vol IV
Raven, James R., Vol I
Sternfeld, Frederick William, Vol I
Ward, William R., Vol I
Nicholls, David, Vol I

FRANCE
Lucas, Alec, Vol II
Benichou, Paul, Vol III
Fabre, Genevieve Edith, Vol I
Fabre, Michel J., Vol I
Green, Nancy Lascoe, Vol I
Issacharoff, Michael, Vol III

GERMANY
Schmidt, Klaus, Vol I
Spevack, Marvin, Vol II
Krois, John Michael, Vol III
Lohr, Charles Henry, Vol I

HONG KONG
Starr, Joseph Barton, Vol I
Ling, Chen, Vol II
Powers, John H., Vol II

IRELAND
Bowler, Peter John, Vol I

ISRAEL
Kaplan, Abraham, Vol IV
Budick, Sanford, Vol II
Eber, Irene, Vol I
Fackenheim, Emil, Vol IV
Greenberg, Moshe, Vol III
Greenfield, Jonas Carl, Vol III
Klein, Michael Leon, Vol IV
Porten, Bezalel, Vol IV
Vogel, Dan, Vol II
Spolsky, Ellen, Vol II
Gartner, Lloyd Philip, Vol I
Gershenson, Daniel Enoch, Vol I

ITALY
Audet, Leonard, Vol IV
Brenk, Frederick Eugene, Vol I
Little, Lester Knox, Vol I
McCarthy, Dennis John, Vol III
North, Robert, Vol IV
Alexander, Doris M., Vol II

JAPAN
Chikage, Imai, Vol II
Sugimoto, Naomi, Vol II
Swanson, Paul L., Vol IV
Rothfork, John G., Vol I
Kikuchi, Akira, Vol I
Bruce, James C., Vol III

NETHERLANDS
Horst, Irvin Buckwalter, Vol I
Duncan, Charles Tignor, Vol IV

NEW ZEALAND
Boyd, Brian David, Vol II
Tittler, Jonathan Paul, Vol III

NICARAGUA
Adamo, David Tuesday, Vol IV

NIGERIA
Nnolim, Charles E., Vol II

SCOTLAND
McFarland, Ian A., Vol IV
Ermarth, Elizabeth D., Vol I

SINGAPORE
Cave, Roderick George, Vol II

SOUTH KOREA
Yang, Heewan, Vol II

SWITZERLAND
Jost, Dominik, Vol III
Blair, John George, Vol I
Tait, Alan A., Vol I
Pipkin, Harry Wayne, Vol I

TAIWAN
Chen, Shih-Shin, Vol II

WEST GERMANY
Schwarz, Hans, Vol IV

Discipline Index

Administrative Law
Bauer, Joseph P., Vol I
Chemerinsky, Erwin, Vol IV
Dutton, William H., Vol II
Haggard, Thomas R., Vol IV
Harvey, James Cardwell, Vol IV
Lurie, Howard R., Vol IV
Medlin, S. Alan, Vol IV
Paniccia, Patricia L., Vol IV
Perritt, Henry H., Jr., Vol IV
Richardson, John, Vol I
Ryan, David L., Vol IV
Sargentich, Thomas O., Vol IV
Slawson, W. David, Vol IV
Spitzer, Matthew L., Vol IV
Strauss, Peter L., Vol IV
Tobias, Carl William, Vol IV
Wydrzynski, Christopher J.,
  Vol IV

Aesthetics
Blocker, H. Gene, Vol IV
Briggs, John, Vol IV
Gillette Sturm, Fred, Vol IV
Hullot-Kentor, Robert, Vol IV
Kamber, Richard, Vol IV
Leibowitz, Flora L., Vol IV
Nadin, Mihai, Vol IV
Ross, Stephanie A., Vol IV
Shapiro, Henry L., Vol I
Shaw, Daniel, Vol IV
Silvers, Anita, Vol IV
Stott, Deborah, Vol IV
Ternes, Hans, Vol III
Ueda, Makoto, Vol II
Valois, Raynald, Vol IV
Wiseman, Mary Bittner, Vol IV
Worth, Sarah Elizabeth, Vol IV
Wright, Terrence C., Vol IV

African History
Accad, Evelyne, Vol III
Apena, Igho Adeline, Vol I
Austen, Ralph Albert, Vol I
Bellegarde-Smith, Patrick, Vol I
Bennett, Norman Robert, Vol I
Berger, Iris, Vol I
Blier, Suzanne Preston, Vol I
Bond, Gilbert I., Vol IV
Booth, Alan R., Vol I
Brenner, Louis, Vol I
Carter, Jeffrey D.R., Vol I
Cheru, Fantu, Vol I
Clark, Andrew, Vol I
Collins, Robert O., Vol I
Conrad, David, Vol I
Cooke, James Jerome, Vol I
Crais, Clifton C., Vol I
Cudjoe, Selwyn Reginald, Vol I
Davies, Carole Boyce, Vol I
Desai, Gaurav Gajanan, Vol I
Dorsey, Learthen, Vol I
Ehret, Christopher, Vol I
Ekechi, Felix Kamalu, Vol I
Elphick, Richard, Vol I
Feinberg, Harvey Michael, Vol I
Fetter, Bruce Sigmond, Vol I
Gardinier, David E., Vol I

Gerstein, Linda Groves, Vol I
Ham, Debra Newman, Vol I
Harris, Joseph E., Vol I
Howard, Thomas Carlton, Vol I
Hull, Richard W., Vol I
Jones, Laird, Vol I
Kinsey, Winston Lee, Vol I
Klein, Martin A., Vol I
Kunnie, Julian, Vol I
Leroy, Perry Eugene, Vol I
Lovejoy, Paul E., Vol I
Lye, William Frank, Vol I
Lynch, Hollis R., Vol I
Maier, Donna J. E., Vol I
Marcus, Harold G., Vol I
Mazrui, Ali Al'Amin, Vol I
Mbodj, Mohamed, Vol I
Mcclellan, Charles W., Vol I
Miller, Joseph Calder, Vol I
Moore, Marian J., Vol I
Mwamba, Zuberi I., Vol I
Nair, Supryia, Vol I
Nelson, J. Douglas, Vol I
Northrup, David Arthur, Vol I
Nwauwa, Apollos O., Vol I
Patterson, Karl David, Vol I
Reagon, Bernice Johnson, Vol I
Sbacchi, Alberto, Vol I
Smith, Woodruff Donald, Vol I
Spitzer, Leo, Vol I
Stewart, Charles Cameron, Vol I
Stoetzer, O. Carlos, Vol I
Strayer, Robert William, Vol I
Swanson, Maynard William, Vol I
Thornton, John K., Vol I
Vansina, Jan, Vol I
Wilcox, Dennis Lee, Vol II
Williams, Nudie Eugene, Vol I
Winquist, Alan Hanson, Vol I
Wright, Harrison Morris, Vol I
Wright, Marcia, Vol I
Wunsch, James Stevenson, Vol I

African Literature
Berkley, Constance E. Gresham,
  Vol III
Cailler, Bernadette Anne, Vol III
Cancel, Robert, Vol III
Cassirer, Thomas, Vol III
Dent, Gina, Vol III
Hale, Thomas Albert, Vol III
Hunter, Linda, Vol III
Mama, Raouf, Vol III
Niang, Sada, Vol III
Nixon, Rob, Vol III
Olney, James, Vol II
Owomoyela, Oyekan, Vol III
Smith Mckoy, Sheila, Vol III
Wendland, Ernst R., Vol III
Yetunde Faelarin Schleicher,
  Antonia, Vol III

African-American Studies
Adams, Russell Lee, Vol I
Allen, Robert L., Vol I
Appiah, Kwame Anthony, Vol I
Asante, Molefi Kete, Vol I
Baird, Keith E., Vol I

Baker, Houston A., Vol II
Blount, Marcellus, Vol II
Bogger, Tommy L., Vol I
Brown, Linda Beatrice, Vol II
Buni, Andrew, Vol I
Butler-Evans, Eliot, Vol II
Carby, Hazel V., Vol I
Carpenter, Joseph, II, Vol I
Cassuto, Lenny, Vol I
Chase Hankins, June, Vol II
Cimbala, Paul A., Vol I
Collins, Patricia Hill, Vol I
Colvin, William E., Vol I
Crosby, Edward Warren, Vol I
Cvornyek, Bob, Vol I
Davis, Thadious, Vol II
De Santis, Christopher, Vol II
Dickinson, Gloria Harper, Vol I
Dorsey, Carolyn Ann, Vol I
Dorsey, Peter, Vol II
Dyson, Michael Eric, Vol I
Early, Gerald, Vol II
Edmonds, Anthony Owens, Vol I
Fair, Theopolis, Vol I
Findlay, James F., Jr., Vol I
Fleming, John Emory, Vol I
Fontenot, Chester J., Vol III
Foster, Frances Smith, Vol II
Foster, Frances Smith, Vol II
Franklin, Robert Michael, Vol IV
Glasco, Laurence A., Vol I
Gourdine, A.K.M., Vol II
Griffith, Ezra, Vol I
Gropman, Alan Louis, Vol I
Grupenhoff, Richard, Vol II
Guruswamy, Rosemary, Vol II
Head, Laura Dean, Vol I
Herron, Carolivia, Vol I
Hill, James Lee, Vol II
Hord, Frederick Lee, Vol I
Horne, Gerald Charles, Vol IV
Hudson, Herman C., Vol I
Hudson-Weems, Clenora, Vol II
Huff, Carolyn Barbara, Vol I
Jacobs, Donald Martin, Vol I
Jeffries, Leonard, Vol I
Jenkins, Kenneth Vincent, Vol II
Joiner, Burnett, Vol I
Jones, Katherine Elizabeth Butler,
  Vol I
Kamau, Mosi, Vol I
Kebede, Ashenafi Amde, Vol I
Kinnamon, Keneth, Vol II
Kinney, Katherine, Vol II
Lehman, Cynthia L., Vol I
LeMelle, Tilden J., Vol I
Levering Lewis, David, Vol I
Ligon, Doris Hillian, Vol I
Logan, Wendell, Vol I
Lowe, John, Vol II
McDonald, Sheila, Vol II
Meier, August, Vol I
Murphy, Larry G., Vol I
Muyumba, Francois N., Vol I
Myers, Samuel L., Jr., Vol I
Naison, Mark, Vol I
Neverdon-Morton, Cynthia, Vol I
Newton, James E., Vol I
Nunes, Zita, Vol II
O'Meally, Robert, Vol II
Okunor, Shiame, Vol I

Page, Willie F., Vol I
Pemberton, Gayle R., Vol I
Perkins, Linda Marie, Vol I
Pettis, Joyce, Vol II
Ransby, Barbara, Vol I
Richards, Johnetta Gladys, Vol I
Richards, Phillip M., Vol II
Robinson, Jim C., Vol I
Royster, Philip M., Vol I
Sandiford, Keith, Vol II
Schmidt, Barbara Quinn, Vol II
Schweninger, Loren Lance, Vol I
Scott, William R., Vol I
Sinnette, Elinor DesVerney, Vol I
Smalls, James, Vol I
Stalls, M., Vol I
Taylor, Howard F., Vol I
Taylor, Jerome, Vol I
Taylor Guthrie, Danille, Vol I
Thompson, Robert Farris, Vol I
Van Deburg, William L., Vol I
Wade, Jacqueline E., Vol I
Walker, Juliet Elise Kirkpatrick,
  Vol I
Walters, Ronald, Vol I
Watkins-Owens, Irma, Vol I
Weber, Shirley Nash, Vol I
Weisbord, Robert G., Vol I
Welch, Ashton Wesley, Vol I
West, C. S'thembile, Vol I
Williams, John Alfred, Vol II
Williams, Leroy Thomas, Vol I
Williams, Ora, Vol I
Williams-Myers, Albert J., Vol I
Wilson, Charles E., Jr., Vol II
Yarborough, Richard A., Vol I
Young, Mary, Vol III

Afroasiatic Languages
Clark, Mary Morris, Vol III
Frajzyngier, Zygmunt, Vol III
Wendland, Ernst R., Vol III

American History
Abbot, William Wright, Vol I
Abbott, Albert, Vol I
Abbott, Richard Henry, Vol I
Abrams, Douglas Carl, Vol I
Abrams, Richard M., Vol I
Abzug, Robert Henry, Vol I
Aeschbacher, William Driver,
  Vol I
Ahern, Wilbert H., Vol I
Albert, Peter J., Vol I
Alexander, Charles C., Vol I
Alford, Terry L., Vol I
Ambrosius, Lloyd, Vol I
Anderson, Mark, Vol I
Anderson, Robert Mapes, Vol I
Anderson, Terry Howard, Vol I
Apostolos-Cappadona, Diane,
  Vol IV
Armitage, Susan, Vol I
Ashby, LeRoy, Vol I
Auerbach, Jerold Stephen, Vol I
Aurand, Harold Wilson, Vol I
Austin, Judith, Vol I
Avery, Kevin J., Vol I

Axelrad, Allan M., Vol I
Babcock, Robert Harper, Vol I
Bailey, John Wendell, Vol I
Baird, William David, Vol I
Baker, James Franklin, Vol I
Baker, Jean Harvey, Vol I
Baker, Melva Joyce, Vol I
Baker, Paul R., Vol I
Baker, Thomas H., Vol I
Bakken, Gordon Morris, Vol I
Barkan, Elliott Robert, Vol I
Barnes, Timothy Mark, Vol I
Barney, William Lesko, Vol I
Barron, Hal S., Vol I
Barth, Gunther, Vol I
Bartlett, Irving Henry, Vol I
Bartlett, Richard Adams, Vol I
Bartley, Numan V., Vol I
Barua, Pradeep P., Vol I
Basch, Norma, Vol I
Bass, Dorothy C., Vol IV
Bassett, Charles Walker, Vol II
Baum, Dale, Vol I
Baur, John Edward, Vol I
Bayor, Ronald Howard, Vol I
Beardsley, Edward Henry, Vol I
Beaver, Daniel R., Vol I
Becker, Lloyd George, Vol II
Becker, Robert Arthur, Vol I
Becker, William Henry, Vol I
Beckham, Stephen Dow, Vol I
Bedford, Henry F., Vol I
Beebe, Ralph Kenneth, Vol I
Beechert, Edward D., Vol I
Beeth, Howard, Vol I
Beisner, Robert L., Vol I
Bell, Leland V., Vol I
Bell, William Dudley, Vol I
Bellamy, Donnie Duglie, Vol I
Beltman, Brian William, Vol I
Belz, Herman Julius, Vol I
Ben-Atar, Doron, Vol I
Bender, Thomas, Vol I
Benedict, Michael Les, Vol I
Bennett, David Harry, Vol I
Bennett, Edward Moore, Vol I
Berge, Dennis Eugene, Vol I
Berger, Carl, Vol I
Berger, Henry Weinberg, Vol I
Berger, Mark Lewis, Vol I
Bergquist, James Manning, Vol I
Berkin, Carol Ruth, Vol I
Berlin, Robert Harry, Vol I
Berman, William C., Vol I
Bernstein, Barton Jannen, Vol I
Berrol, Selma Cantor, Vol I
Berthrong, Donald John, Vol I
Bigham, Darrel Eugene, Vol I
Billias, George Athan, Vol I
Binder, Frederick Melvin, Vol I
Blackburn, George Mccoy, Vol I
Blackmar, Elizabeth, Vol I
Blakey, George Thomas, Vol I
Bland, Larry Irvin, Vol I
Bland, Sidney Roderick, Vol I
Blantz, Thomas E., Vol I
Blewett, Mary H., Vol I
Blodgett, Ralph Edward, Vol I
Bloom, Alexander, Vol I
Bloom, John Porter, Vol I
Blue, Frederick J., Vol I

Bodnar, John Edward, Vol I
Boeger, Palmer Henry, Vol I
Bogger, Tommy L., Vol I
Bogin, Ruth, Vol I
Bogue, Allan G., Vol I
Boles, John Bruce, Vol I
Bolt, Robert, Vol I
Bolton, Sidney Charles, Vol I
Boney, Francis Nash, Vol I
Bonomi, Patricia Updegraff, Vol I
Born, John D., Vol I
Borne, Lawrence Roger, Vol I
Boskin, Joseph, Vol I
Bourdon, Roger J., Vol I
Bowling, Kenneth R., Vol I
Boyer, Paul S., Vol I
Boylan, Anne Mary, Vol I
Bradbury, Miles L., Vol I
Bradford, Richard Headlee, Vol I
Braeman, John, Vol I
Brandimarte, Cynthia A., Vol I
Breihan, John R., Vol I
Bremer, Francis John, Vol I
Bremer, William Walling, Vol I
Bremner, Robert Hamlett, Vol I
Briceland, Alan Vance, Vol I
Bridges, Roger Dean, Vol I
Broesamle, John Joseph, Vol I
Brooke, John L., Vol I
Brooks, Robin, Vol I
Brown, Dee Alexander, Vol I
Brown, Norman D., Vol I
Brown, Richard David, Vol I
Brown, Ronald Conklin, Vol I
Brown, Weldon Amzy, Vol I
Browne, Gary Lawson, Vol I
Bruce, D.D., Vol I
Brumberg, Joan Jacobs, Vol I
Buckland, Roscoe Lawrence, Vol I
Buenker, John D., Vol I
Buettinger, Craig, Vol I
Bumsted, John M., Vol I
Burckel, Nicholas C., Vol I
Burg, Barry Richard, Vol I
Burke, Albie, Vol I
Burnham, John Chynoweth, Vol I
Burns, Chester Ray, Vol I
Burnstein, Daniel, Vol I
Burton, Orville Vernon, Vol I
Burton, William Lester, Vol I
Bushman, Richard, Vol I
Byrne, Frank Loyola, Vol I
Caine, Stanley Paul, Vol I
Calhoon, Robert M., Vol I
Campbell, Ballard C., Vol I
Campbell, Randolph Bluford, Vol I
Cannon, Donald Quayle, Vol I
Cantelon, Philip Louis, Vol I
Cardoso, Joaquin Jose, Vol I
Carey, Patrick W., Vol IV
Carleton, Mark Thomas, Vol I
Carlisle, Rodney, Vol I
Carlson, Lewis H., Vol I
Carmichael, Peter S., Vol I
Carneal, Thomas William, Vol I
Caroli, Betty Boyd, Vol I
Carr, Graham, Vol I
Carr, Lois Green, Vol I
Carriker, Robert C., Vol I
Carroll, Charles Francis, Vol I
Carroll, Francis Martin, Vol I
Carroll, John Martin, Vol I
Carter, Edward C., II, Vol I
Carter, Paul Allen, Vol I
Cartwright, Joseph Howard, Vol I
Casdorph, Paul Douglas, Vol I
Cash, Philip, Vol I
Cashdollar, Charles David, Vol I
Cass, Michael Mcconnell, Vol II
Cassedy, James Higgins, Vol I
Castillo, Ed, Vol I
Cave, Alfred A., Vol I
Cebula, James E., Vol I
Chan, Loren Briggs, Vol I
Chandler, Robert Joseph, Vol I
Chaput, Donald, Vol I
Chase, Philander Dean, Vol I
Chernow, Barbara A., Vol I
Cherny, Robert Wallace, Vol I
Chestnut, Paul Ivar, Vol I
Chmielewski, Wendy E., Vol I
Christie, Jean, Vol I
Christman, Calvin Lee, Vol I
Chudacoff, Howard Peter, Vol I
Chyet, Stanley F., Vol I
Clanton, Orval Gene, Vol I
Clark, Charles Edwin, Vol I
Clark, John Garretson, Vol I

Clark, Malcolm Cameron, Vol I
Clark, Michael Dorsey, Vol I
Clarke, Duncan, Vol I
Clement, Priscilla Ferguson, Vol I
Clements, Kendrick Alling, Vol I
Clendenning, John, Vol II
Clifford, John Garry, Vol I
Clowse, Converse Dilworth, Vol I
Clymer, Kenton James, Vol I
Coale, Samuel Chase, Vol I
Coben, Stanley, Vol I
Coffman, Edward M., Vol I
Cohen, Joel Alden, Vol I
Cohen, Naomi Wiener, Vol I
Cohen, Norman Sonny, Vol I
Cohen, William, Vol I
Cole, Terrence M., Vol I
Cole, Thomas Richard, Vol I
Cole, Wayne S., Vol I
Coletta, Paolo E., Vol I
Coll, Blanche D, Vol I
Collin, Richard H., Vol I
Collins, Robert Maurice, Vol I
Combs, Jerald A., Vol I
Conley, Patrick Thomas, Vol I
Conlin, Joseph R., Vol I
Connell-Szasz, Margaret, Vol I
Conser, Walter H., Jr., Vol I
Contosta, David Richard, Vol I
Cook, Blanche Wiesen, Vol I
Coombs, Frank Alan, Vol I
Coon, David L., Vol I
Cooney, Terry Arnold, Vol I
Cooper, Jerry Marvin, Vol I
Cordasco, Francesco, Vol I
Cornish, Dudley Taylor, Vol I
Cortes, Carlos Eliseo, Vol I
Cotroneo, Ross Ralph, Vol I
Countryman, Edward, Vol I
Cowden, Joanna Dunlap, Vol I
Cowing, Cedric Breslyn, Vol I
Cox, Joseph W., Vol I
Cox, Thomas Richard, Vol I
Cramer, Richard S., Vol I
Crane, Conrad C., Vol I
Crane, Elaine F., Vol I
Crapol, Edward Paul, Vol I
Cravens, Hamilton, Vol I
Crawford, Michael John, Vol I
Cregier, Don Mesick, Vol I
Cripps, Thomas, Vol I
Crist, Lynda Lasswell, Vol I
Critchlow, Donald T., Vol I
Croce, Lewis Henry, Vol I
Crofts, Daniel Wallace, Vol I
Crooks, James Benedict, Vol I
Crosthwaite, Jane Freeman, Vol I
Crouch, Tom Day, Vol I
Crouse, Maurice Alfred, Vol I
Crouthamel, James L., Vol I
Crow, Jeffrey Jay, Vol I
Cuff, Robert Dennis, Vol I
Culbert, David H., Vol I
Culley, John Joel, Vol I
Curl, Donald Walter, Vol I
Curran, Thomas F., Vol I
Curran, Thomas J., Vol I
Current, Richard Nelson, Vol I
Currey, Cecil B., Vol I
Curry, Leonard Preston, Vol I
Curry, Richard Orr, Vol I
Curtis, James C., Vol I
Cutler III, William W., Vol I
D'Elia, Donald John, Vol I
Dahlstrand, Frederick Charles, Vol I
Dain, Norman, Vol I
Dallek, Robert, Vol I
Dalstrom, Harl A., Vol I
Dalton, Kathleen Mary, Vol I
Danbom, David Byers, Vol I
Daniel, Pete, Vol I
Daniel, Wilbon Harrison, Vol I
Danker, Donald Floyd, Vol I
Davenport, Robert Wilson, Vol I
Davis, Allen Freeman, Vol I
Davis, George H., Vol I
Davis, Rodney Owen, Vol I
Davis, Ronald Leroy, Vol I
Davison, Nancy R., Vol I
Dayton, Donald Wilber, Vol IV
De Pauw, Linda Grant, Vol I
Decker, Leslie Edward, Vol I
DeCredico, Mary A., Vol I
Delaney, Norman Conrad, Vol I
Delorme, Roland L., Vol I
Demoss, Dorothy Dell, Vol I
Depauw, Linda Grant, Vol I
Depillis, Mario Stephen, Vol I

Derby, William Edward, Vol I
Derr, Thomas Sieger, Vol IV
Dethloff, Henry Clay, Vol I
Devine, Michael John, Vol I
Dew, Charles Burgess, Vol I
Dewey, Donald Odell, Vol I
Dierenfield, Bruce Jonathan, Vol I
Dillon, Clarissa F., Vol I
Dillon, Merton Lynn, Vol I
Din, Gilbert C., Vol I
Dinkin, Robert J., Vol I
Dinnerstein, Leonard, Vol I
Dippie, Brian William, Vol I
Divine, Robert Alexander, Vol I
Dobson, John Mccullough, Vol I
Dolan, Jay P., Vol I
Dolce, Philip Charles, Vol I
Donaghy, Thomas J., Vol I
Donahoe, Bernard Francis, Vol I
Donald, David Herbert, Vol I
Donegan, Jane Bauer, Vol I
Dorn, Jacob Henry, Vol I
Dorsett, Lyle Wesley, Vol I
Dorsey, Kurk, Vol I
Dorwart, Jeffery Michael, Vol I
Dougan, Michael Bruce, Vol I
Douglas, George Halsey, Vol II
Downey, Dennis B., Vol I
Downing, Marvin Lee, Vol I
Drake, Fred, Vol I
Duberman, Martin, Vol I
Dubofsky, Melvyn, Vol I
Ducker, James H., Vol I
Dudley, William Sheldon, Vol I
Duffy, John Joseph, Vol I
Dufour, Ron, Vol I
Dunkak, Harry Matthew, Vol I
Dunn, Joe Pender, Vol I
Dupre, Dan, Vol I
Duram, James C., Vol I
Dyer, Klay, Vol II
Edgar, Walter Bellingrath, Vol I
Edmonds, Anthony Owens, Vol I
Eggert, Gerald G., Vol I
Eid, Leroy Victor, Vol I
Eisenstadt, Abraham S., Vol I
Elam, Earl Henry, Vol I
Elliott, Emory B., Vol II
Ellis, Richard E., Vol I
Ellis, Richard N., Vol I
England, James Merton, Vol I
Erlebacher, Albert, Vol I
Ernst, Joseph Albert, Vol I
Ershkowitz, Herbert J., Vol I
Esslinger, Dean Robert, Vol I
Esthus, Raymond Arthur, Vol I
Ethington, Philip J., Vol I
Eubank, Keith, Vol I
Evans, Emory Gibbons, Vol I
Evans, John Whitney, Vol I
Evans, William Mckee, Vol I
Fabian, Ann, Vol I
Fahl, Ronald Jenks, Vol I
Faragher, John Mack, Vol I
Fass, Paula S., Vol I
Faulk, Odie B., Vol I
Faust, Drew Gilpin, Vol I
Fehrenbacher, Don Edward, Vol I
Feingold, Henry L., Vol I
Ferguson, Clyde Randolph, Vol I
Ferling, John Ernie, Vol I
Ferrell, Robert Hugh, Vol I
Ferris, Norman B., Vol I
Field, Phyllis Frances, Vol I
Fields, Barbara J., Vol I
Filene, Peter Gabriel, Vol I
Findlay, James F., Jr., Vol I
Findling, John Ellis, Vol I
Fine, Sidney, Vol I
Fink, Gary M., Vol I
Finkelstein, Barbara, Vol I
Fireman, Janet Ruth, Vol I
Fischer, Leroy Henry, Vol I
Fischer, Roger Adrian, Vol I
Fishburn, Janet Forsythe, Vol IV
Fisher, James T., Vol I
Fitzpatrick, Ellen, Vol I
Flack, J..Kirkpatrick, Vol I
Flammer, Philip Meynard, Vol I
Flanagan, Maureen Anne, Vol I
Fletcher, Marvin Edward, Vol I
Flynn, George Quitman, Vol I
Foley, Mary Briant, Vol I
Foley, Neil, Vol I
Foley, William Edward, Vol I
Folmar, John Kent, Vol I
Foner, Eric, Vol I
Foner, Eric, Vol I
Fontana, Bernard Lee, Vol I

Forderhase, Rudolph Eugene, Vol I
Forgie, George Barnard, Vol I
Forman Crane, Elaine, Vol I
Foster, Mark Stewart, Vol I
Foster, Stephen, Vol I
Fowler, William Morgan, Vol I
Fox, Frank Wayne, Vol I
Frakes, George Edward, Vol I
Frantz, John B., Vol I
Franz, George W., Vol I
Fredrickson, George M., Vol I
Freehling, William W., Vol I
Frey, Slyvia Rae, Vol I
Fried, Richard M., Vol I
Friedman, Lawrence Jacob, Vol I
Friedman, Murray, Vol I
Fritz, Harry William, Vol I
Fritz, Henry Eugene, Vol I
Frost, James Arthur, Vol I
Frost, Jerry William, Vol I
Frost, Richard Hindman, Vol I
Fuller, Justin, Vol I
Fullinwider, S. Pendleton, Vol I
Funigiello, Philip J., Vol I
Furlong, Patrick Joseph, Vol I
Gabaccia, Donna, Vol I
Gabel, Jack, Vol I
Gaddis, John Lewis, Vol I
Gara, Larry, Vol I
Garcia, Juan Ramon, Vol I
Garrison, Lora Dee, Vol I
Gaston, Paul M., Vol I
Gates, John Morgan, Vol I
Gatewood, Willard Badgette, Vol I
Gaustad, Edwin Scott, Vol I
Gavins, Raymond, Vol I
Geib, George Winthrop, Vol I
Geissler, Suzanne Burr, Vol I
Gelber, Steven Michael, Vol I
Gelfand, Lawrence E., Vol I
Gentry, Judith Anne Fenner, Vol I
Gephart, Ronald Michael, Vol I
Gerlach, Don R., Vol I
Gerlach, Larry Reuben, Vol I
Gettleman, Marvin Edward, Vol I
Giebelhaus, August William, Vol I
Giffin, William Wayne, Vol I
Giglio, James Nicholas, Vol I
Gilbert, Arlan Kemmerer, Vol I
Gilbert, James Burkhart, Vol I
Gilderhus, Mark Theodore, Vol I
Gilje, Paul Arn, Vol I
Gillespie, Angus K., Vol I
Gillette, William, Vol I
Gilmore-Lehne, William James, Vol I
Glaab, Charles Nelson, Vol I
Godfrey, William Gerald, Vol I
Goff, John S., Vol I
Goldfield, David, Vol I
Gollaher, David L., Vol I
Goodfriend, Joyce Diane, Vol I
Goodstein, Anita Shafer, Vol I
Gordon, Lynn Dorothy, Vol I
Gordon, Mary Mcdougall, Vol I
Goren, Arthur, Vol I
Gougeon, Len Girard, Vol II
Gould, Eliga H., Vol I
Gould, Lewis Ludlow, Vol I
Gower, Calvin William, Vol I
Graebner, Alan, Vol I
Graham, Gael N., Vol I
Graham, Hugh Davis, Vol I
Graham, Patricia Albjerg, Vol I
Gray, Ralph D., Vol I
Graybar, Lloyd Joseph, Vol I
Green, Elna C., Vol I
Green, George N., Vol I
Green, Michael Knight, Vol I
Green, Thomas Andrew, Vol I
Greenbaum, Fred, Vol I
Greene, Victor Robert, Vol I
Greenwald, Maurine Weiner, Vol I
Grele, Ronald J., Vol I
Grenier, Judson A., Vol I
Gribbin, William James, Vol I
Grimsted, David Allen, Vol I
Grob, Gerald N., Vol I
Grothaus, Larry Henry, Vol I
Grubbs, Donald Hughes, Vol I
Gruber, Ira Dempsey, Vol I
Grusin, Richard A., Vol I
Guice, John David Wynne, Vol I
Guidorizzi, Richard Peter, Vol I
Gunther, Gerald, Vol I
Gustafson, Milton Odell, Vol I
Haber, Carole, Vol I
Haber, Samuel, Vol I

Hackett, David H., Vol I
Hagan, Kenneth James, Vol I
Hagan, William Thomas, Vol I
Haines, Gerald Kenneth, Vol I
Hales, Peter Bacon, Vol I
Hall, Gwendolyn Midlo, Vol I
Hall, Jacquelyn Dowd, Vol I
Hall, Larry Joe, Vol II
Hall, Van Beck, Vol I
Ham, F. Gerald, Vol I
Hamilton, Virginia V., Vol I
Hammond, Alexander, Vol II
Hamre, James S., Vol IV
Hanchett, William, Vol I
Hand, Samuel B., Vol I
Handlin, Oscar, Vol I
Haney, Richard Carlton, Vol I
Hansen, Klaus Juergen, Vol I
Harlan, Louis R., Vol I
Harmond, Richard Peter, Vol I
Harrington, Jesse Drew, Vol I
Harris, P.M.G., Vol I
Harris, Susan Kumin, Vol II
Harris, William C., Vol I
Hartgrove, Joseph Dane, Vol I
Harvey, Paul, Vol I
Haskell, Thomas Langdon, Vol I
Hattaway, Herman Morell, Vol I
Hauptman, Laurence Marc, Vol I
Hawkins, Hugh Dodge, Vol I
Hay, Melba Porter, Vol I
Hay, Robert Pettus, Vol I
Hays, Willard Murrell, Vol I
Haywood, C. Robert, Vol I
Heath, Jim Frank, Vol I
Heffron, Paul Thayer, Vol I
Heimert, Alan, Vol I
Helms, John Douglas, Vol I
Hench, John Bixler, Vol I
Henderson, Alexa Benson, Vol I
Hendricks, James Edwin, Vol I
Henggeler, Paul R., Vol I
Henwood, James N.J., Vol I
Hess, Gary R., Vol I
Higginbotham, R. Don, Vol I
Hilderbrand, Robert Clinton, Vol I
Hill, Patricia, Vol I
Hill, Peter Proal, Vol I
Hilty, James, Vol I
Hindman, E. James, Vol I
Hine, William Cassidy, Vol I
Hirsch, Arnold Richard, Vol I
Hirt, Paul W., Vol I
Hobson, Charles Frederic, Vol I
Hobson, Wayne K., Vol I
Hodge, Robert White, Vol I
Hoff, Joan, Vol I
Hoffecker, Carol E., Vol I
Hoffer, Peter Charles, Vol I
Hoglund, Arthur William, Vol I
Holbo, Paul S., Vol I
Holifield, E. Brooks, Vol I
Holmes, Steven J., Vol I
Holsinger, M. Paul, Vol I
Holt, Michael Fitzgibbon, Vol I
Hoogenboom, Ari, Vol I
Hoover, Dwight W, Vol I
Hoover, Herbert Theodore, Vol I
Hopkins, Richard Joseph, Vol I
Horton, Loren Nelson, Vol I
Howell, Sarah McCanless, Vol I
Hubbell, John Thomas, Vol I
Hudson, Leonne, Vol I
Hueston, Robert Francis, Vol I
Huff, Carolyn Barbara, Vol I
Hume, Richard L., Vol I
Hunt, James, Vol I
Hurley, Forrest Jack, Vol I
Hutchison, William Robert, Vol I
Hyman, Harold Melvin, Vol I
Illick, Joseph E., Vol I
Ingham, John Norman, Vol I
Ingle, Homer Larry, Vol I
Israel, Fred L., Vol I
Issel, William Henry, Vol I
Jablon, Howard, Vol I
Jacklin, Thomas M., Vol I
Jackson, Carl Thomas, Vol I
Jackson, Carlton Luther, Vol I
Jackson, Charles O., Vol I
Jackson, Donald Dean, Vol I
Jackson, Kenneth T., Vol I
Jackson, William Turrentine, Vol I
Jacobs, Donald Martin, Vol I
Jacobs, Travis B., Vol I
Jacoway, Elizabeth, Vol I
Jaher, Frederic Cople, Vol I
Jaimes-Guerrero, Mariana, Vol I
James, Winston, Vol I

Jameson, John R., Vol I
Jarvis, Charles Austin, Vol I
Jarvis, Joseph Anthony, Vol I
Jeffrey, Julie Roy, Vol I
Jeffrey, Kirk, Vol I
Jensen, Billie B, Vol I
Jensen, Joan Maria, Vol I
Jenson, Carol Elizabeth, Vol I
Johansen, Bruce Elliott, Vol I
Johnson, Arthur L., Vol I
Johnson, Bobby Harold, Vol I
Johnson, Curtis, Vol I
Johnson, David Alan, Vol I
Johnson, Herbert Alan, Vol I
Johnson, James Pearce, Vol I
Johnson, Judith R., Vol I
Johnson, Paul B., Vol I
Johnson, Richard Rigby, Vol I
Johnson, Ronald Maberry, Vol I
Jonas, Manfred, Vol I
Jones, Beverly Washington, Vol I
Jones, Byrd Luther, Vol I
Jones, Houston Gwynne, Vol I
Jones, Howard, Vol I
Jones, James Howard, Vol I
Jones, Robert Francis, Vol I
Joy, Mark S., Vol I
Judd, Jacob, Vol I
Juhnke, James Carlton, Vol I
Kaminski, John Paul, Vol I
Kamman, William, Vol I
Kantowicz, Edward Robert, Vol I
Karcher, Carolyn Lury, Vol II
Karkhanis, Sharad, Vol I
Karl, Barry D., Vol I
Kasson, John Franklin, Vol I
Katz, Irving, Vol I
Katz, Michael B., Vol I
Katz, Stanley Nider, Vol I
Katzman, David Manners, Vol I
Katznelson, Ira, Vol I
Kaufman, Burton, Vol I
Kaufman, Martin, Vol I
Kawashima, Yasuhide, Vol I
Keller, Clair Wayne, Vol I
Keller, Kenneth Wayne, Vol I
Keller, Morton, Vol I
Kelley, Brooks Mather, Vol I
Kelley, Donald B., Vol I
Kellner, George, Vol I
Kemeny, Paul Charles, Vol I
Kerber, Linda Kaufman, Vol I
Kern, Gilbert Richard, Vol IV
Kerr, Kathel Austin, Vol I
Kett, Joseph Francis, Vol I
Kettner, James Harold, Vol I
Kevles, Daniel Jerome, Vol I
Kimball, Jeffrey Philip, Vol I
Kimball, Warren F., Vol I
King, Peter John, Vol I
Kiple, Kenneth Franklin, Vol I
Kirby, Jack Temple, Vol I
Klein, Milton M., Vol I
Knobel, Dale Thomas, Vol I
Koelsch, William Alvin, Vol I
Koginos, Manny T., Vol I
Kohn, Richard Henry, Vol I
Koistinen, Paul Abraham Carl,
Vol I
Kolko, Gabriel, Vol I
Kolmer, Elizabeth, Vol I
Konig, David Thomas, Vol I
Kostelanetz, Richard, Vol I
Kovaleff, Theodore Philip, Vol I
Kraft, James P., Vol I
Kramer, Carl Edward, Vol I
Kremer, Gary R., Vol I
Kress, Lee Bruce, Vol I
Krick, Robert Kenneth, Vol I
Kruman, Marc Wayne, Vol I
Kuehl, John William, Vol I
Kuroda, Tadahisa, Vol I
Kushner, Howard Irvin, Vol I
Kushner, James Alan, Vol IV
Kusmer, Kenneth L., Vol I
Kutler, Stanley I., Vol I
Kutolowski, Kathleen Smith, Vol I
Kuzniewski, Anthony Joseph,
Vol I
Kyvig, David Edward, Vol I
La Forte, Robert Sherman, Vol I
Lael, Richard Lee, Vol I
Lafeber, Walter, Vol I
Lagemann, Ellen Condliffe, Vol I
Laitos, Jan Gordon, Vol IV
Lamar, Howard Roberts, Vol I
Lamplugh, George Russell, Vol I
Landsman, Ned C., Vol I
Lane, Roger, Vol I

Langill, Richard L., Vol I
Langsam, Miriam Zelda, Vol I
Lankevich, George J., Vol I
Lapomarda, Vincent Anthony,
Vol I
Lapp, Rudolph Mathew, Vol I
Larkin, Jack, Vol I
Larsen, Grace H., Vol I
Larsen, Lawrence H., Vol I
Larson, Bruce Llewellyn, Vol I
Larson, Robert Walter, Vol I
Laska, Vera, Vol I
Laslett, John Henry Martin, Vol I
Lass, William Edward, Vol I
Latham, Michael E., Vol I
Latner, Richard Barnett, Vol I
Laurie, Bruce, Vol I
Leab, Daniel Josef, Vol I
Leamon, James Shenstone, Vol I
Lears, T.J. Jackson, Vol I
Leavitt, Judith Walzer, Vol I
Leckie, Shirley A., Vol I
Lee, David Dale, Vol I
Lee, Ta-ling, Vol III
Legan, Marshall Scott, Vol I
Lemons, Stanley J., Vol I
Leonard, Henry Beardsell, Vol I
Leonard, Thomas Charles, Vol I
Leonard, Virginia Waugh, Vol I
Levesque, George August, Vol I
Levin, David S., Vol I
Levine, Daniel, Vol I
Levine, David Oscar, Vol I
Levine, Peter D., Vol I
Levy, David William, Vol I
Levy, Eugene Donald, Vol I
Lewarne, Charles Pierce, Vol I
Lewis, Jan Ellen, Vol I
Lewis, Walter David, Vol I
Leyendecker, Liston Edgington,
Vol I
Libby, Justin Harris, Vol I
Lightner, David Lee, Vol I
Lillibridge, George Donald, Vol I
Lindgren, James M., Vol I
Linenthal, Edward Tabor, Vol IV
Link, Arthur S., Vol I
Lisio, Donald John, Vol I
Little, Douglas James, Vol I
Litwack, Leon F., Vol I
Livingston, John, Vol I
Lofgren, Charles Augustin, Vol I
Logsdon, Joseph, Vol I
Long, Ronald Wilson, Vol I
Lopata, Roy Haywood, Vol I
Lora, Ronald Gene, Vol I
Louis, James Paul, Vol I
Lounsbury, Myron, Vol I
Lounsbury, Richard Cecil, Vol I
Lovejoy, David Sherman, Vol I
Loveland, Anne Carol, Vol I
Lovin, Hugh Taylor, Vol I
Lovoll, Odd Sverre, Vol I
Lowe, Richard Grady, Vol I
Lowther, Lawrence Leland, Vol I
Lubbers, Jeffrey S., Vol I
Lubick, George Michael, Vol I
Lucas, Marion Brunson, Vol I
Lucas, Paul Robert, Vol I
Luckingham, Bradford Franklin,
Vol I
Luebke, Frederick Carl, Vol I
Lunde, Erik Sheldon, Vol I
Lytle, Mark Hamilton, Vol I
Macdonald, J. Fred, Vol I
Mackey, Thomas, Vol I
Mackintosh, Barry, Vol I
Maddox, Robert James, Vol I
Madison, James H., Vol I
Madsen, Brigham Dwaine, Vol I
Madsen, Carol Cornwall, Vol I
Magnaghi, Russell Mario, Vol I
Mahoney, Joseph F., Vol I
Mahoney, Timothy, Vol I
Maier, Pauline Rubbelke, Vol I
Main, Gloria L., Vol I
Maizlish, Stephen E., Vol I
Malone, Barbara S. (Bobbie),
Vol I
Malone, Bill Charles, Vol I
Malone, Michael Peter, Vol I
Malsberger, John William, Vol I
Manfra, Jo Ann, Vol I
Mangusso, Mary C., Vol I
Manson Tomasek, Kathryn, Vol I
Marable, Manning, Vol I
Marchione, Margherita Frances,
Vol III
Marcus, Irwin Murray, Vol I

Marcus, Jacob Rader, Vol I
Maroney, James C., Vol I
Marschall, John Peter, Vol I
Marszalek, John Francis, Vol I
Marten, James, Vol I
Martin, James Kirby, Vol I
Martin, Kenneth R., Vol I
Marty, Myron August, Vol I
Marzolf, Marion Tuttle, Vol I
Mason, Philip P., Vol I
Mathews, Donald G., Vol I
Matray, James Irving, Vol I
Mattingly, Paul Havey, Vol I
Matusow, Allen Joseph, Vol I
Matzko, John Austin, Vol I
May, Elaine Tyler, Vol I
May, Henry Farnham, Vol I
May, Robert Evan, Vol I
Mcafee, Ward Merner, Vol I
Mcbride, Paul Wilbert, Vol I
McCaughey, Robert Anthony,
Vol I
McClay, Wilfred M., Vol I
Mcclintock, Thomas Coshow,
Vol I
Mcclymer, John Francis, Vol I
Mccorison, Marcus Allen, Vol I
Mccormick, Richard P., Vol I
Mccoy, Donald Richard, Vol I
Mccurdy, Charles William, Vol I
Mccutcheon, James Miller, Vol I
McDonald, Archie Philip, Vol I
McDonald, Forrest, Vol I
McFarland, Gerald W., Vol I
Mcfarlane, Larry Allan, Vol I
McGiffert, Michael, Vol I
McGrath, Sylvia Wallace, Vol I
Mcjimsey, George Tilden, Vol I
Mckenna, Marian Cecilia, Vol I
McKevitt, Gerald, Vol I
Mckitrick, Eric Louis, Vol I
McLaurin, Melton Alonza, Vol I
McManus, Edgar J., Vol I
Mcmillen, Neil Raymond, Vol I
Mcmurry, Richard Manning, Vol I
Mcneil, William Kinneth, Vol I
Mcpherson, James Munro, Vol I
Mcquaid, Kim, Vol I
Mcseveney, Samuel Thompson,
Vol I
Mcwilliams, Tennant S., Vol I
Meade, Catherine M., Vol I
Mehler, Barry Alan, Vol I
Mennel, Robert Mckisson, Vol I
Merli, Frank John, Vol I
Merritt, Raymond Harland, Vol I
Mertz, Paul Eric, Vol I
Messer, Robert Louis, Vol I
Metz, Leon Claire, Vol I
Mevers, Frank Clement, Vol I
Meyer, Donald Harvey, Vol I
Meyer, Stephen, Vol I
Middlekauff, Robert Lawrence,
Vol I
Mihelich, Dennis, Vol I
Mihesuah, Devon Abbott, Vol I
Miles, Edwin Arthur, Vol I
Miller, Douglas T., Vol I
Miller, George Hall, Vol I
Miller, Howard Smith, Vol I
Miller, Jacquelyn C., Vol I
Miller, Kerby A., Vol I
Miller, Randall Martin, Vol I
Miller, Sally M., Vol I
Miller, Zane L., Vol I
Mohr, James Crail, Vol I
Moneyhon, Carl Hofmann, Vol I
Moody, J. Carroll, Vol I
Moore, James Talmadge, Vol I
Moore, James Tice, Vol I
Moore, Robert Henry, Vol II
Moore, Robert Joseph, Vol I
Moore, Robert Laurence, Vol I
Moore, William Howard, Vol I
Moorhead, James Howell, Vol I
More, Ellen Singer, Vol I
Morgan, David Taft, Vol I
Morgan, H. Wayne, Vol I
Morgan, Thomas Sellers, Vol I
Morris, James Matthew, Vol I
Morris, Richard J., Vol I
Morris, Thomas Dean, Vol I
Morrison, G. Grant, Vol I
Morton, Marian Johnson, Vol I
Moser, Harold Dean, Vol I
Moulton, Gary Evan, Vol I
Moynihan, Ruth Barnes, Vol I
Mueller, Roland Martin, Vol I
Muller, Edward K., Vol I

Munroe, John Andrew, Vol I
Murdoch, James Murray, Vol I
Murphey, Murray Griffin, Vol I
Murphy, Larry G., Vol I
Murray, Shoon, Vol I
Murrin, John Matthew, Vol I
Mushkat, Jerome, Vol I
Myers, Charles Bennett, Vol I
Myers, John L., Vol I
Nall, Garry Lynn, Vol I
Nance, Joseph Milton, Vol I
Nash, Gary B., Vol I
Nash, Roderick W., Vol I
Naylor, Natalie A., Vol I
Neilson, James Warren, Vol I
Nelson, Daniel, Vol I
Nelson, Paul David, Vol I
Ness, Gary Clifford, Vol I
Neu, Charles Eric, Vol I
Newby, I.A., Vol I
Newcomb, Benjamin H., Vol I
Nicholls, Michael Lee, Vol I
Nichols, Roger L., Vol I
Niemeyer, Glenn Alan, Vol I
Nissenbaum, Stephen Willner,
Vol I
Noble, David Watson, Vol I
Noel, Thomas Jacob, Vol I
Noer, Thomas John, Vol I
Nore, Ellen, Vol I
Norris, James D., Vol I
North, James Brownlee, Vol I
Norton, Mary Beth, Vol I
Noverr, Douglas Arthur, Vol II
Nutt, R., Vol I
O'Brien-Kehoe, Jean, Vol I
O'Connor, John E., Vol I
O'Connor, Thomas H., Vol I
Odom, Edwin Dale, Vol I
Oestreicher, Richard Jules, Vol I
Offner, John L., Vol I
Ogilvie, Leon Parker, Vol I
Oglesby, Richard E., Vol I
Ohline, Howard Albert, Vol I
Olm, Lee Elmer, Vol I
Olson, Gary Duane, Vol I
Olson, Keith Waldemar, Vol I
Ortquist, Richard Theodore, Vol I
Ourada, Patricia K., Vol I
Owens, Kenneth Nelson, Vol I
Owens, Nora Estelle, Vol I
Palmer, Phyllis Marynick, Vol I
Paludan, Phillip Shaw, Vol I
Paoletti, Jo, Vol I
Parker, Keith Alfred, Vol I
Parman, Donald Lee, Vol I
Parmet, Herbert S., Vol I
Parmet, Robert David, Vol I
Parot, Joseph John, Vol I
Parrish, Michael Emerson, Vol I
Parrish, William E., Vol I
Pate, James Paul, Vol I
Paterson, Thomas Graham, Vol I
Patterson, David Sands, Vol I
Patterson, Stephen Everett, Vol I
Paul, Justus F., Vol I
Pease, Jane Hanna, Vol I
Pederson, William David, Vol I
Pegram, Thomas R., Vol I
Pemberton, William Erwin, Vol I
Pernick, Martin Steven, Vol I
Peskin, Allan, Vol I
Peterson, Charles S., Vol I
Peterson, Frank Ross, Vol I
Peterson, Jacqueline, Vol I
Peterson, Jon Alvah, Vol I
Peterson, Norma Lois, Vol I
Peterson, Richard Hermann, Vol I
Petillo, Carol Morris, Vol I
Philp, Kenneth, Vol I
Pickens, Donald Kenneth, Vol I
Pierce, Richard A., Vol I
Pitre, Merline, Vol I
Pitzer, Donald Elden, Vol I
Pivar, David J., Vol I
Poen, Monte Mac, Vol I
Polakoff, Keith Ian, Vol I
Polenberg, Richard, Vol I
Pollack, Norman, Vol I
Pope, Daniel, Vol I
Porsild, Charlene, Vol I
Posadas, Barbara Mercedes, Vol I
Post, Robert C., Vol I
Potts, Louis Watson, Vol I
Pozzetta, George Enrico, Vol I
Pratt, William C., Vol I
Price, Glenn Warren, Vol I
Prince, Carl E., Vol I
Procter, Ben, Vol I

Prucha, Francis Paul, Vol I
Putnam, Jackson K., Vol I
Quitt, Martin Herbert, Vol I
Rabinowitz, Howard, Vol I
Rable, George Calvin, Vol I
Racine, Philip N., Vol I
Rader, Benjamin G., Vol I
Rakove, Jack Norman, Vol I
Ramage, James Alfred, Vol I
Raucher, Alan R., Vol I
Reed, John Julius, Vol I
Reed, Linda, Vol I
Reed, Merl E., Vol I
Reese, James Verdo, Vol I
Reeves, Thomas C., Vol I
Reeves, Willaim Dale, Vol I
Remini, Robert Vincent, Vol I
Reuter, William C., Vol I
Reynolds, Donald E., Vol I
Rice, Arnold Sanford, Vol I
Rice, Eileen F., Vol I
Rice, Stephen P., Vol I
Richardson, Joe M., Vol I
Ridgway, Whitman Hawley, Vol I
Riess, Steve Allen, Vol I
Rink, Oliver A, Vol I
Rischin, Moses, Vol I
Risjord, Norman Kurt, Vol I
Ritchie, Donald Arthur, Vol I
Robbins, William Grover, Vol I
Roberts, Charles Edward, Vol I
Robson, David, Vol I
Rock, Howard Blair, Vol I
Rodnitzky, Jerome L., Vol I
Roe, Mark J., Vol I
Roediger, David, Vol I
Rohrbough, Malcolm Justin, Vol I
Rohrs, Richard Carlton, Vol I
Roland, Charles P., Vol I
Rolater, Frederick Strickland,
Vol I
Romo, Ricardo, Vol I
Rosenberg, Emily Schlaht, Vol I
Rosenberg, Norman Lewis, Vol I
Rosenberg, Rosalind Navin, Vol I
Rosenof, Theodore Dimon, Vol I
Rosenstone, Robert Allan, Vol I
Rosner, David, Vol I
Ross, Dorothy Rabin, Vol I
Rothman, David, Vol I
Rowe, Gail Stuart, Vol I
Ruddy, T. Michael, Vol I
Ryan, Thomas Joseph, Vol I
Rydell, Robert William, Vol I
Rynder, Constance, Vol I
Ryon, Roderick Naylor, Vol I
Safford, Jeffrey Jaeger, Vol I
Sallis, Charles, Vol I
Sandweiss, Martha, Vol I
Sarna, Jonathan D., Vol I
Sasson, Sarah Diane Hyde, Vol II
Scarborough, William Kauffman,
Vol I
Schaffer, Ronald, Vol I
Schaller, Michael, Vol I
Schapsmeier, Edward Lewis, Vol I
Scharnau, Ralph William, Vol I
Scheiber, Harry N., Vol I
Scheinberg, Stephen, Vol I
Schelbert, Leo, Vol I
Scherr, A.E., Vol I
Schleifer, James Thomas, Vol I
Schlereth, Thomas J., Vol I
Schlotterbeck, John Thomas, Vol I
Schmidt, Greg, Vol I
Schofield, Kent, Vol I
Scholnick, Robert James, Vol II
Schoonover, Thomas David, Vol I
Schroeder, John H., Vol I
Schultz, Stanley Kenton, Vol I
Schuyler, David, Vol I
Schuyler, David, Vol I
Schuyler, Michael Wayne, Vol I
Schwartz, Gerald, Vol I
Schwarz, Jordan A., Vol I
Schwarz, Philip James, Vol I
Schwieder, Dorothy Ann, Vol I
Scobie, Ingrid Winther, Vol I
Scott, Clifford H., Vol I
Scott, Daryl, Vol I
Scott, Roy V., Vol I
Scott Jenkins, Virginia, Vol I
Scranton, Philip, Vol I
Seale, William, Vol I
Sefton, James Edward, Vol I
Selby, John Edward, Vol I
Seller, Maxine Schwartz, Vol I
Semonche, John Erwin, Vol I
Seraile, William, Vol I

Sewell, Richard Herbert, Vol I
Shade, William G., Vol I
Shaffer, Arthur H., Vol I
Shannon, Timothy J., Vol I
Shapiro, Henry D., Vol I
Shapiro, Herbert, Vol I
Shapiro, Stanley, Vol I
Sharp, James Roger, Vol I
Sharrer, George Terry, Vol I
Shaw, Barton Carr, Vol I
Shea, William Lee, Vol I
Sheldon, Marianne Buroff, Vol I
Shenton, James, Vol I
Sherman, Richard B., Vol I
Sherrick, Rebecca Louise, Vol I
Sherry, Michael Stephen, Vol I
Shewmaker, Kenneth Earl, Vol I
Shields, Johanna Nicol, Vol I
Shiels, Richard Douglas, Vol I
Shoemaker, Rebecca Shepherd, Vol I
Shumsky, Neil Larry, Vol I
Siegel, Adrienne, Vol I
Silber, Nina, Vol I
Silbey, Joel H., Vol I
Simmons, Jerold Lee, Vol I
Simon, John Y., Vol I
Simon, Paul L., Vol I
Simon, Roger David, Vol I
Sims, Robert Carl, Vol I
Singal, Daniel Joseph, Vol I
Singer, David G., Vol I
Singleton, Gregory Holmes, Vol I
Skeen, Carl Edward, Vol I
Skemp, Sheila Lynn, Vol I
Slater, Peter Gregg, Vol I
Slaughter, Thomas Paul, Vol I
Sloan, Herbert, Vol I
Small, Melvin, Vol I
Smith, Daniel Scott, Vol I
Smith, Duane Allan, Vol I
Smith, James Howell, Vol I
Smith, Paul Hubert, Vol I
Smith, Robert Freeman, Vol I
Smith, Tom W., Vol I
Smith, W. Wayne, Vol I
Smith, Wallace Calvin, Vol I
Snetsinger, John, Vol I
Snyder, Robert Edward, Vol I
Soderlund, Jean R., Vol II
Solberg, Winton Udell, Vol I
Somerville, James Karl, Vol I
Somkin, Fred, Vol I
Sorelle, James Martin, Vol I
Sorin, Gerald, Vol I
Sosin, Jack Marvin, Vol I
Southern, David Wheaton, Vol I
Soyer, Daniel, Vol I
Spann, Edward Kenneth, Vol I
Spence, Clark Christian, Vol I
Spetter, Allan Burton, Vol I
Spindel, Donna Jane, Vol I
Sprague, Stuart Seely, Vol I
Springer, Haskell Saul, Vol II
Spurlock, John C., Vol I
St. George, Robert B., Vol I
Starr, Joseph Barton, Vol I
Staudenmaier, John M., Vol I
Stave, Bruce M., Vol I
Steele, Richard William, Vol I
Steelman, Joseph F., Vol I
Steen, Ivan David, Vol I
Steffen, Jerome Orville, Vol I
Stegmaier, Mark Joseph, Vol I
Steinberg, Salme Harju, Vol I
Stephanson, Anders, Vol I
Stephens, William Richard, Vol I
Sterling, David Allan, Vol I
Steward, Dick Houston, Vol I
Stewart, James Brewer, Vol I
Stinson, Robert William, Vol I
Stites, Francis Noel, Vol I
Stout, Neil R., Vol I
Strauss, Wallace Patrick, Vol I
Strom, Sharon Hartman, Vol I
Strong, Douglas Hillman, Vol I
Stroup, Rodger Emerson, Vol I
Stuart, Jack, Vol I
Sumner, Gregory D., Vol I
Sutton, Robert Mize, Vol I
Sutton, Robert Paul, Vol I
Svingen, Orlan, Vol I
Sweeney, Kevin, Vol I
Swerdlow, Amy, Vol I
Swierenga, Robert Peter, Vol I
Swinney, Everette, Vol I
Swinth, Kirsten, Vol I
Sylvester, John Andrew, Vol I
Sylvester, Harold James, Vol I

Symonds, Craig Lee, Vol I
Synnott, Marcia G., Vol I
Szasz, Margaret Connell, Vol I
Tager, Jack, Vol I
Takaki, Ronald Toshiyuki, Vol I
Tanner, William Randolph, Vol I
Tarr, Joel A., Vol I
Tarter, Brent, Vol I
Tate, Michael Lynn, Vol I
Tate, Thad W., Vol I
Taylor, Richard Stuart, Vol I
Taylor, Sandra C., Vol I
Terrill, Tom E., Vol I
Teute, Fredrika J., Vol I
Theoharis, Athan, Vol I
Thernstrom, Stephan Albert, Vol I
Thomas, Emory M., Vol I
Thomas, John Lovell, Vol I
Thomas, Samuel Joseph, Vol I
Thompson, Alan Smith, Vol I
Tindall, George Brown, Vol I
Tinsley, James Aubrey, Vol I
Tobin, Eugene Marc, Vol I
Tolson, Arthur L., Vol I
Tomberlin, Joseph A., Vol I
Tomes, Nancy Jane, Vol I
Toplin, Robert B., Vol I
Torodash, Martin, Vol I
Toulouse, Mark G., Vol I
Trace, Jacqueline Bruch, Vol II
Tracy, Patricia Juneau, Vol I
Trafzer, Clifford Earl, Vol I
Trani, Eugene Paul, Vol I
Trask, David F., Vol I
Trask, Roger R., Vol I
Trattner, Walter Irwin, Vol I
Treckel, Paula Ann, Vol I
Trennert, Robert Anthony, Vol I
Tribe, Ivan Mathews, Vol I
Trimmer, Joseph Francis, Vol II
Trolander, Judith Ann, Vol I
Trusty, Norman Lance, Vol I
Tucker, David Milton, Vol I
Tucker, Louis Leonard, Vol I
Tull, Charles Joseph, Vol I
Turk, Richard Wellington, Vol I
Turner, Thomas Reed, Vol I
Tushnet, Mark Victor, Vol IV
Tweton, D. Jerone, Vol I
Twohig, Dorothy Ann, Vol I
Tyler, John W., Vol I
Ueda, Reed T., Vol I
Ulrich, Laurel Thatcher, Vol I
Unrau, William Errol, Vol I
Urofsky, Melvin Irving, Vol I
Vadney, Thomas Eugene, Vol I
Valaik, J. David, Vol I
Valletta, Clement Lawrence, Vol I
Vanderpool, Harold Young, Vol I
Varga, Nicholas, Vol I
Vaughn, Stephen Lee, Vol I
Vecoli, Rudolph John, Vol I
Verbrugge, Martha Helen, Vol I
Vinovskis, Maris A., Vol I
Vinz, Warren Lang, Vol I
Viola, Herman Joseph, Vol I
Vipperman, Carl, Vol I
Vivian, James Floyd, Vol I
Vlasich, James Anthony, Vol I
Voegeli, Victor Jacque, Vol I
Vogel, Morris J, Vol I
Vogt, George Leonard, Vol I
Wack, John Theodore, Vol I
Wade, Louise Carroll, Vol I
Wade, William Junius, Vol I
Wajda, Shirley Teresa, Vol I
Walch, Timothy G., Vol I
Walker, David Allan, Vol I
Walker, Forrest A., Vol I
Walker, Robert Harris, Vol I
Walkowitz, Daniel Jay, Vol I
Wallace, Andrew, Vol I
Wallenstein, Peter, Vol I
Walters, Ronald Gordon, Vol I
Walton, Brian G., Vol I
Ward, Harry M., Vol I
Ward, James Randolph, Vol I
Ward, John William, Vol I
Ward, Robert David, Vol I
Warner, Robert Mark, Vol I
Warner, Ted J, Vol I
Waserman, Manfred, Vol I
Waters, John J., Vol I
Watson, Alan Douglas, Vol I
Watson, Judge, Vol I
Watson, Thomas Davis, Vol I
Weare, Walter Burdette, Vol I
Webb, George Ernest, Vol I
Webb, Ross Allan, Vol I

Webb, Stephen S., Vol I
Weber, David J., Vol I
Webster, Richard J., Vol I
Wehtje, Myron Floyd, Vol I
Weisberger, Bernard A, Vol I
Wells, Robert Vale, Vol I
Wendorff, Laura C., Vol I
Werly, John Mcintyre, Vol I
Wessel, Thomas Roger, Vol I
Wesser, Robert F., Vol I
West, William Elliott, Vol I
Wexler, Alice Ruth, Vol I
Wheeler, Gerald Everett, Vol I
White, Donald Wallace, Vol I
White, John Hoxland, Vol I
White, Lonnie Joe, Vol I
White, Philip Lloyd, Vol I
Whitehead, John S., Vol I
Whittenburg, James Penn, Vol I
Wider, Sarah Ann, Vol I
Wiecek, William Michael, Vol I
Wiggins, Sarah Woolfolk, Vol I
Williams, C. Fred, Vol I
Williams, Leroy Thomas, Vol I
Williams, William Henry, Vol I
Williamson, Jerry Wayne, Vol I
Willingham, William Floyd, Vol I
Wilson, Charles Reagan, Vol I
Wilson, Daniel Joseph, Vol I
Wilson, David L., Vol I
Wilson, Harold Stacy, Vol I
Wilson, John Frederick, Vol I
Wilson, Major L., Vol I
Wilson, Theodore A., Vol I
Wilson, William Henry, Vol I
Winkle, Kenneth, Vol I
Winkler, Allan M., Vol I
Winslow, Richard E., III, Vol I
Wiseman, John Bailes, Vol I
Wiser, Vivian, Vol I
Wittner, Lawrence Stephen, Vol I
Woehrmann, Paul John, Vol I
Wolf, George D., Vol I
Woloch, Nancy, Vol I
Wolters, Raymond, Vol I
Wood, Forrest Glen, Vol I
Wood, Gordon Stewart, Vol I
Woodruff, Nan Elizabeth, Vol I
Woodward, Comer Vann, Vol I
Wooley, Wesley Theodore, Vol I
Worrall, Arthur John, Vol I
Wortman, Roy Theodore, Vol I
Wreszin, Michael, Vol I
Wright, Gwendolyn, Vol I
Wright, James Edward, Vol I
Wright, Scott Kenneth, Vol I
Wunder, John, Vol I
Wyman, David S, Vol I
Wynes, Charles Eldridge, Vol I
Yerxa, Donald A., Vol I
York, Neil Longley, Vol I
Young, Alfred F., Vol I
Young, Mary Elizabeth, Vol I
Zahniser, Marvin Ralph, Vol I
Zangrando, Joanna Schneider, Vol I
Zangrando, Robert Lewis, Vol I
Zhuk, Sergei I., Vol I
Ziewacz, Lawrence E., Vol I
Zilversmit, Arthur, Vol I
Zimmerman, James Allen, Vol I
Zimmerman, Loretta Ellen, Vol I
Zuber, Richard Lee, Vol I
Zunz, Olivier J., Vol I

American Literature
Abbott, Craig Stephens, Vol II
Abel Travis, Molly, Vol II
Adams, Charles H., Vol II
Adams, Rachel, Vol II
Adams, Timothy D., Vol II
Adickes, Sandra, Vol II
Adler, Thomas Peter, Vol II
Ahearn, Kerry, Vol II
Alexander, Sandra Carlton, Vol II
Allaback, Steve, Vol II
Allen, Gilbert Bruce, Vol II
Alsen, Eberhard, Vol II
Angyal, Andrew J., Vol II
Apseloff, Marilyn Fain, Vol II
Arner, Robert David, Vol II
Aspiz, Harold, Vol II
Attebery, Louie Wayne, Vol II
Atwill, William D., Vol II
Auerbach, Jonathon, Vol II
Axelrod, Steven Gould, Vol II
Babin, James L., Vol II
Baender, Paul, Vol II

Bailey, Thomas Cullen, Vol II
Bakerman, Jane Schnabel, Vol I
Bakker, Jan, Vol II
Balakian, Peter, Vol II
Barbour, Brian Michael, Vol II
Barlow, Judith Ellen, Vol II
Barnes, Daniel Ramon, Vol II
Barnett, Louise, Vol I
Barry, Michael, Vol II
Bartlett, Lee, Vol II
Bassan, Maurice, Vol II
Bassett, Charles Walker, Vol II
Becker, Lloyd George, Vol II
Beidler, Peter Grant, Vol II
Benardete, Jane, Vol II
Bender, Carol, Vol II
Bender, Eileen Teper, Vol II
Bennett, John, Vol II
Benson, Jackson J., Vol II
Bergmann, Frank, Vol III
Bergmann, Linda S., Vol II
Berkove, Lawrence Ivan, Vol II
Berkowitz, Gerald Martin, Vol II
Berthold, Dennis Alfred, Vol II
Black, Stephen Ames, Vol II
Blaydes, Sophia Boyatzies, Vol II
Bloom, Harold, Vol II
Blount, Marcellus, Vol II
Bluestein, Gene, Vol II
Boardman, Kathy, Vol II
Bock, Martin F., Vol II
Bode, Carl, Vol II
Bogus, Diane Adamz, Vol II
Boyer, Dale Kenneth, Vol II
Braendlin, Bonnie Hoover, Vol II
Branch, Edgar Marquess, Vol II
Brater, Enoch, Vol II
Brennan, Anne Denise, Vol II
Brock, Dewey Heyward, Vol II
Brooker, Jewel Spears, Vol I
Broughton, Panthea Reid, Vol II
Brown, James Dale, Vol II
Brown, Joyce Compton, Vol II
Brown, Lorraine Anne, Vol II
Buckstead, Richard C., Vol II
Buell, Frederick Henderson, Vol II
Bunge, Nancy Liddell, Vol II
Burbick, Joan, Vol II
Busch, Frederick Matthew, Vol II
Butler, James Albert, Vol II
Butscher, Edward, Vol I
Callahan, John Francis, Vol II
Cameron, Sharon, Vol II
Campbell, Felicia F., Vol II
Campbell, Hilbert Haynes, Vol II
Canfield, John Douglas, Vol II
Carafiol, Peter, Vol II
Cargas, Harry James, Vol II
Carlson, Thomas Clark, Vol II
Carney, Raymond, Vol II
Carson, Luke, Vol II
Cass, Michael Mcconnell, Vol II
Cassuto, Lenny, Vol II
Cella, Charles Ronald, Vol II
Chari, V.K., Vol II
Charters, Ann D., Vol II
Christian, Barbara T., Vol II
Christianson, Scott, Vol II
Clark, George Peirce, Vol II
Clark, Michael, Vol II
Clark, William Bedford, Vol II
Clark Smith, Pat, Vol II
Clendenning, John, Vol II
Cohen, Milton, Vol II
Coleman, Arthur, Vol II
Collier, Cheryl A., Vol II
Collins, Christopher, Vol II
Collins, Martha, Vol II
Conrad, Bryce D., Vol II
Cooley, Thomas Winfield, Vol II
Core, George, Vol II
Courts, Patrick Lawrence, Vol II
Cowan, Bainard, Vol II
Crabtree, Clarie, Vol II
Cracroft, Richard Holton, Vol II
Crane, Milton, Vol II
Crowley, J. Donald, Vol II
Crowley, John W., Vol II
Crozier, Alice Cooper, Vol II
Crump, Gail Bruce, Vol II
Cushman, Stephen B., Vol II
Daly, Robert, Vol II
Dandridge, Rita Bernice, Vol II
Davidson, Harriet, Vol II
Davis, Thadious, Vol II
de Caro, Frank, Vol II
De Santis, Christopher, Vol II
Dean, Susan Day, Vol II
Decker, William, Vol II

Delbanco, Andrew, Vol II
Demastes, William, Vol II
Deprospo, Richard Chris, Vol II
Desmond, John F., Vol II
Devlin, Kimberly J., Vol II
Dickie, Margaret, Vol II
Dijkstra, Bram, Vol III
Dillingham, William B., Vol II
Donaldson, Scott, Vol II
Dorsey, Peter, Vol II
Douglas, Ann, Vol I
Douglas, George Halsey, Vol II
Dowell, Richard Walker, Vol II
Draine, Betsy, Vol II
Dryden, Edgar A., Vol II
Duban, James, Vol II
Duncan, Jeffrey Light, Vol II
Dyer, Klay, Vol II
Eberwein, Jane Donahue, Vol II
Eby, Cecil Degrotte, Vol II
Eddings, Dennis Wayne, Vol II
Edelstein, Arthur, Vol II
Edwards, Grace Toney, Vol III
Eigner, Edwin Moss, Vol II
Ellerby, Janet Mason, Vol II
Elliott, Emory B., Vol II
Eng, David L., Vol II
Erisman, Fred Raymond, Vol II
Evans, David Allan, Vol II
Farber, Gerald Howard, Vol II
Farr, Judith Banzer, Vol II
Feeney, Joseph John, Vol II
Felton, Sharon, Vol II
Fergenson, Laraine Rita, Vol II
Ferguson, Robert A., Vol II
Ferguson, Suzanne, Vol II
Fetterley, Judith, Vol II
Fields, Darin E., Vol II
Filipowicz, Halina, Vol II
Finkelstein, Norman Mark, Vol II
Finneran, Richard John, Vol II
Fishburn, Katherine Richards, Vol II
Fisher, Philip, Vol II
Fitch, Noel Riley, Vol II
Fleming, Robert, Vol II
Flibbert, Joseph Thomas, Vol II
Flory, Wendy Stallard, Vol II
Fogel, Daniel, Vol II
Folks, Jeffrey J, Vol II
Fontenot, Chester J., Vol II
Ford, Thomas Wellborn, Vol II
Foster, Frances Smith, Vol II
Fox, Hugh B., Vol II
Franklin, Benjamin, Vol II
Franklin, H. Bruce, Vol II
Franklin, Phyllis, Vol I
Franklin, Wayne S., Vol II
Fredman, Stephen Albert, Vol II
Fredrickson, Robert Stewart, Vol II
Freibert, Lucy Marie, Vol II
Fried, Lewis Fredrick, Vol II
Fritzell, Peter Algren, Vol II
Frost, Elizabeth, Vol II
Fryer, Judith, Vol II
Furia, Philip, Vol II
Furia, Philip George, Vol II
Fusco, Richard, Vol II
Fussell, Edwin, Vol II
Gandal, Keith, Vol II
Gardner, Joseph Hogue, Vol II
Geary, Edward Acord, Vol I
Geherin, David J., Vol II
Gentry, Marshall Bruce, Vol II
Geok-lin Lim, Shirley, Vol II
George, Susanne K., Vol II
Gerlach, John Charles, Vol II
Gibbens, E. Byrd, Vol II
Ginsberg, Elaine Kaner, Vol II
Girgus, Sam B., Vol II
Glover, Albert Gould, Vol II
Goddu, Teresa, Vol II
Golden, Arthur, Vol II
Goodman, Susan, Vol II
Gottesman, Les, Vol II
Gougeon, Len Girard, Vol II
Graddy, William E., Vol II
Grebstein, Sheldon Norman, Vol II
Greiner, Donald James, Vol II
Grella, George, Vol II
Griffin, Edward M., Vol II
Griffith, Malcolm A., Vol II
Griswold, Jerome Joseph, Vol II
Grove, James Paul, Vol II
Guilds, John C., Vol II
Gunn, Giles, Vol II
Guruswamy, Rosemary, Vol II
Gustafson, Sandra, Vol II

Guthrie, James Robert, Vol II
Guttenberg, Barnett, Vol II
Haddin, Theodore, Vol II
Hakutani, Yoshinobu, Vol II
Hall, Larry Joe, Vol II
Haller, Evelyn, Vol II
Hallwas, John Edward, Vol II
Hamner, Robert Daniel, Vol II
Hanenkrat, Frank Thomas, Vol II
Harbert, Earl, Vol II
Harder, Henry Louis, Vol II
Hardy, John Edward, Vol II
Harris, Charles Burt, Vol II
Harris, Duncan Seely, Vol II
Harris, Susan Kumin, Vol II
Harrison, Victoria, Vol II
Haslam, Gerald William, Vol II
Hathaway, Richard Dean, Vol II
Hawkins, Hunt, Vol II
Heath, William, Vol II
Heavilin, Barbara A., Vol II
Hedges, William Leonard, Vol II
Held, George, Vol II
Heldreth, Leonard Guy, Vol II
Hellenbrand, Harold, Vol II
Heller, Dana, Vol II
Hendrick, George, Vol II
Herring, Henry, Vol II
Hilfer, Anthony Channell, Vol II
Hill, James Lee, Vol II
Hinden, Michael Charles, Vol II
Hirsch, David Harry, Vol II
Hirsh, John Campion, Vol II
Hoefel, Roseanne, Vol II
Hoffman, Tyler B., Vol II
Holbein, Woodrow Lee, Vol II
Holditch, William Kenneth, Vol II
Holton, William Milne, Vol II
Horton, Susan R., Vol II
Howard, Anne Bail, Vol II
Howell, John M., Vol II
Humma, John Ballard, Vol II
Hunt, Timothy, Vol II
Irsfeld, John Henry, Vol II
Irwin, John Thomas, Vol II
Jacobik, Gray, Vol II
Janik, Del Ivan, Vol II
Jefchak, Andrew Timothy, Vol II
Jenkins, Joyce O., Vol II
Jimoh, A. Yemisi, Vol II
Jobe, Steve, Vol II
Johnson, Claudia Durst, Vol II
Johnson, Linck Christopher, Vol II
Jones, Granville Hicks, Vol II
Joslin, Katherine, Vol II
Junkins, Donald A., Vol II
Kaplan, Justin, Vol II
Karcher, Carolyn Lury, Vol II
Kaye, Frances Weller, Vol II
Kehl, Delmar George, Vol II
Keiser, George Robert, Vol II
Kelly, R. Gordon, Vol II
Kinney, Katherine, Vol II
Kirby, David, Vol II
Klinkowitz, Jerome, Vol II
Klotman, Phyllis Rauch, Vol II
Klotz, Marvin, Vol II
Knapp, Peggy Ann, Vol II
Knighton, Robert Tolman, Vol II
Kobler, Jasper Fred, Vol II
Kolodny, Annette, Vol II
Komechak, Michael E., Vol II
Korenman, Joan Smolin, Vol II
Kramer, Victor Anthony, Vol II
Krapf, Norbert A., Vol II
Krause, David H., Vol II
Krause, Sydney Joseph, Vol II
Kremer, S. Lillian, Vol II
Kreyling, Michael, Vol II
Kronick, Joseph, Vol II
Kuehl, Linda Kandel, Vol II
Kuyk, Dirk Adriaan, Jr., Vol II
Kwasny, Andrea, Vol II
Landrum, Larry N., Vol I
Lane, Alcyee, Vol I
Larson, David Mitchell, Vol II
Law, Richard G., Vol II
Layman, Richard, Vol II
Leach, Joseph, Vol II
Leavell, Linda, Vol I
Leeds, Barry Howard, Vol II
Lemay, Joseph Alberic Leo, Vol II
Lenz, William Ernest, Vol II
Leon, Philip Wheeler, Vol II
Levernier, James, Vol II
Levin, Jonathan, Vol II
Levy, Alfred J., Vol II
Lewis, Nathaniel, Vol II

Lewis, Thomas Spottswood
  Wellford, Vol II
Liberman, Terri, Vol II
Lightfoot, Marjorie Jean, Vol II
Lindner, Carl Martin, Vol II
Lips, Roger C., Vol II
Ljungquist, Kent Paul, Vol II
Lockridge, Laurence Shockley,
  Vol II
Longest, George Calvin, Vol II
Lopez, Tiffany Ana, Vol II
Loving, Jerome Macneill, Vol II
Lowance, Mason Ira, Vol II
Lowe, John, Vol II
Luciani, Frederick, Vol III
Luscher, Robert M., Vol II
Ma, Ming-Qian, Vol II
Machann, Clinton John, Vol II
Mack, S. Thomas, Vol II
Mackethan, Lucinda Hardwick,
  Vol II
Macnaughton, William Robert,
  Vol II
Madden, David William, Vol I
Maguire, James Henry, Vol II
Mann, John Stuart, Vol II
Margolies, Alan, Vol II
Mark, Rebecca, Vol II
Marki, Ivan, Vol II
Marling, William H., Vol II
Marquez, Antonio, Vol III
Marren, Susan M., Vol II
Marrs, Suzanne, Vol II
Martin, Bruce Kirk, Vol II
Martine, James John, Vol II
Maslan, Mark, Vol II
Masteller, Richard N., Vol I
May, Charles Edward, Vol II
Mcaleavey, David Willard, Vol II
Mcclure, Charlotte Swain, Vol III
McConnell, Frank, Vol II
McCullough, Joseph B., Vol II
Mcelroy, John Harmon, Vol II
McGinty, Carolyn, Vol II
Mchaney, Thomas Lafayette,
  Vol II
McIlvaine, Robert Morton, Vol II
Mckinley, James Courtright, Vol II
Meats, Stephen Earl, Vol II
Meeker, Michael W., Vol II
Meinke, Peter, Vol II
Mellard, James Milton, Vol II
Messbarger, Paul Robert, Vol II
Messenger, Christian Karl, Vol II
Mesteller, Jean C., Vol II
Metlitzki, Dorothee, Vol II
Mezey, Robert, Vol II
Michelson, Bruce Frederic, Vol II
Milder, Robert, Vol II
Miller, Gabriel, Vol II
Millgate, Michael, Vol II
Millichap, Joe, Vol II
Miner, Madonne, Vol II
Mogen, David Lee, Vol II
Moore, Rayburn Sabatzky, Vol II
Moore, Robert Henry, Vol II
Moreland, Richard, Vol II
Morgan, Betsy, Vol II
Morse, Jonathan, Vol II
Moser, Harold Dean, Vol I
Mull, Donald L., Vol II
Muller, Gilbert Henry, Vol II
Murphy, Russell E., Vol II
Myerson, Joel Arthur, Vol II
Nadel, Ira Bruce, Vol II
Nakadate, Neil Edward, Vol II
Nelson, Cary Robert, Vol II
Nelson, Randy Franklin, Vol II
Nettels, Elsa, Vol II
Newfield, Cristopher, Vol II
Newman, Lea Bertani Vozar,
  Vol II
Nichols, Kathleen L., Vol II
Nicol, Charles David, Vol II
Noble, Marianne K., Vol II
Norberg, Peter, Vol II
Nordlof, David Joseph, Vol II
Noverr, Douglas Arthur, Vol II
Oldani, Louis Joseph, Vol II
Olmsted, Jane, Vol II
Ong, Rory J., Vol III
Oriard, Michael, Vol II
Orr, Leonard, Vol II
Ostrom, Hans, Vol II
Pahl, Dennis A., Vol II
Patrick, Barbara, Vol II
Pearson, John H., Vol II
Perkins, George, Vol II
Perkins, James Ashbrook, Vol II

Poland, Tim, Vol II
Prenshaw, Peggy, Vol II
Price, Alan, Vol II
Price, Bernadette B., Vol II
Quinlan, Kieran, Vol II
Quintero, Ruben, Vol II
Raisor, Philip, Vol II
Ravitz, Abe C., Vol II
Reed, T.V., Vol I
Reiss, John, Vol II
Reynolds, David S., Vol II
Reynolds, Richard Clay, Vol II
Roberts, Thomas J., Vol II
Robinson, David, Vol II
Rojas, J. Nelson, Vol III
Roman, Camille, Vol II
Rombes, Nicholas, Vol II
Rosen, Kenneth Mark, Vol II
Rosenthal, Judith Ann, Vol II
Rosowski, Susan Jean, Vol II
Rowe, Anne Ervin, Vol II
Rowe, Joyce A., Vol II
Rupp, Richard Henry, Vol II
Ruppersburg, Hugh, Vol II
Saillant, John D., Vol II
Salomon, Roger B., Vol II
Saltzman, Arthur Michael, Vol II
Salzberg, Joel, Vol II
Samson, Donald, Vol II
Samson, John W., Vol II
Sanchez-Eppler, Karen, Vol II
Sasson, Sarah Diane Hyde, Vol II
Sawaya, Francesca, Vol II
Scheckter, John, Vol II
Scheick, William Joseph, Vol II
Schmidt, Peter Jarrett, Vol II
Schoenecke, Michael Keith, Vol II
Scholnick, Robert James, Vol II
Schultz, R., Vol II
Schultz, William J., Vol II
Schweda, Donald Norman, Vol II
Secor, Robert Arnold, Vol II
Self, Robert Thomas, Vol II
Sellery, J'nan Morse, Vol II
Shafer, Ronald G., Vol II
Shakinovsky, Lynn, Vol II
Shaw, Patrick W., Vol II
Shea, Daniel B., Vol II
Shields, John Charles, Vol III
Shinn, Thelma J., Vol II
Shirinian, Lorne, Vol III
Shucard, Alan Robert, Vol II
Shurr, William Howard, Vol II
Shuttleworth, Jack M., Vol II
Siebert, Hilary, Vol II
Simonson, Harold Peter, Vol II
Simpson, Hassell Algernon, Vol II
Skaggs, Merrill Maguire, Vol II
Skinner, Robert Earle, Vol II
Skitter, Hans Gunter, Vol III
Slabey, Robert M., Vol II
Sloane, David Edward Edison,
  Vol II
Slotkin, Alan Robert, Vol III
Smith, Dave, Vol II
Smith, Gayle Leppin, Vol II
Smith, Julian, Vol II
Smith, Lorrie, Vol II
Smith, Shawn M., Vol II
Smith Mckoy, Sheila, Vol III
Soldati, Joseph Arthur, Vol II
Sorkin, Adam J., Vol III
Sossaman, Stephen, Vol II
Spretnak, Charlene M., Vol II
Springer, Haskell Saul, Vol II
Spurlock, John Howard, Vol III
St. Omer, Garth, Vol II
Staal, Arie, Vol II
Stargardt, Ute, Vol II
Steiner, Joan Elizabeth, Vol II
Stelzig, Eugene Louis, Vol II
Sten, Christopher Wessel, Vol II
Stephens, Charles Ralph, Vol II
Stodola, Zabelle, Vol II
Story, Patrick Lee, Vol II
Sugg, Richard Peter, Vol II
Sugnet, Charles Joseph, Vol II
Sukenick, Ronald, Vol II
Sullivan, Sally A., Vol II
Tanner, Stephen Lowell, Vol II
Taylor, Cindy, Vol II
Taylor, Gordon Overton, Vol II
Tedards, Douglas Manning, Vol II
Thompson, Gary, Vol II
Thompson, Gary Richard, Vol II
Thorpe, James, Vol II
Thorson, James Llewellyn, Vol II
Tichi, Cecelia, Vol II
Tobin, Daniel, Vol II

Tossa, Wajuppa, Vol II
Toth, Bill, Vol II
Toth, Emily, Vol II
Toulouse, Teresa, Vol II
Trimmer, Joseph Francis, Vol II
True, Michael D., Vol II
Umphlett, Wiley Lee, Vol II
Uphaus, Robert Walter, Vol II
Valentis, Mary Arensberg, Vol II
Vance, William Lynn, Vol II
Vandersee, Charles Andrew, Vol II
Vanderwerken, David Leon, Vol II
Velen, Richard, Vol II
Vincent, Thomas Brewer, Vol II
Voloshin, Beverly R, Vol II
Vonalt, Larry, Vol II
Wachtel, Albert, Vol II
Wages, Jack D., Vol II
Wagner, Vern, Vol II
Waldeland, Lynne M., Vol II
Walker, Cheryl, Vol II
Walker, David, Vol II
Walker, Jeffrey, Vol II
Walker, Nancy, Vol II
Walker, Ronald Gary, Vol II
Wallace, Robert K., Vol II
Walling, William, Vol II
Walser, Richard, Vol II
Waniek, Marilyn Nelson, Vol II
Warner, Nicholas Oliver, Vol III
Washington, Durthy A., Vol II
Waters, Michael, Vol II
Watson, James Gray, Vol II
Watters, David Harper, Vol II
Weber, Donald, Vol II
Weimer, Joan Myers, Vol II
Weinstein, Philip Meyer, Vol II
Welch, Dennis Martin, Vol II
Wells, Daniel Arthur, Vol II
Westling, Louise Hutchings, Vol II
Whelchel, Marianne, Vol II
White, Peter, Vol II
Wickert, Max Albrecht, Vol II
Widdicombe, Richard Toby, Vol II
Wiener, Harvey Shelby, Vol II
Wiesenfarth, Joseph John, Vol II
Wilde, Alan, Vol II
Willbanks, Ray, Vol II
Wilson, Norma Clark, Vol II
Wilson, Robert H., Vol II
Wineapple, Brenda, Vol II
Winner, Viola Hopkins, Vol II
Witemeyer, Hugh, Vol II
Wolff, Cynthia Griffin, Vol II
Woodress, James, Vol II
Woodson, Thomas, Vol II
Wrobel, Arthur, Vol II
Yellin, Jean Fagan, Vol II
Young, Mary, Vol II
Zacharias, Greg, Vol II
Zavarzadeh, Mas'ud, Vol II
Ziff, Larzer, Vol II
Zimmerman, Michael, Vol II
Zlotnick, Joan C., Vol II
Zucker, David Hard, Vol II

American Studies
Aaron, Daniel, Vol I
Adams, Michael Charles C, Vol I
Axelrad, Allan M., Vol I
Badger, Reid, Vol I
Bailey, Beth, Vol I
Baker, Donald G., Vol I
Baker, Paul R., Vol I
Banes, Ruth A., Vol I
Black, Brian C., Vol I
Blair, John George, Vol I
Bledstein, Burton J., Vol I
Bode, Carl, Vol II
Boswell, Jackson Campbell, Vol II
Bowden, James Henry, Vol I
Breen, Timothy Hall, Vol I
Bronner, Simon J., Vol I
Byars, Jackie L., Vol II
Caffrey, Margaret M., Vol I
Cantrill, Dante, Vol I
Carringer, Robert L., Vol II
Carter, Nancy Corson, Vol I
Caughey, John L., Vol I
Cawelti, John George, Vol I
Cifelli, Edward M., Vol I
Cooley, Thomas Winfield, Vol II
Corbin Sies, Mary, Vol I
Corrigan, John, Vol IV
Costello, Donald Paul, Vol I
Croce, Paul Jerome, Vol I
Dalton, Kathleen Mary, Vol I
Davidov, Judith Fryer, Vol I

de Caro, Frank, Vol II
Dickson, Bruce D., Jr., Vol I
Dizard, Jan, Vol I
Donaldson, Scott, Vol II
Doudna, Martin Kirk, Vol II
Eberwein, Jane Donahue, Vol II
Eby, Cecil Degrotte, Vol II
Edelstein, Arthur, Vol II
Ellison, Curtis William, Vol I
Engebretsen, Terry, Vol I
Erisman, Fred Raymond, Vol II
Fabend, Firth Haring, Vol I
Fabian, Ann, Vol I
Fabre, Genevieve Edith, Vol I
Fabre, Michel J., Vol I
Fisher, Marvin, Vol I
Fishwick, Marshall W., Vol I
Flint, Allen Denis, Vol I
Folsom, Lowell Edwin, Vol I
Fowler, Shelli, Vol III
Furman, Necah Stewart, Vol I
Goddu, Teresa, Vol I
Goetzmann, William Harry, Vol I
Goist, Park Dixon, Vol I
Graham Yates, Gayle, Vol I
Grant, Glen, Vol I
Green, Carol Hurd, Vol I
Green, Jesse Dawes, Vol I
Greene, Victor Robert, Vol I
Greenspan, Ezra, Vol I
Gross, Robert A., Vol I
Grover, Dorys Crow, Vol II
Gudding, Gabriel, Vol I
Gura, Philip F., Vol I
Guttmann, Allen, Vol I
Haddad, Gladys, Vol I
Hapke, Laura, Vol I
Hemphill, C. Dallett, Vol I
Hilson, Arthur Lee, Vol I
Hobson, Wayne K., Vol I
Hooper, Paul Franklin, Vol I
Horowitz, Daniel, Vol I
Huffman, James Richard, Vol I
Hunter, Phyllis A., Vol I
Isenberg, Nancy G., Vol I
Jackman, Jarrell C., Vol III
Jackson, Bruce, Vol II
Jameson, Elizabeth, Vol I
Johnson, David Alan, Vol I
Kapsch, Robert J., Vol I
Kaye, Frances Weller, Vol II
Kazin, Alfred, Vol I
Ketcham, Ralph Louis, Vol I
Klein, Maury, Vol I
Koenigsberg, Lisa M., Vol I
Korth, Philip Alan, Vol I
LaBudde, Kenneth J., Vol I
Lacey, James, Vol I
Lanier, Parks, Vol II
Lawson-Peebles, Robert, Vol I
Leary, James Patrick, Vol I
Levernier, James, Vol II
Levernier, James Arthur, Vol I
Lewis, Jan Ellen, Vol I
Lewis, Nathaniel, Vol II
Libo, Kenneth Harold, Vol I
Lohmann, Christoph Karl, Vol I
Lohof, Bruce Alan, Vol I
Lounsbury, Carl, Vol I
Lounsbury, Myron, Vol I
Madsen, Deborah, Vol II
Maguire, James Henry, Vol II
Martin, Jay H., Vol I
Martin, John Stephen, Vol I
Martin, Ronald Edward, Vol II
Mccutcheon, James Miller, Vol I
McDermott, Gerald D., Vol IV
Mcnutt, James Charles, Vol I
Meikle, Jeffrey L., Vol I
Melendez, Gabriel, Vol I
Mesteller, Jean C., Vol II
Meyer, Kenneth John, Vol I
Miller, Carol, Vol I
Miller, David, Vol I
Miller, Timothy, Vol I
Milner, Clyde A., II, Vol I
Mintz, Lawrence E., Vol I
Morton, Marian Johnson, Vol I
Neussendorfer, Margaret R., Vol II
Newman, Kathleen, Vol I
Nickels, Cameron C., Vol I
Niemi, Bob, Vol I
Norwood, Vera, Vol I
O'Brien, J. Willard, Vol I
Pankake, Marcia J., Vol I
Pocock, Emil, Vol I
Powell, Thomas F., Vol I
Rajagopal, Arvind, Vol I

Reed, T.V., Vol I
Rice, Stephen P., Vol I
Roberts, Robin, Vol II
Rockland, Michael Aaron, Vol I
Rothfork, John G., Vol I
Rudnick, Lois P., Vol I
Runyon, Randolph Paul, Vol III
Rydell, Robert William, Vol I
Salvaggio, Ruth, Vol I
Schiffman, Joseph, Vol I
Schlereth, Thomas J., Vol I
Schmidt, Klaus, Vol I
Schultz, Stanley Kenton, Vol I
Scott, Alison M., Vol I
Scott Jenkins, Virginia, Vol I
Sidran, Ben H., Vol I
Silet, Charles Loring Provine, Vol I
Silverman, Kenneth Eugene, Vol I
Skaggs, Jimmy M., Vol I
Slotkin, Richard S., Vol I
Smith, Jeffrey A., Vol II
Sollors, Werner, Vol II
Stevenson, Louise L., Vol I
Stott, William Merrell, Vol I
Titon, Jeff Todd, Vol I
Trachtenberg, Alan, Vol I
Upton, Dell, Vol I
Van Broekhoven, Deborah, Vol I
Wald, Alan Maynard, Vol I
Walden, Daniel, Vol I
Walker, Nancy A., Vol I
Waters, Neil L., Vol I
Weber, Ronald, Vol I
Weiner, Lynn, Vol I
Wellman, James K., Jr., Vol IV
Wells, Walter, Vol I
White, G. Edward, Vol I
Whitfield, Stephen Jack, Vol I
Wood, Curtis W., Vol I
Wood, Marcus, Vol I
Yellin, Jean Fagan, Vol II
Yetman, Norman Roger, Vol I
Young, M. Jane, Vol I
Young, William H., Vol I
Zboray, Mary Saracino, Vol I
Zuckerman, Michael, Vol I

Ancient History

Adams, Winthrop Lindsay, Vol I
Africa, Thomas Wilson, Vol I
Aldrete, Gregory S., Vol I
Alexander, Michael C., Vol I
Arbagi, Martin George, Vol I
Arnold, Bill T., Vol IV
Astour, Michael Czernichow, Vol I
Badian, Ernst, Vol I
Bagnall, Roger Shaler, Vol I
Balcer, Jack Martin, Vol I
Baryosef, O., Vol I
Batinski, Emily E., Vol I
Benko, Stephen, Vol IV
Berlin, Adele, Vol I
Berthold, Richard M., Vol I
Billows, Richard A., Vol I
Birch, Bruce Charles, Vol IV
Bird, Harold Wesley, Vol I
Boire, Gary, Vol I
Bonfante, Larissa, Vol I
Boren, Henry C., Vol I
Borza, Eugene N., Vol I
Bradley, Keith Richard, Vol I
Brinkman, John Anthony, Vol I
Broughton, Thomas Robert Shannon, Vol I
Cameron, Alan, Vol I
Cargill, Jack, Vol I
Casson, Lionel, Vol I
Champlin, Edward James, Vol I
Claster, Jill Nadell, Vol I
Cline, Eric, Vol I
Clover, Frank M., Vol I
Constantelos, Demetrios J., Vol I
Crump, Gary Allen, Vol I
Culham, Phyllis, Vol I
Curtis, Robert I., Vol I
Davison, Jean Margaret, Vol I
Dennis, George Thomas, Vol I
Depuma, Richard Daniel, Vol I
Desautels, Jacques, Vol I
Desautels, Jacques, Vol I
Dickison, Sheila Kathryn, Vol I
Doenges, Norman Arthur, Vol I
Drake, Harold Allen, Vol I
Dunn, Laura, Vol I
Eadie, John W., Vol I
Eckstein, A.M., Vol I
Edelman, Diana, Vol IV

Edlund-Berry, Ingrid E.M., Vol I
Evans, Roger S., Vol I
Ferngren, Gary Burt, Vol I
Figueira, Thomas J., Vol I
Foss, Clive, Vol I
Frazee, Charles Aaron, Vol IV
Fredrick, David, Vol I
Frost, Frank J., Vol I
Gallatin, Harlie Kay, Vol I
Gibert, John C., Vol I
Gilliard, Frank Daniel, Vol I
Gorman, Vanessa, Vol I
Graf, David Frank, Vol I
Gravelle, Sarah S., Vol I
Gruen, Erich S., Vol I
Hammond, Mason, Vol I
Hanak, Walter Karl, Vol I
Harris, William Vernon, Vol I
Hedrick, Charles W., Jr., Vol I
Hewsen, Robert, Vol I
Hoffman, Daniel, Vol I
Holliday, Vivian Loyrea, Vol I
Hollis, Susan T., Vol IV
Holoka, James P., Vol I
Holt, Philip, Vol I
Hood, David Crockett, Vol I
Hughes, Johnson Donald, Vol I
Huzar, Eleanor Goltz, Vol I
Jashemski, Wilhelmina F., Vol I
Johnson, Richard Ronald, Vol I
Jones, Christopher P., Vol I
Jones, Nicholas Francis, Vol I
Kebric, Robert Barnett, Vol I
Kehoe, Dennis P., Vol I
Kilmer, Anne Draffkorn, Vol I
Knapp, Arthur Bernard, Vol I
Knapp, Robert Carlyle, Vol I
Konishi, Haruo, Vol I
Koumoulides, John A., Vol I
Krahmalkov, Charles R., Vol I
Krekic, Barisa, Vol I
Krentz, Peter Martin, Vol I
Lalonde, Gerald Vincent, Vol I
Lateiner, Donald, Vol I
Lauritsen, Frederick Michael, Vol I
Lemke, Werner Erich, Vol IV
Littman, Robert J., Vol I
Losada, Luis Antonio, Vol I
MacLennan, Robert S., Vol I
Macmullen, Ramsay, Vol I
Macro, Anthony David, Vol I
Maidman, Maynard Paul, Vol I
Maier, Paul Luther, Vol I
Mathisen, Ralph Whitney, Vol I
Matthews, John F., Vol I
Mcdonald, William Andrew, Vol I
McDougall, Iain, Vol I
Meyer, Kathryn E., Vol I
Minor, Clifford Edward, Vol I
Mitchell, Richard E., Vol I
Morstein-Marx, Robert, Vol I
Mosshammer, Alden Adams, Vol I
Moyer, James Carroll, Vol IV
Moysey, Robert Allen, Vol I
Munn, Mark H., Vol I
Oates, John Francis, Vol I
Orlin, Eric, Vol I
Panella, Robert J., Vol I
Parker, Simon B., Vol I
Paul, George Mackay, Vol I
Penella, Robert Joseph, Vol I
Pesely, George E., Vol I
Phillips, C. Robert, III, Vol I
Piper, Linda Jane, Vol I
Plescia, Joseph, Vol I
Polak, Emil Joseph, Vol I
Richter, Donald Charles, Vol I
Rigsby, Kent Jefferson, Vol I
Rives, James, Vol I
Romm, James S., Vol I
Roth, Jonathan, Vol I
Ruebel, James, Vol I
Rusch, Scott M., Vol I
Sack, Ronald Herbert, Vol I
Sage, Michael, Vol I
Saller, Richard, Vol I
Samuel, Alan Edouard, Vol I
Schneider, Tammi J., Vol I
Schunk, Thom, Vol I
Sealey, B. Raphael, Vol I
Sebesta, Judith Lynn, Vol I
Sharma, Jagdish P., Vol I
Shelton, Jo-Ann, Vol I
Sidebotham, Steven Edward, Vol I
Simmons, Michael, Vol I
Simon, Stephen Joseph, Vol I
Simpson, Chris, Vol I
Speidel, Michael Paul, Vol I

Spyridakis, Stylianos V., Vol I
Starr, Chester G., Vol I
Stieglitz, Robert R., Vol I
Sullivan, Denis, Vol I
Telesca, William John, Vol I
Thomas, Carol G., Vol I
Thompson, Glen L., Vol I
Trautmann, Thomas Roger, Vol I
van de Mieroop, Marc, Vol I
van der Mieroop, Marc, Vol I
Vryonis, Speros, Jr., Vol I
Walberg, Gisela, Vol I
Weinrib, Ernest Joseph, Vol IV
Williams, Richard S., Vol I
Wilson, Glee Everitt, Vol I
Wineland, John D., Vol I
Yamauchi, Edwin Masao, Vol I

Anthropology

Adams, R.E.W., Vol I
Adovasio, J.M., Vol I
Aldrich, Michele, Vol I
Alexander, Bobby C., Vol I
Andrews, Anthony P., Vol I
Aronoff, Myron J., Vol I
Avalos, Hector, Vol I
Bailey, Frederick George, Vol I
Barlow, K. Renee, Vol I
Bateson, Mary C., Vol I
Beaudry, Mary Carolyn, Vol I
Bell, Diane, Vol I
Bender, Marvin Lionel, Vol III
Bender, Nathan E., Vol I
Bettinger, Robert L., Vol I
Bilmes, Jack, Vol I
Bock, Philip K., Vol I
Bourguignon, Erika Eichhorn, Vol I
Brettell, Caroline B., Vol I
Briggs, Charles L., Vol I
Brown, Michael Fobes, Vol I
Bruner, Edward M., Vol I
Burling, Robbins, Vol I
Caldwell, Sarah, Vol I
Carmack, Robert M., Vol I
Ciochon, Russell L., Vol I
Claassen, Cheryl, Vol I
Cohen, Myron L., Vol I
Cohn, Bernard Samuel, Vol I
Comaroff, Jean, Vol I
Connolly, Thomas J., Vol I
Cotter, John Lambert, Vol I
Crumbley, Deidre H., Vol I
Curet, Luis Antonio, Vol I
De Rios, Marlene Dobkin, Vol I
Deflem, Mathieu, Vol I
Desmangles, Leslie Gerald, Vol I
Dietler, Michael, Vol I
Dillon, Wilton Sterlin, Vol I
Doyel, D., Vol I
Dresser, N., Vol I
Dumond, D.E., Vol I
Dyson, Robert Harris, Jr., Vol I
Eastman, Carol M., Vol III
Edwards, Jay D., Vol I
Ellis, Susan, Vol I
Farmer, P., Vol I
Farrer, Claire Rafferty, Vol I
Fenton, William Nelson, Vol I
Fiema, Zbigniew, Vol I
Fink, Deborah R., Vol I
Finney, Ben Rudolph, Vol I
Forman, Michael Lawrence, Vol III
Fortier, Ted, Vol I
Fry, Christine L., Vol I
Gabel, Creighton, Vol I
Geertz, Clifford, Vol I
Gimbutas, Marija, Vol I
Glazier, Stephen D., Vol I
Gmelch, George, Vol I
Gmelch, Sharon Bohn, Vol I
Gold, Ann G., Vol I
Gouinlock, James, Vol IV
Graves, Michael W., Vol I
Green, Jesse Dawes, Vol I
Greenhill, Pauline, Vol I
Gumperz, John J., Vol III
Haskell, Guy H., Vol I
Hay, Fred J., Vol I
Heath, Dwight Braley, Vol I
Heath, Robin L., Vol I
Heilman, Samuel C., Vol I
Hill, Jonathan D., Vol I
Hoard, R.J., Vol I
Horowitz, Michael M., Vol I
Hovendick, Kelly B., Vol I
Howell, Richard Wesley, Vol I

Hudson, Charles M., Vol I
Irschick, Eugene Frederick, Vol I
Jarvie, Ian Charles, Vol IV
Joyce, Rosemary A., Vol I
Keefe, Susan E., Vol I
Keil, Charles M.H., Vol I
Kennedy, Kenneth Adrian Raine, Vol I
Kennett, Douglas, Vol I
Kertzer, David Israel, Vol I
Kimmel, Richard H., Vol I
Kintigh, Keith W., Vol I
Kipp, Rita, Vol I
Kirch, Patrick V., Vol I
Krantz, Grover S., Vol I
Kronenfeld, David B., Vol I
LaBianca, Oystein S., Vol I
Laguerre, Michael Saturnin, Vol I
Lamberg-Karlovski, Clifford Charles, Vol I
Laughlin, John C.H., Vol IV
Leaf, Murray John, Vol I
Leonard, Karen Isaksen, Vol I
Lewellen, Ted Charles, Vol I
Little, Elizabeth A., Vol I
Lopreato, Joseph, Vol I
Lyman, R. Lee, Vol I
Margolis, Maxine Luanna, Vol I
Mathiot, Madeleine, Vol III
McSpadden, Lucia, Vol I
Merrifield, William R., Vol III
Merry, Sally E., Vol I
Miller, Naomi F., Vol I
Mitchell, William P., Vol I
Moore, Sally F., Vol I
Morris, Marshall, Vol III
Moseley, Michael Edward, Vol I
Munson, Henry Lee, Vol I
Nag, Moni, Vol I
Nagarajan, Vijaya, Vol I
Nash, June C., Vol I
Neff, Hector, Vol I
Neihoff, Arthur H., Vol I
Ness, Sally A., Vol I
Nettl, Bruno, Vol I
Neville, Gwen K., Vol I
Newman, J.R., Vol I
Newton, Esther, Vol I
Ortner, Sherry B., Vol I
Ottenberg, Simon, Vol I
Parezo, Nancy Jean, Vol I
Perdue, Charles L., Vol I
Petraglia, Michael, Vol I
Pullen, Daniel J., Vol I
Rasmussen, S.J., Vol I
Restivo, Sal, Vol I
Rodriguez, Sylvia, Vol I
Salamon, Sonya, Vol I
Samarin, William J., Vol III
Schuyler, Robert L., Vol I
Schwartz, Douglas W., Vol I
Schwartz, Norman B., Vol I
Sexton, James D., Vol I
Shackley, M. Steven, Vol I
Siegel, Peter E., Vol I
Snow, D. R., Vol I
Stauder, Jack, Vol I
Stromberg, Peter G., Vol I
Theodoratus, Robert James, Vol I
Turnbaugh, William A., Vol I
Turner, Terence S., Vol I
Vansina, Jan, Vol I
Voigt, David Quentin, Vol I
Wagner, Roy, Vol I
Walker, Willard, Vol I
Wescott, Roger Williams, Vol III
Wessel, Thomas Roger, Vol I
Whitley, David S., Vol I
Willey, Gordon R., Vol I
Yen, De, Vol I

Arabic Language

Abboud, Peter Fouad, Vol III
Allen, Roger Michael Ashley, Vol III
Bonebakker, Seeger A., Vol III
Cortes, Julio, Vol III
Frank, Richard Macdonough, Vol III
Gamal, Adel Sulaiman, Vol I
Tsiapera, Maria, Vol III
Ziadeh, Farhat Jacob, Vol III

Archaeology

Adams, R.E.W., Vol I
Alexander, Ralph H., Vol IV
Andrews, Anthony P., Vol I

Arav, Rami, Vol I
Arbino, Gary P., Vol I
Auger, Reginald, Vol I
Balcer, Jack Martin, Vol I
Barber, Elizabeth J. Wayland, Vol I
Barlow, K. Renee, Vol I
Baryosef, O., Vol I
Bass, George Fletcher, Vol I
Beaudry, Mary Carolyn, Vol I
Berlin, Andrea Michelle, Vol I
Bober, Phyllis Pray, Vol I
Borowski, Oded, Vol IV
Browning, Daniel C., Vol I
Bull, Robert Jehu, Vol IV
Carlson, Roy L., Vol I
Coleman, John E., Vol I
Connolly, Thomas J., Vol I
Cotter, John Lambert, Vol I
Crawford, John S., Vol I
Cresson, Bruce Collins, Vol IV
Curet, Luis Antonio, Vol I
Davis, Ellen Nancy, Vol I
Deblauwe, Francis, Vol I
Derfler, Steven, Vol I
des Gagniers, Jean, Vol I
Dever, William Gwinn, Vol I
Dumond, D.E., Vol I
Dyson, Robert Harris, Jr., Vol I
Edelman, Diana, Vol IV
Eiteljorg, Harrison, II, Vol I
Fagan, Brian M., Vol I
Fiema, Zbigniew, Vol I
Finlayson, William D., Vol I
Finney, Paul Corby, Vol I
Fortin, Michel, Vol I
Foss, Clive, Vol I
Foss, D. Pedar W., Vol I
Foster, Karen Polinger, Vol I
Frantz, Mary Alison, Vol I
Freed, Joann, Vol I
Gabel, Creighton, Vol I
Garrison, Mark, Vol I
Geraty, Lawrence Thomas, Vol I
Gimbutas, Marija, Vol I
Gittlen, Barry M, Vol I
Good, Irene Lee, Vol I
Gottlieb, Carla, Vol I
Grzymski, Krzysztof A., Vol I
Gutmann, Joseph, Vol I
Hansen, Julie, Vol I
Harrison, George Mallory, Vol I
Harrison, Timothy P., Vol I
Hoffecker, J.F., Vol I
Jelks, Edward Baker, Vol I
Joukowsky, Martha Sharp, Vol I
Joyce, Rosemary A., Vol I
Kimmel, Richard H., Vol I
Knapp, Arthur Bernard, Vol I
Kroll, John Hennig, Vol I
Kuehn, D.D., Vol I
Linduff, Katheryn Mcallister, Vol I
Lipe, William David, Vol I
Little, Elizabeth A., Vol I
Loerkw, William, Vol I
MacDonald, Burton, Vol I
Malone, Carolyn, Vol I
Mcdonald, William Andrew, Vol I
McGhee, Robert J., Vol I
McGovern, Patrick E., Vol I
McNally, Sheila, Vol I
McNutt, Paula M., Vol IV
Meyers, Carol L., Vol III
Moseley, Michael Edward, Vol I
Muscarella, Oscar White, Vol I
Nakhai, Beth Alpert, Vol I
Newman, J.R., Vol I
North, Robert, Vol IV
Owen, David I., Vol I
Papadopoulos, John K., Vol I
Petraglia, Michael, Vol I
Pillsbury, Joanne, Vol I
Pollini, John, Vol I
Porada, Edith, Vol I
Pressly, William L., Vol I
Radan, George T., Vol I
Rast, Walter Emil, Vol IV
Redmount, Carol A., Vol I
Reedy, Chandra L., Vol I
Ridgway, Brunilde (Sismondto), Vol I
Rose, Brian, Vol I
Schaub, R. Thomas, Vol IV
Schaus, Gerald, Vol I
Smith, Joanna S., Vol I
Stager, Lawrence E., Vol I
Steeger, Wm P., Vol IV
Steinhardt, Nancy Shatzman, Vol I
Strange, James F., Vol IV

Striker, Cecil Leopold, Vol I
Tatum, George B., Vol I
Todd, Ian Alexander, Vol I
Toker, Franklin K., Vol I
Turnbaugh, William A., Vol I
Tushingham, Arlotte Douglas, Vol I
van der Merwe, Nikolaas Johannes, Vol I
Walbank, Michael Burke, Vol I
Watson, Patty Jo, Vol I
Whitehouse, David Bryn, Vol I
Whitley, David S., Vol I
Wilkie, Nancy C., Vol I
Willey, Gordon R., Vol I
Willis, Alfred, Vol I
Wineland, John D., Vol I
Younger, John Grimes, Vol I

Architectural History

Alofsin, Anthony, Vol I
Anderson, Stanford Owen, Vol I
Bloomer, Jennifer A., Vol I
Bluestone, Daniel, Vol I
Brown, Mark M., Vol I
Bruegmann, Robert, Vol I
Cameron, Christina S.R., Vol I
Clausen, Meredith L., Vol I
Cohen, Jeffrey A., Vol I
Craig, Robert M., Vol I
Crouch, Dora Polk, Vol I
Dewey, Tom, Vol I
Dodds, Dennis R., Vol I
Donhauser, Peter L., Vol I
Draper, Joan E., Vol I
Duff Neiman, Fraser, Vol I
Eggener, Keith L., Vol I
Fergusson, Frances D., Vol I
Flores, Carol A., Vol I
Forbes, John Douglas, Vol I
Garvin, James L., Vol I
Gebhard, David, Vol I
Ghirardo, Diane, Vol I
Gobel, David W., Vol I
Hager, Hellmut, Vol I
Harrington, Kevin, Vol I
Heath, Kingston W., Vol I
Hise, Greg, Vol I
Howarth, Thomas, Vol I
Jansen, Virginia, Vol I
Johnson, Walker C., Vol I
Lewis, Douglas, Vol I
MacDonald, William L., Vol I
Marder, Tod A., Vol I
Marshall, Howard Wight, Vol I
McAleer, J. Philip, Vol I
Mcmordie, Michael J., Vol I
McPhee, Sarah, Vol I
Meister, Maureen, Vol I
Mertins, Detlef, Vol I
Morgan, William, Vol I
Morton, Patricia A., Vol I
Morvan, Jennifer, Vol I
Mumford, Eric, Vol I
Murphy, Kevin, Vol I
Noble, Douglas, Vol II
Oszuscik, Philippe, Vol I
Peters, Tom F., Vol I
Pollak, Martha, Vol I
Rabbat, Nasser O., Vol I
Reiff, Daniel D., Vol I
Reilly, Lisa, Vol I
Reitzes, Lisa B., Vol I
Sanabria, Sergio Luis, Vol I
Schafer, Elizabeth, Vol I
Schierle, Gotthilf Goetz, Vol I
Schoenauer, Norbert, Vol I
Scott, Susan C., Vol I
Shadbolt, Douglas, Vol I
Shubert, Howard, Vol I
Sprague, Paul Edward, Vol I
Thomas, Diana, Vol I
Toker, Franklin K., Vol I
Varnelis, Kazys, Vol I
Weiss, Ellen B., Vol I
Wells, Camille, Vol I
Wendelken, Cherie, Vol I
Williams, Robin B., Vol I
Wilson, Christopher M., Vol I
Wilson, Richard Guy, Vol I
Yanni, Carla, Vol I
Yip, Christopher, Vol I
Zabel, Craig, Vol I

Architecture

Ackerman, James Sloss, Vol I
Bacon, Mardges, Vol I

Baljon, Neil, Vol I
Berry, J. Duncan, Vol I
Bradford Smith, Elizabeth, Vol I
Brandt, Beverly K., Vol I
Buntrock, Dana, Vol I
Burns, Carol J., Vol I
Bush-Brown, Albert, Vol I
Cavaglieri, Giorgio, Vol I
Cooper, Frederick A., Vol I
DeLong, David G., Vol I
Dodds, Dennis R., Vol I
Draper, Joan E., Vol I
Fabos, Julius Gyula, Vol I
Garfinkle, Charlene G., Vol I
Golany, Gideon S., Vol I
Golombek, Lisa, Vol I
Helmer, Stephen, Vol I
Hubbard, Nancy, Vol I
Kapsch, Robert J., Vol I
Kelly, Cathie, Vol I
Krause, Linda R., Vol I
LaMarche, Jean, Vol I
Langsam, Walter E., Vol I
Marshall, Howard Wight, Vol I
Mead, Christopher Curtis, Vol I
Morganstern, James, Vol I
Noble, Douglas, Vol II
Ochsner, Jeffrey Karl, Vol I
Paca, Barbara, Vol I
Panaitescu, Adrian, Vol I
Pile, John F., Vol I
Pollak, Martha, Vol I
Raverty, Dennis, Vol I
Richardson, Peter, Vol IV
Riley, Terence, Vol I
Rohrer, Judith C., Vol I
Samudio, Jeffrey, Vol I
Sanderson, Warren, Vol I
Schulze, Franz, Vol I
Shank, Wesley I., Vol I
Steffensen-Bruce, Ingrid A., Vol I
Swanson, Randy, Vol I
Tarbell, Roberta K., Vol I
Vann, Robert Lindley, Vol I
Varner, Eric R., Vol I
Vivoni-Farage, Enrique, Vol I
Walters, Elizabeth J., Vol I
Weil, Mark S., Vol I
Wishne, Brian, Vol I
Wood, Charles B., III, Vol I
Woodbridge, John M., Vol II
Yegul, Fikret Kutlu, Vol I
Yip, Christopher, Vol I

Art

Adams, Douglas Glenn, Vol IV
Allen, Mark, Vol I
Babson, Jane F., Vol I
Bacon, Mardges, Vol I
Ball, Susan, Vol I
Barker, Wendy, Vol I
Barry, B. R., Vol II
Bendiner, Kenneth Paul, Vol I
Benson, LeGrace, Vol I
Bergman, Robert P., Vol I
Brown, Mark M., Vol I
Brunette, Peter, Vol II
Bruster, Douglas, Vol I
Burford, Jim, Vol I
Callaway, Anita, Vol I
Carlson, Roy L., Vol I
Carmack, Noel A., Vol I
Caver, Christine, Vol I
Cheetham, Mark A., Vol I
Codell, Julie, Vol I
Congdon, Kristin G., Vol I
Cox, Sharon G., Vol I
Cromley, Elizabeth, Vol I
Crouther, Betty Jean, Vol I
Donhauser, Peter L., Vol I
Eagle, Mary, Vol I
Eggener, Keith L., Vol I
Elliott, Bridget, Vol I
Engel, Martin, Vol I
Faul, Karene Tarquin, Vol I
Finkelstein, Rona, Vol I
Fritz, Robert B., Vol I
Fuchs, Cynthia, Vol II
Green, Leamon L., Jr., Vol I
Habel, Dorothy, Vol I
Harris, Michael D., Vol I
Hiles, Timothy, Vol I
Hovey, Kenneth, Vol I
Ivers, Louise H., Vol I
Joiner, Dorothy, Vol I
Karman, James, Vol I
Kimes, Don, Vol I
Kligerman, Jack, Vol II

Lambert, Lynda J., Vol I
Larson, Doran, Vol I
Lopez, Debbie, Vol I
Loud, Patricia Cummings, Vol I
Lyons, Bonnie, Vol I
Mallory, Michael, Vol I
Martinson, Fred, Vol I
McBride, Margaret, Vol I
McNally, Sheila, Vol I
McNaughton, Patrick, Vol I
McNeill, Paula L., Vol I
Mendoza, Louis, Vol I
Mesch, Claudia, Vol I
Millar, Steven, Vol I
Moffat, Frederick, Vol I
Nash, Anedith, Vol I
Neff, Amy, Vol I
Oszuscik, Philippe, Vol I
Pinney, Chris, Vol II
Reiff, Daniel D., Vol I
Reitzes, Lisa B., Vol I
Robinson, Joyce H., Vol I
Robinson, Lilien F., Vol I
Rodriguez, Clemencia, Vol I
Romano, Susan, Vol I
Scaglia, Gustina, Vol I
Scammell, Michael, Vol I
Schiferl, Ellen, Vol I
Schulze, Franz, Vol I
Shedel, James P., Vol I
Sieber, Roy, Vol I
Slatery, William Patrick, Vol I
Smith, James David, Vol I
Smith, Jeffrey, Vol I
Smith, Paul, Vol II
Spitz, Ellen Handler, Vol IV
Steggles, Mary Ann, Vol I
Stott, Annette, Vol I
Szabo, Joyce, Vol I
Thompson, Larry, Vol I
Thrasher, William, Vol I
Tomlinson, Robert, Vol I
Vita, Steven, Vol I
Welsh-Ovcharov, Bogomila, Vol I
Wick, Robert L., Vol II
Woodson, Linda, Vol I
Yahnke, Robert Eugene, Vol II

Art History

Abou-El-Haj, Barbara, Vol I
Abramson, Daniel, Vol I
Adams, Henry, Vol I
Adelson, Fred B., Vol I
Aikin, Roger, Vol I
Ajootian, Aileen, Vol I
Alofsin, Anthony, Vol I
Anderson, Janet A., Vol I
Antliff, Mark, Vol I
Appel, Susan K., Vol I
Arbury, Steve, Vol I
Arciszewska, Barbara, Vol I
Asselin, Olivier, Vol I
Babson, Jane F., Vol I
Baigell, Matthew, Vol I
Bailey, Colin B., Vol I
Barnes Robinson, Susan, Vol I
Barolsky, Paul, Vol I
Bazargan, Susan, Vol I
Beck, James Henry, Vol I
Bellsle, Jean, Vol I
Benjamin, Roger, Vol I
Berger, Martin, Vol I
Berlin, Andrea Michelle, Vol I
Berlo, Janet Catherine, Vol I
Bernstein, JoAnne G., Vol I
Berry, J. Duncan, Vol I
Betancourt, Philip Paul, Vol I
Bianchi, Robert S., Vol I
Bismanis, Maija, Vol I
Bizzarro, Tina W., Vol I
Blake McHam, Sarah, Vol I
Blier, Suzanne Preston, Vol I
Bober, Phyllis Pray, Vol I
Bock-Weiss, Catherine C., Vol I
Boker, Hans J., Vol I
Bradford Smith, Elizabeth, Vol I
Branham, Joan R., Vol I
Brett-Smith, Sarah, Vol I
Brilliant, Richard, Vol I
Brock, Karen L., Vol I
Brown, Blanche Rachel, Vol I
Brown, Jonathan M., Vol I
Brown, Kendall H., Vol I
Brown, Marilyn, Vol I
Brown, Richard Fargo, Vol I
Brumfield, William Craft, Vol III
Bruzelius, Caroline, Vol I
Buchanan, Harvey, Vol I

Buettner, Brigitte, Vol I
Burnell, Devin, Vol I
Burnham, Patricia, Vol I
Burns, Sarah, Vol I
Burroughs, Charles, Vol I
Bush-Brown, Albert, Vol I
Calkins, Robert Gilmer, Vol I
Campbell, C. Jean, Vol II
Campbell, Mary Schmidt, Vol I
Carman, Charles, Vol I
Carr, Amelia J., Vol I
Carson Pastan, Elizabeth, Vol I
Cast, David Jesse Dale, Vol I
Caviness, Madeline H., Vol I
Chanzit, Gwen, Vol I
Chapman, H. Perry, Vol I
Charlesworth, Michael, Vol I
Chastain, Catherine, Vol I
Check, Ed, Vol I
Cheng-chi Hsu, Ginger, Vol I
Chiarenza, Carl, Vol I
Childs, Elizabeth C., Vol I
Christenson, Allen J., Vol I
Chu, Petra, Vol I
Chu, Petra ten-Doesschate, Vol I
Clapper, Michael, Vol I
Clarke, John, Vol I
Clarke, John R., Vol I
Clayson, S. Hollis, Vol I
Coffin, David Robbins, Vol I
Cohen, Ada, Vol I
Cohen, George Michael, Vol I
Colantuono, Anthony, Vol I
Cole, Bruce, Vol I
Conrad, Rudolph, Vol I
Cooper, Frederick A., Vol I
Corazzo, Nina, Vol I
Corrigan, Kathleen, Vol I
Cothren, Michael W., Vol I
Coutenay, Lynn, Vol II
Craven, Wayne, Vol I
Crawford, John S., Vol I
Crimp, Douglas, Vol I
Curnow, Kathy, Vol I
Curran, Brian A., Vol I
Cutler, Anthony, Vol I
Cuttler, Charles David, Vol I
Czuma, Stanislaw, Vol I
D'Evelyn, Margaret M., Vol I
Davidson, Abraham A, Vol I
Davis, Ellen Nancy, Vol I
Davis, Elliot Bostwick, Vol I
Davis, John, Vol I
Davis, Whitney, Vol I
Dawson, Anne, Vol I
de Bretteville, Sheila Levrant, Vol I
De Girolami Cheney, Liana, Vol I
De Moura Sobral, Luis, Vol I
Deblauwe, Francis, Vol I
DeLancey, Julia, Vol I
Denney, Colleen J., Vol I
Denny, Don William, Vol I
Deshmukh, Marion F., Vol I
Dewey, Tom, Vol I
Digby, Joan, Vol II
Dillon, Diane, Vol I
Dixon, Laurinda S., Vol I
Donaldson, Thomas, Vol I
Dressler, Rachel, Vol I
Duncan, Carol G., Vol I
Dunlop, Anne, Vol I
Dvorsky-Rohner, Dorothy, Vol I
Dwyer, Eugene Joseph, Vol I
Eckhardt, Patricia, Vol I
Edwards, Lee M., Vol I
Edwards, Mary, Vol I
Eidelberg, Martin, Vol I
Eisler, Colin, Vol I
Elkins, James, Vol I
Emerick, Judson, Vol I
Essick, Robert N., Vol II
Evans, Dorinda, Vol I
Facos, Michelle, Vol I
Faries, Molly, Vol I
Farr, Judith Banzer, Vol II
Faxon, Alicia Craig, Vol I
Fehl, Philipp P., Vol I
Felton, Craig, Vol I
Fern, Alan M., Vol I
Finley, Gerald E., Vol I
Folda, Jaroslav, Vol I
Folda, Jaroslav T., III, Vol I
Forrest, Larry W., Vol I
Forster-Hahn, Francoise, Vol I
Foss, Brian, Vol I
Foss, D. Pedar W., Vol I
France, Jean R., Vol I

Francke, Kuno, Vol III
Fraser, Sarah, Vol I
Frinta, Mojmir Svatopluk, Vol I
Fryd, Vivien G., Vol I
Galavaris, George, Vol I
Galvaris, George, Vol I
Gamboni, Dario, Vol I
Garen, Sally, Vol I
Garfinkle, Charlene G., Vol I
Garrard, Mary, Vol I
Garrison, Mark, Vol I
Gaskell, Ivan, Vol I
Gaskin, Leroy, Vol I
Gealt, Adelheid Medicus, Vol I
Gerstel, Sharon E.J., Vol I
Gibson, Ann, Vol I
Gibson, Walter S., Vol I
Gisolfi, Diana, Vol I
Glass, Dorothy, Vol I
Gleissner, Stephen, Vol I
Glen, Thomas L., Vol I
Glosecki, Stephen O., Vol I
Goffen, Rona, Vol I
Golahny, Amy, Vol I
Goldman, Bernard, Vol I
Goldman, Jean, Vol I
Goldstein, Carl, Vol I
Golombek, Lisa, Vol I
Gordon, Allan M., Vol I
Gorman, Carma, Vol I
Gorse, George L., Vol I
Gottlieb, Carla, Vol I
Gouma-Peterson, Thalia, Vol I
Gouverneur, Gray Henry, Vol III
Gowans, Alan, Vol I
Grad, Bonnie L., Vol I
Graybill, Maribeth, Vol I
Greenhouse, Wendy, Vol I
Greenough, Sarah, Vol I
Grieder, Terence, Vol I
Guberti-Bassett, Sarah, Vol I
Guilmain, Jacques, Vol I
Gutmann, Joseph, Vol I
Haltman, Kenneth, Vol I
Harbison, Craig, Vol I
Harper, Katherine, Vol I
Harris, Ann Sutherland, Vol I
Hassrick, Peter H., Vol I
Hayes, Jeffrey R., Vol I
Headrick, Annabeth, Vol I
Heck, Marlene, Vol I
Helmer, Stephen, Vol I
Henderson, Linda, Vol I
Herman, Bernard L., Vol I
Hersey, George Leonard, Vol I
Higgins, Hannah, Vol I
Hockley, Allen, Vol I
Hoey, Lawrence R., Vol I
Hoffmann, Donald, Vol I
Holbert, Raymond, Vol I
Holly, Michael Ann, Vol I
Homer, William I., Vol I
Hoogland Verkerk, Dorothy, Vol I
Hornstein, Shelley, Vol I
Hould, Claudette, Vol I
Houser, Caroline, Vol I
Howard, Angela, Vol I
Hults, Linda, Vol I
Hungerford, Constance Cain, Vol I
Hunter, John, Vol I
Hunting, Mary Anne, Vol I
Hurley, Forrest Jack, Vol I
Hutchison, Jane Campbell, Vol I
Hutton, John, Vol I
Irish, Sharon, Vol I
Irvine, B.J., Vol I
Jacks, Philip, Vol I
Jansen, Virginia, Vol I
Janson, Anthony F., Vol I
Janson, Carol, Vol I
Jeffrey, David Lyle, Vol II
Jeffries, Rosalind R., Vol I
Jegede, Dele, Vol I
Jenkins, A. Lawrence, Vol I
Johnson, Ronald William, Vol I
Johnson, William M., Vol I
Jonaitis, Aldona, Vol I
Jones, Amelia, Vol I
Jordan, Jim, Vol I
Joyce Stone, Andrea, Vol I
Kallmyer, Nina, Vol I
Kamhi, Michelle Marder, Vol I
Kang, Soo Y., Vol I
Kao, Arthur Mu-sen, Vol I
Kaufmann, Thomas DaCosta, Vol I
Kavork Dohanian, Diran, Vol I
Kelly, Cathie, Vol I
Kenfield, John F., III, Vol I

Kennedy, Janet, Vol I
Kenseth, Joy, Vol I
Kessler, Herbert Leon, Vol I
King, Anthony D., Vol I
King-Hammond, Leslie, Vol I
Kirkpatrick, Diane Marie, Vol I
Kiser, Joy, Vol I
Kitao, T. Kaori, Vol I
Klein, Michael Eugene, Vol I
Kleinbauer, W. Eugene, Vol I
Kleinert, Sylvia, Vol I
Klene, Mary Jean, Vol II
Kohler, Sue A., Vol I
Kornbluth, Geneva, Vol I
Koshkin-Youritzin, Victor, Vol I
Krinsky, Carol Herselle, Vol I
Kristof, Jane, Vol I
Kubler, George, Vol I
Lachan, Katharine, Vol I
Landau, Ellen G., Vol I
Landau, Sarah Bradford, Vol I
Landow, George Paul, Vol II
Larouche, Michel, Vol I
Lawton, Carol, Vol I
Lee, Sherman E., Vol I
Legge, Elizabeth, Vol I
Leibsohn, Dana, Vol I
Leidholdt, Alex S., Vol II
Leighten, Patricia, Vol I
Lemon, Robert S., Jr., Vol I
Leoshko, Janice, Vol I
Leshko, Jaroslav, Vol I
Lesser, Gloria, Vol I
Levin, William R., Vol I
Levine, Sura, Vol I
Lewis, Arnold, Vol I
Lewis, Douglas, Vol I
Lewis, Samella, Vol I
Li, Chu-Tsing, Vol I
Ligo, Larry L., Vol I
Ligon, Doris Hillian, Vol I
Linduff, Katheryn Mcallister, Vol I
Loerkw, William, Vol I
Loss, Archie Krug, Vol I
Lumsden, Ian G., Vol I
Lupia, John N., Vol I
Macdougall, Elisabeth Blair, Vol I
Malone, Carolyn, Vol I
Margolin, Victor, Vol I
Markel, Stephen, Vol I
Marks, Arthur S., Vol I
Marquardt-Cherry, Janet Teresa,
  Vol I
Marter, Joan, Vol I
Martin, Richard, Vol I
Mastin, Catharine M., Vol I
Matilsky, Barbara C., Vol I
Matteson, Lynn Robert, Vol I
Mattison, Robert S., Vol I
Mavor, Carol, Vol I
McCoubrey, John W., Vol I
McCullagh, Suzanne Folds, Vol I
McGehee, Abby, Vol I
McGrath, Robert, Vol I
McNaughton, Patrick, Vol I
Mead, Christopher Curtis, Vol I
Meister, Maureen, Vol I
Meister, Michael William, Vol I
Merriman, Mira P., Vol I
Meyer, James S., Vol I
Meyer, Jerry D., Vol I
Meyer, Richard, Vol I
Mezzatesta, Michael P., Vol I
Michaux, Henry G., Vol I
Michels, Eileen M., Vol I
Mille, Diane, Vol I
Miller, Mara, Vol I
Miller, Naomi, Vol I
Miller, Virginia E., Vol I
Monroe, Betty I., Vol I
Moran, Diane D., Vol I
Morgan, Anne Lee, Vol I
Morganstern, Anne Mcgee, Vol I
Morganstern, James, Vol I
Morgenthaler, Hans Rudolf, Vol I
Muller, Priscilla Elkow, Vol I
Murray, Joan, Vol I
Nasgaard, Roald, Vol I
Neils, Jenifer, Vol I
Nelson, Robert S., Vol I
Nelson, Susan, Vol I
Ness, Lawrence, Vol I
Norton, Paul F., Vol I
Nzegwu, Nkiru, Vol I
O'Gorman, James F., Vol I
Oakley, John H., Vol I
Okoye, Ikem, Vol I
Olin, Margaret, Vol I
Olugebefola, Ademola, Vol I

Orel, Sara E., Vol I
Osborne, John, Vol I
Ostrow, Steven F., Vol I
Pal, Pratapaditya, Vol I
Parker McLachlan, Elizabeth,
  Vol I
Pastan, Elizabeth C., Vol I
Patterson, Joby, Vol I
Pauli, Lori, Vol I
Peck, William Henry, Vol I
Pellecchia, Linda, Vol I
Penhall, Michele M., Vol I
Penny Small, Jocelyn, Vol I
Perry, Marilyn, Vol I
Phillips, Richard E., Vol I
Pillsbury, Joanne, Vol I
Pina, Leslie, Vol I
Pinder, Kymberly, Vol I
Poling, Clark V., Vol I
Poling, Clark V., Vol I
Pollini, John, Vol I
Pollitt, Jerome J., Vol I
Porada, Edith, Vol I
Porter, Jeanne Chenault, Vol I
Porter, John R., Vol I
Postle, Martin J., Vol I
Pressly, William L., Vol I
Promey, Sally M., Vol I
Prown, Jules D., Vol I
Puglisi, Catherine, Vol I
Purtle, Carol Jean, Vol I
Quigley, Timothy R., Vol IV
Quinan, Jack, Vol I
Radan, George T., Vol I
Radisich, Paula, Vol I
Ramage, Nancy Hirschland, Vol I
Randolph, Adrian W. B., Vol I
Rather, Susan, Vol I
Raverty, Dennis, Vol I
Reff, Theodore Franklin, Vol I
Reynolds, Ann, Vol I
Rhie, Marylin, Vol I
Rhoads, William B., Vol I
Rhodes, Randall, Vol I
Rice, Louise, Vol I
Riely, John C., Vol II
Riggs, Timothy A., Vol I
Rix, Brenda, Vol I
Roberts, Marion Elizabeth, Vol I
Robinson, Jontyle Theresa, Vol I
Rosand, David, Vol I
Rose, Brian, Vol I
Rosenblum, Robert, Vol I
Rosenthal, Angela, Vol I
Rosenthal, Lisa, Vol I
Roskill, Mark, Vol I
Roth, Moira, Vol I
Routledge, Marie I., Vo. I
Rubin, James Henry, Vol I
Rudolph, Conrad, Vol I
Sanderson, Warren, Vol I
Sandler, Lucy Freeman, Vol I
Sandy, Kity, Vol I
Sawkins, Annemarie, Vol I
Scallen, Catherine B., Vol I
Schaefer, Jean Owens, Vol I
Schama, Simon, Vol I
Scheifele, Eleanor L., Vol I
Schroth, Sarah W., Vol I
Schulz, Anne Markham, Vol I
Schulz, Juergen, Vol I
Scott, Susan C., Vol I
Segger, Martin, Vol I
Seiberling, Grace, Vol I
Senie, Harriet F., Vol I
Serebrennikov, Nina Eugenia,
  Vol I
Sheon, Aaron, Vol I
Sheriff, Mary D., Vol I
Shesgreen, Sean Nicholas, Vol II
Shiff, Richard, Vol I
Silcox, David P., Vol I
Silk, Gerald, Vol I
Simon, Janice, Vol I
Sims, Lowery Stokes, Vol I
Sirhandi, Marcella, Vol I
Sirridge, Mary, Vol IV
Sloan, Thomas, Vol I
Small, Jocelyn Penny, Vol I
Smalls, James, Vol I
Smeins, Linda, Vol I
Smith, C. Shaw, Jr., Vol I
Smith, Henry, Vol I
Smith, Patrick, Vol I
Smith Favis, Roberta, Vol I
Sokol, David M., Vol I
Soria, Regina, Vol III
Southard, Edna Carter, Vol I
Sparks, Esther, Vol I

Spector, Jack, Vol I
Spink, Walter M., Vol I
Sprague, Paul Edward, Vol I
St Clair Harvey, Archer, Vol I
St. Clair Harvey, Archer, Vol I
Stafford, Barbara Maria, Vol I
Staley, Allen, Vol I
Standring, Timoty, Vol I
Stanton, Phoebe Baroody, Vol I
Staudinger Lane, Evelyn, Vol I
Steffensen-Bruce, Ingrid A., Vol I
Steinberg, Leo, Vol I
Steinhardt, Nancy Shatzman, Vol I
Stern, Robin, Vol I
Stiles, Kristine, Vol I
Stillman, Damie, Vol I
Stoddard, Whitney S., Vol I
Stokstad, Marilyn Jane, Vol I
Stone, David M., Vol I
Stone-Miller, Rebecca, Vol I
Stone-Richards, Michael, Vol I
Striker, Cecil Leopold, Vol I
Sturgeon, Mary C., Vol I
Swinton, George, Vol I
Swinton, George, Vol I
Tagg, John, Vol I
Talbot, Charles, Vol I
Tankard, Judith B., Vol I
Tarbell, Roberta K., Vol I
Tatham, David Frederic, Vol I
Tatum, George B., Vol I
Taylor, Cledie Collins, Vol I
Taylor, Sue, Vol I
Taylor-Mitchell, Laurie, Vol I
Terry, Ann R., Vol I
Teviotdale, Elizabeth C., Vol I
Tolles, Bryant F., Jr., Vol I
Tomasini, Wallace John, Vol I
Tovell, Rosemarie, Vol I
Townsend, Gavin, Vol I
Townsend, Richard, Vol I
Tronzo, William, Vol I
Troy, Nancy J., Vol I
Troy, Virgina Gardner, Vol I
Tumasonis, Elizabeth, Vol I
Tuttle, Richard J., Vol I
Uhr, Horst, Vol I
Valone, Carolyn, Vol I
Van Miegroet, Hans J., Vol I
Varner, Eric R., Vol I
Vazquez, Oscar E., Vol I
Vervoort, Patricia, Vol I
Vetrocq, Marcia E., Vol I
Vlam, Grace A.H., Vol I
Vonfalkenhausen, L., Vol I
Waldbaum, Jane C., Vol I
Walker, Robert Miller, Vol I
Wallace, William, Vol I
Wallach, Alan, Vol I
Walsh, David A., Vol I
Walters, Elizabeth J., Vol I
Walton, Guy E., Vol I
Wark, Robert Rodger, Vol I
Warlick, M.E., Vol I
Watrous, Livingston V., Vol I
Watson, Paul Fraser, Vol I
Weil, Mark S., Vol I
Wendelken, Cherie, Vol I
Werckmeister, O.K., Vol I
Westermann, Mariet, Vol I
Westfall, Carroll W., Vol I
Wharton, Annabel, Vol I
Wheelock, Arthur K., Jr., Vol I
White, Barbara Ehrlich, Vol I
Whitehead, Ruth, Vol I
Williams, John W., Vol I
Willis, Alfred, Vol I
Willumson, Glenn Gardner, Vol I
Wilson, Jean C., Vol I
Wilson, Richard Guy, Vol I
Wind, Barry, Vol I
Windsor-Liscombe, Rhodri, Vol I
Witcombe, Christopher L.C.E.,
  Vol I
Withrow, William, Vol I
Wolff, Janet, Vol I
Wolohojian, Stephan S., Vol I
Wood, Carolyn B., Vol I
Wood, Charles B., III, Vol I
Woodman, Taylor, Vol I
Worthen, Thomas, Vol I
Wright, Georgia Sommers, Vol I
Yanni, Carla, Vol I
Yegul, Fikret Kutlu, Vol I
Young, Zenaida Isabel, Vol I
Zalesch, Saul E., Vol I
Zemans, Joyce P., Vol I
Zemel, Carol, Vol I
Zukowsky, John, Vol I

Asian History

Acimovic Wallace, Vesna, Vol III
Adams, Louis Jerold, Vol I
Armstrong, Charles, Vol I
Bajpai, Shiva Gopal, Vol I
Baumgarten, Joseph M., Vol III
Bays, Daniel Henry, Vol I
Bedeski, Robert E., Vol I
Bender, Ernest, Vol III
Berkley, Gerald Wayne, Vol I
Berry, Margaret, Vol II
Birge, Bettine, Vol III
Blackwell, Frederick Warn, Vol I
Blackwell, Fritz, Vol I
Blake, Stephen, Vol I
Bodde, Derk, Vol III
Boyle, John Hunter, Vol I
Braester, Yomi, Vol III
Bransford Wilson, Joe, Jr., Vol III
Buhnemann, Guldrun, Vol IV
Chandra, Vipan, Vol I
Chen, Ching-Chih, Vol I
Choe, Yong-ho, Vol I
Chow, Kai Wing, Vol III
Chu, Samuel C., Vol I
Chung, Sue Fawn, Vol I
Clark, Hugh R., Vol I
Coble, Parks, Vol I
Conlon, Frank Fowler, Vol I
Crabtree, Loren William, Vol I
Culter, Suzanne, Vol III
De Bary, Wm. Theodore, Vol III
Dean, Kenneth, Vol III
Dirks, Nicholas, Vol I
Doak, Kevin M., Vol III
Dulai, Surjit Singh, Vol III
Earhart, Harry Byron, Vol I
Eaton, Richard Maxwell, Vol I
Embree, Ainslie Thomas, Vol I
Endicott-West, Elizabeth, Vol I
Fiala, Robert D., Vol I
Fields, Lanny Bruce, Vol I
Fong, Grace, Vol III
Forbes, Geraldine May, Vol I
Frederick, William Hayward, Vol I
Friedman, Edward, Vol I
Frykenberg, Robert E., Vol I
Gaeffke, Peter, Vol III
Gibson, Todd, Vol III
Gokhale, Balkrishna Govind, Vol I
Goodman, David G., Vol III
Gordon, Leonard Abraham, Vol I
Gupta, Brijen Kishore, Vol I
Haboush, Ja-Hyun Kim, Vol III
Hambly, Gavin Richard Grenville,
  Vol I
Hane, Mikiso, Vol I
Harnetty, P., Vol I
Harris, Ishwar C., Vol IV
Hata, Nadina Ishitani, Vol I
Hauser, William Barry, Vol III
Haynes, Edward S., Vol I
Hill, John, Vol I
Hoji, Hajime, Vol III
Hyer, Paul V., Vol I
Ishimatsu, Ginette, Vol III
Jalal, Ayesha, Vol I
Jordan, Donald A., Vol I
Kagan, Richard C., Vol I
Kennedy, Thomas L., Vol I
Kim, Nam-Kil, Vol I
Klein, Ira N., Vol I
Knipe, David Maclay, Vol I
Kopf, David, Vol I
Lam, Truong Buu, Vol I
LaMarre, Thomas, Vol III
Lariviere, Richard Wilfred, Vol III
Laushey, David Mason, Vol I
Lent, John Anthony, Vol II
Li, Audrey, Vol III
Lockard, Craig Alan, Vol I
Ludwig, Theodore Mark, Vol I
Mackinnon, Stephen Robert, Vol I
Marm, Michael, Vol I
Matisoff, James Alan, Vol III
Merken, Kathleen, Vol III
Moore, George Eagleton, Vol I
Moore, Ray A., Vol I
Nathan, Andrew J., Vol I
Ohnuma, Reiko, Vol I
Onorato, Michael P., Vol I
Orr, Leslie, Vol I
Pachow, Wang, Vol III
Paper, Jordan, Vol I
Pauwels, Heidi, Vol I
Paz, Francis Xavier, Vol I
Polome, Edgar C., Vol III
Refai, Shahid, Vol I
Risso, Patricia, Vol I

Sardesai, Damodar Ramaji, Vol I
Singer, Martin, Vol I
Singer, Wendy F., Vol I
Sivin, Nathan, Vol I
Slawek, Stephen, Vol I
Spellman, John Willard, Vol I
Spencer, George W., Vol I
Stein, Burton, Vol I
Stephan, John Jason, Vol I
Stillman, Norman Arthur, Vol III
Stunkel, Kenneth Reagan, Vol I
Swanger, Eugene R., Vol IV
Swart, Paula, Vol I
Teiser, Stephen F., Vol IV
Teng, Tony, Vol I
Terrill, Ross, Vol I
Thompson, Laurence G., Vol III
Totten, George Oakley, III, Vol I
Tsai, Shih-shan Henry, Vol I
Tuck, Donald Richard, Vol I
Tucker, Richard Philip, Vol I
Walker, Hugh D., Vol I
Waters, Neil L., Vol I
Weinstein, Stanley, Vol III
Wilson, Constance Maralyn, Vol I
Witek, John W., Vol I
Wolters, Oliver William, Vol I
Wyatt, David Kent, Vol I
Yang, Winston L., Vol I
Yates, Robin D.S., Vol III
Yeh, Wen-han, Vol I
Yoon, Won Z., Vol III
Young, Kenneth Ray, Vol I
Yuan, Tsing, Vol I

Asian Languages

Allan, Sarah, Vol III
Birge, Bettine, Vol III
Bofman, Theodora Helene, Vol III
Cheung, Dominic C.N., Vol III
Dorsey, James, Vol III
Glinert, Lewis, Vol III
Han, Mieko, Vol III
Hayden, George A., Vol III
Kim, Nam-Kil, Vol III
Li, Audrey, Vol III
Moayyad, Heshmat, Vol III
Mowry, Hua-yuan Li, Vol III
Shapiro, Michael C., Vol III
Shumway, Eric Brandon, Vol II
Washburn, Dennis, Vol III
Yang, Insun, Vol III

Assyriology

Biggs, Robert Dale, Vol I
Civil, Miguel, Vol I
Cooper, Jerrold Stephen, Vol I
Foster, Benjamin Read, Vol I
Jacobsen, Thorkild, Vol I
Leichty, Erle Verdun, Vol I
Lieberman, Stephen Jacob, Vol I
Owen, David I., Vol I
Reiner, Erica, Vol I
Weisberg, David B., Vol I

Biblical Studies

Allison, Dale C., Jr., Vol IV
Atkins, Robert A., Jr., Vol IV
Barr, David Lawrence, Vol IV
Bechtel, Lyn, Vol IV
Beck, Norman Arthur, Vol IV
Bergant, Dianne, Vol IV
Beyer, Bryan E., Vol IV
Beyer, Bryan E., Vol IV
Blenkinsopp, Joseph, Vol IV
Bloom, John A., Vol IV
Boadt, Lawrence E., Vol IV
Bonneau, Normand, Vol IV
Boraas, Roger Stuart, Vol IV
Borowski, Oded, Vol IV
Branick, Vincent P., Vol IV
Brauch, Manfred T., Vol IV
Brisco, Thomas V., Vol I
Brown, Alexandra, Vol IV
Brown, Kenneth, Vol IV
Brown, William P., Vol IV
Browning, Daniel C., Vol I
Buckley, Thomas W., Vol IV
Bullard, John Moore, Vol IV
Burres, Kenneth Lee, Vol IV
Butler, Trent C., Vol IV
Calloway, Mary Chilton, Vol IV
Calvert-Koyzis, Nancy, Vol IV
Caneday, Ardel B., Vol IV

Carmichael, Calum Macneill, Vol IV
Carroll, John T., Vol IV
Charles, J. Daryl, Vol IV
Clifford, Richard J., Vol IV
Collins, John J., Vol IV
Cook, Stephen L., Vol IV
Croke, Prudence Mary, Vol IV
Cuffey, Kenneth H., Vol I
Custer, John S., Vol IV
Dalman, Rodger, Vol IV
Daube, David, Vol I
Davenport, Gene Looney, Vol IV
Davis, Ellen F., Vol IV
Davis, Ronald E., Vol IV
Day, J. Norfleete, Vol IV
Dearman, John Andrew, Vol IV
Donfried, Karl P., Vol IV
Doron, Pinchas, Vol III
Dutcher-Walls, Patricia, Vol IV
Eakin, Frank Edwin, Vol IV
Economou, Elly Helen, Vol IV
Edelman, Diana, Vol IV
Edwards, James R., Vol IV
Eisenbaum, Pamela, Vol IV
Elkayam, Moshe, Vol IV
Ellington, John, Vol IV
Fager, Jeff, Vol IV
Fairchild, Mark R., Vol IV
Farrell, Hobert K., Vol IV
Fitzmyer, Joseph Augustine, Vol IV
Follis, Elaine R., Vol IV
Fox, Michael, Vol IV
Frerichs, Ernest S., Vol IV
Friedman, Richard Elliott, Vol IV
Frizzell, Lawrence E., Vol IV
Frymer-Kensky, Tikva Simone, Vol IV
Gentry, Peter J., Vol IV
Giblin, Charles Homer, Vol IV
Gillman, Florence Morgan, Vol IV
Gourques, Michel, Vol IV
Greenspahn, Frederick E., Vol IV
Greenspoon, Leonard Jay, Vol IV
Guild, Sonny, Vol IV
Hagner, Donald A., Vol IV
Hamm, Michael Dennis, Vol IV
Happel, Stephen P., Vol IV
Harbin, Michael A., Vol IV
Harlow, Daniel C., Vol IV
Harrington, Daniel Joseph, Vol IV
Harris, John L., Vol IV
Harrisville, Roy A., III, Vol IV
Hauser, Alan J., Vol IV
Hawkins, Ralph K., Vol IV
Helyer, Larry R., Vol IV
Hertig, Paul, Vol IV
Hollenbach, Paul William, Vol IV
Holleran, John Warren, Vol IV
Holm, Tawny, Vol IV
Horsnell, Malcolm J.A., Vol IV
Hull, Michael F., Vol IV
Irwin, William Henery, Vol IV
Jeal, Roy R., Vol IV
Jobes, Karen H., Vol IV
Jobling, David, Vol IV
Jones, Barney Lee, Vol I
Jones, Bruce William, Vol IV
Kaiser, Kevin, Vol IV
Kaiser, Walter C., Jr., Vol I
Kamionkowski, Susan T., Vol IV
Kealy, Sean P., Vol IV
Keay, Robert, Vol IV
Kelly, Balmer Hancock, Vol IV
Kim, Chan-Hie, Vol IV
Kissling, Paul J., Vol IV
Klein, Michael Leon, Vol IV
Kostenberger, Andreas J., Vol IV
Kuntz, J. Kenneth, Vol IV
Laughlin, John C.H., Vol IV
Leschert, Dale, Vol IV
Lillie, Betty Jane, Vol IV
Lind, Millard C., Vol IV
Lodge, John G., Vol IV
Long, Burke O'Connor, Vol IV
Low, Roy, Vol IV
Lundbom, Jack R., Vol IV
Lunde, Jonathan M., Vol IV
MacDonald, Burton, Vol IV
Maczka, Romwald, Vol IV
Madden, Patrick, Vol IV
Maidman, Maynard Paul, Vol I
Malbon, Elizabeth Struthers, Vol I
Marcus, David, Vol IV
Martin, Raymond Albert, Vol IV
Martin, Troy, Vol IV
McDermott, John J., Vol IV
McHatten, Mary Timothy, Vol IV

McNutt, Paula M., Vol IV
McVann, Mark, Vol IV
Meier, John P., Vol IV
Meyer, Ben Franklin, Vol IV
Meyers, Carol L., Vol III
Meyers, Eric Mark, Vol III
Miller, J. Maxwell, Vol IV
Moulder, William J., Vol IV
Murrell, Nathaniel S., Vol IV
Nakhai, Beth Alpert, Vol IV
Newman, Murray L., Jr., Vol IV
Nohrnberg, James Carson, Vol II
Nowell, Irene, Vol IV
Odell, Margaret S., Vol IV
Osburn, Carroll D., Vol IV
Overholt, Thomas William, Vol IV
Pacwa, Mitch, Vol IV
Pagan, Samuel, Vol III
Palmer, Russ, Vol IV
Park, Eung Chun, Vol IV
Pascuzzi, Marie, Vol IV
Penchansky, David, Vol IV
Picirilli, Robert Eugene, Vol IV
Porten, Bezalel, Vol IV
Redditt, Paul L., Vol IV
Rendsburg, G.A., Vol IV
Rhoads, David, Vol IV
Roop, Eugene F., Vol I
Rowland, Rick, Vol I
Sanders, James Alvin, Vol IV
Sarna, Nahum M., Vol IV
Schaub, R. Thomas, Vol IV
Schine, Robert S., Vol III
Schoville, Keith Norman, Vol III
Schultz, Carl, Vol IV
Selvidge, Marla J., Vol IV
Setzer, Claudia, Vol IV
Shearer, Rodney H., Vol IV
Sherwood, Stephen K., Vol IV
Shoemaker, Melvin H., Vol IV
Smith, Steven G., Vol I
Snodgrass, Klyne Ryland, Vol IV
Sparks, Kenton L., Vol IV
Spender, Robert D., Vol IV
Stanley, John E., Vol IV
Starbuck, Scott R., Vol IV
Steussy, Marti J., Vol IV
Strange, James F., Vol IV
Strugnell, John, Vol IV
Stuhlmueller, Carroll, Vol IV
Suggs, Marion Jack, Vol IV
Swartley, Willard M., Vol IV
Tashiro, Paul Y., Vol IV
Taylor, Jon, Vol IV
Thatcher, Tom, Vol IV
Thompson, David L., Vol IV
Tigay, Jeffrey Howard, Vol IV
Trotter, A.H., Jr., Vol IV
Trumbower, Jeffrey A., Vol IV
Tuell, Steven Shawn, Vol IV
Tumpkin, Mary A., Vol IV
Vance, Donald Richard, Vol IV
Vander Kam, James C., Vol IV
Vogels, Walter A., Vol IV
von Dehsen, Christian D., Vol IV
Von Wyrick, Stephen, Vol IV
Vyhmeister, Nancy Jean, Vol IV
Wachsmuth, Wayne R., Vol II
Wagner, Walter Hermann, Vol IV
Walsh, Carey Ellen, Vol IV
Walsh, Jerome T., Vol IV
Watts, James W., Vol IV
Welliver, Kenneth Bruce, Vol IV
Whitacre, Rodney A., Vol IV
White, Hugh, Vol IV
White, Marsha, Vol IV
White Crawford, Sidnie, Vol IV
Williams, William C., Vol IV
Williamson, Lamar, Vol IV
Wilson, Jonatan R., Vol IV
Wilson, Victor M., Vol IV
Wood, Bryant G., Vol III
Yarbrough, O. Larry, Vol IV
Yee, Gale A., Vol IV
York, Anthony Delano, Vol IV
Yun, Samuel, Vol IV
Zvi, Ehud Ben, Vol IV

Bibliography
Billick, David Joseph, Vol III
Cope, Kevin, Vol II
Elliott, Clark Albert, Vol I
Franklin, Ralph William, Vol II
Greetham, David Charles, Vol II
Hart, Darryl Glenn, Vol I
Ingles, Ernie B., Vol IV
Nordloh, David Joseph, Vol II
Parks, Stephen Robert, Vol II

Schrader, Richard James, Vol II
Uffelman, Larry Kent, Vol II

Biological Sciences
Andreasen, Nancy C., Vol IV
Appelbaum, Paul S., Vol IV
Ayala, Francisco J., Vol IV
Beeson, P.B., Vol IV
Bogen, Joseph E., Vol III
Botkin, Daniel B., Vol IV
Chen, John C., Vol IV
Cody, Martin Leonard, Vol I
Cohen, Jonathan Allan, Vol IV
Davis, Robert Paul, Vol I
Feldman, Heidi M., Vol III
Friedland, B., Vol IV
Gencarelli, Thomas F., Vol II
Haffner, Marlene Elisabeth, Vol IV
Hoppman, R.A., Vol IV
Kingsbury, John Merriam, Vol IV
Lowell Maxwell, David, Vol III
McBride, Angela Barron, Vol III
Meinke, William B., Vol IV
Mertens, Thomas R., Vol IV
Miller, Robert David, Vol IV
Neel, James V., Vol IV
Orlans, F. Barbara, Vol IV
Pietsch, Paul Andrew, Vol IV
Piper, Jon Kingsbury, Vol I
Rice Winderl, Ronda, Vol II
Robinson, Daniel N., Vol III
Roca, Robert Paul, Vol IV
Sade, Robert, Vol I
Salisbury, Frank Boyer, Vol IV
Saywell, John T., Vol I
Schubert, E., Vol IV
Slovenko, Ralph, Vol IV
Solbrig, Otto Thomas, Vol I
Stone, David A., Vol IV
Walsh, Roger, Vol IV
Wissler, Robert W., Vol IV
Zallen, Doris T., Vol IV

British History
Abadie, Hubert Dale, Vol I
Adams, Ralph James Quincy, Vol I
Bailey, Victor, Vol I
Baugh, Daniel Albert, Vol I
Baxter, Colin Frank, Vol I
Bohstedt, John Howard, Vol I
Bottigheimer, Karl S., Vol I
Brown, Stewart Jay, Vol I
Buckner, Phillip Alfred, Vol I
Burg, Barry Richard, Vol I
Callahan, Raymond Aloysius, Vol I
Cannadine, David, Vol I
Clark, Anna, Vol I
Cline, Peter Knox, Vol I
Coakley, Thomas M., Vol I
Collins, Jacquelin, Vol I
Condon, Richard Herrick, Vol I
Cosgrove, Richard A., Vol I
Courtemanche, Regis Armand, Vol I
Crosby, Travis L., Vol I
Davis, Thomas Webster, Vol I
Dean, David M., Vol I
Draznin, Yaffa Claire, Vol I
Epstein, James A., Vol I
Fahey, David Michael, Vol I
Fair, John Douglas, Vol I
Fiala, Robert D., Vol I
Fideler, Paul Arthur, Vol I
Francis, Samuel Todd, Vol I
Froide, Amy, Vol I
Glen, Robert Allan, Vol I
Gough, Jerry B., Vol I
Gould, Eliga H., Vol I
Greenberger, Allen Jay, Vol I
Gullace, Nicoletta F., Vol I
Hanft, Sheldon, Vol I
Hayden, Albert A., Vol I
Helly, Dorothy O., Vol I
Hendel, Kurt Karl, Vol I
Herrup, Cynthia, Vol IV
Hirst, Derek M., Vol I
Johnson, Paul B., Vol I
Kennedy, Dane Keith, Vol I
Koerper, Phillip Eldon, Vol I
Kolb, Robert, Vol I
Krey, Gary De, Vol I
Kruppa, Patricia Stallings, Vol I
Lemahieu, Dan Lloyd, Vol I

Leventhal, Fred Marc, Vol I
Loveridge-Sanbonmatsu, Joan, Vol II
Maccaffrey, Wallace T., Vol I
Marsh, Peter T., Vol I
Mendle, Michael J., Vol I
Monheit, Michael L., Vol I
More, Ellen Singer, Vol I
Morris-Hale, Walter, Vol I
Munsell, Floyd Darrell, Vol I
Naylor, John Francis, Vol I
Newman, Gerald Gordon, Vol I
O'Neil, Patrick M., Vol I
Olsen, Gerald Wayne, Vol I
Oppenheim, Janet, Vol I
Palmegiano, Eugenia M., Vol I
Parins, James, Vol II
Parker, Keith Alfred, Vol I
Perry, Charles Richard, Vol I
Peterson, M. Jeanne, Vol I
Platt, Franklin Dewitt, Vol I
Rossi, John P., Vol I
Rynder, Constance, Vol I
Sainsbury, John, Vol I
Savage, David William, Vol I
Schunk, Thom, Vol I
Sharp, Buchanan, Vol I
Shuter, Bill, Vol II
Smith, David Fredrick, Vol I
Spall, Richard, Vol I
Startt, James Dill, Vol I
Streets, Heather, Vol I
Sumida, Jon Tetsuro, Vol I
Syrett, David, Vol I
Tompson, Richard Stevens, Vol I
Turner, Frank Miller, Vol I
Turner, Wes, Vol I
Valenze, Deborah, Vol I
Walker, Pamela J., Vol I
Webb, Ross Allan, Vol I
Weisser, Henry G., Vol I
Wengert, Timothy J., Vol I
Wiener, Joel H., Vol I
Wiener, Martin J., Vol I
Wollman, David Harris, Vol I
Woods, Joseph Michael, Vol I

British Literature
Abel Travis, Molly, Vol II
Adams, Kimberly V., Vol II
Batteiger, Richard P., Vol II
Benis, Toby Ruth, Vol II
Bock, Carol A., Vol II
Booker, M. Keith, Vol II
Boyle, Frank, Vol II
Braendlin, Bonnie Hoover, Vol II
Brailow, David Gregory, Vol II
Brennan, Anne Denise, Vol II
Brockmann, Stephen, Vol II
Brooker, Jewel Spears, Vol II
Brunson, Martha Luan, Vol II
Buckley, William Kermit, Vol II
Butscher, Edward, Vol I
Buttigieg, Joseph A., Vol II
Christian, Barbara T., Vol II
Christianson, Scott, Vol II
Churchill, Robert J., Vol II
Clarke, Bruce Cooper, Vol II
Coakley, Jean Alexander, Vol II
Coburn, William Leon, Vol II
Core, George, Vol II
Crawshaw, William Henry, Vol II
Crump, Gail Bruce, Vol I
Crump, Rebecca, Vol II
Dawson, William, Vol II
DiCenzo, Maria, Vol II
Digby, Joan, Vol II
Doody, Margaret A., Vol II
Draine, Betsy, Vol II
Eddings, Dennis Wayne, Vol II
Elledge, Paul, Vol II
Essick, Robert N., Vol II
Feeney, Joseph John, Vol II
Feldman, Paula R., Vol II
Felton, Sharon, Vol II
Fishburn, Katherine Richards, Vol II
Frazer, June, Vol II
Geherin, David J., Vol II
Gillespie, Diane F., Vol II
Gormely Semeiks, Jonna, Vol II
Grella, George, Vol II
Griffen, John R., Vol II
Grimes, Kyle, Vol II
Grove, James Paul, Vol II
Grover, Dorys Crow, Vol II
Grubgeld, Elizabeth, Vol II
Gutierrez, Donald, Vol II

Habib, M.A. Rafey, Vol II
Hallwas, John Edward, Vol II
Halperin, John, Vol II
Harris, Janice Hubbard, Vol II
Harrison, Gary, Vol II
Hazen, James F., Vol II
Heckendorn Cook, Elizabeth, Vol II
Hermansson, Casie, Vol II
Herzing, Thomas Wayne, Vol II
Hill, Linda Marie, Vol II
Hill-Miller, Katherine Cecelia, Vol II
Hinkel, Howard, Vol II
Hutchings, William, Vol II
Hyde, Virginia M., Vol II
Jacobs, Edward, Vol II
Jobe, Steve, Vol II
Johnson, Jeffrey, Vol II
Johnston, Georgia, Vol II
Jones, Ellen, Vol II
Jones, Mary E., Vol II
Keep, Christopher J., Vol II
Kemp, Theresa D., Vol II
Kowalczyk, Richard L., Vol II
Kuist, James Marquis, Vol II
Kunth, Deborah J., Vol II
Kurata, Marilyn J., Vol II
Lanier, Parks, Vol II
Larson, David Mitchell, Vol II
Latta, Kimberly, Vol II
Lee, David, Vol II
Lenard, Mary, Vol II
Loesberg, Jonathan, Vol II
Logan, Deborah, Vol II
Lutz, William, Vol II
Machann, Clinton John, Vol II
Mack, Robert, Vol II
Mackethan, Lucinda Hardwick, Vol II
Maitzen, Rohan Amanda, Vol II
Marks, Patricia, Vol II
Martin, Timothy, Vol II
Martinez, Nancy Conrad, Vol II
Mayer, Robert, Vol II
McCarthy, William Paul, Vol II
McCracken Fletcher, LuAnn, Vol II
Mckinley, James Courtright, Vol II
Meeker, Michael W., Vol II
Moore, John David, Vol II
Morris, Francis J., Vol II
Mourao, Manuela, Vol II
Murphy, Russell E., Vol II
Nardo, Anna, Vol II
Neufeldt, Victor A., Vol II
Nixon, Rob, Vol III
Orr, Leonard, Vol II
Ottenhoff, John, Vol II
Patey, Douglas L., Vol II
Raisor, Philip, Vol II
Richardson, Stephanie A., Vol II
Roman, Camille, Vol II
Rosenberg, Beth C., Vol II
Rosenthal, Michael, Vol II
Rosowski, Susan Jean, Vol II
Ryan, Robert M., Vol II
Samson, Donald, Vol II
Schneider, Karen, Vol II
Schneller, Beverly, Vol II
Schoenfield, Mark, Vol II
Schor, Esther, Vol II
Secreast, Donald, Vol II
Sellery, J'nan Morse, Vol II
Selmon, Michael, Vol II
Shearon, Forrest Bedford, Vol II
Sicker, Philip, Vol II
Siegel, Carol, Vol II
Skarbarnicki, Anne, Vol II
Skarda, Patricia Lyn, Vol II
Smith, Dave, Vol II
Smith, Duane, Vol II
Smith, Rowland, Vol II
Staley, Thomas F., Vol II
Stinson, John Jerome, Vol II
Story, Kenneth Ervin, Vol II
Straub, Kristina, Vol II
Sweet, Nan, Vol II
Swiontkowski, Gale, Vol II
Tanner, William Edward, Vol II
Tiessen, Paul, Vol II
Tobin, Daniel, Vol II
Umland, Rebecca A., Vol II
Vander May, Randall J., Vol II
Viator, Timothy, Vol II
Vitto, Cindy, Vol II
Wachtel, Albert, Vol I
Walker, Cheryl, Vol II
Walker, David, Vol II

Discipline Index

Wallen, Martin, Vol II
Walton, James H., Vol II
Watson, Jean Louise, Vol II
Wawrzycka, Jolanta, Vol II
Weinstein, Mark A., Vol II
Wess, Robert, Vol II
White, Roberta, Vol II
Willbanks, Ray, Vol II
Williams, Trevor Lloyd, Vol II
Wilson, Norma Clark, Vol II
Wilson, Rebecca A., Vol II
Witemeyer, Hugh, Vol II
Wollaeger, Mark A., Vol II
Wood, Gerald Carl, Vol II
Woodward, Carolyn, Vol II
Yerkes, David, Vol I
Zimmerman, Evertett, Vol II

Canadian History

Aponiuk, Natalia, Vol I
Armstrong, Pat, Vol I
Babcock, Robert Harper, Vol I
Bentley, D. M. R., Vol II
Bercuson, David Jay, Vol I
Boudreau, Joseph A., Vol I
Brown, Robert Craig, Vol I
Buckner, Phillip Alfred, Vol I
Bumsted, John M., Vol I
Burkinshaw, Robert K., Vol I
Colombo, John R., Vol I
Comacchio, Cynthia, Vol I
Cristi, Renato, Vol I
Cross, Michael Sean, Vol I
Diubaldo, Richard J., Vol I
Dorsey, Kurk, Vol I
Drummond, Ian Macdonald, Vol I
Dyer, Klay, Vol II
Elliott, B.S., Vol I
Fingard, Judith, Vol I
Foss, Brian, Vol I
Frank, David, Vol I
Godfrey, William Gerald, Vol I
Grant, Shelagh D., Vol I
Hare, John Ellis, Vol I
Harris, Stephen John, Vol I
Hodgins, Bruce W, Vol I
Holsinger, M. Paul, Vol I
Iacovetta, Franca, Vol I
Johnson, Arthur L., Vol I
Little, John Irvine, Vol I
Lorimer, Douglas, Vol I
Maillet, Marguerite, Vol I
McDowall, Duncan L., Vol I
Metcalfe, William Craig, Vol I
Morton, Desmond D.P., Vol I
Neary, Peter F., Vol I
Neatby, H. Blair, Vol I
Neuman, Shirley C., Vol II
Nish, Cameron, Vol I
Page, James E., Vol I
Patrias, Carmela, Vol I
Porsild, Charlene, Vol I
Sauer, Angelika, Vol III
Smith, Denis, Vol I
Stanley, Della M.M., Vol I
Stursberg, Peter, Vol I
Swainson, Donald, Vol I
Trudel, Marcel, Vol I
Turner, Wes, Vol I
Weaver, John Charles, Vol I
Zeller, Suzanne, Vol I

Canadian Literature

Blodgett, Edward Dickinson, Vol II
Brind'Amour, Lucie, Vol II
Cotnam, Jacques, Vol III
Davey, Frank W., Vol II
Dean, Misao A., Vol II
Dopp, James A., Vol II
Godard, Barbara J., Vol II
Haines, Victor Yelverton, Vol II
Hare, John Ellis, Vol I
Jewinski, Edwin, Vol II
Jones, Douglas Gordon, Vol II
Kamboureli, Smaro, Vol II
Marsh, James H., Vol II
Merler, Grazia, Vol III
Neufeld, James Edward, Vol II
New, William H., Vol II
Smith, Nelson C., Vol I
Vautier, Marie, Vol III
Vincent, Thomas Brewer, Vol II

Chinese History

Barnett, Suzanne Wilson, Vol I
Bays, Daniel Henry, Vol I
Bilsky, Lester James, Vol I
Brooks, E. Bruce, Vol I
Buck, David D., Vol I
Cheng-chi Hsu, Ginger, Vol I
Ching, Julia, Vol IV
Chu, Pao-Chin, Vol I
Clardy, Jesse V., Vol I
Cohen, Alvin Philip, Vol III
Cohen, Paul Andrew, Vol I
Dardess, John Wolfe, Vol I
Dietrich, Craig, Vol III
Dirlik, Arif, Vol I
Eber, Irene, Vol I
Elman, B.A., Vol I
Endicott-West, Elizabeth, Vol I
Esherick, Joseph Wharton, Vol I
Gardella, Robert Paul, Vol I
Gordon, Leonard H.D., Vol I
Hatch, George, Vol I
Henderson, John B., Vol IV
Henry, Eric Putnam, Vol III
Hsu, Cho-yun, Vol I
Huang, Ray, Vol I
Kai-Wing, Chow, Vol III
Kaplan, Edward Harold, Vol III
Keightley, David Noel, Vol I
Kennedy, Thomas L., Vol I
Kwok, D.W.Y., Vol I
Lee, Ta-ling, Vol III
Leung, Kai-Cheong, Vol III
Lin, Yu-sheng, Vol I
Lufrano, Richard, Vol I
Mackinnon, Stephen Robert, Vol I
Major, John Stephen, Vol III
Metzger, Thomas Albert, Vol I
Mungello, David Emil, Vol I
Naquin, Susan, Vol I
Olenik, John Kenneth, Vol I
Peterson, Willard James, Vol I
Pulleyblank, Edwin George, Vol III
Rawski, Evelyn Sakakida, Vol I
Schneider, Laurence, Vol I
Schoppa, Robert Keith, Vol I
Sinclair, Michael Loy, Vol I
Spence, Jonathan Dermot, Vol I
Stranahan, Patricia, Vol I
Sutton, Donald Sinclair, Vol I
Tao, Tien-Yi, Vol I
Thompson, Laurence G., Vol III
Tillman, Hoyt Cleveland, Vol I
Tsin, Michael, Vol I
Wakeman, Frederic Evans, Jr., Vol I
Wang, Q. Edward, Vol I
Zelin, Madeleine, Vol I

Chinese Language

Berninghausen, John, Vol III
Chang, Cecilia, Vol III
Chen, Jingsong, Vol III
Chen, Lilly, Vol III
Defrancis, John, Vol III
Dolezvelova-Velingerova, Milena, Vol III
Gao, Q., Vol III
Houng, Caroline C., Vol III
Hsieh, Hsin-I, Vol III
Kaplan, Edward Harold, Vol III
Kubler, Cornelius C., Vol III
Leung, Kai-Cheong, Vol III
Lo, Chin-Tang, Vol III
Mair, Victor H., Vol III
Moran, Thomas Moran, Vol III
Pulleyblank, Edwin George, Vol III
Ross, Claudia, Vol III
Silber, Cathy L., Vol III
Tomayko, James Edward, Vol III
Yang, Peter Jianhua, Vol III
Yu, Clara, Vol III

Chinese Literature

Chen, Jingsong, Vol III
Dolezvelova-Velingerova, Milena, Vol III
Faurot, Jeannette L., Vol III
Fuller, M.A., Vol III
Hanan, Patrick Dewes, Vol III
Hartman, C., Vol III
Hegel, Robert Earl, Vol III
Henry, Eric Putnam, Vol III
Kroll, Paul William, Vol III
Mair, Victor H., Vol III
Qian, Nanxiu, Vol III
Sargent, Stuart H., Vol III
Williams, Philip F.C., Vol III
Wong, Timothy C., Vol III
Wu, Pei-Yi, Vol III
Yu, Anthony C., Vol IV

Christian Ethics

Cook, E. David, Vol IV
Davis, John Jefferson, Vol IV
Genovesi, Vincent Joseph, Vol IV
Geyer, Alan, Vol IV
Giblin, Marie J., Vol IV
Gushee, David P., Vol IV
Harned, David B., Vol IV
Howell, John C., Vol IV
Hutter, Reinhard, Vol IV
Isasi-Diaz, Ada Maria, Vol IV
Jones, L. Gregory, Vol IV
Jung, Patricia Beattie, Vol IV
Malloy, Edward A., Vol IV
McIntyre, Moni, Vol IV
Mitchell, C. Ben, Vol IV
Mount, Eric, Jr., Vol II
Palmer, Russ, Vol IV
Parrent, Allan Mitchell, Vol IV
Sedgwick, Timothy F., Vol IV
Spohn, William C., Vol IV
Stackhouse, Max Lynn, Vol IV
Stenger, Robert Leo, Vol IV
Townes, Emilie M., Vol IV
Verhey, Allen Dale, Vol IV
Walter, James Joseph, Vol IV
Webber, George Williams, Vol IV
Willis, Robert E., Vol IV
Wood, John A., Vol IV

Church History

Albin, Thomas R., Vol I
Attridge, Harold William, Vol IV
Babcock, William Summer, Vol I
Bacchiocchi, Samuele, Vol IV
Barbour, Hugh, Vol I
Barker, William Shirmer, II, Vol I
Beale, David Otis, Vol I
Brackenridge, Robert Douglas, Vol I
Brauer, Jerald, Vol I
Breckenridge, James, Vol I
Brown, Scott Kent, Vol I
Bull, Robert Jehu, Vol IV
Burkett, Delbert Royce, Vol IV
Byrnes, Joseph Francis, Vol I
Callahan, Daniel Francis, Vol I
Campbell, Ted A., Vol I
Carroll, Warren Hasty, Vol I
Cecire, Robert C., Vol I
Chausse, Gilles, Vol IV
Cheatham, Carl W., Vol I
Chesnutt, Randall D., Vol IV
Christensen, Michael, Vol IV
Clader, Linda, Vol I
Cook, William Robert, Vol I
Cowan, Richard O., Vol I
Coyle, J. Kevin, Vol I
Daley, Brian Edward, Vol I
Davis, Daniel Clair, Vol I
Delaney, David K., Vol I
Deleeuw, Patricia Allwin, Vol IV
Desmond, Lawrence Arthur, Vol I
DiPasquale, Theresa M., Vol II
Durnbaugh, Donald F., Vol IV
Echols, James Kenneth, Vol I
Edwards, Douglas R., Vol IV
Elliott, Susan Elli, Vol IV
Eno, Robert Bryan, Vol IV
Evans, John Whitney, Vol I
Farmer, Craig S., Vol I
Farrell, Frank, Vol I
Finn, Thomas M., Vol I
Flowers, Ronald Bruce, Vol IV
Forde, Gerhard Olaf, Vol I
Frankforter, Albertus Daniel, Vol I
Frost, Jerry William, Vol I
Garrison, Roman, Vol I
Gorman, Michael J., Vol IV
Gorrell, Donald Kenneth, Vol I
Gratz, Delbert L., Vol I
Guinan, Michael Damon, Vol I
Gustafson, David, Vol I
Hackett, David H., Vol I
Harned, David B., Vol IV
Hart, Darryl Glenn, Vol I
Hayes, Alan L., Vol IV
Healey, Robert Mathieu, Vol IV
Hinson, E. Glenn, Vol I
Hoffecker, W. Andrew, Vol I
Hoffman, Daniel, Vol I
Honeycutt, Dwight A., Vol I
Huber, Donald L., Vol I
Hughes, Kevin L., Vol I
Hughes, Richard T., Vol IV
Irwin, Joyce Louise, Vol I
Isenberg, Sheldon Robert, Vol I
James, Frank, Vol I
Jones, Barney Lee, Vol I
Kardong, Terrence G., Vol IV
Kaufmann, Frank, Vol I
Kern, Gilbert Richard, Vol IV
Kessler, Ann Verona, Vol IV
Kessler, S. Ann, Vol I
Kevern, John, Vol I
Kinghorn, Kenneth Cain, Vol I
Kittelson, James, Vol I
Koss, David Henry, Vol I
Krey, Philip D.W., Vol I
Krodel, Gottfried G., Vol I
Kurz, William Stephen, Vol IV
Lamirande, Emilien, Vol I
Leyerle, Blake, Vol I
Lindberg, Carter Harry, Vol IV
Linder, Robert Dean, Vol I
Logan, Samuel Talbot, Jr., Vol I
Lotz, David Walter, Vol I
Lowe, Eugene Y., Jr., Vol IV
Lumpp, Randolph, Vol IV
Lyman, J. Rebecca, Vol I
Lynch, Joseph Howard, Vol I
Lyons, Robin R., Vol IV
MacDonald, Burton, Vol I
Machado, Daisy L., Vol IV
Machaffie, Barbara J., Vol IV
Manning, Christel, Vol I
Marsden, G.M., Vol I
Massanari, Ronald Lee, Vol I
Matter, Edith Ann, Vol I
McBeth, Harry Leon, Vol I
McClelland, William Lester, Vol I
McGinn, Bernard John, Vol I
Meade, Denis, Vol IV
Mercadante, Linda A., Vol IV
Minnich, Nelson H., Vol I
Mitchell, Alan C., Vol IV
Morrison, Karl Frederick, Vol I
Mulder, John Mark, Vol I
Murphy, Francis Joseph, Vol I
Murzaku, Ines A., Vol I
Nash, Robert N., Jr., Vol I
Nelson, James David, Vol I
Nestingen, James A., Vol I
Neufeld, Dietmar, Vol IV
Nichol, Todd W., Vol I
Nickelsburg, George William Elmer, Vol IV
Noll, Mark Allan, Vol I
Osborn, Ronald Edwin, Vol I
Page, Patricia, Vol IV
Palmer, Russ, Vol IV
Pearson, Samuel C., Vol I
Petuchowski, Jakob Josef, Vol IV
Pierard, Richard Victor, Vol I
Pinzino, Jane M., Vol IV
Pipkin, Harry Wayne, Vol I
Pitts, Bill, Vol IV
Pointer, Steven R., Vol I
Prichard, Robert W., Vol IV
Prosser, Peter E., Vol I
Quere, Ralph Walter, Vol I
Rader, Rosemary, Vol I
Reher, Margaret Mary, Vol I
Reilly, Bernard F, Vol I
Richey, Russell Earle, Vol I
Rinderle, Walter, Vol I
Rosell, Garth M., Vol I
Sachs, William L., Vol I
Scalise, Charles J., Vol I
Schiefen, Richard John, Vol I
Schmidt, William John, Vol I
Shaw, Susan J., Vol IV
Smylie, James Hutchinson, Vol I
Snyder, Lee Daniel, Vol I
Stackhouse, John G., Jr., Vol IV
Stafford, William Sutherland, Vol I
Steinmetz, David Curtis, Vol I
Stoeffler, Fred Ernest, Vol IV
Stowers, Stanley Kent, Vol I
Strohl, Jane E., Vol I
Strong, Douglas M., Vol I
Sundberg, Walter, Vol I
Synan, Vinson, Vol I
Tabbernee, William, Vol I
Timbie, Janet Ann, Vol I
Tobin, Thomas Herbert, Vol IV
Tredway, John Thomas, Vol IV
Tucker, William E., Vol IV
Vaughn, Barry, Vol I
Volz, Carl, Vol I
Volz, Carl A., Vol I
Wagner, Walter Hermann, Vol IV
Walters, Gwenfair, Vol I
Warren, Ann Kosser, Vol I
Watson, D. F., Vol IV
Wells, David Falconer, Vol IV
West, Delno C., Vol I
White, John L., Vol IV
Wills, Gregory A., Vol I
Wilson, John Elbert, Vol I
Wintle, Thomas, Vol I
Wright, John Robert, Vol IV
Yarbrough, O. Larry, Vol IV
Zeman, Jarold K., Vol I
Zinn, Grover A., Vol I
Zuck, Lowell H., Vol I

Classical Archaeology

Ajootian, Aileen, Vol I
Bass, George Fletcher, Vol I
Benson, Jack Leonard, Vol I
Betancourt, Philip Paul, Vol I
Brisco, Thomas V., Vol I
Burrell, Barbara, Vol I
Carpenter, T.H., Vol I
Carter, Jane B., Vol I
Carter, Joseph Coleman, Vol I
Cheal, Catheryn Leda, Vol I
Depuma, Richard Daniel, Vol I
Dwyer, Eugene Joseph, Vol I
Edlund-Berry, Ingrid E.M., Vol I
Ferrari Pinney, Gloria, Vol I
Gebhard, Elizabeth Replogle, Vol I
Greenewalt, Crawford Hallock, Vol I
Haggis, Donald, Vol I
Harris-Cline, Diane, Vol I
Hedreen, Guy, Vol I
Holloway, Robert Ross, Vol I
Kaiser, Walter C., Jr., Vol I
Kuniholm, Peter Ian, Vol I
Lattimore, Steven, Vol I
Mellink, Machteld Johanna, Vol I
Miles, Margaret M., Vol I
Miller, Stephen G., Vol I
Oakley, John H., Vol I
Oleson, John P., Vol I
Overbeck, John Clarence, Vol I
Pedley, John Griffiths, Vol I
Pullen, Daniel J., Vol I
Purefoy Morris, Sarah, Vol I
Ramage, Nancy Hirschland, Vol I
Richardson, Lawrence Jr, Vol I
Shapiro, H. Alan, Vol I
Shaw, Joseph Winterbotham, Vol I
Sidebotham, Steven Edward, Vol I
Symeonoglou, Sarantis, Vol I
Waldbaum, Jane C., Vol I
White, Donald, Vol I

Classical Languages

Ambrose, Z. Philip, Vol I
Anderson, Michael John, Vol I
Andronica, John Louis, Vol I
Bacon, Helen Hazard, Vol I
Belfiore, Elizabeth Stafford, Vol I
Bender, Todd K., Vol II
Berlin, Netta, Vol I
Bliss, Francis Royster, Vol I
Bradley, Keith Richard, Vol I
Bunge, Wilfred F., Vol IV
Byre, Calvin S., Vol I
Clark, John Richard, Vol I
Corbeill, Anthony, Vol I
Cuppo Csaki, Luciana, Vol I
Davison, Jean Margaret, Vol I
Dee, James Howard, Vol I
DeHoratius, Edmund F., Vol I
Dickerson, Gregory Weimer, Vol I
Edgeworth, Robert J., Vol I
Emeneau, Murray Barnson, Vol III
Erickson, Daniele Nathan, Vol I
Erickson, Gerald M., Vol I
Evans, Roger S., Vol I
Farber, Jay Joel, Vol I
Farthing, John L., Vol IV
Flory, Stewart Gilman, Vol I
Frakes, Jerold C., Vol III
Freis, Catherine R., Vol I
Freis, Richard, Vol I
Gagliardi, Frank M., Vol I
George, Edward V., Vol I
Gershenson, Daniel Enoch, Vol I
Guentner, Frances J., Vol I

Hahm, David Edgar, Vol I
Halporn, James Werner, Vol I
Halton, Thomas, Vol I
Hamilton, John Daniel Burgoyne, Vol I
Hansen, Wells S., Vol I
Johnston, Patricia Ann, Vol I
Katz, Marilyn A., Vol I
Klein, Anne, Vol IV
Kopff, Edward Christian, Vol I
Kovacs, Paul David, Vol I
Krabbe, Judith, Vol I
Kurth, William Charles, Vol I
Lavery, Gerard B., Vol I
Levine, Daniel Blank, Vol I
Lidov, Joel, Vol I
Lowenstam, Steven, Vol I
March, Wallace Eugene, Vol IV
Marshall, Peter K., Vol I
Martin, Richard Peter, Vol I
McCulloh, William Ezra, Vol I
McKnight, Edgar Vernon, Vol IV
Ming Lee, Hugh, Vol I
Mitchell, Douglas, Vol III
Most, Glenn Warren, Vol III
Moysey, Robert Allen, Vol I
Olivia, Leonora, Vol I
Pearce, James, Vol I
Peradotto, John Joseph, Vol I
Philippides, Marios, Vol I
Poduska, Donald Miles, Vol I
Prince, Susan H., Vol I
Redfield, James M., Vol I
Rigsby, Kent Jefferson, Vol I
Rinkevich, Thomas E., Vol I
Ronnick, Michele Valerie, Vol I
Ruebel, James, Vol I
Scanlon, Thomas Francis, Vol I
Schaub, Marilyn McNamara, Vol IV
Schierling, Stephen P., Vol I
Schlatter, Fredric William, Vol I
Shea, George W., Vol I
Sheets, George Archibald, Vol I
Starr, Raymond James, Vol I
Strater, Henry A., Vol II
Sullivan, Denis, Vol I
Sullivan, Shirley Darcus, Vol I
Tate, Paul Dean, Vol IV
Traill, David Angus, Vol I
Traupman, John Charles, Vol I
Tucker, Robert Askew, Vol I
Turner, James Hilton, Vol I
Warga, Richard G., Jr., Vol I
Wayman, Alex, Vol III
Wicker, Kathleen O'Brien, Vol IV
Wolfe, Ethyle Renee, Vol I
Ziolkowski, John Edmund, Vol I

Classical Literature
Athanassakis, Apostolos N., Vol I
Bacon, Helen Hazard, Vol I
Bartsch, Shadi, Vol I
Berlin, Netta, Vol I
Bowman, L.M., Vol I
Boyle, Frank, Vol II
Brewer, Daniel, Vol II
Byre, Calvin S., Vol I
Carrubba, Robert W., Vol I
Clarke, William M., Vol I
Corbeill, Anthony, Vol I
Culham, Phyllis, Vol I
Dee, James Howard, Vol I
Dessen, Cynthia Sheldon, Vol I
Dickerson, Gregory Weimer, Vol I
Doherty, Lillian E., Vol I
Dunn, F.M., Vol I
Eden, Kathy, Vol I
Edgeworth, Robert J., Vol I
Evans, Harry B., Vol I
Falkner, Thomas M., Vol I
Farber, Jay Joel, Vol I
Fitch, J.G., Vol I
Fletcher, Judith, Vol I
Freis, Catherine R., Vol I
Freis, Richard, Vol I
Gamal, Adel Sulaiman, Vol I
Gellrich, Michelle, Vol I
Glenn, Justin Matthews, Vol I
Gossy, Mary S., Vol II
Hahn, Thomas, Vol I
Halperin, David M., Vol I
Hamilton, Richard, Vol I
Hammond, Mason, Vol I
Hansen, Wells S., Vol I
Haydar, Adnan, Vol III
Holmberg, I.E., Vol I

Hooley, Daniel M., Vol I
Jacobson, Howard, Vol I
Kaster, Robert A., Vol I
Kovacs, Paul David, Vol I
Krabbe, Judith, Vol I
Lardinois, Andre P.M.H., Vol I
Levine, Daniel, Vol I
Levine, Daniel Blank, Vol I
Lidov, Joel, Vol I
Lombardo, Stanley, Vol I
May, James M., Vol I
Mcshea, William Patrick, Vol I
Nagler, Michael Nicholas, Vol I
Nordling, John G., Vol I
North, Helen Florence, Vol I
O'Hara, James J., Vol I
Olivia, Leonora, Vol I
Pearce, James, Vol I
Peradotto, John Joseph, Vol I
Poe, Joe Park, Vol I
Redfield, James M., Vol I
Reece, Steve, Vol I
Renehan, Robert, Vol I
Rinkevich, Thomas E., Vol I
Romm, James S., Vol I
Rose, Gilbert Paul, Vol I
Ruck, Carl Anton Paul, Vol I
Saylor, Charles F., Vol I
Schenker, David J., Vol I
Schierling, Stephen P., Vol I
Schmeling, Gareth Lon, Vol I
Sebesta, Judith Lynn, Vol I
Shields, John Charles, Vol III
Sider, David, Vol I
Slagle, Judith Baily, Vol I
Stadter, Philip Austin, Vol I
Sthele, Eva, Vol I
Tahara, Mildred Machiko, Vol III
Thompson, Cynthia L., Vol I
Witke, E.C., Vol I
Wlater, Otis M., Vol I
Wolfe, Ethyle Renee, Vol I
Womack, Morris M., Vol I
Zeitlin, Froma I., Vol I

Classical Philology
Bergren, Ann L.T., Vol I
Cameron, Alan, Vol I
Chambers, Mortimer Hardin, Vol I
Clader, Linda, Vol I
Clayman, Dee Lesser, Vol I
Coffta, David J., Vol I
D'Arms, John H., Vol I
Dickie, Matthew Wallace, Vol I
Dressler, Hermigild, Vol I
Gaisser, Julia Haig, Vol I
Greenberg, Nathan Abraham, Vol I
Hallett, Judith P., Vol I
Heiden, Bruce A., Vol I
Jenkins, Fred W., Vol I
Jones, Nicholas Francis, Vol I
Kirkwood, Gordon Macdonald, Vol I
Knox, Bernard MacGregor Walker, Vol I
Koenen, Ludwig, Vol I
Lang, Mabel Louise, Vol I
Mastronarde, Donald John, Vol I
McDonough, Christopher Michael, Vol I
Mchugh, Michael P., Vol I
Mourelatos, Alexander Phoebus Dionysiou, Vol IV
Newman, John Kevin, Vol I
Nisetich, Frank, Vol I
Ostwald, Martin, Vol I
Pascal, Cecil Bennett, Vol I
Phillips, Joanne Higgins, Vol I
Pollitt, Jerome J., Vol I
Pomeroy, Sarah B., Vol I
Rosivach, Vincent John, Vol I
Ross, Marilyn A., Vol I
Silverberg, Joann C., Vol I
Slatkin, Laura M., Vol I
Steele, Marta N., Vol I
Stevenson, Walt, Vol I
Suits, Thomas Allan, Vol I
Suttpn, Dana F., Vol I
Tandy, David, Vol I
Threatte, Leslie Lee, Vol I
White, Peter, Vol I
Willis, William Hailey, Vol I
Wooley, Allan D., Vol I
Wray, David L., Vol I

Classical Studies
Achtenberg, Deborah, Vol I
Adkin, Neil, Vol I
Adkins, Arthur William Hope, Vol I
Ahrensdorf, Peter J., Vol I
Anderson, Greg, Vol I
Anderson, James C., Jr., Vol I
Anderson, William Scovil, Vol I
Ando, Clifford, Vol I
Arieti, James Alexander, Vol I
Asmis, Elizabeth, Vol I
Ault, Bradley A., Vol I
Austin, J. Norman, Vol I
Avery, Harry Costas, Vol I
Avotins, Ivars, Vol I
Babcock, Robert, Vol I
Bagnall, Roger Shaler, Vol I
Bailly, Jacques A., Vol I
Ball, Robert J., Vol I
Bannon, Cynthia J., Vol I
Barnes, Timothy David, Vol I
Baron, James, Vol I
Barrett, Anthony Arthur, Vol I
Beck, Roger L., Vol I
Benardete, Seth Gabriel, Vol I
Benario, Herbert W., Vol I
Bender, Henry V., Vol I
Bers, Victor, Vol I
Berthold, George Charles, Vol IV
Bertman, Stephen, Vol I
Bett, Richard, Vol I
Blank, David L., Vol I
Blessington, Francis Charles, Vol II
Bliquez, Lawrence J., Vol I
Bloomer, W. Martin, Vol I
Boatwright, Mary T., Vol I
Bodel, John, Vol I
Boegehold, Alan, Vol I
Bolchazy, Ladislaus J., Vol I
Bowersock, Glen Warren, Vol I
Bowsky, Martha Welborn, Vol I
Boyd, Barbara Weiden, Vol I
Bradley, James R., Vol I
Bradley, James Robert, Vol I
Brenk, Frederick Eugene, Vol I
Brennan, Mary Alethea, Vol I
Briggs, Ward W., Vol I
Bright, David F., Vol I
Broughton, Thomas Robert Shannon, Vol I
Brown, Eric, Vol IV
Browning Cole, Eve, Vol I
Buck, Robert J., Vol I
Burgess, Jonathan, Vol I
Burnett, Anne Pippin, Vol I
Burton, Joan, Vol I
Cahill, Jane, Vol I
Calder, William M., Vol I
Campbell, David A., Vol I
Cape, Robert W., Vol I
Carrubba, Robert W., Vol I
Carter, Joseph Coleman, Vol I
Castellani, Victor, Vol I
Catto, Bonnie, Vol I
Chamberlin, John, Vol II
Christ, Matthew R., Vol I
Christensen, Kerry A., Vol I
Clack, Jerry, Vol I
Clark, Raymond John, Vol I
Clark Kroeger, Catherine, Vol I
Clarke, William M., Vol I
Clayton, Tom, Vol II
Clinton, Kevin, Vol I
Collins, Derek B., Vol III
Conacher, Desmond J., Vol I
Connolly, Joy P.T., Vol I
Connor, Carolyn, Vol I
Connor, Walter Robert, Vol I
Conwell, David, Vol I
Cook, Erwin, Vol I
Cooper, Craig, Vol I
Corrigan, Kevin, Vol IV
Countryman, L. Wm, Vol I
Courtney, Edward, Vol I
Craig, Christopher P., Vol I
Cramer, Owen Carver, Vol I
Cribiore, Raffaela, Vol I
Cummins, W. Joseph, Vol IV
Curran, Leo C., Vol I
Custer, John S., Vol IV
Dalzell, Alexander, Vol I
Daube, David, Vol I
Daugherty, Gregory Neil, Vol I
Davis, Gregson, Vol I
Davis, Jack L., Vol I
Davisson, Mary H.T., Vol I
Deagon, Ann Fleming, Vol I

Detmer, Hellena R., Vol I
Dick, Bernard F., Vol I
Dickison, Sheila Kathryn, Vol I
Dik, Helma, Vol I
Dilts, Mervin R., Vol I
Dimaio, Michael, Vol I
Doenges, Norman Arthur, Vol I
Donahue, John F., Vol I
Donlan, Walter, Vol I
Drummond, Richard Henry, Vol I
Dyck, Andrew R., Vol I
Dyson, Steven L., Vol I
Edmunds, Lowell, Vol I
Edwards, Don R., Vol I
Egan, Rory Bernard, Vol I
Eldred, Katherine O., Vol I
Elliott, Thomas G., Vol I
Ellsworth, James Dennis, Vol I
Engberg, Norma J., Vol II
Engel, David M., Vol I
Engels, Donald W., Vol I
Estevez, Victor A., Vol I
Evans, Dale Wilt, Vol IV
Evans, James A.S., Vol I
Evans-Grubbs, Judith, Vol I
Fant, J. Clayton, Vol I
Fantham, Elaine, Vol I
Faraone, Christopher, Vol I
Farrow, J.G., Vol I
Fears, J. Rufus, Vol I
Feldherr, Andrew, Vol I
Feldman, Louis H., Vol I
Ferrin Sutton, Dana, Vol I
Finn, Margaret R., Vol I
Fishwick, Duncan, Vol I
Flory, Marleen Boudreau, Vol I
Floyd, Edwin Douglas, Vol I
Fogel, Jerise, Vol I
Ford, Andrew, Vol I
Fornara, Charles William, Vol I
Forsyth, Phyllis, Vol I
Fortenbaugh, William Wall, Vol I
Franklin, James L., Jr., Vol I
Fredricksmeyer, Ernst A., Vol I
Freiert, William K., Vol I
Frier, Bruce Woodward, Vol I
Frischer, Bernard, Vol I
Froehlich, Charles Donald, Vol IV
Fukuyama, Francis, Vol I
Fuqua, Charles, Vol I
Fuqua, Charles J., Vol I
Gagarin, Michael, Vol I
Gaichas, Lawrence Edward, Vol I
Galinsky, Karl, Vol I
Garrison, Daniel, Vol I
Garrison, David H., Vol I
Garton, Charles, Vol I
Genovese, Edgar Nicholas, Vol I
Gerber, Douglas E., Vol I
Gesell, Geraldine C., Vol I
Gill, Mary Louise, Vol I
Gillis, Daniel J., Vol I
Gleason, Maude, Vol I
Glowacki, Kevin T., Vol I
Godfrey, Aaron W., Vol I
Goff, Barbara E., Vol I
Goins, Scott, Vol I
Gold, Barbara K., Vol I
Goldberg, Sander M., Vol I
Golden, Leon, Vol I
Golden, Mark, Vol I
Graham, A. John, Vol I
Grant, John Neilson, Vol I
Gregg, Robert C., Vol I
Gregory, Justina Winston, Vol I
Groton, Anne H., Vol I
Gurval, Robert Alan, Vol I
Gutzwiller, Kathryn, Vol I
Hahn, Francis V. Hickson, Vol I
Hall, Jonathan M., Vol I
Hamilton, John Daniel Burgoyne, Vol I
Hansen, William F., Vol I
Harmon, Daniel P., Vol I
Hartigan, Karelisa V., Vol I
Haynes, Holly, Vol I
Held, Dirk, Vol I
Helm, James Joel, Vol I
Helzle, Martin, Vol I
Henderson, Jeffrey, Vol I
Herbenick, Raymond M., Vol I
Herren, Michael W., Vol I
Hess, William Huie, Vol I
Higgins, William E., Vol I
Holliday, Vivian Loyrea, Vol I
Hornsby, Roger Allen, Vol I
Houston, George W., Vol I
Hubbard, Thomas K., Vol I
Huffman, Carl A., Vol I

Hunt, John M., Jr., Vol I
Hunt, Patrick, Vol I
Hutton, William E., Vol I
Hyers, M. Conrad, Vol III
Irwin, Eleanor, Vol I
Jackson, Jacqueline Dougan, Vol II
Jameson, Michael H., Vol I
Johnson, W. Ralph, Vol I
Jones, Christopher P., Vol I
Jones, Ward, Vol I
Jordan, Borimir, Vol I
Joyce, Jane W., Vol I
Kaimowitz, Jeffrey H., Vol I
Katz, Phyllis, Vol I
Keaney, John J., Vol I
Keenan, J.G., Vol I
Kellum, Barbara, Vol I
Kelly, David H., Vol I
Kennedy, George A., Vol I
Kilpatrick, Ross S., Vol I
King, Ben L., Vol I
Kirby, John T., Vol I
Kitchell, Kenneth F., Vol I
Knapp, Robert Carlyle, Vol I
Konstan, David, Vol I
Kraabel, Alf Thomas, Vol IV
Kraus, Matthew A., Vol I
Krevans, Nita, Vol III
Kustus, George L., Vol I
L'Allier, Louis, Vol I
LaFleur, Richard Allen, Vol I
Lalonde, Gerald Vincent, Vol I
Lardinois, Andre P.M.H., Vol I
Laroche, Roland Arthur, Vol I
Lateiner, Donald, Vol I
Latousek, Rob, Vol I
Lattimore, Steven, Vol I
Lawall, Gilbert Westcott, Vol I
Leach, Eleanor W., Vol I
Leahy, David G., Vol I
Lee, Hugh Ming, Vol I
Lee, M. Owen, Vol I
Lefkowitz, Mary Rosenthal, Vol I
Leinieks, Valdis, Vol I
Leitao, David, Vol I
LeMoine, Fannie J., Vol I
Lenz, John Richard, Vol I
Levin, Donald Norman, Vol I
Levin, Saul, Vol I
Lewis, Martha Hoffman, Vol I
Linderski, Jerzy, Vol I
Lindheim, Sara H., Vol I
Littman, Robert J., Vol I
Lockhart, Philip N., Vol I
Long, Anthony Arthur, Vol I
Long, Timothy, Vol I
Losada, Luis Antonio, Vol I
Lowrie, Michele, Vol I
Lyons, Declan P., Vol I
Macchiarulo, Louis, Vol I
MacCoull, Leslie, Vol I
Mace, Sarah, Vol I
Mack, Sara, Vol I
Mackie, Hilary S., Vol I
Mahoney, John Francis, Vol II
Major, Wilfred E., Vol I
Malamud, Martha A., Vol I
Malandra, William, Vol I
Malsbary, Gerald Henry, Vol I
Mamoojee, Abdool-Hack, Vol I
Manning, Joseph G., Vol I
Martin, Janet Marion, Vol I
Mason, H.J., Vol I
Mathisen, Ralph Whitney, Vol I
Matthews, John F., Vol I
Matthews, Victor J., Vol I
Maxmin, Jody, Vol I
Mayerson, Philip, Vol I
McCaffrey, Daniel, Vol I
McCall, Marsh H., Jr., Vol I
McCarren, Vincent Paul, Vol I
McClure, Laura Kathleen, Vol I
McDonough, C.J., Vol I
McGuire, Donald T., Jr., Vol I
McKay, Alexander G., Vol I
McKeown, James C., Vol I
McNamee, Kathleen, Vol I
Mele, Alfred R., Vol I
Mellor, Ronald, Vol I
Meritt, Lucy, Vol I
Metcalf, William E., Vol I
Michelini, Ann Norris, Vol I
Miles, Gary B., Vol I
Milham, Mary Ella, Vol I
Miller, Andrew M., Vol I
Miller, D. Gary, Vol I
Miller, John F., Vol I
Monoson, S. Sara, Vol I

Morgan, Kathryn A., Vol I
Morris, Ian, Vol I
Morrison, James V., Vol I
Mosshammer, Alden Adams, Vol I
Motto, Anna Lydia, Vol I
Mueller, Martin, Vol I
Murgia, Charles Edward, Vol I
Nagle, Betty Rose, Vol I
Nagy, Gregory John, Vol I
Naiditch, P.G., Vol I
Nappa, Christopher, Vol I
Natunewicz, Mary Ann T., Vol I
Nethercut, William Robert, Vol I
Newmyer, Stephen Thomas, Vol I
Nichols, Mary P., Vol I
Nicholson, John H., Vol I
Nicholson, Nigel, Vol I
Nightengale, Andrea Wilson, Vol I
Nishimura-Jensen, Julie M., Vol I
Nordling, John G., Vol I
Nugent, Pauline, Vol I
O'Conell, Robert J., Vol I
O'Connor, Eugene, Vol I
O'Donnell, James Joseph, Vol I
O'Neill, Kerill, Vol I
Ormand, Kirk, Vol I
Owens, William M., Vol I
Packer, James, Vol I
Padilla, Mark, Vol I
Paley, Samuel M., Vol I
Palma, Ronald B., Vol I
Parker, Holt, Vol I
Parker, Richard W., Vol I
Parsons, Jed, Vol I
Pascal, Paul, Vol I
Paul, George Mackay, Vol I
Pazdernik, Charles, Vol I
Peirce, Sarah, Vol I
Pendergraft, Mary L.B., Vol I
Penella, Robert Joseph, Vol I
Penniston, Joyce K., Vol I
Perdicoyianai-Paleologou, Helene, Vol I
Peters, Francis Edward, Vol I
Phillips, Jane Ellen, Vol I
Planeaux, Christopher, Vol IV
Podlecki, Anthony Joseph, Vol I
Pohlsander, Hans Achim, Vol I
Porter, David H., Vol I
Pothecary, Sarah, Vol I
Powell, Barry, Vol I
Pownall, Frances Skoczylas, Vol I
Pratt, L., Vol I
Pucci, Pietro, Vol I
Purinton, Jeffrey S., Vol I
Putnam, Michael C.J., Vol I
Raaflaub, Kurt A., Vol I
Race, William H., Vol I
Rainey, Penelope, Vol I
Ramsey, John T., Vol I
Rauabitschek, Antony E., Vol I
Reginald, Allen, Vol I
Rehm, Maurice, Vol I
Reid, Peter L.D., Vol I
Reilly, Linda, Vol I
Relihan, Joel C., Vol I
Resinski, Rebecca, Vol I
Reusher, Jay, Vol I
Rexine, John Efstratios, Vol I
Reydams-Schils, Gretchen, Vol I
Richardson, Donald, Vol I
Richlin, Amy, Vol I
Roberts, Michael, Vol I
Roisman, Hanna M., Vol I
Roller, Matthew B., Vol I
Romer, F.E., Vol I
Ronnick, Michele Valerie, Vol I
Rose, Peter Wires, Vol I
Rothwell, Kenneth S., Vol I
Rouman, John Christ, Vol I
Rubincam, Catherine I., Vol I
Ruggiero Freis, Catherine, Vol I
Russo, Joseph Anthony, Vol I
Rutledge, Harry Carraci, Vol I
Rutledge, Steven H., Vol I
Rutter, Jeremy B., Vol I
Saffire, Paula Reiner, Vol I
Sage, Michael, Vol I
Sale, Mary, Vol IV
Sanders, Lionel, Vol I
Sansone, David, Vol I
Scanlan, Richard T., Vol I
Schachter, Albert, Vol I
Schaeffer, Peter Moritz-Friedrich, Vol III
Schlam, Carl C., Vol I
Scott, William Clyde, Vol I
Scullion, Scott, Vol I
Scully, Stephen P., Vol I
Seavy, William, Vol I
Shaw, Michael, Vol I
Shelmerdine, Cynthia Wright, Vol I
Shelmerdine, Susan C., Vol I
Sheridan, Jennifer A., Vol I
Sherk, Robert K., Vol I
Sherry, Lee F., Vol I
Shey, Howard James, Vol I
Sick, David, Vol I
Sider, Robert Dick, Vol I
Sieber, John Harold, Vol IV
Simpson, Michael, Vol I
Simpson, Peter L.P., Vol I
Skelnar, Robert John, Vol I
Smart, Ninian, Vol IV
Smethurst, Mae J., Vol I
Smith, David Richard, Vol I
Smith, Diane E., Vol I
Smith, Peter Lawson, Vol I
Smith, Rebekah M., Vol I
Sonkowsky, Robert Paul, Vol I
Sorum, Christina Elliott, Vol I
Spaeth, Barbette S., Vol I
Springer, Carl P. E., Vol I
Staley, Gregory A., Vol I
Stephens, Susan A., Vol I
Stevens, John A., Vol I
Strauss Clay, Jenny, Vol I
Stroker, William Dettwiller, Vol IV
Stroud, Ronald Sidney, Vol I
Sussman, Lewis Arthur, Vol I
Sutherland, Elizabeth H., Vol I
Suttpn, Dana F., Vol I
Swanson, Roy Arthur, Vol I
Swift, Louis Joseph, Vol I
Syed, Jasmin, Vol I
Taran, Leonardo, Vol I
Tarkow, Theodore A., Vol I
Tarrant, Richard John, Vol I
Taylor, Daniel Jennings, Vol I
Tebben, Joseph Richard, Vol I
Thomas, Jean D'Amato, Vol I
Toher, Mark, Vol I
Toumazou, Michael K., Vol I
Treadgold, Warren, Vol I
Treggiari, Susan M., Vol I
Ulery, Robert, Vol I
Van Steen, Gonda Aline Hector, Vol I
Vandiver, Elizabeth, Vol I
Vine, Brent, Vol I
Wacholder, Ben Zion, Vol II
Walbank, Michael Burke, Vol I
Walker, Andrew David, Vol I
Wallace, Robert, Vol I
Wallach, Luitpold, Vol I
Watson, Alan, Vol I
Webb, Ruth H., Vol I
Weber, Clifford Whitbeck, Vol I
Weigel, Richard David, Vol I
Weiner, Neal O., Vol IV
Weiss, Michael L., Vol I
Wells, Colin, Vol I
Welsh, Michael Edward, Vol I
Wesselschmidt, Quentin F., Vol IV
West, Grace Starry, Vol I
West, William C., III, Vol I
Whaley, Lindsay, Vol III
Wigodsky, Michael M., Vol I
Wildberg, Christian, Vol I
Wiley, Raymond A., Vol III
Wilkie, Nancy C., Vol I
Wilkins, Ann Thomas, Vol I
Williams, Gareth D., Vol I
Williams, John Howard, Vol III
Wills, Jeffrey, Vol I
Wiltshire, Susan Ford, Vol I
Winkler, Martin M., Vol I
Winter, Thomas Nelson, Vol I
Wiseman, James Richard, Vol I
Woloch, George Michael, Vol I
Wolverton, Robert E., Vol I
Wooten, Cecil W., Vol I
Worthen, Thomas De Voe, Vol I
Wu, Joseph Sen, Vol IV
Wyatt, William F., Vol I
Yardley, J.C., Vol I
Young, David Charles, Vol I
Zirin, Ronald A., Vol I

Communications

Abelman, Robert, Vol II
Adams, Katherine L., Vol III
Adams, Michael F., Vol II
Adams, Tyrone L., Vol II
Adelman, Mara, Vol II
Afifi, Walid A., Vol III
Alexander, Dennis C., Vol II
Allen, Brenda J., Vol II
Allen, Chris, Vol II
Allen, Craig Mitchell, Vol II
Allen, Myria, Vol II
Allen, Ronald J., Vol IV
Allman, William Arthur, Vol II
Amason, Patricia, Vol III
Amato, Philip P., Vol II
Anderson, Carolyn M., Vol II
Anderson, Floyd D., Vol II
Andria, Marco, Vol II
Aoki, Eric, Vol II
Arliss, Laurie, Vol II
Arneson, Pat, Vol III
Arnett, Ronald C., Vol II
Arthur, Gwen, Vol II
Atkin, David J., Vol II
Aufderheide, Patricia, Vol II
Auter, Philip J., Vol II
Avram, Wesley D., Vol II
Babcock, William, Vol II
Bahk, C.M., Vol II
Baker, C. Edwin, Vol IV
Baker, Tracey, Vol II
Bakker, Jan, Vol II
Baldwin, John R., Vol II
Balsamo, Anne, Vol II
Banet-Weiser, Sarah, Vol II
Bar, Francois, Vol II
Barber, Margaret, Vol II
Barbour, Alton Bradford, Vol II
Barbuor, Alton, Vol II
Bareiss, Warren J., Vol II
Barge, J. Kevin, Vol II
Barlow, William, Vol I
Barnes, Sue, Vol II
Barnum, Carol, Vol II
Barr, Jeanine R., Vol II
Barret, Harold, Vol II
Bartow, Charles L., Vol II
Barushok, James William, Vol II
Bates, Benjamin J., Vol II
Bauer, Otto Frank, Vol II
Baxter-Moore, Nick, Vol II
Bayless, Ovid Lyndal, Vol II
Beale, Walter Henry, Vol II
Beasley, Vanessa B., Vol II
Beatty, Michael, Vol III
Beene, LynnDianne, Vol II
Bekendorf, Ray R., Vol II
Bell, Kimberly, Vol II
Bender, Carol, Vol II
Beniger, James R., Vol II
Benoit, William L., Vol II
Benremouga, Karima, Vol II
Bensman, Marvin Robert, Vol II
Benson, Richard Lee, Vol II
Benson, Thomas W., Vol II
Berg, David M., Vol II
Berger, Arthur A., Vol II
Bergmann, Linda S., Vol II
Bergstrom, Mark, Vol II
Berkman, Leonard, Vol II
Bertelsen, Dale A., Vol II
Bethel, Elizabeth Rauh, Vol II
Biesecker, Barbara, Vol II
Black, Edwin, Vol II
Black, Lendley C., Vol II
Blackwood, Roy E., Vol II
Blanchard, Robert O., Vol II
Blatt, Stephen J., Vol III
Bloom, Melanie, Vol II
Blythe, Stuart, Vol II
Bochin, Hal William, Vol II
Bolz, Barbara J., Vol II
Borden, Sandra L., Vol II
Borer, Hagit, Vol III
Bormann, Dennis Robert, Vol III
Bostdorff, Denise M., Vol II
Botan, Carl H., Vol II
Bradford, Clinton W., Vol II
Bradley, Doris P., Vol II
Brady, Robert M., Vol III
Braithwaite, Dawn O., Vol II
Bredin, Marian, Vol II
Breen, Marcus, Vol II
Breen, Myles P., Vol II
Breitrose, Henry S., Vol II
Brennen, Bonnie, Vol IV
Broadhead, Glenn J., Vol II
Brock, James W., Vol II
Brommel, Bernard, Vol II
Brooks, Dwight E., Vol II
Brown, Dan, Vol II
Brown, Lady, Vol II
Brown, Robert E., Vol II
Browne, Donald R., Vol II
Bruder, Kurt A., Vol II
Bruner, M. Lane, Vol II
Bruning, Stephen D., Vol II
Buchanan, Raymond W., Vol II
Buerkel-Rothfuss, Nancy, Vol II
Burgchardt, Carl, Vol II
Burks, Don M., Vol II
Burleson, Brant R., Vol III
Burnett, Ann K., Vol II
Busby, Rudolph E., Vol II
Buzzard, Karen S., Vol II
Byers, Lori, Vol II
Cai, Deborah A., Vol II
Campbell, Lee, Vol II
Cannon, Keith, Vol II
Cantrill, James G., Vol II
Cappella, Joseph N., Vol II
Capps, Randall, Vol II
Cargile, Aaron C., Vol II
Carlson, Harry Gilbert, Vol II
Carmichael, Carl W., Vol III
Carter, Locke, Vol II
Cartwright, Marguerite Dorsey, Vol II
Casaregola, Vincent, Vol II
Casey, Michael W., Vol II
Casmir, Fred L., Vol II
Catano, James, Vol II
Catt, Stephen E., Vol II
Ceccarelli, Leah M., Vol II
Cegala, Donald Joseph, Vol II
Chaffee, Steven H., Vol II
Chamberlin, John, Vol II
Chandler, Daniel Ross, Vol II
Chang, Briankle G., Vol II
Chang, Tsan-Kuo, Vol II
Chapman, David W., Vol II
Chapman, Virginia, Vol II
Chen, Ni, Vol II
Chen, Shih-Shin, Vol II
Chermak, Gail D., Vol III
Chesebro, James W., Vol II
Chikage, Imai, Vol II
Christ, William G., Vol II
Christensen, John E., Vol I
Christians, Clifford G., Vol II
Clair, Robin P., Vol II
Clark, Bertha Smith, Vol II
Claussen, Ernest Neal, Vol II
Cloud, Dana L., Vol II
Clowers, Marsha L., Vol II
Coad Dyer, Sam, Vol II
Coburn, William Leon, Vol II
Coelho, Carl, Vol III
Colbourn, Frank E., Vol II
Cole, Mike, Vol II
Coleman, Edwin Leon, II, Vol II
Coleman, Robin R., Vol II
Collins, Vicki, Vol I
Comfort, Juanita R., Vol II
Comor, Edward, Vol II
Comstock, George Adolphe, Vol II
Conrad, Charles R., Vol III
Cook, Susan L., Vol III
Cooks, Leda M., Vol II
Cooper, Virginia W., Vol II
Corgan, Verna C., Vol II
Courtright, John A., Vol III
Cox, E. Sam, Vol II
Crabtree, Robin D., Vol II
Craig, J. Robert, Vol II
Craig, Robert T., Vol II
Crane, Jon, Vol II
Cronn-Mills, Daniel, Vol II
Crowley, David, Vol II
Crume, Alice L., Vol II
Curtin, Michael, Vol II
d'Hemecourt, Jules, Vol II
Daddario, Gina, Vol II
Dailey, Joseph, Vol II
Daley, Guilbert Alfred, Vol II
Daniels, LeAnne, Vol II
Darsey, James, Vol II
Dates, Jannette Lake, Vol II
Dause, Charles A., Vol II
Davis, Janet, Vol II
Davis, Jed H., Vol II
Davis, Johnetta Garner, Vol II
Davis, Katie Campbell, Vol II
Davis, Kenneth G., Vol IV
Davis, Susan, Vol II
de Grazia, Edward, Vol IV
De Ortego Y Gasca, Felipe, Vol II
Dearin, Ray Dean, Vol II
Decker, Philip H., Vol II
Dee, Juliet L., Vol II
Deetz, Stanley A., Vol II
Dell, Chad E., Vol II
Demers, Francois, Vol II
Derry, James, Vol II
Derryberry, Bob R., Vol II
Derryberry, Box R., Vol II
Desbarats, Peter, Vol II
Detenber, Benjamin H., Vol II
Dick, Donald, Vol II
Dick, Robert C., Vol II
Dicken Garcia, Hazel F., Vol II
Dickinson, Loren, Vol II
Dicks, Vivian I., Vol II
Dionisopoulos, George N., Vol II
Dixon, Lynda D., Vol II
Doerfel, Marya L., Vol II
Dooley, Patricia, Vol II
Dorgan, Howard, Vol II
Dorland, Michael, Vol II
Dornan, Christopher, Vol II
Dorsey, Leroy, Vol II
Doyle, Esther M., Vol II
Doyle, Kenneth, Vol II
Dragga, Sam A., Vol II
Drew, Shirley K., Vol II
Dunaway, David King, Vol II
Dunne, Joseph Fallon, Vol II
Durham, Ken R., Vol IV
Dutton, William H., Vol II
Dykeman, Therese B., Vol II
Eadie, William F., Vol II
Ede, Lisa, Vol II
Edelman, Diane Penneys, Vol IV
Edgerton, Gary R., Vol II
Edwards, Clark, Vol II
Edwards, Emily D., Vol II
Edwards, Janis, Vol II
Elkins, Michael R., Vol II
Ellis, Donald, Vol II
Elwood, William N., Vol III
Engestrom, Yrjo, Vol II
England, Michael Timothy, Vol II
Esposito, Steven, Vol II
Ewald, Helen Rothschild, Vol II
Faber, Ronald, Vol II
Faller, Greg, Vol II
Fallon, Richard Gordon, Vol II
Fang, Irving E., Vol II
Farber, Carole, Vol II
Farrar, Ronald, Vol II
Fearn-Banks, Kathleen, Vol II
Feinstein, Herbert Charles Verschleisser, Vol II
Ferguson, Sherilyn, Vol II
Fernandes, James, Vol II
Ferre, John P., Vol II
Filemyr, Ann, Vol II
Fine, Marlene G., Vol II
Fink, Edward L., Vol II
Fiordo, Richard A., Vol II
Fisher, Walter R., Vol II
Fisherkeller, JoEllen, Vol II
Fletcher, Alan D., Vol II
Fletcher, Winona Lee, Vol II
Flippen, Charles, Vol II
Fraleigh, Douglas, Vol II
Frank, David A., Vol II
Franks, J. Richard, Vol III
Frazier, Leta J., Vol II
Freeman, Joanna Mae, Vol II
Freimuth, Vicki S., Vol II
Frentz, Thomas S., Vol II
Friedenberg, Robert Victor, Vol II
Friedrich, Gustav William, Vol II
Fry, Katherine G., Vol II
Fulk, Janet, Vol II
Fulkerson, Raymond Gerald, Vol II
Gaines, Elliot I., Vol II
Gaines, Robert N., Vol IV
Gaines, Robert N., Vol II
Garay, Mary Sue, Vol II
Garay, Ronald, Vol II
Gastil, John Webster, Vol II
Gaunt, Philip, Vol I
Gayeski, Diane M., Vol II
Geist, Patricia, Vol II
Gershon, Robert, Vol II
Gibson, Melissa K., Vol II
Gibson, Stephanie, Vol II
Gilbert, Harvey R., Vol III
Gill, Ann, Vol II
Gillmor, Donald M., Vol II
Giuliano, Michael J., Vol II
Glaser, Hollis F., Vol II
Glasser, Theodore L., Vol II
Goering, Elizabeth, Vol II
Gold, Ellen Reid, Vol II
Goldzwig, Steven R., Vol II
Goodall, H. L. (Bud), Jr., Vol II
Goodnight, G. Thomas, Vol II
Gourd, William, Vol II

Grant, August E., Vol II
Gravlee, Jack, Vol II
Greaves, Gail-Ann, Vol II
Green, Lawrence Donald, Vol II
Green, Lon C., Vol II
Greene, John O., Vol II
Griffin, Cindy, Vol II
Griffin, Claudius Williams, Vol II
Griffin, Michael S., Vol II
Groch, John R., Vol II
Gross, Daniel D., Vol II
Grossberg, Lawrence, Vol II
Gruner, Charles R., Vol II
Guitar, Barry, Vol III
Gunzerath, David, Vol I
Gurak, Laura J., Vol II
Hackman, Michael, Vol II
Hahn, Laura K., Vol II
Haimes Korn, Kim, Vol II
Hall, Dennis R., Vol II
Hallin, Daniel C., Vol II
Halloran, Stephen Michael, Vol II
Hamilton, Mark A., Vol II
Hamilton, Peter K., Vol II
Hammer, Mitchell R., Vol II
Hammerback, John C., Vol II
Hanke, Robert, Vol II
Hanson, Colan T., Vol II
Hariman, Robert, Vol II
Harms, Paul W.F., Vol II
Harpine, William, Vol II
Harpold, Terry, Vol II
Harrienger, Myrna J., Vol II
Harris, Gil W., Vol II
Harris, Thomas E., Vol II
Harrison, Randall Paul, Vol II
Hart, Joy L., Vol II
Hart, Roderick P., Vol II
Hartouni, Valerie, Vol II
Haslett, Betty J., Vol II
Hassencahl, Frances J., Vol II
Hast, M.H., Vol III
Hauser, Gerard A., Vol II
Haven, Richard P., Vol II
Hawes, William K., Vol II
Hawkins, Kate, Vol II
Hawkinson, Kenneth S., Vol II
Hawthorne, Lucia Shelia, Vol II
Hazel, Harry Charles, Vol II
Hendrix, Jerry, Vol II
Hennessy, Michael, Vol II
Hensley, Carl Wayne, Vol II
Herndon, Sandra L., Vol II
Herzberg, Bruce, Vol II
Hesselgrave, David J., Vol II
Heuett, Brian L., Vol II
Hickson, Mark, Vol II
Higgins, Mary Anne, Vol II
Hill, L. Brooks, Vol II
Hill Duin, Ann, Vol II
Hilliard, Jerry, Vol II
Hilt, Michael, Vol II
Hines, Randy, Vol II
Hirokawa, Randy Y., Vol II
Hoefel, Roseanne, Vol II
Hogan, J. Michael, Vol II
Holley, Sandra Cavanaugh, Vol II
Hollstein, Milton C., Vol II
Holmes, David, Vol II
Holmes, Michael E., Vol II
Honeycutt, James M., Vol III
Horwitz, Robert, Vol II
Hostetler, Michael J., Vol II
Huang, Shaorong, Vol II
Hudson, Robert Vernon, Vol I
Huesca, Robert, Vol II
Huffman, John L., Vol II
Hufman, Melody J., Vol II
Hughes, Diana L., Vol II
Hughes, Robert G., Vol II
Humphries, Tom, Vol II
Hunt, Steven B., Vol II
Hurst Williams, Suzanne, Vol II
Huttenstine, Marian L., Vol II
Huxman, Susan S., Vol II
Hynes, Thomas J., Jr., Vol II
Iacobucci, Christine, Vol II
Inslee, Forrest, Vol II
Iorio, Sharon, Vol II
Irons, Glenwood H., Vol II
Irvine, Carolyn Lenette, Vol II
Irvine, James Richard, Vol II
Isang, S. Akpan, Vol II
Jacka, Elizabeth, Vol II
Jackson, Gordon, Vol II
Jackson, James Harvey, Vol II
Jackson, Kathy Merlock, Vol II
Jackson, Michele, Vol II
Jackson, Miles Merrill, Vol II

Jacobi, Martin, Vol II
Jacobson, Thomas L., Vol II
Jandt, Fred E., Vol II
Jeffres, Leo, Vol II
Jensen, J. Vernon, Vol II
Jensen, Robert W., Vol II
Joch Robinson, Gertrude, Vol II
Johannesen, Richard Lee, Vol II
Johansen, Bruce Elliott, Vol I
Johndan, Johnson-Eilola, Vol I
Johnson, Lucille Marguerite, Vol II
Johnson, Wendy Dasler, Vol I
Johnson-Sheehan, Richard, Vol II
Jones, Michael Owen, Vol I
Jones, Robin A., Vol II
Jones, Stanley E., Vol II
Jung, Donald J., Vol II
Junker, Kirk W., Vol IV
Kailing, Joel, Vol II
Kalbfleisch, Pamela J., Vol II
Kane, Peter, Vol II
Karre, Idahlynn, Vol II
Kauffman, Bette J., Vol II
Kauffman, Janet, Vol III
Kay, James F., Vol II
Keaten, James A., Vol II
Keehner, Mary, Vol II
Keel, Vernon, Vol IV
Keller, Dale, Vol II
Kellett, Pete, Vol II
Kelley, Samuel L., Vol II
Kelly, Rebecca, Vol II
Kemp, Fred O., Vol II
Kendall, Kathleen E., Vol II
Kern-Foxworth, Marilyn L., Vol II
Keshishian, Flora, Vol II
Ketrow, Sandra M., Vol II
Key, Wilson B., Vol II
Keyssar, Helene, Vol II
Khatib, Syed Malik, Vol II
Kim, Soon Jin, Vol II
King, Paul E., Vol II
Kirkwood, William, Vol II
Kizer, Elizabeth J., Vol II
Klenotic, Jeffrey F., Vol II
Kline, John A., Vol II
Klumpp, James F., Vol II
Koch, Christian Herbert, Vol II
Kogler Hill, Susan E., Vol II
Kolko, Beth E., Vol II
Konick, Steve, Vol II
Kopfman, Jenifer E., Vol II
Koptak, Paul E., Vol II
Korwar, Arati, Vol IV
Kotler, Philip, Vol I
Kovarik, Bill, Vol II
Kozikowski, Stanley John, Vol II
Kramer, Michael W., Vol II
Kraus, Sidney, Vol II
Kreps, Gary L., Vol II
Kruckeberg, Dean A., Vol II
Kurpius, David, Vol II
Kuypers, Jim A., Vol II
Labuz, Ronald, Vol II
Laffoon, Elizabeth Anne, Vol II
Lain, Laurence B., Vol II
Lammers Gross, Nancy, Vol II
Langellier, Kristin M., Vol II
Langley, Stephen G., Vol II
Laubenthal, Penne J., Vol II
Lauer, Janice M, Vol II
Lauzen, Martha M., Vol II
Lavasseur, David G., Vol II
Lawrence, Kathleen, Vol II
Lawrence, Samuel G., Vol II
Lawson, Darren P., Vol II
Lay, Mary M., Vol II
Leach, Jim, Vol II
LeBaron, Curtis D., Vol II
Leche, Emma Jean, Vol II
Lee, Chuan, Vol II
Lee, Jae-Won, Vol II
Lee, Ronald E., Vol II
Leeman, Richard W., Vol II
Leets, Laura, Vol II
Lenard, Mary, Vol II
Lent, John Anthony, Vol II
Lessl, Thomas M., Vol III
Leuthold, Steven M., Vol II
Lev, Peter, Vol II
Levin, Charles, Vol II
Levitti, Steven R., Vol II
Lewis, Todd Vernon, Vol II
Liles, Betty Z., Vol III
Lin, Carolyn, Vol II
Linder, Laura R., Vol II
Lindsay, Stan A., Vol II
Ling, Chen, Vol II

Lipschultz, Jeremy Harris, Vol II
Lisby, Gregory C., Vol II
Liu, Yameng, Vol II
Loeffler, Donald Lee, Vol II
Lomas, Ronald Leroy, Vol II
Loney, Glenn Meredith, Vol II
Loveridge-Sanbonmatsu, Joan, Vol II
Lowell Maxwell, David, Vol III
Lowry, David, Vol II
Lu, Xing L., Vol II
Lucas, Stephen E., Vol II
Lumsden, Linda, Vol II
Lunsford, Andrea Abernethy, Vol II
Lustig, Myron W., Vol III
Lutz, William, Vol II
Lytal, Billy D., Vol II
Macauley, Beth, Vol III
Mackay, Carol Hanbery, Vol II
Madden, Deidre, Vol II
Madden, Kate, Vol II
Madison, Charles L., Vol III
Malek, Abbas, Vol II
Manchel, Frank, Vol II
Manuel, Sharon Y., Vol III
Many, Paul, Vol II
Marlane, Judith, Vol II
Marron, Maria B., Vol II
Marrus, Francine E., Vol II
Marshall, Alicia A., Vol II
Martin, Donald R., Vol II
Martin, Wanda, Vol II
Martinez, Jacqueline M., Vol IV
Matabane, Paula W., Vol II
Matheny, David Leon, Vol II
Matlon, Ronald, Vol III
Matthews, Jack, Vol II
Mattingly, Carol, Vol I
Mayo, Charles M., Vol II
Mcallister, Matthew P., Vol II
McCaleb, Joseph L., Vol II
McCauley, Rebecca J., Vol III
McDaniel, Judith M., Vol II
McDonald, Kelly M., Vol II
McDonald, Verlaine, Vol II
McDowell, Earl E., Vol II
McElreath, Mark, Vol II
McGlone, Edward L., Vol II
McGuire, Peter, Vol II
McIntosh, Anne, Vol II
McIntyre, Jerilyn S., Vol I
McKeen, William, Vol I
Mcleod, Alan L., Vol II
Mcleod, Douglas M., Vol II
McLeod, Susan, Vol II
McMullen, Wayne J., Vol II
McPhail, Mark L., Vol II
McPhail, Thomas Lawrence, Vol II
Meadows, Michael, Vol II
Means, James, Vol IV
Medhurst, Martin J., Vol II
Merriam, Allen H., Vol II
Metzger, David, Vol II
Meyer, John C., Vol II
Meyers, Marian J., Vol II
Mickelson, Sig, Vol II
Mikelonis-Paraskov, Victoria M., Vol II
Miller, Carolyn R., Vol II
Miller, Katherine I., Vol II
Miller, Vernon D., Vol II
Mohsen, Raed, Vol III
Montagnes, Ian, Vol II
Mooney, Jack, Vol II
Moore, Patrick, Vol II
Morris, Paul, Vol II
Mosco, Vincent, Vol II
Moulthrop, Stuart, Vol II
Mowlana, Hamid, Vol II
Mukerji, Chandra, Vol II
Mullen, Lawrence J., Vol II
Mumby, Dennis K., Vol II
Murdick, William, Vol II
Murphy, Patrick D., Vol II
Murray, Catherine A., Vol II
Murray, Michael D., Vol II
Myers, Linda, Vol II
Nakadate, Neil Edward, Vol II
Nass, Clifford I., Vol II
Natalle, Elizabeth, Vol III
Neff, Joyce, Vol II
Neiva, Eduardo, Vol II
Nelson, David C., Vol II
Nelson, Richard Alan, Vol II
Nemeth, Neil, Vol II
Nerone, John, Vol II
Neuendorf, Kimberly A., Vol II

Newman, Robert P., Vol II
Newsom, Douglas Ann, Vol II
Nice, J.A., Vol II
Niedzwiecki, Charissa K., Vol II
Nielsen, Michael, Vol II
Niles, Lyndrey Arnaud, Vol II
Nordquist, Richard, Vol II
North, Helen Florence, Vol I
O'Donnell, Mabry Miller, Vol II
O'Donnell, Victoria, Vol II
O'Neill, Megan, Vol II
Ogles, Robert M., Vol III
Ohlhauser, Jon B., Vol II
Olbricht, Thomas H., Vol II
Oliver, Mary Beth, Vol III
Oravec, Christine, Vol II
Orlik, Peter B., Vol II
Oseguera, Anthony, Vol II
Oster, Judith, Vol III
Ostermeier, Terry H., Vol II
Ott, Brian L., Vol II
Ottenhoff, John, Vol II
Padden, Carol, Vol II
Paddon, Anna R., Vol II
Palmer, William, Vol II
Palmerton, Patricia R., Vol III
Park-Fuller, Linda M., Vol II
Parks, Sheri L., Vol II
Parry-Giles, Trevor, Vol II
Patterson, Celia, Vol II
Patterson, Ward L., Vol II
Pavitt, Charles, Vol II
Payne, J. Gregory, Vol II
Pearson, Judy C., Vol II
Pease, Ted, Vol II
Peirce, Kate L., Vol II
Pendell, Sue, Vol II
Perlmutter, David, Vol II
Perloff, Richard M., Vol II
Perse, Elizabeth M., Vol II
Peterson, Eric E., Vol II
Peterson, Tarla Rai, Vol II
Petraglia-Bahri, Joseph, Vol II
Petress, Kenneth C., Vol II
Petruzzi, Anthony, Vol II
Pettey, Gary R., Vol II
Pfaff, Daniel W., Vol II
Pfau, Michael, Vol II
Pfeiffer, Sandy W., Vol II
Phelps, Teresa Godwin, Vol IV
Phillips, Denny, Vol II
Phillips, Kendall R., Vol II
Phillips, Robert, Vol II
Philpott, Jeffrey S., Vol II
Picklesimer, Dorman, Vol II
Picot, Jocelyne, Vol II
Pinedo, Isabel, Vol II
Poole, Marshall Scott, Vol II
Post, Robert M., Vol II
Powers, John H., Vol II
Preston, Joan M., Vol II
Price, David C., Vol II
Proehl, Geoffrey, Vol II
Putnam, Linda L., Vol II
Radford, Gary P., Vol II
Rafael, Vicente, Vol II
Ragsdale, J. Donald, Vol II
Rahman, Shafiqur, Vol II
Rainey, Kenneth T., Vol II
Rajagopal, Arvind, Vol I
Ralston, Steven, Vol II
Ramesh, Clospeth N., Vol III
Ramp, Steven W., Vol II
Ranta, Richard R., Vol II
Rao, Nagesh, Vol II
Rao, Sandhya, Vol II
Raskin, Jonah, Vol II
Ratliff, Gerald Lee, Vol II
Rawlins, William K., Vol II
Ray, Eileen Berlin, Vol II
Ray, Georgr B., Vol II
Real, Michael, Vol II
Reece, Debra J., Vol II
Reed, Bill, Vol II
Reeder, Heidi M., Vol III
Reeves, Byron, Vol II
Reich, Robert D., Vol II
Reid, Loren, Vol II
Reid, Ronald F., Vol II
Renfro, Paula C., Vol II
Renfro, R. Bruce, Vol II
Reno, J. David, Vol II
Richardson, Don, Vol II
Richardson, Malcolm, Vol II
Rickly, Rebecca, Vol II
Rigsby, Enrique D., Vol II
Riley, Sam G., Vol II
Rimal, Rajiv N., Vol II
Risser, James V., Vol II

Ritter, Kurt, Vol II
Rivers, Louis, Vol II
Robards, Brooks, Vol II
Robb, Michael P., Vol III
Robb, Stephen, Vol II
Roberto, Anthony J., Vol II
Roberts, Charles, Vol II
Roberts, Donald F., Vol II
Roberts, Julie, Vol III
Roberts, Nancy L., Vol II
Robey, David H., Vol II
Robinson, James D., Vol II
Rogers, Jack E., Vol II
Rogers, Jimmie N., Vol II
Rogness, Michael, Vol II
Romanow, Walter I., Vol II
Ronan, John J., Vol II
Ross, Billy I., Vol II
Ross, Catherine S., Vol II
Rosteck, H. Thomas, Vol II
Roth, Lane, Vol II
Roth, Lorna, Vol II
Rousselow, Jessica, Vol II
Rowan, Katherine E., Vol II
Rowland, Gordon, Vol II
Roy, Abhik, Vol II
Rozema, Hazel J., Vol II
Ruben, Brent David, Vol II
Rubin, Rebecca B., Vol II
Rudd, Jill, Vol III
Rude, Carolyn D., Vol II
Ruggles, Myles A., Vol II
Runyan, William Ronald, Vol II
Rushing, Janice H., Vol II
Russell, Charles G., Vol II
Ruszkiewicz, John Joseph, Vol II
Rutherford, Paul F.W., Vol I
Sachsman, David B., Vol II
Sager, Allan Henry, Vol IV
Salazar, Abran J., Vol II
Salem, Philip, Vol II
Samra, Rise J., Vol II
Samson, Donald, Vol II
Samter, Wendy, Vol III
Samuels, Marilyn S., Vol II
Sanders, Robert E., Vol II
Sanders, Scott P., Vol II
Sands, Helen R., Vol II
Saperstein, Jeff, Vol II
Saunders, David, Vol II
Sauter, Kevin O., Vol II
Scanlan, Thomas, Vol II
Schaller, Kristi, Vol II
Scheele, Henry Zaegel, Vol II
Scheide, Frank Milo, Vol II
Schiff, Frederick, Vol II
Schmidt, Patricia Lois, Vol II
Schneider, Valerie Lois, Vol II
Schnell, James A., Vol II
Schneller, Beverly, Vol II
Schreiber, Mae N., Vol I
Schultze, Quentin J., Vol II
Schwartz, Dona B., Vol II
Scott, Robert Lee, Vol II
Seidman, Steven A., Vol II
Seiler, William John, Vol II
Selfe, Richard J., Vol II
Selmon, Michael, Vol II
Seminara, Gloria, Vol II
Settle, Peter, Vol II
Seymour, Victor, Vol II
Shailor, Jonathan G., Vol III
Shaner, Jaye L., Vol II
Shapiro, Rami, Vol II
Sharf, Barbara F., Vol II
Shaw, Donald Lewis, Vol I
Shaw, Wayne Eugene, Vol III
Shedletsky, Leonard Jerald, Vol II
Shen, Fuyuan, Vol II
Shields, Bruce E., Vol IV
Shields, Donald C., Vol II
Shields, Donald J., Vol II
Shoemaker, Pamela J., Vol II
Sigman, Stuart J., Vol II
Signorielli, Nancy, Vol II
Sillars, Malcolm O., Vol II
Simmons, Donald B., Vol III
Siphagil, Teoman, Vol II
Sirico, Louis J., Jr., Vol IV
Sitko, Barbara, Vol II
Skinner, Ewart C., Vol II
Slate, Philip, Vol I
Sloane, Thomas O., Vol II
Sloniowski, Jeannette, Vol II
Smith, F. Leslie, Vol II
Smith, John Kares, Vol II
Smith, Karen A., Vol II
Smith, Larry D., Vol II
Smith, Ralph R., Vol II

Smith, Robert E., Vol II
Smith, Ronald E., Vol II
Smith, Stephen A., Vol II
Smith, Voncile Marshall, Vol II
Soley, Lawrence C., Vol II
Soloski, John, Vol II
Sourian, Peter, Vol II
Sparks, Glenn G., Vol II
Spears, Lee A., Vol II
Spencer, Gregory H., Vol II
Spitzberg, Brian H., Vol II
Stack, Richard, Vol II
Stanton, Don, Vol II
Stargardt, Ute, Vol II
Starosta, William J., Vol II
Stathopoulos, E.T., Vol II
Steckline, C. Turner, Vol II
Steer, Helen V., Vol II
Sternberg, Joel, Vol II
Stevens, George E., Vol II
Stevens, Mark, Vol II
Stewart, Charles J., Vol II
Stockman, Ida J., Vol III
Stohl, Cynthia B., Vol III
Strain, Ellen, Vol II
Straw, William O., Vol II
Street, Richard L., Jr., Vol II
Streeter, Donald, Vol II
Stripling, Mahala Yates, Vol II
Strohmaier, Mahla, Vol II
Strom, William O., Vol II
Sudol, Ronald A., Vol II
Sugimoto, Naomi, Vol II
Sullivan, Dale L., Vol II
Sullivan, Sheila J., Vol II
Sutton, Sharyn, Vol II
Sweeney, Michael S., Vol II
Switzer, Les, Vol II
Szanto, George, Vol II
Szuchewycz, Bohdan G., Vol II
Tanner, William Edward, Vol II
Taylor, Bryan C., Vol II
Taylor, Jacqueline S., Vol II
Taylor, James R., Vol II
Taylor, James Sheppard, Vol II
Taylor, Orlando L., Vol II
Tedards, Douglas Manning, Vol II
Thameling, Carl L., Vol II
Theall, Donald F., Vol II
Thomas, Stafford H., Vol II
Thomason, Wallace Ray, Vol II
Thorn, J. Dale, Vol II
Thorpe, Judith M., Vol II
Thrall, Trevor, Vol II
Tiemens, Robert K., Vol II
Tims, Albert R., Vol II
Tompkins, Phillip K., Vol II
Townsend, Patricia Ann, Vol II
Tracy, Karen, Vol II
Trent, Jimmie Douglas, Vol II
Triece, Mary E., Vol II
Tripp, Bernell E., Vol II
Trujillo, Nick L., Vol II
Turner, Jeanine W., Vol II
Turow, Joseph G., Vol II
Turow, Judith G., Vol II
Underwood, Willard A., Vol II
Vaccaro, Joseph, Vol I
Valaskakis, Gail, Vol II
Valesio, Paolo, Vol II
Valley, David B., Vol II
Van Slyke Turk, Judy, Vol II
Vancil, David, Vol II
Vande Berg, Leah R., Vol II
Vangelisti, Anita L., Vol II
Varallo, Sharon, Vol III
Varona, Federico, Vol II
Vartabedian, Robert A., Vol II
Vatz, Richard E., Vol II
Verderber, Rudolph Francis, Vol II
Vest, David, Vol II
Viser, Victor J., Vol II
Wackman, Daniel B., Vol II
Wahlstrom, Billie J., Vol II
Wainer, Alex, Vol II
Wakefield, Robert, Vol II
Waks, Leah, Vol II
Walker, James, Vol II
Walker, Kim, Vol II
Walker, Robert Jefferson, Vol II
Walkom, Thomas L., Vol II
Walsh, Grace, Vol II
Walzer, Arthur E., Vol II
Wanca-Thibault, Maryanne, Vol II
Ward, Jean M., Vol II
Warren, Clay, Vol II
Warren, Thomas, Vol II
Wartella, Ellen A., Vol II
Washington, Durthy A., Vol II
Watt, Willis M., Vol II
Waugh, Charles G., Vol II
Waznak, Robert P., Vol II
Weathers, Winston, Vol II
Weaver, Gary, Vol II
Webb, Lynne M., Vol II
Webb, Ralph, Jr., Vol III
Welch, Olga Michele, Vol II
Wells, Corri Elizabeth, Vol II
Wells, William D., Vol II
Wenzel, Joseph Wilfred, Vol II
Wharton Boyd, Linda F., Vol II
Whipple, Robert Dale, Jr., Vol II
White, Cindy H., Vol II
White, Fred D., Vol II
Whitehouse, George, Vol IV
Wick, Audrey, Vol II
Wiemann, John M., Vol III
Wignall, Dennis L., Vol III
Wilcox, Dennis Lee, Vol II
Wilkens, Kenneth G., Vol II
Willard, Barb, Vol II
Willard, Charles A., Vol II
Williams, David E., Vol II
Williamson, Keith, Vol III
Williamson-Ige, Dorothy Kay, Vol II
Wilson, John Fletcher, Vol II
Wilson, Laurie J., Vol II
Wilson, Steven R., Vol II
Wilson, Victor M., Vol IV
Wilt, David E., Vol II
Winchatz, Michaela R., Vol II
Windhauser, John W., Vol II
Winkler, Carol, Vol II
Winseck, Dwayne, Vol II
Witmer, Diane F., Vol II
Wittebols, James H., Vol II
Wolff, Florence I., Vol II
Wolvin, Andrew D., Vol II
Womack, Morris M., Vol I
Wood, Barbara, Vol II
Wood, Julia T., Vol II
Woods, David L., Vol II
Woods, William Forrestere, Vol II
Wright, Roosevelt R., Jr., Vol II
Wulff, Donald H., Vol II
Yancy, Preston Martin, Vol II
Yang, Heewan, Vol II
Yingling, Julie, Vol II
Yoder, Don, Vol II
Young, Elizabeth Bell, Vol II
Young, Richard E., Vol II
Yowell, Robert L., Vol II
Zaharopoulos, Thimios, Vol II
Zahorski, Kenneth, Vol II
Ziegelmueller, George William, Vol II
Zoch, Lynn M., Vol II
Zompetti, Joseph P., Vol II
Zuckerman, Mary Ellen, Vol I
Zurakowski, Michele M., Vol II

Comparative Literature

Abel, Richard Owen, Vol II
Ahearn, Edward J., Vol III
Alter, Robert, Vol III
Andrews, Larry Ray, Vol II
Arroyo, Ciriaco, Vol III
Atkinson, James Blakely, Vol II
Avins, Carol Joan, Vol II
Axelrod, Mark R., Vol III
Aycock, Wendell M., Vol II
Bachman, Charles Roger, Vol III
Ball, D., Vol III
Banerjee, Maria Nemcova, Vol II
Barnes, Jim Weaver, Vol III
Barnstone, Willis, Vol III
Barricelli, Jean-Pierre, Vol III
Bedini, Silvio A., Vol III
Beecher, Maureen Ursenbach, Vol III
Begnal, Michael Henry, Vol II
Behler, Ernst, Vol III
Bell-Villada, Gene Harold, Vol III
Beltran, Luis, Vol III
Bentley, Eric, Vol II
Bergmann, Frank, Vol III
Bernstein, Eckhard Richard, Vol III
Billiams, Lynn Barstis, Vol III
Bittrich, Louis Edward, Vol III
Black, Nancy BreMiller, Vol II
Blake, Nancy, Vol III
Blau, Herbert, Vol II
Block, Haskell M., Vol III
Blodgett, Edward D., Vol III
Boening, John, Vol III
Boerner, Peter, Vol III
Bohn, Williard, Vol III
Bonfini, Marie Roseanne IHM, Vol III
Braester, Yomi, Vol III
Brodsky, Patricia Pollock, Vol III
Brooks, Peter Preston, Vol III
Brown, John Lackey, Vol III
Brunsdale, Mitzi Mallarian, Vol II
Bucher, Gerard C., Vol III
Bullaro, Grace Russo, Vol III
Bump, Jerome Francis Anthony, Vol II
Burch, Francis Floyd, Vol III
Caban, Pedro, Vol I
Carter, Albert Howard, Vol III
Cascardi, Anthony Joseph, Vol III
Castronovo, David, Vol II
Cerf, Steven Roy, Vol III
Chandler Mcentyre, Marilyn, Vol III
Cheney, Donald, Vol II
Cheung, Dominic C.N., Vol III
Chew, Kristina, Vol III
Chinosole, Vol III
Ciholas, Karin Nordenhaug, Vol III
Clogan, Paul Maurice, Vol II
Clubb, Louise George, Vol III
Cohen, Walter Isaac, Vol III
Cohn, Dorrit, Vol III
Collins, Derek B., Vol III
Conger, Syndy Mcmillen, Vol II
Cooey, Paula M., Vol IV
Coolidge, John Stanhope, Vol II
Copjec, Joan, Vol III
Coppola, Carlo, Vol III
Corngold, Stanley Alan, Vol III
Cox, Roger Lindsay, Vol II
Culbertson, Diana, Vol III
Czerwinski, Edward J., Vol III
Damrosch, David N., Vol III
Davis, Dale W., Vol III
Davis, Garold N., Vol III
Davis, Gregson, Vol I
Dersofi, Nancy, Vol III
Dickstein, Morris, Vol II
Dijkstra, Bram, Vol III
Dimic, Milan Velimir, Vol III
Dolezel, Lubomir, Vol III
Dorsinville, Max, Vol II
Dulai, Surjit Singh, Vol III
Durer, Christopher, Vol II
Eckhardt, Caroline Davis, Vol II
Ehrlich, Linda C., Vol III
Elam, Helen Regueiro, Vol III
Elbaz, Andre Elie, Vol III
Engelberg, Edward, Vol III
Erickson, John David, Vol III
Exner, Richard, Vol III
Fagles, Robert, Vol III
Fagundo, Ana Maria, Vol III
Fallon, Robert Thomas, Vol II
Fanger, Donald Lee, Vol II
Farber, Gerald Howard, Vol III
Federman, Raymond, Vol II
Ferguson, Margaret Williams, Vol II
Ferrante, Joan M., Vol III
Fido, Franco, Vol III
Fifer, Elizabeth, Vol III
Figueira, Dorothy, Vol III
Firchow, Peter Edgerly, Vol II
Fischler, Alexander, Vol III
Fitz, Brewster, Vol III
Fizer, John, Vol III
Fontanella, Lee, Vol III
Fradin, Joseph I., Vol III
Frakes, Jerold C., Vol III
Franke, William, Vol III
Freedman, Morris, Vol II
French, Paulette, Vol III
Friedman, Melvin Jack, Vol II
Frydman, Anne, Vol III
Fuegi, John B., Vol III
Furst, Liliam Renee, Vol III
Gabbard, Krin, Vol III
Gaeffke, Peter, Vol III
Gallati, Ernst, Vol III
Gasche, Rodolphe, Vol III
Gelber, Lynne Levick, Vol III
Gelernt, Jules, Vol II
Gemunden, Gerd, Vol III
Gerber, Barbara Leslie, Vol III
Gibaldi, Joseph, Vol II
Gibian, George, Vol III
Gillon, Adam, Vol II
Gilman, Donald, Vol III
Gittleman, Sol, Vol III
Golden, Bruce, Vol II
Gontrum, Peter B., Vol III
Goodson, Alfred Clement, Vol III
Gordon, Lois G., Vol II
Greenberg, Wendy, Vol III
Gregory, Elmer Richard, Vol II
Gross, David Stuart, Vol II
Grosz, Elizabeth, Vol III
Hagiwara, Takao, Vol III
Halperin, David M., Vol I
Hamalian, Leo, Vol II
Hardin, James Neal, Vol III
Harris, Frederick John, Vol III
Harvey, Robert, Vol III
Haviland, Beverly, Vol III
Heinrich, Amy Vladeck, Vol III
Heiple, Daniel L, Vol III
Hernadi, Paul, Vol III
Hewitt, Andrew, Vol III
Higonnet, Margaret Randolph, Vol III
Hinze, Klaus-Peter Wilhelm, Vol III
Hirsch, Marianne, Vol III
Hoffmeister, Gerhart, Vol III
Hoffmeister, Werner, Vol III
Hollander, Robert, Vol II
Horn, Pierre Laurence, Vol III
Hubert, Renee Riese, Vol III
Huffman, Claire, Vol III
Humphries, Jeff, Vol II
Humphries, John J., Vol III
Hutcheon, Linda, Vol II
Ilie, Paul, Vol III
Jackson, Kenneth David, Vol III
Jacobs, Carol F., Vol III
Jankofsky, Klaus P., Vol III
Jarow, E.H., Vol III
Jewers, Caroline, Vol III
Kahf, Mohja, Vol III
Kamuf, Peggy, Vol III
Kane, Leslie, Vol III
Kaplan, Edward Kivie, Vol III
Kaplan, Elizabeth Ann, Vol III
Kaske, Carol Vonckx, Vol II
Kastan, David Scott, Vol II
Keener, Frederick M., Vol II
Kellman, Steven G., Vol III
Kennedy, William John, Vol II
Kershner, R. Brandon, Vol II
King, Katherine Callen, Vol III
Kirby, John T., Vol I
Knight, Alan Edgar, Vol III
Knopp, Sherron Elizabeth, Vol II
Knust, Herbert, Vol III
Koch, Kenneth, Vol II
Kovach, Thomas A., Vol III
Krevans, Nita, Vol III
Kuenzli, Rudolf Ernst, Vol II
Kurman, George, Vol III
Kusch, Manfred, Vol III
Kushner, Eva, Vol III
Lane, Eugene N., Vol II
Lansing, Richard Hewson, Vol III
Latimer, Dan Raymond, Vol III
Lawall, Sarah Nesbit, Vol III
Lazar, Moshe, Vol II
Le Hir, Marie-Pierre, Vol III
Leer, Norman Robert, Vol II
Letzring, Monica, Vol II
Levarie Smarr, Janet, Vol III
Levy, Diane Wolfe, Vol III
Lewes, Ulle Erika, Vol II
Locke, John, Vol III
Louden, Bruce, Vol III
Ludwinowski, Rett R., Vol III
Lukacher, Ned, Vol II
Lundell, Torborg Lovisa, Vol III
Lutzeler, Paul Michael, Vol III
MacKey, Louis Henry, Vol IV
Macksey, Richard Alan, Vol III
Magliola, Robert, Vol III
Maniquis, Robert Manuel, Vol II
Manteiga, Robert Charles, Vol III
Marcus, Sharon, Vol II
Margolin, Uri, Vol III
Marquez, Antonio, Vol III
Martin, Dellita Lillian, Vol III
Martinez, Ronald L., Vol III
Martinez-Bonati, Felix, Vol III
Mathews, Gary, Vol III
Mazzaro, Jerome, Vol II
McCash, June Hall, Vol III
Mcclure, Charlotte Swain, Vol III
McGregor, James H., Vol III
Mcinnis, Judy Bredeson, Vol III
McKulik, Ben, Vol III
Meisel, Martin, Vol II
Mellor, Anne Kostelanetz, Vol II
Merivale, Patricia, Vol II
Merrill, Reed, Vol III
Metzger, Lore, Vol II
Mews, Siegfried, Vol III
Michalski, John, Vol III
Miller, Paul, Vol III
Morgan, Leslie Zurker, Vol III
Most, Glenn Warren, Vol III
Mozejko, Edward, Vol III
Mudimbe, Valentine, Vol III
Murphy, Laurence Lyons, Vol III
Nagel, Alan Frederick, Vol III
Nagem, Monique F., Vol III
Nalbantian, Suzanne, Vol III
Nanfito, Jacqueline C., Vol III
Newman, John Kevin, Vol I
Nichols, Fred Joseph, Vol III
Niebylski, Dianna, Vol III
Orenstein, Gloria Feman, Vol II
Paden, William D., Vol III
Palencia-Roth, Michael, Vol III
Pan, Da'an, Vol III
Park, Jin Y., Vol III
Parker, Stephen Jan, Vol II
Paz, Francis Xavier, Vol III
Peck, Jeffrey Marc, Vol III
Peer, Larry Howard, Vol III
Perl, Jeffery Michael, Vol III
Pichois, Claude, Vol III
Pifer, Ellen, Vol II
Porter, Abioseh Michael, Vol III
Porter, J.I., Vol III
Porter, Laurence M., Vol III
Porter, Michael, Vol III
Pratt, Mary Louise, Vol III
Pucci, Joseph M., Vol III
Rabinowitz, Peter Jacob, Vol III
Rashkow, Ilona N., Vol III
Rastalsky, Hartmut, Vol III
Reck, Rima Drell, Vol III
Remak, Henry Heymann Herman, Vol III
Rennert, Hellmut Hal, Vol III
Rice, Laura, Vol III
Richardson, Scott D., Vol III
Riese Hubert, Renee, Vol III
Robbins, Jill, Vol III
Rodriquez - Luis, Julio, Vol III
Rose, Marilyn Gaddis, Vol III
Rosenberg, Joel William, Vol III
Rothenberg, Molly, Vol III
Roy, George Ross, Vol II
Rueschmann, Eva, Vol III
Russell, Charles, Vol III
Ryan, Judith, Vol III
Saddlemyer, Ann, Vol II
Sanders, Ivan, Vol III
Savvas, Minas, Vol III
Schaeffer, Peter Moritz-Friedrich, Vol III
Schlant, Ernestine, Vol III
Schleiner, Winfried H., Vol I
Schneider, Matthew T., Vol II
Scholes, Robert, Vol II
Schow, Wayne, Vol III
Schraibman, Joseph, Vol II
Schriber, Mary Suzanne, Vol III
Scott, Daniel Marcellus, Vol III
Seiden, Morton Irving, Vol II
Seidler, Ingo, Vol III
Serrano, Richard, Vol III
Shirley, Paula, Vol III
Simons, John Donald, Vol III
Simpson, Ethel C., Vol III
Skalitzky, Rachel Irene, Vol III
Slade, Carole, Vol III
Sonnenfeld, Albert, Vol III
Spahr, Blake Lee, Vol III
Spilka, Mark, Vol II
Spivak, Gayatri Chakravorty, Vol III
Sprinker, Michael, Vol II
Sridhar, S.N., Vol III
Stadler, Eva Maria, Vol III
Starr, Peter, Vol III
Steiner, Thomas Robert, Vol II
Stewart, Pamela Dawes, Vol III
Stowe, William W., Vol III
Suarez-Galban, Eugenio, Vol III
Suleiman, Susan Rubin, Vol III
Sussman, Henry, Vol III
Swanson, Roy Arthur, Vol I
Sypher, Francis Jacques, Vol II
Thompson, Ewa Majewska, Vol III
Thorn, Arline Roush, Vol III
Tikku, Girdhari, Vol III
Timpe, Eugene Frank, Vol III
Trahan, Elizabeth Welt, Vol III
Tsukimura, Reiko, Vol III

Tucker, Cynthia Grant, Vol III
Udwin, Victor, Vol III
Vasvari, Louise O., Vol III
Vlasopolos, Anca, Vol III
Walker, Janet Anderson, Vol III
Walker, Steven Friemel, Vol III
Waller, Marguerite R., Vol III
Wang, Ban, Vol III
Wang, Joan Parsons, Vol II
Wang, Mason Yu-Heng, Vol II
Ward, Patricia Ann, Vol III
Warner, Nicholas Oliver, Vol III
Wasiolek, Edward, Vol III
Webb, Eugene, Vol III
Weisstein, Ulrich, Vol III
Wells, Maria Xenia Zevelchi, Vol III
Wilhelm, James Jerome, Vol III
Williams, Charles Garfield Singer, Vol III
Wilson, Joseph P., Vol III
Winner, Anthony, Vol II
Witt, Mary A., Vol III
Witt, Mary A., Vol III
Yang, Peter Jianhua, Vol III
Yarrison, Betsy, Vol III
Young, Robert Vaughan, Vol II
Zantop, Susanne, Vol III
Zimmerman, Zora Devrnja, Vol III

Computer Science
Amato, Philip P., Vol II
Crosland, Andrew Tate, Vol II
Duchin, Faye, Vol I
Foerst, Anne, Vol II
Gelernter, Judith, Vol II
Lewis, Theodore Gyle, Vol I
Lucas, Henry Cameron, Vol II
Maman, Marie, Vol II
Seidenberg, Mark, Vol III
Shapiro, Stuart Charles, Vol I

Constitutional Law
Arrow, Dennis Wayne, Vol IV
Baker, C. Edwin, Vol IV
Baker, Thomas Eugene, Vol IV
Belz, Herman Julius, Vol I
Bice, Scott H., Vol IV
Brown, R.L., Vol IV
Burgdorf, Robert L., Jr., Vol IV
Bybee, Jay S., Vol IV
Caldwell, L.K., Vol I
Capra, Daniel J., Vol IV
Carrasco, Gilbert P., Vol I
Clarke, Duncan I., Vol I
Claude, Richard P., Vol IV
Cruz, David B., Vol IV
Dickson, David Franklin, Vol IV
Dorsen, Norman, Vol IV
Fenner, G. Michael, Vol IV
Flanagan, James F., Vol IV
Fraleigh, Douglas, Vol IV
Garet, Ronald R., Vol IV
Gerard, Jules Bernard, Vol IV
Gottlieb, Stephen Elliot, Vol IV
Greenawalt, Robert Kent, Vol IV
Griffith, Gwendolyn, Vol IV
Hagedorn, Richard B., Vol IV
Jackson, Joe C., Vol IV
James, Bernard, Vol IV
Johanson, Herbert A., Vol IV
Karst, Kenneth L., Vol IV
Kawashima, Yasuhide, Vol I
Konvitz, Milton R., Vol IV
Lanctot, Catherine J., Vol IV
LaRue, Lewis Henry, Vol I
McAffee, Thomas B., Vol IV
McAninch, William S., Vol IV
McCoy, Thomas Raymond, Vol IV
McManus, Edgar J., Vol I
Raskin, Jamin, Vol IV
Richardson, Dean M., Vol I
Rosenfeld, Michel, Vol IV
Rudenstine, David, Vol IV
Ryan, David L., Vol IV
Sargentich, Thomas O., Vol IV
Schwartz, Herman, Vol IV
Shapiro, Michael H., Vol IV
Shugrue, Richard E., Vol IV
Simon, Larry G., Vol IV
Suh, Dae-Suk, Vol IV
Tobias, Carl William, Vol IV
Turner, Robert Foster, Vol IV
Uddo, Basile Joseph, Vol IV
Underwood, James L., Vol IV
Vaughan, Frederick, Vol IV
Vollmar, Valerie J., Vol IV

Wechsler, Burton D., Vol IV
Weisberg, Richard H., Vol IV
Wydrzynski, Christopher J., Vol IV
Young, Ernest A., Vol IV
Zirinsky, Michael Paul, Vol I

Creative Writing
Abinader, Elmaz, Vol II
Anderson, Chris, Vol II
Bankowsky, Richard James, Vol II
Barba, Harry, Vol II
Barnes, Jim Weaver, Vol III
Bartlett, Lee, Vol II
Bellow, Saul, Vol II
Blaise, Clark L., Vol II
Bourne, Lesley-Anne, Vol II
Clark Smith, Pat, Vol II
Crean, Susan M., Vol II
Crozier, Lorna, Vol II
Dace, Tish, Vol II
Daniels, Richard, Vol II
Daugherty, Tracy, Vol II
Davidson, Roberta, Vol II
Deagon, Ann Fleming, Vol I
Ellis, Katherine, Vol II
Findon, Joanne, Vol II
Flower, Linda S., Vol II
Flowers, Betty Sue, Vol II
Gallo, Louis, Vol II
Gandal, Keith, Vol II
Harris, Elizabeth Hall, Vol II
Hashimoto, I.Y., Vol II
Heath, William, Vol II
Heffernan, Michael, Vol II
Hochman, Will, Vol II
Hodgins, Jack S., Vol II
Hoggard, James Martin, Vol II
Hollingsworth, Margaret, Vol II
Hunt, Linda, Vol II
Hunt, Timothy, Vol II
Jauss, David, Vol II
Johnson, Simon, Vol II
Junkins, Donald A., Vol II
King, Roger, Vol II
Kirby, David, Vol II
Kittredge, William Alfred, Vol II
Leeson, Ted, Vol II
Levine, Philip, Vol II
Lewis, Lisa, Vol II
Liggett, Sarah, Vol II
Mares, E.A., Vol II
Martin, Herbert Woodward, Vol II
McCann, Richard, Vol II
McDonald, Walt, Vol II
McTaggart, William, Vol II
Moran, Charles, Vol II
Morrison, Toni, Vol II
Moyer, Kermit W., Vol II
Nixon, Cornelia, Vol II
Palmer, William, Vol II
Pearson, Michael, Vol II
Peterfreund, Stuart S., Vol II
Richmond, Maureen, Vol II
Savvas, Minas, Vol III
Secreast, Donald, Vol II
Shelton, Richard William, Vol II
Smith, Barbara, Vol II
Solomon, Andrew Joseph, Vol II
Sussaman, Stephen, Vol II
Sullivan, Sally A., Vol II
Wall, Eamonn, Vol II
Waterhouse, Carole, Vol II
Wharton, Lawrence, Vol II
Yancy, Kathleen Blake, Vol II

Criminal Law
Abraham, Gerald, Vol IV
Anderson, Michelle J., Vol IV
Ballentine, Krim M., Vol IV
Bersoff, Donald N., Vol IV
Blakesley, Christopher L., Vol IV
Bulbulia, Ahmed I., Vol IV
Caldwell, Harry M., Vol IV
Capra, Daniel J., Vol IV
Duke, Steven Barry, Vol IV
Estrich, Susan, Vol IV
Gibson, William M., Vol IV
Hubbard, F. Patrick, Vol IV
Katz, Lewis Robert, Vol IV
Lawson Mack, Raneta, Vol IV
Lee, Milton C., Jr., Vol IV
Levine, Martin L., Vol IV
McAninch, William S., Vol IV
Moenssens, Andre A., Vol IV
Morris, Norval, Vol IV
Packel, Leonard, Vol IV

Pillsbury, Samuel H., Vol IV
Poulin, Anne Bowen, Vol IV
Raskin, Jamin, Vol IV
Taylor, Felicia Michelle, Vol IV
Whitebread, Charles H., Vol IV

Drama
Arthur, Thomas H., Vol II
Arzoomanian, Ralph Sarkis, Vol II
Ashby, Clifford, Vol II
Astington, John H., Vol II
Baker, Stuart Eddy, Vol II
Barlow, Judith Ellen, Vol II
Barnes, Ronald Edgar, Vol II
Barnouw, Erik, Vol II
Barton, Mike Alan, Vol II
Bauland, Peter Max, Vol II
Bedford, Bonnie C., Vol II
Benson, Richard Lee, Vol II
Bentley, Eric, Vol II
Berger, Thomas Leland, Vol II
Best, Michael R., Vol II
Bolin, John Seelye, Vol II
Booth, Stephen, Vol II
Brady, Leo, Vol II
Brady, Owen E., Vol II
Brandon, James R., Vol II
Brennan, Kit, Vol II
Brennan Watters, Kathleen, Vol II
Brokaw, John W., Vol II
Browning, Judith, Vol II
Burian, Jarka Marsano, Vol II
Calarco, N. Joseph, Vol II
Carlson, Harry Gilbert, Vol II
Carpenter, Charles Albert, Vol II
Carroll, William Dennis, Vol II
Coleman, William S.E., Vol II
Collie, Kelsey E., Vol II
Comensoli, Viviana, Vol II
Conolly, Leonard W., Vol II
Costello, Donald Paul, Vol I
Coulson, J. Peter, Vol II
Courtney, Richard, Vol II
Crawford, Jerry L., Vol II
Cunningham, Frank Robert, Vol II
Czerwinski, Edward J., Vol III
Dace, Tish, Vol II
Darby, Barbara, Vol II
Dawson, Anthony Blanchard, Vol II
Decker, Philip H., Vol II
Demastes, William, Vol II
Devin, Lee, Vol II
Dircks, Phyllis T., Vol II
Eichmann, Raymond, Vol III
Fallon, Richard Gordon, Vol II
Fearnow, Mark, Vol II
Findlay, Robert, Vol II
Fjelde, Rolf Gerhard, Vol II
Fletcher, Winona Lee, Vol II
French Baumlin, Tita, Vol II
Friedman, Sidney Joseph, Vol II
Gaffney, Floyd, Vol II
Gantar, Jure, Vol II
Gellrich, Michelle, Vol II
Giannetti, Louis Daniel, Vol II
Godfrey, Mary F., Vol II
Gounaridou, Kiki, Vol II
Green, William, Vol II
Halpern, Cynthia Leone, Vol III
Halpern, Martin, Vol II
Hanlin, Todd, Vol III
Hansen, Bob, Vol II
Harbin, Bill J., Vol II
Harris, Laurilyn J., Vol II
Hatch, James V., Vol II
Hill, Philip George, Vol II
Hodgdon, Barbara Covington, Vol II
Howard, Jean E., Vol II
Jankowski, Theodora, Vol II
Johnson, Anita L., Vol III
Johnston, Alexandra F., Vol II
Kalbouss, George, Vol III
Kamenish, Paula K., Vol II
Kiralyfalvi, Bela, Vol II
Kolin, Philip Charles, Vol II
Koritz, Amy, Vol II
Kuehl, Linda Kandel, Vol II
Lamb, Margaret, Vol II
Larson, Orville K, Vol II
Lauterbach, Charles Everett, Vol II
Lazar, Moshe, Vol II
Leland, Charles Wallace, Vol II
Limbacher, James L., Vol II
Londre, Felicia Hardison, Vol II
Lopez, Tiffany Ana, Vol II
Macky, Nancy, Vol II

Mates, Julian, Vol II
Mayberry, Nancy Kennington, Vol II
Mcdermott, Douglas, Vol II
Mcleod, Archibald, Vol II
Mento, Joan, Vol II
Miller, Gabriel, Vol II
Molette, Carlton Woodard, II, Vol II
Moore, Don, Vol II
Morton, Carlos, Vol II
Moss, S., Vol II
Mullin, Michael, Vol II
Neufeld, James Edward, Vol II
Newman, Geoffrey W., Vol II
Nichols, Kathleen L., Vol II
Ogden, Dunbar Hunt, Vol II
Pearce, Richard, Vol II
Peirce, Sarah, Vol I
Peters, Julie, Vol I
Pizzato, Mark, Vol II
Post, Robert M., Vol II
Potter, Robert Alonzo, Vol II
Quigley, Austin F., Vol II
Rabillard, Sheila M., Vol II
Richard, Ron, Vol II
Rosenberg, Marvin, Vol II
Saddlemyer, Ann, Vol II
Salem, James Morris, Vol II
Scheye, Thomas Edward, Vol II
Selmon, Michael, Vol II
Shine, Theodis, Vol II
Sidnell, Michael John, Vol II
Skloot, Robert, Vol II
Sponberg, Arvid Frederic, Vol II
Stanback, Thurman W., Vol II
Styan, John Louis, Vol II
Swift, Carolyn Ruth, Vol II
Szegedy-Maszak, Andrew, Vol II
Tassi, Marguerite, Vol II
Tricomi, Albert Henry, Vol II
Viator, Timothy, Vol II
Vince, Ronald Winston, Vol II
Walker, Ethel Pitts, Vol II
Washington, Von Hugo, Sr., Vol II
Whitney, Charles C., Vol II
Williamson-Ige, Dorothy Kay, Vol II

Economic History
Aldrich, Mark, Vol I
Brown, Jonathan Charles, Vol I
Carneal, Thomas William, Vol I
Clayton, James L., Vol I
Fries, Russell Inslee, Vol I
Galambos, Louis Paul, Vol I
Geiger, Reed G., Vol I
Glazier, Ira Albert, Vol I
Hanson, Carl Aaron, Vol I
Himmelberg, Robert F., Vol I
Jones, Peter D'a, Vol I
Lewis, David Lanier, Vol I
Marr, William L., Vol I
Mccarthy, Dennis Michael Patrick, Vol I
Mendosa, Antonio, Vol IV
Moody, J. Carroll, Vol I
Ringrose, David R., Vol I
Scamehorn, Howard Lee, Vol I
Sobel, Robert, Vol I
Spry, Irene, Vol I
Stabile, Donald Robert, Vol I
Strausberg, Stephen Frederick, Vol I
Unger, Richard W., Vol I
Wilkins, Mira, Vol I
Winpenny, Thomas Reese, Vol I
Winters, Donald Lee, Vol I
Woodman, Harold David, Vol I

Economics
Adams, Gregory B., Vol IV
Anthony, William Philip, Vol I
Aronson, Jay Richard, Vol I
Ballot, Michael, Vol I
Becker, William Henry, Vol I
Beckerman, Paul, Vol I
Belsley, David A., Vol I
Bennet, Joel F., Vol I
Blecker, Robert A., Vol I
Blicksilver, Jack, Vol I
Boddewyn, Jean J., Vol I
Botjer, George, Vol I
Bowers, J.W., Vol IV
Brabant, Jozef M., Vol I
Breit, William Leo, Vol I
Brennan, Timothy J., Vol I

Broad, Robin, Vol I
Brown, Murray, Vol I
Bruno, James Edward, Vol I
Burnett, Donald L., Vol I
Calkins, Martin S.J., Vol IV
Capron, Alexander M., Vol I
Carney, William J., Vol IV
Cassell, P.G., Vol I
Clark, John Garretson, Vol I
Cohen, Debra R., Vol IV
Comor, Edward, Vol IV
Davis, Gordon B., Vol I
De Vries, Jan, Vol I
Downs, Anthony, Vol I
Dunaway, Baxter, Vol IV
Echols, Marsha A., Vol IV
Engerman, Stanley Lewis, Vol IV
Falero, Frank, Vol I
Field, A.J., Vol I
Finn, Daniel R., Vol IV
Fishback, Price Vanmeter, Vol I
Forbes, John Douglas, Vol I
Fottler, Myron D., Vol I
Fratianni, Michele, Vol I
Frazer, William Johnson, Vol I
Fry, Michael G., Vol II
Gardner, Richard Newton, Vol IV
Garlick, Peter C., Vol I
Gentry, Judith Anne Fenner, Vol I
Ghilarducci, Teresa, Vol I
Gintis, Herbert, Vol I
Glahe, Fred Rufus, Vol I
Goldin, Claudia, Vol I
Goldstein, Joshua S., Vol I
Gravelle, Jane Gibson, Vol I
Grubb, Farley, Vol I
Halal, William E., Vol I
Haveman, Robert H., Vol I
Henning, Randall, Vol I
Hirsch, Werner Z., Vol I
Jacoby, Sanford M., Vol I
Kain, John Forrest, Vol I
Kaufman, George G., Vol I
Kay, Gersil Newmark, Vol IV
King, Roger, Vol II
Klein, Maury, Vol I
Krislov, Joseph, Vol I
Labys, Walter Carl, Vol I
Lanzillotti, Robert F., Vol I
Leontiades, Milton, Vol I
Leven, Charles Louis, Vol I
Lipsey, Robert E., Vol I
Liu, Jung-Chao, Vol I
Lyons, Joseph, Vol I
Magee, S.P., Vol I
Malkiel, Burton Gordon, Vol I
Marlin-Bennett, Rene, Vol I
Mattie, U., Vol IV
Mayo, Charles M., Vol II
McClain, John O., Vol I
McCloskey, Deirdre, Vol I
McCusker, John J., Vol I
McLure, Charles E., Jr., Vol I
Mcquaid, Kim, Vol I
Mehlman, Maxwell, Vol IV
Meltzer, Allan H., Vol I
Mieczkowski, Bogdon, Vol I
Mittelman, James, Vol I
Mockler, Robert J., Vol I
Mokyr, Joel, Vol I
Montgomery, John E., Vol IV
Moore, Max, Vol IV
Nafziger, E. Wayne, Vol I
Norris, James D., Vol I
Owen, David G., Vol IV
Pasha, Mustapha, Vol I
Pejovich, Svetozar, Vol I
Perkins, Dwight Heald, Vol I
Prager, Jonas, Vol I
Quandt, Richard E., Vol I
Raabe, William A., Vol I
Ratliff, Charles Edward, Vol I
Reynolds, Clark Winton, Vol I
Robana, Abderrahman, Vol IV
Romans, J. Thomas, Vol I
Rubin, Paul H., Vol IV
Saunders, Kurt M., Vol I
Schachter, Gustav, Vol I
Schmid, A. Allan, Vol I
Schwartz, Eli, Vol I
Shavell, S., Vol I
Sherman, Roger, Vol I
Sichel, Werner, Vol I
Silvia, Stephen J., Vol I
Skaggs, Jimmy W., Vol I
Slavin, Stephen L., Vol I
Small, Kenneth Alan, Vol I
Smith, John K., Jr., Vol I
Soltow, Lee, Vol I

Spears, Lee A., Vol II
Steckel, Richard H., Vol I
Stewart, Charles Todd, Vol I
Stewart, Daniel Lewis, Vol IV
Stith, K., Vol IV
Strong, John S., Vol I
Tait, Alan A., Vol I
Terpstra, Vern, Vol I
Thomas, Randall S., Vol IV
Thorelli, Hans Birger, Vol I
Traynor, Michael, Vol IV
Wang, William Kai-Sheng, Vol IV
Wells, Jerome C., Vol I
Wilson, Jeffrey R., Vol I
Witte, Ann Dryden, Vol I
Wolfensohn, James David, Vol I
Wren, Daniel Alan, Vol I
Zack, Arnold Marshall, Vol I
Zimmerman, Joseph F., Vol I

Education

Alexander, Theodore Thomas, Jr., Vol I
Ali, Kamal Hassan, Vol I
Allington, Richard Lloyd, Vol I
Amos, Oris Elizabeth Carter, Vol I
Anderson, David Atlas, Vol I
Anderson-Tanner, Frederick T., Jr., Vol I
Andrews, Maxine Ramseur, Vol I
Archer, Chalmers, Jr., Vol I
Atlas, John Wesley, Vol I
Babbitt, Beatrice C., Vol I
Baber, Ceola Ross, Vol I
Bailey, Adrienne Yvonne, Vol I
Banks, James Albert, Vol I
Banks, William Maron, III, Vol I
Barlow, William B., Vol I
Bass, Floyd L., Vol I
Becker-Slaton, Nellie Frances, Vol I
Bell, Katie Roberson, Vol I
Bell, Reva Pearl, Vol I
Bellamy, Everett, Vol I
Berube, Maurice R., Vol I
Biggs, Shirley Ann, Vol I
Birchette, William Ashby, III, Vol I
Black, Wesley O., Vol I
Blockley, Mary Eva, Vol II
Bonner, Mary Winstead, Vol I
Bower, Beverly Lynne, Vol I
Brown, Frank, Vol I
Brown, John Andrew, Vol I
Brown, Ola M., Vol I
Brown, Robert, Vol III
Brownlee, Geraldine Daniels, Vol I
Bryan, Jesse A., Vol I
Bryant, Bunyan I., Vol I
Burger, Mary Williams, Vol I
Butler, Rebecca Batts, Vol I
Caldwell, M. Milford, Vol I
Carter, Barbara Lillian, Vol I
Carter, David G., Sr., Vol I
Carter, Judy L., Vol I
Carter, Marion Elizabeth, Vol I
Castenell, Louis Anthony, Jr., Vol I
Chandler, Theodore Alan, Vol I
Childs, Francine C., Vol I
Clark, Sanza Barbara, Vol I
Clark, VeVe A., Vol I
Clarke, Graeme, Vol IV
Clarke, James Alexander, Vol I
Cofield, Elizabeth Bias, Vol I
Cohen, Andrew D., Vol II
Collins, Elsie, Vol I
Copeland, Robert M., Vol I
Crim, Alonzo A., Vol I
Crosby, Margaree Seawright, Vol I
Cross, Dolores E., Vol I
Cunningham, James J., Vol I
Cunningham, William Dean, Vol I
Davis, Edward L., Vol I
Davis, Gloria-Jeanne, Vol I
Dekeyser, R.M., Vol III
DePillars, Murry Norman, Vol I
Dil, Nasim, Vol I
Douglass, Melvin Isadore, Vol I
Dube, Thomas M.T., Vol I
Durham, Joseph Thomas, Vol I
Dyke, Doris J., Vol I
Easter, Marilyn, Vol I
Edwards, Solomon, Vol I
English, Leona, Vol IV
Ethridge, Robert Wylie, Vol I
Eubanks, Eugene E., Vol I
Evans, Donna Browder, Vol I
Eyer, Diane E., Vol I
Faust, Naomi Flowe, Vol I
Ferere, Gerard Alphonse, Vol I
Ferro, Trenton R., Vol I
Fields, Milton, Vol IV
Filler, John W., Vol I
Forrest-Carter, Audrey Faye, Vol I
Francis, Edith V., Vol I
Frasier, Mary Mack, Vol I
Freeman, William M., Vol I
Frost, Olivia Pleasants, Vol I
Gantt, Walter N., Vol I
Garibaldi, Antoine Michael, Vol I
Garrett, Aline M., Vol I
Gatewood, Algie C., Vol I
Gayles-Felton, Anne Richardson, Vol I
Gentry, Atron A., Vol I
Ghosh, Ratna, Vol I
Gifford, Bernard R., Vol I
Gillett, Margaret, Vol I
Glasco, Anita L., Vol I
Glenn, Cecil E., Vol I
Gordon, Aaron Z., Vol I
Gordon, Milton A., Vol I
Goring, William S., Vol I
Goss, Theresa Carter, Vol I
Green, William Edward, Vol I
Greenwood, Theresa M. Winfrey, Vol I
Griffin, Betty Sue, Vol I
Hagan, Willie James, Vol I
Hair, John, Vol I
Hale, Janice Ellen, Vol I
Hamilton, Edwin, Vol I
Hamilton, Paul L., Vol I
Hampton, Grace, Vol I
Hardeman, Carole Hall, Vol I
Harris, Edward E., Vol I
Harris, Joseph John, III, Vol I
Harris, Walter, Jr., Vol I
Harris, Willa Bing, Vol I
Harris, William McKinley, Sr., Vol I
Harrison, Algea Othella, Vol I
Harrison, Don K., Sr., Vol I
Hawkins, Dorisula Wooten, Vol I
Hayes, Annamarie Gillespie, Vol I
Hayes, Charles Leonard, Vol I
Hayes, Leola G., Vol I
Haynes, James H., Vol I
Haynes, Leonard L., III, Vol I
Heflin, John F., Vol I
Heitzmann, William Ray, Vol I
Henderson, George, Vol I
Henry, Mildred M. Dalton, Vol I
Henry, Samuel Dudley, Vol I
Hildreth, Gladys Johnson, Vol I
Hill, Paul Gordon, Vol I
Holmes, Barbara J., Vol I
Holsey, Lilla G., Vol I
Hopkins, Dianne McAfee, Vol I
Hopkins, John Orville, Vol I
Hopkins, Vashti Edythe Johnson, Vol I
Hrabowski, Freeman Alphonsa, III, Vol I
Hudson, James Blaine, III, Vol I
Hughes, Carl D., Vol I
Hutchinson, George, Vol I
Irvin, Deborah M., Vol III
Jackson, Agnes Moreland, Vol I
James, Betty Harris, Vol I
James, David Phillip, Vol I
James, Elridge M., Vol I
Jefferson, Joseph L., Vol I
Johnson, Ivory, Vol I
Johnson, Johnny B., Vol I
Johnson, Leroy, Vol I
Johnson, Robert C., Vol I
Jones, Ann R., Vol I
Jones, Phillip Erskine, Vol I
Jones, Reginald L., Vol I
Jordan, Abbie H., Vol I
Jordan, Eddie Jack, Sr., Vol I
Joy, Donald Marvin, Vol II
Kennedy, Joyce S., Vol I
Kiah, Ruth Josephine, Vol I
Kilpatrick, Thomas L., Vol I
King, Ora Sterling, Vol I
Kirk, Wyatt D., Vol I
Kristofco, John P., Vol I
Kyle Higgins, Amanda, Vol III
Lanier, Marshall L., Vol I
Lee, Guy Milicon, Jr., Vol I
Lewis, Meharry Hubbard, Vol I
Littlejohn, Walter L., Vol I
Locke, Don C., Vol I
London, Clement B. G., Vol I
Lopes, William H., Vol I
Love, Barbara, Vol I
Luckey, Evelyn F., Vol I
Malone, Gloria S., Vol I
Manning, Jean Bell, Vol I
Marion, Claud Collier, Vol I
Mariotti, Arleen, Vol III
Mason, Donna S., Vol I
McClain, Andrew Bradley, Vol I
McClain, Shirla R., Vol I
McClure, Wesley Cornelious, Vol I
McCummings, LeVerne, Vol I
McLaughlin, Andree Nicola, Vol I
McLean, Mable Parker, Vol I
McMillan, William Asbury, Sr., Vol I
McNairy, Francine G., Vol I
McWilliams, Alfred E., Jr., Vol I
Melancon, Donald, Vol I
Middleton, Richard Temple, III, Vol I
Milburn, Corinne M., Vol I
Miller, Bernice Johnson, Vol I
Miller, Susan P., Vol I
Monteiro, Thomas, Vol I
Moody, Charles David, Sr., Vol I
Moten, Chauncey Donald, Vol I
Murray, Mabel Lake, Vol I
Myrick, Howard A., Jr., Vol I
Nelson, Randolph A., Vol I
Nelson, Wanda Lee, Vol I
Nersessian, Nancy, Vol III
Nunnally, David H., Sr., Vol I
Oglesby, James Robert, Vol I
Olitzky, Kerry M., Vol IV
Omolade, Barbara, Vol I
Palmer, Robert L., II, Vol I
Parker, Henry H., Vol I
Parker, Sidney Baynes, Vol I
Pasteur, Alfred Bernard, Vol I
Patrick, Opal Lee Young, Vol I
Patton, Gerald Wilson, Vol I
Peoples, VerJanis Andrews, Vol I
Person, Dawn Renee, Vol I
Person, William Alfred, Vol I
Petrone, Serafina, Vol I
Pierce, Thomas B., Vol I
Pitts, Vera L., Vol I
Polk, Robert L., Vol I
Pollard, Diane S., Vol I
Porter, Curtiss E., Vol I
Preston, George Nelson, Vol I
Pruitt, Anne Smith, Vol I
Reagan, Mary Jane, Vol I
Reaves, Benjamin Franklin, Vol I
Reed, Daisy Frye, Vol I
Richards, Leon, Vol I
Richardson, Cordell, Vol I
Richardson, Richard C., Jr., Vol I
Ridgel, Gus Tolver, Vol I
Roberts, Bryndis Wynette, Vol I
Robinson, Andrew, Vol I
Robinson, Ruth, Vol I
Rogers, Oscar Allan, Jr., Vol I
Rouse, Donald E., Vol I
Ryan, Kevin, Vol I
Sadler, Wilbert L., Jr., Vol I
Sandoval, Dolores S., Vol I
Saunders, Mauderie Hancock, Vol I
Sawyer, William Gregory, Vol I
Schumacher, Brockman, Vol I
Schweigert, Francis J., Vol IV
Seibert-McCauley, Mary F., Vol I
Seifman, Eli, Vol I
Settles, Rosetta Hayes, Vol I
Shade, Barbara J., Vol I
Sherrill, Vanita Lytle, Vol I
Shivers, Jay Sanford, Vol I
Simmons, Sylvia Q., Vol I
Sizemore, Barbara A., Vol I
Smith, Charles F., Jr., Vol I
Smith, Donald Hugh, Vol I
Smith, Eleanor Jane, Vol I
Smith, Glenn R., Vol I
Smith, Joanne Hamlin, Vol I
Smith, Paul M., Jr., Vol I
Smith, Walter L., Vol I
Smith Nelson, Dorothy J., Vol I
Smitherman, Geneva, Vol I
Sommerville, Joseph C., Vol I
Stennis-Williams, Shirley, Vol I
Stewart, Mac A., Vol I
Strickland, Dorothy S., Vol I
Suggs, Robert Chinelo, Vol I
Sullivan, Zola Jiles, Vol I
Sweeney, Thomas John, Vol I
Sylvas, Lionel B., Vol I
Talley, William B., Vol I
Tansey, Charlotte, Vol I
Taylor, Charles Avon, Vol I
Taylor, David Vassar, Vol I
Taylor, James Coleridge, Vol I
Terrell, Melvin C., Vol I
Thorson, J.A., Vol I
Thurman, Alfonzo, Vol I
Timberlake, Constance Hector, Vol I
Toms-Robinson, Dolores C., Vol I
Trapp-Dukes, Rosa Lee, Vol I
Turnbull, Charles Wesley, Vol I
Tyler, Gerald DeForest, Vol I
Vick-Williams, Marian Lee, Vol I
von Borstel, Federico, Vol I
Walker, Kenneth R., Vol I
Walker, Valaida Smith, Vol I
Warren, Joseph David, Vol I
Warren, Morrison Fulbright, Vol I
Warren, Nagueyalti, Vol I
Warren, Stanley, Vol I
Washington, Earl Melvin, Vol I
Washington, Michael Harlan, Vol I
Washington, Robert Orlanda, Vol I
Waterman, Thelma M., Vol I
Watts, Anne Wimbush, Vol I
West, Herbert Lee, Jr., Vol I
Williams, Carolyn Chandler, Vol I
Williams, Eddie R., Jr., Vol I
Williams, James Hiawatha, Vol I
Wilson, Patricia I., Vol I
Wilson, Rudolph George, Vol I
Wingard, Edward L., Vol I
Winston, Michael R., Vol I
Woodard, Fredrick, Vol II
Woodland, Calvin Emmanuel, Vol I
Worrill, Conrad W., Vol I
Wyrick, Floyd I., Vol I

Egyptology

Goedicke, Hans, Vol I
Lesko, Leonard Henry, Vol I
Robins, Gay, Vol I
Wente, Edward Frank, Vol I

English History

Baker, William Joseph, Vol I
Barnes, James John, Vol I
Barrows, Floyd Dell, Vol II
Bean, John Malcolm William, Vol I
Beer, Barrett L., Vol II
Bertelsen, Lance, Vol II
Bittle, William George, Vol II
Blackey, Robert Alan, Vol II
Bone, Quentin, Vol I
Boyle, Thomas Coraghessan, Vol II
Braddock, Robert Cook, Vol I
Breihan, John R., Vol I
Brown, John E., Vol II
Caldwell, Larry, Vol III
Camargo, Martin, Vol II
Cope, Esther Sidney, Vol I
Covert, James Thayne, Vol I
Crompton, Louis, Vol II
Edsall, Nicholas Cranford, Vol I
Engel, Arthur Jason, Vol II
Fisk, William Lyons, Vol II
Florian, Robert Bruce, Vol I
Furdell, Ellzabeth Lane, Vol I
Ginter, Donald Eugene, Vol II
Haas, James M., Vol II
Hackmann, William Kent, Vol I
Hay, Carla Humphrey, Vol I
Hays, Rosalind Conklin, Vol I
Herlan, Ronald Wallace, Vol I
Hibbard, Caroline Marsh, Vol II
Horwitz, Henry Gluck, Vol I
Jackman, Sydney W, Vol II
Keefe, Thomas Keelin, Vol I
Kriegel, Abraham David, Vol II
Lammers, Donald N., Vol II
Landau, Norma Beatrice, Vol II
Lander, Jack Robert, Vol I
Lee, Patricia-Ann, Vol II
Levack, Brian Paul, Vol II
Luthy, Melvin Joseph, Vol III
Manning, Roger B., Vol I
May, John R., Vol IV
McCarthy, John P., Vol II
Mcgee, James Sears, Vol I
Mcintosh, Marjorie Keniston, Vol II
Mclean, Andrew Miller, Vol II
Meacham, Standish, Vol I
Meisel, Janet Anne, Vol I
Melton, Frank Tompkins, Vol II
Meza, Pedro Thomas, Vol I
Millar, Gilbert John, Vol I
Nenner, Howard Allen, Vol I
Newman, Barbara, Vol IV
Pfaff, Richard William, Vol I
Phillips, John Allen, Vol I
Rauschenberg, Roy A., Vol II
Reedy, William T., Vol I
Rosenheim, James Morton, Vol II
Rothblatt, Sheldon, Vol I
Ryan, Robert Albert, Vol II
Satre, Lowell Joseph, Vol I
Schwarz, Marc Lewis, Vol II
Schwoerer, Lois Green, Vol I
Seaver, Paul Siddall, Vol II
Shapiro, Barbara June, Vol II
Sider, E. Morris, Vol I
Sil, Narasingha P., Vol II
Slavin, Arthur J., Vol I
Snow, Vernon F., Vol II
Solt, Leo F, Vol II
Sommerville, Charles John, Vol I
Stevenson, John A., Vol II
Stow, George Buckley, Vol I
Sundstrom, Roy Alfred, Vol I
Taranow, Gerda, Vol II
Tholfsen, Trygve Rainone, Vol I
Tholfsen, Trygve Rainone, Vol I
Trumbach, Randolph, Vol I
Wabuda, Susan, Vol II
Warnicke, Retha Marvine, Vol I
Weikel, Ann, Vol I
Willen, Diane, Vol II
Yeandle, Laetitia, Vol II
Young, Michael Brian, Vol I

English Language

Abraham, Julie L., Vol III
Adamson, Hugh Douglas, Vol III
Atkinson, Colin B., Vol III
Attridge, Derek, Vol III
Bauerlein, Mark, Vol III
Beale, Walter Henry, Vol II
Beattie, Thomas Charles, Vol II
Beaty, Jerome, Vol III
Bebout, Linda J., Vol III
Belton, John, Vol III
Bullard, John Moore, Vol IV
Cable, Thomas Monroe, Vol III
Calendrillo, Linda T., Vol II
Caruth, Cathy, Vol III
Cassidy, Frederic Gomes, Vol II
Casteen, John, Vol III
Cavanagh, Sheila T., Vol III
Ceniza, Sherry, Vol III
Cervo, Nathan Anthony, Vol II
Chace, William M., Vol III
Christianson, Paul, Vol III
Clark, Basil Alfred, Vol II
Claydon, Margaret, Vol II
Coffey, Jerome Edward, Vol III
Collins, K.K., Vol III
Corbett, Janice, Vol III
Cox, John D., Vol II
Crane, Susan, Vol III
Craun, Edwin David, Vol II
DeKoven, Marianne, Vol III
Ditsky, John M., Vol III
Dowell, Peter W., Vol III
Dowling, William C., Vol III
Dubois, Betty Lou, Vol III
Elliott, Michael, Vol III
Erlich, Richard Dee, Vol II
Fisher, James Randolph, Vol III
Ford, James Eric, Vol II
Galperin, William, Vol III
Ganzel, Dewey Alvin, Vol II
Geist, Joseph E., Vol III
George, Kearns, Vol III
Germain, Edward B., Vol III
Golumbia, David, Vol III
Gordon, Lynn, Vol III
Guetti, James L., Vol III
Hahn, Thomas George O'Hara, Vol II
Hamel, Mary, Vol III
Harder, Bernhard D., Vol III
Harris, Daniel A., Vol III
Hartman, James Walter, Vol III
Harty, Kevin John, Vol II
Hedrick, Donald Keith, Vol III
Herendeen, Wyman H., Vol III
Herzfeld, Anita, Vol III
Hilty, Deborah Pacini, Vol II

Imamura, Shigeo, Vol III
Irsfeld, John Henry, Vol II
Jacobs, Dorothy Hieronymus, Vol II
Janzen, Henry David, Vol III
Jehlin, Myra, Vol II
Jennings, Lawrence Charles, Vol II
Jin, Xuefei, Vol III
Johnston, John, Vol III
Johnston, Stanley Howard, Vol III
Kachru, Braj Behari, Vol III
Kalaidjian, Walter, Vol III
Katasse, Conny, Vol III
Kleiner, Elaine Laura, Vol II
Ladd, Barbara, Vol II
Lane, Christopher, Vol III
Lee, Alvin A, Vol III
Leki, Ilona, Vol III
Lemaster, Jimmie R., Vol III
Lesikin, Joan, Vol III
Levenduski, Cristine, Vol III
Levine, George L., Vol III
Linn, Michael D., Vol III
Little, Greta D., Vol III
Lohrli, Anne, Vol III
Lyons, Bridget G., Vol III
Mackendrick, Louis King, Vol III
MacLeod, Alistair, Vol III
Manchel, Frank, Vol II
Manley, Frank, Vol II
McClure, John, Vol III
McKenna, Sheila, Vol III
Miller, R. Baxter, Vol III
Morey, James, Vol III
Moseley, Merritt, Vol II
Natalicio, Diana, Vol III
Nickerson, Catherine Ross, Vol III
Orel, Harold, Vol II
Oster, Judith, Vol III
Ostriker, Alicia, Vol III
Parish, Charles, Vol III
Patrick, Barbara, Vol II
Paxman, David B., Vol III
Pederson, Lee, Vol III
Petraglia-Bahri, Deepika, Vol III
Qualls, Barry V., Vol III
Quinsey, Katherine M., Vol III
Rambuss, Richard, Vol III
Raney, George William, Vol III
Reed, Walter, Vol III
Saitz, Robert Leonard, Vol II
Sanders, Mark, Vol III
Schuchard, W. Ronald, Vol III
Serum, Robert W., Vol II
Sitter, John, Vol III
Smedick, Lois Katherine, Vol III
Steensma, Robert Charles, Vol II
Stockwell, Robert Paul, Vol III
Straus, Barrie Ruth, Vol III
Tchudi, Stephen, Vol III
Thompson, Roger Mark, Vol III
Tm, King, Vol IV
Vann, Roberta Jeanne, Vol III
Vitto, Cindy, Vol III
Weasmer, Jerie, Vol II
Whatley, Eric Gordon, Vol III
Woodward, Pauline, Vol III

English Linguistics
Vickrey, John Frederick, Vol III

English Literature
Aarsleff, Hans, Vol II
Abbott, Anthony S., Vol II
Abbott, H. Porter, Vol II
Abernethy, Cecil Emory, Vol II
Abernethy, Francis Edward, Vol II
Abraham, Julie L., Vol III
Abrams, Meyer Howard, Vol II
Achinstein, Sharon, Vol II
Adams, Barry Banfield, Vol II
Adams, Dale Talmadge, Vol II
Adams, Elsie B., Vol II
Adams, George Roy, Vol II
Adams, Percy Guy, Vol II
Adams, Timothy D., Vol II
Adamson, Joseph, Vol II
Adelman, Janet Ann, Vol II
Adickes, Sandra, Vol II
Adicks, Richard R., Vol II
Adler, Thomas Peter, Vol II
Adolph, Robert, Vol II
Adrian, Daryl B., Vol II
Aers, David, Vol II
Aggeler, Geoffrey Donovan, Vol II
Ahearn, Barry, Vol II
Aiken, Ralph, Vol II

Aiken, Susan Hardy, Vol II
Akrigg, George P.V., Vol II
Alaya, Flavia M., Vol II
Albertini, Virgil, Vol II
Albright, Daniel, Vol II
Alexander, Doris M., Vol II
Alexander, Estella Conwill, Vol II
Algeo, John T., Vol II
Allen, Gilbert Bruce, Vol II
Allen, Harriette Louise, Vol II
Allentuck, Marcia Epstein, Vol II
Allmendinger, Blake, Vol II
Altegoer, Diana B., Vol II
Alter, Jane, Vol II
Alvey, Richard Gerald, Vol I
Amabile, George, Vol II
Anatol, Giselle L., Vol II
Anderson, Judith Helena, Vol II
Anderson, Linda, Vol II
Andreas, James, Vol II
Andrews, Larry Ray, Vol II
Angyal, Andrew J., Vol II
Anspaugh, Kelly C., Vol II
Anthony, Geraldine, Vol II
Antush, John V., Vol II
Appel, Alfred, Jr., Vol II
Applewhite, James W., Vol II
Appleyard, Joseph A., Vol II
Arcana, Judith, Vol II
Arnason, David E., Vol II
Arnez, Nancy L., Vol II
Arnold Twining, Mary, Vol II
Ashley, Leonard R.N., Vol II
Askew, Timothy, Vol II
Aspiz, Harold, Vol II
Astington, John H., Vol II
Atkinson, James Blakely, Vol II
Atlas, Marilyn Judith, Vol II
Aton, James M., Vol II
Attebery, Brian, Vol II
Attebery, Jennifer, Vol II
Attebery, Louie Wayne, Vol II
Attridge, Derek, Vol III
Aubrey, James R., Vol II
Auerbach, Jonathon, Vol II
August, Eugene R., Vol II
Auksi, Peter, Vol II
Austen, Zelda, Vol II
Austin, Linda, Vol II
Austin, Michael, Vol II
Austin Smith, Brenda, Vol II
Axelrad, Arthur Marvin, Vol II
Axton, William F., Vol II
Aycock, Roy E., Vol II
Aycock, Wendell M., Vol II
Babb, Valerie M., Vol II
Bach, Rebecca Ann, Vol II
Backscheider, Paula R., Vol II
Baer, William, Vol II
Baetzhold, Howard George, Vol II
Bailey, Richard W., Vol II
Bailey, Richard Weld, Vol II
Bailey, Thomas Cullen, Vol II
Baillie, William Mayan, Vol II
Baird, John D., Vol II
Baker, Christopher P., Vol II
Baker, David Anthony, Vol II
Baker, Denise Nowakowski, Vol II
Baker, Donald C., Vol II
Baker, Donald Whitelaw, Vol II
Baker, J. Robert, Vol II
Baker, Moira, Vol II
Baker, Robert Samuel, Vol II
Baker, Robert Samuel, Vol II
Baldo, Jonathan, Vol II
Baldwin, Arminta Tucker, Vol II
Baldwin, Dean, Vol II
Bales, Kent, Vol II
Ballstadt, Carl P.A., Vol II
Balutansky, Kathleen M., Vol II
Banta, Martha, Vol II
Barasch, Frances K., Vol II
Barba, Harry, Vol II
Barbour, Brian Michael, Vol II
Barbour, Douglas F., Vol II
Barbour, Paula Louise, Vol II
Barden, Thomas E., Vol II
Barfield, Rayford, Vol II
Barker, Thomas T., Vol II
Barkley, Heather S., Vol II
Barnes, Richard G., Vol II
Barney, Stephen Allen, Vol II
Baron, Dennis, Vol II
Baron, F. Xavier, Vol II
Barr, Alan Philip, Vol II
Barros, Carolyn, Vol II
Barry, Jackson Granville, Vol II
Barsky, Robert, Vol II
Baruch, Elaine Hoffman, Vol II

Bass, Eben E., Vol II
Bassett, John E., Vol II
Bate, Walter Jackson, Vol II
Bates, Milton James, Vol II
Battersby, James L., Vol II
Battestin, Martin Carey, Vol II
Baucom, Ian, Vol II
Bauerlein, Mark, Vol III
Bauland, Peter Max, Vol II
Baumbach, Jonathan, Vol II
Baumwoll, Dennis, Vol II
Bay, Libby, Vol II
Baym, Nina, Vol II
Bazerman, Charles, Vol II
Bazin, Nancy Topping, Vol III
Beasley, Jerry Carr, Vol II
Beattie, Thomas Charles, Vol II
Beaty, Frederick L., Vol II
Beaty, Jerome, Vol III
Beavers, Myrtle B., Vol II
Becker, John, Vol II
Beckman, Richard, Vol II
Beckson, Karl, Vol II
Beckwith, Sarah, Vol II
Bednarz, James P., Vol II
Begiebing, Robert J., Vol II
Begnal, Michael Henry, Vol II
Behrendt, Stephen C., Vol II
Beidler, Peter Grant, Vol II
Beja, Morris, Vol II
Belasco, Susan, Vol II
Bell, Bernard W., Vol II
Bell, Ilona, Vol II
Bell, Roseann P., Vol II
Bellamy, Joe David, Vol II
Bellman, Samuel Irving, Vol II
Belton, John, Vol II
Ben Zvi, Linda, Vol II
Benardete, Jane, Vol II
Bender, Robert M., Vol II
Bender, Todd K., Vol II
Bennett, Alma, Vol II
Bennett, Carl D., Vol II
Bennett, James Richard, Vol II
Bennett, John, Vol II
Benoit, Raymond, Vol II
Benson, Larry Dean, Vol II
Benson, Morris, Vol II
Benstock, Shari, Vol II
Bentman, Raymond, Vol II
Benton, Richard Paul, Vol II
Benton, Robert Milton, Vol II
Beran, Carol L., Vol II
Berg, Maggie, Vol II
Berger, Thomas Leland, Vol II
Bergeron, David M., Vol II
Berggren, Paula S., Vol II
Bergman, David L., Vol II
Berkeley, David Shelley, Vol II
Berkove, Lawrence Ivan, Vol II
Berkowitz, Gerald Martin, Vol II
Berlin, Normand, Vol II
Berlind, Bruce, Vol II
Berman, Avis, Vol II
Bernard, Kenneth, Vol II
Berne, Stanley, Vol II
Bernstein, Carol L., Vol II
Berry, Boyd Mcculloch, Vol II
Berry, Herbert, Vol II
Berry, Margaret, Vol II
Berry, Ralph M., Vol II
Berst, Charles A., Vol II
Bertelsen, Lance, Vol II
Berthoff, Ann Evans, Vol II
Berthoff, Warner Bement, Vol II
Betz, Paul F., Vol II
Bevington, David M., Vol II
Bialostosky, Don, Vol II
Bibb, T. Clifford, Vol II
Bicknell, John W., Vol II
Bieganowski, Ronald, Vol II
Bien, Peter Adolph, Vol II
Bier, Jesse, Vol II
Biester, James, Vol II
Bing, Janet, Vol II
Birdsall, Eric, Vol II
Birnbaum, Milton, Vol II
Bishop, Allan, Vol II
Bizzell, Patricia L., Vol II
Black, Daniel, Vol II
Black, Nancy BreMiller, Vol II
Blackburn, Alexander, Vol II
Blackburn, Thomas, Vol II
Blackmore, Robert Long, Vol II
Blackstone, Mary A., Vol II
Blair, John, Vol II
Blair, John George, Vol I
Blake, James Joseph, Vol II
Blake, Robert Grady, Vol II

Blanchard, Scott, Vol II
Blank, G. Kim, Vol II
Blasing, Mutlu Konuk, Vol II
Blau, Herbert, Vol II
Blau, Sheridan, Vol II
Blaydes, Sophia Boyatzies, Vol II
Bledsoe, Robert Terrell, Vol II
Bledstein, Adrien, Vol I
Bleich, David, Vol II
Blessington, Francis Charles, Vol II
Blewett, David, Vol II
Blissett, William F., Vol II
Bloch, Chana, Vol II
Bloom, Harold, Vol II
Bloom, Lynn Z., Vol II
Bloom, Robert, Vol II
Blotner, Joseph Leo, Vol II
Blues, Thomas, Vol II
Boardman, Kathy, Vol II
Bock, Martin F., Vol II
Bode, Robert Francis, Vol II
Bodo, Murray, Vol II
Bolsterli, Margaret Jones, Vol II
Bonner, Thomas, Vol II
Bonnyman-Stanley, Isabel, Vol II
Bono, Barbara Jane, Vol II
Boos, Florence Saunders, Vol II
Boose, Lynda E., Vol II
Booth, Philip, Vol II
Booth, Stephen, Vol II
Booth, Wayne Clayson, Vol II
Borck, Jim Springer, Vol II
Borden, Diane M., Vol II
Boren, James Lewis, Vol II
Boris, Edna Z., Vol II
Borsch, Frederick Houk, Vol II
Boscagli, Maurizia, Vol II
Bosmajian, Hamida, Vol II
Boswell, Jackson Campbell, Vol II
Bourne, Lesley-Anne, Vol II
Bouson, J. Brooks, Vol II
Bowen, Roger, Vol II
Bowerbank, Sylvia, Vol II
Bowers, Edgar, Vol II
Bowers, Neal, Vol II
Bowers, Paul, Vol II
Boyd, Brian David, Vol II
Boyer, Dale Kenneth, Vol II
Boyle, Thomas Coraghessan, Vol II
Brackell, Pamela, Vol II
Bracken, Pamela, Vol II
Bracy, William, Vol II
Bradley, Ritamary, Vol II
Brailow, David Gregory, Vol II
Brande, David, Vol II
Brandt, Diana, Vol II
Brantley, Jennifer, Vol II
Brater, Enoch, Vol II
Braun Pasternack, Carol, Vol II
Braunmuller, A.P., Vol II
Bredbeck, Gregory W., Vol II
Brennan, Anthony, Vol II
Brennan, John P., Vol II
Brennan, Timothy Andres, Vol II
Breslin, Paul, Vol II
Brett, Sally A., Vol II
Brewster, Glen, Vol II
Brewton, Butler E., Vol II
Brier, Peter A., Vol II
Briggs, John C., Vol II
Brink, Jeanie Renee, Vol II
Brisman, Leslie, Vol II
Brkkila, Betsy, Vol II
Brock, Dewey Heyward, Vol II
Brockman, William, Vol II
Broderick, John Caruthers, Vol II
Bromwich, David, Vol II
Brooks, A. Russell, Vol II
Brown, Alanna Kathleen, Vol II
Brown, Arthur A., Vol II
Brown, Carole Ann, Vol II
Brown, George Hardin, Vol II
Brown, Harry Matthew, Vol II
Brown, Jessie Lemon, Vol II
Brown, Julia Prewitt, Vol II
Brown, Linda Beatrice, Vol II
Brown, Lorraine Anne, Vol II
Brown, Marion Marsh, Vol II
Brown, Pearl Leblanc, Vol II
Brown, Robert D., Vol II
Brown, Robert E., Vol II
Brown, Russell Morton, Vol II
Brown, Ruth Christiani, Vol II
Brown, Stephen Jeffry, Vol II
Brown, Terry, Vol II
Brown, Theressa Wilson, Vol II
Brown, Thomas Howard, Vol II

Brown-Guillory, Elizabeth, Vol II
Browne, Ray B., Vol II
Browne, William Francis, Vol II
Browning, Judith, Vol II
Brownley, Martine Watson, Vol II
Bruccoli, Matthew J., Vol II
Bruce Pratt, Minnie, Vol II
Bruffee, Kenneth Allen, Vol II
Bruns, Gerald L., Vol II
Brunsdale, Mitzi Mallarian, Vol II
Brustein, Robert, Vol II
Brydon, Diana, Vol II
Bryson, Ralph J., Vol II
Bryson, William Hamilton, Vol I
Bucco, Martin, Vol II
Buckalew, Ronald Eugene, Vol II
Buckland, Roscoe Lawrence, Vol I
Buckley, Jerome Hamilton, Vol II
Buckley, Joan, Vol II
Bucknell, Brad, Vol II
Budd, Louis John, Vol II
Budick, Sanford, Vol II
Buell, Frederick Henderson, Vol II
Buitenhuis, Peter M., Vol II
Bullard, John Moore, Vol IV
Bullon-Fernandez, Maria, Vol II
Bump, Jerome Francis Anthony, Vol II
Bunge, Nancy Liddell, Vol II
Burd, Van Akin, Vol II
Burde, Edgar J., Vol II
Burke, John J., Vol II
Burkman, Katherine H., Vol II
Burlin, Robert B., Vol II
Burling, William J., Vol II
Burnham, Michelle, Vol II
Bursk, Christopher, Vol II
Burt, Susan Meredith, Vol II
Bush, Sargent, Jr., Vol II
Bushnell, Jack, Vol II
Butler, Gerald Joseph, Vol II
Butler, J., Vol II
Butler, James Albert, Vol II
Butte, George, Vol II
Butterfield, Bruce A., Vol II
Butters, Ronald R., Vol II
Bzdyl, Donald, Vol II
Cabezut-Ortiz, Delores J., Vol II
Calder, Robert L., Vol II
Caldwell, Mark Leonard, Vol II
Calendrillo, Linda T., Vol II
Calhoun, Richard James, Vol II
Calhoun, Thomas O., Vol II
Cameron, Elspeth M., Vol II
Cameron, John, Vol II
Cameron, Sharon, Vol II
Cameron Munro, Ruth A., Vol II
Camfield, Gregg, Vol II
Caminals-Heath, Roser, Vol II
Caminero-Santangelo, Byron, Vol II
Caminero-Santangelo, Marta, Vol II
Campbell, Felicia F., Vol II
Campbell, Hilbert Haynes, Vol II
Campbell, Jackson Justice, Vol II
Campbell, Jane, Vol II
Campbell, SueEllen, Vol II
Canary, Robert Hughes, Vol II
Canfield, John Douglas, Vol II
Cannon, Garland, Vol II
Cantor, Paul Arthur, Vol II
Cantrell, Carol, Vol II
Capps, Jack L., Vol II
Caputi, Anthony Francis, Vol II
Caramello, Charles, Vol II
Card, James Van Dyck, Vol II
Cardaci, Paul F., Vol II
Carducci, Eleanor, Vol II
Carducci, Jane, Vol II
Carey-Webb, Allen, Vol II
Carkeet, David Corydon, Vol II
Carlson, Eric Walter, Vol II
Carlson, Julie, Vol II
Carlson, Melvin, Jr., Vol II
Carmichael, Thomas, Vol II
Carnell, Corbin Scott, Vol II
Carnochan, Walter Bliss, Vol II
Carpenter, Charles Albert, Vol II
Carpenter, Delores Bird, Vol II
Carpenter, Mary, Vol II
Carpenter, William Morton, Vol II
Carpentier, Martha C., Vol II
Carr, Robin, Vol II
Carrig, Maria, Vol II
Carrithers, Gale, Vol II
Carroll, William, Vol II
Carson, Michael, Vol II
Carson, Warren Jason, Jr., Vol II

Carter, Everett, Vol II
Carter, Steven Ray, Vol II
Carter-Sanborn, Kristin, Vol II
Caruth, Cathy, Vol II
Cary, Cecile Williamson, Vol II
Casagrande, Peter Joseph, Vol II
Case, Alison, Vol II
Casey, Ellen Miller, Vol II
Cassidy, Frederic Gomes, Vol II
Cassis, Awny F., Vol II
Castagna, Joann E., Vol II
Castellitto, George P., Vol II
Castiglia, Christopher, Vol II
Castle, Terry, Vol II
Castronovo, David, Vol II
Caughie, Pamela L., Vol II
Cavanagh, Sheila T., Vol III
Cavanaugh, William Charles, Vol II
Cederstrom, Lorelei S., Vol II
Cerasano, Susan P., Vol II
Cervo, Nathan Anthony, Vol II
Cevasco, George Anthony, Vol II
Chace, William M., Vol III
Chaika, Elaine, Vol II
Chakravorty Spivak, Gayatri, Vol II
Chametzky, Jules, Vol II
Chandler, Alice, Vol II
Chang, Joseph S., Vol II
Chapman, David W., Vol II
Chapman, Wayne, Vol II
Chappell, Fred Davis, Vol II
Chari, V.K., Vol II
Charney, Mark, Vol II
Charney, Maurice Myron, Vol II
Chay, Deborah, Vol II
Cheah, Pheng, Vol II
Chell, Samuel L., Vol II
Cheney, Donald, Vol II
Cheney, Patrick, Vol II
Cherchi-Usai, Paolo, Vol II
Cherniss, Michael David, Vol II
Cherry, Caroline Lockett, Vol II
Cherry, Charles L., Vol II
Childers, Joseph W., Vol II
Chinitz, David, Vol II
Chinoy, Helen Krich, Vol II
Chow, Karen, Vol II
Christ, Carol Tecla, Vol II
Christianson, Paul, Vol II
Christopher, Georgia B., Vol II
Ciancio, Ralph Armando, Vol II
Cima, Gay Gibson, Vol II
Clancy, Joseph P., Vol II
Clareson, Thomas Dean, Vol II
Clark, Basil Alfred, Vol II
Clark, David L., Vol II
Clark, David Ridgley, Vol II
Clark, Edward, Vol II
Clark, Edward Depriest, Sr., Vol II
Clark, George, Vol II
Clark, George Peirce, Vol II
Clark, James Drummond, Vol II
Clark, Justus Kent, Vol II
Clark, L.D., Vol II
Clark, William Bedford, Vol II
Clarke, George Elliott, Vol II
Clarke, Micael, Vol II
Clausen, Christopher, Vol II
Claydon, Margaret, Vol II
Clayton, Jay, Vol II
Clayton, Tom, Vol II
Cleary, Thomas R., Vol II
Clegg, Cyndia Susan, Vol II
Cleghorn, Cassandra, Vol II
Clogan, Paul Maurice, Vol II
Cluff, Randall, Vol II
Clum, John M., Vol II
Coale, Samuel Chase, Vol I
Cobb, Jerry, Vol II
Cobley, Evelyn M., Vol II
Cody, Richard John, Vol II
Coers, Donald V., Vol II
Coffin, Tristram Potter, Vol II
Cohen, Edward H., Vol II
Cohen, Eileen Z., Vol II
Cohen, Joseph, Vol II
Cohen, Michael Martin, Vol II
Cohen, Ralph Alan, Vol II
Colby, Robert Alan, Vol II
Coldiron, Anne E. B., Vol II
Coldwell, Joan, Vol II
Cole, David William, Vol II
Cole, Howard Chandler, Vol II
Coleman, Daniel, Vol II
Coleman, Mark, Vol II
Colley, Ann C., Vol II
Collie, Michael J., Vol II

Collins, Dan Stead, Vol II
Collins, K.K., Vol III
Collins, Michael J., Vol II
Collins, Robert G., Vol II
Collmer, Robert George, Vol II
Coltrane, Robert, Vol II
Colvert, James B., Vol II
Colvin, Daniel Lester, Vol II
Colwell, Frederic, Vol II
Comprone, Joseph John, Vol II
Conger, Syndy Mcmillen, Vol II
Conolly, Leonard W., Vol II
Conrad, Kathryn A., Vol II
Coogan, David, Vol II
Cook, Eleanor, Vol II
Cook, James Wyatt, Vol II
Cook, Stephan H., Vol II
Coolidge, Archibald Cary, Jr., Vol II
Coolidge, John Stanhope, Vol II
Cooper, John Rex, Vol II
Cooper, Vincent O'Mahony, Vol III
Cope, Jackson Irving, Vol II
Cope, Kevin, Vol II
Copek, Peter Joseph, Vol II
Coppedge, Walter Raleigh, Vol II
Corbett, Janice, Vol II
Corman, Brian, Vol II
Cornelia, Marie E., Vol II
Corodimas, Peter, Vol II
Corrigan, Maureen, Vol II
Cosgrove, Peter, Vol II
Costa, Richard Hauer, Vol II
Costanzo, William Vincent, Vol II
Cotter, James Finn, Vol II
Cotton, William Theodore, Vol II
Council, Norman Briggs, Vol II
Courage, Richard A., Vol II
Court, Franklin Edward, Vol II
Coutenay, Lynn, Vol II
Cowasjee, Saros, Vol II
Cowell, Pattie Lee, Vol II
Cox, Don Richard, Vol II
Cox, John D., Vol II
Cox, Robert, Vol II
Cox, Roger Lindsay, Vol II
Cox, Shelly, Vol II
Cox, Stephen D., Vol II
Craig, George Armour, Vol II
Crain, Patricia, Vol II
Crane, Milton, Vol II
Crane, Susan, Vol III
Craven, Alan, Vol II
Creed, Walter Gentry, Vol II
Crew, Louie, Vol II
Crewe, Jonathan V., Vol II
Crews, Frederick, Vol II
Crosland, Andrew Tate, Vol II
Crosman, Robert, Vol II
Cross, Gilbert B., Vol II
Crossley, Robert Thomas, Vol II
Crowell, Douglas E., Vol II
Crowl, Samuel, Vol II
Crowley, John W., Vol II
Crump, Rebecca, Vol II
Crupi, Charles William, Vol II
Culik, Hugh, Vol II
Culler, Arthur Dwight, Vol II
Culross, Jack Lewis, Vol II
Cumberland, Sharon L., Vol II
Cummings, Peter March, Vol II
Cummings, Sherwood, Vol II
Cummins, Walter M., Vol II
Cunningham, Frank Robert, Vol II
Cunningham, Karen, Vol II
Curley, Thomas Michael, Vol II
Curran, Sonia Terrie, Vol II
Curran, Stuart Alan, Vol II
Currie, William W., Vol II
Curry, Elizabeth Reichenbach, Vol II
Cushman, Stephen B., Vol II
D'Avanzo, Mario L., Vol II
Dabney, Ross H., Vol II
Dahood, Roger, Vol II
Daigle, Lennet, Vol II
Dale, Helen, Vol II
Daly, Brenda O., Vol II
Daly, Robert, Vol II
Dameron, John Lasley, Vol II
Dames, Nicholas, Vol II
Dammers, Richard Herman, Vol II
Damon-Bach, Lucinda, Vol II
Damrosch, David N., Vol III
Damrosch, Leo, Vol II
Dance, Daryl Cumber, Vol II
Dandridge, Rita Bernice, Vol II
Danford, Robert E., Vol II

Daniell, Beth, Vol II
Dash, Irene Golden, Vol II
Davenport, Guy Mattison, Vol II
David, Alfred, Vol II
Davidov, Judith Fryer, Vol I
Davidson, Arnold E., Vol II
Davidson, Cathy N., Vol II
Davidson, Clifford Oscar, Vol II
Davies, Gwendolyn, Vol II
Davis, Charles Roger, Vol II
Davis, Dale W., Vol III
Davis, Kenneth Waldron, Vol II
Davis, Marianna White, Vol II
Davis, Marie, Vol II
Davis, Robert Leigh, Vol II
Davis, Ron, Vol II
Davis, Thomas M., Vol II
Davis, Wendell Eugene, Vol II
Davis, William V., Vol II
Dawson, Anthony Blanchard, Vol II
De Grave, Kathleen R., Vol II
de Jongh, James Laurence, Vol II
de Toro, Fernando, Vol II
Deakins, Roger Lee, Vol II
Dean, Dennis Richard, Vol II
Dean, James S., Vol II
Dean, Joan Fitzpatrick, Vol II
Dean, Susan Day, Vol II
Deane, Seamus, Vol II
Deese, Helen R., Vol II
DeKoven, Marianne, Vol III
Delahunty, Gerald, Vol II
Delaney, Paul, Vol II
Delany, Paul, Vol II
Delany, Sheila, Vol II
Delasanta, Rodney, Vol II
DeLaura, David Joseph, Vol II
DeMaria, Robert, Vol II
Demarr, Mary Jean, Vol II
Demastes, William, Vol II
Deming, Robert Howard, Vol II
Dendinger, Lloyd N., Vol II
DeNeef, Leigh A., Vol II
Denniston, Dorothy L., Vol II
Denniston, Elliott Averett, Vol II
Deporte, Michael Vital, Vol II
DeRitter, Jones, Vol II
Derrick, Clarence, Vol II
Dessen, Alan Charles, Vol II
Dessner, Lawrence Jay, Vol II
Dettmar, Kevin, Vol II
Devitt, Amy J., Vol II
Devlin, Albert J., Vol II
Devlin, James E., Vol II
Dick, Susan M., Vol II
Dickey, James, Vol II
Dickey, William, Vol II
Dickson, Donald R., Vol II
Dickstein, Morris, Vol II
Diehl, Huston, Vol II
Diehl Jones, Charlene, Vol II
DiGaetani, John Louis, Vol II
Dillard, Joey L., Vol II
Dillon, Bert, Vol II
Dilworth, Thomas, Vol II
Dimmitt, Jean Pollard, Vol II
DiPasquale, Theresa M., Vol II
Dircks, Richard J., Vol II
Dixon, Kathleen, Vol II
Dixon, Mimi S., Vol II
Dixon, Wheeler Winston, Vol II
Djwa, Sandra A., Vol II
Doak, Robert, Vol II
Doane, Alger Nicolaus, Vol II
Dodd, Wayne Donald, Vol II
Dodge, Robert Kendall, Vol II
Doerksen, Daniel William, Vol II
Dolan, Frances E., Vol II
Donaldson, Jeffery, Vol II
Donaldson, Peter Samuel, Vol II
Donatelli, Joseph M.P., Vol II
Donavin, Georgiana, Vol II
Doob, Penelope, Vol II
Doran, Madeleine, Vol II
Dornsife, Rob, Vol II
Dorsinville, Max, Vol II
Doskow, Minna, Vol II
Doudna, Martin Kirk, Vol II
Dowell, Peter W., Vol III
Dowell, Richard Walker, Vol II
Dowling, William C., Vol III
Downes, David Anthony, Vol II
Downey, James, Vol II
Downing, David, Vol II
Doxey, William S., Vol II
Doyle, Charles Clay, Vol II
Doyle, Esther M., Vol II

Drake, Robert Y., Jr., Vol II
Dreher, Diane Elizabeth, Vol II
Drewry, Cecelia Hodges, Vol II
Drout, Michael D.C., Vol II
Dryden, M., Vol III
Dubey, Madhu, Vol II
Dubino, Jeanne, Vol II
Dubrovsky, Gertrude, Vol II
Ducharme, Robert, Vol II
Duckworth, Alistair Mckay, Vol II
Duclow, Donald F., Vol II
Dudley, Edward J., Vol III
Dudt, Charmazel, Vol II
Duffy, Andrew Enda, Vol II
Duffy, Dennis, Vol II
Duncan, Bonnie I., Vol II
Duncan, Charles, Vol II
Duncan, Kirby Luther, Vol II
Dunn, Ellen Catherine, Vol II
Dunn, Richard John, Vol II
Dunn, Robert P., Vol II
Dunn, Robert P., Vol II
Dunne, Joseph Fallon, Vol II
DuPriest, Travis Talmadge, Jr., Vol II
Durer, Christopher, Vol II
Dussinger, John Andrew, Vol II
Dust, Philip Clarence, Vol II
Duyfhuizen, Bernard, Vol II
Dyer, Joyce, Vol II
Eakin, Paul John, Vol II
Early, Gerald, Vol II
Earnest, Steve, Vol II
Eaton, Charles Edward, Vol II
Eaves, Morris, Vol II
Ebbitt, Wilma Robb, Vol II
Eberhart, Richard, Vol II
Eccles, Mark, Vol II
Echeruo, Michael, Vol II
Eckhardt, Caroline Davis, Vol II
Edwards, Clifford Duane, Vol II
Edwards, Lee R., Vol II
Edwards, Mary-Jane, Vol II
Egan, James J., Vol II
Egan, Mary Joan, Vol II
Eigner, Edwin Moss, Vol II
Eisner, Sigmund, Vol II
Eiss, Harry Edwin, Vol II
Elder, John, Vol II
Elia, Richard Leonard, Vol II
Eller, Jonathan R., Vol II
Elliott, Michael, Vol III
Ellis, Frank Hale, Vol II
Ellison, Jerome, Vol II
Elsbree, Langdon, Vol II
Elton, William R., Vol II
Ely, Robert Eugene, Vol II
Emanuel, James Andrew, Vol II
Emery, Sarah W., Vol IV
Emma, Ronald David, Vol II
Emmitt, Helen, Vol II
Engel, Kirsten H., Vol II
Engelberg, Edward, Vol III
England, Anthony Bertram, Vol II
Entzminger, Robert L., Vol II
Epperly, Elizabeth Rollins, Vol II
Epstein, Edmund Lloyd, Vol II
Epstein, William Henry, Vol II
Erickson, Darlene E. Williams, Vol II
Erickson, Nancy Lou, Vol I
Erickson, Robert A., Vol II
Erler, Mary C., Vol II
Erlich, Richard Dee, Vol II
Esterhammer, Angela, Vol II
Euba, Femi, Vol II
Evans, Gwynne Blakemore, Vol II
Evans, James Edward, Vol II
Evans, John Martin, Vol II
Evans, Lawrence, Vol II
Evans, Robley Jo, Vol II
Evelev, John, Vol II
Evenson, Brian, Vol II
Evett, David Hal, Vol II
Ewell, Barbara Claire, Vol II
Fabricant, Carole, Vol II
Faderman, Lillian, Vol II
Fagles, Robert, Vol III
Fagundo, Ana Maria, Vol III
Faigley, Lester, Vol II
Fairbanks, Carol, Vol II
Fairley, Irene R., Vol III
Fallon, Robert Thomas, Vol II
Fanning, Charles F., Vol II
Farber, Gerald Howard, Vol III
Farnham, Anthony Edward, Vol II
Farr, Judith Banzer, Vol II
Farred, Grant, Vol II
Farrell, John Philip, Vol II

Faulkner, Thomas Corwin, Vol II
Favor, J. Martin, Vol II
Federman, Raymond, Vol II
Fein, Richard J., Vol II
Feinberg, Leonard, Vol II
Feinstein, Herbert Charles Verschleisser, Vol II
Feldman, Irving, Vol II
Felluga, Dino, Vol II
Feltes, Norman Nicholas, Vol II
Felton, Sharon, Vol II
Fennell, Francis L., Vol II
Fergenson, Laraine Rita, Vol II
Ferguson, Margaret Williams, Vol II
Ferguson, Oliver Watkins, Vol II
Ferguson, Suzanne, Vol II
Ferns, John, Vol II
Ferrari, Rita, Vol II
Ferraro, Thomas J., Vol II
Fiedler, Leslie Aaron, Vol II
Fields, Beverly, Vol II
Fifer, Elizabeth, Vol III
Filipowicz, Halina, Vol II
Findlay, Leonard Murray, Vol II
Fine, Laura, Vol II
Finke, L.A., Vol II
Finnegan, Robert Emmett, Vol II
Finneran, Richard John, Vol II
Fiordo, Richard A., Vol II
Fiore, Peter Amadeus, Vol II
Firchow, Peter Edgerly, Vol II
Fischer, John, Vol II
Fischer, John Irwin, Vol II
Fischer, Michael, Vol II
Fish, Stanley E., Vol II
Fisher, James Randolph, Vol III
Fisher, John Hurt, Vol II
Fisher, Judith Law, Vol II
Fisher, Leona, Vol II
Fisher, Philip, Vol II
Fitter, Chris, Vol II
Fitzsimmons, Thomas, Vol II
Fix, Stephen, Vol II
Flachmann, Michael C., Vol II
Flahive, Doug, Vol II
Flannagan, Roy C., Vol II
Fleck, Richard F., Vol II
Fleishman, Avrom, Vol II
Fleissner, Robert F., Vol II
Fleming, Deborah Diane, Vol II
Fletcher, Angus S., Vol II
Fletcher, Marie, Vol II
Flick, Robert Gene, Vol II
Fliegelman, Jay, Vol II
Flint, Allen Denis, Vol I
Flitterman-Lewis, Sandy, Vol II
Flora, Joseph Martin, Vol II
Flory, Wendy Stallard, Vol II
Flower, Dean Scott, Vol II
Flower, Linda S., Vol II
Flowers, Betty Sue, Vol II
Fogel, Daniel, Vol II
Fogel, Stan, Vol II
Foley, Barbara, Vol II
Foley, John Miles, Vol II
Folkenflik, Robert, Vol II
Folsom, Lowell Edwin, Vol I
Forbes, Joyce, Vol II
Ford, James Eric, Vol II
Foreman, Kathryn S., Vol II
Forker, Charles Rush, Vol II
Fort, Keith, Vol II
Fortier, Jan M., Vol II
Foshay, Toby, Vol II
Foster, David, Vol II
Foster, Donald W., Vol II
Foster, Edward E., Vol II
Foster, Teree E., Vol II
Foster, Verna A., Vol II
Foulke, Robert Dana, Vol II
Fournier, Lucien, Vol II
Fowler, Doreen, Vol II
Fowler, Virginia C., Vol II
Fox, Alice, Vol II
Fox, Hugh B., Vol II
Fox, Pamela, Vol II
Fox, Robert Charles, Vol II
Fox Good, Jacquelyn, Vol II
Fraistat, Neil Richard, Vol II
Frank, Joseph, Vol II
Frank, Mortimer Henry, Vol II
Frank, Robert, Vol II
Frank, Roberta, Vol II
Franklin, H. Bruce, Vol II
Franklin, Ralph William, Vol II
Franklin, Rosemary F., Vol II

Franson, John Karl, Vol II
Frantzen, Allen J., Vol II
Fredeman, William E., Vol II
Fredrickson, Robert Stewart, Vol II
Free, William Joseph, Vol II
Freedman, Morris, Vol II
Freeman, Bernice, Vol II
Freeman, Joanna Mae, Vol II
Freer, Coburn, Vol II
Freier, Mary P., Vol II
Freimarck, Vincent, Vol II
French, Roberts Walker, Vol II
French, William Wirt, Vol II
Fresch, Cheryl, Vol II
Friedman, Alan, Vol II
Friedman, Donald M., Vol II
Friedman, Melvin Jack, Vol II
Friedman, Michael D., Vol II
Friedman, Norman, Vol II
Friedman, Philip Allan, Vol II
Friedman, Sidney Joseph, Vol II
Friedman, Stanley, Vol II
Fries, Maureen Holmberg, Vol II
Froese Tiessen, Hildi, Vol II
Fromm, Gloria Glikin, Vol II
Frosch, Thomas Richard, Vol II
Frost, Linda Anne, Vol II
Froula, Christine, Vol II
Frushell, Richard Clayton, Vol II
Fry, Carrol Lee, Vol II
Frye, Joanne S., Vol II
Frye, Roland Mushat, Vol II
Fuchs, Jacob, Vol II
Fulkerson, Richard P., Vol II
Fuller, Lawrence Benedict, Vol II
Fulton, Gordon D., Vol II
Fulton, Henry Levan, Vol II
Fulton, Richard Delbert, Vol II
Fulweiler, Howard, Vol II
Furness, Edna Lue, Vol II
Furtwangler, Albert, Vol II
Fussell, Edwin, Vol II
Gabbin, Joanne Veal, Vol II
Gaines, Barry, Vol II
Gaines, Jane M., Vol II
Gajowski, Evelyn J., Vol II
Galchinsky, Michael, Vol II
Gallant, Christine, Vol II
Galperin, William, Vol III
Ganim, John Michael, Vol II
Ganzel, Dewey Alvin, Vol II
Gardiner, Judith Kegan, Vol II
Gardner, Joseph Hogue, Vol II
Garratt, Robert Francis, Vol II
Garrett, Peter K., Vol II
Garrett, Peter Kornhauser, Vol II
Garrison, James Dale, Vol II
Gates, Barbara Timm, Vol II
Gatta, John, Jr., Vol II
Gaull, Marilyn, Vol II
Gavin, Rosemarie Julie, Vol II
Gay, Richard R., Vol II
Gaylord, Alan T., Vol II
Geary, Edward Acord, Vol I
Geist, Joseph E., Vol III
Geller, Lila Belle, Vol II
Gemmett, Robert J., Vol II
Gentry, F.G., Vol III
Gentry, Marshall Bruce, Vol II
Gentry, Thomas Blythe, Vol II
Geok-lin Lim, Shirley, Vol II
George, Kearns, Vol III
George, Laura J., Vol II
Germain, Edward B., Vol III
Gernes, Sonia, Vol II
Gernes, Todd Steven, Vol II
Gerry, Thomas M.F., Vol II
Gerster, Carole, Vol II
Gertzman, Jay Albert, Vol II
Gewanter, David, Vol II
Ghnassia, Jill Dix, Vol II
Ghose, Zulfikar Ahmed, Vol II
Gianakaris, Constantine John, Vol II
Giannone, Richard, Vol II
Giarelli, Andrew, Vol II
Gibaldi, Joseph, Vol II
Gibbons, Reginald, Vol II
Gibson, Claude Louis, Vol II
Gibson, Donald Bernard, Vol II
Gigliotti, Gilbert L., Vol II
Gilbert, Sandra Mortola, Vol II
Giles, James Richard, Vol II
Gill, Glenda Eloise, Vol II
Gillan, Jeniffer, Vol II
Gillespie, Michael Patrick, Vol II
Gillon, Adam, Vol II

Gilman, Ernest B., Vol II
Gilman, Owen W., Vol II
Ginsberg, Lesley, Vol II
Gish, Nancy K., Vol II
Gish, Robert F., Vol II
Gissendanner, John M., Vol II
Givner, Joan, Vol II
Gladish, Robert Willis, Vol II
Glancy, Diane, Vol II
Glavac, Cynthia, Vol II
Glavin, John, Vol II
Glazier, Lyle Edward, Vol II
Gleckner, Robert F., Vol II
Gnarowski, Michael, Vol II
Gochberg, Donald S., Vol II
Godshalk, William Leigh, Vol II
Goellnicht, Donald, Vol II
Gold, Joel Jay, Vol II
Gold, Joseph, Vol II
Goldbeck, Janne, Vol II
Golden, Arthur, Vol II
Golden, Bruce, Vol II
Goldenberg, Robert, Vol II
Goldgar, Bertrand Alvin, Vol II
Gollin, Richard M., Vol II
Gollin, Rita K., Vol II
Golumbia, David, Vol III
Gonzalez, Alexander G., Vol II
Gooch, Bryan N.S., Vol II
Goodheart, Eugene, Vol II
Goodman, Michael B., Vol II
Goodson, Alfred Clement, Vol III
Gopalan, Lalitha, Vol II
Gopen, George D., Vol II
Gordon, Lois G., Vol II
Gordon, Walter Martin, Vol II
Gorfain, Phyllis, Vol II
Gossett, Suzanne, Vol II
Gossin, Pamela, Vol II
Gottesman, Les, Vol II
Gougeon, Leonard, Vol II
Govan, Sandra Yvonne, Vol II
Grace, Joan Carroll, Vol II
Grace, Nancy, Vol II
Grace, Sherrill E., Vol II
Gradin, Sherrie L., Vol II
Graham, Joyce, Vol II
Graham, Kenneth Wayne, Vol II
Graham, Maryemma, Vol II
Graham, Peter W., Vol II
Graham, Theodora Rapp, Vol II
Granofsky, Ronald, Vol II
Grant, John Ernest, Vol II
Grant, Judith A.S., Vol II
Grant, Patrick, Vol II
Graver, Lawrence, Vol II
Graver, Suzanne, Vol II
Gray, Donald, Vol II
Gray, Jeffrey, Vol II
Grayson, Janet, Vol II
Grayson, Nancy Jane, Vol II
Greeley, Andrew Moran, Vol II
Green, Lawrence Donald, Vol II
Green, Martin, Vol II
Green, William, Vol II
Greenberg, Alvin D., Vol II
Greene, David Louis, Vol II
Greene, Gayle Jacoba, Vol II
Greene, Thomas R., Vol I
Greenfield, Bruce R., Vol II
Greenfield, Robert Morse, Vol II
Greenfield, Susan, Vol II
Greenstein, Michael, Vol II
Gregory, Elmer Richard, Vol II
Gregory, Michael J.P., Vol II
Gregory, Michael Strietmann, Vol II
Grenberg, Bruce L., Vol II
Grennen, Joseph Edward, Vol II
Griffin, Edward M., Vol II
Griffin, John R., Vol II
Griffin, Larry D., Vol II
Griffith, Malcolm A., Vol II
Griswold, Wendy, Vol II
Grob, Alan, Vol II
Groden, Michael, Vol II
Groening, Laura S., Vol II
Grogan, Claire, Vol II
Groome, Margaret, Vol II
Groppe, John Daniel, Vol II
Gross, Alan G., Vol II
Gross, David Stuart, Vol II
Gross, Kenneth, Vol II
Grosskurth, Phyllis M., Vol II
Groth, Janet, Vol II
Grove-White, Elizabeth M., Vol II
Groves, Jeffrey D., Vol II
Grow, Lynn Merle, Vol II
Gruber, William E., Vol II

Grundy, Isobel, Vol II
Grushow, Ira, Vol II
Grusin, R., Vol II
Guerin, Wilfred Louis, Vol II
Guerinot, Joseph Vincent, Vol II
Guerro, Maria C.M. de, Vol II
Guetti, James L., Vol III
Guibbory, Achsah, Vol II
Gullason, Thomas Arthur, Vol II
Gumbrecht, Hans Ulrich, Vol II
Gura, Philip F., Vol II
Guralnick, Elissa Schagrin, Vol II
Guss, Donald Leroy, Vol II
Gutierezz-Jones, Carl, Vol II
Gutman, Stanley T., Vol II
Guttman, Naomi E., Vol II
Guy-Sheftall, Beverly, Vol II
Habib, Imtiaz, Vol II
Habib, M.A. Rafey, Vol II
Hadas, Rachel, Vol II
Haegert, John, Vol II
Hageman, Elizabeth H., Vol II
Haggerty, George E., Vol II
Hahn, H. George, Vol II
Hahn, Thomas George O'Hara, Vol II
Hair, Donald Sherman, Vol II
Halaby, Raouf J., Vol II
Halasz, Alexandra W., Vol II
Hale, David George, Vol II
Halio, Jay Leon, Vol II
Hall, Dennis R., Vol II
Hall, Joan H., Vol II
Hall, Kim, Vol II
Hall, Kim Felicia, Vol II
Hall, N. John, Vol II
Hall, Wade H., Vol II
Haller, Evelyn, Vol II
Halloran, Stephen Michael, Vol II
Halpern, Sheldon, Vol II
Halverson, John, Vol II
Hamalian, Leo, Vol II
Hamblin, Robert W., Vol II
Hamel, Mary, Vol III
Hamilton, Albert C., Vol II
Hamlin, William, Vol II
Hamner, Robert Daniel, Vol II
Hancher, Charles Michael, Vol II
Hand, Sally Nixon, Vol II
Hannay, Margaret Patterson, Vol II
Hans, James Stuart, Vol II
Hanson, Elizabeth, Vol II
Hapke, Laura, Vol II
Harbert, Earl, Vol II
Harden, Edgar Frederick, Vol II
Harder, Henry Louis, Vol II
Harder, Sarah, Vol II
Hardin, Richard F., Vol II
Hardy, Dorothy C., Vol II
Hardy, John Edward, Vol II
Hark, Ina Rae, Vol II
Harner, James, Vol II
Harpham, Geoffrey Galt, Vol II
Harrington, Henry R., Vol II
Harris, Daniel A., Vol III
Harris, Duncan Seely, Vol II
Harris, Jonathan Gil, Vol II
Harris, Joseph, Vol II
Harris, Mark, Vol II
Harris, Randy Allen, Vol II
Harris, Trudier, Vol II
Harrison, Antony Howard, Vol II
Harrison, Carol L., Vol II
Harrison, Carol Lynn, Vol II
Harsh, Constance D., Vol II
Hart, Edward Leroy, Vol II
Hart, John Augustine, Vol II
Hartman, Charles O., Vol II
Harty, Kevin John, Vol II
Harvey, Elizabeth D., Vol II
Haskin, Dayton, Vol II
Hassel, Jon, Vol II
Hassel, R. Chris, Jr., Vol II
Hassett, Constance W., Vol II
Hatch, James V., Vol II
Hatlen, Burton Norval, Vol II
Hawkins, Hunt, Vol II
Hawthorne, Mark D., Vol II
Hayes, Ann Louise, Vol II
Hayes-Scott, Fairy Cesena, Vol II
Hayman, David, Vol II
Hays, Peter L., Vol II
Hazen, James F., Vol II
Hearn, Rosemary, Vol II
Heath, William Webster, Vol II
Hedgepeth, Chester Melvin, Jr., Vol II
Hedrick, Donald Keith, Vol III

Heffernan, James Anthony Walsh, Vol II
Heffernan, William A., Vol II
Heidenreich, Rosmarin, Vol III
Heilbrun, Carolyn G, Vol II
Heilman, Robert Bechtold, Vol II
Hein, Rolland Neal, Vol II
Heineman, Helen, Vol II
Held, George, Vol II
Heldman, James M., Vol II
Heldreth, Leonard Guy, Vol II
Helfand, Michael S., Vol II
Helle, Anita, Vol II
Heller, Lee Ellen, Vol II
Hellinger, Benjamin, Vol II
Hellwig, Hal, Vol II
Hemminger, William, Vol II
Henderson, Judith Rice, Vol II
Hengen, Shannon, Vol II
Henighan, Thomas J., Vol II
Hennedy, John Francis, Vol II
Herbert, Christopher, Vol II
Herring, Phillip F., Vol II
Herrnstein Smith, Barbara, Vol II
Herron, Carolivia, Vol II
Herzberg, Bruce, Vol II
Herzman, Ronald Bernard, Vol II
Herzog, Kristin, Vol II
Hieatt, Allen Kent, Vol II
Higdon, David Leon, Vol II
Higgins, Elizabeth J., Vol II
Higley, Sarah, Vol II
Higonnet, Margaret Randolph, Vol III
Hill, David, Vol II
Hill, James Lee, Vol II
Hill, Patricia Liggins, Vol II
Hill, Thomas Dana, Vol II
Hill, W. Speed, Vol II
Hill-Lubin, Mildred Anderson, Vol II
Hillard, Van E., Vol II
Hilliard, Raymond Francis, Vol II
Hilliard, Stephen Shortis, Vol II
Hilligoss, Susan, Vol II
Hilty, Deborah Pacini, Vol II
Hinchcliffe, Peter, Vol II
Hinden, Michael Charles, Vol II
Hinnant, Charles Haskell, Vol II
Hirch, John C., Vol II
Hirsch, Bernard Alan, Vol II
Hirsch, David Harry, Vol II
Hirsch, Gordon D., Vol II
Hirsch, James, Vol II
Hirsch, Julia, Vol II
Hirsh, James, Vol II
Hobson, Fred Colby, Jr., Vol II
Hochman, Will, Vol II
Hocks, Richard, Vol II
Hodgdon, Barbara Covington, Vol II
Hodgins, Jack S., Vol II
Hoeniger, F. David, Vol II
Hoffman, Daniel, Vol II
Hoffman, Michael Jerome, Vol II
Hoffpauir, Richard, Vol II
Hogan, Robert, Vol II
Hoggard, James Martin, Vol II
Hogle, Jerrold Edwin, Vol II
Holbein, Woodrow Lee, Vol II
Holden, Jonathan, Vol II
Holladay, Hilary, Vol II
Hollahan, Eugene, Vol II
Holland, Norman N., Vol II
Hollander, John, Vol II
Hollander, Robert, Vol II
Hollenberg, Donna Krolik, Vol II
Holloway, Karla F.C., Vol II
Holmer, Joan Ozark, Vol II
Holmes, Charlotte A., Vol II
Holtz, William, Vol II
Holzberger, William George, Vol II
Honig, Edwin, Vol II
Hoople, Robin P., Vol II
Hopkins, Leroy Taft, Jr., Vol II
Hopper, Paul, Vol II
Horan, Elizabeth R., Vol II
Horner, Bruce, Vol II
Horton, Ronald A., Vol II
Horton, Susan R., Vol II
Horwitz, Barbara, Vol II
House, Kay S., Vol II
Hovanec, Evelyn Ann, Vol II
Howard, C. Jeriel, Vol II
Howard, Hubert Wendell, Vol II
Howard, Leigh Anne, Vol II
Howard, Lillie Pearl, Vol II
Howard, Tharon, Vol II

Howard, Thomas Carlton, Vol I
Howard, W. Scott, Vol II
Howard, William J., Vol II
Hoyt, Charles Alva, Vol II
Hozeski, Bruce William, Vol II
Hudgins, Christopher Chapman, Vol II
Hudson, Robert J., Vol II
Huffman, Clifford Chalmers, Vol I
Huffman, James Richard, Vol I
Huggins, Cynthia, Vol II
Hughes, David Yerkes, Vol II
Hughes, Linda K., Vol II
Hull, Akasha, Vol II
Hulse, Clark, Vol II
Hume, Kathryn, Vol II
Hume, Robert David, Vol II
Humpherys, Anne, Vol II
Hunning, Robert W., Vol II
Hunt, John Dixon, Vol II
Hunter, Dianne McKinley, Vol II
Hurley, Andrew, Vol II
Hurt, James Riggins, Vol II
Huse, Nancy Lyman, Vol II
Hussey, John, Vol II
Hussey, Mark, Vol II
Huston, John Dennis, Vol II
Hutcheon, Linda, Vol II
Hutchisson, James M., Vol II
Huttar, Charles Adolph, Vol II
Huttenstine, Marian L., Vol II
Hyde, Virginia Crosswhite, Vol II
Hyde, Virginia M., Vol II
Hyde, William James, Vol II
Hyman, Roger L., Vol II
Hynes, Jennifer, Vol II
Imboden, Roberta, Vol II
Inge, M. Thomas, Vol II
Ingebretsen, Edward J., Vol II
Ingersoll, Earl G., Vol II
Ingraham, Vernon Leland, Vol II
Inness, Sherrie A., Vol II
Irsfeld, John Henry, Vol II
Irvine, Carolyn Lenette, Vol II
Irvine, Lorna Marie, Vol II
Irvine, Martin, Vol II
Isaacs, Neil D., Vol II
Iyer, Nalini, Vol II
Jackson, Arlene M., Vol II
Jackson, Blyden, Vol II
Jackson, James R., Vol II
Jackson, Wallace, Vol II
Jacobi, Martin, Vol II
Jacobs, Dorothy Hieronymus, Vol II
Jacobs, John T., Vol II
Jacobus, Lee Andre, Vol II
Jahner, Elaine A., Vol II
James, William Closson, Vol IV
Jamme, Albert W.F., Vol II
Janangelo, Joseph, Vol II
Janik, Del Ivan, Vol II
Jankowski, Theodora, Vol II
Jann, Rosemary, Vol II
Jaskoski, Helen, Vol II
Jason, Philip Kenneth, Vol II
Jay, Gregory S., Vol II
Jay, Paul, Vol II
Jeffrey, David Lyle, Vol II
Jehlin, Myra, Vol III
Jemielity, Thomas J., Vol II
Jenkins, Charles M., Vol II
Jenkins, Kenneth Vincent, Vol II
Jennings, Lawrence Charles, Vol II
Jensen, Ejner Jacob, Vol II
Jerz, Dennis G., Vol III
Jin, Xuefei, Vol II
John, Brian, Vol II
Johnson, Alex C., Vol II
Johnson, Christopher G., Vol II
Johnson, Eric, Vol II
Johnson, James William, Vol II
Johnson, Kenneth E., Vol II
Johnson, Lee Milford, Vol II
Johnson, Lemuel A., Vol II
Johnson, Lucille Marguerite, Vol II
Johnson, Michael Lillard, Vol II
Johnston, Alexandra F., Vol II
Johnston, John, Vol III
Johnston, John H., Vol II
Johnston, Kenneth R., Vol II
Johnston, Paul, Vol II
Johnston, Stanley Howard, Vol III
Jolly, Rosemary J., Vol II
Joly, Ralph Robert, Vol II
Jones, Buford, Vol II
Jones, Christopher, Vol II

Jones, Dan Curtis, Vol II
Jones, Daryl, Vol II
Jones, Granville Hicks, Vol II
Jones, James H., Vol II
Jones, Leander Corbin, Vol II
Jones, Mark, Vol II
Jones, Nicholas, Vol II
Jones, Sidney C., Vol II
Jones, Steven, Vol II
Jones, Suzanne W., Vol II
Jorgens, Jack J., Vol II
Juhnke, Janet Ann, Vol II
Justus, James Huff, Vol II
Kadlec, David, Vol II
Kagle, Steven Earl, Vol II
Kahane, Claire, Vol II
Kahn, Coppelia, Vol II
Kahn, Madeleine, Vol II
Kaivola, Karen, Vol II
Kalaidjian, Walter, Vol III
Kallendorf, Craig, Vol II
Kaminski, Thomas, Vol II
Kanwar, Anju, Vol II
Kaplan, Carey, Vol II
Kaplan, Fred, Vol II
Kaplan, Lindsay, Vol II
Kaplan, Sydney Janet, Vol II
Kari, Daven M., Vol II
Karolides, Nicholas J., Vol II
Kaske, Carol Vonckx, Vol II
Kaske, Robert Earl, Vol II
Kastan, David Scott, Vol II
Katz, Sandra, Vol II
Kavanagh, Peter, Vol II
Kay, W. David, Vol II
Keefe, Robert, Vol II
Keenan, Richard Charles, Vol II
Keener, Frederick M., Vol II
Kegl, Rosemary, Vol II
Keiser, George Robert, Vol II
Kelleghan, Fiona, Vol II
Keller, Arnold, Vol II
Keller, Eve, Vol II
Keller, Karl, Vol II
Kelley, Delores G., Vol II
Kelley, Michael Robert, Vol II
Kellogg, David, Vol II
Kelly, Erna, Vol II
Kelly, Ernece Beverly, Vol II
Kelly, Henry Ansgar, Vol II
Kelly, Justin J., Vol II
Kelvin, Norman, Vol II
Kendall, Calvin B., Vol II
Kendrick, Christopher, Vol II
Kendrick, Walter, Vol II
Kennan, William R., Jr., Vol II
Kennedy, Christopher, Vol II
Kennedy, J. Gerald, Vol II
Kennelly, Laura B., Vol II
Kent, Carol Fleisher, Vol II
Kershner, R. Brandon, Vol II
Kessler, Rod, Vol II
Kesterson, David Bert, Vol II
Keyes, Claire J., Vol II
Keyishian, Harry, Vol II
Kezar, Dennis, Vol II
Kibler, James Everett, Jr., Vol II
Kiefer, Kate, Vol II
Kiefer, Lauren, Vol II
Kiernan, Michael Terence, Vol II
Kijinski, John, Vol II
Killam, G. Douglas, Vol II
Kime, Wayne R., Vol II
Kimnach, Wilson H., Vol II
King, James, Vol II
King, Kathleen, Vol II
King, Shelley, Vol II
Kinnamon, Noel James, Vol II
Kinney, Arthur F., Vol II
Kinney, James Joseph, Vol II
Kinzie, Mary, Vol II
Kipperman, Mark, Vol II
Kiser, Lisa J., Vol II
Kiteley, Brian, Vol II
Kittredge, William Alfred, Vol II
Klein, Jared S., Vol II
Klein, Joan Larsen, Vol II
Klein, William Francis, Vol II
Kleinberg, Seymour, Vol II
Kleiner, Elaine Laura, Vol II
Kleiner, John, Vol II
Kligerman, Jack, Vol II
Klob, Gwin Jack, Vol II
Knapp, Gerhard Peter, Vol II
Knapp, James Franklin, Vol II
Knapp, Peggy Ann, Vol II
Knapp, Robert Stanley, Vol II
Knies, Earl Allen, Vol II
Knight, Charles Anthony, Vol II
Knight, Denise D., Vol II
Knighton, Robert Tolman, Vol II
Knipp, Thomas Richard, Vol II
Knoblauch, Cyril H., Vol II
Knoeller, Christian, Vol II
Knoepflmacher, U.C., Vol II
Knoles, Lucia, Vol II
Knowles, Richard Alan John, Vol II
Knutson, Roslyn L., Vol II
Knutson, Susan, Vol II
Kobler, Jasper Fred, Vol II
Koch, Kenneth, Vol II
Koehler, G. Stanley, Vol II
Kolb, Gwin Jackson, Vol II
Kolb, Jack, Vol II
Kolin, Philip Charles, Vol II
Kolker, Delphine, Vol II
Komar, Kathleen Lenore, Vol III
Komechak, Michael E., Vol II
Konek, Carol Wolfe, Vol II
Konigsberg, Ira, Vol II
Kooistra, John, Vol II
Koon, G.W., Vol II
Koontz, Christian, Vol II
Kopacz, Paula D., Vol II
Korg, Jacob, Vol II
Korshin, Paul J., Vol II
Kowalczyk, Richard L., Vol II
Kowalewski, Michael, Vol II
Kozikowski, Stanley John, Vol II
Kraft, Elizabeth, Vol II
Kraft, Ruth Nelson, Vol II
Krahnke, Karl, Vol II
Krajewski, Bruce, Vol II
Kramer, Aaron, Vol II
Kramer, Dale Vernon, Vol II
Kramer, Joseph Elliot, Vol II
Kramer, Mary Duhamel, Vol II
Kramer, Maurice, Vol II
Kranidis, Rita, Vol II
Krause, Sydney Joseph, Vol II
Kreisel, Henry, Vol II
Kreiswirth, Martin, Vol II
Kretschmar, William A., Jr., Vol II
Kriegel, Leonard, Vol II
Krieger, Murray, Vol II
Kring, Hilda Adam, Vol II
Kroeber, Karl, Vol II
Kroetsch, Robert P., Vol II
Kronenfeld, Judy, Vol II
Kruk, Laurie, Vol II
Krupat, Arnold, Vol II
Kucich, John Richard, Vol II
Kuczynski, Peter, Vol II
Kuenzli, Rudolf Ernst, Vol II
Kullman, Colby Haight, Vol II
Kulyk Keefer, Janice, Vol II
Kummings, Donald D., Vol II
Kunitz, Stanley, Vol II
Kunz, Don, Vol II
Kupersmith, William Roger, Vol II
Kuriyama, Constance B., Vol II
Kutzer, M. Daphne, Vol II
Kuyk, Dirk Adriaan, Jr., Vol II
Labriola, Albert C., Vol II
Ladd, Barbara, Vol III
Ladefoged, Peter, Vol III
Lago, Mary Mcclelland, Vol II
Lahood, Marvin John, Vol II
Laird, David, Vol II
Lake Prescott, Anne, Vol II
Lakin, Barbara, Vol II
Lally, Tim Douglas Patrick, Vol III
Lamb, Jonathan, Vol II
Lancashire, Anne, Vol II
Lancashire, Ian, Vol II
Landow, George Paul, Vol II
Landy, Marcia, Vol II
Lane, Christopher, Vol III
Lane, Pinkie Gordon, Vol II
Lang, Cecil Y., Vol II
Langbaum, Robert, Vol II
Langendoen, Donald Terence, Vol III
Langford, Gerald, Vol II
Langford, Thomas, Vol II
Langiulli, Nino Francis, Vol IV
Langstraat, Lisa, Vol II
Lanham, Richard Alan, Vol II
Lankewish, Vincent A., Vol II
Lanoette, William John, Vol II
Larson, Clinton F., Vol II
Larson, Richard Leslie, Vol II
Lasarenko, Jane, Vol II
Latimer, Dan Raymond, Vol III
Latta, Susan M., Vol II
Laubenthal, Penne J., Vol II
Law, Jules, Vol II
Lawler, Traugott, Vol II
Lawrence, Elizabeth Atwood, Vol II
Lawson, Lewis Allen, Vol II
Lawson-Peebles, Robert, Vol I
Layman, Lewis M., Vol II
Layman, Richard, Vol II
Lebofsky, Dennis Stanley, Vol III
Lederer, Katherine, Vol II
Lee, Alvin A, Vol III
Lee, Dorothy A. H., Vol II
Lee, Hsiao-Hung, Vol II
Lee, James Ward, Vol II
Lee-Riffe, Nancy M., Vol II
Leeds, Barry Howard, Vol II
Leer, Norman Robert, Vol II
Lehman, Paul Robert, Vol II
Leigh, David, Vol II
Leighton, Lauren Gray, Vol III
Leith, Linda J., Vol II
Leitz, Robert C., Vol II
Leland, Charles Wallace, Vol II
Lemaster, Jimmie R., Vol III
Lemire, Elise V., Vol II
Lemire, Eugene D., Vol II
Lennox, John W., Vol II
Lenoski, Daniel S., Vol II
Lenz, William Ernest, Vol II
Leonard, James S., Vol II
Leonardi, Susan J., Vol II
Lepley, Doug, Vol II
Lesser, Wendy, Vol II
Lester, Mark, Vol II
LeStourgeon, Diana E., Vol II
Lettis, Richard, Vol II
Letzring, Monica, Vol II
Levenduski, Cristine, Vol III
Levenson, Carl, Vol II
Levenson, Jacob Clavner, Vol II
Levenson, Jill, Vol II
Levernier, James Arthur, Vol I
Levin, Richard A., Vol II
Levine, Bernard, Vol II
Levine, George L., Vol III
Levine, George Richard, Vol II
Levine, Richard Allan, Vol II
Levine, Robert, Vol II
Levitin, Alexis, Vol II
Levitt, Morton Paul, Vol II
Levy, Alfred J., Vol II
Levy, William Turner, Vol II
Lewalski, Barbara Kiefer, Vol II
Lewis, Cynthia, Vol II
Lewis, Jane Elizabeth, Vol II
Lewis, Robert William, Vol II
Lewis, Thomas Spottswood Wellford, Vol II
Leyasmeyer, Archibald I, Vol II
Lhamon, W.T., Vol II
Liddell, Janice Lee, Vol II
Lieberman, Laurence, Vol II
Lightfoot, Jean Harvey, Vol II
Lightfoot, Marjorie Jean, Vol II
Lilly, Paul R., Jr., Vol II
Limon, John, Vol II
Lincoln, Kenneth, Vol II
Lindskold, Jane M., Vol II
Link, Frederick M., Vol II
Linn, William Joseph, Vol II
Linton, Calvin Darlington, Vol II
Lipking, Lawrence, Vol II
Lipscomb, Drema Richelle, Vol II
Liston, William Thomas, Vol II
Little, Anne Colclough, Vol II
Littlefield, David J., Vol II
Litz, Arthur Walton, Vol II
Liu, Alan, Vol II
Liuzza, Roy, Vol I
Livatino, Melvin W., Vol II
Lobb, Edward, Vol II
Lochhead, Douglas Grant, Vol II
Lochrie, Karma, Vol II
Lock, F.P., Vol II
Lockette, Agnes Louise, Vol II
Locklin, Gerald Ivan, Vol II
Lockridge, Laurence Shockley, Vol II
Loe, Thomas, Vol II
Loe, Thomas Benjamin, Vol II
Logan, George, Vol II
Logsdon, Loren, Vol II
Lohmann, Christoph Karl, Vol I
Lohrli, Anne, Vol III
Loizeaux, Elizabeth Bergmann, Vol II
London, Bette, Vol II
Long, Richard Alexander, Vol II
Longenbach, James, Vol II
Longmire, Samuel, Vol II
Longo, Bernadette, Vol II
Lott, Raymond, Vol II
Loucks, James F., Vol II
Lougy, Robert E., Vol II
Louis, Margot K., Vol II
Love, Glen A., Vol II
Lovelady, Edgar John, Vol II
Lovering, Joseph Paul, Vol II
Lovitt, Carl, Vol II
Low, Anthony, Vol II
Low, Lisa, Vol II
Lowance, Mason Ira, Vol II
Lucas, Alec, Vol II
Lucas, James L., Vol II
Lucas, Mark T., Vol II
Lucid, Robert Francis, Vol II
Ludwig, Richard Milton, Vol II
Luebke, Steve, Vol II
Luhr, William George, Vol II
Lukacher, Ned, Vol II
Lunsford, Andrea Abernethy, Vol II
Lupack, Alan, Vol II
Lusardi, James P., Vol II
Lutkus, Alan, Vol II
Lutz, Mary Anne, Vol II
Lutz, Reinhart, Vol II
Luxon, Thomas H., Vol II
Lvovich, Natasha, Vol II
Lynch, Kathryn, Vol II
Lynch, Rose Marie, Vol II
Lynch, Thomas Patrick, Vol II
Lyngstad, Sverre, Vol II
Lyon Clark, Beverly, Vol II
Lyons, Bridget G., Vol III
Lyra, Franciszek, Vol II
Ma, Qian, Vol II
Macdonald, Robert Hugh, Vol II
Machor, James Lawrence, Vol II
Mackay, Carol Hanbery, Vol II
Macksey, Richard Alan, Vol III
Maclaine, Allan Hugh, Vol II
Maclean, Hugh Norman, Vol II
MacMillan, Carrie H., Vol II
Macnaughton, William Robert, Vol II
MacPhee, Laurence Edward, Vol II
Macpherson, Jay, Vol II
Madden, David, Vol II
Maddox, Lucy, Vol II
Madgett, Naomi Long, Vol II
Madigan, Mark J., Vol II
Madsen, Deborah, Vol II
Maertz, Gregory, Vol II
Magnuson, Paul Andrew, Vol II
Mahoney, Irene, Vol II
Mahoney, John Francis, Vol II
Mahoney, John L., Vol II
Mahony, Robert E.P., Vol II
Maier, John, Vol II
Major, Clarence, Vol II
Malachuk, Daniel S., Vol II
Malof, Joseph Fetler, Vol II
Malouf, Melissa, Vol II
Manganiello, Dominic, Vol II
Manheim, Michael, Vol II
Maniquis, Robert Manuel, Vol II
Manley, Frank, Vol III
Mann, David Douglas, Vol II
Mann, John Stuart, Vol II
Mann, Karen Berg, Vol II
Manning, Peter J., Vol II
Manning, Susan, Vol II
Manogue, Ralph Anthony, Vol II
Mansell, Darrel, Vol II
Maqbool, Aziz, Vol II
Marchant, Peter L., Vol II
Marcus, Leah, Vol II
Marcus, Mordecai, Vol II
Marcus, Sharon, Vol II
Marder, Herbert, Vol II
Mares, Cheryl, Vol II
Margolies, Alan, Vol II
Marinelli, Peter V., Vol II
Markels, Julian, Vol II
Marken, Jack Walter, Vol II
Marki, Ivan, Vol II
Markos, Louis, Vol II
Marks, Patricia, Vol II
Marlin, John, Vol II
Marlow, James Elliott, Vol II
Marotti, Arthur Francis, Vol II
Marovitz, Sanford E., Vol II
Marshall, David, Vol II
Marshall, Donald G., Vol II
Marshall, Linda Edith, Vol II
Marshall, W. Gerald, Vol II
Marsland, Amy, Vol III
Martin, Bruce Kirk, Vol II
Martin, Jay H., Vol I
Martin, John Sayre, Vol II
Martin, John Stephen, Vol I
Martin, Ronald Edward, Vol II
Martin, Russell L., Vol II
Martin, Sean Charles, Vol II
Martin, Terry J., Vol II
Martin, W.R., Vol II
Martin, William Bizzell, Vol II
Martin Murrey, Loretta, Vol II
Martine, James John, Vol II
Martines, Lauro, Vol I
Martz, Louis Lohr, Vol II
Martz, William J., Vol II
Marx, Paul, Vol II
Mason, Bobbie Ann, Vol II
Massa, Richard Wayne, Vol II
Masselink, Noralyn, Vol II
Matar, Nabil, Vol II
Mathewson, Dave L., Vol II
Matott, Glenn, Vol II
Matro, Thomas G., Vol II
Matteson, Robert Steere, Vol II
Matthias, John Edward, Vol II
Maurer, A.E. Wallace, Vol II
Maurer, Margaret, Vol II
Maxfield, James F., Vol II
May, Charles Edward, Vol II
May, John R., Vol IV
Maynard, John Rogers, Vol II
Mcaleavey, David Willard, Vol II
Mcalexander, Patricia Jewell, Vol II
McAlpin, Sara, Vol II
Mcalpine, Monica Ellen, Vol II
McBride, William, Vol II
Mccabe, Bernard, Vol II
Mccarthy, B. Eugene, Vol II
Mccarthy, John F., Vol II
McCarthy, Patric J., Vol II
McCarthy, Patrick A., Vol II
Mccartney, Jesse Franklin, Vol II
McClarty, Wilma King- Doering, Vol II
McClary, Ben Harris, Vol II
McClung, William A., Vol II
McClure, John, Vol III
Mccolley, Diane K., Vol II
Mccord, Howard, Vol II
McCormack, Eric, Vol II
Mccracken, David, Vol II
McCullen, Maurice, Vol II
McCutcheon, Elizabeth North, Vol II
McDonald, Walter Robert, Vol II
McDougall, Warren, Vol II
Mcdowell, Frederick Peter Woll, Vol II
McElrath, Joseph R., Vol II
McElroy, Colleen J., Vol II
McFarland, Ronald E., Vol II
McGee, Christopher Edward, Vol II
McGinty, Carolyn, Vol II
McGlynn, Paul Dumon, Vol II
McGowan, John, Vol II
McGowan, Joseph P., Vol II
McGrain, John W., Vol II
Mcguire, Philip Carroll, Vol II
McIlvaine, Robert Morton, Vol II
McIntosh, James Henry, Vol II
McJannet, Linda, Vol II
McKee, Patricia, Vol II
McKendrick, Norman G., Vol II
Mckenzie, Alan Taber, Vol II
Mclean, Andrew Miller, Vol II
McLean, Ken, Vol II
Mcleod, Alan L., Vol II
McMaster, Juliet, Vol II
Mcmaster, Rowland Douglas, Vol II
McMullen, Lorraine, Vol II
McMullen, Margaret, Vol II
Mcmurtry, Josephine, Vol II
McNamee, Maurice Basil, Vol II
Mcnaron, Toni Ann Hurley, Vol II
McWilliams, John P., Vol II
Medine, Peter Ernest, Vol II
Meeker, Joseph W., Vol II
Meiners, Roger K., Vol II
Meisel, Martin, Vol II
Meisel, Perry H., Vol II
Meiser, Mary, Vol II
Melada, Ivan, Vol II
Meldrum, Barbara H., Vol II
Mell, Donald Charles, Vol II
Mellard, James Milton, Vol II

Mellor, Anne Kostelanetz, Vol II
Mellown, Elgin Wendell, Vol II
Menikoff, Barry, Vol II
Mento, Joan, Vol II
Merivale, Patricia, Vol II
Merrill, Thomas F., Vol II
Meserole, Harrison Talbot, Vol II
Metcalf, Allan Albert, Vol II
Metzger, Lore, Vol II
Meyer, Kenneth John, Vol I
Meyer, Russell J., Vol II
Meyering, Sheryl L., Vol II
Meyers, Ronald J., Vol II
Meyers, Terry L., Vol II
Michael, John, Vol II
Michael, Marion C., Vol II
Michaels, Leonard, Vol II
Michie, Elsie B., Vol II
Middendorf, John Harlan, Vol II
Middlebrook, Jonathan, Vol II
Middleton, Anne Louise, Vol II
Middleton, Joyce Irene, Vol II
Mieszkowski, Gretchen, Vol II
Mignon, Charles William, Vol II
Miko, Stephen, Vol II
Miles, Josephine, Vol II
Mileur, Jean-Pierre, Vol II
Milic, Louis Tonko, Vol II
Milledge, Luetta Upshur, Vol II
Miller, Clarence Harvey, Vol II
Miller, Edmund, Vol II
Miller, Edwin Haviland, Vol II
Miller, Eugene Ernest, Vol II
Miller, Greg, Vol II
Miller, Jeanne-Marie A., Vol II
Miller, Ronald Baxter, Vol II
Millgate, Michael, Vol II
Millican, Arthenia J. Bates, Vol II
Mills, Carl Rhett, Vol III
Mills, John Arvin, Vol II
Milner, Joseph O'Beirne, Vol II
Milowicki, Edward John, Vol II
Minkoff, Harvey, Vol III
Minter, David Lee, Vol II
Mintz, Kenneth A., Vol II
Mintz, Lawrence E., Vol I
Missey, James L., Vol II
Mitchell, Angelyn, Vol II
Mitchell, Judith I., Vol II
Mitchell, Kenneth R., Vol II
Moehlmann, John Frederick,
    Vol II
Moffatt, John, Vol II
Moglen, Helene, Vol II
Moldenhauer, Joseph John, Vol II
Molette, Barbara J., Vol II
Monkman, Leslie G., Vol II
Monroe, Debra, Vol II
Montgomery, Lyna Lee, Vol II
Moore, Don, Vol II
Moore, Michael, Vol II
Moore, Nathan, Vol II
Moore, Robert Hamilton, Vol II
Moore, William Hamilton, Vol II
Morace, Robert Anthony, Vol II
Moran, Charles, Vol II
Moran, Mary H., Vol II
Moran, Michael G., Vol II
Morant, Mack Bernard, Vol II
Morey, James, Vol III
Morgan, Gerald, Vol II
Morgan, Lyle W., II, Vol II
Morgan, Peter Frederick, Vol II
Morley, Patricia, Vol II
Morral, Frank R., Vol II
Morris, David Brown, Vol II
Morris, Harry, Vol II
Morris, John Nelson, Vol II
Morris, Virginia Baumgartner,
    Vol II
Morrissey, Lee, Vol II
Morrissey, Thomas J., Vol II
Morrisson, Mark S., Vol II
Morsberger, Robert E., Vol II
Morse, Charlotte Cook, Vol II
Morse, Josiah Mitchell, Vol II
Moseley, Merritt, Vol II
Moses, Michael Valdez, Vol II
Mosier, John, Vol II
Moss, John E., Vol II
Moss, Laura, Vol II
Moss, Sidney Phil, Vol II
Moulton, Janice, Vol II
Mount, Eric, Jr., Vol II
Mueller, Martin, Vol I
Mueller, Roger, Vol II
Mulcaire, Terry, Vol II
Mulford, Carla, Vol II
Mulhallen, Karen, Vol II

Mullen, Karen A., Vol II
Mullen, Richard D., Vol II
Muller, Adam, Vol II
Mullin, Anne, Vol II
Mullin, Michael, Vol II
Munker, Dona Feldman, Vol II
Munn, Paul, Vol II
Mura, Karen E., Vol II
Murphy, Brian, Vol II
Murphy, Peter, Vol II
Murphy, Richard, Vol II
Murray, Heather, Vol II
Murray, Laura, Vol II
Musgrove, Laurence E., Vol II
Myers, Mitzi, Vol II
Nabholtz, John R., Vol II
Nadel, Ira Bruce, Vol II
Nagel, Alan Frederick, Vol III
Nassar, Eugene Paul, Vol II
Nathanson, Leonard, Vol II
Natov, Roni, Vol II
Neeld, Elizabeth Harper, Vol II
Neely, Carol Thomas, Vol II
Nelson, Cary Robert, Vol II
Nelson, Claudia B., Vol II
Nelson, Dana D., Vol II
Nelson, Harland S., Vol II
Nelson, James Graham, Vol II
Nelson, Malcolm A., Vol II
Nelson, Nicolas Harding, Vol III
Nesset, Kirk, Vol II
Nettels, Elsa, Vol II
Neufeldt, Leonard N., Vol II
Neumeyer, Peter F., Vol II
Neville, Mary Eileen, Vol II
New, Melvyn, Vol II
Newkirk, Glen A., Vol II
Newton, Adam Z., Vol II
Ney, James Walter, Vol II
Nicholl, James Robert, Vol II
Nichols, Ashton, Vol II
Nichols, Patricia Causey, Vol II
Nickerson, Catherine Ross, Vol III
Nigro, August John, Vol II
Nims, John Frederick, Vol II
Nnolim, Charles E., Vol II
Nolan, Barbara, Vol II
Nolan, Edward Francis, Vol II
Nolletti, Arthur E., Jr., Vol II
Norland, Howard Bernett, Vol II
Norman, Joanne S., Vol II
Northrop, Douglas A., Vol II
Norton, Camille, Vol II
Nourie, Alan Raymond, Vol II
Novak, Maximillian E., Vol II
Nuernberg, Susan M., Vol II
Nussbaum, Felicity, Vol II
Nyce, Benjamin M., Vol II
O'Barr, William M., Vol II
O'Brien, George, Vol II
O'Brien, Susie, Vol II
O'Connell, Barry, Vol II
O'Connor, Mary E., Vol II
O'Connor, Patricia E., Vol II
O'Dea, Shane, Vol II
O'Donnell, Thomas G., Vol II
O'Grady, Jean, Vol II
O'Hearn, Carolyn, Vol III
O'Kell, Robert P., Vol II
O'Shea, Edward, Vol II
Oakes, Elisabeth, Vol II
Oden, Gloria, Vol II
Ogden, John T., Vol II
Okhamafe, Imafedia, Vol IV
Oldani, Louis Joseph, Vol II
Oliver, Eileen, Vol II
Olsen, Alexandra H., Vol II
Olson, Steven, Vol II
Onwueme, Tess, Vol II
Orel, Harold, Vol II
Orr, Bridget, Vol II
Orr, Marilyn, Vol II
Ortiz, Ricardo L., Vol II
Osinubi, Olumide, Vol II
Ostovich, Helen, Vol II
Ostriker, Alicia, Vol III
Ostrom, Hans, Vol II
Ostrowski, Carl, Vol II
Otten, Terry Ralph, Vol II
Otter, Monika, Vol II
Ower, John, Vol II
Page, Judith W., Vol II
Paglia, Camille, Vol II
Palmer, Barton, Vol II
Palmeri, Frank, Vol II
Palmquist, Mike, Vol II
Parins, Marylyn, Vol II
Paris, Bernard J., Vol II
Parker, Douglas, Vol II

Parker, Patricia L., Vol II
Parks, Stephen Robert, Vol II
Patten, Robert Lowry, Vol II
Patterson-Iskander, Sylvia W.,
    Vol II
Pattison, Eugene H., Vol II
Pavel, Thomas, Vol II
Payne, Michael, Vol II
Pearsall, Derek A., Vol II
Pease, Donald E., Vol II
Peck, Russell A., Vol II
Pecora, Vincent P., Vol II
Pederson, Lee, Vol III
Peemoeller, Helen C., Vol II
Penceal, Bernadette Whitley,
    Vol II
Perez-Torres, Rafael, Vol II
Perkins, David, Vol II
Perkins, James Ashbrook, Vol II
Perloff, Marjorie Gabrielle, Vol II
Perry, Patsy Brewington, Vol II
Peterfreund, Stuart S., Vol II
Peters, Erskine Alvin, Vol II
Peterson, Linda H., Vol II
Peterson, R.G., Vol II
Peterson, Richard S., Vol II
Pethica, James, Vol II
Petraglia-Bahri, Deepika, Vol III
Petrie, Neil, Vol II
Petronella, Vincent F., Vol II
Pfau, Thomas, Vol II
Pfordresher, John P., Vol II
Phelan, James Pius X., Vol II
Phillips, Gene D., Vol II
Phillips, Robert, Vol II
Pickens, Ernestine W. McCoy,
    Vol II
Pickens, William Garfield, Vol II
Picker, John, Vol II
Piepho, Lee, Vol II
Pierce, John, Vol II
Pifer, Ellen, Vol II
Pinka, Patricia G., Vol II
Pinsky, Robert, Vol II
Pinson, Hermine Dolorez, Vol II
Pitchford, Nicola, Vol II
Pizer, Donald, Vol II
Pizzo, Joseph S., Vol II
Plath, James, Vol II
Plumstead, William, Vol II
Podis, Joanne, Vol II
Poirier, Richard, Vol II
Polhemus, Robert M., Vol II
Polk, Noel E., Vol II
Pope, Deborah, Vol II
Pope, Rebecca A., Vol II
Porter, Joseph A., Vol II
Post, Jonathan F.S., Vol II
Poster, Carol, Vol II
Power, Mary, Vol II
Pratt, John, Vol II
Pratt, Linda Ray, Vol II
Pratt, Louis Hill, Vol II
Pratt, Minnie Bruce, Vol II
Price, Alan, Vol II
Prineas, Matthew, Vol II
Pritchard, William H., Vol II
Pruitt, Virginia D., Vol II
Purinton, Marjean D., Vol II
Qualls, Barry V., Vol III
Quigley, Austin E., Vol II
Quintero, Ruben, Vol II
Quirk, Thomas Vaughan, Vol II
Radway, Janice, Vol II
Rae, Patricia, Vol II
Raffel, Burton, Vol II
Ragussis, Michael, Vol II
Rajan, Tilottama, Vol II
Ramazani, Jahan, Vol II
Rambuss, Richard, Vol III
Rampersad, Arnold, Vol II
Ramsey, Jarold, Vol II
Ramsey, Mary K., Vol II
Randall, Dale B.J., Vol II
Ranes, Barbara, Vol II
Rank, Hugh Duke, Vol II
Rasula, Jed, Vol II
Ratcliffe, Stephen, Vol II
Ratliff, Gerald Lee, Vol II
Ray, Robert H., Vol II
Reddick, Robert, Vol II
Reddy, Maureen T., Vol II
Reed, John R., Vol II
Reed, Peter J., Vol II
Reed, Walter, Vol III
Reesman, J.C., Vol II
Rege, Josna E., Vol II
Reid, Louann, Vol II
Reid, Robert L., Vol II

Reid, Stephen, Vol II
Reigelman, Milton M., Vol II
Reigstad, Ruth, Vol I
Reilly, Edward J., Vol II
Reilly, John Marsden, Vol II
Reinhardt, John Edward, Vol II
Reinheimer, David, Vol II
Rempel, Gerhard, Vol II
Rempel, John W., Vol II
Renza, Louis A., Vol II
Revell, Donald, Vol II
Reverand, Cedric D., Vol II
Reynolds, David S., Vol II
Ribeiro, Alvaro, Vol II
Rice, Grantland S., Vol II
Rice, Louise Allen, Vol II
Richards, Jeffrey H., Vol II
Richardson, Anne, Vol II
Richardson, Betty, Vol II
Richmond, Maureen, Vol II
Richmond, Velma B., Vol II
Richter, David H., Vol II
Ricke, Joseph M., Vol II
Riddell, Richard, Vol II
Ridland, John, Vol II
Riebling, Barbara, Vol II
Riely, John C., Vol II
Rinehart, Lucy, Vol II
Ritvo, Harriet, Vol I
Robbins, Helen W., Vol II
Roberts, Brian, Vol II
Roberts, John R., Vol II
Roberts, Thomas J., Vol II
Robertson, Fiona, Vol II
Robinson, Amy, Vol II
Robinson, Edward A., Vol II
Robinson, Ella S., Vol II
Robinson, Laura, Vol II
Robinson, William Henry, Vol II
Rocks, James E., Vol II
Roderick, John M., Vol II
Rodowick, David N., Vol II
Rogers, Katharine Munzer, Vol II
Rogers, Phil, Vol II
Rollin, Lucy, Vol II
Rollyson, Carl E., Jr., Vol II
Ronald, Ann, Vol II
Ronda, Bruce, Vol II
Rooke, Constance M., Vol II
Roper, Alan, Vol II
Rosa, Alfred, Vol II
Rose, Phyllis Davidoff, Vol II
Rosen, Robert Charles, Vol II
Rosenberg, Bruce, Vol II
Rosenberg, John D., Vol II
Rosenblatt, Jason Philip, Vol II
Rosenheim, Shawn, Vol II
Rosenthal, Judith Ann, Vol II
Rosenwald, Lawrence A., Vol II
Ross, Daniel W., Vol II
Rossman, Charles R., Vol II
Roth, Phyllis Ann, Vol II
Rothman, Irving N., Vol II
Rothwell, Kenneth Sprague, Vol II
Rowan, Katherine E., Vol II
Rowan, Stephen C., Vol II
Rowe, Karen E., Vol II
Rowland, Beryl, Vol II
Rowlinson, Matthew C., Vol II
Roy, Emil L., Vol II
Roy, George Ross, Vol II
Roy, Parama, Vol II
Rozbicki, Michael J., Vol II
Rubenstein, Jill, Vol II
Rubenstein, Roberta, Vol II
Rude, Donald W., Vol II
Ruderman, Judith, Vol II
Rudolph, Robert Samuel, Vol II
Rugoff, Milton, Vol I
Ruland, Richard, Vol II
Runge, Laura, Vol II
Runyan, William Ronald, Vol II
Russo, John Paul, Vol II
Rust, Richard Dilworth, Vol II
Ryals, Clyde De L., Vol II
Ryan, Lawrence Vincent, Vol II
Rye, Marilyn, Vol II
Ryken, Leland, Vol II
Ryskamp, Charles Andrew, Vol II
Saccio, Peter, Vol II
Sachdeva Mann, Harveen, Vol II
Safer, Elaine Berkman, Vol II
Saha, Prosanta Kumar, Vol II
Sahni, Chaman Lall, Vol II
Said, Edward, Vol II
Sajdak, Bruce T., Vol II
Salem, James Morris, Vol II
Salem Manganaro, Elise, Vol II
Salomon, Roger B., Vol II

Saltzman, Arthur Michael, Vol II
Salwak, Dale F., Vol II
Sammons, Martha Cragoe, Vol II
Sampson, Edward C., Vol II
Samuels, Shirley, Vol II
Samuels, Wilfred D., Vol II
Sanchez, Elizabeth D., Vol I
Sand, R.H., Vol II
Sanders, Mark, Vol III
Santos, Sherod, Vol II
Saperstein, Jeff, Vol II
Sasson, Victor, Vol IV
Saucerman, James Ray, Vol II
Sauer, Elizabeth, Vol II
Saunders, William, Vol II
Savage, Anne, Vol II
Savage, Elizabeth, Vol II
Sayre, Robert Freeman, Vol II
Scanlan, J.T., Vol II
Schaafsma, David, Vol II
Schaber, Bennet, Vol II
Schachterle, Lance E., Vol II
Schaefer, Josephine O'Brien,
    Vol II
Schafer, William John, Vol II
Schamberger, Ed, Vol II
Schapiro, Barbara, Vol II
Scheckter, John, Vol II
Scheinberg, Cynthia, Vol II
Schell, Richard, Vol II
Scheps, Walter, Vol II
Scheye, Thomas Edward, Vol II
Schiffhorst, Gerald Joseph, Vol II
Schiffman, Joseph, Vol I
Schirmeister, Pamela J., Vol II
Schleiner, Winfried H., Vol I
Schlick, Yael, Vol II
Schmemann, S., Vol II
Schmidt, Barbara Quinn, Vol II
Schmidt, Roger, Vol II
Schmidtberger, Loren F., Vol II
Schneidau, Herbert N., Vol II
Schneider, Duane, Vol II
Schneider, Matthew T., Vol II
Schnitzer, Deborah, Vol II
Schoenbaum, Samuel, Vol II
Scholes, Robert, Vol II
Schonhorn, Manuel, Vol II
Schor, Hilary, Vol II
Schuchard, W. Ronald, Vol III
Schultz, Heidi M., Vol II
Schultz, R., Vol II
Schurman, Lydia Cushman, Vol II
Schwartz, Henry J., Vol II
Schwartz, Howard, Vol II
Schwartz, Lloyd, Vol II
Schwartz, Regina, Vol II
Schwartz, Richard B., Vol II
Schwarz, Daniel Roger, Vol II
Schwarz, Kathryn, Vol II
Schwarzbach, Fredric S., Vol II
Schweda, Donald Norman, Vol II
Schweik, Robert Charles, Vol II
Schweitzer, Ivy, Vol II
Scobie, Stephen A.C., Vol II
Scott, Bonnie Kime, Vol II
Scott, James F., Vol II
Scott, James Frazier, Vol II
Scott, Mary Jane W., Vol II
Scott, Peter Dale, Vol II
Scott, William O., Vol II
Scrivener, Michael Henry, Vol II
Seabury, Marcia, Vol II
Seaman, John, Vol II
Seamon, Roger, Vol II
Searl, Stanford J., Vol II
Sears, Priscilla F., Vol II
Secor, Robert Arnold, Vol II
Seelig, Sharon Cadman, Vol II
Seidel, Michael Alan, Vol II
Seiden, Morton Irving, Vol II
Seitz, James E., Vol II
Selig, Robert L., Vol II
Sellin, Paul R., Vol II
Sena, John F., Vol II
Sendry, Joseph M., Vol II
Serum, Robert W., Vol II
Sessions, William Alfred, Vol II
Shaddock, Jennifer, Vol II
Shafer, Gregory, Vol II
Shafer, Ronald G., Vol II
Shaffer, Brian W., Vol II
Shaheen, Naseeb, Vol II
Shanks, Hershel, Vol II
Shannon, Laurie, Vol II
Shapiro, James S., Vol II
Shapiro, Michael, Vol II
Shapiro, Susan, Vol II
Sharma, Govind Narain, Vol II

Wikander, Matthew H., Vol II
Wilde, Alan, Vol II
Wilkerson, Margaret Buford, Vol II
Will, Barbara E., Vol II
Willard, Thomas Spaulding, Vol II
Willbanks, Ray, Vol II
Willerton, Christian William, Vol II
Willey, Edward, Vol II
Williams, Daniel E., Vol II
Williams, David, Vol II
Williams, Gary J., Vol II
Williams, Hazel Browne, Vol II
Williams, John S., Vol II
Williams, Joseph M., Vol II
Williams, Kenny J., Vol II
Williams, Melvin Gilbert, Vol II
Williams, Susan, Vol II
Williams, William Proctor, Vol II
Williams Elliott, Dorice, Vol II
Williamson, J.W., Vol II
Williamson, Jane Louise, Vol II
Williamson, Janice, Vol II
Williamson, John Stewart, Vol II
Williamson, Marilyn Lammert, Vol II
Williamson Dameron, George, Vol II
Willis, Deborah, Vol II
Willis, Gladys January, Vol II
Willis, Paul J., Vol II
Willis, Resa, Vol II
Willis, Susan, Vol II
Willis, Susan, Vol II
Willmott, Glenn, Vol II
Wills, Jack Charles, Vol II
Willumson, Glenn Gardner, Vol I
Wilson, Douglas Lawson, Vol II
Wilson, John H., Vol II
Wilson, John Harold, Vol II
Wilson, Keith G., Vol II
Wilson, L. Austin, Vol II
Wilt, Judith, Vol II
Wimsatt, James I., Vol II
Winans, Robert B., Vol II
Winchell, Donna, Vol II
Winchell, Mark, Vol II
Winderl, Carl A., Vol II
Wineapple, Brenda, Vol II
Winner, Anthony, Vol II
Winship, Michael B., Vol II
Winter, Daria Portray, Vol II
Winter, Kari J., Vol II
Winton, Calhoun, Vol II
Wion, Philip Kennedy, Vol II
Wiseman, Christopher S., Vol II
Wittig, Joseph Sylvester, Vol II
Wojcik, Daniel, Vol II
Wolf, Donald, Vol II
Wolfe, Ralph Haven, Vol II
Wolff, Cynthia Griffin, Vol II
Wolgast, Eliz H., Vol II
Wolper, Roy S., Vol II
Wood, Marcus, Vol I
Wood, Nancy, Vol II
Wood, Ruth, Vol II
Wood, Susan H., Vol II
Woodbridge, John M., Vol II
Woodell, Harold, Vol II
Woodring, Carl, Vol II
Woods, Robin, Vol II
Woods, Willie G., Vol II
Woodson, Thomas, Vol II
Woodward, Pauline, Vol III
Woolf, Leonard, Vol II
Woolley, James, Vol II
Work, James, Vol II
Worth, George John, Vol II
Wortham, Thomas, Vol II
Wortman, William A., Vol II
Wright, Deborah Kempf, Vol II
Wright, George Thaddeus, Vol II
Wright, H. Bunker, Vol II
Wright, Stephen Caldwell, Vol II
Wrobel, Arthur, Vol II
Wyatt, David M., Vol II
Wyke, Clement Horatio, Vol II
Wykes, David, Vol II
Wylder, Delbert E., Vol II
Wyman, Linda Lee, Vol II
Yancy, Kathleen Blake, Vol II
Yeazell, Ruth Bernard, Vol II
Yocom, Margaret Rose, Vol II
Yoder, R. Paul, Vol I
York, Lorraine, Vol II
Young, Arlene, Vol II
Young, Arthur Y., Vol II
Young, Elizabeth V., Vol II

Young, Kay, Vol II
Young, Richard E., Vol II
Young, Robert Vaughan, Vol II
Young, Thomas Daniel, Vol II
Zacher, Christian Keeler, Vol II
Zahorski, Kenneth, Vol II
Zatlin, Linda Gertner, Vol II
Zeiger, Melissa F., Vol II
Zender, Karl Francis, Vol II
Ziegler, Dhyana, Vol II
Zimbardo, Rose A., Vol II
Zlogar, Laura, Vol II
Zucker, David Hard, Vol II
Zwerdling, Alex, Vol II
Zytaruk, George J., Vol II

Ethics

Albrecht, Gloria H., Vol IV
Almeder, Robert F., Vol IV
Aquino, Maria Pilar, Vol IV
Audi, Robert, Vol IV
Bach, Shirley, Vol IV
Baker, John Arthur, Vol IV
Bandman, Bertram, Vol IV
Barlow, Brian C., Vol IV
Barnette, Henlee Hulix, Vol IV
Bathurst Gilson, Anne, Vol IV
Bauerschmidt, Frederick Christian, Vol IV
Baumel Joseph, Norma, Vol IV
Baxter, Donald L., Vol IV
Bayer, Richard C., Vol IV
Bell, Linda A., Vol II
Bell, Nora Kizer, Vol IV
Benson, Paul H., Vol IV
Bethel, Arthur Charles Walter, Vol IV
Blake, Deborah, Vol IV
Blizek, William L., Vol IV
Blumenfeld, David, Vol I
Boltuc, Piotr, Vol IV
Boss, Judith A., Vol IV
Boyle, John Phillips, Vol IV
Boys, Samuel A., Vol IV
Branick, Vincent P., Vol IV
Brennen, Bonnie, Vol IV
Brodsky, Garry, Vol IV
Cafaro, Philip, Vol IV
Cahill, Lisa Sowle, Vol IV
Calkins, Martin S.J., Vol IV
Campbell, Courtney S., Vol IV
Caplan, Arthur L., Vol IV
Carter, Michele A., Vol IV
Carver, Marc, Vol IV
Caste, Nicholas J., Vol IV
Cavalier, Robert, Vol IV
Chamberlain, Paul, Vol IV
Childress, James Franklin, Vol IV
Chismar, Douglas, Vol IV
Chung, Chai-sik, Vol IV
Copeland, Warren R., Vol IV
Coyle, Michael Gordon, Vol II
Crysdale, Cynthia S. W., Vol IV
Culp, Sylvia, Vol IV
Curd, Patricia, Vol IV
Danley, John Robert, Vol IV
Davis, Lawrence H., Vol IV
Day, Louis A., Vol IV
de S. Cameron, Nigel M., Vol IV
Derr, Thomas Sieger, Vol IV
Diener, Paul W., Vol IV
Dilworth, John, Vol IV
Dooley, Patricia, Vol II
Dumais, Monique, Vol IV
Dyck, Arthur James, Vol IV
Eckenwiler, Lisa A., Vol IV
Engel, Ronald J., Vol IV
Evans, Rod L., Vol IV
Evenson, Brian, Vol II
Farley, Margaret Ann, Vol IV
Filonowicz, Joseph, Vol I
Finn, Daniel R., Vol IV
Fischer, Marilyn R., Vol IV
Fitzgerald, Patrick, Vol IV
Foster, Matthew, Vol IV
Frank, William A., Vol IV
Friedlander, Walter J., Vol I
Friesen, Duane K., Vol IV
Gardaphe, Fred L., Vol II
Garland, Michael John, Vol IV
Gelwick, Richard, Vol IV
Gilbert, Joseph, Vol IV
Gill, David W., Vol IV
Gill, Michael, Vol IV
Gingerich, Ray C., Vol IV
Good, Robert C., Vol IV
Gordon, Robert M., Vol IV
Gorman, Michael J., Vol IV

Gough, Russell W., Vol IV
Grant Luckhardt, C., Vol IV
Gray, Bonnie Jean, Vol IV
Green, Clifford James, Vol IV
Green, Ronald Michael, Vol IV
Groothuis, Douglas, Vol IV
Grounds, Vernon, Vol IV
Habibi, Don A., Vol IV
Hall, Pamela M., Vol IV
Hanigan, James P., Vol IV
Harris, Charles Edwin, Vol IV
Herdt, Jennifer A., Vol IV
Herman, Stewart W., Vol IV
Hofbeck, Josef, Vol IV
Hutchinson, Roger Charles, Vol IV
Iserson, Kenneth V., Vol IV
Johnson, David Lawrence, Vol IV
Johnson, James Turner, Vol IV
Jones, Donald D., Vol IV
Jung, L. Shannon, Vol IV
Kahn, Jeffrey C., Vol IV
Kay, Judith Webb, Vol IV
Khushf, George, Vol IV
King, Patricia Ann, Vol IV
Kirkpatrick, Frank Gloyd, Vol IV
Kis, Miroslav M., Vol IV
Kluge, Eike-Henner W., Vol IV
Koontz, Gayle Gerber, Vol IV
Krakauer, Eric, Vol IV
Kunkel, Joseph C., Vol IV
Kuo, Lenore, Vol IV
Lambert, Richard Thomas, Vol I
Lee, Richard, Vol IV
Lincourt, John M., Vol IV
Livezey, Lowell W., Vol IV
Loewy, Erich H., Vol IV
Loewy, Roberta S., Vol IV
Luke, Brian A., Vol IV
Magill, Gerard, Vol IV
Maguire, Daniel C., Vol IV
Martin, Joan M., Vol IV
Martinez, Felipe, Vol IV
Mason, Sheila, Vol IV
Mazoue, Jim, Vol IV
McCullough, Laurence B., Vol IV
Merchant, Carolyn, Vol I
Meyers, Diana Tietjens, Vol IV
Momeyer, Rick, Vol IV
Morey, Ann-Janine, Vol IV
Neumann, Harry, Vol IV
O'Connor, June Elizabeth, Vol IV
O'Neill, William George, Vol IV
O'Sullivan, Michael, Vol IV
Ornstein, Jack, Vol IV
Pappas, Gregory F., Vol IV
Pappu, Rama Rao, Vol IV
Patty, Stacy L., Vol IV
Pawlikowski, John, Vol IV
Pearl, Leon, Vol IV
Phillips, Craig A., Vol IV
Pope, Stephen J., Vol IV
Potter, Nancy, Vol IV
Potter, Nelson, Vol IV
Price, Robert George, Vol I
Pritchard, Michael, Vol IV
Quinn, John F., Vol IV
Radzik, Linda, Vol IV
Rainbolt, George, Vol IV
Rawling, J. Piers, Vol IV
Reich, Warren T., Vol IV
Richardson, Kurt A., Vol IV
Rockefeller, Steven C., Vol I
Ross, Rosetta, Vol IV
Rowe, Stephen C., Vol IV
Ruprecht, Louis A., Jr., Vol IV
Russow, Lilly-Marlene, Vol IV
Scholz, Sally J., Vol IV
Sepper, Dennis L., Vol IV
Shannon, Thomas A., Vol IV
Sharpe, Virginia A., Vol IV
Simmons, Lance, Vol IV
Smaw, Eric, Vol IV
Smith, F. Lagard, Vol IV
Smith, Janet E., Vol IV
Snoeyenbos, Milton, Vol IV
Solheim, Barbara P., Vol IV
Soyer, Daniel, Vol I
Speidell, Todd, Vol IV
Stempsey, William Edward, Vol IV
Stivers, Robert L., Vol IV
Stone, Ronald Henry, Vol IV
Stortz, Martha Ellen, Vol I
Stuhr, Walter Martin, Vol IV
Sunshine, Edward R., Vol IV
Tenenbaum, Sergio, Vol IV
Toenjes, Richard H., Vol IV
Vacek, Edward Victor, Vol IV
van Roojen, Mark, Vol IV

Villafane, Eldin, Vol IV
Weber, Leonard J., Vol IV
Wert, Newell John, Vol IV
West, Charles Converse, Vol IV
Westmoreland, Robert B., Vol IV
Wilks, Andrew C., Vol IV
Winston, Morton, Vol IV
Winston, Morton E., Vol IV
Winters, Francis Xavier, Vol IV
Wogaman, John Philip, Vol IV
Wolfram, Charles W., Vol IV
Yates, Wilson, Vol IV
Zaner, Richard, Vol IV

Ethnohistory

Barkan, Elliott Robert, Vol I
Bolsterli, Margaret Jones, Vol II
Fenton, William Nelson, Vol I
Fortune, Gwendoline Y., Vol I
Mcbride, Paul Wilbert, Vol I
Micco, Melinda, Vol I
Olcott, Martha, Vol I
Oliver, Daily E., Vol I
Parot, Joseph John, Vol I
Perry, Robert Lee, Vol I
Santana, Deborah, Vol I
Scott, John Sherman, Vol I
Scott, Otis L., Vol I
Tanner, Helen Hornbeck, Vol I
Williams, Nudie Eugene, Vol I
Witkin-New Holy, Alexandra, Vol I
Yang, Fenggang, Vol III

European History

Abou-El-Haj, Rifaat Ali, Vol I
Abrams, Bradley, Vol I
Abrams, Douglas Carl, Vol I
Addington, Larry H., Vol I
Ambler, Effie, Vol I
Applebaum, David, Vol I
Arnold, Eric Anderson, Vol I
Ashley, Susan A., Vol I
Augustinos, Gerasimos, Vol I
Ausmus, Harry Jack, Vol I
Bailey, Charles Randall, Vol I
Bailey, Donald Atholl, Vol I
Bailey, Stephen, Vol I
Baird, Jay Warren, Vol I
Barbour, Richmond, Vol II
Barker, Nancy Nichols, Vol I
Barnes, James John, Vol I
Bartlett, Kenneth Roy, Vol I
Barton, H. Arnold, Vol I
Barton, Marcella Biro, Vol I
Baxter, Colin Frank, Vol I
Baxter, Douglas Clark, Vol I
Baylor, Michael G., Vol I
Bazillion, Richard J., Vol I
Beame, Edmond Morton, Vol I
Becker, Peter Wolfgang, Vol I
Beckerman Davis, Barbara, Vol I
Bedford, Harold, Vol I
Beinfeld, Solon, Vol I
Bell, Leland V., Vol I
Bendersky, Joseph William, Vol I
Benedict, Philip Joseph, Vol I
Bennett, Judith Mackenzie, Vol I
Bennett, Norman Robert, Vol I
Bentley, Jerry Harrell, Vol I
Bergen, Doris, Vol I
Berger, Martin Edgar, Vol I
Berger, Patrice, Vol I
Berlanstein, Lenard Russell, Vol I
Bernstein, John Andrew, Vol I
Bernstein, John Andrew, Vol I
Bertrand, Charles L., Vol I
Billington, James H., Vol I
Bireley, Robert Lee, Vol I
Birn, Raymond F., Vol I
Black, Eugene Charlton, Vol I
Black, Shirley Jean, Vol I
Blanke, Richard, Vol I
Blum, George Paul, Vol I
Blumberg, Arnold, Vol I
Boeger, Palmer Henry, Vol I
Boll, Michael Mitchel, Vol I
Bond, Gordon Crews, Vol I
Bone, Quentin, Vol I
Botjer, George, Vol I
Botzenhart-Viehe, Verena, Vol I
Boyajian, James Charles, Vol I
Boyd, Carolyn Patricia, Vol I
Boyer, John William, Vol I
Braddock, Robert Cook, Vol I
Breit, Frederick Joseph, Vol I
Bridenthal, Renate, Vol I

Bridenthal, Renate, Vol I
Briggs, J.M., Vol I
Brookshire, Jerry Hardman, Vol I
Browder, George C., Vol I
Brown, James Seay, Jr., Vol I
Brown, Peter B., Vol I
Brown, Stewart Jay, Vol I
Browning, C.R., Vol I
Bukey, Evan Burr, Vol I
Burnett, Amy, Vol I
Busch, Briton Cooper, Vol I
Caldwell, Ronald James, Vol I
Calkins, Kenneth Roy, Vol I
Callahan, William James, Vol I
Camp, Richard, Vol I
Campbell, Joan, Vol I
Campbell, John Coert, Vol I
Carlson, Andrew Raymond, Vol I
Carlson, Arvid John, Vol I
Carrington, Laurel, Vol I
Cassels, Alan, Vol I
Chastain, James G., Vol I
Cho, Joanne M., Vol I
Christensen, Carl C., Vol I
Christianson, John Robert, Vol I
Cienciala, Anna M., Vol I
Clark, Linda Loeb, Vol I
Clark, Malcolm Cameron, Vol I
Clouse, Robert G., Vol I
Clulee, Nicholas H., Vol I
Cohen, William B., Vol I
Colatrella, Carol, Vol I
Cole, Richard G., Vol I
Connelly, Owen, Vol I
Connelly, Owen S., Vol I
Cook, Bernard Anthony, Vol I
Coons, Ronald Edward, Vol I
Cope, Esther Sidney, Vol I
Copeland, Henry Jefferson, Vol I
Coppa, Frank John, Vol I
Corrin, Jay Patrick, Vol I
Covert, James Thayne, Vol I
Cox, Gary D., Vol III
Craig, John Eldon, Vol I
Cromwell, William C., Vol I
Crosby, Travis L., Vol I
Cummings, Raymond L., Vol I
Cunsolo, Ronald S., Vol I
Day, Charles Rodney, Vol I
de Grazia, Victoria, Vol I
Deak, Istvan, Vol I
Dean, David M., Vol I
DeBardeleben, Joan, Vol I
Demolen, Richard Lee, Vol I
Despalatovic, Elinor Murray, Vol I
Detwiler, Donald Scaife, Vol I
Diamond, Sander A., Vol I
Diefendorf, Barbara Boonstoppel, Vol I
Diefendorf, Jeffry Mindlin, Vol I
Divita, James John, Vol I
Djordjevic, Dimitrije, Vol I
Dominick, Raymond, Vol I
Dotson, John Edward, Vol I
Doty, Charles Stewart, Vol I
Dougherty, Patricia M., Vol I
Douglas, Donald Morse, Vol I
Dukes, Jack Richard, Vol I
Durnbaugh, Donald F., Vol IV
Edmondson, Clifton Earl, Vol I
Eisenstein, Elizabeth Lewishohn, Vol I
Eley, Geoff, Vol I
Endelman, Todd Michael, Vol I
Enssle, Manfred Joachim, Vol I
Epstein, David M., Vol I
Evans, Ellen Lovell, Vol I
Falk, Marvin W., Vol I
Fann, Willerd Reese, Vol I
Farge, James Knox, Vol I
Fay, Peter Ward, Vol I
Feldman, Gerald Donald, Vol I
Ferguson, James Wilson, Vol I
Fichtner, Paula Sutter, Vol I
Fideler, Paul Arthur, Vol I
Field, Daniel, Vol I
Field, Earle, Vol I
Fisher, Alan Washburn, Vol I
Fishman, Sterling, Vol I
Fleischer, Manfred Paul, Vol I
Florian, Robert Bruce, Vol I
Flynn, James Thomas, Vol I
Fouquet, Patricia Root, Vol I
Frey, Marsha Lee, Vol I
Friedman, Ellen G., Vol I
Friedman, Jerome, Vol I
Frierson, Cathy A., Vol I
Froide, Amy, Vol I
Gagliardo, John G., Vol I

Gargan, Edward T., Vol I
Garrett, Clarke W., Vol I
Gasman, Daniel E., Vol I
Geehr, Richard Stockwell, Vol I
Geerken, John Henry, Vol I
Geiger, Reed G., Vol I
George, Emery Edward, Vol III
Giacumakis, George, Vol I
Giles, Geoffrey John, Vol I
Gillis, John R., Vol I
Gispen, Kees, Vol I
Glen, Robert Allan, Vol I
Gold, Carol, Vol I
Golden, Richard Martin, Vol I
Goldman, Aaron L., Vol I
Gordon, Bertram M, Vol I
Gordon, Michael Danish, Vol I
Gosselin, Edward Alberic, Vol I
Graf, Daniel William, Vol I
Graham, John Thomas, Vol I
Gray, Hanna Holborn, Vol I
Greene, Nathanael, Vol I
Grew, Raymond, Vol I
Griffin, William Denis, Vol I
Grill, Johnpeter Horst, Vol I
Grimsted, Patricia Kennedy, Vol I
Gross, Hanns, Vol I
Gruber, Helmut, Vol I
Gullace, Nicoletta F., Vol I
Gullickson, Gay Linda, Vol I
Guzman, Gregory G., Vol I
Hackett, David Andrew, Vol I
Hackmann, William Kent, Vol I
Hafter, Daryl Maslow, Vol I
Hagen, William Walter, Vol I
Halpern, Paul G., Vol I
Hamalainen, Pekka Kalevi, Vol I
Hamm, Michael Franklin, Vol I
Hanson, Carl Aaron, Vol I
Harp, Stephen, Vol I
Harris, James F., Vol I
Harris, Robert Dalton, Vol I
Hatfield, Douglas Wilford, Vol I
Hatheway, Jay, Vol I
Hatheway, Joseph G., Vol I
Hauben, Paul J., Vol I
Hause, Steven C., Vol I
Hay, Carla Humphrey, Vol I
Hayden, James Michael, Vol I
Haywood, Richard Mowbray, Vol III
Headley, John M., Vol I
Headrick, Daniel Richard, Vol I
Held, Joseph, Vol I
Helmreich, Jonathan Ernst, Vol I
Henwood, James N.J., Vol I
Herber, Charles Joseph, Vol I
Herbert, Luft, Vol I
Herlan, Ronald Wallace, Vol I
Hicks, David L., Vol I
Hochstadt, Steve, Vol I
Holtman, Robert Barney, Vol I
Homan, Gerlof Douwe, Vol I
Homer, Francis Xavier James, Vol I
Howell, Martha, Vol I
Hudson, George C., Jr., Vol I
Hull, Henry Lane, Vol I
Hulse, James W., Vol I
Hutton, Patrick H., Vol I
Ingle, Harold Norman, Vol I
Ingrao, Charles William, Vol I
Iseminger, Gordon Llewellyn, Vol I
Isherwood, Robert M., Vol I
Isser, Natalie K., Vol I
Jay, Martin Evan, Vol I
Jenkins, Jennifer L., Vol I
Jensen, De Lamar, Vol I
Jewsbury, George Frederick, Vol III
Johnson, Christopher Howard, Vol I
Johnson, Owen V., Vol I
Johnson, Robert E., Vol I
Jones, Larry Eugene, Vol I
Jordan, David P., Vol I
Joseph, Brian Daniel, Vol III
Kafker, Frank Arthur, Vol I
Kale, Steven D., Vol I
Kanipe, Esther Sue, Vol I
Kaufman, Suzanne, Vol I
Keller, William, Vol I
Kelley, Donald R., Vol I
Kellogg, Frederick, Vol I
Kelly, Alfred Herbert, Vol I
Kennedy, W. Benjamin, Vol I
Kern, Robert, Vol I
Keylor, William Robert, Vol I
Kieswetter, James Kay, Vol I
Kinsey, Winston Lee, Vol I
Kitterman, David Harold, Vol I
Klang, Daniel M., Vol I
Klassen, Peter James, Vol I
Klein, Ira N., Vol I
Kleinfeld, Gerald R, Vol I
Knight, Isabel Frances, Vol I
Koclitschek, Theodore, Vol I
Koerper, Phillip Eldon, Vol I
Kohler, Eric Dave, Vol I
Kohls, Winfred A., Vol I
Kollmann, Nancy Shields, Vol I
Konvitz, Josef Wolf, Vol I
Koot, Gerard M., Vol I
Kramer, Arnold Paul, Vol I
Kren, George M., Vol I
Krey, Gary De, Vol I
Krieger, Leonard, Vol I
Kuisel, Richard F., Vol I
Kutolowski, John Francis, Vol I
Kuzmic, Peter, Vol I
Laccetti, Silvio R., Vol I
Lane, Barbara Miller, Vol I
Larew, Karl Garret, Vol I
Larson, Robert H., Vol I
Laurent, Jane Katherine, Vol I
Laurent, Pierre Henri, Vol I
Lebovics, Herman, Vol I
Lee, Loyd Ervin, Vol I
Leeb, Isidore Leonard, Vol I
Lees, Lynn Hollen, Vol I
Leiren, Terje Ivan, Vol I
Leith, James A., Vol I
Levy, Richard S., Vol I
Lidtke, Vernon Leroy, Vol I
Lincoln, William Bruce, Vol I
Lindemann, Albert S., Vol I
Lindenfeld, David Frank, Vol I
Linder, Robert Dean, Vol I
Litchfield, Robert Burr, Vol I
Livezeanu, I., Vol I
Long, John Wendell, Vol I
Longfellow, David Lyman, Vol I
Loomie, Albert J., Vol I
Lorimer, Joyce, Vol I
Lotz, David Walter, Vol I
Lougee, Robert Wayne, Vol I
Lowe, William J., Vol I
Lowenstein, Steven Mark, Vol I
Lowry, Bullitt, Vol I
Lubenow, William Cornelius, Vol I
Lucas, Paul, Vol I
Luehrs, Robert Boice, Vol I
Luft, David Sheers, Vol I
Lunenfeld, Marvin, Vol I
Lynn, John A., Vol I
Macisaac, David, Vol I
Maciuika, Benedict Vytenis, Vol I
Malefakis, Edward, Vol I
Malefakis, Edward Emanuel, Vol I
Marcopoulos, George John, Vol I
Marino, John Anthony, Vol I
Marks, Sally Jean, Vol I
Marm, Michael, Vol I
Marquis, Alice Goldfarb, Vol I
Martin, Russell E., Vol I
Martines, Lauro, Vol I
Matheny, William Edward, Vol I
Matthews, Roy T., Vol I
Maughan, Steven, Vol I
Mayer, Arno Joseph, Vol I
Mcbride, Theresa Marie, Vol I
Mcclellan, Woodford, Vol I
Mccue, Robert J., Vol I
Mcgeoch, Lyle Archibald, Vol I
McGoldrick, James Edward, Vol I
Mckale, Donald Marshall, Vol I
Mckay, John Patrick, Vol I
McLeod, Jane, Vol I
Mcneil, David O., Vol I
Mears, John A., Vol I
Mellini, Peter John Dreyfus, Vol I
Mellon, Stanley, Vol I
Merriman, John M., Vol I
Metcalfe, William Craig, Vol I
Meyer, Kathryn E., Vol I
Meyer, Michael, Vol I
Meyer, Michael, Vol I
Miller, Jacquelyn C., Vol I
Miller, Martin Alan, Vol I
Moore, Edgar Benjamin, Vol I
Morby, John Edwin, Vol I
Moriarty, Thomas Francis, Vol I
Moss, Bernard Haym, Vol I
Mueller, Roland Martin, Vol I
Muller, Jerry Z., Vol I
Mungello, David Emil, Vol I
Munsell, Floyd Darrell, Vol I
Murphy, Francis Joseph, Vol I
Murphy, Orville Theodore, Vol I
Nader, Helen, Vol I
Nelson, Otto Millard, Vol I
Newman, Edgar Leon, Vol I
Nichols, Jalden, Vol I
Niewyk, Donald Lee, Vol I
Nolan, Mary, Vol I
Nordstrom, Byron John, Vol I
Nye, Robert Allen, Vol I
O'Malley, John William, Vol I
O'Neil, Patrick M., Vol I
Oldson, William O., Vol I
Oliva, L. Jay, Vol I
Olsen, Gerald Wayne, Vol I
Olson, Jeanine, Vol I
Oppenheim, Samuel Aaron, Vol I
Orlow, Dietrich Otto, Vol I
Papacosma, Solon Victor, Vol I
Pastor, Leslie P., Vol I
Patriarca, Silvana, Vol I
Paul, Harry W., Vol I
Pauley, Bruce F, Vol I
Paxton, Robert O., Vol I
Paxton, Robert Owen, Vol I
Payne, Harry Charles, Vol I
Payne, Stanley George, Vol I
Peabody, Susan, Vol I
Pearson, Thomas Spencer, Vol I
Pesek, Thomas G., Vol I
Petropulos, John Anthony, Vol I
Phillips, Ann, Vol I
Pierard, Richard Victor, Vol I
Pierson, Peter O'Malley, Vol I
Pike, Ruth, Vol I
Plakans, Andrejs, Vol I
Polasky, Janet, Vol III
Polome, Edgar C., Vol III
Porterfield, Richard Maurice, Vol I
Raack, Richard C., Vol I
Rabinowitch, Alexander, Vol I
Rearick, Charles, Vol I
Reinerman, Alan Jerome, Vol I
Reinhartz, Dennis Paul, Vol III
Reinharz, Jehuda, Vol I
Remak, Joachim, Vol I
Riddel, Frank Stephen, Vol I
Ridley, Jack B., Vol I
Riley, Philip Ferdinand, Vol I
Rinderle, Walter, Vol I
Ritter, Harry R., Vol I
Robb, George, Vol I
Robbins, Bruce, Vol I
Rock, Kenneth Willett, Vol I
Ross, Ronald John, Vol I
Rothenberg, Gunther Eric, Vol I
Ruel Robins, Marianne, Vol I
Rummel, Erika, Vol I
Saab, E. Ann Pottinger, Vol I
Sachar, Howard Morley, Vol I
Sanchez, Jose Mariano, Vol I
Saunders, Elmo Stewart, Vol I
Sbacchi, Alberto, Vol I
Scherer, Paul Henry, Vol I
Schlauch, Wolfgang T., Vol I
Schmandt, Raymond Henry, Vol I
Schmeller, Helmut John, Vol I
Schneider, Joanne, Vol I
Schnucker, Robert Victor, Vol I
Schuster, Leslie, Vol I
Schwartz, Marvin, Vol I
Scionti, Joseph Natale, Vol I
Scott, Samuel Francis, Vol I
Sedgwick, Alexander, Vol I
Sedlar, Jean Whitenack, Vol I
Senn, Alfred Erich, Vol I
Sharp, Buchanan, Vol I
Shashko, Philip, Vol I
Sheehan, James John, Vol I
Sheppard, Thomas Frederick, Vol I
Shorrock, William Irwin, Vol I
Sider, E. Morris, Vol I
Sims, Amy R., Vol I
Slind, Marvin G., Vol I
Smiley, Ralph, Vol I
Smit, J.W., Vol I
Smith, Harold L., Vol I
Smith, Mark, Vol I
Smith, Woodruff Donald, Vol I
Snow, George Edward, Vol I
Soffer, Reba Nusbaum, Vol I
Soldon, Norbert C., Vol I
Solomon, Howard Mitchell, Vol I
Soucy, Robert J., Vol I
Southard, Robert Fairbairn, Vol I
Sowards, Jesse Kelley, Vol I
Spector, Sherman David, Vol I
Spitzer, Alan B, Vol I
Stanislawski, Michael, Vol I
Starn, Randolph, Vol I
Stebbins, Robert E., Vol I
Steiman, Lionel Bradley, Vol I
Stein, Leon, Vol I
Steinweis, Alan, Vol I
Stern, Fritz, Vol I
Stevens, Donald G., Vol I
Stokes, Lawrence Duncan, Vol I
Strayer, Robert William, Vol I
Struve, Walter, Vol I
Stunkel, Kenneth Reagan, Vol I
Sturgill, Claude C., Vol I
Sun, Raymond, Vol I
Sundstrom, Roy Alfred, Vol I
Sweets, John Frank, Vol I
Talbott, John Edwin, Vol I
Tanenbaum, Jan Karl, Vol I
Taylor, Robert R., Vol I
Thackeray, Frank W., Vol I
Thomaidis, Spero T., Vol I
Thomas, Samuel Joseph, Vol I
Thurston, Gary L., Vol I
Tiersten, Lisa, Vol I
Torrey, Glenn E., Vol I
Tracey, Donald Richard, Vol I
Trumbach, Randolph, Vol I
Trumpener, Ulrich, Vol I
Ullman, Joan Connelly, Vol I
Ultee, J. Maarten, Vol I
Underwood, Ted Leroy, Vol I
Valone, James S., Vol I
Vardaman, James Welch, Vol I
Vardy, Steven Bela, Vol I
Vardy, Steven Bela, Vol I
Viault, Birdsall Scrymser, Vol I
Viles, Perry, Vol I
Vinz, Warren Lang, Vol I
Voeltz, Richard Andrew, Vol I
Wagner, William Gilson, Vol I
Walker, Lawrence David, Vol I
Walker, Mack, Vol I
Walker, Philip Alfred, Vol I
Wall, Irwin M., Vol I
Walt, Joseph W., Vol I
Walz, John D., Vol I
Wandycz, Piotr Stefan, Vol I
Wank, Solomon, Vol I
Watelet, Hubert, Vol I
Watt, Jeffrey R., Vol I
Wegs, James Robert, Vol I
Weisberger, William, Vol I
Weisbord, Robert G., Vol I
Weiss, James Michael, Vol I
Wexler, Victor G., Vol I
Wheeler, Douglas L., Vol I
White, Dan Seligsberger, Vol I
Whitehouse, Eugene Alan, Vol I
Wieczynski, Joseph Leon, Vol I
Wilcox, Larry Dean, Vol I
Williams, Bernard D, Vol I
Wilson, Glee Everitt, Vol I
Wilson, James Hugh, Vol I
Wilson, John Barney, Vol I
Wilt, Alan Freese, Vol I
Wiltenburg, Joy, Vol I
Winquist, Alan Hanson, Vol I
Wobst, H. Martin, Vol I
Wollman, David Harris, Vol I
Woloch, Isser, Vol I
Wood, James Brian, Vol I
Woodward, David Reid, Vol I
Wortman, Richard, Vol I
Young, Michael Brian, Vol I
Zacek, Joseph Frederick, Vol I
Zimmer, Louis Bernard, Vol I

Film Studies

Abel, Richard Owen, Vol II
Allen, M. Austin, Vol II
Altman, Charles Frederick, Vol III
Anderson, Steve, Vol II
Barbera, Jack Vincent, Vol II
Barlow, John Denison, Vol III
Barsam, Richard, Vol II
Bates, Scott, Vol III
Bauland, Peter Max, Vol II
Baumbach, Jonathan, Vol II
Bell-Metereau, Rebecca, Vol II
Berets, Ralph Adolph, Vol II
Berliner, Todd, Vol II
Bernstein, Matthew H., Vol II
Blackwell, Marilyn Johns, Vol II
Blake, Richard, Vol II
Boden, Jean, Vol II
Bodon, Jean, Vol II
Bukalski, Peter J., Vol II
Burwell, Rose Marie, Vol II
Byars, Jackie L., Vol II
Carney, Raymond, Vol II
Carringer, Robert L., Vol II
Cartwright, Lisa, Vol II
Church, Dan M., Vol II
Cohen, Ralph Alan, Vol II
Cooke, Thomas D., Vol II
Costanzo, William Vincent, Vol II
Costello, Donald Paul, Vol I
Desjardins, Mary, Vol II
Di Maio, Irene Stocksieker, Vol III
Faller, Greg, Vol II
Fink, Robert J., Vol III
Fletcher, Robert E., Vol IV
Giannetti, Louis Daniel, Vol II
Girgus, Sam B., Vol II
Goulding, Daniel J., Vol II
Grant, Barry Keith, Vol II
Grella, George, Vol II
Grupenhoff, Richard, Vol II
Handling, Piers G.P., Vol II
Hark, Ina Rae, Vol II
Heldreth, Leonard Guy, Vol II
Jackson, Bruce, Vol II
Jefchak, Andrew Timothy, Vol II
Jorgens, Jack J., Vol II
Kawin, Bruce Frederick, Vol II
Knapp, Gerhard Peter, Vol II
Kramer, Jennifer, Vol II
Lang, Robert, Vol II
LaValley, Al, Vol II
Leff, Leonard J., Vol II
Lewis, Jon, Vol II
Limbacher, James L., Vol II
Loiselle, Andre, Vol II
Luhr, William George, Vol II
Lyons, Timothy James, Vol II
Margulies, Ivone, Vol II
Marks, Laura U., Vol II
May, John Richard, Vol II
Mellen, Joan, Vol II
Mercer, Mark, Vol IV
Michalczyk, John Joseph, Vol III
Miller, Gabriel, Vol II
Miller, Mary Jane, Vol II
Naficy, Hamid, Vol II
Nelson, Ardis L., Vol III
Nicks, Joan P., Vol II
O'Brien, Charles, Vol II
Phillips, Klaus, Vol III
Pike, David, Vol II
Pratley, Gerald, Vol II
Ranta, Richard R., Vol II
Rollins, Peter, Vol II
Roth, Lane, Vol II
Saperstein, Jeff, Vol II
Schoenecke, Michael Keith, Vol II
Scott, James Frazier, Vol II
Shale, Rick, Vol II
Shary, Timothy, Vol II
Shokoff, James, Vol II
Sklar, Robert Anthony, Vol III
Slane, Andrea, Vol II
Smith, Julian, Vol II
Smith, Patrick J., Vol II
Stadler, Eva Maria, Vol III
Sugg, Richard Peter, Vol II
Tiessen, Paul, Vol II
Tobias, Michael Charles, Vol II
Tolton, Cameron David Edward, Vol IV
Tomasulo, Frank P., Vol II
Trotter, A.H., Jr., Vol IV
Turk, Edward Baron, Vol III
Umland, Samuel J., Vol II
von Dassanowsky, Robert, Vol III
Waldeland, Lynne M., Vol II
Ward, Carole Geneva, Vol II
Wexman, Virginia Wright, Vol II
Williams, Tony, Vol II
Wills, David, Vol II
Wood, Gerald Carl, Vol II
Worth, Fabienne Andre, Vol III
Yahnke, Robert Eugene, Vol II
Zuker, Joel, Vol II

Folklore

Adisa, Opal Palmer, Vol III
Alvey, Richard Gerald, Vol I
Attebery, Louie Wayne, Vol II
Azzolina, Davis S, Vol I
Baker, Ronald Lee, Vol I
Barnes, Daniel Ramon, Vol II
Bayor, Ronald Howard, Vol I
Beatie, Bruce A., Vol II
Bowden, Betsy, Vol II
Brasch, Walter Milton, Vol III
Brown, Mary Ellen, Vol I

Brunvand, Jan Harold, Vol I
Bulger, Peggy A., Vol II
Burrison, John A., Vol I
Cochran, Robert, Vol I
Collins, Derek B., Vol III
Congdon, Kristin G., Vol I
de Caro, Frank, Vol I
Dow, James Raymond, Vol III
Doyle, Charles Clay, Vol II
Dunaway, David King, Vol II
Dundes, Alan, Vol I
Edwards, Grace Toney, Vol III
Farrer, Claire Rafferty, Vol I
Foote, Bud, Vol II
Georges, Robert A., Vol III
Gorfain, Phyllis, Vol II
Hansen, William F., Vol I
Haring, Lee, Vol III
Harris, Joseph, Vol II
Haskell, Guy H., Vol I
Heinze, Ruth-Inge, Vol IV
Hovanec, Evelyn Ann, Vol II
Ives, Edward Dawson, Vol II
Jones, Michael Owen, Vol I
Jordan, Rosan, Vol II
Katsaros, Thomas, Vol I
Ketner, Kenneth Laine, Vol IV
Koontz, Thomas Wayne, Vol II
Korom, Frank J., Vol II
Kring, Hilda Adam, Vol II
Leary, James Patrick, Vol II
Leeds-Hurwitz, Wendy, Vol II
Lemieux, Germain, Vol I
Lindahl, Carl, Vol II
Lowe, John, Vol II
Lundell, Torborg Lovisa, Vol III
Lurie, Alison, Vol II
MacDonald, Margaret R., Vol II
Mcneil, William Kinneth, Vol I
Mcnutt, James Charles, Vol I
Morgan, Kathryn L., Vol I
Null, Elisabeth M., Vol I
Prahlad, Sw. Anand, Vol II
Primiano, Leonard Norman, Vol IV
Rosenberg, Bruce, Vol II
Sommers, Laurie., Vol I
Sparks, Esther, Vol I
Stitt, J. Michael, Vol II
Thomas, Gerald, Vol III
Waugh, Butler Huggins, Vol II
Williamson, Jerry Wayne, Vol I
Wilson, William Albert, Vol III
Wojcik, Daniel, Vol II
Yocom, Margaret Rose, Vol II
Zimmerman, Zora Devrnja, Vol III

French History
Accad, Evelyne, Vol III
Ahearn, Edward J., Vol III
Akehurst, F.R.P., Vol I
Arnold, Eric Anderson, Vol I
Baxter, Douglas Clark, Vol I
Beckerman Davis, Barbara, Vol I
Black, Shirley Jean, Vol I
Campbell, Stuart Lorin, Vol I
Clark, Linda Loeb, Vol I
Cobb, William Henry, Vol I
Conrad, Glenn Russell, Vol I
Cooke, James Jerome, Vol I
deGraff, Amy, Vol I
Doty, Charles Stewart, Vol I
Fink, Robert J., Vol III
Friguglietti, James, Vol I
Gelfand, Elissa Deborah, Vol III
Green, Nancy Lascoe, Vol I
Hamscher, Albert Nelson, Vol I
Heller, Henry, Vol I
Hellerstein, Nina Salant, Vol II
Ingram, Norman, Vol I
Kieswetter, James Kay, Vol I
Kom, Ambroise, Vol III
Malino, Frances, Vol I
Marks, Elaine, Vol III
Mcbride, Theresa Marie, Vol I
Meisel, Janet Anne, Vol I
Mellon, Stanley, Vol I
Merriman, John M., Vol I
Moses, Claire Goldberg, Vol I
Moss, Bernard Haym, Vol I
Muyskens, Judith Ann, Vol III
Niccoli, Gabriel, Vol III
Nostrand, Howard Lee, Vol III
Nye, Robert Allen, Vol I
Papayanis, Nicholas, Vol I
Paxton, Robert O., Vol I
Polasky, Janet, Vol I
Ragan, Bryant T., Jr., Vol I

Ridley, Jack B., Vol I
Riley, Philip Ferdinand, Vol I
Rockmore, Sylvie, Vol III
Rothney, John Alexander, Vol I
Scott, Samuel Francis, Vol I
Sibalis, Michael, Vol I
Simon, Roland Henri, Vol III
Spires, Jeffrey, Vol II
Spitzer, Alan B, Vol I
Surridge, Marie, Vol III
Thompson, Dorothy Gillian, Vol I
Valis, Noel M., Vol III
Waldman, Martin, Vol I
Wall, Irwin M., Vol I
Williams, Alan John, Vol I

French Language
Allaire, Joseph Leo, Vol III
Ankrom, Jeffrey, Vol III
Archambault, Paul Joseph, Vol III
Ashby, William James, Vol IV
Aubery, Pierre, Vol III
Auld, Louis, Vol III
Azzi, Marie-Denise Boros, Vol III
Babcock, Arthur Edward, Vol III
Bailey, Phillip, Vol III
Baron, John H., Vol III
Bates, Scott, Vol III
Bauer, George Howard, Vol III
Bazin, Nancy Topping, Vol III
Beardsley, Theodore S., Jr., Vol III
Beardsmore, Barry, Vol I
Beasley, Faith E., Vol III
Becker, Lucille Frackman, Vol III
Benouis, Mustapha Kemal, Vol III
Bereaud, Jacques, Vol III
Berger, Patrice, Vol I
Bergstrom, Anna, Vol III
Bessette, Gerard, Vol III
Black, Margaretta, Vol III
Boateng, Faustine, Vol III
Bohn, Williard, Vol III
Bond, Gerald Albert, Vol III
Bonfini, Marie Roseanne IHM, Vol III
Bongie, Laurence, Vol III
Bordeau, Catherine, Vol III
Bove, Carol Mastrangelo, Vol III
Bowen, Barbara C., Vol III
Bradford, Carole A., Vol III
Braun, Theodore Edward Daniel, Vol III
Breines, Joseph, Vol III
Brodman, Marian, Vol III
Brody, Jules, Vol III
Brooks, Peter Preston, Vol III
Brown, Frederick, Vol III
Brown, James Lorin, Vol III
Brown, John Lackey, Vol III
Brush, Craig Balcombe, Vol III
Cap, Jean-Pierre, Vol III
Carlton, Charles Merritt, Vol III
Carr, Richard Alan, Vol III
Carroll, Carleton Warren, Vol III
Carroll, David, Vol III
Carter, William Causey, Vol III
Casagrande, Jean, Vol III
Case, Fredrick I., Vol III
Cauvin, Jean-Pierre Bernard, Vol III
Chauderlot, Fabienne Sophie, Vol III
Chavy, Paul, Vol III
Chitoran, Ioanaa, Vol III
Ciholas, Karin Nordenhaug, Vol III
Cloutier, Cecile, Vol III
Coates, Carrol F., Vol III
Cobb, Eulalia Benejam, Vol III
Cohn, Robert G., Vol III
Colombat, Andre P., Vol III
Conroy, Peter Vincent, Vol III
Corbett, Noel L., Vol III
Corgan, Margaret M., Vol III
Crist, Larry S., Vol III
Dainard, James A., Vol III
Dana, Marie Immaculee, Vol III
Davison, Rosena, Vol III
De Ley, Herbert C., Vol III
deGraff, Amy, Vol III
Dehon, Claire L., Vol III
Denomme, Robert T., Vol III
Dockery, Charles D., Vol III
Dorenlot, Francoise, Vol III
Doubrovsky, Serge, Vol III
Doyle, Ruth Lestha, Vol III
Dunaway, John Marson, Vol III

Durham, Carolyn Ann, Vol III
Durham, Scot, Vol III
Elbaz, Andre Elie, Vol III
Ellis, Marion Leroy, Vol III
Etzkorn, Girard J., Vol III
Feal, Gisele C., Vol III
Fein, David Alan, Vol III
Fellbaum, Christiane, Vol III
Fetzer, Glenn W., Vol III
Fine, Ellen Sydney, Vol III
Fitch, Brian T., Vol III
Franklin, Ursula, Vol III
Fraser, Theodore, Vol III
Frautschi, Richard Lane, Vol III
Freed, Barbara, Vol III
French, Paulette, Vol III
Galand, Rene, Vol III
Gaylord, Inez K., Vol III
Gearhart, Suzzane, Vol III
Gelber, Lynne Levick, Vol III
Gerato, Erasmo Gabriele, Vol III
Gerber, Barbara Leslie, Vol III
Gieber, Robert L., Vol III
Gilman, Donald, Vol III
Ginsberg, Ellen Sutor, Vol III
Ginsburg, Michal P., Vol III
Gobert, David Lawrence, Vol III
Gordon, Alexander Lobban, Vol III
Grant, Richard Babson, Vol III
Gray, Floyd Francis, Vol III
Green, Virginia M., Vol III
Greenberg, Wendy, Vol III
Grossvogel, David I., Vol III
Gruzinska, Aleksandra, Vol III
Guthrie, Elizabeth M., Vol III
Haidu, Peter, Vol III
Halford, Peter W., Vol III
Hamilton, James Francis, Vol III
Harris, Frederick John, Vol III
Harvey, Carol, Vol III
Hayne, David Mackness, Vol III
Heinemann, Edward Arthur, Vol III
Higgins, Lynn Anthony, Vol III
Hirsch, Marianne, Vol III
Horn, Pierre Laurence, Vol III
Hottell, Ruth A., Vol III
Hubert, Judd D., Vol III
Hubert, Marie Louise, Vol III
Hubert, Renee Riese, Vol III
Hull, Alexander, Vol III
Humphries, John J., Vol III
Issacharoff, Michael, Vol III
Jamme, Albert W.F., Vol II
Jeannet, Angela Maria, Vol III
Jenkins, Frederic Magill, Vol III
Jensen, Frede, Vol III
Jonassaint, Jean, Vol III
Jones, Christopher M., Vol III
Joubert, Andre, Vol III
Kamuf, Peggy, Vol III
Kaplan, Edward Kivie, Vol III
Kaplan, Jane Payne, Vol III
Keffer, Charles K., Jr., Vol III
Kevra, Susan, Vol III
Kibler, Louis Wayne, Vol III
Killiam, Marie-Therese, Vol III
Kingstone, Basil D., Vol III
Knapp, Richard Gilbert, Vol III
Knight, Alan Edgar, Vol III
Knutson, Harold Christian, Vol III
Koenig, Jean-Paul Francois Xavier, Vol III
Koppisch, Michael Seibert, Vol III
Kreiss, Paul Theodore, Vol III
Kruger, Carole A., Vol III
Kuizenga, Donna, Vol III
Lacy, Norris J., Vol III
Lamoureux, Normand J., Vol III
Langlois, Walter G., Vol III
LaPaire, Pierre J., Vol III
Lawall, Sarah Nesbit, Vol III
Le Hir, Marie-Pierre, Vol III
Lee, Joseph Patrick, Vol III
Lipschutz, Ilse Hempel, Vol III
Lomba, Arthur J., Vol III
Lyman-Hager, Mary Ann, Vol III
Lyons, Declan P., Vol I
Maazaoui, Abbes, Vol III
Mann, Joan Debbie, Vol III
Marantz, Enid Goldstine, Vol III
Marinoni, R. Max, Vol III
Marshall, Grover Edwin, Vol II
Martin-Ogunsola, Dellita Lillian, Vol III
Maurin, Mario, Vol III
May, Gita, Vol III
McCarthy, Mary Theresa, Vol III

McKinney, Mark, Vol III
McLendon, Will Loving, Vol III
Mead, Gerald, Vol III
Metzidakis, Angelo, Vol III
Meyer, Paul Hugo, Vol III
Michael, Colette Verger, Vol III
Mistacco, Vicki, Vol III
Monga, Luigi, Vol III
Monye, Laurent, Vol III
Mudimbe, Valentine, Vol III
Muller, Marcel, Vol III
Murstein, Nelly Kashy, Vol III
Nabarra, Alain, Vol III
Nelson, Robert J. Ames, Vol III
Nicholls, James C., Vol III
Nnaemeka, Obioma G., Vol III
Noel, Roger A., Vol III
Noland, Carrie J., Vol III
Orlando, Valerie, Vol III
Oxenhandler, Neal, Vol III
Oxenhandler, Neal, Vol III
Paliyenko, Adrianna M., Vol III
Parsell, David Beatty, Vol III
Patterson, William Taylor, Vol III
Patty, James Singleton, Vol III
Paulson, Michael G., Vol III
Pautrot, Jean-Louis, Vol III
Pence, Ellsworth Dean, Vol III
Petrovic, Njegos M., Vol III
Picherit, Jean-Louis, Vol III
Pickens, Rupert Tarpley, Vol IV
Polachek, Dora, Vol III
Polly, Lyle R., Vol III
Porter, Charles Allen, Vol III
Porter, Laurence M., Vol III
Profit, Vera Barbara, Vol III
Rabine, Leslie W., Vol III
Raoul, Valerie, Vol III
Reed, Gervais Eyer, Vol III
Regosin, Richard L., Vol III
Reinking, Victor, Vol III
Riese Hubert, Renee, Vol III
Rivers, Wilga Marie, Vol III
Rizzuto, Anthony, Vol III
Roberts, Anna, Vol III
Rockmore, Sylvie, Vol III
Rogers, Kenneth Hall, Vol III
Rolfe, Oliver Willis, Vol III
Romanowski, Sylvie, Vol III
Rothstein, Marian, Vol III
Runyon, Randy, Vol III
Saigal, M., Vol III
Sandro, Paul Denney, Vol III
Sankovitch, Tilde, Vol III
Sardkodie-Mensah, Kwasi, Vol III
Schlossman, Beryl, Vol III
Schonberger, Vincent L., Vol III
Schott-Desrosiers, Nicole, Vol III
Schrader, Dorothy Lynne, Vol III
Schubert, Virginia Ann, Vol III
Schuster, Marilyn R., Vol III
Senn, Harry, Vol III
Serrano, Richard, Vol III
Showalter, English, Vol III
Sices, David, Vol III
Sims, Robert Lewis, Vol III
Singerman, Alan J., Vol III
Skrupskelis, Viktoria, Vol III
Smith, David W., Vol III
Spencer, Janine, Vol III
Spencer, Samia Iskander, Vol III
Stampino, Maria Galli, Vol III
Starr, Peter, Vol III
Stavan, Henry-Anthony, Vol III
Sticca, Sandro, Vol III
Stimilli, Davide, Vol III
Strauss, Jonathan, Vol III
Suleiman, Susan Rubin, Vol III
Sutton, Homer B., Vol III
Sweetser, Marie-Odile, Vol III
Switten, Margaret L., Vol III
Talbot, Emile, Vol III
Taylor, Talbot, Vol III
Thiher, Ottah Allen, Vol III
Thomas, Gerald, Vol III
Thomas, Ruth Paula, Vol III
Tobin, Ronald William Francis, Vol III
Tolo, Khama-Basilli, Vol III
Tournier, Claude, Vol III
Vahlkamp, Charles G., Vol III
Valette, Rebecca Marianne, Vol III
Van Baelen, Jacqueline, Vol III
van den Hoven, Adrian, Vol III
Vermette, Rosalie Ann, Vol III
Waelti-Walters, Jennifer, Vol III
Wagener, Guy, Vol III
Waldinger, Renee, Vol III
Walker, Janet L., Vol III

Ward, Patricia Ann, Vol III
Waters, Harold A., Vol III
Waugh, Linda Ruth, Vol III
Wetsel, William David, Vol III
Williams, John Howard, Vol III
Winn, Colette Henriette, Vol III
Winston, Jane, Vol III
Winter, Ian James, Vol III
Wood, Paul William, Vol III
Wood, Philip R., Vol III
Wrage, William, Vol III
Yetiv, Isaac, Vol III
Yoder, Lauren Wayne, Vol III
Yoken, Mel B., Vol III
Young, Howard Thomas, Vol III
Zegura, Elizabeth Chesney, Vol II
Zevelechi Wells, Maria Xenia, Vol II
Zinni, Hannah Case, Vol III

French Literature
Abbott, Carmeta, Vol III
Ages, Arnold, Vol III
Altman, Charles Frederick, Vol III
Anyinefa, Koffi, Vol III
Argyros, Alex, Vol III
Ashby, William James, Vol IV
Aubery, Pierre, Vol III
Auger, Julie, Vol III
Auld, Louis, Vol III
Babcock, Arthur Edward, Vol III
Baguley, David, Vol III
Baker, Mary Jordan, Vol III
Baker, Susan Read, Vol III
Balakian, Anna, Vol III
Bauer, George Howard, Vol III
Beaudry, Agnes Porter, Vol III
Becker, Lucille Frackman, Vol III
Beizer, Janet L., Vol III
Benichou, Paul, Vol III
Benouis, Mustapha Kemal, Vol III
Bensky, Roger Daniel, Vol III
Berkvam, Michael, Vol III
Berrong, Richard Michael, Vol III
Berwald, Jean-Pierre, Vol III
Best, Janice, Vol III
Betz, Dorothy, Vol III
Bishop, Michael, Vol III
Black, Margaretta, Vol III
Blackwood-Collier, Mary, Vol III
Boateng, Faustine, Vol III
Bonfini, Marie Roseanne IHM, Vol III
Boon, Jean-Pierre, Vol III
Boulton, Maureen, Vol III
Bowman, Frank Paul, Vol III
Brady, Patrick S., Vol III
Brault, Gerard Joseph, Vol III
Braun, Theodore Edward Daniel, Vol III
Bree, Germaine, Vol III
Brewer, Maria Minich, Vol III
Brown, Royal Scott, Vol III
Brulotte, Gaetan, Vol III
Burnett, David Graham, Vol III
Busi, Frederick, Vol III
Cadely, Jean Robert Joseph, Vol III
Campion, Edmund J., Vol III
Cap, Jean-Pierre, Vol III
Carlin, Claire L., Vol III
Carre, Marie-Rose, Vol III
Carson, Katharine Whitman, Vol III
Carter, William Causey, Vol III
Cassirer, Thomas, Vol III
Cauvin, Jean-Pierre Bernard, Vol III
Caws, Mary Ann, Vol III
Cazenave, Odile, Vol III
Chaitin, Gilbert D., Vol III
Chavy, Paul, Vol III
Cisar, Mary, Vol III
Cismaru, Alfred, Vol III
Coates, Carrol F., Vol III
Compagnon, Antoine, Vol III
Cook, Robert Francis, Vol III
Corgan, Margaret M., Vol III
Cotnam, Jacques, Vol III
Cottrell, Robert Duane, Vol III
Cozea, Angela, Vol III
Crecelius, Kathryn June, Vol III
Dana, Marie Immaculee, Vol III
Dassonville, Michel, Vol III
Dawson, Robert Lewis, Vol III
de Looze, Laurence, Vol III
Dekydtspotter, Laurent, Vol III
Della Neva, Joann, Vol III

Dionne, Rene, Vol III
Donahue, Thomas John, Vol III
Dorenlot, Francoise, Vol III
Douthwaite, Julia V., Vol III
Doyle, Ruth Lestha, Vol III
Dube, Pierre, Vol III
Dunaway, John Marson, Vol III
Dunn, Susan, Vol III
Duquette, Jean-Pierre, Vol III
Durham, Carolyn Ann, Vol III
Durmelat, Sylvie, Vol III
Egea, Esteban R., Vol III
Ellrich, Robert John, Vol III
Engelhardt, Klaus Heinrich, Vol III
Erickson, John David, Vol III
Essif, Les, Vol III
Evans, Martha Noel, Vol III
Fallon, Jean, Vol II
Fine, Ellen Sydney, Vol III
Fink, Beatrice, Vol III
Fleurant, Ken, Vol III
Ford, Alvin Earle, Vol III
Forest, Jean, Vol III
Fouchereaux, Jean, Vol III
Fournier, Hannah, Vol III
Fourny, Diane, Vol III
Fowler, Carolyn A., Vol III
Fowlie, Wallace, Vol III
Frankel, Margherita, Vol III
Franklin, Ursula, Vol III
Freeman, Bryant C., Vol III
Fresco, Alain D., Vol III
Fresco, Karen, Vol III
Frickey, Pierrette M., Vol III
Gaines, James Frederick, Vol III
Gallaher, Edward J., Vol III
Gallucci, John, Vol III
Garaud, Christian, Vol III
Garnett, Mary Anne, Vol II
Gay-Crosier, Raymond, Vol III
Gaylord, Inez K., Vol III
Gendzier, Stephen J., Vol III
Gerato, Erasmo Gabriele, Vol III
Gerrard, Charlotte, Vol III
Gieber, Robert L., Vol III
Gilmore, Roger H., Vol III
Gilroy, James Paul, Vol III
Ginsberg, Ellen Sutor, Vol III
Gobert, David Lawrence, Vol III
Godin, Jean Cleo, Vol III
Goetz, Thomas Henry, Vol III
Goode, William Osborne, Vol III
Gray, Eugene Francis, Vol III
Gray, Margaret, Vol III
Greene, John, Vol II
Grise, Yolande, Vol III
Grossman, Kathryn Marie, Vol III
Gruzinska, Aleksandra, Vol III
Guieu, Jean-Max, Vol III
Gutwirth, Madelyn, Vol III
Hale, Thomas Albert, Vol III
Hamilton, James Francis, Vol III
Harrington, Karen A., Vol III
Harth, Erica, Vol III
Heckendorn Cook, Elizabeth, Vol II
Helbling, Robert E., Vol III
Hellerstein, Nina Salant, Vol II
Henry, Freeman George, Vol III
Herique, Emmanuel, Vol III
Higgins, Lynn Anthony, Vol III
Hilgar, Marie-France, Vol III
Hinds, Leonard, Vol III
Holmlund, Christine, Vol III
Houston, Mona T., Vol III
Hsieh, Yvonne Y., Vol III
Imbert, Patrick L., Vol III
Isbell, John C., Vol III
Jackson, Elizabeth R., Vol III
Jones, Tobin H., Vol III
Julien, Helene, Vol III
Kaplan, James Maurice, Vol III
Kaplan, Jane Payne, Vol III
Keffer, Charles K., Jr., Vol III
Kelly, Van, Vol III
Kibbee, Douglas, Vol III
Killiam, Marie-Therese, Vol III
Kline, Thomas Jefferson, Vol III
Knapp, Bettina, Vol III
Knapp, Richard Gilbert, Vol III
Kneller, John William, Vol III
Kra, Pauline, Vol III
Kruger, Carole A., Vol III
Kuizenga, Donna, Vol III
Kusch, Manfred, Vol III
Laborde, Alice M., Vol III
Lapprand, Marc, Vol IV
Lawler, James Ronald, Vol III
Le Moine, Roger, Vol III
Lee, Joseph Patrick, Vol III
Lee, Sonia M., Vol III
Lehouck, Emile, Vol III
Leki, Ilona, Vol III
Lesko Baker, Deborah, Vol III
Letts, Janet Taylor, Vol III
Levitine, Eda Mezer, Vol III
Levy, Diane Wolfe, Vol III
Levy, Karen, Vol III
Lewis, Philip Eugene, Vol III
Limbrick, Elaine, Vol III
Lintz, Bernadette C., Vol III
Liu, Catherine, Vol I
Lloyd, Caryl, Vol III
Lloyd, Rosemary, Vol III
Macary, Jean Louis, Vol III
Machonis, Peter A., Vol III
MacKenzie, Louis A., Vol III
MacPhail, Eric, Vol III
Maddox, Donald, Vol III
Maddox, Sara Sturm, Vol III
Major, Jean-Louis, Vol III
Makward, Christiane Perrin, Vol III
Mall, Laurence, Vol III
Mall, Rita Sparrow, Vol III
Malpezzi Price, Paola, Vol III
Manning, Scott, Vol III
Marceau, William Charles, Vol III
Margolis, Nadia, Vol III
Marteinson, Peter, Vol III
Martin, Daniel, Vol III
May, Georges, Vol III
Mayer, Bruce Hillis, Vol III
Mazzocco, Elizabeth H., Vol III
McAlpin, Mary, Vol III
McCarthy, Mary Theresa, Vol III
McKenna, Andrew Joseph, Vol III
McKinley, Mary B., Vol III
Meadows, Patrick, Vol III
Merceron, Jacques E., Vol III
Merler, Grazia, Vol III
Metzidakis, Angelo, Vol III
Michalczyk, John Joseph, Vol III
Mickel, Emanuel J., Vol III
Mihailescu, Calin Andrei, Vol III
Mileham, James Warren, Vol III
Miraglia, Anne Marie, Vol III
Mistacco, Vicki, Vol III
Monye, Laurent, Vol III
Mortimer, Armine Kotin, Vol III
Morton, Jacqueline, Vol IV
Moskos, George, Vol III
Murdoch, Adlai H., Vol III
Nakuma, Constancio, Vol III
Naughton, John, Vol II
Nicholls, James C., Vol III
Nicholls, Maria, Vol III
Noel, Roger A., Vol III
Normand, Guessler, Vol III
Omaggio Hadley, Alice, Vol III
Paganini, Maria, Vol III
Paterson, Janet M., Vol III
Pence, Ellsworth Dean, Vol III
Perry, Catherine, Vol III
Petrey, Sandy, Vol III
Petrovic, Njegos M., Vol III
Pfohl, Russell, Vol III
Picard, Anne Marie, Vol III
Pichois, Claude, Vol III
Pinkus, Karen, Vol III
Polachek, Dora, Vol III
Polly, Lyle R., Vol III
Popescu, Nicolae, Vol III
Porter, Charles Allen, Vol III
Porter, Dennis, Vol III
Portuges, Catherine, Vol III
Preckshot, Judith, Vol III
Pugh, Anthony Roy, Vol III
Purdy, Anthony, Vol III
Rabbitt, Kara, Vol III
Ranwez, Alain Daniel, Vol III
Ricard, Francois, Vol III
Rosenberg, Samuel N., Vol III
Ross, Mary Ellen, Vol III
Roulston, Christine, Vol III
Runyon, Randolph Paul, Vol III
Russell, Delbert, Vol III
Ryan, Robert, Vol III
Salmon, John Hearsey Mcmillan, Vol I
Sampon-Nicolas, Annette, Vol III
Sandro, Paul Denney, Vol III
Scanlan, Timothy Michael, Vol III
Schonberger, Vincent L., Vol III
Schubert, Virginia Ann, Vol III
Schwartzwald, Robert, Vol III
Sears, Dianne, Vol III
Senn, Harry, Vol III
Sherman, Carol Lynn, Vol III
Sices, David, Vol III
Silenieks, Juris, Vol III
Singerman, Alan J., Vol III
Sivert, Eileen, Vol III
Smith, Nigel, Vol III
Smith, Roch Charles, Vol III
Socken, Paul, Vol III
Spires, Jeffrey, Vol II
Stefanovska, Malina, Vol III
Stewart, Joan Hinde, Vol III
Sticca, Sandro, Vol III
Stone, Jennifer, Vol III
Sungolowsky, Joseph, Vol III
Sutton, Homer B., Vol III
Sweetser, Marie-Odile, Vol III
Switten, Margaret L., Vol III
Tarica, Ralph, Vol III
Taylor, Steven Millen, Vol III
Thomson, Clive, Vol III
Tobin, Ronald William Francis, Vol III
Toumayan, Alain P., Vol III
Trapnell, William Holmes, Vol III
Turk, Edward Baron, Vol III
Uitti, Karl David, Vol III
Ungar, Steven Ronald, Vol III
Urbain, Henri, Vol III
Vahlkamp, Charles G., Vol III
Vaillancourt, Daniel, Vol III
Valdman, Albert, Vol III
Van Baelen, Jacqueline, Vol III
Vance, Barbara, Vol III
Vermette, Rosalie Ann, Vol III
Vernier, Richard, Vol III
Vessely, Thomas Richard, Vol III
Vickers, Nancy, Vol III
Vitello, Ralph Michael, Vol III
Vitz, Evelyn Birge, Vol III
Waldauer, Joseph, Vol II
Waldinger, Renee, Vol III
Walsh, Jonathan D., Vol II
Williams, Charles Garfield Singer, Vol III
Williams, John Howard, Vol III
Wilson, Don, Vol III
Winn, Colette Henriette, Vol III
Winter, Ian James, Vol III
Wolsey, Mary Lou Morris, Vol III
Wood, Paul William, Vol III
Worth, Fabienne Andre, Vol III
Wylie, Hal, Vol III
Yandell, Cathy, Vol III
Yoder, Lauren Wayne, Vol III
Yoken, Mel B., Vol III
Zants, Emily, Vol III
Zinni, Hannah Case, Vol III

German History

Allen, William Sheridan, Vol I
Arens, Katherine, Vol III
Baird, Jay Warren, Vol I
Barkin, Kenneth, Vol I
Barrett, Michael Baker, Vol I
Batts, Michael S., Vol III
Bendersky, Joseph William, Vol I
Benson, Renate, Vol III
Campbell, Joan, Vol I
Cho, Joanne M., Vol I
Cook, Bernard Anthony, Vol I
Crosby, Donald H., Vol III
Curschmann, Michael, Vol III
Deshmukh, Marion Fishel, Vol I
Dorondo, David R., Vol I
Eley, Geoff, Vol I
Enssle, Manfred Joachim, Vol I
Falk, Marvin W., Vol I
Gagliardo, John G., Vol I
Ganz, Albert Harding, Vol I
Gispen, Kees, Vol I
Goetz-Stankiewicz, Marketa, Vol III
Harris, James F., Vol I
Hoffman, Donald Stone, Vol I
Hohendahl, Peter U., Vol III
Holschuh, Albrecht, Vol III
Homze, Edward L., Vol I
Jones, Larry Eugene, Vol I
Keefe, Thomas M., Vol I
Kelly, Alfred Herbert, Vol I
Kohler, Eric Dave, Vol I
Kramer, Arnold Paul, Vol I
Levy, Richard S., Vol I
Lindenfeld, David Frank, Vol I
Martinson, Steven D., Vol III
McClelland, Charles E., Vol I
Midelfort, H.C. Erik, Vol I
Mork, Gordon Robert, Vol I
Pickett, Terry H., Vol III
Prowe, Diethelm Manfred-Hartmut, Vol I
Rasch, William, Vol III
Reill, Peter Hanns, Vol I
Schaeffer, Peter Moritz-Friedrich, Vol III
Schaeffer, Peter Moritz-Friedrich, Vol III
Scher, Steven Paul, Vol III
Schleunes, Karl Albert, Vol I
Schneider, Joanne, Vol I
Siekhaus, Elisabeth, Vol III
Stark, Gary Duane, Vol I
Stern, Fritz, Vol I
Stokes, Lawrence Duncan, Vol I
Struve, Walter, Vol I
Turk, Eleanor L., Vol I
Verene, Donald Phillip, Vol III
von Dassanowsky, Robert, Vol III
Ward, Dorothy Cox, Vol III
West, Franklin Carl, Vol I
Wilcox, Larry Dean, Vol I
Ziefle, Helmut Wilhelm, Vol III

German Language

Aikin, Judith Popovich, Vol III
Arend, Jutta, Vol III
Ashliman, D.L., Vol III
Avery, George Costas, Vol III
Bacon, Thomas Ivey, Vol III
Baker, Joseph O., Vol III
Bangerter, Lowell A., Vol III
Barber, Paul Thomas, Vol III
Barnouw, Dagmar, Vol III
Behnke, Kerstin, Vol III
Bekker, Hugo, Vol III
Benda, Gisela, Vol III
Bernstein, Eckhard Richard, Vol III
Betz, Frederick, Vol III
Beverley Driver, Eddy, Vol III
Blair, John T., Vol III
Blumenthal, Bernhardt George, Vol III
Bond, Gerald Albert, Vol III
Borchardt, Frank L., Vol III
Bormann, Dennis Robert, Vol III
Brevart, Francis B., Vol III
Brewer, John T., Vol III
Brister, Louis Edwin, Vol III
Brodsky, Patricia Pollock, Vol III
Brown, John Madison, Vol III
Bruce, James C., Vol III
Brueggemann, Aminia M., Vol III
Campana, Phillip Joseph, Vol III
Cerf, Steven Roy, Vol III
Chick, Edson Marland, Vol III
Chisholm, David, Vol III
Cobbs, Alfred Leon, Vol III
Cowen, Roy C., Vol III
Cox, Jerry Lynn, Vol III
Craig, Charlotte Marie, Vol III
Crossgrove, William Charles, Vol III
Cunliffe, William Gordon, Vol III
Daviau, Donald G., Vol III
Denham, Scott, Vol III
Di Maio, Irene Stocksieker, Vol III
Di Napoli, Thomas John, Vol III
Dimler, George Richard, Vol III
Doswald, Herman K., Vol III
Druxes, Helga, Vol III
Duncan, Bruce, Vol III
Durr, Volker, Vol III
Dvorak, Paul Francis, Vol III
Dye, Robert Ellis, Vol III
Eichner, Hans, Vol III
Elardo, Ronald Joseph, Vol III
Fabian, Hans Joachim, Vol III
Fenves, Peter, Vol III
Fetzer, John Francis, Vol III
Fiedler, Theodore, Vol III
Fink, Karl J., Vol III
Firestone, Ruth H., Vol III
Friedman, Eva Mary, Vol III
Friedrichsmeyer, Erhard Martin, Vol III
Furst, Liliam Renee, Vol III
Genno, Charles N., Vol III
Gentry, F.G., Vol III
Gittleman, Sol, Vol III
Glade, Henry, Vol III
Glenn, Jerry, Vol III
Goheen, Jutta, Vol III
Gontrum, Peter B., Vol III
Gorman, John, Vol III
Gray, Richard T., Vol III
Green, Anne, Vol III
Griffen, Toby David, Vol III
Gumpel, Liselotte, Vol III
Haberl, Franz P., Vol III
Haberland, Paul Mallory, Vol III
Hadley, Michael Llewellyn, Vol III
Hallstein, Christian W., Vol III
Hanlin, Todd, Vol III
Hanson, Klaus D., Vol III
Hardin, James Neal, Vol III
Harrison, James W., Vol III
Hart, Gail K., Vol III
Heidsieck, Arnold, Vol III
Heinen, Hubert, Vol III
Helmetag, Charles Hugh, Vol III
Hertling, Gunter H., Vol III
Herz, Julius Michael, Vol III
Hinze, Klaus-Peter Wilhelm, Vol III
Hodges, Carolyn Richardson, Vol III
Hoefert, Sigfrid, Vol III
Hoffmeister, Gerhart, Vol III
Holub, Renate, Vol III
Hopkins, Leroy Taft, Jr., Vol II
Horsley, Ritta Jo, Vol III
Horwath, Peter, Vol III
Huber, Thomas, Vol III
Huffines, Marion Lois, Vol III
Hughes, William Nolin, Vol III
Huppauf, Bernd, Vol III
Jackman, Jarrell C., Vol III
Jackson, William Edward, Vol III
James, Dorothy, Vol III
Jennings, Lee B., Vol III
John, David Gethin, Vol III
Jonas, Klaus Werner, Vol III
Jorgensen, Peter Alvin, Vol III
Kacandes, Irene, Vol III
Kamla, Thomas A., Vol III
Kath, Ruth R., Vol III
Katritzky, Linde, Vol III
Kelling, Hans-Wilhelm L., Vol III
Kemp, Henrietta J., Vol III
Kenkel, Konrad, Vol III
Kieffer, Bruce, Vol III
Koepke, Wulf, Vol III
Krause, Maureen Therese, Vol III
Krawczeniuk, Joseph V., Vol III
Krois, John Michael, Vol III
Kuhn-Osious, Eckhard, Vol III
Kym, Annette, Vol III
Lange, Horst, Vol III
Langston, Dwight E., Vol III
Latta, Alan Dennis, Vol III
Lederer, Herbert, Vol III
Lehnert, Herbert Hermann, Vol III
Levin, Thomas Y., Vol III
Logan, Paul Ellis, Vol III
Love, Frederick Rutan, Vol III
Luchting, Wolfgang Alexander, Vol III
Lutcavage, Charles, Vol III
Lutzeler, Paul Michael, Vol III
Lys, Franziska, Vol III
Macris, Peter John, Vol III
Madland, Helga Stipa, Vol III
Mayer, Sigrid, Vol III
McCarthy, John Aloysius, Vol III
McCumber, John, Vol III
McDonald, William Cecil, Vol III
McMahon, James Vincent, Vol III
Metzger, Erika Alma, Vol III
Metzger, Michael Moses, Vol III
Mews, Siegfried, Vol III
Michael, Wolfgang Friedrich, Vol III
Miles, David Holmes, Vol III
Miner, Ellis D., Vol III
Muller-Sievers, Helmut, Vol III
Mundt, Hannelore, Vol III
Negus, Kenneth George, Vol III
Neuse, Erna Kritsch, Vol III
Newman, Gail M., Vol III
Nicholls, Roger Archibald, Vol III
Nicolai, Elke, Vol III
Norton, Robert E., Vol III
O'Flaherty, James Carneal, Vol III
Olsen, Solveig, Vol III
Oppenheimer, Fred E., Vol III
Parent, David J., Vol III
Partsch, Cornelius, Vol III
Pastor, Leslie P., Vol I
Peck, Jeffrey Marc, Vol III
Peischl, Margaret Theresa, Vol III
Pettey, John Carson, Vol III
Piedmont, Ferdinand, Vol III

Pizer, John, Vol III
Plant, Helmut R., Vol III
Plater, Edward M.V., Vol III
Rainer, Ulrike, Vol III
Reidel-Schrewe, Ursula, Vol III
Remak, Henry Heymann Herman, Vol III
Rennert, Hellmut Hal, Vol III
Resler, W. Michael, Vol III
Richardson, Horst Fuchs, Vol III
Ricker-Abderhalden, Judith, Vol III
Riedel, Walter Erwin, Vol III
Rindisbacher, Hans J., Vol III
Ritterson, Michael, Vol III
Sammons, Jeffrey L., Vol III
Sautermaister, Gert, Vol III
Sazaki, Kristina R., Vol III
Schlant, Ernestine, Vol III
Schlunk, Juergen Eckart, Vol III
Schnauber, Cornelius, Vol III
Schneider, Gerd Klaus, Vol III
Schueler, Heinz Juergen, Vol III
Schutz, Herbert, Vol III
Schweitzer, Christoph Eugen, Vol III
Schweizer, Niklaus R., Vol III
Seidler, Ingo, Vol III
Seymour, Richard Kellogg, Vol III
Shookman, Ellis, Vol III
Silberman, M., Vol III
Simons, John Donald, Vol III
Sinka, Margit M., Vol III
Sokel, Walter H., Vol III
Sonnenfeld, Marion Wilma, Vol III
Southerland, Ronald Hamilton, Vol III
Spahr, Blake Lee, Vol III
Speck, Oliver C., Vol III
Stark, James, Vol III
Steiner, Carl, Vol III
Stern, Guy, Vol III
Terras, Rita, Vol III
Thomas, John Wesley, Vol III
Thorsen, Kristine, Vol III
Tobin, Frank J., Vol II
von der Emde, Silke, Vol III
Vos, Morris, Vol III
Wallach, Martha K., Vol III
Weing, Siegfried, Vol III
Weiss, Hermann Friedrich, Vol III
Weisstein, Ulrich, Vol III
Welliver, Glenn Edwin, Vol III
Wensinger, Arthur Stevens, Vol III
Wetzel, Heinz, Vol III
Wiley, Raymond A., Vol III
Wimmer, Albert K., Vol III
Winston, Krishna, Vol III
Yang, Peter Jianhua, Vol III
Ziegler, Vickie L., Vol III
Ziegler, Vickie Lynne, Vol III
Zilcosky, John, Vol III
Zohn, Harry, Vol III

German Literature

Achberger, Karen Ripp, Vol III
Acker, Robert, Vol III
Aikin, Judith Popovich, Vol III
Arens, Hiltrud, Vol III
Avery, George Costas, Vol III
Bacon, Thomas Ivey, Vol III
Bahr, Ehrhard, Vol III
Baker, Joseph O., Vol III
Baldwin, Thomas Pratt, Vol III
Banziger, Hans, Vol III
Barlow, John Denison, Vol III
Baron, Frank, Vol III
Barrack, Charles Michael, Vol III
Baumgartner, Ingeborg Hogh, Vol III
Bauschinger, Sigrid Elisabeth, Vol III
Benda, Gisela, Vol III
Berghahn, Klaus L., Vol III
Bernd, Clifford Albrecht, Vol III
Best, Otto Ferdinand, Vol III
Betz, Frederick, Vol III
Bircher, Martin, Vol III
Blair, John, Vol III
Bodine, Jay F., Vol III
Boerner, Peter, Vol III
Braun, Ernst, Vol III
Braun, Wilhelm, Vol III
Brister, Louis Edwin, Vol III
Browning, Barton W., Vol III

Chisholm, David, Vol III
Clouser, Robin A., Vol III
Cobbs, Alfred Leon, Vol III
Cohn, Dorrit, Vol III
Conner, Maurice Wayne, Vol III
Corngold, Stanley Alan, Vol III
Cory, Mark, Vol III
Craig, Charlotte Marie, Vol III
Crawford, Ronald Lee, Vol III
Davis, Garold N., Vol III
Deinert, Herbert, Vol III
Denham, Scott, Vol III
Di Maio, Irene Stocksieker, Vol III
Di Napoli, Thomas John, Vol III
Dimic, Milan Velimir, Vol III
Dimler, George Richard, Vol III
Doerksen, Victor Gerard, Vol III
Duncan, Bruce, Vol III
Dvorak, Paul Francis, Vol III
Dyck, Martin, Vol III
Dye, Robert Ellis, Vol III
Eichner, Hans, Vol III
Elardo, Ronald Joseph, Vol III
Elfe, Wolfgang Dieter, Vol III
Ertl, Wolfgang, Vol III
Exner, Richard, Vol III
Eykman, Christoph Wolfgang, Vol III
Fellbaum, Christiane, Vol III
Fiedler, Theodore, Vol III
Fink, Karl J., Vol III
Freeman, Thomas Parry, Vol III
Fuller, Homer Woodrow, Vol III
Gallati, Ernst, Vol III
Gemunden, Gerd, Vol III
Gerlach, U. Henry, Vol III
Glass, Erlis, Vol III
Gross, Sabine, Vol III
Guthke, Karl Siegfried, Vol III
Haberl, Franz P., Vol III
Haberland, Paul Mallory, Vol III
Hadley, Michael Llewellyn, Vol III
Hagens, Jan Luber, Vol III
Haile, Harry G., Vol III
Hasselbach, Ingrid Tiesler, Vol III
Hasselbach, Karl Heinz, Vol III
Heidenreich, Rosmarin, Vol III
Heinen, Hubert, Vol III
Helbling, Robert E., Vol III
Hermand, Jost, Vol III
Hillen, Gerd, Vol III
Hinderer, Walter, Vol III
Hoffmann, Klaus D., Vol III
Hoffmeister, Werner, Vol III
Holub, Robert C., Vol III
Hoover, Marjorie Lawson, Vol III
Horsley, Ritta Jo, Vol III
Hoyt, Giles Reid, Vol III
Huber, Thomas, Vol III
Hunt, Irmgard E., Vol III
Huppauf, Bernd, Vol III
Hye, Allen Edward, Vol III
Iggers, Wilma Abeles, Vol III
Jackson, William Edward, Vol III
Jofen, Jean, Vol III
John, David Gethin, Vol III
Jonas, Klaus Werner, Vol III
Jones, Robert Alston, Vol III
Jost, Dominik, Vol III
Kamla, Thomas A., Vol III
Kelling, Hans-Wilhelm L., Vol III
Kipa, Albert Alexander, Vol III
Koc, Richard, Vol III
Koch, Ernst, Vol III
Koepke, Wulf, Vol III
Komar, Kathleen Lenore, Vol III
Kratz, Bernd, Vol III
Kreiss, Paul Theodore, Vol III
Kudszus, Winfried, Vol III
Kuxdorf, Manfred, Vol III
Kuzniar, A.A., Vol III
Lange, Horst, Vol III
Latta, Alan Dennis, Vol III
Lewis, Gertrud Jaron, Vol III
Lillyman, William J., Vol III
Logan, Paul Ellis, Vol III
Lorbe, Ruth Elisabeth, Vol III
Love, Frederick Rutan, Vol III
Macris, Peter John, Vol III
Madland, Helga Stipa, Vol III
Mahlendorf, Ursula R., Vol III
Maierhofer, Walter, Vol III
Marahrens, Gerwin, Vol III
Marx, Leonie, Vol III
Maurer, Warren R., Vol III
McConnell, Winder, Vol III
McDonald, William Cecil, Vol III
McMahon, James Vincent, Vol III

Metzger, Erika Alma, Vol III
Metzger, Michael Moses, Vol III
Moeller, Hans-Bernhard, Vol III
Mornin, Edward, Vol III
Nagele, Rainer, Vol III
Nahrgang, Wilbur Lee, Vol III
Nehring, Wolfgang, Vol III
Neuse, Erna Kritsch, Vol III
Newton, Robert Parr, Vol III
Nollendorfs, Valters, Vol III
Olsen, Solveig, Vol III
Oppenheimer, Fred E., Vol III
Ossar, Michael Lee, Vol III
Osterle, Heinz D., Vol III
Panthel, Hans Walter, Vol III
Parent, David J., Vol III
Paslick, Robert H., Vol III
Paulsen, Wolfgang, Vol III
Peischl, Margaret Theresa, Vol III
Petersen, Klaus, Vol III
Peterson, Brent O., Vol II
Pettey, John Carson, Vol III
Pickett, Terry H., Vol III
Pizer, John, Vol III
Porter, Michael, Vol III
Pribic, Rado, Vol III
Profit, Vera Barbara, Vol III
Reidel-Schrewe, Ursula, Vol III
Rey, William Henry, Vol III
Richardson, Horst Fuchs, Vol III
Rindisbacher, Hans J., Vol III
Rippley, La Vern J., Vol III
Ritterson, Michael, Vol III
Roethke, Gisela, Vol III
Rudnytzky, Leonid, Vol III
Rundell, Richard Jason, Vol III
Ryan, Judith, Vol III
Saine, Thomas Price, Vol III
Scherer, William F., Vol III
Schlunk, Juergen Eckart, Vol III
Schmiesing, Ann, Vol III
Schneider, Christian Immo, Vol III
Schoeps, Karl H., Vol III
Schueler, Heinz Juergen, Vol III
Schutz, Herbert, Vol III
Schwarz, E., Vol III
Seeba, Hinrich Claassen, Vol III
Seelig, Harry E., Vol III
Seliger, Helfried Werner, Vol III
Sharp, Francis Michael, Vol III
Sinka, Margit M., Vol III
Skitter, Hans Gunter, Vol III
Sokel, Walter H., Vol III
Solomon, Janis Virginia Little, Vol III
Steiner, Carl, Vol III
Stewart, Walter K, Vol III
Strelka, Joseph Peter, Vol III
Struc, Roman Sviatoslav, Vol III
Swaffar, Janet King, Vol III
Tatar, Maria, Vol III
Tatlock, Lynn, Vol III
Ternes, Hans, Vol III
Terras, Rita, Vol III
Thomas, Gary Craig, Vol III
Trommler, Frank Alfred, Vol III
Viehmeyer, L. Allen, Vol III
Vos, Morris, Vol III
Wagener, Hans, Vol III
Walker, Richard Ernest, Vol III
Wallach, Martha K., Vol III
Washington, Ida Harrison, Vol III
Wedberg, Lloyd W., Vol III
Weiss, Hermann Friedrich, Vol III
Weissenberger, Klaus, Vol III
Welliver, Glenn Edwin, Vol III
Wensinger, Arthur Stevens, Vol III
Wetzel, Heinz, Vol III
Wickham, Christopher J., Vol III
Wilson, Joseph Benjamin, Vol III
Winston, Krishna, Vol III
Wishard, Armin, Vol III
Wittkowski, Wolfgang, Vol III
Wolff, Ronald A., Vol III
Zachau, Reinhard Konrad, Vol III
Zantop, Susanne, Vol III
Ziefle, Helmut Wilhelm, Vol III

Germanic Languages

Behler, Ernst, Vol III
Bjerke, Robert Alan, Vol III
Conner, Maurice Wayne, Vol III
Dorian, Nancy Currier, Vol III
Egert, Eugene, Vol III
Elstun, Esther Nies, Vol III
Ertl, Wolfgang, Vol III
Firchow, Evelyn Scherabon, Vol III

Galli, Barbara E., Vol III
George, Emery Edward, Vol III
Glass, Erlis, Vol III
Harding, George E., Vol III
Hasselbach, Karl Heinz, Vol III
Johnston, Otto William, Vol III
Jones, Randall Lee, Vol III
Joyce, Dougals A., Vol III
Keck, Christiane Elisabeth, Vol III
Koch, Ernst, Vol III
Koester, Rudolf Alfred, Vol III
Kratz, Henry, Vol III
Marahrens, Gerwin, Vol III
Marchand, James Woodrow, Vol III
McGlathery, James Melville, Vol III
Meredith, Hugh Edwin, Vol III
Morris, Walter D., Vol III
Polome, Edgar C., Vol III
Sammons, Jeffrey Leonard, Vol III
Schmiesing, Ann, Vol III
Schoolfield, George C., Vol III
Shetter, William Zeiders, Vol III
Snapper, Johan Pieter, Vol III
Sparks, Kimberly, Vol III
Stokker, Kathleen Marie, Vol III
Wailes, Stephen L, Vol III
Waldman, Glenys A., Vol III
Walker, Richard Ernest, Vol III
Wilson, Joseph Benjamin, Vol III
Yerkes, David, Vol I

Greek History

Buckler, John, Vol I
Legon, Ronald, Vol I
Plescia, Joseph, Vol I
Shrimpton, G.S., Vol I

Greek Language

Coleman, John E., Vol I
Desautels, Jacques, Vol I
Desautels, Jacques, Vol I
Fairchild, Mark R., Vol I
Hawthorne, Gerald F., Vol I
Lovelady, Edgar John, Vol II
Ma, John, Vol II
Meadors, Gary T., Vol I
Moss, C. Michael, Vol IV
Olson, Stuart Douglas, Vol III
Overbeck, John Clarence, Vol I
Porter, J.I., Vol III
Ruck, Carl Anton Paul, Vol I
Strong, L. Thomas, III, Vol IV
Warren, Edward W., Vol III
Zeitlin, Froma I., Vol I

Hispanic Studies

Aguirre, Angela M., Vol III
Albada-Jelgersma, Jill Elizabeth, Vol III
Anderson, Danny L., Vol III
Andrews, George Reid, Vol I
Andrien, Kenneth James, Vol I
Arroyo, Ciriaco, Vol III
Baily, Samuel Longstreth, Vol I
Barman, Roderick James, Vol I
Baum, Dale, Vol I
Becker, Marjorie R., Vol I
Beechert, Edward D., Vol I
Bell, Steven, Vol III
Bhague, Gerard, Vol I
Bieber, Judy, Vol I
Bixler, Jacqueline, Vol III
Blanchard, Peter, Vol I
Boyajian, James Charles, Vol I
Boyer, Richard, Vol I
Broussard, Ray F., Vol I
Brown, Kendall Walker, Vol I
Brown, Richmond F., Vol I
Brushwood, John Stubbs, Vol III
Burgos, Fernando, Vol III
Burgos, Fernando, Vol III
Burke, Michael E., Vol I
Caban, Pedro, Vol I
Camurati, Mireya Beatriz, Vol III
Carr, Derek Cooper, Vol I
Caufield, Carlota, Vol III
Cavallari, Hector Mario, Vol III
Chipman, Donald Eugene, Vol I
Christiansen, Hope, Vol III
Chrzanowski, Joseph, Vol III
Clayton, Lawrence A., Vol I
Clegern, Wayne Mclauchlin, Vol I
Coker, William Sidney, Vol I

Contreras, Raoul, Vol III
Cook, Warren Lawrence, Vol I
Coons, Dix Scott, Vol III
Cooper, Donald B., Vol I
Craddock, Jerry Russell, Vol IV
Cummins, Victoria Hennessey, Vol I
Cunniff, Roger Lee, Vol I
Deck, Allan F., Vol IV
DeLaney, Jeane, Vol I
Dellepiane, Angela B., Vol III
Demoss, Dorothy Dell, Vol I
Diaz, Lomberto, Vol III
Diaz, Roberto Ignacio, Vol III
Docter, Mary K., Vol III
Dudley, William Sheldon, Vol I
Dulles, John Watson Foster, Vol I
Dysart, Jane Ellen, Vol I
Earle, Peter G., Vol III
Ellis, Keith A.A., Vol III
Epple, Juan Armando, Vol III
Ewell, Judith, Vol I
Fair, Theopolis, Vol I
Fernandezcifuentes, L., Vol III
Figueredo, Danilo H., Vol III
Filer, Malva Esther, Vol III
Finan, John J., Vol I
Fitz, Earl Eugene, Vol III
Fleener, Charles Joseph, Vol I
Flori, Monica Roy, Vol III
Fontanella, Lee, Vol III
Fraser, Howard Michael, Vol III
Gagliano, Joseph Anthony, Vol I
Galvan, Delia V., Vol III
Garcia, Juan Ramon, Vol I
Gleaves, Robert Milnor, Vol III
Goic, Cedomil, Vol III
Gold, Robert Leonard, Vol I
Gonzalez, Alfonso, Vol III
Graham, Richard, Vol I
Greenfield, Gerald M., Vol I
Greenleaf, Richard E., Vol I
Grieb, Kenneth J., Vol I
Grunfeld, Mihai, Vol III
Gulsoy, J., Vol III
Gutierrez, Ramon A., Vol I
Gutierrez-Vega, Zenaida, Vol III
Hahn, Oscar, Vol III
Hahner, June Edith, Vol I
Hale, Charles Adams, Vol I
Hall, Linda, Vol III
Helguera, J. Leon, Vol I
Hernandez, Juan, Vol III
Herzfeld, Anita, Vol III
Hoberman, Louisa Schell, Vol I
Holland, Norman, Vol III
Holloway, Thomas Halsey, Vol I
Irrizarry, E., Vol III
Jensen, Theodore Wayne, Vol III
Jimenez, Francisco, Vol III
Johnson, Judith R., Vol I
Johnson, Julie Greer, Vol III
Johnson, Phil Brian, Vol I
Keen, Benjamin, Vol I
Keller, Gary D., Vol III
Kelley, Kathleen Alita, Vol III
Kicza, John Edward, Vol I
Kiple, Kenneth Franklin, Vol I
Kirshner, Alan Michael, Vol I
Klaren, Peter Flindell, Vol I
Klein, Herbert S., Vol I
Knight, Franklin Willis, Vol I
Knowlton, Robert James, Vol I
Kooreman, Thomas Edward, Vol III
Kress, Lee Bruce, Vol I
Kuethe, Allan James, Vol I
Kuhn, Gary G., Vol I
Laska, Vera, Vol I
Leonard, Virginia Waugh, Vol I
Levine, Robert M., Vol I
Levine, Robert M., Vol I
Lewin, Linda, Vol I
Lewis, Bart L., Vol III
Lindstrom, Naomi E., Vol III
Liss, Peggy K korn, Vol I
Liss, Sheldon Barnett, Vol I
Lopez-Morillas, Consuelo, Vol IV
Love, Joseph L., Vol I
Luciani, Frederick, Vol III
Luis, William, Vol III
Mabry, Donald Joseph, Vol I
Macias, Anna, Vol I
Maharg, James, Vol III
Maier, Carol Smith, Vol III
Maier, Linda, Vol III
Maisch, Christian, Vol I
Mantero, Manuel, Vol III
Marrone, Nila Gutierrez, Vol III

Martin-Rodriguez, Manuel M., Vol III
Martinez, Elizabeth Coonrod, Vol III
Martinez, Jose-Luis, Vol III
Matheny, William Edward, Vol I
Meinhardt, Warren Lee, Vol III
Mendez, Jesus, Vol III
Menton, Seymour, Vol III
Merrell, F., Vol III
Miller, Hubert J., Vol I
Munoz, Willy Oscar, Vol III
Nelson, Ardis L., Vol III
Nunn, Frederick Mckinley, Vol I
Orozco, Cynthia E., Vol I
Orringer, Nelson Robert, Vol III
Otero, Jose, Vol III
Pancrazio, James, Vol III
Pastor, Beatriz, Vol I
Perez-Lopez, Rene, Vol III
Perissinotto, Giorgio, Vol III
Piccato, Pablo, Vol I
Poppino, Rollie Edward, Vol I
Pouwels, Joel, Vol III
Quackenbush, Louis Howard, Vol III
Raat, William D., Vol I
Ramos, Donald, Vol I
Rausch, Jane M., Vol I
Reber, Vera Blinn, Vol I
Reinshagen-Joho, Liane, Vol I
Riley, James Denson, Vol I
Rivero, Eliana Suarez, Vol III
Rockland, Michael Aaron, Vol I
Rojas, J. Nelson, Vol III
Rojas, Lourdes, Vol III
Rosa, William, Vol III
Rose, Stanley Ludwig, Vol III
Ryan, Thomas Joseph, Vol I
Saeger, James Schofield, Vol I
Safford, Frank Robinson, Vol I
Salisbury, Richard Vanalstyne, Vol I
Saltarelli, Mario, Vol III
Sanchez Silva, Arlyn, Vol III
Santana, Jorge Armando, Vol III
Scardaville, Michael Charles, Vol I
Schmidt, Henry Conrad, Vol I
Schulte, Josephine Helen, Vol I
Schwartz, Stuart B., Vol I
Scott, Rebecca Jarvis, Vol I
Scroggins, Daniel Coy, Vol III
Seed, Patricia, Vol I
Shaw, Bradley Alan, Vol III
Sherman, William Lewis, Vol I
Sims, Harold Dana, Vol I
Slatta, Richard Wayne, Vol I
Sole, Carlos A., Vol III
Solnick, Bruce B, Vol I
Southerland, James Edward, Vol I
Stansifer, Charles Lee, Vol I
Stanton, Edward F., Vol III
Stern, Steve Jefferey, Vol I
Stoetzer, O. Carlos, Vol I
Stoll, Anita K., Vol I
Suarez-Galban, Eugenio, Vol III
Suner, Margarita, Vol III
Szuchman, Mark David, Vol I
Talbott, Robert Dean, Vol I
Tambs, Lewis, Vol I
Tavera Rivera, Margarita, Vol III
Tavera Rivera, Margarita, Vol III
Tepaske, John J., Vol I
Thomas, Jack Ray, Vol I
Tirado, Thomas C., Vol I
Tittler, Jonathan Paul, Vol III
Toplin, Robert B., Vol I
Torodash, Martin, Vol I
Torres, Hector, Vol I
Turner, Doris J., Vol III
Twinam, Ann, Vol I
Vailakis, Ivan Gordon, Vol II
Valbuena-Briones, Angel Julian, Vol III
Vanderwood, Paul Joseph, Vol I
Vassberg, David Erland, Vol I
Verani, Hugo Juan, Vol III
Verdesio, Gustavo, Vol III
Vidal, Hernan, Vol III
Vigil, Ralph Harold, Vol I
Vincent, Jon S., Vol III
Vogeley, Nancy Jeanne, Vol II
Walter, Renee, Vol III
Warren, J. Benedict, Vol I
Watrous, Mary A., Vol I
Watson, Thomas Davis, Vol I
Weber, David J., Vol I
Werlich, David P., Vol I
White, David Anthony, Vol I

Wilkie, James Wallace, Vol I
Williams, Bruce, Vol III
Wirth, John Davis, Vol I
Worcester, Donald Emmet, Vol I
Worrall, Janet Evelyn, Vol I
Zalacain, Daniel, Vol II
Zamora, Juan C., Vol III
Zayas-Bazan, Eduardo, Vol III
Zeitz, Eileen, Vol III
Zlotchew, Clark M., Vol III

History

Abbott, Carl, Vol I
Abbott, Elizabeth, Vol I
Abel, Elie, Vol I
Abels, Richard, Vol I
Abelson, Elaine S., Vol I
Accampo, Elinor A., Vol I
Achenbaum, W. Andrew, Vol I
Ackerman, James Sloss, Vol I
Ackerman, Robert M., Vol I
Adams, Graham, Jr., Vol I
Adams, Michael Charles C, Vol I
Adams, Nicholas, Vol I
Adamson, Walter L., Vol I
Adamson, Walter L., Vol I
Adas, Michael Peter, Vol I
Adelson, Roger, Vol I
Adler, Philip Joseph, Vol I
Akin, William Ernest, Vol I
Aksan, Virginia, Vol I
Albisetti, James C., Vol I
Albrecht, Catherine, Vol I
Aldrich, Michele, Vol I
Alexander, Jon, Vol I
Alexander, Ronald R., Vol I
Alexander, Thomas G., Vol I
Allee, Mark, Vol I
Allen, Bernard Lee, Vol I
Allen, Jack, Vol I
Allen, Lee Norcross, Vol I
Allitt, Patrick N., Vol I
Allman, Jean M., Vol I
Alpern Engel, Barbara, Vol I
Alsop, James, Vol I
Alter, George, Vol I
Altholz, Josef L., Vol I
Altman, Ida, Vol I
Altschul, Michael, Vol I
Altstadt, Audrey L., Vol I
Amar, Joseph P., Vol III
Ambrose, Linda M., Vol I
Amdur, Kathryn E., Vol I
Amiji, Hatim M., Vol I
Amussen, Susan, Vol I
Anctil, Pierre, Vol I
Anderson, David L., Vol I
Anderson, Fred, Vol I
Anderson, James D., Vol I
Anderson, Kirk, Vol III
Anderson, Marvin W., Vol IV
Anderson, Nancy Fix, Vol I
Anderson-Gold, Sharon, Vol IV
Andrea, Alfred J., Vol I
Andrew, John Alfred, Vol I
Andrews, Avery D., Vol I
Angel, Marc D., Vol I
Angelou, Maya, Vol II
Anglin, Douglas G., Vol I
Angus, Margaret, Vol I
Anna, Timothy, Vol I
Anthony, David Henry, III, Vol I
Appleby, Joyce, Vol I
Archdeacon, Thomas John, Vol I
Arieti, James Alexander, Vol I
Armitage, David, Vol I
Armstrong, Brian G, Vol I
Armstrong, Frederick H., Vol I
Armstrong, Joe C.W., Vol I
Arnold, Joseph L., Vol I
Arnoult, Sharon, Vol I
Arsenault, Joseph G., Vol I
Artibise, Alan F.J., Vol I
Ash, Stephen V., Vol I
Asher, Robert, Vol I
Aster, Sidney, Vol I
Atkins, E. Taylor, Vol I
Atkins, Robert, Vol I
Attreed, Lorraine C., Vol I
Attrep, Abraham M., Vol I
Auger, Reginald, Vol I
Aurand, Harold, Jr., Vol I
Ausmus, Harry Jack, Vol I
Austen, Ralph Albert, Vol I
Austensen, Roy Allen, Vol I
Auten, Arthur, Vol I
Avakumovic, Ivan, Vol I
Avrech Berkman, Joyce, Vol I

Avrich, Paul Henry, Vol I
Axtell, James Lewis, Vol I
Bagby, Wesley Marvin, Vol I
Bailey, Victor, Vol I
Bailyn, Bernard, Vol I
Baird, Bruce C., Vol I
Baird, David, Vol I
Baker, Joseph Wayne, Vol I
Baker, Keith M., Vol I
Baker, Richard Allan, Vol I
Baker, Thomas Lindsay, Vol I
Baker, William M., Vol I
Bakewell, Peter, Vol I
Baldwin, John Wesley, Vol I
Ballard, Allen Butler, Jr., Vol I
Bambach, Charles, Vol I
Banker, James Roderick, Vol I
Banker, Mark T., Vol I
Banner, Lois W., Vol I
Banning, Lance, Vol I
Banning, Lance G., Vol I
Barany, George, Vol I
Barber, Marylin J., Vol I
Bardaglio, Peter W., Vol I
Barker, Rosanne M., Vol I
Barker, Thomas M., Vol I
Barker-Benfield, Graham John, Vol I
Barman, Lawrence, Vol I
Barnard, Virgil John, Vol I
Barnes, Kenneth C., Vol I
Barnes, Thomas Garden, Vol I
Barnes, Timothy David, Vol I
Barnett, Richard Chambers, Vol I
Barnhart, Michael Andrew, Vol I
Barnhill, Georgia Brady, Vol I
Barnhill, John Herschel, Vol I
Baron, Samuel Haskell, Vol I
Barr, Chester Alwyn, Vol I
Barrett, David P., Vol I
Barrett, James R., Vol I
Bartley, Russell Howard, Vol I
Barton, Carlin, Vol I
Barzun, Jacques, Vol I
Bast, Robert, Vol I
Batalden, Stephen Kalmar, Vol I
Battick, John Francis, Vol I
Bauer, Arnold Jacob, Vol I
Baumler, Alan, Vol I
Bausum, Henry S., Vol I
Baxter, Stephen Bartow, Vol I
Baylen, Joseph Oscar, Vol I
Bayley, C.C., Vol I
Baynton, Douglas C., Vol I
Beau, Bryan Le, Vol I
Beaudoin-Ross, Jacqueline, Vol I
Beaumont, Roger A., Vol I
Becker, Marvin Burton, Vol I
Becker, Seymour, Vol I
Becker, Susan D., Vol I
Bedeski, Robert E., Vol I
Bedford, Steven M., Vol I
Bedos-Rezak, Brigitte, Vol I
Beecher, Maureen Ursenbach, Vol III
Beers, Burton Floyd, Vol I
Beik, William, Vol I
Bell, Andrew J.E., Vol I
Bell, James Brugler, Vol I
Bell, John D., Vol I
Bell, John P., Vol I
Bell Chambers, Marjorie, Vol I
Bellesiles, Michael A., Vol I
Bellinzoni, Arthur J., Vol I
Bellot, Leland Joseph, Vol I
Bellush, Bernard, Vol I
Ben-Ghiat, Ruth, Vol I
Bender, Melvin E., Vol I
Bennett, James D., Vol I
Bennett, Y. Aleksandra, Vol I
Benson, Keith Rodney, Vol I
Benson, Robert Louis, Vol I
Bentley, Jerry Harrell, Vol I
Berg, Gerald Michael, Vol I
Berger, Carl, Vol I
Berger, Gordon, Vol I
Bergeron, Paul H., Vol I
Beringer, Richard E., Vol I
Berkeley, Edmund, Vol I
Berkey, Jonathan P., Vol I
Berkman, Joyce A., Vol I
Berkowitz, Edward D., Vol I
Berlin, I., Vol I
Berman, Hyman, Vol I
Bernard, Paul Peter, Vol I
Bernstein, Iver, Vol I
Berry, Boyd Mcculloch, Vol II
Berry, Lee Roy, Jr., Vol I
Berwanger, Eugene H., Vol I

Best, Gary Dean, Vol I
Best, Henry, Vol I
Betlyon, John Wilson, Vol III
Betts, Raymond Frederick, Vol I
Betts, Richard Kevin, Vol I
Biddle, Tami Davis, Vol I
Bietenholz, Peter Gerard, Vol I
Biggs, Anselm, Vol I
BiJlefeld, Willem A., Vol III
Bilhartz, Terry D., Vol I
Billings, William M., Vol I
Billington, Monroe, Vol I
Bindon, Kathryn, Vol I
Bing, J. Daniel, Vol I
Bingham, Edwin Ralph, Vol I
Binion, Rudolph, Vol I
Birkner, Michael J., Vol I
Birn, Donald S., Vol I
Birnbaum, Lucia Chiavola, Vol I
Bishop, C. James, Vol I
Bishop, Olga B., Vol I
Bisson, Thomas N., Vol I
Black, J. Laurence, Vol I
Black, Naomi, Vol I
Blackey, Robert Alan, Vol II
Blackford, Mansel Griffiths, Vol I
Blackwell, Frederick Warn, Vol I
Blackwell, Fritz, Vol I
Blaisdell, Charmarie Jenkins, Vol I
Blakely, Allison, Vol I
Blassingame, John W., Vol I
Bledstein, Adrien, Vol I
Blethen, H. Tyler, Vol I
Bliss, John W.M., Vol I
Bliss, Katherine, Vol I
Bliss, Robert M., Vol I
Blum, Albert A., Vol I
Blumenfeld, David, Vol I
Blumenshine, Gary B., Vol I
Blumenthal, Eileen, Vol II
Blumin, Stuart, Vol I
Bobinski, George Sylvan, Vol I
Bode, Frederick August, Vol I
Boehling, Rebecca, Vol I
Boersma, Hans, Vol I
Bohnstedt, John Wolfgang, Vol I
Bolger, Francis W.P., Vol I
Bolster, W. Jeffrey, Vol I
Bolt, Ernest C., Jr., Vol I
Bonner, Robert Elliott, Vol I
Bonner, Thomas Neville, Vol I
Boorstin, Daniel Joseph, Vol I
Borah, Woodrow, Vol I
Borg, Daniel Raymond, Vol I
Borg, Dorothy, Vol I
Bornstein, Daniel, Vol I
Borstelmann, Thomas, Vol I
Bothwell, Robert S., Vol I
Botjer, George, Vol I
Botstein, Leon, Vol I
Botzenhart-Viehe, Verena, Vol I
Boucher, Philip P., Vol I
Bourguignon, Henry J., Vol IV
Bouwsma, William James, Vol I
Bowden, Henry Warner, Vol I
Bowen, Lynne E., Vol I
Bowers, William Lavalle, Vol I
Bowersock, Glen Warren, Vol I
Bowman, Jeffrey A., Vol I
Bowman, Joye L., Vol I
Bowman, Shearer Davis, Vol I
Boyer, Lee R., Vol I
Boyle, Kevin, Vol I
Bozeman, Theodore Dwight, Vol IV
Brackenridge, Robert Douglas, Vol I
Bradley, Owen, Vol I
Braisted, William Reynolds, Vol I
Branson, Susan, Vol I
Bratton, Timothy L., Vol I
Braude, Benjamin, Vol I
Brauer, Carl Malcolm, Vol I
Brauer, Kinley, Vol I
Bray, R. Matthew, Vol I
Breen, Timothy Hall, Vol I
Breihan, John R., Vol I
Breines, Paul, Vol I
Breisach, Ernst Adolf, Vol I
Breit, Peter K., Vol I
Breitman, Richard D., Vol I
Breslaw, Elaine, Vol I
Breslin, Thomas Aloysius, Vol I
Breslow, Boyd, Vol I
Breslow, Marvin A., Vol I
Breton, Raymond J., Vol I
Briggs, J.M., Vol I
Brink, James Eastgate, Vol I

Brinkley, Alan, Vol I
Brinks, Herbert John, Vol I
Brinner, William Michael, Vol III
Britsch, R. Lanier, Vol I
Brock, Peter de Beauvoir, Vol I
Brodhead, Michael John, Vol I
Brodman, James William, Vol I
Brody, David, Vol I
Brommel, Bernard, Vol II
Bronner, Edwin Blaine, Vol I
Brooks, E. Willis, Vol I
Brooks, George E., Vol I
Bross, James Beverley, Vol IV
Brower, Daniel Roberts, Vol I
Brown, Alan S., Vol I
Brown, Dorothy M., Vol I
Brown, Ira Vernon, Vol I
Brown, Jennifer S.H., Vol I
Brown, Jerry Wayne, Vol IV
Brown, Kenneth, Vol IV
Brown, Leslie, Vol I
Brown, Richard Carl, Vol I
Brown, Richard Holbrook, Vol I
Brown, Robert C., Vol I
Brown, Robert Warren, Vol I
Brown, Ronald Paul, Vol I
Brown, Sallie, Vol I
Brown, Sidney Devere, Vol I
Brown, Spencer Hunter, Vol I
Brown, Wallace, Vol I
Browne, Gary L., Vol I
Browning, Reed St. Clair, Vol I
Broyles, Michael, Vol I
Bruce, Robert Vance, Vol I
Brucker, Gene Adam, Vol I
Brummett, Palmira, Vol I
Brundage, James A., Vol I
Bryson, William Hamilton, Vol I
Buccellati, Giorgio, Vol I
Buchanan, Harvey, Vol I
Bucholz, Arden, Vol I
Buckley, Thomas Hugh, Vol I
Buehler, Arthur, Vol IV
Buel, Richard (Van Wyck), Vol I
Bukey, Evan Burr, Vol I
Bullard, Melissa Meriam, Vol I
Bullion, John Lewis, Vol I
Bullock, Steven C., Vol I
Bullough, Robert V., Jr., Vol I
Bullough, William Alfred, Vol I
Burggraaff, Winfield J., Vol I
Burke, Colin B., Vol I
Burke, Martin J., Vol I
Burke, Sara Z., Vol I
Burkett, Randall Keith, Vol IV
Burkhardt, Richard W., Vol I
Burkholder, Mark A., Vol I
Burlingame, Michael A., Vol I
Burman, Thomas, Vol I
Burner, David B., Vol I
Burnett, David G., Vol I
Burnett, Stephen G., Vol I
Burnette, Rand, Vol I
Burns, Michael, Vol I
Burns, Thomas, Vol I
Burnstein, Daniel, Vol I
Burstein, Andrew, Vol I
Burton, David Henry, Vol I
Buse, Dieter Kurt, Vol I
Bush, John M., Vol I
Bushman, Claudia, Vol I
Bushnell, David, Vol I
Butler, Jeffrey Ernest, Vol I
Butler, Jon, Vol I
Butler, Leslie, Vol I
Butow, Robert J.C., Vol I
Butts, Michelle Tucker, Vol I
Byman, Seymour David, Vol IV
Byrnes, Robert Francis, Vol I
Caban, Pedro, Vol I
Cafferty, Pastora San Juan, Vol I
Cairns, Hugh A.C., Vol IV
Cairns, John C., Vol I
Calder, Lendol, Vol I
Caldwell, L.K., Vol I
Calhoun, Daniel Fairchild, Vol I
Cameron, James D., Vol I
Cameron, James Reese, Vol I
Camfield, Thomas M., Vol I
Camp, Roderic A., Vol I
Campbell, John Pollock, Vol I
Canning, Paul, Vol I
Cantor, Louis, Vol I
Cantor, Milton, Vol I
Cantor, Norman Frank, Vol I
Cantrell, Gregg, Vol I
Canup, John, Vol I
Capron, Alexander M., Vol I
Caputi, Jane, Vol I

Cardoza, Anthony L., Vol I
Careless, James M.S., Vol I
Carey, James Charles, Vol I
Cargill, Jack, Vol I
Carlebach, Michael L., Vol I
Carls, Alice, Vol I
Carlson, Robert E., Vol I
Carlton, David L., Vol I
Carnes, Mark C., Vol I
Carp, E. Wayne, Vol I
Carpenter, Joel A., Vol I
Carrigan, David O., Vol I
Carrillo, Elisa Anna, Vol I
Carrithers, Gale, Vol II
Carroll, Bret E., Vol I
Carroll, Rosemary F., Vol I
Carter, Dan T., Vol I
Carter, K. Codell, Vol I
Cartwright, David Todd, Vol I
Casebier, Allan, Vol IV
Casey, John Dudley, Vol I
Casper, Scott E., Vol I
Cassar, George H., Vol I
Castillo Crimm, Carolina, Vol I
Cederberg, Herbert Renando, Vol I
Cell, John W., Vol I
Celms, Peter, Vol I
Censer, Jack R., Vol I
Cerillo, Augustus, Vol I
Chalfant, William Y., Vol I
Chalk, Frank, Vol I
Challener, Richard Delo, Vol I
Chamberlain, Michael, Vol I
Chamberlin, Eugene Keith, Vol I
Chambers, Henry Edmund, Vol I
Chambers, John W., Vol I
Chambers, Sarah, Vol I
Chandler, Joan, Vol I
Chandler, Victoria, Vol I
Channell, David, Vol I
Chappell, David L., Vol I
Charlton, Thomas Lee, Vol I
Chase, James S., Vol I
Chassen-Lopez, Francie R., Vol I
Chatfield, E. Charles, Vol I
Chavalas, Mark W., Vol I
Chen, Jerome, Vol I
Cheng, Weikun, Vol I
Chesson, Michael B., Vol I
Chomsky, Aviva, Vol I
Chrislock, C. Winston, Vol I
Chrisman, Miriam Usher, Vol I
Christian, Garna, Vol I
Christianson, Eric Howard, Vol I
Christianson, Gale Edward, Vol I
Chu, Jonathan M., Vol I
Cimprich, John V., Vol I
Citino, Robert M., Vol I
Citron, Henry, Vol I
Clark, Anna, Vol I
Clark, Christopher F., Vol I
Clark, Geoffrey W., Vol I
Clark, Hugh R., Vol I
Clary, David Allen, Vol I
Clemens, Diane Shaver, Vol I
Clifford, Dale Lothrop, Vol I
Clifford, Nicholas R., Vol I
Cline, Catherine Ann, Vol I
Cochran, Sherman, Vol I
Cochran, Thomas Childs, Vol I
Cockfield, Jamie Hartwell, Vol I
Cocks, Geoffrey C., Vol I
Coffey, Joan L., Vol I
Cohen, Gary Bennett, Vol I
Cohen, Judith, Vol I
Cohen, Lester H., Vol I
Cohen, Miriam J., Vol I
Cohen, Patricia Cline, Vol I
Cohen, Sheldon S., Vol I
Cohen, Thomas Vance, Vol I
Cohen, Warren I., Vol I
Cohn, Bernard Samuel, Vol I
Colbert, Thomas Burnell, Vol I
Colburn, David Richard, Vol I
Cole, Donald Barnard, Vol I
Cole, Mary Hill, Vol I
Cole, Robert, Vol I
Coleman, Ronald Gerald, Vol I
Colish, Marcia L., Vol I
Collard, Elizabeth, Vol I
Collier-Thomas, Bettye, Vol I
Collins, James M., Vol I
Colman, Gould P., Vol I
Colton, Joel, Vol I
Conacher, James Blennerhasset, Vol I
Congdon, Lee W., Vol I
Conkin, Paul K., Vol I
Conley, Caroline A., Vol I

Connell-Szasz, Margaret, Vol I
Connelly, Owen S., Vol I
Conner, Valerie Jean, Vol I
Conrad, Margaret R., Vol I
Constance, Joseph, Vol I
Conway, John F., Vol I
Conway, John S., Vol I
Cook, Noble David, Vol I
Cook, Philip C., Vol I
Cooke, Jacob Ernest, Vol I
Coon, Lynda L., Vol I
Cooper, Gail, Vol I
Cooper, Patricia Ann, Vol I
Cooper, Sandi E., Vol I
Cooper, William, Vol I
Coox, Alvin David, Vol I
Cople Jaher, Frederick, Vol I
Copp, John T., Vol I
Corbett, William P., Vol I
Corbin Sies, Mary, Vol I
Cordell, Dennis Dale, Vol I
Cordery, Simon, Vol I
Cordery, Stacy A. Rozek, Vol I
Cornelius, Janet Duitsman, Vol I
Cornell, Paul G., Vol I
Cornell, Saul A., Vol I
Costa, Gustavo, Vol I
Costigliola, Frank Charles, Vol I
Cote, Joanne, Vol I
Cott, Nancy Falik, Vol I
Coudert, Allison P., Vol I
Coughtry, Jay, Vol I
Coutenay, Lynn, Vol II
Coutts, Brian E., Vol I
Couvares, F.G., Vol I
Coward, Harold G., Vol IV
Cox, Caroline, Vol I
Cox, Harold E., Vol I
Cox, Thomas C., Vol I
Crabtree, Loren William, Vol I
Craft, George S., Jr., Vol I
Craig, Gordon Alexander, Vol I
Crawford, Sidnie White, Vol III
Cressy, David, Vol I
Crew, Spencer R., Vol I
Crews, Daniel A., Vol I
Crimando, Thomas, Vol I
Criscenti, Joseph Thomas, Vol I
Crisp, James Ernest, Vol I
Critchlow, D.T., Vol I
Cronan Rose, Ellen, Vol I
Cronin, James E., Vol I
Crosby, Alfred W., Vol I
Cross, Gary, Vol I
Cross, Robert Dougherty, Vol I
Crouch, Dora Polk, Vol I
Crowe, David M., Vol I
Crowe, Michael J., Vol I
Cruikshank, Kenneth, Vol I
Crummey, Donald E., Vol I
Crunden, Robert M., Vol I
Cruz Taura, Graciella, Vol I
Cummins, Light Townsend, Vol I
Cunningham, Noble E., Jr., Vol I
Cunningham, Sarah Gardner, Vol I
Cuno, Kenneth M., Vol I
Curran, Daniel John, Vol I
Curran, Robert Emmott, Vol I
Curry, Lawrence H., Jr., Vol I
Curtin, N.J., Vol I
Curtin, Philip De Armond, Vol I
Curtis, Susan, Vol I
Cushing, James T., Vol I
Cutrer, Thomas W., Vol I
Cutter, Donald C., Vol I
Cyr, Mary, Vol I
D'Agostino, Peter R., Vol IV
D'Allaire, Micheline, Vol I
Daily, Jonathan, Vol I
Dales, Richard C., Vol I
Dallin, Alexander, Vol I
Daly, John P., Vol I
Daly, Lawrence John, Vol I
Daly, William M., Vol I
Daniel, Cletus Edward, Vol I
Daniel, Marcus L., Vol I
Daniell, Jere Rogers, Vol I
Daniels, Bruce C., Vol I
Daniels, Douglas Henry, Vol I
Daniels, R.V., Vol I
Danysk, Cecilia, Vol I
Danzer, Gerald A., Vol I
Danziger, Edmund J., Vol I
Darling, Linda T., Vol I
David, Arthur LaCurtiss, Vol I
Davis, Calvin D., Vol I
Davis, Calvin D., Vol I
Davis, Carl L., Vol I
Davis, David Brion, Vol I

Davis, David D., Vol I
Davis, Donald G., Jr., Vol I
Davis, Jack E., Vol I
Davis, James Edward, Vol I
Davis, Leroy, Vol I
Davis, Natalie Zemon, Vol I
Davis, Thomas Joseph, Vol I
Davis, Thomas Webster, Vol I
Davison, Roderic Hollett, Vol I
Dawson, John Philip, Vol I
Day, Richard B., Vol I
Day, Ronnie, Vol I
Dayton, Cornelia H., Vol I
De La Pedraja, Rene, Vol I
de la Teja, J.F., Vol I
De Vries, Bert, Vol I
De Vries, Jan, Vol I
Deal, J. Douglas, Vol I
Dean, Warren, Vol I
deBuys, William Eno, Vol I
Decarie, Graeme, Vol I
Decker, Hannah S., Vol I
Deconde, Alexander, Vol I
Deering, Ronald F., Vol I
Deeter, Allen C, Vol IV
Degler, Carl N., Vol I
Degler, Carl Neumann, Vol I
DeGroat, Judith A., Vol I
Deichmann Edwards, Wendy J., Vol I
Delisle, Jean, Vol III
Deloria, Vine, Jr., Vol I
Delph, Ronald, Vol I
Delzell, Charles Floyd, Vol I
Demy, Timothy J., Vol IV
Dennis, David B., Vol I
Derden, John K., Vol I
Derfler, Leslie, Vol I
Derfler, Leslie A., Vol I
Deutsch, Harold Charles, Vol I
Devereux, David R., Vol I
Devine, Joseph A., Jr., Vol I
DeWindt, Edwin B., Vol I
Diacon, Todd, Vol I
Diamond, Sigmund, Vol I
Dick, Eric L., Vol I
Dickason, Olive P., Vol I
Dicke, Thomas Scott, Vol I
Dickerman, Edmund H., Vol I
Dickinson, John Alexander, Vol I
Dickson, Charles Ellis, Vol I
Diner, Steven J., Vol I
Dingman, Roger V., Vol I
Dionne, E.J., Vol I
Dirks, Patricia, Vol I
Dobbs, Betty Jo (Teeter), Vol I
Dockery, David S., Vol I
Dodds, Gordon B., Vol I
Dodge, Timothy, Vol I
Doenecke, Justus D., Vol I
Dolnikowski, Edith W., Vol I
Domaradzki, Theodore F., Vol III
Donaghay, Marie, Vol I
Donakowski, Conrad L., Vol I
Donaldson, Peter Samuel, Vol II
Donnelly, John Patrick, Vol I
Dooley, Howard John, Vol I
Dorinson, Joseph, Vol I
Doster, James Fletcher, Vol I
Dotson, John Edward, Vol I
Doughty, Robert, Vol I
Doyle, Don H., Vol I
Drake, Fred, Vol I
Dreifort, John E., Vol I
Dreisbach, Donald Fred, Vol IV
Drescher, Seymour, Vol I
Drinkard-Hawkshawe, Dorothy, Vol I
Dube, Jean-Claude, Vol I
Dudden, Arthur Power, Vol I
Dudden, Faye E., Vol I
Duggan, Lawrence Gerald, Vol I
Duley, Margot I., Vol I
Dumont, Micheline, Vol I
Dunar, Andrew J., Vol I
Duncan, Richard R., Vol I
Duncan, Russell, Vol I
Dunn, Durwood, Vol I
Dunn, Richard Slator, Vol I
Dunnell, Ruth W., Vol I
DuPlessis, Robert S., Vol I
Dupree, Anderson Hunter, Vol I
Duram, James C., Vol I
Durden, Robert Franklin, Vol I
Durocher, Rene, Vol I
Dyck, Cornelius John, Vol I
Dykes, DeWitt S., Jr., Vol I
Dykstra, Robert R., Vol I
Dykstra, Robert R., Vol I

Dziewanowski, Marian Kamil, Vol I
Dzuback, Mary Ann, Vol I
Eagles, Charles W., Vol I
Eakin, Marshall C., Vol I
Eastman, John Robert, Vol I
Ebner, Michael Howard, Vol I
Eccles, William John, Vol I
Eckert, Edward K., Vol I
Edelstein, Melvin A., Vol I
Edie, Carolyn A., Vol I
Edwards, Rebecca, Vol I
Egerton, Frank N., Vol I
Eisenstadt, Peter, Vol I
Eisenstein, Hester, Vol I
Ekirch, A. Roger, Vol I
Eksteins, Modris, Vol I
Elbert, Sarah, Vol I
Elfenbein, Jessica, Vol I
Eller, Ronald D., Vol I
Elliott, Carolyn S., Vol I
Elliott, Derek Wesley, Vol I
Elliott, John Huxtable, Vol I
Elliott, Shirley B., Vol I
Ellis, Clyde, Vol I
Ellis, Edward Earle, Vol IV
Ellis, William Elliott, Vol I
Ellos, Jack D., Vol I
Ellsworth, Samuel George, Vol I
Elwood, R. Carter, Vol I
Emerson, Roger Lee, Vol I
Endicott, Stephen L., Vol I
Eng, Robert Y., Vol I
Engels, Donald W., Vol I
Engerman, Stanley Lewis, Vol IV
Engle, Stephen D., Vol I
English, John Cammel, Vol I
Engs, Robert Francis, Vol I
Engstrand, Iris H. Wilson, Vol I
Ens, Gerhard J., Vol I
Erdel, Timothy Paul, Vol IV
Erenberg, Lewis, Vol I
Erickson, Charlotte, Vol I
Erickson, Erling A., Vol I
Erickson, Nancy Lou, Vol I
Ermarth, Hans Michael, Vol I
Ernst, Eldon G., Vol I
Ernst, Robert, Vol I
Errington, Jane, Vol I
Escott, Paul David, Vol I
Eslinger, Ellen T., Vol I
Essin, Emmett M., Vol I
Estes, James Martin, Vol I
Etulain, Richard W., Vol I
Eula, Michael James, Vol I
Evans, David C., Vol I
Evans, John Karl, Vol I
Evans, Michael J., Vol I
Evans, Sara M., Vol I
Eyck, Frank, Vol I
Eyck, Gunther, Vol I
FA, Mayer, Vol I
Faherty, William Barnaby, Vol I
Fahmy-Eid, Nadia, Vol I
Fahs, Alice E., Vol I
Fairbairn, Brett T., Vol I
Falk, Candace, Vol I
Falk, Stanley Lawrence, Vol I
Falola, Toyia, Vol I
Fanning, Steven, Vol I
Farah, Caesar E., Vol I
Farmer, Edward L., Vol I
Farr, David M.L., Vol I
Farris, W. Wayne, Vol I
Fasolt, Constantin, Vol I
Faue, Elizabeth V., Vol I
Fausold, Martin L., Vol I
Fawn Chung, Sue, Vol I
Fay, Mary Ann, Vol I
Fears, J. Rufus, Vol I
Fechner, Roger Jerome, Vol I
Fehrenbach, Heide, Vol I
Felix, David, Vol I
Feller, Daniel, Vol I
Fellman, Michael, Vol I
Felstiner, Mary Lowenthal, Vol I
Ferguson, Arthus Bowles, Vol I
Ferguson, Everett, Vol I
Feyerick, Ada, Vol I
Fick, Carolyn E., Vol I
Fidler, Ann, Vol I
Fierce, Milfred C., Vol I
Findley, Carter Vaughn, Vol I
Finger, John R., Vol I
Fink, William Bertrand, Vol I
Finkel, Alvin, Vol I
Finkelstein, Joseph, Vol I
Finkenbine, Roy, Vol I
Finlay, Robert, Vol I

Finlayson, Michael G., Vol I
Finlayson, William D., Vol I
Finn, Margot C., Vol I
Finnegan, Terence Robert, Vol I
Finney, Paul Corby, Vol I
Fischer, Bernd, Vol I
Fisher, Robert Bruce, Vol I
Fisher, Robin, Vol I
Fiss, Karen A., Vol I
Fite, Gilbert Courtland, Vol I
Fitter, Chris, Vol II
Fitzgerald, E.P., Vol I
Fitzpatrick, Ellen, Vol I
Fitzpatrick, Martin, Vol I
Fitzsimmons, Michael P., Vol I
Flader, Susan L., Vol I
Flayhart, William H., III, Vol I
Fleming, Patricia L., Vol I
Fleming, Rae B., Vol I
Flint, John E., Vol I
Flores, Carol A., Vol I
Flores, Dan, Vol I
Florescu, Radu R., Vol I
Flusche, Della M., Vol I
Flynt, Wayne, Vol I
Fogarty, Robert Stephen, Vol I
Fogelson, Robert M., Vol I
Fogleman, Aaron S., Vol I
Foltz, Richard, Vol I
Foos, Paul W., Vol I
Forage, Paul C., Vol I
Ford, Franklin Lewis, Vol I
Fordham, Monroe, Vol I
Formisano, Ronald P., Vol I
Formwalt, Lee W., Vol I
Forslund, Catherine, Vol I
Forster, Marc R., Vol I
Forster, Robert, Vol I
Forsyth, Phyllis, Vol I
Foster, Anne L., Vol I
Foster, Douglas A., Vol IV
Foster, E.C., Vol I
Foster, Teree E., Vol II
Fouche, Rayvon, Vol I
Fox, Frank, Vol I
Fox, Stephen C., Vol I
Fox-Genovese, Elizabeth, Vol I
Frager, Ruth, Vol I
Francis, Robert D., Vol I
Francis, Samuel Todd, Vol I
Frank, Sam Hager, Vol I
Frankel, Noralee, Vol I
Franks, Kenny Arthur, Vol I
Fraser, Julius Thomas, Vol I
Frassetto, Michael, Vol I
Frazer, Heather, Vol I
Frazier, Alison, Vol I
Frederick, Richard G., Vol I
Fredriksen, P., Vol IV
Freedman, Robert Owen, Vol I
Freeze, Gregory L., Vol I
French, Goldwin S., Vol I
Friedel, Robert D., Vol I
Friedlander, Walter J., Vol I
Friedman, Jean E., Vol I
Friedman, Jerome, Vol I
Friend, Theodore W., Vol I
Frierson, Cathy A., Vol I
Fritz, Stephen G., Vol I
Fritzsche, Peter, Vol I
Frizzell, Robert, Vol I
Frost, Ginger S., Vol I
Frost, Peter K., Vol I
Fry, Joseph A., Vol I
Fry, Michael G., Vol IV
Fryer, Judith, Vol II
Frykman, George Axel, Vol I
Fu, Poshek, Vol I
Fuller, Lawrence Benedict, Vol II
Fumerton, Patricia, Vol II
Funchion, Michael Francis, Vol I
Funk, Arthur Layton, Vol I
Funkenstein, Amos, Vol I
Furlough, Ellen, Vol I
Furman, Necah Stewart, Vol I
Furth, Charlotte, Vol I
Fussner, Frank Smith, Vol I
Futrell, Robert Frank, Vol I
Galishoff, Stuart, Vol I
Gallagher, Gary W., Vol I
Gallagher, Mary A.Y., Vol I
Gallicchio, Marc S., Vol I
Galush, William J., Vol I
Gann, Lewis H., Vol I
Ganson, Barbara, Vol I
Garber, Marilyn, Vol I
Garcia, Matt, Vol I
Gardner, Bettye J., Vol I
Garland, Martha, Vol I

Gartner, Lloyd Philip, Vol I
Gasster, Michael, Vol I
Gauvreau, J. Michael, Vol I
Gawalt, Gerard Wilfred, Vol I
Gazell, James A., Vol I
Geagan, Daniel J., Vol I
Gedalecia, David, Vol I
Geggus, D., Vol I
Geiger, Mary Virginia, Vol IV
Gellott, Laura S., Vol I
Gellrich, Jesse M., Vol II
Genovese, Eugene D., Vol I
Gentles, Ian, Vol I
George, Charles Hilles, Vol I
George, Peter J., Vol I
Gerber, David A., Vol I
Gerberding, Richard A., Vol I
Gerrish, Brian Albert, Vol IV
Gerteis, Louis, Vol I
Geyer, M., Vol I
Ghazzal, Zouhair, Vol I
Gilb, Corinne Lathrop, Vol I
Gilbert, Bentley Brinkerhoff, Vol I
Gildemeister, Glen A., Vol I
Gildric, Richard P., Vol I
Gilfoyle, Timothy J., Vol I
Gill, Gerald Robert, Vol I
Gillingham, Bryan R., Vol I
Gilmore, Al Tony, Vol I
Gimelli, Louis B., Vol I
Givens, Stuart R., Vol I
Glad, Paul Wilbur, Vol I
Glasrud, Bruce A., Vol I
Glassberg, David, Vol I
Glatfelter, Ralph Edward, Vol I
Gleason, Abbott, Vol I
Gleason, Elisabeth Gregorich, Vol I
Glueckert, Leo, Vol I
Gocking, Roger S., Vol I
Godbeer, R., Vol I
Godbold, E. Stanly, Vol I
Goff, Richard D., Vol I
Goheen, R.B., Vol I
Goins, Richard Anthony, Vol I
Golas, Peter John, Vol I
Goldberg, Barry, Vol I
Goldberg, Robert A., Vol I
Goldschmidt, Arthur E., Jr., Vol I
Goldstein, Jonathan, Vol I
Goldstein, Laurence Alan, Vol I
Goldthwaite, Richard A., Vol I
Gonzales, John Edmond, Vol I
Gonzales, Manuel G., Vol I
Gonzalez, Deena J., Vol I
Gonzalez, Evelyn, Vol I
Gonzalez De Leon, Fernando Javier, Vol I
Good, David F., Vol I
Goodman, Paul, Vol I
Goodnight, G. Thomas, Vol II
Goodrich, Thomas Day, Vol I
Goodwin, G.F., Vol I
Goodwin, Joanne, Vol I
Gootenberg, Paul, Vol I
Goranson, Stephen, Vol IV
Gordon, Amy Glassner, Vol I
Gordon, Daniel, Vol I
Gordon, Jacob U., Vol I
Gordon, Linda, Vol I
Gorham, Deborah, Vol I
Gorn, Elliott J., Vol I
Gossman, Norbert Joseph, Vol I
Gottlieb, Beatrice, Vol I
Graff, Harvey J., Vol I
Grafton, Anthony T., Vol I
Graham, Hugh G., Vol I
Graham, Richard, Vol I
Graham, W. Fred, Vol IV
Graham, William A., Vol III
Granatstein, Jack L., Vol I
Grant, H. Roger, Vol I
Grantham, Dewey Wesley, Vol I
Graubard, Stephen Richards, Vol I
Graves, Pamela, Vol I
Greaves, Richard L., Vol I
Greaves, Rose Louise, Vol I
Green, George D., Vol I
Green, George N., Vol I
Green, Harvey, Vol I
Greenbaum, Louis Simpson, Vol I
Greenberg, Cheryl Lynn, Vol I
Greenberg, Kenneth, Vol I
Greene, Jack P., Vol I
Greene, John C., Vol I
Greene, Sandra E., Vol I
Greenlee, James G.C., Vol I
Greenshields, Malcolm, Vol I
Greer, Allan R., Vol I
Gregg, Edward, Vol I
Grego, Richard, Vol I
Gregory, Robert G., Vol I
Gregory Kohlstedt, Sally, Vol I
Grendler, Paul F., Vol I
Gressley, Gene M., Vol I
Grewal, Joyti, Vol I
Griffin, John R., Vol II
Griffin, Paul R., Vol IV
Griffith, Sally F., Vol I
Griffiths, Naomi Elizabeth Saundaus, Vol I
Grinde, Donald Andrew, Vol I
Gritsch, Eric W., Vol IV
Gross, David, Vol I
Gross, Robert A., Vol I
Gross-Diaz, Theresa, Vol I
Grubb, James S., Vol I
Gruber, Carlos S., Vol I
Gruder, Vivian Rebecca, Vol I
Grzymski, Krzysztof A., Vol I
Guarneri, Carl J., Vol I
Guinn, Paul, Vol I
Gundersheimer, W.L., Vol I
Gupta, Brijen Kishore, Vol I
Gutchen, Robert M., Vol I
Gutmann, Myron P., Vol I
Guy, Donna Jay, Vol I
Gwyn, Alexandra, Vol I
Gwyn, Julian, Vol I
Gythiel, Anthony P., Vol I
Haas, Arthur G., Vol I
Hackenburg, Michael, Vol I
Hadden, Sally E., Vol I
Hagedorn, Nancy L., Vol I
Hahm, David Edgar, Vol I
Haiken, Elizabeth, Vol I
Halbersleben, Karen I., Vol I
Haley, Evan W., Vol I
Hall, David D., Vol I
Hall, Michael G., Vol I
Hall, Timothy D., Vol I
Haller, Mark Hughlin, Vol I
Halpenn, Paul G., Vol I
Halttunen, Karen, Vol I
Hamby, Alonzo Lee, Vol I
Hamdani, Abbas Husayn, Vol I
Hamelin, Marcel, Vol I
Hamerow, Theodore Stephen, Vol I
Hamilton, Carol, Vol I
Hamlin, Christopher S., Vol I
Hamm, Thomas D., Vol I
Hanawalt, Barbara A., Vol I
Hanchett, Tom, Vol I
Handsman, Russell G., Vol I
Hanley, Sarah, Vol I
Hanna, Martha, Vol I
Hansen, Debra Gold, Vol I
Hansen, Peter H., Vol I
Hanson, Charles Parker, Vol I
Hanyan, Craig, Vol I
Hao, Yen-Ping, Vol I
Harbutt, Fraser J., Vol I
Harcave, Sidney Samuel, Vol I
Harding, Vincent, Vol I
Hardy, B. Carmon, Vol I
Hargreaves, Mary Wilma Massey, Vol I
Harrigan, Patrick Joseph, Vol I
Harrington, Ann M., Vol I
Harris, J. William, Vol I
Harris, Janice Hubbard, Vol II
Harris, Leslie M., Vol I
Harris, Michael H., Vol I
Harris, Michael Wesley, Vol I
Harris, Paul W., Vol I
Harris, Robert L., Jr., Vol I
Harrison, Carol, Vol I
Harrison, Cynthia, Vol I
Harrison, Lowell Hayes, Vol I
Hart, John Mason, Vol I
Hartman, Mary Susan, Vol I
Hassing, Arne, Vol IV
Hassrick, Peter H., Vol I
Hata, Donald Teruo, Vol I
Hata, Nadina Ishitani, Vol I
Hatch, Nathan O., Vol I
Hathaway, Jane, Vol I
Hatzenbuehler, Ronald Lee, Vol I
Havran, Martin Joseph, Vol I
Haw, James A., Vol I
Hawes, Joseph, Vol I
Hawkins, Merrill M., Vol I
Hawley, Ellis Wayne, Vol I
Hayes, Floyd Windom, III, Vol I
Hayes, Jack I., Jr., Vol I
Hayner, Linda K., Vol I
Haynes, John E., Vol I
Haynes, Keith A., Vol I
Hays, Jo N., Vol I
Hays, Samuel Pfrimmer, Vol I
Heibron, John L., Vol I
Heinemann, Ronald, Vol I
Heinz, Vira I., Vol I
Heiss, Mary Ann, Vol I
Heisser, David C. R., Vol I
Held, Beverly Orlove, Vol I
Helmholz, R.H., Vol I
Helmreich, Ernst Christian, Vol I
Helmreich, Paul Christian, Vol I
Hemphill, C. Dallett, Vol I
Henderson, H. James, Vol I
Hendon, David Warren, Vol I
Henig, Gerald S., Vol I
Henretta, James A., Vol I
Henry Tsai, Shin Shan, Vol I
Herbert, Eugenia Warren, Vol I
Herbert, Sandra Swanson, Vol I
Herman, Gerald Harvey, Vol I
Herman, Phyllis, Vol I
Herr, Richard, Vol I
Herring, George C., Vol I
Hershkowitz, Leo, Vol I
Hervey, Norma J., Vol I
Herzstein, Robert Edwin, Vol I
Hettinger, Madonna, Vol I
Heyck, Thomas William, Vol I
Heyrman, Christine L., Vol I
Hickey, Damon, Vol I
Hickey, Donald Robert, Vol I
Hickey, Michael C., Vol I
Hicks, L. Edward, Vol I
Higashi, Sumiko, Vol I
Higbee, Mark, Vol I
Higginson, John, Vol I
Higgs, Catherine, Vol I
Higham, John, Vol I
Higham, Robin, Vol I
Higonnet, Patrice, Vol I
Hill, Bennett David, Vol I
Hill, Christopher V., Vol I
Hill, Eugene David, Vol II
Hill, Lamar Mott, Vol I
Hillmer, George Norman, Vol I
Hilton, Kathleen C., Vol I
Himmelfarb, Gertrude, Vol I
Hinckley, Ted C., Vol I
Hines, Thomas S., Vol I
Hinnant, Charles Haskell, Vol II
Hinsley, Curtis M., Vol I
Hirsch, Susan E., Vol I
Hitchens, Marilynn Jo, Vol I
Hitchins, Keith, Vol I
Hixson, Walter Lawrence, Vol I
Hobsbawm, Eric, Vol I
Hochman, Jiri, Vol I
Hoddeson, Lillian, Vol I
Hodges, James A., Vol I
Hoeveler, J. David, Vol I
Hoffman, Peter C.W., Vol I
Hoffman, Ronald, Vol I
Hoffman, Steven J., Vol I
Hoffmann, Stanley, Vol I
Hofstadter, Douglas Richard, Vol IV
Hogan, Lawrence Daniel, Vol I
Hogan, Michael J., Vol I
Hogan, Patricia, Vol I
Hohlfelder, Robert L., Vol I
Hoidal, Oddvar Karsten, Vol I
Holcombe, Lee, Vol I
Holland, Antonio F., Vol I
Holland, James C., Vol I
Holli, Melvin, Vol I
Hollinger, D.A., Vol I
Hollingsworth, Joseph Rogers, Vol I
Hollis, Daniel W., Vol I
Holmes, Blair R., Vol I
Holmes, Larry E., Vol I
Holmes, William F., Vol I
Homel, Michael W., Vol I
Hondros, John L., Vol I
Hoopes, James, Vol I
Hopkins, Fred, Vol I
Hord, Frederick Lee, Vol I
Horgan, Paul, Vol I
Horn, Martin, Vol I
Horn, Vernon, Vol I
Hornsby, Alton, Vol I
Horowitz, Daniel, Vol I
Horowitz, David A., Vol I
Horowitz, Maryanne Cline, Vol I
Horsman, Reginald, Vol I
Horst, Irvin Buckwalter, Vol I
Horstman, Allen, Vol I
Horward, Donald D., Vol I
Hostetler, Theodore J., Vol I
Hovanec, Evelyn Ann, Vol II
Hovendick, Kelly B., Vol I
Howard, Thomas A., Vol I
Howarth, Thomas, Vol I
Howe, John R., Vol I
Hoxie, Frederick E., Vol I
Hoxie, Ralph Gordon, Vol I
Hoyt-O'Connor, Paul E., Vol IV
Hubbard, William H., Vol I
Huddle, T.S., Vol I
Hudson, Leonne, Vol I
Hudson, Leonne M., Vol I
Huel, Ray, Vol I
Hughes, Andrew, Vol I
Hughes, Johnson Donald, Vol I
Hughes, Judith Markham, Vol I
Huhta, James Kenneth, Vol I
Hull, N.E.H., Vol IV
Humphreys, Leonard A., Vol I
Humphreys, Margaret, Vol I
Hundert, Edward J., Vol I
Hundley, Norris Cecil, Vol I
Hunt, Bruce J., Vol I
Hunt, James, Vol I
Hunt, Michael H., Vol I
Hunt, Richard Allen, Vol I
Hunt, William Raymond, Vol I
Hunter, Gary, Vol I
Hunter, Leslie Gene, Vol I
Hunter, Phyllis A., Vol I
Hupchick, Dennis P., Vol I
Huppert, George, Vol I
Hurley, Alfred Francis, Vol I
Hurley, Andrew J., Vol I
Huston, James Alvin, Vol I
Huston, Richard P., Vol I
Hutcheson, John Ambrose, Jr., Vol I
Huttenbach, Henry R., Vol I
Hyatt, Irwin T., Jr., Vol I
Ilardi, Vincent, Vol I
Illick, Joseph E., Vol I
Imholt, Robert Joseph, Vol I
Ingalls, Robert Paul, Vol I
Ingemanson, Birgitta, Vol III
Ingles, Ernie B., Vol IV
Ingram, Earl Glynn, Vol I
Ireland, Robert M., Vol I
Irschick, Eugene Frederick, Vol I
Isaac, Ephraim, Vol I
Isaacman, Allen, Vol I
Isenberg, Nancy G., Vol I
Isett, Christopher, Vol I
Israel, Milton, Vol I
Izenberg, Gerald Nathan, Vol I
Jackson, Joe C., Vol I
Jackson, Kennell A., Jr., Vol I
Jackson, Richard A., Vol I
Jackson, W. Sherman, Vol I
Jacobs, Lynn F., Vol I
Jacobs, Sylvia Marie, Vol I
Jacobsen, Nils, Vol I
Jacobson, Paul Kenneth, Vol IV
Jaenen, Cornelius John, Vol I
Jaffe, David P., Vol I
Jaffe, Lorna S., Vol I
James, Felix, Vol I
James, Harold, Vol I
Janowsky, Oscar I., Vol I
Jansen, Marius Berthus, Vol I
Janson-La Palme, Bayly, Vol I
Jarvis, Michael J., Vol I
Jefferson, Alphine W., Vol I
Jefferson, Carter, Vol I
Jeffrey, Thomas Edward, Vol I
Jeffries, John W., Vol I
Jelavich, Barbara, Vol I
Jick, Leon Allen, Vol I
Jitendra, Asha, Vol II
Jodziewicz, Thomas W., Vol I
Johannsen, Robert W., Vol I
Johanson, Herbert A., Vol IV
John, Richard R., Vol I
Johnson, Charles W., Vol I
Johnson, David Ralph, Vol I
Johnson, Donald Dalton, Vol I
Johnson, Donald Ellis, Vol I
Johnson, Evans Combs, Vol I
Johnson, Harold Benjamin, Vol I
Johnson, James M., Vol I
Johnson, John W., Vol I
Johnson, Leroy Ronald, Vol I
Johnson, Paul E., Vol I
Johnson, Roger A., Vol I
Johnson, Walker C., Vol I
Johnson-Odim, Cheryl, Vol I
Johnston, Carolyn, Vol I
Johnston, Charles Murray, Vol I
Johnston, Robert H., Vol I
Johnston, William M., Vol I
Jones, Edward Louis, Vol I
Jones, Elwood Hugh, Vol I
Jones, Jacqueline, Vol I
Jones, Kenneth Paul, Vol I
Jones, Laird, Vol I
Jones, Louis Clark, Vol I
Jones, Norman L., Vol I
Jones, Robert, Vol I
Jones, Robert Leslie, Vol I
Jones, Wilbur Devereux, Vol I
Jones, William J., Vol I
Jones, William John, Vol I
Joravsky, David, Vol I
Jordan, Ervin L., Vol I
Jordan, Robert Welsh, Vol IV
Joyce, Davis D., Vol I
Jumonville, Neil Talbot, Vol I
Juricek, John T., Vol I
Kaczynski, Bernice M., Vol I
Kaegi, Walter Emil, Vol I
Kagan, Richard Lauren, Vol I
Kahan, Alan S., Vol I
Kahn, David, Vol I
Kahn, Jonathan, Vol I
Kaiser, Thomas Ernest, Vol I
Kalas, Robert, Vol I
Kalman, Laura, Vol I
Kalvoda, Josef, Vol I
Kammen, Michael, Vol I
Kamoche, Jidlaph Gitau, Vol I
Kaplan, Benjamin J., Vol I
Kaplan, Herbert Harold, Vol I
Kaplan, Lawrence Samuel, Vol I
Karamanski, Theodore J., Vol I
Karavites, Peter, Vol I
Karetzky, Stephen, Vol I
Karlsen, Carol F., Vol I
Kars, Marjoleine, Vol I
Karsten, Peter, Vol I
Kater, Michael H., Vol I
Kates, Gary, Vol I
Katsaros, Thomas, Vol I
Kay, Thomas O., Vol I
Kealey, Gregory S., Vol I
Kealey, Linda, Vol I
Kee, Howard Clark, Vol IV
Keeler, Mary Frear, Vol I
Keene, Jennifer D., Vol I
Kehl, James Arthur, Vol I
Keiter, Robert B., Vol IV
Kelleher, Patricia, Vol I
Kelley, John T., Vol I
Kelley, Mary, Vol I
Kellner, Hans, Vol I
Kelly, David H., Vol I
Kelly, Thomas, Vol I
Kemp, Henrietta J., Vol III
Keniston Mcintosh, Marjorie, Vol I
Kennedy, Benjamin W., Vol I
Kennedy, Lawrence W., Vol I
Kennedy, Thomas C., Vol I
Kenny, Kevin, Vol I
Kenzer, Robert C., Vol I
Kern, Stephen, Vol I
Kersey, Harry A., Vol I
Keselman, Thomas A., Vol I
Kessler-Harris, Alice, Vol I
Kessner, Thomas, Vol I
Keuchel, Edward F., Vol I
Keyssar, Alexander, Vol I
Khodarkovsky, Michael, Vol I
Khoury, Philip S., Vol I
Kicklighter, Joseph Allen, Vol I
Kieckhefer, Richard, Vol IV
Kieft, David, Vol I
Kiger, Joseph Charles, Vol I
Kikuchi, Akira, Vol I
Killen, Linda, Vol I
Kim, Young Hum, Vol I
King, H. Roger, Vol I
King, John O., Vol I
King, Margaret Leah, Vol I
King, Richard D., Vol I
King, Walter Joseph, Vol I
Kingdon, Robert Mccune, Vol I
Kinkley, Jeffrey Carroll, Vol I
Kinnear, Michael S.R., Vol I
Kinser, Samuel, Vol I
Kirby, Alec, Vol I
Kirby, Torrance W., Vol I
Kirshner, Alan Michael, Vol I
Kirshner, Julius, Vol I
Kitchen, Martin, Vol I
Klaassen, Walter, Vol I
Klein, Lawrence E., Vol I
Kleinberg, Susan Janet, Vol I

Klepak, Hal, Vol I
Kling, Blair B., Vol I
Klotter, James Christopher, Vol I
Klunder, Willard C., Vol I
Knafla, Louis A., Vol I
Knapp, Thomas A., Vol I
Knepper, George W., Vol I
Knight, Franklin W., Vol I
Knoll, Paul W., Vol I
Knott, Alexander W., Vol I
Koenker, Diane P., Vol I
Koepke, Robert L., Vol I
Kohl, Benjamin Gibbs, Vol I
Kohler, Sue A., Vol I
Kohut, Thomas A., Vol I
Kollander, Patricia, Vol I
Kollar, Nathan Rudolph, Vol IV
Koonz, Claudia, Vol I
Koppes, Clayton R, Vol I
Kornberg, Jacques, Vol I
Kornblith, Gary J., Vol I
Korr, Charles P., Vol I
Kors, Alan Charles, Vol I
Kortepeter, Carl Max, Vol I
Koslofsky, Craig, Vol I
Koumoulides, John A., Vol I
Kousser, Joseph Morgan, Vol I
Kraehe, Enno Edward, Vol I
Krause, Corinne Azen, Vol I
Kraut, Alan M., Vol I
Krigger, Marilyn Francis, Vol I
Kroeber, Clifton Brown, Vol I
Krog, Carl Edward, Vol I
Kross, Jessica, Vol I
Kruze, Uldis, Vol I
Krysiek, James, Vol I
Kuklick, Bruce, Vol I
Kulczycki, John J., Vol I
Kulikowski, Mark, Vol I
Kuniholm, Bruce Robellet, Vol I
Kuo, Lenore, Vol IV
Kupperman, Karen Ordahl, Vol I
Kurland, Jordan Emil, Vol I
Kurtz, Michael L., Vol I
Kuzdale, Ann E., Vol I
Kuzminski, Adrian, Vol I
Kuznick, Peter J., Vol I
Kyte, George Wallace, Vol I
Lacey, Barbara E., Vol I
Ladd, Doris, Vol I
Lael, Richard Lee, Vol I
Laker, Joseph Alphonse, Vol I
Lam, Truong Buu, Vol I
Lambert, Byron C., Vol IV
Lamberti, Marjorie, Vol I
Lambi, I.N., Vol I
Lancaster, Jane Fairchild, Vol I
Landon, Michael De Laval, Vol I
Langer, Erick Detlef, Vol I
Langford, Paul, Vol I
Langill, Richard L., Vol I
Langley, Harold D., Vol I
Langley, Lester Danny, Vol I
Langmuir, Gavin Ince, Vol I
Lanier Britsch, R., Vol I
Lankford, Nelson Douglas, Vol I
Lansen, Oscar, Vol I
Lapidus, Ira M., Vol I
Laqueur, Thomas Walter, Vol I
Larocca, John Joseph, Vol I
Larson, John Lauritz, Vol I
Larson, Taft Alfred, Vol I
Lauber, Jack M., Vol I
Lauren, Paul Gordon, Vol I
Laux, James Michael, Vol I
Lawes, Carolyn J., Vol I
Lawhead, William F., Vol I
Layton, Edwin Thomas, Vol I
Lazzerini, Edward James, Vol I
Le Goff, T.J.A., Vol I
Leary, David E., Vol I
Leary, William M., Vol I
LeBeau, Bryan, Vol I
LeBlanc, Phyllis, Vol I
Ledford, Kenneth F., Vol I
Lee, Anthony A., Vol I
Lee, George Robert, Vol I
Lee, Jean B., Vol I
Lee, Roy Alton, Vol I
Lees, Andrew, Vol I
Leff, Mark H., Vol I
Leffler, M.P., Vol I
Leguin, Charles A, Vol I
Lehmann, Clayton M., Vol I
Lehmberg, Stanford E., Vol I
Lehuu, Isabel, Vol I
Leighow, Susan, Vol I
Leiman, Sid Zalman, Vol I
Lemieux, Germain, Vol I

Lemieux, Lucien, Vol I
Lemire, Beverly, Vol I
Lemke-Santangelo, Gretchen, Vol I
Lemmon, Sarah McCulloh, Vol I
Lenior, Timothy, Vol I
Lenk, Richard William, Vol I
Leonard, Thomas Michael, Vol I
Lepore, Jill, Vol I
Lerner, B. H., Vol I
Lesser, Jeffrey, Vol I
Levering, Ralph Brooks, Vol I
Levi, Darrell Erville, Vol I
Levin, Eve, Vol I
Levy, Barry, Vol I
Levy, Barry, Vol I
Levy, Leonard Williams, Vol I
Lewalski, Barbara Kiefer, Vol II
Lewenstein, Bruce V., Vol I
Lewis, Andrew Wells, Vol I
Lewis, David Rich, Vol I
Lewis, James A., Vol I
Lewis, Thomas T., Vol I
Liddle, William D., Vol I
Liebersohn, Harry, Vol I
Liedl, Janice, Vol I
Lightner, Robert P., Vol IV
Limbaugh, Ronald H., Vol I
Lindgren, Raymond Elmer, Vol I
Lindo-Fuentes, Hector, Vol I
Lindstrom, Diana, Vol I
Lint, Gregg Lewis, Vol I
Lintelman, Joy, Vol I
Lipsett-Rivera, Sonya, Vol I
Litoff, Judy Barrett, Vol I
Little, Monroe Henry, Vol I
Littlefield, Daniel, Vol I
Lloyd, Elisabeth A., Vol I
Lloyd, Jennifer, Vol I
Lo, Winston W., Vol I
Loader, Colin T., Vol I
Lockard, Craig Alan, Vol I
Logan, Frenise A., Vol I
London, Herbert, Vol I
Long, Roger D., Vol I
Loos, John Louis, Vol I
Lopez, Robert Sabatino, Vol I
Lorence, James J., Vol I
Lorenzo, David J., Vol I
Lotchin, Roger W., Vol I
Lougee, Carolyn Chappell, Vol I
Louthan, Howard, Vol I
Lovin, Clifford R., Vol I
Lowe, Benno P., Vol I
Lowe, Donald M., Vol I
Lubbers, Jeffrey S., Vol I
Lukacs, John Adalbert, Vol I
Lutz, Jessie Gregory, Vol I
Lyman, Richard B., Vol I
Lynn, Kenneth Schuyler, Vol I
Lyons, Clare A., Vol I
Macdonald, Roderick James, Vol I
Macey, David A.J., Vol I
MacFarquer, Roderick, Vol I
MacGillivray, Royce C., Vol I
Mach, Thomas S., Vol I
Mackenzie, David, Vol I
MacKinnon, Aran S., Vol I
MacLean, Elizabeth, Vol I
MacLennan, Robert S., Vol I
Macleod, David Irving, Vol I
MacLeod, Malcolm K., Vol I
Macleod, Roderick Charles, Vol I
MacMullin, Margaret, Vol I
Macy, Gary A., Vol IV
Mahan, Howard F., Vol I
Maier, Donna J. E., Vol I
Main, Jackson T., Vol I
Maire-Carls, Alice-Catherine, Vol I
Major, James Russell, Vol I
Malik, Salahuddin, Vol I
Malinowski, Michael J., Vol I
Malone, Dumas, Vol I
Maltby, William Saunders, Vol I
Mancini, Albert Nicholas, Vol II
Mancke, Elizabeth, Vol I
Maney, Patrick J., Vol I
Mangrum, Robert G., Vol I
Mann, Arthur, Vol I
Mann, Kristin, Vol I
Mann, Ralph, Vol I
Mann, William Edward, Vol I
Marcello, Ronald E., Vol I
Marcus, Steven, Vol II
Margerison, Kenneth, Vol I
Marina, William F., Vol I
Marks, Robert B., Vol I
Marrin, Albert, Vol I

Marrus, Michael R., Vol I
Marsh, Vincent, Vol I
Marshall, Byron K., Vol I
Marshall, Dominique, Vol I
Marshman, Michelle, Vol I
Marti, Donald B., Vol I
Martin, Austin Lynn, Vol I
Martin, James Kirby, Vol I
Martin, Marty, Vol IV
Martin, Tony, Vol I
Martin, Virginia, Vol I
Martinez, Oscar J., Vol I
Marty, Martin Emil, Vol I
Marzik, Thomas David, Vol I
Mason, Francis M., Vol I
Masters, Donald C., Vol I
Masur, Louis P., Vol I
Matossian, Mary Kilbourne, Vol I
Matthews, J. Rosser, Vol I
Mattson, Vernon E., Vol I
Maughan, Steven, Vol I
Mauss, Armand, Vol I
Maxon, Robert Mead, Vol I
Maxwell, Kenneth R., Vol I
May, Lary L., Vol I
Mayer, Henri Andre Van Huysen, Vol I
Mayer, Thomas F., Vol I
Mayfield, John, Vol I
Maynes, Mary Jo, Vol I
Mazlish, Bruce, Vol I
Mazon, Mauricio, Vol I
Mazor, Lester Jay, Vol IV
McCaa, Robert, Vol I
Mccaffrey, Lawrence John, Vol I
McCann, Francis D., Jr., Vol I
McCarl, Mary F.R., Vol I
McClain, Molly A., Vol I
McCleary, Ann, Vol I
McClesky, Turk, Vol I
McColley, Robert, Vol I
Mccomb, David Glendinning, Vol I
McConnell, Roland Calhoun, Vol I
McCormick, Robert B., Vol I
McCrone, Kathleen E., Vol I
Mcculloch, Samuel Clyde, Vol I
McCusker, John J., Vol I
McDaniel, George William, Vol I
McDonald, Robert M.S., Vol I
McElvaine, Robert S., Vol I
McGee, Patrick, Vol I
McGehee, R.V., Vol I
McGerr, M., Vol I
McGhee, Robert J., Vol I
Mcginnis, David Prentice, Vol I
McInerney, Daniel J., Vol I
Mcintire, Carl Thomas, Vol I
McIntyre, Jerilyn S., Vol I
Mcjimsey, Robert, Vol I
McKeen, William, Vol I
McKenna, Mary Olga, Vol I
McKillop, A.B., Vol I
McKiven, Henry M., Jr., Vol I
McKnight, Joseph Webb, Vol I
McLaughlin, Ken, Vol I
McLaughlin, Megan, Vol I
McLoud, Melissa, Vol I
McMahon, Gregory, Vol I
McMahon, Robert J., Vol I
McManamon, John, Vol I
McMichael, Andrew, Vol I
Mcmordie, Michael J., Vol I
McMullin, Stan, Vol I
McMullin, Thomas Austin, Vol I
McMurry, Linda O., Vol I
McNabb, Debra, Vol I
McNally, Michael, Vol I
McNeill, John R., Vol I
Mcneill, William Hardy, Vol I
McPherson, James Alan, Vol II
Mcshea, William Patrick, Vol I
McSheffrey, Shannon, Vol I
McTague, Robert, Vol I
Meade, Wade C., Vol I
Meaders, Daniel, Vol I
Melendy, Howard Brett, Vol I
Melosi, Martin V., Vol I
Melton, James V.H., Vol I
Menard, Russell R., Vol I
Menk, Patricia Holbert, Vol I
Mentzer, Raymond A., Vol I
Merkley, Paul C., Vol I
Messer-Kruse, Timothy, Vol I
Metcalf, Alida C., Vol I
Metcalf, Michael F., Vol I
Metcalf, Thomas R., Vol I
Meyer, Adolphe Erich, Vol I
Meyer, Donald, Vol I

Meyerowitz, Joanne, Vol I
Meznar, Joan E., Vol I
Michaels, Paula A., Vol I
Michel, Sonya, Vol I
Michels, Anthony, Vol I
Middleton, Charles, Vol I
Middleton, Stephen, Vol I
Migliazzo, Arlin C., Vol I
Milac, Metod M., Vol I
Millar, John F., Vol I
Millen, Shirley A., Vol I
Miller, Carman I., Vol I
Miller, Char, Vol I
Miller, Charles J., Vol I
Miller, David William, Vol I
Miller, James R., Vol I
Miller, John Edward, Vol I
Miller, Judith A., Vol I
Miller, M. Sammye, Vol I
Miller, Marla R., Vol I
Miller, Richard G., Vol I
Miller, Worth Robert, Vol I
Minault, Gail, Vol I
Minear, Richard H., Vol I
Miner, Craig, Vol I
Minkema, Kenneth P., Vol I
Mintz, Steven, Vol I
Miquelon, Dale B., Vol I
Mitchell, Betty L., Vol I
Mitchell, Helen Buss, Vol I
Mitchell, Reid, Vol I
Mitchinson, Wendy, Vol I
Mixon, Wayne, Vol I
Moberg, David Oscar, Vol I
Moehring, Eugene P., Vol I
Mohr, Clarence L., Vol I
Monet, Jacques, Vol I
Monod, Paul, Vol I
Monoson, S. Sara, Vol I
Monroe, William S., Vol I
Moogk, Peter N., Vol I
Moon, Cyris Hee Suk, Vol I
Mooney-Melvin, Patricia, Vol I
Moore, A. Lloyd, Vol I
Moore, Christopher H., Vol I
Moore, Deborah Dash, Vol I
Moore, Michael J., Vol I
Moore, Winfred B., Jr., Vol I
Morello, John, Vol I
Morgan, David, Vol I
Morgan, Kathryn L., Vol I
Morgan, Kenneth, Vol I
Morgan, Phillip D., Vol I
Mork, Gordon Robert, Vol I
Morrison, William R., Vol I
Morrow, John Howard, Jr., Vol I
Moses, Wilson J., Vol I
Mosse, George L., Vol I
Mott, Morris K., Vol I
Moulton, Edward C., Vol I
Mount, Graeme S., Vol I
Mowat, Farley, Vol I
Moylan, Prudence A., Vol I
Moynihan, Kenneth J., Vol I
Mruck, Armin Einhard, Vol I
Muccigrosso, Robert Henry, Vol I
Muhlberger, Steven, Vol I
Muir, Edward, Vol I
Muir, Malcolm, Jr., Vol I
Muise, D.A., Vol I
Mulcahey, Donald C., Vol I
Mullaney, Marie, Vol I
Mullin, Robert Bruce, Vol IV
Mundy, John Hine, Vol I
Munholland, John Kim, Vol I
Murphy, Paul Lloyd, Vol I
Murray, Jacqueline, Vol I
Murray, Robert Keith, Vol I
Musto, David Franklin, Vol I
Musto, Ronald G., Vol I
Mutschler, Ben, Vol I
Myers, David, Vol IV
Nadel, Stanley, Vol I
Nadel, Stanley, Vol I
Nadell, Pamela, Vol I
Nagle, D. Brendan, Vol I
Najemy, John Michael, Vol I
Nalle, Sara Tighman, Vol I
Nash, Gerald David, Vol I
Nash, Lee, Vol I
Naske, Claus-M., Vol I
Nasu, Eisho, Vol IV
Nauert, Charles G., Vol I
Necheles-Jansyn, Ruth F., Vol I
Neel, Carol, Vol I
Nelles, Henry V., Vol I
Nelson, Gersham, Vol I
Nelson, Keith Lebahn, Vol I
Nelson, William B., Vol III

Nelson Limerick, Patricia, Vol I
Newby, Gordon D., Vol I
Newell, Margaret E., Vol I
Newhall, David Sowle, Vol I
Newman, Judith H., Vol III
Newman, Peter C., Vol I
Newton, Merlin Owen, Vol I
Newton, Wesley Phillips, Vol I
Neyland, Leedell Wallace, Vol I
Ng, On-cho, Vol I
Nichols, John A., Vol I
Niessen, James P., Vol I
Nightingale, Carl, Vol I
Nischan, Bodo, Vol I
Nissenbaum, Stephen W., Vol I
Noble, William P., Vol IV
Nobles, Gregory H., Vol I
Noe, Kenneth W., Vol I
Nolan, Janet, Vol I
Noonan, Thomas S., Vol I
Norling, Lisa A., Vol I
Norrell, Robert J., Vol I
Norton, Mary Beth, Vol I
Nosco, Peter, Vol I
Novick, Peter, Vol I
Nugent, Donald Chrostopher, Vol I
Null, Elisabeth M., Vol I
Nunis, Doyce Blackman, Vol I
Nybakken, Elizabeth I., Vol I
Nystrom, Bradley, Vol I
O'Boyle, Cronelius, Vol I
O'Brien, Jean M., Vol I
O'Brien, Thomas F., Vol I
O'Connor, Carol A., Vol I
O'Connor, Joseph E., Vol I
O'Donnell, James, Vol I
O'Donnell, Krista E., Vol I
O'Keife, J. Paul, Vol I
O'Neill, James E., Vol I
O'Shaughnessy, Andrew J., Vol I
O'Sullivan, John, Vol I
Oakley, Francis, Vol I
Ober, Josiah, Vol I
Oberdeck, Kathryn J., Vol I
Odem, Mary E., Vol I
Ogren, Kathy J., Vol I
Okihiro, Gary Y., Vol I
Okin, Louis A., Vol I
Olcott, Martha, Vol I
Olien, Diana Davids, Vol I
Olin, John C., Vol I
Olsen, Donald J. Ames, Vol I
Olson, Alison Gilbert, Vol I
Olson, James S., Vol I
Olson, Robert, Vol I
Ommer, Rosemary, Vol I
Onuf, Peter S., Vol I
Ormsby, Margaret A., Vol I
Orozco, Cynthia E., Vol I
Osborne, John Walter, Vol I
Osborne, Thomas Robert, Vol I
Osheim, Duane Jeffrey, Vol I
Osthaus, Carl Richard, Vol I
Ostrower, Gary Bert, Vol I
Ouellet, Fernand, Vol I
Owen, Christopher H., Vol I
Owens, Larry, Vol I
Owram, Douglas R., Vol I
Packard, Randall M., Vol I
Packull, Werner O., Vol I
Painter, Nell Irvin, Vol I
Pajakowski, Philip E., Vol I
Palais, James Bernard, Vol I
Palmer, Scott W., Vol I
Palmer, Stanley Howard, Vol I
Palmer, William, Vol I
Panella, Robert J., Vol I
Papadakis, Aristeides, Vol I
Papalas, Anthony John, Vol I
Pappas, Nicholas C.J., Vol I
Paret, Peter, Vol I
Parisi, Peter, Vol II
Parman, Donald L., Vol I
Parr, Joy, Vol I
Parry, Joseph D., Vol I
Parsons, Keith M., Vol I
Parsons, Lynn, Vol I
Pasztor, Suzanne B., Vol I
Pate, J'Nell L., Vol I
Patsouras, Louis, Vol I
Patterson, Cynthia, Vol I
Patterson, James Tyler, Vol I
Patterson, Robert Leyburne, Vol I
Patterson, Wayne Kief, Vol I
Paxton, Frederick S., Vol I
Payne, Deborah C., Vol I
Pearson, Edward, Vol I
Pease, Otis Arnold, Vol I
Peck, William Henry, Vol I

History *Directory of American Scholars • 1999*

Pedersen, Diana, Vol I
Peek, Marvin E., Vol I
Peirce, Sarah, Vol I
Peiss, Kathy, Vol I
Pelikan, Jaroslav, Vol I
Pells, Richard Henry, Vol I
Pelz, Stephen Ernest, Vol I
Penkower, Monty Noam, Vol I
Penton, Marvin J., Vol I
Perera, Nihal, Vol I
Perkins, Bradford, Vol I
Perkins, Kenneth J Ames, Vol I
Perman, Micheal, Vol I
Pernal, Andrew B., Vol I
Perry, John Curtis, Vol I
Pessen, Edward, Vol I
Pestana, Carla, Vol I
Petersen, Peter Lewis, Vol I
Peterson, Edward Norman, Vol I
Peterson, Joyce Shaw, Vol I
Peterson, Luther D., Vol I
Peterson, Merrill Daniel, Vol I
Petrik, Paula E., Vol I
Petrone, Karen, Vol I
Peyroux, Catherine, Vol I
Pfeffer, Paula F., Vol I
Pfund, Peter H., Vol I
Phillips, Carla Rahn, Vol I
Phillips, Glenn Owen, Vol I
Phillips, Roderick, Vol I
Phillips, William, Vol I
Philyaw, Scott L., Vol I
Picklesimer, Dorman, Vol II
Piehler, G. Kurt, Vol I
Pierson, Ruth, Vol I
Pike, Fredrick Braun, Vol I
Pinkett, Harold Thomas, Vol I
Pino, Julio Cesar, Vol I
Pipes, Daniel, Vol I
Pittenger, Mark A., Vol I
Planeaux, Christopher, Vol IV
Plank, Geoffrey, Vol I
Platt, Harold L., Vol I
Pleck, Elizabeth, Vol I
Pletcher, David Mitchell, Vol I
Pointer, Richard W., Vol I
Pollak, Oliver Burt, Vol I
Pomeroy, Earl, Vol I
Pong, David B.P.T., Vol I
Poos, L.R., Vol I
Pope, Robert G., Vol I
Popkin, Jeremy D., Vol I
Porter, David L., Vol I
Porter, Glenn, Vol I
Porter, Jonathan, Vol I
Porter, Michael LeRoy, Vol II
Post, Gaines, Vol I
Postma, Johannes, Vol I
Potash, Robert Aaron, Vol I
Potts, Cassandra W., Vol I
Potvin, Gilles E.J., Vol I
Powicke, Michael Rhys, Vol I
Prang, Margaret E., Vol I
Preisser, Thomas M., Vol I
Prentice, Alison, Vol I
Presley, Paula, Vol I
Preston, Carol, Vol I
Prete, Roy A., Vol I
Pribic, Rado, Vol III
Price, Don Cravens, Vol I
Price, Richard, Vol I
Primack, Maxwell, Vol IV
Primm, James Neal, Vol I
Prisco, Salvatore, Vol I
Prochaska, David, Vol I
Prude, Jonathan, Vol I
Pruett, John H., Vol I
Pugach, Noel H., Vol I
Purcell, E.A., Vol I
Purvis, Thomas L., Vol I
Qian, Wen-yuan, Vol I
Quinlivan, Mary E., Vol I
Quist, John W., Vol I
Quivik, Fredric L., Vol I
Raat, William D., Vol I
Rabb, Theodore K., Vol I
Rabe, Stephen, Vol I
Rachleff, Peter J., Vol I
Radding, Cynthia, Vol I
Radycki, Diane, Vol I
Raeff, Marc, Vol I
Raelin, Joseph A., Vol I
Rahn Phillips, Carla, Vol I
Ralph, James R., Vol I
Ramsbottom, Mary Macmanus, Vol I
Ramusack, Barbara N., Vol I
Rand, Harry, Vol I
Randall, Francis Ballard, Vol I
Ranum, Orest, Vol I
Rapson, Richard L., Vol I
Rasmussen, Chris, Vol I
Rasporich, Anthony W., Vol I
Ratcliffe, Donald John, Vol I
Ratner, Larry, Vol I
Raven, James R., Vol I
Ravina, Mark, Vol I
Rawley, James A., Vol I
Rawls, James J., Vol I
Rea, Kenneth W., Vol I
Reagan, Leslie J., Vol I
Reardon, John J., Vol I
Reed, Christopher A., Vol I
Reed, James Wesley, Vol I
Regaldo, Samuel O., Vol I
Reid, John Phillip, Vol I
Remer, Rosalind, Vol I
Rempel, Richard A., Vol I
Rennie, Bryan S., Vol I
Resch, John P., Vol I
Reyerson, Kathryn L., Vol I
Reynolds, E. Bruce, Vol I
Reynolds, Terry S., Vol I
Riasanovsky, Nicholas, Vol I
Rice, Richard, Vol I
Rich, Norman, Vol I
Richard, Carl J., Vol I
Richards, Leonard, Vol I
Richards, Michael Dulany, Vol I
Richardson, Charles O., Vol I
Richmond, Douglas Wertz, Vol I
Richter, Daniel K., Vol I
Riedinger, Edward, Vol I
Rikard, Marlene Hunt, Vol I
Riley, J.C., Vol I
Rilling, John R., Vol I
Rimby Meo, Susan, Vol I
Ringenberg, William Carey, Vol I
Ripley Wolfe, Margaret, Vol I
Rippley, La Vern J., Vol III
Ritschel, Daniel, Vol I
Ritvo, Harriet, Vol I
Roark, James L., Vol I
Roazen, Paul, Vol I
Robb, Stewart A., Vol I
Robbins, Bruce, Vol I
Robbins, Richard G., Jr., Vol I
Roberge, Rene-Michel, Vol IV
Robert, Jean-Claude, Vol I
Roberts, Barbara A., Vol I
Roberts, Warren Errol, Vol I
Robertson, James Irvin, Vol I
Robinson, Genevieve, Vol I
Robinson, Ira, Vol III
Robinson, Tom, Vol I
Robson, Ann W., Vol I
Rodney, William, Vol I
Roeber, Anthony G., Vol I
Roeder, George H., Vol I
Rogers, Clifford J., Vol I
Rogers, Daniel E., Vol I
Rojas, Carlos, Vol III
Roland, Alex, Vol I
Rolater, Frederick Strickland, Vol I
Rollings, Willard H., Vol I
Roman, Eric, Vol I
Roney, John B., Vol I
Roop, Eugene F., Vol I
Roosevelt, A.C., Vol I
Rorlich, Azade-Ayse, Vol I
Rose, J., Vol I
Rose, Mark, Vol I
Rose, Paul L., Vol I
Rosen, Ruth E., Vol I
Rosenberg, Jonathan, Vol I
Rosenzweig, Roy, Vol I
Ross, Ellen, Vol I
Ross, Steven J., Vol I
Roszak, Theodore, Vol I
Roth, Mitchel, Vol I
Roth, Randolph A., Vol I
Rothenberg, Marc, Vol I
Rothfeld, Anne, Vol I
Rothman, Hal K., Vol I
Rothney, Gordon O., Vol I
Rothney, John Alexander, Vol I
Rouse, Jacqueline Anne, Vol I
Rowan, Steven, Vol I
Rowe, D.L., Vol I
Royster, Charles William, Vol I
Rozbicki, Michael J., Vol II
Rozenzweig, Roy, Vol I
Rudin, Ronald, Vol I
Rudolph, Frederick, Vol I
Rudy, Willis, Vol I
Ruestow, Edward G., Vol I
Ruggiero, Guido, Vol I
Ruggles, Steven, Vol I
Rugoff, Milton, Vol I
Ruiz, Teofilo Fabian, Vol I
Rupp, Leila J., Vol I
Russell, Frederick Hooker, Vol I
Russell, Hilary A., Vol I
Russell, James M., Vol I
Russell-Wood, A.J.R., Vol I
Russo, David J., Vol I
Rutherford, Paul F.W., Vol I
Rutkoff, Peter, Vol I
Rutland, Robert Allen, Vol I
Ryan, Herbert Joseph, Vol IV
Ryan, James D., Vol I
Sack, James J., Vol I
Sadlier, Rosemary, Vol I
Sakmyster, Thomas Lawrence, Vol I
Salisbury, Neal, Vol I
Salmon, John Hearsey Mcmillan, Vol I
Salvatore, Nicholas Anthony, Vol I
Salvucci, Linda Kerrigan, Vol I
Salyer, Lucy, Vol I
Salzman, Neil, Vol I
Samaha, Joel, Vol I
Sanchez, George J., Vol I
Sandage, Scott A., Vol I
Sanders, Lionel, Vol I
Sandiford, Keith Arlington Patrick, Vol I
Sandos, James A., Vol I
Sanneh, Lamin, Vol I
Santiago, Myrna, Vol I
Santosuosso, Antonio, Vol I
Sapper, Neil Gary, Vol I
Sappol, Michael, Vol I
Sarti, Roland, Vol I
Sasson, Jack Murad, Vol II
Sato, Elizabeth Selanders, Vol I
Saul, Norman Eugene, Vol I
Sautter, Udo, Vol I
Savage, William W., Vol I
Savard, Pierre, Vol I
Sawatsky, Rodney James, Vol IV
Sawyer, Jeffrey K., Vol I
Sayeed, Khalid B., Vol I
Saywell, John T., Vol I
Scaglia, Gustina, Vol I
Scanlon, James Edward, Vol I
Schaar, Stuart H., Vol I
Schacht, John N., Vol I
Schade, Rosemarie, Vol I
Schafer, Elizabeth D., Vol I
Schafer, J.K., Vol I
Schantz, Mark S., Vol I
Schick, James Baldwin Mcdonald, Vol I
Schilcher, Linda, Vol I
Schilling, Donald, Vol I
Schlatter, Fredric William, Vol I
Schlesinger, Roger, Vol I
Schmidt, Martin Edward, Vol I
Schmitt, Hans Adolf, Vol I
Schneider, Robert W., Vol I
Schoenauer, Norbert, Vol I
Schoenbrun, D. L., Vol I
Schoenl, William James, Vol I
Schrecker, Ellen Wolf, Vol I
Schreiber, Roy, Vol I
Schrier, Arnold, Vol I
Schroeder, Paul W., Vol I
Schroeder, Susan P., Vol I
Schroeder-lein, Glenna R., Vol I
Schulzinger, Robert D., Vol I
Schuster, Leslie, Vol I
Schwalm, Leslie A., Vol I
Schwartz, Joel, Vol I
Schweikart, Larry Earl, Vol I
Scott, Donald M., Vol I
Scott, William Butler, Vol I
Scruggs, Otey Matthew, Vol I
Scully, Pamela F., Vol I
Seadle, Michael S., Vol I
Seager, Sharon Hannum, Vol I
Sedlar, Jean Whitenack, Vol I
Seely, Bruce E., Vol I
Seelye, John D., Vol I
Seeman, Erik R., Vol I
Segel, Edward Barton, Vol I
Segre, Claudio Giuseppe, Vol I
Sehlinger, Peter J., Vol I
Seidel, Robert Neal, Vol I
Seip, Terry L., Vol I
Seipp, David J., Vol I
Selinger, Suzanne, Vol I
Sengupta, Gunja, Vol I
Sentilles, Renee M., Vol I
Serels, M. Mitchell, Vol I
Servlnikov, Sergio, Vol I
Sessions, Kyle Cutler, Vol I
Sexton, Donal J., Vol I
Shadbolt, Douglas, Vol I
Shaffer, Arthur, Vol I
Shaffer, Thomas Lindsay, Vol I
Shahid, Irfan Arif, Vol I
Shalhope, Robert E., Vol I
Shannon, Catherine Barbara, Vol I
Shannon, Sylvia C., Vol I
Shantz, Douglas H., Vol I
Shapiro, Edward S., Vol I
Shapiro, Linn, Vol I
Sharfman, Glenn, Vol I
Shattuck, Roger, Vol I
Shedel, James P., Vol I
Sheehan, Bernard W., Vol I
Sheidley, Harlow W., Vol I
Sheldon, Rose Mary, Vol I
Sheppard, Thomas Frederick, Vol I
Sheriff, Carol, Vol I
Sherwin, Martin J., Vol I
Shi, Mingzheng, Vol I
Shingleton, Royce Gordon, Vol I
Shipley, Neal Robert, Vol I
Showalter, Dennis Edwin, Vol I
Shrader, Charles R., Vol I
Sicher, Erwin, Vol I
Sicius, Francis, Vol I
Sieber, George Wesley, Vol I
Sievens, Mary Beth, Vol I
Silberman, Sara Lee, Vol I
Silvera, Alain, Vol I
Silverman, Victor, Vol I
Simmons, Richard C., Vol I
Simon, Eckehard, Vol III
Sinclair, Michael Loy, Vol I
Sinkler, George, Vol I
Siporin, Steve, Vol II
Siracusa, Joseph M., Vol I
Sishagne, Shumet, Vol I
Sitkoff, Harvard, Vol I
Skaggs, David Curtis, Vol I
Skelton, William B., Vol I
Sklar, Kathryn K., Vol I
Sklar, Kathryn Kish, Vol I
Sklar, Robert Anthony, Vol III
Sloan, David, Vol I
Sloan, Edward William, Vol I
Sloan, Phillip R., Vol I
Small, Lawrence Farnsworth, Vol I
Smallwood, James Milton, Vol I
Smiley, David Leslie, Vol I
Smith, Billy G., Vol I
Smith, Charlie Calvin, Vol I
Smith, Daniel B., Vol I
Smith, David Clayton, Vol I
Smith, David E., Vol I
Smith, Dennis P., Vol I
Smith, Dwight L., Vol I
Smith, F. Todd, Vol I
Smith, F. Wilson, Vol I
Smith, James Morton, Vol I
Smith, John David, Vol I
Smith, Lacey Baldwin, Vol I
Smith, Laurence D., Vol I
Smith, Michael Myrle, Vol I
Smith, Pamela H., Vol I
Smith, Philip Chadwick Foster, Vol I
Smith, Reuben W., Vol I
Smith, Richard J., Vol I
Smith, Robert J., Vol I
Smith, Sherry L., Vol I
Smith, Thomas G., Vol I
Smith-Rosenberg, Carroll, Vol I
Snead, David L., Vol I
Snyder, Arnold C., Vol I
Sochen, June, Vol I
Socolofsky, Homer Edward, Vol I
Socolow, Susan M., Vol I
Soden, Dale, Vol I
Soliday, Gerald, Vol I
Soloway, Richard Allen, Vol I
Soltow, James Harold, Vol I
Sommerfeldt, John R., Vol I
Sonn, Richard D., Vol I
Sorkin, David, Vol I
Sortor, M., Vol I
Sosnowski, Thomas C., Vol I
Sowards, Steven W., Vol I
Spagnolo, John Peter, Vol I
Spear, Allan H., Vol I
Spector, R.H., Vol I
Spector, Scott, Vol I
Spellman, John Willard, Vol I
Spencer, Elaine Glovka, Vol I
Spencer, Heath A., Vol I
Sperber, Jonathon, Vol I
Spiegel, Gabrielle Michele, Vol I
Spitz, Lewis W., Vol I
Spitzer, Leo, Vol I
Spring, David, Vol I
Stabile, Donald Robert, Vol I
Stadtwald, Kurt, Vol I
Stambrook, Fred, Vol I
Stamp, Robert M., Vol I
Stanley-Blackwell, Laurie, Vol I
Starr, Kevin, Vol I
Starr-LeBeau, Gretchen D., Vol I
Stavig, Ward, Vol I
Stavrianos, Leften Stavros, Vol I
Stayer, James Mentzer, Vol I
Stearns, Peter N., Vol I
Stebenne, David, Vol I
Steele, Ian Kenneth, Vol I
Steely, Melvin T., Vol I
Stein, Kenneth W., Vol I
Steinberg, Mark D., Vol I
Steiner, Bruce E., Vol I
Stelter, Gilbert Arthur, Vol I
Stephens, Lester Dow, Vol I
Stern, Marvin, Vol I
Stevens, Carol B., Vol I
Stevens, Kevin M., Vol I
Stewart, Charles Cameron, Vol I
Stewart, Gordon Thomas, Vol I
Stoff, Michael B., Vol I
Stoianovich, Traian, Vol I
Stokes, Gale, Vol I
Stoler, Mark A., Vol I
Stoler, Mark Alan, Vol I
Stoll, Steven, Vol I
Stone, Bailey S., Vol I
Storch, Neil T., Vol I
Storrs, Landon R.Y., Vol I
Stortz, Gerry, Vol I
Story, Ronald, Vol I
Stout, Harry S., Vol I
Stout, Joseph Allen, Vol III
Stover, John Ford, Vol I
Strauss, David, Vol I
Strauss, Gerald, Vol I
Strayer, Robert William, Vol I
Strickland, Arvarh E., Vol I
Stricklin, David, Vol I
Strocchia, Sharon T., Vol I
Strong, John A., Vol I
Strong-Boag, Veronica, Vol I
Struever, Nancy Schermerhorn, Vol I
Sturtevant, David Reeves, Vol I
Suchlicki, Jaime, Vol I
Sudhir, Pillarisetti, Vol I
Suelflow, August Robert, Vol I
Sugar, Peter Frigyes, Vol I
Sullivan, Charles R., Vol I
Sullivan, Donald David, Vol I
Sunseri, Alvin Raymond, Vol I
Surrency, Erwin C., Vol I
Sutherland, Daniel E., Vol I
Svejda, George J., Vol I
Swain, Martha Helen, Vol I
Swanson, Maynard William, Vol I
Swartz, Marvin, Vol I
Sweet, Paul Robinson, Vol I
Swidler, Leonard, Vol IV
Swinton, Katherine E., Vol IV
Symons, T.H.B, Vol I
Symons, Van J., Vol I
Szabo, Franz A.J., Vol I
Szasz, Ferenc Morton, Vol I
Tabili, Laura, Vol I
Tagg, James, Vol I
Tambs, Lewis, Vol I
Tannenbaum, Rebecca J., Vol I
Tappy, Ron E., Vol III
Tarr, Zoltan, Vol I
Tatarewicz, Joseph N., Vol I
Tatum, Nancy R., Vol II
Taylor, Alan S., Vol I
Taylor, Arnold H., Vol I
Taylor, Ira Donathan, Vol I
Taylor, James S., Vol I
Taylor, Karen, Vol I
Taylor, Quintard, Jr., Vol I
Taylor, Thomas Templeton, Vol I
Taylor, Tom, Vol I
Teaford, Jon C., Vol I
Tebbenhoff, Edward H., Vol I
Tegeder, Vincent George, Vol I
Terborg-Penn, Rosalyn M., Vol I
Thaden, Edward C., Vol I
Thayer, John A., Vol I
Theile, Karl H., Vol I
Theriault, Michel, Vol IV
Thomas, Donald E., Vol I
Thomas, Gerald Eustis, Vol I

Thomasson, Gordon C., Vol I
Thompson, Janet Ann, Vol I
Thompson, John H., Vol I
Thompson, Margaret Susan, Vol I
Thormann, Gerard Charles, Vol I
Thornton, Archibald Paton, Vol I
Thornton, John K., Vol I
Thornton, Richard C., Vol I
Thorpe, Wayne L., Vol I
Thyret, Isolde, Vol I
Tierney, Brian, Vol I
Tierney, Kevin Hugh, Vol I
Tillman, Hoyt Cleveland, Vol I
Tillson, Albert H., Jr., Vol I
Tilly, Louise A., Vol I
Timberlake, Charles, Vol I
Tingley, Donald Fred, Vol I
Tippett, Maria W., Vol I
Tirado, Isabel A., Vol I
Tirado, Thomas C., Vol I
Titley, Edward B., Vol I
Tittler, Robert, Vol I
Tiyambe Zeleza, Paul, Vol I
Toby, Ronald P., Vol I
Todd, Margo, Vol I
Todorova, M., Vol I
Tokunaga, Emiko, Vol I
Tolzmann, Don Heinrich, Vol I
Tomlins, Christopher L., Vol I
Tompson, G. Ray, Vol I
Tompson, Richard Stevens, Vol I
Tooley, T. Hunt, Vol I
Torbenson, Craig L., Vol I
Torrecilla, Jesus, Vol I
Toupin, Robert, Vol I
Trachtenberg, Marc, Vol I
Tracy, James, Vol I
Trask, Kerry A., Vol I
Treadgold, Warren, Vol I
Treadway, John David, Vol I
Trefousse, Hans L., Vol I
Trelease, Allen William, Vol I
Trexler, Richard C., Vol I
Trisco, Robert Frederick, Vol I
Trout, J.D., Vol IV
Truss, Ruth Smith, Vol I
Tsirpanlis, Constantine Nicholas, Vol I
Tu, Wei-Ming, Vol I
Tucher, Andrea J., Vol I
Tucker, Bruce, Vol I
Tucker, Mark, Vol I
Tucker, Mary Evelyn, Vol I
Tucker, Melvin Jay, Vol I
Tucker, Nancy Bernkopf, Vol I
Tucker, Spencer C., Vol I
Tucker, William F., Vol I
Tulchinsky, Gerald J.J., Vol I
Tull, Herman, Vol I
Tullos, Allen E., Vol I
Turnbull, Paul, Vol I
Turner, Eldon R., Vol I
Turner, James, Vol I
Turner Censer, Jane, Vol I
Tyler, Daniel, Vol I
Tyler, Pamela, Vol I
Tyler May, Elaine, Vol I
Ubbelohde, Carl, Vol I
Ufford, Lettia W., Vol I
Unger, Irwin, Vol I
Unterberger, Betty Miller, Vol I
Upshur, Jiu-Hwa Lo, Vol I
Upton, Dell, Vol I
Urness, Carol, Vol I
Utley, Robert Marshall, Vol I
Vadney, Thomas Eugene, Vol I
Van Broekhoven, Deborah, Vol I
Van Broekhoven, Deborah B., Vol I
van Nus, Walter, Vol I
Van Patten, James J., Vol I
Van Tine, Warren R., Vol I
Van Zanten, David, Vol I
Vanauken, Sheldon, Vol I
Vandervort, Bruce, Vol I
Vandiver, Frank Everson, Vol I
Vaporis, Constantine N., Vol I
Vardy, Steven Bela, Vol I
Varg, Paul Albert, Vol I
Vaughan, Alden T., Vol I
Verge, Arthur C., Vol I
Vernon Burton, Orville, Vol I
Verrett, Joyce M., Vol I
Vettes, William George, Vol I
Viereck, Peter, Vol II
Vietor, Richard Henry Kingsbury, Vol I
Viles, Perry, Vol I
Vincent, Charles, Vol I

Vinyard, JoEllen, Vol I
Violette, Aurele J., Vol I
Vipond, Mary, Vol I
Visser, Derk, Vol I
Vitz, Robert C., Vol I
Vogel, Robert, Vol I
Vogeler, Martha Salmon, Vol II
Voigt, David Quentin, Vol I
Volpe, Vernon L., Vol I
Von Arx, Jeffery P., Vol I
von Baeyer, Edwinna L., Vol I
Von Hagen, Mark L., Vol I
Von Laue, Theodore Herman, Vol I
Vucinich, Wayne S., Vol I
Wacholder, Ben Zion, Vol II
Waddams, Stephen M., Vol I
Waddell, Louis Morton, Vol I
Wade, Michael G., Vol I
Wagar, W. Warran, Vol I
Wahl, Jim, Vol I
Waite, Gary K., Vol I
Waite, Peter B., Vol I
Waite, Robert George Leeson, Vol I
Wakelyn, Jon L., Vol I
Walcott, Robert, Vol I
Waldrep, Christopher, Vol I
Waldstreicher, David L., Vol I
Walker, Ernestein, Vol I
Walker, George Kontz, Vol IV
Wall, Bennett Harrison, Vol I
Wall, Helena M., Vol I
Wall, Joseph Frazier, Vol I
Wallace, Carl M., Vol I
Wallace, William A., Vol IV
Wallot, Jean-Pierre, Vol I
Walsh, David A., Vol I
Walter, John C., Vol I
Walter, John Christopher, Vol I
Walter, Richard John, Vol I
Walters, E. Garrison, Vol I
Walther, Thomas Robert, Vol I
Waltner, Ann, Vol I
Wang, Aihe, Vol I
Wang, K.W., Vol I
Wang, Liping, Vol I
Ward, James A., Vol I
Ward, William R., Vol I
Wardle, Lynn Dennis, Vol I
Waring, Stephen P., Vol I
Warmbrunn, Werner, Vol I
Warth, Robert Douglas, Vol I
Washburn, Wilcomb Edward, Vol I
Wasserman, Mark, Vol I
Wasson, Ellis Archer, Vol I
Watkins, Melville H., Vol I
Watson, Harry Legare, Vol I
Way, Peter J., Vol I
Weakland, John Edgar, Vol I
Weaver, Garrett F., Vol I
Webb, Robert Kiefer, Vol I
Webber, Randall C., Vol I
Webre, Stephen, Vol I
Webster, Donald B., Vol I
Webster, Jill, Vol I
Webster, Niambi Dyanne, Vol I
Weeks, T.R., Vol I
Wei, William, Vol I
Weigel, Richard David, Vol I
Weigley, Russell Frank, Vol I
Weinberg, Gerhard Ludwig, Vol I
Weiner, Lynn, Vol I
Weingartner, James Joseph, Vol I
Weinstein, Fred, Vol I
Weir, David A., Vol I
Weir, Robert Mccolloch, Vol I
Weisbrot, Robert S., Vol I
Weiss, John, Vol I
Weisser, Henry G., Vol I
Weissman, Neil Bruce, Vol I
Welch, June R., Vol I
Welke, Barbara Y., Vol I
Wellman, Judith, Vol I
West, Elliott, Vol I
West, James, Vol I
West, Martha S., Vol I
Westfall, Richard Samuel, Vol I
Westhauser, Karl E., Vol I
Weston, Corinne Comstock, Vol I
Weston, Timothy B., Vol I
Wetherell, Charles W., Vol I
Whayne, Jeannie, Vol I
Whealey, Robert H., Vol I
Wheeler, Douglas L., Vol I
Wheeler, Rachel, Vol I
Wheeler, William Bruce, Vol I
Whelan, Stephen T., Vol IV

White, Elizabeth, Vol I
White, John Charles, Vol I
White, Shane, Vol I
White, Steven D., Vol I
Whitman, T. Stephen, Vol I
Whitney, Elspeth, Vol I
Wickberg, Daniel, Vol I
Wickstrom, John B., Vol I
Wickwire, Mary B., Vol I
Widenor, William C., Vol I
Wiener, Jonathan M., Vol I
Wigen, Karen, Vol I
Wiggins, James Bryan, Vol IV
Wilhelmsen, Alexandra, Vol I
Wilkie, Jacqueline S., Vol I
Wilkie, William E., Vol I
Williams, David R., Vol I
Williams, Harry M., Vol I
Williams, Joan C., Vol I
Williams, Lawrence H., Vol I
Williams, Lee Erskine, II, Vol I
Williams, Richard Hal, Vol I
Williams, Robert Chadwell, Vol I
Williamson, Arthur H., Vol IV
Willis, Frank Roy, Vol I
Willis, James F., Vol I
Wills, John E., Vol I
Wilmarth, Arthur E., Vol I
Wilson, B., Vol I
Wilson, David, Vol I
Wilson, Ian E., Vol I
Wilson, John, Vol I
Wilson, Lewis, Vol I
Wilson, Lisa H., Vol I
Wilson, Mary C., Vol I
Wilson, Michael, Vol I
Wilson, Robert Arden, Vol I
Wilson, Robert Sydney, Vol I
Winch, Julie P., Vol I
Wines, Roger, Vol I
Wink, Andre, Vol I
Winkler, Henry Ralph, Vol I
Winks, Robin William Evert, Vol I
Winship, Peter, Vol I
Winter, Jay Murray, Vol I
Winter, Robert W., Vol I
Winters, Stanley B., Vol I
Wintz, Cary DeCordova, Vol I
Wise, Edward Martin, Vol IV
Wise, Sydney F., Vol I
Withington, Anne F., Vol I
Witt, Ronald Gene, Vol I
Wohl, Anthony Stephen, Vol I
Wohl, Robert, Vol I
Wolf, Kenneth Baxter, Vol I
Wolfe, Margaret Ripley, Vol I
Wolfe, Martin, Vol I
Wolfenstein, E. Victor, Vol I
Wood, Charles Tuttle, Vol I
Wood, Kirk, Vol I
Wood, Peter H., Vol I
Woods, Daniel, Vol I
Woods, Randall B., Vol I
Woods, Robert L., Jr., Vol I
Woodward, Ralph L., Vol I
Woolley, Peter J., Vol I
Wooster, Ralph Ancil, Vol I
Wooster, Robert, Vol I
Works, John A., Vol I
Worsfold, Victor, Vol I
Worthy, Barbara Ann, Vol I
Wright, Donald R., Vol I
Wright, Thomas C., Vol I
Wright, William John, Vol I
Wrobel, David M., Vol I
Wunderli, Richard M., Vol I
Wynar, Lubomyr Roman, Vol I
Yamashita, Samuel Hideo, Vol I
Yang, Sung Chul, Vol I
Yang, Zongsui, Vol I
Yasko, Richard Anthony, Vol I
Yeh, Wen-han, Vol I
Yick, Joseph Kong Sang, Vol I
Yip, Ka-che, Vol I
Young, Alfred, Vol I
Young, Charles Robert, Vol I
Young, James Harvey, Vol I
Young, Jordan Marten, Vol I
Young, Otis E., Vol I
Young, Robert John, Vol I
Young, William Robert, Vol I
Yungblut, Laura, Vol I
Zabel, James Allen, Vol I
Zack, Arnold Marshall, Vol I
Zagarri, Rosemarie, Vol I
Zagorin, Perez, Vol I
Zboray, Ronald J., Vol I
Zeidel, Robert F., Vol I
Zieger, R.H., Vol I

Ziemke, Earl Frederick, Vol I
Zimmermann, Thomas C. Price, Vol I
Zirinsky, Michael Paul, Vol I
Zonderman, David A., Vol I

History of Education
Bailey, Charles Randall, Vol I
Barman, Jean, Vol I
Benson, Warren S., Vol I
Burton, J.D., Vol I
Clifford, Geraldine Joncich, Vol I
Cohen, Ronald Dennis, Vol I
Cutler III, William W., Vol I
Donohue, John Waldron, Vol I
Eldridge, Daryl, Vol I
Gutek, Gerald Lee, Vol I
Hendrick, Irving Guilford, Vol I
Lindgren, C. E., Vol I
Morehead, Joseph Hyde, Vol I
Morrison, Dennis L., Vol I
Seckinger, Donald Sherman, Vol IV
Seely, Gordon M., Vol I
Seymour, Jack L., Vol I
Violas, Paul Constantine, Vol I
Warren, Donald R, Vol I
Yount, William R., Vol I

History of Science
Achenbaum, W. Andrew, Vol I
Ainley, Marianne G., Vol I
Allen, Garland E., Vol I
Ashley, James Matthew, Vol IV
Badash, Lawrence, Vol I
Barbour, Ian Graeme, Vol IV
Baron, Charles Hillel, Vol IV
Bartholomew, James Richard, Vol I
Bates, Donald G., Vol I
Beardsley, Edward Henry, Vol I
Beaver, Donald de Blasiis, Vol I
Bertoloni Meli, Domenico, Vol I
Bilstein, Roger Eugene, Vol I
Blustein, Bonnie Ellen, Vol I
Bowler, Peter John, Vol I
Brieger, Gert Henry, Vol I
Briggs, J.M., Vol I
Brittain, James Edward, Vol I
Brush, Stephen George, Vol I
Bunzl, Martin, Vol IV
Burns, Chester Ray, Vol I
Butler, Katharine G., Vol III
Cahan, David, Vol I
Capshew, J. H., Vol I
Carmichael, Ann Grayton, Vol I
Carraher, Charles E., Vol I
Cartwright, Lisa, Vol II
Cassidy, David C., Vol I
Cassidy, James G., Vol I
Cherry, Charles L., Vol II
Christianson, Gale Edward, Vol I
Churchill, Frederick Barton, Vol I
Clayton, Philip, Vol IV
Collie, Michael J., Vol II
Coulter, Harris L., Vol I
Cowan, Ruth Schwartz, Vol I
Cravens, Hamilton, Vol I
Cristi, Renato, Vol I
Crouch, Tom Day, Vol I
Curd, Martin Vincent, Vol I
Cutcliffe, Stephen Hosmer, Vol I
Darden, Lindley, Vol IV
Dauben, Joseph Warren, Vol I
Davis, Audrey Blyman, Vol I
Davis, Edward B., Vol I
Dean, Dennis Richard, Vol II
Delacre, Georges, Vol IV
Dickson, Michael, Vol IV
Dobbs, Betty Jo (Teeter), Vol I
Doherty, Karen A., Vol III
Doppelt, Gerald D., Vol IV
Drachman, Virginia Goldsmith, Vol I
Duffin, Jacalyn, Vol I
Eamon, William, Vol I
Eastwood, Bruce Stansfield, Vol I
Edmonson, James Milton, Vol I
Edwards, Mary Louise, Vol III
Egerton, Frank N., Vol I
Elliott, Clark Albert, Vol I
Elsamahi, Mohamed, Vol IV
Farber, Paul L., Vol I
Fee, Elizabeth, Vol I
Ferguson, Eugene S, Vol I
Ferngren, Gary Burt, Vol I
Fernie, John D., Vol I

Ferst, Barry Joel, Vol IV
Fetzer, James Henry, Vol I
Forman, P., Vol I
Fox, Christopher B., Vol IV
Franklin, Allan David, Vol I
Fries, Russell Inslee, Vol I
Fullmer, June Zimmerman, Vol I
Garber, Daniel Elliot, Vol IV
Geison, Gerald Lynn, Vol I
Gillmor, Charles Stewart, Vol I
Goldman, Steven, Vol I
Golinski, Jan, Vol I
Goodstein, Judith Ronnie, Vol I
Gosselin, Edward Alberic, Vol I
Graham, Loren Raymond, Vol I
Grant, Edward, Vol I
Gregory, Frederick, Vol I
Grill, T.R., Vol IV
Gutting, Gary Michael, Vol IV
Haber, Carole, Vol I
Hahn, Roger, Vol I
Hallion, Richard Paul, Vol I
Hankins, Thomas Leroy, Vol I
Harmond, Richard Peter, Vol I
Hassing, Richard F., Vol I
Hatch, Robert A., Vol I
Heilbron, John L., Vol I
Hetherington, Norriss Swigart, Vol I
Hewlett, Richard Greening, Vol I
Hilts, Victor L., Vol I
Hirsh, Richard Frederic, Vol I
Hiskes, Anne L., Vol IV
Howard, Don A., Vol IV
Hudson, Robert, Vol I
Hughes, Thomas Parke, Vol I
Hunt, Bruce J., Vol I
Jarrell, Richard A., Vol I
Jasanoff, Sheila S., Vol IV
Jones, Anne Hudson, Vol II
Jordan, Mark D., Vol IV
Kargon, Robert, Vol I
Kauffman, George B., Vol I
Kaufman, Martin, Vol I
Kidwell, Clara Sue, Vol I
Kitcher, Philip, Vol IV
Kline, Ronald R., Vol I
Knorr, Wilbur Richard, Vol I
Koertge, Noretta, Vol IV
Kohlstedt, Sally Gregory, Vol I
Kolin, Philip Charles, Vol II
Kranzberg, Melvin, Vol I
Krimsky, Sheldon, Vol IV
Kuhn, Thomas Samuel, Vol I
Kushner, Howard I., Vol I
Landow, George Paul, Vol II
Leplin, Jarrett, Vol I
Lesch, John Emmett, Vol I
Lewis, Jane E., Vol II
Lindberg, David C., Vol I
Ludwig, Jan Keith, Vol IV
MacIntosh, Duncan, Vol IV
Mahoney, Michael Sean, Vol I
Major, John Stephen, Vol III
Malament, David Baruch, Vol IV
Manier, A. Edward, Vol IV
Mauskopf, Seymour Harold, Vol I
May, Jude Thomas, Vol I
Mccluskey, Stephen C., Vol I
McCullough, Ralph C., II, Vol IV
McGrath, Sylvia Wallace, Vol I
McKim, Vaughn R., Vol I
McLaren, Angus, Vol I
McMullin, Ernan, Vol IV
Mcvaugh, Michael Rogers, Vol I
Mendelsohn, Everett Irwin, Vol I
Merchant, Carolyn, Vol I
Miller, Genevieve, Vol I
Miller, Howard Smith, Vol I
Mills, Eric L., Vol I
Milosky, Linda M., Vol III
Mirowski, Philip E., Vol IV
Mitchell, Sandra D., Vol IV
More, Ellen Singer, Vol I
Moss, Lenny, Vol IV
Moyer, Albert Earl, Vol I
Mullen, Pierce C., Vol I
Multhauf, Robert Phillip, Vol I
Munevar, Gonzalo, Vol IV
Nag, Moni, Vol I
Needell, Allan A., Vol I
Nickles, Thomas, Vol I
Nissen, Lowell, Vol IV
Numbers, Ronald Leslie, Vol I
Nye, Mary Jo, Vol I
O'Donovan-Anderson, Michael, Vol IV
Osler, Margaret Jo, Vol I
Page, Benjamin Bakewell, Vol IV

Park, David Allen, Vol I
Parker, Lisa S., Vol I
Parssinen, Terry, Vol I
Patterson, Elizabeth G., Vol IV
Patterson, Karl David, Vol I
Pernick, Martin Steven, Vol I
Pinch, Trevor J., Vol IV
Potts, Louis Watson, Vol I
Prieve, Beth A., Vol III
Quinn, Philip L., Vol IV
Ramsey, Jeff, Vol I
Ramsey, William M., Vol IV
Rappaport, Rhoda, Vol I
Reisch, George, Vol I
Richards, Joan Livingston, Vol I
Ridley, Jack B., Vol I
Robinet, Harriette Gillem, Vol I
Rocke, Alan J., Vol I
Roland, Charles G., Vol I
Rosenberg, Alexander, Vol IV
Rossiter, Margaret W., Vol I
Rothenberg, Marc, Vol I
Rudge, David W., Vol I
Salmon, Wesley Charles, Vol IV
Scanlan, Michael, Vol IV
Schofield, Robert Edwin, Vol I
Scranton, Philip, Vol I
Sent, Esther Mirjam, Vol IV
Shaffer, Nancy E., Vol I
Shedd, D., Vol I
Shrader-Frechette, Kristin, Vol IV
Silliman, Robert Horace, Vol I
Sivin, Nathan, Vol I
Smith, Dale Cary, Vol I
Smith, John K., Jr., Vol I
Smith, Merritt Roe, Vol I
Smocovitis, V.B., Vol I
Sneed, Joseph Donald, Vol IV
Sokal, Michael Mark, Vol I
Stein, Howard, Vol IV
Steneck, Nicholas H., Vol I
Stern, Nancy B., Vol I
Stevens, Wesley Macclelland, Vol I
Stuewer, Roger H., Vol I
Sylla, Edith Dudley, Vol I
Tancredi, Laurence Richard, Vol IV
Tauber, Alfred I., Vol IV
Taylor, Kenneth Lapham, Vol I
Thomas, Nigel J.T., Vol I
Titiev, Robert Jay, Vol IV
Tobey, Ronald Charles, Vol I
Tomayko, James Edward, Vol III
Trenn, Thaddeus Joseph, Vol I
Unger, Richard W., Vol I
Van Helden, Albert, Vol I
Verbrugge, Martha Helen, Vol I
Voigts, Linda Ehrsam, Vol III
Warga, Richard G., Jr., Vol I
Waters, Raphael Thomas, Vol IV
Wayne, Andrew, Vol IV
Weart, Spencer R., Vol I
Webb, George Ernest, Vol I
Wheaton, Bruce R., Vol I
Williams, James Calhoun, Vol I
Williams, L. Pearce, Vol I
Wilson, David B., Vol I
Wilson, Leonard Gilchrist, Vol I
Winnik, Herbert Charles, Vol I
Winsor, Mary Pickard, Vol I
Wright, Larry, Vol IV
Zeller, Suzanne, Vol I

Humanities

Allen, Mark, Vol I
Arens, Katherine, Vol III
Arnold, Edwin P., Vol II
Baker, Beulah Pearl, Vol II
Barker, Wendy, Vol I
Baxter, Harold J., Vol I
Bennett, James Richard, Vol II
Bertman, Stephen, Vol I
Berube, Michael, Vol II
Bouissac, Paul A., Vol II
Brown, Michael G., Vol I
Bruster, Douglas, Vol I
Burnett, David Graham, Vol III
Burns, J. Lanier, Vol IV
Bush, Sargent, Jr., Vol II
Caranfa, Angelo, Vol IV
Carpenter, Carole, Vol II
Carpenter, William Morton, Vol II
Caver, Christine, Vol I
Clayton, John J., Vol II
Cohn, Henry S., Vol II
Crawford, Dan, Vol III
Daniel, Hershey, Vol I
Demecs, Desiderio D., Vol IV
Derrick, Clarence, Vol II
Dimond, Roberta R., Vol II
Ehre, Milton, Vol III
Engel, Martin, Vol I
Epperly, Elizabeth Rollins, Vol II
Ervin, Hazel A., Vol II
Evans, Arthur B., Vol II
Ferrari, Roberto, Vol II
FitzGerald, Desmond J., Vol IV
Flick, Robert Gene, Vol II
Foreman, George, Vol I
Freeburg, Ernest, Vol II
Gifford, James J., Vol II
Giles, Mary E., Vol III
Gilroy, James Paul, Vol III
Gochberg, Donald S., Vol II
Goldfarb, Jeffrey C., Vol II
Gomez-Moriana, Antonio, Vol I
Graham, Theodora Rapp, Vol II
Gray, Patrick T.R., Vol IV
Greene, Douglas G., Vol II
Guenther, Barbara J., Vol II
Gumpel, Liselotte, Vol III
Hardin, John Arthur, Vol II
Harris, Stephen Leroy, Vol IV
Herbert, Sandra, Vol I
Herren, Michael W., Vol I
Hocks, Elaine, Vol I
Hostetter, Edwin C., Vol II
Hovey, Kenneth, Vol I
Hunt, Barbara Ann, Vol II
Iannace, Gaetano Antonio, Vol III
Jones, John F., Vol II
Kaleta, Kenneth C., Vol II
Kane, Peter, Vol II
Kirschner, Teresa, Vol II
Lambert, Lynda J., Vol I
Larson, Doran, Vol I
Long, Richard Alexander, Vol II
Lopez, Debbie, Vol I
Lounibos, John, Vol IV
Lynn, Mary Constance, Vol I
Lynn, Penrod, Vol II
Lyons, Bonnie, Vol I
MacKinnon, Patricia L., Vol II
Malone, M.J., Vol II
Matynia, Elzbieta, Vol II
May, Richard Warren, Vol IV
McBride, Margaret, Vol I
McMahan, Oliver, Vol IV
McVeigh, Paul J., Vol II
Mendoza, Louis, Vol I
Merkur, Dan, Vol II
Miller, Naomi, Vol I
Minot, Walter S., Vol II
Moss, Roger W., Vol IV
Murray, Jacqueline, Vol I
Newport, William H.A., Vol II
Platt, Franklin Dewitt, Vol I
Reynolds, Clark Winton, Vol IV
Rodriguez, Clemencia, Vol I
Rohatyn, Dennis Anthony, Vol IV
Romano, Susan, Vol I
Rubenstein, Richard Lowell, Vol IV
Saffle, Michael, Vol I
Salyer, Gregory, Vol I
Schagrin, Morton L., Vol II
Schmidt, Jack, Vol II
Schneider, Robert J., Vol II
Scott, Nathan A., Jr., Vol II
Shearon, Forrest Bedford, Vol II
Shusterman, Richard, Vol II
Slavin, Arthur J., Vol I
Stanley, Patricia H., Vol III
Stieb, James, Vol II
Taylor, Gene Fred, Vol IV
Wallwork, Ernest, Vol II
Woodson, Linda, Vol I
Yahnke, Robert Eugene, Vol II

International Law

Adams, Louis Jerold, Vol I
Barton, John Hays, Vol IV
Blakesley, Christopher L., Vol IV
Bulbulia, Ahmed I., Vol IV
Carter, Barry Edward, Vol IV
Chiu, Hungdah, Vol IV
Christol, Carl Quimby, Vol IV
de Grazia, Edward, Vol IV
Dellapenna, Joseph W., Vol IV
Echols, Marsha A., Vol IV
Gardner, Richard Newton, Vol IV
Gordon, Ruth E., Vol IV
Gotanda, John Yukio, Vol IV
Klare, Michael T., Vol I
Lowenfeld, Andreas F, Vol IV
Marasinghe, M. Lakshman, Vol IV
Mayer, Don, Vol IV
Meagher, Robert Francis, Vol IV
Meron, Theodor, Vol IV
Murphy, John F., Vol IV
Nafziger, James A.R., Vol IV
Nichols, P.M, Vol IV
Ratner, Steven Richard, Vol IV
Reisman, W. Michael, Vol IV
Rossi, Christopher, Vol IV
Rubin, Alfred P., Vol IV
Salla, Michael, Vol IV
Salzman, Jim, Vol IV
Smith, Edwin M., Vol IV
Szasz, Paul Charles, Vol IV
Turner, Robert Foster, Vol IV
Watson, James Shand, Vol IV
Weston, Burns H., Vol IV
Williams, Paul R., Vol IV
Young, Michael Kent, Vol IV

Italian History

Banker, James Roderick, Vol I
Blomquist, Thomas W., Vol I
Cannistraro, Philip Vincent, Vol I
Emery, Ted, Vol I
Manca, Franco, Vol III
Marcus, Milicent, Vol III
Pugliese, Olga, Vol III
Stinger, Charles Lewis, Vol I

Italian Language

Adler, Sara Maria, Vol III
Ascari, Rosalia Colombo, Vol III
Botterill, Steven, Vol III
Carroll, Linda Louise, Vol III
Cavallo, JoAnn, Vol III
Chiampi, James T., Vol III
Colaneri, John Nunzio, Vol III
Costa, Gustavo, Vol I
Cro, Stelio, Vol III
D'Andrea, Antonio, Vol III
Damiani, Bruno Mario, Vol III
Dersofi, Nancy, Vol III
Farina, Luciano Fernando, Vol III
Fido, Franco, Vol III
Fleming, Raymond Richard, Vol III
Franceschetti, Antonio, Vol III
Gerato, Erasmo Gabriele, Vol III
Holub, Renate, Vol III
Howard, Lloyd H., Vol III
Huffman, Claire, Vol III
Iannace, Gaetano Antonio, Vol III
Kibler, Louis Wayne, Vol III
Kozma, Janice M., Vol III
Lansing, Richard Hewson, Vol III
LaValva, Rosemarie, Vol III
Lyman-Hager, Mary Ann, Vol III
Marshall, Grover Edwin, Vol II
Matteo, Sante, Vol III
Niccoli, Gabriel, Vol III
Oldcorn, Anthony, Vol III
Pastore Passaro, Maria C., Vol III
Pedroni, Peter, Vol III
Pesca-Cupolo, Carmela, Vol III
Pierce, Glenn, Vol III
Rosenthal, Margaret F., Vol II
Sbrocchi, Leonard G., Vol III
Stampino, Maria Galli, Vol III
Stewart, Pamela Dawes, Vol III
Tusiani, Joseph, Vol III
Zegura, Elizabeth Chesney, Vol II
Zevelechi Wells, Maria Xenia, Vol II

Italian Literature

Adler, Sara Maria, Vol III
Ascari, Rosalia Colombo, Vol III
Barolini, Teodolinda, Vol III
Bondanella, Peter, Vol III
Botterill, Steven, Vol III
Brizio, Flavia, Vol III
Caserta, Ernesto Giuseppe, Vol III
Cassell, Anthony K., Vol III
Cavigioli, Rita C., Vol III
Ciccarelli, Andrea, Vol III
Colilli, Paul, Vol III
Conaway Bondanella, Julia, Vol III
Curry, Corrada, Vol III
Danesi, Marcel, Vol III
DiMaria, Salvatore, Vol III
Franco, Charles, Vol III
Frankel, Margherita, Vol III
Hallock, Ann Hayes, Vol III
Iannace, Gaetano Antonio, Vol III
Iannucci, Amilcare Alfredo, Vol III
Kleinhenz, Christopher, Vol III
Klopp, Charles, Vol III
Kozma, Janice M., Vol III
LaValva, Rosemarie, Vol III
Lebano, Edoardo A., Vol III
Lorenzi, Paola G., Vol III
Malpezzi Price, Paola, Vol III
Migiel, Marilyn, Vol III
Musa, Mark, Vol III
Needler, Howard, Vol III
Oldcorn, Anthony, Vol III
Pastore Passaro, Maria C., Vol III
Pesca-Cupolo, Carmela, Vol III
Pinkus, Karen, Vol III
Rebay, Luciano, Vol III
Rosenthal, Margaret F., Vol II
Russell, Rinaldina, Vol III
Sbrocchi, Leonard G., Vol III
Severino, Roberto, Vol III
Tusiani, Joseph, Vol III
Vickers, Nancy, Vol III
Weiss, Beno, Vol III

Italian Studies

Curry, Corrada, Vol III
Lewis, Douglas, Vol I

Japanese History

Bailey, Jackson Holbrook, Vol I
Bartholomew, James Richard, Vol I
Bernstein, Gail Lee, Vol I
Burkman, Thomas, Vol I
Chamberlain, Gordon Blanding, Vol I
Cook, Theodore F., Jr., Vol I
Cornwall, Peter G., Vol I
Craig, Albert Morton, Vol I
Gluck, Carol, Vol I
Goodman, Grant Kohn, Vol I
Hambrick, Charles Hilton, Vol I
Hauser, William Barry, Vol III
Henderson, John B., Vol IV
Hoover, William Davis, Vol I
Huffman, James Lamar, Vol I
Kahn, B. Winston, Vol I
Koschmann, Julien Victor, Vol I
Kovalio, Jacob, Vol I
Laker, Joseph Alphonse, Vol I
Makino, Yasuko, Vol III
Mass, Jeffrey Paul, Vol I
Mitchell, Richard Hanks, Vol I
Moore, Ray A., Vol III
Nasu, Eisho, Vol IV
Notehelfer, Fred G., Vol I
Pflugfelder, Gregory, Vol I
Scheiner, Irwin, Vol I
Smethurst, Richard Jacob, Vol I
Smith, Henry, Vol I
Stranahan, Patricia, Vol I
Tsunoda, Elizabeth, Vol I
Tsurumi, Elizabeth Patricia, Vol I
Wang, Q. Edward, Vol I
Waswo, Ann, Vol I
Waters, Neil L., Vol I
Wilson, George Macklin, Vol I
Yamashita, Samuel Hideo, Vol I
Yasko, Richard Anthony, Vol I

Japanese Language

Ehrlich, Linda C., Vol III
Hagiwara, Takao, Vol III
Hatasa, Kazumi, Vol III
Heinrich, Amy Vladeck, Vol III
Ishikawa, Minako, Vol III
Kaga, Mariko, Vol III
Koda, Keiko, Vol III
Kohl, Stephen William, Vol III
Mathias, Gerald Barton, Vol III
Mills, David Otis, Vol III
Naff, William E., Vol III
Perkins, George W., Vol III
Rogers, Lawrence William, Vol III
So, Sufumi, Vol III
Unger, James Marshall, Vol III
Vance, Timothy, Vol III
Weitzman, Raymond Stanley, Vol III
Yamada, Reiko, Vol III

Japanese Literature

Cranston, Edwin Augustus, Vol III
Danly, Robert Lyons, Vol III
Field, Norma, Vol III
Iwamoto, Yoshio, Vol III
Kohl, Stephen William, Vol III
Mathias, Gerald Barton, Vol III
McCann, David Richard, Vol III
Mills, David Otis, Vol III
Morita, James R., Vol III
Perkins, George W., Vol III
Rogers, Lawrence William, Vol III
Tahara, Mildred Machiko, Vol III
Thomas, Roger K., Vol III
Tsukimura, Reiko, Vol III

Jewish Studies

Abrams, Judith Z., Vol III
Abramson, Henry, Vol III
Astour, Michael Czernichow, Vol I
Avery-Peck, Alan J., Vol I
Barrick, William D., Vol IV
Baskin, Judith R., Vol IV
Baumel Joseph, Norma, Vol IV
Berger, David, Vol I
Berlin, Charles, Vol III
Bland, Kalman Perry, Vol IV
Blumberg, Sherry H., Vol III
Blumenthal, David Reuben, Vol IV
Boadt, Lawrence E., Vol IV
Boyarin, Daniel, Vol IV
Bristow, Edward, Vol I
Brown, Steven M., Vol III
Burnett, Stephen G., Vol I
Cahan, Jean, Vol IV
Chyet, Stanley F., Vol I
Cohen, Jeremy, Vol I
Cohen, Martin Aaron, Vol IV
Cooley, Robert E., Vol III
Cutter, William, Vol III
Endelman, Todd Michael, Vol I
Fager, Jeff, Vol IV
Feingold, Henry L., Vol I
Fishman, David E., Vol I
Fortner, John D., Vol IV
Friedman, Murray, Vol I
Friedman, Saul S, Vol I
Fuchs, Esther, Vol III
Garber, Zev Warren, Vol III
Gerber, Jane Satlow, Vol I
Gillman, Neil, Vol IV
Golb, Norman, Vol I
Goldberg, Hillel, Vol IV
Goldman, Edward A., Vol IV
Gottschalk, Alfred, Vol IV
Greenbaum, Michael B., Vol III
Grossfeld, Bernard, Vol III
Haas, Peter J., Vol I
Harrington, Daniel Joseph, Vol IV
Harris, John L., Vol IV
Hayim Yerushalmi, Yosef, Vol I
Hertz, Richard C., Vol IV
Hoffman, Anne, Vol I
Holm, Tawny, Vol IV
Holtz, Avraham, Vol III
Holtz, Barry, Vol III
Hoppe, Leslie John, Vol IV
Isenberg, Sheldon Robert, Vol I
Jick, Leon Allen, Vol I
Jones, Bruce William, Vol IV
Katz, Irving, Vol I
Kepnes, Steven D., Vol III
Klein, Bernard, Vol I
Kramer, Phyllis S., Vol III
Krassen, Miles, Vol IV
Kraut, Benny, Vol I
Kremer, S. Lillian, Vol II
Lamm, Norman, Vol IV
Lansen, Oscar, Vol I
Lerner, Anne Lapidus, Vol III
Libo, Kenneth Harold, Vol I
Lowenstein, Steven Mark, Vol I
Malino, Frances, Vol I
Mason, Steve, Vol I
McGaha, Michael Dennis, Vol III
Meyer, Michael Albert, Vol I
Meyers, Eric Mark, Vol III
Millen, Rochelle L., Vol III
Miller, J. Maxwell, Vol IV
Nash, Stanley, Vol III
Newman, Louis E., Vol IV
Nickelsburg, George William Elmer, Vol IV
Niedner, Frederick A., Vol IV
Orbach, Alexander, Vol I
Pagan, Samuel, Vol III

Passamaneck, Stephen Maurice, Vol IV
Pawlikowski, John, Vol IV
Pelli, Moshe, Vol III
Penchansky, David, Vol IV
Penkower, Monty Noam, Vol I
Pentiuc, Eugene, Vol IV
Perelmuter, Hayim Goren, Vol I
Podet, Allen Howard, Vol I
Pollack, Gloria W., Vol III
Porton, Gary Gilbert, Vol I
Povarsky, Chaim, Vol IV
Prell, Riv-Ellen, Vol III
Rabinowitz, Mayer E., Vol IV
Reguer, Sara, Vol I
Reinharz, Jehuda, Vol I
Roth, Joel, Vol IV
Sarna, Jonathan D., Vol I
Sarna, Nahum M., Vol IV
Scheindlin, Raymond Paul, Vol III
Schine, Robert S., Vol IV
Schorsch, Ismar, Vol I
Schultz, Carl, Vol IV
Schultz, Joseph P., Vol III
Schwartz, Shuly Rubin, Vol I
Segal, Alal Franklin, Vol IV
Sherwin, Byron Lee, Vol III
Skloot, Robert, Vol II
Stanislawski, Michael, Vol I
Staub, Jacob J., Vol IV
Steinberg, Theodore Louis, Vol II
Steinweis, Alan, Vol I
Steussy, Marti J., Vol IV
Szpek, Heidi M., Vol III
Visotzky, Burton I., Vol IV
Von Wyrick, Stephen, Vol IV
Walsh, Carey Ellen, Vol IV
Walsh, Jerome T., Vol IV
Weisbord, Robert G., Vol I
Wertheimer, Jack, Vol I
White, Hugh, Vol IV
White, Marsha, Vol IV
White Crawford, Sidnie, Vol IV
Wolf, Arnold J., Vol IV
Yarbrough, O. Larry, Vol IV
Yerushalmi, Yosef Hayim, Vol I
Zahavy, Tzvee, Vol IV

Journalism

Alisky, Marvin Howard, Vol II
Allen, Chris, Vol II
Ashdown, Paul George, Vol II
Bagdikian, Ben Haig, Vol II
Baker, Delbert Wayne, Vol II
Bird, Roger A., Vol II
Briggs, John, Vol IV
Conn, Earl Lewis, Vol II
Deresiewicz, William, Vol II
Dunlap, Karen F. Brown, Vol II
Farrar, Ronald, Vol II
Filemyr, Ann, Vol II
Gates, Henry Louis, Jr., Vol II
Greenberg, Bradley, Vol II
Hamilton, John Maxwell, Vol II
Harrison, W. Dale, Vol II
Hiebert, Ray Eldon, Vol II
Hodges, Louis Wendell, Vol IV
Hoffmann, Joyce, Vol II
Hunt, Linda, Vol II
Hybels, Saundra, Vol II
Ibelema, Minabere, Vol II
Jeffres, Leo, Vol II
Jensen, Robert W., Vol II
Johnson, Bobby Harold, Vol I
Johnson, Dewayne Burton, Vol II
Johnson, Owen V., Vol I
Kurpius, David, Vol II
Lankford, George E., Vol II
Lee, Jae-Won, Vol II
Leedom, Tim C., Vol II
Leidholdt, Alex S., Vol II
Likes, Terry, Vol II
Lisby, Gregory C., Vol II
Littlejohn, David, Vol II
Meadows, Michael, Vol II
Nord, David P., Vol II
Parisi, Peter, Vol II
Paxton, Mark, Vol II
Perloff, Richard M., Vol II
Pettey, Gary R., Vol II
Pfaff, Daniel W., Vol II
Pfau, Michael, Vol II
Riley, Sam G., Vol II
Schwarzlose, Richard A., Vol II
Self, Charles C., Vol II
Selfridge-Field, Eleanor, Vol I
Soloski, John, Vol II
Sylvie, George, Vol II

Tankard, James William, Vol II
Terrell, Robert L., Vol II
Waterhouse, Carole, Vol II
Watson, John Clifton, Vol II
Williams, Penny, Vol II
Williams-Hackett, Lamara, Vol II
Youm, K.H., Vol II

Language and Languages

Adams, Leslie Kennedy, Vol III
Aissen, Judith, Vol III
Alexander, Aley E., Vol III
Allen, Wendy, Vol III
Allgood, Myralyn Frizzelle, Vol III
Anderson, David G., Vol III
Anderson, Kirk, Vol III
Araujo, Norman, Vol III
Arnett, Carlee, Vol III
Baer, Joachim Theodor, Vol III
Balderston, Daniel, Vol III
Baran, Henryk, Vol III
Bauml, Franz H., Vol III
Becker, Edward, Vol IV
Beene, LynnDianne, Vol II
Benson, Morton, Vol III
Beynen, Gijsbertus Koolemans, Vol III
Bien, Gloria, Vol III
Biggs, N., Vol III
Borer, Hagit, Vol III
Brasch, Walter Milton, Vol III
Brennan, Virginia M., Vol III
Brogan, Jacqueline V., Vol II
Browne, Maureen, Vol III
Bruneau, Marie Florine, Vol III
Campos, Javier F., Vol III
Church, Dan M., Vol II
Classen, Albrecht, Vol III
Coelho, Carl, Vol III
Colecchia, Frances, Vol III
Connolly, Julian Welch, Vol III
Cooper, Danielle Chavy, Vol III
Cormier, R.J., Vol III
Croft, Lee B., Vol III
Crowley, Joseph P., Vol III
Crowner, David L., Vol III
Daigle-Williamson, Marsha A., Vol III
Daniels, Marilyn, Vol III
Davidheiser, James Charles, Vol III
Davidson, John E., Vol III
Davies, Morgan, Vol III
Davis, James, Vol III
Dawson Boyd, Candy, Vol III
Del Caro, Adrian, Vol III
Delisle, Jean, Vol III
Dobsevage, Alvin P, Vol IV
Dryden, M., Vol III
Dubruck, Edelgard E., Vol III
Dupuy, Beatrice, Vol III
Duval, John, Vol III
Economou, Elly Helen, Vol IV
Edwards, Viviane, Vol III
Embleton, Sheila, Vol III
Finco, Aldo, Vol III
Ford, James, Vol III
Ford, James Francis, Vol III
Fox, Edward Inman, Vol III
Fox, Linda Chodosh, Vol III
Freed, Barbara, Vol III
Freeman, Yvonne, Vol III
Frose, Victor, Vol III
Fryer, T. Bruce, Vol III
Fuller, Clarence, Vol III
Galchinsky, Michael, Vol III
Gallagher, Edward J., Vol III
Gallant, Christel, Vol III
Gariano, Carmelo, Vol III
Giro, George A., Vol III
Goodman, David G., Vol III
Goss, Noble T., Vol III
Grant, Raymond James Shepherd, Vol III
Greenberg, Marc L., Vol III
Griggs, John W., Vol III
Grittner, Frank Merton, Vol III
Grotans, Anna A., Vol III
Guntermann, Gail, Vol III
Gura, Timothy, Vol III
Gyekenyesi Gatto, Katherine, Vol III
Halle, Morris, Vol III
Hammermeister, Kai, Vol III
Hanna, Blake Thompson, Vol III
Hansen, Thomas S., Vol III
Harlow, L.L., Vol III

Harris, Alice C., Vol III
Hashimoto, I.Y., Vol III
Hemmingway, Beulah S., Vol III
Hens, Gregor, Vol III
Hill, Christopher, Vol IV
Hirschbach, Frank Donald, Vol III
Hodges, John O., Vol III
Hoji, Hajime, Vol III
Howard, Joan E., Vol III
Hubbard, Carol P., Vol III
Hughes, Diana L., Vol II
Iliescu, Nicolae, Vol III
Ishman, Sybil R., Vol III
Jacobson, Rodolfo, Vol III
Jarvis, Donald Karl, Vol III
Jarvis, Gilbert Andrew, Vol III
Jensen, John T., Vol III
John-Steiner, Vera P., Vol III
Johnson, Jeanne M., Vol III
Johnson, Leonard Wilkie, Vol III
Kanellos, Nicolas, Vol III
Klima, Edward Stephens, Vol III
Koda, Keiko, Vol III
Kosta, Barbara, Vol III
Kronegger, Maria Elisabeth, Vol III
Kumpf, Michael, Vol III
Kusmer, Robert L., Vol III
Lackey, Robert Sam, Vol III
Lafayette, Robert, Vol III
Lafontant, Julien J., Vol III
Lairet, Dolores Person, Vol III
Laurenti, Joseph L., Vol III
Lewis, David Wilfrid Paul, Vol III
Lewis, Marvin A., Vol III
Mackey, William Francis, Vol III
Madden, Deidre, Vol II
Maddux, Stephen, Vol III
Malby, Maria Bozicevic, Vol III
Marsland, Amy, Vol III
Martin, Charles Edward, Vol III
Martin, Laura, Vol III
Matanle, Stephen, Vol III
Mayr, Franz Karl, Vol IV
McKay, Douglas R., Vol III
Means, John B., Vol III
Medina, Cindy, Vol III
Meier, Marga, Vol III
Melia, Daniel Frederick, Vol III
Memon, Muhammad Umar, Vol III
Merrill, Sammy Ray, Vol III
Merron, Jeffrey L., Vol III
Michel, Joseph, Vol III
Morford, Jill P., Vol III
Morgan, Leslie Zurker, Vol III
Morris, Marshall, Vol III
Mosser, Kurt, Vol IV
Murphy, Joseph Anthony, Vol III
Muyskens, Judith Ann, Vol III
Naim, Choudhri Mohammed, Vol III
Nevin, Thomas, Vol III
Niedner, Frederick A., Vol IV
Nogales, Patti, Vol III
Normand, Guessler, Vol III
Oetting, Janna B., Vol III
Paredes, Liliana, Vol III
Paternost, Joseph, Vol III
Perrin Wilcox, Phyllis, Vol III
Pintado-Casas, Pablo, Vol IV
Pireddu, Nicoletta, Vol III
Plottel, Jeanine Parisier, Vol III
Polt, John H.R., Vol III
Prelock, Patricia A., Vol III
Preuss, Mary, Vol III
Purcell, John Marshall, Vol III
Quintero, Ruben, Vol II
Ray, Georgr B., Vol II
Reiss, Charles, Vol III
Risjord, Mark, Vol IV
Rivers, Wilga Marie, Vol III
Robinson, Fred C., Vol III
Rodrigo, Victoria, Vol III
Rohinsky, Marie-Claire, Vol III
Rose, Sharon, Vol III
Rubin, Mordecai S., Vol III
Sasson, Jack Murad, Vol II
Saur, Pamela S., Vol III
Scherr, Barry P., Vol III
Schraibman, Joseph, Vol II
Schulz, Renate A., Vol III
Scott, Lindy, Vol III
Searles, George J., Vol III
Shockey, Gary C., Vol III
Slavutych, Yar, Vol III
Smith, Robert P., Jr., Vol III
Smith-Soto, Mark, Vol III
Sousa, Ronald W., Vol III

Sprauve, Gilbert A., Vol III
Sridhar, S.N., Vol III
Stern, Irwin, Vol III
Sternbach, Nancy Saporta, Vol III
Street, Jack David, Vol III
Strolle, Jon M, Vol III
Sullivan, John P., Vol III
Swaffar, Janet King, Vol III
Tapia, Elena, Vol III
Tetzlaff, Otto W., Vol III
Timbie, Janet Ann, Vol I
Tu, Ching-I, Vol III
Valette, Rebecca Marianne, Vol III
Vena, Michael, Vol III
Wallach, Geraldine P., Vol III
Wang, Aihe, Vol I
Wells, Maria Xenia Zevelchi, Vol III
West, Larry E., Vol III
Wilcox, Sherman E., Vol III
Wildner-Bassett, Mary E., Vol III
Williams, Edwin W., Vol III
Williams, Queen J., Vol III
Wilson, Joseph P., Vol III
Wright, Robert L., Vol III
Yaruss, J. Scott, Vol III
Yates, Donald Alfred, Vol III
Zevit, Ziony, Vol III
Ziefte, Helmut W., Vol III

Latin Language

Archambault, Paul Joseph, Vol III
Clark, John Richard, Vol I
Colker, Marvin L., Vol III
Craun, Edwin David, Vol II
Curley, Michael Joseph, Vol II
Frank, Elfrieda, Vol III
Ganz, David, Vol I
Gleason, Michael, Vol III
John, James J., Vol I
Kaster, Robert A., Vol I
Lofstedt, Bengt, Vol III
Pascal, Paul, Vol I
Peller Hallett, Judith, Vol I
Pence, Ellsworth Dean, Vol III
Porter, J.I., Vol III
Rigg, Arthur George, Vol I
Saa, Orland, Vol III
Smith, Diane E., Vol I
Swietek, Francis Roy, Vol I
Wallach, Luitpold, Vol I
Wright, John, Vol I

Law

Abell, Jennie, Vol IV
Abraham, Gerald, Vol IV
Abramson, Harold I., Vol IV
Ackerman, Robert M., Vol I
Adams, George, Vol IV
Adams, Gregory B., Vol IV
Adams, John Oscar, Vol IV
Adams, Michelle, Vol IV
Addams, Robert David, Vol IV
Adelman, Martin Jerome, Vol IV
Al'Uqdah, William Mujahid, Vol IV
Alexander, George J., Vol IV
Alexander, Harry Toussaint, Vol IV
Alexander, Laurence Benedict, Vol IV
Alford, Haile Lorraine, Vol IV
Ali-Jackson, Kamil, Vol IV
Altman, Scott A., Vol IV
Amaker, Norman Carey, Vol IV
Aman, Alfred C., Jr., Vol IV
Ambrosio, Michael P., Vol IV
Andersen, Roger William, Vol IV
Andreen, William L., Vol IV
Andrus, Kay L., Vol IV
Ankersen, Thomas T., Vol IV
Appell, Annette Ruth, Vol IV
Araiza, William, Vol IV
Argen, Ralph J., III, Vol IV
Argrett, Loretta Collins, Vol IV
Arlen, Jennifer H., Vol IV
Armour, Jody D., Vol IV
Arnelle, Hugh Jesse, Vol IV
Arnold, Rudolph P., Vol IV
Ashe, Marie, Vol IV
Askin, Frank, Vol IV
Atleson, James B., Vol IV
Baade, Hans Wolfgang, Vol IV
Babcock, Barbara Allen, Vol IV
Backhouse, Constance B., Vol IV
Bakan, Joel, Vol IV
Baker, Beverly Poole, Vol IV

Baker, Donald W., Vol IV
Baker-Kelly, Beverly, Vol IV
Bakken, Gordon Morris, Vol I
Baldwin, Cynthia A., Vol IV
Baldwin, Fletcher N., Jr., Vol IV
Baldwin, Gordon Brewster, Vol IV
Ball, William Batten, Vol IV
Bandman, Bertram, Vol IV
Banks, Sharon P., Vol IV
Barbee, Lloyd Augustus, Vol IV
Barksdale, Leonard N., III, Vol IV
Barnes, Joseph Nathan, Vol IV
Barnes, Willie R., Vol IV
Barnett Lidsky, Lyrissa C., Vol IV
Baron, Charles Hillel, Vol IV
Barrett, John A., Vol IV
Bartholet, Elizabeth, Vol IV
Barton, Peter G., Vol IV
Basch, Norma, Vol I
Bassett, William W., Vol IV
Bateman, Paul E., Vol IV
Bates, George Albert, Vol IV
Battaglia, Jack M., Vol IV
Bauduit, Harold S., Vol IV
Baumel Joseph, Norma, Vol IV
Baur, Michael, Vol IV
Beane, Dorothea Annette, Vol IV
Beard, James William, Jr., Vol IV
Beasley, Alice Margaret, Vol IV
Beattie, Geoffrey W., Vol IV
Beatty, Otto, Jr., Vol IV
Becker, Lewis, Vol IV
Beckett, Steven J., Vol IV
Bell, Derrick Albert, Jr., Vol IV
Bell, Sheila Trice, Vol IV
Belliotti, Raymond A., Vol IV
Belton, Robert, Vol IV
Benidickson, Jamie, Vol IV
Bennet, Joel F., Vol I
Bennett, Gerald T., Vol IV
Bennett, Patricia W., Vol IV
Bennett-Alexander, Dawn DeJuana, Vol IV
Bensman, Marvin Robert, Vol II
Benson, Robert W., Vol IV
Bepko, Gerald L., Vol IV
Berger, Lawrence, Vol IV
Berger, Mark, Vol IV
Berman, Harold J., Vol IV
Berman, Jeffrey B., Vol IV
Bernstine, Daniel O., Vol IV
Bershad, Lawrence, Vol IV
Beschle, D. L., Vol IV
Bessner, Ronda, Vol IV
Besson, Paul Smith, Vol IV
Bilson, Beth, Vol IV
Bing, Robert, Vol IV
Birch, Adolpho A., Jr., Vol IV
Bix, Brian, Vol IV
Black, Kenneth, Jr., Vol I
Blackburn, Terence L., Vol IV
Blakesley, Christopher L., Vol IV
Block, John Martin, Vol IV
Blom, Joost, Vol IV
Blum, John D., Vol IV
Blum, Karen M., Vol IV
Blumberg, Grace Ganz, Vol IV
Blumberg, Phillip Irvin, Vol IV
Blumenson, Eric D., Vol IV
Blumm, Micahel C., Vol IV
Blumrosen, Alfred W., Vol IV
Blumstein, James Franklin, Vol IV
Bogus, Carl T., Vol IV
Bok, Derek Curtis, Vol IV
Boozang, Kathleen M., Vol IV
Borchert, Gerald Leo, Vol IV
Borg, Dorothy, Vol I
Bork, Robert Heron, Vol IV
Borrows, John, Vol IV
Bourguignon, Henry J., Vol IV
Bowden, Marie Ann, Vol IV
Bowers, J.W., Vol IV
Bowker, Wilbur F., Vol IV
Boyle, Ashby D., II, Vol IV
Boyle, Christine, Vol IV
Boyle, F. Ladson, Vol IV
Boyle, Francis, Vol IV
Bracey, Willie Earl, Vol IV
Braden, Henry E., IV, Vol IV
Bradley, Craig M., Vol IV
Brady, James B., Vol IV
Braithwaite, John, Vol IV
Braithwaite, William, Vol IV
Brandt, Gregory J., Vol IV
Brecht, Albert O., Vol IV
Brennan, James Franklin, Vol IV
Brest, Paul, Vol IV
Brett, Nathan C., Vol IV
Brewbaker, William S., III, Vol IV

Breyer, Stephen Gerald, Vol IV
Brickman, Lester, Vol IV
Bridwell, R. Randal, Vol I
Brietzke, Paul H., Vol IV
Bristow, Clinton, Jr., Vol IV
Brogan, Doris DelTosto, Vol IV
Brooks, Catherine M., Vol IV
Brooks, Roy Lavon, Vol IV
Brown, Barry, Vol IV
Brown, Craig, Vol IV
Brown, James J., Vol IV
Brown, William H., III, Vol IV
Bruch, C.S., Vol IV
Brumbaugh, John Maynard, Vol IV
Brunnee, Jutta, Vol IV
Bryant, Alan W., Vol IV
Bryden, Philip, Vol IV
Bubany, Charles Phillip, Vol IV
Buckingham, Don, Vol IV
Buckwold, Tamara, Vol IV
Bucy, Pamela H., Vol IV
Bulbulia, Ahmed I., Vol IV
Bullard, Edward A., Jr., Vol IV
Bullock, Alice G., Vol IV
Bullock, James, Vol IV
Bullock, Joan R., Vol IV
Burger, Warren Earl, Vol IV
Burk, Dan L., Vol IV
Burke, William Thomas, Vol IV
Burris, John L., Vol IV
Burt, Robert Amsterdam, Vol IV
Busby, Karen, Vol IV
Bush, Nathaniel, Vol IV
Buxbaum, Richard Manfred, Vol IV
Byrd, Jerry Stewart, Vol IV
Byrne, Edmund F., Vol IV
Cahn, Edgar S., Vol IV
Cairns, Alan, Vol IV
Cairns, Hugh A.C., Vol IV
Cairns Way, Rosemary, Vol IV
Calabresi, Guido, Vol IV
Calfee, Dennis A., Vol IV
Callender, Carl O., Vol IV
Callender, Wilfred A., Vol IV
Callies, David Lee, Vol IV
Cameron, David L., Vol IV
Cameron, Donald M., Vol IV
Campbell, Lee W., Vol IV
Cannon, John J., Vol IV
Capriotti, Emile, Vol IV
Capron, Alexander M., Vol I
Caraballo, Wilfredo, Vol IV
Cardozo, Michael H., Vol IV
Carmella, Angela C., Vol IV
Carney, William J., Vol IV
Carrasco, Gilbert P., Vol I
Carrington, Paul, Vol IV
Carroll, Raoul Lord, Vol IV
Carter, Charles Edward, Vol IV
Carter, Charles Michael, Vol IV
Carter, Theodore Ulysses, Vol IV
Carty-Bennia, Denise S., Vol IV
Casey, John Dudley, Vol I
Cass, Ronald Andrew, Vol IV
Cassels, Jamie, Vol IV
Casswell, Donald G., Vol IV
Catania, Andrea, Vol IV
Cavallaro, Rosanna, Vol IV
Chalfant, William Y., Vol I
Chamberlin, Bill F., Vol IV
Chambers, John Curry, Jr., Vol IV
Chambers, Julius LeVonne, Vol IV
Chambliss, Prince C., Jr., Vol IV
Chandler, Everett A., Vol IV
Chandler, James P., Vol IV
Chang, Howard F., Vol IV
Chapman, Douglas K., Vol IV
Charity, Ruth Harvey, Vol IV
Charney, Jonathan Isa, Vol IV
Cheek, King Virgil, Jr., Vol IV
Cheever, Fred, Vol IV
Chen, J., Vol IV
Childs, Winston, Vol IV
Choper, Jesse H., Vol IV
Chornenki, Genevieve A., Vol IV
Christopher, Thomas Weldon, Vol IV
Clark, Don, Vol IV
Clark, Gerard J., Vol IV
Clarke, Anne-Marie, Vol IV
Clegg, Legrand H., II, Vol IV
Clermont, Kevin Michael, Vol IV
Clinton, Robert N., Vol IV
Closius, Phillip J., Vol IV
Cloud, W. Eric, Vol IV
Cluchey, David P., Vol IV
Coates, Robert Crawford, Vol IV
Cobb, John Hunter, Jr., Vol IV
Cochran, Robert F., Jr., Vol IV
Code, Michael, Vol IV
Coggins, George Cameron, Vol IV
Cohen, Arnold B., Vol IV
Cohen, David, Vol IV
Cohen, Debra R., Vol IV
Cohen, George M., Vol IV
Cohn, Sherman Louis, Vol IV
Cohn, Stuart R., Vol IV
Cole, Kenneth, Vol IV
Coleman, Arthur H., Vol IV
Collier, Charles W., Vol IV
Collins, Daisy G., Vol IV
Collins, Kenneth L., Vol IV
Colombo, John D., Vol IV
Conard, Alfred Fletcher, Vol IV
Concannon, James M., Vol IV
Condit, Richard E., Vol IV
Conklin, William E., Vol IV
Conley, Charles S., Vol IV
Conley, John A., Vol IV
Cook, Julian Abele, Jr., Vol IV
Coop, Jack, Vol IV
Cooper, Almeta E., Vol IV
Cooper, Clarence, Vol IV
Cooper, Clement Theodore, Vol IV
Cooper, Corinne, Vol IV
Cooper, Joseph, Vol IV
Cooper Stephenson, Ken, Vol IV
Cordell, LaDoris Hazzard, Vol IV
Cordery, Simon, Vol I
Cormier, Micheal J., Vol IV
Cosway, Richard, Vol IV
Cotter, Thomas F., Vol IV
Cottrol, Robert James, Vol IV
Coulson, Richard, Vol IV
Countee, Thomas Hilaire, Jr., Vol IV
Cox, Archibald, Vol IV
Craig-Taylor, Phyliss, Vol IV
Cramton, Roger C., Vol IV
Crawford, Clan, Vol IV
Crawford, William Edward, Vol IV
Crenshaw, Ronald Willis, Vol IV
Crepeau, Paul-Andre, Vol IV
Cribbet, John E., Vol IV
Cronk, George, Vol IV
Crooms, Lisa A., Vol IV
Cruise, Warren Michael, Vol IV
Crump, Arthel Eugene, Vol IV
Crysler, Nathan M., Vol IV
Cuming, Ron, Vol IV
Cunningham, L.A., Vol IV
Curran, Vivian, Vol IV
Currie, David P., Vol IV
Currie, John H., Vol IV
Dale, Walter R., Vol IV
Dalley, George Albert, Vol IV
Dam, Kenneth W., Vol IV
Daniel, Wiley Young, Vol IV
Darden, Christopher A., Vol IV
Darden, George Harry, Vol IV
Dauschmidt, Kenneth G., Vol IV
Davenport, Charles, Vol IV
Davey, William J., Vol IV
Davis, Derek H., Vol IV
Davis, Jeffrey, Vol IV
Davis, John Wesley, Vol IV
Davis, Morris E., Vol IV
Davis, Morris E., Vol IV
Davis, Peter L., Vol IV
Davis, Robert N., Vol IV
Davis, Willie J., Vol IV
Dawson, George L., Vol IV
Day, Kate N., Vol IV
Day, Louis A., Vol IV
Day, Richard E., Vol I
Daye, Charles Edward, Vol IV
Dean Moore, Kathleen, Vol IV
DeBracy, Warren, Vol IV
del Carmen, Alex, Vol IV
Dellums, Leola M. Roscoe, Vol IV
Delogu, Orlando E., Vol IV
Demott, Deborah A., Vol IV
Denicola, Robert C., Vol IV
Denson, Fred L., Vol IV
Derby, Daniel H., Vol IV
Dershowitz, Alan Morton, Vol IV
DeWitt, Franklin Roosevelt, Vol IV
di Filippo, Terry, Vol IV
Dickey, Walter J., Vol IV
Dienes, C. Thomas, Vol IV
Diller, Matthew, Vol IV
Dilley, Patricia E., Vol IV
Dinkins, David N., Vol IV
Dobbs, Dan Byron, Vol IV
Dobbyn, John Francis, Vol IV
Dodd, Victoria J., Vol IV
Donegan, Charles Edward, Vol IV
Dooley, Patricia, Vol II
Dorsen, Norman, Vol IV
Dorsey, Elbert, Vol IV
Douglas, James Matthew, Vol IV
Dowd, Nancy E., Vol IV
Drake, Dana Blackmar, Vol III
Drinan, Robert Frederick, Vol IV
Duboff, Leonard David, Vol IV
Dudziak, Mary L., Vol IV
Dukeminier, Jesse, Vol IV
Duncan, Charles Tignor, Vol IV
Duncan, John C., Jr., Vol IV
Dworkin, Roger Barnett, Vol IV
Dwyer, James G., Vol IV
Eberts, Mary, Vol IV
Edgar, Timothy W., Vol IV
Edinger, Elizabeth, Vol IV
Edwards, Harry T., Vol IV
Edwards, Richard W., Vol IV
Edwards, Ruth McCalla, Vol IV
Egleston, Don, Vol IV
Eichorn, Lisa, Vol IV
Eisele, Thomas David, Vol IV
Eisenberg, Melvin Aron, Vol IV
Eisenstat, Steven M., Vol IV
Eisler, Beth A., Vol IV
Elkins, James R., Vol IV
Ellickson, Robert Chester, Vol IV
Elliot, Robin, Vol IV
Ellsworth, Randall, Vol IV
Elrod, Linda Diane Henry, Vol IV
Epps, Valerie C., Vol IV
Epstein, Edwin M., Vol IV
Epstein, Richard Allen, Vol IV
Ericson, Richard, Vol IV
Esau, Alvin, Vol IV
Eskridge, Chris W., Vol IV
Eula, Michael James, Vol I
Evans, Warren Cleage, Vol IV
Everett, Ralph B., Vol IV
Fainstein, Lisa, Vol IV
Fair, Bryan K., Vol IV
Farber, Daniel Alan, Vol IV
Farnsworth, Edward Allan, Vol IV
Farquhar, Keith, Vol IV
Feaster, Bruce Sullivan, Vol IV
Feerick, John David, Vol IV
Feinman, Jay M., Vol IV
Feld, Alan L., Vol IV
Feldthusen, Bruce P., Vol IV
Felix, Robert E., Vol IV
Feller, David Edward, Vol IV
Felsenfeld, Carl, Vol IV
Ferejohn, John, Vol IV
Ferguson, Gerry, Vol IV
Ferguson, Kenneth D., Vol IV
Ferguson, William Dean, Vol IV
Finkin, Matthew W., Vol IV
Finlayson, Arnold Robert, Vol IV
Firmage, Edwin Brown, Vol IV
Fischel, Daniel R., Vol IV
Fischer, David Arnold, Vol IV
Fish, Arthur, Vol IV
Fisher, Roger, Vol IV
Fiss, Owen M., Vol IV
Flanagan, James F., Vol IV
Flannery, Michael T., Vol IV
Flannigan, Rob, Vol IV
Fleming, John G., Vol IV
Fletcher, George Philip, Vol IV
Fletcher, Robert E., Vol IV
Flournoy, Alyson Craig, Vol IV
Flowers, William Harold, Jr., Vol IV
Fogelman, Martin, Vol IV
Ford, Judith Donna, Vol IV
Forell, Caroline, Vol IV
Foreman, Jonathan Barry, Vol IV
Foreman, Peggy E., Vol IV
Forrester, William Ray, Vol IV
Foster, Hamar, Vol IV
Foster, John, Vol IV
Fox, Eleanor M., Vol IV
Fox, Eleanor M., Vol IV
Fox, Lawrence J., Vol IV
Fox, Sanford J., Vol IV
Franck, Thomas M., Vol IV
Franklin, Carl M., Vol IV
Franklin, Floyd, Vol IV
Franson, Robert T., Vol IV
Freeman, Edward C., Vol IV
Freyer, Tony Allan, Vol IV
Freyfogle, Eric T., Vol IV
Fried, Charles, Vol IV
Friedman, Howard M., Vol IV
Friedman, Lawrence M., Vol IV
Friel, Michael K., Vol IV
Frier, Bruce Woodward, Vol I
Fritz, Ron, Vol IV
Frug, Gerald Ellison, Vol IV
Fuller, Alfredia Y., Vol IV
Funk, David A., Vol IV
Fykes, Leroy Matthews, Jr., Vol IV
Gaetke, Eugene Roger, Vol IV
Gafni, Abraham J., Vol IV
Galanter, Marc, Vol IV
Galloway, J. Donald C., Vol IV
Galston, M., Vol IV
Gamble, Charles W., Vol IV
Gannage, Mark, Vol IV
Ganz, David L., Vol IV
Garay, Ronald, Vol II
Garber, Marilyn, Vol I
Garland, John William, Vol IV
Garro, A.M., Vol IV
Garvey, John Leo, Vol IV
Gavil, Andrew I., Vol IV
Geller, David A., Vol IV
Gellhorn, Gay, Vol IV
Getches, David H., Vol IV
Ghosh, Shuba, Vol IV
Giannelli, Paul Clark, Vol IV
Gibbs, Jack Gilbert, Jr., Vol IV
Gifford, Daniel Joseph, Vol IV
Gigger, Helen C., Vol IV
Gillen, Mark R., Vol IV
Gilmore, Vanessa D., Vol IV
Giroux, Michel, Vol IV
Gitelman, Morton, Vol IV
Givelber, Daniel James, Vol IV
Glannon, Joseph William, Vol IV
Goforth, Carol R., Vol IV
Gold, Richard E., Vol IV
Golden, Donald Leon, Vol IV
Golden, Evelyn Davis, Vol IV
Goldfarb, Ronald L., Vol IV
Goldstein, Abraham Samuel, Vol IV
Goldstein, Paul, Vol IV
Goodman, Susanne R., Vol IV
Goodman-Delahunty, Jane, Vol IV
Goodwin, James Osby, Vol IV
Gordon, Michael W., Vol IV
Gordon, Walter Lear, III, Vol IV
Gordon, Wendy J., Vol IV
Gore, Blinzy L., Vol IV
Goroff, David B., Vol IV
Gosse, Richard, Vol IV
Gostin, Lo, Vol IV
Gould, William Benjamin, Vol IV
Govan, Reginald C., Vol IV
Grad, Frank P., Vol IV
Graglia, L.A., Vol IV
Granger, Christopher, Vol IV
Grant, Isabel, Vol IV
Gray, Christopher, Vol IV
Gray, Ronald A., Vol IV
Green, Barbara S., Vol IV
Green, J. Patrick, Vol IV
Greenfield, Michael M., Vol IV
Greenspan, Edward L., Vol IV
Gregory, David D., Vol IV
Gregory, David L., Vol IV
Greschner, Donna, Vol IV
Grey, Thomas C., Vol IV
Griffin, Ronald Charles, Vol IV
Griffith, Elwin Jabez, Vol IV
Griffith, Gwendolyn, Vol IV
Griffith, Thomas D., Vol IV
Grimes, Douglas M., Vol IV
Groves, Harry Edward, Vol IV
Guinier, Carol Lani, Vol IV
Gupta, Neena, Vol IV
Guttman, Egon, Vol IV
Guy, Daniel Sowers, Vol IV
Haar, Charles Monroe, Vol IV
Habibi, Don A., Vol IV
Hagedorn, Richard B., Vol IV
Haggard, Thomas R., Vol IV
Haines, Diana, Vol IV
Halberstam, Malvina, Vol IV
Halberstam (Guggenheim), Malvina, Vol IV
Hall, Benjamin Lewis, III, Vol IV
Hall, David, Vol IV
Halperin, Stephen H., Vol IV
Hamilton, Charles Vernon, Vol IV
Hamilton, Eugene Nolan, Vol IV
Hamilton, Robert W., Vol IV
Haney, Mary-Ann, Vol IV
Harding, Robert E., Jr., Vol IV
Hardy, Michael A., Vol IV
Harris, David A., Vol IV
Harris, Fred O., Vol IV
Harris, Jimmie, Vol IV
Harrison, Jeffrey L., Vol IV
Hart, Christopher Alvin, Vol IV
Hartman, Laura Pincus, Vol IV
Harvey, Cameron, Vol IV
Harvey, William Burnett, Vol IV
Hatcher, Richard Gordon, Vol IV
Hatchett, Joseph Woodrow, Vol IV
Hauser, Thomas, Vol IV
Havighurst, Clark C., Vol IV
Hawk, Charles Nathaniel, III, Vol IV
Haynes, William J., Jr., Vol IV
Haywoode, M. Douglas, Vol IV
Hazen, Thomas Lee, Vol IV
Head, Ivan, Vol IV
Head, John W., Vol IV
Headrick, Thomas E., Vol IV
Hecht, Neil S., Vol IV
Heinz, John P., Vol IV
Heise, Michael, Vol IV
Hellerstein, Walter, Vol IV
Helmholz, R.H., Vol I
Hemmer, Joseph, Vol IV
Henderson, Herbert H., Vol IV
Henkin, Louis, Vol IV
Henry, Brent Lee, Vol IV
Henry, Daniel Joseph, Vol IV
Henry Elrod, Linda, Vol IV
Henslee, William D., Vol IV
Herrup, Cynthia, Vol IV
Herwitz, David Richard, Vol IV
Herzog, Peter Emilius, Vol IV
Hetzel, Otto J., Vol IV
Hiers, Richard H., Vol IV
Hightower, Anthony, Vol IV
Hildreth, Richard George, Vol IV
Hill, Jacqueline R., Vol IV
Hilliard, David C., Vol IV
Hinds, Lennox S., Vol IV
Hinton, Gregory Tyrone, Vol IV
Hochberg, Stephen, Vol IV
Hoff, Timothy, Vol IV
Hoffman, Peter Toll, Vol IV
Holmes, Robert A., Vol I
Holmes, Robert Ernest, Vol IV
Honore, Stephan LeRoy, Vol IV
Hood, Edwin T., Vol IV
Hooks, Benjamin Lawson, Vol IV
Hopkins, Donald Ray, Vol IV
Hopperton, Robert J., Vol IV
Horne, Gerald Charles, Vol IV
Horne, Ralph Albert, Vol IV
Horowitz, Donald L., Vol IV
Horstman, Allen, Vol I
Howard, Arthur Ellsworth Dick, Vol IV
Howe, Ruth-Arlene W., Vol IV
Howze, Karen Aileen, Vol IV
Hoyt, Christopher R., Vol IV
Hubbard, F. Patrick, Vol IV
Hudec, Robert Emil, Vol IV
Hudson, Davis M., Vol IV
Hughes, Joyce A., Vol IV
Hughes, Pamela S., Vol IV
Hull, N.E.H., Vol IV
Hunter, Frederick Douglas, Vol IV
Hunter, Jerry L., Vol IV
Hurd, Heidi M., Vol IV
Hurst, Thomas R., Vol IV
Husak, Douglas Neil, Vol IV
Hutchison, Harry Greene, IV, Vol IV
Hyde, Alan Stuart, Vol IV
Hyman, Jonathan Morris, Vol IV
Hyson, John M., Vol IV
Iannuzzi, John N., Vol IV
Ike, Alice Denise, Vol IV
Imwinkelried, Edward, Vol IV
Inbau, Fred Edward, Vol IV
Ireland, Roderick Louis, Vol IV
Isadore, Harold W., Vol IV
Ish, Daniel, Vol IV
Isom, Dallas W., Vol IV
Israel, Jerold H., Vol IV
Iyer, Nitya, Vol IV
Jackman, Barbara, Vol IV
Jackson, Carol E., Vol IV
Jackson, Randolph, Vol IV
Jacob, Bruce Robert, Vol IV
Jacobs, Ennis Leon, Jr., Vol IV
Jacobs, Michelle S., Vol IV
James, Frank Samuel, III, Vol IV
James, Marquita L., Vol IV
James, William, Vol IV
Jasanoff, Sheila S., Vol IV
Jay, Stewart, Vol IV
Jefferies, Charlotte S., Vol IV

Jeffers, Clifton R., Vol IV
Jefferson, M. Ivory, Vol IV
Jefferson, Overton C., Vol IV
Jerin, Robert A., Vol IV
Johnson, Caliph, Vol IV
Johnson, Chas Floyd, Vol IV
Johnson, Ernest L., Vol IV
Johnson, Geraldine Ross, Vol IV
Johnson, Golden Elizabeth, Vol IV
Johnson, Golden Elizabeth, Vol IV
Johnson, Herbert Alan, Vol I
Johnson, John W., Vol IV
Johnson, Johnnie L., Jr., Vol IV
Johnson, Justin Morris, Vol IV
Johnson, Kevin R., Vol IV
Johnson, Patricia L., Vol IV
Johnson, Walter Thaniel, Jr.,
    Vol IV
Jolls, C., Vol IV
Jones, Bonnie Louise, Vol IV
Jones, Emma Pettway, Vol IV
Jones, James Edward, Jr., Vol IV
Jones, William Bowdoin, Vol IV
Jones, William K., Vol IV
Jordan, Eddie J., Jr., Vol IV
Jordan, Emma Coleman, Vol IV
Jordan, Emma Coleman, Vol IV
Jordan, Sandra D., Vol IV
Jost, Timothy Stolzfus, Vol IV
Joy, Peter, Vol IV
Joyner, Irving L., Vol IV
Juenger, Friedrich K., Vol IV
Juergensmeyer, Julian C., Vol IV
Juliano, Ann Carey, Vol IV
Junker, Kirk W., Vol IV
Kadens, Michael G., Vol IV
Kadish, Sanford H., Vol IV
Kahn, Douglas A., Vol IV
Kamisar, Yale, Vol IV
Kaplan, Richard L., Vol IV
Kaplan, William, Vol IV
Kaplow, Louis, Vol IV
Karmel, Roberta S., Vol IV
Katsoris, Constantine N., Vol IV
Katz, Milton, Vol IV
Katz, Sanford Noah, Vol IV
Katz, Stanley Nider, Vol I
Kaucheck, Ken, Vol IV
Kay, Herma Hill, Vol IV
Keating, Gregory C., Vol IV
Keegan, John E., Vol IV
Keel, Vernon, Vol IV
Keeton, Robert Ernest, Vol IV
Keiter, Robert B., Vol IV
Kellogg, Frederic R., Vol IV
Kendrick, Joy A., Vol IV
Kennedy, Bruce, Vol IV
Kennedy, David, Vol IV
Kennedy, Robin M., Vol IV
Kenny, Alfreida B., Vol IV
Kesan, Jay P., Vol IV
Ketchen, Jim, Vol IV
Kilcoyne, John R., Vol IV
King, Patricia Ann, Vol IV
Kinney, E.D., Vol IV
Kirgis, Frederic Lee, Vol IV
Kirkland Grant, J., Vol IV
Kirtland, Robert, Vol IV
Klare, Karl E., Vol IV
Klebba, James Marshall, Vol IV
Klein, Richard, Vol IV
Klein, William A., Vol IV
Klerman, Daniel M., Vol IV
Kline, Marlee, Vol IV
Kmiec, Douglas William, Vol IV
Knight, Gary, Vol IV
Knoll, Michael S., Vol IV
Knox, George F., Vol IV
Kobach, Kris W., Vol IV
Korn, Harold Leon, Vol IV
Korwar, Arati, Vol IV
Kozyris, Phaedon John, Vol IV
Kramer, Robert, Vol IV
Krattenmaker, Thomas George,
    Vol IV
Krier, James Edward, Vol IV
Krishna, Vern, Vol IV
Kurland, Adam H., Vol IV
Kurland, Philip B., Vol IV
Kushner, James Alan, Vol IV
Kuykendall, Crystal Arlene,
    Vol IV
Lacy, Hugh Gale, Vol IV
Lacy, Philip T., Vol IV
Ladenson, Robert F., Vol IV
LaFave, Wayne R., Vol IV
Laitos, Jan Gordon, Vol IV
Lamaute, Denise, Vol IV

Lambert, Benjamin Franklin,
    Vol IV
Lancaster, Herman Burtram,
    Vol IV
Landers, Renee M., Vol IV
Lane, Marc J., Vol IV
Lang, Michael B., Vol IV
Langum, David J., Vol IV
Larosiliere, Jean Darly Martin,
    Vol IV
Larson, David A., Vol IV
Lasson, Kenneth L., Vol IV
Latham, Weldon Hurd, Vol IV
Lawrence, Lary, Vol IV
Lazaroff, Daniel E., Vol IV
Lear, Elizabeth T., Vol IV
Ledford, Kenneth F., Vol I
Lee, Lena S. King, Vol IV
Lee, Milton C., Jr., Vol IV
Lefcoe, George, Vol IV
Lempert, Richard Owen, Vol IV
Leonard, Walter J., Vol IV
Lepard, Brian, Vol IV
Lepofsky, David M., Vol IV
Lessard, Hester A., Vol IV
Leubsdorf, Joshua, Vol IV
Levie, Howard Sidney, Vol IV
Levin, Ronald Mark, Vol IV
Levine, Julius B., Vol IV
Levit, Nancy, Vol IV
Levmore, Saul, Vol IV
Lewis, Cary B., Jr., Vol IV
Lewis, David Baker, Vol IV
Lewis, Jeffrey E., Vol IV
Lewis, William A., Jr., Vol IV
Lieberman, Jethro K., Vol IV
Little, Joseph W., Vol IV
Littlefield, Neil Oakman, Vol IV
Littlejohn, Edward J., Vol IV
Llewellyn, Don W., Vol IV
Lokken, Lawrence, Vol IV
Lowenstein, D.H., Vol IV
Lusky, Louis, Vol IV
Lynn, Richardson R., Vol IV
Lyon, Thomas D., Vol IV
M'Gonigle, R. Michael, Vol IV
MacAulay, Stewart, Vol IV
MacCrimmon, Marilyn, Vol IV
MacDougall, Bruce, Vol IV
MacIntyre, James, Vol IV
Mackey, Thomas, Vol I
Mackinnon, Peter, Vol IV
Macneil, Ian Roderick, Vol IV
Maggs, Peter Blount, Vol IV
Magid, Laurie, Vol IV
Magnet, Joseph E., Vol IV
Mahern, Catherine, Vol IV
Maier, Harold Geistweit, Vol IV
Major, April, Vol IV
Makuch, Stanley M., Vol IV
Malavet, Pedro A., Vol IV
Maloney, Maureen A., Vol IV
Mandelker, Daniel Robert, Vol IV
Manfra, Jo Ann, Vol I
Mangrum, R. Collin, Vol IV
Manning, Blanche Marie, Vol IV
Manzig, John G.W., Vol IV
Marder, Nancy S., Vol IV
Martin, Janice R., Vol IV
Martyn, Susan, Vol IV
Mascher, Sharon, Vol IV
Mashburn, Amy R., Vol IV
Matasar, Richard, Vol IV
Mather, Henry S., Vol IV
Matlon, Ronald, Vol III
Mattie, U., Vol IV
Matzko, John Austin, Vol I
Maule, James Edward, Vol IV
Maxey, B. Ann, Vol IV
May, Christopher N., Vol IV
Maynard, Therese H., Vol IV
Mazur, Diane H., Vol IV
McArthur, Robert L., Vol IV
McCaffery, Edward J., Vol IV
McCall, James Russell, Vol IV
McCarthy, J. Thomas, Vol IV
McCartney, Sharon, Vol IV
McClean, Albert, Vol IV
McConnaughay, Philip J., Vol IV
McConnell, William Howard,
    Vol IV
McCoy, Francis T., Vol IV
McCoy, Patricia A., Vol IV
McCulloch, Elizabeth, Vol IV
McCullough, Ralph C., II, Vol IV
Mccurdy, Charles William, Vol I
McDevitt, Anthony, Vol IV
McDorman, Ted L., Vol IV

McElhaney, James Willson,
    Vol IV
McGee, Henry W., Jr., Vol IV
McGillivray, Anne, Vol IV
McGinnis, James W., Vol IV
McIntosh, Simeon Charles, Vol IV
McKague, Carla A., Vol IV
McKissick, Floyd B., Jr., Vol IV
McKnight, Joseph Webb, Vol I
McLaren, John P.S., Vol IV
McLaughlin, Joseph M., Vol IV
McLellan, Bradley N., Vol IV
McMahon, Martin J., Jr., Vol IV
McManus, Frederick Richard,
    Vol IV
McNeill, Susan Patricia, Vol IV
McNulty, John K., Vol IV
McNulty, John Kent, Vol IV
McPherson, James Alan, Vol II
McRae, Donald M., Vol IV
Mead, Lisa M., Vol IV
Meador, Daniel John, Vol IV
Mehlman, Maxwell, Vol IV
Meidinger, Errol Eldon, Vol IV
Meisel, Alan, Vol IV
Melli, Marygold Shire, Vol IV
Mendes, Errol, Vol IV
Merrill, Richard Austin, Vol IV
Merritt, Frank S., Vol IV
Merryman, John Henry, Vol IV
Mersky, Roy Martin, Vol IV
Meyers, Michael, Vol IV
Mikva, A.J., Vol IV
Millender, Michael J., Vol IV
Miller, Anthony, Vol IV
Miller, C. Douglas, Vol IV
Miller, Tedd, Vol IV
Millner, Dianne Maxine, Vol IV
Mills, Jon L., Vol IV
Millstein, Ira M., Vol IV
Minow, Martha, Vol IV
Misner, Robert L., Vol IV
Moberly, Robert B., Vol IV
Moenssens, Andre A., Vol IV
Moffat, Robert C.L., Vol IV
Montgomery, John E., Vol IV
Moore, Fred Henderson, Vol IV
Moran, Gerald P., Vol IV
Morgan, Edward M., Vol IV
Morgan, Martha, Vol IV
Morris, Jeffrey B., Vol IV
Morris, Norval, Vol IV
Morris, William O., Vol IV
Morrison, Fred L., Vol IV
Morse, Bradford W., Vol IV
Morse, Oliver, Vol IV
Mosoff, Judith, Vol IV
Mostaghel, Deborah M., Vol IV
Mulroney, Michael, Vol IV
Munzer, Stephen Roger, Vol IV
Murphy, Edward Joseph, Vol IV
Murphy, Romallus O., Vol IV
Myricks, Noel, Vol IV
Nagan, Winston P., Vol IV
Nanda, Ved P., Vol IV
Neely, David E., Vol IV
Neilson, William A.W., Vol IV
Nenner, Howard Allen, Vol I
Nesson, Charles Rothwell, Vol IV
Newman, Joel S., Vol IV
Nicholas, James C., Vol IV
Noah, Lars, Vol IV
Noble, William P., Vol IV
Nobles, Patricia Joyce, Vol IV
Nolan, Dennis R., Vol IV
Nolan, John Joseph, Vol IV
Norman, Ken, Vol IV
Norris, John, Vol IV
Northey, Rodney, Vol IV
Norton, Eleanor Holmes, Vol IV
Norwood, Kimberly Jade, Vol IV
Notz, John K., Vol IV
Novak, David, Vol IV
Nowak, John E., Vol IV
Nunn, Kenneth B., Vol IV
O'Brien, J. Willard, Vol I
Oakes, James L., Vol IV
Oakley, John Bilyeu, Vol IV
Oberst, Michael A., Vol IV
Ogden, Gregory L., Vol IV
Ogletree, Charles J., Jr., Vol IV
Ordower, Henry M., Vol IV
Orr, Janice, Vol IV
Orth, John Victor, Vol I
Ortiz, Victor, Vol IV
Orts, Eric W., Vol IV
Owen, David G., Vol IV
Owens, Richard C., Vol IV
Paciocco, David, Vol IV

Page, Joseph Anthony, Vol IV
Painter, Richard W., Vol IV
Pallard, Henri, Vol IV
Palm, Craig W., Vol IV
Palmer, Larry Isaac, Vol IV
Pappu, Rama Rao, Vol IV
Park, Roger Cook, Vol IV
Park, William Wynnewood,
    Vol IV
Parker, Joseph Caiaphas, Jr.,
    Vol IV
Parker, Kellis E., Vol IV
Parker, Kellis E., Vol IV
Parker, Vernon B., Vol IV
Parks, Edward Y., Vol IV
Partan, Daniel Gordon, Vol IV
Paterson, Robert, Vol IV
Patry, William F., Vol IV
Patterson, D., Vol IV
Patterson, Elizabeth G., Vol IV
Patterson, Elizabeth Hayes, Vol IV
Patterson, Mark R., Vol IV
Paulsen, David L., Vol IV
Pavlich, Dennis, Vol IV
Payne, Julien, Vol IV
Pearce, Russell G., Vol IV
Pedrick, Willard Hiram, Vol IV
Penner, Roland, Vol IV
Pennick, Aurie Alma, Vol IV
Penrod, Steven D., Vol IV
Pepper, Stephen L., Vol IV
Perillo, Joseph M., Vol IV
Perlin, Marc G., Vol IV
Perlman, Harvey, Vol IV
Perlmutter, Richard Mark, Vol IV
Perritt, Henry H., Jr., Vol IV
Persons, W. Ray, Vol IV
Peters, Aulana Louise, Vol IV
Peters, Ellen Ash, Vol IV
Petersen, Cynthia, Vol IV
Peterson, Courtland H., Vol IV
Petter, Andrew J., Vol IV
Pfund, Peter H., Vol I
Pieck, Manfred, Vol IV
Pitofsky, Robert, Vol IV
Polk, Elmer, Vol IV
Pollak, Louis Heilprin, Vol IV
Popper, Robert, Vol IV
Post, Deborah W., Vol IV
Postema, Gerald Jay, Vol IV
Postlewaite, Philip F., Vol IV
Potesta, Woodrow A., Vol IV
Potter, Pitman, Vol IV
Potuto, Josephine R., Vol IV
Povarsky, Chaim, Vol IV
Power, Garrett, Vol IV
Powers, David Stephen, Vol I
Preston, Cheryl B., Vol IV
Price, Charles Eugene, Vol IV
Price, Monroe E., Vol IV
Prince, John R., Vol IV
Procter, Harvey Thornton, Jr.,
    Vol IV
Prosterman, Roy L., Vol IV
Pue, Wesley W., Vol IV
Pugsley, Robert Adrian, Vol IV
Pyles, John E., Vol IV
Quander, Rohulamin, Vol IV
Queen, Evelyn E. Crawford,
    Vol IV
Quick, Albert T., Vol IV
Quigley, Tim, Vol IV
Quinn, Thomas Michael, Vol IV
Quirk, William J., Vol IV
Raabe, William A., Vol I
Rabin, Robert Leonard, Vol IV
Rabouin, E. Michelle, Vol IV
Rachlinski, J.J., Vol IV
Radomski, Harry B., Vol IV
Rae, Bob, Vol IV
Raitt, Ronald D., Vol IV
Ramos-Gonzalez, Carlos, Vol IV
Randall, Kenneth C., Vol IV
Randall, Susan Lyons, Vol IV
Ratushny, Edward J., Vol IV
Rauch, Doreen E., Vol IV
Raven-Hansen, Pete, Vol IV
Ravenell, Mildred, Vol IV
Ravenell, William Hudson, Vol IV
Ray, Douglas E., Vol IV
Raye, Vance Wallace, Vol IV
Reed, Gregory J., Vol IV
Rehnquist, William Hubbs, Vol IV
Reich, Peter L., Vol IV
Reid, Inez Smith, Vol IV
Reid, John Phillip, Vol I
Reide, Jerome L., Vol IV
Reidenberg, Joel R., Vol IV
Reisman, W. Michael, Vol IV

Reitz, Curtis R., Vol IV
Resnik, Judith, Vol IV
Reynolds, Laurie A., Vol IV
Rhode, Deborah L., Vol IV
Rhodes, Paula R., Vol IV
Rice, Charles E., Vol IV
Rice, Horace Warren, Vol IV
Rice, Paul R., Vol IV
Rich, Robert F., Vol IV
Richards, Edward P., Vol IV
Richardson, Andra Virginia,
    Vol IV
Richardson, David M., Vol IV
Richardson, Stephen R., Vol IV
Richman, William M., Vol IV
Riesenfeld, Stefan Albrecht,
    Vol IV
Rieser, Alison, Vol IV
Rigby, Kenneth, Vol IV
Ripple, Kenneth Francis, Vol IV
Roach, Kent, Vol IV
Robbins, Ira Paul, Vol IV
Roberts, Melinda, Vol IV
Robertson, Heidi Gorovitz, Vol IV
Robinson, Lyman R., Vol IV
Robinson, Mary Elizabeth, Vol IV
Rodes, Robert Emmet, Vol IV
Rodgers, Sanda, Vol IV
Roe, Mark J., Vol I
Rosenblum, Victor Gregory,
    Vol IV
Rosenthal, Peter, Vol IV
Ross, Stephen F., Vol IV
Rotan, Constance S., Vol IV
Roth, Jeffrey I., Vol IV
Rothman, Frederick P., Vol IV
Rothstein, Paul Frederick, Vol IV
Rotunda, Ronald Daniel, Vol IV
Rubin, Paul H., Vol IV
Runkel, Ross R., Vol IV
Rush, Sharon E., Vol IV
Rutter, Irvin C., Vol IV
Ryskamp, George R., Vol IV
Saks, Elyn R., Vol IV
Saltzman, Robert M., Vol IV
Salzberg, Stephan, Vol IV
Salzman, Jim, Vol IV
Sandalow, Terrance, Vol IV
Sander, Frank E A, Vol IV
Sanders, Douglas, Vol IV
Santoni, Roland J., Vol IV
Sarra, Janis, Vol IV
Satterfield, Patricia Polson, Vol IV
Saunders, Kurt M., Vol IV
Sawyer, Jeffrey K., Vol I
Scales-Trent, Judy, Vol IV
Scanlan, J.T., Vol II
Scaperlanda, Michael, Vol IV
Scarlett, James D., Vol IV
Schack, Haimo, Vol IV
Schneider, Carl E., Vol IV
Schoenfeld, Marcus, Vol IV
Schroeder, Jeanne L., Vol IV
Schuck, Peter H., Vol IV
Schwab, Stewart J., Vol IV
Schwartz, Bryan, Vol IV
Schwartz, Martin A., Vol IV
Schwartz, William, Vol IV
Schweitzer, Thomas A., Vol IV
Scoles, Eugene Francis, Vol IV
Scott, Hugh B., Vol IV
Searls, Eileen H., Vol IV
Sedler, Robert Allen, Vol IV
Seidman, Louis Michael, Vol IV
Seigel, Michael L., Vol IV
Seipp, David J., Vol I
Selinger, Carl Marvin, Vol IV
Sellers, Mortimer, Vol IV
Seplowitz, Rena C., Vol IV
Shakoor, Adam Adib, Vol IV
Shalleck, Ann, Vol IV
Shaman, Jeffrey Marc, Vol IV
Shanks, Hershel, Vol II
Shapiro, David Louis, Vol IV
Shapo, Marshall S., Vol IV
Sharpe, Calvin William, Vol IV
Shaw, Curtis Mitchell, Vol IV
Shaw, Gary M., Vol IV
Shaw, Theodore Michael, Vol IV
Sheehy, Elizabeth A., Vol IV
Sheppard, Anthony, Vol IV
Sherry, John E.H., Vol IV
Sherwood, O. Peter, Vol IV
Sherwood, Wallace Walter, Vol IV
Shkolnick, Rodney, Vol IV
Shoben, Elaine W., Vol IV
Shores, David Francis, Vol IV
Shtromas, Alexander, Vol IV
Shuman, Daniel Wayne, Vol IV

Silbaugh, Katherine, Vol IV
Silver, Marjorie A., Vol IV
Simmelkjaer, Robert T., Vol IV
Simmons, Esmeralda, Vol IV
Simon, William Hackett, Vol IV
Simpson, Stephen Whittington, Vol IV
Sims, Genevieve Constance, Vol IV
Sisk, G.C., Vol IV
Skover, David, Vol IV
Slaughter, Fred L., Vol IV
Slobogin, Christopher, Vol IV
Smalls, O'Neal, Vol IV
Smaw, Eric, Vol IV
Smit, Hans, Vol IV
Smith, Charles Edison, Vol IV
Smith, Daniel L., Vol IV
Smith, David R., Vol IV
Smith, David T., Vol IV
Smith, F. Lagard, Vol IV
Smith, George P., Vol IV
Smith, Harold Teliaferro, Jr., Vol IV
Smith, Heman Bernard, Vol IV
Smith, J. Clay, Jr., Vol IV
Smith, Jeraldine Williams, Vol IV
Smith, Lynn C., Vol IV
Smith, Stanley G., Vol IV
Smith, Terry, Vol IV
Smithburn, John Eric, Vol IV
Smitherman, Carole, Vol IV
Sneiderman, Barney, Vol IV
Sobel, Lionel S., Vol IV
Soden, Richard Allan, Vol IV
Sohn, Louis Bruno, Vol IV
Solan, Lawrence, Vol IV
Solum, Lawrence B., Vol IV
Sovern, Michael I., Vol IV
Sovern, Michael I., Vol IV
Spence, Joseph Samuel, Sr., Vol IV
Spillenger, Clyde, Vol IV
Spragens, Janet R., Vol IV
Spring, Raymond Lewis, Vol IV
Stancell, Dolores Wilson Pegram, Vol IV
Standen, Jeffery A., Vol IV
Stanley, Kathryn Velma, Vol IV
Stebenne, David, Vol I
Steiker, Carol S., Vol IV
Stein, Eric, Vol IV
Steinbock, Daniel J., Vol IV
Steinman, Joan E., Vol IV
Stenger, Robert Leo, Vol IV
Stent, Michelle Dorene, Vol IV
Stephan, P.B., Vol IV
Stephens, Cynthia Diane, Vol IV
Stevens, George E., Vol II
Stevens, John Paul, Vol IV
Stewart, Daniel Lewis, Vol IV
Stith, K., Vol IV
Stitt, Allan J., Vol IV
Stoebuck, William Brees, Vol IV
Stokes, Louis, Vol IV
Stolzenberg, N.M., Vol IV
Stone, Alan Abraham, Vol IV
Stone, Christopher D., Vol IV
Stone, Victor J., Vol IV
Strauss, Marcy, Vol IV
Strom, Lyle E., Vol IV
Stronks, Julia K., Vol IV
Stuesser, Lee, Vol IV
Subotnik, Dan, Vol IV
Suh, Dae-Suk, Vol IV
Sullivan, Ruth, Vol IV
Sumler-Edmond, Janice L., Vol IV
Summers, Clyde W., Vol IV
Summers, Robert Samuel, Vol IV
Surrency, Erwin C., Vol I
Swain, James H., Vol IV
Swan, Kenneth P., Vol IV
Swanson, Carol B., Vol IV
Swartz, Barbara E., Vol IV
Sweet, Justin, Vol IV
Swinton, Katherine E., Vol IV
Syverud, K.D., Vol IV
Taggart, Walter John, Vol IV
Talley, Eric L., Vol IV
Tancredi, Laurence Richard, Vol IV
Tanford, J. Alexander, Vol IV
Tarlock, Anthony Dan, Vol IV
Tarr, Nina W., Vol IV
Taylor, G.H., Vol IV
Taylor, Grace W., Vol IV
Taylor, Patricia E., Vol IV
Teply, Larry L., Vol IV
Termini, Roseann B., Vol IV
Terrell, Francis D'Arcy, Vol IV
Terrell, Timothy Prater, Vol IV
Terry, Charles T., Vol IV
Thain, Gerald John, Vol IV
Thigpen, Calvin Herritage, Vol IV
Thomas, Clarence, Vol IV
Thomas, Claude Roderick, Vol IV
Thomas, Douglas L., Vol IV
Thomas, Kendall, Vol IV
Thomas, Maxine Suzanne, Vol IV
Thomas, Randall S., Vol IV
Thompson, Almose Alphonse, II, Vol IV
Thompson, M.T., Jr., Vol IV
Thomson, Kathryn, Vol IV
Thornburg, E.G., Vol IV
Thornell, Richard Paul, Vol IV
Thorson, Norm, Vol IV
Tierney, James E., Vol IV
Tierney, Kevin Hugh, Vol I
Tiersma, Peter M., Vol IV
Tillers, Peter, Vol IV
Tilles, Gerald Emerson, Vol IV
Tinsley, Fred Leland, Jr., Vol IV
Tollefson, Chris, Vol IV
Tomlins, Christopher L., Vol I
Tomlinson, John G., Vol IV
Toote, Gloria E.A., Vol IV
Tornquist, Leroy J., Vol IV
Tractenberg, Paul L., Vol IV
Trautman, Donald T., Vol IV
Travers, Arthur Hopkins, Vol IV
Traynor, Michael, Vol IV
Treusch, Paul E., Vol IV
Tribe, Laurence Henry, Vol IV
Trotter, Gary, Vol IV
Tuchler, Dennis John, Vol IV
Tudy Jackson, Janice, Vol IV
Tuerkheimer, Frank M., Vol IV
Tunick, David C., Vol IV
Turkington, Richard C., Vol IV
Turner, Robert Foster, Vol IV
Tusan, Gail S., Vol IV
Tushnet, Mark Victor, Vol IV
Twitchell, Mary Poe, Vol IV
Ulen, Thomas S., Vol IV
Underwood, Harry, Vol IV
Underwood, James L., Vol IV
Utton, Albert E., Vol IV
Uviller, H. Richard, Vol IV
Vagts, Detlev F., Vol IV
Vairo, Georgene M., Vol IV
Vandervort, Lucinda, Vol IV
VanDuzer, Anthony J., Vol IV
Vaughn, Robert Gene, Vol IV
Veltri, Stephen C., Vol IV
Venable Powell, Burnele, Vol IV
Verchick, Robert R., Vol IV
Vining, Joseph, Vol IV
Volkmer, Ronald R., Vol IV
Vollmar, Valerie J., Vol IV
Volokh, Eugene, Vol IV
Vukowich, William T., Vol IV
Wade, Jeffry, Vol IV
Wadlington, Walter James, Vol IV
Waggoner, Lawrence W., Vol IV
Wagner, Annice, Vol IV
Wagner, Wenceslas Joseph, Vol IV
Waits, Va Lita Francine, Vol IV
Wald, Patricia M., Vol IV
Waldron, Mary Anne, Vol IV
Walen, Alec D., Vol IV
Walgren, Kent, Vol IV
Walker, Charles Ealy, Jr., Vol IV
Walker, George Kontz, Vol IV
Walker, Stanley M., Vol IV
Walker, T.B., Vol IV
Wallace, Paul Starett, Jr., Vol IV
Walton, R. Keith, Vol IV
Wang, William Kai-Sheng, Vol IV
Ward, John Preston, Vol IV
Ward, Thomas M., Vol IV
Warren, Alvin C., Jr., Vol IV
Washington, Robert Benjamin, Jr., Vol IV
Waters, Donovan W.M., Vol IV
Watson, Alan, Vol I
Way, Gary Darryl, Vol IV
Waysdorf, Susan L., Vol IV
Weaver, Russel L., Vol IV
Weberman, David, Vol IV
Webster, William H., Vol IV
Weckstein, Donald Theodore, Vol IV
Weekes, Martin Edward, Vol IV
Weems, Vernon Eugene, Jr., Vol IV
Weidner, Donald John, Vol IV
Weiler, Joseph, Vol IV
Weinberg, Harold R., Vol IV
Weinreb, Lloyd L., Vol IV
Weinrib, Ernest Joseph, Vol IV
Weinstein, Jack B., Vol IV
Weintraub, Russell Jay, Vol IV
Weir, John P., Vol IV
Weisberg, Richard Harvey, Vol IV
Weissbrodt, David Samuel, Vol IV
Welch, Edward L., Vol IV
Wells, William W., Vol IV
Wertheimer, Ellen, Vol IV
West, George Ferdinand, Jr., Vol IV
West, Martha S., Vol I
Weston, Burns H., Vol IV
Wexler, David Barry, Vol IV
Wexler, Stephen, Vol IV
Weyrauch, Walter Otto, Vol IV
Whaley, Douglas John, Vol IV
Wharton, A.C., Jr., Vol IV
Wheeler, Stanton, Vol I
Whelan, Stephen T., Vol IV
White, Frankie Walton, Vol IV
White, Frederic Paul, Jr., Vol IV
White, Howard A., Vol IV
White, James Justesen, Vol IV
White, Janice G., Vol IV
Whitebread, Charles H., Vol IV
Whitehouse, George, Vol IV
Whitford, William C., Vol IV
Whitten, Ralph U., Vol IV
Widiss, Alan I., Vol IV
Wiegers, Wanda, Vol IV
Wigal, Grace J., Vol IV
Wilkins, David Brian, Vol IV
Willacy, Hazel M., Vol IV
Williams, Cynthia A., Vol IV
Williams, Gary C., Vol IV
Williams, Gregory Howard, Vol IV
Williams, Junius W., Vol IV
Williams, Karen Hastie, Vol IV
Williams, Marcus Doyle, Vol IV
Williams, Paul R., Vol IV
Williams, Wilbert Lee, Vol IV
Williams, Winton E., Vol IV
Williams, Yvonne LaVerne, Vol IV
Willis, Steven J., Vol IV
Wilmot, David Winston, Vol IV
Wilson, Clarence S., Jr., Vol IV
Wilson, Kim Adair, Vol IV
Wilson, Samuel S., Vol IV
Wing, Adrien Katherine, Vol IV
Winston, Kenneth Irwin, Vol IV
Winter, Douglas E., Vol IV
Winter, Ralph A., Vol IV
Wise, Edward Martin, Vol IV
Wishart, Lynn, Vol IV
Witte, John, Vol IV
Wolfman, Bernard, Vol IV
Wolfram, Charles W., Vol IV
Wood, William L., Jr., Vol IV
Woods, Robin, Vol II
Works, Robert G., Vol IV
Wriggins, Jennifer, Vol IV
Wright, Charles Alan, Vol IV
Wright, Danaya C., Vol IV
Wright, Roberta V. Hughes, Vol IV
Wright-Botchwey, Roberta Yvonne, Vol IV
Wyre, Stanley Marcel, Vol IV
Yalden, Robert, Vol IV
Yarbrough, Marilyn Virginia, Vol IV
Yegge, Robert Bernard, Vol IV
Yiannopoulos, A.N., Vol IV
Youm, K.H., Vol II
Zablotsky, Peter A., Vol IV
Zachary, Steven W., Vol IV
Zietlow, Rebecca, Vol IV
Zile, Zigurds Laimons, Vol IV
Zillman, Donald N., Vol IV
Zlotkin, Norman, Vol IV
Zweibel, Ellen, Vol IV

Library Science

Anthes, Susan H., Vol II
Astroff, Roberta J., Vol II
Atkins, Stephen E., Vol I
Bean, Bobby Gene, Vol II
Bender, Nathan E., Vol I
Benke, Robin Paul, Vol II
Beyea, Marion, Vol I
Black, Steve, Vol II
Blazek, Ronald David, Vol II
Blouin, Lenora, Vol II
Blue, Philip Y., Vol II
Bobinski, George Sylvan, Vol I
Bracken, James K., Vol II
Brockman, William, Vol II
Caputi, Jane, Vol I
Carlson, Kay, Vol II
Carlson, Melvin, Jr., Vol II
Cave, Roderick George, Vol II
Chu, Felix T., Vol II
Clark, Patricia, Vol II
Colby, Robert Alan, Vol II
Cole, John Y., Jr., Vol II
Constance, Joseph, Vol I
Constantinou, Constantia, Vol I
Cordell, Roseanne M., Vol II
Corkin, Jane, Vol I
Coutts, Brian E., Vol I
Currie, William W., Vol II
Danford, Robert E., Vol II
Deering, Ronald F., Vol I
Donovan, Maureen H., Vol II
Dunlap, Isaac H., Vol II
Elliott, Clark Albert, Vol I
Ellsworth, Ralph E., Vol II
Erdel, Timothy Paul, Vol IV
Fisher, Edith Maureen, Vol II
Gilliland-Swetland, Anne J., Vol I
Giral, Angela, Vol II
Goodson, Carol F., Vol II
Grassian, Esther, Vol II
Greenwood, Tina Evans, Vol II
Haines, Annette L., Vol II
Hay, Fred J., Vol I
Heisser, David C. R., Vol I
Hernon, Peter, Vol II
Jackson, Mary E., Vol II
Jerred, Ada D., Vol II
Jian-Zhong, Zhou, Vol II
Joyce, Donald Franklin, Vol II
Juhl, M.E., Vol II
Kelleghan, Fiona, Vol II
Kiser, Joy, Vol I
Krummel, Donald William, Vol I
La Moy, William T., Vol II
Lasslo, Andrew, Vol II
Lee, Hsiao-Hung, Vol II
Lu, Suping, Vol I
Lukenbill, Willis B., Vol II
Makino, Yasuko, Vol III
Mann, Thomas J., Vol II
May, Jill P., Vol II
McClure, Charles R., Vol II
Mehaffey, Karen Rae, Vol II
Mengxiong, Liu, Vol II
Mika, Joseph John, Vol II
Milac, Metod M., Vol I
Mintz, Kenneth A., Vol II
Morales Degarin, Maria A., Vol II
Moran, Barbara B., Vol II
Musmann, Klaus, Vol II
Nourie, Alan Raymond, Vol II
Null, Elisabeth M., Vol I
O'Sullivan, Michael K., Vol II
Peterson, Lorna Ingrid, Vol II
Powell, Ronald R., Vol II
Pritchard, Susan V., Vol II
Quirk, Ruthmarie, Vol II
Rice, Albert R., Vol I
Richardson, Anne, Vol II
Sajdak, Bruce T., Vol II
Sarkodie-Mensah, Kwasi, Vol II
Schiller, Anita R., Vol II
Schlachter, Gail Ann, Vol II
Schmidt, Steven J., Vol II
Sharma, R.N., Vol I
Shiflett, Orvin Lee, Vol II
Shipps, Anthony Wimberly, Vol II
Sineath, Timothy W., Vol II
Smith, Daniel L., Vol IV
Sowards, Steven W., Vol I
Stewart, Henry R., Jr., Vol II
Straiton, T. Harmon, Jr., Vol II
Subramanian, Jane M., Vol II
Terry, James L., Vol II
Tonn, Anke, Vol II
Veaner, Allen B., Vol II
Wallis, Carrie G., Vol II
Waserman, Manfred, Vol I
Waters, Richard L., Vol II
Weingand, Darlene E., Vol II
Wheeler, Wayne R., Vol II
White, Cecil R., Vol II
Whiteman, D. Bruce, Vol II
Wick, Robert L., Vol II
Williams, Helen Elizabeth, Vol II
Williams-Hackett, Lamara, Vol II
Zafren, Herbert C., Vol II

Linguistics

Abbott, B., Vol III
Abboud, Peter Fouad, Vol III
Abdelrahim-Soboleva, Valentina, Vol III
Abramson, Arthur Seymour, Vol III
Abu-Absi, Samir, Vol III
Acker, Robert, Vol III
Adams, George Roy, Vol II
Adamson, Hugh Douglas, Vol III
Amastae, Jon Edward, Vol III
Andersen, Elaine, Vol III
Andrews, Stephen J., Vol III
Angelis, Paul J., Vol III
Aronson, Howard Isaac, Vol III
Ashby, William James, Vol IV
Ashley, Leonard R.N., Vol II
Athanassakis, Apostolos N., Vol I
Atlas, Jay David, Vol IV
Austin, Timothy Robert, Vol III
Axelrod, Melissa, Vol III
Azevedo, Milton M., Vol III
Babby, Leonard Harvey, Vol III
Bach, Emmon, Vol III
Banta, Frank Graham, Vol III
Barabtarlo, Gennady, Vol III
Barbe, Katharina, Vol III
Barber, Elizabeth J. Wayland, Vol I
Barnes, Betsy, Vol III
Barrack, Charles Michael, Vol III
Bashiri, Iraj, Vol III
Beard, Robert Earl, Vol III
Beck, Sigrid, Vol III
Becker, Alton Lewis, Vol III
Beer, Jeanette Mary Ayres, Vol III
Bender, Byron Wilbur, Vol III
Bender, Marvin Lionel, Vol III
Berthoff, Ann Evans, Vol II
Bethin, Christina Y., Vol III
Bevington, Gary Loyd, Vol III
Beynen, Gijsbertus Koolemans, Vol III
Bickerton, Derek, Vol III
Bills, Garland D., Vol III
Bing, Janet Mueller, Vol III
Birner, Betty, Vol III
Blaney, Benjamin, Vol III
Blumstein, Sheila Ellen, Vol III
Bond, Zinny Sans, Vol III
Bormanshinov, Arash, Vol III
Boskovic, Zeljko, Vol III
Brend, Ruth Margaret, Vol III
Burling, Robbins, Vol I
Burres, Kenneth Lee, Vol IV
Bybee, Joan L., Vol III
Cable, Thomas Monroe, Vol III
Calabrese, Andrea, Vol III
Caldwell, Larry, Vol III
Callaghan, Catherine A., Vol III
Campbell, Lee, Vol II
Cardona, George, Vol III
Carlton, Charles Merritt, Vol III
Carmichael, Carl W., Vol III
Carroll, Linda Louise, Vol III
Casagrande, Jean, Vol III
Cathey, James E., Vol III
Caujolle, Claude, Vol III
Chaika, Elaine Ostrach, Vol III
Chambers, J.K., Vol III
Chandola, Anoop Chandra, Vol III
Chen, Lilly, Vol III
Cheng, Chung-Ying, Vol IV
Ching, Marvin K.L., Vol III
Chitoran, Ioanaa, Vol III
Chomsky, Noam, Vol III
Chu, Chauncey Cheng-Hsi, Vol III
Chung, Sandra, Vol III
Cintas, Pierre Francois Diego, Vol III
Civil, Miguel, Vol I
Clark, Eve Vivienne, Vol III
Clark, Mary Morris, Vol III
Clark, Thomas L., Vol III
Clas, Andre, Vol III
Clausing, Gerhard, Vol III
Clendenen, E. Ray, Vol III
Clivio, Gianrenzo Pietro, Vol III
Coady, James Martin, Vol III
Coblin, Weldon South, Vol III
Coffey, Jerome Edward, Vol III
Cole, Peter, Vol III
Contreras, Heles, Vol III
Cook, Eung-Do, Vol III
Cooper, Vincent O'Mahony, Vol III
Coppola, Carlo, Vol III
Corbett, Noel L., Vol III

Cormier, R.J., Vol III
Corre, Alan David, Vol III
Costello, John Robert, Vol III
Cowart, Wayne, Vol III
Cox, Jerry Lynn, Vol III
Crowhurst, Megan J., Vol III
Cummins, Fred, Vol III
Davis, Stuart, Vol III
Demers, Richard Arthur, Vol III
Der-Houssikian, Haig, Vol III
Derbyshire, William W., Vol III
Dinneen, David A., Vol III
Dorian, Nancy Currier, Vol III
Dougherty, Ray Cordell, Vol III
Douglass, R. Thomas, Vol III
Downing, Pamela A., Vol III
Drinka, Bridget, Vol III
Dryer, Matthew S., Vol III
Dubois, Betty Lou, Vol III
Dubois, Sylvie, Vol IV
Duckert, Audrey Rosalind, Vol III
Dumas, Bethany K., Vol III
Eastman, Carol M., Vol III
Ehret, Christopher, Vol I
Elson, Mark Jeffrey, Vol III
Embleton, Sheila, Vol III
Emeneau, Murray Barnson, Vol III
Epstein, Edmund Lloyd, Vol II
Epstein, Richard, Vol III
Faigley, Lester, Vol II
Fairley, Irene R., Vol III
Falk, Julia Sableski, Vol III
Farina, Luciano Fernando, Vol III
Feldstein, Ronald Fred, Vol III
Fichtner, Edward G., Vol III
Field, Thomas Tilden, Vol IV
Finegan, Edward J., Vol IV
Fisher, John C., Vol III
Fishman, Joshua Aaron, Vol III
Fleck, Jere, Vol III
Fleischman, Suzanne, Vol III
Forman, Michael Lawrence, Vol III
Fowkes, Robert Allen, Vol III
Frajzyngier, Zygmunt, Vol III
Francis, Winthrop Nelson, Vol III
Frank, Francine, Vol III
Frank, Yakira H, Vol III
Franks, Steven, Vol III
Frazier, Lyn, Vol III
Freeman, David, Vol III
Freeman, Donald Cary, Vol III
Frey, Herschel J., Vol III
Friedrich, Paul, Vol III
Fromkin, Victoria A, Vol III
Fullerton, Gerald Lee, Vol III
Gair, James Wells, Vol III
Ganim, John Michael, Vol II
Georges, Robert A., Vol III
Germain, Claude, Vol III
Gesner, B. Edward, Vol III
Glowka, Arthur Wayne, Vol II
Golab, Zbigniew, Vol III
Golston, Chris, Vol III
Gopnik, Myrna, Vol III
Gordon, Lynn, Vol III
Gragg, Gene Balford, Vol III
Green, Georgia Marks, Vol III
Green, Lisa, Vol III
Greppin, John Aird Coutts, Vol III
Griffen, Toby David, Vol III
Guerro, Maria C.M. de, Vol II
Guitart, Jorge Miguel, Vol III
Gumperz, John J., Vol III
Gundel, J.K., Vol III
Haile, Getatchew, Vol III
Hakutani, Yoshinobu, Vol II
Hale, Mark, Vol III
Haley, Michael, Vol III
Halle, Morris, Vol III
Halleck, Gene B., Vol III
Hallen, Cynthia L., Vol III
Haller, Hermann Walter, Vol III
Hamlin, Frank Rodway, Vol III
Hamp, Eric Pratt, Vol III
Hankamer, Jorge, Vol III
Hanna, Blake Thompson, Vol III
Harms, Robert Thomas, Vol III
Harrison, Ann Tukey, Vol III
Hartman, James Walter, Vol III
Hartman, Steven Lee, Vol III
Haslam, Gerald William, Vol II
Hawkins, John A., Vol III
Hensey, Frederick Gerald, Vol III
Henton, Caroline G., Vol III
Herique, Emmanuel, Vol III
Herzfeld, Anita, Vol III
Hewson, John, Vol III
Higgins, Roger F., Vol III

Hirtle, Walter Heal, Vol III
Hiz, Henry, Vol III
Hoenigswald, Henry M., Vol III
Hoji, Hajime, Vol III
Hoover, David Lowell, Vol III
Hopper, Paul, Vol II
Horwege, Ronald Eugene, Vol III
Houng, Caroline C., Vol III
Howell, Richard Wesley, Vol I
Hsieh, Hsin-I, Vol III
Huang, J., Vol III
Huffines, Marion Lois, Vol III
Hurst, Mary Jane, Vol III
Imamura, Shigeo, Vol III
Ingemann, Frances, Vol III
Insler, Stanley, Vol III
Isham, William P., Vol III
Ito, Junko, Vol III
Ivanov, Vyacheslav V., Vol III
Jackendoff, Ray Saul, Vol III
Jacobs, Roderick Arnold, Vol III
Jacoby, Sally, Vol III
Jaini, Padmanabh S., Vol III
Jankofsky, Klaus P., Vol III
Jenkins, Frederic Magill, Vol III
Jensen, John Barry, Vol III
Jensen, John T., Vol III
Jochnowitz, George, Vol III
John-Steiner, Vera P., Vol III
Johnson, Kyle B., Vol III
Johnson, Mayumi Yuki, Vol III
Jones, Larry Bert, Vol III
Jones, Randall Lee, Vol III
Joseph, Brian Daniel, Vol III
Juffs, Alan, Vol III
Jun, Sun-Ah, Vol III
Juntune, Thomas William, Vol III
Kachru, Braj Behari, Vol III
Kachru, Yamuna, Vol III
Kahane, Henry, Vol III
Kaplan, Jane Payne, Vol III
Kaplan, Robert B., Vol III
Karch, Dieter, Vol III
Karttunen, Frances, Vol III
Kaske, Robert Earl, Vol II
Kaye, Alan Stewart, Vol III
Kazazis, Kostas, Vol III
Ke, C.R., Vol III
Keel, William D., Vol III
Keller, Gary D., Vol III
Keller, Howard Hughes, Vol III
Kelley, Michael Robert, Vol II
Kelly, David H., Vol I
Kelly, Louis G., Vol I
Kennedy, Chris, Vol III
Kesler, Linc, Vol III
Keumsil, Kim Yoon, Vol III
Kevelson, Roberta, Vol IV
Kingston, John, Vol III
Klausenburger, Jurgen, Vol III
Kligerman, Jack, Vol II
Klima, Edward Stephens, Vol III
Knowlton, Edgar C., Jr., Vol III
Koekkoek, Byron J., Vol III
Koerner, Ernst F.K., Vol III
Koike, Dale A., Vol III
Koontz, Christian, Vol II
Kratz, Bernd, Vol III
Kratzer, Angelika, Vol III
Krauss, Michael, Vol III
Kretschmar, William A., Jr., Vol II
Kucera, Henry, Vol III
Kuepper, Karl Josef, Vol III
Kuno, Susumu, Vol II
Ladefoged, Peter, Vol III
Ladusaw, William A., Vol III
Lafayette, Robert, Vol III
Lance, Donald M., Vol III
Langacker, Ronald Wayne, Vol III
Langendoen, Donald Terence, Vol III
Lapierre, Andre, Vol III
Lasnik, Howard, Vol III
Latta, Susan M., Vol III
Lauer, Janice M, Vol III
LeBlanc, Wilmer James, Vol III
Lebofsky, Dennis Stanley, Vol III
Leffel, Katherine, Vol III
Lehiste, Ilse, Vol III
Lehmann, Winfred Philipp, Vol III
Leon, Pedro, Vol III
Leon, Pierre R.A., Vol III
Levi, Judith N., Vol III
Levin, Beth, Vol III
Levin, Jules Fred, Vol III
Levin, Maurice Irwin, Vol III
Levitt, Jesse, Vol III
Lieberman, Stephen Jacob, Vol I
Lightfoot, D., Vol III

Lillo-Martin, Diane C., Vol III
Linn, Michael D., Vol III
Lisker, Leigh, Vol III
Little, Greta D., Vol III
Lunt, Horace Gray, Vol III
Luthy, Melvin Joseph, Vol III
Lutkus, Alan, Vol II
Luzbetak, Louis Joseph, Vol I
Lyovin, Anatole Vladimirovich, Vol III
MacCoull, Leslie, Vol I
MacDonald, Maryellen, Vol III
Mackey, William Francis, Vol III
MacLeish, Andrew, Vol III
Makkai, Adam, Vol III
Malone, Joseph Lawrence, Vol III
Manley, Joan, Vol III
Marquess, Harlan Earl, Vol III
Martin, Philippe Jean, Vol III
Martin, Samuel Elmo, Vol III
Martinez, Jacqueline M., Vol IV
Mathias, Gerald Barton, Vol III
Mathiot, Madeleine, Vol III
Matisoff, James Alan, Vol III
Mattingly, Ignatius G., Vol III
Mazzola, Michael Lee, Vol III
McCawley, James D., Vol III
Mccloskey, James, Vol III
McGarrell, Hedy M., Vol III
Mcneill, David, Vol III
Megenney, William Wilber, Vol III
Meier, A.J., Vol III
Melchert, H. Craig, Vol III
Merrifield, William R., Vol III
Mester, Armin, Vol III
Metcalf, Allan Albert, Vol II
Meyers, Walter Earl, Vol III
Michaels, David, Vol III
Michalski, John, Vol III
Micklesen, Lew R., Vol III
Miller, D. Gary, Vol I
Miller, William Irvin, Vol III
Mills, Carl Rhett, Vol III
Mills, David Otis, Vol III
Minkoff, Harvey, Vol III
Minkova, Donka, Vol III
Mitchell, Douglas, Vol III
Moder, Carol Lynn, Vol III
Montgomery, Michael M., Vol III
Moravcsik, Edith Andrea, Vol III
Morford, Jill P., Vol III
Morgan, Jerry Lee, Vol III
Moshi, Lioba, Vol III
Moutsos, Demetrius George, Vol III
Mullen, Karen A., Vol II
Murdick, William, Vol II
Must, Gustav, Vol III
Nagy, Gregory John, Vol I
Nakayama, Mineharu, Vol III
Naro, Anthony Julius, Vol III
Natalicio, Diana, Vol III
Nathan, Geoffrey Steven, Vol III
Newmark, Leonard, Vol III
Ney, James Walter, Vol II
Nguyen, Dinh-Hoa, Vol III
Ni, W.J., Vol III
Nichols, Ann, Vol III
Nichols, Patricia Causey, Vol II
Nilsen, Alleen Pace, Vol III
Nilsen, Don Lee Fred, Vol III
Nuessel, Frank, Vol III
Nussbaum, Alan, Vol III
O'Hearn, Carolyn, Vol III
Oates, Michael David, Vol III
Ohala, John Jerome, Vol III
Oinas, Felix Johannes, Vol III
Oller, John William, Vol III
Ottenhoff, John, Vol II
Overfield, Denise, Vol III
Padgett, Jaye, Vol III
Paper, Herbert Harry, Vol III
Parish, Charles, Vol III
Partee, Barbara H., Vol III
Paulston, Christina Bratt, Vol III
Penzl, Herbert, Vol III
Percival, Walter Keith, Vol III
Perissinotto, Giorgio, Vol III
Perkins, Allan Kyle, Vol III
Peters, Ann Marie, Vol III
Peterson, Philip Leslie, Vol IV
Pierrehumbert, Janet, Vol III
Pitt, David, Vol IV
Poplack, Shana, Vol III
Prideaux, Gary Dean, Vol III
Pullum, Geoffrey K., Vol III
Purczinsky, Julius O., Vol III
Qian, Nanxiu, Vol III

Rabbitt, Kara, Vol III
Rameh, Clea Abdon, Vol III
Ramirez, Arnulfo G., Vol III
Raney, George William, Vol III
Read, Charles, Vol III
Redenbarger, Wayne Jacob, Vol IV
Reid, Lawrence Andrew, Vol III
Rich, John Stanley, Vol III
Ringen, Catherine Oleson, Vol III
Rivero, Maria Luisa, Vol III
Robison, R.E., Vol III
Rodgers, Joseph James, Jr., Vol III
Roeper, Thomas, Vol III
Rogers, Kenneth Hall, Vol III
Rohrbacher, Bernhard, Vol III
Rojas, J. Nelson, Vol III
Rolfe, Oliver Willis, Vol III
Rood, David Stanley, Vol III
Rosenberg, Justus, Vol III
Rouman, John Christ, Vol I
Rundell, Richard Jason, Vol III
Rutherford, William E., Vol III
Sag, Ivan Andrew, Vol III
Saha, Prosanta Kumar, Vol II
Sahni, Chaman Lall, Vol II
Saint-Jacques, Bernard, Vol III
Saltarelli, Mario, Vol III
Samarin, William J., Vol III
Sanchez, Monica E., Vol III
Saporta, Sol, Vol III
Sara, Solomon Ishu, Vol III
Sarles, Harvey Burton, Vol III
Saskova-Pierce, Mila, Vol III
Scatton, Ernest Alden, Vol III
Schein, Barry, Vol III
Schmalstieg, William Riegel, Vol III
Schmidt, Daryl Dean, Vol III
Schneider, Gerd Klaus, Vol III
Schnitzer, M.L., Vol III
Scholes, Robert James, Vol III
Schutz, Albert J., Vol III
Scott, Charles Thomas, Vol III
Seidenberg, Mark, Vol III
Selkirk, Elisabeth, Vol III
Seymour, Harry N., Vol III
Shapiro, Lewis P., Vol III
Sheets, George Archibald, Vol I
Shetter, William Zeiders, Vol III
Shipley, William F., Vol III
Shores, David Lee, Vol II
Shuy, Roger W., Vol III
Sigalov, Pavel S., Vol III
Sihler, Andrew L., Vol III
Silva-Corvalan, Carmen M., Vol III
Silverman, Daniel, Vol III
Siracusa, Joseph, Vol III
Sjoberg, Andree Frances, Vol III
Skousen, Royal Jon, Vol III
Slobin, Dan Isaac, Vol III
Slotkin, Alan Robert, Vol III
Smith, Carlota S., Vol III
Smith, Riley Blake, Vol II
Snyder, William, Vol III
Sobin, Nicholas, Vol III
Solan, Lawrence, Vol IV
Sole, Carlos A., Vol III
Southerland, Ronald Hamilton, Vol III
Spaccarelli, Thomas Dean, Vol III
Speas, Margaret, Vol III
Spurlock, John Howard, Vol III
Sridhar, S.N., Vol III
Stalker, James Curtis, Vol III
Stenson, Nancy Jean, Vol III
Stimson, Hugh McBirney, Vol III
Stine, Philip C., Vol III
Stockwell, Robert Paul, Vol III
Stokoe, William Clarence, Vol III
Suner, Margarita, Vol III
Sungdai, Cho, Vol III
Tannen, Deborah F., Vol III
Taylor, Allan Ross, Vol III
Taylor, Daniel Jennings, Vol I
Taylor, Talbot, Vol III
Teschner, Richard Vincent, Vol III
Thomas, Margaret, Vol III
Thompson, Roger Mark, Vol III
Thundy, Zacharias Pontian, Vol II
Tollefson, James William, Vol III
Tong, Diane, Vol III
Townsend, Charles Edward, Vol II
Traugott, Elizabeth Closs, Vol III
Tsiapera, Maria, Vol III
Tucker, Richard, Vol III
Tuttle, Edward Fowler, Vol III

Ulatowska, Hanna K., Vol III
Unger, James Marshall, Vol III
Van, Thomas A., Vol II
Van Vliet, Edward R., Vol III
Vandeloise, Claude, Vol III
Vergnaud, Jean-Roger, Vol III
Viehmeyer, L. Allen, Vol III
Wachal, Robert Stanley, Vol III
Walker, Willard, Vol I
Walsh, John Kevin, Vol III
Wang, William S.Y., Vol III
Wanner, Dieter, Vol IV
Ward, Gregory, Vol III
Wasow, Thomas Alexander, Vol III
Watkins, Calvert Ward, Vol III
Watson, John W., Vol III
Watt, Jonathan M., Vol III
Watt, William Carnell, Vol III
Waugh, Linda Ruth, Vol III
Weitzman, Raymond Stanley, Vol III
Wertz, Christopher Allen, Vol III
Wescott, Roger Williams, Vol III
Whaley, Lindsay, Vol III
Wilcox, Sherman E., Vol III
Williams, Gerhild Scholz, Vol III
Williams, Joseph M., Vol II
Winchatz, Michaela R., Vol II
Winter, Werner, Vol III
Wolff, John Ulrich, Vol III
Wong, Jean, Vol III
Woodard, Roger, Vol III
Woolford, Ellen, Vol III
Worth, Dean Stoddard, Vol III
Yalden, Janice, Vol III
Yang, Insun, Vol III
Young, Richard, Vol III
Zamora, Juan C., Vol III
Zeps, Valdis Juris, Vol III
Zolbrod, Paul Geyer, Vol II
Zou, Ke, Vol III
Zubizarreta, Maria Luisa, Vol III

Literature

Abudu, Gabriel, Vol II
Adams, Stephen J., Vol II
Adisa, Opal Palmer, Vol III
Albrecht, Wilbur T., Vol II
Allen, Roger Michael Ashley, Vol III
Allman, Eileen Jorge, Vol II
Amos, Mark A., Vol II
Anderson, Michael John, Vol I
Angelou, Maya, Vol III
Apseloff, Marilyn Fain, Vol II
Archibald, Elizabeth F., Vol III
Arenberg, Nancy, Vol II
Atkinson, Colin B., Vol III
Atkinson, Michael, Vol II
Attardo, Salvatore, Vol III
Atwood, Margaret, Vol II
Austin, Bobby William, Vol II
Austin, Timothy Robert, Vol III
Axelrod, Steven Gould, Vol II
Babb, Genie, Vol III
Baker, Beulah Pearl, Vol II
Bakker, Barend H., Vol II
Balakian, Peter, Vol II
Band, Arnold J., Vol II
Barber, Margaret, Vol II
Barbera, Jack Vincent, Vol II
Barchilon, Jacques, Vol III
Barnes, Ronald Edgar, Vol II
Barolsky, Paul, Vol I
Barr, Marleen Sandra, Vol II
Bashiri, Iraj, Vol III
Baumlin, James S., Vol II
Beauvois, Margaret H., Vol III
Bebout, Linda J., Vol III
Bedford, Bonnie C., Vol II
Behdad, Ali, Vol III
Bell, Vereen M., Vol II
Bell-Metereau, Rebecca, Vol II
Bender, Eileen Teper, Vol II
Bennett, Betty T., Vol II
Bennett, Paula, Vol II
Benseler, David P., Vol II
Bentley, Gerald E., Jr., Vol II
Berets, Ralph Adolph, Vol II
Berry, Edward I., Vol II
Bien, Gloria, Vol II
Bird, Harold Wesley, Vol I
Birnbaum, Henrik, Vol II
Bishop, Thomas G., Vol II
Bjork, Robert Eric, Vol II
Blackwell, Marilyn Johns, Vol II
Blaisdell, Robert Ehler, Vol II

Blake, James Joseph, Vol II
Bliss, Lee, Vol II
Block, Steven, Vol II
Bloom, Abigail Burnham, Vol II
Blyn, Robin, Vol II
Bock, Martin F., Vol II
Bofman, Theodora Helene, Vol III
Bonebakker, Seeger A., Vol III
Bonenfant, Joseph, Vol II
Booker, John T., Vol II
Booker, M. Keith, Vol II
Bove, Carol Mastrangelo, Vol III
Bowman, Leonard Joseph, Vol IV
Boykin, Keith, Vol II
Brady, Owen E., Vol II
Braudy, Leo, Vol II
Briggs, John P., Vol II
Broughton, Panthea Reid, Vol II
Brown, James Dale, Vol II
Brown, Scott Kent, Vol I
Bryson, Norman, Vol II
Buckley, William Kermit, Vol II
Buckstead, Richard C., Vol II
Budds, Michael, Vol I
Burgin, Diana Lewis, Vol III
Burneko, Guy, Vol II
Burner, David B., Vol I
Burris, Sidney, Vol II
Burwell, Rose Marie, Vol II
Busch, Frederick Matthew, Vol II
Butler, Thomas J., Vol III
Bynum, David Eliab, Vol I
Cachia, Pierre J.E., Vol III
Caldwell, Mark, Vol II
Campbell, C. Jean, Vol II
Campbell, Elizabeth, Vol II
Campbell, Felicia F., Vol II
Campos, Javier F., Vol III
Candido, Joseph, Vol II
Captain, Yvonne, Vol III
Caranfa, Angelo, Vol IV
Cargas, Harry James, Vol II
Carmona, Vicente, Vol II
Carpenter, Scott, Vol II
Carr, Stephen Leo, Vol II
Carruthers, Virginia, Vol II
Casey, John Dudley, Vol I
Catlett Anderson, Celia, Vol II
Cawelti, John George, Vol I
Chambers, Anthony Hood, Vol II
Champion, Larry Stephen, Vol II
Chavkin, Allan, Vol II
Chvany, Catherine Vakar, Vol III
Cirillo, Albert, Vol II
Clarke, George E., Vol II
Clayton, John J., Vol II
Clinton, Jerome Wright, Vol III
Clivio, Gianrenzo Pietro, Vol III
Cogswell, Frederick W., Vol II
Collier, Eugenia W., Vol II
Collins, Martha, Vol II
Collins, Thomas J., Vol II
Condon, William, Vol II
Connolly, Julian Welch, Vol III
Converse, Hyla Stuntz, Vol I
Cooley, Dennis O., Vol II
Cooley, Peter John, Vol II
Cooper, Henry Ronald, Jr., Vol III
Cooper, Marilyn Marie, Vol II
Cowgill, Kent, Vol II
Coyle, Michael Gordon, Vol II
Craft, William, Vol II
Craig, Virginia Robertson, Vol III
Craige, Betty Jean, Vol II
Crannell, Kenneth C., Vol III
Cranston, Mechthild, Vol IV
Crispin, John, Vol III
Crone, Anna Lisa, Vol III
Crowley, Sue Mitchell, Vol IV
Cutter, Paul F., Vol I
Darby, Barbara, Vol II
Davidheiser, James Charles, Vol III
Davidson, Harriet, Vol II
Davidson, John E., Vol III
Davison, Neil, Vol II
De Veaux, Alexis, Vol II
de Villers, Jean-Pierre, Vol II
Decatur, Louis Aubrey, Vol II
DeFord, Ruth, Vol I
Dennis, Harry Joe, Vol III
Desalvo, Louise Anita, Vol II
Desmond, John F., Vol II
Diaz-Duque, Ozzie Francis, Vol III
Digby, Joan, Vol II
Dircks, Phyllis T., Vol II
Ditsky, John M., Vol III
Dobson, Joanne, Vol II
Dolezel, Lubomir, Vol III
Doll, Mary A., Vol IV
Donovan, Josephine, Vol II
Doolittle, James, Vol IV
Dougherty, James P., Vol II
Dowdey, Diane, Vol II
Doyle, James, Vol II
Drekonja, Otmar Maximilian, Vol II
Driver, Tom Faw, Vol IV
Dunaway, David King, Vol II
Dunham, Vera S, Vol III
Dyck, Martin, Vol III
Dye, Gloria, Vol II
Eden, Melissa, Vol II
Eder, Doris Leonora, Vol II
Edwards, Anthony S.G., Vol III
Eekman, Thomas, Vol III
Ehrstine, John, Vol II
Elder, Arlene Adams, Vol III
Elliott, Gary D., Vol II
Ellis, Katherine, Vol II
Elstun, Esther Nies, Vol III
Embleton, Sheila, Vol III
Erlich, Victor, Vol III
Erwin, D. Timothy, Vol II
Faas, Ekbert, Vol II
Fackler, Herbert Vern, Vol I
Falk, Thomas Heinrich, Vol II
Fallon, Stephen, Vol II
Fawzia, Mustafa, Vol II
Felix, Robert E., Vol IV
Felstiner, John, Vol II
Filips-Juswigg, Katherina P., Vol III
Fine, Elizabeth C., Vol III
Firchow, Evelyn Scherabon, Vol III
Fisher, John C., Vol III
Fitch, Raymond E., Vol II
Fizer, John, Vol III
Flier, Michael S., Vol III
Foote, Bud, Vol II
Fox, Christopher, Vol II
Franco, Jean, Vol II
Frantz, David Oswin, Vol II
Freedman, Carl, Vol II
Freeman, John, Vol II
Friedberg, Maurice, Vol III
Friedman, Barton Robert, Vol II
Friel, James P., Vol IV
Galef, David, Vol II
Galli, Barbara E., Vol III
Gallo, Louis, Vol II
Galvan, Delia V., Vol III
Garcia-Gomez, Jorge, Vol IV
Gerhart, Mary, Vol IV
Gericke, Philip Otto, Vol III
Gibson, Donald B., Vol II
Gliserman, Martin, Vol II
GoGwilt, Christopher, Vol II
Goodman, Jennifer Robin, Vol II
Goodman, Russell B., Vol II
Gordon, Andrew, Vol II
Goss, James, Vol IV
Gottfried, Roy K., Vol II
Graham, Joyce, Vol II
Grant, Raymond James Shepherd, Vol III
Gravel, Pierre, Vol IV
Greenberg, Marc L., Vol III
Griffel, L. Michael, Vol I
Griffen, John R., Vol II
Griffin Carter, Marva, Vol I
Grimstad, Kaaren, Vol III
Griswold, Jerome Joseph, Vol II
Grubgeld, Elizabeth, Vol II
Grubisic, Vinko, Vol III
Grudin, Robert, Vol II
Gumbrecht, Hans Ulrich, Vol II
Haba, James, Vol II
Habib, M.A. Rafey, Vol II
Hale, Jane Alison, Vol II
Halewood, William H., Vol II
Halford, Peter W., Vol III
Hallet, Charles A., Vol II
Hamel, Mary, Vol III
Hammill, Graham L., Vol II
Harbin, Bill J., Vol II
Harder, Bernhard D., Vol III
Harding, George E., Vol III
Harland, Paul W., Vol II
Harpold, Terry, Vol II
Harris, Elizabeth Hall, Vol II
Harris, William Styron, Jr., Vol II
Harrison, Gary, Vol II
Harrison Leland, Bruce, Vol II
Hart, John Augustine, Vol II
Hart, Thomas Roy, Vol III
Hartle, Anthony E., Vol IV
Haynes, Cynthia, Vol II
Haynes, Jonathon, Vol II
Heath, William, Vol II
Heffernan, Michael, Vol II
Heise, Ursula K., Vol II
Helgerson, Richard, Vol II
Hellegers, Desiree, Vol II
Hellenbrand, Harold, Vol II
Helm, Thomas Eugene, Vol IV
HennessyVendler, Helen, Vol II
Herendeen, Wyman H., Vol III
Hesla, David H., Vol II
Hester, Marvin Thomas, Vol II
Hester, Ralph M., Vol III
Hieatt, Constance B., Vol II
Hill, Eugene David, Vol II
Hill, Steven Phillips, Vol III
Hindman, Kathleen Behrenbruch, Vol II
Hintz, Suzanne S., Vol III
Hinz, Evelyn J., Vol II
Hobbs, Wayne, Vol I
Hoeniger, Frederick J.D., Vol II
Hoffman, Anne, Vol I
Hogeland, L.M., Vol III
Hord, Frederick Lee, Vol I
Howard, Elizabeth Fitzgerald, Vol II
Howard, Jean E., Vol II
Hudson, Barton, Vol I
Humphries, Jeff, Vol II
Hyde, James F., Jr., Vol I
Iggers, Wilma Abeles, Vol III
Ignashev, Diane M. Nemec, Vol III
Illiano, Antonio, Vol III
Imbrie, Ann Elizabeth, Vol II
Inboden, Robin L., Vol II
Ingham, Norman William, Vol III
Ingram, William, Vol II
Ingwersen, Niels, Vol II
Jackson, Jacqueline Dougan, Vol II
Jackson, Robert Louis, Vol III
Janzen, Henry David, Vol III
Janzen, Lorraine, Vol II
Jarvi, Raymond, Vol III
Jeffreys, Mark, Vol II
Jenkins, Ronald Bradford, Vol II
Jensen, Katharine, Vol II
Jensen, Theodore Wayne, Vol III
Johnson, J. Theodore, Jr., Vol II
Johnston, Carol Ann, Vol II
Johnston, Otto William, Vol III
Jones, Anne Hudson, Vol II
Jones, Douglas Gordon, Vol II
Jones, Edward T., Vol II
Jones, Ellen, Vol II
Jones, Louis Clark, Vol I
Joos, Ernest, Vol IV
Josephs, Allen, Vol III
Kabakoff, Jacob, Vol III
Kamenish, Paula K., Vol II
Kaminsky, Alice R., Vol II
Kanellos, Nicolas, Vol III
Kaplan, Nancy, Vol II
Karlinsky, Simon, Vol III
Kawin, Bruce Frederick, Vol II
Keck, Christiane Elisabeth, Vol III
Kehoe, Dennis P., Vol I
Kelly, Robert Leroy, Vol II
Kennedy, George E., Vol II
Kennedy, William John, Vol II
Kharpertian, Theodore, Vol II
Kilmer, Anne Draffkorn, Vol I
Kipa, Albert Alexander, Vol III
Klawitter, George, Vol II
Kleinman, Neil, Vol II
Klene, Mary Jean, Vol II
Klink, William, Vol II
Knapp, John Victor, Vol II
Koester, Rudolf Alfred, Vol III
Koontz, Thomas Wayne, Vol II
Koritz, Amy, Vol II
Kramer, Victor Anthony, Vol II
Kratz, Dennis, Vol II
Kropf, Carl R., Vol II
Kucich, John Richard, Vol II
Lagoudis Pinchin, Jane, Vol II
Lamparska, Rena A., Vol II
Langer, Lawrence L., Vol II
Larson, Charles Raymond, Vol II
Lee, Helen Elaine, Vol II
Lee, William David, Vol II
Lee Orr, N., Vol I
Leggett, B. J., Vol II
Lemire, Maurice, Vol II
Leupin, Alexandre, Vol II
Levy, Anita, Vol II
Levy, Michael Marc, Vol II
Lewis, Gladys Sherman, Vol II
Lewis, Lisa, Vol II
Liberman, Terri, Vol II
Lieberman, Laurence, Vol II
Linden, Stanton J., Vol II
Linton, Patricia, Vol II
Lips, Roger C., Vol II
Livingston, James L., Vol II
Lohafer, Susan, Vol II
Long, Ada, Vol II
Lopez-Morillas, Consuelo, Vol IV
Loss, Archie Krug, Vol I
Luey, Beth Edelmann, Vol II
Lurie, Alison, Vol II
Ma, Ming-Qian, Vol II
MacDonald, Margaret R., Vol II
Mackendrick, Louis King, Vol III
MacKillop, James John, Vol II
Macky, Nancy, Vol II
MacLeod, Alistair, Vol III
Macovski, Michael, Vol II
Maddux, Stephen, Vol III
Mahony, Robert E.P., Vol II
Maire-Carls, Alice-Catherine, Vol I
Malone, Dumas, Vol I
Mancini, Albert Nicholas, Vol II
Manso, Leira Annette, Vol II
Marcus, Steven, Vol II
Mares, E.A., Vol II
Margolin, Uri, Vol III
Mariani, Paul L., Vol II
Martin, Herbert Woodward, Vol II
Martin, Timothy, Vol II
Martz, William J., Vol II
Masse, Michelle, Vol II
Matanle, Stephen, Vol III
Matejic, Mateja, Vol III
Mates, Julian, Vol II
May, Jill P., Vol II
May, John Richard, Vol II
May, Rachel, Vol III
Mazzaro, Jerome, Vol II
Mazzocco, Angelo, Vol III
McAlexander, Hubert Horton, Vol II
McCaffrey, Jerrine A., Vol II
McDonald, Sheila, Vol II
McFague, Sallie, Vol IV
McGaha, Michael Dennis, Vol III
McGjee, James, Vol II
McKeon, Michael, Vol II
McKernan, John Joseph, Vol II
McLean, Hugh, Vol III
McMahon, Robert, Vol II
McPherson, David, Vol II
McPherson, James Alan, Vol II
Melia, Daniel Frederick, Vol III
Mellen, Joan, Vol II
Mendelson, Edward, Vol II
Meredith, Hugh Edwin, Vol III
Mermier, Guy R., Vol IV
Messenger, Christian Karl, Vol II
Meyers, Walter Earl, Vol III
Mezey, Robert, Vol II
Michaelson, Pat, Vol II
Mihailovich, Vasa D., Vol III
Miller, Elizabeth A., Vol II
Minich Brewer, Maria, Vol II
Mitchell, W.J. Thomas, Vol II
Moisan, Thomas, Vol II
Moore, Judith, Vol II
Morris, Virginia Baumgartner, Vol II
Morris, Walter D., Vol III
Moseley, James G., Vol IV
Moyer, Ronald L., Vol II
Mullen, Edward, Vol II
Murphy, Richard, Vol II
Naess, Harald S., Vol II
Naim, Choudhri Mohammed, Vol III
Nair, Supryia, Vol I
Nalbantian, Suzanne, Vol III
Napieralski, Edmund Anthony, Vol II
Nelsen, Robert, Vol II
Nelson, Deborah Hubbard, Vol III
Neussendorfer, Margaret R., Vol II
Nguyen, Dinh-Hoa, Vol III
Nichols, James, Vol II
Nickels, Cameron C., Vol I
Nicol, Charles David, Vol II
Noegel, Scott, Vol III
Nollendorfs, Valters, Vol III
Noonan, James S., Vol II
Noone, Pat, Vol II
O'Brien, Kevin, Vol II
O'Connor, Michael Patrick, Vol I
Olenik, John Kenneth, Vol I
Olney, James, Vol II
Osberg, Richard H., Vol II
Ozsvath, Zsuzsanna, Vol II
Padovano, Anthony T., Vol IV
Paolini, Gilberto, Vol III
Parker, Jo Alyson, Vol II
Pasco, Allan H., Vol II
Patterson, Bob E., Vol II
Pauly, Thomas Harry, Vol II
Paxman, David B., Vol III
Pearce, Richard, Vol II
Peller Hallett, Judith, Vol I
Person, Leland S., Vol II
Phillips, C. Robert, III, Vol I
Pike, David, Vol II
Pinsker, Sanford, Vol II
Pirog, Gerald, Vol III
Pitt, David G., Vol II
Poe, Elizabeth, Vol II
Polakiewicz, Leonard A., Vol III
Porter, Michael LeRoy, Vol II
Posfay, Eva, Vol II
Prahlad, Sw. Anand, Vol II
Prenshaw, Peggy, Vol II
Pychinka, C.A. Prettiman, Vol II
Quigley, Austin F., Vol II
Quin, Carolyn L., Vol I
Quinlan, Kieran, Vol II
Quinsey, Katherine M., Vol III
Rabillard, Sheila M., Vol II
Rainwater, Mary Catherine, Vol II
Ramsey, C. Earl, Vol II
Rathburn, Paul A., Vol II
Rayor, Diane J., Vol II
Redfield, Marc, Vol II
Redman, Tim, Vol II
Reid, Panthea, Vol II
Richardson, Granetta L., Vol II
Richmond, Hugh M., Vol II
Rieckman, Jens, Vol II
Rigolot, Francois, Vol II
Rizzuto, Anthony, Vol III
Robb, James Willis, Vol III
Robert, Lucie, Vol II
Robinson, James E., Vol II
Rothfork, John G., Vol I
Rothstein, Marian, Vol III
Rubio, Mary H., Vol II
Rudnytzky, Leonid, Vol III
Rueda, Ana, Vol IV
Ruffin, Paul, Vol II
Rumold, Raiuer, Vol II
Russell, Anne, Vol II
Russo, Adelaide, Vol II
Russo, Mary, Vol II
Salomon, Herman Prins, Vol II
Sammons, Jeffrey Leonard, Vol III
Sampon-Nicolas, Annette, Vol III
Sanders, Ivan, Vol III
Sandiford, Keith, Vol II
Sandler, Samuel, Vol III
Sandstroem, Yvonne Luttropp, Vol II
Saur, Pamela S., Vol III
Sawyer-Laucanno, Christopher, Vol II
Schamschula, Walter, Vol III
Schedler, Gilbert W., Vol II
Schleiner, Louise, Vol II
Schmitz-Burgard, Sylvia, Vol II
Schoolfield, George C., Vol III
Schotch, Peter K., Vol IV
Schuhl, Mark, Vol II
Schuler, Robert M., Vol II
Schulte, Rainer, Vol II
Schurlknight, Donald E., Vol III
Schwartz, Jeff L., Vol II
Schwartz, Robert Barnett, Vol II
Schweickart, Patrocinio Pagaduan, Vol II
Schweninger, Lee, Vol II
Scott, Mary Jane W., Vol II
Sebouhian, George, Vol II
Segel, Harold Bernard, Vol III
Sensibar, Judith L., Vol II
Serio, John Nicholas, Vol II
Shahid, Irfan Arif, Vol I
Shane, Alex Michael, Vol III
Shapiro, Michael C., Vol III
Sharpe, Peggy, Vol III
Shea, Kerry, Vol III
Sherman, Sandra, Vol II
Sherman, Stuart, Vol II
Sherwood, Terry G., Vol II
Showalter, Elaine, Vol II
Shumway, David R., Vol II
Sicker, Philip, Vol II

Siegel, Gerald, Vol II
Silbajoris, Rimvydas, Vol III
Silet, Charles Loring Provine, Vol I
Silva, Euridice, Vol III
Simon, Roland Henri, Vol III
Sirois, Antoine, Vol II
Skau, Michael Walter, Vol II
Skellings, Edmund, Vol II
Skura, Meredith Anne, Vol II
Smart, Patricia, Vol II
Smedick, Lois Katherine, Vol III
Smith, Robert E., Vol II
Snare, Gerald, Vol II
Soens, A.L., Jr., Vol II
Soldati, Joseph Arthur, Vol II
Sommer, Doris, Vol II
Sorkin, Adam J., Vol II
Sossaman, Stephen, Vol II
Spinelli, Donald C., Vol II
St. Clair, Gloriana, Vol II
Staal, Arie, Vol II
Stanton, Edward F., Vol III
Stanton, Leonard J., Vol III
Stauffer, George B., Vol I
Stern, Guy, Vol III
Stevens, Peter S., Vol II
Stimpson, Catharine R., Vol II
Stivale, Charles J., Vol III
Stokker, Kathleen Marie, Vol III
Stone, Gregory, Vol II
Strand, Dana, Vol II
Straus, Barrie Ruth, Vol III
Strelka, Joseph Peter, Vol III
Struc, Roman Sviatoslav, Vol III
Stuart, Dabney, Vol II
Stuber, Florian, Vol II
Stump, Donald, Vol II
Sullivan, Mary C., Vol II
Sylvestre, Jean-Guy, Vol II
Taliaferro, Charles, Vol IV
Tannen, Deborah F., Vol III
Tanner, John Sears, Vol II
Tanner, Stephen Lowell, Vol II
Taylor, Velande P., Vol II
Tenger, Zeynep, Vol II
Terras, Victor, Vol III
Thaler, Danielle, Vol II
Thomas, Orlan E., Vol I
Tischler, Nancy Marie, Vol II
Tobin, Daniel, Vol II
Tolton, Cameron David Edward, Vol IV
Toombs, Charles Phillip, Vol II
Topping Bazin, Nancy, Vol II
Trace, Jacqueline Bruch, Vol II
Traub, George William, Vol IV
Tuerk, Richard, Vol II
Tull, Herman, Vol I
Ty, Eleanor, Vol II
Tytell, John, Vol II
Ueda, Makoto, Vol II
Valesio, Paolo, Vol II
Vallone, Ralph, Jr., Vol III
Vanden Bossche, Chris R., Vol II
Vannatta, Dennis, Vol II
Vause, Deborah, Vol II
Venclova, Tomas Andrius, Vol III
Versluis, Arthur, Vol II
Vickery, Walter, Vol III
Viereck, Peter, Vol II
Von Flotow, Luise, Vol II
Wagener, Guy, Vol III
Wakefield, Ray Milan, Vol III
Walker, Charlotte Zoe, Vol II
Walker, David Lewis, Vol II
Walker, Janet Anderson, Vol III
Walkiewicz, Edward P., Vol II
Wall, Eamonn, Vol II
Wallace, Ronald William, Vol II
Wallenstein, Barry Jay, Vol II
Walsh, Thomas M., Vol II
Washburn, Yulan M., Vol III
Waterhouse, Carole, Vol II
Watson, James Gray, Vol II
Watson, Jean Louise, Vol II
Wawrzycka, Jolanta, Vol II
Weigl, Bruce, Vol II
Welsh, James Michael, Vol II
Werge, Thomas, Vol II
West, Larry E., Vol III
White, Deborah, Vol II
White, Donald Jerry, Vol II
White Crawford, Sidnie, Vol IV
Whitlark, James S., Vol II
Wilcox, John Chapman, Vol II
Wilkie, Brian, Vol II
Wills, David, Vol II
Wilson, William Albert, Vol III

Wing, Nathaniel, Vol II
Winship, Peter, Vol I
Witt, Robert Wayne, Vol II
Wolfe, Gary Kent, Vol II
Woodbridge, Linda, Vol II
Woodmansee, Martha, Vol II
Wright, John, Vol I
Wright, Josephine, Vol I
Wyczynski, Paul, Vol II
Yamamoto, Traise, Vol III
Yetman, Michael G, Vol III
Young, David, Vol II
Yu, Anthony C., Vol IV
Yudin, Florence L., Vol III
Zagano, Phyllis, Vol IV
Zebouni, Selma, Vol II
Zegura, Elizabeth Chesney, Vol II
Zholkovsky, Alexander, Vol III
Ziarek, Ewa, Vol II
Ziarek, Krzysztof, Vol II
Zimmerman, Franklin B., Vol I
Ziolkowski, Eric Jozef, Vol IV
Zolbrod, Paul Geyer, Vol II
Zweig, Ellen, Vol II
Zwicker, Steven Nathan, Vol II

Mathematics

Aris, Rutherford, Vol I
Bolt, Bruce A., Vol I
Cocchiarella, Nino Barnabas, Vol IV
Cody, Martin Leonard, Vol I
Dauben, Joseph Warren, Vol I
Dyck, Martin, Vol III
Friedman, Harvey Martin, Vol IV
Hayes, Robert Mayo, Vol I
Hogan, Wilbur C., Vol IV
Kotz, Samuel, Vol IV
Leven, Charles Louis, Vol I
Linstone, Harold A., Vol I
McCarthy, Thomas A., Vol IV
Musgrove, Philip, Vol I
Notz, John K., Vol IV
Parsons, Charles D., Vol IV
Penner, Merrilynn J., Vol IV
Poythress, Vern S., Vol IV
Shapiro, Stewart, Vol IV
Sieg, Wilfried, Vol IV
Smith, Barry, Vol IV
Straumanis, Joan, Vol IV
Sur, Carolyn Worman, Vol IV
Wolf, Susan R., Vol IV

Medieval History

Allen, Michael I., Vol I
Altschul, Michael, Vol I
Arbagi, Martin George, Vol I
Arthur, Alan, Vol I
Bachrach, Bernard S., Vol I
Bak, Janos M., Vol I
Barker, John W., Vol I
Barney, Stephen Allen, Vol II
Barstow, Anne Llewellyn, Vol I
Bean, John Malcolm William, Vol I
Becker, Marvin Burton, Vol I
Behrends, Frederick, Vol I
Blaine, Bradford Bennett, Vol I
Blomquist, Thomas W., Vol I
Bond, Gerald Albert, Vol III
Bornstein, Daniel, Vol I
Botterill, Steven, Vol III
Bouchard, Constance Brittain, Vol I
Bowers, Richard Hugh, Vol I
Bowsky, William Marvin, Vol I
Boyer, Marjorie Nice, Vol I
Brand, Charles Macy, Vol I
Brentano, Robert, Vol I
Bynum, Caroline Walker, Vol I
Callahan, Daniel Francis, Vol I
Cantor, Norman Frank, Vol I
Carr, David Randolph, Vol I
Carr, Derek Cooper, Vol I
Carrington, Laurel, Vol I
Chaney, William Albert, Vol I
Cheyette, Fredric Lawrence, Vol I
Choksy, Jamsheed K., Vol I
Clagett, Marshall, Vol I
Cohen, Jeremy, Vol I
Contreni, John Joseph, Vol I
Conway, Melissa, Vol I
Cook, William Robert, Vol I
Coolidge, Robert Tytus, Vol I
Coope, Jessica, Vol I
Courtenay, William James, Vol I

Crossgrove, William Charles, Vol III
Crowder, Christopher M. D., Vol I
Deleeuw, Patricia Allwin, Vol IV
Desmond, Lawrence Arthur, Vol I
Dewar, Mary, Vol I
DeWindt, Anne R., Vol I
Dicks, Samuel Eugene, Vol I
Djebar, Assia, Vol I
Drew, Katherine Fischer, Vol I
Duclow, Donald F., Vol II
Eastman, John Robert, Vol I
Elder, Ellen Rozanne, Vol I
Evergates, Theodore, Vol I
Fisher, Craig B., Vol I
Ford, Peter Anthony, Vol I
Forman, Mary, Vol I
Forse, James Harry, Vol I
Frankforter, Albertus Daniel, Vol I
Freed, John Beckmann, Vol I
Gallacher, Patrick, Vol I
Ganz, Margery Ann, Vol I
Gervers, Michael, Vol I
Glick, Thomas F., Vol I
Goffart, Walter A., Vol I
Gold, Penny Schine, Vol I
Goldy, Charlotte Newman, Vol I
Gorsuch, Edwin N., Vol I
Grabowska, James A., Vol I
Greene, Thomas R., Vol I
Grennen, Joseph Edward, Vol II
Groves, Nicholas, Vol I
Hallenbeck, Jan Traver, Vol I
Hanak, Walter Karl, Vol I
Hayim Yerushalmi, Yosef, Vol I
Hays, Rosalind Conklin, Vol I
Head, Thomas F., Vol I
Herzman, Ronald Bernard, Vol II
Hillgarth, Jocelyn Nigel, Vol I
Hollister, C. Warren, Vol I
Howard, Lloyd H., Vol III
Howe, John Mcdonald, Vol I
John, James J., Vol I
Johnson, Penelope Delafield, Vol I
Jordan, William Chester, Vol I
Kaeuper, Richard William, Vol I
Kaulbach, Ernest Norman, Vol III
Kaye, Joel, Vol I
Kealey, Edward J., Vol I
Keefe, Susan Ann, Vol I
Keefe, Thomas Keelin, Vol I
Kirshner, Julius, Vol I
Kitchel, Mary Jean, Vol IV
Klausner, Carla Levine, Vol I
Kleimola, Ann, Vol I
Kleinbauer, W. Eugene, Vol I
Kosto, Adam, Vol I
Kosztolnyik, Zoltan Joseph Desiderius, Vol I
Kowaleski, Maryanne, Vol I
Krekic, Barisa, Vol I
Kuczynski, Michael, Vol I
Kuzdale, Ann E., Vol I
Laird, Walter Roy, Vol I
Lander, Jack Robert, Vol I
Lemay, Helen Rodnite, Vol I
Lemay, Richard, Vol I
Lewis, Andrew Wells, Vol I
Lindahl, Carl, Vol II
Lindgren, C. E., Vol I
Lindner, Rudi Paul, Vol I
Little, Lester Knox, Vol I
Loengard, Janet Senderowitz, Vol I
Lohr, Charles Henry, Vol I
Lucas, Robert Harold, Vol I
Lusignan, Serge, Vol I
Lynch, John Edward, Vol I
Lynch, Joseph Howard, Vol I
Macierowski, E.M., Vol IV
Madden, T.F., Vol I
Madison, Kenneth Glenn, Vol I
Makowski, Elizabeth, Vol I
Marrone, Steven Phillip, Vol I
Mate, Mavis, Vol I
Mazzaoui, Maureen Fennell, Vol I
Mccluskey, Stephen C., Vol I
Mccready, William David, Vol I
Mcculloh, John Marshall, Vol I
Mckenna, John William, Vol I
Mclaughlin, Mary Martin, Vol I
Mcvaugh, Michael Rogers, Vol I
Meisel, Janet Anne, Vol I
Miller, David H., Vol I
Mooney, L.M., Vol I
Moore, John Clare, Vol I
Moran Cruz, Jo Ann Hoeppner, Vol I
Morrison, Karl Frederick, Vol I

Morse, Charlotte Cook, Vol II
Murphy, John C., Vol I
Murray, James, Vol I
Nelson, Lynn Harry, Vol I
Noakes, Susan, Vol III
Noble, Thomas Francis Xavier, Vol I
Nodes, Daniel J., Vol I
Noone, Timothy, Vol I
Normore, Calvin Gerard, Vol IV
O'Donnell, James Joseph, Vol I
Oakley, Francis, Vol I
Oliver, Lisi, Vol I
Olsen, Glenn Warren, Vol I
Osheim, Duane Jeffrey, Vol I
Pascoe, Louis B., Vol I
Pastan, Elizabeth C., Vol I
Patterson, Robert Benjamin, Vol I
Pegues, Franklin J., Vol I
Peters, Edward Murray, Vol I
Pfaff, Richard William, Vol I
Pico, Fernando, Vol I
Pixton, Paul Brewer, Vol I
Polak, Emil Joseph, Vol I
Powell, James Matthew, Vol I
Powers, James Francis, Vol I
Pulham, Carol Ann, Vol I
Reedy, William T., Vol I
Reilly, Bernard F, Vol I
Renna, Thomas Julius, Vol I
Reynolds, Roger Edward, Vol I
Richmond, Velma B., Vol II
Riesenberg, Peter, Vol I
Robbert, Louise Buenger, Vol I
Rosenwein, Barbara Herstein, Vol I
Schlunz, Thomas Paul, Vol I
Schneider, Robert J., Vol II
Schunk, Thom, Vol I
Shlosser, Franziska E., Vol I
Shneidman, J. Lee, Vol I
Shriver, George Hite, Vol I
Siraisi, Nancy Gillian, Vol I
Skalitzky, Rachel Irene, Vol III
Smail, Daniel L., Vol I
Spatz, Nancy, Vol I
Spiegel, Gabrielle Michele, Vol I
Stahl, Alan Michael, Vol I
Stevens, Kira, Vol I
Stevens, Wesley Macclelland, Vol I
Stow, George Buckley, Vol I
Sullivan, Donald David, Vol I
Svejda, George J., Vol I
Swietek, Francis Roy, Vol I
Synan, Edward A., Vol IV
Szarmach, Paul E., Vol II
Telesca, William John, Vol I
Turner, Ralph V., Vol I
Urban, William Lawrence, Vol I
Usilton, Larry, Vol I
Wagner, Roy, Vol I
Walker, Sue Sheridan, Vol I
Walker Bynum, Caroline, Vol I
Walsh, Elizabeth, Vol II
Ware, Ronald Dean, Vol I
Warren, Ann Kosser, Vol I
Watanabe, Morimichi, Vol I
Watson, Judge, Vol I
Waugh, Daniel Clarke, Vol I
Weakland, John Edgar, Vol I
Weikel, Ann, Vol I
Weinberger, Stephen, Vol I
Wemple, Suzanne Fonay, Vol I
Wessley, Stephen Eugene, Vol I
West, Delno C., Vol I
Williams, Gerhild Scholz, Vol III
Yerushalmi, Yosef Hayim, Vol I
Zacher, Christian Keeler, Vol II
Ziegler, Vickie L., Vol III
Zupko, Ronald Edward, Vol I

Medieval Languages

Akehurst, F.R.P., Vol I
Anderson, Earl Robert, Vol I
Archibald, Elizabeth F., Vol III
Beer, Jeanette Mary Ayres, Vol III
Burke, James F., Vol III
Cook, Robert Francis, Vol II
Curley, Michael Joseph, Vol II
Davies, Morgan, Vol II
Diller, George Theodore, Vol III
Duggan, Hoyt Nolan, Vol III
Edwards, Anthony S.G., Vol III
Eldredge, Laurence Milton, Vol III
Ganz, David, Vol I
Grimstad, Kaaren, Vol III

Haines, Victor Yelverton, Vol II
Harwood, Britton James, Vol II
Hill, Ordelle Gerhard, Vol II
Holley, Linda Tarte, Vol I
Hoover, David Lowell, Vol III
Lally, Tim Douglas Patrick, Vol III
Madigan, Mary, Vol I
Manning, Alan, Vol III
McCash, June Hall, Vol III
Nelson, Deborah Hubbard, Vol III
Rigg, Arthur George, Vol I
Steinberg, Theodore Louis, Vol II
Tucker, John J., Vol III
Wolsey, Mary Lou Morris, Vol III

Medieval Literature

Acker, Paul, Vol II
Baron, F. Xavier, Vol II
Beatie, Bruce A., Vol II
Bittenbender, J. Christopher, Vol II
Bjork, Robert Eric, Vol II
Blanch, Robert James, Vol III
Bleeth, Kenneth Alan, Vol II
Blodgett, Edward Dickinson, Vol II
Boehne, Patricia Jeanne, Vol III
Bowden, Betsy, Vol II
Bowers, John M., Vol II
Brind'Amour, Lucie, Vol II
Bugge, John Michael, Vol II
Camargo, Martin, Vol II
Cassell, Anthony K., Vol III
Casteen, John, Vol III
Colby-Hall, Alice Mary, Vol III
Collette, Carolyn Penney, Vol II
Conner, Patrick Wayne, Vol III
Cooke, Thomas D., Vol II
Craddock, Jerry Russell, Vol IV
Craun, Edwin David, Vol II
Damico, Helen, Vol II
Dane, Joseph A., Vol II
Davies, Morgan, Vol II
Dick, Ernst S., Vol III
Doane, Alger Nicolaus, Vol II
Driver, Martha Westcott, Vol II
Duggan, Hoyt Nolan, Vol II
Duggan, Joseph John, Vol II
Eichmann, Raymond, Vol III
Eldredge, Laurence Milton, Vol III
Engberg, Norma J., Vol II
Enterline, Lynn, Vol II
Faber, J. Arthur, Vol II
Faulhaber, Charles Bailey, Vol III
Ferrante, Joan M., Vol III
Fleischman, Suzanne, Vol III
Fradenburg, Louise, Vol II
Frese, Dolores, Vol II
Friedman, John Block, Vol II
Fritz, Donald Wayen, Vol II
Gainer, Kim, Vol II
Gallaher, Edward J., Vol III
Geary, John Steven, Vol III
Gellrich, Jesse M., Vol II
Glowka, Arthur Wayne, Vol II
Godfrey, Mary F., Vol II
Goldin, Frederick, Vol II
Gonzalez, Eloy, Vol III
Haahr, Joan Gluckauf, Vol II
Hallissy, Margaret, Vol II
Hanning, Robert W., Vol II
Harwood, Britton James, Vol II
Hasler, Antony, Vol II
Hindman, Sandra L., Vol II
Hirsh, John Campion, Vol II
Horvath, Richard P., Vol II
Hozeski, Bruce William, Vol II
Hyde, James F., Jr., Vol I
Impey, Olga Tudorica, Vol III
Jankofsky, Klaus P., Vol III
Jenkins, Anthony W., Vol II
Jewers, Caroline, Vol III
Kamla, Thomas A., Vol III
Keenan, Hugh Thomas, Vol II
Keller, Hans-Erich, Vol III
Kelly, Robert Leroy, Vol II
Kemp, Theresa D., Vol II
Kerby-Fulton, Kathryn, Vol II
Kiessling, Nicolas, Vol II
Kline, Daniel, Vol II
Knight, William Nicholas, Vol II
Knopp, Sherron Elizabeth, Vol II
Korcheck, Robert, Vol II
Kratz, Bernd, Vol III
Kroll, Paul William, Vol III
Laird, Edgar, Vol II
Leupin, Alexandre, Vol II

Lewes, Ulle Erika, Vol II
Lewis, Gertrud Jaron, Vol III
Liuzza, Roy, Vol I
Lochman, Dan, Vol II
Macrae, Suzanne H., Vol II
Manning, Alan, Vol III
Margolis, Nadia, Vol III
Marshall, Peter K., Vol I
Martinez, Esther M., Vol III
Martinez, H. Salvador, Vol III
Martinez, Ronald L., Vol III
McCarren, Vincent Paul, Vol I
McConnell, Winder, Vol III
McDonald, William Cecil, Vol III
Morris, Francis J., Vol II
Nohrnberg, James Carson, Vol II
O'Brien-O'Keeffe, Katherine, Vol II
Ohlgren, Thomas Harold, Vol II
Ordower, Henry M., Vol IV
Pappano, Margaret, Vol II
Parente, James A., Jr., Vol III
Payne, F. Anne, Vol II
Pierson Prior, Sandra, Vol II
Plummer, John F., Vol II
Quinn, William A., Vol II
Rutherford, Charles Shepard, Vol II
Schlobin, Roger Clark, Vol II
Schrader, Richard James, Vol II
Shea, Kerry, Vol III
Shippey, T.A., Vol II
Simon, Eckehard, Vol III
Staley, Lynn, Vol II
Stitt, J. Michael, Vol II
Stone, Gregory, Vol II
Sturm-Maddox, Sara, Vol III
Tate, George Sheldon, Vol II
Taylor, Steven Millen, Vol III
Tobin, Frank J., Vol II
Tucker, John J., Vol III
Vasta, Edward, Vol II
Viera, David John, Vol III
Voigts, Linda Ehrsam, Vol III
Walsh, John Kevin, Vol III
Wasserman, Julian, Vol II
Weisl, Angela Jane, Vol II
Weldon, James, Vol III
Wenzel, Siegfried, Vol II
Whitaker, Elaine E., Vol II
Witke, E.C., Vol I
Wittig, Joseph Sylvester, Vol II
Wittlin, Curt, Vol II
Wright, Thomas L., Vol II
Yeager, Robert Frederick, Vol II

Middle Eastern Studies

Abu-Ghazaleh, Adnan M., Vol I
Adamec, Ludwig W, Vol III
Allan, Sarah, Vol III
Aman, Mohammed M., Vol I
Atkin, Muriel Ann, Vol I
Beaumont, Daniel E., Vol III
Blake, Stephen, Vol I
Bulliet, Richard, Vol I
Busch, Briton Cooper, Vol I
Choksy, Jamsheed K., Vol I
Clarke, Ernest George, Vol III
Crecelius, Daniel, Vol I
Dorsey, James, Vol III
Enns, Peter, Vol III
Esposito, John L., Vol I
Findley, Carter Vaughn, Vol I
Foltz, Richard, Vol I
Fox, Michael, Vol IV
Friedman, Saul S, Vol I
Frye, Richard Nelson, Vol III
Garthwaite, Gene Ralph, Vol I
Gerber, Jane Satlow, Vol I
Glinert, Lewis, Vol III
Goodrich, Thomas Day, Vol I
Grayson, Albert K., Vol III
Greaves, Rose Louise, Vol I
Haddad, Mahmoud, Vol I
Hamdani, Abbas Husayn, Vol I
Hamilton, Victor Paul, Vol IV
Haydar, Adnan, Vol III
Haynes, Edward S., Vol I
Jankowski, James Paul, Vol I
Kaye, Alan Stewart, Vol III
Keddie, Nikki R., Vol I
Klausner, Carla Levine, Vol I
Levinson, Bernard M., Vol III
Livingston, John W., Vol I
Malandra, William, Vol I
Mandaville, Jon Elliott, Vol I
Martin, Richard C., Vol I
Mellink, Machteld Johanna, Vol I
Meyers, Carol L., Vol III
Mowry, Hua-yuan Li, Vol III
Peters, Issa, Vol I
Petry, Carl Forbes, Vol I
Quataert, Donald George, Vol I
Reguer, Sara, Vol I
Reid, Donald Malcolm, Vol I
Risso, Patricia, Vol I
Rosenbloom, Joseph R., Vol I
Ruedy, John D., Vol I
Saab, E. Ann Pottinger, Vol I
Schmidt, Hanns-Peter, Vol III
Schniedewind, William M., Vol III
Sharoni, Simona, Vol I
Smiley, Ralph, Vol I
Snell, Daniel C., Vol III
Stager, Lawrence E., Vol I
Steets, Cheryl, Vol III
Stillman, Norman Arthur, Vol III
Stillman, Yedida Kalfon, Vol III
Terry, Janice J., Vol I
Tignor, Robert L., Vol I
Tolmacheva, Marina, Vol I
Van Seters, John, Vol IV
Voll, John Obert, Vol I
Washburn, Dennis, Vol III
Wilson, William Jerram, Vol I
Windfuhr, Gernot Ludwig, Vol III
Wolper, Ethel Sara, Vol I
Zilfi, Madeline Carol, Vol I
Zuckerman, Bruce, Vol III

Military History

Addington, Larry H., Vol I
Atkeson, E.B., Vol I
Barrett, Michael Baker, Vol I
Bearss, Edwin Cole, Vol I
Bell, William Gardner, Vol I
Benn, Carl E., Vol I
Berlin, Robert Harry, Vol I
Boyd, Carl, Vol I
Bradford, James Chapin, Vol I
Cooke, James Jerome, Vol I
Coox, Alvin David, Vol I
Crane, Conrad C., Vol I
Crane, Conrad Charles, Vol I
Currey, Cecil B., Vol I
Drake, Fred, Vol I
Falk, Stanley Lawrence, Vol I
Flammer, Philip Meynard, Vol I
Ganz, Albert Harding, Vol I
Gates, John Morgan, Vol I
Goldstein, Joshua S., Vol I
Greene, Jerome Allen, Vol I
Gropman, Alan Louis, Vol I
Hagan, Kenneth James, Vol I
Harris, Stephen John, Vol I
Hattaway, Herman Morell, Vol I
Haycock, Ronald G., Vol I
Kleber, Brooks Edward, Vol I
Kohn, Richard Henry, Vol I
Larew, Karl Garret, Vol I
Lynn, John A., Vol I
Macisaac, David, Vol I
Maslowski, Peter, Vol I
Millett, Allan Reed, Vol I
Morris, James Matthew, Vol I
Morrison, Alex, Vol I
Nelson, Paul David, Vol I
Pohl, James William, Vol I
Schaffer, Ronald, Vol I
Spiller, Roger Joseph, Vol I
Sumida, Jon Tetsuro, Vol I
Syrett, David, Vol I
Turk, Richard Wellington, Vol I
Wood, James Brian, Vol I

Music History

Agee, Richard J., Vol I
Baltzer, Rebecca, Vol I
Beckwith, John, Vol I
Block, Geoffrey, Vol I
Bomberger, E. Douglas, Vol I
Brackett, David, Vol I
Brown, A. Peter, Vol I
Broyles, Michael, Vol I
Budds, Michael, Vol I
Chartier, Yves, Vol I
Chusid, Martin, Vol I
Crocker, Richard Lincoln, Vol I
Cusick, Suzanne G., Vol I
Cutter, Paul F., Vol I
DeFord, Ruth, Vol I
DelAntonio, Andrew, Vol I
Dickson, John H., Vol I
Dietz, Hanns-Bertold, Vol I
Dolskaya-Ackerly, Olga, Vol I
Erlmann, Veit, Vol I
Evans, Joan, Vol I
Foreman, George, Vol I
Forscher Weiss, Susan, Vol I
Glenny, Sharon, Vol I
Glover, Raymond F., Vol IV
Gordon-Seifert, Catherine, Vol I
Green, Douglass Marshall, Vol I
Greene, Gordon K., Vol I
Griffel, L. Michael, Vol I
Griffin Carter, Marva, Vol I
Haar, James, Vol I
Hall, Frederick A., Vol I
Hanson, John, Vol I
Heiman, Lawrence Frederick, Vol I
Hobbs, Wayne, Vol I
Hudson, Barton, Vol I
Hurley, David, Vol I
Jeffers, Jack, Vol I
Jeffery, Peter, Vol I
Kallmann, Helmut, Vol I
Keil, Charles M.H., Vol I
Koegel, John, Vol I
Kovarik, Edward, Vol I
Kraft, Ruth Nelson, Vol II
Kroeger, Karl D., Vol I
Ladewig, James L., Vol I
Laird, Paul, Vol I
Laudon, Robert Tallant, Vol I
Leaver, Robin A., Vol I
Lee Orr, N., Vol I
Libin, Kathryn, Vol I
Lincoln, Harry B., Vol I
Lippman, Edward, Vol I
MacNeil, Anne, Vol I
Mallard, Harry, Vol I
Mann, Brian, Vol I
Marissen, Michael, Vol I
Martin, Sherrill V., Vol I
Maus, Fred Everett, Vol I
McCoy, Gary W., Vol I
Merkely, Paul B., Vol I
Monk, Dennis, Vol I
Morrison, Simon, Vol I
Neumann, Frederick, Vol I
Newman, William S., Vol I
Norton, Kay, Vol I
Pinnell, Richard, Vol I
Pisani, Michael, Vol I
Pogemiller, Leroy, Vol I
Porter, Ellen-Jane Lorenz, Vol I
Preston, Katherine K., Vol I
Quin, Carolyn L., Vol I
Radice, Mark A., Vol I
Reardon, Colleen, Vol I
Rife, Jerry E., Vol I
Riggs, Robert, Vol I
Rothenbusch, Esther H., Vol I
Santosuosso, Alma, Vol I
Seaton, Douglass, Vol I
Selfridge-Field, Eleanor, Vol I
Shay, Robert, Vol I
Shepherd, John, Vol I
Sherr, Richard Jonathan, Vol I
Shultis, Christopher, Vol I
Smither, Howard Elbert, Vol I
Spitzer, John, Vol I
Starr, Larry, Vol I
Stauffer, George B., Vol I
Steel, David Warren, Vol I
Swenson, Edward, Vol I
Thomas, Orlan E., Vol I
Tick, Judith, Vol I
Tischler, Hans, Vol I
Tolbert, Elizabeth D., Vol I
Tusa, Michael, Vol I
Ulrich, Homer, Vol I
Velimirovic, Milos, Vol I
Wagstaff, Grayson, Vol I
Walken, Chrisopher, Vol I
Weiss, Piero, Vol I
Westermeyer, Paul, Vol I
Wright, Josephine, Vol I
Yellin, Victor Fell, Vol I
Zimmerman, Franklin B., Vol I

Musicology

Abraham, Daniel, Vol I
Ake, David, Vol I
Anderson, Thomas Jefferson, Vol I
Antokoletz, Elliott Maxim, Vol I
Arlin, Mary I., Vol I
Austern, Linda, Vol I
Austin, William Weaver, Vol I
Azzara, Christopher D., Vol I
Bailey, Terence, Vol I
Barbera, Andre, Vol I
Baron, Carol K., Vol I
Bartel, Lee R., Vol I
Bartlet, Elizabeth C., Vol I
Bellman, Jonathan, Vol I
Bent, Margaret, Vol I
Bergquist, Peter, Vol I
Bernard, J.W., Vol I
Bernstein, Lawrence F., Vol I
Beyer, David W., Vol I
Bhague, Gerard, Vol I
Bilson, Malcolm, Vol I
Bjerken, Xak, Vol I
Blazekovic, Zdravko, Vol I
Bloxam, M. Jennifer, Vol I
Bomberger, E. Douglas, Vol I
Boyer, Horace Clarence, Vol I
Braus, Ira, Vol I
Brett, Philip, Vol I
Britton, Allen Perdue, Vol I
Brodhead, Garry, Vol I
Broman, Per F., Vol I
Brook, Barry Shelley, Vol I
Brothers, Thomas, Vol I
Brown, A. Peter, Vol I
Brown, Dennis T., Vol I
Buchanan, Donna A., Vol I
Buelow, George John, Vol I
Buja, Maureen, Vol I
Bullard, Truman, Vol I
Burnim, Mellonee Victoria, Vol I
Burstein, L. Poundie, Vol I
Callon, Gordon, Vol I
Camus, Raoul F., Vol I
Capwell, Charles, Vol I
Cardamone, Donna, Vol I
Carlsen, James Caldwell, Vol I
Carter, Marva Griffin, Vol I
Cassidy, Jane W., Vol I
Cazeaux, Isabelle, Vol I
Cherry, Paul, Vol I
Clark, Walter, Vol I
Cockrell, Dale, Vol I
Cohen, Judith, Vol I
Colton, Glenn, Vol I
Constantinou, Constantia, Vol I
Cooke, Nym, Vol I
Cooley, Timothy, Vol I
Copeland, Robert M., Vol I
Coral, Lenore, Vol I
Corrigan, Vincent, Vol I
Couch, Leon W., III, Vol I
Crawford, Richard, Vol I
Cummings, Anthony M., Vol I
Cummings, Craig, Vol I
Cyr, Mary, Vol I
Cyrus, Cynthia, Vol I
Danby, Judd G., Vol I
Davis, Nathan T., Vol I
Davis, Peter, Vol I
Debly, Patricia, Vol I
DeVeaux, Scott, Vol I
deZeeuw, Anne Marie, Vol I
Dietz, Hanns-Bertold, Vol I
Dirst, Matthew, Vol I
Dorsey, Scott W., Vol I
Druesedow, John E., Vol I
Dudgeon, Ralph T., Vol I
Ellis, Laura, Vol I
Ellsworth, Oliver B., Vol I
Emge, Steven W., Vol I
Enns, Leonard, Vol I
Erickson, Raymond Frederick, Vol I
Erwin, Joanne, Vol I
Eskew, Harry Lee, Vol I
Eubanks, Rachel Amelia, Vol I
Evans, David Huhn, Vol I
Faulcon, Clarence Augustus, II, Vol I
Finson, Jon William, Vol I
Floyd, Samuel Alexander, Vol I
Fontijn, Claire, Vol I
Forte, Allen, Vol I
Frank, Mortimer Henry, Vol II
French, Richard Frederic, Vol IV
Fuller, Sarah, Vol I
Furia, Philip, Vol II
Garcia, William Burres, Vol I
Gaunt, Kyra D., Vol I
Gauss, Charles E., Vol IV
George, Luvenia A., Vol I
Gilinsky, Joshua, Vol I
Gilliam, Bryan, Vol I
Gillingham, Bryan R., Vol I
Gillmor, Alan, Vol I
Gingery, Gail Alvah, Vol I
Godwin, Joscelyn, Vol I
Goertzen, Chris, Vol I
Goldin, Milton, Vol I
Gooch, Bryan N.S., Vol II
Goosman, Stuart, Vol I
Gossett, Philip, Vol I
Graves, Robert, Vol I
Gray, Laura, Vol I
Grier, James, Vol I
Guentner, Frances J., Vol I
Gushee, Lawrence, Vol I
Hall, Tom, Vol I
Hampton, Barbara L., Vol I
Hancock, Virginia, Vol I
Harley, Maria Anna, Vol I
Harris, Charles David, Vol I
Harris, Robert Allen, Vol I
Harris, Victoria, Vol I
Harris-Warrick, Rebecca, Vol I
Harrison, Daphne Duval, Vol I
Hatch, Martin, Vol I
Heck, Thomas F., Vol I
Heffernan, Charles, Vol I
Hermann, Richard, Vol I
Hester, Karlton Edward, Vol I
Heuchemer, Dane, Vol I
Hill, John Walter, Vol I
Hines, James Robert, Vol I
Hood, Mantle, Vol I
Hooper, William Loyd, Vol I
Houghton, Edward Francis, Vol I
Howard, Hubert Wendell, Vol II
Howe, Sondra Wieland, Vol I
Howell, Allen C., Vol I
Hudson, G. Elizabeth, Vol I
Hughes, Andrew, Vol I
Hull, Kenneth, Vol I
Hutcheson, Thom, Vol I
Jackson, Philip Taylor, Vol I
Jacobson, Paul A., Vol I
James, Woodrow C., Vol I
Jimenez-Ramirez, Talia, Vol I
Johnson, Calvert, Vol I
Johnson, Timothy, Vol I
Kagan, Susan, Vol I
Karpf, Juanita, Vol I
Karpinski, Gary S., Vol I
Keillor, Elaine, Vol I
Kilmko, Ronald, Vol I
Kindall, Susan Carol, Vol I
Kirk-Duggan, Cheryl Ann, Vol IV
Kleinsasser, Jerome, Vol I
Kosar, Anthony J., Vol I
Kowalke, Kim H., Vol I
Kramer, Lawrence Eliot, Vol I
Krummel, Donald William, Vol I
Kuehmann, Karen Marie, Vol I
Kushner, David Z., Vol I
Ladewig, James L., Vol I
Laudon, Robert Tallant, Vol I
Lazarevich, Gordana, Vol I
LeBlanc, Albert, Vol I
Lee, Douglas, Vol I
Levy, David Benjamin, Vol I
Libin, Kathryn, Vol I
Lindberg, John, Vol I
Lindsay Levine, Victoria, Vol I
Loach, Donald, Vol I
Locke, Ralph Paul, Vol I
Lockwood, Lewis Henry, Vol I
Longyear, Rey Morgan, Vol I
Lubben, Joseph, Vol I
Malm, William P., Vol I
Maniates, Maria Rika, Vol I
Mann, Alfred, Vol I
Mathiesen, Thomas J., Vol I
Maultsby, Portia K., Vol I
May, Ernest, Vol I
McBrier, Vivian Flagg, Vol I
McClymonds, Marita P., Vol I
McCray, James, Vol I
McGuire, Charles, Vol I
McLaughlin, Kevin P., Vol I
McLucas, Anne Dhu, Vol I
Meadows, Eddie, Vol I
Meyer, Leonard B., Vol I
Milac, Metod M., Vol I
Miller, Clement Albin, Vol I
Miller, Patrick, Vol I
Mintz, Donald, Vol I
Miskell, Jerry, Vol I
Monk, Dennis, Vol I
Montgomery, Toni-Marie, Vol I
Mori, Akane, Vol I
Moskovitz, Marc, Vol I
Murdock, Katherine, Vol I
Ness, Arthur J., Vol I
Nettl, Bruno, Vol I
Nettl, Bruno, Vol I
Neville, Don, Vol I
Nicholls, David, Vol I
Norris, Ethel Maureen, Vol I

Oby, Jason B., Vol I
Ogasapian, John, Vol I
Pace, Kay Robertine, Vol I
Painter, Karen, Vol I
Palisca, Claude Victor, Vol I
Parker, Mark M., Vol I
Parsons, James, Vol I
Pasler, Jann C., Vol I
Patterson, Willis Charles, Vol I
Pelto, William, Vol I
Peraino, Judith A., Vol I
Perkins, Leeman Lloyd, Vol I
Perlis, Vivian, Vol I
Perricone, Jack, Vol I
Peterson, Larry, Vol I
Phillips, Romeo Eldridge, Vol I
Pian, Rulan Chao, Vol I
Picker, Martin, Vol I
Pitman, Grover A., Vol I
Plank, Steven E., Vol I
Pogue, Samuel Franklin, Vol I
Porter, David H., Vol I
Potvin, Gilles E.J., Vol I
Powers, Doris Bosworth, Vol I
Quin, Carolyn L., Vol I
Reck, David, Vol I
Regelski, Thomas Adam, Vol I
Rice, Albert R., Vol I
Rinehart, John, Vol I
Ringer, Alexander, Vol I
Rivest, Johanne, Vol I
Roberts, Kenneth C., Jr., Vol I
Robertson, Patricia C., Vol I
Rogers, Lynne, Vol I
Root, Deane Leslie, Vol I
Rosen, David, Vol I
Ross, David, Vol I
Roth-Burnette, Jennifer, Vol I
Rothstein, William, Vol I
Rowe, Patsy Baxter, Vol I
Russell, Tilden A., Vol I
Rust, Ezra Gardner, Vol I
Saffle, Michael, Vol I
Saloman, Ora Frishberg, Vol I
Saunders, Clark T., Vol I
Scatterday, Mark Davis, Vol I
Scherzinger, M., Vol I
Schoenbach, Peter J., Vol I
Schuster-Craig, John, Vol I
Sears, Elizabeth Ann, Vol I
Seaton, Douglass, Vol I
Seebass, Tilman, Vol I
Seelig, Harry E., Vol I
Selfridge-Field, Eleanor, Vol I
Semmens, Richard, Vol I
Shay, Robert, Vol I
Shotwell, Clayton M., Vol I
Shumway, Larry V., Vol I
Silbiger, Alexander, Vol I
Slawek, Stephen, Vol I
Smither, Howard Elbert, Vol I
Snyder, David W., Vol I
Sommers, Laurie., Vol I
Soto, Gilberto D., Vol I
Southall, Geneva H., Vol I
Southern, Eileen Jackson, Vol I
Speer, Donald, Vol I
Spring, Howard, Vol I
Stark, James A., Vol I
Sternfeld, Frederick William, Vol I
Stinson, Russell, Vol I
Stripling, Luther, Vol I
Suderburg, Robert, Vol I
Sutton, Sharon Egretta, Vol I
Swain, Joseph, Vol I
Sweeney, John Albert, Vol I
Swindell, Warren C., Vol I
Swinden, Kevin J., Vol I
Tawa, Nicholas E., Vol I
Taylor, Herman Daniel, Vol I
Temperley, Nicholas, Vol I
Terry, Mickey Thomas, Vol I
Thomas, Gary Craig, Vol III
Thompson, Jewel T., Vol I
Thomson, William, Vol IV
Thym, Jurgen, Vol I
Tillis, Frederick C., Vol I
Tirro, Frank Pascale, Vol I
Tischler, Hans, Vol I
Todd, Larry, Vol I
Toft, Robert, Vol I
Turino, Thomas, Vol I
Ulrich, Homer, Vol I
Uscher, Nancy, Vol I
Van Appledorn, Mary Jeanne, Vol I
Vogan, Nancy F., Vol I
Wagstaff, Grayson, Vol I
Walters, Hubert Everett, Vol I

Ward, Tom R., Vol I
Warkentin, Larry R., Vol I
Wason, Robert W., Vol I
Watkins, Andrea, Vol I
Webster, James, Vol I
Weiss, Susan Forscher, Vol I
White, Don Lee, Vol I
White, John D., Vol I
Whiting, Steven, Vol I
Wiggins, Jacqueline D., Vol I
Wile, Kip, Vol I
Wilkins, Leona B., Vol I
Willheim, Imanuel, Vol I
Williams, Peter, Vol I
Williams, Sean, Vol I
Wilson, Blake, Vol I
Wilson, Dana, Vol I
Wolf, Eugene Kendrick, Vol I
Yannatos, James, Vol I
Yearsley, David, Vol I
Zaslaw, Neal, Vol I
Zychowicz, James L., Vol I

Native American Studies
Anderson, Eric Gary, Vol II
Anderson, William L., Vol I
Axelrod, Melissa, Vol III
Barnett, Louise, Vol I
Beidler, Peter Grant, Vol II
Burlingame, Lori, Vol II
Furlong, Patrick Joseph, Vol I
Greene, Jerome Allen, Vol I
Littlefield, Dan F., Vol II
Miller, Carol, Vol I
Miller, Susan, Vol I
Mogen, David Lee, Vol II
Northrop, Douglas A., Vol II
O'Brien-Kehoe, Jean, Vol I
Peterson, Jacqueline, Vol I
Trafzer, Clifford Earl, Vol I
Vecsey, Christopher, Vol IV
Vlasich, James Anthony, Vol I

Near Eastern Languages
Betlyon, John Wilson, Vol III
Chelkowski, Peter Jan, Vol III
Clayton, Tom, Vol II
Crawford, Sidnie White, Vol III
Enns, Peter, Vol III
Friedman, Richard Elliott, Vol IV
Fulco, William J., Vol III
Hollis, Susan T., Vol IV
Kennedy-Day, Kiki, Vol III
Kortepeter, Carl Max, Vol I
Nelson, William B., Vol III
Newman, Judith H., Vol III
Oden, Robert A., Jr., Vol III
Robinson, Ira, Vol III
Snell, Daniel C., Vol III
Tappy, Ron E., Vol III
Thomson, Robert William, Vol III
Tigay, Jeffrey Howard, Vol IV
Ward, Seth, Vol III
West, Cornel, Vol III
Wood, Bryant G., Vol III

New Testament Studies
Aageson, James W., Vol IV
Achtemeier, Paul John, Vol IV
Alexanian, Joseph M., Vol IV
Allen, O. Wesley, Jr., Vol IV
Allen, Ronald J., Vol IV
Attridge, Harold William, Vol IV
Balcomb, Raymond, Vol IV
Bateman, Herbert W., Vol IV
Bayer, Hans F., Vol IV
Beale, Gregory, Vol IV
Berge, Paul S., Vol IV
Besancon Spencer, Aida, Vol IV
Blackstone, Thomas L., Vol IV
Bock, Darrell L., Vol IV
Boyce, James, Vol IV
Brehm, H. Alan, Vol IV
Brown, Alexandra, Vol IV
Brownson, James, Vol IV
Buchanan, George Wesley, Vol IV
Burkett, Delbert Royce, Vol IV
Burton, Keith, Vol IV
Calvert-Koyzis, Nancy, Vol IV
Camery Hoggatt, Jerry, Vol IV
Carroll, John T., Vol IV
Carter, Warren, Vol IV
Charette, Blaine, Vol IV
Chesnutt, Randall D., Vol IV
Clark, David, Vol IV

Comfort, Philip W., Vol IV
Cook, Michael J., Vol IV
Countryman, L. Wm, Vol I
Crockett, William, Vol IV
Crump, David, Vol IV
Dale Lea, Thomas, Vol IV
Danker, Frederick W., Vol IV
Davis, Casey W., Vol IV
Deering, Ronald F., Vol I
Dowd, Sharyn, Vol IV
Ecklebarger, Kermit A., Vol IV
Edwards, Douglas R., Vol IV
Edwards, James R., Vol IV
Edwards, Richard Alan, Vol IV
Elliott, Susan Elli, Vol IV
Elwell, Walter Alexander, Vol IV
Ericson, Norman R., Vol IV
Fairchild, Mark R., Vol IV
Fiensy, David A., Vol IV
Fiorenza, Elizabeth Schussler, Vol IV
Fitzgerald, John Thomas, Jr., Vol IV
Fortna, Robert Tomson, Vol IV
Fredrickson, David, Vol IV
Fuller, Reginald H., Vol IV
Garrett, Robert I., Jr., Vol IV
Gaston, Lloyd, Vol IV
Goh, David T., Vol IV
Gorman, Michael J., Vol IV
Gray, Sherman W., Jr., Vol IV
Green, Joel B., Vol IV
Gruenler, Royce Gordon, Vol IV
Hagner, Donald A., Vol IV
Hamm, Michael Dennis, Vol IV
Hare, Douglas Robert Adams, Vol IV
Harvey, John D., Vol IV
Hawthorne, Gerald F., Vol I
Henrich, Sarah, Vol IV
Hill, Charles, Vol IV
Hingle, Norwood N., III, Vol IV
Holman, Charles L., Vol IV
Hoops, Merlin Henry, Vol IV
Horne, Martha J., Vol IV
Hultgren, Arland, Vol IV
Hultgren, Arthur J., Vol IV
Hutson, Christopher R., Vol IV
Johnson, Luke Timothy, Vol IV
Just, Felix, Vol IV
Kalin, Everett Roy, Vol IV
Keener, Craig S., Vol IV
Kim, Chan-Hie, Vol IV
Kistemaker, Simon, Vol IV
Klein, William, Vol IV
Koch, Glenn A., Vol IV
Koester, Helmut, Vol IV
Kostenberger, Andreas J., Vol IV
Krentz, Edgar, Vol IV
Kurz, William Stephen, Vol IV
Leske, Adrian M., Vol IV
Linss, Wilhelm Camill, Vol IV
Lodge, John G., Vol IV
Longenecker, Richard Norman, Vol IV
Lyle, Kenneth, Vol IV
Lyon, Robert William, Vol IV
Maczka, Romwald, Vol IV
Maloney, Elliott Charles, Vol IV
Mamo, Nathan, Vol IV
Mansfield, Mecklin Robert, Vol IV
Marrow, Stanley Behjet, Vol IV
Martin, D. Michael, Vol IV
Martyn, James Louis, Vol IV
Matthews, A. Warren, Vol IV
May, David M., Vol IV
Maynard-Reid, Pedrito U., Vol IV
McCartney, Dan Gale, Vol IV
McReynolds Kidd, Reggie, Vol IV
Meadors, Gary T., Vol I
Metzger, Bruce Manning, Vol IV
Meyer, Paul William, Vol IV
Miletic, Stephen F., Vol IV
Mitchell, Alan C., Vol IV
Moss, C. Michael, Vol IV
Mounce, William D., Vol IV
Newman, Robert Chapman, Vol IV
Neyrey, Jerome H., Vol IV
Nickelsburg, George William Elmer, Vol IV
Oakman, Douglas, Vol IV
Oosterhuis, Tom, Vol IV
Oropeza, B.J., Vol IV
Orr, Mary C., Vol IV
Padilla, Alvin, Vol IV
Page, Sydney, Vol IV
Patzia, Arthur G., Vol IV
Paulien, Jon, Vol IV

Payne, Philip B., Vol IV
Pelletier, Samuel R., Vol IV
Peterson, Brian, Vol IV
Pilgrim, Walter E., Vol IV
Powell, Mark Allan, Vol IV
Richards, Randy, Vol IV
Schmidt, Daryl Dean, Vol III
Schmidt, Frederick W., Vol IV
Schnabel, Eckhard j., Vol IV
Schneiders, Sandra Marie, Vol IV
Scholer, David M., Vol IV
Schreiner, Thomas R., Vol IV
Scott, Timothy, Vol IV
Seynaeve, Jaak, Vol IV
Shields, Bruce E., Vol IV
Shoemaker, Melvin H., Vol IV
Slingerland, Dixon, Vol IV
Smith, D. Moody, Vol IV
Smith, Dennis E., Vol IV
Smith, Robert Harry, Vol IV
Spencer, Aida Besancon, Vol IV
Spilsbury, Paul, Vol IV
Stefanovic, Ranko, Vol IV
Stein, Robert H., Vol IV
Story, J. Lyle, Vol IV
Strauss, Mark, Vol IV
Stroker, William Dettwiller, Vol IV
Strong, L. Thomas, III, Vol IV
Stutts, David H., Vol IV
Stylianopoulos, Theodore, Vol IV
Swartley, Willard M., Vol IV
Tannehill, Robert C., Vol IV
Tashjian, Jirair S., Vol IV
Taylor, Walter F., Jr., Vol IV
Thomas, Carolyn, Vol IV
Thompson, Cynthia L., Vol I
Tiede, David L., Vol IV
Tobin, Thomas Herbert, Vol IV
Trobisch, David, Vol IV
Tyler, Ronald, Vol IV
Verhey, Allen Dale, Vol IV
von Dehsen, Christian D., Vol IV
Waetjen, Herman C., Vol IV
Wallace, Daniel B., Vol IV
Walters, John R., Vol IV
Warden, Duane, Vol IV
Watson, D. F., Vol IV
Weaver, Dorothy Jean, Vol IV
Welborn, L.L., Vol IV
Westblade, Donald, Vol IV
White, John L., Vol IV
White, R. Fowler, Vol IV
Whitehead, Brady, Jr., Vol IV
Wicker, Kathleen O'Brien, Vol IV
Wild, Robert Anthony, Vol IV
Wills, Lawrence M., Vol IV
Wilson, Danny K., Vol IV
Wilson, Jack Howard, Vol IV
Wink, Walter, Vol IV
Winston Suter, David, Vol IV
Wright, Nicholas Thomas, Vol IV
Wu, Julie L., Vol IV
Young, David, Vol IV

Old Testament Studies
Ahlstrom, Gosta Werner, Vol IV
Alexander, Ralph H., Vol IV
Arbino, Gary P., Vol I
Arnold, Bill T., Vol IV
Barrick, William D., Vol IV
Beck, John A., Vol IV
Benjamin, Paul, Vol IV
Bergen, Robert D., Vol IV
Birch, Bruce Charles, Vol IV
Boraas, Roger Stuart, Vol IV
Braaten, Laurie, Vol IV
Cook, Stephen L., Vol IV
Cuffey, Kenneth H., Vol I
Davies, Gordon F., Vol IV
Davis, Ralph, Vol IV
Doermann, Ralph W., Vol IV
Dorn, Louis, Vol IV
Drinkard, Joel F., Jr., Vol IV
Ellis, Robert, Vol IV
Finley, Thomas John, Vol IV
Fisher, Eli D., Vol IV
Floyd, Michael H., Vol IV
Fontaine, Carole R., Vol IV
Forbes, A. Dean, Vol IV
Fretheim, Terence E., Vol IV
Fuerst, Wesley J., Vol IV
Fuller, Russell T., Vol IV
Gaiser, Frederick J., Vol IV
Gentry, Peter J., Vol IV
Geraty, Lawrence Thomas, Vol I
Gladson, Jerry A., Vol IV
Gnuse, Robert, Vol IV

Gold, Victor Roland, Vol IV
Gottwald, Norman Karol, Vol IV
Gowan, Donald E., Vol IV
Greig, Gary S., Vol IV
Hamilton, Victor Paul, Vol IV
Han, Jin Hee, Vol IV
Hanson, Paul David, Vol IV
Hays, Danny, Vol IV
Heider, George C., Vol IV
Hillers, Delbert Roy, Vol IV
Hillmer, Mark, Vol IV
Hobbs, Trevor Raymond, Vol IV
Hooker, Paul K., Vol IV
House, Paul R., Vol IV
Hutton, Rodney R., Vol IV
Jackson, Jared Judd, Vol IV
Jacobson, Diane L., Vol IV
Janzen, John Gerald, Vol IV
Jobling, David, Vol IV
Johnson, Rick L., Vol IV
Kaufman, Stephen Allan, Vol I
Kent, Dan Gentry, Vol IV
Klein, Ralph W., Vol IV
Landes, George Miller, Vol IV
Lawlor, John I., Vol IV
Lemke, Werner Erich, Vol IV
Low, Roy, Vol IV
Lubeck, Ray, Vol IV
Martens, Elmer Arthur, Vol IV
Matthews, A. Warren, Vol IV
McCarthy, Dennis John, Vol III
McClain, T. Van, Vol IV
McDaniel, Thomas F., Vol IV
McLay, Tim, Vol IV
Merling, David, Vol IV
Merrill, Eugene H., Vol IV
Michel, Walter L., Vol IV
Miller, Douglas B., Vol IV
Miller, Stephen R., Vol IV
Morgan, Donn F., Vol IV
Moseley, Allan, Vol IV
Moyer, James Carroll, Vol IV
Nakamura, C. Lynn, Vol IV
Newman, Murray L., Vol IV
Niehaus, Jeffrey J., Vol IV
Nowell, Irene, Vol IV
Nysse, Richard W., Vol IV
Peacock, Kevin, Vol IV
Poethig, Eunice Blanchard, Vol IV
Polk, Timothy H., Vol IV
Pratico, Gary D., Vol IV
Rast, Walter Emil, Vol IV
Reid, Garnett, Vol IV
Richards, Kent Harold, Vol IV
Roberts, Kathryn L., Vol IV
Robertson, O. Palmer, Vol IV
Rodas, M. Daniel Carroll, Vol IV
Roop, Eugene F., Vol I
Ross, James F., Vol IV
Rowland, Rick, Vol I
Ryou, Daniel H., Vol IV
Shearer, Rodney H., Vol IV
Simundson, Daniel J., Vol IV
Spina, Frank Anthony, Vol IV
Steeger, Wm P., Vol IV
Steiner, Vernon J., Vol IV
Stuart, Douglas Keith, Vol IV
Thronveit, Mark A., Vol IV
Tucker, Gene M., Vol IV
Van Seters, John, Vol IV
Vandcrgriff, Ken, Vol IV
Vannoy, J. Robert, Vol IV
Veenker, Ronald Allen, Vol IV
Waltke, Bruce K., Vol IV
Watts, James W., Vol IV
Yee, Gale A., Vol IV
Youngblood, Ronald F., Vol IV

Philology
Bernardo, Aldo Sisto, Vol III
Brinner, William Michael, Vol III
Chatham, James Ray, Vol III
Cohen, Alvin Philip, Vol III
Conant, Jonathan Brendan, Vol III
Conner, Patrick Wayne, Vol III
Craddock, Jerry Russell, Vol III
Dembowski, Peter Florian, Vol III
Dick, Ernst S., Vol III
Doubles, Malcolm Carroll, Vol IV
Duckert, Audrey Rosalind, Vol III
Duggan, Joseph John, Vol III
Emma, Ronald David, Vol II
Emplaincourt, Edmond Arthur, Vol III
Farnham, Anthony Edward, Vol II
Fichtner, Edward G., Vol III
Figurito, Joseph, Vol III
Geary, John Steven, Vol III

Gignac, Francis Thomas, Vol III
Hallen, Cynthia L., Vol III
Haller, Hermann Walter, Vol III
Hozeski, Bruce William, Vol II
Isaac, Ephraim, Vol I
Johnston, Otto William, Vol III
Jorgensen, Peter Alvin, Vol III
Keel, William D., Vol III
Kleinhenz, Christopher, Vol III
Krotkoff, Georg, Vol III
Kubiak, David Payne, Vol III
Lehmann, Winfred Philipp, Vol III
Liberman, Anatoly, Vol III
Lloyd, Paul M., Vol III
MacLeish, Andrew, Vol III
Macro, Anthony David, Vol I
Malkiel, Yakov, Vol III
Mellor, Chauncey Jeffries, Vol III
Miles, Josephine, Vol II
Must, Gustav, Vol III
Pickens, Rupert Tarpley, Vol IV
Poag, James F., Vol III
Purczinsky, Julius O., Vol III
Simon, Eckehard, Vol III
Stimson, Hugh McBirney, Vol III
Sullivan, Denis, Vol I
Towner, Wayne Sibley, Vol IV
Vickrey, John Frederick, Vol III
Von Schneidemesser, Luanne,
   Vol III
Wakefield, Ray Milan, Vol III
Wallacker, Benjamin E, Vol III
Webber, Philip Ellsworth, Vol III
Wedel, Alfred R., Vol III
Young, Dwight Wayne, Vol III
Zgusta, Ladislav, Vol III
Zyla, Wolodymyr T., Vol III

Philosophy

Aagaard-Mogensen, Lars, Vol IV
Aarons, Leslie Ann, Vol IV
Abbott, W.R., Vol IV
Abel, Donald C., Vol IV
Abela, Paul R., Vol IV
Abele, Robert P., Vol IV
Acampora, Christa Davis, Vol IV
Achinstein, Peter, Vol IV
Achtenberg, Deborah, Vol I
Ackerman, Felicia, Vol IV
Adams, Frederick R., Jr., Vol IV
Addis, Laird Clark, Vol IV
Adelman, Howard, Vol IV
Adkins, Arthur William Hope,
   Vol I
Adler, Jacob, Vol IV
Agich, George J., Vol IV
Ahlers, Rolf, Vol IV
Alexakos, Panos D., Vol IV
Alexander, Larry, Vol IV
Alexander, Thomas, Vol IV
Alexander, W.M., Vol IV
Alexandrakis, Aphrodite, Vol IV
Alistair, Macleod, Vol IV
Allen, Anita, Vol IV
Allen, Bernard Lee, Vol I
Allen, Colin, Vol IV
Allen, Robert F., Vol IV
Almeder, Robert F., Vol IV
Almeida, Onesimo, Vol IV
Alperson, Philip A., Vol IV
Alter, Torin, Vol IV
Altman, Ira, Vol IV
Alward, Lori L., Vol IV
Ambrosio, Francis J., Vol IV
Ameriks, Karl, Vol IV
Amico, Robert P., Vol IV
Ammon, Theodore G., Vol I
Anchustegui, Ann-Marie, Vol IV
Anderson, David Leech, Vol IV
Anderson, David M., Vol IV
Anderson, Douglas R., Vol IV
Anderson, Elizabeth S., Vol IV
Anderson, Jami L., Vol IV
Anderson, Myron George, Vol IV
Anderson, Stanley Daniel, Vol IV
Anderson, Susan L., Vol IV
Anderson, Susan Leigh, Vol IV
Anderson-Gold, Sharon, Vol IV
Andrew, Scott, Vol IV
Andrews, Kristin, Vol IV
Angelelli, Ignazio Alfredo, Vol IV
Angell, Richard B., Vol IV
Ansbro, John J., Vol IV
Anton, John P., Vol IV
Antonelli, Gian Aldo, Vol IV
Appel, Frederick, Vol IV
Appiah, Kwame Anthony, Vol I
Aquila, Richard E., Vol IV

Arbaugh, George E., Vol IV
Archie, Lee C., Vol IV
Argen, Ralph J., III, Vol IV
Arkway, Angela, Vol IV
Armstrong, John M., Vol IV
Armstrong, Susan Jean, Vol IV
Arneson, Richard J., Vol IV
Arnold, Barry, Vol IV
Arnold, Scott, Vol IV
Arp, Kristana, Vol IV
Arrington, Robert Lee, Vol IV
Ashley, Benedict M, Vol IV
Ashley, James Matthew, Vol IV
Ashworth, Earline Jennifer, Vol IV
Ashworth, Jennifer E., Vol IV
Askland, Andrew, Vol IV
Aspell, Patrick Joseph, Vol IV
Atkins, Robert, Vol IV
Atlas, Jay David, Vol IV
Atterton, Peter C., Vol IV
Auble, Joel, Vol IV
Audi, Robert, Vol IV
Aune, Bruce Arthur, Vol IV
Aune, James Arnt, Vol IV
Austin, Scott, Vol I
Averill, Edward W., Vol IV
Axinn, Sidney, Vol IV
Axtell, G.S., Vol IV
Aydede, Murat, Vol IV
Babbitt, Susan, Vol IV
Baber, Harriet Erica, Vol IV
Babich, Babette E., Vol IV
Bach, Kent, Vol IV
Bache, Christopher Martin, Vol IV
Bachman, James V., Vol IV
Back, Allan, Vol IV
Baehr, Amy R., Vol IV
Baer, Eugen Silas, Vol IV
Baergen, Ralph, Vol IV
Bailey, Alison, Vol IV
Bailey, Storm M., Vol IV
Bailiff, John, Vol IV
Baird, Davis, Vol IV
Baird, Forrest, Vol IV
Baird, Robert Malcolm, Vol IV
Baker, C. Edwin, Vol IV
Baker, John Arthur, Vol IV
Baker, John M., Vol IV
Baker, John R., Vol IV
Baker, Lynne R., Vol IV
Baker, Robert B., Vol IV
Bakhurst, David J., Vol IV
Balas, David L., Vol IV
Baldner, Kent, Vol IV
Balestra, Dominic Joseph, Vol IV
Banchetti-Robino, Marina P.,
   Vol IV
Bandman, Bertram, Vol IV
Bannan, John F., Vol IV
Bar-On, Dorit, Vol IV
Barad, Judith, Vol IV
Barash, Carol Isaacson, Vol IV
Barbone, Steven, Vol IV
Barker, Evelyn M., Vol IV
Barker, Jeffrey, Vol IV
Barker, Peter, Vol IV
Barlow, J. Stanley, Vol IV
Barnbaum, Deborah, Vol IV
Barnes, Gerald, Vol IV
Barnhart, Joe Edward, Vol IV
Barnhart, Michael G., Vol IV
Baron, Charles Hillel, Vol IV
Baron, Marcie, Vol IV
Barrett, J. Edward, Vol IV
Barry, Robert M., Vol IV
Bartkowiak, Julia, Vol IV
Bartky, Sandra, Vol IV
Bartlett, Beth, Vol IV
Bartlett, Steven J., Vol IV
Barwick, Daniel, Vol IV
Basu, Ananyo, Vol IV
Bates, Jennifer, Vol IV
Bates, Stanley P., Vol IV
Battin, Margaret Pabst, Vol IV
Bauder, Mark, Vol IV
Bauer, Nancy, Vol IV
Baum, Robert J., Vol IV
Baumgarten, Elias, Vol IV
Baumrin, Bernard Herbert, Vol IV
Baur, Michael, Vol IV
Baxter, Donald L., Vol IV
Bayer, Greg, Vol IV
Baylis, Francoise, Vol IV
Bazan, Bernardo C., Vol IV
Bazan, Carlos, Vol IV
Beanblossom, Ronald Edwin,
   Vol I
Beardsley, Ruth E., Vol IV
Beatch, B. Richard, Vol IV

Beatty, John, Vol IV
Beatty, Joseph, Vol IV
Beauchamp, Richard A., Vol IV
Beauchamp, Tom, Vol IV
Beaudoin, John M., Vol IV
Bechtel, Will, Vol IV
Beck, Lewis White, Vol IV
Beck, Martha Catherine, Vol IV
Beck, W. David, Vol IV
Becker, Edward, Vol IV
Becker, Lawrence C., Vol IV
Bedau, Hugo Adam, Vol IV
Belfiore, Elizabeth Stafford, Vol I
Bell, John L., Vol IV
Bell, Linda A., Vol II
Bell, Nora Kizer, Vol IV
Bell, Richard H., Vol IV
Belliotti, Raymond A., Vol IV
Benditt, Theodore Matthew,
   Vol IV
Benfield, David William, Vol IV
Benhabib, Seyla, Vol IV
Bennett, James O., Vol IV
Bennett, Philip W., Vol IV
Benson, LeGrace, Vol I
Benson, P. Jann, Vol IV
Berger, Morris I., Vol IV
Bergmann, Gustav, Vol IV
Bergmann, Michael, Vol IV
Berleant, Arnold, Vol IV
Berman, Scott, Vol IV
Bernier, Paul, Vol III
Bernstein, Jerry, Vol IV
Bernstein, Mark, Vol IV
Bernstein, Richard J., Vol IV
Bernstein-Nahar, Avi K., Vol IV
Berofsky, Bernard A., Vol IV
Bertolet, Rod, Vol IV
Best, Ernest E, Vol IV
Best, Steven, Vol IV
Bett, Richard, Vol I
Betz, Joseph M., Vol IV
Bica, Camillo C., Vol IV
Bien, Joseph J., Vol IV
Billings, John R., Vol IV
Bilsker, Richard L., Vol IV
Bishop, Michael, Vol IV
Bittner, Thomas, Vol IV
Bittner Wiseman, Mary, Vol IV
Bix, Brian, Vol IV
Blachowicz, James, Vol IV
Blackburn, Simon, Vol IV
Blackwell, Richard Joseph, Vol IV
Blair, George Alfred, Vol IV
Blanchette, Oliva, Vol IV
Blanchette, Patricia, Vol IV
Blankemeyer, Kenneth Joseph,
   Vol IV
Blattner, William, Vol IV
Bleich, J. David, Vol IV
Blizek, William L., Vol IV
Bloomer, Jennifer A., Vol I
Blum, Lawrence A., Vol IV
Blumenfeld, David, Vol I
Blustein, Jeffrey, Vol IV
Boardman, William Smith, Vol IV
Bobik, Joseph, Vol IV
Bodeus, Richard-Clement, Vol IV
Boedeker, Edgar, Vol IV
Boetzkes, Elizabeth, Vol IV
Bogdan, Radu J., Vol IV
Boghossian, Paul, Vol IV
Boh, Ivan, Vol IV
Boisvert, Raymond, Vol IV
Bolchazy, Ladislaus J., Vol I
Bolton, Martha Brandt, Vol IV
Boltuc, Piotr, Vol IV
Bombardi, Ronald Jude, Vol IV
Bond, Edward J., Vol IV
Bondeson, William B., Vol IV
Bonevac, Daniel Albert, Vol IV
Boni, Sylvain, Vol IV
Bonnette, Dennis, Vol IV
Bono, Barbara Jane, Vol II
Bontekoe, Ron, Vol IV
Borjesson, Gary, Vol IV
Borradori, Giovanna, Vol IV
Botham, Thad M., Vol IV
Boulad-Ayoub, Josiane, Vol IV
Bourgeois, Patrick Lyall, Vol IV
Bourke, Vernon Joseph, Vol IV
Bowen, David H., Vol IV
Bowie, Norman, Vol IV
Bowler, Peter John, Vol I
Bowne, Dale Russell, Vol IV
Boyd, James W., Vol IV
Boyd, Robert, Vol IV
Boyd, Tom Wesley, Vol IV
Bracken, Joseph A., Vol IV

Bradie, Michael, Vol IV
Bradley, Denis J. M., Vol IV
Bradshaw, Denny, Vol IV
Brady, James B., Vol IV
Brady, Jules M., Vol IV
Brady, Michelle E., Vol IV
Brakas, Jurgis, Vol IV
Brakman, Sarah-Vaughan, Vol IV
Bramann, Jorn Karl, Vol IV
Brand, Myles, Vol IV
Brandom, Robert D., Vol IV
Brandon, Robert N., Vol IV
Brandt, Richard Booker, Vol IV
Bransford Wilson, Joe, Jr., Vol III
Brant, Dale, Vol IV
Braungardt, Jurgen, Vol IV
Braybrooke, David, Vol IV
Brennan, Mary Alethea, Vol IV
Brenner, William H., Vol IV
Brett, Nathan C., Vol IV
Brier, Bob, Vol IV
Brighouse, M.H., Vol IV
Brink, David O., Vol IV
Brinkmann, Klaus, Vol IV
Broadie, Sarah, Vol IV
Brock, Dan W., Vol IV
Brockelman, Paul, Vol IV
Brod, Harry, Vol IV
Brodsky, Garry, Vol IV
Brody, Boruch Alter, Vol IV
Brogan, Walter A., Vol IV
Broniak, Christopher, Vol IV
Brook, Andrew, Vol IV
Broudy, Harry S., Vol IV
Broughton, Janet Setzer, Vol IV
Brower, Bruce W., Vol IV
Brown, Alison L., Vol IV
Brown, Bryson, Vol IV
Brown, Eric, Vol IV
Brown, Harold Irwin, Vol IV
Brown, J. Daniel, Vol IV
Brown, James R., Vol IV
Brown, Kristen M., Vol IV
Brown, Lee Bateman, Vol IV
Brown, Paul Llewellyn, Vol IV
Brown, Peter G., Vol IV
Brown, Robert Fath, Vol IV
Browne, Gregory M., Vol IV
Browne, Stanley M., Vol IV
Browning, Peter, Vol IV
Browning Cole, Eve, Vol I
Broyles, James Earl, Vol IV
Brunk, Conrad, Vol IV
Buford, Thomas O., Vol IV
Buickerood, James G., Vol IV
Bunge, Mario, Vol IV
Bunzl, Martin, Vol IV
Burbidge, John William, Vol IV
Burch, Robert W., Vol IV
Burger, Ronna C., Vol IV
Burgh, Richard, Vol IV
Burian, Richard M., Vol IV
Burke, Michael B., Vol IV
Burkey, John, Vol IV
Burkhardt, Frederick, Vol IV
Burkle, Howard R., Vol IV
Burks, Arthur Walter, Vol IV
Burks, Don M., Vol II
Burneko, Guy, Vol II
Burnor, Richard N., Vol IV
Burns, Steven A.M., Vol IV
Burr, John Roy, Vol IV
Burrell, David, Vol IV
Burrington, Dale E., Vol IV
Busch, Thomas W., Vol IV
Bush, Luthor Russell, III, Vol IV
Bussanich, John, Vol I
Butchvarov, Panayot K., Vol IV
Butler, Clark Wade, Vol IV
Byer, Inez, Vol IV
Bynagle, Hans Edward, Vol IV
Byrd, James David, Jr., Vol IV
Byrne, Edmund F., Vol IV
Byrne, Patrick Hugh, Vol IV
Byrnes, John, Vol IV
Cabal, Ted, Vol IV
Cady, Duane Lynn, Vol IV
Caffentzis, C. George, Vol IV
Cahill, Ann J., Vol IV
Cahoone, Lawrence, Vol IV
Cain, James, Vol IV
Campbell, Gerry, Vol IV
Campbell, Joseph Gordon, Vol IV
Campbell, Richmond M., Vol IV
Campbell, Susan, Vol IV
Capriotti, Emile, Vol IV
Caputo, John D., Vol IV
Caranfa, Angelo, Vol IV
Card, Claudia F., Vol IV

Carman, Taylor, Vol IV
Carney, James Donald, Vol IV
Carpenter, Elizabeth S., Vol IV
Carpenter, James Anderson,
   Vol IV
Carr, David, Vol IV
Carr, Davis, Vol IV
Carrier, David, Vol IV
Carson, James, Vol IV
Carson, Thomas L., Vol IV
Carter, David K., Vol IV
Carter, Michele A., Vol IV
Carter, Robert Edgar, Vol IV
Cartwright, Helen Morris, Vol IV
Carvalho, John, Vol IV
Cary, Phillip, Vol IV
Casebier, Allan, Vol IV
Casey, Edward S., Vol IV
Casey, Kenneth, Vol IV
Casey, Timothy, Vol IV
Cassidy, Laurence Lavelle, Vol IV
Caste, Nicholas J., Vol IV
Casullo, Albert, Vol IV
Catalano, Joseph Stellario, Vol IV
Cauchy, Venant, Vol IV
Causey, Robert Louis, Vol IV
Cavanaugh, Thomas A., Vol IV
Cave, Eric M., Vol IV
Caws, Peter James, Vol IV
Cederblom, Jerry, Vol IV
Centore, Floyd, Vol IV
Cesarz, Gary, Vol IV
Chalmers, David, Vol IV
Chambers, Timothy, Vol IV
Chandler, Hugh, Vol IV
Chandler, Marthe Atwater, Vol IV
Chappell, Vere Claiborne, Vol IV
Charron, William C., Vol IV
Chastain, Charles, Vol IV
Cheng, Chung-Ying, Vol IV
Chethimattam, John Britto, Vol IV
Chismar, Douglas, Vol IV
Cho, Kah-Kyung, Vol IV
Christie, Drew, Vol IV
Christopher, Russell L., Vol IV
Chung, Bongkil, Vol IV
Churchill, John Hugh, Vol IV
Churchland, Paul M., Vol IV
Ciulla, Joanne B., Vol IV
Cladis, Mark S., Vol IV
Clark, Austen, Vol IV
Clark, Kelly J., Vol IV
Clark, Mary T., Vol IV
Clarke, Bowman Lafayette, Vol IV
Clarke, Murray, Vol III
Clarke, W. Norris, Vol IV
Clarke, William Norris, Vol IV
Clayton, Marcus, Vol IV
Cleary, John J., Vol IV
Clegg, Jerry Stephen, Vol IV
Clements, Tad S, Vol IV
Clouser, Karl Danner, Vol IV
Clouser, Roy A., Vol IV
Coburn, Robert C., Vol IV
Cocchiarella, Nino Barnabas,
   Vol IV
Coe, William Jerome, Vol IV
Cohen, Andrew I., Vol IV
Cohen, Elliot, Vol IV
Cohen, Sheldon M., Vol IV
Cohen, Stephen Marshall, Vol IV
Cohen, Ted, Vol IV
Cohon, Rachel, Vol IV
Cole, Richard, Vol IV
Collins, Ardis B., Vol IV
Colson, Darrel D., Vol IV
Colvin, Christopher, Vol IV
Colwell, Chauncey, Vol IV
Combes, Richard E., Vol IV
Compton, John J., Vol IV
Conces, Rory J., Vol IV
Congdon, Howard Krebs, Vol IV
Congelton, Ann, Vol IV
Conklin, William E., Vol IV
Conley, J., Vol IV
Conlon, James J., Vol IV
Conn, Christopher, Vol IV
Connolly, John M., Vol IV
Conway, Gertrude D., Vol IV
Conwill, Giles, Vol IV
Cook, D. Noam, Vol IV
Cook, Daniel Joseph, Vol IV
Cook, J. Thomas, Vol IV
Cook, Jonathan A., Vol IV
Cook, Joyce Mitchell, Vol IV
Cooney, Brian Patrick, Vol IV
Cooney, William, Vol IV
Cooper, Burton, Vol IV
Cooper, M. Wayne, Vol IV

Cope, Kevin, Vol II
Corcoran, John, Vol IV
Corcoran, Kevin J., Vol IV
Cordero, Ronald Anthony, Vol IV
Corduan, Winfried, Vol IV
Corlett, J. Angelo, Vol IV
Corliss, Richard Lee, Vol IV
Corr, Charles A., Vol IV
Corrigan, Kevin, Vol IV
Corvino, John F., Vol IV
Coscullisa, Victor, Vol IV
Costa, Michael J., Vol IV
Cotter, James Finn, Vol II
Cover, Jan, Vol IV
Cowan, Laurie, Vol IV
Cowan, S.B., Vol IV
Cox, Chana B., Vol IV
Coyne, Anthony M., Vol IV
Craig, William Lane, Vol IV
Craighead, Houston Archer,
    Vol IV
Cranor, Carl, Vol IV
Crawford, Dan, Vol III
Crawford, David R., Vol IV
Crease, Robert P., Vol IV
Cress, Donald A., Vol IV
Crites, Stephen Decatur, Vol IV
Crittenden, Charles, Vol IV
Crosby, Donald A., Vol IV
Crosson, Frederick J., Vol IV
Crouch, Margaret, Vol IV
Crowell, Steven G., Vol IV
Croy, Marvin J., Vol IV
Cua, Antonio S., Vol IV
Cudd, Ann E., Vol IV
Culp, Sylvia, Vol IV
Cummins, W. Joseph, Vol IV
Cunningham, Sarah B., Vol IV
Cunningham, Suzanne M., Vol IV
Curd, Martin, Vol IV
Curd, Martin Vincent, Vol I
Curd, Patricia, Vol I
Curren, Randall R., Vol IV
Curtler, Hugh M., Vol IV
Curzer, Howard J., Vol IV
Cussins, Adrian, Vol IV
Cust, Kenneth F.T., Vol IV
Cutler, Nathan S., Vol IV
Cutrofello, Andrew, Vol IV
D'Amico, Robert, Vol IV
Dahl, Norman, Vol IV
Daise, Benjamin, Vol IV
Dallmayr, Fred Reinhard, Vol IV
Dalton, Peter C., Vol IV
Dalton, Stuart, Vol IV
Daly, Markate, Vol IV
Danaher, James P., Vol IV
Daniels, Charles B., Vol IV
Danley, John Robert, Vol IV
Darby, Derrick, Vol IV
Darden, Lindley, Vol IV
Darden, Lindley, Vol IV
Darwall, Stephen L., Vol IV
Dauer, Francis W., Vol IV
Daurio, Janice, Vol IV
Davenport, Harbert William,
    Vol IV
Davenport, Manuel Manson,
    Vol IV
David, Gerald, Vol IV
David, Keith R., Vol IV
David, Marian, Vol IV
Davidson, Donald, Vol IV
Davies, Brian, Vol IV
Davies, David, Vol IV
Davis, Lawrence H., Vol IV
Davis, Michael Peter, Vol IV
Davis, Wayne Alan, Vol IV
De Bolt, Darian C., Vol IV
De Laurentiis, Allegra, Vol IV
De Sousa, Ronald B., Vol IV
de Vries, Paul, Vol IV
De Vries, Willem, Vol IV
DeCew, Judith W., Vol IV
Dechert, Charles Richard, Vol IV
Deibler, Timothy, Vol IV
Deigh, John, Vol IV
Dejnozka, Jan, Vol IV
Dekoninck, Thomas, Vol IV
Delacre, Georges, Vol IV
Delaney, Cornelius F., Vol IV
Dell'Agostino, David, Vol IV
Demecs, Desiderio D., Vol IV
Demenchonok, Edward V., Vol IV
Demopoulos, William, Vol IV
den Ouden, Bernard, Vol IV
Denby, David A., Vol IV
Dennett, Daniel C., Vol IV
DePascuale, Juan E., Vol IV

DePaul, Michael R., Vol IV
der Otter, Sandra, Vol IV
Derdak, Thomas J., Vol IV
DesAutels, Peggy, Vol IV
Deslauriers, Marguerite, Vol IV
Detlefsen, Michael, Vol IV
Deutsch, Eliot, Vol IV
DeVidi, Dave, Vol IV
Devine, Philip E., Vol IV
Devitt, Michael, Vol IV
Devos, Jean, Vol IV
deVries, Willem, Vol IV
Dewart, Leslie, Vol IV
di Filippo, Terry, Vol IV
di Norcia, Vincent, Vol IV
Dicker, Georges, Vol IV
Dicker, Georges, Vol IV
Dickie, George T., Vol IV
Dickson, Michael, Vol IV
DiGiovanni, George, Vol IV
Dilley, Frank B., Vol IV
Dillon, M.C., Vol IV
Dinneen, David A., Vol III
Discher, Mark R., Vol IV
Dmochowski, Henry W., Vol IV
Dobsevage, Alvin P, Vol IV
Dolan, John M., Vol IV
Dolling, Lisa M., Vol IV
Dombrowski, Daniel, Vol IV
Domino, Brian, Vol IV
Donaghy, John A., Vol IV
Donelan, James, Vol IV
Doney, Willis, Vol IV
Donkel, Douglas L., Vol IV
Donnelly, John, Vol IV
Donovan, John F., Vol IV
Doody, John A., Vol IV
Dooley, Patrick Kiaran, Vol IV
Doorley, Mark J., Vol IV
Doppelt, Gerald D., Vol IV
Dorter, Kenneth, Vol IV
Doss, Barney J., Vol IV
Doss, Seale, Vol IV
Dostal, Robert J., Vol IV
Doty, Ralph, Vol IV
Dougherty, James E., Vol IV
Dougherty, Jude, Vol IV
Dougherty, Jude Patrick, Vol IV
Dougherty, Ray Cordell, Vol III
Downes, Stephen M., Vol IV
Doyle, James F., Vol IV
Drane, James Francis, Vol IV
Drange, Theodore Michael, Vol IV
Dray, William Herbert, Vol IV
Drefcinski, Shane, Vol IV
Dreher, John Paul, Vol IV
Dreier, James, Vol IV
Dreisbach, Donald Fred, Vol IV
Dreyfus, Hubert Lederer, Vol IV
Drost, Mark P., Vol IV
Druart, Therese-Anne, Vol IV
Drummond, John J., Vol IV
Dubay, Thomas E., Vol IV
DuBois, James M., Vol IV
Ducharme, Howard M., Vol IV
Duclow, Donald F., Vol II
Duerlinger, James, Vol IV
Duffy, Stephen Joseph, Vol IV
Duhan Kaplan, Laura, Vol IV
Dumain, Harold, Vol IV
Duncan, Elmer II, Vol IV
Dundon, Stanislaus, Vol IV
Dunlop, Charles, Vol IV
Dunn, Jon Michael, Vol IV
Dunne, John Scribner, Vol IV
Dusek, Rudolph Valentine, Vol IV
Dusek, Val, Vol IV
Duska, Ronald F., Vol IV
Dworkin, Gerald, Vol IV
Dwyer, Susan, Vol IV
Dye, James Wayne, Vol IV
Dykeman, King John, Vol IV
Eagan, Jennifer, Vol IV
Eagleson, Ian, Vol IV
Eames, Elizabeth R., Vol IV
Easton, Loyd D., Vol IV
Easton, Patricia Ann, Vol IV
Eaton, Marcia M., Vol IV
Ebbs, Gary, Vol IV
Eberle, Rolf A., Vol IV
Echelbarger, Charles G., Vol IV
Eckenwiler, Lisa A., Vol IV
Eckstein, Jerome, Vol IV
Edelberg, Walter, Vol IV
Edgar, William John, Vol IV
Edge, Hoyt Littleton, Vol IV
Edler, Frank H. W., Vol IV
Edwards, Rem B., Vol IV
Edwards, Sandra, Vol IV

Eells, Ellery T., Vol IV
Eisele, Thomas David, Vol IV
Eisenberg, Paul D., Vol IV
Ekman Ladd, Rosalind, Vol IV
Elder, Crawford L., Vol IV
Eldridge, Michael, Vol IV
Elfstrou, Gerard, Vol IV
Ellin, Joseph S., Vol IV
Ellingsen, Mark, Vol IV
Elliott, Carl, Vol IV
Elliott, Deni, Vol IV
Ellis, Anthony John, Vol IV
Ellwood, Gracia F., Vol IV
Elsamahi, Mohamed, Vol IV
Emerson, Roger Lee, Vol I
Emery, Sarah W., Vol IV
Enc, Berent, Vol IV
Engelhardt, Hugo Tristram, Jr.,
    Vol IV
Ennis, Robert H., Vol IV
Ephraim, Charlesworth W., Vol IV
Epstein, William Henry, Vol II
Erdel, Timothy Paul, Vol IV
Erickson, Stephen Anthony,
    Vol IV
Eskridge, John Clarence, Vol IV
Ess, Charles, Vol IV
Estep, Myrna Lynn, Vol IV
Estlund, David, Vol IV
Etzkorn, Girard J., Vol III
Evangeliou, Christos C., Vol I
Evans, C. Stephen, Vol IV
Evans, Dale Wilt, Vol IV
Evans, Donald D., Vol IV
Evans, Rod L., Vol IV
Evnine, Simon, Vol IV
Fackenheim, Emil, Vol IV
Factor, Ralph Lance, Vol IV
Fain, Haskell, Vol IV
Fair, Frank Kenneth, Vol IV
Fales, Evan Michael, Vol IV
Falk, Arthur, Vol IV
Falk, Arthur Eugene, Vol IV
Falkenstein, Lorne, Vol IV
Faller, Thompson Mason, Vol IV
Farley, Benjamin Wirt, Vol I
Farmer, Edward L., Vol I
Fasanaro, Charles N., Vol IV
Fate Norton, David, Vol IV
Faulconer, James E., Vol IV
Fawkes, Don, Vol IV
Feagin, Susan Louise, Vol IV
Fee, Elizabeth, Vol I
Feinberg, Walter, Vol IV
Feit, Neil, Vol IV
Felder, David W., Vol IV
Feldman, Richard Harold, Vol IV
Fell, Albert Prior, Vol IV
Fell, Joseph Phineas, Vol IV
Felt, James Wright, Vol IV
Ferejohn, Michael T., Vol IV
Ferguson, Everett, Vol I
Ferguson, Kenneth G., Vol IV
Ferraiolo, William D., Vol IV
Ferrarin, Alfredo, Vol IV
Ferst, Barry Joel, Vol IV
Fesmire, Steven A., Vol IV
Fetzer, James Henry, Vol I
Fideler, Paul Arthur, Vol I
Field, Hartry, Vol IV
Fielder, John H., Vol IV
Fields, Stephen Michael, Vol IV
Fillingim, David, Vol IV
Filonowicz, Joseph, Vol I
Fine, Arthur, Vol IV
Fine, Kit, Vol IV
Finger, Thomas, Vol IV
Fink, Beatrice, Vol III
Finkelstein, Rona, Vol I
Finken, Bryan W., Vol IV
Finocchiaro, Maurice A., Vol IV
Fiore, Robin N., Vol IV
Fiscella, Joan B., Vol IV
Fischer, John Martin, Vol IV
Fischer, Marilyn R., Vol IV
Fischer, Norman Arthuf, Vol IV
Fischer, Robert Harley, Vol IV
Fisher, David Hickman, Vol IV
Fisher, Robert Thaddeus, Vol IV
Fisher, Saul, Vol IV
Fitz, Hope K., Vol IV
Fitzgerald, Desmond J., Vol IV
FitzGerald, Desmond J., Vol IV
Fitzgerald, John Joseph, Vol IV
Fitzgerald, Patrick, Vol IV
Fitzpatrick, William J., Vol IV
Flanagan, Owen, Vol IV
Fleischacker, Sam, Vol IV
Fleischer, Manfred Paul, Vol I

Fletcher, David B., Vol IV
Fletcher, George Philip, Vol IV
Flint, Thomas P., Vol IV
Floyd, Juliet, Vol IV
Flynn, Thomas R., Vol IV
Folse, Henry J., Jr., Vol IV
Foltz, Bruce, Vol IV
Fontinell, Eugene, Vol IV
Forbes, Graeme, Vol IV
Ford, Lewis S., Vol IV
Foreman, Terry Hancock, Vol IV
Forguson, Lynd W., Vol IV
Forsberg, Ralph P., Vol IV
Fosl, Peter S., Vol IV
Foss, Jeffrey E., Vol IV
Foster, Lawrence, Vol IV
Foti, Veronique Marion, Vol IV
Fotion, Nicholas, Vol IV
Fouke, Daniel C., Vol IV
Foulk, Gary J., Vol IV
Fox, Christopher B., Vol IV
Fox, Michael Allen, Vol IV
Fox, Richard Milan, Vol IV
Fox, Samuel, Vol IV
Frances, Bryan R.S., Vol IV
Franco, Abel B., Vol IV
Frank, Daniel H., Vol IV
Frank, William A., Vol IV
Franklin, Allan David, Vol I
Fraser, Julius Thomas, Vol I
Freddoso, Alfred J., Vol IV
Freed, Bruce, Vol IV
Freeman, Donald Dale, Vol IV
Freeman, Eugene, Vol IV
Freeman, James B., Vol IV
French, Louise, Vol IV
French, Peter A., Vol IV
French, Stanley G., Vol IV
Freund, Norm, Vol IV
Freund, Richard A., Vol IV
Fried, Charles, Vol IV
Friedman, Harvey Martin, Vol IV
Friedman, Lesley, Vol IV
Friedman, Marilyn A., Vol IV
Friedman, Maurice Stanley,
    Vol IV
Friedman, Michael, Vol IV
Friedman, Philip Allan, Vol II
Friedman, William Hillel, Vol IV
Friel, James P., Vol IV
Frisch, Mathias F., Vol IV
Fritsche, Johannes, Vol IV
Fumerton, Richard A., Vol IV
Furrow, Dwight, Vol IV
Fuss, Peter L., Vol IV
Gaffney, John Patrick, Vol IV
Gagnon, Carolle, Vol IV
Gaines, Robert N., Vol IV
Galgan, Gerald J., Vol IV
Galis, Leon, Vol IV
Gall, Robert S., Vol IV
Gallagher, David M., Vol IV
Gallagher, Shaun, Vol IV
Gangadean, Ashok Kumar, Vol IV
Garber, Daniel Elliot, Vol IV
Garcia, Laura, Vol IV
Garcia-Gomez, Jorge, Vol IV
Gardner, Catherine, Vol IV
Garrett, Don James, Vol IV
Garry, Ann, Vol IV
Garver, Newton, Vol IV
Gass, William Howard, Vol IV
Gauker, Christopher P., Vol IV
Gauss, Charles E., Vol IV
Gauthier, Candace, Vol IV
Gauthier, Jeff, Vol IV
Gauthier, Yvon, Vol IV
Gavin, William, Vol IV
Gay, William Carroll, Vol IV
Geiger, Mary Virginia, Vol IV
Geiman, Kevin, Vol IV
Geisler, Norman Leo, Vol IV
Gellrich, Michelle, Vol I
Gendin, Sidney, Vol IV
Gennaro, Rocco J., Vol IV
Genova, Anthony Charles, Vol IV
Gensler, Harry J., Vol IV
George, Kathryn Paxton, Vol IV
George, Rolf A., Vol IV
Geraets, Theodore F., Vol IV
Gerber, William, Vol IV
Gert, Bernard, Vol IV
Gert, Heather, Vol IV
Gibbard, Allan Fletcher, Vol IV
Gibbs, Paul J., Vol IV
Gier, Nicholas F., Vol IV
Giere, Ronald N., Vol IV
Gilbert, Joseph, Vol IV
Gilbert, Margaret, Vol IV

Gildric, Richard P., Vol I
Giles, Thomas Ransom, Vol IV
Gill, Mary Louise, Vol I
Gill, Michael, Vol IV
Gillan, Garth J., Vol IV
Gillett, Carl, Vol IV
Gillette Sturm, Fred, Vol IV
Gilmore, George Barnes, Vol IV
Gilmour, John C., Vol IV
Gilson, Greg, Vol IV
Gini, Alfred, Vol IV
Gladwin, Lee Allan, Vol IV
Glazebrook, Patricia, Vol IV
Glenn, John Deavenport, Jr.,
    Vol IV
Glidden, David, Vol IV
Glidden, Jock, Vol IV
Glowienka, Emerine Frances,
    Vol IV
Gluck, Andrew L., Vol IV
Glymour, Clark, Vol IV
Glynn, Simon, Vol IV
Goetsch, James R., Vol IV
Goff, Edwin L., Vol IV
Gold, Jeff, Vol IV
Gold, Jonathan, Vol IV
Goldberg, Sanford C., Vol IV
Goldin, Owen Michael, Vol IV
Golding, Martin P., Vol IV
Goldman, Alan H., Vol IV
Goldman, Alvin I., Vol IV
Goldstein, Irwin, Vol IV
Goldstein, Leon Jay, Vol IV
Goldthwait, John T., Vol IV
Goldworth, Amnon, Vol IV
Golluber, Michael, Vol IV
Gomberg, Paul, Vol IV
Gomez Lobo, Alfonso, Vol IV
Gonzalez, Luis G., Vol IV
Gooch, Paul W., Vol IV
Gooding-Williams, Robert, Vol IV
Goodman, Lenn Evan, Vol IV
Goodman, Michael F., Vol IV
Goodman, Russell B., Vol IV
Gordon, Dane R., Vol IV
Gordon, Robert M., Vol IV
Gordon, Robert Morris, Vol IV
Gotthelf, Allan, Vol I
Gottlieb, Roger Samuel, Vol IV
Gould, Josiah B., Vol IV
Gourevitch, Victor, Vol IV
Gowans, Christorher W., Vol IV
Gowler, David B., Vol IV
Gracia, Jorge Jesus Emiliano,
    Vol IV
Graham, George, Vol IV
Graham, George Jackson, Vol IV
Grandy, Richard E., Vol IV
Grange, Joseph, Vol IV
Granger, Herbert, Vol IV
Grant Luckhardt, C., Vol IV
Gravel, Pierre, Vol IV
Gravlee, G. Scott, Vol IV
Gray, Bonnie Jean, Vol IV
Gray, Christopher, Vol IV
Gray, Wallace, Vol IV
Grcic, Joseph M., Vol IV
Greco, John, Vol IV
Green, Garrett, Vol IV
Green, Judith, Vol IV
Green, Michael, Vol IV
Green, Michael J., Vol IV
Green, O. Harvey, Vol IV
Greenberg, Gershon, Vol IV
Greenstein, Harold, Vol IV
Gregory, Wanda Torres, Vol IV
Griffin, Nicholas, Vol IV
Griffith, Stephen R., Vol IV
Grill, T.R., Vol IV
Grim, Patrick, Vol IV
Grimes, John Allen, Vol IV
Grimsrud, Theodore G., Vol IV
Groarke, Leo A., Vol IV
Gronbacher, Gregory, Vol IV
Groothuis, Douglas, Vol IV
Grossman, Kathryn Marie, Vol III
Grossman, Neal, Vol IV
Groth, Miles, Vol IV
Grover, Dorothy, Vol IV
Grover, Robinson Allen, Vol IV
Gruender, Carl David, Vol IV
Grunbaum, Adolf, Vol IV
Grunfeld, Joseph, Vol IV
Gualtieri, Antonio Roberto, Vol III
Gulley, Anthony D., Vol IV
Gunderson, Keith, Vol IV
Gunter, Pete A.Y., Vol IV
Gupta, Anil K., Vol IV
Gurtler, Gary M., Vol IV

Gustason, William, Vol IV
Gutting, Gary Michael, Vol IV
Guy, Fred, Vol I
Guzeldere, Guven, Vol IV
Haack, Susan, Vol IV
Haakonssen, Knud, Vol IV
Habermehl, Lawrence L., Vol IV
Habibi, Don A., Vol IV
Hackett, Elizabeth, Vol IV
Hackett, Jeremiah M., Vol IV
Hacking, Ian, Vol IV
Hahm, David Edgar, Vol I
Hajdin, Mane, Vol IV
Halberstam, Michael, Vol IV
Hales, Steven, Vol IV
Hall, David, Vol IV
Hall, David Lynn, Vol IV
Hall, James, Vol IV
Hall, John, Vol IV
Hall, Richard John, Vol IV
Hall, Robert William, Vol IV
Hall, Ronald L., Vol IV
Hallberg, Fred William, Vol IV
Hallborg, Robert B., Jr., Vol IV
Hallen, Barry, Vol IV
Hallett, Michael, Vol IV
Hallman, Max, Vol IV
Halper, Edward Charles, Vol IV
Halpern, Beth, Vol IV
Halwani, Raja, Vol IV
Hammer, Jane R., Vol IV
Hammond, Guy Bowers, Vol IV
Hand, Michael, Vol IV
Handwerk-Noragon, Patricia, Vol IV
Hanks, Donald, Vol IV
Hannan, Barbara, Vol IV
Hans, James Stuart, Vol II
Hansen, Carl L., Vol IV
Hanson, Bruce, Vol IV
Hanson, William H., Vol IV
Hardimon, Michael O., Vol IV
Hardin, Clyde Laurence, Vol IV
Hardwig, John R., Vol IV
Hare, John, Vol I
Harms, William F., Vol IV
Harnsberger, R. Scott, Vol IV
Harper, Bill, Vol IV
Harre, Rom, Vol IV
Harries, Karsten, Vol IV
Harrington, Michael L., Vol IV
Harrington, Michael Louis, Vol IV
Harris, Bond, Vol IV
Harris, Errol E., Vol IV
Harris, Henry Silton, Vol IV
Harris, Norman, Vol IV
Harrison, Frank Russell, Vol IV
Hart, Bill, Vol IV
Hart, Richard E., Vol IV
Hart, W.D., Vol IV
Hartle, Ann, Vol IV
Hartle, Anthony E., Vol IV
Harvey, Charles W., Vol IV
Harwood, Robin, Vol IV
Hasker, R. William, Vol IV
Hassing, Richard F., Vol I
Hatab, Lawrence J., Vol IV
Hatcher, Donald L., Vol IV
Hatfield, Gary C., Vol IV
Hattab, Helen, Vol IV
Hauck, Allan, Vol IV
Haugeland, John Christian, Vol IV
Hausman, Carl R., Vol IV
Hausman, Daniel M., Vol IV
Havas, Randall E., Vol IV
Havens DuFour, John H., Vol IV
Hawkins, Benjamin Sanford, Jr., Vol IV
Haworth, Lawrence L., Vol IV
Heath, Eugene, Vol IV
Heck, Richard, Vol IV
Heckman, Hugh W., Vol IV
Heckman, Peter, Vol IV
Heelan, Patrick Aidan, Vol IV
Heffernan, James, Vol IV
Heffernan, James Daniel, Vol IV
Heffner, John Howard, Vol IV
Heidt, Sarah L., Vol IV
Heim, Michael R., Vol IV
Hein, David, Vol IV
Heller, Agnes, Vol IV
Hellman, Geoffrey, Vol IV
Henderson, Edward H., Vol IV
Hendley, Brian, Vol IV
Hendley, Steve, Vol IV
Henrich, Dieter, Vol IV
Herbenick, Raymond M., Vol I
Herbert, Gary, Vol IV
Herdt, Jennifer A., Vol IV
Herman, Arthur L., Vol IV
Herman, Robert M., Vol IV
Herrera, Robert Anthony, Vol IV
Hesla, David H., Vol II
Heslep, Robert Durham, Vol IV
Hester, D. Micah, Vol IV
Hester, Marcus B., Vol IV
Hestevoid, H. Scott, Vol IV
Heyd, Thomas, Vol IV
Hicks, Stephen R.C., Vol IV
Higgins, Kathleen Marie, Vol IV
High, Dallas Milton, Vol IV
Hilbert, David, Vol IV
Hildebrand, David, Vol IV
Hill, Christopher, Vol IV
Hill, R. Kevin, Vol IV
Hill, Renee Afanan, Vol IV
Hill, Roscoe Earl, Vol IV
Hill, Thomas E., Vol IV
Hillar, Marian, Vol IV
Hinderer, Walter, Vol III
Hintikka, Jaakko, Vol IV
Hintzen, Percy Claude, Vol IV
Hirstein, William, Vol IV
Hiskes, Anne L., Vol IV
Hitchcock, David, Vol IV
Hiz, Henry, Vol III
Hoaglund, John Arthur, Vol IV
Hockenbery, Jennifer D., Vol IV
Hodes, Harold T., Vol IV
Hodges, Donald Clark, Vol IV
Hodges, Michael P., Vol IV
Hoefer, Carl, Vol IV
Hoeflin, Ronald K., Vol IV
Hoekema, David A., Vol IV
Hoffman, Paul, Vol I
Hoffman, Piotr, Vol I
Hoffmaster, Barry, Vol IV
Hofstadter, Douglas Richard, Vol IV
Hogan, Melinda, Vol IV
Hogan, Wilbur C., Vol IV
Hogenson, George B., Vol IV
Hoitenga, Dewey J., Vol IV
Holland, Margaret G., Vol IV
Holland, Robert A., Vol IV
Hollander, Rachelle D., Vol IV
Holler, Clyde, Vol IV
Holley, David M., Vol IV
Holloway, Alvin J., Vol IV
Holmes, Richard H., Vol IV
Holmes, Robert Lawrence, Vol IV
Holtman, Sarah Williams, Vol IV
Holub, Renate, Vol III
Holub, Robert C., Vol III
Hong, Chang-Seong, Vol IV
Hong, Howard V., Vol IV
Hopkins, Jasper, Vol IV
Hoppe, E.A., Vol IV
Horne, James R., Vol IV
Horovitz, Amir, Vol IV
Horst, Steven, Vol IV
Hossein, Ziai, Vol IV
Houlgate, Laurence Davis, Vol IV
Houser, Nathan, Vol IV
Howard, Don A., Vol IV
Howard, Michael W., Vol IV
Howe, Lawrence W., Vol IV
Howe, Leroy T., Vol IV
Howell, Robert, Vol IV
Howie, John, Vol IV
Hoyt-O'Connor, Paul E., Vol IV
Huang, Siu Chi, Vol IV
Huddleston, Tobianna W., Vol IV
Hudelson, Richard Henry, Vol IV
Hudson, Robert, Vol I
Hudson, Yeager, Vol IV
Huenemann, Charles, Vol IV
Huggett, Nick, Vol IV
Hughes, Paul, Vol IV
Hugly, Philip, Vol IV
Hull, David L., Vol IV
Hull, Richard T., Vol IV
Hullett, James N., Vol IV
Humber, James Michael, Vol IV
Hurd, Heidi M., Vol IV
Husak, Douglas Neil, Vol IV
Hustwit, Ronald E., Vol IV
Hutcheson, Richard E., Vol IV
Hutchinson, Douglas S., Vol IV
Hutchison, John A., Vol IV
Hyland, Drew Alan, Vol IV
Hylton, Peter, Vol IV
Hymers, Michael, Vol IV
Hyun, Insoo, Vol IV
Iannone, A. Pablo, Vol IV
Ide, Harry, Vol I
Ihde, Don, Vol IV
Ihlan, Amy, Vol IV
Imbrie, Ann Elizabeth, Vol II
Immerwahr, John, Vol IV
Inada, Kenneth K., Vol IV
Inglis, John, Vol IV
Ingram, David B., Vol IV
Iorio, Dominick Anthony, Vol IV
Irwin, John Thomas, Vol II
Irwin, Joyce Louise, Vol I
Irwin, William Henery, Vol IV
Irwin, William T., Vol IV
Iseminger, Gary, Vol IV
Ives, Christopher, Vol IV
Jackman, Henry, Vol IV
Jackson, Joseph Hollister, Vol IV
Jacobs, David C., Vol IV
Jacobs, Jonathan, Vol IV
Jacobson, Paul Kenneth, Vol IV
Jacobson, Stephen, Vol IV
Jacobus, Lee Andre, Vol II
Jarrett, James L., Vol IV
Jarrett, Jon, Vol IV
Jarvie, Ian Charles, Vol IV
Jay, Stewart, Vol IV
Jeffrey, Richard C., Vol IV
Jegstrup, Elsebet, Vol IV
Jenemann, Albert Harry, Vol IV
Jenkins, John, Vol IV
Jensen, Debra J., Vol IV
John, Eileen, Vol IV
Johnson, David Lawrence, Vol IV
Johnson, Edward, Vol IV
Johnson, Frederick A., Vol IV
Johnson, J. Prescott, Vol IV
Johnson, Patricia Altenbernd, Vol IV
Johnson, Roger Alan, Vol IV
Johnston, Carol F., Vol IV
Johnstone, Henry, Jr., Vol IV
Jokic, Aleksander, Vol IV
Jolley, Nicholas, Vol IV
Jollimore, Troy, Vol IV
Jonas, Hans, Vol IV
Jones, Carolyn M., Vol IV
Jones, Joe Frank, Vol IV
Jones, Judith A., Vol IV
Jones, Thomas Canby, Vol IV
Jones, William B., Vol IV
Jooharigian, Robert B., Vol IV
Joos, Ernest, Vol IV
Jordan, Mark D., Vol IV
Jordan, Robert Welsh, Vol IV
Joseph, Stephen, Vol IV
Josephson, Goodman, Vol IV
Joy, Lynn S., Vol IV
Jung, Darryl, Vol IV
Kac, Michael, Vol IV
Kadish, Mortimer R., Vol IV
Kaebnick, Gregory E., Vol IV
Kaelin, Eugene Francis, Vol IV
Kahane, Howard, Vol IV
Kahn, Charles H., Vol I
Kaminsky, Jack, Vol IV
Kamm, Frances Myrna, Vol IV
Kamtekar, Rachana, Vol IV
Kane, Francis, Vol IV
Kane, Robert, Vol IV
Kane, Stanley, Vol IV
Kaplan, Abraham, Vol IV
Kaplan, David M., Vol IV
Kasely, Terry S., Vol IV
Kates, Carol A., Vol IV
Kaufer, David S., Vol II
Kaufman, William E., Vol IV
Kaulbach, Ernest Norman, Vol III
Kaye, Lawrence J., Vol IV
Kearns, John Thomas, Vol IV
Keefer, Donald R., Vol IV
Keeling, Lytle Bryant, Vol IV
Keeton, Morris Teuton, Vol IV
Keim-Campbell, Joseph, Vol IV
Keith, Heather, Vol IV
Kekes, John, Vol IV
Kelbley, Charles A., Vol IV
Kellenberger, Bertram James, Vol IV
Keller, David R., Vol IV
Keller, James Albert, Vol IV
Keller, Pierre, Vol IV
Kellogg, Frederic R., Vol IV
Kelly, Jim Kelly, Vol IV
Kennedy, Thomas, Vol IV
Kenneson, Philip D., Vol IV
Kenney, John Peter, Vol IV
Kennick, William Elmer, Vol IV
Kerckhove, Lee, Vol IV
Kerlin, Michael J., Vol IV
Kerr Lawson, Angus, Vol IV
Kersten, Frederick Irving, Vol IV
Ketchum, Richard J., Vol I
Ketner, Kenneth Laine, Vol IV
Kevelson, Roberta, Vol IV
Keyt, David, Vol IV
Kieckhefer, Richard, Vol IV
Kielkopf, Charles F., Vol IV
Kiersky, James H., Vol IV
Kimball, Robert, Vol IV
Kind, Amy, Vol IV
King, Sallie B., Vol IV
Kirkpatrick, Frank Gloyd, Vol IV
Kirshbaum, Hal, Vol IV
Kisiel, Theodore Joseph, Vol IV
Kitchel, Mary Jean, Vol IV
Kitchener, Richard F., Vol IV
Kitcher, Patricia, Vol IV
Kitcher, Philip, Vol IV
Kitching, Benita, Vol IV
Kittay, Eva Feder, Vol IV
Kivy, Peter Nathan, Vol IV
Klein, Ellen R., Vol IV
Klein, Kenneth, Vol IV
Klein, Peter David, Vol IV
Klein, William Francis, Vol II
Kleiner, Scott Alter, Vol IV
Kleingeld, Pauline, Vol IV
Klemke, Elmer Daniel, Vol IV
Klibansky, Raymond, Vol IV
Klima, Gyula, Vol IV
Kline, George Louis, Vol IV
Klonoski, R.J., Vol IV
Kneller, Jane E., Vol IV
Knight, Deborah, Vol IV
Koch, Michael, Vol IV
Koddermann, Achim, Vol IV
Koegler, Hans-Herbert, Vol IV
Koenig, Thomas Roy, Vol IV
Koertge, Noretta, Vol IV
Koestenbaum, Peter, Vol IV
Kohl, Marvin, Vol IV
Kolak, Daniel, Vol IV
Kolb, David Alan, Vol IV
Kopaczynski, Germain, Vol IV
Kopas, Jane, Vol IV
Kopelman, Loretta M., Vol IV
Kornblith, Hilary, Vol IV
Korsgaard, Christine M., Vol IV
Korsmeyer, Carolyn, Vol IV
Kosrovani, Emilio M., Vol IV
Koterski, Joseph W., Vol IV
Kotzin, Rhoda Hadassah, Vol IV
Krakauer, Eric, Vol IV
Krantz, Arthur A., Vol IV
Krausz, Michael, Vol IV
Kraut, Richard, Vol IV
Krebs, Victor J., Vol IV
Kremer, Michael, Vol IV
Kress, Robert Lee, Vol IV
Krimerman, Leonard I., Vol IV
Krimm, Hans Heinz, Vol IV
Krimsky, Sheldon, Vol IV
Kristeller, Paul Oskar, Vol IV
Krois, John Michael, Vol III
Kucheman, Clark Arthur, Vol IV
Kuehn, Manfred, Vol I
Kuhn, Steve, Vol IV
Kuhn, Steven Thomas, Vol IV
Kuhn, Thomas Samuel, Vol I
Kuhns, Richard, Vol IV
Kukla, Rebecca, Vol I
Kulstad, Mark Alan, Vol IV
Kultgen, John, Vol IV
Kumar, Rahul, Vol IV
Kunreuther, Howard, Vol I
Kuntz, Paul G., Vol IV
Kuo, Lenore, Vol IV
Kupperman, Joel J., Vol IV
Kurtz, Paul, Vol IV
Kuzminski, Adrian, Vol I
Kymlicka, Will, Vol IV
Lachs, John, Vol IV
Lackey, Douglas Paul, Vol IV
Lacy, Allen, Vol IV
Lacy, William Larry, Vol IV
Ladd, Rosalind Ekman, Vol IV
Laden, Anthony, Vol IV
Ladenson, Robert F., Vol IV
LaFollette, Hugh, Vol IV
Lafont, Cristina, Vol IV
Lafrance, Yvon, Vol IV
Laidlaw, E.A., Vol IV
Lambert, J. Karel, Vol IV
Lambert, Richard Thomas, Vol I
Lance, Mark, Vol IV
Landesman, Charles, Vol IV
Landini, Gregory, Vol IV
Lang, Berel, Vol IV
Langan, John P., Vol IV
Langer, Monika, Vol IV
Langerak, Edward Anthony, Vol IV
Langford, Michael J., Vol IV
Langiulli, Nino Francis, Vol IV
Larrabee, Mary J., Vol IV
Larsen, Allan W., Vol IV
Lasky, Geoffery, Vol IV
Lass, Tris, Vol IV
Lassek, Yun Ja, Vol IV
Lauder, Robert Edward, Vol IV
Laughlin, John C.H., Vol IV
Laumakis, Stephen J., Vol IV
Lawhead, William F., Vol I
Lawrence, John Shelton, Vol IV
Lawry, Edward George, Vol IV
Laywine, Alison, Vol IV
Lazerowitz, Alice Ambrose, Vol IV
Leary, David E., Vol I
Leck, Glorianne Mae, Vol IV
Leddy, T., Vol IV
Leder, Drew L., Vol IV
Ledoux, Arthur, Vol IV
Lee, Donald S., Vol IV
Lee, Donald Soule, Vol IV
Lee, Grant S., Vol IV
Lee, Mi Kyoung Mitzi, Vol IV
Lee, Mi Kyoung Mitzi, Vol IV
Lee, Sander H., Vol IV
Lee, Sander H., Vol IV
Lee, Steven Peyton, Vol IV
Lee, Sukjae, Vol IV
Leftow, Brian, Vol IV
Lehman, Scott, Vol IV
Lehrberger, James, Vol IV
Leibowitz, Constance, Vol IV
Leibowitz, Flora L., Vol IV
Leighton, Stephen, Vol IV
Leiser, Burton M., Vol IV
LeMoncheck, Linda, Vol IV
Lemos, Ramon M., Vol IV
Lennon, Thomas M., Vol IV
Lennox, James Gordon, Vol I
Leplin, Jarrett, Vol I
Lesher, James, Vol I
Leslie, John A., Vol IV
Levi, Isaac, Vol IV
Levin, David M., Vol IV
Levine, Alexander, Vol IV
Levine, Andrew, Vol IV
Levinson, Jerrold, Vol IV
Levy, Robert J., Vol IV
Lewis, Douglas, Vol IV
Lewis, Eric, Vol IV
Lewis, Neil, Vol IV
Lewis, Peter J., Vol IV
Lewis, Randy Lynn, Vol IV
Li, Chenyang, Vol IV
Lichtenbert, Robert H., Vol IV
Lidz, Joel W., Vol IV
Limper, Peter Frederick, Vol IV
Lincourt, John M., Vol IV
Lindberg, Jordan John, Vol IV
Lindgren, John Ralph, Vol IV
Lineback, Richard Harold, Vol IV
Linehan, Elizabeth Ann, Vol IV
Lingis, Alphonso, Vol IV
Lingswiler, Robert Dayton, Vol IV
Linker, Maureen, Vol IV
Linsenbard, Gail E., Vol IV
Lipman, Matthew, Vol IV
Lisska, Anthony Joseph, Vol IV
List, Peter C., Vol IV
Liszka, James, Vol IV
Litch, Mary, Vol IV
Little, Daniel E., Vol IV
Livingston, Donald W., Vol I
Lloyd, Elisabeth A., Vol I
Lochtefeld, James G., Vol IV
Lodge, Paul A., Vol IV
Loeb, Louis Edward, Vol IV
Lohr, Charles Henry, Vol I
Lombard, Lawrence B., Vol IV
Lombardi, Joseph L., Vol IV
Lone, Jana M., Vol IV
Long, Douglas C., Vol IV
Long, Eugene T., III, Vol IV
Long, R. James, Vol I
Long, Roderick T., Vol IV
Long, Steven A., Vol IV
Longino, Helen, Vol IV
Lopes, Dominic McIver, Vol IV
Lord, Timothy C., Vol IV
Lorek, Robert, Vol IV
Losoncy, Thomas A., Vol IV
Losonsky, Michael, Vol IV
Louch, Alfred, Vol IV
Louden, Robert B., Vol IV
Loughran, James N., Vol IV

Loux, Michael, Vol IV
Lu, Matthias, Vol IV
Lucas, Raymond E., Vol IV
Lucash, Frank S., Vol IV
Luce, David R., Vol IV
Luckhardt, C. Grant, Vol IV
Ludwig, Jan Keith, Vol IV
Ludwig, Kirk, Vol IV
Luebke, Neil Robert, Vol IV
Luke, Brian A., Vol IV
Luper, Steven, Vol IV
Luyster, Robert W., Vol IV
Lynch, Joseph J., Vol IV
Lynch, Michael P., Vol IV
Lyon, Gordon W., Vol IV
Lyons, Daniel D., Vol IV
Lyons, David, Vol IV
Lytle, Timothy F, Vol IV
Mabe, Alan R., Vol IV
MacArthur, Steven D., Vol IV
Machamer, Peter Kennedy, Vol IV
Machan, Tibor R., Vol IV
Machina, Kenton F., Vol IV
Machle, Edward Johnstone, Vol IV
Macierowski, E.M., Vol IV
MacIntosh, Duncan, Vol IV
Macintosh, John James, Vol IV
Mack, Eric M., Vol IV
MacKey, Louis Henry, Vol IV
Mackler, Aaron L., Vol IV
MacKlin, Ruth C., Vol IV
Macleod, Colin, Vol IV
Macleod, Gregory J., Vol IV
Madden, Daniel Patrick, Vol IV
Madden, Edward, Vol IV
Maddy, Penelope, Vol IV
Madison, Gary Brent, Vol IV
Madsen, Truman Grant, Vol IV
Maffie, James, Vol IV
Magee, Glenn A., Vol IV
Magnus, Bernd, Vol IV
Magurshak, Daniel J., Vol IV
Maher, Patrick, Vol IV
Mahoney, Edward P., Vol IV
Maitzen, Stephen, Vol IV
Makarushka, Irena, Vol IV
Makau, Josina M., Vol II
Makkreel, Rudolf A., Vol IV
Malament, David Baruch, Vol IV
Malhotra, Ashok Kumar, Vol IV
Maller, Mark P., Vol IV
Malm, Heidi, Vol IV
Maloney, J. Christoper, Vol IV
Maloney, Thomas, Vol IV
Mamary, Anne, Vol IV
Mandaville, Jon Elliott, Vol I
Mandle, Jonathan, Vol IV
Mandt, Almer J., III, Vol IV
Mangrum, Franklin M., Vol IV
Maniates, Maria Rika, Vol I
Manier, A. Edward, Vol IV
Mann, William Edward, Vol I
Manns, James William, Vol IV
Marchenkov, Vladimir, Vol IV
Marcin, Raymond B., Vol IV
Marcus, Ruth Barcan, Vol IV
Marenco, Marc, Vol IV
Margolis, Joseph, Vol IV
Marietta, Don E., Vol IV
Marina, Jacqueline, Vol IV
Marks, Joel Howard, Vol IV
Marler, Grant A., Vol IV
Marmura, Michael Elias, Vol IV
Marquis, Donald Bagley, Vol IV
Marras, Ausonio, Vol IV
Marsh, James L., Vol IV
Marti, Genoveva, Vol IV
Martin, Charles Burton, Vol IV
Martin, Edward N., Vol IV
Martin, Francis David, Vol IV
Martin, Glen, Vol IV
Martin, James August, Vol IV
Martin, Jane Roland, Vol IV
Martin, Jerry Lee, Vol IV
Martin, Joseph Ramsey, Vol IV
Martin, Michael Lou, Vol IV
Martin, Mike W., Vol IV
Martin, Raymond Frederick,
    Vol IV
Martin, Rex, Vol IV
Martin, Robert M., Vol IV
Martin, Thomas, Vol IV
Martin, Wayne M., Vol I
Martinez, H. Salvador, Vol III
Martinez, Roy, Vol IV
Martinich, Aloysius Patrick,
    Vol IV
Martland, Thomas Rodolphe,
    Vol IV

Masolo, D.A., Vol IV
Mason, H.E., Vol IV
Mason, Jeffrey A., Vol IV
Mason, Sheila, Vol IV
Massey, Gerald J., Vol IV
Matejka, George, Vol IV
Mathews, Mark William, Vol IV
Matilal, Bimal Krishna, Vol IV
Matsen, Herbert S., Vol IV
Matthews, Gareth Blanc, Vol IV
Matthews, Patricia, Vol IV
Matthews, Robert Joseph, Vol IV
Mattingly, Richard Edward,
    Vol IV
Mattingly, Susan Shotliff, Vol IV
Matustik, Martin J. Beck, Vol IV
May, Richard Warren, Vol IV
Maynard, Patrick, Vol IV
Mayr, Franz Karl, Vol IV
Mazor, Lester Jay, Vol IV
Mazoue, Jim, Vol IV
Mazur, Dennis J., Vol IV
McAlister, Elizabeth, Vol IV
McAlister, Linda L., Vol IV
McArthur, Robert L., Vol IV
McBain, James F., Jr., Vol IV
McBride, William Leon, Vol IV
McCabe, David, Vol IV
McCall, Storrs, Vol IV
McCann, Edwin, Vol IV
McCann, Hugh Joseph, Vol IV
McCarthy, Thomas, Vol IV
McCarthy, Thomas A., Vol IV
McCarthy, Timothy, Vol IV
McCartney, James J., Vol IV
McCarty, Doran Chester, Vol IV
McCauley, Robert N., Vol IV
McClamrock, Ron, Vol IV
Mcconnell, Jeff, Vol IV
McConnell, Terrance C., Vol IV
McCoy, Jerry, Vol IV
McCracken, Charles James,
    Vol IV
McCullagh, Mark, Vol IV
McCulloh, Gerald William, Vol IV
McDermott, A. Charlene, Vol IV
McDermott, John J., Vol IV
McDonald, Peter J.T., Vol IV
McElwain, Hugh Thomas, Vol IV
McGary, Howard, Vol IV
McGilvray, James, Vol IV
McGinley, John Willand, Vol IV
McGovern, Arthur F., Vol IV
McGowen Tress, Daryl, Vol IV
McGrade, Arthur Stephen, Vol IV
McHenry, Leemon B., Vol IV
McInerney, Peter K., Vol IV
McInerny, Ralph M., Vol IV
Mcintire, Carl Thomas, Vol I
McIntyre, Lee C., Vol IV
McIntyre, Ronald Treadwell,
    Vol IV
McKee, Patrick M., Vol IV
McKenna, Bill, Vol IV
McKenna, Michael S., Vol IV
McKeon, Michael, Vol II
McKim, Vaughn R., Vol IV
McKinney, Richard I., Vol IV
McLean, George Francis, Vol IV
McLelland, Joseph Cumming,
    Vol IV
McMahan, Jefferson, Vol IV
McMahon, Robert, Vol II
McMahon, William Edward,
    Vol IV
McMullin, Ernan, Vol IV
McNamara, Paul, Vol IV
McRobert, Jennifer, Vol IV
Mead, Walter Bruce, Vol IV
Meade, E.M., Vol IV
Meehan, M. Johanna, Vol IV
Meerbote, Ralf, Vol I
Mehl, Peter J., Vol IV
Mehta, Mahesh Maganlal, Vol IV
Mehuron, Kate, Vol IV
Meilaender, Gilbert, Vol IV
Meilkejohn, Donald, Vol IV
Meinwald, Constance, Vol IV
Melchionne, Kevin, Vol IV
Mele, Alfred R., Vol I
Mellema, Gregory, Vol IV
Melnick, Arthur, Vol IV
Mendieta, Eduardo, Vol IV
Mendola, Joseph, Vol IV
Menke, Christoph, Vol IV
Menn, Stephen, Vol IV
Mensch, James, Vol IV
Menzel, Christopher, Vol IV
Mercer, Mark, Vol IV

Merchant, Carolyn, Vol I
Merlino, Scott A., Vol IV
Merrill, Daniel Davy, Vol IV
Merrill, Kenneth Rogers, Vol IV
Merwin, Peter Matthew, Vol IV
Meyer, Leroy N., Vol IV
Meyer, Milton Wachsberg, Vol IV
Meyers, Diana Tietjens, Vol IV
Meyers, Robert, Vol IV
Michael, Colette Verger, Vol III
Michael, Emily, Vol IV
Michelsen, John Magnus, Vol I
Miles, Kevin Thomas, Vol IV
Miles, Murray Lewis, Vol IV
Miller, A.R., Vol IV
Miller, Benjamin, Vol IV
Miller, Clarence, Vol IV
Miller, Danna R., Vol IV
Miller, Ed L., Vol IV
Miller, Eric, Vol IV
Miller, Franklin, Vol IV
Miller, Jerome A., Vol IV
Miller, John F., III, Vol IV
Millgram, Elijah, Vol IV
Millikan, Ruth G., Vol IV
Mills, Charles, Vol IV
Mills, Patricia J., Vol IV
Minar, Edward, Vol IV
Minas, Anne C., Vol IV
Minnich, Elizabeth, Vol IV
Minogue, Brendan Patrick, Vol IV
Miranda de Almeida, Rogerior,
    Vol IV
Mirowski, Philip E., Vol IV
Missner, Marshall Howard, Vol IV
Mitchell, Donald, Vol IV
Mitchell, Jeff, Vol IV
Mitchell, Sandra D., Vol IV
Mitias, Michael Hanna, Vol IV
Mohan, Robert Paul, Vol IV
Mohanty, Jitendra N., Vol IV
Mohr, Richard, Vol IV
Monan, James Donald, Vol IV
Monasterio, Xavier O., Vol IV
Montgomery, Sharon Burke,
    Vol IV
Moor, James H., Vol IV
Moore, Brooke N., Vol IV
Moore, Joseph G., Vol IV
Moore, Kathleen Dean, Vol IV
Moore, Margaret, Vol IV
Moore, Max, Vol IV
Moore, Ronald, Vol IV
Moore, Terrence L., Vol IV
Morales, Maria H., Vol IV
Moran, Jon S., Vol IV
Moran, Richard, Vol IV
Moravcsik, Julius M., Vol IV
Morelli, Mario Frank, Vol IV
Morgan, Charles G., Vol IV
Morgan, Gerald, Vol II
Morick, Harold, Vol IV
Morrison, Clayton T., Vol IV
Morton, Charles E., Vol IV
Moser, Paul K., Vol IV
Mosher Lockwood, Kimberly,
    Vol IV
Moskop, John C., Vol IV
Moss, Lenny, Vol IV
Moss, Myra Ellen, Vol IV
Mosser, Kurt, Vol IV
Mothersill, Mary, Vol IV
Moulton, Janice, Vol II
Mourelatos, Alexander Phoebus
    Dionysiou, Vol IV
Moustakas, Clark, Vol IV
Mozur, Gerald E., Vol IV
Mueller, Ian, Vol IV
Muller, Ralf, Vol IV
Mulvey, Ben, Vol IV
Mumby, Dennis K., Vol II
Munevar, Gonzalo, Vol IV
Munson, Ronald, Vol IV
Munzer, Stephen Roger, Vol IV
Murdock, Jonah, Vol IV
Murnion, William E., Vol IV
Murphy, Julien, Vol IV
Murphy, Laurence Lyons, Vol III
Murphy, Mark Christopher, Vol IV
Murphy, Nancey, Vol IV
Muscari, Paul G., Vol IV
Myers, Gerald E., Vol IV
Myrvold, Wayne C., Vol IV
Nagel, Mechthild E., Vol IV
Nagel, Thomas, Vol IV
Nagele, Rainer, Vol III
Nagy, Paul, Vol IV
Nails, Debra, Vol IV
Nairn, Charles E., Vol IV

Nakhnikion, George, Vol IV
Nardin, Terry, Vol IV
Narveson, Jan, Vol IV
Naser, Curtis R., Vol IV
Nash, Roger, Vol IV
Nash, Ronald, Vol IV
Nathan, Daniel O., Vol IV
Nathanson, Stephen Lewis, Vol IV
Nauckhoff, Josefine C., Vol IV
Naylor, Andrew, Vol IV
Neale, Philip Whitby, Vol IV
Neander, K., Vol IV
Needleman, Jacob, Vol IV
Neeley, G. Steven, Vol IV
Neely, Wright, Vol IV
Neill, Warren, Vol IV
Nelkin, Dorothy, Vol IV
Nelson, Herbert James, Vol IV
Nelson, James L., Vol IV
Nelson, Lonnie R., Vol IV
Nelson, Lynn Hankinson, Vol IV
Nelson, Michael P., Vol IV
Nelson, William N., Vol IV
Nenon, Thomas J., Vol IV
Nerenberg, Bruce Edward, Vol IV
Neta, Ram, Vol IV
Neu, Jerome, Vol IV
Neuhouser, Frederick, Vol IV
Neujahr, Philip Joseph, Vol IV
Neumann, Harry, Vol IV
Neville, Robert C., Vol IV
Newman, Andrew, Vol IV
Newman, Barbara, Vol IV
Newman, David, Vol IV
Newman, Lex, Vol IV
Newton, Lisa Haenlein, Vol IV
Ni, Peimin, Vol IV
Nicholas, John M., Vol IV
Nicholson, L., Vol IV
Nickles, Thomas, Vol I
Nielsen, Harry A., Vol IV
Nielsen, Kai, Vol IV
Nikulin, Dmitri, Vol IV
Nissen, Lowell, Vol IV
Nissim-Sabat, Marilyn, Vol IV
Nnoruka, Sylvanus I., Vol IV
Noda, Keisuke, Vol IV
Nogales, Patti, Vol IV
Nolan, Richard T., Vol IV
Nolan, Rita, Vol IV
Noller, David K., Vol II
Nordby, Jon Jorgen, Vol IV
Noren, Stephen J., Vol IV
Norman, Andrew, Vol IV
Norman, Judith, Vol IV
Normore, Calvin Gerard, Vol IV
Norton, Bryan G., Vol IV
Novak, Joseph A., Vol IV
Nozick, Robert, Vol IV
Nutbrown, Richard A., Vol IV
Nuzzo, Angelica, Vol IV
O'Connor, Daniel D., Vol IV
O'Connor, David, Vol IV
O'Connor, David, Vol IV
O'Connor, Dennis, Vol IV
O'Dea, Jane, Vol IV
O'Donovan-Anderson, Michael,
    Vol IV
O'Hara, Mary L., Vol IV
O'Neill, William George, Vol IV
Oaklander, L. Nathan, Vol IV
Oakley, John Bilyeu, Vol IV
Obayashi, Hiroshi, Vol IV
Oberdiek, Hans Fredrick, Vol IV
Obitts, Stanley Ralph, Vol IV
Oddie, Graham James, Vol IV
Okhamafe, Imafedia, Vol IV
Oliker, Michael A., Vol IV
Oliver, Harold Hunter, Vol IV
Olshewsky, Thomas Mack, Vol IV
Ophardt, Michael, Vol IV
Oppenheim, Frank M., Vol IV
Orend, Brian, Vol IV
Ornstein, Jack, Vol IV
Orringer, Nelson Robert, Vol III
Ort, Larry V., Vol IV
Osler, Margaret Jo, Vol I
Ostertag, Gary, Vol IV
Otteson, James R., Vol IV
Ouderkirk, Wayne, Vol IV
Ouren, Dallas, Vol IV
Overall, Christine D., Vol IV
Owens, Father Joseph, Vol IV
Owens, Joseph, Vol IV
Owens, Joseph, Vol IV
Owens, Kathleen Marie, Vol IV
Ozar, David T., Vol IV
Padgett, Alan G., Vol IV
Pagan, Carmen J., Vol IV

Page, Benjamin Bakewell, Vol IV
Painter, Mark A., Vol IV
Palmer, Richard E., Vol IV
Panikkar, Raimundo, Vol IV
Papazian, Michael, Vol IV
Pappas, George Sotiros, Vol IV
Pappas, Gregory F., Vol IV
Pappu, Rama Rao, Vol IV
Paprzycka, Katarzyna, Vol IV
Parchment, Steven, Vol I
Parens, Joshua, Vol IV
Parker, Kelly A., Vol IV
Parks, Jennifer, Vol IV
Parrish, Stephen E., Vol IV
Parry, Richard D., Vol IV
Parsons, Charles D., Vol IV
Parsons, Howard L., Vol IV
Parsons, Keith M., Vol I
Pasch, Alan, Vol IV
Paskow, Alan, Vol IV
Passell, Dan, Vol IV
Patel, Ramesh, Vol IV
Patrick Downey, James, Vol IV
Patte, Daniel, Vol IV
Patterson, Becky, Vol II
Patterson, D., Vol IV
Patterson, Richard, Vol I
Paulo, Craig N., Vol IV
Paulsen, David L., Vol IV
Paulson, Stanley Lowell, Vol IV
Pavesich, Vida, Vol IV
Pawelski, James, Vol IV
Payne, Steven, Vol IV
Peacock, Kent, Vol IV
Pearl, Leon, Vol IV
Pearson, Eric, Vol IV
Peck, William Dayton, Vol IV
Pecorino, Philip Anthony, Vol IV
Peden, William Creighton, Vol IV
Pellegrino, Edmund Daniel,
    Vol IV
Pelletier, Lucien, Vol IV
Pence, Gregory E., Vol IV
Penczek, Alan, Vol IV
Pennock, Robert T., Vol IV
Pentiuc, Eugene, Vol IV
Peperzak, Adriaan Theodoor,
    Vol IV
Pepper, George B., Vol IV
Perhac, Ralph M., Vol IV
Perkins, Moreland, Vol IV
Perlman, Mark, Vol IV
Perreiah, Alan Richard, Vol IV
Perry, Constance K., Vol IV
Pessin, Sarah, Vol IV
Pestana, Mark, Vol IV
Peters, Theodore Frank, Vol IV
Peterson, Greg, Vol IV
Peterson, Michael Lynn, Vol IV
Peterson, Philip Leslie, Vol IV
Peterson, Sandra, Vol IV
Pfeiffer, Raymond Smith, Vol IV
Phenix, Philip Henry, Vol IV
Phillips, Clarence Mark, Vol IV
Phillips, Dewi Zephaniah, Vol IV
Phillips, Robert L., Vol IV
Philpott, Mark, Vol IV
Phipps, William Eugene, Vol IV
Picart, Caroline Joan Kay S.,
    Vol IV
Pickard, Dean, Vol IV
Pietsch, Paul Andrew, Vol IV
Pinkard, Terry, Vol IV
Pintado-Casas, Pablo, Vol IV
Piper, Adrian Margaret Smith,
    Vol IV
Pirau, Vasile, Vol IV
Pitcher, George Willard, Vol IV
Pitt, David, Vol IV
Pitt, Jack, Vol IV
Pitt, Joseph C., Vol IV
Pitt, Joseph C., Vol IV
Planeaux, Christopher, Vol IV
Plantinga, Alvin, Vol IV
Platt, David S., Vol IV
Plescia, Joseph, Vol I
Plotkin, Howard, Vol IV
Pluhar, Evelyn Begley, Vol IV
Pluhar, Werner S., Vol IV
Polansky, Ronald M., Vol IV
Pole, Nelson, Vol IV
Pollock, John Leslie, Vol IV
Pols, Edward, Vol IV
Pomerleau, Wayne Paul, Vol IV
Ponton, Lionel, Vol IV
Popkin, Richard, Vol IV
Poppe, Susan, Vol IV
Porter, Burton F., Vol IV
Pospesel, Howard, Vol IV

Postema, Gerald Jay, Vol IV
Posy, Carl J., Vol IV
Potter, Karl Harrington, Vol IV
Potter, Nelson, Vol IV
Powell, Jouett L., Vol IV
Powell, Sam, Vol IV
Powers, Madison, Vol IV
Pozzo, Riccardo, Vol IV
Prado, C.G., Vol IV
Pressman, H. Mark, Vol IV
Prialkowski, Kristoff, Vol IV
Price, Daniel, Vol IV
Price, Marjorie S., Vol IV
Price, Robert George, Vol I
Price, Robert M., Vol IV
Primack, Maxwell, Vol IV
Prince, Arthur, Vol IV
Pritzl, Kurt, Vol IV
Proops, Ian, Vol IV
Prust, Richard Charles, Vol IV
Puligandla, Ramakrishna, Vol IV
Purtill, Richard L., Vol IV
Putnam, Hilary, Vol IV
Putney, David P., Vol IV
Quigley, Timothy R., Vol IV
Quillian, William F., Vol IV
Quinn, John F., Vol IV
Quinn, Philip L., Vol IV
Rachels, James, Vol IV
Rachels, Stuart, Vol IV
Radden, Jennifer, Vol IV
Radzik, Linda, Vol IV
Rae Baxter, Laurie, Vol IV
Rainbolt, George, Vol IV
Rakus, Daniel T., Vol IV
Ramos-Mattei, Carlos J., Vol IV
Ramsey, Jeff, Vol I
Ramsey, William M., Vol IV
Ransdell, Joseph M., Vol IV
Rapaport, William J., Vol IV
Rappaport, Steven D., Vol IV
Raskin, Jay, Vol IV
Rauhut, Nils, Vol IV
Ravven, Heidi, Vol IV
Rawling, J. Piers, Vol IV
Rawls, John, Vol IV
Ray, Greg, Vol IV
Rayfield, David, Vol IV
Raymond, Diane, Vol IV
Rea, Michael C., Vol IV
Reath, Andrews, Vol IV
Reck, Andrew Joseph, Vol IV
Reck, Erich H., Vol IV
Reed, Ross Channing, Vol IV
Reese, William Lewis, Vol IV
Regnister, Bernard, Vol IV
Reibetanz, S. Sophia, Vol IV
Reich, Louis John, Vol IV
Reichberg, Gregory M., Vol IV
Reichenbach, Bruce Robert,
   Vol IV
Reichenbach, Maria, Vol IV
Reichmann, James B., Vol IV
Reidy, David, Vol IV
Reisch, George, Vol I
Reiss, Lester Joseph, Vol IV
Reiter, David Dean, Vol IV
Reitz, Charles, Vol IV
Rennie, Bryan S., Vol I
Rescher, Nicholas, Vol IV
Resnik, Michael D., Vol IV
Reuscher, John, Vol IV
Reydams-Schils, Gretchen, Vol I
Reynolds, Noel Beldon, Vol IV
Reynolds, Steven, Vol IV
Ricci, Paul O., Vol IV
Ricciardelli, Angela R., Vol IV
Richards, Jerald H., Vol IV
Richards, William M., Vol IV
Richardson, Henry, Vol IV
Richardson, Peter, Vol IV
Richardson, Robert Calvin, Vol IV
Richter, Duncan J., Vol IV
Ricketts, Thomas G., Vol IV
Rickless, Samuel, Vol IV
Ricoeur, Paul, Vol IV
Ridge, Michael, Vol IV
Rieber, Steven, Vol IV
Riggins, Thomas, Vol IV
Rind, Miles, Vol IV
Risjord, Mark, Vol IV
Risser, James C., Vol IV
Roark, Dallas Morgan, Vol IV
Roberson, Christopher, Vol IV
Roberts, Don, Vol IV
Roberts, Lani, Vol IV
Roberts, Melinda, Vol IV
Roberts, Rodney C., Vol IV
Roberts, Victor William, Vol IV

Robertson, Teresa, Vol IV
Robinson, Hoke, Vol IV
Robinson, John H., Vol IV
Robinson, Keith Alan, Vol IV
Robinson, William Spencer,
   Vol IV
Rocker, Stephen, Vol IV
Roda, Anthony, Vol IV
Rogers, Kim W., Vol IV
Rohatyn, Dennis Anthony, Vol IV
Rohr, Michael D., Vol IV
Rollin, Bernard E., Vol IV
Rolston, Holmes, III, Vol IV
Roman, Eric, Vol I
Root, Michael, Vol IV
Rorty, Amelie Oksenberg, Vol IV
Rorty, R., Vol IV
Rose, Kenneth, Vol IV
Rosemann, Philipp W., Vol IV
Rosemont, Henry, Vol IV
Rosen, Stanley H., Vol I
Rosenberg, Alexander, Vol IV
Rosenkrantz, Gary Sol, Vol IV
Rosenstein, Leon, Vol IV
Rosenthal, David M., Vol IV
Rosenthal, Michael A., Vol IV
Rosner, Jennifer, Vol IV
Ross, Jamie, Vol IV
Ross, Particia A., Vol IV
Ross, Peter W., Vol IV
Rosthal, Robert, Vol IV
Roth, Paul A., Vol IV
Roth, Robert J., Vol IV
Rothbart, Daniel, Vol IV
Rothberg, Donald Jay, Vol IV
Rottschaefer, William Andrew,
   Vol IV
Roush, Sherrilyn, Vol IV
Rowan, John R., Vol IV
Rowe, William L., Vol IV
Rubarth, Scott M., Vol IV
Rubenstein, Eric M., Vol IV
Rudge, David W., Vol I
Rudnick Luft, Sandra, Vol I
Ruja, Harry, Vol IV
Rura, Svetlana, Vol IV
Russell, Bruce Alan, Vol IV
Russell, Kathryn, Vol IV
Russo, Adelaide, Vol II
Russon, John Edward, Vol IV
Russow, Lilly-Marlene, Vol IV
Rutherford, Donald P., Vol I
Ryan, Eugene Edward, Vol IV
Ryan, Frank X., Vol IV
Ryan, Robert M., Vol II
Ryder, John, Vol IV
Saatkamp, Herman J., Vol IV
Sacksteder, William, Vol IV
Saenz, Mario, Vol IV
Saffire, Paula Reiner, Vol I
Sagoff, Mark, Vol IV
Sakezles, Priscilla, Vol IV
Sale, Mary, Vol IV
Sallis, John C., Vol IV
Sallstrom, John Emery, Vol IV
Salmon, Nathan, Vol IV
Salmon, Wesley Charles, Vol IV
Saltzman, Judy Deane, Vol IV
Samar, Vincent J., Vol IV
Sample, Ruth, Vol IV
Sanders, John E., Vol IV
Sanders, John T., Vol IV
Sanford, David Hawley, Vol IV
Santas, Gerasimos, Vol IV
Santoni, Ronald Ernest, Vol IV
Santoni, Ronald Ernest, Vol IV
Santos, Sherod, Vol II
Sapontzis, Steve Frederic, Vol IV
Sarver, Vernon T., Vol IV
Sassower, Raphael, Vol IV
Satris, Stephen A., Vol IV
Sauer, James B., Vol IV
Savage, C. Wade, Vol IV
Savage, Wade S., Vol IV
Sayre, Kenneth Malcolm, Vol IV
Sayre, Patricia, Vol IV
Sayward, Charles, Vol IV
Scanlan, James P., Vol IV
Scanlan, Michael, Vol IV
Scanlon, T.M., Vol IV
Scerri, Eric R., Vol IV
Schacht, Richard, Vol IV
Schall, James Vincent, Vol IV
Schaller, Walter E., Vol IV
Schalow, Frank, Vol IV
Schauber, Nancy E., Vol IV
Schechtman, Marya, Vol IV
Schedler, George Edward, Vol IV
Scheffler, Israel, Vol IV

Schejbal, David, Vol IV
Scheman, Naomi, Vol IV
Scherer, Imgard S., Vol I
Schiavona, Christopher F., Vol IV
Schick, Frederic, Vol IV
Schievella, P.S., Vol IV
Schlagel, Richard H., Vol IV
Schmaltz, Ted M., Vol IV
Schmandt, Jorgen, Vol IV
Schmaus, Warren Stanley, Vol IV
Schmid, Walter T., Vol IV
Schmidt, Dennis, Vol IV
Schmidt, Paul F., Vol IV
Schmitt, Frederick Francis, Vol IV
Schmitt, Richard George, Vol IV
Schmitter, Amy, Vol I
Schneewind, Jerome B., Vol IV
Schneider, Samuel, Vol IV
Schner, George, Vol IV
Schoen, Edward Lloyd, Vol IV
Scholz, Sally J., Vol IV
Schonfeld, Martin, Vol IV
Schotch, Peter K., Vol IV
Schouborg, Gary, Vol IV
Schouls, Peter A., Vol IV
Schrader, David E., Vol IV
Schrag, Calvin, Vol IV
Schrag, Calvin Orville, Vol IV
Schrag, Oswald O., Vol IV
Schrift, Alan D., Vol IV
Schroeder, Steven H., Vol IV
Schroeder, William, Vol IV
Schueler, G.F., Vol IV
Schufreider, Gregory, Vol I
Schultz, Janice Lee, Vol IV
Schultz, Walter, Vol IV
Schumacher, John, Vol IV
Schwanauer, Francis, Vol IV
Schwartz, Justin, Vol IV
Schweickart, David, Vol IV
Schwerin, Alan, Vol IV
Schwitzgebel, Eric, Vol IV
Scoledes, Aristotle, Vol IV
Scott, Charles, Vol IV
Scott, Gary Alan, Vol IV
Scott, Gregory L., Vol IV
Scott, James, Vol IV
Scott, Kermit, Vol IV
Scott, Walter Gaylord, Vol IV
Searle, John R., Vol IV
Secada, Jorge E.K., Vol IV
Seckinger, Donald Sherman,
   Vol IV
Seeskin, Kenneth, Vol IV
Seidel, Asher M., Vol IV
Seidel, George J., Vol IV
Seidenfeld, Teddy, Vol IV
Seigfried, Charlene, Vol IV
Seigfried, Hans, Vol IV
Seiple, David I., Vol IV
Seitz, Brian, Vol IV
Selner-Wright, Susan C., Vol IV
Sencerz, Stefan, Vol IV
Sennett, James, Vol IV
Senor, Thomas, Vol IV
Sent, Esther Mirjam, Vol IV
Sepper, Dennis L., Vol IV
Serequeberhan, Tsenay, Vol IV
Sergeev, Mikhail Yu, Vol IV
Sessions, Robert, Vol IV
Sessions, William Lad, Vol IV
Settle, Tom, Vol IV
Seung, Thomas Kaehao, Vol IV
Shafer-Landau, Russell, Vol IV
Shaffer, Jerome A., Vol IV
Shaffer, Nancy E., Vol I
Shanab, Robert, Vol IV
Shanks, Niall, Vol IV
Shannon, Daniel E., Vol IV
Shapere, Dudley, Vol IV
Shapiro, Daniel, Vol IV
Shapiro, Gary, Vol IV
Shapiro, Henry L., Vol I
Shapiro, Stewart, Vol IV
Sharkey, Paul, Vol IV
Sharpe, Virginia A., Vol IV
Shaw, Daniel, Vol IV
Shaw, Marvin C., Vol IV
Shear, Jonathan, Vol IV
Sheehan, Thomas, Vol IV
Sheets-Johnstone, Maxine, Vol IV
Shehadi, Fadlou A., Vol IV
Shelton, Jim D., Vol IV
Shelton, Mark, Vol IV
Sher, Gila, Vol IV
Sherline, Ed, Vol IV
Sherman, Nancy, Vol IV
Sherover, Charles M., Vol IV
Sherwin, Byron, Vol IV

Sherwin, Susan, Vol IV
Shibles, Warren Alton, Vol IV
Shields, George W., Vol IV
Shields, Mary, Vol IV
Shier, David, Vol IV
Shin, Sun Joo, Vol IV
Shiner, Roger Alfred, Vol IV
Shipka, Thomas A., Vol IV
Shirley, Edward S., Vol IV
Shoemaker, David W., Vol IV
Shosky, John, Vol IV
Shrader, Douglas Wall, Jr., Vol IV
Shrader-Frechette, Kristin, Vol IV
Shwayder, David, Vol IV
Sibley, Jack Raymond, Vol IV
Sicha, Jeffrey Franklin, Vol IV
Sider, David, Vol I
Sider, Ted, Vol IV
Sieg, Wilfried, Vol IV
Sieg, William, Vol IV
Silber, Daniel, Vol IV
Silber, John Robert, Vol IV
Silliman, Matthew R., Vol IV
Silver, Mitchell, Vol IV
Silvers, Anita, Vol IV
Simco, Nancy Davis, Vol IV
Simmons, A.J., Vol IV
Simmons, Jack R., Vol IV
Simmons, Lance, Vol IV
Simmons, William A., Vol IV
Simon, Julius J., Vol IV
Simpson, Evan, Vol IV
Simpson, Peter, Vol IV
Simpson, Peter L.P., Vol I
Simson, Rosalind S., Vol IV
Singer, Beth J., Vol IV
Singer, Irving, Vol IV
Singer, Marcus G., Vol IV
Sinkler, Georgette, Vol IV
Sipfle, David A., Vol IV
Sirridge, Mary, Vol IV
Sismondo, Sergio, Vol IV
Sisson, Russell, Vol IV
Skaggs, Rebecca, Vol IV
Skelly, Brian, Vol IV
Sklar, Lawrence, Vol IV
Skrupskelis, Ignas Kestutis, Vol IV
Skyrms, Brian, Vol IV
Slattery, Kenneth F., Vol IV
Sleigh, Robert Collins, Vol IV
Smart, Ninian, Vol IV
Smaw, Eric, Vol IV
Smillov, Marin S., Vol IV
Smith, Barry, Vol IV
Smith, Janet E., Vol IV
Smith, John Edwin, Vol IV
Smith, Kelly C., Vol IV
Smith, Quentin, Vol IV
Smith, Randall Brian, Vol IV
Smith, Robin, Vol IV
Smith, Steven G., Vol I
Smith, William A., Vol IV
Smurl, James Frederick, Vol IV
Smythe, Thomas W., Vol IV
Sneed, Joseph Donald, Vol IV
Snoeyenbos, Milton, Vol IV
Sober, Elliott Reuben, Vol IV
Soble, Alan, Vol IV
Sobstyl, Edrie, Vol IV
Soffer, Gail, Vol IV
Soffer, Walter, Vol IV
Sokolowski, Robert S., Vol IV
Sokolowski, William R., Vol IV
Soldan, Angelika, Vol IV
Solheim, Barbara P., Vol IV
Solomon, Robert Charles, Vol IV
Solomon, William David, Vol IV
Sommer, John D., Vol IV
Sontag, Frederick Earl, Vol IV
Sorensen, Roy, Vol IV
Sorrenson, Richard J., Vol I
Sosa, Ernest, Vol IV
Spanos, William, Vol II
Spellman, Lynne, Vol I
Spiegel, James S., Vol IV
Spitz, Ellen Handler, Vol IV
Sprague, Elmer D., Jr., Vol IV
Sprague, Rosamond K., Vol IV
Squadrito, Kathleen Marie, Vol IV
Sreedhar, Susanne, Vol IV
Sreenivasan, Gopal, Vol IV
Stack, George Joseph, Vol IV
Stackhouse, John G., Jr., Vol IV
Stadler, Ingrid, Vol IV
Stafford, Sue P., Vol IV
Stagaman, David, Vol IV
Stainton, Robert J.H., Vol IV
Stam, James H., Vol IV
Stambaugh, Joan, Vol IV

Stamey, Joseph Donald, Vol IV
Stanford, Preston K., Vol IV
Stanovsky, Derek, Vol IV
Stark, Herman E., Vol IV
Stark, Tracey, Vol IV
Starkey, Lawrence H., Vol IV
Stecker, Robert, Vol IV
Steigerwald, Diane, Vol IV
Stein, Howard, Vol IV
Steinbock, Bonnie, Vol IV
Steinbuch, Thomas A., Vol IV
Steinhart, Eric, Vol IV
Steinman, Joan E., Vol IV
Stempsey, William Edward,
   Vol IV
Stenstad, Gail, Vol IV
Stephens, Lynn, Vol IV
Sterba, James P., Vol IV
Stern, David S., Vol IV
Stern, Laurent, Vol IV
Stewart, David, Vol IV
Stewart, Melville Y., Vol IV
Stich, Stephen P., Vol IV
Stichler, Richard, Vol IV
Stingl, Michael, Vol IV
Stoehr, Kevin L., Vol IV
Stone, Jerome Arthur, Vol IV
Storch, Steven R., Vol IV
Stramel, James, Vol IV
Strang, J.V., Vol IV
Strange, Steven K., Vol I
Strasser, Mark, Vol IV
Straumanis, Joan, Vol IV
Strikwerds, Robert A., Vol IV
Stroh, Guy Weston, Vol IV
Stroll, Avrum, Vol IV
Stromberg, James S., Vol IV
Stroud, Sarah, Vol IV
Stuart, James Donald, Vol IV
Stubenberg, Leopold, Vol IV
Stump, David James, Vol IV
Sturm, Fred Gillette, Vol IV
Suber, Peter Dain, Vol IV
Sullivan, John G., Vol IV
Sullivan, Shirley Darcus, Vol I
Sullivan, Stephen J., Vol IV
Sundaram, K., Vol IV
Suppes, Patrick, Vol IV
Suter, Ronald, Vol IV
Sutter, Leslie E., Vol IV
Swanger, Eugene R., Vol IV
Sweeney, Leo, Vol IV
Sweetman, Brendan M., Vol IV
Swindler, James Kenneth, Vol IV
Switala, Kristin, Vol IV
Switala, Kristin, Vol IV
Sylla, Edith Dudley, Vol I
Synan, Edward A., Vol IV
Sypnowich, Christine, Vol IV
Szabados, Bela, Vol IV
Taber, John, Vol IV
Taiwo, Olufemi, Vol IV
Talbott, William J., Vol IV
Taliaferro, Charles, Vol IV
Tandy, Charles, Vol IV
Tang, Paul C.L., Vol IV
Tarala, Joseph J., Vol IV
Taran, Leonardo, Vol I
Tartaglia, Philip, Vol IV
Tassi, Aldo, Vol IV
Tate, Paul Dean, Vol IV
Tauber, Alfred I., Vol IV
Tavani, Herman, Vol IV
Taylor, Angus, Vol IV
Taylor, Charles, Vol IV
Taylor, Gene Fred, Vol IV
Taylor, James E., Vol IV
Taylor, Velande P., Vol II
Teehan, John, Vol IV
Tenenbaum, Sergio, Vol IV
Terezakis, Katie, Vol IV
Terrell, Huntington, Vol IV
Terrell, Timothy Prater, Vol IV
Teschner, George A., Vol IV
Teske, Roland John, Vol IV
Thagard, Paul, Vol IV
Thalos, Mariam, Vol IV
Thandeka, Vol IV
Thayer, H.S., Vol IV
Thiruvengadam, Raj, Vol IV
Thomas, John Joseph, Vol IV
Thomas, Nigel J.T., Vol I
Thomasma, David C., Vol IV
Thompson, Garrett, Vol IV
Thompson, Kenneth F., Vol IV
Thompson, Paul B., Vol IV
Thompson, William M., Vol IV
Thomson, William, Vol IV
Thorp, John, Vol IV

Thorpe, Samuel, Vol IV
Thro, Linus J., Vol IV
Thurston, Bonnie Bowman, Vol II
Tibbetts, Paul E., Vol IV
Tiberius, Valerie, Vol IV
Tidman, Paul, Vol IV
Tierney, Nathan L., Vol IV
Tiles, J.E., Vol IV
Tilley, John, Vol IV
Tilley, Terrence W., Vol IV
Titiev, Robert Jay, Vol IV
Toadvine, Ted, Vol IV
Tobin, Frank J., Vol II
Todd, Donald David, Vol IV
Toenjes, Richard H., Vol IV
Tomarchio, John, Vol IV
Tominaga, Thomas T., Vol IV
Tong, Lik Kuen, Vol IV
Tong, Rosemarie, Vol IV
Torell, Kurt Charles, Vol IV
Toribio, Josefa, Vol IV
Torrago, Loretta, Vol IV
Torres-Gregory, Wanda, Vol IV
Townsend, Dabney W., Jr., Vol IV
Trammell, Richard Louis, Vol IV
Trenn, Thaddeus Joseph, Vol I
Tress, Daryl Thomas, Vol IV
Tribe, Laurence Henry, Vol IV
Trigilio, Jo, Vol IV
Triplett, Tim, Vol IV
Tristan, Jayne A., Vol IV
Trotter, Griffin, Vol IV
Trout, J.D., Vol IV
Trowbridge, John, Vol IV
Troyer, John G., Vol IV
Trundle, Robert C., Jr., Vol IV
Tschemplik, Andrea, Vol IV
Tsirpanlis, Constantine Nicholas, Vol I
Tu, Wei-Ming, Vol I
Tully, James H., Vol I
Tumlin, John S., Vol IV
Turetzky, Nachum, Vol IV
Turnbull, Robert George, Vol IV
Turner, Stephen, Vol III
Turquette, Atwell R., Vol IV
Tuttle, Howard N., Vol IV
Twaddell, Gerald E., Vol IV
Twetten, David B., Vol IV
Twiss, Sumner Barnes, Vol IV
Tyrrell, Bernard James, Vol IV
Uitti, Karl David, Vol III
Ulrich, Dolph, Vol IV
Ulrich, Lawrence P., Vol IV
Ungar, Anthony, Vol IV
Upton, Thomas Vernon, Vol IV
Urban Walker, Margaret, Vol IV
Uzgalis, William, Vol IV
Vacek, Edward Victor, Vol IV
Vaillancourt, Daniel, Vol IV
Vallega-Neu, Daniela, Vol IV
Vallentyne, Peter, Vol IV
Vallicella, William F., Vol IV
van Buren, John, Vol IV
Van Camp, Julie C., Vol IV
Van Cleve, James, Vol IV
van der Linden, Harry, Vol IV
Van Evra, James, Vol IV
Van Hook, Jay M., Vol IV
van Inwagen, Peter, Vol IV
Van Norden, Bryan W., Vol IV
van Roojen, Mark, Vol IV
Varner, Gary Edward, Vol IV
Varzi, Achille C., Vol IV
Vaughan, Frederick, Vol IV
Veatch, Robert M., Vol IV
Velkley, Richard L., Vol IV
Ver Eecke, Wilfried, Vol IV
Verhaegh, Marcus, Vol IV
Vermazen, Bruce James, Vol IV
Vernezze, Peter J., Vol IV
Vernoff, Charles Elliott, Vol IV
Vertin, Michael, Vol IV
Vielkind, John N., Vol IV
Viminitz, Paul, Vol IV
Vincent, David, Vol IV
Vinci, Thomas, Vol IV
Vision, Gerald, Vol IV
Vivas, Eliseo, Vol IV
Vogel, Manfred, Vol IV
Vollrath, John F., Vol IV
Von Eckardt, Barbara, Vol IV
Vos, Arvin G., Vol IV
Wagner, Michael Frank, Vol IV
Wagner, Paul Anthony, Vol IV
Wagner, Steven, Vol IV
Wahl, Russell, Vol IV
Wainwright, Sue, Vol IV
Wainwright, William J., Vol IV

Wakin, Malham M., Vol IV
Waldau, Paul, Vol IV
Walen, Alec D., Vol IV
Walhout, Donald, Vol IV
Waligore, Joseph, Vol IV
Walker, James Silas, Vol IV
Walker, Margaret, Vol IV
Walker, Rebecca, Vol IV
Wall, Barbara E., Vol IV
Wallace, James Donald, Vol IV
Wallace, John, Vol IV
Wallace, Kathleen, Vol IV
Wallace, Robert M., Vol IV
Wallace, William A., Vol IV
Wallis, James, Vol IV
Walsh, David John, Vol IV
Walsh, James Jerome, Vol IV
Walsh, John H., Vol IV
Walter, Edward F., Vol IV
Walter, James Joseph, Vol IV
Walton, Craig, Vol IV
Walton, Douglas, Vol IV
Walton, Douglas Neil, Vol IV
Walton, Kendall L., Vol IV
Wang, Hao, Vol IV
Wang, Robin, Vol IV
Wangu, Madhu Bazaz, Vol IV
Wantland, Burdett L., Vol IV
Ward, Benjamin F., Vol IV
Ward, Julie, Vol IV
Warfield, Ted A., Vol IV
Warnke, Georgia, Vol IV
Warren, Dona, Vol IV
Warren, Edward W., Vol III
Warren, Linda, Vol IV
Warren, Paul R., Vol IV
Warren, Scott, Vol IV
Waters, Kenneth C., Vol IV
Waters, Raphael Thomas, Vol IV
Watson, James R., Vol IV
Watson, Richard Allan, Vol IV
Watson, Stephen, Vol IV
Watson, Walter, Vol IV
Wautischer, Helmut, Vol IV
Waymack, Mark H., Vol IV
Wayne, Andrew, Vol IV
Weatherford, Roy C., Vol IV
Weatherston, Martin, Vol IV
Weber, Mark E., Vol IV
Weber, Michael, Vol IV
Wedgwood, Ralph N., Vol IV
Weibe, Phillip H., Vol IV
Weinberger, Leon Judah, Vol IV
Weiner, Neal O., Vol IV
Weiner, Robert, Vol IV
Weinreb, Lloyd L., Vol IV
Weirich, Paul, Vol IV
Weiss, Raymond L., Vol IV
Weiss, Roslyn, Vol IV
Weithman, Paul J., Vol IV
Welker, David Dale, Vol IV
Weller, Eric John, Vol IV
Wellman, Carl, Vol IV
Wells, Donald A., Vol IV
Welton, William A., Vol IV
Wengert, Robert, Vol IV
Weninger, Robert, Vol IV
Wennberg, Robert N., Vol IV
Werth, Lee Frederick, Vol IV
Wertheimer, Roger, Vol IV
Wertz, S.K., Vol IV
Wess, Robert C., Vol IV
West, Henry Robison, Vol IV
Westacott, Emrys, Vol IV
Westley, Richard J., Vol IV
Westmoreland, Robert B., Vol IV
Weston, Thomas Spengler, Vol IV
Westphal, Jonathan, Vol IV
Westphal, Kenneth R., Vol IV
Westphal, Merold, Vol IV
Wettstein, Howard K., Vol IV
Wetzel, James, Vol IV
Wheeler, Arthur M., Vol IV
Wheeler, Samuel C., III, Vol IV
Wheeler, Samuel C., III, Vol IV
Whipps, Judy, Vol IV
Whitbeck, Caroline, Vol IV
White, Alfred Loe, Vol IV
White, David A., Vol IV
White, David Benjamin, Vol IV
White, John D., Vol I
White, Kevin, Vol IV
White, Michael J., Vol IV
White, Morton G., Vol IV
White, Nicholas P., Vol IV
White, Stephen W., Vol IV
White, V. Alan, Vol IV
Whitebook, Joel, Vol IV
Whitman, Jeffrey P., Vol IV

Whitman Hoff, Joan, Vol IV
Whitney, Barry L., Vol IV
Whitt, L.A., Vol IV
Whittier, Duane Hapgood, Vol IV
Wicclair, Mark Robert, Vol IV
Wider, Kathleen V., Vol IV
Wiebe, Donald, Vol IV
Wiedmann, Sally N., Vol IV
Wierenga, Edward Ray, Vol IV
Wiggins, Osborne P., Jr., Vol IV
Wike, Victoria S., Vol IV
Wilcox, Joel, Vol IV
Wildberg, Christian, Vol I
Wiliams, Ron G., Vol IV
Willett, Cynthia, Vol IV
Williams, Christopher, Vol IV
Williams, Clifford, Vol IV
Williams, Meredith, Vol IV
Williams, Michael J., Vol IV
Williamson, William B., Vol IV
Wilshire, Bruce W., Vol IV
Wilson, Bradley E., Vol IV
Wilson, Holly, Vol IV
Wilson, Kent, Vol IV
Wilson, Robert, Vol IV
Wininger, Kathleen, Vol IV
Winkler, Kenneth, Vol IV
Winnik, Herbert Charles, Vol I
Winston, Kenneth Irwin, Vol IV
Winston, Morton E., Vol IV
Winter, John Ellsworth, Vol IV
Wippel, John Francis, Vol IV
Wirth, Jason M., Vol IV
Wirzba, Norman, Vol IV
Witherspoon, Edward, Jr., Vol IV
Witman, Edward Paul, Vol IV
Witmer, Donald G., Vol IV
Witt, Charlotte, Vol IV
Wittrup, Eleanor, Vol IV
Wolf, Susan R., Vol IV
Wolfe, David L., Vol I
Wolff, Robert Paul, Vol IV
Wolgast, Eliz H., Vol II
Wood, Forrest E., Jr., Vol IV
Wood, Rega, Vol IV
Wood, Robert, Vol IV
Woodhouse, Mark B., Vol IV
Woodruff, Paul, Vol IV
Woodward, J., Vol IV
Worth, Sarah Elizabeth, Vol IV
Wren, Thomas, Vol IV
Wren, Thomas E., Vol IV
Wright, John, Vol IV
Wright, Larry, Vol IV
Wright, Robert L., Vol III
Wright, Terrence C., Vol IV
Wu, Joseph Sen, Vol IV
Wu, Kuang-Ming, Vol IV
Wubnig, Judy, Vol IV
Wurzburger, Walter S., Vol IV
Wylie, Alison, Vol IV
Wyma, Keith D., Vol IV
Wyschogrod, Michael, Vol IV
Yadav, Bibhuti S, Vol IV
Yaffe, Martin David, Vol IV
Yagisawa, Takashi, Vol IV
Yalowitz, Steven, Vol IV
Yanal, Robert John, Vol IV
Yandell, K. David, Vol IV
Yandell, Keith E., Vol IV
Yang, Xiaosi, Vol IV
Yaqub, Aladdin M., Vol IV
Yartz, Frank J., Vol IV
Yates, Jenny, Vol IV
Yezzi, Ronald D., Vol IV
Yizar, Marvin, Vol IV
Yolton, John W., Vol IV
Young, James O., Vol IV
Yovel, Yirmiyahu, Vol IV
Yusa, M., Vol IV
Zack, Naomi, Vol IV
Zaferson, William S., Vol IV
Zaner, Richard, Vol IV
Zavodny, John, Vol IV
Zellner, Harold Marcellars, Vol IV
Zeman, Vladimir, Vol IV
Zheng, Yiwei, Vol IV
Zimany, Roland Daniel, Vol IV
Zimmerman, Dean, Vol IV
Zimmerman, Michael E., Vol IV
Zinkin, Melissa R., Vol IV
Zong, Desheng, Vol IV
Zupko, Jack, Vol IV
Zweig, Arnulf, Vol IV
Zwicky, Jan, Vol IV

Physical Sciences

Barmore, Frank E., Vol IV
Bauer, Henry H., Vol IV
Bub, Jeffrey, Vol IV
Camp, Robert C., Vol I
Carr, Michael Harold, Vol I
Earley, Joseph E., Vol IV
El-Baz, Farouk, Vol I
Fleming, James Rodger, Vol I
Forbes, A. Dean, Vol IV
Hall, Gene E., Vol I
Hankin, Alan Lee, Vol I
Harbottle, Garman, Vol I
Heibron, John L., Vol I
Herbert, Sandra Swanson, Vol I
Horne, Ralph Albert, Vol IV
Jett, Stephen C., Vol I
Jian-Zhong, Zhou, Vol II
Kaiser, Christopher Barina, Vol IV
Kay, Gersil Newmark, Vol IV
Keller, Evelyn Fox, Vol IV
Knopoff, L., Vol IV
Krupp, E.C., Vol IV
Lawergren, Bo, Vol IV
Lygre, David Gerald, Vol IV
McCaffrey, James M., Vol I
Miner, Ellis D., Vol III
Morgan, John D., Vol I
Nauenberg, M., Vol IV
Nof, Shimon Y., Vol I
Porter, Andrew P., Vol IV
Porter, Jonathan, Vol I
Romey, William Dowden, Vol I
Rowe, M.W., Vol I
Ryzl, Milan, Vol IV
Sachs, Mendel, Vol IV
Schkade, Lawrence L., Vol I
Teich, Albert Harris, Vol I
Thompson, William J., Vol IV
Weinberg, Steven, Vol IV
Wilder, Robert Jay, Vol IV

Political Science

Abu-Nimer, Mohammed, Vol IV
Ackelsbert, Martha A., Vol I
Adams, Louis Jerold, Vol I
Al-Marayati, Abid Amin, Vol I
Alisky, Marvin Howard, Vol II
Allen, William Barclay, Vol I
Allin, Craig Willard, Vol I
Aman, Alfred C., Jr., Vol IV
Anderson, Charles W., Vol I
Anglin, Douglas G., Vol I
Anise, Ladun Oladunjoye E., Vol I
Appel, Frederick, Vol IV
Ardrey, Saundra Curry, Vol I
Arnold, Steven H., Vol I
Aronson, Jonathan, Vol I
Atkins, Stephen E., Vol I
Avakumovic, Ivan, Vol I
Baer, Judith A., Vol I
Bartlett, Robert V., Vol I
Baumann, Carol Edler, Vol I
Beer, Francis A., Vol I
Bensel, Richard F., Vol I
Berton, Peter, Vol I
Best, Judith A., Vol I
Birnbaum, Norman, Vol I
Black, Naomi, Vol I
Bock, Robert L., Vol I
Bokina, John, Vol I
Boyle, Francis, Vol IV
Bratton, Timothy L., Vol I
Brautigam, Deborah, Vol I
Brettschneider, Marla, Vol I
Brigham, John, Vol I
Brinkley, George A., Vol I
Brown, Kenneth Lee, Vol I
Brownmiller, Sara N., Vol I
Caiden, Gerald E., Vol I
Cairns, Hugh A.C., Vol I
Cerillo, Augustus, Vol I
Chang, Dae Hong, Vol I
Christol, Carl Quimby, Vol IV
Cimbala, Stephen J., Vol I
Citron, Henry, Vol I
Clarke, James W., Vol I
Claude, Richard P., Vol IV
Clinton, Richard Lee, Vol I
Cochran, Charles Leo, Vol I
Cohen, Marjorie G., Vol I
Cohen, Stephen P., Vol I
Collins, Elizabeth F., Vol I
Collins, Elliott, Vol I
Cooper, Allan D., Vol I
Cotman, John W., Vol I
Covin, David Leroy, Vol I
Cumings, Bruce, Vol I

Cummings, Richard M., Vol I
Dallin, Alexander, Vol I
Davenport, Christian A., Vol I
Davidson, Roger Harry, Vol I
Davis, Carl L., Vol I
Davis, Nathaniel, Vol I
Day, Richard B., Vol I
Deng, Francis M., Vol I
Devine, Donald J., Vol I
Dickson, David Franklin, Vol IV
Dienes, C. Thomas, Vol IV
Dominguez, Jorge Ignacio, Vol I
Dougherty, James E., Vol IV
Dowty, Alan K., Vol I
Dye, Thomas R., Vol I
Ebel, Roland H., Vol I
Edwards, George Charles III, Vol I
Ehrenreich, N., Vol I
Elliott, Ward Edward Yandell, Vol I
Epstein, Edwin M., Vol IV
Falk, Candace, Vol I
Farmer, David, Vol I
Farrell, Warren Thomas, Vol I
Feeley, Malcolm M., Vol I
Feinberg, Barbara Jane, Vol I
Finifter, Ada Weintraub, Vol I
Fisher, Louis, Vol I
Fleer, Jack David, Vol I
Friedman, Edward, Vol I
Furdell, Ellzabeth Lane, Vol I
Garthoff, Raymond L., Vol I
Gelb, Joyce, Vol I
Geyer, Alan, Vol IV
Gibbs, David N., Vol I
Gilbert, Robert Emile, Vol I
Gimelli, Louis B., Vol I
Glassner, Martin Ira, Vol I
Goel, Madan Lal, Vol I
Goldfield, Michael, Vol I
Goldman, Sheldon, Vol I
Goodman, Louis, Vol I
Graber, Doris A., Vol I
Graham, George Jackson, Vol IV
Gregg, Robert, Vol I
Grieves, Forest L., Vol I
Grofman, Bernard N., Vol I
Gross Stein, Janice, Vol I
Groth, Alexander J., Vol I
Grundy, Kenneth William, Vol I
Gunlicks, Arthur B., Vol I
Gutmann, Amy, Vol I
Guy, Mary E., Vol I
Hahn, Harlan, Vol I
Hammond, Paul Y., Vol I
Hanson, Eric O., Vol I
Hart, Jeffrey Allen, Vol I
Heffron, Paul Thayer, Vol IV
Heinz, John P., Vol IV
Henning, Randall, Vol I
Hirsch, Herbert, Vol I
Holmes, Robert A., Vol I
Holsti, Ole R., Vol I
Horowitz, Donald L., Vol IV
Jaffa, Harry Victor, Vol I
Jan, George Pokung, Vol I
Jervis, Robert, Vol I
Johannes, John R., Vol I
Johnson, Donald Ellis, Vol I
Johnson, M. Glen, Vol I
Kagan, Robert A., Vol I
Kalvoda, Josef, Vol I
Kanet, Roger E., Vol I
Karkhanis, Sharad, Vol I
Katada, Saori, Vol I
Kazemzadeh, Masoud, Vol I
Kegley, Charles W., Vol I
Kelman, Steven, Vol I
Keohane, Nannerl O., Vol I
Kim, Young Hum, Vol I
Kinsella, David, Vol I
Klehr, Harvey, Vol I
Klinghoffer, Arthur Jay, Vol I
Kochanek, Stanley Anthony, Vol I
Kotler, Neil G., Vol I
Lamb, Charles M., Vol I
Laporte, Robert, Jr., Vol I
Laursen, John Christian, Vol I
Leahy, Margaret E., Vol I
Leedom, Tim C., Vol II
Lentner, Howard H., Vol I
Lewis, Peter, Vol I
Lewis, V. Bradley, Vol I
Locke, Mamie Evelyn, Vol I
Lopach, James L., Vol I
Lorenzo, David J., Vol I
Lowry, William R., Vol I
Mahan, Howard F., Vol I
Malik, Hafeez, Vol I

Mardin, Serif, Vol I
Markovitz, Irving L., Vol I
Marx, Anthony W., Vol I
Masters, Roger D., Vol I
Mayerfeld, Jamie, Vol I
Mazlish, Bruce, Vol I
Mazrui, Ali Al'Amin, Vol I
McConnell, William Howard, Vol IV
McCurdy, Howard Earl, Vol I
McHale, Vincent Edward, Vol I
Mehlman, Maxwell, Vol IV
Mendelson, Johanna, Vol I
Merkl, Peter Hans, Vol I
Meyer, George H., Vol I
Mickiewicz, Ellen Propper, Vol I
Mickolus, Edward F., Vol I
Miller, James, Vol I
Moody, Peter R., Vol I
Moreland-Young, Curtina, Vol I
Muir, William Ker, Vol I
Nagin, Daniel S., Vol IV
Newman, Peter C., Vol I
Nogee, Joseph Lippman, Vol I
Patterson, Samuel C., Vol I
Patterson, Wayne Kief, Vol I
Perkins, Edward Joseph, Vol I
Petras, James Frank, Vol I
Plestina, Dijana, Vol I
Porter, David L., Vol I
Posen, Barry R, Vol I
Prindle, David F., Vol I
Pynn, Ronald, Vol I
Race, Jeffery, Vol I
Reese, Thomas, Vol IV
Rejai, Mostafa, Vol I
Rice, Charles E., Vol IV
Rose, Leo E., Vol I
Rosenblum, Victor Gregory, Vol IV
Roth, William, Vol I
Rusco, Elmer R., Vol I
Ryavec, Karl William, Vol I
Saadoun, Mohamed, Vol I
Sabato, Larry J., Vol I
Safford, John L., Vol I
Safran, William, Vol I
Said, Abdul Aziz, Vol I
Salih, Halil Ibrahim, Vol I
Sanford, Daniel, Vol I
Sayeed, Khalid B., Vol I
Schlafly, Phyllis Stewart, Vol I
Schlesinger, Joseph Abraham, Vol I
Schmidhauser, John Richard, Vol I
Schneider, Cathy, Vol I
Schultz, Reynolds Barton, Vol I
Schwab, Peter, Vol I
Scott, Peter Dale, Vol II
Sharp, Mike, Vol I
Sherrill, Ned, Vol I
Shields, Donald J., Vol II
Sigmund, Paul Eugene, Vol I
Silverstein, Josef, Vol I
Simon, Sheldon W., Vol I
Simpson, Dick, Vol I
Singer, Joel David, Vol I
Sklar, Richard Lawrence, Vol I
Skolnikoff, Eugene B., Vol I
Small, Lawrence Farnsworth, Vol I
Smallwood, James Milton, Vol I
Smith, Brian H., Vol I
Smith, David E., Vol I
Smith, Denis, Vol I
Smith, Jesse Owens, Vol I
Smoker, Paul L., Vol I
Snyder, Glenn Herald, Vol I
Strickland, Ruth Ann, Vol I
Strum, Philippa, Vol I
Suleiman, Michael W., Vol I
Swanson, Bert E., Vol I
Syliowicz, Joseph S., Vol I
Tarver, Leon R., II, Vol I
Taylor, Charles L., Vol I
Terchek, Ronald John, Vol I
Thomas, Norman C., Vol I
Thompson, Margaret Susan, Vol I
Tolchin, Susan Jane, Vol I
Totten, George Oakley, III, Vol I
Tryman, Mfanya Donald, Vol I
Tulis, Jeffrey K., Vol I
Tully, James H., Vol I
Urban, Michael, Vol I
Van Der Slik, Jack Ronald, Vol I
von Dassanowsky, Robert, Vol III
Wagner, Wenceslas Joseph, Vol IV
Wallace, Paul, Vol I
Waltman, Jerold Lloyd, Vol I
Waltz, Kenneth Neal, Vol I
Walzer, Michael, Vol I
Wapner, Paul, Vol I
Wardle, Lynn Dennis, Vol I
Wark, Wesley K., Vol I
Warren, Scott, Vol IV
Watanabe, Morimichi, Vol I
Watkins, Melville H., Vol I
Weiss, T.G., Vol I
Will, W. Marvin, Vol I
Williams, William J., Vol I
Wilson, Joseph F., Vol I
Wolf, Thomas Phillip, Vol I
Wolfe, Christopher, Vol I
Wolfenstein, E. Victor, Vol I
Woodhouse, Edward James, Vol I
Woolley, Peter J., Vol I
Wright, Theodore P., Jr., Vol I
Wunsch, James Stevenson, Vol I
Yancy, Dorothy Cowser, Vol I
Yoder, John, Vol I
Young, James Van, Vol I
Zhao, Quansheng, Vol I
Zimmerman, Joseph F., Vol I
Ziring, Lawrence, Vol I
Zwiebach, Burton, Vol I

Portuguese Language

Bates, Margaret Jane, Vol III
Clemente, Alice Rodrigues, Vol III
Courteau, Joanna, Vol III
Curran, Mark Joseph, Vol III
Cypess, Sandra Messinger, Vol III
Dawson, Robert Lewis, Vol III
del Valle, Jose, Vol III
Dennis, Harry Joe, Vol III
Forster, Merlin Henry, Vol III
Herron, Robert Deupree, Vol III
Igel, Regina, Vol III
Jensen, John Barry, Vol III
Kerr, Lucille, Vol III
Mohler, Stephen Charles, Vol III
Rabassa, Gregory, Vol III
Rameh, Clea Abdon, Vol III
Redenbarger, Wayne Jacob, Vol IV
Silverman, Malcolm Noel, Vol III
Vincent, Jon S., Vol III
Warrin, Donald Ogden, Vol III

Religious Studies

Abegg G., Martin, Vol IV
Abrahamsen, Valerie, Vol IV
Acimovic Wallace, Vesna, Vol III
Ackerman, James S., Vol IV
Adamek, Wendi, Vol IV
Adler, Joseph, Vol IV
Ahlers, Rolf, Vol IV
Ahn, Timothy Myunghoon, Vol IV
Airhart, Phyllis, Vol IV
Albers, Robert H., Vol IV
Albrecht, Gloria H., Vol IV
Alder, Joseph A., Vol IV
Alexakis, Alexander, Vol IV
Alexander, Scott C., Vol IV
Alexander, W.M., Vol IV
Alpert, Rebecca T., Vol IV
Amaru-Halpern, Betsy, Vol IV
Amin Razavi, Mehdi, Vol IV
Amore, Roy C., Vol IV
Anderson, Dennis A., Vol IV
Anderson, William P., Vol IV
Andresen, Jensine, Vol IV
Antoci, Peter, Vol IV
Argall, Randall A., Vol IV
Arnold, Lionel A., Vol IV
Arnold, Philip P., Vol IV
Aronowicz, Annette, Vol IV
Ashanin, Charles B., Vol IV
Ashbrook, James Barbour, Vol IV
Ashton, Dianne C., Vol IV
Atwood, Craig D., Vol IV
Audet, Leonard, Vol IV
Aune, Michael, Vol IV
Avery-Peck, Alan J., Vol I
Awn, Peter, Vol IV
Ayers, James R., Vol IV
Babler, John, Vol IV
Bacharach, Jere L., Vol I
Bache, Christopher Martin, Vol IV
Bailey, Lee, Vol IV
Bailey, Randall Charles, Vol IV
Baird, Robert Dahlen, Vol IV
Baker, John R., Vol IV
Baldwin, John R., Vol II
Balmer, Randall, Vol IV
Bandstra, Barry L., Vol IV
Baranowski, Shelley, Vol IV
Barbieri, William A., Jr., Vol IV
Barbour, Ian Graeme, Vol IV
Barbour, John D., Vol IV
Barlow, Brian C., Vol IV
Barlow, J. Stanley, Vol IV
Barnes, Michael H., Vol IV
Barr, David Lawrence, Vol IV
Barrett, J. Edward, Vol IV
Bascom, Robert, Vol IV
Bashir, Shahzad, Vol IV
Bass, Dorothy C., Vol IV
Batey, Richard A., Vol IV
Battenfield, James R., Vol IV
Battle, Michael, Vol IV
Bauer, Nancy, Vol IV
Baycroft, John A., Vol IV
Beal, Timothy K., Vol IV
Bean, Heather Ann Ackley, Vol IV
Beauchesne, Richard J., Vol IV
Beck, Guy, Vol I
Bedell, George Chester, Vol IV
Bellinzoni, Arthur J., Vol I
Bence, Clarence, Vol IV
Bender, Ross Thomas, Vol IV
Benjamin, Don C., Jr., Vol IV
Benko, Stephen, Vol IV
Benton, Catherine, Vol I
Beougher, Timothy K., Vol IV
Berenbaum, Michael, Vol IV
Berger, Alan L., Vol IV
Berkey, Robert Fred, Vol IV
Berkley, Constance E. Gresham, Vol III
Berkman, John, Vol IV
Bernstein-Nahar, Avi K., Vol IV
Berquist, Jon L., Vol IV
Best, Ernest E, Vol IV
Betz, Hans Dieter, Vol IV
Biallas, Leonard John, Vol IV
Bianchi, Eugene Carl, Vol IV
BiJlefeld, Willem A., Vol III
Bilaniuk, Petro Borys T., Vol IV
Bilodeau, Lorraine, Vol IV
Binkley, Olin Trivette, Vol IV
Bird, Frederick, Vol IV
Blake, Deborah, Vol IV
Blessing, Kamila, Vol IV
Blevins, James Lowell, Vol IV
Blizek, William L., Vol IV
Blodgett, Barbara, Vol IV
Blomberg, Craig L., Vol IV
Bloom, Alfred, Vol IV
Blumenthal, David Reuben, Vol IV
Bobik, Joseph, Vol IV
Bochnowski, Michael, Vol IV
Bohmbach, Karla G., Vol IV
Boisvert, Mathieu, Vol IV
Bokenkamp, Stephen R., Vol IV
Boling, Robert Gordon, Vol IV
Bongmba, Elias Kifon, Vol IV
Bonisteel, Roy, Vol IV
Boomer, Dennis, Vol IV
Borchert, Gerald Leo, Vol IV
Borelli, John, Vol I
Bourgeois, Patrick Lyall, Vol IV
Bowden, Henry Warner, Vol I
Bowden, James Henry, Vol I
Bowman, Leonard Joseph, Vol IV
Bowne, Dale Russell, Vol IV
Boyle, Ashby D., II, Vol IV
Boys, Samuel A., Vol IV
Bozeman, Theodore Dwight, Vol IV
Brakke, David, Vol IV
Brandt, Eric A., Vol IV
Brassard, Francis, Vol IV
Braude, Benjamin, Vol I
Breckenridge, James, Vol I
Bredeck, Martin James, Vol IV
Bregman, Lucy, Vol IV
Brenneman, Walter L., Vol I
Brenner, William H., Vol IV
Bricker, Daniel P., Vol IV
Brinkman, John T., Vol I
Britt, Brian M., Vol IV
Brockopp, Jonathan E., Vol IV
Bross, James Beverley, Vol IV
Brown, Alexandra, Vol IV
Brown, Colin, Vol IV
Brown, Daniel Aloysius, Vol IV
Brown, J. Daniel, Vol IV
Brown, Jerry Wayne, Vol IV
Brown, Paul Llewellyn, Vol IV
Brown, Robert Fath, Vol IV
Bruland, Esther, Vol IV
Bryant, David J., Vol IV
Bucher, Glenn R., Vol IV
Buck, Harry Merwyn, Vol I
Buehler, Arthur, Vol IV
Buehler, Arthur F., Vol IV
Bunge, Wilfred F., Vol IV
Burgess, Andrew J, Vol IV
Burgess, Stanley M., Vol IV
Burke, Ronald R., Vol IV
Burkett, Randall Keith, Vol IV
Burkle, Howard R., Vol IV
Burnett, Fredrick Wayne, Vol IV
Burris, John, Jr., Vol IV
Bush, L. Russ, Vol IV
Bush, Luthor Russell, III, Vol IV
Buss, Martin John, Vol IV
Byer, Inez, Vol IV
Byman, Seymour David, Vol IV
Cabal, Ted, Vol IV
Cadorette, Curt R., Vol IV
Cahill, P. Joseph, Vol IV
Calian, Carnegie Samuel, Vol IV
Callan, T., Vol IV
Campany, Robert F., Vol IV
Campbell, Joseph Gordon, Vol IV
Cannon, Dale W., Vol IV
Capps, Donald E., Vol IV
Carey, Patrick W., Vol IV
Cargas, Harry James, Vol II
Carlston, Charles E., Vol IV
Carpenter, Elizabeth S., Vol IV
Carr, Anne E., Vol IV
Carr, Thomas, Vol IV
Carroll, Beverlee Jill, Vol IV
Carter, Jeffrey D.R., Vol I
Carter, John Ross, Vol I
Carter, Lawrence E., Sr., Vol IV
Carver, Frank G., Vol IV
Cary, Phillip, Vol IV
Castelli, Elizabeth, Vol IV
Cayard, W.W., Vol IV
Cenkner, William, Vol I
Chamberlain, Gary L., Vol IV
Chambers, Alex A., Vol IV
Chancellor, James D., Vol I
Chappell, David Wellington, Vol I
Chapple, C.K., Vol I
Chernus, Ira, Vol IV
Chethimattam, John Britto, Vol IV
Childress, James Franklin, Vol IV
Childs, James M., Jr., Vol IV
Chilton, Bruce, Vol IV
Chinchar, Gerald T., Vol IV
Ching, Julia, Vol IV
Chuang, Rueyling, Vol IV
Churchill, John Hugh, Vol IV
Churchill, Mary, Vol IV
Ciorra, Anthony J., Vol IV
Cladis, Mark S., Vol IV
Clapper, Gregory, Vol IV
Clark, J. Michael, Vol IV
Clark, Jack Lowell, Vol IV
Clark, W. Royce, Vol IV
Clark Kroeger, Catherine, Vol I
Clothey, Frederick Wilson, Vol I
Cobb, Kelton, Vol IV
Coburn, Thomas Bowen, Vol I
Cohen, Burton I., Vol IV
Coleman, John Aloysius, Vol IV
Collinge, William Joseph, Vol IV
Collins, Mary, Vol IV
Conn, Harvie Maitland, Vol IV
Conn, Harvie Maitland, Vol IV
Conn, Marie A., Vol IV
Conn, Walter Eugene, Vol IV
Conver, Leigh E., Vol IV
Converse, Hyla Stuntz, Vol I
Cooey, Paula M., Vol IV
Cooper-Lewter, Nicholas Charles, Vol IV
Copenhaver, John D., Vol IV
Corrigan, John, Vol IV
Cort, John E., Vol IV
Cottrell, Jack Warren, Vol I
Couture, Pamela D., Vol IV
Covell, Ralph, Vol IV
Coward, Harold G., Vol IV
Cox, Claude E., Vol IV
Cranford, Lorin L., Vol IV
Crawford, Timothy G., Vol IV
Creed, Bradley, Vol IV
Crenshaw, James L., Vol IV
Cresson, Bruce Collins, Vol IV
Crites, Stephen Decatur, Vol IV
Crosby, Donald A., Vol IV
Crowley, Sue Mitchell, Vol IV
Crownfield, David R., Vol IV
Crumbley, Deidre H., Vol I
Csikszentmihalyi, Mark, Vol IV
Cubie, David Livingston, Vol IV
Culbertson, Diana, Vol III
Cullinan, Alice R., Vol IV
Cunningham, Jack R., Vol IV
Cunningham, Sarah Gardner, Vol I
Curry, Allen, Vol IV
Curtis-Howe, E. Margaret, Vol IV
D'Agostino, Peter R., Vol IV
Dallen, James, Vol IV
Danner, Dan Gordon, Vol IV
Davenport, Gene Looney, Vol IV
Davies, Alan T., Vol IV
Davies, Brian, Vol IV
Davies, Horton, Vol IV
Davis, Richard, Vol IV
Davis, William V., Vol II
Davis, Winston, Vol I
Dawe, Donald Gilbert, Vol IV
Day, Peggy, Vol IV
Day, Terence Patrick, Vol I
DeChant, Dell, Vol IV
Deeter, Allen C, Vol IV
Demarco, Don, Vol IV
Denny, Fred, Vol IV
Denzey, Nicola, Vol IV
Despland, Michel, Vol IV
Deutsch, Celia, Vol IV
deVries, Paul, Vol IV
Dewart, Leslie, Vol IV
Dicenso, James, Vol IV
Dick, Michael B., Vol IV
Diener, Paul W., Vol IV
DiPucci, William, Vol IV
Discher, Mark R., Vol IV
Dittes, James Edward, Vol IV
Dockery, David S., Vol I
Dodson, Jualynne, Vol IV
Doermann, Ralph W., Vol IV
Doherty, Barbara, Vol IV
Doll, Mary A., Vol IV
Donakowski, Conrad L., Vol I
Donaldson, Daniel J., Vol IV
Donfried, Karl P., Vol IV
Doohan, Helen, Vol IV
Dornish, Margaret Hammond, Vol I
Dorrien, Gary J., Vol IV
Doubles, Malcolm Carroll, Vol IV
Dourley, John Patrick, Vol IV
Doyle, Dennis M., Vol IV
Drage-Hale, Rosemary, Vol IV
Drury, Keith, Vol IV
Dude, Carl K., Vol IV
Duffy, Stephen Joseph, Vol IV
Dunnavant, Anthony L., Vol IV
Dunning, Stephen Northrop, Vol IV
Durham, Ken R., Vol IV
Dykstra, Wayne A., Vol IV
Dymale, Herbert Richard, Vol IV
Earhart, Harry Byron, Vol I
Eaton, Kent A., Vol IV
Eaton, Richard Maxwell, Vol I
Eckardt, Alice Lyons, Vol I
Edwards, Abiyah, Jr., Vol IV
Edwards, Clifford Walter, Vol IV
Eisenbaum, Pamela, Vol IV
Ekeya, Bette J., Vol IV
Eklund, Emmet Elvin, Vol IV
Eliade, Mircea, Vol I
Elias, Jamal J., Vol IV
Ellens, Jay Harold, Vol IV
Ellingsen, Mark, Vol IV
Elliott, Carolyn S., Vol I
Ellis Smith, Marsha A., Vol IV
Ellwood, Gracia F., Vol IV
Ellwood, Robert S., Vol IV
Eminhizer, Earl Eugene, Vol IV
Emler, Donald, Vol IV
Engel, J. Ronald, Vol IV
Engel, Ronald J., Vol IV
Engle, James R., Vol IV
Epp, Eldon Jay, Vol IV
Ernst, Carl W., Vol IV
Erwin, Pamela, Vol IV
Evans, Donald D., Vol IV
Evans, William, Vol IV
Everett, William J., Vol IV
Fabbro, Amata, Vol IV
Fackenheim, Emil, Vol IV
Fadner, Donald E., Vol IV
Falk, Nancy Ellen, Vol I
Falding, Harold J., Vol IV
Farah, Caesar E., Vol I
Farthing, John L., Vol IV
Favazza, Joseph A., Vol IV
Ferguson, Marianne, Vol IV
Ferm, Deane William, Vol IV
Ferm, Robert L., Vol IV
Fernandez, Eduardo, Vol IV

Ferst, Barry Joel, Vol IV
Fiensy, David A., Vol IV
Findlay, James F., Jr., Vol I
Finney, Paul Corby, Vol I
Fisher, David Hickman, Vol IV
Fisher, Eli D., Vol IV
Fisher, Eugene J., Vol IV
Fisher, James T., Vol I
Fittipaldi, Silvio Edward, Vol IV
Fitzgerald, John Thomas, Jr.,
  Vol IV
Flanagan, Kathleen, Vol IV
Fleischer, Manfred Paul, Vol I
Florida, Robert E., Vol IV
Flowers, Ronald Bruce, Vol IV
Foard, James Harlan, Vol IV
Foley, W. Trent, Vol IV
Follick, Robert E., Vol I
Foltz, Howard L., Vol IV
Ford, James L., Vol IV
Foreman, Terry Hancock, Vol IV
Forman, Robert, Vol IV
Forshey, Harold Odes, Vol IV
Fortna, Robert Tomson, Vol IV
Foster, Douglas A., Vol IV
Foster, James Hadlei, Vol IV
Foster, Matthew, Vol IV
Fouke, Daniel C., Vol IV
Fowler, Vivia, Vol IV
Fox, Charles W., Vol IV
Fox, Douglas A., Vol IV
Fox, Samuel, Vol IV
Frankfurter, David, Vol IV
Franklin, Naomi P., Vol IV
Fredriksen, P., Vol IV
Freeman, Donald Dale, Vol IV
French, Harold Wendell, Vol III
French, Richard Frederic, Vol IV
Frerichs, Ernest S., Vol IV
Freund, Richard A., Vol IV
Frick, Frank Smith, Vol IV
Frigge, S. Marielle, Vol IV
Fuller, Robert Charles, Vol IV
Fulop, Timothy E., Vol IV
Gall, Robert S., Vol IV
Garcia, Aurelio A., Vol I
Gardiner, David, Vol IV
Garfinkel, Stephen Paul, Vol IV
Garland, Michael John, Vol IV
Gates, Gary, Vol IV
Gauthier, Candace, Vol IV
Gearey, Amelia J., Vol IV
Gerig, Wesley Lee, Vol IV
Gerkin, Charles Vincent, Vol IV
Gerrish, Brian Albert, Vol IV
Gibbs, Lee Wayland, Vol IV
Gibson, Scott M., Vol IV
Gill, Sam, Vol IV
Gilmour, Peter, Vol IV
Gilpin, W. Clark, Vol IV
Girardot, Norman J., Vol I
Githiga, John Gatungu, Vol IV
Glazier-McDonald, Beth, Vol IV
Gooch, Paul W., Vol IV
Good, Robert C., Vol IV
Goranson, Stephen, Vol IV
Goss, James, Vol IV
Gossai, Hemchand, Vol IV
Gottschalk, Alfred, Vol IV
Gottschalk, Peter, Vol I
Gough, Russell W., Vol IV
Goulding, James Allan, Vol IV
Gouverneur, Gray Henry, Vol III
Govig, Stewart D., Vol IV
Graber-Miller, Keith A., Vol IV
Graham, Stephen R., Vol IV
Graham, W. Fred, Vol IV
Graham, William A., Vol III
Grammer, Michael B., Vol IV
Granquist, Mark, Vol IV
Grant, John W., Vol IV
Grassie, William, Vol IV
Gray, Donald P., Vol IV
Gray, Wallace, Vol IV
Greeley, Andrew Moran, Vol II
Green, Ronald Michael, Vol IV
Greenberg, Gershon, Vol IV
Grelle, Bruce, Vol IV
Griffin, Paul R., Vol IV
Grillo, Laura, Vol I
Grim, John A., Vol I
Grimes, John Allen, Vol IV
Grimes, Ronald L., Vol IV
Gritsch, Eric W., Vol IV
Groome, Thomas H., Vol IV
Groothuis, Douglas, Vol IV
Gross, Rita M., Vol IV
Gualtieri, Antonio Roberto, Vol III
Gudorf, Christine E., Vol IV

Gundry, Robert H., Vol IV
Gurinder, Singh Mann, Vol IV
Gyatso, J., Vol IV
Gyug, Richard F., Vol IV
Haas, Peter J., Vol I
Haberman, David L., Vol IV
Habermehl, Lawrence L., Vol IV
Haddad, Robert Mitchell, Vol I
Haile, Getatchew, Vol III
Halivni, David, Vol IV
Hall, David Lynn, Vol IV
Hall, Ronald L., Vol IV
Halstead, Thomas, Vol IV
Hambrick, A. Fred, Vol IV
Hambrick, Charles Hilton, Vol I
Hamlin, Ernest Lee, Vol IV
Hammond, Guy Bowers, Vol IV
Hanford, Jack, Vol IV
Hanks, Donald, Vol IV
Hanson, Bruce, Vol IV
Happel, Stephen P., Vol IV
Hargis, Jeffrey W., Vol IV
Harley, Gail M., Vol IV
Harrell, David E., Jr., Vol IV
Harrill, J. Albert, Vol IV
Harris, Bond, Vol IV
Harris, Ishwar C., Vol IV
Harris, Max R., Vol IV
Harris, Stephen Leroy, Vol IV
Harrod, Howard L., Vol IV
Harrop, Clayton Keith, Vol IV
Hart, James G., Vol IV
Hartin, Patrick John Christopher,
  Vol IV
Hartley, Loyde Hobart, Vol IV
Hartt, Julian Norris, Vol IV
Harvey, Mark S., Vol IV
Hassing, Arne, Vol IV
Hauck, Allan, Vol IV
Hauser, Richard Joseph, Vol IV
Hawley, John Stratton, Vol IV
Hayes, Alan L., Vol IV
Hayes, Edward L., Vol IV
Hedrick, Charles Webster, Vol IV
Heer, Larry G., Vol IV
Heft, James L., Vol IV
Hein, David, Vol IV
Hein, Norvin, Vol IV
Heine, Steven, Vol IV
Heinze, Ruth-Inge, Vol IV
Helm, Thomas Eugene, Vol IV
Henderson, John B., Vol IV
Hennessy, Anne, Vol IV
Henry, Carl F.H., Vol IV
Herdt, Jennifer A., Vol IV
Herman, Jonathan, Vol IV
Herrera, Robert Anthony, Vol IV
Hess, Richard S., Vol IV
Hester, James D., Vol IV
Hexham, Irving, Vol IV
Highfield, Ronald Curtis, Vol IV
Hill, Harvey, Vol IV
Hines, Mary E., Vol IV
Hinsdale, Mary Ann, Vol IV
Hodder, Alan, Vol IV
Hodges, Louis Wendell, Vol IV
Hoffman, Mark G., Vol IV
Hoffman, Valerie J., Vol IV
Hoitenga, Dewey J., Vol IV
Holder, Arthur G., Vol IV
Holladay, William Lee, Vol IV
Hollenbach, Paul William, Vol IV
Holler, Clyde, Vol IV
Hollis, Susan T., Vol IV
Homans, Peter, Vol IV
Homerin, T. Emil, Vol IV
Hoover, Stewart, Vol IV
Hopkins, Thomas J., Vol I
Hoppe, Leslie John, Vol IV
Hopper, David Henry, Vol IV
Horne, Milton P., Vol IV
Hornecker, Ronald L., Vol IV
Horst, Irvin Buckwalter, Vol I
Hosoi, Y. Tim, Vol I
Hospital, Clifford G., Vol IV
Howard, David M., Jr., Vol IV
Howe, Leroy T., Vol IV
Hsieh, Dinghwa Evelyn, Vol IV
Huddleston, Mark, Vol IV
Hudnut-Beumler, James, Vol IV
Huffman, Gordon, Jr., Vol IV
Hughes, Richard Allan, Vol IV
Hughes, Robert Don, Vol IV
Hull, William E., Vol IV
Hussain, Amir, Vol III
Hutchinson, Roger Charles, Vol IV
Hutton, Lewis J., Vol III
Hwang, Tzu-Yang, Vol IV

Hyers, M. Conrad, Vol III
Irvine, Dale T., Vol IV
Irvine, Stuart, Vol IV
Isaac, Gordon L., Vol IV
Jablonski, Leanne M., Vol IV
Jackson, Roger, Vol IV
Jackson, William Joseph, Vol IV
Jacobson, Arland D., Vol IV
Jaini, Padmanabh S., Vol III
James, Robert N., Vol IV
James, William Closson, Vol IV
Jarow, E.H., Vol III
Jensen, Debra J., Vol IV
Jensen, Tim, Vol IV
Jesse, Jennifer G., Vol IV
John, P.M., Vol IV
Johnnson, Thomas F., Vol IV
Johnson, Curtis, Vol IV
Johnson, Dale Arthur, Vol IV
Johnson, David Lawrence, Vol IV
Johnson, James Turner, Vol IV
Johnson, Roger Alan, Vol IV
Johnson, Stephen M., Vol IV
Johnson, Steven D., Vol IV
Johnson, Willard, Vol IV
Jonas, W. Glenn, Jr., Vol IV
Jones, Barry Alan, Vol IV
Jones, Carolyn, Vol IV
Jones, Charles B., Vol IV
Jones, Donald L., Vol IV
Jones, Richard J., Vol IV
Jones, Robert Alun, Vol IV
Jones, Shawn, Vol IV
Jones, Thomas Canby, Vol IV
Jones, William Paul, Vol IV
Jontepace, D., Vol IV
Jorgensen, Danny L., Vol IV
Joseph, Norma Baumel, Vol IV
Jurisson, Cynthia, Vol IV
Just, Felix, Vol IV
Kalantzis, George, Vol IV
Kambeitz, Teresita, Vol IV
Kane, John, Vol IV
Kane, Stanley, Vol IV
Kane, Thomas Anthony, Vol IV
Kang, Wi Jo, Vol IV
Kang, Wi Jo, Vol I
Karaban, Roslyn A., Vol IV
Karamustafa, Ahmet T., Vol IV
Kasfir, Sidney L., Vol IV
Kater, John L., Jr., Vol IV
Katz, Nathan, Vol IV
Kaucheck, Ken, Vol IV
Kavanagh, Aidan, Vol IV
Kaylor, Robert David, Vol IV
Keck, Leander E., Vol IV
Kee, Howard Clark, Vol IV
Keefe, Alice Ann, Vol IV
Keenan, J.F., Vol IV
Keenan, John, Vol IV
Kenney, Garrett C., Vol IV
Kenney, John Peter, Vol IV
Kessler, S. Ann, Vol I
Khan, Abrahim H., Vol IV
Kierstead, Melanie Starks, Vol IV
Kim, Ai Ra, Vol IV
Kim, Wonil, Vol IV
Kimble, Melvin, Vol IV
Kinball, Walter A., Vol IV
King, Sallie B., Vol IV
Kirchhevel, Gordon D., Vol IV
Kirkpatrick, Frank Gloyd, Vol IV
Kitts, Margo, Vol IV
Klass, Dennis, Vol IV
Klassen, William, Vol IV
Klein, Anne, Vol IV
Kline, Meredith George, Vol IV
Kling, David, Vol I
Klostermaier, Klaus Konrad,
  Vol IV
Kniker, Charles R., Vol IV
Knipe, David Maclay, Vol I
Knitter, Paul Francis, Vol IV
Kohn, Richard, Vol IV
Kollar, Nathan Rudolph, Vol IV
Kopas, Jane, Vol IV
Korp, Maureen, Vol IV
Kort, Wesley A., Vol IV
Kozar, Joseph F., Vol IV
Kraabel, Alf Thomas, Vol IV
Kraft, Robert Alan, Vol I
Krondorfer, Bjoern, Vol IV
Krych, Margaret A., Vol IV
Kubicki, Judith M., Vol IV
Kucheman, Clark Arthur, Vol IV
Kujawa, Sheryl A., Vol IV
Kuzmic, Peter, Vol I
Kwon, Kyeong-Seog, Vol IV
Laine, James W., Vol IV

Lamb, Ramdas, Vol IV
LaMothe, Kimerer L., Vol IV
Lang, Martin Andrew, Vol IV
Langer, Ruth, Vol IV
Laniak, Timothy, Vol IV
Lanning, Bill L., Vol IV
Lapidus Lerner, Anne, Vol IV
Lapsley, James N., Vol IV
Larson, Gerald J., Vol IV
Lathrop, Gordon W., Vol IV
Lau, Sue, Vol IV
Laumakis, Stephen J., Vol IV
Lawhead, William F., Vol I
Lawless, Charles E., Vol IV
Lawson, E.T., Vol IV
Lee, Jung Young, Vol IV
Lee, K. Samuel, Vol IV
Lee, Sungho, Vol IV
Lehrberger, James, Vol IV
Leighton, Taigen Daniel, Vol IV
Leiman, Sid Zalman, Vol I
Lelwica, Michelle M., Vol IV
Lemieux, Lucien, Vol I
Leroy Conrad, Robert, Vol IV
Lester, Robert Carlton, Vol IV
Levesque, Paul J., Vol IV
Lewis, Daniel J., Vol IV
Lewis, Jack Pearl, Vol IV
Lewis, James F., Vol I
Liebert, Elizabeth, Vol IV
Lightstone, Jack, Vol IV
Limburg, James, Vol IV
Lincoln, Bruce, Vol I
Lincoln, C. Eric, Vol IV
Lindquist, Larry, Vol IV
Lindsey, William D., Vol IV
Lindt, Gillian, Vol IV
Lippy, Charles, Vol IV
Livezey, Lowell W., Vol IV
Livingston, James Craig, Vol IV
Lobel, Diana, Vol IV
Loftus, John Allan, Vol IV
Long, Burke O'Connor, Vol IV
Long, Charles H., Vol IV
Long, Jerome Herbert, Vol I
Long, John Edward, Vol IV
Long, Paul, Vol IV
Longstaff, Thomas R.W., Vol IV
Lott, John Bertrand, Vol IV
Lounibos, John, Vol IV
Lowe, Eugene Y., Jr., Vol IV
Luckert, Karl Wilhelm, Vol I
Ludwig, Theodore Mark, Vol I
Lumpp, Randolph, Vol IV
Lyon, Steve, Vol IV
Lyons, Robin R., Vol IV
Lysaught, M. Therese, Vol IV
MacArthur, Steven D., Vol IV
MacCormick, Chalmers, Vol IV
MacDonald, Mary N., Vol I
Machaffie, Barbara J., Vol IV
MacLean, Iain Stewart, Vol IV
Macy, Gary A., Vol IV
Madden, Daniel Patrick, Vol IV
Madsen, Charles Clifford, Vol IV
Madsen, Truman Grant, Vol IV
Maguire, Daniel C., Vol IV
Mahony, William K., Vol IV
Maier, Walter A., Vol IV
Makarushka, Irena, Vol IV
Mann, Gurinder Singh, Vol IV
Mann, William Edward, Vol I
Mansfield, Mecklin Robert, Vol IV
Marangos, Frank, Vol IV
Marina, Jacqueline, Vol IV
Marks, Herbert J., Vol IV
Marrs, Riock R., Vol IV
Martens, Elmer Arthur, Vol IV
Marthaler, Berard Lawrence,
  Vol IV
Martin, Dean M., Vol IV
Martin, James Luther, Vol IV
Martin, Joel, Vol IV
Martin, Judith G., Vol IV
Martin, Marty, Vol IV
Martin, Robert K., Vol IV
Martinson, Paul V., Vol IV
Martland, Thomas Rodolphe,
  Vol IV
Martos, Joseph, Vol IV
Marty, Martin Emil, Vol I
Mason, Herbert Warren, Vol I
Mason, Steve, Vol I
Matheny, Paul Duane, Vol IV
Mathewes, Charles, Vol IV
Mathis, Robert, Vol IV
Matovina, Timothy M., Vol IV
May, John R., Vol IV
May, John Richard, Vol II

Maynard, Arthur Homer, Vol IV
McAuliffe, Jane D., Vol IV
McCagney, Nancy, Vol IV
McCollough, C. Thomas, Vol IV
McCollough, Thomas Elmore,
  Vol IV
McCoy, Jerry, Vol IV
McDaniel, John B., Vol IV
McDermott, Gerald D., Vol IV
McDonald, Patricia M., Vol IV
McDonough, Sheila, Vol IV
McDowell, Markus, Vol IV
McElwain, Hugh Thomas, Vol IV
McFague, Sallie, Vol IV
McGinley, John Willand, Vol IV
McGinn, Sheila E., Vol IV
McGuire, Anne, Vol IV
McGuire, Anne M., Vol IV
Mchugh, Michael P., Vol I
McKale, Michael, Vol IV
McKim, Robert, Vol IV
McKnight, Edgar Vernon, Vol IV
McLelland, Joseph Cumming,
  Vol IV
McMahan, Oliver, Vol IV
McManus, Frederick Richard,
  Vol IV
McMullen, Mike, Vol IV
McRae, John R., Vol IV
McRay, John Robert, Vol IV
Means, James, Vol IV
Meany, Mary Walsh, Vol IV
Meeks, Wayne Atherton, Vol IV
Mehta, Mahesh Maganlal, Vol IV
Meier, Samuel, Vol IV
Memon, Muhammad Umar,
  Vol III
Mendelson, Alan, Vol IV
Merkle, John Charles, Vol IV
Metzger, Daniel, Vol IV
Michael, Randall Blake, Vol IV
Michaelsen, Robert Slocumb,
  Vol IV
Milgrom, Jacob, Vol IV
Millen, R.L., Vol IV
Miller, Barbara Butler, Vol IV
Miller, Benjamin, Vol IV
Miller, David, Vol IV
Miller, David Leroy, Vol IV
Miller, Donald, Vol IV
Miller, Douglas James, Vol IV
Miller, James Blair, Vol IV
Miller, Patricia Cox, Vol IV
Miller, Richard B., Vol IV
Miller, Roland, Vol IV
Miller, Ronald H., Vol IV
Miller, Timothy Alan, Vol IV
Minor, Robert Neil, Vol IV
Mirecki, Paul A., Vol IV
Mitchell, Donald, Vol IV
Modica, Joseph Benjamin, Vol IV
Moffett, Samuel Hugh, Vol I
Mongoven, Ann, Vol IV
Moore, Cecilia, Vol IV
Moore, T.J., Vol IV
Morey, Ann-Janine, Vol IV
Morray Jones, Christopher R.A.,
  Vol IV
Moseley, James G., Vol IV
Mount, Charles Eric, Jr., Vol IV
Mount, Eric, Jr., Vol II
Mueller, David L., Vol IV
Mueller, Howard Ernest, Vol I
Muesse, Mark William, Vol IV
Mullin, Robert Bruce, Vol IV
Munir, Fareed Z., Vol III
Murphy, Frederick J., Vol IV
Murphy, Larry G., Vol I
Murphy, Tim, Vol IV
Murray, Pius, Vol IV
Myers, David, Vol IV
Nadeau, Randall, Vol IV
Naim, Elissa Ben, Vol IV
Nakasone, Ronald, Vol IV
Nanji, Azim A, Vol III
Nanos, Mark D., Vol IV
Nash, Robert N., Vol IV
Nash, Ronald, Vol IV
Nasu, Eisho, Vol IV
Neale, Philip Whitby, Vol IV
Needleman, Jacob, Vol IV
Nelson, Lance E., Vol IV
Nelson, Paul T., Vol IV
Nemec-Ignashev, Diane, Vol IV
Neufeld, Dietmar, Vol IV
Neusner, Jacob, Vol IV
Ng, On-cho, Vol I
Niditch, Susan, Vol IV
Nieto, Jose Constantino, Vol I

Nigosian, Solomon Alexander, Vol I
Nilsson, Donal E., Vol IV
Nolan, Richard T., Vol IV
Northup, Lesley A., Vol IV
Norton, H. Wilbert, Sr., Vol IV
Novak, Philip Charles, Vol IV
Nutt, R., Vol I
O'Connell, Robert H., Vol IV
O'Connell Killen, Patricia, Vol IV
O'Hyun, Park, Vol IV
O'Sullivan, Michael, Vol IV
Oakes, Edward T., Vol IV
OH, Kang-Nam, Vol IV
Ohnuma, Reiko, Vol I
Oliver, Harold Hunter, Vol IV
Olson, Carl, Vol IV
Olson, Richard P., Vol IV
Oppenhaim, Michael, Vol IV
Organ, Barbara, Vol IV
Orr, Leslie, Vol I
Orsi, Robert A., Vol IV
Ortiz, Manuel, Vol IV
Osborne, Kenan Bernard, Vol IV
Osborne, Robert E., Vol IV
Outka, Gene Harold, Vol IV
Overbeck, James A., Vol IV
Overholt, Thomas William, Vol IV
Pachow, Wang, Vol III
Page, Jean-Guy, Vol IV
Pagel, Ulrich, Vol IV
Palmer, Richard E., Vol IV
Palmer, Russell W, Vol IV
Pandharipande, Rajeshwari, Vol IV
Panikkar, Raimundo, Vol IV
Paper, Jordan, Vol I
Parent, Mark, Vol IV
Parr, Chris, Vol IV
Parrot, Rod, Vol IV
Paskow, Shimon, Vol IV
Patel, Ramesh, Vol IV
Patrick, Anne E., Vol IV
Patten, Priscilla C., Vol IV
Payne, Rodger M., Vol IV
Pazmino, Robert W., Vol IV
Pearson, Anne, Vol IV
Pearson, Birger Albert, Vol I
Peden, William Creighton, Vol IV
Peebles, I.Hall, Vol IV
Pelchat, Marc, Vol IV
Penaskovic, Richard, Vol IV
Penelhum, Terence M., Vol IV
Penner, Hans Henry, Vol I
Perkins, Dorothy, Vol IV
Perry, Edmund, Vol I
Perry, Richard J., Jr., Vol IV
Pesantubbee, Michelene, Vol IV
Peters, Francis Edward, Vol I
Peters, Theodore Frank, Vol IV
Peterson, Greg, Vol IV
Peterson, Thomas V., Vol IV
Phenix, Philip Henry, Vol IV
Phillips, L. Edward, Vol IV
Phipps, William Eugene, Vol IV
Piar, Carlos R., Vol IV
Picart, Caroline Joan Kay S., Vol IV
Pickens, George F., Vol III
Pickering, George W., Vol IV
Pilant, Craig Wesley, Vol IV
Pinn, Anthony B., Vol IV
Pintchman, Tracy, Vol IV
Pinzino, Jane M., Vol IV
Pippin, Tina, Vol IV
Pitts, Bill, Vol IV
Plank, Karl A., Vol IV
Pohlhaus, Gaile, Vol IV
Poland, Lynn, Vol IV
Polaski, Sandra Hack, Vol IV
Polischuk, Pablo, Vol IV
Polley, Max Eugene, Vol IV
Porter, Samuel C., Vol IV
Porterfield, Amanda, Vol IV
Powell, Sam, Vol IV
Power, William L., Vol IV
Powers, Bruce P., Vol IV
Powers, David Stephen, Vol I
Prades, Jose Albert, Vol IV
Pratt, Richard L., Jr., Vol IV
Prebish, Charles Stuart, Vol IV
Prentiss, Karen Pechilis, Vol IV
Presseau, Jack R., Vol IV
Preus, J. Samuel, Vol IV
Primiano, Leonard Norman, Vol IV
Proffitt, Anabel C., Vol IV
Proudfoot, Wayne, Vol IV
Pruett, Gordon Earl, Vol I
Prust, Richard Charles, Vol IV
Puckett, Pauline N., Vol IV
Pulcini, Theodore, Vol IV
Putney, David P., Vol IV
Quitslund, Sonya Antoinette, Vol IV
Rainer, Thom S., Vol IV
Ramshaw, Elaine Julian, Vol IV
Raser, Harold E., Vol IV
Ray, Reginald, Vol IV
Reddish, Mitchell Glenn, Vol IV
Redditt, Paul L., Vol IV
Reeder, John P., Vol IV
Reese, Thomas, Vol IV
Reimer, James A., Vol IV
Reinhartz, Adele, Vol IV
Renick, Timothy M., Vol IV
Resnick, Irven M., Vol IV
Reynolds, Frank E., Vol I
Reynolds, J. Alvin, Vol IV
Rhoads, David, Vol IV
Rhodes Bailly, Constantina, Vol IV
Richardson, Brian C., Vol IV
Richman, Paula, Vol IV
Ridgway, John Karl, Vol IV
Rigdon, V. Bruce, Vol IV
Rike, Jennifer L., Vol IV
Rissi, Mathias, Vol IV
Rivers, Clarence Joseph, Vol IV
Roark, Dallas Morgan, Vol IV
Robinson, Haddon W., Vol IV
Robinson, James Burnell, Vol IV
Rockefeller, Steven C., Vol I
Roddy, Nicole, Vol IV
Rodrigues, Hillary, Vol IV
Rogers, Isabel Wood, Vol IV
Rohrbaugh, Richard L., Vol IV
Rohrer, James, Vol IV
Rollins, Wayne Gilbert, Vol IV
Ross, Christopher F.J., Vol IV
Ross, Jerome C., Vol IV
Ross, Rosetta, Vol IV
Ross Bryant, Lynn, Vol IV
Roth, Jean, Vol IV
Rothauge, Arlin J., Vol IV
Rubenstein, Richard Lowell, Vol IV
Rubin Schwartz, Shuly, Vol IV
Rubinstein, Ernest, Vol IV
Rukmani, T.S., Vol IV
Ruprecht, Louis A., Jr., Vol IV
Russell, C. Allyn, Vol IV
Russell, William R., Vol IV
Russo, Donald T., Vol IV
Sahadat, John, Vol IV
Saliba, John A., Vol IV
Saliba, John A., Vol IV
Sallstrom, John Emery, Vol IV
Saltzman, Judy Deane, Vol IV
Sanders, Jack Thomas, Vol IV
Sanders, John E., Vol IV
Santa Maria, Dario Atehortua, Vol IV
Sarao, Karam Tej S, Vol IV
Sarason, Richard Samuel, Vol IV
Sasson, Victor, Vol IV
Sawatsky, Rodney James, Vol IV
Scarborough, Milton R., Vol IV
Schaberg, Jane D., Vol IV
Schaeffer, Peter Moritz-Friedrich, Vol III
Schaub, Marilyn McNamara, Vol IV
Schmalenberger, Jerry L., Vol IV
Schneiders, Sandra Marie, Vol IV
Schoedel, William Richard, Vol IV
Schoening, Jeffrey D., Vol IV
Schrag, Calvin, Vol IV
Schreiter, Robert John, Vol IV
Schroeder, Steven H., Vol IV
Schultz, Joseph P., Vol III
Schutz, Samuel R., Vol IV
Schweer, G. William, Vol IV
Scott, Kieran, Vol IV
Segal, Alal Franklin, Vol IV
Segal, Alan, Vol IV
Seljak, David, Vol IV
Sergeev, Mikhail Yu, Vol IV
Sharma, Arvind, Vol IV
Sharma, Jagdish P., Vol I
Sharpe, Kevin J., Vol IV
Sheeley, Steven M., Vol IV
Shields, Mary E., Vol IV
Shilling, Burnette P., Vol IV
Shillington, V. George, Vol IV
Shriver, Donald W., Vol IV
Shuler, Philip L., Vol IV
Sider, Robert Dick, Vol I
Sieber, John Harold, Vol IV
Silva, Moises, Vol IV
Simpson, Mark E., Vol IV
Sisson, Russell, Vol IV
Sittser, Gerald, Vol IV
Skjoldal, Neil O., Vol IV
Slate, Philip, Vol I
Sly, Dorothy, Vol IV
Smith, Bardwell L., Vol IV
Smith, D. Moody, Vol IV
Smith, David H., Vol IV
Smith, Jonathon Zittell, Vol I
Smith, Kathryn, Vol IV
Smith, Robert Houston, Vol IV
Smith, W. Alan, Vol IV
Smyers, Karen A., Vol IV
Sogen Hori, G. Victor, Vol IV
Somerville, Robert, Vol IV
Sommer, Benjamin D., Vol IV
Sonderegger, Katherine, Vol IV
Spaeth, Barbette S., Vol I
Spalding, Christopher J., Vol IV
Spalding, James Colwell, Vol IV
Spellman, Norman Woods, Vol IV
Sproul, Barbara Chamberlain, Vol IV
Stacy, Wayne, Vol IV
Stamey, Joseph Donald, Vol IV
Stanton Vogelaar, Harold, Vol IV
Starks Kierstead, Melanie, Vol IV
Staton, Cecil P., Jr., Vol IV
Staub, Jacob J., Vol IV
Stein, Stephen J., Vol IV
Stein, Stephen J., Vol IV
Steinmann, Andrew E., Vol IV
Stevens-Arroyo, Antonio M., Vol IV
Stivers, Robert L., Vol IV
Stockman, Robert H., Vol I
Stoeffler, Fred Ernest, Vol IV
Stoever, William K.B., Vol I
Stone, Jerome Arthur, Vol IV
Stone, Ronald Henry, Vol IV
Stone, S.L., Vol IV
Streeter, Jarvis, Vol IV
Stroble, Paul E., Jr., Vol IV
Stuckey, Priscilla, Vol IV
Studzinski, Raymond James, Vol IV
Stulman, Louis, Vol IV
Sturm, Douglas Earl, Vol IV
Sturm, Fred Gillette, Vol IV
Sullivan, Mary C., Vol II
Sullivan, William Joseph, Vol IV
Sullivan, Winnifred F., Vol IV
Sunshine, Edward R., Vol IV
Sutherland, Gail Hinich, Vol IV
Swain, Charles W., Vol I
Swanson, Paul L., Vol IV
Swartz, Alice M., Vol IV
Swearer, Donald K., Vol I
Swetland, Kenneth L., Vol IV
Swidler, Leonard, Vol IV
Talbert, Charles H., Vol IV
Tatum, W. Barnes, Vol IV
Tatz, Mark, Vol IV
Taylor, Raymond Hargus, Vol IV
Taylor, Rodney, Vol IV
Teiser, Stephen F., Vol IV
Templin, John Alton, Vol IV
Terry, J. Mark, Vol IV
Theriault, Michel, Vol IV
Thibeau, Matthew J., Vol IV
Thomas, David, Vol IV
Thomasson, Gordon C., Vol I
Thompson, Leonard Leroy, Vol IV
Thursby, Gene Robert, Vol IV
Thurston, Bonnie Bowman, Vol II
Timmerman, Joan H., Vol IV
Tirosh Samuelson, Hava, Vol IV
Tm, King, Vol IV
Todd, Virgil H., Vol IV
Tolmacheva, Marina, Vol I
Tong, Lik Kuen, Vol IV
Torjesen, Karen Jo, Vol IV
Towner, Wayne Sibley, Vol IV
Towns, Elmer, Vol IV
Treat, James, Vol IV
Trisco, Robert Frederick, Vol I
Trulear, Harold Dean, Vol IV
Tubb, Gary, Vol IV
Tubbs, James B., Vol IV
Tuck, Donald Richard, Vol I
Tucker, Gene M., Vol IV
Tucker, Gordon, Vol IV
Tucker, Mary Evelyn, Vol I
Tucker, William E., Vol IV
Tuell, Steven Shawn, Vol IV
Turner, John D., Vol I
Tweed, Thomas A., Vol IV
Twiss, Sumner Barnes, Vol IV
Tyrrell, Bernard James, Vol IV
Tyson, Joseph B., Vol IV
Udovitch, Abraham L, Vol I
Unno, Mark, Vol IV
Unno, Taitetsu, Vol IV
Urbrock, William Joseph, Vol IV
Valeri, Mark, Vol IV
Valesio, Paolo, Vol II
Van Rheenen, Gailyn, Vol IV
Vanallen, Rodger, Vol IV
VanDale, Robert, Vol IV
Vander Vliet, Marvin J., Vol IV
Vanderwilt, Jeffrey T., Vol IV
Varnado, Douglas, Vol IV
Vecsey, Christopher, Vol IV
Vehse, Charles T., Vol I
Vernoff, Charles Elliott, Vol IV
Vertin, Michael, Vol IV
Vogel, Manfred, Vol IV
Von Kellenbach, Katharine, Vol IV
Vrame, Anton C., Vol IV
Vyhmeister, Nancy Jean, Vol IV
Waida, Manabu, Vol I
Waldron, William S., Vol IV
Waldrop, Richard E., Vol IV
Walker, James Silas, Vol IV
Walker, William O., Jr., Vol IV
Wallace, B. Allan, Vol IV
Wallace, Dewey D., Jr., Vol IV
Wallis, James, Vol IV
Walsh, Thomas, Vol IV
Walters, Stanley D., Vol IV
Walton, Woodrow E., Vol IV
Wan, Enoch, Vol IV
Wan, Sze-Kar, Vol IV
Wangu, Madhu Bazaz, Vol IV
Wantland, Burdett L., Vol IV
Ward, Annalee R., Vol IV
Ward, Bruce, Vol IV
Ward, Roy Bowen, Vol IV
Warden, Duane, Vol IV
Warrener Smith, Susan, Vol IV
Wartluft, David J., Vol I
Watson, H. Justin, Vol IV
Waugh, Earle Howard, Vol I
Weaver, J. Denny, Vol IV
Weaver, Mary Jo, Vol IV
Webb, Eugene, Vol III
Webb, Gisela, Vol III
Webber, Randall C., Vol I
Weckman, George, Vol I
Weddle, David L., Vol IV
Weil, Louis, Vol IV
Weinberger, Leon Judah, Vol IV
Weiner, Robert, Vol IV
Weinstein, Stanley, Vol III
Weisenfeld, Judith, Vol IV
Weiss, Herold D., Vol IV
Welborn, L.L., Vol IV
Welch, Robert H., Vol IV
Welliver, Kenneth Bruce, Vol IV
Wellman, James K., Jr., Vol IV
Wetzel, James, Vol IV
Wetzel, James Richard, Vol IV
White, Charles Sidney John, Vol I
White, Leland J., Vol IV
White, M. Chris, Vol IV
Whitlock, Luder, Vol IV
Whitney, Ruth, Vol IV
Whittaker, John, Vol IV
Wiebe, Donald, Vol IV
Wierenga, Edward Ray, Vol IV
Wiggins, James Bryan, Vol IV
Wilcox, John R., Vol IV
Wild, Robert Anthony, Vol IV
Wiley, George, Vol IV
Williams, Dennis E., Vol IV
Williams, Gary G. Cohen, Vol IV
Williams, Jay G., Vol IV
Williams, Kyle, Vol IV
Williams, Peter W., Vol IV
Williams, Samuel Keel, Vol IV
Willis, Robert E., Vol IV
Willis, Tim, Vol IV
Wills, David Wood, Vol IV
Wimbush, Vincent L., Vol IV
Windley, Susan M., Vol IV
Winings, Kathy, Vol IV
Winston, Diane, Vol IV
Witherington, Ben, Vol IV
Witherspoon, Edward, Jr., Vol IV
Wolf, Herbert Christian, Vol IV
Wolf, Kenneth Baxter, Vol I
Wollenberg, Bruce, Vol IV
Wolper, Ethel Sara, Vol I
Woodyard, David O., Vol IV
Wu, Kuang-Ming, Vol IV
Wyrick, Stephen V., Vol IV
Yadav, Bibhuti S, Vol IV
Yamashita, Tadanori, Vol IV
Yang, Fenggang, Vol III
Yates, Wilson, Vol IV
Yeo, Khiok-Khng, Vol IV
Yocum, Glenn E., Vol IV
Yocum, Sandra Mize, Vol IV
Young, David, Vol IV
Young, Katherine K, Vol I
Young, Pamela Dickey, Vol IV
Yu, Anthony C., Vol IV
Yusa, M., Vol IV
Zaas, Peter S., Vol IV
Zacharias, Ravi, Vol IV
Zagano, Phyllis, Vol IV
Zahavy, Tzvee, Vol IV
Zahniser, A. H. Mathias, Vol III
Ziadeh, Farhat Jacob, Vol III
Ziolkowski, Eric Jozef, Vol IV
Zito, Angela, Vol IV

Romance Languages

Affron, Charles M., Vol III
Allaire, Joseph Leo, Vol III
Barchilon, Jacques, Vol III
Barricelli, Jean-Pierre, Vol III
Bart, Benjamin Franklin, Vol III
Bleznick, Donald William, Vol III
Callan, Richard Jerome, Vol III
Captain, Yvonne, Vol III
Casa, Frank Paul, Vol III
Chandler, Stanley Bernard, Vol III
Chittenden, Jean Stahl, Vol III
Ciplijauskaite, Birute, Vol III
Coughlin, Edward V., Vol III
Coulet Du Gard, Rene, Vol I
Cranston, Mechthild, Vol IV
Curtis, Alexander Ross, Vol III
Davidson, Hugh Maccullough, Vol III
Dendle, Brian John, Vol III
Desroches, Richard Henry, Vol III
Diaz-Duque, Ozzie Francis, Vol III
Doolittle, James, Vol IV
Drake, Dana Blackmar, Vol III
Dunn, Peter Norman, Vol III
Farkas, Donka F., Vol III
Feal, Carlos, Vol III
Ferguson, William Rotch, Vol III
Figurito, Joseph, Vol III
Fiore, Robert L., Vol III
Fogel, Herbert, Vol III
Forcadas, Alberto M., Vol III
Foster, David William, Vol III
Frey, John Andrew, Vol III
Gavronsky, Serge, Vol III
Gericke, Philip Otto, Vol III
Gilroy, James Paul, Vol III
Gimenez, Antonio, Vol III
Glenn, Pierce, Vol III
Greene, Robert William, Vol III
Griffin, David Alexander, Vol III
Grossi, Veronica, Vol III
Grossvogel, David I., Vol III
Gulsoy, J., Vol III
Haberly, David T., Vol III
Halsey, Martha T., Vol III
Hanrez, Marc, Vol III
Harper, Sandra Nadine, Vol III
Harrison, Ann Tukey, Vol III
Hart, Thomas Roy, Vol III
Hatton, Robert Wayland, Vol III
Hensey, Frederick Gerald, Vol III
Herrero, Javier, Vol III
Hester, Ralph M., Vol III
Higginbotham, Virginia, Vol III
Hilton, Ronald, Vol III
Hoddie, James Henry, Vol III
Hollerbach, Wolf, Vol III
Hutton, Lewis J., Vol III
Illiano, Antonio, Vol III
Jochnowitz, George, Vol III
Josephs, Herbert, Vol III
Kanes, Martin, Vol III
Keller, Hans-Erich, Vol III
Keller, John Esten, Vol III
Kinkade, Richard Paisley, Vol III
Klibbe, Lawrence H., Vol III
Knowlton, Edgar C., Jr., Vol III
Knox, Edward Chapman, Vol III
Koch, Philip, Vol III
Kogan, Vivian, Vol III
Kolbert, Jack, Vol III
Kopp, Richard L., Vol III
Leeber, Victor F., Vol III
Lehouck, Emile, Vol III
Levitt, Jesse, Vol III

Lopez, Ignacio Javier, Vol III
Lore, Anthony George, Vol III
Lott, Robert Eugene, Vol III
Lowrie, Joyce Oliver, Vol III
Maples, Robert John Barrie, Vol III
Marchione, Margherita Frances, Vol III
Marsland, Amy, Vol III
Masters, George Mallary, Vol III
Mazzocco, Angelo, Vol III
Meininger, Robert Alan, Vol III
Melzi, Robert C., Vol III
Mermall, Thomas, Vol III
Mermier, Guy R., Vol IV
Mignolo, Walter, Vol III
Muratore, Mary Jo, Vol III
Murphy, Joseph Anthony, Vol III
Nagy, Edward, Vol III
Nagy, Moses Melchior, Vol III
Naudin, Marie, Vol III
Naylor, Eric Woodfin, Vol III
Nicastro, Anthony J., Vol III
Nieman, Nancy Dale, Vol III
Norton, Glyn P., Vol III
Nye, Jean C., Vol III
O'Connor, Patricia W., Vol III
Olson, Paul Richard, Vol III
Palley, Julian, Vol III
Pallister, Janis Louise, Vol III
Paolini, Gilberto, Vol III
Patterson, William Taylor, Vol III
Piluso, Robert Vincent, Vol III
Piper, Anson Conant, Vol III
Presberg, Charles D., Vol III
Prince, Gerald, Vol III
Regalado, Nancy Freeman, Vol III
Ricapito, Joseph V., Vol III
Richman, Stephen, Vol III
Robb, James Willis, Vol III
Rodini, Robert Joseph, Vol III
Roulin, Jean-Marie, Vol III
Rueda, Ana, Vol IV
Salgado, Maria Antonia, Vol III
Sallustio, Anthony Thomas, Vol III
Schade, George D., Vol III
Schurlknight, Donald E., Vol III
Shuford, William Harris, Vol III
Silver, Philip Warnock, Vol III
Sims, Edna N., Vol III
Skrupskelis, Viktoria, Vol III
Soria, Regina, Vol III
Stamelman, Richard, Vol III
Stivale, Charles J., Vol III
Strauss, Walter Adolf, Vol III
Sturm-Maddox, Sara, Vol III
Terry, Robert Meredith, Vol III
Tetel, Marcel, Vol III
Thiher, Ottah Allen, Vol III
Tolton, Cameron David Edward, Vol IV
Velez, Joseph Francisco, Vol III
Vetrano, Anthony Joseph, Vol III
Vogler, Frederick Wright, Vol III
Volpe, Gerald Carmine, Vol III
Walker, Hallam, Vol III
Wallace, Karen Smyley, Vol III
Warwick, Jack, Vol III
Watson, John A., Vol III
Weaver, Elissa B., Vol III
Weiger, John George, Vol III

Russian History
Abrams, Bradley, Vol I
Alexander, John T., Vol I
Ambler, Effie, Vol I
Atkin, Muriel Ann, Vol I
Basil, John Duryea, Vol I
Bedford, Harold, Vol I
Boll, Michael Mitchel, Vol I
Breit, Frederick Joseph, Vol I
Brinkley, George A., Vol I
Brown, Peter B., Vol I
Chase, William John, Vol I
Choldin, Marianna Tax, Vol I
Clardy, Jesse V., Vol I
Clements, Barbara Evans, Vol I
Crummey, Robert Owen, Vol I
Debo, Richard K., Vol I
Dmytryshyn, Basil, Vol I
Dunn, Dennis John, Vol I
Dunn, Patrick Peter, Vol I
Ellison, Herbert J., Vol I
Ezergailis, Andrew, Vol I
Farnsworth, Beatrice, Vol I
Fiala, Robert D., Vol I
Field, Daniel, Vol I

Fisher, Alan Washburn, Vol I
Fisher, Raymond Henry, Vol I
Fitter, Chris, Vol II
Getty, J. Arch, Vol I
Giffin, Frederick Charles, Vol I
Glatzer Rosenthal, Bernice, Vol I
Graham, Loren Raymond, Vol I
Grimsted, Patricia Kennedy, Vol I
Hamm, Michael Franklin, Vol I
Hartgrove, Joseph Dane, Vol I
Haywood, Richard Mowbray, Vol I
Hellie, Richard, Vol I
Hewsen, Robert, Vol I
Hogan, Heather, Vol I
Hull, Henry Lane, Vol I
Ingle, Harold Norman, Vol I
Jewsbury, George Frederick, Vol I
Johnson, Robert E., Vol I
Jones, Robert Edward, Vol I
Judge, Edward H., Vol I
Kaiser, Daniel Hugh, Vol I
Kassow, Samuel D., Vol I
Kazemzadeh, Firuz, Vol I
Keep, John L.H., Vol I
Kenez, Peter, Vol I
Kleimola, Ann, Vol I
Kollmann, Nancy Shields, Vol I
Lerner, Warren, Vol I
Lincoln, William Bruce, Vol I
Lubrano, Linda L., Vol I
Maciuika, Benedict Vytenis, Vol I
Manning, Roberta Thompson, Vol I
Martin, Russell E., Vol I
Mathes, William Lloyd, Vol I
Mcclellan, Woodford, Vol I
McClelland, James, Vol I
Mcgrew, Roderick Erle, Vol I
Mcnally, Raymond T., Vol I
Mehlinger, Howard Dean, Vol I
Menashe, Louis, Vol I
Miller, David B., Vol I
Miller, Martin Alan, Vol I
Moss, Walter Gerald, Vol I
Okenfuss, Max Joseph, Vol I
Oppenheim, Samuel Aaron, Vol I
Page, Stanley W., Vol I
Papazian, Dennis Richard, Vol I
Pearson, Thomas Spencer, Vol I
Pesek, Thomas G., Vol I
Pierce, Richard A., Vol I
Pintner, Walter Mckenzie, Vol I
Pomper, Philip, Vol I
Pospielovsky, Dimitry Vladimirovich, Vol I
Procko, Bohdan P, Vol I
Rabinowitch, Alexander, Vol I
Reinhartz, Dennis Paul, Vol I
Resis, Albert, Vol I
Ries, Nancy, Vol I
Saul, Norman Eugene, Vol I
Shashko, Philip, Vol I
Spector, Sherman David, Vol I
Stanislawski, Michael, Vol I
Steeves, Paul David, Vol I
Stephan, John Jason, Vol I
Stevens, Kira, Vol I
Suny, Ronald Grigor, Vol I
Swift, Mary Grace, Vol I
Thackeray, Frank W., Vol I
Thurston, Gary L., Vol I
Thurston, Robert, Vol I
Treadgold, Donald Warren, Vol I
Valkenier, Elizabeth Kridl, Vol I
Wade, Rex Arvin, Vol I
Wagner, William Gilson, Vol I
Walz, John D., Vol I
Waugh, Daniel Clarke, Vol I
Weissman, Neil Bruce, Vol I
Whittaker, Cynthia Hyla, Vol I
Wilson, John Barney, Vol I
Woodward, David Reid, Vol I
Wortman, Richard, Vol I
Zelnik, Reginald Ely, Vol I

Russian Language
Austin, Paul Murray, Vol III
Cassiday, Julie A., Vol I
Castellano, Charlene, Vol I
Chopyk, Dan Bohdan, Vol I
Conrad, Joseph Lawrence, Vol III
Davydov, Sergei, Vol I
Engel, Barbara, Vol I
Feldstein, Ronald Fred, Vol I
Garretson, Deborah, Vol III
Gibian, George, Vol III

Glade, Henry, Vol III
Goldstein, Darra, Vol I
Grenoble, Lenore A., Vol III
Gustafson, Richard Folke, Vol III
Hecht, Leo, Vol III
Helfant, Ian M., Vol I
Iudin-Nelson, Laurie, Vol I
Johnson, Emily, Vol I
Kalbouss, George, Vol III
Katz, Michael Ray, Vol III
Kolonosky, Walter F., Vol III
Kramer, Karl D., Vol III
Krawczeniuk, Joseph V., Vol III
Loseff, Lev V., Vol III
Lubensky, Sophia, Vol I
Malby, Maria Bozicevic, Vol III
Marquess, Harlan Earl, Vol III
Norton, Robert E., Vol III
Olcott, Anthony, Vol III
Pachmuss, Temira, Vol III
Sloane, David A., Vol III
Stanton, Leonard J., Vol III
Tall, Emily, Vol I
Visson, Lynn, Vol III
Walker, Richard Ernest, Vol III
Wanner, Adrian J., Vol III
Weiner, Jack, Vol III
Weiner, Jack, Vol III

Russian Literature
Austin, Paul Murray, Vol III
Avins, Carol Joan, Vol II
Bagby, Lewis, Vol III
Balasubramanian, Radha, Vol III
Banerjee, Maria Nemcova, Vol II
Barabtarlo, Gennady, Vol III
Belknap, Robert Lamont, Vol III
Brumfield, William Craft, Vol III
Carnicke, Sharon Marie, Vol III
Clayton, John Douglas, Vol III
Conrad, Joseph Lawrence, Vol III
Crone, Anna Lisa, Vol III
Curtis, James Malcolm, Vol III
Debreczeny, Paul, Vol III
Ehre, Milton, Vol III
Ermolaev, Herman, Vol III
Fanger, Donald Lee, Vol II
Filips-Juswigg, Katherina P., Vol III
Frydman, Anne, Vol III
Gasperetti, David, Vol III
Grenoble, Lenore A., Vol III
Gustafson, Richard Folke, Vol III
Harris, Jane Gary, Vol III
Hart, Pierre Romaine, Vol III
Hecht, Leo, Vol III
Hoover, Marjorie Lawson, Vol III
Ingemanson, Birgitta, Vol III
Jahn, Gary Robert, Vol III
Johnson, Donald Barton, Vol III
Kalbouss, George, Vol III
Kanevskaya, Marina, Vol III
Katz, Michael Ray, Vol III
Keller, Howard Hughes, Vol III
Kolonosky, Walter F., Vol III
Kramer, Karl D., Vol III
Kustanovich, Konstantin, Vol III
Lee, Charles Nicholas, Vol III
Leighton, Lauren Gray, Vol III
Morris, Marcia A., Vol III
Moser, Charles A., Vol III
Nakhimovsky, Alice, Vol III
Olcott, Anthony, Vol III
Pachmuss, Temira, Vol III
Parker, Stephen Jan, Vol II
Pribic, Rado, Vol III
Rinkus, Jerome Joseph, Vol III
Rogers, Thomas Franklyn, Vol III
Rzhevsky, Nicholas, Vol III
Sheldon, Richard, Vol III
Silbajoris, Rimvydas, Vol III
Sloane, David A., Vol III
Sokol, Elena, Vol III
Szarycz, Ireneusz, Vol III
Tucker, Janet, Vol III
Turner, Joan, Vol III
Visson, Lynn, Vol III
Zekulin, Nicholas Gleb, Vol III
Zweers, Alexander Frederik, Vol III

Semitic Languages
Alexander, Ralph H., Vol IV
Amar, Joseph P., Vol III
Andrews, Stephen J., Vol III
Aoun, Joseph, Vol III
Bellamy, James Andrew, Vol III

Block, Daniel I., Vol I
Brown, Michael G., Vol I
Burnett, Stephen G., Vol I
Carmichael, Calum Macneill, Vol IV
Corre, Alan David, Vol III
Davis, Ellen F., Vol IV
Doron, Pinchas, Vol III
Ellis, Robert, Vol IV
Fitzgerald, Aloysius, Vol III
Fitzmyer, Joseph Augustine, Vol IV
Fortner, John D., Vol IV
Frank, Richard Macdonough, Vol III
Freedman, David Noel, Vol III
Garber, Zev Warren, Vol III
Garr, W. Randall, Vol III
Gerig, Wesley Lee, Vol IV
Greenberg, Moshe, Vol III
Greenfield, Jonas Carl, Vol III
Grossfeld, Bernard, Vol III
Guinan, Michael Damon, Vol I
Harbin, Michael A., Vol IV
Hawkins, Ralph K., Vol III
Hermansen, Marcia, Vol III
Hillers, Delbert Roy, Vol IV
Jackson, Kent Phillips, Vol I
Jordan, Greogory D., Vol III
Kabakoff, Jacob, Vol III
Kaufman, Stephen Allan, Vol I
Kissling, Paul J., Vol IV
Lund, Jerome A., Vol I
Maloney, Elliott Charles, Vol IV
Marcus, David, Vol IV
McCarthy, Dennis John, Vol III
McClain, T. Van, Vol IV
Mitchell, Christopher, Vol III
Newby, Gordon D., Vol I
Newman, Murray L., Jr., Vol IV
Noegel, Scott, Vol III
O'Connor, Michael Patrick, Vol I
Parker, Simon B., Vol I
Rosenberg, Joel William, Vol III
Running, Leona Glidden, Vol III
Schiffman, Lawrence H., Vol III
Schoville, Keith Norman, Vol III
Selvidge, Marla J., Vol IV
Story, J. Lyle, Vol IV
Strugnell, John, Vol IV
Taylor, Richard A., Vol III
Yamauchi, Edwin Masao, Vol I
Yetiv, Isaac, Vol III
York, Anthony Delano, Vol IV

Slavic Languages
Birnbaum, Henrik, Vol III
Burgin, Diana Lewis, Vol III
Butler, Thomas J., Vol III
Chernetsky, Vitaly, Vol III
Chvany, Catherine Vakar, Vol III
Cooper, Henry Ronald, Jr., Vol III
Dukas, Vytas, Vol III
Dunham, Vera S, Vol III
Erlich, Victor, Vol III
Flier, Michael S., Vol III
Friedberg, Maurice, Vol III
Galton, Herbert, Vol III
Gladney, Frank Y., Vol III
Gorup, Radmila J., Vol III
Gribble, Charles Edward, Vol III
Grossman, Joan Delaney, Vol III
Harris, Jane Gary, Vol III
Hill, Steven Phillips, Vol III
Ignashev, Diane M. Nemec, Vol III
Ingham, Norman William, Vol III
Jackson, Robert Louis, Vol III
Karlinsky, Simon, Vol III
Krzyzanowski, Jerzy Roman, Vol III
Kucera, Henry, Vol III
Kussi, Peter, Vol III
Lumpkins, David W., Vol III
Marullo, Thomas Gaiton, Vol III
Matejic, Mateja, Vol III
May, Rachel, Vol III
McLean, Hugh, Vol III
Meyer, Ronald, Vol III
Mihailovich, Vasa D., Vol III
Moser, Charles A., Vol III
Perkowski, Jan Louis, Vol III
Pirog, Gerald, Vol III
Polakiewicz, Leonard A., Vol III
Reyfman, Irina, Vol III
Saskova-Pierce, Mila, Vol III
Schamschula, Walter, Vol III
Schmiesing, Ann, Vol III

Segel, Harold Bernard, Vol III
Shane, Alex Michael, Vol III
Sheldon, Richard, Vol III
Stolz, Benjamin Armond, Vol III
Terras, Victor, Vol III
Townsend, Charles Edward, Vol III
Vickery, Walter, Vol III
Zholkovsky, Alexander, Vol III

Social Sciences
Abel, Kerry, Vol I
Adams, Afesa M., Vol I
Albrecht, Gary Louis, Vol I
Allen, Irving L., Vol I
Antia, Kersey H., Vol I
Antonio, Robert, Vol I
Aronson, Elliot, Vol I
Arrington, Pamela Gray, Vol I
Avins, Styra, Vol I
Baber, Lucky Larry, Vol I
Babrow, Austin S., Vol I
Bailyn, Lotte, Vol I
Barrett, Barnaby B., Vol I
Basden, B.H., Vol I
Bell, Barbara Mosallai, Vol I
Bell, Rudolph Mark, Vol I
Beniger, James R., Vol II
Berger, Bennet Maurice, Vol I
Berkeley, Istvan S.N., Vol III
Bernardo, Felix Mario, Vol I
Bethel, Elizabeth Rauh, Vol II
Binkley, Olin Trivette, Vol IV
Birnbaum, Norman, Vol I
Blake, J. Herman, Vol I
Blasi, Anthony J., Vol I
Blatt, Sidney Jules, Vol I
Blau, Judith R., Vol I
Blee, K.M., Vol I
Block, Joyce, Vol I
Blount, Marcellus, Vol III
Bolland, O. Nigel, Vol I
Bolton, Lissant, Vol I
Bottoms, Bette L., Vol I
Bowser, Benjamin P., Vol I
Breines, Winifred, Vol I
Briggs, John, Vol IV
Broad, David B., Vol I
Brown, Beatrice S., Vol I
Brown, Richard Harvey, Vol I
Bruhn, John Glyndon, Vol I
Bufford, Rodger K., Vol I
Butler, Lee Hayward, Jr., Vol I
Calhoun, Lee A., Vol I
Castricano, Jodey, Vol I
Catania, Anthony Charles, Vol I
Chang, Dae Hong, Vol I
Chestnut, Dennis Earl, Vol I
Churcher, Betty, Vol I
Clark, Terry Nichols, Vol I
Coan, Richard W., Vol IV
Cohen, Thomas Vance, Vol I
Colatrella, Carol, Vol I
Colburn, David Richard, Vol I
Coleman, John Aloysius, Vol IV
Comor, Edward, Vol II
Conway, John F., Vol I
Coombs, Robert H., Vol I
Cordova, Carlos E., Vol I
Cottle, Thomas J., Vol I
Cox, Kevin R., Vol I
Crane, Diana, Vol I
Crank, Joe N., Vol I
Csikszentmihalyi, Mihaly, Vol I
Cullinan, Bernice Ellinger, Vol II
David, Gerald, Vol I
David, Keith R., Vol IV
Davies, Ivor Kevin, Vol I
Davis, Gary A., Vol I
Davis, James Edward, Vol I
Deal, Terrance E., Vol I
Deci, Edward Lewis, Vol I
Deflem, Mathieu, Vol I
Demone, Harold Wellington, Vol I
Dening, Greg, Vol I
Deutscher, Irwin, Vol I
Devine, Mary E., Vol I
Diamond, Sigmund, Vol I
Dibaba, Mamo, Vol I
Diggs, William P., Vol I
Direnzo, Gordon James, Vol I
Dominowski, Roger L., Vol I
Drescher, Seymour, Vol I
Dubin, S.C., Vol I
Duck, Steve, Vol I
Dunlay, Don E., Vol I
Dyck, Arthur James, Vol IV
Edwards, Harry, Vol I

Eigen, Michael, Vol I
Ellens, Jay Harold, Vol IV
Ellis, William Elliott, Vol I
Ermarth, Elizabeth D., Vol I
Fallding, Harold J., Vol IV
Feldman, Heidi M., Vol III
Field, Mark G., Vol I
Findling, John Ellis, Vol I
Flacks, Richard, Vol I
Follick, Edwin D., Vol I
Fox, James Walker, Vol IV
Frow, John, Vol I
Furniss, Elizabeth, Vol I
Gans, Herbert J., Vol I
Gardaphe, Fred L., Vol II
Garner, Roberta, Vol I
Garrett, Gerald R., Vol IV
Garroutte, Eva, Vol I
Gerson, Kathleen, Vol I
Gilbert, James L., Vol I
Gilgen, Albert R., Vol I
Glaser, Daniel, Vol I
Glassner, Martin Ira, Vol I
Glowienka, Emerine Frances,
   Vol IV
Goforth, Carol R., Vol IV
Goldberger, Leo, Vol I
Goodman-Delahunty, Jane, Vol IV
Gorski, Philip, Vol I
Grant, Barry Keith, Vol II
Greeley, Andrew Moran, Vol II
Grofman, Bernard N., Vol I
Gronbjerg, Kirsten Anderson,
   Vol I
Groth, Paul, Vol I
Gutowski, Carolyn, Vol I
Haber, Carole, Vol I
Hackett, David H., Vol I
Haimowitz, Natalie Reader, Vol I
Hall, Peter G., Vol I
Haller, Archibald O., Vol I
Hamilton, Richard Frederick, Vol I
Hammond, James Matthew, Vol I
Hampton, Robert L., Vol I
Harleston, Robert Alonzo, Vol I
Harpold, Terry, Vol II
Harrod, Howard L., Vol IV
Hart, Stephen, Vol I
Hartley, Loyde Hobart, Vol IV
Hauck, Paul A., Vol I
Heilman, Samuel C., Vol I
Hilton, Kathleen C., Vol I
Hilts, Victor L., Vol I
Hirschmann, David, Vol I
Hoge, Dean R., Vol I
Holz, Robert K., Vol I
Howard, John Robert, Vol I
Huaco, George A., Vol I
Huff, Toby E., Vol I
Hunt, Richard M., Vol I
Hurley, James, Vol I
Iggers, Georg G., Vol I
Ireland, Roderick Louis, Vol IV
Isaac, Larry, Vol I
Issel, William Henry, Vol I
Jackson, Andrew, Vol I
Jacobs, Ruth Harriet, Vol I
Jakle, John Allais, Vol I
Jennings, Robert Ray, Vol I
Jett, Stephen C., Vol I
Johnson, Jacob Edwards, III, Vol I
Johnson, Roger N., Vol I
Johnson, Ronald C., Vol I
Johnston, William, Vol I
Jusczyk, P.W., Vol I
Kando, Thomas M., Vol I
Karon, Bertram Paul, Vol I
Karp, Stephen A., Vol I
Kasper, Loretta F., Vol III
Katz, Sanford Noah, Vol IV
Kaufman, Deborah Renee, Vol I
Kaye, Harvey Jordan, Vol I
Keen, J. Ernest, Vol I
Keller, Robert J., Vol I
Kerr, Joan, Vol I
Kim, Hyung Kook, Vol I
Kivisto, Peter, Vol I
Kleck, Gary, Vol IV
Knapp, Ronald G., Vol I
Kourvetaris, Yorgos A., Vol I
Kramer, John E., Vol I
Krause, Corinne Azen, Vol I
Kraybill, Donald B., Vol I
Krumhansl, Carol L., Vol I
Kubey, Robert W., Vol I
L'Abate, Luciano, Vol I
Larson, Calvin J., Vol I
Larzelere, R.E., Vol I
Lavin, David E., Vol I

Leeds-Hurwitz, Wendy, Vol II
Lefkowitz, Joel M., Vol I
Lempert, Richard Owen, Vol IV
Lester, David, Vol I
Leupin, Alexandre, Vol II
Lewis, George H., Vol I
Lewis, Lionel Stanley, Vol I
Lichtenberg, Phillip, Vol I
Lickona, Thomas E., Vol II
Lieberman, Philip, Vol III
Light, Ivan, Vol I
Locke, Ralph Paul, Vol I
Loewen, James W., Vol I
London, Herbert, Vol I
Long, James L., Vol I
Lopata, Helena Z., Vol I
Lopreato, Joseph, Vol I
Lu, Min-Zhan, Vol II
Lumin, Bernard, Vol I
Lydolph, Paul E., Vol I
Lynn, Penrod, Vol II
Lyons, Sherrie L., Vol I
MacDonald, Maryellen, Vol III
MacDonald, William L., Vol I
Malpass, Leslie Frederick, Vol I
Manning, Peter K., Vol I
Marcus, Paul, Vol I
Margolis, Gary, Vol I
Markoff, John, Vol I
Mauss, Armand, Vol I
McCalman, Iain, Vol I
McGee, Patrick, Vol I
McGee, Reece Jerome, Vol I
McMullen, Mike, Vol IV
McNulty, John K., Vol IV
McWorter, Gerald A., Vol I
Meidinger, Errol Eldon, Vol IV
Mercado, Juan Carlos, Vol I
Merwick, Donna, Vol I
Messinger, Sheldon L., Vol I
Miller, Angela L., Vol I
Miller, Donald, Vol IV
Miller-Jones, Dalton, Vol I
Moberg, David Oscar, Vol I
Molfese, D.L., Vol I
Moore, Gerald L., Vol I
Moreland, Raymond T., Jr.,
   Vol IV
Morris, Kenneth Earl, Vol I
Moskos, Charles C., Vol I
Mueller, Claus, Vol I
Muller, Peter O., Vol I
Murnion, Philip Joseph, Vol I
Murray, Stephen O., Vol I
Murstein, Bernard I., Vol I
Musto, David Franklin, Vol I
Mutchler, David Edward, Vol I
Muuss, Rolf Eduard Helmut,
   Vol IV
Myers, Lena Wright, Vol I
Nagler, Michael Nicholas, Vol I
Ness, Gayl DeForrest, Vol I
Neumann, Klaus, Vol I
Nikelly, Arthur G., Vol I
Noice, Helga, Vol I
Nordquist, Barbara K., Vol I
O'Connell, Daniel C., Vol I
O'Day, Edward Francis, Vol I
O'Donnell, Kim, Vol I
Ogles, Robert M., Vol III
Orenstein, Gloria Feman, Vol II
Ozorak, Elizabeth Weiss, Vol I
Page, Patricia, Vol IV
Palmer, Stuart, Vol I
Parssinen, Terry, Vol I
Patterson, H. Orlando L., Vol I
Penny, Benjamin, Vol I
Pigg, Kenneth E., Vol I
Pinch, Trevor J., Vol IV
Platt, Gerald M., Vol I
Polischuk, Pablo, Vol IV
Pollack, Robert Harvey, Vol I
Poloma, Margaret Mary, Vol I
Polythress, N.G., Vol IV
Popenoe, David, Vol I
Porter, Jack Nusan, Vol I
Prades, Jose Albert, Vol IV
Prorok, Carolyn, Vol I
Psathas, George, Vol I
Quivik, Fredric L., Vol I
Rabin, Robert Leonard, Vol IV
Rajagopal, Arvind, Vol I
Rauch, Alan, Vol I
Reed, James Wesley, Vol I
Reid, Joel Otto, Vol I
Reitz, Miriam, Vol I
Restivo, Sal, Vol I
Richardson, Laurel, Vol I
Richardson, William, Vol I

Richlin, Amy, Vol I
Riddel, Frank Stephen, Vol I
Ritzer, George, Vol I
Roazen, Paul, Vol I
Robbins, Paul Richard, Vol I
Roby, Pamela A., Vol I
Roediger, Henry L., Vol I
Roesch, Ronald, Vol I
Rogler, Lloyd H., Vol I
Romey, William Dowden, Vol I
Roof, Wade Clark, Vol I
Rosner, Stanley, Vol I
Rosnow, Ralph Leon, Vol I
Rowe, David C., Vol I
Rupp, Gary, Vol I
Russell, Diana Elizabeth H., Vol I
Russell, Gillian, Vol I
Rychlak, Joseph F., Vol IV
Sadri, Ahmad, Vol I
Samarasinghe, Vidyamali, Vol I
Sarbin, Theodore R., Vol I
Scharf, Bertram, Vol I
Scheiffele, Eberhard, Vol II
Schiff, Frederick, Vol II
Schnell, George Adam, Vol I
Schudson, Michael, Vol I
Schwarzbach, Fredric S., Vol II
Scott, William Richard, Vol I
Seaton, Shirley Smith, Vol III
Segal, David R., Vol I
Segal, Marilyn, Vol III
Segal, N.L., Vol I
Serels, M. Mitchell, Vol I
Shadish, W.R., Vol I
Shanks, Hershel, Vol II
Sharpes, Donald Kenneth, Vol II
Sherkat, Darren E., Vol I
Shortridge, James R., Vol I
Sibalis, Michael, Vol I
Singelis, T.M., Vol I
Slavin, Robert Edward, Vol I
Sloan, Tod Stratton, Vol I
Smith, C. S., Vol I
Soares, Anthony T., Vol I
Solomon, Howard Mitchell, Vol I
Solomon, P., Vol I
Speidell, Todd, Vol IV
Spigner, Clarence, Vol I
Spillman, Lynette P., Vol I
Stanley, Julian Cecil, Vol I
Staples, Robert Eugene, Vol I
Steele, Claude Mason, Vol I
Stern, Frances Meritt, Vol I
Stilwell, William E., III, Vol IV
Stockwell, Edward G., Vol I
Storer, Norman William, Vol I
Strassberg, Barbara, Vol I
Stratton, John Ray, Vol I
Strawser, Sherri C., Vol I
Suinn, Richard Michael, Vol I
Swensen, Clifford Henrik, Vol IV
Taborn, John Marvin, Vol I
Tarr, Zoltan, Vol I
Taylor, Verta, Vol I
Te, Jordan, Vol I
Terry, James L., Vol II
Tiryakian, Edward A., Vol I
Tohidi, Nayereh E., Vol I
Toppin, Edgar Allan, Vol I
Torrecilla, Jesus, Vol I
Torres, Louis, Vol I
Trehub, Arnold, Vol I
Turner, Stephen, Vol III
Ulanov, Ann Belford, Vol IV
Valdes, Dennis N., Vol I
Van Den Berghe, Pierre L., Vol I
Vande Kemp, Hendrika, Vol IV
Vann, Richard T., Vol I
Vargas, Julie S., Vol I
Vaughan, Mary Kay, Vol I
Vaughn, Michael S., Vol I
Veneziano, Carol, Vol I
Voigt, David Quentin, Vol I
Wagner, David, Vol I
Walker, T.B., Vol IV
Wallace, Walter L., Vol I
Wallerstein, I., Vol I
Walters, Glen D., Vol IV
Ward, David, Vol I
Warner, R. Stephen, Vol I
Watkins, John C., Vol I
Watson, Mary Ann, Vol IV
Watson, Wilbur H., Vol I
Waxman, Chaim I., Vol I
Webb, Lynne M., Vol II
Weigert, Andrew Joseph, Vol I
Westermeyer, Joseph John, Vol I
Wheeler, Stanton, Vol I
Whittaker, John, Vol IV

Wickhamcrowley, Timothy P.,
   Vol I
Wiener, Jonathan M., Vol I
Wilkinson, Doris, Vol I
Williams, Rhys H., Vol I
Wint, Arthur Valentine Noris,
   Vol I
Winter, Jay Murray, Vol I
Winter, Jerry Alan, Vol I
Winter, John Ellsworth, Vol IV
Withington, William Adriance,
   Vol I
Wittrock, Merlin Carl, Vol III
Wolter, John A., Vol I
Woodward, David, Vol I
Woolley, Peter J., Vol I
Wrong, Dennis H., Vol I
Yablonsky, Lewis, Vol I
Yamauchi, Joanne, Vol III
Yang, Fenggang, Vol I
Yetman, Norman Roger, Vol I
Yizar, Marvin, Vol IV
Young-Eisendrath, Polly, Vol III
Zacharias, Ravi, Vol IV
Zeitlin, Maurice, Vol I
Zolberg, Vera L., Vol I

Spanish History
Andrien, Kenneth James, Vol I
Benson, Douglas Keith, Vol III
Kern, Robert, Vol I
Martinez, Jose-Luis, Vol III
Owens, John Bingner, Vol III
Powers, James Francis, Vol I
Ringrose, David R., Vol I
Suarez-Galban, Eugenio, Vol III
Tirado, Thomas C., Vol I
White, David Anthony, Vol I
Zorita, C. Angel, Vol III

Spanish Language
Ahumada, Alfredo, Vol III
Al-Kasey, Tamara, Vol III
Albada-Jelgersma, Jill Elizabeth,
   Vol III
Almeida, Jose Agusiin, Vol III
Alvarez Borland, Isabel, Vol III
Andrist, Debra D., Vol III
Armengol, Armando, Vol III
Baron, John H., Vol III
Bates, Margaret Jane, Vol III
Beardsley, Theodore S., Jr.,
   Vol III
Bell-Villada, Gene Harold, Vol III
Bergstrom, Anna, Vol III
Bingham, John L., Vol III
Boyce, Elizabeth, Vol III
Bradford, Carole A., Vol III
Brown, James W., Vol III
Capeles, Mervin, Vol III
Case, Thomas Edward, Vol III
Chaffee-Sorace, Diane, Vol III
Clemente, Alice Rodrigues, Vol III
Cobb, Eulalia Benejam, Vol III
Cocozzella, Peter, Vol III
Compitello, Malcolm Alan, Vol III
Coons, Dix Scott, Vol III
Courteau, Joanna, Vol III
Craig, Virginia Robertson, Vol III
Crispin, John, Vol III
Cro, Stelio, Vol III
Cull, John T., Vol III
Curran, Mark Joseph, Vol III
Cypess, Sandra Messinger, Vol III
Damiani, Bruno Mario, Vol III
Dauster, Frank Nicholas, Vol III
Debicki, Andrew Peter, Vol III
DeCosta-Willis, Miriam, Vol III
del Valle, Jose, Vol III
Dennis, Harry Joe, Vol III
DeWeese, Pamela, Vol III
Dietz, Donald T., Vol III
Doudoroff, Michael John, Vol III
Douglass, R. Thomas, Vol III
Dowling, John Clarkson, Vol III
Dudley, Edward J., Vol III
Durand, Frank, Vol III
Dworkin y Mendez, Kenya C.,
   Vol III
Fagundo, Ana Maria, Vol III
Feal, Carlos, Vol III
Feal, Gisele C., Vol III
Feal, Rosemary Geisdorfer, Vol III
Ferguson, William Rotch, Vol III
Finch, Patricia S., Vol III
Ford, James Francis, Vol III
Ford, Richard R., Vol III

Forster, Merlin Henry, Vol III
Frank, Francine, Vol III
Furness, Edna Lue, Vol II
Garfinkel, Alan, Vol III
George, Hermon, Jr., Vol III
Gerli, Edmondo Michael, Vol III
Gibbs, Virginia, Vol III
Goldberg, Rita Maria, Vol III
Gonzalez, Alfonso, Vol III
Graf, Eric, Vol III
Greenfield, Sumner M., Vol III
Guitart, Jorge Miguel, Vol III
Guntermann, Gail, Vol III
Gutierrez, Jesus, Vol III
Hahn, Hannelore, Vol III
Haidt, Rebecca, Vol III
Halpern, Cynthia L., Vol III
Herron, Robert Deupree, Vol III
Hintz, Suzanne S., Vol III
Ilie, Paul, Vol III
Imhoff, Brian, Vol III
Ingber, Alix, Vol III
Jones, Margaret E.W., Vol III
Jorgensen, Beth E., Vol III
Jurkevich, Gayana, Vol III
Karsen, Sonja Petra, Vol III
Katarzyna, Olga B., Vol III
Kerr, Lucille, Vol III
Klein, Dennis Allan, Vol III
Knowlton, Edgar C., Jr., Vol III
Kronik, John William, Vol III
Labrador, Jose J., Vol III
Larsen, Kevin, Vol III
Leal, Luis, Vol III
Ledford-Miller, Linda, Vol III
Lesman, Ann St Clair, Vol III
Levy, Kurt Leopold, Vol III
Lida, Denah Levy, Vol III
Lihani, John, Vol III
Loewen, Lynn, Vol III
Lott, Robert Eugene, Vol III
Luchting, Wolfgang Alexander,
   Vol III
Mace, Carroll E., Vol III
Macias, Manuel Jato, Vol III
Mapa, Marina Vargas, Vol III
Marcone, Rose Marie, Vol III
Marichal, Juan, Vol III
Marquez-Villanueva, Francisco,
   Vol III
Martin-Ogunsola, Dellita Lillian,
   Vol III
Mathews, Thomas J., Vol III
McGaha, Michael Dennis, Vol III
McGrath, Michael J., Vol III
McInnis, Judy Bredeson, Vol III
Medina, Jeremy Tyler, Vol III
Meyer, Doris, Vol III
Michel, Joseph, Vol III
Miller, William Irvin, Vol III
Mohler, Stephen Charles, Vol III
Morgan, Terrell A., Vol III
Morris, Margaret Lindsay, Vol III
Myers, Eunice Doman, Vol III
Nahson, Daniel L., Vol III
Nanfito, Jacqueline C., Vol III
Nepaulsingh, Colbert Ivor, Vol III
O'Connor, Thomas, Vol III
Oberhelman, Harley Dean, Vol III
Ollivier, Louis L., Vol III
Parker, Margaret, Vol III
Parsons, Robert A., Vol III
Paulson, Michael G., Vol III
Pearson, Lon, Vol III
Peavler, Terry J., Vol III
Perez-Pisonero, Arturo, Vol III
Perozo, Jaime J., Vol III
Picerno, Richard A., Vol III
Polansky, Susan, Vol III
Prats, Jorge, Vol III
Predmore, Michael P., Vol III
Pritchett, Kay, Vol III
Purcell, John Marshall, Vol III
Quirk, Ronald Joseph, Vol III
Rabassa, Gregory, Vol III
Rambaldo, Ana M., Vol III
Reinshagen-Joho, Liane, Vol I
Reitz, Richard Allen, Vol III
Rhoades, Duane, Vol III
Rivers, Elias Lynch, Vol III
Rodriquez - Luis, Julio, Vol III
Rose, Stanley Ludwig, Vol III
Roses, Lorraine Elena, Vol III
Rouhi, Leyla, Vol III
Saa, Orland, Vol III
Sackett, Theodore Alan, Vol III
Saigal, M., Vol III
Saporta, Sol, Vol III
Sardkodie-Mensah, Kwasi, Vol III

Scales, Manderline Elizabeth, Vol III
Schade, George D., Vol III
Schmiedel, Donald Emerson, Vol II
Sebold, Russell Perry, Vol III
Sepulveda-Pulventini, Emma, Vol II
Shaw, Bradley Alan, Vol III
Shivers, George Robert, Vol III
Silverman, Malcolm Noel, Vol III
Sims, Robert Lewis, Vol III
Smith, Roch Charles, Vol III
Souza, Raymond D., Vol III
Spanos, Anthony, Vol III
St. Clair Lesman, Ann, Vol III
Stanton, Margaret, Vol III
Stathatos, Constantine Christopher, Vol III
Stone, Cynthia, Vol III
Stout, Joseph Allen, Vol III
Stroud, Matthew David, Vol III
Teschner, Richard Vincent, Vol III
Thorburn, Carolyn Coles, Vol III
Toruno, Rhina, Vol III
Troiano, James J., Vol III
Ullman, Pierre Lioni, Vol III
Valis, Noel M., Vol III
Weiner, Jack, Vol III
Weiner, Jack, Vol III
Williams, Daniel Anthony, Vol III
Wilson, Donna M., Vol III
Wiltrout, Ann Elizabeth, Vol III
Woodbridge, Hensley Charles, Vol III
Wooldridge, John B., Vol III
Yang, Mimi, Vol III
Young, Howard Thomas, Vol III
Yudin, Florence L., Vol III
Zlotchew, Clark M., Vol III
Zorita, C. Angel, Vol III

Spanish Literature

Aguirre, Angela M., Vol III
Almeida, Jose Agusiin, Vol III
Anadon, Jose, Vol III
Andreu, Alicia Graciela, Vol III
Arenas, Fernando, Vol III
Avelar, Idelber, Vol III
Bar-Lewaw, Itzhak I., Vol III
Barnstone, Willis, Vol III
Benson, Douglas Keith, Vol III
Bertrand de Munoz, Maryse, Vol III
Billick, David Joseph, Vol III
Blue, William Robert, Vol III
Bly, Peter Anthony, Vol III
Boehne, Patricia Jeanne, Vol III
Borgeson, Paul W., Vol III
Boudreau, Harold Laverne, Vol III
Bruner, Jeffrey, Vol III
Burke, James F., Vol III
Camayd Freixas, Erik, Vol III
Capeles, Mervin, Vol III
Castaneda, James Agustin, Vol III
Castellanos, Isabel, Vol III
Castells, Ricardo, Vol III
Castro, Amanda, Vol III
Castro Lee, Cecilia, Vol III
Chamberlin, V.A., Vol III
Cherry, Charles Maurice, Vol III
Chrzanowski, Joseph, Vol III
Clamurro, William, Vol III
Cocozzella, Peter, Vol III
Compitello, Malcolm Alan, Vol III
Creel, Bryant L., Vol III
Cuenca, Jose Ramon Araluce, Vol II
Darst, David High, Vol III
Davison, Alan R., Vol III
De Rafols, Wifredo, Vol III
Delgado, Luisa Elena, Vol III
DeWeese, Pamela, Vol III
Doudoroff, Michael John, Vol III
Durand, Frank, Vol III
Dussias, Paola E., Vol III
Dust, Patrick, Vol II
Earle, Peter G., Vol III
Egea, Esteban R., Vol III
Escobar, Anna Maria, Vol III
Ferran, Ofelia, Vol III
Finch, Patricia S., Vol III
Finello, Dominick Louis, Vol III
Flori, Monica Roy, Vol I
Fox, Diana, Vol III
Franz, Thomas Rudy, Vol III
Freear Roberts, Helen, Vol III
Friedman, Edward Herbert, Vol III

Gabriele, John P., Vol III
Gerli, Edmondo Michael, Vol III
Gies, David Thatcher, Vol III
Giles, Mary E., Vol III
Glenn, Kathleen Mary, Vol III
Gonzalez, Bernardo Antonio, Vol III
Gonzalez, Eloy, Vol III
Graf, Eric, Vol III
Gutierrez, Jesus, Vol III
Hafter, Monroe Z., Vol III
Hart, Patricia, Vol III
Harvey, Maria-Luisa Alvarez, Vol III
Hathaway, Robert L., Vol III
Heiple, Daniel L, Vol III
Hermann, E.C., Vol III
Hernandez Pecoraro, Rosilie, Vol III
Higginbotham, Virginia, Vol III
Horan, Elizabeth R., Vol II
Hualde, Jose Ignacio, Vol III
Ibsen, Kristine L., Vol III
Jara, Rene, Vol III
Jelinski, Jack Bernard, Vol III
Jerez Farran, Carlos, Vol III
Johnson, Anita L., Vol III
Johnson, Carroll B., Vol III
Josephs, Allen, Vol III
Jurado, Jose, Vol III
Kaplan, Gregory, Vol III
Kirkpatrick, Susan, Vol III
Klee, Carol, Vol III
Kronik, John William, Vol III
Labrador, Jose J., Vol III
Lerner, Isaias, Vol III
Lihani, John, Vol III
Mansour, George Phillip, Vol III
Manteiga, Robert Charles, Vol III
Mapa, Marina Vargas, Vol III
Marquez-Villanueva, Francisco, Vol III
Martin, Dellita Lillian, Vol III
Martinez, Esther M., Vol III
Martinez-Bonati, Felix, Vol III
Mayberry, Nancy Kennington, Vol III
Medina, Jeremy Tyler, Vol III
Munoz, Willy Oscar, Vol III
Myers, Eunice Doman, Vol III
Nepaulsingh, Colbert Ivor, Vol III
Nicholas, Robert Leon, Vol III
O'Connell, Joanna, Vol III
O'Connor, Thomas, Vol III
Oberhelman, Harley Dean, Vol III
Ocampo, Francisco, Vol III
Olivera Williams, Maria Rosa, Vol III
Ordonez, Elizabeth Jane, Vol III
Ordonez, Francisco, Vol III
Ouimette, Victor, Vol III
Pastor, Beatriz, Vol III
Pearson, Lon, Vol III
Perez Stansfield, Maria Pilar, Vol III
Picerno, Richard A., Vol III
Piedra, Jose, Vol III
Plata, Fernando, Vol IV
Predmore, Michael P., Vol III
Quirk, Ronald Joseph, Vol III
Ramiacuterez, Mariacutea-Esther D., Vol III
Ramos-Garcia, Luis A., Vol III
Regueiro, Jose Miguel, Vol III
Reinshagen-Joho, Liane, Vol I
Risco, Antonio, Vol III
Rivera Rodas, Oscar, Vol III
Rivero, Eliana Suarez, Vol III
Rojas, Carlos, Vol III
Romeiser, John B., Vol III
Rugg, Marilyn D., Vol III
Saa, Orland, Vol III
Saz, Sara M., Vol III
Schneider, Marshall Jerrold, Vol III
Scott, Nina Margaret, Vol III
Shivers, George Robert, Vol III
Socha, Donald, Vol III
Soons, C. Alan, Vol III
Spaccarelli, Thomas Dean, Vol III
Spires, Robert Cecil, Vol III
Stanton, Margaret, Vol III
Stoll, Anita K., Vol III
Suarez Garcia, Jose Luis, Vol III
Sullivan, Constance, Vol III
Tolliver, Joyce, Vol III
Ugarte, Michael, Vol III
Valdes, Mario James, Vol III
VanPatten, Bill, Vol III

Vargas, Margarita, Vol III
Walter, Renee, Vol III
Welles, Marcia Louise, Vol III
Whitenack, Judith A., Vol III
Wilcox, John Chapman, Vol III
Willem, Linda M., Vol III
Williams, Daniel Anthony, Vol III
Yang, Mimi, Vol III
Young, Dolly J., Vol III
Young, Theodore Robert, Vol III
Zahareas, Anthony, Vol III
Zlotchew, Clark M., Vol III
Zorita, C. Angel, Vol III
Zubizarreta, Armando F., Vol III

Speech Therapy and Audiology

Aram, Dorothy M., Vol III
Arehole, S., Vol III
Bartlett, Cynthia L., Vol III
Bashir, Anthony S., Vol III
Butler, Katharine G., Vol III
Culatta, Barbara, Vol III
Doherty, Karen A., Vol III
Edwards, Mary Louise, Vol III
Healey, William C., Vol III
Kovarsky, Dana, Vol III
Lazarus, C.L., Vol III
Milosky, Linda M., Vol III
Prieve, Beth A., Vol III
Robinson, Kelly A., Vol III
Stevens, Lizbeth Jane, Vol III

Theater

Albright, Ann Cooper, Vol I
Allman, William Arthur, Vol II
Aronson, Arnold, Vol II
Ault, C. Thomas, Vol II
Austin, Gayle M., Vol II
Bank, Rosemarie Katherine, Vol II
Barry, B. R., Vol II
Barton, Mike Alan, Vol II
Berger, Sidney L., Vol II
Berkman, Leonard, Vol II
Bittrich, Louis Edward, Vol III
Blumenthal, Eileen, Vol II
Bolin, John Seelye, Vol II
Brown, Jared, Vol II
Burkman, Katherine H., Vol II
Catron, Louis E., Vol II
Cerasano, Susan P., Vol II
Chinoy, Helen Krich, Vol II
Colley, Nathaniel S., Vol II
Cook, Smalley Mike, Vol II
Counts, Michael L., Vol II
Daley, Guilbert Alfred, Vol II
Davis, Jed H., Vol II
Devenyi, Jutka, Vol II
Diamond, Elin, Vol II
DiCenzo, Maria, Vol II
Donahue, Thomas John, Vol III
Dorgan, Howard, Vol II
Doty, Gresdna Ann, Vol II
Edgerton, Gary R., Vol II
Erdman, Harley M., Vol II
Ericson, Robert Edward, Vol I
Euba, Femi, Vol II
Fedder, Norman Joseph, Vol II
Fisher, James, Vol II
Foley, Mary Kathleen, Vol III
Frederickson, Ronald Q., Vol II
Free, Katherine B., Vol II
Garvey, Sheila Hickey, Vol II
Gillespie, Patti P., Vol II
Glenn, George, Vol II
Goist, Park Dixon, Vol I
Goulding, Daniel J., Vol II
Gourd, William, Vol II
Griffith, Larry D., Vol II
Haarbauer, Don Ward, Vol II
Hansen, Bob, Vol II
Harrington, E. Michael, Vol II
Hawes, William K., Vol II
Hill, Holly, Vol II
Howard, Leigh Anne, Vol II
Jackson, Allan Stuart, Vol II
Jarvi, Raymond, Vol III
Jewell, James Earl, Vol II
Johnston, Arnold, Vol II
Kahn, Sy M., Vol II
Keenan, Richard Charles, Vol II
Kiralyfalvi, Bela, Vol II
Klein, Owen, Vol I
Krasner, David, Vol II
Kuftinec, Sonja, Vol II
Kuritz, Paul, Vol II

Kydd, Elspeth, Vol II
Landes, W. Daniel, Vol II
Langley, Stephen G., Vol II
Leiter, Samuel Louis, Vol II
Levy, Jacques, Vol II
Liepe-Levinson, Katherine, Vol II
Londre, Felicia Hardison, Vol II
Loney, Glenn Meredith, Vol II
Mackey, Barbara S., Vol II
Mapp, Edward C., Vol II
Mark, Rebecca, Vol II
Marvin, Elizabeth W., Vol II
McCoy, Ken, Vol II
McCoy, Ken W., Vol II
Mcdonough, Ann, Vol II
Mcdowell, John H., Vol I
Mento, Joan, Vol II
Miller, Tice Lewis, Vol II
Moyer, Ronald L., Vol II
Myers, Norman J., Vol II
Myers, Norman Jerald, Vol II
Nash, Elizabeth, Vol II
Norwood, James, Vol II
O'Dell, Leslie, Vol I
O'Hara, Michael M., Vol II
Oaks, Harold Rasmus, Vol II
Orchard, Lee F., Vol II
Pagen, Michele A., Vol II
Parisi, Barbara, Vol II
Park-Fuller, Linda M., Vol II
Paterson, Douglas L., Vol II
Patraka, Vivian, Vol II
Peters, Julie, Vol I
Pizzato, Mark, Vol II
Poole, John R., Vol II
Prevots, Naima, Vol I
Proehl, Geoffrey, Vol II
Reitz Mullenix, Elizabeth, Vol II
Robbins, Kenneth, Vol II
Sarlos, Robert Karoly, Vol II
Scharffenberger, Elizabeth Watson, Vol II
Schechner, Richard, Vol II
Schechter, Joel, Vol II
Sears, Elizabeth Ann, Vol I
Seymour, Victor, Vol II
Shea, Ann Marie, Vol II
Sivier, Evelyn M., Vol II
Slouffman, James W., Vol II
Steckline, C. Turner, Vol II
Steer, Helen V., Vol II
Suchy, Patricia, Vol II
Tandberg, Gerilyn, Vol II
Taranow, Gerda, Vol II
Thaler, Danielle, Vol II
Underiner, Tamara, Vol II
Watermeier, Daniel J., Vol II
Wearing, J.P., Vol II
Wilcox, Dean, Vol II
Wilmeth, Don B., Vol II
Wolak, William J., Vol II
Woods, Alan Lambert, Vol II
Woods, Jeannie Marlin, Vol II
Wright Miller, Gill, Vol I
Yordon, Judy E., Vol II
Yowell, Robert L., Vol II
Zalacain, Daniel, Vol II

Theology

Abdul-Masih, Marguerite, Vol IV
Abe, Nobuhiko, Vol IV
Ackley, John B., Vol IV
Adamo, David Tuesday, Vol IV
Adams, Douglas Glenn, Vol IV
Adams, Marilyn M., Vol I
Aichele, George, Vol IV
Akin, Daniel L., Vol IV
Allen, Diogenes, Vol IV
Ambrozic, Aloysius M., Vol IV
Anderson, Charles Samuel, Vol I
Anderson, Marvin W., Vol IV
Anderson, Neil D., Vol IV
Anderson, Vinton Randolph, Vol IV
Applegate, Judith K., Vol IV
Aquino, Maria Pilar, Vol IV
Arand, Charles P., Vol IV
Armentrout, Donal Smith, Vol IV
Ascough, Richard S., Vol IV
Ashley, Benedict M, Vol IV
Bacchiocchi, Samuele, Vol IV
Bachman, James V., Vol IV
Bagley, Stanley B., Vol IV
Bailey, James L., Vol IV
Balas, David L., Vol IV
Baldwin, Donald E., Vol IV
Baldwin, Lewis V., Vol IV
Ballard, Harold Wayne, Jr., Vol IV

Bangert, Mark Paul, Vol IV
Bangs, Carl, Vol IV
Barlow, Brian C., Vol IV
Barlow, Philip L., Vol IV
Barry, William Anthony, Vol IV
Bartelt, Andrew H., Vol IV
Bateman, Herbert W., Vol IV
Bathurst Gilson, Anne, Vol IV
Bauerschmidt, Frederick Christian, Vol IV
Baum, Gregory G., Vol IV
Baumbach, Gerard, Vol IV
Beale, David Otis, Vol I
Bechtel, Carol M., Vol IV
Beck, Norman Arthur, Vol IV
Beckwith, Frank, Vol IV
Benham, Priscilla, Vol IV
Bennett, Robert A., Vol IV
Berling, Judith, Vol IV
Berridge, John Maclennan, Vol IV
Berthold, George Charles, Vol IV
Bethel, Leonard Leslie, Vol IV
Bevans, Stephen, Vol IV
Biallas, Leonard John, Vol IV
Bieganowski, Ronald, Vol II
Bilaniuk, Petro Borys T., Vol IV
Binau, Brad A., Vol IV
Blaising, Craig A., Vol IV
Blevins, Kent, Vol IV
Bloesch, Donald G., Vol IV
Blowers, LaVerne P., Vol IV
Bodling, Kurt A., Vol I
Bond, Gilbert I., Vol IV
Borelli, John, Vol I
Borg, Marcus J., Vol IV
Borsch, Frederick Houk, Vol II
Bouman, Walter R., Vol IV
Bovon, Francois, Vol IV
Bowdle, Donald N., Vol IV
Boyd, Tom Wesley, Vol IV
Boyle, John Phillips, Vol IV
Bracken, W. Jerome, Vol IV
Brame, Grace Adolphsen, Vol IV
Brand, Eugene L., Vol IV
Branick, Vincent P., Vol IV
Brauch, Manfred T., Vol IV
Brauer, James L., Vol IV
Braxton, Edward Kenneth, Vol IV
Breeden, James Pleasant, Vol IV
Bretzke, James T., Vol IV
Brister, C.W., Vol IV
Brown, Amos Cleophilus, Vol IV
Brown, Dale W., Vol IV
Brown, George, Jr., Vol IV
Brown, Harold O.J., Vol IV
Brown, Kenneth, Vol IV
Brown, Stephen G., Vol IV
Browning, Don S., Vol IV
Bruns, James Edgar, Vol IV
Buckley, Francis J., Vol IV
Bufford, Edward Eugene, Vol IV
Burch, Francis Floyd, Vol III
Burch, Sharon Peebles, Vol IV
Burkhart, John E., Vol IV
Burns, J. Lanier, Vol IV
Burns, J. Patout, Jr., Vol IV
Burt, Donald X., Vol IV
Burtchaell, James T., Vol IV
Burtness, James H., Vol IV
Buschart, David, Vol IV
Butler, J. Ray, Vol IV
Calian, Carnegie Samuel, Vol IV
Callahan, James, Vol IV
Cannon, Katie Geneva, Vol IV
Capizzi, Joseph E., Vol IV
Carl, Harold F., Vol IV
Carpenter, James Anderson, Vol IV
Carr, Anne E., Vol IV
Carr, Thomas, Vol IV
Carson, Logan, Vol IV
Carter, Guy C., Vol I
Carter, Percy A., Jr., Vol IV
Cassel, J. David, Vol IV
Cassidy, Laurence Lavelle, Vol IV
Cavadini, John C., Vol IV
Chance, J. Bradley, Vol IV
Charlton, Charles Hayes, Vol IV
Chausse, Gilles, Vol IV
Childs, Brevard Springs, Vol IV
Chiles, Robert Eugene, Vol IV
Chinnici, Joseph Patrick, Vol I
Chopp, Rebeca S., Vol IV
Christensen, Michael, Vol IV
Chryssavgis, John, Vol IV
Clapper, Gregory, Vol IV
Clayton, Philip, Vol IV
Clement, Grace, Vol IV
Cobb, John Boswell, Vol IV

Cody, Aelred, Vol IV
Cohen, Martin Aaron, Vol IV
Collins, Robert H., Vol IV
Colyer, Elmer M., Vol IV
Compier, Don H., Vol IV
Cone, James H., Vol IV
Conn, Walter Eugene, Vol IV
Conyers, A.J., Vol IV
Cook, Michael L., Vol IV
Cooley, James F., Vol IV
Cooper, Burton, Vol IV
Copeland, M. Shawn, Vol IV
Copeland, Warren R., Vol IV
Corduan, Winfried, Vol IV
Cornwall, Robert D., Vol I
Costen, Melva Wilson, Vol IV
Costigan, Richard F., Vol IV
Cotton, Roger D., Vol IV
Cox, Howard A., Vol IV
Cox, Steven L., Vol IV
Crabtree, Arthur Bamford, Vol IV
Craig, William Lane, Vol IV
Creamer, David G., Vol IV
Croke, Prudence Mary, Vol IV
Crossley, John, Vol IV
Crouter, Richard, Vol I
Crouter, Richard E., Vol IV
Crowe, Frederick E., Vol IV
Cruz, Virgil, Vol IV
Crysdale, Cynthia S. W., Vol IV
Culpepper, R. Alan, Vol IV
Custer, John S., Vol IV
Daley, Brian Edward, Vol I
Dallen, James, Vol IV
Daniel, E. Randolph, Vol IV
Danker, Frederick W., Vol IV
Davis, John Jefferson, Vol IV
Davis, Kenneth G., Vol IV
Dawn, Marva J., Vol IV
Dean, William D., Vol IV
Deck, Allan F., Vol IV
DeHart, Paul, Vol IV
Deibler, Timothy, Vol IV
Deignan, Kathleen P., Vol IV
Dekar, Paul R., Vol IV
Dekoninck, Thomas, Vol IV
Del Colle, Ralph, Vol IV
Delio, Ilia, Vol I
Demarest, Bruce, Vol IV
Demkovich, Michael, Vol IV
Dempsey, Carol J., Vol IV
Dempsey, Joseph P., Vol IV
Demy, Timothy J., Vol IV
Deschner, John, Vol IV
Deterding, Paul E., Vol IV
Devenish, Philip Edward, Vol IV
DeVries, Dawn A ., Vol IV
DiCicco, Mario, Vol IV
Dickerson, Dennis Clark, Vol IV
Dingilian, Der Stepanos, Vol IV
Doherty, Barbara, Vol I
Donovan, Mary Ann, Vol I
Dorn, Louis, Vol IV
Douglas, Walter, Vol IV
Drane, James Francis, Vol IV
Draper, David E., Vol IV
Driver, Tom Faw, Vol IV
Dumais, Monique, Vol IV
Dunlap, Elden Dale, Vol IV
Dunne, John Scribner, Vol IV
Dych, William V., Vol IV
Dyck, Cornelius John, Vol I
Dyer, James Mark, Vol IV
Easley, Ray, Vol IV
Edgar, William, Vol IV
Edwards, James R., Vol IV
Egan, Harvey Daniel, Vol IV
Eichelberger, William L., Vol IV
Eiesland, Nancy L., Vol IV
Eigo, Francis Augustine, Vol IV
Elhard, Leland E., Vol IV
Elliott, John Hall, Vol IV
Ellis, Anthony John, Vol IV
Ellis, Edward Earle, Vol IV
Elsbernd, Mary, Vol IV
Elwell, Walter Alexander, Vol IV
Empereur, James L., Vol IV
Eno, Robert Bryan, Vol IV
Erickson, Millard J., Vol IV
Erwin, James Otis, Vol IV
Eschelbach, Michael A., Vol IV
Eversley, Walter V.L., Vol IV
Fackre, Gabriel Joseph, Vol IV
Fagan, Eileen M., Vol IV
Fakhrid-Deen, Nashid Abdullah,
  Vol IV
Fant, Gene C., Jr., Vol IV
Farley, Benjamin Wirt, Vol I
Faupel, William, Vol IV

Feiss, Hugh, Vol IV
Felder, Cain Hope, Vol IV
Ferguson, Marianne, Vol IV
Ferguson, Paul, Vol IV
Ferrara, Louis F., Vol IV
Feuerhahn, Ronald R., Vol I
Fields, Stephen Michael, Vol IV
Fitts, Leroy, Vol IV
Foerst, Anne, Vol IV
Ford, John Thomas, Vol IV
Forde, Gerhard Olaf, Vol IV
Forell, George Wolfgang, Vol IV
Fox, Douglas A., Vol IV
Franklin, Robert Michael, Vol IV
Frederick, G. Marcille, Vol IV
Freeman, Thomas F., Vol IV
Freiday, Dean, Vol IV
Frein, Brigid C., Vol IV
French, William, Vol IV
Froehlich, Charles Donald, Vol IV
Frohlich, Mary, Vol IV
Fuerst, Wesley J., Vol IV
Fuller, George Cain, Vol IV
Furnish, Victor Paul, Vol IV
Gabriele, Edward, Vol IV
Gaffin, Richard Birch, Jr., Vol IV
Gaffney, John Patrick, Vol IV
Gamble, Richard C., Vol IV
Garcia, Albert L., Vol IV
Garrett, James Leo, Vol IV
Gelwick, Richard, Vol IV
Genovesi, Vincent Joseph, Vol IV
Gerdes, Neil W., Vol III
Gerhart, Mary, Vol IV
Gerig, Wesley Lee, Vol IV
Gibbs, Jeffrey A., Vol IV
Gignac, Francis Thomas, Vol III
Gilkes, Cheryl Townsend, Vol IV
Gillis, Chester, Vol IV
Gilmore, George Barnes, Vol IV
Gilmore, Robert McKinley, Sr.,
  Vol IV
Gingerich, Ray C., Vol IV
Giurlanda, Paul, Vol IV
Giurlanda, Paul, Vol IV
Glazier, Stephen D., Vol I
Godsey, John Drew, Vol IV
Goergen, Donald J., Vol IV
Goldingay, John, Vol IV
Golian, Linda Marie, Vol II
Golphin, Vincent F.A., Vol IV
Gonzalez, Catherine Gunsalus,
  Vol I
Gonzalez, Justo Luis, Vol I
Goode, James Edward, Vol IV
Gooden, Winston Earl, Vol IV
Gordon, Dane R., Vol IV
Gordon, Walter Martin, Vol II
Gorman, Rosemarie E., Vol IV
Gouwens, David J., Vol IV
Graham, J. Michele, Vol IV
Graham, William C., Vol I
Grant, Jacquelyn, Vol IV
Gray, Patrick T.R., Vol IV
Green, Clifford James, Vol IV
Greenhaward, David M., Vol IV
Greig, Alexander Josef, Vol IV
Grenz, Stanley J., Vol IV
Griener, George E., Vol IV
Grigsby, Marshall C., Vol IV
Grimsrud, Theodore G., Vol IV
Gromada, Conrad T., Vol IV
Gros, Jeffrey, Vol IV
Gumms, Emmanuel George, Sr.,
  Vol IV
Hall, Thor, Vol IV
Hallman, Joseph Martin, Vol IV
Hamelin, Leonce, Vol IV
Hanchey, Howard, Vol IV
Handy, William Talbot, Jr., Vol IV
Hanigan, James P., Vol IV
Hansen, Carl L., Vol IV
Hanson, Bradley, Vol IV
Harley, Philip A., Vol IV
Harrelson, Walter, Vol IV
Harrington, Henry R., Vol II
Harrold, Jeffery Deland, Vol IV
Hart, John, Vol IV
Harvey, Louis-Charles, Vol IV
Hawkins, Merrill M., Vol I
Hayden, John Carleton, Vol IV
Hayes, Diana L., Vol IV
Hayes, Zachary Jerome, Vol I
Heggen, Bruce A., Vol IV
Heil, John P., Vol IV
Hein, Rolland Neal, Vol II
Helminiak, Daniel A., Vol IV
Hertig, Paul, Vol IV
Hertig, Young Lee, Vol IV

Hicks, H. Beecher, Jr., Vol IV
Hill, Jason D., Vol IV
Himes, Michael J., Vol IV
Hobgood-Oster, Laura, Vol I
Hodgson, Peter C., Vol IV
Hoeffner, Kent, Vol IV
Hofbeck, Josef, Vol IV
Hoffman, John C., Vol IV
Holladay, Carl R., Vol IV
Holleran, John Warren, Vol IV
Holley, Jim, Vol IV
Hoops, Merlin Henry, Vol IV
Hopkins, Dwight N., Vol IV
Hoyt, Thomas L., Jr., Vol IV
Huff, Peter A., Vol IV
Huffman, Douglas S., Vol IV
Hummel, Bradford Scott, Vol IV
Humphreys, Fisher, Vol IV
Hunt, Mary Elizabeth, Vol IV
Hunter, Joel, Vol IV
Hunter, Rodney J., Vol IV
Hutter, Reinhard, Vol IV
Inbody, Tyron Lee, Vol IV
Inyamah, Nathaniel Ginikanwa N.,
  Vol IV
Iozzio, Mary Jo, Vol IV
Jackson, Gordon Edmund, Vol IV
James, Allix Bledsoe, Vol IV
James, H. Rhett, Vol IV
Jamros, Daniel, Vol IV
Jefferson, M. Ivory, Vol IV
Jenemann, Albert Harry, Vol IV
Jensen, Gordon A., Vol IV
Johns, Loren L., Vol IV
Johnson, Ben, Vol IV
Johnson, Elizabeth A., Vol IV
Johnson, Luke Timothy, Vol IV
Johnson, Roger A., Vol I
Johnson, Ronald W., Vol IV
Johnson, Steven D., Vol IV
Johnston, Carol F., Vol IV
Jones, David Clyde, Vol IV
Jones, Donald D., Vol IV
Jones, L. Gregory, Vol IV
Jones, Lawrence N., Vol IV
Jones, Paul Henry, Vol I
Jones, William A., Jr., Vol IV
Kaiser, Christopher Barina, Vol IV
Kajevich, Steven N., Vol IV
Kallenberg, Brad J., Vol IV
Kassam, Zayn, Vol IV
Kaufman, Gordon Dester, Vol IV
Kay, James F., Vol II
Keating, James, Vol IV
Keeney, Donald E., Vol IV
Keifert, Patrick, Vol IV
Keim, Albert N., Vol IV
Kelly, Balmer Hancock, Vol IV
Kelly, David F., Vol IV
Kelly, Douglas, Vol IV
Kempf, Stephen W., Vol IV
Kennedy, D. Robert, Vol IV
Kennedy, Robert E., Vol IV
Kennedy, William Thomas, Jr.,
  Vol IV
Kenneson, Philip D., Vol IV
Kim, Younglae, Vol IV
King, William J., Vol IV
Kirk-Duggan, Cheryl Ann, Vol IV
Kirkpatrick, W. David, Vol IV
Klaassen, Walter, Vol I
Knight, Caroly Ann, Vol IV
Knight, Henry H., Vol IV
Knitter, Paul Francis, Vol IV
Koenig, Thomas Roy, Vol IV
Koester, Craig R., Vol IV
Kolasny, Judette M., Vol IV
Kolb, Robert, Vol I
Kolden, Marc, Vol IV
Komonchak, Joseph Andrew,
  Vol IV
Kopaczynski, Germain, Vol IV
Koperski, Veronica, Vol IV
Kraemer, David, Vol IV
Krahmer, Shawn Madison, Vol IV
Kramer-Mills, Hartmut, Vol IV
Krawchuk, Andrii, Vol IV
Kress, Robert Lee, Vol IV
Krieg, Robert A., Vol IV
Krispin, Gerald, Vol IV
Krych, Margaret A., Vol IV
Kumfer, Earl T., Vol IV
Lambert, Byron C., Vol IV
Lambert, Jean Christine, Vol IV
Lamm, Julia A., Vol IV
Lang, Martin Andrew, Vol IV
Langlinais, J. Willis, Vol IV
Larkin, Ernest Eldon, Vol IV
Latcovich, Mark A., Vol IV

Lauer, Eugene F., Vol IV
Layman, Fred Dale, Vol IV
Lea, Thomas Dale, Vol IV
Lederle, Henry, Vol IV
Lee, Jung Young, Vol IV
Lee, K. Samuel, Vol IV
Lee, Sungho, Vol IV
Lefebure, Leo D., Vol IV
Leies, John A., Vol IV
Leith, John Haddon, Vol IV
Lennox, Stephen J., Vol IV
Leonard, Ellen L., Vol IV
Lescher, Bruce, Vol IV
Leslie, Benjamin C., Vol IV
Levy, Ian Christopher, Vol I
Lewis, Gordon Russel, Vol IV
Lewis, Harold T., Vol IV
Lewis, Lloyd Alexander, Jr.,
  Vol IV
Liechty, Daniel, Vol IV
Lienhard, Joseph T., Vol I
Lightner, Robert P., Vol IV
Lind, Millard C., Vol IV
Lindberg, Carter Harry, Vol IV
Lints, Richard, Vol IV
Lo, Jim, Vol IV
Loewe, William Patrick, Vol IV
Longenecker, Richard Norman,
  Vol IV
Longman, Tremper, III, Vol IV
Lovejoy, Grant I., Vol IV
Lovett, Leonard, Vol IV
Lowery, Mark, Vol IV
Lu, Matthias, Vol IV
Luck, Donald G., Vol IV
Luck, Donald L., Vol IV
Lull, Timothy F., Vol IV
Lunceford, Joseph E., Vol IV
Mabery, Lucy, Vol IV
MacArthur, John F., Vol IV
Mackler, Aaron L., Vol IV
MacLean, Iain Stewart, Vol IV
MacQuarrie, John, Vol IV
Madsen, Charles Clifford, Vol IV
Mahan, Susan, Vol I
Malloy, Edward A., Vol IV
March, Wallace Eugene, Vol IV
Marcin, Raymond B., Vol IV
Marshall, Robert J., Vol IV
Martin, Charlotte Joy, Vol IV
Martin, Ernest L., Vol IV
Martinson, Roland, Vol IV
Maschke, Timothy, Vol IV
Mask, E. Jefferey, Vol IV
Mason, David Raymond, Vol IV
Massey, James Earl, Vol IV
Mathews, Edward G., Vol IV
Matthaei, Sondra, Vol IV
May, Melanie A., Vol IV
McAvoy, Jane, Vol IV
McBrien, Richard Peter, Vol IV
McCall, Emmanuel Lemuel, Sr.,
  Vol IV
McCarty, Doran Chester, Vol IV
McClendon, James Em., Jr.,
  Vol IV
McCormick, R.A., Vol IV
McCulloh, Gerald William, Vol IV
McDevitt, Anthony, Vol IV
McEleney, Neil Joseph, Vol IV
McFague, Sallie, Vol IV
McFarland, Ian A., Vol IV
McGinty, Mary Peter, Vol IV
McGlone, Mary M., Vol IV
McIntyre, Moni, Vol IV
McKelway, Alexander Jeffrey,
  Vol IV
McKevitt, Gerald, Vol I
McKim, Donald K., Vol IV
McKinney, George Dallas, Jr.,
  Vol IV
McKinney, Lauren D., Vol IV
Meade, Denis, Vol IV
Meitzen, Manfred Otto, Vol IV
Mercadante, Linda A., Vol IV
Merkle, John Charles, Vol IV
Mickler, Mike, Vol IV
Middleton, Darren J. N., Vol IV
Miles, Delos, Vol IV
Miletic, Stephen F., Vol IV
Miller, Ed L., Vol IV
Miller, James Blair, Vol IV
Miller, Telly Hugh, Vol IV
Miller-McLemore, Bonnie Jean,
  Vol IV
Misner, Paul, Vol IV
Mohler, R. Albert, Jr., Vol IV
Mohrlang, Roger L., Vol IV
Moody, Linda A., Vol IV

Moore, Rickie D., Vol IV
Moran, Robert E., Sr., Vol IV
Moreland, Raymond T., Jr.,
  Vol IV
Morrill, Bruce T., Vol IV
Morris, Calvin S., Vol IV
Morris, Paul, Vol IV
Moss, Alfred A., Jr., Vol IV
Munrion, William E., Vol IV
Murphy, Nancey, Vol IV
Murray, J-Glenn, Vol IV
Muzorewa, Gwinyal, Vol IV
Myers, Charles Edward, Vol IV
Myers, William R., Vol IV
Nagel, Norman E., Vol IV
Nancarrow, Paul S., Vol IV
Nardone, Richard Morton, Vol I
Nash, Robert N., Jr., Vol I
Neale, David, Vol IV
Nelson, Lance E., Vol IV
Nelson, Lonnie R., Vol IV
Nelson, Stanley A., Vol IV
Neville, Robert C., Vol IV
Newell, Roger, Vol IV
Newsome, Clarence Geno, Vol IV
Ngan, Lai Ling E., Vol IV
Nicole, Roger, Vol IV
Niedner, Frederick A., Vol IV
Nilson, Jon, Vol IV
Norris, John Martin, Vol IV
Norris, Robert, Vol IV
Nugent, Donald Christopher, Vol I
O'Donnell, Lorena Mae, Vol IV
Obayashi, Hiroshi, Vol IV
Obitts, Stanley Ralph, Vol IV
Ogden, Schubert Miles, Vol IV
Olbricht, Thomas H., Vol II
Oliphint, K. Scott, Vol IV
Olson, Roger E., Vol IV
Oosterhuis, Tom, Vol IV
Osborne, Kenan Bernard, Vol IV
Ottati, Douglas Fernando, Vol IV
Otto, David, Vol IV
Owens, Dorothy M., Vol IV
Owens, Father Joseph, Vol IV
Pacwa, Mitch, Vol IV
Padgett, Alan G., Vol IV
Padovano, Anthony T., Vol IV
Paffenroth, Kim, Vol IV
Page, Jean-Guy, Vol IV
Painchaud, Louis, Vol IV
Paleczny, Barbara, Vol IV
Pankey, William J., Vol IV
Parker, Fred Lee Cecil, Vol IV
Parker, Paul P., Vol IV
Parker, Thomas D., Vol IV
Parks, Sharon, Vol IV
Patrick, Dale, Vol IV
Patrick, Darryl L., Vol IV
Patterson, Bob E., Vol II
Patton, Corrine, Vol IV
Paul, Garrett E., Vol IV
Paulson, Steven, Vol IV
Payne, Steven, Vol IV
Peitz-Hillenbrand, Darlene, Vol IV
Pero, Albert, Vol IV
Perrin, David, Vol IV
Perry, Tim, Vol IV
Petuchowski, Jakob Josef, Vol IV
Phillips, Craig A., Vol IV
Phillips, Randall R., Vol IV
Picirilli, Robert Eugene, Vol IV
Pilant, Craig Wesley, Vol IV
Pilch, John J., Vol IV
Pison, Ramon Martinez de, Vol IV
Placher, William C., Vol IV
Platt, Elizabeth Ellan, Vol IV
Polhill, John B., Vol IV
Pollard, Alton Brooks, III, Vol IV
Popiden, John Robert, Vol IV
Porter, Andrew P., Vol IV
Porter, Kwame John R., Vol IV
Portier, William L., Vol IV
Potts, Donald R., Vol IV
Potvin, Thomas R., Vol IV
Powell, Jouett L., Vol IV
Poythress, Vern S., Vol IV
Priebe, Duane A., Vol IV
Raabe, Paul R., Vol IV
Radic, Randall, Vol IV
Raitt, Jill, Vol IV
Raj, Victor A.R., Vol IV
Rajashekar, J. Paul, Vol IV
Ramey, George, Vol IV
Rankin, Duncan, Vol IV
Rapple, Eva Marie, Vol IV
Rates, Norman M., Vol IV
Rausch, Thomas P., Vol IV
Reher, Margaret Mary, Vol I

Reid, Benjamin F., Vol IV
Resseguie, James L., Vol IV
Reumann, John Henry Paul, Vol IV
Reymond, Robert L., Vol IV
Reynolds, Edward, Vol IV
Rhodes, Ron, Vol IV
Rhys, J Howard W., Vol IV
Rice, Berry, Vol IV
Rice, Charles L., Vol IV
Richards, Jeffery Jon, Vol IV
Richardson, Kurt A., Vol IV
Rigali, Norbert Jerome, Vol IV
Rinderle, Walter, Vol I
Ring, Nancy C., Vol IV
Ritson, G. Joy, Vol I
Roberge, Rene-Michel, Vol IV
Roberts, Samuel Kelton, Vol IV
Roberts, Victor William, Vol IV
Roberts, Wendy Hunter, Vol IV
Roberts, Wesley A., Vol IV
Robertson, Benjamin W., Vol IV
Rodas, M. Daniel Carroll, Vol IV
Rodriguez, Angel Manuel, Vol IV
Rodriguez, Jose David, Vol IV
Rodriguez-Holguin, Jeanette, Vol IV
Rollins, Richard Albert, Vol IV
Rolnick, Philip, Vol IV
Rolwing, Richard J., Vol IV
Rooks, Charles Shelby, Vol IV
Root, Michael, Vol IV
Rosin, Robert L., Vol I
Ross, Ralph M., Vol IV
Rowan, Albert T., Vol IV
Rowold, Henry, Vol IV
Rubsys, Anthony L., Vol IV
Ruffing, Janet, Vol IV
Russo, Mary, Vol IV
Ruthven, Jon M., Vol IV
Ryan, Eilish, Vol IV
Ryan, Herbert Joseph, Vol IV
Sable, Thomas F., Vol IV
Sachs, John R., Vol IV
Sager, Allan Henry, Vol IV
Sahadat, John, Vol IV
Saliers, Don E., Vol IV
Sanders, Cheryl J., Vol IV
Sanders, John, Vol IV
Sands, Kathleen M., Vol IV
Santillana, Fernando, Vol IV
Scaer, David P., Vol IV
Scalise, Charles J., Vol I
Schaefer, Jame, Vol IV
Scharlemann, Robert Paul, Vol IV
Scharper, Stephen B., Vol IV
Schnabel, Eckhard j., Vol IV
Schner, George, Vol IV
Scholz, Daniel J., Vol IV
Scholz, Susanne, Vol IV
Schubert, Judith, Vol IV
Schuchard, Bruce G., Vol IV
Schultenover, David, Vol I
Schwarz, Hans, Vol IV
Schweitzer, Don, Vol IV
Scorgie, Glen G., Vol I
Scott, David Allen, Vol IV
Scott, Nathan Alexander, Jr., Vol IV
Selengut, Charles, Vol IV
Selner-Wright, Susan C., Vol IV
Shanahan, Thomas Joseph, Vol IV
Sheldon, Ted P., Vol II
Shelley, Bruce, Vol I
Shelp, Earl E., Vol IV
Sheridan, Thomas L., Vol IV

Sherwood, Stephen K., Vol IV
Shipley, Anthony J., Vol IV
Shofner, Robert Dancey, Vol IV
Shopshire, James Maynard, Vol IV
Sibley, Jack Raymond, Vol IV
Sider, Ronald J., Vol IV
Simmons, William A., Vol IV
Simpson, Gary M., Vol IV
Sinclair, Scott G., Vol IV
Sittger, Gerald L., Vol IV
Skeris, Robert A., Vol IV
Skiba, Paulette, Vol IV
Slater, Peter, Vol IV
Slocum, Robert B., Vol IV
Slusser, Michael, Vol IV
Smith, Luther Edward, Jr., Vol IV
Smith, Mark Stratton, Vol IV
Smith, Pamela A., Vol IV
Smith, Paul, Vol IV
Smith, Randall Brian, Vol IV
Smith, W. Alan, Vol IV
Smith, Wallace Charles, Vol IV
Smith, Yolanda Yvette, Vol IV
Smurl, James Frederick, Vol IV
Snook, Lee E., Vol IV
Sockness, Brent, Vol IV
Soroka, Jacek, Vol IV
Speidell, Todd, Vol IV
Sponheim, Paul R., Vol IV
Sproul, R.C., Vol IV
Sprunger, Mary S., Vol IV
Stackhouse, John G., Jr., Vol IV
Stafford, Gilbert W., Vol IV
Staley, Jeffrey L., Vol IV
Stallard, Michael D., Vol IV
Steele, Richard B., Vol IV
Steiner, Vernon J., Vol IV
Stendahl, Krister, Vol IV
Stevens, Paul W., Vol IV
Stevenson-Moessner, Jeanne, Vol IV
Stewart, Carlyle F., III, Vol IV
Stewart, William H., Vol IV
Stokes, Mack B., Vol IV
Stortz, Martha Ellen, Vol I
Sur, Carolyn Worman, Vol IV
Swayne, Steven Robert, Vol IV
Talar, Charles J. T., Vol IV
Taylor, Michael Joseph, Vol IV
Taylor, Williamson S., Vol IV
Teselle, Eugene A., Vol IV
Thandeka, Vol IV
Thomas, Herman Edward, Vol IV
Thomas, Owen Clark, Vol IV
Thomasma, David C., Vol IV
Thompson, George, Jr., Vol IV
Thompson, William M., Vol IV
Thomsen, Mark, Vol IV
Tiessen, Terrance, Vol IV
Tilley, Terrence W., Vol IV
Tiso, Francis V., Vol IV
Tm, King, Vol IV
Tolliver, Joel, Vol IV
Tolliver, Richard Lamar, Vol IV
Topel, Bernadette, Vol IV
Traub, George William, Vol IV
Trobisch, David, Vol IV
Truemper, David George, Vol IV
Twesigye, Emmanuel, Vol IV
Tylenda, Joseph N., Vol IV
Tyson, John R., Vol IV
Udoh, Fabian E., Vol IV
Uitti, Roger W., Vol IV
Ulanov, Ann Belford, Vol IV
Umidi, Joseph L., Vol IV
Upton, Thomas Vernon, Vol IV

Ury, M. William, Vol I
Van De Mortal, Joseph A., Vol IV
Van Dyke, Brian D., Vol IV
Vanallen, Rodger, Vol IV
Vandenakker, John, Vol IV
Vander Wilt, Jeffery T., Vol IV
Varnado, Douglas, Vol IV
Velez, Joseph Francisco, Vol III
Verkamp, Bernard, Vol I
Vidal, Jaime R., Vol IV
Vivian, Cordy Tindell, Vol IV
Voelz, James W., Vol IV
Vos, Nelvin Leroy, Vol II
Wadell, Paul J., Vol IV
Walker, Wyatt Tee, Vol IV
Ward, Jule D., Vol IV
Ware, Bruce A., Vol IV
Warrener Smith, Susan, Vol IV
Washington, James Melvin, Vol IV
Waters, John W., Vol IV
Watson, Cletus Claude, Vol IV
Watson, Daivd Lowes, Vol IV
Watson, Joann Ford, Vol IV
Weatherly, Jon A., Vol IV
Weber, Theodore R., Vol IV
Weber, Timothy P, Vol IV
Weima, Jeffrey A.D., Vol IV
Wells, David Falconer, Vol IV
Wells, Jonathan, Vol IV
Wenderoth, Christine, Vol IV
Wennemyr, Susan E., Vol IV
Wesselschmidt, Quentin F., Vol IV
West, Charles Converse, Vol IV
West, Frederick S., Vol IV
West, James E., Vol IV
Wheeler, David L., Vol IV
Whelan, Winifred, Vol IV
Whidden, Woodrow W., II, Vol IV
Wigall, Steve R., Vol IV
Wiggins, William H., Jr., Vol IV
Will, James Edward, Vol IV
Willems, Elizabeth, Vol IV
Williams, Donald T., Vol IV
Williams, J. Rodman, Vol IV
Williams, Preston N., Vol IV
Williamson, Clark M., Vol IV
Williamson, Lamar, Vol IV
Willimon, William Henry, Vol IV
Wilson, Danny K., Vol IV
Wilson, Jonatan R., Vol IV
Wilson, Willie Frederick, Vol IV
Wimberly, Edward P., Vol IV
Winfrey, Charles Everett, Vol IV
Winters, Francis Xavier, Vol IV
Wise, Philip D., Vol IV
Wiseman, James A., Vol IV
Wolfe, David L., Vol I
Wolfe, Deborah Cannon Partridge, Vol IV
Wolfe, Robert F., Vol IV
Wood, Charles M., Vol IV
Woodring, Andrew N., Vol IV
Wright, John H., Vol IV
Yoder, John C., Vol IV
Young, John Terry, Vol IV
Zimany, Roland Daniel, Vol IV
Zimmerman, Joyce Ann, Vol IV
Zirkel, Patricia McCormick, Vol I
Zukowski, Edward, Jr., Vol IV

Women's Studies

Achberger, Karen Ripp, Vol III
Ainley, Marianne G., Vol I
Allen, Orphia Jane, Vol II

Armitage, Susan, Vol I
Baker, Melva Joyce, Vol I
Barber, Margaret, Vol II
Barbour, Paula Louise, Vol II
Barr, Marleen Sandra, Vol II
Barstow, Anne Llewellyn, Vol I
Baruch, Elaine Hoffman, Vol II
Bell, Linda A., Vol II
Bell, Susan Groag, Vol I
Bennett, Judith Mackenzie, Vol I
Berger, Iris, Vol I
Berkman, Joyce A., Vol I
Bland, Sidney Roderick, Vol I
Boling, Becky, Vol II
Boos, Florence Saunders, Vol II
Breines, Winifred, Vol I
Bridenthal, Renate, Vol I
Browning, Judith, Vol II
Browning Cole, Eve, Vol I
Carson Pastan, Elizabeth, Vol I
Carter, Nancy Corson, Vol I
Cartwright, Lisa, Vol II
Chase Hankins, June, Vol II
Clark, Anna, Vol I
Cohen, Marjorie G., Vol I
Conrad, Margaret R., Vol I
Crooms, Lisa A., Vol II
Dash, Irene Golden, Vol II
Desalvo, Louise Anita, Vol II
Diamond, Elin, Vol II
Dicks, Samuel Eugene, Vol I
Dinnerstein, Myra, Vol II
Drachman, Virginia Goldsmith, Vol I
Duhan Kaplan, Laura, Vol IV
Eden, Melissa, Vol II
Ellis, Katherine, Vol II
Elsbernd, Mary, Vol IV
Enterline, Lynn, Vol II
Ewell, Barbara Claire, Vol II
Fetterley, Judith, Vol II
Fitzpatrick, Ellen, Vol I
Fosl, Peter S., Vol IV
Froide, Amy, Vol I
Gardiner, Judith Kegan, Vol II
Gelfand, Elissa Deborah, Vol III
Gilbert, Sandra Mortola, Vol II
Ginsberg, Elaine Kaner, Vol II
Gish, Nancy K., Vol II
Gordon, Lynn Dorothy, Vol I
Gossy, Mary S., Vol II
Greenhill, Pauline, Vol I
Gullace, Nicoletta F., Vol I
Gullickson, Gay Linda, Vol I
Gutwirth, Madelyn, Vol III
Hand, Sally Nixon, Vol II
Harris, Janice Hubbard, Vol II
Harsh, Constance D., Vol II
Hill-Miller, Katherine Cecelia, Vol II
Hoefel, Roseanne, Vol II
Jameson, Elizabeth, Vol I
Jensen, Katharine, Vol II
Johnson, Penelope Delafield, Vol I
Johnson, Rhoda E., Vol II
Jordan, Rosan, Vol II
Kane, John, Vol IV
Kanipe, Esther Sue, Vol I
Kirkpatrick, Susan, Vol III
Kolodny, Annette, Vol II
Kome, Penny J., Vol I
Konek, Carol Wolfe, Vol II
Kranidis, Rita, Vol II
Lagoudis Pinchin, Jane, Vol II
Lelwica, Michelle M., Vol IV
LeMoncheck, Linda, Vol IV

Lemons, Stanley J., Vol I
Lerner, Anne Lapidus, Vol III
Long, Ada, Vol II
Makward, Christiane Perrin, Vol III
Martinez, Jacqueline M., Vol IV
Masse, Michelle, Vol II
Mesteller, Jean C., Vol II
Meyers, Diana Tietjens, Vol IV
Miller, Mara, Vol I
Miner, Madonne, Vol II
Mitchell, Helen Buss, Vol I
Moorti, Sujata, Vol II
Moses, Claire Goldberg, Vol I
Naylor, Natalie A., Vol I
Neuman, Shirley C., Vol II
Nolan, Mary, Vol I
O'Donnell, Mabry Miller, Vol II
O'Malley, Susan Gushee, Vol II
Oakes, Elisabeth, Vol II
Phillips McGowan, Marcia, Vol II
Polasky, Janet, Vol III
Potter, Elizabeth, Vol II
Power, Mary, Vol II
Preckshot, Judith, Vol III
Prell, Riv-Ellen, Vol III
Raoul, Valerie, Vol III
Roberts, Barbara A., Vol I
Roberts, Robin, Vol II
Ross, Stephanie A., Vol IV
Rupp, Leila J., Vol I
Samarasinghe, Vidyamali, Vol I
Schaberg, Jane D., Vol IV
Schneider, Joanne, Vol I
Schneider, Karen, Vol II
Schuster, Marilyn R., Vol III
Schwieder, Dorothy Ann, Vol I
Scobie, Ingrid Winther, Vol I
Scott, Bonnie Kime, Vol II
Sebesta, Judith Lynn, Vol I
Seigfried, Charlene, Vol IV
Shakinovsky, Lynn, Vol II
Shaw, Susan J., Vol IV
Sherrick, Rebecca Louise, Vol I
Shinn, Thelma J., Vol II
Smith, Barbara, Vol II
Stevenson, Catherine Barnes, Vol II
Stimpson, Catharine R., Vol II
Stitzel, Judith Gold, Vol II
Strickland, Johnye, Vol II
Strong-Boag, Veronica, Vol I
Stuckey, Priscilla, Vol IV
Taylor, Cindy, Vol II
Taylor, Susan L., Vol II
Thorson, Helga, Vol II
Tichi, Cecelia, Vol II
Tiger, Virginia Marie, Vol II
Ty, Eleanor, Vol II
Varallo, Sharon, Vol III
Vlasopolos, Anca, Vol III
Von Kellenbach, Katharine, Vol IV
Waelti-Walters, Jennifer, Vol III
Walker, Nancy, Vol II
Weimer, Joan Myers, Vol II
Weisl, Angela Jane, Vol II
Whelchel, Marianne, Vol II
Wiltenburg, Joy, Vol I
Wiseman, Mary Bittner, Vol IV
Woodward, Carolyn, Vol II

Alphabetical Index

Aagaard-Mogensen, Lars, Vol IV
Aageson, James W., Vol IV
Aaron, Daniel, Vol I
Aarons, Leslie Ann, Vol IV
Aarsleff, Hans, Vol II
Abadie, Hubert Dale, Vol I
Abbot, William Wright, Vol I
Abbott, Albert, Vol I
Abbott, Anthony S., Vol II
Abbott, B., Vol III
Abbott, Carl, Vol I
Abbott, Carmeta, Vol III
Abbott, Craig Stephens, Vol II
Abbott, Elizabeth, Vol I
Abbott, H. Porter, Vol II
Abbott, Richard Henry, Vol I
Abbott, W.R., Vol IV
Abboud, Peter Fouad, Vol III
Abdelrahim-Soboleva, Valentina, Vol III
Abdul-Masih, Marguerite, Vol IV
Abe, Nobuhiko, Vol IV
Abegg G., Martin, Vol IV
Abel, Donald C., Vol IV
Abel, Elie, Vol I
Abel, Kerry, Vol I
Abel, Richard Owen, Vol II
Abel Travis, Molly, Vol II
Abela, Paul R., Vol IV
Abele, Robert P., Vol IV
Abell, Jennie, Vol IV
Abelman, Robert, Vol II
Abels, Richard, Vol I
Abelson, Elaine S., Vol I
Abernethy, Cecil Emory, Vol II
Abernethy, Francis Edward, Vol II
Abinader, Elmaz, Vol II
Abou-El-Haj, Barbara, Vol I
Abou-El-Haj, Rifaat Ali, Vol I
Abraham, Daniel, Vol I
Abraham, Gerald, Vol IV
Abraham, Julie L., Vol III
Abrahamsen, Valerie, Vol IV
Abrams, Bradley, Vol I
Abrams, Douglas Carl, Vol I
Abrams, Judith Z., Vol III
Abrams, Meyer Howard, Vol II
Abrams, Richard M., Vol I
Abramson, Arthur Seymour, Vol III
Abramson, Daniel, Vol I
Abramson, Harold I., Vol IV
Abramson, Henry, Vol III
Abu-Absi, Samir, Vol III
Abu-Ghazaleh, Adnan M., Vol I
Abu-Nimer, Mohammed, Vol IV
Abudu, Gabriel, Vol II
Abzug, Robert Henry, Vol I
Acampora, Christa Davis, Vol III
Accad, Evelyne, Vol III
Accampo, Elinor A., Vol I
Achberger, Karen Ripp, Vol III
Achenbaum, W. Andrew, Vol I
Achinstein, Peter, Vol IV
Achinstein, Sharon, Vol II
Achtemeier, Paul John, Vol IV
Achtenberg, Deborah, Vol I
Acimovic Wallace, Vesna, Vol III
Ackelsbert, Martha A., Vol III
Acker, Paul, Vol II
Acker, Robert, Vol III

Ackerman, Felicia, Vol IV
Ackerman, James S., Vol IV
Ackerman, James Sloss, Vol I
Ackerman, Robert M., Vol I
Ackley, John B., Vol IV
Adamec, Ludwig W, Vol III
Adamek, Wendi, Vol IV
Adamo, David Tuesday, Vol IV
Adams, Afesa M., Vol I
Adams, Barry Banfield, Vol II
Adams, Charles H., Vol II
Adams, Dale Talmadge, Vol II
Adams, Douglas Glenn, Vol IV
Adams, Elsie B., Vol II
Adams, Frederick R., Jr., Vol IV
Adams, George, Vol IV
Adams, George Roy, Vol II
Adams, Graham, Jr., Vol I
Adams, Gregory B., Vol IV
Adams, Henry, Vol I
Adams, John Oscar, Vol IV
Adams, Katherine L., Vol III
Adams, Kimberly V., Vol II
Adams, Leslie Kennedy, Vol III
Adams, Louis Jerold, Vol I
Adams, Marilyn M., Vol I
Adams, Michael Charles C, Vol I
Adams, Michael F., Vol II
Adams, Michelle, Vol IV
Adams, Nicholas, Vol I
Adams, Percy Guy, Vol II
Adams, R.E.W., Vol I
Adams, Rachel, Vol II
Adams, Ralph James Quincy, Vol I
Adams, Russell Lee, Vol I
Adams, Stephen J., Vol II
Adams, Timothy D., Vol II
Adams, Tyrone L., Vol II
Adams, Winthrop Lindsay, Vol I
Adamson, Hugh Douglas, Vol III
Adamson, Joseph, Vol II
Adamson, Walter L., Vol I
Adamson, Walter L., Vol I
Adas, Michael Peter, Vol I
Addams, Robert David, Vol IV
Addington, Larry H., Vol I
Addis, Laird Clark, Vol IV
Adelman, Howard, Vol IV
Adelman, Janet Ann, Vol II
Adelman, Mara, Vol II
Adelman, Martin Jerome, Vol IV
Adelson, Fred B., Vol I
Adelson, Roger, Vol I
Adickes, Sandra, Vol II
Adicks, Richard R., Vol II
Adisa, Opal Palmer, Vol III
Adkin, Neil, Vol I
Adkins, Arthur William Hope, Vol I
Adler, Jacob, Vol IV
Adler, Joseph, Vol IV
Adler, Philip Joseph, Vol I
Adler, Sara Maria, Vol III
Adler, Thomas Peter, Vol II
Adolph, Robert, Vol II
Adovasio, J.M., Vol I
Adrian, Daryl B., Vol II
Aers, David, Vol II
Aeschbacher, William Driver, Vol I

Affron, Charles M., Vol III
Afifi, Walid A., Vol III
Africa, Thomas Wilson, Vol I
Agee, Richard J., Vol I
Ages, Arnold, Vol III
Aggeler, Geoffrey Donovan, Vol II
Agich, George J., Vol IV
Aguirre, Angela M., Vol III
Ahearn, Barry, Vol II
Ahearn, Edward J., Vol III
Ahearn, Kerry, Vol II
Ahern, Wilbert H., Vol I
Ahlers, Rolf, Vol IV
Ahlstrom, Gosta Werner, Vol IV
Ahn, Timothy Myunghoon, Vol IV
Ahrensdorf, Peter J., Vol I
Ahumada, Alfredo, Vol III
Aichele, George, Vol IV
Aiken, Ralph, Vol II
Aiken, Susan Hardy, Vol II
Aikin, Judith Popovich, Vol III
Aikin, Roger, Vol I
Ainley, Marianne G., Vol I
Airhart, Phyllis, Vol IV
Aissen, Judith, Vol III
Ajootian, Aileen, Vol I
Ake, David, Vol I
Akehurst, F.R.P., Vol I
Akin, Daniel L., Vol IV
Akin, William Ernest, Vol I
Akrigg, George P.V., Vol II
Aksan, Virginia, Vol I
Al'Uqdah, William Mujahid, Vol IV
Al-Kasey, Tamara, Vol III
Al-Marayati, Abid Amin, Vol I
Alaya, Flavia M., Vol II
Albada-Jelgersma, Jill Elizabeth, Vol III
Albers, Robert H., Vol IV
Albert, Peter J., Vol I
Albertini, Virgil, Vol II
Albin, Thomas R., Vol I
Albisetti, James C., Vol I
Albrecht, Catherine, Vol I
Albrecht, Gary Louis, Vol I
Albrecht, Gloria H., Vol IV
Albrecht, Wilbur T., Vol II
Albright, Ann Cooper, Vol I
Albright, Daniel, Vol II
Alder, Joseph A., Vol IV
Aldrete, Gregory S., Vol I
Aldrich, Mark, Vol I
Aldrich, Michele, Vol I
Alexakis, Alexander, Vol IV
Alexakos, Panos D., Vol IV
Alexander, Aley E., Vol III
Alexander, Bobby C., Vol I
Alexander, Charles C., Vol I
Alexander, Dennis C., Vol II
Alexander, Doris M., Vol II
Alexander, Estella Conwill, Vol II
Alexander, George J., Vol IV
Alexander, Harry Toussaint, Vol IV
Alexander, John T., Vol I
Alexander, Jon, Vol I
Alexander, Larry, Vol IV
Alexander, Laurence Benedict, Vol IV
Alexander, Michael C., Vol I

Alexander, Ralph H., Vol IV
Alexander, Ronald R., Vol I
Alexander, Sandra Carlton, Vol II
Alexander, Scott C., Vol IV
Alexander, Theodore Thomas, Jr., Vol I
Alexander, Thomas, Vol IV
Alexander, Thomas G., Vol I
Alexander, W.M., Vol IV
Alexandrakis, Aphrodite, Vol IV
Alexanian, Joseph M., Vol I
Alford, Haile Lorraine, Vol IV
Alford, Terry L., Vol I
Algeo, John T., Vol II
Ali, Kamal Hassan, Vol I
Ali-Jackson, Kamil, Vol IV
Alisky, Marvin Howard, Vol II
Alistair, Macleod, Vol IV
Allaback, Steve, Vol II
Allaire, Joseph Leo, Vol III
Allan, Sarah, Vol III
Allee, Mark, Vol I
Allen, Anita, Vol IV
Allen, Bernard Lee, Vol I
Allen, Brenda J., Vol II
Allen, Chris, Vol II
Allen, Colin, Vol IV
Allen, Craig Mitchell, Vol II
Allen, Diogenes, Vol IV
Allen, Garland E., Vol I
Allen, Gilbert Bruce, Vol II
Allen, Harriette Louise, Vol II
Allen, Irving L., Vol I
Allen, Jack, Vol I
Allen, Lee Norcross, Vol I
Allen, M. Austin, Vol II
Allen, Mark, Vol I
Allen, Michael I., Vol I
Allen, Myria, Vol II
Allen, O. Wesley, Jr., Vol IV
Allen, Orphia Jane, Vol II
Allen, Robert F., Vol IV
Allen, Robert L., Vol I
Allen, Roger Michael Ashley, Vol III
Allen, Ronald J., Vol IV
Allen, Wendy, Vol III
Allen, William Barclay, Vol I
Allen, William Sheridan, Vol I
Allentuck, Marcia Epstein, Vol II
Allgood, Myralyn Frizzelle, Vol III
Allin, Craig Willard, Vol I
Allington, Richard Lloyd, Vol I
Allison, Dale C., Jr., Vol IV
Allitt, Patrick N., Vol I
Allman, Eileen Jorge, Vol II
Allman, Jean M., Vol I
Allman, William Arthur, Vol II
Allmendinger, Blake, Vol II
Almeder, Robert F., Vol IV
Almeida, Jose Agusiin, Vol III
Almeida, Onesimo, Vol IV
Alofsin, Anthony, Vol I
Alpern Engel, Barbara, Vol I
Alperson, Philip A., Vol IV
Alpert, Rebecca T., Vol IV
Alsen, Eberhard, Vol II
Alsop, James, Vol I
Altegoer, Diana B., Vol II
Alter, George, Vol I

Alter, Jane, Vol II
Alter, Robert, Vol III
Alter, Torin, Vol IV
Altholz, Josef L., Vol I
Altman, Charles Frederick, Vol III
Altman, Ida, Vol I
Altman, Ira, Vol IV
Altman, Scott A., Vol IV
Altschul, Michael, Vol I
Altstadt, Audrey L., Vol I
Alvarez Borland, Isabel, Vol III
Alvey, Richard Gerald, Vol I
Alward, Lori L., Vol IV
Amabile, George, Vol II
Amaker, Norman Carey, Vol IV
Aman, Alfred C., Jr., Vol IV
Aman, Mohammed M., Vol I
Amar, Joseph P., Vol I
Amaru-Halpern, Betsy, Vol IV
Amason, Patricia, Vol III
Amastae, Jon Edward, Vol III
Amato, Philip P., Vol II
Ambler, Effie, Vol II
Ambrose, Linda M., Vol I
Ambrose, Z. Philip, Vol I
Ambrosio, Francis J., Vol IV
Ambrosio, Michael P., Vol IV
Ambrosius, Lloyd, Vol I
Ambrozic, Aloysius M., Vol IV
Amdur, Kathryn E., Vol I
Ameriks, Karl, Vol IV
Amico, Robert P., Vol IV
Amiji, Hatim M., Vol I
Amin Razavi, Mehdi, Vol IV
Ammon, Theodore G., Vol I
Amore, Roy C., Vol IV
Amos, Mark A., Vol II
Amos, Oris Elizabeth Carter, Vol I
Amussen, Susan, Vol I
Anadon, Jose, Vol III
Anatol, Giselle L., Vol II
Anchustegui, Ann-Marie, Vol IV
Anctil, Pierre, Vol I
Andersen, Elaine, Vol III
Andersen, Roger William, Vol IV
Anderson, Carolyn M., Vol II
Anderson, Charles Samuel, Vol I
Anderson, Charles W., Vol I
Anderson, Chris, Vol II
Anderson, Danny L., Vol III
Anderson, David Atlas, Vol I
Anderson, David G., Vol III
Anderson, David L., Vol I
Anderson, David Leech, Vol IV
Anderson, David M., Vol IV
Anderson, Dennis A., Vol IV
Anderson, Douglas R., Vol IV
Anderson, Earl Robert, Vol I
Anderson, Elizabeth S., Vol IV
Anderson, Eric Gary, Vol II
Anderson, Floyd D., Vol II
Anderson, Fred, Vol I
Anderson, Greg, Vol I
Anderson, James C., Jr., Vol I
Anderson, James D., Vol I
Anderson, Jami L., Vol IV
Anderson, Janet A., Vol I
Anderson, Judith Helena, Vol II
Anderson, Kirk, Vol III
Anderson, Linda, Vol II
Anderson, Mark, Vol I

Anderson, Marvin W., Vol IV
Anderson, Michael John, Vol I
Anderson, Michelle J., Vol IV
Anderson, Myron George, Vol IV
Anderson, Nancy Fix, Vol I
Anderson, Neil D., Vol IV
Anderson, Robert Mapes, Vol I
Anderson, Stanford Owen, Vol I
Anderson, Stanley Daniel, Vol IV
Anderson, Steve, Vol II
Anderson, Susan L., Vol IV
Anderson, Susan Leigh, Vol IV
Anderson, Terry Howard, Vol I
Anderson, Thomas Jefferson, Vol I
Anderson, Vinton Randolph,
    Vol IV
Anderson, William L., Vol I
Anderson, William P., Vol IV
Anderson, William Scovil, Vol I
Anderson-Gold, Sharon, Vol IV
Anderson-Tanner, Frederick T., Jr.,
    Vol I
Ando, Clifford, Vol I
Andrea, Alfred J., Vol I
Andreas, James, Vol II
Andreasen, Nancy C., Vol IV
Andreen, William L., Vol IV
Andresen, Jensine, Vol IV
Andreu, Alicia Graciela, Vol III
Andrew, John Alfred, Vol I
Andrew, Scott, Vol IV
Andrews, Anthony P., Vol I
Andrews, Avery D., Vol I
Andrews, George Reid, Vol I
Andrews, Kristin, Vol IV
Andrews, Larry Ray, Vol II
Andrews, Maxine Ramseur, Vol I
Andrews, Stephen J., Vol III
Andria, Marco, Vol II
Andrien, Kenneth James, Vol I
Andrist, Debra D., Vol III
Andronica, John Louis, Vol I
Andrus, Kay L., Vol IV
Angel, Marc D., Vol I
Angelelli, Ignazio Alfredo, Vol IV
Angelis, Paul J., Vol III
Angell, Richard B., Vol IV
Angelou, Maya, Vol II
Anglin, Douglas G., Vol I
Angus, Margaret, Vol I
Angyal, Andrew J., Vol II
Anise, Ladun Oladunjoye E., Vol I
Ankersen, Thomas T., Vol IV
Ankrom, Jeffrey, Vol III
Anna, Timothy, Vol I
Ansbro, John J., Vol IV
Anspaugh, Kelly C., Vol II
Anthes, Susan H., Vol II
Anthony, David Henry, III, Vol I
Anthony, Geraldine, Vol II
Anthony, William Philip, Vol I
Antia, Kersey H., Vol I
Antliff, Mark, Vol I
Antoci, Peter, Vol IV
Antokoletz, Elliott Maxim, Vol I
Anton, John P., Vol IV
Antonelli, Gian Aldo, Vol IV
Antonio, Robert, Vol I
Antush, John V., Vol II
Anyinefa, Koffi, Vol III
Aoki, Eric, Vol II
Aoun, Joseph, Vol III
Apena, Igho Adeline, Vol I
Aponiuk, Natalia, Vol I
Apostolos-Cappadona, Diane,
    Vol IV
Appel, Alfred, Jr., Vol II
Appel, Frederick, Vol IV
Appel, Susan K., Vol I
Applebaum, Paul S., Vol IV
Appell, Annette Ruth, Vol IV
Appiah, Kwame Anthony, Vol I
Applebaum, David, Vol I
Appleby, Joyce, Vol I
Applegate, Judith K., Vol IV
Applewhite, James W., Vol II
Appleyard, Joseph A., Vol II
Apseloff, Marilyn Fain, Vol II
Aquila, Richard E., Vol IV
Aquino, Maria Pilar, Vol IV
Araiza, William, Vol IV
Aram, Dorothy M., Vol III
Arand, Charles P., Vol IV
Araujo, Norman, Vol III
Arav, Rami, Vol IV
Arbagi, Martin George, Vol I
Arbaugh, George E., Vol IV
Arbino, Gary P., Vol I
Arbury, Steve, Vol I

Arcana, Judith, Vol II
Archambault, Paul Joseph, Vol III
Archdeacon, Thomas John, Vol I
Archer, Chalmers, Jr., Vol I
Archibald, Elizabeth F., Vol III
Archie, Lee C., Vol I
Arciszewska, Barbara, Vol I
Ardrey, Saundra Curry, Vol I
Arehole, S., Vol III
Arenas, Fernando, Vol III
Arenberg, Nancy, Vol II
Arend, Jutta, Vol III
Arens, Hiltrud, Vol III
Arens, Katherine, Vol III
Argall, Randall A., Vol IV
Argen, Ralph J., III, Vol IV
Argrett, Loretta Collins, Vol IV
Argyros, Alex, Vol III
Arieti, James Alexander, Vol I
Aris, Rutherford, Vol I
Arkway, Angela, Vol IV
Arlen, Jennifer H., Vol IV
Arlin, Mary I., Vol I
Arliss, Laurie, Vol II
Armengol, Armando, Vol III
Armentrout, Donal Smith, Vol IV
Armitage, David, Vol I
Armitage, Susan, Vol I
Armour, Jody D., Vol IV
Armstrong, Brian G, Vol I
Armstrong, Charles, Vol I
Armstrong, Frederick H., Vol I
Armstrong, Joe C.W., Vol I
Armstrong, John M., Vol IV
Armstrong, Pat, Vol I
Armstrong, Susan Jean, Vol IV
Arnason, David E., Vol II
Arnelle, Hugh Jesse, Vol IV
Arner, Robert David, Vol II
Arneson, Pat, Vol III
Arneson, Richard J., Vol IV
Arnett, Carlee, Vol III
Arnett, Ronald C., Vol II
Arnez, Nancy L., Vol I
Arnold, Barry, Vol IV
Arnold, Bill T., Vol IV
Arnold, Edwin P., Vol II
Arnold, Eric Anderson, Vol I
Arnold, Joseph L., Vol I
Arnold, Lionel A., Vol IV
Arnold, Philip P., Vol IV
Arnold, Rudolph P., Vol IV
Arnold, Scott, Vol IV
Arnold, Steven H., Vol I
Arnold Twining, Mary, Vol II
Arnoult, Sharon, Vol I
Aronoff, Myron J., Vol I
Aronowicz, Annette, Vol IV
Aronson, Arnold, Vol II
Aronson, Elliot, Vol I
Aronson, Howard Isaac, Vol III
Aronson, Jay Richard, Vol I
Aronson, Jonathan, Vol I
Arp, Kristana, Vol IV
Arrington, Pamela Gray, Vol I
Arrington, Robert Lee, Vol IV
Arrow, Dennis Wayne, Vol IV
Arroyo, Ciriaco, Vol III
Arsenault, Joseph G., Vol I
Arthur, Alan, Vol I
Arthur, Gwen, Vol II
Arthur, Thomas H., Vol II
Artibise, Alan F.J., Vol I
Arzoomanian, Ralph Sarkis, Vol II
Asante, Molefi Kete, Vol I
Ascari, Rosalia Colombo, Vol III
Ascough, Richard S., Vol IV
Ash, Stephen V., Vol I
Ashanin, Charles B., Vol IV
Ashbrook, James Barbour, Vol IV
Ashby, Clifford, Vol I
Ashby, LeRoy, Vol I
Ashby, William James, Vol III
Ashdown, Paul George, Vol II
Ashe, Marie, Vol IV
Asher, Robert, Vol I
Ashley, Benedict M, Vol IV
Ashley, James Matthew, Vol IV
Ashley, Leonard R.N., Vol II
Ashley, Susan A., Vol I
Ashliman, D.L., Vol III
Ashton, Dianne C., Vol IV
Ashworth, Earline Jennifer, Vol IV
Ashworth, Jennifer E., Vol IV
Askew, Timothy, Vol II
Askin, Frank, Vol IV
Askland, Andrew, Vol IV
Asmis, Elizabeth, Vol I
Aspell, Patrick Joseph, Vol IV

Aspiz, Harold, Vol II
Asselin, Olivier, Vol I
Aster, Sidney, Vol I
Astington, John H., Vol II
Astour, Michael Czernichow, Vol I
Astroff, Roberta J., Vol II
Athanassakis, Apostolos N., Vol I
Atkeson, E.B., Vol I
Atkin, David J., Vol III
Atkin, Muriel Ann, Vol I
Atkins, E. Taylor, Vol I
Atkins, Robert, Vol I
Atkins, Robert, Vol IV
Atkins, Robert A., Jr., Vol IV
Atkins, Stephen E., Vol I
Atkinson, Colin B., Vol III
Atkinson, James Blakely, Vol II
Atkinson, Michael, Vol II
Atlas, Jay David, Vol I
Atlas, John Wesley, Vol I
Atlas, Marilyn Judith, Vol II
Atleson, James B., Vol IV
Aton, James M., Vol II
Attardo, Salvatore, Vol III
Attebery, Brian, Vol II
Attebery, Jennifer, Vol II
Attebery, Louie Wayne, Vol I
Atterton, Peter C., Vol IV
Attreed, Lorraine C., Vol I
Attrep, Abraham M., Vol I
Attridge, Derek, Vol III
Attridge, Harold William, Vol IV
Atwill, William D., Vol II
Atwood, Craig D., Vol IV
Atwood, Margaret, Vol I
Aubery, Pierre, Vol III
Aubrey, James R., Vol II
Audet, Leonard, Vol IV
Audi, Robert, Vol IV
Auerbach, Jerold Stephen, Vol I
Auerbach, Jonathan, Vol II
Aufderheide, Patricia, Vol II
Auger, Julie, Vol III
Auger, Reginald, Vol I
August, Eugene R., Vol II
Augustinos, Gerasimos, Vol I
Auksi, Peter, Vol II
Auld, Louis, Vol III
Ault, Bradley A., Vol I
Ault, C. Thomas, Vol II
Aune, Bruce Arthur, Vol IV
Aune, James Arnt, Vol IV
Aune, Michael, Vol IV
Aurand, Harold, Jr., Vol I
Aurand, Harold Wilson, Vol I
Ausmus, Harry Jack, Vol I
Austen, Ralph Albert, Vol I
Austen, Zelda, Vol I
Austensen, Roy Allen, Vol I
Austern, Linda, Vol I
Austin, Bobby William, Vol II
Austin, Gayle M., Vol II
Austin, J. Norman, Vol I
Austin, Judith, Vol I
Austin, Linda, Vol II
Austin, Michael, Vol II
Austin, Paul Murray, Vol III
Austin, Scott, Vol I
Austin, Timothy Robert, Vol III
Austin, William Weaver, Vol I
Austin Smith, Brenda, Vol II
Auten, Arthur, Vol I
Auter, Philip J., Vol II
Avakumovic, Ivan, Vol I
Avalos, Hector, Vol I
Avelar, Idelber, Vol III
Averill, Edward W., Vol IV
Avery, George Costas, Vol III
Avery, Harry Costas, Vol I
Avery, Kevin J., Vol I
Avery-Peck, Alan J., Vol I
Avins, Carol Joan, Vol II
Avins, Styra, Vol I
Avotins, Ivars, Vol I
Avram, Wesley D., Vol II
Avrech Berkman, Joyce, Vol I
Avrich, Paul Henry, Vol I
Awn, Peter, Vol II
Axelrad, Allan M., Vol I
Axelrad, Arthur Marvin, Vol II
Axelrod, Mark R., Vol III
Axelrod, Melissa, Vol III
Axelrod, Steven Gould, Vol II
Axinn, Sidney, Vol IV
Axtell, G.S., Vol IV
Axtell, James Lewis, Vol I
Axton, William F., Vol II
Ayala, Francisco J., Vol IV

Aycock, Roy E., Vol II
Aycock, Wendell M., Vol II
Aydede, Murat, Vol IV
Ayers, James R., Vol IV
Azevedo, Milton M., Vol III
Azzara, Christopher D., Vol I
Azzi, Marie-Denise Boros, Vol III
Azzolina, Davis S, Vol I
Baade, Hans Wolfgang, Vol IV
Babb, Genie, Vol II
Babb, Valerie M., Vol II
Babbitt, Beatrice C., Vol I
Babbitt, Susan, Vol IV
Babby, Leonard Harvey, Vol III
Babcock, Arthur Edward, Vol III
Babcock, Barbara Allen, Vol IV
Babcock, Robert, Vol I
Babcock, Robert Harper, Vol I
Babcock, William, Vol II
Babcock, William Summer, Vol I
Baber, Ceola Ross, Vol I
Baber, Harriet Erica, Vol IV
Baber, Lucky Larry, Vol I
Babich, Babette E., Vol IV
Babler, John, Vol IV
Babrow, Austin S., Vol I
Babson, Jane F., Vol I
Bacchiocchi, Samuele, Vol IV
Bach, Emmon, Vol III
Bach, Kent, Vol IV
Bach, Rebecca Ann, Vol II
Bach, Shirley, Vol IV
Bacharach, Jere L., Vol I
Bache, Christopher Martin, Vol IV
Bachman, Charles Roger, Vol III
Bachman, James V., Vol IV
Bachrach, Bernard S., Vol I
Back, Allan, Vol IV
Backhouse, Constance B., Vol IV
Backscheider, Paula R., Vol II
Bacon, Helen Hazard, Vol I
Bacon, Mardges, Vol I
Bacon, Thomas Ivey, Vol III
Badash, Lawrence, Vol I
Badger, Reid, Vol I
Badian, Ernst, Vol I
Baehr, Amy R., Vol IV
Baender, Paul, Vol II
Baer, Eugen Silas, Vol IV
Baer, Joachim Theodor, Vol III
Baer, Judith A., Vol I
Baer, William, Vol II
Baergen, Ralph, Vol IV
Baetzhold, Howard George, Vol II
Bagby, Lewis, Vol III
Bagby, Wesley Marvin, Vol I
Bagdikian, Ben Haig, Vol II
Bagley, Stanley B., Vol IV
Bagnall, Roger Shaler, Vol I
Baguley, David, Vol III
Bahk, C.M., Vol II
Bahr, Ehrhard, Vol III
Baigell, Matthew, Vol I
Bailey, Adrienne Yvonne, Vol I
Bailey, Alison, Vol I
Bailey, Beth, Vol I
Bailey, Charles Randall, Vol I
Bailey, Colin B., Vol I
Bailey, Donald Atholl, Vol I
Bailey, Frederick George, Vol I
Bailey, Jackson Holbrook, Vol I
Bailey, James L., Vol IV
Bailey, John Wendell, Vol I
Bailey, Lee, Vol IV
Bailey, Phillip, Vol III
Bailey, Randall Charles, Vol IV
Bailey, Richard W., Vol II
Bailey, Richard Weld, Vol II
Bailey, Stephen, Vol I
Bailey, Storm M., Vol IV
Bailey, Terence, Vol I
Bailey, Thomas Cullen, Vol II
Bailey, Victor, Vol I
Bailiff, John, Vol IV
Baillie, William Mayan, Vol II
Bailly, Jacques A., Vol I
Baily, Samuel Longstreth, Vol I
Bailyn, Bernard, Vol I
Bailyn, Lotte, Vol I
Baird, Bruce C., Vol I
Baird, David, Vol I
Baird, Davis, Vol IV
Baird, Forrest, Vol IV
Baird, Jay Warren, Vol I
Baird, John D., Vol II
Baird, Keith E., Vol I
Baird, Robert Dahlen, Vol IV
Baird, Robert Malcolm, Vol IV

Baird, William David, Vol I
Bajpai, Shiva Gopal, Vol I
Bak, Janos M., Vol I
Bakan, Joel, Vol IV
Baker, Beulah Pearl, Vol II
Baker, Beverly Poole, Vol IV
Baker, C. Edwin, Vol IV
Baker, Christopher P., Vol II
Baker, David Anthony, Vol II
Baker, Delbert Wayne, Vol I
Baker, Denise Nowakowski, Vol II
Baker, Donald C., Vol II
Baker, Donald G., Vol I
Baker, Donald W., Vol IV
Baker, Donald Whitelaw, Vol II
Baker, Houston A., Vol II
Baker, J. Robert, Vol II
Baker, James Franklin, Vol I
Baker, Jean Harvey, Vol I
Baker, John Arthur, Vol IV
Baker, John M., Vol IV
Baker, John R., Vol IV
Baker, Joseph O., Vol III
Baker, Joseph Wayne, Vol I
Baker, Keith M., Vol I
Baker, Lynne R., Vol IV
Baker, Mary Jordan, Vol III
Baker, Melva Joyce, Vol I
Baker, Moira, Vol II
Baker, Paul R., Vol I
Baker, Richard Allan, Vol I
Baker, Robert B., Vol IV
Baker, Robert Samuel, Vol II
Baker, Robert Samuel, Vol II
Baker, Ronald Lee, Vol I
Baker, Stuart Eddy, Vol II
Baker, Susan Read, Vol III
Baker, Thomas Eugene, Vol IV
Baker, Thomas H., Vol I
Baker, Thomas Lindsay, Vol I
Baker, Tracey, Vol II
Baker, William Joseph, Vol I
Baker, William M., Vol I
Baker-Kelly, Beverly, Vol IV
Bakerman, Jane Schnabel, Vol I
Bakewell, Peter, Vol I
Bakhurst, David J., Vol IV
Bakken, Gordon Morris, Vol I
Bakker, Barend H., Vol II
Bakker, Jan, Vol II
Balakian, Anna, Vol III
Balakian, Peter, Vol II
Balas, David L., Vol IV
Balasubramanian, Radha, Vol III
Balcer, Jack Martin, Vol I
Balcomb, Raymond, Vol IV
Balderston, Daniel, Vol III
Baldner, Kent, Vol IV
Baldo, Jonathan, Vol II
Baldwin, Arminta Tucker, Vol II
Baldwin, Cynthia A., Vol IV
Baldwin, Dean, Vol II
Baldwin, Donald E., Vol IV
Baldwin, Fletcher N., Jr., Vol IV
Baldwin, Gordon Brewster, Vol IV
Baldwin, John R., Vol II
Baldwin, John Wesley, Vol I
Baldwin, Lewis V., Vol IV
Baldwin, Thomas Pratt, Vol III
Bales, Kent, Vol II
Balestra, Dominic Joseph, Vol IV
Baljon, Neil, Vol I
Ball, D., Vol III
Ball, Robert J., Vol I
Ball, Susan, Vol I
Ball, William Batten, Vol IV
Ballard, Allen Butler, Jr., Vol I
Ballard, Harold Wayne, Jr., Vol IV
Ballentine, Krim M., Vol IV
Ballot, Michael, Vol I
Ballstadt, Carl P.A., Vol II
Balmer, Randall, Vol IV
Balsamo, Anne, Vol II
Baltzer, Rebecca, Vol I
Balutansky, Kathleen M., Vol II
Bambach, Charles, Vol I
Banchetti-Robino, Marina P.,
    Vol IV
Band, Arnold J., Vol II
Bandman, Bertram, Vol IV
Bandstra, Barry L., Vol IV
Banerjee, Maria Nemcova, Vol II
Banes, Ruth A., Vol I
Banet-Weiser, Sarah, Vol II
Bangert, Mark Paul, Vol IV
Bangerter, Lowell A., Vol III
Bangs, Carl, Vol IV
Bank, Rosemarie Katherine, Vol II
Banker, James Roderick, Vol I

Banker, Mark T., Vol I
Bankowsky, Richard James, Vol II
Banks, James Albert, Vol I
Banks, Sharon P., Vol IV
Banks, William Maron, III, Vol I
Bannan, John F., Vol IV
Banner, Lois W., Vol I
Banning, Lance, Vol I
Banning, Lance G., Vol I
Bannon, Cynthia J., Vol I
Banta, Frank Graham, Vol III
Banta, Martha, Vol II
Banziger, Hans, Vol III
Bar, Francois, Vol II
Bar-Lewaw, Itzhak I., Vol III
Bar-On, Dorit, Vol IV
Barabtarlo, Gennady, Vol III
Barad, Judith, Vol IV
Baran, Henryk, Vol III
Baranowski, Shelley, Vol IV
Barany, George, Vol I
Barasch, Frances K., Vol II
Barash, Carol Isaacson, Vol IV
Barba, Harry, Vol II
Barbe, Katharina, Vol III
Barbee, Lloyd Augustus, Vol IV
Barber, Elizabeth J. Wayland, Vol I
Barber, Margaret, Vol II
Barber, Marylin J., Vol I
Barber, Paul Thomas, Vol III
Barbera, Andre, Vol I
Barbera, Jack Vincent, Vol II
Barbieri, William A., Jr., Vol IV
Barbone, Steven, Vol IV
Barbour, Alton Bradford, Vol II
Barbour, Brian Michael, Vol II
Barbour, Douglas F., Vol II
Barbour, Hugh, Vol I
Barbour, Ian Graeme, Vol IV
Barbour, John D., Vol IV
Barbour, Paula Louise, Vol II
Barbour, Richmond, Vol II
Barbuor, Alton, Vol II
Barchilon, Jacques, Vol III
Bardaglio, Peter W., Vol I
Barden, Thomas E., Vol II
Bareiss, Warren J., Vol II
Barfield, Rayford, Vol II
Barge, J. Kevin, Vol II
Barkan, Elliott Robert, Vol I
Barker, Evelyn M., Vol IV
Barker, Jeffrey, Vol IV
Barker, John W., Vol I
Barker, Nancy Nichols, Vol I
Barker, Peter, Vol IV
Barker, Rosanne M., Vol I
Barker, Thomas M., Vol I
Barker, Thomas T., Vol II
Barker, Wendy, Vol I
Barker, William Shirmer, II, Vol I
Barker-Benfield, Graham John, Vol I
Barkin, Kenneth, Vol I
Barkley, Heather S., Vol II
Barksdale, Leonard N., III, Vol IV
Barlow, Brian C., Vol IV
Barlow, J. Stanley, Vol IV
Barlow, John Denison, Vol III
Barlow, Judith Ellen, Vol II
Barlow, K. Renee, Vol I
Barlow, Philip L., Vol IV
Barlow, William, Vol I
Barlow, William B., Vol I
Barman, Jean, Vol I
Barman, Lawrence, Vol I
Barman, Roderick James, Vol I
Barmore, Frank E., Vol IV
Barnard, Virgil John, Vol I
Barnbaum, Deborah, Vol IV
Barnes, Betsy, Vol III
Barnes, Daniel Ramon, Vol II
Barnes, Gerald, Vol IV
Barnes, James John, Vol I
Barnes, Jim Weaver, Vol III
Barnes, Joseph Nathan, Vol I
Barnes, Kenneth C., Vol I
Barnes, Michael H., Vol IV
Barnes, Richard G., Vol II
Barnes, Ronald Edgar, Vol II
Barnes, Sue, Vol II
Barnes, Thomas Garden, Vol I
Barnes, Timothy David, Vol I
Barnes, Timothy Mark, Vol I
Barnes, Willie R., Vol IV
Barnes Robinson, Susan, Vol I
Barnett, Louise, Vol I
Barnett, Richard Chambers, Vol I
Barnett, Suzanne Wilson, Vol I

Barnett Lidsky, Lyrissa C., Vol IV
Barnette, Henlee Hulix, Vol IV
Barney, Stephen Allen, Vol II
Barney, William Lesko, Vol I
Barnhart, Joe Edward, Vol IV
Barnhart, Michael Andrew, Vol I
Barnhart, Michael G., Vol IV
Barnhill, Georgia Brady, Vol I
Barnhill, John Herschel, Vol I
Barnouw, Dagmar, Vol III
Barnouw, Erik, Vol III
Barnstone, Willis, Vol III
Barnum, Carol, Vol II
Barolini, Teodolinda, Vol III
Barolsky, Paul, Vol I
Baron, Carol K., Vol I
Baron, Charles Hillel, Vol IV
Baron, Dennis, Vol II
Baron, F. Xavier, Vol II
Baron, Frank, Vol III
Baron, James, Vol I
Baron, John H., Vol III
Baron, Marcie, Vol IV
Baron, Samuel Haskell, Vol I
Barr, Alan Philip, Vol II
Barr, Chester Alwyn, Vol I
Barr, David Lawrence, Vol IV
Barr, Jeanine R., Vol II
Barr, Marleen Sandra, Vol II
Barrack, Charles Michael, Vol III
Barret, Harold, Vol II
Barrett, Anthony Arthur, Vol I
Barrett, Barnaby B., Vol I
Barrett, David P., Vol I
Barrett, J. Edward, Vol IV
Barrett, James R., Vol I
Barrett, John A., Vol IV
Barrett, Michael Baker, Vol I
Barricelli, Jean-Pierre, Vol III
Barrick, William D., Vol IV
Barron, Hal S., Vol I
Barros, Carolyn, Vol II
Barrows, Floyd Dell, Vol II
Barry, B. R., Vol II
Barry, Jackson Granville, Vol II
Barry, Michael, Vol II
Barry, Robert M., Vol IV
Barry, William Anthony, Vol IV
Barsam, Richard, Vol II
Barsky, Robert, Vol II
Barstow, Anne Llewellyn, Vol I
Bart, Benjamin Franklin, Vol III
Bartel, Lee R., Vol I
Bartelt, Andrew H., Vol IV
Barth, Gunther, Vol I
Bartholet, Elizabeth, Vol IV
Bartholomew, James Richard, Vol I
Bartkowiak, Julia, Vol IV
Bartky, Sandra, Vol IV
Bartlet, Elizabeth C., Vol I
Bartlett, Beth, Vol IV
Bartlett, Cynthia L., Vol III
Bartlett, Irving Henry, Vol I
Bartlett, Kenneth Roy, Vol I
Bartlett, Lee, Vol II
Bartlett, Richard Adams, Vol I
Bartlett, Robert V., Vol I
Bartlett, Steven J., Vol IV
Bartley, Numan V., Vol I
Bartley, Russell Howard, Vol I
Barton, Carlin, Vol I
Barton, H. Arnold, Vol I
Barton, John Hays, Vol II
Barton, Marcella Biro, Vol I
Barton, Mike Alan, Vol II
Barton, Peter G., Vol IV
Bartow, Charles L., Vol II
Bartsch, Shadi, Vol I
Barua, Pradeep P., Vol I
Baruch, Elaine Hoffman, Vol II
Barushok, James William, Vol II
Barwick, Daniel, Vol III
Baryosef, O., Vol I
Barzun, Jacques, Vol I
Basch, Norma, Vol I
Bascom, Robert, Vol IV
Basden, B.H., Vol I
Bashir, Anthony S., Vol III
Bashir, Shahzad, Vol IV
Bashiri, Iraj, Vol III
Basil, John Duryea, Vol I
Baskin, Judith R., Vol IV
Bass, Dorothy C., Vol IV
Bass, Eben E., Vol II
Bass, Floyd L., Vol I
Bass, George Fletcher, Vol I
Bassan, Maurice, Vol II
Bassett, Charles Walker, Vol II

Bassett, John E., Vol II
Bassett, William W., Vol IV
Bast, Robert, Vol I
Basu, Ananyo, Vol IV
Batalden, Stephen Kalmar, Vol I
Bate, Walter Jackson, Vol II
Bateman, Herbert W., Vol IV
Bateman, Paul E., Vol IV
Bates, Benjamin J., Vol II
Bates, Donald G., Vol I
Bates, George Albert, Vol IV
Bates, Jennifer, Vol IV
Bates, Margaret Jane, Vol III
Bates, Milton James, Vol II
Bates, Scott, Vol III
Bates, Stanley P., Vol IV
Bateson, Mary C., Vol I
Batey, Richard A., Vol IV
Bathurst Gilson, Anne, Vol IV
Batinski, Emily E., Vol I
Battaglia, Jack M., Vol IV
Batteiger, Richard P., Vol II
Battenfield, James R., Vol IV
Battersby, James L., Vol II
Battestin, Martin Carey, Vol II
Battick, John Francis, Vol I
Battin, Margaret Pabst, Vol IV
Battle, Michael, Vol IV
Batts, Michael S., Vol III
Baucom, Ian, Vol II
Bauder, Mark, Vol IV
Bauduit, Harold S., Vol IV
Bauer, Arnold Jacob, Vol I
Bauer, George Howard, Vol III
Bauer, Henry H., Vol I
Bauer, Joseph P., Vol I
Bauer, Nancy, Vol IV
Bauer, Otto Frank, Vol II
Bauerlein, Mark, Vol III
Bauerschmidt, Frederick Christian, Vol IV
Baugh, Daniel Albert, Vol I
Bauland, Peter Max, Vol II
Baum, Dale, Vol I
Baum, Gregory G., Vol IV
Baum, Robert J., Vol IV
Baumann, Carol Edler, Vol I
Baumbach, Gerard, Vol IV
Baumbach, Jonathan, Vol II
Baumel Joseph, Norma, Vol IV
Baumgarten, Elias, Vol IV
Baumgarten, Joseph M., Vol III
Baumgartner, Ingeborg Hogh, Vol III
Bauml, Franz H., Vol III
Baumler, Alan, Vol I
Baumlin, James S., Vol II
Baumrin, Bernard Herbert, Vol IV
Baumwoll, Dennis, Vol II
Baur, John Edward, Vol I
Baur, Michael, Vol IV
Bauschinger, Sigrid Elisabeth, Vol III
Bausum, Henry S., Vol I
Baxter, Colin Frank, Vol I
Baxter, Donald L., Vol IV
Baxter, Douglas Clark, Vol I
Baxter, Harold J., Vol I
Baxter, Stephen Bartow, Vol I
Baxter-Moore, Nick, Vol II
Bay, Libby, Vol II
Baycroft, John A., Vol IV
Bayer, Greg, Vol IV
Bayer, Hans F., Vol IV
Bayer, Richard C., Vol IV
Baylen, Joseph Oscar, Vol I
Bayless, Ovid Lyndal, Vol II
Bayley, C.C., Vol I
Baylis, Francoise, Vol IV
Baylor, Michael G., Vol I
Baym, Nina, Vol II
Baynton, Douglas C., Vol I
Bayor, Ronald Howard, Vol I
Bays, Daniel Henry, Vol I
Bazan, Bernardo C., Vol IV
Bazan, Carlos, Vol IV
Bazargan, Susan, Vol I
Bazerman, Charles, Vol II
Bazillion, Richard J., Vol I
Bazin, Nancy Topping, Vol III
Beal, Timothy K., Vol IV
Beale, David Otis, Vol I
Beale, Gregory, Vol IV
Beale, Walter Henry, Vol II
Beame, Edmond Morton, Vol I
Bean, Bobby Gene, Vol II
Bean, Heather Ann Ackley, Vol IV

Bean, John Malcolm William, Vol I
Beanblossom, Ronald Edwin, Vol I
Beane, Dorothea Annette, Vol IV
Beard, James William, Jr., Vol IV
Beard, Robert Earl, Vol III
Beardsley, Edward Henry, Vol I
Beardsley, Ruth E., Vol IV
Beardsley, Theodore S., Jr., Vol III
Beardsmore, Barry, Vol I
Bearss, Edwin Cole, Vol I
Beasley, Alice Margaret, Vol IV
Beasley, Faith E., Vol III
Beasley, Jerry Carr, Vol II
Beasley, Vanessa B., Vol II
Beatch, B. Richard, Vol IV
Beatie, Bruce A., Vol II
Beattie, Geoffrey W., Vol IV
Beattie, Thomas Charles, Vol II
Beatty, John, Vol IV
Beatty, Joseph, Vol IV
Beatty, Michael, Vol III
Beatty, Otto, Jr., Vol IV
Beaty, Frederick L., Vol II
Beaty, Jerome, Vol III
Beau, Bryan Le, Vol I
Beauchamp, Richard A., Vol IV
Beauchamp, Tom, Vol IV
Beauchesne, Richard J., Vol IV
Beaudoin, John M., Vol IV
Beaudoin-Ross, Jacqueline, Vol I
Beaudry, Agnes Porter, Vol III
Beaudry, Mary Carolyn, Vol I
Beaumont, Daniel E., Vol III
Beaumont, Roger A., Vol I
Beauvois, Margaret H., Vol III
Beaver, Daniel R., Vol I
Beaver, Donald de Blasiis, Vol I
Beavers, Myrtle B., Vol IV
Bebout, Linda J., Vol III
Bechtel, Carol M., Vol IV
Bechtel, Lyn, Vol IV
Bechtel, Will, Vol IV
Beck, Guy, Vol I
Beck, James Henry, Vol I
Beck, John A., Vol IV
Beck, Lewis White, Vol IV
Beck, Martha Catherine, Vol IV
Beck, Norman Arthur, Vol IV
Beck, Roger L., Vol I
Beck, Sigrid, Vol III
Beck, W. David, Vol IV
Becker, Alton Lewis, Vol III
Becker, Edward, Vol IV
Becker, John, Vol II
Becker, Lawrence C., Vol IV
Becker, Lewis, Vol IV
Becker, Lloyd George, Vol II
Becker, Lucille Frackman, Vol III
Becker, Marjorie H., Vol I
Becker, Marvin Burton, Vol I
Becker, Peter Wolfgang, Vol I
Becker, Robert Arthur, Vol I
Becker, Seymour, Vol I
Becker, Susan D., Vol I
Becker, William Henry, Vol I
Becker-Slaton, Nellie Frances, Vol I
Beckerman, Paul, Vol I
Beckerman Davis, Barbara, Vol I
Beckett, Steven J., Vol IV
Beckham, Stephen Dow, Vol I
Beckman, Richard, Vol II
Beckson, Karl, Vol II
Beckwith, Frank, Vol IV
Beckwith, John, Vol I
Beckwith, Sarah, Vol II
Bedau, Hugo Adam, Vol IV
Bedell, George Chester, Vol IV
Bedeski, Robert E., Vol I
Bedford, Bonnie C., Vol II
Bedford, Harold, Vol I
Bedford, Henry F., Vol I
Bedford, Steven M., Vol I
Bedini, Silvio A., Vol III
Bednarz, James P., Vol II
Bedos-Rezak, Brigitte, Vol I
Beebe, Ralph Kenneth, Vol I
Beecher, Maureen Ursenbach, Vol III
Beechert, Edward D., Vol I
Beene, LynnDianne, Vol II
Beer, Barrett L., Vol I
Beer, Francis A., Vol I
Beer, Jeanette Mary Ayres, Vol III
Beers, Burton Floyd, Vol I
Beeson, P.B., Vol IV

Beeth, Howard, Vol I
Begiebing, Robert J., Vol II
Begnal, Michael Henry, Vol II
Behdad, Ali, Vol II
Behler, Ernst, Vol III
Behnke, Kerstin, Vol III
Behrends, Frederick, Vol I
Behrendt, Stephen C., Vol II
Beidler, Peter Grant, Vol II
Beik, William, Vol I
Beinfeld, Solon, Vol I
Beisner, Robert L., Vol I
Beizer, Janet L., Vol III
Beja, Morris, Vol II
Bekendorf, Ray R., Vol II
Bekker, Hugo, Vol III
Belasco, Susan, Vol II
Belfiore, Elizabeth Stafford, Vol I
Belisle, Jean, Vol I
Belknap, Robert Lamont, Vol III
Bell, Andrew J.E., Vol I
Bell, Barbara Mosallai, Vol I
Bell, Bernard W., Vol II
Bell, Derrick Albert, Jr., Vol IV
Bell, Diane, Vol I
Bell, Ilona, Vol II
Bell, James Brugler, Vol I
Bell, John D., Vol I
Bell, John L., Vol IV
Bell, John P., Vol I
Bell, Katie Roberson, Vol I
Bell, Kimberly, Vol II
Bell, Leland V., Vol I
Bell, Linda A., Vol II
Bell, Nora Kizer, Vol IV
Bell, Reva Pearl, Vol I
Bell, Richard H., Vol IV
Bell, Roseann P., Vol II
Bell, Rudolph Mark, Vol I
Bell, Sheila Trice, Vol IV
Bell, Steven, Vol III
Bell, Susan Groag, Vol I
Bell, Vereen M., Vol II
Bell, William Dudley, Vol I
Bell, William Gardner, Vol I
Bell Chambers, Marjorie, Vol I
Bell-Metereau, Rebecca, Vol II
Bell-Villada, Gene Harold, Vol III
Bellamy, Donnie Duglie, Vol I
Bellamy, Everett, Vol I
Bellamy, James Andrew, Vol III
Bellamy, Joe David, Vol II
Bellegarde-Smith, Patrick, Vol I
Bellesiles, Michael A., Vol I
Bellinzoni, Arthur J., Vol I
Belliotti, Raymond A., Vol IV
Bellman, Jonathan, Vol I
Bellman, Samuel Irving, Vol II
Bellot, Leland Joseph, Vol I
Bellow, Saul, Vol I
Bellush, Bernard, Vol I
Belsley, David A., Vol I
Beltman, Brian William, Vol I
Belton, John, Vol III
Belton, Robert, Vol IV
Beltran, Luis, Vol III
Belz, Herman Julius, Vol I
Ben Zvi, Linda, Vol II
Ben-Atar, Doron, Vol I
Ben-Ghiat, Ruth, Vol I
Benardete, Jane, Vol II
Benardete, Seth Gabriel, Vol I
Benario, Herbert W., Vol I
Bence, Clarence, Vol IV
Benda, Gisela, Vol III
Bender, Byron Wilbur, Vol III
Bender, Carol, Vol IV
Bender, Eileen Teper, Vol II
Bender, Ernest, Vol III
Bender, Henry V., Vol I
Bender, Marvin Lionel, Vol III
Bender, Melvin E., Vol I
Bender, Nathan E., Vol I
Bender, Robert M., Vol II
Bender, Ross Thomas, Vol IV
Bender, Thomas, Vol I
Bender, Todd K., Vol II
Bendersky, Joseph William, Vol I
Bendiner, Kenneth Paul, Vol I
Benditt, Theodore Matthew, Vol IV
Benedict, Michael Les, Vol I
Benedict, Philip Joseph, Vol I
Benfield, David William, Vol IV
Benhabib, Seyla, Vol IV
Benham, Priscilla, Vol IV
Benichou, Paul, Vol III
Benidickson, Jamie, Vol IV
Beniger, James R., Vol II

Benis, Toby Ruth, Vol II
Benjamin, Don C., Jr., Vol IV
Benjamin, Paul, Vol IV
Benjamin, Roger, Vol I
Benke, Robin Paul, Vol II
Benko, Stephen, Vol IV
Benn, Carl E., Vol I
Bennet, Joel F., Vol I
Bennett, Alma, Vol II
Bennett, Betty T., Vol II
Bennett, Carl D., Vol II
Bennett, David Harry, Vol I
Bennett, Edward Moore, Vol I
Bennett, Gerald T., Vol IV
Bennett, James D., Vol I
Bennett, James O., Vol IV
Bennett, James Richard, Vol II
Bennett, John, Vol II
Bennett, Judith Mackenzie, Vol I
Bennett, Norman Robert, Vol I
Bennett, Patricia W., Vol IV
Bennett, Paula, Vol II
Bennett, Philip W., Vol IV
Bennett, Robert A., Vol IV
Bennett, Y. Aleksandra, Vol I
Bennett-Alexander, Dawn DeJuana, Vol IV
Benoit, Raymond, Vol II
Benoit, William L., Vol II
Benouis, Mustapha Kemal, Vol III
Benremouga, Karima, Vol II
Bensel, Richard F., Vol I
Benseler, David P., Vol II
Bensky, Roger Daniel, Vol III
Bensman, Marvin Robert, Vol II
Benson, Douglas Keith, Vol III
Benson, Jack Leonard, Vol I
Benson, Jackson J., Vol II
Benson, Keith Rodney, Vol I
Benson, Larry Dean, Vol II
Benson, LeGrace, Vol I
Benson, Morris, Vol II
Benson, Morton, Vol III
Benson, P. Jann, Vol IV
Benson, Paul H., Vol IV
Benson, Renate, Vol III
Benson, Richard Lee, Vol II
Benson, Robert Louis, Vol I
Benson, Robert W., Vol IV
Benson, Thomas W., Vol II
Benson, Warren S., Vol I
Benstock, Shari, Vol II
Bent, Margaret, Vol I
Bentley, D. M. R., Vol II
Bentley, Eric, Vol II
Bentley, Gerald E., Jr., Vol II
Bentley, Jerry Harrell, Vol I
Bentman, Raymond, Vol II
Benton, Catherine, Vol I
Benton, Richard Paul, Vol II
Benton, Robert Milton, Vol II
Beougher, Timothy K., Vol IV
Bepko, Gerald L., Vol IV
Beran, Carol L., Vol II
Bercuson, David Jay, Vol I
Bereaud, Jacques, Vol III
Berenbaum, Michael, Vol IV
Berets, Ralph Adolph, Vol II
Berg, David M., Vol II
Berg, Gerald Michael, Vol I
Berg, Maggie, Vol II
Bergant, Dianne, Vol IV
Berge, Dennis Eugene, Vol I
Berge, Paul S., Vol IV
Bergen, Doris, Vol I
Bergen, Robert D., Vol IV
Berger, Alan L., Vol IV
Berger, Arthur A., Vol II
Berger, Bennet Maurice, Vol I
Berger, Carl, Vol I
Berger, Carl, Vol I
Berger, David, Vol I
Berger, Gordon, Vol I
Berger, Henry Weinberg, Vol I
Berger, Iris, Vol I
Berger, Lawrence, Vol IV
Berger, Mark, Vol IV
Berger, Mark Lewis, Vol I
Berger, Martin, Vol I
Berger, Martin Edgar, Vol I
Berger, Morris I., Vol IV
Berger, Patrice, Vol I
Berger, Sidney L., Vol II
Berger, Thomas Leland, Vol II
Bergeron, David M., Vol II
Bergeron, Paul H., Vol I
Berggren, Paula S., Vol II
Berghahn, Klaus L, Vol III
Bergman, David L., Vol II
Bergman, Robert P., Vol I
Bergmann, Frank, Vol III
Bergmann, Gustav, Vol IV
Bergmann, Linda S., Vol II
Bergmann, Michael, Vol IV
Bergquist, James Manning, Vol I
Bergquist, Peter, Vol I
Bergren, Ann L.T., Vol I
Bergstrom, Anna, Vol III
Bergstrom, Mark, Vol II
Beringer, Richard E., Vol I
Berkeley, David Shelley, Vol II
Berkeley, Edmund, Vol I
Berkeley, Istvan S.N., Vol III
Berkey, Jonathan P., Vol I
Berkey, Robert Fred, Vol IV
Berkin, Carol Ruth, Vol I
Berkley, Constance E. Gresham, Vol III
Berkley, Gerald Wayne, Vol I
Berkman, John, Vol IV
Berkman, Joyce A., Vol I
Berkman, Leonard, Vol II
Berkove, Lawrence Ivan, Vol II
Berkowitz, Edward D., Vol I
Berkowitz, Gerald Martin, Vol II
Berkvam, Michael, Vol III
Berlanstein, Lenard Russell, Vol I
Berleant, Arnold, Vol IV
Berlin, Adele, Vol I
Berlin, Andrea Michelle, Vol I
Berlin, Charles, Vol III
Berlin, I., Vol I
Berlin, Netta, Vol I
Berlin, Normand, Vol II
Berlin, Robert Harry, Vol I
Berlind, Bruce, Vol II
Berliner, Todd, Vol II
Berling, Judith, Vol IV
Berlo, Janet Catherine, Vol I
Berman, Avis, Vol II
Berman, Harold J., Vol IV
Berman, Hyman, Vol I
Berman, Jeffrey B., Vol IV
Berman, Scott, Vol IV
Berman, William C., Vol I
Bernard, J.W., Vol I
Bernard, Kenneth, Vol II
Bernard, Paul Peter, Vol I
Bernardo, Aldo Sisto, Vol III
Bernardo, Felix Mario, Vol I
Bernd, Clifford Albrecht, Vol III
Berne, Stanley, Vol II
Bernier, Paul, Vol III
Berninghausen, John, Vol III
Bernstein, Barton Jannen, Vol I
Bernstein, Carol L., Vol II
Bernstein, Eckhard Richard, Vol III
Bernstein, Gail Lee, Vol I
Bernstein, Iver, Vol I
Bernstein, Jerry, Vol IV
Bernstein, JoAnne G., Vol I
Bernstein, John Andrew, Vol I
Bernstein, John Andrew, Vol I
Bernstein, Lawrence F., Vol I
Bernstein, Mark, Vol IV
Bernstein, Matthew H., Vol II
Bernstein, Richard J., Vol IV
Bernstein-Nahar, Avi K., Vol IV
Bernstine, Daniel O., Vol IV
Berofsky, Bernard A., Vol IV
Berquist, Jon L., Vol IV
Berridge, John Maclennan, Vol IV
Berrol, Selma Cantor, Vol I
Berrong, Richard Michael, Vol III
Berry, Boyd Mcculloch, Vol II
Berry, Edward I., Vol II
Berry, Herbert, Vol II
Berry, J. Duncan, Vol I
Berry, Lee Roy, Jr., Vol I
Berry, Margaret, Vol II
Berry, Ralph M., Vol II
Bers, Victor, Vol I
Bershad, Lawrence, Vol IV
Bersoff, Donald N., Vol IV
Berst, Charles A., Vol II
Bertelsen, Dale A., Vol II
Bertelsen, Lance, Vol II
Berthoff, Ann Evans, Vol II
Berthoff, Warner Bement, Vol II
Berthold, Dennis Alfred, Vol II
Berthold, George Charles, Vol IV
Berthold, Richard M., Vol I
Berthrong, Donald John, Vol I
Bertman, Stephen, Vol I
Bertolet, Rod, Vol IV
Bertoloni Meli, Domenico, Vol I
Berton, Peter, Vol I
Bertrand, Charles L., Vol I
Bertrand de Munoz, Maryse, Vol III
Berube, Maurice R., Vol I
Berube, Michael, Vol II
Berwald, Jean-Pierre, Vol III
Berwanger, Eugene H., Vol I
Besancon Spencer, Aida, Vol IV
Beschle, D. L., Vol IV
Bessette, Gerard, Vol III
Bessner, Ronda, Vol IV
Besson, Paul Smith, Vol IV
Best, Ernest E, Vol IV
Best, Gary Dean, Vol I
Best, Henry, Vol I
Best, Janice, Vol III
Best, Judith A., Vol I
Best, Michael R., Vol II
Best, Otto Ferdinand, Vol III
Best, Steven, Vol IV
Betancourt, Philip Paul, Vol I
Bethel, Arthur Charles Walter, Vol IV
Bethel, Elizabeth Rauh, Vol II
Bethel, Leonard Leslie, Vol IV
Bethin, Christina Y., Vol III
Betlyon, John Wilson, Vol III
Bett, Richard, Vol I
Bettinger, Robert L., Vol I
Betts, Raymond Frederick, Vol I
Betts, Richard Kevin, Vol I
Betz, Dorothy, Vol III
Betz, Frederick, Vol III
Betz, Hans Dieter, Vol IV
Betz, Joseph M., Vol IV
Betz, Paul F., Vol II
Bevans, Stephen, Vol IV
Beverley Driver, Eddy, Vol III
Bevington, David M., Vol II
Bevington, Gary Loyd, Vol III
Beyea, Marion, Vol I
Beyer, Bryan E., Vol IV
Beyer, Bryan E., Vol IV
Beyer, David W., Vol I
Beynen, Gijsbertus Koolemans, Vol III
Bhague, Gerard, Vol I
Biallas, Leonard John, Vol IV
Bialostosky, Don, Vol II
Bianchi, Eugene Carl, Vol IV
Bianchi, Robert S., Vol I
Bibb, T. Clifford, Vol II
Bica, Camillo C., Vol IV
Bice, Scott H., Vol IV
Bickerton, Derek, Vol III
Bicknell, John W., Vol II
Biddle, Tami Davis, Vol I
Bieber, Judy, Vol I
Bieganowski, Ronald, Vol II
Bien, Gloria, Vol III
Bien, Joseph J., Vol IV
Bien, Peter Adolph, Vol II
Bier, Jesse, Vol II
Biesecker, Barbara, Vol II
Biester, James, Vol II
Bietenholz, Peter Gerard, Vol I
Biggs, Anselm, Vol I
Biggs, N., Vol III
Biggs, Robert Dale, Vol I
Biggs, Shirley Ann, Vol I
Bigham, Darrel Eugene, Vol I
BiJlefeld, Willem A., Vol III
Bilaniuk, Petro Borys T., Vol IV
Bilhartz, Terry D., Vol I
Billiams, Lynn Barstis, Vol III
Billias, George Athan, Vol I
Billick, David Joseph, Vol III
Billings, John R., Vol IV
Billings, William M., Vol I
Billington, James H., Vol I
Billington, Monroe, Vol I
Billows, Richard A., Vol I
Bills, Garland D., Vol III
Bilmes, Jack, Vol I
Bilodeau, Lorraine, Vol IV
Bilsker, Richard L., Vol IV
Bilsky, Lester James, Vol I
Bilson, Beth, Vol IV
Bilson, Malcolm, Vol I
Bilstein, Roger Eugene, Vol I
Binau, Brad A., Vol IV
Binder, Frederick Melvin, Vol I
Bindon, Kathryn, Vol I
Binford, Henry C., Vol I
Bing, J. Daniel, Vol I
Bing, Janet, Vol II
Bing, Janet Mueller, Vol III
Bing, Robert, Vol IV
Bingham, Edwin Ralph, Vol I
Bingham, John L., Vol III
Binion, Rudolph, Vol I
Binkley, Olin Trivette, Vol IV
Birch, Adolpho A., Jr., Vol IV
Birch, Bruce Charles, Vol IV
Bircher, Martin, Vol III
Birchette, William Ashby, III, Vol I
Bird, Frederick, Vol IV
Bird, Harold Wesley, Vol I
Bird, Roger A., Vol II
Birdsall, Eric, Vol II
Bireley, Robert Lee, Vol I
Birge, Bettine, Vol III
Birkner, Michael J., Vol I
Birn, Donald S., Vol I
Birn, Raymond F., Vol I
Birnbaum, Henrik, Vol III
Birnbaum, Lucia Chiavola, Vol I
Birnbaum, Milton, Vol II
Birnbaum, Norman, Vol I
Birner, Betty, Vol III
Bishop, Allan, Vol II
Bishop, C. James, Vol I
Bishop, Michael, Vol III
Bishop, Michael, Vol IV
Bishop, Olga B., Vol I
Bishop, Thomas G., Vol II
Bismanis, Maija, Vol I
Bisson, Thomas N., Vol I
Bittenbender, J. Christopher, Vol II
Bittle, William George, Vol II
Bittner, Thomas, Vol IV
Bittner Wiseman, Mary, Vol IV
Bittrich, Louis Edward, Vol III
Bix, Brian, Vol IV
Bixler, Jacqueline, Vol III
Bizzarro, Tina W., Vol I
Bizzell, Patricia L., Vol II
Bjerke, Robert Alan, Vol III
Bjerken, Xak, Vol I
Bjork, Robert Eric, Vol II
Blachowicz, James, Vol IV
Black, Brian C., Vol I
Black, Daniel, Vol II
Black, Edwin, Vol II
Black, Eugene Charlton, Vol I
Black, J. Laurence, Vol I
Black, Kenneth, Jr., Vol I
Black, Lendley C., Vol II
Black, Margaretta, Vol III
Black, Nancy BreMiller, Vol II
Black, Naomi, Vol I
Black, Shirley Jean, Vol I
Black, Stephen Ames, Vol II
Black, Steve, Vol II
Black, Wesley O., Vol I
Blackburn, Alexander, Vol II
Blackburn, George Mccoy, Vol I
Blackburn, Simon, Vol IV
Blackburn, Terence L., Vol IV
Blackburn, Thomas, Vol II
Blackey, Robert Alan, Vol II
Blackford, Mansel Griffiths, Vol I
Blackmar, Elizabeth, Vol I
Blackmore, Robert Long, Vol II
Blackstone, Mary A., Vol II
Blackstone, Thomas L., Vol IV
Blackwell, Frederick Warn, Vol I
Blackwell, Fritz, Vol I
Blackwell, Marilyn Johns, Vol II
Blackwell, Richard Joseph, Vol IV
Blackwood, Roy E., Vol II
Blackwood-Collier, Mary, Vol III
Blaine, Bradford Bennett, Vol I
Blair, George Alfred, Vol IV
Blair, John, Vol II
Blair, John, Vol III
Blair, John George, Vol I
Blair, John T., Vol III
Blaisdell, Charmarie Jenkins, Vol I
Blaisdell, Robert Ehler, Vol II
Blaise, Clark L., Vol II
Blaising, Craig A., Vol IV
Blake, Deborah, Vol IV
Blake, J. Herman, Vol I
Blake, James Joseph, Vol II
Blake, Nancy, Vol III
Blake, Richard, Vol II
Blake, Robert Grady, Vol II
Blake, Stephen, Vol I
Blake McHam, Sarah, Vol I
Blakely, Allison, Vol I
Blakesley, Christopher L., Vol IV
Blakey, George Thomas, Vol I
Blanch, Robert James, Vol II
Blanchard, Peter, Vol I
Blanchard, Robert O., Vol II
Blanchard, Scott, Vol II
Blanchette, Oliva, Vol IV
Blanchette, Patricia, Vol IV
Bland, Kalman Perry, Vol IV
Bland, Larry Irvin, Vol I
Bland, Sidney Roderick, Vol I
Blaney, Benjamin, Vol III
Blank, David L., Vol I
Blank, G. Kim, Vol II
Blanke, Richard, Vol I
Blankemeyer, Kenneth Joseph, Vol IV
Blantz, Thomas E., Vol I
Blasi, Anthony J., Vol I
Blasing, Mutlu Konuk, Vol II
Blassingame, John W., Vol I
Blatt, Sidney Jules, Vol I
Blatt, Stephen J., Vol III
Blattner, William, Vol IV
Blau, Herbert, Vol II
Blau, Judith R., Vol I
Blau, Sheridan, Vol II
Blaydes, Sophia Boyatzies, Vol II
Blazek, Ronald David, Vol II
Blazekovic, Zdravko, Vol I
Blecker, Robert A., Vol I
Bledsoe, Robert Terrell, Vol II
Bledstein, Adrien, Vol I
Bledstein, Burton J., Vol I
Blee, K.M., Vol I
Bleeth, Kenneth Alan, Vol II
Bleich, David, Vol II
Bleich, J. David, Vol IV
Blenkinsopp, Joseph, Vol IV
Blessing, Kamila, Vol IV
Blessington, Francis Charles, Vol II
Blethen, H. Tyler, Vol I
Blevins, James Lowell, Vol IV
Blevins, Kent, Vol IV
Blewett, David, Vol II
Blewett, Mary H., Vol I
Bleznick, Donald William, Vol III
Blicksilver, Jack, Vol I
Blier, Suzanne Preston, Vol I
Bliquez, Lawrence J., Vol I
Bliss, Francis Royster, Vol I
Bliss, John W.M., Vol I
Bliss, Katherine, Vol I
Bliss, Lee, Vol II
Bliss, Robert M., Vol I
Blissett, William F., Vol II
Blizek, William L., Vol IV
Bloch, Chana, Vol II
Block, Daniel I., Vol I
Block, Geoffrey, Vol I
Block, Haskell M., Vol III
Block, John Martin, Vol IV
Block, Joyce, Vol I
Block, Steven, Vol II
Blocker, H. Gene, Vol IV
Blockley, Mary Eva, Vol II
Blodgett, Barbara, Vol IV
Blodgett, Edward D., Vol III
Blodgett, Edward Dickinson, Vol II
Blodgett, Ralph Edward, Vol I
Bloesch, Donald G., Vol IV
Blom, Joost, Vol IV
Blomberg, Craig L., Vol IV
Blomquist, Thomas W., Vol I
Bloom, Abigail Burnham, Vol II
Bloom, Alexander, Vol I
Bloom, Alfred, Vol IV
Bloom, Harold, Vol II
Bloom, John A., Vol IV
Bloom, John Porter, Vol I
Bloom, Lynn Z., Vol II
Bloom, Melanie, Vol II
Bloom, Robert, Vol II
Bloomer, Jennifer A., Vol I
Bloomer, W. Martin, Vol I
Blotner, Joseph Leo, Vol II
Blouin, Lenora, Vol II
Blount, Marcellus, Vol II
Blowers, LaVerne P., Vol IV
Bloxam, M. Jennifer, Vol I
Blue, Frederick J., Vol I
Blue, Philip Y., Vol II
Blue, William Robert, Vol III
Blues, Thomas, Vol II
Bluestein, Gene, Vol II
Bluestone, Daniel, Vol I
Blum, Albert A., Vol I
Blum, George Paul, Vol I
Blum, John D., Vol IV
Blum, Karen M., Vol IV
Blum, Lawrence A., Vol IV
Blumberg, Arnold, Vol I

Blumberg, Grace Ganz, Vol IV
Blumberg, Phillip Irvin, Vol IV
Blumberg, Sherry H., Vol III
Blumenfeld, David, Vol I
Blumenshine, Gary B., Vol I
Blumenson, Eric D., Vol I
Blumenthal, Bernhardt George, Vol III
Blumenthal, David Reuben, Vol IV
Blumenthal, Eileen, Vol II
Blumin, Stuart, Vol I
Blumm, Micael C., Vol IV
Blumrosen, Alfred W., Vol IV
Blumstein, James Franklin, Vol IV
Blumstein, Sheila Ellen, Vol III
Blustein, Bonnie Ellen, Vol I
Blustein, Jeffrey, Vol IV
Bly, Peter Anthony, Vol III
Blyn, Robin, Vol II
Blythe, Stuart, Vol II
Boadt, Lawrence E., Vol IV
Boardman, Kathy, Vol II
Boardman, William Smith, Vol IV
Boateng, Faustine, Vol III
Boatwright, Mary T., Vol I
Bober, Phyllis Pray, Vol I
Bobik, Joseph, Vol II
Bobinski, George Sylvan, Vol I
Bochin, Hal William, Vol II
Bochnowski, Michael, Vol IV
Bock, Carol A., Vol II
Bock, Darrell L., Vol IV
Bock, Martin F., Vol II
Bock, Philip K., Vol I
Bock, Robert L., Vol I
Bock-Weiss, Catherine C., Vol I
Bodde, Derk, Vol III
Boddewyn, Jean J., Vol I
Bode, Carl, Vol I
Bode, Frederick August, Vol I
Bode, Robert Francis, Vol II
Bodel, John, Vol I
Boden, Jean, Vol II
Bodeus, Richard-Clement, Vol IV
Bodine, Jay F., Vol III
Bodling, Kurt A., Vol I
Bodnar, John Edward, Vol I
Bodo, Murray, Vol II
Bodon, Jean, Vol II
Boedeker, Edgar, Vol IV
Boegehold, Alan, Vol I
Boeger, Palmer Henry, Vol I
Boehling, Rebecca, Vol I
Boehne, Patricia Jeanne, Vol III
Boening, John, Vol III
Boerner, Peter, Vol III
Boersma, Hans, Vol I
Boetzkes, Elizabeth, Vol IV
Bofman, Theodora Helene, Vol III
Bogdan, Radu J., Vol IV
Bogen, Joseph E., Vol III
Bogger, Tommy L., Vol I
Boghossian, Paul, Vol IV
Bogin, Ruth, Vol I
Bogue, Allan G., Vol I
Bogus, Carl T., Vol IV
Bogus, Diane Adamz, Vol II
Boh, Ivan, Vol IV
Bohmbach, Karla G., Vol IV
Bohn, Williard, Vol III
Bohnstedt, John Wolfgang, Vol I
Bohstedt, John Howard, Vol I
Boire, Gary, Vol I
Boisvert, Mathieu, Vol IV
Boisvert, Raymond, Vol IV
Bok, Derek Curtis, Vol IV
Bokenkamp, Stephen R., Vol IV
Boker, Hans J., Vol I
Bokina, John, Vol I
Bolchazy, Ladislaus J., Vol I
Boles, John Bruce, Vol I
Bolger, Francis W.P., Vol I
Bolin, John Seelye, Vol II
Boling, Becky, Vol II
Boling, Robert Gordon, Vol IV
Boll, Michael Mitchel, Vol I
Bolland, O. Nigel, Vol I
Bolster, W. Jeffrey, Vol I
Bolsterli, Margaret Jones, Vol II
Bolt, Bruce A., Vol I
Bolt, Ernest C., Jr., Vol I
Bolt, Robert, Vol I
Bolton, Lissant, Vol I
Bolton, Martha Brandt, Vol IV
Bolton, Sidney Charles, Vol I
Boltuc, Piotr, Vol IV
Bolz, Barbara J., Vol II
Bombardi, Ronald Jude, Vol IV

Bomberger, E. Douglas, Vol I
Bond, Edward J., Vol IV
Bond, Gerald Albert, Vol III
Bond, Gilbert I., Vol IV
Bond, Gordon Crews, Vol I
Bond, Zinny Sans, Vol III
Bondanella, Peter, Vol III
Bondeson, William B., Vol IV
Bone, Quentin, Vol I
Bonebakker, Seeger A., Vol III
Bonenfant, Joseph, Vol II
Bonevac, Daniel Albert, Vol IV
Boney, Francis Nash, Vol I
Bonfante, Larissa, Vol I
Bonfini, Marie Roseanne IHM, Vol III
Bongie, Laurence, Vol III
Bongmba, Elias Kifon, Vol IV
Boni, Sylvain, Vol IV
Bonisteel, Roy, Vol IV
Bonneau, Normand, Vol IV
Bonner, Mary Winstead, Vol I
Bonner, Robert Elliott, Vol I
Bonner, Thomas, Vol II
Bonner, Thomas Neville, Vol I
Bonnette, Dennis, Vol IV
Bonnyman-Stanley, Isabel, Vol II
Bono, Barbara Jane, Vol II
Bonomi, Patricia Updegraff, Vol I
Bontekoe, Ron, Vol IV
Booker, John T., Vol II
Booker, M. Keith, Vol II
Boomer, Dennis, Vol IV
Boon, Jean-Pierre, Vol III
Boorstin, Daniel Joseph, Vol I
Boos, Florence Saunders, Vol II
Boose, Lynda E., Vol I
Booth, Alan R., Vol I
Booth, Philip, Vol II
Booth, Stephen, Vol II
Booth, Wayne Clayson, Vol II
Boozang, Kathleen M., Vol IV
Boraas, Roger Stuart, Vol IV
Borah, Woodrow, Vol I
Borchardt, Frank L., Vol III
Borchert, Gerald Leo, Vol IV
Borck, Jim Springer, Vol II
Bordeau, Catherine, Vol III
Borden, Diane M., Vol II
Borden, Sandra L., Vol II
Borelli, John, Vol I
Boren, Henry C., Vol I
Boren, James Lewis, Vol II
Borer, Hagit, Vol III
Borg, Daniel Raymond, Vol I
Borg, Dorothy, Vol I
Borg, Marcus J., Vol IV
Borgeson, Paul W., Vol III
Boris, Edna Z., Vol II
Borjesson, Gary, Vol IV
Bork, Robert Heron, Vol IV
Bormann, Dennis Robert, Vol III
Bormanshinov, Arash, Vol III
Born, John D., Vol I
Borne, Lawrence Roger, Vol I
Bornstein, Daniel, Vol I
Borowski, Oded, Vol IV
Borrows, John, Vol IV
Borsch, Frederick Houk, Vol II
Borstelmann, Thomas, Vol I
Borza, Eugene N., Vol I
Boscagli, Maurizia, Vol II
Boskin, Joseph, Vol I
Boskovic, Zeljko, Vol III
Bosmajian, Hamida, Vol II
Boss, Judith A., Vol IV
Bostdorff, Denise M., Vol II
Boswell, Jackson Campbell, Vol II
Botan, Carl H., Vol II
Botham, Thad M., Vol IV
Bothwell, Robert S., Vol I
Botjer, George, Vol I
Botkin, Daniel B., Vol IV
Botstein, Leon, Vol I
Botterill, Steven, Vol III
Bottigheimer, Karl S., Vol I
Bottoms, Bette L., Vol I
Botzenhart-Viehe, Verena, Vol I
Bouchard, Constance Brittain, Vol I
Boucher, Philip P., Vol I
Boudreau, Harold Laverne, Vol III
Boudreau, Joseph A., Vol I
Bouissac, Paul A., Vol II
Boulad-Ayoub, Josiane, Vol IV
Boulton, Maureen, Vol III
Bouman, Walter R., Vol I
Bourdon, Roger J., Vol I

Bourgeois, Patrick Lyall, Vol IV
Bourguignon, Erika Eichhorn, Vol I
Bourguignon, Henry J., Vol IV
Bourke, Vernon Joseph, Vol IV
Bourne, Lesley-Anne, Vol II
Bouson, J. Brooks, Vol II
Bouwsma, William James, Vol I
Bove, Carol Mastrangelo, Vol III
Bovon, Francois, Vol IV
Bowden, Betsy, Vol II
Bowden, Henry Warner, Vol I
Bowden, James Henry, Vol I
Bowden, Marie Ann, Vol IV
Bowdle, Donald N., Vol IV
Bowen, Barbara C., Vol III
Bowen, David H., Vol IV
Bowen, Lynne E., Vol I
Bowen, Roger, Vol II
Bower, Beverly Lynne, Vol I
Bowerbank, Sylvia, Vol II
Bowers, Edgar, Vol II
Bowers, J.W., Vol IV
Bowers, John M., Vol II
Bowers, Neal, Vol II
Bowers, Paul, Vol II
Bowers, Richard Hugh, Vol I
Bowers, William Lavalle, Vol I
Bowersock, Glen Warren, Vol I
Bowie, Norman, Vol IV
Bowker, Wilbur F., Vol I
Bowler, Peter John, Vol I
Bowling, Kenneth R., Vol I
Bowman, Frank Paul, Vol III
Bowman, Jeffrey A., Vol I
Bowman, Joye L., Vol I
Bowman, L.M., Vol I
Bowman, Leonard Joseph, Vol IV
Bowman, Shearer Davis, Vol I
Bowne, Dale Russell, Vol IV
Bowser, Benjamin P., Vol I
Bowsky, Martha Welborn, Vol I
Bowsky, William Marvin, Vol I
Boyajian, James Charles, Vol I
Boyarin, Daniel, Vol IV
Boyce, Elizabeth, Vol III
Boyce, James, Vol IV
Boyd, Barbara Weiden, Vol I
Boyd, Brian David, Vol II
Boyd, Carl, Vol I
Boyd, Carolyn Patricia, Vol I
Boyd, James W., Vol IV
Boyd, Robert, Vol IV
Boyd, Tom Wesley, Vol IV
Boyer, Dale Kenneth, Vol II
Boyer, Horace Clarence, Vol I
Boyer, John William, Vol I
Boyer, Lee R., Vol I
Boyer, Marjorie Nice, Vol I
Boyer, Paul S., Vol I
Boyer, Richard, Vol I
Boykin, Keith, Vol II
Boylan, Anne Mary, Vol I
Boyle, Ashby D., II, Vol IV
Boyle, Christine, Vol IV
Boyle, F. Ladson, Vol IV
Boyle, Francis, Vol IV
Boyle, Frank, Vol II
Boyle, John Hunter, Vol I
Boyle, John Phillips, Vol IV
Boyle, Kevin, Vol I
Boyle, Thomas Coraghessan, Vol II
Boys, Samuel A., Vol IV
Bozeman, Theodore Dwight, Vol IV
Braaten, Laurie, Vol IV
Brabant, Jozef M., Vol I
Bracey, Willie Earl, Vol IV
Brackell, Pamela, Vol II
Bracken, James K., Vol II
Bracken, Joseph A., Vol IV
Bracken, Pamela, Vol II
Bracken, W. Jerome, Vol IV
Brackenridge, Robert Douglas, Vol I
Brackett, David, Vol I
Bracy, William, Vol II
Bradbury, Miles L., Vol I
Braddock, Robert Cook, Vol I
Braden, Henry E., IV, Vol IV
Bradford, Carole A., Vol III
Bradford, Clinton W., Vol II
Bradford, James Chapin, Vol I
Bradford, Richard Headlee, Vol I
Bradford Smith, Elizabeth, Vol I
Bradie, Michael, Vol IV
Bradley, Craig M., Vol IV
Bradley, Denis J. M., Vol IV

Bradley, Doris P., Vol II
Bradley, James R., Vol I
Bradley, James Robert, Vol I
Bradley, Keith Richard, Vol I
Bradley, Owen, Vol I
Bradley, Ritamary, Vol II
Bradshaw, Denny, Vol IV
Brady, James B., Vol IV
Brady, Jules M., Vol IV
Brady, Leo, Vol II
Brady, Michelle E., Vol IV
Brady, Owen E., Vol II
Brady, Patrick S., Vol III
Brady, Robert M., Vol III
Braeman, John, Vol I
Braendlin, Bonnie Hoover, Vol II
Braester, Yomi, Vol III
Brailow, David Gregory, Vol II
Braisted, William Reynolds, Vol I
Braithwaite, Dawn O., Vol II
Braithwaite, John, Vol IV
Braithwaite, William, Vol IV
Brakas, Jurgis, Vol IV
Brakke, David, Vol IV
Brakman, Sarah-Vaughan, Vol IV
Bramann, Jorn Karl, Vol IV
Brame, Grace Adolphsen, Vol IV
Branch, Edgar Marquess, Vol II
Brand, Charles Macy, Vol I
Brand, Eugene L., Vol IV
Brand, Myles, Vol IV
Brande, David, Vol II
Brandimarte, Cynthia A., Vol I
Brandom, Robert D., Vol IV
Brandon, James R., Vol II
Brandon, Robert N., Vol IV
Brandt, Beverly K., Vol I
Brandt, Diana, Vol II
Brandt, Eric A., Vol IV
Brandt, Gregory J., Vol IV
Brandt, Richard Booker, Vol IV
Branham, Joan R., Vol I
Branick, Vincent P., Vol IV
Bransford Wilson, Joe, Jr., Vol III
Branson, Susan, Vol I
Brant, Dale, Vol IV
Brantley, Jennifer, Vol II
Brasch, Walter Milton, Vol III
Brassard, Francis, Vol IV
Brater, Enoch, Vol II
Bratton, Timothy L., Vol I
Brattstrom, Bayard H., Vol IV
Brauch, Manfred T., Vol IV
Braude, Benjamin, Vol I
Braudy, Leo, Vol II
Brauer, Carl Malcolm, Vol I
Brauer, James L., Vol IV
Brauer, Jerald, Vol I
Brauer, Kinley, Vol I
Brault, Gerard Joseph, Vol III
Braun, Ernst, Vol III
Braun, Theodore Edward Daniel, Vol III
Braun, Wilhelm, Vol III
Braun Pasternack, Carol, Vol II
Braungardt, Jurgen, Vol IV
Braunmuller, A.P., Vol II
Braus, Ira, Vol I
Brautigam, Deborah, Vol I
Braxton, Edward Kenneth, Vol IV
Bray, R. Matthew, Vol I
Braybrooke, David, Vol IV
Brecht, Albert O., Vol IV
Breckenridge, James, Vol I
Bredbeck, Gregory W., Vol II
Bredeck, Martin James, Vol IV
Bredin, Marian, Vol II
Bree, Germaine, Vol III
Breeden, James Pleasant, Vol IV
Breen, Marcus, Vol II
Breen, Myles P., Vol II
Breen, Timothy Hall, Vol I
Bregman, Lucy, Vol IV
Brehm, H. Alan, Vol IV
Breihan, John R., Vol I
Breines, Joseph, Vol III
Breines, Paul, Vol I
Breines, Winifred, Vol I
Breisach, Ernst Adolf, Vol I
Breit, Frederick Joseph, Vol I
Breit, Peter K., Vol I
Breit, William Leo, Vol I
Breitman, Richard D., Vol I
Breitrose, Henry S., Vol II
Bremer, Francis John, Vol I
Bremer, William Walling, Vol I
Bremner, Robert Hamlett, Vol I
Brend, Ruth Margaret, Vol III
Brenk, Frederick Eugene, Vol I

Brennan, Anne Denise, Vol II
Brennan, Anthony, Vol II
Brennan, James Franklin, Vol III
Brennan, John P., Vol II
Brennan, Kit, Vol II
Brennan, Mary Alethea, Vol IV
Brennan, Timothy Andres, Vol II
Brennan, Timothy J., Vol I
Brennan, Virginia M., Vol III
Brennan Watters, Kathleen, Vol II
Brenneman, Walter L., Vol I
Brennen, Bonnie, Vol IV
Brenner, Louis, Vol I
Brenner, William H., Vol IV
Brentano, Robert, Vol I
Breslaw, Elaine, Vol I
Breslin, Paul, Vol II
Breslin, Thomas Aloysius, Vol I
Breslow, Boyd, Vol I
Breslow, Marvin A., Vol I
Brest, Paul, Vol IV
Breton, Raymond J., Vol I
Brett, Nathan C., Vol IV
Brett, Philip, Vol I
Brett, Sally A., Vol II
Brett-Smith, Sarah, Vol I
Brettell, Caroline B., Vol I
Brettschneider, Marla, Vol I
Bretzke, James T., Vol IV
Brevart, Francis B., Vol III
Brewbaker, William S., III, Vol IV
Brewer, Daniel, Vol II
Brewer, John T., Vol III
Brewer, Maria Minich, Vol III
Brewster, Glen, Vol II
Brewton, Butler E., Vol II
Breyer, Stephen Gerald, Vol IV
Briceland, Alan Vance, Vol I
Bricker, Daniel P., Vol IV
Brickman, Lester, Vol IV
Bridenthal, Renate, Vol I
Bridenthal, Renate, Vol I
Bridges, Roger Dean, Vol I
Bridwell, R. Randal, Vol I
Brieger, Gert Henry, Vol I
Brier, Bob, Vol IV
Brier, Peter A., Vol II
Brietzke, Paul H., Vol IV
Briggs, Charles L., Vol I
Briggs, J.M., Vol I
Briggs, John, Vol IV
Briggs, John C., Vol II
Briggs, John P., Vol II
Briggs, Ward W., Vol I
Brigham, John, Vol I
Brighouse, M.H., Vol IV
Bright, David F., Vol I
Brilliant, Richard, Vol I
Brind'Amour, Lucie, Vol II
Brink, David O., Vol IV
Brink, James Eastgate, Vol I
Brink, Jeanie Renee, Vol II
Brinkley, Alan, Vol I
Brinkley, George A., Vol I
Brinkman, John Anthony, Vol I
Brinkman, John T., Vol I
Brinkmann, Klaus, Vol IV
Brinks, Herbert John, Vol I
Brinner, William Michael, Vol III
Brisco, Thomas V., Vol I
Brisman, Leslie, Vol II
Brister, C.W., Vol IV
Brister, Louis Edwin, Vol III
Bristow, Clinton, Jr., Vol IV
Bristow, Edward, Vol I
Britsch, R. Lanier, Vol I
Britt, Brian M., Vol IV
Brittain, James Edward, Vol I
Britton, Allen Perdue, Vol I
Brizio, Flavia, Vol III
Brkkila, Betsy, Vol II
Broad, David B., Vol I
Broad, Robin, Vol I
Broadhead, Glenn J., Vol II
Broadie, Sarah, Vol IV
Brock, Dan W., Vol IV
Brock, Dewey Heyward, Vol II
Brock, James W., Vol I
Brock, Karen L., Vol I
Brock, Peter de Beauvoir, Vol I
Brockelman, Paul, Vol IV
Brockman, William, Vol II
Brockmann, Stephen, Vol I
Brockopp, Jonathan E., Vol IV
Brod, Harry, Vol IV
Broderick, John Caruthers, Vol II
Brodhead, Garry, Vol I
Brodhead, Michael John, Vol I
Brodman, James William, Vol I

Brodman Directory of American Scholars • 1999

Brodman, Marian, Vol III
Brodsky, Garry, Vol IV
Brodsky, Patricia Pollock, Vol III
Brody, Boruch Alter, Vol IV
Brody, David, Vol I
Brody, Jules, Vol III
Broesamle, John Joseph, Vol I
Brogan, Doris DelTosto, Vol IV
Brogan, Jacqueline V., Vol II
Brogan, Walter A., Vol IV
Brokaw, John W., Vol II
Broman, Per F., Vol I
Brommel, Bernard, Vol II
Bromwich, David, Vol II
Broniak, Christopher, Vol IV
Bronner, Edwin Blaine, Vol I
Bronner, Simon J., Vol I
Brook, Andrew, Vol IV
Brook, Barry Shelley, Vol I
Brooke, John L., Vol I
Brooker, Jewel Spears, Vol I
Brooks, A. Russell, Vol II
Brooks, Catherine M., Vol IV
Brooks, Dwight E., Vol II
Brooks, E. Bruce, Vol I
Brooks, E. Willis, Vol I
Brooks, George E., Vol I
Brooks, Peter Preston, Vol III
Brooks, Robin, Vol I
Brooks, Roy Lavon, Vol IV
Brookshire, Jerry Hardman, Vol I
Bross, James Beverley, Vol IV
Brothers, Thomas, Vol I
Broudy, Harry S., Vol IV
Broughton, Janet Setzer, Vol IV
Broughton, Panthea Reid, Vol II
Broughton, Thomas Robert Shannon, Vol I
Broussard, Ray F., Vol I
Browder, George C., Vol I
Brower, Bruce W., Vol IV
Brower, Daniel Roberts, Vol I
Brown, A. Peter, Vol I
Brown, Alan S., Vol I
Brown, Alanna Kathleen, Vol II
Brown, Alexandra, Vol IV
Brown, Alison L., Vol IV
Brown, Amos Cleophilus, Vol IV
Brown, Arthur A., Vol II
Brown, Barry, Vol IV
Brown, Beatrice S., Vol I
Brown, Blanche Rachel, Vol I
Brown, Bryson, Vol IV
Brown, Carole Ann, Vol II
Brown, Colin, Vol IV
Brown, Craig, Vol IV
Brown, Dale W., Vol IV
Brown, Dan, Vol II
Brown, Daniel Aloysius, Vol IV
Brown, Dee Alexander, Vol I
Brown, Dennis T., Vol I
Brown, Dorothy M., Vol I
Brown, Eric, Vol IV
Brown, Frank, Vol I
Brown, Frederick, Vol III
Brown, George, Jr., Vol IV
Brown, George Hardin, Vol II
Brown, Harold Irwin, Vol IV
Brown, Harold O.J., Vol IV
Brown, Harry Matthew, Vol II
Brown, Ira Vernon, Vol I
Brown, J. Daniel, Vol IV
Brown, James Dale, Vol II
Brown, James J., Vol IV
Brown, James Lorin, Vol III
Brown, James R., Vol IV
Brown, James Seay, Jr., Vol I
Brown, James W., Vol III
Brown, Jared, Vol II
Brown, Jennifer S.H., Vol I
Brown, Jerry Wayne, Vol IV
Brown, Jessie Lemon, Vol II
Brown, John Andrew, Vol I
Brown, John E., Vol II
Brown, John Lackey, Vol III
Brown, John Madison, Vol III
Brown, Jonathan Charles, Vol I
Brown, Jonathan M., Vol I
Brown, Joyce Compton, Vol II
Brown, Julia Prewitt, Vol II
Brown, Kendall H., Vol I
Brown, Kendall Walker, Vol I
Brown, Kenneth, Vol IV
Brown, Kenneth Lee, Vol I
Brown, Kristen M., Vol IV
Brown, Lady, Vol II
Brown, Lee Bateman, Vol IV
Brown, Leslie, Vol I
Brown, Linda Beatrice, Vol II
Brown, Lorraine Anne, Vol II
Brown, Marilyn, Vol I
Brown, Marion Marsh, Vol II
Brown, Mark M., Vol I
Brown, Mary Ellen, Vol I
Brown, Michael Fobes, Vol I
Brown, Michael G., Vol I
Brown, Murray, Vol I
Brown, Norman D., Vol I
Brown, Ola M., Vol I
Brown, Paul Llewellyn, Vol IV
Brown, Pearl Leblanc, Vol II
Brown, Peter B., Vol I
Brown, Peter G., Vol IV
Brown, R.L., Vol IV
Brown, Richard Carl, Vol I
Brown, Richard David, Vol I
Brown, Richard Fargo, Vol I
Brown, Richard Harvey, Vol I
Brown, Richard Holbrook, Vol I
Brown, Richmond F., Vol I
Brown, Robert, Vol III
Brown, Robert C., Vol I
Brown, Robert Craig, Vol I
Brown, Robert D., Vol II
Brown, Robert E., Vol II
Brown, Robert Fath, Vol IV
Brown, Robert Warren, Vol I
Brown, Ronald Conklin, Vol I
Brown, Ronald Paul, Vol I
Brown, Royal Scott, Vol III
Brown, Russell Morton, Vol II
Brown, Ruth Christiani, Vol II
Brown, Sallie, Vol I
Brown, Scott Kent, Vol I
Brown, Sidney Devere, Vol I
Brown, Spencer Hunter, Vol I
Brown, Stephen G., Vol IV
Brown, Stephen Jeffry, Vol II
Brown, Steven M., Vol III
Brown, Stewart Jay, Vol I
Brown, Terry, Vol II
Brown, Theressa Wilson, Vol II
Brown, Thomas Howard, Vol II
Brown, Wallace, Vol I
Brown, Weldon Amzy, Vol I
Brown, William H., III, Vol IV
Brown, William P., Vol IV
Brown-Guillory, Elizabeth, Vol II
Browne, Donald R., Vol II
Browne, Gary L., Vol I
Browne, Gary Lawson, Vol I
Browne, Gregory M., Vol IV
Browne, Maureen, Vol III
Browne, Ray B., Vol II
Browne, Stanley M., Vol IV
Browne, William Francis, Vol II
Browning, Barton W., Vol III
Browning, C.R., Vol I
Browning, Daniel C., Vol I
Browning, Don S., Vol IV
Browning, Judith, Vol II
Browning, Peter, Vol IV
Browning, Reed St. Clair, Vol I
Browning Cole, Eve, Vol I
Brownlee, Geraldine Daniels, Vol I
Brownley, Martine Watson, Vol II
Brownmiller, Sara N., Vol I
Brownson, James, Vol IV
Broyles, James Earl, Vol IV
Broyles, Michael, Vol I
Bruccoli, Matthew J., Vol II
Bruce, D.D., Vol I
Bruce, James C., Vol III
Bruce, Robert Vance, Vol I
Bruce Pratt, Minnie, Vol II
Bruch, C.S., Vol IV
Brucker, Gene Adam, Vol I
Bruder, Kurt A., Vol II
Brueggemann, Aminia M., Vol III
Bruegmann, Robert, Vol I
Bruffee, Kenneth Allen, Vol II
Bruhn, John Glyndon, Vol I
Bruland, Esther, Vol IV
Brulotte, Gaetan, Vol III
Brumbaugh, John Maynard, Vol IV
Brumberg, Joan Jacobs, Vol I
Brumfield, William Craft, Vol III
Brummett, Palmira, Vol I
Brundage, James A., Vol I
Bruneau, Marie Florine, Vol III
Bruner, Edward M., Vol I
Bruner, Jeffrey, Vol III
Bruner, M. Lane, Vol II
Brunette, Peter, Vol II
Bruning, Stephen D., Vol II
Brunk, Conrad, Vol IV
Brunnee, Jutta, Vol IV
Bruno, James Edward, Vol I
Bruns, Gerald L., Vol II
Bruns, James Edgar, Vol IV
Brunsdale, Mitzi Mallarian, Vol II
Brunson, Martha Luan, Vol II
Brunvand, Jan Harold, Vol I
Brush, Craig Balcombe, Vol III
Brush, Stephen George, Vol I
Brushwood, John Stubbs, Vol III
Brustein, Robert, Vol II
Bruster, Douglas, Vol I
Bruzelius, Caroline, Vol I
Bryan, Jesse A., Vol I
Bryant, Alan W., Vol IV
Bryant, Bunyan I., Vol I
Bryant, David J., Vol IV
Bryden, Philip, Vol IV
Brydon, Diana, Vol II
Bryson, Norman, Vol II
Bryson, Ralph J., Vol II
Bryson, William Hamilton, Vol I
Bub, Jeffrey, Vol IV
Bubany, Charles Phillip, Vol IV
Buccellati, Giorgio, Vol I
Bucco, Martin, Vol II
Buchanan, Donna A., Vol I
Buchanan, George Wesley, Vol IV
Buchanan, Harvey, Vol I
Buchanan, Raymond W., Vol II
Bucher, Gerard C., Vol III
Bucher, Glenn R., Vol IV
Bucholz, Arden, Vol I
Buck, David D., Vol I
Buck, Harry Merwyn, Vol I
Buck, Robert J., Vol I
Buckalew, Ronald Eugene, Vol II
Buckingham, Don, Vol IV
Buckland, Roscoe Lawrence, Vol I
Buckler, John, Vol I
Buckley, Francis J., Vol IV
Buckley, Jerome Hamilton, Vol II
Buckley, Joan, Vol II
Buckley, Thomas Hugh, Vol I
Buckley, Thomas W., Vol IV
Buckley, William Kermit, Vol II
Bucknell, Brad, Vol II
Buckner, Phillip Alfred, Vol I
Buckstead, Richard C., Vol II
Buckwold, Tamara, Vol IV
Bucy, Pamela H., Vol IV
Budd, Louis John, Vol II
Budds, Michael, Vol I
Budick, Sanford, Vol II
Buehler, Arthur, Vol IV
Buehler, Arthur F., Vol IV
Buel, Richard (Van Wyck), Vol I
Buell, Frederick Henderson, Vol II
Buelow, George John, Vol I
Buenker, John D., Vol I
Buerkel-Rothfuss, Nancy, Vol II
Buettinger, Craig, Vol I
Buettner, Brigitte, Vol I
Bufford, Edward Eugene, Vol IV
Bufford, Rodger K., Vol I
Buford, Thomas O., Vol IV
Bugge, John Michael, Vol II
Buhnemann, Guldrun, Vol IV
Buickerood, James G., Vol IV
Buitenhuis, Peter M., Vol II
Buja, Maureen, Vol I
Bukalski, Peter J., Vol II
Bukey, Evan Burr, Vol I
Bukey, Evan Burr, Vol I
Bulbulia, Ahmed I., Vol IV
Bulger, Peggy A., Vol II
Bull, Robert Jehu, Vol IV
Bullard, Edward A., Jr., Vol IV
Bullard, John Moore, Vol IV
Bullard, Melissa Meriam, Vol I
Bullard, Truman, Vol I
Bullaro, Grace Russo, Vol III
Bulliet, Richard, Vol I
Bullion, John Lewis, Vol I
Bullock, Alice G., Vol IV
Bullock, James, Vol IV
Bullock, Joan R., Vol IV
Bullock, Steven C., Vol I
Bullon-Fernandez, Maria, Vol II
Bullough, Robert V., Jr., Vol I
Bullough, William Alfred, Vol I
Bump, Jerome Francis Anthony, Vol II
Bumsted, John M., Vol I
Bunge, Mario, Vol IV
Bunge, Nancy Liddell, Vol II
Bunge, Wilfred F., Vol IV
Buni, Andrew, Vol I
Buntrock, Dana, Vol I
Bunzl, Martin, Vol IV
Burbick, Joan, Vol II
Burbidge, John William, Vol IV
Burch, Francis Floyd, Vol III
Burch, Robert W., Vol IV
Burch, Sharon Peebles, Vol IV
Burckel, Nicholas C., Vol I
Burd, Van Akin, Vol II
Burde, Edgar J., Vol II
Burford, Jim, Vol I
Burg, Barry Richard, Vol I
Burgchardt, Carl, Vol II
Burgdorf, Robert L., Jr., Vol IV
Burger, Mary Williams, Vol I
Burger, Ronna C., Vol IV
Burger, Warren Earl, Vol IV
Burgess, Andrew J, Vol IV
Burgess, Jonathan, Vol I
Burgess, Stanley M., Vol IV
Burggraaff, Winfield J., Vol I
Burgh, Richard, Vol IV
Burgin, Diana Lewis, Vol III
Burgos, Fernando, Vol III
Burgos, Fernando, Vol III
Burian, Jarka Marsano, Vol II
Burian, Richard M., Vol IV
Burk, Dan L., Vol IV
Burke, Albie, Vol I
Burke, Colin B., Vol I
Burke, James F., Vol III
Burke, John J., Vol II
Burke, Martin J., Vol I
Burke, Michael B., Vol IV
Burke, Michael E., Vol I
Burke, Ronald R., Vol IV
Burke, Sara Z., Vol I
Burke, William Thomas, Vol IV
Burkett, Delbert Royce, Vol IV
Burkett, Randall Keith, Vol IV
Burkey, John, Vol IV
Burkhardt, Frederick, Vol IV
Burkhardt, Richard W., Vol I
Burkhart, John E., Vol IV
Burkholder, Mark A., Vol I
Burkinshaw, Robert K., Vol I
Burkle, Howard R., Vol IV
Burkman, Katherine H., Vol II
Burkman, Thomas, Vol I
Burks, Arthur Walter, Vol IV
Burks, Don M., Vol II
Burleson, Brant R., Vol III
Burlin, Robert B., Vol II
Burling, Robbins, Vol I
Burling, William J., Vol II
Burlingame, Lori, Vol II
Burlingame, Michael A., Vol I
Burman, Thomas, Vol I
Burneko, Guy, Vol II
Burnell, Devin, Vol I
Burner, David B., Vol I
Burnett, Amy, Vol I
Burnett, Ann K., Vol II
Burnett, Anne Pippin, Vol I
Burnett, David G., Vol I
Burnett, David Graham, Vol III
Burnett, Donald L., Vol I
Burnett, Fredrick Wayne, Vol IV
Burnett, Stephen G., Vol I
Burnett, Stephen G., Vol I
Burnette, Rand, Vol I
Burnham, John Chynoweth, Vol I
Burnham, Michelle, Vol II
Burnham, Patricia, Vol I
Burnim, Mellonee Victoria, Vol I
Burnor, Richard N., Vol IV
Burns, Carol J., Vol I
Burns, Chester Ray, Vol I
Burns, J. Lanier, Vol IV
Burns, J. Patout, Jr., Vol IV
Burns, Michael, Vol I
Burns, Sarah, Vol I
Burns, Steven A.M., Vol IV
Burns, Thomas, Vol I
Burnstein, Daniel, Vol I
Burr, John Roy, Vol IV
Burrell, Barbara, Vol I
Burrell, David, Vol IV
Burres, Kenneth Lee, Vol IV
Burrington, Dale E., Vol IV
Burris, John, Jr., Vol IV
Burris, John L., Vol IV
Burris, Sidney, Vol II
Burrison, John A., Vol I
Burroughs, Charles, Vol I
Bursk, Christopher, Vol II
Burstein, Andrew, Vol I
Burstein, L. Poundie, Vol I
Burt, Donald X., Vol IV
Burt, Robert Amsterdam, Vol IV
Burt, Susan Meredith, Vol II
Burtchaell, James T., Vol IV
Burtness, James H., Vol IV
Burton, David Henry, Vol I
Burton, J.D., Vol I
Burton, Joan, Vol I
Burton, Keith, Vol IV
Burton, Orville Vernon, Vol I
Burton, William Lester, Vol I
Burwell, Rose Marie, Vol II
Busby, Karen, Vol IV
Busby, Rudolph E., Vol II
Busch, Briton Cooper, Vol I
Busch, Frederick Matthew, Vol II
Busch, Thomas W., Vol IV
Buschart, David, Vol IV
Buse, Dieter Kurt, Vol I
Bush, John M., Vol I
Bush, L. Russ, Vol IV
Bush, Luthor Russell, III, Vol IV
Bush, Nathaniel, Vol IV
Bush, Sargent, Jr., Vol II
Bush-Brown, Albert, Vol I
Bushman, Claudia, Vol I
Bushman, Richard, Vol I
Bushnell, David, Vol I
Bushnell, Jack, Vol II
Busi, Frederick, Vol III
Buss, Martin John, Vol IV
Bussanich, John, Vol I
Butchvarov, Panayot K., Vol IV
Butler, Clark Wade, Vol IV
Butler, Gerald Joseph, Vol II
Butler, J., Vol II
Butler, J. Ray, Vol IV
Butler, James Albert, Vol II
Butler, Jeffrey Ernest, Vol I
Butler, Jon, Vol I
Butler, Katharine G., Vol III
Butler, Lee Hayward, Jr., Vol I
Butler, Leslie, Vol I
Butler, Rebecca Batts, Vol I
Butler, Thomas J., Vol III
Butler, Trent C., Vol IV
Butler-Evans, Eliot, Vol II
Butow, Robert J.C., Vol I
Butscher, Edward, Vol I
Butte, George, Vol II
Butterfield, Bruce A., Vol II
Butters, Ronald R., Vol II
Buttigieg, Joseph A., Vol II
Butts, Michelle Tucker, Vol I
Buxbaum, Richard Manfred, Vol IV
Buzzard, Karen S., Vol II
Byars, Jackie L., Vol II
Bybee, Jay S., Vol IV
Bybee, Joan L., Vol III
Byer, Inez, Vol IV
Byers, Lori, Vol II
Byman, Seymour David, Vol IV
Bynagle, Hans Edward, Vol IV
Bynum, Caroline Walker, Vol I
Bynum, David Eliab, Vol I
Byrd, James David, Jr., Vol IV
Byrd, Jerry Stewart, Vol IV
Byre, Calvin S., Vol I
Byrne, Edmund F., Vol IV
Byrne, Frank Loyola, Vol I
Byrne, Patrick Hugh, Vol IV
Byrnes, John, Vol IV
Byrnes, Joseph Francis, Vol I
Byrnes, Robert Francis, Vol I
Bzdyl, Donald, Vol II
Cabal, Ted, Vol IV
Caban, Pedro, Vol I
Cabezut-Ortiz, Delores J., Vol II
Cable, Thomas Monroe, Vol III
Cachia, Pierre J.E., Vol III
Cadely, Jean Robert Joseph, Vol III
Cadorette, Curt R., Vol IV
Cady, Duane Lynn, Vol IV
Cafaro, Philip, Vol IV
Caffentzis, C. George, Vol IV
Cafferty, Pastora San Juan, Vol I
Caffrey, Margaret M., Vol I
Cahan, David, Vol I
Cahan, Jean, Vol IV
Cahill, Ann J., Vol IV
Cahill, Jane, Vol I
Cahill, Lisa Sowle, Vol IV
Cahill, P. Joseph, Vol IV
Cahn, Edgar S., Vol IV
Cahoone, Lawrence, Vol IV
Cai, Deborah A., Vol II
Caiden, Gerald E., Vol I
Cailler, Bernadette Anne, Vol III
Cain, James, Vol IV

Caine, Stanley Paul, Vol I
Cairns, Alan, Vol IV
Cairns, Hugh A.C., Vol IV
Cairns, John C., Vol I
Cairns Way, Rosemary, Vol IV
Calabrese, Andrea, Vol III
Calabresi, Guido, Vol IV
Calarco, N. Joseph, Vol II
Calder, Lendol, Vol I
Calder, Robert L., Vol II
Calder, William M., Vol I
Caldwell, Harry M., Vol IV
Caldwell, L.K., Vol I
Caldwell, Larry, Vol III
Caldwell, M. Milford, Vol I
Caldwell, Mark, Vol II
Caldwell, Mark Leonard, Vol II
Caldwell, Ronald James, Vol I
Caldwell, Sarah, Vol I
Calendrillo, Linda T., Vol II
Calfee, Dennis A., Vol IV
Calhoon, Robert M., Vol I
Calhoun, Daniel Fairchild, Vol I
Calhoun, Lee A., Vol I
Calhoun, Richard James, Vol II
Calhoun, Thomas O., Vol II
Calian, Carnegie Samuel, Vol IV
Calkins, Kenneth Roy, Vol I
Calkins, Martin S.J., Vol IV
Calkins, Robert Gilmer, Vol I
Callaghan, Catherine A., Vol III
Callahan, Daniel Francis, Vol I
Callahan, James, Vol IV
Callahan, John Francis, Vol II
Callahan, Raymond Aloysius, Vol I
Callahan, William James, Vol I
Callan, Richard Jerome, Vol III
Callan, T., Vol IV
Callaway, Anita, Vol I
Callender, Carl O., Vol IV
Callender, Wilfred A., Vol IV
Callies, David Lee, Vol IV
Callon, Gordon, Vol I
Calloway, Mary Chilton, Vol IV
Calvert-Koyzis, Nancy, Vol IV
Camargo, Martin, Vol II
Camayd Freixas, Erik, Vol III
Cameron, Alan, Vol I
Cameron, Christina S.R., Vol I
Cameron, David L., Vol IV
Cameron, Donald M., Vol IV
Cameron, Elspeth M., Vol II
Cameron, James D., Vol I
Cameron, James Reese, Vol I
Cameron, John, Vol II
Cameron, Sharon, Vol II
Cameron Munro, Ruth A., Vol II
Camery Hoggatt, Jerry, Vol IV
Camfield, Gregg, Vol II
Camfield, Thomas M., Vol I
Caminals-Heath, Roser, Vol II
Caminero-Santangelo, Byron, Vol II
Caminero-Santangelo, Marta, Vol II
Camp, Richard, Vol I
Camp, Robert C., Vol I
Camp, Roderic A., Vol I
Campana, Phillip Joseph, Vol III
Campany, Robert F., Vol IV
Campbell, Ballard C., Vol I
Campbell, C. Jean, Vol II
Campbell, Courtney S., Vol IV
Campbell, David A., Vol I
Campbell, Elizabeth, Vol II
Campbell, Felicia F., Vol II
Campbell, Gerry, Vol IV
Campbell, Hilbert Haynes, Vol II
Campbell, Jackson Justice, Vol II
Campbell, Jane, Vol II
Campbell, Joan, Vol I
Campbell, John Coert, Vol I
Campbell, John Pollock, Vol I
Campbell, Joseph Gordon, Vol IV
Campbell, Lee, Vol II
Campbell, Lee W., Vol IV
Campbell, Mary Schmidt, Vol I
Campbell, Randolph Bluford, Vol I
Campbell, Richmond M., Vol IV
Campbell, Stuart Lorin, Vol I
Campbell, SueEllen, Vol II
Campbell, Susan, Vol IV
Campbell, Ted A., Vol I
Campion, Edmund J., Vol III
Campos, Javier F., Vol III
Camurati, Mireya Beatriz, Vol III
Camus, Raoul F., Vol I

Canary, Robert Hughes, Vol II
Cancel, Robert, Vol III
Candido, Joseph, Vol II
Caneday, Ardel B., Vol IV
Canfield, John Douglas, Vol II
Cannadine, David, Vol I
Canning, Paul, Vol I
Cannistraro, Philip Vincent, Vol I
Cannon, Dale W., Vol IV
Cannon, Donald Quayle, Vol I
Cannon, Garland, Vol II
Cannon, John J., Vol IV
Cannon, Katie Geneva, Vol IV
Cannon, Keith, Vol II
Cantelon, Philip Louis, Vol I
Cantor, Louis, Vol I
Cantor, Milton, Vol I
Cantor, Norman Frank, Vol I
Cantor, Paul Arthur, Vol II
Cantrell, Carol, Vol II
Cantrell, Gregg, Vol I
Cantrill, Dante, Vol I
Cantrill, James G., Vol II
Canup, John, Vol I
Cap, Jean-Pierre, Vol III
Cape, Robert W., Vol I
Capeles, Mervin, Vol III
Capizzi, Joseph E., Vol IV
Caplan, Arthur L., Vol IV
Cappella, Joseph N., Vol II
Capps, Donald E., Vol IV
Capps, Jack L., Vol II
Capps, Randall, Vol II
Capra, Daniel J., Vol IV
Capriotti, Emile, Vol IV
Capron, Alexander M., Vol I
Capshew, J. H., Vol I
Captain, Yvonne, Vol III
Caputi, Anthony Francis, Vol II
Caputi, Jane, Vol I
Caputo, John D., Vol IV
Capwell, Charles, Vol I
Caraballo, Wilfredo, Vol IV
Carafiol, Peter, Vol II
Caramello, Charles, Vol II
Caranfa, Angelo, Vol IV
Carby, Hazel V., Vol I
Card, Claudia F., Vol IV
Card, James Van Dyck, Vol II
Cardaci, Paul F., Vol II
Cardamone, Donna, Vol I
Cardona, George, Vol III
Cardoso, Joaquin Jose, Vol I
Cardoza, Anthony L., Vol I
Cardozo, Michael H., Vol IV
Carducci, Eleanor, Vol II
Carducci, Jane, Vol II
Careless, James M.S., Vol I
Carey, James Charles, Vol I
Carey, Patrick W., Vol IV
Carey-Webb, Allen, Vol III
Cargas, Harry James, Vol II
Cargile, Aaron C., Vol II
Cargill, Jack, Vol I
Carkeet, David Corydon, Vol II
Carl, Harold F., Vol IV
Carlebach, Michael L., Vol I
Carleton, Mark Thomas, Vol I
Carlin, Claire L., Vol III
Carlisle, Rodney, Vol I
Carls, Alice, Vol I
Carlsen, James Caldwell, Vol I
Carlson, Andrew Raymond, Vol I
Carlson, Arvid John, Vol I
Carlson, Eric Walter, Vol II
Carlson, Harry Gilbert, Vol II
Carlson, Julie, Vol II
Carlson, Kay, Vol II
Carlson, Lewis H., Vol I
Carlson, Melvin, Jr., Vol II
Carlson, Robert E., Vol I
Carlson, Roy L., Vol I
Carlson, Thomas Clark, Vol II
Carlston, Charles E., Vol IV
Carlton, Charles Merritt, Vol III
Carlton, David L., Vol I
Carmack, Noel A., Vol I
Carmack, Robert M., Vol I
Carman, Charles, Vol I
Carman, Taylor, Vol I
Carmella, Angela C., Vol IV
Carmichael, Ann Grayton, Vol I
Carmichael, Calum Macneill, Vol IV
Carmichael, Carl W., Vol III
Carmichael, Peter S., Vol I
Carmichael, Thomas, Vol II
Carmona, Vicente, Vol II
Carneal, Thomas William, Vol I

Carnell, Corbin Scott, Vol II
Carnes, Mark C., Vol I
Carney, James Donald, Vol III
Carney, Raymond, Vol II
Carney, William J., Vol IV
Carnicke, Sharon Marie, Vol III
Carnochan, Walter Bliss, Vol II
Caroli, Betty Boyd, Vol I
Carp, E. Wayne, Vol I
Carpenter, Carole, Vol II
Carpenter, Charles Albert, Vol II
Carpenter, Delores Bird, Vol II
Carpenter, Elizabeth S., Vol IV
Carpenter, James Anderson, Vol IV
Carpenter, Joel A., Vol I
Carpenter, Joseph, II, Vol I
Carpenter, Mary, Vol I
Carpenter, Scott, Vol II
Carpenter, T.H., Vol I
Carpenter, William Morton, Vol II
Carpentier, Martha C., Vol II
Carr, Amelia J., Vol I
Carr, Anne E., Vol IV
Carr, David, Vol IV
Carr, David Randolph, Vol I
Carr, Davis, Vol IV
Carr, Derek Cooper, Vol I
Carr, Graham, Vol I
Carr, Lois Green, Vol I
Carr, Michael Harold, Vol I
Carr, Richard Alan, Vol III
Carr, Robin, Vol II
Carr, Stephen Leo, Vol II
Carr, Thomas, Vol IV
Carraher, Charles E., Vol I
Carrasco, Gilbert P., Vol I
Carre, Marie-Rose, Vol III
Carrier, David, Vol IV
Carrig, Maria, Vol II
Carrigan, David O., Vol I
Carriker, Robert C., Vol I
Carrillo, Elisa Anna, Vol I
Carringer, Robert L., Vol II
Carrington, Laurel, Vol I
Carrington, Paul, Vol IV
Carrithers, Gale, Vol II
Carroll, Beverlee Jill, Vol IV
Carroll, Bret E., Vol I
Carroll, Carleton Warren, Vol III
Carroll, Charles Francis, Vol I
Carroll, David, Vol III
Carroll, Francis Martin, Vol I
Carroll, John Martin, Vol I
Carroll, John T., Vol IV
Carroll, Linda Louise, Vol III
Carroll, Raoul Lord, Vol IV
Carroll, Rosemary F., Vol I
Carroll, Warren Hasty, Vol I
Carroll, William, Vol II
Carroll, William Dennis, Vol II
Carrubba, Robert W., Vol I
Carruthers, Virginia, Vol II
Carson, James, Vol IV
Carson, Katharine Whitman, Vol II
Carson, Logan, Vol IV
Carson, Luke, Vol II
Carson, Michael, Vol IV
Carson, Thomas L., Vol IV
Carson, Warren Jason, Jr., Vol II
Carson Pastan, Elizabeth, Vol I
Carter, Albert Howard, Vol III
Carter, Barbara Lillian, Vol I
Carter, Barry Edward, Vol IV
Carter, Charles Edward, Vol IV
Carter, Charles Michael, Vol IV
Carter, Dan T., Vol I
Carter, David G., Sr., Vol I
Carter, David K., Vol IV
Carter, Edward C., II, Vol I
Carter, Everett, Vol II
Carter, Guy C., Vol I
Carter, Jane B., Vol I
Carter, Jeffrey D.R., Vol I
Carter, John Ross, Vol I
Carter, Joseph Coleman, Vol I
Carter, Judy L., Vol I
Carter, K. Codell, Vol I
Carter, Lawrence E., Sr., Vol IV
Carter, Locke, Vol II
Carter, Marion Elizabeth, Vol I
Carter, Marva Griffin, Vol II
Carter, Michele A., Vol IV
Carter, Nancy Corson, Vol I
Carter, Paul Allen, Vol I
Carter, Percy A., Jr., Vol IV
Carter, Robert Edgar, Vol IV
Carter, Steven Ray, Vol II

Carter, Theodore Ulysses, Vol IV
Carter, Warren, Vol IV
Carter, William Causey, Vol III
Carter-Sanborn, Kristin, Vol II
Cartwright, David Todd, Vol I
Cartwright, Helen Morris, Vol IV
Cartwright, Joseph Howard, Vol I
Cartwright, Lisa, Vol II
Cartwright, Marguerite Dorsey, Vol II
Carty-Bennia, Denise S., Vol IV
Caruth, Cathy, Vol III
Carvalho, John, Vol IV
Carver, Frank G., Vol IV
Carver, Marc, Vol IV
Cary, Cecile Williamson, Vol II
Cary, Phillip, Vol IV
Casa, Frank Paul, Vol III
Casagrande, Jean, Vol III
Casagrande, Peter Joseph, Vol II
Casaregola, Vincent, Vol II
Cascardi, Anthony Joseph, Vol III
Casdorph, Paul Douglas, Vol I
Case, Alison, Vol II
Case, Fredrick I., Vol III
Case, Thomas Edward, Vol III
Casebier, Allan, Vol IV
Caserta, Ernesto Giuseppe, Vol III
Casey, Edward S., Vol IV
Casey, Ellen Miller, Vol II
Casey, John Dudley, Vol I
Casey, Kenneth, Vol IV
Casey, Michael W., Vol II
Casey, Timothy, Vol IV
Cash, Philip, Vol I
Cashdollar, Charles David, Vol I
Casmir, Fred L., Vol II
Casper, Scott E., Vol I
Cass, Michael Mcconnell, Vol II
Cass, Ronald Andrew, Vol IV
Cassar, George H., Vol I
Cassedy, James Higgins, Vol I
Cassel, J. David, Vol IV
Cassell, Anthony K., Vol III
Cassell, P.G., Vol I
Cassels, Alan, Vol I
Cassels, Jamie, Vol IV
Cassidy, Julie A., Vol I
Cassidy, David C., Vol I
Cassidy, Frederic Gomes, Vol II
Cassidy, James G., Vol I
Cassidy, Jane W., Vol I
Cassidy, Laurence Lavelle, Vol IV
Cassirer, Thomas, Vol III
Cassis, Awny F., Vol II
Casson, Lionel, Vol I
Cassuto, Lenny, Vol II
Casswell, Donald G., Vol IV
Cast, David Jesse Dale, Vol I
Castagna, Joann E., Vol II
Castaneda, James Agustin, Vol III
Caste, Nicholas J., Vol IV
Casteen, John, Vol III
Castellani, Victor, Vol I
Castellano, Charlene, Vol I
Castellanos, Isabel, Vol III
Castelli, Elizabeth, Vol IV
Castellitto, George P., Vol II
Castells, Ricardo, Vol III
Castenell, Louis Anthony, Jr., Vol I
Castiglia, Christopher, Vol II
Castillo, Ed, Vol I
Castillo Crimm, Carolina, Vol I
Castle, Terry, Vol II
Castricano, Jodey, Vol II
Castro, Amanda, Vol III
Castro Lee, Cecilia, Vol III
Castronovo, David, Vol II
Casullo, Albert, Vol IV
Catalano, Joseph Stellario, Vol IV
Catania, Andrea, Vol IV
Catania, Anthony Charles, Vol I
Catano, James, Vol II
Catlett Anderson, Celia, Vol II
Catron, Louis E., Vol II
Catt, Stephen E., Vol II
Catto, Bonnie, Vol I
Cauchy, Venant, Vol IV
Caufield, Carlota, Vol III
Caughey, John L., Vol I
Caughie, Pamela L., Vol II
Caujolle, Claude, Vol III
Causey, Robert Louis, Vol IV
Cauvin, Jean-Pierre Bernard, Vol III
Cavadini, John C., Vol IV

Cavalier, Robert, Vol IV
Cavallari, Hector Mario, Vol III
Cavallaro, Rosanna, Vol IV
Cavallo, JoAnn, Vol III
Cavanagh, Sheila T., Vol III
Cavanaugh, Thomas A., Vol IV
Cavanaugh, William Charles, Vol II
Cave, Alfred A., Vol I
Cave, Eric M., Vol IV
Cave, Roderick George, Vol II
Caver, Christine, Vol I
Cavigioli, Rita C., Vol III
Caviness, Madeline H., Vol I
Cawelti, John George, Vol I
Caws, Mary Ann, Vol III
Caws, Peter James, Vol IV
Cayard, W.W., Vol IV
Cazeaux, Isabelle, Vol I
Cazenave, Odile, Vol III
Cebula, James E., Vol I
Ceccarelli, Leah M., Vol II
Cecire, Robert C., Vol I
Cederberg, Herbert Renando, Vol I
Cederblom, Jerry, Vol IV
Cederstrom, Lorelei S., Vol II
Cegala, Donald Joseph, Vol II
Cell, John W., Vol I
Cella, Charles Ronald, Vol II
Celms, Peter, Vol I
Ceniza, Sherry, Vol III
Cenkner, William, Vol I
Censer, Jack R., Vol I
Centore, Floyd, Vol IV
Cerasano, Susan P., Vol II
Cerf, Steven Roy, Vol III
Cerillo, Augustus, Vol I
Cervo, Nathan Anthony, Vol II
Cesarz, Gary, Vol IV
Cevasco, George Anthony, Vol II
Chace, William M., Vol III
Chaffee, Steven H., Vol II
Chaffee-Sorace, Diane, Vol III
Chaika, Elaine, Vol II
Chaika, Elaine Ostrach, Vol III
Chaitin, Gilbert D., Vol III
Chakravorty Spivak, Gayatri, Vol II
Chalfant, William Y., Vol I
Chalk, Frank, Vol I
Challener, Richard Delo, Vol I
Chalmers, David, Vol IV
Chamberlain, Gary L., Vol IV
Chamberlain, Gordon Blanding, Vol I
Chamberlain, Michael, Vol I
Chamberlain, Paul, Vol IV
Chamberlin, Bill F., Vol IV
Chamberlin, Eugene Keith, Vol I
Chamberlin, John, Vol II
Chamberlin, V.A., Vol III
Chambers, Alex A., Vol IV
Chambers, Anthony Hood, Vol II
Chambers, Henry Edmund, Vol I
Chambers, J.K., Vol III
Chambers, John Curry, Jr., Vol I
Chambers, John W., Vol I
Chambers, Julius LeVonne, Vol IV
Chambers, Mortimer Hardin, Vol I
Chambers, Sarah, Vol I
Chambers, Timothy, Vol IV
Chambliss, Prince C., Jr., Vol IV
Chametzky, Jules, Vol II
Champion, Larry Stephen, Vol II
Champlin, Edward James, Vol I
Chan, Loren Briggs, Vol I
Chance, J. Bradley, Vol IV
Chancellor, James D., Vol I
Chandler, Alice, Vol II
Chandler, Daniel Ross, Vol II
Chandler, Everett A., Vol IV
Chandler, Hugh, Vol I
Chandler, James P., Vol IV
Chandler, Joan, Vol I
Chandler, Marthe Atwater, Vol IV
Chandler, Robert Joseph, Vol I
Chandler, Stanley Bernard, Vol III
Chandler, Theodore Alan, Vol I
Chandler, Victoria, Vol I
Chandler Mcentyre, Marilyn, Vol III
Chandola, Anoop Chandra, Vol III
Chandra, Vipan, Vol I
Chaney, William Albert, Vol I
Chang, Briankle G., Vol II
Chang, Cecilia, Vol III
Chang, Dae Hong, Vol I
Chang, Howard F., Vol IV
Chang, Joseph S., Vol II

Chang, Tsan-Kuo, Vol II
Channell, David, Vol I
Chanzit, Gwen, Vol I
Chapman, David W., Vol II
Chapman, Douglas K., Vol IV
Chapman, H. Perry, Vol I
Chapman, Virginia, Vol II
Chapman, Wayne, Vol II
Chappell, David L., Vol I
Chappell, David Wellington, Vol I
Chappell, Fred Davis, Vol II
Chappell, Vere Claiborne, Vol IV
Chapple, C.K., Vol I
Chaput, Donald, Vol I
Charette, Blaine, Vol IV
Chari, V.K., Vol II
Charity, Ruth Harvey, Vol IV
Charles, J. Daryl, Vol IV
Charlesworth, Michael, Vol I
Charlton, Charles Hayes, Vol IV
Charlton, Thomas Lee, Vol I
Charney, Jonathan Isa, Vol IV
Charney, Mark, Vol II
Charney, Maurice Myron, Vol II
Charron, William C., Vol IV
Charters, Ann D., Vol II
Chartier, Yves, Vol I
Chase, James S., Vol I
Chase, Philander Dean, Vol I
Chase, William John, Vol I
Chase Hankins, June, Vol II
Chassen-Lopez, Francie R., Vol I
Chastain, Catherine, Vol I
Chastain, Charles, Vol IV
Chastain, James G., Vol I
Chatfield, E. Charles, Vol I
Chatham, James Ray, Vol III
Chauderlot, Fabienne Sophie, Vol III
Chausse, Gilles, Vol IV
Chavalas, Mark W., Vol I
Chavkin, Allan, Vol II
Chavy, Paul, Vol III
Chay, Deborah, Vol II
Cheah, Pheng, Vol II
Cheal, Catheryn Leda, Vol I
Cheatham, Carl W., Vol I
Check, Ed, Vol I
Cheek, King Virgil, Jr., Vol IV
Cheetham, Mark A., Vol I
Cheever, Fred, Vol IV
Chelkowski, Peter Jan, Vol III
Chell, Samuel L., Vol II
Chemerinsky, Erwin, Vol IV
Chen, Ching-Chih, Vol I
Chen, J., Vol IV
Chen, Jerome, Vol I
Chen, Jingsong, Vol III
Chen, John C., Vol IV
Chen, Lilly, Vol III
Chen, Ni, Vol II
Chen, Shih-Shin, Vol II
Cheney, Donald, Vol II
Cheney, Patrick, Vol II
Cheng, Chung-Ying, Vol IV
Cheng, Weikun, Vol I
Cheng-chi Hsu, Ginger, Vol I
Cherchi-Usai, Paolo, Vol II
Chermak, Gail D., Vol III
Chernetsky, Vitaly, Vol III
Cherniss, Michael David, Vol II
Chernow, Barbara A., Vol I
Chernus, Ira, Vol IV
Cherny, Robert Wallace, Vol I
Cherry, Caroline Lockett, Vol II
Cherry, Charles L., Vol II
Cherry, Charles Maurice, Vol III
Cherry, Paul, Vol I
Cheru, Fantu, Vol I
Chesebro, James W., Vol II
Chesnutt, Randall D., Vol IV
Chesson, Michael B., Vol I
Chestnut, Dennis Earl, Vol I
Chestnut, Paul Ivar, Vol I
Chethimattam, John Britto, Vol IV
Cheung, Dominic C.N., Vol III
Chew, Kristina, Vol III
Cheyette, Fredric Lawrence, Vol I
Chiampi, James T., Vol III
Chiarenza, Carl, Vol I
Chick, Edson Marland, Vol III
Chikage, Imai, Vol II
Childers, Joseph W., Vol II
Childress, James Franklin, Vol IV
Childs, Brevard Springs, Vol IV
Childs, Elizabeth C., Vol I
Childs, Francine C., Vol I
Childs, James M., Jr., Vol IV
Childs, Winston, Vol IV
Chiles, Robert Eugene, Vol IV
Chilton, Bruce, Vol IV
Chinchar, Gerald T., Vol IV
Ching, Julia, Vol IV
Ching, Marvin K.L., Vol III
Chinitz, David, Vol II
Chinnici, Joseph Patrick, Vol I
Chinosole, Vol III
Chinoy, Helen Krich, Vol II
Chipman, Donald Eugene, Vol I
Chisholm, David, Vol III
Chismar, Douglas, Vol IV
Chitoran, Ioanaa, Vol III
Chittenden, Jean Stahl, Vol III
Chiu, Hungdah, Vol IV
Chmielewski, Wendy E., Vol I
Cho, Joanne M., Vol I
Cho, Kah-Kyung, Vol IV
Choe, Yong-ho, Vol I
Choksy, Jamsheed K., Vol I
Choldin, Marianna Tax, Vol I
Chomsky, Aviva, Vol I
Chomsky, Noam, Vol III
Choper, Jesse H., Vol IV
Chopp, Rebeca S., Vol IV
Chopyk, Dan Bohdan, Vol III
Chornenki, Genevieve A., Vol IV
Chow, Kai Wing, Vol III
Chow, Karen, Vol II
Chrislock, C. Winston, Vol I
Chrisman, Miriam Usher, Vol I
Christ, Carol Tecla, Vol II
Christ, Matthew R., Vol I
Christ, William G., Vol II
Christensen, Carl C., Vol I
Christensen, John E., Vol I
Christensen, Kerry A., Vol I
Christensen, Michael, Vol IV
Christenson, Allen J., Vol I
Christian, Barbara T., Vol II
Christian, Garna, Vol I
Christians, Clifford G., Vol II
Christiansen, Hope, Vol III
Christianson, Eric Howard, Vol I
Christianson, Gale Edward, Vol I
Christianson, John Robert, Vol I
Christianson, Paul, Vol III
Christianson, Scott, Vol II
Christie, Drew, Vol IV
Christie, Jean, Vol I
Christman, Calvin Lee, Vol I
Christol, Carl Quimby, Vol IV
Christopher, Georgia B., Vol II
Christopher, Russell L., Vol IV
Christopher, Thomas Weldon, Vol IV
Chryssavgis, John, Vol IV
Chrzanowski, Joseph, Vol III
Chu, Chauncey Cheng-Hsi, Vol III
Chu, Felix T., Vol II
Chu, Jonathan M., Vol I
Chu, Pao-Chin, Vol I
Chu, Petra, Vol I
Chu, Petra ten-Doesschate, Vol I
Chu, Samuel C., Vol I
Chuang, Rueyling, Vol IV
Chudacoff, Howard Peter, Vol I
Chung, Bongkil, Vol IV
Chung, Chai-sik, Vol IV
Chung, Sandra, Vol III
Chung, Sue Fawn, Vol I
Church, Dan M., Vol II
Churcher, Betty, Vol I
Churchill, Frederick Barton, Vol I
Churchill, John Hugh, Vol IV
Churchill, Mary, Vol IV
Churchill, Robert J., Vol II
Churchland, Paul M., Vol IV
Chusid, Martin, Vol I
Chvany, Catherine Vakar, Vol III
Chyet, Stanley F., Vol I
Ciancio, Ralph Armando, Vol II
Ciccarelli, Andrea, Vol III
Cienciala, Anna M., Vol I
Cifelli, Edward M., Vol I
Ciholas, Karin Nordenhaug, Vol III
Cima, Gay Gibson, Vol II
Cimbala, Paul A., Vol I
Cimbala, Stephen J., Vol I
Cimprich, John V., Vol I
Cintas, Pierre Francois Diego, Vol III
Ciochon, Russell L., Vol I
Ciorra, Anthony J., Vol IV
Ciplijauskaite, Birute, Vol III
Cirillo, Albert, Vol II
Cisar, Mary, Vol III
Cismaru, Alfred, Vol III
Citino, Robert M., Vol I
Citron, Henry, Vol I
Ciulla, Joanne B., Vol IV
Civil, Miguel, Vol I
Claassen, Cheryl, Vol I
Clack, Jerry, Vol I
Clader, Linda, Vol I
Cladis, Mark S., Vol IV
Clagett, Marshall, Vol I
Clair, Robin P., Vol II
Clamurro, William, Vol III
Clancy, Joseph P., Vol II
Clanton, Orval Gene, Vol I
Clapper, Gregory, Vol IV
Clapper, Michael, Vol I
Clardy, Jesse V., Vol I
Clareson, Thomas Dean, Vol II
Clark, Andrew, Vol I
Clark, Anna, Vol I
Clark, Austen, Vol IV
Clark, Basil Alfred, Vol II
Clark, Bertha Smith, Vol II
Clark, Charles Edwin, Vol I
Clark, Christopher F., Vol I
Clark, David, Vol IV
Clark, David L., Vol II
Clark, David Ridgley, Vol II
Clark, Don, Vol IV
Clark, Edward, Vol II
Clark, Edward Depriest, Sr., Vol II
Clark, Eve Vivienne, Vol III
Clark, Geoffrey W., Vol I
Clark, George, Vol II
Clark, George Peirce, Vol II
Clark, Gerard J., Vol IV
Clark, Hugh R., Vol I
Clark, J. Michael, Vol IV
Clark, Jack Lowell, Vol IV
Clark, James Drummond, Vol II
Clark, John Garretson, Vol I
Clark, John Richard, Vol I
Clark, Justus Kent, Vol II
Clark, Kelly J., Vol IV
Clark, L.D., Vol II
Clark, Linda Loeb, Vol I
Clark, Malcolm Cameron, Vol I
Clark, Mary Morris, Vol III
Clark, Mary T., Vol IV
Clark, Michael, Vol II
Clark, Michael Dorsey, Vol I
Clark, Patricia, Vol II
Clark, Raymond John, Vol I
Clark, Sanza Barbara, Vol I
Clark, Terry Nichols, Vol I
Clark, Thomas L., Vol III
Clark, VeVe A., Vol I
Clark, W. Royce, Vol IV
Clark, Walter, Vol I
Clark, William Bedford, Vol II
Clark Kroeger, Catherine, Vol I
Clark Smith, Pat, Vol II
Clarke, Anne-Marie, Vol IV
Clarke, Bowman Lafayette, Vol IV
Clarke, Bruce Cooper, Vol II
Clarke, Duncan, Vol I
Clarke, Ernest George, Vol III
Clarke, George E., Vol II
Clarke, George Elliott, Vol II
Clarke, Graeme, Vol I
Clarke, James Alexander, Vol I
Clarke, James W., Vol I
Clarke, John, Vol I
Clarke, John R., Vol I
Clarke, Micael, Vol II
Clarke, Murray, Vol III
Clarke, W. Norris, Vol IV
Clarke, William M., Vol I
Clarke, William Norris, Vol IV
Clary, David Allen, Vol I
Clas, Andre, Vol III
Classen, Albrecht, Vol III
Claster, Jill Nadell, Vol I
Claude, Richard P., Vol IV
Clausen, Christopher, Vol II
Clausen, Meredith L., Vol I
Clausing, Gerhard, Vol III
Claussen, Ernest Neal, Vol II
Claydon, Margaret, Vol II
Clayman, Dee Lesser, Vol I
Clayson, S. Hollis, Vol I
Clayton, James L., Vol I
Clayton, Jay, Vol II
Clayton, John Douglas, Vol III
Clayton, John J., Vol II
Clayton, Lawrence A., Vol I
Clayton, Marcus, Vol IV
Clayton, Philip, Vol IV
Clayton, Tom, Vol II
Cleary, John J., Vol IV
Cleary, Thomas R., Vol II
Clegern, Wayne Mclauchlin, Vol I
Clegg, Cyndia Susan, Vol II
Clegg, Jerry Stephen, Vol IV
Clegg, Legrand H., II, Vol IV
Cleghorn, Cassandra, Vol II
Clemens, Diane Shaver, Vol I
Clement, Grace, Vol IV
Clement, Priscilla Ferguson, Vol I
Clemente, Alice Rodrigues, Vol III
Clements, Barbara Evans, Vol I
Clements, Kendrick Alling, Vol I
Clements, Tad S, Vol IV
Clendenen, E. Ray, Vol III
Clendenning, John, Vol II
Clermont, Kevin Michael, Vol IV
Clifford, Dale Lothrop, Vol I
Clifford, Geraldine Joncich, Vol I
Clifford, John Garry, Vol I
Clifford, Nicholas R., Vol I
Clifford, Richard J., Vol IV
Cline, Catherine Ann, Vol I
Cline, Eric, Vol I
Cline, Peter Knox, Vol I
Clinton, Jerome Wright, Vol III
Clinton, Kevin, Vol I
Clinton, Richard Lee, Vol I
Clinton, Robert N., Vol IV
Clivio, Gianrenzo Pietro, Vol III
Clogan, Paul Maurice, Vol II
Closius, Phillip J., Vol IV
Clothey, Frederick Wilson, Vol I
Cloud, Dana L., Vol II
Cloud, W. Eric, Vol IV
Clouse, Robert G., Vol I
Clouser, Karl Danner, Vol IV
Clouser, Robin A., Vol III
Clouser, Roy A., Vol IV
Cloutier, Cecile, Vol III
Clover, Frank M., Vol I
Clowers, Marsha L., Vol II
Clowse, Converse Dilworth, Vol I
Clubb, Louise George, Vol III
Cluchey, David P., Vol IV
Cluff, Randall, Vol II
Clulee, Nicholas H., Vol I
Clum, John M., Vol II
Clymer, Kenton James, Vol I
Coad Dyer, Sam, Vol II
Coady, James Martin, Vol III
Coakley, Jean Alexander, Vol II
Coakley, Thomas M., Vol I
Coale, Samuel Chase, Vol I
Coan, Richard W., Vol IV
Coates, Carrol F., Vol III
Coates, Robert Crawford, Vol IV
Cobb, Eulalia Benejam, Vol III
Cobb, Jerry, Vol II
Cobb, John Boswell, Vol IV
Cobb, John Hunter, Jr., Vol IV
Cobb, Kelton, Vol IV
Cobb, William Henry, Vol I
Cobbs, Alfred Leon, Vol III
Coben, Stanley, Vol I
Coble, Parks, Vol I
Cobley, Evelyn M., Vol II
Coblin, Weldon South, Vol III
Coburn, Robert C., Vol IV
Coburn, Thomas Bowen, Vol I
Coburn, William Leon, Vol II
Cocchiarella, Nino Barnabas, Vol IV
Cochran, Charles Leo, Vol I
Cochran, Robert, Vol I
Cochran, Robert F., Jr., Vol IV
Cochran, Sherman, Vol I
Cochran, Thomas Childs, Vol I
Cockfield, Jamie Hartwell, Vol I
Cockrell, Dale, Vol I
Cocks, Geoffrey C., Vol I
Cocozzella, Peter, Vol III
Code, Michael, Vol IV
Codell, Julie, Vol I
Cody, Aelred, Vol IV
Cody, Martin Leonard, Vol I
Cody, Richard John, Vol II
Coe, William Jerome, Vol IV
Coelho, Carl, Vol III
Coers, Donald V., Vol II
Coffey, Jerome Edward, Vol III
Coffey, Joan L., Vol I
Coffin, David Robbins, Vol I
Coffin, Tristram Potter, Vol II
Coffman, Edward M., Vol I
Coffta, David J., Vol I
Cofield, Elizabeth Bias, Vol I
Coggins, George Cameron, Vol IV
Cogswell, Frederick W., Vol II
Cohen, Ada, Vol I
Cohen, Alvin Philip, Vol III
Cohen, Andrew D., Vol II
Cohen, Andrew I., Vol IV
Cohen, Arnold B., Vol IV
Cohen, Burton I., Vol IV
Cohen, David, Vol IV
Cohen, Debra R., Vol IV
Cohen, Edward H., Vol II
Cohen, Eileen Z., Vol II
Cohen, Elliot, Vol IV
Cohen, Gary Bennett, Vol I
Cohen, George M., Vol IV
Cohen, George Michael, Vol I
Cohen, Jeffrey A., Vol I
Cohen, Jeremy, Vol I
Cohen, Joel Alden, Vol I
Cohen, Jonathan Allan, Vol IV
Cohen, Joseph, Vol II
Cohen, Judith, Vol I
Cohen, Lester H., Vol I
Cohen, Marjorie G., Vol I
Cohen, Martin Aaron, Vol IV
Cohen, Michael Martin, Vol II
Cohen, Milton, Vol II
Cohen, Miriam J., Vol I
Cohen, Myron L., Vol I
Cohen, Naomi Wiener, Vol I
Cohen, Norman Sonny, Vol I
Cohen, Patricia Cline, Vol I
Cohen, Paul Andrew, Vol I
Cohen, Ralph Alan, Vol II
Cohen, Ronald Dennis, Vol I
Cohen, Sheldon M., Vol IV
Cohen, Sheldon S., Vol I
Cohen, Stephen Marshall, Vol IV
Cohen, Stephen P., Vol I
Cohen, Ted, Vol IV
Cohen, Thomas Vance, Vol I
Cohen, Walter Isaac, Vol III
Cohen, Warren I., Vol I
Cohen, William, Vol I
Cohen, William B., Vol I
Cohn, Bernard Samuel, Vol I
Cohn, Dorrit, Vol III
Cohn, Henry S., Vol II
Cohn, Robert G., Vol III
Cohn, Sherman Louis, Vol IV
Cohn, Stuart R., Vol IV
Cohon, Rachel, Vol IV
Coker, William Sidney, Vol I
Colaneri, John Nunzio, Vol III
Colantuono, Anthony, Vol I
Colatrella, Carol, Vol I
Colbert, Thomas Burnell, Vol I
Colbourn, Frank E., Vol II
Colburn, David Richard, Vol I
Colby, Robert Alan, Vol II
Colby-Hall, Alice Mary, Vol III
Coldiron, Anne E. B., Vol II
Coldwell, Joan, Vol II
Cole, Bruce, Vol I
Cole, David William, Vol II
Cole, Donald Barnard, Vol I
Cole, Howard Chandler, Vol II
Cole, John Y., Jr., Vol II
Cole, Kenneth, Vol IV
Cole, Mary Hill, Vol I
Cole, Mike, Vol II
Cole, Peter, Vol III
Cole, Richard, Vol IV
Cole, Richard G., Vol I
Cole, Robert, Vol I
Cole, Terrence M., Vol I
Cole, Thomas Richard, Vol I
Cole, Wayne S., Vol I
Colecchia, Frances, Vol III
Coleman, Arthur, Vol II
Coleman, Arthur H., Vol IV
Coleman, Daniel, Vol II
Coleman, Edwin Leon, II, Vol II
Coleman, John Aloysius, Vol IV
Coleman, John E., Vol I
Coleman, Mark, Vol II
Coleman, Robin R., Vol II
Coleman, Ronald Gerald, Vol I
Coleman, William S.E., Vol II
Coletta, Paolo E., Vol I
Colilli, Paul, Vol III
Colish, Marcia L., Vol I
Colker, Marvin L., Vol III
Coll, Blanche D, Vol I
Collard, Elizabeth, Vol I
Collette, Carolyn Penney, Vol II
Colley, Ann C., Vol II
Colley, Nathaniel S., Vol II
Collie, Kelsey E., Vol II
Collie, Michael J., Vol II
Collier, Charles W., Vol IV
Collier, Cheryl A., Vol II

Collier, Eugenia W., Vol II
Collier-Thomas, Bettye, Vol I
Collin, Richard H., Vol I
Collinge, William Joseph, Vol IV
Collins, Ardis B., Vol IV
Collins, Christopher, Vol II
Collins, Daisy G., Vol IV
Collins, Dan Stead, Vol II
Collins, Derek B., Vol II
Collins, Elizabeth F., Vol I
Collins, Elliott, Vol I
Collins, Elsie, Vol I
Collins, Jacquelin, Vol I
Collins, James M., Vol I
Collins, John J., Vol IV
Collins, K.K., Vol III
Collins, Kenneth L., Vol IV
Collins, Martha, Vol II
Collins, Mary, Vol IV
Collins, Michael J., Vol II
Collins, Patricia Hill, Vol I
Collins, Robert G., Vol II
Collins, Robert H., Vol IV
Collins, Robert Maurice, Vol I
Collins, Robert O., Vol I
Collins, Thomas J., Vol II
Collins, Vicki, Vol I
Collmer, Robert George, Vol II
Colman, Gould P., Vol I
Colombat, Andre P., Vol III
Colombo, John D., Vol IV
Colombo, John R., Vol I
Colson, Darrel D., Vol IV
Colton, Glenn, Vol I
Colton, Joel, Vol I
Coltrane, Robert, Vol II
Colvert, James B., Vol II
Colvin, Christopher, Vol IV
Colvin, Daniel Lester, Vol II
Colvin, William E., Vol I
Colwell, Chauncey, Vol IV
Colwell, Frederic, Vol II
Colyer, Elmer M., Vol IV
Comacchio, Cynthia, Vol I
Comaroff, Jean, Vol I
Combes, Richard E., Vol IV
Combs, Jerald A., Vol I
Comensoli, Viviana, Vol II
Comfort, Juanita R., Vol II
Comfort, Philip W., Vol IV
Comor, Edward, Vol II
Compagnon, Antoine, Vol III
Compier, Don H., Vol IV
Compitello, Malcolm Alan, Vol III
Comprone, Joseph John, Vol II
Compton, John J., Vol IV
Comstock, George Adolphe, Vol II
Conacher, Desmond J., Vol I
Conacher, James Blennerhasset, Vol I
Conant, Jonathan Brendan, Vol III
Conard, Alfred Fletcher, Vol IV
Conaway Bondanella, Julia, Vol III
Concannon, James M., Vol IV
Conces, Rory J., Vol IV
Condit, Richard E., Vol IV
Condon, Richard Herrick, Vol I
Condon, William, Vol II
Cone, James H., Vol I
Congdon, Howard Krebs, Vol IV
Congdon, Kristin G., Vol I
Congdon, Lee W., Vol I
Congelton, Ann, Vol IV
Conger, Syndy Mcmillen, Vol II
Conkin, Paul K., Vol I
Conklin, William E., Vol IV
Conley, Caroline A., Vol I
Conley, Charles S., Vol IV
Conley, J., Vol IV
Conley, John A., Vol IV
Conley, Patrick Thomas, Vol I
Conlin, Joseph R., Vol I
Conlon, Frank Fowler, Vol I
Conlon, James J., Vol IV
Conn, Christopher, Vol IV
Conn, Earl Lewis, Vol II
Conn, Harvie Maitland, Vol IV
Conn, Marie A., Vol IV
Conn, Walter Eugene, Vol IV
Connell-Szasz, Margaret, Vol I
Connelly, Owen, Vol I
Connelly, Owen S., Vol I
Conner, Maurice Wayne, Vol III
Conner, Patrick Wayne, Vol III
Conner, Valerie Jean, Vol I
Connolly, John M., Vol IV
Connolly, Joy P.T., Vol I
Connolly, Julian Welch, Vol III

Connolly, Thomas J., Vol I
Connor, Carolyn, Vol I
Connor, Walter Robert, Vol I
Conolly, Leonard W., Vol II
Conrad, Bryce D., Vol II
Conrad, Charles R., Vol III
Conrad, David, Vol I
Conrad, Glenn Russell, Vol I
Conrad, Joseph Lawrence, Vol III
Conrad, Kathryn A., Vol I
Conrad, Margaret R., Vol I
Conrad, Rudolph, Vol I
Conroy, Peter Vincent, Vol III
Conser, Walter H., Jr., Vol I
Constance, Joseph, Vol I
Constantelos, Demetrios J., Vol I
Constantinou, Constantia, Vol I
Contosta, David Richard, Vol I
Contreni, John Joseph, Vol I
Contreras, Heles, Vol III
Contreras, Raoul, Vol II
Conver, Leigh E., Vol IV
Converse, Hyla Stuntz, Vol I
Conway, Gertrude D., Vol IV
Conway, John F., Vol I
Conway, John S., Vol I
Conway, Melissa, Vol I
Conwell, David, Vol I
Conwill, Giles, Vol IV
Conyers, A.J., Vol IV
Cooey, Paula M., Vol IV
Coogan, David, Vol II
Cook, Bernard Anthony, Vol I
Cook, Blanche Wiesen, Vol I
Cook, D. Noam, Vol IV
Cook, Daniel Joseph, Vol II
Cook, E. David, Vol IV
Cook, Eleanor, Vol II
Cook, Erwin, Vol I
Cook, Eung-Do, Vol III
Cook, J. Thomas, Vol IV
Cook, James Wyatt, Vol II
Cook, Jonathan A., Vol I
Cook, Joyce Mitchell, Vol IV
Cook, Julian Abele, Jr., Vol IV
Cook, Michael J., Vol IV
Cook, Michael L., Vol IV
Cook, Noble David, Vol I
Cook, Philip C., Vol I
Cook, Robert Francis, Vol III
Cook, Smalley Mike, Vol II
Cook, Stephan H., Vol II
Cook, Stephen L., Vol IV
Cook, Susan L., Vol III
Cook, Theodore F., Jr., Vol I
Cook, Warren Lawrence, Vol I
Cook, William Robert, Vol I
Cooke, Jacob Ernest, Vol I
Cooke, James Jerome, Vol I
Cooke, Nym, Vol I
Cooke, Thomas D., Vol II
Cooks, Leda M., Vol II
Cooley, Dennis O., Vol II
Cooley, James F., Vol IV
Cooley, Peter John, Vol II
Cooley, Robert E., Vol III
Cooley, Thomas Winfield, Vol II
Cooley, Timothy, Vol I
Coolidge, Archibald Cary, Jr., Vol II
Coolidge, John Stanhope, Vol II
Coolidge, Robert Tytus, Vol II
Coombs, Frank Alan, Vol I
Coombs, Robert H., Vol I
Coon, David L., Vol I
Coon, Lynda L., Vol I
Cooney, Brian Patrick, Vol IV
Cooney, Terry Arnold, Vol I
Cooney, William, Vol IV
Coons, Dix Scott, Vol III
Coons, Ronald Edward, Vol I
Coop, Jack, Vol IV
Coope, Jessica, Vol I
Cooper, Allan D., Vol I
Cooper, Almeta E., Vol IV
Cooper, Burton, Vol IV
Cooper, Clarence, Vol IV
Cooper, Clement Theodore, Vol IV
Cooper, Corinne, Vol IV
Cooper, Craig, Vol I
Cooper, Danielle Chavy, Vol III
Cooper, Donald B., Vol I
Cooper, Frederick A., Vol I
Cooper, Gail, Vol I
Cooper, Henry Ronald, Jr., Vol III
Cooper, Jerrold Stephen, Vol I
Cooper, Jerry Marvin, Vol I
Cooper, John Rex, Vol II

Cooper, Joseph, Vol IV
Cooper, M. Wayne, Vol IV
Cooper, Marilyn Marie, Vol II
Cooper, Patricia Ann, Vol I
Cooper, Sandi E., Vol I
Cooper, Vincent O'Mahony, Vol III
Cooper, Virginia W., Vol II
Cooper, William, Vol I
Cooper Stephenson, Ken, Vol IV
Cooper-Lewter, Nicholas Charles, Vol IV
Coox, Alvin David, Vol I
Cope, Esther Sidney, Vol I
Cope, Jackson Irving, Vol II
Cope, Kevin, Vol II
Copek, Peter Joseph, Vol II
Copeland, Henry Jefferson, Vol I
Copeland, M. Shawn, Vol IV
Copeland, Robert M., Vol I
Copeland, Robert M., Vol I
Copeland, Warren R., Vol IV
Copenhaver, John D., Vol IV
Copjec, Joan, Vol III
Cople Jaher, Frederick, Vol I
Copp, John T., Vol I
Coppa, Frank John, Vol I
Coppedge, Walter Raleigh, Vol II
Coppola, Carlo, Vol III
Coral, Lenore, Vol I
Corazzo, Nina, Vol I
Corbeill, Anthony, Vol I
Corbett, Janice, Vol III
Corbett, Noel L., Vol III
Corbett, William P., Vol I
Corbin Sies, Mary, Vol I
Corcoran, John, Vol IV
Corcoran, Kevin J., Vol IV
Cordasco, Francesco, Vol I
Cordell, Dennis Dale, Vol I
Cordell, LaDoris Hazzard, Vol IV
Cordell, Roseanne M., Vol II
Cordero, Ronald Anthony, Vol IV
Cordery, Simon, Vol I
Cordery, Stacy A. Rozek, Vol I
Cordova, Carlos E., Vol I
Corduan, Winfried, Vol IV
Core, George, Vol II
Corgan, Margaret M., Vol III
Corgan, Verna C., Vol II
Corkin, Jane, Vol I
Corlett, J. Angelo, Vol IV
Corliss, Richard Lee, Vol IV
Corman, Brian, Vol II
Cormier, Micheal J., Vol IV
Cormier, R.J., Vol III
Cornelia, Marie E., Vol II
Cornelius, Janet Duitsman, Vol I
Cornell, Paul G., Vol I
Cornell, Saul A., Vol I
Corngold, Stanley Alan, Vol III
Cornish, Dudley Taylor, Vol I
Cornwall, Peter G., Vol I
Cornwall, Robert D., Vol I
Corodimas, Peter, Vol II
Corr, Charles A., Vol IV
Corre, Alan David, Vol III
Corrigan, John, Vol IV
Corrigan, Kathleen, Vol I
Corrigan, Kevin, Vol II
Corrigan, Maureen, Vol II
Corrigan, Vincent, Vol I
Corrin, Jay Patrick, Vol I
Cort, John E., Vol IV
Cortes, Carlos Eliseo, Vol I
Cortes, Julio, Vol III
Corvino, John F., Vol IV
Cory, Mark, Vol III
Coscullsia, Victor, Vol IV
Cosgrove, Peter, Vol II
Cosgrove, Richard A., Vol I
Costa, Gustavo, Vol I
Costa, Michael J., Vol IV
Costa, Richard Hauer, Vol II
Costanzo, William Vincent, Vol II
Costello, Donald Paul, Vol I
Costello, John Robert, Vol III
Costen, Melva Wilson, Vol IV
Costigan, Richard F., Vol IV
Costigliola, Frank Charles, Vol I
Cosway, Richard, Vol IV
Cote, Joanne, Vol I
Cothren, Michael W., Vol I
Cotman, John W., Vol I
Cotnam, Jacques, Vol III
Cotroneo, Ross Ralph, Vol I
Cott, Nancy Falik, Vol I
Cotter, James Finn, Vol II
Cotter, John Lambert, Vol I

Cotter, Thomas F., Vol IV
Cottle, Thomas J., Vol I
Cotton, Roger D., Vol IV
Cotton, William Theodore, Vol II
Cottrell, Jack Warren, Vol I
Cottrell, Robert Duane, Vol III
Cottrol, Robert James, Vol IV
Couch, Leon W., III, Vol I
Coudert, Allison P., Vol I
Coughlin, Edward V., Vol III
Coughtry, Jay, Vol I
Coulet Du Gard, Rene, Vol I
Coulson, J. Peter, Vol II
Coulson, Richard, Vol IV
Coulter, Harris L., Vol I
Council, Norman Briggs, Vol II
Countee, Thomas Hilaire, Jr., Vol IV
Countryman, Edward, Vol I
Countryman, L. Wm, Vol I
Counts, Michael L., Vol II
Courage, Richard A., Vol II
Court, Franklin Edward, Vol II
Courteau, Joanna, Vol III
Courtemanche, Regis Armand, Vol I
Courtenay, William James, Vol I
Courtney, Edward, Vol I
Courtney, Richard, Vol II
Courtright, John A., Vol III
Courts, Patrick Lawrence, Vol II
Coutenay, Lynn, Vol II
Coutts, Brian E., Vol I
Couture, Pamela D., Vol IV
Couvares, F.G., Vol I
Covell, Ralph, Vol IV
Cover, Jan, Vol IV
Covert, James Thayne, Vol I
Covin, David Leroy, Vol I
Cowan, Bainard, Vol I
Cowan, Laurie, Vol IV
Cowan, Richard O., Vol I
Cowan, Ruth Schwartz, Vol I
Cowan, S.B., Vol IV
Coward, Harold G., Vol IV
Cowart, Wayne, Vol III
Cowasjee, Saros, Vol II
Cowden, Joanna Dunlap, Vol I
Cowell, Pattie Lee, Vol II
Cowen, Roy C., Vol III
Cowgill, Kent, Vol II
Cowing, Cedric Breslyn, Vol I
Cox, Archibald, Vol IV
Cox, Caroline, Vol I
Cox, Chana B., Vol IV
Cox, Claude E., Vol IV
Cox, Don Richard, Vol II
Cox, E. Sam, Vol II
Cox, Gary D., Vol III
Cox, Harold E., Vol I
Cox, Howard A., Vol IV
Cox, Jerry Lynn, Vol III
Cox, John D., Vol II
Cox, Joseph W., Vol I
Cox, Kevin R., Vol I
Cox, Robert, Vol II
Cox, Roger Lindsay, Vol II
Cox, Sharon G., Vol I
Cox, Shelly, Vol II
Cox, Stephen D., Vol II
Cox, Steven L., Vol IV
Cox, Thomas C., Vol I
Cox, Thomas Richard, Vol I
Coyle, J. Kevin, Vol I
Coyle, Michael Gordon, Vol II
Coyne, Anthony M., Vol IV
Cozea, Angela, Vol III
Crabtree, Arthur Bamford, Vol IV
Crabtree, Clarie, Vol I
Crabtree, Loren William, Vol I
Crabtree, Robin D., Vol II
Cracroft, Richard Holton, Vol II
Craddock, Jerry Russell, Vol IV
Craft, George S., Jr., Vol I
Craft, William, Vol II
Craig, Albert Morton, Vol I
Craig, Charlotte Marie, Vol III
Craig, Christopher P., Vol I
Craig, George Armour, Vol II
Craig, Gordon Alexander, Vol I
Craig, J. Robert, Vol I
Craig, John Eldon, Vol I
Craig, Robert M., Vol I
Craig, Robert T., Vol II
Craig, Virginia Robertson, Vol III
Craig, William Lane, Vol IV
Craig-Taylor, Phyliss, Vol IV
Craige, Betty Jean, Vol II

Craighead, Houston Archer, Vol IV
Crain, Patricia, Vol II
Crais, Clifton C., Vol I
Cramer, Owen Carver, Vol I
Cramer, Richard S., Vol I
Cramton, Roger C., Vol IV
Crane, Conrad C., Vol I
Crane, Conrad Charles, Vol I
Crane, Diana, Vol I
Crane, Elaine F., Vol I
Crane, Jon, Vol II
Crane, Milton, Vol II
Crane, Susan, Vol III
Cranford, Lorin L., Vol IV
Crannell, Kenneth C., Vol III
Cranor, Carl, Vol IV
Cranston, Edwin Augustus, Vol III
Cranston, Mechthild, Vol IV
Crapol, Edward Paul, Vol I
Craun, Edwin David, Vol I
Craven, Alan, Vol I
Craven, Wayne, Vol I
Cravens, Hamilton, Vol I
Crawford, Clan, Vol IV
Crawford, Dan, Vol III
Crawford, David R., Vol IV
Crawford, Jerry L., Vol II
Crawford, John S., Vol I
Crawford, Michael John, Vol I
Crawford, Richard, Vol I
Crawford, Ronald Lee, Vol III
Crawford, Sidnie White, Vol III
Crawford, Timothy G., Vol IV
Crawford, William Edward, Vol IV
Crawshaw, William Henry, Vol II
Creamer, David G., Vol IV
Crean, Susan M., Vol I
Crease, Robert P., Vol IV
Crecelius, Daniel, Vol I
Crecelius, Kathryn June, Vol III
Creed, Bradley, Vol IV
Creed, Walter Gentry, Vol II
Creel, Bryant L., Vol III
Cregier, Don Mesick, Vol I
Crenshaw, James L., Vol IV
Crenshaw, Ronald Willis, Vol IV
Crepeau, Paul-Andre, Vol IV
Cress, Donald Alan, Vol IV
Cresson, Bruce Collins, Vol IV
Cressy, David, Vol I
Crew, Louie, Vol II
Crew, Spencer R., Vol I
Crewe, Jonathan V., Vol II
Crews, Daniel A., Vol I
Crews, Frederick, Vol II
Cribbet, John E., Vol IV
Cribiore, Raffaela, Vol I
Crim, Alonzo A., Vol I
Crimando, Thomas, Vol I
Crimp, Douglas, Vol I
Cripps, Thomas, Vol I
Criscenti, Joseph Thomas, Vol I
Crisp, James Ernest, Vol I
Crispin, John, Vol III
Crist, Larry S., Vol III
Crist, Lynda Lasswell, Vol I
Cristi, Renato, Vol I
Critchlow, D.T., Vol I
Critchlow, Donald T., Vol I
Crites, Stephen Decatur, Vol IV
Crittenden, Charles, Vol IV
Cro, Stelio, Vol III
Croce, Lewis Henry, Vol I
Croce, Paul Jerome, Vol I
Crocker, Richard Lincoln, Vol I
Crockett, William, Vol IV
Croft, Lee B., Vol III
Crofts, Daniel Wallace, Vol I
Croke, Prudence Mary, Vol IV
Cromley, Elizabeth, Vol I
Crompton, Louis, Vol II
Cromwell, William C., Vol I
Cronan Rose, Ellen, Vol I
Crone, Anna Lisa, Vol III
Cronin, James E., Vol I
Cronk, George, Vol IV
Cronn-Mills, Daniel, Vol II
Crooks, James Benedict, Vol I
Crooms, Lisa A., Vol IV
Crosby, Alfred W., Vol I
Crosby, Donald A., Vol IV
Crosby, Donald H., Vol III
Crosby, Edward Warren, Vol I
Crosby, Margaree Seawright, Vol I
Crosby, Travis L., Vol I
Crosland, Andrew Tate, Vol II

Crosman, Robert, Vol II
Cross, Dolores E., Vol I
Cross, Gary, Vol I
Cross, Gilbert B., Vol II
Cross, Michael Sean, Vol I
Cross, Robert Dougherty, Vol I
Crossgrove, William Charles, Vol III
Crossley, John, Vol IV
Crossley, Robert Thomas, Vol II
Crosson, Frederick J., Vol IV
Crosthwaite, Jane Freeman, Vol I
Crouch, Dora Polk, Vol I
Crouch, Margaret, Vol IV
Crouch, Tom Day, Vol I
Crouse, Maurice Alfred, Vol I
Crouter, Richard, Vol I
Crouter, Richard E., Vol IV
Crouthamel, James L., Vol I
Crouther, Betty Jean, Vol I
Crow, Jeffrey Jay, Vol I
Crowder, Christopher M. D., Vol I
Crowe, David M., Vol I
Crowe, Frederick E., Vol IV
Crowe, Michael J., Vol I
Crowell, Douglas E., Vol II
Crowell, Steven G., Vol IV
Crowhurst, Megan J., Vol III
Crowl, Samuel, Vol II
Crowley, David, Vol II
Crowley, J. Donald, Vol II
Crowley, John W., Vol II
Crowley, Joseph P., Vol III
Crowley, Sue Mitchell, Vol IV
Crowner, David L., Vol III
Crownfield, David R., Vol IV
Croy, Marvin J., Vol IV
Crozier, Alice Cooper, Vol II
Crozier, Lorna, Vol II
Cruikshank, Kenneth, Vol I
Cruise, Warren Michael, Vol IV
Crumbley, Deidre H., Vol I
Crume, Alice L., Vol II
Crummey, Donald E., Vol I
Crummey, Robert Owen, Vol I
Crump, Arthel Eugene, Vol IV
Crump, David, Vol IV
Crump, Gail Bruce, Vol I
Crump, Gary Allen, Vol I
Crump, Rebecca, Vol II
Crunden, Robert M., Vol I
Crupi, Charles William, Vol II
Cruz, David B., Vol IV
Cruz, Virgil, Vol IV
Cruz Taura, Graciella, Vol I
Crysdale, Cynthia S. W., Vol IV
Crysler, Nathan M., Vol IV
Csikszentmihalyi, Mark, Vol IV
Csikszentmihalyi, Mihaly, Vol I
Cua, Antonio S., Vol IV
Cubie, David Livingston, Vol IV
Cudd, Ann E., Vol IV
Cudjoe, Selwyn Reginald, Vol I
Cuenca, Jose Ramon Araluce, Vol III
Cuff, Robert Dennis, Vol I
Cuffey, Kenneth H., Vol I
Culatta, Barbara, Vol III
Culbert, David H., Vol I
Culbertson, Diana, Vol III
Culham, Phyllis, Vol I
Culik, Hugh, Vol II
Cull, John T., Vol III
Culler, Arthur Dwight, Vol II
Culley, John Joel, Vol I
Cullinan, Alice R., Vol IV
Cullinan, Bernice Ellinger, Vol II
Culp, Sylvia, Vol IV
Culpepper, R. Alan, Vol IV
Culross, Jack Lewis, Vol II
Culter, Suzanne, Vol III
Cumberland, Sharon L., Vol II
Cuming, Ron, Vol IV
Cumings, Bruce, Vol I
Cummings, Anthony M., Vol I
Cummings, Craig, Vol I
Cummings, Peter March, Vol II
Cummings, Raymond L., Vol I
Cummings, Richard M., Vol I
Cummings, Sherwood, Vol II
Cummins, Fred, Vol III
Cummins, Light Townsend, Vol I
Cummins, Victoria Hennessey, Vol I
Cummins, W. Joseph, Vol IV
Cummins, Walter M., Vol II
Cunliffe, William Gordon, Vol III
Cunniff, Roger Lee, Vol I
Cunningham, Frank Robert, Vol II
Cunningham, Jack R., Vol IV
Cunningham, James J., Vol I
Cunningham, Karen, Vol II
Cunningham, L.A., Vol IV
Cunningham, Noble E., Jr., Vol I
Cunningham, Sarah B., Vol IV
Cunningham, Sarah Gardner, Vol I
Cunningham, Suzanne M., Vol IV
Cunningham, William Dean, Vol I
Cuno, Kenneth M., Vol I
Cunsolo, Ronald S., Vol I
Cuppo Csaki, Luciana, Vol I
Curd, Martin, Vol IV
Curd, Martin Vincent, Vol I
Curd, Patricia, Vol I
Curet, Luis Antonio, Vol I
Curl, Donald Walter, Vol I
Curley, Michael Joseph, Vol II
Curley, Thomas Michael, Vol II
Curnow, Kathy, Vol I
Curran, Brian A., Vol I
Curran, Daniel John, Vol I
Curran, Leo C., Vol I
Curran, Mark Joseph, Vol III
Curran, Robert Emmott, Vol I
Curran, Sonia Terrie, Vol II
Curran, Stuart Alan, Vol II
Curran, Thomas F., Vol I
Curran, Thomas J., Vol I
Curran, Vivian, Vol IV
Curren, Randall R., Vol IV
Current, Richard Nelson, Vol I
Currey, Cecil B., Vol I
Currie, David P., Vol IV
Currie, John H., Vol IV
Currie, William W., Vol II
Curry, Allen, Vol IV
Curry, Corrada, Vol III
Curry, Elizabeth Reichenbach, Vol II
Curry, Lawrence H., Jr., Vol I
Curry, Leonard Preston, Vol I
Curry, Richard Orr, Vol I
Curschmann, Michael, Vol III
Curtin, Michael, Vol II
Curtin, N.J., Vol I
Curtin, Philip De Armond, Vol I
Curtis, Alexander Ross, Vol III
Curtis, James C., Vol I
Curtis, James Malcolm, Vol III
Curtis, Robert I., Vol I
Curtis, Susan, Vol I
Curtis-Howe, E. Margaret, Vol IV
Curtler, Hugh M., Vol IV
Curzer, Howard J., Vol IV
Cushing, James T., Vol I
Cushman, Stephen B., Vol II
Cusick, Suzanne G., Vol I
Cussins, Adrian, Vol IV
Cust, Kenneth F.T., Vol IV
Custer, John S., Vol IV
Cutcliffe, Stephen Hosmer, Vol I
Cutler, Anthony, Vol I
Cutler, Nathan S., Vol IV
Cutler III, William W., Vol I
Cutrer, Thomas W., Vol I
Cutrofello, Andrew, Vol IV
Cutter, Donald C., Vol I
Cutter, Paul F., Vol I
Cutter, William, Vol III
Cuttler, Charles David, Vol I
Cvornyek, Bob, Vol I
Cypess, Sandra Messinger, Vol III
Cyr, Mary, Vol I
Cyrus, Cynthia, Vol I
Czerwinski, Edward J., Vol III
Czuma, Stanislaw, Vol I
D'Agostino, Peter R., Vol IV
D'Allaire, Micheline, Vol I
D'Amico, Robert, Vol IV
D'Andrea, Antonio, Vol III
D'Arms, John H., Vol I
D'Avanzo, Mario L., Vol II
D'Elia, Donald John, Vol I
D'Evelyn, Margaret M., Vol I
d'Hemecourt, Jules, Vol II
Dabney, Ross H., Vol II
Dace, Tish, Vol II
Daddario, Gina, Vol II
Dahl, Norman, Vol IV
Dahlstrand, Frederick Charles, Vol I
Dahood, Roger, Vol II
Daigle, Lennet, Vol II
Daigle-Williamson, Marsha A., Vol III
Dailey, Joseph, Vol II
Daily, Jonathan, Vol I
Dain, Norman, Vol I
Dainard, James A., Vol III
Daise, Benjamin, Vol IV
Dale, Helen, Vol II
Dale, Walter R., Vol IV
Dale, William S.A., Vol I
Dale Lea, Thomas, Vol IV
Dales, Richard C., Vol I
Daley, Brian Edward, Vol I
Daley, Guilbert Alfred, Vol II
Dallek, Robert, Vol I
Dallen, James, Vol IV
Dalley, George Albert, Vol IV
Dallin, Alexander, Vol I
Dallmayr, Fred Reinhard, Vol IV
Dalman, Rodger, Vol IV
Dalstrom, Harl A., Vol I
Dalton, Kathleen Mary, Vol I
Dalton, Peter C., Vol IV
Dalton, Stuart, Vol IV
Daly, Brenda O., Vol II
Daly, John P., Vol I
Daly, Lawrence John, Vol I
Daly, Markate, Vol IV
Daly, Robert, Vol II
Daly, William M., Vol I
Dalzell, Alexander, Vol I
Dam, Kenneth W., Vol IV
Dameron, John Lasley, Vol II
Dames, Nicholas, Vol II
Damiani, Bruno Mario, Vol III
Damico, Helen, Vol II
Dammers, Richard Herman, Vol II
Damon-Bach, Lucinda, Vol II
Damrosch, David N., Vol III
Damrosch, Leo, Vol II
Dana, Marie Immaculee, Vol III
Danaher, James P., Vol IV
Danbom, David Byers, Vol I
Danby, Judd G., Vol I
Dance, Daryl Cumber, Vol II
Dandridge, Rita Bernice, Vol II
Dane, Joseph A., Vol II
Danesi, Marcel, Vol III
Danford, Robert E., Vol II
Daniel, Cletus Edward, Vol I
Daniel, E. Randolph, Vol IV
Daniel, Hershey, Vol I
Daniel, Marcus L., Vol I
Daniel, Pete, Vol I
Daniel, Wilbon Harrison, Vol I
Daniel, Wiley Young, Vol IV
Daniell, Beth, Vol II
Daniell, Jere Rogers, Vol I
Daniels, Bruce C., Vol I
Daniels, Charles B., Vol IV
Daniels, Douglas Henry, Vol I
Daniels, LeAnne, Vol II
Daniels, Marilyn, Vol III
Daniels, R.V., Vol I
Daniels, Richard, Vol II
Danker, Donald Floyd, Vol I
Danker, Frederick W., Vol IV
Danley, John Robert, Vol IV
Danly, Robert Lyons, Vol III
Danner, Dan Gordon, Vol IV
Danysk, Cecilia, Vol I
Danzer, Gerald A., Vol I
Danziger, Edmund J., Vol I
Darby, Barbara, Vol II
Darby, Derrick, Vol IV
Darden, Christopher A., Vol IV
Darden, George Harry, Vol IV
Darden, Lindley, Vol IV
Darden, Lindley, Vol IV
Dardess, John Wolfe, Vol I
Darling, Linda T., Vol I
Darsey, James, Vol II
Darst, David High, Vol III
Darwall, Stephen L., Vol IV
Dash, Irene Golden, Vol II
Dassonville, Michel, Vol III
Dates, Jannette Lake, Vol II
Daube, David, Vol I
Dauben, Joseph Warren, Vol I
Dauer, Francis W., Vol IV
Daugherty, Gregory Neil, Vol I
Daugherty, Tracy, Vol II
Daurio, Janice, Vol IV
Dauschmidt, Kenneth G., Vol IV
Dause, Charles A., Vol II
Dauster, Frank Nicholas, Vol III
Davenport, Charles, Vol IV
Davenport, Christian A., Vol I
Davenport, Gene Looney, Vol IV
Davenport, Guy Mattison, Vol II
Davenport, Harbert William, Vol IV
Davenport, Manuel Manson, Vol IV
Davenport, Robert Wilson, Vol I
Davey, Frank W., Vol II
Davey, William J., Vol IV
Daviau, Donald G., Vol III
David, Alfred, Vol II
David, Arthur LaCurtiss, Vol I
David, Gerald, Vol IV
David, Keith R., Vol IV
David, Marian, Vol IV
Davidheiser, James Charles, Vol III
Davidov, Judith Fryer, Vol I
Davidson, Abraham A, Vol I
Davidson, Arnold E., Vol II
Davidson, Cathy N., Vol II
Davidson, Clifford Oscar, Vol II
Davidson, Donald, Vol IV
Davidson, Harriet, Vol II
Davidson, Hugh Macculough, Vol III
Davidson, John E., Vol III
Davidson, Roberta, Vol II
Davidson, Roger Harry, Vol I
Davies, Alan T., Vol IV
Davies, Brian, Vol IV
Davies, Carole Boyce, Vol I
Davies, David, Vol IV
Davies, Gordon F., Vol IV
Davies, Gwendolyn, Vol II
Davies, Horton, Vol IV
Davies, Ivor Kevin, Vol I
Davies, Morgan, Vol II
Davis, Allen Freeman, Vol I
Davis, Audrey Blyman, Vol I
Davis, Calvin D., Vol I
Davis, Calvin D., Vol I
Davis, Carl L., Vol I
Davis, Casey W., Vol IV
Davis, Charles Roger, Vol II
Davis, Dale W., Vol III
Davis, Daniel Clair, Vol I
Davis, David Brion, Vol I
Davis, David D., Vol I
Davis, Derek H., Vol IV
Davis, Donald G., Jr., Vol I
Davis, Edward B., Vol I
Davis, Edward L., Vol I
Davis, Ellen F., Vol IV
Davis, Ellen Nancy, Vol I
Davis, Elliot Bostwick, Vol I
Davis, Garold N., Vol III
Davis, Gary A., Vol I
Davis, George H., Vol I
Davis, Gloria-Jeanne, Vol I
Davis, Gordon B., Vol I
Davis, Gregson, Vol I
Davis, Jack E., Vol I
Davis, Jack L., Vol I
Davis, James, Vol III
Davis, James Edward, Vol I
Davis, Janet, Vol II
Davis, Jed H., Vol II
Davis, Jeffrey, Vol IV
Davis, John, Vol I
Davis, John Jefferson, Vol IV
Davis, John Wesley, Vol IV
Davis, Johnetta Garner, Vol II
Davis, Katie Campbell, Vol II
Davis, Kenneth G., Vol IV
Davis, Kenneth Waldron, Vol II
Davis, Lawrence H., Vol IV
Davis, Leroy, Vol I
Davis, Marianna White, Vol II
Davis, Marie, Vol II
Davis, Michael Peter, Vol IV
Davis, Morris E., Vol IV
Davis, Morris E., Vol IV
Davis, Natalie Zemon, Vol I
Davis, Nathan T., Vol I
Davis, Nathaniel, Vol I
Davis, Peter, Vol I
Davis, Peter L., Vol IV
Davis, Ralph, Vol IV
Davis, Richard, Vol IV
Davis, Robert Leigh, Vol II
Davis, Robert N., Vol IV
Davis, Robert Paul, Vol IV
Davis, Rodney Owen, Vol I
Davis, Ron, Vol II
Davis, Ronald E., Vol IV
Davis, Ronald Leroy, Vol I
Davis, Stuart, Vol III
Davis, Susan, Vol II
Davis, Thadious, Vol II
Davis, Thomas Joseph, Vol I
Davis, Thomas M., Vol II
Davis, Thomas Webster, Vol I
Davis, Wayne Alan, Vol IV
Davis, Wendell Eugene, Vol II
Davis, Whitney, Vol I
Davis, William V., Vol II
Davis, Willie J., Vol IV
Davis, Winston, Vol I
Davison, Alan R., Vol III
Davison, Jean Margaret, Vol I
Davison, Nancy R., Vol I
Davison, Neil, Vol II
Davison, Roderic Hollett, Vol I
Davison, Rosena, Vol III
Davisson, Mary H.T., Vol I
Davydov, Sergei, Vol I
Dawe, Donald Gilbert, Vol IV
Dawn, Marva J., Vol IV
Dawson, Anne, Vol I
Dawson, Anthony Blanchard, Vol II
Dawson, George L., Vol IV
Dawson, John Philip, Vol I
Dawson, Robert Lewis, Vol III
Dawson, William, Vol II
Dawson Boyd, Candy, Vol III
Day, Charles Rodney, Vol I
Day, J. Norfleete, Vol IV
Day, Kate N., Vol IV
Day, Louis A., Vol IV
Day, Peggy, Vol IV
Day, Richard B., Vol I
Day, Richard E., Vol I
Day, Ronnie, Vol I
Day, Terence Patrick, Vol I
Daye, Charles Edward, Vol IV
Dayton, Cornelia H., Vol I
Dayton, Donald Wilber, Vol IV
De Bary, Wm. Theodore, Vol III
De Bolt, Darian C., Vol IV
de Bretteville, Sheila Levrant, Vol I
de Caro, Frank, Vol II
De Girolami Cheney, Liana, Vol I
De Grave, Kathleen R., Vol II
de Grazia, Edward, Vol IV
de Grazia, Victoria, Vol I
de Jongh, James Laurence, Vol II
De La Pedraja, Rene, Vol I
de la Teja, J.F., Vol I
De Laurentiis, Allegra, Vol IV
De Ley, Herbert C., Vol III
de Looze, Laurence, Vol III
De Moura Sobral, Luis, Vol I
De Ortego Y Gasca, Felipe, Vol II
De Pauw, Linda Grant, Vol I
De Rafols, Wifredo, Vol III
De Rios, Marlene Dobkin, Vol I
de S. Cameron, Nigel M., Vol IV
De Santis, Christopher, Vol II
De Sousa, Ronald B., Vol IV
de Toro, Fernando, Vol II
De Veaux, Alexis, Vol II
de Villers, Jean-Pierre, Vol II
De Vries, Bert, Vol I
De Vries, Jan, Vol I
de Vries, Paul, Vol IV
De Vries, Willem, Vol IV
Deagon, Ann Fleming, Vol I
Deak, Istvan, Vol I
Deakins, Roger Lee, Vol II
Deal, J. Douglas, Vol I
Deal, Terrance E., Vol I
Dean, David M., Vol I
Dean, Dennis Richard, Vol II
Dean, James S., Vol II
Dean, Joan Fitzpatrick, Vol II
Dean, Kenneth, Vol III
Dean, Misao A., Vol II
Dean, Susan Day, Vol II
Dean, Warren, Vol I
Dean, William D., Vol IV
Dean Moore, Kathleen, Vol IV
Deane, Seamus, Vol II
Dearin, Ray Dean, Vol II
Dearman, John Andrew, Vol IV
DeBardeleben, Joan, Vol I
Debicki, Andrew Peter, Vol III
Deblauwe, Francis, Vol I
Debly, Patricia, Vol I
Debo, Richard K., Vol I
DeBracy, Warren, Vol IV
Debreczeny, Paul, Vol III
deBuys, William Eno, Vol I
Decarie, Graeme, Vol I
Decatur, Louis Aubrey, Vol II
DeCew, Judith W., Vol IV
DeChant, Dell, Vol IV
Dechert, Charles Richard, Vol IV
Deci, Edward Lewis, Vol I
Deck, Allan F., Vol IV
Decker, Hannah S., Vol I
Decker, Leslie Edward, Vol I

Decker, Philip H., Vol II
Decker, William, Vol II
Deconde, Alexander, Vol I
DeCosta-Willis, Miriam, Vol III
DeCredico, Mary A., Vol I
Dee, James Howard, Vol I
Dee, Juliet L., Vol II
Deering, Ronald F., Vol I
Deese, Helen R., Vol II
Deeter, Allen C, Vol IV
Deetz, Stanley A., Vol II
Deflem, Mathieu, Vol I
DeFord, Ruth, Vol I
Defrancis, John, Vol III
Degler, Carl N., Vol I
Degler, Carl Neumann, Vol I
deGraff, Amy, Vol III
DeGroat, Judith A., Vol I
DeHart, Paul, Vol IV
Dehon, Claire L., Vol III
DeHoratius, Edmund F., Vol I
Deibler, Timothy, Vol IV
Deichmann Edwards, Wendy J.,
    Vol I
Deigh, John, Vol IV
Deignan, Kathleen P., Vol IV
Deinert, Herbert, Vol III
Dejnozka, Jan, Vol IV
Dekar, Paul R., Vol IV
Dekeyser, R.M., Vol III
Dekoninck, Thomas, Vol IV
DeKoven, Marianne, Vol III
Dekydtspotter, Laurent, Vol III
del Carmen, Alex, Vol IV
Del Caro, Adrian, Vol III
Del Colle, Ralph, Vol IV
del Valle, Jose, Vol III
Delacre, Georges, Vol IV
Delahunty, Gerald, Vol II
DeLancey, Julia, Vol I
Delaney, Cornelius F., Vol IV
Delaney, David K., Vol I
DeLaney, Jeane, Vol I
Delaney, Norman Conrad, Vol I
Delaney, Paul, Vol II
DelAntonio, Andrew, Vol I
Delany, Paul, Vol II
Delany, Sheila, Vol II
Delasanta, Rodney, Vol II
DeLaura, David Joseph, Vol II
Delbanco, Andrew, Vol II
Deleeuw, Patricia Allwin, Vol IV
Delgado, Luisa Elena, Vol III
Delio, Ilia, Vol I
Delisle, Jean, Vol III
Dell, Chad E., Vol II
Dell'Agostino, David, Vol IV
Della Neva, Joann, Vol III
Dellapenna, Joseph W., Vol IV
Dellepiane, Angela B., Vol I
Dellums, Leola M. Roscoe, Vol IV
Delogu, Orlando E., Vol IV
DeLong, David G., Vol I
Deloria, Vine, Jr., Vol I
Delorme, Roland L., Vol I
Delph, Ronald, Vol I
Delzell, Charles Floyd, Vol I
Demarco, Don, Vol IV
Demarest, Bruce, Vol IV
DeMaria, Robert, Vol II
Demarr, Mary Jean, Vol II
Demastes, William, Vol II
Dembowski, Peter Florian, Vol III
Demecs, Desiderio D., Vol IV
Demenchonok, Edward V., Vol IV
Demers, Francois, Vol I
Demers, Richard Arthur, Vol III
Deming, Robert Howard, Vol II
Demkovich, Michael, Vol IV
Demolen, Richard Lee, Vol I
Demone, Harold Wellington, Vol I
Demopoulos, William, Vol IV
Demoss, Dorothy Dell, Vol I
Demott, Deborah A., Vol IV
Dempsey, Carol J., Vol IV
Dempsey, Joseph P., Vol IV
Demy, Timothy J., Vol IV
den Ouden, Bernard, Vol IV
Denby, David A., Vol IV
Dendinger, Lloyd N., Vol II
Dendle, Brian John, Vol III
DeNeef, Leigh A., Vol II
Deng, Francis M., Vol I
Denham, Scott, Vol III
Denicola, Robert C., Vol IV
Dening, Greg, Vol II
Dennett, Daniel C., Vol IV
Denney, Colleen J., Vol I
Dennis, David B., Vol I

Dennis, George Thomas, Vol I
Dennis, Harry Joe, Vol III
Denniston, Dorothy L., Vol II
Denniston, Elliott Averett, Vol II
Denny, Don William, Vol I
Denny, Fred, Vol IV
Denomme, Robert T., Vol III
Denson, Fred L., Vol IV
Dent, Gina, Vol III
Denzey, Nicola, Vol IV
DePascuale, Juan E., Vol IV
DePaul, Michael R., Vol IV
Depauw, Linda Grant, Vol I
DePillars, Murry Norman, Vol I
Depillis, Mario Stephen, Vol I
Deporte, Michael Vital, Vol II
Deprospo, Richard Chris, Vol II
Depuma, Richard Daniel, Vol I
Der-Houssikian, Haig, Vol III
Derby, Daniel H., Vol IV
Derby, William Edward, Vol I
Derbyshire, William W., Vol III
Derdak, Thomas J., Vol IV
Derden, John K., Vol I
Deresiewicz, William, Vol II
Derfler, Leslie, Vol I
Derfler, Leslie A., Vol I
Derfler, Steven, Vol I
DeRitter, Jones, Vol II
Derr, Thomas Sieger, Vol IV
Derrick, Clarence, Vol II
Derry, James, Vol II
Derryberry, Bob R., Vol II
Derryberry, Box R., Vol II
Dershowitz, Alan Morton, Vol IV
Dersofi, Nancy, Vol II
des Gagniers, Jean, Vol I
Desai, Gaurav Gajanan, Vol I
Desalvo, Louise Anita, Vol II
Desautels, Jacques, Vol I
Desautels, Jacques, Vol I
DesAutels, Peggy, Vol IV
Desbarats, Peter, Vol II
Deschner, John, Vol IV
Deshmukh, Marion F., Vol I
Deshmukh, Marion Fishel, Vol I
Desjardins, Mary, Vol II
Deslauriers, Marguerite, Vol IV
Desmangles, Leslie Gerald, Vol I
Desmond, John F., Vol II
Desmond, Lawrence Arthur, Vol I
Despalatovic, Elinor Murray, Vol I
Despland, Michel, Vol IV
Desroches, Richard Henry, Vol III
Dessen, Alan Charles, Vol II
Dessen, Cynthia Sheldon, Vol I
Dessner, Lawrence Jay, Vol II
Detenber, Benjamin H., Vol II
Deterding, Paul E., Vol IV
Dethloff, Henry Clay, Vol I
Detlefsen, Michael, Vol IV
Detmer, Hellena R., Vol I
Dettmar, Kevin, Vol II
Detwiler, Donald Scaife, Vol I
Deutsch, Celia, Vol IV
Deutsch, Eliot, Vol IV
Deutsch, Harold Charles, Vol I
Deutscher, Irwin, Vol I
DeVeaux, Scott, Vol I
Devenish, Philip Edward, Vol IV
Devenyi, Jutka, Vol II
Dever, William Gwinn, Vol I
Devereux, David R., Vol I
DeVidi, Dave, Vol IV
Devin, Lee, Vol II
Devine, Donald J., Vol I
Devine, Joseph A., Jr., Vol I
Devine, Mary E., Vol I
Devine, Michael John, Vol I
Devine, Philip E., Vol IV
Devitt, Amy J., Vol II
Devitt, Michael, Vol IV
Devlin, Albert J., Vol II
Devlin, James E., Vol II
Devlin, Kimberly J., Vol II
Devos, Jean, Vol IV
DeVries, Dawn A ., Vol IV
deVries, Paul, Vol II
deVries, Willem, Vol IV
Dew, Charles Burgess, Vol I
Dewar, Mary, Vol I
Dewart, Leslie, Vol IV
DeWeese, Pamela, Vol III
Dewey, Donald Odell, Vol I
Dewey, Tom, Vol I
DeWindt, Anne R., Vol I
DeWindt, Edwin B., Vol I

DeWitt, Franklin Roosevelt,
    Vol IV
deZeeuw, Anne Marie, Vol I
di Filippo, Terry, Vol IV
Di Maio, Irene Stocksieker, Vol III
Di Napoli, Thomas John, Vol III
di Norcia, Vincent, Vol IV
Diacon, Todd, Vol I
Diamond, Elin, Vol II
Diamond, Sander A., Vol I
Diamond, Sigmund, Vol I
Diaz, Lomberto, Vol III
Diaz, Roberto Ignacio, Vol III
Diaz-Duque, Ozzie Francis, Vol III
Dibaba, Mamo, Vol I
Dicenso, James, Vol IV
DiCenzo, Maria, Vol II
DiCicco, Mario, Vol IV
Dick, Bernard F., Vol I
Dick, Donald, Vol II
Dick, Eric L., Vol I
Dick, Ernst S., Vol III
Dick, Michael B., Vol IV
Dick, Robert C., Vol II
Dick, Susan M., Vol II
Dickason, Olive P., Vol I
Dicke, Thomas Scott, Vol I
Dicken Garcia, Hazel F., Vol II
Dicker, Georges, Vol IV
Dicker, Georges, Vol IV
Dickerman, Edmund H., Vol I
Dickerson, Dennis Clark, Vol IV
Dickerson, Gregory Weimer, Vol I
Dickey, James, Vol II
Dickey, Walter J., Vol IV
Dickey, William, Vol II
Dickie, George T., Vol IV
Dickie, M., Vol II
Dickie, Matthew Wallace, Vol I
Dickinson, Gloria Harper, Vol I
Dickinson, John Alexander, Vol I
Dickinson, Loren, Vol II
Dickison, Sheila Kathryn, Vol I
Dicks, Samuel Eugene, Vol I
Dicks, Vivian I., Vol II
Dickson, Bruce D., Jr., Vol I
Dickson, Charles Ellis, Vol I
Dickson, David Franklin, Vol III
Dickson, Donald R., Vol II
Dickson, John H., Vol I
Dickson, Michael, Vol IV
Dickstein, Morris, Vol II
Diefendorf, Barbara Boonstoppel,
    Vol I
Diefendorf, Jeffry Mindlin, Vol I
Diehl, Huston, Vol II
Diehl Jones, Charlene, Vol II
Diener, Paul W., Vol IV
Dienes, C. Thomas, Vol I
Dierenfield, Bruce Jonathan, Vol I
Dietler, Michael, Vol I
Dietrich, Craig, Vol III
Dietz, Donald T., Vol III
Dietz, Hanns-Bertold, Vol I
DiGaetani, John Louis, Vol II
Digby, Joan, Vol II
Diggs, William P., Vol I
DiGiovanni, George, Vol IV
Dijkstra, Bram, Vol III
Dik, Helma, Vol I
Dil, Nasim, Vol I
Dillard, Joey L., Vol II
Diller, George Theodore, Vol III
Diller, Matthew, Vol IV
Dilley, Frank B., Vol IV
Dilley, Patricia E., Vol IV
Dillingham, William B., Vol II
Dillon, Bert, Vol II
Dillon, Clarissa F., Vol I
Dillon, Diane, Vol I
Dillon, M.C., Vol IV
Dillon, Merton Lynn, Vol I
Dillon, Wilton Sterlin, Vol I
Dilts, Mervin R., Vol I
Dilworth, John, Vol IV
Dilworth, Thomas, Vol II
Dimaio, Michael, Vol I
DiMaria, Salvatore, Vol III
Dimic, Milan Velimir, Vol III
Dimler, George Richard, Vol III
Dimmitt, Jean Pollard, Vol II
Dimond, Roberta R., Vol II
Din, Gilbert C., Vol I
Diner, Steven J., Vol I
Dingilian, Der Stepanos, Vol IV
Dingman, Roger V., Vol I
Dinkin, Robert J., Vol I
Dinkins, David N., Vol IV
Dinneen, David A., Vol III

Dinnerstein, Leonard, Vol I
Dinnerstein, Myra, Vol II
Dionisopoulos, George N., Vol II
Dionne, E.J., Vol I
Dionne, Rene, Vol III
DiPasquale, Theresa M., Vol II
Dippie, Brian William, Vol I
DiPucci, William, Vol IV
Dircks, Phyllis T., Vol II
Dircks, Richard J., Vol II
Direnzo, Gordon James, Vol I
Dirks, Nicholas, Vol I
Dirks, Patricia, Vol I
Dirlik, Arif, Vol I
Dirst, Matthew, Vol I
Discher, Mark R., Vol IV
Ditsky, John M., Vol III
Dittes, James Edward, Vol IV
Diubaldo, Richard J., Vol I
Divine, Robert Alexander, Vol I
Divita, James John, Vol I
Dixon, Kathleen, Vol II
Dixon, Laurinda S., Vol I
Dixon, Lynda D., Vol II
Dixon, Mimi S., Vol II
Dixon, Wheeler Winston, Vol II
Dizard, Jan, Vol I
Djebar, Assia, Vol I
Djordjevic, Dimitrije, Vol I
Djwa, Sandra A., Vol II
Dmochowski, Henry W., Vol IV
Dmytryshyn, Basil, Vol I
Doak, Kevin M., Vol III
Doak, Robert, Vol II
Doane, Alger Nicolaus, Vol II
Dobbs, Betty Jo (Teeter), Vol I
Dobbs, Dan Byron, Vol IV
Dobbyn, John Francis, Vol IV
Dobsevage, Alvin P, Vol IV
Dobson, Joanne, Vol II
Dobson, John Mccullough, Vol I
Dockery, Charles D., Vol III
Dockery, David S., Vol I
Docter, Mary K., Vol III
Dodd, Victoria J., Vol IV
Dodd, Wayne Donald, Vol II
Dodds, Dennis R., Vol I
Dodds, Gordon B., Vol I
Dodge, Robert Kendall, Vol II
Dodge, Timothy, Vol I
Dodson, Jualynne, Vol IV
Doenecke, Justus D., Vol I
Doenges, Norman Arthur, Vol I
Doerfel, Marya L., Vol II
Doerksen, Daniel William, Vol II
Doerksen, Victor Gerard, Vol III
Doermann, Ralph W., Vol IV
Doherty, Barbara, Vol III
Doherty, Karen A., Vol III
Doherty, Lillian E., Vol I
Dolan, Frances E., Vol II
Dolan, Jay P., Vol I
Dolan, John M., Vol IV
Dolce, Philip Charles, Vol I
Dolezel, Lubomir, Vol III
Dolezvelova-Velingerova, Milena,
    Vol III
Doll, Mary A., Vol IV
Dolling, Lisa M., Vol IV
Dolnikowski, Edith W., Vol I
Dolskaya-Ackerly, Olga, Vol I
Domaradzki, Theodore F., Vol III
Dombrowski, Daniel, Vol IV
Dominguez, Jorge Ignacio, Vol I
Dominick, Raymond, Vol I
Domino, Brian, Vol IV
Dominowski, Roger L., Vol I
Domville, Eric W., Vol II
Donaghay, Marie, Vol I
Donaghy, John A., Vol IV
Donaghy, Thomas J., Vol I
Donahoe, Bernard Francis, Vol I
Donahue, John F., Vol I
Donahue, Thomas John, Vol III
Donakowski, Conrad L., Vol I
Donald, David Herbert, Vol I
Donaldson, Daniel J., Vol IV
Donaldson, Jeffery, Vol IV
Donaldson, Peter Samuel, Vol II
Donaldson, Scott, Vol II
Donaldson, Thomas, Vol I
Donatelli, Joseph M.P., Vol II
Donavin, Georgiana, Vol II
Donegan, Charles Edward, Vol IV
Donegan, Jane Bauer, Vol I
Donelan, James, Vol II
Doney, Willis, Vol IV
Donfried, Karl P., Vol IV
Donhauser, Peter L., Vol I

Donkel, Douglas L., Vol IV
Donlan, Walter, Vol I
Donnelly, John, Vol IV
Donnelly, John Patrick, Vol I
Donohue, John Waldron, Vol I
Donovan, John F., Vol IV
Donovan, Josephine, Vol II
Donovan, Mary Ann, Vol I
Donovan, Maureen H., Vol II
Doob, Penelope, Vol II
Doody, John A., Vol IV
Doody, Margaret A., Vol II
Doohan, Helen, Vol IV
Dooley, Howard John, Vol I
Dooley, Patricia, Vol II
Dooley, Patrick Kiaran, Vol IV
Doolittle, James, Vol IV
Doorley, Mark J., Vol IV
Dopp, James A., Vol II
Doppelt, Gerald D., Vol IV
Doran, Madeleine, Vol II
Dorenlot, Francoise, Vol III
Dorgan, Howard, Vol II
Dorian, Nancy Currier, Vol III
Dorinson, Joseph, Vol I
Dorland, Michael, Vol II
Dorn, Jacob Henry, Vol I
Dorn, Louis, Vol IV
Dornan, Christopher, Vol II
Dornish, Margaret Hammond,
    Vol I
Dornsife, Rob, Vol II
Doron, Pinchas, Vol III
Dorondo, David R., Vol I
Dorrien, Gary J., Vol IV
Dorsen, Norman, Vol IV
Dorsett, Lyle Wesley, Vol I
Dorsey, Carolyn Ann, Vol I
Dorsey, Elbert, Vol II
Dorsey, James, Vol III
Dorsey, Kurk, Vol I
Dorsey, Learthen, Vol I
Dorsey, Leroy, Vol I
Dorsey, Peter, Vol II
Dorsey, Scott W., Vol I
Dorsinville, Max, Vol II
Dorter, Kenneth, Vol IV
Dorwart, Jeffery Michael, Vol I
Doskow, Minna, Vol II
Doss, Barney J., Vol IV
Doss, Seale, Vol IV
Dostal, Robert J., Vol IV
Doster, James Fletcher, Vol I
Doswald, Herman K., Vol III
Dotson, John Edward, Vol I
Doty, Charles Stewart, Vol I
Doty, Gresdna Ann, Vol II
Doty, Ralph, Vol IV
Doubles, Malcolm Carroll, Vol IV
Doubrovsky, Serge, Vol III
Doudna, Martin Kirk, Vol II
Doudoroff, Michael John, Vol III
Dougan, Michael Bruce, Vol I
Dougherty, James E., Vol IV
Dougherty, James P., Vol II
Dougherty, Jude, Vol IV
Dougherty, Jude Patrick, Vol IV
Dougherty, Patricia M., Vol I
Dougherty, Ray Cordell, Vol III
Doughty, Robert, Vol I
Douglas, Ann, Vol I
Douglas, Donald Morse, Vol I
Douglas, George Halsey, Vol II
Douglas, James Matthew, Vol IV
Douglas, Walter, Vol IV
Douglass, Melvin Isadore, Vol I
Douglass, R. Thomas, Vol III
Dourley, John Patrick, Vol IV
Douthwaite, Julia V., Vol III
Dow, James Raymond, Vol III
Dowd, Nancy E., Vol IV
Dowd, Sharyn, Vol IV
Dowdey, Diane, Vol II
Dowell, Peter W., Vol II
Dowell, Richard Walker, Vol II
Dowling, John Clarkson, Vol III
Dowling, William C., Vol II
Downes, David Anthony, Vol II
Downes, Stephen M., Vol IV
Downey, Dennis B., Vol I
Downey, James, Vol II
Downing, David, Vol II
Downing, Marvin Lee, Vol I
Downing, Pamela A., Vol III
Downs, Anthony, Vol I
Dowty, Alan K., Vol I
Doxey, William S., Vol II
Doyel, D., Vol I
Doyle, Charles Clay, Vol II

Doyle, Dennis M., Vol IV
Doyle, Don H., Vol I
Doyle, Esther M., Vol II
Doyle, James, Vol II
Doyle, James F., Vol IV
Doyle, Kenneth, Vol II
Doyle, Ruth Lestha, Vol III
Drachman, Virginia Goldsmith, Vol I
Drage-Hale, Rosemary, Vol IV
Dragga, Sam A., Vol II
Draine, Betsy, Vol II
Drake, Dana Blackmar, Vol III
Drake, Fred, Vol I
Drake, Fred, Vol I
Drake, Harold Allen, Vol I
Drake, Robert Y., Jr., Vol II
Drane, James Francis, Vol IV
Drange, Theodore Michael, Vol IV
Draper, David E., Vol IV
Draper, Joan E., Vol I
Dray, William Herbert, Vol IV
Draznin, Yaffa Claire, Vol I
Drefcinski, Shane, Vol IV
Dreher, Diane Elizabeth, Vol II
Dreher, John Paul, Vol IV
Dreier, James, Vol IV
Dreifort, John E., Vol I
Dreisbach, Donald Fred, Vol IV
Drekonja, Otmar Maximilian, Vol II
Drescher, Seymour, Vol I
Dresser, N., Vol I
Dressler, Hermigild, Vol I
Dressler, Rachel, Vol I
Drew, Katherine Fischer, Vol I
Drew, Shirley K., Vol II
Drewry, Cecelia Hodges, Vol II
Dreyfus, Hubert Lederer, Vol IV
Drinan, Robert Frederick, Vol IV
Drinka, Bridget, Vol III
Drinkard, Joel F., Jr., Vol IV
Drinkard-Hawkshawe, Dorothy, Vol I
Driver, Martha Westcott, Vol II
Driver, Tom Faw, Vol IV
Drost, Mark P., Vol IV
Drout, Michael D.C., Vol II
Druart, Therese-Anne, Vol IV
Druesedow, John E., Vol I
Drummond, Ian Macdonald, Vol I
Drummond, John J., Vol IV
Drummond, Richard Henry, Vol I
Drury, Keith, Vol IV
Druxes, Helga, Vol III
Dryden, Edgar A., Vol II
Dryden, M., Vol III
Dryer, Matthew S., Vol III
Duban, James, Vol II
Dubay, Thomas E., Vol IV
Dube, Jean-Claude, Vol I
Dube, Pierre, Vol III
Dube, Thomas M.T., Vol I
Duberman, Martin, Vol I
Dubey, Madhu, Vol I
Dubin, S.C., Vol I
Dubino, Jeanne, Vol II
Duboff, Leonard David, Vol IV
Dubofsky, Melvyn, Vol I
Dubois, Betty Lou, Vol III
DuBois, James M., Vol IV
Dubois, Sylvie, Vol IV
Dubrovsky, Gertrude, Vol II
Dubruck, Edelgard E., Vol III
Ducharme, Howard M., Vol IV
Ducharme, Robert, Vol II
Duchin, Faye, Vol I
Duck, Steve, Vol I
Ducker, James H., Vol I
Duckert, Audrey Rosalind, Vol III
Duckworth, Alistair Mckay, Vol II
Duclow, Donald F., Vol II
Dudden, Arthur Power, Vol I
Dudden, Faye E., Vol I
Dude, Carl K., Vol IV
Dudgeon, Ralph T., Vol I
Dudley, Edward J., Vol III
Dudley, William Sheldon, Vol I
Dudt, Charmazel, Vol II
Dudziak, Mary L., Vol I
Duerlinger, James, Vol IV
Duff Neiman, Fraser, Vol I
Duffin, Jacalyn, Vol I
Duffy, Dennis, Vol II
Duffy, John Joseph, Vol I
Duffy, Stephen Joseph, Vol IV
Dufour, Ron, Vol IV
Duggan, Hoyt Nolan, Vol III

Duggan, Joseph John, Vol II
Duggan, Lawrence Gerald, Vol I
Duhan Kaplan, Laura, Vol IV
Dukas, Vytas, Vol III
Duke, Steven Barry, Vol IV
Dukeminier, Jesse, Vol IV
Dukes, Jack Richard, Vol I
Dulai, Surjit Singh, Vol III
Duley, Margot I., Vol I
Dulles, John Watson Foster, Vol I
Dumain, Harold, Vol I
Dumais, Monique, Vol IV
Dumas, Bethany K., Vol III
Dumond, D.E., Vol I
Dumont, Micheline, Vol I
Dunar, Andrew J., Vol I
Dunaway, Baxter, Vol IV
Dunaway, David King, Vol II
Dunaway, John Marson, Vol III
Duncan, Bonnie I., Vol II
Duncan, Bruce, Vol III
Duncan, Carol G., Vol I
Duncan, Charles, Vol II
Duncan, Charles Tignor, Vol IV
Duncan, Elmer H, Vol IV
Duncan, Jeffrey Light, Vol II
Duncan, John C., Jr., Vol IV
Duncan, Kirby Luther, Vol II
Duncan, Richard R., Vol I
Duncan, Russell, Vol I
Dundes, Alan, Vol I
Dundon, Stanislaus, Vol IV
Dunham, Vera S, Vol III
Dunkak, Harry Matthew, Vol I
Dunlap, Elden Dale, Vol IV
Dunlap, Isaac H., Vol II
Dunlap, Karen F. Brown, Vol II
Dunlay, Don E., Vol I
Dunlop, Anne, Vol I
Dunlop, Charles, Vol IV
Dunn, Dennis John, Vol I
Dunn, Durwood, Vol I
Dunn, Ellen Catherine, Vol II
Dunn, F.M., Vol I
Dunn, Joe Pender, Vol I
Dunn, Jon Michael, Vol IV
Dunn, Laura, Vol I
Dunn, Patrick Peter, Vol I
Dunn, Peter Norman, Vol III
Dunn, Richard John, Vol II
Dunn, Richard Slator, Vol I
Dunn, Robert P., Vol II
Dunn, Robert P., Vol II
Dunn, Susan, Vol III
Dunnavant, Anthony L., Vol IV
Dunne, John Scribner, Vol IV
Dunne, Joseph Fallon, Vol II
Dunnell, Ruth W., Vol I
Dunning, Stephen Northrop, Vol IV
DuPlessis, Robert S., Vol I
Dupre, Dan, Vol I
Dupree, Anderson Hunter, Vol I
DuPriest, Travis Talmadge, Jr., Vol II
Dupuy, Beatrice, Vol III
Duquette, Jean-Pierre, Vol II
Duram, James C., Vol I
Durand, Frank, Vol III
Durden, Robert Franklin, Vol I
Durer, Christopher, Vol II
Durham, Carolyn Ann, Vol III
Durham, Joseph Thomas, Vol I
Durham, Ken R., Vol IV
Durham, Scot, Vol III
Durmelat, Sylvie, Vol III
Durnbaugh, Donald F., Vol IV
Durocher, Rene, Vol I
Durr, Volker, Vol III
Dusek, Rudolph Valentine, Vol IV
Dusek, Val, Vol IV
Duska, Ronald F., Vol IV
Dussias, Paola E., Vol III
Dussinger, John Andrew, Vol II
Dust, Patrick, Vol II
Dust, Philip Clarence, Vol II
Dutcher-Walls, Patricia, Vol IV
Dutton, William H., Vol II
Duval, John, Vol III
Duyfhuizen, Bernard, Vol II
Dvorak, Paul Francis, Vol III
Dvorsky-Rohner, Dorothy, Vol I
Dworkin, Gerald, Vol IV
Dworkin, Roger Barnett, Vol IV
Dworkin y Mendez, Kenya C., Vol III
Dwyer, Eugene Joseph, Vol I
Dwyer, James G., Vol IV
Dwyer, Susan, Vol IV

Dych, William V., Vol IV
Dyck, Andrew R., Vol I
Dyck, Arthur James, Vol IV
Dyck, Cornelius John, Vol I
Dyck, Martin, Vol III
Dye, Gloria, Vol II
Dye, James Wayne, Vol IV
Dye, Robert Ellis, Vol III
Dye, Thomas R., Vol I
Dyer, James Mark, Vol IV
Dyer, Joyce, Vol II
Dyer, Klay, Vol II
Dyke, Doris J., Vol I
Dykeman, King John, Vol IV
Dykeman, Therese B., Vol II
Dykes, DeWitt S., Jr., Vol I
Dykstra, Robert R., Vol I
Dykstra, Robert R., Vol I
Dykstra, Wayne A., Vol IV
Dymale, Herbert Richard, Vol IV
Dysart, Jane Ellen, Vol I
Dyson, Michael Eric, Vol IV
Dyson, Robert Harris, Jr., Vol I
Dyson, Steven L., Vol I
Dziewanowski, Marian Kamil, Vol I
Dzuback, Mary Ann, Vol I
Eadie, John W., Vol I
Eadie, William F., Vol II
Eagan, Jennifer, Vol IV
Eagle, Mary, Vol I
Eagles, Charles W., Vol I
Eagleson, Ian, Vol IV
Eakin, Frank Edwin, Vol IV
Eakin, Marshall C., Vol I
Eakin, Paul John, Vol II
Eames, Elizabeth R., Vol IV
Eamon, William, Vol I
Earhart, Harry Byron, Vol I
Earle, Peter G., Vol III
Earley, Joseph E., Vol IV
Early, Gerald, Vol II
Earnest, Steve, Vol II
Easley, Ray, Vol IV
Easter, Marilyn, Vol I
Eastman, Carol M., Vol III
Eastman, John Robert, Vol I
Easton, Loyd D., Vol IV
Easton, Patricia Ann, Vol IV
Eastwood, Bruce Stansfield, Vol I
Eaton, Charles Edward, Vol II
Eaton, Kent A., Vol IV
Eaton, Marcia M., Vol IV
Eaton, Richard Maxwell, Vol I
Eaves, Morris, Vol II
Ebbitt, Wilma Robb, Vol II
Ebbs, Gary, Vol IV
Ebel, Roland H., Vol I
Eber, Irene, Vol I
Eberhart, Richard, Vol II
Eberle, Rolf A., Vol IV
Eberts, Mary, Vol IV
Eberwein, Jane Donahue, Vol II
Ebner, Michael Howard, Vol I
Eby, Cecil Degrotte, Vol II
Eccles, Mark, Vol II
Eccles, William John, Vol I
Echelbarger, Charles G., Vol IV
Echeruo, Michael, Vol II
Echols, James Kenneth, Vol I
Echols, Marsha A., Vol IV
Eckardt, Alice Lyons, Vol I
Eckenwiler, Lisa A., Vol IV
Eckert, Edward K., Vol I
Eckhardt, Caroline Davis, Vol II
Eckhardt, Patricia, Vol I
Ecklebarger, Kermit A., Vol IV
Eckstein, A.M., Vol I
Eckstein, Jerome, Vol IV
Economou, Elly Helen, Vol IV
Eddings, Dennis Wayne, Vol II
Ede, Lisa, Vol II
Edelberg, Walter, Vol IV
Edelman, Diana, Vol IV
Edelman, Diane Penneys, Vol IV
Edelstein, Arthur, Vol II
Edelstein, Melvin A., Vol I
Eden, Kathy, Vol I
Eden, Melissa, Vol II
Eder, Doris Leonora, Vol II
Edgar, Timothy W., Vol IV
Edgar, Walter Bellingrath, Vol I
Edgar, William, Vol IV
Edgar, William John, Vol IV
Edge, Hoyt Littleton, Vol IV
Edgerton, Gary R., Vol I
Edgeworth, Robert J., Vol I
Edie, Carolyn A., Vol I
Edinger, Elizabeth, Vol IV

Edler, Frank H. W., Vol IV
Edlund-Berry, Ingrid E.M., Vol I
Edmonds, Anthony Owens, Vol I
Edmondson, Clifton Earl, Vol I
Edmonson, James Milton, Vol I
Edmunds, Lowell, Vol I
Edsall, Nicholas Cranford, Vol I
Edwards, Abiyah, Jr., Vol IV
Edwards, Anthony S.G., Vol III
Edwards, Clark, Vol II
Edwards, Clifford Duane, Vol II
Edwards, Clifford Walter, Vol IV
Edwards, Don R., Vol I
Edwards, Douglas R., Vol IV
Edwards, Emily D., Vol II
Edwards, George Charles III, Vol I
Edwards, Grace Toney, Vol III
Edwards, Harry, Vol I
Edwards, Harry T., Vol IV
Edwards, James A., Vol IV
Edwards, James R., Vol IV
Edwards, Janis, Vol II
Edwards, Jay D., Vol I
Edwards, Lee M., Vol I
Edwards, Lee R., Vol II
Edwards, Mary, Vol I
Edwards, Mary Louise, Vol III
Edwards, Mary-Jane, Vol III
Edwards, Rebecca, Vol I
Edwards, Rem B., Vol IV
Edwards, Richard Alan, Vol IV
Edwards, Richard W., Vol IV
Edwards, Ruth McCalla, Vol IV
Edwards, Sandra, Vol IV
Edwards, Solomon, Vol I
Edwards, Viviane, Vol III
Eekman, Thomas, Vol III
Eells, Ellery T., Vol IV
Egan, Harvey Daniel, Vol IV
Egan, James J., Vol II
Egan, Mary Joan, Vol II
Egan, Rory Bernard, Vol I
Egea, Esteban R., Vol III
Egert, Eugene, Vol III
Egerton, Frank N., Vol I
Eggener, Keith L., Vol I
Eggert, Gerald G., Vol I
Egleston, Don, Vol IV
Ehre, Milton, Vol III
Ehrenreich, N., Vol I
Ehret, Christopher, Vol I
Ehrlich, Linda C., Vol III
Ehrstine, John, Vol II
Eichelberger, William L., Vol IV
Eichmann, Raymond, Vol III
Eichner, Hans, Vol III
Eichorn, Lisa, Vol IV
Eid, Leroy Victor, Vol I
Eidelberg, Martin, Vol I
Eiesland, Nancy L., Vol IV
Eigen, Michael, Vol I
Eigner, Edwin Moss, Vol II
Eigo, Francis Augustine, Vol IV
Eisele, Thomas David, Vol IV
Eisenbaum, Pamela, Vol IV
Eisenberg, Melvin Aron, Vol IV
Eisenberg, Paul D., Vol IV
Eisenstadt, Abraham S., Vol I
Eisenstadt, Peter, Vol I
Eisenstat, Steven M., Vol IV
Eisenstein, Elizabeth Lewishohn, Vol I
Eisenstein, Hester, Vol I
Eisler, Beth A., Vol IV
Eisler, Colin, Vol I
Eisner, Sigmund, Vol II
Eiss, Harry Edwin, Vol II
Eiteljorg, Harrison, II, Vol I
Ekechi, Felix Kamalu, Vol I
Ekeya, Bette J., Vol IV
Ekirch, A. Roger, Vol I
Eklund, Emmet Elvin, Vol IV
Ekman Ladd, Rosalind, Vol IV
Eksteins, Modris, Vol I
El-Baz, Farouk, Vol I
Elam, Earl Henry, Vol I
Elam, Helen Regueiro, Vol III
Elardo, Ronald Joseph, Vol III
Elbaz, Andre Elie, Vol III
Elbert, Sarah, Vol I
Elder, Arlene Adams, Vol III
Elder, Crawford L., Vol IV
Elder, Ellen Rozanne, Vol I
Elder, John, Vol II
Eldred, Katherine O., Vol I
Eldredge, Laurence Milton, Vol III
Eldridge, Daryl, Vol I
Eldridge, Michael, Vol IV
Eley, Geoff, Vol I

Elfe, Wolfgang Dieter, Vol III
Elfenbein, Jessica, Vol I
Elfstrou, Gerard, Vol IV
Elhard, Leland E., Vol IV
Elia, Richard Leonard, Vol II
Eliade, Mircea, Vol I
Elias, Jamal J., Vol IV
Elkayam, Moshe, Vol IV
Elkins, James, Vol I
Elkins, James R., Vol IV
Elkins, Michael R., Vol II
Elledge, Paul, Vol II
Ellens, Jay Harold, Vol IV
Eller, Jonathan R., Vol II
Eller, Ronald D., Vol I
Ellerby, Janet Mason, Vol II
Ellickson, Robert Chester, Vol IV
Ellin, Joseph S., Vol IV
Ellingsen, Mark, Vol IV
Ellington, John, Vol IV
Elliot, Robin, Vol IV
Elliott, B.S., Vol I
Elliott, Bridget, Vol I
Elliott, Carl, Vol I
Elliott, Carolyn S., Vol I
Elliott, Clark Albert, Vol I
Elliott, Deni, Vol IV
Elliott, Derek Wesley, Vol I
Elliott, Emory B., Vol II
Elliott, Gary D., Vol II
Elliott, John Hall, Vol IV
Elliott, John Huxtable, Vol I
Elliott, Michael, Vol III
Elliott, Shirley B., Vol I
Elliott, Susan Elli, Vol IV
Elliott, Thomas G., Vol I
Elliott, Ward Edward Yandell, Vol I
Ellis, Anthony John, Vol IV
Ellis, Clyde, Vol I
Ellis, Donald, Vol II
Ellis, Edward Earle, Vol IV
Ellis, Frank Hale, Vol II
Ellis, Katherine, Vol II
Ellis, Keith A.A., Vol III
Ellis, Laura, Vol I
Ellis, Marion Leroy, Vol III
Ellis, Richard E., Vol I
Ellis, Richard N., Vol I
Ellis, Robert, Vol IV
Ellis, Susan, Vol I
Ellis, William Elliott, Vol I
Ellis Smith, Marsha A., Vol IV
Ellison, Curtis William, Vol I
Ellison, Herbert J., Vol I
Ellison, Jerome, Vol II
Ellos, Jack D., Vol I
Ellrich, Robert John, Vol III
Ellsworth, James Dennis, Vol I
Ellsworth, Oliver B., Vol I
Ellsworth, Ralph E., Vol II
Ellsworth, Randall, Vol IV
Ellsworth, Samuel George, Vol I
Ellwood, Gracia F., Vol IV
Ellwood, Robert S., Vol IV
Elman, B.A., Vol I
Elphick, Richard, Vol I
Elrod, Linda Diane Henry, Vol IV
Elsamahi, Mohamed, Vol IV
Elsbernd, Mary, Vol IV
Elsbree, Langdon, Vol II
Elson, Mark Jeffrey, Vol III
Elstun, Esther Nies, Vol III
Elton, William R., Vol II
Elwell, Walter Alexander, Vol IV
Elwood, R. Carter, Vol I
Elwood, William N., Vol III
Ely, Robert Eugene, Vol II
Emanuel, James Andrew, Vol II
Embleton, Sheila, Vol III
Embree, Ainslie Thomas, Vol I
Emeneau, Murray Barnson, Vol III
Emerick, Judson, Vol I
Emerson, Roger Lee, Vol I
Emery, Sarah W., Vol IV
Emery, Ted, Vol I
Emge, Steven W., Vol I
Eminhizer, Earl Eugene, Vol IV
Emler, Donald, Vol IV
Emma, Ronald David, Vol II
Emmitt, Helen, Vol II
Empereur, James L., Vol IV
Emplaincourt, Edmond Arthur, Vol II
Enc, Berent, Vol IV
Endelman, Todd Michael, Vol I
Endicott, Stephen L., Vol I
Endicott-West, Elizabeth, Vol I
Eng, David L., Vol III

Eng, Robert Y., Vol I
Engberg, Norma J., Vol II
Engebretsen, Terry, Vol I
Engel, Arthur Jason, Vol II
Engel, Barbara, Vol I
Engel, David M., Vol I
Engel, J. Ronald, Vol IV
Engel, Kirsten H., Vol II
Engel, Martin, Vol I
Engel, Ronald J., Vol IV
Engelberg, Edward, Vol III
Engelhardt, Hugo Tristram, Jr., Vol IV
Engelhardt, Klaus Heinrich, Vol III
Engels, Donald W., Vol I
Engerman, Stanley Lewis, Vol IV
Engestrom, Yrjo, Vol II
England, Anthony Bertram, Vol II
England, James Merton, Vol I
England, Michael Timothy, Vol II
Engle, James R., Vol IV
Engle, Stephen D., Vol I
English, John Cammel, Vol I
English, Leona, Vol IV
Engs, Robert Francis, Vol I
Engstrand, Iris H. Wilson, Vol I
Ennis, Robert H., Vol IV
Enns, Leonard, Vol I
Enns, Peter, Vol III
Eno, Robert Bryan, Vol IV
Ens, Gerhard J., Vol I
Enssle, Manfred Joachim, Vol I
Enterline, Lynn, Vol II
Entzminger, Robert L., Vol II
Ephraim, Charlesworth W., Vol IV
Epp, Eldon Jay, Vol IV
Epperly, Elizabeth Rollins, Vol II
Epple, Juan Armando, Vol III
Epps, Valerie C., Vol IV
Epstein, David M., Vol I
Epstein, Edmund Lloyd, Vol II
Epstein, Edwin M., Vol IV
Epstein, James A., Vol I
Epstein, Richard, Vol III
Epstein, Richard Allen, Vol IV
Epstein, William Henry, Vol II
Erdel, Timothy Paul, Vol IV
Erdman, Harley M., Vol II
Erenberg, Lewis, Vol I
Erickson, Charlotte, Vol I
Erickson, Daniele Nathan, Vol I
Erickson, Darlene E. Williams, Vol II
Erickson, Erling A., Vol I
Erickson, Gerald M., Vol I
Erickson, John David, Vol III
Erickson, Millard J., Vol IV
Erickson, Nancy Lou, Vol I
Erickson, Raymond Frederick, Vol I
Erickson, Robert A., Vol II
Erickson, Stephen Anthony, Vol IV
Ericson, Norman R., Vol IV
Ericson, Richard, Vol IV
Ericson, Robert Edward, Vol I
Erisman, Fred Raymond, Vol II
Erlebacher, Albert, Vol I
Erler, Mary C., Vol I
Erlich, Richard Dee, Vol II
Erlich, Victor, Vol I
Erlmann, Veit, Vol I
Ermarth, Elizabeth D., Vol I
Ermarth, Hans Michael, Vol I
Ermolaev, Herman, Vol III
Ernst, Carl W., Vol IV
Ernst, Eldon G., Vol I
Ernst, Joseph Albert, Vol I
Ernst, Robert, Vol I
Errington, Jane, Vol I
Ershkowitz, Herbert J., Vol I
Ertl, Wolfgang, Vol III
Ervin, Hazel A., Vol II
Erwin, D. Timothy, Vol II
Erwin, James Otis, Vol IV
Erwin, Joanne, Vol I
Erwin, Pamela, Vol IV
Esau, Alvin, Vol IV
Eschelbach, Michael A., Vol IV
Escobar, Anna Maria, Vol III
Escott, Paul David, Vol I
Esherick, Joseph Wharton, Vol I
Eskew, Harry Lee, Vol I
Eskridge, Chris W., Vol IV
Eskridge, John Clarence, Vol IV
Eslinger, Ellen T., Vol I
Esposito, John L., Vol I
Esposito, Steven, Vol II

Ess, Charles, Vol IV
Essick, Robert N., Vol II
Essif, Les, Vol III
Essin, Emmett M., Vol I
Esslinger, Dean Robert, Vol I
Estep, Myrna Lynn, Vol IV
Esterhammer, Angela, Vol II
Estes, James Martin, Vol I
Estevez, Victor A., Vol I
Esthus, Raymond Arthur, Vol I
Estlund, David, Vol IV
Estrich, Susan, Vol III
Ethington, Philip J., Vol I
Ethridge, Robert Wylie, Vol I
Etulain, Richard W., Vol I
Etzkorn, Girard J., Vol III
Euba, Femi, Vol II
Eubank, Keith, Vol I
Eubanks, Eugene E., Vol I
Eubanks, Rachel Amelia, Vol I
Eula, Michael James, Vol I
Evangeliou, Christos C., Vol I
Evans, Arthur B., Vol II
Evans, C. Stephen, Vol IV
Evans, Dale Wilt, Vol IV
Evans, David Allan, Vol II
Evans, David C., Vol I
Evans, David Huhn, Vol I
Evans, Donald D., Vol IV
Evans, Donna Browder, Vol I
Evans, Dorinda, Vol I
Evans, Ellen Lovell, Vol I
Evans, Emory Gibbons, Vol I
Evans, Gwynne Blakemore, Vol II
Evans, Harry B., Vol I
Evans, James A.S., Vol I
Evans, James Edward, Vol II
Evans, Joan, Vol I
Evans, John Karl, Vol I
Evans, John Martin, Vol II
Evans, John Whitney, Vol I
Evans, Lawrence, Vol II
Evans, Martha Noel, Vol III
Evans, Michael J., Vol I
Evans, Robley Jo, Vol II
Evans, Rod L., Vol IV
Evans, Roger S., Vol I
Evans, Sara M., Vol I
Evans, Warren Cleage, Vol IV
Evans, William, Vol IV
Evans, William Mckee, Vol I
Evans-Grubbs, Judith, Vol I
Evelev, John, Vol II
Evenson, Brian, Vol II
Everett, Ralph B., Vol IV
Everett, William J., Vol IV
Evergates, Theodore, Vol I
Eversley, Walter V.L., Vol IV
Evett, David Hal, Vol II
Evnine, Simon, Vol IV
Ewald, Helen Rothschild, Vol II
Ewell, Barbara Claire, Vol II
Ewell, Judith, Vol I
Exner, Richard, Vol III
Eyck, Frank, Vol I
Eyck, Gunther, Vol I
Eyer, Diane E., Vol I
Eykman, Christoph Wolfgang, Vol III
Ezergailis, Andrew, Vol I
FA, Mayer, Vol I
Faas, Ekbert, Vol II
Fabbro, Amata, Vol IV
Fabend, Firth Haring, Vol I
Faber, J. Arthur, Vol II
Faber, Ronald, Vol II
Fabian, Ann, Vol I
Fabian, Hans Joachim, Vol III
Fabos, Julius Gyula, Vol I
Fabre, Genevieve Edith, Vol I
Fabre, Michel J., Vol I
Fabricant, Carole, Vol II
Fackenheim, Emil, Vol IV
Fackler, Herbert Vern, Vol I
Fackre, Gabriel Joseph, Vol IV
Facos, Michelle, Vol I
Factor, Ralph Lance, Vol IV
Faderman, Lillian, Vol II
Fadner, Donald E., Vol I
Fagan, Brian M., Vol I
Fagan, Eileen M., Vol IV
Fager, Jeff, Vol IV
Fagles, Robert, Vol III
Fagundo, Ana Maria, Vol III
Faherty, William Barnaby, Vol I
Fahey, David Michael, Vol I
Fahl, Ronald Jenks, Vol I
Fahmy-Eid, Nadia, Vol I
Fahs, Alice E., Vol I

Faigley, Lester, Vol II
Fain, Haskell, Vol IV
Fainstein, Lisa, Vol IV
Fair, Bryan K., Vol IV
Fair, Frank Kenneth, Vol IV
Fair, John Douglas, Vol I
Fair, Theopolis, Vol I
Fairbairn, Brett T., Vol IV
Fairbanks, Carol, Vol II
Fairchild, Mark R., Vol IV
Fairley, Irene R., Vol III
Fakhrid-Deen, Nashid Abdullah, Vol IV
Falero, Frank, Vol I
Fales, Evan Michael, Vol IV
Falk, Arthur, Vol IV
Falk, Arthur Eugene, Vol IV
Falk, Candace, Vol I
Falk, Julia Sableski, Vol III
Falk, Marvin W., Vol I
Falk, Nancy Ellen, Vol I
Falk, Stanley Lawrence, Vol I
Falk, Thomas Heinrich, Vol II
Falkenstein, Lorne, Vol IV
Falkner, Thomas M., Vol I
Fallding, Harold J., Vol IV
Faller, Greg, Vol II
Faller, Thompson Mason, Vol IV
Fallon, Jean, Vol II
Fallon, Richard Gordon, Vol II
Fallon, Robert Thomas, Vol II
Fallon, Stephen, Vol II
Falola, Toyia, Vol I
Fang, Irving E., Vol II
Fanger, Donald Lee, Vol II
Fann, Willerd Reese, Vol I
Fanning, Charles F., Vol II
Fanning, Steven, Vol I
Fant, Gene C., Jr., Vol IV
Fant, J. Clayton, Vol I
Fantham, Elaine, Vol I
Faragher, John Mack, Vol I
Farah, Caesar E., Vol I
Faraone, Christopher, Vol I
Farber, Carole, Vol II
Farber, Daniel Alan, Vol IV
Farber, Gerald Howard, Vol III
Farber, Jay Joel, Vol I
Farber, Paul L., Vol I
Farge, James Knox, Vol I
Faries, Molly, Vol I
Farina, Luciano Fernando, Vol III
Farkas, Donka F., Vol III
Farley, Benjamin Wirt, Vol I
Farley, Margaret Ann, Vol IV
Farmer, Craig S., Vol I
Farmer, David, Vol I
Farmer, Edward L., Vol I
Farmer, P., Vol I
Farnham, Anthony Edward, Vol II
Farnsworth, Beatrice, Vol I
Farnsworth, Edward Allan, Vol IV
Farquhar, Keith, Vol IV
Farr, David M.L., Vol I
Farr, Judith Banzer, Vol II
Farrar, Ronald, Vol II
Farred, Grant, Vol II
Farrell, Frank, Vol I
Farrell, Hobert K., Vol IV
Farrell, John Philip, Vol II
Farrell, Warren Thomas, Vol IV
Farrer, Claire Rafferty, Vol I
Farris, W. Wayne, Vol I
Farrow, J.G., Vol I
Farthing, John L., Vol IV
Fasanaro, Charles N., Vol IV
Fasolt, Constantin, Vol I
Fass, Paula S., Vol I
Fate Norton, David, Vol IV
Faue, Elizabeth V., Vol I
Faul, Karene Tarquin, Vol I
Faulcon, Clarence Augustus, II, Vol I
Faulconer, James E., Vol IV
Faulhaber, Charles Bailey, Vol III
Faulk, Odie B., Vol I
Faulkner, Thomas Corwin, Vol II
Faupel, William, Vol IV
Faurot, Jeannette L., Vol III
Fausold, Martin L., Vol I
Faust, Drew Gilpin, Vol I
Faust, Naomi Flowe, Vol I
Favazza, Joseph A., Vol IV
Favor, J. Martin, Vol II
Fawkes, Don, Vol IV
Fawn Chung, Sue, Vol I
Fawzia, Mustafa, Vol II
Faxon, Alicia Craig, Vol I
Fay, Mary Ann, Vol I

Fay, Peter Ward, Vol I
Feagin, Susan Louise, Vol IV
Feal, Carlos, Vol III
Feal, Gisele C., Vol III
Feal, Rosemary Geisdorfer, Vol III
Fearn-Banks, Kathleen, Vol II
Fearnow, Mark, Vol II
Fears, J. Rufus, Vol I
Feaster, Bruce Sullivan, Vol IV
Fechner, Roger Jerome, Vol I
Fedder, Norman Joseph, Vol II
Federman, Raymond, Vol II
Fee, Elizabeth, Vol I
Feeley, Malcolm M., Vol I
Feeney, Joseph John, Vol II
Feerick, John David, Vol IV
Fehl, Philipp P., Vol I
Fehrenbach, Heide, Vol I
Fehrenbacher, Don Edward, Vol I
Fein, David Alan, Vol III
Fein, Richard J., Vol II
Feinberg, Barbara Jane, Vol I
Feinberg, Harvey Michael, Vol I
Feinberg, Leonard, Vol II
Feinberg, Walter, Vol IV
Feingold, Henry L., Vol I
Feinman, Jay M., Vol IV
Feinstein, Herbert Charles Verschleisser, Vol II
Feiss, Hugh, Vol IV
Feit, Neil, Vol IV
Feld, Alan L., Vol IV
Felder, Cain Hope, Vol IV
Felder, David W., Vol IV
Feldherr, Andrew, Vol I
Feldman, Gerald Donald, Vol I
Feldman, Heidi M., Vol III
Feldman, Irving, Vol II
Feldman, Louis H., Vol I
Feldman, Paula R., Vol II
Feldman, Richard Harold, Vol IV
Feldstein, Ronald Fred, Vol III
Feldthusen, Bruce P., Vol IV
Felix, David, Vol I
Felix, Robert E., Vol IV
Fell, Albert Prior, Vol IV
Fell, Joseph Phineas, Vol IV
Fellbaum, Christiane, Vol III
Feller, Daniel, Vol I
Feller, David Edward, Vol IV
Fellman, Michael, Vol I
Felluga, Dino, Vol II
Felsenfeld, Carl, Vol IV
Felstiner, John, Vol II
Felstiner, Mary Lowenthal, Vol I
Felt, James Wright, Vol IV
Feltes, Norman Nicholas, Vol II
Felton, Craig, Vol I
Felton, Sharon, Vol II
Fennell, Francis L., Vol II
Fenner, G. Michael, Vol IV
Fenton, William Nelson, Vol I
Fenves, Peter, Vol III
Ferejohn, John, Vol IV
Ferejohn, Michael T., Vol IV
Ferere, Gerard Alphonse, Vol I
Fergenson, Laraine Rita, Vol II
Ferguson, Arthus Bowles, Vol I
Ferguson, Clyde Randolph, Vol I
Ferguson, Eugene S., Vol I
Ferguson, Everett, Vol I
Ferguson, Gerry, Vol IV
Ferguson, James Wilson, Vol I
Ferguson, Kenneth D., Vol II
Ferguson, Kenneth G., Vol IV
Ferguson, Margaret Williams, Vol II
Ferguson, Marianne, Vol IV
Ferguson, Oliver Watkins, Vol II
Ferguson, Paul, Vol IV
Ferguson, Robert A., Vol II
Ferguson, Sherilyn, Vol II
Ferguson, Suzanne, Vol II
Ferguson, William Dean, Vol IV
Ferguson, William Rotch, Vol III
Fergusson, Frances D., Vol I
Ferling, John Ernie, Vol I
Ferm, Deane William, Vol IV
Ferm, Robert L., Vol IV
Fern, Alan M., Vol I
Fernandes, James, Vol II
Fernandez, Eduardo, Vol IV
Fernandezcifuentes, L., Vol III
Ferngren, Gary Burt, Vol I
Fernie, John D., Vol I
Ferns, John, Vol II
Ferraiolo, William D., Vol IV
Ferran, Ofelia, Vol III
Ferrante, Joan M., Vol III

Ferrara, Louis F., Vol IV
Ferrari, Rita, Vol II
Ferrari, Roberto, Vol II
Ferrari Pinney, Gloria, Vol I
Ferrarin, Alfredo, Vol I
Ferraro, Thomas J., Vol II
Ferre, John P., Vol II
Ferrell, Robert Hugh, Vol I
Ferrin Sutton, Dana, Vol I
Ferris, Norman B., Vol I
Ferro, Trenton R., Vol I
Ferst, Barry Joel, Vol I
Fesmire, Steven A., Vol IV
Fetter, Bruce Sigmond, Vol I
Fetterley, Judith, Vol II
Fetzer, Glenn W., Vol III
Fetzer, James Henry, Vol I
Fetzer, John Francis, Vol III
Feuerhahn, Ronald R., Vol I
Feyerick, Ada, Vol II
Fiala, Robert D., Vol I
Fichtner, Edward G., Vol III
Fichtner, Paula Sutter, Vol I
Fick, Carolyn E., Vol I
Fideler, Paul Arthur, Vol I
Fidler, Ann, Vol I
Fido, Franco, Vol III
Fiedler, Leslie Aaron, Vol II
Fiedler, Theodore, Vol III
Field, A.J., Vol I
Field, Daniel, Vol I
Field, Earle, Vol I
Field, Hartry, Vol IV
Field, Mark G., Vol I
Field, Norma, Vol III
Field, Phyllis Frances, Vol I
Field, Thomas Tilden, Vol IV
Fielder, John H., Vol I
Fields, Barbara J., Vol I
Fields, Beverly, Vol II
Fields, Darin E., Vol II
Fields, Lanny Bruce, Vol I
Fields, Milton, Vol IV
Fields, Stephen Michael, Vol IV
Fiema, Zbigniew, Vol I
Fiensy, David A., Vol IV
Fierce, Milfred C., Vol I
Fifer, Elizabeth, Vol III
Figueira, Dorothy, Vol III
Figueira, Thomas J., Vol I
Figueredo, Danilo H., Vol III
Figurito, Joseph, Vol III
Filemyr, Ann, Vol II
Filene, Peter Gabriel, Vol I
Filer, Malva Esther, Vol III
Filipowicz, Halina, Vol II
Filips-Juswigg, Katherina P., Vol III
Filler, John W., Vol I
Fillingim, David, Vol IV
Filonowicz, Joseph, Vol I
Finan, John J., Vol I
Finch, Patricia S., Vol III
Finco, Aldo, Vol III
Findlay, James E., Jr., Vol I
Findlay, Leonard Murray, Vol II
Findlay, Robert, Vol II
Findley, Carter Vaughn, Vol I
Findling, John Ellis, Vol I
Findon, Joanne, Vol II
Fine, Arthur, Vol IV
Fine, Elizabeth C., Vol III
Fine, Ellen Sydney, Vol III
Fine, Kit, Vol IV
Fine, Laura, Vol II
Fine, Marlene G., Vol II
Fine, Sidney, Vol I
Finegan, Edward J., Vol IV
Finello, Dominick Louis, Vol III
Fingard, Judith, Vol I
Finger, John R., Vol I
Finger, Thomas, Vol IV
Finifter, Ada Weintraub, Vol I
Fink, Beatrice, Vol I
Fink, Deborah R., Vol I
Fink, Edward L., Vol II
Fink, Gary M., Vol I
Fink, Karl J., Vol III
Fink, Robert J., Vol II
Fink, William Bertrand, Vol I
Finke, L.A., Vol II
Finkel, Alvin, Vol I
Finkelpearl, Philip J., Vol II
Finkelstein, Barbara, Vol I
Finkelstein, Joseph, Vol I
Finkelstein, Norman Mark, Vol II
Finkelstein, Rona, Vol I
Finken, Bryan W., Vol IV
Finkenbine, Roy, Vol I

Finkin, Matthew W., Vol IV
Finlay, Robert, Vol I
Finlayson, Arnold Robert, Vol IV
Finlayson, John, Vol II
Finlayson, Michael G., Vol I
Finlayson, William D., Vol I
Finley, Gerald E., Vol I
Finley, Thomas John, Vol IV
Finn, Daniel R., Vol IV
Finn, Margaret R., Vol I
Finn, Margot C., Vol I
Finn, Thomas M., Vol I
Finnegan, Robert Emmett, Vol II
Finnegan, Terence Robert, Vol I
Finneran, Richard John, Vol II
Finney, Ben Rudolph, Vol I
Finney, Paul Corby, Vol I
Finocchiaro, Maurice A., Vol IV
Finson, Jon William, Vol I
Fiordo, Richard A., Vol II
Fiore, Peter Amadeus, Vol II
Fiore, Robert L., Vol III
Fiore, Robin N., Vol IV
Fiorenza, Elizabeth Schussler, Vol IV
Firchow, Evelyn Scherabon, Vol III
Firchow, Peter Edgerly, Vol II
Fireman, Janet Ruth, Vol I
Firestone, Ruth H., Vol III
Firmage, Edwin Brown, Vol IV
Fiscella, Joan B., Vol IV
Fischel, Daniel R., Vol IV
Fischer, Bernd, Vol I
Fischer, David Arnold, Vol IV
Fischer, John, Vol II
Fischer, John Irwin, Vol II
Fischer, John Martin, Vol IV
Fischer, Leroy Henry, Vol I
Fischer, Marilyn R., Vol IV
Fischer, Michael, Vol II
Fischer, Norman Arthuf, Vol IV
Fischer, Robert Harley, Vol IV
Fischer, Roger Adrian, Vol I
Fischler, Alexander, Vol III
Fish, Arthur, Vol IV
Fish, Stanley E., Vol II
Fishback, Price Vanmeter, Vol I
Fishburn, Janet Forsythe, Vol IV
Fishburn, Katherine Richards, Vol II
Fisher, Alan Washburn, Vol I
Fisher, Craig B., Vol I
Fisher, David Hickman, Vol IV
Fisher, Edith Maureen, Vol II
Fisher, Eli D., Vol IV
Fisher, Eugene J., Vol IV
Fisher, James, Vol II
Fisher, James Randolph, Vol III
Fisher, James T., Vol I
Fisher, John C., Vol III
Fisher, John Hurt, Vol II
Fisher, Judith Law, Vol II
Fisher, Leona, Vol II
Fisher, Louis, Vol I
Fisher, Marvin, Vol I
Fisher, Philip, Vol II
Fisher, Raymond Henry, Vol I
Fisher, Robert Bruce, Vol I
Fisher, Robert Thaddeus, Vol IV
Fisher, Robin, Vol I
Fisher, Roger, Vol IV
Fisher, Saul, Vol IV
Fisher, Walter R., Vol II
Fisherkeller, JoEllen, Vol II
Fishman, David E., Vol I
Fishman, Joshua Aaron, Vol III
Fishman, Sterling, Vol I
Fishwick, Duncan, Vol I
Fishwick, Marshall W., Vol I
Fisk, William Lyons, Vol II
Fiss, Karen A., Vol I
Fiss, Owen M., Vol IV
Fitch, Brian T., Vol III
Fitch, J.G., Vol I
Fitch, Noel Riley, Vol II
Fitch, Raymond E., Vol II
Fite, Gilbert Courtland, Vol I
Fitter, Chris, Vol II
Fittipaldi, Silvio Edward, Vol IV
Fitts, Leroy, Vol IV
Fitz, Brewster, Vol III
Fitz, Earl Eugene, Vol III
Fitz, Hope K., Vol IV
Fitzgerald, Aloysius, Vol III
Fitzgerald, Desmond J., Vol IV
FitzGerald, Desmond J., Vol IV
Fitzgerald, E.P., Vol I
Fitzgerald, John Joseph, Vol IV
Fitzgerald, John Thomas, Jr., Vol IV
Fitzgerald, Patrick, Vol IV
Fitzmyer, Joseph Augustine, Vol IV
Fitzpatrick, Ellen, Vol I
Fitzpatrick, Martin, Vol I
Fitzpatrick, William J., Vol IV
Fitzsimmons, Michael P., Vol I
Fitzsimmons, Thomas, Vol II
Fix, Stephen, Vol II
Fizer, John, Vol III
Fjelde, Rolf Gerhard, Vol II
Flachmann, Michael C., Vol II
Flack, J..Kirkpatrick, Vol I
Flacks, Richard, Vol I
Flader, Susan L., Vol I
Flahive, Doug, Vol II
Flammer, Philip Meynard, Vol I
Flanagan, James F., Vol IV
Flanagan, Kathleen, Vol IV
Flanagan, Maureen Anne, Vol I
Flanagan, Owen, Vol IV
Flannagan, Roy C., Vol II
Flannery, Michael T., Vol IV
Flannigan, Rob, Vol IV
Flayhart, William H., III, Vol I
Fleck, Jere, Vol III
Fleck, Richard F., Vol II
Fleener, Charles Joseph, Vol I
Fleer, Jack David, Vol I
Fleischacker, Sam, Vol IV
Fleischer, Manfred Paul, Vol I
Fleischman, Suzanne, Vol III
Fleishman, Avrom, Vol II
Fleissner, Robert F., Vol II
Fleming, Deborah Diane, Vol II
Fleming, James Rodger, Vol I
Fleming, John Emory, Vol I
Fleming, John G., Vol IV
Fleming, Patricia L., Vol I
Fleming, Rae B., Vol I
Fleming, Raymond Richard, Vol III
Fleming, Robert, Vol II
Fletcher, Alan D., Vol II
Fletcher, Angus S., Vol II
Fletcher, David B., Vol IV
Fletcher, George Philip, Vol IV
Fletcher, Judith, Vol I
Fletcher, Marie, Vol II
Fletcher, Marvin Edward, Vol I
Fletcher, Robert E., Vol IV
Fletcher, Winona Lee, Vol II
Fleurant, Ken, Vol III
Flibbert, Joseph Thomas, Vol II
Flick, Robert Gene, Vol II
Fliegelman, Jay, Vol II
Flier, Michael S., Vol III
Flint, Allen Denis, Vol I
Flint, John E., Vol I
Flint, Thomas P., Vol IV
Flippen, Charles, Vol II
Flitterman-Lewis, Sandy, Vol II
Flora, Joseph Martin, Vol II
Flores, Carol A., Vol I
Flores, Dan, Vol I
Florescu, Radu R., Vol I
Flori, Monica Roy, Vol I
Florian, Robert Bruce, Vol I
Florida, Robert E., Vol IV
Flory, Marleen Boudreau, Vol I
Flory, Stewart Gilman, Vol I
Flory, Wendy Stallard, Vol II
Flournoy, Alyson Craig, Vol IV
Flower, Dean Scott, Vol II
Flower, Linda S., Vol II
Flowers, Betty Sue, Vol II
Flowers, Ronald Bruce, Vol IV
Flowers, William Harold, Jr., Vol IV
Floyd, Edwin Douglas, Vol I
Floyd, Juliet, Vol IV
Floyd, Michael H., Vol IV
Floyd, Samuel Alexander, Vol I
Flusche, Della M., Vol I
Flynn, George Quitman, Vol I
Flynn, James Thomas, Vol I
Flynn, Thomas R., Vol IV
Flynt, Wayne, Vol I
Foard, James Harlan, Vol IV
Foerst, Anne, Vol IV
Fogarty, Robert Stephen, Vol I
Fogel, Daniel, Vol II
Fogel, Herbert, Vol III
Fogel, Jerise, Vol I
Fogel, Stan, Vol II
Fogelman, Martin, Vol IV
Fogelson, Robert M., Vol I
Fogleman, Aaron S., Vol I
Folda, Jaroslav, Vol I
Folda, Jaroslav T., III, Vol I
Foley, Barbara, Vol II
Foley, John Miles, Vol II
Foley, Mary Briant, Vol I
Foley, Mary Kathleen, Vol III
Foley, Neil, Vol I
Foley, W. Trent, Vol IV
Foley, William Edward, Vol I
Folkenflik, Robert, Vol II
Folks, Jeffrey J, Vol II
Follick, Edwin D., Vol I
Follis, Elaine R., Vol IV
Folmar, John Kent, Vol I
Folse, Henry J., Jr., Vol IV
Folsom, Lowell Edwin, Vol I
Foltz, Bruce, Vol IV
Foltz, Howard L., Vol IV
Foltz, Richard, Vol I
Foner, Eric, Vol I
Foner, Eric, Vol I
Fong, Grace, Vol III
Fontaine, Carole R., Vol IV
Fontana, Bernard Lee, Vol I
Fontanella, Lee, Vol III
Fontenot, Chester J., Vol II
Fontijn, Claire, Vol I
Fontinell, Eugene, Vol IV
Foos, Paul W., Vol I
Foote, Bud, Vol II
Forage, Paul C., Vol I
Forbes, A. Dean, Vol IV
Forbes, Geraldine May, Vol I
Forbes, Graeme, Vol IV
Forbes, John Douglas, Vol I
Forbes, Joyce, Vol II
Forcadas, Alberto M., Vol III
Ford, Alvin Earle, Vol III
Ford, Andrew, Vol I
Ford, Franklin Lewis, Vol I
Ford, James, Vol III
Ford, James Eric, Vol II
Ford, James Francis, Vol III
Ford, James L., Vol IV
Ford, John Thomas, Vol IV
Ford, Judith Donna, Vol IV
Ford, Lewis S., Vol IV
Ford, Peter Anthony, Vol I
Ford, Richard R., Vol III
Ford, Thomas Wellborn, Vol II
Forde, Gerhard Olaf, Vol I
Forderhase, Rudolph Eugene, Vol I
Fordham, Monroe, Vol I
Forell, Caroline, Vol IV
Forell, George Wolfgang, Vol IV
Foreman, George, Vol I
Foreman, Jonathan Barry, Vol IV
Foreman, Kathryn S., Vol II
Foreman, Peggy E., Vol IV
Foreman, Terry Hancock, Vol IV
Forest, Jean, Vol III
Forgie, George Barnard, Vol I
Forguson, Lynd W., Vol IV
Forker, Charles Rush, Vol II
Forman, Mary, Vol I
Forman, Michael Lawrence, Vol III
Forman, P., Vol I
Forman, Robert, Vol IV
Forman Crane, Elaine, Vol I
Formisano, Ronald P., Vol I
Formwalt, Lee W., Vol I
Fornara, Charles William, Vol I
Forrest, Larry W., Vol I
Forrest-Carter, Audrey Faye, Vol I
Forrester, William Ray, Vol IV
Forsberg, Ralph P., Vol IV
Forscher Weiss, Susan, Vol I
Forse, James Harry, Vol I
Forshey, Harold Odes, Vol IV
Forslund, Catherine, Vol I
Forster, Marc R., Vol I
Forster, Merlin Henry, Vol III
Forster, Robert, Vol I
Forster-Hahn, Francoise, Vol I
Forsyth, Phyllis, Vol I
Fort, Keith, Vol II
Forte, Allen, Vol I
Fortenbaugh, William Wall, Vol I
Fortier, Jan M., Vol II
Fortier, Ted, Vol I
Fortin, Michel, Vol I
Fortna, Robert Tomson, Vol IV
Fortner, John D., Vol IV
Fortune, Gwendoline Y., Vol I
Foshay, Toby, Vol II
Fosl, Peter S., Vol IV
Foss, Brian, Vol I
Foss, Clive, Vol I
Foss, D. Pedar W., Vol I
Foss, Jeffrey E., Vol IV
Foster, Anne L., Vol I
Foster, Benjamin Read, Vol I
Foster, David, Vol II
Foster, David William, Vol III
Foster, Donald W., Vol II
Foster, Douglas A., Vol IV
Foster, E.C., Vol I
Foster, Edward E., Vol II
Foster, Frances Smith, Vol II
Foster, Frances Smith, Vol II
Foster, Hamar, Vol IV
Foster, James Hadlei, Vol IV
Foster, John, Vol IV
Foster, Karen Polinger, Vol I
Foster, Lawrence, Vol IV
Foster, Mark Stewart, Vol I
Foster, Matthew, Vol IV
Foster, Stephen, Vol I
Foster, Teree E., Vol II
Foster, Verna A., Vol II
Foti, Veronique Marion, Vol IV
Fotion, Nicholas, Vol IV
Fottler, Myron D., Vol I
Fouche, Rayvon, Vol I
Fouchereaux, Jean, Vol III
Fouke, Daniel C., Vol IV
Foulk, Gary J., Vol IV
Foulke, Robert Dana, Vol II
Fouquet, Patricia Root, Vol I
Fournier, Hannah, Vol III
Fournier, Lucien, Vol II
Fourny, Diane, Vol III
Fowkes, Robert Allen, Vol III
Fowler, Carolyn A., Vol III
Fowler, Doreen, Vol II
Fowler, Shelli, Vol III
Fowler, Virginia C., Vol II
Fowler, Vivia, Vol IV
Fowler, William Morgan, Vol I
Fowlie, Wallace, Vol III
Fox, Alice, Vol II
Fox, Charles W., Vol IV
Fox, Christopher, Vol II
Fox, Christopher B., Vol IV
Fox, Diana, Vol III
Fox, Douglas A., Vol IV
Fox, Edward Inman, Vol III
Fox, Eleanor M., Vol IV
Fox, Eleanor M., Vol IV
Fox, Frank, Vol I
Fox, Frank Wayne, Vol I
Fox, Hugh B., Vol II
Fox, James Walker, Vol IV
Fox, Lawrence J., Vol IV
Fox, Linda Chodosh, Vol III
Fox, Michael, Vol IV
Fox, Michael Allen, Vol IV
Fox, Pamela, Vol II
Fox, Richard Milan, Vol IV
Fox, Robert Charles, Vol II
Fox, Samuel, Vol IV
Fox, Sanford J., Vol IV
Fox, Stephen C., Vol I
Fox Good, Jacquelyn, Vol II
Fox-Genovese, Elizabeth, Vol I
Fradenburg, Louise, Vol II
Fradin, Joseph I., Vol III
Frager, Ruth, Vol I
Fraistat, Neil Richard, Vol II
Frajzyngier, Zygmunt, Vol III
Frakes, George Edward, Vol I
Frakes, Jerold C., Vol III
Fraleigh, Douglas, Vol II
France, Jean R., Vol I
Frances, Bryan R.S., Vol IV
Franceschetti, Antonio, Vol III
Francis, Edith V., Vol I
Francis, Robert D., Vol I
Francis, Samuel Todd, Vol I
Francis, Winthrop Nelson, Vol III
Franck, Thomas M., Vol IV
Francke, Kuno, Vol III
Franco, Abel B., Vol IV
Franco, Charles, Vol III
Franco, Jean, Vol II
Frank, Daniel H., Vol IV
Frank, David, Vol I
Frank, David A., Vol II
Frank, Elfrieda, Vol III
Frank, Francine, Vol III
Frank, Joseph, Vol II
Frank, Mortimer Henry, Vol II
Frank, Richard Macdonough, Vol III
Frank, Robert, Vol II
Frank, Roberta, Vol II
Frank, Sam Hager, Vol I
Frank, William A., Vol IV
Frank, Yakira H, Vol III
Franke, William, Vol III
Frankel, Margherita, Vol III
Frankel, Noralee, Vol I
Frankforter, Albertus Daniel, Vol I
Frankfurter, David, Vol IV
Franklin, Allan David, Vol I
Franklin, Benjamin, Vol II
Franklin, Carl M., Vol IV
Franklin, Floyd, Vol IV
Franklin, H. Bruce, Vol II
Franklin, James L., Jr., Vol I
Franklin, Naomi P., Vol IV
Franklin, Phyllis, Vol I
Franklin, Ralph William, Vol II
Franklin, Robert Michael, Vol IV
Franklin, Rosemary F., Vol II
Franklin, Ursula, Vol III
Franklin, Wayne S., Vol II
Franks, J. Richard, Vol III
Franks, Kenny Arthur, Vol I
Franks, Steven, Vol III
Franson, John Karl, Vol II
Franson, Robert T., Vol IV
Frantz, David Oswin, Vol II
Frantz, John B., Vol I
Frantz, Mary Alison, Vol I
Frantzen, Allen J., Vol II
Franz, George W., Vol I
Franz, Thomas Rudy, Vol III
Fraser, Howard Michael, Vol III
Fraser, Julius Thomas, Vol I
Fraser, Sarah, Vol I
Fraser, Theodore, Vol III
Frasier, Mary Mack, Vol I
Frassetto, Michael, Vol I
Fratianni, Michele, Vol I
Frautschi, Richard Lane, Vol III
Frazee, Charles Aaron, Vol IV
Frazer, Heather, Vol I
Frazer, June, Vol II
Frazer, William Johnson, Vol I
Frazier, Alison, Vol I
Frazier, Leta J., Vol II
Frazier, Lyn, Vol III
Freddoso, Alfred J., Vol IV
Fredeman, William E., Vol II
Frederick, G. Marcille, Vol IV
Frederick, Richard G., Vol I
Frederick, William Hayward, Vol I
Frederickson, Ronald Q., Vol II
Fredman, Stephen Albert, Vol II
Fredrick, David, Vol I
Fredricksmeyer, Ernst A., Vol I
Fredrickson, David, Vol IV
Fredrickson, George M., Vol I
Fredrickson, Robert Stewart, Vol II
Fredriksen, P., Vol IV
Free, Katherine B., Vol II
Free, William Joseph, Vol II
Freear Roberts, Helen, Vol III
Freeburg, Ernest, Vol II
Freed, Barbara, Vol III
Freed, Bruce, Vol IV
Freed, Joann, Vol I
Freed, John Beckmann, Vol I
Freedman, Carl, Vol II
Freedman, David Noel, Vol III
Freedman, Morris, Vol II
Freedman, Robert Owen, Vol I
Freehling, William W., Vol I
Freeman, Bernice, Vol II
Freeman, Bryant C., Vol III
Freeman, David, Vol III
Freeman, Donald Cary, Vol III
Freeman, Donald Dale, Vol IV
Freeman, Edward C., Vol IV
Freeman, Eugene, Vol IV
Freeman, James B., Vol IV
Freeman, Joanna Mae, Vol II
Freeman, John, Vol II
Freeman, Thomas F., Vol IV
Freeman, Thomas Parry, Vol III
Freeman, William M., Vol I
Freeman, Yvonne, Vol III
Freer, Coburn, Vol II
Freeze, Gregory L., Vol I
Freibert, Lucy Marie, Vol II
Freiday, Dean, Vol IV
Freier, Mary P., Vol II
Freiert, William K., Vol I
Freimarck, Vincent, Vol II
Freimuth, Vicki S., Vol II
Frein, Brigid C., Vol IV
Freis, Catherine R., Vol I

Freis, Richard, Vol I
French, Goldwin S., Vol I
French, Harold Wendell, Vol III
French, Louise, Vol IV
French, Paulette, Vol III
French, Peter A., Vol IV
French, Richard Frederic, Vol IV
French, Roberts Walker, Vol II
French, Stanley G., Vol IV
French, William, Vol IV
French, William Wirt, Vol II
French Baumlin, Tita, Vol II
Frentz, Thomas S., Vol II
Frerichs, Ernest S., Vol IV
Fresch, Cheryl, Vol II
Fresco, Alain D., Vol III
Fresco, Karen, Vol III
Frese, Dolores, Vol II
Fretheim, Terence E., Vol IV
Freund, Norm, Vol IV
Freund, Richard A., Vol IV
Frey, Herschel J., Vol III
Frey, John Andrew, Vol III
Frey, Marsha Lee, Vol I
Frey, Slyvia Rae, Vol I
Freyer, Tony Allan, Vol IV
Freyfogle, Eric T., Vol IV
Frick, Frank Smith, Vol IV
Frickey, Pierrette M., Vol III
Fried, Charles, Vol IV
Fried, Lewis Fredrick, Vol II
Fried, Richard M., Vol I
Friedberg, Maurice, Vol III
Friedel, Robert D., Vol I
Friedenberg, Robert Victor, Vol II
Friedland, B., Vol IV
Friedlander, Walter J., Vol I
Friedman, Alan, Vol II
Friedman, Barton Robert, Vol II
Friedman, Donald M., Vol II
Friedman, Edward, Vol I
Friedman, Edward Herbert, Vol III
Friedman, Ellen G., Vol I
Friedman, Eva Mary, Vol III
Friedman, Harvey Martin, Vol IV
Friedman, Howard M., Vol IV
Friedman, Jean E., Vol I
Friedman, Jerome, Vol I
Friedman, John Block, Vol II
Friedman, Lawrence Jacob, Vol I
Friedman, Lawrence M., Vol IV
Friedman, Lesley, Vol IV
Friedman, Marilyn A., Vol IV
Friedman, Maurice Stanley,
Vol IV
Friedman, Melvin Jack, Vol II
Friedman, Michael, Vol I
Friedman, Michael D., Vol II
Friedman, Murray, Vol I
Friedman, Norman, Vol II
Friedman, Philip Allan, Vol II
Friedman, Richard Elliott, Vol IV
Friedman, Saul S, Vol I
Friedman, Sidney Joseph, Vol II
Friedman, Stanley, Vol I
Friedman, William Hillel, Vol IV
Friedrich, Gustav William, Vol II
Friedrich, Paul, Vol III
Friedrichsmeyer, Erhard Martin,
Vol III
Friel, James P., Vol IV
Friel, Michael K., Vol I
Friend, Theodore W., Vol I
Frier, Bruce Woodward, Vol I
Frierson, Cathy A., Vol I
Fries, Maureen Holmberg, Vol II
Fries, Russell Inslee, Vol I
Friesen, Duane K., Vol IV
Frigge, S. Marielle, Vol IV
Friguglietti, James, Vol I
Frinta, Mojmir Svatopluk, Vol I
Frisch, Mathias F., Vol IV
Frischer, Bernard, Vol I
Fritsche, Johannes, Vol IV
Fritz, Donald Wayen, Vol II
Fritz, Harry William, Vol I
Fritz, Henry Eugene, Vol I
Fritz, Robert B., Vol I
Fritz, Ron, Vol IV
Fritz, Stephen G., Vol I
Fritzell, Peter Algren, Vol II
Fritzsche, Peter, Vol I
Frizzell, Lawrence E., Vol IV
Frizzell, Robert, Vol I
Froehlich, Charles Donald, Vol IV
Froese Tiessen, Hildi, Vol II
Frohlich, Mary, Vol IV
Froide, Amy, Vol I
Fromkin, Victoria A, Vol III

Fromm, Gloria Glikin, Vol II
Frosch, Thomas Richard, Vol II
Frose, Victor, Vol III
Frost, Elizabeth, Vol II
Frost, Frank J., Vol I
Frost, Ginger S., Vol I
Frost, James Arthur, Vol I
Frost, Jerry William, Vol I
Frost, Linda Anne, Vol II
Frost, Olivia Pleasants, Vol I
Frost, Peter K., Vol I
Frost, Richard Hindman, Vol I
Froula, Christine, Vol II
Frow, John, Vol I
Frug, Gerald Ellison, Vol IV
Frushell, Richard Clayton, Vol II
Fry, Carrol Lee, Vol II
Fry, Christine L., Vol I
Fry, Joseph A., Vol I
Fry, Katherine G., Vol II
Fry, Michael G., Vol IV
Fryd, Vivien G., Vol I
Frydman, Anne, Vol III
Frye, Joanne S., Vol II
Frye, Richard Nelson, Vol III
Frye, Roland Mushat, Vol II
Fryer, Judith, Vol II
Fryer, T. Bruce, Vol III
Frykenberg, Robert E., Vol I
Frykman, George Axel, Vol I
Frymer-Kensky, Tikva Simone,
Vol IV
Fu, Poshek, Vol I
Fuchs, Cynthia, Vol II
Fuchs, Esther, Vol III
Fuchs, Jacob, Vol II
Fuegi, John B., Vol III
Fuerst, Wesley J., Vol IV
Fuerst, Wesley J., Vol IV
Fukuyama, Francis, Vol I
Fulco, William J., Vol III
Fulk, Janet, Vol II
Fulkerson, Raymond Gerald,
Vol II
Fulkerson, Richard P., Vol II
Fuller, Alfredia Y., Vol IV
Fuller, Clarence, Vol IV
Fuller, George Cain, Vol IV
Fuller, Homer Woodrow, Vol III
Fuller, Justin, Vol I
Fuller, Lawrence Benedict, Vol II
Fuller, M.A., Vol III
Fuller, Reginald H., Vol IV
Fuller, Robert Charles, Vol IV
Fuller, Russell T., Vol IV
Fuller, Sarah, Vol I
Fullerton, Gerald Lee, Vol III
Fullinwider, S. Pendleton, Vol I
Fullmer, June Zimmerman, Vol I
Fulop, Timothy E., Vol IV
Fulton, Gordon D., Vol II
Fulton, Henry Levan, Vol II
Fulton, Richard Delbert, Vol II
Fulweiler, Howard, Vol II
Fumerton, Patricia, Vol II
Fumerton, Richard A., Vol III
Funchion, Michael Francis, Vol I
Funigiello, Philip J., Vol I
Funk, Arthur Layton, Vol I
Funk, David A., Vol IV
Funkenstein, Amos, Vol I
Fuqua, Charles, Vol I
Fuqua, Charles J., Vol I
Furdell, Ellzabeth Lane, Vol I
Furia, Philip, Vol II
Furia, Philip George, Vol II
Furlong, Patrick Joseph, Vol I
Furlough, Ellen, Vol I
Furman, Necah Stewart, Vol I
Furness, Edna Lue, Vol II
Furnish, Victor Paul, Vol IV
Furniss, Elizabeth, Vol I
Furrow, Dwight, Vol IV
Furst, Liliam Renee, Vol III
Furth, Charlotte, Vol I
Furtwangler, Albert, Vol II
Fusco, Richard, Vol II
Fuss, Peter L., Vol IV
Fussell, Edwin, Vol II
Fussner, Frank Smith, Vol I
Futrell, Robert Frank, Vol I
Fykes, Leroy Matthews, Jr.,
Vol IV
Gabaccia, Donna, Vol I
Gabbard, Krin, Vol III
Gabbin, Joanne Veal, Vol II
Gabel, Creighton, Vol I
Gabel, Jack, Vol I
Gabriele, Edward, Vol IV

Gabriele, John P., Vol III
Gaddis, John Lewis, Vol I
Gaeffke, Peter, Vol III
Gaetke, Eugene Roger, Vol IV
Gaffin, Richard Birch, Jr., Vol IV
Gaffney, Floyd, Vol II
Gaffney, John Patrick, Vol IV
Gafni, Abraham J., Vol IV
Gagarin, Michael, Vol I
Gagliano, Joseph Anthony, Vol I
Gagliardi, Frank M., Vol I
Gagliardo, John G., Vol I
Gagnon, Carolle, Vol IV
Gaichas, Lawrence Edward, Vol I
Gainer, Kim, Vol II
Gaines, Barry, Vol II
Gaines, Elliot I., Vol II
Gaines, James Frederick, Vol III
Gaines, Jane M., Vol II
Gaines, Robert N., Vol II
Gaines, Robert N., Vol II
Gair, James Wells, Vol III
Gaiser, Frederick J., Vol IV
Gaisser, Julia Haig, Vol I
Gajowski, Evelyn J., Vol II
Galambos, Louis Paul, Vol I
Galand, Rene, Vol III
Galanter, Marc, Vol IV
Galavaris, George, Vol I
Galchinsky, Michael, Vol II
Galchinsky, Michael, Vol III
Galef, David, Vol II
Galgan, Gerald J., Vol IV
Galinsky, Karl, Vol I
Galis, Leon, Vol IV
Galishoff, Stuart, Vol I
Gall, Robert S., Vol IV
Gallacher, Patrick, Vol I
Gallagher, David M., Vol IV
Gallagher, Edward J., Vol III
Gallagher, Gary W., Vol I
Gallagher, Mary A.Y., Vol I
Gallagher, Shaun, Vol IV
Gallaher, Edward J., Vol III
Gallant, Christel, Vol III
Gallant, Christine, Vol II
Gallati, Ernst, Vol III
Gallatin, Harlie Kay, Vol I
Galli, Barbara E., Vol III
Gallicchio, Marc S., Vol I
Gallo, Louis, Vol II
Galloway, J. Donald C., Vol IV
Gallucci, John, Vol III
Galperin, William, Vol III
Galston, M., Vol IV
Galton, Herbert, Vol III
Galush, William J., Vol I
Galvan, Delia V., Vol III
Galvaris, George, Vol I
Gamal, Adel Sulaiman, Vol I
Gamble, Charles W., Vol IV
Gamble, Richard C., Vol IV
Gamboni, Dario, Vol I
Gandal, Keith, Vol II
Gangadean, Ashok Kumar, Vol IV
Ganim, John Michael, Vol II
Gann, Lewis H., Vol I
Gannage, Mark, Vol IV
Gans, Herbert J., Vol I
Ganson, Barbara, Vol I
Gantar, Jure, Vol II
Gantt, Walter N., Vol I
Ganz, Albert Harding, Vol I
Ganz, David, Vol I
Ganz, David L., Vol IV
Ganz, Margery Ann, Vol I
Ganzel, Dewey Alvin, Vol II
Gao, Q., Vol III
Gara, Larry, Vol I
Garaud, Christian, Vol III
Garay, Mary Sue, Vol II
Garay, Ronald, Vol II
Garber, Daniel Elliot, Vol IV
Garber, Marilyn, Vol I
Garber, Zev Warren, Vol III
Garcia, Albert L., Vol IV
Garcia, Aurelio A., Vol I
Garcia, Juan Ramon, Vol I
Garcia, Laura, Vol IV
Garcia, Matt, Vol I
Garcia, William Burres, Vol I
Garcia-Gomez, Jorge, Vol IV
Gardaphe, Fred L., Vol II
Gardella, Robert Paul, Vol I
Gardiner, David, Vol IV
Gardiner, Judith Kegan, Vol II
Gardinier, David E., Vol I
Gardner, Bettye J., Vol I
Gardner, Catherine, Vol IV

Gardner, Joseph Hogue, Vol II
Gardner, Richard Newton, Vol IV
Garen, Sally, Vol I
Garet, Ronald R., Vol IV
Garfinkel, Alan, Vol III
Garfinkel, Stephen Paul, Vol IV
Garfinkle, Charlene G., Vol I
Gargan, Edward T., Vol I
Gariano, Carmelo, Vol II
Garibaldi, Antoine Michael, Vol I
Garland, John William, Vol IV
Garland, Martha, Vol I
Garland, Michael John, Vol IV
Garlick, Peter C., Vol I
Garner, Roberta, Vol I
Garnett, Mary Anne, Vol II
Garr, W. Randall, Vol III
Garrard, Mary, Vol I
Garratt, Robert Francis, Vol II
Garretson, Deborah, Vol III
Garrett, Aline M., Vol I
Garrett, Clarke W., Vol I
Garrett, Don James, Vol IV
Garrett, Gerald R., Vol IV
Garrett, James Leo, Vol IV
Garrett, Peter K., Vol II
Garrett, Peter Kornhauser, Vol II
Garrett, Robert I., Jr., Vol IV
Garrison, Daniel, Vol I
Garrison, David H., Vol I
Garrison, James Dale, Vol II
Garrison, Lora Dee, Vol I
Garrison, Mark, Vol I
Garrison, Roman, Vol I
Garro, A.M., Vol IV
Garroutte, Eva, Vol I
Garry, Ann, Vol IV
Garthoff, Raymond L., Vol I
Garthwaite, Gene Ralph, Vol I
Gartner, Lloyd Philip, Vol I
Garton, Charles, Vol I
Garver, Newton, Vol IV
Garvey, John Leo, Vol IV
Garvey, Sheila Hickey, Vol II
Garvin, James L., Vol I
Gasche, Rodolphe, Vol III
Gaskell, Ivan, Vol I
Gaskin, Leroy, Vol I
Gasman, Daniel E., Vol I
Gasperetti, David, Vol III
Gass, William Howard, Vol IV
Gasster, Michael, Vol I
Gastil, John Webster, Vol II
Gaston, Lloyd, Vol IV
Gaston, Paul M., Vol I
Gates, Barbara Timm, Vol II
Gates, Gary, Vol IV
Gates, Henry Louis, Jr., Vol II
Gates, John Morgan, Vol I
Gatewood, Algie C., Vol I
Gatewood, Willard Badgette, Vol I
Gatta, John, Jr., Vol II
Gauker, Christopher P., Vol IV
Gaull, Marilyn, Vol II
Gaunt, Kyra D., Vol I
Gaunt, Philip, Vol I
Gauss, Charles E., Vol IV
Gaustad, Edwin Scott, Vol I
Gauthier, Candace, Vol IV
Gauthier, Jeff, Vol IV
Gauthier, Yvon, Vol III
Gauvreau, J. Michael, Vol I
Gavil, Andrew I., Vol IV
Gavin, Rosemarie Julie, Vol II
Gavin, William, Vol IV
Gavins, Raymond, Vol I
Gavronsky, Serge, Vol III
Gawalt, Gerard Wilfred, Vol I
Gay, Richard R., Vol II
Gay, William Carroll, Vol IV
Gay-Crosier, Raymond, Vol III
Gayeski, Diane M., Vol II
Gayles-Felton, Anne Richardson,
Vol I
Gaylord, Alan T., Vol II
Gaylord, Inez K., Vol III
Gazell, James A., Vol I
Geagan, Daniel J., Vol I
Gealt, Adelheid Medicus, Vol I
Gearey, Amelia J., Vol IV
Gearhart, Suzzane, Vol III
Geary, Edward Acord, Vol II
Geary, John Steven, Vol III
Gebhard, David, Vol I
Gebhard, Elizabeth Replogle, Vol I
Gedalecia, David, Vol I
Geehr, Richard Stockwell, Vol I
Geerken, John Henry, Vol I
Geertz, Clifford, Vol I

Geggus, D., Vol I
Geherin, David J., Vol II
Geib, George Winthrop, Vol I
Geiger, Mary Virginia, Vol IV
Geiger, Reed G., Vol I
Geiman, Kevin, Vol IV
Geisler, Norman Leo, Vol IV
Geison, Gerald Lynn, Vol I
Geissler, Suzanne Burr, Vol I
Geist, Joseph E., Vol III
Geist, Patricia, Vol II
Gelb, Joyce, Vol I
Gelber, Lynne Levick, Vol III
Gelber, Steven Michael, Vol I
Gelernt, Jules, Vol II
Gelernter, Judith, Vol II
Gelfand, Elissa Deborah, Vol III
Gelfand, Lawrence E., Vol I
Geller, David A., Vol IV
Geller, Lila Belle, Vol II
Gellhorn, Gay, Vol IV
Gellott, Laura S., Vol I
Gellrich, Jesse M., Vol II
Gellrich, Michelle, Vol I
Gelwick, Richard, Vol IV
Gemmett, Robert J., Vol II
Gemunden, Gerd, Vol III
Gencarelli, Thomas F., Vol II
Gendin, Sidney, Vol IV
Gendzier, Stephen J., Vol III
Gennaro, Rocco J., Vol IV
Genno, Charles N., Vol III
Genova, Anthony Charles, Vol IV
Genovese, Edgar Nicholas, Vol I
Genovese, Eugene D., Vol I
Genovesi, Vincent Joseph, Vol IV
Gensler, Harry J., Vol IV
Gentles, Ian, Vol II
Gentry, Atron A., Vol I
Gentry, F.G., Vol III
Gentry, Judith Anne Fenner, Vol I
Gentry, Marshall Bruce, Vol II
Gentry, Peter J., Vol IV
Gentry, Thomas Blythe, Vol II
Geok-lin Lim, Shirley, Vol II
George, Charles Hilles, Vol I
George, Edward V., Vol I
George, Emery Edward, Vol III
George, Hermon, Jr., Vol I
George, Kathryn Paxton, Vol IV
George, Kearns, Vol III
George, Laura J., Vol II
George, Luvenia A., Vol I
George, Peter J., Vol I
George, Rolf A., Vol IV
George, Susanne K., Vol II
Georges, Robert A., Vol III
Gephart, Ronald Michael, Vol I
Geraets, Theodore F., Vol IV
Gerard, Jules Bernard, Vol IV
Gerato, Erasmo Gabriele, Vol III
Geraty, Lawrence Thomas, Vol I
Gerber, Barbara Leslie, Vol I
Gerber, David A., Vol I
Gerber, Douglas E., Vol I
Gerber, Jane Satlow, Vol I
Gerber, William, Vol IV
Gerberding, Richard A., Vol I
Gerdes, Neil W., Vol III
Gerhart, Mary, Vol IV
Gericke, Philip Otto, Vol III
Gerig, Wesley Lee, Vol IV
Gerkin, Charles Vincent, Vol IV
Gerlach, Don R., Vol I
Gerlach, John Charles, Vol II
Gerlach, Larry Reuben, Vol I
Gerlach, U. Henry, Vol III
Gerli, Edmondo Michael, Vol III
Germain, Claude, Vol III
Germain, Edward B., Vol III
Gernes, Sonia, Vol II
Gernes, Todd Steven, Vol III
Gerrard, Charlotte, Vol III
Gerrish, Brian Albert, Vol IV
Gerry, Thomas M.F., Vol II
Gershenson, Daniel Enoch, Vol I
Gershon, Robert, Vol II
Gerson, Kathleen, Vol I
Gerstein, Linda Groves, Vol I
Gerstel, Sharon E.J., Vol I
Gert, Bernard, Vol IV
Gert, Heather, Vol IV
Gerteis, Louis, Vol I
Gertzman, Jay Albert, Vol II
Gervers, Michael, Vol I
Gesell, Geraldine C., Vol I
Gesner, B. Edward, Vol III
Getches, David H., Vol IV

Gettleman, Marvin Edward, Vol I
Getty, J. Arch, Vol I
Gewanter, David, Vol II
Geyer, Alan, Vol IV
Geyer, M., Vol I
Ghazzal, Zouhair, Vol I
Ghilarducci, Teresa, Vol I
Ghirardo, Diane, Vol I
Ghnassia, Jill Dix, Vol II
Ghose, Zulfikar Ahmed, Vol II
Ghosh, Ratna, Vol I
Ghosh, Shuba, Vol IV
Giacumakis, George, Vol I
Gianakaris, Constantine John, Vol II
Giannelli, Paul Clark, Vol IV
Giannetti, Louis Daniel, Vol II
Giannone, Richard, Vol II
Giarelli, Andrew, Vol II
Gibaldi, Joseph, Vol II
Gibbard, Allan Fletcher, Vol IV
Gibbens, E. Byrd, Vol II
Gibbons, Reginald, Vol II
Gibbs, David N., Vol I
Gibbs, Jack Gilbert, Jr., Vol IV
Gibbs, Jeffrey A., Vol IV
Gibbs, Lee Wayland, Vol IV
Gibbs, Paul J., Vol IV
Gibbs, Virginia, Vol III
Gibert, John C., Vol I
Gibian, George, Vol III
Giblin, Charles Homer, Vol IV
Giblin, Marie J., Vol IV
Gibson, Ann, Vol I
Gibson, Claude Louis, Vol II
Gibson, Donald B., Vol II
Gibson, Donald Bernard, Vol II
Gibson, Melissa K., Vol II
Gibson, Scott M., Vol IV
Gibson, Stephanie, Vol II
Gibson, Todd, Vol III
Gibson, Walter S., Vol I
Gibson, William M., Vol IV
Giebelhaus, August William, Vol I
Gieber, Robert L., Vol III
Gier, Nicholas F., Vol IV
Giere, Ronald N., Vol IV
Gies, David Thatcher, Vol III
Giffin, Frederick Charles, Vol I
Giffin, William Wayne, Vol I
Gifford, Bernard R., Vol I
Gifford, Daniel Joseph, Vol IV
Gifford, James J., Vol II
Gigger, Helen C., Vol IV
Giglio, James Nicholas, Vol I
Gigliotti, Gilbert L., Vol II
Gignac, Francis Thomas, Vol III
Gilb, Corinne Lathrop, Vol I
Gilbert, Arlan Kemmerer, Vol I
Gilbert, Bentley Brinkerhoff, Vol I
Gilbert, Harvey R., Vol III
Gilbert, James Burkhart, Vol I
Gilbert, James L., Vol I
Gilbert, Joseph, Vol IV
Gilbert, Margaret, Vol IV
Gilbert, Robert Emile, Vol I
Gilbert, Sandra Mortola, Vol II
Gildemeister, Glen A., Vol I
Gilderhus, Mark Theodore, Vol I
Gildric, Richard P., Vol I
Giles, Geoffrey John, Vol I
Giles, James Richard, Vol II
Giles, Mary E., Vol III
Giles, Thomas Ransom, Vol IV
Gilfoyle, Timothy J., Vol I
Gilgen, Albert R., Vol I
Gilinsky, Joshua, Vol I
Gilje, Paul Arn, Vol I
Gilkes, Cheryl Townsend, Vol IV
Gill, Ann, Vol II
Gill, David W., Vol IV
Gill, Gerald Robert, Vol I
Gill, Glenda Eloise, Vol II
Gill, Mary Louise, Vol I
Gill, Michael, Vol IV
Gill, Sam, Vol IV
Gillan, Garth J., Vol IV
Gillan, Jeniffer, Vol II
Gillen, Mark R., Vol IV
Gillespie, Angus K., Vol I
Gillespie, Diane F., Vol II
Gillespie, Michael Patrick, Vol II
Gillespie, Patti P., Vol II
Gillett, Carl, Vol IV
Gillett, Margaret, Vol I
Gillette, William, Vol I
Gillette Sturm, Fred, Vol IV
Gilliam, Bryan, Vol I
Gilliard, Frank Daniel, Vol I
Gilliland-Swetland, Anne J., Vol I
Gillingham, Bryan R., Vol I
Gillis, Chester, Vol IV
Gillis, Daniel J., Vol I
Gillis, John R., Vol I
Gillman, Florence Morgan, Vol IV
Gillman, Neil, Vol IV
Gillmor, Alan, Vol I
Gillmor, Charles Stewart, Vol I
Gillmor, Donald M., Vol II
Gillon, Adam, Vol II
Gilman, Donald, Vol III
Gilman, Ernest B., Vol II
Gilman, Owen W., Vol II
Gilmore, Al Tony, Vol I
Gilmore, George Barnes, Vol IV
Gilmore, Robert McKinley, Sr., Vol IV
Gilmore, Roger H., Vol III
Gilmore, Vanessa D., Vol IV
Gilmore-Lehne, William James, Vol I
Gilmour, John C., Vol IV
Gilmour, Peter, Vol IV
Gilpin, W. Clark, Vol IV
Gilroy, James Paul, Vol III
Gilson, Greg, Vol IV
Gimbutas, Marija, Vol I
Gimelli, Louis B., Vol I
Gimenez, Antonio, Vol III
Gingerich, Ray C., Vol IV
Gingery, Gail Alvah, Vol I
Gini, Alfred, Vol IV
Ginsberg, Elaine Kaner, Vol II
Ginsberg, Ellen Sutor, Vol III
Ginsberg, Lesley, Vol II
Ginsburg, Michal P., Vol III
Ginter, Donald Eugene, Vol II
Gintis, Herbert, Vol I
Giral, Angela, Vol II
Girardot, Norman J., Vol I
Girgus, Sam B., Vol II
Giro, Jorge A., Vol III
Giroux, Michel, Vol IV
Gish, Nancy K., Vol II
Gish, Robert F., Vol II
Gisolfi, Diana, Vol I
Gispen, Kees, Vol I
Gissendanner, John M., Vol II
Gitelman, Morton, Vol IV
Githiga, John Gatungu, Vol IV
Gittleman, Sol, Vol III
Gittlen, Barry M, Vol I
Giuliano, Michael J., Vol II
Giurlanda, Paul, Vol IV
Giurlanda, Paul, Vol IV
Givelber, Daniel James, Vol IV
Givens, Stuart R., Vol I
Givner, Joan, Vol II
Glaab, Charles Nelson, Vol I
Glad, Paul Wilbur, Vol I
Glade, Henry, Vol III
Gladish, Robert Willis, Vol II
Gladney, Frank Y., Vol III
Gladson, Jerry A., Vol IV
Gladwin, Lee Allan, Vol IV
Glahe, Fred Rufus, Vol I
Glancy, Diane, Vol II
Glannon, Joseph William, Vol IV
Glasco, Anita L., Vol I
Glasco, Laurence A., Vol I
Glaser, Daniel, Vol I
Glaser, Hollis F., Vol II
Glasrud, Bruce A., Vol I
Glass, Dorothy, Vol I
Glass, Erlis, Vol III
Glassberg, David, Vol I
Glasser, Theodore L., Vol II
Glassner, Martin Ira, Vol I
Glatfelter, Ralph Edward, Vol I
Glatzer Rosenthal, Bernice, Vol I
Glavac, Cynthia, Vol II
Glavin, John, Vol II
Glazebrook, Patricia, Vol IV
Glazier, Ira Albert, Vol I
Glazier, Lyle Edward, Vol II
Glazier, Stephen D., Vol I
Glazier-McDonald, Beth, Vol IV
Gleason, Abbott, Vol I
Gleason, Elisabeth Gregorich, Vol I
Gleason, Maude, Vol I
Gleason, Michael, Vol III
Gleaves, Robert Milnor, Vol III
Gleckner, Robert F., Vol II
Gleissner, Stephen, Vol I
Glen, Robert Allan, Vol I
Glen, Thomas L., Vol I
Glenn, Cecil E., Vol I
Glenn, George, Vol II
Glenn, Jerry, Vol III
Glenn, John Deavenport, Jr., Vol IV
Glenn, Justin Matthews, Vol I
Glenn, Kathleen Mary, Vol III
Glenn, Pierce, Vol III
Glenny, Sharon, Vol I
Glick, Thomas F., Vol I
Glidden, David, Vol IV
Glidden, Jock, Vol IV
Glinert, Lewis, Vol III
Gliserman, Martin, Vol II
Glosecki, Stephen O., Vol I
Glover, Albert Gould, Vol II
Glover, Raymond F., Vol IV
Glowacki, Kevin T., Vol I
Glowienka, Emerine Frances, Vol IV
Glowka, Arthur Wayne, Vol II
Gluck, Andrew L., Vol IV
Gluck, Carol, Vol I
Glueckert, Leo, Vol I
Glymour, Clark, Vol IV
Glynn, Simon, Vol IV
Gmelch, George, Vol I
Gmelch, Sharon Bohn, Vol I
Gnarowski, Michael, Vol II
Gnuse, Robert, Vol IV
Gobel, David W., Vol I
Gobert, David Lawrence, Vol III
Gochberg, Donald S., Vol II
Gocking, Roger S., Vol I
Godard, Barbara J., Vol II
Godbeer, R., Vol I
Godbold, E. Stanly, Vol I
Goddu, Teresa, Vol II
Godfrey, Aaron W., Vol I
Godfrey, Mary F., Vol II
Godfrey, William Gerald, Vol I
Godin, Jean Cleo, Vol III
Godsey, John Drew, Vol IV
Godshalk, William Leigh, Vol II
Godwin, Joscelyn, Vol I
Goedicke, Hans, Vol I
Goel, Madan Lal, Vol I
Goellnicht, Donald, Vol II
Goergen, Donald J., Vol IV
Goering, Elizabeth, Vol II
Goertzen, Chris, Vol I
Goetsch, James R., Vol IV
Goetz, Thomas Henry, Vol III
Goetz-Stankiewicz, Marketa, Vol III
Goetzmann, William Harry, Vol I
Goff, Barbara E., Vol I
Goff, Edwin L., Vol IV
Goff, John S., Vol I
Goff, Richard D., Vol I
Goffart, Walter A., Vol I
Goffen, Rona, Vol I
Goforth, Carol R., Vol IV
GoGwilt, Christopher, Vol II
Goh, David T., Vol IV
Goheen, Jutta, Vol III
Goheen, R.B., Vol I
Goic, Cedomil, Vol III
Goins, Richard Anthony, Vol I
Goins, Scott, Vol I
Goist, Park Dixon, Vol I
Gokhale, Balkrishna Govind, Vol I
Golab, Zbigniew, Vol III
Golahny, Amy, Vol I
Golany, Gideon S., Vol I
Golas, Peter John, Vol I
Golb, Norman, Vol I
Gold, Ann G., Vol I
Gold, Barbara K., Vol I
Gold, Carol, Vol I
Gold, Ellen Reid, Vol II
Gold, Jeff, Vol IV
Gold, Joel Jay, Vol II
Gold, Jonathan, Vol IV
Gold, Joseph, Vol II
Gold, Penny Schine, Vol I
Gold, Richard E., Vol IV
Gold, Robert Leonard, Vol I
Gold, Victor Roland, Vol IV
Goldbeck, Janne, Vol II
Goldberg, Barry, Vol I
Goldberg, Hillel, Vol IV
Goldberg, Rita Maria, Vol III
Goldberg, Robert A., Vol I
Goldberg, Sander M., Vol I
Goldberg, Sanford C., Vol IV
Goldberger, Leo, Vol I
Golden, Arthur, Vol II
Golden, Bruce, Vol II
Golden, Donald Leon, Vol IV
Golden, Evelyn Davis, Vol IV
Golden, Leon, Vol I
Golden, Mark, Vol I
Golden, Richard Martin, Vol I
Goldenberg, Robert, Vol II
Goldfarb, Jeffrey C., Vol II
Goldfarb, Ronald L., Vol IV
Goldfield, David, Vol I
Goldfield, Michael, Vol I
Goldgar, Bertrand Alvin, Vol II
Goldin, Claudia, Vol I
Goldin, Frederick, Vol II
Goldin, Milton, Vol I
Goldin, Owen Michael, Vol IV
Golding, Martin P., Vol IV
Goldingay, John, Vol IV
Goldman, Aaron L., Vol I
Goldman, Alan H., Vol IV
Goldman, Alvin I., Vol IV
Goldman, Bernard, Vol I
Goldman, Edward A., Vol IV
Goldman, Jean, Vol I
Goldman, Sheldon, Vol I
Goldman, Steven, Vol I
Goldschmidt, Arthur E., Jr., Vol I
Goldstein, Abraham Samuel, Vol IV
Goldstein, Carl, Vol I
Goldstein, Darra, Vol I
Goldstein, Irwin, Vol IV
Goldstein, Jonathan, Vol I
Goldstein, Joshua S., Vol I
Goldstein, Laurence Alan, Vol I
Goldstein, Leon Jay, Vol IV
Goldstein, Paul, Vol IV
Goldthwait, John T., Vol IV
Goldthwaite, Richard A., Vol I
Goldworth, Amnon, Vol IV
Goldy, Charlotte Newman, Vol I
Goldzwig, Steven R., Vol II
Golian, Linda Marie, Vol II
Golinski, Jan, Vol I
Gollaher, David L., Vol I
Gollin, Richard M., Vol II
Gollin, Rita K., Vol II
Golluber, Michael, Vol IV
Golombek, Lisa, Vol I
Golphin, Vincent F.A., Vol IV
Golston, Chris, Vol III
Golumbia, David, Vol III
Gomberg, Paul, Vol IV
Gomez Lobo, Alfonso, Vol IV
Gomez-Moriana, Antonio, Vol I
Gontrum, Peter B., Vol III
Gonzales, John Edmond, Vol I
Gonzales, Manuel G., Vol I
Gonzalez, Alexander G., Vol II
Gonzalez, Alfonso, Vol III
Gonzalez, Bernardo Antonio, Vol III
Gonzalez, Catherine Gunsalus, Vol I
Gonzalez, Deena J., Vol I
Gonzalez, Eloy, Vol III
Gonzalez, Evelyn, Vol I
Gonzalez, Justo Luis, Vol I
Gonzalez, Luis G., Vol IV
Gonzalez De Leon, Fernando Javier, Vol I
Gooch, Bryan N.S., Vol II
Gooch, Paul W., Vol IV
Good, David F., Vol I
Good, Irene Lee, Vol I
Good, Robert C., Vol IV
Goodall, H. L. (Bud), Jr., Vol II
Goode, James Edward, Vol IV
Goode, William Osborne, Vol III
Gooden, Winston Earl, Vol IV
Goodfriend, Joyce Diane, Vol I
Goodheart, Eugene, Vol II
Gooding-Williams, Robert, Vol IV
Goodman, David G., Vol III
Goodman, Grant Kohn, Vol I
Goodman, Jennifer Robin, Vol II
Goodman, Lenn Evan, Vol IV
Goodman, Louis, Vol I
Goodman, Michael B., Vol II
Goodman, Michael F., Vol IV
Goodman, Paul, Vol I
Goodman, Russell B., Vol IV
Goodman, Russell B., Vol II
Goodman, Susan, Vol II
Goodman, Susanne R., Vol IV
Goodman-Delahunty, Jane, Vol IV
Goodnight, G. Thomas, Vol II
Goodrich, Thomas Day, Vol I
Goodson, Alfred Clement, Vol III
Goodson, Carol F., Vol II
Goodstein, Anita Shafer, Vol I
Goodstein, Judith Ronnie, Vol I
Goodwin, G.F., Vol I
Goodwin, James Osby, Vol IV
Goodwin, Joanne, Vol I
Goosman, Stuart, Vol I
Gootenberg, Paul, Vol I
Gopalan, Lalitha, Vol II
Gopen, George D., Vol II
Gopnik, Myrna, Vol III
Goranson, Stephen, Vol IV
Gordon, Aaron Z., Vol I
Gordon, Alexander Lobban, Vol III
Gordon, Allan M., Vol I
Gordon, Amy Glassner, Vol I
Gordon, Andrew, Vol II
Gordon, Bertram M, Vol I
Gordon, Dane R., Vol IV
Gordon, Daniel, Vol I
Gordon, Jacob U., Vol I
Gordon, Leonard Abraham, Vol I
Gordon, Leonard H.D., Vol I
Gordon, Linda, Vol I
Gordon, Lois G., Vol II
Gordon, Lynn, Vol III
Gordon, Lynn Dorothy, Vol I
Gordon, Mary Mcdougall, Vol I
Gordon, Michael Danish, Vol I
Gordon, Michael W., Vol IV
Gordon, Milton A., Vol I
Gordon, Robert M., Vol IV
Gordon, Robert Morris, Vol IV
Gordon, Ruth E., Vol IV
Gordon, Walter Lear, III, Vol IV
Gordon, Walter Martin, Vol II
Gordon, Wendy J., Vol IV
Gordon-Seifert, Catherine, Vol I
Gore, Blinzy L., Vol IV
Goren, Arthur, Vol I
Gorfain, Phyllis, Vol II
Gorham, Deborah, Vol I
Goring, William S., Vol I
Gorman, Carma, Vol I
Gorman, John, Vol III
Gorman, Michael J., Vol IV
Gorman, Rosemarie E., Vol IV
Gorman, Vanessa, Vol I
Gormely Semeiks, Jonna, Vol II
Gorn, Elliott J., Vol I
Goroff, David B., Vol IV
Gorrell, Donald Kenneth, Vol I
Gorse, George L., Vol I
Gorski, Philip, Vol I
Gorsuch, Edwin N., Vol I
Gorup, Radmila J., Vol III
Goss, James, Vol IV
Goss, Noble T., Vol III
Goss, Theresa Carter, Vol I
Gossai, Hemchand, Vol IV
Gosse, Richard, Vol IV
Gosselin, Edward Alberic, Vol I
Gossett, Philip, Vol I
Gossett, Suzanne, Vol II
Gossin, Pamela, Vol II
Gossman, Norbert Joseph, Vol I
Gossy, Mary S., Vol II
Gostin, Lo, Vol IV
Gotanda, John Yukio, Vol IV
Gottesman, Les, Vol II
Gottfried, Roy K., Vol II
Gotthelf, Allan, Vol I
Gottlieb, Beatrice, Vol I
Gottlieb, Carla, Vol I
Gottlieb, Roger Samuel, Vol IV
Gottlieb, Stephen Elliot, Vol IV
Gottschalk, Alfred, Vol IV
Gottschalk, Peter, Vol I
Gottwald, Norman Karol, Vol IV
Gougeon, Len Girard, Vol II
Gougeon, Leonard, Vol II
Gough, Jerry B., Vol I
Gough, Russell W., Vol IV
Gouinlock, James, Vol IV
Gould, Eliga H., Vol I
Gould, Josiah B., Vol IV
Gould, Lewis Ludlow, Vol I
Gould, William Benjamin, Vol IV
Goulding, Daniel J., Vol II
Goulding, James Allan, Vol IV
Gouma-Peterson, Thalia, Vol I
Gounaridou, Kiki, Vol II
Gourd, William, Vol II
Gourdine, A.K.M., Vol II
Gourevitch, Victor, Vol IV
Gourques, Michel, Vol IV
Gouverneur, Gray Henry, Vol III
Gouwens, David J., Vol IV
Govan, Reginald C., Vol IV
Govan, Sandra Yvonne, Vol II

Hackett *Directory of American Scholars • 1999*

Hackett, Jeremiah M., Vol IV
Hacking, Ian, Vol IV
Hackman, Michael, Vol II
Hackmann, William Kent, Vol I
Hadas, Rachel, Vol II
Haddad, Gladys, Vol I
Haddad, Mahmoud, Vol I
Haddad, Robert Mitchell, Vol I
Hadden, Sally E., Vol I
Haddin, Theodore, Vol II
Hadley, Michael Llewellyn, Vol III
Haegert, John, Vol II
Haffner, Marlene Elisabeth, Vol IV
Hafter, Daryl Maslow, Vol I
Hafter, Monroe Z., Vol III
Hagan, Kenneth James, Vol I
Hagan, William Thomas, Vol I
Hagan, Willie James, Vol I
Hagedorn, Nancy L., Vol I
Hagedorn, Richard B., Vol IV
Hageman, Elizabeth H., Vol II
Hagen, William Walter, Vol I
Hagens, Jan Luber, Vol III
Hager, Hellmut, Vol I
Haggard, Thomas R., Vol IV
Haggerty, George E., Vol II
Haggis, Donald, Vol I
Hagiwara, Takao, Vol III
Hagner, Donald A., Vol IV
Hahm, David Edgar, Vol I
Hahn, Francis V. Hickson, Vol I
Hahn, H. George, Vol II
Hahn, Hannelore, Vol III
Hahn, Harlan, Vol I
Hahn, Laura K., Vol II
Hahn, Oscar, Vol III
Hahn, Roger, Vol I
Hahn, Thomas, Vol I
Hahn, Thomas George O'Hara, Vol II
Hahner, June Edith, Vol I
Haidt, Rebecca, Vol III
Haidu, Peter, Vol III
Haiken, Elizabeth, Vol I
Haile, Getatchew, Vol III
Haile, Harry G., Vol III
Haimes Korn, Kim, Vol II
Haimowitz, Natalie Reader, Vol I
Haines, Annette L., Vol II
Haines, Diana, Vol IV
Haines, Gerald Kenneth, Vol I
Haines, Victor Yelverton, Vol II
Hair, Donald Sherman, Vol II
Hair, John, Vol I
Hajdin, Mane, Vol IV
Hakutani, Yoshinobu, Vol II
Halaby, Raouf J., Vol II
Halal, William E., Vol I
Halasz, Alexandra W., Vol II
Halbersleben, Karen I., Vol I
Halberstam, Malvina, Vol IV
Halberstam, Michael, Vol IV
Halberstam (Guggenheim), Malvina, Vol IV
Hale, Charles Adams, Vol I
Hale, David George, Vol II
Hale, Jane Alison, Vol II
Hale, Janice Ellen, Vol I
Hale, Mark, Vol III
Hale, Thomas Albert, Vol III
Hales, Peter Bacon, Vol I
Hales, Steven, Vol IV
Halewood, William H., Vol II
Haley, Evan W., Vol I
Haley, Michael, Vol III
Halford, Peter W., Vol III
Halio, Jay Leon, Vol II
Halivni, David, Vol IV
Hall, Benjamin Lewis, III, Vol IV
Hall, David, Vol IV
Hall, David, Vol IV
Hall, David D., Vol I
Hall, David Lynn, Vol IV
Hall, Dennis R., Vol II
Hall, Frederick A., Vol I
Hall, Gene E., Vol I
Hall, Gwendolyn Midlo, Vol I
Hall, Jacquelyn Dowd, Vol I
Hall, James, Vol IV
Hall, Joan H., Vol II
Hall, John, Vol IV
Hall, Jonathan M., Vol I
Hall, Kim, Vol II
Hall, Kim Felicia, Vol II
Hall, Larry Joe, Vol II
Hall, Linda, Vol III
Hall, Michael G., Vol I
Hall, N. John, Vol II
Hall, Pamela M., Vol IV
Hall, Peter G., Vol I
Hall, Richard John, Vol IV
Hall, Robert William, Vol IV
Hall, Ronald L., Vol IV
Hall, Thor, Vol IV
Hall, Timothy D., Vol I
Hall, Tom, Vol I
Hall, Van Beck, Vol I
Hall, Wade H., Vol II
Hallberg, Fred William, Vol IV
Hallborg, Robert B., Jr., Vol IV
Halle, Morris, Vol III
Halleck, Gene B., Vol III
Hallen, Barry, Vol IV
Hallen, Cynthia L., Vol III
Hallenbeck, Jan Traver, Vol I
Haller, Archibald O., Vol I
Haller, Evelyn, Vol II
Haller, Hermann Walter, Vol III
Haller, Mark Hughlin, Vol I
Hallet, Charles A., Vol II
Hallett, Judith P., Vol I
Hallett, Michael, Vol IV
Hallin, Daniel C., Vol II
Hallion, Richard Paul, Vol I
Hallissy, Margaret, Vol II
Hallman, Joseph Martin, Vol IV
Hallman, Max, Vol IV
Hallock, Ann Hayes, Vol III
Halloran, Stephen Michael, Vol II
Hallstein, Christian W., Vol III
Hallwas, John Edward, Vol II
Halpenn, Paul G., Vol I
Halper, Edward Charles, Vol IV
Halperin, David M., Vol I
Halperin, John, Vol II
Halperin, Stephen H., Vol IV
Halpern, Beth, Vol IV
Halpern, Cynthia L., Vol III
Halpern, Cynthia Leone, Vol III
Halpern, Martin, Vol II
Halpern, Paul G., Vol I
Halpern, Sheldon, Vol II
Halporn, James Werner, Vol I
Halsey, Martha T., Vol III
Halstead, Thomas, Vol IV
Haltman, Kenneth, Vol I
Halton, Thomas, Vol I
Halttunen, Karen, Vol I
Halverson, John, Vol II
Halwani, Raja, Vol IV
Ham, Debra Newman, Vol I
Ham, F. Gerald, Vol I
Hamalainen, Pekka Kalevi, Vol I
Hamalian, Leo, Vol II
Hamblin, Robert W., Vol II
Hambly, Gavin Richard Grenville, Vol I
Hambrick, A. Fred, Vol IV
Hambrick, Charles Hilton, Vol I
Hamby, Alonzo Lee, Vol I
Hamdani, Abbas Husayn, Vol I
Hamel, Mary, Vol III
Hamelin, Leonce, Vol IV
Hamelin, Marcel, Vol I
Hamerow, Theodore Stephen, Vol I
Hamilton, Albert C., Vol II
Hamilton, Carol, Vol I
Hamilton, Charles Vernon, Vol IV
Hamilton, Edwin, Vol I
Hamilton, Eugene Nolan, Vol IV
Hamilton, James Francis, Vol III
Hamilton, John Daniel Burgoyne, Vol I
Hamilton, John Maxwell, Vol II
Hamilton, Mark A., Vol II
Hamilton, Paul L., Vol I
Hamilton, Peter K., Vol II
Hamilton, Richard, Vol I
Hamilton, Richard Frederick, Vol I
Hamilton, Robert W., Vol IV
Hamilton, Victor Paul, Vol IV
Hamilton, Virginia V., Vol I
Hamlin, Christopher S., Vol I
Hamlin, Ernest Lee, Vol IV
Hamlin, Frank Rodway, Vol III
Hamlin, William, Vol II
Hamm, Michael Dennis, Vol IV
Hamm, Michael Franklin, Vol I
Hamm, Thomas D., Vol I
Hammer, Jane R., Vol IV
Hammer, Mitchell R., Vol II
Hammerback, John C., Vol II
Hammermeister, Kai, Vol III
Hammill, Graham L., Vol II
Hammond, Alexander, Vol II
Hammond, Guy Bowers, Vol IV
Hammond, James Matthew, Vol I
Hammond, Mason, Vol I
Hammond, Paul Y., Vol I
Hamner, Robert Daniel, Vol II
Hamp, Eric Pratt, Vol III
Hampton, Barbara L., Vol I
Hampton, Grace, Vol I
Hampton, Robert L., Vol I
Hamre, James S., Vol IV
Hamscher, Albert Nelson, Vol I
Han, Jin Hee, Vol IV
Han, Mieko, Vol III
Hanak, Walter Karl, Vol I
Hanan, Patrick Dewes, Vol III
Hanawalt, Barbara A., Vol I
Hancher, Charles Michael, Vol II
Hanchett, Tom, Vol I
Hanchett, William, Vol I
Hanchey, Howard, Vol IV
Hancock, Virginia, Vol I
Hand, Michael, Vol IV
Hand, Sally Nixon, Vol II
Hand, Samuel B., Vol I
Handlin, Oscar, Vol I
Handling, Piers G.P., Vol II
Handsman, Russell G., Vol I
Handwerk-Noragon, Patricia, Vol IV
Handy, William Talbot, Jr., Vol IV
Hane, Mikiso, Vol I
Hanenkrat, Frank Thomas, Vol II
Haney, Mary-Ann, Vol IV
Haney, Richard Carlton, Vol I
Hanford, Jack, Vol IV
Hanft, Sheldon, Vol I
Hanigan, James P., Vol IV
Hankamer, Jorge, Vol III
Hanke, Robert, Vol II
Hankin, Alan Lee, Vol I
Hankins, Thomas Leroy, Vol I
Hanks, Donald, Vol IV
Hanley, Sarah, Vol I
Hanlin, Todd, Vol III
Hanna, Blake Thompson, Vol III
Hanna, Martha, Vol I
Hannan, Barbara, Vol IV
Hannay, Margaret Patterson, Vol II
Hanning, Robert W., Vol II
Hanrez, Marc, Vol III
Hans, James Stuart, Vol II
Hansen, Bob, Vol II
Hansen, Carl L., Vol IV
Hansen, Debra Gold, Vol I
Hansen, Julie, Vol I
Hansen, Klaus Juergen, Vol I
Hansen, Peter H., Vol I
Hansen, Thomas S., Vol III
Hansen, Wells S., Vol I
Hansen, William F., Vol I
Hanson, Bradley, Vol IV
Hanson, Bruce, Vol IV
Hanson, Carl Aaron, Vol I
Hanson, Charles Parker, Vol I
Hanson, Colan T., Vol II
Hanson, Elizabeth, Vol II
Hanson, Eric O., Vol I
Hanson, John, Vol I
Hanson, Klaus D., Vol III
Hanson, Paul David, Vol IV
Hanson, William H., Vol IV
Hanyan, Craig, Vol I
Hao, Yen-Ping, Vol I
Hapke, Laura, Vol II
Happel, Stephen P., Vol IV
Harbert, Earl, Vol II
Harbin, Bill J., Vol II
Harbin, Michael A., Vol IV
Harbison, Craig, Vol I
Harbottle, Garman, Vol I
Harbutt, Fraser J., Vol I
Harcave, Sidney Samuel, Vol I
Hardeman, Carole Hall, Vol I
Harden, Edgar Frederick, Vol II
Harder, Bernhard D., Vol III
Harder, Henry Louis, Vol II
Harder, Sarah, Vol II
Hardimon, Michael O., Vol IV
Hardin, Clyde Laurence, Vol IV
Hardin, James Neal, Vol III
Hardin, John Arthur, Vol II
Hardin, Richard F., Vol II
Harding, George E., Vol III
Harding, Robert E., Jr., Vol IV
Harding, Vincent, Vol I
Hardwig, John R., Vol IV
Hardy, B. Carmon, Vol I
Hardy, Dorothy C., Vol II
Hardy, John Edward, Vol II
Hardy, Michael A., Vol IV
Hare, Douglas Robert Adams, Vol IV
Hare, John, Vol I
Hare, John Ellis, Vol I
Hargis, Jeffrey W., Vol IV
Hargreaves, Mary Wilma Massey, Vol I
Hariman, Robert, Vol II
Haring, Lee, Vol I
Hark, Ina Rae, Vol II
Harlan, Louis R., Vol I
Harland, Paul W., Vol II
Harleston, Robert Alonzo, Vol I
Harley, Gail M., Vol IV
Harley, Maria Anna, Vol I
Harley, Philip A., Vol IV
Harlow, Daniel C., Vol IV
Harlow, L.L., Vol III
Harmon, Daniel P., Vol I
Harmond, Richard Peter, Vol I
Harms, Paul W.F., Vol II
Harms, Robert Thomas, Vol III
Harms, William F., Vol IV
Harned, David B., Vol IV
Harner, James, Vol II
Harnetty, P., Vol I
Harnsberger, R. Scott, Vol IV
Harp, Stephen, Vol I
Harper, Bill, Vol IV
Harper, Katherine, Vol I
Harper, Sandra Nadine, Vol III
Harpham, Geoffrey Galt, Vol II
Harpine, William, Vol II
Harpold, Terry, Vol II
Harre, Rom, Vol IV
Harrell, David E., Jr., Vol IV
Harrelson, Walter, Vol IV
Harrienger, Myrna J., Vol II
Harries, Karsten, Vol IV
Harrigan, Patrick Joseph, Vol I
Harrill, J. Albert, Vol IV
Harrington, Ann M., Vol I
Harrington, Daniel Joseph, Vol IV
Harrington, E. Michael, Vol II
Harrington, Henry R., Vol II
Harrington, Jesse Drew, Vol I
Harrington, Karen A., Vol III
Harrington, Kevin, Vol I
Harrington, Michael L., Vol IV
Harrington, Michael Louis, Vol IV
Harris, Alice C., Vol III
Harris, Ann Sutherland, Vol I
Harris, Bond, Vol IV
Harris, Charles Burt, Vol II
Harris, Charles David, Vol I
Harris, Charles Edwin, Vol IV
Harris, Daniel A., Vol III
Harris, David A., Vol IV
Harris, Duncan Seely, Vol II
Harris, Edward E., Vol I
Harris, Elizabeth Hall, Vol II
Harris, Errol E., Vol IV
Harris, Fred O., Vol IV
Harris, Frederick John, Vol III
Harris, Gil W., Vol II
Harris, Henry Silton, Vol IV
Harris, Ishwar C., Vol IV
Harris, J. William, Vol I
Harris, James F., Vol I
Harris, Jane Gary, Vol III
Harris, Janice Hubbard, Vol II
Harris, Jimmie, Vol IV
Harris, John L., Vol IV
Harris, Jonathan Gil, Vol II
Harris, Joseph, Vol II
Harris, Joseph E., Vol I
Harris, Joseph John, III, Vol I
Harris, Laurilyn J., Vol II
Harris, Leslie M., Vol I
Harris, Mark, Vol II
Harris, Max R., Vol IV
Harris, Michael D., Vol I
Harris, Michael H., Vol I
Harris, Michael Wesley, Vol I
Harris, Norman, Vol IV
Harris, P.M.G., Vol I
Harris, Paul W., Vol I
Harris, Randy Allen, Vol II
Harris, Robert Allen, Vol I
Harris, Robert Dalton, Vol I
Harris, Robert L., Jr., Vol I
Harris, Stephen John, Vol I
Harris, Stephen Leroy, Vol IV
Harris, Susan Kumin, Vol II
Harris, Thomas E., Vol II
Harris, Trudier, Vol II
Harris, Victoria, Vol I
Harris, Walter, Jr., Vol I
Harris, Willa Bing, Vol I
Harris, William C., Vol I
Harris, William McKinley, Sr., Vol I
Harris, William Styron, Jr., Vol II
Harris, William Vernon, Vol I
Harris-Cline, Diane, Vol I
Harris-Warrick, Rebecca, Vol I
Harrison, Algea Othella, Vol I
Harrison, Ann Tukey, Vol III
Harrison, Antony Howard, Vol II
Harrison, Carol, Vol I
Harrison, Carol L., Vol II
Harrison, Carol Lynn, Vol II
Harrison, Cynthia, Vol I
Harrison, Daphne Duval, Vol I
Harrison, Don K., Sr., Vol I
Harrison, Frank Russell, Vol IV
Harrison, Gary, Vol II
Harrison, George Mallory, Vol I
Harrison, James W., Vol III
Harrison, Jeffrey L., Vol IV
Harrison, Lowell Hayes, Vol I
Harrison, Randall Paul, Vol II
Harrison, Timothy P., Vol I
Harrison, Victoria, Vol II
Harrison, W. Dale, Vol II
Harrison Leland, Bruce, Vol II
Harrisville, Roy A., III, Vol IV
Harrod, Howard L., Vol IV
Harrold, Jeffery Deland, Vol IV
Harrop, Clayton Keith, Vol IV
Harsh, Constance D., Vol II
Hart, Bill, Vol IV
Hart, Christopher Alvin, Vol IV
Hart, Darryl Glenn, Vol I
Hart, Edward Leroy, Vol II
Hart, Gail K., Vol III
Hart, James G., Vol IV
Hart, Jeffrey Allen, Vol I
Hart, John, Vol IV
Hart, John Augustine, Vol II
Hart, John Augustine, Vol II
Hart, John Mason, Vol I
Hart, Joy L., Vol II
Hart, Patricia, Vol III
Hart, Pierre Romaine, Vol III
Hart, Richard E., Vol IV
Hart, Roderick P., Vol II
Hart, Stephen, Vol I
Hart, Thomas Roy, Vol III
Hart, W.D., Vol IV
Hartgrove, Joseph Dane, Vol I
Harth, Erica, Vol III
Hartigan, Karelisa V., Vol I
Hartin, Patrick John Christopher, Vol IV
Hartle, Ann, Vol IV
Hartle, Anthony E., Vol IV
Hartley, Loyde Hobart, Vol IV
Hartman, C., Vol III
Hartman, Charles O., Vol II
Hartman, James Walter, Vol III
Hartman, Laura Pincus, Vol IV
Hartman, Mary Susan, Vol I
Hartman, Steven Lee, Vol III
Hartouni, Valerie, Vol II
Hartt, Julian Norris, Vol IV
Harty, Kevin John, Vol II
Harvey, Cameron, Vol IV
Harvey, Carol, Vol III
Harvey, Charles W., Vol IV
Harvey, Elizabeth D., Vol II
Harvey, James Cardwell, Vol IV
Harvey, John D., Vol IV
Harvey, Louis-Charles, Vol IV
Harvey, Maria-Luisa Alvarez, Vol III
Harvey, Mark S., Vol IV
Harvey, Paul, Vol I
Harvey, Robert, Vol III
Harvey, William Burnett, Vol IV
Harwood, Britton James, Vol II
Harwood, Robin, Vol IV
Hashimoto, I.Y., Vol II
Haskell, Guy H., Vol I
Haskell, Thomas Langdon, Vol I
Hasker, R. William, Vol IV
Haskin, Dayton, Vol II
Haslam, Gerald William, Vol II
Hasler, Antony, Vol II
Haslett, Betty J., Vol II
Hassel, Jon, Vol II
Hassel, R. Chris, Jr., Vol II
Hasselbach, Ingrid Tiesler, Vol III
Hasselbach, Karl Heinz, Vol III
Hassencahl, Frances J., Vol II
Hassett, Constance W., Vol II
Hassing, Arne, Vol IV

Hassing, Richard F., Vol I
Hassrick, Peter H., Vol I
Hast, M.H., Vol III
Hata, Donald Teruo, Vol I
Hata, Nadina Ishitani, Vol I
Hatab, Lawrence J., Vol IV
Hatasa, Kazumi, Vol III
Hatch, George, Vol I
Hatch, James V., Vol II
Hatch, Martin, Vol I
Hatch, Nathan O., Vol I
Hatch, Robert A., Vol I
Hatcher, Donald L., Vol IV
Hatcher, Richard Gordon, Vol IV
Hatchett, Joseph Woodrow, Vol I
Hatfield, Douglas Wilford, Vol I
Hatfield, Gary C., Vol IV
Hathaway, Jane, Vol I
Hathaway, Richard Dean, Vol II
Hathaway, Robert L., Vol III
Hatheway, Jay, Vol I
Hatheway, Joseph G., Vol I
Hatlen, Burton Norval, Vol II
Hattab, Helen, Vol IV
Hattaway, Herman Morell, Vol I
Hatton, Robert Wayland, Vol III
Hatzenbuehler, Ronald Lee, Vol I
Hauben, Paul J., Vol I
Hauck, Allan, Vol IV
Hauck, Paul A., Vol I
Haugeland, John Christian, Vol IV
Hauptman, Laurence Marc, Vol I
Hause, Steven C., Vol I
Hauser, Alan J., Vol IV
Hauser, Gerard A., Vol II
Hauser, Richard Joseph, Vol IV
Hauser, Thomas, Vol IV
Hauser, William Barry, Vol III
Hausman, Carl R., Vol IV
Hausman, Daniel M., Vol IV
Havas, Randall E., Vol IV
Haveman, Robert H., Vol I
Haven, Richard P., Vol II
Havens DuFour, John H., Vol IV
Havighurst, Clark C., Vol IV
Haviland, Beverly, Vol III
Havran, Martin Joseph, Vol I
Haw, James A., Vol I
Hawes, Joseph, Vol I
Hawes, William K., Vol II
Hawk, Charles Nathaniel, III, Vol IV
Hawkins, Benjamin Sanford, Jr., Vol IV
Hawkins, Dorisula Wooten, Vol I
Hawkins, Hugh Dodge, Vol I
Hawkins, Hunt, Vol I
Hawkins, John A., Vol III
Hawkins, Kate, Vol II
Hawkins, Merrill M., Vol I
Hawkins, Ralph K., Vol IV
Hawkinson, Kenneth S., Vol II
Hawley, Ellis Wayne, Vol I
Hawley, John Stratton, Vol IV
Haworth, Lawrence L., Vol IV
Hawthorne, Gerald F., Vol I
Hawthorne, Lucia Shelia, Vol II
Hawthorne, Mark D., Vol II
Hay, Carla Humphrey, Vol I
Hay, Fred J., Vol I
Hay, Melba Porter, Vol I
Hay, Robert Pettus, Vol I
Haycock, Ronald G., Vol I
Haydar, Adnan, Vol III
Hayden, Albert A., Vol I
Hayden, George A., Vol III
Hayden, James Michael, Vol I
Hayden, John Carleton, Vol IV
Hayes, Alan L., Vol I
Hayes, Ann Louise, Vol II
Hayes, Annamarie Gillespie, Vol I
Hayes, Charles Leonard, Vol I
Hayes, Diana L., Vol IV
Hayes, Edward L., Vol IV
Hayes, Floyd Windom, III, Vol I
Hayes, Jack I., Jr., Vol I
Hayes, Jeffrey R., Vol I
Hayes, Leola G., Vol I
Hayes, Robert Mayo, Vol I
Hayes, Zachary Jerome, Vol I
Hayes-Scott, Fairy Cesena, Vol II
Hayim Yerushalmi, Yosef, Vol I
Hayman, David, Vol II
Hayne, David Mackness, Vol III
Hayner, Linda K., Vol I
Haynes, Cynthia, Vol I
Haynes, Edward S., Vol I
Haynes, Holly, Vol I
Haynes, James H., Vol I

Haynes, John E., Vol I
Haynes, Jonathon, Vol II
Haynes, Keith A., Vol I
Haynes, Leonard L., III, Vol I
Haynes, William J., Jr., Vol IV
Hays, Danny, Vol IV
Hays, Jo N., Vol I
Hays, Peter L., Vol II
Hays, Rosalind Conklin, Vol I
Hays, Samuel Pfrimmer, Vol I
Hays, Willard Murrell, Vol I
Haywood, C. Robert, Vol I
Haywood, Richard Mowbray, Vol III
Haywoode, M. Douglas, Vol IV
Hazel, Harry Charles, Vol II
Hazen, James F., Vol II
Hazen, Thomas Lee, Vol IV
Head, Ivan, Vol IV
Head, John W., Vol IV
Head, Laura Dean, Vol I
Head, Thomas F., Vol I
Headley, John M., Vol I
Headrick, Annabeth, Vol I
Headrick, Daniel Richard, Vol I
Headrick, Thomas E., Vol IV
Healey, Robert Mathieu, Vol IV
Healey, William C., Vol III
Hearn, Rosemary, Vol II
Heath, Dwight Braley, Vol I
Heath, Eugene, Vol IV
Heath, Jim Frank, Vol I
Heath, Kingston W., Vol I
Heath, Robin L., Vol I
Heath, William, Vol II
Heath, William Webster, Vol II
Heavilin, Barbara A., Vol II
Hecht, Leo, Vol III
Hecht, Neil S., Vol IV
Heck, Marlene, Vol I
Heck, Richard, Vol IV
Heck, Thomas F., Vol I
Heckendorn Cook, Elizabeth, Vol II
Heckman, Hugh W., Vol IV
Heckman, Peter, Vol IV
Hedgepeth, Chester Melvin, Jr., Vol II
Hedges, William Leonard, Vol II
Hedreen, Guy, Vol I
Hedrick, Charles W., Jr., Vol I
Hedrick, Charles Webster, Vol IV
Hedrick, Donald Keith, Vol III
Heelan, Patrick Aidan, Vol IV
Heer, Larry G., Vol IV
Heffernan, Charles, Vol I
Heffernan, James, Vol IV
Heffernan, James Anthony Walsh, Vol II
Heffernan, James Daniel, Vol IV
Heffernan, Michael, Vol II
Heffernan, William A., Vol II
Heffner, John Howard, Vol IV
Heffron, Paul Thayer, Vol I
Heflin, John F., Vol I
Heft, James L., Vol IV
Hegel, Robert Earl, Vol III
Heggen, Bruce A., Vol IV
Heibron, John L., Vol I
Heiden, Bruce A., Vol I
Heidenreich, Rosmarin, Vol III
Heider, George C., Vol IV
Heidsieck, Arnold, Vol III
Heidt, Sarah L., Vol IV
Heil, John P., Vol IV
Heilbron, John L., Vol I
Heilbrun, Carolyn G, Vol I
Heilman, Robert Bechtold, Vol II
Heilman, Samuel C., Vol I
Heim, Michael R., Vol IV
Heiman, Lawrence Frederick, Vol I
Heimert, Alan, Vol I
Hein, David, Vol IV
Hein, Norvin, Vol IV
Hein, Rolland Neal, Vol II
Heine, Steven, Vol IV
Heineman, Helen, Vol II
Heinemann, Edward Arthur, Vol III
Heinemann, Ronald, Vol I
Heinen, Hubert, Vol III
Heinrich, Amy Vladeck, Vol III
Heinz, John P., Vol IV
Heinz, Vira I., Vol I
Heinze, Ruth-Inge, Vol IV
Heiple, Daniel L, Vol III
Heise, Michael, Vol IV
Heise, Ursula K., Vol II

Heiss, Mary Ann, Vol I
Heisser, David C. R., Vol I
Heitzmann, William Ray, Vol I
Helbling, Robert E., Vol III
Held, Beverly Orlove, Vol I
Held, Dirk, Vol I
Held, George, Vol II
Held, Joseph, Vol I
Heldman, James M., Vol II
Heldreth, Leonard Guy, Vol II
Helfand, Michael S., Vol II
Helfant, Ian M., Vol I
Helgerson, Richard, Vol II
Helguera, J. Leon, Vol I
Helle, Anita, Vol II
Hellegers, Desiree, Vol II
Hellenbrand, Harold, Vol II
Heller, Agnes, Vol IV
Heller, Dana, Vol II
Heller, Henry, Vol I
Heller, Lee Ellen, Vol II
Hellerstein, Nina Salant, Vol II
Hellerstein, Walter, Vol IV
Hellie, Richard, Vol I
Hellinger, Benjamin, Vol II
Hellman, Geoffrey, Vol IV
Hellwig, Hal, Vol II
Helly, Dorothy O., Vol I
Helm, James Joel, Vol I
Helm, Thomas Eugene, Vol IV
Helmer, Stephen, Vol I
Helmetag, Charles Hugh, Vol III
Helmholz, R.H., Vol I
Helminiak, Daniel A., Vol IV
Helmreich, Ernst Christian, Vol I
Helmreich, Jonathan Ernst, Vol I
Helmreich, Paul Christian, Vol I
Helms, John Douglas, Vol I
Helyer, Larry R., Vol IV
Helzle, Martin, Vol I
Hemmer, Joseph, Vol IV
Hemminger, William, Vol II
Hemmingway, Beulah S., Vol III
Hemphill, C. Dallett, Vol I
Hench, John Bixler, Vol I
Hendel, Kurt Karl, Vol I
Henderson, Alexa Benson, Vol I
Henderson, Edward H., Vol IV
Henderson, George, Vol I
Henderson, H. James, Vol I
Henderson, Herbert H., Vol IV
Henderson, Jeffrey, Vol I
Henderson, John B., Vol IV
Henderson, Judith Rice, Vol I
Henderson, Linda, Vol I
Hendley, Brian, Vol IV
Hendley, Steve, Vol IV
Hendon, David Warren, Vol I
Hendrick, George, Vol II
Hendrick, Irving Guilford, Vol I
Hendricks, James Edwin, Vol I
Hendrix, Jerry, Vol II
Hengen, Shannon, Vol II
Henggeler, Paul R., Vol I
Henig, Gerald S., Vol I
Henighan, Thomas J., Vol II
Henkin, Louis, Vol IV
Hennedy, John Francis, Vol II
Hennessy, Anne, Vol IV
Hennessy, Michael, Vol II
HennessyVendler, Helen, Vol II
Henning, Randall, Vol I
Henretta, James A., Vol I
Henrich, Dieter, Vol IV
Henrich, Sarah, Vol IV
Henry, Brent Lee, Vol IV
Henry, Carl F.H., Vol I
Henry, Daniel Joseph, Vol IV
Henry, Eric Putnam, Vol III
Henry, Freeman George, Vol III
Henry, Mildred M. Dalton, Vol I
Henry, Samuel Dudley, Vol I
Henry Elrod, Linda, Vol IV
Henry Tsai, Shin Shan, Vol I
Hens, Gregor, Vol III
Hensey, Frederick Gerald, Vol III
Henslee, William D., Vol IV
Hensly, Carl Wayne, Vol II
Henton, Caroline G., Vol III
Henwood, James N.J., Vol I
Herbenick, Raymond M., Vol I
Herber, Charles Joseph, Vol I
Herbert, Christopher, Vol I
Herbert, Eugenia Warren, Vol I
Herbert, Gary, Vol IV
Herbert, Luft, Vol I
Herbert, Sandra, Vol I
Herbert, Sandra Swanson, Vol I
Herdt, Jennifer A., Vol IV

Herendeen, Wyman H., Vol III
Herique, Emmanuel, Vol III
Herlan, Ronald Wallace, Vol I
Herman, Arthur L., Vol IV
Herman, Bernard L., Vol I
Herman, Gerald Harvey, Vol I
Herman, Jonathan, Vol IV
Herman, Phyllis, Vol I
Herman, Robert M., Vol I
Herman, Stewart W., Vol IV
Hermand, Jost, Vol III
Hermann, E.C., Vol IV
Hermann, Richard, Vol I
Hermansen, Marcia, Vol III
Hermansson, Casie, Vol II
Hernadi, Paul, Vol III
Hernandez, Juan, Vol III
Hernandez Pecoraro, Rosilie, Vol III
Herndon, Sandra L., Vol II
Hernon, Peter, Vol II
Herr, Richard, Vol I
Herren, Michael W., Vol I
Herrera, Robert Anthony, Vol IV
Herrero, Javier, Vol III
Herring, George C., Vol I
Herring, Henry, Vol II
Herring, Phillip F., Vol II
Herrnstein Smith, Barbara, Vol II
Herron, Carolivia, Vol II
Herron, Robert Deupree, Vol III
Herrup, Cynthia, Vol IV
Hersey, George Leonard, Vol I
Hershkowitz, Leo, Vol I
Hertig, Paul, Vol IV
Hertig, Young Lee, Vol IV
Hertling, Gunter H., Vol III
Hertz, Richard C., Vol IV
Hervey, Norma J., Vol I
Herwitz, David Richard, Vol IV
Herz, Julius Michael, Vol III
Herzberg, Bruce, Vol II
Herzfeld, Anita, Vol III
Herzing, Thomas Wayne, Vol II
Herzman, Ronald Bernard, Vol II
Herzog, Kristin, Vol I
Herzog, Peter Emilius, Vol IV
Herzstein, Robert Edwin, Vol I
Hesla, David H., Vol II
Heslep, Robert Durham, Vol IV
Hess, Gary R., Vol I
Hess, Richard S., Vol IV
Hess, William Huie, Vol I
Hesselgrave, David J., Vol II
Hester, D. Micah, Vol IV
Hester, James D., Vol IV
Hester, Karlton Edward, Vol I
Hester, Marcus B., Vol IV
Hester, Marvin Thomas, Vol II
Hester, Ralph M., Vol III
Hestevoid, H. Scott, Vol IV
Hetherington, Norriss Swigart, Vol I
Hettinger, Madonna, Vol I
Hetzel, Otto J., Vol IV
Heuchemer, Dane, Vol I
Heuett, Brian L., Vol II
Hewitt, Andrew, Vol III
Hewlett, Richard Greening, Vol I
Howsen, Robert, Vol I
Hewson, John, Vol III
Hexham, Irving, Vol IV
Heyck, Thomas William, Vol I
Heyd, Thomas, Vol IV
Heyrman, Christine L., Vol I
Hibbard, Caroline Marsh, Vol II
Hickey, Damon, Vol I
Hickey, Donald Robert, Vol I
Hickey, Michael C., Vol I
Hicks, David L., Vol I
Hicks, H. Beecher, Jr., Vol IV
Hicks, L. Edward, Vol I
Hicks, Stephen R.C., Vol IV
Hickson, Mark, Vol II
Hieatt, Allen Kent, Vol II
Hieatt, Constance B., Vol II
Hiebert, Ray Eldon, Vol II
Hiers, Richard H., Vol IV
Higashi, Sumiko, Vol I
Higbee, Mark, Vol I
Higdon, David Leon, Vol II
Higginbotham, R. Don, Vol I
Higginbotham, Virginia, Vol III
Higgins, Elizabeth J., Vol II
Higgins, Hannah, Vol I
Higgins, Kathleen Marie, Vol IV
Higgins, Lynn Anthony, Vol III
Higgins, Mary Anne, Vol II
Higgins, Roger F., Vol III

Higgins, William E., Vol I
Higginson, John, Vol I
Higgs, Catherine, Vol I
High, Dallas Milton, Vol IV
Higham, John, Vol I
Higham, Robin, Vol I
Highfield, Ronald Curtis, Vol IV
Hightower, Anthony, Vol IV
Higley, Sarah, Vol II
Higonnet, Margaret Randolph, Vol III
Higonnet, Patrice, Vol I
Hilbert, David, Vol IV
Hildebrand, David, Vol IV
Hilderbrand, Robert Clinton, Vol I
Hildreth, Gladys Johnson, Vol I
Hildreth, Richard George, Vol IV
Hiles, Timothy, Vol I
Hilfer, Anthony Channell, Vol II
Hilgar, Marie-France, Vol III
Hill, Bennett David, Vol I
Hill, Charles, Vol IV
Hill, Christopher, Vol IV
Hill, Christopher V., Vol I
Hill, David, Vol II
Hill, Eugene David, Vol II
Hill, Harvey, Vol IV
Hill, Holly, Vol II
Hill, Jacqueline R., Vol IV
Hill, James Lee, Vol II
Hill, James Lee, Vol II
Hill, Jason D., Vol IV
Hill, John, Vol I
Hill, John Walter, Vol I
Hill, Jonathan D., Vol I
Hill, L. Brooks, Vol I
Hill, Lamar Mott, Vol I
Hill, Linda Marie, Vol II
Hill, Ordelle Gerhard, Vol I
Hill, Patricia, Vol I
Hill, Patricia Liggins, Vol II
Hill, Paul Gordon, Vol I
Hill, Peter Proal, Vol I
Hill, Philip George, Vol II
Hill, R. Kevin, Vol IV
Hill, Renee Afanan, Vol IV
Hill, Roscoe Earl, Vol IV
Hill, Steven Phillips, Vol III
Hill, Thomas Dana, Vol II
Hill, Thomas E., Vol IV
Hill, W. Speed, Vol II
Hill Duin, Ann, Vol II
Hill-Lubin, Mildred Anderson, Vol II
Hill-Miller, Katherine Cecelia, Vol II
Hillar, Marian, Vol IV
Hillard, Van E., Vol II
Hillen, Gerd, Vol III
Hillers, Delbert Roy, Vol IV
Hillgarth, Jocelyn Nigel, Vol I
Hilliard, David C., Vol IV
Hilliard, Jerry, Vol II
Hilliard, Raymond Francis, Vol II
Hilliard, Stephen Shortis, Vol II
Hilligoss, Susan, Vol II
Hillmer, George Norman, Vol I
Hillmer, Mark, Vol IV
Hilson, Arthur Lee, Vol I
Hilt, Michael, Vol II
Hilton, Kathleen C., Vol I
Hilton, Ronald, Vol III
Hilts, Victor L., Vol I
Hilty, Deborah Pacini, Vol II
Hilty, James, Vol I
Himes, Michael J., Vol IV
Himmelberg, Robert F., Vol I
Himmelfarb, Gertrude, Vol I
Hinchcliffe, Peter, Vol II
Hinckley, Ted C., Vol I
Hinden, Michael Charles, Vol II
Hinderer, Walter, Vol III
Hindman, E. James, Vol I
Hindman, Kathleen Behrenbruch, Vol II
Hindman, Sandra L., Vol I
Hinds, Lennox S., Vol IV
Hinds, Leonard, Vol III
Hine, William Cassidy, Vol I
Hines, James Robert, Vol I
Hines, Mary E., Vol IV
Hines, Randy, Vol II
Hines, Thomas S., Vol I
Hingle, Norwood N., III, Vol IV
Hinkel, Howard, Vol II
Hinnant, Charles Haskell, Vol II
Hinsdale, Mary Ann, Vol IV
Hinsley, Curtis M., Vol I
Hinson, E. Glenn, Vol I

Hintikka, Jaakko, Vol IV
Hinton, Gregory Tyrone, Vol IV
Hintz, Suzanne S., Vol III
Hintzen, Percy Claude, Vol IV
Hinz, Evelyn J., Vol II
Hinze, Klaus-Peter Wilhelm, Vol III
Hirch, John C., Vol II
Hirokawa, Randy Y., Vol II
Hirsch, Arnold Richard, Vol I
Hirsch, Bernard Alan, Vol II
Hirsch, David Harry, Vol II
Hirsch, Gordon D., Vol II
Hirsch, Herbert, Vol I
Hirsch, James, Vol II
Hirsch, Julia, Vol II
Hirsch, Marianne, Vol III
Hirsch, Susan E., Vol I
Hirsch, Werner Z., Vol I
Hirschbach, Frank Donald, Vol III
Hirschmann, David, Vol I
Hirsh, James, Vol II
Hirsh, John Campion, Vol II
Hirsh, Richard Frederic, Vol I
Hirst, Derek M., Vol I
Hirstein, William, Vol IV
Hirt, Paul W., Vol I
Hirtle, Walter Heal, Vol III
Hise, Greg, Vol I
Hiskes, Anne L., Vol IV
Hitchcock, David, Vol IV
Hitchens, Marilynn Jo, Vol I
Hitchins, Keith, Vol I
Hixson, Walter Lawrence, Vol I
Hiz, Henry, Vol III
Hoaglund, John Arthur, Vol IV
Hoard, R.J., Vol I
Hobbs, Trevor Raymond, Vol IV
Hobbs, Wayne, Vol I
Hoberman, Louisa Schell, Vol I
Hobgood-Oster, Laura, Vol I
Hobsbawm, Eric, Vol I
Hobson, Charles Frederic, Vol I
Hobson, Fred Colby, Jr., Vol II
Hobson, Wayne K., Vol I
Hochberg, Stephen, Vol IV
Hochman, Jiri, Vol I
Hochman, Will, Vol II
Hochstadt, Steve, Vol I
Hockenbery, Jennifer D., Vol IV
Hockley, Allen, Vol I
Hocks, Elaine, Vol I
Hocks, Richard, Vol II
Hodder, Alan, Vol IV
Hoddeson, Lillian, Vol I
Hoddie, James Henry, Vol III
Hodes, Harold T., Vol IV
Hodgdon, Barbara Covington, Vol II
Hodge, Robert White, Vol I
Hodges, Carolyn Richardson, Vol III
Hodges, Donald Clark, Vol IV
Hodges, James A., Vol I
Hodges, John O., Vol III
Hodges, Louis Wendell, Vol IV
Hodges, Michael P., Vol IV
Hodgins, Bruce W, Vol I
Hodgins, Jack S., Vol II
Hodgson, Peter C., Vol IV
Hoefel, Roseanne, Vol II
Hoefer, Carl, Vol IV
Hoefert, Sigfrid, Vol III
Hoeffner, Kent, Vol IV
Hoeflin, Ronald K., Vol IV
Hoekema, David A., Vol IV
Hoeniger, F. David, Vol II
Hoeniger, Frederick J.D., Vol II
Hoenigswald, Henry M., Vol III
Hoeveler, J. David, Vol I
Hoey, Lawrence R., Vol I
Hofbeck, Josef, Vol IV
Hoff, Joan, Vol I
Hoff, Timothy, Vol IV
Hoffecker, Carol E., Vol I
Hoffecker, J.F., Vol I
Hoffecker, W. Andrew, Vol I
Hoffer, Peter Charles, Vol I
Hoffman, Anne, Vol I
Hoffman, Daniel, Vol II
Hoffman, Daniel, Vol I
Hoffman, Donald Stone, Vol I
Hoffman, John C., Vol IV
Hoffman, Mark G., Vol IV
Hoffman, Michael Jerome, Vol II
Hoffman, Paul, Vol I
Hoffman, Peter C.W., Vol I
Hoffman, Peter Toll, Vol IV
Hoffman, Piotr, Vol I
Hoffman, Ronald, Vol I
Hoffman, Steven J., Vol I
Hoffman, Tyler B., Vol II
Hoffman, Valerie J., Vol IV
Hoffmann, Donald, Vol I
Hoffmann, Joyce, Vol II
Hoffmann, Klaus D., Vol III
Hoffmann, Stanley, Vol I
Hoffmaster, Barry, Vol IV
Hoffmeister, Gerhart, Vol III
Hoffmeister, Werner, Vol III
Hoffpauir, Richard, Vol II
Hofstadter, Douglas Richard, Vol IV
Hogan, Heather, Vol I
Hogan, J. Michael, Vol II
Hogan, Lawrence Daniel, Vol I
Hogan, Melinda, Vol IV
Hogan, Michael J., Vol I
Hogan, Patricia, Vol I
Hogan, Robert, Vol II
Hogan, Wilbur C., Vol IV
Hoge, Dean R., Vol I
Hogeland, L.M., Vol III
Hogenson, George B., Vol IV
Hoggard, James Martin, Vol II
Hogle, Jerrold Edwin, Vol II
Hoglund, Arthur William, Vol I
Hohendahl, Peter U., Vol III
Hohlfelder, Robert L., Vol I
Hoidal, Oddvar Karsten, Vol I
Hoitenga, Dewey J., Vol IV
Hoji, Hajime, Vol III
Holbein, Woodrow Lee, Vol II
Holbert, Raymond, Vol I
Holbo, Paul S., Vol I
Holcombe, Lee, Vol I
Holden, Jonathan, Vol II
Holder, Arthur G., Vol IV
Holditch, William Kenneth, Vol II
Holifield, E. Brooks, Vol I
Holladay, Carl R., Vol IV
Holladay, Hilary, Vol II
Holladay, William Lee, Vol IV
Hollahan, Eugene, Vol II
Holland, Antonio F., Vol I
Holland, James C., Vol I
Holland, Margaret G., Vol IV
Holland, Norman, Vol III
Holland, Norman N., Vol II
Holland, Robert A., Vol IV
Hollander, John, Vol II
Hollander, Rachelle D., Vol IV
Hollander, Robert, Vol II
Hollenbach, Paul William, Vol IV
Hollenberg, Donna Krolik, Vol II
Holler, Clyde, Vol IV
Holleran, John Warren, Vol IV
Hollerbach, Wolf, Vol III
Holley, David M., Vol IV
Holley, Jim, Vol IV
Holley, Linda Tarte, Vol I
Holley, Sandra Cavanaugh, Vol II
Holli, Melvin, Vol I
Holliday, Vivian Loyrea, Vol I
Hollinger, D.A., Vol I
Hollingsworth, Joseph Rogers, Vol I
Hollingsworth, Margaret, Vol II
Hollis, Daniel W., Vol I
Hollis, Susan T., Vol IV
Hollister, C. Warren, Vol I
Holloway, Alvin J., Vol IV
Holloway, Karla F.C., Vol II
Holloway, Robert Ross, Vol I
Holloway, Thomas Halsey, Vol I
Hollstein, Milton C., Vol II
Holly, Michael Ann, Vol I
Holm, Tawny, Vol IV
Holman, Charles L., Vol IV
Holmberg, I.E., Vol I
Holmer, Joan Ozark, Vol II
Holmes, Barbara J., Vol I
Holmes, Blair R., Vol I
Holmes, Charlotte A., Vol II
Holmes, David, Vol II
Holmes, Larry E., Vol I
Holmes, Michael E., Vol II
Holmes, Richard H., Vol IV
Holmes, Robert A., Vol I
Holmes, Robert Ernest, Vol IV
Holmes, Robert Lawrence, Vol IV
Holmes, Steven J., Vol I
Holmes, William F., Vol I
Holmlund, Christine, Vol III
Holoka, James P., Vol I
Holschuh, Albrecht, Vol III
Holsey, Lilla G., Vol I
Holsinger, M. Paul, Vol I
Holsti, Ole R., Vol I
Holt, Michael Fitzgibbon, Vol I
Holt, Philip, Vol I
Holtman, Robert Barney, Vol I
Holtman, Sarah Williams, Vol IV
Holton, William Milne, Vol II
Holtz, Avraham, Vol III
Holtz, Barry, Vol III
Holtz, William, Vol II
Holub, Renate, Vol III
Holub, Robert C., Vol III
Holz, Robert K., Vol I
Holzberger, William George, Vol II
Homan, Gerlof Douwe, Vol I
Homans, Peter, Vol IV
Homel, Michael W., Vol I
Homer, Francis Xavier James, Vol I
Homer, William I., Vol I
Homerin, T. Emil, Vol IV
Homze, Edward L., Vol I
Hondros, John L., Vol I
Honeycutt, Dwight A., Vol I
Honeycutt, James M., Vol III
Hong, Chang-Seong, Vol IV
Hong, Howard V., Vol IV
Honig, Edwin, Vol II
Honore, Stephan LeRoy, Vol IV
Hood, David Crockett, Vol I
Hood, Edwin T., Vol IV
Hood, Mantle, Vol I
Hoogenboom, Ari, Vol I
Hoogland Verkerk, Dorothy, Vol I
Hooker, Paul K., Vol IV
Hooks, Benjamin Lawson, Vol IV
Hooley, Daniel M., Vol I
Hooper, Paul Franklin, Vol I
Hooper, William Loyd, Vol I
Hoopes, James, Vol I
Hoople, Robin P., Vol II
Hoops, Merlin Henry, Vol IV
Hoover, David Lowell, Vol III
Hoover, Dwight W, Vol I
Hoover, Herbert Theodore, Vol I
Hoover, Marjorie Lawson, Vol III
Hoover, Stewart, Vol IV
Hoover, William Davis, Vol I
Hopkins, Dianne McAfee, Vol I
Hopkins, Donald Ray, Vol IV
Hopkins, Dwight N., Vol IV
Hopkins, Fred, Vol I
Hopkins, Jasper, Vol IV
Hopkins, John Orville, Vol I
Hopkins, Leroy Taft, Jr., Vol II
Hopkins, Richard Joseph, Vol I
Hopkins, Thomas J., Vol I
Hopkins, Vashti Edythe Johnson, Vol I
Hoppe, E.A., Vol IV
Hoppe, Leslie John, Vol IV
Hopper, David Henry, Vol IV
Hopper, Paul, Vol II
Hopperton, Robert J., Vol IV
Hoppman, R.A., Vol IV
Horan, Elizabeth R., Vol II
Hord, Frederick Lee, Vol I
Horgan, Paul, Vol I
Horn, Martin, Vol I
Horn, Pierre Laurence, Vol III
Horn, Vernon, Vol I
Horne, Gerald Charles, Vol IV
Horne, James R., Vol IV
Horne, Martha J., Vol IV
Horne, Milton P., Vol IV
Horne, Ralph Albert, Vol IV
Hornecker, Ronald L., Vol IV
Horner, Bruce, Vol II
Hornsby, Alton, Vol I
Hornsby, Roger Allen, Vol I
Hornstein, Shelley, Vol I
Horovitz, Amir, Vol IV
Horowitz, Daniel, Vol I
Horowitz, David A., Vol I
Horowitz, Donald L., Vol IV
Horowitz, Maryanne Cline, Vol I
Horowitz, Michael M., Vol I
Horsley, Ritta Jo, Vol III
Horsman, Reginald, Vol I
Horsnell, Malcolm J.A., Vol IV
Horst, Irvin Buckwalter, Vol I
Horst, Steven, Vol IV
Horstman, Allen, Vol I
Horton, Loren Nelson, Vol I
Horton, Ronald A., Vol II
Horton, Susan R., Vol II
Horvath, Richard P., Vol II
Horward, Donald D., Vol I
Horwath, Peter, Vol III
Horwege, Ronald Eugene, Vol III
Horwitz, Barbara, Vol II
Horwitz, Henry Gluck, Vol I
Horwitz, Robert, Vol II
Hosoi, Y. Tim, Vol I
Hospital, Clifford G., Vol IV
Hossein, Ziai, Vol IV
Hostetler, Michael J., Vol II
Hostetler, Theodore J., Vol I
Hostetter, Edwin C., Vol II
Hottell, Ruth A., Vol III
Houghton, Edward Francis, Vol I
Hould, Claudette, Vol I
Houlgate, Laurence Davis, Vol IV
Houng, Caroline C., Vol III
House, Kay S., Vol II
House, Paul R., Vol IV
Houser, Caroline, Vol I
Houser, Nathan, Vol IV
Houston, George W., Vol I
Houston, Mona T., Vol III
Hovanec, Evelyn Ann, Vol II
Hovendick, Kelly B., Vol I
Hovey, Kenneth, Vol I
Howard, Angela, Vol I
Howard, Anne Bail, Vol II
Howard, Arthur Ellsworth Dick, Vol IV
Howard, C. Jeriel, Vol II
Howard, David M., Jr., Vol IV
Howard, Don A., Vol IV
Howard, Elizabeth Fitzgerald, Vol II
Howard, Hubert Wendell, Vol II
Howard, Jean E., Vol II
Howard, Joan E., Vol III
Howard, John Robert, Vol I
Howard, Leigh Anne, Vol II
Howard, Lillie Pearl, Vol II
Howard, Lloyd H., Vol III
Howard, Michael W., Vol IV
Howard, Tharon, Vol II
Howard, Thomas A., Vol I
Howard, Thomas Carlton, Vol I
Howard, W. Scott, Vol II
Howard, William J., Vol II
Howarth, Thomas, Vol I
Howe, John Mcdonald, Vol I
Howe, John R., Vol I
Howe, Lawrence W., Vol IV
Howe, Leroy T., Vol IV
Howe, Ruth-Arlene W., Vol IV
Howe, Sondra Wieland, Vol I
Howell, Allen C., Vol I
Howell, John C., Vol IV
Howell, John M., Vol II
Howell, Martha, Vol I
Howell, Richard Wesley, Vol I
Howell, Robert, Vol IV
Howell, Sarah McCanless, Vol I
Howie, John, Vol IV
Howze, Karen Aileen, Vol IV
Hoxie, Frederick E., Vol I
Hoxie, Ralph Gordon, Vol I
Hoyt, Charles Alva, Vol II
Hoyt, Christopher R., Vol IV
Hoyt, Giles Reid, Vol III
Hoyt, Thomas L., Jr., Vol IV
Hoyt-O'Connor, Paul E., Vol IV
Hozeski, Bruce William, Vol II
Hrabowski, Freeman Alphonsa, III, Vol I
Hsieh, Dinghwa Evelyn, Vol IV
Hsieh, Hsin-I, Vol III
Hsieh, Yvonne Y., Vol III
Hsu, Cho-yun, Vol I
Huaco, George A., Vol I
Hualde, Jose Ignacio, Vol III
Huang, J., Vol III
Huang, Ray, Vol I
Huang, Shaorong, Vol II
Huang, Siu Chi, Vol IV
Hubbard, Carol P., Vol III
Hubbard, F. Patrick, Vol IV
Hubbard, Nancy, Vol I
Hubbard, Thomas K., Vol I
Hubbard, William H., Vol I
Hubbell, John Thomas, Vol I
Huber, Donald L., Vol I
Huber, Thomas, Vol III
Hubert, Judd D., Vol III
Hubert, Marie Louise, Vol III
Hubert, Renee Riese, Vol III
Huddle, T.S., Vol I
Huddleston, Mark, Vol IV
Huddleston, Tobianna W., Vol IV
Hudec, Robert Emil, Vol IV
Hudelson, Richard Henry, Vol IV
Hudgins, Christopher Chapman, Vol II
Hudnut-Beumler, James, Vol IV
Hudson, Barton, Vol I
Hudson, Charles M., Vol I
Hudson, Davis M., Vol IV
Hudson, G. Elizabeth, Vol I
Hudson, George C., Jr., Vol I
Hudson, Herman C., Vol I
Hudson, James Blaine, III, Vol I
Hudson, Leonne, Vol I
Hudson, Leonne, Vol I
Hudson, Leonne M., Vol I
Hudson, Robert, Vol I
Hudson, Robert J., Vol II
Hudson, Robert Vernon, Vol I
Hudson, Yeager, Vol IV
Hudson-Weems, Clenora, Vol II
Huel, Ray, Vol I
Huenemann, Charles, Vol IV
Huesca, Robert, Vol II
Hueston, Robert Francis, Vol I
Huff, Carolyn Barbara, Vol I
Huff, Peter A., Vol I
Huff, Toby E., Vol I
Huffines, Marion Lois, Vol III
Huffman, Carl A., Vol I
Huffman, Claire, Vol III
Huffman, Clifford Chalmers, Vol II
Huffman, Douglas S., Vol IV
Huffman, Gordon, Jr., Vol IV
Huffman, James Lamar, Vol I
Huffman, James Richard, Vol I
Huffman, John L., Vol II
Hufman, Melody J., Vol II
Huggett, Nick, Vol IV
Huggins, Cynthia, Vol II
Hughes, Andrew, Vol I
Hughes, Carl D., Vol I
Hughes, David Yerkes, Vol II
Hughes, Diana L., Vol II
Hughes, Johnson Donald, Vol I
Hughes, Joyce A., Vol IV
Hughes, Judith Markham, Vol I
Hughes, Kevin L., Vol I
Hughes, Linda K., Vol II
Hughes, Pamela S., Vol IV
Hughes, Paul, Vol IV
Hughes, Richard Allan, Vol IV
Hughes, Richard T., Vol IV
Hughes, Robert Don, Vol IV
Hughes, Robert G., Vol II
Hughes, Thomas Parke, Vol I
Hughes, William Nolin, Vol III
Hugly, Philip, Vol IV
Huhta, James Kenneth, Vol I
Hull, Akasha, Vol II
Hull, Alexander, Vol III
Hull, David L., Vol IV
Hull, Henry Lane, Vol I
Hull, Kenneth, Vol I
Hull, Michael F., Vol IV
Hull, N.E.H., Vol IV
Hull, Richard T., Vol IV
Hull, Richard W., Vol I
Hull, William E., Vol IV
Hullett, James N., Vol IV
Hullot-Kentor, Robert, Vol IV
Hulse, Clark, Vol II
Hulse, James W., Vol I
Hultgren, Arland, Vol IV
Hultgren, Arthur J., Vol IV
Hults, Linda, Vol I
Humber, James Michael, Vol IV
Hume, Kathryn, Vol II
Hume, Richard L., Vol I
Hume, Robert David, Vol II
Humma, John Ballard, Vol II
Hummel, Bradford Scott, Vol IV
Humpherys, Anne, Vol II
Humphreys, Fisher, Vol IV
Humphreys, Leonard A., Vol I
Humphreys, Margaret, Vol I
Humphries, Jeff, Vol II
Humphries, John J., Vol III
Humphries, Tom, Vol III
Hundert, Edward J., Vol I
Hundley, Norris Cecil, Vol I
Hungerford, Constance Cain, Vol I
Hunning, Robert W., Vol II
Hunt, Barbara Ann, Vol II
Hunt, Bruce J., Vol I
Hunt, Irmgard E., Vol III
Hunt, James, Vol I
Hunt, John Dixon, Vol II
Hunt, John M., Jr., Vol I
Hunt, Linda, Vol II
Hunt, Mary Elizabeth, Vol IV

Hunt, Michael H., Vol I
Hunt, Patrick, Vol I
Hunt, Richard Allen, Vol I
Hunt, Richard M., Vol I
Hunt, Steven B., Vol II
Hunt, Timothy, Vol II
Hunt, William Raymond, Vol I
Hunter, Dianne McKinley, Vol II
Hunter, Frederick Douglas, Vol IV
Hunter, Gary, Vol I
Hunter, Jerry L., Vol IV
Hunter, Joel, Vol IV
Hunter, John, Vol I
Hunter, Leslie Gene, Vol I
Hunter, Linda, Vol III
Hunter, Phyllis A., Vol I
Hunter, Rodney J., Vol IV
Hunting, Mary Anne, Vol I
Hupchick, Dennis P., Vol I
Huppauf, Bernd, Vol III
Huppert, George, Vol I
Hurd, Heidi M., Vol IV
Hurley, Alfred Francis, Vol I
Hurley, Andrew, Vol II
Hurley, Andrew J., Vol I
Hurley, David, Vol I
Hurley, Forrest Jack, Vol I
Hurley, James, Vol I
Hurst, Mary Jane, Vol III
Hurst, Thomas R., Vol IV
Hurst Williams, Suzanne, Vol II
Hurt, James Riggins, Vol II
Husak, Douglas Neil, Vol IV
Huse, Nancy Lyman, Vol II
Hussain, Amir, Vol III
Hussey, John, Vol II
Hussey, Mark, Vol II
Huston, James Alvin, Vol I
Huston, John Dennis, Vol II
Huston, Richard P., Vol I
Hustwit, Ronald E., Vol IV
Hutcheon, Linda, Vol II
Hutcheson, John Ambrose, Jr.,
    Vol I
Hutcheson, Richard E., Vol IV
Hutcheson, Thom, Vol I
Hutchings, William, Vol II
Hutchins, Douglas S., Vol IV
Hutchinson, George, Vol I
Hutchinson, Roger Charles, Vol IV
Hutchison, Harry Greene, IV,
    Vol IV
Hutchison, Jane Campbell, Vol I
Hutchison, John A., Vol IV
Hutchison, William Robert, Vol I
Hutchisson, James M., Vol II
Hutson, Christopher R., Vol IV
Huttar, Charles Adolph, Vol II
Huttenbach, Henry R., Vol I
Huttenstine, Marian L., Vol II
Hutter, Reinhard, Vol IV
Hutton, John, Vol I
Hutton, Lewis J., Vol III
Hutton, Patrick H., Vol I
Hutton, Rodney R., Vol IV
Hutton, William E., Vol I
Huxman, Susan S., Vol II
Huzar, Eleanor Goltz, Vol I
Hwang, Tzu-Yang, Vol IV
Hyatt, Irwin T., Jr., Vol I
Hybels, Saundra, Vol II
Hyde, Alan Stuart, Vol IV
Hyde, James F., Jr., Vol I
Hyde, Virginia Crosswhite, Vol II
Hyde, Virginia M., Vol I
Hyde, William James, Vol II
Hye, Allen Edward, Vol III
Hyer, Paul V., Vol I
Hyers, M. Conrad, Vol III
Hyland, Drew Alan, Vol IV
Hylton, Peter, Vol IV
Hyman, Harold Melvin, Vol I
Hyman, Jonathan Morris, Vol IV
Hyman, Roger L., Vol II
Hymers, Michael, Vol IV
Hynes, Jennifer, Vol II
Hynes, Thomas J., Jr., Vol II
Hyson, John M., Vol IV
Hyun, Insoo, Vol IV
Iacobucci, Christine, Vol II
Iacovetta, Franca, Vol I
Iannace, Gaetano Antonio, Vol III
Iannone, A. Pablo, Vol IV
Iannucci, Amilcare Alfredo,
    Vol III
Iannuzzi, John N., Vol IV
Ibelema, Minabere, Vol II
Ibsen, Kristine L., Vol III
Ide, Harry, Vol I

Igel, Regina, Vol III
Iggers, Georg G., Vol I
Iggers, Wilma Abeles, Vol III
Ignashev, Diane M. Nemec,
    Vol III
Ihde, Don, Vol IV
Ihlan, Amy, Vol IV
Ike, Alice Denise, Vol IV
Ilardi, Vincent, Vol I
Ilie, Paul, Vol III
Iliescu, Nicolae, Vol III
Illiano, Antonio, Vol III
Illick, Joseph E., Vol I
Imamura, Shigeo, Vol III
Imbert, Patrick L., Vol III
Imboden, Roberta, Vol II
Imbrie, Ann Elizabeth, Vol II
Imhoff, Brian, Vol III
Imholt, Robert Joseph, Vol I
Immerwahr, John, Vol IV
Impey, Olga Tudorica, Vol III
Imwinkelried, Edward, Vol IV
Inada, Kenneth K., Vol IV
Inbau, Fred Edward, Vol IV
Inboden, Robin L., Vol II
Inbody, Tyron Lee, Vol IV
Ingalls, Robert Paul, Vol I
Ingber, Alix, Vol III
Inge, M. Thomas, Vol II
Ingebretsen, Edward J., Vol II
Ingemann, Frances, Vol III
Ingemanson, Birgitta, Vol III
Ingersoll, Earl G., Vol I
Ingham, John Norman, Vol I
Ingham, Norman William, Vol III
Ingle, Harold Norman, Vol I
Ingle, Homer Larry, Vol I
Ingles, Ernie B., Vol IV
Inglis, John, Vol IV
Ingraham, Vernon Leland, Vol II
Ingram, David B., Vol IV
Ingram, Earl Glynn, Vol I
Ingram, Norman, Vol I
Ingram, William, Vol II
Ingrao, Charles William, Vol I
Ingwersen, Niels, Vol II
Inness, Sherrie A., Vol II
Inslee, Forrest, Vol II
Insler, Stanley, Vol III
Inyamah, Nathaniel Ginikanwa N.,
    Vol IV
Iorio, Dominick Anthony, Vol IV
Iorio, Sharon, Vol II
Iozzio, Mary Jo, Vol IV
Ireland, Robert M., Vol I
Ireland, Roderick Louis, Vol IV
Irish, Sharon, Vol I
Irons, Glenwood H., Vol II
Irrizarry, E., Vol III
Irschick, Eugene Frederick, Vol I
Irsfeld, John Henry, Vol II
Irvin, Deborah M., Vol III
Irvine, B.J., Vol I
Irvine, Carolyn Lenette, Vol II
Irvine, Dale T., Vol IV
Irvine, James Richard, Vol II
Irvine, Lorna Marie, Vol II
Irvine, Martin, Vol II
Irvine, Stuart, Vol IV
Irwin, Eleanor, Vol I
Irwin, John Thomas, Vol II
Irwin, Joyce Louise, Vol I
Irwin, William Henery, Vol IV
Irwin, William T., Vol IV
Isaac, Ephraim, Vol I
Isaac, Gordon L., Vol IV
Isaac, Larry, Vol I
Isaacman, Allen, Vol I
Isaacs, Neil D., Vol II
Isadore, Harold W., Vol IV
Isang, S. Akpan, Vol II
Isasi-Diaz, Ada Maria, Vol IV
Isbell, John C., Vol III
Iseminger, Gary, Vol IV
Iseminger, Gordon Llewellyn,
    Vol I
Isenberg, Nancy G., Vol I
Isenberg, Sheldon Robert, Vol I
Iserson, Kenneth V., Vol IV
Isett, Christopher, Vol I
Ish, Daniel, Vol IV
Isham, William P., Vol III
Isherwood, Robert M., Vol I
Ishikawa, Minako, Vol III
Ishimatsu, Ginette, Vol III
Ishman, Sybil R., Vol III
Isom, Dallas W., Vol IV
Israel, Fred L., Vol I
Israel, Jerold H., Vol IV

Israel, Milton, Vol I
Issacharoff, Michael, Vol III
Issel, William Henry, Vol I
Isser, Natalie K., Vol I
Ito, Junko, Vol I
Iudin-Nelson, Laurie, Vol I
Ivanov, Vyacheslav V., Vol III
Ivers, Louise H., Vol I
Ives, Christopher, Vol IV
Ives, Edward Dawson, Vol II
Iwamoto, Yoshio, Vol III
Iyer, Nalini, Vol II
Iyer, Nitya, Vol IV
Izenberg, Gerald Nathan, Vol I
Jablon, Howard, Vol I
Jablonski, Leanne M., Vol IV
Jacka, Elizabeth, Vol II
Jackendoff, Ray Saul, Vol III
Jacklin, Thomas M., Vol I
Jackman, Barbara, Vol IV
Jackman, Henry, Vol IV
Jackman, Jarrell C., Vol III
Jackman, Sydney W, Vol II
Jacks, Philip, Vol I
Jackson, Agnes Moreland, Vol I
Jackson, Allan Stuart, Vol II
Jackson, Andrew, Vol I
Jackson, Arlene M., Vol II
Jackson, Blyden, Vol II
Jackson, Bruce II, Vol II
Jackson, Carl Thomas, Vol I
Jackson, Carlton Luther, Vol I
Jackson, Carol E., Vol IV
Jackson, Charles O., Vol I
Jackson, Donald Dean, Vol I
Jackson, Elizabeth R., Vol III
Jackson, Gordon, Vol II
Jackson, Gordon Edmund, Vol IV
Jackson, Jacqueline Dougan,
    Vol II
Jackson, James Harvey, Vol II
Jackson, James R., Vol I
Jackson, Jared Judd, Vol IV
Jackson, Joe C., Vol I
Jackson, Joseph Hollister, Vol IV
Jackson, Kathy Merlock, Vol II
Jackson, Kennell A., Jr., Vol I
Jackson, Kenneth David, Vol III
Jackson, Kenneth T., Vol I
Jackson, Kent Phillips, Vol I
Jackson, Mary E., Vol II
Jackson, Michele, Vol II
Jackson, Miles Merrill, Vol II
Jackson, Philip Taylor, Vol I
Jackson, Randolph, Vol IV
Jackson, Richard A., Vol I
Jackson, Robert Louis, Vol III
Jackson, Roger, Vol IV
Jackson, W. Sherman, Vol I
Jackson, Wallace, Vol II
Jackson, William Edward, Vol III
Jackson, William Joseph, Vol III
Jackson, William Turrentine, Vol I
Jacob, Bruce Robert, Vol IV
Jacobi, Martin, Vol II
Jacobik, Gray, Vol II
Jacobs, Carol F., Vol III
Jacobs, David C., Vol IV
Jacobs, Donald Martin, Vol I
Jacobs, Dorothy Hieronymus,
    Vol II
Jacobs, Edward, Vol II
Jacobs, Ennis Leon, Jr., Vol IV
Jacobs, John T., Vol I
Jacobs, Jonathan, Vol IV
Jacobs, Lynn F., Vol I
Jacobs, Michelle S., Vol IV
Jacobs, Roderick Arnold, Vol III
Jacobs, Ruth Harriet, Vol I
Jacobs, Sylvia Marie, Vol I
Jacobs, Travis B., Vol I
Jacobsen, Nils, Vol I
Jacobsen, Thorkild, Vol I
Jacobson, Arland D., Vol IV
Jacobson, Diane L., Vol IV
Jacobson, Howard, Vol I
Jacobson, Paul A., Vol I
Jacobson, Paul Kenneth, Vol IV
Jacobson, Rodolfo, Vol III
Jacobson, Stephen, Vol IV
Jacobson, Thomas L., Vol II
Jacobus, Lee Andre, Vol II
Jacoby, Sally, Vol III
Jacoby, Sanford M., Vol I
Jacoway, Elizabeth, Vol I
Jaenen, Cornelius John, Vol I
Jaffa, Harry Victor, Vol I
Jaffe, David P., Vol I
Jaffe, Lorna S., Vol I

Jaher, Frederic Cople, Vol I
Jahn, Gary Robert, Vol III
Jahner, Elaine A., Vol II
Jaimes-Guerrero, Mariana, Vol I
Jaini, Padmanabh S., Vol III
Jakle, John Allais, Vol I
Jalal, Ayesha, Vol I
James, Allix Bledsoe, Vol IV
James, Bernard, Vol IV
James, Betty Harris, Vol I
James, David Phillip, Vol I
James, Dorothy, Vol III
James, Elridge M., Vol I
James, Felix, Vol I
James, Frank, Vol I
James, Frank Samuel, III, Vol IV
James, H. Rhett, Vol IV
James, Harold, Vol I
James, Marquita L., Vol IV
James, Robert N., Vol IV
James, William, Vol IV
James, William Closson, Vol IV
James, Winston, Vol I
James, Woodrow C., Vol I
Jameson, Elizabeth, Vol I
Jameson, John R., Vol I
Jameson, Michael H., Vol I
Jamme, Albert W.F., Vol II
Jamros, Daniel, Vol IV
Jan, George Pokung, Vol I
Janangelo, Joseph, Vol II
Jandt, Fred E., Vol II
Janik, Del Ivan, Vol III
Jankofsky, Klaus P., Vol III
Jankowski, James Paul, Vol I
Jankowski, Theodora, Vol II
Jann, Rosemary, Vol II
Janowsky, Oscar I., Vol I
Jansen, Marius Berthus, Vol I
Jansen, Virginia, Vol I
Janson, Anthony F., Vol I
Janson, Carol, Vol I
Janson-La Palme, Bayly, Vol I
Janzen, Henry David, Vol III
Janzen, John Gerald, Vol IV
Janzen, Lorraine, Vol II
Jara, Rene, Vol III
Jarow, E.H., Vol III
Jarrell, Richard A., Vol I
Jarrett, James L., Vol IV
Jarrett, Jon, Vol I
Jarvi, Raymond, Vol III
Jarvie, Ian Charles, Vol IV
Jarvis, Charles Austin, Vol I
Jarvis, Donald Karl, Vol III
Jarvis, Gilbert Andrew, Vol III
Jarvis, Joseph Anthony, Vol I
Jarvis, Michael J., Vol I
Jasanoff, Sheila S., Vol IV
Jashemski, Wilhelmina F., Vol I
Jaskoski, Helen, Vol II
Jason, Philip Kenneth, Vol II
Jauss, David, Vol II
Jay, Gregory S., Vol I
Jay, Martin Evan, Vol I
Jay, Paul, Vol II
Jay, Stewart, Vol IV
Jeal, Roy R., Vol IV
Jeannet, Angela Maria, Vol III
Jefchak, Andrew Timothy, Vol II
Jefferies, Charlotte S., Vol IV
Jeffers, Clifton R., Vol IV
Jeffers, Jack, Vol I
Jefferson, Alphine W., Vol I
Jefferson, Carter, Vol I
Jefferson, Joseph L., Vol I
Jefferson, M. Ivory, Vol IV
Jefferson, Overton C., Vol IV
Jeffery, Peter, Vol I
Jeffres, Leo, Vol II
Jeffrey, David Lyle, Vol II
Jeffrey, Julie Roy, Vol I
Jeffrey, Kirk, Vol I
Jeffrey, Richard C., Vol IV
Jeffrey, Thomas Edward, Vol I
Jeffreys, Mark, Vol II
Jeffries, John W., Vol I
Jeffries, Leonard, Vol I
Jeffries, Rosalind R., Vol I
Jegede, Dele, Vol II
Jegstrup, Elsebet, Vol IV
Jehlin, Myra, Vol III
Jelavich, Barbara, Vol I
Jelinski, Jack Bernard, Vol III
Jelks, Edward Baker, Vol I
Jemielity, Thomas J., Vol II
Jenemann, Albert Harry, Vol IV
Jenkins, A. Lawrence, Vol I
Jenkins, Anthony W., Vol II

Jenkins, Charles M., Vol II
Jenkins, Fred W., Vol I
Jenkins, Frederic Magill, Vol III
Jenkins, Jennifer L., Vol I
Jenkins, John, Vol IV
Jenkins, Joyce O., Vol II
Jenkins, Kenneth Vincent, Vol II
Jenkins, Ronald Bradford, Vol III
Jennings, Lawrence Charles, Vol II
Jennings, Lee B., Vol III
Jennings, Robert Ray, Vol I
Jensen, Billie B, Vol I
Jensen, De Lamar, Vol I
Jensen, Debra J., Vol IV
Jensen, Ejner Jacob, Vol II
Jensen, Frede, Vol III
Jensen, Gordon A., Vol IV
Jensen, J. Vernon, Vol II
Jensen, Joan Maria, Vol I
Jensen, John Barry, Vol III
Jensen, John T., Vol I
Jensen, Katharine, Vol II
Jensen, Robert W., Vol II
Jensen, Theodore Wayne, Vol III
Jensen, Tim, Vol IV
Jenson, Carol Elizabeth, Vol I
Jerez Farran, Carlos, Vol III
Jerin, Robert A., Vol IV
Jerred, Ada D., Vol II
Jervis, Robert, Vol I
Jerz, Dennis G., Vol II
Jesse, Jennifer G., Vol IV
Jett, Stephen C., Vol I
Jewell, James Earl, Vol II
Jewers, Caroline, Vol III
Jewinski, Edwin, Vol I
Jewsbury, George Frederick,
    Vol III
Jian-Zhong, Zhou, Vol II
Jick, Leon Allen, Vol I
Jimenez, Francisco, Vol III
Jimenez-Ramirez, Talia, Vol I
Jimoh, A. Yemisi, Vol II
Jin, Xuefei, Vol III
Jitendra, Asha, Vol I
Jobe, Steve, Vol II
Jobes, Karen H., Vol III
Jobling, David, Vol IV
Joch Robinson, Gertrude, Vol II
Jochnowitz, George, Vol III
Jodziewicz, Thomas W., Vol I
Jofen, Jean, Vol III
Johannes, John R., Vol I
Johannesen, Richard Lee, Vol II
Johannsen, Robert W., Vol I
Johansen, Bruce Elliott, Vol I
Johanson, Herbert A., Vol IV
John, Brian, Vol II
John, David Gethin, Vol III
John, Eileen, Vol IV
John, James J., Vol I
John, P.M., Vol IV
John, Richard R., Vol I
John-Steiner, Vera P., Vol III
Johdan, Johnson-Eilola, Vol IV
Johnnson, Thomas F., Vol IV
Johns, Loren L., Vol IV
Johnson, Alex C., Vol II
Johnson, Anita L., Vol III
Johnson, Arthur L., Vol I
Johnson, Ben, Vol IV
Johnson, Bobby Harold, Vol I
Johnson, Caliph, Vol I
Johnson, Calvert, Vol I
Johnson, Carroll B., Vol III
Johnson, Charles W., Vol I
Johnson, Chas Floyd, Vol IV
Johnson, Christopher G., Vol II
Johnson, J. Christopher Howard,
    Vol I
Johnson, Claudia Durst, Vol II
Johnson, Curtis, Vol I
Johnson, Dale Arthur, Vol IV
Johnson, David Alan, Vol I
Johnson, David Lawrence, Vol IV
Johnson, David Ralph, Vol I
Johnson, Dewayne Burton, Vol II
Johnson, Donald Barton, Vol III
Johnson, Donald Dalton, Vol I
Johnson, Donald Ellis, Vol I
Johnson, Edward, Vol IV
Johnson, Elizabeth A., Vol IV
Johnson, Emily, Vol I
Johnson, Eric, Vol II
Johnson, Ernest L., Vol IV
Johnson, Evans Combs, Vol I
Johnson, Frederick A., Vol IV
Johnson, Geraldine Ross, Vol IV
Johnson, Golden Elizabeth, Vol IV

Johnson, Golden Elizabeth, Vol IV
Johnson, Harold Benjamin, Vol I
Johnson, Herbert Alan, Vol I
Johnson, Ivory, Vol I
Johnson, J. Prescott, Vol IV
Johnson, J. Theodore, Jr., Vol II
Johnson, Jacob Edwards, III, Vol I
Johnson, James M., Vol I
Johnson, James Pearce, Vol I
Johnson, James Turner, Vol IV
Johnson, James William, Vol II
Johnson, Jeanne M., Vol III
Johnson, Jeffrey, Vol II
Johnson, John W., Vol I
Johnson, John W., Vol IV
Johnson, Johnnie L., Jr., Vol IV
Johnson, Johnny B., Vol I
Johnson, Judith R., Vol I
Johnson, Julie Greer, Vol III
Johnson, Justin Morris, Vol IV
Johnson, Kenneth E., Vol II
Johnson, Kevin R., Vol IV
Johnson, Kyle B., Vol III
Johnson, Lee Milford, Vol II
Johnson, Lemuel A., Vol II
Johnson, Leonard Wilkie, Vol III
Johnson, Leroy, Vol I
Johnson, Leroy Ronald, Vol I
Johnson, Linck Christopher, Vol II
Johnson, Lucille Marguerite,
Vol II
Johnson, Luke Timothy, Vol IV
Johnson, M. Glen, Vol I
Johnson, Mayumi Yuki, Vol III
Johnson, Michael Lillard, Vol II
Johnson, Owen V., Vol I
Johnson, Patricia Altenbernd,
Vol IV
Johnson, Patricia L., Vol IV
Johnson, Paul B., Vol I
Johnson, Paul E., Vol I
Johnson, Penelope Delafield, Vol I
Johnson, Phil Brian, Vol I
Johnson, Rhoda E., Vol II
Johnson, Richard Rigby, Vol I
Johnson, Richard Ronald, Vol I
Johnson, Rick L., Vol IV
Johnson, Robert C., Vol I
Johnson, Robert E., Vol I
Johnson, Roger A., Vol I
Johnson, Roger Alan, Vol IV
Johnson, Roger N., Vol I
Johnson, Ronald C., Vol I
Johnson, Ronald Maberry, Vol I
Johnson, Ronald W., Vol IV
Johnson, Ronald William, Vol I
Johnson, Simon, Vol II
Johnson, Stephen M., Vol IV
Johnson, Steven D., Vol IV
Johnson, Timothy, Vol I
Johnson, W. Ralph, Vol I
Johnson, Walker C., Vol I
Johnson, Walter Thaniel, Jr.,
Vol IV
Johnson, Wendy Dasler, Vol I
Johnson, Willard, Vol IV
Johnson, William M., Vol I
Johnson-Odim, Cheryl, Vol I
Johnson-Sheehan, Richard, Vol II
Johnston, Alexandra F., Vol II
Johnston, Arnold, Vol II
Johnston, Carol Ann, Vol II
Johnston, Carol F., Vol IV
Johnston, Carolyn, Vol I
Johnston, Charles Murray, Vol I
Johnston, Georgia, Vol II
Johnston, John, Vol III
Johnston, John H., Vol II
Johnston, Kenneth R., Vol II
Johnston, Otto William, Vol III
Johnston, Patricia Ann, Vol I
Johnston, Paul, Vol II
Johnston, Robert H., Vol I
Johnston, Stanley Howard, Vol III
Johnston, William, Vol I
Johnston, William M., Vol I
Johnstone, Henry, Jr., Vol IV
Joiner, Burnett, Vol I
Joiner, Dorothy, Vol I
Jokic, Aleksandar, Vol IV
Jolley, Nicholas, Vol IV
Jollimore, Troy, Vol IV
Jolls, C., Vol IV
Jolly, Rosemary J., Vol II
Joly, Ralph Robert, Vol II
Jonaitis, Aldona, Vol I
Jonas, Hans, Vol IV
Jonas, Klaus Werner, Vol III
Jonas, Manfred, Vol I

Jonas, W. Glenn, Jr., Vol IV
Jonassaint, Jean, Vol III
Jones, Amelia, Vol I
Jones, Ann R., Vol I
Jones, Anne Hudson, Vol II
Jones, Barney Lee, Vol I
Jones, Barry Alan, Vol IV
Jones, Beverly Washington, Vol I
Jones, Bonnie Louise, Vol IV
Jones, Bruce William, Vol IV
Jones, Buford, Vol II
Jones, Byrd Luther, Vol I
Jones, Carolyn, Vol IV
Jones, Carolyn M., Vol IV
Jones, Charles B., Vol IV
Jones, Christopher, Vol II
Jones, Christopher M., Vol III
Jones, Christopher P., Vol I
Jones, Dan Curtis, Vol II
Jones, Daryl, Vol II
Jones, David Clyde, Vol IV
Jones, Donald D., Vol IV
Jones, Donald L., Vol IV
Jones, Douglas Gordon, Vol II
Jones, Edward Louis, Vol I
Jones, Edward T., Vol II
Jones, Ellen, Vol II
Jones, Elwood Hugh, Vol I
Jones, Emma Pettway, Vol IV
Jones, Granville Hicks, Vol II
Jones, Houston Gwynne, Vol I
Jones, Howard, Vol I
Jones, Jacqueline, Vol I
Jones, James Edward, Jr., Vol IV
Jones, James H., Vol II
Jones, James Howard, Vol I
Jones, Joe Frank, Vol IV
Jones, John F., Vol I
Jones, Judith A., Vol IV
Jones, Katherine Elizabeth Butler,
Vol I
Jones, Kenneth Paul, Vol I
Jones, L. Gregory, Vol IV
Jones, Laird, Vol I
Jones, Larry Bert, Vol III
Jones, Larry Eugene, Vol I
Jones, Lawrence N., Vol I
Jones, Leander Corbin, Vol II
Jones, Louis Clark, Vol I
Jones, Margaret E.W., Vol III
Jones, Mark, Vol II
Jones, Mary E., Vol II
Jones, Michael Owen, Vol I
Jones, Nicholas, Vol II
Jones, Nicholas Francis, Vol I
Jones, Norman L., Vol I
Jones, Paul Henry, Vol I
Jones, Peter D'a, Vol I
Jones, Phillip Erskine, Vol I
Jones, Randall Lee, Vol III
Jones, Reginald L., Vol I
Jones, Richard J., Vol IV
Jones, Robert, Vol I
Jones, Robert Alston, Vol III
Jones, Robert Alun, Vol I
Jones, Robert Edward, Vol I
Jones, Robert Francis, Vol I
Jones, Robert Leslie, Vol I
Jones, Robin A., Vol II
Jones, Shawn, Vol IV
Jones, Sidney C., Vol II
Jones, Stanley E., Vol II
Jones, Steven, Vol II
Jones, Suzanne W., Vol II
Jones, Thomas Canby, Vol IV
Jones, Tobin H., Vol III
Jones, Ward, Vol I
Jones, Wilbur Devereux, Vol I
Jones, William A., Jr., Vol IV
Jones, William B., Vol I
Jones, William Bowdoin, Vol IV
Jones, William J., Vol I
Jones, William John, Vol I
Jones, William K., Vol IV
Jones, William Paul, Vol IV
Jontepace, D., Vol IV
Jooharigian, Robert B., Vol IV
Joos, Ernest, Vol IV
Joravsky, David, Vol I
Jordan, Abbie H., Vol I
Jordan, Borimir, Vol I
Jordan, David P., Vol I
Jordan, Donald A., Vol I
Jordan, Eddie J., Jr., Vol IV
Jordan, Eddie Jack, Sr., Vol I
Jordan, Emma Coleman, Vol IV
Jordan, Emma Coleman, Vol IV
Jordan, Ervin L., Vol I
Jordan, Gregory D., Vol III

Jordan, Jim, Vol I
Jordan, Mark D., Vol IV
Jordan, Robert Welsh, Vol IV
Jordan, Rosan, Vol II
Jordan, Sandra D., Vol IV
Jordan, William Chester, Vol I
Jorgens, Jack J., Vol II
Jorgensen, Beth E., Vol III
Jorgensen, Danny L., Vol IV
Jorgensen, Peter Alvin, Vol III
Joseph, Brian Daniel, Vol III
Joseph, Norma Baumel, Vol IV
Joseph, Stephen, Vol IV
Josephs, Allen, Vol III
Josephs, Herbert, Vol II
Josephson, Goodman, Vol IV
Joslin, Katherine, Vol II
Jost, Dominik, Vol I
Jost, Timothy Stolzfus, Vol IV
Joubert, Andre, Vol III
Joukowsky, Martha Sharp, Vol I
Joy, Donald Marvin, Vol II
Joy, Lynn S., Vol IV
Joy, Mark S., Vol I
Joy, Peter, Vol IV
Joyce, Davis D., Vol I
Joyce, Donald Franklin, Vol II
Joyce, Dougals A., Vol III
Joyce, Jane W., Vol I
Joyce, Rosemary A., Vol I
Joyce Stone, Andrea, Vol I
Joyner, Irving L., Vol IV
Judd, Jacob, Vol I
Judge, Edward H., Vol I
Juenger, Friedrich K., Vol IV
Juergensmeyer, Julian C., Vol IV
Juffs, Alan, Vol III
Juhl, M.E., Vol II
Juhnke, James Carlton, Vol I
Juhnke, Janet Ann, Vol II
Juliano, Ann Carey, Vol IV
Julien, Helene, Vol III
Jumonville, Neil Talbot, Vol I
Jun, Sun-Ah, Vol III
Jung, Darryl, Vol I
Jung, Donald J., Vol II
Jung, L. Shannon, Vol IV
Jung, Patricia Beattie, Vol IV
Junker, Kirk W., Vol IV
Junkins, Donald A., Vol II
Juntune, Thomas William, Vol III
Jurado, Jose, Vol III
Juricek, John T., Vol I
Jurisson, Cynthia, Vol IV
Jurkevich, Gayana, Vol III
Jusczyk, P.W., Vol I
Just, Felix, Vol I
Justus, James Huff, Vol II
Kabakoff, Jacob, Vol III
Kac, Michael, Vol IV
Kacandes, Irene, Vol III
Kachru, Braj Behari, Vol III
Kachru, Yamuna, Vol III
Kaczynski, Bernice M., Vol I
Kadens, Michael G., Vol IV
Kadish, Mortimer R., Vol IV
Kadish, Sanford H., Vol IV
Kadlec, David, Vol II
Kaebnick, Gregory E., Vol IV
Kaegi, Walter Emil, Vol I
Kaelin, Eugene Francis, Vol IV
Kaeuper, Richard William, Vol I
Kafker, Frank Arthur, Vol I
Kaga, Mariko, Vol III
Kagan, Richard C., Vol I
Kagan, Richard Lauren, Vol I
Kagan, Robert A., Vol I
Kagan, Susan, Vol I
Kagle, Steven Earl, Vol II
Kahan, Alan S., Vol I
Kahane, Claire, Vol II
Kahane, Henry, Vol III
Kahane, Howard, Vol IV
Kahf, Mohja, Vol III
Kahn, B. Winston, Vol I
Kahn, Charles H., Vol I
Kahn, Coppelia, Vol II
Kahn, David, Vol I
Kahn, Douglas A., Vol IV
Kahn, Jeffrey C., Vol IV
Kahn, Jonathan, Vol I
Kahn, Madeleine, Vol II
Kahn, Sy M., Vol II
Kai-Wing, Chow, Vol III
Kailing, Joel, Vol II
Kaimowitz, Jeffrey H., Vol I
Kain, John Forrest, Vol I
Kaiser, Christopher Barina, Vol IV
Kaiser, Daniel Hugh, Vol III

Kaiser, Kevin, Vol IV
Kaiser, Thomas Ernest, Vol I
Kaiser, Walter C., Jr., Vol I
Kaivola, Karen, Vol II
Kajevich, Steven N., Vol IV
Kalaidjian, Walter, Vol III
Kalantzis, George, Vol IV
Kalas, Robert, Vol I
Kalbfleisch, Pamela J., Vol II
Kalbouss, George, Vol III
Kale, Steven D., Vol I
Kaleta, Kenneth C., Vol II
Kalin, Everett Roy, Vol IV
Kallenberg, Brad J., Vol IV
Kallendorf, Craig, Vol II
Kallmann, Helmut, Vol I
Kallmyer, Nina, Vol I
Kalman, Laura, Vol I
Kalvoda, Josef, Vol I
Kamau, Mosi, Vol I
Kambeitz, Teresita, Vol IV
Kamber, Richard, Vol IV
Kamboureli, Smaro, Vol II
Kamenish, Paula K., Vol II
Kamhi, Michelle Marder, Vol I
Kaminski, John Paul, Vol I
Kaminski, Thomas, Vol II
Kaminsky, Alice R., Vol II
Kaminsky, Jack, Vol IV
Kamionkowski, Susan T., Vol IV
Kamisar, Yale, Vol IV
Kamla, Thomas A., Vol III
Kamm, Frances Myrna, Vol IV
Kamman, William, Vol I
Kammen, Michael, Vol I
Kamoche, Jidlaph Gitau, Vol I
Kamtekar, Rachana, Vol IV
Kamuf, Peggy, Vol III
Kando, Thomas M., Vol I
Kane, Francis, Vol IV
Kane, John, Vol IV
Kane, Leslie, Vol III
Kane, Peter, Vol II
Kane, Robert, Vol IV
Kane, Stanley, Vol IV
Kane, Thomas Anthony, Vol IV
Kanellos, Nicolas, Vol III
Kanes, Martin, Vol III
Kanet, Roger E., Vol I
Kanevskaya, Marina, Vol III
Kang, Soo Y., Vol I
Kang, Wi Jo, Vol IV
Kang, Wi Jo, Vol I
Kanipe, Esther Sue, Vol I
Kantowicz, Edward Robert, Vol I
Kanwar, Anju, Vol II
Kao, Arthur Mu-sen, Vol I
Kaplan, Abraham, Vol IV
Kaplan, Benjamin J., Vol I
Kaplan, Carey, Vol I
Kaplan, David M., Vol IV
Kaplan, Edward Harold, Vol III
Kaplan, Edward Kivie, Vol III
Kaplan, Elizabeth Ann, Vol III
Kaplan, Fred, Vol II
Kaplan, Gregory, Vol III
Kaplan, Herbert Harold, Vol I
Kaplan, James Maurice, Vol III
Kaplan, Jane Payne, Vol III
Kaplan, Justin, Vol II
Kaplan, Lawrence Samuel, Vol I
Kaplan, Lindsay, Vol II
Kaplan, Nancy, Vol II
Kaplan, Richard L., Vol IV
Kaplan, Robert B., Vol III
Kaplan, Sydney Janet, Vol II
Kaplan, William, Vol IV
Kaplow, Louis, Vol IV
Kapsch, Robert J., Vol I
Karaban, Roslyn A., Vol IV
Karamanski, Theodore J., Vol I
Karamustafa, Ahmet T., Vol IV
Karavites, Peter, Vol I
Karch, Dieter, Vol III
Karcher, Carolyn Lury, Vol II
Kardong, Terrence G., Vol IV
Karetzky, Stephen, Vol I
Kargon, Robert, Vol I
Kari, Daven M., Vol II
Karkhanis, Sharad, Vol I
Karl, Barry D., Vol I
Karlinsky, Simon, Vol III
Karlsen, Carol F., Vol I
Karman, James, Vol I
Karmel, Roberta S., Vol IV
Karolides, Nicholas J., Vol II
Karon, Bertram Paul, Vol I
Karp, Stephen A., Vol I
Karpf, Juanita, Vol I

Karpinski, Gary S., Vol I
Karre, Idahlynn, Vol II
Kars, Marjoleine, Vol I
Karsen, Sonja Petra, Vol III
Karst, Kenneth L., Vol IV
Karsten, Peter, Vol I
Karttunen, Frances, Vol III
Kasely, Terry S., Vol IV
Kasfir, Sidney L., Vol IV
Kaske, Carol Vonckx, Vol II
Kaske, Robert Earl, Vol II
Kasper, Loretta F., Vol III
Kassam, Zayn, Vol I
Kasson, John Franklin, Vol I
Kassow, Samuel D., Vol I
Kastan, David Scott, Vol II
Kaster, Robert A., Vol I
Katada, Saori, Vol I
Katarzyna, Olga B., Vol III
Katasse, Conny, Vol III
Kater, John L., Jr., Vol IV
Kater, Michael H., Vol I
Kates, Carol A., Vol IV
Kates, Gary, Vol I
Kath, Ruth R., Vol III
Katritzky, Linde, Vol III
Katsaros, Thomas, Vol I
Katsoris, Constantine N., Vol IV
Katz, Irving, Vol I
Katz, Lewis Robert, Vol IV
Katz, Marilyn A., Vol I
Katz, Michael B., Vol I
Katz, Michael Ray, Vol III
Katz, Milton, Vol I
Katz, Nathan, Vol IV
Katz, Phyllis, Vol I
Katz, Sandra, Vol I
Katz, Sanford Noah, Vol IV
Katz, Stanley Nider, Vol I
Katzman, David Manners, Vol I
Katznelson, Ira, Vol I
Kaucheck, Ken, Vol IV
Kaufer, David S., Vol I
Kauffman, Bette J., Vol II
Kauffman, George B., Vol I
Kauffman, Janet, Vol I
Kaufman, Burton, Vol I
Kaufman, Deborah Renee, Vol I
Kaufman, George G., Vol I
Kaufman, Gordon Dester, Vol IV
Kaufman, Martin, Vol I
Kaufman, Stephen Allan, Vol I
Kaufman, Suzanne, Vol I
Kaufman, William E., Vol IV
Kaufmann, Frank, Vol I
Kaufmann, Thomas DaCosta,
Vol I
Kaulbach, Ernest Norman, Vol III
Kavanagh, Aidan, Vol IV
Kavanagh, Peter, Vol II
Kavork Dohanian, Diran, Vol I
Kawashima, Yasuhide, Vol I
Kawin, Bruce Frederick, Vol II
Kay, Gersil Newmark, Vol IV
Kay, Herma Hill, Vol IV
Kay, James F., Vol II
Kay, Judith Webb, Vol IV
Kay, Thomas O., Vol I
Kay, W. David, Vol II
Kaye, Alan Stewart, Vol III
Kaye, Frances Weller, Vol II
Kaye, Harvey Jordan, Vol I
Kaye, Joel, Vol I
Kaye, Lawrence J., Vol IV
Kaylor, Robert David, Vol IV
Kazazis, Kostas, Vol III
Kazemzadeh, Firuz, Vol I
Kazemzadeh, Masoud, Vol I
Kazin, Alfred, Vol I
Ke, C.R., Vol III
Kealey, Edward J., Vol I
Kealey, Gregory S., Vol I
Kealey, Linda, Vol I
Kealy, Sean P., Vol IV
Keaney, John J., Vol I
Kearns, John Thomas, Vol IV
Keaten, James A., Vol II
Keating, Gregory C., Vol IV
Keating, James, Vol IV
Keay, Robert, Vol IV
Kebede, Ashenafi Amde, Vol I
Kebric, Robert Barnett, Vol I
Keck, Christiane Elisabeth, Vol III
Keck, Leander E., Vol IV
Keddie, Nikki R., Vol I
Kee, Howard Clark, Vol IV
Keefe, Alice Ann, Vol IV
Keefe, Robert, Vol II
Keefe, Susan Ann, Vol I

Keefe, Susan E., Vol I
Keefe, Thomas Keelin, Vol I
Keefe, Thomas M., Vol I
Keefer, Donald R., Vol IV
Keegan, John E., Vol I
Keehner, Mary, Vol II
Keel, Vernon, Vol IV
Keel, William D., Vol III
Keeler, Mary Frear, Vol I
Keeling, Lytle Bryant, Vol IV
Keen, Benjamin, Vol I
Keen, J. Ernest, Vol I
Keenan, Hugh Thomas, Vol II
Keenan, J.F., Vol IV
Keenan, J.G., Vol I
Keenan, John, Vol IV
Keenan, Richard Charles, Vol II
Keene, Jennifer D., Vol I
Keener, Craig S., Vol IV
Keener, Frederick M., Vol II
Keeney, Donald E., Vol IV
Keep, Christopher J., Vol II
Keep, John L.H., Vol I
Keeton, Morris Teuton, Vol IV
Keeton, Robert Ernest, Vol IV
Keffer, Charles K., Jr., Vol III
Kegl, Rosemary, Vol II
Kegley, Charles W., Vol I
Kehl, Delmar George, Vol I
Kehl, James Arthur, Vol I
Kehoe, Dennis P., Vol I
Keifert, Patrick, Vol IV
Keightley, David Noel, Vol I
Keil, Charles M.H., Vol I
Keillor, Elaine, Vol I
Keim, Albert N., Vol IV
Keim-Campbell, Joseph, Vol IV
Keiser, George Robert, Vol II
Keiter, Robert B., Vol I
Keith, Heather, Vol IV
Kekes, John, Vol IV
Kelbley, Charles A., Vol IV
Kelleghan, Fiona, Vol II
Kelleher, Patricia, Vol I
Kellenberger, Bertram James, Vol IV
Keller, Arnold, Vol II
Keller, Clair Wayne, Vol I
Keller, Dale, Vol II
Keller, David R., Vol IV
Keller, Eve, Vol II
Keller, Evelyn Fox, Vol IV
Keller, Gary D., Vol II
Keller, Hans-Erich, Vol III
Keller, Howard Hughes, Vol III
Keller, James Albert, Vol IV
Keller, John Esten, Vol IV
Keller, Karl, Vol II
Keller, Kenneth Wayne, Vol I
Keller, Morton, Vol I
Keller, Pierre, Vol IV
Keller, Robert J., Vol I
Keller, William, Vol I
Kellett, Pete, Vol II
Kelley, Brooks Mather, Vol I
Kelley, Delores G., Vol II
Kelley, Donald B., Vol I
Kelley, Donald R., Vol I
Kelley, John T., Vol I
Kelley, Kathleen Alita, Vol III
Kelley, Mary, Vol I
Kelley, Michael Robert, Vol II
Kelley, Samuel L., Vol II
Kelling, Hans-Wilhelm L., Vol III
Kellman, Steven G., Vol III
Kellner, George, Vol I
Kellner, Hans, Vol I
Kellogg, David, Vol II
Kellogg, Frederic R., Vol IV
Kellogg, Frederick, Vol I
Kellum, Barbara, Vol I
Kelly, Alfred Herbert, Vol I
Kelly, Balmer Hancock, Vol IV
Kelly, Cathie, Vol I
Kelly, David F., Vol IV
Kelly, David H., Vol I
Kelly, David H., Vol I
Kelly, David H., Vol I
Kelly, Douglas, Vol IV
Kelly, Erna, Vol II
Kelly, Ernece Beverly, Vol II
Kelly, Henry Ansgar, Vol II
Kelly, Jim Kelly, Vol IV
Kelly, Justin J., Vol IV
Kelly, Louis G., Vol III
Kelly, R. Gordon, Vol II
Kelly, Rebecca, Vol II
Kelly, Robert Leroy, Vol II
Kelly, Thomas, Vol I

Kelly, Van, Vol III
Kelman, Steven, Vol I
Kelvin, Norman, Vol II
Kemeny, Paul Charles, Vol I
Kemp, Fred O., Vol II
Kemp, Henrietta J., Vol III
Kemp, Theresa D., Vol II
Kempf, Stephen W., Vol III
Kendall, Calvin B., Vol II
Kendall, Kathleen E., Vol II
Kendrick, Christopher, Vol II
Kendrick, Joy A., Vol IV
Kendrick, Walter, Vol II
Kenez, Peter, Vol I
Kenfield, John F., III, Vol I
Kenkel, Konrad, Vol III
Kennan, William R., Jr., Vol II
Kennedy, Benjamin V., Vol I
Kennedy, Bruce, Vol IV
Kennedy, Chris, Vol III
Kennedy, Christopher, Vol II
Kennedy, D. Robert, Vol IV
Kennedy, Dane Keith, Vol I
Kennedy, David, Vol IV
Kennedy, George A., Vol I
Kennedy, George E., Vol II
Kennedy, J. Gerald, Vol II
Kennedy, Janet, Vol I
Kennedy, Joyce S., Vol I
Kennedy, Kenneth Adrian Raine, Vol I
Kennedy, Lawrence W., Vol I
Kennedy, Robert E., Vol IV
Kennedy, Robin M., Vol IV
Kennedy, Thomas, Vol I
Kennedy, Thomas C., Vol I
Kennedy, Thomas L., Vol I
Kennedy, W. Benjamin, Vol I
Kennedy, William John, Vol II
Kennedy, William Thomas, Jr., Vol IV
Kennedy-Day, Kiki, Vol III
Kennelly, Laura B., Vol II
Kenneson, Philip D., Vol IV
Kennett, Douglas, Vol I
Kenney, Garrett C., Vol IV
Kenney, John Peter, Vol II
Kennick, William Elmer, Vol IV
Kenny, Alfreida B., Vol IV
Kenny, Kevin, Vol I
Kenseth, Joy, Vol I
Kent, Carol Fleisher, Vol II
Kent, Dan Gentry, Vol IV
Kenzer, Robert C., Vol I
Keohane, Nannerl O., Vol I
Kepnes, Steven D., Vol II
Kerber, Linda Kaufman, Vol I
Kerby-Fulton, Kathryn, Vol II
Kerckhove, Lee, Vol IV
Kerlin, Michael J., Vol IV
Kern, Gilbert Richard, Vol IV
Kern, Robert, Vol I
Kern, Stephen, Vol I
Kern-Foxworth, Marilyn L., Vol II
Kerr, Joan, Vol I
Kerr, Kathel Austin, Vol I
Kerr, Lucille, Vol III
Kerr Lawson, Angus, Vol IV
Kersey, Harry A., Vol I
Kershner, R. Brandon, Vol II
Kersten, Frederick Irving, Vol IV
Kertzer, David Israel, Vol I
Kesan, Jay P., Vol IV
Keselman, Thomas A., Vol I
Keshishian, Flora, Vol II
Kesler, Linc, Vol III
Kessler, Ann Verona, Vol IV
Kessler, Herbert Leon, Vol I
Kessler, Rod, Vol II
Kessler, S. Ann, Vol I
Kessler-Harris, Alice, Vol I
Kessner, Thomas, Vol I
Kesterson, David Bert, Vol II
Ketcham, Ralph Louis, Vol I
Ketchen, Jim, Vol IV
Ketchum, Richard J., Vol I
Ketner, Kenneth Laine, Vol IV
Ketrow, Sandra M., Vol II
Kett, Joseph Francis, Vol I
Kettner, James Harold, Vol I
Keuchel, Edward F., Vol I
Keumsil, Kim Yoon, Vol III
Kevelson, Roberta, Vol IV
Kevern, John, Vol I
Kevles, Daniel Jerome, Vol I
Kevra, Susan, Vol II
Key, Wilson B., Vol II

Keyes, Claire J., Vol II
Keyishian, Harry, Vol II
Keylor, William Robert, Vol I
Keyssar, Alexander, Vol I
Keyssar, Helene, Vol II
Keyt, David, Vol IV
Kezar, Dennis, Vol II
Khan, Abrahim H., Vol IV
Kharpertian, Theodore, Vol II
Khatib, Syed Malik, Vol II
Khodarkovsky, Michael, Vol I
Khoury, Philip S., Vol I
Khushf, George, Vol IV
Kiah, Ruth Josephine, Vol I
Kibbee, Douglas, Vol III
Kibler, James Everett, Jr., Vol II
Kibler, Louis Wayne, Vol III
Kicklighter, Joseph Allen, Vol I
Kicza, John Edward, Vol I
Kidwell, Clara Sue, Vol I
Kieckhefer, Richard, Vol IV
Kiefer, Kate, Vol II
Kiefer, Lauren, Vol II
Kieffer, Bruce, Vol III
Kieft, David, Vol I
Kielkopf, Charles F., Vol IV
Kiernan, Michael Terence, Vol II
Kiersky, James H., Vol IV
Kierstead, Melanie Starks, Vol IV
Kiessling, Nicolas, Vol II
Kieswetter, James Kay, Vol I
Kiger, Joseph Charles, Vol I
Kijinski, John, Vol II
Kikuchi, Akira, Vol I
Kilcoyne, John R., Vol IV
Killam, G. Douglas, Vol II
Killen, Linda, Vol I
Killiam, Marie-Therese, Vol III
Kilmer, Anne Draffkorn, Vol I
Kilmko, Ronald, Vol I
Kilpatrick, Ross S., Vol I
Kilpatrick, Thomas L., Vol I
Kim, Ai Ra, Vol I
Kim, Chan-Hie, Vol IV
Kim, Hyung Kook, Vol I
Kim, Nam-Kil, Vol III
Kim, Soon Jin, Vol II
Kim, Wonil, Vol IV
Kim, Young Hum, Vol I
Kim, Younglae, Vol IV
Kimball, Jeffrey Philip, Vol I
Kimball, Robert, Vol IV
Kimball, Warren F., Vol I
Kimble, Melvin, Vol IV
Kime, Wayne R., Vol II
Kimes, Don, Vol I
Kimmel, Richard H., Vol I
Kimnach, Wilson H., Vol II
Kinball, Gayle, Vol IV
Kind, Amy, Vol IV
Kindall, Susan Carol, Vol I
King, Anthony D., Vol I
King, Ben L., Vol I
King, H. Roger, Vol I
King, James, Vol II
King, John O., Vol I
King, Katherine Callen, Vol III
King, Kathleen, Vol II
King, Margaret Leah, Vol I
King, Ora Sterling, Vol I
King, Patricia Ann, Vol IV
King, Paul E., Vol II
King, Peter John, Vol I
King, Richard D., Vol I
King, Roger, Vol II
King, Sallie B., Vol IV
King, Shelley, Vol II
King, Walter Joseph, Vol I
King, William J., Vol IV
King-Hammond, Leslie, Vol I
Kingdon, Robert Mccune, Vol I
Kinghorn, Kenneth Cain, Vol IV
Kingsbury, John Merriam, Vol IV
Kingston, John, Vol III
Kingstone, Basil D., Vol III
Kinkade, Richard Paisley, Vol III
Kinkley, Jeffrey Carroll, Vol I
Kinnamon, Keneth, Vol II
Kinnamon, Noel James, Vol II
Kinnear, Michael S.R., Vol I
Kinney, Arthur F., Vol II
Kinney, E.D., Vol IV
Kinney, James Joseph, Vol II
Kinney, Katherine, Vol II
Kinsella, David, Vol I
Kinser, Samuel, Vol I
Kinsey, Winston Lee, Vol II
Kintigh, Keith W., Vol I
Kinzie, Mary, Vol II

Kipa, Albert Alexander, Vol III
Kiple, Kenneth Franklin, Vol I
Kipp, Rita, Vol I
Kipperman, Mark, Vol II
Kiralyfalvi, Bela, Vol II
Kirby, Alec, Vol I
Kirby, David, Vol II
Kirby, Jack Temple, Vol I
Kirby, John T., Vol I
Kirby, Torrance W., Vol I
Kirch, Patrick V., Vol I
Kirchhevel, Gordon D., Vol IV
Kirgis, Frederic Lee, Vol IV
Kirk, Wyatt D., Vol I
Kirk-Duggan, Cheryl Ann, Vol IV
Kirkland Grant, J., Vol IV
Kirkpatrick, Diane Marie, Vol I
Kirkpatrick, Frank Gloyd, Vol IV
Kirkpatrick, Susan, Vol III
Kirkpatrick, W. David, Vol IV
Kirkwood, Gordon Macdonald, Vol I
Kirkwood, William, Vol II
Kirschner, Teresa, Vol II
Kirshbaum, Hal, Vol IV
Kirshner, Alan Michael, Vol I
Kirshner, Julius, Vol I
Kirtland, Robert, Vol IV
Kis, Miroslav M., Vol IV
Kiser, Joy, Vol I
Kiser, Lisa J., Vol II
Kisiel, Theodore Joseph, Vol IV
Kissling, Paul J., Vol IV
Kistemaker, Simon, Vol I
Kitao, T. Kaori, Vol I
Kitchel, Mary Jean, Vol IV
Kitchell, Kenneth F., Vol I
Kitchen, Martin, Vol I
Kitchener, Richard F., Vol IV
Kitcher, Patricia, Vol IV
Kitcher, Philip, Vol IV
Kitching, Benita, Vol IV
Kiteley, Brian, Vol II
Kittay, Eva Feder, Vol IV
Kitterman, David Harold, Vol I
Kittredge, William Alfred, Vol II
Kitts, Margo, Vol IV
Kivisto, Peter, Vol I
Kivy, Peter Nathan, Vol IV
Kizer, Elizabeth J., Vol II
Klaassen, Walter, Vol I
Klang, Daniel M., Vol I
Klare, Karl E., Vol IV
Klare, Michael T., Vol I
Klaren, Peter Flindell, Vol I
Klass, Dennis, Vol IV
Klassen, Peter James, Vol I
Klassen, William, Vol IV
Klausenburger, Jurgen, Vol III
Klausner, Carla Levine, Vol I
Klawitter, George, Vol II
Klebba, James Marshall, Vol IV
Kleber, Brooks Edward, Vol I
Kleck, Gary, Vol IV
Klee, Carol, Vol III
Klehr, Harvey, Vol I
Kleimola, Ann, Vol I
Klein, Anne, Vol IV
Klein, Bernard, Vol I
Klein, Dennis Allan, Vol III
Klein, Ellen R., Vol IV
Klein, Herbert S., Vol I
Klein, Ira N., Vol I
Klein, Jared S., Vol II
Klein, Joan Larsen, Vol II
Klein, Kenneth, Vol IV
Klein, Lawrence E., Vol I
Klein, Martin A., Vol I
Klein, Maury, Vol I
Klein, Michael Eugene, Vol I
Klein, Michael Leon, Vol IV
Klein, Milton M., Vol I
Klein, Owen, Vol I
Klein, Peter David, Vol IV
Klein, Ralph W., Vol IV
Klein, Richard, Vol IV
Klein, William, Vol IV
Klein, William A., Vol IV
Klein, William Francis, Vol II
Kleinbauer, W. Eugene, Vol I
Kleinbauer, W. Eugene, Vol I
Kleinberg, Seymour, Vol II
Kleinberg, Susan Janet, Vol I
Kleiner, Elaine Laura, Vol II
Kleiner, John, Vol II
Kleiner, Scott Alter, Vol IV
Kleinert, Sylvia, Vol I
Kleinfeld, Gerald R, Vol I

Kleingeld, Pauline, Vol IV
Kleinhenz, Christopher, Vol III
Kleinman, Neil, Vol II
Kleinsasser, Jerome, Vol I
Klemke, Elmer Daniel, Vol IV
Klene, Mary Jean, Vol II
Klenotic, Jeffrey F., Vol II
Klepak, Hal, Vol I
Klerman, Daniel M., Vol IV
Klibansky, Raymond, Vol IV
Klibbe, Lawrence H., Vol III
Kligerman, Jack, Vol II
Klima, Edward Stephens, Vol III
Klima, Gyula, Vol I
Kline, Daniel, Vol II
Kline, George Louis, Vol I
Kline, John A., Vol I
Kline, Marlee, Vol IV
Kline, Meredith George, Vol IV
Kline, Ronald R., Vol I
Kline, Thomas Jefferson, Vol III
Kling, Blair B., Vol I
Kling, David, Vol I
Klinghoffer, Arthur Jay, Vol I
Klink, William, Vol II
Klinkowitz, Jerome, Vol I
Klob, Gwin Jack, Vol II
Klonoski, R.J., Vol IV
Klopp, Charles, Vol III
Klostermaier, Klaus Konrad, Vol IV
Klotman, Phyllis Rauch, Vol II
Klotter, James Christopher, Vol I
Klotz, Marvin, Vol II
Kluge, Eike-Henner W., Vol IV
Klumpp, James F., Vol II
Klunder, Willard C., Vol I
Kmiec, Douglas William, Vol IV
Knafla, Louis A., Vol I
Knapp, Arthur Bernard, Vol I
Knapp, Bettina, Vol II
Knapp, Gerhard Peter, Vol II
Knapp, James Franklin, Vol II
Knapp, John Victor, Vol II
Knapp, Peggy Ann, Vol II
Knapp, Richard Gilbert, Vol III
Knapp, Robert Carlyle, Vol I
Knapp, Robert Stanley, Vol II
Knapp, Ronald G., Vol I
Knapp, Thomas A., Vol I
Kneller, Jane E., Vol IV
Kneller, John William, Vol III
Knepper, George W., Vol I
Knies, Earl Allen, Vol II
Knight, Alan Edgar, Vol III
Knight, Caroly Ann, Vol IV
Knight, Charles Anthony, Vol II
Knight, Deborah, Vol IV
Knight, Denise D., Vol II
Knight, Franklin W., Vol I
Knight, Franklin Willis, Vol I
Knight, Gary, Vol IV
Knight, Henry H., Vol IV
Knight, Isabel Frances, Vol I
Knight, William Nicholas, Vol II
Knighton, Robert Tolman, Vol II
Kniker, Charles R., Vol I
Knipe, David Maclay, Vol I
Knipp, Thomas Richard, Vol II
Knitter, Paul Francis, Vol IV
Knobel, Dale Thomas, Vol I
Knoblauch, Cyril H., Vol II
Knoeller, Christian, Vol II
Knoepflmacher, U.C., Vol II
Knoles, Lucia, Vol II
Knoll, Michael S., Vol IV
Knoll, Paul W., Vol I
Knopoff, L., Vol IV
Knopp, Sherron Elizabeth, Vol II
Knorr, Wilbur Richard, Vol I
Knott, Alexander W., Vol I
Knowles, Richard Alan John, Vol II
Knowlton, Edgar C., Jr., Vol III
Knowlton, Robert James, Vol I
Knox, Bernard MacGregor Walker, Vol I
Knox, Edward Chapman, Vol III
Knox, George F., Vol IV
Knust, Herbert, Vol III
Knutson, Harold Christian, Vol III
Knutson, Roslyn L., Vol II
Knutson, Susan, Vol II
Kobach, Kris W., Vol IV
Kobler, Jasper Fred, Vol I
Koc, Richard, Vol III
Koch, Christian Herbert, Vol II
Koch, Ernst, Vol I
Koch, Glenn A., Vol IV

Koch, Kenneth, Vol II
Koch, Michael, Vol IV
Koch, Philip, Vol III
Kochanek, Stanley Anthony, Vol I
Koclitschek, Theodore, Vol I
Koda, Keiko, Vol III
Koddermann, Achim, Vol IV
Koegel, John, Vol I
Koegler, Hans-Herbert, Vol IV
Koehler, G. Stanley, Vol II
Koekkoek, Byron J., Vol III
Koelsch, William Alvin, Vol I
Koenen, Ludwig, Vol I
Koenig, Jean-Paul Francois Xavier,
   Vol III
Koenig, Thomas Roy, Vol IV
Koenigsberg, Lisa M., Vol I
Koenker, Diane P., Vol I
Koepke, Robert L., Vol I
Koepke, Wulf, Vol III
Koerner, Ernst F.K., Vol III
Koerper, Phillip Eldon, Vol I
Koertge, Noretta, Vol IV
Koestenbaum, Peter, Vol IV
Koester, Craig R., Vol IV
Koester, Helmut, Vol IV
Koester, Rudolf Alfred, Vol III
Kogan, Vivian, Vol III
Koginos, Manny T., Vol I
Kogler Hill, Susan E., Vol II
Kohl, Benjamin Gibbs, Vol I
Kohl, Marvin, Vol IV
Kohl, Stephen William, Vol III
Kohler, Eric Dave, Vol I
Kohler, Sue A., Vol I
Kohls, Winfred A., Vol I
Kohlstedt, Sally Gregory, Vol I
Kohn, Richard, Vol IV
Kohn, Richard Henry, Vol I
Kohut, Thomas A., Vol V
Koike, Dale A., Vol III
Koistinen, Paul Abraham Carl,
   Vol I
Kolak, Daniel, Vol IV
Kolasny, Judette M., Vol IV
Kolb, David Alan, Vol IV
Kolb, Gwin Jackson, Vol II
Kolb, Jack, Vol II
Kolb, Robert, Vol I
Kolbert, Jack, Vol III
Kolden, Marc, Vol IV
Kolin, Philip Charles, Vol II
Kolker, Delphine, Vol II
Kolko, Beth E., Vol II
Kolko, Gabriel, Vol I
Kollander, Patricia, Vol I
Kollar, Nathan Rudolph, Vol IV
Kollmann, Nancy Shields, Vol I
Kolmer, Elizabeth, Vol I
Kolodny, Annette, Vol II
Kolonosky, Walter F., Vol III
Kom, Ambroise, Vol III
Komar, Kathleen Lenore, Vol III
Kome, Penny J., Vol I
Komechak, Michael E., Vol II
Komonchak, Joseph Andrew,
   Vol IV
Konek, Carol Wolfe, Vol II
Konick, Steve, Vol II
Konig, David Thomas, Vol I
Konigsberg, Ira, Vol II
Konishi, Haruo, Vol I
Konstan, David, Vol I
Konvitz, Josef Wolf, Vol I
Konvitz, Milton R., Vol IV
Kooistra, John, Vol II
Koon, G.W., Vol II
Koontz, Christian, Vol II
Koontz, Gayle Gerber, Vol IV
Koontz, Thomas Wayne, Vol II
Koonz, Claudia, Vol I
Kooreman, Thomas Edward,
   Vol III
Koot, Gerard M., Vol I
Kopacz, Paula D., Vol II
Kopaczynski, Germain, Vol IV
Kopas, Jane, Vol IV
Kopelman, Loretta M., Vol IV
Koperski, Veronica, Vol IV
Kopf, David, Vol I
Kopff, Edward Christian, Vol I
Kopfman, Jenifer E., Vol I
Kopp, Richard L., Vol III
Koppes, Clayton R, Vol I
Koppisch, Michael Seibert, Vol III
Koptak, Paul E., Vol I
Korcheck, Robert, Vol II
Korenman, Joan Smolin, Vol II
Korg, Jacob, Vol II

Koritz, Amy, Vol II
Korn, Harold Leon, Vol IV
Kornberg, Jacques, Vol I
Kornblith, Gary J., Vol I
Kornblith, Hilary, Vol IV
Kornbluth, Geneva, Vol I
Korom, Frank J., Vol II
Korp, Maureen, Vol IV
Korr, Charles P., Vol I
Kors, Alan Charles, Vol I
Korsgaard, Christine M., Vol IV
Korshin, Paul J., Vol II
Korsmeyer, Carolyn, Vol IV
Kort, Wesley A., Vol IV
Kortepeter, Carl Max, Vol I
Korth, Philip Alan, Vol I
Korwar, Arati, Vol IV
Kosar, Anthony J., Vol I
Koschmann, Julien Victor, Vol I
Koshkin-Youritzin, Victor, Vol I
Koslofsky, Craig, Vol I
Kosrovani, Emilio M., Vol IV
Koss, David Henry, Vol I
Kosta, Barbara, Vol III
Kostelanetz, Richard, Vol I
Kostenberger, Andreas J., Vol IV
Kosto, Adam, Vol I
Kosztolnyik, Zoltan Joseph
   Desiderius, Vol I
Koterski, Joseph W., Vol IV
Kotler, Neil G., Vol I
Kotler, Philip, Vol I
Kotz, Samuel, Vol IV
Kotzin, Rhoda Hadassah, Vol IV
Koumoulides, John A., Vol I
Kourvetaris, Yorgos A., Vol I
Kousser, Joseph Morgan, Vol I
Kovach, Thomas A., Vol III
Kovacs, Paul David, Vol I
Kovaleff, Theodore Philip, Vol I
Kovalio, Jacob, Vol I
Kovarik, Bill, Vol II
Kovarik, Edward, Vol I
Kovarsky, Dana, Vol III
Kowalczyk, Richard L., Vol II
Kowaleski, Maryanne, Vol I
Kowalewski, Michael, Vol II
Kowalke, Kim H., Vol I
Kozar, Joseph F., Vol I
Kozikowski, Stanley John, Vol II
Kozma, Janice M., Vol III
Kozyris, Phaedon John, Vol IV
Kra, Pauline, Vol III
Kraabel, Alf Thomas, Vol IV
Krabbe, Judith, Vol I
Kraehe, Enno Edward, Vol I
Kraemer, David, Vol IV
Kraft, Elizabeth, Vol II
Kraft, James P., Vol I
Kraft, Robert Alan, Vol I
Kraft, Ruth Nelson, Vol II
Krahmalkov, Charles R., Vol I
Krahmer, Shawn Madison, Vol IV
Krahnke, Karl, Vol II
Krajewski, Bruce, Vol II
Krakauer, Eric, Vol IV
Kramer, Aaron, Vol II
Kramer, Arnold Paul, Vol I
Kramer, Carl Edward, Vol I
Kramer, Dale Vernon, Vol I
Kramer, Jennifer, Vol II
Kramer, John E., Vol I
Kramer, Joseph Elliot, Vol II
Kramer, Karl D., Vol III
Kramer, Lawrence Eliot, Vol I
Kramer, Mary Duhamel, Vol II
Kramer, Maurice, Vol I
Kramer, Michael W., Vol II
Kramer, Phyllis S., Vol IV
Kramer, Robert, Vol IV
Kramer, Victor Anthony, Vol II
Kramer-Mills, Hartmut, Vol IV
Kranidis, Rita, Vol II
Krantz, Arthur A., Vol IV
Krantz, Grover S., Vol I
Kranzberg, Melvin, Vol I
Krapf, Norbert A., Vol II
Krasner, David, Vol II
Krassen, Miles, Vol IV
Krattenmaker, Thomas George,
   Vol IV
Kratz, Bernd, Vol III
Kratz, Dennis, Vol II
Kratz, Henry, Vol III
Kratzer, Angelika, Vol III
Kraus, Matthew A., Vol I
Kraus, Sidney, Vol II
Krause, Corinne Azen, Vol I
Krause, David H., Vol II

Krause, Linda R., Vol I
Krause, Maureen Therese, Vol III
Krause, Sydney Joseph, Vol II
Krauss, Michael, Vol III
Krausz, Michael, Vol IV
Kraut, Alan M., Vol I
Kraut, Benny, Vol I
Kraut, Richard, Vol IV
Krawchuk, Andrii, Vol IV
Krawczeniuk, Joseph V., Vol III
Kraybill, Donald B., Vol I
Krebs, Victor J., Vol IV
Kreisel, Henry, Vol II
Kreiss, Paul Theodore, Vol III
Kreiswirth, Martin, Vol II
Krekic, Barisa, Vol I
Kremer, Gary R., Vol I
Kremer, Michael, Vol IV
Kremer, S. Lillian, Vol II
Kren, George M., Vol I
Krentz, Edgar, Vol IV
Krentz, Peter Martin, Vol I
Kreps, Gary L., Vol II
Kress, Lee Bruce, Vol I
Kress, Robert Lee, Vol IV
Kretschmar, William A., Jr., Vol II
Krevans, Nita, Vol III
Krey, Gary De, Vol I
Krey, Philip D.W., Vol I
Kreyling, Michael, Vol II
Krick, Robert Kenneth, Vol I
Krieg, Robert A., Vol IV
Kriegel, Abraham David, Vol II
Kriegel, Leonard, Vol II
Krieger, Leonard, Vol I
Krieger, Murray, Vol II
Krier, James Edward, Vol IV
Krigger, Marilyn Francis, Vol I
Krimerman, Leonard I., Vol IV
Krimm, Hans Heinz, Vol IV
Krimsky, Sheldon, Vol IV
Kring, Hilda Adam, Vol II
Krinsky, Carol Herselle, Vol I
Krishna, Vern, Vol IV
Krislov, Joseph, Vol I
Krispin, Gerald, Vol IV
Kristeller, Paul Oskar, Vol IV
Kristof, Jane, Vol I
Kristofco, John P., Vol I
Krodel, Gottfried G., Vol I
Kroeber, Clifton Brown, Vol I
Kroeber, Karl, Vol II
Kroeger, Karl D., Vol I
Kroetsch, Robert P., Vol II
Krog, Carl Edward, Vol I
Krois, John Michael, Vol III
Kroll, John Hennig, Vol I
Kroll, Paul William, Vol III
Krondorfer, Bjoern, Vol IV
Kronegger, Maria Elisabeth,
   Vol III
Kronenfeld, David B., Vol I
Kronenfeld, Judy, Vol II
Kronick, Joseph, Vol I
Kronik, John William, Vol III
Kropf, Carl R., Vol II
Kross, Jessica, Vol I
Krotkoff, Georg, Vol III
Kruckeberg, Dean A., Vol II
Kruger, Carole A., Vol III
Kruk, Laurie, Vol II
Kruman, Marc Wayne, Vol I
Krumhansl, Carol L., Vol I
Krummel, Donald William, Vol I
Krupat, Arnold, Vol II
Krupp, E.C., Vol IV
Kruppa, Patricia Stallings, Vol I
Kruze, Uldis, Vol I
Krych, Margaret A., Vol IV
Krysiek, James, Vol I
Krzyzanowski, Jerzy Roman,
   Vol II
Kubey, Robert W., Vol I
Kubiak, David Payne, Vol III
Kubicki, Judith M., Vol IV
Kubler, Cornelius C., Vol III
Kubler, George, Vol I
Kucera, Henry, Vol III
Kucheman, Clark Arthur, Vol IV
Kucich, John Richard, Vol II
Kuczynski, Michael, Vol I
Kuczynski, Peter, Vol I
Kudszus, Winfried, Vol III
Kuehl, John William, Vol I
Kuehl, Linda Kandel, Vol I
Kuehmann, Karen Marie, Vol I
Kuehn, D.D., Vol I
Kuehn, Manfred, Vol I
Kuenzli, Rudolf Ernst, Vol II

Kuepper, Karl Josef, Vol III
Kuethe, Allan James, Vol I
Kuftinec, Sonja, Vol II
Kuhn, Gary G., Vol I
Kuhn, Steve, Vol IV
Kuhn, Steven Thomas, Vol IV
Kuhn, Thomas Samuel, Vol I
Kuhn-Osious, Eckhard, Vol III
Kuhns, Richard, Vol IV
Kuisel, Richard F., Vol I
Kuist, James Marquis, Vol II
Kuizenga, Donna, Vol III
Kujawa, Sheryl A., Vol IV
Kukla, Rebecca, Vol I
Kuklick, Bruce, Vol I
Kulczycki, John J., Vol I
Kulikowski, Mark, Vol I
Kullman, Colby Haight, Vol II
Kulstad, Mark Alan, Vol IV
Kultgen, John, Vol IV
Kulyk Keefer, Janice, Vol II
Kumar, Rahul, Vol IV
Kumfer, Earl T., Vol IV
Kummings, Donald D., Vol II
Kumpf, Michael, Vol III
Kuniholm, Bruce Robellet, Vol I
Kuniholm, Peter Ian, Vol I
Kunitz, Stanley, Vol II
Kunkel, Joseph C., Vol IV
Kunnie, Julian, Vol I
Kuno, Susumu, Vol III
Kunreuther, Howard, Vol I
Kunth, Deborah J., Vol II
Kuntz, J. Kenneth, Vol III
Kuntz, Paul G., Vol IV
Kunz, Don, Vol II
Kuo, Chung-Ming, Vol II
Kupersmith, William Roger, Vol II
Kupperman, Joel J., Vol IV
Kupperman, Karen Ordahl, Vol I
Kurata, Marilyn J., Vol III
Kuriyama, Constance B., Vol II
Kurland, Adam H., Vol IV
Kurland, Jordan Emil, Vol I
Kurland, Philip B., Vol IV
Kurman, George, Vol III
Kuroda, Tadahisa, Vol I
Kurpius, David, Vol II
Kurth, William Charles, Vol I
Kurtz, Michael L., Vol I
Kurtz, Paul, Vol IV
Kurz, William Stephen, Vol IV
Kusch, Manfred, Vol III
Kushner, David Z., Vol I
Kushner, Eva, Vol III
Kushner, Howard I., Vol I
Kushner, Howard Irvin, Vol I
Kushner, James Alan, Vol IV
Kusmer, Kenneth L., Vol I
Kusmer, Robert L., Vol III
Kussi, Peter, Vol III
Kustanovich, Konstantin, Vol III
Kustus, George L., Vol I
Kutler, Stanley I., Vol I
Kutolowski, John Francis, Vol I
Kutolowski, Kathleen Smith, Vol I
Kutzer, M. Daphne, Vol I
Kuxdorf, Manfred, Vol III
Kuyk, Dirk Adriaan, Jr., Vol II
Kuykendall, Crystal Arlene,
   Vol IV
Kuypers, Jim A., Vol II
Kuzdale, Ann E., Vol I
Kuzmic, Peter, Vol I
Kuzminski, Adrian, Vol I
Kuzniar, A.A., Vol III
Kuznick, Peter J., Vol I
Kuzniewski, Anthony Joseph,
   Vol I
Kwasny, Andrea, Vol II
Kwok, D.W.Y., Vol I
Kwon, Kyeong-Seog, Vol IV
Kydd, Elspeth, Vol II
Kyle Higgins, Amanda, Vol III
Kym, Annette, Vol III
Kymlicka, Will, Vol IV
Kyte, George Wallace, Vol I
Kyvig, David Edward, Vol I
L'Abate, Luciano, Vol I
L'Allier, Louis, Vol I
La Forte, Robert Sherman, Vol I
La Moy, William T., Vol II
LaBianca, Oystein S., Vol I
Laborde, Alice M., Vol III
Labrador, Jose J., Vol III
Labriola, Albert C., Vol II
LaBudde, Kenneth J., Vol I
Labuz, Ronald, Vol II

Labys, Walter Carl, Vol I
Laccetti, Silvio R., Vol I
Lacey, Barbara E., Vol I
Lacey, James, Vol I
Lachan, Katharine, Vol I
Lachs, John, Vol IV
Lackey, Douglas Paul, Vol IV
Lackey, Robert Sam, Vol III
Lacy, Allen, Vol IV
Lacy, Hugh Gale, Vol I
Lacy, Norris J., Vol III
Lacy, Philip T., Vol IV
Lacy, William Larry, Vol IV
Ladd, Barbara, Vol III
Ladd, Doris, Vol I
Ladd, Rosalind Ekman, Vol I
Ladefoged, Peter, Vol III
Laden, Anthony, Vol IV
Ladenson, Robert F., Vol IV
Ladewig, James L., Vol I
Ladusaw, William A., Vol III
Lael, Richard Lee, Vol I
LaFave, Wayne R., Vol IV
Lafayette, Robert, Vol III
Lafeber, Walter, Vol I
Laffoon, Elizabeth Anne, Vol II
LaFleur, Richard Allen, Vol I
LaFollette, Hugh, Vol IV
Lafont, Cristina, Vol IV
Lafontant, Julien J., Vol III
Lafrance, Yvon, Vol IV
Lagemann, Ellen Condliffe, Vol I
Lago, Mary Mcclelland, Vol II
Lagoudis Pinchin, Jane, Vol II
Laguerre, Michael Saturnin, Vol I
Lahood, Marvin John, Vol I
Laidlaw, E.A., Vol IV
Lain, Laurence B., Vol II
Laine, James W., Vol I
Laird, David, Vol II
Laird, Edgar, Vol II
Laird, Paul, Vol I
Laird, Walter Roy, Vol I
Lairet, Dolores Person, Vol III
Laitos, Jan Gordon, Vol IV
Lake Prescott, Anne, Vol II
Laker, Joseph Alphonse, Vol I
Lakin, Barbara, Vol II
Lally, Tim Douglas Patrick,
   Vol III
Lalonde, Gerald Vincent, Vol I
Lam, Truong Buu, Vol I
Lamar, Howard Roberts, Vol I
LaMarche, Jean, Vol I
LaMarre, Thomas, Vol III
Lamaute, Denise, Vol IV
Lamb, Charles M., Vol I
Lamb, Jonathan, Vol I
Lamb, Margaret, Vol II
Lamb, Ramdas, Vol IV
Lamberg-Karlovski, Clifford
   Charles, Vol I
Lambert, Benjamin Franklin,
   Vol IV
Lambert, Byron C., Vol IV
Lambert, J. Karel, Vol IV
Lambert, Jean Christine, Vol IV
Lambert, Lynda J., Vol I
Lambert, Richard Thomas, Vol I
Lamberti, Marjorie, Vol I
Lambi, I.N., Vol I
Lamirande, Emilien, Vol I
Lamm, Julia A., Vol IV
Lamm, Norman, Vol IV
Lammers, Donald N., Vol II
Lammers Gross, Nancy, Vol II
LaMothe, Kimerer L., Vol IV
Lamoureux, Normand J., Vol III
Lamparska, Rena A., Vol II
Lamplugh, George Russell, Vol I
Lancashire, Anne, Vol II
Lancashire, Ian, Vol II
Lancaster, Herman Burtram,
   Vol IV
Lancaster, Jane Fairchild, Vol I
Lance, Donald M., Vol III
Lance, Mark, Vol IV
Lanctot, Catherine J., Vol IV
Landau, Ellen G., Vol I
Landau, Norma Beatrice, Vol II
Landau, Sarah Bradford, Vol I
Lander, Jack Robert, Vol I
Landers, Renee M., Vol IV
Landes, George Miller, Vol IV
Landes, W. Daniel, Vol II
Landesman, Charles, Vol IV
Landini, Gregory, Vol IV
Landon, Michael De Laval, Vol I
Landow, George Paul, Vol II

Landrum, Larry N., Vol I
Landsman, Ned C., Vol I
Landy, Marcia, Vol II
Lane, Alcyee, Vol I
Lane, Barbara Miller, Vol I
Lane, Christopher, Vol III
Lane, Eugene N., Vol II
Lane, Marc J., Vol IV
Lane, Pinkie Gordon, Vol II
Lane, Roger, Vol I
Lang, Berel, Vol IV
Lang, Cecil Y., Vol II
Lang, Mabel Louise, Vol I
Lang, Martin Andrew, Vol IV
Lang, Michael B., Vol IV
Lang, Robert, Vol II
Langacker, Ronald Wayne, Vol III
Langan, John P., Vol IV
Langbaum, Robert, Vol II
Lange, Horst, Vol III
Langellier, Kristin M., Vol II
Langendoen, Donald Terence, Vol III
Langer, Erick Detlef, Vol I
Langer, Lawrence L., Vol II
Langer, Monika, Vol IV
Langer, Ruth, Vol IV
Langerak, Edward Anthony, Vol IV
Langford, Gerald, Vol II
Langford, Michael J., Vol IV
Langford, Paul, Vol I
Langford, Thomas, Vol II
Langill, Richard L., Vol I
Langiulli, Nino Francis, Vol IV
Langley, Harold D., Vol I
Langley, Lester Danny, Vol I
Langley, Stephen G., Vol II
Langlinais, J. Willis, Vol IV
Langlois, Walter G., Vol III
Langmuir, Gavin Ince, Vol I
Langsam, Miriam Zelda, Vol I
Langsam, Walter E., Vol I
Langston, Dwight E., Vol III
Langstraat, Lisa, Vol II
Langum, David J., Vol IV
Lanham, Richard Alan, Vol II
Laniak, Timothy, Vol IV
Lanier, Marshall L., Vol I
Lanier, Parks, Vol II
Lanier Britsch, R., Vol I
Lankevich, George J., Vol I
Lankewish, Vincent A., Vol II
Lankford, George E., Vol II
Lankford, Nelson Douglas, Vol I
Lanning, Bill L., Vol IV
Lanoette, William John, Vol II
Lansen, Oscar, Vol I
Lansing, Richard Hewson, Vol III
Lanzillotti, Robert F., Vol I
LaPaire, Pierre J., Vol III
Lapidus, Ira M., Vol I
Lapidus Lerner, Anne, Vol IV
Lapierre, Andre, Vol III
Lapomarda, Vincent Anthony, Vol I
Laporte, Robert, Jr., Vol I
Lapp, Rudolph Mathew, Vol I
Lapprand, Marc, Vol I
Lapsley, James N., Vol IV
Laqueur, Thomas Walter, Vol I
Lardinois, Andre P.M.H., Vol I
Larew, Karl Garret, Vol I
Lariviere, Richard Wilfred, Vol III
Larkin, Ernest Eldon, Vol IV
Larkin, Jack, Vol I
Larocca, John Joseph, Vol I
Laroche, Roland Arthur, Vol I
Larosiliere, Jean Darly Martin, Vol IV
Larouche, Michel, Vol I
Larrabee, Mary J., Vol IV
Larsen, Allan W., Vol IV
Larsen, Grace H., Vol I
Larsen, Kevin, Vol III
Larsen, Lawrence H., Vol I
Larson, Bruce Llewellyn, Vol I
Larson, Calvin J., Vol I
Larson, Charles Raymond, Vol II
Larson, Clinton F., Vol II
Larson, David A., Vol IV
Larson, David Mitchell, Vol II
Larson, Doran, Vol I
Larson, Gerald J., Vol IV
Larson, John Lauritz, Vol I
Larson, Orville K., Vol I
Larson, Richard Leslie, Vol II
Larson, Robert H., Vol I
Larson, Robert Walter, Vol I

Larson, Taft Alfred, Vol I
LaRue, Lewis Henry, Vol I
Larzelere, R.E., Vol I
Lasarenko, Jane, Vol II
Laska, Vera, Vol I
Lasky, Geoffery, Vol IV
Laslett, John Henry Martin, Vol I
Lasnik, Howard, Vol III
Lass, Tris, Vol IV
Lass, William Edward, Vol I
Lassek, Yun Ja, Vol IV
Lasslo, Andrew, Vol II
Lasson, Kenneth L., Vol IV
Latcovich, Mark A., Vol IV
Lateiner, Donald, Vol I
Latham, Michael E., Vol I
Latham, Weldon Hurd, Vol IV
Lathrop, Gordon W., Vol IV
Latimer, Dan Raymond, Vol III
Latner, Richard Barnett, Vol I
Latousek, Rob, Vol I
Latta, Alan Dennis, Vol III
Latta, Kimberly, Vol II
Latta, Susan M., Vol II
Lattimore, Steven, Vol I
Lau, Sue, Vol IV
Laubenthal, Penne J., Vol II
Lauber, Jack M., Vol I
Lauder, Robert Edward, Vol IV
Laudon, Robert Tallant, Vol I
Lauer, Eugene F., Vol IV
Lauer, Janice M, Vol III
Laughlin, John C.H., Vol IV
Laumakis, Stephen J., Vol IV
Lauren, Paul Gordon, Vol I
Laurent, Jane Katherine, Vol I
Laurent, Pierre Henri, Vol I
Laurenti, Joseph L., Vol III
Laurie, Bruce, Vol I
Lauritsen, Frederick Michael, Vol I
Laursen, John Christian, Vol I
Laushey, David Mason, Vol I
Lauterbach, Charles Everett, Vol II
Laux, James Michael, Vol I
Lauzen, Martha M., Vol II
LaValley, Al, Vol I
LaValva, Rosemarie, Vol III
Lavasseur, David G., Vol II
Lavery, Gerard B., Vol I
Lavin, David E., Vol I
Law, Jules, Vol II
Law, Richard G., Vol II
Lawall, Gilbert Westcott, Vol I
Lawall, Sarah Nesbit, Vol III
Lawergren, Bo, Vol IV
Lawes, Carolyn J., Vol I
Lawhead, William F., Vol I
Lawler, James Ronald, Vol III
Lawler, Traugott, Vol II
Lawless, Charles E., Vol IV
Lawlor, John I., Vol IV
Lawrence, Elizabeth Atwood, Vol II
Lawrence, John Shelton, Vol IV
Lawrence, Kathleen, Vol II
Lawrence, Lary, Vol IV
Lawrence, Samuel J., Vol II
Lawry, Edward George, Vol IV
Lawson, Darren P., Vol II
Lawson, E.T., Vol IV
Lawson, Lewis Allen, Vol II
Lawson Mack, Raneta, Vol IV
Lawson-Peebles, Robert, Vol I
Lawton, Carol, Vol I
Lay, Mary M., Vol II
Layman, Fred Dale, Vol IV
Layman, Lewis M., Vol II
Layman, Richard, Vol II
Layton, Edwin Thomas, Vol I
Laywine, Alison, Vol IV
Lazar, Moshe, Vol II
Lazarevich, Gordana, Vol I
Lazaroff, Daniel E., Vol IV
Lazarus, C.L., Vol III
Lazerowitz, Alice Ambrose, Vol IV
Lazzerini, Edward James, Vol I
Le Goff, T.J.A., Vol I
Le Hir, Marie-Pierre, Vol III
Le Moine, Roger, Vol III
Lea, Thomas Dale, Vol IV
Leab, Daniel Josef, Vol I
Leach, Eleanor W., Vol I
Leach, Jim, Vol II
Leach, Joseph, Vol II
Leaf, Murray John, Vol I
Leahy, David G., Vol I
Leahy, Margaret E., Vol I

Leal, Luis, Vol III
Leamon, James Shenstone, Vol I
Lear, Elizabeth T., Vol III
Lears, T.J. Jackson, Vol I
Leary, David E., Vol I
Leary, James Patrick, Vol II
Leary, William M., Vol I
Leavell, Linda, Vol I
Leaver, Robin A., Vol I
Leavitt, Judith Walzer, Vol I
Lebano, Edoardo A., Vol III
LeBaron, Curtis D., Vol II
LeBeau, Bryan, Vol I
LeBlanc, Albert, Vol I
LeBlanc, Phyllis, Vol I
LeBlanc, Wilmer James, Vol III
Lebofsky, Dennis Stanley, Vol III
Lebovics, Herman, Vol I
Leche, Emma Jean, Vol II
Leck, Glorianne Mae, Vol IV
Leckie, Shirley A., Vol I
Leddy, T., Vol IV
Leder, Drew L., Vol IV
Lederer, Herbert, Vol III
Lederer, Katherine, Vol II
Lederle, Henry, Vol IV
Ledford, Kenneth F., Vol I
Ledford-Miller, Linda, Vol III
Ledoux, Arthur, Vol IV
Lee, Alvin A, Vol III
Lee, Anthony A., Vol I
Lee, Charles Nicholas, Vol III
Lee, Chuan, Vol II
Lee, David, Vol II
Lee, David Dale, Vol I
Lee, Donald S., Vol IV
Lee, Donald Soule, Vol IV
Lee, Dorothy A. H., Vol II
Lee, Douglas, Vol I
Lee, George Robert, Vol I
Lee, Grant S., Vol IV
Lee, Guy Milicon, Jr., Vol I
Lee, Helen Elaine, Vol II
Lee, Hsiao-Hung, Vol II
Lee, Hugh Ming, Vol I
Lee, Jae-Won, Vol II
Lee, James Ward, Vol I
Lee, Jean B., Vol I
Lee, Joseph Patrick, Vol III
Lee, Jung Young, Vol IV
Lee, K. Samuel, Vol IV
Lee, Lena S. King, Vol IV
Lee, Loyd Ervin, Vol I
Lee, M. Owen, Vol I
Lee, Mi Kyoung Mitzi, Vol IV
Lee, Mi Kyoung Mitzi, Vol IV
Lee, Milton C., Jr., Vol IV
Lee, Patricia-Ann, Vol II
Lee, Richard, Vol III
Lee, Ronald E., Vol II
Lee, Roy Alton, Vol I
Lee, Sander H., Vol IV
Lee, Sander H., Vol IV
Lee, Sherman E., Vol I
Lee, Sonia M., Vol III
Lee, Steven Peyton, Vol IV
Lee, Sukjae, Vol IV
Lee, Sungho, Vol IV
Lee, Ta-ling, Vol III
Lee, William David, Vol II
Lee Orr, N., Vol I
Lee-Riffe, Nancy M., Vol II
Leeb, Isidore Leonard, Vol I
Leeber, Victor F., Vol III
Leedom, Tim C., Vol II
Leeds, Barry Howard, Vol II
Leeds-Hurwitz, Wendy, Vol II
Leeman, Richard W., Vol II
Leer, Norman Robert, Vol II
Lees, Andrew, Vol I
Lees, Lynn Hollen, Vol I
Leeson, Ted, Vol II
Leets, Laura, Vol II
Lefcoe, George, Vol IV
Lefebure, Leo D., Vol IV
Leff, Leonard J., Vol II
Leff, Mark H., Vol I
Leffel, Katherine, Vol III
Leffler, M.P., Vol I
Lefkowitz, Joel M., Vol I
Lefkowitz, Mary Rosenthal, Vol I
Leftow, Brian, Vol IV
Legan, Marshall Scott, Vol I
Legge, Elizabeth, Vol I
Leggett, B. J., Vol II
Legon, Ronald, Vol I
Leguin, Charles A, Vol I
Lehiste, Ilse, Vol III
Lehman, Cynthia L., Vol I

Lehman, Paul Robert, Vol II
Lehman, Scott, Vol II
Lehmann, Clayton M., Vol I
Lehmann, Winfred Philipp, Vol III
Lehmberg, Stanford E., Vol I
Lehnert, Herbert Hermann, Vol III
Lehouck, Emile, Vol III
Lehrberger, James, Vol IV
Lehuu, Isabel, Vol I
Leibowitz, Constance, Vol IV
Leibowitz, Flora L., Vol IV
Leibsohn, Dana, Vol I
Leichty, Erle Verdun, Vol I
Leidholdt, Alex S., Vol II
Leies, John A., Vol IV
Leigh, David, Vol II
Leighow, Susan, Vol I
Leighten, Patricia, Vol I
Leighton, Lauren Gray, Vol III
Leighton, Stephen, Vol IV
Leighton, Taigen Daniel, Vol IV
Leiman, Sid Zalman, Vol I
Leinieks, Valdis, Vol I
Leiren, Terje Ivan, Vol I
Leiser, Burton M., Vol IV
Leitao, David, Vol I
Leiter, Samuel Louis, Vol I
Leith, James A., Vol I
Leith, John Haddon, Vol IV
Leith, Linda J., Vol II
Leitz, Robert C., Vol II
Leki, Ilona, Vol III
Leland, Charles Wallace, Vol II
Lelwica, Michelle M., Vol IV
Lemahieu, Dan Lloyd, Vol I
Lemaster, Jimmie R., Vol III
Lemay, Helen Rodnite, Vol I
Lemay, Joseph Alberic Leo, Vol II
Lemay, Richard, Vol I
LeMelle, Tilden J., Vol I
Lemieux, Germain, Vol I
Lemieux, Lucien, Vol I
Lemire, Beverly, Vol I
Lemire, Elise V., Vol II
Lemire, Eugene D., Vol II
Lemire, Maurice, Vol II
Lemke, Werner Erich, Vol IV
Lemke-Santangelo, Gretchen, Vol I
Lemmon, Sarah McCulloh, Vol I
LeMoine, Fannie J., Vol I
Lemon, Robert S., Jr., Vol I
LeMoncheck, Linda, Vol IV
Lemons, Stanley J., Vol I
Lemos, Ramon M., Vol IV
Lempert, Richard Owen, Vol IV
Lenard, Mary, Vol II
Lenior, Timothy, Vol I
Lenk, Richard William, Vol I
Lennon, Thomas M., Vol IV
Lennox, James Gordon, Vol I
Lennox, John W., Vol II
Lennox, Stephen J., Vol IV
Lenoski, Daniel S., Vol II
Lent, John Anthony, Vol II
Lentner, Howard H., Vol I
Lenz, John Richard, Vol I
Lenz, William Ernest, Vol II
Leon, Pedro, Vol III
Leon, Philip Wheeler, Vol II
Leon, Pierre R.A., Vol III
Leonard, Ellen L., Vol IV
Leonard, Henry Beardsell, Vol I
Leonard, James S., Vol II
Leonard, Karen Isaksen, Vol I
Leonard, Thomas Charles, Vol I
Leonard, Thomas Michael, Vol I
Leonard, Virginia Waugh, Vol I
Leonard, Walter J., Vol IV
Leonardi, Susan J., Vol II
Leontiades, Milton, Vol I
Leoshko, Janice, Vol I
Lepard, Brian, Vol IV
Lepley, Doug, Vol II
Leplin, Jarrett, Vol I
Lepofsky, David M., Vol IV
Lepore, Jill, Vol I
Lerner, Anne Lapidus, Vol III
Lerner, B. H., Vol I
Lerner, Isaias, Vol III
Lerner, Warren, Vol I
Leroy, Perry Eugene, Vol I
Leroy Conrad, Robert, Vol IV
Lesch, John Emmett, Vol I
Lescher, Bruce, Vol IV
Leschert, Dale, Vol IV
Lesher, James, Vol I
Leshko, Jaroslav, Vol I
Lesikin, Joan, Vol III

Leske, Adrian M., Vol IV
Lesko, Leonard Henry, Vol I
Lesko Baker, Deborah, Vol III
Leslie, Benjamin C., Vol IV
Leslie, John A., Vol I
Lesman, Ann St Clair, Vol III
Lessard, Hester A., Vol IV
Lesser, Gloria, Vol I
Lesser, Jeffrey, Vol I
Lesser, Wendy, Vol II
Lessl, Thomas M., Vol III
Lester, David, Vol I
Lester, Mark, Vol II
Lester, Robert Carlton, Vol IV
LeStourgeon, Diana E., Vol II
Lettis, Richard, Vol II
Letts, Janet Taylor, Vol III
Letzring, Monica, Vol I
Leubsdorf, Joshua, Vol IV
Leung, Kai-Cheong, Vol III
Leupin, Alexandre, Vol II
Leuthold, Steven M., Vol II
Lev, Peter, Vol II
Levack, Brian Paul, Vol II
Levarie Smarr, Janet, Vol III
Leven, Charles Louis, Vol I
Levenduski, Cristine, Vol II
Levenson, Carl, Vol II
Levenson, Jacob Clavner, Vol II
Levenson, Jill, Vol II
Leventhal, Fred Marc, Vol I
Levering, Ralph Brooks, Vol I
Levering Lewis, David, Vol I
Levernier, James, Vol II
Levernier, James Arthur, Vol I
Levesque, George August, Vol I
Levesque, Paul J., Vol IV
Levi, Darrell Erville, Vol I
Levi, Isaac, Vol IV
Levi, Judith N., Vol III
Levie, Howard Sidney, Vol IV
Levin, Beth, Vol III
Levin, Charles, Vol II
Levin, David M., Vol IV
Levin, David S., Vol I
Levin, Donald Norman, Vol I
Levin, Eve, Vol I
Levin, Jonathan, Vol II
Levin, Jules Fred, Vol III
Levin, Maurice Irwin, Vol III
Levin, Richard A., Vol II
Levin, Ronald Mark, Vol IV
Levin, Saul, Vol I
Levin, Thomas Y., Vol III
Levin, William R., Vol I
Levine, Alexander, Vol IV
Levine, Andrew, Vol IV
Levine, Bernard, Vol II
Levine, Daniel, Vol II
Levine, Daniel, Vol I
Levine, Daniel Blank, Vol I
Levine, David Oscar, Vol I
Levine, George L., Vol III
Levine, George Richard, Vol II
Levine, Julius B., Vol IV
Levine, Martin L., Vol IV
Levine, Peter D., Vol I
Levine, Philip, Vol II
Levine, Richard Allan, Vol II
Levine, Robert, Vol II
Levine, Robert M., Vol I
Levine, Robert M., Vol II
Levine, Sura, Vol I
Levinson, Bernard M., Vol III
Levinson, Jerrold, Vol IV
Levit, Nancy, Vol IV
Levitin, Alexis, Vol I
Levitine, Eda Mezer, Vol III
Levitt, Jesse, Vol III
Levitt, Morton Paul, Vol II
Levitti, Steven R., Vol II
Levmore, Saul, Vol IV
Levy, Alfred J., Vol II
Levy, Anita, Vol II
Levy, Barry, Vol I
Levy, Barry, Vol I
Levy, David Benjamin, Vol I
Levy, David William, Vol I
Levy, Diane Wolfe, Vol III
Levy, Eugene Donald, Vol I
Levy, Ian Christopher, Vol I
Levy, Jacques, Vol II
Levy, Karen, Vol III
Levy, Kurt Leopold, Vol III
Levy, Leonard Williams, Vol I
Levy, Michael Marc, Vol II
Levy, Richard S., Vol I
Levy, Robert J., Vol IV
Levy, William Turner, Vol II

Lewalski, Barbara Kiefer, Vol II
Lewarne, Charles Pierce, Vol I
Lewellen, Ted Charles, Vol I
Lewenstein, Bruce V., Vol I
Lewes, Ulle Erika, Vol II
Lewin, Linda, Vol I
Lewis, Andrew Wells, Vol I
Lewis, Arnold, Vol I
Lewis, Bart L., Vol III
Lewis, Cary B., Jr., Vol IV
Lewis, Cynthia, Vol II
Lewis, Daniel J., Vol IV
Lewis, David Baker, Vol IV
Lewis, David Lanier, Vol II
Lewis, David Rich, Vol I
Lewis, David Wilfrid Paul, Vol III
Lewis, Douglas, Vol I
Lewis, Douglas, Vol IV
Lewis, Eric, Vol IV
Lewis, George H., Vol I
Lewis, Gertrud Jaron, Vol III
Lewis, Gladys Sherman, Vol II
Lewis, Gordon Russel, Vol IV
Lewis, Harold T., Vol IV
Lewis, Jack Pearl, Vol IV
Lewis, James A., Vol I
Lewis, James F., Vol I
Lewis, Jan Ellen, Vol I
Lewis, Jane E., Vol I
Lewis, Jane Elizabeth, Vol II
Lewis, Jeffrey E., Vol IV
Lewis, Jon, Vol II
Lewis, Lionel Stanley, Vol I
Lewis, Lisa, Vol II
Lewis, Lloyd Alexander, Jr.,
  Vol IV
Lewis, Martha Hoffman, Vol I
Lewis, Marvin A., Vol III
Lewis, Meharry Hubbard, Vol I
Lewis, Nathaniel, Vol II
Lewis, Neil, Vol IV
Lewis, Peter, Vol I
Lewis, Peter J., Vol IV
Lewis, Philip Eugene, Vol III
Lewis, Randy Lynn, Vol IV
Lewis, Robert William, Vol II
Lewis, Samella, Vol I
Lewis, Theodore Gyle, Vol I
Lewis, Thomas Spottswood
  Wellford, Vol II
Lewis, Thomas T., Vol I
Lewis, Todd Vernon, Vol II
Lewis, V. Bradley, Vol II
Lewis, Walter David, Vol I
Lewis, William A., Jr., Vol IV
Leyasmeyer, Archibald I, Vol II
Leyendecker, Liston Edgington,
  Vol I
Leyerle, Blake, Vol I
Lhamon, W.T., Vol II
Li, Audrey, Vol III
Li, Chenyang, Vol IV
Li, Chu-Tsing, Vol I
Libby, Justin Harris, Vol I
Liberman, Anatoly, Vol III
Liberman, Terri, Vol II
Libin, Kathryn, Vol I
Libo, Kenneth Harold, Vol I
Lichtenberg, Phillip, Vol I
Lichtenbert, Robert H., Vol IV
Lickona, Thomas E., Vol II
Lida, Denah Levy, Vol III
Liddell, Janice Lee, Vol II
Liddle, William D., Vol I
Lidov, Joel, Vol I
Lidtke, Vernon Leroy, Vol I
Lidz, Joel W., Vol IV
Lieberman, Jethro K., Vol IV
Lieberman, Laurence, Vol II
Lieberman, Philip, Vol III
Lieberman, Stephen Jacob, Vol I
Liebersohn, Harry, Vol I
Liebert, Elizabeth, Vol IV
Liechty, Daniel, Vol IV
Liedl, Janice, Vol I
Lienhard, Joseph T., Vol I
Liepe-Levinson, Katherine, Vol II
Liggett, Sarah, Vol II
Light, Ivan, Vol I
Lightfoot, D., Vol III
Lightfoot, Jean Harvey, Vol II
Lightfoot, Marjorie Jean, Vol II
Lightner, David Lee, Vol I
Lightner, Robert P., Vol I
Lightstone, Jack, Vol IV
Ligo, Larry L., Vol I
Ligon, Doris Hillian, Vol I
Lihani, John, Vol II
Likes, Terry, Vol II

Liles, Betty Z., Vol III
Lillibridge, George Donald, Vol I
Lillie, Betty Jane, Vol IV
Lillo-Martin, Diane C., Vol III
Lilly, Paul R., Jr., Vol II
Lillyman, William J., Vol III
Limbacher, James L., Vol II
Limbaugh, Ronald H., Vol I
Limbrick, Elaine, Vol III
Limburg, James, Vol IV
Limon, John, Vol II
Limper, Peter Frederick, Vol IV
Lin, Carolyn, Vol II
Lin, Yu-sheng, Vol I
Lincoln, Bruce, Vol I
Lincoln, C. Eric, Vol IV
Lincoln, Harry B., Vol I
Lincoln, Kenneth, Vol II
Lincoln, William Bruce, Vol I
Lincourt, John M., Vol IV
Lind, Millard C., Vol IV
Lindahl, Carl, Vol II
Lindberg, Carter Harry, Vol IV
Lindberg, David C., Vol I
Lindberg, John, Vol I
Lindberg, Jordan John, Vol IV
Lindemann, Albert S., Vol I
Linden, Stanton J., Vol II
Lindenfeld, David Frank, Vol I
Linder, Laura R., Vol I
Linder, Robert Dean, Vol I
Linderski, Jerzy, Vol I
Lindgren, C. E., Vol I
Lindgren, James M., Vol I
Lindgren, John Ralph, Vol IV
Lindgren, Raymond Elmer, Vol I
Lindheim, Sara H., Vol I
Lindner, Carl Martin, Vol II
Lindner, Rudi Paul, Vol I
Lindo-Fuentes, Hector, Vol I
Lindquist, Larry, Vol IV
Lindsay, Stan A., Vol II
Lindsay Levine, Victoria, Vol I
Lindsey, William D., Vol IV
Lindskold, Jane M., Vol II
Lindstrom, Diana, Vol I
Lindstrom, Naomi E., Vol III
Lindt, Gillian, Vol IV
Linduff, Katheryn Mcallister, Vol I
Lineback, Richard Harold, Vol II
Linehan, Elizabeth Ann, Vol IV
Linenthal, Edward Tabor, Vol IV
Ling, Chen, Vol II
Lingis, Alphonso, Vol IV
Lingswiler, Robert Dayton, Vol IV
Link, Arthur S., Vol I
Link, Frederick M., Vol II
Linker, Maureen, Vol IV
Linn, Michael D., Vol II
Linn, William Joseph, Vol II
Linsenbard, Gail E., Vol IV
Linss, Wilhelm Camill, Vol IV
Linstone, Harold A., Vol I
Lint, Gregg Lewis, Vol I
Lintelman, Joy, Vol I
Linton, Calvin Darlington, Vol II
Linton, Patricia, Vol II
Lints, Richard, Vol IV
Lintz, Bernadette C., Vol III
Lipe, William David, Vol I
Lipking, Lawrence, Vol II
Lipman, Matthew, Vol IV
Lippman, Edward, Vol I
Lippy, Charles, Vol IV
Lips, Roger C., Vol II
Lipschultz, Jeremy Harris, Vol II
Lipschutz, Ilse Hempel, Vol III
Lipscomb, Drema Richelle, Vol II
Lipsett-Rivera, Sonya, Vol I
Lipsey, Robert E., Vol I
Lisby, Gregory C., Vol II
Lisio, Donald John, Vol I
Lisker, Leigh, Vol III
Liss, Peggy K korn, Vol I
Liss, Sheldon Barnett, Vol I
Lisska, Anthony Joseph, Vol IV
List, Peter C., Vol IV
Liston, William Thomas, Vol II
Liszka, James, Vol IV
Litch, Mary, Vol IV
Litchfield, Robert Burr, Vol I
Litoff, Judy Barrett, Vol I
Little, Anne Colclough, Vol II
Little, Daniel E., Vol I
Little, Douglas James, Vol I
Little, Elizabeth A., Vol I
Little, Greta D., Vol III
Little, John Irvine, Vol I
Little, Joseph W., Vol IV

Little, Lester Knox, Vol I
Little, Monroe Henry, Vol I
Littlefield, Dan F., Vol II
Littlefield, Daniel, Vol I
Littlefield, David J., Vol I
Littlefield, Neil Oakman, Vol IV
Littlejohn, David, Vol II
Littlejohn, Edward J., Vol IV
Littlejohn, Walter L., Vol I
Littman, Robert J., Vol I
Litwack, Leon F., Vol I
Litz, Arthur Walton, Vol II
Liu, Alan, Vol II
Liu, Catherine, Vol I
Liu, Jung-Chao, Vol I
Liu, Yameng, Vol II
Liuzza, Roy, Vol II
Livatino, Melvin W., Vol II
Livezeanu, I., Vol I
Livezey, Lowell W., Vol IV
Livingston, Donald W., Vol I
Livingston, James Craig, Vol IV
Livingston, James L., Vol II
Livingston, John, Vol I
Livingston, John W., Vol I
Ljungquist, Kent Paul, Vol IV
Llewellyn, Don W., Vol IV
Lloyd, Caryl, Vol III
Lloyd, Elisabeth A., Vol I
Lloyd, Jennifer, Vol I
Lloyd, Paul M., Vol III
Lloyd, Rosemary, Vol I
Lo, Chin-Tang, Vol III
Lo, Jim, Vol IV
Lo, Winston W., Vol I
Loach, Donald, Vol I
Loader, Colin T., Vol I
Lobb, Edward, Vol II
Lobel, Diana, Vol IV
Lochhead, Douglas Grant, Vol II
Lochman, Dan, Vol II
Lochrie, Karma, Vol II
Lochtefeld, James G., Vol IV
Lock, F.P., Vol II
Lockard, Craig Alan, Vol I
Locke, Don C., Vol I
Locke, John, Vol III
Locke, Mamie Evelyn, Vol I
Locke, Ralph Paul, Vol I
Lockette, Agnes Louise, Vol II
Lockhart, Philip N., Vol I
Locklin, Gerald Ivan, Vol II
Lockridge, Laurence Shockley,
  Vol II
Lockwood, Lewis Henry, Vol I
Lodge, John G., Vol IV
Lodge, Paul A., Vol IV
Loe, Thomas, Vol II
Loe, Thomas Benjamin, Vol II
Loeb, Louis Edward, Vol IV
Loeffler, Donald Lee, Vol II
Loengard, Janet Senderowitz,
  Vol I
Loerkw, William, Vol I
Loesberg, Jonathan, Vol II
Loewe, William Patrick, Vol IV
Loewen, James W., Vol I
Loewen, Lynn, Vol III
Loewy, Erich H., Vol IV
Loewy, Roberta S., Vol IV
Lofgren, Charles Augustin, Vol I
Lofstedt, Bengt, Vol III
Loftus, John Allan, Vol IV
Logan, Deborah, Vol II
Logan, Frenise A., Vol I
Logan, George, Vol II
Logan, Paul Ellis, Vol III
Logan, Samuel Talbot, Jr., Vol I
Logan, Wendell, Vol I
Logsdon, Joseph, Vol I
Logsdon, Loren, Vol II
Lohafer, Susan, Vol II
Lohmann, Christoph Karl, Vol I
Lohof, Bruce Alan, Vol I
Lohr, Charles Henry, Vol I
Lohrli, Anne, Vol II
Loiselle, Andre, Vol II
Loizeaux, Elizabeth Bergmann,
  Vol II
Lokken, Lawrence, Vol IV
Lomas, Ronald Leroy, Vol II
Lomba, Arthur J., Vol III
Lombard, Lawrence B., Vol IV
Lombardi, Joseph L., Vol IV
Lombardo, Stanley, Vol I
London, Bette, Vol II
London, Clement B. G., Vol I
London, Herbert, Vol I
Londre, Felicia Hardison, Vol II

Lone, Jana M., Vol IV
Loney, Glenn Meredith, Vol II
Long, Ada, Vol II
Long, Anthony Arthur, Vol I
Long, Burke O'Connor, Vol IV
Long, Charles H., Vol IV
Long, Douglas C., Vol IV
Long, Eugene T., III, Vol IV
Long, James L., Vol I
Long, Jerome Herbert, Vol I
Long, John Edward, Vol IV
Long, John Wendell, Vol I
Long, Paul, Vol IV
Long, R. James, Vol I
Long, Richard Alexander, Vol II
Long, Roderick T., Vol IV
Long, Roger D., Vol I
Long, Ronald Wilson, Vol I
Long, Steven A., Vol IV
Long, Timothy, Vol I
Longenbach, James, Vol II
Longenecker, Richard Norman,
  Vol IV
Longest, George Calvin, Vol II
Longfellow, David Lyman, Vol I
Longino, Helen, Vol IV
Longman, Tremper, III, Vol IV
Longmire, Samuel, Vol II
Longo, Bernadette, Vol II
Longstaff, Thomas R.W., Vol IV
Longyear, Rey Morgan, Vol I
Loomie, Albert J., Vol I
Loos, John Louis, Vol I
Lopach, James L., Vol I
Lopata, Helena Z., Vol IV
Lopata, Roy Haywood, Vol I
Lopes, Dominic McIver, Vol IV
Lopes, William H., Vol I
Lopez, Debbie, Vol I
Lopez, Ignacio Javier, Vol III
Lopez, Robert Sabatino, Vol I
Lopez, Tiffany Ana, Vol II
Lopez-Morillas, Consuelo, Vol IV
Lopreato, Joseph, Vol I
Lora, Ronald Gene, Vol I
Lorbe, Ruth Elisabeth, Vol III
Lord, Timothy C., Vol IV
Lore, Anthony George, Vol III
Lorek, Robert, Vol IV
Lorence, James J., Vol I
Lorenzi, Paola G., Vol III
Lorenzo, David J., Vol I
Lorimer, Douglas, Vol II
Lorimer, Joyce, Vol I
Losada, Luis Antonio, Vol I
Loseff, Lev V., Vol III
Losoncy, Thomas A., Vol IV
Losonsky, Michael, Vol IV
Loss, Archie Krug, Vol I
Lotchin, Roger W., Vol I
Lott, John Bertrand, Vol IV
Lott, Raymond, Vol II
Lott, Robert Eugene, Vol III
Lotz, David Walter, Vol I
Louch, Alfred, Vol IV
Loucks, James F., Vol II
Loud, Patricia Cummings, Vol I
Louden, Bruce, Vol III
Louden, Robert B., Vol I
Lougee, Carolyn Chappell, Vol I
Lougee, Robert Wayne, Vol I
Loughran, James N., Vol IV
Lougy, Robert E., Vol II
Louis, James Paul, Vol I
Louis, Margot K., Vol II
Lounibos, John, Vol IV
Lounsbury, Carl, Vol I
Lounsbury, Myron, Vol I
Lounsbury, Richard Cecil, Vol I
Louthan, Howard, Vol I
Loux, Michael, Vol IV
Love, Barbara, Vol I
Love, Frederick Rutan, Vol III
Love, Glen A., Vol II
Love, Joseph L., Vol I
Lovejoy, David Sherman, Vol I
Lovejoy, Grant I., Vol IV
Lovejoy, Paul E., Vol I
Lovelady, Edgar John, Vol II
Loveland, Anne Carol, Vol I
Loveridge-Sanbonmatsu, Joan,
  Vol II
Lovering, Joseph Paul, Vol II
Lovett, Leonard, Vol IV
Lovin, Clifford R., Vol I
Lovin, Hugh Taylor, Vol I
Loving, Jerome Macneill, Vol II
Lovitt, Carl, Vol II
Lovoll, Odd Sverre, Vol I

Low, Anthony, Vol II
Low, Lisa, Vol II
Low, Roy, Vol IV
Lowance, Mason Ira, Vol II
Lowe, Benno P., Vol I
Lowe, Donald M., Vol I
Lowe, Eugene Y., Jr., Vol IV
Lowe, John, Vol II
Lowe, Richard Grady, Vol I
Lowe, William J., Vol I
Lowell Maxwell, David, Vol III
Lowenfeld, Andreas F, Vol IV
Lowenstam, Steven, Vol I
Lowenstein, D.H., Vol IV
Lowenstein, Steven Mark, Vol I
Lowery, Mark, Vol IV
Lowrie, Joyce Oliver, Vol III
Lowrie, Michele, Vol I
Lowry, Bullitt, Vol I
Lowry, David, Vol II
Lowry, William R., Vol I
Lowther, Lawrence Leland, Vol I
Lu, Matthias, Vol III
Lu, Min-Zhan, Vol II
Lu, Suping, Vol I
Lu, Xing L., Vol II
Lubben, Joseph, Vol II
Lubbers, Jeffrey S., Vol I
Lubeck, Ray, Vol IV
Lubenow, William Cornelius,
  Vol I
Lubensky, Sophia, Vol I
Lubick, George Michael, Vol I
Lubrano, Linda L., Vol I
Lucas, Alec, Vol II
Lucas, Henry Cameron, Vol II
Lucas, James L., Vol II
Lucas, Marion Brunson, Vol I
Lucas, Mark T., Vol II
Lucas, Paul, Vol I
Lucas, Paul Robert, Vol I
Lucas, Raymond E., Vol IV
Lucas, Robert Harold, Vol I
Lucas, Stephen E., Vol II
Lucash, Frank S., Vol IV
Luce, David R., Vol IV
Luchting, Wolfgang Alexander,
  Vol III
Luciani, Frederick, Vol III
Lucid, Robert Francis, Vol II
Luck, Donald G., Vol IV
Luck, Donald L., Vol IV
Luckert, Karl Wilhelm, Vol I
Luckey, Evelyn F., Vol IV
Luckhardt, C. Grant, Vol IV
Luckingham, Bradford Franklin,
  Vol I
Ludwig, Jan Keith, Vol IV
Ludwig, Kirk, Vol IV
Ludwig, Richard Milton, Vol II
Ludwig, Theodore Mark, Vol I
Ludwinowski, Rett R., Vol III
Luebke, Frederick Carl, Vol I
Luebke, Neil Robert, Vol IV
Luebke, Steve, Vol II
Luehrs, Robert Boice, Vol I
Luey, Beth Edelmann, Vol II
Lufrano, Richard, Vol I
Luft, David Sheers, Vol I
Luhr, William George, Vol II
Luis, William, Vol III
Lukacher, Ned, Vol II
Lukacs, John Adalbert, Vol I
Luke, Brian A., Vol IV
Lukenbill, Willis B., Vol II
Lull, Timothy F., Vol IV
Lumin, Bernard, Vol I
Lumpkins, David W., Vol III
Lumpp, Randolph, Vol IV
Lumsden, Ian G., Vol I
Lumsden, Linda, Vol II
Lunceford, Joseph E., Vol IV
Lund, Jerome A., Vol I
Lundbom, Jack R., Vol IV
Lunde, Erik Sheldon, Vol I
Lunde, Jonathan M., Vol IV
Lundell, Torborg Lovisa, Vol III
Lunenfeld, Marvin, Vol I
Lunsford, Andrea Abernethy,
  Vol II
Lunt, Horace Gray, Vol III
Lupack, Alan, Vol II
Luper, Steven, Vol IV
Lupia, John N., Vol I
Lurie, Alison, Vol II
Lurie, Howard R., Vol IV
Lusardi, James P., Vol II
Luscher, Robert M., Vol II
Lusignan, Serge, Vol I

Lusky, Louis, Vol IV
Lustig, Myron W., Vol III
Lutcavage, Charles, Vol III
Luthy, Melvin Joseph, Vol III
Lutkus, Alan, Vol II
Lutz, Jessie Gregory, Vol I
Lutz, Mary Anne, Vol II
Lutz, Reinhart, Vol II
Lutz, William, Vol IV
Lutzeler, Paul Michael, Vol III
Luxon, Thomas H., Vol II
Luyster, Robert W., Vol IV
Luzbetak, Louis Joseph, Vol I
Lvovich, Natasha, Vol II
Lydolph, Paul E., Vol I
Lye, William Frank, Vol I
Lygre, David Gerald, Vol IV
Lyle, Kenneth, Vol IV
Lyman, J. Rebecca, Vol I
Lyman, R. Lee, Vol I
Lyman, Richard B., Vol I
Lyman-Hager, Mary Ann, Vol III
Lynch, Hollis R., Vol I
Lynch, John Edward, Vol I
Lynch, Joseph Howard, Vol I
Lynch, Joseph J., Vol IV
Lynch, Kathryn, Vol II
Lynch, Michael P., Vol IV
Lynch, Rose Marie, Vol II
Lynch, Thomas Patrick, Vol II
Lyngstad, Sverre, Vol II
Lynn, John A., Vol I
Lynn, Kenneth Schuyler, Vol I
Lynn, Mary Constance, Vol I
Lynn, Penrod, Vol II
Lynn, Richardson R., Vol IV
Lyon, Gordon W., Vol IV
Lyon, Robert William, Vol IV
Lyon, Steve, Vol IV
Lyon, Thomas D., Vol IV
Lyon Clark, Beverly, Vol II
Lyons, Bonnie, Vol I
Lyons, Bridget G., Vol III
Lyons, Clare A., Vol I
Lyons, Daniel D., Vol IV
Lyons, David, Vol IV
Lyons, Declan P., Vol I
Lyons, Joseph, Vol I
Lyons, Robin R., Vol IV
Lyons, Sherrie L., Vol I
Lyons, Timothy James, Vol II
Lyovin, Anatole Vladimirovich, Vol III
Lyra, Franciszek, Vol II
Lys, Franziska, Vol III
Lysaught, M. Therese, Vol IV
Lytal, Billy D., Vol IV
Lytle, Mark Hamilton, Vol I
Lytle, Timothy F., Vol IV
M'Gonigle, R. Michael, Vol IV
Ma, John, Vol III
Ma, Ming-Qian, Vol II
Ma, Qian, Vol II
Maazaoui, Abbes, Vol III
Mabe, Alan R., Vol IV
Mabery, Lucy, Vol IV
Mabry, Donald Joseph, Vol I
MacArthur, John F., Vol IV
MacArthur, Steven D., Vol IV
Macary, Jean Louis, Vol III
MacAulay, Stewart, Vol IV
Macauley, Beth, Vol III
Maccaffrey, Wallace T., Vol I
Macchiarulo, Louis, Vol I
MacCormick, Chalmers, Vol IV
MacCoull, Leslie, Vol I
MacCrimmon, Marilyn, Vol IV
MacDonald, Burton, Vol I
Macdonald, J. Fred, Vol I
MacDonald, Margaret R., Vol II
MacDonald, Mary N., Vol I
MacDonald, Maryellen, Vol III
Macdonald, Robert Hugh, Vol II
Macdonald, Roderick James, Vol I
MacDonald, William L., Vol I
MacDonald, William L., Vol I
MacDougall, Bruce, Vol IV
Macdougall, Elisabeth Blair, Vol I
Mace, Carroll E., Vol III
Mace, Sarah, Vol I
MacFarquer, Roderick, Vol I
MacGillivray, Royce C., Vol I
Mach, Thomas S., Vol I
Machado, Daisy L., Vol IV
Machaffie, Barbara J., Vol IV
Machamer, Peter Kennedy, Vol IV
Machan, Tibor R., Vol IV
Machann, Clinton John, Vol II

Machina, Kenton F., Vol IV
Machle, Edward Johnstone, Vol IV
Machonis, Peter A., Vol II
Machor, James Lawrence, Vol II
Macias, Anna, Vol I
Macias, Manuel Jato, Vol III
Macierowski, E.M., Vol IV
MacIntosh, Duncan, Vol IV
Macintosh, John James, Vol IV
MacIntyre, James, Vol I
Macisaac, David, Vol I
Maciuika, Benedict Vytenis, Vol I
Mack, Eric M., Vol IV
Mack, Robert, Vol II
Mack, S. Thomas, Vol II
Mack, Sara, Vol I
Mackay, Carol Hanbery, Vol II
Mackendrick, Louis King, Vol III
Mackenzie, David, Vol I
MacKenzie, Louis A., Vol III
Mackethan, Lucinda Hardwick, Vol II
Mackey, Barbara S., Vol II
MacKey, Louis Henry, Vol IV
Mackey, Thomas, Vol I
Mackey, William Francis, Vol III
Mackie, Hilary S., Vol I
MacKillop, James John, Vol II
MacKinnon, Aran S., Vol I
MacKinnon, Patricia L., Vol II
Mackinnon, Peter, Vol I
Mackinnon, Stephen Robert, Vol I
Mackintosh, Barry, Vol I
Mackler, Aaron L., Vol IV
MacKlin, Ruth C., Vol IV
Macksey, Richard Alan, Vol III
Macky, Nancy, Vol II
Maclaine, Allan Hugh, Vol II
MacLean, Elizabeth, Vol I
Maclean, Hugh Norman, Vol II
MacLean, Iain Stewart, Vol IV
MacLeish, Andrew, Vol III
MacLennan, Robert S., Vol I
MacLeod, Alistair, Vol III
Macleod, Colin, Vol IV
Macleod, David Irving, Vol I
Macleod, Gregory J., Vol IV
MacLeod, Malcolm K., Vol I
Macleod, Roderick Charles, Vol I
MacMillan, Carrie H., Vol II
MacMillan, Margaret, Vol I
Macmullen, Ramsay, Vol I
Macnaughton, William Robert, Vol II
MacNeil, Anne, Vol I
Macneil, Ian Roderick, Vol IV
Macovski, Michael, Vol II
MacPhail, Eric, Vol III
MacPhee, Laurence Edward, Vol II
Macpherson, Jay, Vol II
MacQuarrie, John, Vol IV
Macrae, Suzanne H., Vol II
Macris, Peter John, Vol III
Macro, Anthony David, Vol I
Macy, Gary A., Vol IV
Maczka, Romwald, Vol IV
Madden, Daniel Patrick, Vol IV
Madden, David, Vol II
Madden, David William, Vol I
Madden, Deidre, Vol II
Madden, Edward, Vol IV
Madden, Kate, Vol II
Madden, Patrick, Vol IV
Madden, T.F., Vol I
Maddox, Donald, Vol III
Maddox, Lucy, Vol II
Maddox, Robert James, Vol I
Maddox, Sara Sturm, Vol III
Maddox, Stephen, Vol III
Maddy, Penelope, Vol IV
Madgett, Naomi Long, Vol II
Madigan, Mark J., Vol II
Madigan, Mary, Vol II
Madison, Charles L., Vol III
Madison, Gary Brent, Vol IV
Madison, James H., Vol I
Madison, Kenneth Glenn, Vol I
Madland, Helga Stipa, Vol III
Madsen, Brigham Dwaine, Vol I
Madsen, Carol Cornwall, Vol I
Madsen, Charles Clifford, Vol IV
Madsen, Deborah, Vol I
Madsen, Truman Grant, Vol IV
Maertz, Gregory, Vol II
Maffie, James, Vol IV
Magee, Glenn A., Vol IV
Magee, S.P., Vol I
Maggs, Peter Blount, Vol I

Magid, Laurie, Vol IV
Magill, Gerard, Vol IV
Magliola, Robert, Vol III
Magnaghi, Russell Mario, Vol I
Magnet, Joseph E., Vol IV
Magnus, Bernd, Vol IV
Magnuson, Paul Andrew, Vol II
Maguire, Daniel C., Vol IV
Maguire, James Henry, Vol II
Magurshak, Daniel J., Vol IV
Mahan, Howard F., Vol I
Mahan, Susan, Vol I
Maharg, James, Vol III
Maher, Patrick, Vol IV
Mahern, Catherine, Vol IV
Mahlendorf, Ursula R., Vol III
Mahoney, Edward P., Vol IV
Mahoney, Irene, Vol II
Mahoney, John Francis, Vol II
Mahoney, John L., Vol II
Mahoney, Joseph F., Vol I
Mahoney, Michael Sean, Vol I
Mahoney, Timothy, Vol I
Mahony, Robert E.P., Vol II
Mahony, William K., Vol IV
Maidman, Maynard Paul, Vol I
Maier, Carol Smith, Vol III
Maier, Donna J. E., Vol I
Maier, Harold Geistweit, Vol IV
Maier, John, Vol II
Maier, Linda, Vol III
Maier, Paul Luther, Vol I
Maier, Pauline Rubbelke, Vol I
Maier, Walter A., Vol IV
Maierhofer, Walter, Vol III
Maillet, Marguerite, Vol I
Main, Gloria L., Vol I
Main, Jackson T., Vol I
Mair, Victor H., Vol III
Maire-Carls, Alice-Catherine, Vol I
Maisch, Christian, Vol I
Maitzen, Rohan Amanda, Vol II
Maitzen, Stephen, Vol IV
Maizlish, Stephen E., Vol I
Major, April, Vol IV
Major, Clarence, Vol II
Major, James Russell, Vol I
Major, Jean-Louis, Vol III
Major, John Stephen, Vol III
Major, Wilfred E., Vol I
Makarushka, Irena, Vol IV
Makau, Josina M., Vol II
Makino, Yasuko, Vol III
Makkai, Adam, Vol III
Makkreel, Rudolf A., Vol IV
Makowski, Elizabeth, Vol I
Makuch, Stanley M., Vol IV
Makward, Christiane Perrin, Vol III
Malachuk, Daniel S., Vol II
Malament, David Baruch, Vol IV
Malamud, Martha A., Vol I
Malandra, William, Vol I
Malavet, Pedro A., Vol IV
Malbon, Elizabeth Struthers, Vol I
Malby, Maria Bozicevic, Vol III
Malefakis, Edward, Vol I
Malefakis, Edward Emanuel, Vol I
Malek, Abbas, Vol II
Malhotra, Ashok Kumar, Vol IV
Malik, Hafeez, Vol I
Malik, Salahuddin, Vol I
Malino, Frances, Vol I
Malinowski, Michael J., Vol I
Malkiel, Burton Gordon, Vol I
Malkiel, Yakov, Vol III
Mall, Laurence, Vol III
Mall, Rita Sparrow, Vol III
Mallard, Harry, Vol I
Maller, Mark P., Vol IV
Mallory, Michael, Vol I
Malloy, Edward A., Vol IV
Malm, Heidi, Vol IV
Malm, William P., Vol I
Malof, Joseph Fetler, Vol III
Malone, Barbara S. (Bobbie), Vol I
Malone, Bill Charles, Vol I
Malone, Carolyn, Vol I
Malone, Dumas, Vol I
Malone, Gloria S., Vol I
Malone, Joseph Lawrence, Vol III
Malone, M.J., Vol II
Malone, Michael Peter, Vol I
Maloney, Elliott Charles, Vol IV
Maloney, J. Christoper, Vol IV
Maloney, Maureen A., Vol IV
Maloney, Thomas, Vol IV

Malouf, Melissa, Vol II
Malpass, Leslie Frederick, Vol I
Malpezzi Price, Paola, Vol III
Malsbary, Gerald Henry, Vol I
Malsberger, John William, Vol I
Maltby, William Saunders, Vol I
Mama, Raouf, Vol III
Maman, Marie, Vol II
Mamary, Anne, Vol IV
Mamo, Nathan, Vol IV
Mamoojee, Abdool-Hack, Vol I
Manca, Franco, Vol III
Manchel, Frank, Vol II
Mancini, Albert Nicholas, Vol III
Mancke, Elizabeth, Vol I
Mandaville, Jon Elliott, Vol I
Mandelker, Daniel Robert, Vol IV
Mandle, Jonathan, Vol IV
Mandt, Almer J., III, Vol IV
Maney, Patrick J., Vol I
Manfra, Jo Ann, Vol I
Manganiello, Dominic, Vol II
Mangrum, Franklin M., Vol IV
Mangrum, R. Collin, Vol IV
Mangrum, Robert G., Vol I
Mangusso, Mary C., Vol I
Manheim, Michael, Vol II
Maniates, Maria Rika, Vol I
Manier, A. Edward, Vol IV
Maniquis, Robert Manuel, Vol II
Manley, Frank, Vol III
Manley, Joan, Vol III
Mann, Alfred, Vol I
Mann, Arthur, Vol I
Mann, Brian, Vol I
Mann, David Douglas, Vol II
Mann, Gurinder Singh, Vol IV
Mann, Joan Debbie, Vol III
Mann, John Stuart, Vol II
Mann, Karen Berg, Vol II
Mann, Kristin, Vol I
Mann, Ralph, Vol I
Mann, Thomas J., Vol II
Mann, William Edward, Vol I
Manning, Alan, Vol III
Manning, Blanche Marie, Vol IV
Manning, Christel, Vol I
Manning, Jean Bell, Vol I
Manning, Joseph G., Vol I
Manning, Peter J., Vol II
Manning, Peter K., Vol I
Manning, Roberta Thompson, Vol I
Manning, Roger B., Vol I
Manning, Scott, Vol III
Manning, Susan, Vol II
Manns, James William, Vol IV
Manogue, Ralph Anthony, Vol II
Mansell, Darrel, Vol II
Mansfield, Mecklin Robert, Vol IV
Manso, Leira Annette, Vol II
Manson Tomasek, Kathryn, Vol I
Mansour, George Phillip, Vol III
Manteiga, Robert Charles, Vol III
Mantero, Manuel, Vol III
Manuel, Sharon Y., Vol III
Many, Paul, Vol II
Manzig, John G.W., Vol IV
Mapa, Marina Vargas, Vol III
Maples, Robert John Barrie, Vol III
Mapp, Edward C., Vol II
Maqbool, Aziz, Vol II
Marable, Manning, Vol I
Marahrens, Gerwin, Vol III
Marangos, Frank, Vol IV
Marantz, Enid Goldstine, Vol III
Marasinghe, M. Lakshman, Vol IV
Marceau, William Charles, Vol III
Marcello, Ronald E., Vol I
March, Wallace Eugene, Vol IV
Marchand, James Woodrow, Vol III
Marchant, Peter L., Vol II
Marchenkov, Vladimir, Vol IV
Marchione, Margherita Frances, Vol III
Marcin, Raymond B., Vol IV
Marcone, Rose Marie, Vol III
Marcopoulos, George John, Vol I
Marcus, David, Vol IV
Marcus, Harold G., Vol I
Marcus, Irwin Murray, Vol I
Marcus, Jacob Rader, Vol I
Marcus, Leah, Vol I
Marcus, Milicent, Vol III
Marcus, Mordecai, Vol II
Marcus, Paul, Vol I
Marcus, Ruth Barcan, Vol IV

Marcus, Sharon, Vol II
Marcus, Steven, Vol II
Marder, Herbert, Vol II
Marder, Nancy S., Vol IV
Marder, Tod A., Vol I
Mardin, Serif, Vol I
Marenco, Marc, Vol IV
Mares, Cheryl, Vol II
Mares, E.A., Vol II
Margerison, Kenneth, Vol I
Margolies, Alan, Vol II
Margolin, Uri, Vol III
Margolin, Victor, Vol I
Margolis, Gary, Vol I
Margolis, Joseph, Vol IV
Margolis, Maxine Luanna, Vol I
Margolis, Nadia, Vol III
Margulies, Ivone, Vol II
Mariani, Paul L., Vol II
Marichal, Juan, Vol III
Marietta, Don E., Vol IV
Marina, Jacqueline, Vol IV
Marina, William F., Vol I
Marinelli, Peter V., Vol I
Marino, John Anthony, Vol I
Marinoni, R. Max, Vol III
Marion, Claud Collier, Vol I
Mariotti, Arleen, Vol III
Marissen, Michael, Vol I
Mark, Rebecca, Vol II
Markel, Stephen, Vol I
Markels, Julian, Vol II
Marken, Jack Walter, Vol II
Marki, Ivan, Vol II
Markoff, John, Vol I
Markos, Louis, Vol II
Markovitz, Irving L., Vol I
Marks, Arthur S., Vol I
Marks, Elaine, Vol III
Marks, Herbert J., Vol IV
Marks, Joel Howard, Vol IV
Marks, Laura U., Vol II
Marks, Patricia, Vol II
Marks, Robert B., Vol I
Marks, Sally Jean, Vol I
Marlane, Judith, Vol I
Marler, Grant A., Vol IV
Marlin, John, Vol II
Marlin-Bennett, Rene, Vol I
Marling, William H., Vol II
Marlow, James Elliott, Vol II
Marm, Michael, Vol I
Marmura, Michael Elias, Vol IV
Maroney, James C., Vol I
Marotti, Arthur Francis, Vol II
Marovitz, Sanford E., Vol II
Marquardt-Cherry, Janet Teresa, Vol I
Marquess, Harlan Earl, Vol III
Marquez, Antonio, Vol III
Marquez-Villanueva, Francisco, Vol III
Marquis, Alice Goldfarb, Vol I
Marquis, Donald Bagley, Vol IV
Marr, William L., Vol I
Marras, Ausonio, Vol IV
Marren, Susan M., Vol II
Marrin, Albert, Vol I
Marron, Maria B., Vol II
Marrone, Nila Gutierrez, Vol III
Marrone, Steven Phillip, Vol I
Marrow, Stanley Behjet, Vol IV
Marrs, Riock R., Vol IV
Marrs, Suzanne, Vol II
Marrus, Francine E., Vol II
Marrus, Michael R., Vol I
Marschall, John Peter, Vol I
Marsden, G.M., Vol I
Marsh, James H., Vol II
Marsh, James L., Vol IV
Marsh, Peter T., Vol I
Marsh, Vincent, Vol I
Marshall, Alicia A., Vol II
Marshall, Byron K., Vol I
Marshall, David, Vol II
Marshall, Dominique, Vol I
Marshall, Donald G., Vol II
Marshall, Grover Edwin, Vol II
Marshall, Howard Wight, Vol II
Marshall, Linda Edith, Vol II
Marshall, Peter K., Vol I
Marshall, Robert J., Vol II
Marshall, W. Gerald, Vol II
Marshman, Michelle, Vol I
Marsland, Amy, Vol III
Marszalek, John Francis, Vol I
Marteinson, Peter, Vol III
Marten, James, Vol I
Martens, Elmer Arthur, Vol IV

Marter, Joan, Vol I
Marthaler, Berard Lawrence, Vol IV
Marti, Donald B., Vol I
Marti, Genoveva, Vol IV
Martin, Austin Lynn, Vol I
Martin, Bruce Kirk, Vol II
Martin, Charles Burton, Vol IV
Martin, Charles Edward, Vol III
Martin, Charlotte Joy, Vol IV
Martin, D. Michael, Vol IV
Martin, Daniel, Vol III
Martin, Dean M., Vol IV
Martin, Dellita Lillian, Vol III
Martin, Donald R., Vol II
Martin, Edward N., Vol IV
Martin, Ernest L., Vol IV
Martin, Francis David, Vol IV
Martin, Glen, Vol IV
Martin, Herbert Woodward, Vol II
Martin, James August, Vol IV
Martin, James Kirby, Vol I
Martin, James Kirby, Vol I
Martin, James Luther, Vol IV
Martin, Jane Roland, Vol IV
Martin, Janet Marion, Vol I
Martin, Janice R., Vol IV
Martin, Jay H., Vol I
Martin, Jerry Lee, Vol IV
Martin, Joan M., Vol IV
Martin, Joel, Vol IV
Martin, John Sayre, Vol II
Martin, John Stephen, Vol I
Martin, Joseph Ramsey, Vol IV
Martin, Judith G., Vol IV
Martin, Kenneth R., Vol I
Martin, Laura, Vol III
Martin, Marty, Vol IV
Martin, Michael Lou, Vol IV
Martin, Mike W., Vol IV
Martin, Philippe Jean, Vol III
Martin, Raymond Albert, Vol IV
Martin, Raymond Frederick, Vol IV
Martin, Rex, Vol IV
Martin, Richard, Vol I
Martin, Richard C., Vol I
Martin, Richard Peter, Vol I
Martin, Robert K., Vol IV
Martin, Robert M., Vol IV
Martin, Ronald Edward, Vol II
Martin, Russell E., Vol I
Martin, Russell L., Vol II
Martin, Samuel Elmo, Vol III
Martin, Sean Charles, Vol II
Martin, Sherrill V., Vol I
Martin, Terry J., Vol II
Martin, Thomas, Vol IV
Martin, Timothy, Vol II
Martin, Tony, Vol I
Martin, Troy, Vol IV
Martin, Virginia, Vol I
Martin, W.R., Vol II
Martin, Wanda, Vol II
Martin, Wayne M., Vol I
Martin, William Bizzell, Vol II
Martin Murrey, Loretta, Vol II
Martin-Ogunsola, Dellita Lillian, Vol III
Martin-Rodriguez, Manuel M., Vol III
Martine, James John, Vol II
Martines, Lauro, Vol I
Martinez, Elizabeth Coonrod, Vol III
Martinez, Esther M., Vol III
Martinez, Felipe, Vol IV
Martinez, H. Salvador, Vol III
Martinez, Jacqueline M., Vol IV
Martinez, Jose-Luis, Vol III
Martinez, Nancy Conrad, Vol II
Martinez, Oscar J., Vol I
Martinez, Ronald L., Vol III
Martinez, Roy, Vol IV
Martinez-Bonati, Felix, Vol III
Martinich, Aloysius Patrick, Vol IV
Martinson, Fred, Vol I
Martinson, Paul V., Vol IV
Martinson, Roland, Vol IV
Martinson, Steven D., Vol III
Martland, Thomas Rodolphe, Vol IV
Martos, Joseph, Vol IV
Marty, Martin Emil, Vol I
Marty, Myron August, Vol I
Martyn, James Louis, Vol IV
Martyn, Susan, Vol IV
Martz, Louis Lohr, Vol II
Martz, William J., Vol II
Marullo, Thomas Gaiton, Vol III
Marvin, Elizabeth W., Vol II
Marx, Anthony W., Vol I
Marx, Leonie, Vol III
Marx, Paul, Vol II
Marzik, Thomas David, Vol I
Marzolf, Marion Tuttle, Vol I
Mascher, Sharon, Vol IV
Maschke, Timothy, Vol IV
Mashburn, Amy R., Vol IV
Mask, E. Jefferey, Vol IV
Maslan, Mark, Vol II
Maslowski, Peter, Vol I
Masolo, D.A., Vol IV
Mason, Bobbie Ann, Vol II
Mason, David Raymond, Vol IV
Mason, Donna S., Vol I
Mason, Francis M., Vol I
Mason, H.E., Vol IV
Mason, H.J., Vol I
Mason, Herbert Warren, Vol I
Mason, Jeffrey A., Vol IV
Mason, Philip P., Vol I
Mason, Sheila, Vol IV
Mason, Steve, Vol I
Mass, Jeffrey Paul, Vol I
Massa, Richard Wayne, Vol II
Massanari, Ronald Lee, Vol I
Masse, Michelle, Vol II
Masselink, Noralyn, Vol II
Massey, Gerald J., Vol IV
Massey, James Earl, Vol IV
Masteller, Richard N., Vol I
Masters, Donald C., Vol I
Masters, George Mallary, Vol III
Masters, Roger D., Vol I
Mastin, Catharine M., Vol I
Mastronarde, Donald John, Vol I
Masur, Louis P., Vol I
Matabane, Paula W., Vol II
Matanle, Stephen, Vol III
Matar, Nabil, Vol II
Matasar, Richard, Vol IV
Mate, Mavis, Vol I
Matejic, Mateja, Vol III
Matejka, George, Vol IV
Mates, Julian, Vol II
Matheny, David Leon, Vol II
Matheny, Paul Duane, Vol IV
Matheny, William Edward, Vol I
Mather, Henry S., Vol IV
Mathes, William Lloyd, Vol I
Mathewes, Charles, Vol IV
Mathews, Donald G., Vol I
Mathews, Edward G., Vol IV
Mathews, Gary, Vol III
Mathews, Mark William, Vol IV
Mathews, Thomas J., Vol III
Mathewson, Dave L., Vol II
Mathias, Gerald Barton, Vol III
Mathiesen, Thomas J., Vol I
Mathiot, Madeleine, Vol III
Mathis, Robert, Vol IV
Mathisen, Ralph Whitney, Vol I
Matilal, Bimal Krishna, Vol IV
Matilsky, Barbara C., Vol I
Matisoff, James Alan, Vol III
Matlon, Ronald, Vol III
Matossian, Mary Kilbourne, Vol I
Matott, Glenn, Vol II
Matovina, Timothy M., Vol IV
Matray, James Irving, Vol I
Matro, Thomas G., Vol II
Matsen, Herbert S., Vol IV
Matteo, Sante, Vol III
Matter, Edith Ann, Vol I
Matteson, Lynn Robert, Vol I
Matteson, Robert Steere, Vol II
Matthaei, Sondra, Vol IV
Matthews, A. Warren, Vol IV
Matthews, Gareth Blanc, Vol IV
Matthews, J. Rosser, Vol I
Matthews, Jack, Vol II
Matthews, John F., Vol I
Matthews, Patricia, Vol IV
Matthews, Robert Joseph, Vol IV
Matthews, Roy T., Vol I
Matthews, Victor J., Vol I
Matthias, John Edward, Vol II
Mattie, U., Vol IV
Mattingly, Carol, Vol I
Mattingly, Ignatius G., Vol III
Mattingly, Paul Havey, Vol I
Mattingly, Richard Edward, Vol IV
Mattingly, Susan Shotliff, Vol IV
Mattison, Robert S., Vol I
Mattson, Vernon E., Vol I
Matusow, Allen Joseph, Vol I
Matustik, Martin J. Beck, Vol IV
Matynia, Elzbieta, Vol II
Matzko, John Austin, Vol I
Maughan, Steven, Vol I
Maule, James Edward, Vol IV
Maultsby, Portia K., Vol I
Maurer, A.E. Wallace, Vol II
Maurer, Margaret, Vol II
Maurer, Warren R., Vol III
Maurin, Mario, Vol III
Maus, Fred Everett, Vol I
Mauskopf, Seymour Harold, Vol I
Mauss, Armand, Vol I
Mavor, Carol, Vol I
Maxey, B. Ann, Vol IV
Maxfield, James F., Vol II
Maxmin, Jody, Vol I
Maxon, Robert Mead, Vol I
Maxwell, Kenneth R., Vol I
May, Charles Edward, Vol II
May, Christopher N., Vol IV
May, David M., Vol IV
May, Elaine Tyler, Vol I
May, Ernest, Vol I
May, Georges, Vol III
May, Gita, Vol III
May, Henry Farnham, Vol I
May, James M., Vol I
May, Jill P., Vol II
May, John R., Vol IV
May, John Richard, Vol II
May, Jude Thomas, Vol I
May, Lary L., Vol I
May, Melanie A., Vol IV
May, Rachel, Vol III
May, Richard Warren, Vol IV
May, Robert Evan, Vol I
Mayberry, Nancy Kennington, Vol III
Mayer, Arno Joseph, Vol I
Mayer, Bruce Hillis, Vol III
Mayer, Don, Vol IV
Mayer, Henri Andre Van Huysen, Vol I
Mayer, Robert, Vol II
Mayer, Sigrid, Vol III
Mayer, Thomas F., Vol I
Mayerfeld, Jamie, Vol I
Mayerson, Philip, Vol I
Mayfield, John, Vol I
Maynard, Arthur Homer, Vol IV
Maynard, John Rogers, Vol II
Maynard, Patrick, Vol IV
Maynard, Therese H., Vol IV
Maynard-Reid, Pedrito U., Vol IV
Maynes, Mary Jo, Vol I
Mayo, Charles M., Vol II
Mayr, Franz Karl, Vol IV
Mazlish, Bruce, Vol I
Mazon, Mauricio, Vol I
Mazor, Lester Jay, Vol IV
Mazoue, Jim, Vol IV
Mazrui, Ali Al'Amin, Vol I
Mazur, Dennis J., Vol IV
Mazur, Diane H., Vol IV
Mazzaoui, Maureen Fennell, Vol I
Mazzaro, Jerome, Vol II
Mazzocco, Angelo, Vol III
Mazzocco, Elizabeth H., Vol III
Mazzola, Michael Lee, Vol III
Mbodj, Mohamed, Vol I
Mcafee, Ward Merner, Vol I
McAffee, Thomas B., Vol IV
Mcaleavey, David Willard, Vol II
McAleer, J. Philip, Vol I
McAlexander, Hubert Horton, Vol II
Mcalexander, Patricia Jewell, Vol II
McAlister, Elizabeth, Vol IV
McAlister, Linda L., Vol IV
Mcallister, Matthew P., Vol II
McAlpin, Mary, Vol III
McAlpin, Sara, Vol II
Mcalpine, Monica Ellen, Vol II
McAninch, William S., Vol IV
McArthur, Robert L., Vol IV
McAuliffe, Jane D., Vol IV
McAvoy, Jane, Vol IV
McBain, James F., Jr., Vol IV
McBeth, Harry Leon, Vol I
McBride, Angela Barron, Vol III
McBride, Margaret, Vol I
Mcbride, Paul Wilbert, Vol I
Mcbride, Theresa Marie, Vol I
McBride, William, Vol II
McBride, William Leon, Vol IV
McBrien, Richard Peter, Vol IV
McBrier, Vivian Flagg, Vol I
McCaa, Robert, Vol I
Mccabe, Bernard, Vol II
McCabe, David, Vol IV
McCaffery, Edward J., Vol IV
McCaffrey, Daniel, Vol I
McCaffrey, James M., Vol I
McCaffrey, Jerrine A., Vol II
Mccaffrey, Lawrence John, Vol I
McCagney, Nancy, Vol IV
McCaleb, Joseph L., Vol II
McCall, Emmanuel Lemuel, Sr., Vol IV
McCall, James Russell, Vol IV
McCall, Marsh H., Jr., Vol I
McCall, Storrs, Vol IV
McCalman, Iain, Vol I
McCann, David Richard, Vol III
McCann, Edwin, Vol IV
McCann, Francis D., Jr., Vol I
McCann, Hugh Joseph, Vol IV
McCann, Richard, Vol II
McCarl, Mary F.R., Vol I
McCarren, Vincent Paul, Vol I
Mccarthy, B. Eugene, Vol II
McCarthy, Dennis John, Vol III
Mccarthy, Dennis Michael Patrick, Vol I
McCarthy, J. Thomas, Vol IV
McCarthy, John Aloysius, Vol III
Mccarthy, John F., Vol II
McCarthy, John P., Vol II
McCarthy, Mary Theresa, Vol III
McCarthy, Patric J., Vol II
McCarthy, Patrick A., Vol II
McCarthy, Thomas, Vol IV
McCarthy, Thomas A., Vol IV
McCarthy, Timothy, Vol IV
McCarthy, William Paul, Vol II
McCartney, Dan Gale, Vol IV
McCartney, James J., Vol IV
Mccartney, Jesse Franklin, Vol II
McCartney, Sharon, Vol IV
McCarty, Doran Chester, Vol IV
McCash, June Hall, Vol III
McCaughey, Robert Anthony, Vol I
McCauley, Rebecca J., Vol III
McCauley, Robert N., Vol IV
McCawley, James D., Vol III
McClain, Andrew Bradley, Vol I
McClain, John O., Vol I
McClain, Molly A., Vol I
McClain, Shirla R., Vol I
McClain, T. Van, Vol IV
McClamrock, Ron, Vol IV
McClarty, Wilma King- Doering, Vol II
McClary, Ben Harris, Vol II
McClay, Wilfred M., Vol I
McClean, Albert, Vol IV
McCleary, Ann, Vol I
Mcclellan, Charles W., Vol I
Mcclellan, Woodford, Vol I
McClelland, Charles E., Vol I
McClelland, James, Vol I
McClelland, William Lester, Vol I
McClendon, James Em., Jr., Vol IV
McClesky, Turk, Vol I
Mcclintock, Thomas Coshow, Vol I
McCloskey, Deirdre, Vol I
Mccloskey, James, Vol III
McClung, William A., Vol II
McClure, Charles R., Vol II
Mcclure, Charlotte Swain, Vol III
McClure, John, Vol III
McClure, Laura Kathleen, Vol I
McClure, Wesley Cornelious, Vol I
Mccluskey, Stephen C., Vol I
Mcclymer, John Francis, Vol I
McClymonds, Marita P., Vol I
Mccolley, Diane K., Vol II
McColley, Robert, Vol I
McCollough, C. Thomas, Vol IV
McCollough, Thomas Elmore, Vol IV
Mccomb, David Glendinning, Vol I
McConnaughay, Philip J., Vol IV
McConnell, Frank, Vol II
Mcconnell, Jeff, Vol IV
McConnell, Roland Calhoun, Vol I
McConnell, Terrance C., Vol IV
McConnell, William Howard, Vol IV
McConnell, Winder, Vol III
Mccord, Howard, Vol II
Mccorison, Marcus Allen, Vol I
McCormack, Eric, Vol II
McCormick, R.A., Vol IV
Mccormick, Richard P., Vol I
McCormick, Robert B., Vol I
McCoubrey, John W., Vol I
Mccoy, Donald Richard, Vol I
McCoy, Francis T., Vol IV
McCoy, Gary W., Vol I
McCoy, Jerry, Vol IV
McCoy, Ken, Vol II
McCoy, Ken W., Vol II
McCoy, Patricia A., Vol IV
McCoy, Thomas Raymond, Vol IV
McCracken, Charles James, Vol IV
Mccracken, David, Vol II
McCracken Fletcher, LuAnn, Vol II
McCray, James, Vol I
Mccready, William David, Vol I
McCrone, Kathleen E., Vol I
Mccue, Robert J., Vol I
McCullagh, Mark, Vol IV
McCullagh, Suzanne Folds, Vol I
McCullen, Maurice, Vol II
McCulloch, Elizabeth, Vol IV
Mcculloch, Samuel Clyde, Vol I
McCulloh, Gerald William, Vol IV
Mcculloh, John Marshall, Vol I
McCulloh, William Ezra, Vol I
McCullough, Joseph B., Vol II
McCullough, Laurence B., Vol IV
McCullough, Ralph C., II, Vol IV
McCumber, John, Vol III
McCummings, LeVerne, Vol I
Mccurdy, Charles William, Vol I
McCurdy, Howard Earl, Vol I
McCusker, John J., Vol I
McCutcheon, Elizabeth North, Vol II
Mccutcheon, James Miller, Vol I
McDaniel, George William, Vol I
McDaniel, John B., Vol IV
McDaniel, Judith M., Vol II
McDaniel, Thomas F., Vol IV
McDermott, A. Charlene, Vol IV
Mcdermott, Douglas, Vol II
McDermott, Gerald D., Vol IV
McDermott, John J., Vol IV
McDermott, John J., Vol IV
McDevitt, Anthony, Vol IV
McDonald, Archie Philip, Vol I
McDonald, Forrest, Vol I
McDonald, Kelly M., Vol II
McDonald, Patricia M., Vol IV
McDonald, Peter J.T., Vol IV
McDonald, Robert M.S., Vol I
McDonald, Sheila, Vol II
McDonald, Verlaine, Vol II
McDonald, Walt, Vol II
McDonald, Walter Robert, Vol II
Mcdonald, William Andrew, Vol I
McDonald, William Cecil, Vol III
Mcdonough, Ann, Vol II
McDonough, C.J., Vol I
McDonough, Christopher Michael, Vol I
McDonough, Sheila, Vol IV
McDorman, Ted L., Vol IV
McDougall, Iain, Vol I
McDougall, Warren, Vol II
McDowall, Duncan L., Vol I
McDowell, Earl E., Vol II
Mcdowell, Frederick Peter Woll, Vol II
Mcdowell, John H., Vol I
McDowell, Markus, Vol IV
McEleney, Neil Joseph, Vol IV
McElhaney, James Willson, Vol IV
McElrath, Joseph R., Vol II
McElreath, Mark, Vol II
McElroy, Colleen J., Vol II
Mcelroy, John Harmon, Vol II
McElvaine, Robert S., Vol I
McElwain, Hugh Thomas, Vol IV
McFague, Sallie, Vol IV
McFarland, Gerald W., Vol I
McFarland, Ian A., Vol IV
McFarland, Ronald E., Vol II
Mcfarlane, Larry Allan, Vol I
McGaha, Michael Dennis, Vol III
McGarrell, Hedy M., Vol III
McGary, Howard, Vol IV
McGee, Christopher Edward, Vol II
McGee, Henry W., Jr., Vol IV

Mcgee, James Sears, Vol I
McGee, Patrick, Vol I
McGee, Reece Jerome, Vol I
McGehee, Abby, Vol I
McGehee, R.V., Vol I
Mcgeoch, Lyle Archibald, Vol I
McGerr, M., Vol I
McGhee, Robert J., Vol I
McGiffert, Michael, Vol I
McGillivray, Anne, Vol IV
McGilvray, James, Vol IV
McGinley, John Willand, Vol IV
McGinn, Bernard John, Vol I
McGinn, Sheila E., Vol IV
Mcginnis, David Prentice, Vol I
McGinnis, James W., Vol IV
McGinty, Carolyn, Vol I
McGinty, Mary Peter, Vol IV
McGjee, James, Vol II
McGlathery, James Melville,
    Vol III
McGlone, Edward L., Vol II
McGlone, Mary M., Vol IV
McGlynn, Paul Dumon, Vol II
McGoldrick, James Edward, Vol I
McGovern, Arthur F., Vol I
McGovern, Patrick E., Vol I
McGowan, John, Vol II
McGowan, Joseph P., Vol II
McGowen Tress, Daryl, Vol IV
McGrade, Arthur Stephen, Vol IV
McGrain, John W., Vol II
McGrath, Michael J., Vol III
McGrath, Robert, Vol I
McGrath, Sylvia Wallace, Vol I
McGregor, James H., Vol III
Mcgrew, Roderick Erle, Vol I
McGuire, Anne, Vol IV
McGuire, Anne M., Vol IV
McGuire, Charles, Vol I
McGuire, Donald T., Jr., Vol I
McGuire, Peter, Vol II
Mcguire, Philip Carroll, Vol II
McHale, Vincent Edward, Vol I
Mchaney, Thomas Lafayette,
    Vol II
McHatten, Mary Timothy, Vol IV
McHenry, Leemon B., Vol IV
Mchugh, Michael P., Vol I
McIlvaine, Robert Morton, Vol II
McInerney, Daniel J., Vol I
McInerney, Peter K., Vol IV
McInerny, Ralph M., Vol I
Mcinnis, Judy Bredeson, Vol III
Mcintire, Carl Thomas, Vol I
McIntosh, Anne, Vol II
McIntosh, James Henry, Vol II
Mcintosh, Marjorie Keniston,
    Vol II
McIntosh, Simeon Charles, Vol IV
McIntyre, Jerilyn S., Vol I
McIntyre, Lee C., Vol I
McIntyre, Moni, Vol IV
McIntyre, Ronald Treadwell,
    Vol IV
McJannet, Linda, Vol II
Mcjimsey, George Tilden, Vol I
Mcjimsey, Robert, Vol I
McKague, Carla A., Vol IV
Mckale, Donald Marshall, Vol I
McKale, Michael, Vol IV
McKay, Alexander G., Vol I
McKay, Douglas R., Vol III
Mckay, John Patrick, Vol I
McKee, Patricia, Vol II
McKee, Patrick M., Vol IV
McKeen, William, Vol I
McKelway, Alexander Jeffrey,
    Vol IV
McKendrick, Norman G., Vol II
McKenna, Andrew Joseph, Vol III
McKenna, Bill, Vol IV
Mckenna, John William, Vol I
Mckenna, Marian Cecilia, Vol I
McKenna, Mary Olga, Vol I
McKenna, Michael S., Vol IV
McKenna, Sheila, Vol III
Mckenzie, Alan Taber, Vol II
McKeon, Michael, Vol II
McKeown, James C., Vol I
McKernan, John Joseph, Vol II
McKevitt, Gerald, Vol I
McKillop, A.B., Vol I
McKim, Donald K., Vol IV
McKim, Robert, Vol IV
McKim, Vaughn R., Vol IV
Mckinley, James Courtright, Vol II
McKinley, Mary B., Vol III

McKinney, George Dallas, Jr.,
    Vol IV
McKinney, Lauren D., Vol IV
McKinney, Mark, Vol III
McKinney, Richard I., Vol IV
McKissick, Floyd B., Jr., Vol IV
Mckitrick, Eric Louis, Vol I
McKiven, Henry M., Jr., Vol I
McKnight, Edgar Vernon, Vol IV
McKnight, Joseph Webb, Vol I
McKulik, Ben, Vol III
McLaren, Angus, Vol I
McLaren, John P.S., Vol I
McLaughlin, Andree Nicola, Vol I
McLaughlin, Joseph M., Vol IV
McLaughlin, Ken, Vol I
McLaughlin, Kevin P., Vol I
Mclaughlin, Mary Martin, Vol I
McLaughlin, Megan, Vol I
McLaurin, Melton Alonza, Vol I
McLay, Tim, Vol IV
Mclean, Andrew Miller, Vol II
McLean, George Francis, Vol I
McLean, Hugh, Vol III
McLean, Ken, Vol II
McLean, Mable Parker, Vol I
McLellan, Bradley N., Vol IV
McLelland, Joseph Cumming,
    Vol IV
McLendon, Will Loving, Vol III
Mcleod, Alan L., Vol II
Mcleod, Archibald, Vol II
Mcleod, Douglas M., Vol II
McLeod, Jane, Vol I
McLeod, Susan, Vol II
McLoud, Melissa, Vol I
McLucas, Anne Dhu, Vol I
McLure, Charles E., Jr., Vol I
McMahan, Jefferson, Vol IV
McMahan, Oliver, Vol IV
McMahon, Gregory, Vol I
McMahon, James Vincent, Vol III
McMahon, Martin J., Jr., Vol IV
McMahon, Robert, Vol II
McMahon, Robert J., Vol I
McMahon, William Edward,
    Vol IV
McManamon, John, Vol I
McManus, Edgar J., Vol I
McManus, Frederick Richard,
    Vol IV
McMaster, Juliet, Vol II
Mcmaster, Rowland Douglas,
    Vol II
McMichael, Andrew, Vol I
McMillan, William Asbury, Sr.,
    Vol I
Mcmillen, Neil Raymond, Vol I
Mcmordie, Michael J., Vol I
McMullen, Lorraine, Vol II
McMullen, Margaret, Vol II
McMullen, Mike, Vol IV
McMullen, Wayne J., Vol II
McMullin, Ernan, Vol IV
McMullin, Stan, Vol I
McMullin, Thomas Austin, Vol I
Mcmurry, Linda O., Vol I
Mcmurry, Richard Manning, Vol I
Mcmurtry, Josephine, Vol II
McNabb, Debra, Vol I
McNairy, Francine G., Vol I
McNally, Michael, Vol I
Mcnally, Raymond T., Vol I
McNally, Sheila, Vol I
McNamara, Paul, Vol IV
McNamee, Kathleen, Vol I
McNamee, Maurice Basil, Vol II
Mcnaron, Toni Ann Hurley, Vol II
McNaughton, Patrick, Vol I
Mcneil, David O., Vol I
Mcneil, William Kinneth, Vol I
Mcneill, David, Vol III
McNeill, John R., Vol I
McNeill, Paula L., Vol I
McNeill, Susan Patricia, Vol IV
Mcneill, William Hardy, Vol I
McNulty, John K., Vol IV
McNulty, John Kent, Vol IV
Mcnutt, James Charles, Vol I
McNutt, Paula M., Vol IV
McPhail, Mark L., Vol II
McPhail, Thomas Lawrence,
    Vol II
McPhee, Sarah, Vol I
McPherson, David, Vol II
McPherson, James Alan, Vol II
Mcpherson, James Munro, Vol I
Mcquaid, Kim, Vol I
McRae, Donald M., Vol IV

McRae, John R., Vol IV
McRay, John Robert, Vol IV
McReynolds Kidd, Reggie, Vol IV
McRobert, Jennifer, Vol IV
Mcseveney, Samuel Thompson,
    Vol I
Mcshea, William Patrick, Vol I
McSheffrey, Shannon, Vol I
McSpadden, Lucia, Vol I
McTaggart, William, Vol II
McTague, Robert, Vol I
McVann, Mark, Vol IV
Mcvaugh, Michael Rogers, Vol I
McVeigh, Paul J., Vol II
McWilliams, Alfred E., Jr., Vol I
McWilliams, John P., Vol II
Mcwilliams, Tennant S., Vol I
McWorter, Gerald A., Vol I
Meacham, Standish, Vol I
Mead, Christopher Curtis, Vol I
Mead, Gerald, Vol III
Mead, Lisa M., Vol III
Mead, Walter Bruce, Vol IV
Meade, Catherine M., Vol I
Meade, Denis, Vol IV
Meade, E.M., Vol I
Meade, Wade C., Vol I
Meaders, Daniel, Vol I
Meador, Daniel John, Vol IV
Meadors, Gary T., Vol I
Meadows, Eddie, Vol I
Meadows, Michael, Vol I
Meadows, Patrick, Vol III
Meagher, Robert Francis, Vol IV
Means, James, Vol III
Means, John B., Vol III
Meany, Mary Walsh, Vol IV
Mears, John A., Vol I
Meats, Stephen Earl, Vol II
Medhurst, Martin J., Vol II
Medina, Cindy, Vol III
Medina, Jeremy Tyler, Vol III
Medine, Peter Ernest, Vol II
Medlin, S. Alan, Vol IV
Meehan, M. Johanna, Vol IV
Meeker, Joseph W., Vol II
Meeker, Michael W., Vol II
Meeks, Wayne Atherton, Vol IV
Meerbote, Ralf, Vol I
Megenney, William Wilber,
    Vol III
Mehaffey, Karen Rae, Vol II
Mehl, Peter J., Vol IV
Mehler, Barry Alan, Vol I
Mehlinger, Howard Dean, Vol I
Mehlman, Maxwell, Vol IV
Mehta, Mahesh Maganlal, Vol IV
Mehuron, Kate, Vol IV
Meidinger, Errol Eldon, Vol IV
Meier, A.J., Vol III
Meier, August, Vol I
Meier, John P., Vol IV
Meier, Marga, Vol III
Meier, Samuel, Vol I
Meikle, Jeffrey L., Vol I
Meilaender, Gilbert, Vol IV
Meilkejohn, Donald, Vol IV
Meiners, Roger K., Vol II
Meinhardt, Warren Lee, Vol III
Meininger, Robert Alan, Vol III
Meinke, Peter, Vol II
Meinke, William B., Vol IV
Meinwald, Constance, Vol IV
Meisel, Alan, Vol IV
Meisel, Janet Anne, Vol I
Meisel, Martin, Vol II
Meisel, Perry H., Vol II
Meiser, Mary, Vol II
Meister, Maureen, Vol I
Meister, Michael William, Vol I
Meitzen, Manfred Otto, Vol IV
Melada, Ivan, Vol II
Melancon, Donald, Vol I
Melchert, H. Craig, Vol III
Melchionne, Kevin, Vol IV
Meldrum, Barbara H., Vol II
Mele, Alfred R., Vol I
Melendez, Gabriel, Vol I
Melendy, Howard Brett, Vol I
Melia, Daniel Frederick, Vol III
Mell, Donald Charles, Vol II
Mellard, James Milton, Vol II
Mellema, Gregory, Vol IV
Mellen, Joan, Vol II
Melli, Marygold Shire, Vol I
Mellini, Peter John Dreyfus, Vol I
Mellink, Machteld Johanna, Vol I
Mellon, Stanley, Vol I
Mellor, Anne Kostelanetz, Vol II

Mellor, Chauncey Jeffries, Vol III
Mellor, Ronald, Vol I
Mellown, Elgin Wendell, Vol II
Melnick, Atrhur, Vol IV
Melosi, Martin V., Vol I
Melton, Frank Tompkins, Vol II
Melton, James V.H., Vol I
Meltzer, Allan H., Vol I
Melzi, Robert C., Vol III
Memon, Muhammad Umar,
    Vol III
Menard, Russell R., Vol I
Menashe, Louis, Vol I
Mendelsohn, Everett Irwin, Vol I
Mendelson, Alan, Vol IV
Mendelson, Edward, Vol II
Mendelson, Johanna, Vol I
Mendes, Errol, Vol IV
Mendez, Jesus, Vol I
Mendle, Michael J., Vol I
Mendola, Joseph, Vol IV
Mendosa, Antonio, Vol IV
Mendieta, Eduardo, Vol IV
Mendoza, Louis, Vol I
Mengxiong, Liu, Vol IV
Menikoff, Barry, Vol II
Menk, Patricia Holbert, Vol I
Menke, Christoph, Vol IV
Menn, Stephen, Vol IV
Mennel, Robert Mckisson, Vol I
Mensch, James, Vol IV
Mento, Joan, Vol II
Menton, Seymour, Vol III
Mentzer, Raymond A., Vol I
Menzel, Christopher, Vol IV
Mercadante, Linda A., Vol IV
Mercado, Juan Carlos, Vol I
Mercer, Mark, Vol IV
Merceron, Jacques E., Vol III
Merchant, Carolyn, Vol I
Meredith, Hugh Edwin, Vol III
Meritt, Lucy, Vol I
Merivale, Patricia, Vol II
Merkely, Paul B., Vol I
Merken, Kathleen, Vol III
Merkl, Peter Hans, Vol I
Merkle, John Charles, Vol IV
Merkley, Paul C., Vol I
Merkur, Dan, Vol II
Merler, Grazia, Vol III
Merli, Frank John, Vol I
Merling, David, Vol IV
Merlino, Scott A., Vol IV
Mermall, Thomas, Vol III
Mermier, Guy R., Vol II
Meron, Theodor, Vol IV
Merrell, F., Vol III
Merriam, Allen H., Vol II
Merrifield, William R., Vol III
Merrill, Daniel Davy, Vol IV
Merrill, Eugene H., Vol IV
Merrill, Kenneth Rogers, Vol IV
Merrill, Reed, Vol III
Merrill, Richard Austin, Vol IV
Merrill, Sammy Ray, Vol III
Merrill, Thomas F., Vol I
Merriman, John M., Vol I
Merriman, Mira P., Vol I
Merritt, Frank S., Vol IV
Merritt, Raymond Harland, Vol I
Merron, Jeffrey L., Vol III
Merry, Sally E., Vol I
Merryman, John Henry, Vol IV
Mersky, Roy Martin, Vol IV
Mertens, Thomas R., Vol IV
Mertins, Detlef, Vol I
Mertz, Paul Eric, Vol I
Merwick, Donna, Vol I
Merwin, Peter Matthew, Vol IV
Mesch, Claudia, Vol I
Meserole, Harrison Talbot, Vol II
Messbarger, Paul Robert, Vol II
Messenger, Christian Karl, Vol II
Messer, Robert Louis, Vol I
Messer-Kruse, Timothy, Vol I
Messinger, Sheldon L., Vol I
Mesteller, Jean C., Vol II
Mester, Armin, Vol III
Metcalf, Alida C., Vol I
Metcalf, Allan Albert, Vol II
Metcalf, Michael F., Vol I
Metcalf, Thomas, Vol I
Metcalf, William E., Vol I
Metcalfe, William Craig, Vol I
Metlitzki, Dorothee, Vol II
Metz, Leon Claire, Vol I
Metzger, Bruce Manning, Vol IV
Metzger, Daniel, Vol IV
Metzger, David, Vol II

Metzger, Erika Alma, Vol III
Metzger, Lore, Vol II
Metzger, Michael Moses, Vol III
Metzger, Thomas Albert, Vol I
Metzidakis, Angelo, Vol III
Mevers, Frank Clement, Vol I
Mews, Siegfried, Vol III
Meyer, Adolphe Erich, Vol I
Meyer, Ben Franklin, Vol IV
Meyer, Donald, Vol I
Meyer, Donald Harvey, Vol I
Meyer, Doris, Vol III
Meyer, George H., Vol I
Meyer, James S., Vol I
Meyer, Jerry D., Vol I
Meyer, John C., Vol II
Meyer, Kathryn E., Vol I
Meyer, Kenneth John, Vol I
Meyer, Leonard B., Vol I
Meyer, Leroy N., Vol IV
Meyer, Michael, Vol I
Meyer, Michael Albert, Vol I
Meyer, Milton Wachsberg, Vol IV
Meyer, Paul Hugo, Vol III
Meyer, Paul William, Vol IV
Meyer, Richard, Vol I
Meyer, Ronald, Vol III
Meyer, Russell J., Vol II
Meyer, Stephen, Vol I
Meyering, Sheryl L., Vol II
Meyerowitz, Joanne, Vol I
Meyers, Carol L., Vol III
Meyers, Diana Tietjens, Vol IV
Meyers, Eric Mark, Vol III
Meyers, Marian J., Vol I
Meyers, Michael, Vol IV
Meyers, Robert, Vol IV
Meyers, Ronald J., Vol II
Meyers, Terry L., Vol II
Meyers, Walter Earl, Vol II
Meza, Pedro Thomas, Vol I
Mezey, Robert, Vol II
Meznar, Joan E., Vol I
Mezzatesta, Michael P., Vol I
Micco, Melinda, Vol I
Michael, Colette Verger, Vol III
Michael, Emily, Vol IV
Michael, John, Vol II
Michael, Marion C., Vol II
Michael, Randall Blake, Vol IV
Michael, Wolfgang Friedrich,
    Vol III
Michaelson, Pat, Vol II
Michalczyk, John Joseph, Vol III
Michalski, John, Vol III
Michaux, Henry G., Vol I
Michel, Joseph, Vol III
Michel, Sonya, Vol I
Michel, Walter L., Vol IV
Michelini, Ann Norris, Vol I
Michels, Anthony, Vol I
Michels, Eileen M., Vol I
Michelsen, John Magnus, Vol I
Michelson, Bruce Frederic, Vol II
Michie, Elsie B., Vol II
Mickel, Emanuel J., Vol III
Mickelson, Sig, Vol II
Mickiewicz, Ellen Propper, Vol I
Mickler, Mike, Vol IV
Micklesen, Lew R., Vol III
Mickolus, Edward F., Vol II
Middendorf, John Harlan, Vol II
Middlebrook, Jonathan, Vol II
Middlekauff, Robert Lawrence,
    Vol I
Middleton, Anne Louise, Vol II
Middleton, Charles, Vol I
Middleton, Darren J. N., Vol IV
Middleton, Joyce Irene, Vol II
Middleton, Richard Temple, III,
    Vol I
Middleton, Stephen, Vol I
Midelfort, H.C. Erik, Vol I
Mieczkowski, Bogdan, Vol I
Mieszkowski, Gretchen, Vol II
Migiel, Marilyn, Vol II
Migliazzo, Arlin C., Vol I
Mignolo, Walter, Vol III
Mignon, Charles William, Vol II
Mihailescu, Calin Andrei, Vol III
Mihailovich, Vasa D., Vol III
Mihelich, Dennis, Vol I
Mihesuah, Devon Abbott, Vol I
Mika, Joseph John, Vol II

Mikelonis-Paraskov, Victoria M., Vol II
Miko, Stephen, Vol II
Mikva, A.J., Vol IV
Milac, Metod M., Vol I
Milburn, Corinne M., Vol I
Milder, Robert, Vol II
Mileham, James Warren, Vol III
Miles, David Holmes, Vol III
Miles, Delos, Vol IV
Miles, Edwin Arthur, Vol I
Miles, Gary B., Vol I
Miles, Josephine, Vol II
Miles, Kevin Thomas, Vol IV
Miles, Margaret M., Vol I
Miles, Murray Lewis, Vol IV
Miletic, Stephen F., Vol IV
Mileur, Jean-Pierre, Vol II
Milgrom, Jacob, Vol IV
Milham, Mary Ella, Vol I
Milic, Louis Tonko, Vol II
Millar, Gilbert John, Vol I
Millar, John F., Vol I
Millar, Steven, Vol I
Mille, Diane, Vol I
Milledge, Luetta Upshur, Vol II
Millen, R.L., Vol IV
Millen, Rochelle L., Vol III
Millen, Shirley A., Vol I
Millender, Michael J., Vol IV
Miller, A.R., Vol IV
Miller, Andrew M., Vol I
Miller, Angela L., Vol I
Miller, Anthony, Vol IV
Miller, Barbara Butler, Vol IV
Miller, Benjamin, Vol IV
Miller, Bernice Johnson, Vol I
Miller, C. Douglas, Vol IV
Miller, Carman I., Vol I
Miller, Carol, Vol I
Miller, Carolyn R., Vol II
Miller, Char, Vol I
Miller, Charles J., Vol I
Miller, Clarence, Vol IV
Miller, Clarence Harvey, Vol II
Miller, Clement Albin, Vol I
Miller, D. Gary, Vol I
Miller, Danna R., Vol IV
Miller, David, Vol IV
Miller, David, Vol I
Miller, David B., Vol I
Miller, David H., Vol I
Miller, David Leroy, Vol IV
Miller, David William, Vol I
Miller, Donald, Vol IV
Miller, Douglas B., Vol IV
Miller, Douglas James, Vol IV
Miller, Douglas T., Vol I
Miller, Ed L., Vol IV
Miller, Edmund, Vol II
Miller, Edwin Haviland, Vol II
Miller, Elizabeth A., Vol II
Miller, Eric, Vol IV
Miller, Eugene Ernest, Vol II
Miller, Franklin, Vol IV
Miller, Gabriel, Vol II
Miller, Genevieve, Vol I
Miller, George Hall, Vol I
Miller, Greg, Vol II
Miller, Howard Smith, Vol I
Miller, Hubert J., Vol I
Miller, J. Maxwell, Vol IV
Miller, Jacquelyn C., Vol I
Miller, James, Vol I
Miller, James Blair, Vol IV
Miller, James R., Vol I
Miller, Jeanne-Marie A., Vol II
Miller, Jerome A., Vol IV
Miller, John Edward, Vol I
Miller, John F., Vol I
Miller, John F., III, Vol IV
Miller, Joseph Calder, Vol I
Miller, Judith A., Vol I
Miller, Katherine I., Vol II
Miller, Kerby A., Vol I
Miller, M. Sammye, Vol I
Miller, Mara, Vol I
Miller, Marla R., Vol I
Miller, Martin Alan, Vol I
Miller, Mary Jane, Vol II
Miller, Naomi, Vol I
Miller, Naomi F., Vol I
Miller, Patricia Cox, Vol IV
Miller, Patrick, Vol I
Miller, Paul, Vol III
Miller, R. Baxter, Vol III
Miller, Randall Martin, Vol I
Miller, Richard B., Vol IV
Miller, Richard G., Vol I
Miller, Robert David, Vol IV
Miller, Roland, Vol IV
Miller, Ronald Baxter, Vol II
Miller, Ronald H., Vol IV
Miller, Sally M., Vol I
Miller, Stephen G., Vol I
Miller, Stephen R., Vol IV
Miller, Susan, Vol I
Miller, Susan P., Vol I
Miller, Tedd, Vol IV
Miller, Telly Hugh, Vol IV
Miller, Tice Lewis, Vol II
Miller, Timothy, Vol I
Miller, Timothy Alan, Vol IV
Miller, Vernon D., Vol II
Miller, Virginia E., Vol I
Miller, William Irvin, Vol III
Miller, Worth Robert, Vol I
Miller, Zane L., Vol I
Miller-Jones, Dalton, Vol I
Miller-McLemore, Bonnie Jean, Vol IV
Millett, Allan Reed, Vol I
Millgate, Michael, Vol II
Millgram, Elijah, Vol IV
Millican, Arthenia J. Bates, Vol II
Millichap, Joe, Vol II
Millikan, Ruth G., Vol IV
Millner, Dianne Maxine, Vol IV
Mills, Carl Rhett, Vol III
Mills, Charles, Vol IV
Mills, David Otis, Vol III
Mills, Eric L., Vol I
Mills, John Arvin, Vol II
Mills, Jon L., Vol IV
Mills, Patricia J., Vol IV
Millstein, Ira M., Vol IV
Milner, Clyde A., II, Vol I
Milner, Joseph O'Beirne, Vol II
Milosky, Linda M., Vol III
Milowicki, Edward John, Vol II
Minar, Edward, Vol IV
Minas, Anne C., Vol IV
Minault, Gail, Vol I
Minear, Richard H., Vol I
Miner, Craig, Vol I
Miner, Ellis D., Vol III
Miner, Madonne, Vol II
Ming Lee, Hugh, Vol I
Minich Brewer, Maria, Vol II
Minkema, Kenneth P., Vol I
Minkoff, Harvey, Vol III
Minkova, Donka, Vol III
Minnich, Elizabeth, Vol IV
Minnich, Nelson H., Vol I
Minogue, Brendan Patrick, Vol IV
Minor, Clifford Edward, Vol I
Minor, Robert Neil, Vol IV
Minot, Walter S., Vol II
Minow, Martha, Vol IV
Minter, David Lee, Vol II
Mintz, Donald, Vol I
Mintz, Kenneth A., Vol II
Mintz, Lawrence E., Vol I
Mintz, Steven, Vol I
Miquelon, Dale B., Vol I
Miraglia, Anne Marie, Vol III
Miranda de Almeida, Rogerior, Vol IV
Mirecki, Paul A., Vol IV
Mirowski, Philip E., Vol IV
Miskell, Jerry, Vol I
Misner, Paul, Vol IV
Misner, Robert L., Vol IV
Missey, James L., Vol II
Missner, Marshall Howard, Vol IV
Mistacco, Vicki, Vol III
Mitchell, Alan C., Vol IV
Mitchell, Angelyn, Vol II
Mitchell, Betty L., Vol I
Mitchell, C. Ben, Vol IV
Mitchell, Christopher, Vol III
Mitchell, Donald, Vol IV
Mitchell, Douglas, Vol III
Mitchell, Helen Buss, Vol I
Mitchell, Jeff, Vol IV
Mitchell, Judith I., Vol II
Mitchell, Kenneth R., Vol II
Mitchell, Reid, Vol I
Mitchell, Richard E., Vol I
Mitchell, Richard Hanks, Vol I
Mitchell, Sandra D., Vol IV
Mitchell, W.J. Thomas, Vol II
Mitchell, William P., Vol I
Mitchinson, Wendy, Vol I
Mitias, Michael Hanna, Vol IV
Mittelman, James, Vol I
Mixon, Wayne, Vol I
Moayyad, Heshmat, Vol III
Moberg, David Oscar, Vol I
Moberly, Robert B., Vol IV
Mockler, Robert J., Vol I
Moder, Carol Lynn, Vol III
Modica, Joseph Benjamin, Vol IV
Moehlmann, John Frederick, Vol II
Moehring, Eugene P., Vol I
Moeller, Hans-Bernhard, Vol III
Moenssens, Andre A., Vol IV
Moffat, Frederick, Vol I
Moffat, Robert C.L., Vol IV
Moffatt, John, Vol II
Moffett, Samuel Hugh, Vol I
Mogen, David Lee, Vol II
Moglen, Helene, Vol II
Mohan, Robert Paul, Vol IV
Mohanty, Jitendra N., Vol IV
Mohler, R. Albert, Jr., Vol IV
Mohler, Stephen Charles, Vol III
Mohr, Clarence L., Vol I
Mohr, James Crail, Vol I
Mohr, Richard, Vol IV
Mohrlang, Roger L., Vol IV
Mohsen, Raed, Vol III
Moisan, Thomas, Vol II
Mokyr, Joel, Vol I
Moldenhauer, Joseph John, Vol II
Molette, Barbara J., Vol II
Molette, Carlton Woodard, II, Vol II
Molfese, D.L., Vol I
Momeyer, Rick, Vol IV
Monan, James Donald, Vol IV
Monasterio, Xavier O., Vol IV
Monet, Jacques, Vol I
Moneyhon, Carl Hofmann, Vol I
Monga, Luigi, Vol III
Mongoven, Ann, Vol IV
Monheit, Michael L., Vol I
Monk, Dennis, Vol I
Monkman, Leslie G., Vol II
Monod, Paul, Vol I
Monoson, S. Sara, Vol I
Monroe, Betty I., Vol I
Monroe, Debra, Vol II
Monroe, William S., Vol I
Montagnes, Ian, Vol II
Monteiro, Thomas, Vol I
Montgomery, John E., Vol IV
Montgomery, Lyna Lee, Vol II
Montgomery, Michael M., Vol III
Montgomery, Sharon Burke, Vol IV
Montgomery, Toni-Marie, Vol I
Monye, Laurent, Vol III
Moody, Charles David, Sr., Vol I
Moody, J. Carroll, Vol I
Moody, Linda A., Vol IV
Moody, Peter R., Vol I
Moogk, Peter N., Vol I
Moon, Cyris Hee Suk, Vol I
Mooney, Jack, Vol II
Mooney, L.M., Vol I
Mooney-Melvin, Patricia, Vol I
Moor, James H., Vol IV
Moore, A. Lloyd, Vol I
Moore, Brooke N., Vol IV
Moore, Cecilia, Vol IV
Moore, Christopher H., Vol I
Moore, Deborah Dash, Vol I
Moore, Don, Vol II
Moore, Edgar Benjamin, Vol I
Moore, Fred Henderson, Vol IV
Moore, George Eagleton, Vol I
Moore, Gerald L., Vol I
Moore, James Talmadge, Vol I
Moore, James Tice, Vol I
Moore, John Clare, Vol I
Moore, John David, Vol II
Moore, Joseph G., Vol IV
Moore, Judith, Vol II
Moore, Kathleen Dean, Vol IV
Moore, Margaret, Vol IV
Moore, Marian J., Vol I
Moore, Max, Vol IV
Moore, Michael, Vol II
Moore, Michael J., Vol I
Moore, Nathan, Vol II
Moore, Patrick, Vol II
Moore, Ray A., Vol III
Moore, Rayburn Sabatzky, Vol II
Moore, Rickie D., Vol IV
Moore, Robert Hamilton, Vol II
Moore, Robert Henry, Vol II
Moore, Robert Joseph, Vol I
Moore, Robert Laurence, Vol I
Moore, Ronald, Vol IV
Moore, Sally F., Vol I
Moore, T.J., Vol IV
Moore, Terrence L., Vol IV
Moore, William Hamilton, Vol II
Moore, William Howard, Vol I
Moore, Winfred B., Jr., Vol I
Moorhead, James Howell, Vol I
Moorti, Sujata, Vol II
Morace, Robert Anthony, Vol II
Morales, Maria H., Vol IV
Morales Degarin, Maria A., Vol II
Moran, Barbara B., Vol II
Moran, Charles, Vol II
Moran, Diane D., Vol I
Moran, Gerald P., Vol IV
Moran, Jon S., Vol IV
Moran, Mary H., Vol II
Moran, Michael G., Vol II
Moran, Richard, Vol IV
Moran, Robert E., Sr., Vol IV
Moran, Thomas Moran, Vol III
Moran Cruz, Jo Ann Hoeppner, Vol I
Morant, Mack Bernard, Vol II
Moravcsik, Edith Andrea, Vol III
Moravcsik, Julius M., Vol IV
Morby, John Edwin, Vol I
More, Ellen Singer, Vol I
Morehead, Joseph Hyde, Vol I
Moreland, Raymond T., Jr., Vol IV
Moreland, Richard, Vol II
Moreland-Young, Curtina, Vol I
Morelli, Mario Frank, Vol IV
Morello, John, Vol I
Morey, Ann-Janine, Vol IV
Morey, James, Vol III
Morford, Jill P., Vol III
Morgan, Anne Lee, Vol I
Morgan, Betsy, Vol II
Morgan, Charles G., Vol IV
Morgan, David, Vol I
Morgan, David Taft, Vol I
Morgan, Donn F., Vol IV
Morgan, Edward M., Vol IV
Morgan, Gerald, Vol II
Morgan, H. Wayne, Vol I
Morgan, Jerry Lee, Vol III
Morgan, John D., Vol I
Morgan, Kathryn A., Vol I
Morgan, Kathryn L., Vol I
Morgan, Kenneth, Vol I
Morgan, Leslie Zurker, Vol III
Morgan, Lyle W., II, Vol II
Morgan, Martha, Vol IV
Morgan, Peter Frederick, Vol II
Morgan, Phillip D., Vol I
Morgan, Terrell A., Vol III
Morgan, Thomas Sellers, Vol I
Morgan, William, Vol I
Morganstern, Anne Mcgee, Vol I
Morganstern, James, Vol I
Morgenthaler, Hans Rudolf, Vol I
Mori, Akane, Vol I
Moriarty, Thomas Francis, Vol I
Morick, Harold, Vol IV
Morita, James R., Vol III
Mork, Gordon Robert, Vol I
Morley, Patricia, Vol II
Mornin, Edward, Vol III
Morral, Frank R., Vol II
Morray Jones, Christopher R.A., Vol IV
Morrill, Bruce T., Vol IV
Morris, Calvin S., Vol IV
Morris, David Brown, Vol II
Morris, Francis J., Vol II
Morris, Harry, Vol II
Morris, Ian, Vol I
Morris, James Matthew, Vol I
Morris, Jeffrey B., Vol IV
Morris, John Nelson, Vol II
Morris, Kenneth Earl, Vol I
Morris, Marcia A., Vol III
Morris, Margaret Lindsay, Vol III
Morris, Marshall, Vol III
Morris, Norval, Vol IV
Morris, Paul, Vol II
Morris, Paul, Vol IV
Morris, Richard J., Vol I
Morris, Thomas Dean, Vol I
Morris, Virginia Baumgartner, Vol II
Morris, Walter D., Vol III
Morris, William O., Vol IV
Morris-Hale, Walter, Vol I
Morrison, Alex, Vol I
Morrison, Clayton T., Vol IV
Morrison, Dennis L., Vol I
Morrison, Fred L., Vol IV
Morrison, G. Grant, Vol I
Morrison, James V., Vol I
Morrison, Karl Frederick, Vol I
Morrison, Simon, Vol I
Morrison, Toni, Vol II
Morrison, William R., Vol I
Morrissey, Lee, Vol II
Morrissey, Thomas J., Vol II
Morrisson, Mark S., Vol II
Morrow, John Howard, Jr., Vol I
Morsberger, Robert E., Vol II
Morse, Bradford W., Vol IV
Morse, Charlotte Cook, Vol II
Morse, Jonathan, Vol II
Morse, Josiah Mitchell, Vol II
Morse, Oliver, Vol IV
Morstein-Marx, Robert, Vol I
Mortimer, Armine Kotin, Vol III
Morton, Carlos, Vol II
Morton, Charles E., Vol IV
Morton, Desmond D.P., Vol I
Morton, Jacqueline, Vol IV
Morton, Marian Johnson, Vol I
Morton, Patricia A., Vol I
Morvan, Jennifer, Vol I
Mosco, Vincent, Vol II
Moseley, Allan, Vol IV
Moseley, James G., Vol IV
Moseley, Merritt, Vol II
Moseley, Michael Edward, Vol I
Moser, Charles A., Vol III
Moser, Harold Dean, Vol I
Moser, Paul K., Vol IV
Moses, Claire Goldberg, Vol I
Moses, Michael Valdez, Vol II
Moses, Wilson J., Vol I
Mosher Lockwood, Kimberly, Vol IV
Moshi, Lioba, Vol III
Mosier, John, Vol II
Moskop, John C., Vol IV
Moskos, Charles C., Vol I
Moskos, George, Vol III
Moskovitz, Marc, Vol I
Mosoff, Judith, Vol IV
Moss, Alfred A., Jr., Vol IV
Moss, Bernard Haym, Vol I
Moss, C. Michael, Vol IV
Moss, John E., Vol II
Moss, Laura, Vol II
Moss, Lenny, Vol IV
Moss, Myra Ellen, Vol IV
Moss, Roger W., Vol IV
Moss, S., Vol II
Moss, Sidney Phil, Vol II
Moss, Walter Gerald, Vol I
Mosse, George L., Vol I
Mosser, Kurt, Vol IV
Mosshammer, Alden Adams, Vol I
Most, Glenn Warren, Vol III
Mostaghel, Deborah M., Vol IV
Moten, Chauncey Donald, Vol I
Mothersill, Mary, Vol IV
Mott, Morris K., Vol I
Motto, Anna Lydia, Vol I
Moulder, William J., Vol IV
Moulthrop, Stuart, Vol II
Moulton, Edward C., Vol I
Moulton, Gary Evan, Vol I
Moulton, Janice, Vol II
Mounce, William D., Vol IV
Mount, Charles Eric, Jr., Vol IV
Mount, Eric, Jr., Vol II
Mount, Graeme S., Vol I
Mourao, Manuela, Vol II
Mourelatos, Alexander Phoebus Dionysiou, Vol IV
Moustakas, Clark, Vol IV
Moutsos, Demetrius George, Vol III
Mowat, Farley, Vol I
Mowlana, Hamid, Vol II
Mowry, Hua-yuan Li, Vol III
Moyer, Albert Earl, Vol I
Moyer, James Carroll, Vol IV
Moyer, Kermit W., Vol II
Moyer, Ronald L., Vol II
Moylan, Prudence A., Vol I
Moynihan, Kenneth J., Vol I
Moynihan, Ruth Barnes, Vol I
Moysey, Robert Allen, Vol I
Mozejko, Edward, Vol III
Mozur, Gerald E., Vol IV
Mruck, Armin Einhard, Vol I
Muccigrosso, Robert Henry, Vol I
Mudimbe, Valentine, Vol III
Mueller, Claus, Vol I
Mueller, David L., Vol IV
Mueller, Howard Ernest, Vol I

Mueller, Ian, Vol IV
Mueller, Martin, Vol I
Mueller, Roger, Vol II
Mueller, Roland Martin, Vol I
Muesse, Mark William, Vol IV
Muhlberger, Steven, Vol I
Muir, Edward, Vol I
Muir, Malcolm, Jr., Vol I
Muir, William Ker, Vol I
Muise, D.A., Vol I
Mukerji, Chandra, Vol II
Mulcahey, Donald C., Vol I
Mulcaire, Terry, Vol I
Mulder, John Mark, Vol I
Mulford, Carla, Vol I
Mulhallen, Karen, Vol II
Mull, Donald L., Vol II
Mullaney, Marie, Vol I
Mullen, Edward, Vol II
Mullen, Karen A., Vol II
Mullen, Lawrence J., Vol II
Mullen, Pierce C., Vol I
Mullen, Richard D., Vol II
Muller, Adam, Vol II
Muller, Edward K., Vol I
Muller, Gilbert Henry, Vol II
Muller, Jerry Z., Vol I
Muller, Marcel, Vol III
Muller, Peter O., Vol I
Muller, Priscilla Elkow, Vol I
Muller, Ralf, Vol IV
Muller-Sievers, Helmut, Vol III
Mullin, Anne, Vol II
Mullin, Michael, Vol II
Mullin, Robert Bruce, Vol IV
Mulroney, Michael, Vol IV
Multhauf, Robert Phillip, Vol I
Mulvey, Ben, Vol IV
Mumby, Dennis K., Vol II
Mumford, Eric, Vol I
Mundt, Hannelore, Vol III
Mundy, John Hine, Vol I
Munevar, Gonzalo, Vol IV
Mungello, David Emil, Vol I
Munholland, John Kim, Vol I
Munir, Fareed Z., Vol III
Munker, Dona Feldman, Vol II
Munn, Mark H., Vol I
Munn, Paul, Vol II
Munoz, Willy Oscar, Vol III
Munroe, John Andrew, Vol I
Munsell, Floyd Darrell, Vol I
Munson, Henry Lee, Vol I
Munson, Ronald, Vol IV
Munzer, Stephen Roger, Vol IV
Mura, Karen E., Vol II
Muratore, Mary Jo, Vol III
Murdick, William, Vol II
Murdoch, Adlai H., Vol III
Murdoch, James Murray, Vol I
Murdock, Jonah, Vol IV
Murdock, Katherine, Vol I
Murgia, Charles Edward, Vol I
Murnion, Philip Joseph, Vol I
Murnion, William E., Vol IV
Murphey, Murray Griffin, Vol I
Murphy, Brian, Vol II
Murphy, Edward Joseph, Vol IV
Murphy, Francis Joseph, Vol I
Murphy, Frederick J., Vol IV
Murphy, John C., Vol I
Murphy, John F., Vol IV
Murphy, Joseph Anthony, Vol III
Murphy, Julien, Vol IV
Murphy, Kevin, Vol I
Murphy, Larry G., Vol I
Murphy, Laurence Lyons, Vol III
Murphy, Mark Christopher, Vol IV
Murphy, Nancey, Vol IV
Murphy, Orville Theodore, Vol I
Murphy, Patrick D., Vol II
Murphy, Paul Lloyd, Vol I
Murphy, Peter, Vol I
Murphy, Richard, Vol II
Murphy, Romallus O., Vol IV
Murphy, Russell E., Vol II
Murphy, Tim, Vol IV
Murray, Catherine A., Vol II
Murray, Heather, Vol II
Murray, J-Glenn, Vol IV
Murray, Jacqueline, Vol I
Murray, James, Vol I
Murray, Joan, Vol I
Murray, Laura, Vol II
Murray, Mabel Lake, Vol I
Murray, Michael D., Vol II
Murray, Pius, Vol IV
Murray, Robert Keith, Vol I
Murray, Shoon, Vol I

Murray, Stephen O., Vol I
Murrell, Nathaniel S., Vol IV
Murrin, John Matthew, Vol I
Murstein, Bernard I., Vol I
Murstein, Nelly Kashy, Vol III
Murzaku, Ines A., Vol I
Musa, Mark, Vol III
Muscarella, Oscar White, Vol I
Muscari, Paul G., Vol IV
Musgrove, Laurence E., Vol II
Musgrove, Philip, Vol I
Mushkat, Jerome, Vol I
Musmann, Klaus, Vol II
Must, Gustav, Vol III
Musto, David Franklin, Vol I
Musto, Ronald G., Vol I
Mutchler, David Edward, Vol I
Mutschler, Ben, Vol I
Muuss, Rolf Eduard Helmut, Vol IV
Muyskens, Judith Ann, Vol III
Muyumba, Francois N., Vol I
Muzorewa, Gwinyal, Vol IV
Mwamba, Zuberi I., Vol I
Myers, Charles Bennett, Vol I
Myers, Charles Edward, Vol IV
Myers, David, Vol IV
Myers, Eunice Doman, Vol III
Myers, Gerald E., Vol IV
Myers, John L., Vol I
Myers, Lena Wright, Vol I
Myers, Linda, Vol II
Myers, Mitzi, Vol II
Myers, Norman J., Vol II
Myers, Norman Jerald, Vol II
Myers, Samuel L., Jr., Vol I
Myers, William R., Vol IV
Myerson, Joel Arthur, Vol II
Myrick, Howard A., Jr., Vol I
Myricks, Noel, Vol IV
Myrvold, Wayne C., Vol IV
Nabarra, Alain, Vol III
Nabholtz, John R., Vol II
Nadeau, Randall, Vol IV
Nadel, Ira Bruce, Vol II
Nadel, Stanley, Vol I
Nadel, Stanley, Vol I
Nadell, Pamela, Vol I
Nader, Helen, Vol I
Nadin, Mihai, Vol IV
Naess, Harald S., Vol II
Naff, William E., Vol III
Naficy, Hamid, Vol II
Nafziger, E. Wayne, Vol I
Nafziger, James A.R., Vol IV
Nag, Moni, Vol I
Nagan, Winston P., Vol IV
Nagarajan, Vijaya, Vol I
Nagel, Alan Frederick, Vol II
Nagel, Mechthild E., Vol IV
Nagel, Norman E., Vol IV
Nagel, Thomas, Vol IV
Nagele, Rainer, Vol III
Nagem, Monique F., Vol III
Nagin, Daniel S., Vol IV
Nagle, Betty Rose, Vol I
Nagle, D. Brendan, Vol I
Nagler, Michael Nicholas, Vol I
Nagy, Edward, Vol II
Nagy, Gregory John, Vol I
Nagy, Moses Melchior, Vol III
Nagy, Paul, Vol IV
Nahrgang, Wilbur Lee, Vol III
Nahson, Daniel L., Vol III
Naiditch, P.G., Vol I
Nails, Debra, Vol IV
Naim, Choudhri Mohammed, Vol III
Naim, Elissa Ben, Vol IV
Nair, Supriya, Vol IV
Nairn, Charles E., Vol IV
Naison, Mark, Vol I
Najemy, John Michael, Vol I
Nakadate, Neil Edward, Vol II
Nakamura, C. Lynn, Vol IV
Nakasone, Ronald, Vol IV
Nakayama, Mineharu, Vol III
Nakhai, Beth Alpert, Vol I
Nakhimovsky, Alice, Vol III
Nakhnikion, George, Vol IV
Nakuma, Constancio, Vol III
Nalbantian, Suzanne, Vol II
Nall, Garry Lynn, Vol I
Nalle, Sara Tighman, Vol I
Nancarrow, Paul S., Vol IV
Nance, Joseph Milton, Vol I
Nanda, Ved P., Vol IV
Nanfito, Jacqueline C., Vol III
Nanji, Azim A, Vol III

Nanos, Mark D., Vol IV
Napieralski, Edmund Anthony, Vol II
Nappa, Christopher, Vol I
Naquin, Susan, Vol I
Nardin, Terry, Vol IV
Nardo, Anna, Vol II
Nardone, Richard Morton, Vol I
Naro, Anthony Julius, Vol III
Narveson, Jan, Vol IV
Naser, Curtis R., Vol II
Nasgaard, Roald, Vol I
Nash, Anedith, Vol I
Nash, Elizabeth, Vol II
Nash, Gary B., Vol I
Nash, Gerald David, Vol I
Nash, June C., Vol I
Nash, Lee, Vol I
Nash, Robert N., Vol IV
Nash, Robert N., Jr., Vol I
Nash, Roderick W., Vol I
Nash, Roger, Vol IV
Nash, Ronald, Vol IV
Nash, Stanley, Vol III
Naske, Claus-M., Vol I
Nass, Clifford I., Vol II
Nassar, Eugene Paul, Vol II
Nasu, Eisho, Vol IV
Natalicio, Diana, Vol III
Natalle, Elizabeth, Vol III
Nathan, Andrew J., Vol I
Nathan, Daniel O., Vol IV
Nathan, Geoffrey Steven, Vol III
Nathanson, Leonard, Vol II
Nathanson, Stephen Lewis, Vol IV
Natov, Roni, Vol II
Natunewicz, Mary Ann T., Vol I
Nauckhoff, Josefine C., Vol IV
Naudin, Marie, Vol I
Nauenberg, M., Vol IV
Nauert, Charles G., Vol I
Naughton, John, Vol II
Naylor, Andrew, Vol IV
Naylor, Eric Woodfin, Vol III
Naylor, John Francis, Vol I
Naylor, Natalie A., Vol I
Neale, David, Vol IV
Neale, Philip Whitby, Vol IV
Neander, K., Vol IV
Neary, Peter F., Vol I
Neatby, H. Blair, Vol I
Necheles-Jansyn, Ruth F., Vol I
Needell, Allan A., Vol I
Needleman, Jacob, Vol IV
Needler, Howard, Vol III
Neel, Carol, Vol I
Neel, James V., Vol IV
Neeld, Elizabeth Harper, Vol II
Neeley, G. Steven, Vol IV
Neely, Carol Thomas, Vol II
Neely, David E., Vol IV
Neely, Wright, Vol IV
Neff, Amy, Vol I
Neff, Hector, Vol I
Neff, Joyce, Vol II
Negus, Kenneth George, Vol III
Nehring, Wolfgang, Vol III
Neihoff, Arthur H., Vol I
Neill, Warren, Vol IV
Neils, Jenifer, Vol I
Neilson, James Warren, Vol I
Neilson, William A.W., Vol IV
Neiva, Eduardo, Vol II
Nelkin, Dorothy, Vol IV
Nelles, Henry V., Vol I
Nelsen, Robert, Vol II
Nelson, Ardis L., Vol III
Nelson, Cary Robert, Vol II
Nelson, Claudia B., Vol II
Nelson, Dana D., Vol II
Nelson, Daniel, Vol I
Nelson, David C., Vol II
Nelson, Deborah Hubbard, Vol III
Nelson, Gersham, Vol I
Nelson, Harland S., Vol II
Nelson, Herbert James, Vol III
Nelson, J. Douglas, Vol I
Nelson, James David, Vol I
Nelson, James Graham, Vol II
Nelson, James L., Vol IV
Nelson, Keith Lebahn, Vol I
Nelson, Lance E., Vol IV
Nelson, Lonnie R., Vol IV
Nelson, Lynn Hankinson, Vol IV
Nelson, Lynn Harry, Vol I
Nelson, Malcolm A., Vol II
Nelson, Michael P., Vol IV
Nelson, Nicolas Harding, Vol II
Nelson, Otto Millard, Vol I

Nelson, Paul David, Vol I
Nelson, Paul T., Vol IV
Nelson, Randolph A., Vol I
Nelson, Randy Franklin, Vol II
Nelson, Richard Alan, Vol II
Nelson, Robert J. Ames, Vol III
Nelson, Robert S., Vol I
Nelson, Stanley A., Vol IV
Nelson, Susan, Vol I
Nelson, Wanda Lee, Vol I
Nelson, William B., Vol III
Nelson, William N., Vol IV
Nelson Limerick, Patricia, Vol I
Nemec-Ignashev, Diane, Vol IV
Nemeth, Neil, Vol II
Nenner, Howard Allen, Vol I
Nenon, Thomas J., Vol IV
Nepaulsingh, Colbert Ivor, Vol III
Nerone, John, Vol II
Nersessian, Nancy, Vol III
Ness, Arthur J., Vol I
Ness, Gary Clifford, Vol I
Ness, Gayl DeForrest, Vol I
Ness, Lawrence, Vol I
Ness, Sally A., Vol I
Nesset, Kirk, Vol II
Nesson, Charles Rothwell, Vol IV
Nestingen, James A., Vol I
Neta, Ram, Vol IV
Nethercut, William Robert, Vol I
Nettels, Elsa, Vol II
Nettl, Bruno, Vol I
Nettl, Bruno, Vol I
Neu, Charles Eric, Vol I
Neu, Jerome, Vol IV
Neuendorf, Kimberly A., Vol II
Neufeld, Dietmar, Vol II
Neufeld, James Edward, Vol II
Neufeldt, Leonard N., Vol II
Neufeldt, Victor A., Vol II
Neuhouser, Frederick, Vol IV
Neujahr, Philip Joseph, Vol IV
Neuman, Shirley C., Vol II
Neumann, Frederick, Vol I
Neumann, Harry, Vol IV
Neumann, Klaus, Vol I
Neumeyer, Peter F., Vol II
Neuse, Erna Kritsch, Vol III
Neusner, Jacob, Vol IV
Neussendorfer, Margaret R., Vol II
Neverdon-Morton, Cynthia, Vol I
Neville, Don, Vol I
Neville, Gwen K., Vol I
Neville, Mary Eileen, Vol II
Neville, Robert C., Vol IV
Nevin, Thomas, Vol III
New, Melvyn, Vol II
New, William H., Vol II
Newby, Gordon D., Vol I
Newby, I.A., Vol I
Newcomb, Benjamin H., Vol I
Newell, Margaret E., Vol I
Newell, Roger, Vol IV
Newfield, Cristopher, Vol II
Newhall, David Sowle, Vol I
Newkirk, Glen A., Vol II
Newman, Andrew, Vol IV
Newman, Barbara, Vol IV
Newman, David, Vol IV
Newman, Edgar Leon, Vol I
Newman, Gail M., Vol III
Newman, Geoffrey W., Vol II
Newman, Gerald Gordon, Vol I
Newman, J.R., Vol I
Newman, Joel S., Vol IV
Newman, John Kevin, Vol I
Newman, Judith H., Vol III
Newman, Kathleen, Vol I
Newman, Lea Bertani Vozar, Vol II
Newman, Lex, Vol I
Newman, Louis E., Vol IV
Newman, Murray L., Vol IV
Newman, Murray L., Jr., Vol IV
Newman, Peter C., Vol I
Newman, Robert Chapman, Vol IV
Newman, Robert P., Vol II
Newman, William S., Vol I
Newmark, Leonard, Vol III
Newmyer, Stephen Thomas, Vol I
Newport, William H.A., Vol II
Newsom, Douglas Ann, Vol II
Newsome, Clarence Geno, Vol IV
Newton, Adam Z., Vol I
Newton, Esther, Vol I
Newton, James E., Vol I
Newton, Lisa Haenlein, Vol IV

Newton, Merlin Owen, Vol I
Newton, Robert Parr, Vol III
Newton, Wesley Phillips, Vol I
Ney, James Walter, Vol II
Neyland, Leedell Wallace, Vol I
Neyrey, Jerome H., Vol IV
Ng, On-cho, Vol I
Ngan, Lai Ling E., Vol IV
Nguyen, Dinh-Hoa, Vol III
Ni, Peimin, Vol IV
Ni, W.J., Vol III
Niang, Sada, Vol III
Nicastro, Anthony J., Vol III
Niccoli, Gabriel, Vol III
Nice, J.A., Vol II
Nichol, Todd W., Vol I
Nicholas, James C., Vol IV
Nicholas, John M., Vol IV
Nicholas, Robert Leon, Vol III
Nicholl, James Robert, Vol II
Nicholls, David, Vol I
Nicholls, James C., Vol III
Nicholls, Maria, Vol II
Nicholls, Michael Lee, Vol I
Nicholls, Roger Archibald, Vol III
Nichols, Ann, Vol III
Nichols, Ashton, Vol II
Nichols, Fred Joseph, Vol III
Nichols, Jalden, Vol I
Nichols, James, Vol II
Nichols, John A., Vol I
Nichols, Kathleen L., Vol II
Nichols, Mary P., Vol I
Nichols, P.M, Vol IV
Nichols, Patricia Causey, Vol II
Nichols, Roger L., Vol I
Nicholson, John H., Vol I
Nicholson, L., Vol IV
Nicholson, Nigel, Vol I
Nickels, Cameron C., Vol I
Nickelsburg, George William Elmer, Vol IV
Nickerson, Catherine Ross, Vol III
Nickles, Thomas, Vol I
Nicks, Joan P., Vol I
Nicol, Charles David, Vol II
Nicolai, Elke, Vol III
Nicole, Roger, Vol IV
Niditch, Susan, Vol IV
Niebylski, Dianna, Vol III
Niedner, Frederick A., Vol IV
Niedzwiecki, Charissa K., Vol II
Niehaus, Jeffrey J., Vol IV
Nielsen, Harry A., Vol IV
Nielsen, Kai, Vol IV
Nielsen, Michael, Vol II
Nieman, Nancy Dale, Vol III
Niemeyer, Glenn Alan, Vol I
Niemi, Bob, Vol I
Niessen, James P., Vol I
Nieto, Jose Constantino, Vol I
Niewyk, Donald Lee, Vol I
Nightengale, Andrea Wilson, Vol I
Nightingale, Carl, Vol I
Nigosian, Solomon Alexander, Vol I
Nigro, August John, Vol II
Nikelly, Arthur G., Vol I
Nikulin, Dmitri, Vol IV
Niles, Lyndrey Arnaud, Vol II
Nilsen, Aileen Pace, Vol II
Nilsen, Don Lee Fred, Vol III
Nilson, Jon, Vol IV
Nilsson, Donal E., Vol IV
Nims, John Frederick, Vol II
Nischan, Bodo, Vol I
Nisetich, Frank, Vol I
Nish, Cameron, Vol I
Nishimura-Jensen, Julie M., Vol I
Nissen, Lowell, Vol IV
Nissenbaum, Stephen W., Vol I
Nissenbaum, Stephen Willner, Vol I
Nissim-Sabat, Marilyn, Vol IV
Nixon, Cornelia, Vol II
Nixon, Rob, Vol III
Nnaemeka, Obioma G., Vol III
Nnolim, Charles E., Vol II
Nnoruka, Sylvanus I., Vol IV
Noah, Lars, Vol IV
Noakes, Susan, Vol III
Noble, David Watson, Vol I
Noble, Douglas, Vol II
Noble, Marianne K., Vol II
Noble, Thomas Francis Xavier, Vol I
Noble, William P., Vol IV
Nobles, Gregory H., Vol I
Nobles, Patricia Joyce, Vol IV

Noda, Keisuke, Vol IV
Nodes, Daniel J., Vol I
Noe, Kenneth W., Vol I
Noegel, Scott, Vol III
Noel, Roger A., Vol III
Noel, Thomas Jacob, Vol I
Noer, Thomas John, Vol I
Nof, Shimon Y., Vol I
Nogales, Patti, Vol IV
Nogee, Joseph Lippman, Vol I
Nohrnberg, James Carson, Vol II
Noice, Helga, Vol III
Nolan, Barbara, Vol II
Nolan, Dennis R., Vol IV
Nolan, Edward Francis, Vol II
Nolan, Janet, Vol I
Nolan, John Joseph, Vol IV
Nolan, Mary, Vol I
Nolan, Richard T., Vol IV
Nolan, Rita, Vol IV
Noland, Carrie J., Vol III
Noll, Mark Allan, Vol I
Nollendorfs, Valters, Vol III
Noller, David K., Vol II
Nolletti, Arthur E., Jr., Vol II
Noonan, James S., Vol II
Noonan, Thomas S., Vol I
Noone, Pat, Vol II
Noone, Timothy, Vol I
Norberg, Peter, Vol II
Nord, David P., Vol II
Nordby, Jon Jorgen, Vol IV
Nordling, John G., Vol I
Nordloh, David Joseph, Vol II
Nordquist, Barbara K., Vol I
Nordquist, Richard, Vol II
Nordstrom, Byron John, Vol I
Nore, Ellen, Vol I
Noren, Stephen J., Vol IV
Norland, Howard Bernett, Vol II
Norling, Lisa A., Vol I
Norman, Andrew, Vol IV
Norman, Joanne S., Vol II
Norman, Judith, Vol IV
Norman, Ken, Vol IV
Normand, Guessler, Vol III
Normore, Calvin Gerard, Vol IV
Norrell, Robert J., Vol I
Norris, Ethel Maureen, Vol I
Norris, James D., Vol I
Norris, John, Vol IV
Norris, John Martin, Vol IV
Norris, Robert, Vol IV
North, Helen Florence, Vol I
North, James Brownlee, Vol I
North, Robert, Vol IV
Northey, Rodney, Vol IV
Northrop, Douglas A., Vol II
Northrup, David Arthur, Vol I
Northup, Lesley A., Vol IV
Norton, Bryan G., Vol IV
Norton, Camille, Vol II
Norton, Eleanor Holmes, Vol IV
Norton, Glyn P., Vol III
Norton, H. Wilbert, Sr., Vol IV
Norton, Kay, Vol I
Norton, Mary Beth, Vol I
Norton, Mary Beth, Vol I
Norton, Paul F., Vol I
Norton, Robert E., Vol III
Norwood, James, Vol II
Norwood, Kimberly Jade, Vol IV
Norwood, Vera, Vol I
Nosco, Peter, Vol I
Nostrand, Howard Lee, Vol III
Notehelfer, Fred G., Vol I
Notz, John K., Vol IV
Nourie, Alan Raymond, Vol II
Novak, David, Vol IV
Novak, Joseph A., Vol IV
Novak, Maximillian E., Vol II
Novak, Philip Charles, Vol IV
Noverr, Douglas Arthur, Vol II
Novick, Peter, Vol I
Nowak, John E., Vol IV
Nowell, Irene, Vol IV
Nozick, Robert, Vol IV
Nuernberg, Susan M., Vol II
Nuessel, Frank, Vol III
Nugent, Donald Chrostopher, Vol I
Nugent, Pauline, Vol I
Null, Elisabeth M., Vol I
Numbers, Ronald Leslie, Vol I
Nunes, Zita, Vol II
Nunis, Doyce Blackman, Vol I
Nunn, Frederick Mckinley, Vol I
Nunn, Kenneth B., Vol IV
Nunnally, David H., Sr., Vol I
Nussbaum, Alan, Vol III
Nussbaum, Felicity, Vol II
Nutbrown, Richard A., Vol IV
Nutt, R., Vol I
Nuzzo, Angelica, Vol IV
Nwauwa, Apollos O., Vol I
Nybakken, Elizabeth I., Vol I
Nyce, Benjamin M., Vol II
Nye, Jean C., Vol III
Nye, Mary Jo, Vol I
Nye, Robert Allen, Vol I
Nysse, Richard W., Vol IV
Nystrom, Bradley, Vol I
Nzegwu, Nkiru, Vol I
O'Barr, William M., Vol II
O'Boyle, Cronelius, Vol I
O'Brien, Charles, Vol II
O'Brien, George, Vol II
O'Brien, J. Willard, Vol I
O'Brien, Jean M., Vol I
O'Brien, Kevin, Vol II
O'Brien, Susie, Vol II
O'Brien, Thomas F., Vol I
O'Brien-Kehoe, Jean, Vol I
O'Brien-O'Keeffe, Katherine, Vol II
O'Conell, Robert J., Vol I
O'Connell, Barry, Vol II
O'Connell, Daniel C., Vol I
O'Connell, Joanna, Vol III
O'Connell, Robert H., Vol IV
O'Connell Killen, Patricia, Vol IV
O'Connor, Carol A., Vol I
O'Connor, Daniel D., Vol IV
O'Connor, David, Vol IV
O'Connor, David, Vol IV
O'Connor, Dennis, Vol IV
O'Connor, Eugene, Vol I
O'Connor, John E., Vol I
O'Connor, Joseph E., Vol I
O'Connor, June Elizabeth, Vol IV
O'Connor, Mary E., Vol II
O'Connor, Michael Patrick, Vol I
O'Connor, Patricia E., Vol II
O'Connor, Patricia W., Vol III
O'Connor, Thomas, Vol III
O'Connor, Thomas H., Vol I
O'Day, Edward Francis, Vol I
O'Dea, Jane, Vol IV
O'Dea, Shane, Vol II
O'Dell, Leslie, Vol I
O'Donnell, James, Vol I
O'Donnell, James Joseph, Vol I
O'Donnell, Kim, Vol I
O'Donnell, Krista E., Vol I
O'Donnell, Lorena Mae, Vol IV
O'Donnell, Mabry Miller, Vol II
O'Donnell, Thomas G., Vol II
O'Donnell, Victoria, Vol II
O'Donovan-Anderson, Michael, Vol IV
O'Flaherty, James Carneal, Vol III
O'Gorman, James F., Vol I
O'Grady, Jean, Vol II
O'Hara, James J., Vol I
O'Hara, Mary L., Vol IV
O'Hara, Michael M., Vol II
O'Hearn, Carolyn, Vol III
O'Hyun, Park, Vol IV
O'Keife, J. Paul, Vol I
O'Kell, Robert P., Vol II
O'Malley, John William, Vol I
O'Malley, Susan Gushee, Vol II
O'Meally, Robert, Vol II
O'Neil, Patrick M., Vol I
O'Neill, James E., Vol I
O'Neill, Kerill, Vol I
O'Neill, Megan, Vol II
O'Neill, William George, Vol IV
O'Shaughnessy, Andrew J., Vol I
O'Shea, Edward, Vol II
O'Sullivan, John, Vol I
O'Sullivan, Michael, Vol IV
O'Sullivan, Michael K., Vol II
Oakes, Edward T., Vol IV
Oakes, Elisabeth, Vol II
Oakes, James L., Vol IV
Oaklander, L. Nathan, Vol IV
Oakley, Francis, Vol I
Oakley, John Bilyeu, Vol IV
Oakley, John H., Vol I
Oakman, Douglas, Vol IV
Oaks, Harold Rasmus, Vol II
Oates, John Francis, Vol I
Oates, Michael David, Vol III
Obayashi, Hiroshi, Vol IV
Ober, Josiah, Vol I
Oberdeck, Kathryn J., Vol I
Oberdiek, Hans Fredrick, Vol IV
Oberhelman, Harley Dean, Vol III
Oberst, Michael A., Vol IV
Obitts, Stanley Ralph, Vol IV
Oby, Jason B., Vol I
Ocampo, Francisco, Vol III
Ochsner, Jeffrey Karl, Vol I
Oddie, Graham James, Vol IV
Odell, Margaret S., Vol IV
Odem, Mary E., Vol I
Oden, Gloria, Vol II
Oden, Robert A., Jr., Vol III
Odom, Edwin Dale, Vol I
Oestreicher, Richard Jules, Vol I
Oetting, Janna B., Vol III
Offner, John L., Vol I
Ogasapian, John, Vol I
Ogden, Dunbar Hunt, Vol II
Ogden, Gregory L., Vol IV
Ogden, John T., Vol II
Ogden, Schubert Miles, Vol IV
Ogilvie, Leon Parker, Vol I
Ogles, Robert M., Vol III
Oglesby, James Robert, Vol I
Oglesby, Richard E., Vol I
Ogletree, Charles J., Jr., Vol IV
Ogren, Kathy J., Vol I
OH, Kang-Nam, Vol IV
Ohala, John Jerome, Vol III
Ohlgren, Thomas Harold, Vol II
Ohlhauser, Jon B., Vol II
Ohline, Howard Albert, Vol I
Ohnuma, Reiko, Vol I
Oinas, Felix Johannes, Vol III
Okenfuss, Max Joseph, Vol I
Okhamafe, Imafedia, Vol IV
Okihiro, Gary Y., Vol I
Okin, Louis A., Vol I
Okoye, Ikem, Vol I
Okunor, Shiame, Vol I
Olbricht, Thomas H., Vol II
Olcott, Anthony, Vol III
Olcott, Martha, Vol I
Oldani, Louis Joseph, Vol II
Oldcorn, Anthony, Vol III
Oldson, William O., Vol I
Olenik, John Kenneth, Vol I
Oleson, John P., Vol I
Olien, Diana Davids, Vol I
Oliker, Michael A., Vol IV
Olin, John C., Vol I
Olin, Margaret, Vol I
Oliphint, K. Scott, Vol IV
Olitzky, Kerry M., Vol IV
Oliva, L. Jay, Vol I
Oliver, Daily E., Vol I
Oliver, Eileen, Vol II
Oliver, Harold Hunter, Vol IV
Oliver, Lisi, Vol I
Oliver, Mary Beth, Vol III
Olivera Williams, Maria Rosa, Vol III
Olivia, Leonora, Vol I
Oller, John William, Vol III
Ollivier, Louis L., Vol III
Olm, Lee Elmer, Vol I
Olmsted, Jane, Vol II
Olney, James, Vol II
Olsen, Alexandra H., Vol II
Olsen, Donald J. Ames, Vol I
Olsen, Gerald Wayne, Vol I
Olsen, Glenn Warren, Vol I
Olsen, Solveig, Vol III
Olshewsky, Thomas Mack, Vol IV
Olson, Alison Gilbert, Vol I
Olson, Carl, Vol IV
Olson, Gary Duane, Vol I
Olson, James S., Vol I
Olson, Jeanine, Vol I
Olson, Keith Waldemar, Vol I
Olson, Paul Richard, Vol III
Olson, Richard P., Vol IV
Olson, Robert, Vol I
Olson, Roger E., Vol IV
Olson, Steven, Vol II
Olson, Stuart Douglas, Vol III
Olugebefola, Ademola, Vol I
Omaggio Hadley, Alice, Vol III
Ommer, Rosemary, Vol I
Omolade, Barbara, Vol I
Ong, Rory J., Vol III
Onorato, Michael P., Vol I
Onuf, Peter S., Vol I
Onwueme, Tess, Vol II
Oosterhuis, Tom, Vol IV
Ophardt, Michael, Vol IV
Oppenhaim, Michael, Vol IV
Oppenheim, Frank M., Vol IV
Oppenheim, Janet, Vol I
Oppenheim, Samuel Aaron, Vol I
Oppenheimer, Fred E., Vol III
Oravec, Christine, Vol II
Orbach, Alexander, Vol I
Orchard, Lee F., Vol II
Ordonez, Elizabeth Jane, Vol III
Ordonez, Francisco, Vol III
Ordower, Henry M., Vol IV
Orel, Harold, Vol II
Orel, Sara E., Vol I
Orend, Brian, Vol IV
Orenstein, Gloria Feman, Vol II
Organ, Barbara, Vol IV
Oriard, Michael, Vol II
Orlando, Valerie, Vol III
Orlans, F. Barbara, Vol IV
Orlik, Peter B., Vol II
Orlin, Eric, Vol I
Orlow, Dietrich Otto, Vol I
Ormand, Kirk, Vol II
Ormsby, Margaret A., Vol I
Ornstein, Jack, Vol IV
Oropeza, B.J., Vol IV
Orozco, Cynthia E., Vol I
Orr, Bridget, Vol II
Orr, Janice, Vol IV
Orr, Leonard, Vol II
Orr, Leslie, Vol I
Orr, Marilyn, Vol II
Orr, Mary C., Vol IV
Orringer, Nelson Robert, Vol III
Orsi, Robert A., Vol IV
Ort, Larry V., Vol IV
Orth, John Victor, Vol I
Ortiz, Manuel, Vol IV
Ortiz, Ricardo L., Vol II
Ortiz, Victor, Vol IV
Ortner, Sherry B., Vol I
Ortquist, Richard Theodore, Vol I
Orts, Eric W., Vol IV
Osberg, Richard H., Vol II
Osborn, Ronald Edwin, Vol I
Osborne, John, Vol I
Osborne, John Walter, Vol I
Osborne, Kenan Bernard, Vol IV
Osborne, Robert E., Vol IV
Osborne, Thomas Robert, Vol I
Osburn, Carroll D., Vol IV
Oseguera, Anthony, Vol II
Osheim, Duane Jeffrey, Vol I
Osinubi, Olumide, Vol II
Osler, Margaret Jo, Vol I
Ossar, Michael Lee, Vol III
Oster, Judith, Vol III
Osterle, Heinz D., Vol III
Ostermeier, Terry H., Vol II
Ostertag, Gary, Vol IV
Osthaus, Carl Richard, Vol I
Ostovich, Helen, Vol II
Ostriker, Alicia, Vol III
Ostrom, Hans, Vol II
Ostrow, Steven F., Vol I
Ostrower, Gary Bert, Vol I
Ostrowski, Carl, Vol II
Ostwald, Martin, Vol I
Oszuscik, Philippe, Vol I
Otero, Jose, Vol III
Ott, Brian L., Vol II
Ottati, Douglas Fernando, Vol IV
Otten, Terry Ralph, Vol II
Ottenberg, Simon, Vol I
Ottenhoff, John, Vol II
Otter, Monika, Vol II
Otteson, James R., Vol IV
Otto, David, Vol IV
Ouderkirk, Wayne, Vol IV
Ouellet, Fernand, Vol I
Ouimette, Victor, Vol III
Ourada, Patricia K., Vol I
Ouren, Dallas, Vol IV
Outka, Gene Harold, Vol IV
Overall, Christine D., Vol IV
Overbeck, James A., Vol IV
Overbeck, John Clarence, Vol I
Overfield, Denise, Vol III
Overholt, Thomas William, Vol IV
Owen, Christopher H., Vol I
Owen, David G., Vol IV
Owen, David I., Vol I
Owens, Dorothy M., Vol IV
Owens, Father Joseph, Vol IV
Owens, John Bingner, Vol III
Owens, Joseph, Vol IV
Owens, Joseph, Vol IV
Owens, Kathleen Marie, Vol IV
Owens, Kenneth Nelson, Vol I
Owens, Larry, Vol I
Owens, Nora Estelle, Vol I
Owens, Richard C., Vol IV
Owens, William M., Vol I
Ower, John, Vol II
Owomoyela, Oyekan, Vol III
Owram, Douglas R., Vol I
Oxenhandler, Neal, Vol III
Oxenhandler, Neal, Vol III
Ozar, David T., Vol IV
Ozorak, Elizabeth Weiss, Vol I
Ozsvath, Zsuzsanna, Vol II
Paca, Barbara, Vol I
Pace, Kay Robertine, Vol I
Pachmuss, Temira, Vol III
Pachow, Wang, Vol III
Paciocco, David, Vol IV
Packard, Randall M., Vol I
Packel, Leonard, Vol IV
Packer, James, Vol I
Packull, Werner O., Vol I
Pacwa, Mitch, Vol IV
Padden, Carol, Vol II
Paddon, Anna R., Vol II
Paden, William D., Vol III
Padgett, Alan G., Vol IV
Padgett, Jaye, Vol III
Padilla, Alvin, Vol IV
Padilla, Mark, Vol I
Padovano, Anthony T., Vol IV
Paffenroth, Kim, Vol IV
Pagan, Carmen J., Vol IV
Pagan, Samuel, Vol III
Paganini, Maria, Vol III
Page, Benjamin Bakewell, Vol IV
Page, James E., Vol I
Page, Jean-Guy, Vol IV
Page, Joseph Anthony, Vol IV
Page, Judith W., Vol II
Page, Patricia, Vol IV
Page, Stanley W., Vol I
Page, Sydney, Vol IV
Page, Willie F., Vol I
Pagel, Ulrich, Vol IV
Pagen, Michele A., Vol II
Paglia, Camille, Vol II
Pahl, Dennis A., Vol II
Painchaud, Louis, Vol IV
Painter, Karen, Vol I
Painter, Mark A., Vol IV
Painter, Nell Irvin, Vol I
Painter, Richard W., Vol IV
Pajakowski, Philip E., Vol I
Pal, Pratapaditya, Vol I
Palais, James Bernard, Vol I
Paleczny, Barbara, Vol IV
Palencia-Roth, Michael, Vol III
Paley, Samuel M., Vol I
Palisca, Claude Victor, Vol I
Paliyenko, Adrianna M., Vol III
Pallard, Henri, Vol IV
Palley, Julian, Vol III
Pallister, Janis Louise, Vol III
Palm, Craig W., Vol IV
Palma, Ronald B., Vol I
Palmegiano, Eugenia M., Vol I
Palmer, Barton, Vol II
Palmer, Larry Isaac, Vol IV
Palmer, Phyllis Marynick, Vol I
Palmer, Richard E., Vol IV
Palmer, Robert L., II, Vol I
Palmer, Russ, Vol IV
Palmer, Russell W, Vol IV
Palmer, Scott W., Vol I
Palmer, Stanley Howard, Vol I
Palmer, Stuart, Vol I
Palmer, William, Vol II
Palmer, William, Vol I
Palmeri, Frank, Vol II
Palmerton, Patricia R., Vol III
Palmquist, Mike, Vol II
Paludan, Phillip Shaw, Vol I
Pan, Da'an, Vol III
Panaitescu, Adrian, Vol I
Pancrazio, James, Vol III
Pandharipande, Rajeshwari, Vol IV
Panella, Robert J., Vol I
Paniccia, Patricia L., Vol IV
Panikkar, Raimundo, Vol IV
Pankake, Marcia J., Vol I
Pankey, William J., Vol IV
Panthel, Hans Walter, Vol III
Paoletti, Jo, Vol I
Paolini, Gilberto, Vol III
Papacosma, Solon Victor, Vol I
Papadakis, Aristeides, Vol I
Papadopoulos, John K., Vol I
Papalas, Anthony John, Vol I
Papayanis, Nicholas, Vol I
Papazian, Dennis Richard, Vol I
Papazian, Michael, Vol IV
Paper, Herbert Harry, Vol III
Paper, Jordan, Vol I
Pappano, Margaret, Vol II

Pappas, George Sotiros, Vol IV
Pappas, Gregory F., Vol IV
Pappas, Nicholas C.J., Vol I
Pappu, Rama Rao, Vol IV
Paprzycka, Katarzyna, Vol IV
Parchment, Steven, Vol I
Paredes, Liliana, Vol III
Parens, Joshua, Vol IV
Parent, David J., Vol III
Parent, Mark, Vol IV
Parente, James A., Jr., Vol III
Paret, Peter, Vol I
Parezo, Nancy Jean, Vol I
Parins, James, Vol II
Parins, Marylyn, Vol II
Paris, Bernard J., Vol II
Parish, Charles, Vol III
Parisi, Barbara, Vol II
Parisi, Peter, Vol II
Park, David Allen, Vol I
Park, Eung Chun, Vol IV
Park, Jin Y., Vol III
Park, Roger Cook, Vol IV
Park, William Wynnewood, Vol IV
Park-Fuller, Linda M., Vol II
Parker, Douglas, Vol II
Parker, Fred Lee Cecil, Vol IV
Parker, Henry H., Vol I
Parker, Holt, Vol I
Parker, Jo Alyson, Vol II
Parker, Joseph Caiaphas, Jr., Vol IV
Parker, Keith Alfred, Vol I
Parker, Kellis E., Vol IV
Parker, Kellis E., Vol IV
Parker, Kelly A., Vol IV
Parker, Lisa S., Vol I
Parker, Margaret, Vol III
Parker, Mark M., Vol I
Parker, Patricia L., Vol II
Parker, Paul P., Vol IV
Parker, Richard W., Vol I
Parker, Sidney Baynes, Vol I
Parker, Simon B., Vol I
Parker, Stephen Jan, Vol II
Parker, Thomas D., Vol I
Parker, Vernon B., Vol IV
Parker McLachlan, Elizabeth, Vol I
Parks, Edward Y., Vol IV
Parks, Jennifer, Vol IV
Parks, Sharon, Vol IV
Parks, Sheri L., Vol II
Parks, Stephen Robert, Vol II
Parman, Donald L., Vol I
Parman, Donald Lee, Vol I
Parmet, Herbert S., Vol I
Parmet, Robert David, Vol I
Parot, Joseph John, Vol I
Parr, Chris, Vol IV
Parr, Joy, Vol I
Parrent, Allan Mitchell, Vol IV
Parrish, Michael Emerson, Vol I
Parrish, Stephen E., Vol IV
Parrish, William E., Vol I
Parrot, Rod, Vol IV
Parry, Joseph D., Vol I
Parry, Richard D., Vol IV
Parry-Giles, Trevor, Vol II
Parsell, David Beatty, Vol III
Parsons, Charles D., Vol IV
Parsons, Howard L., Vol IV
Parsons, James, Vol I
Parsons, Jed, Vol I
Parsons, Keith M., Vol I
Parsons, Lynn, Vol I
Parsons, Robert A., Vol III
Parssinen, Terry, Vol I
Partan, Daniel Gordon, Vol IV
Partee, Barbara H., Vol III
Partsch, Cornelius, Vol III
Pascal, Cecil Bennett, Vol I
Pascal, Paul, Vol I
Pasch, Alan, Vol IV
Pasco, Allan H., Vol II
Pascoe, Louis B., Vol I
Pascuzzi, Marie, Vol IV
Pasha, Mustapha, Vol I
Paskow, Alan, Vol IV
Paskow, Shimon, Vol IV
Pasler, Jann C., Vol II
Paslick, Robert H., Vol III
Passameneck, Stephen Maurice, Vol IV
Passell, Dan, Vol IV
Pastan, Elizabeth C., Vol I
Pasteur, Alfred Bernard, Vol I
Pastor, Beatriz, Vol I

Pastor, Leslie P., Vol I
Pastore Passaro, Maria C., Vol III
Pasztor, Suzanne B., Vol I
Pate, J'Nell L., Vol I
Pate, James Paul, Vol I
Patel, Ramesh, Vol IV
Paternost, Joseph, Vol III
Paterson, Douglas L., Vol II
Paterson, Janet M., Vol III
Paterson, Robert, Vol IV
Paterson, Thomas Graham, Vol I
Patey, Douglas L., Vol II
Patraka, Vivian, Vol II
Patriarca, Silvana, Vol I
Patrias, Carmela, Vol I
Patrick, Anne E., Vol IV
Patrick, Barbara, Vol II
Patrick, Dale, Vol IV
Patrick, Darryl L., Vol IV
Patrick, Opal Lee Young, Vol I
Patrick Downey, James, Vol IV
Patry, William F., Vol IV
Patsouras, Louis, Vol I
Patte, Daniel, Vol IV
Patten, Priscilla C., Vol IV
Patten, Robert Lowry, Vol II
Patterson, Becky, Vol II
Patterson, Bob E., Vol II
Patterson, Celia, Vol I
Patterson, Cynthia, Vol I
Patterson, D., Vol IV
Patterson, David Sands, Vol I
Patterson, Elizabeth G., Vol IV
Patterson, Elizabeth Hayes, Vol IV
Patterson, H. Orlando L., Vol I
Patterson, James Tyler, Vol I
Patterson, Joby, Vol I
Patterson, Karl David, Vol I
Patterson, Mark R., Vol IV
Patterson, Richard, Vol I
Patterson, Robert Benjamin, Vol I
Patterson, Robert Leyburne, Vol I
Patterson, Samuel C., Vol I
Patterson, Stephen Everett, Vol I
Patterson, Ward L., Vol I
Patterson, Wayne Kief, Vol I
Patterson, William Taylor, Vol III
Patterson, Willis Charles, Vol I
Patterson-Iskander, Sylvia W., Vol IV
Pattison, Eugene H., Vol II
Patton, Corrine, Vol IV
Patton, Gerald Wilson, Vol I
Patty, James Singleton, Vol III
Patty, Stacy L., Vol IV
Patzia, Arthur G., Vol IV
Paul, Garrett E., Vol IV
Paul, George Mackay, Vol I
Paul, Harry W., Vol I
Paul, Justus F., Vol I
Pauley, Bruce F, Vol I
Pauli, Lori, Vol I
Paulien, Jon, Vol IV
Paulo, Craig N., Vol IV
Paulsen, David L., Vol IV
Paulsen, Wolfgang, Vol III
Paulson, Michael G., Vol III
Paulson, Stanley Lowell, Vol IV
Paulson, Steven, Vol IV
Paulston, Christina Bratt, Vol III
Pauly, Thomas Harry, Vol II
Pautrot, Jean-Louis, Vol III
Pauwels, Heidi, Vol I
Pavel, Thomas, Vol II
Pavesich, Vida, Vol IV
Pavitt, Charles, Vol II
Pavlich, Dennis, Vol IV
Pawelski, James, Vol IV
Pawlikowski, John, Vol IV
Paxman, David B., Vol III
Paxton, Frederick S., Vol I
Paxton, Mark, Vol II
Paxton, Robert O., Vol I
Paxton, Robert Owen, Vol I
Payne, Deborah C., Vol I
Payne, F. Anne, Vol II
Payne, Harry Charles, Vol I
Payne, J. Gregory, Vol II
Payne, Julien, Vol IV
Payne, Michael, Vol II
Payne, Philip B., Vol IV
Payne, Rodger M., Vol IV
Payne, Stanley George, Vol I
Payne, Steven, Vol IV
Paz, Francis Xavier, Vol III
Pazdernik, Charles, Vol I
Pazmino, Robert W., Vol IV
Peabody, Susan, Vol I
Peacock, Kent, Vol IV

Peacock, Kevin, Vol IV
Pearce, James, Vol I
Pearce, Richard, Vol II
Pearce, Russell G., Vol IV
Pearl, Leon, Vol IV
Pearsall, Derek A., Vol II
Pearson, Anne, Vol IV
Pearson, Birger Albert, Vol I
Pearson, Edward, Vol I
Pearson, Eric, Vol IV
Pearson, John H., Vol II
Pearson, Judy C., Vol II
Pearson, Lon, Vol III
Pearson, Michael, Vol II
Pearson, Samuel C., Vol I
Pearson, Thomas Spencer, Vol I
Pease, Donald E., Vol II
Pease, Jane Hanna, Vol I
Pease, Otis Arnold, Vol I
Pease, Ted, Vol II
Peavler, Terry J., Vol III
Peck, Jeffrey Marc, Vol III
Peck, Russell A., Vol II
Peck, William Dayton, Vol IV
Peck, William Henry, Vol I
Pecora, Vincent P., Vol II
Pecorino, Philip Anthony, Vol IV
Peden, William Creighton, Vol IV
Pedersen, Diana, Vol I
Pederson, Lee, Vol III
Pederson, William David, Vol I
Pedley, John Griffiths, Vol I
Pedrick, Willard Hiram, Vol I
Pedroni, Peter, Vol III
Peebles, I.Hall, Vol IV
Peek, Marvin E., Vol I
Peemoeller, Helen C., Vol II
Peer, Larry Howard, Vol III
Pegram, Thomas R., Vol I
Pegues, Franklin J., Vol I
Peirce, Kate L., Vol II
Peirce, Sarah, Vol I
Peischl, Margaret Theresa, Vol III
Peiss, Kathy, Vol I
Peitz-Hillenbrand, Darlene, Vol IV
Pejovich, Svetozar, Vol I
Pelchat, Marc, Vol IV
Pelikan, Jaroslav, Vol I
Pellecchia, Linda, Vol I
Pellegrino, Edmund Daniel, Vol IV
Peller Hallett, Judith, Vol I
Pelletier, Lucien, Vol IV
Pelletier, Samuel R., Vol IV
Pelli, Moshe, Vol III
Pells, Richard Henry, Vol I
Pelto, William, Vol I
Pelz, Stephen Ernest, Vol I
Pemberton, Gayle R., Vol II
Pemberton, William Erwin, Vol I
Penaskovic, Richard, Vol IV
Pence, Ellsworth Dean, Vol III
Pence, Gregory E., Vol IV
Penceal, Bernadette Whitley, Vol II
Penchansky, David, Vol IV
Penczek, Alan, Vol IV
Pendell, Sue, Vol II
Pendergraft, Mary L.B., Vol I
Penellium, Terence M., Vol IV
Penella, Robert Joseph, Vol I
Penhall, Michele M., Vol I
Penkower, Monty Noam, Vol I
Penner, Hans Henry, Vol I
Penner, Merrilynn J., Vol IV
Penner, Roland, Vol IV
Pennick, Aurie Alma, Vol IV
Penniston, Joyce K., Vol I
Pennock, Robert T., Vol IV
Penny, Benjamin, Vol I
Penny Small, Jocelyn, Vol I
Penrod, Steven D., Vol IV
Pentiuc, Eugene, Vol IV
Penton, Marvin J., Vol I
Penzl, Herbert, Vol III
Peoples, VerJanis Andrews, Vol I
Peperzak, Adriaan Theodoor, Vol IV
Pepper, George B., Vol IV
Pepper, Stephen L., Vol IV
Peradotto, John Joseph, Vol I
Peraino, Judith A., Vol I
Percival, Walter Keith, Vol III
Perdicoyianai-Paleologou, Helene, Vol I
Perdue, Charles L., Vol I
Perelmuter, Hayim Goren, Vol I
Perera, Nihal, Vol I

Perez Stansfield, Maria Pilar, Vol II
Perez-Lopez, Rene, Vol III
Perez-Pisonero, Arturo, Vol III
Perez-Torres, Rafael, Vol II
Perhac., Ralph M., Vol IV
Perillo, Joseph M., Vol IV
Perissinotto, Giorgio, Vol II
Perkins, Allan Kyle, Vol III
Perkins, Bradford, Vol I
Perkins, David, Vol II
Perkins, Dorothy, Vol IV
Perkins, Dwight Heald, Vol I
Perkins, Edward Joseph, Vol I
Perkins, George, Vol II
Perkins, George W., Vol III
Perkins, James Ashbrook, Vol II
Perkins, Kenneth J Ames, Vol I
Perkins, Leeman Lloyd, Vol I
Perkins, Linda Marie, Vol I
Perkins, Moreland, Vol IV
Perkowski, Jan Louis, Vol III
Perl, Jeffery Michael, Vol III
Perlin, Marc G., Vol IV
Perlis, Vivian, Vol I
Perlman, Harvey, Vol IV
Perlman, Mark, Vol IV
Perlmutter, David, Vol II
Perlmutter, Richard Mark, Vol IV
Perloff, Marjorie Gabrielle, Vol II
Perloff, Richard M., Vol II
Perman, Micheal, Vol I
Pernal, Andrew B., Vol I
Pernick, Martin Steven, Vol I
Pero, Albert, Vol IV
Perozo, Jaime J., Vol III
Perreiah, Alan Richard, Vol IV
Perricone, Jack, Vol I
Perrin, David, Vol IV
Perrin Wilcox, Phyllis, Vol III
Perritt, Henry H., Jr., Vol IV
Perry, Catherine, Vol III
Perry, Charles Richard, Vol I
Perry, Constance K., Vol IV
Perry, Edmund, Vol I
Perry, John Curtis, Vol I
Perry, Marilyn, Vol I
Perry, Patsy Brewington, Vol II
Perry, Richard J., Jr., Vol IV
Perry, Robert Lee, Vol I
Perry, Tim, Vol IV
Perse, Elizabeth M., Vol II
Person, Dawn Renee, Vol I
Person, Leland S., Vol I
Person, William Alfred, Vol I
Persons, W. Ray, Vol IV
Pesantubbee, Michelene, Vol IV
Pesca-Cupolo, Carmela, Vol III
Pesek, Thomas G., Vol I
Pesely, George E., Vol I
Peskin, Allan, Vol I
Pessen, Edward, Vol I
Pessin, Sarah, Vol IV
Pestana, Carla, Vol I
Pestana, Mark, Vol IV
Peterfreund, Stuart S., Vol II
Peters, Ann Marie, Vol III
Peters, Aulana Louise, Vol IV
Peters, Edward Murray, Vol I
Peters, Ellen Ash, Vol IV
Peters, Erskine Alvin, Vol II
Peters, Francis Edward, Vol I
Peters, Issa, Vol I
Peters, Julie, Vol I
Peters, Theodore Frank, Vol IV
Peters, Tom F., Vol I
Petersen, Cynthia, Vol IV
Petersen, Klaus, Vol III
Petersen, Peter Lewis, Vol I
Peterson, Brent O., Vol II
Peterson, Brian, Vol IV
Peterson, Charles S., Vol I
Peterson, Courtland H., Vol IV
Peterson, Edward Norman, Vol I
Peterson, Eric E., Vol II
Peterson, Frank Ross, Vol I
Peterson, Greg, Vol IV
Peterson, Jacqueline, Vol I
Peterson, Jon Alvah, Vol I
Peterson, Joyce Shaw, Vol I
Peterson, Larry, Vol I
Peterson, Linda H., Vol II
Peterson, Lorna Ingrid, Vol II
Peterson, Luther D., Vol I
Peterson, M. Jeanne, Vol I
Peterson, Merrill Daniel, Vol I
Peterson, Michael Lynn, Vol IV
Peterson, Norma Lois, Vol I
Peterson, Philip Leslie, Vol IV

Peterson, R.G., Vol II
Peterson, Richard Hermann, Vol I
Peterson, Richard S., Vol II
Peterson, Sandra, Vol IV
Peterson, Tarla Rai, Vol III
Peterson, Thomas V., Vol IV
Peterson, Willard James, Vol I
Pethica, James, Vol II
Petillo, Carol Morris, Vol I
Petraglia, Michael, Vol I
Petraglia-Bahri, Deepika, Vol III
Petraglia-Bahri, Joseph, Vol II
Petras, James Frank, Vol I
Petress, Kenneth C., Vol II
Petrey, Sandy, Vol III
Petrie, Neil, Vol II
Petrik, Paula E., Vol I
Petrone, Karen, Vol I
Petrone, Serafina, Vol I
Petronella, Vincent F., Vol II
Petropulos, John Anthony, Vol I
Petrovic, Njegos M., Vol III
Petruzzi, Anthony, Vol II
Petry, Carl Forbes, Vol I
Petter, Andrew J., Vol IV
Pettey, Gary R., Vol II
Pettey, John Carson, Vol III
Pettis, Joyce, Vol II
Petuchowski, Jakob Josef, Vol IV
Peyroux, Catherine, Vol I
Pfaff, Daniel W., Vol II
Pfaff, Richard William, Vol I
Pfau, Michael, Vol II
Pfau, Thomas, Vol II
Pfeffer, Paula F., Vol I
Pfeiffer, Raymond Smith, Vol IV
Pfeiffer, Sandy W., Vol II
Pflugfelder, Gregory, Vol I
Pfohl, Russell, Vol III
Pfordresher, John P., Vol II
Pfund, Peter H., Vol I
Phelan, James Pius X., Vol II
Phelps, Teresa Godwin, Vol IV
Phenix, Philip Henry, Vol IV
Philippides, Marios, Vol I
Phillips, Ann, Vol I
Phillips, C. Robert, III, Vol I
Phillips, Carla Rahn, Vol I
Phillips, Clarence Mark, Vol IV
Phillips, Craig A., Vol IV
Phillips, Denny, Vol I
Phillips, Dewi Zephaniah, Vol IV
Phillips, Gene D., Vol II
Phillips, Glenn Owen, Vol I
Phillips, Jane Ellen, Vol I
Phillips, Joanne Higgins, Vol I
Phillips, John Allen, Vol I
Phillips, Kendall R., Vol II
Phillips, Klaus, Vol III
Phillips, L. Edward, Vol IV
Phillips, Randall R., Vol IV
Phillips, Richard E., Vol I
Phillips, Robert, Vol II
Phillips, Robert L., Vol IV
Phillips, Roderick, Vol I
Phillips, Romeo Eldridge, Vol I
Phillips, William, Vol I
Phillips McGowan, Marcia, Vol II
Philp, Kenneth, Vol I
Philpott, Jeffrey S., Vol II
Philpott, Mark, Vol IV
Philyaw, Scott L., Vol I
Phipps, William Eugene, Vol IV
Pian, Rulan Chao, Vol I
Piar, Carlos R., Vol I
Picard, Anne Marie, Vol III
Picart, Caroline Joan Kay S., Vol IV
Piccato, Pablo, Vol I
Picerno, Richard A., Vol III
Picherit, Jean-Louis, Vol III
Pichois, Claude, Vol III
Picirilli, Robert Eugene, Vol IV
Pickard, Dean, Vol IV
Pickens, Donald Kenneth, Vol I
Pickens, Ernestine W. McCoy, Vol II
Pickens, George F., Vol III
Pickens, Rupert Tarpley, Vol IV
Pickens, William Garfield, Vol II
Picker, John, Vol II
Picker, Martin, Vol I
Pickering, George W., Vol IV
Pickett, Terry H., Vol III
Picklesimer, Dorman, Vol II
Pico, Fernando, Vol I
Picot, Jocelyne, Vol II
Pieck, Manfred, Vol IV
Piedmont, Ferdinand, Vol III

Piedra, Jose, Vol III
Piehler, G. Kurt, Vol I
Piepho, Lee, Vol II
Pierard, Richard Victor, Vol I
Pierce, Glenn, Vol III
Pierce, John, Vol II
Pierce, Richard A., Vol I
Pierce, Thomas B., Vol I
Pierrehumbert, Janet, Vol III
Pierson, Peter O'Malley, Vol I
Pierson, Ruth, Vol I
Pierson Prior, Sandra, Vol II
Pietsch, Paul Andrew, Vol IV
Pifer, Ellen, Vol II
Pigg, Kenneth E., Vol I
Pike, David, Vol II
Pike, Fredrick Braun, Vol I
Pike, Ruth, Vol I
Pilant, Craig Wesley, Vol IV
Pilch, John J., Vol IV
Pile, John F., Vol I
Pilgrim, Walter E., Vol IV
Pillsbury, Joanne, Vol I
Pillsbury, Samuel H., Vol IV
Piluso, Robert Vincent, Vol III
Pina, Leslie, Vol I
Pinch, Trevor J., Vol IV
Pinder, Kymberly, Vol I
Pinedo, Isabel, Vol IV
Pinka, Patricia G., Vol II
Pinkard, Terry, Vol IV
Pinkett, Harold Thomas, Vol I
Pinkus, Karen, Vol III
Pinn, Anthony B., Vol IV
Pinnell, Richard, Vol I
Pinney, Chris, Vol II
Pino, Julio Cesar, Vol I
Pinsker, Sanford, Vol II
Pinsky, Robert, Vol II
Pinson, Hermine Dolorez, Vol II
Pintado-Casas, Pablo, Vol IV
Pintchman, Tracy, Vol IV
Pintner, Walter Mckenzie, Vol I
Pinzino, Jane M., Vol IV
Piper, Adrian Margaret Smith, Vol IV
Piper, Anson Conant, Vol III
Piper, Jon Kingsbury, Vol I
Piper, Linda Jane, Vol I
Pipes, Daniel, Vol I
Pipkin, Harry Wayne, Vol I
Pippin, Tina, Vol IV
Pirau, Vasile, Vol IV
Pireddu, Nicoletta, Vol III
Pirog, Gerald, Vol III
Pisani, Michael, Vol I
Pison, Ramon Martinez de, Vol IV
Pitcher, George Willard, Vol IV
Pitchford, Nicola, Vol II
Pitman, Grover A., Vol I
Pitofsky, Robert, Vol IV
Pitre, Merline, Vol I
Pitt, David, Vol IV
Pitt, David G., Vol II
Pitt, Jack, Vol IV
Pitt, Joseph C., Vol IV
Pitt, Joseph C., Vol IV
Pittenger, Mark A., Vol I
Pitts, Bill, Vol IV
Pitts, Vera L., Vol I
Pitzer, Donald Elden, Vol I
Pivar, David J., Vol I
Pixton, Paul Brewer, Vol I
Pizer, Donald, Vol II
Pizer, John, Vol III
Pizzato, Mark, Vol I
Pizzo, Joseph S., Vol II
Placher, William C., Vol IV
Plakans, Andrejs, Vol I
Planeaux, Christopher, Vol IV
Plank, Geoffrey, Vol I
Plank, Karl A., Vol IV
Plank, Steven E., Vol I
Plant, Helmut R., Vol III
Plantinga, Alvin, Vol IV
Plata, Fernando, Vol IV
Plater, Edward M.V., Vol III
Plath, James, Vol II
Platt, David S., Vol IV
Platt, Elizabeth Ellan, Vol IV
Platt, Franklin Dewitt, Vol I
Platt, Gerald M., Vol I
Platt, Harold L., Vol I
Pleck, Elizabeth, Vol I
Plescia, Joseph, Vol I
Plestina, Dijana, Vol I
Pletcher, David Mitchell, Vol I
Plotkin, Howard, Vol IV
Plottel, Jeanine Parisier, Vol III

Pluhar, Evelyn Begley, Vol IV
Pluhar, Werner S., Vol IV
Plummer, John F., Vol II
Plumstead, William, Vol II
Poag, James F., Vol III
Pocock, Emil, Vol I
Podet, Allen Howard, Vol I
Podis, Joanne, Vol II
Podlecki, Anthony Joseph, Vol I
Poduska, Donald Miles, Vol I
Poe, Elizabeth, Vol II
Poe, Joe Park, Vol I
Poen, Monte Mac, Vol I
Poethig, Eunice Blanchard, Vol IV
Pogemiller, Leroy, Vol I
Pogue, Samuel Franklin, Vol I
Pohl, James William, Vol I
Pohlhaus, Gaile, Vol IV
Pohlsander, Hans Achim, Vol I
Pointer, Richard W., Vol I
Pointer, Steven R., Vol I
Poirier, Richard, Vol II
Polachek, Dora, Vol I
Polak, Emil Joseph, Vol I
Polakiewicz, Leonard A., Vol III
Polakoff, Keith Ian, Vol I
Poland, Lynn, Vol IV
Poland, Tim, Vol II
Polansky, Ronald M., Vol IV
Polansky, Susan, Vol III
Polaski, Sandra Hack, Vol IV
Polasky, Janet, Vol III
Pole, Nelson, Vol IV
Polenberg, Richard, Vol I
Polhemus, Robert M., Vol II
Polhill, John B., Vol IV
Poling, Clark V., Vol I
Poling, Clark V., Vol I
Polischuk, Pablo, Vol IV
Polk, Elmer, Vol IV
Polk, Noel E., Vol II
Polk, Robert L., Vol I
Polk, Timothy H., Vol IV
Pollack, Gloria W., Vol III
Pollack, Norman, Vol I
Pollack, Robert Harvey, Vol I
Pollak, Louis Heilprin, Vol IV
Pollak, Martha, Vol I
Pollak, Oliver Burt, Vol I
Pollard, Alton Brooks, III, Vol IV
Pollard, Diane S., Vol I
Polley, Max Eugene, Vol IV
Pollini, John, Vol I
Pollitt, Jerome J., Vol I
Pollock, John Leslie, Vol IV
Polly, Lyle R., Vol II
Poloma, Margaret Mary, Vol I
Polome, Edgar C., Vol III
Pols, Edward, Vol IV
Polt, John H.R., Vol III
Polythress, N.G., Vol IV
Pomerleau, Wayne Paul, Vol IV
Pomeroy, Earl, Vol I
Pomeroy, Sarah B., Vol I
Pomper, Philip, Vol I
Pong, David B.P.T., Vol I
Ponton, Lionel, Vol IV
Poole, John R., Vol II
Poole, Marshall Scott, Vol II
Poos, L.R., Vol I
Pope, Daniel, Vol I
Pope, Deborah, Vol II
Pope, Rebecca A., Vol II
Pope, Robert G., Vol I
Pope, Stephen J., Vol IV
Popenoe, David, Vol I
Popescu, Nicolae, Vol III
Popiden, John Robert, Vol IV
Popkin, Jeremy D., Vol I
Popkin, Richard, Vol IV
Poplack, Shana, Vol III
Poppe, Susan, Vol IV
Popper, Robert, Vol IV
Poppino, Rollie Edward, Vol I
Porada, Edith, Vol I
Porsild, Charlene, Vol I
Porten, Bezalel, Vol IV
Porter, Abioseh Michael, Vol III
Porter, Andrew P., Vol IV
Porter, Burton F., Vol I
Porter, Charles Allen, Vol III
Porter, Curtiss E., Vol I
Porter, David H., Vol I
Porter, David L., Vol I
Porter, Dennis, Vol I
Porter, Ellen-Jane Lorenz, Vol I
Porter, Glenn, Vol I
Porter, J.I., Vol III
Porter, Jack Nusan, Vol I

Porter, Jeanne Chenault, Vol I
Porter, John R., Vol I
Porter, Jonathan, Vol I
Porter, Joseph A., Vol II
Porter, Kwame John R., Vol IV
Porter, Laurence M., Vol III
Porter, Michael, Vol III
Porter, Michael LeRoy, Vol II
Porter, Samuel C., Vol IV
Porterfield, Amanda, Vol IV
Porterfield, Richard Maurice, Vol I
Portier, William L., Vol IV
Porton, Gary Gilbert, Vol I
Portuges, Catherine, Vol I
Posadas, Barbara Mercedes, Vol I
Posen, Barry R, Vol I
Posfay, Eva, Vol II
Pospesel, Howard, Vol IV
Pospielovsky, Dimitry Vladimirovich, Vol I
Post, Deborah W., Vol IV
Post, Gaines, Vol I
Post, Jonathan F.S., Vol I
Post, Robert C., Vol I
Post, Robert M., Vol II
Postema, Gerald Jay, Vol IV
Poster, Carol, Vol II
Postle, Martin J., Vol I
Postlewaite, Philip F., Vol IV
Postma, Johannes, Vol I
Posy, Carl J., Vol IV
Potash, Robert Aaron, Vol I
Potesta, Woodrow A., Vol IV
Pothecary, Sarah, Vol I
Potter, Elizabeth, Vol II
Potter, Karl Harrington, Vol IV
Potter, Nancy, Vol IV
Potter, Nelson, Vol IV
Potter, Pitman, Vol IV
Potter, Robert Alonzo, Vol II
Potts, Cassandra W., Vol I
Potts, Donald R., Vol IV
Potts, Louis Watson, Vol I
Potuto, Josephine R., Vol IV
Potvin, Gilles E.J., Vol I
Potvin, Thomas R., Vol IV
Poulin, Anne Bowen, Vol IV
Pouwels, Joel, Vol III
Povarsky, Chaim, Vol IV
Powell, Barry, Vol I
Powell, James Matthew, Vol I
Powell, Jouett L., Vol IV
Powell, Mark Allan, Vol IV
Powell, Ronald R., Vol II
Powell, Sam, Vol IV
Powell, Thomas R., Vol I
Power, Garrett, Vol IV
Power, Mary, Vol II
Power, William L., Vol IV
Powers, Bruce P., Vol I
Powers, David Stephen, Vol I
Powers, Doris Bosworth, Vol I
Powers, James Francis, Vol I
Powers, John H., Vol II
Powers, Madison, Vol IV
Powicke, Michael Rhys, Vol I
Pownall, Frances Skoczylas, Vol I
Poythress, Vern S., Vol IV
Pozzetta, George Enrico, Vol I
Pozzo, Riccardo, Vol IV
Prades, Jose Albert, Vol IV
Prado, C.G., Vol IV
Prager, Jonas, Vol I
Prahlad, Sw. Anand, Vol II
Prang, Margaret E., Vol I
Pratico, Gary D., Vol IV
Pratley, Gerald, Vol II
Prats, Jorge, Vol III
Pratt, John, Vol II
Pratt, L., Vol I
Pratt, Linda Ray, Vol II
Pratt, Louis Hill, Vol II
Pratt, Mary Louise, Vol III
Pratt, Minnie Bruce, Vol II
Pratt, Richard L., Jr., Vol IV
Pratt, William C., Vol I
Prebish, Charles Stuart, Vol IV
Preckshot, Judith, Vol III
Predmore, Michael P., Vol III
Preisser, Thomas M., Vol I
Prell, Riv-Ellen, Vol III
Prelock, Patricia A., Vol IV
Prenshaw, Peggy, Vol II
Prentice, Alison, Vol I
Prentiss, Karen Pechilis, Vol IV
Presberg, Charles D., Vol III
Presley, Paula, Vol I
Presseau, Jack R., Vol I
Pressly, William L., Vol I

Pressman, H. Mark, Vol IV
Preston, Carol, Vol I
Preston, Cheryl B., Vol IV
Preston, George Nelson, Vol I
Preston, Joan M., Vol II
Preston, Katherine K., Vol I
Prete, Roy A., Vol I
Preus, J. Samuel, Vol IV
Preuss, Mary, Vol III
Prevots, Naima, Vol I
Prialkowski, Kristoff, Vol IV
Pribic, Rado, Vol III
Price, Alan, Vol II
Price, Bernadette B., Vol II
Price, Charles Eugene, Vol IV
Price, Daniel, Vol IV
Price, David C., Vol II
Price, Don Cravens, Vol I
Price, Glenn Warren, Vol I
Price, Marjorie S., Vol IV
Price, Monroe E., Vol IV
Price, Richard, Vol I
Price, Robert George, Vol I
Price, Robert M., Vol I
Prichard, Robert W., Vol IV
Prideaux, Gary Dean, Vol III
Priebe, Duane A., Vol IV
Prieve, Beth A., Vol III
Primack, Maxwell, Vol IV
Primiano, Leonard Norman, Vol IV
Primm, James Neal, Vol I
Prince, Arthur, Vol IV
Prince, Carl E., Vol I
Prince, Gerald, Vol IV
Prince, John R., Vol IV
Prince, Susan H., Vol I
Prindle, David F., Vol I
Prineas, Matthew, Vol II
Prisco, Salvatore, Vol I
Pritchard, Michael, Vol IV
Pritchard, Susan V., Vol II
Pritchard, William H., Vol II
Pritchett, Kay, Vol III
Pritzl, Kurt, Vol IV
Prochaska, David, Vol I
Procko, Bohdan P, Vol I
Procter, Ben, Vol I
Procter, Harvey Thornton, Jr., Vol IV
Proehl, Geoffrey, Vol II
Proffitt, Anabel C., Vol IV
Profit, Vera Barbara, Vol III
Promey, Sally M., Vol I
Proops, Ian, Vol IV
Prorok, Carolyn, Vol I
Prosser, Peter E., Vol I
Prosterman, Roy L., Vol IV
Proudfoot, Wayne, Vol IV
Prowe, Diethelm Manfred-Hartmut, Vol I
Prown, Jules D., Vol I
Prucha, Francis Paul, Vol I
Prude, Jonathan, Vol I
Pruett, Gordon Earl, Vol I
Pruett, John H., Vol I
Pruitt, Anne Smith, Vol I
Pruitt, Virginia D., Vol II
Prust, Richard Charles, Vol IV
Psathas, George, Vol I
Pucci, Joseph M., Vol III
Pucci, Pietro, Vol I
Puckett, Pauline N., Vol IV
Pue, Wesley W., Vol IV
Pugach, Noel H., Vol I
Pugh, Anthony Roy, Vol III
Pugliese, Olga, Vol III
Puglisi, Catherine, Vol I
Pugsley, Robert Adrian, Vol IV
Pulcini, Theodore, Vol IV
Pulham, Carol Ann, Vol I
Puligandla, Ramakrishna, Vol IV
Pullen, Daniel J., Vol IV
Pulleyblank, Edwin George, Vol III
Pullum, Geoffrey K., Vol I
Purcell, E.A., Vol I
Purcell, John Marshall, Vol III
Purczinsky, Julius O., Vol III
Purdy, Anthony, Vol III
Purefoy Morris, Sarah, Vol I
Purinton, Jeffrey S., Vol I
Purinton, Marjean D., Vol II
Purtill, Richard L., Vol IV
Purtle, Carol Jean, Vol I
Purvis, Thomas L., Vol I
Putnam, Hilary, Vol IV
Putnam, Jackson K., Vol I
Putnam, Linda L., Vol II

Putnam, Michael C.J., Vol I
Putney, David P., Vol IV
Pychinka, C.A. Prettiman, Vol II
Pyles, John E., Vol IV
Pynn, Ronald, Vol I
Qian, Nanxiu, Vol III
Qian, Wen-yuan, Vol I
Quackenbush, Louis Howard, Vol II
Qualls, Barry V., Vol III
Quander, Rohulamin, Vol IV
Quandt, Richard E., Vol I
Quataert, Donald George, Vol I
Queen, Evelyn E. Crawford, Vol IV
Quere, Ralph Walter, Vol I
Quick, Albert T., Vol IV
Quigley, Austin E., Vol II
Quigley, Austin F., Vol II
Quigley, Tim, Vol IV
Quigley, Timothy R., Vol IV
Quillian, William F., Vol IV
Quin, Carolyn L., Vol I
Quinan, Jack, Vol I
Quinlan, Kieran, Vol II
Quinlivan, Mary E., Vol I
Quinn, John F., Vol IV
Quinn, Philip L., Vol IV
Quinn, Thomas Michael, Vol IV
Quinn, William A., Vol IV
Quinsey, Katherine M., Vol III
Quintero, Ruben, Vol II
Quirk, Ronald Joseph, Vol III
Quirk, Ruthmarie, Vol I
Quirk, Thomas Vaughan, Vol II
Quirk, William J., Vol IV
Quist, John W., Vol I
Quitslund, Sonya Antoinette, Vol IV
Quitt, Martin Herbert, Vol I
Quivik, Fredric L., Vol I
Raabe, Paul R., Vol IV
Raabe, William A., Vol I
Raack, Richard C., Vol I
Raaflaub, Kurt A., Vol I
Raat, William D., Vol I
Rabassa, Gregory, Vol III
Rabb, Theodore K., Vol I
Rabbat, Nasser O., Vol I
Rabbitt, Kara, Vol III
Rabe, Stephen, Vol I
Rabillard, Sheila M., Vol II
Rabin, Robert Leonard, Vol IV
Rabine, Leslie W., Vol III
Rabinowitch, Alexander, Vol I
Rabinowitz, Howard, Vol I
Rabinowitz, Mayer E., Vol IV
Rabinowitz, Peter Jacob, Vol III
Rable, George Calvin, Vol I
Rabouin, E. Michelle, Vol IV
Race, Jeffery, Vol I
Race, William H., Vol I
Rachels, James, Vol IV
Rachels, Stuart, Vol IV
Rachleff, Peter J., Vol I
Rachlinski, J.J., Vol IV
Racine, Philip N., Vol I
Radan, George T., Vol I
Radden, Jennifer, Vol IV
Radding, Cynthia, Vol I
Rader, Benjamin G., Vol I
Rader, Rosemary, Vol I
Radford, Gary P., Vol II
Radic, Randall, Vol IV
Radice, Mark A., Vol I
Radisich, Paula, Vol I
Radomski, Harry B., Vol IV
Radway, Janice, Vol II
Radycki, Diane, Vol I
Radzik, Linda, Vol IV
Rae, Bob, Vol IV
Rae, Patricia, Vol II
Rae Baxter, Laurie, Vol IV
Raeff, Marc, Vol I
Raelin, Joseph A., Vol I
Rafael, Vicente, Vol III
Raffel, Burton, Vol I
Ragan, Bryant T., Jr., Vol I
Ragsdale, J. Donald, Vol II
Ragussis, Michael, Vol II
Rahman, Shafiqur, Vol II
Rahn Phillips, Carla, Vol I
Rainbolt, George, Vol IV
Rainer, Thom S., Vol IV
Rainer, Ulrike, Vol III
Rainey, Kenneth T., Vol II
Rainey, Penelope, Vol I
Rainwater, Mary Catherine, Vol II
Raisor, Philip, Vol II

Raitt, Jill, Vol IV
Raitt, Ronald D., Vol IV
Raj, Victor A.R., Vol IV
Rajagopal, Arvind, Vol I
Rajan, Tilottama, Vol II
Rajashekar, J. Paul, Vol IV
Rakove, Jack Norman, Vol I
Rakus, Daniel T., Vol IV
Ralph, James R., Vol I
Ralston, Steven, Vol II
Ramage, James Alfred, Vol I
Ramage, Nancy Hirschland, Vol I
Ramazani, Jahan, Vol II
Rambaldo, Ana M., Vol III
Rambuss, Richard, Vol III
Rameh, Clea Abdon, Vol III
Ramesh, Clospeth N., Vol III
Ramey, George, Vol IV
Ramiacuterez, Mariacutea-Esther D., Vol IV
Ramirez, Arnulfo G., Vol III
Ramos, Donald, Vol I
Ramos-Garcia, Luis A., Vol III
Ramos-Gonzalez, Carlos, Vol IV
Ramos-Mattei, Carlos J., Vol IV
Ramp, Steven W., Vol II
Rampersad, Arnold, Vol II
Ramsbottom, Mary Macmanus, Vol I
Ramsey, C. Earl, Vol II
Ramsey, Jarold, Vol II
Ramsey, Jeff, Vol I
Ramsey, John T., Vol I
Ramsey, Mary K., Vol II
Ramsey, William M., Vol IV
Ramshaw, Elaine Julian, Vol IV
Ramusack, Barbara N., Vol I
Rand, Harry, Vol I
Randall, Dale B.J., Vol II
Randall, Francis Ballard, Vol I
Randall, Kenneth C., Vol IV
Randall, Susan Lyons, Vol IV
Randolph, Adrian W. B., Vol I
Ranes, Barbara, Vol II
Raney, George William, Vol III
Rank, Hugh Duke, Vol II
Rankin, Duncan, Vol IV
Ransby, Barbara, Vol I
Ransdell, Joseph M., Vol IV
Ranta, Richard R., Vol II
Ranum, Orest, Vol I
Ranwez, Alain Daniel, Vol III
Rao, Nagesh, Vol I
Rao, Sandhya, Vol II
Raoul, Valerie, Vol III
Rapaport, William J., Vol IV
Rappaport, Rhoda, Vol I
Rappaport, Steven D., Vol IV
Rapple, Eva Marie, Vol IV
Rapson, Richard L., Vol I
Rasch, William, Vol III
Raser, Harold E., Vol IV
Rashkow, Ilona N., Vol III
Raskin, Jamin, Vol IV
Raskin, Jay, Vol IV
Raskin, Jonah, Vol II
Rasmussen, Chris, Vol I
Rasmussen, S.J., Vol I
Rasporich, Anthony W., Vol I
Rast, Walter Emil, Vol IV
Rastalsky, Hartmut, Vol III
Rasula, Jed, Vol II
Ratcliffe, Donald John, Vol I
Ratcliffe, Stephen, Vol II
Rates, Norman M., Vol IV
Rathburn, Paul A., Vol II
Rather, Susan, Vol I
Ratliff, Charles Edward, Vol I
Ratliff, Gerald Lee, Vol II
Ratner, Larry, Vol I
Ratner, Steven Richard, Vol IV
Ratushny, Edward J., Vol IV
Rauabitschek, Antony E., Vol I
Rauch, Alan, Vol I
Rauch, Doreen E., Vol IV
Raucher, Alan R., Vol I
Rauhut, Nils, Vol IV
Rausch, Jane M., Vol I
Rausch, Thomas P., Vol IV
Rauschenberg, Roy A., Vol II
Raven, James R., Vol I
Raven-Hansen, Pete, Vol IV
Ravenell, Mildred, Vol IV
Ravenell, William Hudson, Vol IV
Raverty, Dennis, Vol I
Ravina, Mark, Vol I
Ravitz, Abe C., Vol II
Ravven, Heidi, Vol IV
Rawley, James A., Vol I

Rawling, J. Piers, Vol IV
Rawlins, William K., Vol II
Rawls, James J., Vol I
Rawls, John, Vol IV
Rawski, Evelyn Sakakida, Vol I
Ray, Douglas E., Vol IV
Ray, Eileen Berlin, Vol II
Ray, Georgr B., Vol IV
Ray, Greg, Vol IV
Ray, Reginald, Vol IV
Ray, Robert H., Vol I
Raye, Vance Wallace, Vol IV
Rayfield, David, Vol IV
Raymond, Diane, Vol IV
Rayor, Diane J., Vol II
Rea, Kenneth W., Vol I
Rea, Michael C., Vol IV
Read, Charles, Vol III
Reagan, Leslie J., Vol I
Reagan, Mary Jane, Vol I
Reagon, Bernice Johnson, Vol I
Real, Michael, Vol II
Reardon, Colleen, Vol I
Reardon, John J., Vol I
Rearick, Charles, Vol I
Reath, Andrews, Vol IV
Reaves, Benjamin Franklin, Vol I
Rebay, Luciano, Vol III
Reber, Vera Blinn, Vol I
Reck, Andrew Joseph, Vol IV
Reck, David, Vol I
Reck, Erich H., Vol IV
Reck, Rima Drell, Vol III
Reddick, Robert, Vol II
Reddish, Mitchell Glenn, Vol IV
Redditt, Paul L., Vol IV
Reddy, Maureen T., Vol II
Redenbarger, Wayne Jacob, Vol IV
Redfield, James M., Vol I
Redfield, Marc, Vol II
Redman, Tim, Vol II
Redmount, Carol A., Vol I
Reece, Debra J., Vol II
Reece, Steve, Vol I
Reed, Bill, Vol II
Reed, Christopher A., Vol I
Reed, Daisy Frye, Vol I
Reed, Gervais Eyer, Vol III
Reed, Gregory J., Vol IV
Reed, James Wesley, Vol I
Reed, John Julius, Vol I
Reed, John R., Vol II
Reed, Linda, Vol I
Reed, Merl E., Vol I
Reed, Peter J., Vol II
Reed, Ross Channing, Vol IV
Reed, T.V., Vol I
Reed, Walter, Vol III
Reeder, Heidi M., Vol III
Reeder, John P., Vol IV
Reedy, Chandra L., Vol I
Reedy, William T., Vol I
Reese, James Verdo, Vol I
Reese, Thomas, Vol IV
Reese, William Lewis, Vol IV
Reesman, J.C., Vol II
Reeves, Albert Compton, Vol I
Reeves, Byron, Vol II
Reeves, Thomas C., Vol I
Reeves, Willaim Dale, Vol I
Refai, Shahid, Vol I
Reff, Theodore Franklin, Vol I
Regalado, Nancy Freeman, Vol III
Regaldo, Samuel O., Vol I
Rege, Josna E., Vol II
Regelski, Thomas Adam, Vol I
Reginald, Allen, Vol I
Regnister, Bernard, Vol IV
Regosin, Richard L., Vol III
Regueiro, Jose Miguel, Vol III
Reguer, Sara, Vol I
Reher, Margaret Mary, Vol I
Rehm, Maurice, Vol I
Rehnquist, William Hubbs, Vol IV
Reibetanz, S. Sophia, Vol IV
Reich, Louis John, Vol IV
Reich, Peter L., Vol IV
Reich, Robert D., Vol II
Reich, Warren T., Vol IV
Reichberg, Gregory M., Vol IV
Reichenbach, Bruce Robert, Vol IV
Reichenbach, Maria, Vol IV
Reichmann, James B., Vol IV
Reid, Benjamin F., Vol IV
Reid, Donald Malcolm, Vol I
Reid, Garnett, Vol IV
Reid, Inez Smith, Vol IV

Reid, Joel Otto, Vol I
Reid, John Phillip, Vol I
Reid, Lawrence Andrew, Vol III
Reid, Loren, Vol II
Reid, Louann, Vol II
Reid, Panthea, Vol II
Reid, Peter L.D., Vol I
Reid, Robert L., Vol II
Reid, Ronald F., Vol II
Reid, Stephen, Vol II
Reide, Jerome L., Vol IV
Reidel-Schrewe, Ursula, Vol III
Reidenberg, Joel R., Vol IV
Reidy, David, Vol IV
Reiff, Daniel D., Vol I
Reigelman, Milton M., Vol II
Reigstad, Ruth, Vol I
Reill, Peter Hanns, Vol I
Reilly, Bernard F, Vol I
Reilly, Edward J., Vol II
Reilly, John Marsden, Vol II
Reilly, Linda, Vol I
Reilly, Lisa, Vol I
Reimer, James A., Vol IV
Reiner, Erica, Vol I
Reinerman, Alan Jerome, Vol I
Reinhardt, John Edward, Vol II
Reinhartz, Adele, Vol IV
Reinhartz, Dennis Paul, Vol III
Reinharz, Jehuda, Vol I
Reinheimer, David, Vol II
Reinking, Victor, Vol III
Reinshagen-Joho, Liane, Vol I
Reisch, George, Vol I
Reisman, W. Michael, Vol IV
Reiss, Charles, Vol III
Reiss, John, Vol II
Reiss, Lester Joseph, Vol IV
Reiter, David Dean, Vol IV
Reitz, Charles, Vol IV
Reitz, Curtis R., Vol IV
Reitz, Miriam, Vol I
Reitz, Richard Allen, Vol III
Reitz Mullenix, Elizabeth, Vol II
Reitzes, Lisa B., Vol I
Rejai, Mostafa, Vol II
Relihan, Joel C., Vol I
Remak, Henry Heymann Herman, Vol III
Remak, Joachim, Vol I
Remer, Rosalind, Vol I
Remini, Robert Vincent, Vol I
Rempel, Gerhard, Vol II
Rempel, John W., Vol II
Rempel, Richard A., Vol I
Rendsburg, G.A., Vol IV
Renehan, Robert, Vol I
Renfro, Paula C., Vol II
Renfro, R. Bruce, Vol II
Renick, Timothy M., Vol IV
Renna, Thomas Julius, Vol I
Rennert, Hellmut Hal, Vol III
Rennie, Bryan S., Vol I
Reno, J. David, Vol II
Renza, Louis A., Vol II
Resch, John P., Vol I
Rescher, Nicholas, Vol III
Resinski, Rebecca, Vol I
Resis, Albert, Vol I
Resler, W. Michael, Vol III
Resnick, Irven M., Vol IV
Resnik, Judith, Vol IV
Resnik, Michael D., Vol IV
Resseguie, James L., Vol IV
Restivo, Sal, Vol I
Reumann, John Henry Paul, Vol IV
Reuscher, John, Vol IV
Reusher, Jay, Vol I
Reuter, William C., Vol I
Revell, Donald, Vol II
Reverand, Cedric D., Vol II
Rexine, John Efstratios, Vol I
Rey, William Henry, Vol III
Reydams-Schils, Gretchen, Vol I
Reyerson, Kathryn L., Vol I
Reyfman, Irina, Vol III
Reymond, Robert L., Vol IV
Reynolds, Ann, Vol I
Reynolds, Clark Winton, Vol IV
Reynolds, David S., Vol II
Reynolds, Donald E., Vol I
Reynolds, E. Bruce, Vol I
Reynolds, Edward, Vol IV
Reynolds, Frank E., Vol I
Reynolds, J. Alvin, Vol IV
Reynolds, Laurie A., Vol IV
Reynolds, Noel Beldon, Vol IV
Reynolds, Richard Clay, Vol II

Reynolds, Roger Edward, Vol I
Reynolds, Steven, Vol IV
Reynolds, Terry S., Vol I
Rhie, Marylin, Vol I
Rhoades, Duane, Vol III
Rhoads, David, Vol IV
Rhoads, William B., Vol I
Rhode, Deborah L., Vol IV
Rhodes, Paula R., Vol IV
Rhodes, Randall, Vol I
Rhodes, Ron, Vol IV
Rhodes Bailly, Constantina, Vol IV
Rhys, J Howard W., Vol IV
Riasanovsky, Nicholas, Vol I
Ribeiro, Alvaro, Vol I
Ricapito, Joseph V., Vol III
Ricard, Francois, Vol III
Ricci, Paul O., Vol IV
Ricciardelli, Angela R., Vol I
Rice, Albert R., Vol I
Rice, Arnold Sanford, Vol I
Rice, Berry, Vol IV
Rice, Charles E., Vol IV
Rice, Charles L., Vol IV
Rice, Eileen F., Vol I
Rice, Grantland S., Vol II
Rice, Horace Warren, Vol IV
Rice, Laura, Vol III
Rice, Louise, Vol I
Rice, Louise Allen, Vol II
Rice, Paul R., Vol IV
Rice, Richard, Vol I
Rice, Stephen P., Vol I
Rice Winderl, Ronda, Vol II
Rich, John Stanley, Vol III
Rich, Norman, Vol I
Rich, Robert F., Vol IV
Richard, Carl J., Vol I
Richard, Ron, Vol II
Richards, Edward P., Vol IV
Richards, Jeffery Jon, Vol IV
Richards, Jeffrey H., Vol II
Richards, Jerald H., Vol IV
Richards, Joan Livingston, Vol I
Richards, Johnetta Gladys, Vol I
Richards, Kent Harold, Vol IV
Richards, Leon, Vol I
Richards, Leonard, Vol I
Richards, Michael Dulany, Vol I
Richards, Phillip M., Vol II
Richards, Randy, Vol IV
Richards, William M., Vol IV
Richardson, Andra Virginia, Vol IV
Richardson, Anne, Vol II
Richardson, Betty, Vol II
Richardson, Brian C., Vol IV
Richardson, Charles O., Vol I
Richardson, Cordell, Vol I
Richardson, David M., Vol IV
Richardson, Dean M., Vol I
Richardson, Don, Vol II
Richardson, Donald, Vol I
Richardson, Granetta L., Vol II
Richardson, Henry, Vol IV
Richardson, Horst Fuchs, Vol III
Richardson, Joe M., Vol I
Richardson, John, Vol I
Richardson, Kurt A., Vol IV
Richardson, Laurel, Vol I
Richardson, Lawrence Jr, Vol I
Richardson, Malcolm, Vol II
Richardson, Peter, Vol IV
Richardson, Richard C., Jr., Vol I
Richardson, Robert Calvin, Vol IV
Richardson, Scott D., Vol III
Richardson, Stephanie A., Vol II
Richardson, Stephen R., Vol IV
Richardson, William, Vol I
Richey, Russell Earle, Vol I
Richlin, Amy, Vol I
Richman, Paula, Vol IV
Richman, Stephen, Vol III
Richman, William M., Vol IV
Richmond, Douglas Wertz, Vol I
Richmond, Hugh M., Vol II
Richmond, Maureen, Vol II
Richmond, Velma B., Vol II
Richter, Daniel K., Vol I
Richter, David H., Vol II
Richter, Donald Charles, Vol I
Richter, Duncan J., Vol IV
Ricke, Joseph M., Vol I
Ricker-Aberdhalden, Judith, Vol III
Ricketts, Thomas G., Vol IV
Rickless, Samuel, Vol IV
Rickly, Rebecca, Vol II

Ricoeur, Paul, Vol IV
Riddel, Frank Stephen, Vol I
Riddell, Richard, Vol II
Ridge, Michael, Vol IV
Ridgel, Gus Tolver, Vol IV
Ridgway, Brunilde (Sismondto), Vol I
Ridgway, John Karl, Vol IV
Ridgway, Whitman Hawley, Vol I
Ridland, John, Vol II
Ridley, Jack B., Vol I
Rieber, Steven, Vol IV
Riebling, Barbara, Vol II
Rieckman, Jens, Vol I
Riedel, Walter Erwin, Vol III
Riedinger, Edward, Vol I
Riely, John C., Vol II
Ries, Nancy, Vol I
Riese Hubert, Renee, Vol III
Riesenberg, Peter, Vol I
Riesenfeld, Stefan Albrecht, Vol IV
Rieser, Alison, Vol IV
Riess, Steve Allen, Vol I
Rife, Jerry E., Vol I
Rigali, Norbert Jerome, Vol IV
Rigby, Kenneth, Vol IV
Rigdon, V. Bruce, Vol IV
Rigg, Arthur George, Vol I
Riggins, Thomas, Vol IV
Riggs, Robert, Vol I
Riggs, Timothy A., Vol I
Rigolot, Francois, Vol II
Rigsby, Enrique D., Vol II
Rigsby, Kent Jefferson, Vol I
Rikard, Marlene Hunt, Vol I
Rike, Jennifer L., Vol IV
Riley, J.C., Vol I
Riley, James Denson, Vol I
Riley, Philip Ferdinand, Vol I
Riley, Sam G., Vol II
Riley, Terence, Vol I
Rilling, John R., Vol I
Rimal, Rajiv N., Vol I
Rimby Meo, Susan, Vol I
Rind, Miles, Vol IV
Rinderle, Walter, Vol I
Rindisbacher, Hans J., Vol III
Rinehart, John, Vol I
Rinehart, Lucy, Vol II
Ring, Nancy C., Vol IV
Ringen, Catherine Oleson, Vol III
Ringenberg, William Carey, Vol I
Ringer, Alexander, Vol I
Ringrose, David R., Vol I
Rink, Oliver A, Vol I
Rinkevich, Thomas E., Vol I
Rinkus, Jerome Joseph, Vol III
Ripley Wolfe, Margaret, Vol I
Ripple, Kenneth Francis, Vol IV
Rippley, La Vern J., Vol III
Rischin, Moses, Vol I
Risco, Antonio, Vol III
Risjord, Mark, Vol IV
Risjord, Norman Kurt, Vol I
Risser, James C., Vol IV
Risser, James V., Vol II
Rissi, Mathias, Vol I
Risso, Patricia, Vol I
Ritchie, Donald Arthur, Vol I
Ritschel, Daniel, Vol I
Ritson, G. Joy, Vol I
Ritter, Harry R., Vol I
Ritter, Kurt, Vol II
Ritterson, Michael, Vol III
Ritvo, Harriet, Vol I
Ritzer, George, Vol I
Rivera Rodas, Oscar, Vol III
Rivero, Eliana Suarez, Vol III
Rivero, Maria Luisa, Vol III
Rivers, Clarence Joseph, Vol IV
Rivers, Elias Lynch, Vol III
Rivers, Louis, Vol II
Rivers, Wilga Marie, Vol III
Rives, James, Vol I
Rivest, Johanne, Vol I
Rix, Brenda, Vol I
Rizzuto, Anthony, Vol III
Roach, Kent, Vol IV
Roark, Dallas Morgan, Vol IV
Roark, James L., Vol I
Roazen, Paul, Vol I
Robana, Abderrahman, Vol IV
Robards, Brooks, Vol II
Robb, George, Vol I
Robb, James Willis, Vol III
Robb, Michael P., Vol II
Robb, Stephen, Vol I
Robb, Stewart A., Vol I

Robbert, Louise Buenger, Vol I
Robbins, Bruce, Vol I
Robbins, Helen W., Vol II
Robbins, Ira Paul, Vol IV
Robbins, Jill, Vol III
Robbins, Kenneth, Vol II
Robbins, Paul Richard, Vol I
Robbins, Richard G., Jr., Vol I
Robbins, William Grover, Vol I
Roberge, Rene-Michel, Vol IV
Roberson, Christopher, Vol IV
Robert, Jean-Claude, Vol I
Robert, Lucie, Vol II
Roberto, Anthony J., Vol II
Roberts, Anna, Vol III
Roberts, Barbara A., Vol I
Roberts, Brian, Vol II
Roberts, Bryndis Wynette, Vol I
Roberts, Charles, Vol I
Roberts, Charles Edward, Vol I
Roberts, Don, Vol IV
Roberts, Donald F., Vol II
Roberts, John R., Vol II
Roberts, Julie, Vol III
Roberts, Kathryn L., Vol IV
Roberts, Kenneth C., Jr., Vol I
Roberts, Lani, Vol IV
Roberts, Marion Elizabeth, Vol I
Roberts, Melinda, Vol IV
Roberts, Michael, Vol I
Roberts, Nancy L., Vol II
Roberts, Robin, Vol II
Roberts, Rodney C., Vol IV
Roberts, Samuel Kelton, Vol IV
Roberts, Thomas J., Vol II
Roberts, Victor William, Vol IV
Roberts, Warren Errol, Vol I
Roberts, Wendy Hunter, Vol IV
Roberts, Wesley A., Vol IV
Robertson, Benjamin W., Vol IV
Robertson, Fiona, Vol I
Robertson, Heidi Gorovitz, Vol IV
Robertson, James Irvin, Vol I
Robertson, O. Palmer, Vol IV
Robertson, Patricia C., Vol I
Robertson, Teresa, Vol IV
Robey, David H., Vol II
Robinet, Harriette Gillem, Vol I
Robins, Gay, Vol I
Robinson, Amy, Vol II
Robinson, Andrew, Vol I
Robinson, Daniel N., Vol III
Robinson, David, Vol II
Robinson, Edward A., Vol II
Robinson, Ella S., Vol II
Robinson, Fred C., Vol III
Robinson, Genevieve, Vol I
Robinson, Haddon W., Vol IV
Robinson, Hoke, Vol IV
Robinson, Ira, Vol III
Robinson, James Burnell, Vol IV
Robinson, James D., Vol II
Robinson, James E., Vol II
Robinson, Jim C., Vol I
Robinson, John H., Vol IV
Robinson, Jontyle Theresa, Vol I
Robinson, Joyce H., Vol I
Robinson, Keith Alan, Vol IV
Robinson, Kelly A., Vol III
Robinson, Laura, Vol II
Robinson, Lilien F., Vol I
Robinson, Lyman R., Vol IV
Robinson, Mary Elizabeth, Vol IV
Robinson, Ruth, Vol I
Robinson, Tom, Vol I
Robinson, William Henry, Vol II
Robinson, William Spencer,
   Vol IV
Robison, R.E., Vol III
Robson, Ann W., Vol I
Robson, David, Vol I
Roby, Pamela A., Vol I
Roca, Robert Paul, Vol IV
Rock, Howard Blair, Vol I
Rock, Kenneth Willett, Vol I
Rocke, Alan J., Vol I
Rockefeller, Steven C., Vol I
Rocker, Stephen, Vol IV
Rockland, Michael Aaron, Vol I
Rockmore, Sylvie, Vol III
Rocks, James E., Vol II
Roda, Anthony, Vol IV
Rodas, M. Daniel Carroll, Vol IV
Roddy, Nicole, Vol IV
Roderick, John M., Vol II
Rodes, Robert Emmet, Vol IV
Rodgers, Joseph James, Jr., Vol III
Rodgers, Sanda, Vol IV
Rodini, Robert Joseph, Vol III

Rodney, William, Vol I
Rodnitzky, Jerome L., Vol I
Rodowick, David N., Vol II
Rodrigo, Victoria, Vol III
Rodrigues, Hillary, Vol IV
Rodriguez, Angel Manuel, Vol IV
Rodriguez, Clemencia, Vol I
Rodriguez, Jose David, Vol IV
Rodriguez, Sylvia, Vol I
Rodriguez-Holguin, Jeanette,
   Vol I
Rodriquez - Luis, Julio, Vol III
Roe, Mark J., Vol I
Roeber, Anthony G., Vol I
Roeder, George H., Vol I
Roediger, David, Vol I
Roediger, Henry L., Vol I
Roeper, Thomas, Vol III
Roesch, Ronald, Vol I
Roethke, Gisela, Vol III
Rogers, Clifford J., Vol I
Rogers, Daniel E., Vol I
Rogers, Isabel Wood, Vol IV
Rogers, Jack E., Vol II
Rogers, Jimmie N., Vol II
Rogers, Katharine Munzer, Vol II
Rogers, Kenneth Hall, Vol III
Rogers, Kim W., Vol II
Rogers, Lawrence William, Vol III
Rogers, Lynne, Vol I
Rogers, Oscar Allan, Jr., Vol I
Rogers, Phil, Vol I
Rogers, Thomas Franklyn, Vol III
Rogler, Lloyd H., Vol I
Rogness, Michael, Vol II
Rohatyn, Dennis Anthony, Vol IV
Rohinsky, Marie-Claire, Vol III
Rohr, Michael D., Vol IV
Rohrbacher, Bernhard, Vol III
Rohrbaugh, Richard L., Vol IV
Rohrbough, Malcolm Justin, Vol I
Rohrer, James, Vol IV
Rohrer, Judith C., Vol I
Rohrs, Richard Carlton, Vol I
Roisman, Hanna M., Vol I
Rojas, Carlos, Vol III
Rojas, J. Nelson, Vol III
Rojas, Lourdes, Vol III
Roland, Alex, Vol I
Roland, Charles G., Vol I
Roland, Charles P., Vol I
Rolater, Frederick Strickland,
   Vol I
Rolfe, Oliver Willis, Vol III
Roller, Matthew B., Vol I
Rollin, Bernard E., Vol IV
Rollin, Lucy, Vol II
Rollings, Willard H., Vol I
Rollins, Peter, Vol I
Rollins, Richard Albert, Vol IV
Rollins, Wayne Gilbert, Vol IV
Rollyson, Carl E., Jr., Vol II
Rolnick, Philip, Vol IV
Rolston, Holmes, III, Vol IV
Rolwing, Richard J., Vol IV
Roman, Camille, Vol II
Roman, Eric, Vol I
Romano, Susan, Vol I
Romanow, Walter I., Vol II
Romanowski, Sylvie, Vol III
Romans, J. Thomas, Vol I
Rombes, Nicholas, Vol II
Romeiser, John B., Vol III
Romer, F.E., Vol I
Romey, William Dowden, Vol I
Romm, James S., Vol I
Romo, Ricardo, Vol I
Ronald, Ann, Vol II
Ronan, John J., Vol II
Ronda, Bruce, Vol II
Roney, John B., Vol I
Ronnick, Michele Valerie, Vol I
Rood, David Stanley, Vol III
Roof, Wade Clark, Vol IV
Rooke, Constance M., Vol II
Rooks, Charles Shelby, Vol IV
Roop, Eugene F., Vol I
Roosevelt, A.C., Vol IV
Root, Deane Leslie, Vol I
Root, Michael, Vol IV
Root, Michael, Vol IV
Roper, Alan, Vol II
Rorlich, Azade-Ayse, Vol I
Rorty, Amelie Oksenberg, Vol IV
Rorty, R., Vol IV
Rosa, Alfred, Vol II
Rosa, William, Vol III
Rosand, David, Vol I
Rose, Brian, Vol I

Rose, Gilbert Paul, Vol I
Rose, J., Vol I
Rose, Kenneth, Vol IV
Rose, Leo E., Vol I
Rose, Marilyn Gaddis, Vol III
Rose, Mark, Vol I
Rose, Paul L., Vol I
Rose, Peter Wires, Vol I
Rose, Phyllis Davidoff, Vol II
Rose, Sharon, Vol III
Rose, Stanley Ludwig, Vol III
Rosell, Garth M., Vol I
Rosemann, Philipp W., Vol IV
Rosemont, Henry, Vol IV
Rosen, David, Vol I
Rosen, Kenneth Mark, Vol II
Rosen, Robert Charles, Vol II
Rosen, Ruth E., Vol I
Rosen, Stanley H., Vol I
Rosenberg, Alexander, Vol IV
Rosenberg, Beth C., Vol II
Rosenberg, Bruce, Vol I
Rosenberg, Emily Schlaht, Vol I
Rosenberg, Joel William, Vol III
Rosenberg, John D., Vol II
Rosenberg, Jonathan, Vol I
Rosenberg, Justus, Vol III
Rosenberg, Marvin, Vol I
Rosenberg, Norman Lewis, Vol I
Rosenberg, Rosalind Navin, Vol I
Rosenberg, Samuel N., Vol III
Rosenblatt, Jason Philip, Vol II
Rosenbloom, Joseph R., Vol I
Rosenblum, Robert, Vol I
Rosenblum, Victor Gregory,
   Vol IV
Rosenfeld, Michel, Vol IV
Rosenheim, James Morton, Vol II
Rosenheim, Shawn, Vol II
Rosenkrantz, Gary Sol, Vol IV
Rosenof, Theodore Dimon, Vol I
Rosenstein, Leon, Vol IV
Rosenstone, Robert Allan, Vol I
Rosenthal, Angela, Vol I
Rosenthal, David M., Vol IV
Rosenthal, Judith Ann, Vol II
Rosenthal, Lisa, Vol I
Rosenthal, Margaret F., Vol II
Rosenthal, Michael, Vol I
Rosenthal, Michael A., Vol IV
Rosenthal, Peter, Vol IV
Rosenwald, Lawrence A., Vol II
Rosenwein, Barbara Herstein,
   Vol I
Rosenzweig, Roy, Vol I
Roses, Lorraine Elena, Vol III
Rosin, Robert L., Vol I
Rosivach, Vincent John, Vol I
Roskill, Mark, Vol I
Rosner, David, Vol I
Rosner, Jennifer, Vol IV
Rosner, Stanley, Vol I
Rosnow, Ralph Leon, Vol I
Rosowski, Susan Jean, Vol II
Ross, Billy I., Vol II
Ross, Catherine S., Vol II
Ross, Christopher F.J., Vol IV
Ross, Claudia, Vol III
Ross, Daniel W., Vol II
Ross, David, Vol I
Ross, Dorothy Rabin, Vol I
Ross, Ellen, Vol I
Ross, James F., Vol IV
Ross, Jamie, Vol IV
Ross, Jerome C., Vol IV
Ross, Marilyn A., Vol I
Ross, Mary Ellen, Vol III
Ross, Particia A., Vol IV
Ross, Peter W., Vol I
Ross, Ralph M., Vol IV
Ross, Ronald John, Vol I
Ross, Rosetta, Vol I
Ross, Stephanie A., Vol IV
Ross, Stephen F., Vol IV
Ross, Steven J., Vol I
Ross Bryant, Lynn, Vol IV
Rossi, Christopher, Vol IV
Rossi, John P., Vol I
Rossiter, Margaret W., Vol I
Rossman, Charles R., Vol II
Rosteck, T. Thomas, Vol II
Rosthal, Robert, Vol IV
Roszak, Theodore, Vol I
Rotan, Constance S., Vol IV
Roth, Jean, Vol IV
Roth, Jeffrey I., Vol IV
Roth, Joel, Vol IV
Roth, Jonathan, Vol I
Roth, Lane, Vol II

Roth, Lorna, Vol II
Roth, Mitchel, Vol I
Roth, Moira, Vol I
Roth, Paul A., Vol IV
Roth, Phyllis Ann, Vol II
Roth, Randolph A., Vol I
Roth, Robert J., Vol IV
Roth, William, Vol I
Roth-Burnette, Jennifer, Vol I
Rothauge, Arlin J., Vol IV
Rothbart, Daniel, Vol IV
Rothberg, Donald Jay, Vol IV
Rothblatt, Sheldon, Vol I
Rothenberg, Gunther Eric, Vol I
Rothenberg, Marc, Vol I
Rothenberg, Molly, Vol III
Rothenbusch, Esther H., Vol I
Rothfeld, Anne, Vol I
Rothfork, John G., Vol I
Rothman, David, Vol I
Rothman, Frederick P., Vol IV
Rothman, Hal K., Vol I
Rothman, Irving N., Vol II
Rothney, Gordon O., Vol I
Rothney, John Alexander, Vol I
Rothstein, Marian, Vol III
Rothstein, Paul Frederick, Vol IV
Rothstein, William, Vol I
Rothwell, Kenneth S., Vol I
Rothwell, Kenneth Sprague, Vol II
Rottschaefer, William Andrew,
   Vol IV
Rotunda, Ronald Daniel, Vol IV
Rouhi, Leyla, Vol III
Roulin, Jean-Marie, Vol III
Roulston, Christine, Vol III
Rouman, John Christ, Vol I
Rouse, Donald E., Vol I
Rouse, Jacqueline Anne, Vol I
Roush, Sherrilyn, Vol IV
Rousselow, Jessica, Vol II
Routledge, Marie I., Vol I
Rowan, Albert T., Vol IV
Rowan, John R., Vol IV
Rowan, Katherine E., Vol II
Rowan, Stephen C., Vol II
Rowan, Steven, Vol I
Rowe, Anne Ervin, Vol II
Rowe, D.L., Vol I
Rowe, David C., Vol I
Rowe, Gail Stuart, Vol I
Rowe, Joyce A., Vol II
Rowe, Karen E., Vol II
Rowe, M.W., Vol I
Rowe, Patsy Baxter, Vol I
Rowe, Stephen C., Vol IV
Rowe, William L., Vol IV
Rowland, Beryl, Vol II
Rowland, Gordon, Vol II
Rowland, Rick, Vol I
Rowlinson, Matthew C., Vol II
Rowold, Henry, Vol IV
Roy, Abhik, Vol II
Roy, Emil L., Vol II
Roy, George Ross, Vol II
Roy, Parama, Vol II
Royster, Charles William, Vol I
Royster, Philip M., Vol I
Rozbicki, Michael J., Vol II
Rozema, Hazel J., Vol II
Rozenzweig, Roy, Vol I
Rubarth, Scott M., Vol IV
Ruben, Brent David, Vol II
Rubenstein, Eric M., Vol IV
Rubenstein, Jill, Vol II
Rubenstein, Richard Lowell,
   Vol IV
Rubenstein, Roberta, Vol II
Rubin, Alfred P., Vol IV
Rubin, James Henry, Vol I
Rubin, Mordecai S., Vol III
Rubin, Paul H., Vol IV
Rubin, Rebecca B., Vol II
Rubin Schwartz, Shuly, Vol IV
Rubincam, Catherine I., Vol I
Rubinstein, Ernest, Vol IV
Rubio, Mary H., Vol II
Rubsys, Anthony L., Vol IV
Ruck, Carl Anton Paul, Vol I
Rudd, Jill, Vol III
Ruddy, T. Michael, Vol I
Rude, Carolyn D., Vol II
Rude, Donald W., Vol II
Rudenstine, David, Vol IV
Ruderman, Judith, Vol II
Rudge, David W., Vol I
Rudin, Ronald, Vol I
Rudnick, Lois P., Vol I
Rudnick Luft, Sandra, Vol I

Rudnytzky, Leonid, Vol III
Rudolph, Conrad, Vol I
Rudolph, Frederick, Vol I
Rudolph, Robert Samuel, Vol II
Rudy, Willis, Vol I
Ruebel, James, Vol I
Rueda, Ana, Vol IV
Ruedy, John D., Vol I
Ruel Robins, Marianne, Vol I
Rueschmann, Eva, Vol III
Ruestow, Edward G., Vol I
Ruffin, Paul, Vol II
Ruffing, Janet, Vol IV
Rugg, Marilyn D., Vol III
Ruggiero, Guido, Vol I
Ruggiero Freis, Catherine, Vol I
Ruggles, Myles A., Vol II
Ruggles, Steven, Vol I
Rugoff, Milton, Vol I
Ruiz, Teofilo Fabian, Vol I
Ruja, Harry, Vol I
Rukmani, T.S., Vol IV
Ruland, Richard, Vol II
Rumbal, Erika, Vol I
Rumold, Raiuer, Vol I
Rundell, Richard Jason, Vol III
Runge, Laura, Vol I
Runkel, Ross R., Vol IV
Running, Leona Glidden, Vol III
Runyan, William Ronald, Vol II
Runyon, Randolph Paul, Vol III
Runyon, Randy, Vol II
Rupp, Gary, Vol I
Rupp, Leila J., Vol I
Rupp, Richard Henry, Vol II
Ruppersburg, Hugh, Vol II
Ruprecht, Louis A., Jr., Vol IV
Rura, Svetlana, Vol I
Rusch, Scott M., Vol I
Rusco, Elmer R., Vol I
Rush, Sharon E., Vol IV
Rushing, Janice H., Vol II
Russell, Anne, Vol II
Russell, Bruce Alan, Vol IV
Russell, C. Allyn, Vol IV
Russell, Charles, Vol III
Russell, Charles G., Vol II
Russell, Delbert, Vol III
Russell, Diana Elizabeth H., Vol I
Russell, Frederick Hooker, Vol I
Russell, Gillian, Vol I
Russell, Hilary A., Vol I
Russell, James M., Vol I
Russell, Kathryn, Vol IV
Russell, Rinaldina, Vol III
Russell, Tilden A., Vol I
Russell, William R., Vol IV
Russell-Wood, A.J.R., Vol I
Russo, Adelaide, Vol II
Russo, David J., Vol I
Russo, Donald T., Vol IV
Russo, John Paul, Vol II
Russo, Joseph Anthony, Vol I
Russo, Mary, Vol II
Russon, John Edward, Vol IV
Russow, Lilly-Marlene, Vol IV
Rust, Ezra Gardner, Vol I
Rust, Richard Dilworth, Vol II
Ruszkiewicz, John Joseph, Vol II
Rutherford, Charles Shepard,
   Vol II
Rutherford, Donald P., Vol I
Rutherford, Paul F.W., Vol I
Rutherford, William E., Vol III
Ruthven, Jon M., Vol I
Rutkoff, Peter, Vol I
Rutland, Robert Allen, Vol I
Rutledge, Harry Carraci, Vol I
Rutledge, Steven H., Vol I
Rutter, Irvin C., Vol IV
Rutter, Jeremy B., Vol I
Ryals, Clyde De L., Vol II
Ryan, David L., Vol IV
Ryan, Eilish, Vol IV
Ryan, Eugene Edward, Vol IV
Ryan, Frank X., Vol I
Ryan, Herbert Joseph, Vol IV
Ryan, James D., Vol I
Ryan, Judith, Vol III
Ryan, Kevin, Vol I
Ryan, Lawrence Vincent, Vol II
Ryan, Robert, Vol III
Ryan, Robert Albert, Vol II
Ryan, Robert M., Vol II
Ryan, Thomas Joseph, Vol I
Ryavec, Karl William, Vol I
Rychlak, Joseph F., Vol IV
Rydell, Robert William, Vol I
Ryder, John, Vol IV

Rye, Marilyn, Vol II
Ryken, Leland, Vol II
Rynder, Constance, Vol I
Ryon, Roderick Naylor, Vol I
Ryou, Daniel H., Vol IV
Ryskamp, Charles Andrew, Vol II
Ryskamp, George R., Vol IV
Ryzl, Milan, Vol IV
Rzhevsky, Nicholas, Vol III
Saa, Orland, Vol III
Saab, E. Ann Pottinger, Vol I
Saadoun, Mohamed, Vol I
Saatkamp, Herman J., Vol IV
Sabato, Larry J., Vol IV
Sable, Thomas F., Vol IV
Saccio, Peter, Vol II
Sachar, Howard Morley, Vol I
Sachdeva Mann, Harveen, Vol II
Sachs, John R., Vol IV
Sachs, Mendel, Vol II
Sachs, William L., Vol I
Sachsman, David B., Vol II
Sack, James J., Vol I
Sack, Ronald Herbert, Vol I
Sackett, Theodore Alan, Vol III
Sacksteder, William, Vol IV
Saddlemyer, Ann, Vol II
Sade, Robert, Vol IV
Sadler, Wilbert L., Jr., Vol I
Sadlier, Rosemary, Vol I
Sadri, Ahmad, Vol I
Saeger, James Schofield, Vol I
Saenz, Mario, Vol IV
Safer, Elaine Berkman, Vol II
Saffire, Paula Reiner, Vol I
Saffle, Michael, Vol I
Safford, Frank Robinson, Vol I
Safford, Jeffrey Jaeger, Vol I
Safford, John L., Vol I
Safran, William, Vol I
Sag, Ivan Andrew, Vol III
Sage, Michael, Vol I
Sager, Allan Henry, Vol IV
Sagoff, Mark, Vol IV
Saha, Prosanta Kumar, Vol II
Sahadat, John, Vol IV
Sahadat, John, Vol IV
Sahni, Chaman Lall, Vol II
Said, Abdul Aziz, Vol I
Said, Edward, Vol II
Saigal, M., Vol III
Saillant, John D., Vol II
Saine, Thomas Price, Vol III
Sainsbury, John, Vol I
Saint-Jacques, Bernard, Vol III
Saitz, Robert Leonard, Vol III
Sajdak, Bruce C., Vol II
Sakezles, Priscilla, Vol IV
Sakmyster, Thomas Lawrence,
    Vol I
Saks, Elyn R., Vol IV
Salamon, Sonya, Vol I
Salazar, Abran J., Vol II
Sale, Mary, Vol IV
Salem, James Morris, Vol II
Salem, Philip, Vol IV
Salem Manganaro, Elise, Vol II
Salgado, Maria Antonia, Vol III
Saliba, John A., Vol IV
Saliba, John A., Vol IV
Saliers, Don E., Vol IV
Salih, Halil Ibrahim, Vol I
Salisbury, Frank Boyer, Vol I
Salisbury, Neal, Vol I
Salisbury, Richard Vanalstyne,
    Vol I
Salla, Michael, Vol IV
Saller, Richard, Vol I
Sallis, Charles, Vol I
Sallis, John C., Vol IV
Sallstrom, John Emery, Vol IV
Sallustio, Anthony Thomas,
    Vol III
Salmon, John Hearsey Mcmillan,
    Vol I
Salmon, Nathan, Vol IV
Salmon, Wesley Charles, Vol IV
Saloman, Ora Frishberg, Vol I
Salomon, Herman Prins, Vol II
Salomon, Roger B., Vol II
Saltarelli, Mario, Vol III
Saltzman, Arthur Michael, Vol II
Saltzman, Judy Deane, Vol IV
Saltzman, Robert M., Vol IV
Salvaggio, Ruth, Vol I
Salvatore, Nicholas Anthony, Vol I
Salvucci, Linda Kerrigan, Vol I
Salwak, Dale F., Vol II
Salyer, Gregory, Vol I

Salyer, Lucy, Vol I
Salzberg, Joel, Vol II
Salzberg, Stephan, Vol I
Salzman, Jim, Vol IV
Salzman, Neil, Vol I
Samaha, Joel, Vol I
Samar, Vincent J., Vol IV
Samarasinghe, Vidyamali, Vol I
Samarin, William J., Vol III
Sammons, Jeffrey L., Vol III
Sammons, Jeffrey Leonard, Vol III
Sammons, Martha Cragoe, Vol II
Sample, Ruth, Vol IV
Sampon-Nicolas, Annette, Vol III
Sampson, Edward C., Vol II
Samra, Rise J., Vol II
Samson, Donald, Vol II
Samson, John W., Vol II
Samter, Wendy, Vol III
Samudio, Jeffrey, Vol I
Samuel, Alan Edouard, Vol I
Samuels, Marilyn S., Vol II
Samuels, Shirley, Vol II
Samuels, Wilfred D., Vol II
Sanabria, Sergio Luis, Vol I
Sanchez, Elizabeth D., Vol I
Sanchez, George J., Vol I
Sanchez, Jose Mariano, Vol I
Sanchez, Monica E., Vol III
Sanchez Silva, Arlyn, Vol III
Sanchez-Eppler, Karen, Vol II
Sand, R.H., Vol II
Sandage, Scott A., Vol I
Sandalow, Terrance, Vol IV
Sander, Frank E A, Vol IV
Sanders, Cheryl J., Vol IV
Sanders, Douglas, Vol IV
Sanders, Ivan, Vol II
Sanders, Jack Thomas, Vol IV
Sanders, James Alvin, Vol IV
Sanders, John, Vol IV
Sanders, John E., Vol IV
Sanders, John T., Vol IV
Sanders, Lionel, Vol I
Sanders, Mark, Vol III
Sanders, Robert E., Vol III
Sanders, Scott P., Vol II
Sanderson, Warren, Vol I
Sandiford, Keith, Vol II
Sandiford, Keith Arlington Patrick,
    Vol I
Sandler, Lucy Freeman, Vol I
Sandler, Samuel, Vol II
Sandos, James A., Vol I
Sandoval, Dolores S., Vol I
Sandro, Paul Denney, Vol III
Sands, Helen R., Vol I
Sands, Kathleen M., Vol IV
Sandstroem, Yvonne Luttropp,
    Vol II
Sandweiss, Martha, Vol I
Sandy, Kity, Vol I
Sanford, Daniel, Vol I
Sanford, David Hawley, Vol IV
Sankovitch, Tilde, Vol III
Sanneh, Lamin, Vol I
Sansone, David, Vol I
Santa Maria, Dario Atehortua,
    Vol IV
Santana, Deborah, Vol I
Santana, Jorge Armando, Vol III
Santas, Gerasimos, Vol IV
Santiago, Myrna, Vol I
Santillana, Fernando, Vol IV
Santoni, Roland J., Vol IV
Santoni, Ronald Ernest, Vol IV
Santoni, Ronald Ernest, Vol IV
Santos, Sherod, Vol II
Santosuosso, Alma, Vol I
Santosuosso, Antonio, Vol I
Saperstein, Jeff, Vol II
Saporta, Sol, Vol III
Sapontzis, Steve Frederic, Vol IV
Sapper, Neil Gary, Vol I
Sappol, Michael, Vol I
Sara, Solomon Ishu, Vol III
Sarao, Karam Tej S, Vol IV
Sarason, Richard Samuel, Vol IV
Sarbin, Theodore R., Vol I
Sardesai, Damodar Ramaji, Vol I
Sardkodie-Mensah, Kwasi, Vol III
Sargent, Stuart H., Vol III
Sargentich, Thomas O., Vol IV
Sarkodie-Mensah, Kwasi, Vol II
Sarles, Harvey Burton, Vol III
Sarlos, Robert Karoly, Vol II
Sarna, Jonathan D., Vol I
Sarna, Nahum M., Vol I
Sarra, Janis, Vol IV

Sarti, Roland, Vol I
Sarver, Vernon T., Vol IV
Saskova-Pierce, Mila, Vol III
Sasson, Jack Murad, Vol II
Sasson, Sarah Diane Hyde, Vol II
Sasson, Victor, Vol IV
Sassower, Raphael, Vol IV
Sato, Elizabeth Selanders, Vol I
Satre, Lowell Joseph, Vol I
Satris, Stephen A., Vol IV
Satterfield, Patricia Polson, Vol IV
Saucerman, James Ray, Vol II
Sauer, Angelika, Vol III
Sauer, Elizabeth, Vol II
Sauer, James B., Vol IV
Saul, Norman Eugene, Vol I
Saunders, Clark T., Vol I
Saunders, David, Vol II
Saunders, Elmo Stewart, Vol I
Saunders, Kurt M., Vol IV
Saunders, Mauderie Hancock,
    Vol I
Saunders, William, Vol II
Saur, Pamela S., Vol III
Sauter, Kevin O., Vol II
Sautermaister, Gert, Vol III
Sautter, Udo, Vol I
Savage, Anne, Vol II
Savage, C. Wade, Vol IV
Savage, David William, Vol I
Savage, Elizabeth, Vol II
Savage, Wade S., Vol IV
Savage, William W., Vol I
Savard, Pierre, Vol I
Savvas, Minas, Vol III
Sawatsky, Rodney James, Vol IV
Sawaya, Francesca, Vol II
Sawkins, Annemarie, Vol I
Sawyer, Jeffrey K., Vol I
Sawyer, William Gregory, Vol I
Sawyer-Laucanno, Christopher,
    Vol II
Sayeed, Khalid B., Vol I
Saylor, Charles F., Vol I
Sayre, Kenneth Malcolm, Vol IV
Sayre, Patricia, Vol IV
Sayre, Robert Freeman, Vol II
Sayward, Charles, Vol IV
Saywell, John T., Vol I
Saz, Sara M., Vol III
Sazaki, Kristina R., Vol III
Sbacchi, Alberto, Vol I
Sbrocchi, Leonard G., Vol III
Scaer, David P., Vol IV
Scaglia, Gustina, Vol I
Scales, Manderline Elizabeth,
    Vol III
Scales-Trent, Judy, Vol IV
Scalise, Charles J., Vol I
Scallen, Catherine B., Vol I
Scamehorn, Howard Lee, Vol I
Scammell, Michael, Vol I
Scanlan, J.T., Vol II
Scanlan, James P., Vol IV
Scanlan, Michael, Vol IV
Scanlan, Richard T., Vol I
Scanlan, Thomas, Vol II
Scanlan, Timothy Michael, Vol III
Scanlon, James Edward, Vol I
Scanlon, T.M., Vol IV
Scanlon, Thomas Francis, Vol I
Scaperlanda, Michael, Vol IV
Scarborough, Milton R., Vol IV
Scarborough, William Kauffman,
    Vol I
Scardaville, Michael Charles, Vol I
Scarlett, James D., Vol I
Scatterday, Mark Davis, Vol I
Scatton, Ernest Alden, Vol III
Scerri, Eric R., Vol IV
Schaafsma, David, Vol II
Schaar, Stuart H., Vol I
Schaber, Bennet, Vol II
Schaberg, Jane D., Vol IV
Schacht, John N., Vol I
Schacht, Richard, Vol IV
Schachter, Albert, Vol I
Schachter, Gustav, Vol I
Schachterle, Lance E., Vol II
Schack, Haimo, Vol IV
Schade, George D., Vol III
Schade, Rosemarie, Vol I
Schaefer, Jame, Vol IV
Schaefer, Jean Owens, Vol I
Schaefer, Josephine O'Brien,
    Vol II
Schaeffer, Peter Moritz-Friedrich,
    Vol III

Schaeffer, Peter Moritz-Friedrich,
    Vol III
Schafer, Elizabeth, Vol I
Schafer, Elizabeth D., Vol I
Schafer, J.K., Vol I
Schafer, William John, Vol II
Schaffer, Ronald, Vol I
Schagrin, Morton L., Vol III
Schall, James Vincent, Vol IV
Schaller, Kristi, Vol II
Schaller, Michael, Vol I
Schaller, Walter E., Vol IV
Schalow, Frank, Vol IV
Schama, Simon, Vol I
Schamberger, Ed, Vol II
Schamschula, Walter, Vol III
Schantz, Mark S., Vol I
Schapiro, Barbara, Vol II
Schapsmeier, Edward Lewis, Vol I
Scharf, Bertram, Vol I
Scharffenberger, Elizabeth Watson,
    Vol II
Scharlemann, Robert Paul, Vol IV
Scharnau, Ralph William, Vol I
Scharper, Stephen B., Vol IV
Schaub, Marilyn McNamara,
    Vol IV
Schaub, R. Thomas, Vol IV
Schauber, Nancy E., Vol IV
Schaus, Gerald, Vol I
Schechner, Richard, Vol II
Schechter, Joel, Vol II
Schechtman, Marya, Vol IV
Scheckter, John, Vol II
Schedler, George Edward, Vol IV
Schedler, Gilbert W., Vol II
Scheele, Henry Zaegel, Vol II
Scheffler, Israel, Vol IV
Scheiber, Harry N., Vol I
Scheick, William Joseph, Vol II
Scheide, Frank Milo, Vol III
Scheifele, Eleanor L., Vol I
Scheiffele, Eberhard, Vol I
Schein, Barry, Vol III
Scheinberg, Cynthia, Vol II
Scheinberg, Stephen, Vol I
Scheindlin, Raymond Paul, Vol III
Scheiner, Irwin, Vol I
Schejbal, David, Vol IV
Schelbert, Leo, Vol I
Schell, Richard, Vol II
Scheman, Naomi, Vol IV
Schenker, David J., Vol I
Scheps, Walter, Vol II
Scher, Steven Paul, Vol III
Scherer, Imgard S., Vol I
Scherer, Paul Henry, Vol I
Scherer, William F., Vol III
Scherr, A.E., Vol I
Scherr, Barry P., Vol III
Scherzinger, M., Vol I
Scheye, Thomas Edward, Vol II
Schiavona, Christopher F., Vol IV
Schick, Frederic, Vol IV
Schick, James Baldwin Mcdonald,
    Vol I
Schiefen, Richard John, Vol I
Schierle, Gotthilf Goetz, Vol I
Schierling, Stephen P., Vol I
Schievella, P.S., Vol IV
Schiferl, Ellen, Vol I
Schiff, Frederick, Vol II
Schiffhorst, Gerald Joseph, Vol II
Schiffman, Joseph, Vol I
Schiffman, Lawrence H., Vol III
Schilcher, Linda, Vol I
Schiller, Anita R., Vol II
Schilling, Donald, Vol I
Schine, Robert S., Vol III
Schirmeister, Pamela J., Vol II
Schkade, Lawrence L., Vol I
Schlachter, Gail Ann, Vol II
Schlafly, Phyllis Stewart, Vol I
Schlagel, Richard H., Vol IV
Schlam, Carl C., Vol I
Schlant, Ernestine, Vol III
Schlatter, Fredric William, Vol I
Schlauch, Wolfgang T., Vol I
Schleifer, James Thomas, Vol I
Schleiner, Louise, Vol II
Schleiner, Winfried H., Vol I
Schlereth, Thomas J., Vol I
Schlesinger, Joseph Abraham,
    Vol I
Schlesinger, Roger, Vol I
Schleunes, Karl Albert, Vol I
Schlick, Yael, Vol II
Schlobin, Roger Clark, Vol II
Schlossman, Beryl, Vol I

Schlotterbeck, John Thomas, Vol I
Schlunk, Juergen Eckart, Vol I
Schlunz, Thomas Paul, Vol I
Schmalenberger, Jerry L., Vol IV
Schmalstieg, William Riegel,
    Vol III
Schmaltz, Ted M., Vol IV
Schmandt, Jorgen, Vol II
Schmandt, Raymond Henry, Vol I
Schmaus, Warren Stanley, Vol IV
Schmeling, Gareth Lon, Vol I
Schmeller, Helmut John, Vol I
Schmemann, S., Vol I
Schmid, Walter T., Vol IV
Schmidhauser, John Richard, Vol I
Schmidt, Barbara Quinn, Vol II
Schmidt, Daryl Dean, Vol III
Schmidt, Dennis, Vol IV
Schmidt, Frederick W., Vol IV
Schmidt, Greg, Vol I
Schmidt, Hanns-Peter, Vol III
Schmidt, Henry Conrad, Vol I
Schmidt, Jack, Vol II
Schmidt, Klaus, Vol I
Schmidt, Martin Edward, Vol I
Schmidt, Patricia Lois, Vol II
Schmidt, Paul F., Vol IV
Schmidt, Peter Jarrett, Vol II
Schmidt, Roger, Vol II
Schmidt, Steven J., Vol IV
Schmidt, William John, Vol I
Schmidtberger, Loren F., Vol II
Schmiedel, Donald Emerson,
    Vol III
Schmiesing, Ann, Vol III
Schmitt, Frederick Francis, Vol IV
Schmitt, Hans Adolf, Vol I
Schmitt, Richard George, Vol IV
Schmitter, Amy, Vol I
Schmitz-Burgard, Sylvia, Vol II
Schnabel, Eckhard j., Vol IV
Schnauber, Cornelius, Vol III
Schneewind, Jerome B., Vol IV
Schneidau, Herbert N., Vol II
Schneider, Carl E., Vol IV
Schneider, Cathy, Vol I
Schneider, Christian Immo, Vol III
Schneider, Duane, Vol I
Schneider, Gerd Klaus, Vol III
Schneider, Joanne, Vol I
Schneider, Karen, Vol II
Schneider, Laurence, Vol I
Schneider, Marshall Jerrold,
    Vol III
Schneider, Matthew T., Vol II
Schneider, Robert J., Vol II
Schneider, Robert W., Vol I
Schneider, Samuel, Vol IV
Schneider, Tammi J., Vol I
Schneider, Valerie Lois, Vol II
Schneiders, Sandra Marie, Vol IV
Schnell, George Adam, Vol I
Schnell, James A., Vol II
Schneller, Beverly, Vol I
Schner, George, Vol IV
Schniedewind, William M., Vol III
Schnitzer, Deborah, Vol II
Schnitzer, M.L., Vol III
Schnucker, Robert Victor, Vol I
Schoedel, William Richard, Vol IV
Schoen, Edward Lloyd, Vol IV
Schoenauer, Norbert, Vol I
Schoenbach, Peter J., Vol I
Schoenbaum, Samuel, Vol II
Schoenbrun, D. L., Vol I
Schoenecke, Michael Keith, Vol II
Schoenfeld, Marcus, Vol IV
Schoenfield, Mark, Vol II
Schoening, Jeffrey D., Vol IV
Schoenl, William James, Vol I
Schoeps, Karl H., Vol III
Schofield, Kent, Vol I
Schofield, Robert Edwin, Vol I
Scholer, David M., Vol IV
Scholes, Robert, Vol II
Scholes, Robert James, Vol III
Scholnick, Robert James, Vol II
Scholz, Daniel J., Vol IV
Scholz, Sally J., Vol IV
Scholz, Susanne, Vol IV
Schonberger, Vincent L., Vol III
Schonfeld, Martin, Vol IV
Schonhorn, Manuel, Vol II
Schoolfield, George C., Vol II
Schoonover, Thomas David, Vol I
Schoppa, Robert Keith, Vol I
Schor, Esther, Vol II
Schor, Hilary, Vol II

Schorsch, Ismar, Vol I
Schotch, Peter K., Vol IV
Schott-Desrosiers, Nicole, Vol III
Schouborg, Gary, Vol IV
Schouls, Peter A., Vol IV
Schoville, Keith Norman, Vol III
Schow, Wayne, Vol III
Schrader, David E., Vol IV
Schrader, Dorothy Lynne, Vol III
Schrader, Richard James, Vol II
Schrag, Calvin, Vol IV
Schrag, Calvin Orville, Vol IV
Schrag, Oswald O., Vol IV
Schraibman, Joseph, Vol II
Schrecker, Ellen Wolf, Vol I
Schreiber, Mae N., Vol I
Schreiber, Roy, Vol I
Schreiner, Thomas R., Vol IV
Schreiter, Robert John, Vol IV
Schriber, Mary Suzanne, Vol III
Schrier, Arnold, Vol I
Schrift, Alan D., Vol IV
Schroeder, Jeanne L., Vol IV
Schroeder, John H., Vol I
Schroeder, Paul W., Vol I
Schroeder, Steven H., Vol IV
Schroeder, Susan P., Vol I
Schroeder, William, Vol IV
Schroeder-lein, Glenna R., Vol I
Schroth, Sarah W., Vol I
Schubert, E., Vol IV
Schubert, Judith, Vol IV
Schubert, Virginia Ann, Vol III
Schuchard, Bruce G., Vol IV
Schuchard, W. Ronald, Vol III
Schuck, Peter H., Vol IV
Schudson, Michael, Vol I
Schueler, G.F., Vol IV
Schueler, Heinz Juergen, Vol III
Schufreider, Gregory, Vol I
Schuhl, Mark, Vol II
Schuler, Robert M., Vol II
Schulte, Josephine Helen, Vol I
Schulte, Rainer, Vol II
Schultenover, David, Vol I
Schultz, Carl, Vol IV
Schultz, Heidi M., Vol II
Schultz, Janice Lee, Vol IV
Schultz, Joseph P., Vol III
Schultz, R., Vol II
Schultz, Reynolds Barton, Vol I
Schultz, Stanley Kenton, Vol I
Schultz, Walter, Vol IV
Schultz, William J., Vol II
Schultze, Quentin J., Vol II
Schulz, Anne Markham, Vol I
Schulz, Juergen, Vol I
Schulz, Renate A., Vol III
Schulze, Franz, Vol I
Schulzinger, Robert D., Vol I
Schumacher, Brockman, Vol I
Schumacher, John, Vol IV
Schunk, Thom, Vol I
Schurlknight, Donald E., Vol III
Schurman, Lydia Cushman, Vol II
Schuster, Leslie, Vol I
Schuster, Marilyn R., Vol III
Schuster-Craig, John, Vol I
Schutz, Albert J., Vol III
Schutz, Herbert, Vol III
Schutz, Samuel R., Vol IV
Schuyler, David, Vol I
Schuyler, David, Vol I
Schuyler, Michael Wayne, Vol I
Schuyler, Robert L., Vol I
Schwab, Peter, Vol I
Schwab, Stewart J., Vol IV
Schwalm, Leslie A., Vol I
Schwanauer, Francis, Vol IV
Schwartz, Bryan, Vol IV
Schwartz, Dona B., Vol II
Schwartz, Douglas W., Vol I
Schwartz, Eli, Vol I
Schwartz, Gerald, Vol I
Schwartz, Henry J., Vol II
Schwartz, Herman, Vol IV
Schwartz, Howard, Vol II
Schwartz, Jeff L., Vol II
Schwartz, Joel, Vol I
Schwartz, Justin, Vol IV
Schwartz, Lloyd, Vol II
Schwartz, Martin A., Vol IV
Schwartz, Marvin, Vol I
Schwartz, Norman B., Vol I
Schwartz, Regina, Vol II
Schwartz, Richard B., Vol II
Schwartz, Robert Barnett, Vol II
Schwartz, Shuly Rubin, Vol I
Schwartz, Stuart B., Vol I
Schwartz, William, Vol IV
Schwartzwald, Robert, Vol III
Schwarz, Daniel Roger, Vol II
Schwarz, E., Vol III
Schwarz, Hans, Vol IV
Schwarz, Jordan A., Vol I
Schwarz, Kathryn, Vol II
Schwarz, Marc Lewis, Vol II
Schwarz, Philip James, Vol I
Schwarzbach, Fredric S., Vol II
Schwarzlose, Richard A., Vol II
Schweda, Donald Norman, Vol II
Schweer, G. William, Vol IV
Schweickart, David, Vol IV
Schweickart, Patrocinio Pagaduan, Vol II
Schweigert, Francis J., Vol IV
Schweik, Robert Charles, Vol II
Schweikart, Larry Earl, Vol I
Schweitzer, Christoph Eugen, Vol III
Schweitzer, Don, Vol IV
Schweitzer, Ivy, Vol II
Schweitzer, Thomas A., Vol IV
Schweizer, Niklaus R., Vol III
Schweninger, Lee, Vol II
Schweninger, Loren Lance, Vol I
Schwerin, Alan, Vol IV
Schwieder, Dorothy Ann, Vol I
Schwitzgebel, Eric, Vol IV
Schwoerer, Lois Green, Vol I
Scionti, Joseph Natale, Vol I
Scobie, Ingrid Winther, Vol I
Scobie, Stephen A.C., Vol II
Scoledes, Aristotle, Vol IV
Scoles, Eugene Francis, Vol IV
Scorgie, Glen G., Vol I
Scott, Alison M., Vol I
Scott, Bonnie Kime, Vol II
Scott, Charles, Vol IV
Scott, Charles Thomas, Vol III
Scott, Clifford H., Vol I
Scott, Daniel Marcellus, Vol III
Scott, Daryl, Vol I
Scott, David Allen, Vol IV
Scott, Donald M., Vol I
Scott, Gary Alan, Vol IV
Scott, Gregory L., Vol IV
Scott, Hugh B., Vol IV
Scott, James, Vol IV
Scott, James F., Vol II
Scott, James Frazier, Vol II
Scott, John Sherman, Vol I
Scott, Kermit, Vol IV
Scott, Kieran, Vol IV
Scott, Lindy, Vol III
Scott, Mary Jane W., Vol II
Scott, Nathan A., Jr., Vol II
Scott, Nathan Alexander, Jr., Vol IV
Scott, Nina Margaret, Vol III
Scott, Otis L., Vol I
Scott, Peter Dale, Vol II
Scott, Rebecca Jarvis, Vol I
Scott, Robert Lee, Vol II
Scott, Roy V., Vol I
Scott, Samuel Francis, Vol I
Scott, Susan C., Vol I
Scott, Timothy, Vol IV
Scott, Walter Gaylord, Vol IV
Scott, William Butler, Vol I
Scott, William Clyde, Vol I
Scott, William O., Vol II
Scott, William R., Vol I
Scott, William Richard, Vol I
Scott Jenkins, Virginia, Vol I
Scranton, Philip, Vol I
Scrivener, Michael Henry, Vol II
Scroggins, Daniel Coy, Vol III
Scruggs, Otey Matthew, Vol I
Scullion, Scott, Vol I
Scully, Pamela F., Vol I
Scully, Stephen P., Vol I
Seabury, Marcia, Vol II
Seadle, Michael S., Vol I
Seager, Sharon Hannum, Vol I
Seale, William, Vol I
Sealey, B. Raphael, Vol I
Seaman, John, Vol II
Seamon, Roger, Vol II
Searl, Stanford J., Vol II
Searle, John R., Vol IV
Searles, George J., Vol III
Searls, Eileen H., Vol IV
Sears, Dianne, Vol III
Sears, Elizabeth Ann, Vol I
Sears, Priscilla F., Vol II
Seaton, Douglass, Vol I
Seaton, Shirley Smith, Vol III
Seaver, Paul Siddall, Vol II
Seavy, William, Vol I
Sebesta, Judith Lynn, Vol I
Sebold, Russell Perry, Vol III
Sebouhian, George, Vol II
Secada, Jorge E.K., Vol IV
Seckinger, Donald Sherman, Vol IV
Secor, Robert Arnold, Vol II
Secreast, Donald, Vol II
Sedgwick, Alexander, Vol I
Sedgwick, Timothy F., Vol IV
Sedlar, Jean Whitenack, Vol I
Sedler, Robert Allen, Vol IV
Seeba, Hinrich Claassen, Vol III
Seebass, Tilman, Vol I
Seed, Patricia, Vol I
Seelig, Harry E., Vol III
Seelig, Sharon Cadman, Vol II
Seely, Bruce E., Vol I
Seely, Gordon M., Vol I
Seelye, John D., Vol I
Seeman, Erik R., Vol I
Seeskin, Kenneth, Vol IV
Sefton, James Edward, Vol I
Segal, Alal Franklin, Vol IV
Segal, Alan, Vol IV
Segal, David R., Vol I
Segal, Marilyn, Vol III
Segal, N.L., Vol I
Segel, Edward Barton, Vol I
Segel, Harold Bernard, Vol III
Segger, Martin, Vol I
Segre, Claudio Giuseppe, Vol I
Sehlinger, Peter J., Vol I
Seiberling, Grace, Vol I
Seibert-McCauley, Mary F., Vol I
Seidel, Asher M., Vol IV
Seidel, George J., Vol IV
Seidel, Michael Alan, Vol II
Seidel, Robert Neal, Vol I
Seiden, Morton Irving, Vol II
Seidenberg, Mark, Vol III
Seidenfeld, Teddy, Vol IV
Seidler, Ingo, Vol III
Seidman, Louis Michael, Vol IV
Seidman, Steven A., Vol II
Seifman, Eli, Vol I
Seigel, Michael L., Vol IV
Seigfried, Charlene, Vol IV
Seigfried, Hans, Vol IV
Seiler, William John, Vol II
Seip, Terry L., Vol I
Seiple, David I., Vol IV
Seipp, David J., Vol I
Seitz, Brian, Vol IV
Seitz, James E., Vol II
Selby, John Edward, Vol I
Selengut, Charles, Vol IV
Self, Charles C., Vol II
Self, Robert Thomas, Vol II
Selfe, Richard J., Vol II
Selfridge-Field, Eleanor, Vol I
Selfridge-Field, Eleanor, Vol I
Selig, Robert L., Vol II
Seliger, Helfried Werner, Vol III
Selinger, Carl Marvin, Vol IV
Selinger, Suzanne, Vol I
Seljak, David, Vol IV
Selkirk, Elisabeth, Vol III
Seller, Maxine Schwartz, Vol I
Sellers, Mortimer, Vol IV
Sellery, J'nan Morse, Vol II
Sellin, Paul R., Vol II
Selmon, Michael, Vol II
Selner-Wright, Susan C., Vol IV
Selvidge, Marla J., Vol IV
Seminara, Gloria, Vol II
Semmens, Richard, Vol I
Semonche, John Erwin, Vol I
Sena, John F., Vol II
Sencerz, Stefan, Vol IV
Sendry, Joseph M., Vol II
Sengupta, Gunja, Vol I
Senie, Harriet F., Vol I
Senn, Alfred Erich, Vol I
Senn, Harry, Vol III
Sennett, James, Vol IV
Senor, Thomas, Vol IV
Sensibar, Judith L., Vol II
Sent, Esther Mirjam, Vol IV
Sentilles, Renee M., Vol I
Seplowitz, Rena C., Vol IV
Sepper, Dennis L., Vol IV
Sepulveda-Pulventini, Emma, Vol III
Seraile, William, Vol I
Serebrennikov, Nina Eugenia, Vol I
Serels, M. Mitchell, Vol I
Serequeberhan, Tsenay, Vol IV
Sergeev, Mikhail Yu, Vol IV
Serio, John Nicholas, Vol II
Serrano, Richard, Vol III
Serum, Robert W., Vol II
Servlnikov, Sergio, Vol I
Sessions, Kyle Cutler, Vol I
Sessions, Robert, Vol IV
Sessions, William Alfred, Vol II
Sessions, William Lad, Vol IV
Settle, Peter, Vol II
Settle, Tom, Vol IV
Settles, Rosetta Hayes, Vol I
Setzer, Claudia, Vol IV
Seung, Thomas Kaehao, Vol IV
Severino, Roberto, Vol III
Sewell, Richard Herbert, Vol I
Sexton, Donal J., Vol I
Sexton, James D., Vol I
Seymour, Harry N., Vol III
Seymour, Jack L., Vol I
Seymour, Richard Kellogg, Vol III
Seymour, Victor, Vol II
Seynaeve, Jaak, Vol IV
Shackley, M. Steven, Vol I
Shadbolt, Douglas, Vol I
Shaddock, Jennifer, Vol II
Shade, Barbara J., Vol I
Shade, William G., Vol I
Shadish, W.R., Vol I
Shafer, Gregory, Vol II
Shafer, Ronald G., Vol II
Shafer-Landau, Russell, Vol IV
Shaffer, Arthur, Vol I
Shaffer, Arthur H., Vol I
Shaffer, Brian W., Vol II
Shaffer, Jerome A., Vol IV
Shaffer, Nancy E., Vol I
Shaffer, Thomas Lindsay, Vol I
Shaheen, Naseeb, Vol II
Shahid, Irfan Arif, Vol I
Shailor, Jonathan G., Vol II
Shakinovsky, Lynn, Vol II
Shakoor, Adam Adib, Vol IV
Shale, Rick, Vol II
Shalhope, Robert E., Vol I
Shalleck, Ann, Vol IV
Shaman, Jeffrey Marc, Vol IV
Shanab, Robert, Vol IV
Shanahan, Thomas Joseph, Vol IV
Shane, Alex Michael, Vol III
Shaner, Jaye L., Vol II
Shank, Wesley I., Vol I
Shanks, Hershel, Vol II
Shanks, Niall, Vol IV
Shannon, Catherine Barbara, Vol I
Shannon, Daniel E., Vol IV
Shannon, Laurie, Vol II
Shannon, Sylvia C., Vol I
Shannon, Thomas A., Vol IV
Shannon, Timothy J., Vol I
Shantz, Douglas H., Vol I
Shapere, Dudley, Vol IV
Shapiro, Barbara June, Vol II
Shapiro, Daniel, Vol IV
Shapiro, David Louis, Vol IV
Shapiro, Edward S., Vol I
Shapiro, Gary, Vol IV
Shapiro, H. Alan, Vol I
Shapiro, Henry D., Vol I
Shapiro, Henry L., Vol I
Shapiro, Herbert, Vol I
Shapiro, James S., Vol II
Shapiro, Lewis P., Vol III
Shapiro, Linn, Vol I
Shapiro, Michael, Vol II
Shapiro, Michael C., Vol III
Shapiro, Michael H., Vol IV
Shapiro, Rami, Vol II
Shapiro, Stanley, Vol I
Shapiro, Stewart, Vol IV
Shapiro, Stuart Charles, Vol I
Shapiro, Susan, Vol II
Shapo, Marshall S., Vol IV
Sharf, Barbara F., Vol II
Sharfman, Glenn, Vol I
Sharkey, Paul, Vol IV
Sharma, Arvind, Vol IV
Sharma, Govind Narain, Vol II
Sharma, Jagdish P., Vol I
Sharma, R.N., Vol I
Sharoni, Simona, Vol I
Sharp, Buchanan, Vol I
Sharp, Francis Michael, Vol III
Sharp, James Roger, Vol I
Sharp, Mike, Vol I
Sharp, Ronald Alan, Vol II
Sharpe, Calvin William, Vol IV
Sharpe, Kevin J., Vol IV
Sharpe, Peggy, Vol III
Sharpe, Virginia A., Vol IV
Sharpes, Donald Kenneth, Vol II
Sharrer, George Terry, Vol I
Shary, Timothy, Vol II
Shashko, Philip, Vol I
Shatsky, Joel, Vol II
Shattuck, Roger, Vol I
Shavell, S., Vol I
Shaw, Barton Carr, Vol I
Shaw, Bradley Alan, Vol III
Shaw, Curtis Mitchell, Vol IV
Shaw, Daniel, Vol IV
Shaw, Donald Lewis, Vol I
Shaw, Gary M., Vol IV
Shaw, Harry Edmund, Vol II
Shaw, Joseph Winterbotham, Vol I
Shaw, Marvin C., Vol IV
Shaw, Michael, Vol I
Shaw, Patrick W., Vol II
Shaw, Susan J., Vol IV
Shaw, Theodore Michael, Vol IV
Shaw, W. David, Vol II
Shaw, Wayne Eugene, Vol III
Shawcross, John Thomas, Vol II
Shay, Robert, Vol I
Shea, Ann Marie, Vol II
Shea, Daniel B., Vol II
Shea, George W., Vol I
Shea, John Stephen, Vol II
Shea, Kerry, Vol III
Shea, William Lee, Vol I
Shear, Jonathan, Vol IV
Shearer, Rodney H., Vol IV
Shearon, Forrest Bedford, Vol II
Sheats, Paul Douglas, Vol II
Shedd, D., Vol I
Shedel, James P., Vol I
Shedletsky, Leonard Jerald, Vol II
Sheehan, Bernard W., Vol I
Sheehan, Donald, Vol II
Sheehan, James John, Vol I
Sheehan, Thomas, Vol IV
Sheehy, Elizabeth A., Vol IV
Sheeley, Steven M., Vol IV
Sheets, George Archibald, Vol I
Sheets-Johnstone, Maxine, Vol IV
Sheffey, Ruthe G., Vol II
Shehadi, Fadlou A., Vol IV
Sheidley, Harlow W., Vol I
Sheidley, William E., Vol I
Sheldon, Marianne Buroff, Vol I
Sheldon, Richard, Vol III
Sheldon, Rose Mary, Vol I
Sheldon, Ted P., Vol II
Shell, Marc, Vol II
Shelley, Bruce, Vol I
Shelmerdine, Cynthia Wright, Vol I
Shelmerdine, Susan C., Vol I
Shelp, Earl E., Vol IV
Shelton, Jim D., Vol IV
Shelton, Jo-Ann, Vol I
Shelton, Mark, Vol IV
Shelton, Richard William, Vol II
Shen, Fuyuan, Vol II
Shenton, James, Vol I
Sheon, Aaron, Vol I
Shepard, Alan, Vol II
Shepherd, John, Vol I
Sheppard, Anthony, Vol IV
Sheppard, Thomas Frederick, Vol I
Sher, Gila, Vol IV
Sheridan, Jennifer A., Vol I
Sheridan, Thomas L., Vol IV
Sheriff, Carol, Vol I
Sheriff, Mary D., Vol I
Sherk, Robert K., Vol I
Sherkat, Darren E., Vol I
Sherline, Ed, Vol IV
Sherman, Carol Lynn, Vol III
Sherman, Nancy, Vol IV
Sherman, Richard B., Vol I
Sherman, Roger, Vol I
Sherman, Sandra, Vol II
Sherman, Stuart, Vol II
Sherman, William H., Vol II
Sherman, William Lewis, Vol I
Sherover, Charles M., Vol IV
Sherr, Richard Jonathan, Vol I
Sherrick, Rebecca Louise, Vol I
Sherrill, Catherine Anne, Vol II
Sherrill, Ned, Vol I
Sherrill, Vanita Lytle, Vol I
Sherry, John E.H., Vol IV
Sherry, Lee F., Vol I
Sherry, Michael Stephen, Vol I
Sherwin, Byron, Vol IV

Sherwin, Byron Lee, Vol III
Sherwin, Martin J., Vol I
Sherwin, Susan, Vol IV
Sherwood, O. Peter, Vol IV
Sherwood, Stephen K., Vol IV
Sherwood, Terry G., Vol IV
Sherwood, Wallace Walter, Vol IV
Shesgreen, Sean Nicholas, Vol II
Shetter, William Zeiders, Vol III
Shewmaker, Kenneth Earl, Vol I
Shey, Howard James, Vol I
Shi, Mingzheng, Vol II
Shibles, Warren Alton, Vol IV
Shields, Bruce E., Vol IV
Shields, Carol, Vol II
Shields, David S., Vol II
Shields, Donald C., Vol II
Shields, Donald J., Vol IV
Shields, George W., Vol IV
Shields, Johanna Nicol, Vol I
Shields, John Charles, Vol III
Shields, Kenneth, Vol II
Shields, Mary, Vol IV
Shields, Mary E., Vol IV
Shiels, Richard Douglas, Vol I
Shier, David, Vol IV
Shiff, Richard, Vol I
Shiflett, Orvin Lee, Vol II
Shiller, Dana, Vol II
Shilling, Burnette P., Vol IV
Shillingsburg, Peter Leroy, Vol II
Shillington, V. George, Vol IV
Shilstone, Frederick William, Vol II
Shin, Sun Joo, Vol IV
Shinagel, Michael, Vol II
Shine, Theodis, Vol II
Shiner, Roger Alfred, Vol IV
Shingleton, Royce Gordon, Vol I
Shinn, Thelma J., Vol II
Shipka, Thomas A., Vol IV
Shipley, Anthony J., Vol IV
Shipley, Neal Robert, Vol I
Shipley, William F., Vol III
Shippey, T.A., Vol II
Shipps, Anthony Wimberly, Vol II
Shires, Linda Marguerite, Vol II
Shirinian, Lorne, Vol III
Shirley, Edward S., Vol IV
Shirley, Paula, Vol III
Shivers, George Robert, Vol III
Shivers, Jay Sanford, Vol I
Shkolnick, Rodney, Vol IV
Shlosser, Franziska E., Vol I
Shneidman, J. Lee, Vol I
Shoaf, Richard A., Vol II
Shoben, Elaine W., Vol IV
Shockey, Gary C., Vol III
Shoemaker, David W., Vol IV
Shoemaker, Melvin H., Vol IV
Shoemaker, Pamela J., Vol II
Shoemaker, Rebecca Shepherd, Vol I
Shofner, Robert Dancey, Vol IV
Shokoff, James, Vol II
Shookman, Ellis, Vol III
Shopshire, James Maynard, Vol IV
Shores, David Francis, Vol IV
Shores, David Lee, Vol IV
Shorrock, William Irwin, Vol I
Shorter, Robert Newland, Vol II
Shortridge, James R., Vol I
Shosky, John, Vol IV
Shotwell, Clayton M., Vol I
Shout, John, Vol II
Showalter, Dennis Edwin, Vol I
Showalter, Elaine, Vol II
Showalter, English, Vol III
Shrader, Charles R., Vol I
Shrader, Douglas Wall, Jr., Vol IV
Shrader-Frechette, Kristin, Vol IV
Shrimpton, G.S., Vol IV
Shriver, Donald W., Vol IV
Shriver, George Hite, Vol I
Shtromas, Alexander, Vol IV
Shubert, Howard, Vol I
Shucard, Alan Robert, Vol II
Shuffelton, Frank, Vol II
Shuford, William Harris, Vol III
Shuger, Debora, Vol II
Shugrue, Richard E., Vol IV
Shuler, Philip L., Vol IV
Shulman, Jeffrey, Vol II
Shultis, Christopher, Vol I
Shuman, Daniel Wayne, Vol IV
Shuman, R. Baird, Vol II
Shumsky, Neil Larry, Vol I
Shumway, David R., Vol II
Shumway, Eric Brandon, Vol II

Shumway, Larry V., Vol I
Shurr, William Howard, Vol II
Shusterman, Richard, Vol IV
Shuter, Bill, Vol II
Shuttleworth, Jack M., Vol II
Shuy, Roger W., Vol III
Shwayder, David, Vol IV
Sibalis, Michael, Vol I
Sibley, Jack Raymond, Vol IV
Sices, David, Vol III
Sicha, Jeffrey Franklin, Vol IV
Sichel, Werner, Vol I
Sicher, Erwin, Vol I
Sicherman, Carol Marks, Vol II
Sicius, Francis, Vol I
Sick, David, Vol I
Sicker, Philip, Vol II
Sidebotham, Steven Edward, Vol I
Sider, David, Vol I
Sider, E. Morris, Vol I
Sider, John W., Vol I
Sider, Robert Dick, Vol I
Sider, Ronald J., Vol IV
Sider, Ted, Vol IV
Sidnell, Michael John, Vol II
Sidran, Ben H., Vol I
Siebenschuh, William R., Vol II
Sieber, George Wesley, Vol I
Sieber, John Harold, Vol I
Sieber, Roy, Vol I
Siebert, Hilary, Vol II
Sieg, Wilfried, Vol IV
Sieg, William, Vol IV
Siegel, Adrienne, Vol I
Siegel, Carol, Vol II
Siegel, Gerald, Vol II
Siegel, Joel E., Vol II
Siegel, Paul N., Vol II
Siegel, Peter E., Vol I
Siekhaus, Elisabeth, Vol III
Siemon, James Ralph, Vol II
Sievens, Mary Beth, Vol I
Sigalov, Pavel S., Vol III
Sigman, Stuart J., Vol II
Sigmund, Paul Eugene, Vol I
Signorielli, Nancy, Vol II
Sihler, Andrew L., Vol III
Sil, Narasingha P., Vol II
Silbajoris, Rimvydas, Vol III
Silbaugh, Katherine, Vol IV
Silber, Cathy L., Vol III
Silber, Daniel, Vol IV
Silber, John Robert, Vol IV
Silber, Nina, Vol I
Silberman, M., Vol III
Silberman, Sara Lee, Vol I
Silbey, Joel H., Vol I
Silbiger, Alexander, Vol I
Silcox, David P., Vol I
Silcox, Mary, Vol II
Silenieks, Juris, Vol III
Silet, Charles Loring Provine, Vol I
Silk, Gerald, Vol I
Sill, Geoffrey M., Vol I
Sillars, Malcolm O., Vol II
Silliman, Matthew R., Vol IV
Silliman, Robert Horace, Vol I
Silva, Euridice, Vol III
Silva, Moises, Vol IV
Silva-Corvalan, Carmen M., Vol III
Silver, Brenda R., Vol II
Silver, Carole Greta, Vol II
Silver, Marjorie A., Vol IV
Silver, Mitchell, Vol IV
Silver, Philip Warnock, Vol III
Silvera, Alain, Vol I
Silverberg, Joann C., Vol I
Silverman, Daniel, Vol IV
Silverman, Kenneth Eugene, Vol I
Silverman, Malcolm Noel, Vol III
Silverman, Victor, Vol I
Silvers, Anita, Vol IV
Silverstein, Josef, Vol I
Silvia, Stephen J., Vol I
Simco, Nancy Davis, Vol IV
Simmelkjaer, Robert T., Vol IV
Simmons, A.J., Vol IV
Simmons, Donald B., Vol III
Simmons, Esmeralda, Vol IV
Simmons, Jack R., Vol IV
Simmons, Jerold Lee, Vol I
Simmons, Joseph Larry, Vol II
Simmons, Lance, Vol IV
Simmons, Michael, Vol I
Simmons, Richard C., Vol I
Simmons, Sylvia Q., Vol I
Simmons, William A., Vol IV

Simon, Eckehard, Vol III
Simon, Janice, Vol I
Simon, John Y., Vol I
Simon, Julius J., Vol IV
Simon, Larry G., Vol IV
Simon, Paul L., Vol I
Simon, Roger David, Vol I
Simon, Roland Henri, Vol III
Simon, Sheldon W., Vol I
Simon, Stephen Joseph, Vol I
Simon, William Hackett, Vol IV
Simons, John Donald, Vol III
Simonson, Harold Peter, Vol II
Simpson, Chris, Vol I
Simpson, Dick, Vol I
Simpson, Ethel C., Vol III
Simpson, Evan, Vol IV
Simpson, Gary M., Vol IV
Simpson, Hassell Algernon, Vol II
Simpson, Mark E., Vol IV
Simpson, Michael, Vol I
Simpson, Peter, Vol IV
Simpson, Peter L.P., Vol I
Simpson, Stephen Whittington, Vol IV
Sims, Amy R., Vol I
Sims, Edna N., Vol III
Sims, Genevieve Constance, Vol IV
Sims, Harold Dana, Vol I
Sims, James Hylbert, Vol II
Sims, Lowery Stokes, Vol I
Sims, Robert Carl, Vol I
Sims, Robert Lewis, Vol III
Simson, Rosalind S., Vol IV
Simundson, Daniel J., Vol IV
Sinclair, Michael Loy, Vol I
Sinclair, Scott G., Vol IV
Sineath, Timothy W., Vol II
Singal, Daniel Joseph, Vol I
Singelis, T.M., Vol I
Singer, Beth J., Vol IV
Singer, David G., Vol I
Singer, Irving, Vol IV
Singer, Joel David, Vol I
Singer, Marcus G., Vol IV
Singer, Martin, Vol I
Singer, Wendy F., Vol I
Singerman, Alan J., Vol III
Singleton, Gregory Holmes, Vol I
Singley, Carol J., Vol II
Sinka, Margit M., Vol III
Sinkler, George, Vol I
Sinkler, Georgette, Vol IV
Sinnette, Elinor DesVerney, Vol I
Sipahigil, Teoman, Vol II
Sipfle, David A., Vol IV
Siporin, Steve, Vol II
Siracusa, Joseph, Vol III
Siracusa, Joseph M., Vol I
Siraisi, Nancy Gillian, Vol I
Sirhandi, Marcella, Vol I
Sirico, Louis J., Jr., Vol IV
Sirluck, Ernest, Vol II
Sirois, Antoine, Vol II
Sirridge, Mary, Vol IV
Sishagne, Shumet, Vol I
Sisk, G.C., Vol IV
Sismondo, Sergio, Vol IV
Sisson, Russell, Vol IV
Sitko, Barbara, Vol II
Sitkoff, Harvard, Vol I
Sitter, John, Vol III
Sitterson, Joseph, Vol II
Sittger, Gerald L., Vol IV
Sittser, Gerald, Vol IV
Sivell, John, Vol II
Sivert, Eileen, Vol III
Sivier, Evelyn M., Vol II
Sivin, Nathan, Vol I
Sizemore, Barbara A., Vol I
Sizemore, Christine Wick, Vol II
Sizemore Riddle, Rita, Vol II
Sjoberg, Andree Frances, Vol III
Skaggs, David Curtis, Vol I
Skaggs, Jimmy M., Vol I
Skaggs, Merrill Maguire, Vol II
Skaggs, Rebecca, Vol IV
Skalitzky, Rachel Irene, Vol III
Skarbarnicki, Anne, Vol II
Skarda, Patricia Lyn, Vol II
Skau, Michael Walter, Vol II
Skeen, Carl Edward, Vol I
Skellings, Edmund, Vol II
Skelly, Brian, Vol IV
Skelnar, Robert John, Vol I
Skelton, William B., Vol I
Skemp, Sheila Lynn, Vol I
Skeris, Robert A., Vol IV

Skerpan-Wheeler, Elizabeth P., Vol II
Skiba, Paulette, Vol IV
Skinner, Ewart C., Vol II
Skinner, Knute R, Vol IV
Skinner, Robert Earle, Vol II
Skitter, Hans Gunter, Vol III
Skjoldal, Neil O., Vol IV
Sklar, Kathryn K., Vol I
Sklar, Kathryn Kish, Vol I
Sklar, Lawrence, Vol IV
Sklar, Richard Lawrence, Vol I
Sklar, Robert Anthony, Vol III
Skloot, Robert, Vol II
Skolnikoff, Eugene B., Vol I
Skousen, Royal Jon, Vol III
Skover, David, Vol IV
Skrupskelis, Ignas Kestutis, Vol IV
Skrupskelis, Viktoria, Vol III
Skura, Meredith Anne, Vol II
Skyrms, Brian, Vol IV
Slabey, Robert M., Vol II
Slade, Carole, Vol III
Slagle, Judith Baily, Vol I
Slakey, Roger L., Vol II
Slane, Andrea, Vol II
Slate, Joseph Evans, Vol II
Slate, Philip, Vol I
Slater, Peter, Vol IV
Slater, Peter Gregg, Vol I
Slater, Thomas J., Vol II
Slatery, William Patrick, Vol I
Slatkin, Laura M., Vol I
Slatta, Richard Wayne, Vol I
Slattery, Kenneth F., Vol IV
Slaughter, Fred L., Vol I
Slaughter, Thomas Paul, Vol I
Slavin, Arthur J., Vol I
Slavin, Robert Edward, Vol I
Slavin, Stephen L., Vol I
Slavutych, Yar, Vol I
Slawek, Stephen, Vol I
Slawson, W. David, Vol IV
Sleigh, Robert Collins, Vol IV
Slethaug, Gordon Emmett, Vol II
Slevin, James, Vol II
Slind, Marvin G., Vol I
Slingerland, Dixon, Vol IV
Sloan, David, Vol I
Sloan, Edward William, Vol I
Sloan, Herbert, Vol I
Sloan, Phillip R., Vol I
Sloan, Thomas, Vol I
Sloan, Tod Stratton, Vol I
Sloane, David A., Vol III
Sloane, David Edward Edison, Vol II
Sloane, Thomas O., Vol II
Slobin, Dan Isaac, Vol III
Slobogin, Christopher, Vol IV
Slocum, Robert B., Vol IV
Sloniowski, Jeannette, Vol II
Slotkin, Alan Robert, Vol III
Slotkin, Richard S., Vol I
Slouffman, James W., Vol II
Slovenko, Ralph, Vol IV
Slusser, Michael, Vol IV
Sly, Dorothy, Vol IV
Smail, Daniel L., Vol I
Small, Jocelyn Penny, Vol I
Small, Kenneth Alan, Vol I
Small, Lawrence Farnsworth, Vol I
Small, Melvin, Vol I
Small, Ray, Vol II
Smallenburg, Harry Russell, Vol II
Smalls, James, Vol I
Smalls, O'Neal, Vol IV
Smallwood, James Milton, Vol I
Smart, Ninian, Vol IV
Smart, Patricia, Vol III
Smaw, Eric, Vol IV
Smedick, Lois Katherine, Vol III
Smeins, Linda, Vol I
Smethurst, Mae J., Vol I
Smethurst, Richard Jacob, Vol I
Smiley, David Leslie, Vol I
Smiley, Ralph, Vol I
Smillov, Marin S., Vol IV
Smit, Hans, Vol IV
Smit, J.W., Vol I
Smith, Barbara, Vol II
Smith, Bardwell L., Vol IV
Smith, Barry, Vol IV
Smith, Billy G., Vol I
Smith, Brian H., Vol I
Smith, Bruce, Vol II
Smith, Bruce Ray, Vol II
Smith, C. S., Vol I
Smith, C. Shaw, Jr., Vol I

Smith, Carl, Vol II
Smith, Carlota S., Vol III
Smith, Carol Hertzig, Vol II
Smith, Charles Edison, Vol IV
Smith, Charles F., Jr., Vol I
Smith, Charlie Calvin, Vol I
Smith, D. Moody, Vol IV
Smith, Dale Cary, Vol I
Smith, Daniel B., Vol I
Smith, Daniel L., Vol IV
Smith, Daniel Scott, Vol I
Smith, Dave, Vol II
Smith, David Clayton, Vol I
Smith, David E., Vol I
Smith, David Fredrick, Vol I
Smith, David H., Vol IV
Smith, David Lee, Vol II
Smith, David Quintin, Vol II
Smith, David R., Vol IV
Smith, David Richard, Vol I
Smith, David T., Vol IV
Smith, David W., Vol III
Smith, Denis, Vol I
Smith, Dennis E., Vol IV
Smith, Dennis P., Vol I
Smith, Diane E., Vol I
Smith, Diane M., Vol II
Smith, Donald Hugh, Vol I
Smith, Duane, Vol II
Smith, Duane Allan, Vol I
Smith, Dwight L., Vol I
Smith, Edwin M., Vol IV
Smith, Eleanor Jane, Vol I
Smith, F. Lagard, Vol IV
Smith, F. Leslie, Vol II
Smith, F. Todd, Vol I
Smith, F. Wilson, Vol I
Smith, Francis J., Vol II
Smith, Gail K., Vol II
Smith, Gayle Leppin, Vol III
Smith, George P., Vol IV
Smith, Glenn R., Vol I
Smith, Grant William, Vol II
Smith, Harold L., Vol I
Smith, Harold Teliaferro, Jr., Vol IV
Smith, Heman Bernard, Vol IV
Smith, Henry, Vol I
Smith, J. Clay, Jr., Vol IV
Smith, James David, Vol I
Smith, James Howell, Vol I
Smith, James Morton, Vol I
Smith, Janet E., Vol IV
Smith, Jeffrey, Vol I
Smith, Jeffrey A., Vol II
Smith, Jeraldine Williams, Vol IV
Smith, Jesse Owens, Vol I
Smith, Joanna S., Vol I
Smith, Joanne Hamlin, Vol I
Smith, John David, Vol I
Smith, John Edwin, Vol IV
Smith, John K., Jr., Vol I
Smith, John Kares, Vol II
Smith, Jonathon Zittell, Vol I
Smith, Julian, Vol II
Smith, Karen A., Vol II
Smith, Kathryn, Vol IV
Smith, Kelly C., Vol IV
Smith, Lacey Baldwin, Vol I
Smith, Larry D., Vol II
Smith, Laurence D., Vol I
Smith, Lorrie, Vol II
Smith, Luther Edward, Jr., Vol IV
Smith, Lynn C., Vol IV
Smith, Mark, Vol I
Smith, Mark Stratton, Vol IV
Smith, Mary Elizabeth, Vol II
Smith, Merritt Roe, Vol I
Smith, Michael Myrle, Vol I
Smith, Nelson C., Vol I
Smith, Nigel, Vol III
Smith, Pamela A., Vol IV
Smith, Pamela H., Vol I
Smith, Patrick, Vol IV
Smith, Patrick J., Vol II
Smith, Paul, Vol II
Smith, Paul, Vol IV
Smith, Paul Hubert, Vol I
Smith, Paul M., Jr., Vol I
Smith, Peter Lawson, Vol I
Smith, Philip Chadwick Foster, Vol I
Smith, Quentin, Vol IV
Smith, Ralph R., Vol II
Smith, Randall Brian, Vol IV
Smith, Rebekah M., Vol I
Smith, Reuben W., Vol I
Smith, Richard J., Vol I
Smith, Riley Blake, Vol II

Smith
Directory of American Scholars • 1999

Smith, Robert E., Vol II
Smith, Robert Freeman, Vol I
Smith, Robert Harry, Vol IV
Smith, Robert Houston, Vol IV
Smith, Robert J., Vol I
Smith, Robert P., Jr., Vol III
Smith, Robin, Vol IV
Smith, Roch Charles, Vol III
Smith, Ronald E., Vol II
Smith, Rowland, Vol II
Smith, Sarah, Vol II
Smith, Shawn M., Vol II
Smith, Sherry L., Vol I
Smith, Stanley G., Vol IV
Smith, Stephanie A., Vol II
Smith, Stephen A., Vol II
Smith, Steven G., Vol I
Smith, Terry, Vol IV
Smith, Thomas G., Vol I
Smith, Tom W., Vol I
Smith, Voncile Marshall, Vol II
Smith, W. Alan, Vol IV
Smith, W. Wayne, Vol I
Smith, Wallace Calvin, Vol I
Smith, Wallace Charles, Vol IV
Smith, Walter L., Vol I
Smith, William A., Vol IV
Smith, Woodruff Donald, Vol I
Smith, Yolanda Yvette, Vol IV
Smith Favis, Roberta, Vol I
Smith Mckoy, Sheila, Vol III
Smith Nelson, Dorothy J., Vol I
Smith-Rosenberg, Carroll, Vol I
Smith-Soto, Mark, Vol III
Smithburn, John Eric, Vol IV
Smither, Howard Elbert, Vol I
Smitherman, Carole, Vol IV
Smitherman, Geneva, Vol I
Smithey, Robert Arthur, Vol II
Smocovitis, V.B., Vol I
Smoker, Paul L., Vol I
Smurl, James Frederick, Vol IV
Smyers, Karen A., Vol IV
Smylie, James Hutchinson, Vol I
Smythe, Thomas W., Vol IV
Snapper, Johan Pieter, Vol III
Snare, Gerald, Vol II
Snead, David L., Vol I
Sneed, Joseph Donald, Vol IV
Sneiderman, Barney, Vol IV
Snell, Daniel C., Vol III
Snetsinger, John, Vol I
Snodgrass, Klyne Ryland, Vol IV
Snoeyenbos, Milton, Vol IV
Snook, Lee E., Vol IV
Snow, D. R., Vol I
Snow, George Edward, Vol I
Snow, Helena, Vol II
Snow, Vernon F., Vol II
Snyder, Arnold C., Vol I
Snyder, David W., Vol I
Snyder, Glenn Herald, Vol I
Snyder, Lee Daniel, Vol I
Snyder, Robert Edward, Vol I
Snyder, Stephen W., Vol II
Snyder, Susan Brooke, Vol II
Snyder, William, Vol III
So, Sufumi, Vol III
Soares, Anthony T., Vol I
Sobel, Lionel S., Vol IV
Sobel, Robert, Vol I
Sober, Elliott Reuben, Vol IV
Sobin, Nicholas, Vol III
Soble, Alan, Vol IV
Sobstyl, Edrie, Vol IV
Socha, Donald, Vol III
Sochen, June, Vol I
Socken, Paul, Vol III
Sockness, Brent, Vol IV
Socolofsky, Homer Edward, Vol I
Socolow, Susan M., Vol I
Soden, Dale, Vol I
Soden, Richard Allan, Vol IV
Soderlind, Sylvia, Vol II
Soderlund, Jean R., Vol II
Soens, A.L., Jr., Vol II
Soffer, Gail, Vol IV
Soffer, Reba Nusbaum, Vol I
Soffer, Walter, Vol IV
Sogen Hori, G. Victor, Vol IV
Sohn, Louis Bruno, Vol IV
Sokal, Michael Mark, Vol I
Sokel, Walter H., Vol III
Sokol, David M., Vol I
Sokol, Elena, Vol III
Sokolowski, Robert S., Vol IV
Sokolowski, William R., Vol IV
Solan, Lawrence, Vol IV
Solberg, Winton Udell, Vol I
Solbrig, Otto Thomas, Vol I
Soldan, Angelika, Vol IV
Soldati, Joseph Arthur, Vol II
Soldon, Norbert C., Vol I
Sole, Carlos A., Vol III
Soley, Lawrence C., Vol II
Solheim, Barbara P., Vol IV
Soliday, Gerald, Vol I
Sollors, Werner, Vol II
Solnick, Bruce B, Vol I
Solomon, Andrew Joseph, Vol II
Solomon, H. Eric, Vol II
Solomon, Howard Mitchell, Vol I
Solomon, Janis Virginia Little, Vol III
Solomon, P., Vol I
Solomon, Robert Charles, Vol IV
Solomon, Stanley J., Vol II
Solomon, William David, Vol IV
Soloski, John, Vol II
Soloway, Richard Allen, Vol I
Solt, Leo F, Vol II
Soltow, James Harold, Vol I
Soltow, Lee, Vol I
Solum, Lawrence B., Vol IV
Somerville, James Karl, Vol I
Somerville, Robert, Vol IV
Somkin, Fred, Vol I
Sommer, Benjamin D., Vol IV
Sommer, Doris, Vol II
Sommer, John D., Vol IV
Sommerfeldt, John R., Vol I
Sommers, Laurie., Vol I
Sommerville, Charles John, Vol I
Sommerville, Joseph C., Vol I
Sonderegger, Katherine, Vol IV
Sonkowsky, Robert Paul, Vol I
Sonn, Richard D., Vol I
Sonnenfeld, Albert, Vol III
Sonnenfeld, Marion Wilma, Vol III
Sontag, Frederick Earl, Vol IV
Soons, C. Alan, Vol III
Sorelle, James Martin, Vol I
Sorensen, Roy, Vol IV
Soria, Regina, Vol III
Sorin, Gerald, Vol I
Sorkin, Adam J., Vol III
Sorkin, David, Vol I
Soroka, Jacek, Vol IV
Sorrenson, Richard J., Vol I
Sortor, M., Vol I
Sorum, Christina Elliott, Vol I
Sosa, Ernest, Vol IV
Sosin, Jack Marvin, Vol I
Sosnoski, James Joseph, Vol II
Sosnowski, Thomas C., Vol I
Sossaman, Stephen, Vol II
Soto, Gilberto D., Vol I
Soucy, Robert J., Vol I
Soule, George, Vol II
Sourian, Peter, Vol II
Sousa, Ronald W., Vol III
Southall, Geneva H., Vol I
Southard, Edna Carter, Vol I
Southard, Robert Fairbairn, Vol I
Southerland, James Edward, Vol I
Southerland, Ronald Hamilton, Vol III
Southern, David Wheaton, Vol I
Southern, Eileen Jackson, Vol I
Souza, Raymond D., Vol III
Soven, Margot, Vol II
Sovern, Michael I., Vol IV
Sovern, Michael I., Vol IV
Sowards, Jesse Kelley, Vol I
Sowards, Steven W., Vol I
Soyer, Daniel, Vol I
Spaccarelli, Thomas Dean, Vol III
Spaeth, Barbette S., Vol I
Spagnolo, John Peter, Vol I
Spahr, Blake Lee, Vol III
Spalding, Christopher J., Vol IV
Spalding, James Colwell, Vol IV
Spall, Richard, Vol I
Spancer, Janet, Vol II
Spann, Edward Kenneth, Vol I
Spanos, Anthony, Vol III
Spanos, William, Vol II
Sparks, Elisa, Vol II
Sparks, Esther, Vol I
Sparks, Glenn G., Vol II
Sparks, Kenton L., Vol IV
Sparks, Kimberly, Vol III
Spatz, Nancy, Vol I
Spear, Allan H., Vol I
Spearey, Susan, Vol II
Spears, Lee A., Vol II
Speas, Margaret, Vol III
Speck, Oliver C., Vol III
Spector, Jack, Vol I
Spector, R.H., Vol I
Spector, Scott, Vol I
Spector, Sherman David, Vol I
Speer, Donald, Vol I
Speidel, Michael Paul, Vol I
Speidell, Todd, Vol IV
Speirs, Logan, Vol II
Spellman, John Willard, Vol I
Spellman, Lynne, Vol I
Spellman, Norman Woods, Vol IV
Spence, Clark Christian, Vol I
Spence, Jonathan Dermot, Vol I
Spence, Joseph Samuel, Sr., Vol IV
Spencer, Aida Besancon, Vol IV
Spencer, Elaine Glovka, Vol I
Spencer, George W., Vol I
Spencer, Gregory H., Vol II
Spencer, Heath A., Vol I
Spencer, Janine, Vol III
Spencer, Samia Iskander, Vol III
Spender, Robert D., Vol IV
Spengemann, William C., Vol II
Sperber, Jonathon, Vol I
Sperry, Stuart M., Vol II
Spetter, Allan Burton, Vol I
Spevack, Marvin, Vol II
Spiegel, Gabrielle Michele, Vol I
Spiegel, James S., Vol IV
Spiegelman, Willard Lester, Vol II
Spigner, Clarence, Vol I
Spilka, Mark, Vol II
Spillenger, Clyde, Vol IV
Spiller, Roger Joseph, Vol I
Spillman, Lynette P., Vol I
Spilsbury, Paul, Vol IV
Spina, Frank Anthony, Vol IV
Spindel, Donna Jane, Vol I
Spinelli, Donald C., Vol II
Spink, Walter M., Vol I
Spires, Jeffrey, Vol II
Spires, Robert Cecil, Vol III
Spitz, Ellen Handler, Vol IV
Spitz, Lewis W., Vol I
Spitzberg, Brian H., Vol II
Spitzer, Alan B, Vol I
Spitzer, John, Vol I
Spitzer, Leo, Vol I
Spitzer, Matthew L., Vol IV
Spivak, Gayatri Chakravorty, Vol III
Spivey, Ted Ray, Vol II
Spohn, William C., Vol IV
Spolsky, Ellen, Vol II
Sponberg, Arvid Frederic, Vol II
Sponheim, Paul R., Vol IV
Spragens, Janet R., Vol IV
Sprague, Elmer D., Jr., Vol IV
Sprague, Paul Edward, Vol I
Sprague, Rosamond K., Vol IV
Sprague, Stuart Seely, Vol I
Sprauve, Gilbert A., Vol III
Spretnak, Charlene M., Vol II
Sprich, C. Robert, Vol II
Spring, David, Vol I
Spring, Howard, Vol I
Spring, Raymond Lewis, Vol IV
Springer, Carl P. E., Vol I
Springer, Haskell Saul, Vol II
Sprinker, Michael, Vol II
Sproul, Barbara Chamberlain, Vol IV
Sproul, R.C., Vol IV
Sprow, Richard, Vol II
Sprunger, David A., Vol II
Sprunger, Mary S., Vol IV
Spry, Irene, Vol I
Spurlock, John C., Vol I
Spurlock, John Howard, Vol III
Spyridakis, Stylianos V., Vol I
Squadrito, Kathleen Marie, Vol IV
Sreedhar, Susanne, Vol IV
Sreenivasan, Gopal, Vol IV
Sridhar, S.N., Vol III
St Clair Harvey, Archer, Vol I
St. Clair, Gloriana, Vol II
St. Clair Harvey, Archer, Vol I
St. Clair Lesman, Ann, Vol III
St. George, Robert B., Vol I
St. Omer, Garth, Vol III
Staal, Arie, Vol II
Stabile, Donald Robert, Vol I
Stack, George Joseph, Vol IV
Stack, Richard, Vol II
Stackhouse, John G., Jr., Vol IV
Stackhouse, Max Lynn, Vol IV
Stacy, Wayne, Vol IV
Stade, George, Vol II
Stadler, Eva Maria, Vol III
Stadler, Ingrid, Vol IV
Stadter, Philip Austin, Vol I
Stadtwald, Kurt, Vol I
Stafford, Barbara Maria, Vol I
Stafford, Gilbert W., Vol IV
Stafford, Sue P., Vol IV
Stafford, William Sutherland, Vol I
Stagaman, David, Vol IV
Stager, Lawrence E., Vol I
Stagg, Louis Charles, Vol II
Stahl, Alan Michael, Vol I
Stainton, Robert J.H., Vol IV
Staley, Allen, Vol I
Staley, Gregory A., Vol I
Staley, Jeffrey L., Vol IV
Staley, Lynn, Vol II
Staley, Thomas F., Vol II
Stalker, James Curtis, Vol III
Stallard, Michael D., Vol IV
Stalls, M., Vol I
Stam, James H., Vol IV
Stambaugh, Joan, Vol IV
Stambovsky, Phillip, Vol II
Stambrook, Fred, Vol I
Stamelman, Richard, Vol III
Stamey, Joseph Donald, Vol IV
Stamp, Robert M., Vol I
Stampino, Maria Galli, Vol III
Stanback, Thurman W., Vol II
Stancell, Dolores Wilson Pegram, Vol IV
Standen, Jeffery A., Vol IV
Standring, Timoty, Vol I
Stanford, Donald Elwin, Vol II
Stanford, Preston K., Vol IV
Stanislawski, Michael, Vol I
Stanley, Della M.M., Vol I
Stanley, Donald, Vol II
Stanley, John E., Vol IV
Stanley, Julian Cecil, Vol I
Stanley, Kathryn Velma, Vol IV
Stanley, Patricia H., Vol III
Stanley-Blackwell, Laurie, Vol I
Stanovsky, Derek, Vol IV
Stansifer, Charles Lee, Vol I
Stanton, Don, Vol II
Stanton, Edward F., Vol III
Stanton, Leonard J., Vol III
Stanton, Margaret, Vol III
Stanton, Phoebe Baroody, Vol I
Stanton Vogelaar, Harold, Vol IV
Stanwood, Paul Grant, Vol II
Staples, Robert Eugene, Vol I
Starbuck, Scott R., Vol IV
Stargardt, Ute, Vol II
Stark, Gary Duane, Vol I
Stark, Herman E., Vol IV
Stark, James, Vol III
Stark, James A., Vol I
Stark, Tracey, Vol IV
Starkey, Lawrence H., Vol IV
Starks Kierstead, Melanie, Vol IV
Starn, Randolph, Vol I
Starosta, William J., Vol II
Starr, Chester G., Vol I
Starr, Joseph Barton, Vol I
Starr, Kevin, Vol I
Starr, Larry, Vol I
Starr, Peter, Vol III
Starr, Raymond James, Vol I
Starr-LeBeau, Gretchen D., Vol I
Startt, James Dill, Vol I
Stathatos, Constantine Christopher, Vol III
Stathopoulos, E.T., Vol II
Staton, Cecil P., Jr., Vol IV
Staub, Jacob J., Vol IV
Staudenmaier, John M., Vol I
Stauder, Jack, Vol I
Staudinger Lane, Evelyn, Vol I
Stauffer, George B., Vol I
Stauffer, Helen Winter, Vol II
Stavan, Henry-Anthony, Vol III
Stave, Bruce M., Vol I
Staves, Susan, Vol II
Stavig, Ward, Vol I
Stavrianos, Leften Stavros, Vol I
Stayer, James Mentzer, Vol I
Stearns, Peter N., Vol I
Stebbins, Robert E., Vol I
Stebenne, David, Vol I
Steckel, Richard H., Vol I
Stecker, Robert, Vol IV
Steckline, C. Turner, Vol II
Steeger, Wm P., Vol IV
Steel, David Warren, Vol I
Steele, Claude Mason, Vol Null
Steele, Ian Kenneth, Vol I
Steele, Marta N., Vol I
Steele, Richard B., Vol IV
Steele, Richard William, Vol I
Steelman, Joseph F., Vol I
Steely, Melvin T., Vol I
Steen, Ivan David, Vol I
Steen, Sara Jayne, Vol II
Steensma, Robert Charles, Vol II
Steer, Helen V., Vol II
Steets, Cheryl, Vol III
Steeves, Paul David, Vol I
Stefanovic, Ranko, Vol IV
Stefanovska, Malina, Vol III
Steffen, Jerome Orville, Vol I
Steffensen-Bruce, Ingrid A., Vol I
Steggles, Mary Ann, Vol I
Stegmaier, Mark Joseph, Vol I
Steig, Michael, Vol II
Steigerwald, Diane, Vol IV
Steiker, Carol S., Vol IV
Steiman, Lionel Bradley, Vol I
Stein, Arnold, Vol II
Stein, Burton, Vol I
Stein, Eric, Vol IV
Stein, Howard, Vol IV
Stein, Kenneth W., Vol I
Stein, Leon, Vol I
Stein, Robert David, Vol II
Stein, Robert H., Vol IV
Stein, Stephen J., Vol IV
Stein, Stephen J., Vol IV
Steinberg, Erwin Ray, Vol II
Steinberg, Leo, Vol I
Steinberg, Mark D., Vol I
Steinberg, Salme Harju, Vol I
Steinberg, Theodore Louis, Vol II
Steinbock, Bonnie, Vol IV
Steinbock, Daniel J., Vol IV
Steinbrink, Jeffrey, Vol II
Steinbuch, Thomas A., Vol IV
Steiner, Bruce E., Vol I
Steiner, Carl, Vol III
Steiner, Joan Elizabeth, Vol II
Steiner, Thomas Robert, Vol II
Steiner, Vernon J., Vol IV
Steiner, Wendy Lois, Vol II
Steinhardt, Nancy Shatzman, Vol I
Steinhart, Eric, Vol IV
Steinman, Joan E., Vol IV
Steinman, Lisa M., Vol II
Steinmann, Andrew E., Vol IV
Steinmetz, David Curtis, Vol I
Steinweis, Alan, Vol I
Stelter, Gilbert Arthur, Vol I
Stelzig, Eugene Louis, Vol II
Stempsey, William Edward, Vol IV
Sten, Christopher Wessel, Vol II
Stendahl, Krister, Vol IV
Steneck, Nicholas H., Vol I
Stenger, Robert Leo, Vol IV
Stennis-Williams, Shirley, Vol I
Stenson, Nancy Jean, Vol III
Stenstad, Gail, Vol IV
Stent, Michelle Dorene, Vol IV
Stephan, John Jason, Vol I
Stephan, P.B., Vol IV
Stephanson, Anders, Vol I
Stephens, Charles Ralph, Vol II
Stephens, Cynthia Diane, Vol IV
Stephens, Lester Dow, Vol I
Stephens, Lynn, Vol IV
Stephens, Martha Thomas, Vol II
Stephens, Robert Oren, Vol II
Stephens, Susan A., Vol I
Stephens, William Richard, Vol I
Stepto, Robert Burns, Vol II
Sterba, James P., Vol IV
Sterling, David L., Vol I
Stern, David S., Vol IV
Stern, Frances Meritt, Vol I
Stern, Fritz, Vol I
Stern, Guy, Vol III
Stern, Irwin, Vol III
Stern, Julia, Vol II
Stern, Laurent, Vol IV
Stern, Marvin, Vol I
Stern, Milton R., Vol II
Stern, Nancy B., Vol I
Stern, Richard G., Vol II
Stern, Robin, Vol I
Stern, Steve Jefferey, Vol I
Sternbach, Nancy Saporta, Vol III
Sternberg, Joel, Vol II
Sternfeld, Frederick William, Vol I
Stetz, Margaret, Vol II
Steussy, Marti J., Vol IV

Steven, Laurence, Vol II
Stevens, Carol B., Vol I
Stevens, Donald G., Vol I
Stevens, Earl Eugene, Vol II
Stevens, George E., Vol II
Stevens, John A., Vol I
Stevens, John Paul, Vol IV
Stevens, Kevin M., Vol I
Stevens, Kira, Vol I
Stevens, Lizbeth Jane, Vol III
Stevens, Mark, Vol II
Stevens, Paul, Vol III
Stevens, Paul W., Vol IV
Stevens, Peter S., Vol II
Stevens, Wesley Macclelland, Vol I
Stevens-Arroyo, Antonio M., Vol IV
Stevenson, Catherine Barnes, Vol II
Stevenson, John A., Vol II
Stevenson, John Weamer, Vol II
Stevenson, Louise L., Vol I
Stevenson, Walt, Vol I
Stevenson-Moessner, Jeanne, Vol IV
Steward, Dick Houston, Vol I
Stewart, Carlyle F., III, Vol IV
Stewart, Charles Cameron, Vol I
Stewart, Charles J., Vol II
Stewart, Charles Todd, Vol I
Stewart, Daniel Lewis, Vol IV
Stewart, David, Vol IV
Stewart, E. Kate, Vol II
Stewart, Gordon Thomas, Vol I
Stewart, Henry R., Jr., Vol II
Stewart, Jack F, Vol II
Stewart, James Brewer, Vol I
Stewart, Joan Hinde, Vol III
Stewart, John Othneil, Vol II
Stewart, Larry, Vol II
Stewart, Maaja Agur, Vol II
Stewart, Mac A., Vol I
Stewart, Melville Y., Vol IV
Stewart, Pamela Dawes, Vol III
Stewart, Stanley N., Vol II
Stewart, Walter K, Vol III
Stewart, William H., Vol IV
Sthele, Eva, Vol I
Sticca, Sandro, Vol III
Stich, Stephen P., Vol IV
Stichler, Richard, Vol IV
Stieb, James, Vol II
Stieglitz, Robert R., Vol I
Stiles, Kristine, Vol I
Stillinger, Jack, Vol II
Stillman, Damie, Vol I
Stillman, Norman Arthur, Vol III
Stillman, William E., III, Vol IV
Stimilli, Davide, Vol III
Stimpson, Catharine R., Vol II
Stimson, Hugh McBirney, Vol III
Stine, Philip C., Vol II
Stinger, Charles Lewis, Vol I
Stingl, Michael, Vol IV
Stinson, John Jerome, Vol II
Stinson, Robert William, Vol I
Stinson, Russell, Vol I
Stites, Francis Noel, Vol I
Stith, K., Vol IV
Stitt, Allan J., Vol IV
Stitt, J. Michael, Vol II
Stitzel, Judith Gold, Vol II
Stivale, Charles J., Vol III
Stivers, Robert L., Vol IV
Stock, Robert Douglas, Vol II
Stockman, Ida J., Vol III
Stockman, Robert H., Vol I
Stockwell, Edward G., Vol I
Stockwell, Robert Paul, Vol III
Stoddard, Whitney S., Vol I
Stodola, Zabelle, Vol II
Stoebuck, William Brees, Vol IV
Stoeffler, Fred Ernest, Vol IV
Stoehr, Kevin L., Vol IV
Stoetzer, O. Carlos, Vol I
Stoever, William K.B., Vol I
Stoff, Michael B., Vol I
Stohl, Cynthia B., Vol III
Stoianovich, Traian, Vol I
Stokes, Gale, Vol I
Stokes, James, Vol II
Stokes, Lawrence Duncan, Vol I
Stokes, Louis, Vol IV
Stokes, Mack B., Vol IV
Stokker, Kathleen Marie, Vol III
Stokoe, William Clarence, Vol III
Stokstad, Marilyn Jane, Vol I

Stoler, Mark A., Vol I
Stoler, Mark Alan, Vol I
Stoll, Anita K., Vol III
Stoll, Steven, Vol I
Stolz, Benjamin Armond, Vol III
Stolzenberg, N.M., Vol IV
Stone, Alan Abraham, Vol IV
Stone, Bailey S., Vol I
Stone, Christopher D., Vol IV
Stone, Cynthia, Vol III
Stone, David A., Vol III
Stone, David M., Vol I
Stone, Donald David, Vol II
Stone, Gregory, Vol II
Stone, Jennifer, Vol III
Stone, Jerome Arthur, Vol IV
Stone, Ronald Henry, Vol IV
Stone, S.L., Vol IV
Stone, Victor J., Vol IV
Stone-Blackburn, Susan, Vol II
Stone-Miller, Rebecca, Vol I
Stone-Richards, Michael, Vol I
Stonum, Gary Lee, Vol II
Storch, Neil T., Vol I
Storch, Steven R., Vol IV
Storer, Norman William, Vol I
Storrs, Landon R.Y., Vol I
Stortz, Gerry, Vol I
Stortz, Martha Ellen, Vol I
Story, J. Lyle, Vol II
Story, Kenneth Ervin, Vol II
Story, Patrick Lee, Vol II
Story, Ronald, Vol I
Stott, Annette, Vol I
Stott, Deborah, Vol IV
Stott, William Merrell, Vol I
Stout, Harry S., Vol I
Stout, Joseph Allen, Vol III
Stout, Neil R., Vol I
Stover, John Ford, Vol I
Stow, George Buckley, Vol I
Stowe, William W., Vol III
Stowers, Stanley Kent, Vol I
Strain, Ellen, Vol II
Straiton, T. Harmon, Jr., Vol II
Stramel, James, Vol IV
Stranahan, Patricia, Vol I
Strand, Dana, Vol II
Strandberg, Victor, Vol II
Strang, J.V., Vol IV
Strange, James F., Vol IV
Strange, Steven K., Vol I
Strassberg, Barbara, Vol I
Strasser, Mark, Vol IV
Strater, Henry A., Vol II
Stratton, Charles R., Vol II
Stratton, John Ray, Vol II
Stratton, Susan B., Vol II
Straub, Kristina, Vol II
Straumanis, Joan, Vol IV
Straus, Barrie Ruth, Vol III
Strausberg, Stephen Frederick, Vol I
Strauss, Albrecht Benno, Vol II
Strauss, David, Vol I
Strauss, Gerald, Vol I
Strauss, Jonathan, Vol III
Strauss, Marcy, Vol IV
Strauss, Mark, Vol IV
Strauss, Peter L., Vol IV
Strauss, Wallace Patrick, Vol I
Strauss, Walter Adolf, Vol III
Strauss Clay, Jenny, Vol I
Straw, William O., Vol II
Strawser, Sherri C., Vol I
Strayer, Robert William, Vol I
Straznicky, Marta, Vol II
Street, Jack David, Vol III
Street, Richard L., Jr., Vol II
Streeter, Donald, Vol II
Streeter, Jarvis, Vol IV
Streets, Heather, Vol I
Streight, Irwin, Vol II
Strelka, Joseph Peter, Vol III
Strickland, Arvarh E., Vol I
Strickland, Dorothy S., Vol I
Strickland, Johnye, Vol II
Strickland, Ruth Ann, Vol I
Stricklin, David, Vol II
Striker, Cecil Leopold, Vol I
Strikwerds, Robert A., Vol IV
Stripling, Luther, Vol I
Stripling, Mahala Yates, Vol II
Stroble, Paul E., Jr., Vol IV
Strocchia, Sharon T., Vol I
Stroh, Guy Weston, Vol IV
Strohl, Jane E., Vol I
Strohmaier, Mahla, Vol II

Stroker, William Dettwiller, Vol IV
Stroll, Avrum, Vol IV
Strolle, Jon M, Vol III
Strom, Lyle E., Vol IV
Strom, Sharon Hartman, Vol I
Strom, William O., Vol II
Stromberg, James S., Vol III
Stromberg, Peter G., Vol I
Strong, Douglas Hillman, Vol I
Strong, Douglas M., Vol I
Strong, John A., Vol I
Strong, John S., Vol I
Strong, L. Thomas, III, Vol IV
Strong-Boag, Veronica, Vol I
Stronks, Julia K., Vol IV
Stroud, Matthew David, Vol III
Stroud, Ronald Sidney, Vol I
Stroud, Sarah, Vol IV
Stroud, Theodore Albert, Vol II
Stroup, Rodger Emerson, Vol I
Struc, Roman Sviatoslav, Vol III
Struever, Nancy Schermerhorn, Vol I
Strugnell, John, Vol IV
Strum, Philippa, Vol III
Struve, Walter, Vol I
Strychacz, Thomas, Vol II
Stuart, Dabney, Vol II
Stuart, Douglas Keith, Vol IV
Stuart, Jack, Vol I
Stuart, James Donald, Vol IV
Stubenberg, Leopold, Vol IV
Stuber, Florian, Vol II
Stuckey, Priscilla, Vol IV
Studzinski, Raymond James, Vol IV
Stuesser, Lee, Vol IV
Stuewer, Roger H., Vol I
Stuhlmueller, Carroll, Vol IV
Stuhr, Walter Martin, Vol IV
Stulman, Louis, Vol IV
Stump, David James, Vol IV
Stump, Donald, Vol II
Stunkel, Kenneth Reagan, Vol I
Sturgeon, Mary C., Vol I
Sturgill, Claude C., Vol I
Sturm, Douglas Earl, Vol IV
Sturm, Fred Gillette, Vol IV
Sturm-Maddox, Sara, Vol III
Stursberg, Peter, Vol I
Sturtevant, David Reeves, Vol I
Stutts, David H., Vol IV
Styan, John Louis, Vol II
Stylianopoulos, Theodore, Vol IV
Suarez Garcia, Jose Luis, Vol III
Suarez-Galban, Eugenio, Vol III
Suber, Peter Dain, Vol IV
Subotnik, Dan, Vol IV
Subramanian, Jane M., Vol II
Subryan, Carmen, Vol II
Suchlicki, Jaime, Vol I
Suchy, Patricia, Vol II
Suderburg, Robert, Vol I
Sudhir, Pillarisetti, Vol II
Sudol, Ronald A., Vol II
Suelflow, August Robert, Vol I
Sugano, Douglas, Vol II
Sugar, Peter Frigyes, Vol I
Sugg, Richard Peter, Vol II
Suggs, Marion Jack, Vol IV
Suggs, Robert Chinelo, Vol I
Sugimoto, Naomi, Vol II
Sugnet, Charles Joseph, Vol II
Suh, Dae-Suk, Vol IV
Suinn, Richard Michael, Vol I
Suits, Thomas Allan, Vol I
Sukenick, Ronald, Vol II
Suleiman, Michael W., Vol I
Suleiman, Susan Rubin, Vol III
Sullivan, Charles R., Vol I
Sullivan, Charles William, Vol II
Sullivan, Constance, Vol III
Sullivan, Dale L., Vol II
Sullivan, Denis, Vol I
Sullivan, Donald David, Vol II
Sullivan, John G., Vol IV
Sullivan, John P., Vol III
Sullivan, Mary C., Vol III
Sullivan, Rosemary, Vol II
Sullivan, Ruth, Vol IV
Sullivan, Sally A., Vol II
Sullivan, Sheila J., Vol II
Sullivan, Sherry A., Vol II
Sullivan, Shirley Darcus, Vol I
Sullivan, Stephen J., Vol IV
Sullivan, Walter L., Vol I
Sullivan, William Joseph, Vol IV
Sullivan, Winnifred F., Vol IV

Sullivan, Zohreh Tawakuli, Vol II
Sullivan, Zola Jiles, Vol I
Sulloway, Alison G., Vol II
Sumida, Jon Tetsuro, Vol I
Sumler-Edmond, Janice L., Vol IV
Summers, Claude Joseph, Vol II
Summers, Clyde W., Vol IV
Summers, Robert Samuel, Vol IV
Sumner, Gregory D., Vol I
Sun, Raymond, Vol I
Sundaram, K., Vol I
Sundberg, Walter, Vol I
Sundstrom, Roy Alfred, Vol I
Suner, Margarita, Vol III
Sungdai, Cho, Vol III
Sungolowsky, Joseph, Vol III
Sunseri, Alvin Raymond, Vol I
Sunshine, Edward R., Vol IV
Suny, Ronald Grigor, Vol I
Super, Robert Henry, Vol II
Suppes, Patrick, Vol IV
Sur, Carolyn Worman, Vol IV
Surrency, Erwin C., Vol I
Surridge, Lisa A., Vol II
Surridge, Marie, Vol III
Sussman, Henry, Vol III
Sussman, Herbert, Vol II
Sussman, Lewis Arthur, Vol I
Suter, Ronald, Vol IV
Sutherland, Daniel E., Vol I
Sutherland, Elizabeth H., Vol I
Sutherland, Gail Hinich, Vol IV
Sutherland, William Owen Sheppard, Vol II
Sutter, Leslie E., Vol IV
Sutton, Donald Sinclair, Vol I
Sutton, Homer B., Vol III
Sutton, Max Keith, Vol II
Sutton, Robert Mize, Vol I
Sutton, Robert Paul, Vol I
Sutton, Sharon Egretta, Vol I
Sutton, Sharyn, Vol II
Suttpn, Dana F., Vol I
Suzuki, Mihoko, Vol II
Svejda, George J., Vol I
Svingen, Orlan, Vol I
Swaffar, Janet King, Vol III
Swaim, Kathleen Mackenzie, Vol II
Swain, Charles W., Vol I
Swain, James H., Vol IV
Swain, Joseph, Vol I
Swain, Martha Helen, Vol I
Swainson, Donald, Vol I
Swan, Kenneth P., Vol IV
Swan, Wallace John, Vol II
Swanger, Eugene R., Vol IV
Swann, Brian, Vol II
Swanson, Bert E., Vol I
Swanson, Carol B., Vol IV
Swanson, Donald Roland, Vol II
Swanson, Maynard William, Vol I
Swanson, Paul L., Vol IV
Swanson, Randy, Vol I
Swanson, Roy Arthur, Vol I
Swardson, Harold Roland, Vol II
Swart, Paula, Vol I
Swartley, Willard M., Vol IV
Swartz, Alice M., Vol IV
Swartz, Barbara E., Vol IV
Swartz, Marvin, Vol I
Swayne, Steven Robert, Vol IV
Swearer, Donald K., Vol I
Sweeney, John Albert, Vol I
Sweeney, Kevin, Vol I
Sweeney, Leo, Vol IV
Sweeney, Michael S., Vol II
Sweeney, Thomas John, Vol I
Sweet, Justin, Vol IV
Sweet, Nan, Vol IV
Sweet, Paul Robinson, Vol I
Sweetman, Brendan M., Vol IV
Sweets, John Frank, Vol I
Sweetser, Marie-Odile, Vol III
Sweetser, Wesley Duaine, Vol II
Swensen, Clifford Henrik, Vol IV
Swenson, Edward, Vol I
Swerdlow, Amy, Vol I
Swerdlow, David G., Vol II
Swetland, Kenneth L., Vol IV
Swetnam, Ford, Vol II
Swetnam, Susan, Vol II
Swidler, Leonard, Vol IV
Swierenga, Robert Peter, Vol I
Swietek, Francis Roy, Vol I
Swift, Carolyn Ruth, Vol II
Swift, Louis Joseph, Vol I
Swift, Mary Grace, Vol I
Swindell, Warren C., Vol I

Swinden, Kevin J., Vol I
Swindler, James Kenneth, Vol IV
Swingle, Larry J., Vol II
Swinney, Everette, Vol I
Swinson, Ward, Vol II
Swinth, Kirsten, Vol I
Swinton, George, Vol I
Swinton, George, Vol I
Swinton, Katherine E., Vol IV
Swiontkowski, Gale, Vol II
Switala, Kristin, Vol IV
Switala, Kristin, Vol I
Switten, Margaret L., Vol III
Switzer, Les, Vol II
Syed, Jasmin, Vol I
Syliowicz, Joseph S., Vol I
Sylla, Edith Dudley, Vol I
Sylvas, Lionel B., Vol I
Sylvester, John Andrew, Vol I
Sylvestre, Jean-Guy, Vol II
Sylvie, George, Vol I
Sylwester, Harold James, Vol I
Symeonoglou, Sarantis, Vol I
Symonds, Craig Lee, Vol I
Symons, T.H.B, Vol I
Symons, Van J., Vol I
Synan, Edward A., Vol IV
Synan, Vinson, Vol I
Synnott, Marcia G., Vol I
Sypher, Francis Jacques, Vol II
Sypnowich, Christine, Vol IV
Syrett, David, Vol I
Syverud, K.D., Vol IV
Szabados, Bela, Vol IV
Szabo, Franz A.J., Vol I
Szabo, Joyce, Vol I
Szanto, George, Vol II
Szarmach, Paul E., Vol II
Szarycz, Ireneusz, Vol III
Szasz, Ferenc Morton, Vol I
Szasz, Margaret Connell, Vol I
Szasz, Paul Charles, Vol IV
Szegedy-Maszak, Andrew, Vol II
Szittya, Penn, Vol II
Szpek, Heidi M., Vol III
Szuchewycz, Bohdan G., Vol II
Szuchman, Mark David, Vol I
Tabbernee, William, Vol I
Taber, John, Vol IV
Tabili, Laura, Vol I
Taborn, John Marvin, Vol I
Tadie, Andrew A., Vol II
Tager, Jack, Vol I
Tagg, James, Vol I
Tagg, John, Vol I
Taggart, Walter John, Vol IV
Tahara, Mildred Machiko, Vol III
Tait, Alan A., Vol I
Taiwo, Olufemi, Vol IV
Takaki, Ronald Toshiyuki, Vol I
Talar, Charles J. T., Vol IV
Talbert, Charles H., Vol IV
Talbot, Charles, Vol I
Talbot, Emile, Vol III
Talbot, John Edwin, Vol I
Talbott, Robert Dean, Vol I
Talbott, William J., Vol IV
Taliaferro, Charles, Vol IV
Tall, Emily, Vol I
Talley, Eric L., Vol IV
Talley, William B., Vol I
Tambs, Lewis, Vol I
Tamburr, Karl, Vol II
Tancredi, Laurence Richard, Vol IV
Tandberg, Gerilyn, Vol II
Tandy, Charles, Vol IV
Tandy, David, Vol I
Tanenbaum, Jan Karl, Vol I
Tanford, J. Alexander, Vol IV
Tang, Paul C.L., Vol IV
Tankard, James William, Vol II
Tankard, Judith B., Vol I
Tannehill, Robert C., Vol IV
Tannen, Deborah F., Vol III
Tannenbaum, Rebecca J., Vol I
Tanner, Helen Hornbeck, Vol I
Tanner, Jim, Vol II
Tanner, John Sears, Vol II
Tanner, Stephen Lowell, Vol II
Tanner, William Edward, Vol II
Tanner, William Randolph, Vol I
Tanselle, George Thomas, Vol II
Tansey, Charlotte, Vol I
Tao, Tien-Yi, Vol I
Tapia, Elena, Vol III
Tappy, Ron E., Vol III
Tarala, Joseph J., Vol IV
Taran, Leonardo, Vol I

Taranow, Gerda, Vol II
Tarbell, Roberta K., Vol I
Tarica, Ralph, Vol III
Tarkow, Theodore A., Vol I
Tarlock, Anthony Dan, Vol IV
Tarr, Joel A., Vol I
Tarr, Nina W., Vol IV
Tarr, Rodger Leroy, Vol II
Tarr, Zoltan, Vol I
Tarrant, Richard John, Vol I
Tartaglia, Philip, Vol IV
Tarter, Brent, Vol I
Tarver, Leon R., II, Vol I
Tasch, Peter Anthony, Vol II
Tashiro, Paul Y., Vol IV
Tashjian, Jirair S., Vol IV
Tassi, Aldo, Vol IV
Tassi, Marguerite, Vol II
Tatar, Maria, Vol III
Tatarewicz, Joseph N., Vol I
Tate, George Sheldon, Vol II
Tate, Michael Lynn, Vol I
Tate, Paul Dean, Vol IV
Tate, Thad W., Vol I
Tatham, David Frederic, Vol I
Tatlock, Lynn, Vol III
Tatum, George B., Vol I
Tatum, Nancy R., Vol II
Tatum, W. Barnes, Vol IV
Tatz, Mark, Vol IV
Tauber, Alfred I., Vol IV
Tavani, Herman, Vol IV
Tave, Stuart Malcolm, Vol II
Tavera Rivera, Margarita, Vol III
Tawa, Nicholas E., Vol I
Tayler, Edward W., Vol II
Taylor, Alan S., Vol I
Taylor, Allan Ross, Vol III
Taylor, Angus, Vol IV
Taylor, Arnold H., Vol I
Taylor, Bryan C., Vol II
Taylor, Charles, Vol IV
Taylor, Charles Avon, Vol I
Taylor, Charles L., Vol I
Taylor, Cindy, Vol II
Taylor, Cledie Collins, Vol I
Taylor, Daniel Jennings, Vol I
Taylor, David Vassar, Vol I
Taylor, Donald Stewart, Vol II
Taylor, Estelle Wormley, Vol II
Taylor, Felicia Michelle, Vol IV
Taylor, G.H., Vol IV
Taylor, Gene Fred, Vol IV
Taylor, Gordon Overton, Vol II
Taylor, Grace W., Vol IV
Taylor, Henry, Vol I
Taylor, Herman Daniel, Vol I
Taylor, Howard F., Vol I
Taylor, Ira Donathan, Vol I
Taylor, Jacqueline S., Vol I
Taylor, James Coleridge, Vol I
Taylor, James E., Vol IV
Taylor, James R., Vol II
Taylor, James S., Vol I
Taylor, James Sheppard, Vol II
Taylor, Jerome, Vol I
Taylor, Jon, Vol IV
Taylor, Karen, Vol I
Taylor, Kenneth Lapham, Vol I
Taylor, Mark, Vol II
Taylor, Michael Joseph, Vol IV
Taylor, Orlando L., Vol II
Taylor, Patricia E., Vol IV
Taylor, Quintard, Jr., Vol I
Taylor, Raymond Hargus, Vol IV
Taylor, Richard A., Vol III
Taylor, Richard Stuart, Vol I
Taylor, Robert R., Vol I
Taylor, Rodney, Vol IV
Taylor, Sandra C., Vol I
Taylor, Steven Millen, Vol III
Taylor, Sue, Vol I
Taylor, Susan L., Vol II
Taylor, Talbot, Vol III
Taylor, Thomas Templeton, Vol I
Taylor, Tom, Vol I
Taylor, Velande P., Vol II
Taylor, Verta, Vol I
Taylor, Walter F., Jr., Vol IV
Taylor, Welford Dunaway, Vol II
Taylor, Williamson S., Vol IV
Taylor Guthrie, Danille, Vol I
Taylor-Mitchell, Laurie, Vol I
Taylor-Thompson, Betty E., Vol II
Tchudi, Stephen, Vol III
Te, Jordan, Vol I
Teaford, Jon C., Vol I
Teague, Frances Nicol, Vol I
Tebben, Joseph Richard, Vol I

Tebbenhoff, Edward H., Vol I
Tebbetts, Terrell L., Vol I
Tedards, Douglas Manning, Vol II
Tedford, Barbara Wilkie, Vol II
Teehan, John, Vol IV
Tegeder, Vincent George, Vol I
Teich, Albert Harris, Vol I
Teiser, Stephen F., Vol I
Telesca, William John, Vol I
Teller, Stephen J., Vol II
Temperley, Nicholas, Vol I
Temple, Kathryn, Vol II
Templin, John Alton, Vol IV
Tenenbaum, Sergio, Vol IV
Teng, Tony, Vol I
Tenger, Zeynep, Vol II
Tennyson, Georg Bernhard, Vol II
Tepaske, John J., Vol I
Teply, Larry L., Vol IV
Terborg-Penn, Rosalyn M., Vol I
Terchek, Ronald John, Vol I
Terezakis, Katie, Vol IV
Termini, Roseann B., Vol IV
Ternes, Hans, Vol III
Terpstra, Vern, Vol I
Terras, Rita, Vol III
Terras, Victor, Vol III
Terrell, Francis D'Arcy, Vol IV
Terrell, Huntington, Vol IV
Terrell, Melvin C., Vol I
Terrell, Robert L., Vol I
Terrell, Timothy Prater, Vol IV
Terrill, Ross, Vol I
Terrill, Tom E., Vol I
Terry, Ann R., Vol I
Terry, Charles T., Vol IV
Terry, J. Mark, Vol IV
Terry, James L., Vol I
Terry, Janice J., Vol I
Terry, Mickey Thomas, Vol I
Terry, Reginald Charles, Vol II
Terry, Robert Meredith, Vol III
Teschner, George A., Vol IV
Teschner, Richard Vincent, Vol III
Teselle, Eugene A., Vol IV
Teske, Roland John, Vol IV
Tetel, Julie, Vol II
Tetel, Marcel, Vol III
Tetreault, Ronald, Vol II
Tetzlaff, Otto W., Vol III
Teunissen, John J., Vol II
Teute, Fredrika J., Vol I
Teviotdale, Elizabeth C., Vol I
Thackeray, Frank W., Vol I
Thaden, Edward C., Vol I
Thagard, Paul, Vol IV
Thain, Gerald John, Vol IV
Thaler, Danielle, Vol II
Thalos, Mariam, Vol IV
Thameling, Carl L., Vol II
Thandeka, Vol IV
Thatcher, David S., Vol II
Thatcher, Tom, Vol IV
Thayer, Calvin G., Vol II
Thayer, H.S., Vol IV
Thayer, John A., Vol I
Theall, Donald F., Vol II
Theile, Karl H., Vol I
Theodoratus, Robert James, Vol I
Theoharis, Athan, Vol I
Theriault, Michel, Vol IV
Thernstrom, Stephan Albert, Vol I
Thesing, William Barney, Vol II
Thibeau, Matthew J., Vol IV
Thiem, Jon, Vol II
Thigpen, Calvin Herritage, Vol IV
Thiher, Ottah Allen, Vol III
Thiruvengadam, Raj, Vol IV
Tholfsen, Trygve Rainone, Vol I
Thomaidis, Spero T., Vol I
Thomas, Amy M., Vol II
Thomas, Carol G., Vol I
Thomas, Carolyn, Vol IV
Thomas, Clara M., Vol II
Thomas, Clarence, Vol IV
Thomas, Claude Roderick, Vol IV
Thomas, David, Vol IV
Thomas, Deborah Allen, Vol II
Thomas, Diana, Vol I
Thomas, Donald E., Vol I
Thomas, Douglas L., Vol IV
Thomas, Emory M., Vol I
Thomas, Gary Craig, Vol III
Thomas, Gerald, Vol III
Thomas, Gerald Eustis, Vol I
Thomas, Herman Edward, Vol IV
Thomas, Jack Ray, Vol I
Thomas, Jean D'Amato, Vol I
Thomas, John Joseph, Vol IV

Thomas, John Lovell, Vol I
Thomas, John Wesley, Vol III
Thomas, Kendall, Vol IV
Thomas, Margaret, Vol III
Thomas, Maxine Suzanne, Vol IV
Thomas, Nigel J.T., Vol I
Thomas, Norman C., Vol I
Thomas, Orlan E., Vol I
Thomas, Owen Clark, Vol IV
Thomas, Randall S., Vol IV
Thomas, Roger K., Vol III
Thomas, Ruth Paula, Vol III
Thomas, Samuel Joseph, Vol I
Thomas, Stafford H., Vol II
Thomasma, David C., Vol IV
Thomason, Wallace Ray, Vol II
Thomasson, Gordon C., Vol I
Thompson, Alan Smith, Vol I
Thompson, Almose Alphonse, II, Vol IV
Thompson, Cynthia L., Vol I
Thompson, David L., Vol IV
Thompson, Dorothy Gillian, Vol I
Thompson, Ewa Majewska, Vol III
Thompson, Garrett, Vol IV
Thompson, Gary, Vol I
Thompson, Gary Richard, Vol IV
Thompson, George, Jr., Vol IV
Thompson, Glen L., Vol I
Thompson, Hilary, Vol II
Thompson, Janet Ann, Vol I
Thompson, Jewel T., Vol I
Thompson, John H., Vol I
Thompson, Kenneth F., Vol IV
Thompson, Larry, Vol I
Thompson, Laurence G., Vol III
Thompson, Leonard Leroy, Vol IV
Thompson, M.T., Jr., Vol IV
Thompson, Margaret Susan, Vol I
Thompson, Paul B., Vol IV
Thompson, Ray, Vol I
Thompson, Robert Farris, Vol I
Thompson, Roger Mark, Vol III
Thompson, William J., Vol IV
Thompson, William M., Vol IV
Thomsen, Mark, Vol IV
Thomson, Clive, Vol II
Thomson, George Henry, Vol II
Thomson, Kathryn, Vol IV
Thomson, Robert William, Vol III
Thomson, William, Vol IV
Thorburn, Carolyn Coles, Vol III
Thorelli, Hans Birger, Vol I
Thormann, Gerard Charles, Vol I
Thorn, Arline Roush, Vol III
Thorn, J. Dale, Vol II
Thornburg, E.G., Vol IV
Thornell, Richard Paul, Vol IV
Thornton, Archibald Paton, Vol I
Thornton, John K., Vol I
Thornton, Richard C., Vol I
Thorp, John, Vol IV
Thorpe, James, Vol II
Thorpe, Judith M., Vol II
Thorpe, Samuel, Vol IV
Thorpe, Wayne L., Vol I
Thorsen, Kristine, Vol III
Thorson, Connie C., Vol II
Thorson, Helga, Vol III
Thorson, J.A., Vol I
Thorson, James Llewellyn, Vol II
Thorson, Norm, Vol IV
Thrall, Trevor, Vol II
Thrasher, William, Vol I
Threatte, Leslie Lee, Vol I
Thro, Linus J., Vol IV
Throne, Barry, Vol II
Thronveit, Mark A., Vol IV
Thuente, Mary Helen, Vol II
Thundy, Zacharias Pontian, Vol II
Thurin, Susan Molly Schoenbauer, Vol II
Thurman, Alfonzo, Vol I
Thursby, Gene Robert, Vol IV
Thurston, Bonnie Bowman, Vol II
Thurston, Gary L., Vol I
Thurston, Robert, Vol I
Thym, Jurgen, Vol I
Thyret, Isolde, Vol I
Tibbetts, Paul E., Vol IV
Tiberius, Valerie, Vol IV
Tichi, Cecelia, Vol I
Tick, Judith, Vol I
Tidman, Paul, Vol IV
Tidwell, John Edgar, Vol II
Tiede, David L., Vol IV
Tiemens, Robert K., Vol I
Tierney, Brian, Vol I
Tierney, James E., Vol IV

Tierney, James Edward, Vol II
Tierney, Kevin Hugh, Vol I
Tierney, Nathan L., Vol IV
Tiersma, Peter M., Vol IV
Tiersten, Lisa, Vol I
Tiessen, Paul, Vol II
Tiessen, Terrance, Vol IV
Tigay, Jeffrey Howard, Vol IV
Tiger, Virginia Marie, Vol II
Tignor, Robert L., Vol I
Tikku, Girdhari, Vol III
Tiles, J.E., Vol IV
Tillers, Peter, Vol IV
Tilles, Gerald Emerson, Vol I
Tilley, John, Vol IV
Tilley, Terrence W., Vol IV
Tillis, Frederick C., Vol I
Tillman, Hoyt Cleveland, Vol I
Tillson, Albert H., Jr., Vol I
Tilly, Louise A., Vol I
Timberlake, Charles, Vol I
Timberlake, Constance Hector, Vol I
Timbie, Janet Ann, Vol I
Timko, Michael, Vol II
Timmerman, Joan H., Vol IV
Timpe, Eugene Frank, Vol III
Tims, Albert R., Vol II
Tindall, George Brown, Vol I
Tingley, Donald Fred, Vol I
Tinkcom, Matthew, Vol II
Tinsley, Fred Leland, Jr., Vol IV
Tinsley, James Aubrey, Vol I
Tippens, Darryl L., Vol II
Tippett, Maria W., Vol I
Tirado, Isabel A., Vol I
Tirado, Thomas C., Vol I
Tirosh Samuelson, Hava, Vol IV
Tirro, Frank Pascale, Vol I
Tiryakian, Edward A., Vol I
Tischler, Hans, Vol I
Tischler, Nancy Marie, Vol II
Tisdale, Celes, Vol II
Tiso, Francis V., Vol IV
Titiev, Robert Jay, Vol IV
Titley, Edward B., Vol I
Titon, Jeff Todd, Vol I
Tittler, Jonathan Paul, Vol III
Tittler, Robert, Vol I
Tiyambe Zeleza, Paul, Vol I
Tm, King, Vol I
Toadvine, Ted, Vol IV
Tobey, Ronald Charles, Vol I
Tobias, Carl William, Vol IV
Tobias, Michael Charles, Vol II
Tobin, Daniel, Vol II
Tobin, Daniel, Vol II
Tobin, Eugene Marc, Vol I
Tobin, Frank J., Vol II
Tobin, Ronald William Francis, Vol III
Tobin, Thomas Herbert, Vol IV
Toby, Ronald P., Vol I
Todd, Dennis, Vol II
Todd, Donald David, Vol IV
Todd, Ian Alexander, Vol I
Todd, Larry, Vol I
Todd, Margo, Vol I
Todd, Virgil H., Vol IV
Todd, William B., Vol II
Todorova, M., Vol I
Toenjes, Richard H., Vol IV
Toft, Robert, Vol I
Toher, Mark, Vol I
Tohidi, Nayereh E., Vol I
Tokarczyk, Michelle M., Vol II
Toker, Franklin K., Vol I
Tokunaga, Emiko, Vol I
Tolbert, Elizabeth D., Vol I
Tolchin, Susan Jane, Vol I
Toler, Colette, Vol II
Toles, George E., Vol II
Tollefson, Chris, Vol IV
Tollefson, James William, Vol III
Tollers, Vincent Louis, Vol II
Tolles, Bryant F., Jr., Vol I
Tolliver, Joel, Vol IV
Tolliver, Joyce, Vol III
Tolliver, Richard Lamar, Vol IV
Tolmacheva, Marina, Vol I
Tolo, Khama-Basilli, Vol III
Tolomeo, Diane, Vol II
Tolson, Arthur L., Vol I
Tolton, Cameron David Edward, Vol IV
Tolzmann, Don Heinrich, Vol I
Tomarchio, John, Vol IV
Tomasini, Wallace John, Vol I
Tomasulo, Frank P., Vol II

Tomayko, James Edward, Vol III
Tomberlin, Joseph A., Vol I
Tomes, Nancy Jane, Vol I
Tominaga, Thomas T., Vol IV
Tomlins, Christopher L., Vol I
Tomlinson, John G., Vol IV
Tomlinson, Robert, Vol I
Tompkins, Jane, Vol II
Tompkins, Phillip K., Vol II
Tompson, G. Ray, Vol I
Tompson, Richard Stevens, Vol I
Toms-Robinson, Dolores C., Vol I
Tong, Diane, Vol III
Tong, Lik Kuen, Vol IV
Tong, Rosemarie, Vol IV
Tonn, Anke, Vol II
Tooley, T. Hunt, Vol I
Toombs, Charles Phillip, Vol II
Toote, Gloria E.A., Vol IV
Topel, Bernadette, Vol IV
Toplin, Robert B., Vol I
Toppin, Edgar Allan, Vol I
Topping Bazin, Nancy, Vol I
Torbenson, Craig L., Vol I
Torell, Kurt Charles, Vol IV
Torgovnick, Marianna, Vol II
Toribio, Josefa, Vol IV
Torjesen, Karen Jo, Vol IV
Tornquist, Leroy J., Vol IV
Torodash, Martin, Vol I
Torrago, Loretta, Vol IV
Torrecilla, Jesus, Vol I
Torres, Hector, Vol I
Torres, Louis, Vol II
Torres-Gregory, Wanda, Vol IV
Torrey, Glenn E., Vol I
Toruno, Rhina, Vol III
Tossa, Wajuppa, Vol II
Toth, Bill, Vol II
Toth, Emily, Vol II
Totten, George Oakley, III, Vol I
Toulouse, Mark G., Vol I
Toulouse, Teresa, Vol II
Toumayan, Alain P., Vol III
Toumazou, Michael K., Vol I
Toupin, Robert, Vol I
Tournier, Claude, Vol II
Tovell, Rosemarie, Vol I
Towner, Wayne Sibley, Vol IV
Townes, Emilie M., Vol IV
Towns, Elmer, Vol IV
Towns, Sanna Nimtz, Vol II
Townsend, Charles Edward, Vol III
Townsend, Dabney W., Jr., Vol IV
Townsend, Gavin, Vol I
Townsend, Patricia Ann, Vol II
Townsend, Richard, Vol I
Townsend, Robert Campbell, Vol II
Trace, Jacqueline Bruch, Vol II
Tracey, Donald Richard, Vol I
Trachtenberg, Alan, Vol I
Trachtenberg, Marc, Vol I
Tractenberg, Paul L., Vol IV
Tracy, Ann B., Vol II
Tracy, James, Vol I
Tracy, Karen, Vol II
Tracy, Patricia Juneau, Vol I
Trafzer, Clifford Earl, Vol I
Trahan, Elizabeth Welt, Vol III
Traill, David Angus, Vol I
Trammell, Richard Louis, Vol IV
Trani, Eugene Paul, Vol I
Trapnell, William Holmes, Vol III
Trapp-Dukes, Rosa Lee, Vol I
Trask, David F., Vol I
Trask, Kerry A., Vol I
Trask, Roger R., Vol I
Trattner, Walter Irwin, Vol I
Traub, George William, Vol IV
Traugott, Elizabeth Closs, Vol III
Traupman, John Charles, Vol I
Trautman, Donald T., Vol IV
Trautmann, Thomas Roger, Vol I
Travers, Arthur Hopkins, Vol IV
Travis, Peter W., Vol I
Trawick, Leonard Moses, Vol II
Traylor, Eleanor W., Vol II
Traynor, Michael, Vol IV
Treadgold, Donald Warren, Vol I
Treadgold, Warren, Vol I
Treadway, John David, Vol I
Treat, James, Vol IV
Treckel, Paula Ann, Vol I
Tredway, John Thomas, Vol IV
Trefousse, Hans L., Vol I
Treggiari, Susan M., Vol I
Trehub, Arnold, Vol I

Trela, D.J., Vol II
Trelease, Allen William, Vol I
Trembath, Paul, Vol II
Trenn, Thaddeus Joseph, Vol I
Trennert, Robert Anthony, Vol I
Trent, Jimmie Douglas, Vol II
Treusch, Paul E., Vol IV
Trexler, Richard C., Vol I
Tribe, Ivan Mathews, Vol I
Tribe, Laurence Henry, Vol IV
Tricomi, Albert Henry, Vol I
Triece, Mary E., Vol II
Trigilio, Jo, Vol IV
Trimble, John Ralston, Vol II
Trimmer, Joseph Francis, Vol II
Triplett, Tim, Vol IV
Tripp, Bernell E., Vol II
Trisco, Robert Frederick, Vol I
Tristan, Jayne A., Vol IV
Trobisch, David, Vol IV
Troiano, James J., Vol III
Trolander, Judith Ann, Vol I
Trommler, Frank Alfred, Vol III
Tronzo, William, Vol I
Trotter, A.H., Jr., Vol IV
Trotter, Gary, Vol IV
Trotter, Griffin, Vol IV
Trotter, Mary, Vol II
Trout, J.D., Vol IV
Trowbridge, John, Vol IV
Troy, Nancy J., Vol I
Troy, Virgina Gardner, Vol I
Troyer, John G., Vol IV
Trudel, Marcel, Vol I
True, Michael D., Vol II
Truemper, David George, Vol IV
Trujillo, Nick L., Vol II
Trulear, Harold Dean, Vol IV
Trumbach, Randolph, Vol I
Trumbower, Jeffrey A., Vol IV
Trumpener, Katie, Vol II
Trumpener, Ulrich, Vol I
Trundle, Robert C., Jr., Vol IV
Truss, Ruth Smith, Vol I
Trusty, Norman Lance, Vol I
Tryman, Mfanya Donald, Vol I
Tsai, Shih-shan Henry, Vol I
Tschemplik, Andrea, Vol IV
Tsiapera, Maria, Vol III
Tsin, Michael, Vol I
Tsirpanlis, Constantine Nicholas, Vol I
Tsukimura, Reiko, Vol III
Tsunoda, Elizabeth, Vol I
Tsurumi, Elizabeth Patricia, Vol I
Tu, Ching-I, Vol III
Tu, Wei-Ming, Vol I
Tubb, Gary, Vol IV
Tubbs, James B., Vol IV
Tucher, Andrea J., Vol I
Tuchler, Dennis John, Vol IV
Tuck, Donald Richard, Vol I
Tucker, Bruce, Vol I
Tucker, Cynthia Grant, Vol III
Tucker, David Milton, Vol I
Tucker, Edward Llewellyn, Vol II
Tucker, Gene M., Vol IV
Tucker, Gordon, Vol IV
Tucker, Janet, Vol III
Tucker, John J., Vol III
Tucker, Louis Leonard, Vol I
Tucker, Mark, Vol I
Tucker, Martin, Vol II
Tucker, Mary Evelyn, Vol I
Tucker, Melvin Jay, Vol I
Tucker, Nancy Bernkopf, Vol I
Tucker, Richard, Vol III
Tucker, Richard Philip, Vol I
Tucker, Robert Askew, Vol I
Tucker, Spencer C., Vol I
Tucker, William E., Vol IV
Tucker, William F., Vol I
Tudy Jackson, Janice, Vol IV
Tuell, Steven Shawn, Vol IV
Tuerk, Richard, Vol II
Tuerkheimer, Frank M., Vol IV
Tulchinsky, Gerald J.J., Vol I
Tulis, Jeffrey K., Vol I
Tull, Charles Joseph, Vol I
Tull, Herman, Vol I
Tullos, Allen E., Vol I
Tully, James H., Vol I
Tumasonis, Elizabeth, Vol I
Tumlin, John S., Vol IV
Tumpkin, Mary A., Vol IV
Tunick, David C., Vol IV
Turco, Lewis, Vol II
Turetzky, Nachum, Vol IV

Turino, Thomas, Vol I
Turk, Edward Baron, Vol III
Turk, Eleanor L., Vol I
Turk, Richard Wellington, Vol I
Turkington, Richard C., Vol IV
Turnbaugh, William A., Vol I
Turnbull, Charles Wesley, Vol I
Turnbull, Paul, Vol I
Turnbull, Robert George, Vol IV
Turner, Doris J., Vol III
Turner, Eldon R., Vol I
Turner, Frank Miller, Vol I
Turner, Frederick, Vol II
Turner, James, Vol I
Turner, James Hilton, Vol I
Turner, Jeanine W., Vol II
Turner, Joan, Vol IV
Turner, John D., Vol I
Turner, Myron M., Vol II
Turner, Ralph V., Vol I
Turner, Richard Charles, Vol II
Turner, Robert Foster, Vol IV
Turner, Robert Y., Vol II
Turner, Stephen, Vol III
Turner, Terence S., Vol I
Turner, Thomas Reed, Vol I
Turner, Wes, Vol I
Turner Censer, Jane, Vol I
Turow, Joseph G., Vol II
Turow, Judith G., Vol II
Turquette, Atwell R., Vol IV
Tusa, Michael, Vol I
Tusan, Gail S., Vol IV
Tushingham, Arlotte Douglas, Vol I
Tushnet, Mark Victor, Vol IV
Tusiani, Joseph, Vol III
Tuttle, Edward Fowler, Vol III
Tuttle, Howard N., Vol IV
Tuttle, Jon, Vol II
Tuttle, Richard J., Vol I
Tuttleton, James Wesley, Vol II
Twaddell, Gerald E., Vol IV
Tweed, Thomas A., Vol IV
Twesigye, Emmanuel, Vol IV
Tweton, D. Jerone, Vol I
Twetten, David B., Vol IV
Twinam, Ann, Vol I
Twiss, Sumner Barnes, Vol IV
Twitchell, Mary Poe, Vol IV
Twohig, Dorothy Ann, Vol I
Twombly, Robert Gray, Vol II
Twomey, Michael W., Vol II
Ty, Eleanor, Vol II
Tylenda, Joseph N., Vol IV
Tyler, Carole-Anne, Vol II
Tyler, Daniel, Vol I
Tyler, Edward W., Vol II
Tyler, Gerald DeForest, Vol I
Tyler, John W., Vol I
Tyler, Pamela, Vol I
Tyler, Ronald, Vol IV
Tyler May, Elaine, Vol I
Tyrrell, Bernard James, Vol IV
Tyson, John R., Vol IV
Tyson, Joseph B., Vol IV
Tyson, Nancy J., Vol II
Tytell, John, Vol II
Ubbelohde, Carl, Vol I
Uddo, Basile Joseph, Vol IV
Udoh, Fabian E., Vol IV
Udovitch, Abraham L., Vol I
Udwin, Victor, Vol III
Ueda, Makoto, Vol II
Ueda, Reed T., Vol I
Uffelman, Larry Kent, Vol II
Ufford, Lettia W., Vol I
Ugarte, Michael, Vol III
Uhr, Horst, Vol I
Uitti, Karl David, Vol III
Uitti, Roger W., Vol IV
Ulanov, Ann Belford, Vol IV
Ulanov, Barry, Vol II
Ulatowska, Hanna K., Vol III
Ulen, Thomas S., Vol IV
Ulery, Robert, Vol I
Ullman, Joan Connelly, Vol I
Ullman, Pierre Lioni, Vol III
Ulrich, Dolph, Vol IV
Ulrich, Homer, Vol I
Ulrich, Laurel Thatcher, Vol I
Ulrich, Lawrence P., Vol IV
Ultee, J. Maarten, Vol I
Umidi, Joseph L., Vol IV
Umland, Rebecca A., Vol II
Umland, Samuel J., Vol II
Umphlett, Wiley Lee, Vol II
Underiner, Tamara, Vol II
Underwood, Harry, Vol IV

Underwood, James L., Vol IV
Underwood, Richard, Vol II
Underwood, Ted Leroy, Vol I
Underwood, Willard A., Vol II
Ungar, Anthony, Vol IV
Ungar, Steven Ronald, Vol III
Unger, Irwin, Vol I
Unger, James Marshall, Vol III
Unger, Richard W., Vol I
Unno, Mark, Vol IV
Unno, Taitetsu, Vol IV
Unrau, William Errol, Vol I
Unterberger, Betty Miller, Vol I
Uphaus, Robert Walter, Vol II
Upshur, Jiu-Hwa Lo, Vol I
Upton, Dell, Vol I
Upton, Thomas Vernon, Vol IV
Urbain, Henri, Vol III
Urban, Michael, Vol I
Urban, William Lawrence, Vol I
Urban Walker, Margaret, Vol IV
Urbrock, William Joseph, Vol IV
Urness, Carol, Vol I
Urofsky, Melvin Irving, Vol I
Ury, M. William, Vol I
Uscher, Nancy, Vol IV
Usilton, Larry, Vol I
Utley, Robert Marshall, Vol I
Utton, Albert E., Vol IV
Uviller, H. Richard, Vol IV
Uzgalis, William, Vol IV
Vaccaro, Joseph, Vol I
Vacek, Edward Victor, Vol IV
Vadney, Thomas Eugene, Vol I
Vagts, Detlev F., Vol IV
Vahlkamp, Charles G., Vol III
Vailakis, Ivan Gordon, Vol II
Vaillancourt, Daniel, Vol IV
Vaillancourt, Daniel, Vol III
Vairo, Georgene M., Vol IV
Valaik, J. David, Vol I
Valaskakis, Gail, Vol II
Valbuena-Briones, Angel Julian, Vol III
Valdes, Dennis N., Vol I
Valdes, Mario James, Vol III
Valdman, Albert, Vol III
Valenti, Peter Louis, Vol II
Valentis, Mary Arensberg, Vol II
Valenze, Deborah, Vol I
Valeri, Mark, Vol IV
Valerie M., Babb, Vol II
Valesio, Paolo, Vol II
Valette, Rebecca Marianne, Vol III
Valgemae, Mardi, Vol II
Valis, Noel M., Vol III
Valkenier, Elizabeth Kridl, Vol I
Vallega-Neu, Daniela, Vol IV
Vallentyne, Peter, Vol IV
Valletta, Clement Lawrence, Vol I
Valley, David B., Vol II
Vallicella, William F., Vol IV
Vallone, Ralph, Jr., Vol III
Valois, Raynald, Vol IV
Valone, Carolyn, Vol I
Valone, James S., Vol I
Van, Thomas A., Vol II
Van Appledorn, Mary Jeanne, Vol I
Van Baelen, Jacqueline, Vol III
Van Broekhoven, Deborah, Vol I
Van Broekhoven, Deborah B., Vol I
van Buren, John, Vol IV
Van Camp, Julie C., Vol IV
Van Cleve, James, Vol IV
van de Mieroop, Marc, Vol I
Van De Mortal, Joseph A., Vol IV
Van Deburg, William L., Vol I
Van Den Berghe, Pierre L., Vol I
van den Hoven, Adrian, Vol III
van der Linden, Harry, Vol IV
van der Merwe, Nikolaas Johannes, Vol I
van der Mieroop, Marc, Vol I
Van Der Slik, Jack Ronald, Vol I
Van Dover, James K., Vol II
Van Dyke, Brian D., Vol IV
Van Evra, James, Vol IV
Van Helden, Albert, Vol I
Van Hook, Jay M., Vol IV
van Inwagen, Peter, Vol IV
Van Miegroet, Hans J., Vol I
Van Norden, Bryan W., Vol IV
van Nus, Walter, Vol I
Van Patten, James J., Vol I
Van Pelt, Tamise, Vol II
Van Rheenen, Gailyn, Vol IV
Van Roojen, Mark, Vol IV

Van Seters, John, Vol IV
Van Slyke Turk, Judy, Vol II
Van Steen, Gonda Aline Hector, Vol I
Van Tine, Warren R., Vol I
Van Vliet, Edward R., Vol III
Van Zanten, David, Vol I
Vanallen, Rodger, Vol IV
Vanauken, Sheldon, Vol I
Vance, Barbara, Vol III
Vance, Donald Richard, Vol IV
Vance, John Anthony, Vol II
Vance, Timothy, Vol III
Vance, William Lynn, Vol II
Vancil, David, Vol II
VanDale, Robert, Vol IV
Vande Berg, Leah R., Vol II
Vande Kemp, Hendrika, Vol IV
Vandeloise, Claude, Vol IV
Vanden Bossche, Chris R., Vol II
Vandenakker, John, Vol IV
Vander Kam, James C., Vol IV
Vander May, Randall J., Vol II
Vander Ploeg, Scott D., Vol II
Vander Vliet, Marvin J., Vol IV
Vander Wilt, Jeffery T., Vol IV
Vandergriff, Ken, Vol IV
Vanderpool, Harold Young, Vol I
Vandersee, Charles Andrew, Vol II
Vandervort, Bruce, Vol I
Vandervort, Lucinda, Vol IV
Vanderwerken, David Leon, Vol II
Vanderwilt, Jeffrey T., Vol IV
Vanderwood, Paul Joseph, Vol I
Vandiver, Elizabeth, Vol I
Vandiver, Frank Everson, Vol I
VanDuzer, Anthony J., Vol IV
Vangelisti, Anita L., Vol II
Vann, Jerry Don, Vol II
Vann, Richard T., Vol I
Vann, Robert Lindley, Vol I
Vann, Roberta Jeanne, Vol III
Vannatta, Dennis, Vol II
Vannoy, J. Robert, Vol IV
VanPatten, Bill, Vol III
Vansina, Jan, Vol I
Vaporis, Constantine N., Vol I
Varadharajan, Asha, Vol II
Varallo, Sharon, Vol III
Vardaman, James Welch, Vol I
Vardy, Steven Bela, Vol I
Vardy, Steven Bela, Vol I
Varg, Paul Albert, Vol I
Varga, Nicholas, Vol I
Vargas, Julie S., Vol I
Vargas, Margarita, Vol III
Varnado, Douglas, Vol IV
Varnelis, Kazys, Vol I
Varner, Eric R., Vol I
Varner, Gary Edward, Vol IV
Varona, Federico, Vol II
Vartabedian, Robert A., Vol II
Varzi, Achille C., Vol IV
Vassberg, David Erland, Vol I
Vasta, Edward, Vol II
Vasvari, Louise O., Vol III
Vatz, Richard E., Vol II
Vaughan, Alden T., Vol I
Vaughan, Frederick, Vol IV
Vaughan, Mary Kay, Vol I
Vaughn, Barry, Vol I
Vaughn, Michael S., Vol I
Vaughn, Robert Gene, Vol IV
Vaughn, Stephen Lee, Vol I
Vause, Deborah, Vol II
Vause, L. Mikel, Vol II
Vautier, Marie, Vol III
Vazquez, Oscar E., Vol I
Veaner, Allen B., Vol II
Veatch, Robert M., Vol I
Vecoli, Rudolph John, Vol I
Vecsey, Christopher, Vol IV
Veenker, Ronald Allen, Vol IV
Vehse, Charles T., Vol I
Velen, Richard, Vol I
Velez, Joseph Francisco, Vol III
Velie, Alan R., Vol II
Velimirovic, Milos, Vol I
Velkley, Richard L., Vol IV
Veltri, Stephen C., Vol IV
Vena, Michael, Vol III
Venable Powell, Burnele, Vol IV
Venclova, Tomas Andrius, Vol III
Veneziano, Carol, Vol I
Ver Eecke, Wilfried, Vol IV
Verani, Hugo Juan, Vol III
Verbrugge, Martha Helen, Vol I
Verchick, Robert R., Vol II
Verderber, Rudolph Francis, Vol II

Verdesio, Gustavo, Vol III
Verene, Donald Phillip, Vol III
Verge, Arthur C., Vol I
Vergnaud, Jean-Roger, Vol III
Verhaegh, Marcus, Vol IV
Verhey, Allen Dale, Vol IV
Verkamp, Bernard, Vol I
Vermette, Rosalie Ann, Vol IV
Vernezze, Peter J., Vol IV
Vernier, Richard, Vol III
Vernoff, Charles Elliott, Vol IV
Vernon Burton, Orville, Vol I
Verrett, Joyce M., Vol I
Versluis, Arthur, Vol II
Vertin, Michael, Vol IV
Vervoort, Patricia, Vol I
Vessely, Thomas Richard, Vol III
Vest, David, Vol II
Vesterman, William, Vol II
Vetrano, Anthony Joseph, Vol III
Vetrocq, Marcia E., Vol I
Vettes, William George, Vol I
Viator, Timothy, Vol II
Viault, Birdsall Scrymser, Vol I
Vick-Williams, Marian Lee, Vol I
Vickers, Nancy, Vol III
Vickery, John B., Vol II
Vickery, Walter, Vol III
Vickrey, John Frederick, Vol III
Vidal, Hernan, Vol III
Vidal, Jaime R., Vol I
Viehmeyer, L. Allen, Vol III
Vielkind, John N., Vol IV
Viera, David John, Vol III
Viereck, Peter, Vol II
Vietor, Richard Henry Kingsbury, Vol I
Vigil, Ralph Harold, Vol I
Viles, Perry, Vol I
Viles, Perry, Vol I
Villafane, Eldin, Vol IV
Villanueva, Victor, Vol II
Viminitz, Paul, Vol IV
Vince, Ronald Winston, Vol II
Vincent, Charles, Vol I
Vincent, David, Vol IV
Vincent, Jon S., Vol III
Vincent, Thomas Brewer, Vol I
Vinci, Thomas, Vol IV
Vine, Brent, Vol I
Vining, Joseph, Vol IV
Vinovskis, Maris A., Vol I
Vinyard, JoEllen, Vol I
Vinz, Warren Lang, Vol I
Viola, Herman Joseph, Vol I
Violas, Paul Constantine, Vol I
Violette, Aurele J., Vol I
Vipond, Mary, Vol I
Vipperman, Carl, Vol I
Viser, Victor J., Vol II
Vision, Gerald, Vol IV
Visor, Julia N., Vol II
Visotzky, Burton I., Vol IV
Visser, Derk, Vol I
Visson, Lynn, Vol III
Viswanathan, Gauri, Vol II
Vita, Steven, Vol I
Vitello, Ralph Michael, Vol III
Vitto, Cindy, Vol II
Vitz, Evelyn Birge, Vol III
Vitz, Robert C., Vol I
Vivian, Cordy Tindell, Vol IV
Vivian, James Floyd, Vol I
Vivoni-Farage, Enrique, Vol I
Vlam, Grace A.H., Vol I
Vlasich, James Anthony, Vol I
Vlasopolos, Anca, Vol III
Voegeli, Victor Jacque, Vol I
Voeltz, Richard Andrew, Vol I
Voelz, James W., Vol IV
Vogan, Nancy F., Vol I
Vogel, Dan, Vol II
Vogel, Manfred, Vol IV
Vogel, Morris J, Vol I
Vogel, Nancy, Vol II
Vogel, Robert, Vol I
Vogeler, Martha Salmon, Vol II
Vogeley, Nancy Jeanne, Vol II
Vogels, Walter A., Vol IV
Vogler, Frederick Wright, Vol III
Vogt, George Leonard, Vol I
Voigt, David Quentin, Vol I
Voigt, John F., Vol I
Voigts, Linda Ehrsam, Vol III
Volkmer, Ronald R., Vol IV
Voll, John Obert, Vol I
Vollmar, Valerie J., Vol IV

Vollrath, John F., Vol IV
Volokh, Eugene, Vol IV
Voloshin, Beverly R, Vol II
Volpe, Gerald Carmine, Vol III
Volpe, Vernon L., Vol I
Volz, Carl, Vol I
Volz, Carl A., Vol I
Von Arx, Jeffery P., Vol I
von Baeyer, Edwinna L., Vol I
von Borstel, Federico, Vol I
von Dassanowsky, Robert, Vol III
von Dehsen, Christian D., Vol IV
von der Emde, Silke, Vol III
Von Eckardt, Barbara, Vol IV
Von Flotow, Luise, Vol II
Von Frank, Albert J., Vol II
Von Hagen, Mark L., Vol I
Von Kellenbach, Katharine, Vol IV
Von Laue, Theodore Herman, Vol I
Von Schneidemesser, Luanne, Vol III
Von Wyrick, Stephen, Vol IV
Vonalt, Larry, Vol II
Vonfalkenhausen, L., Vol I
Vos, Alvin, Vol II
Vos, Arvin G., Vol IV
Vos, Morris, Vol III
Vos, Nelvin Leroy, Vol II
Vrame, Anton C., Vol IV
Vrettos, Athena, Vol II
Vryonis, Speros, Jr., Vol I
Vucinich, Wayne S., Vol I
Vukowich, William T., Vol IV
Vyhmeister, Nancy Jean, Vol IV
Wabuda, Susan, Vol II
Wachal, Robert Stanley, Vol III
Wacholder, Ben Zion, Vol II
Wachsmuth, Wayne R., Vol II
Wachtel, Albert, Vol I
Wack, John Theodore, Vol I
Wackman, Daniel B., Vol II
Waddams, Stephen M., Vol I
Waddell, Louis Morton, Vol I
Waddington, Miriam, Vol II
Waddington, Raymond Bruce., Vol II
Wade, Jacqueline E., Vol I
Wade, Jeffry, Vol IV
Wade, Louise Carroll, Vol I
Wade, Michael G., Vol I
Wade, Rex Arvin, Vol I
Wade, Seth, Vol II
Wade, William Junius, Vol I
Wade-Gayles, Gloria Jean, Vol II
Wadell, Paul J., Vol IV
Wadlington, Walter James, Vol IV
Wadlington, Warwick Paul, Vol II
Waelti-Walters, Jennifer, Vol III
Waetjen, Herman C., Vol IV
Wagar, W. Warran, Vol I
Wagener, Guy, Vol III
Wagener, Hans, Vol III
Wages, Jack D., Vol II
Waggoner, Lawrence W., Vol IV
Wagner, Annice, Vol IV
Wagner, David, Vol I
Wagner, M. John, Vol II
Wagner, Michael Frank, Vol IV
Wagner, Paul Anthony, Vol IV
Wagner, Roy, Vol I
Wagner, Steven, Vol IV
Wagner, Vern, Vol II
Wagner, Walter Hermann, Vol IV
Wagner, Wenceslas Joseph, Vol IV
Wagner, William Gilson, Vol I
Wagstaff, Grayson, Vol I
Wahl, Jim, Vol I
Wahl, Russell, Vol IV
Wahlstrom, Billie J., Vol II
Waida, Manabu, Vol I
Wailes, Stephen L, Vol III
Wainer, Alex, Vol II
Waingrow, Marshall, Vol II
Wainwright, John A., Vol II
Wainwright, Sue, Vol IV
Wainwright, William J., Vol IV
Waite, Gary K., Vol I
Waite, Peter B., Vol I
Waite, Robert George Leeson, Vol I
Waith, Eugene Mersereau, Vol II
Waits, Va Lita Francine, Vol IV
Wajda, Shirley Teresa, Vol I
Wakefield, Ray Milan, Vol III
Wakefield, Robert, Vol II
Wakelyn, Jon L., Vol I
Wakeman, Frederic Evans, Jr., Vol I
Wakin, Malham M., Vol IV
Waks, Leah, Vol II
Walbank, Michael Burke, Vol I
Walberg, Gisela, Vol I
Walch, Timothy G., Vol I
Walcott, Robert, Vol I
Wald, Alan Maynard, Vol I
Wald, Patricia M., Vol IV
Waldau, Paul, Vol IV
Waldauer, Joseph, Vol II
Waldbaum, Jane C., Vol I
Waldeland, Lynne M., Vol II
Walden, Daniel, Vol I
Waldinger, Renee, Vol III
Waldman, Glenys A., Vol III
Waldman, Martin, Vol I
Waldoff, Leon, Vol II
Waldrep, Christopher, Vol I
Waldron, Mary Anne, Vol IV
Waldron, William S., Vol IV
Waldrop, Richard E., Vol IV
Waldstreicher, David L., Vol I
Walen, Alec D., Vol IV
Walgren, Kent, Vol IV
Walhout, Donald, Vol IV
Waligore, Joseph, Vol IV
Walken, Chrisopher, Vol I
Walker, Albert Lyell, Vol II
Walker, Andrew David, Vol I
Walker, Charles Ealy, Jr., Vol IV
Walker, Charlotte Zoe, Vol II
Walker, Cheryl, Vol II
Walker, David, Vol II
Walker, David Allan, Vol I
Walker, David Lewis, Vol II
Walker, Ernestein, Vol I
Walker, Ethel Pitts, Vol II
Walker, Forrest A., Vol I
Walker, George Kontz, Vol IV
Walker, Hallam, Vol III
Walker, Hugh D., Vol I
Walker, James, Vol II
Walker, James Silas, Vol IV
Walker, Janet Anderson, Vol III
Walker, Janet L., Vol III
Walker, Jeanne Murray, Vol II
Walker, Jeffrey, Vol II
Walker, Jeffrey, Vol II
Walker, Juliet Elise Kirkpatrick, Vol I
Walker, Kenneth R., Vol I
Walker, Kim, Vol II
Walker, Lawrence David, Vol I
Walker, Mack, Vol I
Walker, Margaret, Vol IV
Walker, Nancy, Vol II
Walker, Nancy A., Vol I
Walker, Pamela J., Vol I
Walker, Philip Alfred, Vol I
Walker, Pierre (Peter), Vol II
Walker, Rebecca, Vol IV
Walker, Richard Ernest, Vol III
Walker, Robert Harris, Vol I
Walker, Robert Jefferson, Vol II
Walker, Robert Miller, Vol I
Walker, Ronald Gary, Vol II
Walker, Stanley M., Vol IV
Walker, Steven Friemel, Vol III
Walker, Sue Sheridan, Vol I
Walker, T.B., Vol IV
Walker, Valaida Smith, Vol I
Walker, Willard, Vol I
Walker, William O., Jr., Vol IV
Walker, Wyatt Tee, Vol IV
Walker Bynum, Caroline, Vol I
Walkiewicz, Edward P., Vol II
Walkom, Thomas L., Vol II
Walkowitz, Daniel Jay, Vol I
Wall, Barbara E., Vol IV
Wall, Bennett Harrison, Vol I
Wall, Eamonn, Vol II
Wall, Helena M., Vol I
Wall, Irwin M., Vol I
Wall, Joseph Frazier, Vol I
Wall, Wendy, Vol II
Wall, William G., Vol II
Wallace, Andrew, Vol I
Wallace, B. Allan, Vol IV
Wallace, Carl M., Vol I
Wallace, Daniel B., Vol IV
Wallace, Dewey D., Jr., Vol IV
Wallace, James Donald, Vol IV
Wallace, John, Vol IV
Wallace, John Malcolm, Vol II
Wallace, Karen Smyley, Vol III
Wallace, Kathleen, Vol IV
Wallace, Paul, Vol I
Wallace, Paul Starett, Jr., Vol IV
Wallace, Robert, Vol I
Wallace, Robert K., Vol II
Wallace, Robert M., Vol IV
Wallace, Ronald William, Vol II
Wallace, Walter L., Vol I
Wallace, William, Vol I
Wallace, William A., Vol IV
Wallach, Alan, Vol I
Wallach, Geraldine P., Vol III
Wallach, Luitpold, Vol I
Wallach, Martha K., Vol III
Wallacker, Benjamin E, Vol III
Wallen, Martin, Vol II
Wallenstein, Barry Jay, Vol II
Wallenstein, Peter, Vol I
Waller, Marguerite R., Vol III
Wallerstein, I., Vol I
Walling, William, Vol II
Wallis, Carrie G., Vol II
Wallis, James, Vol IV
Wallot, Jean-Pierre, Vol I
Wallwork, Ernest, Vol II
Walmsley, Peter, Vol II
Walser, Richard, Vol II
Walsh, Carey Ellen, Vol IV
Walsh, Chad, Vol II
Walsh, David A., Vol I
Walsh, David John, Vol IV
Walsh, Dennis, Vol II
Walsh, Elizabeth, Vol II
Walsh, Grace, Vol II
Walsh, James Jerome, Vol IV
Walsh, Jerome T., Vol IV
Walsh, John H., Vol IV
Walsh, John Kevin, Vol III
Walsh, Jonathan D., Vol II
Walsh, Mary Ellen, Vol II
Walsh, Patrick F., Vol II
Walsh, Roger, Vol IV
Walsh, Thomas, Vol IV
Walsh, Thomas M., Vol II
Walt, Joseph W., Vol I
Walter, Edward F., Vol IV
Walter, James Joseph, Vol IV
Walter, John C., Vol I
Walter, John Christopher, Vol I
Walter, Renee, Vol III
Walter, Richard John, Vol I
Walters, E. Garrison, Vol I
Walters, Elizabeth J., Vol I
Walters, Glen D., Vol IV
Walters, Gwenfair, Vol I
Walters, Hubert Everett, Vol I
Walters, John R., Vol IV
Walters, Ronald, Vol I
Walters, Ronald Gordon, Vol I
Walters, Stanley D., Vol IV
Walther, Thomas Robert, Vol I
Waltke, Bruce K., Vol IV
Waltman, Jerold Lloyd, Vol I
Waltner, Ann, Vol I
Walton, Brian G., Vol I
Walton, Craig, Vol IV
Walton, Douglas, Vol IV
Walton, Douglas Neil, Vol IV
Walton, Guy E., Vol I
Walton, James Edward, Vol II
Walton, James H., Vol II
Walton, Kendall L., Vol IV
Walton, R. Keith, Vol IV
Walton, Woodrow E., Vol IV
Waltz, Kenneth Neal, Vol I
Walz, Eugene P., Vol II
Walz, John D., Vol I
Walzer, Arthur E., Vol II
Walzer, Michael, Vol I
Wan, Enoch, Vol IV
Wan, Sze-Kar, Vol IV
Wanca-Thibault, Maryanne, Vol II
Wandycz, Piotr Stefan, Vol I
Wang, Aihe, Vol I
Wang, Ban, Vol II
Wang, Hao, Vol IV
Wang, Joan Parsons, Vol II
Wang, K.W., Vol I
Wang, Liping, Vol I
Wang, Mason Yu-Heng, Vol II
Wang, Q. Edward, Vol I
Wang, Robin, Vol IV
Wang, William Kai-Sheng, Vol IV
Wang, William S.Y., Vol III
Wangu, Madhu Bazaz, Vol IV
Waniek, Marilyn Nelson, Vol II
Wank, Solomon, Vol I
Wanner, Adrian J., Vol III
Wanner, Dieter, Vol IV
Wantland, Burdett L., Vol IV
Wapner, Paul, Vol I
Ward, Aileen, Vol II
Ward, Annalee R., Vol IV
Ward, Benjamin F., Vol IV
Ward, Bruce, Vol IV
Ward, Carol, Vol II
Ward, Carole Geneva, Vol II
Ward, David, Vol I
Ward, Dorothy Cox, Vol III
Ward, Gregory, Vol III
Ward, Harry M., Vol I
Ward, Herman M., Vol II
Ward, James A., Vol I
Ward, James Randolph, Vol I
Ward, Jean M., Vol II
Ward, Jerry Washington, Jr., Vol II
Ward, John C., Vol II
Ward, John Preston, Vol IV
Ward, John William, Vol I
Ward, Jule D., Vol IV
Ward, Julie, Vol IV
Ward, Patricia Ann, Vol III
Ward, Robert David, Vol I
Ward, Robert Ernest, Vol II
Ward, Roy Bowen, Vol IV
Ward, Seth, Vol III
Ward, Thomas M., Vol IV
Ward, Tom R., Vol I
Ward, William R., Vol I
Warden, Duane, Vol IV
Wardle, Lynn Dennis, Vol I
Ware, Bruce A., Vol IV
Ware, Ronald Dean, Vol I
Ware, Thomas C., Vol I
Ware, Tracy, Vol II
Warfield, Ted A., Vol IV
Warga, Richard G., Jr., Vol I
Waring, Stephen P., Vol I
Wark, Robert Rodger, Vol I
Wark, Wesley K., Vol I
Warkentin, Germaine, Vol II
Warkentin, Larry R., Vol I
Warlick, M.E., Vol I
Warmbrunn, Werner, Vol I
Warner, John M., Vol II
Warner, Michael D., Vol II
Warner, Nicholas Oliver, Vol III
Warner, R. Stephen, Vol I
Warner, Robert Mark, Vol I
Warner, Ted J, Vol I
Warner, William Beatty, Vol II
Warnicke, Retha Marvine, Vol I
Warnke, Georgia, Vol IV
Warren, Alvin C., Jr., Vol IV
Warren, Ann Kosser, Vol I
Warren, Clay, Vol II
Warren, Dona, Vol IV
Warren, Donald R, Vol I
Warren, Edward W., Vol III
Warren, J. Benedict, Vol I
Warren, James Perrin, Vol II
Warren, Joseph David, Vol I
Warren, Joseph W., Vol II
Warren, Leland Eddie, Vol II
Warren, Linda, Vol IV
Warren, Morrison Fulbright, Vol I
Warren, Nagueyalti, Vol I
Warren, Paul R., Vol IV
Warren, Scott, Vol IV
Warren, Stanley, Vol I
Warren, Thomas, Vol II
Warrener Smith, Susan, Vol IV
Warrin, Donald Ogden, Vol III
Wartella, Ellen A., Vol II
Warth, Robert Douglas, Vol I
Wartluft, David J., Vol I
Warwick, Jack, Vol III
Waserman, Manfred, Vol I
Washburn, Dennis, Vol III
Washburn, Wilcomb Edward, Vol I
Washburn, Yulan M., Vol III
Washington, Durthy A., Vol II
Washington, Earl Melvin, Vol I
Washington, Ida Harrison, Vol III
Washington, James Melvin, Vol IV
Washington, Mary Helen, Vol II
Washington, Michael Harlan, Vol I
Washington, Robert Benjamin, Jr., Vol IV
Washington, Robert Orlanda, Vol I
Washington, Sarah M., Vol II
Washington, Von Hugo, Sr., Vol II
Wasiolek, Edward, Vol III
Wason, Robert W., Vol I
Wasow, Thomas Alexander, Vol III
Wasser, Henry, Vol II
Wasserman, Julian, Vol II
Wasserman, Mark, Vol I
Wasson, Ellis Archer, Vol I
Waswo, Ann, Vol I
Watanabe, Morimichi, Vol I
Watelet, Hubert, Vol I
Waterhouse, Carole, Vol II
Waterman, Thelma M., Vol I
Watermeier, Daniel J., Vol II
Waters, Donovan W.M., Vol IV
Waters, Harold A., Vol III
Waters, John J., Vol I
Waters, John W., Vol IV
Waters, Kenneth C., Vol IV
Waters, Michael, Vol II
Waters, Neil L., Vol I
Waters, Raphael Thomas, Vol IV
Waters, Richard L., Vol II
Waterston, Elizabeth H., Vol II
Watkins, Andrea, Vol I
Watkins, Calvert Ward, Vol III
Watkins, Floyd C., Vol II
Watkins, John C., Vol I
Watkins, Melville H., Vol I
Watkins-Owens, Irma, Vol I
Watrous, Livingston V., Vol I
Watrous, Mary A., Vol I
Watson, Alan, Vol I
Watson, Alan Douglas, Vol I
Watson, Cletus Claude, Vol IV
Watson, Cresap Shaw, Vol II
Watson, D. F., Vol IV
Watson, Daivd Lowes, Vol IV
Watson, H. Justin, Vol IV
Watson, Harry Legare, Vol I
Watson, James Gray, Vol II
Watson, James R., Vol IV
Watson, James Shand, Vol IV
Watson, Jean Louise, Vol II
Watson, Joann Ford, Vol IV
Watson, John A., Vol III
Watson, John Clifton, Vol II
Watson, John W., Vol III
Watson, Judge, Vol I
Watson, Mary Ann, Vol IV
Watson, Patty Jo, Vol I
Watson, Paul Fraser, Vol I
Watson, Richard Allan, Vol IV
Watson, Robert Winthrop, Vol II
Watson, Stephen, Vol IV
Watson, Thomas Davis, Vol I
Watson, Walter, Vol IV
Watson, Wilbur H., Vol I
Watt, Jeffrey R., Vol I
Watt, Jonathan M., Vol III
Watt, William Carnell, Vol III
Watt, Willis M., Vol II
Watters, David Harper, Vol II
Watts, Ann Chalmers, Vol II
Watts, Anne Wimbush, Vol I
Watts, James W., Vol IV
Waugh, Butler Huggins, Vol II
Waugh, Charles G., Vol II
Waugh, Daniel Clarke, Vol I
Waugh, Earle Howard, Vol I
Waugh, Linda Ruth, Vol III
Wautischer, Helmut, Vol IV
Wawrzycka, Jolanta, Vol II
Waxman, Chaim I., Vol I
Way, Gary Darryl, Vol IV
Way, Peter J., Vol I
Waymack, Mark H., Vol IV
Wayman, Alex, Vol III
Wayne, Andrew, Vol IV
Wayne, Valerie, Vol II
Waysdorf, Susan L., Vol IV
Waznak, Robert P., Vol II
Weakland, John Edgar, Vol I
Weales, Gerald, Vol II
Weare, Walter Burdette, Vol I
Wearing, J.P., Vol II
Weart, Spencer R., Vol I
Weasmer, Jerie, Vol II
Weatherby, Harold L., Jr., Vol II
Weatherford, Roy C., Vol IV
Weatherly, Jon A., Vol IV
Weathers, Winston, Vol II
Weatherston, Martin, Vol IV
Weaver, Dorothy Jean, Vol IV
Weaver, Elissa B., Vol III
Weaver, Garrett F., Vol I
Weaver, Gary, Vol II
Weaver, J. Denny, Vol IV
Weaver, Jack Wayne, Vol II
Weaver, John Charles, Vol I
Weaver, Mary Jo, Vol IV
Weaver, Russel L., Vol IV
Webb, Eugene, Vol III
Webb, George Ernest, Vol I

Webb, Gisela, Vol III
Webb, Lynne M., Vol II
Webb, Ralph, Jr., Vol III
Webb, Robert Kiefer, Vol I
Webb, Ross Allan, Vol I
Webb, Ruth H., Vol I
Webb, Stephen S., Vol I
Webber, George Williams, Vol IV
Webber, Philip Ellsworth, Vol III
Webber, Randall C., Vol I
Weber, Burton Jasper, Vol II
Weber, Clifford Whitbeck, Vol I
Weber, David J., Vol I
Weber, Donald, Vol II
Weber, Leonard J., Vol IV
Weber, Mark E., Vol IV
Weber, Michael, Vol IV
Weber, Ronald, Vol I
Weber, Shirley Nash, Vol I
Weber, Theodore R., Vol IV
Weber, Timothy P, Vol IV
Weberman, David, Vol IV
Webre, Stephen, Vol I
Webster, Donald B., Vol I
Webster, James, Vol I
Webster, Jill, Vol I
Webster, Niambi Dyanne, Vol I
Webster, Richard J., Vol I
Webster, William H., Vol IV
Wechsler, Burton D., Vol IV
Weckman, George, Vol I
Weckstein, Donald Theodore, Vol IV
Wedberg, Lloyd W., Vol III
Weddle, David L., Vol IV
Wedel, Alfred R., Vol III
Wedgwood, Ralph N., Vol IV
Wee, David Luther, Vol II
Weekes, Martin Edward, Vol IV
Weeks, T.R., Vol I
Weems, Vernon Eugene, Jr., Vol IV
Wees, William Charles, Vol II
Wegs, James Robert, Vol I
Wehtje, Myron Floyd, Vol I
Wei, William, Vol I
Weibe, Phillip H., Vol IV
Weidhorn, Manfred, Vol IV
Weidner, Donald John, Vol IV
Weigel, Richard David, Vol I
Weiger, John George, Vol III
Weigert, Andrew Joseph, Vol I
Weigl, Bruce, Vol II
Weigley, Russell Frank, Vol I
Weihe, Edwin, Vol II
Weikel, Ann, Vol I
Weil, Herbert S., Vol II
Weil, Judith R., Vol II
Weil, Louis, Vol IV
Weil, Mark S., Vol I
Weiler, Joseph, Vol IV
Weima, Jeffrey A.D., Vol IV
Weimer, Joan Myers, Vol II
Weinberg, Gerhard Ludwig, Vol I
Weinberg, Harold R., Vol IV
Weinberg, Steven, Vol I
Weinberger, Leon Judah, Vol IV
Weinberger, Stephen, Vol I
Weinbrot, Howard D., Vol II
Weiner, Andrew David, Vol II
Weiner, Jack, Vol III
Weiner, Jack, Vol III
Weiner, Lynn, Vol I
Weiner, Neal O., Vol IV
Weiner, Robert, Vol IV
Weing, Siegfried, Vol III
Weingand, Darlene E., Vol II
Weingartner, James Joseph, Vol I
Weinreb, Lloyd L., Vol I
Weinrib, Ernest Joseph, Vol IV
Weinstein, Fred, Vol I
Weinstein, Jack B., Vol IV
Weinstein, Mark A., Vol II
Weinstein, Philip Meyer, Vol II
Weinstein, Stanley, Vol III
Weinstock, Donald Jay, Vol II
Weintraub, Russell Jay, Vol IV
Weintraub, Stanley, Vol II
Weir, David A., Vol I
Weir, John P., Vol IV
Weir, Robert Mccolloch, Vol I
Weirich, Paul, Vol IV
Weisberg, David B., Vol I
Weisberg, Richard H., Vol IV
Weisberg, Richard Harvey, Vol IV
Weisberger, Bernard A, Vol I
Weisberger, William, Vol I
Weisbord, Robert G., Vol I
Weisbrot, Robert S., Vol I

Weise, Judith Anderson, Vol II
Weisenfeld, Judith, Vol IV
Weisl, Angela Jane, Vol II
Weiss, Alexander, Vol II
Weiss, Beno, Vol III
Weiss, Ellen B., Vol I
Weiss, Hermann Friedrich, Vol III
Weiss, Herold D., Vol IV
Weiss, James Michael, Vol I
Weiss, John, Vol I
Weiss, Michael L., Vol I
Weiss, Piero, Vol I
Weiss, Raymond L., Vol IV
Weiss, Roslyn, Vol IV
Weiss, Susan Forscher, Vol I
Weiss, T.G., Vol I
Weiss, Victoria Louise, Vol II
Weissbrodt, David Samuel, Vol IV
Weissenberger, Klaus, Vol III
Weisser, Henry G., Vol I
Weissman, Neil Bruce, Vol I
Weisstein, Ulrich, Vol III
Weithman, Paul J., Vol IV
Weitzman, Arthur Joshua, Vol II
Weitzman, Raymond Stanley, Vol III
Weixlmann, Joseph Norman, Vol III
Welborn, L.L., Vol IV
Welburn, Ronald Garfield, Vol II
Welch, Ashton Wesley, Vol I
Welch, Dennis Martin, Vol II
Welch, Donovan LeRoy, Vol II
Welch, Edward L., Vol IV
Welch, June R., Vol I
Welch, Olga Michele, Vol II
Welch, Robert H., Vol IV
Weldon, James, Vol III
Welke, Barbara Y., Vol I
Welker, David Dale, Vol IV
Weller, Eric John, Vol IV
Welles, Marcia Louise, Vol III
Welliver, Glenn Edwin, Vol III
Welliver, Kenneth Bruce, Vol IV
Wellman, Carl, Vol IV
Wellman, James K., Jr., Vol IV
Wellman, Judith, Vol I
Wells, Camille, Vol I
Wells, Colin, Vol I
Wells, Corri Elizabeth, Vol II
Wells, Daniel Arthur, Vol II
Wells, David Falconer, Vol IV
Wells, Donald A., Vol IV
Wells, Jerome C., Vol I
Wells, Jonathan, Vol IV
Wells, Maria Xenia Zevelchi, Vol III
Wells, Robert Vale, Vol I
Wells, Walter, Vol I
Wells, William D., Vol II
Wells, William W., Vol IV
Welsh, Alexander, Vol II
Welsh, Andrew, Vol II
Welsh, James Michael, Vol II
Welsh, Michael Edward, Vol I
Welsh-Ovcharov, Bogomila, Vol I
Weltman, Sharon, Vol II
Welton, William A., Vol IV
Wemple, Suzanne Fonay, Vol I
Wendelken, Cherie, Vol I
Wenderoth, Christine, Vol IV
Wendland, Ernst R., Vol III
Wendling, Ronald Charles, Vol II
Wendorff, Laura C., Vol I
Wengert, Robert, Vol IV
Wengert, Timothy J., Vol I
Weninger, Robert, Vol II
Wennberg, Robert N., Vol IV
Wennemyr, Susan E., Vol IV
Wensinger, Arthur Stevens, Vol III
Wente, Edward Frank, Vol I
Wenzel, Joseph Wilfred, Vol II
Wenzel, Siegfried, Vol II
Werckmeister, O.K., Vol I
Werge, Thomas, Vol II
Werlich, David P., Vol I
Werly, John Mcintyre, Vol I
Wert, Newell John, Vol I
Werth, Lee Frederick, Vol IV
Wertheim, Albert, Vol II
Wertheim, Stanley, Vol II
Wertheim, Stanley Claude, Vol II
Wertheimer, Ellen, Vol IV
Wertheimer, Jack, Vol I
Wertheimer, Roger, Vol IV
Wertz, Christopher Allen, Vol III
Wertz, S.K., Vol IV
Wescott, Roger Williams, Vol III
Wesling, Donald Truman, Vol II

Wess, Robert, Vol II
Wess, Robert C., Vol IV
Wessel, Thomas Roger, Vol I
Wesselschmidt, Quentin F., Vol IV
Wesser, Robert F., Vol I
Wessley, Stephen Eugene, Vol I
West, C. S'thembile, Vol I
West, Charles Converse, Vol IV
West, Cornel, Vol III
West, Delno C., Vol I
West, Elliott, Vol I
West, Franklin Carl, Vol I
West, Frederick S., Vol IV
West, George Ferdinand, Jr., Vol IV
West, Grace Starry, Vol I
West, Henry Robison, Vol IV
West, Herbert Lee, Jr., Vol I
West, James, Vol I
West, James E., Vol IV
West, James L.W., Vol II
West, John Oliver, Vol II
West, Larry E., Vol III
West, Martha S., Vol IV
West, Michael Davidson, Vol II
West, William C., III, Vol I
West, William Elliott, Vol I
Westacott, Emrys, Vol IV
Westblade, Donald, Vol IV
Westbrook, Ellen E., Vol II
Westbrook, Max Roger, Vol II
Westermann, Mariet, Vol I
Westermeyer, Joseph John, Vol I
Westermeyer, Paul, Vol I
Westfahl, Gary, Vol II
Westfall, Carroll W., Vol I
Westfall, Richard Samuel, Vol I
Westhauser, Karl E., Vol I
Westley, Richard J., Vol IV
Westling, Louise Hutchings, Vol II
Westmoreland, Robert B., Vol IV
Weston, Burns H., Vol IV
Weston, Corinne Comstock, Vol I
Weston, Thomas Spengler, Vol IV
Weston, Timothy B., Vol I
Westphal, Jonathan, Vol II
Westphal, Kenneth R., Vol IV
Westphal, Merold, Vol IV
Westwater, Martha, Vol II
Wetherell, Charles W., Vol I
Wetsel, William David, Vol III
Wettstein, Howard K., Vol IV
Wetzel, Heinz, Vol III
Wetzel, James, Vol IV
Wetzel, James Richared, Vol IV
Wexler, Alice Ruth, Vol I
Wexler, David Barry, Vol IV
Wexler, Joyce, Vol II
Wexler, Stephen, Vol II
Wexler, Victor G., Vol I
Wexman, Virginia Wright, Vol II
Weyler, Karen A., Vol II
Weyrauch, Walter Otto, Vol IV
Whaley, Douglas John, Vol IV
Whaley, Lindsay, Vol III
Wharton, A.C., Jr., Vol IV
Wharton, Annabel, Vol I
Wharton, Lawrence, Vol IV
Wharton Boyd, Linda F., Vol II
Whatley, Eric Gordon, Vol II
Whayne, Jeannie, Vol I
Whealey, Robert H., Vol I
Wheaton, Bruce R., Vol I
Wheeler, Arthur M., Vol I
Wheeler, David L., Vol IV
Wheeler, Douglas L., Vol I
Wheeler, Gerald Everett, Vol I
Wheeler, Rachel, Vol I
Wheeler, Richard Paul, Vol II
Wheeler, Samuel C., III, Vol IV
Wheeler, Samuel C., III, Vol IV
Wheeler, Stanton, Vol I
Wheeler, Wayne R., Vol II
Wheeler, William Bruce, Vol I
Wheelock, Arthur K., Jr., Vol I
Whelan, Stephen T., Vol IV
Whelan, Winifred, Vol IV
Whelchel, Marianne, Vol I
Whidden, Mary Bess, Vol I
Whidden, Woodrow W., II, Vol IV
Whipple, Robert Dale, Jr., Vol II
Whipps, Judy, Vol IV
Whitacre, Rodney A., Vol IV
Whitaker, Elaine E., Vol I
Whitaker, Faye Pauli, Vol I
Whitaker, Rosemary, Vol II
Whitaker, Thomas Russell, Vol II
Whitbeck, Caroline, Vol I
White, Alfred Loe, Vol IV

White, Barbara Ehrlich, Vol I
White, Cecil R., Vol I
White, Charles Sidney John, Vol I
White, Cindy H., Vol II
White, Dan Seligsberger, Vol I
White, David A., Vol IV
White, David Anthony, Vol I
White, David Benjamin, Vol IV
White, Deborah, Vol II
White, Don Lee, Vol I
White, Donald, Vol I
White, Donald Jerry, Vol II
White, Donald Wallace, Vol I
White, Donna, Vol IV
White, Douglas Howarth, Vol II
White, Edward Michael, Vol II
White, Elizabeth, Vol IV
White, Frankie Walton, Vol IV
White, Fred D., Vol II
White, Frederic Paul, Jr., Vol IV
White, G. Edward, Vol IV
White, Howard A., Vol IV
White, Hugh, Vol IV
White, James Justesen, Vol IV
White, Janice G., Vol IV
White, John Charles, Vol I
White, John D., Vol I
White, John Hoxland, Vol I
White, John L., Vol IV
White, Kevin, Vol IV
White, Leland J., Vol IV
White, Lonnie Joe, Vol I
White, M. Chris, Vol IV
White, Marsha, Vol IV
White, Michael J., Vol I
White, Morton G., Vol IV
White, Nicholas P., Vol IV
White, Peter, Vol II
White, Peter, Vol I
White, Philip Lloyd, Vol I
White, R. Fowler, Vol IV
White, Roberta, Vol II
White, Shane, Vol I
White, Stephen W., Vol IV
White, Steven D., Vol I
White, V. Alan, Vol IV
White Crawford, Sidnie, Vol IV
Whitebook, Joel, Vol IV
Whitebread, Charles H., Vol IV
Whitehead, Brady, Jr., Vol IV
Whitehead, John S., Vol I
Whitehead, Ruth, Vol I
Whitehouse, David Bryn, Vol I
Whitehouse, Eugene Alan, Vol I
Whitehouse, George, Vol IV
Whiteman, D. Bruce, Vol II
Whitenack, Judith A., Vol III
Whitfield, Stephen Jack, Vol I
Whitford, William C., Vol IV
Whiting, Steven, Vol I
Whitlark, James S., Vol II
Whitley, David S., Vol I
Whitlock, Luder, Vol IV
Whitman, Jeffrey P., Vol IV
Whitman, T. Stephen, Vol I
Whitman Hoff, Joan, Vol IV
Whitney, Barry L., Vol IV
Whitney, Charles C., Vol II
Whitney, Elspeth, Vol I
Whitney, Ruth, Vol IV
Whitt, L.A., Vol IV
Whittaker, Cynthia Hyla, Vol I
Whittaker, John, Vol IV
Whitten, Ralph U., Vol IV
Whittenburg, James Penn, Vol I
Whittier, Duane Hapgood, Vol IV
Wicclair, Mark Robert, Vol IV
Wick, Audrey, Vol I
Wick, Robert L., Vol II
Wickberg, Daniel, Vol I
Wicker, Kathleen O'Brien, Vol IV
Wickert, Max Albrecht, Vol II
Wickes, George, Vol II
Wickham, Christopher J., Vol III
Wickham Crowley, Kelley M., Vol II
Wickhamcrowley, Timothy P., Vol I
Wickstrom, John B., Vol I
Wickwire, Mary B., Vol I
Widdicombe, Richard Toby, Vol II
Widenor, William C., Vol I
Wider, Kathleen V., Vol IV
Wider, Sarah Ann, Vol I
Widiss, Alan I., Vol IV
Wiebe, Donald, Vol IV
Wiebe, Mel, Vol II
Wiecek, William Michael, Vol I
Wieczynski, Joseph Leon, Vol I

Wiedmann, Sally N., Vol IV
Wiegenstein, Steve, Vol II
Wiegers, Wanda, Vol IV
Wiemann, John M., Vol III
Wiener, Harvey Shelby, Vol II
Wiener, Joel H., Vol I
Wiener, Jonathan M., Vol I
Wiener, Martin J., Vol I
Wierenga, Edward Ray, Vol IV
Wiesenfarth, Joseph John, Vol II
Wiesenthal, Christine, Vol II
Wigal, Grace J., Vol IV
Wigall, Steve R., Vol IV
Wigen, Karen, Vol I
Wiggins, Jacqueline D., Vol I
Wiggins, James Bryan, Vol IV
Wiggins, Osborne P., Jr., Vol IV
Wiggins, Sarah Woolfolk, Vol I
Wiggins, William H., Jr., Vol IV
Wignall, Dennis L., Vol III
Wigodsky, Michael M., Vol I
Wikander, Matthew H., Vol II
Wike, Victoria S., Vol IV
Wilcox, Dean, Vol I
Wilcox, Dennis Lee, Vol II
Wilcox, Joel, Vol IV
Wilcox, John Chapman, Vol III
Wilcox, John R., Vol IV
Wilcox, Larry Dean, Vol I
Wilcox, Sherman E., Vol III
Wild, Robert Anthony, Vol IV
Wildberg, Christian, Vol I
Wilde, Alan, Vol II
Wilder, Robert Jay, Vol IV
Wildner-Bassett, Mary E., Vol III
Wile, Kip, Vol I
Wiley, George, Vol IV
Wiley, Raymond A., Vol III
Wilhelm, James Jerome, Vol III
Wilhelmsen, Alexandra, Vol I
Wiliams, Ron G., Vol IV
Wilkens, Kenneth G., Vol II
Wilkerson, Margaret Buford, Vol II
Wilkie, Brian, Vol II
Wilkie, Jacqueline S., Vol I
Wilkie, James Wallace, Vol I
Wilkie, Nancy C., Vol I
Wilkie, William E., Vol I
Wilkins, Ann Thomas, Vol I
Wilkins, David Brian, Vol IV
Wilkins, Leona B., Vol I
Wilkins, Mira, Vol I
Wilkinson, Doris, Vol I
Wilks, Andrew C., Vol IV
Will, Barbara E., Vol II
Will, James Edward, Vol I
Will, W. Marvin, Vol I
Willacy, Hazel M., Vol IV
Willard, Barb, Vol II
Willard, Charles A., Vol II
Willard, Thomas Spaulding, Vol II
Willbanks, Ray, Vol II
Willem, Linda M., Vol III
Willems, Elizabeth, Vol IV
Willen, Diane, Vol II
Willerton, Christian William, Vol II
Willett, Cynthia, Vol IV
Willey, Edward, Vol II
Willey, Gordon R., Vol I
Willheim, Imanuel, Vol I
Williams, Alan John, Vol I
Williams, Bernard D, Vol I
Williams, Bruce, Vol III
Williams, C. Fred, Vol I
Williams, Carolyn Chandler, Vol I
Williams, Charles Garfield Singer, Vol III
Williams, Christopher, Vol I
Williams, Clifford, Vol IV
Williams, Cynthia A., Vol IV
Williams, Daniel Anthony, Vol III
Williams, Daniel E., Vol II
Williams, David, Vol II
Williams, David E., Vol II
Williams, David R., Vol I
Williams, Dennis E., Vol IV
Williams, Donald T., Vol IV
Williams, Eddie R., Jr., Vol I
Williams, Edwin W., Vol III
Williams, Gareth D., Vol I
Williams, Gary C., Vol IV
Williams, Gary G. Cohen, Vol IV
Williams, Gary J., Vol II
Williams, Gerhild Scholz, Vol III
Williams, Gregory Howard, Vol IV
Williams, Harry M., Vol I

Williams, Hazel Browne, Vol II
Williams, Helen Elizabeth, Vol II
Williams, J. Rodman, Vol IV
Williams, James Calhoun, Vol I
Williams, James Hiawatha, Vol I
Williams, Jay G., Vol IV
Williams, Joan C., Vol I
Williams, John Alfred, Vol II
Williams, John Howard, Vol III
Williams, John S., Vol II
Williams, John W., Vol I
Williams, Joseph M., Vol II
Williams, Junius W., Vol IV
Williams, Karen Hastie, Vol IV
Williams, Kenny J., Vol II
Williams, Kyle, Vol IV
Williams, L. Pearce, Vol I
Williams, Lawrence H., Vol I
Williams, Lee Erskine, II, Vol I
Williams, Leroy Thomas, Vol I
Williams, Marcus Doyle, Vol IV
Williams, Melvin Gilbert, Vol II
Williams, Meredith, Vol IV
Williams, Michael J., Vol IV
Williams, Nudie Eugene, Vol I
Williams, Ora, Vol I
Williams, Paul R., Vol IV
Williams, Penny, Vol II
Williams, Peter, Vol I
Williams, Peter W., Vol IV
Williams, Philip F.C., Vol III
Williams, Preston N., Vol IV
Williams, Queen J., Vol III
Williams, Rhys H., Vol I
Williams, Richard Hal, Vol I
Williams, Richard S., Vol I
Williams, Robert Chadwell, Vol I
Williams, Robin B., Vol I
Williams, Samuel Keel, Vol IV
Williams, Sean, Vol I
Williams, Susan, Vol II
Williams, Tony, Vol II
Williams, Trevor Lloyd, Vol II
Williams, Wilbert Lee, Vol IV
Williams, William C., Vol IV
Williams, William Henry, Vol I
Williams, William J., Vol I
Williams, William Proctor, Vol II
Williams, Winton E., Vol IV
Williams, Yvonne LaVerne, Vol IV
Williams Elliott, Dorice, Vol II
Williams-Hackett, Lamara, Vol II
Williams-Myers, Albert J., Vol I
Williamson, Arthur H., Vol I
Williamson, Clark M., Vol IV
Williamson, J.W., Vol II
Williamson, Jane Louise, Vol II
Williamson, Janice, Vol II
Williamson, Jerry Wayne, Vol I
Williamson, John Stewart, Vol II
Williamson, Keith, Vol III
Williamson, Lamar, Vol IV
Williamson, Marilyn Lammert, Vol II
Williamson, William B., Vol IV
Williamson Dameron, George, Vol II
Williamson-Ige, Dorothy Kay, Vol II
Willimon, William Henry, Vol IV
Willingham, William Floyd, Vol I
Willis, Alfred, Vol I
Willis, Deborah, Vol II
Willis, Frank Roy, Vol I
Willis, Gladys January, Vol II
Willis, James F., Vol I
Willis, Paul J., Vol II
Willis, Resa, Vol II
Willis, Robert E., Vol IV
Willis, Steven J., Vol IV
Willis, Susan, Vol II
Willis, Susan, Vol II
Willis, Tim, Vol IV
Willis, William Hailey, Vol I
Willmott, Glenn, Vol II
Wills, David, Vol II
Wills, David Wood, Vol IV
Wills, Gregory A., Vol I
Wills, Jack Charles, Vol II
Wills, Jeffrey, Vol I
Wills, John E., Vol I
Wills, Lawrence M., Vol IV
Willumson, Glenn Gardner, Vol I
Wilmarth, Arthur E., Vol I
Wilmeth, Don B., Vol II
Wilmot, David Winston, Vol IV
Wilshire, Bruce W., Vol IV
Wilson, B., Vol I
Wilson, Blake, Vol I
Wilson, Bradley E., Vol IV
Wilson, Charles E., Jr., Vol II
Wilson, Charles Reagan, Vol I
Wilson, Christopher M., Vol I
Wilson, Clarence S., Jr., Vol IV
Wilson, Constance Maralyn, Vol I
Wilson, Dana, Vol I
Wilson, Daniel Joseph, Vol I
Wilson, Danny K., Vol IV
Wilson, David, Vol I
Wilson, David B., Vol I
Wilson, David L., Vol I
Wilson, Don, Vol III
Wilson, Donna M., Vol III
Wilson, Douglas Lawson, Vol II
Wilson, George Macklin, Vol I
Wilson, Glee Everitt, Vol I
Wilson, Harold Stacy, Vol I
Wilson, Holly, Vol IV
Wilson, Ian E., Vol I
Wilson, Jack Howard, Vol IV
Wilson, James Hugh, Vol I
Wilson, Jean C., Vol I
Wilson, Jeffrey R., Vol I
Wilson, John, Vol I
Wilson, John Barney, Vol I
Wilson, John Elbert, Vol I
Wilson, John Fletcher, Vol II
Wilson, John Frederick, Vol I
Wilson, John H., Vol II
Wilson, John Harold, Vol II
Wilson, Jonatan R., Vol IV
Wilson, Joseph Benjamin, Vol III
Wilson, Joseph F., Vol I
Wilson, Joseph P., Vol III
Wilson, Keith G., Vol II
Wilson, Kent, Vol IV
Wilson, Kim Adair, Vol IV
Wilson, L. Austin, Vol II
Wilson, Laurie J., Vol II
Wilson, Leonard Gilchrist, Vol I
Wilson, Lewis, Vol I
Wilson, Lisa H., Vol I
Wilson, Major L., Vol I
Wilson, Mary C., Vol I
Wilson, Michael, Vol I
Wilson, Norma Clark, Vol II
Wilson, Patricia I., Vol I
Wilson, Rebecca A., Vol II
Wilson, Richard Guy, Vol I
Wilson, Robert, Vol IV
Wilson, Robert Arden, Vol I
Wilson, Robert H., Vol II
Wilson, Robert Sydney, Vol I
Wilson, Rudolph George, Vol I
Wilson, Samuel S., Vol IV
Wilson, Steven R., Vol II
Wilson, Theodore A., Vol I
Wilson, Victor M., Vol IV
Wilson, William Albert, Vol III
Wilson, William Henry, Vol I
Wilson, William Jerram, Vol I
Wilson, Willie Frederick, Vol IV
Wilt, Alan Freese, Vol I
Wilt, David E., Vol II
Wilt, Judith, Vol II
Wiltenburg, Joy, Vol I
Wiltrout, Ann Elizabeth, Vol III
Wiltshire, Susan Ford, Vol I
Wimberly, Edward P., Vol IV
Wimbush, Vincent L., Vol IV
Wimmer, Albert K., Vol III
Wimsatt, James I., Vol II
Winans, Robert B., Vol II
Winch, Julie P., Vol I
Winchatz, Michaela R., Vol II
Winchell, Donna, Vol II
Winchell, Mark, Vol II
Wind, Barry, Vol I
Winderl, Carl A., Vol II
Windfuhr, Gernot Ludwig, Vol III
Windhauser, John W., Vol II
Windley, Susan M., Vol IV
Windsor-Liscombe, Rhodri, Vol I
Wineapple, Brenda, Vol II
Wineland, John D., Vol I
Wines, Roger, Vol I
Winfrey, Charles Everett, Vol IV
Wing, Adrien Katherine, Vol IV
Wing, Nathaniel, Vol II
Wingard, Edward L., Vol I
Wininger, Kathleen, Vol IV
Winings, Kathy, Vol IV
Wink, Andre, Vol I
Wink, Walter, Vol IV
Winkle, Kenneth, Vol I
Winkler, Allan M., Vol I
Winkler, Carol, Vol II
Winkler, Henry Ralph, Vol I
Winkler, Kenneth, Vol IV
Winkler, Martin M., Vol I
Winks, Robin William Evert, Vol I
Winn, Colette Henriette, Vol III
Winner, Anthony, Vol II
Winner, Viola Hopkins, Vol II
Winnik, Herbert Charles, Vol I
Winpenny, Thomas Reese, Vol I
Winquist, Alan Hanson, Vol I
Winseck, Dwayne, Vol II
Winship, Michael B., Vol II
Winship, Peter, Vol I
Winslow, Richard E., III, Vol I
Winsor, Mary Pickard, Vol I
Winston, Diane, Vol IV
Winston, Jane, Vol III
Winston, Kenneth Irwin, Vol IV
Winston, Krishna, Vol III
Winston, Michael R., Vol I
Winston, Morton, Vol IV
Winston, Morton E., Vol IV
Winston Suter, David, Vol IV
Wint, Arthur Valentine Noris, Vol I
Winter, Daria Portray, Vol II
Winter, Douglas E., Vol IV
Winter, Ian James, Vol III
Winter, Jay Murray, Vol I
Winter, Jerry Alan, Vol I
Winter, John Ellsworth, Vol IV
Winter, Kari J., Vol II
Winter, Ralph A., Vol IV
Winter, Robert W., Vol I
Winter, Thomas Nelson, Vol I
Winter, Werner, Vol III
Winters, Donald Lee, Vol I
Winters, Francis Xavier, Vol IV
Winters, Stanley B., Vol I
Wintle, Thomas, Vol I
Winton, Calhoun, Vol II
Wintz, Cary DeCordova, Vol I
Wion, Philip Kennedy, Vol II
Wippel, John Francis, Vol IV
Wirth, Jason M., Vol IV
Wirth, John Davis, Vol I
Wirzba, Norman, Vol IV
Wise, Edward Martin, Vol IV
Wise, Philip D., Vol IV
Wise, Sydney F., Vol I
Wiseman, Christopher S., Vol II
Wiseman, James A., Vol IV
Wiseman, James Richard, Vol I
Wiseman, John Bailes, Vol I
Wiseman, Mary Bittner, Vol IV
Wiser, Vivian, Vol I
Wishard, Armin, Vol III
Wishart, Lynn, Vol IV
Wishne, Brian, Vol I
Wissler, Robert W., Vol IV
Witcombe, Christopher L.C.E., Vol I
Witek, John W., Vol I
Witemeyer, Hugh, Vol II
Witherington, Ben, Vol IV
Witherspoon, Edward, Jr., Vol IV
Withington, Anne F., Vol I
Withington, William Adriance, Vol I
Withrow, William, Vol I
Witke, E.C., Vol I
Witkin-New Holy, Alexandra, Vol I
Witman, Edward Paul, Vol IV
Witmer, Diane F., Vol II
Witmer, Donald G., Vol IV
Witt, Charlotte, Vol IV
Witt, Mary A., Vol III
Witt, Mary A., Vol III
Witt, Robert Wayne, Vol II
Witt, Ronald Gene, Vol I
Witte, Ann Dryden, Vol I
Witte, John, Vol IV
Wittebols, James H., Vol II
Wittig, Joseph Sylvester, Vol II
Wittkowski, Wolfgang, Vol III
Wittlin, Curt, Vol II
Wittner, Lawrence Stephen, Vol I
Wittrock, Merlin Carl, Vol III
Wittrup, Eleanor, Vol IV
Wlater, Otis M., Vol I
Wobst, H. Martin, Vol I
Woehrmann, Paul John, Vol I
Wogaman, John Philip, Vol IV
Wohl, Anthony Stephen, Vol I
Wohl, Robert, Vol I
Wojcik, Daniel, Vol II
Wolak, William J., Vol II
Wolf, Arnold J., Vol IV
Wolf, Donald, Vol II
Wolf, Eugene Kendrick, Vol I
Wolf, George D., Vol I
Wolf, Herbert Christian, Vol IV
Wolf, Kenneth Baxter, Vol I
Wolf, Susan R., Vol IV
Wolf, Thomas Phillip, Vol I
Wolfe, Christopher, Vol I
Wolfe, David L., Vol I
Wolfe, Deborah Cannon Partridge, Vol IV
Wolfe, Ethyle Renee, Vol I
Wolfe, Gary Kent, Vol II
Wolfe, Margaret Ripley, Vol I
Wolfe, Martin, Vol I
Wolfe, Ralph Haven, Vol II
Wolfe, Robert F., Vol IV
Wolfensohn, James David, Vol I
Wolfenstein, E. Victor, Vol I
Wolff, Cynthia Griffin, Vol II
Wolff, Florence I., Vol II
Wolff, Janet, Vol I
Wolff, John Ulrich, Vol III
Wolff, Robert Paul, Vol IV
Wolff, Ronald A., Vol III
Wolfman, Bernard, Vol IV
Wolfram, Charles W., Vol IV
Wolgast, Eliz H., Vol II
Wollaeger, Mark A., Vol II
Wollenberg, Bruce, Vol IV
Wollman, David Harris, Vol I
Woloch, George Michael, Vol I
Woloch, Isser, Vol I
Woloch, Nancy, Vol I
Wolohojian, Stephan S., Vol I
Wolper, Ethel Sara, Vol I
Wolper, Roy S., Vol II
Wolsey, Mary Lou Morris, Vol III
Wolter, John A., Vol I
Wolters, Oliver William, Vol I
Wolters, Raymond, Vol I
Wolverton, Robert E., Vol I
Wolvin, Andrew D., Vol II
Womack, Morris M., Vol I
Wong, Jean, Vol III
Wong, Timothy C., Vol III
Wood, Barbara, Vol II
Wood, Bryant G., Vol III
Wood, Carolyn B., Vol I
Wood, Charles B., III, Vol I
Wood, Charles M., Vol IV
Wood, Charles Tuttle, Vol I
Wood, Curtis W., Vol I
Wood, Forrest E., Jr., Vol IV
Wood, Forrest Glen, Vol I
Wood, Gerald Carl, Vol II
Wood, Gordon Stewart, Vol I
Wood, James Brian, Vol I
Wood, John A., Vol IV
Wood, Julia T., Vol II
Wood, Kirk, Vol I
Wood, Marcus, Vol I
Wood, Nancy, Vol II
Wood, Paul William, Vol III
Wood, Peter H., Vol I
Wood, Philip R., Vol III
Wood, Rega, Vol IV
Wood, Robert, Vol IV
Wood, Ruth, Vol II
Wood, Susan H., Vol II
Wood, William L., Jr., Vol IV
Woodard, Fredrick, Vol I
Woodard, Roger, Vol III
Woodbridge, Hensley Charles, Vol III
Woodbridge, John M., Vol II
Woodbridge, Linda, Vol II
Woodell, Harold, Vol II
Woodhouse, Edward James, Vol I
Woodhouse, Mark B., Vol IV
Woodland, Calvin Emmanuel, Vol I
Woodman, Harold David, Vol I
Woodman, Taylor, Vol I
Woodmansee, Martha, Vol II
Woodress, James, Vol II
Woodring, Andrew N., Vol IV
Woodring, Carl, Vol II
Woodruff, Nan Elizabeth, Vol I
Woodruff, Paul, Vol IV
Woods, Alan Lambert, Vol II
Woods, Daniel, Vol I
Woods, David L., Vol II
Woods, Jeannie Marlin, Vol II
Woods, Joseph Michael, Vol I
Woods, Randall B., Vol I
Woods, Robert L., Jr., Vol I
Woods, Robin, Vol II
Woods, William Forrestere, Vol II
Woods, Willie G., Vol II
Woodson, Linda, Vol I
Woodson, Thomas, Vol II
Woodward, Carolyn, Vol II
Woodward, Comer Vann, Vol I
Woodward, David, Vol I
Woodward, David Reid, Vol I
Woodward, J., Vol IV
Woodward, Pauline, Vol III
Woodward, Ralph L., Vol I
Woodyard, David O., Vol IV
Wooldridge, John B., Vol III
Wooley, Allan D., Vol I
Wooley, Wesley Theodore, Vol I
Woolf, Leonard, Vol II
Woolford, Ellen, Vol III
Woolley, James, Vol II
Woolley, Peter J., Vol I
Wooster, Ralph Ancil, Vol I
Wooster, Robert, Vol I
Wooten, Cecil W., Vol I
Worcester, Donald Emmet, Vol I
Work, James, Vol II
Works, John A., Vol I
Works, Robert G., Vol IV
Worrall, Arthur John, Vol I
Worrall, Janet Evelyn, Vol I
Worrill, Conrad W., Vol I
Worsfold, Victor, Vol I
Worth, Dean Stoddard, Vol III
Worth, Fabienne Andre, Vol III
Worth, George John, Vol II
Worth, Sarah Elizabeth, Vol IV
Wortham, Thomas, Vol II
Worthen, Thomas, Vol I
Worthen, Thomas De Voe, Vol I
Worthy, Barbara Ann, Vol I
Wortman, Richard, Vol I
Wortman, Roy Theodore, Vol I
Wortman, William A., Vol II
Wrage, William, Vol III
Wray, David L., Vol I
Wren, Daniel Alan, Vol I
Wren, Thomas, Vol IV
Wren, Thomas E., Vol IV
Wreszin, Michael, Vol I
Wriggins, Jennifer, Vol IV
Wright, Charles Alan, Vol IV
Wright, Danaya C., Vol IV
Wright, Deborah Kempf, Vol II
Wright, Donald R., Vol I
Wright, George Thaddeus, Vol II
Wright, Georgia Sommers, Vol I
Wright, Gwendolyn, Vol I
Wright, H. Bunker, Vol II
Wright, Harrison Morris, Vol I
Wright, James Edward, Vol I
Wright, John, Vol I
Wright, John, Vol IV
Wright, John H., Vol IV
Wright, John Robert, Vol IV
Wright, Josephine, Vol I
Wright, Larry, Vol IV
Wright, Marcia, Vol I
Wright, Nicholas Thomas, Vol IV
Wright, Robert L., Vol III
Wright, Roberta V. Hughes, Vol IV
Wright, Roosevelt R., Jr., Vol II
Wright, Scott Kenneth, Vol I
Wright, Stephen Caldwell, Vol II
Wright, Terrence C., Vol IV
Wright, Theodore P., Jr., Vol I
Wright, Thomas C., Vol I
Wright, Thomas L., Vol II
Wright, William John, Vol I
Wright Miller, Gill, Vol I
Wright-Botchwey, Roberta Yvonne, Vol IV
Wrobel, Arthur, Vol II
Wrobel, David M., Vol I
Wrong, Dennis H., Vol I
Wu, Joseph Sen, Vol IV
Wu, Julie L., Vol IV
Wu, Kuang-Ming, Vol IV
Wu, Pei-Yi, Vol III
Wubnig, Judy, Vol IV
Wulff, Donald H., Vol II
Wunder, John, Vol I
Wunderli, Richard M., Vol I
Wunsch, James Stevenson, Vol I
Wurzburger, Walter S., Vol IV
Wyatt, David Kent, Vol I
Wyatt, David M., Vol II
Wyatt, William F., Vol I
Wyczynski, Paul, Vol II
Wydrzynski, Christopher J., Vol IV
Wyke, Clement Horatio, Vol II

Wykes, David, Vol II
Wylder, Delbert E., Vol II
Wylie, Alison, Vol IV
Wylie, Hal, Vol III
Wyma, Keith D., Vol IV
Wyman, David S, Vol I
Wyman, Linda Lee, Vol II
Wynar, Lubomyr Roman, Vol I
Wynes, Charles Eldridge, Vol I
Wyre, Stanley Marcel, Vol IV
Wyrick, Floyd I., Vol I
Wyrick, Stephen V., Vol IV
Wyschogrod, Michael, Vol IV
Yablonsky, Lewis, Vol I
Yadav, Bibhuti S, Vol IV
Yaffe, Martin David, Vol IV
Yagisawa, Takashi, Vol IV
Yahnke, Robert Eugene, Vol II
Yalden, Janice, Vol III
Yalden, Robert, Vol IV
Yalowitz, Steven, Vol IV
Yamada, Reiko, Vol III
Yamamoto, Traise, Vol III
Yamashita, Samuel Hideo, Vol I
Yamashita, Tadanori, Vol IV
Yamauchi, Edwin Masao, Vol I
Yamauchi, Joanne, Vol III
Yanal, Robert John, Vol IV
Yancy, Dorothy Cowser, Vol I
Yancy, Kathleen Blake, Vol II
Yancy, Preston Martin, Vol II
Yandell, Cathy, Vol III
Yandell, K. David, Vol IV
Yandell, Keith E., Vol IV
Yang, Fenggang, Vol III
Yang, Heewan, Vol II
Yang, Insun, Vol III
Yang, Mimi, Vol III
Yang, Peter Jianhua, Vol III
Yang, Sung Chul, Vol I
Yang, Winston L., Vol I
Yang, Xiaosi, Vol IV
Yang, Zongsui, Vol I
Yannatos, James, Vol I
Yanni, Carla, Vol I
Yaqub, Aladdin M., Vol IV
Yarborough, Richard A., Vol I
Yarbrough, Marilyn Virginia,
   Vol IV
Yarbrough, O. Larry, Vol IV
Yardley, J.C., Vol I
Yarrison, Betsy, Vol III
Yartz, Frank J., Vol IV
Yaruss, J. Scott, Vol III
Yasko, Richard Anthony, Vol I
Yates, Donald Alfred, Vol III
Yates, Jenny, Vol II
Yates, Robin D.S., Vol III
Yates, Wilson, Vol IV
Yeager, Robert Frederick, Vol II
Yeandle, Laetitia, Vol II

Yearsley, David, Vol I
Yeazell, Ruth Bernard, Vol II
Yee, Gale A., Vol IV
Yegge, Robert Bernard, Vol IV
Yegul, Fikret Kutlu, Vol I
Yeh, Wen-han, Vol I
Yellin, Jean Fagan, Vol II
Yellin, Victor Fell, Vol I
Yen, De, Vol I
Yeo, Khiok-Khng, Vol IV
Yerkes, David, Vol I
Yerushalmi, Yosef Hayim, Vol I
Yerxa, Donald A., Vol I
Yetiv, Isaac, Vol III
Yetman, Michael G, Vol III
Yetman, Norman Roger, Vol I
Yetunde Faelarin Schleicher,
   Antonia, Vol III
Yezzi, Ronald D., Vol IV
Yiannopoulos, A.N., Vol I
Yick, Joseph Kong Sang, Vol I
Yingling, Julie, Vol II
Yip, Christopher, Vol I
Yip, Ka-che, Vol I
Yizar, Marvin, Vol IV
Yocom, Margaret Rose, Vol II
Yocum, Glenn E., Vol IV
Yocum, Sandra Mize, Vol IV
Yoder, Don, Vol II
Yoder, John, Vol I
Yoder, John C., Vol IV
Yoder, Lauren Wayne, Vol III
Yoder, R. Paul, Vol I
Yoken, Mel B., Vol III
Yolton, John W., Vol IV
Yoon, Won Z., Vol III
Yordon, Judy E., Vol II
York, Anthony Delano, Vol IV
York, Lorraine, Vol II
York, Neil Longley, Vol I
Youm, K.H., Vol II
Young, Alfred, Vol I
Young, Alfred F., Vol I
Young, Arlene, Vol II
Young, Arthur Y., Vol II
Young, Charles Robert, Vol I
Young, David, Vol II
Young, David, Vol IV
Young, David Charles, Vol I
Young, Dolly J., Vol III
Young, Dwight Wayne, Vol III
Young, Elizabeth Bell, Vol II
Young, Elizabeth V., Vol II
Young, Ernest A., Vol IV
Young, Howard Thomas, Vol III
Young, James Harvey, Vol I
Young, James O., Vol IV
Young, James Van, Vol I
Young, John Terry, Vol IV
Young, Jordan Marten, Vol I
Young, Katherine K, Vol I

Young, Kay, Vol II
Young, Kenneth Ray, Vol I
Young, M. Jane, Vol I
Young, Mary, Vol III
Young, Mary Elizabeth, Vol I
Young, Michael Brian, Vol I
Young, Michael Kent, Vol IV
Young, Otis E., Vol I
Young, Pamela Dickey, Vol IV
Young, Richard, Vol III
Young, Richard E., Vol IV
Young, Robert John, Vol I
Young, Robert Vaughan, Vol II
Young, Theodore Robert, Vol III
Young, Thomas Daniel, Vol II
Young, William H., Vol I
Young, William Robert, Vol I
Young, Zenaida Isabel, Vol I
Young-Eisendrath, Polly, Vol III
Youngblood, Ronald F., Vol IV
Younger, John Grimes, Vol I
Yount, William R., Vol I
Yovel, Yirmiyahu, Vol IV
Yowell, Robert L., Vol II
Yu, Anthony C., Vol IV
Yu, Clara, Vol III
Yuan, Tsing, Vol I
Yudin, Florence L., Vol III
Yun, Samuel, Vol I
Yungblut, Laura, Vol I
Yusa, M., Vol IV
Zaas, Peter S., Vol IV
Zabel, Craig, Vol I
Zabel, James Allen, Vol I
Zablotsky, Peter A., Vol IV
Zacek, Joseph Frederick, Vol I
Zacharias, Greg, Vol II
Zacharias, Ravi, Vol I
Zachary, Steven W., Vol IV
Zachau, Reinhard Konrad, Vol III
Zacher, Christian Keeler, Vol II
Zack, Arnold Marshall, Vol I
Zack, Naomi, Vol IV
Zaferson, William S., Vol IV
Zafren, Herbert C., Vol II
Zagano, Phyllis, Vol IV
Zagarri, Rosemarie, Vol I
Zagorin, Perez, Vol I
Zahareas, Anthony, Vol III
Zaharopoulos, Thimios, Vol II
Zahavy, Tzvee, Vol IV
Zahniser, A. H. Mathias, Vol III
Zahniser, Marvin Ralph, Vol I
Zahorski, Kenneth, Vol II
Zalacain, Daniel, Vol II
Zalesch, Saul E., Vol I
Zallen, Doris T., Vol IV
Zamora, Juan C., Vol III
Zaner, Richard, Vol IV
Zangrando, Joanna Schneider,
   Vol I

Zangrando, Robert Lewis, Vol I
Zantop, Susanne, Vol III
Zants, Emily, Vol III
Zaslaw, Neal, Vol I
Zatlin, Linda Gertner, Vol II
Zavarzadeh, Mas'ud, Vol II
Zavodny, John, Vol IV
Zayas-Bazan, Eduardo, Vol III
Zboray, Mary Saracino, Vol I
Zboray, Ronald J., Vol I
Zebouni, Selma, Vol II
Zegura, Elizabeth Chesney, Vol II
Zeidel, Robert F., Vol I
Zeiger, Melissa F., Vol II
Zeitlin, Froma I., Vol I
Zeitlin, Maurice, Vol I
Zeitz, Eileen, Vol III
Zekulin, Nicholas Gleb, Vol III
Zelin, Madeleine, Vol I
Zeller, Suzanne, Vol I
Zellner, Harold Marcellars, Vol IV
Zelnik, Reginald Ely, Vol I
Zeman, Jarold K., Vol I
Zeman, Vladimir, Vol IV
Zemans, Joyce P., Vol I
Zemel, Carol, Vol I
Zender, Karl Francis, Vol II
Zeps, Valdis Juris, Vol III
Zevelechi Wells, Maria Xenia,
   Vol II
Zevit, Ziony, Vol III
Zgusta, Ladislav, Vol III
Zhao, Quansheng, Vol I
Zheng, Yiwei, Vol IV
Zholkovsky, Alexander, Vol III
Zhuk, Sergei I., Vol I
Ziadeh, Farhat Jacob, Vol III
Ziarek, Ewa, Vol II
Ziarek, Krzysztof, Vol II
Ziefle, Helmut Wilhelm, Vol III
Ziefte, Helmut W., Vol III
Ziegelmueller, George William,
   Vol II
Zieger, R.H., Vol I
Ziegler, Dhyana, Vol II
Ziegler, Vickie L., Vol III
Ziegler, Vickie Lynne, Vol III
Ziemke, Earl Frederick, Vol I
Zietlow, Rebecca, Vol IV
Ziewacz, Lawrence E., Vol I
Ziff, Larzer, Vol II
Zilcosky, John, Vol III
Zile, Zigurds Laimons, Vol IV
Zilfi, Madeline Carol, Vol I
Zillman, Donald N., Vol IV
Zilversmit, Arthur, Vol I
Zimany, Roland Daniel, Vol IV
Zimbardo, Rose A., Vol II
Zimmer, Louis Bernard, Vol I
Zimmerman, Dean, Vol IV
Zimmerman, Everett, Vol II

Zimmerman, Franklin B., Vol I
Zimmerman, James Allen, Vol I
Zimmerman, Joseph F., Vol I
Zimmerman, Joyce Ann, Vol IV
Zimmerman, Loretta Ellen, Vol I
Zimmerman, Michael, Vol II
Zimmerman, Michael E., Vol IV
Zimmerman, Zora Devrnja, Vol III
Zimmermann, Thomas C. Price,
   Vol I
Zinkin, Melissa R., Vol IV
Zinn, Grover A., Vol I
Zinni, Hannah Case, Vol III
Ziolkowski, Eric Jozef, Vol IV
Ziolkowski, John Edmund, Vol I
Zirin, Ronald A., Vol I
Ziring, Lawrence, Vol I
Zirinsky, Michael Paul, Vol I
Zirkel, Patricia McCormick, Vol I
Zito, Angela, Vol IV
Zlogar, Laura, Vol II
Zlotchew, Clark M., Vol III
Zlotkin, Norman, Vol IV
Zlotnick, Joan C., Vol II
Zoch, Lynn M., Vol II
Zohn, Harry, Vol III
Zolberg, Vera L., Vol I
Zolbrod, Paul Geyer, Vol II
Zompetti, Joseph P., Vol II
Zonderman, David A., Vol I
Zong, Desheng, Vol IV
Zorita, C. Angel, Vol III
Zou, Ke, Vol III
Zuber, Richard Lee, Vol I
Zubizarreta, Armando F., Vol III
Zubizarreta, Maria Luisa, Vol III
Zuck, Lowell H., Vol I
Zucker, David Hard, Vol II
Zuckerman, Bruce, Vol III
Zuckerman, Mary Ellen, Vol I
Zuckerman, Michael, Vol I
Zuker, Joel, Vol II
Zukowski, Edward, Jr., Vol IV
Zukowsky, John, Vol I
Zunz, Olivier J., Vol I
Zupko, Jack, Vol IV
Zupko, Ronald Edward, Vol I
Zurakowski, Michele M., Vol II
Zvi, Ehud Ben, Vol IV
Zweers, Alexander Frederik,
   Vol III
Zweibel, Ellen, Vol IV
Zweig, Arnulf, Vol IV
Zweig, Ellen, Vol II
Zwerdling, Alex, Vol II
Zwicker, Steven Nathan, Vol II
Zwicky, Jan, Vol IV
Zwiebach, Burton, Vol I
Zychowicz, James L., Vol I
Zyla, Wolodymyr T., Vol III
Zytaruk, George J., Vol II